BIBLIOTHÈQUE LORRAINE,
ou
HISTOIRE
DES HOMMES ILLUSTRES.

BIBLIOTHÉQUE LORRAINE,
OU
HISTOIRE
DES HOMMES ILLUSTRES,

Qui ont fleuri en Lorraine, dans les trois Evêchés, dans l'Archevêché de Tréves, dans le Duché de Luxembourg, &c.

Par le R. P. DOM CALMET, Abbé de Senones.

A NANCY,

Chez A. LESEURE, Imprimeur Ordinaire du Roy, proche la Paroisse S. Sébastien, à l'Image S. Jean l'Evangéliste.

M. DCC. LI.
AVEC APPROBATION ET PRIVILÉGE.

PRÉFACE
SUR LA
BIBLIOTHÈQUE LORRAINE,
OU

Sur l'Histoire des Hommes Illustres qui ont fleuri en Lorraine, dans les trois Evêchés, dans l'Archevêché de Tréves, & dans le Duché de Luxembourg, &c.

E préjugé peu avantageux, où l'on est, que la Lorraine n'a jamais été féconde en hommes doctes, pourra nuire à l'Ouvrage que j'entreprens. Que peut-on attendre, dira-t'on, d'un Pays éloigné des plus célébres Ecoles, où il n'y a eu aucune Université, que depuis environ deux cens ans ? d'un Pays qui, par sa situation entre la France & l'Empire, a été si souvent le théâtre de la guerre ? d'une Province dont les Peuples occupés au travail ou au commerce, ne sont ni studieux, ni opulens, & dont le Pays par conséquent, ne peut être la retraite des Muses qui aiment le repos, l'aisance & la paix ; *secessum & otia quærunt.*

I. *Préjugé peu favorable à la Lorraine pour les Sciences.*

Peut-être aussi, cette prévention donnera-t'elle quelque crédit à ma Bibliothéque ; on sera curieux de voir s'il peut sortir quelque chose de bon *de Nazareth*, & s'il seroit bien possible qu'on trouvât en Lorraine, dans les trois Evêchés, & dans le Pays de Tréves & de Luxembourg, de quoi former une Bibliothéque d'hommes distingués par leur esprit, leurs talens, leur érudition & leur capacité, dans les beaux Arts ?

Je ne suis pas assez hardi pour me flatter de détruire entiérement un préjugé si peu favorable. J'en appelle à mon Livre même, & j'ose avancer qu'en général la Lorraine produit d'aussi bons Esprits, qu'aucune autre Province de l'Europe, & que, s'il y avoit plus de Mécenas, on y pourroit voir aussi des Virgiles; *honos alit artes*, dit Cicéron (*a*);

II. *La Lorraine produit de bons Esprits.*

(*a*) Cicero Tuscul. quæst. lib. 1. 7.

A

PREFACE

omnesque attendimur ad studia gloriâ. On ne sçait que trop, par expérience, que si dans les Provinces il se trouve quelque esprit né avec des talens extraordinaires, il est obligé de s'exiler, pour ainsi dire, de son propre Pays, pour chercher ailleurs à perfectionner, par le secours des étrangers, les faveurs dont la nature l'a orné : s'il demeure dans la Patrie, il doit s'attendre d'y vivre ordinairement sans éclat, & sans récompense, & d'y voir ses talens ensevelis dans l'obscurité & l'oubli.

III. *Ecoles fameuses à Tréves sus les Empereurs Romains. Les langues latine & grecque y étoient enseignées.*

Les Empereurs Romains, qui depuis le troisiéme siécle eurent pendant si long-tems leur demeure à Tréves, y firent fleurir l'étude des belles Lettres, de l'éloquence, des langues latine & grecque ; on voit, par une Constitution donnée par les Empereurs Valens, Gratien & Valentinien, adressée à Antoine, Préfet des Gaules (*b*), que ces Empereurs avoient grand soin de faire venir dans les Villes principales de l'Empire, d'habiles Professeurs, & qu'ils leur assignoient des émolumens proportionnés à leur capacité, à leurs travaux, & même à la dignité des Villes où ils. professoient.

Gratien ordonna qu'à Tréves, comme la Capitale & la plus illustre des Gaules, on donnât au Professeur d'Eloquence trente *Annones* (*c*), ou certaine quantité de pain, de vin, & d'argent par jour, par mois, ou par an, pour leur entretien ; au Professeur de la langue latine, vingt Annones, & douze au Professeur de la langue grecque ; si l'on en pût trouver ; car il n'y avoit que peu, ou point d'Ecoliers qui voulussent étudier la langue grecque à Tréves, Ville frontiére d'Allemagne, où cette langue étoit moins connuë & moins nécessaire. Ces salaires n'étoient ni au choix, ni à la charge des Villes ; ils se prenoient sur l'épargne de l'Empereur ou sur le fisc.

Dans les autres Villes d'une moindre distinction, on ne donnoit au Professeur d'Eloquence ou de Rhétorique que vingt-quatre *Annones* par mois ou par an, & seulement douze aux autres Professeurs. On voit par d'autres Loix (*d*) des Empereurs, que les Professeurs des grandes Villes jouissoient de grands Priviléges, qu'ils tiroient des salaires très considérables, & qu'on avoit grand soin qu'ils ne fussent ni inquiétés, ni troublés dans l'exercice de leur Profession.

IV. *On n'enseignoit le Droit que dans la Ville de Rome.*

On ne parle pas dans ces Loix, de Professeurs de Philosophie ni de Théologie, ni de Jurisprudence ; on étudioit toutefois la Médecine ou la Physique, & quelque partie des Mathématiques & de la Dialectique. Les Evêques & les Prêtres enseignoient au Peuple la Théologie d'alors ; c'est-à-dire, la Religion Chrétienne, les saintes Ecritures, la Tradition & la Doctrine des Peres de l'Eglise.

Pour la Jurisprudence, Godefroi (*e*) remarque qu'on alloit à Rome pour l'étudier, comme le témoigne aussi le Poëte Rutilius, qui vivoit sous le grand Théodose :

Facundus Juvenis Gallorum nuper ab arvis
Missus Romani discere jura Fori.

Les premiers Monarques François de l'Austrasie, qui succédérent aux Empereurs Romains dans ces Provinces, n'eurent ni le loisir ni l'envie d'y faire fleurir les Sciences & les Arts ; leur Monarchie peu affermie ne leur permettoit pas de donner leurs soins à cultiver les Lettres ; Princes belliqueux, & accoutumés à l'agitation & aux exercices de la guerre, ils avoient presque continuellement les armes à la main contre les Rois de Neustrie, de Bourgogne ou d'Allemagne leurs voisins, ou même contre les Seigneurs du Pays, qui ne portoient qu'avec peine le joug de la dépendance.

V. *Hommes Illustres dans la Lorraine, dans tous les tems, par leur pieté & leur doctrine.*

Malgré ces obstacles, la Lorraine & les Pays dont nous parlons n'ont pas laissé de produire, presque dans tous les siécles, des personnes illustres, autant par leur pieté que par leur doctrine. Tréves eut des Prélats recommendables par leur goût pour les Lettres. Nous parlerons cy-aprés des SS. Paulin, Maximin, Nicétius & Ricbode, anciens Archevêques de Tréves ; nous en marquerons aussi d'autres plus nouveaux, qui y fondérent une Université. Saint Jerôme (*f*) dans sa jeunesse vint à Tréves, sous l'Empire de Valentinien, vers l'an 366. Il y vit les Sçavans, & y copia de sa main le Commentaire de saint Hilaire sur les Pseaumes, & son grand Ecrit des Synodes. Ce fut en ce Pays où il commença à

(*b*) Cod. Theodos. l. 13. tit. xj. an. 376.
(*c*) Annona, *Annua vel mensrua merces, seu stipendium.*
(*d*) Cod. Theod. l. 13. Tom. 3.

(*e*) Godefrid. in Lib. xiij. Cod. Theodos. Tom. 3. p. 42.
(*f*) Hieron. Ep. 41. & contra Jovinian. l. 2. c. 6. & in Epist. cix. Galat. l. 2. c. 6.

PREFACE. iij

prendre la résolution de se donner tout à Dieu. Il remarqua à Tréves la langue des Galates qui, étoit apparemment l'allemande, & qui n'étoit pas inconnuë à ce Saint qui étoit né en Hongrie.

Metz, Capitale du Royaume d'Austrasie, les Eglises de Toul & de Verdun, les Ecoles célèbres qui se voyoient dans ces Eglises, ou dans les anciennes Abbayes de ces Diocèses, y conservérent le goût des bonnes études. Les anciens Panégyristes des Empereurs, dont nous avons le recüeil, ont presque tous fleuri à Tréves pendant que les Empereurs y faisoient leur résidence; nous y connoissons des Grammairiens fameux. Saint Ambroise, si célèbre par son éloquence & par sa science, étoit né à Tréves. Salvien étoit de la même Ville; Ausone qui vivoit en 370. parle des Peuples qui demeuroient sur la Moselle, comme de gens versés dans les Loix & dans la Poësie:

      (*g*) *Te clari Proceres, te bello exercita pubes,*
      Æmula te latiâ decorat facundia linguæ.
      Quin etiam mores, & latum fronte severâ
      Ingenium, natura tuis concessit alumnis.
      Nec sola antiquos ostentat Roma Catones
      . . . . *legum gnaros, fundique potentes,*
      . . . . *sacros qui sollicitare fluores*
      Æonidum, totamque solent haurire Aganippam.

Il loue les Ecoles d'éloquence qui s'y voyoient, & où l'on élevoit de célèbres Orateurs & de sçavans Magistrats:

      Quos pretextati celebris facundia Ludi
      Contulit ad veteris præconia Quintiliani.

D'où le célèbre Pierre Pithou a pris occasion de faire l'éloge (*h*) des Belges, qui se sont distingués par leur capacité & leur éloquence.

VI. *Les Etudes & la pureté de la Langue latine dans les trois Evêchés.*
Tandis que les Villes de Tréves, de Metz, de Toul, & de Verdun, demeurerent sous l'Empire des Romains, on ne peut douter que l'étude des Lettres & la pureté du langage ne s'y soient maintenuës avec honneur; les Ouvrages qui nous restent de ce tems-là, & le grand nombre d'inscriptions qui se trouvent à Tréves, (*i*) à Metz, (*k*) dans le pays de Luxembourg, dans différens endroits de la Lorraine, comme à Framont, à Soulosses, à Cherpagne, à Nais, & qu'on voyoit autrefois à Toul; car j'ai appris de feu Mr. de l'Aigle, grand Archidiacre de Toul, que quand on démolit les murailles de cette Ville en 1700. on trouva que les anciens murs étoient posés sur des grandes pierres chargées d'inscriptions, la plûpart sépulchrales, qu'il les avoit décrites & ramassées, mais qu'elles étoient égarées parmi ses papiers.

VII. *Monumens anciens de bon goût dans ce Pays.*
Toutes les inscriptions qui nous restent en ce Pays-cy, sont de fort bon goût, bien latines, d'un beau caractére Romain. La plûpart des figures en bas-relief sont bien travaillées; & l'on y voit avec plaisir la forme des habits, des armes, des coëffures, & quelquefois de la chaussure des anciens Gaulois; leurs tombeaux, leurs divinités, leurs armes, leurs superstitions: ce qui n'est point une petite satisfaction pour les sçavans amateurs de l'antiquité.

VIII. *La langue Greque connuë à Metz & à Tréves.*
La langue grecque devoit être anciennement assez connuë dans la Ville de Metz, puisqu'on y trouve quelques Epitaphes écrites en caractéres grecs, & que les Déïtés *Mira* ou *Moira*, la Parque, le Destin, y ont aussi une inscription insigne; *Dis mirabus*. Plus d'une personne y portent des noms grecs, comme la Drüidesse *Arete* qui signifie *Vertu*; & les noms d'*Erebus* & d'*Avernus* tous grecs, & *Marciana, Femme de Marollus le Grec*, & la dignité de *Soter Eburronum*, conservateur ou défenseur de ceux du pays de Liége. *Soter* est un mot tout grec, & cette inscription toute grecque.

Θ. Χ. Η. Ρ. ω. ΜΤ. ΜΓ. ΗΜ. Π. ΜΗΤΗΡ. ΧΑΙΡΕ. Et celle-cy:
Δ. ΑΠΟΛΛωΙ. ΑΤΡωΙ. Μ. Χ. ΧΑΡΜΗ. ΑΝΣΘ.

(*g*) *Auson. Mosella vers.* 38. *& sequent.*
(*h*) *Petri Pitæi in Quintilian. declam. in Præfat.*
(*i*) *Vide Brower Annal. Trevir. Tom.* 1. *p.* 10. *Paras.* cev. p. 50. & seq.
(*k*) Meurisse hist. de Metz, Préface, P. Alex. Wilthem. Luxemburg.

A ij

PREFACE.

Le R. P. Vilthem, Jésuite dans ses *Luxemburgica*, rapporte deux inscriptions grecques qui se trouvent à Tréves, qui ont été déja rapportées par Brouverus, & qui ont été connuës par Ortélius & Vivianus dans leurs voyages. On peut voir ces inscriptions dans les Auteurs cités; la première est datée du septième Consulat d'Honorius, & du premier de Constantin, tiran qui occupoit une partie des Gaules.

Saint Gerard, Evêque de Toul, avoit rassemblé dans sa Cathédrale des Moines Grecs, & des Ecossois, qui y faisoient l'Office selon leur Rit. S. Siméon, réclus à Tréves, étoit Grec; & on montre encore à Toley son Pseautier grec, & à Tréves son nouveau Testament grec.

J'ai en main la copie d'une Peinture antique, d'un excellent goût, trouvée à Metz, où Jupiter est représenté avec tous ses Attributs, distribuant aux morts leurs sorts, & leurs destinées; il a à ses deux côtés deux Urnes, sur l'une est écrit: ΚΑΛΟΝ, le bien; & sur l'autre: ΚΑΚΟΝ, le mal. Il a la main droite dans la première, d'où il tire un sort qu'il distribue aux assistans, hommes & femmes, qui se présentent pour le recevoir, & dont quelques-uns ont un bandeau sur les yeux. A côté de Jupiter, il y a un grand livre ouvert avec ces mots en caractéres latins: IVSTI. IOVIS. ARBITRATV.

Le R. P. Brouverus (1) a fait graver la figure des livres anciens, comme ils étoient autrefois en rouleaux, rangés les uns sur les autres dans les Bibliothéques, avec une inscription attachée & pendante par-devant, pour distinguer ce que contenoit chaque Volume, ou rouleau; ils étoient ordinairement de parchemin, & écrits seulement d'un côté, c'est-à-dire, dans l'intérieur du parchemin roulé qu'on développoit & qu'on étendoit pour le lire.

IX. *Monumens antiques du tems des Romains dans ce pais*

Les Amphithéâtres de Tréves, de Metz, de Gran en Bassigny, l'Aqueduc de Jouy-aux-Arches, la Naumachie & le Théâtre de metz, la Porte noire de Tréves, les Ponts, les Tours, les Camps Romains, les Chaussées, les Chemins publics, les lieux où l'on fabriquoit les Armes & la Monnoie, dont on trouve les ruïnes & les vestiges dans tant d'endroits de ce Pays, sont des monumens qui prouvent que dans les bons tems ces Provinces n'étoient pas moins cultivées, que les autres de l'Empire Romain.

X. *Hommes Illustres dans les trois Evêchés.*

Au Diocèse de Toul, nous connoissons Vincent de Lerins, qui vivoit vers l'an 440. & S. Vast, Catéchiste du Roi Clovis. S. Auspice, Evêque de la même Ville de Toul est loué pour sa science & pour sa sainteté; les Auteurs anonimes des vies des saints Abbés de saint Mont-Romaric, Amé & Adelphe, de même que ceux qui ont écrit la vie de S. Baudri, Abbé de Mont-Faucon, au Diocèse de Verdun, de S. Vandrille né à Verdun & Fondateur de l'Abbaye de S. Vandrille en Normandie; de S. Goar au Diocèse de Tréves, de Sainte Salaberge née au Diocèse de Toul; tous ces Auteurs ont vécus sous les Rois d'Austrasie.

XI. *Renouvellement des Lettres sous l'Empire de Charlemagne en Lorraine, comme ailleurs.*

Charlemagne, qu'on peut regarder comme le Restaurateur des Lettres & des Sciences dans son vaste Empire, & qui avoit du goût pour toutes choses, mit tous ses soins à bannir la barbarie de ses Etats & à y faire fleurir les Sciences & les beaux Arts; il y réussit, autant que le permettoient les tems & les circonstances; il fit venir des Pays étrangers, auprès de lui des hommes sçavans: il les animoit par ses exhortations & par ses libéralités, par les emplois auxquels il les élevoit; il proposoit aux Prélats des questions à résoudre sur les matières de Religion, pour les obliger à les étudier, & à lui en rendre compte par écrit. Que ne peuvent pas l'exemple, l'attention, la faveur d'un grand Prince sur l'esprit de ses sujets? quelle émulation n'y fait-il pas naître, lorsqu'il s'intéresse à une chose aussi louable que l'Etude & la Science? Il réforma jusqu'à l'Ecriture, & le stile des Livres & des Diplomes, que l'on distingue encore aujourd'huy par la beauté du caractére comparé à celui des siécles précédens. Les Livres & les Chartres écris de son tems, & du tems de Louis le Débonnaire son successeur, les Monnoyes même & les Sceaux des Diplomes sont de meilleur goût qu'auparavant.

La Lorraine, comme les autres parties de l'Empire François, se ressentit de cet heureux changement. Crodegang, Evêque de Metz, a composé la Régle des Chanoines de son Eglise & quelques autres Ecrits; Amalaire, Diacre de Metz, un autre Amalaire de Tréves & Smaragde, Abbé de Saint-Mihiel ont vécu sous Louis le Débonnaire, de même que Frotaire, Evêque de Toul; l'Empereur Louis le Débonnaire, outre la langue latine & la Tudesque, sçavoit aussi le Grec, quoiqu'il ne le parlât pas volontiers ni aisément. Nous avons dans le même tems quelques Auteurs de vies des Saints particuliers.

(1) *Brouver. Annal. Trev. Tom.* 1. *Proparascev. p.* 105.

PREFACE.   v

Le Concile de Savonniére, dans le territoire de Toul, tenu en 859. sous Charles le chau- **XII.**
ve, ordonna l'établissement des Ecoles publiques dans les lieux où elles manquoient (*m*); Ecoles or-
les Evêques ayant remarqué qu'on ne comprenoit pas assez le sens des Saintes Ecritures par données
le défaut de connoissance des langues. Monsieur Launoy, dans son Traité des Ecoles célé- dans les
bres, parle avantageusement des Ecoles de Metz; il remarque que sous l'Evêque Crode- lieux où el-
gang il y avoit dans cette Eglise des Ecoles où l'on apprenoit les Lettres & le Chant Ec- les man-
cléfiaftique. La même chose est encore mieux marquée sous l'Evêque Drogon, fils natu- quoient.
rel de l'Empereur Charlemagne, à qui l'Empereur Louis le Débonnaire, son frere, confia
l'éducation du jeune Prince Pepin son fils, qu'il destinoit à l'Etat Ecclésiastique. (*n*)

Alberic, Evêque du Mans, fut d'abord Chanoine de Metz, puis Chef des Ecoles, & **XIII.**
Princier de cette Eglise ; il éleva plusieurs personnages, qui se rendirent célébres par leur Ecoles de
Doctrine. Il avoit lui-même étudié dans l'Ecole de cette Eglise, il y apprit la Grammaire, Metz en
la sainte Ecriture, ou la Théologie & le Chant romain; il vivoit sous l'Empereur Louis le particulier.
Débonnaire, qui l'employa à des affaires importantes, & le nomma enfin à l'Evêché du Mans.

Dans la même Ville de Metz, on vit le fameux Sigebert de Gemblours, qui gouverna avec
réputation les Ecoles de l'Abbaye de S. Vincent, située anciennement hors les murs de Metz.

Le Bienheureux Jean de Gorze fit ses premiéres études dans les Ecoles de Metz (*o*)
Metis, eis quæ tunc esse poterant, Scolis instituebatur. L'Abbaye de Gorze, au Diocése de Metz,
étoit depuis long-tems en réputation d'une grande régularité & d'une science peu commune ; Frotaire, Evêque de Toul, homme de Lettres, qui vivoit avant le Bienheureux
Jean de Gorze, avoit été élevé dans ce Monastére ; il réforma l'Abbaye de S. Epvre, &
y rétablit l'observance & les études.

Angelramne, Evêque de Metz, successeur de Crodegang dans le gouvernement de cette
Eglise, avoit aussi été élevé à Gorze, & y avoit appris les principes de la langue latine sous
un Religieux nommé Norgandus, qui étoit chargé de l'éducation des enfans, qu'on élevoit
dans ce Monastére selon la Régle de S. Benoit. Angelramne après avoir possedé l'Abbaye
de Senones, environ 15. ans, la résigna à un excellent Religieux nommé Norgandus, apparemment le même qui avoit été chargé de son éducation dans le Monastére de Gorze.

Angelramne ayant été fait grand Aumônier du Roi ou de l'Empereur Charlemagne,
& les Evêques de France n'approuvant pas qu'il fit sa résidence ordinaire à la Cour, Angelramne fut obligé de faire son Apologie, & présenta au Pape Adrien un recueil de 80.
Articles tirés des fausses Décrétales d'*Isidorus peccator*; s'il est Auteur de ce Recueil des fauf-
ses Décrétales, comme il en est soupçonné, ou s'il les a fait composer par un autre, toujours est-il vrai que celui qui l'a fait, avoit de l'érudition, mais qu'il en a fait un bien mauvais usage.

Dans le Diocése de Tréves (*p*), les Ecoles de l'Abbaye de S. Mathias furent célébres **XIV.**
sous Golschere & sous Théodore son disciple, dont nous parlerons dans l'Histoire des Hom- Ecoles
mes Illustres de ce Pays ; Golschere eut pour successeur dans les Ecoles Lambert de Lié- dans la
ge, qui les gouverna pendant 29. ans. Ville de
 Tréves &
Dans l'Abbaye de Metloc située sur la Sare au Diocése de Tréves ; on vit, au dixiéme dans le
siécle, vers l'an 960. (*q*) un Abbé illustre nommé Rotvic, qui, dans le dessein de faire re- Diocése.
vivre dans son Abbaye la discipline réguliére & le goût des Lettres, envoya vers le célébre **XV.**
Gerbert D'orillac deux de ses Religieux pour se former dans son Ecole aux belles Lettres Ecoles à
& à la Science Ecclésiastique. De retour à Metloc, ils y répandirent les lumiéres qu'ils avoient Metloc.
puisées auprès de Gerbert.

La même Abbaye étant tombée dans le relâchement, & accablée par la véxation de
quelques Seigneurs voisins (*r*), Egbert, Archevêque de Tréves, y nomma pour Abbé un
Religieux de Tréves nommé Remi, aussi distingué par sa piété que par son érudition, qui
y rétablit le bon ordre & une parfaite observance, & y ouvrit des Ecoles publiques où se
rendirent de toute part, non seulement grand nombre de Religieux & d'Ecclésiastiques,
mais aussi des Laïques de la France & de l'Allemagne, dont plusieurs furent élevés aux pre-

---

(*m*) Tom. viij. Concil. p. 692. Can. x. *Ut scolæ sancta-* (*p*) Trithem. Chronic. Hirsaug.
rum Scripturarum, humanæ quoque litteraturæ constituantur. (*q*) Brouwer. tom. 2. p. 454. Annal. Trevir.
(*n*) Vita Crodegaugi, tom. 2. hist. Franc. (*r*) Trithem. Chronic. Hirsaug. ad ann. 952. Brouwer t.
(*o*) Vita B. Joan. Gorzienf. 2. p. 49.

B

PREFACE.

miéres dignités Ecclésiastiques ; je parlerai plus au long de Remi, Abbé de Metloc, dans la suite de cette Histoire.

XVI.
Ecoles à Luxembourg.

Dans le Monastere de Luxembourg en 1225. il y avoit des Ecoles, & il étoit deffendu d'en souffrir d'autres dans la Ville sans le consentement de l'Abbé (s), comme il paroit par les lettres de Thierry, Archevêque de Tréves : *Indulgentes ut scolæ sint apud istud Monasterium, sicut hactenùs est observatum, nec alàis in dicto Burgo habeantur præter consensum Abbatis.*

XVII.
Sçavans Evêques à Tréves ; Ricbode, Amalaire, Hetti.

S. Ricbode, Archevêque de Tréves, ami & condisciple d'Alcuin, étoit si passionné pour les belles Lettres, qu'il donnoit souvent trop de tems à la lecture de Virgile. On ne peut douter qu'il ne veilla aussi à entretenir le goût de l'étude dans son Clergé.

Amalaire & Hetti, ses successeurs, l'un & l'autre hommes de sçavoir, ne furent pas moins attentifs à y faire fleurir les Etudes. On a vû dans cette Eglise, des Evêques qui prenoient eux-mêmes le soin d'instruire les jeunes sujets qu'on y élevoit (t) ; S. Germain, Abbé de Granviller près la Ville de Basle, fut du nombre, & commença à y acquérir une grande connoissance des Arts libéraux. Outre cette Ecole épiscopale, il y en avoit encore une autre à Yvois, aujourd'huy Carignan, dans le même Diocèse, pour l'instruction des jeunes Clercs.

XVIII.
Ecoles de l'Abbé d'Epternach.

L'Ecole d'Epternach au même Diocèse de Tréves, fut successivement dirigée par trois sçavans Ecolâtres (u), Heribert, Budiger & Adelhaire qui formérent grand nombre de Disciples & laissérent à la postérité plusieurs productions de leur plume ; Marquard, autre sçavant y avoit aussi été élevé dans les Lettres ; il en fut ensuite tiré pour présider à l'Ecole de S. Mathias de Tréves. Nous parlerons dans cette Histoire de Marquard & d'Adelhaire en particulier. Reginon expulsé de son Abbaye de Prum, se retira à Tréves, où il mourut en 915. & fut enterré en l'Abbaye de S. Maximin de Tréves ; il y a toute apparence que dans ce fameux Monastére, il continua ses exercices littéraires & y composa quelques uns de ses Ouvrages.

XIX.
Ecoles de l'Abbaye de Prum. Marcard. Gerunguc. Rheginon.

Les Ecoles du Monastére de Prum, au même Diocèse de Tréves, furent célébres sous l'Abbé Marquard au milieu du neuvième siécle ; il attira dans son Abbaye quantité d'habiles gens, comme Gerungus, auparavant Chambellan de l'Empereur, Nithard connu dans Loup de Ferriéres, Ansbalde, Egile & Vandelbert ; ce dernier est célébre par son Martyrologe en vers : Adon depuis Archevêque de Viennes, Rheginon, Abbé du même Monastére de Prum, en firent l'honneur & l'ornement ; nous parlerons de la plûpart de ces Illustres dans des Articles particuliers. On verra dans le corps de cet Ouvrage, les vies de plusieurs Hommes célébres qui ont vécu à Tréves, & en particulier celles des Archevêques Jean & Jacques de la Maison de Baden, Fondateurs de l'Université de Tréves, & la vie des grands Hommes qui l'ont renduë célébre.

XX.
S. Tron ou Trudon vient étudier à Metz.

Il faut que les Ecoles de Metz, sous l'Episcopat de S. Cloud ou Clodulphe, ayent eu beaucoup de réputation, puisque S. Tron ou S. Trudon, s'étant adressé à S. Remacle pour le prier de l'instruire dans la science des Ecritures, celui-cy le renvoya à S. Cloud, Evêque de Metz, fils de S. Arnould. S. Cloud le mit sous la discipline du Gardien de l'Eglise, qui étoit sans doute le Chef de ces Ecoles, & sous lequel le jeune éléve acquit de grandes connoissances ; ayant ensuite fondé le Monastére de Sarchine, qui fut depuis nommé de son nom, & soumis à l'Evêché de Metz, S. Tron y ouvrit lui-même une Ecole pour l'instruction de la jeunesse.

XXI.
Ecoles de la Ville de Toul.
XXII.
Adson, Directeur des Ecoles de l'Abbaye de S. Evre.

Nous avons déja dit un mot des Sçavans qui ont illustré la Ville de Toul ; S. Gauzelin & S. Gerard qui gouvernerent successivement ce Diocèse pendant plus de soixante ans, depuis 922. jusqu'en 994. prirent un soin particulier d'y faire fleurir les Lettres : ils en étoient instruits eux-mêmes autant que leur siécle le permettoit ; la réputation qu'Adson, Moine de Luxeuil, s'étoit faite par sa science & sa vertu, étant parvenuë jusqu'à Gauzelin, ce Prélat l'attira dans son Diocèse, le plaça en l'Abbaye de S. Epvre, & le chargea du soin des Ecoles qui étoient alors celles de l'Evêché.

S. Gerard, Successeur de S. Gauzelin, fort instruit dans la Science des saintes Ecritures, s'occupoit à former ses Clercs au ministére de la parole, & y réussit si bien qu'il n'y avoit aucune Eglise dans la Belgique, où il y eut plus de Clercs capables, ni où le Peuple fut mieux instruit que dans son Diocèse. Il y avoit aussi de petites Ecolles où l'on instruisoit les

---

(s) Histoire de Lorraine t. 2. p. ccccxx.
(t) Act. Bened. t. 2. p. 511. n. 2. 3.

(u) Trith. Chronic. Hirsaug.

PREFACE.

enfans dès l'âge de sept ans ; ces petites Ecoles se trouvent fort recommandées par les anciens ; c'étoient des Séminaires, où l'on formoit de bonne heure des sujets pour le service de l'Eglise.

Le jeune Brunon qui devint Evêque de Toul, & depuis Pape sous le nom de Léon IX. (*x*) fut envoyé dès l'âge de 5. ans à Bertholde Evêque de Toul, qui l'instruisit dans la science des Lettres. Brunon avoit pour compagnon d'Ecole deux jeunes Seigneurs, nommés Adalbéron, dont le premier qui étoit le fils du Duc Godefroi, mourût en bas âge, & l'autre, fils du Prince Friderik, se distingua autant par la sagesse de sa conduite, que par le succès de ses études de Philosophie, de la manière dont on la traitoit dans ce tems-là.

XXIII. *Bertholde, Evêque de Toul instruit les jeunes Clercs.*

Nous avons déja dit un mot du Bienheureux Jean de Gorze, qui fit ses premières études dans les Ecoles de Metz (*y*) ; ensuite il étudia dans l'Abbaye de S. Mihiel sur la Meuze, Diocèse de Verdun, où il eut pour Maître Hildebolde, disciple du fameux Remi d'Auxere ; de-là Jean de Vandiere, ou de Gorze, s'étant chargé de la Cure de Fontenoy près la Ville de Toul, il se trouva à portée de voir souvent le Diacre Berner, qui conduisoit les Ecoles de la même Ville de Toul, & qui étoit en réputation de science & de piété ; il y recommença ses études de la langue latine, que, jusqu'alors, il avoit fait avec assez peu de diligence & de succès, il y apprit les elemens de la Grammaire, & les premières parties de Donnat.

XXIV. *Etudes du B. Jean de Gorze, ou Jean de Vandieres.*

Peu de tems après, il fit connoissance avec les Religieuses de S. Pierre de Metz, qui vivoient alors dans une grande austérité (*z*) ; il entreprit avec ces servantes de Dieu, ce qui est très remarquable, de s'appliquer plus sérieusement qu'il n'avoit fait jusqu'alors, à l'étude de l'Ecriture sainte. Il lût avec elles toute l'Histoire de la Bible de l'ancien & du nouveau Testament ; puis les Livres qui traitent de l'Office divin ; & en particulier, le Livre intitulé *Comes*, que quelques uns ont attribué à S. Jerôme, les Décrets des Conciles, les Canons pénitentiaux, les Loix des Princes ou le Droit Civil, les Vies des Saints, les explications des Peres sur les Evangiles & les Epîtres, & le Chant Ecclésiastique : Telles furent les études de Jean de Gorze, avec ces saintes Religieuses, avant qu'il se fut consacré à Dieu par la vie monastique.

L'Auteur de sa vie parle aussi d'un Ecclésiastique nommé Bernacer, Clerc dans l'Eglise de S. Sauveur de Metz, célèbre par sa science, par l'art de bien écrire, & par la connoissance qu'il avoit du Comput Ecclésiastique. Tout cela fait voir, quel étoit alors l'état des Etudes au Diocèse de Metz & de Toul.

Les Montagnes de Vôges produisirent dans l'onziéme siécle un Prélat insigne par sa Doctrine, & qui fit grand honneur à l'Abbaye de Moyenmoutier ; c'est le Cardinal Humbert, qui vivoit en 1029. sous l'Abbé Norbert (*a*). On ignore le lieu de sa naissance, & celui où il fit ses premières études, mais l'Historien du tems, dit : qu'encore qu'il fut déja très habile, son Abbé Norbert lui procura les moyens de le devenir encore davantage. Il assure que Lambert, successeur de Norbert, rendit à ce Monastére un si grand lustre par les Lettres & par l'étude du Chant, qu'il y introduisit, & par les grands édifices qu'il y fit, qu'on peut lui appliquer cette parole de l'Empereur Auguste ; qu'il avoit trouvé la Ville de Rome bâtie de briques, & qu'il la laissoit bâtie de marbre, *Medianense Cœnobium sub Lamberto magnis scientia, & maximè Litterarum & Cantus lampadibus illustrans.*

XXV. *Ecoles dans les Vôges. Le Cardinal Humbert à Moyenmoutier.*

Vers l'an 1050. (*b*), le Pape Léon IX. étant à Toul, il s'éleva une dispute entre Hugues, Archevêque de Besançon, George de Hongrie, Loup d'Angleterre & Elinard Archevêque de Lion ; ce dernier voulant nier la vérité de la découverte du Corps de S. Etienne, premier Martyr, le Cardinal Humbert soutint le contraire, & pour le prouver, fit venir de l'Abbaye de Moyenmoutier les Livres de S. Augustin, qui en rapportent l'Histoire. Ce qui prouve, qu'alors ces Livres ne se trouvoient ni dans les Bibliothéques de la Cathédrale de Toul, ni dans celles des Abbayes de S. Epvre & de S. Mansuy ; tant les Livres étoient rares en ce tems-là.

Sur la fin du même siécle, c'est-à-dire, vers l'an 1090. l'Abbaye de Senones, voisine de celle de Moyenmoutier, étoit gouvernée par un Abbé d'un mérite supérieur, nommé Antoine, natif de Pavie, élevé dans les études dans l'Abbaye de S. Arnould de Metz, qui procura une réputation extraordinaire à son Monastére par les grands & somptueux

XXVI. *Etudes en l'Abbaye de Senones.*

(*x*) *Vita sancti Leonis IX.*
(*y*) *Vita B. Joan. Gorziens. secl. 6. Benedict. p. 368.*
(*z*) *Ibid. p. 370. 371.*
(*a*) *Hist. Mediani Monasterii, parte 3. p. 239. 244.*
(*b*) *Hist. Med. Monast. p. 247.*

PREFACE.

Edifices qu'il y éleva, & par la quantité d'excellens Livres dont il l'enrichit (c) pour sa propre consolation & pour l'édification de ses Religieux. Le Poëte qui a écrit sa vie en vers, & Richer, Historien de cette Abbaye, tous deux contemporains d'Antoine, en font un magnifique éloge, & louent sa grandeur d'ame, sa science, son amour pour la régularité (d). On peut voir dans cet Ouvrage les Articles du Cardinal Humbert, de l'Abbé Antoine & de Richer, Moîne de Senones.

XXVII. *S. Amé & S. Romaric à Remiremont. Etudes & Livres à Remiremont.*

Dans les mêmes montagnes des Vôges, S. Romaric, Gentilhomme de la Cour de Clotaire, Roi d'Austrasie, ayant fondé, vers l'an 620. le Monastére de Remiremont, pour des Vierges consacrées à Dieu, S. Amé son ami, en fut le premier Abbé. Ce Monastére étoit double, c'est-à-dire, étoit composé de deux Communautés, l'une de Religieux, & l'autre de Religieuses, demeurans dans des Monastéres séparés, sur une même montagne.

S. Amé avoit fait de fort bonnes études dans l'Abbaye d'Agaune, ou de S. Maurice en Valais (e), & il avoit le don de la parole qu'il exerçoit souvent dans les Bourgades de la Campagne ; étant fait Abbé des deux Monastéres de Remiremont, il se retira dans une caverne fort étroite au pied du saint Mont, vers le Midy, & y vécut dans une extrême austérité ; il ne laissoit pas tous les Dimanches, de visiter ses Religieux & ses Religieuses, de leur expliquer les saintes Ecritures, & de leur faire des Conférences spirituelles & instructives. Il est remarqué dans sa vie, que peu avant sa mort les Freres accouroient en foule pour l'entendre, & que les Religieuses venoient de même séparément, pour recevoir de lui les paroles du salut.

Il y a toute apparence qu'il inspira à ses Freres de Remiremont l'amour des sciences sacrées, dans lesquelles il s'étoit exercé pendant sa jeunesse, à Agaune : car S. Germain Martyr, premier Abbé de Grandvillers, dans le Diocése de Basle (f), vint de Tréves, lieu de sa naissance, où il avoit reçu les premiers principes des belles Lettres sous l'Archevêque Modoalde, à Remiremont auprès de S. Arnould, qui s'étoit retiré sur une montagne voisine du saint Mont, vers le Nord. Arnould charmé de l'esprit, de la piété & de la science du jeune Germain, qui n'avoit alors que 17. ans, l'envoya au Monastére d'Habend, ou Castel, ou Remiremont, où il fut l'admiration des Solitaires qui l'habitoient ; il alla de-là à Luxeuil, d'où S. Walbert le mena à Grandviller, où il fut établi premier Abbé ; il y souffrit le Martyre vers l'an 666.

XXVIII. *Manuscris de Remiremont.*

Le Monastére de Remiremont a conservé quantité de bons Manuscrits, dont une partie a été donnée à feu Mr. Andreu, Ecolâtre de Remiremont ; une autre partie est demeurée au Monastére du saint Mont, & le plus grand nombre de ces respectables Monumens a été transporté à l'Abbaye de Moyenmoutier, où ils sont aujourd'huy. Je ne parle pas de ceux qu'on a tirés de ce Monastére pour être envoyés à Heidelberg, d'où ils sont passés au Vatican.

XXIX. *Ecoles à Verdun.*

L'Eglise de Verdun fut de bonne heure célébre par ses Ecoles (g). S. Auspice avoit, dit-on, soin de celles de Verdun sur la fin du cinquiéme siécle. On croit qu'elles furent établies par S. Pulcrone, Evêque de cette Ville, sur le modéle des Ecoles de S. Loup de Troyes son oncle, sous la discipline duquel il avoit été instruit. Elles devinrent si fameuses sous l'Episcopat de S. Firmin, qui avoit dirigé celles de Toul avant qu'il fût Evêque de Verdun, qu'elles produisirent un grand nombre de saints Evêques, de Prêtres & de Clercs, qui travaillerent utilement à la conversion du reste des payens qui étoient encore dans le Pays.

Les plus illustres de ces saints Prêtres furent S. Vanne, successeur de S. Firmin ; S. Mémin, frere de S. Vanne, & S. Euspice leur oncle dont on a déja parlé ; on croit que S. Vanne & S. Euspice son oncle prenoient soin d'instruire eux-mêmes leur Clergé & leur Peuple. Les Evêques S. Airy, S. Maldavée, & plusieurs autres saints Evêques en userent de même.

XXX. *Ecoles a S. Vanne de Verdun.*

Les Clercs qui composoient au commencement la Communauté de S. Vanne, étoient chargés du soin des Ecoles publiques. L'Evêque Berenger leur substitua, au neuviéme siécle, des Moînes de l'Ordre de S. Benoît, qui furent chargés du même emplois.

(c) *Anonimi versus de Abbate Antonio. Singula vix fatur quot Libros hic gratulatur se conquisisse.*
(d) *Richerii Senonens. lib. 2. c. 21.*
(e) *Vita S. Amati sæcul. 2. Bened. p. 129. & seq.*

(f) *Vita S. Germani, Mart. sæcul. 2. Bened. p. 511. & sequens.*
(g) *Hist. de Verdun Livre 1. p. 8. 9. 40. 53.*

D'Adon

PREFACE.

Dadon, Evêque de Verdun, sous lequel Bertaire avoit étudié, passoit pour un des plus habiles Prélats de son siécle; il se mêloit quelquefois de Poësie, & nous en parlerons sous son titre. Bertaire a écrit l'abrégé de l'Histoire de Verdun. Du tems de Dadon, il y avoit à S. Vanne un Réclus qui étoit en réputation d'être très versé dans les Lettres sacrées. Berhard qui étoit Evêque de Verdun en 879. prenoit soin de l'Ecole de S. Vanne; il eut pour principaux disciples Dadon son neveu, qui fut aussi son successeur, & Bertaire dont nous avons parlé sous leur titre.

Les Ecoles de l'Abbaye de Saint-Mihiel sur la Meuze, au Diocèse de Verdun, sont devenuës très fameuses, principalement sous l'Abbé Smaragde dont nous avons fait la vie dans cet Ouvrage.

XXXI.
Ecoles en l'Abbaye de S. Mihiel sur Meuze.

Les Peres Carmes de Baccarat en Vôges, fondés en 1441. ouvrirent des Ecoles célébres pour ce tems-là, dans leur Couvent de Baccarat fondé par les Evéques de Metz; ils avoient ordinairement deux Professeurs de Théologie, ils y enseignoient, moyennant une petite rétribution, quantité de personnes Séculiéres & Ecclésiastiques; ils avoient même quelquefois des Pensionnaires des Abbayes de Senones & d'Etival, pour les former dans la piété & dans les sciences. On y a vû jusqu'à dix & douze Prédicateurs à la fois, qui remplissoient les Chaires de Station dans toutes les Villes des environs, dont la rétribution faisoit une partie de leur revenus. Je trouve le 23. Janvier 1505. une Sentence de l'Official de Toul, qui leur défend de tenir Ecole sans la permission du Prieur du Moniet, dépendant de l'Abbaye de Senones, & du Prévôt & des Chanoines de Deneuvre. C'est qu'alors on regardoit la fonction d'enseigner la jeunesse, ou de la faire enseigner, comme attachée à la charge de Curé, qui étoit dépendante dudit Prieur, & du Chapitre de Deneuvre.

XXXII.
Ecoles des P. P. Carmes de Baccarat.

Anciennement, & avant l'invention de l'Imprimerie, les Livres étoient regardés comme choses si rares, si estimées & si précieuses, qu'on les offroit aux Princes, par présent, aux jours de grandes Fêtes, en place des dons annuels qu'on avoit accoutumé de leur faire ces jours-là. Sans sortir de la Lorraine, on montre encore aujourd'huy à Paris dans la Bibliothéque de Colbert, la belle Bible qui fut offerte à Charles le Chauve par l'Abbé & les Religieux de l'Abbaye de S. Martin près la Ville de Metz. On voit aussi dans nos Abbayes des Bibles & des Livres des Evangiles présentés aux Abbés par des Religieux (*h*), ou à des Evêques par leurs Clercs. Les Ecoliers qui étudioient dans les Monastéres, devoient donner à leurs Maîtres chacun deux Volumes par an, par forme d'Honoraire.

XXXIII.
Etudes à S. Martin de Metz.

Je remarque au neuviéme & dixiéme siécle que dans ce pays on avoit quelque goût pour la langue grecque, & que quelquefois on écrivoit en caractéres grecs certains mots latins. Par exemple dans le Livre des Evangiles qui a servi à S. Gauzelin, Fondateur de l'Abbaye de Bouxieres-aux-Dames, & qui est mort en 962. on lit ces mots en caractéres grecs: ΑΡΝΑΛΔω. ΙωΒΗΝΘΗ. *Arnaldo jubente*, par le commandement d'Arnalde, apparemment d'Arnalde, Evêque de Toul qui vivoit en 876. Dans le même Manuscrit on lit: ΗΙΔΗΟϚ. ΗΛΗΟϚ. *Misericordia* & ΗΡΜΗϹ *Mercurius* & ΗΡΗΝΗ *Pax*. Cela prouve au moins, qu'ils lisoient le grec, & en connoissoient les caractéres, quoiqu'ils n'en sçussent pas la langue.

XXXIV.
La langue grecque n'étoit pas inconnuë dans ce Pays.

Dans un autre Manuscrit de l'Abbaye de Tholey à peu près du même tems, après avoir rapporté l'Alphabet grec, on lit ces mots latins en caractéres grecs:
ΗΘ Ηω ΡΟΧ ΟΡΧΑ ΙϹΤΑ ΗϹΘ, *& eorum forma ista est*, puis suivent les Caractéres de l'Alphabet hébreu: Aleph, Beth, Gemel, Deleth, He, &c. Ces Caractéres hébreux sont fort différens des nôtres. Ce que j'ai remarqué dans plusieurs autres anciens Manuscrits, en particulier à Murbach, & à S. Gal en Suisse; ils reviennent assez aux Caractéres Samaritains, ou anciens Hébreux.

Ces deux Alphabets, grec & hébreu, sont écrits dans un Manuscrit en vélin du neuviéme ou dixiéme siécle, qui contient le Commentaire de Smaragde, Abbé de Saint-Mihiel sur la Régle de S. Benoit; je ne doute pas que ces deux Alphabets n'ayent été pris sur l'original même de Smaragde qui avoit de bonnes Ecoles dans son Abbaye, & y cultivoit les langues grecque & latine. Il paroît que cet Abbé sçavoit lui-même la langue grecque, car dans son Commentaire sur la Régle de S. Benoit, lorsqu'il explique les noms de *Monachus*, *Cœnobita*, *Eremita*, *Gyrovagus*, *Typus* ou *Thypus*, &c. il en tire fort bien les étimologies du grec.

(*h*) *Bibliotheca Floriacens. pag. 302.*

x   PREFACE.

Les Evêques Theutgaud de Tréves, & Advence de Metz devoient auſſi ſçavoir cette langue (*i*), au moins imparfaitement, puiſque dans leurs lettres formées, ils inſerent des Caractéres grecs formant une certaine ſomme, priſe de la valeur de ces lettres ſuivant l'Alphabet grec, ces lettres ſont de l'an 860. 862. ou environ.

XXXV.
Les Ecoles négligées ou abandonnées depuis la décadence de l'Empire de Charlemagne.

Depuis le régne de Charlemagne & de Louis le débonnaire, la Lorraine & le Pays dont nous parlons, ayant preſque toujours été le théatre de la guerre, on ne doit pas être ſurpris d'y voir ſi peu d'hommes de Lettres. Les Ecoles de Paris les plus fameuſes de l'Europe, n'ont été guéres plus fécondes dans ces ſiécles de barbarie & de trouble ; elles ont produit peu d'ouvrages dignes de leur haute réputation ; la barbarie régnoit dans les Ecoles mêmes. La Philoſophie & la Théologie s'y traitoient d'une façon, & d'un ſtile peu convenables à la dignité de leur matiére. La langue françoiſe commença alors à ſe former, mais d'une maniére très imparfaite & comme en bégayant. Les ouvrages de ſculpture, de peinture, d'orfévrerie, de gravûres de ce tems-là, ne ſont que de trop bonnes preuves de ce que je dis ; on n'y voit, ni goût dans l'invention, ni délicateſſe dans l'exécution, ni propreté dans les maniéres.

XXXVI.
Sugere, Abbé de S. Denis, fait venir des Orfévres de la Belgique.

Du tems de Sugere, Abbé de S. Denis en France en 1140. (*k*), il y avoit dans ce Royaume ſi peu de bons ouvriers en orfévrerie, qu'il fit venir de Lorraine ſept à huit Orfévres qui travaillerent pendant deux ans au grand Crucifix d'argent, qu'il fit faire pour ſon Egliſe ; ceux qui ont vû les ouvrages que ce célébre Abbé a fait de ſon tems, conviendront qu'il y a bien peu de goût ; c'étoit le défaut du ſiécle plutôt que des perſonnes.

Frotaire Evêque de Toul, (*l*) qui vivoit en 821. & mourut en 846. voulant mettre quelques peintures ſur les murs de ſon Egliſe, fut obligé de prier l'Abbé Aglemare d'un Monaſtére éloigné, de lui envoyer des couleurs, ſçavoir ; de l'or en poudre, de l'indigo, de l'azur, du vermillon, du *peruſinum* ou *praſinum* du beau verd & du vif-argent.

XXXVII.
Tutilon, Moine de S. Gal, peint à Metz.

Tutilon, Religieux de S. Gal, mort en 898. vint peindre dans l'Egliſe de Metz ; il étoit Graveur & Sculpteur. Tout cela montre la diſette où l'on étoit en Lorraine, de bons Peintres & même de couleurs pour peindre.

XXXVIII.
Ecrivains dans la Lorraine au 8. 11. 12. 13. ſiécles.

Adſon, qui a écrit la vie de S. Manſuy, premier Evêque de Toul, ſur les mémoires & la tradition du Pays, vivoit vers l'an 966. c'eſt lui qui a donné l'hiſtoire des Miracles de S. Manſuy, la vie de S. Epvre, l'hiſtoire de ſes Miracles, & la vie de quelques Evêques de Toul ſes ſucceſſeurs ; cet Adſon vivoit du tems de S. Gerard, Evêque de cette Egliſe, mort en 994.

L'hiſtoire des Evêques de Tréves avoit été écrite vers l'an 980. elle fut retouchée & augmentée vers l'an 1012. par Thierry, Religieux de S. Mathias de Tréves.

XXXIX.
Thierry, Religieux de S. Mathias de Tréves.

L'Anonime qui a continué vers l'an 810. l'hiſtoire des Evêques de Metz commencée par Paul Diacre vers l'an 775. vivoit ſous l'Evêque Angelramne ; elle a été continuée par un Anonime qui finit en 1120. & par un autre qui va juſqu'en 1260.

XL.
Vigeric, auteur de la vie de S. Gerard. Vibert, auteur de la vie de S. Leon IX.

Les vies de S. Gerard, Evêque de Toul, par Vigeric, & celle du Pape S. Leon IX. compoſée par Vibert, celle de S. Hidulphe, Fondateur de l'Abbaye de Moyenmoutier, celle de S. Diey, Fondateur de l'Abbaye qui porte ſon nom, ſont du dixiéme, onziéme & douziéme ſiécles, mais priſes ſur de plus anciens Monumens.

XLI.
Bertaire, & Laurent de Liége Hiſtoriens de Verdun.

L'hiſtoire des Evêques de Verdun fut commencée vers l'an 887. par Bertaire, Prêtre de cette Egliſe, elle fut continuée par un Religieux de l'Abbaye de S. Vanne qui vivoit ſous l'Evêque Thierry en 1047. Laurent de Liége, Religieux dans la même Abbaye, la pouſſa juſqu'en 1190.

Le Religieux qui a écrit la Chronique de l'Abbaye de S. Mihiel, vivoit ſous l'Abbé Nanthere en 1030.

XLII.
Sehere, Fondateur de Chaumonſey.

Sehere, Fondateur & premier Abbé de Chaumouzey, en a écrit l'origine, il vivoit en 1090. & mourut en 1128.

Le Bienheureux Jean de Gorze avoit fort bien étudié pour ce tems-là ; il liſoit aſſidû-

---

(*i*) *Martenne ampliſſima collectio.* Tom. 1. p. 155. 159. | *Franc. Franciſci Ducheſne.*
(*k*) *Suger de adminiſtr. ſua c. 32. pag. 345. Tom. 4. hiſt.* | (*l*) *Frotar, Epiſt. x. p. 720. hiſt. Franc. Ducheſne.*

PREFACE. xj

ment S. Grégoire le Grand, & sçavoit par cœur une bonne partie de ses Morales. L'Auteur de sa vie dit, qu'il étudia les Decrets des Conciles, les Livres pénitentiaux, les Rituels, & ce qui regarde les cérémonies de l'Eglise. *Decretum Conciliorum, judicia pœnitentium, ordinem actionum ecclesiasticarum.* Jean, Abbé de S. Arnould son contemporain, n'étoit pas moins cultivé; ils vivoient tous deux au dixiéme siécle.

XLIII. *Le B. Jean de Gorze.*

Nous avons les vies de quelques Evêques particuliers de l'Eglise de Metz écrites au neuviéme, dixiéme & onziéme siécles.

Richerius, Historien de l'Abbaye de Senones, vivoit en 1215.

XLIV. *Richerius Historien de l'Abbaye de Senones.*

Les Chroniques de Metz & de Lorraine sont plus récentes; tout ce détail est plus propre à faire connoître notre indigence, qu'à faire montre de nos richesses.

Lorsque les Ecoles des Evêchés & des Monastéres furent abandonnées dans ce Pays-cy, par les malheurs des tems, & par les guerres toujours funestes à la Littérature & aux bonnes Etudes, plusieurs Sujets Lorrains & des trois Evêchés se retirerent à Paris pour y étudier dans l'Université, qui s'est toujours beaucoup mieux soutenuë.

Nous parlerons cy-après des Fondateurs du Collége de la Marche à Paris par Jean & Guillaume de la Marche, & par Beuve de Voinville, Village près la Ville de Saint-Mihiel. Nous parlerons aussi, en particulier, de Richard de Wasbourg, qui fut élevé dans ce Collége de la Marche à Paris, où il fut mis en 1507. & y passa plusieurs années successivement en qualité de Boursier, de Régent, de Procureur & de Principal.

XLV. *Lorrains dans l'Ecole de Paris.*

Au 14. siécle, nous voyons dans l'Histoire de l'Université de Paris par Cæsar-Egasse Bulée (*m*), François de Saint-Mihiel choisi unanimement Recteur de l'Université en 1368. Dans le même tems fleurissoient *Louis de Nancy* & *Dominique du Duc* du Diocèse de Toul, qui fut choisi Procureur de la nation Françoise en 1370. En même tems, Pierre de Metz, Nicolas de Vaudémont, Jean de Foug, Louis de Nancy, furent reçus Maîtres-és-Arts. Hugues de Vaudémont fut fait Bachelier en 1474. Vers le même tems, on connoît Hugues de Verdun, Bachelier, Giles d'Etain, Nicolas de Gondrecourt de Toul, Dominique de Lunéville, Jean de Saint-Mihiel, Jean & Lambert, tous deux de la Marche, & plusieurs autres, tous distingués par leur sçavoir, leur dégrés & leurs emplois.

S. Pierre de Luxembourg, aussi illustre par sa piété & par sa dignité d'Evêque de Metz, que par la Noblesse de sa naissance, fut aussi élevé dans l'Ecole de Paris, ainsi que Barthelémi de Bar-le-Duc, Jacques Perot de Metz, Geoffroy de Mirecourt, qui fut Recteur de l'Université en 1339. Jean de Ligniers fut le plus célébre Philosophe & Astronome de son tems, dit Tritheme (*n*); il eut le bonheur de rétablir & de faire revivre cette science, qui étoit presque entiérement oubliée de son tems. Il a laissé divers Ouvrages, & a fleuri vers l'an 1330. Voyez son Article cy-après. Jean de Moncon & Nicolas Mahuet de la Ville de Pont-à-Mousson, Thierry de Neuf-château, Jean de Baccarat, dit de Chaligny, & grand nombre d'autres, que l'on peut voir dans les catalogues de Mr. Bulée, ont aussi paru avec distinction dans ces célébres Ecoles.

La Lorraine autrefois avoit fort peu de Villes, & ces Villes étoient peu considérables; hors les trois Villes Episcopales Metz, Toul & Verdun, toutes les autres sont nouvelles, ou ne sont devenuës grandes que depuis quelques siécles. Bar-le-Duc étoit peu de chose avant que Frideric, Duc de Bar y eut bâti son Château en 951. Elle ne s'est aggrandie qu'assez long-tems depuis.

XLVI. *Obstacles aux études de la part des Villes de Lorraine.*

Nancy étoit une assez petite Bourgade, lorsqu'au quinziéme siécle le Duc de Bourgogne Charles le Hardi en fit le siége; le Pont-à-Mousson, Saint-Mihiel, Lunéville, Commercy, Saint-Diez, Remiremont, Epinal, Raon l'Etappe, Baccarat, Badonviller, Remberviller, sont récens; or il n'y a guéres que les bonnes Villes, où l'on ait les commodités pour étudier, & où l'on trouve des personnes aisées & capables de pousser leurs enfans aux études; avant le 16. & le 17. siécles il n'y avoit aucun Collége en Lorraine.

Ce Pays étoit assez borné & entrecouppé de Villes & de Villages du Barrois & des Evêchés de Metz, Toul & Verdun; autre difficulté pour les études; ces differens petits Etats étoient presque toujours en guerre; les interêts des Seigneurs particuliers toujours opposés, par

XLVII. *Agitations & guerres presque continuelles en Lorraine.*

(*m*) *Hist. Universit. Parif. T. 4. p. 964.*   (*n*) *Trithem. de viris illustrib.*

C ij

PREFACE.

conféquent, il ny avoit que point ou peu de commerce entre les fujets, peu de fûreté fur les chemins; & comment aller fûrement étudier dans les Villes Epifcopales, dans lefquelles feules il y avoit des Ecoles, ou dans les Abbayes, qui n'étoient pas elles-mêmes en fûreté contre les irruptions fubites & prefque continuelles des Seigneurs particuliers, qui fe faifoient fouvent la guerre à propos de rien, & qui prenoient les fujets les uns fur les autres pour fe faire juftice, ou pour fe faire payer de ce qu'ils prétendoient leur être dû par les Seigneurs à qui ces hommes appartenoient.

XLVIII. *Les études reprennent vigueur en Lorraine fous les Ducs René I. & René II.*

Depuis que le Duché de Lorraine s'eft aggrandi par les jonctions du Barrois, l'étude des Lettres & des beaux Arts y a fait quelque progrès. Dès le tems du Duc René I. d'Anjou, qui unit le Duché de Bar à celui de Lorraine par fon mariage avec Ifabelle de Lorraine; les Lettres reprirent un peu de vigueur; mais les troubles de fon régne ne permirent pas qu'on en vit les fruits, non plus que les dérangemens des régnes des Ducs Jean I. & Nicolas fes fucceffeurs; mais fous René II. qui vint après eux, on vit Jean Lud & Chretien Sécrétaire de ce Prince, qui étoient hommes de Lettres & qui ont laiffé quelques Ouvrages; Pierre de Blaru, Poëte & Chanoine de Saint-Diey, l'Auteur de la Chronique de la Lorraine & quelques autres ont acquis de la réputation dans ce même fiécle, de même que Bafin de Sandaucourt auffi Chanoine de Saint-Diey.

XLIX. *Jean Lud & Chretien Sécrétaire du Duc René II.*

L. *Pierre de Blaru, Herculanus, Laurent Pillart hommes de Lettres à Saint-Diey.*

Sous le Duc Antoine, nous connoiffons Jean Herquel ou Herculanus, & Laurent Pillart ou Pilladius, tous deux Chanoines de Saint-Diey; ils écrivoient affez bien en latin & avoient l'efprit cultivé; on vit en même-tems Edmond du Boulay, Héraut d'armes de Lorraine, & Symphorien Champier, Médecin du même Duc & Richard de Vasbourg, Archidiacre de l'Eglife de Verdun, qui a écrit l'Hiftoire de cette Eglife & les Antiquités de la Gaule Belgique.

LI. *Edmond du Boulay, Symphorien Champier, Richard de Vaffebourg hommes doctes.*

Simon Moïcet, Curé de S. Nicolas entreprit vers ce tems-là l'Eglife de S. Nicolas près Nancy, un des plus beaux & des plus hardis édifices de l'Europe, & qui fut achevé dans l'efpace d'environ 45. ans On bâtit en même tems le Palais Ducal de Nancy, une partie de l'Eglife Cathédrale de Metz, d'autres Eglifes, des Ponts, des Châteaux, des Monaftéres & d'autres Edifices publics & particuliers de bon goût & d'une grande folidité.

LII. *Simon Moïcet auteur de l'Eglife de S. Nicolas en Lorraine.*

L'Univerfité de Pont-à-Mouffon ayant été fondée par le Duc Charles III. vers l'an 1572. & les Ducs fes fucceffeus ayant établi des Colléges de Jéfuites dans prefque toutes les Villes de leurs Etats, l'on vit la face des chofes entièrement changée par rapport aux études. Ce fut une émulation générale de tous les Ordres, chacun fe portant à l'envie à étudier les langues fçavantes, la Grammaire, l'Eloquence, la Philofophie, les Mathématiques, la Jurifprudence, la Médecine, & la Théologie.

LIII. *Univerfité du Pont-à-Mouffon fondée en 1572.*

Le même Duc Charles III. pour animer encore davantage fes Sujets à l'étude, fit venir à grand frais, plufieurs excellens hommes en tout genre de littérature; Jurifconfultes, Médecins, Théologiens, Philofophes, Grammairiens, Antiquaires; du nombre de ces fçavans Hommes, qu'on vit fleurir dans l'Univerfité de Pont-à-Mouffon, font les Guinets pere & fils, Grégoire Touloufain & Pierre Charpentier Jurifconfultes, les Barclais pere & fils, les Fouriers & les Le pois, Cachet, Mouzin, Guibert fameux Médecins, les Maldonats, les Abrams, les Sirmonds, les Frontons Du duc, les Léonards Perin Jéfuites; Philippe François Bénédictin, les Porcelets, de Treille & Noméfius Poëtes, Berthemin Médecin, Remi, Hordal, Didier de la Cour, Pierre Fourrier, Lairuël, & grand nombre d'autres, dont on verra les noms & la vie dans cet Ouvrage.

LIV. *Sçavans attirés en Lorraine par la libéralité du Duc Charles III.*

Il n'y eut pas jufqu'aux Princes de la Maifon de Lorraine, fur-tout ceux qui étoient deftinés à remplir les dignités Eccléfiaftiques, qui ne vouluffent avoir part à la gloire de ce renouvellement des Lettres; ils s'y diftinguerent avec éclat, & travaillerent en même-tems avec zele, conjointement avec Charles III. Chef de leur Maifon, à la réforme du Clergé féculier & régulier de leurs Etats; par ce moyen ils en bannirent l'oifiveté, l'ignorance & les déréglemens, qui en font les fuites ordinaires.

LV. *Hommes illuftres en Lorraine fous Charles III.*

Le Duc Henry II. fils & fucceffeur du Duc Charles III. marcha fur les traces de fon pere, maintint dans la Lorraine le goût des Lettres & des Arts, & l'exercice des études; il fit achever la Ville-neuve de Nancy, commencée par le Duc Charles III. fon pere, dont les Fortifications & les Portes fur-tout, paffoient pour des plus belles de l'Europe; on vit fous fon gouvernement, des Peintres, des Sculpteurs, des Graveurs, des Fondeurs, des Sçavans de toute forte; on vit éclorre fous fon régne les fruits des femences que le Duc Charles fon pere avoit jettées, mais qu'il n'avoit pas eu le loifir de recueillir dans leur plénitude.

PREFACE. xiij

Le gouvernement du Duc Charles IV. son gendre, qui avoit épousé la Princesse Nicole sa cousine-germaine, fille du Duc Henry II. renversa tout ce qui avoit été si heureusement commencé. Le penchant dominant de ce Prince pour la guerre, son esprit inquiet, les troubles dont son régne fut presque continuellement agité ; la guerre, la peste, la famine, qui reduisirent la Lorraine à une espéce de solitude ; la désolation, la désertion du Pays, l'extrême indigence où la plûpart des habitans se trouverent réduits, replongerent la Province dans son ancienne ignorance, dont elle ne s'est bien relevée, que sous le régne tranquille du Duc Leopold I. d'heureuse mémoire.

LVI. *Princes de la Maison de Lorraine distingués par leur doctrine.*

La Congrégation de S. Vanne ayant acquis quelque réputation de science, par les cours d'Etudes & les Académies qu'on y a établis, & certaines personnes même des Pays étrangers, m'ayant prié de leur faire connoître ceux de cette Congrégation, qui se sont distingués par leurs Ecrits, par leur érudition & leur piété ; j'ai cru faire plaisir à ces personnes, & rendre un petit service à la République des Lettres, de recueillir dans cet Ouvrage la vie, les Ecrits, les emplois, & les qualités de ceux qui ont paru avec distinction, non seulement en Lorraine, mais aussi dans la Franche-Comté, dans la Champagne, & dans les trois Evêchés, où s'étend cette Congrégation. Cette addition de quelques Auteurs étrangers à la Lorraine, ne sera pas beaucoup à charge au public, le nombre n'en est pas grand, & elle fera plaisir aux Ecrivains des Bibliothèques, qui sont aujourd'hui si fort à la mode : ils trouveront ici de quoi augmenter leur Catalogue d'Auteurs & de quelques Ecrits, dont la plûpart n'ont pas encore paru au public.

LVII. *Etat florissant des Etudes en Lorraine, sous le Duc Henry.*
LVIII. *Le gouvernement du Duc Charles IV. fatale aux Etudes.*
LIX. *Etudes dans la Congregation de S. Vanne.*

Les Peres Chanoines-Réguliers réformés de la Congrégation de S. Sauveur, ont aussi ouvert des Ecoles pour l'instruction de la jeunesse, & se sont acquis beaucoup de réputation dans le Pays, par leur bonne maniere d'enseigner les Humanités ; ils ont même érigé dans la Ville de Metz une Académie, qui leur fait beaucoup d'honneur.

LX. *Ecole des Chanoines-Réguliers réformés de Lorraine.*

J'ai mis dans ma Liste quelques Evêques, quelques Suffragans de Tréves, Metz, Toul & Verdun, & quelques Ecclésiastiques de ces mêmes Eglises, qui ne sont pas nés en Lorraine, ni dans ces Villes Episcopales ; mais comme ils ont vécu dans ce Pays, qu'ils y ont possedé des dignités éminentes, qu'ils y ont composé la plûpart de leurs Ecrits, & y ont passé la plus grande partie de leur vie, par-là ils ont acquis une espéce de droit de naturalité. Nous ne nous plaindrons point, si les étrangers exercent le même droit sur les Sujets Lorrains qui se trouveront établis chez eux : ce droit réciproque ne peut être qu'honorable & avantageux aux uns & aux autres. Si c'est un vol de notre part, on peut user de représailles envers nous, sans que nous nous en offensions.

LXI. *Etrangers mis dans la Liste de nos Hommes illustres.*

J'ai ajoûté à ma Liste quelques personnes d'une piété éminente, moins illustres par leur littérature, que par l'excellence de leurs vertus : le nombre n'en est pas grand, & plût à Dieu qu'il le fût davantage ; car le nom de piété & la science des Saints sont d'un mérite bien supérieur à la doctrine acquise par l'étude, & aux talens les plus estimés, & les plus rares de l'esprit & de l'industrie.

LXII. *Personnes de piété mises dans la Liste des Hommes illustres.*

Quelquefois j'ai donné des Piéces fugitives & des Poësies des personnes peu connuës, pour faire juger de leur goût & du mérite de leurs Ouvrages ; on ne pourra que m'en sçavoir gré : ce n'est pas assez de connoître les Auteurs, leurs noms, leur vie, le nombre & les Listes de leurs productions ; on est bien-aise de connoître aussi leurs caracteres d'esprit, leur capacité, leur maniere d'écrire & de penser, sur-tout lorsque leurs Ecrits sont rares, ou qu'ils ne sont pas imprimés.

LXIII. *Piéces fugitives.*

Quelques Auteurs Lorrains se sont appliqués à former une espéce de Calendrier de Saints des Princes de la Maison de Lorraine, sans doute, afin d'animer la piété des Princes de cette Maison, en leur proposant des exemples domestiques de vertus à imiter. Ces Auteurs y ont réussi jusqu'à un certain point ; & à force de chercher, ils ont trouvé de quoi remplir leurs Listes. Mais, quoique la Maison dont on vient de parler, ait toujours cultivé la piété, & ne se soit jamais écartée de la Foi & de la Religion Chrétienne & Catholique, il est néanmoins presque impossible de lui trouver trois cens soixante-cinq Saints reconnus dans l'Eglise, même en suivant le systême, qui fait remonter jusqu'à Jules-César les origines de cette auguste Maison.

LXIV. *Calendrier des Saints de la Maison de Lorraine.*

Le Pere Jacques Saleur Cordelier, dans sa *Clef-Ducale*, qu'il a été 25. ou 30. ans à façonner, comme il le dit lui-même, donne un *Catalogue des Saints & Saintes, & des illustres Ecclésiastiques de la dévote & fameuse Consanguinité de la Maison de Lorraine* ; mais il

LXV. *Le P. Jacques Saleur Cordelier.*

D

PREFACE.

ne produit point toujours de preuves certaines, ni de la fainteté des Perfonnages dont il parle, ni de leur extraction de la Maifon de Lorraine. Le R. P. Richard Jefuite Miffionnaire, natif de Pont-à-Mouffon, travailloit en 1629. depuis 25. ans à l'Hiftoire des Saints de la Maifon de Lorraine, & difoit qu'il en avoit un plus grand nombre, qu'il n'y a de jours en l'année : il reçut ordre de remettre fon Manufcrit entre les mains de quelques perfonnes fidelles & affectionnées. Je ne fçais ce que cet Ouvrage eft devenu ; fi l'on en pouvoit produire une femblable fuite bien prouvée, ce feroit fans doute un beau relief pour l'Hiftoire des hommes illuftres de ce Pays ; car, entre ces Saints, il s'en eft trouvé de diftingués autant par leur fcience & leur éloquence, que par leur piété & leurs vertus héroïques.

LXVI.
Eloge des Lorrains par le P. Jacques Perard Jéfuite.

Je ne fuis ni le feul ni le premier, qui ait fongé à venger la Lorraine & les Lorrains de l'imputation qu'on leur fait d'ignorance ou de négligence, ou même de peu d'aptitude pour les fciences. Le R. P. Jacques Perard, Jéfuite François, natif de Vitry en Champagne, compofa & prononça en 1599. au Collége de Pont-à-Mouffon, une Oraifon, où il montra que la Lorraine avoit produit un grand nombre d'Hommes doctes : il en rapporta une affez grande quantité, tant anciens que nouveaux.

Il nomme en particulier Smaragde, Nantere, Sigefroy, Ulric, Abbés de S. Mihiel ; il loue l'Abbaye de Gorze, comme ayant été un Séminaire d'Hommes doctes & pieux : il en dit autant du Monaftére de Tholay, qui étoit autrefois comme la Pépiniere d'où l'on tiroit les Evêques de Verdun. Il parle avec de grands éloges de S. Pulcrone Evêque de Verdun, qui fut, dit-il, député avec S. Germain d'Auxerre, & S. Loup de Troyes, pour aller réfuter en Angleterre les erreurs de Pélage. Il fut enfuite deftiné par le Pape S. Leon, pour affifter au Concile de Calcédoine contre Eutyches & Diofcore. Le P. Perard parle en cela fuivant le préjugé de la Ville de Verdun. Il loue S. Eufpice, qui fut établi par S. Firmin pour gouverner les Ecoles de Verdun, d'où font fortis les Saints & fçavans Evêques *Avite* de Noyon, *Maximilien* ou *Mefmin* d'Orleans, *S. Vanne* de Verdun. Il nomme de plus Magdalvée, Volchife, Alberon, Evêques de la même Eglife, Cunon Abbé de S. Vanne de la même Ville, dont le Pape Eugene III. reconnut le mérite d'une maniere fi éclatante au Concile de Reims en 1147. en lui envoyant un Siége, & le plaçant en un lieu élevé parmi les Evêques.

Il paffe enfuite à l'Eglife de Metz, & il nomme avec éloge les Evêques Thierry, Boppart, Codegrand neveu du Roi Pepin, Chancellier de France : il auroit pû ajoûter Drogon fils de Charlemagne, Evêque de Metz, Betton Moine de Metz, Etienne, qui de Clerc de l'Eglife de Metz, devint Evêque de Liége ; Henry de Lorraine, Evêque de Téroüenne & de Metz ; le grand Cardinal Charles de Lorraine, fi connu par fa grande capacité, fa prudence & fon éloquence.

Enfin, le P. Perard vient à l'Eglife de Toul, & nomme par honneur S. Loup, qui alla en Angleterre pour y combattre l'héréfie Pélagienne ; S. Vaft Cathéchifte du Roy Clovis ; Brunon de Habsbourg, qui devint Pape fous le nom de Leon IX. Il parle auffi d'Etienne Pape, fous le nom d'Etienne X. de Jacques de Ruvigny Barifien, de Vincent de Lérins, du Cardinal Humbert, de Hugues Metellus Chanoine-Régulier de S. Leon de Toul, &c.

LXVII.
Libavius Chimifte, réfuté par M. Guibert Médecin Lorrain.

Un nommé Libavius, grand Partifan de la Pierre Philofophale & de l'Alchimie, avoit parlé des Lorrains d'une maniere peu polie, les accufant d'ignorance & de peu de goût pour la littérature ; M. Guibert, Médecin Lorrain, natif de S. Nicolas, fort habile homme, lui répondit par un Ecrit Latin, intitulé, *De la mort de l'Alchimie, & de la prétenduë tranfmutation des Métaux*, imprimé à Toul en 1614. Dans les pages 57. 58. & les fuivantes, il foûtient que de fon tems la Lorraine avoit d'auffi habiles gens en tout genre de littérature, qu'aucune autre nation de l'Europe. Que Libavius en faffe l'épreuve, on lui fournira en Philofophie, en Médecine, en Théologie, en Jurifprudence civile & canonique, des hommes capables de le difputer aux plus fçavans. Il parle en particulier du Pere Nicolas Seriere Jéfuite, natif de Remberviller, de Meffieurs le Pois, Cachet & Mouzin, célébres Médecins ; de M. Remy, Procureur Général de Lorraine, très fçavant Jurifconfulte ; de Pierre Gregoire de Touloufe & de Pierre Charpentier, célébres par leurs Ouvrages imprimés, & par leur profonde connoiffance de l'un & l'autre Droit. Il loue pour la Poëfie Thevenin, qui a compofé un fçavant Commentaire fur la Semaine de Dubartas. Il parle avec éloge de Nomefius ou Nomfi, natif de Charmes, Auteur du Parnaffe Poëtique, Ouvrage très eftimé de ce tems-là, & qui a fervi de modelle à tous les Dictionnaires poëtiques, qu'on a compofés depuis. M. Guibert auroit pû fe donner lui-même

PREFACE. XV

pour exemple de l'esprit, du bon goût, de la capacité, dont les Lorrains sont capables, lorsqu'ils veulent s'appliquer à l'étude.

Le R. P. Benoît Picard, Capucin de Toul, avoit depuis long-tems formé le dessein de donner la vie & la liste des Écrits des hommes qui se sont distingués dans le Diocése de Toul, par leur érudition, ou par leur habileté dans les arts : il m'avoit même assûré que son Ouvrage étoit assez avancé ; mais à sa mort précipitée, ses Papiers & ses Mémoires ont été tellement dissipés, que, quelques recherches que j'en aie faites, je n'en ai pû recouvrer la moindre chose.

Il me reste à témoigner ma reconnoissance envers ceux qui m'ont fourni des Mémoires. Le R. P. Dom Pierre Munier, Religieux de notre Congrégation, qui en a composé l'Histoire en six gros Volumes in-folio, m'a été d'un grand secours pour les Vies des Religieux de la même Congrégation. Le R. P. Joseph Petitdidier, cy-devant Chancellier de l'Université du Pont-à-Mousson, m'a procuré de bons Mémoires touchant la vie & les Écrits de ses Confreres Lorrains de naissance. L'Histoire de l'Université du Pont-à-Mousson, composée par le R. P. Nicolas Abram Jésuite, m'a de même appris plusieurs particularités importantes de la vie des Hommes illustres, qui ont paru dans cette fameuse Académie. Le R. P. Jean Blanpain, Curé & Official de l'Abbaye d'Étival, m'a fourni des Mémoires concernant la vie & les Écrits de ses Confreres.

M. Charles Peintre à Nancy, ancien Héraut d'Armes de Lorraine, & fort diligent à recüeillir ce qui peut servir à illustrer son Pays, nous a appris plusieurs particularités de la vie des Peintres & des Sculpteurs les plus célébres nés en Lorraine. Enfin, M. Nicolas le fils, Marchand à Nancy, s'est employé avec tout le zéle & l'application possible, à rechercher des Mémoires, à les transcrire, à consulter ses amis, afin de nous procurer les secours qui ont été en son pouvoir, pour nous aider à la perfection de notre Ouvrage.

Quelque diligence que j'aie apportée dans la composition de cette Bibliothéque, qui est le fruit de plusieurs années de travail, je n'ose me flatter d'avoir réussi à la porter à la perfection que j'aurois souhaitée. Je ne la regarde encore que comme une ébauche, qui pourra dans la suite se perfectionner : nous faisons tous les jours de nouvelles découvertes, & je serai très obligé à ceux qui me feront part des leurs, & qui m'instruiront des fautes dans lesquelles je suis tombé. Les Ouvrages de la nature de celui-ci demandent plus que la vie d'un homme ; nous en avons l'expérience dans tous ceux qui ont écrit des Bibliothéques & des vies d'Hommes illustres ; on y ajoûte & on y corrige tous les jours ; mais on a beaucoup d'obligation à ceux qui ont commencé à défricher & à ébaucher ces sortes d'Écrits.

On trouvera dans cette Bibliothéque les Titres de plusieurs Ouvrages tant anciens que modernes, qui sont demeurés Manuscrits, quoiqu'il y en ait un bon nombre qui mériteroient l'impression ; mais la modestie des Auteurs, ou leur indifférence pour se produire au public, la profession de solitude dans laquelle la plûpart sont engagés, l'éloignement des grandes Villes, & des Imprimeurs qui soient d'humeur d'entreprendre l'impression d'Ouvrages, dont le débit n'est pas toujours sûre, ou qui n'est pas assez prompt pour les enrichir, & les dédommager en peu de tems de leurs avances ; toutes ces raisons sont cause que la plûpart des Ouvrages dont nous parlons, n'ont pas été donnés au public.

S'il se trouve parmi ces Manuscrits quelques Piéces assez peu intéressantes, il s'en trouve d'autres qui méritent beaucoup de considération, quand ce ne seroit que par leur singularité, leur rareté, leur rapport à l'Histoire générale ou particuliere du Pays. Le public aime qu'on lui fasse part, au moins, du titre des Livres & des Traités qui sont cachés dans le fond des Bibliothéques, pour y avoir recours en cas de besoin : cela sert toujours à illustrer l'Histoire littéraire d'un Pays, à honorer la mémoire des hommes d'étude, & à enrichir la République des Lettres.

Le Lecteur sera bien-aise de trouver ici quelques Lettres, qui ont été écrites au sujet de la Bibliothéque Benédictine universelle, proposée & tentée par différens Religieux de l'Ordre de S. Benoît, & au sujet de la Bibliothéque particuliere de la Congrégation de S. Vanne, à l'imitation de celle de la Congrégation de S. Maur, qui a paru en Latin par le R. P. Bernard Pez, Religieux Benédictin de l'Abbaye de Malek en Autriche, & en François par le R. P. Dom Philippe le Cerf de la Congrégation de S. Maur.

Marginal notes:
LXVIII. Le P. Benoît Picart, Capucin forme le dessein de donner la vie des Hommes illustres du Diocése de Toul.
LXIX. Dom Pierre Munier Benédictin.
LXX. Le R. P. Joseph Petitdidier Jésuite.
LXXI. Le Pere Nicolas Abram, Auteur de l'Histoire de l'Université au Pont-à-Mousson.
LXXII. Le R. P. Blanpain Premontré.
LXXIII. M. Charles, Peintre à Nancy.
LXXIV. M. Nicolas le fils.
LXXV. Projet d'une Bibliothéque Benédictine. Le Pere Bernard Pez.

D ij

PREFACE.

On verra par les Lettres que nous donnons ici, avec quel empressement les étrangers ont demandé l'Ouvrage que nous donnons aujourd'hui au public, & avec combien de reconnoissance ils ont reçu le peu que nous leur en avons envoyé. On verra par ces Lettres, que le R. P. Gabriel Bucelin, Religieux Bénédictin de l'Abbaye de Weltkirch, avoit commencé un Ouvrage intitulé, *Benedictus redivivus*, où il prétendoit donner la vie des personnes illustres de l'un & de l'autre sexe, qui s'étoient distinguées dans notre Ordre en ces derniers siécles.

LXXVI. *Gabriel Bucelin.*

On verra dans les Lettres du R. P. Dom Bernard Pez, avec quel zéle il cherchoit à augmenter & enrichir la Bibliothéque Bénédictine qu'il avoit commencée, & pour laquelle il avoit écrit de très amples Recueils.

Dans celles du R. P. Louis Alvarez, Bénédictin de S. Martin de Madrid, on verra que les Bénédictins Espagnols ont formé depuis long-tems le projet d'une Bibliothéque Bénédictine, qui n'a pas encore paru.

LXXVII. *Le R. P. Magnoalde, Bénédictin de Zuifalt.*

Dans celles du R. P. Magnoalde, Religieux de l'Abbaye Impériale de Zuifalt, on voit le plan d'un Ouvrage intitulé, *Res Benedictina litteraria*; & la Lettre du R. P. Olivier Legipont, Soûprieur de S. Martin de Cologne, nous apprend, par le canal du sçavant Abbé de Gotvic, ce qui a empêché que la Bibliothéque Bénédictine commencée avec tant de travail par le R. P. Bernard Pez, n'ait été continuée.

Ces détails littéraires feront plaisir aux curieux, & pourront inspirer aux Sçavans le désir de continuer, ou même d'entreprendre tout-à-neuf un Ouvrage si digne de l'Ordre de S. Benoît, & si utile à l'Eglise. Celui que nous donnons ici au public, pourra procurer quelque secours à ceux qui travailleront après nous sur ce sujet ; & si chaque Province vouloit en faire autant, comme nous en avons fait de la Lorraine & des Pays voisins, on pourroit, après cela, aisément composer une Bibliothéque universelle, en rassemblant en un Corps toutes les Piéces de ce vaste Ouvrage.

LXXVIII. *Dom Hildephonse Cathelinot.*

Je ne parle pas ici de l'Ouvrage du R. P. Dom Hyldephonse Cathelinot, Bibliothécaire de l'Abbaye de S. Mihiel, intitulé, *Historia litteraria Benedictina in tres partes divisa ab ortu Ordinis nostri ad nostra usque tempora*, trois Volumes in-folio Manuscrits ; non plus que de la *Bibliothéque générale & particuliere des Auteurs de tous les Ordres & Congrégations, dans lesquels on pratique la Régle de S. Benoît, avec l'Histoire de leurs vies, le Catalogue, la Chronologie & les différentes Editions de leurs Ouvrages ; & à la fin l'état présent de l'Ordre de S. Benoît, où l'on trouve l'Histoire de tous les Ordres, Congrégations & Monasteres de l'un & de l'autre sexe, qui la composent* ; en sept Volumes in-quarto Manuscrits, par le R. P. Dom Benoît Thiebault, Religieux Bénédictin réformé de la Congrégation de S. Vanne en Franche-Comté.

LXXIX. *Dom Benoit Thiebault.*

Je laisse aux Auteurs de ces deux Ouvrages de les annoncer au public, & de lui rendre compte de leurs desseins & de leur méthode.

Je ne dois pas oublier M. Abram, Chanoine-Régulier réformé de S. Sauveur en Lorraine, & mort Curé de Dame-leviere près Lunéville, qui m'a gracieusement communiqué l'Histoire Manuscrite de l'Université de Pont-à-Mousson, composée en Latin par le R. P. Abram Jésuite, son grand-oncle, & que j'ai dessein de faire imprimer dans la nouvelle Edition de l'Histoire de Lorraine. Le même M. Abram avoit fait des Recueils, pour servir à la continuation de la même Histoire de l'Université du Pont-à-Mousson. Ces Recueils m'ont été prêtés très poliment par M. Abram, frere du Curé, Chanoine & Ecolâtre de l'insigne Eglise Collégiale de S. Diey en notre voisinage.

BIBLIOTHEQUE

Premiere Lettre du Père Gabriel Bucelin à D. Antoine de l'Escaille Bénédictin, Prieur de Munster, au Val de S. Grégoire en Alsace.

ADMODUM reverende ac religiosissime in Christo Pater ac Domine Prior.

Totus accensus, flagrans æstuansque, admodum reverendæ Paternitatis vestræ desiderio, fores cellæ vestræ pulsito (*a*), ita me non nemo Paternitatis vestræ amantissimus, observantissimusque inflammavit; admittas obsecro etsi ignotum hominem, at supplicem. Insumpsi majorem ætatis partem, in commendandis veterum majorum nostrorum studiis ac virtutibus, ut his quoque seram posteritatem accenderem, & ad paria audenda excitarem: sed quia propiora & quæ in oculis sunt, magis semper movent, nobisque haud immeritò inculcatur ab æmulis convenire ; *quondam fuimus Troës*: conor saltem pro æmulorum satisfactione & nostrâ omnium consolatione novum quid edere, neque omninò spiritum Benedictinum totum Ordinem deseruisse ad oculum demonstrare. Etsi haud diffitear sacram familiam nostram tanto decursu sæculorum nonnihil humani passam & cum tempore sacrum fervorem intepuisse.

Novi jam pridem sacram Congregationem vestram multo cum fructu latius sese propalasse, & ex R. Patris Hugonis Menardi Martyrologii notis, quæcumque potui diligenter excerpsi, lucubrationibusque meis contexui; quia tamen spem maximam concipere jussus sum, super zelo & experientiâ admodum reverendæ Paternitatis vestræ, ipsam per nomen & amorem utriusque Parentis nostri, admirabilis Benedictæ Matris Virginis, & Patris admirabilis Benedicti, obsecro, obtestor atque conjuro, cum per se, tum per amicos & familiares suos in Gallia & Burgundia; communicare ea solummodò quæ nostro & proximè superiore sæculo tam vestræ quàm aliarum Benedictini Ordinis Congregationum sidera effulsere. Nolo magnum laborem facescere ; sed sola peto nomina virorum foeminarumque sanctitatis, seu singulari pietatis laude ac meritis florentium, sed & nostrorum hisce duobus sæculis generis splendore, & hujus laudatissimo contemptu, singulari item eruditione, sed & Episcopali, aliisque honoribus exsplendescentium, uti Genebrardus noster Gabrielque à sanctâ Maria (*b*) Remensis Archiepiscopus, pluresque alii enituere cum sola additione annorum quibus vixere, vel mortui sunt. Interea autem dum admodum R. Paternitas vestra ulteriorem ab amicis informationem accipiat humillimè rogo, ea saltem dictet, quæ memoriâ retinet, ac certa sit se rem facturam Jesu Christo summopere gratam; totique Ordini plurimùm profuturam. Statui edere Benedictum redivivum, in eoque docere non languisse prorsus Benedictum spiritum, sed ultimâ etiam ætate & in præcipitio sæculorum se prodere, quo sanè multorum excitandos ad reformationem solidiorem animos, firmiter credo, indeque & admodum R. Paternitati vestræ & mihi non minimum fructum polliceor.

Hugo Menardus in observationibus suis ad Menologium sæpè oblitus est annos vitæ & diem obitûs addere. Faciat, faciat admodum R. Paternitas vestra pro Dei gloria & suâ humanitate & charitate, ut primâ occasione aliquid communicandum plura colligat, litterasque suas tantùm Lindavium, unde Veldtkirchium inscribat, & mihi sic certò tradentur. Necdum comperire potui quo die prædicti Genebrardus, & Guillelmus Remensis Archiepiscopus decesserint.

Oh! si distinctè habere possem nostros in Sorbonico Collegio efflorescentes, vel superiore etiam sæculo celebratos! sed & qui nostrâ ætate in publicis Cathedris sese commendassent. Nullus ne præterea quæ Menardus habet, descripsit prolixiùs vitam B. Margaritæ d'Arbrouze (*c*). Nullasne illa habuit virtutis suæ æmulas? Rogo atque obtestor per sacra omnia, dignetur admodum R. Paternitas vestra huic sacro meo desiderio pro virili satisfacere, & meos conatus pro Ordine, Numini commendare, salutem omnibus suis quos omnes complector arctissimè in sanguineis Crucifixi brachiis, & eorumdem sacra precum suffragia supplex efflagito. Veldkirchii Rhetorum 20. Januarii 1662.

(*a*) Le P. Bucelin prie D. l'Escaille de lui procurer des Mémoires sur les personnes de l'un & de l'autre sexe, qui ont illustré l'Ordre de S. Benoît dans les deux derniers siécles, en France & en Lorraine.

(*b*) ɔC'est M. Guillaume Giffort, Archevêque de Reims. Voyez ici l'article *Giffort*.
(*c*) Sa vie a été écrite par M. l'Abbé Fleury.

Seconde Lettre du P. Bucelin au même R. P. D. Anotine de l'Escaille, du 23. Juin 1662.

Respondissem pridem ad gratissimas & gratiosissimas admodum R. Paternitatis vestræ litteras, siquidem in Monasterio vallis Gregorianæ subsistere certus fuissem, quæ se ad Capitulum generale profecturam insinuaverat. Distuli proin donec inde reverti vel intelligerem, vel rationabiliter saltem possem ominari, inde revertisse. Utinam inde mihi aliquid sacrarum Symbolarum à RR. DD. Abbatibus & Prioribus sacræ Congregationis vestræ attulisset! Accepi interea litteras à R. P. Roberto Quatremaires, ad R. Paternitatem vestram datas, quas ad me destinavit R. P. Subprior Monasterii Murensis, ex quibus intellexi admodum R. Paternitatem vestram jam jamque rerum mearum satagentem pro me symbolas rogasse, pro qua charitate gratias ago quàm maximas.

Pergo tamen meo nomine intercedere dignetur supplex rogare. Gestit enim animus meus *Benedictum redivivum* orbi repræsentare, adeòque Patrum Societatis objectamenta potenter, etsi modestâ retorsione nullam ipsorum mentionem faciendo, ipso facto refutare, dum in oculis universi demonstro, etiam supra & nostrâ ætate, dum Patrum illorum societas durat, semper huc usque divi P. N. Benedicti spiritum Ordinem nostrum animasse, & Benedictum etiamnum in suis posteris & posthumis vivere. Et qualia lumina præbuit vestra S. Mauri Congregatio, & sanctorum Vitoni & Hydulphi! Qualia exempla Congregatio sanctissima Fuliensis! Quanti viri nostrâ ætate fuere Gilbertus, Genebrardus, & Guillelmus à sancta Maria Remensis Archiepiscopus, atque in primis quo anno & die fuerint defuncti ! & quis dubitet B. Margaretam d'Arbouse non aliquas saltem vitæ & sanctitatis suæ habuisse æmulas ? Rogo proin atque obtestor communicent mihi pro honore Dei & sancti Patris nostri, quidquid ad conatus meos potest facere, atque de vita B. Joannis Bererii, & B. Margaretæ prædictæ, quæ R. P. Hugo Menardus quem penès me habeo in libro sui Martyrologii Benedictini prætermisit.

Ego dum aliquot annis in negotiis Monasterii mei aulam Cæsaris sequi cogerer à maximis & amantissimis aulæ Magnatibus semper Gallus & Galilæus, audii, ac proin ne frustra sic appellatus sim, singulare etiam Galliæ monimentum statuere decrevi, & non solùm in Benedicto meo redivivo felicitatem regni tanti in plenitudine deprædicare, verum cum tempore lilia Galliæ Benedictinæ in lucem emittere, & ad oculum docere, nullam Provinciarum Europæ tot sanctos Confessores, atque Gallias protulisse. Utinam & admodum R. Paternitas vestra, ac R. Pater de quo scribit me paulò post Veldtkirchii invisere dignentur. Duas includo, dignetur obsecro R. P. D. Lucæ Dacherio Parisios transmittere, quia mittendi occasionem aliam non habeo, & me velit R. P. Roberto Quatremaires commendare.

Troisiéme Lettre du P. Bucelin au même R. P. Dom Antoine l'Escaille, du cinq Août 1662.

Meas ultimas unà cum inclusis ad R. P. D. Lucam Dacherium admodum R. dominationi vestræ & Paternitati traditas libenter intelligam, ut illa deinceps mittendi occasione, litteris Basileam atque inde Colmariam inscriptis, confidentiùs uti queam; has trado admodum R. Domino Præsidi Murbacensi, qui mecum aliquot dies triennali Capitulo in Monasterio Veingartensi interfuit, ipseque litteras ad R. Dominationem vestram perferendas exhibiit. Rogo autem quæ semper, & symbolas pro opere quod molior, divi Benedicti redivivi exhiantissimè exambio. Fecere spem maximam quas mihi transmisit per R. P. Subpriorem Murensem, collegæ vestri litteræ; nec est quod tantopere me delectet, atque quædam de splendore Ordinis intelligere, quem in omni vita studui & contendi pro viribus honorare. Volui etiam pridem *Benedictina Galliæ lilia* typis edere. Vereri tamen cogor ne æmulis cavillandi occasionem præbeam, Gallis nimium favisse, qui primâ tamen familiæ origine genus debeo ad Gallos referre, ad Amingum Bucelinum fratrem, qui uterque Clodovæi regis belli Duces fuere, alter Miliduni Toparcha creatus. Faveat quæso conatibus meis, & quæcumque ab anno Christi 1500. ad nostram usque ætatem per ultima hæc duo sæcula ad gloriam Ordinis nostri in Gallias faciunt, & suggerere non obliviscatur.

Lettre du R. P. Loüis Alvares à D. Augustin Calmet, sur la Bibliothéque Benedictine qu'il avoit entreprise en Espagne, du premier Février 1714.

R. P.

Si magnum chaos inter ignorantiæ meæ tenebras & sapientiæ tuæ splendorem interpositum solidè inspicerem : procul dubio ausus calamum impellentes reprimere, eosque intra cæcas oblivionis latebras recludere coactus essem. Sed quid de sacra, & sæculari Minerva, si capitalia flumina salutaris sapientiæ aquas in rivulos non derivarent? Certè actum esset de eis, si quoties scientiæ in excelsis habitant, & in aliquorum intellectu sapientum delicias habent, commercium nobiscum parvulis non haberent. Cùm verò omnigenæ artes cum sacræ tum profanæ summum verticem in te R. P. extulerint, testibus tot libris omni laude majoribus, tuique limatissimi judicii perennaturis fœtibus, nullum alium adire poteram, ut mihi in litterario orbe adhuc lactenti parvulo thesauros sapientiæ & scientiæ dispensaret; ut qui colligerem micas de refertissima ejus mensa cadentes, quasque in opus à mea Benedictino-Hispana Congregatione mihi creditum dejicerem. Spem & fiduciam, ut id auderem, erexit cum communis professio sub eodem M. P. N. Benedicti vexillo, tum operis injuncti materia, quæ cum Benedictinos omnes Scriptores amplectatur, Religioni omni sanctè sapienti plurimùm consulit, & tibi inter eos nobiliorem occupanti locum, non parum affert honoris.

R. P. F. Ludovicus Alvarez Congregationis nostræ Generalis, Chronographus, ac de litteris optimè meritus, aggressus est concinnare Bibliothecam universalem Scriptorum omnium cujusvis Congregationis, cujusvisve Ordinis militaris, qui S. P. N. Benedicto nomen dedere, quamque penè sub ultima manu habebat, cùm è vivis sublatus, (proh dolor!) æternum sui desiderium nobis reliquit. Sed ne autographa ejus cum blattis & tineis pugnantia laterent, Benedictina hæc Hispana Congregatio mihi (etsi tanto oneri impari) curam amandavit, luci publicæ donandi opus illud, omnibus numeris priùs absolutum. Quod ut felici eventu succederet, injunxit etiam me ipsius nomine, epistolas dare optimis nostrarum Congregationum viris, scientiarum laude conspicuis, quibus Congregationum suarum Scriptorum notitiam ab eis sciscitarem præcipuè eorum, qui ab initio sæculi proximè elapsi usque modò floruerunt. Cùmque inter celeberrimos Congregationis tuæ viros, toti Ecclesiæ Dei temporibus istis prælucentes, ab humero R. P. Emineus, idcircò litteras istas tibi dirigo toto animo flexus obtestans, tuique venerabundus obsecrans, ut votis hisce nostris annuens aliquas curas in commune opus impendere digneris. Quòd si faxit à cœnobiis omnibus reformatissimæ Congregationis tuæ exagitari, opto suorum Auctorum notitiam, eorum nominis, cognominis, patriæ, dignitatis, præcipuorum

vitæ actorum, scriptorum insignium cum prælo datorum, tum manuscriptorum & aliorum hujusmodi. Quæ omnia & præcipua si in Bibliotheca aliqua particulari aut generali nobis in his occiduis regionibus constitutis, obvia exstiterint, eam indicasse sufficiat; ut vel sic quos benevolos cupio ab aliquo minus necessario labore absolvam. Si supplices nostri conatus coram te gratiam invenerint, & ut ad debitum finem ducantur provideris, quodcumque, te auspice, à singulorum cœnobiorum, Præsidibus nobis paratum fuerit, Procuratori generali Congregationis S. Mauri Lutetiæ Parisiorum residenti dirigere, & transmittere curabis citiùs, eo nitente ad nos perventurum. Supersedeo pluribus negotium istud urgere, & tibi commendare, ne in montem lina feram. Tua interest, Religioni nostræ decus maximum afferes, meque tibi æternùm devincies. D. O. M. divinam gratiam tibi largiatur, & prosperam salutem conferat, sic opto, sic oro, in hac regia Matritensi urbe kalendis Februarii an. 1714.

R. P.

Matrito in Monasterio S. Martini.

Tuus humillimus ac obsequentissimus servus,
F. L. ALVAREZ.

Prospectus de la Bibliothèque Bénédictine entreprise par le R. Pere Bernard Pez, Bénédictin de l'Abbaye de Melk en Autriche, du 21. Mai 1716.

Admodum reverende, religiosissime ac clarissime Domine,

Si quem apud te, admodum reverende ac clarissime Domine, favorem merentur ii, qui ad illustrandam quoquo modo rempublicam litterariam sua studia conferunt, æquissimum profectò est, ut eos præcipuo quodam amore complectaris, qui ad domesticam gloriam, avitaque Benedictini nostri Ordinis amplificanda decora omni cogitatione, curâ & studiis incumbunt. Hos inter & me esse voluere summè honorandi Superiores mei, qui majori divinæ gratiæ, quàm virium mearum, certè per exilium ratione habitâ, mihi dudum provinciam detulere scribendâ *Bibliothecam Benedictinam generalem*, quâ omnes Ordinis nostri Scriptores, quotquot à sanctissimo P. Benedicto usque ad hanc ætatem ubivis gentium floruere, recenserem. Immensum sanè, ac propè infinitæ molis opus, si argumenti amplitudinem, majorum in consignandis suis rebus incuriam, Monasteriorum fata, Bibliothecarum conflagrationes & expilationes, regnorum, locorumque intervalla, perpetua bella, & alia id genus sexcenta impedimenta spectes. Nihilo tamen minùs, quæ numinis præsentia fuit, tot inter rerum certamina, difficultatesque eo jam opus improbo scilicet labore perductum est; ut saltem post unius biennii spatium typis integrum commendari, vulgarique poterit.

Nimirum singularis nullaque non laude efferenda humanitas, quâ Religiosissimi multorum Monasteriorum Præfecti, ac eruditi sodales suorum scriptorum catalogos ardentissimè cupienti opportunè miserunt, designatum opus non tantùm factu possibile (quod non pauci negaverant) sed etiam facile ac perexpeditum reddidit. Hinc etiam factum, ut, cùm horum ope incredibilis quædam nostrorum scriptorum vis, ac numerus in meos Commentarios jam dudum confluxisset, typos sæpiùs & seriò circumspexerim. Denique prodiisset pridem Bibliotheca Benedictina in lucem, nisi eruditorum virorum consilia proposito intercessissent. Hi enim, cùm viderent per quam multa superesse Monasteria, eaque à viris doctis longè celeberrima, à quibus adhuc nulla scriptorum nomina consecutus essem, magis de interpellandis iterum iterumque religiosissimis illorum moderatoribus, implorandâque horum ope, quem de meo edendo opere, utpote magnam partem imperfecto cogitandum esse statuerunt. Quorsum, aiebant, tanta properatio? num *appendicibus*, *supplementis*, *addendisque*; quæ nunquam non præcocibus editoribus pœnitentiam, lectoribus molestiam, omnibus-demum perpetuò hærendi, errandique occasionem, certè metum afferunt, delectarer? Sat citò, si benè. Non nisi imprudentes, & rerum imperitos fore, qui longiorem in publicando tanti laboris opere moram indignè ferant, & exprobrent Ita viri eruditi non pauci, quorum consiliis, vocibusque permotus editionem tantisper distuli, hancque tertiam epistolam encyclicam adornavi, quâ Te admodum Rev. ac clariss. Domine, reliquosque omnes Ordinis nostri sodales ad conferendas, quibus opus est, symbolas humanissimè invitare constitui. Quas ut certiùs consequar, non erit abs re, hic quandam universi operis ichonographiam, seu, ut vocant, conspectum exhibere. Inde enim eruditi sodales nostri nullo negotio intelligent, quid illud sit, quod tantopere flagito, quoque obtento Bibliotheca Benedictina omnibus numeris absoluta in publicum prodire poterit.

Conspectus Bibliothecæ Benedictinæ generalis.

Bibliotheca Benedictina generalis in tredecim sæcula distribuitur, totidem nempe, quot ab exortu Ordinis ad hanc ætatem sunt. Cuilibet sæculo dissertatio de statu litterarum, liberalium artium, disciplinarumque eo tempore in Ordine nostro præfigitur. Ibidem de insignioribus fidei controversiis, quibus nostri Scriptores plerùmque implicati fuere, de studio & industriâ Scribarum seu Librariorum, de artificiis à nostris aut inventis, aut excultis, &c. agitur.

Scriptores Benedictini omnes ordine chronologico recensentur ita, ut ille reliquos antecedat, qui prior diem suum obiit, si de hoc constet. Alias ratio habetur temporis, quo quisque floruit, & inclaruit. Quòd si qui sint, quorum ætatem ne probabili conjecturâ quidem assequi licet, ii ad calcem universi operis ordine alphabetico collocabuntur. Sanctissimus Patriarcha Benedictus, tanquam conditor nostræ gentis, honoris causâ primum locum obtinet. Paucis: quam viam celeberrimus Joannes Mabillonius in referendis actis Sanctorum Ordinis sancti Benedicti iniit, hanc nos, quoad licet, in exhibendis Scriptoribus tenemus. Hinc etiam dabimus operam, ut Bibliotheca hæc eâdem formâ typis excudatur. Sanè si doctissimi nostri è Congregatione S. Mauri sodales acta Sanctorum à Mabillonio cœpta, eâdem methodo usque ad hæc tempora (neque enim unquam viri venerabiles, pietateque illustres fœminæ nobis defuerunt) continuabunt. Illa nostræ Bibliothecæ conjuncta, intra justum voluminum numerum, seriemque percommodam repræsentabunt, quidquid de nostrorum hominum sanctimonia vitæ, ac doctrinarum studiis, præcipuis nimirum Ordinis nostri capitibus nosse operæ pretium fuerit; ordo & distributio hæc eo etiam nomine viris eruditis placuit; quòd ortum, incrementum, decrementum, & instaurationem litterarum in Ordine nostro per se, ac clarissimè indicet. Ne tamen lectoribus in inquirendis Scriptoribus singulis ulla molestia creetur, sat copiosi, & probè instructi quà singulares, quà generales indices ad cujusque voluminis calcem comparebunt.

Dum Scriptor aliquis proponitur, nomen, prænomen, cognomen, patria, parentes, locus professionis, magistri, discipuli, amici, studia, peritia linguarum, munera, gesta, casus, judicia eruditorum de iis hominum, annus, diesque nativitatis, obitûs-
ve,

vê & alia hujusmodi, quæ ad vitæ historiam attinent, memorantur, paucioribus verbis in iis Scriptoribus, quorum res aliundè sat notæ sunt, pluribus verò in iis, de quibus admodum pauca constant. Optandum ut hæc scriptorum elogia secundum Chronologicam vitæ seriem semper contexi possent, ad eum ferè modum, quo Guillelmus Cave in Historia Litteraria Scriptores Ecclesiasticos celebravit. Scriptoribus nostris accensentur etiam Anonymi, Musici, Pictores; & cujuscumque generis insignes artifices.

Vitis, seu Elogiis Scriptorum illicò subjicitur Catalogus operum, tam Typis editorum, quam manu Scriptorum, addito loco, tempore, formâ editionis, ac nomine Typographi. Præcipuâ quadam diligentiâ notantur editiones Gothicæ, quas quidam vocant, seu illæ, quæ ab anno 1443. ferè usque ad annum 1500. procuratæ fuere. Si opus manuscriptum duntaxat sit, præter titulum innuitur etiam locus, ubi hodiè servetur. Cumque gratissimum eruditis sit, si librorum MSS. initia exscribantur, id nos sedulò agimus, & ut ab amicis etiam agatur, obnixè rogamus. Immo si quæ gravioris argumenti opera hactenus inedita, & ante annum 1500. conscripta nobiscum communicata fuerint, ea ad singulorum voluminum calcem edere decrevimus. In Catalogis operum nihil penitus à nobis prætermittitur, ut ut de se leve quibusdam rerum minus peritis videatur, maximè si ante annum 1500. vel 1600. scriptum fuerit, qualia sunt brevia Monasteriorum Chronica, vitæ Cœnobitarum, Collectiones Donationum, Chartarum, Privilegiorum, &c. quæ in Archivis plerumque delitescunt, non sine gravissimo rei Litterariæ, præsertim Historiæ Ecclesiasticæ detrimento.

Ecce admodum Rev. ac Clariss. Domine! hæc ferè ratio & facies est Bibliothecæ nostræ Benedictinæ, ad quam splendidius adornandam, si opem ferre, tuoque exemplo reliquis tuis sodalibus, aliisque cujuscumque Ordinis, aut status eruditis Viris hortamento esse volueris, erit profectò, cur tibi amplissimas gratias non ego modo, sed universus Ordo, immò totus eruditus Orbis aliquando agat, & referat. Nec modus mihi gratificandi admodum difficilis erit, si ad subjuncta præcipua precum mearum capita non nihil attendere dignaberis.

Primum, quod demississimè rogem, est; ut Reverendissimi D. D. Abbates, vel Priores in suis Monasteriis unum & item alterum ex Doctissimis Dominis Capitularibus seligant, qui domesticam Bibliothecam, & Archiva diligenter, accuratèque perlustrent, indèque nomina eorum Capitularium, qui aliquid litteris commendarunt, aut Typis commiserunt, item titulos operum, aut si tituli allegorici, perplexioresque sint, etiam eorum Argumenta, vitam scriptoris & cetera, quæ suprà in conspectu exposui, eruant, & mihi transmittant.

Alterum est, ut in singulis Monasteriis conficiantur accurati Catalogi, omnium operum tum Typis vulgatorum, tum manuscriptorum, à Benedictinis Authoribus Nigris, cujuscumque Monasterii fuerint, conditorum, quæ extant & habentur in domesticâ Bibliothecâ, & privatis Religiosorum cubiculis, non omisso anno, formâ Editionis, aut nomine Typographi. Res hæc nec gravior paulo, nec admodum multarum horarum erit, si plures Domini Capitulares junctis operis, Bibliothecæ perlustrationem in se se suscipere non dedignabuntur. Non nihil majoris operæ fuerit evolutio, & perlustratio (nam tituli & rubricæ è tergo extantes plerumque fallunt, nec omnia contenta indicant) Codicum manuscriptorum, qui scripturæ difficultate negotium facessunt. Sed cum hi vulgo non adeò copiosi sint, nec ullum ferè Monasterium esse putem, in quo non unus aliquis reperiatur, qui veteres Codices, saltem quod satis sit, legere noverit, aut alium eruditum, hacque in re versatum virum ad manum habere possit, votis meis facillimè poterit satisfieri. Id minus expertos hîc paucis moneo, ne mox pro Authore operis habeant illum, qui ad ejus finem suum nomen adscripsit hoc, vel simili modo: *explicit per manum Rudberti Monachi: finivi in Dei nomine: hunc librum scripsit F. Joannes hujus loci Monachus, &c.* Nisi enim aliud ad hæc Argumentum accesserit, ea verba nequaquam Authorem & Compilatorem, sed scribam, seu librarium indicant. Sed hæc adolescentioribus nostris sodalibus, non viris eruditis, à quibus ipse docendus sum, scripta sunto. Jam verò sic confectos, & Instructos Catalogos, si accepero, non potero non in uberrimam nostrorum scriptorum cognitionem venire, atque adeò Bibliothecam producere, qualem Viri Docti optant, & expectant. Non deerunt quidem, qui itinera, Bibliothecarumque exterarum perlustrationem à me ipso suscipienda esse reponent, nec id sanè malè; verum cum hoc nec semper, nec ubique locorum (nam in non paucis Monasteriis eo labore me defunctum amici non ignorant) fieri possit, restat, ut alienis quoque manibus, & oculis utar. Certè pro adeò insigni erga me benevolentia & favore gratum, memoremque

F

animum præstabo, inseramque operi meo accuratum syllabum eorum omnium, qui laboranti mihi suppetias tulerunt, aut quoquo modò Majorum nostrorum nominibus à tenebris, & oblivione vindicandis adlaborarunt.

Atque hæc pauca sunt, quæ insigni tuo admod. Rev. ac Religiosissime Domine, Patrocinio commendanda, & promovenda videbantur. Porrò Litteræ & Catalogi ad me mittendi tutissimè Mellicium perferentur, si hæc inscriptio adhibita fuerit: *Patri Bernardo Pez, Benedictino Mellicensi, & Bibliothecario.* Et infra: *Mellicii, vulgo Mölk in Desterreih*, vel sic: *Vienna Austria in* Monaster. Hot. Cæterùm non dubito, quin tantò benevolentiorem te, facilioremque mea Epistola habitura sit, quantò luculentiori desiderio, tuum religiosissimum pectus jam dudum ardet, nobilissimum illum Benedictinorum exercitum videndi, quorum doctrina & eruditio tantam Ordini nostro gloriam peperêre. Interea, ut Deus ter Opt. Max. cujus gloriam hîc ante omnia specto, te, Clarissime Domine, quam diutissimè sospitem, incolumenque conservet, ex animo precor.

Dedi in exempto Monasterio Mellicensi Die 21. mensis Maii. anno 1716.

P. J. magnæ gratiæ loco habebo, si hæc Epistola cum vicinis quoque Monasteriis aliisque eruditis viris, præcipuè Bibliothecarum Præfectis communicabitur.

Admodum R.R. ac Clariss. Dominationis *Servus ad obsequia paratissimus* P. Bernardus Pez, Professus Mellicensis. O. S. B. Bibliothecarius.

Lettre du R. P. Bernard Pez, à Dom Augustin Calmet, touchant la Bibliothéque Benedictine Universelle du 13. *Décembre* 1716.

Plurimum Reverendo, Clarissimo, ac Eruditissimo Patri D. Augustino Calmet, è Congr. S. Vito. P. Bernardus Pez Benedictinus Mellicensis. J. D.

Rectè accepi humanissimas Litteras tuas, Celeberrime Pater, una cum peregregio Scriptorum, qui in inclyta S. Vitoni Congregatione ab ejus exhortu usque ad hanc ætatem claruerunt, elencho. Utraque me eo gaudio compleverunt, ut nullis sat verbis exprimere queam. Equidem exarsi dudum desiderio litterarum tecum commercium ineundi; propterea, quod mihi persuasissimum semper esset, id non posse non cum maximo, uberrimoque meo commodo ac fructu conjunctum esse. Verum nescio quo maligno fato hæ cogitationes disturbatæ sunt. Absterrebat & illud, quod gravi edendorum Commentariorum tuorum cura te distentum esse non ignorarem. Itaque novo molestiarum cumulo à me obruendus nequaquam eras. Enim vero cum ea nunc tua, Clarissime Domine, humanitas sit, ut sponte ac ultro amicitiæ, favorisque tui copiam non expectanti offeras, hoc cœlesti munere sic uti deinceps constitui, ut tuus erga res Benedictinas animus tulerit. Quod in præsenti præprimis mihi agendum est, ut gratum videlicet pro transmissis animum meum tibi probem, id jam nunc præstitum cupio, reponoque gratias, quas possum maximas. Mei porro muneris erit, tum singula communicatorum scriptorum nomina suis cum laude locis inserere, tum illius pluribus meminisse, cujus benevolentia & ope profecerim; cæterùm ad missum Catalogum, quod attinet, est is quidem inclytæ tuæ Congregationi honorificus, ast mihi non paulo utilior quoque foret, si ad singula opera locus, tempus, forma, nomen Typographi, &c. adjuncta essent. Hæc enim omnia scrupulosè persequatur is, qui Bibliothecam hujusmodi perscribendam suscepit. Subinde etiam non satis clarè significatur opus-ne Typis excusum, an manu tantùm exaratum sit. Denique genuini, ac integri librorum tituli non videntur ubique notati; quæ res magnam apud eruditos viros perplexitatem, errandique occasionem parere consuevit. Sis itaque immortali me sibi beneficio obstringet, quisquis transmissum Catalogum semel atque iterum recensebit, expressis diligentissimè iis, quæ supra notare non sum veritus. Nam quo minùs id abs te contendam, eruditissimi tui labores, toti Ecclesiæ utilissimi, quibus perpetim vacas, in causa sunt. Sat favoris in me contuleris, si alieni juniorum accuratiorum hanc provinciam imposueris. Hîc moneri etiam potest, ut in transcribendis operum titulis non alio Idiomate utatur, quamquo illa edita fuerunt. Nec remoram aut scrupulum eidem injiciat Idioma francicum, utpote quod etiam calleo: modoque mecum communicentur legibili, aut saltem tolerabili charactere exarentur. Denique cum non unius, & item alterius sæculi Scriptores in opus meum inferre statuerim, sed quotquot ab Ordinis nostri origine, usque ad hæc tempora floruerunt, demississimè, ac enixissimè te, Pater optime, rogatum velim, ut sodales tuos ad terendam quoquo modo opem cohortari ne dedigneris. Sanè hac re nihil mihi optatius, gratiusque facere potes.

Quod scribis, admodum RR. DD. Ildephonsum Cathelinot & Ludovicum Alvarez simili operi insudare, id ex D. Renati Massueti, conjunctissimi olim amici litteris dudum intellexi. Sed non defuerunt causæ, & rationum momenta, quæ ad persequendos conatus me permoverunt. Crediderim quidem facilè, præclaros hos viros, præsertim D. Ildephonsum, longè me instructiores tum ab ingenio, tum ab reliquo apparatu esse, sed fortè alia sunt, quibus me illis feliciorem existiment quidam. Sed de his alio loco. Utinam Hispanus ille brevi sua in lucem efferat! Profectò res illius gentis antiquiores adeò incertæ, & obscuræ sunt, & insuper à nostro commercio remotæ, ut nisi ab homine Hispano rectè ac cum dignitate nequeant explicari. Id dùm fiat, doctissimis Nicolai Antonii commentariis contentus sim oportet.

Ex Italia accepi opus quoddam M p ss. de scriptoribus è Congregat. Cassinensi, Rhetoricis pro more gentis flosculis potius, quam critico robore, ac diligentia conspicuum. Sed cum paucæ sint Italiæ Provinciæ, quæ perscriptas Bibliothecas non habeant, res Italicæ fortè omnibus expeditiores erunt.

Ex Anglia vix quidquam aliud sperandum, quam quod Pitseus, Warcus, & Maiheu nobis reliquerunt, aut in rerum Anglicanarum collectionibus extat. Recentiores Congregationis Anglicanæ scriptores à quodam docto ejusdem Societatis sodali accepi, Belgæ nostri vix ullis litteris ad conferendam symbolam se moveri sinunt. Itaque solus A, Miræus, & Andreas Valerius hic subsidio sunt.

De Gallia interiori & Germania non admodum laboro. Hujus ipse plurimas Bibliothecas lustravi, & deinceps lustrabo eâ quidem diligentiâ, ut non nisi paucissima me latere possint. Galliam vero illico adibo, mox ut res nostras Germanicas absolvero. Plus vix expectari à quoquam nostrum potest, nec illa Bibliotheca Benedictina perfectissima erit, cui nihil, sed cui paucissima desint.

Interim ex solis Germaniæ Bibliothecis tantam scriptorum nostrorum vim erui, præsertim ex manuscriptis codicibus, quorum ingens multitudo adhuc superest, ut vel hæc sola, plura volumina posset implere. Verum hic ego sic me geram, ut nec superfluis opus onerem, nec eorum quidquam, quæ nosse eruditorum intersit, prætermittam.

Epistolas meas pro Ordine nostro Apologeticas mittam quam primùm tuta se occasio obtulerit : tametsi illæ nequaquam ejusmodi sint, quæ tanto viro placere possint. Edidi eas necessitate, & injuriæ atrocitate adactus prævisa facilè tempestate, quæ machinantibus Jesuitis in meum caput consurrecta esset. Certè apud Augustissimum Cæsarem me super accusarunt, reumque criminis esse voluerunt, qui aggressores fuerant. Sed à Cæsare rejecti, nec exauditi sunt. Nunc, quid amplius adornaturi sint, expecto. Cætera Bono Deo, Sanctissimoque Patri nostro commendo, nihil fellis aut odii in adversariorum quemquam sub præcordiis fovens. Abhorreo ab hujusmodi rixis vehementissimè, nec vel provocantibus deinceps respondebo, nisi aliud meis superioribus visum fuerit. Jesuitarum libellus nuperrimè recusus est Coloniæ (ut titulus præfert) haud dubiè ab hæretico homine, qui flammam inter nos coortam, auctam cuperet, sed fallet hominem spes sua. Non scriptis novis transigam, sed neglectu. Studia litterarum in inclyta tua Congregatione adeò egregiè florere, omnes boni unâ mecum triumphant. Vale, Clarissim. Pater, & tuo me amore prosequi perge. Mellicii, vulgò Molk in Osterreich. M. DCC. XVI. XIII. Decemb.

Seconde Lettre du R. P. Bernard Pez, au R. P. D. Augustin Calmet, sur la Bibliothéque Bénédictine Universelle du 1. Avril 1717.

Plurimum Reverendo, Religiosissimo, ac Clarissimo Domino Patri Augustino Calmet, Patrono suo immortali, P. Bernardus Pez, Monachus Mellicensis. S. D.

Non Litteras, sed merum litterarium Thesaurum mihi misisti, Pater Clarissimè, dum plurimorum operum, ab eruditissimis inclytæ tuæ Congregationis sodalibus editorum catalogum, eumque eo modo, quo maximè cupiebam, adornatum mecum paucis abhinc diebus communicasti. Neque enim dici potest quantæ hac eruditissimâ operâ tuâ accessiones ad Bibliothecam Benedictinam factæ sint, quantæque voluptatis cumulum mihi afferat adeò larga, & gloriosa de tot & pietate, & solidâ doctrinâ præstantibus viris bene merendi occasio. Itaque immortales me tibi, Doctissime Pater, gratias debere, & si res ipsa loquitur, eò tamen liberius, dulciusque id profiteor, quo amplior mihi spes est fore, ut in pulcherrimo hoc conatus meos adjuvandi animo longiùs perstes, ac pergas. Cæterum celare te nequeo, imperitiâ meâ non exiguum favori verga me tui fructum petiisse. Tametsi enim nuper scripserim, in lingua Gallica me hospitem nequaquam esse, idque idem nunc repetam, nescio tamen, quo glaucomate oculi mei ad ultimæ Epistolæ tuæ conspectum obducti repentè fuerint; ut illam non nisi ægerrimè legere, in multis omnino non legere potuerim, idque non linguæ vestræ elegantissimæ ignorantiâ, sed characterum ab eruditissimâ, & humanissimâ manu tua exaratorum difficillimâ, quæ mea hæbetudo est, assecutione. Quo evenit, ut transmisso mihi thesauro uti pro desiderio nequaquam licuerit, maximè in exprimendis Typographorum nominibus, quæ si sic expressero uti ego quidem exprimenda puto, vereor vehementer, ne & tibi & aliis risum moveam, invehamque tum Authorum, tum operum, tum denique Typographorum nomina, quæ non eruditissima Francia, sed Bernardi Mellicensis imperitia peperit. Jam verò cùm hæc infirmitas oculorum meorum, licet alias sat perspicacium, & in veterrimis etiam codicibus non infeliciter versantium, sit ejusmodi, quæ tuarum gratiarum partem non minimam decerpat, te ceu medicum meum unicum accedo, demississimèque rogo, ut alicui è junioribus fratribus, cui explicatior, meæque ignorantiæ accommodatior manus sit, Epistolæ tuæ ultimæ exemplar rescribendum, mihique consignandum cures. Quod si nullum amplius penes te foret, id, obsecro me mone. Remittam meum illico; ut tui labores, aliunde gravissimi, ne meâ causâ cumulentur. Scribo isthæc non nisi inulto rubore ac pudore suffusus, utpote qui animadvertam, in ipso ferè aditu ad extremam inurbanitatis lineam me devolvi. Ast scio, cui viro mea confidam; nimirum, candido, fratrum amantissimi, & cui culpam fuisse confessum, Medicinam, opemque impetrasse est. Ergo metum omnem pono, quem inurbanae ausus initio incussit, confidoque ultimas has preces meas primis nequaquam infeliciores fore.

Post Pentecosten cum P. Hyeronymo Pez, germano meo natu minore, itidem Mellicensi, qui pluribus voluminibus veteres rerum Austriacarum Scriptores proximè edet, ad Bavariæ & Suaviæ Monasteria proficiscemur, lustraturi omnes Bibliothecarum angulos & forulos; indeque prompturi, quod nostris studiis usui esse possit. Utinam in Lotharingiam quoque ut olim liceat: id decretissimum jam est, in Galliam, rebus in Germania finitis, ire, ubi si occasionem & locum nactus fuero tibi coram, Domine plurimum Reverende, honorem habendi, tunc demum me beatum existimabo. Vale, Mellicii vulgo Molk in Osterreich. Cal. April. M. DCC. XVII.

Troisiéme Lettre du même sur le même sujet.

Plurimum Reverendo, Religiosissimo, ac Clarissimo Domino P. Augustino Calmet, Patrono singulari. P. Bernardus Pez, Monachus Mellic. S. P. Prec.

Minimè sperabam, singularem, insignemque inurbanitatem meam tantâ benevolentiâ exceptum iri; sed hic est tuus unicèque proprius character, Celeberrime Pater, ut, quò molestis amicorum precibus magis, importuniusque appeteris, eò te faciliorem, & ad quævis officia promptiorem præbeas. Nondum ille rubor, pudorque, quo ultimam epistolam ad te dando totus suffusus eram, è facie, memoriâque excessit, cum ecce adest à te novus, accuratissimus, & maximè perspicuus vestræ inelytæ Congregationis scriptorum catalogus, quò amplius & majus quid expectare, jam non inhumanitatis, sed extremæ dementiæ foret. Quare tibi, ô singulare Ordinis Benedictini decus; gratias, quam possum, cumulatissimas, pro adeò effusâ, & uberi erga me benevolentiâ ago; sanctèque spondeo me omnem ei operam in Bibliotheca Benedictina collaturum, ut vestræ eis cum commendatione nequaquam vulgari ad omnium eruditorum notitiam perferantur. Quod si post tempus, tibi quædam adhuc aut monenda, corrigenda, aut (ut quotidiè proficimus) addenda ad jam transmissa viderentur, summæ gratiæ loco habebo, si mecum omnia candidè communicare dignatus fueris. Desunt adhuc scriptores, qui ante conditam vestram Congregationem floruere, quorum in cognitionem sic venire desidero, ut qui maximè. Sed quid ego ista ad virum, aliis summis studiis occupatissimum, & penè obrutum? Ergo nihil amplius ad te de istis; satis gratiarum accepi; accepturusque sum, si aliis, ut mihi, aut potius toti Sacro Ordini nostro gratificentur, cohortator eris. De dissertationum tuarum selectarum Avenionensi editione mira narras. Faxo, ut ea res & machinatio novis litterariis, lipsiæ publicatis, quam primum inseratur. Cæterum opus tuum in S. Scripturam immortale habere tandem debebo, quocumque pretio constiterit. Ejus ne ullum quidem exemplar in universa Austria extat, haud dubiè vel socordiâ, vel sumptuum metu nostrorum Bibliopolarum.

bliopolarum. Vale plurimum Reverende, ac Eruditissime Pater, & immemor inhumanitatis meæ me meosque conatus fovere ne unquam desine. Melliceii. 1. Junii 1717. cum ad iter Bavaricum jam essem accinctus.

Premiere Lettre du R. P. Magnoalde Siegelhans, sur son ouvrage intitulé: Rei Benedictinæ Litterariæ conspectus.

Reverendissime, & amplissime Domine Præsul, Domine gratiose.

Cum Reverendissimæ Dominationis suæ eximiam totoque orbe celebratam & doctrinam & eruditionem, singulari junctas humanitati, non parum sæpe, neque vulgari laudum genere prædicari audiverim, nullas alias seu prævias, seu comites litteras, quarum commendatione mihi viam aditumque ad eandem munirem, operose circumspiciendas putavi. Neque enim Reverendissima Dominatio sua hoc in se desiderari patietur, ut cum ingenio, doctrinâ, atque eruditione plurimum valeat, & possit, difficili sit alloquio, & erga eos, qui de Sacri Ordinis nostri Historiâ bene mereri contendant, minùs obviâ & gratiosâ voluntate.

Ut igitur eò statim deveniam, quâ gratiâ hanc Epistolam scribere institui aliquam, multa sunt, quæ à Reverendissima Dominatione sua pro *Rei Literariæ Benedictinæ conspectu*, in quem elaborandum actu calamo incumbo, supplex efflagito. Primum, cùm mihi de alma Congregatione SS. Hidulphi & Vitoni, non à virtutum duntaxat, sed litterarum etiam studiis ornatissimâ, nulla, vel certè quidem exigua, ac pro rei dignitate haud sufficiens adsit notitia, eam mecum à suorum quopiam communicari jubeat. Atque ante omnia edoceri cupio, quinam rei litterariæ hac nostrâ ætate in Congregatione vestrâ sit status, & quænam præ cæteris studia vigeant ? Nullus dubito, quin studium S. Scripturæ primas partes teneat, quod proh dolor ! apud plerosque Benedictinos in Germaniâ nequidem secundas, sed planè nullas obtinet.

Num ex Philosophia & Theologia spinosæ, implexæ, & inutiles quæstiones eliminatæ sunt ? An docetur in Theologiâ gratuita Prædestinatio, intrinseca gratiæ efficacia, ad solos actus bonos & virtuosos præmotio ? Quæ aliæ in Congregatione scientiæ docentur ? Alterum, ut schola alicujus Monasterii, v. 9. si placet S. Vitoni, quondam celebris habita, diductius describatur, enixè precor. In Historiâ dissidii litterarii circa studia Monastica Mabillonium inter & Abbatem Trappensem me legere memini, quod is, quem postremo loco nominavi, affirmare non dubitaverit, S. Michaëlis Academiam vel à primo suæ Institutionis anno fuisse suppressam, propter inordinationes eorum, qui ejus corpus constituebant. Hinc factum est ut P. Procurator Generalis Congregationis S. Vitoni *non minus graviter, quàm obsequenter eum expostulaverit*. Rei seriem & scholæ historiam à primis incunabulis usque ad hodiernam diem plenius edoceri flagito. Tertium, quod precor, est descriptio unius saltem, si non plurium, nobilioris Bibliothecæ, præprimis Senonensis vestræ, tum Medii Monasterii, in quam causâ Dictionarii Biblici sese abdidisse Reverendissima Paternitas sua fertur. Addatur, si placet, de P. Catelinot, aliisque Bibliothecariis succincta notitia, unà cum quibusdam Archivis celebrioribus, eorumque custodibus.

Pro quarto instrui cupio de Mœcenatibus rei litterariæ, si qui se doctissimæ Congregationi vestræ præbuerunt. Addatur, si placet, relatio itineris litterarii, si quod vel Reverendissima Dominatio sua, vel alius è Congregatione confecit. Ulterius sollicito efflictim vitam Reverendissimi Mathæi Petitdidier, Catalogum ejus operum, præsertim uberiorem notitiam de criticis observationibus in Bibliothecam Scriptorum Ecclesiasticorum à Ludovico Elia Dupino conscriptam. Legi quæ Graveson hâc de re scripsit, sed certiora à domesticis me acceptorum spero. Rogito etiam syllabum eorum insignium Virorum, qui è Congregatione vestrâ *opera illa egregia*, quorum meminit Mabillonius Tract. de stud. Mont. Part. 2. c. 20. in lucem emiserunt. [An Reverendissima Dominatio sua *Bibliothecam Cluniacensem*, cujus conspectus in Nov. Lit. Lips. an. 1718. mens. Jan. à me lectus fuit, juris publici fecerit, me latet, uti multa alia, fugit. Cum verò inter scholas Ordinis nostri celebriores schola Collegii Cluniacensis (quod est Parisiis) numeranda mihi videatur, ejus nos quidem Constitutiones, quas edidit Bulæus in Hist. Univers. Paris. sed notitiam illustrium Virorum, qui in eo vel docti fuerunt, præclarissimas scientias, vel easdem docuerunt, supplex contendo. Fors tamen schola ipsius Monasterii Cluniacensis præ Collegio describenda sit; sed Bibliotheca Cluniacensis mihi ad manum non est, scio illam hîc loci in Bibliothecâ Cæsariâ haberi, sed ab iis, ad quos ea res spectat, inveniri non potest. Satin multa efflagito ? Utinam per Reverendissimam Pat. suam liceret, mihi Senones venire, & veluti ex condicto

G

inter Doctissimos Congregationis vestræ Sodales distributis operibus in conscribendâ historiâ litterariâ S. Ordinis nostri laborare. Certè non vacuus venturus essem : possem enim non parvum afferre mecum apparatum.

Præterea pro Tomo 7. Op. B. Rabani Mauri quorum novam editionem Reverendissima Dominatio sua in Comment. S. Script. suasit, duodecim tractatus habeo, quorum duos in Joannem & Danielem in Augiensi Bibliothecâ, dum Theologiam eò loci aliquot ab hinc annis docerem, erutos notis illustravi. Prætermisi alia viginti duo opera, quibus vel de non componendis, vel emendandis, &c. Doctissimi Congregationis vestræ Sodales occupari possent. Unum specificare liceat : *Fides Benedictina de sanctissimo Eucharistiæ Mysterio, Patres, Authores, & Scriptores Ord. S. Bened. de SS. Altaris Sacramento à sæculo 9. usque ad 12. inclusivè, quorum scripta & opera in unum corpus seu Bibliothecam collecta, ac notis & observationibus illustrata exhibentur.* In Historiæ Litterariæ Benedictinæ conspectu, cujus summa capita Typis exscribenda, amicorum suasu brevi cùm eruditis communicabo, recenseo triginta aliquos Scriptores. Verùm ne prima vice verbosior sim, finem facio, eâ quâ par est reverentiâ, supplicans ut Reverendissima sua Dominatio responsionem, si quam, quod ab ejus humanitate & benignitate spero, dare dignata fuerit, eam ad A. R. P. *Æmilianum Danelli*. Scotensis Monasterii Viennæ Priorem, dirigere, hasce verò submissas meas preces æqui bonique consulere dignetur, qui me demissimè commendans persisto.

Reverendissimæ & amplissimæ
  Dominationis vestræ.

Viennæ in Austriâ ann.
1737. Calend. Maii.

Humillimus P. Magnoaldus Siegelbanus Ord. S. Bened. Professor in Imp. Monast. Zursfaltensi S. S. Theologiæ Professor meritus.

Seconde Lettre du même, sur le même sujet.

Reverendissime & amplissime Domine Præsul, Domine plurimum gratiose.

Ne me putet Reverendissima Dominatio sua vel oblivione turpi, vel graviore negligentiâ tardius ad eandem rescribere ; quam cùm aliàs & ante hac ob summæ & doctrinæ & eruditionis celebritatem, tum post binas ejusdem ad me litteras, omnis humanitatis ac gratiæ refertas, vel eminus profundæ reverentiæ cultu prosequi soleo. Expectandum mihi videbatur, quoad D. Dulsecker, Argentinensis Bibliopola exemplum conspectus rei litterariæ Benedictinæ Reverendissimæ Dominationi suæ reddidisset ; ipse vero (uti spem fecerat in litteris) illud cum viris doctis communicasset, ut ex eorum sensu & consilio opus quam perfectissimum evadat. Nunc vero, cùm utrumque factum fuisse credam, nihil prius faciendum mihi puto, quam ut ad Reverendissimæ Dominationis suæ ultimas... 7. . Aug. scriptas, respondeam, eamque humillimè rogem, ut suum de *Conspectu* indicium mihi significare dignetur. Nec opinor, recusabit, si de suo non tam erga me, nullius meriti hominem, quàm erga rem litterariam Benedictinam studio me dubitare noluerit.

Cæterùm cum autumno superiore apud Celsiss. Archiepiscopum Strigoniensem essem, in laudes Reverendissimæ Dominationis suæ denuò & sponte ingressus, ejus in S. Scripturam Commentaria summis laudibus extuli, & omnibus aliis prætuli. De festo electionis instituendo nihil, his rebus stantibus fiet, de quibus multa scribere tantum non existimo. Obsistendum fuit Lutheranis, ne indulgentiâ Imperatoris ad preces Imperatricis vel antiquam Possidonii Ecclesiam eriperent Catholicis, vel novam conderent. Sed de his non nisi trepidâ manu. Catholici in Germania suspirant, & Regem Galliæ C.

Eram etiam Mellicii, ubi in Bibliothecâ magnum apparatum Bernardi Pezii vidi, sed indigestum adhuc, pro Bibliothecâ Benedictinâ conscribenda ; nolui rogare pro iis de quibus Reverendissima Dominatio sua ; prævidebam enim me nihil obtenturum esse. Nos enim Benedictini Germani à vestra humanitate multùm adhuc distamus. Deus Reverendissimam Dominationem suam in Pylæ annos senectæ sospitem ac incolumem conservet. Ego vero demissimè me commendans persisto.

Reverendissimæ & amplissimæ
  Dominationis suæ.

Viennæ 8. Janv.
an. 1738.

Humillimus P. Magnoaldus Sigelbanus Benedict.

Lettre du R. P. Olivier Legipont, Sou-Prieur de S. Martin de Cologne, sur la Bibliothéque Benedictine, commencée par le R. P. Bernard Pez.

Reverendissime Domine.

Quod gratiosissimis vestris die 18. Augusti an. 1739. seriùs quàm par erat, respondeam, in causâ fuit grave illud ac tædiosum œconomi onus, quod R. Reverendissimi Visitatores nostri humeris meis imposuerunt. Exinde namque concatenatâ negotiorum mole propè obrutus, ac odiosis Abbatis nostri & æmulorum contentionibus jugiter impetitus, in eâ quâ versamur asperâ rerum crisi, omni ferè litterarum commercio valedicere coactus fui. Ne tamen nihil prorsus egisse existimet vestra Reverendissima Dignitas, hæc ad vestras rescribenda duxi.

Primo quidem cum rationes, cur Reverendissimus ac Doctissimus Abbas Gotteviscensis anceps hæreat circa editionem Bibliothecæ Benedictinæ à R. P. Bernardo Pezio adornatæ, rescire cupiat, an ea quæ præstantissimus vir ad me Vindobonâ pridie idus Decembris rescripsit verba " Ratio „ cur dubitem de promovendo, aut Typis „ vulgando magno opere de scriptoribus „ Ord. S. Bened. quod R. P. Bernardus „ Pezius P. M. imperfectum reliquit, in „ eo consistit, quod piè defunctus D. Abbas Mellicensis. Elegantiorum litterarum „ manifestus osor semper fuerit, eâque ex „ causâ diversos Monasterii sui Religiosos, „ quos dictus P. Bernardus sat benè jam „ imbuerat, vel ad Parochias, ad Capel„ lanias extra Monasterium collocaverit, „ ubi à Bibliothecâ avulsi, curâque animarum onusti animum ad hujusmodi studia „ desponderunt, ita ut præter R. P. Hieronymum, defuncti P. Bernardi Germanum fratrem, sed viribus jam fractum, „ & ampliandi scriptoribus suis Austriacis „ totum quantùm occupatum, nullus in „ Monasterio supersit, qui operi tam vasto „ & oneri tam gravi humeros supponere „ posset. Accedit quod repetitis à me ipso „ instantiis tantum impetrari non potuerit, „ ut collectiones amplissimas à piè defunc„ to adornatas, cum alio viro erudito sa„ cri Ordinis nostri communicaret, qui im„ mensos defuncti labores ab interitu vin-

„ dicare totique operi colophonem adde„ re valeret. Sed surdis huc usque canta„ tum fuit; quod datâ occasione eximia „ Paternitas vestra Reverendissimo Domino „ Abbati Calmeto (Cujus doctissimi viri „ magnum nomen profundè veneror) Præ„ ter devotam mei commendationem con„ fidenter renuntiare poterit . . . . Hæc tantus vir . . scripsi eâdem de re ad R. P. Hieronimum Pez, sed nullum hactenus responsum accipere merui. Conqueritur pariter R. P. Magnoaldus Zigelbanus se nequidem indicem scriptorum, quos B. M. Bernardus tot annorum vigiliis congesserat, ac in octo justæ molis voluminibus recensuerat, à Mellicensibus impetrare potuisse. Tanta nempe est istorum ignavia & frigida tenacitas.

Quantùm ad doctissimi vestri Commentarii è Gallico in Latinum traductionem, quam meæ tenuitati comittere vellet, lubens equidem votis pro viribus facerem satis, sed quia Bibliographiæ Benedictinæ elucubrandæ totus incumbo, & aliis jam negotiis propè opprimor, ipsemet nequaquam tanto operi manum admovere possum. Nactus sum tamen aliquem è Sodalibus nostris, qui in Parochiâ agens, horas ab aliis rebus vacuas huic rei lubens consecraret, imò non tantum in Latinum, sed & in Teutonicum Idioma opus eximium se vertere velle mihi pollicitus est. Contuli etiam cum Domino Næthen Bibliopola Hujate, qui opus Typis subjicere paratus est. Quare si Reverendissima vestra Dignitas, ea quæ habet ad rem facientia nobiscum benevolè communicare voluerit, omnem curam & industriam adhibebo, ut res ista felicem fortiatur successum, ac etiam scriptoribus in regulam non paucos in vestro indice omissos adjiciam. Meam itaque sibi voluntatem summè devinctam habeat, qui in omni veneratione subscribor.

Reverendissimi ac Illustrissimi
nominis vestri.

Coloniæ die 28. Januarii 1740.

Cultor devotissimus P. Olivirius Legipont. P. T. sancti Martini Coloniæ Subprior & Oeconomus.

xxviij

Extrait d'une Lettre du R. P. Magnoald Zugelbant, écrite au R. P. Dom Augustin Calmet, de Vienne en Autriche, le 20. Juillet 1737.

Redditæ mihi sunt Litteræ vestræ, quæ quàm gratæ mihi fuerint, quantâque lætitiâ animum perfuderint, haud facilè dixerim : erant enim humanitatis, benignitatis & gratiarum plenissimæ. Ad eas autem statim respondissem, nisi expectare maluissem quoad prælo liberatus fuisset prospectus, ut ita loquar, de conspectu rei litterariæ Ord. sancti Benedicti. Negotium dedi D. Schmith Bibliopolæ Nuremburgensi, ut ejus exemplaria compluria per D. Dulseker Bibliopolam Argentoratensem ad vestram Reverendiss. Dominationem quàm plurimùm perferenda curet.

Consilium meum de edendo Tomo VII. Operum B. Raboni Mauri, & Collectione Patrum Ord. S. Benedicti, qui de SS. Eucharistiæ Sacramento scripserunt, Reverend. Dominationi vestræ probari animitùs audeo. Utriusque operis in conspectu rei litterariæ Ordinis S. Benedicti mentionem injiciam, sub hoc titulo, *Fides Benedictina de SS. Eucharistia Mysterio*; hoc est, *Patres, Auctores, & Scriptores Ord. S. P. Benedicti de SS. Altaris Sacramento à sæculo 9. usque ad 12. inclusivè*, quorum scripta & opera in unum corpus seu Bibliothecam collecta, ac notis & observationibus illustrata exhibentur.

Nunc si humillimè rogare fas est, vitam R. P. *Abbatis Petitdidier* afflictius contendo, quæ quàm mihi necessaria sit ex conspectu rei litterariæ intelligant, ad hæc inserui conspectui vitam *Pauli Rabustoni*, magni Prioris Cluniacensis, &c.

Vienne in Austria, 20. Julii an. 1737.

Extrait d'une Lettre écrite au R. P. *Dom Augustin Calmet, par le* R. P. *Hugues Shmit-feld, Bibliothécaire de l'Abbaye de Saint Blaise en la Forêt noire, le neuf Avril* 1742.

Liceat mihi, rogo, majori paulò cum libertate occultum tibi animi mei prodere sensum, quem sæpius mecum intra revolvo, de edendâ, tempore congruo, *Bibliothecâ* Benedictino *Viton-Hydulphianâ*, ad normam ejus Benedictino-*Maurianæ*, per clar. Pezium evulgatâ; quo sane quali labore meo non aliud intendo, nisi maximam de celeberrimâ Congregatione vestrâ existimationem præconceptam ignotis. Si qui eorum esse possint ingerere, de quâ re litterariâ singulare vestrum bene merendi studium in diversas orbis litterati oras producere. Quòd si probas, vir sagacissime, meum hoc tibi præprimis debitum institutum, mihi haud dubito roganti adminicula præbebis necessaria. At moderno sub tempore rem celare præstas. Porrò si reprobas institutum, tuam audacter revela mentem : at enim, te non suadente, scribere probrum esse potius judico, quàm decus. Vale, Abba Reverendissime, &c.

Dabam in Cænobio San-Blasiano, die nonâ mensis Aprilis 1742.

BIBLIOTHEQUE

BIBLIOTHÉQUE LORRAINE,
OU
L'HISTOIRE DES PERSONNES
Qui se sont distinguées dans les Sciences, dans les Arts, & dans la Piété en Lorraine & dans les trois Evêchés.

A

ABBON XIX. Evêque de Verdun, qui a siégé depuis 715. jusqu'en 716. enseigna pendant plusieurs années les Sciences dans le Monastere de Toley, qui fut pendant long-tems comme la Pépiniere, dont on tiroit les Evêques de Verdun. Abbon acquit une grande réputation dans cet emploi ; & étant venu à Verdun pour visiter Berthalame, qui en étoit Evêque, & qui avoit été son disciple ; Berthalame le recommanda au Clergé & au Peuple de la Ville, qui le choisirent Evêque d'un consentement unanime, après le décès de Berthalame, qui arriva bien-tôt après : mais comme Abbon étoit fort âgé, & fort caduc, il ne gouverna son Eglise qu'environ un an & demi, & n'eut pas le loisir d'y faire tout le bien qu'on attendoit de lui.

ABONCOURT (Dom Marc d') Benédictin de la Congrégation de S. Vanne, natif de Metz, Profès de l'Abbaye de S. Mansuy de Toul, le premier Mars 1613. mort dans l'Abbaye de Beaulieu le 13. Novembre 1651. prit vivement le parti de Dom Philippe François Abbé de S. Airy de Verdun, qui soutenoit que les Supérieurs de la Congrégation réformée de S. Vanne étoient obligés de vaquer pendant deux ans, après avoir été cinq ans Prieurs. Il écrivit plusieurs Piéces pour soutenir son opinion, & poussa les choses peut-être plus loin que la modération & la charité religieuses ne le demandoient. Tiré de l'Histoire manuscrite de la Réforme de S. Vanne, Tom. 2. pages 337. 338. 339. &c. Il fut réfuté par le R. P. Dom

Claude François, dont on parlera sous son article, Hist. de la Reforme, Tom. I. pag. 416. & 476.

ABRAM (Nicolas) né à Xaronval proche de Charmes, l'an 1589. entra dans la Société des Jésuites le 10. Novembre 1606. & y fit sa profession solemnelle le 10. Décembre 1623. Il enseigna les Humanités à Pont-à-Mousson pendant quelques années avec applaudissement, où il reçut le Bonnet de Docteur le 16. Novembre 1653. après avoir occupé une Chaire de Théologie dans la même Université pendant dix-sept ans; prêché la Controverse en différens endroits, & enseigné les saintes Lettres à Dijon, d'où il revint au Pont-à-Mousson, & y mourut dans de grands sentimens de piété, le septième jour de Septembre 1655. âgé de 66. ans.

Oeuvres du P. Abram Jésuite.

1. *Epitome præceptorum græcorum versibus latinis comprehensorum*, Mussiponti 1612. imprimé plusieurs fois.

2. *Nonni Panopolitani Paraphrasis in Evangelium secundùm Joannem cum notis*, Paris. Cramoisi 1623. in 8. Il ajouta en soixante-onze Vers grecs l'Histoire de la Femme adultere, que Nonnus avoit omise. Ces Vers du P. Abram sont différens de ceux que Nansius, avant lui, avoit suppléés dans le Texte de Nonnus.

3. *Commentarius in tertium Volumen Orationum Ciceronis*, in-fol. 2. vol. Paris. Cramoisi 1631. Ce long Commentaire a beaucoup servi à ceux qui depuis ont écrit sur les Oraisons de Cicéron.

4. *Dispositio Analitica aliquarum Orationum Ciceronis brevibus Tabulis comprehensa*, Mussiponti, Gaspar Bernard 1633. in-quarto.

5. *Commentarius in P. Virgilii Maronis, Bucolica, & Georgica*, ibidem 1635. in-octavo. On a imprimé ensemble plusieurs fois tous ses Commentaires sur Virgile, à Paris en trois Volumes in-octavo; à Roüen, à Toulouse, à Lyon. L'Edition de l'an 1668. à Paris in-octavo est préférable aux autres.

6. *Theophrastus, sive de quatuor fluviis & loco Paradisi, Diatriba ad explicationem versus 290. Libri iv. Georgicon*, Mussiponti, Gaspar Bernard 1635. in-octavo.

7. *Commentarius in Publii Virgilii Maronis Æneidem*, ibidem 1625. in-octavo.

8. *Epitome Rudimentorum linguæ hebraicæ, versibus latinis breviter & dilucidè comprehensa*, Paris. Matur. Hainault 1645. in-quarto. Livone, Petri Paillat in-quarto 1651.

9. *Pharus veteris Testamenti, sive sacrarum Quæstionum Libri xv. accesserunt de veritate & mendacio, Libri iv.* Paris. Jean Lost 1648. in-fol. L'Ouvrage est écrit en Dialogue; on estime principalement ce qu'il a composé sur les Assyriens, au quatrième Livre.

10. *Dissertatio de tempore habitationis filiorum Israel in Ægypto excerpta ex Lib.* 18. Pari V. Tom. Cette Dissertation est imprimée dans le Supplément de Ménochius, partie de René-Joseph de Tournemine; il y a supprimé la forme de Dialogue.

11. *Axiomata vitæ christianæ*, Mussiponti in-octavo 1654. & ailleurs imprimé plusieurs fois: l'Ouvrage est en vers simples & aisés.

12. *Historia Universitatis Mussipontana manuscripta in-quarto*. L'Auteur n'y a pas mis la derniere main.

13. *Commentationes in Epistolas D. Pauli*, Manuscrit conservé au Collége du Pont-à-Mousson.

Le Pere Jotuel attribuë au P. Abram la Traduction d'Italien en François, de la Vie de *P. Vincent Caraffe, de l'homme des Lettres, de la pauvreté contente*; mais d'autres croient, avec plus de raison, que ces Ouvrages sont de la Traduction du P. Thomas le Blanc Jésuite. Voici l'éloge que les RR. PP. Jésuites de Pont-à-Mousson ont consacré au P. Abram dans leur Nécrologe:

Die VII. Decembris MDCLV. injuncta sunt tria Sacra & tria Rosaria pro Patre Nicolao Abram Vosago, Professo quatuor votorum, Doctore Mussipontano; docuit plures annos Scripturam sacram, & humaniores Litteras, quantâ laude edidit in utroque genere edita satis deprædicant; sed nihil fuit moribus commodius, adeo ut agnum diceres, & mansuetudinem ipsam, prodigio simile videtur hominem tanta famâ, ob eruditionem orbi christiano pretiosam, vixisse tam humilem & sui negligentem, vitæ innocentiam & pietatis religiosæ canonem omnes profitentur. Obiit febri contractâ ex putredine viscerum, ut suspicio est; annos natus sexaginta sex expletos. Jacet in navi templi, & addita littera Z non longè à Cathedra Concionatoris tendendo ad majus Altare.

ABRAM (Etienne-Charles) originaire de Mirecourt, Avocat au Conseil & en la Cour Souveraine de Lorraine, après s'être distingué au Barreau par son érudition, par une grande droiture, & un parfait désintéressement, fut annobli par le Duc Léopold le cinq Mai 1710. Ce Prince le chargea de travailler à la conférence ou confrontation des différentes Coutumes de ses Etats. Il finit cet Ouvrage en 1718. Le Public en a désiré l'impression; il est entre les mains de son fils Léopold Abram, Avocat à la Cour Souveraine, & Substitut de Monsieur le Procureur-Général de la Chambre des Comptes (a), frere de Jacob-Hyacinthe mort Conseiller-Secrétaire d'Etat le trois Septembre 1744. Etienne-Charles Abram décéda à Nancy en 1720. Il étoit petit-neveu de Nicolas Abram Jésuite, & avoit fait, à son exemple, de très bonnes études en l'Université de Salzbourg, où il dédia ses Théses de Philosophie à Charles V. Duc de Lorraine.

ABRAM (Charles-Dominique) Chanoine-Régulier de S. Augustin, Curé de Dameliviere sur la Meurthe près Lunéville, a fait imprimer une Rélation de la Cérémonie faite aux Dames du S. Sacrement de Nancy, à la centième année de leur fondation en 1725. Il a, de plus, ajoûté une espéce de suite à l'Histoire de l'Université du Pont-à-Mousson, composée par le P. Abram son grand-oncle, & a recueilli plusieurs Piéces qui ont rapport à cette Histoire, laquelle il nous a fait la grace de nous communiquer, & dont nous avons tiré copie : nous espérons de la faire imprimer dans la seconde Edition de l'Histoire de Lorraine.

M. Abram son frere, Chanoine-Ecolâtre de l'Insigne Eglise de S. Diey, a bien voulu nous donner communication des Recueils de son frere Curé de Dameliviere, dont nous avons tiré quantité de remarques importantes, tant pour l'Histoire Ecclésiastique de Lorraine, que pour la vie de nos Hommes illustres.

ABSALON Abbé de Springkirschbach, au Diocèse de Tréves, avoit été tiré de l'Abbaye de S. Victor de Paris, pour gouverner l'Abbaye de Springkirschbach de l'Ordre des Chanoines-Réguliers de S. Augustin. Il rétablit l'ancienne discipline, & réforma quelques abus ; il porta les Religieux de ce Monastere, & des autres qui lui étoient soumis, à garder l'abstinence de viande. Il a laissé cinquante-un Sermons pour les principaux jours de l'année, dans lesquels on voit éclater sa piété, son érudition, & sur-tout son zéle pour la pureté de mœurs & pour la doctrine des Peres. Il s'est principalement proposé pour modéle S. Bernard, tant pour les sentimens, que pour le stile. Brouwer. Annal. Trevir. t. 2. pag. 115. &c. Dom Calmet, Histoire de Lorraine, tom. 2. pag. 258. Absalon vivoit vers l'an 1210. Ses Sermons ont été imprimés à Cologne en 1534. Voyez Oudin, tom. 2. pag. 1713.

ADALBERON Evéque de Laon, étoit Lorrain d'origine (b) ; il portoit aussi le nom d'Acelin. Il se distingua de bonne heure par son éloquence, & par son goût pour la Poësie ; il fut élevé sur le Siège Episcopal de Laon, par la faveur du Roi Lothaire, fils du Roi Louis d'Outre-Mer en 977. & succéda à Roricon dans le gouvernement de cette Eglise. Après la mort du Roi Lothaire, Charles-le Simple son frere retint Adalbéron pendant long-tems en prison, pour avoir livré & trahi le Roi son Maître ; mais ensuite il le mit en liberté, & lui donna sa confiance.

Adalberon qui ne s'étoit reconcilié avec lui qu'en apparence, ouvrit la Ville de Laon à Hugues Capet, & en même tems lui livra Charles & sa femme ; ainsi Hugues Capet n'ayant plus de compétiteur, il fut reconnu seul Roi des François.

On accusa Adalberon d'avoir aussi voulu trahir le Roi Robert fils de Hugues Capet, & il fut obligé d'aller à Rome, pour s'en justifier devant le Pape Sylveftre II. Il revint en France & rentra dans les bonnes graces du Roi, & mourut tranquile dans son Evêché.

Fulbert Evéque de Chartres (c) étoit son ami particulier ; il lui donna la qualité de *Grand Prélat*, à qui Dieu avoit accordé d'une maniere incomparable, le don de persuader.

Guibert de Nogent (d) reconnoît ses grands talens, & le grand bien qu'il à fait à son Eglise ; mais il ne dissimule pas qu'il a terni la gloire de ses belles actions, en trahissant son Roi innocent, à qui il avoit fait serment de fidélité.

Nous ignorons l'année précise de la mort d'Adalberon ; mais il vivoit encore en 1017. & il fut enterré dans l'Eglise de S. Vincent de Laon. Dudon Doyen de S. Quentin lui dédia les trois Livres des faits des Normans en 1002. Hadrien de Valois en 1663. publia avec des Notes un Poëme de l'Evêque Adalberon, dont voici les derniers Vers :

Regi Roberto sic Præsul Adalbero scribo
Præsulis insenio, fratrum Laudunum ordo
Flos juvenum, fructusque senum te mente
salutat.

Son Epitaphe qui se lit dans l'Eglise de S. Vincent de Laon, renferme le recit de ce qu'il a donné à son Eglise.

ADALBERT Chef des Ecoles de l'Abbaye de S. Vincent de Metz, fleurissoit sous

Voyez l'Histoire univers. Paris, t. 1. p. 546.

Histoire univers. Paris, t. 1. p. 546.

(a) Il est connoisseur dans les Médailles antiques, dont il a une belle collection : il possède aussi bon nombre d'anciennes Médailles, Médaillons, & autres Piéces curieuses sur le Pays.

(b) Guibert Novig. Abb. Lib. 3. de vitâ suâ.
(c) Fulbert. Epist. 45.
(d) Guibert. lib. 3. de vitâ suâ.

l'Episcopat d'Adalberon I. Evêque de Metz, qui mourut en 964. mais Adalbert ne peut avoir été chargé de cette Abbaye, qu'après l'an 968. puisque ce Monastere ne fut fondé qu'en cette année par l'Evêque Thierry I. Il faut donc dire qu'Adalbert étoit déja en grande réputation sous l'Evêque Adalberon I. & qu'il devint Ecolâtre de S. Vincent sous l'Evêque Thierry I. après l'an 968. On a lieu de croire que c'est lui qui est nommé Adalbert le Scholastique, & dont le fameux Gerbert a fait l'Epitaphe que voici :

Edite Nobilibus, studium rationis adepte,
Dicit Adalbertum, te Belgica flore juventa.
Stare diu non passa tulit fortuna recessus,
Bissena februi cum produxisset Apollo.

Ce qui prouve qu'Adalbert étoit issu d'une famille noble de la Belgique, & qu'il étoit mort le 12. Février, n'étant pas encore parvenu à la vieillesse.

Trithéme, Chroniq. Hirsang. li. p. 100.

Trithéme parlant de notre Adalbert témoigne, qu'encore qu'il ait composé divers Ouvrages, il n'a toutefois pû découvrir que la Chronique de cet Ecrivain. L'Auteur l'avoit dédiée à l'Evêque de Metz Adalberon, & il y donnoit la suite chronologique de tous les Evêques de Metz ses prédécesseurs.

Les Auteurs de l'Histoire littéraire de France conjecturent que notre Adalbert pourroit bien être celui qui a abrégé les Morales de S. Gregoire sur Job, & qui les a réduites en quatre Livres, sous le titre de *Speculum* ou *Miroir*, dont on trouve quelques Exemplaires dans les Bibliothéques du Royaume. Cet Ecrit paroît avoir été composé après le milieu du dixiéme siécle ; & l'Auteur l'adresse à un nommé *Herman* ou *Heriman* ; ne seroit-ce pas le même que le Moine *Garamanne*, qui fut envoyé, avec le B. Jean de Gorze, en Ambassade en Espagne vers le Sultan Abderamne : l'etude de Morales de S. Gregoire étoit alors fort à la mode, comme on le voit par la vie du fameux Jean Abbé de Gorze, ami de Garamannus.

ADALBERT ou Adelbert, Religieux de S. Maximin de Tréves, fut envoyé par l'Empereur Otton à la priere d'Heleine Reine de Russie. Cette Princesse étoit nommée *Olga* avant son Baptême, qu'elle reçut à Constantinople, pour épouser l'Empereur Constantin fils de Leon. Elle demanda des Missionnaires par feinte & sans aucune envie de les favoriser, comme la suite le prouva assez ; quelques-uns d'entr'eux même furent mis à mort, en retournant de la Russie en Allemagne, pour prêcher l'Evangile aux Russiens en 960. Mais ces peuples barbares ayant fermé leurs cœurs & leurs oreilles aux paroles de vie,

& ayant même maltraité Adalbert & les Compagnons de sa Mission, jusqu'à les mettre en danger de perdre la vie, Adalbert revint joindre l'Empereur, qui consentit avec plaisir à la demande que lui firent les Religieux de l'Abbaye de Wissembourg dans la Basse-Alsace, de le leur donner pour Abbé : il fut donc Abbé de Wissembourg depuis l'an 966. jusqu'en 968. que le même Empereur Otton le transféra à l'Archevêché de Magdebourg, qu'il venoit de fonder.

Adalbert alla à Rome, & reçut le *Pallium* du Pape Jean XIII. l'an 969. Il eut pour Suffragants dans son nouvel Archevêché les Evêques de Mersbourg, de Misne ou Meissen & de Cicen. On dit qu'Adalbert conserva son Abbaye de Wissembourg avec l'Archevêché de Magdebourg.

Il gouverna cette Eglise pendant 12. ans, & convertit au Christianisme plusieurs Vendales. Il mourut dans le cours de ses visites le 12. des calendes de Juillet, ou le 20. de Juin de l'an 983. c'est ce que porte le Nécrologe manuscrit de l'Abbaye de Wissembourg, que nous avons en mains, tout semblable à celui que M. Schannat a fait imprimer dans ses Vendanges litteraires en 1723. à Fulde & à Leipsic, in-fol. pag. 7. Voyez *Chronic. Magdeburg.* & notre Histoire de Lorraine, tom. 2. pag. 961. 962. & les Bollandistes, *die xx. Junii* ; & Mabillon, *Act. SS. Benedict. sæcul. 5.*

ADAM (Jacob Sigisbert) Sculpteur, né & baptisé à Nancy le 28. Octobre 1670. dans la Paroisse S. Sébastien ; il est fils de Lambert Adam maître Fondeur, & d'Anne Ferri Dauphin.

Mémoires fournis par M. Nicolas le fils.

Il a appris les principes du dessein & du modéle chez César Bagard, Sculpteur renommé à Nancy.

Il a demeuré 12. ans à Metz, & pendant son séjour il a fait quantité de figures en bronze, qui étoient très recherchées. Il se maria le 9. Juillet 1699. à Nancy, & fut fait Sculpteur du Duc Leopold I. Il a fait quantité d'ouvrages de Sculpture en modéle, plusieurs en bronze, en plomb, en pierre, & sur-tout en terre, répandus par toute la Province, & envoyés dans les Pays étrangers.

De son mariage avec Sébastienne Leleal, il lui reste cinq enfans, trois garçons & deux filles ; les garçons sont tous trois Sculpteurs de Sa Majesté Très Chrétienne.

Jacob-Sigisbert Adam, après avoir demeuré six ans chez son fils aîné à Paris, est revenu à Nancy où il est mort en 1747.

ADAM (Lambert-Sigisbert) est né & baptisé à Nancy dans la Paroisse de S. Epvre, le 10. Février 1700.

Mémoire fourni par M. Nicolas fils.

Il a appris les principes du deffein & de la Sculpture fous fon Pere, avec lequel il a travaillé toutes fortes de matieres. Il fortit de Nancy en 1718. pour aller à Metz, où il travailla tout l'hyver à differens ouvrages de Sculpture. Au mois de Mai 1719. fon Pere l'envoya à Paris. Il y resta quatre ans pour se perfectionner dans son art, en travaillant fous differens habiles Sculpteurs. Il y gagna le Prix de Sculpture à l'Académie Royale, fur un bas-relief de fa compofition de trois pieds de haut modelé, repréfentant le Roi Joachim tiré des fers, dont il eut la premiere Médaille d'or à la S. Louis; & partit au mois d'Août 1723. avec la penfion du Roi, pour continuer fes études à Rome, à l'Académie Royale de France.

Il y demeura dix ans, & fut pendant fept ans penfionnaire du Roi. Il termina à la fin de fon tems une Figure de marbre de fix pieds de proportion pour le Roi: cette Figure repréfente Mars careffé par l'Amour, fait d'après l'antique.

Il fut employé les trois autres années à travailler à plufieurs ouvrages; entr'autres, à reftaurer la fameufe Famille de Licoméde, que M. le Cardinal de Polignac avoit trouvée dans les ruines du Palais de Marius, à deux lieuës de Rome; laquelle compofe douze Figures de marbre antique au naturel. Il a auffi travaillé à plufieurs autres Antiques pour le même Cardinal, lequel les fit toutes venir en France à fon retour en 1732. Cette riche collection d'Antiques a été achetée, depuis la mort dudit Cardinal, par le Roi de Pruffe, & Adam fut chargé de les faire encaiffer, pour les transporter à Berlin le 10. Novembre 1742.

Adam fit à Rome, dans fon féjour, plufieurs projets en deffein & en modéle de fon invention pour le Pape Clement XII. entre autres, un modéle pour la Fontaine de Treve: cette Fontaine devoit être adoffée à un mur, entre deux aîles d'un grand Palais, dans le milieu d'un vafte baffin, en forme d'un demi-cercle. Adam y repréfente un maffif de rocher de forme convéxe par le milieu, d'où fort une nappe d'eau de fix pieds; & aux deux côtés deux autres nappes de trois pieds chacune: fur ces rochers est un emplacement d'environ 40. pieds de large, fur 15. pieds de renfoncement, où est une décoration d'Architecture d'ordre dorique: le milieu est orné de deux colonnes qui foutiennent l'entablement, éloignées l'une de l'autre de douze pieds, entre lefquelles le fond d'Architecture est en forme concave foutenuë de rofeaux, & ornée de glaçons & de dentelets.

De chaque côté est une porte ornée d'Architecture ruftique foutenant l'entablement: au-deffus de l'avant-corps d'Architecture concave du milieu, est une attique couronnée d'une corniche, & d'un fronton compofite, qui s'eleve jufques au haut du Bâtiment à niveau des aîles du Palais: au-deffus des deux portes dans l'attique font deux croifées qui fupportent une corniche, qui régne le long de l'attique, laquelle porte une baluftrade: fur le fronton qui excéde, est une Renommée qui porte les Armes du Pape; dans le milieu de l'attique au-deffous de la corniche, est une peau de baleine déchirée en forme de cartel propre à mettre l'infcription: cette peau est attachée & foutenuë par deux termes ou tritons, qui fupportent auffi la corniche de l'attique.

Sur l'emplacement des rochers entre les deux colonnes, est placée la Ville de Rome diftinguée par une Femme armée, fur un pied-d'eftal, où est auffi une infcription; le pied-d'eftal est orné de trophées d'armes de chaque côté, pour montrer la victoire qu'Agrippa remporta fur fes ennemis proche cette fource, & quand on fit la découverte des eaux de cette Fontaine: fur le devant au bas du pied-d'eftal au-deffus de la nappe du milieu, est un masque ou rocaille accompagnée d'un rouleau, fur lequel est affife une jeune fille, qui fe nommoit Treve (dont les eaux portent le nom) laquelle fit la découverte de cette fource à un foldat, à qui elle préfente à boire dans un vafe. Toute l'armée profita de cette découverte, parce qu'elle mouroit de foif, & Agrippa fit conduire les eaux de cette Fontaine à Rome dans cette Place, par un aqueduc qu'il fit conftruire.

Aux deux côtés font deux urnes, d'où fe répandent les deux autres nappes d'eaux; on y voit deux figures couchées foutenant les urnes, l'une repréfente l'Océan, & l'autre la Méditerranée, par une figure d'homme & de femme; aux deux extrémités dans le baffin, d'un côté est un cheval-marin conduit par un triton, lequel cheval lance les eaux pour la commodité du public; de l'autre côté à gauche est un centaure marin, qui répand des eaux d'une conque qu'il tient entre fes bras. Les figures devoient avoir douze pieds de proportion exécutées en marbre, & l'Architecture devoit être exécutée en pierres du Pays. Le modéle cy-deffus fut expofé dans la Gallerie de Monte-Cavallo, en concurrence de feize autres modéles de differens Sculpteurs & Architectes: celui d'Adam fut choifi pour être mis en exécution.

Les Romains voyant que cet Ouvrage

étoit tombé à un étranger, inspirerent au Pape de faire faire la Façade du Portail de saint Jean de Latran, préférablement à cette Fontaine; ce qui fut exécuté. Le Pape fit faire aussi dans cette même Eglise une Chapelle ornée de Sculptures & de Tombeaux pour sa Famille; Adam y composa un bas-relief qu'il exécuta en marbre, représentant S. André Corcini, lorsqu'il refuse l'Episcopat, & la sainte Vierge qui lui apparoît pour le lui faire accepter. Cet ouvrage fut trouvé si bien, qu'Adam fut reçu en conséquence Académicien de l'Académie de S. Luc de Rome, le 8. Septembre 1732.

On pensa alors à faire faire par Adam la Fontaine de Treve, dont on a parlé; mais comme on apprit en France qu'il étoit sur le point de rester à Rome, on le fit revenir par l'ordre du Roi, en lui promettant de grands avantages, sçavoir un Appartement & un Attelier au vieil Louvre; ce qu'il accepta, préférablement aux offres que Sa Sainteté lui avoit faites.

Il partit de Rome le 23. Janvier 1733. après avoir livré un Buste de marbre au naturel, représentant la douleur, désignée par un vieillard mordu au sein par un serpent; il donna cet ouvrage à l'Académie de S. Luc pour son morceau de réception.

Dans le cours de son voyage pour revenir en France, il vit toutes les Villes remarquables d'Italie, où il fit séjour pour considérer toutes les belles choses qui y sont; & en passant à Boulogne, où il demeura quelque tems, on l'agrégea à l'Académie Clémentine de ladite Ville. Il arriva enfin à Paris le jour des Rameaux 1733., où M. le Duc d'Antin, Sur-Intendant des Bâtimens, lui tint parole, & lui donna ce qu'il lui avoit promis.

Le premier ouvrage qu'Adam fit à son arrivée, fut un Groupe de pierre de sa composition au haut de la Cascade de S. Cloü, pour M. le Duc d'Orléans, lequel représente la jonction de la Seine à la Marne sous deux figures, l'une d'homme & l'autre de femme, de 18. pieds de proportion, qui furent terminées sur la place à la fin de l'année 1734.

Il composa ensuite des Médailles de deux groupes, l'un représentant un retour de chasse, & l'autre une pêche dans la mer, qui ont été ensuite exécutés en marbre pour le Roi.

Dans ce tems-là on lui envoya de Boulogne à Paris sa Lettre de réception d'Académicien d'honneur le 16. Juillet 1735.

En la même année, il composa un Groupe de pierre représentant un Chasseur qui prend dans les rets un lion, dont la figure a onze pieds de proportion; cette figure fut placée dans le Parc de Gros-bois, à cinq lieues de Paris.

Comme il avoit été agrégé, à son arrivée, à l'Académie Royale sur les ouvrages qui avoient paru de lui, & qui avoient été envoyés de Rome à Paris, on lui donna à faire pour son morceau de réception, un Groupe de sa composition, représentant Neptune qui lance son Trident, ayant à ses pieds un triton qui lui présente des richesses de la mer.

Après en avoir fait le modéle, il s'attacha à en terminer le marbre de la hauteur de trois pieds de proportion, lequel a été placé dans les Salles de l'Académie, le jour de sa réception qui fut le 25. Mai 1737. Il fut fait Adjoint à Professeur le 6. Juillet suivant.

Dans le même tems il travailla un Groupe, dont il avoit fait le modéle de sa composition, qui lui avoit été ordonné en concurrence de plusieurs Sculpteurs, représentant le triomphe de Neptune & d'Amphitrite, composé dans une vaste coquille en forme de char, & groupé de trois autres Divinités marines & de plusieurs monstres marins, formant de très beaux effets d'eaux. Les figures ont douze pieds de proportion, & tout le morceau a 40. pieds de diamétre, exécuté en fonte au milieu du Bassin de Neptune, dans le Parc de Versailles, proche la Porte du dragon; cet ouvrage fut terminé sur la place le 26. Novembre 1740. Adam avoit été cinq ans à le faire. C'est le plus grand morceau de Sculpture qui soit à Versailles, sur lequel on lui accorda une pension de 500. livres, & son ouvrage payé.

Adam a aussi composé un bas-relief exécuté en bronze de deux pieds & demi de hauteur, sur quatre & demi de largeur, représentant sainte Adelaïde Impératrice d'Allemagne, laquelle s'humilie devant S. Odillon Abbé de Clugny: ce bas-relief est de dix-sept figures, placé le 16. de Décembre 1742. au-dessus de la Table d'Autel de la premiere petite Chapelle à droite, dans la Chapelle du Roi à Versailles.

Le même a fini & posé dans les Apartemens du Roi un Buste du Portrait de Sa Majesté, en marbre, de sa composition, & fait d'aprés nature.

Item, le même a placé en 1743. dans les Jardins du Roi, deux Groupes de marbre de sa composition de 18. pieds de hauteur, tout d'un bloc, l'un représentant deux Nymphes accompagnées de Diane; l'une attache un héron à un arbre, l'autre qui est assise à ses pieds, lui tend un arc & un carquois, pour en faire un trophée.

L'autre Groupe qui représente une pêche, par deux Nymphes compagnes de Diane, aussi de sa composition, lesquelles tirent des ondes de la mer un rets rempli de poissons, dans lequel se trouve pris un triton enfant : le marbre de ce Groupe est tout d'un bloc, & de huit pieds de hauteur.

Adam a produit beaucoup d'autres Ouvrages particuliers de son invention, dont on ne parle pas, on fait simplement mention de quatre grands bas-reliefs de stuc, qui sont posés dans le Salon oval du Prince de Rohan, à l'Hôtel de Soubise, représentant les quatre Arts libéraux, figurés au naturel ; & pour la Chambre à coucher du même Prince, il a fait deux petits bas-reliefs en bois, représentant des vertus.

Observations sur les Ouvrages d'Adam l'Aîné.

Adam étant encore Pensionnaire du Roy à Rome, fit deux Bustes en marbre de sa composition, représentant Neptune & Amphitrite ; le Neptune étoit coëffé de roseaux, les cheveux & la barbe voltigeans, travaillé très légerement, & ayant beaucoup de parties en l'air : Amphitrite étoit coëffée d'un diadême orné de coraille & de perles, une drapperie légere voltigeoit autour de son sein, & le tout étoit travaillé à jour aussi légerement que la nature ; il avoit fait ces deux Bustes par étude ; M. le Cardinal de Polignac les ayant vûs, les lui acheta, & ne voulut confier ses Antiques à restaurer qu'à lui seul, lesquels Bustes ont été achetés avec la collection antique pour le Roi de Prusse.

Etant à Paris, il fit le modéle de son morceau de l'Académie dans une Chambre de ladite Académie, comme c'étoit l'usage, & l'ayant présenté à l'assemblée, il fut approuvé d'une voix unanime ; ce morceau étoit le Neptune groupé d'un triton, qu'il travailla en marbre, avec encore plus d'art & de légereté que n'en portoit le modéle.

Entre tous les Ouvrages qu'il a faits en public, il composa en 1735. le Triomphe de Neptune & d'Amphitrite en modéle, en concurrence de plusieurs Sculpteurs, sur lesquels il remporta le prix ; il l'exécuta ensuite en fonte en grand, sur la place à Versailles, dans le grand Bassin proche la Porte du dragon : c'est un des Groupes qui soit le mieux composé, & le plus grand des Ouvrages de Versailles ; il n'a rien épargné pour caractériser chaque figure dans leur genre ; Neptune est dans une attitude agitée, lançant son Trident avec fureur, pour calmer les vents qui excitent la tempête ; l'Amphitrite est couchée à son côté commandant à une Néreïde ; les graces sont le principal objet de cette figure, la Néreïde à qui elle commande, lui présente un triton-enfant & une branche de corail.

Au côté de Neptune à droite, est un triton monté sur un cheval-marin, en attitude de le dompter, lui donnant un coup de poing fermé, il régne dans cette figure un caractere rude & animé : tout ce Groupe est placé sur un rocher percé de trois antres ; de celui du milieu sort un triton sonnant de la conque marine, lequel se jette à la nage ; cette figure est traitée légerement, comme étant le courier de Neptune ; des deux autres antres sortent deux monstres marins, l'un est un Rhinoceros, l'autre un Fiber (e), qui sont traités d'après le naturel, sur les desseins qui en ont été faits, ainsi que la Vache-marine qui accompagne la Néreïde. Adam le cadet a exécuté en grand dans ce Groupe, suivant le modéle de son frere, la Néreïde, l'Enfant, la Vache-marine, le Dauphin aux pieds de Neptune, & les deux Monstres qui nagent dans l'eau.

Le bas-relief de bronze qu'Adam l'aîné a fini, représentant sainte Adelaïde, est composé de façon à former un très beau Tableau, la perspective y étant très bien observée, les figures caractérisées différemment selon leur genre & leur sexe ; les draperies y sont très belles, on y remarque les plis qui caractérisent le linge, l'étoffe, le drap & la soye, en sorte qu'en examinant, on y trouve toutes ces choses avec toute la finesse possible.

Dans le Groupe de la Chasse qu'il acheve présentement, les graces sont représentées dans les deux Nymphes, & les draperies sont caractérisées, l'une d'étoffe & l'autre de soye, qui paroissent travaillées aussi légerement que la nature : l'arbre auquel est attaché le héron suspendu avec un ruban par les pattes, les branches & les feuilles sont travaillées à jour comme la nature même, ainsi que le plumage de l'animal, l'arc que la Nymphe tient dans sa main, est tout en l'air, de même que ses cheveux.

L'autre Groupe représentant la Pêche, est traité d'une façon encore plus surprenante, le rets qui est tiré hors de l'eau par la Nymphe, est tout percé à jour : comme il y a beaucoup d'air sur la mer, toutes les draperies en sont voltigeantes, & traitées d'étoffes légeres, les graces régnent dans les deux figures ; on remarque dans le caractere de tête de l'une, le désir de ne point lâcher

---

(e) Fiber est le Castor ou le Biévre.

sa proye ; l'autre qui est assise ayant une jambe dans l'eau, tient l'autre partie du rets d'une main, range une partie de la corde, en parant son visage riant, comme si elle étoit éclaboussée du frétillement des poissons & du mouvement des vagues; l'enfant-triton qui se trouve pris dans les rets parmi les poissons, cherche en vain à se jetter dans la mer.

Le Buste du Roi en marbre qu'il vient de finir, est traité avec toute l'étude & la legereté possibles ; les cheveux de Sa Majesté imitent le naturel, les draperies sont voltigeantes, il est coëffé de lauriers. Ce Monarque est représenté sous la figure d'Apollon.

Comme Sa Majesté a ordonné, depuis six ans, d'exposer tous les ans les Tableaux & Sculptures de tous les habiles Académiciens dans un Salon du vieux Louvre, pour y être vus depuis le 24. Août jusqu'à la fin de Septembre, aux yeux de tout le Public; Adam y a exposé tous les ans les différens Ouvrages qu'il a faits en chaque année; plusieurs de ceux qui excellent dans cet art, vouloient soutenir qu'il ne pourroit pas exécuter en marbre ce qui paroissoit en modéle, surtout le Buste du Roi, & le Groupe de la Péche : il l'a pourtant fait, & le Public en est témoin.

Il a exposé cette année 1742. dans ledit Salon, un modéle représentant Venus sortant du bain, appuyée sur son char, retroussant ses cheveux, & se mirant dans l'eau : elle est accompagnée de trois Amours ; l'un représente l'amour divin, l'autre l'amour profane, & le troisiéme qui est monté sur le char, représente l'Hymen couronné de fleurs, tenant d'une main le vêtement de la Déesse, & de l'autre son bandeau. Cette Fontaine est entourée de rochers, & les deux cignes attelés au char se promenent dans un coin sur la surface des eaux. Ce modéle est un projet qu'Adam a fait, & qui pourra être exécuté en grand, pour être placé dans un Bassin où se terminent trois avenuës, dont chaque enfant garde de vuë celle qui lui est opposée ; ce Bassin est dans le Parc de Choisy; il n'y a personne de ceux qui l'ont vû au Salon, qui n'en désire voir l'exécution.

Tous les Ouvrages d'Adam l'aîné & du cadet qui ont paru au Salon, sont rapportés dans un petit Livre qui se distribue à cette exposition : deplus, ils sont détaillés dans le Mercure de France.

En 1742. dans l'exposition qui se fit au Louvre au mois de Septembre, Adam fit paroître un modéle en plâtre d'une petite fille appuyée sur une coquille, se jouant avec un jeune Tigre, qu'elle retient par la queue, pour l'empécher de se lancer sur un oiseau qu'elle en écarte pour le sauver, en s'éclatant de rire, ce morceau est joint à un autre enfant, pincé par une Ecrevisse qui parût en l'année 1740. au même Salon (f).

ADAM (Nicolas Sébastien) second fils de Jacob Adam est né le 22. Mars 1705. sur la Paroisse de S. Epvre de Nancy, a reçu de son pere les principes du Dessein & de la Sculpture, jusqu'à l'âge de 16. ans, que son pere l'envoya à Paris, où il a travaillé sous différens Maîtres pendant 3. ans.

Mémoire fourni par M. Nicolas fils.

Pendant le courant de la derniere année, il fit plusieurs entreprises; M. Bofnier, Trésorier-Général du Languedoc, l'ayant vû travailler, lui proposa quelque ouvrage à faire dans son Château de la Moisson près Mont-Pellier; Adam qui ne comptoit pas trouver en ce Pays les moyens de se perfectionner, le refusa d'abord, mais sur ce que M. Bofnier lui représenta que ce voyage le mettoit à moitié chemin de Rome, & qu'après avoir travaillé quelque tems pour lui, il se verroit en état d'y aller étudier, cet offre le détermina; il accepta l'entreprise qui consistoit en quatre grands Frontons, & le reste de la décoration du dehors du Château où il employa 18. mois, ayant sous sa conduite plusieurs Ouvriers.

M. Bofnier vouloit encore le retenir pour travailler à la décoration du dedans; il le remercia de ses offres quoiqu'avantageuses, il lui laissa seulement les Desseins pour son Salon, il partit ensuite pour Rome où il arriva en 1726. Au bout de 18. mois, par un esprit d'émulation, il se crut assez fort, pour mettre au Prix qui se devoit distribuer dans l'Académie de S. Luc, & il eut le talent de remporter celui de la première Classe, qui lui fut donné au Capitole en 1728. sous le Pontificat de Benoît XIII.

Ensuite il s'appliqua à travailler d'après l'Antique, & après les plus célèbres Auteurs, il passa 3. ans à restaurer plusieurs Antiques de marbre, mais ces ouvrages ne l'empêcherent pas de faire encore quelques grandes Compositions.

Ce fut dans le méme tems que les trois Freres se trouverent à Rome pour y étudier le méme Art.

Après y avoir passé neuf années, M. le Cardinal de Polignac le chargea du soin de ses Antiques, & après les avoir fait embarquer, Adam partit de Rome le 15. de Septembre 1734. En passant par Marseille, on

(f) Tiré du Mercure de France du mois de Novembre 1741. pag. 2293. & 2294.

lui proposa de décorer un Autel considérable ; à Lyon, on voulut le retenir pour exécuter plusieurs figures en marbre ; mais la crainte qu'il eut de se négliger en restant dans la Province, lui fit continuer son voyage pour se rendre à Paris où il arriva au mois de Novembre suivant.

Il rapporta de Rome deux modéles de sa composition, sçavoir : un bas relief de 3. pieds & demy de long, sur 3. de haut, représentant le sacrifice d'Iphigénie, & l'autre une figure de ronde bosse de 2. pieds & demi de hauteur, représentant Clélie ; il présenta ces deux morceaux à Messieurs de l'Académie Royale de Peinture & de Sculpture de Paris qui sur le champ l'agrégérent dans leur Compagnie.

L'usage est que quiconque se présente pour y entrer, fasse un morceau qui reste ensuite à l'Académie.

Adam se trouva dans le cas d'avoir un sujet des plus difficiles à traiter. Il représentoit Prométhée dévoré par le Vautour, il se vit même obligé, contre l'usage ordinaire, de faire son modéle dans un endroit renfermé de l'Académie, & il n'eut pas la liberté de choisir son sujet ; malgré cette exception, causée vraisemblablement par quelque jalousie, il fut assez heureux pour voir son ouvrage applaudi de toute la Compagnie.

En 1735. il fit, par ordre du Roi, un bas-relief de bronze pour la Chapelle de Versailles ; il a quatre pieds & demi de long, sur deux & demi de hauteur ; il représente le Martyre de sainte Victoire à Rome.

Sur la fin de l'année 1735. il travailla avec son frere aîné au Triomphe de Neptune, dont il est parlé à l'article d'Adam l'aîné.

En 1736. il fit quatre Groupes en stuc pour le plafond de la Chambre à coucher de Madame la Princesse de Rohan.

En 1738. il fit deux figures en pierre de huit pieds de proportion, représentant la Justice & la Prudence ; elles ont été posées sur un ordre d'Architecture, qui forme la principale entrée de la Chambre des Comptes de Paris ; & il fit aussi deux Amours, qui soutiennent le Cartouche de cette Porte : cet ouvrage qui avoit été commandé par ordre du Roi, a été très applaudi.

En 1739. il exécuta pour l'Abbaye Royale de S. Denys, un grand fronton, dont le sujet représente S. Maur, qui implore le secours du Seigneur pour la guérison d'un enfant mis à ses pieds par sa mere affligée ; le Saint pose sur la tête de l'enfant l'Etole que S. Benoît lui avoit donnée, quand il reçut les Ordres ; les figures de ce fronton sont de neuf pieds de proportion. Il en a aussi exécuté un autre pour la même Abbaye, représentant les Armes de la Congrégation dans un Cartel.

En 1740. le Roi lui donna un logement & un attelier en une maison attenante le vieil Louvre ; ces sortes de logements ne se donnent qu'à ceux qui excellent dans leur art.

En 1741. il a fait pour le Roi de Portugal un Crucifix qui a été exécuté en argent, dont le Christ a deux pieds de hauteur ; il est représenté baissant la tête & rendant l'esprit.

Dans l'exposition des Tableaux, qui se fit au Louvre au mois de Septembre 1741. on y vit les Ouvrages suivans d'Adam le Cadet ; 1°. Un petit modéle en plâtre représentant Junon. Junon ayant ordonné à Argus qui avoit cent yeux, d'observer les actions de Jupiter son époux, ce Dieu irrité de la vigilance de cet espion, dont partie des yeux veilloit, lorsque l'autre étoit abatuë du sommeil, commanda à Mercure de l'endormir au son de la flutte, & de lui trancher la tête. Junon, pour conserver la mémoire d'Argus, & récompenser sa fidélité, attacha ses yeux à la queuë de son Paon, qui représente dans son plumage la multitude de ces yeux.

2°. Un autre modéle en plâtre représentant Cléopatre derniere Reine d'Egypte, dans le moment qu'elle remporte le prix de la gagûre, qu'elle avoit faite avec le Triumvir Marc-Antoine, de consommer elle seule 1500000. écus. Cette Reine portant à ses oreilles deux perles qui étoient les Chefs-d'œuvres inestimables de la nature, en tient une qu'elle montre, & qu'elle va mettre dans une Coupe remplie de vinaigre pour la dissoudre & l'avaller : cette coupe lui est présentée par un enfant à la fin du repas.

En 1742. il a fait un modéle représentant la sainte Vierge figurée sous la seconde Eve, dont il a ainsi exprimé l'idée ; la sainte Vierge tient le serpent terrassé sur un globe ; le Sauveur qui par elle est venu au monde, perce avec la lance de la Croix la tête du serpent, & donne à la Vierge la pomme fatale qui a fait entrer la mort dans le monde ; cette pomme arrachée au serpent séducteur, annonce au genre humain le salut & la vie ; mais la Vierge qui est d'un côté la reçoit comme médiatrice, montre de l'autre en même tems que l'on n'y peut arriver que par la Croix de son Fils. Ces deux morceaux ont été exposés au mois d'Août & Septembre 1742. dans le grand Salon du Louvre, & ont fait beaucoup d'honneur à Adam : depuis ce tems il a travaillé à plusieurs grands Ouvrages en marbre pour le Roi.

F

Description du Mausolée de Catherine Opalinska, Reine de Pologne, Duchesse de Lorraine & de Bar, exécuté par Adam le cadet, & posé pendant les mois de Juin & Juillet 1749. dans le Chœur, à droite, de l'Eglise des Minimes, au Faux-bourg de Bon-secours près Nancy.

La Reine est à genoux sur son Tombeau. Un Ange vient lui annoncer que le tems de ses épreuves est fini, & qu'elle touche à l'heureux moment où, dans la véritable patrie, ses rares vertus vont recevoir une juste récompense. Sa foi vive & son zéle ardent lui font écouter & recevoir avec un saisissement de joie, ce qu'elle attendoit avec impatience, détachée depuis long-tems de tout ce que le monde a de flatteur. Elle a déja déposé les marques de ses grandeurs & de son rang. Le sceptre & la couronne sont sur son tombeau, devant le coussin qui la soutient. derriere elle s'élève une pyramide, symbole de la gloire des Princes, couronnée par une urne funébre, d'où pendent des festons de cyprès, qui envelopent l'Ecusson de ses Armes. Au bas de la pyramide sont deux cassollettes fumantes, qui répandent au loin la bonne odeur des vertus de la Reine. L'Aigle de Pologne, sortant de dessous son tombeau, paroît vouloir s'enlever avec elle. Ce tombeau est porté par un socle, soutenu d'un corps d'Architecture, dont l'avant-corps est chargé de l'Inscription.

Aux deux côtés les deux arrieres-corps sont ornés de bas-reliefs en marbre blanc, dans l'un desquels on voit la Religion, & dans l'autre la charité ; vertus qui ont particuliérement brillé dans la Reine.

Ce bel Ouvrage est en marbre, de trente pieds de haut sur dix-huit de large, le fond peint en marbre de rance obscur, le corps d'Architecture bleu-turquin ; l'Inscription de bréche grise ; le soc & le tombeau de portor ; la bordure de la pyramide de Languedoc palé ; le fond de bleu-turquin clair.

Il fait l'admiration des connoisseurs, & soutient la réputation que M. Adam le Cadet s'est acquise depuis long-tems.

Vers à Messieurs Adam & autres fameux Sculpteurs, chargés de travailler au Mausolée de feu M. le Cardinal de Fleury, en 1743. par M. de Bonneval.

Doctes Rivaux dans l'art où brilla Girardon,
Adam, le Moine, Bouchardon,
Votre leger ciseau va donc faire paroître
Les vertus du Ministre & les regrets du
Maître.
La douleur ne veut point d'efforts ingénieux ;
Soyez simples, comme l'Histoire :
Il suffit d'exposer le Ministre à nos yeux
Pour votre honneur & sa gloire.
L'élégance des ornemens
Vaut-elle de Louis les tendres sentimens ?
Vous pouvez d'un seul trait faire honte à
la Parque,
Gravez sur ce tombeau les larmes du
Monarque.

ADAM (François-Gaspard) troisiéme fils de Jacob Adam, est né à Nancy sur la Paroisse S. Sébastien, le 23. Mai 1710. Il a appris les principes du dessein & de la sculpture chez son Pere, qui l'envoya à Paris pour se perfectionner ; mais ayant été arrêté dans le Barrois pour quelque Ouvrage, & ayant amassé de quoi faire un plus long voyage, au lieu d'aller à Paris, comme ses freres le lui avoient marqué, il les vint trouver à Rome à la fin de 1729. Son frere aîné l'ayant retiré à l'Académie, lui facilita ses études ; il y apprit à travailler le marbre aux restaurations des Antiques de M. le Cardinal de Polignac ; il s'avança aussi dans le dessein & le modelé, en sorte que son frere aîné obligé de partir de Rome, l'y laissa, & François-Gaspard s'occupa chez différents Sculpteurs à de grands Ouvrages : s'étant fait un somme d'argent, il quitta Rome, passa en Lorraine pour y voir ses pere & mere, & alla trouver son frere aîné à Paris, où il arriva au mois de Septembre 1733.

Il y continua ses études en travaillant à partie des Ouvrages auxquels son frere l'occupa, tant à Paris qu'à Versailles; de sorte qu'il se rendit capable de remporter le premier prix à l'Académie Royale de Peinture & de Sculpture, sur un bas-relief modelé de trois pieds de hauteur sur quatre de large, représentant Tobie rendant la vuë à son pere avec le fiel du poisson, dont il eut la premiere Médaille d'or à la saint Louis 1741. & partit le 25. Septembre 1742. à la pension du Roi, pour achever ses études à l'Académie Royale de France, à Rome. Il en revint au commencement de 1746. En passant à Florence, il y fut reçu Professeur de l'Académie de Peinture & Sculpture. Son séjour ne fut pas long à Paris, l'Ambassadeur de Sa Majesté Prussienne connoissant ses talens, en fit part au Roi son Maître qui l'attira à son ser-

Mémoire fourni par M. Nicolas fils.

vice, & lui donna une pension de quatre mille livres. Adam, à son arrivée en 1747. travailla d'abord à différentes Statuës en marbre ; le Roi en fut si satisfait, qu'il le fit son premier Sculpteur. Il continue à donner tous les jours des preuves de son habileté dans son art.

ADELHAIRE Moine d'Epternach, & Recteur des Ecoles, & ensuite Abbé de ce célébre Monastere, succéda dans cet emploi à Rudigere son Confrere. Il composa la Chronique d'Epternach, & quelques autres Ouvrages marqués par Trithéme au Livre second des Hommes illustres de l'Ordre de S. Benoît. Voyez Trithéme, Chronique Hirsang, an. 990. p. 135. Je n'ai pas trouvé Adelhaire parmi les Hommes illustres où Trithéme renvoit.

D. Pierre Munier, Hist. de la Reforme de S. Vanne, tom. 1. p. 37. 38.

ADEMARE de Monteil, qui gouverna l'Evêché de Metz depuis l'an 1327. jusqu'en 1361. dressa des Statuts en 1332. pour la Réforme des Abbayes de la Ville de Metz ; le tout pour se conformer à la résolution du Concile Provincial de Tréves, & à la Décretale du Pape Clément V. Le même Evêque Ademare confirma de son autorité les Réglemens que les Maîtres Echevins & les Treize de la Cité de Metz avoient faits dix ans auparavant, pour le bon régime des Religieux de ces Abbayes, dont la vie étoit venuë à un point de dissolution, que les Magistrats séculiers se crurent obligés d'y apporter remède. Ademare mourut en 1361. Conrade Bayer de Boppart Evêque de Metz fit aussi des Statuts pour le bon gouvernement des Abbayes de sa Ville Episcopale, le 12. Décembre 1433. mais ni luy ni les Evêques ses successeurs ne purent réussir à y rétablir le bon ordre. Cet ouvrage étoit réservé à la Réforme de la Congrégation de S. Vanne. On peut voir cy-après l'article de *Valladier* Abbé de S. Arnoû de Metz.

ADOLPHE de Sierk Chartreux, Confesseur & Directeur de la Duchesse de Lorraine Margueritte de Baviere, Epouse du Duc Charles II. Adolphe étoit, comme l'on croit, natif de la Ville de Sierk ; & mourut à Tréves, Vicaire de la Chartreuse située près cette Ville. Il a composé la vie de la Duchesse Margueritte, d'un stile simple & rempli d'onction, où il raconte les vertus que cette sainte Princesse a pratiquées, & les œuvres de pieté qui ont rendu sa mort précieuse aux yeux de Dieu, & sa mémoire en bénédiction dans la Lorraine & dans la Baviere. Le Pere Raderus Jesuite, Auteur de la *Baviere sainte*, ayant recouvré le Manuscrit du R. P. Adolphe de Sierk, en a donné de longs extraits dans sa *Bavaria sancta*, que l'on peut consulter ; car je ne sache pas que l'Ouvrage du P. Adolphe ait jamais eté imprimé ; nous l'avons inutilement cherché dans la Chartreuse de Tréves, où il devoit être. Les Peres Bollandistes ne l'ont pas donné au 26. d'Août, qui est le jour de la mort de la Duchesse Margueritte, apparemment parce qu'ils n'ont pû recouvrer sa vie originale, ou que Margueritte n'ayant pas été honorée dans l'Eglise d'un culte public, ils n'ont pas jugé à propos de l'inserer dans leurs Actes des Saints. Margueritte mourut le 26. Août 1434. & fut enterrée dans l'Eglise de saint George à Nancy, d'où on l'a transportée en 1743. dans le Caveau de la Chapelle Royale des Cordeliers de la même Ville.

ADRIEN (Le R. P.) de Nancy, Capucin, s'est rendu célébre par ses Ouvrages de Philosophie. Les Peres Capucins à qui j'avois demandé quelques Mémoires sur leurs Religieux, qui se sont distingués dans la Litterature, se sont excusés de m'en donner.

ADSON Abbé de Montier-en Derf, étoit natif de la Franche-Comté, aux environs du Mont-Jura ; il prend quelquefois le surnom d'*Hermerius*. Trithéme lui donne celui de Henry, d'autres le nomment *Azon* ou *Asson*. Ses parens qui étoient d'une noblesse distinguée, le mirent de bonne-heure dans l'Abbaye de Luxeuil, où il prit l'habit monastique, & y fit ses études avec beaucoup de succés. S. Gauzelin Evêque de Toul l'attira dans son Diocése, pour présider aux Ecoles qui étoient dans l'Abbaye de Saint Evre.

La Reine Gerberge informée de sa capacité, lui demanda qu'il lui dit son sentiment sur ce qu'on devoit penser de l'Ante-Christ, dont on parloit beaucoup alors, dans la créance que la fin du monde étoit prochaine.

Albric, Moine de S. Evre, ayant été élû Abbé de Montier-en Derf, attira auprés de lui Adson, qui fut d'abord comme son Coadjuteur, & qui lui succéda dans la suite vers l'an 968. Adson fit dans ce Monastere quantité d'Ouvrages considérables ; entre autres les Cloîtres & la belle Eglise, qui subsiste encore aujourd'hui, mais qui n'est point achevée.

Manassé Evêque de Troyes en Champagne, & Adalberon Archevêque de Reims, le considéroient particuliérement, & le consultoient sur les affaires de leurs Diocéses. Il suivit le Roi Othon III. dans son voyage d'Italie, & se trouva à la Conférence qui se tint à Ravenne, entre le docte Gerbert & le Grammairien, Orric, & qui dura un jour entier.

Hug. Flavin. Chron. pag. 137. 138.

F ij

A son retour, il fut prié par Brunon Evêque de Langres en 981. de réformer l'Abbaye de S. Bénigne de Dijon ; à quoi il s'employa pendant deux ans, ensuite il retourna à Montier-en-Derf.

Mabill. Act. SS. Bened. p. 849.

Hilduin Comte d'Arci en Champagne, ayant été converti par Adson, fut condamné, pour expier ses violences, de faire le voyage de Jerusalem. Adson voulut l'y accompagner, à l'exemple de S. Bercaire, un des Patrons de Montier-en-Derf, qui suivit dans un pareil voyage Vaimer, un des complices du meurtre de S. Léger Evêque d'Autun.

Après les premiers jours de la navigation, Adson tomba malade, & mourut peu de jours après ; on l'enterra dans l'Isle d'*Astilia*, peut-être *Astypalia* ou *Stampalia*. Nous avons dit ailleurs qu'Adson avoit été Abbé de S. Mansuy de Toul, de S. Benigne de Dijon & de Luxeuil ; mais la chose n'est pas sans difficulté. On peut voir l'Histoire littéraire de France, tom. 6. p. 471. 476. & notre Histoire de Lorraine, tom. 1. p. 885.

Mabill. Act. SS. Bened. t. 2. p. 849.

Un Religieux de l'Abbaye de Montier-en-Derf, qui écrivoit un peu après le milieu de l'onziéme siécle, nous a laissé la liste des Ouvrages d'Adson ; mais il n'a pas compris son Traité sur l'Ante-christ, adressé à la Reine Gerberge vers l'an 954. Ce Traité a été attribué à S. Augustin, à Alcuin ou à Rabanmaur ; mais on ne doute plus aujourd'hui qu'il ne soit d'Adson.

Il a de plus composé, à la priere d'Odon Abbé de Montier-la Celle, la vie de S. Frodobert, Fondateur & S. Abbé de ce Monastere, mort vers l'an 673.

Adson, à la priere de S. Gerard Evêque de Toul, écrivit la vie de S. Mansuy premier Evêque de cette Eglise, comme aussi les Miracles du même Saint que nous avons fait imprimer sur un Manuscrit de l'Abbaye de S. Mansuy.

Le Pere Martenne l'a fait de même imprimer dans le troisiéme Tome de son Trésor des Anecdotes (g). Il y a dans l'Exemplaire du Pere Martenne, quelque chose de plus que dans celui de S. Mansuy ; mais la relation de la seconde Translation du Corps de S. Mansuy, ne peut être l'ouvrage d'Adson, puisqu'elle se fit en 1104. Il ne peut pas être non-plus Auteur de la vie de S. Gerard, ni de l'Histoire de ses Miracles, puisque S. Gerard est mort après lui : mais il peut avoir composé la vie de S. Evre & celle de S. Gauzelin Evêques de Toul, dont il étoit contemporain. Celui qui a écrit les Miracles de S. Evre, étoit contemporain & témoin d'une partie de ce qu'il a dit, comme il le témoigne à la fin de ces Miracles dans un ancien Manuscrit de S. Arnoü de Metz ; ce qui est assez compatible avec Adson, qui a pû voir une partie de ces merveilles, ou les avoir apprises de témoins oculaires.

De plus, il a écrit la vie & les Miracles de S. Basle Confesseur, Patron de l'Abbaye du même nom dans le Diocése de Reims ; il l'écrivit, à la priere de Gerbert & d'Adson Abbé de S. Basle. On a aussi de lui la vie de S. Eustache & de S. Valdbert Abbés de Luxeuil, qui sont les successeurs immédiats de S. Colomban : il a, de plus, composé la vie de S. Frodebert, & celle de S. Bercaire Abbé & Fondateur des Abbayes du Hautvillers & de Montier-en-Derf. Enfin, il a laissé quelques Piéces de Poësie, comme la Traduction en vers du second Livre des Dialogues du Pape S. Gregoire, contenant la vie de S. Benoît, qu'il composa, à la priere d'Abbon Abbé de Fleury. On trouve à la tête de la vie de S. Mansuy quelques vers élégiaques de sa façon, & d'autres vers acrostiches à la fin de la même vie. Marlot nous a conservé l'Epitaphe qu'il a faite d'Adson Abbé de S. Basle son ami, comprise en douze vers, qui commencent ainsi :

O felix Adso, tumulum tibi condidit Adso.

Marlot ; tom. 1. lib. 4. cap. 26. p. 3. 9. 6. hist. Remen.

Dans un ancien Manuscrit de l'Abbaye de Remiremont, qui contient la vie de saint Mansuy premier Evêque de Toul, on lit la Préface suivante, qui ne se trouve ni dans le Manuscrit de S. Mansuy, ni dans celui de l'Abbaye de Cambron. Celui de Remiremont paroît avoir été écrit à Luxeuil, & Adson témoigne dans la Préface dont j'ai parlé, & que je donne ici, qu'il avoit intitulé son Livre *Colombin*, par allusion au nom de S. Colomban Fondateur de Luxeuil, ou par rapport à S. Mansuy, dont le nom marque la douceur & la simplicité de la Colombine.

Communiqué par M. Andren, Ecolâtre de Remiremont.

EPISTOLA ADSONIS
Ad Gerardum Episcopum (h).

Domino sancto ac verè beatissimo Antistiti Domino Gerardo. Adso indignus servorum Dei servus, Abbatum ultimus, peccatorum primus, aeternae redemptionis munus. Sacro est submixum eloquio : quia sicut praefulget in sanctis Praelatis imperandi potestas, ita quoque respondere debet in bonis subjectis exequendi devota voluntas :

(g) Sur un Manuscrit de l'Abbaye de Cambron en Hainaut, Ordre de Cîteaux.

(h) S. Gerard a été Evêque de Toul depuis 963. jusqu'en 994.

nam ut illos ex justis imperiis in conspectu divinæ Majestatis oportet absolvi, ita & istos sequente obedientia fructu æternâ expedit remuneratione salvari. Hujus sententiæ ego non expers vestrâ jussione permotus opus assumpsi, legenti, ut credo, non omnimodis ingratum actori verò omnibus modis formidandum. Quia sicut decursio spatiis temporum obscura est notitia præteritorum, ita quoque est libera certitudo præsentium rerum. Quod ergo jussistis humiliter suscepi, quod præmonuistis quamvis inepte, explevi. Sumite ergo Libellum vestro jussu impositum, meo labore confectum, cui quidem in specie columba super Dominum descendentis, à colendis etiam beatissimi Mansueti meritis quem colitis Columbinum vocandum institituo, ut Columbinus vocetur qui tanti Patris gestis insignitur.

Metrum Adsonis in laude Christi & sancti Mansueti ubilibet concinnendum:

*Inclita Mansueti claris Natalibus orti
Progenies titulis fulsit in orbe suis, &c.*

Voyez la suite dans l'Imprimé au premier Tome de l'Histoire de Lorraine, seconde Edition, pag. cxxj.

Codex Colbert Reg. 4426.

Après le départ d'Adson pour son voyage de Jerusalem, ses Religieux de Montier-en-Derf firent l'Inventaire des Livres de sa Bibliothéque, qui consistoient en la Rhétorique de Ciceron, Servius sur Virgile, deux Térences, une explication des Eglogues & des Géorgiques de Virgile, deux Glossaires Latins ; ce qui fait juger de son goût pour les Belles-lettres. On a vû qu'il se mêloit de faire des vers ; mais il n'y réussissoit pas beaucoup. On voit par une Lettre du fameux Gerbert à l'Abbé Adson, qu'il nomme son Pere, qu'Adalberon Archevêque de Reims le souhaitoit ardemment à Reims, & que les Livres d'Adson l'y ont déja accompagné, ou devancé.

ADVENTIUS Evêque de Metz, qui a siégé depuis l'an 855. ou 858 jusqu'en 873. ou 874. a écrit plusieurs Lettres au Pape Nicolas I. au sujet du divorce du Roi Lothaire & de Thietberge : Adventius avoit été élevé dans le Palais de Drogon Evêque de Metz, fils naturel de Charlemagne ; & l'on conjecture qu'avant son Episcopat, il étoit Abbé de S. Arnoû de Metz, puisque le Roi Louis de Germanie, dans une Chartre de l'an 818. le nomme *Evêque de S. Arnoû.* Adventius fut élû Evêque de Metz après la mort de Drogon en 855. & se trouva en divers Conciles tenus dans ce Pays-cy, comme à celui de Tusey près Vaucouleurs, tenu la même année ; il eut le malheur de se trouver aussi aux deux Conciles tenus à Aix la Chapelle en 860. à l'occasion du divorce du Roi Lothaire & de Thietberge, & sa complaisance pour Lothaire, qui l'honoroit de sa bienveillance, l'engagea à favoriser sa passion ; ce qui lui causa mille chagrins & mille inquiétudes. Ce fut dans ces fâcheuses circonstances qu'il écrivit les Lettres que nous avons de lui imprimées dans le Recueil des Conciles ; la premiere de l'an 868. tom. 8. Concil. pag. 482. Item, une autre Lettre du même, d'après l'an 863. dans Meurisse Historien de Metz, Liv. 3. p. 257. Une troisième du même, à Hatton Evêque de Verdun dans Meurisse, p. 262. Une quatriéme à Theutgaude Archevêque de Tréves, vers le même tems, dans Meurisse, Liv. 3. pag. 238. Enfin il se reconcilia à l'Eglise, & se soumit au Pape Nicolas I. qui le reçut en sa communion & en ses bonnes graces, comme on le voit par une cinquième Lettre qu'Advence lui écrivit, & par une sixiéme & septiéme Lettres du même. voyez Meurisse, Liv. 3. pag. 252.

Sur la personne d'Adventius & le contenu de ses Lettres, on peut voir Meurisse, Histoire de Metz en notre Histoire de Lorraine, Tom. I. Liv. 15. pag. 755. 756. & suivantes. Il y a lieu de croire que l'Evêque Advence savoit la langue grecque, puisqu'on voit des caractéres grecs dans une Lettre formée de l'an 862. ou environ, écrite à Arnoû Evêque de Toul, dans laquelle il rend témoignage à un Prêtre nommé * * * * à qui il avoit canoniquement accordé la liberté à *la corne de l'Autel,* pour aller demeurer dans un autre Diocése, & y être employé selon la volonté de l'Evêque Diocésain, qui devenoit par-là son Supérieur.

L'on voit le nom d'*Advence* dans le Concile de Tusey près Vaucouleurs, tenu en 860. Il est remarquable que, selon une addition qui se trouve dans les Analectes du Pere Mabillon, il n'y eut que quarante Evêques qui parurent dans ce Concile ; cependant dans les Imprimés il s'y en trouve des souscriptions de cinquante-huit ; ce qui vient de ce qu'on envoyoit souvent les Actes des Conciles aux absens ; lesquels ils souscrivoient, comme s'ils avoient été présents. On remarque la même chose dans plusieurs Chartres très autentiques & anciennes.

Vide Analecta Mabillon. pag. 150. novæ edit. in-fol.

ÆGIDIUS *aureæ vallis* ; voyez cy-après, Gille d'Orval, &c.

AGRIPPA (Henry-Corneille) né à Cologne le 14. Septembre 1486. d'une famille noble & ancienne, dont le nom étoit Nettesheim. Je n'en parle ici que parce qu'il fut Syndic, Avocat & Orateur de la Ville de Metz en 1518. & on trouve parmi ses Ouvrages quelques Harangues qu'il a faites à

Luxembourg & ailleurs, en qualité de Syndic de Metz (*i*) ; mais ne fut jamais Avocat-Général, puisqu'on n'en a point vû dans cette Ville, que long-tems après, lorsque Metz fut cédé à la France, & qu'on y établit un Parlement. Agrippa fut obligé de sortir de cette Ville en 1520. par la persécution qu'on lui suscita, pour avoir combattu l'opinion qui étoit reçue en ce tems-là, que sainte Anne avoit eu trois maris, & pour avoir protégé une paysanne accusée de sorcellerie. On peut voir sur la vie & les Ecrits d'Agrippa les dix-septiéme & vingtiéme Tomes du Pere Niceron, & Morery, sous *Agrippa*. Il a passé, pendant sa vie, pour un grand sorcier, & est mort en réputation d'un fort mauvais Chrétien.

AGRITIUS ou Agrecius (Mathias), qui étoit à Tréves les six, sept & huit siécles de Mai, a fait une Relation de la Cérémonie dans laquelle on montra ces jours-là la sacrée Tunique de Notre-Seigneur ; il la considéra de fort près & très attentivement, & dit qu'on y voit le rouge, le jaune, le gris de fer ; il la compare à l'Arc-en Ciel, par la variété de ses couleurs, & dit qu'on y remarque quelques goutes de sang, comme les restes de la sueur du Sauveur dans le Jardin des Olives. Voyez Brouverus, Hist. de Tréves, tom. 2. pag. 121. & notre Histoire de Lorraine, tom. 3. p. 27.

AIGLE (Claude de l') Grand-Vicaire, & Archidiacre de Toul ; voyez *L'Aigle*.

AINARDUS Moine de S. Arnoû ; voyez *Aynardus*.

AISCHPALTER ou Aizpalt (Pierre) Archevêque de Mayence, étoit né à Tréves de parens d'une condition honnête & médiocre ; il aima toujours l'étude, & s'appliqua principalement à la Physique & à la Médecine, dans laquelle il excella, & fut premier Médecin de Henry Comte de Luxembourg, qui l'ayant député vers le Pape Clement V. qui étoit alors malade à Poitiers, pour le prier de donner l'Archevêché de Mayence à Baudouin de Luxembourg, frere du Comte Henry son Maître ; le Pape ne jugea pas à propos de lui accorder cette grace ; mais Pierre Aischpalter ayant entrepris de traiter le Pape incommodé d'un rhume & d'un flux de sang, & l'ayant heureusement guéri, Clement ne crut pas pouvoir lui donner une plus belle récompense, que de le nommer à l'Archevêché de Mayence ;

ce qu'il fit en 1304. ou 1305.

Pierre étoit Ecclésiastique ; car alors la Médecine ne s'exerçoit gueres que par des Clercs : on assure même qu'il avoit été nommé par le Pape Nicolas IV. en 1288. à la Grande-Prévôté de Tréves, & ensuite promû à l'Evêché de Basle. Il fit son entrée solemnelle à Mayence en 1306. & rendit ses foi & hommage à l'Empereur Albert, étant à Colmar en 1307.

La même année il fit élite Archevêque, Baudouin de Luxembourg, frere du Comte Henry son bienfaiteur ; & peu de tems après, il fit encore élire Roi des Romains le même Henry de Luxembourg, à qui il devoit sa fortune. Il fit en 1310. le mariage de Jean de Luxembourg, fils de Henry, avec la fille de Venceslas Roi de Bohême, & témoigna dans toutes occasions sa parfaite reconnoissance envers la Maison de Luxembourg.

Sa conduite dans le gouvernement de son Diocèse, répondit aux grandes espérances qu'on avoit conçues de sa capacité ; il lui acquit de grands biens, & en récupéra d'autres qui étoient perdus ; favorisa les Ecclésiastiques & les Religieux, fonda la belle Chartreuse de Mayence, tint des Conciles Provinciaux, pour rétablir ou pour maintenir le bon ordre dans son Diocèse. Il mourut le 4. Juin 1320. après quatorze ans, cinq mois d'Episcopat. Voici son Epitaphe qui se lit dans la Chartreuse de Mayence, & qui contient un abrégé de sa vie.

Anno milleno trecentenoque viceno
Petrum petra tegit, ipsum, qui tartara fregit.
De Treviri natus, Præsul fuit hic radiatus.
Redditibus, donis, & cænobiis sibi pronis
Ecclesiam ditat, res auget, crimina vitat.
Hic pius & largus, in conciliis fuit argus ;
Sceptra dat Henrico Regi ; post hac Ludovico (*k*)
Fert pius extremo Joanni Regna Bohemo.
Hic quinos menses annos, deca tetra repensis,
Quos vigil hic rexit, quem Christus ad athera vexit.

Dans cette Epitaphe il n'est pas fait mention de l'Episcopat de Pierre à Basle ; mais la chose est attestée par de bons Auteurs.

Aischpalter n'étoit pas d'une taille avantageuse, ni d'un air imposant & majestueux ; mais son mérite reconnu & la dignité dont il étoit revêtu, lui avoient acquis une très grande autorité dans l'Empire.

On raconte qu'un jour, dans son Assemblée Provinciale en 1310. Hugues Comte

---

(*i*) Il se qualifie *Advocatus*, *Sindicus & Orator Metensium*, dans la Harangue qu'il fit pour rendre grâce de l'honneur qu'on lui avoit fait de le choisir pour cet emploi. Il y a même trois Discours du même pour & au nom des Messieurs de Metz, Tôm. 2. pag. 1090. 1092. 1094. 1095. Edit. Lugdun.

(*k*) Louis Duc de Baviere, qui succéda à Henry de Luxembourg Roi des Romains. Louis fut choisi par Baudouin de Tréves, Pierre de Mayence, & Jean Roi de Bohême ; mais il eut pour compétiteur Frideric Archiduc d'Autriche, choisi par les autres Electeurs.

Vide rerum Germ. t. 3. pag. 634. 635. & addendis, p. 1017.

sauvage du Rhin, accompagné de vingt Chevaliers du Temple ses Confreres, bien armés, mais portant leurs armes sous les habits de leur ordre, entra brusquement dans l'Eglise où se tenoit cette Assemblée, & étonnerent les Prélats qui y étoient. Aischpalter dit au Commandeur de s'asseoir, & lui permit de parler. Celui-ci se plaignit en termes très forts, disant qu'il étoit informé que ce Concile étoit principalement assemblé, pour travailler à la suppression de l'Ordre des Templiers, qu'on accusoit de crimes abominables, dont ils étoient très innocens; qu'on vouloit les condamner sans les entendre, qu'ils étoient venus au Concile pour interjetter appel au Pape futur & au Clergé, de ce qu'on pourroit ordonner contre eux.

L'Archevêque reçut leurs plaintes & leurs protestations, leur promit de s'employer auprès du Pape, pour qu'on ne les inquiétât point; il leur tint parole. Il obtint du Pape une Commission, pour informer de leurs vie & mœurs. En conséquence il les entendit & les déclara innocens. Ceci se passa le premier de Juillet 1311. ou, selon d'autres, 1314.

AIX (Jean d'Aix) cinquante-septième Evêque de Verdun, gouverna cette Eglise depuis l'an 1247. jusqu'en 1252. fit publier des Statuts Synodaux, qui sont les plus anciens qu'on ait conservés dans ce Diocése. Il fit confirmer par le Pape Innocent IV. les Statuts du Chapitre de la Cathédrale, concernant les Stages, & la maniere d'assister à l'Office divin. Hist. de Verdun, p. 298.

ALBERY ou Aulbery (George) Sécretaire du Duc de Lorraine Charles III. a composé la vie de S. Sigisbert Roi d'Austrasie, avec la description de la Lorraine & de Nancy, imprimée à Nancy en 1616. in-octavo.

Item, *Cantique sur le Miserere*, dédié à Charles de Lorraine Abbé de Gorze, & imprimé à Nancy à l'Hôtel de Ville, chez Garnich en 1613.

Item, *Hymnes sur l'Ascension de Notre-Seigneur*, dédiés à Monseigneur Erric de Lorraine, à Nancy chez Garnich.

Item, une autre Piéce en Vers pour être chantée.

Aulbery est cité par Jean Ruyr, Antiquité de Vôges, Lib. 4. p. 49. où il dit qu'il étoit son Compatriote, par conséquent de Charmes-sur Mozelle. Vers ce même tems vivoit aussi Nomesius de Charmes, Auteur du Parnasse Poëtique.

ALBERT ou Alpert, Moine de S. Symphorien de Metz, de l'Ordre de S. Benoit qui vivoit avant l'an 1030. a écrit deux Livres intitulés, *De diversitate temporum*, adressés à Burcard Evêque de Worms, où l'on trouve une Lettre du même Burcard à Albert son ami, dans laquelle il lui rend graces de lui avoir adressé son Ouvrage, & se plaint de la négligence des Ecclésiastiques de son tems, qui méprisoient les études & ne s'occupoient que d'affaires séculiéres. Il marque qu'Albert ou Alpert n'avoit pas mis son nom à son Livre par modestie, & il lui ordonne de l'y mettre.

Dans cet ouvrage Albert traite de différentes choses, & en particulier, de la vie d'un Seigneur nommé *Baudri*, de la premiére & seconde irruption des Normans en 1009. ou 1010. de Gerard de Mosellane (1) puissant Seigneur de ce tems-là, du siége & de la prise de Metz par l'Empereur Henry (apparement pendant la guerre que Thierry Evêque de Metz son beau-frere lui fit.) du Comte *Ansfride* qui devint Evêque d'Utrecht, & se fit ensuite Bénédictin.

Dans le second Livre il parle au long de la guerre entre Baudry & Vieman, il rapporte l'écrit d'un Juif apostat & le réfute; enfin il raconte la guerre de l'Empereur Othon contre les Grecs, & de ce que Thierry Evêque de Metz fit dans cette expédition; il parle de la Fondation de l'Abbaye de S. Vincent par le même Evêque Thierry, dans une Isle de la Moselle hors de la Ville de Metz, & d'Adalbéron successeur du même Evêque Thierry, il adresse son ouvrage à Constantin Abbé de S. Symphorien, afin qu'il le corrige, *Hoc opusculum ego Alpertus, nec inter servos Dei nominandus, de Præsule nostro Theoderico digessi, tibique, Sanctæ Pater Constantine, ad corrigendum direxi.* Cet Abbé Constantin mourut en 1024. & a écrit la vie d'Adalberon II. Evêque de Metz, successeur de l'Evêque Thierry, dont on a parlé. Cet Ouvrage est imprimé dans le Recueil de M. Echard, intitulé, *Corpus historicum medii ævi*, tom. II. p. 91. ...... 131.

Possevin parle d'une Chronique d'Albert, qui contenoit depuis le commencement du monde jusqu'en 1038. M. Fabricius croit qu'elle n'est point encore imprimée. Voyez la Bibliothéque Latine, *mediæ & infimæ ætatis*, tom. I. p. 123.

Trithéme, dans sa Chronique d'Hirsange, parle d'un Albert, Moine de S. Vincent de Metz, Auteur d'une Chronique adressée à Adalberon Evêque de cette Eglise, dans laquelle il donnoit la liste de tous les Evêques de Metz.

Chronic. Hirsang. p. 100. an. 955.

(1) Apparemment Gerard d'Alsace II. du nom, nommé Duc de Lorraine par l'Empereur Henry le Noir en 1046. tué en 1048.

ALBERT, Moine & Ecolâtre de S. Mathias de Tréves, succéda dans cet emploi à *Diethelme*, célébre dans le dixiéme siécle par sa doctrine & par ses Ecrits, dont nous avons parlé sous son article. Albert lui succéda en 932. & mourut en 980. Il eut pour successeur dans ces Ecoles *Thierry*, dont on parlera cy-aprés. Albert étoit habile Ecrivain en prose & en vers. Il ajouta ce qui étoit arrivé de son tems, à l'Ouvrage intitulé, *Gesta Trevirorum*, & écrivit quelques Instructions pour les jeunes Religieux qui veulent étudier les Arts libéraux. Il gouverna ces Ecoles 24. ans, trois mois.

ALBERT (Le R. P.) de sainte Thérèse, Carme déchaussé, connu sous le nom d'Albert Deschamps, fils de Pierre Deschamps & de Louise Charlot, dont les ancêtres étoient Imprimeurs à Nancy depuis près de deux siécles.

Il entra fort jeune chez les Carmes de Nancy, où il professa la Philosophie & la Théologie pendant sept ans; il s'adonna ensuite à la Prédication, précha avec succés Avent & Carême à Nancy, & à Commercy devant S. A. R. Madame.

Il a composé plusieurs Ouvrages qui sont manuscrits, qu'il n'a jamais voulu qu'on imprimât, quoique sollicité par ses supérieurs & amis.

Ses Ouvrages sont un mélanege curieux de plusieurs points de Theologie, de Philosophie, de Morale & d'Histoire par ordre alphabétique, qu'il a partagé en six Tomes in-quarto.

Des Exhortations monastiques sur les points de la Régle primitive des Carmes, qu'il prêchoit à ses Religieux dans les Chapitres.

Nous pouvons juger de la solidité de ces Ouvrages par ses Sermons qui ont toujours été reçus favorablement: son mérite l'a élevé aux premieres Charges de son Ordre, & fait Provincial de la Province de Paris, avant qu'elle fût séparée de celle de Lorraine.

On a imprimé quelqu'uns de ses Sermons, entr'autres l'Oraison Funébre du Duc Leopold I. qu'il prononça dans l'Eglise Primatiale de Lorraine en 1729. in-quarto, chez Charlot, Imprimeur à Nancy.

ALBERTIUS (D. Laurent); voyez *Lucalbertius* cy-aprés.

ALDRII Evêque du Mans, n'appartient à notre Histoire que par sa qualité de Chanoine, Chef des Ecoles, & Princier de Metz. Aldrii eut pour pere, Sion natif de Saxe, & pour mere, Gerilde Bavaroise. Son pere qui le destinoit à la profession militaire, le conduisit âgé de douze ans, à la Cour de Charlemagne, où il se conduisit avec tant de sagesse, qu'il gagna l'estime & l'amitié de toute la Cour. Un jour qu'il étoit en prieres dans l'Eglise de la Vierge à Aix-la Chapelle, il se sentit inspiré de Dieu d'embrasser l'état ecclésiastique; craignant que ce ne fût quelque illusion du mauvais esprit, il fut environ six mois, sans découvrir son dessein. Il s'en ouvrit à l'Empereur qui lui accorda une Prébende dans l'Eglise de Metz.

Il y fut reçu avec plaisir, & on lui donna l'habit clérical. Il étudia le Chant Romain, la Grammaire & la sainte Ecriture, & au bout de deux ans l'Evêque Gandulphe l'ordonna Diacre.

Aprés la mort de l'Evêque Gandulphe, Drogon fils de l'Empereur Charlemagne, & frere naturel de Louis le Débonnaire, fut fait Evêque de Metz: connoissant le mérite du Diacre Aldrii, il l'ordonna Prêtre, à la priere du Clergé, & l'employa à la Prédication & à l'instruction des peuples.

Peu de tems aprés, il fut choisi premier Chantre de la Cathédrale. Cet emploi qui le mettoit à la tête des Ecoles de cette célébre Eglise, lui fournit les moyens d'exercer ses talens, & de former une infinité de sçavans Disciples. Le Clergé & le peuple de Metz, pour lui en témoigner leur reconnoissance, le choisirent pour Princier selon l'ordre Romain, & lui donnerent l'intendance sur tout le Clergé de la Ville & des Monasteres, & sur tout le Diocése.

L'Empereur Louis le Débonnaire informé des progrès qu'il faisoit, & des grands fruits qu'il produisoit dans cet emploi, le fit venir à sa Cour, & l'engagea, malgré lui, à accepter la dignité de son premier Prêtre ou Aumônier, & de son Confesseur; *Seniorem Sacerdotem, suumque Confessorem*. Il n'y demeura qu'environ quatre mois, au bout desquels l'Evêché du Mans étant venu à vacquer par le décès de l'Evêque Francon, l'Empereur le nomma à cet Evêché, & le fit consacrer par Landrun son Métropolitain, Archevêque de Tours, au mois de Décembre 832. Il assista au Concile de Soissons en l'an 833. & fut député en 836. pour le Concile d'Aix la Chapelle, avec Archinrade Evêque de Paris, pour porter, de la part du Concile, à Pepin Roi d'Aquitaine, un assez long Ecrit partagé en deux Livres, dans lesquels on l'exhortoit à rendre aux Eglises ce qu'il en avoit enlevé. Ces exhortations eurent leurs effets, & le Roi Pepin ordonna qu'on restituât aux Eglises les biens qui leur avoient appartenus.

Aldrii fit de grands biens à sa Cathédrale & aux Monastéres de son Diocése, & en particulier

particulier à l'Abbaye de S. Vincent du Mans. Il encourut la disgrace de quelques Seigneurs d'entre la Seine & la Loire, qui en 840. après la mort de l'Empereur Louis le Débonnaire, ravagerent tout le Pays, & en particulier la Province du Mans & les biens de cette Eglise. L'Evêque Aldrii qui leur résistoit, fut obligé de quitter son Evêché, & de se retirer auprès du Roi Charles-le Chauve, qui avoit pour lui une affection particuliere. Il demeura à sa Cour pendant quelques mois., & fut rétabli sur son Siége la même année 840.

Il se trouva au Concile de Worms en 833. à celui de Paris en 847. & à un autre Concile tenu en la même Ville en 849. Il ne put assister au Concile de Soissons en 853. contre Elbon cy-devant Evêque de Reims, quoiqu'il y fût invité.

Mais il écrivit aux Peres du Concile pour s'excuser d'y assister, disant qu'attaqué de paralisie, il les conjuroit de lui accorder le secours de leurs prieres, & pendant le peu de tems qu'il avoit à vivre, & après sa mort; ce qui lui fut accordé, & les Peres du Concile députerent Amauri son Métropolitain, Archevêque de Tours, pour se transporter au Mans, & y pourvoir à tout ce qui pourroit concerner l'utilité de cette Eglise, & la tranquilité de l'Evêque Aldrii. Il mourut bien-tôt après, le huitième Janvier 854. & fut enterré à l'Abbaye de S. Vincent du Mans.

ALDRINGEN ou Aldringer (Jean) natif de Luxembourg, créé Comte & Général des Armées de l'Empire par Ferdinand II. fut tué en allant au secours de Landshutt en Baviere, l'an 1632.

ALDRINGEN (Marc) frere du précédent, Evêque & Prince de Segau en Stirie, mort l'an 1654.

ALDRINGEN (Paul) Evêque titulaire de Tripoli, Suffragant de Tréves, frere du précédent ; il mourut en 1644.

ALIX ou Allix (Thierry) Seigneur de Veroncourt, Président à la Chambre des Comptes de Lorraine, a composé divers Ouvrages dont le principal est intitulé, 1. *Histoire du Pays & Duché de Lorraine, avec le dénombrement des Villes, Bourgs, Châteaux, Villages, &c.* qui s'y rencontrent ; manuscrit.

2. *Traité sur le Barrois & la Lorraine*; manuscrit.

3. *Discours présenté en 1593. aux Etats assemblés à Paris, au sujet de la Ligue*; manuscrit.

4. *Discours sommaire de la nature & qualité de la Terre & Seigneurie de Bitche*; manuscrit. Il prétend que la Seigneurie de Bitche est Fief-lige relevant du Duché de Lorraine, auquel elle a été réunie à juste titre en 1575.

5. *Discours sur le Comté de Vaudémont*. Tous ces Ouvrages sont demeurés manuscrits. On peut voir ce que j'ai dit sur Alix dans mon Catalogue des Historiens de Lorraine, Tom. I. Hist. de Lorraine, p. lxxiv.

ALIX (Cunin) Précepteur des Princes Henry Marquis du Pont, qui succéda depuis au Duc Charles III. son pere au Duché de Lorraine ; & de Charles de Lorraine, qui fut depuis Cardinal, & Evêque de Metz & de Strasbourg. Alix étoit un personnage également recommandable par sa piété & par sa science. Il fut élu le 20. Août 1573. Grand-Prévôt de l'Eglise de S. Diey, qu'il gouverna pendant 12. ans, & mourut le 12. Mai 1585. Je ne sache pas qu'il ait rien écrit. De son tems Charles de Lorraine, nommé le Cardinal de Vaudémont, Evêque de Toul, insista beaucoup pour faire recevoir en Lorraine le Concile de Trente, quant à la discipline ; mais il n'y réussit pas. Il n'y fut jamais reçu, quoique l'on suivît dans la pratique la plus grande partie de ses Décrets ; & on remarque en particulier que Gabriel Roynette, successeur d'Alix dans la Grande Prévôté de S. Diey, qui avoit accompagné à Rome le Cardinal de Lorraine en 1592. réforma plusieurs choses dans la visite qu'il fit des Paroisses du District de saint Diey, en conformité des Décrets du Concile de Trente.

ALLEMAND (George) fameux Peintre, étoit de Nancy ; il a beaucoup travaillé à Paris, où il a fait quantité de desseins pour Tapisseries, & plusieurs Tableaux dans les Eglises. Voyez Félibien, Vie des Peintres.

Dans l'Eglise de Notre-Dame à Paris, du côté de la porte, il y a un Tableau qui représente S. Pierre & S. Jean, qui guérissent à la porte du Temple un homme né boiteux : ce Tableau a été peint par l'Allemand en 1630. & c'est le premier qui a été donné à cette Eglise par les Orphévres de Paris. Voyez la description de Paris, Tom. 1. pag. 374. par Piganiol de la Force, 1742.

ALLIOT (Pierre) *Petri Alliot Barrodacæi, Theses Medicæ de motu sanguinis circulato, & de morbis ex aëre, præsertim de Arthritide, Mussiponti* 1663. Brochure.

Pierre Alliot étoit très habile Médecin, & avoit trouvé une poudre spécifique contre le Cancer. Il fut appellé à Paris, pour traiter de cette maladie la Reine Mere Anne d'Autriche. Il laissa quantité de cette poudre dans sa famille, & nous avons été témoins d'un grand nombre de cures faites par le moyen de cette poudre à Moyenmoutier,

G

par le R. P. D. Hyacinthe Alliot, petit-fils de celui dont on vient de parler.

ALLIOT (Jean-Baptiste) fils de Pierre Alliot, dont on vient parler, obtint le 23. Décembre 1698. du Duc Leopold I. des Lettres de Rehabilitation dans la Noblesse, de Bonne de Mussey sa mere, conformément à l'article 71. de la Coutume de Bar, en renonçant, au profit du Souverain, à la troisiéme partie du bien à lui échû dans la succession de Pierre Alliot son pere. Il est porté dans cet Arrêt, que ledit Jean-Baptiste Alliot est natif de la Ville de Bar, Conseiller du Roi Très Chrétien, & son Médecin ordinaire, servant près de sa personne, & en son Château de la Bastille, petit-fils de . . . . Alliot, sorti d'une famille noble originaire de Florence, qui s'étant établi dans le Barrois, fut obligé par les accidens de la fortune, de faire quelques négoces & actes dérogeans, dont Pierre Alliot son fils se releva en quelque façon, en professant avec honneur la Médecine, qui lui procura des emplois de distinction, ayant été appellé à Paris par le Duc Nicolas-François, pour soulager le Prince Ferdinand son fils, dont il s'acquitta si heureusement, que le Duc Charles IV. le fit son Médecin ordinaire par Lettres Patentes de l'an 1661. & l'envoya en France, pour traiter la Reine Anne d'Autriche, mere du Roi Louis XIV. Pour quoi il fut honoré de la charge de premier Médecin de la Reine, & d'une Pension annuelle de deux mille livres, & fut depuis envoyé par Sa Majesté à Madame la Grande Duchesse de Toscane, à qui il étoit spécialement recommandé par le Duc Charles V. Qu'enfin ledit Pierre Alliot a donné par-tout des marques d'une capacité consommée, par différentes cures, & notamment par le secret de guérir les Cancers, dont la Médecine lui est redevable.

Que Jean-Baptiste Alliot son fils, soutenant la réputation de son pere dans la même profession de la Médecine, fut choisi par le Roi Très Chrétien, pour être son Médecin ordinaire, & son Médecin de la Bastille; poste de confiance, avec une pension de mille écus; qu'il fut nommé pour accompagner en Lorraine la Princesse Charlotte-Elizabeth d'Orleans, future Epouse du Duc Leopold I. Que c'est à lui qu'est dûe la conservation des murs de la Ville de Bar, dans le tems qu'on renversoit celles des autres Villes du Pays; qu'on lui est aussi redevable de la réputation où sont aujourd'hui les Eaux de Plombieres, sur-tout les Eaux Savonneuses, dont auparavant on faisoit très peu d'usage. A ces causes, le Duc Leopold lui accorda la grace de prendre la Noblesse de Bonne de Mussey sa mere, avec ses Armes, & toutes les prérogatives attachées à la qualité de Noble pour lui & pour ses descendans procréés en légitime mariage. Ladite grace enrégistrée en la Cour Souveraine de Lorraine & de Bar le 18. Mars 1699. & en la Chambre des Comptes de Bar le 21. Avril de la même année.

1°. On a publié sous son nom un Traité du *Cancer*, dont nous parlerons cy-après, sous l'article de Dom Hyacinthe Alliot son fils, qui en est le véritable Auteur.

ALLIOT (D. Hyacinthe) fils de Pierre Alliot, frere de Jean-Baptiste Alliot, dont on vient de parler, étoit natif de Bar-le Duc; il entra dans l'Ordre de S. Benoît, & y fit profession dans l'Abbaye de S. Mihiel le 4. Mai 1656.

Ayant été envoyé à Paris, comme Procureur-Général de sa Congrégation, il eut occasion d'y connoître les premiers disciples de Descartes; il prit goût à cette nouvelle Philosophie, & à la Médecine, qui étoit une science comme héréditaire à sa famille. Dom Robert Desgabets son confrere, ayant inventé de son tems la transfusion du sang d'un animal vivant, dans un autre aussi vivant, Dom Alliot fit sur cela plusieurs expériences à Bar-le Duc & ailleurs; & nous avons encore vû à Moyenmoutier les petits canaux d'argent, dont il se servoit pour cette opération.

Ayant été fait Abbé de Moyenmoutier en 1676. il s'appliqua tout entier à récupérer les biens de son Monastere, à le rebâtir & à ramasser tous les Monumens historiques propres à l'illustrer. Il en composa même une Histoire, & une Liste Chronologique des Abbés, qui fut perfectionnée par le R. P. Dom Humbert Belhomme son Coadjuteur & son Successeur.

Dom Alliot fut toujours en relation de Lettres avec le fameux Dom Mabillon, & il fut comme son correspondant en ces quartiers-cy, cherchant par-tout ce qui pouvoit contribuer à la perfection des Annales de l'Ordre de S. Benoît, auxquelles Dom Mabillon travailloit alors. On conserve encore bon nombre des Lettres de Dom Mabillon à Dom Alliot, où l'on voit la reconnoissance & la vénération dont ce savant Religieux étoit pénétré pour notre Abbé, dont il fait aussi une honorable mention dans quelques endroits de ses Ouvrages.

Il avoit assemblé dans son Monastere quelques Religieux qui formoient, sous son neveu Dom Hyacinthe Alliot, dont nous parlerons bien-tôt, une Académie d'étude sur l'Ecriture sainte ; j'ai eû l'avantage d'y étudier sous lui, & je dois reconnoître que j'ai l'obligation à ce bon & vénérable Abbé d'une partie de ce que j'y ai appris, en y professant la Philosophie & la Théologie, & ensuite donnant les Leçons sur le Texte sacré de l'ancien Testament.

Dom Hyacinthe Alliot, Abbé de Moyenmoutier, mourut Président de la Congrégation de S. Vanne, le 22. Avril 1705.

Son caractere étoit la bonté, la douceur sur-tout envers les jeunes gens, qu'il regardoit comme ses enfans. Il étoit laborieux, actif, vigilant, fertile en expédient, zélé pour le bien de sa Maison, favorisant de tout son pouvoir les études, & très sensible à la misere des pauvres. Il avoit envoyé à Paris des sommes considérables pour l'entretien de la Sacristie & de la Bibliothéque de son Abbaye ; & ces fonds ayant été remboursés par Billets de banque & autres moyens trop connus, Dom Humbert Belhomme son successeur me donna commission, comme j'étois à Paris, d'acheter des Livres avec les fonds qui en revinrent après la suppression des Rentes & la rescision des Contracts. L'on a dans les Journaux des Sçavans, au 16. Février 1693. une Lettre de Dom Alliot Abbé de Moyenmoutier sur les Antiquités de Framont, où il entre dans un assez grand détail sur les Monumens qui se voient sur cette montagne. Voici l'Eloge qui a été dressé au R. P. Dom Hyacinthe Alliot Abbé de Moyenmoutier, par Dom Hydulphe Coster son Confesseur.

Quamvis justè in perpetuum vivant, & delectentur in Cœlis in multitudine pacis ; pauca tamen hic inseram ad sequentium temporum memoriam. " Natus est Carolus Alliot ex
" honestâ Barroduceâ familiâ, studuit Hu-
" manioribus, Philosophiæ, ac Medicinæ
" in Patria operam dedit, Monasterium in-
" duit, & professus est in Monasterio sancti
" Michaëlis ad Mosam, sub nomine Hya-
" cinthi, progressu temporis præfuit studiis
" solidum ; tum ad negotia secularia Pa-
" risios missus, fit Procurator Generalis,
" ac deinde variis in locis Prior & Visita-
" tor ; demum Coadjutor H. P. D. Phili-
" berti Galavaux, Abbatis Mediani Monas-
" terii eidem in Abbatiali dignitate successit
" an. 1676. Res Monasterii per longas bel-
" lorum procellas dissipatas summâ curâ &
" industriâ recuperavit, auxit, restituit,
" semper in vita discordiarum hostis, pacis
" zelator, Religiosorum Pater, studiorum
" liberalium fautor, pauperum amator,
" demum Congregationis Vitonianæ Præses,
" sub vitæ exitum sacri Viatici Communio-
" nem recepturus recitari sibi curavit Pro-
" sam ; *Lauda Sion Salvatorem*, & Symbo-
" lum sancti Athanasii ; tanquam fidei pro-
" fessionem, his addens votorum renova-
" tionem. Acceptâ demum extremâ Unc-
" tione moritur in patientiâ & pietate, die
" 22. Aprilis anni 1705. ætatis 70. monas-
" ticæ professionis quinquagesimo, Prælatu-
" turæ 29.

ALLIOT (Dom Hyacinthe) Benedictin de la Congrégation de S. Vanne, né à Bar-le-Duc, & fils de Jean-Baptiste Alliot, & petit-fils de Pierre Alliot, fit profession à Moyenmoutier le 25. Juillet 1681. & est mort Prieur de S. Mansuy-lès Toul, le 5. Février 1701. Il a composé des Prolégoménes sur l'Ecriture sainte & sur les Langues Hébraïque, Caldaïque, Arabe, &c. en particulier une Dissertation sur l'inspiration des Livres de Moyse, manuscrit en l'Abbaye de S. Mihiel, cédée à celle de Moyenmoutier en échange d'autres Livres, & transcrite dans le premier Tome de la Bibliothéque sacrée de Dom Hyldeponse Catelinot, dont il sera parlé sous son nom ; une Dissertation sur la derniere Pâque de Notre-Seigneur ; une Dissertation sur la Barbe d'une figure de Mercure, manuscrit ; quelques petits ouvrages de Médecine ; un Traité du Cancer où l'on explique sa nature, & où l'on propose les moyens de le guérir, avec un examen du Systême & de la Pratique d'Helvétius, imprimé à Paris in-octavo 1698. Ce Traité du Cancer est imprimé sous le nom de Jean-Baptiste Alliot son pere, Médecin du Roi Louis XIV. & depuis S. A. R. de Lorraine Leopold I. Henry de Thiard de Bissy, Evêvue de Toul, ayant formé le dessein en 1697. d'établir dans son Palais Episcopal, une Étude du Droit Canonique & d'Ecriture sainte, mit à la tête de cet Etablissement le R. P. D. Hyacinthe Alliot, qui gouvernoit alors l'Académie de l'Abbaye de Moyenmoutier ; il se rendit à Toul dans l'Abbaye de S. Mansuy, avec deux de ses Disciples Dom Sébastien Mourot, mort depuis peu Abbé de S. Avold, & Dom Augustin Calmet aujourd'hi Abbé de Senones : mais à peine avions-nous commencé nos Conférences, qui se tenoient à l'Evêché, en présence des principaux Ecclésiastiques de la Ville, que Henry de Bissy fut nommé par le Roi à l'Archevêché de Bourdeaux.

Cet incident l'obligea de suspendre les Conférences, pour se rendre à Paris, afin de remercier Sa Majesté, & la prier de ne pas penser à lui pour ce grand Siége. Il revint à Toul, & reprit son premier dessein, qui fut encore interrompu par sa nomination à l'Archevêché de Narbonne, qu'il n'accepta pas non-plus ; enfin il quitta entièrement la Ville de Toul en 1704. ayant été nommé à l'Evêché de Meaux, & ces projets d'Etudes furent entièrement dissipés.

Le Roi Louis XIV. ayant souhaité que Jean-Bapt. Alliot donnât au Public son secret pour la guérison du Cancer, & le Médecin Helvétius s'étant vanté dans un Ecrit imprimé, d'avoir découvert tout ce qu'on peut dire sur la nature du Cancer, Alliot engagea son fils Dom Hyacinthe d'écrire sur ce sujet, & de publier son secret ; mais toutefois d'une façon assez enveloppée, en sorte qu'il n'y eut que ceux qui étoient initiés, qui le pussent bien entendre. J'ai eû sur ce sujet, avec lui, plusieurs entretiens ; & voici ce qui m'en est demeuré dans l'esprit : Que le Cancer en général, soit occulte ou apparent, a son origine dans une glande, dont le tissu a été dérangé par quelque coup, froissement, ou contusion, ou même par un reflûment d'humeurs, & dont les fibres ont été froissées ou dérangés, de maniere que le sang n'y circulant plus qu'avec peine, s'y fermente & devient à peu près comme l'eau-forte, & par le retour de la circulation s'y corrompt, & infecte tout le tissu de la glande & des parties voisines ; si on la laisse trop long-tems en cet état, la corruption s'augmentera & pourra se communiquer à toute la masse du sang ; & alors la cure du Cancer devient très difficile, & comme impossible.

Mais si, au commencement, on arrache la glande par l'amputation ou par le feu, ou bien qu'on la fasse tomber jusqu'à la racine, avec les chairs voisines, en jettant par-dessus une poudre caustique composée de vitriol, & préparée de quelqu'autre matiere de même nature, on guérira aisément le Cancer : il est vrai que cette poudre cause quelque douleur ; mais inférieure à celle que cause le Cancer lui-même, & elle détruit d'une seule action, sans employer ni le fer ni le feu, plus de chairs infectées, qu'il n'en peut renaître en plusieurs semaines, arrêtant le sang des plus gros vaisseaux ouverts, tuant & absorbant le mauvais levain corrupteur de la partie, & des humeurs qui y abondent.

La poudre dont il parle, brûle les chairs gâtées, après quoi on les détache jusqu'à ce qu'on vienne à la chair vive & saine ; alors on cesse d'appliquer la poudre, & le venin du Cancer étant anéanti, les bonnes chairs recroîssent, & on aide le sang à se purifier par quelques potions ou opiates propres à cet effet. Quant a la poudre, on croit que son fond est le vitriol préparé par l'art de chimie. A la fin du Traité du Cancer, on trouve la préparation du consomptif, dont il est parlé dans l'Ouvrage, & on y donne une Thése sur le même sujet, intitulée : *Nuntius profligati sine ferro & igne carcinomatis, missus Ducibus itineris Hyppocrate & Galeno ad Chirurgiæ studiosos, à Petro Alliot Barroducæo, & Ducis Lotharingiæ Consiliario & Medico ordinario.*

Et ensuite : *Epistola D. D. Petri Alliot ad D. B. de Cancro apparente. Datum Barri 4. kalendas April. an.* 1664.

Cette Lettre est écrite à l'occasion du Cancer de la Reine Mere de Louis XIV. Pierre Alliot fut pere de Jean-Baptiste Alliot Médecin de S. A. R. de Lorraine Leopold I. & de Dom Hyacinthe Alliot Abbé de Moyenmoutier, & de Dom Pierre Alliot Abbé de Senones ; il étoit ayeul de Dom Hyacinthe Alliot, qui est mort Prieur à S. Mansuy de Toul, dont nous parlons ici, & de Pierre Alliot, Grand-Maître des Céremonies de Lorraine, dont nous allons parler. Voici la Lettre circulaire qui fut écrite par Dom Louis Bernard Sous-Prieur de S. Mansuy, pour annoncer dans les Monasteres de la Congrégation de S. Vanne, le décès dudit Dom Hyacinthe Alliot.

Pax vivis & requies defunctis.

MES RE'VE'RENDS PERES,

,, C'est dans les sentimens de la plus vive
,, douleur, que je donne avis à vos Révé-
,, rences de la mort du R. P. Dom Hyacin-
,, the Alliot Prieur de cette Maison : elle est
,, arrivée aujourd'hui à une heure après mi-
,, nuit, après s'y être disposé par une Con-
,, fession générale, & la participation de la
,, sainte Eucharistie, qu'il a reçuë plusieurs
,, fois pendant sa maladie ; une fois en for-
,, me de Viatique, & enfin l'Onction des
,, mourans. Il étoit âgé de trente-sept ans,
,, & il en a passé vingt dans la sainte Reli-
,, gion. Son mérite qui l'avoit mis au-dessus
,, de l'envie, son esprit, son sçavoir, la bonté
,, de son cœur, la sincérité de son amitié, ses
,, manieres obligeantes, le font universel-
,, lement regretter ; le zéle avec lequel il
,, gouvernoit cette Maison, & son amour
,, pour le bien, auquel il alloit constam-
,, ment, mais en gardant inviolablement les
,, loix de la charité, faisoient tout espérer
,, d'un Supérieur de son élévation. Sa sagesse
,, dans un âge peu avancé faisoit respecter
,, en lui la prudence consommée des vieil-
,, lards les plus expérimentés ; & si, dans
,, la perte que fait la Congrégation d'un de
,, ses plus excellens sujets, il y a quelque

„ chose qui puisse nous consoler en par-
„ ticulier de la perte que nous faisons,
„ c'est de lui avoir vû finir une vie inno-
„ cente par une mort très-sainte. On ne
„ peut douter qu'elle ne soit précieuse
„ aux yeux de Dieu, puisqu'il a pris soin
„ de se préparer lui-même sa victime,
„ par l'épreuve d'une longue & acca-
„ blante maladie. La constance avec la-
„ quelle notre cher Supérieur en a souffert
„ toutes les attaques, marque assez qu'en-
„ tre les belles connoissances qu'il avoit ac-
„ quises, il s'étoit sur-tout appliqué à la
„ science de la Croix : il a vû en Philoso-
„ phe Chrétien, pendant plusieurs mois,
„ une mort certaine venir à lui avec tous ses
„ appareils & ses horreurs, mais sans la
„ craindre ; l'ayant au contraire, pour ainsi
„ dire, affronté par une ferme confiance en
„ la miséricorde du Seigneur, & une rési-
„ gnation si entiere à sa sainte volonté,
„ qu'il n'auroit pas voulu abréger ses souf-
„ frances, ou prolonger sa vie d'un seul
„ moment contre les ordres de Dieu. Sa
„ foi l'a toujours soutenue dans les plus ex-
„ trêmes foiblesses de son corps ; car pour
„ son jugement, il l'a toujours conservé
„ très sain jusqu'au dernier moment de sa
„ vie, & c'a été dans l'esprit d'une très
„ sincere pénitence, qu'il s'est soumis à cette
„ longue & violente épreuve, que Dieu a
„ voulu faire de sa fidélité, ne l'ayant re-
„ gardé que comme un moyen d'expiation,
„ & la seule voie de sanctification, qui lui
„ étoit désormais marquée par la Provi-
„ dence ; son détachement de toutes les
„ créatures a été au-delà de ce qu'on en
„ peut penser. Mille choses qui auroient dû
„ l'attacher au monde, n'ont pû lui arra-
„ cher un seul regret pour la vie. Il a adoré
„ la profondeur des jugemens de Dieu sur
„ lui, il s'est soumis à la rigueur de sa jus-
„ tice a espéré en sa miséricorde. Nous
„ sommes témoins que c'a été là sa grande
„ occupation pendant ces tems de souffran-
„ ces, & ces jours de douleurs aiguës, qui
„ l'ont fait en toutes choses une fidelle co-
„ pie de Jesus-Christ notre modéle. Enfin,
„ après avoir vêcu comme un Religieux
„ très attaché à son état, tout nous porte
„ à croire qu'il est mort au Seigneur de la
„ mort des Justes. Mais Dieu qui a remar-
„ qué de l'impureté dans ses Anges, & qui
„ nous ménace de juger nos justices, nous
„ presse de vous demander pour lui les de-
„ voirs de la charité, qui sont réglés par
„ nos saintes Constitutions, avec une part

„ dans vos prieres pour celui qui est avec
„ un très profond respect, &c.

ALLIOT (Pierre) fils de Jean-Baptiste Alliot dont on a parlé cy-devant, Grand-Maître des Cérémonies de Lorraine, a fait imprimer en 1730. chez Cusson à Nancy, la Relation de la Pompe funébre de S. A. R. Léopold I. dont il a eû la principale conduite, comme Grand-Maître des Cérémonies.

Il a fait les fonctions de Commissaire dans les guerres d'Italie, & a possédé l'emploi d'Introducteur des Ambassadeurs en Lorraine sous le Duc Léopold. Il avoit l'esprit orné de beaucoup de connoissance de belles Lettres.

ALSCHEID (Hartard) Franciscain fameux Missionnaire en Transilvanie & en Moldavie, mort en 1654. Il étoit du Duché de Luxembourg.

ALVIZET (D. Arsene) natif de la Ville de Besançon, Profés de l'Abbaye de Favernei, le 21. Mai 1644. mort dans la même Abbaye le 19. Mars 1698. a composé un Commentaire sur la Régle de S. Benoît, qui se conserve en un Volume in-quarto dans la même Abbaye. Cet Ouvrage est écrit avec un peu trop de vivacité ; l'Auteur qui est extrêmement zélé, n'ayant pas toujours sçû modérer ses expressions, ni tempérer la vivacité de sa critique.

ALVIZET (D. Benoît) Benédictin de la Congrégation de S. Vanne, frere du précédent, après avoir fait profession dans la Congrégation de S. Vanne à Favernei le 23. Mars 1628. passa dans celle de Cassin, pendant les malheurs des guerres, pour y vivre plus en repos. Il y composa un Traité des Priviléges des Réguliers, intitulé, *Marenula sacra vestis* in-quarto, imprimé à Venise en 1661. par François Surli. Il prit dans la Congrégation de Cassin le nom de *Virginius Alvizet* ; & il est cité sous ce nom (m). Le P. Armelli remarque que le Livre de Dom Alvizet a été mis à l'Index expurgatoire, pour quelques fautes qui lui sont échappées. Son Ouvrage est partagé en quatre parties, & il comprend ce qui regarde les Priviléges des Réguliers, suivant le sentiment du Concile de Trente & des anciens Conciles, appuyés & éclaircis par les Constitutions des Souverains Pontifes & les déclarations des Cardinaux, des meilleurs Théologiens & des Jurisconsultes anciens & modernes. L'Ouvrage contient une érudition peu commune ; l'Auteur a passé nombre d'années dans la solitude de Lérins.

(m) *Marianne Armelli Bibliot. Cassin. part.* 2. 28. sous Virginius Alvizet.

AMALAIRE Diacre de Metz, (surnommé Symphosius à cause apparemment de son inclination pour la Musique) au neuvième siécle, mort vers l'an 837. est Auteur du Traité *De ecclesiasticis seu divinis Officiis*, qu'il composa en quatre Livres par ordre de l'Empereur Louis le Débonnaire. Ce fut par ordre du même Prince qu'il fit en 831. le voyage de Rome, pour y examiner l'ordre des Antiennes dont se servoit l'Eglise Romaine dans l'Office divin ; & à son retour il composa son Traité *De ordine Antiphonario*. Le Pere d'Achery a publié sept Lettres d'Amalarius dans son Spicilége, pag. 174. tom. 7. Voyez Moreri, & sur-tout le R. P. Rivet, tom. 4. p. 531. & suivantes de son Histoire Litteraire de France, où il parle au long & fort savament de notre Amalaire de Metz & de ses Ecrits.

Il montre qu'il fut Diacre & Prêtre, & ensuite Cor-Evêque dans l'Eglise de Metz, & Abbé d'Hornbach dans le même Diocèse ; qu'il fut chargé des Ecoles du Palais, après la retraite de Claude, qui fut tiré de ces Ecoles, pour être fait Evêque de Turin ; qu'il composa en 816. La Règle des Chanoines, & apparemment aussi celle des Chanoinesses ; qu'il fut encore Cor-Evêque de Lyon, & peut-être même Evêque de quelque Eglise, dont on ne connoît pas le titre ; qu'il eut de grands démêlés avec Agobard de Lyon, & Flore Diacre de cette Eglise sur le sujet de la Liturgie Romaine ; qu'Agobard composa contre lui deux Traités, l'un intitulé *De la divine Psalmodie*, & l'autre, *De la Correction des Antiphoniers*. Qu'Amalaire composa aussi une Eglogue sur l'Office de la Messe, qui est une explication mystique des Cérémonies de la Messe Pontificale. La cent treizième Lettre parmi celles de saint Boniface Archevêque de Mayence, est peut-être de notre Amalaire ; elle est écrite au nom d'Amalshard, de Guy, & de toute la Communauté de. S. Pierre d'Hornbach, à Riculfe Archevêque de Mayence, à qui ils demandent qu'un Prêtre nommé Macaire, desserve les Eglises qu'ils ont dans le Diocèse de Mayence.

AMALAIRE Archevêque de Tréves, (surnommé Fortunatus) fut tiré de l'Abbaye de Metloc, pour gouverner cet Archevêché en 810. il le gouverna jusqu'à sa mort arrivée en 814. Il fut envoyé en 813. à Constantinople par Charlemagne, pour ratifier la paix que cet Empereur avoit concluë avec l'Empereur Michel. Amalaire, ou son Compagnon Pierre Abbé de Nonantule, avoit fait une Relation de ce voyage, qui se voyoit encore du tems d'Herman (*n*) Ecrivain de l'onzième siécle. L'on a conservé la Réponse qu'Amalaire fit à la Lettre Circulaire de Charlemagne sur les Cérémonies du Baptême (*o*).

On voit encore aujourd'hui dans la Bibliothéque de la Cathédrale de Tréves, la Collection manuscrite de l'Abbé Eugippius, qu'Amalaire avoit donnée au Monastere de S. Euchaire, aujourd'hui de S. Matthias de Tréves, à la fin de laquelle on lit une Priere écrite & signée de la main d'Amalaire, qui prie qu'on n'enléve pas cet Ouvrage du Monastere, auquel il en avoit fait présent.

AMBROISE (Saint) Docteur de l'Eglise, étoit, dit-on, natif de Tréves ; il est inutile de s'étendre ici sur son sujet. Sa vie & ses Ecrits sont connus de tout le monde. Il naquit vers l'an 340. fut fait Evêque de Milan en 374. & mourut en 397. le 4. d'Avril. Il nous reste de lui, 1°. Un Livre sur le Paradis, 2°. Deux Livres sur Caïn & Abel, 3°. Un Livre sur Tobie, 4°. Trois Livres sur les Vierges, 5°. Un Traité de la Virginité, 6°. Un Traité de la conduite d'une Vierge, & de la virginité perpétuelle de la Mere de Dieu, 7°. Une exhortation à la virginité, 8°. Traité sur la chûte d'une Vierge consacrée à Dieu, 9°. Un Traité sur les Veuves, 10°. Cinq Livres sur la Foi adressés à l'Empereur Gratien, 11°. L'Oraison funébre de son frere S. Satyre, 12°. Le Traité de Noé & de l'Arche, 13°. Trois Livres sur le saint Esprit, 14°. Un Traité sur le Mystére de l'Incarnation de Notre-Seigneur Jesus-Christ. 15°. Quatre Livres de la plainte de Job & de David, 16°. Les deux Livres de la Pénitence, 17°. Apologie du Prophéte David, 18°. Le Commentaire sur saint Luc, 19°. Les deux Livres sur Abraham, 20°. Le Livre d'Isaac & de l'ame, 21° Le Livre du bien de la mort, 22°. Traité de la fuitte du siécle, 23°. Les deux Livres de Jacob & de la Vie bienheureuse, 24°. Traité sur le Patriarche Joseph, 25°. Le Traité sur les Bénédictions des Patriarches, 26°. Le Livre des divins Mysteres, 27°. L'Exaëmeron, ou le Traité des six jours de la Création, 28°. Le Traité sur Elie & le Jeûne, 29°. Les trois Livres des Offices, 30°. 'Le Traité de Nabot de Jezrael, 31°. Le Recuëil de ses Lettres au nombre de 91. 23°. Explication de douze Pseaumes de David. Il avoit aussi composé un Commentaire sur Isaïe, plusieurs Homélies, & quelques autres Ouvrages qui sont perdus : il est Auteur de la

---

(*n*) Mabill. Annal. Bened. lib. 27. cap. 23. | (*o*) Rivet, Hist. Litt. de France, tom. 4. p. 418.

plûpart des Hymnes de l'Office Canonial ; sur quoi l'on peut voir l'Histoire Littéraire de France, tom. I. part. 2.

ANCILLON (David) Ministre de l'Eglise Protestante de Metz , où il naquit le 18. Mars 1617. & y mourut le 3. de Septembre 1692. Il commença ses études à Metz , & alla les continuer à Genève en 1633. il y fit son cours de Philosophie & de Théologie en 1641. On lui donna la conduite de l'Eglise Protestante de Meaux, il la gouverna jusqu'en 1653. qu'il fut rappellé à Metz, & y fut Ministre jusqu'à la révocation de l'Edit de Nantes. Il fut obligé en 1683. de sortir de France, & se retira à Francfort ; il alla ensuite à Berlin , où il eut une place de Ministre , & y mourut le 3. Septembre 1692. âgé de 75. ans. Il a composé quelques Ouvrages , comme la Relation d'une Conférence qu'il eut en 1657. avec M. Bedacier Evêque d'Aoste, Suffragant de l'Evêché de Metz , & qui roula sur la matiere des Traditions.

Item, Apologie de Luther , de Zuingle , de Calvin & de Beze, imprimée à Hannau en 1666.

Vie de Guillaume Farel , ou l'idée du fidéle Ministre de Christ, imprimée en Hollande sans l'aveu de l'Auteur.

Les Larmes de S. Paul , à Paris 1676. Voyez Niceron, tom. 7. p. 378. & Morery , & sur-tout le Supplément de Moreri de Basle en 1743. où l'on trouve plusieurs particularités sur la vie de David Ancillon.

ANCILLON (Charles) fils du précédent , né à Metz le 28. Juillet 1659. publia en 1688. l'irrévocation de l'Edit de Nantes , prouvée par les principes du Droit & de la Politique, &c.

Réflexions politiques , par lesquelles on fait voir que la persécution des Réformés , est contre les intérêts de la France , Cologne 1686. in-12.

La France intéressée à rétablir l'Edit de Nantes, Amsterdam 1690. in-12.

Histoire de l'Etablissement des François réfugiés dans les Etats de S. A. E. de Brandebourg, Berlin 1690. in-octavo.

Mélanges critiques de Littérature , recueillis des Conversations de feu M. Ancillon son pere , avec un Discours sur sa vie & ses dernieres heures, Basle 1698. in-oct. 3. tom.

Dissertation sur l'usage de mettre la premiere Pierre au fondement des Edifices publics , adressée au Prince Electoral de Brandebourg, à l'occasion de la premiere Pierre,
qu'il a posée lui-même au fondement du Temple , qu'on a construit pour les François refugiés à Berlin 1701. in-octavo.

Le dernier Triomphe de Friderc Guillaume le Grand , Electeur de Brandebourg 1703. in-fol.

Histoire de la vie de Soliman II. Empereur des Turcs , Amsterdam 1706. in-oct.

Traité des Eunuques , 1707. in-12.

Mémoires concernants les vies & les Ouvrages de plusieurs Modernes célèbres dans la République des Lettres , 1709. in-12.

Charles Ancillon mourut à Berlin le 5. Juillet 1715. âgé de 56. ans. Voyez Niceron , tom. 7. p. 382. & Morery , & le Supplément de Morery de Basle de l'an 1743.

ANCILLON (Joseph) Avocat au Parlement de Metz , a fait imprimer en cette Ville en 1698. le Traité de la différence des biens meubles & immeubles , de fond & de gagiere , énoncés dans la Coutume de Metz , avec un Sommaire du droit des Offices.

Il a aussi composé un Commentaire sur la Coûtume de Metz , qui n'a pas encore été imprimé.

ANDRE' Franciscain , natif du Neufchâteau en Lorraine , a travaillé sur le premier Livre des Sentences , imprimé à Paris chez Jean Gratien in-fol. en 1514. Il vivoit vers l'an 1500. Le Mire dit qu'il a composé divers Ouvrages ; il a aussi , dit-on , fait un Commentaire sur Boëce. Voyez Oudin , tom. 3. p. 699. Voyez dans l'article suivant ce que Vadingue raconte du Pere André de Neuf-château Franciscain (*p*).

Le Pere Luc Vadingue, p. 18. *de Scriptoribus Ordinis Minorum* , dit que Pere André de Neuf-château en Lorraine Franciscain, fut nommé le *Docteur très ingénieux*, & qu'il a écrit sur les quatre Livres des Sentences , imprimés en grand in-folio , à Paris chez Jean Gratien , sans marquer l'année de l'Impression ; & que son Commentaire sur ce premier Livre des Sentences a été imprimé séparément à Paris. Il assure qu'il a vû à Boulogne dans la Bibliothéque du Sauveur , le Commentaire manuscrit du Pere André, sur le premier Livre des Sentences.

ANDRE' Carme de Remiremont , sçavant dans les Généalogies ; nous n'avons rien vû de ses Ouvrages.

ANGELRAM, ou Angelramne, ou Ingelram , ou Enguerrend , Evêque de Metz, sorti d'une ancienne noblesse , fut élevé dans le Monastere de Gorze , d'où il passa à celui

---

(*p*) Il y a un autre André de Neucastre , *Andreas de novo Castro*, en Angleterre , qui vivoit vers le même tems, & a aussi écrit sur le Maître des Sentences. Ce dernier étoit de l'Ordre de S. Dominique. Leurs Ouvrages sont imprimés à Venise en 1578. celui du Franciscain à Paris en 1514. Voyez Fabric. tom. 1. *Bibliot. latin. mediæ & infimæ Latinitatis*, pag. 245. & le P. Echart, *de Scriptoribus Ordinis Prædicat*, tom. 1. p. 740.

de Celleneuve, aujourd'hui nommé Saint-Avold, où l'on croit qu'il embrassa la vie monastique. Il fut fait Abbé Commendataire de Senones, apparemment par Charlemagne. Nous n'avons ici aucun monument domestique, qui nous apprenne le tems auquel il entra en possession de ce Monastere. Il fut élû Evêque de Metz en 868. ou 869. Il résigna ensuite l'Abbaye de Senones à Norgandus Moine de Gorze, dont il avoit été disciple. Il mourut en 971. & est honoré comme Saint à S. Avold. Il porta, ainsi que S. Chrodegang son prédécesseur, le nom d'*Archevêque*, & l'Empereur Charlemagne le fit son Archichapelain, ou Grand Aumônier; il voulut même l'avoir assidûment auprès de sa personne; & pour s'y autoriser, le Pape Adrien nomma Angelramne son Nonce, ou son Apocrisiaire, en Cour de France.

Mais les Evêques de France se plaignirent de sa résidence à la Cour, comme d'un violement manifeste des Canons. Angelramne voulut s'en justifier; &, pour cet effet, publia un Mémoire qui est un Recueil de (q) quatre-vingt Canons ou Capitules, Décrets ou Ordonnances, presque tous tirés des fausses Décretales d'*Isidorus peccator*; & c'est le premier monument où l'on ait fait usage de ces fausses Pièces, qui n'étoient pas encore connuës à Rome même douze ans auparavant, comme il paroît par le Recueil des Canons, que le Pape Adrien I. donna à Charlemagne. Ces Capitules furent présentés au Pape par Angelramne le treize des calendes d'Octobre, indiction 9. c'est-à-dire, le 19. Septembre 785. Nous avons parlé d'Angelramne dans l'Histoire de Lorraine, tom. I. p. 524. 528. Il y a des Sçavans qui soupçonnent Angelramne d'avoir composé ou fait composer ce fameux Recueil des fausses Décretales, qui paroissent en effet avoir été fabriquées exprès pour sa justification.

ANGLOIS (Dom Adrien l'Anglois Bénédictin) voyez *Langlois*.

ANLY (Jean) Auteur d'un Ouvrage manuscrit, qui se conserve dans l'Abbaye d'Orval Ordre de Citeaux, où il est traité des Comtes de Chini & de Luxembourg, de l'Ardenne & de plusieurs faits concernants l'Histoire de Luxembourg. Voyez le Pere Bertholet, Histoire de Luxembourg, Préface, p. 33. Je n'ai point vû cet Ecrivain; je crois qu'il est le même qu'*Auly de Malmedy*, dont il est parlé cy-après. Voyez *Auly*.

ANONYME, Auteur des deux Panégyriques prononcés à Tréves; le premier, en l'honneur de l'Empereur Maximien-Hercules & de l'Empereur Constantin en 307. & l'autre, en l'honneur de Constantin seul, en Janvier 313. L'Auteur étoit Payen; ces deux Piéces sont imprimées parmi les Panégyriques anciens. Il y a apparence que l'Auteur étoit disciple de Claude Mamertin, qui professoit l'Eloquence à Tréves sur la fin du siécle précédent.

ANONYME Moine de Remiremont, Auteur des vies de S. Amé, de S. Romaric, & de S. Adelphe. Il vivoit sous les saints Abbés Romaric & Adelphe; mais il ne paroît pas avoir vû S. Amé mort en 627. S. Romaric est mort en 655. & S. Adelphe en 670. Voyez l'Histoire Littéraire de France, tom. 3. p. 609.

ANONYME, Auteur de la vie de S. Arnoû Evêque de Metz, étoit contemporain du S. Prélat, qui est mort en 640. Il l'entreprit, à la priere de S. Cloû fils de S. Arnoû. L'Auteur étoit Moine du Monastere de Remiremont, où S. Arnoû se retira d'abord, puis se renferma dans un Hermitage voisin, situé à l'opposite de ce Monastere. Cette premiere vie originale est imprimée au 18. Juillet des Bolland. p. 435. *Vide tom. 2. p. 199. Act. SS. Benedict. Bolland.*

Un certain Umnom, qui écrivoit vers le milieu du neuviéme siécle, retoucha la vie de S. Arnoû, & y inséra quelque chose, pour prouver que Charles-le Chauve qui vivoit alors, descendoit par S. Arnoû des Rois de la premiere Race; elle est aussi imprimée au Tome second des Actes de SS. Benedict. au 18. Juillet des Bollandistes.

L'ANONYME, Auteur de la vie de S. Baudry, ou Baltfrid Abbé de Montfauçon au Diocése de Verdun, étoit apparemment de ce Diocése: cette vie ne se trouve plus; mais elle subsistoit du tems d'un Anonyme, qui a retouché la vie de S. Vendrille, Fondateur de l'Abbaye de Fontenelle en Normandie.

L'Anonyme Auteur de la vie de S. Vendrille, Fondateur de l'Abbaye de Fontenelle, étoit apparemment de Verdun, ou de son Territoire, puisque S. Vendrille lui-même étoit de ce Pays-là. Voyez l'Histoire Littéraire de France, tom. 3. p. 6. 11. en la vie de S. Vendrille.

L'Anonyme, Auteur de la vie de S. Goar, ou Gauver au Diocése de Tréves, a écrit vers l'an 610. ou 615. & étoit apparemment Moine ou Clerc au Diocése de Tréves. Voyez la vie de S. Goar dans les Bollandistes,

---

(q) Il n'en paroît que 72. dans la Collection d'Antoninus Augustinus; mais c'est qu'on en a mis plusieurs sous un même Titre.

tes , 6. Juillet , p. 327. & le R. P. Viret, Hiftoire Littéraire de France , tom. 3. pag. 501.

L'Anonyme, Auteur de la vie de fainte Salaberge , Abbeffe & Fondatrice du Monaftere de Laon, nous paroît contemporain & Compatriotte de la Sainte, qui étoit Lorraine & des environs de Neuf-château , & fœur de S. Bodon-Leudinus Evêque de Toul.

L'Anonyme , Auteur d'un Sermon en l'honneur de S. Maximin , Archevêque de Tréves, prononcé en préfence des Religieux de cette Abbaye , étoit apparemment Moine du même Monaftere ; il vivoit après Charlemagne. Voyez Bolland. 29. Mai , pag. 23. 24.

L'Anonyme, Auteur des Vers qui contiennent la vie des Evêques de Metz, depuis S. Clement jufqu'à Angelramne , qui eft mort en 791. imprimée dans notre Hiftoire de Lorraine , N. E. tom. I. pag. 117. aux Preuves.

Vide Mabillon, Act. Bened. tom. 5. pag. 1046.

L'Anonyme , Auteur de la vie de S. Cloû (*Clodulphus*) Evêque de Metz , mort en 696. & fils de S. Arnoû , femble avoir écrit le Règne de Pepin-le Bref ; mais les meilleurs Critiques croient qu'il l'écrivit plutôt fous le règne de Louis-le Débonnaire , ou même de Charles-le Chauve. Il contient aflez peu de chofe de S. Cloû ; mais parle beaucoup de S. Arnoû.

Les Annales de Metz , imprimées dans Duchefne , tom. 3. p. 262. commencent à l'origine de la Monarchie Françoife , & continuent jufqu'en 903. inclufivement : on croit que c'eft l'Ouvrage d'un Moine de S. Arnoû de Metz. Il copie d'ordinaire les Hiftoriens & les Annaliftes qui ont travaillé avant lui ; mais il contient plufieurs excellentes chofes , que les autres Auteurs n'ont pas dites.

Vide Bolland. 19. Julii, pag. 870.

La vie de S. Deodat, ou de S. Diey, Evêque de Nevers & Fondateur de la fameufe Abbaye de S. Diey en Lorraine , fut écrite avant que les Chanoines fuffent introduits dans ce Monaftere ; ce qui arriva en 980. mais elle fut retouchée par un Abbé de Moyenmoutier , qui la dédia à Valdrade Grand-Prévôt de S. Diey , qui vivoit fous le Pape Leon IX. Ce Pape approuva cette vie au Synode Romain de l'an 1049.

L'Auteur de la petite Chronique de S. Vincent de Metz , imprimée dans la Bibliothéque du Pere Labbe , tom. 1. p. 344.

Item, l'Auteur de la Continuation , ou de l'Appendix de Sigebert, imprimée; la même page 390. étoit , felon les apparences , un Moine de S. Vincent de Metz.

L'Anonyme, qui a écrit en Vers l'Hiftoire de la guerre des Bourgeois de Verdun contre leur Evêque Guy de Melote en 1246. Voyez Vaffebourg, Livre 5. *fol.* 368. *recto*, où il cite les Hiftoires de l'Abbaye d'Orval, qui porte qu'un homme de Verdun, docte & fçavant en Poëfie , rédigea en Vers tous les faits de cette guerre.

L'Anonyme, qui a écrit en Vers l'Hiftoire du Duc Ferry 4. de Lorraine , cité dans le R. P. Benoît , Hiftoire de Lorraine, p. 324.

La vie de S. Patient Evêque de Metz, que nous avons fait imprimer au Tome premier de l'Hiftoire de Lorraine , p. 87. aux Preuves, eft l'Ouvrage d'un Anonyme très mal inftruit de l'Hiftoire, & qui ne peut mériter aucune créance. Il dit que S. Patient étoit difciple de faint Jean l'Evangélifte , qui lui donna une de fes dents , & l'envoya prêcher dans la Ville & le territoire de Metz ; il dépofa cette Relique dans l'Eglife nommée d'abord de S. Jean, & enfuite de S. Arnoû. Il parle d'un faint Valere Evêque de Metz , martyrifé par les Huns, qui pourroit bien être le même que S. Livier dont il parle un peu après.

Bollana. 8. Janv. p. 488. 470. Surius Supplement. 19. Sept. p. 707.

Il confond Jean Abbé de S. Arnoû , avec Jean de Vendieres Abbé de Gorze ; il eft différent d'un autre Anonyme imprimé dans les Bollandiftes au huit de Janvier, p. 468. 470. qui rapporte auffi l'Hiftoire de S. Patient Evêque de Metz.

La vie de S. Goëric imprimée dans les bollandiftes après la vie de S. Patient, eft un éloge aflez court de ce Saint , dans lequel il eft autant parlé de S. Arnoû que de faint Goëric.

L'Auteur de la vie de S. Clément , premier Evêque de Metz , eft un Ecrivain Romanefque , apparemment de Metz ; fon nom eft inconnu auffi-bien que fon âge.

De même que celui de la vie de S. Livier, Martyr de la même Eglife ; je ne crois pas que ces vies aient jamais été écrites en Latin, non plus que celles des Saints Agent, Pient & Colombe , Patrons de la Ville de Moyenvic. Ces Auteurs ne méritent aucune attention, & n'ont jamais été imprimés, que je fache ; mais il y en a diverfes Copies manufcrites. Jean Chatellain , Auteur de la Chronique de Metz en Vers , les a fuivis , abrégés & mis en rimes ; les autres Chroniques de Metz les ont de même fuivis , fans choix & fans examen.

L'Anonyme, Auteur de la tranflation du Corps de S. Gorgon Martyr de Rome , en l'Abbaye de Gorze , étoit Religieux de ce Monaftere. Cette tranflation fe fit par l'ordre de faint Chrodegang Evêque de Metz, Fondateur de Gorze, vers l'an 765. L'Au-

Mabill. Act. SS. Bened. t. 4. f. 214.

H

teur écrivoit environ deux cens ans après cette translation, mais fur des monumens domestiques; & fon Ecrit est très utile pour l'Histoire de Gorze & du Pays.

La vie de sainte Gloffinde, Fondatrice & Patrone de l'Abbaye de ce nom dans la Ville de Metz, avoit été écrite vers 880. par un Moine Anonyme de Metz, d'un stile dur, groffier & barbare. L'Abbeffe & les Religieuses de ce Monastere prierent Jean Abbé de S. Arnoû de Metz, de la mettre en meilleur stile; ce qu'il exécuta au dixiéme siécle, se faisant, dit-il, un point de Religion de ne rien changer au fond des choses, ni aux faits rapportés dans la premiere vie. Les Bollandistes ayant recouvré l'ancienne vie de sainte Gloffinde, qui avoit été retouchée par l'Abbé Jean, l'ont donnée au 25. Juillet.

Mabill. Act. Bened. t. 2. p. 1089. tom. 5. p. 430.

La vie de Thierry I. du nom, Evêque de Metz, & Fondateur de l'Abbaye de S. Vincent de Metz, qui se trouve imprimée dans le Recueil des Monumens de Brunsvick faits par M. Leibnitz à Hannovre en 1707. tom. I. p. 293. est sans difficulté l'ouvrage de Sigebert Moine de Gemblours, qui a demeuré assez long-tems dans l'Abbaye de S. Vincent de Metz. Dans cette vie il rapporte le détail d'un grand nombre de Reliques, que l'Evêque Thierry avoit rapportées d'Italie, & dont il avoit enrichi son nouveau Monastere de S. Vincent. Le Recueil de ces Reliques se trouve imprimé à part au Spicilége, tom. 5. p. 139. 140. & dans les Bollandistes au six de Juin, & est composé par un Anonyme qui accompagnoit l'Evêque Thierry en Italie.

Mais les Auteurs de l'Histoire Littéraire de France, tom. 6. p. 435. croient qu'il y avoit une vie de l'Evêque Theodoric, plus ancienne que celle de Sigebert de Gemblours. Ils se fondent sur ce que l'Auteur de la petite Chronique des Evêques de Metz (r) & Hugues de Flavigny, qui écrivoient, le premier en 1095. & le second en 1105. parlent d'une vie de ce Prélat, différente de celle qui a été écrite par Sigebert; Hugues de Flavigny dit en particulier, qu'il y étoit parlé de S. Fingénius: or il n'en est pas dit un mot dans la vie de Thierry écrite par Sigebert.

Ces raisons sont certainement très solides; mais comment les concilier avec Sigebert, qui écrivoit à Metz dans le Monastere même de S. Vincent, fondé par Thierry, qui a inféré dans la vie de ce Prélat la Liste des Reliques dont il avoit enrichi son Monastere, qui dit qu'il va rapporter ce qu'il a appris touchant ce Prélat par la tradition, *qua à veraci relatione accipere potui*. A-t'il inféré dans la vie qu'il a écrite, ce qui étoit déja dans la premiere? Comment cette premiere vie a-t'elle pû disparoître? & comment Sigebert ne l'a-t'il pas connuë? & s'il l'a connuë, pourquoi n'en a-t'il fait aucune mention?

L'ancienne vie de S. Firmin Evêque de Verdun, Patron du Prieuré de Flavigny, est fort différente d'une autre, composée en François pour l'instruction & la consolation des Pélerins de S. Firmin. Le Chapitre Général de la Congrégation de S. Vanne de l'an 1663. ne permit d'imprimer cette vie françoise, qu'à condition qu'on n'y mettroit point de nom d'Auteur. Cependant l'Ouvrage a été approuvé autentiquement par trois Docteurs, & l'examen des Miracles fait par des Députés de l'Ordinaire.

L'Auteur qui a écrit l'Histoire de la translation des Reliques du même S. Firmin à Flavigny, & l'Histoire de la Fondation du Prieuré de Flavigny, que nous avons fait imprimer au troisiéme Tome de l'Histoire de Lorraine, nouvelle Edition est Anonyme; mais contemporain: il écrivoit au dixiéme siécle au tems de S. Gerard Evêque de Toul.

L'Anonyme, Continuateur de Laurent de Liége, qui a écrit l'Histoire des Evêques de Verdun, commence à Alberon de Chiny, où Laurent de Liége a fini en 1144. Voyez l'Histoire de Lorraine, N. E. tom 2. p. 55.

L'Anonyme, Auteur du récit de la mort du Pape Leon IX. est inconnu.

Anonymi Annales Maximiniani, Manuscrit d'une grande exactitude, où l'on trouve l'origine de cette fameuse Abbaye, & les différentes vicissitudes qu'elle a souffertes. Cette Histoire est apparemment celle que le R. P. Alexandre Vilthem a composée en deux Volumes in-fol. manuscrite; elle est citée comme d'un Anonyme dans l'Histoire de Luxembourg par le R. P. Bertholet, de même que les suivans.

Item, *De gestis & honoribus S. Maximini*, Manuscrit à S. Maximin.

Item, *Effay de l'Histoire de Luxembourg*, Manuscrit en trois Volumes.

Item, *Origines Maximiniana*, manuscrit en deux Volumes.

Item, *Recueil concernant le Duché de Luxembourg & le Comté de Chiny*, manuscrit en deux Volumes.

Item, *Recueil des Priviléges, Lettres, Titres, Documens, Piéces autentiques touchant la Province de Luxembourg*, manuscrit en trois Vol.

Trevirensis Archiepiscopatus & Electoratus per refractarios Maximinianos aliosque turbatus.

Vita Adalberonis Archipresbiteri Trevirensis, manuscrit.

(r) *Spicileg. tom. 4. p. 657.*

Anonyme, Auteur de la vie de Baudouin, Archevêque de Tréves.

Anonyme, Auteur de la Chronique de l'Abbaye de S. Mihiel; *vide Mabillon Analect. pag.* 359. *& sequent. nov. Edit.*

Anonyme, Auteur de l'Histoire de Notre-Dame de S. George de Nancy, dite Notre-Dame de Bonne-Nouvelle, où l'Auteur rapporte plusieurs Miracles opérés par ladite Notre-Dame ; je n'ai point vû le commencement ni la datte de cet Ouvrage.

Anonyme, Auteur de la Chronique de Lorraine, imprimée dans notre Histoire de Lorraine.

Anonyme, Histoire & Miracles de Notre-Dame de Benoitevaux, Diocèse de Verdun; à Verdun, chez Jean Dubois 1644. in-16.

Anonyme, Auteur de la Chronique de Metz, que nous devons imprimer dans la seconde Edition de la même Histoire; elle commence en 1170. & finit en 1615. mais il y a de grands intervalles qui ne sont pas remplis.

Il y a beaucoup d'Ouvrages Anonymes, dont j'ai donné les Titres dans la Liste des Auteurs qui ont travaillé sur l'Histoire de Lorraine.

Anonyme, Auteur de la très humble remontrance en Vers au Roi Louis XIV. par les Gentilshommes de Lorraine, créés depuis l'an 1610. présentée à Sa Majesté au mois de Septembre 1697. imprimée chez François Maret, Imprimeur de l'Université de Pont-à-Mousson, in-quarto.

Narratio brevis & vera eorum quæ acciderunt in adeunda possessione Comitatûs Sarwerdensis, nomine Serenissimi Ducis Lotharingiæ & Barri, &c. Francisci II. ex sententia decretoria Cameræ Imperialis in D. D. Guillelmum Ludovicum, ac consortes Comites à Nassau Sarbrücken, hæredesque de mortui Domini Comitis Emichonis Leiningii ; impressum in-quarto sine nomine Auctoris, loci & anni impressionis.

De vita & miraculis Theodedati ac Melliflui Doctoris B. Bernardi, & Carmen à quodam ipsius Ordinis Monacho compositum ex officina Typographica Monasterii Clariloci ad Nanceium, per Joannem Savine Typographum an. 1609. *in*-12. *cum Privilegio Reverendissimi Domini Cisterciensis.* C'est un Ouvrage en assez bons Vers Latins, composé par un Religieux Bernardin. Je ne sçai s'il étoit de l'Abbaye de Clairlieu, où il y avoit autrefois une Imprimerie, qui a produit d'assez bonnes Editions; l'Ouvrage a 73. pages, il y traite de la vie & de la plûpart des Miracles de S. Bernard.

Anonyme *des Eaux minérales de la Montagne de Mousson en Lorraine, avec un Discours de leur nature, & qualités bienfaisantes, &c.* à Pont-à-Mousson, chez François Maret, Imprimeur de S. A. R. L'année de l'Impression n'est pas marquée. Le Pois, Seigneur de Champey, Doyen & Professeur en Médecine de l'Université de Pont-à-Mousson, Médecin Ordinaire de Charles III. est le premier qui a fait connoître l'utilité des Eaux de Mousson.

Anonyme, Auteur d'une Version, de François en Latin, de l'Histoire de Verdun de Richard de Vassebourg vers l'an 1551. Cette Version se trouve manuscrite dans la Bibliothéque de l'Abbaye de S. Mihiel.

Anonyme, Chronique de Lorraine, écrite du tems de Jean I. Duc de Lorraine, vers l'an 1377.

Cronicon Lotharingiæ ab anno Domini 900. *ad annum* 1100. cité dans Grammage, Liste des Auteurs de l'Histoire de Flandres.

Cronicon Regum & Ducum Austrasiæ, hoc est Lotharingiæ & Brabantiæ Principum, cum Romanorum Pontificum Francorumque Regum, &c. Genealogiis & Gubernationibus, &c. à Pippino II. ad Philippum II. Burgundiæ Ducem, cité par Follerus. *Monumenta varia inedita in-quarto,* Gênes 1714.

Les Opérations des Ducs de Lorraine, depuis Jean I. jusqu'à Antoine, Manuscrit.

De rebus gestis Antonii Ducis Historia, an. 1543. Manuscrit in-fol. de M. Dupuis, à Paris, Bibliothéque du Roi, n. 649.

Lettres écrites sur l'Histoire de Lorraine, depuis 1547. jusqu'en 1557. entre les Manuscrits de M. de Gagniere, dans la Bibliothéque du Roi.

Le salut de l'Europe considéré dans un état de crise, avec un avertissement aux Alliés sur les conditions de paix, que la France propose aujourd'hui, par l'Auteur de la réponse au discours de M. de Rebenac, à Cologne, chez Felix Constant, à l'enseigne de l'Union couronnée, en 1694. in-12. Brochure de 96. pages.

Item, Réponse à l'Ecrit de M. le Comte d'Avaux, touchant les conditions de Paix, que la France offre aux Alliés en Juillet 1694. en 68. pages. Il y a lieu de croire que cet Anonyme est un Lorrain.

Anonymi, Solidus animæ cibus ex SS. Patrum effatis ac Doctrinæ medullis ; tertia editio, Metis 1688. approuvé par Charles Joly, Professeur de la Théologie positive à Pont-à-Mousson, & par Jacques Prudhomme, Professeur de la Théologie Morale au même lieu.

Anonyme, Auteur d'une Brochure imprimée à Epinal en 1744. sous le nom de Nancy, chez Nicolas Balthazar en 1717. avec une approbation du R. P. Joseph Petitdidier Jésuite ; mais ce R. Pere s'inscrit en

H ij

faux, & contre sa prétenduë Approbation, & contre l'Impression faite chez Balthazar; & cela dans une Brochure imprimée à Nancy chez Midon en 1747. La Brochure dont il est ici question, est intitulée, *Regle, de vie, de mœurs & de conduite, composées par un Pere Jésuite, pour s'exercer lui-même à la direction des ames*. Son objet est d'établir une espéce d'Ordre de Religieuses, qui, sans sortir du monde, y vivent d'une maniere réguliere & édifiante.

Anonymi Abbatis Montisfalronis Epistola d'Hungris.

Anonyme, Auteur du Testament politique de Charles V. Duc de Lorraine.

Anonyme, Auteur de l'Ombre du Président Canon aux Champs Elisées. Voyez cy-après Pierre Canon.

ANSTE'E, Moine de Gorze au dixiéme siécle, fut un très habile Architecte; il fut d'abord engagé dans la Cléricature, & étoit Archidiacre de Metz, lorsqu'il entra dans le Monastere de Gorze, où il se distingua par sa piété & sa régularité. Il étoit studieux, sçavant dans les Écritures, éloquent, bienfait de sa personne, ayant la voix belle & grande; mais sur-tout il étoit excellent Architecte, & sçavoit donner aux Bâtimens leurs justes dimensions suivant les Régles de l'Architecture. Après la mort d'Eribert Abbé de S. Arnoû de Metz, Anstée fut choisi pour lui succéder vers l'an 945. Comme il y avoit peu de tems que les Benédictins étoient entrés dans ce Monastere, & qu'il n'étoit pas bâti d'une maniere propre à leur Institut, Anstée le rebâtit d'une maniere commode & propre à des Solitaires. Il s'appliqua ensuite à réparer les Metairies du Monastere, & à les mettre en bon état; en sorte qu'en peu de tems l'Abbaye de S. Arnoû se trouva dans l'abondance: de plus, il entreprit de fermer ce Monastere de bonnes murailles, comme une espéce de forteresse; car l'Abbaye étoit alors hors de la Ville, pour la mettre hors d'insultes, & il acheva cet ouvrage en peu de tems; il mourut en 960. après 15. ans d'administration.

ANTIMOND, ou Antimonde, ou Autmonde, Évêque de Toul, a composé quelque chose en l'honneur de S. Evre. Voyez l'Histoire de Lorraine, tom. 1. pag. 372. L'Histoire porte qu'il composa, en l'honneur de S. Evre, *des Ecrits & des Repons, pour transmettre à la postérité la mémoire de ses saintes actions*; ce qu'on peut entendre de l'Histoire de ce Saint, qui ne peut être celle que nous avons imprimée dans les Actes des Evêques de Toul, qui paroît postérieure au tems de l'Evêque Antimonde; son Ecrit est sans doute quelque chose de plus court, pour être chanté dans l'Eglise Cathédrale, & dans l'Abbaye de S. Evre de Toul.

ANTOINE, célébre Abbé de Senones, natif de Pavie, étant venu à Metz, il se consacra à Dieu dans l'Abbaye de S. Arnoû; ensuite il fut fait Prieur du Prieuré de Lay en 1090. Il y bâtit l'Eglise qu'on y voit encore aujourd'hui, & qui est une des plus anciennes, & des plus belles pour le tems, qui se voient en Lorraine. Il rebâtit aussi tout le Prieuré, & fut enfin fait Abbé de Senones en 1094. Il y bâtit deux Eglises, l'une en l'honneur de S. Pierre, dont on voit encore aujourd'hui la Nef, la Croisée & le Dome; elle fut dédiée en 1124. La seconde Eglise que cet Abbé bâtit, fut celle *de la Rotonde*, qui étoit d'un goût particulier; elle fut dédiée après la mort de l'Abbé Antoine en 1153. Il bâtit de plus toutes les Officines du Monastere, & fit quantité d'autres Bâtimens dans les dépendances de l'Abbaye. On loüe beaucoup sa science, & le soin qu'il prit de ramasser quantité de Livres dans son Abbaye; mais je ne connois aucun Ouvrage de sa façon, que le récit de ce qui se passa à la Dédicace de l'Eglise du Monastere en 1124. imprimé dans l'Histoire de Lorraine, tom. 2. p. 292. L'Abbé Antoine mourut en 1136.

ANTOINE (Paul-Gabriel) naquit à Luneville le 21. Janvier 1679. Il fut admis dans la Société de Jésus à Nancy le 3. Octobre 1694. il fit ses vœux solemnels le 2. Février 1711. Il a rendu de grands services à sa Compagnie, non seulement par les Chaires de Philosophie, & sur-tout de Théologie, qu'il a remplies, mais encore par le bon gouvernement de plusieurs Colléges, & par le bon ordre qu'il mit dans celui de Pont-à-Mousson, où il mourut le 22. Janvier 1743.

Ses Ouvrages sont ; *Theologia Moralis universa, complectens omnia morum & præceptorum principia.* Nanceii 1731. &c. Paris. 1736. Item Ingloftadii 1734. *in-oct.* vol. 3.

Theologia universa, speculativa & dogmatica, &c. Nanceii, Typis Joan-Bapt. Cusson 1735. & Paris. 1736. in-12. 7. vol.

Lectures Chrétiennes, par forme de Méditation sur les grandes vérités de la Foi, les exemples de Jesus-Christ, &c. à Nancy, chez Pierre Antoine 1736. in-octavo 2. vol.

Meditations pour tous les jours de l'année; à Nancy, chez Pierre Antoine 1737. in-12.

Les moyens d'acquérir la perfection; à Nancy, chez Balthazar 1738. in-16.

Démonstration de la vérité de la Religion Chrétienne & Catholique; à Nancy, chez Balthazar 1739. in-12.

APPIER, dit Hantzelet; voyez cy-après *Hantzelet*.

ARC (Jeanne d') connuë sous le nom de Pucelle d'Orléans, est une Héroïne, dont la vie est si extraordinaire, & les exploits si surprenants, qu'on peut la regarder comme presque miraculeuse. C'étoit une jeune Paysanne née en l'an 1412. dans le Village de Dom-Remy, situé sur la Meuse au Diocése de Toul, à deux lieuës au-dessous du Neufchateau, à trois ou quatre lieuës au-dessus de Vaucouleurs.

En 1429. âgée d'environ 18. ans, elle se sentit fortement & intérieurement pressée d'aller offrir ses services au Roi Charles VII. & alors presque dépoüillé de ses Etats, pour lui aider, disoit-elle, à chasser les Anglois hors de son Royaume. Elle fut conduite à ce Prince par deux Gentilshommes envoyés par M. de Baudricourt, Gouverneur de Vaucouleurs. Le Roi la fit mener à Orléans, qui étoit alors assiégé par les Anglois. Elle entra heureusement dans la Ville, & fit lever le siége aux Anglois le 8. Mai 1429.

De là elle alla à Chinon trouver le Roi, & lui promit que bien-tôt il seroit en état d'aller se faire sacrer à Reims. La plûpart des Villes qui étoient au pouvoir des Anglois, se rendirent au Roi, presque sans résistance; & dès le 17. Juillet, le Roi fut solemnellement sacré à Reims. Sur la fin du mois d'Août, il s'avança vers Paris; la Ville ne fut pas prise pour cette fois; mais les Anglois furent obligés de se sauver dans la Cité, & d'abandonner tous les dehors.

La Pucelle, après le Sacre du Roi, demanda à se retirer, disant qu'elle avoit accompli ce que Dieu exigeoit d'elle, en conduisant le Roi dans Reims; mais on la retin à l'Armée; & le Roi au mois de Décembre de la même année 1429. annoblit la Pucelle & toute sa famille; c'est-à-dire, son pere, sa mere, ses trois freres, & tous leurs descendans, tant en ligne masculine que féminine; & leur donna pour Armes d'azur à une Epée d'argent couronnée d'or, cantonnée de deux Fleurs de Lys de même: cette famille prit le nom du Lys, au lieu d'Arc, qu'elle portoit auparavant.

Au commencement de la Campagne, l'année suivante 1430. les Anglois ayant formé le siége de Compiégne, la Pucelle s'y jetta un matin le 25. Mai, sans que les ennemis s'en apperçussent; & le soir même, elle fit une sortie à la tête de cinq ou six cens hommes; ayant été renversée de son cheval, elle se rendit prisonniere à un Gentilhomme de Jean de Luxembourg, Comte de Ligny. Le Comte la rendit aux Anglois, qui la conduisirent à Roüen, où son Procès lui fut fait, comme soupçonnée de sortilége, d'impiété & d'hérésie, & elle fut condamnée au feu, & exécutée dans la grande Place de Roüen.

Je passe légerement sur tout; parce que l'Histoire de la Pucelle d'Orléans est rapportée en une infinité d'endroits, comme dans l'Histoire de France, dans celle de Lorraine, tom. 3. p. 549. & suiv. & dans les Preuves de la même Histoire. Voici une Liste des principaux Ecrivains qui ont traité exprès l'Histoire de la Pucelle d'Orléans.

Valerandi Varanii Libri quatuor de gestis Joannæ Virginis Francæ egregiæ Bellatricis; *Paris.* 1516. *in-quarto.*

Annib. Cruccii Mopsus, 1538. *in-quarto.*

Joannis Lodoici Micquelli obsidio urbis Aurel. ab Anglis anno 1428. & *Joannæ Virginis Lotharingiæ res gest. Aurelia* 1560. *in-octavo.*

Joannis Hordal Historia Joannæ d'Arc, vulgò Aurelianensis Pucellæ; *Pontimussi* 1612. *in-4.*

Jacobi Jolii causa Puellæ Aurelianensis adversariis orationibus disceptata, accedunt ejusdem Jolii varia Poëmata in Regia Navarra ab adolescentibus pronuntiata; *Paris.* 1608. & 1609. *in-octavo.*

Discours du siége de la Ville d'Orléans par les Anglois en 1428. par Lyon Tripant; Orléans 1576. in-quarto.

Vie de Jeanne d'Arc Pucelle d'Orléans; Paris 1612. in-octavo.

Histoire de Jeanne d'Arc, ditte la Pucelle d'Orléans; Troyes 1621.

La Pucelle d'Orléans, ou la France délivrée, Poëme par Chapelain; Paris 1656. in-fol. fig.

Histoire de la Pucelle d'Orleans, avec le siége des Anglois 1622. in-octavo.

Recueil d'Inscriptions proposées, pour remplir les Tables d'attente sous les Statuës du Roi Charles VII. & de la Pucelle d'Orléans; Paris 1628.

Traité Sommaire du Nom & des Armes, Naissance & Parenté de la Pucelle d'Orléans & de ses freres, in-quarto.

Processus Joannæ d'Arc, vulgò la Pucelle, in-fol. Manuscrit; &c.

Martin Franc, Chancelier du Pape Felix V. parle avantageusement de la Pucelle d'Orléans dans son Livre intitulé, *Le Champion des Dames*; il commence ainsi:

De la Pucelle dire veuil

Laquelle Orléans délivra, &c.

Pasquier, Recherches de la France 1. 6.

La Colombiere, *Portrait des Hommes illustres François*. On montre une Médaile frappée à son honneur, ayant pour dévise une Main armée d'une Epée, avec ces mots, *Concilio firmata Dei*.

La Chronique de Metz & celle de Lorraine doutent que la Pucelle d'Orléans ait été brûlée, & mise à mort par les Anglois ; elle parut du moins, on le crut, & on le publia ainsi, dans la Plaine de Metz environ à une lieuë de la Ville, où elle fut reconnuë par deux de ses freres ; que les Seigneurs de la Ville de Metz la vinrent voir, lui firent des présens, lui parlerent, & ne douterent point que ce ne fût elle-même, après avoir passé à Metz, à Notre-Dame de Liesse, à Arlon dans le Duché de Luxembourg, à Cologne ; & enfin étoit revenuë aux environs de Metz, où elle épousa en 1445. le Chevalier Robert des Armoises.

On a vû dans le Pays le Contract de leur Mariage ; & il y a même des Gentilshommes de Lorraine, qui ont prétendu descendre de ce Mariage. La même année 1445. le même Robert des Armoises & Jeanne de Lys, Pucelle de France sa femme, vendirent à Colard de Failly ce qu'ils avoient dans la Terre d'Haraucourt. On peut voir notre Histoire de Lorraine, tom. 3. p. 556.

ARGENTREY (Du Plessis d') de Toul, a fait imprimer *Collectio judiciorum & de novis erroribus à sæculo duodecimo ad annum 1632. Autore Duplessis d'Argentrey Tullensi ; Paris. apud Andreæ Cailleau 3. vol. in-fol.*

ARMEINE (D. Geoffroy) Bénédictin de la Congrégation de S. Vanne, né à Metz, & fils de Nicolas d'Armeine Docteur en Médecine, & de Marguerite Galice sa femme, Profès de l'Abbaye de S. Mihiel le 6. Septembre 1625. mort à Hautviller le 22. Février 1679. a composé une Histoire de l'Abbaye de S. Airy de Verdun en 1639. sous ce titre : *Recüeils autentiques de la Fondation de l'Abbaye de S. Airy de Verdun, Ordre de S. Benoît, & des Abbés qui l'ont gouvernée, avec les divers succès & événemens arrivés en icelle ; tirés très fidélement de ses Archives & de plusieurs bons Auteurs, par D. Geoffroy d'Armeine, Religieux de ladite Abbaye à Verdun, l'an de N. S. J. C. 1639.* Cet Ouvrage se conserve en Manuscrit dans ledit Monastere de saint Airy ; il a aussi composé l'Histoire de l'Abbaye de S. Clément à Metz, qui est demeurée Manuscrite.

ARMINGER (Nicolas) Luxembourgeois Franciscain, Docteur en Théologie, a composé de sçavans Ouvrages ; il est mort en 1560. Bertholet, Histoire de Luxembourg, tom. 8. p. 187. Il ne spécifie aucun de ses Ouvrages.

ARNAUD (Antoine) Docteur de Sorbonne, célèbre par ses Ouvrages, & par les traverses de sa vie, a été Chanoine de Verdun. Voyez l'Histoire de Verdun, p. 525. On peut voir sa vie dans Morery, & la Liste de ses Ouvrages dans les Supplémens de Morery.

ARNOU (Saint) Evêque de Metz, né au Château de Lay près Nancy, fut fait Evêque de Metz en 614. L'Histoire de sa vie remarque qu'il écrivit quelques Lettres à Clotaire Roi d'Austrasie, qui lui avoit confié le Gouvernement de la plus grande partie de son Royaume ; il lui écrivit, pour le prier de consentir à sa retraite dans la solitude ; le Roi résista tant qu'il put, jusqu'à ménacer de mort ses enfans. Enfin, il lui donna son consentement vers l'an 629. & Arnoû se retira sur la montagne nommée aujourd'hui le S. Mont proche Remiremont, où S. Romaric son ami l'avoit précédé. Il y vécut d'abord dans les exercices de la vie monastique la plus severe ; puis il se retira sur la montagne voisine, où il vécut en Hermite, & y mourut le 1. d'Octobre 647. Etant Evêque de Metz, il assista à un Concile tenu à Reims en 625. ou 630. Dans le Canon XI. de ce Concile il est beaucoup parlé des Juifs, qui étoient alors frequens à Metz, comme dans le reste du Royaume. L'Auteur de la vie de S. Goëric, son parent & son successeur dans l'Episcopat, lui donne ces magnifiques éloges : *Beatus Arnulphus decus orbis, lumen Patriæ, stabilimentum populorum, gloria Sacerdotum, lucerna in tenebris sedentium, ornamentum non suæ solùm, sed etiam omnium sanctarum Ecclesiarum.*

ARNU (Nicolas) né à Meraucourt près Verdun le 11. Septembre 1629. ayant perdu dès son enfance son pere & sa mere, & se voyant maltraité par son Tuteur, vint à Paris pour y chercher quelque Bourse ou Pension ; n'en ayant point trouvé, il s'attacha à un Gentilhomme Catalan, qui le mena avec lui à Perpignan, où il fit sa Rhétorique, puis entra dans l'Ordre de S. Dominique en 1644. Après avoir fait son cours de Philosophie & de Théologie à Gironne & à Puicerda, n'étant pas encore Prêtre, il fut envoyé à Urgel, pour y enseigner les Arts ; il professa ensuite publiquement la Théologie pendant sept ans à Taragonne & à Perpignan ; & ayant eû la Vespertine, & depuis encore la premiere Chaire dans cette derniere Ville, il y enseigna dix années consecutives, dans le cours desquelles il fut en 1663. Préfet du Collége de Théologie ; il prêcha dans le même tems huit Carêmes de suite dans la principale Collégiale de la Ville.

Vers l'an 1675. Thomas de Rocaberti son Général l'appella à Rome, où étant Régent du Collége de S. Thomas, il s'acquit tant de réputation, qu'en 1670. on l'appella à Padoué, pour remplir la Chaire vacante de Methaphyfique ; & ce fut dans cet emploi qu'il mourut en 1692. On a de lui deux Ouvrages confidérables ; le premier, *Clypeus Philofophiæ Thomiftica*, imprimé en 1672. à Bezier, en fix Volumes in-12. & qu'il fit reparoître fous une nouvelle forme & avec des Additions, à Padouë en 1686. en huit Volumes in-octavo : dans cette derniere Edition il l'a intitulé, *Dilucidum Philofophiæ Syntagma*.

Le fecond Ouvrage de fa compofition eft intitulé, *Doctor Angelicus divus Thomas divinæ voluntatis & fui ipfius, &c. interpres*. C'eft un Commentaire fur la premiere partie de la Somme de S. Thomas, en quatre Volumes in-12. dont les deux premiers parurent à Rome en 1679. & les deux autres en 1686. à Lyon : il les retoucha encore, & les fit réimprimer en 1691. en deux Volumes in-fol.

On a de lui encore un troifiéme Ouvrage, qui lui a fait moins d'honneur, & qui parut en 1684. à Padouë. Il fait des réflexions fur la Ligue entre l'Empereur, le Roi de Pologne, &c. contre le Grand-Seigneur, qu'il menace de la deftruction de fon Empire, & ramaffe, à cet effet, les anciennes Prophéties, les modernes, les Pronoftics, &c. *Vide Echard de Scriptoribus Ordinis Prædicatorum, tom. 2. & Morery.*

AUBERT (M. l'Abbé) de Verdun fur Meufe, a inventé une Machine perpétuelle, fans poids, ni rouës, & fans qu'on ait jamais befoin d'y toucher ; laquelle pronoftique, par une mufique divertiffante dans une chambre, les différens tems qu'il doit faire, les différentes forces du vent, la pluie, le beau tems, le froid, le chaud, bien plus fûrement & plus promptement que le Barométre, qui eft fujet à fe déranger par les perméations réitérées d'un air fubtil, & enfuite de quelque chofe de l'air plus groffier.

Celle-ci ne peut jamais fe déranger ; & quand on y toucheroit pour la faire carilloner à volonté, elle fe remet jufte d'elle-même. Elle eft auffi avec fourdine & répétition, & amufe agréablement dans une chambre, parce qu'elle forme une mufique continuelle & en accord, fuivant les différens airs qui diftinguent les tems ; & on fe donne ainfi un concert pendant un repas, ou avant de s'endormir, ou à fon lever, la Machine joüant toujours d'elle-même, à moins qu'on ne fufpende pour un tems ces petits carillons, qui autrement iroient perpétuellement. Voyez le Mercure de France 1749. Sept. p. 184.

AUBERT Roland Cordelier ; voyez *Roland*.

AUBERTIN (Antoine) Prieur de l'Abbaye d'Etival, Ordre de Prémontré, fit profeffion en 1635. fut fait Prieur d'Etival en 1651. a fait imprimer à Nancy en 1656. *La vie de S. Aftier Solitaire dans le Périgord*, dédiée aux Seigneurs de la très illuftre Maifon de S. Aftier, chez Antoine Charlot, in-12. & en 1655. il fit imprimer *La vie de fainte Richarde fille d'un Roi d'Ecoffe*, Epoufe de l'Empereur Charles-le-Gros, puis Fondatrice & Abbeffe de l'Abbaye d'Andlau en Alface. Le Pere Aubertin mourut à Brieules à 5. lieuës de Verdun, le 29. Mai 1678.

AUBRION (Jean) notable Bourgeois de Metz, a écrit une efpéce de Journal de la Ville de Metz & des environs. Cet homme fut un des Députés de la Ville de Metz en 1477. vers le Roi Louis XI. qu'ils trouverent à Nogent à 7. lieuës d'Auxerre. Son Ouvrage commence à la mort de Charles Duc de Bourgogne, arrivée en 1477. & finit en 1501. ou 1502. Son Manufcrit original eft entre les mains de M. le Bœuf, Chanoine-Archidiacre d'Auxerre, qui m'en a communiqué la notice. Je l'ai fait copier, & en ai tiré quelques particularités pour la feconde Edition de mon Hiftoire de Lorraine. Il eft parlé de *Jean Aubrion* dans une autre Chronique de Metz fous l'an 1473. auquel il accompagna les Seigneurs de Metz députés vers le Duc Charles de Bourgogne à Luxembourg en 1471. Il fut arrêté prifonnier revenant de Bourges, la veille de S. Nicolas, & rançonné à 400. florins du Rhin. Il paroît qu'en 1492. il avoit grande part aux affaires de la Cité de Metz, ayant été chargé, de la part des Bourgeois, de porter la parole aux Meffieurs de Metz, touchant les prétentions du Duc de Lorraine fur les fujets de la Ville, pour l'impofition d'un certain fubfide extraordinaire. Sa maniere d'écrire eft rude, barbare & très éloignée de la pureté de la Langue Françoife, même de celle des honnêtes-gens d'alors.

AUBRUSSEL (Ignace) Jefuite ; voyez *l'Aubruffe*.

AULY, apparemment le même que Jean d'Anly, voyez ci-devant.

AULY (Jean) de Mal-medy a écrit un Recueil ou Abrégé de plufieurs Hiftoires, contenant *les faits & les geftes des Princes d'Ardenne, fpécialement des Ducs & Comtes de Luxembourg & Chiny* ; enfemble une *Table Généalogique de la Pofterité de Clodion le Chevelu, à fçavoir de la Lignée de Charlemagne, des Comtes d'Ardenne, Hainaut, Namur, Durbuis, Mofellane, Luxembourg, Lorraine, Bar, Verdun & Chiny*, Manufcrit en l'Abbaye d'Orval. Il eft différent de *Jean d'Aulcy Cor-*

delier, qui étoit Lorrain, au lieu que celui-ci étoit de Mal-medy; mais je crois qu'il est le même que *Jean d'Anly*, dont nous avons parlé sous son article.

AUCY, ou d'Auxy, ou d'Aulcy (F. Jean) Cordelier, & Confesseur des Ducs François I. & Charles III. a écrit *L'Abrégé ou Epitome des vies & gestes des Ducs de Lorraine, à commencer à Lother neveu de Jules-César jusqu'au présent régnant, avec aucuns Ducs de Mosellane, Ardenne, Bouillon, & Comtes de Vaudémont successeurs en ladite Ligne*, imprimé à Nancy en 1566. Il a aussi composé l'Histoire des Comtes de Bar; voyez Tom. 1. Histoire de Lorraine, Préliminaires, p. 78. où j'entre dans un plus grand détail du contenu de son Ouvrage. Par ce que j'en ai rapporté, il paroît manifestement que Jean d'Aucy a été connu de Wassebourg & de Boulay; d'où j'infère, 1°. Que c'est de lui qu'ils ont tiré ce qu'ils ont dit des anciens Ducs de Lorraine, & que probablement c'est lui qui est le premier ou le principal Auteur des Généalogies fabuleuses des premiers Ducs de Lorraine. 2°. J'en infere que le Manuscrit que l'Abbé Hugo cite sous le nom de Wassebourg, & qui est presque par-tout le même que d'Aucy qu'il cite en même tems; que ce Manuscrit prétendu de Wassebourg n'est point original, mais une simple Copie du Pere d'Auxy; & ce qui me confirme dans ce sentiment, c'est que Wassebourg ne rapporte pas les mêmes choses dans son Histoire, qui est indubitablement de lui, imprimée en 1549.

J'ai en mains un Manuscrit, que je crois d'Edmont du Boulay, qui suit aussi presque en tout le Pere d'Auxy, qui vivoit de son tems, & passoit pour sçavant, comme le remarque du Boulay lui-même. Ce dernier l'a donc suivi, & y a ajouté du sien ce qu'il a jugé à propos.

Reste à sçavoir d'où le Pere d'Auxy a pris toutes les particularités qu'il raconte des Ducs de Lorraine; car il n'en cite aucun garant. Je ne parle pas de ces immenses Généalogies, qu'il fait remonter jusqu'au Déluge, qu'il ramene ensuite aux Troyens, puis à Jules-César, & enfin à Godefroy de Bouillon Roi de Jerusalem. Il est clair que tout cela est fabuleux.

Mais pour les détails de la vie de chaque Duc, qu'il suit, pour ainsi dire, pas à pas, à qui il fait passer & repasser les mers, à qui il fait remporter des victoires, & entreprendre des guerres inconnuës à tous les autres Historiens, auxquels il donne part à toutes les grandes affaires, & à tous les plus célébres événemens de l'Europe, & même de l'Asie & de la Syrie, & qu'il met à la tête d'Armées plus nombreuses, que n'en ont jamais eûës les anciens Ducs de Lorraine; je crois que cet Historien, qui avoit quelque lecture, & qui avoit devant les yeux les Histoires de France imprimées de son tems, a jugé à propos, pour embellir son récit, & pour donner du relief à la Lorraine, d'inférer dans la vie des Ducs, ce qu'il croioit pouvoir leur faire honneur; il les met de toutes les guerres, de toutes les entreprises fameuses; il leur fait passer les mers, aller aux Croisades avec les autres Princes de France & d'Allemagne: mais il ne s'appercevoit pas que ceux qui viendroient après lui, voudroient vérifier ces faits, & les confronter avec les Histoires véritables, pour voir si en effet les Ducs de Lorraine ont eû part à ces grandes actions. Or, en les confrontant, on ne trouve rien de semblable.

Les Historiens de France, d'Allemagne & d'Italie, qui racontent ces guerres, ces entreprises, ces voyages, & qui font des dénombrements exacts de Princes qui y ont eû part, n'y nomment pas les Ducs de Lorraine. Ces raisons me font beaucoup douter de la vérité du récit de Jean d'Auxy, & me le font considérer en plusieurs circonstances, comme un Roman mal assorti & sans fondement, & non comme une véritable Histoire, si ce n'est dans les choses où son récit est appuyé par les autres Historiens, dont l'autorité est reconnuë parmi les sçavans. Je l'ai cité assez souvent dans l'Histoire; mais je n'ai pas prétendu le garentir.

AVIGNON (Thomas des) Capucin, a composé & fait imprimer une Oraison Funébre de Loüise de Lorraine, Reine Doüairiere de France & de Pologne, in-12. à Paris 1601.

AVIGNON (Dom Pulcrone l') voyez *L'Avignon*.

AUSONE, Rhéteur, Orateur & Poëte, fut fils de Jules Ausonius fameux Médecin, & d'Æmilia Æonia fille d'Arbore d'Autun. Ausonius le Médecin passoit pour un des plus accomplis Philosophes de son tems. Il naquit à Basas en Aquitaine vers l'an 287. Il exerça la Médecine avec tant de succès & de réputation, qu'il fut choisi pour premier Médecin de l'Empereur Valentinien I. & ensuite élevé à la charge de Préfet de l'Illyrie. Il mourut en 377. âgé de 90. ans. Il n'appartient à notre sujet que très indirectement.

Mais Ausone son fils, Rhéteur, Poëte & Orateur, mérite d'y tenir sa place, comme ayant passé une partie de sa vie à Tréves auprès

auprès de l'Empereur Valentinien I. Ce Prince l'appella à la Cour, qui étoit alors dans cette Ville, pour être Précepteur du jeune Gratien son fils, déja déclaré Auguste en 367.

Ausone, dont nous parlons ici, naquit à Bourdeaux sous l'Empire du Grand Constantin vers l'an 309. Il étoit né avec de très heureuses dispositions pour l'étude, & ses parens ne négligerent rien, pour lui procurer une bonne éducation. Il fit ses premieres études à Bourdeaux; de là il alla à Toulouse, pour se perfectionner dans l'Eloquence. Il suivit, pendant quelque tems, le Barreau, & se mit ensuite à enseigner la Grammaire & la Rhétorique à Bourdeaux. Il forma grand nombre de Disciples dans les belles Lettres, entre autres S. Paulin qui fut depuis Evêque de Nole. Ausone se maria, & épousa Atrusta-Lucaria-Sabina, d'une des premieres familles de Bourdeaux.

Il y avoit environ trente ans, qu'il professoit les belles Lettres dans cette Ville, lorsque l'Empereur Valentinien I. l'appella à Tréves, pour enseigner le jeune Empereur Gratien: Cette marque de distinction est un très grand préjugé en faveur du mérite d'Ausone, l'Empereur le combla de biens & d'honneur. Il fut d'abord Comte du Palais, puis Questeur, ensuite Préfet du Prétoire, & enfin Consul; depuis même que Gratien son élève eût succédé à l'Empire, il conserva pour Ausone un respect extraordinaire & toute la soumission d'un simple particulier.

Nous avons encore le Panégyrique qu'Ausone prononça, pour remercier Gratien de l'honneur du Consulat, & des autres dignités dont il l'avoit revêtu.

Après la mort de Gratien arrivée en 383. Ausone se retira de la Cour, & retourna d'abord à Bourdeaux sa Patrie, & de là dans une de ses Terres; car il en avoit deux, l'une près de Condat nommée Lucanac, & l'autre en Saintonge; il passa le reste de sa vie alternativement dans l'une de ces deux Terres, occupé à la chasse, à la pêche, à recevoir ses amis, à la Poësie, & aux autres exercices propres à un homme de Lettres, qui vit dans l'opulence, entretenant commerce de Lettres avec ses amis, & composant divers Ouvrages en Vers & en Prose.

On a douté si Ausone avoit été Chrétien; la maniere licentieuse dont il s'exprime dans quelques-unes de ses Poësies, a fait juger qu'il ne professoit pas la Religion Chrétienne, qui abhorre toutes ces libertés; mais dans d'autres endroits il s'exprime d'une maniere qui ne laisse point de doute sur son Christianisme : on peut voir son Idyle sur la Pâques, & son Ephémeride. Ausone mourut en l'année 394. de Jesus-Christ, âgé de quatre-vingt cinq ans, ou environ.

Presque tout ce qui nous reste des Ouvrages d'Ausone, est écrit en Vers, à l'exception de son Panégyrique de Gratien, & d'une de ses Lettres à S. Paulin de Nole : on trouve d'abord à la tête de ses Ouvrages une Epître à l'Empereur Théodose, qui lui avoit demandé ses Ecrits; ensuite vient une seconde Préface, qui est comme l'abrégé de la vie d'Ausone; & enfin une troisiéme Préface en Vers à *Latinus Pacatus Drepanius*; suivent les Epigrammes au nombre de 150. C'est ce qu'il a fait de moins bien, au jugement de Scaliger.

L'Ephémeride vient après : c'est une instruction pour passer saintement la journée. Il y parle dignement de Dieu, & de la Religion Chrétienne.

Les *Paventalia* contiennent les éloges des Parens d'Ausone; l'Ouvrage intitulé, *Commemoratio Professorum Burdigalensium*, contient les éloges de plus de trente personnes, parmi lesquelles il y en a qui ne sont pas nées à Bourdeaux; mais qui y sont venuës d'ailleurs.

Les Epitaphes des Héros qui ont paru au siége de Troyes, sont au nombre de vingt-six, auxquels Ausone ajoûta encore douze Epitaphes d'autres personnes célébres. Ausone reconnoît que cet Ouvrage n'est qu'une Traduction Latine de ce qu'il avoit trouvé dans les Ecrits d'un sçavant Grec.

L'Ouvrage intitulé *Les Césars* renferme l'abrégé de la vie, & le caractère des Empereurs Romains, depuis Jules-César jusqu'à Héliogabale : ces caractères sont bien touchés & fort naturels.

Les Villes célébres dont parle Ausone, sont Rome, Constantinople, Carthage, Antioche, Alexandrie, Tréves, Milan, Capoüe, Aquilée, Arles, Lérida, Athénes, Catane, Syracuse, Toulouse, Narbonne, Bourdeaux. Voici ce qu'il dit de Tréves:

Armipotens dudum celebrari Gallia gestit,
Trevericaeque urbis solium qua proxima Rheno,
Pacis ut in Diâ gremio secura quiescit.
Imperii vires quod alit, quod vestit & armat,
Ita per extentam procurrunt moenia collem.
Largus tranquillo praelabitur omne Mosella
Longinqua omnigena vectans commercia terrae.

Ce qui donne l'idée d'une Ville fort riche, fort grande, fort puissante, très différente de ce qu'elle est aujourd'hui.

Le Jeu des sept Sages. Ausone a fait entrer

dans cet Ouvrage les Maximes & les Sentences des sept Sages de la Gréce, si célébres dans l'antiquité.

Les Idyles d'Ausone sont la plus belle & la meilleure partie de ses Poësies. On en compte jusqu'à vingt, qui sont autant de petits Poëmes, qui contiennent des descriptions des lieux, & des narrations d'avantures agréables. Le dixième Idyle qui contient la description de la Moselle, passe pour le Chef-d'œuvre des Poësies d'Ausone. Il y fait, en passant, l'éloge du Rhin, & promet de le faire avec plus d'étenduë, lorsqu'il en aura le loisir. Il promet aussi de décrire les actions mémorables des Belges, ce que nous ne voyons pas qu'il ait exécuté. Dans la Moselle il parle de Neumagen & du Pont de Sarbruck, dont les six piles étoient battuës des flots de la Moselle. Il décrit fort ingénieusement les différens poissons qu'on voit dans ce fleuve; les Rivieres qui tombent dans la Moselle, le dégorgement de cette Riviere dans le Rhin au-dessous de Coblentz. En parlant du Pays qu'arrose la Moselle, & en particulier de Tréves, il dit:

Salve, magne Parens frugumque virumque Mosella;
Te clari Proceres, te bello exercita pubes
Æmula te latia decorat facundia linguæ
Quin etiam mores, & lætum fronte severa
Ingenium natura tuis concessit alumnis.
Nec sola antiquos ostentat Roma Catones,
Aut unus tantùm justi spectator & æqui
Pollet Aristides, &c.

Et ensuite parlant de ce qui doit faire le sujet de l'éloge des Belges, il continuë:

Quis mihi tum non dictus erit? Memorabo quietos
Agricolas, legumque Catos, Fandique potentes.
Præsidium sublime reis, quos Curia summos
Municipium vidit proceres, propriumque Senatum,
Quos prætextati celebris facundia ludi
Contulit ad veteris præconia Quintiliani.

Les Eglogues d'Ausone sont un Recueil de quelques endroits choisis des anciens; ils traitent de divers sujets, comme des signes célestes, des quatre Saisons, des mois & des jours de l'année, des Luttes & des Combats dans le Cirque.

Les Lettres d'Ausone sont au nombre de vingt-cinq; il en avoit écrit beaucoup d'autres, qui ne sont pas parvenuës jusqu'à nous. Nous regrettons particulièrement la perte de la description du Rhin, & des grands hommes du Pays des Belges; ce qui nous

intéresse plus que tout le reste, supposé toutefois qu'il ait composé ces deux Ouvrages. Sur Ausone & sur ses Ouvrages & leurs différentes Editions, on peut voir le R. P. Rivet, tom. I. partie seconde de son Histoire Littéraire de la France.

AUSPICE (Saint) Evêque de Toul, (1) a écrit une Lettre à un Seigneur nommé Arbogaste, imprimée dans Duchéne, *Historiæ Francor.* tom. I. & Benoît, Histoire de Toul, p. 218. & dans notre Histoire de Lorraine, tom. I. p. 281. Il étoit lié d'amitié & en commerce de Lettres avec S. Sidoine Apollinaire. S. Sidoine Evêque de Clermont dit que S. Auspice étoit l'un des plus illustres Peres des Gaules, que sa science profonde, son éloquence, sa foi, ses œuvres le rendoient célebre, & digne d'être comparé à S. Loup de Troyes. Le Comte Arbogaste ayant demandé à S. Sidoine quelques explications des Livres saints, celui-ci le renvoya à S. Loup de Troyes, ou à S. Auspice de Toul, comme à des Prélats plus capables que lui, de satisfaire à sa pieuse demande. Nous avons encore une Lettre de S. Sidoine à S. Auspice, dans laquelle il lui recommande un Tribun nommé Pierre. Il y avoit alors fort long-tems qu'il étoit Evêque de Toul; il nous reste de plus un Monument du zéle & de la science de S. Auspice, une espéce de Poëme, qu'il adressa à Arbogaste, alors Comte & Gouverneur de Tréves, & depuis Evêque de Chartres, comme il y avoit beaucoup d'apparence; sur la fin il recommanda d'honorer beaucoup l'Evêque Jemblique, & il fait l'éloge d'Arbogaste, de son pere, de sa mere & de son ayeul.

AYNARDUS: un certain Aynard offrit en 969. au Tombeau de S. Evre Evêque de Toul, un Glossaire Latin, qui se trouve dans la Bibliothéque de S. Arnoû de Metz: ce Manuscrit porte ce titre: *Incipit Glossarium ordine Clementorum aggregatum ab Aynardo anno ab Incarnatione Domini 969. indictione 12. Imperio magni Othonis, Sepulcro dedicatum S. Apri Leucorum quinti Pontificis.* Ce Glossaire commence par le mot *Apoforeta;* il y explique toutes sortes de mots de bon & de mauvais Latins, même des mots grecs & demi-barbares. S. Evre est appellé le cinquiéme Evêque de Toul; & cependant il est compté pour le septiéme dans les anciens Actes des Evêques de ce Diocése. Nous ignorons quel a été cet *Aynard,* à moins qu'il ne soit l'Abbé *Aynard,* qui est marqué au troisiéme des Ides de Mars, dans le Nécrologe de S. Arnoû de Metz.

---

(1) Il a vêcu vers l'an 450.

B

BACCARETI Chanoine de Toul, a écrit l'Histoire du siége de Toul en 1585. voyez l'Histoire de Lorraine. Cet Ouvrage n'a jamais été imprimé. Le Pere Benoît Picart le cite, & l'avoit en main; voyez l'Histoire de Toul, p. 665. où il rapporte l'éloge que Baccareti fit du Cardinal de Vaudémont, & son parallele avec S. Charles Borromée son ami & son contemporain; j'ai fait rechercher cet Ouvrage à Toul, & l'on m'écrit qu'on n'en a rien pû découvrir.

BACHOT (Jacques) Sculpteur fameux de son tems, a travaillé le Sépulcre qui se voit à S. Nicolas en Lorraine, avec les figures qui y sont. Chateaurou Bourgeois de Troyes en Champagne, dans son voyage manuscrit, qu'il fit à S. Nicolas en 1532. dit que *ce Jacques Bachot Tailleur d'Images étoit un des plus singuliers Ouvriers du Royaume de France.* L'Ouvrage toutefois n'a rien de fort remarquable; l'Ouvrier faisoit sa demeure ordinaire à Troyes en Champagne.

BADE (Jean de) Archevêque de Tréves, Fondateur de l'Université de cette Ville; voyez l'Histoire de Lorraine, tom. 4. Il fit des Statuts Synodaux, &c. voyez aussi Brouyet, tom. 2. p. 292. & 307. &c. Jean de Bade fut élû Archevêque de Tréves en 1456. il étoit fils de Jacques Marquis de Bade, & de Catherine de Lorraine seconde fille du Duc Charles II. & de Margueritte de Baviere. Jean de Bade étoit d'un caractére de bonté & de douceur, qui lui gâgnoit les cœurs de tous ceux qui le connoissoient : il fit son entrée solemnelle à Tréves en 1459.

Jacques de Sierck son Prédécesseur, avoit commencé à ériger une Université à Tréves; mais les troubles de son Diocése l'avoient empêché de consommer cet Ouvrage. Jean de Bade en vint à bout en 1473. & de concert avec lui, les Magistrats de Tréves y firent venir d'habiles Professeurs.

En 1482. le 27. de Novembre il publia des Statuts Synodaux pour la réforme du Clergé de son Diocése; il songea ensuite à réformer les Religieux & les Religieuses soumis à sa jurisdiction; il tint, pour cela, l'an 1495. une Assemblée Synodale, composée des Abbés & des Archidiacres de son Diocése. Les principales Abbayes du Pays entrerent dans les vuës du pieux Archevêque, & rétablirent un meilleur ordre dans leurs Communautés ; je ne parle pas icy des grandes choses que fit ce Prélat, comme Seigneur temporel & Souverain dans ses États; on peut les voir dans notre Histoire.

En 1497. il choisit pour son Coadjuteur Jacques de Bade son petit-neveu, fils de Marquis-Christophe de Bade. Il mourut dans son Château d'Herenbreitstein près Coblentz, le 9. de Février 1503. âgé d'environ 70. ans; son corps fut rapporté à Tréves, & enterré honorablement dans sa Cathédrale.

BADE (Jacques de) petit-neveu, & Coadjuteur de Jean de Bade Archevêque de Tréves, dont on vient de parler, fut très bien élevé, & avoit des qualités naturelles très heureuses, & d'excellentes dispositions pour l'étude; il fut envoyé avec deux de ses freres à Boulogne, pour y étudier les belles Lettres sous le fameux Beroalde, qui étoit en réputation d'un des plus sçavans hommes de son tems.

De Boulogne, Jacques de Bade se rendit à Rome, où il fut connu & estimé des Papes Innocent VIII. & Alexandre VI. On dit qu'il y composa deux Livres *des Antiquités Romaines*. Il étoit encore fort jeune, & ne s'occupoit que de ses études, lorsque son oncle Jean de Bade Archevêque de Tréves, le choisit pour son Coadjuteur en 1497. Il entra en possession de son Archevêché en 1503. & mourut le 26. Avril 1511. n'étant âgé que d'environ 48. ans. Son corps fut rapporté & inhumé à Coblentz. Voici l'éloge que Beroalde (*t*) a fait des trois freres Princes de Bade, qui furent envoyés sous lui à Boulogne, pour y faire leurs études,

Tres nuper quoque Regulos Badenses
Lautos, magnificos, probos dedisti,
Inter quos Jacobus enitescit
Linguâ, dexteritate, comitate,
Cultu, munditiis, nitore, victu
Clarus, munificus, potens, disertus, &c.

BAGARD (César) Sculpteur de figures en grand, dont les Ouvrages sont très estimés, étoit de Nancy, & avoit appris la Sculpture auprès de Jacquin aussi Lorrain, & qui étoit surnommé le grand Jacquin.

Bagard quitta Nancy, & alla à Paris; il y resta peu de tems, & pendant son séjour il y fit deux figures représentant la Force & la Vertu, qui furent placées sur l'Arc de Triomphe, que l'on dressa en 1659. pour le Mariage de Louis XIV. Il est connu en France sous le nom du *Grand César*. Il revint en Lorraine, où il a toujours demeuré depuis. Il est mort à Nancy vers l'an 1709. & est enterré dans l'Eglise des Minimes de

---

(*t*) *Beroal. Epist. ad Jacob. Radens. ejusd. carmen de laudibus Germaniæ. Vide Brouver. tom. 2. p. 319. 320. &* notre *Histoire de Lorraine.*

la même Ville.

Ceux qui sont curieux de voir les Ouvrages de Bagard, peuvent lire cette Liste:

1°. Un Crucifix très estimé dans l'Eglise Paroissiale de S. Sébastien de Nancy.

2°. Le Mausolée de M. de Porcelet Evêque de Toul, dans l'Eglise du Collége des Jésuites de la même Ville.

3°. Une sainte Vierge, sur la porte du Couvent des Religieuses de sainte Elizabeth.

4°. A la Chartreuse de Bosserville, il y a plusieurs de ses Ouvrages.

5°. La Vierge qui est dans la Chapelle du Mont-Carmel aux Carmes de Nancy.

6°. Un Christ, S. Pierre & S. Paul, dans le Cabinet de M. Breton Conseiller au Bailliage de Nancy.

7°. Un Hercule enfant, dans le Cabinet de M. Déforges Prêtre à Nancy.

8°. Les deux Disciples d'Emmaüs sur une Epitaphe dans l'Eglise de S. Evre à Nancy.

9°. Un Crucifix chez M. Richard Banquier à Nancy.

10°. Une sainte Famille chez les Héritiers de M. de Moranville Conseiller à la Cour.

11°. Une Vierge en bois de sainte Lucie chez M. Abram Avocat.

12°. Un S. Pierre dans le Cloître des Cordeliers.

13°. Il y a six Statuës dans le Chœur de l'Eglise du Noviciat des Jésuites de Nancy; les quatre premieres de l'Autel sont de Bagard, & les deux autres de son fils.

14°. Un *Ecce Homo* grand comme nature, dans une Chapelle près Sauxure-lès Nancy.

15°. A la Porte Royale de Nancy, ce qu'il y a de Sculpture est de Bagard & de son bon tems.

16°. Deux Génies au Mausolée de Messieurs de Bassompierre, dans l'Eglise des Minimes de Nancy.

BAGARD (Toussaint) fils de César Bagard, soutint par son habilité la grande réputation de son pere par plusieurs Ouvrages de Sculpture qu'il a faits; il est mort à Nancy vers l'an 1712.

On voit deux figures de sa façon dans l'Eglise du Noviciat des Jésuites de Nancy, qui représentent S. Stanislas Koska & S. Louis de Gonzague; ce sont deux morceaux achevés.

BAGARD (Dom Henry) Bénédictin de la Congrégation de S. Vanne, natif de Nancy, fit profession à l'Abbaye de S. Mihiel le huit Juin 1663. mourut en l'Abbaye de Longeville le 26. Mars 1709. a composé l'Histoire abrégée de la Maison de Lorraine, dans laquelle il suit le système du Pere Vignier; Item, *Traité des alliances de la Maison d'Autriche*; Item, *Des alliances de la Maison de Lorraine*; le tout manuscrit entre les mains de M. Bagard son neveu, Médecin à Nancy.

BAGARD (Charles) fils d'Antoine Bagard Conseiller d'Etat, & premier Médecin du Duc Leopold I. du nom, est né à Nancy en 1696. &, à l'exemple de son pere, s'appliqua à la Médecine, & s'y rendit fort habile. Etant à Montpellier en 1715. il composa & fit imprimer une longue Thése, en forme de Traité intitulé: *Quæstio medica eaque Therapeutica, pro primâ Apollinari laureâ consequendâ: an vomitus fœculentus in passione Iliacâ ab antiperistaltico intestinorum motu? quam propugnabit nobilis Carolus Bagard Nanceianus, apud Lotharingos Leopoldi I. Lotharingiæ Ducis Consiliarius & Medicus ordinarius, Regio Nosocomio Præpositus, Artium liberalium Magister, Universitatis Montis-Pessulana Consiliarius, &c.* La Thése est dédiée à Antoine Bagard son pere. Il soutient que la passion iliaque, ou le *Miserere*, ne vient point du mouvement antiperistaltique des intestins. Il a fait graver à la fin de ce Traité les diverses figures & mouvemens des intestins pour l'intelligence de son sentiment.

En 1725. il fit imprimer à Nancy un Discours qu'il avoit composé & prononcé sur l'*Histoire de la Thériaque*, dédié à Messieurs de l'Hôtel de Ville de Nancy; il y examine en détail les drogues qui entrent dans la composition de la Thériaque, & donne à la fin le Poëme d'Andromaque sur la Thériaque, qu'Andromaque avoit inventée & dédiée à l'Empereur Neron; l'Ouvrage est in-quarto.

Il a aussi composé un autre Ouvrage en Latin sous ce titre, *Materies medicinalis usualior, sive selectus Medicamentorum usualiorum simplicium & compositorum Galenicorum & Chimicorum Catalogus, ex Regno vegetabilium mineralium & animalium juxta usitatiora remediorum genera, in classes & ordinem distributus, cum viribus & actione remediorum*. Il se propose de le faire imprimer un premier jour en Latin & en François, en faveur principalement des jeunes Médecins.

M. Bagard a aussi par-devers lui plusieurs Piéces manuscrites, & Opuscules de sa composition sur différentes matieres de la Médecine, qu'il a rédigées pour son usage, sur-tout touchant la pratique de cet art.

Il aime non seulement l'étude de la Physique & de la Médecine, mais aussi les belles Lettres & l'Antiquité, & a un amas de Médailles curieuses, sur-tout des Grecques.

M. Bagard, outre les qualités que nous avons vuës à la tête de sa Thése de la Passion Iliaque, étoit Médecin consultant de feue S. A. R. Madame la Duchesse de Lorraine;

il l'est aussi de Sa Majesté Polonoise ; il est depuis 1722. Médecin ordinaire & Pensionnaire de la Ville de Nancy.

BAION ; voyez *Bayon*.

BAILLET (Dom Pierre) Benédictin de la Congrégation de S. Vanne, natif de Sedan, Profés de l'Abbaye de S. Vanne de Verdun le 27. Novembre 1698. a composé l'Histoire de plusieurs Monasteres de sa Congrégation, comme de l'Abbaye de Montier-en Derf, de S. Vanne, de S. Airy de Verdun, de Beaulieu en Argonne, & de S. Arnoû de Metz : il écrit en Latin, & rapporte les Piéces & les Lettres justificatives selon l'ordre des tems. Ces Histoires sont très utiles pour ces Monasteres en particulier, & peuvent beaucoup servir à celui qui travailleroit à l'Histoire générale de l'Ordre ou de la Congrégation, & même à l'Histoire de l'Eglise du Pays, où sont situées ces Abbayes.

BALEICOURT ; voyez *Hugo Prémontré*.

BALONFAUX Conseiller à Luxembourg, a été long-tems en relation de Lettres avec le Pere Hardoüin Jesuite, au sujet des Médailles que ledit Balonfaux lui envoyoit, & dont le Pere Hardoüin lui donnoit l'explication. On peut voir *opera selecta Joann. Harduini*, in-fol. *Amstelodami* 1709. pag. 647. 649. & *suiv*. On y trouve les Lettres réciproques de Balonfaux & du R. P. Hardoüin sur cette matiere.

Le même Balonfaux avoit ramassé un Cabinet de Médailles, & d'autres curiosités : il avoit aussi recueilli trois Volumes in-fol. de Piéces manuscrites, concernant l'Histoire du Pays & de la Maison de Luxembourg, dont s'est servi utilement le R. P. Bertholet Jesuite dans son Histoire de Luxembourg, imprimée in-quarto en huit Volumes à Luxembourg 1742. & 1743.

BALTUS (Jean-François) né à Metz le six Juin 1667. entra dans la Société de Jesus le deux Novembre 1682. & y fit profession solemnelle le 15. Août 1700. Il étoit alors à Strasbourg, où il expliquoit l'Ecriture sainte ; il avoit enseigné, étant encore jeune, la Rhétorique au Pont-à-Mousson, & les basses classes à Dijon. Il nuisit beaucoup à sa santé, non pas tant en enseignant, que par une trop grande application à l'étude ; il ne s'épuisa pas moins en apprenant l'Hébreu, & en recherchant les Monuments de l'Antiquité Chrétienne, qu'il s'avoit épuisé dans sa jeunesse, en apprenant le Grec & le Latin. Il avoit un désir extrême d'apprendre & beaucoup de mémoire ; mais en se livrant avec trop d'ardeur à l'étude, il commença à perdre une partie de ses forces, qui lui étoient cependant nécessaires, pour mettre au jour ce qui chargeoit trop son esprit. On l'envoya à Strasbourg, à Dijon pour se rétablir, & il y eut soin de la Bibliothéque publique ; de là on le fit venir à Rome l'an 1717. où il corrigea plusieurs Livres, & y fut choisi pour Censeur général des Livres composés par les Auteurs de sa Compagnie ; il y prit la défense du Traité Philosophique, composé par M. Huet Evêque d'Avranches, & déclara qu'il n'y avoit rien trouvé que d'ortodoxe.

Comme l'air de Rome lui étoit contraire, il retourna à Dijon, y fut Préfet du Collége, ensuite à Pont-à-Mousson & dans d'autres endroits. Il mourut à Reims le 9. Mars 1743. où il étoit alors Bibliothéquaire.

Ses Ouvrages sont, 1°. Oraison Funébre de Messire Pierre Creagh Archevêque de Dublin ; à Strasbourg, chez Loüis-François Roussélot l'an 1705. in-quarto.

2°. Réponse à l'Histoire des Oracles de M. de Fontenelle de l'Académie Françoise, dans laquelle on réfute le système de M. Vendale sur les Auteurs des Oracles du Paganisme, sur la cause & le tems de leur silence ; & on établit le sentiment des Peres de l'Eglise sur le même sujet ; à Strasbourg, chez Jean Renold Doulsecker l'an 1707. in-octavo.

3. Suite de la Réponse à l'Histoire des Oracles, dans laquelle on réfute les objections inférées dans le treiziéme Tome de la Bibliothéque choisie, & dans l'Article second de la République des Lettres du mois de Juin 1707. & où l'on établit sur de nouvelles preuves le sentiment des saints Peres, touchant les Oracles du Paganisme. A Strasbourg, chez Doulsecker l'an 1708. in-oct. Ces deux Parties ont été traduites en Anglois, & imprimées à Londres ; la premiere a été faite l'an 1708. la seconde l'an 1709.

4°. Défense des Saints Peres accusés du Platonisme ; à Paris, chez Montalan in-4°.

5°. Jugement des Saints Peres sur la morale de la Philosophie Payenne ; à Strasbourg, chez Jean-Renold Doulsecker 1719. in-quarto. Le même Ouvrage a été publié sous le titre de *Parallele de la Philosophie Chrétienne & de celle des Payens* 1733.

6°. Réflexions spirituelles & sentiments de piété du R. P. Charles de Lorraine de la Compagnie de Jesus, traduites de l'Italien ; à Dijon, chez Jean Ressayre 1720. in-12.

7°. La vie de sainte Febronie, Vierge & Martyre, traduite du Grec en François, imprimée à Dijon, chez Jean Ressayre 1721. in-12.

8°. Les Actes de S. Barlaam Martyr, tirés d'un Manuscrit Grec, & traduits en Francois ; avec des remarques & des difcours ; l'un de S. Bafile , l'autre de S. Jean Chryfoftome fur le même S. Martyr, auffi traduits du Grec ; à Dijon, chez Reffayre 1720. in-12.

9°. Sentiment du R. P. Baltus Jefuite fur le Traité de la foibleffe de l'efprit humain ; à Paris, chez Simart 1726. in-12.

10°. La Religion Chrétienne prouvée par l'accompliffement des Prophéties de l'ancien & du nouveau Teftament, fuivant la méthode des Saints Peres ; à Paris , chez Billiot 1728. in-quarto.

11°. Défenfe des Prophéties de la Religion Chrétienne ; à Paris, chez Didot 1737. trois Tomes in-12.

12°. Lettre de l'Auteur de la défenfe des Prophéties ; cette Lettre eft imprimée dans les mémoires de Trévoux 1738. art. 36. mois de Mars.

BALUE (Jean) Cardinal, célèbre fous le Régne de Loüis XI. étoit fils d'un Mûnier de Verdun, ou, felon d'autres , d'un Tailleur d'habits de Poitiers. Après avoir affez bien étudié, il s'attacha à Jean Juvenal des Urfins Evêque de Poitiers , puis à Jean de Beauveau Evêque d'Angers, qui le fit fon Grand-Vicaire, & lui conféra un Canonicat dans fon Eglife. Depuis Jean de Melun Favori de Loüis XI. préfenta Baluë au Roi, qui le fit fon Aumônier , & lui donna les Abbayes de Fécamp, du Bec & de S. Ouïn de Roüen. Ce Prince lui confia la charge d'Intendant des Finances, & le nomma à l'Evêché d'Evreux l'an 1465. qu'il quitta pour celui d'Angers l'an 1467. après avoir accufé Jean de Beauveau fon bienfaiteur de plufieurs crimes d'Etat , qui le convainquirent lui-même d'ingratitude.

Jean de Melun ne fut pas mieux traité ; car ce fut par les intrigues de Baluë, que Loüis XI. lui fit couper la tête à Loches en 1468.

Dès l'an 1464. le Roi avoit envoyé à Rome Adam Fumée Maître des Requêtes , demander pour l'Evêque d'Angers le Chapeau de Cardinal, que Paul II. lui accorda le 18. Septembre de la même année , fous le titre de fainte Sufanne , en reconnoiffance de ce qu'il avoit procuré la révocation de la Pragmatique Sanction, tant fouhaitée par la Cour de Rome. Cette nouvelle dignité augmenta la faveur de Baluë ; il avoit tant d'inclination pour la guerre , qu'il fe trouvoit à la revûë des Troupes , & payoit lui-même les foldats , qu'on avoit levés contre cette Ligue , que les mécontents nommerent du bien public. Les Seigneurs de la Cour étoient peu contents de ce procédé ; & le Comte de Dammartin demanda au Roi la permiffion d'aller régler le Clergé, & de faire la Fonction d'Evêque , puifque ce Prélat faifoit la fienne.

Après une affez longue faveur , le Roi foupçonnant la fidélité de Baluë, qui ne s'étoit élevé que par fes fourberies , éclata contre lui , tant au fujet de l'entrevuë de Peronne en 1468. dans laquelle ce Miniftre expofa fi témérairement la Perfonne de Sa Majefté , que pour avoir fomenté la divifion entre ce Prince, le Duc Charles fon frere, & le Duc de Bourgogne. Baluë indigné de ce que le Roi ne lui confioit plus fes affaires , eut commerce avec fes ennemis , par le moyen d'un domeftique de l'Evêque de Verdun, Guillaume d'Harraucourt ; ce domeftique qui fe nommoit Simon , fut furpris avec les Lettres qu'il portoit. On arrêta pour-lors le Cardinal en 1469. & on le mit dans une prifon ; quelques-uns difent dans une Cage faite exprès (*a*), où il demeura onze ans, malgré toutes les inftances du Pape en fa faveur. Sur la fin de ce terme, on dit qu'il s'avifa de boire de fon eau , & qu'on le crut malade d'une rétention d'urine : ce qui fut prefque le feul motif de fa liberté.

Ce fut en 1479. que le Cardinal Julien de la Roüere , Légat en France , obtint fon élargiffement. Baluë alla à Rome, où , par fes intrigues, il acquit beaucoup de crédit & de bons bénéfices. Sixte IV. en 1484. l'envoya Légat à *Latere* en France , où il voulut faire fes fonctions avant que d'avoir fait agréer fes Lettres au Roi , & les avoir préfentées au Parlement, pour connoître s'il n'y avoit rien de contraire aux droits de la couronne , & aux libertés de l'Eglife Gallicane. Charles VIII. en fut fi offenfé , qu'il lui défendit de prendre les marques de fa Légation.

Néanmoins cette difficulté fut levée, & le Légat retourna promptement à Rome , ayant fçu la mort de Sixte IV. qui lui avoit donné l'Evêché d'Albe. Le Pape Innocent VIII. le nomma Evêque de Préneste , & Légat de la Marche d'Ancone ; enfin il mourut en Octobre 1491. étant alors feptuagénaire. Son corps fut apporté à Rome , & dépofé en l'Eglife de fainte Praxéde, où fe voit fon Epitaphe, ayant éprouvé en fa vie la bonne & mauvaife fortune. On peut voir la Généalogie de *Nicolas Baluë* frere du Cardinal dans le P. Anfelme , Généalogie des Aumôniers de France, t. 8. p. 239. Nicolas Baluë ac-

(*a*) Cette prifon fubfifte encore au Château des Loches, & on l'appelle la Cafe-Baluë.

quit de grandes Terres, posséda de grands emplois en France, & laissa postérité, dont on a donné la Généalogie.

BANS (Pierre des) Prémontré de l'étroite observance de Lorraine, fit profession dans l'Abbaye de Bellevale; il embrassa la réforme en l'Abbaye de sainte Marie du Pont-à-Mousson, dont il fut fait Coadjuteur le 24. d'Octobre 1606. & exerça l'office de Vicaire Général de sa Congrégation. Il fut élu Abbé de Prémontré, & Général de tout l'Ordre le 21. Décembre 1635. après la mort du R. P. Gottes; mais cette élection n'eut point de suite. L'an 1643. il fut élû Abbé de Cuissy, quatriéme Pere de l'Ordre de Prémontré; & il mourut dans cette Abbaye le 15. Avril 1649. Nous avons de lui un Ouvrage imprimé au Pont-à-Mousson, chez Gaspard Bernard in-quarto, sous le titre, *Status Reformationis in Ordine Præmonstratensi instituta, & ad reverendos ejusdem Ordinis Abbates supplicatio Communitatis quam vocant antiqui rigoris.*

BAR (Loüis de) Cardinal de Bar, fils de Robert Duc de Bar, & de Marie de France, fille du Roi Jean, fut Evêque successivement de Langres, de Chaalons, puis de Verdun, dont il gouverna l'Eglise depuis l'an 1375. jusqu'en 1430. Il publia, étant Evêque de Verdun, les beaux Réglements qu'il avoit faits pour la réforme des mœurs & de la discipline, sous le nom de Statuts Synodaux, lorsqu'il gouvernoit les Diocéses de Chaalons & de Langres. Il publia en 1404. des Constitutions Synodales, remplies de saints Réglements. On peut voir la vie de ce Cardinal dans l'Histoire de Verdun, pag. 370. & 376. & dans notre Histoire de Lorraine. Il fut aussi Evêque de Porto en Italie; & le Pape Alexandre V. l'ayant mis au rang des Cardinaux-Prêtres, lui changea son titre de sainte Agathe en celui des douze Apôtres.

Mémoires fournis par M. Charles Peintre.

BAR (Nicolas de) Peintre célébre, originaire du Barrois, étoit parent de la Pucelle d'Orléans. Il est connu à Rome sous le nom du Seigneur Nicolet; il y acquit une grande réputation, & excelloit sur-tout à peindre des Vierges; il est mort à la fin du dernier siécle. Il a peint le Tableau de S. Sigisbert, qui est à la Chapelle de ce Saint à la nouvelle Eglise Primatiale.

N....... de Bar son fils, aussi Peintre, étoit né à Rome; & après avoir demeuré 18. ans à Nancy, y est mort en 1731. ou 1732. Il avoit pris le nom de du Lys, & n'est connu que sous ce nom en Lorraine. Il peignoit extrêmement sombre: on voit de ses Tableaux à Nancy, chez les Tiercelins & chez les Orphelines; chez les R. P. Benédictins à Lay, dans l'Eglise des Prémontrés de Pont-à-Mousson, & ailleurs.

BAR (Dom Claude de) Bénédictin de la Congrégation de S. Vanne, natif de Bar-le-Duc, neveu de Dom Hilarion de Bar Abbé de Longeville dans la Lorraine-Allemande, fit profession dans l'Abbaye de S. Evrelés Toul le 28. Mai 1683. étudia dans l'Académie de Moyenmoutier, & ensuite enseigna la Philosophie & la Théologie dans l'Abaye de Senones. Il fut élû Abbé de Longeville le premier Août 1710. par la démission de Dom Hilarion de Bar son oncle le même jour, & prit possession de son Abbaye le 7. Octobre suivant. Dom Hilarion de Bar mourut en 1715. & Dom Claude son neveu mourut à Longeville le 9. Août 1718. C'étoit un homme d'un caractere de douceur, de politesse & de désintéressement, qui le rendoit cher à tout le monde. Il travailla à divers Ouvrages qui n'ont pas été imprimés; entr'autres, il écrivit pour soutenir la vérité du Titre de Fondation de l'Abbaye de Remiremont, rapporté dans François de Rozieres, & justement accusé de faux par l'Abbé de Riguet.

Etant à l'Académie de Moyenmoutier, il écrivit pour soutenir l'antiquité des points voyelles, contre ceux qui soutiennent le sentiment contraire; son Ouvrage est demeuré manuscrit.

J'ai une de ses Lettres sur des Pierres canelées, qui se trouvent dans les champs & les vignes aux environs de l'Abbaye de Longeville, & que quelques-uns ont prises pour d'anciennes Monnoyes.

Item, l'Eloge funébre de Messire le Révérendissime Pere en Dieu Dom Matthieu Galliot Abbé de S. Avold, prononcé dans l'Eglise de la même Abbaye le 20. Février 1709. imprimé in-quarto.

Lorsque le Duc Léopold I. vint en la Lorraine-Allemande, pour visiter les Villes de ses Etats, Dom Claude de Bar eut l'honneur de le recevoir à la porte de l'Eglise de l'Abbaye de S. Avold, & de lui faire le compliment, qui fut admiré du Prince & de toute la Cour.

Il étoit d'une taille très avantageuse, & avoit une grace admirable dans ses discours, & dans tout ce qu'il faisoit; ce qui prévenoit en sa faveur tous ceux qui le voyoient.

BARBE (Joseph-François) de Nancy, habile Horloger, sur-tout pour les Calculs Astronomiques, connoisseur & amateur des beaux Arts, a amassé plusieurs Tableaux des meilleurs Maîtres. Il a, entre autres, le Recueil le plus complet qui se voie des Estampes de Callot, puisqu'il en a plus de douze cens cinquante. Il en a auſſi beaucoup d'Iſraël, de la Belle, &c. Il nous a fourni en 1750. la Liſte des Eſtampes de Callot, que nous donnerons cy-après.

En 1735. il donna le deſſein du troiſiéme ordre d'Architecture du Portail de la Primatiale; il conduiſit cet Ouvrage, qui fut achevé l'année ſuivante 1736. Il a écrit ſur la Peinture, pour donner aux jeunes gens les moyens les plus propres à leur faciliter la connoiſſance de cet art; manuſcrit.

BARCLAY (Guillaume) né en 1540. à Aberdun Ville d'Ecoſſe, d'une des plus anciennes Maiſons du Pays. Après la ruine de ſon Pays & de ſa fortune par les guerres civiles, il vint en France en 1573. âgé de 33. ans, & commença à y étudier la Juriſprudence à Bourges ſous Cujas; il y fit de ſi grands progrès, qu'il fut bien-tôt en état de la profeſſer. Le Pere Edmond Hay Jeſuite ſon oncle, l'ayant attiré en Lorraine en l'Univerſité du Pont-à-Mouſſon, nouvellement fondée par le Duc Charles III. il y fut pourvû d'une Chaire de Profeſſeur en droit, vers l'an 1578. ou 1579. Le Duc l'honora même d'une charge de Conſeiller d'Etat & de Maître des Requêtes. Il ſe maria en 1580. ou 81. au Pont-à-Mouſſon, à une Demoiſelle de la Maiſon de Malleville, dont il eut un fils nommé *Jean Barclay*, duquel nous parlerons bien-tôt.

Abram Hiſt. Univerſitatis Muſſipont. l.b. 6. art. 11.

En 1602. Guillaume Barclay ayant reçu quelque mécontentement du R. P. Chriſtophe Broſſard Jeſuite, Chancelier de l'Univerſité, à cauſe d'une propoſition que le P. Broſſard avoit déſaprouvée, & que Guillaume Barclay inſera dans ſon Livre *de l'origine du Domaine*. Barclay ſe plaignit au Duc que les Jeſuites s'arrogeoient injuſtement la qualité de Chancelier de l'Univerſité; & lui ayant préſenté ſa Requête, demanda qu'on rendît cette dignité au Corps des Juriſconſultes, à qui elle appartenoit de droit, & qu'on en dépoüillât les R. P. Jeſuites. Le Duc cita les Parties par-devant lui à Nancy, pour le 18. Novembre 1602. & après avoir oüi Barclay & Hordal pour les Facultés, & les Peres Jean Blaiſe & Jean Machau pour la Société, le Duc rendit ſon jugement en 1602. en faveur de la Société, & lui confirma la poſſeſſion où elle étoit de la dignité de Recteur & de Chancelier, dès le commencement de l'Univerſité, par Lettres Patentes de l'an 1580.

Guillaume Barclay fut tellement irrité de cette déciſion, qu'il réſolut de quitter le Pont-à-Mouſſon; ce qu'il fit en effet la même année 1602. & ſe rétira en Angleterre en 1603. où le Roi Jacques I. qui avoit ſuccédé à Elizabeth, le reçut favorablement, & le fit même Conſeiller d'Etat. Dans ce voyage le jeune Jean Barclay fils de Guillaume, publia en 1603. un Poëme ſur le Couronnement du Roi Jacques. Ce Prince en fut ſi charmé, qu'il vouloit retenir ce jeune homme dans ſa Cour; mais comme les Proteſtans n'y vouloient pas ſouffrir de Catholiques, Guillaume fut obligé de revenir en France en 1604. où on lui procura la premiere Chaire de Profeſſeur Royal en l'Univerſité d'Angers. Il y mourut vers l'an 1605. & fut enterré chez les Cordeliers.

Nous avons de lui divers Ouvrages; comme, 1°. *De poteſtate Papæ*, 2°. *De regno & regali poteſtate adversùs Monarchomachas, &c.* 3°. *In titulos Pandectarum; de rebus creditis & de jurejurando, &c.*

Dans ſon Traité *De la puiſſance du Pape*, dédié à Clément VIII. il ſoutient que le progrès que l'héréſie a fait en France, en Allemagne, en Angleterre & en Ecoſſe, ne vient que de ce que les Papes ont porté leurs entrepriſes trop loin contre les Rois; que tous les Papes, juſqu'à S. Grégoire le Grand, ont reconnu qu'ils devoient obéir aux Princes temporels; que Gregoire VII. & Boniface VIII. ſe ſont attribué une autorité à cet égard, qui ne leur appartenoit point.

Dans ſon Traité *De la Monarchie*, il reléve entiérement l'autorité Royale, & l'excellence de la Monarchie. Il ſoutient que les Rois ont une ſouveraine liberté qui n'a de bornes que leur volonté, & que les ſujets ne peuvent en aucuns cas s'élever contre leurs Rois.

BARCLAY (Jean) fils de Guillaume Barclay, dont on vient de parler, naquit au Pont-à-Mouſſon le 28. Janvier 1582. Il fut élevé avec beaucoup de ſoin; & comme il étoit d'un naturel heureux, & avoit beaucoup d'eſprit, de beauté & d'éloquence naturelle, il fit de ſi grands progrès dans les Lettres, que n'étant encore qu'en Rhétorique ſous le Pere Muſſorius, & âgé ſeulement de dix-neuf ans, il publia ſon Commentaire Latin ſur la Thébaïde de Papyrius Statius.

Peu de tems après, ſon Pere s'étant broüillé avec les Peres de la Société, à l'occaſion des charges de Recteur & de Chancelier, que Guillaume Barclay ne voyoit pas volontiers entre leurs mains, Guillaume quitta la Lorraine; & ſon fils entrant dans ſon reſſentiment, compoſa ſon Livre intitulé, *Satyricon Euphormionis*, où il dépeint les diſgraces de ſon Pere, qu'il nomme *Themiſtius*; & les ſiennes propres, ſous le nom d'*Euphormion*: il y attaque violemment le

Duc

Duc Charles III. sous le nom de *Callion*, & le Cardinal de Lorraine, sous celui de *Fibultius*; & les Jesuites, sous celui d'*Acignii*, il fait la description de la Ville de Pont-à-Mousson, sous le nom de la Ville de *Delphinum*.

Il raconte ensuite qu'étant allé en Italie, dans le dessein de s'y engager dans quelque Religion, ou dans l'état Ecclésiastique, il avoue qu'il avoit d'abord eû quelque pensée d'entrer dans la Société, ou parmi les *Acigniens*; mais qu'ayant trouvé à Milan Jacques Avite, qu'il nomme Théophraste, & qui fut depuis le Cardinal du Perron, ce Prélat l'exhorta puissamment à se livrer tout entier à l'étude.

De Milan, Jean Barclay passa à Venise, qu'il nomme *Marcia*; puis il vint en France, où il n'osa se présenter devant Thémistius son Pere. Il alla de-là à la Fléche où le Roi Henri IV. venoit de fonder une Université. Les Peres Jesuites lui firent un fort bon accueil, & lui procurerent l'occasion de faire montre de son éloquence; il en sortit pour se rendre en Angleterre. En passant par Roüen, il sentit de nouveau renaître son envie d'entrer dans la Société; mais il ne se rendit pas à ces mouvemens de dévotion. Il passa en Angleterre en 1606. & comme le Duc de Lorraine Charles III. se plaignoit beaucoup de la maniere dont Jean Barclay le traittoit dans son Satyricon, il fut envoyé en Lorraine par le Roi d'Angleterre, sous prétexte d'une Ambassade; & y fit une maniere de satisfaction au Duc, puis s'en retourna en Angleterre, où le Roi Jacques lui donna des emplois considérables. On dit même qu'il eut beaucoup de part à un Ouvrage, que ce Prince publia sous le nom de *Funiculus triplex & Cuniculus triplex*.

Il revint en France en 1616. & de là passa à Rome sous le Pontificat de Paul V. Il y trouva d'illustres Protecteurs, entr'autres le Cardinal Maphée Barberin, qui fut depuis Pape sous le nom d'Urbain VIII. L'année suivante 1617. il publia sa *Paranesis ad Sectarios*, qui est un Ouvrage de Controverse & de Théologie; mais comme il n'en avoit pas fait une étude particuliere, il n'y réüssit pas autrement bien. Il avoit publié à Londres un Traité intitulé, *Icon animarum*; l'Histoire de la Fougade d'Angleterre; un Traité intitulé, *Pietas*, contre le Cardinal Bellarmin, qui avoit combattu le Traité de son Pere *sur la Puissance des Rois*. On attendoit encore d'autres Ouvrages de sa plume, lorsqu'il mourut de la pierre le 12. Août 1621. Il

s'étoit marié à Paris, & avoit eû un fils, à qui le Pape Urbain VIII. donna quelques bénéfices. On dit que Barclay étoit assez particulier & mélancolique, passant la matinée dans son cabinet, ne voyant personne, & employant l'après midi à cultiver des fleurs dans son Jardin.

Voici le Catalogue de ses Ouvrages:

1. *Joan. Barclay Notæ in Papirii Statii Thebaidem; Mussiponti* 1601. *in-octavo*.
2. *Euphormionis Latinini Satyricon*, à l'imitation du Satyricon de Petrone. La premiere partie imprimée en 1602. à Londres, & la seconde en 1603. à Paris: ce Livre étoit fort estimé dans son tems; on y a fait des Notes, & on l'a traduit en plusieurs Langues.
3. *Idem Satyricon cum clave*, 1607.
4. *Series patefacti divinitùs parricidii in Regem Britanniæ:* autrement, *Conspiratio Anglicana*, 1605. *in-12.*
5. *Apologia Euphormionis, Londini* 1610. *in-12.*
6. En 1612. il fit imprimer l'Apologie du Traité composé par son Pere, sous le titre, *De potestate Papæ*.
7. *Icon animarum*, *Londini* 1614. *in-12.*
8. *Poëmatum Libri duo*, *Londini* 1615. *in-quarto*.
9. *Paranesis ad Sectarios hujus temporis, de vera Ecclesia fide & Religione; Romæ* 1617. *in-12.*
10. *Argenis*, *Parisiis*, 1621. *in-8°*. Ce Livre a été imprimé plusieurs fois; on en a fait une grande estime dans son tems, & on l'a traduit en Italien, en Allemand, en Espagnol, en Anglois & en François. Voyez le Pere Niceron, tom. 17. p. 285.
11. *Eadem Argenis cum elucidatione nominum propriorum*, 1627.

J'ai envoyé au Pere Dom Antoine Rivet, Auteur de la Bibliotheque de France, quelques particularités sur la vie de Guillaume Barclay, tirées de l'introduction au Droit de Guinet, Avocat à Nancy.

J'ai eû en main (x) un Manuscrit de Guillaume Barclay, sous ce titre, *In titulum primum Libri tertii Codicis doctissimi viri D. Guillelmi Barclayi Juris utriusque Doctoris, & in per celebri Academia Mussipontana Professoris Ordinarii, ibidemque Consulis æquissimi in publico J. V. Auditorio prælectus Commentarius anno* 1595.

BARDIN (Philippe) Conseiller au Parlement de Lorraine, a fait imprimer, au retour du Duc Charles IV. dans ses Etats, *le Triomphe du Duc Charles IV.* avec les figures

---

(x) Il appartient à M. Nicolas fils Marchand à Nancy.

en tailles-douces, gravées par le Clerc in-fol. à Nancy 1664. chez Dominique Poirel.

BARIBAN, Conseiller au Présidial de Toul, a composé un Poëme Héroïque sur l'Histoire de Charles V. Duc de Lorraine, manuscrit chez M. Nicolas fils, Marchand à Nancy. Ce Poëme contient deux mille vers. Il a aussi composé deux Odes; la premiere sur la mort du Duc Leopold, & l'autre sur le Mariage de S. A. R. François III. avec Marie-Therese, Archiduchesse d'Autriche, imprimées à Toul in-4°. & rapportées dans la Clef du Cabinet de Luxembourg, Avril 1736. p. 233. & p. 236. & une Ode sur le Mariage de S. A. S. M. le Prince Charles de Lorraine, avec la Sérénissime Archiduchesse Marie-Anne d'Autriche, deuxiéme fille de l'Empereur Charles VI. en 1744.

BARNET (Balthazar) a fait imprimer à Lyon in-quarto en 1573. *In Natalem Salvatoris Domini nostri Jesu Christi Elegia, cui adjunctus est Dialogus ad illustrissimum D. D. Joannem Comitem à Salm, Auctore Baltazar Barneto Nanceiensi Lothareno.* Il y a à la fin un Poëme servant d'Etrennes à ses parens & amis de Lorraine.

BARRIERE (Pierre) de la Barriere Evêque de Toul, natif de Rhodés en Rouergue, fut d'abord Evêque de Leon en Bretagne. Le Pape Innocent IV. ayant connu son mérite extraordinaire, le pourvut de l'Evêché de Toul en 1361. Il le gouverna jusqu'en 1363. que le Pape Urbain V. successeur d'Innocent IV. le nomma à l'Evêché de Mirepoix. Il fut enfin pourvû de l'Evêché d'Autun en 1377. Il reçut le Chapeau de Cardinal de l'Antipape Clément VII. & mourut à Avignon le 13. Juin 1383.

Il n'entre dans notre sujet, que par sa qualité d'Evêque de Toul, où il ne paroît pas même qu'il ait jamais résidé. C'étoit un Docteur des plus célébres de son tems. Il écrivit en 1380. un savant Discours contre Jean Signano, qui avoit composé un grand Traité, pour prouver qu'Urbain VI. étoit le Pape légitime. Son Ouvrage est demeuré manuscrit, & se trouve dans la Bibliothèque de l'Abbaye de Jumiége. On peut voir le R. P. Benoît Picard, Histoire de Toul, p. 490. & notre Histoire de Lorraine, tom. 3. pag. 469.

BARROIS (Dom Humbert) né à Bar-le Duc, a fait profession de la Régle de S. Benoît en l'Abbaye de Moyenmoutier, le 15. Décembre 1711. fut choisi Coadjuteur de la même Abbaye par le R. P. Dom Humbert Belhomme, son oncle, prit possession de cette Abbaye en 1727. a enseigné la Philosophie & la Théologie, & a occupé les premiers emplois de la Congrégation de S. Vanne. Il a composé les factums qui ont été imprimés, pour soutenir le Bref du Pape Benoît XIV. du 13. Avril 1741. donné pour établir le changement de régime dans la Congrégation de S. Vanne; & principalement pour la Triennalité des Chapitres Généraux, qu'on y tenoit par cy-devant chaque année.

De plus, il a composé un Ecrit sur l'obligation du serment qu'on a accoutumé de faire dans la Congrégation de S. Vanne & de S. Hydulphe, par rapport à la recherche & à l'acceptation des Bénéfices.

Item, quelques autres Ecrits sur différentes matieres.

BARTHEMIN, voyez *Berthemin*.

BASIN (Jean) natif de Saudaucourt, Chanoine de S. Diey en Lorraine, a fait imprimer à S. Nicolas en Lorraine la Nancéïade de Pierre de Blaru en 1518. & y a ajoûté une Préface (*y*). Jean Ruyr, Chanoine de S. Diey, cite *Fragmenta Joannis Basini & Hugonis Carbani Canonicorum S. Deodati*; je n'ai pas vû ces Ouvrages. Basin étoit savant, & faisoit de bons Vers Latins. En 1539. Christophe Prudhomme de Bar-le-Duc fit imprimer à Paris un Recueil de Poësies de Porcelet, de Basin & de Troben. Ruyr cite Basin, p. 260. de ses Antiquités de Vôges; il paroît que Basin avoit écrit quelques Histoires qui n'ont jamais paru.

BASSOMPIERRE (François de) né au Château de Harrouël en Lorraine sur Madon, le 12. Avril 1579. de Christophe de Bassompierre, & de Loüise Picart de Radeval. François Bassompiere étoit l'un des hommes le mieux fait, & de plus d'esprit de son tems. Il fut Chevalier des Ordres du Roi, Colonel Général des Suisses & Maréchal de France. Il servit dans la guerre de Savoye en 1600. Le Roi Henry IV. qui l'avoit pris en affection, l'engagea à son service en 1595. Il servit en Hongrie en 1603. il fut Colonel des Suisses en 1614. & Maréchal de France le 29. Août 1622. Le Roi l'envoya en Ambassade extraordinaire en Espagne en 1621. en Suisse en 1625. en Angleterre en 1626. Il s'acquitta de tous ces emplois avec honneur.

S'étant brouillé à Lyon avec le Cardinal de Richelieu, à cause de ses bons mots, ce Ministre le fit arrêter, & mettre à la Bastille

---

(*y*) Basin avoit été Chapellain de la Chapelle du Saint-Esprit, située dans l'Eglise de la Collégiale de S. Diey; il fut aussi Secrétaire du Chapitre, & son nom se trouve dans plusieurs Actes Capitulaires. Il mourut avant l'an 1523. & fut enterré près les fonds Baptismaux de l'Eglise des Chanoines.

le 25. de Février 1631. il n'en sortit qu'après la mort de ce Cardinal le 4. Décembre 1642. Il ne joüit pas long-tems de sa liberté; car étant devenu extraordinairement replet, à cause de l'inaction dans laquelle il avoit vécu à la Bastille ; il mourut suffoqué d'un catare dans son lit , étant en Brie dans une des Maisons du Duc de Vitry, le 12. Octobre 1646.

Il laissa deux fils naturels, 1. N. de Bassompierre Seigneur de la Tour, né d'une Princesse, & mort peu de tems après son pere ; 2. Loüis Bâtard de Bassompierre, né de Marie de Balsac, & mort Evêque de Xaintes le premier Juillet 1676.

François Maréchal de Bassompierre a laissé quelques Ouvrages qu'il composa pendant sa prison; sçavoir, les Mémoires de sa vie, & de ce qui s'est passé de plus remarquable à la Cour de France ; imprimés plusieurs fois en trois & quatre Volumes in-12.

2. L'Abbé Hugo cite aussi d'autres Mémoires manuscrits de Bassompierre, dans sa vie manuscrite du Duc Charles IV. lesquels nous n'avons point vus.

3. La Relation de ses Ambassades, manuscrite. Voyez le Pere le Long, Bibliothéque de France, p. 670. *item* imprimée en quatre Volumes in-12. 1668.

4. Remarques sur l'Histoire de Henry IV. & de Loüis XIII. écrite par Dupleix in-12. Paris, chez Besogne 1665.

Le Pere Lelong, dans la Bibliothéque de France, p. 457. remarque que les Mémoires de la vie du Maréchal de Bassompierre ont été d'abord publiés par les soins de Claude Malleville son Secrétaire, & qu'ils sont tronqués en différens endroits.

5. Origine de la Maison de Bassompierre par François de Bassompierre ; cette origine est imprimée dans ses Mémoires, tom. 1. in-12. à Cologne 1663. & aussi le P. Anselme, Généalogie, tom. 7.

La Terre de Bassompierre est située sur les frontieres de la Lorraine & du Luxembourg, entre Thionville & Longwi, mais plus près de Thionville.

BAUDOUIN, qui fut fait Archevêque de Tréves en 1308. & gouverna l'Archevêché jusqu'en 1354. (z) étoit de la Maison de Luxembourg, âgé seulement de 23. ans, ayant l'esprit excellent & très bien cultivé, bien fait de sa personne, bien élevé, avec des qualités naturelles qui donnoient de très grandes espérances. Il fut sacré Archevêque des mains du Pape Clément V. l'onze Mars 1308. Nous avons donné sa vie assez au long dans le troisiéme Tome de notre Histoire de Lorraine ; on la peut voir aussi dans le second Tome des Annales de Tréves de Brouverus.

Henry de Luxembourg, frere de notre Archevêque, ayant été choisi Roi des Romains le 27. Novembre 1308. vint à Tréves pour y voir l'Archevêque son frere, dans le mois de Février 1310. de là les deux freres se rendirent à Luxembourg leur Patrie commune ; enfin, la même année l'Archevêque Baudouin tint à Tréves un Synode Provincial, où l'on publia cent quinze Statuts, dont plusieurs ne sont qu'un renouvellement de ceux qui ont été faits en 1238. par l'Archevêque Thierry, & dont nous avons parlé sous son titre. Ces Statuts de Baudouin sont imprimés avec ceux de Thierry, à Cologne en 1549. fol. 32. & suiv. & réimprimés dans le quatriéme Tome du *Thesaurus novus*, Anecdot. du Pere Martenne, p. 235. Il a rapporté 156. Statuts, & il nomme ce Synode, Concile de Tréves.

Le même Archevêque fit encore d'autres Status ès années 1337. 1338. 1339. 1343. & 44. qu'il joignit aux premiers. Le Pere Brouverus cite la vie manuscrite de l'Archevêque Baudouin, & les Actes manuscrits du même Prélat, que nous n'avons pû avoir. Il écrivit aussi une Apologie sur la mort de son frere l'Empereur Henry VII. qui mourut en 1313. dont on imputoit la mort au Pere Bernardin de Montpolitian Dominicain son Confesseur : cette Apologie se voyoit dans les Archives de l'Archevêché de Tréves, & on la montra en 1575. à l'Empereur Maximilien II.

Brouver. p. 191.

Vide rerum Mogunt. tom. 3. p. 640.

BAUDRY, *Baldricus*, a composé en Latin l'Histoire d'Adalberon ou Alberon Archevêque de Tréves. Baudry étoit Liégeois, natif du Bourg de Florin. L'Archevêque Alberon le tira de la suite du Pape Eugene III. pour le mettre à son service, & lui donna la conduite des Ecoles de Tréves. Nous ne connoissons Baudry, que par l'Histoire de la vie d'Adalberon Archevêque de Tréves, qui n'est pas imprimée, & dont Brouverus a tiré la plus grande partie de ce qu'il a dit de ce Prélat. Voyez Brouverus, tom. 2. Annal. Trevir. p. 28. & notre Histoire de Lorraine, tom. 2. p. 462.

BAYON (Jean de) Dominicain, natif apparemment de Bayon en Lorraine sur la Moselle, au-dessous de Charmes; il se retira dans l'Abbaye de Moyenmoutier vers l'an 1326. pour éviter, dit-il, la persécution qu'on faisoit à son innocence, comme à celle

---

(z) Voyez l'Histoire de Lorraine, tom. 3. pag. 175.

du Patriarche Joseph, *cum Joseph in exilium relegatus*. Il y fut prié par l'Abbé Bancelin d'écrire l'Histoire de cette Abbaye ; ce qu'il fit, & y mêla beaucoup de choses curieuses & importantes touchant la Lorraine, le Comté de Vaudemont, & les autres parties du Pays ; le tout tiré en partie de l'Histoire de S. Hydulphe & de ses successeurs, & en partie de la Chronique de Richer Moine de Senones ; mais depuis l'an 1100. jusqu'en 1220. il a pris ce qu'il dit, d'autres Monumens du Pays. Son Histoire est imprimée en partie dans celle de l'Abbaye de Moyenmoutier, à Strasbourg 1724. & nous en avons réimprimé une bonne partie dans notre Histoire de Lorraine, tom. 3. p. 213. aux Preuves. Voyez l'Histoire de l'Abbaye de Moyenmoutier, imprimée en 1724. in-quarto, à Strasbourg, chez Dulsecker, pag. 230. 231. & suiv.

Le Manuscrit unique de la Chronique de Jean de Bayon, qui se conserve dans l'Abbaye de Moyenmoutier, n'est point l'original, mais une copie écrite en 1544. par un Curé de la Paroisse de Moyenmoutier, qui n'écrivoit ni bien, ni correctement, ni lisiblement ; d'où vient qu'en plusieurs endroits le Texte de Jean de Bayon n'est pas bien intelligible. Ce Manuscrit fut donné à Dom Hyacinthe Alliot Abbé de Moyenmoutier par le Pere Donat Tiercelin, Confesseur du Duc Charles IV.

BAYON (Nicolas) natif de Pont-à-Mousson, Docteur en Théologie, Chanoine & Préchantre de la Cathédrale de Verdun, a écrit *De Sacramentis & Sacrificiis Missæ, in Vol. in-12. Item, De decem præceptis Decalogi & quinque præceptis Ecclesiæ ; Virduni, sumptibus Francisci & Joannis Dubois Typographorum, an.* 1622. *in-octavo*, approuvés par le Prince Charles de Lorraine, Evêque de Verdun, au mois de Mai 1621.

BEATRICE (Nicolas) Lorrain, a gravé à Rome en 1559. l'Image du combat des Amazones contre les Grecs, tiré d'après un Tableau qu'on voyoit au Capitole. Voyez l'Antiquité expliquée, tom. 4. part. 1. pag. 116. Il a aussi gravé cinquante Piéces d'après Raphael, Mutian, Michel-Ange & Giotto.

BEAUCAIRE (François de) Evêque de Metz, par la cession que lui en fit le célèbre Cardinal de Lorraine ; dont il avoit été Précepteur. Beaucaire, quoiqu'étranger, fut toujours très attaché à ce Cardinal ; il l'avoit suivi à Rome, & il l'accompagna au Concile de Trente, où il opina fort librement, & où il prononça une Harangue imprimée dans l'Histoire de son tems. Beaucaire s'étant démis de son Evêché en faveur du Cardinal Loüis de Lorraine, se retira dans le Château de la Créte en Bourbonnois, où il commença à travailler à l'Histoire de son tems, qui est en langue Latine, & il l'acheva en 1588. l'ayant conduite depuis l'an 1462. jusqu'en 1567. Les incommodités de la vieillesse ne lui permirent pas d'achever cet Ouvrage, il mourut le 14. Février 1591. âgé de 77. ans. Philippe Dinet de S. Romain ayant trouvé cette Histoire au Château de la Créte, ne suivit point les intentions modestes de son Auteur. Il l'a fait imprimer à Lyon l'an 1625.

Beaucaire, peu après son installation à l'Evêché de Metz, qui fut en 1555. avoit composé un Traité sur *les enfans morts dans le sein de leur mere* ; les Calvinistes, contre lesquels il avoit fait ce Traité, ne le laisserent pas sans réponses ; ce qui le détermina à en faire une seconde Edition en 1567. Il n'appartient à notre sujet, que comme Evêque de Metz.

BEAUVEAU (Henry I. du nom) Baron de Beauveau & de Manonville, Seigneur de Fleville, Conseiller d'Etat d'Henry II. Duc de Lorraine, fut nommé Ambassadeur vers le Pape Paul V. au sujet du Mariage du même Duc Henry, alors seulement Duc de Bar, avec Catherine de Bourbon, sœur du Roi Henry IV. Sa curiosité lui fit entreprendre différens voyages ; il parcourut l'Europe, une partie de l'Affrique & de l'Asie ; & à son retour, il fit imprimer, *Relation journaliere du Voyage du Levant*, à Toul 1608. dédiée au Prince Henry de Lorraine Duc de Bar.

Item, la même Relation, augmentée & enrichie par l'Auteur de Portraits des lieux les plus remarquables ; à Nancy, par Jacob Garnich 1619. in-quarto.

Item, en 1650. Cet Ouvrage imprimé plusieurs fois, n'a rien de fort intéressant, & qu'on ne trouve dans les autres Voyageurs de la Terre sainte. Henry de Beauveau étoit un Seigneur plein de Religion & de piété, croyant, sans beaucoup d'examen, ce qu'on a accoutumé de raconter aux Voyageurs de la Palestine.

BEAUVEAU (Henry II. du nom) Marquis de Beauveau, Gouverneur de la Jeunesse de Charles V. a composé des Mémoires de la vie du Duc Charles IV. imprimée à Metz in-12. 1686. 1687. & à Cologne 1688.

Item, l'Histoire de l'emprisonnement de Charles IV. & la vie du Duc Charles V. imprimée plusieurs fois.

Lorsque ces Mémoires parurent dans les

commencements, les Lorrains zélés avoient peine à se persuader qu'ils fussent véritablement du Marquis de Beauveau, parce qu'il parle de ce Prince, & de la conduite de la France à son égard, d'une maniere très libre & très désintéressée. Voyez ce que j'en ai dit dans l'Histoire de Lorraine, tom. I. p. 81. aux Préliminaires.

Nous avons encore de lui la suite de ses Mémoires, pour servir à l'Histoire de Charles V. Duc de Lorraine, imprimée à Cologne l'an 1688. in-12.

Recueil de M. Nicolas fils Marchand à Nancy.

Le Pere Donat Tiercelin, Confesseur du Duc Charles IV. étoit de ceux qui ne vouloient pas croire que le Marquis de Beauveau eût composé cet Ouvrage. Voici comme il s'en explique dans son Histoire de Lorraine : Le Prince Charles V. ayant appris que le Marquis de Beauveau avoit fort ignominieusement traité ce grand Prince (Charles IV.) par des Ecrits debités sous son nom, qui sont fort injurieux à sa mémoire, il en fut irrité, & désira qu'on les décréditât pour un contredit. Le Pere Donat en fit la Critique, mais cette Critique n'a jamais paru.

On ne doute plus aujourd'hui que les Mémoires ne soient de M. le Marquis Henry de Beauveau. Ils sont reconnus être de lui par ceux de sa Maison, & par les Princes de la Maison de Lorraine : ils sont écrits avec noblesse & dignité, & l'Auteur a eu bonne part aux événemens qu'il rapporte. La sincerité qui paroît dans cet Ouvrage, & la maniere naturelle dont il est écrit, ne contribuent pas peu à le rendre recommandable.

Cependant il s'est glissé quelques fautes dans les dattes, & même dans les faits, comme, lorsqu'il y est dit que la Reine Marie de Médicis fut arrêtée à Compiégne. Elle ne fut arrêtée nulle part ; mais se voyant observée de près, elle partit brusquement de Compiégne, peu après que le Roi l'eut quittée, & se retira d'abord à la Capelle.

Il marque la mort du Roi Loüis XIII. avant celle du Cardinal de Richelieu, & dit qu'ils moururent la même année : ils moururent, à la vérité, à six mois l'un de l'autre ; mais le Cardinal mourut en Décembre 1642. & le Roi en Mai 1643.

BEAUVEAU (Anne-François) Marquis de Beauveau Jesuite Lorrain, né à Noviantaux Preys le 26. Août 1617. fit ses premieres études à Reims & à Dijon. Il commença dès-lors à désirer à se faire Jesuite ; mais plusieurs raisons de famille l'en empêcherent. Il se maria, & épousa le 14. Juillet 1637. Margueritte de Raigecourt. Après quelques années, ayant quitté son épouse, & ayant reçu les Ordres sacrés, il fut admis au Noviciat à Nancy le premier Juin 1661. & fit sa Profession solemnelle à Dijon le 15. Août 1666. & y mourut le 23. Août 1669. après avoir souhaité d'être envoyé en Mission au-delà des mers.

Nicolas Baltazard, Imprimeur à Nancy, a donné au Public dans un In-12. quelques-unes de ses Lettres, qu'il eut par les soins de Madame la Comtesse de Viange, fille de M. de Beauveau, laquelle ayant quitté la Cour de Lorraine, se retira au Pont-à-Mousson chez les Dames de la Visitation, dont elle embrassa l'Institut, & y mourut peu de tems après. Le Livre est intitulé, *Recueil de quelques Lettres spirituelles & édifiantes du R. P. Anne-François de Beauveau.* Le Pere l'Empereur a écrit sa vie, imprimée à Paris 1698. Loüis Niel l'avoit déja écrite auparavant, & Annibal Adaa l'a traduite en Italien.

Le Pere Anne-François de Beauveau, dont on vient de parler, Madame de Beauveau de Raigecourt son épouse, le Pere de Beauveau leur fils, Jesuite, Madame la Comtesse & Maréchalle de Viange leur fille, que nous avons beaucoup connus, étoient une Famille de Saints, & d'une pieté éminente. On a imprimée depuis peu l'Abrégé de la vie de Madame la Comtesse Maréchalle de Viange, morte en 1725. Religieuse à la Visitation du Pont-à-Mousson, en odeur de sainteté.

Toute cette Maison ne respiroit que la dévotion & la pieté. J'ai été témoin, pendant plusieurs années de la maniere reguliere & édifiante, dont la Marquise de Beauveau, épouse d'Anne-François de Beauveau, a vécu dans sa Maison à Vignot, lieu de sa résidence ; & nous sçavons que les enfans de cette pieuse Dame, ayant ouï dans les vies des Saints, que quelques-uns, pour amortir le feu de la concupiscence, s'étoient roulés sur des charbons ardens, avoient résolu de les imiter, & avoient préparé du bois, où ils devoient mettre le feu, pour s'y sacrifier à l'ardeur de leur dévotion ; & ils auroient exécuté cette imprudente résolution, si on ne s'en fût apperçu assez tôt, pour en empêcher l'exécution.

BEAUVEAU (Henry) Marquis de Beauveau, tué en 1744. au siége d'Ypres, a été un des meilleurs & des plus beaux esprits de ce siécle ; il avoit une mémoire prodigieuse. Son Cabinet, ou ses Cabinets remplis de Médailles, (car il en avoit un à Paris & un à Nancy) sont des mieux choisis, & lui coûtent, dit-on, plus de cinquante mille écus : il avoit beaucoup écrit ; mais je ne sçache pas qu'il ait rien imprimé.

BEBIN (Dom Odillon) Bénédictin de la Congrégation de S. Vanne, natif de Gye en Bourgogne, fit profession à Favernay le 3. Janvier 1635. où il mourut le 4. Octobre 1676. l'an 42. de sa profession. Il a composé en Latin l'*Histoire de l'Abbaye de Favernay en un Volume in-quarto*. Ce Religieux se rendit recommandable par la sainteté & l'austérité de sa vie, par la prudence & la sagesse qu'il fit éclater pendant plusieurs années qu'il fut Prieur à Favernay. Il fut revêtu des premieres charges de la Congrégation, & il s'acquitta avec applaudissement de celles de Visiteur & de Deffiniteur.

Après la mort du R. P. Dom Claude Hydulphe Abbé Régulier de Favernay, arrivée à S. Mihiel le 18. Mai 1662. lorsqu'il fut question de présenter au Roi d'Espagne, qui étoit alors Maître de la Franche-Comté, & à qui il appartenoit de choisir entre trois sujets qu'on lui présentoit, pour remplir les Abbayes, celui qu'il jugeoit le plus méritant, Dom Odillon Bebin fut jugé par les Supérieurs majeurs le plus digne de succéder à Dom Claude Hydulphe. Ils le proposerent au Roi, pour remplir l'Abbaye vacante; mais leurs vœux ne furent pas accomplis. Son amour pour la paix & son zéle pour le maintien de la régularité, qu'il observa jusqu'à la fin de sa vie, ont rendu sa mémoire chere à ses Confreres, & précieuse aux yeux du Seigneur.

BEDEL (Jean) Chanoine-Régulier de la Congrégation de S. Sauveur en Lorraine, a imprimé *La vie du Bienheureux Pere de Matincourt*, Réformateur de cette Congrégation, à Toul 1674. (*a*).

Item, Un Discours aux Juifs de Metz sur la conversion du S. Paul de Vallier, appellé le *Docteur Paulus*, fils aîné d'Isaac Juif Médecin de Metz; à Metz in-octavo, chez Jean Antoine 1651.

BEGON (Scipion-Jerôme) né à Brest en Basse-Bretagne, le 30. Septembre 1681. La place qu'il occupe dans cette Province en qualité d'Evêque de Toul, & plus encore le zéle & les vertus qui l'ont déja placé dans tous les cœurs du Clergé & du peuple de son Diocèse, & qui lui ont mérité tout à la fois la vénération & l'amour de l'un & de l'autre, m'autorisent à le mettre au nombre des Hommes illustres du Pays, dont je fais l'Histoire.

Son Pere (Michel Begon) étoit né à Blois, d'une famille des plus considérables du Pays. Après s'être distingué dans les principales charges de la Robe, il servit dans la Marine à Brest & au Hâvre, en qualité de Commissaire général. Il fut envoyé en 1682. Intendant général des Isles Françoises de l'Amérique. Il les parcourut pendant trois ans, & y affermit par de sages réglemens, la Religion & la Police. Ce fut par lui que s'établit l'une & l'autre à la côte de S. Domingue. Il y trouva une troupe de Forbans ou Flébustiers, qu'il engagea à vivre en bons sujets du Roi, & à recevoir des Prêtres & des Juges. En 1685. il fut fait Intendant des Galeres & Fortifications de Marseille. Il passa en 1688. à l'Intendance de la Marine de Rochefort, & à celle de la Généralité de la Rochelle, qui fut érigée en 1694. Il a conservé l'une & l'autre jusqu'à sa mort arrivée le 15. Mars 1710.

Honoré des Grands, estimé des Sçavans, aimé du Peuple pendant sa vie, il fut regretté de tous après sa mort. Il servit le Roi en serviteur désintéressé, & l'Etat en Pere du peuple. Après le zéle pour le bien public, les sciences & les belles-lettres firent son unique passion, & il leur donna tout le tems que ses emplois ne demanderent pas de lui. Pour favoriser les progrès des sciences, il protégea les Sçavans, & leur ouvrit une Bibliothèque bien choisie dont il avoit hérité, & qu'il augmenta considérablement, & un riche Cabinet de Médailles, de Monumens antiques, d'Estampes & de curiosités naturelles, qu'il avoit recueillis des quatre parties du monde. Par ce zéle, il a eû la gloire de contribuer à plusieurs Ouvrages sçavans & utiles, & particuliérement à ceux du Pere Plumier sur les Plantes des Colonies de l'Amérique, & à ceux de M. Perrault sur les Hommes illustres, dont il a donné l'éloge au Public. M. Begon engagea le premier à faire le voyage des Isles, & lui en procura les moyens; & il fournit au second des Mémoires sur la vie de plusieurs François qui ont excellé dans le dix-septiéme siécle, & dont il avoit fait graver les Portraits à ses frais. Ces nobles soins ont consacré son nom parmi les Sçavans; de même que ses qualités bienfaisantes ont rendu sa mémoire chere à tous les peuples des Provinces où il a servi le Roi.

Il eut de son Mariage avec Madeleine Druillon, Dame respectable par sa piété envers Dieu, & sa charité envers les pauvres, trois fils & cinq filles. *Voyez Morery*, Edition *de Paris* 1725.

Scipion-Jerôme, second fils, se destina

(*a*) Cette vie est citée par le R. P. Abram Jesuite mort en 1655. ainsi je crois qu'il y a une édition de cette vie avant l'an 1674. Le P. Abram insinue même qu'il l'a écrite en Latin, *stilo florido & eleganti*. Peut-être qu'au lieu de 1674. il faut lire 1654.

de bonne heure à l'état Ecclésiastique. Sa modestie, sa sagesse, sa piété, vertus qui sembloient nées avec lui, & qui ne l'ont jamais abandonné dans la suite, répondoient dès-lors de sa vocation. Il fit ses Humanités à Paris dans le Collége de Loüis-le-Grand, avec une distinction attestée par plusieurs prix, dont ses progrès furent honorés. Son application & ses succès allerent en augmentant dans son cours de Sorbonne, en même tems qu'il édifioit le Séminaire de S. Sulpice par l'innocence de ses mœurs & la régularité de sa conduite.

Il fut ordonné Prêtre, & reçut le bonnet de Docteur, au mois de Juin 1708. L'année suivante, le Chapitre de la Cathédrale de la Rochelle le choisit pour son Doyen. En 1710. il assista à l'Assemblée générale du Clergé de France, comme Deputé du second Ordre de la Province de Bordeaux. Cette Assemblée, par délibération du 12. Mai, le députa à Limoges, conjointement avec M. de Puget, Evêque de Digne, pour reconnoître l'état des impositions de ce Diocèse. La commission fut exécutée avec un succès, qui mérita aux Députés l'approbation de l'Assemblée, & procura au Clergé de Limoges, la remise d'une grande partie des sommes dont il étoit redevable. Par une autre délibération du 16. Juin 1710. ils furent chargés de retourner dans le même Diocèse, avec pouvoir d'y procéder à l'audition des comptes & à de nouveaux départemens, & d'ordonner, tant conjointement que séparément, tout ce qu'ils jugeroient à propos pour l'exécution de leur commission, & pour l'avantage temporel du Clergé de Limoges. L'exactitude des deux Députés & leurs succès, répondirent parfaitement à l'attente de l'Assemblée.

En 1713. M. Begon fut nommé par le Roi Loüis XIV. Abbé de S. Germer de Flay, Ordre de S. Benoît, au Diocèse de Beauvais. M. de Beauvillier de S. Aignan, alors Evêque de Beauvais, qui avoit obtenu du Roi pour M. Begon, l'Abbaye de S. Germer dont il s'étoit démis, le fit son Vicaire Général. Pour se mettre à portée de remplir cet emploi, il se démit du Doyenné de la Rochelle, & il fut élû en 1716. Doyen de la Cathédrale de Beauvais, par le Chapitre de la même Eglise.

Il fut envoyé en 1720. de la part du Roi Loüis XV. dans les Provinces de Bordeaux & d'Auch, pour y communiquer aux Evêques de ces Provinces, le projet d'instruction sur la Bulle *Unigenitus*, & d'acceptation de cette Bulle, qui a été depuis publiée par M. le Cardinal de Noailles : & cet ouvrage fut approuvé & souscrit par tous les Prélats avec lesquels il eut ordre de conferer.

Le Roi le nomma l'onze Janvier 1721. à l'Evêché de Toul, en même tems que M. Blouet de Camilly fut nommé à l'Archevêché de Tours. Celui-ci continua cependant à gouverner l'Eglise de Toul, jusqu'à ce qu'il eut obtenu ses Bulles en 1723.

M. Begon reçut alors celles de l'Evêché de Toul, & fut sacré à Paris dans l'Eglise des Minimes, le 25. Avril de la même année, par M. de la Tour d'Auvergne, Archevêque de Vienne, assisté de M. de Beauvillier de S. Aignan, Evêque de Beauvais, & de M. Trudaine, Evêque de Senlis, en présence de ses deux prédécesseurs immédiats, M. de Bissy, Cardinal-Evêque de Meaux, & M. de Camilly, Archevêque de Tours, de M. Massey, Nonce du Pape, de plusieurs autres Evêques & d'Abbés du Diocèse de Toul, & d'ailleurs.

Il prit possession personnelle, & fut reçu dans la Ville Episcopale & dans sa Cathédrale, avec les cérémonies ordinaires, le 31. Août de la même année 1723. Il sentit d'abord tout le poids de son ministere. Bien persuadé qu'un Evêché aussi vaste que celui de Toul, demande la présence assiduë & la vigilance continuelle de son Pasteur, il résolut de ne perdre jamais son troupeau de vuë. Son Diocèse devint dès-lors l'objet de tous ses soins, & le terme de tous ses voyages. Il en commença la visite dès les premieres années de son Episcopat, & il la continua exactement avec un courage au-dessus de ses forces. Les injures de l'air, les incommodités des saisons, la délicatesse de son temperament, la foiblesse de sa santé, qui fut souvent altérée par la fatigue de ses fonctions & de ses voyages, la difficulté des chemins ne furent pas des obstacles à son zéle. Il parcourut plusieurs fois son Diocèse, le plus étendu de toute la France ; &, malgré le difficile accès de certains endroits des Vôges, il pénétra jusques dans les Paroisses où jamais avant lui, on n'avoit vû aucun Evêque.

C'est dans ces visites qu'il acquit une connoissance parfaite de son Diocèse. Il voulut tout voir de ses propres yeux, tout connoître par lui-même ; le caractere, les mœurs & la capacité de ses Prêtres, l'état des Paroisses, des Ecoles, des Fabriques & des Eglises. Ses visites se firent avec un ordre, que la grandeur du travail ne troubla point, & avec un travail dont la fatigue ne le rebutta point. On le vit donner les jours entiers à conférer le Sacrement de Confirmation à une multitude presque innombrable de personnes, & (ce qui paroît d'un détail infini & presque impossible) faire interroger chaque enfant sur la doctrine chrétienne, commencer & terminer chaque fois les cérémonies, par des instructions & des exhortations touchantes ; ensuite conférer avec chacun des Curés en particulier sur l'état de leurs Paroisses ; visiter les malades ; pourvoir, par de pieux établissemens, à l'éducation de la jeunesse ; consacrer un nombre prodigieux d'Eglises, qui ont été réparées de son tems & par ses soins; donner des ordonnances & des moyens pour le rétablissement ou la décoration de celles qu'il trouvoit ruineuses & indécentes ; répandre dans les Villes & dans les Campagnes des aumônes abondantes ; laisser par-tout la bonne odeur de ses vertus, & remporter avec lui les éloges, les bénédictions & l'amour des peuples édifiés de sa piété, touchés de son zéle, charmés de sa douceur, & pour la plûpart, nourris de ses largesses.

De retour de ses courses apostoliques, & rendu à sa Ville Episcopale, il ne mit pas moins à profit sa résidence continuelle, cet objet des vœux les plus ardens de l'Eglise ; toujours occupé & toujours au-dessus de ses occupations, toujours retiré, & cependant toujours accessible ; donnant à ses devoirs tout le tems qu'il put refuser à la bienséance ; ne se délassant d'un travail que par un autre ; faisant mouvoir de son Cabinet les ressorts infinis, qui pourvoient aux besoins de son Diocèse ; consulté de toutes parts, & répondant à toutes les Lettres de sa propre main ; portant des décisions qui parurent toujours dictées par la sagesse ; soutenant à chaque Quatre-tems de l'année les fatigues des plus nombreuses Ordinations ; n'imposant les mains qu'avec circonspection ; présidant aux examens des Clercs appellés aux Ordres sacrés ; veillant attentivement au bon ordre de son Séminaire, l'un des plus grands & des plus nombreux de la France ; procurant aux Séminaristes pauvres des secours proportionnés à leurs besoins ; dispensant les Pensions gratuites avec équité ; pourvoyant par des établissemens d'Ecoles & de Communauté de jeunes Clercs dans sa Ville Episcopale, à l'instruction des enfans & au progrès des études ; en tout tems appliqué à procurer du soulagement aux pauvres, par les soins & les libéralités d'une charité qui fit toujours son vrai caractère, & qu'on trouva toujours tendre & inépuisable ; marquant chacun des jours de sa vie par les fonctions de son ministère & par la pratique des bonnes œuvres, il a mérité d'être regardé & donné par-tout, comme le modéle des vrais Evêques.

Autant ennemi de la nouveauté en matiere de Foi, qu'attaché à la saine doctrine, il eut une attention particuliere à conserver la paix & la soumission aux décisions de l'Eglise, qu'il avoit trouvées dans son Diocèse, & qui étoient le fruit de la vigilance & de la sagesse des Evêques ses prédécesseurs. Averti que le Pere Dom Anselme de Bavay, Abbé Régulier de Beaupré de l'étroite observance de Cîteaux, témoignoit de la répugnance à recevoir purement & simplement la Constitution *Unigenitus*, & que les mêmes sentimens avoient passé à plusieurs de ses Religieux, il se transporta à Beaupré au mois d'Octobre 1727. Il les pressa à se soumettre ; il leur parla avec cet esprit facile & insinuant, avec ce cœur droit & bienfaisant qu'on lui connoît ; & n'ayant pu les persuader par la voie de la douceur, il les interdit des fonctions de leur Ordre & de leurs Offices : mais au mois de Novembre suivant, il eut la consolation de voir ces bons Religieux dociles à ses exhortations, revenir de bonne foi à l'obéissance dont ils s'étoient écartés, recevoir simplement la Bulle, & édifier dans la suite les fidéles par leur soumission aux décisions de l'Eglise, comme ils les avoient édifiés jusqu'alors par la pratique de la plus exacte observance de Cîteaux.

Quelques Religieux de la Congrégation de S. Vanne la Province de Champagne, ayant prétendu qu'on ne pouvoit recevoir la Bulle *Unigenitus*, sans une explication du sens dans lequel on condamnoit les Propositions, M. Begon fut nommé par le Roi, Commissaire pour assister aux Chapitres Généraux tenus en 1730. & 1731. à l'Abbaye de S. Mansuy, Fauxbourg de Toul. Il y donna des preuves d'une prudence consommée. Ses lumieres, son talent à concilier les esprits, sa conduite mélée de douceur & de fermeté, & toujours réglée par la discrétion, ramenerent les esprits à l'uniformité de sentimens ; & la paix dont joüit aujourd'hui la Congrégation de S. Vanne, est un fruit de la sagesse de ce Prélat, qui dans toutes les Assemblées où il s'est trouvé à l'occasion de ces troubles, a toujours été attentif à ménager l'honneur, la tranquillité & les véritables intérêts de la Congrégation ; sentimens qu'il a constamment conservés jusqu'ici, & qu'on a lieu d'espérer qu'il conservera jusqu'à la fin.

Le nouveau Breviaire de Toul, imprimé en 1748. par les ordres & les soins de M. Begon, sera compté parmi les plus glorieux monumens,

monumens, & les plus précieux fruits de son Episcopat. Il chargea M. de Clevy Prêtre du Diocése de Toul, Chanoine & Chantre en dignité de l'Eglise Cathédrale, & l'un de ses Vicaires Généraux, de le composer. Celui-ci, après un travail assidu de plusieurs années, l'a mis en état d'être donné au Public. Le Prélat qui, en procurant ce secours à son Diocése, ne cherche qu'à l'édifier, a eû également soin & d'écarter du nouveau Breviaire tout ce qui pourroit être matiere à contestation, & d'y recueillir tout ce qui peut servir à l'instruction & à l'édification de ceux qui en doivent faire usage. On imprime actuellement le nouveau Missel composé par le même Auteur, & dans le même goût que le Breviaire, & bien-tôt cette impression sera suivie de celle des autres Livres d'Eglise à l'usage du Diocése, qui doivent completter tout l'Ouvrage, & remplir les desseins & les vœux d'un Prélat toujours empressé à fournir à son Clergé tout ce qui peut nourir sa piété, & à son Eglise, ce qui peut augmenter la décence & la majesté de l'Office divin.

C'est par une suite du même zéle qu'il fait composer une Vie des Saints, qui comprendra particuliérement les Saints du Diocése. Dom Ambroise Colin Religieux de Senones y travaille assidûment, & son ouvrage est fort avancé.

Tant de saintes occupations n'ont pas empêché M. Begon de donner aux intérêts de son Evêché, l'attention & les soins nécessaires. On dattera de son Episcopat plusieurs avantages considérables, dont ses successeurs lui seront redevables.

Le Palais Episcopal de Toul étoit depuis longues années, si manifestement ruineux & si indécent, que les Evêques ses prédécesseurs, en conséquence des informations faites selon l'usage du Royaume par le Nonce du Pape, sur l'état de la Maison Episcopale, n'avoient reçu leurs Bulles qu'à charge d'en procurer le rétablissement. Ce qu'ils n'ont pas osé entreprendre, M. Begon l'a courageusement exécuté. Assez généreux pour prendre volontairement sur lui-même les embaras d'une grande entreprise, dont ses Bulles ne lui imposoient aucune obligation, il a bâti un Palais convenable à la dignité d'un Evêque. L'exécution en a été conduite par Nicolas Pierson frere-convers de l'Ordre de Prémontré. Le bon goût & la solidité du nouvel Edifice, assuré déja par le jugement des connoisseurs, reçoit un nouveau relief par l'indécence de l'ancienne Maison Episcopale qui subsiste encore, & dont la caducité annonce le besoin qu'il y avoit d'en bâtir une autre.

Du nombre de ces avantages est encore l'union de l'Abbaye d'Etival, Ordre de Prémontré, à l'Evêché de Toul. Le Roi de Pologne Duc de Lorraine & de Bar, en donna le Brevet le 19. Novembre 1740. par estime particuliére pour le mérite personnel de M. Begon, & par considération de l'insuffisance des revenus de l'Evêché de Toul, eû égard à ses charges, & aux dépenses nécessaires pour exercer, avec dignité, dans une Ville de grand passage, les devoirs de l'hospitalité. Les Bulles de l'union furent expédiées par Benoît XIV. le 5. Juin 1747. & enrégitrées au Greffe de la Cour Souveraine de Nancy, par Arrêt du 4. Septembre 1749.

Sous l'Episcopat de M. Begon, on a vû dans la Lorraine une suite de grands évenemens, dans lesquels il a rempli les fonctions de son ministere, avec cette dignité modeste & cette piété édifiante, qui semblent donner de l'âme, du sentiment au culte extérieur de notre Religion. Il fit à Nancy en 1729. la cérémonie des obséques du feu Duc Leopold, & il y prononça un discours qui fut universellement applaudi. Ce discours, vrai modéle de l'éloquence chrétienne, fut imprimé par les soins du Maître des Cérémonies de la Cour de Lorraine, & l'impression a justifié l'idée de ceux qui avoient pensé d'abord, en l'entendant prononcer, que le grand Prince défunt ne pouvoit être loué plus dignement. Il fit la cérémonie des obséques de feuë Madame Royale Duchesse de Lorraine, à Commercy en 1745. la cérémonie de la Béatification du B. Pierre Fourier, & l'exhumation de ses Reliques à Mattaincourt, au mois de Septembre 1732. celle du Te Deum chanté à Nancy pour l'avénement du Roi de Pologne, au mois de Mars 1737. celle de la réception de ce Prince à la Cathédrale de Toul, au mois d'Avril 1737. celle du mariage du Roi de Sardaigne, représenté par M. le Prince de Carignan, avec la Princesse de Lorraine, au mois de Mars 1737. & dans ces différentes cérémonies, il a prononcé des discours avec la même éloquence vraiement chrétienne, qui se retrouve dans toutes les Instructions Pastorales, & les Mandemens qu'il a donnés en grand nombre sur diverses matieres.

Les monumens de sa charité, les travaux de son zéle, tant d'Eglises rebâties de son tems & consacrées par ses mains, tant de pieux établissemens faits à ses frais, ou procurés par ses soins; la discipline maintenuë dans son Clergé, le goût des études, ranimé

L

dans son Diocèse, & mille autres belles actions, rendront son Epiſcopat mémorable à jamais dans l'Histoire de ce Pays.

BEGUE (François le) Doyen de S. Diey, a écrit des Mémoires sur la vie du Duc Charles V. qui sont demeurés Manuscrits. François le Begue suivit le Duc Charles V. en Allemagne, & a recueilli & conservé avec beaucoup de soin tout ce se disoit & s'écrivoit dans les Nouvelles publiques, & dans les Lettres particulieres adressées à Son Altesse, touchant les affaires de Guerre & de Politique. Il en a composé plusieurs Volumes Manuscrits, qui nous ont été communiqués, & dont nous avons fait usage dans notre Histoire de Lorraine. M. le Begue de Chanterene son frere en étoit alors dépositaire; ils sont à présent dans sa famille. M. le Begue étoit aussi Grand-Doyen de la Primatiale de Nancy. Il revint en Lorraine avec le Duc Leopold I. & eut beaucoup de part au Gouvernement de la Lorraine, jusqu'à sa mort arrivée en 1699.

BEGUIN Prêtre, a composé l'Oraison Funébre du Prince Charles de Lorraine Electeur de Tréves, & du Prince François-Antoine de Lorraine, Abbé de Stavelo son frere, prononcée à Longuion, & imprimée à Nancy en 1716. in-quarto.

BEL (Augustin le) Prémontré de la Congrégation réformée de Lorraine, a fait profession dans cette Congrégation en 1631. Il s'appelloit dans le monde Pierre le Bel; il fut pendant quelque tems Prieur de l'Abbaye de Mirvaux ou Murau au Diocèse de Toul, ensuite Curé de Hassigny dans le Diocèse de Laon. Il a composé en Latin une espéce de *Bibliothéque des Prédicateurs*, où il traite les matieres de Théologie & de Morale, par ordre alphabétique. Cet Ouvrage se conserve en Manuscrit dans les Abbayes de Bucilly & de Pont-à-Mousson. Le Pere Augustin le Bel mourut à Bucilly le 26. Août 1662.

BELHOMME (Dom Humbert) Abbé de Moyenmoutier, né à Bar-le Duc le 23. Décembre 1653. Profés de l'Abbaye de S. Mihiel le 19. Novembre 1671. mort dans son Abbaye le 12. Décembre 1727. après avoir rempli les premiers emplois de sa Congrégation avec beaucoup de dignité & de sagesse. Il a fait imprimer à Strasbourg en 1724. l'Histoire de son Abbaye sous ce titre: *Historia Mediani Monasterii in Vosago, &c.* un Volume in-quarto.

Il est aussi Auteur d'un fort bon Ecrit, imprimé à Rome sous ce titre: *Animadversiones in binas sacræ Rotæ Decisiones coram R. D. Molinets Decano, die 26. Junii 1695. emanatas, contra vener. Monasteria S. Michäelis de sancto Michaële Virdun. & sancti Petri de Senonnes, nullius, seu Tullensis Diœcesis, necnon R. R. P. P. Gabriëlem Maillet & Petrum Alliot eorumdem Monasteriorum respectivè electos Abbates, sub nomine Domini Decani in Suprema Lotharingia Senatu Causidici*, an 1700.

L'Histoire de l'Abbaye de Moyenmoutier renferme, 1°. le Texte des trois Exemplaires de la vie de S. Hydulphe, Fondateur de ce Monastere, dans les derniers desquels on a interposé & ajouté quelque chose; le tout est accompagné de Préface & de Nottes littérales.

2°. Le Livre intitulé, *De Successoribus S. Hydulphi in Vosago*, conduit jusqu'au commencement de l'onzième siécle, avec des Nottes.

3°. L'Histoire de Moyenmoutier compilée par le R. P. Jean de Bayon Dominicain, continuée depuis l'an 1010. jusqu'en 1220. où il finit: cet Ouvrage est donné par extrait, & par choix de ce qu'il y a de meilleur & de plus intéressant dans Jean de Bayon.

4°. L'Histoire des Abbés de Moyenmoutier, depuis ce tems jusqu'aujourd'hui, tirée des Chartres & autres Monuments de l'Abbaye.

Je crois Dom Humbert Belhomme Auteur d'un fort bon Factum, composé pour prouver que les Bénédictins réformés de la Congregation de S. Vanne ne sont pas inhabiles à posséder en titre des Bénéfices perpétuels, à cause du serment qu'ils font à leur profession de n'en point briguer, de n'en point posséder, & de n'en point disposer, sans la permission des Supérieurs Généraux de la Congrégation. Il prouve le contraire par les Décisions des Chapitres Généraux de la Congrégation, par des Décisions des Docteurs de Sorbonne, par un usage constant & général de la Congrégation depuis son érection: il en fait une induction, en parcourant tous les Monasteres des trois Provinces, où l'on a toujours vû des Religieux réformés Bénéficiers. Voyez l'Histoire Manuscrite de la Réforme, tom. 3. pag. 400. &c.

Il est aussi Auteur d'un autre Ecrit intitulé, *Remarques sur les Bulles de Commande de l'Abbaye de S. Mihiel, obtenuës par l'Abbé de Lenoncourt.* Cet Ecrit a servi d'instruction aux Avocats, qui plaideront pour soutenir le bon droit de Dom Gabriel Maillet, contre l'Abbé de Lenoncourt en 1719.

Item, la Réponse à quelques objections faites au Pere Prieur de l'Abbaye de Saint-Mihiel, pendant le rapport de l'affaire concernant cette Abbaye, Manuscrit (*b*). Enfin, comme il étoit consulté & employé dans la plûpart des grandes affaires de la Congrégation, il a composé plusieurs Lettres & Factums, dont les uns sont imprimés, & les autres sont demeurés Manuscrits dans les Archives des Monasteres.

Dom Belhomme étoit de bon goût pour les Bâtimens ; il a fait construire son Abbaye, l'Abbatiale, la basse-Cour presque tout à neuf. Il a, de plus, travaillé dans les dépendances de son Monastere ; il a eû beaucoup de part à la construction de l'Eglise de l'Abbaye de S. Leopold de Nancy. C'est lui qui a formé la belle & nombreuse Bibliothéque qui se voit à Moyenmoutier ; à quoi il a employé des fonds ramassés par son prédécesseur Dom Hyacinthe Alliot, auxquels il a considérablement ajoûté de son épargne, n'ayant pas cessé jusqu'à sa mort d'y mettre de nouveaux Livres.

Il fut fait Coadjuteur de Moyenmoutier, étant Abbé de S. Leopold de Nancy en 1702. & entra en possession de son Abbaye après la mort de Dom Hyacinthe Alliot Abbé dudit lieu, arrivée le 22. Avril 1703. Je le crois Auteur d'une Lettre en réponse de celle que Dom Joachim de la Roche écrivit le 26. Octobre 1719. dans laquelle il dit qu'un Seigneur de la Cour de Lorraine lui a témoigné que les Peres Bénédictins réformés étoient incapables de posseder des Bénéfices à vie. La Réponse est très solide, & examine la question à fond : elle est dattée du 25. Novembre 1719. elles sont toutes deux imprimées. Il a aussi composé un Factum, pour prouver que les Vicariats perpétuels ne sont pas sujets au Concours, à l'occasion de la Cure de Moriville ; & qui fut suivi d'un Arrêt conforme à ce principe en 1701. Voyez Dom Pierre Munier, tom. 6. p. 859. Histoire de la Réforme ; voyez aussi l'Article de Dom Belhomme dans le Supplément de Morery, à Paris, &c. Voici son Epitaphe, telle qu'on la lit sur sa Tombe :

„ Hîc jacet reverendus admodum in Christo Pater D. D. Hubertus Belhomme Barroducæus, hujus Monasterii tertius ab reformatione Abbas optimus ac beneficentissimus. Vir loco humili natus, non nisi grandia sapere, & agere didicit. Sinceræ imprimis fuit pietatis, acris ingenii, limati & exquisiti in omnibus judicii, in rebus gerendis, & tractandis animis miræ dexteritatis. Ut cæteris disciplinis probè instructus, sic & maximè sacrorum Canonum scientiâ ; quam verbo doc... formationis legem hanc moribus expressit, firmavit exemplo. Hinc septies in Congregatione subire coactus imperium. Pauperes fovit velut viva Christi membra ; viduæ & afflicto nunquam defuit, subditos eâ complexus est charitate, ut non timerent Dominum, sed venerarentur, amarentque Patrem ; huic Templo, squallido olim & obscuro splendorem addidit, prætiosamque suppellectilem, Monasterium sic venustè, ita commodè de novo ædificavit ; & promovendæ fratrum doctrinæ simul ac pietati amplam, eamque selectam instruxit Bibliothecam, post transactos in regimine viginti duos & ampliùs annos, diem obiit supremum, magnum sui desiderium omnibus relinquens, anno 1727. pridiè Idus Decembris, ætatis 74. Requiescat in pace.

BELIN (Dom Albert, ou Jean-Albert) natif de Besançon, fit profession à l'Abbaye de Faverney le 29. Décembre 1629. Après qu'il eut fait profession, & achevé ses études, il fut envoyé en France, où il demeura dans l'Abbaye de Cluny, & ensuite dans les Monasteres de la Charité sur Loire, de Saint-Étienne de Nevers, à Paris, & en d'autres lieux : ce qui lui fournit l'occasion de cultiver son esprit, & de se former dans la Prédication. Il étoit d'une humeur douce & affable, d'une conversation aisée. Il a fait paroître la subtilité de son esprit dans les Ouvrages qu'il a composés, & dans les Conférences publiques qu'il a tenuës à Paris, prouvant par raisonnement tous les Articles de notre Foi.

Après avoir été pendant quelque tems Prieur du Collége de Cluny à Paris, & Abbé de Notre-Dame de la Chapelle dans l'Evêché de Térouanne, il céda ces deux Bénéfices à du Laurent Grand Prieur de Cluny. L'Evêché de Bellay, sous la Métropole de Besançon, étant venu à vacquer en 1666. il en fut pourvû, & obtint son Brevet du Roi par la faveur de M. Colbert Ministre d'Etat, à fils duquel Dom Albert Belin avoit procuré auprès de tous les Religieux l'élection pour le Prieuré de la Charité. Sa Provision ayant été présentée au Conseil de Conscience du Roi, fut rejettée ; le Roi voulut voir D. Belin, & demeura si satisfait de lui, qu'il dit tout haut, que ce Religieux seul avoit plus d'esprit, & tous ceux qui lui étoient opposés, & déclara qu'il vouloit absolument qu'il fût Evêque de Bellay. Ses Lettres Patentes furent enrégistrées ; il obtint ses Bulles, & prit possession en 1666. ou 1667.

(*b*) Dans la Bibliothéque des Peres Prémontrés de Nancy, in-fol. n. 1. p. 189.

L ij

Il s'est attaché dans les Livres qu'il a composés, à prouver par le raisonnement les Mystères de notre Foi. Voici le Catalogue des Ouvrages qu'il nous a laissés :
1. Pierre Philosophale.
2. Talismans justifiés.
3. Poudre de sympathie mystérieuse.
4. Poudre de projection démontrée.
5. Le Voyage inconnu, ou les Avantures d'un Philosophe inconnu : tous ces Ouvrages ont été imprimés à Paris en 1653. chez Bilaine.
6. Principes de la Foi démontrés par la raison, au-dessus de laquelle ils sont, mais n'y sont pas opposés, imprimés au Louvre in-quarto en 1658. C'est un Ouvrage de Controverse contre les Huguenots ; il a été réimprimé en 1667.
7. Octave du très saint Sacrement, intitulée, *Emblémes Eucharistiques*, in-12. imprimée en 1647. réimprimée à Paris en 1660. chez Bilaine.
8. Les solides pensées de l'ame, pour la porter à son devoir, imprimées en 16.... réimprimées à Paris en 1668. in-12.

Il mourut à Bellay en 1677. Tout ce détail est tiré de la Bibliothéque Séquanoise de M. Lampinet, citée par Dom Constance Guillot, dans son Histoire manuscrite de S. Vincent de Besançon.

BELLANGE, Peintre du dix-septiéme siécle, étoit Lorrain & natif de Nancy. Il apprit les commencemens du dessein avec Jacques Callot, de Ruët & Israël, auprès de Claude Israël Peintre de Chaalons en Champagne, & qui avoit été attiré en 1596. en Lorraine par le Grand Duc Charles III.

Bellange sortit de Nancy, & alla à Paris, où il s'exerça sous Simon Voüet, qui l'employa à travailler sous ses desseins aux Paysages, aux Animaux, & aux Ornemens des Patrons de Tapisseries de toutes sortes de façons, dont Simon Voüet étoit chargé.

Bellange revint à Nancy, où il mourut. On voit dans l'Eglise des Minimes de la même Ville, vis-à-vis la Porte du Cloître, un Christ de sa façon ; dans celle des Peres de l'Oratoire, qui est la Paroisse de Notre-Dame, une Conception de la Vierge.

Le Grand Duc Charles employa long-tems Bellange, qui peignit une grande Sale de la Cour, & qui a été démolie en 1718.

Bellange peignit encore les douze Empereurs Romains pour le même Duc ; ils sont à présent dans le Château de M. le Marquis de Granville à Marainville. Il avoit un feu inimitable dans ses Ouvrages ; ce qui reste encore de lui, en fait voir la beauté.

BENARD (D. Laurent) étoit né à Nevers en 1637. Il fit profession de la Régle de S. Benoît au Prieuré de S. Etienne dans la même Ville, & dépendant de l'Ordre de Cluny.

Il prit le dégré de Docteur en Sorbonne, & en soutint le titre par sa grande érudition sacrée & profane. Celui qui lui donna le Bonnet de Docteur, fit son éloge, en lui disant, qu'encore qu'il fût le dernier par le rang, il étoit le premier de ses éleves en mérite.

Ses Supérieurs lui confierent le gouvernement du Collége de Cluny à Paris, où il n'y avoit plus aucune trace de la primitive Observance de la Régle de S. Benoît. Il s'employa avec toute l'ardeur de son zéle à y rétablir le bon ordre & la discipline ; mais il y rencontra tant d'obstacles, que désespérant d'y réussir, il résolut d'entrer dans la Société de Jesus, qui étoit alors dans sa plus grande ferveur. Il en écrivit au R. P. Général Aquaviva, qui lui répondit, qu'il ne pouvoit lui accorder cette grace, pour les raisons qu'il lui allégua.

Dom Benard tourna donc toutes ses pensées à mettre le bon ordre dans le Collége de Cluny ; & Dieu benissant ses pieuses intentions, lui envoya bon nombre de sujets, qui consentirent volontiers à vivre, avec lui & sous lui, dans une espéce de Réforme & dans l'observance des trois Vœux. C'étoit beaucoup dans ces circonstances.

Il forma ensuite de plus grands desseins, & résolut de travailler à la Réforme de tout l'Ordre de Cluny en France ; & la chose eut un succès plus heureux qu'il n'auroit osé espérer. Plusieurs Religieux anciens de Cluny attirés par la bonne odeur de la Réforme de S. Vanne, vinrent à Verdun ; entre autres, Dom Anselme Rolet, autrefois disciple de Dom Laurent Benard. Il fit sa profession à S. Vanne, où il la renouvella au commencement de l'année 1612. & ensuite écrivit plusieurs Lettres à son ancien Maître, lui faisant une peinture si touchante de la douceur & de la paix dont il jouissoit dans son nouvel état, que Dom Benard se détermina à venir en Lorraine. Il s'arrêta dans l'Abbaye de S. Mihiel ; mais il ne crut pas que ses Confreres pussent se résoudre à embrasser une vie si austere ; il forma un projet de mitigation à la portée des anciens Religieux.

Lorsqu'il s'y attendoit le moins, quatre Religieux de Cluny, après avoir fait leur cours d'étude dans le Collége de leur Ordre à Paris, se rendirent d'eux-mêmes à S. Vanne, pour y embrasser la réforme. Leur exemple toucha Dom Benard ; il pria les Supérieurs de la nouvelle Congrégation de S.

Vanne de lui envoyer quelqu'uns de leurs Religieux, pour introduire la Réforme au Collége de Cluny; on lui accorda en 1613. ce qu'il demandoit. Il vint lui-même à Verdun en 1615. & y renouvella sa profession, dans laquelle il se dévoüa à la Congrégation de S. Vanne, par un Acte autentique daté du cinq Mai 1615. s'engageant d'en prendre l'habit, d'y faire son Noviciat & sa Profession, quand il plairoit au Chapitre Général.

Mais les Supérieurs Généraux de la Congrégation jugerent plus à propos de le renvoyer à son Collége de Cluny à Paris, accompagné de deux Religieux réformés de Lorraine, lesquels, avec six autres tirés de l'Abbaye de S. Augustin de Limoges, devoient introduire la Réforme au Monastere de Noaillé, comme ils firent en effet.

En 1616. Dom Laurent Benard assista au Chapitre Général de la Congrégation de S. Vanne, tenu à l'Abbaye de S. Mansuy-lès Toul, au mois de Mai de cette année, où l'on traita de la Réformation de plusieurs Monasteres de France. La Congrégation de S. Vanne y possédoit déja les Monasteres de S. Augustin de Limoges, de S. Faron de Meaux, de S. Jurieu de Noaillé, & de S. Pierre de Limoges. Dom Laurent Benard étoit chargé par le Cardinal de Retz d'introduire la Réforme dans le Monastere des Blancs-Manteaux à Paris. La difficulté étoit de trouver des Religieux réformés en assez grand nombre, pour en envoyer dans tous les lieux qui demandoient la Réforme.

Le Chapitre Général de l'an 1618. jugea à propos, pour ne pas trop exténuer & affoiblir la nouvelle Congrégation de S. Vanne, d'en former une nouvelle, composée des Monasteres de France qui voudroient embrasser la Réforme. On abandonna, pour cela, à cette nouvelle Congrégation, qui prit S. Maur pour son Patron, les Monasteres que les Peres de S. Vanne possédoient déja en France, avec les sujets qui en composoient les Communautés, comme pour servir de fondement à la Réforme projettée.

Dom Laurent Benard, qui avoit assisté au Chapitre Général, tenu à S. Mansuy cette année 1618. revint à Paris, pour travailler à cette bonne œuvre, accompagné de Dom Anselme Rolet, de Dom Colomban Regnier, de Dom Adrien l'Anglois, & de Dom Maur Tassin, de Dom Martin Tainiere, & de Dom Athanase du Mongin, tous Religieux de la Congrégation de S. Vanne, & d'un mérite distingué. Ils obtinrent au mois d'Août de la même année 1618. des Lettres Patentes du Roi Loüis XIII. pour l'érection de la nouvelle Congrégation de S. Maur. Le zéle de Dom Laurent Benard fut secondé par les Cardinaux de Retz & de Sourdis, & par les Présidens Nicolai & Hennequin, & par le Procureur Général Molé, qui fut depuis Premier Président & Garde des Sceaux.

L'introduction de la Réforme aux Blancs-Manteaux de Paris, qui se fit par l'autorité du Cardinal de Retz le cinq de Septembre 1618. fut le premier fruit des soins, que s'étoit donnés D. Laurent Benard; il fut nommé Procureur Général de cette nouvelle Congrégation, il eut la consolation de la voir répandre avec beaucoup de succès dans plusieurs Monasteres du Royaume.

Il mourut bien-tôt après, c'est-à-dire, le 21. Avril 1620. Il renouvella ses vœux, & fit sa profession suivant la nouvelle Réforme, le jour même de sa mort.

Les principaux de ses Ouvrages, sont un Volume in-octavo imprimé à Paris en 1616. intitulé, *De l'Esprit des Ordres Religieux, & spécialement de l'Esprit de l'Ordre de S. Benît, avec l'Apologie de sa Regle, & la traduction des Dialogues de S. Gregoire le Grand.*

Des Parénéses, ou Exhortations sur la Régle de S. Benoît, au nombre de 28. en trois Volumes in-octavo, à Paris, chez Renaud Chaudiere 1616. 1618. 1619. Le premier est dédié au Prince Loüis de Lorraine, Cardinal de Guise, Archevêque de Reims & Abbé de Cluny. Le P. Benard répand beaucoup d'érudition greque & latine dans ses Parénéses ou Exhortations, & y témoigne un grand zéle pour le bon ordre & la réformation des mœurs de ses Confreres, suivant la Régle de S. Benoît.

Item, en 1619. un Ouvrage intitulé, *La Police réguliere tirée de la Régle de S. Benoît*, dédiée au Cardinal de Retz Archevêque de Paris, à qui le Roi avoit recommandé de travailler à la Réforme de la Congrégation de S. Maur en France.

Dom Athanase de Mongin Confrere de Dom Benard, & qui l'avoit assisté à la mort, & lui avoit administré les derniers Sacremens, composa à son honneur un petit Ouvrage intitulé, *Ultima suspiria R. P. D. Laurentii Benard, per D. Athanasium de Mongin suscepta & posteritati consignata.*

On trouve dans les Parénéses de D. Laurent Benard une Remontrance au Roi Henry IV. pour la Réforme de l'Ordre de S. Benoît par F. d'Isaïe Jeannin Procureur Général de l'Ordre établi en France.

En 1618. D. Benard publia l'*Eloge Benédictin.* La même année il fit imprimer le

Mémorial de la vie Religieuse, qui est le troisiéme Tome de la Parénése. Il y a vingt-cinq Parénéses sur les trois Vœux de Religion, sur la réception des Novices, & sur les principaux devoirs de la vie monastique. Ce Volume est dédié à Henriette Catherine de Joyeuse, Duchesse de Guise; on trouve au commencement une Préface Apologétique aux vrais Benédictins & Benédictines de France: ce Mémorial est très ample, il contient plus de 1200. pages.

BENOIT (Le Pere) Capucin, voyez *Picart*.

BERAIN (Jean) fameux Dessinateur, né à S. Mihiel en Lorraine, & mort à Paris dans les Galleries du Louvre, où le Roi Loüis XIV. lui avoit donné un Appartement. Il mourut âgé d'environ 77. ans, ayant la qualité de Dessinateur ordinaire de la Chambre & du Cabinet du Roi, & pour les menus-plaisirs de Sa Majesté. Nous avons de lui un Volume imprimé sans date, ni lieu d'impression, in-fol. & qui contient en gravure les principaux desseins de sa façon.

Il a laissé un fils nommé aussi *Jean Berain*, qui a possedé les mêmes qualités, & qui travailloit dans le même goût ; il avoit commencé quelques ouvrages qui n'ont pas paru : il est mort en . . . . .

Les Représentations des Pompes Funébres faites à S. Denys pour le Dauphin & pour Louis XIV. furent de son invention.

Le même Berain fournissoit les desseins aux Sculpteurs, qui devoient travailler à l'ornement & embélissement des vaisseaux de guerre neufs, que le Roi faisoit construire dans ses Ports, afin que les Sculpteurs les retirassent & les plaçassent à la Poupe & à la Proüe, suivant les desseins de Berain ; il a donné aussi les desseins des Habits des Carousels.

BERAIN (Pierre-Martin) fils du premier, a composé un Ouvrage sur les trois Dagobert, imprimé à Strasbourg 1717. in-oct. chez Loüis-François Roufchon, il est actuellement (1742.) Prévôt du Chapitre de Hazelach en Alsace. Voici le titre de son Ouvrage, *Mémoire Historique sur le régne des trois Dagobert, au sujet des Fondations de plusieurs Eglises d'Alsace faites par le saint Roi Dagobert II. & faussement attribuées à Dagobert I. & particulierement de la Fondation de la Collégiale d'Hazelach, avec un abrégé de la vie de S. Florent son Patron, Evêque de Strasbourg, & une dissertation critique sur sa Chartre*.

BERENGOSE, Abbé de S. Maximin de Tréves. On a imprimé dans la Bibliothéque des Peres de Mongarin de la Bigue à Paris 1644. tom. 2. p. 520. trois Livres de l'invention de la Croix & de ses louanges, composés par l'Abbé Berengose.

Un Livre intitulé, *De mysterio Ligni Dominici & de luce visibili & invisibili, per quam antiqui Patres meruerunt illustrari*.

Deux Sermons des Martyrs; deux autres Sermons sur des Passages du Lévitique ; un autre pour un Confesseur Pontife ; sur le respect des saintes Reliques & la Dédicace de l'Eglise. Casimir (*c*) Oudin le croit Auteur d'un Commentaire sur l'Apocalypse, publié sous le nom de Berengaude. Ce Commentaire se trouve imprimé sans nom d'Auteur, à la fin des Oeuvres de S. Ambroise. Dans la plûpart des Manuscrits il paroît aussi sans nom d'Auteur, mais dans d'autres Manuscrits il porte le nom de *Berengaude*, de *Berengalde*, de *Berengevide*, ou de *Berengerius*; les Manuscrits où il se trouve, ne passent pas l'âge de *Berengose* Abbé de S. Maximin, qui vivoit en 1107. 1118. 1120. 1125.

BERMAND Gentilhomme Lorrain a excellé dans les Peintures des Paysages, & a aproché du goût de Claude Gelée, dont il étoit éleve ; il avoit aussi appris la Figure de son ami Jean le Clerc.

Mémoires fournis par M. Chartes, Héraut d'Armes de Lorraine.

Bermand étoit de Nancy d'une famille très ancienne ; il avoit été à Rome, & après y avoir resté quelque tems, il revint à Nancy, où il travailla beaucoup, & y mérita un nom illustre parmi les Peintres.

Jean le Clerc a peint Bermand dans le Tableau de S. François Xavier, qui est dans l'Eglise du Collége de Nancy.

Bermand mourut à Nancy vers le milieu du siécle dernier. M. de Bouzay Grand-Doyen de la Primatiale, a deux de ses Paysages ; M. le Comte de l'Escut & M. du Montet Conseiller à la Cour en ont aussi, qui sont très beaux, de même que ceux de M. Guyot l'aîné Avocat à Nancy.

BERNARD habile Architecte Lorrain a bâti l'Eglise du Collége des Jésuites de Nancy, & celle des Dames du S. Sacrement de la même Ville. Par ces deux Ouvrages on peut juger de son mérite. Le malheur des tems n'a pas permis qu'elles soient dans leur perfection, les voutes n'en ayant pas été faites, elles ne sont que lembrissées. Le Duc Leopold fit peindre le Lembris de celle du Collége en 1717. par les fameux Barilly & Charles.

BERNARD (Loüis-Gaspard) Chanoine-Régulier de la Congrégation de S. Sauveur en Lorraine, a fait imprimer à Toul chez Claude Vincent en 1732. deux Volumes in-quarto, intitulé, *La conduite de la Providence dans l'établissement de la Congrégation de*

(*c*) *Oudin Bibl. tom. 2. p. 1004.*

Notre-Dame par le Bienheureux Pierre Fourier.

BERNARD, dit de Luxembourg, natif de Struffen, Dominicain Profès au Couvent de Cologne, étoit Bachelier en 1500. fut fait Docteur à Paris en 1516. Il s'est distingué par ses Ouvrages contre les nouvelles hérésies par ses Sermons, & principalement par le Catalogue de tous les Hérétiques qui a été imprimé plusieurs fois. Le Pere Bernard est mort en odeur de sainteté en 1535.

Voici la Liste de ses Ouvrages. Voyez tom. 2. p. 93. Echard de Script. Prædicat.

1°. *Quod libetum de jubilæo anno sæculari in Universitate Lovaniensi determinatum, occasione Jubilæi ab Alexandro VI. concessi, & Antuerpiæ summâ pietate celebrati.* Antuerpia 1501. in-quarto.

2°. *Opusculum de Jubilæo, sive peregrinatorium ad urbem Romam in 30. dictas redactum.* Coloniæ 1525. in-quarto.

3°. *Compilatio in commendationem B. Joseph Sponsi Christiferæ Virginis, & Nutritii D. N. Jesu Christi ; subjicitur Missa in honorem dicti Sancti, & Corona 12. honorum ejusdem.* Coloniæ 1510.

4°. *Sermones de diabolica colluctatione septem vitiorum capitalium proclamati in Quadragesima, anni* 1516. *Coloniæ.*

5°. *Catalogus Hereticorum omnium, qui ad hæc usque tempora passim litterarum monumentis prodidi sunt ; Parisiis pluries* 1524. *Coloniæ & alib.*

6°. *De Ordinibus militaribus & armorum militarium mysteriis.* Coloniæ 1527.

7°. *Compendium de laudibus aquæ benedictæ, ejusque primariâ institutione, contra Lutheranos & Valdens. in-quarto.*

8°. *Tractatus de sua legatione & peregrinatione, & laboribus pro quorumdam Cœnobiorum reformatione.*

9°. *Sermones de Rosario.*

10°. *Chronica inter 20. priores annos sæculi* 16. *exarata, manuscript.*

Il a aussi procuré une Edition des Postilles d'Albert le Grand sur l'Apocalypse, imprimée à Basle par Jacques de Porchem 1506. in-quarto.

11°. *Tractatus de Purgatorio.* Coloniæ 1527.

BERTAIRE, ou Bercaire, Prêtre de l'Eglise de Verdun, a écrit l'Histoire des premiers Evêques de Verdun, jusqu'à l'Evêque Dadon, mort en 920. Bertaire naquit vers l'an 857. & fut élevé dans l'Ecole de l'Eglise de Verdun, sous la direction de l'Evêque Berard, & de ceux à qui il avoit confié le soin de ses Ecoles.

L'Eglise Cathédrale ayant été brûlée avec tous les Livres & les autres Monumens qui la concernoient, Bertaire résolut de réparer, autant qu'il lui seroit possible, cette grande perte ; il rédigea en abrégé tout ce qu'il avoit lû dans les anciens, & qu'il avoit appris par la tradition, touchant la succession des Evêques & des principaux évenemens de leurs vies. Il dedia son Ouvrage à l'Evêque Dadon. On ignore le tems de la mort de Bertaire ; mais l'Evêque Dadon vécut jusques vers l'an 923.

BERTHELET (D. Gregoire) Benédictin, Profès de l'Abbaye de Munster en Alsace le 16. Juin 1697. Il est né à Berain en Barrois le 20. Janvier 1680. & a composé plusieurs Ecrits sur differens sujets, & diverses dissertations. Il a fait imprimer à Roüen, chez la Veuve Heraut en 1731. in-quarto, 1°. *Un Traité historique & morale de l'Abstinence des viandes, & des révolutions qu'elle a eües depuis le commencement du monde jusqu'aujourd'hui.* Il travaille actuellement (1742.) à S. Mihiel, à paraphraser toute l'Ecriture sainte.

2°. *Un Traité des Ecritures sacrées des Religions anciennes & modernes*, dans lequel on prouve l'autenticité, la véridicité, & l'inspiration des Livres sacrés des Hébreux & des Chrétiens, & la fausseté des prétentions des autres Religions, qui se vantent d'avoir des Ecritures divinement inspirées.

3°. Traité de l'Habit monastique & religieux.

4. Dissertations historiques & morales, pour servir de Supplément au Commentaire du R. P. Dom Calmet sur la Régle de saint Benoît.

5°. Dissertation sur la Benédiction des Abbés ; sur leur pouvoir spirituel, sur le rang qu'ils tenoient dans le Clergé, sur la préséance entre eux, sur la Jurisdiction quasi épiscopale de quelques-uns d'eux ; sur les Abbés Princes sur leurs vassaux & Grands Officiers.

6°. Dissertation sur l'exemption de la Jurisdiction épiscopale accordée aux Monasteres.

7°. Sur les Abbés Commendataires, où l'on traite de l'origine, du progrès & de l'abus des Commendes.

8°. Dissertation sur les différentes sortes de Moines ; sur les Ermites, les Cénobites, les Sarabaïtes, les Gyrovagues, les Obédientiers, les Tierçaires, les Chevalliers, les Convers, les Oblats, les Freres Conscrits, ou associés aux bonnes œuvres & prieres des Monasteres.

9. Dissertation sur la Cléricateure des Religieux.

10. Dissertation sur les Dixmes des Egli-

ses Paroissiales données aux Monasteres.

11°. Dissertation sur les Prieurs & Officiers claustraux.

12°. Sur la pauvreté des anciens Solitaires ; disputes entre eux sur ce sujet & sur l'obligation de vivre du travail de leurs mains.

13°. L'Histoire des Religieux mendians, de leur pauvreté primitive, & comme ils s'en sont relâchés.

14°. Sur les Eglises des Monasteres, leurs Ornemens, Vases sacrés, Trésors, Clochers, les Pélérinages, Offrandes, Donations, ou Fondations faites dans ces Eglises.

15°. Dissertation sur la propriété des Abbés & Religieux ; sur leurs Titres de Pécule, des Pensions-Viageres des Religieux particuliers, sur les séparations de Mense entre les Abbés & Religieux.

16°. Sur les Testamens, Enterremens, Tombeaux & Epitaphes des Abbés & Religieux.

17°. Sur les Reliquaires en forme de Bras.

18°. Sur la *Main de Justice*, & sur la Bénédiction que les Evêques donnent avec trois droigts.

19°. Sur l'origine du *Pallium* Ecclésiastique.

BERTHELS (Jean) fut fait Abbé de S. Pierre de Luxembourg en 1576. il étoit natif de Louvain. Il a composé *une Histoire de Luxembourg imprimée*, dans laquelle il fait descendre, selon l'ancienne Tradition, les Comtes de Luxembourg, de Clodion le Chevelu. Item, *un Commentaire sur la Régle de S. Benoit, traité en Dialoge, avec une Liste des Abbés de son Abbaye*, à la fin de son Commentaire. Il a aussi composé l'*Histoire de l'Abbaye d'Epternach*, où il fut transféré par le Roi d'Espagne Philippe II. en 1595. Il mourut Abbé d'Epternach en 1607. le 19. Juin.

BERTHEMIN (Dominique) Sieur de Pont sur Madon, Conseiller, & Médecin ordinaire du Duc Henry, a fait imprimer à Nancy en l'Hôtel de Ville par Jacob Garnic en 1615. *Discours sur les Eaux chaudes & Bains de Plombieres, divisés en deux Traités : au premier, il est discouru en général des eaux, des feux qui les échauffent, & de la matiere qui entretient ces feux sous terre.*

Au second, *il est discouru particulièrement des Eaux de Plombieres, de leurs minéraux & propriétés ; de la structure & situation des Bains de Plombieres.* A la fin on voit comme une troisiéme Partie, intitulée, *Les Minéraux desquels les Eaux chaudes de Plombieres participent, en six Chapitres.* Ce Discours est dédié au Duc Henry II.

Dans l'Epitre Dédicatoire, l'Auteur dit, que Son Altesse prenant l'an passé (c'est-à-dire, 1614.) les Eaux de Plombieres, lui témoigna qu'on lui feroit plaisir d'écrire sur ces Eaux. Berthemin reçut cette parole comme un ordre de son Prince. A la tête du Livre on voit des Vers de plusieurs doctes Médecins de Lorraine, à l'honneur de l'Auteur (*d*), comme de Cachet Médecin ordinaire, de J. Mousin aussi Médecin ordinaire, de Remy Picart ou Pichard & le Févre, Médecins de Son Altesse, de Mangeot Docteur en Médecine, de Cuny Sécretaire de Son Altesse, d'Aulbery, &c. A la fin de l'Ouvrage se trouve une Ode de 156. Vers François, composée à la loüange des Eaux de Plombieres par un des Collègues de Berthemin, dont il ne nous dit pas le nom.

Berthemin avoit beaucoup de lecture, sçavoit la Langue Grecque, & faisoit passablement des Vers.

Il suppose que les Eaux de Plombieres sont échauffées par des feux souterrains, & que ces feux ont pour alimens le nitre, le soufre, le bitume, &c. Il dit qu'avant lui personne n'avoit traité de ces Eaux de Plombieres ; il ne connoissoit pas apparemment l'Ouvrage de Jean le Bon Médecin du Cardinal de Guise, imprimé en 1576. Voyez *le Bon* cy-après.

Ce Discours de Berthemin a été réimprimé à Mirecourt en 1733. avec divers changemens, retranchemens, & quelques additions de peu de conséquence. On peut avancer qu'il a si bien traité cette matiere, qu'on ne peut guéres ajoûter à ce qu'il en dit, & que depuis lui on n'a fait que rebattre ce qu'il avoit traité. Il rapporte les différentes opinions qu'on a proposées sur les Eaux chaudes des Bains, & les réfute solidement. Son systême n'est pas hors d'atteinte à la censure ; mais les autres sont-ils beaucoup plus certains ? Avant le bon Duc Henry, & Berthemin, on ne buvoit point des Eaux de Plombieres ; on s'y baignoit seulement.

BERTHOLET (Jean) Jesuite de la Province Gallobelgique, a composé l'*Histoire Ecclésiastique & Civile du Duché de Luxembourg & du Comté de Chiny.* Cet Ouvrage orné de figures contient huit Tomes d'un grand in-quarto ; & l'on y trouve beaucoup de faits qui concernent les Histoires des Duchés de Lorraine & de Bar. Il est dédié à Sa Majesté la Reine de Hongrie & de Bohême : il est imprimé à Luxembourg en 1742. & 1743.

(*d*) Nous parlerons de MM. Mousin, Cachet & Pichard sous leurs Articles.

M. Simon

M. Simon (dit Kalen) a écrit contre cet Ouvrage, & y a relevé un très grand nombre de fautes considérables. Le Pere Bertholet a beaucoup profité de l'Ouvrage du Pere Alexandre Viltheme son Confrere, intitulé, *Luxemburgica*. Les Dissertations du premier Tome de l'Histoire de Luxembourg ne sont presque que des abrégés du Pere Viltheme.

BERTIN Curé de S. Livier de Metz, homme fort habile & sçavant en Hébreu, est, selon toutes les apparences, Auteur d'une vie de S. Livier premier Martyr du Pays Messin, que nous avons vû dans l'Abbaye de Salival.

BERTRAM, ou Berthold, Evêque premiérement de Brême, puis de Metz, est consideré comme le Législateur de cette derniere Ville. Son élection à l'Evêché de Brême fut cassée par le Pape Alexandre III. au Concile de Latran, tenu en 1179. parce que Berthold avoit été élû Evêque, n'étant pas encore dans les Ordres sacrés, n'ayant pas même les moindres Ordres. L'Empereur qui favorisoit Berthold, le proposa au Clergé de Metz qui l'agréa, & le choisit au commencement de l'an 1180.

Avant Bertram ou Berthold, l'on écrivoit très peu à Metz, & l'on ne conservoit pas les Actes, les Contracts, les Promesses dans les Archives publiques; la parole donnée, tout au plus, en présence de témoins, suffisoit pour assûrer ce qui étoit convenu entre les Bourgeois; chacun pouvoit se faire justice, & d'ordinaire c'étoit à coups de poings ou de batons qu'on décidoit les contestations.

L'Evêque Bertram étant monté sur le Siège Episcopal de Metz, réforma cet abus, & fit un Réglement célèbre pour l'Election annuelle du Maître Echevin, qui étoit auparavant à vie. Il ordonna qu'il seroit élû chaque année le 21. de Mars, par le Princier de Metz, & les Abbés de Gorze, de S. Vincent, de S. Arnoû, de S. Clement, & de S. Symphorien de Metz; qu'il ne pourroit être dans sa dignité de Maître Echevin audelà d'un an; qu'il pourroit être élû du nombre de la Noblesse ou du Peuple. Cette Constitution fut passée le 21. Mars 1179. ou 1180. avant Pâques.

Il ordonna, deplus, quelques années après, qu'à l'avenir on dresseroit par écrit des Instrumens publics, des Contracts de Vente, de Promesses & autres choses semblables, & que les Actes en seroient conservés dans des Coffres ou Archives publiques, dont il y en auroit une dans chaque Paroisse; que ces Arches ou Archives seroient fermées à deux clefs, dont les Amans (*Amanuenses*) ou les Greffiers de la Ville, seroient depositaires; qu'on auroit recours à ces Archives dans l'occasion, & qu'il ne seroit plus permis d'en venir aux voyes de faits, ni de descendre en champ de bataille, dans les differends qui surviendroient entre particuliers. L'Acte qui ordonne ces choses fut passé l'an 1197.

Le même Evêque Bertram institua ce qu'on appelle les Treize de la Ville de Metz, qui sont comme les Tribuns du Peuple dans une République; ils demeurent chargés de la Police, & sont comme les Assesseurs & les Conseillers du Maître Echevin, dont le pouvoir étoit à peu près égal à celui d'un Souverain, ou d'un Dictateur dans une République.

Meurisse, Historien de Metz, avance que Bertram composa les Actes du Concile de Mouson tenu en 1189. Nous n'avons pas ces Actes.

Du tems de notre Prélat, on répandit à Metz quelques Livres de l'Ecriture sainte, traduits en langue vulgaire, que certains particuliers sans aveu se mêloient d'expliquer à leurs sens. Le Pape Innocent III. en fut informé, & ordonna de supprimer ces Versions faites sans approbations des Evêques, & condamna les Assemblées clandestines. Ce fut là comme le prélude de l'hérésie des Albigeois, qui se répandit bien-tôt après dans l'Eglise de Metz: elle y étoit déja assez commune en 1200.

Notre Evêque étant à Cologne en 1208. fit confirmer par l'Empereur les Réglemens qu'il avoit faits pour le bon gouvernement de la Ville de Metz. Il mourut le 6. d'Avril 1212. & fut enterré à la Chapelle de Notre-Dame de Tierce, où l'on voit son Epitaphe, qui étoit bien effacé du tems de Philippe de Vigneules, Auteur d'une Chronique de Metz (*e*).

Hic jacet Imperii sensus, pius incola veri,
Hic fons irriguus, hic flos & gloria Cleri
Præsul Bertrandus, quem planget longior ætas:
Mense sub Aprili dedit in certamine metas;
Annis ter denis (f) & binis civia jura
Jugibus Imperiis rexit sub perpete curâ.
Anno millesimo ducenteno duodeno (g)
Luce sub Aprilis sexto privatur & ævo;
Non quærit laudes hominis, precibusque juvari
Supplicat ut valeat Justorum sede locari:
Te coluit, Christi Genitrix, cum Martyre primo
Hunc sociare tibi digneris in Agmine summo.

(*e*) Philipp. de Vigneules, Chronic. Mss. fol. 231.
(*f*) Trente-deux ans d'Episcopat.
(*g*) Mort en 1212. le 6. Avril.

Nous avons donné sa vie plus au long dans le second Tome de l'Histoire de Lorraine, p. 600. & suiv.

V'id. Gall. Christ. tom. 2. p. 728. Benoit, Hist. de Toul, p. 486.

BERTRAND de la Tour d'Auvergne, Evêque de Toul, fils de Bertrand IV. de la Tour, & d'Isabelle de Levis, fut nommé à cet Evêché n'étant âgé que de 26. ans, à la concurrence de plusieurs Compétiteurs, & par une distinction particuliere par le Pape Innocent VI. en 1353. Il étoit alors Chanoine à Clermont. Il publia des Statuts Synodaux dans son Diocèse le 24. d'Octobre 1359. dont l'Original se conserve aux Archives de la Cathédrale de Toul, & que M. Baluze a fait imprimer dans les Preuves de la Maison d'Auvergne. Il dressa aussi un Directoire, ou *Ordo* pour l'Eglise de Toul la même année 1359. où l'on voit la maniere de célébrer l'Office divin, & le Calendrier des Fêtes qu'il y faisoit. Enfin, nous avons vû à Moyenmoutier les Statuts particuliers pour le Doyenné de Deneuvre, composés par l'ordre du même Prélat, & publiés le 24. Octobre 1359. Tout cela prouve son attention & sa vigilance pour le bon gouvernement de son Diocèse. Il fut transféré en 1361. à l'Evêché du Puis par le Pape Innocent VI. & mourut en 1382. Il étoit Patriarche titulaire de Jerusalem.

Voici le Précis des Statuts du Concile ou du Synode de Deneuvre, *Statuta Concilii Decanatûs de Danubrio*.

Le Patron d'une Eglise Matrice, ou Paroissiale, est obligé de couvrir & rétablir la toiture de la Nef, & les Paroissiens sont tenus d'amener les Bois, les Thuiles & le Lambris du lieu le plus prochain qu'il sera possible. Le Curé est obligé de recouvrir & entretenir la Toiture du Sanctuaire, & les Paroissiens doivent charoyer les matériaux nécessaires.

Les Paroissiens doivent faire & entretenir la Tour ; & si la Tour est bâtie sur le Chœur, le Curé en doit faire & entretenir la moitié.

La coutume est que le Patron doit fournir un *Missel notté* ; s'il ne le fournit pas notté, il donnera un Graduel & un simple Missel, & les Paroissiens doivent fournir les autres Livres & les Ornemens. Remarquez qu'anciennement le Prêtre chantoit à l'Autel ce qu'on chante aujourd'hui au Chœur. On trouve encore bon nombre de ces Missels manuscrits nottés.

Ni le Patron ni le Curé ne doivent rien fournir de tout cela dans les Chapelles, mais seulement dans la Mere-Eglise ; or la Mere-Eglise est celle où le Curé a sa résidence.

Le Curé, en mourant, doit laisser à son successeur Curé, un Lit garni, Un Pot de cuivre, un Plat de cuivre, *Patellum æreum*, un Crémail, avec les petits Meubles de bois, & une Poële à frire, *cum Friorio*.

La Dixme de la Dot de l'Eglise appartient au Curé, de même que les autres Dixmes, qui se payent selon la coutume des lieux.

Il régle les rétributions qui sont dûës aux Curés.

Les Curés doivent assister aux Synodes deux fois l'année, pour y entendre les Statuts Synodaux, & payer les droits Episcopaux. Ces deux Synodes ou Conciles se tiennent le Mardy d'après la Pentecôte, & le Mardy après la Commémoration des Trépassés.

Dans les Statuts Synodaux de l'Evêché de l'an 1359. il est porté que les Doyens, Prévôts des Eglises Collégiales, assisteront au Synode en Aûbes, *avec l'Aumusse en tête*, & que les Abbés du Diocèse assisteront au Synode en Aubes, & ayant la Crosse à la main; il ne parle point de Mîtres, il n'y avoit alors que peu ou point d'Abbés mîtrés.

BERTRAND (Evêque de Theslis (*h*) *in partibus*) Suffragant de Metz Dominicain Allemand, un des plus sçavans hommes de son siécle, a composé quelques Ouvrages, qu'il a dédiés à Cunon Falckestin Archevêque de Tréves ; Meurisse, p. 526. Tritem. *de Script. Eccles.* 1662. tom. 3. Histoire de Lorraine, p. 449. Voyez le P. Echard, *de Scriptoribus Ordinis Prædicat.* tom. I. pag. 689. Il place la mort de Bertrand, autrement Bertram ou Bernard au 29. de Janvier 1387. ou 1388. comme il paroît par son Epitaphe, qui se voit à Coblentz dans l'Eglise de son Ordre. Il exerça les fonctions de Suffragant de Metz sous l'Evêque Thierry Bayer de Boppart, qui suivoit l'obédience d'Urbain VI. Il étoit déja Suffragant en 1366. Le Cardinal d'Aigrefeuille étant venu à Metz en 1379. & ayant été reçu par le Chapitre de la Cathédrale, Bertrand de Theslis fut obligé de se retirer à Coblentz, sous la protection de l'Archevêque de Tréves, qui ténoit aussi le parti d'Urbain VI. Il y continua ses exercices de Suffragant jusqu'à la mort de Thierry Bayer de Boppart, arrivée le 18. Janvier 1383. avant Pâques ; c'est-à-dire, 1384. Voici la Liste des Ouvrages de Bertrand de Theslis.

1°. *De schismate Urbani VI. Pseudo-Pontificis ad Cunonem Falckestein Archiepiscop. Trevirensis.*

2°. *De illusionibus Dæmonum ad eundem.*

(*h*) Theslis est Capit. de la Georgie ; elle est aujourd'hui nommée Fibitecata, située sur le fleuve de Kur.

3°. *Sermones varii & alia plura.* On n'en a rien d'imprimé, & on ne connoît ses Ouvrages que par Tritheme.

BESLY a écrit un Traité, sous ce Titre, *De quelle Lorraine Louis d'Outre-mer étoit Duc*: ce Discours est imprimé à la page de ses Preuves de l'Histoire des Comtes de Poitou. L'Auteur soutient avec Theodore Geoffroy, que le Prince étoit Duc de la haute & basse Lorraine. Besly n'étoit pas Lorrain.

BÉTHUNE (Hypolite) Evêque de Verdun depuis l'an 1681. jusqu'en 1720. étoit issu de l'illustre & très ancienne Maison de Béthune. Arrivant à Verdun, il déclara qu'il vouloit suivre les traces de son prédécesseur M. d'Hoquincourt. Il donna ses premiers soins à perfectionner l'établissement d'un Séminaire dans sa Ville Episcopale. Dès l'an 1682. ce Séminaire se trouva formé, & Habert Docteur de Sorbonne, dont nous parlerons en son lieu, commença dès-lors à y faire des Leçons de Théologie, & à y donner des explications de la sainte Ecriture; & comme on remarqua que la plûpart des jeunes Séminaristes y faisoient peu de progrès par le défaut de leurs études de Philosophie, on la fit enseigner au Séminaire par des Professeurs dès l'an 1684.

En même tems le Prélat fit composer trois Ouvrages, qui furent imprimés sous son nom; le premier fut le petit & le grand Catéchisme du Diocèse de Verdun; le second fut le Rituel de Verdun, qui reçut l'éloge des plus sçavans Prélats du Royaume; le troisiéme fut la méthode pour administrer utilement le Sacrement de Pénitence: cette Méthode fut portée dans les Diocèses voisins, où on l'a fait imprimer, & où on l'a mis en usage. Hypolite de Béthune y fit ajoûter les éclaircissemens nécessaires, qu'on suppléoit dans les explications qu'on donnoit aux Séminaristes. Elle fut augmentée d'un Traité sur les qualités requises aux Confesseurs. Ce Livre fut imprimé pour la premiere fois sous le nom de M. de Béthune en 1691. Les Editions en furent aussi-tôt multipliées en France & en Italie, d'où l'on écrivit à Verdun plusieurs Lettres qui marquoient l'estime qu'on en faisoit.

Ensuite il fit réformer le Breviaire de Verdun, en ôta ce qui étoit contraire à l'exacte vérité, & en retrancha diverses Rubriques inutiles, pour le rendre conforme, autant qu'on pouvoit, aux anciens Usages de l'Eglise de Verdun, qui ont beaucoup de rapport à ceux de S. Jean de Latran.

On croit que Habert eut beaucoup de part à tous ces Ouvrages: ce Docteur quitta la direction du Séminaire en 1696. se démit du Canonicat qu'il avoit en la Cathédrale, & de l'Archidiaconé d'Argonne, & se retira à Paris.

M. de Béthune mourut le 24. Août 1720. & fut inhumé dans sa Cathédrale, où l'on voit son Epitaphe.

Il se joignit à quelques Evêques de France, qui avoient interjetté appel de la Constitution du Pape Clement XI. qui commence par ces mots, *Unigenitus*. Cependant après sa mort, on a trouvé parmi ses Papiers un Exemplaire de cette Constitution apostillé de sa main, où il condamne la plûpart des Propositions de cette même Constitution.

BETTON Moine de Metz, qui avoit été donné à *Adventius* Evêque de Metz, comme un homme sage, docte & de confiance. Le Roi Charles-le-Chauve voulant reconcilier le même Evêque *Adventius* au Pape Nicolas I. duquel il étoit séparé, à l'occasion de la malheureuse affaire de Waldrade, ce Prince envoya à Rome le Moine Betton, pour moyenner cette réconciliation. Et voici comme il parle de ce Religieux, à la fin de sa Lettre au Pape: *Petimus siquidem ut istum non modò suum (Adventii) verum & nostrum Legatum, Bettonem Religiosum Monachum, & Litterarum scientiâ, bonique ingenii capacitate, Dei gratiâ, & sedulo studio imbutum benignè & familiariter recipiatis.* Mais nous ne connoissons Betton que par cet Ecrit, qui lui fait beaucoup d'honneur.

BIGOT (Dom Gabriel) Bénédictin de la Congrégation de S. Vanne, natif de Mouson, Profès de l'Abbaye de S. Vanne de Verdun du 25. Mars 1608. mort dans l'Abbaye de S. Airy de la même Ville le 4. Juillet 1655. a été Prieur, Visiteur & Définiteur de sa Congrégation, & étoit Abbé de S. Airy, lorsqu'il mourut dans cette Abbaye.

En 1642. le 12. Décembre la Communauté de l'Abbaye de S. Arnoû de Metz, ayant postulé pour Abbé le Prince Henry de Bourbon, pour-lors Evêque de Metz, & ce Prince n'ayant pû obtenir les Bulles pour cette Abbaye, dont le Pape Urbain VIII. avoit pourvû le Duc d'Atrie le trois Mars 1633. le Prince Henry de Bourbon obtint un Arrêt du Grand Conseil le 27. Juin 1643. en vertu duquel il prit possession du temporel de l'Abbaye de S. Arnoû, & s'y maintint jusqu'au 22. Mars 1644. que cédant au tems, il renonça en faveur du Duc d'Atrie, au droit qui lui étoit acquis sur l'Abbaye de S. Arnoû : mais, pour ne pas préjudicier aux droits des Religieux qui l'avoient postulé pour Abbé, ce Prince leur remit le Titre de l'Abbaye entre les mains par Acte du 22. Mars 1644. & le Chapitre de S. Arnoû élut pour Abbé Dom Gabriël Bigot, pour-lors Prieur de ce Monaftere.

Dom Gabriël obtint de Seringham Lieutenant pour le Roy en la Ville & Pays de Metz, & Gouvernement de Nomeny, la permiffion de prendre poffeffion du temporel de l'Abbaye, le 18. Mai 1644. en prit effectivement poffeffion en vertu d'un Arrêt du Parlement de Metz, & enfuite de la confirmation de fon Election faite par Meuriffe Evêque de Madaure, Suffragant de Metz: mais les Bulles lui en furent refufées à Rome, & le 24. de Mai 1644. il fut affigné au Confeil d'Etat du Roy, à la Requête du Duc d'Atrie, qui obtint le 7. Avril 1645. un Arrêt qui déboutoit Dom Gabriël Bigot.

Celui-ci fit fes proteftations le 8. Août 1645. en même tems le Clergé de Metz écrivit en fa faveur deux Lettres; l'une au Cardinal Mazarin, & l'autre au Comte de Brienne, Sécretaire des Commandemens de Sa Majefté; & Dom Gabriël Bigot fit imprimer un Mémoire, contenant les raifons pour lefquelles il prétendoit devoir être maintenu en vertu de fon Election, dans la poffeffion de l'Abbaye de S. Arnoû: il y montre que le Concordat Germanique eft reçû dans la Ville & le Diocèfe de Metz, & il y fait une expofition fommaire de ce qui s'eft paffé dans l'Abbaye de S. Arnoû, depuis la poftulation qui fut faite de la perfonne d'André Valladier en 1613. jufqu'à fon tems.

Le Duc d'Atrie ayant pour lui toute la faveur de la Cour, joüit de l'Abbaye de S. Arnoû jufqu'à fa mort arrivée au mois de Février 1648. Alors Seringham Commandant en la Ville de Metz, fit tant par fes follicitations, fes prieres & fes menaces, qu'il obligea les Religieux de S. Arnoû de poftuler pour leur Abbé, le Cardinal Mazarin; ce qu'ils firent avec répugnance, fans que Dom Gabriël Bigot ofât paroître. Il fe contenta de protefter de nullité contre cette poftulation fi irréguliere. Il mourut bien-tôt après, comme nous l'avons dit, étant en 1655. Abbé Quinquennal de l'Abbaye de S. Airy de Verdun.

BILE (Erad, & non Erard) nommé quelquefois *d'Erard de Billy*, Jefuite Lorrain, célèbre Mathématicien, qui, au jugement de Huet Evêque d'Avranges, qui avoit été fon difciple (*i*), avoit pénétré tous les fecrets de cette fcience, & s'y étoit acquis une grande réputation. Il s'attacha auffi à la Theologie, & profeffa les cas de confcience dans le Collége du Mont, en la Ville de Caën en Normandie en 1644.

Il enfeigna fur la fimonie & fur la jurifdiction du Pape, certaines propofitions qui furent cenfurées, & lui attirerent plufieurs réfutations publiques.

Cailly, célèbre Philofophe, écrivit contre les relâchemens de fa doctrine, & l'on vit paroître une *Lettre d'un Ecolier etudiant en Droit dans l'Univerfité de Caën, à un Avocat de Roüen, imprimée in-quarto*, qui dénonçoit toute la doctrine du Pere Bile fur l'ufure.

Dupré de l'Oratoire réfuta cette même doctrine, & celle que le Pere Bile avoit enfeignée touchant la jurifdiction du Pape, dans un Difcours qu'il prononça en Latin dans une Affemblée générale de l'Univerfité de Caën en 1644. & qui a été imprimée in-quarto en 1645. avec le nom de l'Orateur, qui étoit auffi Profeffeur Royal dans cette Univerfité. Voyez le Supplement de Morery fous Cally & Dupré. Le Pere Bile ayant réfolu d'aller prêcher l'Evangile en Amérique, s'embarqua & périt dans la mer. Voyez le Supplément à Morery, art. Bile, p. 133.

BILISTEIN, ou Bildeftin (Charles de) Jefuite, fils du Seigneur de Magnieres, entra dans la Société en 1597. Après avoir fait fa Théologie au Collège de la Fléche, il fut renvoyé en Lorraine, pour s'y difpofer à faire la troifiéme année de Probation. En chemin il reçut un Pacquet de fon Général, avec ordre de ne l'ouvrir que quand il feroit à Roüen. Il s'y trouva que le Pere Général le nommoit maître des Novices; & ainfi il fe vit prépofé pour enfeigner la Théologie myftique, à ceux qui avoient été fes condifciples dans la Théologie fpéculative. Le Pere de Biliftein avoit un talent particulier pour le difcernement des efprits & pour la conduite des ames. Il a compofé quelques Ecrits fur les Généalogies des principales Maifons de Lorraine, & principalement fur la Maifon de Bildeftein, dont il étoit, & qui m'ont été communiquées par M. d'Anglure Seigneur de Magnieres.

BINSFELD (Pierre) originaire de Luxembourg, vivoit en 1600. Il étudia à Rome, y prit le Bonnet de Docteur en Théologie: étant revenu dans les Pays-bas, il fut choifi Chanoine de Tréves, Grand Vicaire & Suffragant de cet Archevêché. Il publia *Enchyridion Theologie Paftoralis, in gratiam examinandorum pro cura paftorali*, imprimé plus d'une fois in-octavo, même avec des Nottes.

Tractatus de Confeffionibus maleficorum; an & quanta fides iis fit adhibenda?

Commentarius in titulum Decret. de injuriis

(*i*) Huet Commens. de rebut ad fe pertinentib. p. 32. Niceron. tom. 40. p. 243.

& damno dato.

Commentarius in titulum de Simonia.

Item, de tentationibus eorumque remediis.

Binsfeld vivoit dans un tems, où l'on parloit beaucoup de sorciers & de maléfices ; c'est ce qui l'a engagé à traiter sur cette matiere. Voyez l'Histoire de Lorraine. Il mourut vers l'an 1606.

BINSFELD (Jean) frere du précédent, Chanoine de S. Simeon de Tréves, Ecrivain célébre, dit le Pere Bertholet, Histoire de Luxembourg, tom. 8. mais il ne donne aucune notion particuliere de ses Ouvrages. On dit qu'il est mort en 1615.

BINSFELD (Christophe) Sénateur à Luxembourg, mérite d'avoir place parmi les Hommes illustres de ce Pays-là par son érudition, & son goût pour l'antiquité : il a ramassé bon nombre de monumens antiques, & dont parle souvent le Pere Alexandre Wiltheme dans sa *Luxemburgica*.

BIRE' (Nicolas) Avocat du Roi à Nantes, a composé un Ouvrage sous le titre d'*Alliances généalogiques de la Maison de Lorraine*, in-fol. 1593.

BIRSTORFF (Didier) Chanoine & Archidiacre de l'Eglise de Toul, & Prévôt de l'Eglise de S. Diey, fut chargé de l'éducation du Duc René II. Roi de Sicile & Duc de Lorraine. Birstorff étoit homme de lettres & sçavant. Comme en ce tems-là les Livres étoient encore rares, il écrivit de sa main la plûpart des Ouvrages de S. Jerôme, qui sont conservés dans les Bibliothéques des Peres Capucins de Toul. Ce pieux Ecclésiastique inspira au Roi René les sentimens de piété qu'il a conservés toute sa vie, & dont il a donné des preuves en tant d'occasions.

BISSY (Henry Thiard de) Evêque de Toul, puis Evêque de Meaux, & enfin Cardinal. Il n'appartient à notre sujet que comme Evêque de Toul. Il étoit fils de Claude de Thiard Comte de Bissy, & d'Eleonore Angelique de Nucheze : il naquit le 25. Mai 1657. En 1680. il fut pourvû de l'Abbaye de Noaillier, par la cession que lui en fit Claude de Bissy son frere. En 1687. il fut nommé Evêque de Toul, & en 1697. Archevêque de Bourdeaux, & quelque tems après à l'Archevêché de Narbonne ; mais il remercia Sa Majesté. En 1698. il fut pourvû de l'Abbaye des Trois-Fontaines en Champagne. En 1704. il succéda au célébre Jacques-Benigne Bossuet dans l'Evêché de Meaux, & quitta l'Evêché de Toul. Il fut fait Abbé de S. Germain-des Prez en 1714. & créé Cardinal le 27. Mai 1715. Il mourut dans son Abbaye de S. Germain-des Prez le 26. Juillet 1737. âgé de 81. ans. Son corps fut transféré le 29. du même mois dans la Cathédrale de Meaux, où il fut inhumé dans le Caveau qu'il avoit fait construire longtems auparavant pour sa sépulture, & pour celle de ses successeurs Evêques de Meaux.

Etant Evêque de Toul, il forma en 1697. le dessein d'établir dans son Palais Episcopal une Etude du Droit Canonique & de l'Ecriture sainte. Il choisit, pour présider à cet établissement, D. Hyacinthe Alliot, qui étoit alors à la tête de l'Académie de Moyenmoutier, & qui se rendit à Toul dans l'Abbaye de S. Mansuy, avec deux de ses disciples, Dom Sébastien Mourot, qui a été depuis Abbé de S. Avold, & Dom Augustin Calmet, aujourd'hui Abbé de Senones. Mais à peine eûmes-nous commencé nos Conférences, qui se tenoient à l'Evêché en présence des principaux Ecclésiastiques de la Ville de Toul, que Thiard de Bissy fut nommé par le Roi à l'Archevêché de Bourdeaux le premier Novembre 1697.

Cet incident l'obligea de suspendre ces Conférences pour se rendre à Paris, afin de remercier Sa Majesté, & la prier de ne pas penser à lui pour ce grand Siége. Il revint à Toul, & reprit son premier dessein. Dom Augustin Calmet qui étoit retourné à Moyenmoutier, y demeura pour y enseigner la Philosophie & la Théologie aux jeunes Religieux de ce Monastere. Dom Hyacinthe Alliot & Dom Sébastien Mourot retournerent à Toul.

En l'an 1700. Thiard de Bissy ayant fait imprimer dans sa Ville Episcopale le Rituel à l'usage des Curés de son Diocèse, composé, comme l'on croit, par Claude de l'Aigle Grand-Archidiacre de l'Eglise de Toul, Official & Vicaire Général de l'Evêché, Leonard Bourcier Procureur Général de Lorraine & Barrois, présenta sa Requête à la Cour Souveraine, aux fins de ne permettre la publication dudit Rituel, qu'avec certaines limitations, par exemple, touchant la Bulle *In Cœna Domini*, que l'Evêque supposoit être reçuë en Lorraine ; 2°. touchant l'obligation de révéler & de restituer en vertu des Monitoires ; 3°. touchant les matieres matrimoniales ; dont il prétendoit que la connoissance appartenoit indéfinitivement à son Official.

De plus, dans un Mémoire imprimé le 21. Avril de la même année 1700. & envoyé aux Doyens Ruraux, il leur étoit enjoint de faire tenir à l'Official ou aux Grands-Vicaires une Feüille, où leurs noms, surnoms, avec leurs qualités & signatures, fussent marqués, afin que dans le besoin on eût une connoissance certaine de la signature des Curés.

Le Procureur Général soutenoit que cette disposition étoit contraire à l'ordre public, qui veut que la legalisation de ces sortes d'Actes se fasse par les Prévôts & Officiers des lieux.

Enfin, l'Evêque prétendoit que les Ecclésiastiques, pour toutes actions pures personnelles, civiles & criminelles sont obligés, sous peine *de Censures*, de decliner les Tribunaux séculiers ; ce que le Procureur Général soutenoit tendre à soustraire les Ecclésiastiques à l'autorité souveraine des Princes.

La Cour donna son Arrêt en conformité des Conclusions du Procureur Général, le 26. Avril 1700. qui fut enrégistré le même jour.

Thiard de Bissy étoit alors absent de son Diocèse, son Promoteur Général s'adressa au Vicaire Général, & fit ses protestations contre l'Arrêt dont on vient de parler ; la querelle s'échauffa & produisit plusieurs Ecrits de part & d'autre ; les Officiers de l'Evêché prétendoient que la Lorraine, en ce qui est du Domaine du Duc de Lorraine, étoit Pays de pure obédience ; les Officiers de Son Altesse Royale, au contraire, soutenoient que ce Pays n'étoit ni Pays de liberté, ni Pays de Concordats, ni Pays d'Usage.

Cependant Thiard de Bissy ne paroissoit point dans cette querelle, mais faisoit agir son Official & son Grand-Vicaire ; il ne parut pas non plus dans la dispute qui s'éleva en 1698. à l'occasion des Curés de Veroncourt & de Lorrey, qui refuserent de comparoître à l'Officialité de Toul.

Mais en 1701. le Duc Leopold ayant fait publier son Code, pour régler la maniere d'administrer la justice dans ses Etats, Thiard de Bissy défera ce Code à Rome, au Pape Clement XI. comme contenant plusieurs Propositions contraires à la liberté Ecclésiastique. Le Pape condamna ce Code, & en défendit la lecture & l'usage, sous peine d'excommunication encourüe par le seul fait, & reservé au Pape. Le Duc Leopold se plaignit à Clement XI. d'un procédé si violent, & en appella au Pape mieux informé. En même tems il écrivit à Henry de Bissy, pour l'informer des motifs qui l'avoient porté à en user ainsi. L'Evêque de Toul répondit au Duc Leopold par une longue Lettre, où il lui témoigne son déplaisir de ce que les Officiers de son Parlement *affectent dans toutes les occasions d'entreprendre contre les libertés de l'Eglise*. Il ne dissimule pas que personnellement on avoit cherché à le chagriner dans la Cour de Lorraine ; c'est qu'on lui avoit refusé le Fauteüil qu'on avoit autrefois accordé à quelques-uns de ses prédécesseurs (*k*). La Lettre est du 12. Novembre 1703.

Le 23. Septembre même année, il donna un Mandement, portant condamnation du Factum composé par Guinet fameux Avocat de Nancy, pour soutenir la validité des Contracts obligatoires. Le Mandement de Thiard de Bissy fut condamné par la Cour Souveraine de Lorraine le 15. Octobre de la même année.

L'année suivante Henry de Bissy donna une Ordonnance contre ce qui étoit porté dans les *Nouvelles des Cours de l'Europe*, où il étoit dit que quelques Courtisans ultramontains font entendre au Pontife, que l'autorité de l'Eglise est blessée par les Ordonnances du Duc Leopold. L'Evêque de Toul croyant qu'on vouloit le désigner par ces paroles, les condamna par son Ordonnance du 18. Avril 1704.

Vers ce même tems, le Roi, pour faire plaisir au Duc Leopold, nomma ce Prélat à l'Evêché de Meaux, & Thiard de Bissy ayant son départ de Lorraine, pria qu'on recommençât les Conférences qui s'étoient tenuës quelque tems auparavant au Château de la Malgrange près Nancy, pour essayer de terminer les difficultés muës à l'occasion du Code Leopold ; mais ces Conférences furent infructueuses ; les deux Partis se tenant fermes sur leurs prétentions.

Depuis la translation de Thiard de Bissy à l'Evêché de Meaux, on vit paroître le 16. Avril 1710. un Mandement & Instruction Pastorale contre les Institutions Théologiques du Pere Juvenin de l'Oratoire.

Le 30. Mars 1712. parut un nouveau Mandement joint à une nouvelle Instruction Pastorale sur la même matiere.

Le 25. Avril 1714. un autre Mandement pour l'acceptation de la Bulle *Unigenitus*.

Le 10. Novembre 1715. un Mandement & Instruction Pastorale sur le Jansénisme, contre les Lettres intitulées *Théologiques*.

Le 1. Septembre 1718. un Mandement sur la même Constitution *Unigenitus*, & contre l'Appel qui en avoit été interjetté.

Vers le même tems parurent des Remarques sur le projet de Mandement de M. le Cardinal de Noailles, qui lui avoit été présenté de sa part, aussi-bien qu'à M. le Cardinal de Rohan.

Le 22. Février 1719. une Lettre Pastorale aux Fidéles de son Diocése.

En 1722. une Instruction Pastorale sur la Constitution.

(*k*) Il est vrai que plusieurs Evêques de Toul ont eû le Fauteüil à la Cour de nos Ducs, mais ils étoient Princes de la Maison de Lorraine.

Le 26. Mars 1725. un Mandement & une Inſtruction Paſtorale contre une Réponſe à l'Inſtruction précédente adoptée par Meſſieurs les Evêques de Pamiers, de Senés, de Montpellier, de Boulogne, d'Auxerre & de Maçon.

Le 14. Juin 1728. une Lettre Paſtorale, & une Inſtruction contre l'Appel.

Le 23. Décembre de la même année, un Mandement portant condamnation de la Conſultation de quelques Avocats du Parlement de Paris, au ſujet du Jugement rendu à Embrum contre M. l'Evêque de Senés.

Enfin le 12. Novembre 1729. une Inſtruction Paſtorale contre la défenſe de cette même Conſultation. Tous ces Ouvrages font mettre à bon droit le Cardinal de Biſſy au rang des Ecrivains Eccléſiaſtiques.

BLANC (Hugues le) Doyen de l'Egliſe Collégiale de Rinel en Barrois, Dioceſe de Toul, a compoſé & fait imprimer à Toul une Traduction des Pſeaumes en Vers François, dédiée à M. de Camilly Evêque de Toul en 1708. J'ignore la Patrie & l'âge de M. le Blanc; il n'en dit rien ni dans ſa Préface, ni dans le reſte de ſon Ouvrage; il s'aſtreint à rendre en deux Vers François chacun des Verſets Latins des Pſeaumes.

BLANPAIN (Jean) Religieux Prémontré de l'étroite Obſervance, natif du Bourg de Vignot proche Commercy, le 21. Octobre 1704. Il eſt entré au Noviciat de Sainte-Marie du Pont-à-Mouſſon le 25. Octobre 1719. a fait profeſſion le 6. Juillet 1721. a enſeigné ſucceſſivement dans l'Abbaye d'Etival, la Rhétorique, la Philoſophie, la Théologie & le Droit Canon, a pris le Bonnet de Docteur au Pont-à-Mouſſon en 1734. a été Prieur & Grand-Vicaire d'Etival; eſt actuellement Curé & Official dudit lieu. Il a beaucoup aidé l'Abbé Hugo dans ſa compoſition des Annales de ſon Ordre, & il les continue actuellement.

Il a illuſtré par de ſçavantes Notes la Vie du B. Louis Comte d'Arnſtein, Religieux Prémontré, qui a été imprimée premiérement dans la Bibliothéque des Prémontrés par le Pere Pagi, & enſuite donnée avec les Notes du R. P. Blanpain dans le ſecond Tome des Monumens de la ſacrée Antiquité de l'Abbé Hugo, p. 34.

Il a auſſi fait imprimer en 1729. la Chronique de Baudouin de Ninove, avec de bonnes Notes de ſa façon; avant lui, nous n'avions cet Auteur que par lambeaux. L'Abbé Hugo l'a donné de nouveau, tom. 2. p. 59. de ſes Monumens de la ſacrée Antiquité,

avec les Notes du Pere Blanpain.

Enfin il eſt Auteur des Remarques ajoûtées à la Chronique de l'Abbaye de Vicogne, compoſée par Frere Nicolas de Montegny; elles ſont imprimées, p. 191. tom. 2. du même Ouvrage de l'Abbé Hugo.

Il a fait imprimer à Nancy, chez la Veuve Cuſſon, *Le Jugement des Ecrits de M. Hugo, Evêque de Ptolemaïde, Abbé d'Etival en Lorraine, Hiſtoriographe de l'Ordre de Prémontré*, ſans nom d'Auteur, ni d'Imprimeur; mais on ſçait qu'il eſt imprimé à Nancy.

Il a compoſé un Cours de Droit Canonique en Latin, prêt à être mis ſous la Preſſe, ſous ce titre, *Jus Canonicum Regularium, præſertim Præmonſtratenſium*, en trois Volumes in-quarto.

BLARU (Pierre) Chanoine de S. Diey, en Latin, *Petrus de Blarorivo Parhiſianus*, a écrit *Inſigne Nanceïados opus de Bello Nanceïano, &c.* imprimé au Bourg de S. Nicolas en Lorraine, *in-fol. parvo*, avec Figures, l'an 1518. Voyez ce que j'en ai dit, tom. 1. Hiſtoire de Lorraine, dans le Catalogue des Ecrivains Lorrains, où j'ai remarqué que Pierre Blâru n'étoit pas Pariſien, mais né à *Pâris* ou *Peris*, Abbaye de l'Ordre de Cîteaux du Dioceſe de Baſle, à ſix lieuës de S. Diey. Il paroît par une Epitaphe qui lui a été faite par Mathias Rithman, que Blâru étoit mort aveugle, *Vixiſti gemini luminis orbus ope*; qu'il aimoit à dire de bons mots, & qu'il ſe plaiſoit à nourir des oiſeaux de volieres.

Voici l'Epitaphe que Pierre de Blâru s'eſt faite à lui-même, par où il paroît qu'il eſt né le 6. Avril 1437. Jean Baſin y ajoûta un Vers Numérique, pour montrer qu'il étoit mort le jour de S. Clement 23. Décembre 1505. Cette Epitaphe étoit autrefois dans le Sanctuaire de l'Egliſe de S. Diey: on l'a depuis transférée dans une Chapelle.

O Meſſyas Jehſus-Chriſt, Angulaire Pierre,
Pitye prends & mercy de moy, ſeu pecher Pierre,
Infernale priſon m'eſt duë; mais ta Mere Donne eſpoir à ma crainte, horrible & fort amere,
Pour me racheter prins en Vierge chair humaine;
Mais du Ciel ſuys forclos, ſe graice ne m'y meine.
Las! vrai Dieu, donnes-moi le privilége d'être
Où qu'eſt le Lerre (1) eureulx, qui pendit à la dextre.

(1) Le bon Larron.

Plus deturbarer, si nunc cùm dormio farer.
Vers Numérique composé par Blâru lui-même.

NatVs In aprILI LUX terCIa CUM fUIt ILLI.

1437.

CLeMent's festa hIG Petre InCIpIo esse sepULCro (m).

1505.

Ad Richildem Fundatricem (n)
Divus Præsul Deodatus.

Dote Deodatum quâ me, Richildis, adornes
Explicat Alsatiæ jus Comitissa tuæ.
Bacchica cum pingue quondam mihi pocula fruge
Legasti: unde sitim vita famēque domet.
At mihi perpetua hæc essent ut dona dedisti
Rus, decimas, fundos, hanc venerata domum.
Res tibi majores dotis memor impetro suplex,
Ut pro terrenis det Deus astra bonis.

Un Sçavant de ce Pays-ci (*o*), parlant de *Blâru* & de *Pilladius*, Chanoines de S. Diey, dit qu'ils ne sont point inférieurs à Virgile, *Marone non inferiores*. Un autre Sçavant de fort bon goût (*p*) dit que les Vers de Blâru ne sont pas tout-à-fait méprisables, *Poëtam non pessimum*. Il est vrai que ceux de Blâru sont passables, ceux de Pilladius valent beaucoup moins.

On a traduit en François & imprimé la Nancéïade de Blâru. Le Traducteur est Nicolas C. Romain Docteur ès Droits, Prévôt & Gruyer du Pont-à-Mousson. Je ne l'ai jamais vû imprimée; mais le Pere Le Long dans sa Bibliotheque historique de la France, p. 378. dit qu'elle est imprimée, & qu'on la conserve en Manuscrit dans la Bibliotheque de Sainte-Geneviéve à Paris & ailleurs. J'en ai fait imprimer quelques Fragmens dans la Liste des Auteurs qui ont travaillé sur l'Histoire de Lorraine, tom. I. p. 83.

BLOUET de Camilly (François) Évêque de Toul, né à Roüen le 22. Mai 1664. d'une ancienne Maison de la Basse-Normandie, également considérable dans la Robe & dans l'épée, s'est distingué dans ses Etudes par sa doctrine, son esprit & son éloquence. Il fut Docteur de Sorbonne, & ensuite Prieur de cette illustre Maison, où il fit sa Licence avec beaucoup d'éclat & de distinction.

En 1694. le Roi Louis XIV. le nomma Grand-Vicaire de Strasbourg, & il gouverna ce Diocése avec autant de zéle que de capacité. Il falloit un homme aussi ferme & aussi éclairé que Bloüet de Camilly, pour gouverner le Diocése de Strasbourg, infecté par un très grand nombre d'Hérétiques Luthériens. Il les combattit, & par lui-même, & par de sçavans Théologiens & Controvertistes, & en ramena plusieurs à l'Unité de l'Eglise.

En 1704. Thiard de Bissy ayant été nommé par le Roi à l'Evêché de Meaux, vacant par la mort du célèbre Benigne Bossuet, Sa Majesté Très Chretienne nomma à l'Evêché de Toul Bloüet de Camilly, le premier Mai de la même année; il prit possession de son Eglise le 7. Novembre 1705. par Procureur; fut sacré le 22. du méme mois par le Prince de Rohan-Soubise Evêque de Strasbourg, dans l'Eglise Cathédrale. La cérémonie se fit avec magnificence.

Bloüet de Camilly arriva à Toul, & y fit son entrée le 13. Décembre suivant, en partit aussi-tôt pour aller prêter son serment de fidélité au Roi. A son retour, il commença la visite de son Diocése, & donna la Confirmation à Toul, à Nancy à Lunéville & à Pont-à-Mousson (*q*).

Les différends commencés avec le Duc Leopold I. sous Thiard de Bissy, au sujet de la Jurisdiction Ecclésiastique, n'ayant pas été terminés, Son Altesse Royale, qui avoit cette affaire extrêmement à cœur, envoya à Bloüet de Camilly tout au commencement de son Episcopat un Cahier contenant plusieurs Articles, qu'il crut propres à concilier les intérêts & les prétentions communes sur cette matiere. Il fut accepté, & pour le bien de la paix, Elle fit réformer de son Code ce qui avoit déplu à la Cour de Rome.

Les Ducs de Lorraine depuis long-tems ont fait de grands efforts pour avoir un Evêché dans leurs Etats. Le Duc Leopold, sous la minorité du Roi Louis XV. entreprit d'en faire réussir le projet, & obtint du Pape que M. Firrao son Nonce en Suisse, fût envoyé à S. Diey en Lorraine, pour procéder aux informations sur ce nécessaires.

S. Diey est une Ville assez considérable, décorée d'un Chapitre insigne, & indépendant de l'Evêché de Toul; le Duc se proposoit d'y faire ériger un Evêché, comme en un lieu sujet immédiatement au S. Siége, & jouïssant des droits quasi-Episcopaux dans son Territoire exempt. Cependant Bloüet

---

(*m*) Composé par Jean Basin Chanoine de S. Diey.
(*n*) L'Abbaye de S. Diey étoit bâtie avant la Comtesse Richilde; mais elle lui a donné de grands biens, rapportés dans Ruyr, Antiquité des Vôges, pp. 260. 261. On ignore le tems auquel la Comtesse Richilde est décédée; elle fut enterrée dans le Sanctuaire de l'Eglise de S. Diey.
(*o*) Hugo, sacræ Antiquit. Monum. tom. 1. Præf.
(*p*) Abram, Hist. Uiuversitatis Mussip. lib. 1. art. 52.
(*q*) P. Benoît, Hist. Eccl. de Toul, p. 709.

de Camilly,

de Camilly, conjointement avec son Chapitre & M. l'Archevêque de Tréves, y formerent opposition. M. le Nonce envoya ses informations à Rome, & dans le tems qu'on les examinoit, & que tout paroissoit disposé à accorder cette Erection, la France s'y opposa de façon que la Cour de Rome n'osa passer outre.

Cependant nous avons appris de la bouche de feu M. Sommier Grand-Prévôt de S. Diey, & Archevêque de Césarée *in partibus infidelium*, que M. le Cardinal Coscia l'avoit chargé d'écrire au Duc Leopold, que la réüssite n'étoit pas si difficile, & qu'au moyen de certains arrangemens, il lui feroit remettre les Bulles d'Erection de S. Diey en Evêché; que S. Altesse Royale avoit répondu audit M. Sommier, qu'il avoit parole de M. le Duc d'Orléans son beau-frere, que dès qu'il ne seroit plus Régent du Royaume, il feroit passer la chose, ne le voulant pas faire pendant sa Régence pour des raisons particulieres. C'est ce que j'ai oüi dire plus d'une fois à M. de Césarée.

Bloüet de Camilly fut nommé à l'Archevêché de Tours en 1721. & y mourut en 1723.

Je ne parle pas des Mandemens & Lettres Pastorales, qu'il a données en différens tems & pour divers sujets.

A l'imitation des Evêques de Toul ses prédécesseurs, il a publié les Statuts Synodaux de Messieurs de Fieux & Bissy, recueillis & imprimés à Toul avec ceux de M. Begon, en 1722.

BLUMEL (Jean) Lorrain, a fait un Recueil intitulé, *Elegantiorum Poëtarum Flores*, imprimé à Lyon en un Volume in-16.

BOBAN (Dom Hypolitte) Lorrain, fit profession en l'Abbaye de S. Mihiel le 13. Août 1613. Il fut Prieur de S. Nicolas, de Saint Evre & de Senones, & Visiteur de la Congrégation en 1633. On le députa en 1634. avec l'Abbé de Haute-seille, pour faire la visite de toutes les Paroisses & des Eglises, qui composoient le Vicariat Apostolique de Badonviller, & dont la plûpart dépendoient du District spirituel de l'Abbaye de Senones. Nous avons les Statuts & Réglemens que lesdits Visiteurs firent pour le bon gouvernement de ces Paroisses dans le cours de leur visite. Ce Vicariat Apostolique avoit été institué en 1618. par autorité du S. Siége, & à la priere des Comtes de Salm, pour extirper l'hérésie qui s'étoit glissée dans ces Eglises, où il y avoit, au tems de la Visite dont nous parlons, beaucoup d'hérétiques & plusieurs nouveaux convertis.

Dom Boban fut le premier Religieux réformé, qui fut pourvu en 1634. du Prieuré de Mervaville dépendant de l'Abbaye de Senones, lequel s'en démit trois ans après entre les mains de Dom Sébastien le Rouge, Prieur de Senones.

Au commencement des troubles de la Lorraine, il se retira à Besançon, d'où il fut envoyé à Morteau pour y être Prieur. Là il ajoûta à la mortification, à l'austérité, à ses autres exercices de pénitence, le soin de la visite des malades, & celui d'entendre les Confessions, pendant deux ans entiers dans le tems de la peste & de la mortalité, avec tant de charité, de promptitude & de dévotion, que tout le monde le regardoit comme un homme vraiement Apostolique & un grand Saint. Ces exercices de charité lui méritèrent la récompense des Justes; il mourut dans le Monastere de Morteau dont il étoit Prieur, le 16. Novembre 1638.

BOIS; voyez *Dubois de Riocourt*, ci-après.

BOISSARD (Jean-Jacques) étoit né à Besançon en 1528. & non à Metz, comme quelques-uns l'ont avancé. Il avoit pour Pere Thiebault Boissard, & pour frere Richard Boissard, dont il fait mention dans ses Poësies. Il parle souvent de *jacques Pascaire* Lorrain son ami, & de *Clement de Treille*, dont nous dirons quelque chose dans leurs Articles.

Jean Jacques Boissard, après avoir beaucoup voyagé, & ramassé tous les anciens Monumens qu'il avoit rencontrés dans ses voyages, les laissa à Montbéliard, où ils furent presque tous dissipés dans le ravage que les Lorrains firent en Franche-Comté sous le Duc Charles IV. Boissard s'étant retiré à Metz, y ramassa les debris de ses Recueils, & les fit graver par Théodore Briu: ces Recueils sont imprimés en quatre Volumes in fol. sous le titre *De Romana Urbis Typographia & Antiquitates*. Il a fait aussi imprimer un autre Ouvrage, intitulé, *Theatrum vitæ humanæ*, contenant la Vie & les Portraits en taille-douce de 198. Personnes illustres. Voici le Titre entier de son Ouvrage: *Theatrum vitæ humanæ à J. J. Boissardo Vesuntione conscriptum, & à Theodoro Britio artificiosissimis Historiis illustratum, excusum Typis Abrahami Fabri Mediomatricorum Typographi, cum figuris aneis elegantissimis, Metis 1596. impensis Theodori Britii Leodiensis Sculptoris, Francofordiensis civis, in-quarto*. Abraham Fabert Imprimeur fut Pere du fameux Fabert Maréchal de France; nous parlerons ailleurs du Pere & du Fils. Nous avons encore de Boissard un Traité, *De Divinatione & magicis Præstigiis*, imprimé à Metz après sa mort en 1602.

Habitus variarum orbis Gentium, Habits

des Nations étrangeres, in-fol. oblong en 70. Estampes en tailles-douces 1581. dédiés à Mesdemoiselles Nicole & Louise de Vienne, filles de Messire Claude-Antoine de Vienne, Seigneur de Cleruant, Copet, &c. On y a gravé le Portrait de Jacques Boissard, de même que ceux des Demoiselles de Vienne : le tout est très bien enluminé.

Enfin, il a fait imprimer en un petit Volume in-12 à Basle en 1574. ses Poësies consistantes en trois Livres d'Epigrammes, trois Livres d'Elégies ; & trois Livres d'Epitres.

Il mourut le 30. Octobre 1602. dans la Ville de Metz ; ce qui a fait croire à quelques-uns qu'il y étoit né.

J'ai en mains le Portrait de Jean-Jacques Boissard, très bien fait en taille-douce. Il est représenté avec les cheveux fort courts, couronné de lauriers, avec une barbe médiocrement grande, & ces mots autour : JANVS JACOBVS BOISSARDVS VESVNTINVS ; & dans un autre cercle autour de la Médaille, ces mots Grecs : ΑΛωΤΑ ΓΙΓΝΕΤ ΣΠΙΜΣ ΑΣΙΑΚΑΙ ΠΟΝω ΑΠΑΤΑ, c'est-à-dire, tout est possible (vincible expugnable) par l'étude & le travail ; & dans un petit Cartouche qui est au bas de son Portrait, ces mots Grecs : ΦΙΛΟΠ ΟΝ ΟC ICOI, ΚΑΙ ΒΙΟΝ ΚΤΗCΗ. ΚΑΛΟΝ, c'est-à-dire, soyez laborieux, & vous vivrez heureux ; à la lettre, & vous aurez une bonne vie.

BON (Jean le) Médecin du Roi & du Cardinal de Guise, se dit dans ses Ouvrages *Heteropolitanus* ; c'est-à-dire, qu'il étoit d'Autreville, ou d'Outreville en Bassigny. Il a composé quelques Ouvrages Latins, comme ; *Abrégé de la propriété des Bains de Plombieres, extrait des trois Livres Latins de Jean le Bon Heteropolitain*, *Médecin du Roi & de M. le Cardinal de Guise*; dédié à la Reine, à Paris, chez Charles Macé 1576. petit in-8°. 47. feuilles. C'est le Bon lui-même qui a fait l'extrait de ses propres Livres Latins, puisqu'il a dédié celui-ci à la Reine, & signé l'Epitre Dédicatoire. Il en eut une seconde Edition en 1616. De plus, il a composé & fait imprimer, *Therapia Puerperarum*, item, *Etymologiton François de l'Heteropolitain*, à Monseigneur l'Illustrissime & Révérendissime Cardinal de Guise, à Paris, chez Denys Duprez 1572. L'Epitre Dédicatoire est signée le Bon, *in fol.* 52.

Il y a quelque apparence que l'Abrégé de la propriété des Bains de Plombieres est extrait de l'entier Discours de la vertu & propriété des Bains de Plombieres, par A. T. M. C. à Paris, Jean Hulpeau 1581. Ce Jean Hulpeau dans son Epitre à Pierre Ravin Médecin à Paris, dit avoir reçu ce petit Discours ; mais il ne dit pas de qui il l'a reçu petit in-octavo, fol. 46.

Mémoires communiqués par M. Sétroefflin de Strasbourg, Professeur en Histoires & en éloquence, qu'il avoit reçus de M. Falconet fameux Médecin à Paris.

Le Bon est cité par Jean Picard dans sa Cetropedie, imprimée à Paris in-quarto en 1556. p. 129. sous le nom de *Johannes Probus Heteropolitanus*, Village situé à quelques milles de Chaumont en Bassigny.

BONAVENTURE, Confesseur du Duc de Lorraine : on cite ses Recueils manuscrits ; je ne les ai point vûs.

BONNET (Jacques) a composé un Ecrit où sont contenuës les raisons du Duc de Lorraine en 1570. pour jouïr des droits Royaux aux Bailliages de Bar, la Marche, Chatillon-sur-Saône, Conflans & Gondrecourt. Cet Ouvrage est manuscrit dans la Bibliothéque du Roi ; Manuscrit de M. Dupuis, Vol. 417.

BONTEMS Chanoine de Metz. Meurisse Suffragant de Metz reconnoît à la fin de son Histoire des Evêques de Metz, qu'il a beaucoup profité des Cabinets de Bontems, Chanoine & Trésorier de l'Eglise de Metz, & de Praillon Maître Echevin : ils vivoient donc à Metz au tems de Meurisse en 1634. Le R. P. Benoît Capucin cite assez souvent les Manuscrits de Bontems ; je ne les ai point vûs.

BORCIER (Claude) né à Neufchâteau en Lorraine, entra dans la Société de Jesus en 1604. & y enseigna la Philosophie & la Theologie morale. Il fit ses trois vœux solemnels en 1622. & engagea les Religieux de l'Abbaye de S. Remy à rétablir dans leurs Monasteres la dignité & les fonctions des sept Religieux *Cardinaux*, que le Pape Leon IX. y avoit établis par un privilége particulier. Il mourut au Pont-à-Mousson en 1632. âgé de 48. ans. Il a composé en François *la Couronne de douze Etoiles*, imprimée à Charleville, chez Hubert Radulphe in-12.

BORDENAVE de Nancy Sculpteur. Il a fait, 1°. l'Epitaphe de M. Coquette aux Tiercelins de Nancy.

2°. Le Crucifix de la Paroisse de S. Evre de la même Ville.

3°. Une sainte Anne à Notre-Dame de Bon-Secours, Fauxbourg de la même Ville.

4°. Le Buste de Charles V. dans la façade d'une Maison, ruë de la Porte S. George, près le Pont-Moujea.

5°. L'Epitaphe de M. Carel dans l'Eglise d'Essey-lès Nancy, & quantité d'autres Ouvrages fort estimés dans le Pays.

Il est mort en 1724. Professeur de l'Académie de Peinture & Sculpture de Nancy. Il est enterré dans l'Eglise des Religieuses de S. Dominique de la même Ville.

BORDES (Jean) voyez ci-après *Desbordes*.

BOSSUET (Jacques-Benigne) né à Dijon le 27. Septembre 1627. d'une bonne Maison de Bourgogne. Son ayeul étoit Benigne Bossuet, qui ne pouvant entrer au Parlement de Dijon, parce que six de ses plus proches parens, un frere, deux neveux, trois oncles y étoient Conseillers, se transporta à Metz avec Antoine de Bretagne son oncle maternel, qui fut nommé Premier Président du Parlement que l'on y créa en 1633.

Benigne Bossuet y fut Conseiller, & mourut Doyen de ce Parlement, laissant deux fils, *Antoine Bossuet*, Maître des Requêtes & Intendant de Soissons, qui fut Pere de Louis aussi Maître des Requêtes, & de *Jacques-Benigne Bossuet*, dont nous parlons ici, qui fut d'abord nommé Chanoine de Metz le 27. Juin 1641. & ensuite Grand-Archidiacre le 27. Septembre 1654. & Doyen de la même Eglise le 27. Septembre 1664. Abbé de S. Lucien de Beauvais, Evêque de Condom en 1669. puis Evêque de Meaux en 1681. Précepteur de M. le Dauphin vers l'an 1670. & est devenu une des plus grandes lumieres de l'Eglise de France.

Il n'appartient à notre dessein que par sa demeure à Metz, & par ses qualités de Chanoine, Doyen & Grand Archidiacre de cette Eglise : aussi ne nous étendrons-nous pas beaucoup sur sa vie, que l'on trouve dans plusieurs Livres imprimés, & en particulier dans Morery. Le Pere Niceron, tom. 2. p. 248. de ses Mémoires, pour servir à l'Histoire des Hommes Illustres, & tom. 10. p. 92. a donné un Catalogue exact de ses Ouvrages.

M. Bossuet, après avoir fait ses premieres études à Dijon chez les R. P. Jesuites, alla les continuer à Paris en 1642. au Collége de Navarre, âgé seulement de quinze ans ; il y reçut le Bonnet de Docteur le 16. Mai 1652. Peu de tems après il se rendit à Metz dans le dessein de s'y établir. Il s'y fit bien-tôt distinguer par sa science & son zéle à combattre les Calvinistes, qui y étoient en grand nombre dès l'an 1655. Il fit imprimer dans la même Ville la réfutation du Catéchisme de Paul Ferry Ministre de la R. P. R. à Metz in-12. réimprimée à Paris.

Il s'adonna aussi à la Predication avec beaucoup de succès, & fut employé à des Missions dans les Pays-Messin, contre les Protestans. Ses amis lui conseillerent d'aller à Paris, & il s'y fit bien-tôt connoître par son rare talent pour la Chaire. Il eut l'honneur de prêcher devant le Roi l'Avent en 1661. & ensuite le Carême en 1662. Il prêcha souvent depuis en présence du Roi, de la Reine & de toute la Cour. Il fut nommé à l'Evêché de Condom le 13. Septembre 1669. mais ayant été nommé presque en même tems Précepteur de Monseigneur le Dauphin, il se démit, un an après, de son Evêché, pour s'appliquer tout entier à l'éducation du jeune Prince, pour lequel il composa sa *Politique Chrétienne*, tirée des propres paroles de l'Ecriture sainte. Cet Ouvrage a été imprimé après sa mort en 1709. Ce fut sur la fin des études de son auguste Eléve, qu'il composa son *Discours sur l'Histoire universelle*, qui fut rendu public en 1681.

Le Roi l'ayant honoré de la charge de Premier Aumônier de Madame la Dauphine en 1680. Il le nomma l'année suivante 1681. à l'Evêché de Meaux, qu'il a gardé jusqu'à sa mort arrivée à Paris le 12. Avril 1704. dans sa 77ᵉ. année.

Voici la Liste de ses principaux Ouvrages :

Plusieurs Oraisons Funébres imprimées dans le tems, & réimprimées depuis dans les Recueils de ces sortes de Piéces.

Exposition de la Doctrine de l'Eglise Catholique, Paris 1671. réimprimée plusieurs fois depuis, & traduite en toutes les Langues de l'Europe. M. Bossuet composa cet Ouvrage dès l'année 1668. en faveur de M. l'Abbé Dangeau ; & la conversion de cet illustre Abbé fut le premier fruit de ce fameux Ecrit. Celle du Maréchal de Turéne donna un nouvel éclat à ce Livre, qui a servi à l'instruction & à la conversion d'un grand nombre de Protestants.

Conférence avec M. le Ministre Claude ; à Paris 1682. in-12.

Traité de la Communion sous les deux espéces ; Paris 1682. in-12.

Lettre Pastorale aux nouveaux Catholiques de son Diocése de Meaux ; Paris 1686. in-quarto.

Catéchisme de Meaux ; Paris 1687. in-12.

Histoire des variations des Eglises Protestantes ; Paris 1688. in-quarto, 2. vol.

L'Apocalypse, avec une explication ; Paris 1689. in-octavo.

Explication de quelques difficultés sur les Prieres de la Messe, à un nouveau Catholique ; Paris 1689. in-12.

Prieres Ecclésiastiques pour aider le Chrétien à bien entendre le Service de la Paroisse ; à Paris 1689. in-quarto.

Piéces & Mémoires touchant l'Abbaye de

Joüare, avec une Ordonnance de Visite; Paris 1690. in-quarto.

Premier Avertissement aux Protestants sur les Lettres du Ministre Jurieu, contre l'Histoire des variations; à Paris 1689. in-quarto.

Second Avertissement en 1689. Troisiéme Avertissement; Paris en 1689. Quatriéme Avertissement & cinquiéme Avertissement sur le même sujet en 1690. Sixiéme Avertissement en 1690. in-quarto.

Défense des variations contre la Réponse de M. Basnage; Paris 1701. in-12.

Liber Psalmorum, *Lugduni* 1691.

Statuts & Ordonnances Synodales pour le Diocèse de Meaux; Paris 1691. in-quarto.

Lettre sur l'adoration de la Croix; Paris 1692. in-quarto.

Libri Salomonis, *Proverbia*, *Ecclesiastes*, *Canticum Canticorum*, *Sapientia*, *Ecclesiasticus cum Notis*; Paris 1693. in-octavo.

Maximes & Réflexions sur la Comédie; Paris 1694.

Ordonnances & Instruction Pastorale sur les états d'Oraisons; Paris 1695. in-quarto.

Méditations sur la rémission des péchés pour le tems du Jubilé; Paris 1696. in-12.

Epistola quinque Præsulum contra Librum cui titulus: Nodus Prædestinationis dissolutus, Auctore Cœlestino Sfondrato Cardin. Paris 1697. in-quarto.

Instruction sur les états d'Oraisons, où sont exposées les erreurs des faux mystiques de nos jours, avec les Actes de leurs condamnations; Paris 1697. in-octavo.

Declaratio Illustr. & Rev. Eccl. Principum, L, Anton. de Noailles Archiep. Paris. J. Benigni Bossuet Epist. Meld. Pauli de Godet Episcopi Carnotensis, circa Librum cui titulus: Explication des Maximes des Saints; Paris 1697. in-quarto.

Summa Doctrinæ Libri cui titulus: Explication des Maximes des Saints 1697. in-quarto.

Réponse à quatre Lettres de M. l'Archevêque de Cambray; Paris 1698. in-8°.

Divers Ecrits ou Mémoires sur le Livre intitulé, *Maximes des Saints*, Paris 1698. in-octavo.

Relation sur le Quiétisme; Paris 1698. in-octavo.

De nova Quæstione Tractatus tres, 1°. *Mystici in tuto*, 2°. *Scola in tuto*, 3°. *Quietismus redivivus*; Paris 1692. in-octavo.

Les Passages éclaircis, ou Réponse au Livre intitulé, *Les principales Propositions du Livre des Maximes des Saints, justifiées par des Maximes les plus fortes de saints Auteurs, &c*. Paris 1699. in-octavo.

Instruction Pastorale sur le même sujet, 1701. in-12.

Consultatio & declaratio Conventûs Generalis Cleri Gallicani anno 1700. in materia Fidei & morum, Paris 1707. in-quarto.

Ordonnance contre le nouveau Testament de Trévoux; 1702. in-12.

Seconde Instruction sur le même sujet; 1703. in-12.

Explication de la Prophétie d'Isaïe, chap. 7. 10. 14. & du Pseaume 25. Paris 1704.

Lettre de Bossuet à l'Abbesse & aux Religieuses de Port-Royal en 1664. Paris.

Justification des Réflexions sur le nouveau Testament, composé en 1699. contre le Problême Ecclésiastique; l'Isle 1710. in-12.

Elévations à Dieu sur tous les Mysteres de la Religion Chrétienne, imprimées après la mort de l'Auteur en 1728. Paris en deux Tomes.

Méditations sur l'Evangile, quatre Volumes in-12. Paris 1731.

Deffensio declarationis celeberrimæ, quam de potestate Ecclesiastica sanxit Clerus Gallicanus, 19. *Martii* 1682. imprimé à Genéve, deux Volumes in-quarto 1730.

On a imprimé à Paris en 1742. ou 1743. deux Ouvrages de M. Bossuet, l'un *sur le libre arbitre & la concupiscence*, & l'autre *sur la connoissance de Dieu & de Jesus-Christ*.

Enfin en 1749. on a imprimé au même lieu les Lettres de piété du même Prélat, deux Volumes.

En dernier lieu, tous les Ouvrages du même Prélat, en plusieurs Volumes in-quarto.

BOUCHER (Nicolas) Voyez ce que j'ai dit de Nicolas Boucher dans mon Histoire de Lorraine: il avoit été Précepteur du Cardinal de Lorraine Evêque de Metz, & du Cardinal de Vaudémont Evêque de Toul mort en 1585. Boucher fut nommé à l'Evêché de Verdun en 1587. & composa en 1592. un Ecrit intitulé, *Virdunensis Episcopatus Nicolai Bocherii ad DD. Judices Romæ in S. Rotæ Auditorio*, *Virduni ex Officina Richardi Georgii Typographi R. D. Episcopi Virdunensis* 1592. in-quarto. C'est un long Factum pour soutenir son droit à l'Evêché de Verdun, comme nommé par le Pape, contre un Chanoine de Verdun nommé de Remberviller, élû par le Chapitre: Boucher gagna son Procès en 1592.

Le Pere Abram Jesuite, dans son Histoire de l'Université du Pont-à-Mousson, dit que Boucher avoit écrit l'Histoire de la guerre du Duc Antoine de Lorraine, contre les Luthériens; je n'ai point vû cet Ouvrage (r).

(r) Je l'ai demandé inutilement aux R. P. Jesuites du Pont-à-Mousson.

De plus, il a écrit l'éloge du Cardinal Charles de Lorraine & de François de Guise, qui a été traduit du Latin en François par Jacques Tigeon Chancelier & Chanoine de Metz, imprimé à Reims in-quarto en 1579.

C'est l'Ouvrage de Boucher que nous avons en Latin sous ce titre : *Caroli Lotharingi Cardinalis, & Francisci Ducis Guisii, littera & arma in funebri Oratione habitâ Nanceii* ; imprimé à Paris in-quarto, chez Frederic Morel 1577.

Hist. de Verdun, pag. 478.

Long-tems auparavant il avoit donné des preuves de sa grande capacité, en composant l'*Apologie d'Aristote*, contre Omer Talon, qui avoit entrepris dans un Ecrit public de le faire condamner, comme opposé aux maximes du Christianisme. Nicolas Boucher en fit la réfutation, & la fit imprimer à Reims en 1562. in-quarto en 144. pages. Il dedia cette Apologie au Cardinal de Lorraine, qui le pourvut le 17. Avril 1556. d'un Canonicat en la Cathédrale de Reims, & le nomma deux ans après Supérieur de son Seminaire. Boucher le gouverna avec beaucoup de sagesse & de zéle jusqu'en 1574. qu'il fut choisi pour Précepteur des jeunes Princes de la Maison de Lorraine, qu'on envoya au Collége de Reims, & ensuite en l'Université de Pont-à-Mousson.

Il fut nommé à l'Evêché de Verdun pendant les vacances du mois d'Octobre 1587. sans qu'il eût employé ni prieres ni recommandation, pour obtenir cette dignité ; il eut pour Compétiteur Jean de Remberviller élu par le Chapitre. On peut voir la vie de Boucher dans l'Histoire de Verdun, p. 477. & suivantes. Boucher mourut à Verdun le 19. Avril 1593. fut inhumé dans sa Cathédrale.

Voici l'Epitaphe qu'on mit sur sa Tombe, placée dans la Nef de sa Cathédrale, vis-à-vis la Chaire du Prédicateur : c'est une Tombe de marbre noir élevée d'un pied, autour de laquelle il avoit ordonné qu'on graveroit ces mots : *Episcopi locus primus ad implendum Officium, Cathedra* ; pour marquer que le premier devoir d'un Evêque, étoit la Prédication, devoir dont il s'étoit toujours acquitté avec beaucoup de zéle ; ses parens firent mettre sur sa tombe ce qui suit :

D. O. M.

„ N. Bocherio Episcopo, & Comiti Virdunensi, à Cernaco in Dormiso, Philosophiæ & Theologiæ Doctori, Seminarii Remensis Gymnasiarcho, trium Principum Cardinalium, Lotharingii, Vademontani, & Guisii Præceptori dignissimo, Ecclesiastæ assiduo, hæreseon expugnatori Alexiaco, multorum voluminum Auctori emendatissimo, anno Domini 1593. Pontificatûs sui quinto, Aprilis 19. postero die Paschæ, magno populi totius luctu extincto, P. & N. Bocherii & N. Millet, ex fratre & sorore nepotes mœstissimi posuêre. Vixit annos 64. menses 5. dies octo.

Requiescat in pace.

Son cœur fut transféré à Cernay en Dormois, proche Grandprez dans le Diocése de Reims, où il avoit pris naissance, & y fut enterré devant le grand Autel.

BOULANGER (Dom Philibert) Benédictin de la Congrégation de S. Vanne, fit profession en l'Abbaye de S. Vanne de Verdun le 8. Septembre 1636. né à Châlons-sur-Marne, mort à S. Vanne le 24. Octobre 1707. a composé vers l'an 1707. une Dissertation, pour prouver que le Corps de saint Urbain premier Pape & Martyr repose en l'Abbaye de S. Urbain en Champagne, & qu'il avoit été donné en 862. par le Pape Nicolas I. à des Religieux de S. Germain d'Auxerre, que l'Empereur Charles-le-Chauve avoit envoyé en Ambassade à Rome vers ce Pape ; que cet Empereur laissa le Corps de S. Tiburce, qui avoit aussi été apporté de Rome, à Auxerre, & qu'il fit transporter celui de S. Urbain en l'Abbaye qu'il venoit de faire construire sous l'invocation de ce S. Pape & Martyr.

Il répond à ce que dit le Cardinal Baronius, que le Cardinal Sfondrate, sous le Pontificat du Pape Clement VIII. en 1599. découvrit les Corps de sainte Cécile, de S. Valerien, de S. Tiburce, de S. Urbain & de sainte Luce ; il répond, dis-je, que l'on put découvrir quelques Ossemens de S. Urbain ; mais que cela ne doit pas détruire la Tradition de l'Abbaye de S. Urbain, qui a toujours cru, comme elle le croit encore, posséder le Corps de ce S. Pape, ou tout entier, ou du moins la plus grande partie ; qu'en 1655. la Châsse du Saint ayant été ouverte & visitée solemnellement en sa présence, on y avoit trouvé la plus grande partie de ses Ossemens avec son Chef.

BOULAY (Edmont du) Héraut d'Armes de Lorraine sous les Ducs Antoine, François I. & Charles III. (s) a composé plusieurs Ouvrages, par exemple, *les Généalogies des Ducs de Lorraine* ; à Metz 1547. Cette Edition est meilleure & plus ample, que celle de Paris en 1549.

La Vie & le Trépas des deux Princes de paix,

(s) Le P. Abram, Histoire de l'Université du Pont-à-Mousson dit que du Boulay étoit de Reims.

le bon *Duc Antoine*, & *le sage Duc François*, in-quarto, Metz 1547. Du Boulay étoit dans les mêmes principes que le Pere Jean d'Aucy ; il fait descendre nos Ducs des Troyens ; il cite pour son garant l'ancien Historiographe Hunibaldus, qui fleurissoit du tems de Clovis I. & écrivit après le Philosophe Drachus & le vieil Historien Waltaldus, douze Livres dits Chroniques & Annales de Troye la Grande.

Dialogues des trois Etats de Lorraine sur la Nativité du Prince Charles fils aîné du Duc François, avec la Généalogie de tous les Rois & Ducs qui ont régné en Austrasie depuis Adam jusqu'au Prince Charles ; le tout en Vers, in-fol. imprimé en 1543.

Peroraison ou Supplément, où sont contenuës plusieurs Lignes Collatérales des Rois d'Austrasie & Ducs de Lorraine ; imprimé à Paris en 1550.

Le Blazon des Ducs de Lorraine, Manuscrit en Vers.

Le très excellent Enterrement de Claude de Lorraine Duc de Guise enterré à Joinville, in-octavo, Paris chez Adrian Taupinart 1620.

Le Catholique Enterrement du Révérendissime & Illustrissime Cardinal de Lorraine Evêque de Metz, à Paris in-octavo par Lazare Grehez 1550.

Item, *le Combat de la chair & de l'esprit*, à Paris in-octavo par Giles Cornet. A la fin de la vie des Ducs Antoine & François, on lit qu'on trouve encore parmi les Oeuvres de du Boulay le Sommaire des grandes avantures survenuës au monde depuis l'Enterrement du Duc François, jusqu'au mois de Juillet 1547. auquel son Livre fut achevé.

Comme du Boulay étoit Héraut d'Armes de Lorraine, son principal objet étoit le Blazon & les Cérémonies des Funérailles. Ces choses étoient alors fort à la mode dans ce Pays-ci ; il dit qu'il avoit recueilli avec soin de toutes les antiquités du Pays, la maniere d'enterrer les Ducs de Lorraine, qu'il communiqua à Jean de Burges Seigneur de Rimecourt, & au Pere Jean d'Aucy, qui lui prêterent plusieurs anciens Mémoires conformes à son dessein ; il en composa son Cérémonial, qui fut approuvé par les Princes, auxquels il le présenta. Je n'ai point vû ce Cérémonial, & il n'est pas connu dans le Pays.

Le Pere Benoît Picard Capucin, dans sa Réplique à Baleicourt, p. 143. attribuë à du Boulay la Chronique de Lorraine : ce qui me paroît fort probable. L'Auteur de cette Chronique ne va que jusques au Duc Antoine, sous lequel vivoit du Boulay ; mais ce dernier a beaucoup pris du Pere Jean d'Aulcy Cordelier. Voyez cy-devant *Aulcy*.

J'ai en main le Manuscrit original de la Chronique de du Boulay, qui est mutilé au commencement. Le premier Duc dont il parle, est Godefroy I. il finit au Baptême du Duc Antoine ; il est dans les mêmes principes que le Pere d'Aulcy. Il promet souvent une Histoire plus ample de nos Ducs ; il donne le Blazon des Armes, & la Dévise de chacun d'eux ; il décrit avec soin les Cérémonies, les Processions, les Enterremens, & copie Champier jusques dans ses fautes : par exemple, lorsqu'il dit que le Duc René II. mourut dans la maison d'un Gentilhomme nommé Fains ; au lieu de dire qu'il mourut au Château du Village de Fains. L'Auteur étoit domestique du Duc Antoine, puisqu'il dit qu'il lui a souvent ouï dire qu'il s'étoit souvenu tous les jours de sa vie, des bonnes instructions du Roi René II. son Pere.

A la tête de la vie de chacun des Princes, il met le nom du Duc, son âge, le nom de son Epouse, & sa dévise ; par exemple, sur Guillaume de Boüillon, frère de Godefroi de Boüillon, qu'il fait Pere du Duc Thierri ; il met, *Guillaume* 43°. *Duc de Lorraine*, & 10°. *Marchis, sa femme Alide de Champagne* ; *la Dévise de Guillaume*, Quod fuit ; *celle d'Alide*, Est & erit. Le Blazon des Armes de Guillaume, d'or à la Bande de Gueule munie de trois Alérions d'argent ; le Blazon des Armes de la Duchesse Alide, d'Azur à la Bande d'argent, cotisé de deux doubles cotises, potencé, contrepointé de douze pieces d'or.

Sur Thierri Duc de Lorraine, qu'il fait fils de Guillaume de Boüillon, au lieu qu'il est fils de Gerard d'Alsace ; *Théodoric* 44°. *Duc de Lorheigne* & 11°. *Marchis* ; sa Dévise : Nil nimium. Son Epouse *Berthe de Moselaine* ; sa Dévise, Fac & spera. Le Blazon des Armes de Théodoric, d'or à la Bande de Gueule, munie de trois Alérions d'argent. Le Blazon des Armes de la Duchesse Berthe, de Gueule à l'Aigle à deux têtes.

Du Boulay a écrit en Vers le Voyage du Duc Antoine, vers le Roi François I. en 1543. imprimé in-octavo, à Paris 1549.

Outre les Ouvrages dont j'ai parlé, le P. Marquet Chanoine-Régulier, Curé de S. Bon, a en mains un Manuscrit en velin, contenant les Poësies d'Edmond du Boulay, fait à l'occasion du Mariage du Duc François I. avec Christine de Dannemarck, où il fait parler la Lorraine, l'Empire, tous les Etats de Lorraine, qui y font chacun leurs Personnages. Du Boulay n'étoit ni bon Poëte, ni bon Historien ; mais très affectionné aux Princes ses Maîtres, & très zélé pour leur gloire.

M. de Corberon premier Président du Conseil Souverain d'Alsace, m'a fait la grace, il y a quelque tems, de m'envoyer divers Recueils manuscrits, parmi lesquels il s'en trouve plusieurs qui sont de la façon d'Edmond du Boulay, & lui ont appartenu. Il y a, entre autres, un Recueil manuscrit de plusieurs Chartres, ou fausses ou altérées, pour prouver la Généalogie des Ducs de Lorraine, comme descendus de S. Arnoû par Martin, Clodulphe, Lampert, Lother, Frideric, Sadiger, S. Ludvin Archevéque de Tréves, Renier, Gislibert, Rigimer, Godefroy de Boüillon, Goulon, Godefroy le Bossu, Guillaume de Boüillon, qu'il fait Pere du Duc Thierri, qui est fils immédiat & indubitable de Gerard d'Alsace.

Plusieurs de ces Titres sont visiblement faux, & François de Roziere qui a vécu après du Boulay, paroît les avoir pris de la même source.

Quand il vient aux Ducs de Lorraine, successeurs de Thierry d'Alsace, il leur donne bon nombre d'enfans absolument inconnus aux Généalogistes ; & afin qu'on n'ait pas lieu de l'accuser d'infidélité, il met ordinairement, *Voici le nom de mes fils, tant vivans que morts.* Il fait des fautes énormes contre la Chronologie : par exemple, dans les Titres prétendus de l'Abbaye de Morimond, il met les dattes plus de cent ans avant la Fondation de ce Monastere. Ce sont des faux Titres qui ont séduit nos anciens Historiens, & qui ont gâté l'Histoire de Lorraine.

Dans quelques-uns de ces Manuscrits, on trouve les jours & les dattes de la naissance, mort & mariage des Enfans de la Maison de Guise, marqués fort exactement. Il rapporte les Cérémonies observées dans les Baptêmes de ces Princes & Princesses, & dans leurs Mariages. On y trouve aussi les Cérémonies de l'an révolu de la Duchesse Claude de France, & des Obséques de la Princesse Anne de Lorraine sa fille, & de la Princesse Claude de Lorraine aussi sa fille ès années 1575. & 1576. &c.

Mais ce que j'admire le plus, c'est qu'après avoir rapporté la mort de Renée de Bourbon Duchesse de Lorraine, Epouse du bon Duc Antoine, arrivée à Nancy le 26. de Mai 1529. Il décrit fort au long les Cérémonies de ses Obséques, faites tant aux Cordeliers de Nancy, qu'à l'Eglise de saint George de la même Ville. Dans un autre endroit, il fait transporter son corps à Paris, puis le fait enterrer à S. Denys au caveau des Rois, marquant jour par jour ce qui est arrivé, & comme elle a été reçuë dans les lieux qui se sont rencontrés sur sa route, depuis Tours en Tourenne jusqu'à Paris.

Il ajoûte que son cœur fut porté le 13. Mars 1540. aux Chartreux de Nantes. Il raconte tout cela non seulement comme Auteur contemporain, mais même comme témoin oculaire. Il dit que le Samedy 3. Février 1540. le corps fut porté à l'Eglise de S. Laurent de Viron ; de là il fut porté par S. Diey sur Loire, à S. Laurent, à Notre-Dame de Clery, où il arriva le Dimanche, de là à Blois ; le Jeudy à Orléans, le Lundy à Astenay, le Mercredy à Janville, le Jeudy à Augerviller, d'Augerviller à Estampes, le Samedy à Monthery, le Dimanche à Notre-Dame des Champs ; le Mercredy 14. Février à Notre-Dame de Paris ; de là à S. Ladre, ou S. Lazare, & enfin à S. Denys.

Cependant on m'écrit de Nancy, que la Princesse Renée de Bourbon fut inhumée aux Cordeliers de Nancy, qu'on y voit son cercueil dans le Caveau des Ducs ; que le Nécrologe des Cordeliers porte expressément qu'elle repose dans leur Eglise, & qu'enfin Edmond du Boulay lui-même marque la même chose dans ses Oeuvres imprimés. Tout cela peut faire douter que le récit que j'ai rapporté de son Enterrement, soit d'Edmond du Boulay ; mai il démontre toûjours le mauvais goût de nos anciens Historiens, & leur penchant pour la fable & les fictions.

J'ai encore du même Auteur, *Fragmen Genealogiæ Ducum Lotharingiæ*, Ouvrage peu correct.

Item, *Fragmen Genealogiæ Ducum Guebriæ*.

Item, Généalogie des Marquis de Montferrat.

Item, Généalogie des Comtes de Ligny.

Item, Généalogie des Comtes de Briey.

Item, comment un Héraut-d'Armes doit rendre son serment.

Item, la Cérémonie des Obséques de Madame la Princesse, Marguerite d'Egmond, Comtesse de Vaudémont, Epouse du Prince Nicolas de Vaudémont, inhumée aux Cordeliers de Nancy.

Item, Ordonnance pour les Obséques de M. le Baron de Château-Biraud.

Item, l'Ordre du Convoy observé aux Obséques de haut & puissant Prince Jean, Comte de Salm.

Item, l'Ordre du Convoy observé aux Obséques de feu très illustre Prince Charles Duc de Gueldres en 1538.

Item, j'ai de la même main les vies des Ducs Ferry III. Thiébaut II. Ferri IV. Raoul, Jean I. Charles II. René I. mais elles sont différentes en plusieurs choses peu importantes de la vie des Ducs de Lorraine, que nous croyons être l'Ouvrage du même Edmond du Boulay.

Item, les Ordonnances des Vigiles, Services & Obsèques des très puissans Princes & Ducs de Lorraine Thiébaut, Frideric, Rodolphe, lesquelles on fit en l'Eglise Notre-Dame de Beaupré, Ordre de Citeaux.

Item, les Ordonnances des Vigiles, Services & Obsèques de très puissante Princesse & Duchesse de Lorraine, Madame Catherine de Montferrat, fille du Comte de Stambourg & Rumigny, Epouse du Duc Thiébaut. Elizabeth fille d'Albert Duc d'Austrie, ou d'Autriche, Empereur de Rome, femme du Duc Raoul, lesquelles on fit en l'Eglise de l'Abbaye de Beaupré, & singulièrement de Madame Marie de Blois, qui furent faites le dernier jour d'Octobre 1330.

A la tête des Antiquités de la Gaule Belgique par Richard de Wassebourg, on lit cette Epigramme par Edmond du Boulay, premier Héraut & Roi d'Armes de Lorraine.

*Face qui veult pour l'Asie & l'Affrique;
Car pour l'Europe & la Gaule Belgique
Assez a fait Richard de Wassebourg, &c.*

Edmond du Boulay Héraut d'Armes de Lorraine & Barrois, dit Clermont, fut annobli le..... 1543. (1), & portoit d'argent à un Chevron de Gueule, cantonné de trois Cottes d'Armes d'azur, bordées d'or.

Mémoires fournis.

BOURCIER (Jean-Leonard Baron de) d'une noble & ancienne Famille dans la Robe, naquit au mois d'Août 1649. dans la Ville de Vezelize, Capitale du Comté de Vaudémont, où son Pere qui étoit d'un mérite distingué, occupoit la charge de Lieutenant-Général.

C'étoit un tems de malheurs & de désolation, qui avoit été précédé tout-à-la fois de la guerre, de la peste & de la famine; en sorte que la Province qui avoit été abandonnée depuis plus de 16. ans par le Souverain, n'étant plus qu'un affreux désert, les Personnes les plus distinguées, pour avoir de quoi vivre, ou ne pas croupir dans l'inaction & dans l'obscurité, s'étoient vûes réduites à la triste ressource d'occuper des emplois bien inférieurs à ceux qu'ils auroient eû droit de posseder dans des tems plus heureux.

L'esprit du Baron de Bourcier se développa d'adord d'une maniere étonnante; à sept ans il parloit familiérement Latin; jamais dans toutes ses Etudes, il ne quitta la premiere place, & il soutint à Pont-à-Mousson ses Théses de premier Assesseur & de Prince de l'Académie, avec plus d'applaudissement que jamais personne n'en reçut avant lui.

En 1667. il commença dans la même Ville son cours de Droit, qu'il continua en 1668. mais, non-obstant ses progrès, ne se sentant alors aucune inclination pour le Bareau, il prit la Tonsure, & se rendit à Lyon, où il étudia la même année & la suivante en Théologie, sous le R. P. de la Chaise, qui depuis fut si long-tems & avec tant d'éclat & d'autorité Confesseur de Loüis XIV. & dont il reçut dans la suite en plusieurs occasions des marques singulieres de distinction & de bienveillance.

Mais son Pere ayant souhaité qu'il continuât son Droit, il l'acheva à Aix en Provence. Il revint en 1669. prendre ses Licences à Pont-à-Mousson, & en 1670. étant allé à Paris, il s'y fit recevoir Avocat au Parlement, & suivit le Bareau jusqu'à la fin de 1672. qu'il partit pour les Pays-Bas, où il séjourna quelque tems par pure curiosité.

Il revint en Lorraine en 1673. & l'année suivante il fut obligé d'aller à Metz, pour un Procès facheux que l'on y poursuivoit au Parlement contre son frere au sujet d'une galanterie, dont les suites avoient été plus sécondes qu'il n'auroit souhaité.

Cette affaire faisoit un grand éclat par rapport à la naissance & à l'état de la plaignante; mais le Baron de Bourcier ayant composé & fait imprimer à ce sujet plusieurs Mémoires, non seulement il parvint à justifier en quelque maniere la conduite de son Client; mais encore il s'acquit lui-même un si grande réputation, & reçut de son Ouvrage tant d'applaudissemens, qu'ils le déterminerent à s'établir à Metz, & à s'y faire recevoir Avocat, comme il avoit fait à Paris.

Il en commença les fonctions en 1675. & ce fut avec tant de succès, qu'il y acquit d'abord la même réputation que celle des Avocats les plus célebres, & les plus consommés dans la profession du Bareau.

Il écrivoit & plaidoit également bien; son stile étoit pur & châtié, sa composition coulante, ses expressions nobles & énergiques, ses raisonnemens solides, suivis & convainquans.

Comme il possédoit parfaitement le Droit Civil & Canonique, de même que la Jurisprudence Françoise, & les Maximes du Palais, il sçavoit en faire de justes applications, concilier l'ancien stile avec le nouveau, & à en tirer les conséquences avec une exactitude infinie.

Sa déclamation étoit belle, sa voix sonore,

(1) C'est une confirmation de Noblesse du Duc Antoine. Edmond du Boulay avoit été annobli par François I. Roy de France.

son geste expressif, les yeux pleins de feu & de vivacité, sa phisionomie agréable, & son port grand & majestueux ; en un mot, il possédoit toutes les parties d'un parfait Orateur, & son éloquence étoit si flateuse & si persuasive, qu'on l'appelloit communément *La Bouche d'or.*

En 1678. il fit un second voyage à Paris, où il se rendit très assidu au Parlement, qu'il considéroit avec raison comme la meilleure Ecole du Royaume.

Il y étoit encore au mois de Janvier 1679. lorsque son Pere étant mort à Vezelize dans un âge très avancé, il fut obligé de revenir en Lorraine, d'où après avoir satisfait aux devoirs de la nature & de la Religion sur la perte qu'il venoit de faire, il se rendit à Metz, pour y continuer sa Profession.

En 1680. il acheta dans la même Ville la charge d'Avocat-Général à la Table de marbre ; il se maria en 1684. & la même année Louis XIV. ayant fait la conquête de la Ville de Luxembourg, ce Monarque y confirma le Conseil Provincial, dont le Baron de Bourcier fut fait Procureur-Général.

Le premier soin du nouveau Magistrat, fut d'y défricher un sol absolument stérile, de recueillir & de faire imprimer en un Corps les Edits & Réglemens, qui avoient été donnés précédemment pour la Province ; d'y joindre les Ordonnances qui y furent publiées depuis la nouvelle Domination ; de donner pour une parfaitte administration de la justice des Régles qui jusqu'alors y avoient été inconnuës, & de réformer quantité de mauvaises pratiques & d'abus, que la grossiereté de la nation avoit introduits dans les fonctions de la Judicature & du Bareau.

C'étoit un grand Ouvrage, & il en vint à bout. Il dressa lui-même un stile pour l'instruction des Procés tant civils que criminels dans le goût de celui de Gauret ; il fit établir par une Ordonnance, dont il minuta le projet, l'usage qui n'avoit jamais été pratiqué de plaider de vive voix ; & ce fut de toutes les entreprises celle qui lui coûta le plus de peine, & où il trouva le plus d'opposition.

En un mot, il étoit uniquement occupé aux devoirs de son ministere, dont les commencemens furent d'autant plus pénibles, que l'Allemand étant la Langue vulgaire de la Ville de Luxembourg & de toute la Province, & les Titres publics & particuliers ne se trouvant pour la plûpart rédigés que dans le même idiome, il se vit indispensablement obligé de l'apprendre ; mais, quoique ce soit une Langue très difficile, & qu'à moins qu'on ne s'y applique de jeunesse, il n'est

guéres possible de la sçavoir, & sur-tout de la prononcer ; cependant à l'âge de plus de 35. ans il résolut d'en surmonter les obstacles ; il s'y appliqua nuit & jour, il prit un Maître, & dans trois mois de tems il parvint à la parler passablement, à l'entendre très bien, & à en déchiffrer les caracteres les plus informes & les plus anciens.

Tout le Public en fut étonné, & même aujourd'hui l'on en parle encore dans la Province, comme d'un prodige de l'esprit humain.

Son zéle & ses travaux étant bien-tôt parvenus à la connoissance du Roi, il en fut gratifié en 1686. d'une Pension annuelle de 1200. liv. & quelque tems après, ayant fait construire pour les Audiences un très bel Auditoire, il eut soin de faire placer sur le grand Portail du Palais, le Buste de son auguste Bienfaiteur.

Mais, quoiqu'il eût à Luxembourg tous les agrémens imaginables, & qu'il y fût aimé, révéré & consulté de tout le monde, cependant comme la vivacité de l'air ne convenoit point à son tempérament, qu'il n'y avoit presque point d'années qu'il n'essuyât quelque maladie dangereuse, & que d'ailleurs l'on étoit persuadé de l'avénement prochain du Duc Leopold dans ses Etats, il se détermina en 1695. à vendre la charge qu'il exerçoit depuis dix ans, & à retourner à Metz, où il se fit gloire de reprendre les fonctions d'Avocat, qu'il remplit avec d'autant plus de distinction, que l'emploi qu'il venoit de quitter paroissoit à donner plus d'éclat & de relief, & que d'ailleurs il avoit encore acquis plus de capacité.

Mais au mois de Janvier suivant, il eut ordre de Sa Majesté de retourner à Luxembourg, & d'y faire l'Inventaire des Papiers déposés dans les Archives publiques, dont le travail l'occupa pendant près de cinq mois, avec une application continuelle.

Il fit ensuite un voyage en Allemagne, & revint à Metz, où, quoiqu'il eût cessé d'être Officier du Roi, ce Monarque, pour témoigner toute la satisfaction qu'il avoit de ses services, voulut bien lui continuer la Pension de 1200. liv. dont il jouït jusqu'à ce qu'il eût été appellé en Lorraine par le Duc Leopold, qui fut rétabli dans ses Etats, en exécution du Traité de Risvick conclu au mois d'Octobre 1697.

Ce Prince n'y arriva qu'au mois de Mai 1698. & aussi-tôt le Baron de Bourcier ayant quitté Metz pour s'établir à Nancy, il fut honoré, au mois d'Août suivant, des deux Charges de Procureur-Général, & d'Avocat-Général à la Cour Souveraine de Lorraine &

Barrois. En 1699. il fut fait Conseiller d'Etat, & la même année il perdit Claude-François de Bourcier son frere aîné, homme d'un génie profond & d'une éloquence supérieure, le même qui avoit essuyé en 1674. un Procès critique au Parlement de Metz, & auquel il avoit résigné sa Charge d'Avocat-Général ; mais qui mourut avant que d'en avoir commencé les fonctions ; en sorte que le Baron de Bourcier rentra dans la possession de cet emploi, dont les occupations continuelles, tant à la Cour qu'au Conseil d'Etat, l'obligerent à se démettre une seconde fois sur la fin de l'année 1700. en faveur du sieur Pillement de Russange, Doyen de la Faculté de Droit à Pont-à-Mousson.

Dans le cours de ces deux années 1699. & 1700. il y eut entre la Cour Souveraine & l'Evêque de Toul de grandes difficultés au sujet de la Jurisdiction Ecclésiastique & Séculiere, où le Baron de Bourcier, comme Procureur-Général, soutint toujours avec autant de zéle que de capacité, les Droits de la Couronne & de l'Etat.

C'est même à cette occasion qu'il fit un Poëme François qui fut fort applaudi, & où l'on reconnoît tant de goût, d'art & de méthode, qu'on convient que si l'Auteur s'étoit adonné à ce genre de Littérature, il eût été aussi bon Poëte, qu'il étoit grand Orateur.

Dans le même tems le Duc Leopold voulant faire un Réglement Général pour l'administration de la justice, il nomma plusieurs Commissaires pour examiner le projet que son Procureur-Général en avoit dressé ; & les Articles en ayant été arrêtés & agréés du Législateur, le Code fut imprimé & rendu public en 1701.

Mais, comme il contenoit différentes dispositions au sujet de la discipline extérieure de l'Eglise, la querelle s'échauffa beaucoup plus fort qu'auparavant, & le Code ayant été dénoncé à Rome, le Pape le censura par un Bref datté du 22. Septembre 1703.

Le huit Novembre suivant, le Procureur-Général en ayant interjetté Appel, son Acte fut censuré l'onze Février 1704. comme le Code l'avoit été précédemment.

Cet Acte d'Appel, qui peut passer pour un Chef-d'œuvre, fut inséré dans toutes les Nouvelles publiques, & applaudi jusqu'au delà des Monts.

En la même année 1704. le Duc Leopold, pour calmer la Cour de Rome, chargea son Procureur-Général de travailler à une explication du Code, sous le titre d'*Ordonnance ampliative* ; mais elle essuya bien-tôt, de la part de Sa Sainteté, le même sort que le Texte & l'Acte d'Appel.

Dans l'intervalle de tous ces mouvemens, il y eut diverses reprises des Conférences entre les Ministres du Souverain, & l'Evêque de Toul en personne, pour tâcher de parvenir à quelques ajustemens.

Le Procureur-Général proposoit les matieres, & soutenoit parfaitement les droits de son Maître ; on y répondoit de la part du Prélat, & de ceux qui le secondoient ; & quand on avoit passé quelque Article, le Procureur-Général en minutoit la résolution.

Mais comme il ne fut jamais possible de s'accorder sur les objets les plus importans, le Duc Leopold se détermina à envoyer en Cour de Rome, son Procureur-Général, avec le Marquis de Lénoncourt-Blainville, le Comte de Spada, & l'Abbé de Nay du Plateau.

Ils se rendirent par la Suisse à Milan, où le Prince de Vaudémont qui en étoit Gouverneur, leur fit à tous l'accueil du monde le plus gracieux. Les Envoyés continuerent leur voyage jusqu'à Florence, où il ne resta que le Baron de Bourcier, qui ne devoit point passer outre, qu'on ne sçût auparavant comment il seroit reçu.

Mais peu de tems après, ses Collégues lui ayant marqué qu'il ne seroit pas en sûreté à Rome, ce Magistrat, pour se soustraire aux Procédures d'un Tribunal redoutable, retourna sur ses pas jusqu'à Boulogne, & s'y étant embarqué, il continua son voyage par eau, pour se rendre à Venise, où il n'aborda le 2. Janvier 1705. qu'après avoir essuyé un orage, qui, quoique violent, lui parut encore moins dangereux que celui de l'Inquisition.

Il y passa son hyver ; ensuite il s'exposa à faire un Pélerinage à Notre-Dame de Lorrette, où ayant été reconnu par un Prêtre, qu'on avoit condamné en Lorraine, sur ses Conclusions, à une peine infamante, il jugea prudemment qu'il ne lui convenoit pas d'y faire un long séjour.

Quelque tems après, il reçut ordre de se rendre à Milan, & de là à Vienne en Autriche, d'où, après deux mois de séjour & de travail, il revint au commencement du mois d'Août en Lorraine, pour y reprendre les fonctions de son ministere.

Mais en 1706. il fut attaqué d'une grande fluxion de Poitrine, & d'un polipe aux narines, dont le passage en fut tellement occupé, que le malade ne respiroit plus que par la bouche ; mais après neuf mois de douleurs & d'inquiétudes, s'étant enfin déterminé à l'opération, elle fut très heureuse, & aussi-tôt après l'extirpation du corps étranger, sa santé commença à se rétablir.

Il passa dans cet état une partie de l'année 1706. & au Printems de l'année suivante, étant allé prendre les Eaux de Bussang à la source de la Moselle, il en revint parfaitement guéri.

L'Ambassade de Rome n'ayant point réussi, il fallut en la même année 1707. retrancher du Code tous les Articles concernant l'Eglise : on mit en même tems les autres matieres dans un ordre plus méthodique, & le Procureur-Général fut encore chargé de la nouvelle Compilation, de même que de la rédaction de l'Acte de Cession, que le Duc Leopold fit alors au Prince de Vaudémont pour sa vie, de la Souveraineté de Commercy.

En 1708. Ferdinand-Charles de Gonzague Duc de Mantouë étant décédé, le Duc de Lorraine, comme son plus proche héritier, se disposa à recueillir sa succession, de laquelle dépendoit la Principauté d'Arches & de Charleville, aussi-bien que le Duché de Montferrat. C'est pourquoi le Marquis de Trichâteau & le Procureur-Général furent envoyés, en qualité de Commissaires de ce Prince, pour prendre possession en son nom de Charleville, où la Cérémonie s'en fit le trois Août, en présence du Gouverneur & des Officiers de Police, Justice & Finances, que le Procureur-Général harangua, & qui prêterent en conséquence le serment de fidélité.

Mais le Parlement de Paris, & ensuite le Conseil d'Etat ayant, par deux Arrêts, annulé tout ce qui étoit fait à cet égard, les choses sont depuis restées à ce sujet sur le même pied qu'auparavant, quoique le Procureur-Général, qui avoit été député exprès en France, y eût présenté sur la matiere plusieurs Mémoires qui parurent bien rédigés, mais dont les raisons ne furent pas jugées suffisantes.

Il fut encore chargé de la preuve des droits de son Maître sur le Montferrat, & les Ouvrages qu'il a faits sur ces deux objets, sont immenses ; mais il en a donné la substance dans deux Mémoires qui ont été imprimés & rendus publics.

Comme on travailloit alors au grand ouvrage de la Paix, ce Magistrat fut nommé en qualité d'Envoyé extraordinaire, pour se rendre à la Haye, où il arriva le 2. Juin 1709.

Après une année de résidence en Hollande, il obtint permission de retourner, pour ses affaires domestiques, en Lorraine, où il arriva le 24. Juin 1710. & aussi-tôt s'étant rendu à Lunéville, pour y rendre compte de l'état de sa Commission, le Duc Leopold lui fit l'honneur de l'admettre à sa table, par une distinction qu'il n'accordoit à aucun homme de Robe, dans les lieux où il tenoit ordinairement sa Cour.

En la même année & en la suivante, il se poursuivit une Cause fameuse à la Cour Souveraine au sujet du Marquisat d'Harouël, qu'on prétendoit appartenir au Prince à titre d'aubeine ; le Procureur-Général eut ordre d'en soutenir les droits ; & quoique depuis onze ans, il ne porta plus la parole, & qu'alors il fût plus que sexagénaire, cependant, après avoir essuyé d'abord quelque infidélité de sa mémoire, il se remit tout-à-coup, & sans le secours d'aucune feuille, il parla, sans hésiter un instant, pendant près de trois heures avec tout le feu & toute la force imaginables.

En 1711. il eut ordre de retourner en Hollande, où tout se disposoit à la cessation de la guerre.

Il y parut en qualité d'un des Envoyés Extraordinaires du Duc de Lorraine, au Congrès, sous le nom du Baron de Moineville, dont la Seigneurie lui appartenoit.

Il travailloit nuit & jour sur l'objet de sa négociation, & ne prenoit d'autre plaisir que celui de la promenade, sur-tout avec M. le Cardinal de Bouillon, qui s'étoit rendu à Utreck dans l'espérance que la Paix pourroit lui procurer son rétablissement, & dont il fut bien-tôt goûté à un point que son Eminence ne cessoit d'en faire de grands éloges.

L'an 1712. fut favorable à la Couronne de Portugal par la naissance du Prince du Bresil, par l'arrivée d'une riche Flotte dans le Tage, par la levée du siége de Campo-Major, assiégé par les Espagnols ; enfin par la Tréve que la même Puissance conclut, & qui fut suivie de la paix au mois d'Août de l'année 1713.

Tant de prospérités réunies déterminerent le Comte de Tarouca, premier Plénipotentiaire de Portugal, à donner une Fête superbe, où le Baron de Bourcier assista, & pour laquelle il composa en Langue Latine un triple Chronographe, qui est relatif aux événemens qu'on vient de détailler, & dont chacun renferme l'année 1712. avec quatre Vers qui suivent en forme d'Epigramme. Voici l'Ouvrage tel qu'il parut, & qu'il fut distribué à tous les Plénipotentiaires, qui firent à l'envie l'éloge de l'Auteur :

Regio infanti Lusitaniæ,
Brasiliæ Principi,
Anno MDCCXII. *feliciter nato,*
Chronographon natalitium triplex.

NaSCITUr proDroMUs PaCIs;
NaSCens VInDICat UrbeM,
LaeLa CLaſſeM aDVehIt UrbI.

Hoc Infante dato, pax devolat edita Cælo.
Urbs ſervata ſolo, claſſis adepta ſalo :
Cui naſcendo favent Cælumque ſolumque ſa-
 lumque
Dicite quis tanto Principe major erit.

Les Miniſtres vantoient ſans ceſſe ſa profonde capacité ; le Comte de Zinzendorff, premier Plénipotentiaire de l'Empereur, paroiſſoit ſur-tout en faire un cas particulier ; & trois ans après, il lui en donna des marques, en procurant ſur le champ à un de ſes fils, qui venoit d'arriver à Vienne, une Compagnie de Dragons dans les Troupes de Sa Majeſté Impériale & Catholique.

Enfin, la Paix ayant été concluë en 1713. le Baron de Bourcier revint en Lorraine, où le Duc Leopold, pour l'attacher plus particuliérement à ſa perſonne, ſouhaita qu'il vînt s'établir à Lunéville.

Mais il ne put pas y tenir long-tems ; ce Magiſtrat à la Cour n'étoit plus dans ſon élément, & ſa ſanté s'y altéra à un point, que le Duc lui permit de retourner, & d'aller rejoindre ſes Dieux Pénates.

A peu près dans le même tems, il fut chargé de faire une Diſſertation ſur la nature du Duché de Lorraine, pour en établir la maſculinité, avec une Analyſe des droits prétendus par la Maiſon de Lorraine ſur le Royaume de Sicile.

En 1715. Leopold perdit ſes deux freres, le Prince Charles Electeur de Tréves, & le Prince François.

Celui-ci avoit d'abord pris le parti de l'Egliſe, de même que l'Electeur ; mais il y avoit long-tems que le Baron de Bourcier preſſoit le Souverain à faire changer d'Etat au Prince ſon frere, en lui faiſant obſerver que les Grandeurs Eccléſiaſtiques n'avoient qu'un éclat momentané, parce que n'étant point héréditaires, & tombant avec le poſſeſſeur, elles ne ménoient à rien.

D'ailleurs, qu'elles devenoient l'écueil de la plûpart des Maiſons Souveraines, qui manquent faute de poſtérité ; qu'elles avoient cauſé la ruine des deux Branches de la Maiſon d'Autriche, & de pluſieurs autres, dont il lui citoit les exemples ; que la meilleure maniere, pour établir les Souverains ſur des fondemens inébranlables, étoit d'en marier tous les Princes ; & que ſi le Duc Nicolas-François ſon ayeul, qui d'abord avoit été Cardinal, s'étoit trouvé dans les Ordres en 1634. depuis long-tems il n'y auroit plus de Lorraine.

Ses Lettres contiennent ſur le même objet quantité d'autres réfléxions ſi ſolides & ſi preſſantes, que le Duc en fut touché. Son frere quitta le petit Collet ; on demanda pour lui la Princeſſe Marie-Magdelaine d'Autriche, fille de l'Empereur Leopold ; la propoſition fut agréée, le Procureur-Général dreſſa tous les Mémoires de la négociation, & le ſuccès en paroiſſoit infaillible, lorſqu'il plut à Dieu d'enlever ce Prince, qui mourut de la petite-vérolle à la fleur de ſon âge, & dont la perte fut univerſellement regrettée.

En 1716. on travailloit à régler les prétentions du Duc de Lorraine, au ſujet de la Prévôté de Longwy, que la France poſſédoit en vertu du Traité de Riſwick, & dont elle avoit promis l'équivalent ; il s'agiſſoit encore de quelques autres Domaines occupés par la même Puiſſance, & dont ce Prince demandoit la reſtitution.

Mais les Evêques Dioceſains des Etats de Lorraine & de Bar, qui avoient toujours des difficultés au ſujet de leur Juriſdiction, vinrent à la traverſe, & s'adreſſant au Roi, prétendirent que le Duc de Lorraine ne pouvoit pas être écouté, qu'auparavant on n'eût fait droit ſur leurs prétentions.

Le Procureur-Général fut chargé de leur répondre, & il le fit par un Mémoire imprimé, qu'on trouva parfaitement ſolide, & qui eut tout le ſuccès qu'on en pouvoit attendre.

Il fut encore chargé dans la ſuite de dreſſer pluſieurs Diſſertations, dont il a raſſemblé la ſubſtance dans un Mémoire imprimé, ſur la queſtion de ſçavoir ſi les Evêques François Dioceſains, étant tous étrangers, par rapport à la Lorraine & au Barrois, n'étoient point tenus d'établir des Officiaux dans les parties de leurs Dioceſes, qui dépendent des mêmes Duchés.

Cet Ouvrage prouve, 1°. Que l'établiſſement des Officiaux Lorrains eſt fondé ſur les principes les plus purs, & ſur les ſaines Maximes du Droit Canonique.

2°. Que la France oblige les Evêques étrangers, qui ont quelques parties de leurs Dioceſes dans le Royaume, d'y établir des Officiaux.

3°. Que réciproquement les Evêques François établiſſent des Officiaux, dans les Terres des Princes étrangers, où s'étendent leurs Dioceſes.

4°. Que le même uſage s'obſerve en pluſieurs autres Pays, & même en Italie.

Enfin, que les Evêques François étoient même obligés d'établir des Officiaux dans toutes les parties de leurs Diocèses, qui se trouvoient du ressort d'un Parlement différent de la Ville, où est établi son Siége Episcopal.

En 1717. il survint une autre difficulté au sujet d'un Bref obtenu par le Duc Leopold, pour l'imposition de trois Décimes sur les Biens Ecclésiastiques, dont le produit étoit destiné aux frais de la guerre contre l'Empire Ottoman.

Le Clergé s'y soumit avec obéissance, à l'exception d'un certain nombre d'Ecclésiastiques de la partie du Barrois, qui ressortit au Parlement de Paris.

L'affaire fut portée au Conseil d'Etat du Roi, où l'on produisit de la part du Duc un grand Mémoire imprimé, qui est, comme les autres, de la composition du Procureur-Général, qui remarque qu'en 1577. les Curés du Duché de Bar avoient été déchargés du payement d'une Décime Ecclésiastique imposée en France, parce qu'alors ils soutinrent qu'ils n'étoient point Régnicoles, qu'ils n'avoient jamais rien payé pour les charges qu'il plaisoit au Roi d'imposer sur le Clergé de son Royaume, & que d'ailleurs ils contribuoient au payement des sommes que le Duc de Lorraine demandoit au Clergé de ses Etats.

Sur quoi l'Auteur du Mémoire observe avec beaucoup de justesse, & par une ironie bien placée, que ces bons Ecclésiastiques du Barrois sont toujours du Pays où l'on ne paye point, & ne sont jamais du Pays auquel on paye.

Cet ouvrage mérita beaucoup d'applaudissemens, & fut suivi d'une décision aussi conforme à l'équité du Roi, qu'elle étoit mortifiante pour ces Réfractaires aux droits du Souverain.

Dans le même tems, Leopold ayant projetté de faire ériger un Evêché à S. Diey dans la Vôge, ce Magistrat donna plusieurs Instructions sur la matiere; mais l'Evêque de Toul y ayant formé des obstacles, le projet resta sans exécution.

Enfin, il donna encore au Public dans la même année 1717. la Compilation qu'il avoit faite en deux Volumes in-quarto, des Arrêts choisis de la Cour Souveraine; & il y joignit différens Actes publics très curieux sur les Duchés de Lorraine & de Bar.

Depuis 18. mois il s'étoit tenu quantité de Conférences tant à Metz qu'à Paris, entre les Commissaires du Roi, & ceux du Duc Leopold, au sujet de l'équivalent de Longwy, & des autres Domaines dont on a parlé. Il ne se fit rien à ce sujet, qu'on n'en donnât communication au Procureur-Général, qui de son côté fournit quantité d'éclaircissemens sur toutes les parties de la négociation, que l'on vit enfin se terminer heureusement par un Traité conclu à Paris le 21. Janvier 1718.

En la même année, le Duc Leopold qui, depuis la cession faite du Montferrat par l'Empereur au Duc de Savoye, n'en avoit encore pû obtenir aucune indemnité, ayant député, à ce sujet, un Envoyé-Extraordinaire en Angleterre, avec quantité d'Instructions & de Mémoires de son Procureur-Général; ce Prince obtint, par forme d'indemnité provisionnelle, la cession de la Principauté de Teschen en Silésie.

En 1719. il fit une Ordonnance célèbre, qui fixoit à 14. ans accomplis la majorité du Prince Successeur à la Couronne; & il en confia la rédaction au Procureur-Général, qui a également rédigé les Ordonnances les plus importantes de son Règne, qu'il est facile de distinguer de toutes celles qui ne sont point de sa composition.

Au mois de Septembre de la même année, le Baron de Bourcier, par ordre du Duc Leopold, dressa le modéle de son Testament olographe; & au mois de Novembre suivant, ce Prince ayant acheté du Duc de Luxembourg le Comté de Ligny, & le Duc de Chatillon frere du Vendeur, en ayant fait le Retrait lignager, il y eut à ce sujet une grande contestation portée au Parlement de Paris, & sur laquelle le Procureur-Général fit un Mémoire imprimé qui eut son effet; les Parties s'accommoderent, & le Duc Leopold resta paisible possesseur de son acquisition.

Au commencement de 1720. le Baron de Bourcier fut attaqué d'une fluxion dangereuse sur la poitrine, qui le retint plus de quatre mois, mais qui ne l'empêcha pas de faire un Mémoire imprimé sur l'irrégularité de la Rédaction des Arrêts du Conseil d'Etat du Duc, qui en témoigna d'abord du ressentiment; mais comme les réflexions en étoient justes & solides, & que d'ailleurs ce Prince en aimoit l'Auteur, non seulement il ne lui en parla jamais, mais il ne lui en marqua pas même le moindre refroidissement, & il continua de l'honorer de toute sa confiance.

Au mois de Mars 1721. le Duc Leopold, par le Conseil de ce Magistrat, députa plusieurs Commissaires dans les différentes parties de ses Etats, pour examiner la conduite des Officiers subalternes, s'informer si la Justice y étoit administrée suivant les Loix; recevoir les plaintes sur les abus qui pouvoient s'y rencontrer ; y statuer par provision, & en dresser des Procès-Verbaux. Ce fut le Procureur-Général qui leur donna toutes les Instructions nécessaires, & qui ayant rassemblé avec un travail infini la substance de leur Ouvrage, dressa lui-même l'Edit qui fut donné en conséquence le 14. Août suivant.

Dans le même mois le Baron de Mahuet, Premier Président de la Cour Souveraine, étant mort à Paris, le Duc Leopold fit dire à son Procureur-Général, qu'il le destinoit à la Charge vacante ; mais cette nouvelle, dont tout autre auroit pû être flatté, le jetta dans une grande consternation.

Agé de 72. ans, il se trouvoit trop vieux, pour commencer un métier qu'il n'avoit jamais fait.

Il est vrai qu'il exerçoit avec éclat depuis 33. ans l'emploi de Procureur-Général, mais le Ministere en étoit totalement différent de celui qu'on lui proposoit ; cependant il fallut obéir, & à la S. Martin suivante, il fut reçu avec une satisfaction inexprimable de la part de toute la Compagnie.

Ce qu'il y a de particulier, c'est que jusqu'à la mort du Baron de Mahuet, il n'y avoit point eû de création de la Charge dont il s'agit ; de maniere que les Présidens entre eux n'avoient d'autre prééminence que celle de l'ancienneté, & qu'en cas de mort le plus ancien étoit remplacé par celui qui le suivoit.

Cette inattention détermina le Duc à donner, le 26. Septembre de la même année, un Edit portant création de l'Etat & Office de Premier Président ; en sorte qu'à proprement parler, le Baron de Bourcier est le premier qui en ait eû la qualité depuis l'établissement de la Cour.

Mais comme il faisoit un Personnage forcé dans son nouvel emploi, il n'en remplit pas long-tems les fonctions ; & un changement de vie si total, joint à un grand âge, altéra bien-tôt la bonté de son tempérament.

Dès le mois de Février 1722. il fut surpris d'une facheuse maladie, qui le tint alité plus de deux mois & demi, & qui fut suivie de grandes foiblesses pendant plus de quatre mois entiers.

Aussi-tôt que ses forces lui permirent de prendre l'air, il se retira dans une petite Maison de Campagne, qui est à une demie-lieuë de la Ville, & dont la vuë est une des plus charmantes de tous les environs. De tems en tems il retournoit à la Ville ; & comme le Duc faisoit alors travailler à la réformation de la Coûtume Générale de Lorraine, dont l'Ouvrage est resté imparfait, les Commissaires, par ses ordres, s'assembloient chez ce digne Chef de la Justice, qui les charmoit autant par les agrémens de sa conversation, que par l'étenduë de ses connoissances.

Au mois de Mai 1723. il fut affligé d'une nouvelle maladie, qui ne lui permit de reprendre ses fonctions, que sur la fin du mois suivant.

Enfin, la veille de S. Luc de l'année 1724. il fut attaqué d'une violente retention d'urine, qui lui dura, à différentes reprises, jusqu'à la mort, avec les douleurs les plus aiguës, & qui lui étoient d'autant plus sensibles, que le secours lui en paroissoit des plus humilians.

Souvent le Duc avoit eû la bonté de le venir voir ; il se faisoit un plaisir de le surprendre dans son Cabinet, de le consulter & de conférer avec lui si cordialement, que ce Magistrat en demeuroit pénétré de la plus vive reconnoissance. Pendant sa maladie, ce Prince, qui y parut extrêmement sensible, vint encore exprès de Lunéville, pour lui témoigner dans les termes les plus tendres & les plus obligeans, qu'il étoit sensiblement touché de son état, & qu'il prioit instamment le Seigneur de lui procurer une prompte guérison.

Ce qui est de surprenant, c'est que, malgré tous les maux qu'il souffroit, peut-être n'a-t-il jamais tant travaillé que dans le cours de sa maladie, sur différentes matieres de Religion, de Droit, de Politique & d'Eloquence ; le Volume qu'il en a laissé est prodigieux, & d'autant plus admirable, que le tout a été écrit de sa propre main, qu'il composoit uniquement de mémoire, & sans le secours d'aucun Livre ; mais en même tems, ce qui est de facheux, c'est qu'ayant alors la main tremblante, il peignoit si mal, sur-tout quand ses rétentions l'agitoient, qu'il y a plus de la moitié de son caractere qui n'est pas lisible.

Il y a, entre autres choses, à la tête de ses Ouvrages une espéce d'Epître Dédicatoire Latine, adressée à son Fils aîné, qui est convenu que jamais il ne l'a pû lire, sans répandre des larmes. La voici :

Horis successivis : etiam morbi crudelissimi tempore, quod facilè apparebit in locis in quibus ægritudo me urgebat, tum propter debilitatem intellectûs, inconcinnos & pessimè formatos caracteres manu tremulâ & gravi ; tum propter levitatem materiæ, quæ mihi ex solo male affecto capite suppetebat sine ullo librorum auxilio : quod filius meus primogenitus (cui has qualescumque elucubrationes mihi elapsas, dico & consecro) Patri ægroto & morienti ignoscat.

Hoc anno miserrimo exeunte 1724. ineunte 1725. quibus adhuc sum in eadem ægritudine, Dei Omnipotentis supremâ voluntate, quàm humiliter adoro.

Son Livre ordinaire de Prieres étoit en Grec, qu'il entendoit très bien, & dont il possédoit parfaitement toutes les racines; il y recouroit immédiatement après la cessation de son travail, & c'est-là qu'au milieu de ses douleurs il puisoit toutes ses consolations.

Mais enfin il fallut succomber, & après avoir souffert presque pendant deux ans des maux inoüis, il mourut le 3. Septembre 1726. au grand regret de sa Famille & de tout l'Etat.

Sur le champ on fit partir un Courier, pour en porter la nouvelle au Duc, qui en fut frappé, & qui dit en présence de toute sa Cour, qu'il venoit de perdre un homme qu'il ne pourroit jamais remplacer.

On sonna aussi-tôt dans toutes les Eglises des deux Villes, suivant l'usage pratiqué à la mort des Premiers Présidens; & le lendemain de son décès il fut inhumé, suivant son Testament, dans l'Eglise des Religieuses de sainte Elizabeth de cette Ville; mais depuis, ses Enfans ayant obtenu une Chapelle dans l'Eglise des R. P. Minimes, son corps y a été transferé, de l'agrément de l'Evêque Diocèsain; & l'on y voit son Mausolée & sa Statuë à genoux de grandeur naturelle, avec tous les ornemens de sa Dignité.

Les vertus dominantes de ce grand homme, furent l'humilité & la charité; il étoit aussi modeste que sçavant, & il s'étoit fait une Loi inviolable de ne jamais mal parler de personne.

Il avoit un grand fond de Religion, & tous les soirs, après avoir donné quelques Leçons de l'Ecriture sainte à ses Enfans, il ne manquoit pas de réciter lui-même les Prieres ordinaires en présence de sa Famille & de son Domestique.

Il haïssoit naturellement la laideur & la malpropreté, & sa répugnance pour tout ce qui est de dégoutant, ou choquant à la vuë, paroissoit invincible; mais enfin il parvint à surmonter cette imperfection dans le cours de sa derniere maladie, pendant laquelle il faisoit tous les jours entrer dans sa Chambre, les pauvres les plus contrefaits par la nature, ou par quelques accidens, & les plus rebutans par la nudité, par l'ordure, & par toutes les horreurs de la misere; il les consoloit, il les instruisoit, il en étoit environné; il portoit sa complaisance jusqu'à les amuser. Il avoit grand soin que pendant le froid il y eût sans cesse un grand feu pour les réchauffer; enfin il les embrassoit tendrement, & jamais ne les congédioit qu'après leur avoir fait part de ses charités; en sorte que, parcourant sa vie, qui est écrite avec la plus exacte vérité, l'on peut dire que c'est l'un des plus honnêtes-hommes, des plus Chrétiens, des plus beaux génies, & des plus grands Magistrats qui aient jamais été.

Voici le Catalogue de ses Ouvrages:

1°. Plusieurs Mémoires touchant les Procès de son frere, imprimés à Metz en 1674.

2°. Stile pour l'instruction des Procès tant civils que criminels, imprimés à Luxembourg 1685.

3°. Il procura la réimpression des Coûtumes du Duché de Luxembourg & du Comté de Chini; à Luxembourg, chez André Chevalier 1687.

4°. Plusieurs réquisitions touchant l'affaire du Rituel de Toul, & celle de l'usure; Nancy, chez Paul Barbier 1698. 1699.1670. & 1703.

5°. Un Poëme à ce sujet imprimé chez le même 1699.

6°. Acte d'Appel du 8. Novembre 1703. chez Barbier in-quarto; il est aussi imprimé dans les Nouvelles des Cours du mois de Février 1704. p. 235.

7°. Ordonnance ampliative du Code de Lorraine, chez Paul Barbier à Nancy.

8°. Conférences de la Malgrange, manuscrites.

9°. Nouvelle Ordonnance de Lorraine de 1707. deux Volumes, chez Paul Barbier; un Volume in-octavo chez Cusson.

10°. Acte de la Donation de la Souveraineté de Commercy au Prince de Vaudémont. Voyez le premier Tome du Recueil d'Ordonnances, imprimé chez Cusson in-quarto.

11°. Deux Mémoires pour la Succession de Mantouë, in-fol. & in-quarto.

12°. Sur la Souveraineté d'Arches & de Charleville, & sur le droit de S. A. R. sur le Montferrat, imprimés à Nancy chez Cusson, deux Volumes in-fol.

13°. D'autres Mémoires sur le même sujet, Manuscrits.

14°. Plusieurs Mémoires donnés au Congrès d'Utreck, Manuscrits.

15°. Plaidoyers pour le Marquisat d'Haroüel, Manuscrits.

16°. La nature du Duché de Lorraine, in-quarto, sans nom d'Auteur ni d'Imprimeur; la même a été imprimée une seconde fois en 1721. sous le titre de *Dissertation sur l'origine & la nature du Duché de Lorraine.*

17°. Droits de la Maison de Lorraine sur le Royaume de Sicile, in-quarto, sans nom d'Imprimeur.

18°. Lettres à S. A. R. touchant le Mariage du Prince François Abbé de Stavelo, avec l'Archiduchesse Marie-Magdelaine d'Autriche, Manuscrit.

19. Mémoires des prétentions de S. A. R. sur Longwy.

20°. Mémoires donnés à la Cour de France, pour empêcher qu'on ne mêlât les affaires de l'Evêque de Toul, avec celle de S. A. R. in-fol. chez Cusson.

21°. Mémoires pour l'érection d'un Evêché à S. Diey, Manuscrit.

22°. Arrêts choisis de la Cour Souveraine, in-quarto, deux Volumes, chez Cusson 1717.

23°. Plusieurs Mémoires pour l'indemnité du Montferat, Manuscrits.

24°. Le modéle du Testament de Leopold ; Manuscrit.

25°. Mémoires pour l'affaire de Ligny, in-fol. chez Cusson 1719.

26°. Réflexions sur la forme de prononcer certains Arrêts du Conseil d'Etat de S. A. R. rendus contre les Arrêts des Compagnies Souveraines, imprimées chez Cusson ; M. de Bourcier en a retiré les Exemplaires.

27°. Réformations des Coûtumes de Lorraine : cet Ouvrage est resté imparfait.

28°. Commentaire sur la Coûtume de Lorraine : cet Ouvrage est aussi resté imparfait.

29°. Le Préambule de l'Ordonnance qui fixe la Majorité du Prince à quatorze ans accomplis, 1719. chez Cusson.

30°. Il a travaillé dans l'Ordonnance de 1701. deux Volumes in-12. chez Paul Barbier.

31°. Extraits des principales Ordonnances des Ducs de Lorraine & de Bar, concernants la Police extérieure de l'Eglise dans leurs Etats, à Nancy in-quarto.

32°. Mémoire pour prouver que les Evêques François sont tenus d'établir des Officiaux Forains dans les lieux de leurs Diocèses, qui sont sous la Souveraineté de la Lorraine, in-fol. chez Cusson 1718.

Mémoire fourni.

BOURCIER (Jean-Louis Comte de) Baron de Montureux & de Mervaux, Chevalier, Seigneur d'Arracourt & de Valhey, Conseiller d'Etat, & Procureur-Général de la Cour Souveraine de Lorraine & Barrois, fils de Jean-Leonard Baron de Bourcier Premier Président de la même Cour, dont on vient de parler, est né à Luxembourg le douze de Mai 1687.

En 1710. il fut fait Avocat-Général en la même Cour Souveraine, & à l'ouverture du Palais de la même année, il prononça sa premiere Harangue qui a été imprimée, de même que la plûpart de celles qu'il a prononcées dans la suite.

En 1712. il obtint des Provisions en survivance de la Charge de Procureur-Général possedée par M. son Pere ; & la même année ce dernier Magistrat ayant été envoyé par le Duc Leopold, en qualité de Plénipotentiaire, au Congrès d'Utreck, le Comte de Bourcier son fils eut ordre de le suivre, pour pouvoir se former dans l'art de la négociation.

Il passa l'année suivante en Angleterre, & de là à Paris, d'où étant revenu en Lorraine, il y retourna en 1715. pour épouser Margueritte-Françoise de Barrois, fille de François de Barrois Conseiller d'Etat, & Envoyé Extraordinaire du Duc Leopold en Cour de France, & de Margueritte de Rosieres.

Il obtint des Patentes de Conseiller d'Etat en 1716.

En 1721. il fut fait Maître des Requêtes Ordinaire de l'Hôtel de ce Prince, & Conseiller en son Conseil des Finances ; en même tems il obtint des Provisions en survivance de la Charge de Premier Président ; il en prêta même le serment entre les mains du Souverain, & ses Patentes furent en conséquence régistrées à la Cour ; mais jamais il n'a voulu s'en servir, & jusqu'à présent il s'est contenté de les mériter.

Peu de tems après le Duc eut de grands démêlés avec la Cour de Rome, où un Religieux avoit obtenu des Bulles de dévolut, sur une des principales Abbayes de l'Etat, parce que celui qui en étoit Abbé Commendataire, avoit contesté avec un autre Compétiteur, tant à la Cour Souveraine qu'au Conseil d'Etat, sur le possessoire de son Bénéfice.

Leopold sentit bien-tôt toutes les conséquences d'une pareille impétration, qui donnoit une atteinte sensible aux droits incontestables de ses Juges Laïcs, & à l'usage immémorial, où ils étoient, de connoître du Possessoire en matiéres Ecclésiastiques.

Il sentit également que, s'il fermoit les yeux sur une entreprise si préjudiciable, il y auroit peu de Bénéfices dans ses Etats, qui ne fussent exposés aux mêmes inconvéniens, parce qu'il y avoit peu de Titulaires qui n'eussent porté dans les Tribunaux Laïcs quelques contestations à ce sujet ; qu'elle alloit répandre par-tout une étrange confusion,

confusion, & qu'on verroit continuellement tous les gens d'Eglise courir à Rome, y transporter leur argent, au grand préjudice du commerce & de l'intérêt public, se rendre indépendans, & méprifer impunément l'autorité souveraine.

Dans ces circonftances, le Souverain jetta les yeux sur le Comte de Bourcier, qui partit le premier Octobre 1723. en qualité de son Envoyé-Extraordinaire en Cour de Rome, où, après vingt mois de séjour & de sollicitations, le differend fut enfin terminé, à la satisfaction de ce Prince. Le Dévolutaire fut obligé de se déporter du bénéfice de ses Bulles, moyennant une Pension qu'on lui assigna pour l'indemnité de ses frais, & le Titulaire fut maintenu dans la possession de son Abbaye; il y eut des Bulles expédiées à Rome, & régiftrées à la Cour Souveraine, dont le S. Siége a dès-lors reconnu bien formellement le droit qu'elle a de connoître du Possessoire des Bénéfices.

Dans l'interval, ce Ministre s'étant trouvé au Sacre de M. Sommier, sujet du Duc Leopold, qui venoit d'être déclaré Archevêque de Cézarée, le Pape Benoît XIII. qui en faisoit lui-même la Cérémonie, le chargea d'informer le Duc son Maître, qu'il avoit revêtu de son autorité M. Sommier, pour faire pendant sa vie, les fonctions de l'Ordre Épiscopal, dans les Territoires de Lorraine exemts de la Jurisdiction des Evêques.

Au mois de Mars 1724. pendant la résidence du même Ministre à Rome, il fut pourvû de la Charge de Procureur-Général de la Cour Souveraine, dont il avoit obtenu la survivance, comme on l'a observé, dès l'année 1712.

Il revint en Lorraine en 1725. L'année suivante, il donna la traduction d'une Lettre Italienne du P..... à un de ses amis, touchant l'importance & la dignité de Cardinal; elle est imprimée in-octavo à Nancy chez Cusson.

En 1733. il fit imprimer un Recüeil des Edits, Ordonnances & Réglemens du Régne du Duc Leopold, en quatre Volumes in-quarto chez Cusson.

Au commencement de Février 1736. il fut appellée à Vienne en Autriche par le Duc François actuellement Empereur, pour aider ce Prince de ses conseils, dans la conjoncture délicate où il se trouvoit, par rapport au grand ouvrage de la paix à laquelle on travailloit pour-lors : ce sont les propres termes des Lettres Patentes de Comte, qu'il obtint dans le même tems du Duc son Maî-

tre, & qui contiennent le détail de son origine & de ses services, de même que de ceux du Premier Préfident son Pere.

En 1740. le Comte de Bourcier fit imprimer, à Nancy chez Charlot, un petit Ouvrage, intitulé : *Inftruction pour mon Fils ainé* (a), *qui prend le parti de la Guerre*. Cette Piéce fut inférée dans la Clef du Cabinet du mois de Mars 1740. & annoncée dans les Mercures de France.

Dans la même année, il composa l'Hiftoire de son Pere, qu'il fit imprimer chez Charlot : c'est un grand in-octavo de 416. pages, dont on a tiré fort peu d'exemplaires.

Il a fait aussi mettre sous la Presse, en différens tems, plusieurs Piéces de Poësie.

Enfin en 1748. il a fait imprimer, à Nancy chez Antoine, en trois Volumes in-quarto, un second Recüeil des Ordonnances & Réglemens de Lorraine, tant du Régne du Duc François, que de celui de Sa Majesté le Roy de Pologne Duc de Lorraine & de Bar.

On ne fait pas ici l'éloge de ce grand Magiftrat, parce qu'il vit encore ; mais la postérité ne manquera pas de rendre un jour à sa mémoire, toute la justice qui est dûë à la supériorité de ses lumieres, & à l'éminence de ses vertus.

BOURCIER (Jean-Baptifte-Joseph de) de Villers, Baron d'Amermont, Conseiller d'Etat du Duc Leopold I. Maître des Requétes Ordinaires de son Hôtel, Neveu du Premier Préfident, & Coufin-germain du Procureur-Général, fut fait Avocat-Général de la Cour Souveraine de Lorraine & de Bar en 1705. Il exerça cet emploi avec honneur jufqu'en 1721. que le même Duc connoissant son mérite, l'appella auprès de sa personne, & lui donna la survivance de la Charge de Garde des Sceaux de Lorraine.

Jean-Baptifte de Bourcier étoit un génie très profond ; il a beaucoup travaillé dans les difficultés du Barrois; il fit plufieurs voyages à Paris à ce sujet, & notament en 1729. & 1730.

Il mourut à Lunéville le 26. Mars 1736. Son corps fut amené la nuit du 27. au 28. à Nancy, & il fut inhumé aux Minimes dans une Chapelle de Famille.

Etant Avocat-Général, il prononça plufieurs Difcours à la Rentrée de la S. Martin ; ses remontrances ont été imprimées en 1718. in-quarto, chez René Charlot, & P. Deschamps, Imprimeurs à Nancy.

BOURGOIS (Claude) Conseiller d'Etat

(a) Il est actuellement Colonel d'Infanterie, & Brigadier des Armées du Roy.

de Son Altesse, & Maître-Echevin de Nancy, a fait imprimer *La Pratique Civile & Criminelle pour les Justices inférieures du Duché de Lorraine, conformément à celle des Siéges ordinaires de Nancy*; à Nancy, à l'Hôtel de Ville, par Jacob Garnich 1614. in quarto.

BOURGOIS (Jean) a fait imprimer les Coûtumes du Bailliage de S. Mihiel, adressées au Duc Charles III. à S. Mihiel 1558. in-quarto.

BOURNON (*Caroli*) *Serenis. Caroli Loth. & Barriducis Conciliarii ab intimis, in suprema Curia Sammiellana, ad consultationem Francisci Nigri Lyriaci, Mantuani, de Montisferrati Ducatu Responsio. Sammiesli.* 1629. in quarto.

Bournon a été fort employé de son tems aux affaires de la Maison de Lorraine; j'ai eu en main un Manuscrit intitulé, *Rapport & Procès-Verbal de M. Bournon Président à la Cour des Grands-Jours de S. Mihiel, fait & présenté à Son Altesse en Conseil au mois de Juin 1601. sur ce qui s'est passé en l'an 1570. touchant les Régales du Barrois*, extrait d'un Livre relié en veau, chargé des Armes pleines de Lorraine sur dorure, feüillet 312. & suiv. jusques & compris la feüille 500. qui est au Trésor des Chartres de S.A. intitulé, *France pour les Régales du Barrois, manuscrit*.

BOUSMARD (Nicolas) 85e. Evêque de Verdun, gouverna l'Evêché depuis le 1576. jusqu'en 1584. Le Chapitre de Verdun s'étant assemblé le 16. Août 1576. pour l'élection d'un Evêque, Simon Cumin Chanoine de la Cathédrale, eut vingt-une voix; Nicolas Marius Doyen, quinze; Nicolas Bousmard, trois (*b*), & Jean de Remberviller, deux. Le Duc de Lorraine s'étant déclaré en faveur de Nicolas Bousmard, pria le Pape de lui donner les Provisions de l'Evêché de Verdun.

Il étoit né à Xivri-le Franc, proche Longwy, joignant la Paroisse de Circourt, où sa Famille étoit établie. Il étoit fils de Jean Bousmard & de Louise de Malmaison, descenduë au sixiéme dégré de François de Malmaison, Gentilhomme d'Anjou. Il avoit des parens accrédités à la Cour de Lorraine, qui y possédoient des emplois considérables. Nicolas de Bousmard avoit une grande connoissance de l'Histoire, & beaucoup de talens pour les affaires; il fut souvent employé par le Cardinal de Lorraine en différentes Commissions & Députations pour les affaires du Diocèse de Verdun, qu'il connoissoit parfaitement.

Il avoit été pourvû en 1550. du Doyenné de l'Eglise Collégiale de la Magdelaine, & en avoit rempli les fonctions pendant vingt-deux ans. Il fut fait ensuite Grand-Prévôt de Montfaucon, & Archidiacre d'Argonne. Il fut nommé en 1571. pour un des neuf Réformateurs de la Coûtume de S. Mihiel; & enfin, au mois de Janvier 1576. il reçut ses Bulles pour l'Evêché de Verdun.

Le Chapitre de Verdun voulant conserver son droit d'élection, proposa à Bousmard de renoncer à la nomination que le Duc de Lorraine avoit faite de sa personne, sous promesse de l'élire de nouveau. Il y consentit, pourvû que son Compétiteur élû aussi par le Chapitre, renonçât de même à son élection; mais Simon Cumin refusa de renoncer. L'Empereur s'employa pour faire confirmer l'election de ce dernier; mais de Bousmard ayant reçû ses Bulles, & les ayant présentées au Chapitre, il y eut opposition; ce qui ne l'empêcha pas de se faire sacrer le 15. de Juillet 1576. & Cumin fut obligé de donner un Acte par-devant Notaire le 17. Octobre 1577. par lequel il renonçoit à son élection.

Le Chapitre reconnut enfin de Bousmard, & lui fit serment de fidélité. Je n'entre point dans le détail de ce qu'il fit dans le gouvernement de son Diocèse; je ne le considére ici que comme homme de lettres. Il fit imprimer un Missel de Verdun en 1576. & fit continuer l'impression commencée des Livres du Chant de l'Office divin. Il donna sur cela un Mandement, qui fait assez voir quels étoient ses sentimens sur la Religion. En 1577. le 12. de Mai, il fit la visite de l'Abbaye de S. Airy de Verdun, & y fit plusieurs beaux Réglemens touchant l'Office divin & les autres Exercices régulieres. Il fit aussi plusieurs Constitutions Synodales, & les confirma par celle qui fut imprimée en 1581. Il fut Administrateur de l'Evêché de Metz jusqu'à sa mort, à cause de la minorité de l'Evêque Charles de Lorraine.

Etant tombé malade pendant le Carême de l'an 1584. il fit son Testament le sixiéme jour d'Avril, fit plusieurs Legs pieux, légua ses Livres à Jean Bousmard fils de Jean son neveu, Conseiller en la Cour Souveraine des Grands-jours de S. Mihiel; & mourut le 10. Avril 1584. âgé de soixante & douze ans, & fut enterré devant le Grand-Autel de l'ancienne Eglise des Minimes de Verdun.

Nous trouvons *Nicolai Bousmard Episcopi Virdunensis Collectanea*, cité dans Ruyr (*c*). Feu Lancelot Censeur Royal étant à Nancy, m'a communiqué un Manuscrit qu'il croyoit

---

(*b*) Histoire de Verdun, pag. 466. & suiv.
(*c*) Ruyr, Antiquité des Vosges, dans la Liste des Auteurs cités dans son Ouvrage.

être de Bousmard, & qui contient plusieurs particularités très remarquables sur les principales Maisons de Lorraine : je le cite quelquefois sous le nom de Manuscrit de Bousmard ; voyez l'Histoire de Lorraine ; & quelquefois sous le nom de Manuscrit de M. Lancelot.

Bousmard eut un Neveu, homme de mérite, qui fut aussi élû Evêque de Verdun en 1584. après la mort de son Oncle. Voyez son article cy-après.

J'ai en main une Médaille d'argent de Bousmard, où l'on voit d'un côté son Buste, ayant sur la tête une Calotte en rezeaux, & par derriere un Capuchon attaché au Camail, avec cette Inscription, *Nicolas Bousmard Evêque & Comte de Verdun* ; & à côté du Buste, *N. B.* & sur le revers, ses Armes, avec ces mots, *Jett. des Comptes de l'Evêché de Verdun* 1584. Il y en a d'autres du même Prélat, en argent, de l'an 1580. qui ont sa tête d'un côté, & sur le revers, ses Armes, qui sont un Pélican, avec ses petits d'argent, en champ d'azur ; au-dessus, l'on voit la double tête de l'Aigle Impériale éployée, avec cette légende, *Sub umbra alarum tuarum protege nos.*

BOUSMARD (Nicolas) Neveu du précédent, Chanoine de la Cathédrale de Verdun, & Archidiacre d'Argonne. Après la mort de son Oncle, le Duc Charles III. écrivit au Pape Grégoire XIII. pour le prier de le pourvoir de l'Evêché de Verdun ; mais les ennemis du défunt Evêque prirent prétexte du sçavoir éminent du Neveu, pour le rendre suspect des nouvelles erreurs auprès du Souverain Pontife ; ce qui obligea le Duc de Lorraine à cesser ses poursuites en faveur de Bousmard. Il demanda, & obtint l'Evêché pour son Cousin le Cardinal de Vaudémont. Voyez la Généalogie de la Famille de Bousmard, Hist. de Verdun, Preuves, pag. 65. Nous croyons que le Recueïl qui nous a été communiqué par M. Lancelot, est de Bousmard le Neveu, & non de l'Evêque son Oncle. L'Auteur de ce Manuscrit avoit visité la plûpart des Monasteres & des Eglises du Pays, & en avoit tiré les Epitaphes, & autres Monumens propres à illustrer les Maisons anciennes, & les Généalogies.

BOUSMARD (Henri) né à Motainville, près Verdun, en 1676. homme fort estimé de son tems dans le Barreau, a composé un Ouvrage, sous ce titre, *Commentaires sur les Coûtumes du Bailliage de S. Mihiel, rédigées par écrit, par ordre du sérénissime Prince Charles, par la grace de Dieu, Duc de Calabre, de Lorraine & de Bar ;* en l'année 1571. & homologuées par Son Altesse en 1598. L'Ouvrage n'est point imprimé ; mais il est fort estimé des Connoisseurs.

BOUSSARD (Henri) de la Neuveville, *Novavillacensis*, a composé quelques Vers, & quelques autres Piéces en Latin. Voyez le commencement de la Nancéïde de Pierre Blarû Chanoine de S. Diey.

BOUTENIER, Lorrain, très excellent Modulateur de Portraits en cire, & d'un très grand goût.

BOUTER (Dom Hypolitte) Bénédictin de la Congrégation de S. Vanne, natif de Poligny, Profés de Besançon le 5. Juillet 1667. Il étoit fort versé dans les Mathématiques, dont il a composé divers petits Ouvrages ; entre autres, un Traité de l'Optique fort estimé. Il travailloit lui-même des Verres pour toutes sortes de Lunettes, & vivoit fort retiré ; il est mort à Faverney le huit Mars 1690.

BRENTEL (Frideric) a gravé les Estampes qui se voyent dans le Volume des Obséques de Charles III. Il étoit associé à Herman de Loy.

BREQUIN (Jean-Baptiste) naquit à Guise-sur Madon, le 10. Août 1712. perdit son pere à l'âge de dix-huit mois, & sa mere à l'âge de neuf ans. Son éducation fut entiérement négligée : quoique né avec de bonnes dispositions, il ne trouva pas moyen de les cultiver. Vers l'an 1724. il vint demeurer à Nancy, où il resta jusqu'en 1736. qu'il passa au service de M. le Marquis de Beauveau. Ce Seigneur, qui avoit connu la Famille de Brequin, en eut un soin particulier, & remarquant ses dispositions pour le génie, il lui donna des Maîtres, l'emmena à Paris, où il fit de grands progrès dans peu de tems. En 1740. il accompagna le Marquis de Beauveau en Prusse. Quelque tems après, la guerre étant déclarée, Brequin servit en qualité d'Ingénieur, sous le Marquis de Tavane, qui voulut l'envoyer pour faire le Plan de Vienne qu'on vouloit assiéger. Brequin s'en excusa, priant le Marquis de Tavane d'y envoyer d'autres Ingénieurs que lui, qu'étant né Lorrain, il ne se pardonneroit jamais une pareille perfidie contre son ancien Souverain. Le Marquis reçut ses excuses.

Lorsque les François occupoient Prague, il fut soupçonné d'être en correspondance avec S. A. R. le Prince Charles. On le mit en prison ; s'étant justifié, il en sortit au bout de trente-trois jours.

A la fin de la Campagne de 1743. Brequin alla joindre le Prince Charles, qui ne le connoissant pas, le fit mettre aux arrêts. Ensuite le reconnoissant très zélé, il l'envoya à Vienne, où il fut reçu Ingénieur. Il s'appliqua à inventer plusieurs Machines de guerre, qui réussirent très bien. En 1745. il fit la Campagne du Rhin avec S. A. R. & le 4. Octobre il eut l'honneur de faire les fonctions de Héraut d'Armes au Couronnement de Sa Majesté Impériale. En 1746. Leurs Majestés Impériales l'employerent à lever les Cartes des différentes Places de Hongrie.

En 1747. il fut fait Capitaine des Ingénieurs, & Directeur du Bureau des Plans du même Corps.

En 1748. Leurs Majestés Impériales l'ont chargé d'enseigner les Mathematiques à l'Archiduc Joseph.

Il travaille présentement à un nouveau Cours de Méchanique, Théorique & pratique, & à un Traité de Geographie-pratique.

BRETON (Claude) Docteur en Droit, & Avocat au Bailliage de Metz, vivoit au commencement du dix-septième siécle; il a composé quelques Poësies qui sont imprimées.

BREYE' (François-Xavier) Avocat à la Cour Souveraine de Lorraine & de Bar, Garde des Livres de S. A. R. à Nancy; étoit né à Pierrefort Village de Lorraine, & étoit venu demeurer à Nancy en 1716.

François Breyé a composé plusieurs Ouvrages; sçavoir, une Dissertation sur le Titre X. *des* Donations de la Coûtume Générale de Lorraine, imprimée chez Cusson 1725. C'est le fruit des Assemblées qui se tenoient chez lui, & qui donnerent lieu aux Conférences Académiques de M^{rs}. les Avocats; elles avoient commencé en Février 1718.

En 1733. il donna le premier Volume du Traité du *Retrait Féodal*, imprimé in-quarto chez Lesure, & dans lequel font encore agitées les Matieres les plus curieuses du Retrait Lignager, & plusieurs autres Questions importantes sur différens sujets qui y ont rapport; & en 1736. il donna le second Volume de cet Ouvrage, qui avoit été commencé sous le Régne, & par les ordres du Duc Leopold I.

En 1733. il donna aussi un Recuëil de différentes Piéces, tant en Prose qu'en Vers, imprimées chez le même, sous le titre d'*Amusemens*; il y a, entre autres, la *Guerre d'Antoine Duc de Lorraine contre les Rustaux*, l'*Histoire de Sybille de Marsal*, tirée de Richérius Moine de Senones, où il traite par occasion de la Fille d'Eulmont, qui a été long-tems sans manger.

Il est Auteur de l'Index de l'Ordonnance de Lorraine, & du fameux Plaidoyer de la Congrégation des Bénédictins de Lorraine, contre D. Charles Chastel, Dévolutaire du Prieuré de Lay; son Ouvrage, qui fut goûté de tout le Barreau, & des Savans même, n'a point été imprimé.

Il a fait une Ode sur le retour de S. A. R. François III. en 1729. imprimé chez Cusson; une Idille *sur l'absence de S. A. R. & de Monseigneur*, imprimée 1736. chez Lesure; Une Cantate sur le Mariage de S. A. R. en 1736. imprimée chez la même.

Il mourut le 31. Octobre 1736. & fut enterré le lendemain dans l'Eglise de l'Abbaye de S. Leopold de Nancy.

Si la mort ne l'eût pas enlevé si-tôt, il auroit encore donné au Public *les Loix de Beaumont*, avec un Commentaire Littéral (*d*). François Breyé joignoit beaucoup d'autres sciences à celle du Barreau.

BRIEL (Alberic) Archidiacre de Toul; Vasseboug cite ses Recuëils. Briel a écrit un Ouvrage dédié au Bon Duc Antoine sous ce titre, *Discours sur l'ancienneté & Souveraineté du Duché de Lorraine*. Il contient 450. feüillets in-quarto, & se trouve à Verdun en Original, entre les mains de M. Sauvage Chanoine de la Cathédrale de Verdun; il est divisé en trois parties, ainsi que l'Ecu de Lorraine, où l'on remarque, 1°. le Champ d'or; 2°. la Bande de Gueule; 3°. les trois Alérions d'argent.

Dans la premiere partie, il parle de l'autorité, antiquité & existance de la Lorraine; dans la seconde, de l'autorité Impériale; dans la troisième, de l'union de l'autorité Impériale en Lorraine. Il s'étend fort au long sur l'origine des Monarchies en général; puis il vient à la Lorraine, nommée anciennement *Austrasie*, d'un Duc nommé *Austrasius*, qui vivoit du tems de Clovis en 499. Elle prit ensuite le nom de *Lorraine* du Roi Lothaire; il ajoûte que le premier Duc de Lorraine fut Charles de France.

Son principal dessein est de montrer que dès le commencement la Lorraine fut indépendante de l'Empire, & que de son tems elle n'en relevoit point, quoique plusieurs Etats & Provinces démembrés des Royaumes d'Austrasie & de Lorraine en relevassent. C'étoit du tems du Duc Antoine une grande question.

La seconde partie traite de la Monarchie en général, & des Monarchies particulieres: premiere Monarchie celle de Dieu, puis celle des premiers hommes, des Patriar-

(*d*) M. Fallois Avocat à la Cour a le projet de cet Ouvrage, qui auroit satisfait les Curieux.

ches, de Nemrod, des Affyriens, des Médes, des Perſes, des Grecs, des Romains; nulle Monarchie humaine univerſelle.

La troiſiéme partie eſt un galimathias, où il veut expliquer la viſion de Daniel, des quatre Animaux; puis il parle de la Monarchie de Jeſus-Chriſt & de S. Pierre dans l'Egliſe Chrétienne. L'Auteur a fait des Gloſſes ou une eſpéce de Commentaire ſur une partie de ſon Ouvrage. Il fut envoyé par le Duc Antoine vers l'Archiduc Ferdinand, qui fut enſuite Roi de Hongrie & de Bohême. Briel diſtingue deux Sigisbert & deux Dagobert; le premier fonda, dit-il, en 523. l'Abbaye de Wiſſembourg en Alſace, & le ſecond vivoit en 651. Les os du premier repoſent à S. Manſuy-lès Toul, & ſa mere s'appelloit Timelchidis ; le ſecond repoſe à S. Denys, & ſa mere s'appelloit Belgadruda.

Il n'y a ni ordre, ni méthode, ni ſtile, ni érudition, ni certitude dans cet Ouvrage.

BRIEL (Jean) Archidiacre de Toul. Ses Mémoires manuſcrits ſont cités par François de Roziéres, dans ſon Interrogatoire prêté par-devant les Commiſſaires du Roi, à l'occaſion de ſon Livre intitulé, *Stemmata Lotharingia ac Barriducum*, art. 33. Je ne ſçai ſi de Roziéres ne ſe ſeroit pas trompé dans le nom de *Jean*, au lieu d'*Alberic*, qui eſt le nom de celui dont on vient de parler dans l'article précédent. Waſſebourg cite ſimplement les Recueïls de Briel Archidiacre de Toul.

BROCHARD. (Moyſe) a compoſé quelques Vers François, qui ſe trouvent à la tête du Diſcours ſur les Médailles antiques d'Antoine le Pois, imprimé à Paris 1579.

BROQUARD (Jacques) né à Thyonville, entra dans la Société de Jeſus, âgé de vingt ans, en 1608. Il a traduit de François en Latin *le Pédagogue Chrétien* du Pere Philippe d'Oultreman, imprimé à Luxembourg en 1629.

Il a traduit en Allemand le *Teſtament de l'homme Chrétien*, compoſé par Antoine Sucquet.

Il a auſſi traduit *la vraie Philoſophie du Chrétien*, qui conſiſte dans la méditation de la mort, compoſée par Charles Muſart.

Item, il a mis en Latin le petit Livre intitulé, *Penſez-y bien*, compoſé par un Jéſuite François. Le Pere Broquard eſt mort en 1660.

BROULIER né à Bar-le Duc en 1669. de l'ancienne Famille des Broulier, qui ont exercé dans la Ville de Bar les principales Charges de Syndic & de Prévôt de la Ville, eſt fils de feu Nicolas Broulier, Lieutenant de Cavallerie au Régiment de Roziéres. Après avoir fait ſes Humanités au Collége des Peres Jéſuites de Bar-le Duc, il étudia en Philoſophie & en Théologie dans l'Univerſité de Paris, où il fut reçu Bachelier en Sorbonne.

En 1696. M. de Biſſy Evêque de Toul l'appella auprès de lui, pour être Sécrétaire de ſa Chambre Epiſcopale; il l'accompagna dans les viſites de ſon Dioceſe, & il travailla ſous lui dans les grands démélés, que ce Prélat eut avec la Cour de Lorraine ſur la Juriſdiction Eccléſiaſtique.

Lorſque M. de Biſſy fut transféré de Toul à l'Evêché de Meaux, il preſſa beaucoup M. Broulier de le ſuivre dans ce nouvel Evêché; mais il préféra de demeurer à Toul où il avoit un Canonicat à la Cathédrale.

M. de Camilly ayant ſuccédé à M. de Biſſy dans l'Evêché de Toul, engagea M. Broulier à continuer ſes ſoins aux affaires du Diocèſe, & à la deffenſe des droits de ſon Egliſe ; il lui donna, à cet effet, la Charge de Promoteur général, & les pouvoirs de Grand-Vicaire, avec un Archidiaconé.

M. Begon ſucceſſeur de M. de Camilly l'a honoré des mêmes emplois; & lui a procuré le grand Archidiaconé de ſon Egliſe, & la grande Prévôté de S. Gengould, qu'il poſſede actuellement à l'âge de 80. ans.

M. Broulier a compoſé, 1°. La Défenſe de l'Egliſe de Toul in-quarto, Toul 1727.

2°. Réfléxions ſur les Remarques du R. P. Dom Auguſtin Calmet Abbé de Senones, pour ſervir de ſuitte à la Deffenſe de l'Egliſe de Toul, in-quarto, Toul 1746. Brochure de trente-trois pages.

3°. Il a fait de bons Recueïls touchant l'Evêché de Toul, ſes Droits, ſes Priviléges, ſes Statuts Synodaux, &c.

BROUVER (Chriſtophe) natif d'Arnheim dans le Pays de Gueldres, prit l'habit de Jéſuite à Cologne le 12. Mars 1580. & ſe diſtingua bien-tôt dans ſa Compagnie par ſon eſprit. Il enſeigna la Philoſophie à Tréves, fut enſuite Recteur du Collége de Fulde, & s'occupa à écrire les Ouvrages que nous avons de lui.

Ils lui acquirent l'eſtime des gens de Lettres, & particuliérement du Cardinal Baronius, qui parle ſouvent avec eſtime du Pere Brouver, dans le dixiéme Tome de ſes Annales de l'Egliſe. Ses Ouvrages ſont, 1°. Les Antiquités de Fulde, 2°. Les Annales de Tréves, 3°. Une Edition de Venance Fortunat, & de quelques Poëſies de Raban Maur, avec des Nottes de ſa façon. Il mourut à Tréves le 11. Juin 1637. âgé de 78. ans. Voyez Aleganbe, *Biblioth. Soc. Jeſu* ; & Valere André, *Biblioth. Belg.*

Il y eut une premiere Edition des Annales de Tréves en 1626. dont le Pere Brouver lui-même témoigne n'avoir pas été content, parce qu'elle étoit défectueuse en plusieurs choses. Cette premiere Edition est fort rare ; elle fut supprimée par ordre de Philippe Christophe Electeur de Tréves, non pas parce qu'elle étoit défectueuse, mais pour des raisons d'intérêts temporels de son Eglise.

On en fit imprimer une seconde Edition à Liége en deux Volumes in-folio, en 1670. chez Jean-Mathias Hout, sous ce titre, *Antiquitatum & Annalium Trevirensium Libri 25. Auctorib. R. P. P. Christophoro Brouver Gueldro Arnheimiensi, & Jacobo Masenio, Juliaco Dalensi*. Le Pere Brouver est Auteur des vingt-deux Livres de cet Ouvrage & des Préliminaires, & du Corps de l'Histoire.

Le premier Tome est orné d'une Carte Géographique du Diocèse de Tréves, du Monument d'Igel, ou des *Secondins*, représenté sous deux faces; des ruines de l'Amphiteâtre, de la Porte-noire, ou de S. Simeon, qu'on croit être un Ouvrage des Romains ; de quelques Médailles anciennes, d'un reste d'un Palais des Seigneurs du Pont de Tréves, qu'on dit être un reste de l'Arc de Triomphe des Empereurs Valentinien & Gratien; & d'un assez grand nombre d'Inscriptions Grecques & Latines anciennes ; & enfin de quelques anciens Tombeaux, tant de Payens que de Chrétiens ; une description de l'ancien Pont de Tréves, & de la maniere dont les anciens Livres étoient roulés en Volumes, & conservés dans les Bibliothéques ; tout cela accompagné de Nottes curieuses & savantes.

Le premier Tome est dédié par le Pere Jacques Masenius, au Prince Charles Gaspard de la Layen, Archevêque & Electeur de Tréves. Le second Volume est dédié par le même Masenius, à Messieurs les Domherrs Chanoines de la Cathédrale de Tréves. Le stile du Pere Brouver est bien Latin, un peu rude, & quelquefois un peu obscur. Si le Graveur dont il s'est servi, eût eu plus de délicatesse, son Ouvrage en vaudroit beaucoup mieux, & feroit plus de plaisir aux Lecteurs.

BRUAN de Nancy, Curé de Pont-à-Mousson, a donné un Discours en Vers François sur la Maison de Lorraine, imprimé à Lyon en 1590. in-octavo.

BRULE' (Pierre) Avocat à Metz, par le zéle duquel les Eglises (Protestantes) du Dauphiné furent dressées en l'an 1560. Voyez *Ancillon*, Mélanges critiques de Littérature, tom. I. pag. 45.

BRUN (Philippe le) a composé quelques Vers Latins & François, qui se trouvent à la tête de l'Ouvrage d'Antoine le Pois sur les Médailles.

BRUNEHAUT Reine d'Austrasie, si célébre dans l'Histoire de France, n'entre dans notre dessein, que par les grands Ouvrages qu'elle a faits dans ce Pays, comme sont les Chaussées connuës encore aujourd'hui dans les Pays-bas, sous le nom de *Chaussées de Brunehaut* ; & par deux Tours, l'une située à Vaudémont, dont on voit encore une partie, & l'autre dans le Luxembourg, marquée dans la Carte de ce Pays, donnée par le R. P. Bertholet.

BRUNON, Evêque de Toul ; voyez ci-après *Leon IX*.

BRUYER (Jacques) a composé l'Histoire de l'Abbaye de Remiremont, manuscrite ; elle étoit entre les mains de l'Abbé Hugo ; je ne l'ai point vuë.

BUCHEY (Henry) Cordelier de Bastogne, dans le Luxembourg, fut dans son tems un Prédicateur estimé éloquent. Il a laissé en Langue vulgaire un *Dialogue sur l'économie du Verbe Incarné*, imprimé à Anvers chez Plantin 1587. & des *Prieres à la sainte Trinité & à la sainte Vierge*. Il mourut dans le Couvent de son Ordre à Anvers, en 1600. Voyez Valere, *Biblioth. Belg.* 344.

BUGNON (Didier) Païné. Les Cartes Géographiques qui sont dans l'Histoire de Lorraine, sont de Bugnon l'aîné. Il étoit Premier-Géographe & Premier-Ingénieur du Duc Leopold I. Il est mort à Nancy, & a laissé quantité de Papiers & de Mémoires, qui ont été dissipés après sa mort.

Il avoit composé un Pouillé des Duchés de Lorraine & de Bar, & des trois Evêchés. Il n'a pas été imprimé ; cependant on en voit un Extrait dans les Mémoires de Trévoux. Voici le dessein de ces deux Ouvrages ; leur titre est *Polium Géographique* : l'un comprend la description des Duchés de Lorraine & de Bar ; l'autre, celle des Evêchés & Département de Metz, Toul & Verdun. On a promis, dès l'an 1706. de les donner bien-tôt au Public ; mais ils n'ont pas paru. Le premier de ce *Polium* est divisé en trois parties ; la premiere comprend un dénombrement général des principales Jurisdictions des Duchés de Lorraine & de Bar, où l'Auteur a inséré tout ce que le Duc Charles IV. céda à la France. La seconde partie est une Table Alphabétique de tous les Chef-lieux de l'Etat, contenant leur situation, leur distance, les bornes des Prévôtés. La troisième est une Table Alphabétique de tous les lieux de l'Etat, à la suitte desquels on trouve le nom de la Prévôté dont il dépend. On y remarque aussi les Abbayes d'Hommes & de Filles, & toutes les Maisons Conventuelles de l'un & de l'autre sexe, qui sont situées dans la Lorraine & le Barrois.

Le second *Polium* qui traite des Evêchés de Metz, Toul & Verdun, est composé à peu près dans le même ordre que le précédent ; mais on ne le divise qu'en deux parties ; dans la premiere, toutes les Prévôtés ou Chatelenies qui dépendent d'un même Evêché & Département, sont placées immédiatement après le lieu du siége de leur Jurisdiction, en telle sorte que d'un coup d'œil, on y voit les trois Evêchés, & tout ce qui a été séparé des Duchés de Lorraine & de Bar, soit par aliénation, soit par quelque traité.

La seconde partie est une Table Alphabétique de tous les lieux compris dans l'Ouvrage, lesquels sont suivis du nom de la Prévôté d'où ils dépendent.

Le même Bugnon étant en France, eut l'honneur de présenter au Roy plusieurs Cartes particulieres en manuscrit, dont Sa Majesté parut contente.

Le 1. Mars 1704. il présenta au Duc Leopold un projet de Géographie de la Lorraine ; cet Ecrit a été imprimé : il porte que S. A. R. souhaitant d'avoir de nouvelles Cartes Géographiques de ses Etats, qui soient plus fideles que toutes celles qui ont paru jusqu'à présent, lui a ordonné de s'adresser à tous ses sujets, pour avoir des Mémoires de ce qui les concerne. Pour cet effet, il dressa une Lettre circulaire, pour être envoyée aux Curés & Prévôtés des lieux, afin de leur donner une connoissance distincte de la maniere dont ils devroient dresser leurs Mémoires ; il a joint à ce Mémoire ou à cette Lettre une Carte Géographique fort abrégée, pour mettre au fait la personne à qui l'on demande des Mémoires. Je ne sçache point que ce Projet ait eû aucune exécution.

Le même Auteur a fait imprimer, à Nancy chez Charlot, une Relation des Caravannes des Marchands de l'Asie in-12. 1707.

J'ai en mains une espéce de Dictionnaire Géographique, par ordre Alphabétique, des noms des Villes, Bourgs, Villages, &c. situés dans la Lorraine, le Barrois & les trois Evêchés du Domaine de S. A. R. dressé par Didier Bugnon.

J'ai aussi en mains des remontrances faites au Duc Leopold I. par Bugnon, le 16. Juillet 1704. sur la nécessité de faire des Descriptions Géographiques de tous les Etats de Lorraine, pour en conserver toutes les parties, soit dans la conjoncture d'alors, soit pour l'avenir. Il cite le *Polium* ou Recueïl Géographique, qu'il avoit fait depuis peu contenant les Sénéchaussées ou Bailliages, Prévôtés, & généralement toutes les parties de l'Etat, dans leurs distributions de ressort. Il l'exhorte à concourir à faire dresser des Cartes Geographiques rélatives à ce *Polium*. Tout cela est demeuré sans effet.

BURINGER (Bernard) Curé d'Alhem & Sprinckange, au Duché de Luxembourg, a composé des Sermons en Latin, sous le titre de, *Serta Moralia*, imprimés en quatre Volumes in-quarto, en 1715.

BUSLEIDEN (Jerôme) natif d'Arlon dans le Luxembourg, homme célebre de son tems, & ami particulier d'Erasme, & de Thomas Morus Chancelier d'Angleterre, & de plusieurs autres Hommes illustres & sçavans de son siécle. Il étoit Docteur en Droit Civil & en Droit Canonique, Chanoine de sainte Gudile de Bruxelles, Prévôt de l'Eglise d'Aire dans l'Artois, Conseiller & Maître aux Requêtes de la Cour Souveraine de Malines. Il fonda à Louvain le fameux Collége des trois Langues, ainsi nommé, parce qu'on y enseignoit tous les jours, à certaine heure, les Langues Hébraïque, Grecque & Latine. Il a laissé plusieurs Ecrits ; comme, des Harangues, des Epitres & des Vers Latins, que Valere André avoit en mains. Busleiden mourut à Bourdeaux le 27. Août 1517. comme il étoit en chemin, pour aller en Ambassade vers le Roi d'Espagne Charles, qui fut dans la suitte connu sous le nom de Charles V. Empereur. Son corps fut rapporté en Flandres, & enterré à Malines dans l'Eglise de S. Rumolde. Erasme a composé son Epitaphe en Grec & en Latin, pour être mise au-dessous de son Portrait.

BUSLEIDEN (François) frere du précédent, né dans le Village de ce nom, dans le Luxembourg, fort estimé de Philippe I. Roi d'Espagne, qui le nomma à l'Archevêché de Besançon, puis au Cardinalat en 1500.

BUSSI de Toul : on cite la *Chronique de Bussi de Toul* ; elle n'a jamais été imprimée, & je ne l'ai point vuë.

C

CACHE-DENIER (Daniel) *Introductio ad Linguam Gallicam*, Francofurti, anno 1601. in-octavo. L'Auteur se dit *Barroducaeum Dominum Nicaei*.

CACHET (D. Paul) Bénédictin de la Congrégation de S. Vanne, né à Neufchâteau de bonne famille. Il fit profession dans l'Abbaye de Moyenmoutier le 10. Juillet 1605. & mourut à S. Mansui-lès Toul le 17. Septembre 1652. Il a rempli avec honneur les emplois de Visiteur, de Deffiniteur & de Prieur dans la Congrégation. Le 18. Février 1634. le Prince Nicolas François Cardinal, Evêque de Toul, frere du Duc Charles IV. ayant laissé l'Abbaye de S. Mihiel vacante par son mariage avec la Princesse Claude sa Cousine-germaine, les Religieux de S. Mihiel élurent pour leur Abbé D. Paul Cachet leur Prieur ; le 22. Février 1634. son élection fut confirmée par l'Archevêque de Tréves en l'absence de l'Evêque de Verdun.

Mais le Cardinal de Bichi s'étant fait donner l'Abbaye en Cour de Rome, & étant d'ailleurs appuyé par la Cour de France, en l'absence des Princes de la Maison de Lorraine, D. Paul Cachet ne put joüir de l'Abbaye ; mais il publia un Ecrit qui fut imprimé, sous ce titre, *De l'état & qualité de l'Abbaye de S. Mihiel*, pour prouver que l'élection du R. P. Dom Cachet est Canonique, & dans les termes du Droit. L'Auteur y montre fort bien que cette Abbaye ne tombe pas sous les réserves & affections apostoliques. Presque dans le même tems on publia une Piéce d'Ecriture d'un Avocat de Rome, nommé *Gratiosus Robertus*, dans laquelle il prouve que l'Abbaye de S. Mihiel est élective, & que l'élection de D. Paul Cachet est très canonique : cela n'empêcha pas que le Cardinal Bichi ne fût maintenu en possession, par Sentence de la Rote du 22. Octobre 1638.

CACHET (Chrystophe) célébre Médecin, né à Neufchâteau. Il étoit frere de Paul, de Jean-Nicolas, & d'Africain Cachet. Après avoir fait ses études chez les Jésuites de Pont-à-Mousson, il alla étudier en Médecine à Padouë. Il vit les autres Villes d'Italie, & demeura quelque tems à Rome. Son esprit qui avoit été nourri de la dispute scolastique, ne trouva pas un champ assez vaste dans la Médecine pour s'exercer ; il apprit encore le Droit à Fribourg. Il se borna cependant dans la suitte à la Médecine, dans laquelle il acquit une grande réputation. La multitude de malades qui le demandoient à la Ville & à la Campagne, l'empêcha de donner au Public un plus grand nombre d'Ouvrages. On y voit beaucoup d'érudition, sur-tout des Poëtes Grecs & Latins, une juste critique des erreurs des Médecins ignorants, & une digne répréhension de l'abus qui régne en ce Pays de se servir d'Apoticaire pour la guérison des maladies. *Si les Magistrats même en sont par fois mal servi, à eux la faute, ou pour n'y avoir pas donné l'ordre, ou pour avoir empêché qu'il ne s'y donnât* (d). Au reste,

(d) Des Petites-vérolles, pag. 691.

il en est de Cachet, comme de presque tous les Auteurs Médecins de son tems ; il s'est plus attaché au raisonnement qu'à l'observation.

Dans le grand nombre de questions qu'il se propose sur chaque matiere, il rappelle rarement à son expérience pour les décider ; cependant il l'avoit suffisante & bien dirigée, comme on en peut juger par le peu qu'il en cite. On doit imputer ce défaut à la Philosophie Péripatéticienne, qu'il avoit succée, & dont on n'est pas encore revenu dans les Ecoles publiques de ce Pays. Son Epitaphe qui est aux Cordeliers de Nancy, avec son Portrait au-dessus, suffit pour achever son Article.

Hœre, Viator. Nobilis Christophorus Cachetus, doctrinâ clarus, pietate spectabilis, hìc jacet. O dirum patriæ inimicum nimis arti medicæ fatum ! Nascentem Lotharingiæ, Padua Medicum, Friburgum Jurisperitum fecere. His magna complexus, ut erat bono publico natus, lucem litteris, nomen libris, laudem suis patriæ gloriam, famam sibi, Principibus sæpe salutem peperit. Serenissimis Ducibus Carolo III. Henrico II. Francisco II. Carolo IV. Archiater & Consiliarius, tantum onus posuisset senex, ni eum maturum Cœlo fecisset. Obiit an. sal. 1624. 30. Sept. ætatis 52.

Hîc etiam jacet tanti viri nobilis uxor Claudia Domballe, integritate morum ac pietate nobilior quæ nupta an. 1597. obiit vidua 11. Sept. 1637. ætat. 54.

Catalogue des Ouvrages de Christophe Cachet.

Controversia Theoricæ practica in primam Aphorismorum Hyppocratis Sectionem, Opus in duas partes divisum, Philosophis ac Medicis perutile, ac perjucundum, in quo quæcumque ad venæ sectionem, purgationem, & probam victûs rationem pertinent, non minùs accuratè, quàm acutè ac eleganter in utramque partem disputantur ac enodantur ; Auctore Christophoro Cacheto, Lotharingo Serenissimi Lotharingiæ Ducis Consiliario & Medico ordinario. Pars prima, Tulli, Philippe 1612. *in-*12.

Pandora bacchica furens mediis armis oppugnata. Hic temulentiæ ortus & progressus ex antiquorum monumentis investigatur ; Bacchi vis effrenis Æsculapii clava retunditur atque compescitur. Opus varietate curiosum, doctrinâ salutare, ad. Mousino Medico Lotharingo gallicè primùm conscriptum, nunc verò latinè redditum, auctum & locupletatum operâ Christophori Cacheti ejusdem S. C. & S. Principis Vaudemontani Medici. Tulli, Philippe 1614. *in-*12.

Apologia dogmatica in hermetici cujusdam Anonymi scriptum de curatione Calculi, in qua

Chymicarum

Chymicarum ineptiarum vanitas exploditur, & antiqua Hippocraticæ doctrinæ veritas à fericis novorum homuncionum dentibus, voculis, calumniis illæsa conservatur; Autore Christophoro Cacheto S. Lotharingiæ Ducis Consiliario & Medico ordinario. Tulli, Philippe 1617. in-12.

Vrai & assuré préservatif de Petite-vérolle & Rougeole, divisé en trois Livres, enrichi de quatrevingt Problémes, non moins doctes & curieux, que nécessaires pour l'entier éclaircissement des causes de ces maladies, de leurs différences, de leurs signes diagnostiques & prognostiques, de leur présentation & curation : par Christophe Cachet Conseiller & Médecin ordinaire de Son Altesse de Lorraine. Seconde Edition. Nancy, Philippe 1623. in octavo.

Christophori Cacheti Lotharingi Archiatri Exercitationes Equestres, in Epigrammatum Centurias sex districtæ.

Quarum prima & quarta de virtute, secunda de Deo & divis, tertia de Fide & Religione, quinta miscellanea continet, sexta circa res medicas occupatur. His accesserunt Elegiæ duæ : prima de morte & passione Christi, altera de Assumptione Deiparæ Virginis. Nanceii, Typis Antonii Charlot an. 1622. cum Privilegio.

Il a intitulé ces Epigrammes, *Equestres*, parce qu'il les a composés allant à cheval, ou en voiture, ou même à pied, pour passer agréablement son tems.

La premiere Centurie est dédiée à Charles de Lorraine, Prince de Vaudémont. C'est celui qui fut depuis connu sous le nom du Duc Charles IV. Il nomme *Gabriel Cachet*, son fils aîné étudiant en Philosophie, qui lui offre un Sonnet en Latin & en François.

La seconde Centurie est dédiée au Prince Eric de Lorraine, *Evêque dans l'Eglise universelle.*

La troisième, à Charles de Lorraine Evêque de Verdun.

La quatrième, à Nicolas François de Lorraine, Marquis de Hattonchatel.

La cinquième, à Jean de Porcelet de Maillane, Evêque de Toul.

La sixième, à Antoine de Lenoncourt, Primat de Nancy.

Les deux Elégies sont dédiées à F. Patissier Abbé de Chaumousey.

Il attaque dans quelques-unes de ses Epigrammes un nommé Libavius, Auteur de ce tems-là, homme sçavant, mais entêté de l'Alchymie & Anti-Lorraine.

CACHET (Jean-Nicolas) Jésuite, originaire de Neufchâteau, entra dans la Société en 1613. âgé de 16. ans. Il est Auteur, 1°. de l'*Histoire de la Vie de S. Isidore*, imprimée au Pont-à-Mousson in-12. Il a aussi composé & fait imprimer, 2°. *La Vie de Jean Bercham Religieux de la Compagnie de Jesus*, qu'il traduisit en François de l'Italien, du R. P. Virgilio Cepari ; à Paris, chez Sébastien Cramoisy 1630. in-octavo.

3°. Conférences spirituelles traduites de l'Espagnol du R. P. Nicolas Arnaya ; à Paris, chez Sébastien Chapelet in-quarto 1630.

4°. Abrégé de la Vie de S. François de Borgia, au Pont-à-Mousson, in-12.

5°. La Vie de S. Joseph Chanoine Régulier Prémontré, au Pont-à-Mousson 1632. in-12.

6°. L'horreur du péché, chez le même, in-quarto, 1634. & à Rouen, 1681. in-12.

Ce Jésuite, quoiqu'accablé de maladies continuelles, conserva toujours une présence d'esprit admirable. Il mourut au Pont-à-Mousson le 22. Décembre 1634. Le Pere Abram, dans son Histoire de l'Université de Pont-à-Mousson, *Lib. 7. art. 17.* en fait un grand éloge, & met sa mort le 29. Septembre 1634. Il étoit âgé de 37. ans, & en avoit passé 21. dans la Société.

CACHET (Claude) Ecuyer-Conseiller, Maître des Comptes de Lorraine, a recueilli les Noms & les Armes des Nobles de Lorraine, dont les Lettres ont été enregistrées en la Chambre des Comptes de Nancy, depuis l'an 1573. avec les Armes blazonnées d'un chacun, tirées par abrégé sur les Registres de laditte Chambre, jusqu'en 1670.

CAILLET (Dom Joseph) Religieux Bénédictin de la Congrégation de S. Vanne, Profès de S. Pierre de Châlons le 7. Septembre 1670. s'est particuliérement attaché à traiter des matieres de piété. Nous avons de lui,

1°. Un Livre Latin intitulé, *Exercitium diurnum*, in-quarto de plus de 400. pages. Au commencement il enseigne qu'un Religieux doit toujours avoir Dieu présent dans son esprit ; il établit trois manieres d'être toujours attaché à Dieu, 1°. par l'imagination ; par *exemple*, en considérant Jesus-Christ dans la Crêche ; 2°. par *l'entendement*, en concevant que Dieu est présent par-tout par son essence ; & enfin, 3°. par *affection*, lorsque nous concevons que Dieu nous est intimement uni avec tous ses attributs : cette présence continuelle de Dieu peut être entretenuë par de courtes Oraisons ; il donne des Prieres convenables à chaque action du jour ; il traite ensuite au long des vertus propres à l'état religieux.

2°. Un Ouvrage sur les Epitres de S. Paul, & sur les Epitres Canoniques, in-12.

3°. Trois Volumes de Commentaires sur les Pseaumes, dans lesquels on trouve de l'érudition & beaucoup de belles réflexions. Il est mort à Haï près d'Hauvillers le 3. Mai 1707.

CALAME (Dom Romain) Bénédictin de la Congrégation de S. Vanne, natif de Morteau, dans le Comté de Bourgogne, fit profession en l'Abbaye de S. Evre-lès Toul, le 3. Juin 1644. & est mort à Fontaines près Luxeüil le quatriéme Septembre 1707. C'étoit un esprit plein de feu & d'une imagination très vive. L'étude étoit son aliment ; il y étoit si appliqué, qu'il en perdoit souvent le sommeil. On attribuë sa mort prématurée à sa trop grande application, qui lui avoit trop échauffé le sang, après avoir enseigné avec honneur les Humanités, la Philosophie & la Théologie. Il ne se délassa de ces premiers travaux, que par d'autres encore plus pénibles.

Nous avons de lui un grand nombre d'Ouvrages, qui ont mérité l'approbation des connoisseurs. Il sembloit être né pour traiter & éclaircir les matieres les plus difficiles & les plus embarassées. Il a laissé un Corps complet de Chronologie, intitulé, *Summa temporum ab orbe condito ad Christi in Cælos Ascensionem deducta, & in partes tres distributa,* ΤΕΧΝΙΚΗ ΑΠΟΔΒΙΚΤΙΗΝ ΚΑΙ ΙΣΤΟΡΙΚΗΝ *sive methodicam, demonstrativam, & Historicam,* 1698.

Il cite près de trois cens Auteurs qu'il a lûs, pour le composer, & divise son Ouvrage en trois parties contenuës en cinq Volumes.

La premiere partie est intitulée, *Summa temporum pars prima quæ est* ΤΕΧΝΙΚΗ *sive methodica, quâ varia computandi tempora methodi breviter aperiuntur.* Il y traite du mouvement des Corps célestes, du tems, des trois Cycles de l'année, de différens Peuples, des Epactes, des Périodes & des Calendriers composés par divers Auteurs.

Le second Volume a pour titre, *Summa temporum pars secunda, quæ est* ΑΠΟΔΕΙΚΤΙΚΗ *seu ostensiva, seu demonstrativa, quâ variarum Epocharum & ærarum tempora demonstrantur.* Il y traite de la création du monde, du Déluge, de l'âge des enfans de Noë, de la division des Nations, de la naissance d'Abraham, des Rois des Grecs, des anciens Babyloniens, des Prophéties de Jacob, de la naissance de ses fils, des Rois & Archontes, des Athéniens, des Rois de Messene, des Corinthiens, Thébéens, Lacédémoniens, Troyens, des Années Sabbatiques & Jubilaires, des Hébreux, &c. des Eres différentes.

Le troisiéme Volume a pour titre, *Summa temporum, Pars tertia, quæ est* ΙΣΤΟΡΙΚΗ *seu narrativa, quâ res ab orbe condito ad usque Christi in Cælos Ascensionem describuntur, tom.* 1. *complectens tres priores orbis ætates ab anno Periodi Juliana* 710. *ad* 3223.

Le quatriéme Volume comprend le quatriéme & cinquiéme âge du monde, depuis l'année de la Période Julienne 4126. jusqu'à l'an de ladite Période 4746. que Jesus-Christ est monté au Ciel.

Item, *Opuscula Chronologica tria ;* 1°. *De Natali Christi,* 2°. *De die Passionis Christi,* 3°. *De die obitûs sancti Benedicti*..... 1695.

Item, *Studiorum Cursus, in septem Tomos distributus, quibus Grammatica, Rhetorica, Philosophia, & utraque Theologia, Scholastica, nimirum & Thetica breviter & perspicuè traduntur.*

Le premier Tome comprend la Grammaire & la Rhétorique ; le second, la Philosophie divisée en trois parties, la Logique, l'Ontologie & la Physique.

Les Tomes trois, quatre, cinq & sixiéme contiennent la Théologie Scholastique, partagée en huit Traités.

Le troisiéme Tome a un Traité *De Deo uno,* & le second *De Deo trino.*

Le quatriéme contient les Traités *De Angelis, de Opere sex dierum,* & *de homine.*

Le cinquiéme a un Traité de la Morale, & un Traité *De Christo.*

Le sixiéme est sur les Sacremens.

Le septiéme comprend la Théologie positive sur les saintes Ecritures. Ce Tome contient trois Dissertations, dont la premiere est touchant l'Ecriture sainte par elle-même ; la seconde, touchant la Géographie & l'Ecriture sainte, & la troisiéme, sur la Chronologie.

Dans la premiere, il recherche ce que c'est que l'Ecriture sainte, comment on peut la connoître, combien il y a de Livres sacrés de l'ancien & du nouveau Testament, qui en sont les Auteurs, qui les a écrits, & en quelle Langue, si elle est vraie, bonne & inspirée ; de sa clarté & de son obscurité, des différentes Versions qu'on en a faites, de son étude & des moyens d'en profiter.

Dans la seconde, il traite de la Géographie de l'Ecriture sainte par ordre alphabétique. Il avouë avoir beaucoup profité du travail des Auteurs modernes ; il désigne la situation des lieux selon Ptolomée, non dans la croyance que ce Géographe n'ait erré au sujet des longitudes, ni même des latitudes.

Les nouvelles découvertes sur la Géographie l'ont toujours convaincu des lumieres des Modernes ; mais il a taché de rapporter les noms des lieux à ceux qui sont nommés par Ptolomée ; en sorte que par-là on peut facilement conjecturer quelle est à peu près la situation du lieu dont il est question.

La troisième Dissertation est touchant la Chronologie de l'Ecriture sainte, qu'il rapelle à trois Chefs ; à la Chronologie sacrée en général, à la Chronologie de l'ancien Testament, tant depuis la création du monde, *ad remotum*, dit-il, *finito diluvio Arcæ tectum* ; & depuis la fin du déluge, jusqu'à la sortie des Israélites de l'Egypte, & spécialement de la Chronologie sacrée des Princes, puis des Pontifes des Hébreux ; & enfin de la Chronologie sacrée du nouveau Testament.

Item, le même Auteur a écrit un Volume, intitulé, *De variis Opusculis*, où sont contenus les Opuscules suivans, *Antisfondratus, sive nodus prædestinationis, ab Eminentissimo Cardinali Sfondrato, neque ex sacris Scripturis, neque ex doctrinâ sanctorum Augustini & Thomæ dissolutus*. Cet Opuscule est divisé en deux Livres.

Dans le premier, il est traité de l'élection gratuite de l'homme à la gloire ; dans le second de l'efficacité & université de la grace.

Il prouve que la Doctrine du Cardinal Sfondratte, touchant la Prédestination, *Esse ex præjudicatis legitimè suspectam, convenire cum Massiliensibus, in eo quòd prædestinatio unâ Dei præscientiâ nitatur, quod ex Dei proposito, decreto, voluntate negatur, quod prædestinationi secundùm propositum adversetur Augustinus, quod prædestinatio secundùm propositum repugnet divinæ misericordiæ, quæ vult omnes homines salvos fieri*. Il prouve ensuite que l'efficace élection à la gloire, est gratuite & absoluë, & il répond aux objections. Dans le second, il montre que la grace médicinale de Jesus-Christ est efficace par sa nature.

Le second Opuscule contient cette question, *Si l'Ordre du Diaconat est un Sacrement*. L'Auteur dit que, sans blesser la Foi, on peut nier que l'Ordre du Diaconat soit un Sacrement.

Dans le troisième, il traite, *si Marie-Magdelaine est unique, ou non* ; il conclut qu'on ne peut pas nier qu'il n'y ait dans l'Ecriture une seule Marie-Magdelaine sœur du Lazare.

Dans le quatrième Opuscule, touchant le jour de la mort de S. Benoît, l'Auteur prétend prouver deux choses; 1°. Que saint Benoît est mort entre les années 543. & 548. 2°. Que S. Benoît est mort le 26. Mars 544. en laquelle année le jour de Pâques est marqué le 27. Mars par les trois Cicles de Nicée, Latin & de Victor, qui s'accordent en cela parfaitement.

Dans le cinquième Opuscule, *De la Puissance Ecclésiastique*, il montre que toute la puissance dont les Papes sont revêtus, leur appartient de droit divin.

Dans le sixième, de la Décision des Faits doctrinaux ; voici quelques-unes de ses Assertions, *Non esse communem inter Theologos Orthodoxos opinionem, quod Ecclesia sit in Factorum doctrinalium decisione infaillibilis.*

Non videri Dogma Fidei definitum, quòd Ecclesia sit in Factorum doctrinalium decisione infaillibilis.

Non esse erroneum dubitare de veritate decisionis Facti non revelati ab Ecclesia factâ.

Non esse de Fide Catholica quòd Ecclesia ullum Auctorem ita infallibiliter damnare possit, ut ex speciali Dei assistentia decidat eum doctrinam damnabilem proposuisse, &c.

Dom Romain Calame a encore écrit d'autres Opuscules, touchant les Tabernacles de Moyse, le Temple de Salomon, ses Ouvrages, ses Vases & ses Parvis ; touchant le Temple d'Ezechiel, & celui de Zorobabel ; touchant les Ministres des Sacrifices, les Cérémonies, touchant les Alimens des Ministres, les Sacrifices des Hébreux, leurs Fêtes, l'Année Sabbatique, &c.

A la fin de ses Ecrits, Dom Calame déclare qu'il soumet tous ses Ecrits & ses Ouvrages à la décision & à la censure de l'Eglise ; & cette déclaration est dattée du Monastere de S. Servule de Moré, le 26. Octobre 1704.

Je me suis employé à Paris, pour procurer l'Impression de la Chronologie de Dom Romain Calame. Tous ceux qui la virent, en rendirent de très bons témoignages.

CALLOT. La Famille des Callot est célébre par toute l'Europe, principalement depuis Jacques Callot, fameux & incomparable Graveur.

Claude Callot fut annobli le 14. Juin 1584. Il portoit d'azur à cinq Etoiles d'or mises en Sautoir. De ce Claude Callot sont sortis trois Hérauts-d'Armes de Lorraine, & le R. P. Dominique Callot Prémontré, Abbé de l'Etanche neveu de Jacques Callot, l'Illustre de son siécle.

En l'année 1600. Jean Callot fut fait & créé Héraut-d'Armes, sous le titre de Clermon ; il vivoit encore en 1644.

En 1613. Jean Callot son fils fut créé Héraut-d'Armes de Lorraine, & mourut le 13. Juin 1666.

En 1666. Jean Callot son fils, Avocat à la Cour Souveraine, lui succéda en ladite Charge de Héraut-d'Armes de Lorraine & Barrois.

J'ai vû à Etival l'Original en Parchemin, où il est nommé Héraut-d'Armes, & où sont deſſinées & enluminées les Armes des Annoblis depuis 1474. juſqu'en 1598. Il y a diverſes Remarques de ſa main ; on y trouve diverſes particularités ſur des Familles de Lorraine & Barrois. Il a compoſé & fait imprimer le Recuëil des Armes de l'ancienne Chevalerie de Lorraine, gravées en bois.

On conſerve dans la Bibliothéque du Prieuré de Flavigny, près Nancy, un fort beau Manuſcrit, avec le titre : *Recuëil des Armes & Blaſons de la Nobleſſe de l'ancienne Chevalerie de Lorraine, & autres Maiſons étrangeres y alliées; recherchées par noble Jean Callot, Héraut-d'Armes des Duchés de Lorraine & Barrois, & par lui-même dédié à Monſieur du Chatelet Maréchal de Lorraine.*

CALLOT (Jacques) fils de Jean Callot, Héraut-d'Armes de Lorraine & Barrois, dont on vient de parler. Jacques Callot naquit en l'année 1593. ou 1594. Ses parens qui étoient nobles, le deſtinoient à toute autre choſe qu'à la Gravûre ; mais il ſe ſentit une inclination ſi forte à deſſiner tout ce qu'il voyoit, qu'il ſe déroba de ſa Famille, dès ſon plus bas âge, & alla à Rome pour ſe perfectionner ſous les plus grands Maîtres. Il y réuſſit admirablement, & les Ouvrages par leſquels ſon rare talent fut connu, lui donnerent une ſi grande réputation, qu'il trouva par-tout des admirateurs. M. Perrault de l'Académie Françoiſe, qui lui a donné place parmi les Hommes illuſtres, parle de lui en ces termes : Callot a été admirable en bien des parties ; mais il l'a été particulièrement à faire les Figures en petits, à ſçavoir faire trouver dans deux ou trois traits de Burin l'action, la marche, l'attention, & même juſqu'à l'humeur & le caractere particulier de chaque figure.

Il avoit encore une adreſſe ſinguliere à ramaſſer en peu de place une infinité de choſes, &, ſi cela ſe peut dire, le don de créer de l'eſpace ; car en un pouce d'étenduë, il faiſoit voir diſtinctement cinq ou ſix lieuës de Pays, & une multitude inconcevable de perſonnages. Gaſton de France, Duc d'Orléans, Oncle du Roy, aimoit fort Callot, & prenoit un grand plaiſir à le faire travailler en ſa préſence.

Tom. 3.
Edit.1725.
pag. 358.

M. de Félibien dans ſes *Entretiens* ſur la Vie des Peintres, dit que Callot, fut celui des Graveurs à l'eau-forte, qui eût fait le plus d'Ouvrages, & qui eût même excellé en cette ſorte de travail. Pour ce qui regarde la maniere dont il a gravé, les ſujets qu'il a traités, on peut dire qu'il n'y a jamais eû perſonne qui l'ait égalé.

Il avoit l'imagination nette ; mais n'avoit pas tant de deſſein que *Tempeſte*, ni une ſi grande connoiſſance de la Peinture.

Callot s'étoit fait une pratique de graver aiſée & agréable, & avoit acquis la méthode de bien coucher le Vernis ſur le Cuivre, & donner l'Eau-forte à propos. Il eſt certain que ce qu'il a fait eſt ſi net & ſi bien touché, qu'on ne peut rien ſouhaiter de mieux. Outre ſa belle maniere de Graver, il diſpoſoit agréablement ſes Figures ; & quelque grande que fût la diſpoſition d'un ſujet, elles étoient ſi bien ordonnées, que le grand nombre ne cauſoit aucune confuſion.

Comme c'étoit particulièrement dans les petites Figures qu'il excelloit, on doit beaucoup eſtimer l'art & l'induſtrie dont il ſe ſervoit pour exprimer avec peu de traits, tant de différentes actions qu'on voit dans les ſiéges de Villes & campemens d'Armées, qu'il a repréſentés ; tous ſes autres Ouvrages ſont traités avec le même eſprit. Il y a dans les plus ſérieux, un caractere de nobleſſe & de bienſéance ; & dans les Piéces divertiſſantes, il a gardé une conduite & des expreſſions conformes à la qualité de ſes ſujets. C'eſt pourquoi tout ce qu'il a fait, ſera toujours eſtimé, parce qu'il eſt mal-aiſé d'arriver au point où il eſt parvenu, & que difficilement il ſe trouvera des perſonnes, non ſeulement qui le paſſent, mais qui le puiſſent égaler.

Quoique Callot n'ait pas rang parmi les Peintres, il eſt ſignalé de telle ſorte par l'excellence de ſes Ouvrages, qui ſont répandus par toute l'Europe, que ſa réputation ne finira jamais.

Il a paru pendant ſa vie avec tant d'eſtime dans les lieux où il a été, qu'il eſt bien juſte que l'on parle encore de lui après ſa mort, & qu'on laiſſe à la poſtérité ſon nom & ſes actions, avec celles des Artiſans les plus fameux. Comme j'en ai été aſſez inſtruit par des perſonnes qui l'ont connu, & qui ſont fort bien informées de toutes les choſes qui regardent ſa vie, je ne ferai pas difficulté de faire part de ce que j'en ſçais, d'autant plus que je ſerai bien-aiſe que l'on connoiſſe encore mieux cet Homme illuſtre, dont la mémoire ne peut être aſſez chérie des honnétes-gens. C'eſt M. Félibien qui parle.

Il naquit l'an 1593. ou 1594. Son pere ſe nommoit Jean Callot, Héraut-d'Armes de Lorraine & de Bar, & ſa mere Renée Bruneault.

Il étoit noble de naiſſance ; ſon grand-pere Claude Callot exempt des Gardes-du Corps du Duc de Lorraine, avoit été annobli par Charles II. (vulgairement Charles III.) en conſidération des ſervices qu'il avoit rendus dans les Armées, & particulièrement dans une occaſion où il donna des marques de ſa fidélité & de ſon courage. La vertu de Jacques Callot & ſes belles qualités n'ont pas besoin d'être relevées par sa noblesse; il a sçu se faire connoître par son propre mérite, & comme le plus grand honneur des hommes ne consiste pas toujours dans le sang noble qu'ils ont reçu de leurs ayeux, il lui sera assez avantageux d'être considéré par lui-même: aussi ne songea-t'il pas à passer sa vie dans le repos & dans l'oisiveté, que cherchent d'ordinaire ceux qui se contentent des biens de la fortune, & des titres honorables que leurs peres leur laissent en mourant. Quoiqu'il portât un nom déja assez connu dans son Pays, & qu'il fût d'une Famille, qui dès l'an 1417. avoit possédé des charges considérables sous les derniers Ducs de Bourgogne, il ne se flatta point d'une sotte vanité qui lui fît regarder comme trop bas, & au-dessous de lui, l'occupation & le travail où ses inclinations le portoient.

Dès sa plus tendre jeunesse, il avoit donné des marques de l'affection qu'il avoit pour le dessein; car lorsqu'il alloit aux Ecoles, il remplissoit ses Livres de diverses Figures; & pendant tout le tems que ses parens le firent étudier, il n'avoit pas un plus grand plaisir que d'employer à dessiner les momens qu'il pouvoit prendre pour se délasser & pour se divertir. Enfin, ayant souvent entendu parler des belles choses que l'on voit en Italie, il lui prit un désir si violent d'y aller, qu'encore qu'il n'eût qu'onze à douze ans, il résolut de sortir de la maison de son pere; &, sans pourvoir aux moyens de subsister pendant son voyage, il partit secrettement, & prit le chemin de Rome. Le peu d'argent qu'il avoit, fut bien-tôt dépensé, de sorte que se voyant dans la nécessité d'en demander, il s'associa avec une Troupe de Bohémiens, qui alloit aussi en Italie, & sans penser dans quelle compagnie il se mettoit, ni aux fatigues du chemin, ni à la vie honteuse qu'il menoit, il alla avec eux jusqu'à Florence.

Lorsqu'il y fut arrivé, il quitta sa compagnie. Un Officier du Grand-Duc l'ayant vû par hazard, l'interrogea d'où il étoit, & ce qu'il faisoit; & comme il avoit une phisionomie agréable, il le prit auprès de lui, & l'envoya dessiner chez un Peintre, nommé *Canta-gallina*, qui étoit en réputation, & qui s'appliquoit à la Gravûre. Il en apprit quelque chose pendant le peu de tems qu'il demeura chez son Maître; mais ayant toujours un extrême désir de voir Rome, il pressa si fort cet Officier, qu'il lui permit d'y aller, & l'assista de quelque argent pour faire son voyage.

Idem, p. 363.

A peine fut-il arrivé dans Rome, qu'il rencontra des Marchands de Nancy, qui le reconnurent, & qui sachant la peine dans laquelle son pere & sa mere étoient de lui, le contraignirent de s'en retourner avec eux, & le remirent à ses parens.

Etant de retour, son pere l'obligea de reprendre ses études; mais, comme il n'avoit nulle inclination aux Lettres, il les quitta, & retourna en Italie, ayant alors environ quatorze ans.

En passant à Turin, il eut le déplaisir de voir encore son voyage interrompu; car il rencontra par les ruës son frere aîné, que son pere y avoit envoyé pour quelques affaires, lequel le ramena encore une fois à Nancy.

Il ne faut pas s'étonner qu'un enfant, à cet âge, ait entrepris tous ces voyages avec si peu de réfléxions sur les incommodités qui lui pouvoient arriver, qu'il se soit même réduit à vivre & à voyager avec des misérables & vagabonds, la premiere fois qu'il arriva à Florence, puisque la passion de voir l'Italie, & l'amour de la Peinture, lui faisoient faire ce que d'autres passions moins honnêtes font souvent entreprendre à plusieurs personnes. Mais on peut admirer en lui la conduite de la Providence, qui le préserva toujours de toutes sortes de dangers. Aussi ses parens regardoient comme un grand bonheur & une singuliere protection de Dieu, qu'il eût fait tous ces voyages sans aucun péril; & lui-même a depuis avoüé qu'il devoit aux graces que Dieu lui avoit faites, de l'avoir conservé des mauvaises compagnies, & de n'avoir pas permis qu'il fût tombé dans des débauches, comme il lui pouvoit arriver dans un âge si susceptible de mauvaises impressions. Aussi a-t'il souvent dit à ses amis, lorsqu'il leur racontoit les avantures de sa jeunesse, qu'en ce tems-là il demandoit toujours à Dieu dans ses prieres, de vouloir le conserver, & lui faire la grace d'être homme de bien, le suppliant qu'en quelque profession il fût, il pût vivre jusqu'à quarante-trois ans; ce que Dieu lui accorda en effet.

Etant de retour à Nancy, pour la seconde fois, bien loin d'être satisfait de ses voyages, & lassé des incommodités qu'il avoit souffertes, les beautés qu'il avoit vuës à Florence & à Rome, ne faisoient qu'augmenter le désir qu'il avoit d'y retourner. Il fit tant d'instances auprès de son pere, qu'enfin il lui permit de se satisfaire. Ayant obtenu son congé, il se rencontra heureusement que le Duc de Lorraine envoya un de ses Gentilshommes vers le Pape, lequel voulut bien que Callot allât à sa suite, & même en eut beaucoup de soin pendant tout le chemin.

Lorsqu'il fut arrivé à Rome, il s'appliqua uniquement à dessiner, faisant tout son possible pour se perfectionner dans cette partie, comme la plus nécessaire de toutes celles qui regardent la Peinture. Quelque tems après, le désir lui prit d'apprendre à graver au Burin. Pour cet effet, il se mit chez *Philippe Thomassin*, qui étoit de Troyes en Champagne ; mais qui s'étant marié à Rome, y demeura le reste de ses jours, & y est mort âgé de 70. ans. Quoiqu'il ne fût pas un des plus excellens Graveurs, il a néanmoins fait quantité d'Ouvrages, particuliérement des sujets de dévotion d'après *Salviati*, *Frederic Bonacio*, *François Vanni*, & plusieurs autres Peintres. Ce fut donc chez Thomassin que Callot commença à manier le Burin. D'abord il travailla d'après les *Sadeler*, qui étoient en réputation ; & après avoir copié aussi quelques piéces des *Bassans* & d'autres Peintres, il se mit à graver des Autels qui sont à S. Pierre, à S. Paul, à S. Jean de Latran, & en d'autres Eglises, jusqu'au nombre de vingt-huit. Ce ne sont pas de grands Ouvrages ; mais l'on y découvre quel étoit l'esprit de Callot, & comment il se fortifioit de plus en plus dans la Gravûre.

Lorsqu'il travailloit de la sorte avec beaucoup de soin, & qu'il s'appliquoit à voir tout ce qu'il y avoit de curieux & de plus beau dans Rome, il fut obligé de quitter son Maître, qui eut quelques sujets de jalousie, à cause de la familiarité, peut-être trop grande, que Callot alors jeune & bienfait, avoit avec sa femme. Il résolut de sortir de Rome.

Etant arrivé à Florence, il fut arrêté à la Porte de la Ville, par ordre du Grand-Duc, qui vouloit être informé du nom & de la qualité de tous les étrangers qui arrivoient. Ayant déclaré ce qu'il étoit, il fut mené au Palais ; & le Grand-Duc, après l'avoir lui-même interrogé sur ce qu'il faisoit, l'obligea de demeurer à son service : il lui fit donner une Pension, & ce qu'on appelle *La Parte*, avec un logement dans la même Gallerie, où travailloient quantité d'autres excellens Ouvriers. Trouvant ce petit établissement assez avantageux, il se mit à étudier avec beaucoup d'assiduité. Il alloit souvent voir *Canta-gallina*, son premier Maître ; *Alphonse Parigi*, Peintre & Ingénieur ; *Philippe Napolitain*, *Jacques Stella* de Lyon, aussi tous deux Peintres, qui étoient alors à Florence ; & ayant fait amitié avec eux, il tâchoit de s'instruire de plus en plus, & de profiter de leurs avis. Il commença de graver une Vierge d'après André *Del Sarte*, un *Ecce Homo*, accompagné de plusieurs Figures d'après *Vannius*.

Long-tems auparavant, il avoit gravé les Miracles de l'Annonciate, qui sont au nombre de quarante Piéces, & des moindres qu'il ait faites. Il grava encore plusieurs autres Ouvrages d'après *Perin del Vague*, *Vannius*, *Ventura Salimbeni*, & quelques autres Peintres. Le Grand-Duc lui ayant proposé de graver des Batailles, & les Victoires remportées par les Médicis, il en fit jusqu'au nombre de vingt Piéces, où il travailla avec beaucoup de soin. Il est vrai qu'il y en a deux ou trois qui ne sont pas finis. Il grava aussi les sept Péchés mortels en quatre feüilles, d'après *Bernardin Pochel*, Peintre Florentin. Ce sont des meilleures choses qu'il ait faites au Burin.

Pendant qu'il s'appliquoit à ces travaux, il rendoit toujours ses visites à Alphonse Parigni & à Canta-gallina ; le dernier avoit une pratique merveilleuse à bien dessiner à la plume, en grand & en petit ; & l'autre avoit gravé plusieurs Scénes de Comédies, des Balets & des Carousels représentés devant le Grand-Duc. A leur exemple, Callot commença à dessiner en petit ; il eut, pour cela, un génie si heureux, qu'il ne mit guéres à les surpasser : aussi a-t-on vû, dans la suitte, comment il s'est rendu incomparable dans cette sorte de travail. Ce fut alors qu'il résolut de quitter le Burin, pour s'appliquer entiérement à graver à l'Eau-forte, jugeant que c'étoit un véritable moyen de pouvoir mettre au jour, avec plus de facilité, de grandes Ordonnances, & de produire beaucoup plus d'ouvrages, qui s'exécutant plus promptement qu'au Burin, reçoivent aussi mieux l'esprit & le feu que l'Ouvrier leur inspire.

La premiere Piéce qu'il fit, fut S. Mansuy premier Evêque de Toul (*e*) qui réfuscite un jeune Prince mort & noyé en joüant à la Paume. Dans l'Estampe qu'on en voit, il y a plusieurs Figures & un Paysage, où paroit dans l'éloignement la Ville de Toul, & l'Abbaye de S. Mansuy. Comme il n'avoit pas encore une entiere pratique de l'Eau-forte, cette piéce est presque tout au Burin : aussi est-il très important qu'un Graveur à l'Eau-forte, manie fort bien le Burin, & sçache comment il faut couper le cuivre, afin de réparer les manquemens qui peuvent arriver par le défaut du vernis de l'Eau-forte, ou quelqu'autre accidens, & aussi pour retoucher, & pour donner plus ou moins de force aux endroits qui peuvent en avoir be-

---

(*e*) Sous la Figure de S. Mansuy, Callot a représenté M. de Porcelet Evêque de Toul.

foin ; & c'eſt ce que Callot ſçavoit faire ex-cellemment bien.

En ce tems-là, les Princes d'Italie étoient fort curieux de faire repréſenter des Comé-dies & des Balets, avec des décorations de Théâtre magnifiques, particuliérement le Duc de Florence, qui entretenoit des Ingé-nieurs & des Machiniſtes très ſavans, leſquels dans cette Cour s'acquittoient alors de ces entrepriſes, mieux qu'en autre Cour de l'Eu-rope. Le Grand-Duc ayant voulu qu'on gra-vât ces ſortes de Spectacles, qu'il avoit fait repréſenter, Callot en fit ſix Planches qui furent trouvées tellement au-deſſus de celles de Canta-gallina & d'Alphonſe Parigni, que le Duc de Florence ne voulut plus ſe ſervir dans ces occaſions d'autres Graveurs, que de Callot ; de ſorte qu'il fit enſuite quatre Piéces d'un Carouzel ; & comme quelque tems après, on repréſenta encore à Flo-rence une magnifique Comédie de Soliman, il fit les Décorations en ſix Piéces, qui ſur-paſſent tout ce qu'on avoit fait auparavant, tant pour la conduite & l'intelligence de l'Ar-chitecture, que pour la diſpoſition & l'eſprit qu'on voit dans les petites Figures. Les Deſ-ſeins de la main de Callot pour ces Décora-tions, & d'autres Deſſeins ont paſſés au Sieur Sylveſtre.

Callot grava enſuite une Tentation de S. Antoine, d'environ quinze pouces de long. Cette Eſtampe eſt fort rare, parce qu'on ne ſçait ce qu'il fit de la Planche, qui ne ſe trouve plus.

Il repréſenta en quatre feüilles les Navires & les Galéres du Grand-Duc ; il fit, pour l'inſtruction des jeunes Peintres un Livre de Caprices, où dans chaque Plauche on voit l'extrait ſimple de la Figure, & la Figure fi-nie. Il grava un Payſage & trois differens Sa-crifices dans des petits ovales : il fit un Car-touche, ou eſpéce d'Evantail, dans lequel il a repréſenté un Carouſel & des Feux-d'ar-tifice, qui paroiſſent ſur le fleuve d'Arne, qui paſſe au milieu de la Ville de Florence. Il grava un Catafalque, & la Cérémonie qui fut faite à Florence, par ordre du Grand-Duc, pour les Obſéques de l'Empereur Ma-thias.

Entre les Piéces qu'il fit en petit, on con-ſidére avec admiration le Martyr des Inno-cens, à cauſe de la quantité de Figures, & de la délicateſſe du travail ; mais une des plus recherchées, & que l'on eſtime davantage, c'eſt la grande Foire qui ſe tient tous les ans à la Madone de l'Imprunette, à ſept milles de Florence, où les habitans de l'Etat du Grand-Duc & des lieux circonvoiſins, ne manquent point de ſe rendre.

Callot n'avoit qu'environ 27. ans, lorſ-qu'il en fit le deſſein, où il repréſenta, avec des expreſſions divertiſſantes & agréables, tout ce qui ſe paſſe à cette Foire. Il employa beaucoup de tems à graver cette Planche, tant à cauſe du grand travail qu'il y a, que du ſoin qu'il prit à la bien faire ; l'Eau-forte ayant manqué en bien des endroits, il fut obligé d'en réparer les fautes avec le Burin.

Il en dédia les Eſtampes au Duc de Flo-rence, Coſme de Médicis, lequel étant dé-cédé peu de tems après, Callot commença de méditer ſon retour en Lorraine.

Comme le Prince Charles IV. qui venoit de Rome, le vit en paſſant à Florence, lui promit que, s'il vouloit retourner à Nancy, il lui feroit donner de bons appointemens par le Duc Henry ſon beau-pere ; cela le fit encore plutôt réſoudre à quitter l'Italie, de ſorte que, ſans différer davantage, il ſe mit à la ſuite de ce Prince, & retourna en ſon Pays.

Il fut reçu de ſes parens avec bien de la joie ; & le Prince Charles l'ayant préſenté au Duc Henry, il en reçut un accueil très favo-rable, avec une honnête Penſion, & pro-meſſe qu'il ne ſeroit pas moins conſidéré de lui, qu'il l'avoit été du Duc de Florence, pour la mémoire duquel Callot avoit beau-coup de vénération.

Ses parens, pour l'arrêter à l'avenir plus fortement auprès d'eux, penſerent à le ma-rier ; & ayant jetté les yeux ſur une jeune Demoiſelle, nommée Catherine Kuttinger, qui tiroit ſon origine d'une noble famille de Marſal, la lui firent épouſer en 1625. étant alors âgé de 32. ans. Il n'eut pas la ſatisfac-tion d'avoir des enfans de ſon mariage ; mais ſi Jacques Callot n'a point laiſſé d'héritiers de ſon corps, il en a ſçu produire un ſi grand nombre d'autres de ſon eſprit & de ſa main, qu'on peut dire qu'il a mis au monde une poſtérité beaucoup plus glorieuſe pour lui, que celle que beaucoup de peres laiſſent après eux dans les enfans, qui ſouvent ne leur font guéres d'honneur.

Comme il avoit fait beaucoup d'études en Italie, & qu'il en avoit apporté un grand nombre de Deſſeins, il s'en aidoit heureu-ſement dans les Ouvrages qu'il faiſoit en Lorraine.

Ce fut auſſi après avoir conſidéré le Pavé du Dôme de Sienne, fait par Ducio, qu'il ſe propoſa de ne faire ſouvent qu'un ſeul trait avec l'Eguille ou l'Echape, ſans ſe ſer-vir de hachures, voyant que dans les petites choſes particuliérement, cela faiſoit un bon effet, & les repréſentoit avec plus de net-teté ; en quoi il a été imité depuis, non ſeulement dans les petites Figures, & par des Graveurs à l'Eau-forte; mais dans des grandes Ordonnances & par des Graveurs au Burin.

Le premier Ouvrage qu'il fit à son arrivée en Lorraine, furent les Images de tous les Saints de l'année, au nombre de trois cens quatre-vingt-neuf. Il regrava ensuite les Caprices qu'il avoit déja faits à Florence; autres Caprices de Pantalons & de Comédiens, au nombre de vingt-quatre Piéces, dont il avoit fait les Desseins en Italie; un autre Caprice de Boissu, qui contient vingt Piéces; un Livre de douze Piéces, représentant la Noblesse; un autre de Gueux, de vingt-cinq Piéces.

C'étoit dans le tems qu'il vouloit se délasser l'esprit, & souvent à la lumiere de la lampe, qu'il travailloit à ces différentes fantaisies, choisissant des sujets extraordinaires & ridicules, pour se divertir; &, comme il sçavoit que ceux qui peuvent faire rire, se trouvent toujours dans quelques difformités & dans quelques défauts, il jugeoit fort bien que l'unique moyen de divertir, & de donner du plaisir à ceux qui verroient ses Caprices, étoit d'y marquer quelque chose de défectueux & de difforme; mais de le marquer cependant d'une maniere qui ne fût pas défectueuse: c'est aussi ce qu'il a fait si parfaitement, qu'on a donné le nom de posture de Callot, à toutes celles que l'on voit représentées.

Idem, p. 376.

Il fit ensuite deux Livres d'Emblêmes, l'un, à l'honneur de la sainte Vierge, & l'autre, au sujet de la vie solitaire & religieuse. Il regrava encore une fois la Foire de l'Imprunette, qu'il avoit faite à Florence, & une autre plus petite, qu'on appelle Fête de Villages, ou le Jeu de Boules, ou Foire de Gondreville, que néanmoins quelques-uns veulent qu'il ait fait en Italie.

Mais je deviendrois ennuyeux, si je m'arrêtois à dire tout ce qu'il grava à Nancy, depuis son retour de Florence. Quand on voudra avoir le plaisir d'admirer l'abondance des pensées de cet excellent homme, la fertilité de son génie, & cet art admirable qu'il avoit à représenter en petit des sujets très grands & très amples, vous pourrez considérer ce qu'il a gravé dans des petits ronds, concernant la Vie de la sainte Vierge & la Passion de Notre-Seigneur.

Ce qu'on nomme la Grande Passion, est un Ouvrage, dont il avoit fait toutes les études à Florence; il n'en a gravé que sept Piéces, & l'on ne sçait par quelle rencontre ce travail est demeuré imparfait. Cependant l'on a à Paris la suite des Desseins qu'il en avoit faits, & qui sont tous finis; mais il seroit difficile, en les gravant, d'en conserver l'esprit & la beauté, & de ne les pas rendre fort différens de ceux de Callot.

Idem, p. 377.

Le Carousel qu'il a fait à Nancy, & qu'il grava pour Son Altesse en dix Piéces, & la Grand'Ruë où le Carousel se fit, sont des Ouvrages les plus beaux qui soient sortis de sa main.

Ce fut au sujet de ce Carousel qu'il eut un différend avec un Peintre de Nancy, nommé *De Ruët*, qui étoit nouvellement arrivé d'Italie: c'étoit un homme ambitieux & entreprenant, lequel ayant la faveur du Prince de Phalsbourg (*f*), étoit aussi considéré du Duc Henry II.

De Ruët vouloit & prétendoit que ce fût d'après ses Desseins que Callot gravât ses Planches; ce dernier résistoit fortement, ne voulant rien faire que de son invention. Ils eurent de grandes (*g*) contestations; mais il fallut que de Ruët cedât à Callot, qui demeura Maître des Desseins & de la Gravûre de toutes ces sortes d'Ouvrages, qu'il fit pour le Duc de Lorraine.

Félibien, pag. 377.

Sa réputation se répandant par toute l'Europe, l'Infante des Pays-bas le fit venir à Bruxelles, lorsque le Marquis de Spinola assiégeoit Breda, afin de dessiner le siége de cette Ville; ce qu'il fit, & le grava ensuitte. Ce travail qui est un des plus considérables qu'il ait fait, fut cause qu'il vint en France en 1628. où, par l'ordre du Roy, il alla dessiner le siége de la Rochelle, & celui de l'Isle de Rhez, qu'il vint graver à Paris; & fit six Planches de chaque siége, comme il avoit fait le siége de Breda en six Planches, qui se joignent ensemble, & ne font qu'un seul sujet.

Idem, p. 378.

Pendant qu'il s'occupoit à ce grand Ouvrage, il ne laissa pas d'en faire encore quelques autres plus petits, pour se délasser. Entre autres choses, il dessina deux Vuës du Pont-Neuf; il grava aussi le Combat de Veillane, donné par le Maréchal d'Effiat.

Après avoir achevé de graver les siéges de la Rochelle & de l'Isle de Rhez, & en avoir été bien récompensé du Roy, il s'en retourna à Nancy, où il se mit à travailler plus qu'auparavant. Ce fut donc depuis son retour en Lorraine, qu'entre autres Ouvrages, il fit la Vie de la sainte Vierge en quatorze Piéces, le Martyre des Apôtres, un Livre de

Idem, p. 379.

(*f*) Le Prince de Phalsbourg étoit fils naturel du Cardinal de Guise, tué à Blois. Voyez notre Hist. de Lorraine.

(*g*) Ils se raccommoderent dans la suite, & Callot grava le Portrait de De Ruët, & de son fils.

Fantaisies,

Fantaisies, & un autre de l'Art militaire. Il donna au Public onze Piéces du nouveau Testament, l'Enfant prodigue, Moyse qui passe la Mer Rouge, & les Miseres de la guerre, en grand & en petit. Il y a dix-huit Planches des premieres, & sept Planches des autres, qui sont des plus belles choses qu'il ait faites. Il grava aussi une tentation de S. Antoine, differente de celle qu'il avoit faite à Florence.

Le nombre de ce qu'il a fait, est si grand, que l'on en compte jusques à 1380. Piéces; & il ne se trouve aucun Graveur qui en ait fait autant, dans l'espace d'une vie aussi courte qu'a été la sienne. Il est vrai que Tempeste a gravé jusques à 1800. Piéces; mais il a vécu plus long-tems, & tout ce qu'il a fait, n'est pas également bien, ni d'une maniere aussi finie & aussi agréable, que ce qu'on voit de Callot. Si ce dernier ne fût pas mort si jeune, il nous auroit laissé toute l'Histoire de l'ancien Testament, & le reste du nouveau, qu'il méditoit de faire.

Idem, p. 380.

Lorsque feu M. le Duc d'Orléans, Gaston de France, se retira en Lorraine en 1629. il lui fit graver plusieurs Planches des Monnoyes; & prenant plaisir à le voir travailler, il voulut qu'il lui montrât à dessiner: pour cela, il alloit tous les jours, avec le Comte de Maulevrier, au Logis de Callot, où il passoit deux heures de tems à dessiner.

Le Roy ayant assiégé & réduit à son obéissance la Ville de Nancy en 1633. envoya quérir Callot, & lui proposa de représenter cette nouvelle Conquête, comme il avoit fait la prise de la Rochelle; mais Callot pria S. M. T. C. avec beaucoup de respect, de vouloir bien l'en dispenser, parce qu'il étoit Lorrain, & qu'il croyoit ne rien devoir faire contre l'honneur de son Prince & contre son Pays. Le Roy reçut son excuse, disant que le Duc de Lorraine étoit bienheureux d'avoir des sujets si affectionnés & si fidéles. Quelques Courtisans n'approuvant pas le refus qu'il avoit fait, dirent assez haut, qu'il falloit l'obliger d'obéïr aux volontés de Sa Majesté; ce que Callot ayant entendu, il répondit aussi-tôt avec beaucoup de courage, qu'il se couperoit plutôt le pouce, que de faire quelque chose contre son honneur, si on l'y vouloit contraindre.

Loüis XIII. bien loin de souffrir qu'on lui fist aucune violence, le traita toujours fort favorablement; &, pour l'attirer en France, lui fit offrir mille écus de Pension, s'il vouloit s'attacher à son service: Callot remercia le Roy, assûrant ceux qui lui parlerent, qu'il seroit toujours prêt d'employer les talens que Dieu lui avoit donnés, à travailler pour Sa Majesté; mais qu'il ne pouvoit quitter l'etablissement qu'il avoit dans le lieu de sa naissance.

Toutefois, comme dans la suite il vit le mauvais état, où la Lorraine fut réduite après la prise de Nancy, il faisoit dessein de se retirer à Florence avec sa femme, pour y vivre & travailler en repos le reste de ses jours; mais sa mort renversa ses desseins. Quoiqu'il fût fort réglé dans ses mœurs & dans sa maniere de vivre, il n'avoit pas une santé bien forte; il étoit incommodé d'une maladie d'estomac, causée par son travail ordinaire, & par la fatigue qu'il avoit long-tems soufferte, en gravant toujours courbé; aussi quelques années avant sa mort, il gravoit debout & sur un Chevalet, comme travaillent les Peintres.

Félibien, pag. 381.

Il régloit si bien son tems, que se levant d'assez grand matin, il alloit aussi-tôt avec son frere aîné se promener hors de la Ville (*b*); ensuite, après avoir entendu la Messe, il travailloit jusqu'à l'heure du dîner. Incontinent après midy, il faisoit quelques visites, pour ne se pas mettre si-tôt au travail; après quoi il reprenoit son ouvrage jusqu'au soir, ayant presque toujours quelques personnes de ses amis, qui le voyoient travailler, & s'entretenoient avec lui; cependant, soit que l'incommodité qu'il avoit soufferte dès sa jeunesse, d'avoir l'estomac ployé, ou que quelque autre cause lui eût fait naître une excroissance de chair qui grossir dans son estomac, cet accident augmenta de telle sorte, qu'il en mourut le 28. Mars 1635. âgé de 43. ans. Il fut enterré dans le Cloître des Cordeliers de Nancy, au même endroit où ses parens avoient leur sepulture. Sa femme & son frere lui firent dresser une Epitaphe, où il est peint à demi-corps sur une table de marbre noir. On y voit son Portrait peint par Michebanne (*i*), & son Epitaphe que voici:

Epitaphium D. Callot Sculptoris.

VIATOR,

„ Si legis, habes quod mireris, & imi-
„ tari coneris. JACOBUS CALLOT no-
„ bilis Nanceianus, Chalchographiæ peritiâ
„ proprio marte, nulloque docente Ma-
„ gistro sic claruit, ut dum ejus gloria Flo-
„ rentiæ floreret, eâ in arte Princeps sui

(*b*) Callot avoit une Maison de Campagne à Villers lès Nancy, possédée aujourd'hui par M. Matthieu Trésorier Général.

(*i*) Ce Portrait a été gravé par les soins du Sr. Odieuvre Marchand d'Estampes, qui le vend.

" temporis nemine reclamante habitus, ac
" à fummo Pontifice, Imperatore, necnon
" Regibus Advocatus fuerit, quibus Sere-
" niſſimos Principes ſuos anteponens, Pa-
" triam repetiit, ubi Henrico III. Franciſ-
" co II. Carolo IV. Ducibus, Chalchogra-
" phus ſine pari, maximis cordi, Patriæ
" ornamento, urbi decori, parentibus ſo-
" latio, concivibus deliciis, uxori ſuavitati
" fuit, donec anno ætatis XLIII. animam
" Cœlo maturam, morte immaturâ dimit-
" tens XXV. Martii CIƆ. DC. XXXI. Corpus
" chariſſimæ uxori Catharinæ Kuttinger,
" fratrique mœrentibus, hoc nobilium ma-
" jorum ſepulchro donandum relinquens,
" Principem ſubdito fideli, Patriam alumno
" amabili, urbem cive optimo, parentes
" filio obedienti, uxorem marito ſuaviſſi-
" mo, fratrem fratre dilecto privavit; at
" nominis & artis ſplendori non invidit.
Stabit in æternum nomen & artis opus.

En vain tu ferois des Volumes
Sur les loüanges de Callot,
Pour moi, je n'en dirai qu'un mot,
Son Burin vaut mieux que nos Plumes.

Idem, p. 383.

Depuis que Callot fut de retour à Nancy, il envoya à Paris toutes les Planches qu'il fit, à ſon ami Iſraël Henriet, avec lequel il s'é-toit accommodé, & qui en débitoit les Eſ-tampes; c'eſt pourquoi on voit le nom d'Iſ-raël ſur quantité d'Ouvrages de Callot.

Callot vendit les Planches du ſiége de l'Iſle de Rez & de la Rochelle, au Sieur de Lor-me, Médecin du Duc d'Orléans.

Idem, p. 385.

Lorſque Callot demeuroit à Paris, il lo-geoit avec ſon ami Iſraël, au Petit-Bourbon.

Après la mort de Callot, on trouva deux Planches qui n'avoient pas encore eu l'Eau-forte; Iſraël la fit donner par Collignon, qui avoit été diſciple de Callot: il gravoit aſſez bien, & dans la maniere de ſon Maître.

Ceux qui ſont curieux de recueillir les Ouvrages de Callot, peuvent voir M. Barbe Horloger de Nancy, qui en a la plus grande quantité. Voici le Catalogue des Eſtampes que Callot a gravées:

Catalogue des Oeuvres de Callot noble Lorrain, Deſſinateur & Graveur, mis en ordre par M. Joſeph-François Barbe Hor-loger à Nancy, qui nous l'a communiqué.

Je pourrois (dit M. Barbe) renvoyer les curieux des Ouvrages de ce grand Homme, au Catalogue que Florent le Comte en a donné dans le ſecond Volume de ſon Livre intitulé, *Cabinet d'architecture, Peinture & Gravûre*, imprimé à Paris chez Nicolas Leclerc 1699. mais il manque d'exactitude en quel-ques endroits, & a beaucoup échappé de Piéces qui ne ſont pas venuës à ſa connoiſ-ſance. Je ſuivrai néanmoins l'ordre qu'il a gardé.

Sujets de Dévotion.

Les Images de tous les Saints & Saintes de l'année, ſuivant le Martyrologe Romain. Ces Figures ſont repréſentées à quatre ſur la feuille, avec place au-deſſous de chacune, pour imprimer des Sentences; outre cela, douze Myſteres en trois feüilles; le tout dans des ovales, au nombre de 489. Morceaux, compris le Titre d'une grande Feüille qui repréſente une gloire céleſte.

Seize Piéces un peu grandes en hauteur, repréſentant Notre-Seigneur, la ſainte Vierge & les Apôtres, avec leur Martyr dans le loingtain.

Seize autres petites Piéces, repréſentant les Martyrs des Apôtres.

La Paſſion en petit, même grandeur, en douze Morceaux.

Quatre Morceaux, même grandeur, que l'on nomme les quatre Banquets; la Céne, les Noces de Cana, les Pélerins d'Emmaüs, &c.

La grande Paſſion en ſept Morceaux en long; les autres n'ont pas été gravés, quoi-que deſſinés de ſa main.

Un petit Crucifix au trait, entre deux lar-rons, & multitude de peuples au bas.

Une petite Réſurrection.

Onze Piéces du nouveau Teſtament, & le Titre fait par Abraham Boſſe.

Les Tableaux de S. Pierre: ce ſont des ſu-jets qu'il a gravés dans ſes commencemens, d'après différens Peintres, au nombre de vingt-ſept; ils ſont gravés au Burin, & ſont ſes moindres Piéces.

Les Myſteres de Notre-Seigneur & de la ſainte Vierge, en ſept Ovales; ſix autres plus petits, & ſept autres ronds de peu de Titres hiſtoriés; à l'un eſt écrit, *Glorioſiſſi-ma Virginis, &c.* & à l'autre, *Varia tum Paſſionis, &c.*

Le Petit-Prêtre, ou Porte-Dieu, petite Figure ſans fond d'un pouce de hauteur.

Les ſept Péchés mortels, petites Piéces, avec un Enfant Jeſus qui foule aux pieds un ſerpent; il ſert de Titre.

Six Piéces de différens ſujets; une ſainte Famille, une Adoration des Rois, une Ju-dith, une Converſion de S. Paul, un ſaint Livier, qui porte ſa tête ſur ſes bras, une Aſſomption de la Vierge.

Le Paſſage de la Mer-Rouge, Piéce en long & bien finie.

Le frappement de la Roche.

La Piéce des Galériens, ou le Petit-Paris;

on en voit des premieres tirées, où le fond n'étoit pas encore gravé.

Une autre Piéce un peu plus grande, représentant le Martyre de S. Laurent ; elle n'a pas été finie.

Les trois petits Sacrifices, en Ovale, dont un représente un Sabat.

La Vie de la sainte Vierge en quatorze Piéces, & une petite Annonciation, différente de la premiere que l'on y joint.

Une Assomption ovale en hauteur, & au haut une petite tête de Chérubin.

La Vie de la sainte Vierge en vingt-sept Emblêmes, compris le Titre.

Vingt-sept autres Emblêmes, au sujet de la vie solitaire & religieuse, y compris le Titre où est écrit, *Lux Claustri*.

Les Miracles de l'Annonciade sont des Piéces toutes gravées au Burin, & assez rares ; ce sont tous sujets gravés d'après différens Peintres, au nombre de quarante Piéces, avec l'Ecriture Italienne au bas.

Les Pénitens & Pénitentes en cinq Piéces, la mort de la Magdelaine est en long, les autres en hauteur, & le Titre sont six.

Le Portrait de S. François est écrit, *Sancti Francisci vera effigies*.

Le petit Jesus à table, ou Souper de la sainte Vierge, Piéce de nuit en rond ; il y en a deux, dont une n'est pas finie, & pourroit être quelque épreuve tirée de l'autre.

Une grande sainte Famille en rond, gravée au Burin d'après André Delsarte.

Un grand *Ecce Homo*, avec multitude de Juifs, gravé au Burin d'après Vannius.

Un petit portement de Croix, dans un ovale couché ; il est rare, de belle épreuve, gravé à l'Eau-forte.

Un Crucifix, au bas duquel la sainte Vierge, S. Jean & la Magdelaine, gravés au Burin d'après Jean Sadelers.

Un Christ au tombeau, gravé au Burin d'après Ventura Salimbeni.

Un Exorcisme gravé au Burin d'après André Bosco le Peintre Florentin ; il est en hauteur, beau Morceau.

Il y a deux Massacres des Innocens, ovale en hauteur ; l'un est un peu plus grand que l'autre, & a très peu de différence dans le sujet.

Une sainte Vierge de pitié ; il y a deux Pénitens voilés au bas ; c'est le Titre d'un Livre des Pénitens de Nancy.

Une autre sainte Vierge, Piéce en long, gravée à l'Eau-forte dès ses commencemens, d'après Carraches.

Un petit S. Pierre débout ; son Martyre au loingtain.

Un petit Martyre de S. Laurent, ovale en hauteur.

Un S. Paul assis, gravé au Burin d'après Blocmaert.

Un S. Jean l'Evangéliste dans l'Isle de Patmos.

Une petite sainte Thérèse à genoux.

Un petit Prédicateur au milieu de son Auditoire ; cette Piéce est douteuse.

Les vingt-trois Martyrs dans le Japon, de l'Ordre des Freres Mineurs de S. François.

Un Miracle de saint Mansuy Evêque de Toul : on prétend que c'est la premiere Piéce qu'il a gravée à l'Eau-forte ; elle se trouve presque toute au Burin ; elle représente M. de Porcelet Evêque de Toul, & l'Abbaye de S. Mansuy dont il étoit Abbé.

S. Nicolas ou, S. Séverin, prêchant à l'entrée du Bois.

Le Martyre de S. Sébastien, Piéce en long.

L'Arbre de S. François, plusieurs Religieux sont au bas.

Un S. François dans une Tulippe.

S. François tenant les Armes de Florence.

Un S. François tenant d'une main un Livre, & de l'autre une Croix de Patriarche, petite Piéce en hauteur gravée à l'Eau-forte.

Une Piéce nommée la Petite-Grange ; c'est le Miracle d'Elie envers la veuve.

Il y a trois Tentations de S. Antoine, une petite, où S. paroît en l'air, renversé sur des nuages, le diable comme à cheval sur lui, qui le tient par la barbe ; cette Piéce est douteuse.

La moyenne est celle d'ordinaire dédiée à M. de la Vrilliere.

Et la troisiéme n'est pas celle que Florent le Comte dit être de deux grandes feüilles ; ce n'est qu'une Copie de celle-ci, qui n'est guéres plus grande que l'autre, n'ayant que dix-huit pouces de long, sur treize & demi de hauteur ; elle n'est que d'une feüille ; elle est de sa premiere maniere à l'Eau-forte, & il y a plus de fracas qu'à la moyenne ; elle est très rare, la Planche ayant été perduë du vivant de Callot : elle s'est retrouvée depuis, mais coupée en deux, & entiérement gâtée par le verd-de gris.

Ce que Florent le Comte appelle le Purgatoire, est une grande Piéce de quatre feüilles, gravée au Burin d'après Bernardin Poccet Peintre Florentin ; elle représente en haut l'idolâtrie, au-dessous les Juifs obstinés, ensuite les hypocrites, & tout au tour les sept péchés mortels ; à un coin est écrit, *Purgatorium*, *Lymbus Patrum* ; & à l'autre, *Lym-*

bus Infantium; à un autre, *l'Enfer* figuré par des démons qui chargent une barque de damnés.

Grande Thése en hauteur, dédiée à Charles IV. intitulée, *Jubilatio Triumphi Virginis Deiparæ*.

La Terre-Sainte, gravée à Florence par Callot ; ce sont différens Plans & Elévations ; en tout trente-cinq Piéces.

La Vie de l'Enfant-Prodigue, onze Piéces.

Différens Sujets & Fantaisies.

Les Egyptiens, quatre Piéces en long.

Les petites Fantaisies, à trois petites Figures bien finies, au nombre de treize ; on y joint une petite Fantaisie de trois figures de femmes, même grandeur.

Deux Foires de Florence ; elles sont toutes semblables ; mais la premiere est beaucoup mieux finie, & bien plus tendre : elle a été gravée à Florence aux belles épreuves, il n'y a point d'Armes aux deux coins d'enbas ; elle est rare.

La seconde, il l'a gravé à Nancy, & s'est copié lui-même ; mais elle n'est pas si bien, l'Eau-forte n'ayant pas réussi dans quelques endroits.

Florent le Comte marque ensuite seize Piéces gravées d'après Tempeste, sans nommer les sujets.

La Noblesse ; ce sont douze Piéces de modé en hauteur, six d'hommes & six de femmes, avec Figuers dans les lointains.

Quatre Piéces de mode, même grandeur, sans fond & presque au trait ; ce sont des femmes.

Six autres Piéces de mode, toutes femmes sans lointains, plus finies que les quatre précédentes.

Florent le Comte marque seize Piéces en large sur la vie d'une Reine ; c'est l'Histoire d'une Reine d'Espagne gravée par Tempeste, en tout vingt-neuf Piéces ; mais il n'y en a que huit gravées par Callot ; c'est un Livres in-quarto, ce pourroit être celles cy-dessus.

Dix Feüilles sur les Monnoyes d'or & d'argent d'Allemagne & d'Italie ; elles sont chargées.

La Pandore, Figure seule avec un beau lointain.

Un Brélan ovale, sujet de nuit ; c'est l'Enfant Prodigue.

Un petit Chasseur ménant des chiens, de sa premiere maniere.

Une Piéce nommée l'Evantaille, représentant des Feux d'artifices sur le fleuve d'Arno.

La petite Fête de Village, ou Joüeurs de Boules, ou Foire de Gondreville, en long.

La Piéce nommée les Géans ; le sujet est dans un oval long.

Piéce en hauteur, où sont les Astronomes qui travaillent sur une Sphére, avec ces mots, *Mundum tradidit disputationi eorum*.

Le Parterre de Nancy ; c'est une Piéce un peu longue.

La Ruë-Neuve de Nancy, autrement dite la Carriere, très longue.

La Piéce nommée le Grand-Rocher ; cette Piéce est énigmatique, & porte cette Inscription, *Nec imbellem feroces progenerant Aquilæ*, &c.

Petite Piéce représentant multitude de peuples dans une Place, où paroît une Tour menuë & bien haute.

Le Cataphalque fait à Florence pour les Obséques de l'Empereur Mathias.

La Généalogie de la Royale Maison de Lorraine, en trois grandes feüilles ; il y a au bas un Pharamond.

La Généalogie de la Maison del Turco, gravée au Burin ; il y a des Cavaliers au bas.

La Généalogie de la Maison des Porcelets, de deux feüilles.

Une petite Piéce en long, nommée la Petite-Treille ; c'est la derniere Planche qu'il a gravée, l'Eau-forte n'a été mise qu'après sa mort.

L'Evantaille où sont trois figures qui dansent, tant hommes que femmes, au nombre de six, & plusieurs spectateurs.

Fête sur la Riviere. Cette Piéce se nomme Theatro d'Arno.

Paysages.

Les douze Mois de l'année, Piéce de moyenne grandeur en long, dans le nuage ; à chacun paroît le Signe du mois : ils ne sont pas un peu si bien gravés que les Batailles des Médicis ; les Vers au-dessous sont Italiens ; à un coin est écrit *J. Calotti*.

Les quatre Saisons d'après le Bassan.

Les Paysages, vuës de Florence en douze Morceaux, gravés bien tendre & très agréablement au Vernis mol.

Les deux Vuës de Paris, celle du Pont-Neuf & de la Tour de Nesle, Piéces en longueur.

Quatre Paysages longuets ; dans l'un est un Jardin qu'on arrose.

Quatre autres Vuës plus petites, dont une est un Combat.

Quatre autres Vuës de Vaisseaux en mer ; il y a les lettres de renvoi de l'explication Italienne, qui est au bas.

Deux autres Vuës de Vaisseaux en mer, plus petits que ceux ci-dessus.

Une grande Chasse du Cerf, qui est prêt

à se jetter dans une Riviere ; il y a Carosse & grande suitte de Chasseurs ; cette Piéce est en longueur, gravée avec force.

Huit Paysages, compris le Titre, où est une Renommée au-dessus d'un Pied-d'estal, & dans le fond un Paysage ; ils ont été gravés à Florence, comme indique le Titre, & sont très beaux.

Six autres petits Paysages gravés à Florence ; le nom de Callot au bas.

Vingt Paysages faits pour apprendre à dessiner à la plume, & qu'on ne sçauroit lui contester, ni Israël, ni autres, n'ayant jamais rien touché de cette force ; il faut voir les premieres épreuves, pour en être persuadé, où il y a, *Israël excudit*, & chiffrées différemment de celles qu'on a distribués depuis.

Les Caprices, Grotesques & Ballets.

Les Gueux, dont au premier est écrit dans une Enseigne, *Capitano di Baroni* ; vingt-cinq Piéces.

Les Caprices, dont il y en a plusieurs au trait, & finis à côté ; les autres finis avec fond, & qui forment des sujets, au nombre de cinquante, intitulés, *Cappricci di varie figure, &c. in Fiorenfe*.

Il les a gravés semblables, & en même nombre, à Nancy.

Une petite Piéce en long, qui représente une grande Place, où il paroît quelques réjouïssances, sur le devant de laquelle est un grand homme à longue barbe ; ayant une Hallebarde sur l'épaule & marchant ; cette Piéce se met la premiere de six qui suivent dans le même goût, avec différens fonds, & gravées à Florence.

Livre de Grotesques à figures rentassées, nommées Pigmées.

Balli di Sfessania ; ce sont des Mascarades de ce tems-là ; il y a deux Figures avec fond, en vingt-quatre Morceaux.

Varie figure, où il y a au Titre, un Porteur de valise, & seize autres Piéces à deux Figures, avec lointain.

Moyenne Piéce, où il y a deux Pantalons, avec lointain, de sa premiere maniere de graver.

Trois différentes Piéces en hauteur, dans chacune est un grand Pantalon, & plusieurs Figures dans le fond.

Piéce de quatre Pouces de largeur sur cinq de haut très bien gravée ; elle représente un vieillard, & un petit garçon à ses côtés, avec un fond.

Piéce en hauteur de la grandeur petit in-quarto, représentant un homme qui tient un escargot sur son doigt, avec un plat sur une table qui en est rempli. On voit aussi un Bouc couronné d'escargots, & il est écrit sur un dossier de chaise à l'antique, *J. Callot inv. & sculpsit*, au haut, *Pinda montui, ché sa Capolino*. Cette Piéce est très bien gravée au Burin, & aussi-bien qu'aucune des Batailles des Médicis. On prétend que la Planche en a été supprimée, étant une Piéce satirique contre une certaine Famille ; ce qui la rend très rare. Les Joûtes & Tournois de Florence ; ce sont trois Piéces de différente grandeur ; à tous les trois est un grand cercle ou barriere, où se fait la représentation. Il y a une multitude de spectateurs dans ces Places. A une est écrit, *Nostra della guerra Damore, &c.* & à une autre, *Theatro fatto in Fiorensa, &c.* à la troisiéme, *Uno de Gabba timenti, &c.* grand combat dans le cercle ; il y a une quatriéme Piéce qui donne le Plan de ces Tournois.

Suivent quatre Morceaux ; à l'un est écrit, *Carro del sole*, il s'y voit un Atlas ; à l'autre, les trois graces ; à l'autre, une Marine, *Carrodi testi*, & à l'autre, le Mont Parnasse.

Une Piéce, où sont plusieurs Entrées dans des chars & à pieds ; à une desquelles est écrit *Carro de Lasia*. Florent le Comte ne la met qu'au trait, n'en ayant vû qu'une mauvaise épreuve ; mais on l'a bien finie.

Les trois Intermédes de Florence ; le premier est en hauteur, & représente un Theatre, où sont les Danseurs ; dans le second est écrit, 2°. *Intermedio*, & représente un Enfer ; le troisiéme est un sujet de Bataille par l'amour. Ces deux Piéces sont en long, toutes Piéces de Joûtes & Tournois ; elles sont gravées de la premiere maniere de Callot, & à plusieurs est marqué *Julio. Parigi jun.*

Quatre Intermédes portant le nom de Callot ; il peut y en avoir un plus grand nombre ; ils sont gravés de sa main, & ont en hauteur à peu près huit pouces sur quatre de largeur.

Une moyenne Piéce en long, représentant un Char en forme de Galére sur l'eau, d'où sortent de toutes parts des feux d'artifices ; il faut remarquer que cette Piéce est de deux Planches.

Sujets de Guerre.

Les trois grands Siéges, dont deux qui sont le Siége du Fort-Saint Martin en l'Isle de Rhez, & celui de la Rochelle, sont chacun composés de six grandes feüilles, avec des bordures, dont celles d'en-haut & d'en-bas sont de trois Morceaux chacunes, composés de Portraits, & de Cartouches garnis de sujets historiés, & les côtés de deux bandes d'écritures, servant d'explication ; le troisième est celui de Bréda, il est de même composé de six grandes feüilles ; mais il n'y a point de bordure historiée, seulement des deux côtés l'explication.

Grand Cartouche en long, où paroît une descente, qui fut faite en l'Isle de Rhez.

Les Batailles de Médicis ; d'autres les nomment le Mariage de la Grand'Duchesse, Piéces historiées de la vie du Grand-Duc, & plusieurs Batailles, le tout gravé au Burin & en différens tems ; ce qui y fait remarquer différence de goût.

Les Exercices militaires, toutes à trois figures petites & bien finies, en quinze morceaux ; les deux derniers sont plus longs & sont des Batailles.

Le Combat à la barriere fait en Cour de Lorraine le 14. Février 1627. Ce sont différentes entrées en onze morceaux, compris le Titre & un bras armé qui est à la fin : il y en a deux, à l'un est écrit, *Fecit potentiam in brachio suo*, & à l'autre point d'écrit ; ce qui a fait dire que l'Imprimeur ayant perdu le premier, il en grava un autre sans inscription.

Il se trouve de Callot une Piéce beaucoup plus étroite, de l'entrée de Mr. de Couvonge & de M. de Calabre, avec quelques différences dans la composition, qui est séparée de cette suite, sans qu'on en sçache le sujet.

Les miséres de la guerre en dix-huit feüilles en long, y compris le Titre.

Les mêmes miséres en petit, en six feüilles, & le Titre sont sept.

Les supplices, Piéces composées de toutes sortes de supplices, dans une grande Place ; il est écrit, *Supplicium sceleri frenum*.

Revuë d'Armée, nommée le petit Bataillon.

Le Combat de Veillane proche Turin, Piéce d'une grande feüille ; le Portrait du M réchal d'Effiat est au haut.

Loüis XIII. à cheval, gravé par Michellasne ; mais le fond qui représente le Combat de Veillane cy-dessus, est de Callot.

Le Duc de la Valette à cheval ; il n'y a que le fond, qui est une vuë de la Ville de Metz, qui soit de Callot.

Thése.

Une grande Thése énigmatique, où paroît en l'air un cheval aîlé ; c'est une Thése de Physique, soutenuë au Pont-à-Mousson par le Cardinal Nicolas François, depuis Duc de Lorraine, & Pere de Charles V. Duc de Lorraine.

Titres de Livres.

La Tragédie de Soliman, en cinq Piéces, & le Portrait où est écrit sur un bouclier, *Il Solimano Tragedia* ; les décorations sont semblables à toutes les cinq ; mais la derniere est tout en feu, & grand massacre sur le Théâtre ; ces Piéces surpassent en beauté toutes celles de Théâtre, que Callot avoit gravées auparavant.

Les Miracles & Graces de Notre-Dame de Bon-Sécours.

Les Coûtumes de Lorraine.

Régles de la Congrégation de Notre-Dame ; c'est une Conception.

La sainte Apocatastase, Titre des Sermons.

Le Titre du Poëme *de Jouan Domenico Peri*, & le Portrait de l'Auteur.

Statuti di l'Ordine di Cavaliere, Titre d'un Livre de Chevalerie.

Manuel de dévotion au très saint Sacrement de l'Autel ; ce sont deux Anges à genoux qui portent un Soleil antique.

Une petite Arme d'un Cardinal de Lorraine pour Vignette.

Premiere Partie de la recherche des saintes Antiquités de la Vosge par Jean Ruyr, imprimée à S. Diey chez Jean Marlier, Titre du Livre in-quarto. Il y a une sainte Vierge au Portique, à côté duquel sont un Evêque & un Archevêque qui délivrent un possédé, au bas deux Ecussons d'Armoiries : il y a encore dans le même Livre trois autres Piéces ; mais il n'y en a que deux qui soient de Callot, c'est une sainte Vierge qui tient trois épis de blé à la main, & qui se présente à un voyageur, & une Vignette à l'Epitre Dédicatoire.

Titre du Livre intitulé, *L'Harpalice Tragedia di Francisco Bacciolini*, fait à Florence en 1613. Piéce gravée au Burin, & très rare.

Les Armes de France renfermées dans un Cartouche d'un goût de rocailles ; elles sont couronnées & entourées du Collier de l'Ordre du S. Esprit ; on lit au bas, *In Firenze*.

Les Armes de Lorraine surmontées d'une Couronne & entourées de deux branches de lauriers ; il est imprimé au bas, à Nancy.

Un Cartouche, qui renferme un Ecusson aux Armes de Toscane.

Un Embléme qui représente un Buisson ardent dans un Cartouche bisarre, où il est écrit, *Ardendo virescit*.

Autres Armes dans un Cartouche singulier, avec une Couronne de Comté ; dans le milieu sont deux Clefs en sautoir couronnées d'une Thiare.

Portraits.

Loüis de Lorraine Prince de Phalsebourg à cheval, grand combat dans le lointain, Piéce d'une feüille ; elle n'est pas commune de belle épreuve pour le lointain.

Le Portrait de François de Médicis ; il est dans un Cartouche avec trophée, un lys au-dessus, en travers est écrit, *Procero & viridi majus* ; il est gravé au Burin, & rare.

Cosme II. *Mag. Dux Etruriæ, &c.* Portrait ovale en hauteur, avec attributs de l'Ordre des Chevaliers de S. Etienne.

Donatus Autellensis Senator Florentinus, écrit autour de l'ovale, orné comme en maniere d'Epitaphe.

Le Portrait de Claude de Rüet Chevalier de l'Ordre de Portugal ; il est en pied, & son fils auprès de lui, à qui il fait faire l'exercice, &c. en hauteur d'une demie-feüille.

Le Portrait de M. de Lorme, premier Médecin de Loüis XIII. Il est dans un double triangle entouré d'un serpent en rond ; la Piéce est bien historiée.

Le Portrait de Charles III. Duc de Lorraine, il est dans un ovale avec Cartouche au haut ; j'écris ceci d'après Florent le Comte, puisque plusieurs Curieux en France prétendent qu'il s'est trompé, n'étant pas de Callot, ainsi je ne la mets que comme douteuse.

Charles IV. Duc de Lorraine, grande Piéce d'une feüille en long ; il est représenté jeune à cheval, avec un Bâton de Commandement ; la Ville de Nancy est dans le lointain. De Rüet a défiguré cette Planche, pour la faire servir à ses Carousels, gravés par le Clerc.

M. Perrault dans ses Hommes illustres, au nom de Callot, lui attribuë une Piéce qu'il nomme l'Espiégle ; mais aucun Catalogue n'en fait mention, ni ne se trouve ni dans l'Oeuvre du Roy, ni dans quantité d'autres; ainsi elle doit paroître très douteuse: quelques badineries dans le goût de ce Maître ont pû passer dans le tems pour être de lui ; mais apparemment que depuis on s'en est désabusé.

Il faut remarquer qu'un Curieux fait une grande différence d'une même Estampe, c'est-à-dire, d'une premiere tirée, que l'on appelle bonne épreuve d'une autre qui est des dernieres, où tout l'esprit est, pour ainsi dire, ôté par l'extinction des traits les plus délicats & les plus précieux, qui se trouvent usés au bout d'un certain nombre de tirés.

Des Planches mises entre les mains de mauvais ouvriers sont bien-tôt perduës ; on en voit de Callot, comme d'autres Graveurs, ainsi mal-traitées ; c'est pourquoi le beau de leurs Ouvrages est d'autant plus recherché.

On en attribuë beaucoup d'autres encore à Callot, dont on a des Mémoires ; mais elles sont fort douteuses. Chaque Curieux, pour peu qu'il trouve une Piéce qui approche de son goût, tâche de lui donner crédit ; mais ils se trouvent souvent en défaut. Je ne garantis pas non plus quelques-unes qui sont dans Florent le Comte ; j'en ai supprimé qui sont inconnuës ; quoi qu'il en soit, on en a attribué autrefois à Callot (suivant M. Félibien) jusqu'à 1380. & on a des Mémoires pour 1370. mais il y en a d'après ses desseins, & M. Barbe en pourroit faire voir 1250.

Il se pourroit, au surplus, que ceux qui ont fait ces Calculs, ont compté le siége de Bréda pour six morceaux, & ceux de la Rochelle & de l'Isle de Rhez pour seize chacun ; mais cela ne doit être compté que pour trois.

Jacques Callot avoit un neveu fils de son frere, qui lui dédia des Théses de Philosophie à Reims en 1634. Ce neveu se nommoit Jean Callot, & étoit Prince de Philosophie à Reims en cette année. L'Estampe qui accompagne ces Théses, n'est pas grande ; mais elle est proprement gravée par Emond Moreau.

André Bouchel de la Barre, natif de Nancy, élève de Jacques Callot dans l'art de graver, ayant dessein d'aller en Italie pour s'y perfectionner, fut recommandé par le Duc Charles IV. à sa Tante la Grande-Duchesse de Toscane, par Lettre du cinq Avril 1633.

CALLOT (Dominique) Prémontré, Abbé de l'Etanche proche S. Mihiel, né à Nancy de la Famille des Callots, baptisé sous le nom de Jacques Callot, prit l'habit de Prémontré à S. Paul de Verdun l'onziéme Juillet 1642. Il étoit neveu du fameux Jacques Callot Graveur, & frere puîné du dernier Callot Héraut-d'Armes de Lorraine.

Dominique Callot étoit très habile dans l'art Héraldique & dans la Chimie. Il a composé un Ouvrage intitulé, *Le Héraut-d'Armes de Lorraine & Barrois*, qui se conserve in-fol. manuscrit chez les Peres Prémontrés de Nancy ; l'Ouvrage est dédié au Duc de Lorraine. Il distribuë son Ouvrage en trois Parties ; 1°. Il fait voir la grandeur de la Maison de Lorraine en soi, 2°. La grandeur de cette même Maison de Lorraine en ses Etats, 3°. Dans la Noblesse qui habite en ses Etats.

Dans la premiere Partie, il rapporte les Preuves & les Titres des deux opinions, touchant l'origine de la Maison de Lorraine, dont les uns la font descendre de la Maison de Boüillon par Guillaume, quatriéme frere de Geoffroy de Boüillon Roy de Jerusalem ; les autres la font venir de la Maison d'Alsace.

La seconde Partie représente la Lorraine distribuée par Bailliages, Prévôtés, Villes, Bourgs, Villages, Châteaux, Collégiales, Abbayes, Prieurés, &c. Riviéres, Salines, Verreries, Bains, Mines, Montagnes, &c.

La troisiéme Partie contient un détail instructif touchant la Noblesse de Lorraine, qu'il distingue, 1°. en ancienne Chevalerie, 2°. en Gentils-hommes déclarés par le Prince, 3°. des Nobles qualifiés anciens ès Bailliages de Bar, de S. Mihiel & de Clermont, avec le Blason de leurs Armes ; 4°. la Liste des Nobles ou Annoblis de Lorraine & Barrois, à commencer au quatorziéme siécle, avec les dattes de leurs Annoblissemens, & le Blason de leurs Armes.

Comme il dessinoit très proprement, il a orné son Ouvrage des Armoiries des principales Maisons ; il a même donné un petit Traité de l'art du Blason, avec les Figures nécessaires pour son intelligence ; enfin l'on trouve à la fin des Tables Alphabétiques très méthodiques & très instructives, qui représentent les noms des grandes Maisons de la Noblesse de Lorraine, & ensuite des Annoblis ; & enfin, pour ne pas s'attirer l'envie & les reproches de l'ancienne Noblesse, il s'est contenté, sans remonter à leur origine, de donner les seize Lignes de chacune de ces anciennes Maisons, rangées par ordre alphabétique, en commençant par ceux qui vivoient de son tems, & en remontant aux dégrés nécessaires pour former les seize Quartiers ; puis il donne le Blason de leurs Armes, & leurs Alliances. On peut dire que cet Ouvrage est le plus complet qui soit venu à ma connoissance, sur la Noblesse de Lorraine. On a fait depuis son tems diverses découvertes sur la Généalogie des Ducs de Lorraine & sur leurs Enfans. Il a laissé aussi un assez gros Volume sur la Chimie, qui se conserve manuscrit dans l'Abbaye de l'Etanche, où il est mort le 28. Novembre 1684.

Mémoire fourni par M. Callot Médecin.

CALLOT (François-Joseph) Docteur en Médecine de l'Université de Montpellier, & Docteur aggregé en la Faculté de Pont-à-Mousson, est né à Nancy le 13. Mai 1690.

S'étant distingué dans deux Concours en 1720. & 1723. pour deux Chaires de Professeur en ladite Faculté, le Duc Leopold lui donna des Lettres Patentes de son Médecin ordinaire, & y ajoûta une gratification. Il l'établit ensuite, par Brevet, Médecin stipendié de Rosiéres-aux Salines, avec une Pension de 600. livres. En Novembre 1726. une maladie maligne s'étant répanduë dans le Territoire de S. Diey, il y fut envoyé de la part de Son Altesse Royale, qui fit fournir en même tems tous les secours ; & la maladie fut terminée heureusement. En 1729. le Duc François le choisit pour son Médecin en second, avec une Pension de 900. livres.

En 1737. Callot s'est retiré à Nancy, son lieu natal, résidence de ses ancêtres. Il est petit-neveu de Jacques Callot célébre Graveur. En 1715. il fit imprimer deux Dissertations Latines ; l'une, sur la maladie *Diabêté*, & l'autre, *sur la Médecine*, dédiées à S. A. R. Leopold I. Etant Directeur du Bureau des Pauvres de Roziéres, il prononça plusieurs Discours aux Ouvertures des Assemblées des Directeurs ; ils ont été imprimés en 1724. 1727. & 1729. Il fit imprimer en 1732. *Stances à Monseigneur le Prince Charles* ; voyez la Clef du Cabinet 1732. Mars, pag. 169. Il a fait imprimer un petit Ouvrage intitulé, *L'Idée & le Triomphe de la vraie Médecine, en forme d'Apologie*. Il est dédié à S. A. R. Madame la Princesse Charlotte Abbesse de Remiremont ; à Commercy 1742. in-octavo.

M. Callot, après avoir exposé dans cet Ouvrage la dignité & la source de la vraie Médecine, le paralelle de l'homme avec le grand monde, l'excellence de la fin de la Médecine, sa vaste étenduë, ses difficultés, la délicatesse de sa pratique ; il donne l'idée de la vraie Médecine, fait sentir combien le vrai Médecin différe de l'Empyrique & du Charlatan ; il y détaille enfin les abus publics & particuliers, préjudiciables au soulagement des malades & au bien public & particulier.

Il a composé plusieurs autres petits Ouvrages, tant manuscrits qu'imprimés, qui prouvent son zéle & son attachement à ses Souverains & à sa Patrie. Il y en a plusieurs en Vers.

Il se dispose actuellement à un nouvel Ouvrage, qui traitera de l'art de conserver la santé, par l'usage convenable des choses dites non naturelles, qui est une des parties essentielles à la Médecine. Il a encore fait imprimer l'*Apothéose de la Maison de Lorraine*, précédée de la *Nôce Champêtre*, en forme de Ballet & de petit Opéra, pour le jour du Mariage de S. A. R. Monseigneur le Prince Charles, avec la Sérénissime Archiduchesse Marie-Anne d'Autriche ; à Commercy,

mercy, le 7. Janvier 1744. Brochure in-quarto.

CALMET (Dom Auguſtin) Bénédictin de la Congrégation de S. Vanne, naquit à Meſnil-la Horgne, proche Commercy, Diocéſe de Toul, le 26. Février 1672. & il reçut au Baptême le nom d'*Antoine*.

Ses pere & mere ne négligerent rien, pour lui procurer une bonne éducation, & pour lui donner les moyens de ſatisfaire le goût & l'inclination qu'il avoit naturellement pour les Lettres. Il fit ſes premieres études au Prieuré de Breüil proche Commercy, & conçut, au milieu des Religieux Bénédictins Réformés de ce Monaſtere, le deſſein d'entrer dans leur ordre ; ce qu'il fit quelque tems après. Il alla étudier en 1687. à l'Univerſité du Pont-à-Mouſſon, où il fit ſa Rhétorique, ſous le Pere Ignace l'Aubruſſel Jéſuite, dont on parlera cy-après ſous ſon article. Au ſortir de la Rhétorique, il prit l'habit de S. Benoît dans l'Abbaye de S. Manſuy au Foubourg de Toul, le 17. Octobre 1688. & fit profeſſion dans le même Monaſtere le 23. Octobre 1689.

Il fit ſa Philoſophie dans l'Abbaye de S. Evre ſous Dom Ambroiſe Borain; le Cours de Philoſophie ayant été transféré dans l'Abbaye de Munſter, au Val de S. Grégoire en Alſace, Diocéſe de Baſle, il y continua ſa Philoſophie, & une partie de ſa Théologie, ſous le même Dom Ambroiſe Borain, & acheva ſon Cours de Théologie ſous Dom Emilien Maugras.

Ce fut dans cette Abbaye de Munſter que la rencontre fortuite d'une petite Grammaire Hébraïque de Butorff, & de quelques Livres Hébreux, lui fit naître l'envie d'étudier la Langue Hébraïque. Il le fit d'abord ſecrettement; &, ſans Maître, & par conſéquent avec beaucoup de peine, mais avec un travail aſſidu & une conſtante perſévérance, il ſurmonta les premieres difficultés de cette étude. Ayant enſuite obtenu, avec aſſez de peine, la permiſſion de voir & de conſulter un nommé M. Fabre, Miniſtre Luthérien de la Ville & de la Vallée de Munſter, qui ſçavoit l'Hébreu, & qui lui prêta un Léxicon, une Bible de Hutter, & lui donna quelques leçons. Il fit d'aſſez grands progrès dans cette Langue, pour pouvoir lire & entendre le Texte ſacré de l'ancien Teſtament dans ſa Langue originale.

Il cultiva en même tems la Langue Grecque, dont il avoit pris quelque teinture au Collége; & pendant l'année qui ſuivit ſon Noviciat, il reçut les Ordres ſacrés à Harleshem, où réſide le Chapitre de l'Egliſe Cathedrale de Baſle.

En 1696. il fut envoyé, avec quelques autres de ſes Confreres, à l'Abbaye de Moyenmoutier, pour y étudier les ſaintes Ecritures, dans une Académie, dont le R. P. D. Hyacinthe Alliot neveu du très R. P. Abbé de Moyenmoutier du même nom, étoit Directeur. L'année ſuivante, Thiard de Biſſy Evêque de Toul, ayant formé le deſſein d'attirer auprès de lui quelques perſonnes, pour y étudier l'Ecriture ſainte & le Droit Canon, le même Dom Hyacinthe Alliot y fut envoyé, & y mena avec lui Dom Sébaſtien Mourot, & Dom Auguſtin Calmet; mais ce projet d'étude ayant échoüé, comme on l'a dit dans l'article de Biſſy, Dom Calmet retourna à Moyenmoutier, où il fut chargé d'enſeigner la Philoſophie & la Théologie aux jeunes Religieux de ce Monaſtere. Il fut dans cet emploi depuis 1698. juſqu'en 1704.

Pendant tout ce tems, il continua ſes études ſur la ſainte Ecriture, & compoſa même des Commentaires ſur preſque tout l'ancien Teſtament, avec quelques Diſſertations, ſans autre deſſein que de s'occuper & de s'inſtruire.

En 1704. il fut de nouveau renvoyé, en qualité de Sous-Prieur, dans l'Abbaye de Munſter, où il fut Chef d'une Académie, compoſée de huit ou dix Religieux, avec leſquels il continua ſes études ſur les Livres ſaints, & retoucha ſon Commentaire ſur la Genéſe & ſur les Pſeaumes. Il écrivit auſſi l'Hiſtoire de cette Abbaye, & ce dernier Ouvrage eſt demeuré manuſcrit; il y en a cependant une bonne partie d'imprimé dans un Livre intitulé, *Continuatio Spicilegii Eccleſiaſtici de Lunig*; à Leipſic, in-fol. 1720.

Incertain ſi les Ouvrages qu'il avoit juſqu'alors compoſés ſur l'Ecriture, & qui groſſiſſoient tous les jours, méritoient de paroître en public, & s'il devoit les continuer ou les abandonner entiérement, pour prendre quelque autre occupation, il obtint en 1706. permiſſion du Chapitre Général, d'aller à Paris, afin d'y conſulter les Sçavans ſur ſon deſſein. Il y fut aſſez long-tems flottant dans l'irréſolution parmi les différens ſentimens de ceux qu'il conſultoit. Enfin, ſur la fin de l'année 1706. par le conſeil du R. P. Mabillon, auquel il étoit particuliérement recommandé, il vit le fameux Abbé Duguet, qui le détermina à donner ſon Commentaire en François.

Le premier Volume fut imprimé in-quarto, chez Pierre Emmery en 1707. & les autres ſucceſſivement juſqu'en 1716. Le tout en vingt-cinq ou vingt-ſix Volumes in-quarto, réimprimés depuis plus d'une fois in-quarto

& in-fol. mis en Latin, & imprimés à Venise, puis à Francfort, & abbregés par le R. P. Dom Pierre le Court, & par Dom Pierre Guillemin. Voyez leurs articles.

En 1709. année renommée par le froid excessif qui causa tant de maux dans l'Europe, Dom Calmet revint en l'Abbaye de S. Mihiel, dont il étoit Religieux, & y travailla à la révision de son Commentaire, en attendant que son Libraire fût en commodité d'en continuer l'impression. Durant cet intervalle, M. Fourmant, aujourd'hui Professeur en Arabe dans le Collége Royal à Paris, attaqua son Ouvrage par quelques Lettres, auxquelles l'Auteur répondit par d'autres Lettres, qui furent imprimées à Paris dans le tems. M. Fourmant s'étoit proposé de venger l'honneur des Rabbins, que Dom Calmet n'avoit pas assez ménagés à son gré. Le Roi Loüis XIV. & le Cardinal de Noailles Archevêque de Paris, imposerent silence à l'agresseur, qui n'a pas poursuivi sa Critique.

Quelque tems après, le fameux M. Simon, autrefois Prêtre de l'Oratoire, & Auteur des Histoires critiques de l'ancien & du nouveau Testament, écrivit aussi quelques Lettres contre le Commentaire, qu'il adressa au Pere Souciet Jésuite, & à quelques autres. Elles furent communiquées à Dom Calmet par M. Pinsonat Professeur en Hébreu, qui ne voulut pas les approuver, non plus que M. Anquetille Bibliothécaire de M. le Tellier, Archevêque de Reims. Ces Lettres n'ont été imprimées que 18. ou 20. ans après, & encore les Censeurs en ont-ils poliment retranché plusieurs traits passionnés, mordans & envenimés de M. Simon.

En 1715. François-Philippe Morel, Aumônier du Roy Très Chrétien, Chanoine de l'Église Cathédrale de Paris, & Conseiller-Clerc au Parlement de la même Ville, résigna à Dom Calmet son Prieuré de Lay, près Nancy, moyennant une Pension de 3000. liv. Il partit de Paris l'année suivante 1716. au mois de Juin; & avant son départ, il avoit composé son Histoire de l'ancien & du nouveau Testament, qui parut en deux Volumes in-quarto, à Paris en 1718. De Paris il vint faire sa demeure en l'Abbaye de Moyenmoutier, où il composa son Dictionnaire de la Bible, qui fut imprimé à Paris en 1719. en deux Volumes in-folio; mais, comme les Libraires voulurent enrichir cet Ouvrage de plusieurs Figures en taille-douce, le Dictionnaire ne put paroître qu'en 1720.

Ce fut aussi à Moyenmoutier qu'il composa dix-neuf nouvelles Dissertations, que l'on ajoûta à celles qu'il avoit faites auparavant dans son Commentaire sur la Bible, & que les Libraires de Paris entreprirent de donner à part en trois Volumes in-quarto, afin d'arrêter le progrès d'une Edition assez imparfaite, que l'on avoit faite à Avignon des anciennes Dissertations.

Dom Calmet étoit tout prêt de partir, pour retourner à Paris, afin d'y faire imprimer son Dictionnaire de la Bible, lorsque le Chapitre Général le nomma Abbé de S. Leopold de Nancy en 1718. Il corrigea les épreuves de son Dictionnaire de la Bible, qu'on lui envoyoit de Paris par la Poste, & qu'il renvoyoit par la même voie.

En 1719. lorsqu'il eut l'honneur de présenter cet Ouvrage à feu Leopold I. de glorieuse mémoire, & au Prince Leopold-Clément son fils, auquel il étoit dédié; Son Altesse Royale lui fit dire par l'Abbé de Vence Précepteur des jeunes Princes, qu'elle souhaitoit qu'on érigeât en sa faveur l'Abbaye de S. Leopold, en Titre perpétuel.

Comme il étoit alors sur son départ, pour faire la visite de sa Congrégation, ayant été nommé Visiteur au Chapitre de 1719. il ne put voir Son Altesse Royale, ni sçavoir plus précisément ses intentions sur cette affaire ; mais, à son retour, il trouva que les premiers & les plus anciens Supérieurs de Lorraine, craignant les suites de cette érection, & qu'elle ne donnât lieu au démembrement des Biens de ce Monastere, pour former une Mense Abbatiale au nouvel Abbé, ne paroissoient pas disposés à y concourir, sinon sous certaines conditions assez difficiles à exécuter. Il se contenta de témoigner sa reconnoissance au Duc Leopold, sans entrer dans aucune explication sur la maniere de l'exécution, qui ne se pouvoit faire, à moins que le Prince ne donnât de ses épargnes un fond d'environ 6000. liv. de Revenu annuel, pour former la Mense d'un Abbé ; tout démembrement qu'il auroit pû faire de son Domaine, ne pouvant avoir assez de solidité, pour assurer une chose de cette nature ; ainsi ce projet demeura sans exécution.

Vers ce même tems, Dom Calmet forma le dessein de composer l'Histoire Ecclésiastique & Civile de Lorraine, qui parut en 1728. en trois ou quatre Volumes in-folio, à Nancy chez Jean-Baptiste Cusson : cette Edition fut extrêmement traversée par les changemens & les retranchemens, que la politique & la crainte de choquer la France, y firent faire.

Après la mort de Dom Mathieu Petitdidier, Abbé de Senones & Evêque de Macra, *in Partibus Infidelium*, arrivée le 15. Juin 1728. Dom Calmet fut élû Abbé de Senones d'un consentement unanime de la Communauté, & son Prieuré de Lay fut donné, par la recommandation de Son Altesse Royale, à Dom Hyacinthe la Fauche, le 24. Septembre suivant. Le Pape Benoît XIII. dans une Congrégation consistoriale particuliere, agréa & confirma l'élection de Dom Calmet; & dans la même Congrégation, Messeigneurs les Cardinaux, à la persuasion de M. Passionei, Nonce en Suisse, le proposerent à Sa Sainteté, pour le Titre d'un Evêque *in Partibus*, avec pouvoir d'exercer les fonctions Episcopales dans les lieux de la Province, qui sont exempts de la Jurisdiction de l'Ordinaire. Léopold I. eut la bonté de lui donner le premier avis de ce qui s'étoit passé à Rome, & approuva la disposition où il étoit de remercier le S. Pere, & de ne pas accepter l'Episcopat. Dom Calmet en écrivit à Rome, & le Pape lui adressa un Bref le 12. Septembre 1729. par lequel il agréoit ses excuses: quelque tems après, le même Pontife lui fit présent de tous ses Ouvrages en trois Volumes in-folio.

Il prit possession de l'Abbaye de Senones le trois Janvier 1729. & reçut la Bénédiction Abbatiale le 24. Avril de la même année. Il avoit pris la résolution d'aller à Rome l'année suivante, pour remercier Sa Sainteté de toutes les graces qu'il lui avoit faites, & afin d'en obtenir un Indult pour l'élection à perpétuité, pour l'Abbaye de Moyenmoutier; mais la mort du Pape dérangea tous ces projets, & depuis ce tems, Dom Calmet s'est appliqué à continuer ses études dans son Abbaye, & n'a pas cessé d'y bâtir & d'y amasser des Livres & des Ornemens d'Eglise; il a même acheté le Médailler de feu M. de Corberon Sécrétaire d'Etat, auquel il a ajouté quantité de curiosités naturelles, & en particulier le Cabinet de M. Voile, Bailly de Ribauviller, acheté en 1745.

Voici la Liste de tous ses Ouvrages tant imprimés que manuscrits.

1°. Commentaire littéral sur tous les Livres de l'ancien & du nouveau Testament en vingt-cinq ou vingt-six Volumes in-quarto, & en six Volumes in-fol. à Paris chez Pierre Emmery; le même en Latin imprimé à Venise, & ensuite à Francfort en six ou sept Volumes in-fol. & à Ausbourg, chez Martin Weith.

2°. Histoire de l'ancien & du nouveau Testament, deux Volumes in-quarto, chez le même, réimprimée en quatre Volumes in-quarto, par Mariette & Consors.

3°. Le Dictionnaire de la Bible en deux Volumes in-fol. avec figures; *ibid.*

4. Supplément du même Dictionnaire en deux Volumes in-fol. avec des additions; à Paris.

Le même réimprimé à Genève en quatre Volumes in-quarto, sans figures, traduit en Latin & imprimé à Luques, sans figures.

5°. L'Histoire Ecclesiastique & Civile de Lorraine, en quatre Volumes in-folio; à Nancy chez Cusson 1728.

6°. Vie de Jesus-Christ in-douze, imprimée à Paris, en Hollande, en Flandres & à Nancy.

7°. Prolégoménes & Dissertations sur l'Ecriture sainte, tirées de son Commentaire, en trois Volumes in-quarto; il y a ajouté dix nouvelles Dissertations.

8°. On a réimprimé le même Commentaire en dix ou douze Volumes in-quarto, en y joignant le Texte sacré en Latin & en François, avec de courtes Nottes, & dix nouvelles Dissertations, par les soins de Mariette & Consors.

9°. Réponse à la Critique que M. Fourmant a faite de son Commentaire, in-oct.

10°. L'Histoire de Lorraine abrégée, à l'usage de Messeigneurs les Princes, imprimée à Nancy chez Cusson 1734. in-octavo.

11°. Abrégé Chronologique de l'Histoire sacrée & profane, depuis le commencement du monde jusqu'à nos jours; à Nancy chez Cusson, in-octavo 1729.

12°. La même en Latin, *ibid.* 1733.

13°. Commentaire Littéral sur la Régle de S. Benoît, deux Volumes in-quarto, imprimé à Paris 1734. mis en Latin par quelques Religieux de Senones, & envoyé en Allemagne, pour y être imprimé en Latin; on doit les imprimer cette année 1748. à Ausbourg.

14°. Histoire universelle, en quatorze ou quinze Volumes in-quarto, imprimée à Strasbourg chez Doulsecker depuis 1735. le huitiéme Volume fut achevé d'imprimer à la fin de l'année 1746. après quatre ans d'interruption, à cause de la guerre; on promet d'imprimer la suitte incessament.

15°. Dissertation sur les anciens Chiffres.

16°. Dissertation sur la nature des Perles.

17°. Dissertation sur quelques Jambes d'airain trouvées à Léomont; ces trois Dissertations sont imprimées dans les Journaux de Trévoux.

18°. Dissertation sur les Grands-chemins de Lorraine, imprimée à Nancy deux fois in-quarto.

19°. Histoire de l'Abbaye de S. Grégoire de Munster, manuscrite.

20°. Histoire de l'Abbaye de S. Leopold de Nancy, manuscrit.

21°. Histoire de l'Abbaye de Senones, manuscrit.

22°. Histoire du Prieuré de Lay, manuscrit.

23°. Dissertation sur l'origine des Dixmes & Revenus Ecclésiastiques, imprimée dans la nouvelle Edition de l'Histoire de Lorraine, Tome II.

24°. Dissertation sur les Seigneurs voüés des Eglises, manuscrit.

25°. Dissertation sur les Monnoyes de Lorraine & des Pays voisins, imprimée dans la nouvelle Histoire de Lorraine.

26°. Dissertation sur l'ancienne Jurisprudence de Lorraine, & des trois Evêchés, manuscrit.

27°. Dissertation sur la Noblesse de Lorraine, imprimée dans la nouvelle Histoire de Lorraine.

28°. Dissertation sur la suitte métallique des Ducs & Duchesses de Lorraine, imprimée à Vienne-en Autriche, in-quarto 1736.

29°. Histoire des Hommes Illustres qui se sont distingués dans la Lorraine & dans les trois Evêchés, dans les Sciences, dans la Piété & dans les beaux Arts.

La plûpart de ces Dissertations doivent être imprimées dans la nouvelle Edition de l'Histoire de Lorraine.

30°. Dissertation sur la Confession générale, imprimée par les Peres de la Mission de Toul.

31°. Dissertation sur les apparitions des Esprits, imprimée à Paris en 1746.

32°. Dissertation sur les Vampires ou Revenans de Hongrie, imprimée de nouveau à Ensidlen, augmentée & corrigée en 1749. deux Volumes.

33°. Item, dix nouvelles Dissertations, qui doivent être imprimées avec les anciennes dans la nouvelle Edition qui s'est faite du Commentaire en dix ou douze Volumes, Paris.

34°. Histoire Généalogique de la Maison du Chatelet, in-folio, imprimée à Nancy chez Cusson 1741. avec Figures.

35°. Dans la nouvelle Edition de l'Histoire de Lorraine, l'Auteur doit donner la Généalogie des Maisons d'Egesheim, de Deüilly, d'Apremont, de Lénoncourt, d'Haraucourt, d'Haussonville, de Parroye, de Lignéville, de Savigny, de Rozieres, de Briey, de Désarmoises, de Saintignon, &c.

36°. Traité Historique sur les Eaux de Plombieres, avec Figures en taille-douce, à Nancy chez Leseure, 1748. in-octavo.

37°. Notice Historique des Villes & principaux Bourgs, & Villages de la Lorraine, in-fol. manuscrit.

Il y a quelques années qu'on annonça par un Imprimé envoyé par la Poste à Nancy à diverses personnes, mais dont je ne fus informé qu'assez tard, & d'une maniere indirecte, que M. le Baron .... célébre Historiographe d'une des premieres Cours d'Allemagne alloit faire imprimer à Amsterdam, chez Henry Westein, un Supplément d'un seul Tome de l'Histoire de Lorraine, dans lequel on insérera non seulement ce qui est annoncé dans le Projet publié par Leseure, Imprimeur du Roy & de la nouvelle Edition de l'Histoire de Lorraine à Nancy, mais même des augmentations considérables, & de précieux Documens propres à illustrer cet Ouvrage, & que Dom Calmet n'a pas vûs.

C'est ce que porte l'Imprimé; il ajoûte, que j'ai rendu un témoignage très glorieux à cet Auteur, en disant, *qu'il est plus qu'Auteur, & que son génie est au-dessus du commun des Sçavans, autant que l'Aigle est au-dessus du commun des volatiles.*

Je suis bien-aise d'informer ici le Public, que je n'ai jamais eû aucun commerce avec ce Sçavant, que je ne lui ai jamais écris, & n'ai reçu de lui aucune Lettre. Je suis même persuadé que cette annonce d'un Supplément à l'Histoire de Lorraine, est une pure fanfaronnade, & que le Supplément ne paroîtra jamais. Je souhaite toutefois qu'il paroisse bien-tôt, afin que j'en puisse profiter, avant que le Corps de l'Histoire de Lorraine soit achevé d'imprimer.

On a aussi imprimé à Venise, ou plutôt en Suisse, un Ouvrage, que l'on m'a envoyé par la Poste, sous ce Titre, *Illustrissimi ac Reverendissimi Domini Augustini Calmetii Ordinis S. Benedicti, Abbatis Senonensis refutatio Systemati Genealogici à R. Patre Marquardo Hergote Benedictino Professo ad sanctum Blasium in nigra sylva, ibidemque magno Cellerario compositi, è Gallico in Latinum translatum. Editio II. Venetiis anno* 1740. *in-quarto.* L'Ouvrage est de neuf pages d'imprimé, non compris le Frontispice.

Je suis obligé de déclarer que je n'ai jamais composé cet Ouvrage, & que je n'y ai nulle part. Il est vrai que celui qui l'a fait imprimer, se sert de mes Preuves, pour renverser le Systême Généalogique du R. P. Hergott; mais je ne connois ni l'Auteur de cette Réfutation, ni les motifs qui la lui ont fait entreprendre; & je ne voudrois pas me reconnoître Auteur d'un Livre qui me fait faire un solécisme dès le Titre, en disant: *Refutatio Systematis ..... è Gallico in Latinum translatum*, au lieu de *translata*; & à la page troisiéme, *Leodegarii Episcopi Autunensis*, au lieu d'*Augustodunensis*.

CAMUS (F. Bonaventure) Cordelier, Gardien de Toul, a composé un Traité qui a pour Titre, *Eucharistiæ Sacramentum explicatum*; *Tulli* 1659.

Histoire de la Ref. tom. 6. p. 378. & suiv.

CAMUS (D. Fulgence) Bénédictin de la Congrégation réformée de saint Vanne, étoit natif de Dôle, fit profession à S. Vincent de Besançon le 23. Décembre 1661. mourut dans l'Ordre de Cluny, où il étoit passé en 1680. fut un des plus zélés défenseurs de sa Congrégation contre ceux de la Province de Bourgogne, qui vouloient se séparer de la Congregation de S. Vanne, pour s'unir à l'étroite Observance de Cluny. Il composa & fit imprimer un gros Factum pour cela; & Dom Henry de Fouchieres, qui étoit à Paris en 1681. eut ordre des Supérieurs majeurs, de voir si les Peres de l'etroite Observance de Cluny étoient disposés, comme il le croyoit, à s'unir à la Congrégation de S. Vanne; & de leur témoigner que l'on n'auroit point d'éloignement de contracter cette union, suivant les conditions qui seroient proposées & agréées de part & d'autre. On envoya même à Paris les Articles de cette union projettée, qui avoient été dressés en Lorraine, & qui sont au nombre de dix-huit. Ils furent lûs & présentés au Conseil du Roy; & on répondit qu'on ne pouvoit rien statuer sur cela, à cause de la vacance de l'Abbaye de Cluny.

Les Peres de Cluny de l'étroite Observance dresserent, de leur côté, treize Articles en 1682. pour le même sujet. On les proposa aux Peres de Lorraine, qui y firent leurs observations: d'un autre côté, les Peres de Cluny écrivirent, pour demander la réunion des dix Monasteres de la Congrégation de S. Vanne, qu'ils prétendoient appartenir originairement à l'Ordre de Cluny.

Ceux du Comté, Profés de la Congrégation de S. Vanne, écrivirent contre les prétentions de ceux de Cluny. Les disputes durerent plusieurs années; & Dom Fulgence Camus, Procureur des Religieux réformés du Comté, écrivit plusieurs Lettres, Requêtes & Factums, pour soutenir le droit de ses Confreres.

Ibid. pag. 434. 436. & suiv.

Les Religieux de l'Ordre de Cluny en firent de même; enfin, intervint Arrêt du Grand Conseil du douze Septembre 1684. qui ajugea à l'Ordre de Cluny sept Maisons du Comté, qui avoient embrassé la Réforme de S. Vanne: ces sept Maisons sont, 1. Vaucluse, 2. Moutier-haute-Pierre, 3. Leonle Saulnier, 4. Vaux-sur Poligny, 5. Morteau, 6. Château-sur Salins, 7. S. Jérôme de Dôle. Le crédit & l'adresse de Dom Henneson Abbé de S. Mihiel, fut cause que la Congrégation ne perdit pas toutes les Maisons que les Peres de Cluny répétoient.

Voici l'éloge de Dom Fulgence Camus, comme il se trouve dans le Necrologe de S. Jerôme de Dôle au neuf de Septembre.

Obitus R. P. Domini Fulgentii Camus Doleni, nobilis Domini Marini Camus, in supremâ sequanorum Curiâ Senatoris filii, hujus Collegii olim Superioris ac Rectoris Principalis, qui post testatam suam in Religionem benevolentiam amplâ ex bonis Patrimonialibus donatione, illam quam diu vixit, multò feliciùs ditavit, ornaviteque multiplicium virtutum cumulo, negotiorum tractandorum solertiâ, observantiæque regularis zelo, quo maximè enituit in diversis superioratuum gradibus, etiam eminentioribus, quibus in hac Provinciâ insignitus est. Tandem gravi, non tam annorum, quàm infirmitatum, quibus per plures annos tamquam aurum in fornace à Deo probatus est, ut inveniretur dignus se, pondere oppressus, inter fratrum gemitus & preces animam Creatori suo tranquillâ morte reddidit, anno ætatis 64. Christi 1707.

DECAMUS, ou Descamus (François-Joseph) Gentilhomme Lorrain, né à Pichômé proche S. Mihiel le 14. Septembre 1672. baptisé dans l'Eglise d'Ailly le 18. du même mois, étoit fils de M. Charles-Henry Descamus Ecuyer, Seigneur de Pichômé, Fief situé sur la Meuse; au midi de la Ville de S. Mihiel. Il fit ses études d'Humanité chez les RR. PP. Chanoines-Réguliers de la même Ville; il les continua à Bar-le Duc chez les Peres Jesuites, & enfin chez les Peres Bénédictins de S. Mihiel.

Dom Henry Henneson Abbé Régulier de l'Abbaye de S. Mihiel, lui procura une Bourse au Collège de la Marche à Paris, où il fit sa Philosophie.

De retour dans sa Patrie, il se livra à son goût pour la composition des Machines. Il commença un Carosse qui se devoit mouvoir sans chevaux, par le moyen de certains ressorts, M. Décamus étant dedans avec ses freres. La Machine fut éprouvée dans des Terres labourées, & marcha environ deux cens pas; mais les roues de la Machine faites par de mauvais ouvriers, s'étant brisées, empêcherent le succès du Carosse. Dans le même tems il entreprit une Pendule qui subsiste encore dans sa Famille.

Après ces essais, il fut mis au Séminaire de Verdun, où il étudia un an en Theologie. De là il se rendit à Paris, où il a toujours demeuré depuis; jusqu'à son voyage d'Angleterre entrepris vers l'an 1732. Il mourut en ce Pays; je n'ai pu sçavoir ni le jour, ni l'année, ni le lieu de sa mort.

En 1722. il publia un Ouvrage sous ce Titre, *Traité des forces mouvantes pour la pratique des Arts & Métiers, avec une explication de vingt Machines nouvelles & utiles*; à Paris chez Claude Joubart, & Laurent le Comte, in-octavo, pag. 535.

Cet Ouvrage divisé en deux Parties, est d'autant plus utile au Public, qu'il est écrit en François, & qu'il roule presque tout sur la Pratique; au lieu que les Livres que l'on avoit composés jusqu'à présent sur ce sujet, étoient Latins, ou ne traitoient qu'une Théorie trop relevée pour de simples ouvriers: ce qu'il y a ici de Théorie, est si clairement expliqué, qu'il devient à la portée de tous les Artisans, & peut les conduire sans peine à l'exécution des Méthodes-pratiques que l'on propose, parmi lesquelles il s'en trouve qui sont nouvelles.

Dans la premiere partie, l'Auteur commence par donner des Définitions, & par établir des Principes généraux & connus, pour servir à prouver, & à démontrer les Propositions qu'il avance dans les quatre Chapitres suivans.

Le premier de ces Chapitres contient la doctrine des Equilibres exposée d'une maniere fort simple & fort aisée à comprendre.

L'Auteur y explique la Méchanique de la marche des hommes, & des autres animaux à deux & à quatre pieds. Il fait connoître de quelle maniere on doit charger les hommes, les chevaux, les chariots & les charrettes, pour la grande facilité de leur marche; & il tire de là une construction de hottes & de crochets plus commode que celle qui est en usage.

Dans la premiere Section du second Chapitre, il explique la méchanique du Levier, d'une maniere fort claire & fort intelligible, la plûpart de ses figures n'étant que de deux ou trois lignes & d'autant de lettres. Il fait connoître en quoi consiste la force des grosses machines, pour élever ou traîner les gros fardeaux; & il donne les moyens de perfectionner différentes sortes de Grues, & le Cabistan.

Dans les Sections suivantes, il explique par les mêmes principes, la Poulie simple & la Poulie redoublée, le Coin, la Vis simple & la Vis sans fin.

Dans le troisiéme Chapitre, il est traité de la percussion ou choc des corps, d'une maniere fort différente de l'ordinaire. On raporte sur ce sujet quantité d'expériences, pour déterminer & mesurer la force des grands & des petits coups de marteaux & de maillets. On en fait une application au jeu d'exercice, pour mettre dans un plus grand jour différentes propositions, d'où l'on tire des conséquences de méthodes utiles pour l'avantage des ouvriers, & pour la perfection des Arts. On y parle aussi de la trempe, des ressorts, & des outils à couper le bois, le fer & les autres corps durs; & on en propose une beaucoup meilleure que celles qui sont en usage, & qui est fondée sur diverses expériences. On y examine encore la vîtesse, l'accélération, & la force de la chûte des corps solides ou poids, & cela conformément à quantité d'épreuves nouvelles.

Le quatriéme Chapitre est divisé en cinq Sections; la premiere roule sur le mouvement des corps en général, tant simples que composés sur leur équilibre, sur leurs réactions & leurs réflections; & l'Auteur éclaircit ces choses par des exemples tirés de divers jeux & de leurs effets.

Dans la seconde Section, il s'agit des projections des corps, & du ressort qui les produit; on y traite à ce sujet de la nature de l'air, des effets que le ressort y cause par le bruit, ou le son des instrumens, des Cloches, des Tambours, &c. On tire de là des méthodes pour leur construction, & l'on fait connoître quelle seroit la plus avantageuse. On raisonne sur l'effort de la poudre à canon, & de là naissent plusieurs projets d'expérience pour les mousquets & les gros canons.

La troisiéme Section est destinée à l'explication de la nature de l'eau & du vent, par rapport au tirage des Batteaux & au mouvement des Vaisseaux. Après quelques raisonnemens, & plusieurs expériences curieuses, l'Auteur donne une Table pour les vîtesses, il indique une construction de Vaisseaux, qui paroît plus favorable que l'ordinaire; & il en fait autant pour les Batteaux.

Dans la quatriéme Section, il est parlé du frottement des corps, tant en ligne droite, qu'en ligne circulaire. On établit sur cela un systême pour les surfaces, & on l'appuye par quantité d'expériences, accompagnées d'une Table, de laquelle on tire plusieurs conséquences utiles pour les Machines, tant grandes que petites; par exemple, pour les Montres de Poches, pour les moyeux des Rouës, les Trainaux, &c.

La cinquiéme Section est pour les Voitures à deux & à quatre rouës; l'Auteur fait connoître pourquoi les unes sont plus avantageuses que les autres; de quelle maniere les rouës devroient être construites, pour être plus commodes; pour quelle raison & de combien les grandes sont meilleures que les petites, & cela par quantité d'expériences faites sur le pavé & sur le sable, sur la terre ferme & sur la terre molle, & dont il a dressé une Table pour les Voitures à deux & à quatre rouës ; il tire de là des conséquences très utiles pour le transport des Marchandises & pour le Commerce ; à cette occasion il traite du pavé & de son arrangement, des Chemins & des Chaussées ; il enseigne comment on les peut entretenir, & de quelle conséquence ils sont pour le bien public & pour l'Etat.

Au reste, quoique toutes ces matieres ne soient renfermées que dans un in-octavo de 535. pages, elles sont fort intelligibles, même pour les personnes qui ne sont pas versées dans les principes de la Geometrie.

La seconde Partie de ce Livre contient l'explication de vingt-trois Machines nouvelles & utiles, avec leurs desseins en petit. Par la premiere destinée à tamiser les poudres fines, un homme peut faire en un jour à peu près autant d'ouvrage que trois autres qui auroient chacun un Tamis.

La seconde est une espéce de Grüe basse à bec, allongée avec une queuë, pour servir d'équilibre ; elle est propre pour creuser un Canal, ou élever une Chaussée, avec moins de dépense, & plus promptement, que si l'on se servoit de broüettes.

La troisiéme est une Machine à battre les gros pilots par un Treuil en forme de Cabestan, avec lequel on ne perd pas de tems pour racrocher le mouton, quand il est tombé ; & l'on frappe deux coups au lieu d'un, sans que les hommes soient plus fatigués.

La quatriéme est un Genoüil, ou Machine parellactique mouvante à vis, avec deux portions de cercles propres à observer les Astres, particuliérement dans les Eclipses, en ce que l'on peut toujours tenir l'objet au centre de la Lunette, quand même il disparoîtroit par intervalles.

La cinquiéme est une Rame composée de deux Piéces mobiles, que l'on peut poser perpendiculairement au-dehors de la Sainte-Barbe des Vaisseaux, pour faire voguer les plus gros en tems de calme ; deux de ces Rames y suffisent. L'Auteur en a fait l'épreuve à Toulon, où les Rames se trouvent assez fortes & assez larges, pour prendre la quantité d'eau nécessaire, & pour faire avancer un Vaisseau de soixante piéces de Canon.

La sixiéme est une Montre de poche composée de six rouës, & que l'on peut faire aussi petite que les Montres l'étoient anciennement ; elle est aussi bonne que les grosses, les dents des rouës & les pignons ayant autant de volumes qu'il en faut dans les Montres ordinaires.

La septiéme est une petite Montre à secondes, de même grosseur, moins sujette & plus juste que celles qu'on fabrique de cette espéce.

La huitiéme est une Montre de poche à répétition, qui sonne d'elle-même les quarts & l'heure sur trois petits timbres, par un seul marteaux, & un seul mouvement de sonnerie.

La neuviéme est une Pendule à ressort, qui sonne les quarts, l'heure & la répétition de même, avec trois marteaux differents, mais par un seul mouvement de sonnerie.

La dixiéme est une Pendule à poids & à secondes, qui va un an, sans la remonter, qui est élevée de sept pieds & demi de haut, qui sonne pendant tout ce tems les quarts, l'heure avec la répétition, & qui va aussi juste le dernier jour que le premier.

La onziéme est un Piston & Balancier de Pompe, qui peut tirer à chaque coup autant d'eau qu'il est possible, & cela quelque lentement qu'il puisse être monté ou mené.

La douziéme est une Broüette plus aisée, avec laquelle on peut voiturer de plus gros fardeaux, qu'avec les broüettes ordinaires.

La treiziéme est une Charuë, avec laquelle on peut faire plus d'ouvrage que l'on n'en fait avec les Charuës ordinaires, & où les chevaux fatiguent moins.

La quatorziéme est un Chariot, ou Binard à deux rouës, pour voiturer aux Bâtimens les pierres taillées, lequel on charge plus vîte & plus aisément, & auquel il faut moins d'hommes pour le mouvoir, qu'il n'en faut aux Chariots ordinaires.

La quinziéme & la seiziéme sont deux différents Brancards ou Ridelles de Chariot à fléche, & à quatre grandes rouës, pour tourner aussi court qu'avec des petites.

La dix-septiéme est une Charette ou Tombreau double à quatre rouës, pour tourner très court, & entrer aux endroits où les Carosses à arc ne pourroient entrer.

La dix-huitiéme est un Avant-train à grandes rouës, que l'on peut appliquer aux affuts de canons, pour les voiturer avec moitié moins de chevaux, ou à peu près, & épargner les Chariots de transport, dont on se sert ordinairement pour les grandes piéces.

La dix-neuviéme est un Carosse à Brancard à quatre grandes rouës égales, beaucoup moins sujet à verser, plus doux que les autres, auquel deux chevaux font autant d'effet, que quatre aux Carosses ordinaires,

& avec lequel on peut tourner aussi court, que s'il y avoit des petites roües.

La vingtiéme est un train de Carosse à fléche sans arc, qui tourne presque aussi court, que s'il étoit à arc; & suffisament pour entrer où il est nécessaire, & se ranger selon ses besoins; auquel on peut appliquer de grandes roües pour la campagne, & de petites pour la Ville, si on le souhaite, & sur lequel on peut suspendre un Carosse de différentes manieres.

La vingt-uniéme est un petit Carosse, qui va seul par ressorts; il est traîné par deux petits chevaux qui vont en courbette; il parcourt un espace ou chemin donné, il s'arrête de lui-même en un lieu marqué; & alors un laquais qui est par derriere, saute à bas, un page qui est sous la soûpante, en descend, court à la portiere, & l'ouvre; une Dame assise dans le Carosse, se leve, en descend, s'avance à quelque distance du Carosse, fait une révérence, présente un Placet; & après avoir attendu quelque tems, s'en retourne & monte en Carosse, le page lui ouvrant la portiere, qu'il referme après qu'elle est montée; il s'en retourne sur le champ, remonte, se couché sur la soûpente; après quoi, le Cocher donnant un coup de foüet, ses chevaux reprennent leur train, & le laquais qui est descendu, court après, & saute derriere avec subtilité. Le Carosse, après avoir parcouru les quatre coins d'une table, ou d'un endroit marqué sur un parquet, s'arrête de lui-même à l'endroit d'où il est parti.

La vingt-deuxiéme est une Echelle, qui se plie & se range d'elle-même par ressorts contre le mur, & est propre pour servir, sans embarasser dans les endroits où il y a des entre-sols ou soûpantes.

La vingt-troisiéme consiste à appliquer aux Ciels de lits des poulies, pour tirer les rideaux avec les cordons, afin de ne les point salir ou déchirer.

Nous avons vû une partie de ces Machines, étant à Paris avec M. Décamus, & quelques-unes se conservent dans la Sale de l'Observatoire. Il en a fait grand nombre d'autres moins importantes, qui ne sont point rapportées ici. Il fut admis dans l'Académie Royale des Sciences, en qualité d'Ajoint le 3. Janvier 1716. La même année, il proposa à l'Académie un Carosse d'une suspension nouvelle plus aisé à tirer, parce que les traits sont paralelles au terrein, & qu'ils ne sont que tirer un poids, sans l'élever; les cahots s'y font moins sentir, parce que les roües de devant sont aussi grandes que celles de derriere; il est moins sujet à verser, parce que les quatre soûpantes qui portent le Carosse, sont à la hauteur de l'Impériale; & quand même on détacheroit une des quatre roües, il ne verseroit pas aisément, parce que son centre de pésanteur se trouveroit encore soutenu par ces soûpantes qui sont en diagonal. Il fit exécuter ce Carosse en grand, & le fit marcher devant l'Académie, qui en fut satisfaite.

En 1710. il composa un Pont flottant composé de plusieurs piéces; ce Pont se place de lui-même de l'autre côté d'une Riviere, quelque large qu'elle soit, sans que l'on soit obligé d'y envoyer personne. Il le fit à Bercy chez M. Pajot d'Ozembrey.

Il avoit aussi entrepris, par ordre de Loüis XIV. une Compagnie de petits soldats, qui devoient, par le moyen de certains ressorts, se mouvoir, & passer en revuë devant Monseigneur le Dauphin. Nous l'avons vû travailler à cet Ouvrage, qui n'a pas été achevé, à cause de la mort de Loüis XIV. survenuë en ce tèms-là.

Etant allé en Hollande, pour y mettre en pratique sa Machine inventée pour le soulagement des Rameurs, il fut rappellé par ordre du Roy; mais il ne fut pas pour cela récompensé de son invention, qui n'a pas encore été mise en exécution, pour certains intérêts particuliers.

Le Traité des forces mouvantes ayant été attaqué par M. le Marquis de Serbois, par une Lettre écrite du sept Février aux Auteurs du Journal des Sçavans en 1723. M. Décamus lui répondit par une autre Lettre écrite aux mêmes Auteurs des Journaux des Sçavans, & imprimée dans leur mois de Juillet 1724. On peut consulter ces Lettres, on y verra des détails qui feront plaisir.

CANON (Pierre) Juge-Assesseur au Bailliage de Vôges, Pere du Premier Président Canon, a écrit un Commentaire sur les Coûtumes de Lorraine, imprimé à Epinal par Ambroise Ambroise 1634. in-quarto.

Il a aussi composé quelques Mémoires qui sont demeurés manuscrits, & qui étoient entre les mains de feu M. Abram Conseiller d'Etat.

CANON (Claude-François) Baron, Seigneur de Ruppes & de Briey, &c. Président à la Cour Souveraine de Lorraine, fut envoyé par le Duc Leopold I. en qualité de Plénipotentiaire, au Congrès de Riswick, où il s'acquitta fort sagement de sa commission, & fit divers Mémoires pour soutenir les droits de son Souverain. Il revint en Lorraine avec M. le Comte de Carlinford & M. le Doyen le Bégue, & eut beaucoup de part au gouvernement de la Province, jusqu'à sa mort arrivée

arrivée en Septembre 1698. Il est enterré dans l'ancienne Eglise Primatiale de Nancy.

J'ai en mains un Ecrit intitulé, (a) *L'Ombre de M. Canon*, & sa descente aux Champs Elisées. L'Ouvrage n'est point de M. Canon ; il a été composé en 1704. quelques années après sa mort, arrivée, comme je l'ai dit, en 1698. Il est dédié au Duc Leopold, qu'il traite d'*Altesse Royale*. Il est divisé en trois Chants ; les deux premiers contiennent ce que M. Canon vit aux Champs-Elisées ; & le troisième, ce qu'il vit dans le noire Tartare.

Dans le premier, il parle des Ducs Charles IV. & Charles V. son neveu, des entretiens qu'ils eurent ensemble sur leurs Intérêts communs, & ceux de leur Maison. Il parle aussi des principaux Généraux d'Armée de ce tems-là, les Princes, M. de Turenne, M. de Luxembourg, M. de Catinat, &c.

M. Canon raconte au Duc Charles IV. la maniere dont le Duc Leopold, son petit-neveu, est rentré dans ses Etats ; les Officiers qui l'y ont accompagné, M. de Carlinford, M. le Bégue, &c. la joye des Princes de la Maison de Lorraine, M. le Duc d'Elbœuf, les Princes Camille & de Moy, qui vinrent le recevoir à Lunéville ; de la principale Noblesse de Lorraine, qui alla au-devant de lui ; des Seigneurs qui remplirent les premiers emplois de sa Maison ; la joie générale du Peuple Lorrain ; la maniere dont le mariage du Duc Leopold fut célébré avec Madame Royale, fille de M. le Duc d'Orléans.

Le Duc Charles IV. s'informe curieusement des Enfans du Duc Charles V. lequel étoit alors descendu dans les Champs-Elisées. M. Canon le satisfait sur toutes ses demandes. Il suppose que les Princes dans l'autre monde sont logés, servis & accompagnés, comme ils étoient sur la terre. Il dépeint poétiquement leurs Palais, leurs Appartemens, leur suite. Il parle de l'Empereur, de son entrevuë avec les Ducs Charles IV. & Charles V. Il n'oublie pas les difficultés, que le Duc Leopold avoit euës avec M. de Bissy Evêque de Toul, au sujet de la Jurisdiction Ecclésiastique. Il parle beaucoup du Traité de Paix, qui avoit rétabli le Duc Leopold dans ses Etats ; de la démolition de Nancy, & de quantité de détails, qu'il croyoit devoir faire plaisir au vieux Duc Charles IV. Enfin, on y voit le Portrait de la plûpart des Seigneurs de la Cour, des deux Princes Charles IV. & Charles V. & du Duc Leopold.

(a) Communiqué par M. Nicolas fils.

Le second Chant regarde principalement l'Empereur, le Roi d'Espagne, le Prince d'Orange Roi d'Angleterre, le Roi Jacques & le Prétendant, à qui l'on fait tenir des discours conformes à leurs intérêts & à leur inclination.

Le troisième Chant décrit le noir Tartre ; & c'est une espéce de Morale, où l'on dépeint les vices, les crimes & les tourmens, dont ils sont punis, & les vertus qui y font leurs personnages, & instruisent le Voyageur des piéges & des dangers qui se rencontrent dans le monde, & la maniere de les éviter. L'Auteur parle dans tout cet Ouvrage en homme bien instruit des caractéres des Princes, de leurs intérêts, du mérite & des défauts de leurs Officiers.

CANTIUNCULA (Claude) natif de Metz, vivoit vers l'an 1530. Il étudia à Basle, & devint habile Jurisconsulte, & fut depuis Chancelier de la Ville d'Einsisheim dans la Haute-Alsace. On ignore l'année de sa mort : il a composé ;

1°. *De potestate Papæ, Imperatoris & Concilii*, 2°. *Paraphrases in tres priores Libros Institut. Justinian.* 3. *De officio Judicis. Lib.* 2. Voyez Melchior Adam, *in vit. Germ. Jurisconsult.*

CAPE'CHON, Peintre habile pour la ressemblance des Portraits, étoit de Nancy ; son dessein n'étoit pas cependant des plus corrects : il a beaucoup travaillé pour le Duc Charles IV. Il est mort à Nancy vers le milieu du siécle dernier. Charles Peintre à Nancy, avoit plusieurs Portraits de sa façon.

CARAFFE, Architecte ; *voyez* Craffe.

CARBANUS (Hugues) Chanoine de S. Diey : Jean Ruyr, dans ses Antiquités de Vôges, cite *Fragmenta Hugonis Carbani* (b).

Carbanus vivoit avant Jean Bassin ; il avoit apparemment écrit les Miracles arrivés en l'Eglise de S. Diey, & en particulier ce qui arriva à un Juif, qui, ayant obtenu d'un Chrétien, une Hostie consacrée qu'il avoit reçuë à la Communion, la jetta dans un lieu immonde, ou même la jetta au feu. Le Juif ayant été reconnu & convaincu, fut sévérement puni, & les autres Juifs chassés de S. Diey ; & pour conserver la mémoire de cette profanation, celui ou ceux qui résident en la Maison, qui avoit appartenuë à ces Juifs, sont obligés, tous les ans, d'apporter à l'Offrande, le jour du Vendredy-Saint, mille Hosties à consacrer ; ce qui se continue jusqu'aujourd'hui 1747. C'est l'Hôte de l'Arbre verd, qui en est chargé à présent.

CARPENTARIUS ; *voyez* Charpentier.

(b) Ruyr, 3. part. Antiq. de Vôges, p. 449.

CATHELINOT (Dom Ildephonſe) Religieux de la Congrégation de S. Vanne, & Profés de S. Manſuy le 23. May 1694. natif de Paris vers l'an 1670. a fait le Supplément de la Bibliothéque Sacrée, imprimée dans le Supplément de notre Dictionnaire de la Bible; ce qui lui a donné occaſion de travailler pendant quatre ans à une Bibliothéque ſacrée complette en trois Volumes in-fol. prête à imprimer.

Item, les Tables de la Bibliothéque de M. Dupin, en quatre Volumes in-quarto, dont il y en a deux tout prêts à imprimer.

Item, grand nombre de Diſſertations ſur l'Hiſtoire Eccléſiaſtique de M. l'Abbé Fleury; deux Volumes in-quarto prêts à imprimer.

Autres Diſſertations Critiques ſur l'Hiſtoire du Peuple de Dieu, par le Pere Berruyer Jeſuite; Manuſcrit.

Autres ſur l'Ouvrage du P. Aubert Cordelier, intitulé, *Les moyens de concilier les eſprits touchant la Conſtitution Unigenitus*; & ſur le Traité de l'Amour de Dieu, par un Capucin: ces trois Diſſertations ſont in-4°. ſous le titre, *Trias Patrum*.

Un autre *Trias* de trois Auteurs Anglois, qu'il réfute & joint au précédent Manuſcrit.

Une Diſſertation fort ample ſur le Dictionnaire de Bayle, & ſes autres Ouvrages, in-12. Manuſcrit.

Nouvelle Edition des Ouvrages d'Alcuin, en deux Volumes in-fol. avec des Préliminaires Latins, & des Préfaces ſur chaque Partie de l'Ouvrage; des Notes, tant ſur les Lettres, que ſur les Vers de l'Auteur; tout cela Manuſcrit, & prêt à imprimer.

Nouvelle Edition des Hommes Illuſtres de Thevet, avec des Notes ſur chaque vie, & les anciennes Figures.

Item, un Paralelle de l'ancien Gouvernement avec le nouveau, que l'on veut introduire dans l'Ordre Bénédictin & Prémontré, où l'on fait voir que les Chapitres Généraux, *ab origine*, ont été annuels dans les deux Ordres, & dés le commencement de leur Réforme juſqu'à préſent.

Dom Cathelinot travaille actuellement à une Bibliothéque univerſelle Bénédictine en Latin, ſous ce titre, *Hiſtoria Litteraria Benedictina in tres partes diviſa, ab ortu Ordinis noſtri, ad noſtra uſque tempora*; trois Volumes in-fol. Le premier, qui contient les quatre premiers ſiécles de l'Ordre, eſt prêt à imprimer. Tous ces Ouvrages, avec quelques autres, ſont Manuſcrits dans le Cabinet de l'Auteur.

Un Abrégé des Diſſertations & Comentaires de Dom Calmet ſur l'Ecriture; quatre Volumes in-quarto.

Une Diſſertation ſur Eraſme, contre l'Apologie du même par M. Marſoliere.

Une autre contre le Pere Boujeant, touchant le Langage des Bêtes.

Les Ouvrages de Dom Robert Deſgabets, mis dans un nouvel ordre; deux Volumes in-fol.

Les Lettres & Opuſcules ſpirituels de M. Benigne Boſſuet, ancien Evêque de Meaux, & ſon Commentaire ſur le Cantique des Cantiques, mis en ordre pour les imprimer; deux Volumes in-douze, avec un Avertiſſement ſur cette Edition.

Les Lettres ſpirituelles de M. Boſſuet Evêque de Meaux, ont été imprimées en 1746. en un Volume in-octavo, ſur le Manuſcrit de Dom Cathelinot, & réimprimées en deux Volumes 1748.

Supplément au Concile de Trente, in-fol. compoſé des Ouvrages de l'Evêque Pſaume ſur ce Concile, dont il a les Manuſcrits, & y a ajoûté la vie de cet Evêque en Latin, avec une Préface.

Le même Auteur a auſſi travaillé à la Traduction Latine de l'Hiſtoire Eccléſiaſtique de M. Fleury, & à celle de l'Hiſtoire des Empereurs Romains de M. de Tillemont: cette Traduction l'a mis dans la néceſſité d'écrire pluſieurs Lettres à M. Tranchet, Sécrétaire de M. de Tillemont, & il en a reçu des Réponſes & des Eclairciſſemens, qui ſe trouvent en ſubſtance dans le ſixiéme Tome de l'Hiſtoire de la Réforme de Dom Pierre Munier, pag. 850. 851. mais les occupations, que Dom Cathelinot a euës dans le miniſtere de la Prédication, ne lui ont pas permis de mettre la derniere main à cette Traduction, qui eſt reſtée imparfaite.

De plus, il a compoſé pluſieurs gros Catalogues, tant des Livres, que des Auteurs & des Matiéres, & a donné la maniere de ranger les Livres d'une Bibliotheque, & d'en dreſſer les Cathalogues.

Ce laborieux & infatigable Auteur a encore entrepris un Ouvrge conſidérable auquel il donne ce titre: *Annales, tum Eccleſiaſtici, tum Romani, Hiſtorici, Critici, Chronologici, Typographici, Numiſmatici, Litterarii, Politici, Dogmatici, Morales & Juris utriuſque, ab anno proximo Cæſaris Auguſti octavi, primi Romanorum Imperatoris, ad annum currentem Ludovici Magni, nunc feliciter regnantis, operâ & ſtudio peritiſſimorum omnium quotquot feraciſſima ætas noſtra tulit.*

Il a auſſi fait des Remarques ſavantes ſur un ancien Martyrologe manuſcrit, qui eſt dans l'Abbaye de Senones; il donne à cet Ouvrage qui feroit un in-quarto, le titre de *Paralelle d'un ancien Manuſcrit du onziéme ſié-*

cle, avec le *Martyrologe Romain*, & des *Notes sur l'un & sur l'autre*.

CATHERINE de Lorraine, Abbesse de Remiremont, fille du Duc Charles III. née à Nancy le trois de Novembre 1573. baptisée le 20. du même mois, mérite d'avoir place parmi les Personnes Illustres de Lorraine, non seulement par sa naissance, sa piété, ses vertus chrétiennes & religieuses ; mais principalement par la fondation d'une espéce d'Ordre Religieux, qu'elle vouloit réduire à l'observance stricte & littérale de la Régle de S. Benoît ; illustre par les efforts qu'elle fit pour rétablir la Régularité dans la fameuse Abbaye de Remiremont, par la part qu'elle a euë aux affaires, & aux malheurs de sa Maison, par la vigoureuse résistance qu'elle fit à Remiremont, assiégé par l'Armée du Vicomte de Turenne en 1638.

Histoire de Lorraine.

Nous avons parlé au long de cette Princesse dans notre Histoire de Lorraine ; nous allons donner ici le précis de sa vie.

Ibid.

Le Duc Charles III. son Pere avoit pour elle une tendresse particuliere ; elle étoit bien faite de corps & d'esprit, d'un courage mâle, d'une grandeur d'ame & d'une constance au-dessus de son sexe ; prudente & prévoyant les difficultés ; ferme & ingénieuse à les surmonter, d'un Jugement juste & solide, d'un esprit pénétrant.

Charles d'Autriche la fit demander en mariage pour l'Archiduc Ferdinand son fils, depuis Empereur sous le nom de Ferdinand II. mais la Princesse témoigna au Duc son Pere, qu'elle étoit résoluë de consacrer sa Virginité à l'Epoux des Vierges. C'est le seul mécontentement qu'elle reconnoissoit avoir jamais donné à son cher Pere. Le Duc Charles, au lit de la mort, sçachant qu'elle étoit la seule de ses Enfans, qui n'étoit pas pourvuë, lui témoigna une amitié particuliere, l'attira à lui & l'embrassa. Pendant sa vie il alloit souvent la visiter dans son Appartement, & s'entretenoit avec elle des matieres de piété, & des affaires de sa Maison.

Après la mort du Duc son Pere, elle voulut exécuter la résolution qu'elle avoit prise de se donner à Dieu. Elle choisit l'Ordre le plus austere, & le plus éloigné des pompes & des plaisirs du monde. Elle voulut se faire Capucine, & fit commencer à Nancy un Couvent de cet Ordre, résoluë de s'y retirer.

La Princesse Antoinette de Lorraine, Duchesse de Cléves, sa sœur, étant arrivée à Nancy en 1609. pria Catherine sa sœur de demeurer avec elle encore quelque tems ; mais Antoinette étant décédée en 1610. Catherine suivant son penchant, se fit bâtir une petite Maison joignant l'Eglise des Capucins, où elle vecut en retraite pendant quelque tems.

Cependant le Duc Henry II. & le Comte François de Vaudemont ses freres, lui procurerent en 1609. sans sa participation, la Coadjutorie de Remiremont ; elle en devint Abbesse en 1611. par la démission de Madame la Rhingrave de Salm. Prévenuë contre l'Ordre de S. Benoît & contre sa Régle, elle obtint du Pape la suppression de l'Office Bénédictin dans l'Eglise de Remiremont, & y introduisit l'Office Romain : elle ne croyoit pas qu'on pût se sauver dans un Ordre où l'on voyoit depuis long-tems un si grand relâchement, & des abus si éclatans.

Les Bénédictins Réformés de la nouvelle Congrégation de S. Vanne eurent avec elle quelques entretiens, lui firent voir la Régle de S. Benoît, lui en firent l'éloge, & lui parlerent des Saints qui l'avoient autrefois professée. Elle revint de ses préventions ; & quelque tems après, les Princes ses freres l'engagerent à faire ses vœux, comme Abbesse de Remiremont, selon l'ancien usage. Elle ne s'y détermina qu'avec peine, craignant qu'en vertu de son vœu de pauvreté, on ne la réduisît à manquer des choses nécessaires pour soutenir sa dignité, & pour exécuter les pieux Etablissemens qu'elle méditoit.

Les Princes ses freres la rassûrerent, & lui donnerent un Acte, par lequel ils déclaroient que, non-obstant ses vœux, elle jouïroit de ses revenus, & auroit, à l'ordinaire, son train de Princesse & d'Abbesse de Remiremont.

Après cela, elle reçut la Bénédiction Abbatiale, & fit son entrée solemnelle à Remiremont : elle y délivra les prisonniers, créa ses Officiers, corrigea quelques abus qui s'étoient glissés parmi les Dames, imposa des pénitences à celles qui avoient fait quelques fautes notables, supprima la cérémonie de conduire Notre-Seigneur monté sur un âne, à la Procession du jour des Palmes. Elle avoit dès auparavant entrepris de réformer l'Abbaye de Remiremont ; elle obtint du Pape Paul V. des Commissaires, qui furent l'Archevêque de Corinthe, Suffragant de Besançon, celui de Tripoly, Suffragant de Strasbourg, & l'Evêque de Toul ; lesquels s'étant rendus à Remiremont, & aprés avoir examiné les choses avec toute la diligence possible, rendirent compte au S. Pere, le 16. Novembre 1613. de ce qu'ils y avoient remarqué ; que cette Abbaye est de l'Ordre de S. Benoît, qu'elle a conservé jusqu'à présent l'Office Bénédictin ; que les Dames de Re-

T ij

miremont observent encore plusieurs Pratiques conformes à cet Institut ; qu'elles lisent encore au Chœur la Régle de S. Benoît ; que l'Abbesse en fait profession expresse, & que d'autres Dames de ladite Abbaye sont obligées de la faire de même.

Les Dames de Remiremont formerent opposition à tout ce qui s'étoit fait ; & le Pape, pour leur ôter tout sujet de plaintes contre ces premiers Commissaires, nomma Loüis Comte de Sarége, son Nonce Apostolique en Suisse, pour faire la Visite & la réforme de l'Abbaye. Ce Prélat demeura plusieurs mois à Remiremont, & y fit cinquante-quatre Réglemens, dont le quarante-sixiéme porte, qu'il conste par les anciens Monumens, par la Tradition, & par diverses conjectures, que la Régle de S. Benoît a été anciennement observée à Remiremont. Il ordonne que l'Abbesse fera profession de la Régle de S. Benoît, suivant la forme qui lui sera prescrite par le Souverain Pontife ; que les cinq Dignités de la même Eglise feront entre les mains de l'Abbesse, les deux vœux de chasteté & d'obéïssance. Ces Réglemens furent publiés au Chapitre de Remiremont le 10. Juillet 1614.

Le Commissaire Apostolique, de concert avec la Dame Abbesse, voulut faire fermer les Portes de ce qu'on appelle le Cloître ; mais la chose ne put être exécutée, non plus que les autres Réglemens : par les oppositions que les Dames y formerent en la Cour de Rome & en celle de Lorraine, elles interesserent dans leurs affaires la Noblesse du Pays, qui engagea le bon Duc Henry à faire suspendre les poursuites de la Princesse Catherine sa sœur à cet égard.

Cependant elle fit bâtir le Couvent des Capucins de Remiremont, & rétablit les Bénédictins reformés de S. Vanne, au Monastére du S. Mont près Remiremont, en la place des Chanoines Réguliers, qui les possédoient depuis long-tems. Les Bulles d'union du S. Mont à la Congrégation de saint Vanne, sont du trois des Ides de Janvier 1619.

Elle travailloit en même tems à bâtir un Monastere de Bénédictines à Remiremont ; le Bâtiment en fut commencé en 1624. & les murs étoient élevés à la hauteur d'une toise, lorsqu'en une nuit certaines personnes les firent renverser jusqu'aux fondemens. La Princesse en porta ses plaintes au Duc Henry son frere, qui lui conseilla de renoncer au dessein de bâtir un Monastere à Remiremont, & lui dit de venir à Nancy, & d'y bâtir une Maison de Bénédictines, avec promesse de lui donner tous les secours qu'-

elle pouvoit espérer d'un bon frere. Elle y commença donc une Abbaye pour des Filles, où l'on devoit observer la Régle de S. Benoît dans toute sa rigueur, sans aucune modification, ni adoucissement. Les Lettres Patentes pour cet Etablissement sont du 26. Juin 1624.

Catherine ayant appris que la Mere Marguerite d'Arbouze avoit mis au Val de Grace à Paris, une Réforme exacte de l'Observance de la Régle de S. Benoît, elle s'y transporta, pour y voir par elle-même ce qui s'y pratiquoit, afin d'introduire la même maniere de vie dans son Monastere de Nancy. Etant à Paris, elle prit, mais sans solemnité, l'habit de Religieuse. La mort du Duc Henry son frere arrivée le 31. Juillet 1624. l'obligea à retourner à Nancy. La Mere d'Arbouze lui promit quatre Religieuses du Val de Grace, & autant de Novices pour son Monastere de la Consolation de Nancy ; mais on ne lui envoya que quatre Novices. Elle obtint encore deux Religieuses de l'Abbaye d'Avenay près Hay, avec lesquelles elle établit la Clôture & l'Office divin en son Monastere de Nancy, le huit Septembre 1624.

Le Mariage de Gaston de France, frere du Roi Loüis XIII. avec Marguerite de Lorraine, niéce de notre Abbesse, & sa Coadjutrice pour l'Abbaye de Remiremont, célébré dans le Parloir même de l'Abbesse de Nancy, & en sa présence, attira à la tante & à la niéce une infinité de chagrins.

Catherine fut obligée de sortir de Nancy, & de se retirer à Besançon, où elle trouva le Prince Nicolas-François, avec la Princesse Claude son épouse, & la Princesse Henriette de Phalsbourg, ses neveu & niéces : de là elle passa à Inspruck, puis en Baviere, pour visiter les Princes & Princesses de sa Maison, qui l'invitoient à les venir voir.

Elle ne revint à Remiremont qu'au Printems de l'an 1638. A peine y avoit-elle été deux mois, qu'elle y fut assiégée par les Troupes du Maréchal de Turenne. La Place n'étoit nullement en état de defense. Il n'y avoit que trente soldats dans la Ville, avec les Bourgeois, sans artillerie, ni munitions ; on ne croyoit pas qu'elle dût attendre le Canon, les murs étant sans terrasses.

L'on donna avis au Duc Charles IV. que Remiremont étoit assiégé. Il y envoya aussitôt de la Cavalerie, qui y entra heureusement le huitiéme jour du siége. Le Marquis de Ville qui étoit dans la Place, ramassa aux environs un assez bon nombre de Paysans armés, pour défendre la Ville. On y donna deux assauts, où les ennemis perdirent bien

Histoire de Lorraine.

du monde, sans aucun succés. Le Canon étant arrivé, ils firent une bréche de vingt pas de longueur; les soldats & les Bourgeois furent commandés pour la réparer; les femmes mêmes eurent ordre d'y travailler. Elles en firent difficulté; la Princesse Catherine, avec les Dames de son Eglise, se mirent les premieres à l'ouvrage. Tout le monde, à son exemple, y accourut; la bréche fut bien-tôt réparée. L'on donna un troisiéme assaut à la Porte du Fauxbourg, qui ne fut pas plus heureux que les précédens. Enfin les assiégeans, après avoir perdu près de huit cens hommes, furent obligés de passer outre. On attribua la gloire de ce succés au courage & à la sage conduite de la Princesse Catherine.

Pendant les malheurs, qui furent les suites des guerres de Lorraine sous le Duc Charles IV. Catherine informée que la famine étoit telle, qu'elle réduisoit les Peuples à se nourrir d'herbes sauvages, comme les bêtes, alla elle-même, avec quelques Dames de Remiremont, demander de porte en porte, l'aumône pour les pauvres: elle eut même le courage d'aller dans les Hôtelleries la demander aux Officiers François. Elle trouva par ce moyen assez d'argent, pour nourrir les pauvres jusqu'à la Moisson.

Elle étoit toujours occupée du dessein d'introduire dans son Monastere de Nancy, l'Observance exacte & littérale de la Régle de S. Benoît. Le Résident du Duc Charles IV. son neveu à la Cour d'Espagne, lui ayant donné occasion de connoître certaines Religieuses Bénédictines de Madrid, dont la vie retraçoit parfaitement l'ancienne vigueur de l'observance de l'Ordre, elle envoya exprès à Madrid un Religieux, pour être témoin de ce qu'on en disoit; & son retour, elle forma la resolution de faire venir à Nancy quelques-unes de ces Religieuses, pour les introduire dans son nouveau Monastere; mais comme il étoit presque impossible que cette observance put subsister dans une seule Maison, elle obtint du Pape Urbain VIII. en 1631. une Bulle, pour ériger une nouvelle Congrégation, composée du Monastere de Notre-Dame de la Consolation de Nancy, pour des Filles, & de deux Prieurés d'Hommes, l'un à Nancy, sous le nom de S. Romaric, placé de l'autre côté de l'Eglise du Monastere des Dames; & l'autre au Pont S. Vincent sur la Mozelle, sous le nom de Prieuré de S. Bernard.

Les guerres survenuës en Lorraine, renverserent ces pieux projets. Les deux petits Monasteres d'Hommes furent unis à la Congrégation de S. Vanne, & celui de Notre-Dame de la Consolation a subsisté & subsiste encore aujourd'hui, sous le nom de l'Adoration perpétuelle du S. Sacrement; mais pendant la guerre & la peste, qui désolerent la Lorraine, la Princesse Catherine fut obligée de se retirer, avec ses Religieuses, dans une Maison près Remiremont, où elles vécurent ensemble dans les exercices de la vie religieuse, à peu près comme dans un Cloître.

A la paix, la Princesse Margueritte de Lorraine, épouse de Gaston de France, niéce de Catherine, étant revenuë à Paris, & logeant avec le Prince son époux au Palais d'Orléans, elle invita la Princesse Catherine sa tante de la venir voir. Elle vint d'abord à Nancy, & rétablit ses Religieuses dans leur Monastere de Notre-Dame de Consolation: de là elle se rendit à Paris, où elle fut reçuë par la Princesse Margueritte, avec toutes les marques de tendresse imaginable.

En attendant qu'on lui préparât un Appartement au Palais d'Orléans, elle se retira au Calvaire avec quelques-unes de ses Religieuses, qu'elle menoit toujours avec elle, & avec qui elle observoit les pratiques religieuses avec beaucoup de fidélité.

Le but principal de son voyage de Paris, étoit de demander la restitution de tous ses biens; mais, après bien des démarches, au lieu d'obtenir ce qu'elle demandoit, Gaston Duc d'Orléans son neveu eut assez de peine d'obtenir qu'on la mît sur l'Etat pour mille livres par mois; & encore cette petite somme ne lui fut pas payée long-tems, on la raya bien-tôt de dessus l'Etat: & elle fut contrainte, pour vivre, de vendre quelques-unes des Pierreries qu'elle avoit encore à Nancy; ce qui lui suffit pour son entretien, pendant les dix-huit mois qu'elle vécut depuis. Nous avons vû son Testament original écrit de sa main, & plusieurs de ses Lettres aussi originales, qui se conservent dans l'Abbaye de S. Leopold de Nancy.

Dans ce Testament, qui est du pénultiéme Décembre 1646. & dans son Codicile du trois Janvier 1648. elle témoigne partout son zéle pour le maintien de l'observance régulière dans son Monastere; & elle donne à ses cheres Filles de Notre-Dame de la Consolation de Nancy, tout ce qu'elle pouvoit avoir de biens. Elle mourut à Paris le 4. Janvier 1648. âgée de soixante & dix-huit ans. Son cœur est enterré dans le Monastere des Dames du Sacrement à Nancy, dans une Chapelle, sous un simple Carreau de marbre; & son corps repose dans le Caveau des mêmes Religieuses. L'Eglise des Dames Bénédictines de Nancy avoit été commencée par Margueritte de Lorraine Duchesse d'Orléans ; mais les malheurs des guerres, & les disgraces de la Maison de Lorraine, ont été cause qu'elle n'a pû être achevée. On conserve dans cette Eglise des Reliquaires & d'autres Argenteries, qui sont de beaux restes de la magnificence de la Maison de Lorraine, & de la piété de la Princesse Catherine Fondatrice de cette Maison. Depuis cette Princesse, aucune Abbesse de Remiremont n'a fait des vœux, le Pape n'ayant pas encore donné la forme dans laquelle elles les doivent faire.

CELLIER (Dom Remy) natif de Bar-le-Duc, Profés de l'Abbaye de Moyenmoutier le 12. May 1705. & actuellement Prieur Titulaire de Flavigny ; étant Doyen de Moyenmoutier, il composa *L'Apologie de la Morale des Peres de l'Eglise contre les injustes accusations de Jean Barbeyrac, Professeur en Droit & en l'Histoire à Lausanne* ; in-quarto, Paris 1718.

Cette Apologie est dédiée à M. de Firrao, Nonce Apostolique dans les Cantons Suisses, qui la reçut très gracieusement, & qui vit avec plaisir son nom à la tête d'un Ouvrage aussi solide, & qui réfutoit d'une maniere aussi forte, les imputations calomnieuses & les invectives de Barbeyrac contre les Peres de l'Eglise.

Barbeyrac répondit à cette Apologie, mais si peu solidement, que Dom Cellier fut conseillé de ne pas répliquer.

Cette Apologie n'etoit qu'un coup d'essai de Dom Cellier ; il a entrepris depuis un Ouvrage beaucoup plus ample ; c'est *l'Histoire générale des Auteurs Sacrés & Ecclésiastiques, qui contient leur vie, le Catalogue, la Critique, le jugement, la Chronologie, l'Analyse & le dénombrement des differentes Editions de leurs Ouvrages ; ce qu'ils renferment de plus interessant sur le Dogme, sur la Morale, & sur la Discipline de l'Eglise ; l'Histoire des Conciles tant généraux, que particuliers, & les Actes choisis des Martyrs* ; imprimée à Paris en plusieurs Volumes in-quarto chez P. A. le Mercier Pere 1729. Le premier Tome de cette Histoire est dédié au Cardinal Impériali.

Cet Ouvrage a mérité les suffrages des Sçavans ; &, selon le sentiment de M. le Moyne, tout y est juste, exact, & soutenu de Citations utiles, d'une Critique judicieuse, & des Remarques orthodoxes, & très sçavantes.

Les Journalistes de Trévoux ont donné plusieurs Extraits de ce Livre dans leurs Mémoires, & rendent à la capacité & à l'érudition de l'Auteur la justice qu'il mérite.

Il y a à présent dix-huit Volumes d'imprimés in-quarto.

CHALIGNY (Les) habiles Fondeurs de Nancy depuis l'an 1450. Jean Chaligny Maître Fondeur de l'Artillerie de Lorraine pendant soixante ans, mourut à Nancy le 23. Mars 1615. âgé de 86. ans. La grande Couluvrine, longue de 22. pieds, est un de ses ouvrages. Le Roy Loüis XIV. après la prise de Nancy, la fit conduire en France en 1670.

Ses deux fils David & Antoine Chaligny, soutinrent par leur habileté la réputation de leur pere.

David Chaligny mourut en 1631. Il avoit commencé le Cheval de bronze, son frere Antoine l'acheva en 1632.

Ce Cheval devoit porter la statuë du grand Duc Charles, haute d'onze pieds & demi ou douze pieds ; le modéle avoit été exécuté en terre par Antoine de Chaligny & son fils (c).

Les malheurs des guerres arrivés en Lorraine en 1633. empêcherent l'exécution de cet ouvrage, qui auroit fait l'ornement de la Place de la Ville neuve de Nancy, & l'admiration des connoisseurs.

L'Hôtel de Ville de Nancy faisoit cette dépense, à ses frais ; David Chaligny devoit avoir 15000. frans barrois, pour sa main-d'œuvre, & le rendre posé sur la Place ; la Ville s'obligeoit de fournir la matiere, & de faire le Pied-d'estal.

,, La Statuë du grand Duc Charles devoit
,, être posée & façonnée sur le Cheval, assis
,, dans une selle d'armes proportionnée à ce
,, cheval ; la figure d'onze pieds & demi ou
,, douze pieds de haut, la selle enrichie &
,, ornée, selon qu'une selle d'armes doit
,, être, semblablement enrichie, & ses Ar-
,, mes portant sur icelle une écharpe, l'épée
,, à la ceinture, & le Bâton en main posé
,, sur ses étriers, tenant la bride de l'autre
,, main. Ce sont les termes du Marché.

Antoine Chaligny devoit aussi faire une Piramide de bronze à trois ou quatre faces, haute de douze pieds, sur trois de diametre ; le Pied-d'estal orné des Armes de Son Altesse & de la Ville de Nancy ; les faces chargées de double CC. couronnés, d'Allérions & de Croix de Lorraine. Cette Piramide devoit servir de Fontaine sur la Place de la Ville neuve.

Loüis XIV. après la prise de Nancy, fit conduire le Cheval de bronze en France en 1671.

Antoine Chaligny fut Commissaire-Général des Fontes de France ; il mourut le vingt-

---

(c) Le petit modéle en bronze se conserve dans la Gallerie du Prince de Craon à Nancy.

neuviéme Août 1666. âgé de soixante & quinze ans.

Pierre Chaligny, Ingénieur de Charles IV. & Commissaire Général des Fontes de l'Artillerie de France, étoit fils d'Antoine Chaligny; il fut annobli par le Duc Charles IV. par Lettres données à Yrone le sept Novembre 1659. en faveurs des services rendus par ses ayeux depuis plus de 200. ans, & de ceux par lui rendus en sa qualité d'Ingénieur, dont il s'étoit fidélement acquitté.

Ses Armes sont de gueule à deux Canons d'or en sautoir, issant de chacun d'iceux un Boulet de même; Cimier, un Lion de gueule tenant un Boulet d'or.

CHAMAN (Jean-Joseph) Peintre ordinaire, & Architecte Théatrale de Sa Majesté Impériale né en 1700. à Haraucours, Village de Lorraine, près S. Nicolas, passe pour un des plus habiles Peintres de ce siécle pour la perspective; il est élève de Barilly Peintre Italien, mort à Nancy en 1724. & des Bibiane de Bologne.

Dès sa plus tendre jeunesse, il a eû une inclination des plus fortes pour la Peinture; il quitta ses études en 1718. pour entrer chez Claude Charles Peintre, dont nous parlerons. Le Duc Leopold, à qui on avoit rendu compte des dispositions de Chaman, lui fit apprendre la Perspective par Barilly, l'envoya en 1724. chez Bibiane de Bologne, pour s'y perfectionner (*d*). Il a remporté plusieurs prix à l'Académie de Peinture & Sculpture de cette Ville ; & pendant son séjour en Italie, il a travaillé à Parmes, Lucques, Imola, Modène, Rimini, &c.

De retour en Lorraine en 1734. Elisabeth Charlotte d'Orléans Duchesse Doüairiere de Lorraine, l'employa à différens ouvrages, jusqu'en 1737. qu'il partit pour Florence. A son arrivée, il y fut reçu Professeur de l'Académie de Peinture & Sculpture de cette Ville ; en 1746. Consul de la même Académie, dignité que les Florentins n'accordent qu'au mérite ; il travaille actuellement à Vienne ; il a une composition des plus étenduë, un grand brillant, & une diligence extraordinaire.

Voici la liste des ouvrages qu'il a peints.

1°. On en voit à Parme, Lucques, Imola & Modène.

2°. Une décoration pour le Théâtre de Lunéville, transportée à Florence en 1737.

3°. Les Peintures du Temple de l'Hymen pour les réjouïssances faites à Lunéville en 1736. au sujet du mariage de Son Altesse Royale François III. sur les desseins de M. Jadot.

4°. Une Salle dans le Château de M. le Compte de Morvilly à Vrécourt en 1736.

5°. Des décorations de Théâtre à Riminy, en 1738.

6°. Les Arcs de Triomphe pour l'entrée du Grand-Duc à Florence, en 1739.

7°. Le Plafond de la Bibliothéque du Grand-Duc à Florence.

8°. La grande Colonade de l'Opéra de Nancy, remise sur le Théâtre de Florence en 1740.

9°. Les décorations du Catafalque fait à Florence en 1740. pour les obsèques de l'Empereur Charles VI. On en voit l'Estampe.

10°. Une décoration pour le Théâtre de la même Ville en 1742.

11°. Le Catafalque & autres décorations pour les obsèques d'Élisabeth-Charlotte d'Orléans, Duchesse Doüairiere de Lorraine, Souveraine de Commercy, faites à Florence en 1745. Il est gravé.

12°. Un Arc de triomphe fait à Florence, au sujet du couronnement de Sa Majesté Impériale en 1745. Il est gravé.

13°. Une Chapelle dans l'Eglise de l'Annonciade dans la même Ville.

14°. Des Décorations pour le Théâtre de Vienne en 1747.

15°. La nouvelle Eglise des Catholiques à Dresde en 1747.

16°. Une très belle Architecture dans le Cabinet de M. Sonnini à Lunéville.

17°. Une autre dans celui de M. Nicolas fils, Marchand à Nancy.

CHAMPIER (Symphorien) naquit à S. Saphorine-le Château dans le Lyonnois en 1472. comme il le dit lui-même dans *sa Nef des Princes*. Il sortoit d'une famille noble ; mais comme elle n'étoit pas assez illustre à son gré, il voulut faire accroire qu'il avoit une même origine avec les Campegges de Bologne & les Camprisi de Pavie. Il prit même les Armes de la Maison de Campegge, & les écartela avec les siennes.

Champier fut Echevin de Lyon en 1520. & encore en 1533. & y établit le Collége de Médecine. Antoine Duc de Lorraine passant par Lyon avec le Roi Loüis XII. en 1510. pour la guerre d'Italie, prit Champier pour son premier Médecin, & le combla de biens & d'honneur. Dans cette guerre, Champier accompagna le Duc dans toutes les occasions dangereuses, où il se trouva exposé. Pour le récompenser, Antoine le fit Chevalier de sa main ; & depuis ce tems, Champier se qualifia à la tête de ses Ouvrages *Eques auratus*, Chevalier aux Eprons dorés.

(*d*) Bibiane l'aîné de Bologne avoit fait la Salle de l'Opéra de Nancy en 1707.

Il épousa Margueritte du Terrail de la Maison du Chevalier Bayard ; & pour se faire plus d'honneur de cette alliance, il composa un Roman intitulé, *La vie & les gestes du preu & vaillant Chevallier Capitaine Bayard Dauphinois* ; imprimé in-quarto à Paris.

Il fut aggrégé le neuf Octobre 1515. à l'Univerfité de Pavie ; & ce fut lui qui jetta les premiers fondemens du Collége de Médecine dans la Ville de Lyon. Ce fut lui aussi qui par son crédit fit établir le Collége de la sainte Trinité dans la même Ville.

Il a composé grand nombre d'ouvrages avant & après son voyage d'Italie. Voyez le portrait que Jules Scaliger en a fait, & qui, au jugement de M. de la Monnoye, n'est pas mal ressemblant.

Champerius quis ille! si petit quisquam,
Respondeo: sed sævola modo, paucis,
Ardelio mirus, insolens, tumens, turgens,
Titulo Archiatri, quod Deus sit Astrorum.
Nam candidæ ille mentis haud tenet micam.
Falsarius sed invidusque, ineptusque,
Scriptis alienis indidit suum nomen,
Uno alterove verbulo usque mutato
Dum ex officina barbarissima agnoscas.
Quòd si ille falsitaverit suum nomen
Campeginm è Champerico, & taticus dormis,
Democrite: ô nec rumperis Cachismando.

Je ne puis porter de jugement sur ses ouvrages de Médecine & de Phisique, ne les ayant pas lus ; mais je sçai qu'il est le premier qui ait fait imprimer quelque chose sur l'Histoire de Lorraine, & qu'il y a fort mal réussi : il a pris le Poëme de Garin le Loherans pour une vraye Histoire ; il fait venir les Ducs de Lorraine de Godefroy de Boüillon, & fait descendre les premiers Rois d'Austrasie, d'Alberon fils prétendu de Clodion le Chevelu. Il donne les vies des Ducs de Lorraine en Latin & en François tout de suite, de telle forte néanmoins que le Latin n'est pas une simple traduction du François. On trouve dans l'un quelques particularités que l'on ne trouve pas dans l'autre. Il y raconte très peu de faits ; le tout presque sans dattes, ni circonstances. Voici la liste de ses Ouvrages :

1°. *La Nef des Princes avec plusieurs enseignemens profitables à toute maniere de gens, pour connoitre à bien vivre & mourir* ; à Paris in-octavo par Michel le Noir 1525.

2°. *La déclaration du Ciel & du monde, & des merveilles de la terre, situation, Royaumes & Provinces d'icelle* ; in-oct. chez le même.

3°. *Le Doctrinal du Pere de famille à son enfant* ; à Paris, in-octavo sans nom d'Imprimeur.

4°. *Dialogue de la Cure de Flegmont*, où sont introduits dévisans *Phlegmoniatros, Philochirurgus & Meteorus* ; à Lyon, in-octavo, par Pierre de Sainte-Lucie, sans datte.

5°. *Le Miroir des Apoticaires*, auquel est montré comment ils errent communément en plusieurs simples Médecines, contre l'intention des Grecs, & par la fausse intelligence des Auteurs Arabes, lesquels ont falsifié la doctrine des Grecs.

6°. Plus, *les Lunettes des Chirurgiens* ; le tout imprimé à Lyon in-octavo, sans noms d'Imprimeurs & sans dattes.

7°. *Les Prophéties, dites Vaticinations des Sibilles, translatées de Grec en Latin par Lactance Firmian, & mises en rimes Françoises par ledit Champier* ; dédiées à très illustre Princesse Anne de France, Duchesse de Bourbon & d'Auvergne ; imprimées in-quarto, sans nom d'Imprimeur ni datte.

8°. *La vie & les gestes du prud & vaillant Chevalier, Capitaine Bayard Dauphinois,* contenant les victoires sous les régnes de plusieurs Rois de France ; à Lyon 1502. & à Paris in-quarto 1525. Le même en Latin à Basle en 1550. c'est un pur Roman.

9°. *Du Royaume des Allobroges*, dit après, *Bourgoigne ou Viennois, avec l'antiquité & l'origine de l'ancienne Cité Métropolitaine & Primacie des Allobroges*, à Vienne sur le Rhône ; imprimé à Lyon in-octavo 1529.

10°. *Police subsidiaire à celle quasi infinie multitude de pauvres, que la Ville de Lyon nourrit* ; imprimée en 1531.

11°. *La Nef des Dames vertueuses*, &c.

12°. *Additions sur le Guidon en François*, imprimées avec ledit Guidon à Lyon, par Constantin Fradin 1520.

13°. *Hortus Gallia pro Gallis in Gallia scriptus, qui Gallos in Gallia omnium ægritudinum remedia reperire docet, nec medicaminibus egere peregrinis* ; in-octavo, à Lyon 1533.

14°. *Campus Elysius Galliæ amænitate refertus, in quo quidquid apud Indos, Arabes, & Pænos reperitur, apud Gallos posse reperiri demonstratur* ; in-octavo, à Lyon 1533.

15°. *De Gallis summis Pontificibus*, avec son Trophée François, in-folio 1507.

16°. *Ecclesiæ Lugdunensis Hierarchia, quæ est Franciæ prima sedes* ; in-folio 1537.

17°. *La même en François*, traduite par Leonard, c'est-à-dire par lui-même, in-quarto 1545. Cet Ouvrage est plein de fables.

18°. *Des Evêques & Comtes de Toul*, jusqu'en 1509. Cet Ouvrage est imprimé dans sa Chronique d'Austrasie, par le même, in-folio 1509.

19°. *Descriptio expeditionis in Genuenses à*
Ludovico

Ludovico XII. anno 1506. imprimée avec les Trophées des François 1507.

20°. Les Triomphes de Louïs XII. contenant l'origine & la déclinaison des Vénitiens, & leur défaite à Agnadel, in-quarto 1599. Tous ces Ouvrages sont imprimés à Lyon.

21°. *Regum Francorum Genealogia*, imprimée avec son Trophée des François.

22°. Les Généalogies des Gaules & des Rois de France, & celle des Ducs de Savoye, avec la Chronique des Ducs de Savoye; in-fol. Paris 1516.

23°. *Genealogia Lotharingorum Principum*, in-folio 1537.

24°. *De Monarchia Gallorum, & de triplicibus imperio*; Paris in-octavo 1537.

25°. L'Ordre de Chevalerie dedié au Duc Antoine, in-quarto : ce Livre est divisé en sept Chapitres.

26°. *De viris illustribus & Heroibus Galliæ*, avec son Traité de la Monarchie des François, in-octavo 1537.

27°. *De origine & commendatione Civitatis Lugdunensis*; à Lyon 1507. in-folio.

28°. *Diversa gesta Lotharingorum, de situ, & singularibus Lotharingiæ, in-octavo*.

29°. Le Recuëil, ou Chronique des Histoires du Royaume d'Austrasie, ou France Orientale, dite à présent Lorraine; à Lyon in-fol. 1509.

30°. Le fondement & origine des Titres de Noblesse, & des Etats de tous les Nobles, avec la maniere de faire des Rois-d'Armes, Héraults, &c. le secret de l'art d'Armoiries, &c. in-12. à Paris 1535. & à Lyon 1537.

31°. *De antiquitate domûs Turonensis*, in-folio, Lyon 1527.

32°. *Pretiosa Margarita de Medici, atque ægri officio*.

33°. *De triplici disciplina, cujus partes sunt Philosophia naturalis, Medicina, Theologia, moralis Philosophia*..... *Vocabularius sive collectaneum difficilium terminorum naturalis Philosophiæ ac Medicinæ; unà cum Philosophia Platonica*..... *Liber quartus ethymologiarum sancti Isidori, qui est de Medicina*....... *Theologiæ Orphica Libri tres*..... *Theologia trimegisticæ, & de secretis & mysteriis Ægyptiorum Particula duodecim*...... *Justini Philosophi & Martyris Christiani admonitorium gentium*....... *Epistola Leonis Imperatoris ad amarum Regem Saracenorum, de Religione christiana*...... *De Republica Lib*....... *Italiæ & Galliæ Panegyricum*....... *De origine civitatis Lugdunensis*..... *Ludovici Bologuini de quatuor singularibus in Gallia repertis*...... *Demosthenisoratio*....... *Halcyon Platonis*, *Lugd*. 1508. *in octavo*.

34°. *Cathegoria Medicinales in Libros demonstrationum Galeni*...... *Catalogus præceptorum, patronum, familiarium auditorum S. Champerii*; *Lugd*. 1516. *in-octavo*...... *Epithome Commentariorum Galeni in Libros Hippocratis; primus Aphorismorum, secundus Pronosticorum, tertius regiminis Auctorum, quartus Epidemiarum*...... *Isagoges in Libros Hippocratis, atque ejus Commentatoris Galeni*; *Lugd*. 1516. *in-octavo*.

35°. *Cribratio Medicamentorum fere omnium in sex digesta Libros; accesserunt quæstio de exhibitione Medicinarum venenosarum, de mixticorum generatione, Apologia in Academiam novam Hetruscorum*....... *Catalogus Librorum Galeni à Joanne Campegio*..... *Medulla totius Philosophiæ naturalis ac Medicinæ*....... *Symphonia Galeni ad Hippocratem, Cornelii Celsi ad Avicennam; unà cum sectis antiquorum Medicorum ac recentium*..... *Item, Clysteriorum Campi contra Arabum opinionem pro Galeni sententia*.

36°. *De Theriaca Gallica*........ *Speculum Medici Christiani*.

37°. *Medicinale bellum inter Galenum & Aristotelem gestum, quorum hic cordi, ille autem cerebro favebat*....... *Ileum seu variæ calamitates quibus Lotharingiacum solum eo tempore quo bellum descriptum est, fuerit agitatum, simul & singularia in Lotharingia reperta enarrantur, in-12*. 1516.

38°. *Castigationes Pharmacopolarum*.

39°. *Sylva Medicinales*.

40°. *De Medicine claris Scriptoribus*.

Voyez le Pere Colonia Jésuite, Hist. Litt. de Lyon, tom. 11. le Pere Nicéron 1732. pag. 239. &c. Supplément de Morery de Basle.

Voyez aussi le Catalogue de ses Oeuvres Latines, qui sont en grand nombre en l'Epitome de la Bibliothéque de Gesner, & dans le Supplément de Duverdier.

Symphorien Champier avoit un fils nommé *Claude Champier*, qui a écrit un Livre intitulé, Les Singularités des Gaules : L'Auteur n'avoit que 18. ans, lorsqu'il le composa.

Un habile & curieux Médecin m'écrit que Symphorien Champier est le premier qui ait traité de la Médecine *indigene*, ou du propre Pays où l'on vit, & qui a attaqué *ex professo* cette foule innombrable de remédes étrangers, que les Arabes & les derniers Grecs ont introduits dans la Médecine, & dont ils ont fait des mélanges & des compositions sans fin & sans ordre. Il écrivit à cette fin plusieurs Livres, &, entre autres, son *Campus Elysius Galliæ, &c*. dans le cinquième Livre duquel il y a plusieurs singularités d'Histoire naturelle, qui regardent la V ôge.

Il se déchaîna aussi le premier contre l'ignorance & la témérité des Apoticaires, qui se mêlent de Médecine, & qui ignorent jusqu'à leur métier. Voyez sur-tout son Livre intitulé, le *Miroir des Apoticaires*, & *les Lunettes des Chirurgiens*.

De plus, il est le second de la nation Françoise, qui ait fait mention des *Maladies vénériennes*, & le premier qui en ait traité dogmatiquement : cependant M. Astruc l'a oublié dans sa Bibliothéque des Auteurs *Aphrodysiaques*. Voyez son *Aggregator Lugdunensis* 1514. & un petit Chapitre *De curâ pudendagrâ*, qu'il a mis à la fin de son Miroir 1510.

CHAMPS (Deschamps) Carme; voyez *Albert*.

CHANGEUR (Joseph Le) noble du Pays Messin, étoit licentié en Droit, & vivoit au commencement du dix-septiéme siécle; il a composé plusieurs Poësies Latines, Italiennes, Espagnoles & Françoises; elles sont imprimées non dans un corps, mais en différens endroits: on en trouve quelques-unes dans les Ouvrages d'Alponse de Remberviller.

CHANLEY (Jean-François) voyez *Chanlecy*.

CHARBON (Charles) Prêtre de la Mission, né à Moulins, Diocése d'Autun, vers l'an 1643. a gouverné long-tems avec réputation le Séminaire de la Ville de Toul, y est mort, & a composé quelques Ouvrages; entre autres, contre les Prêts sur simple obligation usités en Lorraine, & soutenus par François Guinet, fameux Avocat à Nancy; voyez cy-après l'article *Guinet*. L'Ouvrage du Pere Charbon est demeuré manuscrit (e). Le Pere Modot Jesuite a travaillé sur le même sujet que Guinet, & a soutenu son sentiment. On peut voir son article.

CHARDON (Dom Charles) Bénédictin de la Congrégation de S. Vanne, natif de Dyvois Profès de l'Abbaye de S. Vanne le trois Juillet 1712. a composé un Traité de *l'Origine des Cérémonies usitées dans l'administration des Sacremens*, imprimé à Paris en six Volumes in-octavo 1745. Dom Charles Chardon a fort bien étudié, & sçait les Langues sçavantes, l'Hébreu & le Grec; il a lû les Peres & les bons Théologiens. Voici le titre entier de son Ouvrage, *Histoire des Sacremens, ou de la maniere dont ils étoient célébrés & administrés dans l'Eglise, & de l'usage qu'on en a fait depuis les Apôtres jusqu'à présent*, chez Guillaume Despreys, à Paris, ruë S. Jacques. Voyez le Précis de cet Ouvrage dans la Clef du Cabinet, Juin 1745.

(e) Il y en a une Copie dans les Recüeïls de M. Nicolas fils.

CHARLES (V.) Duc de Lorraine, fils du Duc Nicolas-François, & de Claude de Lorraine sa cousine-germaine, naquit à Vienne en Autriche le trois Avril 1643. & mourut à Veltz en Autriche le dix-huit Avril 1690. Il avoit épousé en 1665. Marie-Jeanne-Baptiste de Némours, par Procureur; mais ce mariage ne s'exécuta point. Il épousa le six Février 1678. Eleonore-Marie d'Autriche, sœur de l'Empereur Leopold, dont il eut plusieurs enfans, entre autres, le Duc Leopold I. de Lorraine, Pere du Duc François III. aujourd'hui Empereur. Je n'entre point ici dans le détail des actions de sa vie, je les ai rapportées au long dans mon Histoire de Lorraine; je me borne à un Ouvrage, qui a paru sous son nom, intitulé, *Testament Politique de Charles V. Duc de Lorraine & de Bar*, déposé entre les mains de l'Empereur Leopold à Presbourg le 29. Décembre 1687. *en faveur du Roy de Hongrie, & de ses successeurs arrivant à l'Empire*; in-octavo, Leipsic, Veidman 1696.

Ce Testament est manifestement une Piéce supposée. Quelques spéculatifs s'imaginent que M. le Cardinal de Furstemberg en est l'Auteur. Il pouvoit mieux écrire en François, ils l'avoüent; mais ils prétendent que, pour mieux se déguiser, il a donné un tour rude en Latinité à ses Périodes.

Marguette de Chenimont, Prêtre habitué à Paris, qui a procuré l'Edition de cette Piéce, n'avoit pas assez de génie, pour composer un tel ouvrage; mais, en rapportant les diverses circonstances, dont il disoit que le Manuscrit en étoit tombé entre ses mains, il en résulte que ce pouvoit être l'ouvrage de M. Destraman habile Ministre de l'Empereur. De quelque main qu'il soit parti, on ne peut disconvenir qu'il ne contienne toute la politique de la Maison d'Autriche.

On a la vie du Duc Charles V. par Jean de la Brune, imprimée à Amsterdam, Jarrel 1691. in-12.

Dans l'Avertissement qui est à la tête du Testament politique du Duc Charles V. on lit que ce Testament fait mention d'une autre instruction qu'on n'a pas vuë, quoiqu'on ait appris fort particuliérement de l'Abbé des Vaxdes, Aumônier de la Reine Doüairiere de Pologne, qu'on en faisoit tous les jours des leçons fort ferventes aux trois Princes, qu'on disposé apparemment aux emplois qui leur y sont positivement marqués.

Le Duc Charles V. étant en Hongrie, fit copier sur l'original Italien de Raimond de Montecuculli Généralissime des Troupes de l'Empereur, les Mémoires de ce Général,

Voyez Bayle, Lettre 136. pag. 524.

que M. le Prince de Conti fit copier sur la Copie du Duc Charles V. & les rapporta à Paris, & les fit traduire en François par M. Adam, qui a été depuis de l'Académie Françoise. Cette Traduction a été plusieurs fois imprimée, entre autres, à Strasbourg en 1735. & à Paris en 1746.

CHARLES (Cardinal) de Lorraine; voyez *Lorraine*.

CHARLES (Evêque de Verdun) voyez *Lorraine*.

CHARLES IV. (Empereur) de la Maison de Luxembourg; voyez *Luxembourg*.

CHARLES (Claude) Héraut-d'Armes de Lorraine, Peintre ordinaire de Leopold I. Directeur & Professeur de l'Académie de Peinture & Sculpture de Nancy, naquit dans la même Ville, le 6. Janvier 1661. Il étoit disciple de Gerard, habile Peintre Lorrain; il a demeuré neuf ans à Rome, où il a travaillé sous Carle Maratte, de Morandi, & autres fameux Peintres. A son retour de Rome, il passa à Paris, où il resta quelque tems; arrivé à Nancy en 1688. il s'y maria en 1690.

Le 10. Janvier 1703. le Duc Leopold le fit Héraut-d'Armes en Lorraine, & dès le 8. Février 1702. il l'avoit déja honoré d'une charge de Directeur & Professeur de l'Académie de Peinture & Sculpture à Nancy.

Claude Charles avoit le coloris frais, une grande facilité dans la composition, & dans sa maniere de dessiner; il aimoit le travail, il s'étoit toujours plu à former des éléves, dont un grand nombre lui ont fait honneur; tels que, Chaman, Durand, Jean-Charles François, qui s'est adonné à la Gravûre; Girardet, Jacquard, Provençal, Racle, &c. Il a travaillé jusqu'à la veille de sa mort, arrivée le 4. Juin 1747. (*)

Liste des Ouvrages de Claude Charles à Nancy.

1°. Une partie des Peintures de la Salle de l'Opéra, démoli en 1749.

2°. Les Figures du Plafond, de l'Autel & de l'Eglise du Collége des Jésuites.

3°. Un S. François de Borgia, S. François Regis, S. Kisy dans la même Eglise.

4°. L'Assomption de la Vierge, dans la Chapelle de la Congrégation des Hommes.

5°. Le Tableau du Maître-Autel de l'Eglise des Carmes, & un S. Jean de la Croix.

6°. Notre-Dame de Pitié, à la Paroisse S. Sébastien.

7°. Le Tableau du Maître-Autel de l'Eglise du Refuge.

8°. Celui de l'Autel de S. François Xavier, dans l'Eglise du Noviciat des RR. PP. Jésuites.

9°. Un S. Fidéle, S. Joseph de Leonissa, S. Séraphin *de Monte Grenato*, dans l'Eglise des Capucins.

10°. Le Couronnement du Roi S. Sigisbert, & le même Saint avec la Reine son Epouse servans à manger aux pauvres, dans le Chœur de l'Eglise Primatiale de Nancy.

11. Aux Cordeliers, S. Antoine de Padoüe.

12°. Aux Dominicains, le Tableau du fond du Chœur.

13°. S. Christophe dans la Chapelle de Messieurs de Bassompiere, chez les RR. PP. Minimes.

14°. A l'Hôtel de Lunaty.

15°. Une Salle & un Escaillier à l'Hôtel de Lupcourt.

16°. Dans presque tous les Cabinets des Curieux de Nancy.

17°. La Nativité de Notre-Seigneur, un Crucifix, S. Pierre dans la Paroisse du Fauxbourg S. Pierre.

18°. S. Fiacre & S. Vincent, une Annonciation, S. Sébastien, à la Paroisse S. Fiacre, au Fauxbourg des Trois-Maisons.

19°. Un grand Crucifix de douze pieds de hauteur, & un S. Pierre délivré de la prison par l'Ange, dans le fond du Chœur de l'Eglise de Faulx.

On voit des œuvres de Claude Charles par toute la Lorraine, notamment chez les Jésuites du Pont-à-Mousson, aux Carmes de Metz, aux Châteaux d'Aulnois, Froüard, Houdemont, au Réfectoire de l'Abbaye de Senones, au Vestibule de la Bibliothéque de Moyenmoutier, à l'Abbaye de S. Urbain en Champagne, à celle d'Hautviller, à Reims.

Il a eu grande part dans toutes les Décorations funébres faites en Lorraine, pendant les Régnes de Leopold I. & de S. A. R. François III.

CHARLES (Nicolas) Avocat, a fait imprimer le Théâtre de la Peste, où sont décrites en Vers les miseres que cette furie a fait ressentir à la Ville de Toul en 1630. &c. in-12. p. 41. Il commence par ces mots:

Eloigné pour un tems de ma chere Solime,
Qui va d'un pas égal en sa perfection
A celui qui jadis fut l'honneur de Sion, &c.

CHARLES (René) originaire de Preny-sur-Moselle, Docteur en Médecine, & Professeur Royal dans la Faculté de Besançon, a composé & fait imprimer un assez grand nombre d'Ouvrages concernants la Médecine, dont il a eu la politesse de nous faire présent.

(*) Ce jour il peignoit en mignature & sans Lunettes, quoiqu'âgé de 86. ans.

1°. *Quæstiones Medicæ circa Thermas Borbonienses, quas propugnavit D. Antonius Duport Borboniensis, Medicinæ licentiatus, die 16. Aprilis 1721. Vesuntione, in-oct. Typis Nicolai Couché, &c.*

2°. *Quæstiones Medicæ circa Acidulas Bussanas, quas propugnabit Franciscus Josephus Payen, Justeinsis die 1. Martii 1738. Vesuntione, in-8°.*

3. Observations faites par M. Charles Professeur & Médecin, &c. sur les cours de ventre & la dissenterie, qui régnent dans quelques endroits de cette Province, in-quarto, le 26. Octobre 1741.

4°. Observations sur les différentes espèces de fièvres, & principalement les fièvres putrides, malignes & épidémiques, & sur les pleurésies qui ont régné en Franche-Comté depuis quelques années, in-octavo 1743. La seconde partie regarde les différentes espèces de pleurésies, avec approbation & privilége. L'approbation est du 30. Janvier 1743.

5°. Lettre d'un Professeur en Médecine de l'Université de Besançon à un Curé de la Campagne, sur la toux & les rumes épidémiques; à Besançon 1743.

6°. Observations sur la maladie contagieuse, qui régne en Franche-Comté parmi les bœufs & les vaches; à Besançon 1744. in-quarto.

7°. *Quæstiones Medicæ circa Fontes medicatos Plumbariæ, quas propugnavit D. Claudius Maria Giraud Ladosalmensis. M. Bened. die 14. Junii 1745.*

CHARPENTIER (Pierre) en Latin *Carpentarius*, célèbre Jurisconsulte natif de Toulouse, faisoit profession de la Religion prétenduë réformée (*f*). Il s'échappa du massacre de la S. Barthelemy, par la protection de M. Pompone de Bellievre, qui lui avoit donné une retraite chez lui, comme à quantité d'autres personnes de réputation. Charpentier, qui étoit un esprit léger & suivant le vent de la fortune, étoit prêt à embrasser toute sorte de parti; il détestoit, non le massacre de S. Barthelemy, mais la cause, c'est ainsi qu'il appelloit le parti des Protestans, qui, après avoir commencé par un bon zèle, s'étoient portés à des excès condamnables, & avoient attiré sur eux les effets de la colere de Dieu; que, pour réprimer leur audace, il avoit été nécessaire de prendre le glaive vengeur de la justice divine. Par ces discours qu'il tenoit en secret & en public, il fit croire qu'on pourroit l'employer utilement pour le service du Roi & de la Reine, en justifiant le massacre de S. Barthelemy; on lui fit toucher, pour cela, quelque argent, & on lui fit espérer de grands honneurs. Il composa donc un Ouvrage, pour justifier la conduite du Roi dans cette fameuse rencontre.

Cet Ecrit de Charpentier étoit tombé dans l'oubli (*g*); mais le R. P. Denys de Sainte-Marthe, Bénédictin de la Congrégation de S. Maur, l'ayant inféré dans ses entretiens touchant l'entreprise du Prince d'Orange sur l'Angleterre, imprimés à Paris en 1689. cela fut cause qu'on en a parlé beaucoup depuis ce tems-là. Le Ministre Jurieu (*h*) a fait ce qu'il a pû, pour décréditer cette Pièce; il traite fort mal Charpentier, & le dépeint comme une âme vénale, & un ennemi juré des Protestans. Les Bénédictins ont répondu à cet Ecrit de Jurieu (*i*).

On voit par une Lettre, que Theodore de Beze (*k*) lui écrivit le premier Avril 1570. qu'il avoit enseigné quelque tems la Jurisprudence à Genève, & qu'il en étoit sorti fort mécontent, & sans dire adieu à ses créanciers. Il paroit, par cette Lettre, qu'il avoit femme & enfans. M. de Thou reconnoit aussi qu'il avoit enseigné le Droit Civile à Genève, & que de là il étoit venu à Paris, d'où il étoit sorti, pour accompagner M. Pompone de Bellievre en Suisse, où il étoit envoyé comme Ambassadeur.

Charpentier le laissa en Suisse, & vint à Strasbourg, où il avoit aussi autrefois enseigné. Y étant arrivé, il écrivit le 15. Septembre 1572. une Lettre à François Portus Candiot très sçavant en Grec, duquel nous avons un fort bon Lexicon Grec; dans cette Lettre il disoit (*l*) qu'il y avoit parmi les Protestans deux partis, dont l'un étoit composé de gens pacifiques & de bonne foi, qui agissent par principe de Religion, & suivant l'esprit de l'Evangile; les autres sont gens factieux & ennemis de-là paix: il met à la tête de ces derniers Theodore de Beze, qu'il nomme *la Trompette de Zeba*, faisant allusion au nom de Beza, & le comparant à Zeba fils de Bochri, dont il est parlé dans l'Ecriture (*m*) qui sonna de la trompette, & excita une rebellion contre David. On répondit à cette Lettre de Charpentier, sous le nom de François Portus (*n*).

En 1575. Charpentier publia un Ouvrage

(*f*) Voyez M. de Thou, *Hist. lib.* 58.
(*g*) Bayle, Dictionnaire sous le mot *Charpentier*.
(*h*) Jurieu, Religion des Jésuites, imprimée à la Haye 1689. p. 119. & suiv.
(*i*) Voyez Journal des Sçavans en Novembre 1691.
(*k*) Theod. Beze, L. 52.

(*l*) Bayle sous *Charpentier*.
(*m*) 2. Reg. 20.
(*n*) Cette Lettre est celle de Charpentier, & l'extrait des Remarques de François Beaudevin sur la Lettre de Charpentier, se trouvent dans les Mémoires de l'Etat de France sous Charles IX. p. 323. & suiv. tom. 1.

en Latin, sous ce titre, *Pium & christianum de armis consilium*, pour justifier le port des Armes ; ce Livre fut traduit en François, & on y fit une réponse (*o*).

A la sortie de Strasbourg, Charpentier se rendit au Pont-à-Mousson, où le Duc Charles III. rassembloit de toutes parts ce qu'il connoissoit de plus habiles Professeurs ; Charpentier y vint, après le départ des deux Barclais, Guillaume & Jean, & y fut gratifié d'une pension de deux mille livres tournois.

Le Pere Abram, dans son Histoire de l'Université de Pont-à-Mousson (*p*) met son arrivée en 1603. Il y fut fait Doyen de l'Ecole de Droit. Le même Pere Abram dit que Charpentier avoit été Président de Nantes, sous Emmanuel de Lorraine Duc de Mercoeur, & que le Duc Charles III. l'attira dans son Université avec une pension de 3000. frans barrois ; qu'il abjura le Calvinisme, & fit profession de la Religion Catholique le 17. des Calendes de Février, ou le 16. Janvier 1604. Il mourut à Pont-à-Mousson dans le mois de Mai 1612. laissant la moitié de sa Bibliotheque aux Peres Jésuites ; ses obseques furent honorées par la présence du Recteur & du Chancelier de l'Université en habits ordinaires ; le Corps des Professeurs de Droits y assista en habits de cérémonies, & en robes rouges. Il avoit été autrefois Avocat du Roi au Grand-Conseil ; & il l'étoit encore en 1584.

Je n'ai pû découvrir le Catalogue de ses Ouvrages. La Croix du Maine dit qu'il fit imprimer plusieurs Livres, tant en Latin qu'en François, sous des noms empruntés ; *Je ne sçai, dit-il, s'il voudroit avouer pour siens ceux qui sont mis en son nom, d'autant qu'il y en a plusieurs qui lui ont été mis dessus, desquels il n'étoit pas Auteur.*

Nous avons sous son nom, *Petri Carpenzarii Jurisconsulti & in Academiâ Juris Lotharingicâ Decani, Orationum in Academiâ Mussipontanâ habitarum Decas prima. Tulli, apud Franciscum Dubois* 1608.

Charles le Pois, dans son *Macarismos*, ou Oraison funèbre du Duc Charles II. cite un Panégyrique du même Duc par Pierre Charpentier.

CHARVET (François-Dieudonné) Seigneur de Blénod & de Jezainville, Doyen de la Faculté de Droit du Pont-à-Mousson, Conseiller au Parlement de Lorraine, & Chevalier-Conseiller d'Etat successivement des Ducs de Lorraine Leopold I. & François III.

à présent Empereur. M. François-Dieudonné Charvet étoit né à Mirecourt en l'année 1686. & est mort à Pont-à-Mousson le 29. du mois d'Octobre 1745.

Il étoit fils de Claude Charvet d'une famille honorable originaire de Grenoble, qui vint en Lorraine sous le Duc Leopold I. qui le fit Trésorier de ses Finances, & l'honora de diverses Commissions.

M. François-Dieudonné Charvet son fils aîné, après avoir professé avec applaudissement pendant plusieurs années la Jurisprudence dans l'Université du Pont-à-Mousson où il est mort, a laissé des Commentaires très sçavans sur les différentes matieres de Droit Civil & Canonique ; il y en a plusieurs Copies dans le Pays ; il concilie avec solidité & précision les Loix Romaines avec les Ordonnances des Souverains & les Usages.

Hubert Charvet frere de François-Dieudonné, Seigneur de Vaudrecourt, Ville & Rogéville, né à Mirecourt le 3. Novembre 1697. fut appellé très jeune par le Duc Leopold, pour être chargé de l'instruction du Prince François de Lorraine son fils à présent Empereur. Le Duc Leopold le chargea en même tems de former le Prince Leopold-Clément dans les matieres du Conseil, auquel ce Prince commença à présider, lors d'une opération qu'on fit au Duc son Pere.

Le Sr. Charvet composa aussi, pour son instruction, des Ecrits, dans lesquels il concilia avec précision les Loix Romaines & municipales.

Le Duc Leopold avoit destiné le Sr. Charvet, pour suivre le Prince Clément dans ses voyages, & lui enseigner en même tems le Droit public ; mais ce Prince digne des regrets de l'Europe, ayant été enlevé par une mort prématurée, & le Prince François étant parti pour Vienne, le Duc Leopold attacha enfin le Sr. Charvet au Prince Charles-Alexandre de Lorraine, & l'honora en même tems d'une charge de Chevalier-Conseiller au Parlement de Nancy.

Le Duc Charles-Alexandre a marqué à M. Hubert Charvet une bonté & une confiance qui ont peu d'exemples, par la constance de ses sentimens, que la longue absence occasionnée par la guerre, n'a point altérée ; & M. Charvet y a répondu par un attachement fidèle & inviolable.

Le Prince Charles étant parvenu au Gouvernement des Pays-Bas en 1744. après son mariage avec Marie-Anne d'Autriche, rappella M. Charvet auprès de sa personne, &

(*o*) Voyez Bayle, sous *Charpentier*, pag. 922. & à la fin de son Dictionnaire, dans la Dissertation sur *Junius Brutus*.

(*p*) Abram, Hist. de l'Université de Pont-à-Mousson, Lib. 6. art. 35. & 197.

le fit son Conseiller intime. La guerre allumée en Flandre l'obligea à revenir en Lorraine, où il est demeuré toujours constament, mais sagement attaché à son Bienfaiteur, qui étant revenu dans son Gouvernement des Pays-Bas en 1749. y rappella M. Hubert Charvet, & le fit son Chancellier. Dans ce Poste éminent, la gloire de son auguste Maître, & le plaisir d'obliger fixent toute son attention.

CHASSEL (Charles) de Nancy, très habile Sculpteur pour la figure en petit, dont les Crucifix en particulier sont très estimés. Etant allé à Paris, à cause des guerres de Lorraine, il eut l'honneur de faire en petit, pour Loüis XIV. une petite Armée, tant de Cavalerie que d'Infanterie, & les machines de guerre ; le tout en argent, dont Chassel donnoit les modéles à Merlin Orphévre du Roi, aussi Lorrain, qui les exécutoit en argent, pour lui montrer le métier de la guerre ; le Roi, pour reconnoître Chassel, lui donna un Brevet de Sculpteur de Sa Majesté, comme aussi à Chassel son fils.

CHASSEL (François) petit-fils de Charles Chassel, s'est aussi distingué dans la même profession ; il est né à Metz en 1666. où son pere s'étoit retiré, à cause du mauvais état où étoit alors la Lorraine. A l'âge de dix ou onze ans, son pere l'envoya à Paris, où il resta plusieurs années chez le Comte Sculpteur du Roi. Etant de retour au Pays, le Duc Leopold I. l'honora d'une charge de Professeur de l'Académie de Peinture de Nancy.

Voici une liste des ouvrages de François Chassel.

Les Mausolées du Président Bourcier aux Minimes de Nancy, du Procureur-Général Mathieu de Moulon, du Président Cueillet, & plusieurs Epitaphes dans la même Eglise ; de même qu'à S. Leopold, aux Carmes, à la vieille Eglise Primatiale, aux Tiercelins, & celui du Conseiller Bousmard, aux Dames du S. Sacrement.

Le Portique de l'Hôtel de Gerbéviller à Nancy.

Une Venus chez Madame la Comtesse le Bégue, à la Neuveville.

Les Mausolées de M. le Bégue & de M. Dufort, à S. Diey.

Celui de M. le Comte de Ludres, à Ludres.

Les Bustes de Charles V. & de Leopold I. & de S. A. R. Madame chez M. André à Nancy ; quelques figures en sculpture à S. Diey, sur la montée qui mene à l'Eglise des Chanoines.

Il a fait d'autres ouvrages qui sont répandus par tout le Pays.

Il travaille actuellement (1750.) aux figures de l'Autel, qui doit être posé dans la Chapelle Royale des Cordeliers de Nancy.

CHASSIGNET (Dom Albert) Religieux de la Congrégation de S. Vanne, fit profession à Besançon le 15. Juin 1671. puis il passa dans la Congrégation de Cluny ; il a composé l'Histoire des sept Monasteres de la Congrégation de Cluny au Diocése de Besançon ; il mourut Prieur de Morteau.

CHAT, de Chat, ou le Chat, ou du Chat (Jacob) naquit à Metz le 23. Février 1658. de Jacob le Chat Conseiller du Roi, & d'Elizabeth Alion. Après avoir reçu dans sa patrie les premieres teintures des Humanités, il alla étudier le Droit à Strasbourg, & fut reçu Avocat à Metz le 2. Août 1677. & y suivit le Barreau, jusqu'à la révocation de l'Edit de Nantes. Il alla ensuite à Paris, où il se perfectionna beaucoup. En 1700. il passa à Berlin, & y posséda la charge de Conseiller à la Justice Supérieure Françoise de cette Ville ; il y mourut dans le célibat le 25. Juillet 1735. âgé de 77. ans, cinq mois, deux jours.

Voici le Catalogue de ses principaux Ouvrages.

1°. Notes sur la Confession Catholique de Sancy 1693.

2°. Recuëil de diverses Piéces servant à l'Histoire du Roi de France Henry III. 1693. in-12. 1699. trois Volumes, & 1720. avec des Additions à la fin.

3°. Satyre menippée de la vertu du Catholicon d'Espagne, & de la tenuë des Etats de Paris ; à Ratisbonne 1696. & en 1699. avec des Notes à la fin.

4°. Oeuvres de M. François Rabelais, avec des Notes de le Chat ; à Amsterdam 1709. & 1711. six Volumes in-octavo.

5°. Les quinze Joyes du Mariage, ouvrage très ancien, avec des Notes de le Chat ; à la Haye 1726. in-douze, réimprimé en 1734.

6°. Les Avantures du Baron de Fæneft, par Theodore Agrippa d'Aubigné, avec des Notes de Duchat, in-octavo 1729. & 1731.

7°. Apologie pour Herodate, par Henry Etienne ; nouvelle Edition, avec des remarques de Duchat ; à la Haye 1735. deux Volumes in-12.

8°. Lettres de M. Duchat à M. Bayle, parmi les Lettres de M. Bayle imprimées en 1729. M. Duchat a fourni grand nombre de remarques à M. Bayle, qui en a enrichi son Dictionnaire. Voyez Niceron, tom. 39.

pag. 9. & le Supplément de Morery imprimé à Paris en 1749.

9°. On a imprimé en Hollande en 1739. en deux Volumes in-12. *Ducatiana*, ou Recueïl des Discours de M. Duchat, par M. Formey, dans l'Edition de 1744. in-octavo, Paris, par M. l'Anglet; on trouve des Notes sur les Mémoires de l'Etoile.

CHATELLAIN (Jean le) Auteur de la Chronique de Metz en Vers, que nous avons fait imprimer au troisiéme Tome de notre Histoire de Lorraine, pag. 282. Nous n'en connoissions pas alors l'Auteur, & nous l'ignorerions encore aujourd'hui, sans un Exemplaire manuscrit de cette Chronique, qui a appartenu à M. de Custine de Pontigny, & qui est aujourd'hui à M. Pernot, Président au Présidial de Toul, qui me l'a communiqué par le canal de Dom Leopold Poirel Prieur de S. Evre. On lit à la tête de ce Manuscrit, *La Table des Matieres contenuës en cette présente Chronique, faite par Jehan le Chatellain, en son vivant de la Porte S. Thiébaut, jusqu'au feuillet cent & six, l'an* 1524.

Ce Jean le Chatellain de la Porte S. Thiébaut étoit Religieux Augustin, natif de Tournay, (*Echard, de Scriptorib. Ord. Præd. tom.* 2. *pag.* 62. 63.) & Docteur en Theologie. Aprés avoir prêché plusieurs Carêmes tant à Bar-le-Duc, qu'à Vitry en Pertois, à Châlons-en-Champagne, à Vic & à Metz, où il vint en 1524. pour y prêcher le Carême, & y répandre les sentimens des Luthériens, dont il étoit prévenu; ses Sermons étoient des Satyres violentes contre les Ecclésiastiques, & des discours séditieux, pour animer le peuple contre le Clergé; ce qu'il faisoit avec d'autant plus de confiance, qu'il se sentoit soutenu par les Principaux de la Ville de Metz.

Aprés avoir achevé sa Station de Metz, il sortit de la Ville avec un compagnon; mais étant arrivé à Gorze, il y fut arrêté par les gens de Jean de Lorraine Evêque de Metz, qui le conduisirent en prison à Nommeny le jour de l'Ascension de Notre-Seigneur; de là il fut conduit dans les prisons de Vic. Les Magistrats de Metz userent de représailles sur quelques Officiers de l'Evêque de Metz, & les mirent aussi en prison à Metz; mais ils les relâcherent bien-tôt après.

Le Pape Clement VII. informé de tout ceci, envoya ordre à Theodore de S. Chaumont, Abbé de S. Antoine de Viennois, Vicaire-Général au spirituel du Cardinal Jean de Lorraine Evêque de Metz, d'examiner Jean le Chatellain, & de prendre avec lui le R. P. Nicolas Savin Dominicain, qui exerçoit alors dans Diocèse de Metz l'office d'Inquisiteur de la Foi. On lui fit donc son procès dans les formes; & ayant été convaincu d'hérésie & relaps, il fut condamné, par Sentence du 12. Janvier 1524. ou 1525. avant Pâques, à être dégradé & livré au bras séculier, qui le condamna au feu.

A ce jugement assisterent les deux Suffragans de Metz & de Toul; savoir, Conrade de Cologne Suffragant de Metz, & Christophe Collet Suffragant de Toul; dix-sept Abbés, & le R. P. Nicolas Savin Inquisiteur, dont on a parlé : on nomme aussi, comme Assesseurs de M. de S. Chaumont, qui rendit la Sentence, Nicolas Bacquelot Abbé de Beaupré, Nicolas Didier Doyen de S. Diey en Vôges, Jacques Antoine Official de Toul, Hugues des Hazards Prévôt de S. George de Nancy, tous distingués par leurs qualités de Docteurs, ou Maîtres en Théologie.

On dit que Jean le Chatellain reconnut ses erreurs avant sa mort, se confessa, & mourut Catholique.

Je ne doute pas que ce ne soit le même Jean le Chatellain, qui est Auteur de la Chronique dont nous avons parlé. Celui qui a continué cette Chronique en Vers, & qui lui est très favorable, raconte ainsi son avanture sous l'an 1524.

D'un Augustin brûlé à Vic, qui avoit prêché le Carême en laditte année 1524.

En icelle année propre
A l'Eglise vint un grand opprobre,
Par un Augustin grand Docteur
Qui étoit grand Prédicateur.
  A Metz prêcha ung Carême
Devant grand peuple, homme & femme,
Qui en sa prédication
Avoient grande dévotion.
  Les Ordinaires par envie
Qui l'aimoient mieux mort qu'envie,
Le prindrent si fort à haïr,
Qu'ils consentoient à le trahir.
  Un Chanoine malicieux
Parla à un Religieux
Du Couvent d'icelui Docteur,
Lequel lui fut faul trayteur.
  Tant fit qu'il le mena dehors,
Et en reçut trente écus d'or,
Le livra à ses ennemis,
En piteuse prison fut mis.
  Prens un Maître d'Hôtel de Gorse
Furieusement par la gorge,
Disant, Chanoine, fuis de Metz,
Où tu ne retornera jamais.
  Tu as prêché de notre estat,

Je te hay plus qu'un apostat ;
As touschiez sur les gens d'Eglise,
Maintenant te tiens à ma guise.

Crois que tu en seras pugnis,
Lors enmenerent à Nomeny ;
En Chartre fut mis saoul ou fain
Condampné à l'eau & au pain.

Leans, fut dès la Pentecouste
Mal nourri & très mal l'y couste ;
Jusqu'en Janvier onziéme jour,
Le lendemain fina son cours.

Les Clercs le prindirent à leur advy,
Et de là fut mené à Vy,
Et brûlé fut de leurs conclus
Fut tord ou droit, je n'en dis plus.

Monsigneur le grand Commandeur
De S. Antoinne sans demeure,
Son esploit fait, s'en vint à Metz,
Servi fut d'un périlleux mets.

J'ai une Chronique de Metz en Vers imprimée en 1698. mais elle ne va que jusqu'en 1471. Celle que j'ai fait imprimer au Tome troisiéme de l'Histoire de Lorraine, va jusqu'en 1550. Les différentes leçons de la Chronique manuscrite de M. Pernot, comparées à notre Imprimé, sont en très grand nombre ; les années y sont confonduës, & il y a souvent des strophes entieres, ou omises, ou ajoutées : je ne sçai d'où peut venir une telle difference ; j'en ai marquées quelques-unes, j'en ai négligées d'autres, parce que souvent ce ne sont que de simples transpositions ; j'en ai depuis peu acheté un Exemplaire en manuscrit, qui va jusqu'en 1574.

CHAULECY (Jean-François) Protonotaire Apostolique. Je ne suis pas bien certain si cet Ecrivain est Lorrain. Il ne m'est connu que par un Ouvrage imprimé à Paris, in-octavo en 1623. sous ce titre, *Series egregiorum facinorum in Gallia præteritorum à Principibus Lotharingis incipiendo à Frederico qui vitam degebat an. 1259. unâ cum accessione laudum, affinitatum, temporum, cujus ejus successores, & potissimum Claudius primus Dux Guisiæ, cum omnibus qui ab eo duxerunt originem sibi de Religione & de Gallia benè meruerunt, Authore Johanne Francisco de Chaulecy S. Sedis Protonotario; in-octavo, Parisiis Alexandre 1623.*

Je soupçonne que ce J. François de Chaucely est le même que *François Rosieres de Chaudeney*, qui a déguisé le nom de *Chaudeney* en celui de *Chaulecy*. La matiere qu'il traite dans cet Ouvrage & les circonstances du tems & de son âge me confirment dans ma conjecture. M. de Rosiere de Chaudeney ne mourut qu'en 1629. & son Livre est imprimé en 1623. La grande question du tems étoit alors de faire valoir les services de la Maison de Lorraine en faveur de la France ; ce qui est le principal objet de cet Ouvrage de M. de Chaulecy. Après l'avanture de M. de Rosiere de Chaudeney arrivée à l'occasion de ses *Stemmata Lotharingiæ*, il avoit grand intérêt de ne plus mettre son nom à aucun Ouvrage imprimé à Paris, & composé sur les matieres qui faisoient alors tant de bruit dans le Royaume.

CHEMINOT ou Cheminet, *de Ciminieto* (*Joannes*) peut-être Jean de Cheminot, ou Cheminet Carme, dont parle Trithême dans son Ouvrage des Ecrivains de l'Ordre des Carmes, sous le nom de *Johannes de Ciminieto*. Il fut Professeur dans le Couvent de Metz, & se distingua par son savoir, ses Sermons & son éloquence. Il a composé, 1°. *Speculum Institutionis Ordinis sui, lib. I.* 2°. *Sermones de tempore, lib. I.* 3°. *Sermones de Sanctis, lib. I.* 4°. *Sermones per Quadragesimam, lib. I.* & quelques autres Ouvrages, qui ne sont pas parvenus à ma connoissance, dit Trithême.

CHERON (Charles) fameux Orphévre, Ciseleur, Graveur en taille-douce & en bas-relief ; ses modéles en cire sont très estimés : il étoit Lorrain, & fils d'un Orphévre & Joaillier de Charles IV. Ayant quitté la Lorraine, il alla à Rome, & fut Graveur du Pape ; il se retira ensuite à Paris, où Loüis XIV. le fit venir pour être son Graveur de Médailles ; il lui donna une pension considérable, avec un logement au Louvre. Il est mort garçon à Paris en 1699. âgé de 64 ans ; il excelloit sur-tout en la gravure en coin : il a fait une Médaille du Duc Charles V. qui est très belle (*q*) ; il étoit membre de l'Académie.

DUCHESNE (Dom Mathieu) Bénédictin de la Congrégation de S. Vanne, Profès de Luxeüil le 10. Juin 1683. fut envoyé par le Chapitre Général de 1698. en l'Abbaye de Taloir en Savoye, pour y enseigner la Philosophie & la Théologie aux jeunes Religieux de cette Abbaye. Il a fait imprimer des Théses de Philosophie ; il a aussi composé de bons Vers sur S. Benoît ; il a rempli avec honneur les emplois de Visiteur & de Supérieur dans plusieurs Maisons de la Franche-Comté ; a présidé à des Académies, & a toujours vécu dans une très grande régularité, & dans une égalité d'humeur admirable.

Voici quelques Vers de sa façon :

(*q*) Voyez le Tome second de l'Histoire de Lorraine, Expl. des Monnoyes, art. xcix.

Hymni

Hymni de sancto Benedicto.

HYMNUS PRIMUS.

" Excelsum meritis, atque Prophetiâ
" Miris prodigiis, Ordine, Regulâ,
 " Te sacro, Benedicte,
 " Pangunt carmine filii.
" Annis à teneris delicias timens,
" Urbis Romuleæ splendida deseris;
 " Horrens gaudia mundi
 " Ad montem citus aufugis.
" Hîc annos latitans mollia saxeo
" Strato membra domas, fractaque conficis,
 " Æstu, frigore, fame,
 " Carni parcere nescius.
" Hostem quippe trucem prorsus ut atteras,
 Te castum juvenem flamine concitum
 " Volvis sensibus hirtum,
 " Toto corpore saucias.
" Liber sic animo sensibus evolans
" Promptâ mente polum scandis & aurea
 " Cœli munera cernens
 " Ardes præmia cœlitum.
" Ex tunc quot lacrymas, quot dedit, & pia
" Mens dulces gemitus! jungere te Deo
 " Haustâ morte peroptans
 " Langues pectora saucius.
" Hoc nos, summe Deus, vulneret igneo
" Telo sanctus amor, cordaque flammeâ
 " Cœlum semper anhelent,
 " Et te jugiter ardeant. Amen.

HYMNUS SECUNDUS.

" Jam sol qui latuit rupe sub inviâ
" In mundo radios spargit, & undique
" Sanctum fama canit nomen & inclytum
 " Antro clarius emicat.
" Accurrunt, properant, munera gratiæ
" Mirantes avidi, subdere gestiunt
" Sancto colla Patri; jussa capescere;
 " Illic degere jugiter.
" His bis sena viris claustra celebria
" Condit Pastor ovans, sanctaque Regulis
" Sancit jura suis: Præsule sub pio
 " Fervent agmina cœlitum.
" Justi quippe tenax quilibet asperam
" Hic vult ire viam, canere fortiter,
" Pro Christi bravio vincere dæmones,
 " Palmam tollere cælicam.
" Ergo, sancte Parens, pectora qui tuo
" Sic imples animo, nunc pia filiis
" Dones corda tuis, numen ut optimum
 " Toto pectore diligant.
" Præstet hæc Genitor gloria filii,
" Præstet hæc pariter qui patris inclitus
" Es splendor rutilans, tu quoque Spiritus
 " Horum nexus amabilis. Amen.

HYMNUS TERTIUS.

" Hunc sanctum canimus te, Pater optime,
" Qui lucros satanæ funditus eruens
" Victor templa dicas, altaque Numini
 " Cassini juga consecras.
" Illic sancta brevi claustra micantibus
" Surgunt prodigiis; fit domus Ordinis
" Princeps, cui tribuunt munera Principes;
 " Donant munere filios.
" Quin totila micans millibus in Gothis
" Illic ipse tibi procidit, ut jubes
" Regis scutifero linguere regia
 " Regem fingere desinat.
" O te Pontifices poscere filios
" Ex tunc excipiunt: Gallia suscipit
" Maurum; cum sociis viscera trinacri
 " Mittis cum Placido pater.
" Cœlos orbis amans volvere post diem,
" Pergis nocte vigil; raptus est in Deo
" Orbem mole brevi regnaque cœlitum
 " Miro lumine conspicis.
" Ergo fastidiens terrea quælibet,
" Gaudens ipse tibi funera præparans
" Et Christi moriens lætus in osculo
 " Cœlo fervidus evolas.
" Sic nos da, Genitor, sidera scandere,
" Sic da, Nate potens, ire per aëra
" Sic, ô Flamen amor! tu quoque tradere
 " Velis regna perennia. Amen.

DUCHESNE (Dom Vincent) frere du précédent Religieux Bénédictin de la Congrégation de S. Vanne, étoit habile Architecte. Il donna les desseins de l'Abbaye de S. Pierre de Châlons; qui ont été exécutés en partie; il a aussi bâti l'Eglise & le Monastere de Morey en Comté. Il a eu l'honneur de montrer à écrire au Roi Loüis XV. en moins de trois heures de tems, en lui faisant voir que toute notre écriture ne consiste que dans un C & un I. On a gravé une Estampe, où il est représenté montrant au Roi à écrire.

Le Roi y est représenté assis dans un Fauteüil écrivant sur une table, Dom Vincent Duchesne à sa gauche, le Précepteur du Roi à la droite, & Madame de Vantadour auprès du Précepteur.

Au bas de l'Estampe sont gravés ces mots, qui marquent l'année 1716. en chiffres Romains, D. VInCent DVChesne près DV Roy.

Ces mots sont suivis de ces quatre Vers,
En trois heures de tems le Roi sçait bien écrire,
Par un secret nouveau que tout le monde admire,

Le seul Dom Duchesne enfant de Besançon scut faire ce prodige, en moins de six leçons.

Il a aussi donné une invention pour scier le marbre par le moyen d'une espéce de roue & de moulin à eau. Il a trouvé le secret de rendre les pierres qui forment le Bassin d'eau salée de Salins, impénétrables à l'eau salée, au lieu qu'auparavant ces pierres ne pouvoient durer que peu de tems, sans être rongées ; je ne sçai s'il a fait imprimer quelque chose.

CHRETIEN, Secrétaire du Duc René II. est Interlocuteur avec Lud Secrétaire du même Prince, dans un Dialogue sur les affaires d'Etat de leur tems, manuscrit.

Item, la vraie déclaration du fait & conduite de la bataille de Nancy en 1476. dressée par l'ordre du Duc René II. par Chrétien, & donnée à Pierre de Blaru Chanoine de S. Diey, pour composer sa Nancéïde.

CHRETIEN (Dom Nicolas) natif de Mouzon, fit profession à S. Vanne le 28. Mai 1679. mourut à S. Arnou le 16. Novembre 1747. Il a écrit l'*Histoire de Mouzon in-quarto Manuscrit*.

CHRISTIANI (Didaque) Franciscain, Confesseur de Madame la Duchesse d'Orléans Margueritte de Lorraine, a fait imprimer à Paris en 1645. in-12. le Breviaire de la Bienheureuse Vierge ; tiré du Pseautier de S. Bonaventure, & dédié à la même Duchesse d'Orléans. C'est tout ce qu'en dit le Pere Vadingue dans les Ecrivains de l'Ordre des Freres Mineurs.

Ce Breviaire ou Pseautier se trouve imprimé en plusieurs endroits d'Allemagne & de Suisse, où nous l'avons vû, & dont nous avons apporté un Exemplaire. On y adapte à la sainte Vierge en plusieurs endroits, ce qui est dit de Dieu dans les Bréviaires ordinaires, en mettant *Domina*, au lieu de *Deus* & *Dominus* ; ce qui se fait toutefois, sans blesser la foi ni le respect dû à la Divinité, & sans tomber dans le blasphême. Tout y est assez bien mesuré ; mais on pourroit user d'une plus grande circonspection dans des Pays remplis de gens qui prennent occasion de tout, pour attaquer les Catholiques Romains.

CHRISTOPHE (Joseph) Peintre, Recteur de l'Académie Royale de Peinture & de Sculpture de Paris, succéda à Rigaud, qui étoit avant lui Recteur de cette Académie. Il naquit à Verdun en 1664.

A l'âge de dix-sept ans, il quitta Verdun, pour aller à Paris, où il resta presque toujours : il étoit disciple de Bologne l'aîné fameux Peintre.

Il a remporté plusieurs prix à l'Académie.

Il a peint la Nef & le Dôme de l'Eglise des Dames de la Congrégation de Verdun ; cet Ouvrage qui est très considérable, est peint à fresque, il représente l'Histoire de la sainte Vierge.

On voit de ses Tableaux dans tous les Cabinets des Curieux de Paris ; à Nancy, chez M. Nicolas fils, & à Verdun, chez M. Gardé.

En 1696. il peignit la multiplication des Pains ; ce Tableau est dans l'Eglise de Notre-Dame de Paris ; Tardieu de Paris l'a gravé dans ses Recueils d'Estampes.

Il a aussi peint S. Paul & S. Barnabé, qui guérissent un boiteux, & empêchent qu'on ne leur offre des sacrifices, déclarant devant tout le monde, qu'ils ne sont que des hommes, & non pas des Dieux ; ce Tableau est dans l'Eglise de S. Germain-des Prés à Paris.

Il a peint un très beau Tableau, représentant le Baptême du Dauphin fils de Loüis XIV. Roi de France ; il a dix-huit pieds de long sur onze de haut ; il a été exécuté en tapisserie aux Gobelins, où on l'expose tous les ans le jour de la Petite-Fête-Dieu.

Chez les P. Jésuites de Metz ; il y a deux de ses Tableaux ; le premier représente Abigail, & le second, le Jugement de Salomon.

Il a travaillé pendant trois ans pour M. le Duc de Vendôme, & six mois à Chantilly pour M. le Duc de Bourbon.

Il avoit une très belle composition, & un coloris très beau.

L'Académie de Peinture de Paris a fait graver le Portrait de Christophe par le célèbre Surugue Graveur, pour sa réception à l'Académie en 1735. ce qui fait voir qu'il y étoit très considéré.

On voit quantité d'Estampes gravées d'après ses Tableaux ; il est mort à Paris en 1748.

CHRISTOPHE (Claude) Peintre ordinaire du Duc Leopold I. & frere du précédent, étoit aussi né à Verdun en 1667. Il étoit des Portraits, & on en voit beaucoup de lui, qui sont très ressemblans ; il en a même fait d'idée, qui sont très bien.

Il étoit élève de Rigaud, & il avoit demeuré sept ans à Paris ; il vint s'établir à Nancy en 1712.

Il peignit le Duc Leopold I. qui en fut si content, qu'il lui donna un Brevet de son Peintre ordinaire.

Il étoit fort charitable, & son plus grand plaisir étoit de donner ; ses liberalités ayant été connuës du Duc Leopold, ce grand Prince l'annoblit le 30. Mai 1726.

Ses bienfaits ne se sont pas bornés dans la Lorraine : en 1728. il envoya différens Tableaux à Antoura sur l'Antiliban, à Alep, & au Mont-Liban aux Missionnaires de ces Pays.

Il a donné près de 1200. Tableaux avec leur bordure ; il y en a près de huit cens de dorés ; il en a donné plus de cinquante aux Dames du S. Sacrement de Nancy, où il a fait ériger la Chapelle de sainte Catherine, & où il avoit choisi sa sépulture ; il y fut inhumé le 3. Août 1746.

CIGORGNE, M. Cigorgne de Rambercourt ; voyez *Sigorgne*.

CLAUDON (Dom Barthelemy) Bénédictin, né à sainte Menehou, entra dans la Congrégation de S. Vanne en 1638. & fit profession dans l'Abbaye de Beaulieu en Argonne l'onzième Mars 1639. & mourut au Monastere de Deüilly, ou Morisécourt, le 2. Mai 1693. Il a été Supérieur dans plus d'une Maison de la Congrégation, & a rempli deux fois l'office de Visiteur. C'étoit un Religieux d'un mérite supérieur, d'une vie très austere & très retirée, d'une profonde doctrine, & d'une éloquence extraordinaire, qui éclatoit sur-tout, lorsqu'il parloit dés choses de Dieu & des matieres de Religion: ceux qui l'ont ouï, m'ont souvent assûré qu'il parloit comme un homme inspiré ; aussi l'écoutoit-on avec un plaisir mêlé de respect & de vénération, & ses paroles pénétroient jusqu'au fond du cœur ; mais s'il s'apperceyoit que l'on fût frappé d'admiration, & qu'on fît attention à sa personne, il se retenoit, & modéroit la grandeur de ses expressions, & la vivacité de son zéle. Il étoit pénétré d'un si grand respect pour les choses saintes, que, s'il rencontroit un Prêtre allant à l'Autel, il ne pouvoit assez lui témoigner la profonde révérence dont il étoit rempli.

Etant Prieur de l'Abbaye de Senones en 1664. 65. & 66. il étudia avec soin les droits de ce Monastere, & en lut exactement les anciennes Chartres ; il en composa même une espéce d'Histoire, & une suite chronologique des Abbés qui l'ont gouverné depuis sa fondation jusqu'en 1664. Ouvrage que nous avons encore écrit de sa main, de même qu'un Mandement qu'il donna le 19. Mars 1664. en qualité de Prieur de Senones & Vicaire-Général né de Son Altesse Monseigneur le Duc Nicolas-François Evêque de Toul, Abbé & Seigneur de Senones, Val & Terres en dépendantes. Il dit dans le Corps de ses Lettres, que *de l'autorité ordinaire & jurisdiction comme-Episcopale attribuée par les saints Papes Callixte II. & Honoré II.* confirmée auparavant par les *Seigneurs Archevêques de Mayence, de Tréves & de Salzbourg, les Evêques de Spire & de Toul, & autres Assemblées au Concile National de Strasbourg, & conservée du depuis par une possession continuelle au Seigneur Abbé de Senones*. Par cette Lettre il permet de poursuivre en Cour de Rome l'érection d'une Confrerie de S. Joseph dans l'Eglise Paroissiale de S. Maurice de Senones.

Le même Dom Claudon avoit composé quelque Ouvrage, entre autres, un plus considérable que les autres, auquel il avoit travaillé pendant plusieurs années, & qui fut perdu dans l'incendie qui consuma l'Abbaye de Bouzonville le 19. ou 20. Mai 1683. Dom Barthelemy y étant alors Prieur, ne voulut jamais, par modestie, déclarer ni le titre de son Ouvrage, ni la matiere dont il traitoit ; mais personne n'ignoroit qu'il y travailloit depuis long-tems.

Il fut un de ceux qui furent députés par les Supérieurs de la Congrégation de S. Vanne, pour enseigner dans le Monastere nommé alors de *Sainte-Croix de Nancy*, aujourd'hui de *S. Leopold*, les Classes d'Humanité, de Rhétorique & de Philosophie, parce que les Peres Jésuites du Collége, qui par leur établissement ne sont chargés que des basses Classes, avoient fait refus de continuer d'enseigner les Humanités, la Rhétorique & la Philosophie, à moins que les parens des Ecoliers ne continuassent à payer aux Professeurs de ces Classes certaines pensions, qu'on leur avoit données jusqu'alors.

Les Bénédictins furent donc priés de se charger de faire ces leçons ; ce qu'ils accepterent, & s'en acquitterent avec honneur & à la satisfaction du public jusqu'en 1651. que les Peres Jésuites se présenterent & témoignerent qu'ils étoient prêts de reprendre gratuitement ces exercices, & de fournir des Régens à l'ordinaire, sans rien demander ni à la Ville, ni aux parens des Ecoliers. Les Magistrats de Nancy informerent les Bénédictins des offres que faisoient les Jésuites ; ceux-là consentirent sans peine à leur rendre les Ecoles, dont ils ne s'étoient chargés que pour la gloire de Dieu & le bien du public.

En même tems les mêmes Magistrats donnerent aux Peres Bénédictins un Certificat, par lequel ils leur témoignoient leur reconnoissance & leur satisfaction des services qu'ils avoient bien voulu rendre à la Ville ; leur Certificat est du 5. Mai 1651. La même année la Ville leur accorda, par reconnoissance, un filet d'eau tiré de la Fontaine publique, qui coule dans la Place de la Villeneuve ; & les Magistrats écrivirent sur le même sujet une Lettre de remercîment aux

Révérends Peres Présidens & Visiteurs de la Congrégation.

Les ennemis des Bénédictins ne laisserent pas de répandre contre eux certains bruits, pour tâcher de rendre leur doctrine suspecte, & leurs personnes odieuses; mais M. Midot, ce sage & sçavant Grand-Vicaire de l'Evêché de Toul, le Siége Episcopal étant vacant, leur rendit le témoignage qui suit.

„ Jean Midot Docteur en Théologie &
„ ès Droit, Grand-Doyen, Grand-Archi-
„ diacre & Chanoine de l'Eglise Cathédrale
„ de Toul, Vicaire-Général de l'Evêché à
„ ce député par le Chapitre de ladite Eglise,
„ le Siége Episcopal vacant; A tous ceux
„ qui ces Présentes verront, SALUT; fai-
„ sons sçavoir qu'ayant été averti que certains
„ Religieux avoient fait courir le bruit que
„ Nous leur avions promis de donner une
„ attestation, portant que les Religieux Bé-
„ nédictins de la Congrégation de S. Vanne
„ & de S. Hydulphe avoient été chassés de
„ Nancy, pour y avoir enseigné une mau-
„ vaise doctrine; Nous avons cru être obli-
„ gé de rendre ce témoignage de la vérité à
„ tous qu'il appartiendra, que non seule-
„ ment Nous n'avons jamais fait telle pro-
„ messe, ni tenu semblables discours, at-
„ tendu même qu'il Nous est apparu du
„ contraire par des Actes autentiques des
„ Magistrats de la Ville de Nancy; mais en-
„ core que Nous n'avons jamais ouï plain-
„ tes, & n'est venu en façon quelconque à
„ notre connoissance, que lesdits Religieux
„ Bénédictins aient enseigné ou prêché au-
„ cune mauvaise doctrine en ce Diocèse;
„ qu'au contraire, ils se sont toujours très
„ loüablement comportés avec l'édification
„ du Public, lorsqu'ils ont été employés
„ ésdits exercices. En foi de quoi Nous avons
„ soussigné les Présentes de notre main pro-
„ pre, & y apposé notre Scel ordinaire. Fait
„ en notre Hôtel à Toul ce 18. Juillet 1652.

Voici un autre Certificat de l'Hôtel de Ville de Nancy.

Nous Conseillers de la Chambre du Conseil de la Ville de Nancy, sur la Requête des Religieux de la Congrégation de S. Vanne & de S. Hydulphe, Ordre de S. Benoît, certifions à tous qu'il appartiendra, que les Peres Jésuites du Collége de Nancy ayant cessé en l'an 1648. d'enseigner les Classes d'Humanité, de Rhetorique & de Philosophie, comme ils avoient fait depuis les guerres présentes; Nous aurions requis & prié très instamment les Supérieurs de ladite Congrégation de bailler des Religieux suffisans & capables, pour régenter ésdites Classes; ce qu'ils ont fait avec beaucoup de zéle, d'as- section & d'utilité pour le bien de la jeunesse, & au grand contentement du Public, pendant les années 1649. & 1650. & auroient continué, s'ils n'en avoient été empêchés, contre notre gré & volonté : Certifions aussi que Nous n'avons sçu ni connu que les Regens de ladite Congrégation eussent rien enseigné de contraire aux opinions communes & orthodoxes; ce que Nous n'aurions pas souffert ni toléré en aucune maniere. En témoignage de quoi, Nous avons fait signer le présent Certificat par Mr. Richard Colin, Greffier ordinaire dudit Conseil, & y apposer en placard le Cachet des Armes de ladite Ville. Donné à Nancy en la Chambre dudit Conseil, le trente-unième jour du mois de Décembre 1658.

Signé, R. COLIN, *avec Paraphe*.

CLEMENT (Nicolas) de Treille, Poëte; voyez *Treille*.

CLEMENT (Nicolas) naquit à Toul; il étoit commis à la garde des Planches & Estampes de la Bibliothéque du Roi dès l'an 1670. sous M. Rainssant Médecin & Antiquaire; il continua sous M. Theumot, auquel M. Clement succéda dans la charge de son Bibliothécaire, n'ayant été jusques-là que Commis en second. Il mourut le 16. Juin 1716. âgé de 64. ou 65. ans. Sa charge fut donnée à M. Boivin. M. Clement avoit travaillé sans relâche au Catalogue des Livres, tant imprimés que manuscrits, de la Bibliothéque du Roi, & avoit recuëilli des Mémoires & Négotiations secrettes de la France touchant la paix de Munster, contenant les Lettres, Réponses, Mémoires & avis envoyés de la part du Roi, du Cardinal Mazarin & du Comte de Brienne, Sécrétaire d'Etat aux Plénipotentiaires, afin de leur servir d'instruction. Ce Recueil composé par M. Clément fut volé à la Bibliothéque du Roi par Jean Aymond, qui le publia à Amsterdam en 1716. in-octavo. *M. l'Abbé Langlet*, tom. 4. pag. 316. *Méthode pour étudier l'Histoire*.

Il a fait imprimer un Ouvrage, sous ce titre, *Défense de l'antiquité de la Ville & du Siége Episcopal de Toul*, contre la Préface du Livre qui a pour titre, *Systéme Chronologique & Historique des Evêques de Toul*, composé par M. l'Abbé de Riguet & adapté par M. l'Abbé Hugo. M. Clement y prend le nom de M. d'Antimon; il prétend montrer dans cet Ouvrage, que Toul a toujours été le Siége Episcopal des Leuquois, contre l'Abbé de Riguet & l'Abbé Hugo, qui croient qu'il avoit d'abord été à Gran. On trouve à la suite de cet Ouvrage une Dissertation du P. Benoît Picard

Capucin, pour prouver que la Ville de Toul eft le Siége Epifcopal des Leuquois : c'eft ce que porte le Supplément de Moreri.

Mais je crains que l'Auteur de ce Supplément n'ait confondu ici le Pere Benoît avec M. Clément ; car plufieurs perfonnes ont cru que l'Ouvrage de M. Clément étoit du Pere Benoît, & ces deux Ouvrages n'en font qu'un, imprimé in-quarto & in-octavo ; l'Edition in-quarto s'eft faite à Nancy chez Barbier, l'autre eft fans nom d'Auteur & d'Imprimeur. Quelques-uns attribuent à M. Clément l'arrangement de la Bibliothéque de M. le Tellier Archevêque de Reims, imprimée en 1693. & qui a fervi de modéle à la plûpart de celles qui ont paru jufques ici ; elle eft connuë fous le titre de *Bibliotheca Telleriana* : mais c'eft Antoine Faure, Docteur de Sorbonne & Vicaire Général de M. le Tellier Archevêque de Reims, qui eft le principal Auteur de cette Bibliothéque. M. Clément y mit la derniere main, à la priere de M. le Tellier ; il avoit un talent particulier pour ces fortes d'Ouvrages, qu'il a porté à fa perfection dans les Catalogues de la Bibliothéque du Roi ; il a travaillé à l'arranger & à l'augmenter avec une application infatigable, & digne d'un efprit qui aimoit l'ordre, & qui avoit une grande connoiffance des Livres & des Auteurs.

Il a ramaffé toutes les Eftampes gravées fur la perfonne du Roi Loüis XIV. depuis l'enfance de ce Prince jufqu'à fa mort ; le Recuëil de Nicolas Clément eft à la Bibliothéque du Roi.

S'il n'eft pas Auteur de la Défenfe de l'antiquité de la Ville & du Siége Epifcopal de Toul, comme quelques-uns femblent en douter ; on ne peut du moins lui enlever la gloire d'avoir beaucoup aidé par fes favantes recherches dans cet Ouvrage, à celui qui l'a fait.

On imprime actuellement (1742.) à Paris le Catalogue des Livres de la Bibliothéque du Roi, dreffé, au moins pour la plus grande partie, par M. Clément. Ce n'eft pas un fimple Catalogue des Livres rangés par ordre alphabétique, M. Clément a mis à la tête de chaque Article l'Abrégé de la vie de chaque Auteur, les dattes de fa vie & de fa mort, & quelquefois des particularités remarquables fur fa perfonne & fur fes Ouvrages. Dom Bernard de Montfaucon a fait imprimer l'éloge par lui compofé de M. Clément à la tête de fes *Héxaples d'Origenes*. Nous avons profité, comme beaucoup d'autres, étant à Paris, de la bonne volonté de M. Clément, qui nous prétoit volontiers & agréablement les Livres dont nous avions befoin, de la Bibliothéque du Roi.

CLEMENT (Dom Laurent) Bénédictin de la Congrégation de S. Vanne, natif d'Ornans, fit profeffion à S. Vincent de Befançon le 11. Juin 1632. Les guerres le firent retirer en Bohême, où il eft mort à Prague en l'Abbaye de Montferrat le 2. Mars 1670. Il a compofé en Latin la vie de fainte Gertrude, qu'il a mife à la tête d'une Edition des infinuations de cette Sainte, qu'il a donnée dans un gros in-12. imprimé à Salzbourg chez J. B. Mayr 1662. L'Ouvrage eft dédié à M. Guidebalt Prince de Thun, Archevêque de Salzbourg ; cette Piéce eft d'un ftile guindé & obfcur ; la Préface qu'il a intitulée *Salutare Paræneticon*, eft d'un ftile plus fimple & plus naturel, de même que la vie de fainte Gertrude, qui n'eft pas mal écrite. Au refte, cette fainte Gertrude eft l'Abbeffe d'Elpidie, qui vivoit au quatorziéme fiécle, & eft fort différente de fainte Gertrude Abbeffe de Nivelle, qui vivoit au feptiéme fiécle.

CLERC (Jean le) Peintre Lorrain, originaire de Nancy, vivoit du tems de Callot, & peignoit pour le bon Duc Henry II. Il avoit demeuré plus de vingt ans en Italie, & avoit travaillé long-tems fous Charles Vénitien, duquel il avoit fi bien pris la maniere, qu'il a fait des Tableaux qui ont paffés pour être de la main de fon Maître. Il acquit tant d'eftime à Venife, qu'il fut fait Chevalier de S. Marc.

Il peignoit avec beaucoup de facilité, & mourut en 1633. âgé de 45. à 46. ans. Voyez Félibien dans fes entretiens fur la vie des Peintres, tom. 3. pag. 387. 388.

On voit à Nancy plufieurs de fes Tableaux, particuliérement dans l'Eglife des Jéfuites du Collége ; fçavoir, 1°. S. Pierre, 2°. S. Paul, attachés à la Tribune de cette Eglife ; 3°. S. François Xavier, 4°. la fainte Vierge, 5°. la Nativité de Jefus-Chrift, 6°. Sainte Pélagie, 7°. la Madelaine, 8°. S. Ignace.

Autres Tableaux de le Clerc, que l'on voit encore à Nancy ; à la Congrégation des Hommes, S. Jean l'Evangélifte ; à la Paroiffe de S. Sébaftien, un S. Sébaftien ; aux Annonciates, un Crucifix ; aux Capucins, S. Felix ; aux Dames du S. Sacrement, l'Adoration des Bergers. Deux Tableaux repréfentant des Anges, qui font dans le Réfectoire des RR. PP. Minimes de Bon-Secours ; chez M. Barbe, S. Antoine de Padoüé ; chez les Dames du Refuge, un Tableau dans un des Parloirs.

Un jour le bon Duc Henry II. (d'autres difent Charles IV.) connoiffeur & amateur des belles choses, étant venu trouver Jean le Clerc, le surprit comme il travailloit à peindre le S. Sébastien qui est à Nancy dans la Paroisse de ce nom; le propre frere de le Clerc lui servoit de modéle pour cet ouvrage. Le Duc charmé d'un côté de la complaisance du frere, & de l'application du Peintre, assigna au premier trente reseaux de bled par année sa vie durant, sur son Domaine des Grands-moulins de Nancy.

CLERC (Sébastien le) très habile Graveur, naquit à Metz le 26. Septembre 1637. Il étoit fils de Laurent le Clerc, Orphévre & Dessinateur très fameux, mort en 1695. âgé de 107. ans, & petit-fils d'un noble Lorrain, lequel étoit Secrétaire de la Princesse de Tarente, vers l'an 1580. Ce dernier étant tombé dans les erreurs des Protestans, fut obligé de sortir de Lorraine, & de se retirer à Metz; sa femme & ses enfans persévérerent constamment dans la Religion Catholique; le mari les abandonna vers l'an 1600. & se retira, sans qu'on ait jamais pû savoir ce qu'il étoit devenu. Laurent le Clerc, le plus jeune de ses fils, apprit la profession d'Orphévre, & montra de fort bonne heure à Sébastien le Clerc son fils, à dessiner; en sorte que dès l'âge de dix ou douze ans, il se trouva capable d'en donner des leçons.

Bien-tôt Sébastien le Clerc s'appliqua à la Gravûre, & la premiere Piéce qu'on ait de lui, est celle qu'il grava en 1653. qui est une représentation faite en l'honneur de la Canonisation des saints Ignace & Xavier à l'Université du Pont-à-Mousson; Dom Calmet Abbé de Senones l'a en main. Il en fit une autre que l'on a encore, qui est de l'an 1655. Il n'avoit qu'environ dix-huit ans; il s'appliqua aussi en même tems à la Physique, à la Geometrie & aux Mathémaques.

Dès l'an 1660. il fut choisi pour être Ingénieur-Géographe du Maréchal de la Ferté.

En 1657. il grava le Frontispice du Commentaire de la Coûtume de Lorraine, & le Portrait de l'Auteur, ou plutôt de l'Editeur, *Abraham Fabert.*

En 1658. il grava la vie de S. Benoît, dont les Planches sont encore aujourd'hui à S. Arnoû de Metz; la datte est marquée sur une des Portes d'Architecture de ces Estampes.

Vers le même tems, ou peut-être plutôt, il grava le Portrait du R. P. Dom Philippe François, mort Abbé de S. Airy de Verdun en 1635.

Dans le même tems, il grava aussi le Portrait du Maréchal de la Ferté, la vuë des Arches ou du Pont de Jouy prés de Metz, & une autre vuë d'un Village proche la même Ville.

Quelque tems apres en 1664. il grava toutes les Planches qui sont dans un in-folio, intitulé, *Le Triomphe du Duc Charles IV. à son retour dans ses Etats* (r). Le Clerc fit ces Estampes sur les desseins de Derüet.

En 1665. il vint à Paris, où le fameux le Brun l'ayant connu, lui conseilla d'abandonner le Génie, & de se livrer entiérement au Dessein & à la Gravûre.

Avant que de quitter Metz, il fit quantité de Planches pour Bouchard Imprimeur à Metz; entre autres, trente-cinq morceaux, où sont représentés les Mysteres de la Passion de Notre-Seigneur Jesus-Christ, & les actions du Prêtre à la Messe, & d'autres Estampes pour l'Office de la Vierge; il les fit en grand & en petit; il les a même recommencés en 1690.

Il grava aussi les quatre parties du monde, & le fond d'une grande Estampe, que l'on croit être la Bataille de Norlinguen.

Ayant achevé sa Géometrie-Pratique, elle fut imprimée en 1668. à Paris, & réimprimée en 1682. Cet Ouvrage eut un si grand succès, que M. de Colbert fit donner à le Clerc un appartement aux Gobelins, & une Pension de 600. écus, pour l'attacher au service du Roy. Ce Traité de Géometrie-Théorique & Pratique à l'usage des gens d'art, a été réimprimé en 1745. in-octavo, avec un abrégé de la vie de l'Auteur, & une ample Table des matiéres. On y trouve 45. Planches ornées de petits sujets grotesques, propres à dessiner à la plume.

En 1672. il fut reçu Professeur de Géometrie & de Perspective, avec 300. liv. de Pension; il exerça cet emploi pendant près de trente ans avec un grand succès; il se maria en 1673. à Charlotte Jeanne, fille de Vanderkerchove Teinturier du Roi aux Gobelins, & laissa de son mariage six fils, & quatre filles. Quelque tems après son mariage, il quitta la Pension du Roi de 1800. liv. afin d'être plus libre, pour travailler à son choix. En 1697. il donna au Public son petit Discours *sur le point de vuë.*

Il grava dans le même tems douze petits Paysages, représentant des Vuës de plusieurs endroits des Fauxbourgs de Paris; un autre Livre de petits Paysages dédiés à Monseigneur le Duc de Bourgogne

Deux autres petits Livres pour appren-

(r) On lit dans le Frontispice, *De Ruet Inventor & Designator, Bardin Litterarum Auctor, Sébastien le Clerc sculpsit. J. B. Hobrit excudit.*

dre le deſſein ; le premier dédié à M. Colbert ; & le ſecond, à M. de Boncour.

Il fit toutes les Figures qui ſont dans l'Hiſtoire ſacrée, repréſentée en Tableaux pour Monſeigneur le Dauphin, par l'Abbé de Brianville.

Ce Livre fut imprimé en 1693. en trois vol. à Paris, chez Charles de Serey.

La vénération qu'il avoit conçuë pour le Duc de Lorraine Charles V. lui fit entreprendre trente-quatre morceaux qui devoient ſervir à l'Hiſtoire de ce grand Prince, compoſée par le P. du Poncet Jeſuite ; mais cette Hiſtoire n'a pas eu lieu. Il y repréſente, 1°. La Bataille de S. Godart, donnée le premier Août 1664. 2°. Le ſiége du Château de Murau, en 1671. 3°. Le ſiége de Philisbourg, en 1676. 4°. Le paſſage de la Forêt-noire, en 1678. 5°. La défaite des Turcs devant Vienne, en 1683. 6°. La bataille de Barcan, en 1683. 7°. Le ſiége de Vicegrade, le 15. Juin. 1684. 8°. la bataille de Gran ou de Viſalu, en 1685. 9°. le ſiége de Bude emporté par aſſaut le 2. Septembre 1686. 10°. La bataille d'Arſan, le 10. Août 1687. 11°. La Tranſilvanie ſoumiſe en 1687. 12°. Le Frontiſpice de l'ouvrage ; 13°. Le Mariage du Duc Charles V. avec Eleonore d'Autriche ; 14°. Le Plan de la levée du ſiége de Vienne ; 15°. Le Plan du ſiége de Bude ; 16°. Dix-neuf petites Vignettes tant allégoriques, que culs de lampes.

Une perſonne qui étoit de la ſuite du Duc Leopold I. quand il alla à Paris en 1699. m'a dit que le Clerc préſenta les Conquêtes de Charles V. à Son Alteſſe Royale, qui les trouva belles, & dit à le Clerc que cet ouvrage étoit beau ; mais qu'il n'étoit pas complet ; que les Siéges de Bonne & de Mayence y manquoient ; que s'il les vouloit graver, il les prendroit, & lui donneroit un établiſſement à Nancy, avec une penſion. Le Clerc, en imitant la généroſité de Jacques Callot, répondit à Son Alteſſe Royale, qu'il ne pouvoit ſe réſoudre à rien faire contre le Roy ſon Souverain & ſon bienfaiteur. Leopold ne le preſſa pas ; mais on dit que le Clerc fut fâché dans la ſuite, de n'avoir pas profité des bonnes volontés de Son Alteſſe Royale.

En 1688. il grava le Frontiſpice des Converſations morales de M. le de Scudery.

Quelque tems après, il grava auſſi les Conquêtes & belles actions de Loüis XIV. en huit piéces : elles repréſentent, 1°. Meſſine ſecouruë ; 2°. La démolition du Temple de Charenton ; 3°. Les Ambaſſadeurs de Siam ; 4°. Le ſiége de S. Omer ; 5°. La bataille de Caſſel ; 6°. Le combat de Leuze ; 7°. Le ſiége de Namur, 8°. Le ſiége de Dinan.

Mais ce qu'on a de plus beau de le Clerc ſont deux Piéces achevées ; la premiere eſt l'Académie des Sciences, & la ſeconde, l'Entrée d'Alexandre dans Babylone.

Il a auſſi gravé les Conquettes d'Alexandre en ſix Piéces.

La multiplication des Pains, & quantité d'autres Piéces.

Il eſt inutile de faire ici l'éloge de le Clerc, ſes ouvrages qui ſont recherchés par tous les curieux & gens de bon goût, le ſont aſſez. On en peut voir le détail dans l'éloge de le Clerc par l'Abbé de Vallemont, imprimé à Paris chez Caillou & Muſier in-12. 1715. Il publia en 1690. ſa grande Géométrie ; en 1706. ſon nouveau Syſtême du monde ; en 1712. ſon Syſtême de la Viſion ; & en 1714. ſon Traité d'Architecture en deux volumes in-quarto. Il mourut la même année le 25. d'Octobre, & fut enterré à S. Hippolyte ſa Paroiſſe.

Cet excellent Graveur, qui avoit joint aux rares talens qu'il avoit reçus du Ciel, une piété vraiment chrétienne, mourut au commencement de ſa ſoixante-dix-huitiéme année.

Les Piéces qu'il a gravées, ſont à peu près au nombre de trois mille, preſque toutes de ſon invention ; mais le nombre des deſſeins qu'il a faits, eſt plus grand du double.

CLEVY (Nicolas) Prêtre, Chanoine, Chantre en dignité, & un des Grand-Vicaires de l'Evêché de Toul, né à la Marche, Ville du Duché de Bâr, ſe ſignale depuis long-tems par ſon rare talent pour la Prédication. Il a rempli avec applaudiſſement des Stations d'Avent & de Carême à la Cour de Lunéville, dans les Egliſes Cathédrales de Metz & de Toul ; à travaillé, pendant pluſieurs années, à la compoſition du Breviaire & du Miſſel nouveaux du Diocèſe de Toul, dont il s'eſt acquité avec honneur. Le Public qui a vu le Breviaire, en paroit fort content ; & M. l'Evêque a apporté toute l'attention poſſible à ce qu'il ne contînt rien, qui fût ſujet à conteſtation, & qui ne pût contribuer à l'édification & à l'inſtruction des Eccléſiaſtiques, & même des ſimples fidéles, qui le conſulteront ou s'en ſerviront.

CLIQUOT (Laurent) le Baron de Cliquot épouſa Jeanne de S. Aſtier, Dame de Remiremont, par Contract du 29. Avril 1639. Il étoit alors Capitaine de Cavallerie, & Commandant l'Armée de Son Alteſſe de Lorraine. Jeanne de S. Aſtier ſon épouſe, étoit fille de Geoffroy, Seigneur de S. Aſtier, Chevalier de l'Ordre du Roy, & Gouverneur de Verdun ; & d'Anne de Nettancourt fille de George de Nettancourt, & d'Anne de Hauſſonville. On peut voir la Généalogie de la Maiſon de Nettancourt, imprimée dans Morery.

Le Baron de Cliquot eut pour fille Béatrix de Cliquot, qui épouſa François-Simeon de Nettancourt, fils de Gabriel de Nettancourt Baron de Cobentillon, &c. par Contract du 27. Janvier 1675. au Château de l'Aunois-Herbeviller.

Laurent Baron de Cliquot eut encore un fils nommé *le Pere de Cliquot*, à qui l'on donna pour demeure pendant ſa vie la Maiſon de Repas; & une ſeconde fille nommée *Beatrix de Cliquot*, qui n'étoit pas mariée en 1682. & une petite fille nommée *Jeanne-Beatrix*, tous rappellés dans le Teſtament d'Eve de S. Aſtier du neuf Décembre 1682.

Le Baron de Cliquot défendit la Forteresse de la Mothe, dans les deux ſièges que cette Place ſoutint en 1645.

Duhalier, Maréchal de France, en avoit formé le Blocus, avec un corps de troupes aſſez conſidérable.

Pendant ce Blocus, Cliquot fit une action qui mérite de trouver place ici. Le ſieur de Breſme, autrement dit Cinq-Mars, qui étoit Volontaire dans l'Armée de France, vint ſe rendre dans la Place, avec le ſieur de Guebenhouze, diſant qu'ayant toujours été nourris dans la Maiſon de Lorraine, ils ne pouvoient ſe réſoudre à porter les armes contre ſon ſervice, & demandoient d'être reçus dans la Ville, pour contribuer, autant qu'ils pourroient, à ſa défenſe. Ce compliment parut ſuſpect à M. le Cliquot Gouverneur; il ne laiſſa pas de les recevoir, leur donnant des logemens ſéparés, & faiſant veiller ſur eux dans tous les lieux où ils ſe rencontroient.

Un jour, le Gouverneur étant retenu au lit par la goutte, Cinq-Mars, ſous prétexte de lui faire une viſite de civilité, vint lui faire des propoſitions contraires à ſon honneur & à ſon devoir. Il lui dit que, s'il vouloit vivre plus en paix, il pourroit traiter de la Place avec Sa Majeſté; que Son Alteſſe n'étant plus en état de ſecourir la Ville, ſeroit ſans doute bien-aiſe de tirer une ſomme d'argent de la France; que la moindre récompenſe que lui Gouverneur en pourroit eſpérer, ſeroit le Bâton de Maréchal de France, un Gouvernement pour ſon fils, & une ſomme conſidérable, pour lui acheter une Terre.

Ce diſcours ſurprit le Gouverneur, & lui fit ouvrir les yeux ſur la faute qu'il avoit faite de recevoir dans la Ville un tel acteur. Il diſſimula toutefois, & feignit d'être tourmenté de ſa goutte plus violemment qu'à l'ordinaire; il dit qu'il n'étoit pas alors en état de lui répondre avec aſſez de ſang raſſis; qu'il le prioit de venir le lendemain à neuf heures du matin, & qu'ils s'entretiendroient plus à l'aiſe. Cinq-Mars ne manqua pas de venir à l'heure marquée, & Cliquot lui dit qu'il avoit fait venir le ſieur Baron d'Urbache, à qui il ſe confioit abſolument, afin de concerter avec lui des moyens d'exécuter ce qu'il lui avoit propoſé le jour précédent; & le pria en même tems de répéter devant ce Seigneur ce qu'il lui avoit dit. Or le Gouverneur avoit auſſi fait cacher derriere la tapiſſerie le Poivre & Remion, tous deux Colonels d'Infanterie, pour être témoins de cet entretien.

Cinq-Mars ne manqua pas de parler, comme il avoit fait la veille, & ajoûta que ſi M. Cliquot étoit réſolu d'y entendre, il retourneroit au camp, pour en porter la nouvelle à Duhalier. Cliquot lui demanda s'il avoit ordre ou pouvoir du Roy, ou du Maréchal, de lui faire de telles avances; ajoûtant qu'une affaire de cette conſéquence demandoit un grand ſecret, & de ſérieuſes réflexions; puis, feignant de nouvelles douleurs, il le renvoya avec d'Urbache qui le mena dîner chez lui, & le retint le reſte du jour en bonne compagnie.

Le ſoir, Cinq-Mars s'étant retiré en ſon logis, le Gouverneur le fit conduire, avec Guebenhouze, en arrêt au Château, ſans leur permettre d'avoir aucune communication avec ceux de dehors. Royer Conſeiller en la Cour Souveraine de Lorraine & Barrois, qui faiſoit pour-lors la charge d'Intendant dans la Mothe; & Dubois Conſeiller d'Etat de Son Alteſſe; & Lieutenant-Général du Baſſigny, nommés Juges en cette partie, les ayant interrogés ſéparément & préparatoirement, on procéda à l'inſtruction de leur procès; lequel étant pleinement formaliſé, fut envoyé à la Cour, qui déchargea par ſon Arrêt Guebenhouze, & condamna Cinq-Mars à avoir la tête tranchée.

Après la reddition de la Mothe, le Duc Charles IV. fut ſi content de la conduite de Cliquot, qu'il l'éleva à la charge de Sergent-Général de bataille, par Patentes dattées de Bruxelles le premier May 1646.

Par ces Patentes, il paroît que M. Cliquot étoit ſujet naturel du Duc de Lorraine, qu'il avoit donné des preuves de ſa valeur en pluſieurs occaſions, & en particulier à la journée de Norlinguen, où il commandoit un Régiment de mille chevaux; il s'y diſtingua extraordinairement aux yeux du même Duc, étant venu aux mains avec ſes ennemis juſqu'à qu'à onze diverses fois ; qu'il quitta ensuite le service de l'Empereur, & vint se donner au Duc Charles IV. son Souverain, qui lui donna commission de lever un Régiment de Cuirassiers, qu'il a commandé pendant long-tems ; ensuite il fut fait Gouverneur de la Mothe, & leva deux nouveaux Régimens, l'un de Cavalerie, & l'autre, d'Infanterie, pour la défense de cette Forteresse. Enfin, Son Altesse l'éleva, comme nous avons dit, à la charge de Sergent-Général de bataille de ses Armées. Il n'en joüit pas long-tems, il mourut la même année, le jour de S. Martin, onziéme de Novembre, à trois heures après midi, & fut enterré dans l'insigne Eglise des Dames de *Thoor* le 13. du même mois, avec tous les honneurs de la guerre. Son convoi fut accompagné de M. le Prince de Ligne & des principaux Officiers de l'Armée Lorraine.

Je trouve dans les Nobiliaires de Lorraine, Nicolas Cliquot annobli le 15. Juin 1509. qui portoit d'azur à trois besans d'or 2. 1. & 1. 2. écartelés en sautoir de sable, à trois besans d'argent, les huit faisant une orle, & les quatre autres en croix, en cœur, en écusson d'argent ; le tout bordé de même.

Un autre Nicolas Cliquot confirmé dans sa noblesse par le Duc Antoine le 29. Novembre 1599. portoit d'argent à une face d'azur, chargée de trois besans d'or.

CLUSIUS (Rodolphe) de Luxembourg, Dominicain, Théologien & Prédicateur célèbre, a composé des Sermons pour tous les Dimanches de l'année, & pour la Fête des Saints, intitulés, *Dormi-securè*, imprimés plus d'une fois ; on les trouve imprimés avec des notes à Cologne chez Pierre Henning, in-quarto 1625. La premiere édition est de 1612. in-quarto, deux Volumes, chez Bernard Cuick.

Item, il a fait imprimer les Sermons de Jacques *de Voragine*, Archevêque de Genes, avec ses Sermons de la sainte Vierge ; à Mayence, chez Pierre Cholin, in-quarto, tom. 4.

Item, la *Somme des vertus & des vices de Frere Guillaume Serault de Lyon* ; à Mayence, chez Cholin 1618. in-quarto, & à Cologne 1629. in-quarto.

Le Pere Cluse faisoit sa demeure ordinaire à Cologne, où il s'est principalement occupé à revoir & à faire imprimer les Ouvrages de ses Confreres, comme nous le venons de voir. Il est mort vers l'an 1630. Voyez le Pere Echard, *de Script. Ord. Prædicat.* tom. 2. pag. 468.

(1) Echard, *de Script. Ordin. Prædicat.* tom. 2. pag. 414.

COEFFETEAU (Nicolas) étoit natif de S. Calés au Pays du Mans. Il naquit l'an 1574. & prit l'habit de S. Dominique âgé de quatorze ans, au Couvent du Mans, l'an 1588. (1) Aussi-tôt après sa profession, il fut envoyé à Paris, pour y étudier en Philosophie & en Théologie ; il s'y distingua de telle sorte, & y fit de si grands progrès, qu'il fut bientôt chargé de les enseigner aux autres ; & il eut l'avantage de former beaucoup d'excellens disciples, qui possederent dans la suite les premieres dignités de l'Eglise, & les plus importans emplois de l'Etat. Il ne brilla pas moins par son éloquence, que par la profondeur de ses connoissances. Il remplit avec éclat les Chaires des premieres Eglises de Paris, d'Angers, de Blois, de Chartres, &c. Il fut nommé Prédicateur ordinaire du Roy Henry IV. en 1602. & il fut chargé de faire son Oraison funèbre, dont il s'acquitta, comme le demandoit la dignité du sujet.

Messieurs de Sainte-Marthe, dans leur *Gallia Christiana*, & M. Pérault, dans ses éloges des Hommes illustres, avancent qu'il refusa les Evêchés de Lombès & de Xaintes: ce qui ne paroît pas bien certain ; mais il accepta vers l'an 1617. l'administration de l'Evêché de Metz, sous le titre d'Evêque de Dardanie, qui lui fut donné, à la priere du Roy Loüis XIII. par le Pape Paul V. L'Evêché de Metz étoit alors fort gâté par l'héresie de Calvin ; le Prince Henry de Bourbon qui en étoit Evêque, n'étoit ni en état, ni en résolution de réprimer cette hérésie, n'étant entré dans l'état Ecclésiastique que par complaisance, & l'ayant abdiqué en 1652. mais M. Coëffeteau mit tous ses soins à combattre l'hérésie, & il réussit à la réprimer, & en a arrêté le progrès.

M. Coëffeteau n'appartient à notre sujet que comme Suffragant de Metz. On peut voir sa vie & la liste de ses Ecrits dans le Pere Echard, tom. 2. pag. 434. des Ecrivains de l'Ordre de S. Dominique, & son éloge avec son portrait dans les Hommes illustres de M. Pérant, & dans la Bibliothéque de M. Dupin. Le Roy le nomma à l'Evêché de Marseille en 1623. mais il n'eut pas la satisfaction de prendre possession de son Eglise, il mourut à Paris la même année, le 21. Avril, & fut enterré dans l'Eglise des Peres de son Ordre en la ruë S. Jacques, ayant à peine atteint l'âge de cinquante ans.

Son éloquence paroît avec éclat dans ses Sermons, dans ses Livres de l'Histoire Romaine, & dans ses Traductions, que Vaugelas a autrefois proposées comme les vrais modéles du beau langage ; son érudition pa-

Y

roît aussi dans ses Ouvrages de controverse. Il fut choisi par le Pape Grégoire XV. pour écrire contre Marc-Antoine *de Dominis*, & s'acquitta très bien de cet emploi, par son Ouvrage intitulé, *Sacra Monarchia Ecclesia, &c. adversùs Rempublicam Marci Antonii de Dominis*. Nous avons aussi de lui la traduction de l'Histoire Romaine de Florus, les merveilles de la sainte Eucharistie discouruës & défenduës contre les infidéles, 1615.

Examen ou réfutation du Livre de la toute-puissance & de la volonté de Dieu, publié par Pierre du Moulin Ministre de Charenton, 1617.

Réponse au Livre intitulé, *Le Mystere d'iniquité du sieur Duplessis, où l'on voit fidèlement déduite l'Histoire des Souverains Pontifes, des Empereurs & des Rois Chrêtiens, depuis S. Pierre jusqu'à notre siecle, in-fol*. à Paris 1614. &c.

Ses Ouvrages sont bien écrits en notre langue ; il a traité les Controverses avec une dignité & une majesté qu'on n'apperçoit point dans les Controversistes vulgaires. J'ai une Médaille qui représente d'un côté les Armes du Prince Henry de Bourbon, *Henric. Borbonius, Episcop. Metens. S. R. I. Princeps*, avec les Armes de France & la Barre ; & sur le revers, *Nicol. Coëffeteo Episc. Dardan. Administrat*. avec ses Armes qui sont une croix, avec deux étoiles aux deux quartiers, un, deux, & le milliaire 1620.

L'année suivante, son frere (Guillaume Coëffeteau) composa des Commentaires sur quelques Pseaumes, & sur d'autres Livres de l'Ecriture sainte, & d'autres petits Traités sous ce titre, *Florilegium*, imprimé en 1667.

COLBERT (Dom Antoine) natif du Barrois, frontiere de Champagne, fit profession dans la Congrégation de S. Vanne en l'Abbaye de S. Mihiel le cinq Juin 1676. Après avoir achevé son cours de Philosophie & de Théologie, il fut destiné à enseigner les mêmes sciences à ses Confreres dans l'Abbaye de Moyenmoutier.

Il fut ensuite employé à solliciter à Paris les affaires de l'Abbaye de S. Mihiel, après la mort de Dom Henry Hennezon Abbé de ce Monastere, arrivée le 20. Septembre 1689.

Il avoit beaucoup travaillé sur l'Histoire des Comptes & Ducs de Bar, & avoit fait des découvertes sur ce sujet. Comme son écriture n'étoit pas aisée à lire, & que ses Mémoires n'étoient pas en ordre, sa mort prématurée ne lui ayant pas donné le loisir de les arranger, on donna ses Ecrits au Pere Benoît Picard Capucin ; je ne sçai ce qu'ils sont devenus.

COLLIGNON, Graveur Lorrain, natif de Nancy, fut disciple de Jacques Callot. Il a gravé plusieurs Ouvrages d'après son Maître, & dans sa maniere, entre autres, dix Paysages à l'eau-forte, sur les desseins de Callot ; celui-ci, à sa mort, laissa deux Planches qui n'avoient pas reçu l'eau-forte ; Israël la leur fit donner par Collignon.

Collignon a travaillé long-tems à Paris pour Israël & Ciartres, qui étoient Marchands d'Estampes. Dans le même tems, il lia amitié avec Labelle de Florence, & ils graverent ensemble pour Israël.

Il a aussi travaillé à Rome, & il s'y est distingué par ses gravûres. M. Nicolas le fils Marchand à Nancy, en a de très belles dans ses Recüeils.

COLLIN ; le R. P. Collin Abbé de Domévre, Chanoine-Régulier de S. Augustin, a fait imprimer en 1702. *un Traité de la vérité de la Religion*, à Verdun, chez Vigneule in-seize.

COLLIN (Marnés) a fait imprimer au Pont-à-Mousson en 1607. in-quarto, *les Coûtumes Générales de Bassigny*, adressées au Duc Charles III.

COLLIN (Dom Ambroise) Benedictin de la Congrégation de S. Vanne, né à Bar-le-Duc le 28. Août 1710. a fait profession dans l'Abbaye de S. Leopold à Nancy, le 15. Mai 1729. a professé pendant quelque tems la Théologie dans l'Abbaye de S. Mihiel ; a fait des Collections sur les Saints Peres, & particuliérement sur S. Epiphane ; il travaille actuellement à une Vie des Saints à l'usage du Diocése de Toul, selon le plan formé par M. Begon Evêque de cette Eglise.

Il fut appellé en 1745. par le R. P. Dom Calmet Abbé de Senones, pour présider à une Académie qu'il vouloit établir dans son Abbaye, où il a donné des leçons du Droit Canon, & de la Théologie positive ; & a composé un Ecrit complet du Droit Canonique.

Le même a fait plusieurs Piéces en vers, tant en Latin qu'en François ; en voici la liste,

1°. *In nuptias Francisci à Lotharingia, & Theresiæ Austriacæ Epigrammata*. Clef du Cabinet, Avril 1736.

2°. *Serenissimi Principis Eugenii à Sabaudia, Tumulus*. Clef du Cabinet, Août 1736.

3°. *In Barroducatûs cessionem, Distycha*. Clef du Cabinet, Mars 1737.

4°. *Genethliacon Seren. Principis Josephi à Lotharingia, Archiducis Austriæ*. Clef du Cabinet, May 1741.

5°. *Caroli VI. Imperatoris Tumulus*.

6°. *Carolus à Lotharingia, præmaturus & invictus heros, heroica*.

7°. *In nuptias Caroli à Lotharingia, & Maria Austriaca.*

8°. Epitre présentée à Madame la Princesse Charlotte sur son départ de Lorraine.

9°. Ode sur le rétablissement de la santé du Roy, imprimée à Toul 1744.

10°. Fable & Epigramme sur l'élection de l'Empereur François I.

11°. *Francisco à Lotharingia Romanorum Imperatori electo, Epigrammata.*

12°. Vers sur la mort de Madame du Châtelet, 1749.

COLLOT (Jean-Adam) Avocat à Nancy, a traduit le Traité de *l'éternelle Félicité des Saints*, du Latin du Cardinal Bellarmin, imprimé à Nancy chez Jacob Garnich 1616. in-octavo.

COLSON (Dom Romain) Lorrain, Profès de l'Abbaye de S. Evre-lès Toul, le 15. Juin 1664. mort au Monastere de S. Mont, proche Remiremont, le 28. Septembre 1712. a professé la Philosophie & la Theologie, & a composé un Poëme d'environ 450. Vers, sous ce titre, *L'Ombre de Loüis V. Roy de France, apparoissant à Loüis XIV. en Dialogue entre Loüis XIV. & l'ombre.* Ce Poëme est plutôt une Histoire de Loüis XIV. qu'une Poësie dans les régles: on y fait raconter à Loüis XIV. les grands événemens de son régne, auxquels l'Auteur joint des réfléxions du Roi Loüis V. qui, pour l'ordinaire, sont morales, & telles qu'il convient d'en faire à un Prince vivant & glorieux, par un autre Prince autrefois très puissant; mais qui revient d'une autre vie. Voici un échantillon de ce Poëme qui est demeuré manuscrit, & dont il y a plus d'une Copie dans la Province.

L'Ombre.

,, En vérité, Loüis, je pense qu'un homme vertueux, un pieux Fondateur
,, Fait présent de ses biens, & donne au Créateur,
,, A des Ministres saints, pour chanter ses loüanges,
,, Et faire en ce bas lieu l'office des saints Anges,
,, Que par un sacrilége on consume ces biens,
,, Pour fomenter le luxe & nourir des chiens:
,, Cela fait du scandale, & crie à la vengeance.

Loüis XIV.

,, Ne t'échauffes pas tant; je fais ma diligence,
,, Pour établir par-tout des Pasteurs parfaits,
,, Qui paissent leurs brebis de paroles & d'effets.
,, Hé bien! es-tu content?

L'Ombre.

Pour les Evêques passe;
,, Je parle des Abbés, dont le jeu & la chasse
,, Et les bombances sont le principal emploi,
,, Qui ne sçavent de Dieu ni science ni Loi,
,, Et qui ne sçavent point le jour auquel ils vivent,
,, Bien moins ceux dans lesquels les Quatre-Tems arrivent;
,, Qui font du jour la nuit, & de la nuit le jour;
,, Qui passent tout leur tems, le dirai-je, en amour,
,, Et qui n'ont jamais dit ni Messe ni Breviaire:
,, Ah! c'est trop parler d'eux, il vaut bien mieux me taire,
,, Pluton & ses suppôts les attendent là-bas,
,, Pour bien examiner & résoudre leurs cas.
,, Prens garde aussi, Loüis, tu n'as qu'à bien t'attendre
,, De répondre pour eux, c'est un gros compte à rendre.

Loüis XIV.

,, Tu fais le scrupuleux; il en faut convenir:
,, Si l'on vouloit toujours songer à l'avenir,
,, On n'auroit point de paix; parlons des Invalides.

L'Ombre.

,, Je vois déja venir quelques nouveaux subsides,
,, Sans doute qui mettront quelqu'un en désarrois,
,, Cet Hôtel somptueux, Palais digne d'un Roi,
,, Plutôt qu'une Maison à loger des malades.

Loüis XIV.

,, Ces grands Apartemens & ces belles Façades
,, Vallent six millions, & ne me coûtent rien
,, Pour leur construction & pour leur entretien;
,, Cet Hôtel a pourtant un million de rentes.

L'Ombre.

,, Ton adresse est au vrai tout-à-fait surprenante.

Loüis XIV.

,, Les Abbés, les Prieurs en sont bien convaincus,
,, Cette imposition se leve par écus;
,, Chaque Prieur & chaque Abbé cinquante,
,, Cela fait tout au moins un million de rentes, &c.

COMMERCY (Jean de) Architecte en 1444. fit la Croix & le Pont qui se voient à Metz devant le Pont des Morts, aux frais de Nicole Louve Chevalier : il est aussi Architecte de la Chapelle des Evêques de Metz. Voyez cy-après *Jean de Commercy*.

CONDE' (Nicolas) né à Clermont en Argonne l'an 1609. entra chez les Peres Jésuites le 2. Mai 1622. & y fit profession des quatre vœux le 22. Juillet 1632. Il enseigna la Rhétorique l'espace de quatre ans, & la Philosophie pendant trois ; il passa le reste de ses jours à distribuer la parole de Dieu. La derniere année qu'il préchoit étant à Dijon, plusieurs de ceux qui avoient le plaisir de l'entendre, disoient que c'étoit le plus beau bijou que le Roi de France eût acquis en Lorraine, lorsqu'il la joignit à son Royaume. Il mourut le 5. Octobre 1654. Ses Ouvrages sont,

1°. Une Oraison Funèbre de Loüis XIII. prononcée à Paris, & imprimée à Dijon en 1643. chez Pierre Moreau in-quarto.

2°. L'année Chrétienne dans son parfait accomplissement, ou l'emploi de cette vie aux conquétes de l'éternité, pour supplément aux Oeuvres du R. P. Suffren ; à Paris, chez Denys Bechet, l'an 1649. in-quarto, avec l'éloge du R. P. Suffren à la tête.

3°. La vie du R. P. Charles de Lorraine de la Compagnie de Jesus, grand Prince, grand Evêque, grand Religieux ; à Paris, chez Gaspard Meturas 1652. in-12.

CONON Abbé de S. Vanne de Verdun, a gouverné ce Monastere depuis environ l'an 1146. jusqu'en 1178. Il eut pour successeur Richerus (*t*).

Conon ayant pris le gouvernement du Monastere de S. Vanne, après le décès de Segard, mit tous ses soins à exécuter le pieux dessein que son prédécesseur avoit conçu de mettre les Reliques de S. Vanne ou Viton, Patron du Monastere, dans une Chasse précieuse, & digne d'un dépôt si respectable.

Le Pape Eugene III. étant venu en France en 1146. le vénérable Conon l'invita à venir visiter l'Abbaye de S. Vanne, & de mettre lui-même dans la Chasse préparée, le précieux Corps du S. Evêque ; grace que le Souverain Pontife voulut bien lui accorder : il vint au Monastere accompagné de toute sa Cour, & d'un grand nombre de Prélats ; il y célébra la Messe, précha, fit l'éloge de S. Vanne, & transféra le Corps du S. Evêque dans la nouvelle Chasse, que Conon lui avoit préparée.

Quelque tems après, le Pape célébrant un Concile à Reims en 1147. l'Abbé Conon étant arrivé tard à l'Assemblée, & tous les Prélats ayant déja pris leurs places, l'humble Abbé s'assit modestement à terre au dernier rang ; le Pape l'ayant apperçu dit devant tout le monde : Voilà l'Abbé de S. Vanne, qui nous a rendu plus d'honneur qu'aucun des Prélats de l'Eglise Gallicane ; & en même tems lui envoya la chaise, où il avoit accoûtumé de s'asseoir, & lui dit de s'en servir ; l'Abbé obéit avec actions de graces, & prit séance parmi les Prélats (*u*). Il ne nous reste de l'Abbé Conon qu'une Lettre, qu'il écrivit à Berthe Duchesse de Lorraine, épouse du Duc Mathieu I. dans laquelle il dit qu'il y a un enfant de cette Princesse enterré au Pieuré de Flavigny dépendant de l'Abbaye de S. Vanne. Il mourut en 1178.

CONSTANT (Remy) Peintre très laborieux, mais peu constant & peu arrêté : il étoit Lorrain, originaire de Nancy, où il est mort ; il est enterré dans l'Eglise de la Paroisse de S. Evre de la même Ville. On voit de ses Ouvrages dans presque toutes les Eglises de Nancy ; il a peint la Voute de l'Eglise des Minimes de Nancy, de même que leur Réfectoire & le Chapitre ; il avoit le coloris beau.

CONSTANTIN, Abbé de S. Symphorien à Metz, à qui Albert ou Alpert son Religieux, a adressé son Ouvrage, *de diversitate temporum*, vivoit l'an 1024. Il reçut la bénédiction Abbatiale d'Alberon II. du nom, Evêque de Metz, & écrivit la vie de ce Prélat, imprimée tom. I. *Bibliotheca manu Scriptorum* du Pere Labbe, pag. 970. & suiv. L'Auteur reconnoît qu'il a reçu la benédiction Abbatiale de l'Evêque Adalberon, après les Abbés Fingenius & Siriaudus ; ce qui revient à l'an 1004. & suiv. auquel vivoit l'Abbé Constantin : il gouverna l'Abbaye de S. Symphorien pendant vingt ans, & mourut en 1024.

CONSTANTIN, Prieur d'Hérival dans les Monasteres de Vôges, à deux lieües de Remiremont, a écrit l'Histoire de la Fondation de ce Monastere, & la Régle qu'on y observa dans les commencemens. Il succéda à Egibalde & à Vichard, freres Fondateurs de ce Monastere, vers l'an 1128. Voyez l'Histoire de Lorraine, tom. 3. pag. 270. aux Preuves.

CONTI, la Princesse de Conti Loüise de Lorraine, fille de Henri de Lorraine Duc de Guise, premier Prince de Joinville, née le dernier Décembre 1550. Ce Prince avoit

---

(*t*) *Continuatio Hister. Laurentii Leodiens.* tom. 1. *Hist. Lothar.* p. 241. 242.

(*u*) Histoire de Lorraine.

épousé en 1570. Catherine de Cleves, seconde fille du Duc de Nevers ; Loüise de Lorraine sa fille a composé un Roman, qui a pour titre, *Les Avantures de la Cour*, sous le nom de M. du Piloust : lisez ce qu'ont dit de cette Princesse, Coëffeteau, la Serre, & particuliérement Malherbe dans sa troisiéme Lettre du premier Livre, p. 477. dattée de Paris 1614.

Voyez aussi l'Extrait d'un Livre intitulé, *Les Vertus du beau sexe*, par M. F. *** D. *** C. ***, Ouvrage posthume ; à la Haye 1733. in-octavo.

CORBERON (Nicolas) Chevalier, Seigneur de Torvilliers, Conseiller du Roi en ses Conseils, Avocat-Général au Parlement de Metz, & ensuite Maître des Requêtes ordinaire de l'Hôtel de Sa Majesté ; étoit un Magistrat habile, qui avoit une grande connoissance du Droit, & qui parloit sur le champ avec beaucoup de facilité & de noblesse. L'Ecriture sainte, les Peres, les Conciles, & presque tous les anciens Auteurs lui étoient aussi familiers, que ceux qui n'ont écrit que sur le Droit ; & cette érudition lui a été utile dans un grand nombre d'occasions, & lui a acquis un grand nom. Il étoit d'ailleurs d'une famille noble, qui tiroit son nom de la Terre de Corberon, dont elle a été long-tems en possession : cette Terre est située en Bourgogne entre Beaune & Bellegarde.

La famille de Corberon s'est établie dans la suite en Champagne, où elle a été considérée comme une des meilleures de la Province. Dans les années 1589. & 1590. lorsque les principales Villes de Champagne furent entraînées dans le parti de rebellion, sous le nom de la Ligue, Nicolas de Corberon, ayeul de celui dont nous parlons, Commissaire-Général des Poudres & Salpétres de Champagne ; Claude de Corberon, Sieur de la Croix, Capitaine de cent Arquebusiers, & Jean de Corberon Trésorier de France de la même Généralité de Champagne, Intendant des Armées du Roi, & ses freres, demeurerent inviolablement attachés au service des Rois Henri III. & de Henri IV.

Nicolas de Corberon dont nous parlons, succéda dans la charge de Lieutenant-Particulier au Présidial de Troyes, à Nicolas de Corberon son Pere, qui l'avoit exercée pendant trente-quatre ans. Il s'y acquit tant d'estime, qu'en 1634. Loüis XIII. étant entré en possession de la Lorraine le nomma à une charge de Conseiller du Conseil Souverain, qu'il forma alors à Nancy, & dont les charges furent données gratuitement. Il passa dans la suite au Parlement de Metz, dont il fut Avocat-Général. Il fut reçu dans cette derniere charge au mois de Septembre 1636. & l'on a imprimé in-quarto la plûpart des Plaidoyers qu'il fit dans l'exercice de cette charge. Ils ont paru en 1693. à Paris, avec ceux d'Abel de Sainte-Marthe, Avocat au Parlement, & depuis Conseiller du Roi en son Conseil d'Etat, & Garde de la Bibliothéque de Sa Majesté à Fontainebleau.

M. de Corberon fut honoré d'un Brevet de Conseiller d'Etat, presqu'en même tems qu'il fut reçu Avocat-Général ; & le 28. Février 1642. Il fut reçu à la charge de Maître des Requêtes, où il se distingua tellement, qu'il fut chargé très souvent des affaires du Conseil les plus importantes. En 1644. on le choisit pour remplir la place d'Intendant de Justice, Police & Finances, dans les Provinces de Limousin, Xaintonge, la Marche, Angoumois & Pays d'Aunis ; & dans cette commission difficile, il se fit tant aimer, il fit tant de bien à ces Provinces, qu'elles le comblerent de bénédictions pendant sa vie, & après sa mort, qui arriva le 19. Mai de l'an 1650. N'ayant encore que 42. ans, il avoit épousé Dame Marie le Bel, dont il n'eut que deux filles, dont la cadette a été Supérieure des Religieuses de la Visitation de Troyes, & l'aînée a épousé M. Abel de Sainte-Marthe Editeur des Plaidoyers de Nicolas de Corberon. Voyez la Préface des Plaidoyers ; Supplément de Moreri de Paris.

CORBERON (Nicolas de) neveu de Nicolas de Corberon, Maître des Requêtes, & Intendant de Limoges, naquit à Paris le 10. Janvier 1653. Il s'exerça au Bareau dans les premieres années de sa vie, & plaida plusieurs affaires en l'Audience de la Grande-Chambre du Parlement. Il se mit ensuite à voyager ; & il fut l'un de ces trois Voyageurs, dont on trouve les noms au bas d'une Inscription Latine, gravée sur un rocher dans la Laponie Suédoise à Pescomarca, sur le Lac de Torna, dont il est fait mention dans les voyages de la Motraye. Revenu à Paris, il parla pour le Roi avec dignité en qualité de Substitut de M. le Procureur-Général au Grand-Conseil, dans la fameuse Cause du Comte de Marsan contre l'Evêque de Cahors le 4. Juin 1683. & l'année suivante il succéda au célébre M. le Noble en la charge de Procureur-Général du Roi au Parlement de Metz, qu'il exerça avec une distinction marquée, jusqu'en 1700. qu'il fut nommé par le Roi à la premiere Présidence d'Alsace.

Il remplit ce poste jusqu'au mois de Janvier 1723. qu'il s'en démit en faveur de Nicolas de Corberon son fils, avec l'agrément du Roi, & mena une vie privée, revêtu du titre de Conseiller d'Etat, dont Sa Majesté lui accorda le Brevet, en lui permettant de se retirer. Il décéda à Colmar le premier Avril 1729. Il fut inhumé en l'Eglise des Peres Augustins ; on lui a érigé un Mausolée.

Etant Procureur-Général à Metz, il avoit ramassé divers Mémoires, & plusieurs Chroniques manuscrites sur la Ville de Metz & le Pays Messin, qu'il a eu la bonté de nous communiquer dans le tems que nous travaillions à l'Histoire de Lorraine. Il avoit aussi formé un Cabinet de Médailles antiques, que M. de Corberon son fils Premier Président à Colmar, a bien voulu nous procurer, avec quelques anciennes Chroniques manuscrites de la Ville de Metz, & qui sont dans notre Bibliothéque de Senones.

CORDIER (le R. P.) Jésuite, natif de Langres, étudia la Philosophie & la Théologie au Pont-à-Mousson, & les enseigna successivement dans la même Université, où il prit les degrès de Docteur. Il passa au Décanat, & fut sur les rangs pour le Rectorat de l'Université. Il s'en defendit, aimant mieux le repos d'une vie privée, qu'un emploi plus relevé. On le nomma ensuite Chancelier de l'Université, & on vient de lui ôter cette charge, pour l'envoyer au Collége d'Einsisheim en Alsace.

La cause de cette disgrace vient d'un petit Livre qu'il a publié sous ce titre, *Nouveau Systême sur la Predestination, appuyé sur l'autorité de l'Ecriture des saints Peres & de la raison.* L'édition que j'en ai, est d'Amsterdam, par la Compagnie des Libraires, en 1746.

Il y en a eu une Edition précedente faite à Paris, dont on dit que tous les Exemplaires ont été enlevés & supprimés, apparemment parce que l'ouvrage n'avoit pas été approuvé par les Supérieurs de la Province ; mais l'Auteur avoit, dit-on, eu recours au R. P. Général, qui lui avoit fait réponse, qu'il approuveroit volontiers son Ouvrage, s'il étoit mieux soutenu des preuves tirées de l'Ecriture & de la Tradition.

Le Pere Cordier y ajoûta donc les Preuves, qu'il crut nécessaires pour répondre au désir de son Général ; & de suite, se croyant par-là assez autorisé, il le fit imprimer à Paris, comme nous l'avons dit, & ensuite à Amsterdam, ou ailleurs, d'où il s'en est répandu quelques Exemplaires dans le Public.

Il réduit les opinions des Théologiens sur le sujet de la Prédestination, à cinq principales ; la premiere, *la Prédestination gratuite* : Ce n'est point dans nos mérites, mais dans son propre cœur, que Dieu trouve les raisons de nous aimer, de nous destiner, par une volonté absoluë, à l'éternelle possession de soi-même. Dans la multitude des hommes que sa connoissance infinie lui présente, il en choisit une part pour la gloire, & en consequence de son choix, il leur prépare des graces efficaces, pour les conduire infailliblement à la persévérance finale.

Seconde opinion : *La Prédestination à la vuë des mérites.* Dieu est notre Pere commun ; il nous appelle tous également à la gloire ; mais il ne la donne d'une volonté absoluë à quelques-uns, qu'en consequence de leurs mérites ; cependant ces mérites, il les produit par des graces efficaces, qu'il donne aux uns, & non aux autres : il est maître de ses dons.

Troisiéme opinion : *Prédestination à la vuë des mérites pour la plûpart des Elûs, Prédestination gratuite pour quelques-uns.* L'affection spéciale du Seigneur a éclaté d'une maniere admirable envers Jérémie, Jean-Baptiste, plusieurs Saints prévenus des bénédictions célestes, avant que de naître, ou dès l'enfance. Ces Priviléges extraordinaires de grace montrent qu'ils n'étoient point dans l'ordre commun des Elûs même.

Quatriéme opinion : *Prédestination aux mérites & à la gloire par indivis.* La gloire éternelle doit être une récompense, une couronne de justice : dès-lors la volonté du Seigneur qui choisit l'homme pour la gloire, le choisit pour la même raison, à cause de tous les mérites auxquels elle est attachée.

Cinquiéme opinion qui est particuliere à Lessius, *Prédestination de fait, & non de volonté.* Il n'est point dans Dieu d'affection spéciale pour une part des hommes, qui le fasse choisir pour la gloire, qui l'engage à leur donner des graces efficaces, préférablement aux inefficaces. Lorsqu'il donne celles-là, c'est pour des desseins de Providence parfaitement distingués d'une volonté spéciale du salut. Il est tellement disposé, qu'il les donneroit, quand même il ne prévoiroit pas leur efficacité. Il ajoûte qu'à le bien prendre, Lessius n'admet point de prédestination.

A la fin de sa Préface, il conclut ainsi : Je dois avertir que, selon S. Augustin, la Prédestination n'est autre chose, *que la connoissance, & la préparation des graces qui conduisent infailliblement au salut de tous ceux qui se sauvent.* Je me conforme à cette idée, qui est celle des Peres, & de tous les anciens, ainsi que l'a remarqué le P. Pétau, liv. I. de la Prédestination, chap. I. qui est celle de Molina au Livre de la Concorde, & de ceux des Théologiens, qui parlent plus exactement.

L'Ouvrage du Pere Cordier n'est ni long,

ni chargé d'érudition & de passages des Peres & des Théologiens. Il s'attache principalement à réfuter Lessius, qui, selon lui, n'admet proprement point de prédestination & une réprobation arbitraire, & les Théologiens qui admettent une prédestination & une reprobation arbitraires sans aucune prévision de mérites ou de démérites ; non pas à la vérité une réprobation positive ; mais une reprobation tacite.

COUCHE' (Dom Marc) Benédictin de la Congrégation de S. Vanne, né à Besançon, fit profession à Luxeüil dans la Franche-Comté, le 10. Juin 1683. Il a été depuis Prieur de Mont-Roland. Ses ouvrages sont,

1°. Les Principes de la Grammaire Latine, accommodés aux préceptes de la Philosophie.

2°. Les Préceptes d'une Rhetorique Religieuse.

3°. *Logica, Mtehaphisyca, & Physica præcepta ex veteribus & novis Philosophis excerpta.*

4°. *Commentaria Theologica Benedictino-Thomistica in Summam divi Thomæ.* C'est un Cours complet de Theologie Thomistique-Augustinienne.

5°. *Defensio Decretorum Pontificiorum circa regulas morum.*

6°. *Philosophia cum Theologia Christiana connexio.*

7°. *Ad Prolegomena sanctæ Scripturæ brevis manuductio.*

8°. L'apologie des principaux points de la doctrine de S. Thomas.

9°. Le vrai Centon Théologique opposé au faux.

10°. Essais de Conférences, ou Exhortations monastiques pour les Fêtes & Dimanches de l'année.

11°. Quelques autres Opuscules sur les Questions du tems.

12°. L'art de vivre heureux dans une Communauté Religieuse.

Tous ces Ouvrges sont manuscrits, quoique l'Auteur vive encore, plein de zéle pour la régularité, grand Dialecticien, & grand partisan de la doctrine de S. Thomas d'Aquin, qu'il a professé en qualité de Lecteur en Théologie ; nous l'avons vu & frequenté, & ses disciples lui font honneur dans sa Province par leur probité, leur capacité & leur emploi.

COUR (Dom Didier de la) Benédictin de l'Abbaye de S. Vanne de Verdun, & Réformateur de l'Ordre de S. Benoît en Lorraine, naquit à Monzeville, à trois lieuës de Verdun, l'an 1550. Ses parens étoient d'une ancienne noblesse, & alliés aux meilleures Maisons du Pays. Il fut envoyé à Verdun, âgé de 17. ans, pour y prendre quelques teintures des Lettres ; car il ne savoit encore que lire & écrire & le plein-chant. Il pria M. Boucard son oncle maternel, Lieutenant-Général de Verdun, de s'employer à le faire recevoir pour Frere convers dans l'Abbaye de S. Vanne de Verdun ; car ne sachant point de Latin, il n'osoit aspirer à la qualité de Religieux du Chœur. Il obtint plus qu'il ne demandoit ; on le fit recevoir pour Novice & Religieux Clerc, par l'autorité de M. Psaume Evêque de Verdun, & Abbé de S. Vanne.

Les Religieux qui ne l'avoient reçu que par complaisance & par contrainte, le traiterent avec mépris, l'éprouverent au Noviciat dans la derniere rigueur ; mais rien ne fut capable de le rebutter. Quelques Religieux touchés de sa constance, lui apprirent un peu de Latin ; & son plus grand plaisir étoit alors de mettre en François, à l'aide d'un Dictionnaire, quelques lignes de la Régle de S. Benoît ; on lui donna ensuite & aux autres Novices, un Maître de Grammaire, qui en peu de tems le mit en état d'entrer en Troisiéme dans l'Université du Pont-à-Mousson.

La peste le força de quitter cette Ville vers l'an 1577. ou 1578. Après son année de Troisiéme, il alla à Reims, où il fut reçu en Rhétorique. De Reims, il revint au Pont-à-Mousson, pour y étudier en Philosophie ; & en 1581. il commença à étudier en Théologie, âgé de 31. ans. La même année, il reçut l'ordre de Prêtrise, & s'appliqua à la Prédication avec beaucoup de succès ; mais son grand attrait étoit pour la vie solitaire, mortifiée, & recueillie, telle que S. Benoît l'a menée, & qu'il la demande dans ses disciples.

La vie de Frere Didier de la Cour étoit une censure continuelle de la vie relâchée de ses Confreres ; & pour l'éloigner d'eux, sous un prétexte honnête, ils l'engagerent à retourner au Pont-à-Mousson, pour s'y perfectionner dans la Théologie, & dans l'étude des Langues Grecques & Hebraïques. Quoique nous n'ayions point d'Ecrit de sa façon, nous savons qu'il étoit profond Théologien ; & nous avons vu de ses Recueils & de ses explications sur l'Ecriture, où il entre de la critique sur la signification des noms Grecs & Hebreux.

La crainte qu'avoient les anciens Religieux de S. Vanne, qu'il n'introduisît la Réforme dans leur Monastere, les porta à le persuader d'aller à Rome, pour faire casser l'union que l'Evêque Psaume avoit faite de l'Abbaye de S. Vanne à la Crosse Episcopale de Verdun. Il ne réüssit pas dans cette commission, & étant de retour à Verdun en 1589. il fut fort mal reçu par l'Evêque de Verdun, & Abbé de S. Vanne, & même par les Religieux de l'Abbaye. Il obtint aisement de ces derniers un Hermitage pour s'y retirer, & y demeura pendant huit mois, ne se nourissant que de pain & d'eau.

Après cela, il demanda à l'Evêque de Verdun son Abbé & son Supérieur, d'embrasser l'Institut des Minimes, désesperant d'établir la Réforme dans S. Vanne; il fut reçû dans le Couvent des Minimes de Verdun, le 18. Avril 1590. mais il n'y trouva pas le repos qu'il souhaitoit. Il en sortit au bout de six mois, & retourna à son Monastere.

Le Cardinal Charles de Lorraine songeoit alors à réformer l'Ordre de S. Benoît, & le Prince Erric de Lorraine Evêque de Verdun, & Abbé de S. Vanne, avoit conçu le même dessein. Le P. D. Didier de la Cour fut celui dont Dieu se servit pour procurer cette Réforme. Elle fut heureusement établie à S. Vanne en 1600. & à Moyenmoutier en 1601. Je passe légèrement sur ces événemens qui sont écrits en une infinité d'endroits, & en particulier dans le Tome premier des Chroniques de S. Benoît, & dans notre Histoire de Lorraine.

Le P. D. Didier de la Cour étoit sçavant dans les matieres Ecclésiastiques & morales. Il possedoit la science des Saints, & la pratiquoit fidélement & exactement. On raconte qu'un jour, dans une Procession générale à Verdun, le Religieux Augustin qui devoit prêcher, ne s'étant pas trouvé, le P. D. Didier de la Cour monta en Chaire, &, sans autre préparation, précha avec applaudissement de toute l'assemblée. Il mourut en odeur de sainteté à S. Vanne le 14. Novembre 1623. âgé de 72. ans; il fut enterré honorablement dans le Chœur de l'Abbaye, où l'on voit sa tombe en marbre noir, avec son éloge & l'abbrégé de sa vie.

On lit dans l'Histoire de sa vie, qu'après avoir achévé loüablement son cours de Philosophie & de Théologie, il s'appliquoit sérieusement & assidûment à l'étude des saints Peres, & des Auteurs Ecclésiastiques capables de nourrir sa pieté (x). Hors les tems de l'Office divin, il lisoit ou écrivoit toujours; il disoit dans sa derniere maladie, qu'un de ses plus grands scrupules étoit d'avoir trouvé trop de goût & de plaisir dans le chant de l'Office divin, & dans la lecture des saintes Ecritures. On lui a oüi dire qu'il seroit à souhaiter que la Congrégation de S. Vanne se trouvât dans quelque obligation de servir le Public, afin que les Réligieux fussent dans la nécessité d'étudier, pour prêcher ou enseigner les autres. Lorsqu'il trouvoit quelques Réligieux de bonne volonté & ayant du talent pour l'etude, il les exhortoit à s'y addonner, & se prétoit volontiers lui-même à leur montrer les principes des langues Grecque & Hebraïque qu'il possédoit.

Un mois avant sa mort, ayant commencé un Abrégé de quelques Traités de Théologie (y), il dit aux deux Religieux qui écrivoient sous lui, qu'il étoit marri de n'avoir pas commencé plûtôt, parce qu'il prévoioit qu'il n'auroit pas le tems de les achever. Pendant sa derniere maladie, sa plus douce consolation étoit d'entendre la lecture de la sainte Ecriture, sur-tout du Nouveau Testament, & il demanda avec instance au commencement de sa maladie, qu'on lui accordât quelques-uns, pour lire auprès de lui nuit & jour ces divins Livres.

J'ai en main un petit écrit contenant l'Histoire de ce qui est arrivé depuis 1587. jusqu'en 1599. touchant la Réforme introduite dans le Monastere de S. Vanne, & l'érection de la Congrégation, à la fin duquel on lit ces paroles: *Ego Frater Desiderius à Curiâ, quæ hic scripta sunt dictavi, & dum agerentur interfui.*

COURT (Dom Pierre) Benédictin de la Congrégation de S. Vanne, Profés de S. Vanne de Verdun le 1. Juin 1685. naquit à Provins vers l'an 1665. Etant Prieur à S. Airy dans la même Ville, il fit imprimer à Paris en 1712. la Relation, la Vie & la Mort de M. d'Aligre Abbé Régulier de S. Jacques de Provins; cette Vie est si édifiante, que j'ai cru devoir la rapporter ici.

M. d'Aligre, fils & petit-fils de Chancellier de France, Abbé Régulier de l'Abbaye de S. Jacques de Provins, a été à nos jours un grand exemple de vertus dans cette Ville, où il est mort le 20. Janvier 1712. Il étoit Réligieux Chanoine-Régulier, & le Roy lui avoit donné en Commande l'Abbaye de S. Jacques. Pendant quarante ans, toute sa nourriture consistoit en du pain bis, des salades cruës qu'il mangeoit sans huile, quelques fruits & de l'eau.

Son humilité donnoit tout le prix à ses autres vertus; il se regardoit comme un très grand pécheur, qui ne pouvoit faire assez

---

(x) Dom Pierre Munier, Hist. de la Réforme, tom. 1. pag. 275.

(y) Voyez l'Histoire manuscrite de la Réforme par D. Munier.

de pénide pénitence ; il trembloit à la vûë des Jugemens de Dieu, pendant que tout le monde loüoit les aumônes qu'il faisoit avec tant de profusion, qu'un petit Village du voisinage de Provins a reçû de sa charité, pour sa part, plus de 5000. livres, & les autres à proportion.

Quoique, pour tout revenu, il n'eût pas plus de 7000. livres de rente de son Abbaye, par le moyen de son épargne, & de sa mortification, il a pû donner 5000. liv. de rente à un Hôpital d'Orphelins, qu'il a fondé & érigé ; & généralement tous les pauvres du Pays ont été par lui soulagés, nourris & vêtus. Les Bourgeois de Provins ne pouvoient se lasser de le bénir pour les grands biens qu'il faisoit à leur Ville, en faisant rétablir, à ses frais, les Fontaines publiques, les avenuës, le pavé des ruës, les murailles, les lieux d'assemblée ; nettoyer les fosses & autres ouvrages, auxquels il présidoit lui-même ; ce qui apportoit à la Ville autant d'utilité que d'agrément : & en même tems les Religieux de son Abbaye voyoient augmenter, par ses libéralités, leurs revenus ordinaires ; leur Eglise ornée de vases d'or & d'argent, de belles tapisseries, & de riches ornemens ; leur Bibliothéque remplie de bons Livres, renduë publique, est devenuë l'Académie des Sçavans ; leur Monastere, une école de Théologie & de piété.

Tout le monde regardoit M. l'Abbé d'Aligre comme le miracle de la pénitence, le modéle de la sainteté, & le prodige de son siécle ; & lui ne voyoit en soi que des miseres & des sujets de gémissemens. Environ deux mois avant sa mort, la goutte l'ayant pris à la main, il demeuroit auprès de son feu, assis sur une pauvre chaise, vêtu d'une vieille robe de chambre noire sans fourure, assez mal accommodée, & ayant devant ses pieds un pupitre où étoit son Breviaire.

Cette goutte étant rentrée en dedans peu de jours après, & s'en sentant pris à la poitrine, il fut contraint de se coucher. Son lit étoit composé de trois planches ; celle de dessous, sur laquelle il couchoit, étoit seulement couverte d'un cilice, qui lui servoit de drap de dessous ; car, pour celui de dessus, il n'en connoissoit pas l'usage, il se couvroit d'une couverture rase & usée ; il avoit pour chevet une pierre quarrée ; depuis trois ou quatre ans seulement, il la couvroit d'un morceau de tirtaine, par ordre de son Confesseur, qui l'avoit obligé à ce petit soulagement, à cause des fluxions & enflures que lui causoit au visage la fraicheur de cette pierre. C'étoit-là son lit même pendant sa derniere maladie ; il étoit couché sous une fenêtre dans une embrasure de muraille fort étroite, & qui ne lui permettoit pas de s'étendre de son long ; il n'avoit point de rideau, & logeoit dans une chambre sans feu.

Comme on vouloit lui persuader de se mettre un peu plus à son aise, il pria qu'on le laissât libre sur cet article ; connoissant, disoit-il, plus que personne, le besoin qu'il avoit de se nourrir dans la pénitence : tout ce que l'adresse de ceux qui étoient auprès de lui, put faire, fut de lui tirer sa planche de dessous, sans qu'il s'en apperçût, & de le laisser sur une paillasse piquée, épaisse de quatre doigts ; & enfin, lorsqu'on le croyoit près de sa fin, on lui substitua un petit matelas, & un petit oreillier, au lieu de la pierre.

Ce saint Abbé, dès le commencement de sa maladie, ayant connu que ce seroit la derniere de sa vie, se prépara à mourir comme les Saints ; il fit appeller les pauvres, leur donna sa benédiction, & se recommanda à leurs prieres. Il acheva, quelques jours après, de mettre entre les mains des Curés de la Ville tout ce qui pouvoit lui rester d'argent, pour subvenir à la nécessité de leurs Paroissiens ; à l'un six cent livres, à l'autre, cinq cent ; s'étant ainsi volontairement dépouillé de toutes choses, il avoit la satisfaction de n'avoir pas un sol à lui, & se reposoit, pour le reste, sur le soin des Religieux de son Abbaye ; & les prioit de lui faire la charité qu'ils feroient à un pauvre.

Pendant sept semaines qu'il a été sur ce lit de douleur, on ne lui a jamais entendu faire la moindre plainte ; il étoit uniquement occupé de Dieu, de ses jugemens & de ses miséricordes. Pour n'en être point distrait, il ne vouloit voir personne, ni parler à qui que ce fût, non pas même à son neveu, qui passa à Provins dans cet entretems, & se présenta pour le saluer. Il n'y avoit que les personnes dont il ne pouvoit absolument se passer, qui l'approchassent, & qui fussent témoins des saints transports de son ame, pour jouïr de son Dieu.

A mesure que les forces de son corps s'affoiblissoient, la vigueur de son ame s'augmentoit ; sa patience, sa soumission, son humilité étoient montées à un tel dégré, qu'on ne croyoit pas qu'il pût les pousser plus loin. Il reçut tous les Sacremens de l'Eglise, & édifia infiniment ceux qui eurent le bonheur d'être les spectateurs & les témoins de ses dispositions.

Dieu qui les lui avoit données & conservées jusqu'au dernier soupir, avec un plein jugement, voulant couronner tant de bonnes œuvres, appella à lui son serviteur le 21. Jan-

Z

vier 1712. âgé de 92. ans, la 76. année de sa profession. Plus de 20. ans avant sa mort, il s'étoit préparé une sépulture dans l'Eglise, avec une modeste épitaphe; mais cela ne s'accordant pas avec les humbles sentimens qu'il avoit de lui-même, il fit depuis effacer cette épitaphe, détruire son mausolée, & ordonna qu'il seroit enterré dans le Cloître, sans aucune distinction. Désirant dans sa derniere maladie qu'on exécutât ce qu'il avoit projetté là-dessus, il se tut, aussi-tôt qu'on lui eût représenté qu'il devoit laisser le soin de sa sépulture à ceux à qui il avoit confié le soin de sa conscience.

Tous les Corps de la Ville de Provins, les Religieux, le Présidial, l'Hôtel de Ville, toutes les personnes de condition voulurent assister à ses obséques; toute la Ville & la Campagne des environs rendirent honneur à sa mémoire.

Dom Pierre le Court a toujours travaillé pour sa propre édification, & pour celle des autres, s'occupant à faire des Recueils de ses lectures: il a abrégé tout le Commentaire littéral du R. P. Dom Augustin Calmet en sept ou huit Volumes in-quarto.

Il a fait un ample Recueil des Sequences, ou Proses anciennes, ou Cantiques, au nombre de plus de cent, qu'on chantoit autrefois à la Messe dans plusieurs Eglises, & dont plusieurs sont historiques, instructives & édifiantes; Ouvrage in-quarto manuscrit, qu'il dédia au Pape.

Item, un Ouvrage intitulé, *Concordia discordantium Theologorum circa gratiam Christi Salvatoris, & meritum hominis*; in-quarto manuscrit.

Une Paraphrase sur le Cantique des Cantiques, auquel est jointe la Paraphrase sur la Prose des Morts, *Dies iræ, &c.* in-12.

Enfin, il a composé l'Histoire de l'Abbaye de S. Vanne de Verdun, divisée en trois parties; la premiere représente ce qu'étoit l'Eglise de S. Vanne, ou de S. Pierre, avant que les Benédictins y fussent établis; la seconde, ce qu'elle a été depuis leur introduction jusqu'aujourd'hui; la troisiéme expose les Monumens de l'Eglise du Monastere, & généralement tout ce qui concerne l'Abbaye de S. Vanne.

CRAFFE, ou Caraffe, est le nom de l'Ingénieur qui, sous le régne du Duc René II. après l'an 1476. bâtit la Porte, qu'on nomme aujourd'hui de *Notre-Dame*, ou, parce qu'elle étoit vers le Prieuré de Notre-Dame, aujourd'hui Paroisse desservie par les Peres de l'Oratoire, ou, parce que la figure de l'Annonciation de Notre-Dame se voit au-dessus de cette Porte. Anciennement on l'appelloit la Porte de Craffe; & l'on tient que Craffe ou Caraffe est le nom de l'Ingénieur qui la construisit.

COUSANCE (Liébaut de) Evêque de Verdun, étoit de la très noble Maison de Cousance dans le Comté de Bourgogne (*z*). Il prit l'habit de Benédictin dans l'Abbaye de Luxeüil, où il fit de grands progrès dans la piété & dans les sciences, sur-tout dans la connoissance du Droit Canon, qui étoit alors plus cultivé que la Théologie. Le Duc de Bourgogne Philippe le Bon l'employa à diverses négociations à la Cour d'Avignon, où le Pape Clément VII. le pourvut du Prieuré de Clermont. Le même Duc Philippe le Bon le fit élire à l'Evêché de Verdun, & son élection fut confirmée par le Pape Clément VII. qui connoissoit son mérite. Il eut pour compétiteur Rolin de Rodemach, qui étoit appuyé de l'Empereur; mais le Chapitre ne voulut pas le reconnoître: Liébaut fut maintenu, & gouverna l'Evêché de Verdun avec beaucoup de sagesse & de vigilance pendant 25. ans. On trouve quantité de Traités passés sous son gouvernement, avec les Comtes de Bar & d'autres Seigneurs, & même avec le Roy de France, pour maintenir les droits de son Evêché.

Il résidoit ordinairement à Hatton-Chatel, où il tint un Synode général en 1401. & y publia les Statuts que l'on conserve dans les Archives de l'Evêché, & qui se trouvent imprimés dans le second Tome des Monumens de la sacrée Antiquité par l'Abbé Hugo, pag. 463. Il y défend aux Ecclésiastiques de porter des habits de couleur verte ou rouge. On voit qu'alors on admettoit encore, pour le baptême des enfans, trois ou quatre tant parains que maraines; que, dans le cas de nécessité, un Prêtre pouvoit dire une Messe *sub duplici introitu*; c'est ce qu'on appelloit une *Messe à deux ou trois faces*, ou une Messe séche. Il mourut en 1403. & fut enterré dans la Nef de l'Eglise de Verdun, où l'on voit sa tombe, & son épitaphe qui est en partie effacée.

CROCHETS (Dom Pierre des) Benédictin réformé de la Congrégation de Saint Vanne, étoit natif de Verdun, sorti d'une famille noble. Il fit profession à S. Evre-lès Toul le 25. Juin 1624. & mourut à S. Arnould de Metz le 14. Juin 1672. Ce Religieux très versé dans la connoissance des anciens Titres, a composé en 1654. d'une maniere étenduë les Histoires des Abbayes,

(*a*) Voyez la nouvelle Histoire de Verdun, pag. 355. & 362.

d'Hommes de l'Ordre de S. Benoît, qui sont dans la Ville de Metz; S. Arnould, S. Vincent, S. Symphorien, S. Clément & S. Martin, & des Abbayes de Filles de même Ordre, sainte Gloffinde, S. Pierre, sainte Marie, & des autres Monasteres de Metz : les Histoires de toutes ces Abbayes sont manuscrites (*a*).

Il a aussi fourni à Messieurs de sainte Marthe beaucoup de Mémoires sur les Abbayes unies à notre Congrégation ; ces Mémoires sont inférés dans le quatriéme Tome de l'ancienne édition, *de Gallia Christiana*, où l'on fait une mention honorable de Dom des Crochets.

Il posséda long-tems les premieres charges de la Congrégation, & s'y comporta d'une maniere distinguée. Dans le Chapitre général tenu à S. Mihiel en 1660. & composé des Supérieurs tant de l'observance de l'Ordre de Cluny, que de ceux de la Congrégation de S. Vanne, Dom Pierre des Chrochets fut élu Prieur de S. Martin-des Champs, situé dans la Ville de Paris. Il fut souvent Prieur des Abbayes de S. Arnould & de S. Clement de Metz.

CROCHETS (Dom Charles des) natif de Verdun, Benédictin de la Congrégation de S. Vanne, Profés de S. Mansuy de Toul le 30. Avril 1617. mort en France dans la Congrégation réformée de Cluny en 1664. (*b*) posséda trois ans & demi le Prieuré de S. Jacques près du Neufchâteau : après ce tems, il s'en démit entre les mains de M. de Porcelets Evêque de Toul, par lequel il en avoit été pourvu. Au mois d'Avril 1631. il fut envoyé à Cluny ; après son retour dans la Congrégation, D. Paul Cachet élu Abbé de S. Mihiel lui conféra en 1636. le Prieuré d'Haréville, qu'il quitta encore pour retourner à Cluny ; & dans le Chapitre général de cet Ordre, tenu à la Charité sur Loire, il fut nommé Prieur de S. Sauveur de Nevers.

Nous avons de lui un Ecrit de Théologie en Latin, avec ce titre, *Quadruplex demonstratio Christianissimi credendi*. Ces quatre démonstrations sont tirées, 1°. de la fin de l'homme, & du moyen pour arriver à sa fin ; 2°. du témoignage de Jesus-Christ ; 3°. du témoignage des Juifs ; 4°. du témoignage des Chrétiens. L'Ouvrage est dédié au Roi ; il dit que le but qu'il se propose, est de donner aux plus forts des moyens de faire des progrès dans la Foi, d'y affermir les foibles, & de changer les incrédules en fidéles. Cet Ouvrage est manuscrit.

Le même fit imprimer à Paris en 1646. un Livre in-12. intitulé, *Ethica seu Philosophia Moralis, Christiana, Religiosa*, dedié au Prince de Conti, Abbé de Cluny : il y traite *de natura, necessitate, dignitate, & duobus mancribus Ethicæ* ; ensuite, *de quatuor ejus gradibus, &c.* Il a encore fait *des Entretiens sur les Anges*, ou *Dialogue entre Dom Charles des Crochets, & Dom Robert des Gabets*, manuscrit. Sur la nature & les propriétés des Anges, on lui attribué aussi un Ecrit intitulé, *Instance contre la maniere d'expliquer la présence réelle, du R. P. des Gabets*.

CROCK Graveur Lorrain, mort à Nancy en 1737. Il a gravé en 1703. quatre Médailles qui furent placées aux quatre coins de la Lame posée sur la premiere Pierre de l'Eglise Primatiale de Nancy.

La premiere représente le Duc Leopold I· la seconde, Elizabeth Charlotte d'Orléans, Duchesse de Lorraine ; la troisième & quatrième, les Princes Charles & François de Lorraine, freres du Duc Leopold. La premiere Médaille a pour revers, *Sub Leopoldi I. auspiciis Basilica Primatialis Lotharingiæ à Carolo III. delineata fœliciter post sæculum assurgit* 1703. La seconde, *Elizabeth Philippi Ducis Aurelianensis filia, Leopoldi Regia conjux, sacrum hoc Templum mariti suis pietatis consors excitari procurat* 1703.

La troisième, *Carolus à Lotharingia Osnaburgensis & Olmucensis Episcopus pro avorum vota exolvens Primatialem primas ipse à fundamentis extruit* 1703.

La quatrième, *Franciscus à Lotharingia Stabulensis & Bossonisvillæ Abbas fundandæ Ecclesiæ famulantes manus Princeps fraternæ religionis æmulator subministrat* 1703.

Ces quatre Médailles sont chez le Médaillier de M. Nicolas fils Marchand à Nancy.

CRODEGANG Evêque de Metz, dont nous avons donné la vie dans l'Histoire de Lorraine, tom. I. pag. 508. livre II. art. 46. gouverna l'Eglise de Metz depuis l'an 742. jusqu'en 766. Il porta le titre d'Archevêque, que le Pape Etienne II. lui accorda. Il fonda dans son Diocése deux Monasteres, l'un dédié à S. Pierre, nommé quelquefois *Hilariacum*, & depuis S. Nabor, aujourd'hui S. Avold ; le second fut nommé Gorze, autrefois très célébre, aujourd'hui entièrement ruiné. Ce qui a le plus contribué à la gloire de Crodegang, est la Régle qu'il composa pour ses Clercs, & qu'il a tirée, pour la plus grande partie, de celle de S. Benoît. On peut voir le R. P. Rivet, Hist. littéraire de

---

(*a*) D. Munier, Histoire de la Réforme, tom. 3. pag. 388.

(*b*) D. Munier, *ibidem*.

France, tom. 4. pag. 131. où il entre en un grand détail sur les différentes Editions de cette Régle. Il remarque que l'Evêque Elfric, qui avoit été élevé dans le Pays nommé depuis Lorraine, introduisit cette Régle dans la Cathédrale d'Excheftre en Angleterre. L'Evêque Crodegang avoit composé des Instructions, qui se devoient lire au Chapitre de ses Chanoines tous les jours, excepté le Dimanche, le Mercredy, le Vendredy; mais on ne les a plus, du moins elles ne sont pas imprimées. On honoroit Crodegang comme Saint à Gorze le 6. Mars; on en faisoit Fête de douze Leçons.

CROIX (Dom Théodore de la Croix) autrement Dom Théodore Moy, Bénédictin de la Congrégation de S. Vanne, natif de S. Mihiel, fit profession à S. Vanne le 23. Novembre 1613. mort au Prieuré de Sainte-Croix de Nancy le 25. Décembre 1635. a composé en 1628. la vie de S. Hidoul, ou Hydulphe, Archevêque de Tréves, Fondateur de l'Abbaye de Moyenmoutier, qui n'a pas été imprimée: il y cite la vie de S. Hydulphe composée par Dom Philibert de Teintruis.

Item, *Essais sur aucunes guérisons miraculeuses opérées à Moyenmoutier*, dont ledit Théodore a été témoin ès années 1626. & 1627.

Item, *Pharmacie spirituelle*, remplie de remédes contre toutes sortes de foiblesse & de langueurs; manuscrit à S. Arnoud de Metz.

Il est fort différent de Dom Alexandre Moy, qui avoit fait profession à S. Avold le 20. Août 1615. mort au Pont-à-Mousson en 1660. où il étoit allé, pour y prendre les eaux ferrugineuses, qui s'y trouvent dans la montagne de Mouçon. Il étoit fort entendu dans le maniment des affaires, & a été fort employé dans diverses Négociations à Paris & ailleurs. Il étoit Prieur de S. Nicolas, lorsque les Suédois mirent le feu à la belle & augufte Eglise de ce Monaftere.

CUNON Archevêque de Tréves, apparemment Cunon de Falckeftein, qui a gouverné eette Eglise depuis l'an 1363. jusqu'en 1388. a rédigé ou fait rédiger la suite des Archevêques de Tréves; le tout rangé en deux colomnes. Dans la premiere, sont les noms & la vie des Archevêques de Tréves; & dans l'autre, celles des Papes. Cet Ouvrage, dont Brouverus ne parle pas fort avantageusement, a été imprimé par les soins de Piftorius dans la grande Chronique de Flandres. Voyez Brouverus, *Annal. Trevir. Cap.* 3. *pag.* 9.

CUNY (Jean) habile Fondeur, né en 1561. mort à Nancy le 27. May 1636. âgé de 75. ans.

François Cuny son fils, Fondeur de l'Artillerie de Lorraine, né à Nancy en 1597. avoit épousé Eve Chaligny morte en 1687. Il mourut le 7. Mars 1681. âgé de 84. ans.

Jean & François Cuny étoient élevés du fameux Chaligny, dont nous avons parlé; ils soutinrent par leur stabilité la haute réputation de leur Maître.

Les Ducs Charles III. Henry II. & Charles IV. se servirent d'eux dans la fonte de leur Artillerie.

Le Lutrin de l'Eglise Paroissiale de S. Sébastien de Nancy, l'Ange qui porte les deux Lampes de la même Eglise, sont de François Cuny, qui les fit sur les modéles que lui donna Cezar Bagard Sculpteur, dont nous avons parlé. Il a aussi fondu le Lutrin & les deux grands Chandeliers de cuivre de l'Eglise Primatiale de Nancy.

CUSA (Le Cardinal Nicolas de) natif de Couse, petit Bourg sur la Moselle, à huit lieues au-dessous de Tréves, au même Diocèse, étoit fils d'un pauvre pécheur nommé *Jean Krebs*, & de *Catherine Roemers* (*d*). Il naquit en 1401. S'étant avancé dans les études par le moyen des charités des Comtes de Manderscheidt, il se rendit fort habile pour ce tems-là dans la Jurisprudence & la Théologie. Il prit le Bonnet de Docteur à Padoue âgé de 23. ans; il entra chez les Chanoines-Réguliers de Tartemberg, qui suivoient la Régle de S. Augustin; il fut ensuite successivement Doyen de S. Florent à Coblentz, & Archidiacre de Liége; il assista en cette qualité au Concile de Basle en 1431. enfin il fut fait Cardinal le 20. Décembre 1448. par le Pape Nicolas V. qui le nomma deux ans après à l'Evêché de Brixen dans le Comté de Tyrol. Il fut envoyé Légat en Allemagne en 1441. & mourut à Todi Ville d'Ombrie le 12. Août, âgé de 63. ans.

Son corps fut enterré à Rome dans l'Eglise de S. Pierre ès liens, qui étoit son titre de Cardinal; & son cœur fut rapporté dans l'Eglise de l'Hôpital de S. Nicolas, qu'il avoit érigée près de Couse, & qu'il avoit enrichi d'une ample Bibliothéque de Livres Grecs & Latins. Nous avons tous ses Traités en trois Volumes in-fol. de l'impression de Basle en 1565.

Au Concile de Basle, il avoit d'abord été un des plus grands défenseurs de l'autorité du Concile sur le Pape, & avoit fait, pour la prouver, un Ouvrage considérable, intitulé, *De la Concordance Catholique*; ensuite il se réunit avec ceux qui soutenoient le parti

---

(*c*) Voyez Ciaconius, Vie des Cardinaux, tom. 2. pag. 974. & suiv. Brouver. tom. 2. pag. 195. 296.

du Pape Eugene contre la supériorité du Concile ; & ce Pape l'envoya en Gréce, avec le Patriarche de Tarentaise, pour traiter de la réunion des deux Eglises. Il fut ensuite envoyé à Nuremberg, où l'Empereur, les Princes d'Allemagne, & les Ambassadeurs de France, & ceux d'Espagne convinrent de garder la neutralité entre le Pape Eugene & le Concile de Basle.

Le premier Tome de ses Ouvrages contient des Traités Théologiques sur les Mysteres, dans lesquels la Métaphysique régne presque par-tout.

Le second contient les Livres de la Concordance, plusieurs Lettres aux Bohêmes, & quelques autres Traités de Controverse, dans lesquels il traite les matieres en Théologien.

Le troisiéme contient des Ouvrages de Mathématique, de Géométrie & d'Astronomie ; son stile est net & facile, sans affectation & sans ornement. Il savoit les Langues Orientales, & avoit beaucoup d'érudition & de jugement. Le seul défaut qu'il ait eû, c'est d'avoir été trop abstarit & trop métaphysique dans plusieurs de ses Ouvrages. Athamerus cite une Carthe Géographique de l'Allemagne de la façon de Nicolas de Cusa, *apud Ortelium*. Le Pere Gaspard Hartzheim Jésuite a fait imprimer en 1730. à Tréves, une Vie du Cardinal de Cusa, qui est des plus superficielles. On peut voir l'article de Cusa dans les Dictionnaires de Morery, & dans leurs Supplémens de Paris & de Basle.

CUSSIM (Jean) que quelques-uns ont nommé *Kussim*, ou *Kustim*, par erreur (*d*), étoit ne à Luxembourg, & embrassa l'Institut de S. Dominique. Il prit ses Licences à Paris en 1368. & gouverna assez long-tems la Province de son Ordre en Allemagne. Voici ses Ouvrages qui ne sont pas encore imprimés ;

1°. *Commentaria in 5. Libros Sententiarum.*
2°. *Postilla in 15. priora Capita Matthai.*
3°. *Postilla in Epistolam ad Titum.*
4°. *Sermones de tempore*, *de Sanctis*, & *ad Clerum.*
5°. *Directorium Confessorum.*

CUSSON (Jean-Baptiste) célébre Imprimeur, né à Paris le 27. Décembre 1663. vint s'établir à Nancy en l'an 1711. Il a imprimé quantité d'Ouvrages qui lui ont fait honneur ; il a même composé quelques Livres, où il a fait paroître un esprit aisé & cultivé. Il n'avoit commencé à parler qu'à l'âge de cinq ans, & avoit achevé ses études

à l'âge de seize. Il a commencé son premier Ouvrage, par une tradition de Térence en 1700. & en a imprimé les six premieres feuilles dans le goût des Elzevires.

Il a retouché la Traduction de l'Imitation de Jesus-Christ en vers, composée par Corneille, & étoit tout prêt d'en donner une nouvelle édition revuë & corrigée, lorsque la mort le surprit à Nancy le 14. Août 1732. Son fils Abel-Denys Cusson l'a imprimée in-quarto en 1745. & l'a dediée à Son Altesse Royale Madame la Princesse Charlotte de Lorraine.

Il joignoit à beaucoup de connoissance & d'habileté dans son Art, une grande modestie & une probité reconnuë. La Librairie de Paris l'a regretté, & j'ai ouï dire à des principaux Libraires de cette grande Ville, que M. Cusson étoit le plus habile Imprimeur de l'Europe & qu'on lui auroit volontiers fait une pension pour le ramener à Paris. Voici la liste de ses principaux Ouvrages.

En 1702. il a retouché & mis en meilleur langage *les sages Entretiens*, *les Pensez-y bien*, & la *Pratique de l'amour de Dieu*, petits Ouvrages de pieté.

En 1703. il fit une Piéce d'écriture ou Mémoire in-folio, présenté au Roy, pour montrer que l'Imprimerie n'avoit jamais rien payé ; cette Piéce fut imprimée, & doit se trouver dans la Sale des Imprimeurs & Libraires à Paris.

En 1709. il a retouché le Roselli, ou l'infortuné Néapolitain, qui a été imprimé à Rouën.

En 1711. il a fait Agathon & Tryphine, Histoire Sicilienne, qu'il a dédiée à feu Son Altesse Royale Leopold I.

Il a imprimé aussi en 1711. l'Imitation de Jesus-Christ, avec des Pratiques & des Prieres du R. P. Gonnelieu Jésuite ; la Traduction est de M. Cusson, le reste est du Pere Gonnelieu.

En 1712. il a retouché *le Roman Bourgeois* de M. Furretiere, & l'a aussi imprimé.

En 1720. il a retouché *Tharsis & Zelie* en trois Tomes ornés de tailles-douces.

Il a aussi, dans ses intervalles de travail, fait un Roman, que l'on nomme *Le Berger extravagant*, en deux Tomes ; il y en a quelques feuilles d'imprimées.

Il a retouché le *Fortunatus*, & l'a fait d'un goût tout-à-fait gracieux.

Il a fait quelques Piéces volantes de Poësie, adressées à des personnes du premier rang, pour leur servir de Bouquets.

En 1726. il a imprimé une Imitation La-

(*d*) Voyez Echard, *de Script. Ordin. Prædicat.* 1. lib. pag. 663.

BIBLIOTHEQUE LORRAINE.

tine, avec la Traduction Françoise de sa façon, dédiée à M. le Prince de Craon.

Il a eu l'honneur de présenter à Son Altesse Royale des Heures de differentes grandeurs, avec des Sonnets de sa façon.

Je ne parle point des Livres qu'il a simplement imprimés, & qui sont en très grand nombre, & imprimés très correctement.

CYPRIAN Religieux Minime, a fait imprimer à S. Mihiel en 1614. un Traité sous ce titre, *Quintescentia magistralis in quatuor secta partes succinctis solutionibus præcipua in Theologorum scholis controversa solvens.* Sammieli 1614. Ce titre ne prévient pas beaucoup en faveur ni de l'Auteur, ni du Livre.

CYRIACUS est l'Auteur anonyme d'un Ecrit intitulé *Summa deffensionis Capita, &c.* ou Ecrit en faveur de la Duchesse Nicole, contre le Duc Charles IV. son mari. Il y a apparence que Cyriacus est un nom feint, d'un Auteur qui n'a pas jugé à propos de se faire connoître.

D

D'ABONCOURT (Dom Marc) voyez *Aboncourt*.

DADON Evêque de Verdun, & Abbé de S. Vanne, gouverna son Evêché depuis l'an 880. jusqu'en 923. avec beaucoup de zéle & de vigilance, & augmenta considerablement les biens temporels de son Eglise, & assista en 888. au Concile tenu à Metz, & en 895. à celui de Tribur. Sous son Pontificat, la Cathédrale de Verdun fut brûlée, & la plûpart des Livres, Titres & Documens qui s'y trouverent, périrent dans l'incendie.

Il étoit fort savant, & avoit écrit un Poëme en Vers élegiaques sur les malheurs que son Eglise avoit soufferts dans l'irruption des Normands en Lorraine en 889. Il écrivit aussi en 903. des Mémoires sur la vie de ses deux prédecesseurs Hatton & Berard ; & il fit un Regitre exact, dans lequel il discernoit ce qui appartenoit aux Chanoines, de ce qui étoit à la Manse Episcopale. Voyez ce que nous avons rapporté de lui dans notre Histoire de Lorraine, tom. 1. pag. 831. 832. & le Pere Rivet, Histoire litter. de France, tom. 6. pag. 196.

Dadon étoit lié d'une très étroite amitié avec Salomon Evêque de Constance, qui avoit pour lui une estime très particuliere, & qui lui avoit adressé quelques Epigrammes de sa façon (e). Salomon souhaitoit ardemment de jouir de sa présence. Dadon lui-même se mêloit de faire des Vers, comme nous l'avons vu ; il ne nous reste de ses Ecrits qu'un Fragment, que nous avons fait imprimer d'après Vassebourg dans les Preuves de notre Histoiae de Lorraire. Ce fut à l'Evêque Dadon que le bienheureux Jean de Gorze s'adressa, pour être instruit dans les voyes du salut.

Dadon reçut dans sa maison vers l'an 890. un Anglois, homme de Lettres nommé André, avec plusieurs de ses compagnons, & il les envoya à son Monastere de S. Germain de Montfaucon (f). Bertaire Historien des Evêques de Verdun, lui dédia son Histoire ; & Rutger Archevêque de Tréves ayant fait une Compilation des Décrets, les adressa vers l'an 905. à Dadon Evêque de Verdun, qu'il connoissoit homme savant. Nous avons encore de Dadon une Lettre de recommandation, ou testimoniale, qu'on appelloit *Lettres formées*, adressée à Ratbade Archevêque de Tréves, son Metropolitain, en faveur d'un Prêtre nommé Adrien du Diocése de Verdun.

Le fameux Remy, Religieux de S. Germain d'Auxerre, enseigna pendant quelque tems les saintes Lettres dans le Monastere de Montfaucon, qui dépendoit alors du Diocése de Verdun. Il écrivit de là à l'Evêque Dadon une savante Lettre (g) sur *Gog & Magog*, marqués dans Ezechiel 38. 39. que quelques Savans interpretoient des Hongrois, qui faisoient alors la terreur de l'Europe. Remy detruit fort bien ce sentiment, & prétend que ces termes marquent les hérétiques qui désolent l'Eglise, & qui l'ont désolée dans tous les tems. Remy témoigne qu'il étoit alors fort âgé & fort caduc.

Dans une seconde Lettre au même Dadon, il répond à la question que le Prélat lui avoit faite, d'où vient qu'on ne dédioit point d'Eglises aux Saints de l'ancien Testament ? Remy répond, 1°. Que c'est parce qu'on ne sait point le jour précis de leur mort, 2°. Parce qu'on n'a point de leurs Reliques, sans quoi on n'a pas la coutume de consacrer des Eglises.

DAGONEL (Pierre) naquit à Lisou-le Grand l'an 1585. Il entra dans la Société de Jesus le 2. Août 1605. Après avoir enseigné la Philosophie pendant quatre ans, il s'adonna à des études qui ne demandent point une telle assiduité. Il mourut à Pont-à-Mousson le 7. Décembre 1650.

Les Ouvrages qu'on a de lui, sont,

1°. *Le Chemin du Ciel*, nommément pour les Nobles & les personnes de qualité, tiré des Ecrits de la Vie de S. François de Salles, imprimé à Nancy en 1627.

2°. *Traité des Indulgences*, à Nancy chez Jacob Garnich 1626. in-octavo.

(e) *Canisius nov. edit. tom. 2 pag. 239. 248.*
(f) Voyez l'Histoire de Verdun, pag. 141. 144.

(g) *Vide Tom. 12. Spicil. d'Acleri, pag. 399. & tom. 4. Biblioth. amplis. Collect. pag. 230. & seq.*

3°. *Les dévotes pensées* touchant la connoissance & l'amour de Dieu & de J. C. recuillies des ouvrages de S. François de Salles, Evêque de Genéves ; à Paris, chez Sébastien Chapellet 1631. in-16.

4°. *Dosithée*, ou la vocation Religieuse, chez le même, in-12.

5°. *L'Echelle des Saints*, chez Sébastien Cramoisi, 1638. in-12.

6°. *Le Miroir des Riches*, touchant le bon usage des richesses, pour mériter le Ciel ; chez le même 1641. in-octavo. Le Pere Dagonel étoit alors Préfet à Dijon.

7°. *Les devoirs du Chrétien à la sainte Communion* ; à Lyon, chez Claude Prost 1643. 1647. in-12. Le Pere Abram, dans son Histoire de l'Université de Pont-à-Mousson, *Lib.* 8. *art.* 75. *& suiv.* fait un magnifique éloge des vertus du P. Dagonel.

DAIX (Jean) voyez *Aix*.

DARD (D. Benoit) Bénédictin réformé de la Congrégation de S. Vanne, natif de Besançon, & Profés de Luxeuil le 20. Janvier 1658. & mort au même lieu le 9. de May 1707. a enseigné & formé plusieurs Religieux Novices en qualité de Pere-Maître. Il a écrit plusieurs Ouvrages très utiles à l'avancement de la jeunesse, qui s'est consacré à Dieu dans la retraite. Ces Ouvrages sont entre les mains des Maîtres des Novices de la Province de Comté, qui en font un grand usage, & en recueillent tous les jours de précieux fruits.

D. Benoît Dard a été regardé comme un Saint, & pendant sa vie & après sa mort.

D'ARMENNE (Dom Geoffroy) voyez *Armenne*.

DAUCOURT (Bonaventure) natif de Stenay en Lorraine, a fait imprimer en 1633. à Nancy chez Sébastien Philippe, un petit Ouvrage de 41. pages in-12. intitulé, *Diluviorum & cœlestium incendiorum singulares causa & historia*, dedié à Charles de Lorraine, Abbé Souverain de Gorze, Président du Conseil secret du Duc de Lorraine Charles IV. Il dit que ses amis l'ont comme forcé de ramasser, & de mettre au jour ce qu'il avoit composé sur les causes des déluges, & des feux ou incendies célestes. L'Ouvrage ne contient que cinq Chapitres ; mais il renferme grand nombre de remarques historiques & physiques, qu'il auroit pu beaucoup plus étendre.

Il dit, qu'outre la mer Méditerranée & la mer Caspienne, il y a une très vaste ouverture, par le moyen de laquelle les eaux se communiquent de l'une à l'autre mer ; qu'il y en a de pareilles dans la Méditerranée, où les eaux se perdent ; & que les Geographes remarquent aussi un abîme très profond sous le pole où les mers s'engouffrent : Que dans les eaux souterraines il se trouve des poissons tout noirs, dont on ne peut manger sans danger de mort : Que dans les eaux qui sont en l'air, on voit de petits poissons & de petites grenouilles. Il dit que le cours des Astres étoit autrefois différent de ce qu'il est aujourd'hui ; que le Soleil & les Planettes passoient par la voie lactée ; mais qu'ils ont quitté cette route, parce qu'elle étoit trop étroite.

Il parle des feux souterrains, des volcans, & dit que ces feux sont la cause des tremblemens de terre, & qu'on entendit des tonneres sous la terre, par un tems fort serain, l'année que Rhodes fut prise par les Turcs : Que l'Egypte doit son aggrandissement au Nil, qui y apporte beaucoup de limon, & en augmente les terres en hauteur & en étenduë ; qu'il en est de même du Rhone : Que l'on trouve des coquillages, & des débris de vaisseaux dans des lieux fort éloignés de la mer ; ce qui fait juger que la mer s'est beaucoup retiré, & que ce qui est aujourd'hui terre, étoit autrefois mer : Que la Sicile a été jointe à l'Italie, & l'Affrique à l'Espagne : Qu'on a vû des Fleuves engloutis dans la terre, & des Isles sortir du fond de la mer.

Il ne croit pas que le déluge puisse être arrivé naturellement, parce que rien ne se détruit de soi-même ; mais qu'il peut arriver des innondations extraordinaires, lorsque les montagnes s'entr'ouvrent & laissent couler des eaux, qui étoient enfermées dans leurs concavités. Il croit qu'avant le déluge l'Iris ne paroissoit pas ; que les montagnes se sont formées par les crévasses de la terre & l'éboulement des terres : Que si l'on ne trouve pas que les Auteurs profanes aient fait mention du déluge, c'est que les monumens, les lettres, les langues même sont perduës, comme la langue hétrusque, la signification des Hieroglyphes des Egyptiens ; l'ancienne langue dont se sont servi les premiers peuples d'Italie ; la langue des anciens Celtes, ou Gaulois. L'Auteur, parmi plusieurs remarques curieuses & instructives, en avance beaucoup d'incertaines & de fabuleuses, sur la foi de ceux qu'il a copiés.

DAUCY, Voyez *Aucy*.

DAVID (Pierre) de l'Ordre des Freres Mineurs, a composé *Summula Tractatûs de Trinitate, ad mentem Doctoris subtilis* ; *Tulli*, anno 1650.

DEHAUT, en son Ecrit des Ducs de Lorraine, qui avoit été lû par le R. P. Christophe Callot Abbé de l'Étanche, disoit, *Que Gothelon le Grand*, Duc de Lorraine, mort en 1044. avoit fait plusieurs Loix concernant les Privilégés & Immunités des Seigneurs de *ses* Pays ; & avec les douze Pairs, avoit ordonné vingt-quatre Chevalliers Bannerets, pour connoître de tous les différends ressortissans par Appel. Voilà, continué le R. P. Callot, l'institution & le tems de l'ancienne Chevallerie de Lorraine, de laquelle les Gentilshommes de l'ancienne Chevallerie sont sortis. Je n'ai point vû les Ouvrages de M. Dehaut; mais les priviléges de la haute Noblesse ne viennent pas de ce Gothelon, & ne sont pas si anciens.

Ne seroit-ce pas le même que *Jean Dehaut*, qui se méloit de faire des Vers ? Voyez cy-après *Haut*.

DEMANGE (Nicolas) voyez Valdajol.

DENIS (Antoine) natif de Durbuis dans le Duché de Luxembourg (*b*), a fait imprimer un Ouvrage de sa façon, intitulé, *Scolia in universam Cornelii Valerii Syntaxim*, en 1571.

DERAND (François) Lorrain d'origine, né dans le Diocése de Metz l'an 1588. entra dans la Compagnie de Jesus en 1611. & y fit sa profession des quatre Vœux. Il enseigna pendant quelque tems les Mathématiques, & s'appliqua beaucoup à l'Architecture spéculative & pratique.

Il a composé un Livre fort estimé, qui a pour titre, *L'Architecture des Voutes, ou l'art, traits & coupes des Voutes* ; *Traité très utile, même nécessaire à tous les Architectes, Maîtres Maçons, Appareilleurs, Tailleurs de Pierres, & généralement à tous ceux qui se mêlent de l'Architecture, même militaire ;* à Paris, chez Sébastien Cramoisy 1644. in-fol.

Le Pere Derand & le Frere Martel-Ange travaillerent, à l'envi, au dessein général de l'Eglise de la Maison-Professe des Jésuites de Paris. Le dernier qui étoit très habile Architecte, s'étoit proposé dans son dessein d'imiter l'Eglise de Jesus à Rome, qui a été bâtie par le fameux Vignole; le Pere Derand, au contraire, n'avoit copié que lui-même ; & malheureusement les Jésuites préférerent son dessein à celui de Martel-Ange. Piganiol de la Force, description de Paris, tom. 5. p. 372. édition de 1742.

DE RHODES, voyez *Jean de Rhodes*.

DE RUET (Claude) Peintre Lorrain du 17e. siécle, originaire de Nancy, étudia sous Claude Israël Peintre de Châlons en Champagne, que le Grand-Duc Charles avoit fait venir en Lorraine en 1596. après avoir appris à dessiner avec Jacques Callot, Israël fils, & Bellange. Claude de Ruët & Israël étant encore jeunes, allerent à Rome, où ils s'occuperent à peindre, sous Tempeste,

(*b*) *Val. Audr. Biblios. Belgica*, pag. 69.

des Batailles & des Chasses. De Ruët fut aussi éléve de *Joseph Pin* ou *Josepin*.

Il alla ensuite à Paris : comme il étoit riche, il faisoit figure ; on l'y a vû avec un train & un équipage de grand Seigneur: après y avoir resté quelque tems, il revint en Lorraine.

A son arrivée, il gagna l'amitié du Prince de Phalsebourg, favori du bon Duc Henry II. Claude de Ruët étoit un homme ambitieux & entreprenant, comptant trop sur la faveur du Duc Henry II. & du Prince de Phalsebourg, fils naturel du Cardinal de Guise tué à Blois. Il auroit voulu que Jacques Callot lui cédât ; & ils eurent ensemble quelques difficultés. En voici le sujet : On fit à Nancy un Carousel magnifique ; Son Altesse chargea Jacques Callot de la gravûre ; ce qu'il exécuta en dix piéces, de même que la Carriere, où ce Carousel se fit.

De Ruët vouloit s'attribuer une souveraine autorité sur tous ceux qui travailloient pour les divertissemens du Duc ; il prétendoit que ce seroit d'après ses desseins que Callot graveroit ses Planches, & Callot lui résistoit fortement, ne voulant rien faire que de son invention. Ils eurent ensemble de grandes contestations ; mais enfin il fallut que de Ruët cédât à Callot, qui demeura maître des desseins & de la gravûre de toutes ces sortes d'ouvrages, qu'il fit pour son Altesse. Cependant Callot se racommoda avec de Ruët ; car en 1632. il lui grava son portrait, & celui de son fils.

De Ruët y est représenté en habit de Gentilhomme, fort proprement vêtu, ayant sur sa poitrine la Croix de Chevallier, l'épée au côté, le chapeau bas avec un grand plumet, des culottes à l'antique fort ornées, des bottes courtes & molles, ou des brodequins. Il montre de la main son fils, qui a aussi l'épée au côté, l'arquebuse sur l'épaule gauche, & le croc ou la fourchette pour soutenir l'arquebuse, qu'il tient de la main droite : il porte un bonnet orné d'un plumet ; le pourpoint, les culottes, & les bottes comme celles de son pere. Au dessous du Portrait, sont les Armes de Ruët, qui sont d'azur à une face d'argent, chargée d'une Croix pattée de gueule vuidée d'argent, accompagnée en chef de trois coquilles d'or mises en rang & en pointe d'un Lion de même.

Au-dessous du Portrait, on lit les Vers suivans,

Ce fameux créateur de tant de beaux visages,
S'étoit assez tiré dans ses rares ouvrages,

Où la

Où la nature & l'art admirent leurs ef-
forts ;
Il tenoit le deſſus du tems & de l'envie;
Et lui de qui les mains reſſuſcitent les
morts,
Pouvoit bien par ſoi-même éterniſer ſa
vie :
Mais quand il eût fallu laiſſer quelque
autre marque ,
Qui , malgré les rigueurs du ſort & de la
parque ,
Le montrât tout entier à la poſtérité ;
Son huile & ſes couleurs pour le faire re-
vivre ,
Au goût des mieux ſenſés , auroient tou-
jours été
Un charme plus puiſſant que l'eau forte
& le cuivre.
A Claude de Ruët , Ecuyer , Chevalier de
l'Ordre de Portugal.
Son fidéle ami , Jacques Callot, fecit.
A Nancy en 1632.

En 1621. le bon Duc Henry II. annoblit Claude de Ruët ; il fut fait Chevalier
de l'Ordre de S. Michel par le Roi Loüis XIII.
& Chevalier de l'Ordre de Chriſt par le Pape.
Il épouſa N. de Saulcourt qui étoit d'une noble Maiſon ; le cinq Mars 1632. le Duc
Charles IV. déclara de Ruët Gentilhomme.

En 1626. il peignit l'Egliſe des Carmes
de Nancy ; il fut aidé par des Peintres Italiens très habiles, qui peignirent les Apôtres qui ſont dans le milieu du plafond. Ces
Italiens reſterent peu de tems à Nancy ;
mais ce qu'on y voit de plus beau dans ce
plafond , eſt de leurs mains.

Claude de Ruët ſe mêloit auſſi de la gravûre ; en quoi il ne réuſſiſſoit pas des mieux:
on le voit dans une Eſtampe gravée par
Callot repréſentant Charles IV. à cheval ;
de Ruet a retouché cette Planche , & l'a
gâtée: il a auſſi gravé un Charles IV. à cheval
dans une grande Eſtampe gravée , à ce que
je crois , par Sébaſtien le Clerc , & qui repréſente la Bataille de Nortlinguen en 1634.

Claude de Ruët mourut à Nancy le 20.
Octobre 1660. âgé de 70. ans , & fut enterré dans la Chapelle de S. Nicolas en l'E-
gliſe des Carmes , où ſe voit ſon Epitaphe.

Sébaſtien le Clerc a gravé pluſieurs Eſtampes d'après les deſſeins de de Ruët ; tels
ſont les Arcs-de-triomphe pour le retour de
Charles IV. Les Planches étoient chez Madame Bardin à Tomblaine. Voyez ci-devant
Bardin.

Loüis XIII. étant à Nancy , crayonna
de ſa main le Portrait du Peintre de Ruët

le 11. Juillet 1633. ou 1634. On a mis ſous
ce Portrait les Vers ſuivans à la loüange du
Roi Louis XIII. & à celle de Ruet :
On ſçait à quelle gloire Apelles oſa pré-
tendre
Par ce fameux Portrait qu'il laiſſa d'Ale-
xandre ,
Son pinceau dans la Grece autrefois
adoré ;
Mais quoiqu'on ait écrit, je priſe davantage
Cet illuſtre crayon , où , par un rare ou-
vrage ,
Des mains d'un Alexandre un Apelles eſt
tiré.

DE RUET.

Ludovicus XIII. Francorum Rex
Chriſtianiſſimus manu ſuâ fecit
11. *Julii* 1624. (ou plutôt) 1634 (i).

DESBANS (Pierre) Prieur de S. Paul de
Verdun , Ordre de Prémontré , a fait imprimer *Status Strictioris Reformationis in Ordine*
Præmonſtratenſi inſtitutæ, Muſſiponti 1630. in-
quarto. Il eſt cité avec éloge par le R. Pere
Abram Jéſuite , dans ſon Hiſtoire de l'Univerſité de Pont-à-Mouſſon.

DESBORDES (Jean) Auteur du *Diſcours*
de la Théorie , de la Pratique , & de l'excel-
lence des Armes ; à Nancy 1610. Brochure
in-quarto.

DESBORDES (D. Nicolas) fit profeſſion de la Régle de S. Benoît en l'Abbaye de
S. Airy de Verdun , le 4. Juin 1673. Il a
écrit contre le premier & ſecond Tome du
Livre de la connoiſſance de ſoi-même, compoſé par D. François l'Ami Benédictin de
S. Maur. Cette diſpute entre ces deux Auteurs de ſentimens divers , n'altéra en rien
l'étroite amitié qui les uniſſoit.

D. Desbordes étoit grand Méthaphyſi-
cien ; il a compoſé ſur la Méthaphyſique
trois Entretiens fort longs , en forme de
Dialogue.

Le premier a pour objet, que tout ce dont
on a une idée claire & diſtincte, exiſte réellement , actuellement , & en la maniere
qu'il nous eſt repréſenté dans l'idée.

Le ſecond traite de la nature de Dieu, &
de ſes propriétés eſſentielles & intrinſeques.

Le troiſiéme roule ſur la nature des Anges.

Il ſuit dans cet Ouvrage des principes
contraires à ceux du Pere Malbranche , &
même du Pere l'Ami , s'attachant à Dom
Robert des Gabets.

Il s'entendoit aux Bâtimens pour les deſſeins , & les repréſentoit avec adreſſe en carton : il a été plus d'une fois conſulté ſur

---

(i) Il eſt certain que de Ruët a eû l'honneur d'être peint par Loüis XIII. ſi c'eſt en France , la datte de 1624. peut être bonne ; ſi c'eſt en Lorraine, il faut 1634.

de pareils sujets. Il mourut à S. Sauveur des Vertus le 25. Octobre 1713.

DESMONT (D. Remy) Bénédictin de la Congrégation de S. Vanne, natif de Novy en Champagne, Profès de S. Maurice de Beaulieu le 9. Juin 1722. a composé un Traité pour réfuter l'Athéisme & le Déïsme, par l'autorité des Payens mêmes. Voyez la Clef du Cabinet, Janvier 1748.

DESVOUE'S (Thiébault) Prêtre d'Argonne, a fait imprimer en Latin, *Laurus Parthenica dicata Serenissimo Principi Carolo à Lotharingia Episcopo Virdunensi*, *Parisiis apud Ludovicum Seveftre* 1615. *in-12.* L'Auteur ramasse tout ce que l'Ecriture & les Peres de l'Eglise donnent d'épithétes à la sainte Vierge; & les illustre d'abord par quelques Vers Latins, puis par un Discours intitulé, *Auctoritates Patrum*, où il cite les Peres qui ont expliqué les paroles de son Texte.

A la fin on trouve, *Miscellaneorum Carminum Liber*, qui contient des Vers sur une infinité de sujets différens. Après cela, on lit *Porcelleti generis clarissimi Litteræ & Arma*, qui est un Ouvrage en Vers, composé en l'honneur de Jean de Porcelets, Evêque & Comte de Toul, Abbé de S. Mansuy & de S. Avold.

Dans son Epitre Dédicatoire, il entre dans un assez grand détail de la Maison des Porcelets; il en relève l'antiquité & les illustrations; & à la fin il donne une Liste des Auteurs qui ont parlé de cette Maison : il paroît par cette Liste que l'Auteur avoit une assez grande lecture.

C'étoit alors l'usage de mettre à la tête des Ouvrages quantité d'Epigrammes à la loüange des Auteurs. La Lorraine avoit grand nombre de gens aimant la Poësie; & on voit de leurs Vers à la tête de tous les Livres imprimés en ce tems-là. A l'occasion de *Laudes Parthenica*, je remarquerai ici que j'ai vu au Monastere du S. Mont près de Remiremont, un Manuscrit en velin de six à sept cent ans, contenant une espèce de *Kyrielle*, à la loüange de la sainte Vierge, où il y a plus de seize cent épithétes en son honneur: le Manuscrit n'a ni commencement ni fin, il y manque quelques feuillets, qui en auroient pu marquer l'Auteur ou le tems.

DILANGE (Nicolas) Conseiller en la Cour du Parlement de Metz, né en la même Ville le 12. Octobre 1666. a fait imprimer en 1730. in-quarto, & en 1732. in-12. l'Ouvrage suivant, *Coûtumes générales de la Ville de Metz & Pays-Messin, corrigées ensuite des résolutions des trois Etats de ladite Ville ès années* 1616. 1617. *&* 1618. *avec les Procès verbaux de corrections, enrichies d'un Commentaire sur les principaux Articles*; Ouvrage très utile & très nécessaire pour l'intelligence de ces Coûtumes.

Il a encore composé un autre Ouvrage de même nature, sur la Coûtume de l'Evêché de Metz, qui n'a pas encore été imprimé, & dont on a suspendu l'impression pour des raisons particulieres.

DIETHELME, célèbre Directeur des Ecoles de l'Abbaye de S. Mathias de Tréves, mort en 955. (*k*) avoit succédé à Richard, autre sçavant Ecolâtre de la même Abbaye. Il avoit contracté une amitié particuliere avec Marquard, Ecolâtre des Ecoles d'Epternach ou de Prüm.

Diethelme lui dédia un Traité de l'Etude & de l'amour de l'Ecriture sainte.

Item, un Commentaire sur S. Mathieu; c'est ce que nous apprenons de Trithême, Chronique d'Hirsange, tom. II. pag. 71.

Il ajoûte que Diethelme avoit un talent particulier pour enseigner beaucoup de choses en moins de tems, que d'autres Professeurs n'en enseignoient en beaucoup plus de tems. Il avoit composé un Livre *de Mensura Monachorum*, apparemment de la mesure des alimens, & des habits propres aux Religieux; un Livre de la *Composition de l'Astrolabe*; un Livre de l'*Usage & utilité de l'Astrolabe*; deux Livres de l'art des Vers, *de arte Metrorum*. Il eut, pour successeur, dans le gouvernement des Ecoles de S. Mathias de Tréves, le Moine Albert, dont nous avons parlé sous son article.

DILON, Religieux Trinitaire, qui étoit Chanoine à la Mothe, lors du dernier siège, a composé & fait imprimer *la Vie de S. Jean de Matha*, Instituteur de l'Ordre de la Rédemption des captifs, in-octavo.

DOMMARTIN (Vary de) Evêque de Verdun, étoit fils puîné du Seigneur de Dommartin, Château situé près la Ville de Neufchâteau (*l*). Vary prit l'habit de Religieux Bénédictin dans l'Abbaye de S. Evre-lès Toul. Il fut envoyé aux Etudes à Paris, où il fit de grands progrès dans les Lettres humaines, & encore plus dans les intrigues des affaires du monde. Ayant gagné les bonnes graces de Julien Cardinal, neveu du Pape Sixte IV. & son Légat en France, il fut pourvu des Prieurés de Varangéville, de Dame-Marie, & de Châtenoy; il obtint aussi l'Abbaye de Gorze, que le Cardinal Julien lui résigna; & il céda son Prieuré de Varangéville à Jean de Nicolinis, qui lui céda, à son tour, son droit de Régrés à l'Evêché de Verdun.

(*k*) Tritbem. Chroniq. Hirsaug. an. 955.

(*l*) Voyez l'Histoire de Verdun, pag. 406. & suiv.

Vary de Dommartin en obtint les Bulles en 1498. ou 99. & Guillaume d'Haraucourt Evêque de cette Eglise, étant mort le 2. Février 1500. Vary de Dommartin vint à Verdun, présenta ses Bulles au Chapitre, & soutenu de la recommandation du Duc de Lorraine, il fut agréé, & prit possession de l'Evêché le 26. Septembre suivant.

Je n'entre point dans le détail de ce qu'il fit dans le gouvernement de son Evêché, tant dans le spirituel que dans le temporel ; on le peut voir dans la nouvelle Histoire de Verdun, dans Vassebourg, & dans notre Histoire de Lorraine. Je me borne aux Monumens qu'il nous a laissés, je veux dire, aux Statuts Synodaux qu'il publia la sixiéme année de son Episcopat. Dans sa Lettre Pastorale qui est à la tête, & qui est du 25. Août 1507. (*m*), il dit qu'il a fait réunir en un corps, par Nicolas Chouard son Grand Vicaire & Official, les anciens Statuts Synodaux de ses prédécesseurs, qui étoient disperses, & qu'il s'est contenté d'y joindre quelques nouvelles Ordonnances.

Il défend aux Laïcs de faire le tour des Maisons avec des chandelles allumées. Il défend aux Prêtres de dire des Messes *sub duplici introitu* ; ce que l'Evêque Liébaut de Tousance avoit permis dans le cas de nécessité. Quand on vouloit renfermer un lépreux en quelque lieu, on célébroit la Messe, à l'Offrande de laquelle le lépreux baisoit les pieds du Prêtre, au lieu que les autres assistans lui baisoient la main ; puis on célébroit l'Office des Morts pour lui ; & en le renfermant dans sa cellule, on observoit sur lui à peu près les mêmes cérémonies, que l'on fait à l'enterrement d'un mort. Après cette ample collection, est un Mandement en François du même Vary de Dommartin, suivi de quelques Réglemens, qu'il souhaite qu'on lise au peuple en langue vulgaire.

Il mourut le 7. Juillet 1508. dans son Abbaye de Gorze, où il avoit commencé un Palais d'une magnificence extraordinaire.

DONAT (le Pere) Tiercelin de Nancy, Confesseur du Duc Charles IV. avoit composé des Mémoires pour les vies de Charles IV. & Charles V. qui sont demeurés manuscrits, & même ont été dissipés. Il avoit écrit contre les Mémoires de M. de Beauveau ; mais son Ecrit n'a pas vu le jour.

On a encore quelques Lettres de lui qui sont manuscrites, & qui regardent les affaires du Duc Charles IV. L'Abbé Hugo a beaucoup profité des Mémoires du P. Do-

(*m*) *Vide sacra Antiquit. monumenta*, tom. 2. p. 473.

nat, dans sa vie manuscrite du Duc Charles IV.

Le Manuscrit unique de Jean de Biyon Dominicain, Historiographe de l'Abbaye de Moyenmoutier, étoit entre les mains du Pere Donat, qui le donna au R. P. D. Hyacinthe Alliot, Abbé de Moyenmoutier. Le P. Donat avoit composé une Histoire de Lorraine, & avoit ramassé, pour ce dessein, un bon nombre de Piéces & de Matériaux ; mais tout cela est demeuré imparfait, & une partie se trouve égarée. Je crois néanmoins l'avoir découverte parmi les Papiers qui appartenoient cy-devant à M. Rosselange, Prieur de Neuviller, & qui sont aujourd'hui dans la Bibliothéque du Prieuré de Flavigny sur Moselle près Nancy. Voicy les Preuves de ma conjecture.

L'Auteur cite le P. Labbe, le P. Matillon, feu l'Abbé de Riguet ; il cite aussi souvent *Hierome Henning*, & les plus anciens Historiens de l'Histoire de Lorraine. Il parle du Duc Leopold comme régnant en Lorraine. Il parle aussi du P. Jerôme Vignier de l'Oratoire, qui a démontré que les Ducs de Lorraine descendoient de Gerard d'Alsace ; il parle de Messieurs de Sainte-Marthe, de Chantereau le Febvre, &c. Il a donc vécu jusqu'après l'an 1707. qui est l'année de la mort de Dom Jean Matillon. L'Abbé de Riguet est mort en 1701. le P. Labbe vers l'an 1700. le P. Vignier en 16....

L'Auteur dont nous parlons, étoit fort bien informé de la vie du Duc François II. pere de Charles IV. & de celles du Duc Charles IV. & Charles V. auxquels il donne de grandes loüanges. Il dit en particulier du Duc Charles IV. dont il étoit Confesseur, que ce Prince choisit de bons Confesseurs, à qui il laissa toute sa vie la liberté de le reprendre, ayant toujours eû des oreilles attentives à leurs bouches, & jamais d'excuses ni de répliques à la sienne. Et en parlant du Duc François II. il remarque qu'il avoit fait un vœu à Notre-Dame de Sion, en reconnoissance de la découverte du Testament du Duc René II. Il y fit bâtir un Monastere pour les Religieux du troisiéme Ordre de S. François, voulut assister à la position de la premiere Pierre, & mourut à Nancy le 15. d'Octobre 1632. entre les mains & les exhortations paternelles du P. Vincent, Restaurateur dudit Ordre, pour lequel il avoit une tendre amitié.

Et dans la vie du Duc Charles III. il dit que le Cardinal de Lorraine, fils de Charles III. du nom, durant sa longue maladie, fut porté devant l'Autel de Notre-Dame de Sion au Comté de Vaudémont, où on le vit tantôt comme en extafe devant l'Image de la sainte Vierge, difant fes Heures qu'il récitoit, pendant qu'on lui tenoit le Livre ouvert devant lui, ou difant fon Chapelet qu'il récitoit tandis qu'on lui tiroit les grains les uns après les autres, parce qu'il ne pouvoit fe fervir de fes mains. Toutes ces légeres circonftances ômifes par les autres Hiftoriens, montrent que l'Auteur étoit Tiercelin, & dévoüé au couvent de Sion. Il entre dans les derniers détails de la vie du Duc Charles IV. il étoit fon Confefleur, & n'oublie aucunes des circonftances qui précederent, & qui fuivirent fon Mariage avec la Princeffe Nicole; tournant tout à l'avantage du jeune Prince. Il n'oublie pas la Fondation du couvent de notre-Dame de Sion, faite en reconnoiffance de la découverte du Teftament du Duc René II. qui établit la Loy Salique en Lorraine; & ce Tableau qui fut mis au Grand-Autel de cette Eglife, reprefentant le fujet qui l'avoit fait bâtir; & qu'après la mort du Duc François, Charles fon fils fe retira au Couvent de Notre-Dame-des-Anges lès Nancy, pour fe confoler auprès du P. Vincent Tiercelin, entre les mains duquel le Duc François étoit mort.

Il donne des loüanges outrées à Charles IV. & le dépeint comme un Héros accompli, en ayant toutes les qualités, beauté, fageffe, valeur, pieté, éloquence, étenduë, force, vivacité d'efprit.

Cet Auteur n'ignoroit pas ce qu'on a écrit, pour prouver que Gerard d'Alface eft tige des Princes de la maifon de Lorraine; & qu'il eft pere du Duc Thierry. Cependant il prétend que Godefroy de Boüillon a été Duc de la Haute & Baffe-Lorraine, & que Guillaume de Boüillon, fon quatriéme frere, fut adminiftrateur de ce Duché, pendant l'abfence de fes trois freres, qui vécurent & moururent en Paleftine; que réellement il n'en fut jamais Duc, finon un très peu de tems, mais feulement Gouverneur en l'abfence de fes freres.

Que Guillaume époufa Gertrude fille d'Arnoû Compte de Los : Henningue lui donne une feconde femme, fille de Thiebaut Comte de Champagne; notre Auteur dit qu'il eut de fa premiere femme trois fils, 1. Thierri, 2. Godefroy qui paffa en Orient en 1008. 3. Henri, qui voulant paffer en Paleftine, fut obligé de prendre terre en Galice où il donna commencement à la maifon Royale de Portugal.

Thierry gouverna la Lorraine, comme avoit fait Guillaume fon pere; celui-cy mourut, dit-il, à Virzbourg, où il étoit allé aux Etats de l'Empire en 1118. Son Corps fut enterré en l'abbaye de S. Vanne de Verdun.

Après la mort de Guillaume, Thierry fon fils regna fur la Lorraine en la place de Baudouin fon oncle, qui porta le nom de Duc de Lorraine jufqu'à fa mort arrivée en 1119.

Après quoi Thierry fut reconnu feul Duc de Lorraine, mais feulement de la Haute-Lorraine, ou Mofellane, parce que la Baffe-Lorraine en avoit été féparée par l'Empereur Henry V.

L'Auteur met la mort du Duc Thierry en 1132. ce qui eft infoutenable, étant certain qu'il mourut en 1115. & Beaudouin en 1118. Tout ceque l'Auteur dit de la retraite de Thierry à Metz, de fa pénitence, de fa mort, & de fa fepulture dans cet Abbaye, eft abfolument apocryphe & fabuleux; de même que ce qu'il dit après Henningue, de fes femmes & de fes enfans. Henningue ne merite aucune créance, n'étant fondé que fur des principes incertains, ou même abfolument faux; & ayant fimplement copié nos anciens Généalogiftes, qui font prefque toujours faux; & ne méritent aucune créance.

Depuis Thierry, la Généalogie eft affez connuë, quoique dans les faits on mêle beaucoup de circonftances fabuleufes, ce qui a fait décrier notre Hiftoire parmi les étrangers, & a fait dire que les Archives de Lorraine étoient fournies de mauvais Titres: Mais ces mauvais Titres ne font pas tirés des Archives de Lorraine, ils ont été forgés, ou par Edmond Duboulay, ou de fon tems; car j'ai en main le Cartulaire qui contient ces Chartres faites exprès, pour prouver la defcendance des Ducs de Lorraine, de Godefroy de Boüillon, par Guillaume quatriéme frere de ce Prince.

Le R. P. Donat parle des prétentions des Ducs de Lorraine fur les Royaumes de Naples & de Sicile, fur le Royaume d'Arragon, fur ceux de Jerufalem & de Dannemarc, fur le Duché d'Anjou & le Comté de Provence, fur les Duchés de Gueldres & de Juliers, fur le Duché de Brétagne, fur les Duchés de Mantouë & de Montferrat, fur les Villes de Cafal & d'Albe.

Il parle de l'ancien état des Gaules, de la fituation de la Lorraine dans la Gaule Belgique, des mœurs de fes habitans, de la forme de leur Gouvernement, de leur Religion.

De la Lorraine fous les Romains; des Gaules conquifes par Jules-Céfar; de la nouvelle forme de Gouvernement établie par les Romains.

Il parle de la Religion Chrétienne établie en Lorraine, des divers mouvemens arrivés en Lorraine sous les Empereurs Romains.

De la Lorraine sous les François, & leur premier Roy Pharamond ; de Claudion le Chevelu, de Méroüé, de Childeric, de Clovis.

Il parle aussi de la Lorraine sous les Rois d'Austrasie.

Il cite les vies de quelques Rois d'Austrasie, Thierry, Theodebert, Thiébaut, Clotaire ; Alberon fils de Claudion le Chevelu, Vaubert, Auselbert, premier Duc de Mosellane, Arnoalde, ou Buggise, S. Arnoû, S. Cloû, Martin, S. Eleutere, Lambert, Lohier, Ferry, Sadiger, Régnier, Gislibert ; Interrégne des anciens Ducs de Mosellane, jusqu'à Godefroy le Jeune établi par l'Empereur S. Henry, Gozelon, Godefroy, Godefroy le Bossu, Godefroy de Boüillon, Beaudoüin, Guillaume frere de Godefroy, Theodoric II. Duc de Lorraine, Simon I. &c. & tous les autres jusqu'au Duc Leopold ; dont il ne dit que peu de choses ; il remarque seulement que ce Prince, à l'exemple des autres Souverains, a fermé la Couronne Ducale.

J'ai une longue Lettre de lui manuscrite au Duc Charles IV. pendant sa prison à Toléde ; elle est datée du premier Septembre 1654.

J'ai aussi un Ecrit sur les raisons des Espagnols dans l'Arret du Duc Charles.

Item, une espéce de Journal du P. Donat, étant à Anvers & Paris en 1652.

Item, Un Discours assez long sur le Traité que fit Charles IV. en 1662. lorsqu'il céda ses Etats au Roy Loüis XIV.

Item, un Ecrit sur les Amortissemens demandés par Charles IV. en 1664.

C'etoit à lui que les Envoyés de Son Altesse à Rome adressoient leurs Lettres, & c'etoit de lui qu'ils recevoient les réponses.

J'ai aussi un Mémoire assez étendu, adressé au R. P. Donat, intitulé, *Mémoire de ce que l'on sçait des vie & actions de feu Messire Philippe Emmanuël de Ligneville, Général des Armées de S. A. S. Charles IV*. M. de Lignéville mourut à Vienne le 26. Octobre 1664. & est enterré aux Cordeliers. On raporte son Epitaphe à la fin de ces Mémoires, qui devoient servir à l'Histoire du Duc Charles IV. En effet, il y a plusieurs particularités remarquables sur la vie de ce Prince, & sur celle de M. le Comte de Lignéville.

DONAT (Diacre) Doyen de l'Eglise de Metz, sous l'Episcopat d'Angelramne, c'est-à-dire, au huitième siécle, fut prié par ce Prélat d'écrire la vie de S. Trudon, ou S. Tron, disciple de S. Clodulphe, ou Cloû,

Evêque de Metz, & Fondateur du Monastere de Sarching en Hasbaine. Donat écrivit cette vie ; & la dédia à l'Evêque Angelramne, elle est imprimée au Tome II. des Actes des Saints Benedictins, pag. 1071. & c'est de là que tous ceux qui depuis ont écrit sur S. Tron, ont puisé ce qu'ils en ont dit.

DOUNOT (M.) de Bar-le-Duc, Docteur ès Droits, & Professeur en la divine Mathématique, aux Académies du Roy, a fait imprimer *Les Elémens de la Géom trie d'Euclides, traduits & restitués à leur ancienne beauté, selon l'ordre de Theon, ausquels on a ajoûté le quatorze & quinziéme d'ipsicles Alexandrin*; à Paris 1610. in-quarto.

DORDELU (Claude) Conseiller d'Etat du Duc Leopold, & en sa Cour Souveraine de Lorraine & Barrois, a composé une espéce d'Histoire de la Ville de Ligny, dont j'ai eu un Exemplaire en main, qui m'a été communiqué par M. Dordelu son petit-fils, Avocat à Nancy, & dont l'original a été remis au Duc Leopold. Cet Ecrit n'est pas une Histoire suivie & méthodique de la Ville & du Comté de Ligny ; c'est une exposition bien raisonnée des droits du Duc de Lorraine, comme Duc de Bar, sur la Seigneurie de Ligny, où il montre que ce Comté relève du Duché de Bar, & est soumis à sa Souveraineté : il entre dans un assez grand détail sur la Succession des Comtes & Ducs de Bar, des Comtes & Ducs de Luxembourg, & des Comtes de Ligny. Il y rapporte même quelques Piéces importantes, qui ont liaison à son sujet ; il parle par-tout en homme d'esprit, en Jurisconsulte habile, & en Officier très zelé du Duc de Lorraine, dont il fait fort bien valoir les droits sur le Comté de Ligny. Il fut envoyé à Paris par le Duc Leopold en 1699. pour soutenir les droits de sa Couronne dans le Barrois ; &, après avoir été honoré de differentes Commissions pour son service, il mourut à Nancy le 13. Avril 1714. âgé de 85.

DROGON Evêque, ou *Archevêque de Metz*, (car on lui donne quelquefois le titre d'*Archevêque*, de même qu'à quelques autres de ses Prédécesseurs, étoit fils de l'Empereur Charlemagne & de Régine son épouse ; mais Régine étoit d'un rang inférieur à celui des Impératrices. Il naquit en 807. & fut fait Evêque de Metz en 821. Encore que nous n'ayions point de monument de son érudition, nous ne pouvons lui refuser une place parmi les Hommes illustres de ce Pays.

Il étoit Chanoine de l'Eglise de Metz, lorsqu'il en fut élu Evêque ; il fut Archichapelain, ou Grand-Maître de la Chapelle de l'Empereur Loüis le Débonnaire son frere, dont il fut le confident & le Confesseur. Drogon fut aussi désigné Légat Apostolique dans les Provinces de deçà les Alpes, & illustra son Eglise & son Diocèse par sa sagesse, sa science, son mérite & ses grands emplois. Il engagea Angélomus, Moine de Luxeüil, dont il étoit Abbé, à achever son Ouvrage sur les Livres des Rois. Raban-Maur, Archevêque de Mayence, lui adressa aussi son Traité des Chor-Evêques, ou de l'Ordination des Chor-Evêques ; ce qui fait juger que Drogon aimoit les Belles-lettres & les Sçavans.

Je ne m'étends pas ici à faire la vie de Drogon ; on la trouve dans toutes les Histoires Ecclésiastiques de son tems. Il fut choisi pour introduire, ou du moins pour étendre l'usage du Chant Romain dans son Eglise de Metz, & dans tout le Royaume de France. Il présida au Concile tenu auprès de Thionville en 844. au lieu nommé *le Jugement* ; & on doit présumer qu'il eut beaucoup de part aux Canons qui s'y firent.

Le Pape Sergius lui donna la qualité de Légat dans tous les Pays de deçà les Alpes ; mais Hincmar, Archevêque de Reims, prétend qu'il ne se prévalut pas de cette dignité, & n'en fit pas les fonctions. Il se noya en 855. poursuivant dans la Riviere d'Ognon, près de Luxeüil, un poisson d'une grandeur extraordinaire. Son corps fut rapporté & enterré à l'Abbaye de S. Arnoû près la Ville de Metz, où l'on voit son Epitaphe ; en voici quelques Vers :

Aulæ regalis moderator, Pastor ovilis,
Metis & Ecclesiæ, verè Pater Patriæ;
Hic Præsul, Præses, Dominus, primasque
Cisalpes,
Ejus judicio, paca fuit regio.

Nous avons deux Lettres de Frotaire Evêque de Toul à Drogon Evêque de Metz *(n)*. La premiere est une Lettre de compliment, dans laquelle Frotaire parle à Drogon avec grand respect, lui témoigne l'empressement qu'il a de conférer avec lui sur les besoins de leurs Eglises réciproques, & sur les devoirs de leurs ministeres. Il espere que par ses entretiens, il recevra un aliment salutaire à son ame, & un breuvage propre à lui augmenter sa santé, & à lui conserver la vie de l'esprit. Il dit qu'il se flatte d'avoir l'honneur de le voir, lorsqu'il ira à la guerre contre l'Espérie, l'Espagne, ou l'Italie, ou lorsqu'il en fera de retour. On sçait qu'alors les Evêques & les Abbés marchoient eux-mêmes, & conduisoient leurs troupes à l'Armée.

Dans la seconde Lettre à Drogon, l'Evêque Frotaire lui fait à peu près les mêmes complimens que dans la premiere, & souhaite d'être instruit par ses entretiens, & affermi par ses conseils & par ses exemples ; *& vestris colloquiis recreer, & salutiferis studiis atque exemplis proficuè informer.* Il se plaint de quelques Moines d'un Monastere de Vôges, qui étoit de la dépendance de Drogon, & dont Erlesrede étoit Abbé : ces Moines sortoient du Diocèse de Toul, sans la permission de l'Evêque Frotaire, & sans qu'il fût informé du lieu où ils alloient. Ce Monastere est sans doute celui de Senones, qui depuis que Charlemagne eût donné l'Abbaye en commande à l'Evêque Angelramne, étoit demeuré dans une certaine dépendance des Evêques de Metz, qui en étoient Seigneurs Régaliens ; ils ont conservé leur autorité jusques vers l'an 1570. Frotaire ajoûte que les Envoyés de Drogon étant venus dans ce Monastere de Vôges, pour y établir le bon ordre & la paix, y ont augmenté le mal & la discorde. Il prie Drogon d'envoyer un Commissaire pour réformer ces abus ; car, ajoûte-t-il, il ne nous convient pas de rien entreprendre dans les Monasteres & les Eglises, qui sont soumises à votre Domaine, *Quæ vestræ ditioni subditæ sunt,* avant que vous-même y ayiez mis ordre, comme premier Pasteur, & le plus excellent Chef du peuple, *Veluti per summum Pastorem ac Rectorem nobilissimum plebis.*

Tout ceci fait voir quelle étoit l'autorité de Drogon, & en quelle estime il étoit dans tout le Pays.

DROUIN, fameux Sculpteur, étoit de Nancy ; étant allé à Paris, il fut membre de l'Académie de Sculpture. Il mourut à Nancy vers le milieu du dix-septiéme siécle. Il a fait, 1°. toutes les Statuës qui étoient au grand Perron du Jardin de la Cour de Nancy, & celles qui étoient à côté ; 2°. le Mausolée du Cardinal Charles de Lorraine, qui est dans l'Eglise des Cordeliers de la même Ville ; on y voit les quatre Docteurs de l'Eglise, qui sont de marbre blanc : ce Mausolée passe pour le plus beau qui soit à Nancy ; 3°. en 1642. il fit celui de Messieurs de Bassompierre aux Minimes de Nancy ; 4°. les douze Apôtres & les quatre Evangélistes, qui sont dans la Chapelle des Messieurs de Rennel, dans la même Eglise ; 5°. les trois Statuës de S. Sébastien, de S. Roch & de S. Charles, qui étoient un Vœu de la même Ville, dans l'ancienne Eglise de Bon-Secours.

Droüin étoit encore bon Architecte. Le Prince Henry de Lorraine, Abbé de S. Mi-

(u) Duchesne, Histoire de France, tom. 2. pag. 714. Epist. 8. & suiv.

hiel, fils naturel du Duc Henry II. qui étoit un Prince rempli de religion & de piété, ayant résolu de bâtir à ses frais l'Eglise des Bénédictins de Nancy, en fit jetter les fondemens le 2. Juillet 1626. L'Eglise devoit être semblable à celle des Incurables de Rome; & Droüin y avoit été exprès, pour en prendre le modéle & les dimensions; mais la mort prématurée du Prince Henry, arrivée six mois après, fut cause que l'ouvrage ne fut pas poussé à sa perfection. On a bâti en sa place l'Eglise de S. Leopold, qui se voit aujourd'hui, & qui est d'un goût tout différent. Voyez l'Histoire de Lorraine.

DUBOIS de Riaucourt (Nicolas) Conseiller d'Etat, Intendant des Armées de Charles IV. Lieutenant-Général de la part du même Prince à la Mothe, & son Ambassadeur en Espagne, fit imprimer, au retour de son Ambassade, *les Négociations faites en Cour d'Espagne pour la liberté de S. A. S. Charles IV*. imprimées à Cologne chez Pierre Marteau 1688. Il y en avoit eû une premiere Edition à Orléans, neuf ou dix ans auparavant.

Le même M. de Riaucourt étant Lieutenant-Général à la Mothe, a écrit des Mémoires sur l'emprisonnement de Charles IV. imprimés à la fin de ceux de M. de Beauveau.

Item, Relation des deux siéges de la Mothe, manuscrite.

Item, Discours sommaire de l'état & succès des affaires de Lorraine, depuis Charles de France, jusqu'au Duc Charles IV.

Item, Histoire générale & abrégée des Ducs de Lorraine, &c. manuscrite dans sa famille.

DU BOULAY, voyez *Boulay*.

DUMAS (Théophile) natif de S. Mihiel, a traduit, du Latin en François, un Livre de Messire Morin Piercham, Chevalier, intitulé, *De l'antiquité, origine & noblesse de la très antique Cité de Lyon*; ensemble, *de la rebaine & conjuration, ou rebellion du Populaire de ladite Ville, contre les Conseillers de la Cité & notables Marchands, à cause des blés, faite en l'année* 1529. *un Dimanche jour de S. Marc*; imprimé à Lyon in-octavo en ladite année 1529. Du Verdier, pag. 1173.

DUPLESSIS (Jean) Conseiller du Roy, son Procureur-Général en la Table de Marbre à Metz, & précédemment Procureur-Général du Barrois à S. Mihiel, a composé une Histoire de Lorraine en trois Livres, contenant la Vie de soixante-neuf Ducs de Lorraine, depuis Lothaire neveu de Jules-César, jusqu'à Leopold I.

Il suit le faux systême des anciens Généalogistes de Lorraine: l'Ouvrage est demeuré manuscrit; il est dans notre Bibliothéque de la main de l'Auteur.

DURAND (Don Leopold) Bénédictin de la Congrégation de S. Vanne, naquit à S. Mihiel le 29. Novembre 1666. Il reçut la Tonsure âgé de sept ans en 1673. l'année suivante il fut pourvû d'un Canonicat à S. Gengoul de Toul, qu'il conserva pendant dix ans, puis le résigna à M. son frere, qui le possede encore aujourd'hui. Après avoir fait ses études d'Humanités à Verdun & à Ligny, il fit son Droit au Pont-à-Mousson; fut reçu Avocat à Metz, puis à Paris; & enfin, prit l'habit de Bénédictin, âgé de trente-sept ans, en l'Abbaye de Munster, au Val de S. Grégoire en Alsace, où il fit profession le 11. Février 1701. Il décéda à S. Avold le 5. Novembre 1749. Il a fait un petit Traité des Bains & des Eaux de Plombieres, accompagné de figures dessinées de sa main (*o*).

Il a donné le Plan du Château de Commercy, & l'a fait exécuter.

Il a aussi donné le dessein de l'Abbaye de S. Evre de Toul, celui de l'Abbaye d'Epternach dans le Pays de Luxembourg, à quatre lieues de Tréves, & celui de l'Abbaye de Moyenmoutier, comme elle se voit aujourd'hui; de l'Abbaye de S. Avold, pour une grande partie, & du Prieuré de Châtenoy.

Item, une Carte Géographique des environs de S. Avold, à quatre lieues de circuit.

Item, une Carte des Districts des Abbayes de Vôges.

Voici la liste de ses Ouvrages, qu'on a trouvée après sa mort écrite de sa main;

Recueil sur l'Architecture.

Recueil sur la Peinture, la Sculpture, &c.

Recueil sur les Théâtres des Anciens.

Recueil sur les forces mouvantes, sur les Orgues, sur la Musique, & Instrumens de Musique.

Descriptions de différentes Eglises.

Plans de diverses Eglises.

Relation des Goûts sur les anciennes Eglises.

Desseins de Tabernacles & autres Ornemens d'Eglise.

Portails & élévations d'Eglise.

Description des Temples de la Chine, avec une Dissertation sur les Cimetieres, & les honneurs rendus aux morts.

Explication du Compas de proportion, & de son usage.

Traité de Géometrie; autre Traité de Géometrie, in-quarto.

(*o*) Nous l'avons fait imprimer avec beaucoup d'Additions, in-octavo, à Nancy 1748.

Traité d'Arithmétique, in-quarto.
Dictionnaire de Marine, in-quarto.
Termes de l'Art & Architecture militaire; un volume in-quarto.
Dictionnaire des Arts; un vol. in-quarto.
Description de l'Allemagne & des Pays-Bas.
Des Piéces d'Artillerie, Armes à feu, Feux d'Artifices, &c. Addition à faire dans le Dictionnaire des Arts.
Item, un Cayer in-folio des Feux d'Artifices.
Trois ou quatre Cayers in-fol. & trois Cayers in-quarto, avec des feüilles volantes sur les Fortifications, le Génie, & un Plan, Profil, Coupe d'un Hôpital militaire.
Description des Verreries, des Verres, de la Vitrerie, & dépendances.
Des Moulins à eaux, à vent, à bras, &c.
Un Cayer in-fol. où il est parlé des Labyrinthes, des Grottes, du Nivellement, du Rez de chaussée, des Cours, des Chambres, &c. avec un Plan du Labyrinthe de Versailles.
Desseins & Figures de Cloîtres.
Différens Cayers in-fol. sur la construction des Voûtes.
Mémoire sur la construction & conduite des Forges, en deux Cayers in-fol.
Traité des mouvemens des Eaux, & des autres corps fluides.
Item, Mémoires pour servir à un Traité des Eaux, Fontaines, &c.
Un Cayer in-fol. qui traite des Papétries & du Papier.
Description particuliere du Canal de Languedoc.
Description de la Machine de Marly, avec deux petits Cayers contenant l'élévation & profil d'un Château d'eau.
Plusieurs Cayers rassemblés, traitant des Machines hydrauliques.
Traité des Tuilleries & Briqueteries.
Un Cayer in-fol. qui traite des Fours & de la Boulangerie.
Descriptions & élévations des Portes.
Du Jardin & Jardinage.
Un Cayer sur les Caisses & sur les Glacieres.
Elévations de différentes Cheminées tant anciennes que nouvelles.
Traité des Fenétres en général, tant des Eglises que des Maisons.
Traité des Métaux en général, or, argent, cuivre, &c.
Traité des Voitures & du Charonnage.
Traité des Lieux communs.
Différens Cayers in-fol. traitant des Tanneries, Jeux de Combats des Grecs, des Places publiques, de la Limace, ou Vis d'Archiméde, de diverses sortes de Couvertures pour les combles; des Machines à applatir le plomb; des Niches, des Ponts, de l'Orbite annuel de la terre autour du Soleil; du Labourage, de la Mer, des Vignes, du Vin, & autres boissons.
Mémoire sur l'Architecture.
Recueïl par ordre alphabétique des mots, qui doivent entrer dans le Dictionnaire d'Architecture, des Arts & des Métiers.
Des causes de la fumée des Cheminées, & des moyens d'y remédier.
Remarques sur le son & la suspension des Cloches.
Différens Plans & formes de Chœurs & de Siéges.
Des Consoles & autres ornemens de Colonnes & Pilastres.
Remarques sur Vignole.
Traité des Pilastres.
Descriptions des Tireries ou Filieres.
Différens Cayers in-fol. sur la Menuiserie, avec des desseins.
Traité sur la Serrurerie, avec des desseins.
Explication de la Sphere & Mappemonde.
Explication de différentes parties de la terre.
Abrégé de l'Histoire universelle, avec l'Histoire abrégée des différentes Cours de l'Europe, & Généalogies d'icelles.
Description de la nouvelle Chapelle du Château de Versailles, du Louvre, du Palais d'Orléans, de Marly, &c. avec différens Plans des mêmes, & dépendances.
Plans de différentes Maisons & Châteaux.
Description & représentation de différentes sortes d'Horloges.
Traité des Mesures & des Poids.
Anatomie du corps humain.
Traité des Escailliers.
Traité de la Charpente.

Il fut pourvû du Prieuré de S. Leonard dans la Lorraine-Allemande; mais il n'en joüit pas, n'ayant voulu faire aucunes démarches auprès de M. le Prince de Vaudémont, pour s'en procurer la joüissance. Après sa malheureuse chûte qu'il fit au Château de Commercy le 11. Juillet 1708. dont il est demeuré très incommodé tout le reste de sa vie, il fut gratifié d'une Pension de deux cens livres, à laquelle le Duc Leopold ajoûta encore cent livres, qu'il a touchées jusqu'à sa mort, arrivée à S. Avold le cinq Novembre 1749.

DURAND (Jacques) Peintre né à Nancy en 1699. est élève de Charles, dont il est parlé cy-dessus.

En 1714. il alla à Paris, où, après avoir travaillé

travaillé deux ans sous le célébre Nattier, il revint à Nancy, d'où il partit pour Rome en 1719. Quelque tems après, ayant envoyé de ses Ouvrages en Lorraine, qui plurent aux connoisseurs, le Duc Leopold, qui avoit toujours des Pensionnaires à Rome, pour les perfectionner dans la Peinture, lui accorda la Pension comme aux autres. Il y est resté jusqu'en 1727. & a employé ces huit années à travailler chez le Chevalier Beneficiali, & autres Peintres fameux. En 1743. il a peint la Calotte de la Lanterne du Dôme de la Chapelle funébre des Ducs de Lorraine, aux Cordeliers de Nancy. Il peignit en 1747. plusieurs Tableaux pour l'Eglise des Peres Jésuites de l'Université de Pont à-Mousson.

Il a du coloris, la composition facile, & du dessein ; il réussit sur-tout dans les Tableaux d'Histoire & de la Fable. On voit plusieurs de ses Ouvrages à Nancy, qui est le lieu de sa naissance, & où il s'est fixé.

DUVAL, voyez *Val.*

E

EBERHARD, Moine de S. Mathias de Tréves, qui vivoit vers l'an 900. & avoit l'inspection sur les Ecoles de cette Abbaye, à ajoûté plusieurs choses à l'Histoire de Tréves, & a composé les vies des saints Eucaire, Valere & Materne, premiers Evéques de cette Métropole, en Prose & en Vers. Il mourut en 909. Voyez Trithême, Chronique d'Hirsauge. Il succéda à Florbert, Religieux du même Monastere, dans le gouvernement des Ecoles, & les gouverna pendant 24. ans.

EBERVIN, ou Evervin, Abbé de S. Martin, Monastere de Benédictins près la Porte de la Ville de Tréves : c'est ainsi que portent les plus anciens Manuscrits ; d'autres lisent, Abbé de S. Maurice de Tholey ; mais la vraie Leçon est de S. Martin de Tréves. On écrit son nom diversement, *Eberuvin, Everuvin, Evrin, Ebroin, Vuerberon, Ebreuvin.* Il vivoit sous l'Episcopat de Poppon, Archevêque de Tréves, qui a gouverné cette Eglise depuis l'an 1016. jusqu'en 1047. Ebervin a composé la vie de S. Simeon reclus à Tréves.

On dit aussi qu'il a écrit la vie de S. Magneric, Archevêque de Tréves, Fondateur de l'Abbaye de S. Martin, & qui est inhumé dans le même Monastere. On peut voir la vie de S. Simeon, Reclus à Treves, au premier Juin des Bollandistes, pag. 87. & suiv. sa Canonisation & sa Translation au même endroit. On ne sait rien de particulier de la vie, ni de la mort de l'Abbé Ebervin.

Quant à la vie de S. Magneric, écrite par le même Auteur, on la peut voir au 25. Juillet des mêmes Bollandistes. (*p*) Trithême dit qu'il écrivit aussi les Actes de Poppon, Archevêque de Tréves, un Livre du Jeûne & de la Puissance, en divers Sermons.

ECBERT, ou Eckebert, ou Egbert, second Abbé de Schonau, ou de S. Florin, au Diocèse de Tréves, frere de la celebre sainte Elizabeth de Schonau (*q*), écrivit quelques Sermons contre les Cathares Hérétiques de son tems, & se signala dans les disputes contre les Chefs de ces Hérétiques, sur lesquels il remporta de grands avantages. S'ils persisterent dans leurs Erreurs, Ecbert eut au moins la gloire de les avoir réduits à un honteux silence, & de faire connoître à tout le monde ses talens & sa capacité à saisir le nœud des difficultés les plus épineuses.

Un Hérétique Beringarien, contre lequel Ecbert disputa, se rendit à la force des raisons de son adversaire, & heureusement convaincu des vérités de la sainte Religion, il entra dans le giron de l'Eglise.

Il y a des Sçavans qui soupçonnent Ecbert d'avoir composé les Révélations, qu'il a publiées sous le nom de sa sœur sainte Elizabeth de Schonau, & qu'il a fait imprimer, avec un Livre de ses propres Epîtres ; à Cologne en 1628. Casimir Oudin, tom. 2. pag. 1429. Ecbert avoit été Chanoine de Bonn, avant que d'être Religieux de Schonau, ou de S. Florin.

Voici la Liste de ses Ouvrages, telle que Trithême nous l'a donnée, tom. 1. de la Chronique d'Hirsauge, sous l'an 1163.

1°. Un Livre contre les Hérésies.

2°. Un Livre sur le commencement de l'Evangile de S. Jean.

3°. Un Livre sur ces paroles de S. Luc, chap. 1. vers. 26. *Missus est*, &c.

4°. Un Livre sur le Cantique, *Magnificat.*

5°. De la vie & de la mort de sa Sœur.

6°. Un Livre de Méditations sur Jesus & Marie.

7°. Un Livre des Loüanges de Notre Sauveur.

8°. Un Livre de Sermons.

9°. Un Livre d'Epîtres au nombre de cent trente-six.

10°. Des Hymnes & des Cantiques pour être chantés à l'Eglise.

11°. Des Dialogues sur les vertus & sur les vices.

(*p*) Trith. Hirsaug. tom. 1. p. 161. (*q*) Il fleurissoit en 1170.

Le même Trithéme, liv. 2. chap. 121. des Hommes illuſtres de l'Ordre de S. Benoît, louë ſon éloquence, & ſon goût pour la Poëſie, & ſon talent à parler en public.

On lui attribuë encore un Ecrit *de laude Crucis*, des Soliloques, ou Méditations; un autre intitulé, *Stimulus amoris*. Le R. P. D. Bernard Pez, Benédictin de l'Abbaye de Melk en Autriche, a fait imprimer ces Livres au Tome VII. de ſa *Bibliothéque Aſcétique*.

ECKIUS (Jean) fameux Controverſiſte, ne regarde notre deſſein qu'en ſa qualité d'Official de Tréves. Il exerça cet emploi ſous l'Archevêque Richard de Greiffenclau & Jean de Metzenhauſen. George de Vernebourg ſon diſciple, fut Evêque d'Azot, & Suffragant de Tréves, ſous l'Archevêque Jean de Leyen.

Jean Eckius étoit né en Souabe en 1486. Il s'eſt rendu célébre par ſes Prédications & ſes Ecrits de Controverſes contre Luther, & les autres Proteſtans d'Allemagne, comme Carloſtad, Mélancton, Ecolampade, &c. En 1521. à la Diette de Worms, Eckius porta la parole, & demanda à Luther qui étoit préſent, 1°. S'il reconnoiſſoit pour ſiens les Livres qui couroient ſous ſon nom, & 2°. S'il vouloit ſoutenir ce qui y étoit contenu, ou s'il vouloit corriger ou expliquer quelque choſe. Luther demanda du tems pour répondre; & le lendemain il déclara qu'il ne pouvoit rétracter ce qu'il avoit dit, à moins qu'on ne lui fiſt voir par le témoignage de l'Ecriture, ou par la lumiere de la raiſon, qu'il s'étoit trompé. On eſſaya de le ramener par la douceur; mais voyant qu'on n'y gagnoit rien, Eckius alla dire, de la part de l'Empereur, qu'il eût à ſortir de Worms dans l'eſpace de 21. jours, & de ſe retirer où il pourroit.

Eckius, parlant de lui-même dans une Lettre à l'Evêque de Wirtzbourg en 1529. dit: " Moi, qui ſuis le dernier des hom-
„ mes, j'ai ſouvent combattu de près & de
„ loin contre des bêtes feroces; de près à
„ Leipſic contre Luther, qui eſt la tête de
„ ce dragon, & contre Carloſtad dans une
„ diſpute de 20. jours. A Bade, contre le
„ Capharnaite Ecolampade, en préſence
„ des Députés des douze Cantons des Suiſ-
„ ſes, & de quatre Evêques. Je les ai atta-
„ qués de loin par une grande quantité de
„ Livres publiés en Allemagne & en Ita-
„ lie, du nombre deſquels eſt le *Manuel des*
„ *Controverſes*, que j'ai publié en faveur
„ de ceux qui, à cauſe de leurs occupations,
„ n'ont pas le loiſir de lire de gros Livres.
Eckius mourut à Ingolſtatd âgé de 57. ans en 1543.

Il avoit écrit avant la naiſſance de l'héréſie de Luther, un Traité, intitulé, *Chryſophraſe*, ou *ſix Centuries ſur la Prédeſtination*, imprimé à Ausbourg en 1514. Depuis ce tems-là, il a compoſé grand nombre d'Ouvrages de Controverſes, où il traite preſque tous les Points attaqués par les Proteſtans, l'Euchariſtie, le Sacrifice de la Meſſe, la Confeſſion & la Satisfaction; les Sacremens, la célébration de la Pâque, la Primauté de S. Pierre & du Pape. Il a auſſi compoſé un Commentaire ſur Aggée, imprimé à Cologne en 1538. des Homélies ſur les Evangiles du tems & des Saints, imprimées à Ingolſtadt en trois Volumes en 1531. avec des Diſcours ſur les ſept Sacremens en 1566. & en 1580.

Il avoit beaucoup d'eſprit, d'érudition, de lecture, de mémoire, de facilité, de zéle & de pénétration d'eſprit; & le Diocéſe de Tréves lui a l'obligation, au moins en partie, d'avoir été préſervé du venin des nouvelles héréſies.

J'ai en main une Lettre de Jean Eckius, écrite au Duc Antoine en 1530. après ſa victoire remportée ſur les Lutheriens en Alſace en 1525. Il parle très mal François; & voici comme il commence: A très illuſtre & très haut Prince & Seigneur Antoine, Duc de Calabre, de Lorraine & de Bar, &c. mon très redouté Prince & Seigneur; Salut, avec promptes ſervices & victoire d'ennemis.

Tu ſeras par avanture esbahi, Prince très illuſtre, que je veux dire que un homme Allemand, que jamais ne t'a fait ſervices ne plaiſirs, ſe ingere de t'envoyer Lettres, & d'être ſi hardi de te préſenter & dédier un Livre en Langage Germanique. Néanmoins ta Celſitude ceſſera de s'en ébahir, ſi elle connoit l'intention & vouloir de l'Ecrivain, & dédiant du tout à ton commandement; car après avoir entendu par commune renommée le très noble Duc de Lorraine, protecteur très léal & défenſeur de l'anciene & approuvée Loi Catholique, avoir pourvû diligemment que la peſte d'héréſie n'empoiſonne tes ſujets de ta Dition & Pays; j'ai accommencé de tout mon courage l'obſerver & magnifier, & en ceſtui mon vouloir m'a principalement induit, quand j'ai apperçu la grande multitude du peuple faiſant & exerçant toute crudélité & choſes impieuſes, avoir été par ta ſublimité déchaſſés, vaincus & diſſipés, qu'eſt la guerre plus triomphante & magnifique que te pouroit avenir, & la plus glorieuſe victoire à célébrer à toujours-mais à la poſtérité; car par icelle tu as fait & engendré un ſalut & tranquillité à toute la Germanie, dont nous tous les

Germains sommes attenus & obligés à ta Celsitude, & par espécial les gens d'Eglise, qui nous a sauvés & délivrés des mains du peuple furieux & enragé, qui sont les causes, très illustre Prince, qui me meuvent de délivrer & dédier cestuy Livre à ta Sérénité : car combien que Monseigneur le Duc de Baviere Prince Catholique, au commencement avoit délibéré de faire ce Préambule de mes Sermons, pour iceux diriger aux sujets de sa Dition ; & depuis changeant de propos, ému de certaines raisons, le tout ai remis à ma discrétion, afin de la diriger à aucun Prince Séculier Catholique, & ennemi d'hérésies ; ce qui m'a plû ; & incontinent j'ai proposé de le dédier à ta très illustre Domination, lequel, non-obstant que je ne l'ai écrit & conçu en mon langage, il y a toutefois des Allemands & Germains sujets à ton Domaine & estable Dition, qui sous l'ombre & soûtien d'un si bon Catholique, & Prince très illustre & Chrétien, loüeront le labeur & sudeur qu'avons pris en cette affaire (r); laquelle l'année précedente aux Lections de l'École Théologale, & déclamation au Peuple avec grosse diligence, vigille & sollicitude avons accomplie.

Au surplus, nous t'envoyons une Table du passage du Turc, que notre Chalcographe nous a apportée d'Autriche pleine de plusieurs fautes, laquelle en extirpant les fautes, ai corrigée & augmentée, & sont toutes renouvellées, excepté la seconde, qu'est de la Gaule, & la quinte qu'est de Russe & de Cathon (s) ; car à la seconde Table il a ômis le passage du Roy Richard Roy d'Angleterre, & de Philippe & Loüis Rois de France. Et non-obstant que en soit fait mention de plusieurs Comtes & Capitaines, toutefois il avoit oublié le Supérieur Prince & Capitaine Goeffride (t), & avoit fait mention du Concile de Clermont en Auvergne, lequel toutefois fut célébré en Biscaye, avec autres plusieurs choses que j'ai corrigées, d'autant que ce concernoit la Prééminance de ta Celsitude, mettant un Lyon en jeu, lequel par mon commandement il a ôté.

Il a pareillement erré en la cinquiéme Table, disant Constantinople avoit été prise par Amurath ; ce que toutefois le fils de Mahomet a fait.

J'ai aussi ajoûté la Chrorographie de Hunguerie, qu'est bien observée & amandée, laquelle si tu n'avois vûë par-devant, j'espere que te sera chose agréable. Finalement, très excellent Prince, je te supplie me tenir & réputer autant obligé & attenu à ta Sublimité, comme le plus obéissant de tes sujets. Et si le danger des chemins ne m'eût retardé, & empéché au voyage que je fis derniérement devers le Roy d'Angleterre pour le voir, je me fusse transporté devers ta Sérénité ; mais ce que je n'ai pû accomplir, à cause de la briéveté du tems, ces présentes nos Lettres le mettent en exécution, laquelle ta très illustre & haute Celsitude, Duc très bon & très Chrétien & très puissant, veüille maintenir en toute augmentation & prospérité. De Ingloftadt en Baviere, Ville sur le Taimbre, ce 12. Janvier 1530.

D'icelle ta Celfitude très obéissant Chapellain, *Johannes Eck.*

ENGELBERT, Religieux de S. Mathias près la Ville de Tréves.(*u*), fut d'abord Chef des Ecoles de cette célébre Abbaye, sçavant dans les saintes Ecritures, & dans la Philosophie, & écrivoit bien en Prose & en Vers. Il fut ensuite élû Abbé du même Monastere, & composa divers Ouvrages, entre autres, la Vie des douze Apôtres, en vers, en douze livres ; il a aussi traité de la Musique & de ses proportions. Il bâtit tout à neuf l'Eglise de S. Mathias, & mourut le 12. des Calendes de Mai de l'an 987. Son Epitaphe se voit dans l'Eglise de son Abbaye.

ERARD (Jean) de Bar-le-Duc, Ingénieur du Roy Très Chrétien, a fait imprimer, *La Fortification démontrée, & réduite en art*, à Paris en 1604. in fol. dédiée à Sa Majesté : seconde Edition du même Ouvrage par Antoine Erard, neveu de Jean, *revuë & augmentée contre les grandes erreurs de l'Edition contrefaite en Allemagne* : à Paris 1620. le tout enrichi de Tailles-douces. Le même Jean Erard a fait imprimer *Sa Géométrie générale, & pratique d'icelle*, avec les figures ; à Paris, troisiéme Edition 1619. in-octavo.

ERLE' (Nicolas) Doyen de S. Diey, a fait imprimer en Latin, *Judicium Centuriarum, seu de multiplici Judicum officio*; Mussiponti 1620.

ERNAULT (D. Nicolas) Benédictin de la Congrégation de S. Vanne, natif de Reins; a pris l'habit dans l'Abbaye de Mouzon, & y a fait profession le 28. Mai 1702.

En 1722. il donna dans le Journal de Luxembourg la solution d'un Probléme, qui consiste à trouver deux moyennes proportionnelles entre deux lignes, dont l'une est double de l'autre ; ce qu'on appelle la solution de la duplication du Cercle : le sentiment des plus habiles Géométres est, au moins que personne n'a encore approché de

---

(*r*) Il paroît par-là que ce sont les Sermons écrits en Allemand, qu'Eckius a dédiés au Duc Antoine.
(*s*) Peut être le Pays des Cathons ou Goths, la Suéde, Norvége & Scandinavie.
(*t*) Geoffroi de Boüillon.
(*u*) *Trithem. Chroniq. Hirsaug. tom. 1. pag. 130.*

si près que lui, de la vraye solution de ce Probléme, suppofé qu'il ne l'ait pas réfolu dans la rigueur géométrique.

Il s'eft appliqué depuis à rechercher les deux moyennes proportionnelles entre deux lignes quelconques; ce qui feroit la régle générale pour mettre & réduire les folides femblables, en telle proportion que l'on voudroit. Il croit y avoir réufli, il en a mis la démonftration par écrit, & l'a communiquée aux plus habiles Géométres de fa connoiffance, fans néanmoins leur découvrir le fecret de fa conftruction. Ces Meffieurs ont trouvé la démonftration fans réplique; mais les difficultés que le R. P. Ernault avoit trouvées pour faire inférer dans le Journal fa premiere démonftration, l'ont détourné de rendre publique la derniere.

ERNECOURT, (Alberte) connuë autrement fous le nom de Madame de S. Baflemont, naquit en 1607. au Village de la Neuville en Verdunois. Son pere s'appelloit Simon d'Ernecourt, & fa mere Margueritte de Houffe de Vatronville. Alberte époufa en 1634. Jean-Jacques d'Haraucourt Seigneur de S. Baflemont, Sandaucourt & S. Maxe. Son mari connoiffant fon humeur martial, lui montra lui-même à monter à cheval, à faire des armes, & en général les exercices militaires. Il voulut qu'elle fe traveftit en homme, portant le chapeau, le plumet, le jufte-au-corps & les bottes: c'étoit fon ajuftement dans fes expéditions militaires. Quoique fon mari fût du parti des Impériaux & des Lorrains, elle demeura toujours attachée au parti de la France.

Elle fit fermer & barricader le Village & le Château de la Neuville, & les mit en état de réfifter aux Partis: elle repouffa fouvent avec beaucoup de vigueur les Partis Efpagnols, qui venoient du Luxembourg pour les piller & les infulter.

Non contente de défendre fon Village & fon Château, elle couroit fus aux Cravates (c'eft ainfi qu'on appelloit dans le Pays les Coureurs & les Partis ennemis.) On l'a vû fouvent, à la tête de quelques Gentilshommes, de fes domeftiques, & des Payfans de la Neuville, pourfuivre les ennemis, les aller chercher jufques dans leurs retraites, & les obliger à fe rendre à difcrétion. Elle étoit continuellement à leur pourfuite, dès qu'elle les fçavoit en campagne aux environs de fon Village & des Villages voifins. On compte plus de trente rencontres où elle fe trouva, depuis 1636. jufqu'à 1643. fans jamais avoir été vaincuë, & fans avoir reçu aucune bleffure.

Elle étoit fort eftimée du Prince de Condé, des Maréchaux de France, de Guébrian, de Gaffion, de l'Hofpitale, de la Ferté; des Gouverneurs de Metz, de Toul, de Verdun, de Chalons, de Maifieres, &c. des fieurs de Vaubécourt, d'Hoquincourt & de Feuquieres, qui la connoiffoient de réputation.

En 1659. le 19. Mars elle fe retira dans le Couvent des Sœurs Clariftes de Bar-le-Duc, dans le deffein d'y faire profeffion, & d'y finir fes jours; mais la foibleffe de fon tempérament, & fes infirmités continuelles l'obligerent d'en fortir la même année le 23. de Décembre.

Elle mourut le 22. de Mai 1660. âgée de 52. ans dans fon Château de la Neuville, & fut enterrée dans l'Eglife Paroiffiale du même lieu.

Sa vie a été écrite par un Pere Tiercelin, nommé Jean-Marie de V. & imprimée à Paris en 1678. in-12. fous ce titre: *L'Amazone Chrêtienne*, ou *les Avantures de Madame de S. Baslemont*, *qui a conjoint heureufement durant nos jours une admirable dévotion, & la pratique de toutes les vertus, avec l'exercice des armes.*

Jean-Jacques d'Haraucourt, Epoux d'Albert d'Ernecourt, Colonel dans les Troupes du Duc Charles IV. fut tué dans un combat en 1644. Il eut de fon mariage Barbe d'Haraucourt, Dame de S. Baslemont, Sandaucourt, Neuville, &c. mariée à Loüis des Armoifes, Seigneur de Jaulny, de Commercy, &c.

ERRIC, ou Henry de Lorraine, fils de Nicolas de Lorraine, Comte de Vaudémont, & de Catherine d'Aumale, fa troifiéme femme, & frere de Loüife Reine de France, naquit à Nancy le 14. Mars 1576. Il fut deftiné de bonne heure à l'état Ecclefiaftique, & eut pour Précepteur Chriftophe de la Vallée dont on a parlé ailleurs, & qui fut enfuite Evêque de Toul.

Après la mort de Nicolas Bouchet Evêque de Verdun, arrivée le 19. Avril 1593. le Chapitre de Verdun élut Jean de Remberviller Chanoine de la Cathédrale; mais le crédit de la Maifon de Lorraine, qui follicita à Rome cet Evêché pour le Prince Erric, l'emporta. Il obtint fes Bulles en 1595. & prit poffeffion de l'Evêché la même année; mais il ne fut facré Evêque qu'en 1602.

On mit auprès de fa perfonne deux Peres Jéfuites, pour l'aider de leurs confeils dans le gouvernement de fon Diocèfe; & il le gouverna avec tout le zéle, l'attention & la fageffe, qu'on auroit pû attendre d'un Prélat confommé dans le gouvernement.

Dès le commencement de fon Epifcopat, il vifita toutes les Paroiffes de fon Diocèfe, corrigea les abus qu'on lui fit remarquer; &

fourniſſant du ſien aux Eccléſiaſtiques qui étoient dans le beſoin, il mérita leur confiance & leur affection.

Le grand objet qui occupoit alors les Princes de la Maiſon de Lorraine, étoit la réforme du Clergé, & ſur-tout des Ordres Religieux, qui étoient tombé dans un grand relâchement. Le Grand Cardinal de Lorraine Evêque de Metz, avoit reçu du Pape la qualité de Légat Apoſtolique dans la Lorraine, le Barrois & les trois Evêchés, & avoit employé tout ſon zéle & toute ſon autorité, pour procurer cette Réforme, mais avec très peu de ſuccès. Le Prince Erric Evêque de Verdun ſon couſin, fut plus heureux. Il poſſedoit en Commande les deux Abbayes de S. Vanne de Verdun & de S. Hydulphe de Moyenmoutier, & il eut la conſolation d'introduire la Réforme dans l'une & dans l'autre, & de donner par ce moyen commencement à la Congrégation de S. Vanne & de S. Hydulphe, qui produiſit bien-tôt la Réforme dans pluſieurs autres Maiſons de l'Ordre de Cluny, & celles de la Congrégation de S. Maur qui s'étend dans toute la France.

Au commencement le Prince Erric, & ceux qui lui ſervoient de conſeil, étoient d'avis de ſe contenter d'une mitigation, & de réduire ſeulement les anciens Religieux à une maniere de vie plus réglée & plus conforme à leur état, qu'ils n'avoient fait juſqu'alors ; mais D. Didier de la Cour, Prieur de l'Abbaye de S. Vanne, que Dieu avoit ſuſcité & rempli de ſon Eſprit pour exécuter ce grand ouvrage, ſoutint avec tant de force, & par de ſi ſolides raiſons, qu'on n'y réuſſiroit jamais qu'en rappellant les choſes à leur principe, & en faiſant obſerver la Régle de S. Benoît, autant qu'il étoit poſſible, ſuivant ſon premier eſprit ; qu'enfin le Prince Evêque de Verdun, & ceux qui étoient auprès de lui, ſe rendirent à ſon ſentiment ; & le deux Février de 1599. Dom Didier de la Cour reçut à profeſſion quatre jeunes Novices,

Pour revenir au Prince Erric de Lorraine, après avoir achevé la viſite de ſon Diocéſe en 1598. il publia ſes Ordonnances Synodales, qui condamnent pluſieurs uſages abuſifs, & établiſſent pluſieurs bonnes Régles pour la diſcipline de l'Egliſe.

Après la profeſſion des nouveaux Réformés, il fit des Ordonnances pour le bon gouvernement de l'Abbaye de S. Vanne, & pour la maniere de vie que devoient obſerver les anciens Religieux. Ces Réglemens ſont au nombre de neuf, dont voici les principaux. Le Prince permet aux Anciens de demeurer dans la grande Cour du Monaſtere, laiſſant l'intérieur du Cloître aux Réformés, défenſe aux anciens de ſortir de la Cour, ſans la permiſſion de leur Prieur Clauſtral. Défenſe, ſous peine de priſon, de fréquenter les Cabarets, & d'introduire dans leurs Chambres aucune perſonne du ſéxe, ſous quelque pretexte que ce puiſſe étre. Ils aſſiſteront à toutes les Heures de l'Office divin, ſe conféſſeront tous les huit jours, n'auront voix au Chapitre, dans ce qui regarde la Réforme & les Réformés ; mais ſeulement pour ce qui regarde les affaires communes & temporelles du Monaſtere ; ne pourront prétendre aucun régime, ni autorité ſur les Réformés.

Le même Erric fit auſſi quelque Réglement pour la réparation des lieux réguliers, & aſſigna aux nouveaux Réformés quelques fonds pour leur nourriture & entretiens.

Juſqu'alors D. Didier de la Cour n'avoit encore adopté aucunes Conſtitutions ſur la Régle de S. Benoît, & s'en tenoit au Texte même de la Régle. Quelque tems après, on lui communiqua le Noviciat de ſainte Théréſe, manuſcrit ; il alla enſuite viſiter la Chartreuſe du Mont-Dieu, pour y conſidérer la maniere de vie des Chartreux, & ſur-tout l'ordre & le Chant de l'Office divin.

Enfin D. Claude-François, un des premiers Diſciples de D. Didier de la Cour, étant à Rome pour d'autres affaires, fut ſi content de la maniere dont il fut reçu par les R. P. de la Congrégation du Mont-Caſſin, & ſi édifié de la régularité qu'il y remarqua, qu'il détermina le R. P. Réformateur à embraſſer les Conſtitutions de Caſſin, & à les joindre à la Régle de S. Benoît.

Ce fut ſeulement en 1603. que la Congrégation de S. Vanne & S. Hydulphe prit la Réforme ; auparavant ces deux Monaſteres étoient unis par les liens de la charité ; mais on craignoit avec raiſon, qu'après la mort du Prince Erric, qui étoit alors Abbé de l'une & de l'autre Abbaye, cette union ne s'altérât, & que cette ſociété ne ſe rompît. On s'adreſſa donc à Rome en 1603. pour en obtenir l'érection d'une nouvelle Congrégation, ad inſtar, de celle de Mont-Caſſin. Le Prince Erric s'y employa avec ſon zéle ordinaire, & écrivit aux Cardinaux Aldobrandin, Taurusius, Baronius, & Matthæi, qui avoient le plus de crédit dans la Cour de Rome, pour leur recommander cette affaire. Elle réuſſit ſelon ſes déſirs, & la Bulle d'érection de la nouvelle Congrégation fut dreſſée le 7. d'Avril 1604. & le premier Chapitre général ſe tint à S. Vanne le 31. Juillet de la même année.

Le Prince Erric fatigué des entrepriſes

continuelles, qu'on faisoit contre son autorité temporelle, fit la démission de son Evéché au commencement de 1611. en faveur de Charles de Lorraine son neveu, fils de Henry Comte de Chaligny, & de Claude Marquise de Moüy, dont on parlera cy-après. Erric étant venu à Rome, demanda au Pape la permission de se faire Jésuite ; mais il ne voulut pas la lui accorder. Il est certain qu'Erric avoit consulté le Cardinal Bellarmin sur le parti qu'il devoit prendre ; & on a la réponse de ce Cardinal (*x*), qui lui conseille de se conformer à la volonté de Dieu. Il revint à Nancy, & y mourut le 28. Avril 1623. Il voulut être enterré en habit de Capucin, dans l'Eglise des Capucins qu'il avoit fondé à S. Nicolas.

Nous avons quelques Monnoyes frappées par le Prince Erric Evéque de Verdun, avec son effigie d'un côté, & ces mots, ERRICUS EPS. VIRDUN. & sur le revers, VIRGO MARIA. La Vierge est la Patronne de la Cathédrale de Verdun. Dans d'autres, il est représenté en buste, & sur le revers sont les Armes de Lorraine en 1601. Dans d'autres, on voit d'un côté une lampe allumée posée sur un Livre, avec ces mots, *Lucerna pedibus meis verbum tuum* ; & sur le revers, les Armes pleines de Lorraine, avec cette légende, *Erricus à Lotharingia Episcop. & Comes Virdun.*

ETHEARD, Prémontré, Abbé Régulier de S. Paul de Verdun, a écrit contre le R. P. Hugo touchant l'Habit blanc, que l'on prétend avoir été donné par la sainte Vierge à S. Norbert, Instituteur de l'Ordre de Prémontré ; ce qui avoit été révoqué en doute par l'Abbé Hugo.

ETIENNE IX. fut élû Pape le 2. Août 1057. & mourut le 29. Mars 1058. ainsi il ne tint le Siége que pendant environ huit mois. Il prit le nom d'Etienne, parce qu'il fut élû le 2. Août, jour de S. Etienne Pape & Martyr. Son nom de Baptême étoit Frideric. Il étoit fils de Gozilon Duc de la Basse-Lorraine, & frere de Godefroy, qui fut aussi Duc de Lorraine, & devint depuis Duc de Toscane par son mariage avec Béatrix Duchesse de ce Pays.

En 1049. le Pape Leon IX. passant par la Ville de Liége, y trouva Frideric qui étoit son parent, & qui étoit alors Chanoine & Archidiacre de cette Ville. Leon le prit avec lui, & le mena à Rome, où il le créa Cardinal en 1051. & le fit Bibliothéquaire, & Chancelier de l'Eglise Romaine. En 1053. le Pape l'envoya, avec le Cardinal Humbert, & Pierre Archevêque d'Amalfi, à Constantinople, pour travailler à la réünion de l'Eglise Grecque avec la Latine, & réfuter les calomnies des Grecs. Ce voyage ne produisit pas l'effet qu'on attendoit. Ces trois Légats revinrent à Rome en 1054. après la mort du Pape Leon IX.

Frideric dégoûté du monde à cause des fatigues de son grand voyage de Constantinople, se retira au Mont-Cassin, & y embrassa la vie monastique sous l'Abbé Richer en 1057. L'Abbaye du Mont-Cassin étant venuë à vacquer, Frideric fut unanimement élû Abbé le 23. Mai de la même année, & reçut la Bénédiction Abbatiale de la main du Pape Victor II. En même tems le Pontife lui changea son titre de Cardinal-Diacre, & lui donna celui de Cardinal-Prêtre du titre de S. Chryfogone. Sur la fin de Juillet de la même année, étant à Rome, il apprit la mort du Pape Victor II. décédé le 28. du même mois. Frideric consulté sur le choix d'un successeur, en suggéra cinq ; mais le Clergé & les Citoyens de Rome déclarerent qu'ils n'en vouloient point d'autre que lui-même ; & le tirant de son logis, le conduisirent par force à S. Pierre-aux-liens, où ils le choisirent Pape, & il y fut sacré en grande cérémonie.

Ses Ecrits sont, un Traité sur l'usage du Pain sans levain dans l'Eucharistie, & sur le Jeûne du Samedy contre les Grecs. Ce Traité est plus communément attribué au Cardinal Humbert (*y*).

Item, une Réponse aux Ecrits de Nicolas Pectorat, Moine de Stude. Il étoit intitulé, *De l'Azyme & du Sabat, & du Mariage des Prêtres.* Cet Ouvrage passe encore pour être du Cardinal Humbert. Enfin, on connoît deux Lettres, qui sont certainement du Pape Etienne IX. (*z*) ; l'une est écrite à Gervais Archevêque de Reims, l'autre écrite le 11. Décembre 1057. à Pandulphe Evêque de Marsi, touchant la réünion de cet Evêché, auparavant divisé en deux.

ETIENNE, Evêque de Tongres ou de Liége, fut d'abord Abbé de S. Mihiel en Lorraine (*a*) : il paroît qu'il avoit été élevé dans les Ecoles de l'Eglise de Metz ; Trithéme croit qu'il en fut Chanoine, ou Clerc (*b*).

(*x*) Mabill. not. suf. in oper. Benvar. nota 69.
(*y*) Vibert vit. S. Leon. 9.
(*z*) Concil. t. 9. p. 1080. 1090.
(*a*) Mabill. Annal. Bened. tom. 3. pag. 267. 296. 304. 315. &c.
(*b*) Trithem. Chron. Hirsaug. ad an. 903. Hist. Leod. pag. 165.

Il fut tiré de son Abbaye de S. Mihiel, pour être fait Evêque : il a dédié à Robert, ou Rupert Evêque de Metz, mort en 916. ou 917. (pour lequel il conserva toujours une parfaite reconnoissance,) un de ses Ouvrages, intitulé, *De toutes les Fêtes de l'année*, dans lequel il a rangé par ordre les Capitules, les Versets, les Répons & les Collectes, qui se doivent dire à toutes les heures du jour & de la nuit pendant l'année. Dans son Epître à Robert Evêque de Metz, il reconnoît qu'il avoit été élevé dans cette Eglise.

Amateur du Chant & de la Musique, il composa ou nota l'Office de la Trinité, & celui de l'Invention de S. Etienne premier Martyr, Patron de l'Eglise de Metz. Il retoucha la Vie de S. Lambert, Evêque de Tongres ou de Liége, & la mit en meilleur stile, & composa l'Office propre de sa Fête. Il fut élevé à l'Episcopat en 901. & mourut en 920. (*c*). Il posséda l'Abbaye de Laubes pendant son Episcopat ; il joüit aussi de l'Abbaye de S. Mihiel, au moins pendant quelques années après sa promotion au Siége de Liége.

ÉTIENNE, troisiéme Abbé de S. Airy de Verdun, & qualifié *le Bienheureux*, a écrit un Livre de la Vie de S. Airy Evêque de cette Ville, qui se conserve manuscrite dans son Monastere de Verdun. L'Auteur ne nous y apprend rien de fort intéressant, ayant vécu si long-tems après ce saint Evêque ; mais il y donne de grandes preuves de sa piété & de sa dévotion envers le saint Patron de son Abbaye. Il fut fait Abbé vers l'an 1062. & mourut le 24. Janvier 1084. Il étoit Liégeois de naissance, & fut pendant sa vie dans une si haute réputation de vertu & de régularité, que de tous côtés, non seulement ceux du Pays, mais aussi les étrangers venoient se ranger sous sa discipline. On y voyoit & des Religieux & des Laïques, & même des Ecclésiastiques séculiers, que l'odeur de sa sainteté attiroit auprès de lui, pour apprendre les Régles de la plus exacte observance. On tira plusieurs Abbés de son Abbaye, pour réformer & gouverner d'autres Monasteres : on en compte jusqu'à douze, qui furent demandés pour porter la réforme & l'idée du bon gouvernement dans d'autres Maisons de l'Ordre de S. Benoît.

EUCHERE, ou *Huchere* est cité dans plus d'un endroit des Statuts des Dames de Remiremont, imprimés in-quarto en 1694. comme étant Auteur d'un Ouvrage intitulé, *Etat de l'Eglise de Remiremont*. Je n'ai point vû cet Ouvrage, non plus que les Us & Coûtumes de l'Eglise de Remiremont, dressés par ordre du Chapitre en 1613.

Item, Régîtres des choses mémorables de Remiremont, cités dans le vû des Piéces de l'Arrêt de l'an 1693.

EUDES de Vaudémont, Evêque de Toul, étoit fils de Hugues I. du nom, Comte de Vaudémont, & petit-fils de Gerard I. aussi Comte de Vaudémont, qui avoit pour pere Gerard d'Alsace, premier Duc héréditaire de la Lorraine-Mosellane. Ainsi Eudes étoit de la premiere noblesse.

Il fut élevé dans le Séminaire, ou les Ecoles de Toul, qui étoient célébres de son tems, qui l'avoient été avant lui, & le furent encore depuis (*d*). Il étoit déja Archidiacre de l'Eglise de Toul en 1168. & enfin fut Trésorier en 1173. Le commencement de son Episcopat est fixé par Alberic Moine de Trois-fontaines, à l'an 1192. (*e*).

Sous son Episcopat, un nommé Simon, Archidiacre de cette Eglise, obtint par subreption des Bulles de la Princerie de l'Eglise de Toul, dignité considérable & d'un gros revenu, qui avoit été supprimée par autorité Apostolique, & réünie à la manse des Chanoines. Simon en ayant donc obtenu la provision, les Chanoines en interjetterent Appel ; & après diverses Procédures auxquelles le Duc de Lorraine Simon II. voulut bien prendre part en faveur de Simon qui étoit son parent, l'Archidiacre fut débouté, & la Princerie unie de nouveau à la Manse Capitulaire.

Eudes de Vaudémont, tout au commencement de son Episcopat, publia des Statuts Synodaux en 1192. le 8. des Ides de Mai, indiction 10. dans le Synode tenu le même jour (*f*). On y voit l'état déplorable des Eglises en ce tems-là. Il y dit que les Archidiacres & les Abbés du Diocèse s'étoient adressés à lui, & lui avoient porté leurs plaintes contre les entreprises, les usurpations & les violences qu'on exerçoit contre eux, le priant d'y apporter les remédes convenables. Il n'en avoit point d'autres que les censures, les armes spirituelles. Il défend de célébrer le divin Service dans les lieux où ces brigands auront pris leurs vols ; il les excommunie, & ceux qui les reçoivent ou les recellent.

Il prononce les mêmes peines contre les Seigneurs qui les emportent, ou les font emporter par leurs soldats dans leurs Terres. Il défend d'y célébrer les divins Offices, jus

---

(*c*) *Mabill. annal. Bened. tom. 3. p. 367.*
(*d*) Benoît Picard, Hist. de Toul, p. 426.
(*e*) Histoire de Lorraine. tom. 2. pag. 552.
(*f*) Histoire de Lorraine.

qu'à ce qu'ils aient reſtitué, ou fait reſtituer ce qu'ils auront pris ; & ordonne aux Curés des Paroiſſes de les dénoncer tous les Dimanches, excommuniés, & même après qu'on aura tout reſtitué. Il veut que les coupables ne reçoivent l'abſolution, qu'après avoir fait ſatisfaction à l'Evêque. Il condamne les receleurs à dix ſols d'amande pour autant de nuit qu'ils auront retenu chez eux les choſes ainſi volées, & prive de leurs offices & bénéfices les Clercs ou les Moines, qui auront déſobéi à ſes ordres à cet égard.

Si pendant l'interdit on enterre par force quelque mort dans le Cimetiére, dès ce moment on ceſſera tout Office dans cette Egliſe; & après même que le corps aura été tiré de terre, on ne pourra plus l'enterrer ni là, ni dans aucun autre Cimetiére. On prive de même de la ſepulture Eccléſiaſtique, ceux qui auront contribué à ces Enterremens, s'ils meurent avant qu'ils aient obtenu leur abſolution & leur réconciliation.

Il ſe plaint ſur-tout des violences, que les gens de guerre & les petits tirans exercent contre les Monaſteres, dont ils enlevoient les animaux de ſervice & les chariots, qu'ils contraignoient de travailler pour eux. Il les ſoûmet aux mêmes peines dont on a parlé cy-devant.

Dans un tems auſſi malheureux, & où la licence étoit auſſi grande, on voyoit des Religieux qui quittoient leur profeſſion & leur Monaſtere, & retournoient au ſiécle, & s'y marioient. Il les frappe d'excommunication, de même que les Prêtres qui les ſouffrent, & ceux qui ont la préſomption de dire la Meſſe dans les lieux interdits ; il les prive de tout office & bénéfice Eccléſiaſtique.

Pour les Hérétiques Vaudois, qui étoient répandus dans le Pays, il ordonna aux Clercs & aux Laïques, pour la rémiſſion de leurs péchés, de leur courir ſus, de les enchaîner, & de les mener à Toul, pour les punir ſelon leur mérite. Le Prélat conclut ſes Statuts, en promettant ſa protection, le vivre & le vêtir à ceux qui, pour leur exécution, ſeront obligés de quitter leur demeure, ou en ſeront chaſſés par violence.

Tout ce détail fait voir le zéle, la vigueur, l'autorité du Prélat, & l'état malheureux où le Diocéſe étoit réduit.

Eudes fut médiateur de l'accommodement qui ſe fit en 1194. entre le Duc Simon, & Clémence Abbeſſe de Remiremont. Simon avoit fait quelques entrepriſes contre les droits de cette Abbaye. Clémence en porta ſes plaintes au Pape, qui adreſſa un Reſcrit à Jean Archevêque de Tréves, pour prendre connoiſſance de cette affaire. L'Archevêque ayant oüi les plaintes de l'Abbeſſe dans ſon Synode général, mit le Duc & ſon Pays en interdit. Eudes de Vaudémont, pour prévenir les ſuites de cette Sentence, pria les Parties de ſe trouver amiablement à Remiremont. Là, avec le Conſeil de Hugues, Princier de Metz, d'Albert Doyen de la même Egliſe, d'Etienne Abbé de Clairlieu, de Humbert Abbé de Chaumouſey, de la part des Dames de Remiremont ; & de Humbert Abbé de Beaupré, de Simon Abbé de Moyenmoutier, de Robert Sire de Florenges, & de Gerard, ſurnommé la Grüe, de la part de Simon Duc de Lorraine ; là, dis-je, il fut arrêté que le Duc Simon maintiendroit les Droits & Privilèges du Chapitre de Remiremont ; qu'il permettroit à qui il voudroit de faire ſa demeure dans la Ville de Rémiremont ; qu'il réprimeroit les entrepriſes des Soûvoüés ; qu'il n'aliéneroit aucuns biens de cette Egliſe. Après quoi, le Duc Simon reçut l'abſolution des cenſures qu'il avoit encourues.

Ce fut l'année ſuivante 1195. qu'il entreprit le voyage de l'Abbaye de Cluny par un eſprit de dévotion, pour profiter de la converſation des ſaints Religieux qui vivoient alors dans cette fameuſe Abbaye. A ſon retour en 1195. il conſacra l'Egliſe d'Einville, que Herbert fils de Raoul d'Apremont avoit fait bâtir. Cette même année il donna la Croix à Simon de Parroye, qui partit auſſi-tôt pour la Terre-ſainte, & mourut dans ce voyage ; & Eudes exécuta fidélement les dernieres volontés dont il étoit dépoſitaire.

Notre Prélat fit un voyage à Rome, dont on ne ſçait point le ſujet ; peut-être étoit-ce un ſimple voyage de dévotion. Gerard de Lorraine-Vaudémont ſon neveu, qui étoit alors Tréſorier & Archidiacre de Toul, dit que ſon Evêque étoit allé à Rome, & que l'Archevêque de Tréves ſon Métropolitain l'avoit établi Vicaire Général de ſon Diocèſe.

Eudes ſe trouva en 1196. avec Hugues Comte de Vaudémont ſon neveu, à l'Aſſemblée de Spire, tenuë par ordre de l'Empereur Henry VI. Eudes y reçut la Croix de la main du Légat du Pape ; mais il ne partit que dix-huit mois après en 1197. & il mourut dans ce voyage. Son corps fut rapporté dans la Ville de Toul, & fut enterré dans la Cathédrale au milieu de la Nef, d'où il fut tiré, pour être mis dans le Tombeau de ſon neveu Hugues II. Comte de Vaudémont, qui avoit été inhumé dans la même Egliſe. Le Nécrologe de S. Manſuy en fait mention au ſixiéme des Calendes de Décembre,

Décembre, ou au vingt-sixième Novembre.

Il fit du bien à plusieurs Eglises de son Diocèse; il donna l'Eglise de Ligny à sa Cathédrale, celle de Nas à S. Leon de Toul; il confirma à l'Abbaye de S. Mihiel toutes les Cures qu'elle possédoit dans le Diocèse de Toul.

Il réduisit à cinquante le nombre des Chanoines de sa Cathédrale, qui étoit cy-devant de soixante. Le Pape Célestin III. qui autorisa cette réduction, ordonna que le revenu des dix Prébendes retranchées se partageroit, & seroit employé à l'entretien des Clercs & des Vicaires, & en distribution aux Chanoines. Il ordonna, de plus, que les trois premiers Maîtres des Ecoles Episcopales, après l'Ecolâtre, auroient chacun une Prébende; & que ceux qui n'enseigneroient que les Humanités, pourroient aspirer aux dernieres Prébendes, telles que les Vicaires les avoient alors. Aripert Archidiacre & Chancelier de l'Eglise de Toul, avoit pourlors soin de ces Ecoles, qui étoient célèbres depuis long-tems, & qui conserverent leur réputation encore long-tems après.

Ce fut sans doute par ordre d'Eudes de Vaudémont, que quelque Sçavant de son tems écrivit les Vies des saints Personnages de la Maison de Lorraine & de Vaudémont, entre autres, de S. Odile & de S. Leon IX. qu'il dédia à Eudes de Vaudémont Evêque de Toul, pour lui donner des exemples domestiques de la plus sublime vertu. C'est ce précieux Recueil, qui fut découvert par le R. P. Jerôme Vignier à Vezelize, entre les mains de Pistor le Bégue, & qui a donné occasion à la découverte de la véritable origine de la Maison de Lorraine. Voyez la Préface du Pere Vignier sur l'origine de cette Maison.

EVRARD IV. Général des Jésuites; voyez cy-après *Marcourt*, ou *Marcurianus*.

EUSPICE, que Vassebourg (*g*) dit avoir été chargé de la conduite des Ecoles de Verdun, & qu'Aimoin appelle Archiprêtre de cette Eglise, se trouva à Verdun, lorsque Clovis I. Roi des François l'assiégea pour la seconde fois en 500. La même nuit, S. Firmin Evêque de cette Ville étant mort, Euspice se chargea d'aller trouver le Roy, & de lui demander grace pour les Citoyens; il lui parla d'une maniere si touchante, que Clovis pardonna à la Ville, & offrit l'Evêché à Euspice, qui le remercia. Le Peuple de Verdun pria le Roy de leur donner *Viton*, ou *Vedon*, ou *Vanne* pour Evêque, & il le leur accorda; mais il mena avec lui à Orléans Euspice & Maximin, ou Mesmin son neveu, qui y embrasserent la vie Religieuse. On connoît encore aujourd'hui l'Abbaye de S. Mesmin proche la Ville d'Orleans.

F

FABERT (Abraham) Pere d'Abraham Fabert, Maréchal de France, étoit de Metz, & fut Maître-Echevin de cette Ville : il s'est rendu recommandable par sa science dans l'art de l'Imprimerie, & a imprimé en particulier les Ouvrages de Jean-Jacques Boissard de Besançon, son ami, ès années 1587. & 1591. Je crois aussi qu'il a composé le Voyage du Roy Henry IV. à Metz en 1604. avec figures, in-fol. & il a fait l'Epître Dédicatoire de cet Ouvrage dédié au Duc d'Epernon. J'ai un fort beau Missel imprimé à Metz par Abraham Fabert en 1597. enrichi d'Estampes en bois fort bien faites.

On a publié sous son nom *le Commentaire de la Coûtume de Lorraine*, imprimé à Metz, in-fol. 1657. aux frais de l'Auteur. Le Frontispice est de la gravure de Sébastien le Clerc, & autour du Portrait, on lit, *Abraham Fabert, Seigneur de Moulins, Conseiller du Roy, Chevalier de son Ordre, & Maître-Echevin de Metz*. L'Avis au Lecteur porte que l'Ouvrage a été donné après la mort de l'Auteur par ses enfans, pour satisfaire au désir de leur pere; cependant il y en a qui croient, avec beaucoup de fondement, que l'Ouvrage n'est pas de Fabert, mais d'un nommé Thiriet, Praticien des environs de Mirecourt. Voyez cy-après *Thiriet*.

FABERT (Abraham) Maréchal de France, Gouverneur de Sedan, étoit natif de Metz, & fils du précédent (*h*). Fabert témoigna d'abord un si grand éloignement de toutes sortes d'études, que, sans quelque inclination qu'il avoit pour la lecture des Romans, peut-être n'auroit-il jamais appris à lire. Son pere fut donc obligé de le laisser à son goût pour les armes. Il entra au Régiment des Gardes, à l'âge de treize ans & demi; & pendant cinq ans & six mois qu'il y demeura, il s'acquitta avec une extrême exactitude de tous les devoirs de soldat, mangeant avec une telle frugalité, qu'il ne voulut jamais rien recevoir au-delà de sa paye, ni de son Capitaine ni de son pere.

(*g*) Vassebourg, Hist. de Verdun; Bert. Hist. Episc. Virdun. Auouin. lib. 1. cap. 17.

(*h*) Eloge de M. Fabert par M. Perraut, partie 2.

Au sortir du Régiment des Gardes, le Duc d'Epernon lui donna le Drapeau dans le Régiment de Rembure. La Majorité de ce Régiment ayant vacqué, M. de Rembure la lui donna, & le fit si bien valoir auprès du Roy, que Sa Majesté prit un plaisir singulier à l'entendre parler sur les matieres de la guerre, particuliérement sur l'exercice de l'Infanterie. M. Fabert, pour en donner une plus vive représentation, fit faire de petites figures de soldats, qu'il faisoit mouvoir suivant les ordres qu'il donnoit.

Ce qu'il fit à la retraite de Mayence, fut comparé à la fameuse retraite des dix mille de Xenophon ; car il sauva toute l'armée de France des attaques de celle de l'Empereur, beaucoup supérieure, sans y perdre presque un seul homme.

Ayant été blessé à la prise de Turin, par un coup de mousquet à la cuisse, & les Chirurgiens ayant conclu qu'il falloit la lui couper, le Cardinal de la Valette qui l'aimoit, & M. de Turéne le conjurerent de souffrir cette opération : *Il ne faut pas mourir par piéces*, leur répondit-il, *la mort m'aura tout entier, ou elle n'aura rien, & peut-être lui échaperai-je*. Il se fit apporter plusieurs térines de lait & de créme, y fit tremper de vieux linges, les appliqua sur sa playe, & guérit en peu de jours.

Le Roy lui ayant confié le Gouvernement de Sedan, il y fit faire des Fortifications d'une solidité extraordinaire, & avec une si grande économie, que le Roy n'a jamais eû de Places mieux fortifiées à moins de frais. Sa famille se plaignant à lui-même du peu de soin qu'il prenoit de leurs intérêts & des siens, il répondit que, pour empêcher qu'une Place que le Roi lui avoit confiée, ne tombât entre les mains des ennemis, s'il falloit mettre à la bouche du Canon sa personne, sa famille & tous ses biens, il ne balanceroit pas un moment à le faire.

Le Roy récompensa ses services par le Bâton de Maréchal de France, qu'il lui donna au mois d'Août 1658. & lui offrit depuis le Collier de ses Ordres, qu'il refusa, & en écrivit au Roy dans des termes pleins de modestie : le Roy lui répondit par une Lettre fort gracieuse, qui est à la page 164. de son Histoire.

Il mourut à Sedan le 17. Mai 1662. âgé de 63. ans, & y fut enterré dans l'Eglise des Capucins Irlandois, qu'il avoit fondée : il laissa quelques enfans. On dit de M. Fabert des choses singulieres, & presque incroyables de la cause de son bonheur & de son élévation ; mais ce grand homme n'en fut redevable qu'à son propre mérite, & à ses exploits militaires. On a son Histoire imprimée en un Volume in-12. à Amsterdam chez Henry Desbordes 1697.

Il ne nous reste aucun Ecrit du Maréchal de Fabert ; mais on trouve dans sa vie imprimée diverses Lettres, & quelques Discours & Réponses qu'il a faites au Roy & au Cardinal Mazarin. Il ne sçavoit pas le Latin ; mais il avoit un jugement solide & profond. Il avoit écrit l'Histoire de son tems ; mais il la brûla quelques jours avant sa mort, avec quantité d'autres Papiers qu'il tira de son Cabinet : on auroit sans doute trouvé dans cette Histoire plusieurs faits importans & curieux, & le détail d'une infinité de rencontres & d'affaires auxquelles il avoit eû part. Il avoit composé, étant jeune, une Relation du voyage du Duc de la Valette, où il faisoit entrer des remarques, que peu de personnes avoient faites avant lui. Il rétablit par son industrie, & par la force de son raisonnement fondé sur les expériences qu'il fit, les Forges de Moyeuvre, situées à trois lieues de Metz, & à deux de Thionville, & qui passent pour les plus belles de l'Europe. Je ne parle point ici de ses actions de valeur, qui ne sont point de mon sujet : on peut voir sa vie. Courtilz de Sandras a laissé sur le Maréchal de Fabert des Mémoires qui n'ont pas été imprimés.

FAGNIER (D. Thierry) Benédictin de la Congrégation de S. Vanne. Voyez cy après *Viaixnes* (D. Thierry de Viaixnes.)

FANGE (D. Augustin) natif de Hattonchatel, Diocése de Verdun, Profés de l'Abbaye de Munster le 21. Juin 1728. est neveu du R. P. Dom Augustin Calmet, son Coadjuteur en son Abbaye de Senones. Il a professé avec honneur les Humanités, la Philosophie & la Théologie, dans l'étude de laquelle il a fait de très grands progrès. Il travaille à composer un grand Traité des Sacremens en général & en particulier. Cet Ouvrage est en Latin, & doit être fort étendu, parce qu'il traite sa matiere à fond. Il a fait imprimer à Einsidlen, ou Notre-Dame des Hermites, un Ouvrage intitulé, *Iter Helveticum*, avec figures, qui est un récit de ce qu'il a vû dans la Suisse au voyage qu'il fit en 1748.

FAULQUES (D. Henry) Abbé de Longeville, né à S. Mihiel, a fait profession en l'Abbaye de Munster le 14. May 1700.

Il a composé plusieurs Ouvrages ; 1°. Une Dissertation sur le Baprême, manuscrite ; 2°. une Dissertation sur le *Logos*, dont il est parlé dans l'Evangile de S. Jean contre les Sociniens.

3°. Il a traduit de Grec en François le

Livre de Joseph, intitulé, *Les Machabées*, imprimé dans le Commentaire de D. Calmet.

4°. Trois Lettres qui ont été écrites à M. l'Abbé Hugo, au sujet de son Edition d'*Herculanus*, in-quarto chez Midon 1725. & quantité d'autres Ouvrages moins férieux, tant en Vers qu'en Prose.

FEBVRE (Nicolas-Joseph LE) Chevalier, Seigneur de Montjoye, Conseiller de S. A. R. en tous ses Conseils, & Premier Président de la Chambre des Comptes de Lorraine, naquit à Epinal en 1663. Ses qualités personnelles lui avoir mérité la confiance du Duc Leopold, qui l'avoit employé en différentes négociations, tant en Italie & en Allemagne, qu'en France, ayant été envoyé deux fois à la Cour de Rome en 1705. & en 17.... pour terminer les différends qu'il y avoit entre le S. Siége & la Lorraine, au sujet du Code Leopold; pour solliciter des Brefs d'eligibilité pour les grands Bénéfices d'Allemagne en faveur des Princes Charles & François, freres du Duc Leopold; pour obtenir des Bulles de Remiremont pour Madame la Princesse Charlotte Elizabeth, Aînée pour-lors des enfans du Duc Leopold; pour la Réforme de l'Abbaye de Beauprey, & pour d'autres affaires dont il étoit chargé. Il fut député deux fois à Vienne, où il a sollicité l'indemnité du Duché de Montferrat, & pour lequel il obtint en 1720. la Principauté de Teschen en Silésie.

Il fut aussi député à Munster en Westphalie en 1706. afin d'engager le Chapitre à élire pour Evêque le Prince Charles, frere du Duc, qui fut en effet élu, par une partie du Chapitre, qui députa à Rome un Chanoine de son Corps, que M. le Febvre eut ordre d'accompagner.

Il fut chargé de prier le Pape de tenir sur les Fonds le Prince Leopold-Clement. Après avoir heureusement terminé l'affaire du Code-Leopold, il revint en Lorraine en Novembre 1708. avec le Bref d'Eligibilité à l'Archevéché de Tréves pour le Prince Charles, frere du Duc, lequel fut effectivement élu. Il fut employé auprès de l'Empereur Charles VI. en 1711. pour la neutralité de la Lorraine, & pour solliciter l'admission de Son Altesse Royale à la quadruple Alliance.

Enfin, en Cour de France en 1716. il contribua beaucoup à la conclusion du Traité de Paris de 1718. entre la France & la Lorraine.

Le Duc François III. lui avoit conservé la même bienveillance, en le continuant dans le maniment des principales affaires de l'Etat, ne voulant pas qu'on fît rien au Conseil de Régence, sans l'avoir secrettement consulté, pour ensuite les Ordres lui être adressés.

Dans ces négociations M. le Febvre eut toujours la modestie de refuser toutes sortes de caractéres publics, dont son Souverain vouloit le revêtir, disant continuellement à son auguste Maître, qu'il lui rendroit plus de service, n'étant pas connu de tout le monde par des honneurs, des qualités & des titres brillans. Il mourut à Nancy le 26. Octobre 1736. dans la soixante-treizième année de son âge, & fut inhumé dans l'Eglise Primatiale. Il a composé plusieurs Ouvrages; comme,

L'Histoire de Lorraine, par Demandes & par Réponses, manuscrite.

Discours sur le Barrois, avec ses preuves, imprimé à Nancy in-fol.

L'Apologie du Duc Leopold, manuscrite, qui m'a été donnée par M. le Febvre Conseiller d'Etat, son fils.

FELIX de Commercy a traduit de Latin en François un Livre très rare, intitulé, *Symbolum mundi, hoc est, doctrina solida de Deo, spiritibus, mundi religione, ac de bono & malo, superstitioni Pagana ac Christiana opposita. Eleutheropoli, anno 1668.* Comme on accusoit assez hautement d'athéïsme l'Auteur de cet Ecrit, Felix de Commercy entreprit sa défense dans une Lettre apologétique, qu'il joignit à cet Ouvrage, où il montre qu'il n'y a rien qui ressente l'athéïsme. L'Ouvrage est imprimé en 1706. On croit que le nom de *Felix de Commercy* est un nom feint.

FENETRANGES (Bernard de) Gentilhomme Lorrain, étoit un des Chevaliers les plus hardis du quatorziéme siécle. Ce fut principalement à la valeur de Fénétranges, & de cinquante Chevaliers qu'il avoit sous lui, que la France, après la prise du Roy Jean en 1356. fut redevable de la déroute des Anglois. Charles Duc de Normandie, fils du Roy Jean, & Régent du Royaume, pendant la prison de son pere, n'ayant pas envoyé à Fénétranges 30000. livres, qu'il lui avoit promises, celui-ci l'envoya défier, & fit de tels dégats pour se venger, que, pour l'arrêter, on le satisfit, au-delà même de ce qu'on lui avoit promis.

FERON (Charles) Procureur du Roy au Bailliage de Vaudémont, & Subdélégué de Monseigneur le Chancelier à Vezelize, mort en 1750. a composé *l'Histoire, & l'origine des Coûtumes du Comté de Vaudémont, la liste des Comtes de Vaudémont, & une Notice de la principale Noblesse de ce Comté*, manuscrit.

Il avoit un Recueil de Piéces sur la Lorraine; entre autres, les Harangues anciennes faites au Comté de Vaudémont, & les Chartres du Comté de Vaudémont, intitulées, *Etablissement de la grande Féauté du Comté de Vaudémont, fait en* 1290.

FERRY (Paul) Ministre de la Religion prétenduë reformée à Metz, naquit en cette Ville le 24. Février 1591. d'une famille de Robe. Son pere Jacques Ferry fut 40. ans à passer successivement par tous les dégrés de l'ancienne Magistrature de Metz, & ne sortit d'emploi qu'à la suppression de la Jurisdiction des Treize en 1643. Paul Ferry étudia à Montauban, fut fait Ministre à Metz en 1610. & y mourut de la pierre le 27. Décembre 1669. on lui en trouva plus de quatre-vingt dans sa vessie. C'étoit l'homme de la Province le plus éloquent, & dont les discours touchoient le plus; sa belle taille, son visage vénérable & ses gestes naturels donnoient une nouvelle force à son éloquence.

Dès l'âge de dix-neuf ans, il fit imprimer à Montauban en 1610. un Livre, sous ce titre, 1°. *Les premieres Oeuvres Poëtiques de Paul Ferry Messin, où sous les douze diversités de ces conceptions, se rencontrent les bonnes & honnêtes libertés d'une jeunesse.*

2°. *Scholastici orthodoxi specimen*, 1626.

3°. *Réfutation du Livre de François Verron*, à *Sedan* 1618.

4°. *Pauli Ferry Vindiciæ pro Scholastico orthodoxo, adversùs Leonardum Perrinum Jesuitam Universitatis Mussipontanæ Cancellarium, Lugd. Bat.* 1630.

5°. *Cathechismus generalis reformationis*, 1654.

6°. *Oraison Funêbre du Roy Loüis XIII. & de la Reine Mere Anne d'Autriche.*

7°. *Remarques historiques sur le discours de la vie & de la mort de S. Livier, & le récit de ses Miracles, par le S. Remberviller, Avocat-Général au Bailliage de l'Evêché de Metz.*

Guy Patin (1) a écrit, que le Cardinal de Richelieu avoit engagé plusieurs Ministres Protestans à travailler à la réunion des Protestans avec les Catholiques, & que le Ministre Ferry étoit de leur nombre. M. Bayle traite cela de fable & de calomnie : ce qui est certain, c'est que Paul Ferry étoit sensiblement touché des divisions qui partageoient les Protestans; & désirant les voir finir, il entretint commerce avec Dureus, qui négocia en Allemagne la réunion des Protestans pendant près de 25. ans.

Paul Ferry a laissé un très grand nombre de Sermons manuscrits; on en compte plus de douze cens sur la seule Epitre aux Hébreux.

Item, une longue Lettre Françoise écrite de Metz le 30. Mars 1632. & adressée aux Ministres de Genêve, au sujet de Nicolas Antoine. Ferry apprend dans cette Lettre bien des circonstances de la vie & du caractere de cet impie; cependant il demande qu'on lui accorde grace, & qu'on ne le punisse pas du dernier supplice. La modération & la tolérance le distinguoient de ses confreres.

Nous avons vû à Metz entre les mains de M. Ferry son parent, Conseiller dans cette Ville, trois Volumes de Recuëils sur l'Histoire de Metz & de Lorraine; mais nous n'avons pas eû le loisir d'en profiter, ce Monsieur ne les laissant pas sortir de chez lui.

En 1654. le Ministre Ferry fit imprimer son Catéchisme général de la Religion prétenduë réformée, contre lequel M. Bossuet, qui étoit alors Chanoine & Archidiacre de Metz, fit un Traité. C'est le premier Ouvrage de cet illustre Ecrivain.

FEUILLADE (George de) autrement, *George d'Aubusson de la Feuillade*, étoit second fils de François d'Aubusson de la Feuillade, & d'Elizabeth Brachet de la Péruse. Il fut nommé Evêque de Gap en 1649. lorsque le Roy nomma Artus de Lyonne, qui en étoit Evêque, à l'Archevêché d'Ambrun. Artus ayant refusé par modestie, le Roy nomma M. d'Aubusson à Ambrun, & il en fut sacré Archevêque l'onzième Septembre de la même année. Comme le Roy lui connoissoit de grands talens pour la négociation, il le nomma Ambassadeur à Venise en 1659. & ensuite Ambassadeur extraordinaire en Espagne, en 1661. Il s'acquitta de ces emplois d'une maniere qui lui fit beaucoup d'honneur.

Le Roy lui donna des marques de sa satisfaction, en le nommant Commandeur de l'Ordre de S. Esprit, quoiqu'absent, & il en reçut le Cordon-bleu & la Croix, dans la Ville de Madrid, où il fit résoudre le Roy d'Espagne d'envoyer en France le Marquis de Füentes son Ambassadeur extraordinaire, pour réparer publiquement l'offense commise le 10. Octobre 1661. en la personne du Comte d'Estrade, Ambassadeur de France en Angleterre : ce qui fut exécuté au Louvre le 24. Mars 1662.

Le Roy donna à l'Archevêque d'Ambrun en différens tems, diverses autres marques de son estime. Il le nomma aux Abbayes de S. Loup de Troyes, de S. Jean de Laon & de Joyenval; & enfin il le nomma Evêque de Metz en 1668. & Conseiller d'Etat d'Eglise, en Janvier 1690. Ce Prélat n'ap-

---

(1) Patin, Lettre 509.

partient à notre sujet, que comme Evêque de Metz. Il fonda dans cette Ville l'Hôpital de S. George, dont il donna la direction aux Freres de la Charité. On a imprimé quelques-uns de ses Discours, Exhortations, Harangues & Oraisons Funébres. Il fit imprimer un nouveau Rituel pour son Diocèse, & le rendit conforme au Rituel Romain, autant que les circonstances le permettoient: on s'en est servi dans le Diocése de Metz jusqu'en 1713. que M. de Coislin en fit imprimer un nouveau, beaucoup plus ample & plus instructif.

Le même M. de la Feuillade publia ses Statuts Synodaux en 1668. & 1669. où il explique & confirme ceux de ses Prédécesseurs. Il donna au grand Séminaire de Metz une somme de mille livres de rente annuelle, pour la subsistance de quatre pauvres Curés infirmes & âgés; & une autre somme de vingt mille livres, pour fournir au payement de la pension des jeunes Clercs, qui ne seroient pas en état de les payer en entier; mais ces fonds se trouvants fort diminués par les suites du fameux système de Laz, M. de Coislin, son Successeur immédiat dans l'Evêché de Metz, s'obligea de fournir de nouveaux fonds, pour suppléer à ce manquement, comme on l'a vû sous l'article *Coislin*.

FEUILLE (Gaspard-Claude la) Dominicain du Couvent de Blainville, proche Lunéville, après avoir enseigné plusieurs fois la Philosophie à Abbeville, à Amiens, à Nancy, & la Théologie pendant quelques années à Paris; sa santé ne lui permettant pas de continuer ce pénible exercice, il desservit les Dames de Poulaigny, en qualité de Confesseur & de Directeur.

Il a composé divers Ouvrages; comme, *Instructiones dialectica*; *Ambiani* 1683. in-12. *Instructions Chrétiennes pour les Pensionnaires de Poissy*; à Paris 1698. in-12. chez Pralard: *Théologie familiere*, à Langres 1706. in-quarto : *Théologie de l'esprit & du cœur*, à Langres 1706. in-12. six Volumes, & encore en 1710. à Chaumont, réimprimés plusieurs fois. *Réfléxions d'une ame devote pour tous les jours de l'année*, 1706. & 1707. *Réfléxions d'une ame pénitente pour tous les jours de l'année*, six Vol. in-12. en 1706. & 1712. Voyez Echard, tom. 2. pag. 801. *de Scriptorib. Ordin. Praedicat.*

FEVRE (Henry le) Docteur en Théologie, & Promoteur du Diocése de Metz, Auteur de la Vie de S. Livier en quatre Livres; le tout accompagné de diverses Dissertations manuscrites. Cette Vie est dédiée au Duc Henry II. Il cite souvent la Vie du même saint Livier, composée par M. Alphonse de Remberviller; voyez cy-après *Remberviller* (*k*). J'ai une ancienne Vie de S. Livier, manuscrite en mauvais François; mais c'est un vrai Roman; je ne crois pas que cette Vie ait jamais été écrite en Latin : celle de le Fevre se conserve manuscrite dans l'Abbaye de Salival; en voici le titre : *Dissertations historiques & morales sur la Vie de S. Livier*, par M. Henry le Fevre, Curé de saint Livier de Metz, Docteur de Théologie & ès Droits Canons, ancien Promoteur de M. l'Archevêque d'Ambrun, Evêque de Metz. L'Ouvrage est partagé en quatre Livres, chacun desquels contient plusieurs Dissertations, qui roulent sur le tems auquel S. Livier a vécu, si même il a existé ; sur le lieu de sa naissance, sur sa noblesse, sur son nom, sur son éducation, sur ses vertus. L'Auteur répand sur tout cela assez d'érudition, mais mal choisie ; il met la mort de S. Livier sous *Auctor*, Evêque de Metz.

FIEUX (Jacques de) Evêque & Comte de Toul ; voyez ce que nous avons dit de ce Prélat, dans notre Histoire de Lorraine ; & le P. Benoît, Histoire de Toul, pag. 704. &c.

Nous avons ses Statuts Synodaux des années 1678. & 1686. Il publia en 1679. une Lettre Pastorale, avec une Instruction qui y étoit jointe contre les Contracts obligatoires usités en Lorraine.

Ce Prélat qui avoit été élevé dans le sein de la Sorbonne, étoit rempli de ses principes, & les enseignoit à son peuple ; il n'étoit pas bien informé de la constitution du local, ni des motifs des Ordonnances, & ne songeoit qu'à établir une doctrine, qu'il avoit puisée dans son Ecole de Théologie. On lui fit plusieurs remontrances sur l'usage immémorial du Pays qui étoit contraire, sur la juste disposition des Ordonnances, & la nécessité publique qui en étoit le motif & le fondement (*l*).

L'année suivante 1680. Guinet fameux Jurisconsulte de Nancy écrivit sur le même sujet, pour soutenir l'usage des Contracts obligatoires, un Ouvrage sous le titre de *Propositions succinctement recueillies des Questions qui se forment aujourd'hui sur la matiere de l'usure* ; imprimé à Ville-sur-Illon. Ce Prélat fut touché de ces raisons, & des remontrances qui lui furent faites dans toutes les Provinces, & laissa jusqu'à sa mort les

---

(*k*) Cette Vie de S. Livier par Alphonse de Remberviller, a été attaquée & réfutée par Paul Ferry, Ministre Protestant à Metz.

(*l*) Voyez l'Extrait des Régîtres de la Cour Souveraine du 15. Octobre 1703.

choses au même état qu'il les avoit trouvées. L'affaire se renouvella sous le régne du Duc Leopold I. Voyez les Articles, *Guinet, Charbon* & *Modot.*

M. de Fieux étoit éloquent, il prêchoit souvent & avec force (*m*) ; ses discours étoient vifs, animés, preffans ; il composoit & parloit avec beaucoup de politesse & d'élégance ; rien n'étoit plus précis ni mieux dit, que les Lettres qu'il écrivoit. Comme il sçavoit parfaitement la Morale, il décidoit les cas de conscience qu'on lui proposoit, avec une justesse & une précision admirables. On étoit charmé de l'entendre disputer dans les Concours ; sa Maison étoit aussi réglée que le Monastere le mieux discipliné. Il mourut à Paris le 15. Janvier 1687. & fut enterré dans l'Eglise du Noviciat des Jacobins du Fauxbourg S. Germain, où il repose sous une tombe de marbre blanc. Sa mémoire est en bénédiction dans le Diocèse de Toul ; s'il n'y a pas fait tout le bien qu'il auroit souhaité, on doit s'en prendre aux malheurs des tems où il a vêcu, où les études étoient fort tombées, & la plûpart des Eglises dénuées de Pasteurs.

FILLATRE (Guillaume) Evêque de Verdun depuis 1437. jusqu'en 1449. prit, dès sa jeunesse, l'habit de Religieux Benédictin dans l'Abbaye de S. Pierre de Châlons. Il étoit fils d'Etienne Fillatre, Gouverneur de la Province du Maine, sous Louis III. Duc d'Anjou, & neveu de Guillaume Fillatre, Archevêque d'Aix, Cardinal du titre de S. Marc, & Légat en France.

Il travailla beaucoup dans le Concile de Constance, à procurer la paix de l'Eglise par l'extinction du schisme, & fut commis par les Peres de cette Assemblée, pour publier la Sentence de déposition du Pape Benoît XIII.

Guillaume Fillatre Evêque de Verdun, son neveu, fut pourvû de bonne heure du Prieuré de Sermaise, au Diocèse de Châlons, & ensuite de l'Abbaye de S. Thierry, au Diocèse de Reims ; fut Docteur en Droit, & successivement Evêque de Toul, de Verdun & de Tournay. Fillatre avoit l'ame grande, généreuse & bienfaisante ; il aimoit l'Eglise, étoit zélé pour maintenir ses droits, & l'honneur du Sacerdoce. Il fut Evêque de Verdun pendant onze ans, & fut employé en plusieurs Ambassades. Il mourut à Gand le 22. Août 1474. & fut de là transporté en l'Abbaye de S. Bertin, que le Duc Charles de Bourgogne lui avoit donnée. Il a composé deux Livres sur l'Histoire de la Toison d'or, dont il étoit Chancelier. Ces Livres dédiés au Duc Charles de Bourgogne, ont été imprimés, pour la premiere fois, à Paris, in-fol. en 1516. chez François Renault, puis le 10. Décembre 1517. chez Antoine Bonnimere, & enfin à Troyes en Champagne en 1530. chez Nicolas le Rouge. Voici son Epitaphe :

Abbas quisquis eras clara Villelmus in alba
Hoc jacet in Templo, cui multa bona tulit.
Virduni fuit hic Præsul, Tulliique deinceps,
Indeque Tornaci, per pietatis opus.
Hic Ducis invicti Burgundi in sede Philippi
Concilii primus, qui bene nosset erat.
Sic omnes morimur, sed virtus sola beatos
Efficit illa comes, teque, Guilleme, beat.

Son oncle Guillaume Fillatre, Docteur en Droit Canon & Civil, grand Mathématicien, très sçavant en Grec, fut fait Cardinal par Jean XXII. en 1411. Il assista au Concile de Constance, fut fait Archevêque d'Arles, & employé à diverses Ambassades. Il mourut à Rome en 1428. On a de lui les Livres de Platon traduits en Latin, & des Notes sur Pomponius Mela. Voyez notre Histoire de Lorraine, tom. 4. & la nouvelle Histoire de Verdun, pag. 385. & suivantes.

FLEUR (...... La) excellent Peintre Lorrain, a peint des Fleurs en mignature, qui lui ont acquis un nom. Il est mort à Paris vers le milieu du dernier siécle. Voyez Félibien, *Entretiens sur la Vie des Peintres.*

FLEURY (Antoine) ancien Avocat au Bailliage de Bar, a écrit des Nottes sur la Coûtume du Barrois ; il est cité par M. Jean le Paige dans son Commentaire sur la Coûtume de Bar.

FLORBERT, Ecrivain Ecclésiastique à Tréves, étoit très habile homme pour son tems ; il fut Chef des Ecoles de l'Abbaye de S. Matthias, & instruisit plusieurs Religieux dans les sciences divines & humaines. Il a fait cinq Livres en Vers Elégiaques, de la ruïne de Tréves par les Normans ; un Livre de la composition du Monocorde ; un Livre de la Résurrection des morts, un Commentaire sur les Proverbes de Salomon, & quelques autres Ouvrages.

Il fournit à Eberhard Moine de S. Mathias, & son successeur dans les Ecoles de cette Abbaye, plusieurs Mémoires concernants l'Histoire de Tréves. Il mourut en 885. *Trithem. Chron. Hirsaug. tom. 1. pag. 37. ad an.* 885.

FOES (Anuce) célébre Médecin, naquit à Metz en 1528. Il alla fort jeune à Paris, & fit toutes ses études dans l'Université. Il fré-

(*m*) Benoît, Histoire de Toul, pag. 705.

quenta ensuite la Faculté de Médecine, & y eut pour maîtres Jacques Houllier & Jacques Gonpyle.

Le goût de cette savante Ecole, qui l'a toujours distinguée de toutes les autres par son attachement aux Médecins Grecs, jetta de profondes racines dans l'esprit de Foës ; les fruits qu'il a produits, sont dignes de ceux qui les avoient cultivés.

Houllier & Gonpyle qui reconnurent les talens & la passion de Foës pour l'étude, lui procurerent des Livres & des Manuscrits, & l'aiderent de leurs conseils. On pourroit même soupçonner qu'ils lui tracerent le Plan qu'il a exécuté avec le tems ; car ils lui firent copier trois Manuscrits très anciens d'Hyppocrates, qui étoient dans la Bibliotheque de Fontainebleau, & un autre qui avoit été copié dans celle du Vatican ; ouvrage qui surpasse les travaux ordinaires d'un étudiant, qui ne se destine qu'à la pratique de la Médecine.

La fortune de Foës qui étoit mince, ne lui permit pas de profiter de la compagnie de ces savans personnages autant qu'il l'auroit voulu. Il ne prit même que le dégré de Bachelier, & il revint dans sa Patrie en 1552. On y faisoit cas des gens de Lettres, & on y distinguoit dans ce tems-là un Médecin savant d'avec un Empirique & un Charlatan gradué. *Gunthier d'Andernach* & *André Lucana*, connus par leurs ouvrages, avoient été successivement Médecins de la Ville de Metz. Foës leur succéda dans cette charge, & ne manqua pas d'avoir un grand nombre de malades. Il n'est pas douteux qu'un si fidéle Interpréte d'Hyppocrates n'ait eû le même succès dans le traitement des maladies ; que ce Pere de la Médecine. Sa réputation s'etendit au loin, & plusieurs Princes tacherent de l'attirer (*n*), en lui promettant de grands honneurs & de grandes récompenses ; mais son attachement à sa Patrie fut inébranlable.

La pratique de la Médecine, bien loin de détourner Foës de l'étude, comme cela arrive ordinairement, lui servoit d'un puissant éguillon pour approfondir les Ouvrages d'Hyppocrates. Il y trouvoit réciproquement des vérités prédites & observées depuis plus de deux mille ans. Il étudioit moins la léxicographie de cet Auteur, que le sens intime des vérités qu'il renferme ; & ses malades lui en étoient des exemples vivans. Sa vie qui a été longue & laborieuse, a été uniquement occupée à ce loüable exercice, (*o*) *Me bonam vitæ nostræ partem in hac palæstra detrivisse, & in hoc uno studio quasi tabernaculum vitæ meæ collocasse, adeò numquam pigebit, ut quantulacumque ejus usuram, quæ adhuc restat, magis gloriosæ collocare posse non existimem.*

Il étoit en correspondance avec les plus savans Medecins de son tems, & en particulier avec Antoine Lepois, Antiquaire profond, & premier Medecin de Charles III. Duc de Lorraine. Ce fut par son conseil que Foës dédia à ce Prince l'Ouvrage suivant, qui est sa premiere production.

Hyppocratis Liber secundus de morbis vulgaribus, difficillimus & pulcherrimus, olim à Galeno Commentariis illustratus, qui temporis injuriâ interciderunt, nunc verò pene in integrum restitutus, Commentariis sex & latinitate donatus. Basileæ 1560. *in-octavo.*

L'année suivante, il fit imprimer une Pharmacopée, pour déterminer les remédes que devoient tenir les Apotiquaires de Metz, & les formules particulieres & constantes pour les composer ; Ouvrage indispensable dans une Ville policée : en voici le titre,

Pharmacopæa medicamentorum omnium quæ hodie ad publica medentium munia Officinis extant, tractationem & usum ex antiquorum Medicorum præscripto, continens. Basileæ 1561. *in-octavo.*

Les méditations continuelles qu'il faisoit sur les Ouvrages d'Hyppocrates, le mirent dans la nécessité de ranger par ordre alphabétique, tous les termes qui pouvoient causer des doutes & de l'obscurité dans la lecture de cet ancien Auteur, & de les éclaircir par la comparaison des meilleurs Manuscrits, & par les citations des anciens Grecs, sur-tout de Gallien ; Ouvrage long & pénible, mais très utile à ceux qui veulent consulter l'Oracle de la Médecine dans l'original. Il parut sous ce titre :

Œconomia Hyppocratis alphabeti serie distincta, in qua dictionum apud Hyppocratem omnium præsertim obscuriorum usus explicatur, & velut ex amplissimo penu depromitur, ita ut Lexicon Hyppocrateum meritò dici possit. Francofurti 1588. *in-folio.* Foës dédia ce Livre à sa Patrie. Il est curieux de lire la reconnoissance qu'il lui témoigne, pour tous les honneurs & les biens qu'il en recevoit. Il exalte, avec justice, la protection qu'elle donnoit aux gens de Lettres : il cite Claude Cantiuncula & Jean Felix, habiles Jurisconsultes, & Orateurs de cette Ville.

Cet Ouvrage remplit l'attente de ceux qui connoissoient Foës, & lui acquit l'estime

(*n*) *Præfat. in Hyppoc.*

(*o*) *Œconomiæ Hyppoc. Præfat.*

& l'amitié de tous les Savans. Ils jugerent qu'il étoit capable de donner une Edition complette & exacte de tous les Ouvrages d'Hyppocrates, qui manquoit jusqu'alors: l'échantillon que l'on avoit vû fur les maladies populaires, le confirma. Il avoit résolu de donner dans le même goût & féparément les meilleurs Ouvrages de cet Auteur; mais les invitations réitérées des plus célébres Médecins de toute l'Europe, le déterminerent à donner un Corps complet de tous les Livres d'Hyppocrates. Il y travailla avec une ardeur incroyable : fi l'on confidére les épines qu'il a trouvées en fon chemin, les variantes & les notes qu'il a mifes à la fin de chaque Livre, on en fera convaincu. Après fix ans de travail, il parut fous ce titre :

Hyppocratis opera omnia quæ extant, in octo Sectiones ex crotiani mente distributa: nunc recens latinâ interpretatione & annotationibus illustrata, adjectis ad vj. Sect. Palladii Scholiis Græcis, in librum de facturis, nondum antea excufis, & nunc primùm latinitate donatis. His præterea accessere variæ in omnes Hyppocratis libros lectiones græcæ ex reconditissimis Mff. exemplaribus summâ diligentiâ collectæ, necnon quorumdam doctissimorum virorum in aliquot Hyppocratis libros observationes. In-folio Francof. 1595. Il y en a eû plufieurs autres Editions poftérieures. Il eft dédié au Cardinal Charles de Lorraine Evêque de Metz, & à la Faculté des Médecins de Paris, à qui il fe reconnoît redevable de tout ce qu'il fait.

Nous pourrions rapporter une foule de jugemens honorables fur cette Edition ; mais nous nous bornerons à deux qui ne font point fufpects. Le premier eft de M. Freind, que l'on n'accufera pas de prévention, pour la Faculté de Paris. Dans la Préface de fon Commentaire fur le premier & le troifiéme Livre des maladies populaires d'Hyppocrate, il donne la préférence à l'Edition de Foës, fur toutes celles qui l'ont précédées, & même fur le grand Ouvrage de René Chartier, qui a paru depuis. L'autre eft de M. Huet, ancien Evêque d'Avranches, qui dans fon Traité, *De interpretatione & claris interpretibus*, eftime que Foës eft le plus naturel & le plus exact des Traducteurs du Grec en Latin.

Il ne nous refte plus qu'à venger la mémoire de ce grand homme, que l'envie & la jaloufie n'ont point épargné. Plufieurs Compilateurs ont répété qu'il s'étoit fervi furtivement de la Traduction du Commentaire de Palladius fur le Livre des Fractures, par Saint-Aubin fon ami & fon compatriote; mais il n'y a qu'à recourir à la Préface de Foës, & on y lira, *Accessit etiam Palladii Commentarius....... numquam antea editus & ex Medicâ Bibliothecâ à Domino Petro Laphileo Parisiensi Medico viro humanissimo & doctissimo, mihique à primis Medicinæ incunabulis familiarissimo, & ad hujus operis dignitatem amplificandam magno animi candore & publicâ utilitatis studio ad nos non ita pridem misfus, quem à Jacobo Santalbino in hoc publico medendi munere Collegâ nostro, viro etiam doctiss. latinâ interpretatione donatum.*

D'un autre côté, on trouve à la tête de cette Traduction un *Avis au Lecteur* par S. Aubin, qui dit que Laphilé & Foës n'ayant pas le loifir de faire cette Traduction, *propter gravissimas occupationes*, il s'en eft chargé avec plaifir.

Foës ne furvécut pas long tems à ce pénible travail, qui lui avoit épuifé la fanté. Il mourut en 1595. & laiffa deux enfans; l'un nommé Jacques, a été Doyen de la Cathédrale de Metz, & mourut en 1627. l'autre, nommé François, fuccéda à fon pere dans fa charge de Médecin & dans fa réputation. Guipatin nous apprend que celui-ci eut un fils encore Médecin, qui mourut à Metz en May 1655. & qui n'avoit pas dégénéré du mérite de fes ancêtres.

FOLCUIN, Abbé de Laubes dans le dixiéme fiécle, dont on dit un mot dans le Dictionnaire Hiftorique de Morery, article *Fulquin*, étoit d'une famille diftinguée en Lorraine. S'étant retiré de bonne heure en l'Abbaye de S. Bertin, il y étudia les Lettres divines & humaines, & y fit de grands progrès. On voit par fes Ecrits, que fon ftile étoit affez pur pour le tems, & qu'il avoit tous les principes de la bonne Théologie. Il étoit encore jeune, lorfqu'Eracle Evêque de Liége le fit élire Abbé de Laubes. Il y fuccéda à Aletran, homme de mérite & de favoir, mort le 30. Octobre 965. Dans la fuite Rathier Evêque de Verone, autrefois Moine de Laubes, qui avoit quitté fon Eglife, & à qui Folcuin avoit accordé non feulement une retraite, mais encore des terres qui dépendoient du Monaftere, ayant véxé fon bienfaiteur, Folcuin fut contraint de le laiffer maître du Monaftere même, & de fe retirer. Cette fituation violente dura un an, après lequel la reconciliation fe fit par la médiation de Nofger Evêque de Liége, fucceffeur d'Eracle, & des Abbés de Stavelo & de S. Hubert. Folcuin profita de cette tranquillité, pour faire à fon Monaftere tout le bien fpirituel & temporel, qui fut en fon pouvoir. Il augmenta l'Eglife & les Bâtimens du Monaftere, & enrichit la Bibliothéque d'un grand nombre de Volumes. Enfin, après avoir gouverné l'Abbaye de Laubes l'efpace de 25. ans, il mourut l'an 990. & fut inhumé dans l'Eglise de S. Ursmar auprès de l'Evêque Rathier, avec cette Epitaphe:

Cælebs Folquinus requiescit hic tumulatus,
Nobilitate cluens, Abbatis nomine gliscens:
Divinis satagens, humana sophismata callens,
Cujus peccatis veniam lector petat omnis.

On lui doit les Ecrits suivans ; 1°. Une Vie de S. Folcuin Evêque de Teroüanne, mort en 855. Elle a été publiée par Dom Mabillon dans les Actes de l'Ordre de S. Benoît, tom. 5. avec des observations de ce savant Editeur. 2°. Les gestes des Abbés de Laubes, depuis la fondation de ce Monastere par S. Laudelin, & Ursmar au septième siécle, jusqu'au tems de l'Auteur. Tous les Manuscrits, aussi-bien que les Critiques les plus éclairés, donnent cet Ouvrage à Folcuin, & a été imprimé par les soins de Dom Luc d'Achery, au sixiéme Volume de son Spicilége. Il a beaucoup servi aux Continuateurs de Bollandus, pour tâcher de completter l'Histoire de S. Ursmar. 3°. On assûre que Folcuin a aussi composé les Vies de S. Omer, de S. Bertin, de S. Vinot & de S. Silvin, dédiées à Vautier Abbé de S. Bertin, le même à qui il a adressé la Vie de S. Folcuin, Evêque de Teroüanne. 4°. Trithême donne aussi au même plusieurs Sermons & Homélies faites à ses freres ; mais il n'est pas sûr que ces Discours soient de l'Abbé de Laubes : celui-ci avoit fait divers Réglemens, pour entretenir le bon ordre dans son Monastere. Voyez un plus ample détail sur la Vie & les Ouvrages de Folcuin, dans l'Histoire Littéraire de la France, par quelques Religieux Bénédictins, Tome 6. depuis la page 451. jusqu'à 458. inclusivement. Voyez aussi Valere André dans sa Bibliothéque Belgique, Edition de 1739. Tome 1. pag. 324.

FOLCUIN, Moine de S. Bertin, different du précédent, vivoit, comme lui, dans le dixiéme siécle, & étoit né pareillement en Lorraine d'une famille noble & distinguée. Il étoit parent de S. Folcuin Evêque de Teroüanne, & de S. Adalhard Abbé de Corbie: son pere, nommé aussi Folcuin, descendoit en ligne droite de Jerôme, fils de Charles Martel ; sa mere se nommoit Thiedale. Ses parens l'offrirent eux-mêmes à Dieu dès sa premiere jeunesse, dans l'Abbaye de S. Bertin, & le mirent sous la conduite de l'Abbé Womar. On croit qu'il ne fut élevé qu'au Diaconat, & qu'il mourut dans un âge peu avancé. On a de lui l'Epitaphe de S. Folcuin, Evêque de Teroüane, insérée dans sa Légende ; elle est en six Vers élégiaques. Il a laissé un Recuëil intéressant pour l'Histoire de son Abbaye, depuis sa fondation, jusqu'au tems qu'il écrivoit. Voyez le détail de ce Recuëil dans le Tome sixiéme de l'Histoire Littéraire de la France, pages 384. & 385.

FONTAINE (Mathieu) Curé de Vignot, & Doyen de son District, a composé quelques Traités sur différens sujets de Morale, en particulier, 1°. *Contre la profanation des saints jours*, dédié à S. A. R. Leopold I. imprimé à Toul, chez Etienne Rolin, in-12. 1727.

2°. Un Ecrit sur les Portions congruës des Curés, imprimé à Toul en 1698. in-4.

3°. Quelques Ecrits intitulés, *Pensées morales*.

4°. Quelques Piéces en Vers, insérées dans la Clef du Cabinet de Luxembourg. Voyez Juin 1728. p. 400. Décembre, même année, & Février 1729. p. 85.

5°. Il fit rendre en 1723. un Edit qui défend la fréquentation des Cabarets, & qui est imprimé à la fin de l'Ordonnance.

6°. *Les Essais de Prônes*, en un Volume in-12. imprimé à Toul en 1711. chez Alexis Laurent, approuvé par M. Claude de l'Aigle, grand Vicaire de l'Evêché de Toul. Cet Ouvrage est solide, & d'un grand secours pour les Curés & Vicaires du Diocèse.

7°. Oraison Funébre d'Eleonore-Marie-Joseph, Reine de Pologne, Archiduchesse d'Autriche, Duchesse de Lorraine, Epouse du Duc Charles V. imprimée à Toul chez Alexis Laurent, in-12. 1698. dédiée à M. le Maréchal de Carlinfort.

FONTAINE (Dom Placide) frere du précédent, natif de Commercy en 1672. Profés de l'Abbaye de S. Mansuy le 7. Juin 1689. & mort en odeur de sainteté à S. Nicolas le 18. Juin 1730. a composé un grand nombre d'Ouvrages de piété en prose & en vers : j'en ai vû jusques-à quarante-six Traités, qui pourroient faire deux Volumes in-folio.

Ces Traités sont écrits d'une maniere simple, & nullement mystique : toutes les personnes qui les ont lûs, en ont été très édifiées, & en ont ressenti une partie de cette divine onction, dont leur Auteur étoit rempli. A sa mort, le peuple de S. Nicolas s'empressa d'avoir quelques piéces de ses habits, ou de ses petits meubles, pour les garder comme des Reliques. On ne trouva dans sa Cellule que très peu de ses Ecrits, & des Lettres de quelques personnes de piété, qui le consultoient sur l'état de leur conscience : il prêtoit ses Ecrits à ceux qui étoient sous sa direction, & ces personnes les ont gardés pour leur édification, par respect pour sa personne, & par estime qu'ils faisoient de tout ce qui venoit de lui.

Il étoit très auftere & très mortifié pour fa perfonne, mais fort charitable & fort benin pour les autres. Il fe retranchoit du néceffaire, pour en faire part aux pauvres ; mais avec la permiffion de fon Supérieur.

FORGET (Jean) premier Médecin du Duc Charles IV. étoit natif d'Effey en Lorraine. Il fut annobli le 24. Août 1630. Il fuivit conftamment Son Alteffe dans tous fes voyages, & dans toutes fes expéditions militaires. Il en a laiffé des Mémoires qui finiffent en 1639. & qui font demeurés manufcrits. J'en ai une Copie prife fur celle de l'Abbé Hugo. Chifflet, *Commentarius Lothariensis*, pag. 88. parle avec éloge de cet Ouvrage & de fon Auteur : il dit, *qu'il eft très expert Doêteur en Médecine, & très attentif à faire joüir fon Prince du précieux trefor de la fanté*. Les Mémoires de Forget n'ont pas la politeffe du ftile que l'on pourroit fouhaiter ; mais ils font fort exacts & finceres. Son Alteffe lui donna en 1644. fon congé abfolu par une Lettre Patente, où il rend témoignage honorable à fa capacité, à fon zéle & à fa fidélité, marquant qu'il ne le quitte qu'à regret, & uniquement parce que la fanté de Forget ne lui permettoit plus de lui continuer fes fervices.

Il compofa auffi, du tems qu'il étudioit à Paris, le Traité fuivant ; mais qui ne fut imprimé que long-tems après, *Artis fignatæ defignata fallacia, auctore Joanne Forget Medico Lotharingo ; Nanceii, apud Antonium Charlot* 1633. *in-octavo*. Il eft dédié au Prince Nicolas-François de Lorraine, Evêque Comte de Toul, Cardinal, Prince du S. Empire : il dit qu'il a eû l'honneur d'étudier avec ce Prince, dont il loüe la fcience & la vertu. Ce fut Chriftophe Barot, Médecin du Prince Nicolas-François, qui l'engagea à donner ce Livre au public, par une Lettre qui fe trouve imprimée au commencement.

Cet Ouvrage eft une réfutation d'un fiftéme de Jean-Baptifte Porta Néapolitain, qui, quoiqu'évidemment ridicule, n'a pas laiffé que d'avoir fes fectateurs. Il prétendoit que les Plantes portoient chacune un caractere extérieur, qui fuffifoit pour faire connoître leurs vertus au premier afpect ; que ce caractere étoit déterminé, ou par le lieu de leur naiffance, ou par la reffemblance qu'elles avoient avec quelques parties du corps humain, ou des animaux, ou même des Aftres ; car Porta étoit infatué de l'Aftrologie judiciaire. Forget réduit cette hypothéfe à fept Chefs, & compofe fon Ouvrage d'autant de Chapitres. Dans le premier, il expofe & il défend la méthode des Anciens, pour connoître les facultés des Plantes par les fens naturels, l'odeur, la vuë, le goût, le tact, & même l'ouïe : pour l'expérience, il convient que l'on ne doit point en tenter le rifque fur des hommes, fans beaucoup de précautions. Il répond aux objections de Porta, & venge victorieufement la méthode d'Hyppocrate, qui confifte dans l'expérience guidée par le raifonnement.

Dans le fecond, il expofe le fiftéme de Porta, & le détruit dans fon fondement. Il prétend qu'Avicenne eft le premier Auteur de ce défordre, qu'il a commencé à fubftituer l'imagination à l'étude de la nature, en quoi les Médecins Arabes fe font malheureufement diftingués des Grecs ; qu'enfuite les Alchimiftes, ne recherchant que le myftérieux, n'ont pas manqué d'enchérir fur eux, fur-tout Paracelfe, Crollius, Turneifer ; qu'enfin Jean Porta a épuifé le fujet par la fagacité de fon efprit, la fertilité de fon imagination, & par fa hardieffe à avancer les paradoxes les plus inoüis ; car il foutient que les bêtes furpaffent l'homme en induftrie & en raifon ; que ce font elles qui leur ont appris les arts, les fciences & les jeux. Forget répond à chacune de ces fuppofitions ; & dans les Chapitres fuivans, il fait voir que le lieu natal n'indique nullement la vertu des Plantes, non plus que leur reffemblance avec les parties du corps humain, des animaux & des aftres.

Il a auffi compofé, étant à Paris, deux Livres fur la même matiere, mais qui n'ont point été imprimés ; l'un fur la fignature des métaux, l'autre fur celle des animaux. Porta s'eft fignalé fur-tout fur cette derniere, par fon Livre *des Phifionomies*. Au refte, les réponfes de Forget font nettes & précifes ; il a le jugement folide, beaucoup de modération pour un Critique, une vafte lecture, & un ftile beaucoup plus pur en Latin qu'en François.

FORQUERAUX, Jéfuite Lorrain, a fait imprimer *Annales Boiorum*. Voyez Chriftianus Griffius, *Tractatu de Scriptoribus Hiftoriam fæculi xvij. illuftrantibus*, *Lypfiæ anno* 1710.

FOSSE (Jacques de la) né à Toul le 29. Novembre 1621. eut, dés fa premiere jeuneffe, du goût pour la retraite (*p*) ; & comme la Congrégation naiffante de Vincent de Paul, dite *de S. Lazare*, faifoit alors du bruit, il y fut admis à Paris le 8. Octobre 1640.

(*p*) Voyez le Supplément de Morery, tom. 1. p. 474.

& ordonné Prêtre en 1648. Comme il avoit de l'amour pour l'étude, & de la facilité pour y réüffir, on le chargea d'enfeigner dans la Penfion dite *de S. Charles*, qui étoit alors dans la Maifon de la Miffion au Fauxbourg de S. Laurent. Jacques de la Foffe y fut en particulier le Directeur des études de *Gafton de Noailles*, frere du Cardinal de ce nom, & qui fut dans la fuite Evêque de Châlons en Champagne.

Nous ne connoiffons prefque de Jacques de la Foffe, que des Poëfies Latines, dont plufieurs ont été imprimées, & dont il en refte beaucoup plus encore de manufcrittes. Ses Hymnes, une longue Ode fur S. François de Sales, font eftimées, & l'Abbé Pellegrin les a traduites en Vers François, & les a fait imprimer avec le Texte, à la fin de fon petit Recuëil d'Odes d'Horace, traduites en Vers François.

Dans le Recuëil des Piéces faites à l'honneur du favant Pere Fronteau, Chanoine Régulier de fainte Geneviéve, on en trouve plufieurs en profe & en vers, qui font de Jacques de la Foffe.

Ce Miffionnaire étant à Sedan, où il eft mort le 30. Avril 1674. y fit imprimer des Odes Latines, dont le titre eft, *In Cruces folemniter Sedani depictas*, & une Exhortation auffi en Vers Latins aux Sédanois, qui étoient encore engagés dans l'héréfie. En général, il a beaucoup de penfées nobles & élevées; mais fon goût pour la mythologie, qui fe fait fentir jufques dans fes Poëfies faintes, les rend quelquefois obfcures par les termes finguliers qu'il y employe, & les allufions trop fréquentes qu'il fait à la fable.

FOURNIER, ou Formier (Le R. P. Antoine) Chanoine Régulier de S. Denis de Reims (*q*), Docteur de Théologie, & célèbre Predicateur, fut appellé dans la Ville de Metz par le Cardinal Charles de Lorraine, qui en étoit Evêque (*r*), & qui travailloit à en bannir le Calvinifme, qui y faifoit journellement de nouveaux progrès. Le Pere Formier en fut fait Grand-Vicaire; & après y avoir prêché long-tems, & avec beaucoup de fuccès, il fut fait Princier, & enfuite Suffragant de cette Eglife, & fut facré en cette qualité à Paris le 13. Mai 1576. fous le titre d'Evêque de Bafilite, *in partibus infidelium*.

Il fut (*s*) fouvent employé dans les affaires de l'Evêché, & député à Paris pour les intérêts du Chapitre de la Cathédrale de Metz. En 1586. il envoya aux Chanoines une ample Dépêche dattée de Blois le 17.

Octobre, la Cour étant alors dans cette Ville, par laquelle il donnoit avis au Chapitre, que les Miniftres d'Etat de France étoient réfolus de réduire la Ville de Metz fur le même pied que les autres Villes du Royaume.

Formier ayant acheté la Maifon des Joyeufegarde à Metz, pour y établir un Collége de Jéfuites, & n'ayant pû faire réüffir ce deffein, après y avoir retenu les Jéfuites pendant un an, il deftina cette Maifon pour l'établiffement des Capucins, auxquels il légua fa Bibliothéque, & à qui il fit de grands biens.

Le Cardinal Charles de Lorraine, Evêque de Metz, Légat du S. Siége dans la Lorraine, le Barrois & les trois Evêchés, ayant entrepris la réforme des Ordres Religieux dans les Monafteres fitués au Pays de fa Légation, employa le Pere Formier, pour travailler avec lui à cette bonne œuvre. Il le fit fon Vice-Légat, & Formier travailla avec zéle & avec fuccès à la reforme, avoir été député en 1595. (*t*) de la part de fon Eminence, aux Affemblées qui fe tinrent, pour jetter les fondemens de la réforme, qui fut heureufement exécutée au commencement du dix-feptiéme fiécle.

M. Formier mourut le 25. de Novembre 1610. & fut enterré aux Capucins qu'il avoit fondés.

FOURIER (Pierre) Réformateur des Chanoines Réguliers de Lorraine, & Inftituteur des Religieufes de la Congregation de Notre-Dame du même Ordre, établies en Lorraine & ailleurs, étoit né à Mirecourt, Ville du Diocéfe de Toul, le 30. Novembre 1565. de Dominique Fourier, Marchand médiocrement favorifé des biens de la fortune, mais d'une rare piété. Après qu'il eut appris les élémens de la Langue Latine, il fut envoyé pour continuer fes études à l'Univerfité de Pont-à-Mouffon, où il étudia en Rhéthorique fous le P. Bauni, & en Philofophie fous le P. Sirmond. Il fit en peu de tems de tels progrès, qu'outre la Langue Latine, la Grecque lui vint auffi familiere, que fa Langue maternelle. Dès-lors il commença à pratiquer divers exercices de piété, de jeûne, d'abftinence, de mortification, de prieres, qu'il continua & augmenta dans la fuite.

Ayant achevé fon cours de Philofophie, il entra à l'âge de 20. ans en 1585. dans l'Abbaye des Chanoines Réguliers de Chaumouzey, affez voifine de Mirecourt, & alors tombée dans un affez grand relâchement,

---

(*q*) Je lis ailleurs qu'il étoit Francifcain, Hiftoire de Lorraine.
(*r*) Meuriffe, Hiftoire de Metz, pag. 640.
(*s*) *Idem*, pag. 641.
(*t*) Hiftoire de Lorraine, an. 1597.

de même que la plûpart des autres Monasteres de Lorraine. Après sa profession, il fut envoyé de nouveau à Pont-à-Mousson, pour y étudier en Théologie. Il y lia une étroite amitié avec deux personnages qui étoient animés, comme lui, de l'esprit de pénitence, & que Dieu avoit destinés à la réforme de leurs Ordres. Le premier étoit Dom Didier de la Cour Bénédictin de l'Abbaye de S. Vanne de Verdun, & l'autre le R. P. Servais de Lairvëls, qui dans la suite devint Abbé de Sainte-Marie-aux-Bois, & réforma l'Ordre de Prémontré.

Le Pere Fourier, de retour au Monastere de Chaumouzey, y reprit ses exercices de pénitence & de mortification, avec plus de ferveur qu'auparavant ; & comme sa maniere de vivre condamnoit le relâchement de ses Confreres, il essuya de leur part beaucoup de contradictions. Il les souffrit jusques à l'âge de 30. ans avec beaucoup de patience ; mais ses parens touchés des mauvaises manieres qu'on avoit pour lui, lui procurerent un bénéfice. On lui offrit les Cures de Nomeny, de S. Martin du Pont-à-Mousson, & celle de Mataincourt près Mirecourt : il accepta la derniere par le conseil du P. Fourier Jésuite, son parent & son Directeur. Mataincourt étoit un assez petit lieu, dont le principal commerce consistoit en dentelles, & s'étendoit jusqu'à la Ville de Geneve ; ce qui avoit introduit dans Mataincourt l'esprit d'erreur & de libertinage.

On conserve dans l'Archive de la Collégiale d'Haussonville l'original de l'Acte, que le vénérable Pierre Fourier donna aux Chanoines de ce lieu, auxquels appartenoit cette Paroisse, en ces termes : *Ce 27. de Mai 1597. je, Pierson Fourier Religieux de Chaumouzey, par la licence de mon R. P. Abbé, ai accepté des Messieurs les vénérables Prévôt & Chanoines d'Haussonville, la Vicairie de Mataincourt, vacante par la mort de feu M. Demenge Bridart, dernier possesseur d'icelle, sous les conditions cy-dessus portées ; lesquelles j'ai promis observer, & me contenter de ce que les susdits Bridart & autres Sieurs Prédécesseurs Vicaires ont tenu au lieu de Mataincourt, touchant les frais & revenus du Bénéfice ; en foi de quoi, j'ai signé les Présentes les an & jour que dessus ; signé, Pierre Fourier, avec parafe.* Et étant à Toul devant Sylvestre Notaire le pénultième May 1597. il reconnut que cette Cure n'étoit ni réguliere, ni dépendante de l'Abbaye de Chaumouzey, & qu'il renonçoit au droit qu'il pouvoit prétendre contre lesdits Vénérables de demander Portion-congruë.

Dans la suite, c'est-à-dire, en 1630. les Chanoines Réguliers de Belchamp échangerent la Cure de S. Médard, ou de S. Mard devant Bayon, contre celle de Mataincourt, qui demeura aux Chanoines Réguliers, qui y entretiennent à présent une petite Communauté. Cet échange fut agréé & confirmé par le Cardinal Nicolas-François Evêque de Toul, le 12. Janvier 1632.

Le Pere Fourier s'étant chargé de la Cure de Mataincourt, y fit fleurir la piété, réforma les abus, reconcilia les familles, qui étoient en dissension, & rendit sa Paroisse le modèle des autres du Diocèse. Il avoit ébauché, étant Curé, un Ouvrage intitulé, *Pratique des Curés*, qu'il n'acheva pas, & dont on n'a pû rassembler que 24. feüillets, chargés de quantité de Passages des Peres. Le Chapitre premier de la vingt-troisiéme Session du Concile de Trente, devoit servir de fondement à son Traité. Il a aussi composé les Statuts des Chanoines Réguliers de la Congrégation de S. Sauveur, dont il est le Reformateur, & ceux des Dames de la Congregation, dont il est l'Instituteur.

Il mourut à Gray, où il s'étoit retiré pendant les guerres de Lorraine, le 9. Décembre 1640. Il a été béatifié par les Bulles du 29. Janvier 1730.

On a imprimé à Vienne en Autriche, & ensuite à Nancy, un petit Ouvrage, intitulé, *Imago boni Parochi, seu acta præcipuè Parochialia B. Petri Forerii.* C'est une idée de sa vie, & de la conduite qu'à son exemple, doit tenir un bon Curé.

Les RR. PP. Chanoines Réguliers de Lorraine ont recueïlli les Lettres, que le R. P. Fourier a écrites à différentes personnes, & en ont composé un Recueïl qui peut fournir trois Volumes in-folio : elles sont entre les mains du R. P. Danget, qui a pris soin de les copier.

FRANÇOIS DE LORRAINE, nommé d'abord Comte de Vaudémont, puis François II. Duc de Lorraine, fils du Duc Charles III. naquit à Nancy le 17. Février 1571. ou 1572. avant Pâques, & mourut le 14. Octobre 1632. Il épousa le 12. Mars 1597. Christine de Salm, qui lui aporta en mariage la moitié de la Terre de Salm, dont elle étoit héritière. Elle mourut le premier Décembre 1627.

Le Prince François Comte de Vaudémont fut nommé en 1606. pour recevoir la Princesse Marguerite de Gonzague, qui devoit épouser le Prince Henry II. de Lorraine son frere, héritier présomptif de ce Duché. Il alla la recevoir à mille pas de la Ville, à la tête d'environ deux cens Gentilshommes à cheval.

La même année 1606. les Vénitiens s'étant brouillés avec le Pape Paul V. à l'occasion de certaines Loix portées par le Sénat de Venise contre les libertés Ecclésiastiques, le Pape lança contre le Sénat une Sentence d'excommunication. Les Vénitiens résolurent d'en tirer vengeance par les armes ; & Léonard Donat, leur Doge, invita François Comte de Vaudémont, à venir prendre le commandement de leurs Armées. François accepta l'honneur qu'on lui faisoit.

Mais, par le conseil du Duc Charles III. son pere, & des Princes de sa Maison, il fit si bien par ses délais, que l'on n'en vint pas à une guerre ouverte. La République fit son accommodement avec Rome, par un Traité conclu le 21. Avril 1607.

Le Duc Charles III. étant décédé le 14. Mai 1608. Henry de Lorraine son fils aîné lui succeda sans opposition. Henry avoit un fond de bonté & de liberalité si extraordinaires, qu'il ne pouvoit rien refuser. Il disoit ordinairement que ses nourrices n'avoient jamais pû lui apprendre à dire, *Non.* La Duchesse Marguerite de Gonzague, son épouse, étoit à peu près du même caractère.

François de Vaudémont, frere puîné du Duc Henry, ne pouvoit approuver leurs profusions, non qu'il eût l'ame moins grande, & le cœur moins liberal ; mais il craignoit avec raison, que les liberalités du Duc, souvent faites sans discrétion & sans choix, ne portassent préjudice à l'Etat, & ne dérangeassent ses revenus. François s'en expliquoit souvent d'une manière qui déplaisoit au Duc Henry, & qui causoit entre les deux freres certains refroidissemens. Le Duc Henry informé des discours que tenoit son frere, disoit quelquefois : On a blâmé ma liberalité ; mais, après moi, il en viendra d'autres qui ne me ressembleront pas, & alors on verra ceux qui auront mieux gouverné.

Le Duc Henry II. n'avoit eû que deux filles de son mariage avec Marguerite de Gonzague ; sçavoir, Nicole, née le 3. Octobre 1608. & Claude, née le 15. du même mois 1612. Il n'avoit point d'héritier mâle, & on n'espéroit point qu'il en dût avoir. On a cru dans le monde, que le Roi Henry IV. avoit formé le dessein de faire épouser la Princesse Nicole, fille aînée du Duc Henry, au Prince Loüis, qui fut dans la suite le Roy Loüis XIII. On croit même que le bon Duc Henry agissoit en cela de concert avec le Roi.

Le Marquis de Bassompierre fut envoyé en Lorraine, pour negocier cette alliance ; & on dit que le Conseil du Duc Henry fut d'avis d'accorder à Sa Majesté ce qu'elle demandoit. Le Président Bouvet se servit dans cette occasion de cet apologue : Un homme avoit promis à un certain Prince de faire parler un âne dans dix ans ; ou le Prince, ou moi, ou l'âne mourront, disoit-il, dans ce terme ; & si rien de cela n'arrive, nous chercherons quelques autres expédiens pour dégager notre parole.

De même Bouvet disoit : Ou le Duc aura des enfans mâles, il n'est pas hors d'âge d'en avoir, ou le jeune Prince ou la jeune Princesse mourront, ou il arrivera quelqu'autre dénoûement.

Les articles du futur mariage entre Loüis & Nicole, furent arrêtés par Buillon, que le Roi Henri IV. envoya à Nancy ; mais la mort funeste de ce Prince, arrivée à Paris le 14. Mai 1610. fit évanoüir ces projets Le Prince Loüis n'avoit alors que neuf ans, & la Princesse Nicole n'en avoit au plus que deux.

Le Prince François Comte de Vaudémont, frere du Duc Henry, ayant été informé de ce projet, ne put s'empêcher d'en témoigner son déplaisir au Duc Henry. Il lui représenta que, par ce mariage, il alloit allumer une guerre civile dans la Lorraine ; qu'il causeroit un préjudice irréparable à sa Maison, en faisant passer ses Etats dans une Famille étrangere ; que, s'il étoit résolu de marier sa fille la Princesse Nicole à un autre Prince, qu'au Prince Charles son fils, il lui disputeroit la Couronne jusqu'à la derniere extrêmité, & qu'il périroit plûtôt lui & tous les siens, que de voir passer le Duché dans une autre Maison.

Les choses n'en demeurerent pas là. Henry avoit conçu pour Loüis de Guise, Baron d'Ancerville, connu depuis sous le nom du *Prince de Phalsebourg*, fils naturel du Cardinal de Guise tué à Blois, une affection si peu modérée, qu'il étoit résolu de lui faire épouser la Princesse Nicole sa fille aînée. Le Prince François ne put digérer qu'on donnât un tel concurrent au Prince Charles son fils, il en parla avec vivacité au Duc Henry son frere ; & presque en même tems, il publia un Manifeste, dans lequel il disoit en substance, que, si le Duc Henry son frere venoit à mourir sans enfans mâles, la succession au Duché de Lorraine & de Bar, selon tous les droits divins, civiles & naturels, devoit lui appartenir, ou à son défaut, au Prince Charles son fils, à l'exclusion des Princesses Nicole & Claude, ses nièces.

Après avoir, par ce Manifeste, rendu son mécontentement public, il se retira à Munich auprès du Duc de Baviere, son beau-frere ; & en même tems écrivit au Pape, à l'Empereur, & à plusieurs autres Souverains de l'Europe, les priant de s'employer auprès du Duc Henry, pour lui inspirer les sentimens qu'il devoit avoir pour le Prince Charles, son neveu.

Le Duc Henry, de son côté, publia un Manifeste, pour répondre à celui du Comte François de Vaudemont, son frere. Toute la Lorraine prit part à cette querelle; & on vit alors paroître divers Ecrits pour & contre les prétentions du Comte François de Vaudémont.

Presque en même tems, Riguet, Capitaine des Gardes du Comte de Vaudémont, tua près de Nancy le Baron de Lutzebourg, qui revenoit de son Ambassade en Baviere, où il avoit été envoyé par le Duc Henry. Ce meurtre commis en la personne d'un des Officiers, & d'un Ambassadeur du Duc Henry, irrita étrangement ce Prince. Il éclata en ménaces, & il protesta qu'il ne verroit jamais ni le Comte ni son fils; & il vouloit sur le champ faire épouser la Princesse Nicole au Prince de Phalsebourg; mais le tems & les réflexions tempérerent son aigreur. Il assembla les Etats de Lorraine & Barrois à Nancy, & il fut arrêté que le Prince Charles de Lorraine, fils du Comte François de Vaudémont, épouseroit la Princesse Nicole.

Ceci se passa en 1621. & le Traité du mariage est du 18. Mai de cette année. Le bon Duc Henry ne manqua pas d'y faire inserer, que le Duché de Lorraine appartenoit à la Princesse Nicole sa fille, de son propre chef; & que, si elle venoit à mourir, sans enfans, le Prince Charles épouseroit la Princesse Claude, sœur de Nicole.

Cependant le Comte François de Vaudémont, & le Prince Charles son fils, firent leurs protestations dès le 17. Mars 1621. contre toutes les clauses, que le Duc Henry vouloit inserer dans le Traité de mariage de sa fille, au préjudice de la masculinité. Toutefois le Prince François, pour appaiser en quelque sorte le Duc son frere, consentit enfin au mariage du Prince de Phalsebourg, avec Henriette de Lorraine sa fille.

Pour hâter l'exécution de cette grande affaire du mariage de Charles, le Comte François faisoit agir puissamment un Carme, nommé le P. Dominique, qui passoit pour avoir l'esprit de Prophétie, afin d'obliger le Duc Henry à consentir à ce qu'on demandoit de lui, par rapport au mariage de Charles avec Nicole. Cet expédient réussit; & le Pere Dominique leur donna lui-même la bénédiction nupciale le 22. Mai 1621. On peut voir tout ceci dans un plus ample détail, dans notre Histoire de Lorraine.

Le bon Duc Henry mourut à Nancy le 31. Juillet 1624. Dans son Testament, qui est du 4. Novembre 1621. il avertit sa fille Nicole, qu'elle est Duchesse de Lorraine, de son chef, & que tout vient d'elle, comme étant héritiere de tous ses Duchés. Après sa mort, le Duc Charles son gendre entra sans opposition en joüissance de la Souveraineté, & en fit tous les actes, conjointement avec la Princesse Nicole, son épouse. On frappa des Monnoies, où Charles & Nicole étoient représentés, & ils furent placés ensemble sur le même Trône, dans le grand Sceau du Duché.

Cependant on déterra dans l'Hôtel de Guise à Paris, l'Original du second Testament du Duc René II. qui établit en Lorraine ce qu'on appelle la Loi Salique. Le Testament est datté du 25. Mai 1506. Sur cela, le Duc Charles, & son pere le Comte François de Vaudémont, assemblerent les Etats à Nancy, y produisirent ce Testament, approuvé par les Etats le 15. Février 1508. & en conséquence, ils declarerent que, suivant la teneur dudit Testament, le Comte François, comme frere du Duc Henry, étoit seul légitime héritier de ses Etats. Le Prince Charles son fils, ni aucuns des Seigneurs présens, n'y formerent opposition. En même tems, on conduisit François à l'Eglise de S. George, qui étoit la Chapelle du Château, où il fit le serment accoûtumé, & reçut celui de ses sujets. Il prit le titre de Duc de Lorraine & de Bar, fit frapper des Monnoies, & exerça tous les actes de Souveraineté. Tout cela se faisoit de concert avec le Prince Charles.

Quelques jours après, le Duc François II. fit une transaction avec le Prince Charles son fils, en présence des Etats assemblés à Nancy le 28. Novembre 1625. par laquelle il lui fit cession de tous ses droits à la Souveraineté des Etats de Lorraine & Barrois; & dès le lendemain, Charles seul prit le nom de Duc de Lorraine & de Bar dans tous les Actes publics, sans y faire aucune mention de la Princesse Nicole son épouse.

Le Duc François II. depuis cette cession, continua de faire sa résidence ordinaire dans la petite Ville de Badonviller, où il vivoit comme particulier, disant qu'il n'avoit jamais eû l'ambition de porter la Couronne en ce monde. Nous avons quelques Piéces de Monnoie qu'il y fit frapper. Il signala son zéle pour la Religion Catholique, en obligeant tous ses sujets, qui, sous le gouvernement des Princes de Salm, avoient embrassé l'hérésie, à y renoncer, leur envoyant des Missionnaires zélés & savans, pour les instruire & les ramener dans le sein de la véritable Religion.

Il aimoit les Lettres & les Savans. Il donna des marques publiques de son estime pour François Guinet, célebre Jurisconsulte de son tems. Il le créa son principal Conseiller & son Maître des Requetes, & lui donna en toute occasion des témoignages d'une affection particuliere. Il l'entretenoit volontiers, & répétoit souvent cette maxime qu'il avoit oüie de sa bouche, *Fiat jus, aut pereat mundus*.

L'Université de Pont-à-Mousson, fondée en 1572. ou 1573. avoit accoutumé de distribuer tous les ans des Prix aux Ecoliers, qui s'étoient distingués pendant l'année par leur diligence : cela s'étoit pratiqué au moins depuis l'an 1592. mais comme ces Prix n'étoient pas fondés, il falloit avoir recours à la libéralité & à la bonne volonté de quelques personnes puissantes, qui en voulussent faire la dépense ; le Duc François II. en 1628. fonda ces Prix, & assigna une somme de trois cens frans Barrois par an, pour en acheter des Livres qu'on distribuoit aux meilleurs Ecoliers. Aujourd'hui on n'en fait la distribution que de deux ans l'un ; & sur le dos des Livres, on imprime les Armes du Duc François, avec son nom. Auparavant, on y imprimoit les Armes de la Ville de Pont-à-Mousson, qui sont un Pont entre deux Tours.

Le Duc François ne voyoit qu'avec un extrême regret la conduite de son fils, le Duc Charles IV. qui s'étoit broüillé avec le Roi Loüis XIII. & avoit exposé ses Etats à une ruïne presque certaine, en faisant la guerre à une Puissance infiniment supérieure à la sienne.

Après le Traité de Vic, conclu le 6. Janvier 1632. François avoit conseillé à son fils de céder au tems, & de gagner l'amitié du Roi ; mais l'humeur boüillante de Charles l'empêcha de profiter d'un si sage conseil, & le Duc François commença dès-lors à prévoir les malheurs de la Lorraine, & sa santé s'affoiblit si notablement, qu'il fit son Testament le 10. d'Octobre 1632. & mourut le 14. du même mois & de la même année. Il fut enterré aux Cordeliers de Nancy auprès de son Pere le Duc Charles III.

Il laissa de son mariage avec Christine de Salm, 1°. *Henry*, Marquis de Hatton-Chatel, né le 7. Mars 1602. mort le 20. Avril 1611.

2°. *Charles*, qui régna en Lorraine sous le nom de Charles IV. qui épousa la Princesse *Nicole*.

3°. *Nicolas-François*, qui fut Evêque de Toul & Cardinal, & quitta l'Etat Ecclésiastique en 1633. pour épouser la Princesse *Claude*, sa cousine-germaine.

4°. *Henriette* de Lorraine, Princesse de Phalsebourg, célebre par ses avantures & ses mariages.

5°. *Margueritte*, qui épousa Gaston de France, Duc d'Orléans, Frere unique du Roi Loüis XIII.

On peut voir la Vie du Duc François II. plus au long, dans l'Histoire de Lorraine.

FRANÇOIS (D. Claude) Benedictin de la Congrégation de S. Vanne, natif de Paris, Profés de l'Abbaye de S. Vanne le 21. Mars 1589. est mort à S. Mihiel le 10. Août 1632. à l'âge de 73. ans. Il a rempli avec dignité les premieres charges de sa Congrégation, ayant été douze fois Président, & a beaucoup travaillé à mettre la réforme de S. Vanne dans un état fixe.

Tout au commencement de la réforme, il fut député au Mont-Cassin, pour y voir par lui-même la pratique des Réglemens & Constitutions, que la nouvelle Congrégation de S. Vanne avoit adoptés, & ausquels elle vouloit se conformer. Il en ramena D. Lucalbertius, Religieux de la Congrégation de Cassin, qui demeura quelques années en Lorraine. Il fut aussi envoyé à Paris en 1610. pour favoriser la bonne volonté de plusieurs Supérieurs & Religieux du Royaume de France, qui demandoient la réforme.

Comme on ne pouvoit rien faire en cela sans la permission expresse de Sa Majesté, D. Claude-François, comme Président de la Congrégation, se rendit à Paris, présenta sa Requête au Roi Loüis XIII. qui le reçut favorablement, & par son Décret du 18. Septembre 1610. lui permit d'envoyer des Religieux réformés, en tel nombre qu'il jugeroit à propos, dans les Monasteres de son Royaume, qui désireroient embrasser la réforme. Ce fut là comme le prélude de l'établissement de la Congrégation de S. Maur, qui ne fut proprement érigée qu'en 1618.

Après que D. Claude-François eut dressé les Articles qui établissent le régime dans son Corps en 1606. & qu'ils eurent été approuvés par tous les Supérieurs & Religieux de la Congrégation (*u*), il les présenta à Nancy au Cardinal de Lorraine, Légat du S. Siége dans les trois Evêchés, & spécialement chargé par Sa Sainteté de veiller sur la Congrégation de S. Vanne. Ce Prince les ayant vûs, les approuva ; les Décrets qu'il fit en conséquence, y sont conformes, & il en suivit l'esprit & la pensée.

Il est incroyable combien Dom Claude-

(*u*) Voyez D. Pierre Munier, Histoire de la Réforme, tom. 1. p. 565.

François a souffert de contradictions dans le cours de sa vie; mais sa parfaite résignation aux volontés de Dieu, les lui rendit douces & agréables. Les peuples touchés de la sainteté de sa vie, le canoniserent de son vivant, & les Religieux l'ont toujours regardé comme un de leurs Réformateurs; & comme un vase d'élection choisi du Ciel, pour travailler à la sanctification des autres par ses discours, ses exemples, ses fatigues, sa patience, & ses autres vertus Chrétiennes & Religieuses.

Entre les Articles dressés en 1606. par le R. P. D. Claude François (*x*), on remarque celui-ci en faveur des Études. On érigera, aux frais communs de la Congrégation, un Monastere dans la Ville de Pont-à-Mousson, pour entretenir les jeunes Religieux propres à l'Etude, sous des Supérieurs qui prendront soin de leur conduite, tant pour les mœurs, que pour ce qui regarde les Études. Ces jeunes Religieux réciteront ensemble les Heures de l'Office divin ; mais non aussi lentement que dans les Communautés ordinaires : ils entendront une Messe basse, & observeront les Réglemens qui leur seront prescrits.

Cette érection d'un Monastere au Pont-à-Mousson n'eut point d'exécution, quoiqu'on l'eût vivement poursuivie en Cour de Rome, & que M. de Maillane Evêque de Toul s'y fût employé avec zéle. Le projet étoit d'y transférer l'Abbaye de Longeville ; & la chose fut encore proposée en 1621. mais sans succès.

Au lieu de l'érection d'un Séminaire pour les Études au Pont-à-Mousson, qui fut traversé, un Bénédictin Anglois, nommé D. Leandre de S. Martin, qui avoit régenté long-tems à Doüai, proposa aux Supérieurs de la nouvelle Congrégation, d'établir un Séminaire d'Étude dans le Prieuré de Notre-Dame de Bar-le-Duc, s'offrant de fournir six Professeurs de sa nation, pour enseigner les Langues Grecque & Hébraïque, la Philosophie, la Théologie, l'Écriture sainte & l'Histoire Ecclésiastique. Il ne demandoit, pour six Professeurs, qu'une condition, qui étoit que, Quinquennium ils avoient déja fait vœu d'obéissance à leur Général, ils ne fussent pas obligés de le faire de nouveau aux Supérieurs de la Congrégation de S. Vanne ; & que si la nécessité obligeoit de les envoyer en Angleterre, ils y pussent passer, en substituant quelques autres Religieux de leur nation en leur place : mais la Congrégation, qui n'avoit alors que quatre Maisons, n'étoit pas en état de faire la dépense de l'entretien de cet Etablissement, qui auroit demandé cinq ou six Professeurs, & au moins huit Religieux.

En 1638. les Religieux Benédictins de la Réforme de S. Vanne étudioient encore à Pont-à-Mousson, du moins ils y alloient prendre le dégré de Bachelier, & la Licence pour la Philosophie (*y*).

Dans la suite, on fixa ce Séminaire d'Etudes au Prieuré de Breüil proche Commercy, & il y subsista jusqu'après les guerres de Lorraine. Voyez cy-après l'article de *Dom Claude de Ricquechier*.

En 1619. le Président de la Congrégation de Cassin, demanda avec beaucoup d'instance aux Supérieurs de la Congrégation de S. Vanne, qu'ils reçussent dans leur Noviciat les jeunes Anglois, qui demandoient d'embrasser la vie Religieuse, pour ensuite être renvoyés en Angleterre, afin d'y travailler aux Missions, & à la conversion des peuples de ce Pays-là : ce qui leur fut aisement accordé.

Dans les disputes qui survinrent dans la Congrégation de S. Vanne ès années 1625. ou 1626. & suiv. sur la vacance des Supérieurs, comme les ans, à la tête desquels étoient D. Philippe François, Abbé de S. Airy de Verdun, D. Antoine de l'Escalle, & D. Marc d'Abocourt, qui vouloient que les Supérieurs vacassent nécessairement après cinq ans de régime ; & que les autres prétendoient que dans les cas d'une évidente utilité ou nécessité, il convenoit de continuer de bons Supérieurs au-delà des cinq ans marqués dans les premieres Constitutions ; (*z*) D. Claude François composa en 1627. deux Ecrits, pour soûtenir ce dernier sentiment. Il étoit appuyé par D. Humbert Rollet, un des premiers & des plus célèbres Supérieurs de la Congrégation. Le premier Ecrit étoit assez court ; mais le second beaucoup plus long, avoit pour titre, *Propositions d'accommodement, pour terminer les difficultés touchant les Approbations, Elections, Promotions & Dépositions des Supérieurs de la Congrégation*. Il montre que le Décret du *Quinquennium* n'a été observé dans la Congrégation, que dans le Chapitre de l'an 1621. à l'égard de quelques Supérieurs ; & dans celui de 1627. à l'égard de quelques autres ; mais qu'on a toujours continué dans les charges ceux qu'on en a jugés dignes & capables.

D. Claude François, pour tâcher de concilier les esprits, proposa dans l'Ecrit dont nous parlons, dix Articles d'accommode-

---

(*x*) D. Pierre Munier, tom. 1. p. 576.
(*y*) Abram. Hist. Universit. Mussip. lib. 8. art. 37.

(*z*) D. Pierre Munier, tom. 2. p. 357.

ment.

ment. Ces Articles parurent aux esprits les plus modérés, sort propres à rétablir la concorde; mais D. Philippe François & ses adhérans n'y voulurent pas acquiescer. La difficulté ne fut terminée qu'en 1630. par un Bref, qui permet de continuer les Supérieurs au-delà de cinq ans, lorsqu'il y aura évidente utilité ou nécessité; mais les Parties opposantes ne s'y soûmirent qu'en 1635.

FRANÇOIS (D. Philippe) naquit à Lunéville le 25. Mars 1579. Son vrai nom étoit *Philippe Collart*. Son pere, Dominique Collart, étoit Conseiller de Son Altesse de Lorraine, grand Praticien, savant dans le Droit & dans la Langue Grecque. Sa mere, Béatrix Thiriet, qui sortoit d'une des plus honorables famille de la Ville, étoit remplie de piété; elle prit un très grand soin de l'éducation du jeune Philippe. Il fit de si grands progrès dans les Etudes, que D. Jean Lignarius, Abbé de Senones, cousin-germain de sa mere, le voulut avoir dans son Abbaye, & lui donna l'habit, quoiqu'il ne fût âgé que de dix ans. Il l'envoya continuer ses études dans l'Université de Pont-à-Mousson, où il se rendit la Langue Grecque aussi familiere que la Latine; & quand il écrivoit à son pere, c'étoit ordinairement en Grec.

Après avoir achevé son cours de Philosophie & de Théologie, il revint à Senones, brûlant du désir de vivre dans une plus sévere observance, que celle qui se pratiquoit alors dans ce Monastere. Il avoit eû dessein de se faire Capucin; mais le P. Jésuite qui dirigeoit sa conscience, l'en dissuada, & lui dit qu'il convenoit mieux qu'il persévérât dans la vocation de Benédictin, & qu'il entrât dans la nouvelle Réforme de S. Vanne. Il découvrit son dessein à D. Nicolas Mathis, ancien Religieux de Senones, qui, animé du même esprit, le devança à S. Vanne.

L'Abbé de Senones, qui vouloit faire D. Philippe son Coadjuteur, s'opposa de toutes ses forces à sa résolution; mais il sortit secrettement la nuit du Monastere, & se rendit à S. Vanne, où il fut reçu au Noviciat le 23. Novembre 1603. âgé de 24. ans. N'étant encore que Diacre, il fit profession le 21. Janvier 1604. Peu après il reçut l'ordre de Prêtrise; & le Cardinal Charles de Lorraine, Légat *à latere*, ayant mis la Réforme dans son Abbaye de S. Mihiel, D. Philippe François y fut envoyé en 1606. avec quelques jeunes Religieux, pour y enseigner la Philosophie. L'année suivante 1607. il fut renvoyé à S. Vanne, pour gouverner le Noviciat; il fut nommé Visiteur és années 1609.

1611. 1613. 1616. 1620. & Président en 1622.

En 1612. on le fit Prieur de l'Abbaye de S. Airy de Verdun, où il fit une infinité de biens, tant pour le temporel, que pour le spirituel.

Il ne bornoit pas ses soins à son Monastere & à ses Confreres; il répandoit ses lumieres, & donnoit ses instructions à plusieurs Monasteres de Dames; comme, celles de S. Maur de Verdun, qu'il gouverna jusqu'à sa mort; celles de Remiremont, de Juvigny, de Joüarre, de Vergaville, de Montmartre, de Chelles, du Val-de-Graces. Les Dames de ces Abbayes profiterent beaucoup de ses conseils, pour s'avancer dans la voie du salut.

Il fit bâtir à neuf l'Eglise de S. Airy, & l'enrichit de plusieurs pieces d'argenterie, d'ornemens & de précieuses Reliques.

Je n'entre point dans un grand détail de ses actions; on les peut voir dans sa vie composée par la Mere de Blemure, & imprimée dans le second Tome des Personnes illustres de l'Ordre de S. Benoît, p. 521. On sera frappé de ses vertus, touché de ses exemples, de sa patience dans les persécutions, de son zéle pour les anciennes maximes de l'Ordre, & de son ardeur à rendre à Dieu le tribut des hommages & des loüanges qui lui sont dûs. Il mourut à S. Airy de Verdun le 27. Mars 1635.

Voici la liste de ses Ouvrages.

1°. *Tresor de perfection, tiré des Epitres & & Evangiles qui se lisent à la Messe pendant l'année, en cinq Volumes in-12. A Paris* 1618.

2°. *La Guide spirituelle pour les Novices; à Paris* 1616. *in-12.*

3°. *Le Noviciat des vrais Benédictins*, & à la fin un *Traité de la mort precieuse des Benédictins; in-12.*

4°. *Renouvellement spirituel nécessaire aux Benédictins.*

5°. *La Régle de S. Benoît traduite, avec des considérations; à Paris* 1613. *&* 1620.

6°. *L'occupation journaliere des vrais Religieux.*

7°. *Enseignemens tirés de la Régle.*

8°. *Courte explication de ce qui se dit dans l'Office divin, contenant le sens littéral & mystique de chaque Pseaume, avec des affections.*

9°. *Les Exercices des Novices*, qui ont été traduits en Latin, & imprimés plusieurs fois; on s'en sert dans presque toutes les Congrégations des Benédictins.

Les difficultés qu'il eut pour soutenir, que

(*a*) Bref du Pape Urbain VIII. du 13. Juin 1630. D. Pierre Munier, tom. 2. p. 517.

les Supérieurs de la Congrégation de Saint Vanne devoient nécessairement vacquer après cinq années de régime, produisirent quelques autres Ecrits, qu'il composa; comme,

10°. *Apologie des Supérieurs & Religieux, qui poursuivent la manutention des premiers Statuts de la Réforme.*

11°. *Manifeste pour les justes défenses de D. Philippe François, Abbé de S. Airy.*

12°. *Réponse à la Déclaration du R. P. Dom Claude François*, qui soutenoit le sentiment opposé à celui de D. Philippe.

13°. *Factum pour le R. P. Abbé de S. Airy.*

14°. *Responsio apologetica pro Constitutionibus, quas illustrissimus Cardinalis à Lotharingia in erectione Congregationis S. Vitoni condidit.*

FRANÇOIS (Nicolas) Prémontré, natif de Preny, Forteresse autrefois célébre, appartenante aux Ducs de Lorraine, après avoir passé nombre d'années dans l'emploi de Maître des Novices, en l'Abbaye de Sainte-Marie du Pont à-Mousson, fut fait Supérieur de la Résidence des Prémontrés à Nancy. Il fut élû Abbé de Jandeures le 1. Février 1723. & fit bien-tôt changer de face à cette Abbaye, en la bâtissant de fond en comble, & y ramassant une nombreuse Bibliothéque, & bien choisie. Ses amis le porterent à prendre le Bonnet de Docteur; ce qu'il fit au Pont-à-Mousson en 1734.

Il mourut en 1743. dans l'Abbaye de Jovilliers, où il étoit allé rendre visite à son Confrere malade, le P. Claude Collin, Abbé de cette derniere Abbaye. Il a donné au public un Ouvrage, intitulé, *Réflexions sur une Requête présentée au Chapitre de la Congrégation de Prémontré, séant à Belleval en 1733. pour réduire le Chapitre annuel de la même Congrégation, en Chapitre triennal; imprimé à Bar-le-Duc, in-quarto 1733.* On n'eut point d'égard à ses remontrances, & il fut ordonné que les choses demeureroient sur l'ancien pied, & qu'on n'innoveroit rien sur la tenuë des Chapitres généraux tous les ans.

Il avoit aussi composé un Ouvrage plus considérable, sous ce titre, 1°. *La bonne conduite d'un Novice durant son Noviciat*, tom. 1.

2°. *La bonne conduite que doit tenir un Religieux Profès, depuis sa profession jusqu'à sa mort*, tom. 2. in-fol. manuscrit.

FRANÇOIS (Jacques) Jésuite Lorrain d'origine, natif de Varenne au Diocèse de Reims, entra dans la Société l'an 1595. dans la Province de la Haute-Allemagne à Landsberg. Il fit les quatre vœux en 1614. Il reçut le Bonnet de Docteur en 1619. Il enseigna la Philosophie dans le Collège de Dilinge; de-là il fut envoyé au Pont-à-Mousson, où il expliqua pendant six ans la Philosophie, la Morale pendant quatre ans, la Théologie Scholastique pendant sept ans, l'Ecriture sainte pendant neuf ans; & exerça l'office de Chancelier de l'Université du Pont-à-Mousson pendant environ cinq ans. Etant envoyé à Reims, il y fut fait Préfet, & y mourut le 4. Novembre 1639.

Ce fut un très subtil Théologien; en sorte toutefois qu'il étoit plus heureux, en détruisant les sentimens des autres, qu'en affermissant les siens: il disputoit pour & contre sur plusieurs opinions Théologiques. Il étoit tellement attaché à la doctrine de S. Augustin, qu'il n'y avoit rien qui lui fût plus agréable, que la lecture de ce S. Docteur.

Lorsqu'il enseignoit la Théologie Scholastique, il exhortoit souvent ses disciples à s'appliquer sérieusement à la sainte Ecriture, parce que toutes les autres sciences ne faisoient que passer; mais que l'on trouvoit toujours dans l'Ecriture de quoi entretenir la vraie piété, & se consoler dans sa vieillesse.

Il a laissé, 1°. *Causa salutis infantium, adversùs infanticidium Tabennense, in duas actiones divisa, auctore Jacobo Francisco Varenneo Societatis Jesu Doctore Theologo, Mussiponti, apud Gaspard. Bernard, in-12. 1630.* Il y réfute les Calvinistes, qui négligent de donner le Baptême aux enfans.

2°. *Animæ ad inferni ignes damnatæ lamenta,* Ouvrage en Vers ou en rimes, à l'usage des Congréganistes.

3°. *Commentaire sur le Pseaume 118.*

4°. *Renversement de la Foi par les Calvinistes.*

5°. *Exercices d'un serviteur.*

Le Pere Abram n'a pas manqué d'en faire mention honorable dans son Histoire de l'Université du Pont-à-Mousson, *lib.* 8. art. 30. 31. Voici son Epitaphe.

P. *JACOBUS FRANCISCUS S. J.*
Vir in Theologia scholastica Doctor, in mystica
  longè doctissimus,
Ut sanctè vixerat, ita beatè obiit.
Dum Rythmicam Paraphrasim in hæc verba
  Ecclesiæ scriberet,
Præcisa est velut à texente vita mea.
Incidit in morbum unde & omen mortis accipit,
Mortem adiit vultu intrepido.
Ut qui ad eam quam longè ante præsenseras
  paratus veniebat;
Pridem verum moriendi desiderium se à Deo
  petiisse testatur,
Id se impetrasse facto comprobavit.
Vicit timorem mortis, quia timoris causas pridem vicerat;

*Ideoque victor Epinicion cantu olorino præ-
cinens.*
*Centies in morbo mortem præsagiens, se Deo
his verbis obtulit :*
*Suscipe me, Domine, secundùm eloquium
tuum, & vivam.*
*Didicit cupidè ex mundo migrare, dum sem-
per à mundo alienus vixit ,*
*Lætus ab hominibus abiit , quia semper cum
Deo esse maluit.*
*Sic ergo abiit, ut omnes qui abeuntem cerne-
rent, sequi optarent.*
*Sic obiit, ut ei vita optanda non foret ,
Et aliis mors ejus invidenda esset.*
Ut vixit, ita obiit.
*Sanctus in vita , beatus in morte.
Beati omnes qui in Domino vivunt,
Et sic in Domino moriuntur.*
Obiit iv. Novembris , anno M. D. C. XXIX.

FRANÇOIS (Jean-Charles) de Nancy, apprit le dessein chez Charles, fameux Peintre de cette Ville, s'étant adonné à la gravûre, il donna quelques morceaux d'après, & sous la conduite de son Maître. Voulant aller en Italie, il s'arrêta à Lyon chez un nommé Parizet, Graveur & Marchand d'Estampes, où il a resté très long-tems. Les guerres d'Italie lui firent prendre la résolution de se retirer à Paris, où il est actuellement, & où il a été choisi pour graver tous les Bâtimens & toutes les Vuës, que le Roy de Pologne, Duc de Lorraine, a faits & embellis tant à Lunéville, la Malgrange près Nancy, qu'à Commercy ; Ouvrage considérable, qui paroîtra incessamment.

FREMIN (Loüis) Avocat-Général au Parlement de Metz séant à Toul, & depuis Président à Mortier, a écrit les *Décisions de quelques Questions traitées en l'Audiance du Parlement de Metz , séant à Toul ; savoir , sur les matieres Ecclésiastiques, sur les Mariages & Contracts, & sur les Testamens, &c.* à Toul 1644. in-quarto.

FRICHE (Jean) Carme déchaussé, étoit d'une des meilleures familles de Vic, & avoit toutes les qualités d'un bon Religieux. Sa science lui acquit une grande réputation. Plusieurs Evêques le consultoient souvent sur les affaires de leurs consciences. Il aimoit tellement son état Religieux, qu'il refusa constamment une Evêché, qui lui fut offert en Savoie. Il eut beaucoup à souffrir dans les dernieres années de sa vie : on prétend qu'il prédit le jour de sa mort. On a de lui la *Priere du pécheur pénitent , ou l'esprit avec lequel il doit réciter l'Oraison Dominicale ,* in-seize, à Paris 1690.

FRIDERIC Prévôt de S. Paulin de Tréves, écrivit, il y a environ trois cens ans, un Livre intitulé , *De l'invention du Corps de S. Paulin ,* dans lequel il fait entrer bien des particularités touchant l'origine & les antiquités de la Ville & de l'Eglise de Tréves. Cet Ouvrage fut imprimé en Langue Allemande, vers l'an 1660. par les soins de Jean Enenius, Suffragant de Tréves ; il a depuis été mis en Latin & imprimé par les soins d'un Religieux de S. Maximin, sous le titre d'*Epitome*, ou de *Moëlle de l'Histoire de Tréves.* Voyez Brouwer. *Annal. Trevir. pro Parascev. cap. 3. p. 5.*

FRISON (Le R. Pere) Jésuite, natif de Reims, a fait imprimer, 1°. L'Histoire d'Eléonore d'Autriche, mere du Duc Leopold I. & épouse du Duc Charles V. à Nancy 1725. chez Cusson, in-octavo.

2°. La Vie du Cardinal Bellarmin, in-quarto, à Nancy, chez Barbier.

3°. La Vie du Roi S. Sigisbert, in-octavo, chez Cusson 1726.

4°. Les Méditations du R. P. Loüis Dupont, Jésuite, traduites en François & retouchées.

5°. La Vie de la Mere Elizabeth de Ramfaing, Institutrice des Religieuses du Refuge de Nancy ; à Avignon 1735. in-octavo.

6°. La Vie de Jean Berckmans, Jésuite ; à Nancy, chez Barbier 1706. in-octavo.

FROTAIRE, Evêque de Toul, fut élevé dans le Monastere de Gorze, puis devint Abbé de S. Evre, d'où il passa au Siége Episcopal de Toul en 813. Il assista à l'Assemblée de Thionville en 821. Nous avons de lui quelques Lettres imprimées dans les Historiens François de M. Duchêne, tom. II. pag. 712. & suiv. Ces Lettres sont au nombre de 31. mais il y en a dix qui ne sont pas de lui. De ces Lettres écrites en Latin, les unes sont adressées à des Seigneurs d'une pieté exemplaire, & dont le crédit lui pouvoit être utile dans les affaires de son Eglise ; les autres, à l'Empereur Loüis le Debonnaire, à l'Impératrice Judith, à Drogon Evêque de Metz, à Hilduin, qu'il traite de son Pere & de son Maître, à Hetti, Archevêque de Tréves, & à plusieurs autres. Ces Lettres sont fort courtes, & écrites sans art, d'un stile grossier & chargées de mots barbares. Parmi les Lettres qui ne sont pas de Frotaire, il y en a une d'un Abbé, nommé Vicard, une autre d'Aldric, Archevêque de Sens, & quelques autres assez peu intéressantes. Il mourut plein de mérite, & fut inhumé dans le Cimetiere de l'Abbaye de S. Evre, après 35. ans d'Episcopat, le 22. Mai 848. Il se méloit d'Architecture, &

l'Empereur Loüis le Débonnaire l'avoit chargé de faire quelques Bâtimens à son Palais d'Aix-la-Chapelle.

Il fit aussi réparer sa Cathédrale de Toul ; il rétablit la discipline réguliere dans l'Abbaye de S. Evre, & l'observance de la Régle de S. Benoît, qui y étoit comme oubliée. Il fit restituer à ce Monastere les biens qu'il possedoit autrefois. Il se plaignit à Drogon, Evêque de Metz, des Commissaires que ce Prélat avoit envoyés à l'Abbaye de Senones, qui étoit de son domaine, lesquels, au lieu d'y rétablir la paix & le bon ordre, y avoient augmenté la discorde & le dérangement.

FROUART (Jean) Prémontré, Abbé d'Etival, né à Baccarat sur Meurthe (*a*), fut Docteur en Theologie de l'Université de Pont-à-Mousson, Président du Séminaire de la même Université, où il se distingua par sa science dans les Langues, dans les Humanités & la Théologie ; il fut habile Peintre, & eut du goût pour l'Architecture. Il fut fait Prieur d'Etival, & ensuite Coadjuteur par son oncle Didier Froüart, Abbé de cette Abbaye en 1617. Il y introduisit la Réforme de l'étroite observance en 1627. Il procura l'honnête entretien aux Religieux réformés, par une séparation des manses qu'il fit approuver & confirmer par le saint Siége. On voit encore aujourd'hui dans l'Eglise d'Etival des Ouvrages de son invention, quelques-uns même de sa façon, dans les grands Tableaux représentans certaines particularités de la vie de S. Norbert, dans les Peintures qui sont aux Stalles, dans l'ouvrage des Stalles mêmes, qui sont très bien travaillées, & sur-tout dans les Voûtes de l'Eglise ornées de peintures, de dorures, de figures en plâtre, qui faisoient autrefois l'admiration du Pays. Il fit quantité d'ornemens & d'Edifices pour la décoration de son Abbaye, & mourut à Vinback en Alsace, lieu dépendant de son Abbaye, le 17. Décembre 1655. âgé de 75. ans. Son Corps fut rapporté à Etival en 1690. & inhumé honorablement dans l'Eglise. Il avoit résigné son Abbaye peu de tems avant sa mort, au R. P. Hilarion Rampart, Abbé de Justemont.

FURON (Aimé-Joseph) connu depuis son voyage en Italie sous le nom de Furoni, naquit à Epinal le 10. Février 1687.

Bataille, Peintre Milanois, qui vint à Epinal pour y peindre l'Histoire & les Miracles de S. Goëric, Patron de l'Insigne Eglise des Dames Chanoinesses dudit lieu, fut son premier Maître. Il emmena son jeune disciple à Strasbourg, de là à Lunéville, où il le présenta au Duc Leopold, qui le gratifia d'une pension pour Rome. Après y avoir étudié pendant près de 12. ans, & visité les principales Villes d'Italie, il revint en Lorraine, où il a travaillé pour la Cour jusqu'à sa mort. Sa reconnoissance pour les graces de son auguste Souverain, lui fit refuser les propositions de l'Electeur Palatin, qui l'avoit demandé. Ce Peintre avoit de belles parties, une grande légereté de pinceau : dans ses compositions, il s'est beaucoup aidé de l'Estampe. Ses principaux ouvrages sont dans le Palais de Lunéville ; savoir,

1°. L'Histoire d'Achille, dans la Salle à manger.

2°. Six Vertus, sur les Portes de l'Antichambre du grand Cabinet.

3°. Deux Paysages, l'Enlevement de la belle Europe, la Chasse de Diane.

4°. Cinq Paysages, deux Tableaux d'oiseaux pour l'appartement de S. A. R. Monseigneur le Prince Charles.

5°. Plusieurs Tableaux dans la Chapelle.

6°. Abraham dans le désert, pour le Prince de Craon.

Il peignoit un grand Tableau pour les Peres Jésuites de sa Patrie, lorsqu'il mourut d'une apopléxie âgé de 42. ans, le 7. Mai 1729. ayant vécu dans le célibat. Il fut enterré dans le Cimetiere de la Paroisse S. Maurice d'Epinal, près la Chapelle de S. Remi, où l'on voit une inscription sur sa Tombe.

G

GABETS (D. Robert des) Religieux Benedictin de la Congrégation de S. Vanne (*b*), naquit d'une famille noble au Village de Dugny, au Diocèse de Verdun. Il fit profession dans l'Abbaye d'Hautviller, le 2. juin 1636. Il se distingua dans son Corps par les emplois considérables qu'il y exerça ; mais il s'y fit remarquer d'avantage par son zéle pour les études & par son érudition. Il en inspira l'amour à ses Confreres ; & on peut dire qu'il est un de ceux qui a le plus contribué à les mettre en honneur dans la Congrégation de S. Vanne.

Il enseigna un cours de Théologie dans l'Abbaye de S. Evre de Toul, depuis le 25. Juillet 1635. jusqu'au 21. Avril 1655.

La Philosophie de Descartes, qui faisoit alors beaucoup de bruit, & les nouvelles expériences qui étoient fort à la mode, furent les principaux objets de ses études. Il

---

(*a*) Annal. Præmonstr. tom. 2. p. 913.
(*b*) D. P. Munier, Histoire de la Réforme, tom. 6. pag. 254. & suivantes.

fut envoyé à Paris, en qualité de Procureur Général de sa Congrégation, & profita du séjour qu'il fit en cette Ville, pour y conférer avec les plus célébres Philosophes qui y fussent alors. Il se lia principalement avec Clerselier, & entretint toujours avec lui un Commerce de Lettres. Il ne s'écrivit rien de considérable sur la Philosophie, la Théologie & la Controverse, à quoi il ne prît part, & qu'il n'examinât fort sérieusement. Il inventa la transfusion du sang, qui consiste à tirer du sang des artéres d'un homme, ou de quelque animal vivant, & à le faire passer dans les veines d'un autre, à qui on a tiré une partie de son sang, à peu près égale de celle qu'on doit lui infuser. D. des Gabets en fit expérience, & la communiqua à quelques-uns de ses amis à Paris ; mais la chose ayant été négligée pour-lors, les Anglois la publierent quelques années après, comme une découverte de leur invention. Dom des Gabets étoit alors Prieur de saint Arnoû à Metz, & Visiteur de la Congrégation. Au retour de ses visites, il apprit ce qu'on avoit publié d'Angleterre sur la transfusion du sang ; il en écrivit à ses amis à Paris, & leur montra que cette invention n'étoit pas düe aux Anglois, mais à lui, qui en avoit fait l'expérience quelque tems auparavant. Nous avons encore vû les tuyeaux dont on se servoit pour faire passer le sang d'un animal vivant, dans les veines d'un autre ; & feu D. Hyacinthe Alliot, Abbé de Moyenmoutier, qui vivoit de ce tems-là, m'a souvent raconté les expériences qu'il en avoit faites, étant à Bar-le-Duc.

D. des Gabets écrivit beaucoup sur l'Eucharistie ; il souhaitoit trouver des maximes d'expliquer ce Mystere ineffable, suivant les principes de la nouvelle Philosophie. Ses Supérieurs craignant qu'il ne donnât quelque atteinte à la créance de l'Eglise, dans une Diette tenuë à S. Vincent de Metz, le 15. Décembre 1672. lui ordonnerent de renoncer à ses sentimens particuliers sur le sujet de l'Eucharistie, avec défense d'en écrire à qui que ce fût, ni de communiquer ses nouvelles opinions sur ce Mystere, ni par paroles ni par écrits.

Dans la même Diette, on lui permit de se transporter à la Trappe, comme il l'avoit demandé, pour y vivre dans une plus grande retraite ; &, au cas qu'il eût changé de résolution, on le nomma Soûprieur à Breüil, (Prieuré proche Commercy. Il ne paroit pas qu'il ait été à la Trappe ; mais on sait qu'il témoigna beaucoup de docilité & de soumission aux ordres de ses Supérieurs, à l'égard de ses sentimens Philosophiques sur l'Eucharistie ; & les Messieurs de Port-Royal, qui faisoient alors une grande figure dans la République des Lettres, ayant désaprouvé son systême, & Nicole, en particulier, lui ayant écrit sur ce sujet une Lettre qui est imprimée, D. Robert se rendit, & s'abstint d'écrire & de parler sur cette matiere.

Il a beaucoup écrit sur l'indefectibilité des créatures, matiere dont il étoit fort occupé. Le Cardinal de Retz, qui étoit alors retiré à Commercy, avoit avec lui de fréquentes conversations sur la Philosophie, qu'il a mises en écrit. Il mourut à Breüil proche Commercy, le 13. Mars 1678.

Voici la liste de ses Ouvrages principaux, dont il n'y a que très peu d'imprimés ; ils se trouvent dans deux Volumes infolio, qui sont dans la Bibliothéque de Senones & dans celle de S. Mihiel.

SES LETTRES.

Lettre du R. P. Dom Robert des Gabets, Religieux Bénédictin, & Inventeur de la transfusion du sang, à M. Clerselier, pour servir de réponse à une Lettre du R. Pere Poisson, Prêtre de l'Oratoire, adressée audit sieur Clerselier. Il dit que dès l'an 1650. il avoit montré la transfusion du sang, enseignant la Philosophie à S. Arnoû de Metz. Sa Lettre est de l'an 1657. ou du commencement de 1668.

Lettre de M. Clerselier au R. P. Poisson, Prêtre de l'Oratoire, dans les Recueils de D. Robert des Gabets, du 10. Juin 1668. Elle est écrite en faveur de D. Robert.

Lettre, où l'on essaye de donner une harmonie des sciences divines & humaines.

Réponse d'un Carthésien à la Lettre d'un Philosophe de ses amis ; c'est le P. Rapin Jésuite.

Lettres écrites d'Alet le 25. Octobre 1671. & 1672.

Lettres touchant l'explication du Mystere de l'Eucharistie.

Lettre de M. Clerselier à D. des Gabets, du 6. Janvier 1672.

Lettre de D. des Gabets à un Prince, pour la réfutation du P. Pardies.

Lettre sur l'Eucharistie, Lettre sur la même matiere ; autre Lettre à un Evêque.

Extrait d'un Interrogatoire fait à D. Robert par ses Supérieurs, sur la maniere dont il expliquoit le Mystere de l'Eucharistie.

Lettre à l'Auteur de la recherche de la vérité, du premier Septembre 1674.

Deux Lettres non imprimées de M. Descartes au R. P. Melan Jésuite, où il est parlé de D. Robert, & qui se trouvent dans ses Ecrits.

Lettre à M. Clerselier touchant les nouveaux raisonnemens sur les atômes & le vuide.

Lettre du P. Poisson au R. P. des Gabets, sa Réponse à ce Pere ; Lettre de D. des Gabets au P. Malbranche ; Lettre de M. de Maubisson au P. Pardies ; manuscrits dans les Recuëils de D. des Gabets.

Lettre à Madame ..... Princesse de ..... C'est peut-être une Épître Dédicatoire sur la vie de M. Antoinette de sainte Scholastique, Princesse d'Orléans.

Réponse de D. des Gabets à la Lettre du R. P. Rapin, Jésuite.

Lettre écrite touchant les défauts de la méthode de M. Descartes.

Extrait d'une Lettre à un ami, touchant quelques questions de Philosophie.

Autres Lettres de D. des Gabets sur les principes de Philosophie & de Théologie ; la premiere est du 18. Septembre 1676. la seconde, du 17. Novembre de la même année.

Lettre adressée aux Religieux de sa Congrégation, pour les exhorter à l'étude.

Lettre à un Prélat, pour servir de réponse au Livre de M. l'Evêque de Rhodés, qui porte pour titre, *Eclaircissement utile pour la paix des ames & pour le soulagement des consciences, touchant la necessité de la contrition ou la suffisance de l'attrition, pour l'effet du Sacrement du Pénitence.*

Lettre de D. des Gabets au R. P. Président de la Congrégation, Prieur de S. Airy, le 30. Septembre 1670. Il y explique ses timens sur l'Eucharistie, & se retracte des discours trop hardis qu'il avoit tenus sur ce Mystere.

Deux Lettres de D. Thomas le Géant au Supérieur de D. des Gabets, dans lesquelles il se plaint de la trop grande liberté de D. des Gabets à traiter, selon les principes modernes, le Mystere de l'Eucharistie ; Lettre de D. des Gabets à D. Thomas le Géant, au sujet de ces deux Lettres. Lettre de Dom Joseph Homassel, qui contient les mêmes plaintes contre D. des Gabets. Lettre de M. Nicole, dans laquelle il désaprouve le sentiment de D. des Gabets, à Paris le 6. Mars 1674. Lettre de Dom des Gabets à M. de Pontchâteau, sur le mêmesujet ; autre Lettre du 17. Mars 1674. au même.

Lettre de D. des Gabets à M. Nicole, dattée de Breüil le 17. Mars 1674. D. Robert frappé des raisons contenuës dans la Lettre de M. Nicole, lui repond qu'il se rend à ses raisons, & qu'il se retracte sincérement de ses premiers sentimens sur l'Eucharistie.

Nous avons encore d'autres Lettres de D. des Gabets, sur le sujet de l'union de l'Ordre de Cluny à la Congrégation de S. Vanne, du 17. Août 1648. & du 8 Octobre, & du 16. du même mois (c). Cette union s'exécuta pour la seconde fois ; mais elle ne subsista pas long-tems. Ces Lettres ne regardant pas la Litterature, nous n'en dirons rien d'avantage.

Titre des Ecrits concernant la Théologie, du même D. des Gabets.

Explication de la maniere dont le Corps de Notre-Seigneur est présent au très saint Sacrement de l'Autel. Réfléxion sur le sens naturel des paroles de l'institution du très saint Sacrement de l'Autel. Examen des réflexions physiques d'un Auteur de la Religion prétenduë reformée, sur la transubstantiation. Objections proposées contre l'opinion de M. Descartes, touchant le très saint Sacrement par le P. Poisson. Explication de l'opinion de M. Descartes touchant l'Eucharistie. *Explicatio positionis ac præsentiæ realis Christi Domini in sacra Eucharistia.* Réfutation de la Réponse de M. Claude, Ministre de Charenton, au Livre intitulé, *De la perpétuité de la Foi Catholique touchant l'Eucharistie*, défenduë par M. Arnauld, Docteur en Théologie de la Maison de Sorbonne.

L'Incompatibilité de la Philosophie de M. Descartes, avec le mystere de l'Eucharistie. Réponse à cet Ecrit. Instances qu'on peut faire contre les deux Ecrits qui expliquent le mystere de l'Eucharistie, par la doctrine de M. Descartes. On croit que cet Ecrit est de D. Charles des Crochets ; les uns l'attribuent à M. de Pontchâteau, d'autres à Messieurs Nicole & Arnauld.

Discours sur l'état de la nature innocente, selon les principes de S. Augustin.

La transfusion du péché originel expliquée par des principes évidens.

Paralelle des systêmes de S. Augustin & de S. Thomas, touchant l'ordre des Décrets divins, la prédestination, la grace & la liberté. Examen de la prémotion physique de S. Thomas, par rapport au systême de S. Augustin touchant la prédestination & la grace. Autre Ecrit sur la prédestination & la grace.

Explication de la grace, suivant les principes de M. Descartes.

De l'Incarnation du Verbe divin.

L'union de la Foi & de la raison dans le mystere de la très sainte Trinité.

Pensées sur la controverse touchant la

(c) D. P. Munier, lib. 5. pag. 675. 677.

justification & les principes de M. Pascal.

Les principes de la conduite pastorale, contenus en douze vérités fondamentales.

Vingt-six petits Traités de morale.

1°. Traité de la Trinité. Ce Traité a trois parties; la premiere, de la Trinité; la seconde, des trois Personnes divines; la troisiéme, des processions divines.

2. De l'Incarnation, 3. de la justification, 4. du péché originel, 5. le fruit de la Passion de Jesus-Christ, 6. de la vraie vertu, 7. de la vraie sagesse, 8. des bons entretiens, 9. que la Foi est morte sans les œuvres, 10. des rechûtes dans le péché mortel, 11. des marques du Chrétien en la grace de Dieu, 12. de la contrition, 13. de l'habitude au péché véniel, 14. de l'Eucharistie, 15. Philosophie Chrétienne, 16. transfusion du péché originel, 17. de la contagion des sens & du monde, 18. des habitudes bonnes & mauvaises, & du péché mortel, 19. de la vérité & sagesse des Livres de Moyse, 20. de la préparation pour recevoir la sainte Eucharistie, 21. du vrai honneur, de la vérité & du mensonge, 22. le droit de la nature d'aimer Dieu, 23. du mépris, calomnie, mensonge, &c. 24. de la défense, 25. Discours sur la fiévre, 26. Entretiens sur la nature & les propriétés des Anges, entre D. Robert des Gabets & D. Charles des Crochets.

Titre des Ecrits concernant la Philosophie, du même.

Remarques sur la Logique, ou l'art de penser.

Critique de la critique de la recherche de la vérité, où l'on découvre le chemin qui conduit aux connoissances solides, pour servir de réponse à un Académicien; imprimé à Paris en 1675. in-octavo.

Le Guide de la raison naturelle, en douze Chapitres.

Remarques sur les éclaircissemens du P. Poisson, touchant la méchanique & la Musique de M. Descartes. Autre Ouvrage sur le même sujet, beaucoup plus ample que le précédent.

De l'union de l'ame & du corps.

Les fondemens de la Philosophie & de la Mathématique Chrétienne, contenus dans les Loix de la nature, & dans les régles de la communication des mouvemens & découvertes dans la réfutation du discours du mouvement local du R. P. Ignace Gaston Pardies de la Compagnie de Jesus.

Des défauts de la méthode de M. Descartes, en deux parties.

Le premier Supplément à la Philosophie de Descartes.

Descartes à l'alambic distillé.

Réflexions de M. le Cardinal de Retz, sur la distillation de Descartes par Dom Robert.

Réponse aux réfléxions de M. le Cardinal de Retz.

Réponse à la réplique de D. des Gabets sur les réflexions de M. le Cardinal de Retz, touchant les treize, quatorze, quinze & dix-septiéme articles de Descartes à l'alambic distillé.

Récit de ce qui s'est passé à Paris dans la derniere Assemblée, touchant la question, si toutes les pensées de l'ame dépendent du corps.

Réfléxion sur la Dissertation précédente.

Réponse de D. des Gabets à M. de Launoy, contre son sentiment sur le concours de Dieu & de la créature, adressée au Cardinal de Retz. Voyez Niceron, tom. 32. pag. 92. qui parle de cette Réponse, que je n'ai pû découvrir.

Réponse à la Réplique de M. le Cardinal de Retz, à la derniere Réponse de D. des Gabets, touchant la dépendance que ce dernier prétend que l'ame a du corps.

Replique du Cardinal de Retz à la deniere Réponse de D. Robert, touchant la dépendance que ce dernier prétend que l'ame pensante a du corps.

Réponse à la Réplique de M. le Cardinal de Retz, à la derniere Réponse de D. Robert, touchant la dépendance que ce dernier prétend que l'ame a du corps.

Réponse du Cardinal de Retz aux considérations de D. Robert, sur la Réponse du Cardinal de Retz au dernier Ecrit de Dom Robert.

Propositions de M. de Corbinelly, touchant la dépendance que D. Robert prétend que l'ame pensante a du corps.

Réflexions de D. Robert sur les Propositions de M. de Corbinelly.

Réponse du Cardinal de Retz à celle que D. Robert a faite à ses Réflexions touchant l'être objectif.

Dernier Ecrit de Dom Robert touchant l'être objectif.

Eclaircissement des remarques sur les défauts attribués à la méthode de M. Descartes.

Réponse de D. Robert à l'Ecrit de son Eminence, touchant l'être objectif.

Examen des Réfléxions sur le dernier Ecrit de D. Robert, touchant l'être objectif.

Examen de la Réponse à la Réplique de D. Robert sur les Réfléxions de M. le Cardinal de Retz, touchant les treize, quatorze, quinze, &c. articles touchant l'être objectif.

Pour M. Corbinelly.

Réponse du Cardinal de Retz aux Propositions de M. Corbinelly, & aux deux Ecrits que D. Robert a faits sur ces Propositions.

Réfléxions du Cardinal de Retz sur la question, si c'est la terre qui tourne à l'entour du Soleil, ou si c'est le Soleil qui tourne à l'entour de la terre.

Réponse de D. Robert aux Réfléxions de M. le Cardinal de Retz, sur le mouvement du Soleil ou de la terre.

Réponse du Cardinal de Retz sur les négations non convertibles.

Objections touchant l'explication des Mysteres du S. Sacrement, données par M. Descartes. Il paroît que les objections & les Réponses sont de D. des Gabets.

Autres Ouvrages de D. des Gabets.

Abrégé de l'Extrait du Livre de Jansenius, intitulé, *Augustinus*, fait en Latin par le R. P. N..... (C'est le P. George, Chanoine Régulier de la Congrégation de S. Sauveur en Lorraine,) & mis en François par le R. P. D. des Gabets. Cet Abrégé est divisé en dix Livres.

Les Mysteres abrégés de la grace de notre Seigneur Jesus-Christ, & de la Morale Chrétienne, en Vers.

Méchanique-pratique par le même.

Préface, ou avertissement sur la réforme, que l'on peut faire présentement dans l'empire des Lettres, par le même.

M. Regis dans son Ouvrage de l'usage de la raison & de la Foi, tom. 3. chap. 7. reconnoît que le P. des Gabets étoit un des plus habiles Métaphisiciens de son siécle.

GAGET (N.) Sculpteur de Bar : on a de lui deux beaux morceaux de Sculpture; l'un, en l'Abbaye de S. Vanne à Verdun, savoir, le Rétable de la Chapelle de sainte Anne; l'autre, le Rétable de la Chapelle des Princes, dans la Collégiale de S. Maxe à Bar-le-Duc. Il vivoit en 1555.

Ce dernier Rétable représente la Nativité de notre Seigneur à Béthléem, & l'Adoration des Pasteurs. D'autres l'attribuent à Richier, Sculpteur de S. Mihiel.

GALEAN (Orphée) Ingénieur & Conseiller d'Etat du Grand Duc Charles, donna en 1603. le Plan des Fortifications de Nancy, qui fut exécuté en partie par Nicolas Mareschal, Ingénieur Lorrain, natif de S. Mihiel. Elles coûterent quatorze cens mille frans; elles passoient pour les plus belles de l'Europe; elles furent démolies en 1661. suivant le Traité de Vincennes; on ne laissa que les Portes, qui subsistent encore aujourd'hui, & qui sont très belles. Orphée de Galéan fut aussi Colonel, & se distingua au siége de Canise en Hongrie en 1601. sous Philippe Emmanuel de Lorraine, Duc de Mercœur, Généralissime des Troupes de l'Empereur Rodolphe II.

Il donna aussi le dessein de l'Eglise Primatiale de Lorraine, commencée en 1603. & qui n'eut poit d'exécution.

La Maison de Galean est originaire d'Italie; mais établie en Lorraine depuis plusieurs siécles. Messieurs Hugo & Husson la mettent au nombre de celles de l'ancienne Chevallerie de Lorraine.

GALFREDUS (Jean) est cité comme Auteur & comme Médecin du Duc de Lorraine, par Symphorien Champier dans son Catalogue *De Medicina claris Scriptoribus*. Je n'ai vû aucuns de ses Ouvrages.

GALLOIS (Gabriel) Prémontré de l'étroite observance, Religieux de l'Abbaye de Justemont au Diocèse de Metz, a composé l'Histoire de cette Abbaye, & travaillé à concilier ce qu'on dit des Monasteres de *la Grange-aux-Dames* & de *Bures*, près la Ville de Metz, avec les origines de l'Abbaye de Justemont, qui paroissent en enfermer des contrariétés. Voyez le premier Tome des Annales des Prémontrés, pag. 752.

GAMANT (Nicolas) Prémontré, Curé de Many, Diocèse de Metz, a fait imprimer au Pont-à-Mousson un petit Livre in-quarto, intitulé, *Secret très sûr, tres court, & très aisé, pour apprendre le Plein-Chant sans Maître, &c.*

GANOT (D. Robert) né à Verdun, fit profession de la Régle de S. Benoît dans l'Abbaye de S. Airy, le 24. Août 1677. & mourut à Moirmont le 7. Janvier 1722. Il a composé des Ouvrages de piété & d'Histoires.

Le premier & le plus considérable, est l'Histoire générale de l'Ordre de S. Benoît, contenant tout ce qui y est arrivé depuis son établissement.

Il avoit dessein d'en faire quatre Volumes in-folio, dont chacun comprendroit l'Histoire de trois cens ans. A la tête de l'Ouvrage, il y a deux Epîtres Dédicatoires, dont l'une est adressée à Son Altesse Royale de Lorraine, & l'autre à M. de Coislin, Evêque de Metz.

Il remarque dans la Préface, que les premiers Auteurs qui ont écrit sur l'Ordre de S. Benoît, se sont contentés d'écrire simplement les événemens qui sont arrivés dans les Royaumes, ou les Provinces qu'ils habitoient.

Il dit que l'Ouvrage de Dom Mabillon, quoique très curieux & très savant, paroissant en Latin, il n'y avoit que les gens de Lettres, qui en pussent tirer des lumieres.

D. Ganot

D. Ganot a pour but de fuivre l'Hiftoire de fiécle en fiécle, fans entrer dans un détail circonftancié des faits particuliers, qu'il fe réferve de renfermer dans un Volume à part, en traitant de toutes les Abbayes qui fe trouvent dans l'Ordre de S. Benoît.

Son fecond Ouvrage a pour titre, *Exercices fpirituels des Novices, avec des Réfléxions d'un Pere-Maître fur tous les Chapitres qui y font contenus. Ce Livre eft écrit en très beau François.*

Son troifiéme Ouvrage eft intitulé, *La Pénitence, ou les raifons qui empêchent les gens du monde de faire pénitence.* Il eft dédié à M. de Béthune, Evêque de Verdun.

La Préface eft un peu longue; mais l'Ouvrage eft folide. L'Auteur, après avoir parlé de la néceffité de la pénitence, y réfute huit raifons, qui empêchent les gens du monde de la pratiquer.

Le quatriéme Ouvrage contient des *Réfléxions morales fur la Profeffion Chrétienne & Religieufe*, tirées des paroles de la Profeffion d'un Religieux Benédictin. Il dit dans la Préface, que la Profeffion Religieufe eft auffi ancienne que le Chriftianifme. Il a réuffi dans ce Traité à faire connoître le véritable efprit de la Régle de S. Benoît. Il eft dédié au R. P. D. Gabriel Maillet, Préfident de la Congrégation, & Abbé de S. Mihiel. Tous ces Ouvrages font demeurés manufcrits.

GARAMANNE, Moine & Diacre de l'Abbaye de Gorze, fut donné pour Compagnon au B. Jean de Gorze, lorfqu'il fut envoyé en Ambaffade vers Abderamne, Prince des Mufulmans d'Efpagne. Garamanne écrivit la rélation de cette Ambaffade, dont on peut voir le récit dans la vie du B. Jean de Gorze, écrite par Jean Abbé de S. Arnoû, fon ami. Nous avons déja dit cy-devant un mot de Garamanne, fous l'article d'Adalbert ou d'Alpert.

GARIN (Le Lohérans, ou le Lorrain) Perfonnage d'un fameux Poëme, dont nous parlerons cy-après fous *Hugues Metellus*, & dont nous avons fait imprimer une partie dans le premier Tome de la nouvelle Edition de l'Hiftoire de Lorraine.

GASPAR (Auteur de *Mota emota*, Poëme Latin fur la prife de la Mothe, imprimé en 1636. in-quarto.

GAUDET (le R. Pere) Chanoine-Régulier de la Congrégation de S. Sauveur en Lorraine, né à Metz en 1698. a compofé un Ouvrage confidérable, intitulé, *Les Origines des chofes Ecclefiaftiques & prophanes*, en un Volume in-folio. Il y travaille encore actuellement, & il comte avoir déja environ douze cens Articles de ces Origines. L'Ouvrage eft diftribué par ordre alphabétique, & en même tems il marque les dattes de chaque invention.

GAUTHIER (François) Prémontré, a fait imprimer dans le Journal de Soleure, & à Paris chez la Veuve Chardon, deux Differtations contre la vie de S. Norbert, compofée par M. l'Abbé Hugo, auxquelles celui-ci a fait une Réponfe en 1705.

François Gauthier étoit originaire de Bar-le-Duc. Il enfeigna dans fon Ordre la Philofophie & la Théologie pendant plufieurs années, & en remplit les premiers poftes dans différens Monafteres. Après avoir établi & défendu dans fes Differtations la Tradition ancienne de fon Ordre, fur l'apparition de la fainte Vierge à S. Norbert, pour lui prefcrire la forme & la couleur de l'habit qu'il devoit donner à fes difciples, & avoir traité cette queftion avec beaucoup d'érudition, il entreprit un Ouvrage d'une étenduë & d'une fcience immenfe; c'eft de dévelloper l'origine des chofes: il employa 20. ans à ce vafte deffein, & il l'a heureufement exécuté.

Cet Ouvrage eft en forme de Dictionnaire univerfel, & il s'imprime, dit-on, actuellement à Paris en trois Volumes in-folio. On fera furpris de voir qu'un feul homme ait pû réünir en foi des connoiffances fi univerfelles, fi profondes, fi différentes, & rédigées avec tant d'ordre & de netteté.

Le Pere Gauthier n'a pas eû la confolation de voir éclore le Chef-d'œuvre de fes travaux; il mourut à Eville en Champagne, dont il étoit Curé, le premier Septembre 1629. regretté des Savans & de fes Fréres.

GAUTHIER (de Més) Auteur d'un Poëme ou Roman manufcrit, appartenant cy-devant à M. Ducange, aujourd'hui à M. d'Aubigny, fon petit neveu, Gentilhomme ordinaire de Sa Majefté Très Chrétienne, homme favant & très poli. Voici comment cet Auteur commence fon Livre.

Chè font les matieres qui font contenuës en c'eft Livre, qui eft appellé le Mappemonde; fi le fit Maitres Gauthier de Més en Lorraine, un très boin Philofophe.

Suivent les Titres des Chapitres, puis li Prohémes de ceft Livre.

Qui veut entendre à ces commans
On peut apprendre en ces Romans
Des œuvres diu & de Clergie,
Qui pour laye gent comenchie
Qui foutiff & de boin fens,
Dont plufieurs trouvai à mon tems,
Que fi Latin apris euffent,
Maint. grand bien favoir en puiffent.....

F f

Il finit ainsi :
En l'an de l'Incarnation ,
A Rois de l'apparition
Mil cxlv. ans ,
Fut premier fait chei Romans :
Vous qui avez ouï l'escrit
Dou fil Dame d'Eu Jesus-Christ ,
Puis du monde que Dieu forma ,
Ce siecle un autre formea ,
Que vous devez après entendre ,
Qui du siécle volez apprendre
Quel cose c'est & comment va ,
En empirant toujours s'en va :
Explicit le Mappemonde.

GEANT (D. Thomas le) Benédictin de la Congrégation de S. Vanne, fit profession en l'Abbaye de S. Vanne de Verdun le 6. Juin 1650. & mourut à S. Symphorien de Metz le 3. Décembre 1700.

Il fit connoître son zéle pour la Foi Orthodoxe, à l'occasion de D. des Gabets, qui avoit avancé des sentimens peu mesurés sur l'Eucharistie. D. Thomas qui étoit en grande relation avec Messieurs du Port-Royal, manda à ses Supérieurs dans plusieurs Lettres, ce que pensoient ces Messieurs au sujet de D. des Gabets, & qu'ils désaprouvoient beaucoup son systême nouveau, pour l'explication de la présence réelle de Jesus-Christ dans l'Eucharistie. Le zéle & la fermeté que D. Thomas témoigna dans cette occasion, ne contribuerent pas peu à faire enfin ouvrir les iyeux à son savant Confrere, qui se retracta sincérement, & renonça à ses principes trop hardis.

Nous n'avons de D. le Géant que trois Lettres manuscrites, dont deux sont adressées au R. P. Président, & la troisiéme à D. des Gabets. La premiere est dattée du 8. Octobre 1670. la seconde, du 15. Novembre de la même année ; mais il en avoit écrit beaucoup d'autres. Dans celle du 8. Octobre 1670. il dit que l'on débitoit, que D. des Gabets avoit projetté de mettre en lumiere son systême sur la présence réelle, dans un Ouvrage en forme de Dialogue, dans lequel M. de Clerselier l'exposeroit, un Pere de l'Oratoire feroit les objections, & D. Robert y donneroit les solutions ; mais tout cela demeura en idée, & D. des Gabets condamna sincérement ses explications, en ce qu'elles avoient de contraire au sentiment de l'Eglise Catholique.

GELE'E, autrement le *Lorrain*, Peintre célébre ; voyez cy-après *Lorrain*.

GEORGE (Pierre) Chanoine-Régulier de la Congrégation réformée de S. Sauveur en Lorraine, Curé de Mecrin proche S. Mihiel, a composé le Précis de l'Ouvrage de Jansenius, intitulé, *Augustinus*, distribué en cinq parties, sous ce titre, *Vera & germana S. Augustini adversùs Pelagianos & Massilienses de gratia Dei , doctrina , ex Jansenii Augustino desumpta*, manuscrit 1651. Cet Ouvrage se trouve chez les Chanoines-Réguliers de S. Mihiel , & en différentes Bibliothéques du Pays. On conserve encore chez les mêmes Chanoines-Réguliers quantité de Manuscrits du même Pere George , sur la Géométrie , l'Algébre , & les autres parties des Mathématiques.

Il a fait imprimer *l'Horloge magnétique, elleptique, ou Ovale nouveau*, à Toul en 1660. in-octavo, avec des figures à la fin.

Il a demeuré long-tems à S. Mihiel , en qualité de Directeur des Religieuses de la Congrégation : il a assisté à la mort du Bienheureux Pierre Fourier, Curé de Mataincourt. Le Pere George étoit très indulgent dans l'administration du Sacrement de Pénitence , jugeant les autres par lui-même ; il ne pouvoit se persuader qu'un pénitent s'adressât à un Confesseur , sans être sincérement contrit.

GEORGE, Baron de Séraucourt, Seigneur d'Ourches, &c. mécontent de la suppression que le Duc Charles IV. avoit faite des Priviléges de l'ancienne Noblesse de Lorraine, écrivit une Histoire Généalogique de la Maison de Lorraine , qu'il fait sortir de Gerard d'Alsace. Il l'écrivit en homme de guerre, & sans beaucoup de ménagement. Son Manuscrit est entre les mains de Monsieur de Marrast, Curé de S. Germain-sur Meuse.

GEORGE (Dominique) né à Cutry proche Longwy, au commencement de l'année 1613. Son pere & sa mere avoient des biens considérables, dont ils employoient une grande partie au soulagement des pauvres. Après leur mort, Dominique se retira chez son frere aîné, Curé de Vuxens au Diocése de Toul. Il avoit étudié en Philosophie dans l'Université de Louvain, & en Théologie dans celle de Pont-à-Mousson.

En 1637. il fut institué Curé de Circourt par M. l'Evêque de Toul. Peu de jours aprés, les Suédois commencerent leurs courses en Lorraine ; ils les continuerent depuis avec une fureur, qui ruina l'Eglise & les Maisons de Circourt ; de sorte que le Pasteur & le troupeau furent contraints d'abandonner le Pays.

George se retira à Paris, & entra dans la Communauté de S. Nicolas du Chardonnet, où il fut chargé de la conduite du Séminaire. Entre les Ecclésiastiques qu'il y introduisit, se trouva M. de la Place, qui, dès l'âge de quinze ans, avoit été pourvû de l'Abbaye de Val-Richer.

Quelque tems après, il donna à George la Cure de Prédange, dans le Diocèse de Bayeux. Ce fut en ce lieu-là qu'il inftitua les Conférences Eccléfiaftiques, qui fe font multipliées en plufieurs Diocèfes, & y ont produit de grands fruits.

Les travaux de George dans l'état Eccléfiaftique, ne furent qu'une préparation à ceux qu'il fupporta dans la vie monaftique. M. de la Place, Abbé de Val-Richer, qui profitoit des exemples & des inftructions de George, mit des Religieux reformés de Cîteaux dans fon Abbaye du Val-Richer, & engagea George à prendre l'habit.

A l'âge de 40. ans, il entra Novice au Monaftere de Barbery : après fa profeffion, il fut nommé à l'Abbaye de Val-Richer en régle. En peu de tems il pourvut aux befoins temporels du Monaftere, y rétablit la régularité, & y rappella l'efprit des premiers Inftituteurs de l'Ordre.

En 1664. il fut député avec M. de Rancé, Abbé de la Trappe, pour aller folliciter à Rome la Réforme générale de l'Ordre de Cîteaux. Au retour de Rome, il établit la Réforme dans fon Abbaye de Val-Richer ; il le fit par fes actions, plutôt que par fes paroles. Il fe réduifit à ne point manger de poiffon, & à ne point boire de vin. La plûpart des Religieux voulurent fuivre fa maniere de vivre ; mais les maladies, & même la mort de quelques-uns, le porterent à modérer leur trop grande auftérité.

Il mourut le huit Novembre de l'année 1693. Son caractere particulier étoit une inclination bienfaifante, un zéle ardent pour le falut des ames, un air modefte & une humilité, qui l'ont fait aimer de tous ceux qui l'ont connu.

GEORGE (D. Charles) natif de Nancy, Benédictin de la Congrégation de S. Vanne, Profès de S. Manfuy le 27. Juin 1658. a été plufieurs fois Supérieur-Majeur de fon Corps, & dix fois Vifiteur de Province. Il eft mort très âgé à Moyenmoutier, le cinq Mai 1731. Il a compofé, 1°. une *Hiftoire manufcrite du Prieuré de S. Nicolas.*

2°. *Hiftoire monaftique de l'Abbaye de Remiremont*, *de l'Ordre de S. Benoît*. C'eft un fort bon Ouvrage manufcrit, où l'Auteur donne, fiécle par fiécle, l'Hiftoire de l'Abbaye de Remiremont ; & montre fort bien, que les Dames ont obfervé autrefois la Régle de S. Benoît, & fe font qualifiées Benédictines jufqu'au feize & dix-feptiéme fiécle.

3°. *L'Hiftoire monaftique des Abbayes de S. Pierre & de Sainte-Marie de Metz* ; manufcrit.

Il prouve la même chofe de ces Abbayes, que de celles de Remiremont.

Il eft bon de remarquer ici l'occafion de ces derniers Ouvrages. Le premier fut entrepris, pendant que Dom Charles George étoit Prieur au S. Mont près Remiremont. Il prenoit dans fon Ecrit la qualité de Procureur-Géneral de la Congrégation de faint Vanne ; qualité, qui l'autorifoit à defendre fon Ordre, attaqué par les Dames de Remiremont, qui étoient alors en différend avec la Princeffe Dorothée de Salm, leur Abbeffe. Cette Princeffe avoit été pourvuë de l'Abbaye de Remiremont en 1661. âgée feulement de fix ans, & par conféquent dans une ignorance entiere de fes obligations, & de celles des Dames de fon Chapitre. Lorfqu'elle fut parvenuë à un âge plus mûr, réfléchiffant fur les devoirs d'une Abbeffe & Supérieure d'un Chapitre nombreux, elle prit la réfolution d'en retrancher certains abus ; elle fit fermer le Cloître pendant la nuit & à certaines heures, & empêcha que des hommes ne couchaffent dans ce qu'on appelle le Cloître, ou l'enceinte des demeures des Dames.

Ces nouvelles entreprifes allarmerent les Chanoineffes, qui s'imaginerent qu'on vouloit les cloîtrer, & les obliger à fuivre la Régle de S. Benoît. Elles propoferent à la Dame Abbeffe en 1679. un accommodement qu'elle accepta ; & l'on convint d'Arbitres, qui furent, de la part de l'Abbeffe, D. Henry Hennezon, Abbé de S. Mihiel, & de la part des Dames, M. de Mageron, Official de Toul.

L'Abbeffe avança que, pendant plus de neuf cens ans, l'Abbaye de Remiremont avoit été fous la Régle de S. Benoît ; qu'en 1509. les Dames fe qualifioient encore Religieufes ; qu'elles n'avoient commencé que en 1515. & 1520. à quitter le titre de *Moniales*, ou Religieufes, & à introduire parmi elles, de leur autorité privée, la fécularité ; & que de là étoient venus les abus, qu'elle, Abbeffe, vouloit corriger.

Les Dames, de leur côté, firent imprimer un Ecrit, dans lequel elles foûtenoient que leur Abbaye n'avoit jamais été de l'Ordre de S. Benoît ; que le R. Pere Mabillon, preffé de s'expliquer fur cela, n'avoit jamais ofé l'avancer dans fa Diplomatique ; qu'au refte, les Chanoineffes de Remiremont n'étoient tombées dans aucun dérangement, qui demandât une Réforme, & qu'elles étoient demeurées dans leur état primitif.

A la vuë de cet Ecrit, le R. P. Mabillon écrivit une Lettre qui fut imprimée le 16. Août 1687. dans laquelle il démontre que,

F f ij

pendant plusieurs siécles, l'Abbaye de Remiremont a suivi la Régle de S. Benoît, & qu'il l'a ainsi expressément marqué dans sa Diplomatique, par ces mots : *Porrò Romariciana Sanctimoniales, quæ pridem monasticis S. Benedicti Regulis erant astrictæ, postmodum in sæculares Canonicas, nullis constrictas votis seu repagulis, evaserunt.*

La même année 1687. D. Charles George étant Prieur du S. Mont, & par ce moyen, à portée d'examiner les Monumens qui prouvoient l'état ancien de ces Dames, composa l'Ecrit dont nous avons parlé, dans lequel il montre que, de tems immémorial, la Régle de S. Benoît a été observée à Remiremont ; que ce n'a été qu'en 1500. qu'on y introduisit le titre alternatif de *Collégiale*, ou de *Monastere*, & de *Couvent de l'Ordre de S. Benoît*, dans certaines Bulles ; ce qui a duré environ 80. ans, & qu'en 1580. dans les Bulles de l'Abbesse Barbe de Salm, on a seulement commencé de mettre les termes absolus de *Chanoinesses de l'Eglise de S. Pierre de Remiremont* ; au lieu qu'auparavant on disoit, *Dilectis in Christo filiabus Abbatissæ & Conventui S. Petri de Romarico Monte Ordinis S. Benedicti, & N. Canonissa Ecclesiæ Collegiatæ, seu Monasterii S. Petri Romaricensis.* Mais lors même qu'à Rome on mettoit dans les Bulles simplement, *Ecclesia collegiata*, on ajoûtoit à la fin, *quarum statum non approbamus.* L'Auteur rapporte plusieurs preuves, que ce Monastere de Remiremont suivoit anciennement la Régle de S. Benoît ; & conclut par le témoignage des Commissaires Apostoliques, sous l'Abbesse Catherine de Lorraine en 1613. qui déclarent au Pape, qu'ils y ont trouvé des marques certaines, que la Régle de S. Benoît y a été observée jusqu'à ces derniers tems.

L'Autre Ecrit de D. Charles George, qui regarde les Dames de S. Pierre & de Sainte-Marie de Metz, fut occasionné par une dispute qui s'éleva à Metz, où les Dames de ces Abbayes ne vouloient pas reconnoître qu'elles eussent autrefois observé la Régle de S. Benoit. Voyez cy-après l'article de *Dom Ambroise Mengin*.

D. Charles George étant Prieur du Monastere de S. Nicolas en Lorraine, pria le fameux Maréchal de Vauban, qui passoit par ce Pays, de lui donner le Plan & le dessein du Monastere qu'il avoit envie de rebâtir. M. de Vauban monta sur une des Tours. & dressa le Plan de la Maison, telle qu'on la voit aujourd'hui. D. Charles George l'exécuta, & elle passe pour une des plus belles, des plus régulieres & des mieux bâties du Pays. Par son économie, il en augmenta considérablement les biens temporels ; en sorte qu'on en est considéré avec raison comme le second Fondateur.

GERARD (Jean-George) habile Peintre Lorrain, étoit d'Epinal, & éleve de le Grand, fameux Peintre Lorrain. Gerard alla à Rome ; &, après y avoir demeuré quelque tems, il revint à Nancy, où il mourut en l'année 1690. & fut enterré dans l'Eglise de S. George ; il étoit âgé de 55. ans. Il a fait de fort beaux Portraits (*d*) : il excelloit surtout à peindre des saintes Vierges ; il entendoit aussi le Paysage. Il a peint une Conception à la Chartreuse de Bosserville ; il y a aussi d'autres Tableaux dans la même Maison, qui sont très bien dessinés, & d'un coloris vif.

GERBILLON (Jean-François) né l'onze Janvier 1634. à Verdun sur Meuse, fut reçu le 6. Octobre 1670. au Noviciat de Nancy, pour embrasser l'Institut de la Société de Jesus, comme il le raconte dans sa description du voyage de Siam, dans l'espérance d'aller prêcher la Foi aux Indiens, dont le salut lui tenoit fort à cœur. Il étudia les Mathématiques & la Théologie, & ensuite il obtint de ses Supérieurs la permission de se joindre à six de ses Confreres qui alloient à la Chine, l'an 1685. Arrivé à Peckin, il fut conduit à l'Empereur le huit Mars 1688. Sa science lui acquit les bonnes graces de ce Prince, qui lui ordonna de se mettre en état d'entendre & de parler aisément la Langue Tartare, que l'Empereur parloit plus volontiers que la Langue Chinoise. Il admit le P. Gerbillon dans sa familiarité la plus intime ; & lui donna des grandes marques de sa bienveillance, trois mois après, en l'envoyant avec les Ambassadeurs Chinois, pour traiter de la paix, & régler les limites des deux Royaumes avec les Moscovites. Le Pere Gerbillon & le P. Thomas Pereyre parurent dans l'Assemblée qui se tint à ce sujet, non seulement comme Interprètes, pour expliquer en Chinois ce qui se disoit en Latin par les Moscovites ; mais encore comme Assesseurs d'honneur, & pour donner leurs conseils dans les Conférences publiques.

Le premier voyage du P. Gerbillon fut depuis le 30. Mai jusqu'au six Octobre 1688. sans aucun succès pour la paix ; mais ce Pere remporta de ce voyage à Peckin une grande connoissance des affaires des Pays qu'il avoit traversés, avec l'amitié des Grands, pour

---

(*d*) On voit le Duc Henry & la Duchesse Margueritte de Gonzague, au Prieuré de Flavigny.

qui il avoit fait ce voyage ; & il se servit de cette amitié pour l'avancement de la Religion Chrétienne.

L'année suivante 1689. le 13. Juin, il fut d'une autre Ambassade, dans laquelle il disposa les esprits des Moscovites à passer aux conditions que les Chinois souhaitoient, touchant les limites des deux Empires ; & cette paix lui attira de grandes loüanges, tant de la part des Moscovites, que de celle des Chinois, quoique défians, soupçoneux, & ignorans les affaires étrangeres. L'Empereur de la Chine sur-tout le combla de faveurs, & lui fit présent de ses habits royaux, & le prit pour son Maître dans les Mathématiques, & pour son Médecin : il voulut l'avoir toujours auprès de sa personne à la Cour, en voyage & dans ses maladies. Il lui accorda la pleine liberté d'exercer la Religion Chrétienne, aussi-bien qu'à ses sujets, par un Edit du 20. Mars 1692. & lui fit construire une Maison & une Église près le Palais de Peckin.

Le P. Gerbillon auroit été au comble de ses désirs, si Dieu eût accordé à l'Empereur la grace d'embrasser la Religion Chrétienne, dont il se déclaroit le défenseur. Ce Missionnaire mourut le 25. Mars 1707. à Peckin, où il fut pendant quelques années Recteur du Collége des François, & Supérieur de ses Confreres Missionnaires dans ce Pays. Voici la liste de ses Ouvrages.

1°. *Les Elémens de la Géométrie, tirés d'Euclide & d'Archiméde.*

2°. *Géométrie-pratique & spéculative* : ces Ouvrages ont été imprimés à Peckin, en Langues Chinoise & Tartare.

3°. *Observations historiques sur la grande Tartarie* : on trouve cet Ouvrage dans le quatrième Tome, p. 33. de la description de la Chine par le P. Duhalde.

4°. *Premier Voyage fait en Tartarie*, par ordre de l'Empereur de la Chine, en 1688. la même page 87.

5°. *Second Voyage en Tartarie fait en* 1689. ibid. pag. 163.

6°. *Troisième Voyage fait en* 1691. ibidem, pag. 252.

7°. *Quatrième Voyage fait en* 1692. ibid. pag. 289.

8°. *Cinquième Voyage fait en* 1695.

9°. *Sixième Voyage fait en* 1696.

10°. *Septième Voyage fait en* 1697.

11°. *Huitième Voyage fait en Tartarie en* 1698. *avec trois Grands de l'Empire.* Tous ces Voyages sont imprimés dans le P. Duhalde.

GERVAIS, ou *Gervaise*, Président du Parlement séant à S. Mihiel, a écrit un Commentaire sur la Coûtume de Lorraine ; Manuscrit qui est entre les mains de M. de Gondrecourt.

GERVAIS (Loüis de Nesle, dit) Directeur Général, & Dessinateur des Jardins de Sa Majesté Impériale, né à Lunéville le 6. Janvier 1702. fut envoyé en France pendant quatre ans, par la libéralité du Duc Leopold, d'abord sous M. des Gots, Controlleur Général des Jardins de Meudon, & Architecte du Roy, neveu du célébre M. le Nôtre, ensuite sous M. le Normand, Directeur des Jardins fruitiers & Potagers du Roy, pour y apprendre la primure & la taille des Arbres ; enfin, sous M. Boivinet, Jardinier du Roy pour la culture & l'entretien des Jardins de propreté, des Orangers, &c.

Six semaines après son retour en Lorraine, Leopold le fit partir pour Vienne, avec l'Ingénieur des Jardins du Prince Eugene, avec lequel il est resté trois ans. Depuis a voyagé en Bohéme, pour y apprendre à élever & faire croître toutes sortes de fruits pendant l'hyver. Il a vû tous les Jardins de Saxe ; le Roi Auguste lui a même fait l'honneur de le consulter sur ses Ouvrages de Saxe. Il étoit près de passer à Berlin, lorsqu'il fut rappellé en Lorraine, où il fit, par ordre de Leopold, des projets pour l'agrandissement des Bosquets de Lunéville, & ses projets furent applaudis, de même que le Plan de Mesnil pour le Prince de Craon ; les RR. PP. Benédictins en ont détruit l'exécution en partie.

Après la mort de Leopold, il servit la Noblesse du Pays. Il fit un projet pour Haroüé, qui n'a été exécuté qu'en partie : ce projet renfermoit toutes les belles parties de l'Art. Il a fait plusieurs piéces dans les Jardins de Craon ; les Jardins de Marinville sont de lui ; ceux de Champigneulle près Nancy ; mais les Buffets & les Cascades sont restés à faire : ceux de la Neuville, chez le Comte le Bégue ; ceux d'Ars-sur Meurthe. Il a fait deux desseins pour M. le Comte d'Hoffelize ; l'un, pour Valfroicourt, l'autre, à Malzéville. Son projet pour Sanfure n'a été exécuté qu'en partie ; la mort de M. Coliquet a arrêté l'exécution de son Plan général pour Longchamps près de Bar ; ses desseins pour le Prince de Guise sont exécutés ; il a donné les desseins des Jardins de la Maison de M. Bourgard à Basle ; les Jardins de Gerbéviller sont restés imparfaits, par la mort du Marquis de Gerbéviller. Les desseins qu'il a faits pour Commercy, n'ont point eû d'exécution, par le départ de Son Altesse Royale, aujourd'hui Empereur. Il a changé en entier la difpofition du petit Bofquet de Son Alteffe Royale le Prince Charles à Lunéville.

Au changement d'Etat en 1737. il fut nommé un des premiers pour fuivre fon Maître. Il fe rendit en Flandres, puis paffa en Hollande, où les Jardins font des plus beaux, des mieux décorés & entretenus de l'Europe. Sa Majefté, alors Grand-Duc de Tofcane, le nomma Directeur Général & Deffinateur de fes Jardins, & le fit paffer à Florence. Ce voyage lui donna occafion de voir les plus beaux Jardins d'Italie. Le plus confidérable des projets qu'il a faits en Tofcane, eft celui de Boboli, Jardin attenant au Palais du Grand Duc ; quoiqu'aprouvé, il n'a eû lieu qu'en partie, à caufe des révolutions furvenuës à la mort de l'Empereur Charles VI. Il a deffiné pour M. le Baron de Pulchenet, fon protecteur avec M. le Baron de Touffaint, un Plan général de tout ce qui regarde une Maifon Royale, tant pour l'utile que pour l'agréable.

En 1747. il fut appellé à Vienne, pour aller à Haulietz, Maifon Royale de Sa Majefté Impériale, où il y a des Jardins confidérables. Sa Majefté l'Impératrice lui a fait faire pour Chombroun un projet d'une grande étenduë, & d'une dépenfe royale ; la feule Cafcade, une Amphithéatre à portique fur un côteau en face du Palais, coûtera plus de 200000. florins. Il a travaillé près de neuf mois à le deffiner, & à en régler les diverfes parties ; il a eû près de 400. ouvriers fous fes ordres jufqu'au mauvais tems. Pendant fon féjour à Vienne, il a deffiné pour M. le Prince d'Efterhazy, les Jardins de Zechaté ; & pour M. le Comte de Colloredo, Grand Chancelier d'Empire, un Plan qu'il a fait exécuter. Il a travaillé, dans le tems qu'il étoit avec l'Ingénieur du Prince Eugene à Selovitz en Moravie, pour M. le Comte de Zinfendorf. Sa Majefté Impériale vient de lui permettre de venir en Lorraine, où il n'a pû refufer Madame la Comteffe des Armoifes, pour laquelle il a fait un projet pour Fleville, qu'il ne pourra exécuter en entier, à caufe de fon départ pour Vienne.

GILES D'ORVAL, *Ægidius Aureæ Vallis*, Moine de l'Abbaye d'Orval, Ordre de Cîteaux, au Diocèfe de Liége, dans le Duché de Luxembourg, écrivit en 1246. l'*Hiftoire des Evêques de Liége*. Cette Hiftoire fut continuée par Jean Hoefem, Chanoine de Liége, jufqu'en 1348. L'Ouvrage de Giles d'Orval & des autres Hiftoriens de l'Hiftoire de Tongres & de Liége, a été imprimé en 1613. par Jean Chapeauville, Chanoine & Vicaire-Général de Liége, qui dit que Giles d'Orval avoit commencé fon Hiftoire en 1060. & qu'il l'avoit continuée jufqu'en 1251. On peut voir la vie de Gilles d'Orval dans le même Chapeauville, à la tête du fecond Tome de fon Hiftoire de Liége. Voyez auffi Oudin, *de Scriptor. Ecclefiaft.* Tom. 2. pag. 202.

Un autre *Giles d'Orval*, qui vivoit au feizième fiécle, a écrit en Latin l'Hiftoire de cette Abbaye, où il a inféré plufieurs chofes concernant le Luxembourg & le Comté de Chiny. Son Hiftoire finit en l'an 1555.

GILLET (Jean) Jurifconfulte de Verdun, Ecuyer, Confeiller du Roi, Lieutenant de M. le Préfident de Selve en la Juftice Royale de Verdun, a compofé & fait imprimer, *L'azile ou défenfe des Pupilles, ou Traité des Tutelles & des Curatelles* ; à S. Mihiel 1613. à Toul 1618. & à Paris 1666.

GIRARD, ou *Girardin* (Bernard) a fait imprimer, 1°. *Ducum Lotharingiæ Icones à Carolo I. ad Carolum III. Parifiis.* 2°. Un autre Recueïl d'Eftampes ou de Portraits, imprimé en 1553.

GIRARDET (Jean) Peintre, naquit à Lunéville en l'année 1709. Il eft difciple de Claude Charles, dont on a parlé, & paffe, fans contredit, pour le plus fort de fes élèves. Il a beaucoup de deffein & une grande compofition : il a fait fes études avec fuccès au Collége de Nancy, & dans l'Univerfité de Pont-à-Mouffon.

Il a voyagé pendant huit ans en Italie ; & depuis fon retour en Lorraine, il n'a pas ceffé de travailler pour feuë S. A. R. Madame la Doüairiere de Lorraine, & pour Sa Majefté le Roi de Pologne. En 1749. il fut appellé à la Cour de Bruxelles, où il a eû l'honneur de faire le Portrait de S. A. R. le Prince Charles.

On voit de fes Ouvrages aux Châteaux de la Malgrange, Commercy & Lunéville. Il a peint deux Tableaux à la Congrégation des Hommes à Nancy, un autre dans l'Eglife de l'Abbaye de S. Remy de Lunéville. En 1745. il eut la direction des Décorations que l'on fit à Commercy, pour la Pompe funébre de S. A. R. Madame, dont il s'acquitta à la fatisfaction de S. A. R. Madame la Princeffe Charlotte. Pendant fon féjour à Florence, il y a fait différens Ouvrages ; entre autres, il a peint le plafond de la Bibliothéque du Grand-Duc.

Girardet eft petit-neveu de Charles Melin, fameux Peintre Lorrain, dont nous parlerons.

GISSE' (Jean-Baptifte) Chanoine de la Cathédrale de Metz, obtint fon Canonicat par le Chanoine Tournaire, felon l'ufage de cette Eglise; il eut pour Compétiteur le Sr. de la Volpiliere, pourvû d'un Canonicat dans la même Eglise, en vertu du Brevet de serment de fidélité, prêté entre les mains du Roy, par Mr. George d'Aubusson, Evêque de Metz. Mais Mr. Gisse fut maintenu par Arrêt du grand Conseil du 17. Septembre 1675. il paroît par les écrits de Mr. Gisse, que j'ai en main, qu'il entendoit fort bien les matieres Canoniques, & étoit très instruit de l'état & des droits de l'Eglise de Metz.

Il a écrit. 1°. *Des Chanoines de l'Eglise Cathédrale de Metz, de leur antiquité, de leurs différens Etats, de la régle de Godegran, & de celle du Concile d'Aix-la-Chapelle, de la vie commune qu'ils ont menés; quand elle a cessé, de l'établissement de ses Dignités & Offices, & des réglemens du Cardinal d'Aigrefeuille.*

2°. *De l'Eglise Cathédrale de Metz, de l'exemption des Chanoines, de la juridiction de l'Evêque de Metz; quand les Chanoines de Metz ont commencé à élire leur Evêque à l'exclusion de leur Metropolitain, des Evêques Provinciaux, du Clergé & du peuple, du droit qu'à le Chapitre de pourvoir aux dignités & Offices de cette Eglise, la maniere de les conférer, du droit de Régale tant temporel que spirituel, du serment de fidélité que l'Evêque de Metz est obligé de rendre au Roy, du droit dû au Roy pour raison dudit serment de fidélité.*

3°. *Sur la Relique de Ste. Serène conservée dans l'Abbaye de Ste. Marie à Metz.*

4°. *Dissertation où il prétend montrer que la régle de St. Benoît n'a été connuë ni pratiquée au Diocèse de Metz que vers l'an 758.*

5°. *Dissertation sur l'Histoire de la Ville, & de l'Eglise de Metz.*

6°. *Dissertation sur St. Sigeri, Fondateur de Vergaville.*

J'ai en main une bonne partie des Ecrits de Mr. Gisse, & en particulier l'abrêgé des Cahiers, fait par lui-même; il avoit écrit sur les Médiomatriciens ou peuple du Pays Messin en l'état où ils étoient, avant que Jules César se fut rendu Maître des Gaules: & de l'Etat de la Ville de Metz sous les Romains, & sous les Roys de la premiere & seconde Race des Roys de France, & ensuite sous les Othons, & enfin sous les Empereurs François.

2°. De St. Clement, premier Evêque de Metz, & des Evêques de Metz ses Successeurs.

3°. En quel tems les Evêques de Metz sont devenus Souverains.

4°. Des Revenus de l'Evêché.

5°. Du Diocèse de Metz, & de son étenduë.

6°. De l'Eglise Cathédrale.

7°. Du Chapitre de l'Eglise Cathédrale.

8°. De l'Etablissement, des Dignités & Offices.

9°. Des Réglemens du Cardinal d'Aigrefeuille.

10°. Du Droit d'élire les Evêques.

11°. De l'Exemption du Chapitre.

12°. Du droit qu'il a d'élire ses Dignités.

13°. Du Concordat Germanique.

14°. De la Regale.

15°. De l'Etat présent du Chapitre de Metz.

16°. De chaque Dignité, Personats & Offices *en particulier.* Il donne autant qu'il peut la liste des Dignitaires & Officiers du Chapitre.

Il parle après cela des Eglises Collégiales de la Ville de Metz. 1°. St. Sauveur. 2°. St. Thiebaut. 3°. St. Pierre aux Images. 4°. Notre Dame la ronde. 5°. Ste. Reinette.

Ensuite les Collégiales du Diocèse de Metz. 1°. Hombourg, l'Evêque. 2°. Sarbourg. 3°. St. Etienne de Vic. 4. St. Leger de Marsal. 5°. St. Arnoalde. 6°. St. George de Briey. 7°. La Collégiale de Fenetrange. 8°. St. Nicolas de Munster près Fénétrange. 9°. Notre Dame de Mars-latour.

Il parle ensuite des Abbayes du Diocèse de Metz; il y en avoit autrefois quinze d'hommes & cinq de filles. 1°. St. Arnou. 2°. St. Vincent. 3°. St. Simphorien. 4°. St. Clement qui est actuellement dans la Ville. 5°. Gorze. 6°. St. Mattin. 7°. Longeville. 8°. St. Avold. 9°. Bouzonville. 10°. Hornebac.

Celles des filles sont 1°. Ste. Glossinde. 2°. St. Pierre. 3°. Ste. Marie dans la Ville, hors de la Ville, Vergaville & Neumunster.

Il parle après cela de l'Abbaye de St. Pierremont de l'ordre des Chanoines Reguliers de St. Augustin, de St. Benoît en Voivre, de Viller-Betnah, de Stultzbton, de Pontifroy, de Freischtroff, de Wirscheviller, toutes six de l'ordre de Cîteaux; & une de filles à Metz de même Ordre.

Il y avoit autrefois quatre Abbayes de l'Ordre de Prémontré au Diocèse de Metz. 1°. Ste. Croix ou St. Eloy. 2°. Justemont. 3°. Salival. 4°. Beletang.

Enfin Mr. Gisse traite de tout ce qui concerne le Diocèse de Metz, des Eglises, Couvents & Etablissemens qui concernent l'Etat Ecclésiastique, je ne sçai qui est le Dépositaire de tous ses écrits; j'en ai quelques cahiers dans leur juste étenduë, je n'ai le reste qu'en abregé, fait par lui-même, Mr. Capechon, Curé de Vic m'en a donné une partie, le reste vient du P. D. François Massu, à qui Mr. Gisse les avoit communiqué.

GIVRY (Anne Descars de) Cardinal & Evêque de Metz (*e*) en cette derniere qualité il appartient à notre Sujet, & mérite de trouver place parmi les Hommes Illustres des trois Evêchés.

(*e*) Ciaconius de vitis Pontific. & Cardinal. tom. 3. p. 293.

Il étoit fils de Jacques de Peruses d'Escars & de Françoise de Longru, Comtesse de Busancy & Dame de Givry; il naquit à Paris dans les Palais des Ducs de Lorraine le 19. de Mars 1546. (*f*) & fut baptisé dans la Paroisse de St. Paul ; il étoit frere de Charles de Givry, Evêque de l'Angres, & neveu par sa Sœur de Claude de Givry Cardinal, qui prit un soin très particulier de son éducation, & lui donna d'excellens Maîtres pour le former dans la piété & dans les lettres. Il conçut de bonne heure un grand mépris pour le monde, & se consacra à Dieu par la vie religieuse dans l'ancienne & fameuse Abbaye de St. Benigne de Dijon.

Après sa Profession, son oncle lui conseilla de venir faire sa Philosophie & sa Théologie à Paris. Il y reçut le bonnet de Docteur. La douceur de ses mœurs, sa piété & sa vertu le rendirent cher à tout le monde ; il se fit bien-tôt connoître à la Cour, où le Roy Charles IX. & la Reine Mere Catherine de Medicis, conçurent pour lui une estime toute particuliere, & lui donnerent l'Abbaye de St. Benigne de Dijon, où il avoit fait profession.

Il gouverna ce Monastere avec tout le zéle, la sagesse & la bonne économie qu'on attendoit de lui : il y fit de grands biens, & & y acquit une si grande réputation, que le Roy Henry III. lui donna encore les Abbayes de Molesme, de Barberi, de Pothiers & de Champagne dans le Diocèse du Mans.

En 1585. il fut pourvu de l'Evêché de Lisieux, & en fut consacré Evêque le premier Mars de la même année. Il mit tout ses soins à en bannir le Calvinisme, & à précautionner son Peuple contre cette Hérésie, qui faisoit alors de grands ravages en France. Il signala son zéle & sa fidélité envers le Roy & le Royaume pendant les troubles de la France sous le regne du Roy Henry III. il fit ensuite un voyage de dévotion à Rome, où le Pape ayant connu son mérite extraordinaire, en conçut une si grande estime qu'il le nomma Cardinal en 1596. de son propre mouvement, sans aucune recommendation des Puissances. Anne d'Escars étoit alors de retour en France, & résidoit à Paigni qui est une Terre appartenante à son frere aîné.

Sa Promotion au Cardinalat ne fut pas fort agréable au Roy Henry IV. comme on le voit par deux Lettres du Cardinal Dossat (*g*) au même Prince : l'une est dattée du 5.

Juin 1596. & l'autre du 19. Novembre de la même année.

Mais dans la suite le Roi lui donna de grandes marques de son estime & de sa confiance. Ce Prince disoit de lui que c'étoit perdre le tems que de vouloir persuader au Cardinal de Givry quelque chose qu'il croyoit contre sa conscience.

Ce Cardinal demeura en France jusqu'en 1604. qu'il fut envoyé à Rome pour les affaires du Royaume ; il y fut honoré de la qualité de Vice-protecteur du Royaume, & de protecteur de l'Ordre de Citeaux. Il y fut aussi employé dans les Congrégations du St. Office & des Evêques, & fut chef de la Congrégation des nouveaux convertis.

Pendant le Conclave, où le Pape Leon XI. fut élu en 1605. les vœux & les acclamations du Peuple Romain demanderent pour Pape le Cardinal de Givry. Etant encore à Rome, il proposa pour l'Evêché de Lizieux Harmand-Jean Duplessis de Richelieu le 17. Décembre 1606. C'est le même qui dans la suite, devint si célébre sous le Nom de *Cardinal de Richelieu.*

Le Roy Henry IV. à la postulation du Chapitre de la Cathédrale de Metz, ayant nommé à cet Evêché en 1607. son fils naturel Henry de Bourbon, Marquis de Verneuil, qui n'étoit âgé que de sept ans, le Pape accorda au Prince de Verneuil des Bulles d'accès audit Evêché, avec une pension de dix mille Ecus ; & en même tems, le Roy engagea les Chanoines à faire une seconde postulation de la Personne du Cardinal de Givry pour gouverner cette Eglise, pendant le bas âge du jeune Prince. La postulation est du 23. May 1608. les Bulles du Cardinal de Givry pour l'Evêché de Metz, sont du mois d'Octobre de la même année.

Il revint en France en 1609. pour rendre grace au Roy de lui avoir procuré cet Evêché : il partit de Paris au mois de Juin de cette année pour se rendre à Metz ; le Doyen & les Principaux du Chapitre allerent au-devant de lui jusqu'à Marslatour, où il étoit arrivé le 14. du même mois. Les principaux Officiers du Roy qui étoient alors à Metz avec les premiers des Magistrats, la plus grande partie du Clergé, & plusieurs Gentilhommes, tous à cheval & bien équippés au nombre de plus de 500. sortirent de la Ville, & s'avancerent jusqu'à Moulins pour lui faire honneur. Le Cardinal y étoit arrivé le quinze au soir. Cette Compagnie s'y rendit le seiziéme au matin, & le Prélat accompa-

(*f*) Meurisse Hist. de Metz, p. 654. & suiv.

(*g*) Lettres 67. & 77. du Cardinal d'Ossat.

gné

gné du Comte de Charni son frere, du Marquis de Mirebeau son neveu , du Chevalier de Brion & de Mr. de Beaumont, tous deux ses neveux , de l'Abbé de Carrouge, & de plusieurs autres Seigneurs & Gentilshommes, fit son entrée dans la Ville par la porte de S. Thiebaut : étant arrivé dans la place devant la grande Eglise, assis dans sa Litiere découverte par devant pour être vu de tout le monde, & donner sa Bénédiction à son Peuple, il descendit & entra dans son Palais Episcopal. Le lendemain 17. il fut conduit en cérémonie dans la Cathédrale, où ayant fait le serment accoutumé , il alla s'asseoir dans la Chaire de marbre , où il reçut les soumissions de tout son Clergé. Enfin il alla se placer dans sa Chaire Episcopale au Cœur, d'où il entendit la Messe.

Le lendemain 18. Juin , jour de la Fête-Dieu , il porta le Saint Sacrement à la Procession solemnelle. Quelques jours après il partit pour visiter les places de son Evêché. Il y reçut les foy & hommage de ses Vassaux, & à son retour il donna tous ses soins à la Réforme de son Clergé & au bon Gouvernement de son Troupeau. Dans un Synode Général, qu'il tint le 21. d'Avril 1610. il fit quantité de Statuts & Réglemens, & se composa un Conseil spirituel qui s'assembloit en sa Présence , une ou deux fois la semaine , pour délibérer sur les affaires concernant la conduite (h) du Diocése.

Mr. de Madaure Suffragant de Metz, remarque que de son tems, on conservoit encore les résultats de ces Assemblées qui contenoient plusieurs réglemens & conclusions prises , touchant les Juifs de Metz, les sépultures de ceux de la Religion prétendue réformée , la clôture des Monastéres qui n'étoient pas encore réformés, & la réformation de quelques désordres qui se commettoient dans les Abbayes de la Ville & de la Campagne.

Il ordonna que les Juifs se rendroient une fois la semaine dans l'Eglise de S. Paul, pour y entendre les Instructions qui s'y feroient exprès pour eux. Il députa en Cour de France pour qu'il fut fait défenses expresses d'enterer aucun Protestant en Terre Sainte avec les Catholiques, & il eut assez d'autorité pour faire exhumer à force d'armes, un Huguenot qui avoit été enterré dans une Eglise avec les Catholiques. Il ordonna que les Abbés & Abbaisses des Monastéres de son Diocése, lui présentassent leurs titres, priviléges , possessions & fondations , pour corriger les abus qu'on disoit se commettre dans les Maisons Religieuses.

(h) Meurisse, p. 663.

Il fit recevoir le Breviaire Romain par tout son Diocése, afin d'y apporter l'uniformité dans la célébration de l'Office Divin. L'Evêché de Metz & sur tout la Ville Episcopale, étoient remplis de Protestans, qui se fortifioient tous les jours. Le Cardinal de Givry employa toute son authorité & sa vigilance à les rappeller dans son Eglise.

Il réussit à en convertir un grand nombre, & un Ecrivain de ce tems-là , lui applique ce qui est dit de S. Gregoire Taumaturge, Evêque de Neocæsarée qu'il n'avoit trouvé en entrant dans sa Ville Episcopale que 17. Catholiques, & qu'en mourant il avoit la consolation de n'y laisser que dix-sept Hérétiques.

Après la mort funeste du Roy Henry IV; qui causa tant de troubles dans le Royaume; & sur tout dans les Provinces éloignées. Mr. le Cardinal de Givry jugea à propos de se retirer dans la Ville de Vic qui est de son Domaine temporel. Il y vécut pendant les 10. derniers mois de sa vie, dans les exercices de la piété, dans la priere, dans la lecture , ayant fait bâtir dans son Château une Chapelle domestique , où il donnoit les Ordres.

Il vivoit dans son particulier , non en Maître & en Seigneur , mais en Pere affable & benin. Il mourut dans son Château de Vic, le 19. Avril, jour du Jeudi Saint sur les huit heures du matin, l'an 1612. âgé de 66. ans. Son corps fut rapporté à Metz, & inhumé dans sa Cathédrale le 27. du même mois, dans la Chapelle qui est derriere le Grand Autel, où l'on voit son Mausolée en Marbre, avec sa représentation : Voici son Epitaphe qui contient une partie de sa Vie.

„ Piis manibus, æternæ memoriæ, plorabili busto Antistitis desideratissimi ;
„ omni ævo retrò dolendi Annæ d'Escars,
„ titulo Sanctæ Susannæ S. R. E. Presbiteri
„ Cardinalis de Givry nuncupati , qui paternâ indole clarâ familiâ d'Escars ; ma-
„ ternâ prosapiâ primæ Longovicorum Nobilitatis egregia Principum Aurelianensium consanguinitate , infœlicissimo sæculo feliciter datus, Parisiis editus, Divione in antiquissimo D. Benigni Cœnobio
„ sancti Benedicti disciplinâ institutus ,
„ professusque , ibidem Abbas, tum Lexoviarum Antistes electus, totâ Galliâ præ-
„ clarus Romæ perquam illustris , Metis
„ amabilis, ubique stupenda lenitate spectabili senio, rarâ pietate, innatâ gravitate, mirabilis ac venerandus, Regi percarus , Pontifici Maximo jucundissimus ,
„ omnibus æternùm lamentabilis , Eccle-
„ siæ Metensis Pontificatu , simul & castis-

„ fimâ vitâ perfunctus, vitam immortali
„ gloria deproperatam appetiit XIII. Ka-
„ lendas Maias anno ætatis LXVIII. sæcu-
„ li verò Christiani suprà millesimum sex-
„ centesimum duodecimum.

André Valladier, célébre Prédicateur, que Mr. le Cardinal de Givry avoit attiré à Metz dans le dessein de l'employer à l'instruction de son peuple & à la conversion des Calvinistes, & qui avoit été fait à sa recommendation Abbé de S. Arnoul, & ensuite Princier de l'Église de Metz en 1611. fit l'Oraison funebre du Cardinal son Bienfaiteur le 28. Avril. Il y releve ses grandes vertus & ses rares qualités du cœur, du corps & de l'esprit. Il avoué que ce Prélat disoit rarement la Messe, non pár négligence, mais par le respect infini que la vivacité de sa foi lui inspiroit pour le divin Sacrifice, où JESUS-CHRIST est immolé à son Pere pour le salut des hommes.

Il étoit d'une taille très avantageuse, portant une barbe blanche & vénérable, son front élevé & large marquoit la grandeur & l'élévation de son Ame ; ses habits étoient simples & modestes, & il ne quitta jamais l'habit Benédictin qu'il portoit sous les ornemens de sa Dignité. Son testament est rempli de legs pieux envers les Eglises de ses Abbayes, de son Evêché de Metz & les Religieux & Religieuses, qui font profession particuliere de pauvreté, les Pauvres & les Hôpitaux, & en particulier envers l'Eglise de St. Louis à Rome.

GODY (D. Simplicien) Benédictin de la Congrégation de S. Vanne, profés de S. Vincent de Besançon le 24. Juin 1618. où il est mort le 13. Août 1662. a rempli plusieurs employs dans sa Congrégation, & a laissé plusieurs Ouvrages dont voici le détail.

1°. *Genethliacon sive principia Benedictini Ordinis.* Lugduni 1660. in-16. Le Manuscrit original se garde à S. Vincent de Besançon ; les six premiers livres contiennent la vie de S. Benoît. Le 7. est la Mission de S. Maur en France. Le 8. & les suivans sont consacrés à la louange de plusieurs Saints de l'Ordre de S. Benoît. L'Ode 25. du douziéme livre est à la louange de Dom Didier de la Cour, réformateur de la Congrégation de St. Vanne & de St. Hydulphe.

2°. Un livre sur l'origine de la Chapelle de Mont-Roland, & sur le transport de l'Image miraculeuse de la Ste. Vierge du Mont-Roland à Auxonne en 1636. & d'Auxonne rapportée au Mont-Roland en 1649.

3°. Histoire de l'antiquité, & des miracles de Notre-Dame de Mont-Roland, imprimée à Dole en 1651.

4°. Un livre imprimé à Paris en 1648. sous ce titre, & réimprimé plus d'une fois in-12. *ad eloquentiam Christianam via.* Peut-être le même qui a pour titre *eloquentiæ Christianæ dilucida explanatio.* Manuscrit.

5°. Odes sacrées, pour entretenir la dévotion des Personnes de piété, à St. Nicolas 1629. in-12.

6°. En 1632. il fit imprimer à Paris en 5. livres, des Poësies sous le titre de *Placida Philomene.*

7°. *Les honnetes & diverses Poësies de Placidas* Valornancien, *divisé en cinq livres à Nancy chez Sebastien Philippe,* Imprimeur de S. A. 1631. in-8. en Caractéres italiques.

Le premier Livre contient le voyage d'amour.

Le second des Elegies.

Le troisiéme des Sonnets.

Le quatriéme la Journée dévote.

Le cinquiéme la Muse funébre.

Le Livre est dédié à Mr. de Mercy, Prieur de S. Thomas & du mont S. Martin. Il signe *Placidas.* Mais à la fin d'une autre espece de Dédicace, à très noble & très vertueuse *Charité.* Il signe Placidas Gody.

8°. *L'association à l'amour de* JESUS *& de* MARIE 1635.

9°. *La conduite interieure* 1648. C'est un ouvrage in-12. composé pour l'usage de Madame de Cambales, sa pénitente.

10°. *Musa contemplatrix* in-8. Lugduni 1660. L'original de cet ouvrage se conserve à S. Vincent de Besançon.

11°. *Dyonisius Gallicus vindicatus.* Il y prétend prouver que S. Denis de Paris, est l'Aréopagite.

12. *Elogia christiana.*

13°. *Elogia virorum illustrium.* Paris in-12.

14°. Pratique de l'Oraison mentale en 3. traités in-4°. à Dole, dédiée à Mr. Lulier, Président du Parlement de Dole, Fondateur du Monastere de Morcy. Ce livre fut critiqué par Mr. Valle, Chanoine de Besançon, & par les Jesuistes. D. Simplicien leur répondit par un ouvrage intitulé *Spongia Censuræ contra D. Valle, Canonic. Bisuntin. & contra Patres Societatis Jesu, adversùs tractatum de Oratione mentali anno* 1658.

15°. *Humbertus, tragœdia auctore R. P. S. G. Religioso Cluniacensi.* Paris 1633. in-4°. dédié à Mr. Henry de Soudris, Archevêque de Bourdeaux, ce n'est pas le Grand S. Hubert, dont il est ici question, c'est de Hubert fils de Guichard, Comte de Beaujeu. L'histoire de sa conversion est tirée de Pierre le Vénérable dans le livre 1. des miracles p. 1290. & 1261.

Le Nécrologe de S. Vincent de Besançon fait de D. Gody une mention honorable : il y est dit qu'il fut d'une admirable dévotion, & d'une candeur peu commune, & que ses différens Ouvrages respirent une solide piété. Il a été Supérieur du Collége de S. Jerôme de Dôle, de S. Vincent de Besançon, de Joühe près la Ville de Dôle.

En 1659. il y eut une seconde union de la Congrégation de S. Vanne avec l'Ordre de Cluny, sous les auspices du Cardinal Mazarin, laquelle ne dura que jusqu'à sa mort, arrivée deux ans après. Dans le premier Chapitre général qui se tint après cette union, D. Simplicien Gody fut élû Prieur Claustral de l'Abbaye de Cluny ; l'année suivante, il fut nommé Soûprieur à S. Vincent de Besançon, où il est mort le 13. Août 1662.

GOERIC (Saint) autrement *Abbon*, Evêque de Metz, depuis l'an 629. jusqu'en 647. a écrit quelques Lettres en reponse de celles que Didier Evêque de Cahors lui avoit adressées, & qui sont imprimées dans le Recuëil des Historiens François du Sr. André Duchesne, tom. I. pag. 878. 886.

S. Goëric mourut à Metz. Sa tête est restée à S. Symphorien, où il étoit inhumé, & le reste du Corps est dans l'Eglise des Dames d'Epinal dans une Chasse d'argent. Théodoric, en établissant ce Monastere, le choisit pour Patron, d'où, par une erreur populaire, on a cru que S. Goëric en étoit le Fondateur.

Il est démontré que ce Monastere étoit sous la Régle de S. Benoît, & que ce n'est que le relâchement qui lui a donné une forme différente. On y observe encore la clôture le jour de la Translation S. Benoît ; & les Dames vont encore, au tems de Pâques, rendre leurs clefs à l'Abbesse, & lui demander la permission de choisir un Confesseur. Foibles vestiges de l'ancienne régularité ! Depuis peu l'Avocat de ce Chapitre a avancé qu'il y avoit eû un Tiers-Ordre dans celui de S. Benoît, comme dans celui de S. François, & que les Dames d'Epinal n'avoient point eû d'autre engagement monastique, que celui-là. Cela marqueroit la derniere ignorance de l'antiquité, si on ne sentoit que c'est par un détour de chicane, que l'on a imaginé un sistême aussi grossier.

GOLSCHERUS, Moine de S. Mathias de Tréves, a continué *Gesta Trevirorum* (*i*), commencé par Thierry son Maître, Religieux du même Monastere. Trithême en fait l'eloge, comme d'un célebre Historien de l'Histoire de Tréves : il ajoûte même qu'il a composé des Sermons, & qu'il prêchoit avec succès. Le P. Brouverus reconnoit qu'il a vû des Sermons pour les Fêtes des saints Evêques de Tréves, Eucaire, Valere & Materne. Trithême nomme ces trois Sermons, trois Livres, & ajoûte qu'il a composé divers Sermons, & des Chants en l'honneur des Saints. Il gouverna l'Eglise de S. Mathias pendant 26. ans. Du tems de Brouverus, l'Histoire de Thierry Moine de S. Mathias, intitulée, *Gesta Trevirorum*, & la continuation par Golscherus, n'étoient pas encore imprimées, comme elles le sont aujourd'hui.

GONDRECOURT (D. Charles de) natif de S. Mihiel, d'une très bonne Maison de Robe, fit profession en l'Abbaye de S. Mihiel le 20. Mars 1623. & mourut dans la même Abbaye le 10. Janvier 1678. dans la cinquante-cinquième année de sa profession. Il a été honoré de la qualité de Visiteur, dont il s'est acquitté avec applaudissement. Il étoit Prieur Titulaire d'Haréville, lorsque la mort l'enleva.

Il a fait imprimer la vie de Messire Charles Durre, Seigneur de Thessieres & de Commercy. Il reléve beaucoup sa grande piété, & son attachement à l'Ordre de S. Benoît, qui lui avoit accordé des Lettres de filiation, & à toute sa famille. Ce Seigneur mourut en odeur de sainteté, regretté des pauvres, dont il étoit le pere, des Religieux, dont il étoit défenseur & l'imitateur, & de tous ceux qui le connoissoient, & qui avoient été témoins de ses vertus, & avant & pendant le tems de sa réclusion volontaire dans son Château de Commercy. Ce Seigneur fut enterré dans l'Eglise de l'Abbaye de S. Mihiel, où l'on voit son Mausolée fort bien fait, & la Statuë du R. P. Antoine de Manne, Chartreux de Réthel, son Confesseur, mort en 1614. & enterré dans la même Eglise.

D. Charles de Gondrecourt étant Prieur de Senones en 1653. dressa de fort bons Mémoires sur l'état du temporel de ce Monastere. Il étoit fils de M. de Gondrecourt, Président des grands Jours de S. Mihiel, & oncle de M. de Gondrecourt, mort premier Président de la Cour de Nancy.

Voici le titre de son Ouvrage, imprimé à Toul chez Claude Vincent, in-octavo, 1690. *Plusieurs Remarques faites par le R. P. Dom Charles de Gondrecourt, Religieux Benédictin, sur la vie & conduite de Messire Charles Durre, Chevalier, Seigneur de Thessieres, & Conseiller de Son Altesse Charles III. Duc de Lorrai-*

(*i*) Trithême, *Chronic. Hirsaug. an.* 1012.

ne, & de Madame Marie de Marcoſſey, ſon épouſe, Jeanne & Mahaut Durre ſes ſœurs, Dames d'Epinal, & de ſainte Gloſſinde de Metz.

GONDY (Jean-François-Paul de) Cardinal, Fils de Philippe Emmanuël de Gondy, qui, ſur la fin de ſa vie, ſe retira chez les Peres de l'Oratoire, où il ſe fit Prêtre, & y mourut le 19. Juin 1666. & de Françoiſe-Margueritte de Silly, Damoiſelle de Commercy & d'Euville, fille aînée d'Antoine de Silly, Comte de Rochepot. Jean-François-Paul de Gondy naquit à Montmirel en Brie, au mois d'Octobre 1614. Il fut élevé par les ſoins du B. Vincent de Paul, qui n'oublia rien, pour lui inſpirer les ſentimens de piété dont il étoit rempli. Le jeune Jean-François-Paul étoit né avec des diſpoſitions à toutes les ſciences, ſi extraordinaires, qu'en peu de tems il apprit parfaitement les Langues Hébraïque, Grecque, Latine, Eſpagnole, Allemande & Françoiſe. Il réuſſit de même dans l'étude de l'éloquence, de la Philoſophie & de la Théologie.

Il embraſſa l'état Eccléſiaſtique, n'y ayant que peu de vocation, comme il le témoigne lui-même dans ſes Mémoires imprimés, & comme il paroît aſſez par toute ſa conduite. Il n'appartient à notre ſujet, que comme Seigneur de Commercy, où il paſſa les dernieres années de ſa vie, & comme ayant voulu renoncer au monde, & ſe faire Religieux de l'Abbaye de S. Mihiel en Lorraine. Nous ne dirons rien des principaux événemens de ſa vie, qui ſont aſſez connus par ſes Mémoires, par ceux de la Rochefoucaut, & ceux de Joly, Conſeiller du Roi au Châtelet de Paris, & par l'Hiſtoire des troubles du Royaume, ſous la minorité du Roi Loüis XIV. Je me bornerai principalement à ce qui regarde le Cardinal de Retz, comme homme de Lettres.

Après ſes études qu'il fit à Paris avec beaucoup de ſuccès, il fut pourvû des Abbayes de S. Aubin, de Buze & de Kimperlé, & de la Coadjutorie de l'Archevêché de Paris, dont ſon oncle, Jean-François de Gondy, étoit Archevêque. Il en fut pourvû au mois de Juin 1643. & fut nommé Archevêque Titulaire de Corinthe, *in partibus infidelium*, & reçut ſes Bulles de Coadjutorie le 22. Janvier 1644. & c'eſt ſous ce nom qu'il eſt principalement connu dans l'Hiſtoire des troubles de Paris.

Il avoit un grand talent pour la prédication, & pour parler en public (*k*), & on le vit aſſez ſouvent prêcher dans les premieres Chaires de Paris.

En 1645. il eut l'honneur, en qualité de Député du Clergé, de haranguer le Roi à Fontainebleau, en préſence des principaux Prélats du Royaume.

En 1646. il fut créé par ſon oncle Archevêque de Paris, Grand-Vicaire de tout ſon Dioceſe. Il obtint en 1649. le droit de ſuffrage dans le Parlement de Paris.

Après beaucoup de traverſes, que les intrigues du Cardinal de Retz lui attirerent, & que l'on peut lire dans ſes propres Mémoires, il obtint enfin du Roi la permiſſion de ſe retirer dans ſa Principauté de Commercy, moyennant ſa démiſſion pure & ſimple de l'Archevêché de Paris. Ce fut l'an 1662. Comme il aimoit les gens de Lettres, il fit bien-tôt une étroite liaiſon avec D. Hennezon, Abbé de S. Avold. Il l'emmena avec lui à Rome en 1665. où il alloit pour le Conclave, qui élut Clément IX. Il ſollicita & obtint du Cardinal Picolomini, ſa réſignation de l'Abbaye de S. Mihiel, par le moyen du Pape, en faveur du même D. Henry Hennezon, lequel réſigna ſon Abbaye de S. Avold entre les mains du Pape Alexandre VII. en faveur de D. Mathieu Galliot ſon compatriote & ſon parent.

M. Joly dans ſes Mémoires déſigne toujours D. Hennezon, ſous le nom d'Abbé de S. Avold, quoiqu'il ne puiſſe ignorer que dès l'an 1666. ou 1667. il étoit Abbé de S. Mihiel ; mais il ne l'aimoit point, parce que le Cardinal de Retz lui avoit donné, à ſon excluſion, toute ſa confiance, tant pour le ſpirituel, que pour ſes intérêts temporels.

Dans ce même voyage, le Cardinal de Retz procura l'extinction du titre du Prieuré de Breüil proche Commercy, poſſédé alors par D. Mathieu Galliot, & le fit unir à la Congrégation de S. Vanne. Les Bulles du Pape Clément IX. confirmatives de cette union, ſont du ſix des calendes de Juillet 1667.

Le Cardinal, de retour de Rome, revint dans ſon Château de Commercy. Il y paſſa la plus grande partie du reſte de ſa vie, occupé à des exercices plus conformes à ſon état de Cardinal & d'Eccléſiaſtique, qu'il n'avoit fait auparavant, trop livré aux affaires du monde & aux intrigues de la Cour ; (*l*) il y rendoit la juſtice à ſes ſujets une ou deux fois la ſemaine en perſonne, aſſiſté de ſon conſeil.

Dans ce ſéjour, il ſe plaiſoit principalement en la compagnie des Religieux Bénédictins de Breüil, qui le regardoient en quelque ſorte comme leur Fondateur, & leur

(*k*) Mémoire de Joly, tom. 1. pag. 87.

(*l*) Joly, tom. 2. pag. 438.

insigne bienfaiteur. Il s'entretenoit souvent sur les matieres de Philosophie & de Théologie, avec le célébre D. Robert des Gabets, grand Philosophe & Mathématicien.

Il composa, étant à Commercy, ses Mémoires, qui ont été imprimés en trois Volumes in-octavo, à Nancy, chez J. B. Cusson en 1717. L'original de ces Mémoires écrits de sa main, se conserve dans l'Abbaye de Moyenmoutier. Pendant le cours de cette impression, Cusson ayant sçu qu'on avoit fait des retranchemens considérables de ces Mémoires, pria qu'on lui en confiât les originaux: on les lui envoya; mais les ratures en étoient si bien faites, qu'il n'y put rien déchiffrer. C'est que D. Hennezon, qui avoit été le premier dépositaire de ces Ecrits, étant prié d'en envoyer une copie à Madame de Caumartin, qui les souhaitoit, en retrancha ce qui lui parut trop libre & trop peu intéressant pour l'Histoire. C'est ce qui m'a été raconté par le Religieux même qui fit cette Copie.

Le Cardinal étant à Commercy, employoit ordinairement, pour écrire ses Lettres, un bon Religieux de Breüil, nommé D. Jean Picart, ou D. Jean de Breüil; & quand il étoit à S. Mihiel, où il alloit souvent, il se servoit de D. Humbert Belhomme, mort Abbé de Moyenmoutier en 1727.

On m'a raconté plusieurs fois, qu'outre ses Mémoires qui sont imprimés, il avoit composé en Latin un autre Ouvrage, qu'il n'a pas fini, & qui n'a jamais paru. Il en récitoit par cœur des Chapitres entiers avec beaucoup de complaisance. M. Joly (*m*), dans ses Mémoires dit que le Cardinal, pendant sa retraite à Commercy, tâchoit de persuader au monde, qu'il s'occupoit à écrire en Latin l'Histoire des troubles de Paris; mais que ce projet s'évanoüit en fumée, s'étant contenté de réciter à ceux qui le visitoient deux ou trois pages de Latin fort bien écrites, qu'il avoit commencé de composer dans les Bois de Vincennes, avec l'aide du sieur Vacherot, son Médecin, sous le titre de *Partus Vincennarum*; mais ceux qui m'en ont parlé, & qui doivent en avoir connoissance, ont crû qu'il avoit achevé cet Ouvrage, & qu'il le savoit par mémoire, quoiqu'il ne l'eût pas écrit en entier.

Nous avons de plus quelques entretiens entre M. le Cardinal de Retz, M. de Corbinelly son parent, & Dom Robert des Gabets, Religieux de Breüil. Ils sont encore manuscrits en original dans la Bibliotheque de Moyenmoutier, & j'en ai fait tirer une Copie, que j'ai jointe au Recueïl des autres Ouvrages de D. des Gabets. Ces entretiens roulent sur l'Etre objectif, c'est-à-dire, sur le premier objet de nos pensées & de nos connoissances, sur les défauts de la méthode de M. Descartes, sur la dépendance que D. Robert prétendoit que l'ame pensante avoit du corps; sur un Ecrit du même D. Robert, intitulé, *Descartes à l'alambic*; sur la question, si c'est le Soleil ou la terre qui tourne. Ces réflexions, du moins en partie, sont de l'année 1677.

M. Joly dans ses Mémoires (*n*) parle d'un autre Ouvrage auquel le Cardinal s'occupoit, dit-il, de tout son cœur, & à certaines heures; savoir, à la Généalogie de la Maison de Gondy, se piquant d'y trouver jusqu'à cinq cens & tant de quartiers, sans aucune mésalliance, & envoyant chercher vingt & trente fois par jour ses Secrétaires, pour corriger & ajoûter quelque chose à cette Généalogie, qu'il lisoit sans cesse & sans sujet ni raison, à tous ceux qui l'approchoient, jusqu'à les rebutter, & leur faire éviter l'entrée de sa chambre. Enfin, cette Généalogie fut copiée une infinité de fois, & envoyée à M. Dozier, pour la mettre en ordre. Elle est toutefois manuscrite comme ses autres Ouvrages; c'est ce que dit M. Joly, fort peu favorable au Cardinal; mais on sait que les Mémoires du Cardinal ont été imprimés, comme nous l'avons dit, & que sa Généalogie l'a été en 1682. par les soins de Madame de Lesdiguieres.

En 1675. (*p*) le Cardinal avoit conçu le dessein de quitter entiérement le monde, & de se faire Religieux en l'Abbaye de S. Mihiel: il en suivit même pendant quelque tems les exercices, en mangeant au Refectoire avec les Religieux. Il fit l'ouverture de son dessein à D. Henry Hennezon, Abbé de ce Monastere, & son confident; & lui déclara qu'il vouloit renvoyer son Chapeau de Cardinal au Pape. Dom Hennezon ne s'opposa pas à sa résolution; mais il lui dit qu'il n'étoit pas nécessaire, pour cela, de renoncer au Cardinalat; que cette dignité n'avoit rien d'incompatible avec la profession Religieuse. Le Cardinal persista, & lui dit qu'il ne vouloit pas faire la chose à demi, ni devenir l'Hermite de la Foire; sur quoi il faisoit ce petit conte.

Un homme ayant pris la résolution de se faire Hermite, se retira d'abord dans une profonde solitude; mais n'y trouvant aucunes des choses nécessaires à la vie, ni même aucuns des secours de personne, pour le guider dans les voies du salut, il se rapprocha

---

(*m*) Mémoires de Joly, tom. 2. pag. 439. 440.
(*n*) Joly, tom. 2. pag. 442.

(*o*) Voyez les Mémoires de M. Joly, tom. 2. p. 422.

de son Village, & trouva encore quelque chose qui n'étoit pas de son goût : enfin, après avoir souvent changé de demeure, il alla dans une bonne Ville, où l'on tenoit une Foire. Il s'y plaça, comme en l'endroit qui lui parut le plus propre à son dessein. Tel étoit l'Hermite de la Foire, que le Cardinal ne vouloit pas imiter, en se donnant à Dieu. Il écrivit donc aux Cardinaux, pour les prier de trouver bon qu'il renvoyât son Chapeau de Cardinal au Pape, disant que sa derniere heure approchant, il songeoit sérieusement à travailler uniquement à la grande affaire du salut.

Il écrivit (p) en même tems au Pape Clément X. pour le prier d'agréer sa démission de la dignité de Cardinal. Il témoigne dans sa Lettre, qu'il a déja reçu de Sa Sainteté un Bref, en réponse des Lettres qu'il lui avoit écrites sur le même sujet, mais il lui marque dans celle-ci, qui est dattée de l'Abbaye de S. Mihiel, qu'il persevere dans sa résolution.

Le Pape lui répondit par une Lettre dattée du 22. Juin 1675. qu'il a été fort touché d'apprendre qu'il avoit pris la résolution de se retirer dans l'Abbaye de S. Mihiel, & de renoncer à tous ses bénéfices, & même à sa dignité de Cardinal. Le saint Pere l'exhorte à demeurer dans l'état où Dieu l'a appellé, & de continuer à rendre ses services à l'Eglise Chrétienne. Le Cardinal ayant persisté dans sa demande & dans sa résolution, le Pape Clément X. lui fit réponse le 18. Septembre 1675. l'exhortant & lui ordonnant de conserver la dignité de Cardinal, dont le saint Siége l'avoit honoré pour son mérite.

Le Cardinal se rendit aux désirs & aux ordres du Pape, & aux prieres du Collége des Cardinaux.

On dit même que le Roi Loüis XIV. y joignit ses recommandations; mais si le Cardinal n'obtint pas la permission de renoncer aux dignités & aux grandeurs du monde, en embrassant la vie religieuse, il vécut le reste de sa vie d'une maniere réglée, retirée & édifiante. On trouvera cy-après les Lettres dont nous venons de parler.

Le Château de Commercy, nommé communément le *Château-Haut*, (à la distinction d'un autre Château, nommé le *Château-Bas*, qui est beaucoup plus récent que le premier, & aujourd'hui renversé,) étoit la demeure du Cardinal. Il est très ancien, & passoit autrefois pour une assez bonne Forteresse, tant par son assiete sur la Riviere de Meuse, que par sa situation sur une espéce de monticule, & par ses tours qui étoient bonnes & solides. On lit dans l'Histoire, qu'il étoit considéré comme important pendant les guerres de l'Empereur Charles V. & du Roi François I. & qu'il fut attaqué plus d'une fois par les armées de ce tems-là.

Le Cardinal en fit raser, jusqu'à une certaine hauteur, les Tours qui dominoient sur la prairie du côté de l'Orient ; en leur place, fit construire une fort belle Gallerie, & des Appartemens à la moderne, qu'on y voit encore aujourd'hui : on dit qu'il y employa plus de trente mille écus. Il se logea dans ce Château, & eut l'honneur d'y recevoir & d'y traiter le Roi Loüis XIV. peu d'années avant sa mort, arrivée à Paris le 24. Août 1679. Il étoit alors âgé de 66. ans, & fut enterré à S. Denis, près l'entrée du Chœur du côté de l'Epitre, où nous avons vû pendant long-tems le lieu de sa sépulture, couvert seulement de quelques briques, en la place desquelles on a mis, depuis quelques années, un carreau de pierre.

Il avoit vendu, avant sa mort, sa Terre de Commercy au Duc de Lorraine Charles IV. pour la somme de trois cens soixante mille livres, qui furent employées à payer une partie de ses dettes, qui montoient à trois millions, & qu'il eut la consolation de voir payer avant sa mort. Cette vente se fit vers l'an 1660. mais le Cardinal s'en réserva l'usufruit pendant sa vie.

Avant sa mort, il fit présent à l'Eglise de l'Abbaye de S. Mihiel, des deux Reliquaires d'argent, qu'il avoit reçû du Pape Clément X. Il vouloit aussi lui donner sa Bibliothéque & sa Chapelle, en considération de D. Hennezon, en qui il avoit une parfaite confiance ; mais l'Abbé l'en remercia, & voulut payer & l'argenterie & les Livres. On conserve encore en l'Abbaye sa Chapelle, qui consiste en un Calice, deux Burettes, le Bassin, ou Cuvette, quatre Chandeliers d'argent ; le tout en filagrame très propre : on y voit aussi sa Crosse Episcopale en vermeil ; mais la Boëtte d'argent à Hosties, & le Pupitre de même matiere, ont été vendus. Comme il avoit la vuë fort basse, il se servoit de Pupitre pour lire, & portoit presque toujours des lunettes.

Parmi ses Livres, il avoit d'assez bons Manuscrits anciens en velin, & bon nombre de Livres imprimés, bien choisis & très bien conditionnés. On y remarquoit sur-tout un corps de Bible des plus beaux, & des plus complets en toutes Langues, Hébreu, Grec, Latin, Moscovite, &c. On y montroit en particulier une Bible in-douze, de l'impression de Baltazar Moret, petit-fils de Plantin, reliée très proprement en maroquin violet, où chaque Livre de l'Ecriture,

(p) Joly, tom. II. pag. 457.

quelque petit qu'il fût, étoit relié séparément. Le tout se conservoit dans un Coffre oblong, où tous ces Livres étoient logés selon leur rang. Le Coffre étoit des plus propre, couvert de velours, avec une anse de bronze sur les couvertes, & des tenons ou crochets pour le fermer. Ce Coffre a été donné ou échangé depuis quelques années, assez mal-à-propos, pour d'autres Livres.

Lettre du Cardinal de Retz aux Cardinaux, pour obtenir la démission du Cardinalat.

Eminentissimi & Reverendissimi Patres,
„ Nostrum de Cardinalis titulo deponendo, cavendâque sacrâ Purpurâ consilium
„ refero ad vos, nec eorum judicium re-
„ formido, quorum è numero expungi pos-
„ tulo. Sacro Senatui, cui semper honos
„ habitus, habendusque sit penè ab incuna-
„ bulis didici; adscriptus deinde huic Ordini,
„ laudem hominum captans, dignitati qui-
„ dem consului diligentiùs quàm saluti.
„ Hunc diem novissimum cogitanti cœpit
„ oneri esse iste honor, id jam unicè opto,
„ ut omnibus curis ac negotiis solutus, mi-
„ hi uni ac Deo vacem, omnique ope con-
„ tendam splendere potiùs ornamentis vir-
„ tutum, quàm insignibus dignitatum.
„ Liceat ergo mihi Cardinalis habitum
„ deponere; vilesceret in privati secessûs
„ angustiis in quem me confero, vestra Pur-
„ pura. Liceat mihi titulos omnes amplissi-
„ mi Ordinis vestri à me amovere, cujus
„ partes obire non potero. Non enim eò ins-
„ titutus est Ordo vester, ut in solitudinis
„ quamlibet sanctæ latebris ferietur ; sed ut
„ in oculis omnium potiùs orbi christianis-
„ simo præluceat, & gravissimis quibusque
„ negotiis pertractandis summo Pontifici
„ præsto sit. Quod cùm ego præstare non
„ valeam, demum restat ut alterum mihi
„ sufficiendum curem, & tenuitatis meæ
„ mihi conscius, ei oneri me subtraham,
„ quod nec olim subire debuerim, nec ferre
„ jam possim. Hæ sunt, Eminentissimi Pa-
„ tres, abdicationis nostræ causæ, quam ut
„ ex sola conscientia, ac Dei respectu pro-
„ fectam, ita sacro Collegio honorificam
„ probare, & omnibus modis tueri, vestræ
„ tam æquitatis est, tum tentatæ in me toties
„ charitatis. Extremum hoc & meo judicio
„ maximum beneficium a vobis mente ex-
„ pectare mihi videor, cui vicissim enitar
„ quàm potero ardentissimus pro Eminen-
„ tiarum vestrarum salute & incolumitate
„ ad Deum preces jugiter rependere.
  Eminentiarum vestrarum,
    Humillimus, devotissimus
      & addictissimus,
    CARDINALIS RETIUS.

Lettre du Cardinal de Retz au Pape Clément X. pour en obtenir la démission du Cardinalat.

BEATISSIME PATER,
„ Nunciatum Sanctitati vestræ, quòd de
„ exeunda sacra Purpura consilium medita-
„ bar, ante redditas tibi litteras, quibus id
„ exequendi licentiam postulabam, ex Bre-
„ vi Beatitudinis vestræ intellexi. Ac insu-
„ per instituti mei rationem ita esse accep-
„ tam, ut non modò Purpurati Sacerdotii
„ insulas cuculla commutare velle, verùm
„ etiam id inconsultâ Sede Apostolicâ, aut
„ saltem non expectatâ veniâ, moliri existi-
„ marer. Dolebam, Beatissime Pater, me
„ publicâ famâ præventum esse, imò ægrè
„ ferebam mentem meam sic esse interpre-
„ tatam, ut honori, quo Beatitudinem ves-
„ tram, quo sanctam Sedem prosequor,
„ ut obsequio quod ad ultimum usque spi-
„ ritum utrique exhibebo, detractum ali-
„ quid consilio meo videretur. Sperandi ta-
„ men locus erat Sanctitatem vestram, ac-
„ ceptis quas scripsi litteris, cùm geminos
„ animi mei sensus satis assecuturam, tum
„ probè intellecturam nihil me contra de-
„ bitam sanctæ Sedi obedientiam (quam
„ enixè semper & invictè præstabo) nihil
„ quo de sacri Collegii honore quidquam
„ vel minimè delibetur, attentasse; imò mi-
„ hi persuadebam, Beatissime Pater, fieri
„ posse, ut rationibus meis adductus, con-
„ silium meum probares, & ejus exequen-
„ di veniam dares. Hæc fuit causa cur se-
„ riùs rescripserim, quàm fecissem, nisi me
„ exorandæ pietatis tuæ spes aluisset, ac dif-
„ ferre suasisset, usque eò dum scirem,
„ quò demum sententia tua, perpensis lit-
„ terarum mearum rationibus, inclinaret.
„ Sed cùm mihi spem eripere videatur Do-
„ minus Cardinalis Spada, quin etiam satis
„ indicet non difficilè fieri posse, ut Sanc-
„ titas vestra, acceptis etiam litteris meis
„ non antè rescribat, quàm mandatis ejus
„ obtemperare paratum esse me cognove-
„ rit ; interim verò diuturniorem responsi
„ moram posse detorqueri in defectum ob-
„ sequii, aut in minoris saltem erga sanctam
„ Sedem observantiæ suspicionem. Hinc,
„ Beatissime Pater, Sanctitatem vestram
„ enixè rogo, ne in animum inducat, me
„ ob pravam aliquam non obsequendi vo-
„ luntatem, aut jussis tuis aliam fraudem
„ faciendi procrastinasse ; nemo ut sibi per-
„ suasum esse patiatur, me tantis bonitatis
„ ac benevolentiæ testimoniis, quibus ut
„ imparem, oneratum esse me sentio, gra-
„ tias quas possum promereri ac referre
„ si possem, ardentissimo desiderio me

„ teneri. Ausim tamen, si per te liceat,
„ beatissime Pater, & salvâ quam debeo
„ obedientiâ obsecrare, ut infirmitatem
„ meam attendas, ut ante actæ cursum
„ æstimes, ut sic demum alas quibus in
„ solitudinem avolabam, flectas ac diri-
„ gas, ut eum qui salvum me facere cupit
„ expectare securè possim.

Beatissime Pater, sanctitatis vestræ,
Humillimus, devotissimus, & obsequentissimus servus ac filius,

J. F. P. de Gondy Cardinalis de Retz.

Ex Fano S. Michaëlis.

*LETTRE du Pape Clément X. au Cardinal
de Retz sur sa démission du Cardinalat.*

Dilecto Filio nostro Joanni Francisco
Paulo Gondo, S. R. E. Presbitero Cardinali
de Retz nuncupato. Clemens P. P. X.

Dilecte Fili noster, salutem & apostolicam Benedictionem·

„ Nuntiavit nobis nuper dilectus & Filius
„ noster Fabricius S. R. E. Cardinalis, Spada
„ nuncupatus, qui nostri & Apostolicæ Sedis
„ nuntii munere apud charissimum in Chris-
„ to filium nostrum Ludovicum Francorum
„ Regem christianissimum fungitur, tibi in
„ animo esse in Monasterium S. Michaëlis
„ in Lotharingia, religiosam vitam ducendi
„ gratiâ, te recipere, & non solum Monas-
„ teriis, seu aliis beneficiis Ecclesiasticis,
„ quæ tibi ab hac sancta sede commendata
„ sunt, sed etiam Cardinalitiæ quâ fulges di-
„ gnitati, renuntiare. Non dissimulabimus
„ tibi istius rei novitate animum nostrum
„ graviter commoveri. Nam licet de specta-
„ ta tua pietate satis confidamus, te non ina-
„ nis gloriæ studio, aut cujusvis reprehen-
„ dendæ cupiditatis instinctu, sed quietis &
„ vitæ contemplativæ desiderio eam cogi-
„ tationem suscepisse; non possumus tamen
„ ejusmodi consilium tuum hoc tempore,
„ quo circumspectionis tuæ operam nobis,
„ & huic sanctæ sedi per necessariam repu-
„ tamus, ullo modo probare. Satis tibi no-
„ tum est, dilecte Fili noster, S. R. E. Car-
„ dinales, tanquam fulgentia Ecclesiæ lumi-
„ na, christianæque Reipublicæ columna,
„ apud romanum Pontificem Domini nos-
„ tri Jesu Christi Vicarium id præstare mi-
„ nisterii, quod sancti Apostoli eidem Sal-
„ vatori nostro regnum Dei prædicanti, at-
„ que salutis nostræ mysterium operanti
„ præstiterunt, ut scilicet eundem Pontificem
„ in executione sacerdotalis officii, totiusque
„ catholicæ Ecclesiæ directione, consilio
„ operâque assiduè juvent, & ingentes illius

„ curas, quas immensa tot negotiorum un-
„ dique confluentium moles degravat, sup-
„ positis quisque pro virili humeris, societa-
„ tisque laboribus allevare, studeant. Hoc te
„ hactenus egregiè præstitisse novimus, & in
„ futurum quoque maximo cum fructu præs-
„ tare posse non dubitamus, tua enim in
„ nos, & Apostolicam Sedem eximia fides &
„ devotio, sacrarum aliarumque bonarum
„ litterarum scientia singularis, in rebus
„ agendis consulendisque prudentia, quam
„ diuturnus usus, ætatisque maturitas per-
„ fecit, tum animi vigor atque constantia,
„ aliæque præclaræ virtutis atque animi do-
„ tes, quibus personam tuam ab omnibo-
„ ni largitore abundè instructam, decora-
„ tamque novimus, id nobis omninò per-
„ suadent, in eamque nos adducunt senten-
„ tiam, ut desiderio tuo obsecundare abs-
„ que gravissimâ hujus sedis jacturâ minimè
„ posse existimamus, nec proptereà putes tibi
„ contemplandæ veritatis suavitatem subs-
„ trahi. Poteris enim tam capaci ad utrum-
„ que vitæ genus ingenio, inter negotia
„ ecclesiastica, quæ suscipit necessitas chari-
„ tatis, otium sanctum invenire, quod quæ-
„ rit charitas veritatis: ut & animum ea de-
„ lectatione reficias, & bonorum operum
„ fructibus quibus actuosa vita in Dei, ejus-
„ que Ecclesiæ sanctæ servitio fœcunda est
„ Domino benedicente læteris. Quamobrem
„ cave ne stationem in qua te collocavit al-
„ tissimus, deserere, deque Cardinalitii hono-
„ ris culmine ad monachatum, sub inferio-
„ ris obedientia descendere de cœtero cogi-
„ tes: quoniam & si pennas habeas quibus
„ satagas in solitudinem avolare, ita tamen
„ adstrictæ sunt nexibus præceptorum, ut li-
„ berum non habeas absque nostra permis-
„ sione volatum. Sed salubribus monitis,
„ jussuique nostris, quo par est obsequio
„ morem gerens, omnesque gravissimi mu-
„ neris quod humeris tuis imposuit hæc
„ sancta sedes, partes implere stude: ut se-
„ nectutem nostram sub tot curarum pon-
„ dere laborantem soleris (& quod magno-
„ pere optamus) præsens consilio, operâque
„ tuâ juves. Deus te incolumem servet, Fili
„ dilecte, omnique de cœlo benedictione cu-
„ mulet. Datum Romæ apud sanctam Ma-
„ riam majorem, sub annulo piscatoris die
„ XXII. Junii. M.DC.LXXV. Pontifi-
„ catus nostri anno sexto.

*LETTRE du Pape Clément X. au Cardinal de
Retz sur sa démission du Cardinalat.*

CLEMENS PAPA X.

Dilecte Fili noster, salutem & apostolicam Benedictionem.

Binas à te litteras simul accepimus;
unas

„unas 3°. Calendas Junii, & alteras die 23.
„Julii proximè præterlapsi datas, quarum
„prioribus cogitationem tuam de exeundâ
„Cardinalatûs dignitate, de qua jam aliquid
„nobis significatum fuerat, fusiùs atque ex-
„plicatiùs exponimus ; posterioribus verò
„ad nostras litteras respondes, quibus men-
„tem nostram tibi circa eam rem apertiera-
„mus, & nos quidem lectis utrisque litteris
„tuis, magnoperè in Domino delectati fu-
„mus, tum pii animi tui sensibus luculenter
„admodum atque disertè explicatis, tum sin-
„gulari tuâ erga nos & Sedem Apostolicam
„reverentiâ, de quâ tot argumentis experi-
„mentisque, jam pridem certi nunquam
„dubitavimus. Vidimus enim (quod de tua
„virtute jam præsumpseramus) te nec ina-
„nis gloriæ, nec cupiditatis, sed christianæ
„humilitatis, Deique inter solitudinis late-
„bras, pœnitentiæ, aliarumque virtutum
„exercitiis propitiandi studio, eam cogita-
„tionem suscepisse. Quod sanè eximiâ po-
„tius laude, quam reprehensione dignum
„esse, nosque ad annuendum desiderio tuo
„facilè adduceret, si purpura illa martyrum
„sanguine tincta, quæ tot sanctos præcla-
„rosque viros omnibus sæculis ornavit, ac
„etiamnum ornat, vicissimque ex eorum
„virtute multum cœpit ornamenti, hono-
„rificique in ecclesiasticarum rerum admi-
„nistratione, pro Dei gloria ejusque Eccle-
„siæ sanctæ utilitate, labores pœnitentis
„affectui, aut illius virtutis obstarent, nec
„vehementes potiùs animo stimulos adde-
„rent ad vitæ innocentiam, omniumque
„virtutum decora eò ardentius quærenda
„atque excolenda, quò uberior inde in
„Christi gregem cum fidelium ædificatio-
„ne conjuncta redundat utilitas. Quæ cùm
„satis perspecta esse tibi ex litteris etiam
„tuis cognoscamus, non est quod illis diu-
„tius immoremur. Quod autem personam
„tuam modestè deprimis, teque ais non de-
„cere circumferre hunc Ecclesiastici splen-
„doris cultum, sed solitudinem, quietem, &
„obscuri secessûs humilitatem post hæc non
„frequentiam, non negotiorum tumul-
„tus, non positam in oculis omnium vitam,
„quærenda esse, eò profectò nostram magis
„ac magis confirmas de virtute tua opinio-
„nem quam solido videmus, niti fundamen-
„to humilitatis, Deoque inde gratias agimus,
„ac ejus bonitatem enixè precamur, ut tot
„præclara dona, quibus te insignis, custo-
„dire atque augere dignetur, nobisque egre-
„gium in te diù servet curarum nostrarum
„adjutorem, cujus consiliis atque auxiliis
„servitutis nostræ ministerium, illiusque ad
„supremum vitæ hujus spiritum repræsenta-
„re valeamus. Ex his perspicis, dilecte Fili

„noster, nostram de te existimationem cum
„paterna charitate conjunctam, satisque in-
„telligis nos (quod jam tibi indicavimus)
„nullo modo prætermittere posse, ut à
„latere nostro divellaris. Quare te quantò
„possumus cordis affectu hortamur, simul-
„que Apostolica authoritate mandamus, ut
„collatum tibi sub hac sancta Sede Cardi-
„nalatus honorem, quem meritorum tuo-
„rum fulgore lucere, nobisque & Aposto-
„licæ Sedi operam obsequiumque tuum
„strenuè constanterque præstare perseve-
„res : firma in Domino spe fiduciâque
„suffultus ; te per hoc ad beatum finem, quo
„omnes nostræ actiones, cogitationesque
„tendere debent, non minori securitate
„perventurum esse, quam si uni tibi stu-
„dens pietatis exercitiis inter latebras soli-
„tudinis te totum devoveres. Intereà tibi
„utriusque hominis sospitatem à Deo aman-
„tissimè precamur. Datum Romæ apud
„sanctam Mariam majorem, sub annulo
„piscatoris die 17. Septembr. 1675. Pon-
„tificatûs nostri anno sexto.

LUSIUS.

Gournay (Nicolas de) de l'illustre famille des Gournay de Metz, Abbé de S. Vincent de la même ville, mort le 24. May 1452. surnommé le *bon Abbé.* Il y a apparence qu'il succéda à Nicolas de Chaigny, qui fut séparé, parce qu'il devint lépreux, & mourut le 23. Octobre 1415. Nicolas de Gournay combla de bien son Abbaye de S. Vincent, y donna des magnifiques ornemens & des vases précieux, fit de bonnes Cloches, fit voûter le Cloître ; & ayant entrepris le voyage de Jerusalem en 1412. il mourut à son retour à Metz, il a composé un livre intitulé : *Ordo ad faciendum Monachum.*

Gournay (François de) Lorrain d'Origine, naquit le 26. Novembre 1617. il entra dans la société de Jesus le 30. Septembre 1641. & fit sa profession solemnelle le 28. Avril 1658. il mourut à Nancy le 25. Janvier 1698. il a composé en vers *la nourriture solide de l'Ame* à Pont-à-Mousson & à Metz en 1688. in-12.

François de Gournay eut un frere cadet, appellé *Nicolas* qui naquit le 30. Août 1632. il fut admis dans la société le 14. Août 1688. il mourut au Pont-à-Mousson.

Graffigny (Françoise d'Aboncourt) savante Lorraine, cette Dame est fille de Mr. d'Aboncourt, Major de la Gendarmerie de S. A. R. Léopold I. elle est veuve de Mr. Huguet de Graffigny. *Ses Lettres Peruviennes* imprimées en 1747. ont fait connoître la délicatesse de son esprit & la pureté de son style. Nous sommes dispensés d'en dire davantage, l'ouvrage est assez connu, de même que quelques autres de ses productions qui ne sont pas moins élégantes. En 1750. elle a donné la Comédie de Cénie, imprimée à Paris chez Cailleau 1751.

GRAMANDUS (Gabriël Barthelemy) a écrit pour montrer que la souveraineté de Lorraine tombe en quenouille ; il a été réfuté par Mr. Chiffler.

Le GRAND Peintre Lorrain excelloit pour les Portraits. Il étoit de Nancy, où il a beaucoup travaillé ; on voit de ses ouvrages chez les Mrs. Huyn. Il est mort sous le regne de Charles IV. vers l'année 1670. il étoit maître du célébre Gerard, dont Charles Héraut d'Armes étoit éleve.

Le tableau de S. Antoine l'Hermite, qui est dans le chœur de l'Eglise de S. Epvre de Nancy, est un morceau des plus achevé ; il est de le Grand de même que le S. Augustin & le St. Joseph, qui sont à côté du Maître-Autel de l'Eglise des Dames de la Congrégation de Nancy.

GRANGER, (Jean) Prêtre Lorrain, a écrit en prose, où sont entremélés plusieurs Vers ; *Pastorales sur le Baptême de Mgr. Charles Emanuël, Prince de Piémont, avec un recueil de quelques Odes faites par le même Auteur.* Imprimé à Chambery, in-4°. par François Pomar 1568.

GRATA (Antoine) Architecte du grand Pont de communication, qui est entre les deux Villes de Pont-à-Mousson ; il entreprit & exécuta cet ouvrage en 1580. sous le Duc Charles III. pour 18200. francs Barrois, sans y comprendre 800. francs, pour les ferremens & autres matériaux qui étoient déja préparés.

Je crois avoir démontré ailleurs en parlant de la Ville de Pont-à-Mousson, que le Pont qui a donné le nom à cette Ville, est très ancien, & apparemment du tems des Romains. Il subsistoit en 896. sous le Roy Zuindebolde, & en 905. sous le Roy Louis III. & en 1125. ou 1130. sous Renaut, Comte de Bar, & en 1257. sous Thiebaut II. Comte de Bar. Le P. Abram dans son Histoire de l'Université du Pont-à-Mousson, dit qu'en 1567. le Duc d'Aumale fit abattre deux arcades du pont de Pont-à-Mousson, pour empêcher que le Prince Casimir, qui venoit en France au secours des Protestans, ne se joignit au Prince de Condé.

C'est apparemment ces deux arcades que le grand Duc Charles III. fit réparer en 1580. & il y fit mettre en meilleur état le pont qui subsistoit long-tems avant lui.

L'impétuosité des eaux de la Moselle en ayant renversé quelques arcades vers l'an 1640. le Duc Léopol les a fait rétablir de notre tems, en l'état où nous le voyons aujourd'hui.

GRAVISSET né à Metz d'une famille Calviniste. Après avoir été Ministre de l'Eglise françoise protestante à Londres, il abjura le Calvinisme, & revint à Metz. Il s'y occupa à composer quelques ouvrages de Controverses. Mr. de Corberon qui étoit alors Avocat Général à Metz, lui avoit accordé son amitié, j'ai en main une lettre originale, qu'il lui écrivit de Paris le 15. Décembre 1697. on la trouvera à la fin de cet article.

Il écrivit quatre petits volumes en Dialogues entre un Juif, un Philosophe & un Mahometan, cet ouvrage est un abregé du Pentateuque. Je ne sçai pourquoi il l'intitule : *l'abregé de Joseph*.

Il est versé dans l'intelligence de l'Ecriture, dont il explique assez heureusement les passages difficiles. C'est l'interlocuteur Juif qui est chargé de cette partie, le Chrétien saisit à propos les Prophéties qui regardent Jesus-Christ. Le Philosophe raisonne tantôt bien, tantôt mal. Le Mahométan ne joue pas un rôle plus interressant, que la statuë au festin de Pierre.

Gravisset raisonne plus suivant les régles de la critique, que selon celles de la tradition de l'Eglise Catholique. Son stile est pur & chatié. Ces quatre Volumes sont imprimés à Paris chez A. le Mercier, ruë S. Jacques, à S. Ambroise, l'an 1697. Ils contiennent treize entretiens, & finissent à la mort de Moyse. Voici la lettre dont j'ai parlé.

A Paris le 15. Décembre 1697.

MONSIEUR,

Je me serois donné l'honneur de vous remercier plutôt, si le livre que vous avez eû la bonté de m'envoyer, eut moins tardé en chemin, il y a deux jours que Mr. Bonnet me fit la grace de me le donner, je l'ai lu & Mr. de S. Gervais m'a promis de m'en faire voir la réponse ; d'abord on a fait courir un libelle que tous les honnêtes gens ont condamné. Mr. de Reims a raison de ne pas faire grand cas de la science moyenne, parce qu'elle ne guérit au fond de rien, quoi qu'on en veuille dire. Une chose que je vous prie de remarquer sur ce sujet, est que l'embarras doit avoir été bien grand, puisque Molina s'est sçû si bon gré d'avoir inventé ce prétendu moyen d'en sortir ; or je vous demande Mr. d'où les difficultés naissent dans un sujet, & lorsqu'elles paroissent insurmontables, si on ne doit pas s'en prendre à la défectuosité du sistême; & si le crédit & la réputation d'un Auteur doit l'emporter sur la raison qui est en droit de tenir pour suspecte toute doctrine, dans laquelle on trouve quelque chose de forcé: donnez-vous la peine de voir, s'il vous plaît, mon troisiéme Entretien, page 54. Le Philosophe, page 55. & vous aurez la bonté de voir ensuite la vie d'Abraham, sur la fin où je traite de la Prédestination, & ce que j'en dis dans la vie d'Isaac, où je paraphrase le 9°. Chap. de l'Epitre aux Romains; & si cela ne vous prouve pas que la Prédestination a été mal entenduë par ceux qui en ont fait un Décret absolu de sauver & de perdre, sans avoir égard au bien ou au mal. Voici un petit endroit de mon traité sur le Quiétisme qui achevera peut-être de vous en convaincre.

Comme S. Paul est le seul Auteur sacré qui a parlé des Prédestinés, c'est à lui à nous le faire connoître, il dit à ce sujet que Dieu s'est proposé en dessein, il appelle ce dessein *le propos arrêté* de Dieu, *ce secret & le bon plaisir de sa volonté*, on demande quel est ce bon propos arrêté? Ce secret & ce bon plaisir de la volonté de Dieu, c'est ce que le même Apôtre déclare dans le même Chapitre, (c'est le I. aux Ephes) c'est ajoûte-t-il de rassembler le tout en J. C. c'est-à-dire, tous les hommes généralement, les Gentils & les Juifs, qui comprenoient alors tous les Peuples de la terre, au lieu que la Loi n'étoit que pour les Juifs, qu'elle rassembloit sous Moyse qui en avoit été le Législateur; ainsi vous voyez déja d'une premiere vuë que la prédestination n'est autre chose que le dessein, le décret & le propos que Dieu a arrêté de sauver les Gentils par J. C. aussi bien que les Juifs, ce qui étoit un secret & un mistére inconnu auparavant aux hommes. A quoi devoit-il servir cet assemblage de Gentils avec les Juifs en J. C.? A les *adopter en lui*, afin de les rendre tous ses héritiers de la même gloire. Ce qui confirme l'universalité de l'élection & de la prédestination. Comment cette adoption devoit elle se faire? Dans le sang de J. C. *par la rédemption en son Sang*, dit l'Apôtre; le sang de J. C. devant servir de rédemption aux Gentils, aussi bien qu'aux Juifs. Sous quelle condition? afin que l'Apôtre, *qu'ils fussent Saints & irrépréhensibles en charité*, c'est-à-dire qu'ils vécussent conformément aux préceptes de l'Evangile qui propose la sainteté & la charité comme des devoirs indispensables, pour avoir part aux promesses & au salut de J. C. où il est clair que la prédestination est conditionnelle, & non pas un décret absolu de sauver ces prédestinés, sans avoir égard à aucun bien qu'ils dussent faire. C'est ce qui paroît encore Rom. 8. où l'Apôtre dit que ces prédestinés ont été *prédestinés pour être rendus conformes à l'Image du Fils de Dieu*. Ce qui revient à la même chose, J. C. nous ayant été proposé pour modéle, afin que nous suivissions ses traces. La vocation est ce qui suit le décret, parce qu'elle en doit procurer l'effet; & ainsi, elle doit servir à nous l'expliquer. *Ceux*, dit le même Apôtre, *qu'il a prédestinés, il les a aussi appellés*, c'est-à-dire, qu'il les a appellés suivant son décret. A quoi sont-ils appellés? C'est ce qu'il dit encore dans le Chapitre I. de l'Epitre aux Romains: *ils sont*, dit-ils, appellés à être Saints, afin qu'il y ait obéissance de foi *au Nom de J. C.* Assemblez maintenant tout cela, & vous trouverez que le sens propre & littéral de l'Apôtre, a été de nous marquer que Dieu a résolu de sauver par le sang de J. C. tous ceux qui auront la foi en son nom, tous ceux qui se rendront conformes à l'image de ce Fils, de son amour, en le prenant pour le modéle de leur vie, & qui tacheront par ce moyen à se rendre irreprehensibles par l'étude qu'ils feront de la santification & par la pratique de la charité. Comparez ensuite cette doctrine avec l'Evangile de J. C. qui n'est remplie que de promesses pour ceux qui s'appliqueront à la justice, &c. Consultez tous les Apôtres qui ont écrits, & vous trouverez par tout la même chose; enfin c'est ce que prouve, invinciblement le jugement que J. C. doit exercer au dernier jour; car si les hommes doivent être sauvés ou damnés en vertu d'un décret absolu, il ne seroit pas besoin d'autre procédure, que de la déclaration du décret, & J. C. ne reprocheroit pas aux uns leur dureté, pendant qu'il donnera des éloges à la charité des autres. Je vous demande pardon, Monsieur, si je me suis si fort étendu; cette affaire est capitale en ce que je viens de vous marquer, & lorsqu'on l'a envisagée de cette maniere, on voit que toutes les disputes qu'on a suscitées, se réduisent à rien, & ne servent qu'à causer de la jalousie entre les partis différens. A propos de mon traité sur le Quiétisme, je vous dirai que je l'avois commencé d'abord pour me divertir; ayant regardé le Quiétisme comme une extravagance qui ne méritoit pas d'être traité sérieusement, c'est pourquoi j'en avois fait le sujet de quelques entretiens entre Pasquin & Marforio; mais comme j'ai vû depuis que des Prélats du premier Ordre, en faisoient le

Hh ij

sujet de leurs ordonnances, j'ai changé les personnages, & ai affecté de prendre un peu plus de sérieux que je n'avois fait. J'examine le Quiétisme sur les maximes des Quiétistes, & je le fais en Philosophe, en Théologien & en Historien, & je puis dire que quoique je défole ce parti-là entiérement, jamais il n'a été si élevé, que par la maniere que j'ai poussé ses maximes, dans le meilleur sens qu'on peut leur donner ; après quoi je les laisse tomber dans un ridicule qui déconcerteroit l'homme du monde le plus sérieux. Je souhaiterois, Monsieur, que M. Guyot, qui aura l'honneur de vous rendre cette Lettre, fût homme à examiner les matieres sans prévention ; il s'épargneroit du chagrin, que lui & ceux de son parti, qui n'écoutent que leur entêtement, essuyeront infailliblement. Je l'en ai déja averti, & je vous prie, Monsieur, de prendre occasion de cette Lettre, de l'assûrer qu'il y a un Régiment de Dragons, dont je ne sai pas le nom, qui a ordre de marcher en Poitou, où l'on a depuis peu pendu, condamné aux Galéres, & à de grosses amandes des gens qui faisoient des Assemblées ; Que ces Dragons ont ordre d'obliger les nouveaux convertis à aller à la Messe, aux Prônes, aux Sermons, à Vêpres, &c. Il n'y a que la Communion, dont il n'est pas parlé : Qu'il y a ordre de faire élever tous les enfans dans la Foi Catholique ; & que le Roi fait sa grande affaire de détruire entiérement le Calvinisme dans son Royaume. En quoi il a très grande raison.

Je suis avec respect, &c.

GREGOIRE (Pierre) natif de Toulouse, après avoir enseigné le Droit à Cahors, & ensuite dans sa patrie, fut appellé en Lorraine, d'une maniere très honorable, par le Duc Charles III. pour former la Faculté de Droit dans l'Université de Pont-à-Mousson, qui avoit été établie en 1572.

On ne pouvoit jetter les yeux sur un plus digne personnage. Il étoit en grande réputation dans toute l'Europe, par sa profonde science dans la Jurisprudence Civile & Canonique, & par l'érudition immense, qu'il avoit acquise par le moyen des Langues Françoise, Latine, Grecque & Hébraïque.

Ce qu'il y a de plus admirable dans ce Toulousain, c'est qu'il avoit acquis toutes ces connoissances par lui-même, & sans aucun Maître. Il étoit né de parens pauvres, & n'avoit eû d'autres Mécenes que Dieu, à qui il en rend souvent des actions de graces dans ses Ecrits.

Il arriva en Lorraine en 1582. Le Prince le reçut avec des témoignages éclatans de l'estime qu'il faisoit d'un si savant homme.

Il le déclara Doyen de la Faculté de Droit : nous l'en regardons comme le Pere & le Législateur ; car auparavant lui, il n'y avoit ni Statuts, ni Ecoles, ni Professeurs en titre. Le seul Guillaume Barclay, encore très jeune, faisoit des Leçons de Jurisprudence chez les Jésuites, qui gouvernoient la Faculté naissante de Droit, comme celles des Arts & de Théologie, qui leur avoient été confiées. François Bardin, Maître des Requêtes, fut nommé par le Duc Charles, pour mettre Grégoire en possession de sa charge, & lever les obstacles qu'on lui opposoit.

Grégoire fit d'abord construire des Ecoles de l'autre côté du Pont, dans la partie de la Ville la plus considérable. Ensuite il dressa les Réglemens & les Statuts de sa Faculté, en conséquence du pouvoir que le Pape & le Duc Charles lui en avoient donné.

Les Jésuites regarderent ces démarches comme des attentats à l'autorité de leur Recteur. Ils firent de vives & touchantes remontrances au Prince contre le Toulousain. Celui-ci fit valoir d'autres raisons. Il prétendit que des Religieux, qui avoient fait vœu d'obéïssance, ne pouvoient avoir le gouvernement de l'Université, parce que le Provincial & le Général des Jésuites en seroient les premiers Maîtres, par le pouvoir absolu qu'ils ont sur leurs Religieux ; ce qui répugne à la liberté, que la nature & les Souverains ont accordés aux Lettres & aux Universités, qui doivent en être le centre.

Il est vrai que le Cardinal de Lorraine avoit toujours nommé ces Peres au Rectorat, suivant le pouvoir que le Pape Grégoire XIII. lui avoit donné de choisir le Recteur, ou d'en commettre l'élection à l'Université, & ensuite de l'approuver ; mais ce Prélat n'ayant rien déterminé là-dessus pendant sa vie, le Toulousain essaya de procurer à sa Faculté une élection libre, & prétendit que le Souverain ne pouvoit de justice établir un Recteur, & que le choix en étoit dévolu aux Facultés.

Le Duc Charles nomma des Commissaires, pour examiner cette affaire ; &, sur le raport qui lui en fut fait, il donna un Edit où il régla, que le Doyen des Facultés de Droit Canon & Civil en seroit Chef absolu ; qu'il conféreroit les Grades dans les Facultés, & que le Recteur des Jésuites & son Chancelier auroient les mêmes pouvoirs dans les facultés des Arts, & de Théologie seulement.

Les Jésuites surpris de ce Réglement, s'adresserent à Rome, & obtinrent en 1585. une Bulle de Sixte-Quint, par laquelle il ordonnoit que le Recteur des Jésuites, le seroit aussi de toute l'Université.

Presque tous les Jésuites du Pont s'étoient retirés, depuis huit mois à Apremont, à cause de la peste, mais ils revinrent aussi-tôt. Jean de Lenoncourt, Bailly de S. Mihiel, & Conservateur des priviléges de l'Université, convoqua les Facultés à l'Hôtel de Ville, où ayant pris séance, il fit mettre le Recteur à sa droite; mais le Toulousain refusa la gauche; & après avoir oüi la lecture de la Bulle & de l'Enrégistrement, il protesta contre, & déclara qu'elle étoit subreptice; ensuite il se retira de l'Assemblée avec son Collégue, Guillaume Barclay, & tous leurs Etudians.

La servitude lui parut si odieuse, qu'il aima mieux quitter Pont-à-Mousson avec toute sa Faculté, que de se soûmettre aux Jésuites. Il obtint du Prince la permission de se retirer à S. Mihiel; & on reçut des Bulles du Pape pour l'érection d'une Université dans cette Ville. Ils y enseignerent pendant deux ans, & y eurent un si grand concours d'Etudians, que les Ecoles des Jésuites au Pont devenoient désertes.

Cependant on fit entendre au Duc Charles III. qu'il convenoit mieux que toutes les Facultés fussent réünies dans une même Ville; & les Bourgeois du Pont représenterent, que l'absence de cette Faculté leur faisoit beaucoup de tort. D'un autre côté, le Toulousain, pour soûtenir le Priviléges du Corps, dont il étoit le Chef, avoit eû quelques démêlés en differentes occasions avec le Parlement, pour-lors séant à S. Mihiel. Il sentit qu'il seroit difficile de les conserver devant une Compagnie aussi puissante. Il se résolut donc à exécuter les vûës du Prince, en retournant au Pont.

Les Jésuites s'opposerent à son retour. Ils représenterent que l'Université n'avoit été fondée que pour les Ecclésiastiques; que l'Etude du Droit en debauchoit plusieurs qui se destinoient à la Théologie; que la Jurisprudence n'étoit point nécessaire en Lorraine, à cause que le Droit écrit n'y étoit point en vigueur, mais les anciennes Coûtumes du Pays; & autres semblables raisons, qui ne firent aucune impression sur l'esprit du Souverain. Il fit recevoir la Faculté de Droit au Pont-à-Mousson en 1587. & nomma trois Commissaires, pour accommoder les Statuts de cette Faculté à la nouvelle Bulle. François de Rosieres, Docteur en droit, & Archidiacre de Toul, Nicolas Marius, Doyen de l'Eglise de Verdun, & Jean Avet, Chantre de celle de Metz, furent choisis pour cet effet.

Il n'y eut rien d'avantageux dans ces Réglemens à la Faculté de Droit, que l'établissement d'un Chancelier particulier. Les Jésuites contredirent cet article, & soûtinrent que le pouvoir des Commissaires n'alloit pas si loin, que de créer une nouvelle charge. Ces Statuts furent achevés à Nancy le 24.

Janvier 1587. & M. de Lenoncourt conservateur de l'Université, les publia l'onziéme Mars suivant, tout ce Corps étant assemblé. Ensuite il se transporta dans l'Eglise des Jésuites, où Grégoire s'étant mis à genoux devant le Pere le Clerc Recteur, qui étoit assis devant l'Autel du côté de l'Evangile; il fit sa profession de Foi. Guillaume Barclay & Homfroy Hely répéterent la même cérémonie. Ce dernier avoit été fait troisiéme Professeur en Droit à S. Mihiel: il étoit Anglois & Prêtre, homme d'un savoir éminent. Le Recteur leur donna ensuite des Patentes, par lesquelles il leur permettoit d'enseigner dans l'Université. Le Pere Abram doute s'ils prêterent encore le serment d'obéïssance au Recteur.

Quoique le second article des Réglemens faits en 1587. pour la Faculté de Droit, contienne qu'il y aura un Chancelier particulier dans cette Faculté; cependant les Jésuites en avoient empêché l'exécution. Barclay fit revivre cette prétention en 1602. & présenta une Requête au Duc Charles III. qui fit citer les Parties devant son Conseil, pour le 18. Novembre suivant. Elles comparurent: Barclay fit un long discours, où il attaqua les Jésuites, non seulement sur la Chancellerie de l'Université, mais encore sur le Rectorat. Après avoir fini son discours, le Pere Machaut répondit en peu de paroles, au nom de la Société. On fit sortir les Parties. Le Cardinal de Lorraine se trouva à ce Conseil, & l'Edit fut favorable aux Jésuites. Barclay eut un si grand chagrin de cet événement, qu'il remercia, & quitta le Pays; & ce fut à cette occasion, que Jean Barclay son fils, sensible à cette disgrace, en tira une vengeance littéraire, en faisant imprimer, peu de tems après son *Satiricon*, dont nous avons parlé à son article.

Il y avoit eû, quelques années auparavant, une autre dispute entre Grégoire & les Jésuites, dans une chose de bien moindre importance. Il s'agissoit de savoir, si l'on devoit appeller le Pont-à-Mousson, *Ponti-Mussum*, ou *Mussi-Pontum*. Les Jésuites soûtenoient cette derniere dénomination. Grégoire l'avoit nommé sur le frontispice de quelques-uns de ses Ouvrages, *Pons Camessionis, Pons Camisonis*. Le Pere Abram l'accuse d'avoir fait supprimer le frontispice de son *Syntagma juris*, où cette dénomination étoit imprimée, pour y substituer celle de *Ponti-Mussum*. Les esprits s'échaufferent de part & d'autre; & la chose alla si loin, que le Toulousain accusa les Jésuites auprès du Duc Charles, de vouloir s'emparer du Domaine, & de la Souveraineté de l'Université, & même de la Ville. Le Pere le Clerc Recteur prit la plume, & fit un gros Livre, pour soutenir la dénomination de *Mussi-Pontum*. Cependant le Prince ordonna que les Sceaux de l'Université & du Recteur fussent changés, & qu'au lieu de *Mussi-Pontana*, on mît *Ponti-Mussana*; & il fit enjoindre à Martin Mercier, Imprimeur de l'Université, de s'y conformer dans ses Impressions. Cette Ordonnance ne fut pas publiée ; les Jésuites & les Facultés de Droit ont retenu chacun leur dénomination.

Il est surprenant que des personnes si éclairées aient perdu leur tems à une pareille minutie, & qu'ils n'aient pas fait réfléxion que la Ville du Pont-à-Mousson tire son nom de son *Pont* au Château de *Monçon*, situé sur la montagne voisine, & qui dans tous les Monumens anciens, depuis plus de 700. ans, a toujours constamment porté le nom de *Moncio*, avec titre de Comté. Ainsi, quoi qu'en puisse dire le Pere le Clerc, & le Pere Abram, Charles le Pois, Doyen de la Faculté de Médecine, s'est servi du véritable nom, en mettant sur le frontispice de ses Ouvrages, *Pons ad Montionem*.

Le Toulousain mourut en 1617. & laissa une fille unique, qu'il avoit mariée à un jeune Seigneur de la Maison de Mitry, une des plus anciennes & des plus illustres de Lorraine. Il donna, par son Testament, mille Ducats d'or à l'Hôpital du Pont-à-Mousson. Il fut enterré dans l'Eglise des Claristes, sans Mausolée ni Epitaphe. Le Pere Abram dit qu'il chercha long-tems le lieu de sa sépulture, & qu'il le trouva enfin derriere le grand Autel, du côté de l'Evangile. Il ajoûte ces paroles, *Si non de nostra societate, at de litteris optimè meritus*; & il lui fit cette Epitaphe:

Petrus Gregorius Doctor Legumque Decanus
Hic jacet injectâ vix benè tectus humo.
Post sex annorum decadas vix agnitus, & si
Gregorii magnum nomen ad astra volat.
Ut sileant lapides, juris monumenta loquuntur;
Non potuit cippo nobiliore tegi.

Le Toulousain a toujours été un zélé Catholique, & a témoigné sa piété dans ses Ouvrages, qu'il a toujours dédiés à Dieu tout-puissant. Il avoit coûtume d'étudier, couché sur le ventre, au milieu de ses Livres ouverts autour de lui. Avant que de donner une liste de ses Ouvrages, nous allons rapporter le jugement que Gabriel Naudé a fait de son Livre *de Republica*, & qui, suivant M. Bayle, peut être appliqué à tout ce qu'il a composé (*q*) : *Desideratur in eodem modus quem sibi præscribere non potuit, ex dictione vulgari luxurians ; & majestas cui non magis indulsit quàm judicio, dum omnia ingerit, & pauca digerit : cæterùm valdè utilis est, & diversa in se continet propter quæ thesauri instar haberi possit, ubi meliorum Auctorum gemmas ac pretiosam variæ doctrinæ suppellectilem possis invenire.*

On peut voir Bayle dans son Dictionnaire, seconde Edition ; Doujat, *Prænotiones Canonicæ*, pag. 638. & le Pere Abram, *Historia Universitatis Mussipontanæ*, manuscrit.

Voici le Catalogue des Ouvrages de Grégoire de Toulouse ; il les a composés presque tous au Pont.

Syntagma Juris Universalis atque Legum penè omnium gentium & rerum publicarum præcipuarum in tres partes digestum, in quo divini & humani juris totius naturalis ac novâ methodo, gradu, ordineque, materia universalium & singularium simulque judicia explicantur; 2. vol. in-fol. *Aureliæ Allobrogum*. Il y en a eû plusieurs Editions.

Deux Volumes sur le Droit Canon, 1°. *Partitiones totius Juris Canonici in quinque libros digestæ*. 2°. *Commentaria & annotationes in decretalium proœmium, ad Tit. de summa Trinitate & Fide Catholicâ, de Constitutionibus, de Rescriptis, de electione narratio. Ad Cap. conquerente de officio & potestate Judicis ordinarii, Rei-beneficiariæ institutiones. Ad Tit. de sponsalibus & matrimoniis, de usuris libri tres; Syntaxis artis mirabilis, in tres partes digesta, per quas de omni re proposita multis & propè infinitis rationibus disputari aut tractari, omnium-que summaria cognitio haberi potest*; 3. vol. in-octavo, *Lugd. Gryph.* 1583. & *Coloniæ* 1610.

De Republica libri 26. Lugd. 1586.

Tractatus de beneficiis Ecclesiasticis, omnibus Episcopis, causarum Patronis, jus discentibus...... valdè necessarius & perutilis; in-12. *Coloniæ* 1626. C'est une réimpression.

Ad Legem unicam, tit. 59. lib. 4. Cod. de monopoliis & conventu negotiatorum illicitorum artificio ergo laborum, necnon balneatorum prohibitis & pactionibus licitis : ampliss. & consultiss. D. Petri Gregorii Tholosani J. U. Doctoris & in Academia Ponti-Mussana Decani & Professoris ordinarii trino auditorio prælectus Commentarius; Manuscrit achevé le 29. Juillet 1585. Il appartient à M. Nicolas fils, Marchand à Nancy.

Erectio & fundatio Universitatis Pontimussanæ, in-12. 1583. Ce Livre contient, 1°. La Bulle de l'Erection de cette Université, donnée par le Pape Grégoire XIII. en 1572. 2°. Réglemens entre les Facultés de Théologie & des Arts, & celles de Droit Canon & Civil, faits par le Duc Charles III. & Cessions des Priviléges accordés à ladite Académie par le même Prince. 3°. Réglemens & Statuts faits pour les Facultés de Droit, par

(*q*) *Bibliographia politica, pag. m. 22.*

Grégoire de Touloufe, premier Profeffeur en Droit, & en conféquence du pouvoir à lui donné par le Duc Charles III. & le Pape en 1582.

Le Touloufain a compofé un Livre en François contre le célèbre Charles du Moulin, pour prouver que l'on devoit recevoir le Concile de Trente en France. Il fit tous fes efforts, pour le faire recevoir en Lorraine. Il fe déguifa dans cet Ouvrage fous le nom de *Raymundus Rufus* : il fut imprimé à Paris en 1553. in-octavo. Il fut réfuté par un Auteur, qui fe cacha fous le nom de *François Villier*. Grégoire répondit par un Ecrit imprimé en 1555. avec ce titre, *Duplicatio in Patronum Molinæi pro Pontifice Maximo, Cardinalibus, totoque Ordine facro.*

GRIMALAÏC, Auteur de la Régle aux Solitaires & aux Réclus (*r*), étoit Prêtre, homme de mérite, & favant dans la fcience des Saints, & dans la lecture des Peres & des Régles monaftiques. Il vivoit fur la fin du neuviéme fiécle, puifqu'il cite le Concile d'Aix-la Chapelle tenu en 816. ou 817. Il fait allufion, à chaque pas, à la Régle de S. Benoît. Il parle de S. Arnoû, comme d'un S. Prélat mort depuis long-tems : il cite auffi la Régle de Crodegang, Evêque de Metz, qui fut long-tems obfervée par les Chanoines de cette Eglife ; & il a cité (*s*) fuivant l'Edition de D. Luc d'Achery, & non felon celle du P. Labbe, tom. 7. *Conciliorum*, pag. 1446. Ces circonftances me font conjecturer, qu'il étoit Réclus dans la Ville, ou dans quelques-unes des Abbayes de la Ville de Metz.

GRINGORE, (Pierre) autrement *Vaudémont*, *Merefotte*, Héraut-d'Armes du Duc de Lorraine, étoit en réputation pour fa Poëfie, du tems de François I. & du Duc Antoine. M. Malezieux, dans l'Hiftoire de la Poëfie Françoife, en parle avantageufement. Gringore a écrit ;

1°. *Notables Enfeignemens, Adages & Proverbes par Quatrains*, imprimés in-octavo à Paris, fans datte.

2°. *Les menus propos de Mere-fotte*, Rime imprimée à Paris par Philippe le Noir.

3°. *Les Vifions de la Mere-fotte*, imprimées à Paris par Denis Janot 1534.

4. *Le Château d'amour, utile pour toutes chofes honnêtes*, imprimé à Paris, in-8. l'an 1500. & depuis in-12. par François Jufte, à Lyon.

5°. *La complainte de la Cité Chrétienne*, faite fur les Lamentations de Jérémie ; à Paris, in-feize par Pierre Bige.

6°. *Le Blazon des Hérétiques*, imprimé à Paris.

7°. *Paraphrafe en Rimes fur les fept Pfeaumes du Royal Prophéte David*, à Paris, in-feize par Charles l'Angelier 1541.

8°. Il a mis toutes les Heures de Notre-Dame, & les Vigiles des Morts en Rimes Françoifes, imprimées à Paris, in-octavo, avec le Latin en marge, par Antoine Bonnemere 1544. Voyez la Bibliothéque Françoife de M. Goujet.

GUIBALDE, ou *Wibalde*, célébre Abbé de Stavelo, Ordre de S. Benoît, Diocèfe de Liége, étoit Lorrain de naiffance, comme il le témoigne dans fon Epître 304. pag. 483. (*t*) *Reditum noftrum ad vos accelerare prohibet, non folùm Stabulenfis Ecclefia, verùm etiam totius Lotharingiæ concuffio, quæ utique noftra patria eft, quæ nos genuit, educavit & provexit.* La Chronique de Caffin (*u*) témoigne la même chofe, *Wibaldus natione Lotharingus*; mais il faut l'entendre de la Baffe-Lorraine, & non de la Lorraine-Mofellane. On ignore le tems précis & le lieu de fa naiffance. Il peut être né vers l'an 1100. Filéne, dans fon Hiftoire Eccléfiaftique de Liége (*x*), dit qu'il fut d'abord Religieux Bénédictin à Vauffor, Abbaye fituée fur la Meufe ; & qu'enfuite il fut fait Abbé de Stavelo.

Mais la Chronique de Vauffor (*y*), qui mérite plus de croyance, dit, au contraire, qu'il vint de Stavelo, où il avoit été élevé dans la difcipline Réguliere, & dans l'étude des Lettres, à Vauffor, fous l'Abbé Vidric, qui étoit alors en grande réputation de piété & de régularité. Vidric le reçut avec plaifir, & lui confia bien-tôt le foin des Ecoles de fon Monaftere. Les Religieux de Stavelo le répéterent, & l'ayant ramené chez eux, le choifirent fept ou huit ans après, c'eft-à-dire, en 1130. pour leur Abbé.

Il s'acquitta de cet emploi avec tout le fuccès, qu'on devoit fe promettre de fa vigilance, de fa piété & de fa grande capacité. Il fe fervit utilement, dans le deffein qu'il avoit de rétablir la difcipline & les affaires de fon Abbaye, de trois Religieux diftingués par leur mérite ; favoir, 1°. Robert, qu'il établit Doyen, & qui étoit un homme d'une fageffe & d'une éloquence fingulieres ; 2°. Henry, qui fe diftinguoit par fa piété & fon érudition ; & 3°. Eslebalde, fon frere germain, à qui il confia le foin des Archives & du temporel, qui étoit alors étrangement dérangé, par la mauvaife conduite & le peu

---

(*r*) Grimalaïc, dit Luc d'Achery, an. 1653. & in Codic. Regul. tom. 2. pag. 278.
(*s*) Grimalaïc, Cap. 4.
(*t*) Vide Edmond. Martenne, vet. Script. ampliffim. collectio, tom. 2. pag. 154. & feq.

(*u*) Chron. Caff. lib. 4. cap. 124. *Hic natione Lotharingus ex pueritia in Monafterio Stabulenfi Monachus factus.*
(*x*) Filen. Legia facræ, tom. 10. ad an. 1145.
(*y*) Chronic. Valcion. Spicil. tom. 7.

d'économie des Abbés ses prédécesseurs.

Il fut faire rentrer les Fiefs qui avoient été donnés contre les Loix. Il fortifia & transféra le Bourg de Longe, pour se mettre en état de réprimer les violences & les entreprises des Avoüés de son Abbaye, qui la pilloient impunément. Il fut d'un grand secours au Roi Lothaire en son expédition d'Italie, dans laquelle ce Prince rétablit le Pape Innocent II. dans son Siége, réprima les Schismatiques attachés à Pierre de Leon, autrement Anaclet II. & à Gregoire, nommé Victor III. Lothaire revint d'Italie en 1133. mais il fut contraint d'y retourner en 1136. pour rendre la paix à l'Italie, & à l'Eglise, toujours troublée par le schisme.

L'Abbé Guibalde fut de l'un & de l'autre voyage, & servit utilement Lothaire, qui lui avoit confié la conduite & le commandement de sa Flotte. Sur la fin de la campagne, qui fut très heureuse pour Lothaire, l'Abbé Guibalde se trouvant à portée du Mont-Cassin, s'y transporta, pour satisfaire sa dévotion, & rendre ses hommages à S. Benoît, dont il professoit la Régle. Guibalde trouva ce Monastere déchiré par le schisme; un nommé Renaud attaché à l'Antipape Anaclet, & au Roi Roger, ennemi de Lothaire, occupant alors le Siége Abbatial du Mont Cassin.

Les Religieux de ce Monastere en avoient souvent porté leurs plaintes à Lothaire, & l'Abbé Renaud avoit promis avec serment dans l'Assemblée de Melphi, à l'Empereur & au Pape Innocent II. de leur demeurer fidele; mais il viola bien-tôt son serment, & obligea Lothaire à venir en personne au Mont-Cassin, où se trouverent les Cardinaux Aitoury & Gerard, Péregrin, Patriarche d'Aquilée, & saint Bernard, Abbé de Clairvaux. L'Abbé Renaud y fut solemnellement déposé, & obligé de remettre sa Crosse, son Anneau & la Régle de S. Benoît sur le Tombeau de ce saint Patriarche.

Après cela, l'Assemblée revint au Chapitre de l'Abbaye, & quand il fut question de choisir un nouvel Abbé, l'on y trouva plus de difficulté qu'on n'en avoit attendu. L'Abbé Guibalde craignant qu'on ne voulût lui imposer ce fardeau, s'étoit secretement retiré vers Naples. L'Empereur le fit revenir, & ce Prince, l'Impératrice, tous les Prélats qui étoient présens, & les Religieux du Mont-Cassin, l'ayant prié, avec les dernieres instances, d'accepter la dignité Abbatiale; il céda à leurs prieres; & sur le champ, l'Empereur lui donna l'investiture par le Sceptre qu'il portoit à la main, disant qu'il ne demandoit pas de lui le serment de fidélité pour l'Abbaye du Mont-Cassin, parce qu'il lui avoit autrefois fait ce serment pour celle de Stavelo. En même tems Lothaire obligea Rainulfe, Duc de la Poüille, Robert, Prince de Capoüe, & les autres Seigneurs des environs, à prêter au nouvel Abbé le serment de fidélité. L'Empereur ayant demeuré huit jours au Mont-Cassin, en descendit, & vint à S. Germain, & de-là à Aquin, où le nouvel Abbé Guibalde, & les principaux Religieux de sa Communauté, vinrent lui rendre graces des faveurs qu'il leur avoit faites, & lui souhaiter un heureux retour en Allemagne. L'Empereur les reçut avec sa bonté ordinaire, & donna au Monastere de Cassin, un Diplôme entiérement écrit en lettres d'or, par lequel il confirme les Priviléges du Monastere de Stavelo, & rend un glorieux témoignage au mérite & aux grands services, que lui a rendus dans ses expéditions d'Italie, l'Abbé Guibalde, qu'il honore d'une amitié & d'une familiarité particuliere, *Quem præcipuo amore & familiaritate nostrâ dignum judicamus.* Tout ce détail est tiré de Pierre, Diacre Religieux du Mont-Cassin, qui étoit présent.

A peine l'Empereur fut-il retiré à Rome avec le Pape Innocent II. que le Roi Roger, Rainulfe, Duc de la Poüille, Robert, Prince de Capoüe, & Rainaud, ci-devant Abbé du Mont-Cassin, se revolterent, prirent les armes, & attaquerent le nouvel Abbé Guibalde. Il demanda inutilement du secours à l'Empereur, qui n'étoit pas en état de lui en donner: voyant qu'il ne pouvoit résister à tant d'ennemis, il prit le parti de se retirer secretement le 2. Novembre 1137. Après quoi, il écrivit à la Communauté du Mont-Cassin d'élire un autre Abbé, leur promettant, s'ils y procédoient d'une maniere réguliere & Canonique, selon la Régle de S. Benoît, de leur renvoyer les marques de sa dignité; savoir, le Sceau & l'Anneau, & de les relever du serment de fidélité, qu'ils lui avoient fait.

Ils choisirent pour Abbé Rainauld de Colmezzo, qui avoit été compétiteur de Rainaud le Toscan, déposé quelque tems auparavant.

Dans l'intervalle, l'Empereur Lothaire mourut le 3. Décembre 1137. & Guibalde retourna à son Abbaye de Stavelo, où il s'appliqua avec une ardeur nouvelle à en rétablir les affaires, & à réprimer les entreprises des Seigneurs qui en avoient usurpé les biens. Il fut obligé d'aller à Rome implorer, pour cela, le secours du Pape. Il y étoit à la mort du Pape Innocent II. le 27. Septembre 1143. & il obtint du Pape Célestin II.

successeur

successeur d'Innocent, une Lettre adressée à l'Evêque de Liége, pour l'engager à protéger l'Abbé Guibalde & le Monastere de Stavelo ; & une autre Lettre adressée à Guibalde lui-même & à ses Religieux, par laquelle il confirme leurs biens & leurs priviléges.

Il fit encore, une ou deux fois depuis, le voyage de Rome, pour des affaires très importantes ; & enfin, il fut envoyé en Ambassade à Constantinople vers l'Empereur Constantin Paléologue. Au retour de cette Ambassade, il mourut à Butelle en Paphlagonie, le 14. des calendes d'Août, ou le 19. Juillet 1158. On l'enterra honorablement dans l'Église de Butelle, d'où il fut transferé à Stavelo l'année suivante, par les soins de son frere & son successeur Erlebolde.

On a imprimé en 1724. les Lettres de l'Abbé Guibalde, au nombre de trois cens quarante-trois, dans le second Volume de la très ample Collection de D. Martenne, où l'on voit son caractere d'esprit, sa pieté, sa sagesse, sa modestie, sa candeur, sa charité, la haute estime où il étoit dans l'esprit des Papes, des Empereurs, & des premieres personnes de son siécle. L'on trouve à la tête de ses Épîtres, sa vie composée par le même D. Martenne, sur les Monumens de l'Abbaye de Stavelo, sur ces Épîtres mêmes, & sur les Écrivains du tems.

GUIBAUDE', voyez *de Treille*.

GUIBERT (Nicolas) Medecin, natif de S. Nicolas en Lorraine, fit ses Études de Médecine dans l'Université de Pérouse, Ville de l'Etat Ecclésiastique (*z*). Il voyagea ensuite dans le reste de l'Italie, en Allemagne, en France & en Espagne, pour se perfectionner dans son métier.

L'Alchimie qu'il cultivoit pour-lors, lui fut d'un grand secours pour faire tous ces voyages, en lui procurant la connoissance de ceux qui étoient infatués de cette chimere, & dont le nombre n'étoit pas petit. Il fut bien venu de François de Médicis, Grand-Duc de Toscane, du Cardinal de Granvelle, pour-lors Vice-Roi de Naples, d'Altovitus, Archevêque de Florence, qui dit avoir dépensé plus de cent mille écus d'or, à la recherche du grand œuvre ; du Cardinal d'Est, de Gonsalve, Duc de Suessa, sans parler d'un grand nombre d'autres personnes illustres.

Guibert s'établit ensuite à Casteldurante, où il exerça la Médecine pendant plusieurs années. Il se fit connoître, & il fut choisi par le Collége des Médecins Romains, pour être médecin Provincial de l'état Ecclésiastique : le Pape l'approuva. Et il exerça cette fonction pendant les années 1578. & 79. Il quitta cette charge pour s'attacher à Othon Détruchses, Cardinal d'Ausbourg qui travailloit aussi au grand œuvre. Guibert fit traduire, aux dépens de ce Prélat, de l'Allemand en Latin, plusieurs ouvrages de Théophraste Paracelse.

Il dit que ce fut en ce tems qu'il commença à sentir quelques lueurs de santé. Il fit des réflexions sur l'obscurité de l'art qu'il pratiquoit, sur l'incertitude de sa réussite, sur l'imposture d'une partie des Alchimistes qu'il avoit vû, & qui abusoient de la curieuse crédulité des honnêtes gens. Enfin il secoua le joug, & il devint un des plus zélés adversaires des Alchimistes. Il se retira fort pauvre dans son Pays, & fut obligé de se fixer à Vaucouleurs, quoique cet endroit ne lui plût pas beaucoup. *Constitutus*, dit-il, *in Angulo Galliæ ubi præter infelicissimos sæculos litigantium & sordidulos contractus, rabularumque cautelas, nihil invenias laudabilium studiorum, ubi summa virtus in censu, gloria in alienas opes invasio & occupatio*. Beaucoup de ses Confreres pourroient encore faire cette plainte aujourd'hui.

Il avoit quarante ans de pratique, quand il fit imprimer l'ouvrage suivant, *Alchymia ratione & experientia, ita demum viriliter impugnata & expugnata, unà cum suis fallaciis & deliramentis, quibus homines imbubinarat : ut nunquam in posterum se erigere valeat. Authore Nicolao Guiberto Lotharingo Doctore Medico, Argentorati* 1603. *in-12*.

Ce livre fut attaqué par André Libarius, Alchimiste Allemand d'une maniere peu décente. Il ne se contente pas de lâcher contre Guibert des injures grossieres, il lui reproche sa patrie & sa religion, comme si Guibert ne pouvoit pas aussi lui reprocher qu'il étoit Allemand & Protestant. Mais cela fait un lieu commun d'invectives, qui ne sert qu'à éloigner de la question. Guibert répondit par l'ouvrage suivant. *Nicolai Guiberti Lotharingi D. M. de interitu Alchemiæ metallorum transmutatione tractatus aliquot ; multiplici eruditione referti : accedit ejusdem Apologia in Sophistam Libarium Alchemiæ refutatæ furentem calumniatorem, quæ loco Præfationis esse possit. Tulli Philippæ*, 1614. *in-8*. On lit à la tête de ce livre une lettre de Cachet à Guibert, pour l'inviter à donner au jour cette réponse à Libarius : Cachet lança aussi contre ce dernier quel-

(*z*) *Apologia in Libarium*.

ques Epigrammes assez caustiques. (*a*)

Guibert écrivit à ses anciennes connoissances, & la critique de Libarius fut mise à l'*Index* à Rome.

A la page 57. & suivantes, il fait l'apologie des Lorrains que Libarius avoit taxé d'ignorance, & il montre que de son tems, la Lorraine avoit d'aussi habiles gens en tout genre de Littérature ; qu'aucun autre Pays ; pour la Théologie, il cite Nicolas Serrarius Jesuiste; dans la médecine les Lespois (*en Latin Pisones*) Mousin & Cachet : dans la Jurisprudence, Nicolas Remy, Procureur Général de Lorraine, Gregoire de Thoulouse ; Guillaume Barclay, & Pierre Charpentier, tous trois Professeurs en Droit au Pont-à-Mousson : dans la Poësie Pantaleon Tevenin qui a fait un Commentaire sur la semaine de Dubartas & Nicolas Nemeius ou de Nomecy, Auteur du Parnasse Poëtique. Après l'apologie on trouve deux lettres à Guibert, l'une d'André du Laurens, l'autre de Delormes, premier Médecin du Cardinal de Lorraine.

Voici les titres des trois Traités contre l'Alchimie, qui composent ce volume. 1°. *Alchymia armis sacris impugnata*. 2°. *Alchymiæ veritas & antiquitas ab Alchymistis jactata, impugnata & expugnata.* 3°. *Præstigiarum & imposturarum Chymicarum detectio.* Dans le dernier il dit que l'Alchymiste *Barnaud* est l'Auteur du livre *De tribus impostoribus*.

Il doit y avoir une seconde partie, suivant un avis du Libraire qui est à la fin ; mais nous ne l'avons point vû ; il promet aussi plusieurs autres ouvrages du même Auteur, entre autres *Cribrum Hermeticæ medicinæ sive jatrochymiæ*.

Voici les autres ouvrages qu'il a fait imprimer. *De Balsamo ejusque lacrymâ ; quod Opobalsamum dicitur , natura, viribus & facultatibus admirandis. Argentorati* 1603. in-12.

De Murrhinis assertio. Marpurgi. 1597. in-12.

La Grammaire Guibertine. A Toul 1618. dédiée à Monseigneur Nicolas François de Lorraine, Evêque de Toul.

Guibert fait paroître dans tous ses ouvrages beaucoup d'esprit, mais il étoit crédule & superstitieux, & pas assez au fait de quelques matières étrangères à son sujet, & desquelles il a parlé avec passion & préjugé.

GUILLAUME, *Guillelmus Decanus Virdunensis vir limatioris ingenii & sapientiæ, digniori stylo descripsit miracula beatæ Virginis Virdunensis ;* vide *Laurentii Monachi Vitoniani historiam Episcoporum Virdunensium.*

Cette histoire des miracles de la Ste. Vierge, opérés dans la Cathédrale de Verdun, comprise dans un assez gros volume, ne se trouvoit plus dès le tems de l'Historien Wassebourg. Liv. 4. fol. 290.

Le Doyen Guillaume étoit extrêmement curieux, il achetoit des livres de tous côtés : & en faisoit transcrire à grands frais, on auroit crû, dit l'Historien de Verdun, en voyant sa Bibliotéque, qu'il vouloit imiter celle du Roi Ptolomée Philadelphe, ou celle d'Eusébe, Evêque de Césarée. Il étoit outre cela très charitable & grand Aumonier ; ensorte que sa maison paroissoit un grand Hôpital, vû la quantité de pauvres qu'il y recevoit, & ausquels il donnoit libéralement l'aumône. Il étoit fort éloquent, & prêchoit avec zéle contre les abus qui régnoient de son tems, sur-tout contre l'avarice des Ecclésiastiques, qui deshonoroient l'Eglise par leur attache aux biens temporels ; il avoit été élevé dans ces saintes pratiques par Heizelon son pere & Helvide sa mere, Personnages considérables de leur tems, qui avoient fait de grands biens à l'Abbaye de S. Vanne de Verdun. Après la mort d'Helvide le bon Seigneur Heizelon vouloit prendre l'habit de Religieux dans ce Monastere ; mais l'Abbé Laurent par un désinteressement exemplaire, lui conseilla de se consacrer à Dieu, plutôt dans l'Abbaye de Gorze, afin que comme il en avoit été le Défenseur & l'avoué, il put y réparer le tort qu'il pouvoit y avoir fait avant sa conversion.

GUILLEMIN natif de Mirecourt a écrit l'histoire de Charles IV. en 6. livres. l'Auteur dit qu'à mesure qu'il la composoit, il la lisoit à Mr. d'Haraucourt pour en sçavoir son sentiment. Il avoit servi sous Charles IV. son ouvrage est demeuré manuscrit, j'en ai une copie.

GUILLEMIN (D. Pierre) né à Bar-le-Duc, a fait profession dans l'Abbaye de S. Mihiel le 9. Juin 1703. a fait imprimer à Paris en 1721. *un Commentaire littéral abregé sur tous les livres de l'ancien & nouveau Testament ;* il n'y a encore que trois volumes in-8°. d'imprimés, qui contiennent le Pentateuque, ou les 5. livres de Moyse ; c'est un abregé du Commentaire littéral de D. Calmet avec des réfléxions morales, tirées de Mr. l'Abbé d'Asfeld. D. Pierre Guillemin est mort à Neuf-Château en Lorraine le 9. Septembre 1747.

(*a*) *Cacheti Epigram. cent V. pag.* 183. *& seq.*

GUILLERME (Balthazar) Sécrétaire du Duc Henry II. a composé des Mémoires pour servir à l'Histoire de Lorraine depuis l'an 1580. jusqu'en 1623. C'est une espéce de Journal assez court manuscrit, qui m'a été communiqué par Mr. Mathieu de Moulon, Avocat à la Cour à Nancy.

GUINET (Nicolas) Professeur en Droit à Pont-à-Mousson. Il étoit natif du Comté de Charolois. Il fit toutes ses études dans l'Université de Paris, il prit ensuite le degré de Maître ès arts, & parvint à une chaire d'éloquence du Collége Royal de Navarre : il la posséda pendant 20. ans avec beaucoup de réputation. Voici ce qu'il nous apprend lui-même de sa maniere d'enseigner & de là condition de ses écoliers (*b*) dans une préface qu'il leur adressoit. *Quos olympiade postremâ sæculi proximi, in regia Parisiorum Navarrâ, primipili centurio, non tam Oratoriis, quampoliticis præceptis erudivi : omnes illustri, spectabili aut clarissimo genere ortos ad summos honores, tum pontificiâ tum regiâ liberalitate posteà evectos. In iis novem insulati, duo purpurati, ab amico nostro Claudio Roberto in numerum Episcoporum referuntur, in illo præclaro suo galliâ Christianæ opere : in quo & amicitiæ nostræ apud antenoreos, & aponi Thermocrenen contractæ non immemorem se ostendit.*

Charles de Lorraine Cardinal & Légat dans les 3. Evêchés, étoit un des deux Cardinaux qui avoient étudiés au Collége de Navarre sous Guinet. Quand le Grand Duc Charles son pere lui eut confié l'administration de l'Université de Pont-à-Mousson, il n'eut rien plus à cœur que d'y placer son ancien Professeur ; mais comme il n'étoit plus possible de lui donner le même poste qu'il avoit à Paris, parce que la faculté des arts étoit occupée par les Jesuites, il lui donna une Chaire en droit. Guinet prit le bonnet de Docteur, & entra en possession de sa Chaire, l'an 1601. Les leçons savantes qu'il fit, ne le cédoient point à celles des autres Professeurs qui enseignoient le Droit depuis longtems, & qui n'avoient jamais fait d'autres études. Il augmenta le lustre de cette faculté, & y attira encore un plus grand concours d'Etudians : Voici ses propres expressions ; qui sont la suite du passage précédent : *alterum eorum qui ab initio sæculi nunc decurrentis jam per olympiadas septem, jura pontificia in almo nostro Pontis ad Montionem phrontisterio, ex præcipuis Europæ nationibus, & extrema russia confluentes, no-*

(*b*) Pacti vindiciæ.

mocanonice profitentem observarunt. In quibus & Dux unus, & numerosi Ecclesiarum Prælati, multi ad palatinas dignitates assumpti multi causarum patroni disertissimi.

De plusieurs ouvrages que Guinet a fait imprimer, nous n'avons vu que le suivant qui est très estimé :

Pacti nudi vindiciæ, seu nomocanonica prælectio in tit. de pactis apud Gregorium. Autore Nicolao Guineto J. U. Professore in Academiâ Ponti-Mussana. Ad illustrem Principem Ludovicum à Lotharingiâ Principem in Phalizbourg. Ponti-Mussi apud Philippum Vincentium 1629. in-12.

Les autres sont 1°. (*c*) un Panégyrique du grand Duc Charles III. prononcé dans les écoles de Droit à la mort de ce Prince en 1608. 2°. Des Commentaires sur les Décrétales : François Guinet, son fils, en fait mention dans un manuscrit intitulé *Introductio ad jurisprudentiam.*

GUINET (François) célebre Avocat à Nancy, a fait imprimer à Nancy en 1627. & 1628. in-8°. un Commentaire sur Justinien, avec un discours sur l'étude du Droit sous ce titre. *Justinianus magnus accedit de nobili studio juris, oratio,* dédié au Duc François II. pere du Duc Charles IV. Il fut prononcé en présence du Cardinal Nicolas-François, fils du Duc François II. Cette Oraison a pour titre, *de bonorum Principum in colendâ jurisprudentiâ studio, malorum verò in ejusdem incuriâ* : elle est dédiée à Gerard Rousselot, Conseiller Sécrétaire d'Etat du Duc de Lorraine, & a été imprimée à part in-12. à Pont-à-Mousson en 1627.

2°. *Caroli IV. Ducis Lotharingiæ auspiciis astræa revocata.*

Le Pere Bertholet, histoire de Luxembourg, tom. 1. cite les *mémoires de François Guinet sur l'état des Duchés de Lorraine & de Bar* ; je n'en ai jamais ouï parler ailleurs.

Nous avons du même Guinet un écrit pour montrer de quelle maniere on rendoit la Justice en Lorraine en 1633. l'écrit est de l'an 1680.

Un manuscrit intitulé *De Gerardo Alsatio,* où il prétend montrer en 1679. que les Ducs de Lorraine descendoient de Guillaume de Bouillon. Je n'ai point vû cet écrit, il est cité par le R. P. Dominique Calot, Abbé de l'Etange.

Jacques de Fieux Evêque de Toul, ayant donné une Lettre Pastorale sur le prêt usuraire de l'argent, sur simple obligation usité en Lorraine, François Guinet , qui passoit pour le plus habile Avocat de son tems, &

(*c*) C. Pisonis macarismos, pag. 254.

pour l'Oracle du Barreau, coucha par écrit quelques réfléxions sur cette matiere ; &, comme il étoit aussi modeste que profond, il les rédigea en forme de *Factum*, sous le nom de trois personnages de differentes professions, qui rapportoient chacun les opinions tirées des principes de leurs sciences, demandant avis sur cette matiere, sans rien décider. Ce *Factum* fut imprimé in-quarto, à Ville-sur Illon en 1680. & censuré par M. de Bissy, Evêque de Toul, le 23. Septembre 1703. mais le Mandement de M. de Bissy fut déclaré nul par Arrêt du Parlement de Nancy, le 25. Octobre de la même année, sur les requisitions de M. de Bourcier, Procureur-Général, dans lesquelles on voit l'éloge de Guinet. Ce *Factum* a fait beaucoup de bruit dans le Pays ; il a été attaqué & défendu à diverses reprises.

Je le crois Auteur d'un Ouvrage manuscrit, où il veut prouver que la Loi Salique a lieu en Lorraine.

M. Fallois, Avocat à la Cour, a un Recueïl écrit de la main de Guinet, qui contient quelques-uns de ses Plaidoyers, avec les Arrêts qui sont intervenus.

J'ai vû entre les mains de feu M. Chardin, Conseiller à la Cour à Nancy, un Manuscrit de Guinet, qui a pour titre, *Introductio ad Jurisprudentiam*, in-quarto, divisé en trois parties. Il y parle des Hommes illustres, qui vivoient ou avoient vécu dans l'Université du Pont-à-Mousson, entre autres, de Nicolas Guinet son pere, dont j'ai parlé cy-devant.

M. Nicolas le fils, Marchand à Nancy, a un Manuscrit du même Guinet, intitulé, *Les Promenade de Champigneulle, en Juillet* 1678. C'est un Dialogue, dans lequel on introduit un Conseiller de la Cour Souveraine, qui fait voir les inconvéniens des Assises ; puis un Maître des Requêtes, qui parle en faveur des mêmes Assises ; & enfin on introduit un Sécretaire d'Etat, qui parle en faveur de la Noblesse, & montre qu'il est de l'intérêt du Prince de ne la pas mécontenter.

J'ai lû un Imprimé composé en 1636. ou 37. *Pour les Doyen, Chanoines & Chapitre de la Primatiale de Nancy*, contre Monsieur *le Duc d'Atrie Scipion Dajacet de Aquaviva*, demandeur au possessoire au Prieuré de Varangéville, que je crois être l'Ouvrage de Guinet. Il y fait voir beaucoup de solidité & d'érudition Canonique : j'y remarque son stile serré, ferme & vigoureux ; mais un peu dur, & pas assez châtié.

Je crois aussi Guinet Auteur d'un *Factum* imprimé pour M. Drouot, Prieur de Lay, contre M. le Comte de Furstemberg, & Dom Antoine Milet, Religieux Benédictin, pourvû dudit Prieuré de Lay vers l'an 1667. Guinet y parle beaucoup de M. Antoine de Lenoncourt, Primat de Nancy, qui avoit aussi été Prieur de Lay, & dont Guinet étoit Avocat de retenuë.

J'ai vû dans les Archives du Pays grand nombre d'Ecrits de la main de Guinet, qui sont des réponses aux Consultations qu'on lui faisoient de tous côtés.

François Guinet fut annobli le 3. Février 1634. Il portoit d'argent à un Dragon issant de gueule coupé, soutenu d'argent, à trois traits d'argent & de sable.

Nous terminerons son article par son éloge funébre, qui nous a été communiqué par M. Abram, Ecolâtre de S. Diey. Cette Piece, quoique longue, a été jugée digne par plusieurs connoisseurs, de voir le jour, eû egard sur-tout au mérite extraordinaire de celui qui en fait le sujet.

Perpetuæ memoriæ clarissimi & nobilis viri Francisci Guineti, & in perenne exemplum totius Justinianæi Collegii.

Sunt nonnulli etiam vitæ secularis qui imitandum aliquid habeant de actione virtutis. S. Greg. Homil. 27. in Evang.

„ CLARISSIMUS & nobilis vir Fran-
„ ciscus Guinetus, Juris utriusque Doctor
„ & olim Professor, clarissimi viri Nicolai
„ Guineti eorumdem Jurium Doctoris, &
„ in alma Universitate Mussipontana per
„ annos aliquot supra triginta Professoris e-
„ meriti, Serenissimi Lotharingiæ Barri Du-
„ cis ab intimis statuum consiliis, ac Domi-
„ cellæ Annæ Warin nobilium conjugum
„ filius, quatuordecim natorum seu nata-
„ rum primogenitus, Mussiponti ortus quar-
„ to Martii anni millesimi sexcentesimi quar-
„ ti : Vir fuit dotibus in supereminenti gra-
„ du ornatissimus, quem Principes ipsi,
„ quem Prælati & Clerus, quem proceres &
„ nobiles, quem Senatores & Juris-Con-
„ sulti, quem vulgus & universa Provincia
„ inter suos phœnicem & sui sæculi lucem
„ prædicabant. Quique hoc singulare ipsi
„ elogium ascribebant, quod si cuipiam im-
„ mortalitatis deberetur, ipsave esset possibi-
„ lis, non alteri quàm tanto tamque utili vi-
„ ro foret decernenda ob publicam rem.

„ Qui ab ineunte pueritia magnæ pietatis
„ specimen, & præclaræ indolis non vulga-
„ ria protulit argumenta, scientiarum nem-
„ pe omnium levi labore lauream tam citò
„ adeptus est, ut quam humanioribus viva-
„ citatem, in Oratoria arte fœcunditatem,
„ in Poësi præcellentiam, in Philosophicis

,, profundam intelligentiam natus erat, u-
,, triusque Juris peritiâ insigniter cumulave-
,, rit, circa decimum octavum ætatis suæ an-
,, num Doctor in utroque, stupendoque
,, progressu & incredibili omnium applausu
,, publicè creatus & renuntiatus. Hinc Pari-
,, sios profectus in augustissimo illius Regiæ
,, civitatis Senatu, seu Parlamento causarum
,, Patronus adscriptus, & ad suos reversus,
,, Cathedram Legum conscendit, publicè-
,, que per aliquot annos docuit, parente
,, cum filio, filio cum parente alternis horis
,, eamdem ascendentibus & descendentibus:
,, & quâ erat facundiâ & doctrinâ præditus,
,, non nunquam coram Serenissimis Princi-
,, pibus egregiè ad Universitatis decus pero-
,, ravit. Nuptui interim Catharinæ Pacquot-
,, te primum traditus, filiam Annam ex ea
,, suscepit : sed uxore post annum ex puer-
,, perio obeunte, natâ post sex septemve
,, annos peste sublatâ, utriusque sibi charis-
,, simæ obitum magno licèt mœrore confec-
,, tus patienter sustinuit, totumque se ob pu-
,, blicam utilitatem ad omnes suis consiliis
,, dum gravissima occurrebant negotia ju-
,, vandos contulit : & ut nulli deesset, veluti
,, in centro Provinciæ domicilium fixit Nan-
,, ceii, scilicet ubi præcipua antiquorum no-
,, bilissimorumque Equitum Comitia tunc
,, singulis trimestribus semel iterumque co-
,, gebantur ad terminandas appellationum
,, controversias supremâ auctoritate, & in
,, qua Ducali Sede Dux Serenissimus suo
,, personaliter præsidens Consilio, lites quàm
,, plurimas sibi servatas, auditis partibus
,, partiumque Patronis, ac alias singulari
,, prudentiâ maturoque judicio dirimebat.
,, Hîc vidisses Franciscum nostrum uti
,, toto subindè vitæ curriculo ad extremum
,, halitum intricatissimos abditissimorum ne-
,, gotiorum nexus dilucidâ & doctâ, sed bre-
,, vi & pergratâ methodo solvere, quod ipsi
,, singulare talentum inerat, seu scribebat,
,, seu perorabat: adeò ut occulatissimi supre-
,, mi Judices Metensis Senatûs nollent ullas
,, litium Scripturas ab ipso emanatas præ-
,, termitti, quin earum integrâ lectione ju-
,, cundarentur ; & uti erat omnium huma-
,, narum divinarumque Litterarum peritis-
,, simus, pro merito occurrentis diffidii pero-
,, rando scientias omnes etiam sacras profa-
,, nasque Historias, sacramque Theologiam
,, cum sanctis Patribus in subsidium voca-
,, bat, suoque juri tanto lepore, tamque
,, gravi judicio inserebat, ut gravissimi doc-
,, tissimique viri peregrini ab omni adulatio-
,, nis specie & suspicione prorsus alieni fortè
,, aliquando occurrentes publicaverint, ni-
,, hil ornatius & doctius in florentissimis re-

,, gnis inveniri, tantumque virum maximis,
,, quos alibi noverant viris nominatim con-
,, tulerint.
,, Enim verò nunquam in acquisitis scien-
,, tiis stetit, sed continuo & indefesso labo-
,, re ac lectitatione ad extremum vitæ eas
,, fovit & auxit. Licèt autem in addiscenda
,, Theologia nullo vivente Magistro usus sit,
,, adhuc viventes, seu Ecclesiam in suis vo-
,, luminibus inspirantes, Augustinum, cæ-
,, teros Patres & Thomam, imò Scriptu-
,, ram sacram seu veterem, seu novam, Je-
,, sum & Paulum, ac sacra Concilia, adeò
,, volvit, revolvitque, ut de divinis arcanis
,, posset cum doctis erudita miscere eloquia.
,, Non igitur mireris, si maximæ judicia-
,, riæ dignitates ei aliquando oblatæ sint,
,, sed fortè miraberis magis cur non etiam
,, invito collatæ. Hæc me non ita latent, quin
,, ab ejus ore proprio acceperint hæc duo
,, magni animi effata : Primum quod in de-
,, corum debitæ integritati judicaret pecu-
,, nias, ad publica munia obtinenda seu ac-
,, ceptanda impendere, quæ gratis collata
,, in Reipublicæ utilitatem uberiùs cede-
,, rent : secundum, quod omnem suam ope-
,, ram omnibus dedicasset, at nullum am-
,, plius suis juvare consiliis potuisset astrictus
,, rei judiciariæ ; quapropter hujusmodi di-
,, gnitatibus prætermissis, quæ justa judicia
,, paucis decrevisset, omnibus ferè continuo
,, consiliorum juvamine procuravit & obti-
,, nuit.
,, Fuit nihilominùs serenissimo Duce Fran-
,, cisco II. præcipuus à conciliis & supplicum
,, libellorum Magister, ac de cætero caris̀si-
,, mus & maximè dilectus ; in ejus frequen-
,, ter laudes sese benignissimus ille Princeps
,, effundens, sibi maximè arridentem sen-
,, tentiam ut à Francisci nostri ore prolatam
,, suâ principali auctoritate & mirâ benigni-
,, tate confirmabat, hunc nimirum, Fiat
,, jus, aut pereat mundus, quod in familiari-
,, bus colloquiis Ducalis Præco spargebat,
,, ut propriis auribus nostris sæpè audivi-
,, mus ; undè & illum ipsum ad supremos
,, Ministeriatûs honores, si tempora favis-
,, sent, suggesserat & destinaverat. Quin &
,, non nunquam fuit metu ac jussu serenissi-
,, mi Ducis Caroli quarti tunc regnantis mis-
,, sione ad Christianissimum Regem in ar-
,, duis Provinciæ negotiis insignitus, & stre-
,, nuè ac fideliter functus.
,, Hoc ei verò singulare fuit, ut præci-
,, puas passim Provinciæ familias, seu ære
,, gravatas, & majorum suorum incuriâ
,, dilapsas, seu litium amfractibus implica-
,, tas, mirâ industriâ in pristinum splendo-
,, rem restituerit, licèt tamen præcipuarum

„ & nobilium ferè cunctarum familiarum
„ curam gereret, nullum respuebat, sed
„ plebæium æquè ac nobilem hilari semper
„ facie suspiciens, egenos præsertim summâ
„ charitate complectebatur, eorumque ne-
„ gotiis gratuitò intendebat, quin & maxi-
„ mo affectu ac zelo incredibili Præmons-
„ tratensium reformatorum (inter quos bi-
„ ni illi erant fratres secundùm carnem Præ-
„ lati infulati) res omnes promovere, nun-
„ quam destitit, non spe munerum vel sti-
„ pendii intuitu, sed gratiosæ mentis officio
„ illorum Congregationem nunquam futu-
„ ram immemorem sibi in æternum devin-
„ ciente; cujus quidem Congregationis tunc
„ Præses tum illustris & benefici viri memo-
„ riam ad posteros transmittendam esse,
„ ejusque nomen gratitudinis simul & hono-
„ ris causâ in singulorum Monasteriorum
„ Necrologiis inscribi, & cum præcipuis
„ benefactoribus quot annis commemorari
„ statuit & decrevit, prævenientibus om-
„ nium votis, qui ad primum mortis ejus
„ nuntium festivâ pietate & spontaneo fer-
„ vore impulsi ad sacra piacula certatim
„ confugerunt, quod & apud exteros longè,
„ latèque dissitos factum est, usque Romam,
„ cujus facti extant autentica testimonia:
„ tanta erat viri boni, bona fama, & pro-
„ tensæ beneficentiæ hinc magnitudo, illinc
„ grati animi effusio.

„ Neque verò avarus erat & tenax scien-
„ tiarum, vel etiam annosæ & probatæ ex-
„ perientiæ seu labore seu usu perpetuo
„ conquisitarum; quod enim sine fictione
„ didicerat, hoc sine invidia aliis infundere
„ eructare & tradere semper præsto erat,
„ ingenuis præcipuè adolescentibus causidi-
„ corum munere initiatis, quos ad se veluti
„ ad patrem accedentes sic erudiebat, ut
„ primo suggereret eos ex se causæ statum
„ aperire, suosque sensus depromere; pius
„ deinde & prudens didascalus omninò lau-
„ daret conceptum opus, subinde tamen
„ moneret quid emendandum, quid adden-
„ dum, quid antiquis legibus obsoletis è no-
„ vis corrigendum, aut immutandum, aut
„ aliàs advertendum esset, ac tandem ad
„ continuum & indefessum laborem horta-
„ retur & animaret, quia in scientiarum si-
„ cut & in pietatis exercitio qui negligenter
„ præsumit, eum retrogradi necesse est.

„ Erat Franciscus noster serenâ semper
„ facie venerabilis, admodum jucundæ con-
„ versationis, leporem suis inducens fami-
„ liaribus colloquiis, appositâ Historiarum
„ diversarumque rerum jucundâ narratione,
„ quibus audientium animos mirificè mul-
„ cebat, & dum jam lectulo vi morborum
„ detinebatur.

„ Summâ semper & rarâ prudentiâ usus
„ est in tantis temporum vicibus, in quibus
„ ut cum Nanzianzeno loqui liceat, *Rector*
„ *cælitum ævum pluries versarat suum*.

„ De bellorum eventibus, de Magnatum
„ dissidiis, & de supremæ rei curiosâ inda-
„ gine altum & stupendum semper in ipso
„ fuit silentium ubique & erga omnes: nun-
„ tiorum rumorem, discendi puriginem &
„ sibi in familiaribus liberè & severè damna-
„ bat & coercebat; si alii colloquia super
„ his miscere velle viderentur, ea in alium
„ rem mox inflectebat jucundâ aliquâ apos-
„ trophe, quia curiosi indagatores lepidè
„ eludebantur, simul & gratiosè recreaban-
„ tur.

„ Quæri hîc posset an doctissimus vir ali-
„ qua volumina ediderit : at responsio in
„ promptu est ; neque voluit augere immen-
„ sas abyssos voluminum Bibliothecæ Justi-
„ nianæ, neque in continuis forensium stre-
„ pituum distractionibus potuit : verum
„ subtili compendio alographo in pluribus
„ opusculis juris amfractuum aditus & exi-
„ tus sibi familiares & cuique obvios fece-
„ rat ; nonnulla deinde varia, grata & docta
„ opuscula scripsit, plura meditatus erat, si
„ vixisset ; silentio hîc non prætermittam
„ quoddam opusculum prælo datum anno
„ 1628. in quo Auctor viginti quatuor an-
„ nos natus in florida adolescentia consum-
„ mati judicii & doctrinæ specimen aliquod
„ protulit, ei titulus est : *Francisci Guineti*
„ *Justinianus magnus*, ubi præclaras Herois
„ illius dotes attollit, mendosas de eo fa-
„ bulationes delet, bellicos congressus pul-
„ chrè describit, ac tandem abditissimas ju-
„ rium jurisconsultorumque origines ho-
„ rumque mores detegit, præclarâ eloquen-
„ tiâ, historico stilo, sed fideli, exquisito,
„ perlucido, florido, jucundissimo.

„ Jam verò, ut præcipuam illius partem
„ dignoscas, & ad quem Christianæ perfec-
„ tionis gradum conscenderit, hoc cogita,
„ quod quantâ mentis intelligentiâ pollebat,
„ & quanto scientiarum omnium decore or-
„ nabatur : non minore pietate refulserit,
„ sed absque fastu & affectatione boni dun-
„ taxat, ut vocabatur, Parœciani, omnium-
„ que simul ad amussim Christianarum exer-
„ citationum officio dignissimè fungebatur.

„ Habuit suæ pietatis consociam uti tha-
„ lami consortem nobilem Franciscam Gen-
„ neterre, iteratarum nuptiarum uxorem ;
„ cœlo magis quàm terræ vivebant ambo,
„ amplissimarumque suarum facultatum
„ largitione domum in excelsis non manu-
„ factam parabant, quo fur non appro-
„ priat, nec tinea quicquam corrumpit : il-
„ lucque amicos pauperes sibi maximis elee-

,, mofynis devinctos, suos aliquando in æ-
,, terna tabernacula futuros receptores præ-
,, mittebant ; prolem quâ caruerunt, pau-
,, perum adoptione fupplebant.

,, Habebant binas easque pias & fideles
,, famulas in minifterio, (in quo in finem
,, perfeverarunt) quibus æquè pauperum
,, ac heri & dominæ cura erat demandata ,
,, quotidianum illis victum & potum ftatu-
,, tis horis ad januam fi sani essent , porri-
,, gebant, fi infirmi & ægroti divifam pro-
,, priis manibus dominæ suæ è mensa por-
,, tionem ad eorum tugurium & lectum de-
,, portabant : olla carnium ad focum pro-
,, pè ollam domini, egenis deftinata ferve-
,, bat, panis cum domefticarum pane co-
,, quebatur , & certa vini portio pro cujuf-
,, que ætate & neceffitate miniftrabatur :
,, quin & ferunt pios conjuges præter folitas
,, eleemofynas, omnium receptarum pecu-
,, niarum decimam, in partem tulisse pro
,, inopum præfertim duodecim feniculorum
,, fublidio, & hoc in honorem Apoftolici
,, Collegii ; ipfos præterea inopes variis in-
,, duftiofæ charitatis adinventioribus juva-
,, bant ; qui fi ægri effent, præter neceffaria
,, etiam miffis quàm plurimis refrigeriis ,
,, jufculis, falgamis , variifque munufculis
,, eos recreare nitebantur.

,, Nulli unquam deerant Religionis offi-
,, cio, præfto aderant Parochialibus Miffis
,, tam ferialibus quàm feftivis , laudibus ,
,, fupplicationibus, piarum folemnitatibus
,, confraternitatum , Parochiæ fuæ quibus
,, nomen dabant , quas & frequenter Fran-
,, cifcus regebat, qui dum omnes è familia
,, adeffe jubebat facris Concionibus, ipfe
,, domi fedens fanctos Patres (præcipuè di-
,, vinum Bernardum fibi admodum familia-
,, rem) concionantes & concionatorum ma-
,, giftros & antefignanos devotè perlegebat.
,, Præcepta, jejunia & abftinentiam tali ri-
,, gore implebant, ut vix in extremis & acu-
,, tis morbis difpenfatione aliquâ uterentur ;
,, vini in collationibus non nisi exigua por-
,, tiuncula in deftinato vafculo miniftraba-
,, tur, cum pane arcto & brevi aliquorum
,, fructuum edulio. Conjugalis amor & uni-
,, formis voluntas erat in fummo , que-
,, rela nulla, nulla exprobratio aut verbum
,, duriufculum in familia audiebatur , ex
,, quibus facilè erat intelligi Patrem cæleſ-
,, tem illi familiæ præfidere ; gratiamque fa-
,, cramentalem talis conjugii etiam præter
,, ordinem in centuplum creviffe : nam &
,, temporalibus donis ad fuperfluentiam
,, abundabant, & fpiritualibus ditabantur at-
,, que in his crefcebant ufque ad perfectum
,, diem. Francifcus fiquidem Chriftiano ca-

,, ractere qui in morborum afflictationibus
,, & crebris dolorum tentationibus elucet,
,, infignitus, fummâ illum perficiebat patien-
,, tiâ ; à multis quippe retrò temporibus
,, vix annus abfolvebatur, quin ter quater-
,, ve, & interdum pluries acutis podagræ &
,, calculi doloribus ac cruciatibus torquere-
,, tur, quos tam fereno vultu fuftinebat ,
,, ut aftantes mirarentur : dicere folitus erat
,, nos de inflictis malis conqueri non debere,
,, fed de immenfis acceptis gratiis ftupere ,
,, unde nec ipfe ad torquentem in pede po-
,, dagram advertebat, fed continuam repen-
,, debat pro modulo gratitudinem , quod
,, Deus liberam fineret effe mentis aciem ,
,, & manum dolore vacuam ; ficque de cæ-
,, teris corporalibus fpiritualibufve tenta-
,, tionibus & afflictionibus Chriftianè fen-
,, tiendum effe, & vitæ noftræ naviculâ fluc-
,, tuante in mediis tribulationum voragi-
,, nibus ac temporum viciffitudinibus recto
,, corde & firmâ mente firmamentum in-
,, tueri nos debere immobiliter prædicabat :
,, itaque in Francifco marito tolerantem Jo-
,, bum , in Francifca uxore miniftrantem
,, Martham, redivivos agnovisses : & certè
,, neque ille peccaverat (ut ita dicam) ne-
,, que parentes ejus , fingulari pietate perf-
,, picui apud fuperftites ut vel hæreditario
,, fanguine mala ipfa dilapfa , vel ex crapula
,, & compotationibus contracta crederen-
,, tur ; vir fcilicet erat infignis temperantiæ,
,, qui honefta convivia olim rariffimè fre-
,, quentaverat , à quàm plurimis annis
,, nulla prorfus ; quique vel de leviori ex-
,, ceffu argui nequibat. Hæc ergo cœlitus or-
,, dinata fateamur, ut manifeftarentur ope-
,, ra Dei in illo, & cœleftes coronæ poft du-
,, ra certamina reponerentur.

,, Tandem pro mortali debito, poft tri-
,, ginta quinque vel fex circiter annos folvi
,, cœpit tam Chriftianum confortium ad vi-
,, tam præmaturum. Francifca uxor annis
,, major, noxiis humoribus oppreffa, & certâ
,, catarri fpecie tacta , in fingulis momen-
,, tis obdormifcens, nifi vi expergifceretur,
,, intellexit fe defuper ad æterna vocari, &
,, indignam fe inclamitans ut Dominus fuus
,, ad fe veniret , ad eum perrexit, juffitque
,, fe ad proximam pœnitentium capellam
,, manu duci & fub axillis fuftineri, vim tan-
,, tam quantam poterat fibi inferens, ut ibi
,, facrum Chriftiano more Viaticum à pro-
,, prii Parochi deputato acciperet, quo piè
,, accepto, poft unum vel alterum diem fu-
,, bitaneo , fed non improvifo momento in
,, manibus mariti fui, quem ipfa confolaba-
,, tur, expiravit.

,, At cùm pauperes , orphani & viduæ

"bonam suam matrem expirasse didicissent, & accurrentes domum ac vicos lamentis & ejulationibus replerent, adfuit consolator Franciscus, qui vim doloris in se comprimens ut indigenis solatio esset, consolamini, inquiebat, pueri mei, & ite in pace ; sanctè promitto me nihil prorsus detractaturum ex politis eleemosynis quas Deo in vestris personis vovimus, vestras tantummodo preces & vota offerte pro vivis æquè ac defunctis, quorum ex cælesti ordinatione patroni estis constituti : quod constantissimè, simulque maximâ charitate & præstitit & auxit usque ad ultimum lethalis morbi excessum, ut qui hæres universorum mobilium ex pactis conjugalibus extiterat, quasi bipartita charitatis officia in se solo superstite adunasset cumulatiùs ; favit susceptum à se diu officium regendi & administrandi res pauperum Hospitalis sancti Juliani Nauceiani, cui non modò gratis totus incumbebat assiduâ mentis applicatione, sed etiam frequentibus & pinguibus eleemosynis quos suos vocabat pauperes, ditabat, ut dixisses eum solvere voluisse maximè utilium suorum obsequiorum stipendia, iis quibus continuam operam impendebat : tantâ igitur charitate pauperes complectebatur ut ipse pauper veluti effectus pauperrimorum & miserabilium personarum more sepeliri voluerit.

"Et hæc erat vivendi Deo, vivendi sibi, vivendi aliis omnibus Francisci consuetudo ; ejusque currebat decimus octavus supra sexagesimum annus, cùm mors pro suo jure nulli parcens, eum adoriri coepit, non tamen ex improviso ut assolet, aut ex insidiis, non ex improvisa, quippe qui bonis operibus abundans, terrena omnia caduca despiciens, non adhærens carni & sanguini à quinquennio testamentariis olographis codicillis amplissimarum suarum facultatum acquisitarum & mobilium solos pauperes suos sancti Juliani, hæredes universales instituerat, sibi gratulans & perhonorificum testamento suo declarans, ipsis per multos annos subserviisse : illi igitur ipsi, qui thesaurum in coelis incorruptum asservant, thesauri terrestris possessione sunt potiti, terrestris quidem, sed puri & mundi à sanguine populorum, & à cujusvis pravæ, vel minimum reprehensibilis aut suspectæ acquisitionis maculâ innoxii & prorsus alieni : qui tanquam oblatio munda dignum erat Deo holocaustum ; unde & totum obtulit, ut rivus ad suum fontem reflueret, à quo defluxisse summâ grati animi significatione perpetuò confitebatur. Remuneraverat præterea domesticam familiam, designaveratque donaria nonnulla iis quibus aliquo necessitudinis affectu vinciebatur, præcipuè fratri Abbati sanctæ Mariæ, cui pro regulari statu convenientia dona Bibliothecam & pias dedit tabellas. De cætero has strictè imposuerat leges, & maximè Christianas conditiones, ut scilicet non alibi quàm in communi Parochiæ suæ (aut alienæ, si alibi moreretur) cæmeterio coram Crucifixi imagine sepeliretur, sub simplici lapide, solâ quæ sequitur inscriptione exararato : (*Franciscus Guinetus peccator, hic expecto misericordiam Dei hominis pro me crucifixi* ;) & inferiùs (*tantus labor non sit cassus.*)

"Cæterùm omnem funebrem fastum prohibuerat, exceptis solis Christianis ritibus, qui pro pauperibus adhibentur : at loco luminaris quod Ecclesiæ Ministris cessisset francos quinquaginta ipsis legaverat : duplicaverat præterea illorum solitas honorarias retributiones : loco stemmatum gentilitium, totidem pauperibus dederat, loco vestium lugubrium, eandem pariter pecuniæ summam confraternitatibus quæ eas subministrare solent, destinaverat, eâdem semper lege & strictâ conditione, ut nihil horum fieret aliud, quàm pro infirmis è plebe, quod semel & iterum præceperat : lubet audire verba propria Christiano calamo in prædictis codicillis exarata : *Quod inquit : expressè noto (de prohibitione fastuum illorum loquitur) quia magno tenore desiderio ut sic fiat ; scio fastus funebres vanitati viventium adulari, sed identidem scio multùm obesse defunctis ; nullus majorem honorem debet concupiscere, quàm christianè mori, & inter pauperes inhumari, quorum muneris est nos in æterna admittere tabernacula, hoc singulariter recommendo dominis executoribus mei testamenti* : hactenus ille in propriis terminis.

"Sed neque ex insidiis mors illum impetivit ; misit prænuntios suos podagra & calculi dolores solito tenaciores, & molestos quinque septimanarum hospites, tortores, qui febrim tertianam eamque adeò vehementem excitarunt, ut trino accessu corrosum frequentibus ægritudinibus seniculi corpus, penitùs exhaustum consummatumque sit. His præmonitus, inconsulto corporis medico maturè vocari jussit proprium Pastorem, sacrâ ex homologesi purgavit conscientiam, sacrum corporis Christi Viaticum humillimè postulavit, & quamvis summis febris ardoribus

, bus æstuaret, & circà alia objecta conti-
, nuas pateretur mentis evagationes, mi-
, rum dictu, in hoc tamen salutis negotio
, sibi maximè præsens, eas impugnabat
, mentis acie incredibili, in se toties re-
, versus, quoties egressus, quod speciali
, divinæ gratiæ plusquam ordinariæ as-
, cribi & referri debet; allatum igitur &
, oblatum quantâ potuit humilitate & cha-
, ritatis ardore veneratus est, adoravit,
, suscepit, de christiani nominis profes-
, sione & honore in quo totam suam
, spem, omnem gloriam collocarat exul-
, tabundum se exhibens conceptis verbis.
, Sic autem medicum suum placuit, qui
, pium factum tanquam levi consilio par-
, tum carpebat ; sunt, inquiebat, Claris-
, sime Domine, certa negotia, quæ ma-
, turiùs vel tardiùs fieri queunt, at hoc
, negotiorum negotium præstat maturiùs
, quam tardiùs absolvere, imò Edictis Du-
, calibus vobis medicis prohibitum est ter
, eundem ægrotum invisere, nisi sacra
, Eucharistia refectum.

,, Tandem sacro etiam oleo in crasti-
, num delibutus, extremo decertans, sa-
, cris Ritibus & fusis à ministrante preci-
, bus attentus, ad hæc verba ore Dei uti-
, mè sacrata, *consummatum est*, sibi à suo
, Pastore suggesta lubens & annuens,
, cursum suum Nanceii finiit, & consum-
, mavit anno millesimo sexcentesimo oc-
, togesimo primo, die 13. Septembris, no-
, nam inter & decimam nocturnam, an-
, nos natus 77. menses sex, dies 9. & in
, crastina exaltationis sanctæ Crucis sacra-
, ta die circa septimam serotinam coram
, Crucifixi Imagine in cœmeterio com-
, muni Parociæ suæ nostræ Dominæ,
, inter pauperes & plebeios, uti postula-
, verat, & mandaverat, inhumatus est &
, reconditus; ibi electam à se requiem in
, sæculum sæculi mente, ut piè credimus,
, in Cœlum jam sublatâ, ejus corpuscu-
, lum in diem Domini præstolatur.

GUINET (Nicolas) frere du précédent Prémontré de l'étroite observance de
Lorraine, étoit né à Nancy, & fit profession en 1639. Il enseigna la Philosophie
& la Théologie, fut Maître des Novices,
Prieur & Définiteur dans sa Congrégation,
Docteur en Théologie & en Droit. Il fut
Abbé de Ste. Marie de Pont-à-Mousson en
1665. & Vicaire Général de sa Congrégation pendant près de 20. ans.

Il a composé 1°. des Notes & joint des
piéces justificatives à la fin de la vie de
Philippe de Gueldres, imprimée au Pont-
à-Mousson 1691. in-8°.

2°. *Ramusculus excerptus, &c.* ou liste des
Abbés de Ste. Marie du Pont-à-Mousson,
pour prouver la régularité de son Abbaye.

3°. Seize Mémoires in 4°. partie Latin,
partie François, pour la défense de la réforme de l'Ordre des Prémontrés, imprimés au Pont-à-Mousson.

4°. *La couronne du bon Religieux en la
mort du R. P. Louis Bosimon*, Prieur de Cuissy, ordre de Prémontré, décédé en l'Abbaye de Belval, par un Religieux témoin de
ce qu'il raconte. Manuscrit. Ce Religieux
est le R. P. Guinet pour lors Prieur de Belval.

Comme il étoit très habile Jurisconsulte,
il a composé & fait imprimer grand nombre de Mémoires & de Factums, pour la
défense de sa Congrégation réformée, vivement attaquée par les Abbés & par les
Chapitre généraux de son ordre, & même
par des particuliers de cette Congrégation,
qui avoient tenté d'innover dans la forme
de son gouvernement. On dit qu'un Ministre d'Etat du Roi Louis XIV. ayant pratiqué le Pere Guinet, lui rendit ce témoignage, qu'il étoit capable de gouverner un
Etat. Il mourut & fut enterré au Pont-à-
Mousson dans l'Eglise de son Abbaye le
25. Janvier 1695. On peut voir son Epitaphe
qui renferme les principaux faits de sa vie.
Annal. Præmonst. tom. 2. pag. 210.

GUINET (Nicolas) Chanoine Régulier
de S. Augustin, natif de Blénod, près la
Ville de Toul l'an 1600. fut un des premiers Disciples & des plus zélés coopéra-
teurs du bienheureux Pierre Fourier dans
l'œuvre de la réforme des Chanoines Réguliers de Lorraine. Il fut écolier du (*d*)
Pere Abram Jésuite, qui dans son histoire
de l'Université de Pont-à-Mousson, en fait
l'éloge, & se glorifie d'avoir eu pour éléve
si excellent sujet, il n'avoit pas dix
ans; lorsqu'on le lui confia pour former
ses mœurs à la piété, & son esprit aux
études. Il étoit d'une innocence parfaite,
& commença dès-lors à pratiquer des
austérités extraordinaires; il avoit d'abord
conçu le dessein d'entrer chez les Jésuites,
mais comme il avoit peine à parler, il ne
put obtenir ce qu'il souhaitoit; il demanda
ensuite d'être reçu dans l'ordre de S. Dominique, mais les mêmes raisons qui l'a-
voient empêché d'être admis dans la Société, furent causes qu'il ne fut pas reçu
chez les Dominicains.

Le Pere Fourier l'ayant reçu dans sa
nouvelle Congrégation, se défia d'abord
de ses excessives austérités, & craignit qu'il

(*d*) P. Abram. lib. 7. art. 32. Hist. univerfit. Musii. Pont.

n'y eut en cela du tempérament ou de la vanité; il l'éprouva en toute maniere, & ayant reconnu sa docilité, son humilité & son obéïssance, il le laissa suivre son attrait; peu après sa profession il fut envoyé à Rome pour les affaires de son ordre. Il y continua ses pratiques de pénitence, & eut l'honneur de se faire connoître au Souverain Pontife, qui l'écouta volontiers, & lui accorda ce qu'il demandoit pour la nouvelle réforme, à laquelle le Pere Fourier travailloit, & dont il sollicitoit la Confirmation.

Dans l'intervalle le Pape ayant élevé au Cardinalat le Prince Nicolas-François de Lorraine, Evêque de Toul, le Pere Nicolas Guinet composa un Poëme de deux cent vers en action de graces, qu'il présenta à sa Sainteté, qui en parut fort content, & lui accorda cinq Bulles pour l'érection de la nouvelle Congrégation de S. Sauveur, avec pouvoir d'y unir & incorporer tous les Monastéres de l'Ordre de S. Augustin, scitués en Lorraine, & de mettre à leur tête un Général à Vie : à son retour de Rome, il fut élu premier Général de sa Congrégation ; alors il se livra sans réserve à la mortification qui étoit son principal attrait : dans ses lettres particulieres, il se qualifioit *omnium peritsema, la baliure du monde.* Il mourut accablé d'austérités, & âgé seulement de 32. ans en 1632.

GUISE (Charles) Cardinal de Guise, voyez Lorraine.

GUIOT (Antoine) Prêtre Curé d'Adompt, Diocèse de Toul, a fait imprimer. 1°. *L'agriculture morale*, à Toul 1682.

2°. *Etat de la donation, érection, charges, & services de la Chapelle fondée sous le titre & invocation de Jesus, Marie, Joseph, en l'Eglise Paroissialle de Dommartin les Villes sur-Illon*, à Toul 1661.

GUIOT de Marne (Joseph Claude) Grand Vicaire de l'Ordre de Marthe dans les terres des Duchés de Lorraine & de Bar, naquit à Bar-le-Duc en 1693. le 8. Janvier. Il est de l'Académie de Florence, & de Tortone, a fait imprimer à Rome une Dissertation latine adressée au Cardinal de Polignac, pour prouver que S. Paul a passé à Malthe d'Affrique, & non à Méléda du Golphe Adriatique, comme le prétend le P. George de Raguse.

2°. Un Commentaire sur les actes des Apôtres, imprimé à Palerme en Latin.

3°. Deux dissertations en Italien, imprimées à Tottone sur des Antiques & des Médailles anciennes.

4°. Il a fait insérer dans les journaux de Trévoux en Mars 1736. des caractéres puniques.

5°. Il a travaillé sur les Archives de Malthe, & en a traduit la plûpart des titres.

GUIOT (Nicolas Huillot dit) né à Macon en Bourgogne, mais établi à Nancy dès sa plus tendre jeunesse, s'est rendu célébre entre les Artistes de ce tems, pour avoir de lui-même & sans maître, inventé & perfectionné dans ce pays, l'art de tirer en cire les Portraits au naturel, ce qui lui a acquit une grande réputation.

Il apprit d'abord le métier de Cordonnier près de son Pere, & les Fêtes & Dimanches il s'appliquoit par un motif de piété à habiller des images de Saints & de Saintes, & autres petits ouvrages de dévotion. Sur la fin de l'année 1728. on en fit voir au feu Duc Léopold qui en fut content, & vouloit l'envoyer à Rome pour y apprendre le dessein ; mais la mort de ce grand Prince arrivée en 1729. rompit les espérances de Guiot qui ne laissa pas de poursuivre avec succès le cours de son entreprise. En 1730. on célébra chez les Peres Cordeliers de Nancy, la cérémonie de la Canonisation des Ss. Jacques de la Marche & François Solano : Guiot fit ces deux Saints en cire, habillés en Religieux, haut comme nature, mais avec des traits si frappant & des attitudes si naturelles, que plusieurs personnes les ayant vûs assis dans une chambre, les saluerent.

Depuis ce tems il quitta le métier de Cordonnier, pour s'attacher absolument à ces sortes d'ouvrages, & prit avec lui un de ses freres, nommé François Guiot, qui y réussit très bien, l'un & l'autre travaillent encore, & chacun est curieux d'avoir de leurs productions.

En 1744. ils firent le portrait de Mgr. le Dauphin qui fut présenté à la Reine de France lorsqu'elle passa à Nancy; elle le reçut avec plaisir, & ils furent chargés de faire celui du Roi T. C. qu'elle trouva très bien, & leur en témoigna sa satisfaction.

GURO Cardinal de Guro, *voyez* Peraud.

H

HABERT (Louis) natif de Blois, Docteur en Sorbonne, ci-devant Grand Vicaire & Official de Verdun, a fait imprimer *Theologia Dogmatica & Moralis ad usum seminarii Catalaunensis*, tom. 7. in-8°. 1709. *ultimus tomus* 1712. étant à Verdun, il donna au public un traité intitulé, *Prati-*

que de la Pénitence in-12. qui a été imprimé plusieurs fois, est connu sous le nom *de Pratique de Verdun*.

„ Une réponse à la quatriéme lettre d'un
„ Docteur de Sorbonne à un homme de
„ Qualité, touchant les hérésies du 17. sié-
„ cle, avec une addition au sujet d'une
„ troisiéme dénontiation, & d'une réponse
„ aux remarques sur le Mandement de
„ Gap. à Paris 1714. in-8°.

Ce Savant Théologien ayant été exilé le 9. Avril 1714. à l'occasion de la Constitution *Unigenitus*, fut rappellé à Paris après la mort du feu Roi Louis XIV. en 1715. long-tems auparavant il avoit été employé successivement par différens Prélats qui l'honorerent de leur confiance, & qui le chargerent du soin de leurs Séminaires, de l'instruction des Peuples, & de la conduite des Curés en, qualité de Théologal & de Grand Vicaire, à Luçon, à Auxerre, à Chaalons-sur-Marne, & à Verdun, dont il conduisit le Séminaire près de 20. ans, il a travaillé ainsi pour l'Eglise pendant plus de 40. ans d'une maniere irreprochable, il a mené une vie toujours égale & édifiante ; on dit qu'étant retourné à Paris, il opina assez foiblement dans l'Assemblée de la Faculté le 2. jour de Décembre 1715. sur le sujet de la Constitution *Unigenitus*. Mais depuis ce tems-là, il agit avec plus de force.

Dans l'Assemblée du 1. Avril 1716. il fut nommé le premier des 17. Docteurs qui furent choisis pour travailler à un corps de doctrine, qui devoit être incessamment dressé sur les matieres contestées à l'exemple de celui qui l'avoit été au tems des troubles de Luther.

Son ouvrage intitulé *Theologia Dogmatica, &c.* ayant été dénoncé à Mgrs. les Archevêque de Paris & Evêque de Chaalons-sur-Marne, Mr. Habert ne tarda pas à répondre à cette dénonciation par un écrit intitulé, *Défense de l'auteur de la Théologie du Séminaire de Chaalons*. Dans cet ouvrage il se défend fort bien contre son dénonciateur, & démontre sa propre orthodoxie ; mais comme il imputoit divers erreurs à de très habiles Théologiens, un deux lui adressa une plainte qu'il intitula, *de l'injuste accusation du Jansenisme*, où il lui reprocha, qu'il y avoit eu beaucoup de prévention dans sa conduite, un désir excessif de se défendre, & une crainte trop grande de ceux qui l'avoient attaqué, que pour se mettre à couvert des traits de son adversaire, il avoit sacrifié l'innocence des autres, jusqu'à se joindre même quelquefois à eux pour accabler, par les reproches les plus sensibles, des Théologiens d'une foi très pure & d'une vie irréprochable.

Je n'ai point appris que Mr. Habert ait répondu à cet ouvrage.

Mr. Pastel, Docteur de Sorbonne, Censeur Royal, Aprobateur de Théologie de Mr. Habert en fit d'abord l'appologie ; mais ensuite Mr. Habert prit sa propre défense contre ses dénonciateurs, comme nous l'avons vu : c'est principalement aux Journalistes de Trévoux qu'il eut affaire dans cette occasion. Mr. Habert mourut le 7. Avril 1718. âgé de 82. ans neuf mois.

HABERT (Nicolas) Religieux de l'Abaye de Notre-Dame de Mouzon, fut élu Prieur de la même Abbaye par le Chapitre en 1608. Il acomposé en Latin l'histoire de l'Abbaye de Mouzon, & l'a fait imprimer en 1628. Il mourut le 13. Déc. 1634. avant que la réforme fut introduite à Mouson.

HANZELET (Jean Appier) maître d'Artillerie de S. A. de Lorraine, étoit un esprit fort inventif, & un habile ouvrier en différens genre. Il a fait de belles découvertes dans les machines de guerre & dans les feux d'artifices. C'est un des premiers Auteurs qui eut traité de cette derniere matiere. Il étoit outre cela Graveur & Imprimeur, comme le témoignent plusieurs Livres (*e*) qui sont sortis de sa presse. Le Pere Abram nous apprend qu'il fut privé de la charge d'Imprimeur de l'Université de Pont-à-Mousson en 1628. & condamné à une amende de 50. francs pour avoir imprimé sans la permission du Recteur un ouvrage de *Jean Hordal*, Professeur en Droit.

Le Pere de Jean Appier étoit Ingénieur de S. A. & avoit tracé plusieurs fondemens des Fortifications de Nancy du tems du Duc Charles III.

Voici la Production littéraire de notre Auteur.

„ Recueil de plusieurs machines militai-
„ res & feux artificielles pour la guerre & ré-
„ création, avec l'alphabet de Trithemius,
„ par laquelle chacun qui sçait écrire, peut
„ promptement composer congrument en
„ Latin. Aussi le moyen d'écrire la nuit à
„ son ami absent. De la diligence de Fran-
„ çois Thibourel, Maître Chirurgien, &
„ de Jean Appier, dit Hanzelet. Pont-à-
„ Mousson. Marchand. 1620. in-4°.

L'Epitre Dédicatoire de ce livre est adressé au Duc Henry par Thibourel & Hanzelet, le premier dit *qu'il a reçu Com-*

(*e*) Hist. Universit. Mussi-Pont liv. 7. art. 81.

mandemens de S. A. d'écrire de la faculté & accidens des Bains de Plumiere, & qu'il en a tracé la Théorique & la Pratique, quand depuis il a écrit les vertus latentes des Eaux minérales du Pont-à-Mousson, que néanmoins tout est demeuré supprimé jusqu'en 1619. que l'admirable & monstrueuse Comette parut en notre horison. On ne peut sçavoir à quel dessein Hanzelet s'étoit associé à Thibourel, c'est-là une des Anecdotes domestiques des Auteurs qu'il est difficile de débrouiller, sur-tout dans ce Pays-cy, où l'on a laissé perdre & la mémoire, & une bonne partie des ouvrages que des tems plus cultivés avoient produit.

Hanzelet fit réimprimer son livre, sans faire mention de Thibourel.

Voici le titre de la seconde Edition.

„ La Pirotechnie de Hanzelet Lorrain,
„ où sont réprésentés les plus rares & plus
„ approuvés secrets des machines & feux
„ artificielles propres pour assiéger, battre,
„ surprendre, & défendre toutes Places,
„ au Pont-à-Mousson. Bernard in-4°. fig.
„ 1630.

HARAUCOURT (César François de Chamblay) naquit au Château de Chamblay l'an 1598. Il fut reçu dans la Société de Jesus en 1619 & fit ses quatre vœux au tems marqué, il enseigna les Humanités, la Philosophie aussi bien que les Mathématiques dans le Collége du Pont-à-Mousson, il mourut à Paris le 26. Février 1640. Voici ce qui reste de lui.

1°. L'usage de quelques horloges universelles & du Cilindre, in-12°. Pont-à-Mousson chez Charles Marchand 1616. pag. 30. c'est une espéce de Thése.

2°. Traité Théologique & Morale des Sts. Sacremens de l'Eglise, à Bourdeaux en 1635. in-20. On peut voir sa vie dans l'histoire de l'Université de Pont-à-Mousson. liv. 7. artic. 72. On y parle de ses vertus chrétiennes, de sa piété, de sa dévotion, de sa charité, de sa science d'une maniere très avantageuse. On le qualifie, *Poëta excellens, Orator non mediocris, linguarum satis peritus.*

HARAUCOURT (Elisée) Gouverneur de Nancy sous le bon Duc Henry II. a laissé quelques mémoires manuscrits de l'histoire de Lorraine de son tems, depuis 1630. jusqu'en 1637. Ces mémoires sont cités par le Pere Benoît Picart, Capucin, réplique à Baleicourt, pag. 33.

Elisée d'Haraucourt étoit Homme de lettre & fort curieux, j'ai vu beaucoup de bons livres qui lui avoient appartenus, on remarque ses armes sur les portes de la Ville de Nancy, lesquelles furent bâties de son tems. Les mémoires originaux de Mr. Elisée d'Haraucourt, dont le R. P. Benoît étoit dépositaire, portoient que le Marquis de Bassompierre lui avoit dit plusieurs fois, que ses Instructions dans son Ambassade ne tendoient qu'à désunir les Chefs de la ligue, pour faire faire un traité avantageux à son Maître le Duc Charles III. avec le Roi Henry IV. ce qui réussit. Voyez l'histoire de Lorraine.

HARAUCOURT (Charles) de Chamblay Bailly de Nancy, a composé *un discours sur la loi salique de Lorraine*, envoyé au Pape au commencement du régne du Duc Charles IV. par conséquent vers l'an 1625. il se trouve manuscrit dans la Bibliotéque de Segnier, vol. 742. pag. 54.

HARAUCOURT (Guillaume de) étoit fils de Gerard d'Haraucourt, Sénéchal du Barrois, tout le monde sçait que la maison d'Haraucourt est une des plus illustres, des plus grandes & des plus anciennes de Lorraine, nous avons donné à part la généalogie de cette Maison. Guillaume d'Haraucourt succéda dans l'Evêché de Verdun à Louis d'Haraucourt, dont il étoit petit neveu, qui avoit été successivement Evêque de Toul & de Verdun. Guillaume étoit né avec des dispositions heureuses pour les sciences, ayant un esprit vif, pénétrant & beaucoup de dispositions pour les intrigues de la Cour, d'un extérieur bien composé, naturellement éloquent, & parlant avec facilité de tout ce qui concerne le gouvernement de l'Etat.

Son Pere qui le destinoit à l'Eglise, lui procura dans la Cathedrale de Verdun un Canonicat, l'Archidiaconné d'Argonne, & la Prévôté de Mont-faucon; Guillaume suivit son penchant pour les affaires du monde, & s'attacha à Jean de Lorraine, Duc de Calabre, qui le fit Chef de son Conseil, & le mena avec lui dans le voyage qu'il fit en Italie, pour recouvrer le Royaume de Sicile; ensuite il le fit connoître dans la Cour de France, où Guillaume d'Haraucourt fit paroître son habileté dans le maniment des affaires.

L'Evêché de Verdun étant venu à vaquer en 1456. par la mort de Louis d'Haraucourt son grand oncle, il en fut élu Evêque à la pluralité des voix contre *Olry de Blamond* qui avoit eu quelques voix, & qui employa le crédit de sa Maison pour faire casser l'Election de Guillaume, qu'il soutenoit n'être pas canonique ; mais le premier fut maintenu, & le Pape lui fit expédier des Bulles, portant que la nomination à cet Evêché lui appartenoit, & non au Chapitre.

Guillaume d'Haraucourt résida peu dans son Evêché, & en laissa le gouvernement à ses Grands-Vicaires. Il se fit connoître au Roi Loüis XI. qui l'employa dans la négociation de la paix, qui fut concluë en 1465. (*f*) avec les Princes & Seigneurs de la Ligue. Le Roi le récompensa de ses services par un Brevet de douze mille livres de pension, datté de l'an 1468. mais il n'en fut pas payé.

Dès l'année suivante, il s'employa avec Jean Baluë, qu'on dit avoir été fils d'un Mûnier de Verdun, à former une nouvelle Ligue contre le Roi, sous prétexte de l'inexécution de quelques articles de la paix qui venoit d'être concluë. Ils engagerent le Roi de Bourgogne, & Jean Duc de Calabre, à se liguer, pour favoriser les prétentions du Prince Charles, frere du Roi Loüis XI. Leurs Lettres furent interceptées, & l'intrigue découverte; on les arrêta, & on les mit en prison. Guillaume d'Haraucourt fut arrêté à Hattonchâtel à quatre lieuës de Verdun, où il faisoit sa demeure ordinaire; & étant convaincu, il fut mis en prison à la Bastille, dans une espéce de cage, dont on le croit inventeur. Comines qui avoit été pendant huit mois dans cette espéce de prison, la décrit de cette sorte (*g*): " C'est une Cage de
„ bois fort massive, dont des bois sont couverts de fer par le dehors & par le dedans,
„ avec terribles fermieres de huit pieds de
„ large, de la hauteur d'un homme & d'un
„ pied plus. Le premier qui les devisa (*h*),
„ fut l'Evêque de Verdun, qui en la premiere qui fut faite, fut mis incontinent,
„ & y a couché quatorze ans: plusieurs depuis l'ont maudit & moi aussi, qui en ai
„ tâté sous le Roi de présent (Charles VIII.)
„ pendant huit mois. L'Auteur de l'Histoire de Verdun dit qu'on croit Guillaume d'Haraucourt inventeur d'une cage semblable, qui se voit encore dans les prisons Episcopales de Verdun, pour y renfermer les Ecclésiastiques déréglés.

Cet emprisonnement de Guillaume d'Haraucourt & de Jean Baluë Cardinal, fit beaucoup de bruit en France & à Rome. Le Pape & les Evêques s'employerent inutilement pour leur procurer la liberté. Vassebourg dit que Guillaume d'Haraucourt s'occupa dans sa prison à étudier le Droit Canon, & qu'il s'y rendit très habile. L'attachement des Bourgeois de Verdun à Charles le Hardy Duc de Bourgogne, dont la puissance faisoit ombrage au Roi Loüis XI. fut un obstacle à l'elargissement de Guillaume d'Haraucourt. Après la mort du Duc de Bourgogne, qui fut tué devant Nancy en 1477. on espéroit que le Roi seroit plus aisé à fléchir; mais ce Prince qui craignoit toujours l'esprit intriguant du Prélat, le tint encore en prison pendant cinq ans; & ne consentit à son elargissement, qu'à condition qu'il ne retourneroit jamais en Lorraine, & qu'il permuteroit son Evêché de Verdun, avec Jean de Nicolinis, Evêque de Vintimille, Ville située dans les Etats de Gênes.

Ses freres, André Seigneur de Loupi, & Pierre Seigneur de Chanory, accompagnés de Gobert d'Apremont, Seigneur de Busancey, son neveu (*i*), s'employerent avec chaleur auprès du Roi, pour le prier de lui conserver l'Evêché de Verdun (*k*), s'offrant de se soûmettre à ce que Sa Majesté voudroit exiger d'eux. Le Roi fut inexorable, & Guillaume fit serment, étant encore à la Bastille, d'aller résider de suite à Vintimille: il réitéra ce serment dans la sainte Chapelle de Paris, tenant le saint Ciboire, & touchant plusieurs Reliques, en présence de Jean, Evêque de Lombès, & du Procureur Général du Roi (*l*), qui voulut encore avoir ses parens pour garants de ses promesses. Ainsi Nicolinis fut installé Evêque de Verdun en 1483. mais ayant souffert des contradictions dans cet Evêché, il le remit, au bout de deux ans, après la mort de Loüis XI. à Guillaume d'Haraucourt, moyennant une pension de 300. ducats, qu'il ne paya jamais.

Ce Prélat mourut à Hatton-Châtel le 20. Février 1500. & fut inhumé dans l'Eglise du même lieu. Il procura, 1°. en 1486. l'Edition d'un Breviaire à l'usage de son Eglise; 2°. en 1492. l'impression d'un Missel; 3°. il fit des Statuts Synodaux du Décanat de Chaumont, rédigés en 1490. & imprimés dans l'Histoire de Verdun, pag. 45. des Preuves; 4°. une Chartre de l'an 1493. touchant les Droits, Redevances & Usages des Villages de Bras-la-Grande & la Petite; imprimés dans l'Histoire de Verdun, Preuves, p. 47. 5°. un accord entre l'Evêque de Verdun & les Bourgeois, *an.* 1498. *ibid. pag.* 49.

HARDY, célèbre Graveur, originaire de Nancy, où il est mort en 1669. avoit été Graveur des Monnoies de Charles IV. M.

(*f*) Voyez l'Histoire de Verdun, pag. 400. & les Preuves, pag. 40.
(*g*) Comines, liv. 6. Mémoires sous l'an 1483.
(*h*) On fit alors ces Vers:
Maître Jean Baluë
A perdu la vuë
De ses Evêchés;
M. de Verdun
N'en a plus qu'un;
Tous sont depêchés.
(*i*) Voyez M. Godefoy, Vie de Charles VIII. p. 315.
(*k*) Voyez les Preuves de l'Histoire de Verdun, pag. 40. 41.
(*l*) Histoire de Verdun, pag. 403.

Nicolas le fils a une très belle petite Médaille de ce Prince, gravée par Hardy : elle repréfente Charles IV. & a pour revers la Ville de Nancy, au-deffous de laquelle eft la Renommée, avec ces mots, *Fama fua circuit orbem*, 1660. Hardy étoit auffi Graveur en taillesdouces.

Son fils a été Graveur des Monnoies du Duc Leopold, jufqu'à l'arrivée de Ferdinand de S. Urbain : les Monnoies de Lorraine depuis 1698. jufqu'en 1702. font de lui.

H A R E N (Jean) Controverfifte, a fait imprimer à Nancy, chez Blaife André, Imprimeur de Son Alteffe, en 1599. treize Cathéchéfes in-octavo, contre Calvin & les Calvinistes, dédiées à Madame Antoinette de Lorraine, Ducheffe de Julliers, Cléves & Monts, Comteffe de la Marke & de Ravensbourg, Dame de Raveftain, &c.

2. *Profeffion Catholique de Jean Haren*, dédiée à M. de Maillane, Chambellan & Confeiller d'Etat de Son Alteffe de Lorraine, Surintendant de l'Etat, Maifon & Finances de Monfeigneur le Cardinal de Lorraine, & fon Bailltif en l'Evêché de Metz.

3. *Epître & Demande Chrétienne de Jean Haren*, à Ambroife Wille, Miniftre des Etrangers Valons retirés en la Ville d'Aix-la Chapelle.

Jean Haren étoit Flamand, & il y a quelque apparence qu'il fuivit en Lorraine la Princeffe Antoinette à fon retour de Cléves, où elle avoit été mariée à Jean Guillaume Duc de Cléves, en 1599.

L'Auteur dont il eft ici queftion, parlant de lui-même, dit qu'il étoit né dans l'héréfie de Calvin, qu'il a été affez long-tems dans l'erreur, & qu'il y a induit les autres ; qu'il a, depuis fa converfion, étant à Cologne, à Anvers & ailleurs, rendu témoignage à la vérité, parlant publiquement fur fa converfion aux peuples affemblés, que c'eft par la lecture des faints Peres, que Dieu lui a ouvert les yeux ; que pendant 18. ans il a été Miniftre ; qu'il n'ignoroit pas qu'en embraffant la Religion Catholique, il s'expofoit à la perfecution, à la haine des hérétiques, & qu'il n'avoit à attendre qu'une vie dure, fâcheufe & pénible : Qu'il fut un jour averti par quelques gens de bien, que les Calviniftes avoient apofté des foldats de la garnifon de Venloo, pour l'affaffiner en chemin ; que le nommé Ambroife Wille, Miniftre des Etrangers Valons retirés en la Ville d'Aix-la Chapelle, lui avoit envoyé, comme il retournoit de Valencicours à Cologne, un Ecrit figné de fa main, rempli d'injures, de blâmes & de malédictions; que Haren ayant reçu cet Ecrit, avoit pris la réfolution d'aller trouver Wille, pour s'expliquer avec lui dans un efprit de paix & de charité, & pour lui expofer les motifs de fa converfion à la Foi Catholique & Romaine ; mais informé qu'on en vouloit à fa vie, il fe contenta de lui écrire, & de lui envoyer 125. Réponfes à autant de Demandes qu'il lui avoit faites, & qu'on trouve dans l'Ouvrage dont nous parlons ici.

Valere André, dans fa Bibliothéque Belgique, ne parle point de fes Ouvrages que Jean Haren a fait imprimer à Nancy : il nous apprend que cet Auteur étoit de Valenciennes, autrefois ami de Jean Calvin ; qu'il avoit été Miniftre Calvinifte environ 18. ans ; qu'il avoit abjuré le Calvinifme à Anvers le neuf Mars 1586. & qu'il avoit fait imprimer les motifs de fa converfion dans la même Ville chez Pierre Beller. Valere André ajoûte qu'il apprend que Haren retourna au Calvinifme à Vefal au Duché de Cléves, & qu'il fut de nouveau établi Miniftre des Valons le fept Mars 1610. comme il eft rapporté fort au long dans Pierre Borrices fur la fin du vingt-unième Livre de fon Hiftoire de Flandre. Ainfi cet article pourra fervir de fupplément à Valere André, qui ne fait point mention de ces trois Opufcules de Haren.

H A R M O N I U S & Urfulus furent Profeffeurs de Grammaire dans la Ville de Tréves, fous l'empire de Valentinien I. Aufone, qui fuivoit alors la Cour, en qualité de Précepteur du jeune Prince Gratien, depuis Empereur, faifoit grand cas de ces deux Grammairiens, & fe faifoit un plaifir de leur rendre fervice dans l'occafion. L'Empereur avoit coûtume de donner au commencement de l'année, des Etrennes aux perfonnes pour qui il avoit de l'eftime ; Urfule ayant été oublié dans cette occafion, s'adreffa à Aufone, qui lui fit donner douze pieces d'argent : c'eft ce qui fe voit par une Lettre d'Aufone.

Ce même Auteur, parlant d'Harmonius, le fait aller de pair, pour l'érudition, avec *Charanus*, *Scaurus*, *Afper*, *Varron*, & les autres hommes les plus célébres de l'antiquité, par leur fcience. Nous n'avons aucuns Ecrits de ces deux Savans. Voyez le Pere Rivet, Bibliothéque de la France, tome I. partie 2. p. 308. Mais Harmonius a rendu un grand fervice à la Littérature, en faifant un Recueil correcte des Poéfies d'Homere, & marquant les endroits qui étoient altérés ; ce qui prouve qu'il poffédoit parfaitement la Langue Grecque & la critique.

H A V E T (Charles) né à Vic, Diocèfe de Metz, le 24. Juin 1648. fut reçu dans la Société de Jefus le deux Septembre 1658. il fit ses quatre vœux le 15. d'Août 1676. & mourut à Epinal. Il reste de lui le Panégyrique de Sérénissime Charles IV. Duc de Lorraine & de Bar, prononcé au Collége du Pont-à-Mousson, & imprimé dans la même Ville chez Claude Bouchard en 1668. in-quarto.

HAY (Jean) Jésuite, Ecossois de naissance, n'appartient à notre dessein, que comme Chancelier de l'Université de Pont-à-Mousson; aussi n'en dirons-nous que peu de choses. Il entra dans la Société en 1566. fit à Rome son Noviciat & la profession du quatriéme vœu. Il enseigna en Pologne, en France, dans les Pays-bas; il demeura long-tems à Tournon, où il enseigna la Théologie, les Mathématiques & la Langue sainte. Il composa divers Ouvrages de Controverses.

1°. Un Recuëil de Demandes aux Ministres.

2°. Apologie de ces Demandes.

3°. *Antimonium ad responsa Bezæ.*

4°. *Disputatio contra Ministrum Anonymum Nemausensem.*

5°. *Helleborum Joanni Serrano*, trouvé parmi ses Papiers, & gardé à Rome dans les Archives de la Société : c'est apparemment la Réponse à l'Anti-Jésuite du Ministre Jean de Serre.

6°. *Scholia brevia in Bibliothecam Sixti Senensis.*

7°. Traduction Latine de quelques Lettres des Jésuites écrites du Japon & du Perrou, imprimée à Anvers en 1605. in-octavo dédiée à M. de Mouchi, Chanoine de Roüen.

Le P. Jean Hay mourut au Pont-à-Mousson le 27. de May 1607.

HAYNIN (Jean) Ecuyer de Hainaut, a composé un Ouvrage, où il y a quelques particularités touchant les Ducs de Lorraine *(m)*. Il vivoit en 1465. & se trouva en cette année à la bataille du Mont-Hericius ou Montlheri *(n)*, où étoit Jean II. Duc de Lorraine & de Calabre. Je ne crois pas que son Ouvrage soit imprimé. M. Chifflet cite son Manuscrit. Haynin dit que le Duc Jean dans cette bataille, faisoit porter à ses gens des bandes blanches chargées de doubles Croix noires ; mais les descendans d'Iolande d'Anjou ont changé les Croix noires de Hongrie, ou de Jerusalem, comme nous les appellons, en Croix d'or.

HAZARD (Hugues des) Evêque de Toul; voyez *Hugues.*

HEBERS (Jean) Moine de l'Abbaye de Haute-Seille, Ordre de Cîteaux près Badonviller, a composé le Roman des sept Juges, cité par M. Huet dans son Traité de l'origine des Romans : c'est apparemment le même Jean, Moine de Haute-Seille, qui en 1180. adressa à Bertrand Evêque de Metz, un Traité *De Rege & septem sapientibus.*

HEIMON, trente-huitiéme Evêque de Verdun, depuis l'an 988. jusqu'en 1024. étoit originaire d'Allemagne. Outre les autres grandes qualités qui le distinguoient, & les grands biens qu'il a faits à son Eglise, on dit qu'il y attira, par ses libéralités, les Prêtres les plus pieux & les plus savans des Provinces voisines. Il fit transcrire une Collection de Canons & de Loix qui est à présent conservée à Paris parmi les Manuscrits de Sorbonne. Cette Collection est adressée à l'Archevêque Anselme. M. le Bœuf croit que cette Compilation a été faite vers l'an 825. & qu'elle a été dédiée apparemment à Anselme, qui étoit alors Archevêque de Milan. Celui qui a transcrit cet Ouvrage, dit à la fin, qu'il l'a fait par l'ordre de Heimon, vénérable Evêque de Verdun. On peut voir la nouvelle Histoire de Verdun, pag. 159. où M. le Bœuf montre que cette Collection est plus ancienne que celle de l'Abbé Réginon, que celle de l'Abbé Ansegisefet & que celle du Diacre Benoît. Les plus anciens Compilateurs que ce Collecteur cite, sont *Ferrandus* & *Cresconius.*

HEINECIUS ; quoique cet Auteur & le suivant ne soient point Lorrains, on ne nous saura cependant pas mauvais gré de faire connoître leurs Ouvrages, qui sont assez rares, & qui regardent le Pays.

Heinecius, de prærogativa Lotharingiæ, Francofurti 1732. in-quarto.

HELYOT ; *Lettre du P. Helyot contenant quelques remarques historiques touchant la Ville de Riga en Livonie, & celle d'Epinal en Lorraine.* Voyez le Catalogue de M. Burette, num. 4027. Je n'ai pû avoir aucune autre connoissance de cette Lettre.

HEM (André) Abbé de Pontifroid de Metz, a fait imprimer, *Exercice Provenional des Catholiques Messins* ; à Pont-à-Mousson en 1607. in-12.

HENARD (Nicolas) né à Toul, entra dans la Compagnie de Jesus, & fut obligé d'en sortir, du gré de ses Supérieurs, à cause de sa foible compléxion. Il fut appellé par l'Evêque de Verdun, Henry de Lorraine, pour l'aider dans le gouvernement de son Diocèse ; il remplit cette commission avec beaucoup de zéle & de capacité.

(m) Chifflet. Comment. Lothar. pag. 96.
(n) Le 16. Juillet entre le Roi Louis XI. & Charles de France, Duc de Berry, son frere.

Henard après avoir passé quelques années dans ces exercices, rentra dans la Société avec la permission du Général, & fit ses quatre Vœux; il enseigna la morale, & prêcha non-seulement avec applaudissement, mais encore avec fruit; il mourut l'an 1618. au Collége d'Eu, dont il étoit Recteur.

1°. Avant d'entrer en la Société, il fit imprimer les *Sermons pour tous les Dimanches de l'Avent & pour les Fêtes.* Paris 1600 in-8°.

2°. *Sermons sur les sacrés Mysteres des principales Solemnités de l'année, médités par N. Henard Archidiacre d'Argonne en l'Eglise de Verdun, & Vicaire-Général de Monseigneur l'Evêque & Comte de ce lieu. A Paris chez la Veuve Guillaume, rue S. Jacques, avec Privilége du Roi en* 1604. *in-*12. *dédié au Roi.* Il y a un Sermon entre-autres sur la solemnité du S. Clou, qui se célèbre à Toul le Vendredi d'après le Dimanche de Quasimodo.

HENRICI (Thomas) de Luxembourg, Docteur en Théologie, Professeur en l'Université de Fribourg, Doyen de la Cathédrale de Basle, & Suffragant du même Evêché, en 1653. a composé quatre livres de Morale, sous ce titre *Doctrina moralis, lib.* 4. tirés presque mot pour mot des sentimens de Sénéque & de Plutarque, imprimés à Fribourg en 1628. in-12°.

HENNEQUIN (Le Baron de) a composé des Mémoires pour servir à l'histoire de Charles IV. Mr. Hennequin s'étoit attaché au service du Prince Nicolas François, après son mariage avec la Princesse Claude, sa cousine germaine. Il le suivit en Italie & en Flandres, il se laissa prendre prisonnier à la déroute d'Arras, afin d'être plus en état de rendre service au Prince son Maître. Il étoit Intendant de sa maison & de ses affaires; il eut la commission de tirer de Bruxelles par stratagême le jeune Prince Charles V. de le mener à Anvers, & de là en Hollande. Commission dont il s'aquitta heureusement, nous avons raconté tout cela plus au long dans notre Histoire de Lorraine, & nous y avons fait usage des mémoires du Baron d'Hennequin, qui nous ont été communiqués par Mr. Hugo, Evêque de Ptolemaïde; nous avons aussi eu en mains quelques lettres de ce Baron, & on pourra imprimer le tout dans la nouvelle édition de notre histoire de Lorraine. Ses mémoires sont demeurés manuscrits.

Il a traduit du Latin en François l'Oraison funèbre de Madame la Duchesse Claude de Lorraine, épouse du Duc Nicolas François, composée & prononcée à Vienne en Latin par le P. Luberius Jesuite. Hennequin offrit sa traduction au Duc Nicolas François avec une Epitre Dédicatoire, elle est imprimée à Nancy in-4°. en 1641.

HENNEZON (Henry) Procureur Général au Parlement séant à S. Mihiel, a écrit *les Lustrations de Maître Henry Hennezon* manuscrit cité par Wassebourg. Il étoit Pere de D. Henry Hennezon qui suit, j'ai vu dans la Paroisse de S. Mihiel l'épitaphe de Mr. Hennezon en vers Grecs & Latins. La Compagnie Souveraine qu'on appelloit les grands jours du Barrois, y résidoit alors; & plusieurs de ses Membres cultivoient les belles lettres, & y entretenoient le gout de l'étude.

HENNEZON (D. Henry) Abbé Régulier de l'Abbaye de S. Mihiel, né dans la même Ville, fit profession au Monastere de Mont-Roland au Comté de Bourgogne le 8. Juillet 1635. Il étoit sorti d'une famille noble & originaire d'Angleterre.

Avant qu'il prit le parti de la Réligion, son Pere l'avoit mis pendant quelques années en pension à Dole, pour y faire ses études; la vivacité d'esprit du jeune Hennezon & ses rares qualités qui paroissoient déja, lui acquirent l'affection de Mr. Lulier, Président au Parlement de Dole. Ce Magistrat respectable par sa science & sa piété, voulut lui servir de pere, il assista à sa prise d'habit, à sa profession, & en paya les frais & la pension du Noviriat.

Quelque tems avant le siège de Dole, les Supérieurs de Dom Hennezon l'envoyerent commencer ses études à Breuil, proche Commercy, où l'on tenoit alors une espéce de Séminaire pour élever les jeunes Religieux dans les études, il s'y distingua par ses progrès dans toutes les sciences que l'on y enseignoit.

Il a fait deux fois le voyage de Rome, le premier en 1648. avec D. Antoine de l'Escalles, Prieur de S. Mansuy, pour les affaires de la Congrégation, le second en 1665. avec Mr. le Cardinal de Retz dont il avoit toute la confiance, & dont il sçavoit toutes les affaires.

Dans ce second voyage il parut à Rome en qualité d'Abbé de S. Avold, ayant été élu du consentement unanime de tous les Religieux le 21. Février 1660. après le décès de Dom Pulcrone l'Avignon.

Le second voyage à Rome produisit deux grands avantages à la Congrégation de S. Vanne, le premier fut l'extinction du titre du Prieuré de Breüil, & son union irrévocable à la Congrégation de S. Vanne; le second que l'Abbaye de S. Mihiel fut remise en régle: le Cardinal Picolomini qui

en

en étoit Abbé Commendataire, ayant résigné son Abbaye entre les mains du Pape Alexandre VII. moyennant une Pension de 750. écus romains sur la même Abbaye; sa Sainteté à la recommendation du Cardinal de Retz, la donna à D. Henry Hennezon, & celle de S. Avold à D. Mathieu Galliot, alors Prieur de S. Mihiel, & proche Parent de D. Hennezon ; les Bulles de D. Hennezon sont du 5. Juillet 1666.

Il a rendu l'Abbaye de S. Mihiel plus florissante qu'elle n'avoit jamais été depuis sa fondation ; le grand Bâtiment qu'il a fait faire avec une dépense de plus de 20. mille écus, & qui est encore aujourd'hui un des plus beaux qui soient dans le Pays, est une preuve de son gout & de sa magnificence, de même que le grand nombre de bon tableaux qu'il a acheté. Le grand Jardin qu'il a fait dresser, la Bibliotéque qu'il a amassé, & qui étoit alors la mieux choisie & la plus nombreuse du Pays, les ornemens en Broderie & en draps d'or, & la grande quantité d'Argenterie, dont il a orné la Sacristie & l'Orgue magnifique de l'Eglise, sont des preuves qu'il a été un fidéle dispensateur des revenus de la Manse Abbatiale, qu'il les employoit tous pour l'utilité & l'ornement de son Monastére, & il ne s'occupoit pas moins au soulagement des pauvres & des devoirs de l'Hospitalité.

Il étoit d'une taille avantageuse, & la douceur qui paroissoit sur son visage, lui gagnoit l'amitié d'un chacun, il étoit doué d'un esprit pénétrant & étendu, d'un jugement solide & profond.

Il avoit de l'adresse, de l'équité & de la sincérité dans les affaires, il expliquoit ses pensées avec tant d'éloquence, qu'il persuadoit tout ce qu'il vouloit. Il avoit acquis l'estime & l'amitié des Rois, des Princes & des Evêques, en particulier du Cardinal de Retz & de la Princesse Marie de Lorraine, Duchesse de Guise. La Cour Souveraine de Lorraine & Barrois le choisit pour Conseiller d'honneur. Il étoit du Conseil du Duc de Lorraine son Souverain, qui l'a plusieurs fois envoyé auprès des Princes pour des affaires importantes. Il entretenoit dans sa Communauté un grand nombre de Religieux, & pour l'ordinaire il y avoit un Cours de Philosophie, ou de Théologie, & une Academie, où l'on étudioit l'Ecriture Sainte, ou l'Histoire Ecclésiastique ; D. Mathieu Petit-Didier mort Evêque de Macra, & Abbé de Senones en fut le Chef pendant nombre d'années, elle a produit plusieurs ouvrages connus.

D. Hennezon qui aimoit l'étude & la lecture, auroit sans doute composé plusieurs ouvrages dignes de l'estime publique ; mais les grandes affaires dans lesquelles il étoit incessamment employés, soit de la part de son Souverain, soit de la part de sa Congrégation, pour le service de laquelle il a fait plusieurs voyages à Paris & ailleurs, ont occupé presque tout son tems ; nous n'avons de lui que ce qui suit.

1°. *L'Histoire de l'Abbaye de S. Mihiel depuis sa fondation jusqu'à son tems*, imprimée à Toul en 1684. imprimée aussi dans le second tome des Croniques de S. Benoît, après la page 651.

2°. Quelques Mémoires manuscrits, sur l'histoire de Lorraine.

3°. *Projet de morale naturel & chrétienne*. Il se conserve à S. Mihiel dans le premier volume des ouvrages de D. Robert des Gabets.

4°. *Le zéle justifié contre la censure du Directeur prétendu de certaines Religieuses des trois Abbayes de Ste. Glossinde, S. Pierre & Ste. Marie de Metz*, dédié à la Reine ; Manuscrit in-folio, à S. Arnoud de Metz.

5°. *Historia controversiarum circa gratiam*. Manuscrit.

6°. *Préface sur les Constitutions de Mont-Martre*, imprimée à Paris.

7°. *Explication de la grace, selon les principes de Descartes*. Manuscrit, c'est à peu près le même sistême que celui de Mr. Habert.

8°. *De l'état & qualité de l'Abbaye de S. Mihiel*, imprimée en 1684. in-12°. à Toul chez Alexis Laurent.

9°. D. Pierre Munier hist. de la réforme, tom. VI. pag. 491. rapporte un Mémoire de 45. pages, composé par D. Hennezon en 1683. pour être présenté à Mr. le Nonce, contre la supplique des peres de Cluny, qui demandoient leur séparation de la Congrégation de S. Vanne.

Je ne parle point ici de différentes Lettres & de plusieurs autres Mémoires que D. Hennezon a écrit, tant sur les affaires de la Province de Comté, que sur plusieurs autres matieres, sur lesquelles il étoit tous les jours consulté ; je tais aussi quelques Epîtres Dédicatoires qu'il a composé, qui se trouvent dans la Traduction que D. Martin Rethelois a faite des Croniques du P. Yépés de l'Espagnol en François.

Après la mort de ce Prélat, plusieurs Religieux s'appliquerent à faire son éloge, dans les Nécrologes des Monasteres, on trouve celui-ci à S. Mihiel. *In omnibus Commendatus, ab omnibus probatus, doctissimus, eximius Concionator, affabilis & humanus, modestus in dignitate, & honoratus, primum Ab-*

bas sancti Naboris, deinde Saumiellanus; opera loquuntur in ædificiis, in Ornamentis Ecclesiæ, in præclara & divite Bibliotheca, amatus & honoratus à cunctis Monachis totius Congregationis cui sæpe præfuit, ut Visitator & Præsidens. Il a été sept fois Président de la Congrégation.

L'Epitaphe de D. Hennezon qu'on lit sur sa Tombe au pied du Grand Autel, a été composée par D. Humbert Belhomme. Messieurs de l'Académie Françoise préférerent celle que D. Claude de Bar, depuis Abbé de Longeville avoit composée. Leur Jugement porte que l'Epitaphe faite par D. Belhomme, est conçue d'un stile simple & peu relevé, & que l'élocution de D. de Bar, est grave & élégante, que le stile en est élevé, les pensées belles, & le caractère du Défunt, avec ce qu'il y a de plus glorieux dans sa vie, vivement réprésentés, que par conséquent on doit la préferer à l'autre. Ces deux Pieces furent imprimées dans le tems, avec le jugement de l'Academie. Voici celle qui fut composée par D. Claude de Bar.

Vir supra Titulos
Reverendus Dominus Henricus Hennezon, Abbas Regularis hujus Monasterii
Quo major, quo felicior retroactio ætatibus
Nusquam extitit, aut sequentibus futurus est.
Ipse Sanctus, Sanctorum stirpe oriundus,
Quos avitæ Fidei zelus ex Anglia fecerat extorres
Ab incunabilis sortitus animam bonam,
Quam in vitæ decursu morum puritas exornavit.
Venerandus ex Majestate, sed ex lenitate suavis,
Ut hominum deliciæ verè dici posset,
Magnus apud omnes, sibi soli minimus;
Quievit in Domino, anno ætatis LXXII. Professionis
Monasticæ LV. Dominicæ Incarnationis M. DC. LXXXIX.
Cùm Sedem Abbatialem tenuisset annis XXIII.
Ævo diuturniori sanè dignus.
Verum dignus qui caderet fructus, Deo quippè
Æternitatique maturus.
Ipso deficiente,
Tristissimum in Politicis Oraculum desideraverunt.
Reges & Principes
Etsi quod rarum est, Politicis sinceritatem, sinceritati,
Politicam novo prudentiæ Miraculo, conciliavit.

In arduis administrandis fidelem Collegam exquisierunt
Ecclesiæ Præsules, à quibus etiam coram Pontifice
Romano sedente summis meruit commendari Præconiis.
Plangit Universus Benedictinus ordo coronam
Capitis sui
Quæ cecidit.
Lugent pauperes, virum misericordiâ & charitate insignem;
Cujus ipsi alumni, quorum ipse Pater.
Nemini enim nisi soli Domino fœnerabatur.
Lugent scientiæ & artes Benignum suum Mecenatem.
Lugent ipsa Domus Augustæ penetralia, Esdram suum Restauratorem.
In hoc tumulo placidè quiescit,
Expectans donec veniat immutatio sua.
Omnium profusus lacrimis & piorum cultus Officiis
Precantium, requiescat in pace. Amen.

Voici celle de D. Humbert Belhomme.

,, Hic jacet Reverendus admodum in
,, Christo Pater Dominus Henricus Hennezon, Abbas hujus Monasterii, vir
,, acerrimo ingenio, exquisitissimo judicio,
,, perfecta eruditione atque doctrina, consummatâ eloquentiâ, ut veritatis quam
,, in solo Deo, sic virtutis, quam in solo
,, ejus amore collocabat, eximius ac perpetuus Cultor ac Præco, Monachorum suorum, quibus prodesse magis quam præ-
,, esse semper studuit, amor & deliciæ hujus Civitatis, in qua clarissimis ex ma-
,, joribus, parentibusque ortum duxerat;
,, fidum Præsidium & dulce decus Congregationis Ss. Vitoni & Hidulphi, cui
,, multis annis præfuit, præcipuum lumen
,, & ornamentum; Abbatialem sedem tenuit annis XXIII. pretiosa per id tempus & sacra imprimis suppellectile, egregia Bibliothecâ, magnis ædificiis Monasterium ditavit, ornavit, amplificavit,
,, tum probis omnibus, ipsisque Principibus, juxta & pauperibus triste sui desiderium relinquens; obiit anno ætatis
,, LXXII. Monasticæ Professionis LV. Dominicæ Incarnationis M. DC. LXXXIX.
,, XI. Kalen. Octobris.

HENRIET (D. Benoît) natif de Verdun, a fait Profession en l'Abbaye de Moyenmoutier le 15. Août 1617. est mort à S. Mansuy le 25. Décembre 1657.

Ayant été chargé par ses Supérieurs de travailler à l'Histoire du Corps de la Congrégation, il a ramassé plusieurs Mémoires manuscrits que l'on a inseré dans la Traduction que D. Martin Bethelois a fait des Croniques de D. Antoine Yépés. D. Henriet a rempli plusieurs emplois dans sa Congrégation, & a été quatre fois Visiteur; il a laissé une Rhétorique Latine, & plusieurs écrits sur des matieres de Théologie & de Cas de Conscience, qui sont en dépôt dans l'Abbaye de Hautevillers, & sont demeurés manuscrits.

HENRIET, Peintre sur Verre : voyez *Israël*.

HENRY (de Lorraine) Comte d'Harcourt d'Armagnac & de Brionne, Vicomte de Marsan, Chevalier des Ordres du Roi, Grand-Ecuyer de France, Sénéchal de Bourgogne, & Gouverneur d'Anjou, étoit second Fils de Charles de Lorraine, premier du nom, Duc d'Elbeuf, & de Margueritte de Chabot. Il se trouva avec le Duc Charles IV. Chef de sa Maison, à la bataille de Prague, qui se donna le 8. Novembre 1620. De retour en France, il servit en qualité de Volontaire aux Siéges de S. Jean d'Angeli, de Montauban & de la Rochelle; & il donna dans tous ces lieux des preuves d'une valeur extraordinaire.

Mr. de Boutteville, qui passoit pour le plus brave & le plus adroit de son tems dans l'exercice des Armes, ayant appellé Mr. d'Elbeuf, celui-ci fut aussi-tôt arrêté par l'ordre du Roi. Le jeune Comte d'Harcourt, dont nous parlons ici, prit la querelle de son frere. Ils se battirent avec une vigueur & une adresse égale de part & d'autre. Enfin le jeune Comte d'Harcourt ayant désarmé son homme, les combattans furent séparés par le second du Comte d'Harcourt.

En 1633. le Roi, pour le récompenser de ses services, le fit Chevalier de ses Ordres. En 1637. il commanda l'Armée navale, & prit sur les Espagnols les Isles de S. Honorat & de Ste. Margueritte. En 1639. il mit en fuite l'Armée Espagnole auprès de Quiers en Piémont en 1640. Il prit Coni, & assiéga Turin, après avoir affamé les assiégeans, il fut lui-même affamé dans son Camp. Cela ne le rebuta point. Les assiégeans firent jusqu'à 29. sorties, & furent enfin contraints de capituler. Le Roi donna au Comte d'Harcourt le gouvernement de Guienne en 1642. & la Charge de grand Ecuyer en 1643.

Cette même année il fut envoyé Ambassadeur extraordinaire en Angleterre, pour pacifier les troubles, qui commençoient à s'y élever. En 1645. il fut fait Vice-Roi de la Catalogne, où il défit à la bataille de Liorcus les Espagnols commandés par Mr. de Montare : peu après il prit Balaguier où le reste de l'Armée s'étoit réfugié. Il ne réussit pas au siége de Lerida, mais il se retira heureusement avec toute l'Armée.

En 1649. il prit dans le Pays-Bas les Villes de Condé, de Maubeuge, & le Château de l'Ecluse, après avoir rendu de très grands services dans la Guienne, pendant les troubles des années 1651. & 1652. le Roi lui donna le gouvernement d'Alsace, où il se retira, & dont il se démit ensuite pour celui d'Anjou. Il mourut subitement dans l'Abbaye de Roiaumont le 25. Juillet 1666. âgé de 66. ans.

Ce Prince est regardé comme un des plus braves & des plus heureux Capitaines de son tems ; la Victoire le suivoit par-tout, hors le siége de Lerida qui ne fut pas heureux, il sortit toujours Supérieur de tous les Combats où il se trouva. Il étoit brave, généreux, intrépide, aussi bon à ses soldats, que redoutable à ses ennemis. Il avoit épousé en 1639. Marguerite de Cambout, fille de Charles Baron de Pontchâteau, dont il eut *Louis* de Lorraine, Comte d'Armagnac & de Brionne, grand Ecuyer de France, *Alphonse Louis*, connu sous le nom de Chevalier d'Harcourt, Général des Galéres de Malthe, Raimont Berengez, Abbé de S. Faron de Meaux, *Charles* Comte de Marsan, & Armande Henriette, Abbesse de Notre-Dame de Soisson.

HENRY (de Lorraine) Fils naturel de Henry II. Duc de Lorraine, légitimé le 10. Janvier 1605. fut d'abord connu sous le nom *de Mr. de Bainville*. Il embrassa l'Etat Ecclésiastique, & fut pourvu en Commande des Abbayes de S. Mihiel, de Bouzonville, de S. Pierremont, & des Prieurez de Notre-Dame d'Amenge ou Insming, & de Bleurville. C'étoit un Prince de même caractére que le bon Duc Henry son pere, libéral, bienfaisant, plein de piété, de religion & de zéle pour la beauté de la Maison de Dieu. Il avoit toutes les qualités de corps & d'esprit, qui forment un grand Prince & un parfait Ecclésiastique, on avoit lieu d'espérer qu'il deviendroit un jour un grand Prélat dans l'Eglise.

Il donna des marques éclatantes de sa Magnificence dans son Abbaye de S. Mihiel, où il fit le beau Tabernacle à deux faces, qui s'y voit encore, & qui est soutenu par des Anges; au-dessous on voyoit comme l'ancienne Arche d'Alliance avec ses deux Chérubins, & aux côtés la Figure de la Ste. Vierge, & celle de l'Archange Gabriel, qui lui annonçoit l'Incarnation du Verbe. Toutes ces pièces étoient d'un goût exquis, & très bien exécutées. Depuis qu'on bâtit une nouvelle Eglise en l'Abbaye de S. Mihiel, on a déplacé cet Autel, & les figures qui l'accompagnoient, ont été mises au fond du nouveau Chœur.

Il fit aussi les quatre Colonnes de bronze qui étoient aux côtés du grand Autel, & qui soûtenoient les rideaux dont il étoit environné. Ces Colonnes sont à présent à côté des deux portes situées, l'une à côté de l'Autel de la Vierge, & l'autre à côté de l'Autel de S. Michel. De plus, il donna les deux grands Candelabres de dix pieds de haut; le tout exécuté par de très bons ouvriers, dont la Lorraine étoit alors fournie. Enfin, il donna à la même Eglise une somme de huit mille francs Barrois, pour y fonder la Confrerie du S. Sacrement, qui y subsiste, aujourd'hui avec beaucoup de dignité & d'édification.

M. Durre de Theissiere, Seigneur de Commercy, dont la vie faisoit alors l'admiration de toute la Province, étant venu à Nancy au commencement du régne du Duc Charles IV. en 1625. pour lui rendre ses hommages, le Prince Henry voulut l'entretenir pour sa propre édification. M. de Theissiere lui parla du mépris du monde, d'une maniere si touchante, & lui fit une peinture si pathétique de la douceur qu'il goûtoit dans la solitude, dans les exercices d'une vie retirée & religieuse, qu'il menoit dans son Château de Commercy, sous la direction des Peres Benédictins de la Réforme de S. Vanne, que ce jeune Prince prit la résolution de se consacrer entiérement à Dieu, en se faisant Religieux. On ne doute pas qu'il n'eût exécuté son pieux dessein, si Dieu lui eût conservé la vie plus longtems.

Il forma dès-lors le dessein de bâtir l'Eglise des Benédictins de Nancy; elle devoit être d'un goût & d'une magnificence extraordinaire. Droüin, qui en étoit l'Architecte, fut envoyé exprès à Rome, pour lever le Plan, & prendre les dimensions de l'Eglise des Incurables, qui avoit prise pour modèle. Aussi-tôt après son retour, le Prince fit jetter les fondemens de la nouvelle Eglise: la premiere pierre en fut posée par Antoine de Lenoncourt, Primat de Lorraine, le 2. Juillet 1626. On mit sous l'une des deux Tours un Médaillon du Duc Charles IV. sans revers ni inscription; sous l'autre Tour, on mit une lame de cuivre avec cette inscription:

D. O. M.

Et immaculatæ Virgini Mariæ.

Henricus à Lotharingia sancti Michaelis de sancto Michaele, sanctæ Crucis de Bozonvilla, & sancti Petri ad Montem Abbas Commendatarius perpetuus, Templum hoc anno Jubilæi II. Urbano VIII. P. M. Carolo IV. Duce, Episcopo Tullensi Nicolao à Lotharingia, sexto nonas Julii Deiparæ Virgini sacro. M. D. C. XXVI. vovit & posuit.

On travailla aux fondemens de cet Edifice tout le reste de l'Eté, avec toute l'ardeur possible; mais la mort du Prince, arrivée environ six mois après cette entreprise, c'est-à-dire, le 24. Novembre 1626. renversa tous ces projets, & l'on discontinua d'y travailler. Son corps fut porté dans son Abbaye de S. Mihiel, où il avoit désiré d'être enterré, dans les Grottes soûterraines consacrées à la sainte Vierge; & où on lui érigea un fort beau Mausolée de pierre blanche, avec sa statue. Voici l'Epitaphe qui y fut mise sur un marbre noir:

„ Ne mœreris, Viator, fastuosa molimi-
„ na Henrici à Lotharingia hîc quondam
„ Abbatis, peregit ipse sibi monumentum
„ aliud marmore & ære perennius, cùm in
„ majoribus Ecclesiæ hujus aræ decoramen-
„ tis, & amplissima M. C. C. aureorum do-
„ te fundata confraternitate ad augustiorem
„ augustissimi Sacramenti venerationem,
„ ieùm etiam æde sacrâ Nanceii apud Bene-
„ dictinæ familiæ alumnos; quos hæredes
„ ex asse instituit, Deiparæ dedicata, in
„ cujus clientela se totum, suaque omnia
„ constituit: fuerunt istæ miræ indolis, avi-
„ tæ pietatis, planèque propensi, in Dei
„ cultum animi primitiæ, moliebatur am-
„ pliora, nisi citius æternitati adolevisset, cui
„ præmaturâ morte exanimatur, beatæ in-
„ auguratur, ætatis suæ xxxviij. Virginei par-
„ tûs M. D. C. XXVI. octavo calendas De-
„ cembris.

Dum adhuc ordirer, succidit me.

Son cœur fut déposé dans la Chapelle du Monastere des Benédictins de Nancy, d'où il a été transporté dans leur nouvelle Eglise, bâtie en 1701. & posé sous un carreau de marbre. Il avoit fait & signé son Testament vingt jours avant sa mort; dans lequel il instituoit les Benédictins de Nancy, les héritiers universels de ses fonds en Maisons & en Terres, de ce qui lui étoit dû par Son Altesse Charles IV. provenant des donations de feu Son Altesse le Duc Henry son pere; de ses Livres & Meubles: mais cette succession fut sujette à tant de contestations & de procès, que la Maison de Nancy en a très peu profité, & qu'on a été obligé d'abandonner l'entreprise de l'Eglise commencée. La nouvelle qui se voit aujourd'hui, a été bâtie aux frais de la Congrégation, en 1701.

HENRY (François) Licencié ès Droits, Doyen de l'Eglise Collégiale de S. Nicolas de Brixey, a composé un petit Ouvrage, sous ce titre, *Narration Panégyrique sur la vie de S. Elophe, Martyr au Duché de Lorraine*, imprimée à Nancy 1629.

HENRY de Bouquenom, Architecte de la Tour-neuve, qui est à la Porte des Allemands à Metz, avec le Pont & les côtés dudit Pont; Chronique manuscrite de Metz.

HENRY, ou *Herman* (de Luxembourg) Dominicain, a fait un Livre sous ce titre, *Constitutiones & Ritus Ordinis Fratrum Prædicatorum rithmis Germanicis reddita*; manuscrit.

Ce Recueil se conserve dans le célèbre Monastere de Filles de Mariendal, à deux lieuës de Luxembourg. A la tête de ce Livre, on lit ces paroles, *Anno Domini 1276. ætatis meæ 26. anno ab ingressu meo in Ordinem vj. Sacerdotii I. Ego Frater H. Ordinis Prædicatorum Minimus, minimum hunc Libellum de Latino in Theutonicum transtuli, sororis Iolandis Priorissæ Vallis sanctæ Mariæ ac aliarum sororum precibus devictus, & fraterna instructionis nihilominus zelo ductus, &c.*

Le Pére Alexandre Wilthème, Jésuite, qui a composé & fait imprimer à Anvers, aux frais de Marcellus en 1674. in-octavo, la vie de Sœur Yolande, aussi en Vers rimés Allemands, croit qu'il s'agit de Henry de Luxembourg dans cet endroit du Martyrologe du Monastere de Mariendal, *Decimo quinto Kalendas Septembris obiit frater Henricus de Luxemburgo, Presbyter & Confessor noster.* Ghilbert de la Haye, Dominicain, dans sa Bibliothèque Belgique, manuscrite, pense de même. Le Pere Echard combat ce sentiment par des raisons probables; il dit (*o*) qu'il n'est guéres croyable qu'on ait violé, en faveur de Henry de Luxembourg, la coûtume depuis long-tems établie dans l'Ordre de S. Dominique, de ne donner la conduite des Monasteres de Filles, qu'à des personnes d'un âge mûr, & qui aient blanchi dans les premiers emplois de l'Ordre de S. Dominique : or Henry de Luxembourg n'avoit alors que 26. ans, & ne s'étoit point encore distingué dans son Ordre : Je croirois plutôt, ajoûte-t'il, que Frere Henry de Luxembourg est le même que Herman de Luxembourg, qui a écrit en Vers rimés Allemands, la vie & les gestes d'Yolande, Prieure de Mariendal; & qui est différent de Frere Henry de Luxembourg, Auteur de la Version de Latin en Allemand, des Constitutions des Dames Précheresses de Mariendal.

HERAUDEL (Jean) Avocat à Nancy, a fait imprimer en la même Ville, chez Antoine Charlot en 1660. in-quarto, *Elégie de ce que la Lorraine a souffert depuis quelques années, par la peste, famine & guerres, sur l'Elégie Latine de l'Auteur & par soi-même, témoin oculaire d'une partie, ayant sçû le reste de ceux qui habitoient la Ville & Villages, & de ce qui s'en disoit communément*, sans nom d'Auteur : mais M. Georges, qui est mort premier Président à la Cour Souveraine de Nancy, a écrit de sa main à la marge de cet Ouvrage, que l'Auteur est Me. Héraudel, Avocat à Nancy.

2°. *De serenissimi atque invictissimi Principis Lotharingiæ & Barri Ducis Caroli IV. optatissimo reditu, Panegyris*; à Nancy, par Antoine Charlot 1660.

3°. *Deplorandi Lotharingiæ status, ab aliquot annis, Elegia*; ibidem, en 1660. in-quarto.

C'est la même chose, mais plus en racourci, que le premier Ouvrage, dont on a donné le titre; le tout relié dans une petite Brochure in-quarto. L'Auteur dit dans sa Préface qu'il avoit alors 75. ans, & avoit eû six fils, trois morts, & trois vivans, qui ont été hommes d'emplois considérables, & qui sont actuellement occupés au service de leur Prince.

HERBEL (Charles) Peintre, étoit de Nancy : il avoit suivi le Duc Charles V. & avoit peint, étant sur les lieux, plusieurs Batailles données par ce grand Général. L'Empereur Leopold le retint long-tems à sa Cour, pour avoir de ses ouvrages. Il revint à Nancy avec le Duc Leopold, & acheva les autres Batailles, auxquelles il n'avoit pas encore mis la derniere main. Il y en avoit déja dix-huit de peintes, & qui furent exposées, pour la premiere fois, le 10. Novembre 1698. à la cérémonie de l'entrée du Duc Leopold.

Herbel fut fait Heraut-d'Armes de Lorraine, & mourut en 1703. & fut inhumé dans la Chapelle de M. de Ruet, chez les Carmes de Nancy.

Le Duc Leopold affectionnoit particuliérement Herbel; il lui fit faire quantité d'ouvrages, qui sont à présent répandus dans les Cabinets des Curieux à Nancy.

Il y a, à la Congrégation des Hommes à Nancy, un Crucifiement de son ouvrage, dont on fait beaucoup de cas. Le Duc Leopold avoit fait représenter, en Tapisseries,

---

(*o*) Echard. de Scriptor. Ordinis Prædicat. tom. I. pag. 355. 356.

Conquêtes du Duc Charles V. son pere, peintes par Herbel; ellesfurent brûlées dans l'incendie du Château de Lunéville en 1719.

Herbel avoit aussi fait les Portraits de tous les Généraux qui avoient servi sous le Duc Charles V. On les a vûs long-tems dans une Salle derriere la Comédie de Nancy.

HERBET (Jean) Lorrain, a écrit *De Cœna Domini, seu demonstratio veritatis Corporis Christi*, *Parisiis* 1578.

HERCULANUS (Jean Herquel) Chanoine de S. Diey, natif de Plainfain vers l'Orient, à deux lieuës de S. Diey, a composé en Latin l'Histoire de cette Eglise. M. Hugo, Abbé d'Etival, l'a donnée au Public dans son premier Tome, pag. 171. intitulé *Sacræ antiquitatis Monumenta*, imprimé in-folio Etival, par Heller en 1725. avec des Notes, & réimprimé d'une maniere plus correcte dans les Preuves de notre Histoire de Lorraine.

La famille d'Herculanus subsiste encore au Village de Plainfain, sous le nom d'Herquel. Il a aussi composé, *De rebus gestis & vita illustrissimi Antonii Calab. & Barri Ducis, per Joannem Herculanum Plenisessum*, que j'ai fait imprimer au troisiéme Tome de l'Histoire de Lorraine, pag. cl. sur une Copie qui m'a été communiquée par M. de Corberon, Conseiller d'Etat à Colmar. M. Abgral, Supérieur du Séminaire de Toul, m'en a communiqué un Exemplaire plus correct, que je ferai imprimer dans la seconde Edition de Lorraine.

Herculanus s'expliquoit passablement en Latin. Il parle de Richerius, Historien de Senones, avec assez de mépris; il est pourtant vrai qu'il n'a presque rien dit, qu'il n'ait tiré de Richerius, & qu'il n'est gueres plus habile Critique, ni meilleur Chronologiste que lui.

L'Edition que l'Abbé Hugo a faite à Etival, de l'Histoire d'Herculanus, a donné occasion à quelques Lettres qui m'ont été écrites, tant de la part de ceux qui l'attaquoient, que de sa part: on peut voir ce que nous en avons dit sous l'article *Hugo*; on peut aussi consulter ces Lettres écrites de part & d'autre avec assez de vivacité, & ce que j'ai remarqué dans l'Histoire de Lorraine. La mort d'Herculanus est marquée dans un ancien Calendrier de S. Diey, au dernier de Mai 1572. Il étoit fort curieux, & avoit amassé quantité de bons Manuscrits & d'anciennes Editions, qu'il a laissés dans la Bibliothéque du Chapitre de S. Diey.

HERIBERT Moine d'Epternach au Diocèse de Tréves, à quatre lieuës de cette Ville vers le Couchant. Trithéme dans sa Chronique d'Hirsauge, dit, après Meginfride, que Héribert avoit composé plusieurs Commentaires sur les Livres de l'ancien & du nouveau Testament, & un Traité des mœurs & coûtumes des anciens Moines, dans lequel il fait mention de presque toutes les sortes de Religieux, qui avoient vécu avant lui. Il eut pour successeur dans l'emploi de Recteur des Ecoles de ce Monastere, un Religieux très habile, nommé Rutger. Trithéme met la mort d'Héribert en 970. Ses Ecrits ne sont pas parvenus jusqu'à nous. L'Abbaye étoit alors occupée par des Chanoines Séculiers.

HERIMANNE, Evêque de Metz, fut élevé dans sa jeunesse auprès de S. Annon, Archevêque de Cologne. Il fut d'abord Chanoine de Liége, puis Prévôt de la Cathédrale, & enfin il fut fait Evêque de Metz, après Adalberon III. mort le 13. Novembre 1072. Ayant reçu avec scrupule de la main de l'Empereur Henry IV. l'investiture de cet Evêché, il en conçut tant de regret, qu'il auroit renoncé à sa dignité, si le Pape Grégoire VII. ne l'eût consolé & soûtenu. Il devint dans la suite un des plus zélés partisans du S. Siége; jusqu'à être deux fois chassés de son Eglise par l'Empereur, qui fit ordonner en sa place Guillaume, ou Valon, Abbé de S. Arnoû, dont nous donnerons la vie sous l'article *Willaume*.

Celui-ci ayant bien-tôt après abdiqué volontairement, l'Empereur lui substitua dans l'Evêché de Metz, un nommé Brunon, ou plûtôt Bermon, ou Benoît, qui fut obligé de se retirer, & qui eut bien de la peine à se sauver du massacre, que le peuple animé par le Clergé, fit de ses gens jusques sur le pied des Autels.

Cependant Hérimanne qui s'étoit retiré en Italie, près de la Comtesse Mathilde, revint dans son Siége en 1089. & fut reçu avec un applaudissement universel. Dès le Carême suivant, il fut attaqué de la maladie qui le conduisit au tombeau. Il eut toutefois assez de force, pour entreprendre de lever de terre le Corps de S. Clément, premier Evêque de Metz. Il le transféra en l'Abbaye de S. Felix, alors située hors des murs de la Ville, aujourd'hui rebâtie dans son enceinte, & connuë sous le nom de S. Clément. Il mourut deux jours après, le 4. de Mai 1090.

Il avoit écrit grand nombre de Lettres au Pape Grégoire VII. dont il étoit le Correspondant dans cette Province. Il en écrivit aussi d'autres, pour répondre à celles qui lui étoient adressées, & en particulier à celles que Grégoire VII. lui écrivit, & que l'on a conservées dans le Recueïl de celles de ce Pape.

Par exemple, celle du Livre quatriéme,

Epitre seconde, par laquelle on voit qu'Hérimanne avoit consulté le Pape sur divers sujets ; si les Evêques pouvoient absoudre les Souverains, que le Pape avoit excommuniés. Dans une autre Lettre, Livre 8. Epitre 21. on voit qu'Hérimanne avoit mandé au Pape, que plusieurs personnes doutoient si le Pontife avoit le pouvoir d'excommunier l'Empereur.

On ne nous a pas conservé non-plus la Lettre Circulaire (*p*), qu'il écrivit la veille de sa mort, aux Fidéles de son Diocèse, pour les exhorter à traiter la grande affaire de la Religion, sans fraude ni déguisement, & de n'avoir en vûë que la pure vérité.

Il nous reste seulement de cet Evêque une petite Relation de la Translation du Corps de S. Clément (*q*), & une Charte, par laquelle il restituë à l'Abbaye de S. Arnoû, alors située hors la Ville de Metz, le droit de Foire, dont elle jouïssoit anciennement : il y suppose que, suivant l'ancienne tradition de ce Monastere, on y conservoit une Dent de S. Jean l'Evangéliste.

HERSENT (Charles) Parisien, Prêtre-Docteur de Sorbonne, & Chancelier de l'Eglise de Metz, entra dans la Congrégation de l'Oratoire en 1615. & prêcha avec succès à Troyes, à Dijon, à Angers & à Paris. Il alla à Rome en 1624. à l'occasion du Jubilé. De retour en France, il quitta la Congrégation de l'Oratoire, & écrivit contre elle deux Libelles ; savoir,

1°. *Premier avis touchant les Prêtres de l'Oratoire, par un Prêtre qui a demeuré quelque tems avec eux, en* 1625. *in-douze.*

2°. *Deux articles concernant la Congrégation de l'Oratoire en France, aux Prélats de l'Assemblée du Clergé en* 1626. *in-quarto & in-octavo.*

3°. Il désavoüa la même année cet Ecrit par un autre, intitulé, *Jugement sur la Congrégation de l'Oratoire, &c. in-*12.

4°. Il fit imprimer dans le même tems des *Notes sur S. Denis l'Aréopagite.*

5°. L'année suivante 1627. il donna *trois Eloges funébres de Gabrielle de Bourbon, Duchesse de la Valette*, qui lui valurent la Chancellerie de Metz, dont il prit possession le 16. Octobre 1627.

6°. Il fit paroître en 1632. *un Traité de la Souveraineté du Roi à Metz, & autres Villes, & Pays circonvoisins qui étoient l'ancien Royaume d'Austrasie*, ou Lorraine, contre les prétentions de l'Empire, de l'Espagne & de la Lorraine, & contre les maximes des Habitans de Metz, qui ne tiennent le Roi que pour leur protecteur ; à Paris in-octavo.

7°. En 1635. il fit imprimer *la Pastorale sainte, ou Paraphrase du Cantique des Cantiques, &c.*

Quelques-uns lui attribuent, mais sans preuves, la traduction du *Mars Gallicus* de Corneille Jansénius.

8°. En 1640. il publia un petit Livre, sous le nom d'*Optatus Gallus de cavendo schismate*, adressée aux Prélats de l'Eglise Gallicane, où il prétend montrer, que l'Eglise de France etoit en danger de faire schisme avec Rome. Cet Ouvrage fut condamné par Arrêt du Parlement du 23. Mars 1640. à être brûlé.

9°. En 1643. il fit imprimer, in-octavo, trois differentes Oraisons funébres du Roi Loüis XIII.

10°. En 1644. il publia un Traité *de la frequente Communion contre l'Ouvrage de M. Arnaud.*

11°. La même année, il fit imprimer un Sermon intitulé, *Le scandale de Jesus-Christ dans le monde* : ce Sermon lui attira des affaires, & il se retira à Rome en 1650. où ayant prêché un Sermon le jour de la Fête de S. Loüis, & y ayant mêlé les questions sur la grace, il fut accusé de Jansénisme, & auroit été mis à l'inquisition, s'il ne s'étoit retiré chez l'Ambassadeur de France ; il fit imprimer ce Sermon avec son Apologie ; & étant revenu en France, il y mourut au Château de Largou en Bretagne, après l'an 1660.

HETTI, Archevêque de Tréves, Prélat d'une grande naissance & d'un mérite distingué, avoit pour frere Grimolde, Abbé de S. Gal, & pour sœur Verentrude, Abbesse de Phaltz, à une lieuë au-dessous de la Ville de Tréves. Hetti fut élevé en 814. sur le Siege Archiépiscopal de Tréves, qu'il remplit jusqu'en 851. Il assista à divers Conciles, dont les principaux sont ceux de Thionville de l'an 822. & celui de Mayence de l'an 829. Il eut pour successeur dans le Siége de Tréves, Thietgand ou Theutgand, son neveu, qui causa de grands troubles dans l'Eglise, à l'occasion du divorce du Roi Lothaire avec Thietberge. Nous avons deux Lettres que Hetti écrivit à Frotaire, Evêque de Toul, son Suffragant, dans lesquelles il lui donne divers avis, comme exerçant la charge d'Envoyé du Prince. Ces Lettres sont la vingt-cinquiéme & la vingt-huitiéme entre celles de Frotaire dans Duchesne, tom. 2. p. 74. Histoire de France.

HEUMONT (Jean) Lorrain d'origine ; on ne sait pas où il a pris naissance. Il fut re-

---

(*p*) Hug. Flavin. pag. 238. 239.   (*q*) Meurisse, Hist. de Metz, pag. 377. & 380.

çu dans la Société de Jesus, en la Province d'Autriche, l'an 1600. âgé de 24. ans : il étoit propre à toutes sortes d'emplois. Après avoir enseigné les Humanités, la Rhétorique & plusieurs fois la Philosophie au Collége de Graëtz, & ayant commencé à y enseigner la Théologie, il y mourut le 25. Janvier 1617. Il reste de lui, 1°. *Les Funerailles de la Sérénissime Princesse Marie, Archiduchesse d'Autriche, morte à Graëtz l'an* 1608. *le* 29. *d'Avril;* imprimé à Graëtz, chez George Vidmanstade 1608. in-quarto.

2°. *Discours touchant les vertus héroïques de la Sérénissime Marie de Baviere, Mere de Ferdinand II. Empereur*, orné d'emblêmes & d'explications ingénieuses ; à Graëtz 1609. in-fol. par George Vidmanstade.

HIDULPHE (Dom Claude) Bénédictin réformé de la Congrégation de S. Vanne, Abbé de Faverney, étoit né à Luxeüil, & se nommoit dans le monde *Nicolas Brenter*. Il fut reçu Novice dans l'Abbaye de Faverney, avant qu'elle fût réformée en 1607. & y prit l'habit l'année suivante des mains de M. Doroze, Evêque de Losanne, qui en étoit Abbé. Après sa profession, M. Doresmicus y ayant établi la Réforme en 1613. le jeune Nicolas Bernier l'embrassa, & fut envoyé à Moyenmoutier, pour y faire un second Noviciat ; & on lui changea son nom en celui de Claude Hidulphe. Il y fit sa profession solemnelle le 10. Juillet 1614. & commença ses études de Philosophie & de Théologie avec tant de succès, qu'aussi-tôt après son cours, il fut chargé d'enseigner les mêmes sciences à ses Confreres.

Après cela, on le nomma Prieur Claustral de Faverney ; il s'acquitta de cet emploi avec tant de sagesse & de conduite, que D. Alphonse Doresmicus, Abbé de la même Abbaye, le proposa à sa Communauté, pour être son coadjuteur & son successeur. L'élection s'en fit en 1622. d'un consentement unanime ; & les Princes Ferdinand & Isabelle, Gouverneurs des Pays-bas, sur le bon témoignage qu'on leur rendit du sujet, l'agréerent.

Au Chapitre général de l'an 1624. on chargea D. Claude Hidulphe de la conduite du Noviciat à Faverney. Il s'acquitta de cet emploi important avec toute la sagesse, la discrétion & le zéle, qu'on pouvoit attendre de sa vertu & de sa capacité. Il avoit en un dégré éminent le don de la parole & de la persuasion ; tout cela joint au bon exemple & à une conduite pleine de charité, lui gagnoit les cœurs & l'affection de ses éléves. Aussi réussit-il admirablement à former d'excellens sujets, qui dans la suite firent honneur à leur Maître dans les emplois importans qui leur furent confiés.

Il étoit persuadé que l'étude est un des moyens le plus propre, pour conserver l'esprit de recuëillement, de retraite & de pieté, qui doit animer les Solitaires, & surtout pour leur faire éviter l'oisiveté & l'inutilité, qui sont les plus grands malheurs des Cloîtres, puisqu'elles conduisent les Religieux au dégoût de leur état, & à l'amour du siecle & de la bagatelle, & par-là dans une infinité de désordres & de relachemens.

Pour prévenir ces inconvéniens, il fit construire, en faveur des Etudians, au Village d'Arbecey dépendant de l'Abbaye de Faverney, & qui n'en est éloigné que de trois lieües, une Maison régulière de douze Chambres, avec les autres piéces nécessaires à un vrai Monastere ; mais les guerres survenuës dans la Franche-Comté, furent cause que cet établissement ne put être achevé. Pour y suppléer en quelque sorte, il établit des Ecoles dans son Abbaye, non seulement pour les jeunes Religieux ; mais il y forma aussi une espéce de Séminaire pour l'éducation de la jeune noblesse. Il leur fit des Logemens dans son Abbatiale, séparés du corps du Monastere ; & leur donna un Prêtre de sa Communauté, pour les instruire & veiller sur leur conduite. On les formoit non seulement dans les sciences, mais aussi dans les exercices de la piété & dans la vertu ; & cet etablissement fut bien-tôt en si grande réputation dans toute la Province, que chacun s'empressoit à y envoyer ses enfans. On y vit Pierre-Antoine de Gramont, qui devint dans la suite Archevêque de Besançon ; Messieurs de Melincourt, de Cubri, d'Acolan, de S. Maurice, & plusieurs autres.

Après la mort de M. Doresmicus, arrivée le 17. Septembre 1630. D. Hidulphe, son Coadjuteur, se fit benir, & continua, étant Abbé, les mêmes exercices de Religion, avec la même assiduité & la même ferveur qu'il avoit fait, étant simple Maître des Novices ; le premier à tous les exercices du Cloître, à l'Office de nuit & de jour, au travail des mains, ne mangeant d'ordinaire que du pain, des racines, des légumes & du fruit; exerçant l'hospitalité avec honneur & cordialité.

Muni d'une commission générale, pour visiter & réformer les Monasteres de l'Ordre de Cluny, situés dans le Comté de Bourgogne, il établit la réforme dans les Prieurés de Vaux, de Château & de Morteau. Il fut le principal instrument duquel se servit Dom Jerôme Coquelin, pour réformer l'Abbaye de Luxeüil. On a le Mémoire qu'il envoya

à la

à la Princesse Infante Claire, Eugénie, Gouvernante des Pays-bas, pour lui faire connoître la nécessité qu'il y avoit d'introduire la Réforme dans l'Abbaye de Luxeüil, qui étoit infiniment déchuë de son ancienne splendeur & de sa primitive observance. Il mit en clôture les Ursulines d'Auxonne & de Vesoul ; il mérita la confiance de deux Archevéques de Besançon, Ferdinand de Brie, & Claude d'Achey.

Sa charité envers les pauvres étoit immense ; il étoit sur-tout touché de la misere des pauvres honteux, à qui il faisoit de grandes aumônes secretes.

Après la mort de D. Jerôme Coquelin, Abbé de Luxeüil, les amis de Dom Claude Hidulphe qui étoient en Flandre, employerent leur recommandation auprès de l'Archevéque de Malines, Chef du Conseil des Pays-bas, pour lui faire donner l'Abbaye de Luxeüil, qu'il refusa constamment.

Au retour du Chapitre général tenu à S. Vanne de Verdun en 1662. où il fut élû, malgré ses remontrances, Président du régime de la Congrégation de S. Vanne ; il tomba malade dans l'Abbaye de S. Mihiel ; & voyant que sa maladie étoit mortelle, il reçut ses Sacremens avec une présence d'esprit admirable, & fit aux assistans une vive exhortation sur l'excellence de la vocation à l'état religieux, & sur l'obligation qu'ont les Religieux de conserver l'esprit de leur état.

Il mourut le jour de l'Ascension de Notre-Seigneur, 18. Mai 1662. âgé de 73. ans, & fut enterré dans l'Eglise de l'Abbaye. En 1673. ses os furent transférés dans son Abbaye de Faverney. D. Benoît Dard a composé son Epitaphe que nous donnons ici, parce qu'elle renferme le précis de sa vie.

„ Hîc jacet R. P. D. Claudius Hidulphus
„ BRENIER,
„ Hujus Cœnobii Abbas vigesimus septimus,
„ Cui Luxovium esse naturæ, Faverneium
„ gratiæ dedit :
„ Qui ex vix Novitio Magister ;
„ sed magnus, quia
„ Potens opere & sermone, verbo
„ & exemplo,
„ Suis, imò omnibus præfuit & profuit
„ semper,
„ Ex magistro prior, sed major ;
„ Quia prodesse maluit, quàm præesse :
„ Ex Priore Coadjutor ; sed maximus,
„ Quia totus sustinuit onus totum,
„ Et feliciter ex Coadjutore Abbas
„ meritissimus ;
„ Re & nomine Monachorum
„ pauperumque pater ;
„ Qui primus, imò solus, inter plures

„ Reformationem suscepit, auxit, fovit
„ Sæculo æquè ac Claustro venerandus
„ Huic & Religionis speculum, illius
„ sanctitatis exemplum ;
„ Utilis omnibus, vivere debuisset semper ;
„ Sed Parca nemini parcit,
„ Nec huic, qui in Capitulo generali
„ Generalis electus,
„ Rediens Sammieli obiit anno M. D. C. LXII.
„ Die xviij. Maii sacrâ Christo ascendenti,
„ Cui comitem dedit animam, sicut in
„ Cruce dederat
„ Patienti ; ætatis lxxiij. Requiescat in pace.
Hic honorificè reponitur à filiis, cui etiam superius pietatis & gratitudinis monumentum erexerunt 4. April. 1673.

HIERE (Jean de la) a fait les perspectives en gravûre dans les estampes des Obseques du Duc Charles III.

Je vois par les Lettres du Duc Charles IV. qu'un nommé la Hiere étoit Contrôleur-Général des Fortifications de Lorraine en 1632. 1633.

HILDEBALDE, Religieux de l'Abbaye de S. Mihiel sur la Meuse au Diocèse de Verdun, étoit à la tête des Ecoles de cette Abbaye, & y professoit la Grammaire du tems du Bienheureux Jean de Gorze, comme il paroît par la vie de ce dernier, qui dit que Hildebalde étoit disciple de Remi, célebre Maître de ce tems-là.

HILDUIN, ou Hildin, ou Hildi, ou Hildevin, Evêque de Verdun, étoit Allemand d'un grand savoir & d'une éminente piété ; il bâtit plusieurs Eglises dans son Diocèse, & y fit beaucoup de bien. Il se trouva en 829. au Concile de Mayence, & en 834. à celui de Thionville, pour la déposition d'Ebbon, Archevéque de Reims. On voit encore son nom parmi les Souscriptions d'une Charte donnée par Aldric, Archevéque de Sens, au Monastere de S. Remi, situé au Faubourg de cette Ville. Loüis le Débonnaire, auquel Hilduin fut toujours attaché, l'envoya plusieurs fois en Ambassade vers les Princes ses fils ; & Hilduin eut beaucoup de part à la reconciliation des fils avec leur pere.

Après la mort de Loüis le Débonnaire, il s'attacha à Charles le Chauve ; ce qui irrita tellement Lothaire contre lui, que ce Prince, en haine d'Hilduin, s'empara de l'Eglise de Verdun, & de l'Abbaye de Tholey au Diocèse de Tréves, laquelle avoit été jusqu'alors dans la dépendance de l'Evêque de Verdun. Ce S. Evêque écrivit à ce sujet au Pape, aux Prélats & Seigneurs d'Italie, une Lettre pleine de lamentations & de plaintes, pour obliger Lothaire à faire restituer à son Eglise ce qu'il lui avoit ôté ; mais ces plaintes ne produisirent leur effet, qu'après la mort de ce Prince. Hilduin mourut le 13. Janvier 854. après 24. ans d'Épiscopat.

HINNING, ou *Henning* (Jerôme) est assez souvent cité par les Genealogistes de la Maison de Lorraine : il met à leur tête Guillaume de Boüillon, quatrieme frere de Godefroi de Boüillon, Roi de Jerusalem; & dit que Guillaume fut Administrateur du Duché de Lorraine, en l'absence de ses freres, pendant qu'ils étoient en Palestine. Il ajoûte que Guillaume avoit épousé Gertrude, fille d'Arnoû Comte de Los, de laquelle il eut trois fils, Thierry, Godefroi & Henry. Thierri succeda à Guillaume mort en 1118. & régna en Lorraine jusqu'en 1128. & eut pour successeur Simon son fils aîné.

C'est ce que dit Hinning dans son grand Ouvrage, intitulé : *Theatrum Genealogicum omnium ætatum & Monarchiorum familias complectus*, imprimé à Magdebourg en 1598. en cinq Volumes in-folio. Cet Ouvrage est fort recherché & assez rare ; mais il n'y a aucune exactitude ; & lorsque nos Historiens Lorrains le citent, comme autentique & original, ils se trompent manifestement. Hinning a copié sans choix & sans critique les premiers Généalogistes de la Maison de Lorraine, & nos Historiens l'ont ensuite copié lui-même, sans faire attention que son témoignage ne donnoit pas un nouveau poids à ce qu'il avoit ainsi avancé sans preuves, sur le témoignage des autres.

Le même Hinning a encore composé *Genealogia familiarum Saxonicarum*, imprimé in-folio à Hambourg 1590. Ce Livre est fort rare.

HOCQUARD (Bonaventure) Cordelier Lorrain, a fait imprimer un Ouvrage en deux Volumes in-octavo, sous ce titre, *Perspectivum Lutheranorum & Calvinistarum, in duas partes divisum, ad Orthodoxorum omnium confirmationem, & nutantium instructionem, hostiumque veræ fidei confusionem, &c. Auctore Bonaventurâ Hocquardo Lotharingo, Ordinis Minorum strict.oris observantiæ reformatorum SS. Theologiæ Lectore generali. Viennæ Austriæ, Typis Matthæi Cosmerari* 1648. Le premier Tome est dédié aux Seigneurs Hongrois, promoteurs & fauteurs de la Religion Catholique en Hongrie. C'est un Livre de controverse, où l'on réfute pied à pied les erreurs des Calvinistes & des Luthériens, sur tous les articles de leur doctrine, opposée à celle de l'Eglise Catholique. L'Auteur rapporte au commencement la liste des Sectes sorties de l'école de Luther & de celle de Calvin. Cette liste est tirée de Lindanus, Evêque de Ruremonde.

Sur chaque article qu'il réfute, il rapporte les témoignages des Peres & des Théologiens de chaque siecle, les uns après les autres.

HOMASSEL (D. Joseph) Bénédictin de la Congrégation de S. Vanne, natif de Verdun, fit profession à S. Vincent de Metz le 6. Août 1651. & mourut au même lieu le 12. Avril 1695. Il a montré pendant sa vie une piété exemplaire & uniforme, un grand amour pour la verité, beaucoup de fermeté dans le bien, & de zéle pour l'observance régulière. Il a été revêtu de plusieurs emplois dans sa Congrégation, & il a soutenu avec dignité la charge de Prieur & de Visiteur.

Il étoit Prieur de S. Vincent de Besançon, & Visiteur de la Province de Bourgogne en 1686. lorsque D. Pierre Ringo, Président de la Congrégation, lui envoya une Procuration, pour s'opposer à certains Religieux du Comté, qui, sous prétexte de la réunion prétenduë de quelques Monasteres de la Réforme de S. Vanne, à la Congrégation réformée de Cluny, faisoient refus d'obéir à leurs Supérieurs légitimes de la Congrégation de S. Vanne.

D. Homassel exécuta fidélement les ordres du R. P. Président, fit signifier ses oppositions à M. l'Archevêque de Besançon, Juge délégué du S. Siége, & écrivit à ce sujet plusieurs Lettres.

Il étoit en relation de Lettres avec Dom Robert des Gabets, sur les matieres de Philosophie & de Théologie, & on conserve quelques-unes de ses Lettres sur ces matieres; nous en avons une en particulier du 30. Août 1670. ou 1671. (*r*) dans laquelle nous apprenons qu'une personne lui avoit écrit de Paris à Provins, où il étoit Prieur, que Messieurs Arnaud & Nicole le prioient de faire savoir à D. Robert des Gabets, que son opinion Philosophique sur l'Eucharistie ne valoit rien du tout ; qu'elle étoit contraire à la tradition & à la doctrine de l'Eglise ; qu'elle pourroit y causer un schisme, & que, s'il continuoit à la soutenir, ils seroient obligés d'écrire contre lui.

D. Homassel en rendit compte à D. des Gabets son ami, par la Lettre dont nous avons parlé ; & lui dit qu'il a reçu & examiné son Traité sur la maniere dont Jesus-Christ est présent dans l'Eucharistie ; qu'il a trouvé beaucoup de raisonnemens ingénieux, fondés sur les principes de la Philosophie de Descartes ; mais que son sentiment étoit erroné, & mis au nombre des erreurs des Hé-

---

(*r*) D. P. Munier, Histoire de la Réforme, tom. 6. pag. 167.

rétiques par le Cardinal Bellarmin, tom. 3. chap. 13. qu'il étoit contraire au Texte de l'Ecriture, Joan. 6. *Le Pain que je donnerai, est ma chair*; Que l'Eglise a toujours cru que dans l'Eucharistie Jesus-Christ nous donnoit, sous l'apparence du pain, sa propre chair, sa vraie chair; qu'ainsi son explication, qui vouloit que le pain demeurât en substance dans l'Eucharistie, & devînt le Corps de Jesus-Christ, seulement parce que l'ame de Jesus-Christ s'unit à lui, comme à son Corps, par la consécration; que cette explication détruit la croyance de la présence réelle de la transsubstantiation, & est contraire à la foi & à la tradition de l'Eglise.

Il continuë dans le reste de la Lettre à lui faire voir les suites & les inconvéniens de son explication; & y dit qu'il est très assuré que Messieurs de Port-Royal, tout favorables qu'ils étoient à la Philosophie de Descartes, condamnent expressement l'explication du P. des Gabets; & qu'en particulier l'Auteur de penser, la désaprouve entiérement; qu'à la vérité ces Messieurs approuvent la maniere dont Descartes explique les apparences & le dehors de ce mystere, dans sa réponse aux quatre objections de sa Métaphisique; mais qu'ils n'approuvent point du tout la maniere dont il explique le fond, par l'union de l'ame de Jesus-Christ au pain.

Il ajoûte que le Concile de Trente nous ayant assûrés que le Corps de Jesus-Christ réside dans l'Eucharistie d'une maniere ineffable & incomprehensible, & que le Sauveur ne nous ayant pas dit un mot, pour nous expliquer la maniere dont il y est présent, c'est agir raisonnablement, suivant même les principes de Descartes, qui veut qu'on n'admette rien comme certain, qu'il ne nous paroisse clairement tel par des raisons évidentes; & qui veut que nous suspendions notre jugement dans les choses obscures, comme nous devons croire indubitablement que Jesus-Christ est réellement présent dans l'Eucharistie, puisque lui-même nous en assûre, & que nous en avons sur cela sa parole qui est d'une vérité infaillible. Ainsi étant visible qu'il a voulu, à dessein, nous cacher la maniere dont il y est présent, & que nous ne pouvons d'ailleurs en avoir aucune connoissance certaine, il est indubitable que, pour agir raisonnablement, nous ne devons former aucun jugement sur cela, mais demeurer dans un profond & respectueux silence, en adorant la majesté d'un Dieu caché dans ce mystere; & qu'aller plus loin, c'est s'abandonner à des imaginations qui ne sont propres qu'à nous conduire dans l'erreur. Nous avons vû que D. des Gabets acquiesça à ces raisonnemens, renonça de bonne foi à son explication, & persévera jusqu'à la mort dans la créance de l'Eglise sur cet article, comme sur tous les autres.

HOMMEY (Jacques) natif de la Ville de Sées, entra fort jeune dans la Congrégation des Augustins de la réforme de Bourges; sa vie & ses écrits sont rapportés dans le Supplément de Morery sous son article : sa sœur ayant été nommée Abbesse de Port-Royal de Paris en 1685. Mr. du Harlay, Archevêque de cette Ville, qui vouloit faire tomber cette Abbaye à sa propre sœur, sçut fort mauvais gré au R. P. Hommey de la résistance que fit la Mere Hommey sa sœur, de lui remettre son Brévet de Nomination, & obtint que ledit P. Hommey seroit envoyé à Lagny; ensuite en 1701. il fut comme relégué à Bar-le-Duc, & enfin à Nancy, où il se fit connoître & estimer des honnêtes Gens, pour son esprit, son érudition & ses bonnes manières: il eut l'honneur de présenter au Duc Léopold une piéce latine; c'est une gratulation sur l'Election du Prince Charles de Lorraine son frere, à l'Evêché de Munster en 1706. la Piéce fut fort goûtée des Connoisseurs, de même qu'un panégyrique en Latin qu'il composa sur la mort du Prince Joseph de Lorraine, tué à la bataille de Cassano en 1705. il est adressé au Duc Léopold, & à ses freres les Princes Charles, Evêque d'Osnabrug, & François Abbé de Stavelo in-4°. Le P. Hommey mourut à Angers le 24. Octobre 1713. Il n'appartient à notre sujet que par sa demeure à Nancy, & par les deux piéces dont nous venons de parler, & qui n'ont pas été connuës de ceux qui ont donné la liste de ses ouvrages.

HONTHEIM (Mr. de Hontheim) natif de la Ville de Tréves, fils de Mr. de Hontheim, Conseiller Aulique de la même Ville, est actuellement Official de Mr. l'Electeur de Tréves au district de Coblens. Il a composé un ouvrage sur les antiquités de Tréves, qui s'impriment actuellement à Francfort en 3. vol. in-fol. sous ce titre, *Historia Diplomatica & Pragmatica Trevirensis.*

HOQUINCOURT (Armand) de Mouchy d'Hoquincourt, Evêque de Verdun, étoit le second fils du Maréchal d'Hoquincourt. Il n'aquit en 1637. fut élevé dans la piété & dans les lettres par le Savant Pere de Mouchy de l'Oratoire (s) son parent; il fut nommé par le Roi, Evêque de Ver-

(s) Hist. de Verdun, p. 256. & suiv.

dun en 1667. après que le Siége eût vaqué environ sept ans. Ce fut le premier Evêque de Verdun nommé par le Roi, en vertu des Indultes des Papes Alexandre VII. & Clément IX. M. d'Hoquincourt eut besoin de tout son zéle, de son éminente science, & de sa fermeté, pour réformer les abus & corriger les désordres, qu'une si longue vacance avoit introduit dans ce Diocése.

Il y établit un Séminaire pour l'éducation des jeunes Ecclésiastiques, & pour leur rétablir une régle, il fit composer un abregé des Réglemens tirés des Saints Canons & des anciens Statuts Synodaux du Diocése de Verdun, qu'il publia & qu'il fit recevoir dans une Assemblée générale, convoquée à Verdun le 8. Novembre 1678. dans laquelle il fit un discours très instructif sur les besoins spirituels de son Diocése.

Dans ces Statuts il régle l'extérieur des Ecclésiastiques, il leur ordonne la résidence actuelle, établit des Conférences une fois le Mois, il régle la célébration de l'Office Divin, les devoirs des Curés & des Confesseurs, & recommende à ceux-ci les Instructions de S. Charles Borromée. Cette Ordonnance fut reçuë sans opposition, & on en vit bientôt les fruits dans le renouvellement de la discipline dans tout le Diocése. M. d'Hoquincourt mourut à Paris, où il s'étoit fait porter pour se faire soulager, le 29. Octobre 1679. dans la 42. année de son âge, & fut enterré à S. Sulpice.

Voici la Copie d'une Lettre que ce Prélat écrivit au Chapitre général des Benédictins de la Congrégation de S. Vanne, tenu à S. Mihiel en 1679.

MES RE'VE'RENDS PERES,

„ La passion que j'ai pour la gloire de
„ votre Congrégation, est un effet de mon
„ estime particuliére pour un Corps si il-
„ lustre, & de ma reconnoissance parfaite
„ de toutes les graces que j'en ai reçuës; je
„ regarde, Mes Révérends Peres, comme
„ une bénédiction pour mon Diocése,
„ l'honneur qu'il reçoit par votre Assem-
„ blée à S. Mihiel; je suis touché très sen-
„ siblement de l'approbation que vous
„ voulez bien donner aux Maximes de
„ Morale que j'ai prescrite à mon Clergé.
„ Elles seront désormais inébranlables,
„ puisque je pourrai ajoûter à l'autorité
„ du grand S. Charles, celle d'une Con-
„ grégation qui peut être proposée en
„ exemple aux plus réligieuses de l'Eglise,
„ & dont les sentimens doivent passer
„ pour des Décisions Canoniques, parti-
„ culiérement en des matieres, où la Sain-
„ teté de la pratique prouve invincible-
„ ment la pureté de la Doctrine : M. Phil-
„ bert Chantre de mon Eglise, qui vous
„ présentera cette Lettre, vous assurera
„ aussi, qu'on ne peut rien ajoûter au res-
„ pect avec lequel je suis, &c.

HORDAL (Jean) Professeur en Droit Civil & Canon dans l'Université de Pont-à-Mousson. Il descendoit de Pierre d'Arc, troisiéme frere de Jeanne d'Arc, dit vulgairement, la Pucelle d'Orleans. Cette origine lui étoit commune avec Charles Dulis, Conseiller & Avocat du Roi à la Cour des Aides de Paris. Hordal nous apprend que Charles VI. Roi de France, voulut que les freres de Jeanne (1) d'Arc, changeassent leur nom en celui de Dulis. Il rapporte les Lettres de Noblesse, données par le Prince à toute la Famille de la Pucelle d'Orleans, qui sont du 14. Janvier 1429. & les armes qui sont d'Azur à une Epée d'argent, la pointe en haut fichée dans une Courone Royale, entre deux fleurs de Lis.

A la sollicitation de toute sa Famille, & en particulier de Charles Dulis, il composa l'histoire de cette Fille fameuse. En voici le titre, *Heroinæ nobilissimæ Joannæ d'Arc Lotharingæ vulgo Aurelianensis Puellæ, historia ex variis gravissima atque incorruptissimæ fidei Scriptoribus excerpta. Ejusdem Mavortiæ virginis innocentia à calumniis vindicata, Autore Joanne Hardal, &c.* Ponti-Mussi apud Bernardum 1612. in-4°.

Ce Livre est assez bien écrit, mais ce n'est à proprement parler qu'un recueil de tout ce que les Auteurs jusqu'à Hordal ont dit de la Pucelle d'Orleans.

Voici son Epitaphe qui est chez les Claristes du Pont-à-Mousson.

„ Hospes huc ora, capies usuram moræ
„ Clatuit hîc clarissimus & nobilissimus.
J. Holdal.
„ Sed & Memoria ejus immortalis est,
    quia vitam
„ Meruit; Cineres supersunt, nec condiri debuit,
„ Qui IIII. Princip. à Consiliis integer semper fuit.
„ Vivit in libris liberisque, quos Themidi
    XXXI annis publicè genuit. Ne dubita;
    Deo
„ Ut Sanctorum viâ litteris & virtute assequaris,
„ Vitam sequere; abi, da lacrimam, vixit annos LXVI.

(1) Hist. Puelæ laureli. p. 28.

BIBLIOTHEQUE LORRAINE.

„ Et ad annum M. DC. XVIII.

HORDAL (Jean) Fils du précédant lui succéda dans sa Chaire de Professeur en Droit Canon & Civil. Il a composé un Discours Panégyrique, prononcé en l'Assemblée de la Bourgeoisie du Pont-à-Mousson, pour l'Election des Magistrats. Pont-à-Mousson. 1627.

Mella apum Romanarum. Ponti-Mussi apud Joannem Appier Hanzelet 1628. in-12.

C'est un discours adressé au Prince Nicolas François, Evêque de Toul, où il prouve que les Romains ont excellé par la sagesse des Loix qu'ils ont faites.

Jean Hordal le fils fut employé par Charles IV. en différentes Négociations. Il mourut à Bruxelles où ce Prince l'avoit envoyé.

Il laissa un fils qui s'appelloit encore Jean Holdal, & qui mourut Doyen de la Faculté de Droit du Pont-à-Mousson en 1692.

L'HOSTE (Jean) Mathématicien natif de Nancy, étudia d'abord en Droit, & y prit ses Licences, mais son esprit se porta bientôt à des Sciences plus rélévées. Les Mathématiques avoient été inconnuës en Lorraine jusqu'à lui, ce ne fut que le hazard qui lui apprit à quoi il étoit propre. Les Elémens d'Euclides lui tomberent entre les mains, il les lut, il les comprit, & il fut saisi de cet enchantement que produit la Géométrie sur les grands esprits. Avec d'autres Livres il fit bien tôt plus de progrès, que s'il eût été guidé par un de ces Demy-Mathématiciens, qui font profession d'enseigner, & qui ne servent souvent que d'obstacles à d'heureux Génies.

La Protection du Prince qui s'étendoit sur tous les Gens de mérites & de lettres, ne l'oublia pas. Voici comme il s'en exprime lui-même.

„ Je ne veux pas m'attribuer l'Intro-
„ duction des Mathématiques en Lor-
„ raine, mais dirai-je bien qu'ès Annales
„ du Pays ne se trouve aucun, qui avant
„ moi en ait écrit quelque chose.(*u*) Ce qui
„ m'en fait parler si hardiment, est que j'ai
„ l'honneur d'avoir été invité à l'Etude d'i-
„ celles par feu Son Altesse de très-heu-
„ reuse Mémoire, m'ayant fait dire par feu
„ M. de Maillanne, lors Maréchal du Bar-
„ rois, que je continuasse cet Etude, &
„ que celui étoit fort agréable d'avoir un
„ de ses sujets qui s'adonnât à ces belles
„ Sciences. Aussi ne veux-je pas dire qu'au-
„ tres que moi de ce Pays, n'eut put faire
„ le même & encore d'avantage ; vû que
„ par tous les Cantons de l'Europe se trou-
„ vent des Lorrains rares & excellens en
„ diverses Sciences, Inventions & Artifi-
„ ces ; mais ce que j'en ai fait, est pour
„ témoigner aux Etrangers qu'outre l'exer-
„ cice des Lettres humaines, l'hilosophie,
„ Théologie, Jurisprudence, & Médecine
„ de votre Université du Pont à Mousson ;
„ l'usage de Mathématique est autant com-
„ mun en ce Pays, qu'en autre quelcon-
„ que, où les ayant pratiqué depuis dix
„ ans que j'ai l'honneur d'être Ingénieur
„ ordinaire des Fortifications de V·A·

Jean l'Hôte fut chargé d'une partie des Fortifications de la Ville-neuve de Nancy, de même que de celles de Marsal ; il les exécuta avec honneur.

Ayant satisfait aux Fonctions publiques que demandoit le service du Prince, il s'appliqua dans son particulier à construire diverses Machines qui marquoient la sagacité de son Invention, la profondeur de ses connoissances & l'habilité de sa main.

Il fit entre-autres pour Son Altesse *deux Globes de Bronze d'une grandeur bien notable, lesquels dit-il, j'ai tracé, & buriné par un travail de sept ou huit ans, & y ai apporté toutes les singularités, tant de la Terre & de la Mer, que des Orbes Célestes.*

Pour en expliquer & faire connoître l'Usage & la Pratique, il fit imprimer le Traité suiv.

„ Sommaire de la Sphére Artificielle,
„ & de l'usage d'icelle, par Jean l'Hôte,
„ Mathématicien, Conseiller & Ingénieur
„ ordinaire ès Fortifications des Pays de
„ Son Altesse. A Nancy, aux dépens de
„ l'Auteur 1629. in-4°. p. 208.

Toute la Sphére & toute la Doctrine qui y a rapport, est exposée dans ce livre aussi méthodiquement & aussi savamment, que dans aucuns autres qui ont paru depuis sur cette matière. Après avoir traité à fond de la Sphére, il déduit les Principes & les Fondemens de l'Astronomie, de la Géographie & de l'Hydrographie qui en dépendent. Ensuite il propose plusieurs Problèmes Sphériques sur les mouvemens des Astres, le changement des Saisons, la diversité des Jours, la température des Climats, & en donne des Solutions Analytiques pour les triangles rectilignes. Enfin il donne la Méthode de tracer les Mappemondes, les Tables Geographiques & Hydrographiques, les Cartes générales & particuliéres, selon les Anciens & les Modernes.

Voici les titres de deux autres Ouvrages de Jean l'Hôte, dans lesquels on reconnoît la même justesse d'esprit, & la même solidité de raisonnement.

(*u*) Epît. Dédicat. de l'Epipolimetrie.

„ Pratique de la Géométrie, contenant
„ les moyens pour mesurer & arpenter
„ tous Plans accessibles, avec les démons-
„ trations d'icelles, tirées d'Euclides, les
„ plus nécessaires pour parvenir à la con-
„ noissance des Mathématiques, expli-
„ quées pratiquement par diverses figures
„ & raisons authentiques, utiles & con-
„ venables à tous Arpenteurs, Architectes,
„ Menuisiers, &c. Par Jean l'Hôte Licen-
„ tié ès Droits, Avocat au Pont-à-Mouf-
„ son. A Pont-à-Mousson, chez F. Dubois
„ 1607. in-4°.

„ Epipolimétrie, ou Art de mesurer tou-
„ tes superficies, comprenant la maniere
„ de bien dessiner, former, transmuer, ou
„ changer, mesurer & partager tous Plans
„ quelconques en quoi est démontré la
„ Pratique des six premiers livres des Elé-
„ mens Géométriques d'Euclides par J.
„ l'Hôte, Licentié ès Droits Mathémati-
„ cien, Conseiller & Ingénieur ès Fortifi-
„ cations des Pays de S. A. à S. Mihiel,
„ chez Dubois 1619. in-folio.

Il mourut à Nancy sur la Paroisse S. Sébastien le 8. Avril 1631. les malheurs du régne de Charles IV. empêcherent qu'il ne fut récompensé suivant son mérite, & le bonheur que donnent la recherche & la possession de la vérité par l'étude des Mathématiques, le rendit indifferent pour l'établissement de sa fortune dans des tems plus heureux.

Il eut un fils nommé Bernard l'Hôte, qui hérita de ses talens & de sa charge d'Ingénieur. Nous ne sçavons si les Traités suivans, que l'on nous indique, viennent du Pere ou du Fils.

Description & Usage des principaux Instrumens de Géométrie.

„ Traité du Cadran.
„ Rayon Astronomique.
„ Gnomon ou Baton de Jacob.
„ Interprétation du grand Art de Raymond lulle.

HOUTZEAU...... Sculpteur, étoit de Bar-le-Duc; étant allé à Paris, il y fit quantité d'Ouvrages, entre-autres, deux figures, qui sont posées dans le Parc de Versailles; la premiere est appellée *le Cholerique*, ou *le Tempérament bilieux*, qui a un Lyon pour Symbole, figure de Marbre. La seconde est un terme de Marbre, représentant un Faune couronné d'un Pampre, chargé de feuilles & de raisins. Voyez le receuil des figures de Versailles par Thomassin. N°. 99. 199. Houtzeau vivoit encore en 1613.

Il a fait aussi *la Galathée*, qui se voit sur le Balcon, qui est à gauche. 2°. *Le Mois d'Octobre* dans un Salon de Versailles. 3°. *La Muse Thalie, Momus, Ptesiscore & le Dieu Pan*, sur l'avant-Corps du milieu de l'appartement de Madame la Duchesse de Berry. 4°. Un Tigre qui terrasse un Ours, & un Limier qui terrasse un Cerf, modelés par Houtzeau, & fondus en bronze par les Kellers; le tout dans les Jardins de Versailles sur un des bassins de Marbre. 5°. Dans la Sale du Bal, quatre Goulettes de Marbre de l'Anguedoc, qui a le fond bien rouge, vif avec de grandes taches blanches; au haut de ces goulettes sont quatre vases de Métal, ornés de têtes de Bacchantes, de Muffles, de Lyons, de Festons, &c. Au bas de ces mêmes Goulettes, il y a quatre Torcheres de Métal, posées sur des socles de Marbre de l'Anguedoc, le tout de l'ouvrage de Houtzeau & de Masson : au Théatre d'eau dans la palissade qui est près la Théatre, on voit sur les quatre fontaines des grouppes d'enfans de Métal, dont deux se jouent avec une Ecrévisse, les autres avec un Griffon. Voyez la nouvelle description de Versailles par Piganiol de la Force, troisième Edit. 1713.

HUGO (Charles Louis) né à S. Mihiel en Lorraine en 1667. au mois de Mars d'une famille noble, entra dans l'Ordre des Prémontrés réformés de Lorraine, en l'Abbaye de Ste. Marie de Pont-à-Mousson le 15. de Juin 1683. âgé de 15. ans neuf mois. Il fit Profession en 1687. fit ses Etudes sous le P. Edmon Sauvage, Abbé Régulier de l'Abbaye de Jovillier, prit le bonnet de Docteur à Bourges, & enseigna la Théologie à Jandeure en 1691. & à Etival en 1693. Il fut fait Coadjuteur de l'Abbaye d'Etival, le 12. Août 1710. Le Pape lui donna l'Abbaye de Fontaine-André en 1711. Il posseda celle d'Etival en 1712. par la démission du R. P. Simeon Godin, il fut nommé Evêque de Ptolemaïde, *In Partibus infidelium* le 15. Décembre 1728. il mourut dans son Abbaye d'Etival le 2. Août 1739. en la septante-quatriéme année de son âge, à la cinquante-sixiéme de sa Profession, & la vingt-septiéme de son Elévation à la Dignité Abbatiale.

Voici la Liste de ses Ouvrages.

N'étant que Prieur de la Maison de son Ordre à Nancy, il écrivit une Lettre assez longue sur les Contestations du Parlement de Lorraine, avec Messieurs les Officiers de la Cour Ecclésiastique de Toul, dattée du 22. Septembre 1699. elle contient 22. pag. in-fol. d'une écriture bien serrée.

Réfutation du Sistéme de M. Faidit sur

la Trinité, imprimée à Luxembourg, en 1699. in-8°. ..... M. Faidit lui repondit sous ce titre, *Apologie des SS. Peres sur la Trinité, ou réponse à la réfutation du sistème de l'Abbé Faidit sur la Trinité*, à Nancy chez Paul Barbier 1702. M. l'Abbé Hugo y répliqua & fit imprimer son Ouvrage à Paris, chez Jean Moreau en 1702. sous le titre *de réponse & l'apologie du sistême de M. l'Abbé Faidit sur la Trinité*.

Il a aussi composé quelques pièces sur la Préséance prétenduë par les Chanoines Réguliers & les Prémontrés de Lorraine, sur les Bénédictins de la même Province, contre le R. P. D. Mathieu Petit-Didier, imprimées in-4°. au commencement du retour du Duc Léopold dans ses Etats en 1699. & 1700.

Critique de l'Histoire des Chanoines, ou Apologie de l'Etat des Chanoines propriétaires, depuis les premiers siécles de l'Eglise jusqu'au XII. à *Luxembourg* 1700. avec une Dissertation sur la Canonicité de l'Ordre de Prémontré, contre les recherches historiques & critiques sur l'Ordre Canonique par le P. Chaponel, Chanoine de Ste. Geneviéve, imprimée à Paris en 1699. in-12.

Il a composé la Préface qui se lit à la tête du Sistême Cronologique des premiers Evêques de Toul, composé par M. l'Abbé Riguet, imprimée à Nancy chez Barbier in-12. 1701. Mais cette Epître fut supprimée dans l'Edition de 1707. elle fut réfutée dans le tems par M. N. Clément, Garde de la Bibliothéque du Roi.

Vie de St. Norbert, in-4°. Luxembourg 1704.

Journal Littéraire, imprimé à Soleure en 1705. en un Tome ou 12. mois, continué jusqu'à la fin de 1705.

Explication de la Médaille frappée à l'honneur du Duc Léopold en 1705. pour les grands chemins des bois de Hayes. Nancy in-4°. chez Guédon.

Les pieuses Fables du P. Hugo dans son Histoire de S. Norbert, imprimées en 1705. in-4°.

Lettres du P.... à M. l'Abbé de Lorkot pour servir de réponse à un écrit injurieux, qui a parut sous le titre *de pieuses Fables, &c.* le 25. Août 1705. se trouve chez les RR. PP. Prémontrés de Nancy in-4°. N°. 2.

Explication Latine de la Médaille frappée en l'honneur du Pape Clément XI. en 1716. in-8°. chez Guédon, avec une Epître Dédicatoire au Pape, au nom de M. S. Urbain Graveur de cette Médaille.

Réponse au R. P. Ethéard, Abbé Régulier de S. Paul de Verdun, & au P. Gauthier, Prémontré, sur l'habit blanc de S. Norbert.

Traité Historique & Critique sur la Maison de Lorraine, sous le nom de Baleicourt in-8°. Nancy 1711. Cet Ouvrage fut condamné par Arrêt du Parlement de Paris, du 17. Septembre 1712.

Deux Lettres servans de réponses au P. Benoît Picart, Capucin, sur le même sujet; elles ont pour titre, *Reflexions sur deux Ouvrages nouvellement imprimés, concernant l'Histoire de la Maison de Lorraine*. A Nancy 1712. il y en avoit encore deux autres prêtes à imprimer, que le Duc Léopold voulût qu'on supprimât.

Explication de la Médaille frappée par ordre de l'Hôtel de Ville de Nancy, en l'honneur de Monseigneur le Prince Royal, pour sa premiere entrée dans la Ville de Nancy le 25. Novembre 1714. in-4°. chez Cusson à Nancy 1715.

Explication de celle de S. A. S. Monseigneur François-Etienne de Lorraine, pour le même sujet, chez Cusson à Nancy 1715. in-4°.

Explication de la Médaille frappée à l'honneur de S. A. R. M. par ordre de l'Hôtel de Ville de Nancy in-4°. à Nancy, chez Cusson 1715.

La vie de la Mere Erard, Supérieure des Religieuses du Refuge de Nancy. Nancy 1715.

Histoire de la Maison des Sales, in-fol. avec figures; à Nancy, chez le même 1716.

Rituale Territorii Stivagiensis, in-4°. 1725.

Sacra antiquitatis Monumenta, 2. vol. in-fol. le premier imprimé à Etival en 1725. & le second à S. Diez en 1731.

Deux Lettres au P. D. Calmet sur l'Histoire *d'Herculanus* in-4°. à Nancy, chez Midon 1726.

Il a écrit diverses pièces contre Monseigneur l'Evêque de Toul, pour soutenir l'Indépendance de son Abbaye.

Il y eut aussi diverses pièces Satiriques, imprimées contre le P. Hugo, ces Satires furent condamnées par Arrêt du Parlement, le 31. Décembre 1725. & 11. Janvier 1726.

Un Mandement pour la mort du Duc Léopold 1729.

Annales Ordinis Præmonstrat. cum figuris, in-fol. à Nancy, 1734. & 1736. le P. Blampain, Prémontré d'Etival, a écrit contre cet ouvrage, ou jugement contre les écrits, de Mr. Hugo, Evêque de Ptolémaide, à Nancy 1736. ouvrage très solide.

Un Mandement pour l'heureux retour de S. A. R. le Duc François 1729. in-4°.

Un pour la prise de possession de la Lorraine 1737.

On m'a assûré que M. l'Abbé Hugo avoit écrit l'Histoire de sa propre vie, & qu'elle est manuscrite entre les mains de Madame Hugo sa niéce à S. Diey: cette vie n'a jamais été achevée, mais seulement commencée & projettée.

J'ai en main les Notes manuscrites qu'il a faites sur son Baleicourt.

Il a aussi composé les Vies de René I. de Jean II. de René II. de Nicolas & de Charles IV. Ducs de Lorraine, qui sont demeurées manuscrites.

On lui attribuë la défense de la Lorraine contre les prétentions de la France, par Jean Pierre Loüis; à la Haie 1697. in-12.

Voici le titre entier de cet Ouvrage, attribué à M. l'Abbé Hugo:

Défense de la Lorraine contre les prétentions de la France, où l'on fait voir tout ce qui s'est passé, de siécle en siécle, de plus remarquable sur ce sujet, traduite du Latin par Jean-Pierre Louis P. P. imprimée à la Haie, suivant la Copie imprimée en Allemagne en 1697. dédiée à M. le Libre, Baron d'Ankelmant, Conseiller d'Etat de S. A. E. de Brandebourg, Président de la Chambre du Duché de Magdebourg, & son Plénipotentiaire pour la paix aux Conférences de Riswick. A la marge de l'Exemplaire de cet Ouvrage que j'ai vû, on a écrit à la main: *Cet Auteur est étranger, & par conséquent n'en sait pas encore assez pour nous bien défendre.*

Le même ajoûte à l'endroit où Jean-Pierre Loüis parle des bornes d'airain posées sur la Meuse, depuis Vaucouleurs jusqu'à Mouzon, séparatrices des deux Etats de la France & de l'Allemagne, ces mots, *Les François les ont fait arracher du tems du Cardinal de Richelieu, & l'on en a caché encore que l'on garde*; & tout à la fin, où l'Auteur parlant aux Princes d'Allemagne, les exhorte à employer leurs richesses à la défense de la sûreté de l'Empire; on fait cette remarque, *Bel avis, mais mal suivi*: il ne se souvient pas de ce qu'il a dit plus haut, *Que l'avarice des Princes d'Allemagne a toujours causé leur perte.*

M. Hugo avoit travaillé long-tems au Nobiliaire de Lorraine, & à la Généalogie des principales Maisons de cette Province; & quoiqu'il l'eût fait par l'ordre du Duc Leopold, cette entreprise lui attira du chagrin de la part de quelques personnes de condition; de sorte qu'on lui enleva le seul Original qu'il en avoit, & qui fut déposé au Greffe de la Chancellerie à Lunéville.

Après la cession de la Lorraine, M. Molitoris eut ordre de le tirer de là, pour l'envoyer à Vienne, où il est aujourd'hui. Bien des gens m'ont assûré qu'il en étoit resté quelques exemplaires en Lorraine; mais, quelque recherche que j'en aie faite, je n'en ai pû découvrir aucun.

On lui attribuë un Ouvrage intitulé, *Réponse au Mémoire du R. P. Dionis, Abbé de Cuissy*, où l'on réfute ses prétentions sur la pairie & préséance sur les Abbés de la Réforme de Prémontré en 1709. Le R. Pere Hugo a désavoüé cet Ecrit, qui a été réfuté par M. l'Abbé Dionis en 1710.

Il est l'Auteur de l'Histoire de Moyse, imprimée à Luxembourg en 1698. in-octavo.

Une Lettre à M. . . . . . sur la vie de S. Sigisbert, douziéme Roi d'Austrasie, & troisiéme du nom, composée par le R. P. Vincent de Nancy, Religieux du Tiers-Ordre de S. François: cette Lettre passe pour être de M. l'Abbé Hugo; quelques-uns l'attribuent au R. P. Benoît Picard, Capucin de Toul.

HUGUES des Hazards, Evêque de Toul; nous avons de lui, *Statuta Synodalia olim per Episcopos Tullenses edita, per R. P. Hugonem de Hazardis, innovata, reformata & aucta; Tul.* 1514. Voyez sa vie & ses actions dans l'Histoire de Toul du P. Benoît Picard, p. 599. & suiv. Hugues des Hazards étoit né à Blénod, Chef-lieu d'une Châtellenie du Domaine de l'Evêché de Toul; il portoit pour armes une Croix, avec 4. dés aux 4. angles de la Croix, par allusion à son nom de *des Hazards*. Il fit ses études à Sienne, & y reçut le Bonnet de Docteur, il passa ensuite à Rome, & y fit, pendant quelque tems, les fonctions d'Avocat. René II. Duc de Lorraine le rappella, l'attacha à son service, lui procura un Canonicat dans l'Eglise de Toul, & le créa Conseiller d'Etat & Chef de son Conseil. L'Eglise de Metz le choisit pour Doyen, & la Collégiale de S. George de Nancy pour Prévôt; Rome lui donna la Commande de l'Abbaye de S. Mansuy de Toul; enfin le Duc René lui procura la Coadjutorie de l'Evêché de Toul, du vivant de l'Evêque Olry de Blamont. Il eut pour concurrent dans la possession de cet Evêché le Cardinal Raymond de Baraille, qui faisoit les fonctions de Légat en Lorraine. Après la mort de ce Cardinal, Hugues des Hazards obtint ses Bulles pour l'Evêché de Toul en 1507.

Ce Prélat gouverna son Diocèse avec beaucoup de sagesse, & fit bâtir à Blénod, lieu de sa naissance, une Eglise magnifique, sur le modéle de sa Cathédrale, où il fut enterré, étant mort le 14. Octobre 1517. âgé de 63. ans. Pilladius, Chanoine de S. Diey, dit de lui, *Ingenio præstans, sermone politus*

politus ad unguem. On dit qu'ayant dreſſé des Statuts Synodaux en Latin , il fut obligé de les publier en François , afin que ſes Curés les luſſent plus volontiers , & les entendiſſent mieux , tant l'ignorance étoit grande en ce tems-là , même parmi les Eccleſiaſtiques.

J'ai une Médaille , ou un Jet de Hugues des Hazards avec ſes armes ; elle ſera gravée au quatriéme Tome de la nouvelle Hiſtoire de Lorraine.

HUGUES (de Flavigny) Religieux de l'Abbaye de S. Vanne de Verdun , a écrit *Chronicon Virdunenſe ,* imprimé dans le premier Tome de la Bibliothéque du P. Labbe, pag. 123. Il eſt ſurnommé *de Flavigny,* parce qu'il a été Abbé de l'Abbaye de Flavigny en Bourgogne. Il paroît dans ſes Lettres, dans ſa Chronique & dans d'autres Écrits , qu'il avoit beaucoup de ſcience & de piété. Sa Chronique finit en 1102. & elle nous apprend une infinité d'événemens conſidérables , concernant l'Hiſtoire de Lorraine. La vie de Hugues de Flavigny eſt aſſez amplement décrite dans notre Hiſtoire de Lorraine , tom. 2. p. 389.

HUGUES de Metz Dominicain, célébre Profeſſeur de Théologie à Paris, a écrit ſur le mérite des Sentences , & a fait quelqu'autres ouvrages , qui ont eû le malheur d'être perdus. Il a fleuri au treiziéme ſiécle , & il mourut à Paris (*x*). L'Auteur de la Chronique a oublié de dire le jour & l'année de ſa mort. Il s'étoit fait une telle réputation de capacité & d'érudition, qu'il paſſoit pour ne rien ignorer , ſelon ce diſtique :

Credimus inque Dei poſitum nil lege probari,
Quod te contingat , Divè latere , pater.

HUIN (Guillaume) ou *Guillaume Hugonis,* fils de Hugues, étoit natif d'Etain en Lorraine , au Diocèſe de Verdun. Il fit des progrès conſidérables dans les Lettres, principalement dans la Juriſprudence civile & canonique. Il fut pourvû de l'Archidiaconé de la Riviere en l'Egliſe de Verdun , puis de la dignité de Princier de Metz, où il ſe retira.

En 1431. Huin fut invité par les Peres du Concile de Basle, de ſe trouver dans leur aſſemblée , pour les y ſervir de ſes lumieres & de ſes conſeils. Il ſe rendit aiſément à leurs prieres , & engagea les Chanoines de Verdun à écrire en ſa faveur une Lettre de recommandation aux Peres du Concile : ce qui lui fut accordé très volontiers ; & Huin, en reconnoiſſance , ſoutint toujours vivement les intérêts des Chanoines , & leur y rendit tous les ſervices qu'il put. On voyoit encore, du tems de Vaſſebourg, pluſieurs de ſes Lettres adreſſées au Chapitre de Verdun , où il leur donnoit avis de ce qui concernoit leurs intérêts ; & le Chapitre , en reconnoiſſance de ſes ſervices , lui conſerva toujours ſa Prébende pleine , comme s'il eût été préſent à ſon Egliſe.

Étant au Concile de Basle , il fut choiſi Promoteur Général de cette aſſemblée , & fut un de ceux qui dépoſerent le Pape Eugéne IV. Felix qui lui ſuccéda , donna en 1440. à Huin le Chapeau de Cardinal.

Après la diſſolution du Concile, pluſieurs Cardinaux ayant été révoqués, Huin fut conſervé & maintenu dans ſon rang ; il ſe rendit de Basle à Rome , où il paſſa la plus grande partie de ſa vie , toujours conſulté & employé comme un des plus habiles hommes de ſon tems.

Après l'extinction du ſchiſme , le Pape Nicolas V. le fit de nouveau Cardinal le 19. Décembre 1449. & lui donna le titre de ſainte Sabine. Il fut envoyé en Lorraine en qualité de Légat , & obtint du Pape Nicolas V. l'Abbaye de S. Vincent de Metz , à l'excluſion de D. Jacques Coppel , Religieux de ce Monaſtere , & Prieur d'Offenbach , qui avoit été élû canoniquement en l'an 1452. Huin mit la Ville de Metz en interdit pendant trois ans , & joüit de ſon Abbaye juſqu'à ſa mort , arrivée à Rome en 1455. ou 1456. le 27. ou 28. d'Octobre, ſelon la Chronique de Metz , ou , ſelon d'autres , le 27. Décembre, ſuivant la Chronique de S. Vanne.

Vaſſebourg, *lib.* 7. *fol.* 5. *cap.* 4. *verſo,* en parle comme d'un homme qu'il connoiſſoit ; il portoit ordinairement le nom de *Cardinal d'Etain ,* parce qu'il étoit né en cette Ville , ou celui de *Cardinal de Metz ,* parce qu'avant ſa promotion au Cardinalat , il étoit Princier de Metz. Après ſa mort, ſon corps fut rapporté à Etain , & inhumé au Chœur de la belle Egliſe Paroiſſiale, qu'il y avoit fait bâtir. Il fit venir exprès de Rome des Architectes , pour bâtir le Chœur de cette Egliſe , qui eſt des plus beaux , & le fit couvrir de plomb ; il bâtit la Nef de l'Egliſe avec la même magnificence , & avoit deſſein d'y fonder une Collégiale ; mais la mort le ſurprit à Rome , avant que d'avoir pû exécuter ſon pieux deſſein. On voit dans l'Egliſe d'Etain ſon Epitaphe , & ſon portrait en ſculpture.

Par ſa mort fut éteinte une penſion de quatre cens Ducats , qu'il tiroit ſur l'Abbaye de S. Vanne depuis l'an 1452. Il ſoutenoit

---

(*x*) *Vide Echard. de Scriptor. Ordin. Prædicat. tom.* 1. *pag.* 149.

avec zéle les intérêts du Chapitre de la Cathédrale de Verdun, & obtint en Cour de Rome la confirmation des deux Statuts de cette Eglise; le premier, que les Chanoines jureroient, à leur réception, qu'ils font nés en légitime mariage; le second, qu'ils ne font point de condition servile. Il soutint aussi fortement en Cour de Rome les intérêts du Chapitre de Verdun, contre un nommé Malazerüs, Doyen dudit Chapitre; & en reconnoissance, les Chanoines agréerent pour Doyen & Président de leur Chapitre, un neveu dudit Cardinal, nommé *Beuve*, ou *Beuvin Huin*, ou *Beuvinus Hugonis*, qui demeuroit à Verdun, & étoit un homme docte & pieux. Voyez Frison, *Gallia purpurata*, & Aubery, Histoire des Cardinaux, & surtout Vassebourg, & la nouvelle Histoire de Verdun.

HUIN (Balthazar) Conseiller à la Cour Souveraine de Lorraine & Barrois, & Intendant de la Duchesse Marie-Loüise d'Apremont, seconde femme de Charles IV. naquit à Nancy le 9. Février 1623. Il étoit fils de Nicolas Huin, Conseiller d'Etat, & Président du Conseil de l'Hôtel de Ville de Nancy; il mourut à Bruxelles le 21. Juin 1684.

Il a laissé plusieurs Piéces en vers sur les actions de Charles IV. la victoire remportée à Norlingue par ce Prince, celle de Poligny, la retraite de Cernay, le secours de Cambray, la sortie de Nancy du Duc Nicolas François, & de la Princesse Claude son épouse, le retour en Lorraine du Duc Charles IV. Ces Vers sont en Latin & en François.

De plus, il a composé, 1°. un Ecrit intitulé, *Nullité du Traité fait à Paris en 1662. par feu S. A. de Lorraine.*

2°. Mémoires sur les propositions de la France, pour la restitution de la Lorraine.

3°. Mémoires sur l'alternative des propositions de la France sur l'option faite par M. Canon le 31. Octobre 1678. & sur une autre option par le même du 4. Novembre de la même année : le tout manuscrit entre les mains de M. Rennel, Chanoine de S. Diey.

Afin que le Lecteur juge du goût de l'Auteur, & de son talent pour la Poësie, nous donnons ici deux Odes sur le retour de Charles IV. dans ses Etats.

ODE.

Objet de la rigueur des armes,
Funeste centre des malheurs,
Butin célébre des voleurs,
Fameuse scène des allarmes,
Vaisseau sans Pilote à tous vents
Abandonné depuis long-tems,
Lorraine, enfin la Providence,
Qui t'a vû dans tes maux soufferts
Après avoir brisé les fers,
Veut rendre à ta vertu la digne récompense.

Le Ciel favorable & propice,
Après avoir pris ses Etats,
A l'exposer dans les combats
Te veut couronner dans la lice.
Malgré le destin & le sort,
Il te conduit à un bon port;
Cesses de craindre le naufrage,
Ton astre seul, selon tes vœux,
Faisant paroître ses beaux feux,
Appaise la tempête, & dissipe l'orage.

Ton Prince plus brillant de gloire,
Que le Soleil n'est de clarté,
Par son retour tant souhaité,
Partage avec toi sa victoire;
S'il a gagné tant de lauriers
Sur les plus illustres guerriers,
C'est pour en couronner ta tête;
La tranquillité pour jamais,
L'établissement de la paix
Sont les puissans efforts de sa haute conquête.

Depuis que s'oubliant soi-même,
Il entreprend le soin de tous,
Soyons certains que c'est pour nous,
Qu'il affûre son Diadême;
Tant de mémorables progrès
Sont pour nos propres intérêts,
Pour nous il dresse des trophées;
Tant de veilles & de travaux
Ne buttent qu'à finir nos maux,
Et rendre par la paix les guerres étouffées.

Cet incomparable génie,
Le tutelaire des Lorrains,
Ce beau miroir des Souverains,
Ce majestueux Conquérant,
Charles le foudre de la guerre,
Ce Monarque doux & charmant,
Charles le foudre de la guerre,
Afin de nous combler d'honneur,
Par tant d'exploits de sa valeur,
A voulu que son nom remplît toute la terre.

Ce Pégase (*y*), dont la structure
Fut travaillée plus de vingt ans,
Fut si complet, que les passans
En ont admiré la figure;
Ce bronze achevé & poli,
Cet œuvre d'un prix infini,
Il faut enfin : sans plus attendre,
Que Charles monte ce Cheval,
Puisque plus grand que Bucéphale
Il attend dès long-tems un plus grand qu'Aléxandre.

(*y*) Le Cheval de bronze de Nancy, qui est à présent à Dijon, a été conduit à Paris par Loüis XIV. en 1671.

Vagny (z) aux sources argentines,
Féconde mere des ruisseaux,
Qui vont roulant dans leurs canaux
Des millions de perles fines (a),
Faut croire que ton cristal mouvant
En produit plus que le Levant,
Tu dois fournir une couronne
A ton Monarque glorieux,
Puisque toujours victorieux,
Il plante ses lauriers au bord qui t'environne.
 Vous, échelles, que la nature
A disposé en ces bas lieux,
Pour mieux nous approcher des Cieux,
Et joindre à Dieu sa créature;
Montagnes, faites au dehors
Paroître vos riches trésors (b),
Et du profond de votre abîme,
Sans qu'il soit besoin de marteaux,
Donnez vos précieux métaux
A votre Souverain & Prince légitime.
 Enfans produits de nos montagnes,
Qui éternellement coulez
Sur des lits de Sables dorés,
Inondez nos vastes campagnes,
Beaux fleuves, qui n'êtes muets,
Que pour preuve du grand respect
Que vous rendez à votre Prince;
Meuse & Moselle, arrêtez-vous,
Et pour son retour, comme nous,
Témoignez votre joie à toute la Province.
 Que ces étonnantes machines
Et ces tonneres, que les arts
Ont placés sur nos boulevards,
Fassent retentir nos collines;
Qu'on allume par-tout des feux,
Que les tournois & que les jeux
Marquent notre réjoüissance;
Que notre Prince triomphant
Reconnoisse par notre chant,
Que rien ne nous est cher que sa chere présence.
 Sus donc, Lorrains, crions tous: Vive,
Vive l'Auteur de notre paix,
Vive celui, dont les hauts faits
Ont rendu la guerre captive;
Vive l'objet de nos amours,
Le seul miracle de nos jours,
Vive notre unique espérance,
Vive Charles toujours vainqueur,
Vive celui dont la valeur
Nous donne le repos avec toute assûrance.

Ob reditum Serenissimi Principis Caroli IV. Lotharingia & Barri Ducis, lætandum esse.

ODE ALCHAICA.

,, Post tot procellas, fulgura, flumina,
,, Tandem quietis stat mare fluctibus,
,, Pellitque claris densiores
 ,, Sol oriens radiis tenebras.
,, Belli fugatis nubibus, aureum
,, Pacis renitet sidus, & exteræ
,, Postquam resiliit nationi,
 ,, Ad patrios remeat penates.
,, Germana vastæ terra potentiæ,
,, Compendiosi nescia limitis,
,, Langueret oppressa & ruentis
 ,, Imperii gemeret ruinas.
,, Ne præpotentis Austratiæ jubar
,, Tot bellicosis viribus impetus
,, Gentis repressisset Suecæ
 ,, Indomitos minuens furores.
,, Hostis cruentâ dum rabie furit,
,, Novâque semper cæde superbiens,
,, Feracis incontaminatos
 ,, Alsatiæ populatur agros.
,, Norlinga longo mœnia milite
,, Soluta vidit, vidit inhospitas
,, Latéque victrices Phalangas
 ,, Præsidio Caroli subactas.
,, Tantum Ducem non ante domabiles
,, Timent Sueci, & impavidum mori
,, Mirantur Heroem, potentes
 ,, Austriacæ Domini coronæ.
,, Hunc Polignæi gloria prælii
,, Immensa laudat, Dolaque & prædicat;
,, Hunc liberatorem & parentem
 ,, Sequanicæ coluére gentes.
,, Galli severi obsidionibus
,, Dolam premebant; mœnia proximo
,, Hosti patebant, hic dolenti
 ,, Spes poterat superesse plebi.
,, Ni Lotharingo robore territi
,, Hostes dedendæ diruta mœnia
,, Urbis reliquissent, Ducemque
 ,, Sequanico celebrent triumpho.
,, Huic si secundus auxiliaribus
,, Armis fuisset Belgus, Atrebatum
,, Non Galliarum se redactam
 ,, Imperio numeraret urbem.
,, Velut rapaci vortice defluens
,, Torrens aquosis turgidus imbribus,
,, Prosternet optatas aristas,
 ,, Spemque avidi minuet Coloni.
,, Sic Lotharenum territa Principem
,, Tutlinga vidit, cùm subito impetu
,, Oppressa Francorum subegit
 ,, Castra suis violata turmis.
,, Virtus cruorem fundere nescia,
,, Contenta posse perdere subditos,
,, Gallis pepercit, liberosque
 ,, Ad patrias dedit ire sedes.
,, Trinis decorum Cameracum arcibus,

(z) Vagny, Village à deux lieuës de Remiremont.
(a) Ces perles se trouvent dans des espéces d'huitres, qu'on voit dans la riviere de Vologne près Bruyeres.

(b) Les Mines d'argent qui se voient dans le creux des montagnes du Val de S. Diey & de Sainte-Marie aux Mines.

„ Cinctumque firmis undique mœnibus
„ Harcurianus Dux timendus
„ Liligeris tenuisset armis.
„ Sed concupitas suppetias ferens
„ Jam penè victis Lotharus adfuit,
„ Magnâ per hostiles catervas
„ Strage viam sibi præparavit.
„ Quid bellicosos nunc agmen nonas
„ Argiva tellus, Troia, quid Hectoras
„ Quid Roma Crassos, Romulosque
„ Innumeris decorat trophæis.
„ Antiqua prisci sæcula temporis
„ Nunquam domandi facta Thyrinthii
„ Laudare possent, & gradivi
„ Sanguineos sileant triumphos.
„ Hic ille major nobile prosperis
„ Attollit astris nomen, & arduæ
„ Obscurat ostentata famæ
„ Gesta suis memoranda factis.
„ Fortuna fausto hunc sequitur pede,
„ Ubique fœlix profuit, adfuit,
„ Et victor immensis opimas
„ Exuvias retulit trophæis.
„ Hic & severus justitiæ arbiter
„ Durum sceleftis & facilem bonis
„ Se comprobavit, justiori
„ Ingenitâ pietate curans.
„ Nunc ergo mœstis Melpomenes sonis
„ Compesce luctus, define lugubres,
„ Sævosque bellorum tumultus
„ Flebilibus renovare verbis.
„ Ubique festis plausibus ardui
„ Colles resultent, gaudeat abditis
„ Echo repercussos ab antris
„ Lætitiæ geminare cantus.
„ Fons qui sonoro murmure defluis,
„ Ab altioris culmine Vogesi
„ In æstimandos uniones
„ Qui vitreas glomeras in orbes.
„ Gemmas fluentis prode reconditas,
„ Incomparandi Principis ut caput
„ Tuis decorum margaritis
„ Emerito radiet nitore.
„ Hic vestra, montes, munera pandite
„ Aurum sadinis ditibus erutum,
„ Terræque fœcundis latentes
„ Visceribus reserate gazas.
„ Vos Lotharorum gloria fluminum,
„ Mosa & Mosella, subsilientibus
„ Gestite lymphis, Principemque
„ Perpetuo celebrate cantu.
„ Ferale clangens buccina jam silet,
„ Et arma sævo cantica murmure,
„ Nunc jura sacratasque leges
„ Pax niveis revehit quadrigis.
„ Jam pinguiorem, non sine fœnore
„ Gaudent adunco vomere rustici
„ Versare tellurem, jugoque
„ Indociles cohibere tauros.

„ Polluta tantis Templa piaculis,
„ Et perditorum sacrilegâ manu
„ Vastata consurgunt, Deoque
„ Assolitos renovant honores.
„ Tandem verendæ lilia Franciæ
„ Bene auspicatas Austrasiæ cruces
„ Ornant, & æternis revinctos
„ Fœderibus decorant Monarchas.
„ O ergo, Princeps, vive, ter intonat
„ Pacata pubes, vive diutiùs,
„ Dux alme, Regno, vive semper
„ Lotharenæ decus alme gentis.
„ Te mœsta dudum Patria flagitat,
„ Et læta tandem te reducem colit,
„ O vive, Princeps, subditorum
„ Vive, Pater Patriæ, levamen.
„ Nunc est canendum, nunc pede libero
„ Pulsanda tellus, nunc fidibus novis
„ Dux prædicandus, lætiori
„ Verba juvat sociare plectro.

Huin (Jean-Joseph) frere du précédent, naquit à Besançon le 6. Février 1637. où ses parens s'étoient retirés à cause des Hongrois, Croates & Suédois qui ravageoient la Lorraine. Dès ses plus tendres années, il fut destiné à la guerre ; il entra d'abord dans les Chevaux-Légers de Charles IV. il obtint ensuite le Bâton d'Exemt ; peu après il fut fait Commandant de ses Gardes du Corps, enfin Colonel de Cavalerie, & Gentil-homme de sa Chambre.

A la mort de ce Prince, il alla joindre Charles V. & fut aussi-tôt fait Baron & Colonel de Cavalerie dans les Troupes Impériales. Il se trouva à la bataille de Tréves, & au siége de Bonn, où il se distingua tellement, qu'il fut blessé dangereusement en l'une & en l'autre action. Il servit ensuite en Hongrie dans la guerre contre les Turcs, & se trouva dans toutes les batailles & siéges, & notamment à ceux de Bude & de Belgrade, où il donna de si grandes marques de valeur, que Sa Majesté Impériale le créa Major-Général de ses Armées, & Gouverneur de la Forteresse de Segvedin.

Ensuite ayant pris, l'épée à la main, la Forteresse de Gyüla, devant laquelle quatre des principaux Généraux avoient échoué plusieurs fois, ce grand service fut si agréable à l'Empereur, qu'il lui en écrivit très obligeamment de sa main propre, lui envoya un Diplome de Comte, les Patentes de Lieutenant-Général de ses Armées, & lui donna le Gouvernement de Zigeth, l'un des plus considérables du Royaume de Hongrie.

Peu après, il fut fait Général de la Cavalerie Impériale ; enfin, ayant soutenu avec un courage & une valeur incroyable le blocus de la Forteresse de Zigeth, il obligea les rebelles à le lever avec une grande perce des leurs, & à rentrer sous l'obéissance de leur Souverain légitime.

L'Empereur satisfait de tant de services signalés, le créa Feld-Maréchal de toutes ses Armées en 1707. & Conseiller de guerre en 1713. Il mourut à Zigeth le 25. Septembre 1719. & y fut inhumé, laissant deux enfans au service de l'Empereur ; Joseph-Ignace Comte de Huin l'aîné qui a plusieurs enfans de la Baronne de Tzeidlitz son épouse, & Léopold-François Comte de Huin le cadet, qui a aussi plusieurs enfans de la Comtesse d'Aursperg son épouse, & nièce du Prince de ce nom.

HUIN (Thomas) Lorrain apprit le dessein chez Charles Peintre à Nancy, ensuite la Cizelure ; on voit en Lorraine des morceaux de ses commencemens, qui promettoient un grand homme en ce genre. Lorsqu'il se crut assez capable, il prit le chemin d'Italie, d'où il n'est pas revenu, il y a travaillé pour plusieurs Princes & Cardinaux, desquels il est très considéré.

HUMBERT Moine de l'Abbaye de Moyenmoutier en Vosge, on doute si Humbert étoit Lorrain ; Berenger soutient qu'il étoit Bourguignon, & semble lui en faire un reproche.

Le B. Lanfranc ne l'avoue pas (c) mais dit simplement, que quand cela seroit certain, ce ne seroit pas un sujet d'en faire insulte à Humbert, puisque l'esprit souffle où il veut. (d) Ceux qui le font Lorrain, se fondent sur ce qu'il a fait profession de la vie Religieuse, & a été élevé dans l'Abbaye de Moyenmoutier, qui est en Lorraine. Sigebert (e) dit qu'il étoit Moine de Toul, d'où plusieurs Modernes ont inféré qu'il avoit été Religieux dans l'Abbaye de S. Mansuy, située près la Ville de Toul & au Midi de cette Ville, ou dans celle de S. Evre, située au Nord de la même Ville.

On ignore le tems & le lieu de sa Naissance, & les qualités de ses parens ; mais étant entré dans le Cloître de Moyenmoutier vers l'an 1028. sous les Abbés Norbert & Lambert, qui lui procurerent tous les moyens propres à cultiver ses talens naturels, & à satisfaire son inclination pour l'Etude, il devint un des plus habiles hommes de son siécle. Il apprit la Langue Grecque, chose assez peu commune en ce tems là, & il en sçut assez pour traduire en La-

tin les écrits des Grecs, quoiqu'il n'en sçut pas assez pour écrire en cette Langue Quelqu'uns ont même avancé qu'il avoit sçu l'Hébreu, mais on n'en a aucune preuve. Richer Cronographe de Senones, dit que Humbert avoit été Abbé de Moyenmoutier. Il n'étoit pas bien informé.

Le Pape Léon IX. qui l'avoit pû voir à Moyenmoutier où sa Mere, la Comtesse Helvide, avoit passé les dernieres années de sa vie, (f) étant nommé Pape en 1048. au retour du Concile de Reims en 1049. Léon passa par Moyenmoutier, & emmena avec lui Humbert, & le nomma Archevêque de toute la Sicile, aussi-tôt qu'il fût arrivé à Rome, mais n'ayant pû pénétrer dans cette Isle où dominoient les Sarazins, & parce que les Normans tenoient la Calabre & la Pouille ; Léon le nomma en 1051. Evêque de Blanche-Selve, ou de Ste. Rufine, à dix mille de Rome sur le chemin d'Auréle, Diocèse qui a subsisté jusqu'au Pape Calixte II. qui le réunit à celui de Porto, à cause de son petit nombre d'Habitans, Calixte II. est mort en 1124.

La même année Humbert accompagna ce Pape en Lorraine, où il fit la Cérémonie de lever de terre le Corps de S. Gerard, un de ses Prédécesseurs dans l'Evêché de Toul, mort en 994. Ce fut dans ce voyage que Halinard, Archevêque de Lyon, ayant témoigné quelque doute sur la découverte des Reliques de S. Etienne premier Martyr, Humbert fit venir de Moyenmoutier les livres de S. Augustin (g) pour prouver la vérité de cette Histoire, contre les doutes d'Halinard ; cela fait voir qu'alors ces livres n'étoient ni dans la Biblithéque de la Cathédrale, ni dans celles des Abbayes de S. Evre & de S. Mansuy.

Ce fut dans le même voyage en 1052. que Humbert vint revoir l'Abbaye de Moyenmoutier, & y célébra la Messe (h) le jour de l'Epiphanie. En 1053. étant à Trani, Jean Evêque du lieu lui communiqua une lettre à lui adressée par Michel Cerularius, Archevêque de Constantinople, & par Léon Evêque d'Acride, qui chargeoient de reproches l'Eglise Latine, sur l'usage du Pain azyme, sur le jeune du Samedi, & sur quelques autres articles, dans lesquels l'Eglise Latine différe de la Grecque. Humbert en fit lecture, la traduisit de Grec en Latin, & la communiqua au Pape Léon IX. qui y répondit, &

(c) V. *Mabillon arct. tom. 9. pag. 274.*
(d) *Johan. IIII. 8.*
(e) *Sigebert. de Scriptorib. Eccl. 1150.*
(f) Elle mourut en 1046. deux ans avant que Léon IX. fut nommé Pape. *Joh. de Bayon. cap. 51.*
Hist. med. Monast. pag. 244.
(g) *August. l. 23. de Civit. 1. 8. & serm. cccxvii. & cccxix. nouv. Edit. pag. 1271. 1274.*
(h) *Bayon. ç. 55. Hist. med. Monast. pag. 249.*

résolut d'envoyer trois Légats à Constantinople, pour essayer de réunir l'Eglise Grecque à la Latine. Il choisit pour cette Légation le Cardinal Humbert, Frideric Archidiacre & Chancelier de l'Eglise Romaine, & Pierre Archevêque d'Amalfi; lesquels s'étant mis en voyage sur la fin de l'année 1053. arriverent heureusement à Constantinople la même année.

Humbert qui étoit comme l'ame de cette Légation, réfuta l'écrit de Michel Cérularius, & de l'Evêque d'Acride, quoique le Pape Léon IX. l'eut déja fait, & composa encore un autre Ouvrage pour réfuter Nicetas Pectorat, Moine de Stude à Constantinople: le premier écrit de Humbert fut sans succès; mais le second produisit son effet. Nicetas se rendit à ses raisons, & renonça au Schisme des Grecs, il anathematisa publiquement son propre écrit, & souffrit que l'Empereur le jetta au feu, en présence des Assistans.

Au contraire, le Patriarche Michel Cérularius ayant refusé de les voir, ils allerent à la grande Eglise à l'heure de Tierce, & en présence du Clergé & du Peuple assemblé. Ils déposerent sur le grand Autel, un acte d'Excommunication contre l'Archevêque, en présence de tous les Assistans, & sortirent aussi-tôt, secouant la poussière de leurs habits suivant l'Evangile, (*i*) & criant que *Dieu voie & qu'il juge*. Ceci arriva le Samedi seiziéme de Juillet 1054.

Ayant appris vers le même tems, la mort du Pape Léon IX. arrivée le 19. Avril 1054. Ils prirent congé de l'Empereur de Constantinople, & retournerent à Rome, chargés de présens tant pour eux, que pour l'Eglise de S. Pierre. On a cru long-tems que la belle pierre d'Agathe qui est à présent au Cabinet du Roi, & qui fût donnée au Roi Louis XIV. en 1684. & tirée de l'Eglise de S. Evre, étoit un présent que l'Empereur de Constantinople avoit fait au Cardinal Humbert, qui l'avoit déposée en l'Abbaye de S. Evre, dont on prétendoit qu'il étoit Religieux. Mais cette Tradition n'a aucun fondement solide. On ignore d'où est venuë dans l'Abbaye de S. Evre cette pierre précieuse.

Humbert de retour à Rome, rendit au Pape Victor II. Successeur de Léon, les mêmes services qu'il avoit rendus à son Prédécesseur, il accompagna Victor à Ratisbonne, & y fit connoissance avec Othon, Evêque de cette Ville, qui s'en faisoit dans la suite un grand honneur.

Victor envoya quelque tems après en 1057. Notre Cardinal au Mont-Cassin, pour s'informer de ce qui s'étoit passé d'irrégulier dans l'Election de l'Abbé de cette Abbaye. Les sujets du Monastére menaçoient de lui faire violence, croyant qu'il étoit venu pour déposer leur Abbé. Humbert par sa prudence désarma leur colere, & porta l'Abbé à renoncer à son Election; on élut en sa place, d'un consentement unanime, Frideric, qui fut depuis le Pape Etienne IX. dont nous avons parlé cydevant.

On assure qu'après la mort du (*k*) Pape Etienne IX. Hildebrand, alors Prévôt de S. Paul de Rome, exhorta le Cardinal Humbert de se rendre aux désirs de ceux qui vouloient le placer sur le S. Siége; mais son humilité lui fit refuser cet honneur, & fit tomber l'Election sur le Pape Benoît X.

Humbert eut le déplaisir d'apprendre qu'en son absence, on avoit élû à Rome ce nouveau Pape contre les Loix, & que les autres Cardinaux qui étoient présens, s'étant opposés à l'Election, avoient été obligés de se cacher; il se retira lui-même à Bénévent, & de-là au Mont-Cassin, où il passa la Fête de Pâque de l'an 1058. & présida à l'Election de l'Abbé Didier, qui devint ensuite Pape sous le nom de Victor III.

Le Schisme causé par l'Election irréguliére de Benoît X. étant éteint au mois de Janvier 1059. par l'Election Canonique du Pape Nicolas II. qui se fit le même mois; Humbert continua sous son Pontificat, comme auparavant les fonctions de Bibliothécaire & de Chancelier de l'Eglise Romaine; lui & Boniface Evêque d'Albane, étant, dit Pierre Damien, (*l*) comme les yeux du Pape.

Il assista au Concile de Rome de l'an 1059. où Berenger reconnut ses erreurs. Humbert fut chargé de dresser la profession de Foi que cet Hérésiarque signa. Mais ensuite il se rétracta & chargea d'injures Notre Cardinal, qui n'étoit plus en vie. Il trouva dans la personne du B. Lanfranc, Archevêque de Cantorbery (*m*) un zélé Défenseur.

On est fort partagé sur le tems de la mort du Cardinal Humbert; Jean de Bayon Dominicain, Historiographe de l'Abbaye

---

(*i*) Luc IX. 5.
(*k*) Bayon. chap. 55. Hist. de Lor. tom. 3. p. ccxxij.
(*l*) Petr. Damiani. l. 1. Epist. 7.
(*m*) Lanfranc. c. 1. de corpore & sanguine Domini.

de Moyenmoutier (*n*) dit qu'il mourut au mois de Mai 1061. & fut enterré par les soins du Pape Nicolas II. avec les honneurs convenables dans la Basilique de Constantin à Latran, auprès des Corps de Ste. Rufine & de Ste. Seconde, ou plutôt, selon Uggelle, des Stes. Materne & secondine.

Le R. P. Rivet dans son Histoire Littéraire de France, tom. 7. pag. 554. examine savamment cette époque, & tient que ce Cardinal Humbert mourut avant le 7. Mai 1063. Bayon la fixe au 5. Mai. III. *Nonas Maii.*

Ceux qui ont parlé du Cardinal Humbert, à l'exception de l'Hérésiarque Berenger, en ont parlé avec grands éloges; & les injures que lui donne Berenger, peuvent encore lui servir de louanges. Le B. Lanfranc loue son grand savoir, son Orthodoxie & sa constante Persévérance dans la pratique de toutes les vertus Chrétiennes. Pierre de Damien parle de lui comme d'un homme d'une très grande autorité, & dont le témoignage est d'un très grand poids dans l'Eglise. Jean de Bayon (*o*) le qualifie la fleur des Prélats, l'auguste Sanctuaire de toutes les vertus, l'ornement de l'honnêteté, le modele de toute Sainteté, la splendeur de la Religion, le Restaurateur & le Défenseur de l'Eglise.

Voici la Liste des Ouvrages du Cardinal Humbert.

1°. Une réponse à la Lettre de Michel Cérularius, Archevêque de Constantinople, écrite à Jean Evêque de Trani dans la Pouille. Le Pape Léon IX. y avoit déja répondu. Mais quelques nouvelles Circonstances obligerent Humbert, étant à Constantinople, d'en faire une seconde réfutation.

2°. Une autre réfutation de Nicetas Pectorat.

3°. Une rélation de ce qui s'étoit fait dans sa Légation à Constantinople.

4°. Une Epître à tous les Catholiques.

5°. Une réfutation des écrits de Léon, Archevêque de Bulgarie.

6°. Trois Livres contre les Simoniaques qui étoient entre les mains de D. Mabillon, & qui se trouvent aujourd'hui imprimés au tom. 5. des Anecdotes du R.P. D. Edmont Martenne, pag. 62. Jean de Bayon n'en compte que deux Livres, & leur donne pour titre, *Codicem duorum librorum sub nominibus corruptoris & correcto-* *ris contra Simoniacos,* & ajoûte qu'il les publia à Florence.

7°. Il a aussi composé les Offices & les Répons pour les Fêtes des SS. Ciriaque Martyr, (*p*) de S. Grégoire Pape, de S. Hidulphe, de S. Diey, ou Dieudonné Evêque & de S. Colomban Abbé, & enfin pour Ste. Odille Vierge; mais le Pape S. Léon IX. les a mis en Notes. Vipert dans la vie de ce Pape lui attribue clairement toutes ces piéces, tant pour le fond que pour la note.

Remarquez que tous les Sts. dont on vient de parler, sont Patrons des Monasteres du voisinage de Moyenmoutier, *S. Ciriaque*, Patron de l'Abbaye d'Altorf, *S. Grégoire Pape*, Patron de l'Abbaye de Munster en Alsace, *S. Hidulphe*, Fondateur de Moyenmoutier, *S. Deodat*, Fondateur de S. Diey, *S. Colomban*, Fondateur de Luxeuil, Ste. *Odile*, Fondatrice du Monastere du même nom en Alsace.

On lui attribue 1°. Un Commentaire sur la Régle de S. Augustin, imprimé à Dilingen; mais ce Commentaire est de Humbert Bourguignon Dominicain.

2°. Des Livres *d'Histoires* cottés dans Vassebourg; mais il est certain que *l'Histoire des successeurs de S. Hidulphe* n'est point du Cardinal Humbert, mais plutôt de Valcande Religieux de Moyenmoutier.

Quelques uns ont même attribué cette Histoire au Pape Léon IX. voyez son article; voyez aussi la vie du Cardinal Humbert dans notre Histoire de Lorraine, tom. 1. liv. XX. pag. 1096. 1097.

L'Eloge qu'en fait le B. Lanfranc, Archevêque de Cantorbery, lib. *De Corpore & Sanguine Domini.* c. 2. p. 232. Et surtout le R. P. Rivet qui a récueilli avec soin tout ce qui regarde ce grand Homme & ses Ecrits. tom. 7. p. 527. & suiv. en son Histoire Littéraire de France.

HUMBLOT. (François) Minime; né à (*q*) Verdun l'an 1569. fut un des plus beaux esprits, des plus doctes, & des plus pieux Personnages de son siécle. Le P. Chavineau son Confrére & son Successeur au Provincialat de Touraine, a composé un Livre sur la mort du P. Humblot; dont nous allons parler, & le P. Louis Doni-Datichi a écrit sa vie, au troisiéme Livre de l'Histoire générale de l'Ordre Sacré des Minimes.

Le Pere Humblot fit ses premieres Etudes au Collége de Verdun, il s'y distingua

---

(*n*) *Bayon Hist. med. Monast.* p. 249.
(*o*) *Bayon. cap.* 55. p. 248. *Hist. med. Monast.*

(*p*) *Richer. Senonens.* l. 2. cap. 18 & *Bayon.*
(*q*) Hist. de l'Ordre des Min. l. 3. p. 454. & suiv.

par ses progrès dans les Langues Grecque & Latine, & dans l'éloquence. De là, âgé de treize ans, il alla étudier en Philosophie au Pont-à-Mousson, où ses Régens lui rendirent ce glorieux témoignage, qu'ils n'avoient jamais vû une imagination plus prompte, un jugement plus solide, ni une mémoire plus heureuse. Il acheva sa Philosophie dans l'Université de Tréves, & s'y appliqua aux Mathématiques, dans lesquelles il réussit si bien, que dès-lors on le peignoit avec la Sphére à la main, comme enseignant ces sciences.

Au retour de Tréves, il tomba entre les mains des voleurs qui le blesserent, & le laisserent pour mort sur la place: il en revint toutefois, & se rendit à Paris environ l'an 1585. où il étudia sous un Docteur étranger, nommé *Maur à foro sempronio*, qui faisoit trois Leçons par jour sur diverses sciences, auxquelles le jeune Humblot ne manquoit pas d'assister, au grand contentement de son Maître, qui admiroit la diligence & la vaste étenduë du genie de son disciple.

Ce Docteur ayant été obligé de quitter Paris, Humblot se retira à Orléans, puis voyagea dans le Lyonnois, la Provence, le Languedoc & le Dauphiné, s'arrêtant principalement aux lieux où il y avoit des Universités, pour se polir & se perfectionner de plus en plus dans les arts & dans les sciences. Il fit un cours de Philosophie & de Mathématique à Valence en Dauphiné, prit le Bonnet de Docteur en Théologie à Avignon, & les Licences de Jurisprudence & de Médecine en d'autres Villes, étant par-tout sollicité par plusieurs Magistrats & autres personnes de condition, de s'attacher à eux, & de se charger de l'éducation de leurs enfans, sous promesse d'établissement très avantageux. On l'appella méme à Salamanque, pour y professer les Mathématiques, & on voulut l'arrêter à Toulouse, pour y enseigner la Philosophie.

Mais il méprisa tous ces avantages, pour embrasser l'humble profession de Minime, dont il prit l'habit dans la Province de Lyon le 10. Juillet 1594. Il avoit alors 25. ans; c'est ce qu'il raconte lui-méme dans une Lettre, qui étoit entre les mains du R. P. Loüis Doni Datichi, qui a écrit la vie de ce saint & savant Religieux, qui donna dans son état des exemples de la plus parfaite humilité & de la plus sévere mortification.

Ses Supérieurs qui connoissoient sa vertu, & ses talens pour la Chaire, l'employerent à la Prédication, & à donner des leçons publiques de Philosophie & de Théologie. Il le fit avec tant de succès & de réputation, que la Reine Marguerite (*r*), dont la Cour étoit comme une Académie de gens de Lettres, & le rendez-vous des plus beaux esprits du Royaume, voulut l'avoir auprès d'elle. Il se rendit à Usson, où elle étoit alors, & y demeura pendant quelque tems. Il eut l'honneur d'entretenir cette Princesse de tout ce qu'il y avoit de plus relevé dans les sciences les plus abstraites; & la Reine en fut si contente, qu'elle voulut l'engager à venir passer, chaque année, quelques mois auprès d'elle. Il s'en excusa; mais il ne put lui refuser de travailler à composer en François un cours de Philosophie, de Mathématique & de Théologie; ce qu'il exécuta, au moins quant à la Philosophie & aux Mathématiques, laissant la Théologie au P. Coëffetau Dominicain, qui fut quelque tems après nommé à l'Evéché de Marseille. Dans la Lettre Dédicatoire de son Ouvrage, le P. Humblot dit à la Reine Marguerite, qu'elle a toujours jugé qu'on pouvoit traiter toutes sortes de matieres dans la Langue Françoise, comme les Grecs & les Latins les avoient traitées dans les leurs. Je ne sai si l'Ouvrage du P. Humblot a été imprimé. Après l'avoir lû à la Reine, il le laissa courir entre les mains des curieux.

Après avoir pris congé de la Reine, il vint à Metz, où il prêcha l'Octave du S. Sacrement, à l'instance du Cardinal de Lorraine; il y affermit les Catholiques dans la croyance de la présence réelle, & ébranla grand nombre de ceux de la Religion prétenduë réformée, qui assisterent à ses Sermons. Ses Supérieurs lui confierent ensuite les plus honorables emplois de son Ordre, dont il s'acquitta avec honneur, sans cependant abandonner entièrement le ministere de la parole de Dieu, qu'il exerça avec applaudissement dans les premieres Chaires de Grenoble, de Toulouse, de Lyon & de Paris.

Le Calvinisme faisoit alors des ravages étranges dans tout le Royaume de France. Un certain Ministre, nommé Théophile Cassegrain, qui demeuroit au Pont de Veyle, près Macon, eut l'insolence de défier, par un Ecrit public, à la dispute, tous les Théologiens Catholiques.

Le P. Humblot étoit alors auprès de la Reine Marguerite, préchant & l'entretenant sur l'encyclopedie des sciences; ayant vû cet Ecrit signé de la main du Ministre, & qui fut bien-tôt après suivi d'un Imprimé, où ce Ministre s'applaudissoit, comme si aucun Théologien Catholique n'eût osé répondre

---

(*r*) C'est Marguerite de France, Reine de Navarre, Fille du Roi Henry II. & de Catherine de Médicis, Sœur des Rois François II. Charles IX. & Henry III. Voyez Morery.

à son

a son défi, & invitoit M. l'Evêque d'Evreux à se rendre à la vérité, & à communiquer avec lui. Le P. Humblot, après avoir demandé à l'Evêque d'Evreux la permission d'entrer en conférence avec Cassegrain, se rendit au Pont de Veyle accompagné de deux de ses Confreres; & dès la premiere séance, Cassegrain fut obligé d'avoüer que ce qu'il avoit écrit, n'étoit qu'une rodomontade, sous laquelle il vouloit cacher son ignorance. Le P. Humblot fit imprimer le récit de cette conférence.

Il remporta encore d'autres avantages dans la dispute, en diverses occasions, contre les Ministres d'Orange, de Grenoble, contre Cailles, Charnier, Villeneuve, & autres qu'il attaqua de vive-voix & par écrit, dont plusieurs se voyoient encore au tems que le P. d'Atichi écrivit sa vie. Le Pape Clément VIII. lui envoya une permission de prêcher en tous lieux & en tous Diocêses, où il se trouveroit, sans être obligé d'en demander la permission aux Ordinaires des lieux; permission, dont toutefois il ne voulut faire usage, rendant toujours aux Evêques des lieux la soumission qui leur est dûë. On comptoit jusqu'à deux cens hérétiques qu'il avoit convertis, sans faire mention des autres qui n'étoient pas connus. Aussi disoient-ils qu'il avoit un esprit familier, & ne pouvant résister à son zéle & la force de ses discours, ils ont souvent essayé de lui ravir la vie.

La Ville de Montpellier, qui l'avoit souvent oüi prêcher, & le consideroit comme son Apôtre, se cottisa, & forma une somme de dix mille écus, qu'elle offrit au Cardinal d'Ossat, qui étoit alors chargé des affaires de la France en Cour de Rome, pour l'engager à faire tomber l'Evêché de cette Ville au P. Humblot. Le Cardinal alla exprès au Monastere de la Trinité du Mont, où étoit alors ce Religieux, & lui fit la proposition de lui résigner son Evêché de Montpellier; mais le Pere s'excusa de le recevoir, tant à cause de son incapacité, que sur la haine déclarée des hérétiques contre lui, & qui ne manqueroient pas de le faire mourir, s'ils le voyoient revêtu de cette dignité. La Reine Marguerite qui lui écrivoit souvent, lui offrit aussi divers Bénéfices, & entre autres, un Evêché, pour l'attirer auprès de sa personne.

Mais le Pere Humblot ne se laissa point éblouïr par l'éclat des honneurs & des dignités, résolu, disoit-il, de mourir dans son nid, suivant la parole de Job, & de persévérer jusqu'à la fin dans l'humilité de sa profession; c'est ce que disoit de lui un Chanoine de Verdun de ses amis, qui avoit écrit des Mémoires sur sa vie.

Ce savant Religieux termina ses jours le 29. d'Octobre 1612. dans le Monastere de son Ordre à Tours; & par une distinction particuliere, il fut enterré dans la Chapelle où repose S. François de Paule, au pied du tombeau de ce Saint. Il avoit prédit le tems de sa mort, & il rendit son ame à Dieu dans les sentimens de la plus tendre dévotion, & de la plus parfaite résignation; les circonstances de sa mort furent écrites par le Pere Chavinau, son confrere & son ami.

Outre les ouvrages de Philosophie & de Mathématique du P. Humblot, dont nous avons parlé, & outre la Conférence qu'il avoit eüe avec le Ministre Cassegrain, on cite encore un Ouvrage de Controverse, qu'il fit imprimer en 1612. & l'Oraison funebre, qu'il composa sur la mort du Pere Ange de Joyeuse, Provincial des Capucins. André Valladier, Abbé de S. Arnoü de Metz, au second Livre de sa Rhétorique, question 2. fait mémoire du P. Humblot, comme d'un personnage de grande réputation, d'une rare doctrine, & d'une excellente mémoire.

HURAULT (Charles) naquit à Ligny en Barrois, le 8. Mars 1679. Il entra dans la Société de Jésus le 30. Septembre 1695. Il fut reçu aux quatre vœux le 15. d'Août 1712. Après avoir enseigné quelque tems les Classes, il fut Prédicateur, ensuite Recteur de quelques Colléges. Nous avons de lui, un Panégyrique du Sérénissime Prince Armand-Gaston de Rohan de Soubise; à Strasbourg, chez Michel Sterck 1702. in-octavo.

HUSSON (Mathieu, dit l'Ecossois) Conseiller au Présidial de Verdun, a fait imprimer, le simple Crayon de la Noblesse des Ducs de Lorraine & de Bar, in-quarto 1674. avec figures.

Il donne les Armes, Blazons, Filiations, & Alliances de plusieurs Maisons considérables du Pays, & suit le systême généalogique du P. Vignier.

Voici la liste de ses autres ouvrages;

1°. Histoire Chronologique abrégée de la Ville de Verdun, depuis 514. jusqu'en 1633. manuscrite.

2°. Histoire abrégée des Evêques de Verdun, depuis S. Saintin jusqu'à Charles de Lorraine, qui se fit Jésuite en 1631. manuscrite.

3°. La vie de l'Evêque Psaume, citée par l'Abbé Hugo, tom. 1. de ses Monumens de l'Antiquité sacrée.

4°. Histoire de l'Abbaye de S. Paul de Verdun, manuscrite.

5°. Histoire de l'Abbaye de Châtillon,

Ordre de Cîteaux, manuscrite.

6°. Mémoire de la vie du Cardinal de Givry.

7°. Inventaire des Titres de l'Evêché, Chapitre, Ville & Citée de Verdun, manuscrit dédié à M. le Chancelier Seguier.

Husson a beaucoup écrit, j'ai vû une infinité d'ouvrages écrits de sa main dans la Bibliothéque de S. Vanne de Verdun, & dans celle de M. Seguier, qui a été donnée au Monastere de S. Germain-des Prés à Paris.

Il est bon de remarquer qu'il y a une Edition de Crayons de la Noblesse de M. Husson, qui est plus ample que celle de 1674.

J

JACQUARD (Claude) Peintre Lorrain, a excellé sur-tout à peindre des Batailles; il étoit de Nancy, & éléve de Claude Charles. Etant allé à Rome, il s'y distingua, & remporta plusieurs prix à l'Académie de S. Luc. Après y avoir resté quelque tems, il revint en Lorraine, où le Duc Leopold I. lui donna la survivance de la charge de Héraut-d'Armes de Lorraine, & l'employa dans quantité d'ouvrages, sur-tout à peindre de grands Tableaux, représentant les Conquêtes de Charles V. Il s'acquitta de cette commission avec succès; il étoit accompagné de Martin, Peintre de Paris. Ces Tableaux ont été exécutés en Tapisserie, & sont aujourd'hui à Vienne. Il mourut à Nancy le 8. Juillet 1736. âgé d'environ 51. ou 52. ans.

Ses Ouvrages sont répandus par toute la Lorraine, & les principaux sont,

1°. La Coupole de l'Eglise Primatiale de Nancy, peinte en 1725. & 1726.

2°. Sept grands Tableaux dans l'Eglise de S. Diey, faits en 1731.

3°. Trois autres à la Chapelle du Château de Lunéville.

4°. Un S. Charles à l'Hôpital de ce nom, à Nancy.

5°. Les Portraits de Charles V. & Leopold I. dans la Salle des Princes, à la Cour Souveraine.

6°. Les Portraits des Princes de la Maison de Lorraine, Armagnac, dans le Château de Craon en 1732.

7°. Les deux Tableaux mouvans du sieur Richard, Horloger à Lunéville.

8°. Les Conquêtes de Charles V. dans l'Hôtel de Craon à Nancy.

9°. Plusieurs Tableaux dans le Cabinet de M. Dominique Antoine, Banquier à Nancy, &c.

Quelques années avant sa mort, Jacquart s'étoit adonné à la gravûre, & il grava plusieurs Planches; entre autres, le Temple de l'Hymen, que la Ville de Nancy fit exécuter dans ses réjoüissances, au sujet du mariage de S. A. R. François III. avec Madame l'Archiduchesse d'Autriche. Il avoit aussi beaucoup travaillé dans les Catafalques que l'on fit aux Cordeliers & aux Jésuites, pour les obséques du Duc Leopold I.

JACQUEMIN (François) Conseiller-Secrétaire de Son Altesse Royale à Nancy, a composé un Discours sommaire de l'état & succès des affaires de Lorraine, depuis Charles I. jusqu'au Duc Charles IV. partagé en deux Livres, manuscrit. Il rapporte trois sentimens sur le Pere de Thierry I. Duc de Lorraine; les uns le font fils de Guillaume de Boulogne; d'autres, de Guillaume de Lorraine, & d'autres, de Gerard d'Alsace. Jacquemin rejette ce dernier sentiment. J'ai vû un Exemplaire de cet Ouvrage dans la Bibliothéque de M. Seguier, num. 723. Il est aussi chez les RR. PP. Prémontrés de Nancy, in-fol. num. 2. & chez M. Renaudin fils, Avocat à Nancy.

JACQUEMIN de Commercy, Architecte des Tours & du Portail de la Cathédrale de Toul, en l'état où elle est aujourd'hui: elle fut commencée sous Thomas de Bourlémont, Evêque de Toul en 1340. & ne fut achevée qu'environ cent ans après, vers l'an 1447. Voyez le P. Benoît Picart, vie de S. Gerard, p. 29. 30. Le Portail & les Tours ne furent mises dans leur perfection qu'en 1496. par les soins d'Alberic Briel, Grand-Archidiacre & Maître de Fabrique de Toul. La figure en bas-relief de Jacquemin de Commercy se voit au pied & à côté de la Tour méridionale de l'Eglise; il y est représenté debout, & son fils auprès de lui, avec quelques Vers au bas, qui sont tellement gâtés & mutilés, qu'il nous a été impossible de les déchiffrer. Il est enterré dans l'Eglise des Cordeliers de Toul; son vrai nom étoit Jacquemin Rogier. Voici son Epitaphe:

„ Cy gît Maître Jacquemin Rogier en
„ son vivant
„ Dernier Maître Masson de S. Etienne,
„ Lequel commença le Portail de ladite
„ Eglise,
„ Qui trépassa l'an 1446. l'onziéme jour de
„ Février;
„ Dieu lui fasse mercy. Amen.

Voici ce qui est au contour de la tombe,
Ceulx qui usent d'art & useront,
. . . . *Sont & seront*

Il manque deux ou trois mots, où sont les points, parce qu'ils sont absolument effacés, la tombe étant près du Benitier.

Au-dessous de l'Epitaphe, on voit une

équerre, un compas, deux marteaux, ou tranches entrelaissées, un grand J. au-dessous, & aux deux côtés, deux doubles Croix; on voit après cela, les équerres, le compas entrelaissés, un grand J. au-dessous, & deux Croix de Lorraine aux côtés.

Cependant on voit vers le milieu de la Nef de l'Eglise Cathédrale de Metz, du côté de l'Evangile, & de front à l'Autel S. Roch, l'Epitaphe qui suit,

„ Dessous cet Autel gît M. Pierre Perrat
„ le Masson, Maître de l'ouvrage de l'Eglise
„ de Notre-Dame des Carmes, & de la
„ grande Eglise de Toul & Verdun, qui
„ mourut le 25. du mois de Juillet l'an de
„ grace de Notre-Seigneur 1400. Priez Dieu
„ pour lui.

Ce qui fait voir que Jacquemin de Commercy n'a pas été le seul Architecte de la Cathédrale de Toul; & ce qui me le prouve, c'est ce qui suit que j'ai vû dans un ancien Manuscrit qui est à Toul,

„ Le 9. Mai 1460. ordonné à Jacquemin
„ de Lénoncourt & Mangin, qui travailloient alors au Clocher de S. Antoine du
„ Pont-à-Mousson, Jean Drouin Bourgeois
„ de Toul, & Mangin Chevenot de Vicherez, pour commencer & continuer l'ouvrage du Portail de l'Eglise de Toul.

„ Me. Tristan, demeurant à Hattonchâtel, fit le dessein & patron dudit ouvrage.

„ Jacquemin de Commercy, Directeur du Portail de l'Eglise de Toul, fut mis à la Maison-Dieu en 1480.

JACQUEMOT, ou *Jacomo* (Jacques) a fait imprimer à Genève chez Jacques Stocs, *Jacomoti Barrensis Lirica*, in-octavo italique: il étoit Ministre Calviniste, assez bon Poëte, & grand ami de Théodore de Béze. Il étoit sorti de Bar-le-Duc sa patrie, pour cause de Religion, les Ducs de Lorraine ne voulant point souffrir de Protestans dans leurs Etats.

JACQUES de Troyes, ou Jacques de Pantaleon, Evêque de Verdun, natif de Troyes en Champagne, étoit fils d'un Cordonnier, ou d'un Savetier, nommé Pancaligès, si l'on en croit l'Histoire des Evêques de Verdun. Jacques étoit lié d'amitié avec S. Thomas d'Acquin; on peut voir sa vie dans notre Histoire de Lorraine. Il fut fait Evêque de Verdun en 1242. il fut nommé Patriarche de Jerusalem en 1256. & enfin élû Pape en 1261. & prit le nom d'Urbain IV. Il mourut à Pérouse le dernier Septembre 1264.

Le Pape Urbain IV. avoit écrit un Livre, intitulé, *De la Terre sainte*, apparemment une relation de ce qu'il avoit fait & vû dans ce Pays. Cet ouvrage est cité par Adrichomius dans la liste des Auteurs, dont il s'est servi dans la composition de son *Théâtre de la Terre sainte*. Ce même Pape a aussi laissé un Volume d'Epîtres conservées dans la Bibliothéque du Vatican. Enfin, on le croit Auteur d'une Paraphrase sur le Pseaume, *Miserere mei, Deus*, qui est imprimée dans la Bibliothéque des Peres, & que d'autres attribuent au Pape Urbain III. La vie d'Urbain IV. a été écrite en vers par Thierry de Vaucouleurs, dont l'ouvrage n'a pas encore été imprimé. Voyez cy-après Théodoric de Vaucouleurs.

On voit dans la Cathédrale de la Ville de Pérouse, où mourut le Pape Urbain IV. son Epitaphe gravée sur son Tombeau, en ces termes.

Archilevita fui, Pastorque gregis;
Patriar
Tunc Jacobus posuit mihi nomen ab urbe
Monar
Tunc civis exivi, tumuli post condar in } CHA
ar
Te fine fine frui tribuat mihi, summe
Jerar

JAQUESSON (D. Mathieu) Benédictin de la Congrégation de S. Vanne, a fait profession dans l'Abbaye de S. Vanne de Verdun le 21. Septembre 1618., & est mort à Beaulieu en Argonne le 3. Septembre 1661. C'étoit un Religieux pieux & fort savant; il fut élû Président de la Congrégation en 1644. & en 1660.

Ayant été élû Abbé perpétuel de l'Abbaye de S. Airy, après la mort de D. Philippe François en 1635. il s'en démit peu après en faveur de la Congrégation, pour la rendre quinquennale. Il a composé un assez gros Livre intitulé, *Scholia in Compendium privilegiorum Congregationis S. Vitoni.*

JACQUET (D. Antonin) Benédictin de la Congrégation de S. Vanne, fit profession à S. Mansuy de Toul le 5. Octobre 1616. & mourut en l'Abbaye de S. Mihiel le 18. Juin 1659. Il a passé par tous les emplois de sa Congrégation, qu'il a remplis d'une maniere distinguée. Son mérite & sa capacité le faisoient aimer & respecter de ses Confreres, qui l'éleverent, malgré sa jeunesse, à la dignité de Président de la Congrégation en 1635. c'est-à-dire, dans les tems de calamités, où la peste, la guerre & la famine faisoient de terribles ravages en Lorraine; il signala alors son zéle pour la régularité, & son amour pour les pauvres.

Le R. Pere Gaspard Vinck, Abbé de S. Pierre de Gand, ayant écrit en 1649. des Lettres au Chapitre général, dattées du 22. Avril, par lesquelles il prioit les Deffiniteurs

O o ij

de lui envoyer des Religieux, & nommément D. Antonin Jacquet, pour rétablir dans son Abbaye la discipline régulière; on lui accorda sa demande, & D. Jacquet eut permission de sortir pour six ans de la Congrégation de S. Vanne, & même pour un plus long terme, si sa présence étoit nécessaire, afin d'établir & de maintenir la réforme dans l'Abbaye de S. Pierre de Gand.

D. Jacquet étant arrivé à ce Monastere, y fut aussi-tôt fait Prieur; il y établit & il y maintint l'observance de S. Vanne. Les autres Monasteres des Pays-bas se sentirent aussi de son amour pour la régularité: ce ne fut pas néanmoins sans souffrir beaucoup de contradictions de la part des Religieux, qui le tinrent même enfermé dans une espèce de prison pendant plus d'un an. Ce fut pendant cette détention, qu'il composa en Latin un Livre de Méditations pour tous les jours de l'année, & qui a pour titre, *Solitudo Gandensis*: il est manuscrit, & se conserve dans l'Abbaye de S. Mihiel. Il a aussi composé en Latin la vie de D. Pierre Freminet, qui fit profession à S. Mihiel en 1621. le 26. Mars, & qui mourut dans cette Abbaye le 21. Novembre 1628. Dom Antonin Jacquet ayant solidement établi la réforme dans l'Abbaye de S. Pierre de Gand, revint à S. Mihiel, où il acheva sa carrière en 1659. mais la réforme n'a pas subsisté à S. Pierre de Gand.

JACTEL, ou *Jacquetel* de Stenay, a écrit un Sommaire historique des choses les plus mémorables, arrivées depuis l'an 1601. jusqu'en 1676. ès Pays de Lorraine & Barrois; & notamment à Commercy, S. Mihiel & Verdun, &c. Cet ouvrage est fort court & fort superficiel.

JAQUIN de Neuf-Château en Lorraine, surnommé *le Grand Jaquin*, étoit Sculpteur. Il alla à Paris, & y fut reçu à l'Académie; il travailla beaucoup pour le Duc d'Orléans. César Bagard est un de ses élèves.

Vers l'an 1656. Jaquin fit un ouvrage, qui se voit encore aujourd'hui avec admiration dans l'Eglise des Augustins déchaussés de Paris: c'est une statue de la sainte Vierge assise sur des trophées d'armes, tenant son Fils d'une main, & un sceptre de l'autre; il y a encore d'autres figures à côté; les ornemens de l'Autel sont de lui.

Le Maître Autel de l'Eglise des Carmes du grand Couvent de Paris, fut fait en 1683. sur les desseins de Jaquin. Voyez la description de Paris par M. Piganiol de la Force.

JEAN (de Sierque) Evêque de Toul, fut le cinquantième qui occupa ce Siége: c'étoit un homme ferme & constant dans ses projets. Il gouverna heureusement son Evêché, & il en soûtint la dignité par ses discours & par ses œuvres. Il étoit très savant dans l'un & l'autre Droit, & il fut souvent consulté sur des matieres épineuses. Il a composé un *Apparat sur le sixiéme Livre des Décretales*: cet Apparat fut regardé par les Jurisconsultes de ce siécle-là, comme un ouvrage très utile, & qui renferme en peu de mots les grandes maximes de Droit. Jean de Sierque se transporta lui-même à Bourdeaux, où étoit alors le Pape, pour l'engager à donner un Décret, par lequel il fût déclaré qu'on se serviroit de son Apparat en Jugement & dans les Ecoles. Le Pape n'ayant pas répondu à ses désirs, il voulut se rendre à son Eglise; mais la mort le suprit en chemin. On ignore les circonstances de sa mort: il avoit été nommé à l'Evêché de Toul en 1296. & mourut en 1309.

JEAN de Rode étoit natif de Tréves, & fit ses études à Hidelberg, où il fut reçu Bachelier en Théologie, & Licencié en Droit-Canon (s). Il fut d'abord Doyen du Chapitre de S. Simeon de Tréves, & Juge de la Cour Ecclésiastique de la même Ville, & devint célèbre par sa capacité & sa grande expérience dans les affaires. Dégoûté du monde, il se fit Chartreux, où il vécut avec tant d'édification, qu'Othon Archevêque de Tréves, ayant fait dessein de réformer l'Ordre monastique, suivant les Décrets du Concile de Constance, tira Jean de Rode de l'Ordre des Chartreux, par l'autorité du Pape, & l'établit en 1421. Abbé de S. Mathias de Tréves.

L'année suivante, le Pape Martin V. donna un Décret adressé à Lambert, Abbé de S. Maximin, à Jean de Rode, Abbé de S. Mathias, & à quelques autres Abbés, pour aviser un moyen de procurer la réforme des Monasteres.

Ils s'assemblerent le 18. d'Octobre de l'an 1422. dans l'Abbaye de S. Maximin à Tréves, & y firent plusieurs beaux Réglemens pour la réforme. Jean de Rode fut un des plus zélés & des plus fermes à les faire observer dans son Abbaye de S. Mathias, d'où la réforme se répandit dans plusieurs autres Monasteres, & donna naissance à la Congrégation de Bursfeld, qui s'étendit dans presque toute l'Allemagne.

Après avoir surmonté une infinité de contradictions, & souffert une infinité de travaux, pour établir la régularité dans les Monasteres d'Allemagne, Dieu couronna ses

---

(s) *Trithem. de viris illustribus Ord. Bened. lib. 2. cap.* 140.

travaux par une heureuse mort au Mont-Thabor au-delà du Rhin, le 1. Decembre 1439. il fut enterré dans son Abbaye. Il a composé divers ouvrages, dont parle Trithéme ; sçavoir, un Traité du bon gouvernement, que doit garder un Abbé régulier : l'ouvrage est écrit d'un stile simple ; mais plein d'onction & de lumiere. Il a encore composé des Constitutions régulieres pour l'édification des Moines, desquelles on a formé ce qu'on appelle le Cérémonial de Bursfeld.

J'ai souvent soupçonné qu'il pouvoit être Auteur des Livres de l'Imitation de Jesus-Christ, qui furent composés de son tems, & où l'on remarque des expressions tirées de la Langue Allemande ; & que la Chasuble dont il se servoit, avoit la Croix en devant, comme on la porte encore ordinairement en Allemagne. L'Auteur des Livres de l'Imitation de Jesus-Christ étoit Benedictin, grand contemplatif, & fort zélé pour le bon ordre & la réforme des mœurs, de même que notre Jean de Rode. Voyez sur l'Auteur de l'Imitation de Jesus-Christ, ce que j'ai remarqué dans l'article de D. Antoine l'Escale. Remarquez aussi que l'on trouve beaucoup d'Exemplaires manuscrits des Livres de l'Imitation de Jesus-Christ, dans les Monasteres d'Allemagne, qui ont autrefois embrassé la réforme de Bursfeld, & que ces Manuscrits sont plus anciens, que celui qui a été copié par Thomas à Kempis. J'avoüe qu'ils sont sans nom d'Auteur, & que très rarement on trouve tous ces quatre Livres dans un même Exemplaire ; mais ces objections portent coup contre Jean Gerson & Thomas à Kempis.

JEAN (de Bar) étoit adonné à la magie, dont il se vantoit de pénétrer tous les secrets. Gerson nous apprend dans son ouvrage intitulé, *Trilogium Astrologiæ Theologizatæ propositione*, 4. tom. 1. oper. edit. novæ, pag. 202. qu'on brûla à Paris les Livres de magie de Jean de Bar, lesquels se trouvent encore en Espagne sous le titre, *Sem-Hamforas*, c'est-à-dire, *Le nom de Dieu expliqué*. Voyez Jean Albert Fabricius, *Biblioth. Lat. media & infima latinitatis*, tom. 3. pag. 149.

JEAN de Toul, Jésuite Lorrain, a mis en vers Latins les Livres de l'Imitation de Jesus-Christ : on les trouve manuscrits à Tréves. Voyez Bibliothéque Jésuitique, p. 510. Fabric. Biblioth. lat. media & infima, tom. 3. pag. 645.

JEAN de Commercy, fameux Architecte, fleurissoit en 1443. 1444. &c. Ce fut lui qui exécuta la Chapelle, que l'Auteur de la Chronique de Metz appelle *la Chapelle des Curés de l'Evêché*, parce que chacun d'eux y contribua de quelque chose : on fut trois ans à la construire.

JEAN (le Bienheureux) Abbé de Gorzé, naquit à Vandieres, ancienne Maison Royale sur la Moselle, au-dessous du Pont-à-Mousson, de parens nobles & vertueux. Jean fit ses études d'abord en l'Abbaye de S. Mihiel ; puis à Toul & à Metz ; ensuite il s'adressa à Dadon Évêque de Verdun, pour lui demander ses avis sur le genre de vie qu'il pouvoit embrasser. Dadon souhaitoit le retenir dans son Clergé ; mais Jean se retira à Gorze, où il devint un exemple de toutes les vertus chrétiennes & religieuses. Il s'y appliqua à l'étude des Peres, & y apprit par cœur presque toutes les Morales de S. Grégoire le Grand.

Etant Religieux de cette Abbaye, qui dans ce siécle étoit dans tout son lustre, il fut envoyé en 955. en Espagne, en Ambassade auprés d'Abderamne, Caliphe des Musulmans, par l'Empereur Othon II. avec la permission de son Abbé Einolde, auquel il succeda.

Les Religieux de Gorze & les Séculiers trouverent en lui, un Pere, un Maître & un modéle de vertus : zélé pour la régularité, il enchérissoit sur les mortifications prescrites par la Régle ; comme, les jeûnes, les veilles & les travaux du corps. Son zéle pour le maintien du bon ordre, & pour la pratique de toutes les vertus religieuses, lui mériterent l'estime & la confiance des Princes, des Evêques, & de tous ceux dont il étoit connu. Après avoir passé près de 40. ans dans la Religion, il mourut, à ce que l'on croit, le 27. Février 973. On lui a attribué *la Vie de sainte Glossinde*, qui est plûtôt de Jean, Abbé de S. Arnoû de Metz.

Garamanne, Moine de Gorze, qui fut envoyé avec lui en Ambassade auprès d'Abderamne, écrivit la relation de cette Ambassade ; mais son ouvrage n'est pas parvenu jusqu'à nous : il étoit dans doute entre les mains de Jean, Abbé de S. Arnoû, qui a écrit le détail de cette Ambassade dans la vie du B. Jean de Gorze. Nous ne connoissons aucun Ecrit, qui soit certainement de ce dernier ; mais nous sçavons que, sous son siécle, il passoit pour très habile dans les sciences Ecclésiastiques, intelligent dans le maniment des affaires, & excellent économe.

JEAN, Abbé de S. Arnoû de Metz, est Auteur de la vie de sainte Glossinde ; voyez le P. Rivet, Histoire Littéraire de France, tom. 6. pag. 421. Cette vie est imprimée dans le premier Tome de la Bibliothéque manuscrite du P. Labbe, pag. 724. & suiv. Elle est fort bien écrite pour le tems, & contient une éloge de sainte Glossinde, qui doit animer à la vertu, & soutenir dans la piété, les personnes que Dieu a attirées à son service dans la Religion. L'Auteur parle assez au long de cette sainte Abbesse, & des différentes translations de son Corps. Il est aussi l'Auteur de la vie du B. Jean de Gorze, dont on vient de parler, & dans laquelle il n'a pas moins réussi, que dans celle de sainte Glossinde. Il composa, de plus, des Antiennes & des Chants pour les Fêtes de sainte Lucie, & de la même sainte Glossinde.

Jean, Abbé de S. Arnoû, étoit Profés de l'Abbaye de Gorze, & il fut Abbé de S. Arnoû, immédiatement après la mort d'Anstée, arrivée le 7. Septembre 960. L'Abbé Jean vivoit encore en 977. L'Auteur qui a écrit la vie de Jean, Abbé de S. Arnoû, & que nous avons fait imprimer dans les Preuves de notre Histoire de Lorraine, s'est visiblement mépris, en confondant celui-ci avec le B. Jean de Gorze, dont Jean de S. Arnoû a commencé la vie; mais il n'a pas eû le loisir de l'achever: il ne l'a conduit que jusqu'à l'an 955. ensorte qu'il s'en faut 18. ans, qu'il ne l'ait donnée entiere; le B. Jean de Gorze étant mort en 973.

JEAN (Benoît de S.) de la Congrégation de Verdun ou de S. Vanne, a fait imprimer à Paris en 1629. un Livre *des Bénédictions & des graces accordées à l'Ordre de S. Benoît, & des excellences de la Règle du même Saint*. Voyez Hœfften, *disquis. monast. p.* 163.

JEAN, Ecolâtre des Ecoles de S. Mathias de Tréves (1), succéda dans cet emploi à Lambert, Moine de la même Abbaye. Jean gouverna ces Ecoles pendant 28. ans: il étoit très habile en toutes sortes de sciences, & excelloit sur-tout en musique; il composa plusieurs Chants & plusieurs Proses en l'honneur de Dieu & des Saints. Il ajoûta aux *Gesta Trevirorum*, ce qui y manquoit jusqu'à son tems, & composa les Vies des Saints en douze Volumes, qu'on appelle *La Légende d'or*, & des Commentaires sur toutes les Epîtres de S. Paul, & d'autres ouvrages que Trithême n'avoit jamais vûs.

JENNESON (Jean-Nicolas) Architecte Lorrain, originaire de Nancy, a bâti l'Eglise de la Paroisse de S. Sébastien de cette Ville; il en a fait les desseins & l'entreprise sous Leopold I. Cette Eglise fut achevée en 1731. La Tribune de cette Eglise est la piéce la plus remarquable. Il a aussi bâti quantité de belles Maisons dans les Ville & Fauxbourg de Nancy, & embelli la Province par ses ouvrages.

(1) *Trithem. Chronic. suis an. lib.* 1. *p.* 184. *an.* 1047.

JEUNE (Mansuet) Prémontré réformé, natif de Tignécourt près l'Abbaye de Flabémont, entra au Noviciat à Sainte-Marie de Pont-à-Mousson le 8. Août 1732. & y fit profession en 1734. Après avoir fait son cours de Philosophie & de Théologie, il fut envoyé en 1739. en l'Abbaye d'Etival, pour professer à ses Confreres ces deux sciences.

Il y prononça, il y a peu de tems, une Dissertation Françoise, où il fait voir le commencement & le progrès de la suppression de l'Ordre des Templiers, où il prouve que cette suppression s'est faite sans de solides raisons; il appuie son sentiment par des autorités & des preuves, auxquelles il n'est guéres possible de se refuser. Il a aussi composé une autre Dissertation, pour montrer que l'amour qui est requis pour la justification dans le Sacrement de pénitence, est un amour non d'espérance, mais de véritable & sincere charité.

IGNACE (D. Philibert) Bénédictin de la Congrégation de S. Vanne, Profés de la même Congrégation le 13. Avril 1621. mort à S. Denis en France l'an 1667. fut Prieur de S. Romaric du S. Mont en 1628. Il fut envoyé à Cluny en 1631. où il a été Vicaire Général de l'étroite observance, & Grand-Prieur. Après que l'union entre l'Ordre de Cluny & la Congrégation de S. Maur, eut été rompuë en 1643. il resta dans ladite Congrégation jusqu'en 1659. que le Cardinal Mazarin le rappella à Cluny, & le nomma Vicaire Général & Prieur de cette Abbaye. Ensuite ayant prié le Cardinal d'agréer sa démission, & de lui permettre de retourner dans la Congrégation de S. Maur; le Cardinal lui accorda sa demande.

D. Ignace étant Prieur du S. Mont, réfuta par un gros Ouvrages, un Livre imprimé en 1629. composé par Jean Marnavicius, Archidiacre de l'Eglise Cathédrale de Zagrabia (Zagrabiensis) Ville de Hongrie sur la Save, intitulé *Sacra Columba venerabilis Capituli R. R. D. D. Canonicarum Sancti Petri Romaric*. Ouvrage très superficiel dans lequel Marnavicius se répandoit en invectives contre les P. Bénédictins, & les taxoit d'injustice & d'imposture pour être entré, disoit-il, dans un bien qui n'avoit jamais appartenu à leur Ordre, C'est du *S. Mont*, près Remiremont, dont il parle.

L'Ouvrage de D. Ignace est intitulé, *L'Histoire de la sacrée Colombe Bénédictine*, il prétend prouver dans la premiere, que S. Colomban & ses Disciples ont été de l'Ordre de S. Benoît; dans la seconde, il rapporte les Vies des Sts. Fondateurs & Abbés de l'Abbaye de Remiremont. Cet Ouvrage est demeuré manuscrit.

INQUISITEURS. Quoique la Lorraine, & les trois Evêchés n'ayent jamais été reconnus, comme Pays d'Inquisition, on n'a pas laissé d'y voir, sur-tout dans l'Evêché de Metz, quelques Inquisiteurs, dont le R. P. Echard Dominicain nous a conservé les noms. Je les rapporterai ici d'après lui, comme ayant été la plûpart natifs de ce Pays, & illustres par leur science.

1°. Le premier dont il parle, est le R. P. Garin de Bar-le-Duc, Dominicain du Couvent de Metz, on dit qu'il étoit fils de *Ponce, Comte de Bar*. Mais en 1315. auquel tems vivoit le P. Garin, on ne connoit point de *Ponce* ou *Ponce* ou *Pierre*, Comte de Bar; mais vers ce tems-là vivoit Pierre de Bar, Seigneur de Pierrefort, frere de Renaud de Bar, Evêque de Metz, & descendu des Comtes de Bar. Les Généalogistes ne connoissent point ce *Garin, fils de Pierre de Bar*.

2°. Renaud de Ruisse fut aussi Prédicateur & Censeur général de l'hérésie au Diocèse de Metz, & dans toute la Lorraine; il étoit Profès du Couvent de Metz. On loue son zéle, son courage, sa discrétion & sa vertu, il mourut en 1345.

3°. Jean de Bonne-fontaine, Profès du même Couvent de Metz, fut Inquisiteur & Censeur de l'hérésie, & Vicaire Provincial dans toute la France en 1355. il mourut bien-tôt après.

4°. Martin d'Amance d'une grande noblesse, fut nommé Censeur d'hérésie aux Diocèses de Metz, Verdun, Toul & Besançon, il fut ensuite Evêque de Gabale & Suffragant de Metz. Il mourut le 21. Octobre 1409. & fut enterré au milieu de la Nef de l'Eglise de son Couvent. La Maison d'Amance est illustre en Lorraine.

5°. Nicolas de Hombourg, célébre Prédicateur, Docteur de Théologie, fut élu Prieur du Couvent des Dominicains de Metz, & nommé Inquisiteur dans les Diocèses de Besançon, Géneve, Sion, Verdun, Metz, Toul & Lausane. Il vivoit en 1391.

6°. Laurent de Neupont (de Nodosoponte) fut élu Prieur du Couvent des freres Prêcheurs de Metz en 1414. Il étoit dès lors Inquisiteur de la foi dans les mêmes Diocèses, dont on a parlé dans l'article précédent, il nomma Vicaire en sa place dans le Diocèse de Verdun en 1421. le 11. de Juin, le P. Léonard Listard.

7°. Frere Jean d'Alizey Religieux du Couvent des freres Prêcheurs de Metz, fut Inquisiteur dans les mêmes Diocèses, & confirma dans le Vicariat dans les Diocèses de Toul & de Verdun, frere Jean d'Ivoy, qui vivoit en 1400. & étoit Suffragant de Toul.

8°. Frere Mathias, Inquisiteur dans les Diocèses de Toul, Metz & Verdun.

9°. Nicolas Savin, Religieux du Couvent des Dominicains de Metz, étoit Docteur en Théologie, & Inquisiteur au Diocèse de Metz, sous Jean de Lorraine, Cardinal & Evêque de Metz.

Il assista en 1525. à la procédure faite à Vic, par M. de S. Chaman, Vicaire général du même Cardinal, dans les Evêchés de Metz, Toul & Verdun, contre Jean Chatelain, Augustin défrocqué. *Voyez* ci-devant Jean Chatelain.

10°. Christophe d'Anchery, Religieux du Couvent des freres Prêcheurs de Verdun, fut nommé Inquisiteur dans ce Diocèse le 17. Mai 1520.

11°. Jean Beguinet, Religieux du même Couvent de Verdun, fut nommé Inquisiteur du Diocèse de Verdun en 1540. Il mourut en 1558. le 14. Décembre.

JOBAL (D. François) Bénédictin de la Congrégation de S. Vanne, né à Toul en 1644. Profès de S. Mihiel le 7. Mai 1661. est mort Prieur de S. Vincent de Metz le 28. Janvier 1723.

Il a composé un Commentaire Littéral sur les Pseaumes en Latin, manuscrit.

Réfléxions sur la Vie de S. Benoît, manuscrit.

Abregé de Rodrigues, manuscrit.

Réfléxions sur les Epîtres & Evangiles de toute l'année, manuscrit.

Exhortations spirituelles & religieuses pour les Dimanches & Fêtes de l'année, manuscrit.

JOBART (D. Hidulphe) Bénédictin de la Congrégation de S. Vanne, fit profession dans l'Abbaye de Moyenmoutier le 7. Septembre 1605. & mourut à S. Mihiel le 20. Septembre 1632. il avoit exercé les principaux emplois de la Congrégation. Il a composé *l'honneur du Prince regretté sur la vie & le trépas de Henry II. Duc de Lorraine*, imprimé en 1625. in-octavo.

L'Histoire de l'Abbaye de S. Mihiel en 2. vol. in-fol. Le premier a pour titre *Antiquité de l'ancienne Abbaye de S. Mihiel*. Le second renferme tout ce qui s'est passé, dans le tems qu'on y introduisit la Réforme, dont il rapporte les circonstances, comme témoin oculaire.

S. JOIRE (Antoine de) Prêtre, Chanoine de Ligny en Barrois, mourut le 20

Mai 1735. âgé de plus de 80. ans, après avoir dit la Ste. Messe le même jour, & reçu les derniers Sacremens ; sa mort fut presque subite, mais non imprevuë. C'étoit une grace qu'il demandoit souvent à Dieu de le garentir de foiblesse dans ces derniers momens. Il avoit été Curé de Cordon dans le Diocèse de Lisieux en Normandie pendant trois ans, Régent des Humanités dans le Collége de Ligny près de 25. ans; par-tout il a également édifié par une grande pureté de mœurs, & principalement par l'amour des pauvres & de la pauvreté. Etant Curé de Void au Diocèse de Toul, il terminoit tous les procès de sa Paroisse, en se privant souvent du nécessaire, pour payer à la partie plaignante, ce qu'elle pouvoit demander à l'autre partie, zélé pour l'instruction de la Jeunesse, il fonda de ses épargnes une École de fille; il avoit beaucoup de talents pour faire des Prônes & autres Instructions familiaires. Le fruit que sa Paroisse en retiroit, l'engagea à composer, & à faire imprimer des Prieres du Matin & du Soir, où il expliquoit les Livres Saints d'une maniere solide & pleine d'onction; ensorte que, lorsqu'il fut obligé de quitter cette Cure, à cause de l'épuisement ou le travail l'avoit réduit, il avoit expliqué à son Peuple, presque tous les Livres de l'ancien & nouveau Testament. Il passoit des heures entieres à l'Oraison, s'étant fait une régle de n'annoncer à son Peuple aucune vérité, qu'il ne s'en fût rempli auparavant.

JOLY (Claude) né en 1610. à Buri sur Orne dans le Diocèse de Verdun en Lorraine, après avoir été Curé de S. Nicolas des Champs à Paris, il fut nommé à l'Evêché de S. Paul de Léon en basse Bretagne après Henry de Laval, & ensuite Evêque Dagen ; il mourut en 1678. Il avoit beaucoup de zéle & de science Ecclésiastique ; tout le monde connoit ses Prônes qui sont généralement estimés. Ils furent donnés au Public en 8. volumes in-12. par Jean Richard, Avocat au Parlement ; on en a fait depuis plusieurs Editions. Voyez le Supplement de Moreri. tom. 1. article Joli.

Les Sermons de M. Joli n'ont pas été imprimés tels qu'il les avoit prononcés. Il ne les composa qu'en latin, & n'en écrivit que le commencement, le dessein & les preuves, abandonnant le reste à son imagination, & aux mouvemens du cœur. Ceux qui voulurent les écrire pendant qu'il les prononçoit, n'en firent que des Copies fort défectueuses ; mais ces Copies jointes aux fragments & aux matiéres de l'Auteur, étant tombées entre les mains de M. Richard, Avocat, il les mit en l'ordre & en l'état, où nous les voyons.

La premiere Edition en 4. vol. in-12. fut faite des deux premiers en 1692. & des deux suivans en 1694. & réimprimés à Paris chez Couterot en 1698. & 1699. & chez Coignard en 1725. On a encore de M. Joli, *Les Devoirs des Chrétiens, dressés en forme de Cathéchisme, en faveur des Curés & des fidéles de son Diocèse*. A Agen in-12. la neuviéme Edition est de 1719.

JOLY (Pierre) natif de Metz, Homme savant en Grec, en Latin, en Jurisprudence, en Mathématiques, en belles Lettres, possédant les Auteurs anciens dans un dégré peu commun, sur-tout dans un tems où les guerres de Religion avoient presque anéanti le goût des bonnes Etudes. Le Roi Henry IV. informé de sa capacité & des services qu'il avoit rendu dans l'Etat primordial de Conseiller au Présidial de Metz, & singuliérement dans quelques Commissions où il avoit été employé, lui donna ses Lettres Patentes de Procureur Général, Sa Majesté étant pour lors au Camp de Chaalons en 1606.

Messieurs de Soboles freres étoient alors Commandeuts à Metz. Ils conçurent quelque inimitié contre M. Joli, & l'accuserent de conspirer contre le gouvernement avec quelques autres des principaux citoyens de Metz. Il fut mandé à Paris pour se justifier, & fut même détenu en prison, jusqu'à ce qu'il se fut justifié. Il le fut si pleinement, qu'il obtint du Conseil du Roi, un Arrêt d'absolution qui le reconnoissoit fidéle, sage & bon citoyen, lui permettant de le faire afficher par tout où bon lui sembleroit, faire battre des Médailles d'argent du poids d'un écu, d'un côté il est représenté en buste, & sur le revers sont deux mains en sautoir avec ces mots : *Cœlo tuta quies*. Il fit bâtir un Château au village de Bionville, qui subsiste encore aujourd'hui. Ses armes sont d'azur à la face d'or, chargée d'un Aigle éployé d'argent en chef, & d'une rose de même en pointe. On ne marque pas l'année de sa mort.

JOLY (André) Peintre né à S. Nicolàs le 21. Janvier 1706. éleve de Jacquart, a peint l'Eglise des Religieuses de la Congrégation de S. Nicolas, & quelques maisons de Plaisance de Sa Majesté, le Roi de Pologne dans les Bosquets de Lunéville, outre la figure qu'il peint fort bien ;

il a

il a beaucoup de goût pour la Décoration Théatrale, pour l'Architecture & le Paysage.

JOPPE'COURT, Gentilhomme Lorrain, fit imprimer en 1620. une relation de ce qui s'est passé en Moldavie, depuis l'an 1602. jusqu'en 1617.

JOYEUX (Bernard) habitant de Pagny sur Moselle en Lorraine, a un talent singulier pour l'Horlogerie. Il a composé une nouvelle Horloge très curieuse, dont la quadrature pourra servir d'Astrologie universelle & perpétuelle, en observant la Métemptose & la Péremptose. Cette piéce est la plus curieuse qui ait encore paru en ce genre.

1. Elle marque l'heure du jour.
2. Les jours de la semaine.
3. Les jours du mois.
4. Les douze mois de l'année.
5. En quelle année on est.
6. La Lettre Dominicale.
7. L'année Bissextile.
8. Les Epactes.
9. L'Indiction Romaine.
10. Le Nombre d'or & le Cicle solaire.
11. Les Lustres.
12. Une révolution solaire de cent ans.
13. Les Calendes, les Nones & les Ides.
14. La longueur des jours & des nuits.
15. Combien d'heures le Soleil luit sur l'horison, & ses effets sur l'horison.
16. Le sistéme de la terre immobile.
17. Une figure du Soleil qui se leve & se couche tous les jours de l'année à la même heure que le Soleil naturel, en se mouvant d'Orient en Occident.
18. L'heure qu'il est dans les Villes les plus remarquables, & aux Antipodes.
19. Deux figures qui montent & qui descendent les Tropiques du Capricorne & du Cancer.
20. Les vingt-trois dégrés & demi à chaque côté de l'Equateur.
21. Dans quel signe du Zodiaque le Soleil est au Ciel.
22. Dans quel dégré du signe.
23. Dans quelle maison il est.
24. Quand il est en conjonction ou opposition.
25. Lorsqu'il est au Sextile, au Quadrat, au Trine.
26. Dans quel dégré de latitude.
27. Dans quel signe du Zodiaque la Lune est au Ciel, & tourne périodiquement autour de la terre immobile.
28. Sa rétrogradation.
29. Dans quel dégré du signe.
30. Dans quelle maison elle est.

31. Quand elle est en opposition ou conjonction.
32. Lorsqu'elle est au Sextile, au Quadrat, au Trine, & toutes ses Phases.
33. Le sistéme de la terre mobile.
34. Le Soleil est au centre excentrique du cours des Planettes.
35. La qualité des Cieux & des Planettes, selon l'hypotése de la terre mobile.
36. Sur un cercle concentrique, Mercure tourne autour du Soleil en trois mois, ou 90. jours.
37. Venus tourne autour du Soleil en 225. jours.
38. La terre tourne autour du Soleil en 365. jours, 5. heures, 48. minutes.
39. Mars tourne à l'entour du Soleil dans un an & 321. jours.
40. Jupiter tourne autour du Soleil en onze ans & 313. jours.
41. Saturne tourne autour du Soleil en 29. ans & 155. jours.
42. Le Ciel des Etoiles fixes sur le centre du Soleil.
43. L'Etoile Polaire.
44. La grande Ourse, nommée le Char de David.
45. La petite Ourse tournante à l'entour de l'Etoile Polaire.
46. L'Etoile Caniculaire nommée Taïs.
47. *Lucifer matutinus.*
48. Le flux & reflux de la Mer.
49. Un Globe qui fait son tour en 810. ans, marque une table pour le Soleil pendant lesdits 810. ans.
50. L'Auteur fait aller son Horloge au moyen d'un ressort ou d'un poids, que tout Horloger pourra conduire.
51. Il fera aussi voir la révolution des Etoiles fixes, qui se fait seulement dans trente-six mille ans.
52. Dans peu il exécutera quantité de choses; comme, les éclipses du Soleil & de la Lune, & autres, au goût & à la satisfaction des plus curieux.
53. Quoique les deux sistémes de la terre & du Soleil mobiles & immobiles, soient démontrés dans cette Horloge; cependant la mobilité de la Terre & l'immobilité du Soleil, paroîtront impossibles à ceux qui y feront de justes & sérieuses réflexions. Voyez la Clef du Cabinet de Luxembourg, Décembre 1747. pag. 397. & suivantes.

ISRAEL (Henriet) fameux Graveur Lorrain du dix-septiéme siécle, étoit de Nancy; mais son pere, *Claude Israel*, étoit de Chaalons en Champagne, & assez bon Peintre: c'est lui qui avoit peint les vitres de l'Eglise

Cathédrale de Chaalons avant son incendie, & qu'on estimoit beaucoup, tant pour le dessein, que pour le bel apprêt des couleurs. On voit à Paris de ses ouvrages ; il copia plusieurs fois un Tableau d'André del Sarté, qui est en rond, où est représentée la sainte Vierge tenant le petit Jesus, avec S. Joseph & S. Jean-Baptiste ; & ce qu'il a fait, est si bien copié, qu'il passe souvent pour original. En 1596. étant alors âgé de 45. ans, il fut appellé au service du Grand-Duc Charles, qui, par les bons traitemens qu'il lui fit, l'engagea à s'établir à Nancy, où il est mort, & enterré aux Cordeliers dans le même Cloître, où Callot a eû sa sépulture.

Il laissa deux fils, dont l'un étoit Sylvestre Israël, qui apprit de lui les commencemens du dessein, avec *Jacques Callot*, *Bellange* & *de Ruet*.

Israël étoit encore fort jeune, quand il alla à Rome, où il se mit à peindre sous Tempeste, avec de Ruet, des Batailles & des Chasses. Etant de retour à Nancy, il y demeura quelque tems, puis vint à Paris travailler sous *Duchesne*, Peintre habile, qui logeoit au Luxembourg avec le Poussin.

Israël s'étant étudié à dessiner dans la maniere de Callot, il eut l'honneur de donner plusieurs Leçons au Roi, & plusieurs personnes de qualité désirerent apprendre de lui cette sorte de travail à la plume, commode & agréable, principalement pour les campemens d'armées, & pour occuper ceux qui ne veulent dessiner que pour leur divertissement : voyant qu'il en tiroit plus d'utilité que de faire des Tableaux, il y donna tout son tems.

Ensuite il se mit aussi à débiter les ouvrages de Callot, pendant que ce dernier demeura à Paris. Ils logeoient ensemble au petit Bourbon ; & quand ils se séparerent, ils convinrent que tout ce que Callot graveroit dans la suite, seroit pour Israël ; ce qui fut exécuté ponctuellement ; car toutes les Planches que Callot fit depuis son retour, vinrent entre les mains de son ami ; &, comme après sa mort, il s'en trouva deux qui n'avoient pas encore eû l'eau forte, Israël la leur fit donner par Collignon, qui avoit été disciple de Callot, & par lequel Israël fit ensuite graver à l'eau forte dix Paysages sur les desseins de son Maître.

Etienne Labelle de Florence, est celui qui a le mieux imité Callot ; il vint à Paris en 1642. & travailla beaucoup pour Israël.

ISRAEL (Sylvestre) fils d'Henriet Israël établi à Paris, hérita de l'habilité de son pere, & a mérité la charge de Dessinateur de Messeigneurs les Princes de France. Voyez l'article *Sylvestre*.

JULLET (Le R. P.) Provincial des Minimes, a fait imprimer *les Miracles & Graces de Notre-Dame de Bon-Secours lès Nancy*, in-octavo, chez Philippe. Ce petit Ouvrage est remarquable par le frontispice, qui est de la main de Callot, & qui représente en petit Notre-Dame de Bon-Secours environnée de Pélerins ; le tout fort bien gravé.

JUSSY (D. Paul) Bénédictin de la Congrégation de S. Vanne, natif de Montier-en-Derf, fit profession à S. Maurice de Beaulieu, le 27. Mai 1664. & mourut en l'Abbaye de S. Vanne le 29. Juin 1729.

C'étoit un Religieux très attaché à ses devoirs, & qui remplissoit scrupuleusement toutes les obligations ; plein de vénération pour l'état qu'il avoit embrassé, il suivit toujours l'esprit de S. Benoît & de sa Régle ; chéri & respecté dans la Congrégation, il en occupa souvent les premiers postes ; il en fut Président pour la neuviéme fois en 1728.

Etant Procureur-Général de la Congrégation à Paris en 1686. il fit toutes les Piéces d'écritures, concernant le Procès d'entre les Supérieurs & Religieux de la Congrégation de S. Vanne, d'une part ; & les Religieux & Supérieurs de l'Ordre de Cluny, d'autre part : ces Piéces sont en grand nombre, bien écrites & solides ; aussi, par ses soins & son habileté, il obtint un Arrêt en faveur de sa Congrégation. Il a fait imprimer un Factum en 1680. on a de lui grand nombre de Lettres instructives, qu'il a écrites en différens tems, sur les affaires communes & particulieres de sa Congrégation, où il a fait voir la solidité de son jugement, & sa grande capacité dans le maniment des affaires.

K

KNAUF (Cosme) Prieur du Monastere de Prum, a fait imprimer, *Defensio Imperialis, libera & exempta Abbatiæ S. Salvatoris Prumiensis Ord. sancti Benedicti, contra Archiepiscopatum & Capitulum Metropolitanum Trevirensem & pratensam ejusdem Abbatiæ mensæ Archiepiscop. unionem ; in fol. an.* 1716.

KYRIANDER, Syndic de la Ville de Tréves ; voyez les Annales de Tréves du Pere Brouverus, tom. I. *pro Parasceve* 5. *cap*. 11. *pag*. 3. 4. & 5. Brouverus dit que Kyriander présenta en 1576. à l'Empereur Maximilien un Ecrit Latin intitulé, *Défense de la cause de la Ville & du Peuple de Tréves*, qu'il avoit composé, pour soutenir la liberté de cette Ville, contre l'Archevêque Electeur de Tréves. Cet ouvrage fut ensuite imprimé à Cologne ; mais Jacques d'Eltz, qui étoit alors Archevêque de Tréves, en fit supprimer & enlever tous les exemplaires. L'ouvrage n'a pour but, que de rendre odieuse la conduite & le gouvernement des Archevêques de Tréves, qu'il traite de tyrannique. Comme Kyriander étoit Protestant, on ne devoit attendre de lui que de pareilles plaintes. Brouverus le réfute dans le cours de ses Annales, lorsque l'occasion s'en présente.

Je lis dans Bayle & dans Morery, que Kyriander avoit composé les Annales de Tréves, sous le nom de *Commentaire Historique contenant l'Histoire de ce qui s'est passé depuis l'an du monde 1566. jusqu'au tems de Jacques d'Eltz* : ce n'est pas là apparemment l'ouvrage, dont parle le P. Brouverus.

L

L'ABBE'(D. Fauste) Bénédictin de la Congrégation de S. Vanne, natif de Vesoul, fit profession à S. Vincent de Besançon le 2. Février 1673. mort à Luxeüil le huit Juin 1727. a composé en Latin une Histoire de l'Abbaye de Luxeüil en dix Livres, dont les cinq premiers sont dans un Volume in-4°. & les cinq derniers dans un gros Volume in-folio. Il finit son Histoire à la mort de l'Abbé D. Jean-Baptiste Clerc.

Il a aussi travaillé sur les anciennes Maisons Benedictines du Comté de Bourgogne ; manuscrit. Il travailloit à un Dictionnaire de la Bible en 2. Volumes in-fol. lorsqu'il mourut.

LA BROSSE (Loüis-Philippe) Chanoine de Notre-Dame de Foi de Gironviller, a fait imprimer, *Traité du Baromêtre*, ouvrage de Mathématique, Physique & Critique, dans lequel on fait voir quelle est la nature de toute sorte de Baromêtre ; la manière de s'en servir, à quel usage un Baromêtre peut être bon, & quelle est la cause de sa variation ; avec une Dissertation en forme d'Appendix, de la cause & de l'origine des vents, & leurs principales propriétés & circonstances, in-octavo, à Nancy chez Cusson 1717.

L'AIGLE (Charles-Claude de) né d'une famille noble dans le Barrois, fut fait Prêtre sous M. de Fieux, Evêque de Toul. Ce Prélat l'ayant oüi prêcher, le goutta si fort, qu'il l'attacha à sa personne, & lui fit ensuite conférer un Canonicat à S. Gengoult, & le Prieuré de Dieu-en-Souvienne. Peu après, il le créa son Official & Grand-Vicaire ; dans la suite il fut fait Chanoine de la Cathédrale de Toul, sous M. de Bissy, qui lui continua les dignités d'Official & de Grand-Vicaire, qu'il a conservées sous M. de Camilly. Le Roi lui donna l'Abbaye de Mureau en 1709. Il a continué ses services sous M. de Begon, aujourd'hui Evêque de Toul.

M. de l'Aigle a mené une vie très retirée & très édifiante, entièrement occupé des devoirs de son ministère, & des besoins du Diocèse, pour le bien duquel il a travaillé d'une manière infatigable, pendant la plus grande partie de sa vie, qui a été terminée par une mort entièrement conforme aux grands sentimens de pieté & de Christianisme, qu'il a fait paroître pendant le cours de sa vie. Il est mort le 25. Février 1733. âgé de 80. ans ; par conséquent il étoit né vers l'an 1653. Il voulut, par humilité, être enterré dans le Cloître de la Cathédrale de Toul, au pied des dégrés, où l'on voit son Epitaphe en ces termes :

Hic humiliter jacere voluit, avito genere nobilis,
DOMINUS CAROLUS CLAUDIUS
DE L'AIGLE,
Presbyter Barrensis, Miravallis Commendatarius Abbas, Hujus Ecclesiæ Canonicus, Archidiaconus major, Officialis & Vicarius generalis, vir integer, suâ sorte meliorem meruisse contentus ; Parcus sibi, largus in panperes, ut Pater in suos ; Cleri cultor, Ecclesiæ decus, jurium vindex, qui labore indefesso hanc Diœcesim sub quatuor R. R. D. D. Præsulibus sapienter rexit, docuit verbis, scriptis collustravit, tandem moriens Christo illuxit major. Obiit octogenarius die xxv. Februarii anno Domini 1733. omni laude superior.
Requiescat in pac.

Il a composé le gros Catéchisme du Diocèse de Toul, imprimé l'an 1703. chez Aléxis Laurent.

Le Rituel du même Diocèse, imprimé à Toul en 1700. chez le même ; ouvrage très solide & très instructif.

On a aussi de lui plusieurs Mandemens pour l'observance du Carême, & autres sujets concernant le gouvernement de l'Evêché de Toul, dont il a été comme l'ame & le principal moteur pendant presque toute sa vie. On pourroit faire un assez gros recueil de ces sortes de Piéces.

Il travailla beaucoup dans les différends qui survinrent en Lorraine, entre M. de Bissy Evêque de Toul, & S. A. R. le Duc Leopold, tant au sujet des Curés de Veroncourt & de Lorrey, qu'à l'occasion du Code-Leopold. M. de l'Aigle est regardé comme l'Auteur des Ecrits, qu'on publia alors de la part de la Cour Episcopale.

L'AIRUEL (Servais) Prémontré, Abbé de Sainte-Marie du Pont-à-Mousson, & un des principaux Réformateurs de cet Ordre en Lorraine, a composé, 1°. *Catechismus Novitiorum*, imprimé en deux Volumes in-folio, dans l'Abbaye du Pont-à-Mousson,

Pp ij

par François Dubois, en 1623. réimprimé à Cologne.

2°. *Optica Regularium in Regulam sancti Augustini, Mussiponti 1603. in-quarto, apud Melchior Bernard*, reimprimé en 1607. & à Cologne 1614. traduit en Polonois, & imprimé en 1617.

3°. Un Livre de Méditations, pour servir aux Retraites des Religieux réformés de Prémontré, de trois mois en trois mois ; ce Livre fut d'abord composé & imprimé en Latin, sous ce titre, *Meditationes ad vitæ religiosæ perfectionem cognoscendam utilissimæ ex novo R. P. Lucæ Pinelli Gersone depromptæ, & è Gallico idiomate in Latinum, in Monasterio novo sanctæ Mariæ majoris Mussipont. Ordinis Præmonstratens. translatæ. His accesserunt aliquot aliæ ab ejusdem Monasterii Abbate servatis conscriptæ ; Mussiponti, in Monasterio novo sanctæ Mariæ majoris anno* 1621. *in*-16. *vol.* I. puis traduit en François, & imprimé en cette Langue chez Jean de Henqueville en 1628.

4°. *Apologia pro quorumcumque Ordinum Religiosorum reformatione* : tout l'ouvrage consiste en 46. questions décidées par ce saint & savant Réformateur.

Les approbations & permissions d'imprimer, accordées en 1629. font jointes au Manuscrit ; mais on ignore s'il a été imprimé, quoique très digne de l'être.

On a trouvé dans sa chambre, après sa mort, un Manuscrit, qui est un Dialogue sur la vie religieuse, entre deux Religieux Prémontrés, l'un Lorrain, l'autre Picard.

La vie du R. P. Servais Lairüel a été écrite en Latin par le R. P. Anselme André Jésuite, dans un Volume in-quarto manuscrit, en 1633. & par un de ses disciples, sous ce titre, *Vita R. P. Servatii de Lairüel Cænobii sanctæ Mariæ majoris Ordinis Præmonstratens. & Congregationis Norbertinæ antiqui rigoris Restitutoris, gallicè & latinè* ; un Volume in-quarto manuscrit.

Ce grand homme étoit né à Soligny en Hainaut en 1560. de parens d'une mediocre fortune. Il porta d'abord le nom d'Annibal ; mais Nicolas de Bousmar, Evêque de Verdun, le lui changea, à la Confirmation, en celui de *Servais*. Il fit profession dans l'Ordre de Prémontré à S. Paul de Verdun le 25. Mars 1580. Il étudia, étant déja Religieux, les Humanités dans le Collége des Jésuites de Verdun ; il fit ensuite sa Philosophie & sa Théologie à Paris, où il reçut le Bonnet de Docteur.

Ayant été nommé, peu de tems après, par le R. P. Jean de Prüet, Général de Prémontré, pour accompagner le P. Jean l'Oiseleur dans la visite des Monasteres de l'Ordre, François de Longpré, successeur de Prüet, le nomma Vicaire-Général de son Ordre ; il en visita la plûpart des Maisons avec des peines & des dangers infinis.

Le P. Daniel Picard, Abbé de Sainte-Marie-aux Bois, l'ayant fait son Coadjuteur, lui fit venir des Bulles en datte du 13. Août 1599.

Le P. Picard étant décédé l'année suivante, le P. Lairüel entra dans le gouvernement de son Abbaye, qu'il transfera depuis en 1606. au Pont-à-Mousson, pour procurer à ses Religieux la facilité d'étudier dans l'Université ; & travailla efficacement à mettre la réforme dans son Abbaye.

Le P. Pierre Gousset, successeur du P. de Longpré, Général de Prémontré, étant venu au Pont-à-Mousson en 1616. approuva les Status dressés par le P. Lairüel, pour la réforme de l'Ordre, & exhorta tous les Religieux à s'y conformer. Sur cette approbation, le Pere Lairüel & les Abbés de Justemont & de Salival, présenterent au Pape Paul V. en 1617. leur Supplique, pour obtenir la Confirmation de leur Réforme ; elle fut accordée le 18. Juin de la même année, & ensuite confirmée par le Pape Grégoire XV. en 1621.

Le premier Chapitre Général se tint au Pont-à-Mousson, le 28. Septembre suivant. La même année Louis XIII. donna ses Lettres Patentes, portant permission d'introduire la Réforme dans tous les Monastéres de son Royaume.

Cette Réforme s'étendit bien-tôt de la Lorraine dans toute la France, & malgré les murmures & les oppositions des anciens Religieux, à qui le nouveau joug paroissoit insupportable ; l'Abbé Lairüel vint heureusement à bout de faire approuver, & confirmer les Statuts qu'il avoit dressés, pour faire revivre dans son Ordre l'esprit de S. Norbert.

Ce S. Abbé voyant la Réforme établie selon ses désirs, & ayant fait un Coadjuteur, en 1606. alla recevoir du Seigneur la récompense de ses travaux & de ses fatigues ; il mourut le 18. Octobre 1631 dans l'Abbaye de Ste. Marie au bois, où il s'étoit retiré avec ses Religieux pendant la peste, qui régnoit à Pont-à-Mousson.

Le P. Abram dans son Histoire de l'Université de Pont-à-Mousson, livre 4. art. LXXX. rapporte une longue Epitaphe du R. P. Lairüel, composée par M. Midot son ami, Archidiacre de Toul : la voici toute entière, on y verra le Précis de la vie de ce Religieux.

D. O. M.
Virginique Matri.
„ R. D. Servatius de Lairüel, (*n*)
„ Doctor Sorbonicus, Cœnobii sanctæ
„ Mariæ
„ Majoris Mussipontanæ, Præsul integer-
„ rimus,
„ Per omnes ætatis suæ
„ Partes.
„ Eam virtutum omnium laudem meti-
„ tus, ut ad præclara omnia
„ In eo animus, an illarum felicitas ma-
„ jor fuerit, nescias.
„ Utrumque maximum scias.
„ Pietate in Deum incomparabili, rerum
„ humanarum divinarumque
„ Scientia incredibili, publicis etiam scrip-
„ tis consignata, Religionis suæ
„ flagrantissimo
„ Affectu, ac plurimorum illius munium
„ sapientissima administratione
„ Norbertini
„ Ordinis restaurationis procurandæ studio
„ indefesso disciplinæ regularis cultu,
„ Observantiâque exactissimâ, nunquam
„ satis laudandus.
„ Cænobitarum suorum, iisque Commu-
„ nione propositi conjunctorum
„ Progressu in disciplina Norbertina
„ Uberrimo vigiliarum suarum fructu
„ Restitutione veteris instituti acerrimè
„ defensâ
„ Victoriæque præguslatâ dulcedine
„ fortunatus.
„ In Reverendos Patres Societatis Jesu,
„ optimè de se suisque meritos
„ Amore observantiâque inauditis
„ Ac mutuâ utrorumque conjunctione &
„ amicitiâ mirabili
„ In majores Officiis
„ Liberalitate in tenues,
„ Beneficentiâ in omnes
„ Vitæ sanctimoniâ & candore
„ Ac omnium suarum actionum inte-
„ gritate
„ Spectatissimus.
„ Cupiditatis omnis vacuus :
„ Illecebrâsque omnes pravitatis morum
„ singulari moderante sapientiâ perosus
„ Æquales fere omnes virtutis dignatione
„ prætergressus,
„ Inferioribus per piam animi demissio-
„ nem subjectus,
„ Fortitudine animi se ipso superior
„ Unum beatæ æternitatis iter meditans,
„ incedens, docens,

„ Norbertinæ innocentiæ verum Exemplar
„ Tantis virtutibus ;
„ Admodum R. D. Danieli Picart, Mo-
„ nasterio Sanctæ Mariæ successor
„ Invito, propter insignem modestiam,
„ quam volenti propior
„ Designatus, & à Sede Apostolicâ
„ impetratus.
„ Factis à Daniele Reformationis etiam
„ adito vitæ periculo, (*x*) seminibus
„ Per infinitos propemodum labores suos
„ adultis
„ Reverendissimorum Dominorum Fran-
„ cisci Longapratensis & Petri Gossetii
„ Ordinis Præmonstratensis Principum
„ Vices illius quindecim ; hujus verò tres
„ annos, in toto ordine functus
„ Lustratifque cum illo
„ Extra etiam suspicionem avaritiæ,
„ omnifque pravi affectus
„ Galliæ propè universæ, Lotharingiæ ;
„ Floressiæ, Pontivi,
„ Brabantiæ, Flandriæ, Burgundiæ,
„ Westphaliæ, Sueviæ,
„ Bavariæ, Austriæ, Bohemiæ, Moraviæ
„ Aliarumque Provinciarum asceteriis
„ Utrique Abbati.
„ Propter egregia in ordinem merita Cha-
„ tissimæ
„ In communitate Norbertinâ antiqui
„ rigoris revocatione veteris disciplinæ ab
„ utroque probatâ, laudatâ, adjutâ curâ,
„ stabilitatis durationifque disciplinæ à se
„ reductæ longè prospicienti, jam ante
„ viginti quinque annos successere, cul-
„ tore reformationis suo judicio diligen-
„ tissimo, constantissimoque extra san-
„ guine propinquos
„ Per solam virtutis æstimationem
„ præviso.
„ Monasterio etiam antiquo suo è ne-
„ more sterili, inculto, agresti, in Mussi-
„ Pontani Collegii fœcundissimi, cultissi-
„ mi, feracissimique pietatis & doctrina-
„ rum omnium agri viciniam demutato,
„ Impensa supra facultates Monasterii
„ Supra hominum fidem ingenti,
„ Divinâ Providentiâ sanctis Cantibus qua-
„ si per miraculum patrociniante ac semi-
„ narium virtutis & litterarum novitio-
„ rumque communem Ecclesiæ Ordinif-
„ que decori & utilitati extruente,
„ Bonis omnibus dubitantibus,
„ An vitæ beatæ Æternitas à præclarè
„ gestis ;
„ An caducæ hujus Immortalitas à jactu-
„ ræ magnitudine

(*n*) Epitaphium R. P. Servatii Lairuel 1631.
(*x*) Il fut empoisonné par des ennemis de la Ré- forme qui lui donnerent des araignées dans son potage, il en mourut quelque tems après.

„ Illi magis à suis optanda fuerit.
„ Tandem post administratum trigin-
„ ta & uno annis Cœnobium ad restitu-
„ tionem observantiæ,
„ Factis etiam per solertem œconomiam
„ proventuum incrementis,
„ Semestri morbo invictâ animi vi tole-
„ rato exitu,
„ Vitæ curriculo septuaginta annorum
„ sanctissimè peracto conveniente,
„ In complexu filiorum optimi parentis ex-
„ cessum mortalitate depositâ,
„ Ad cœlestes beatorum mentium Sedes
„ demigravit xv. Kal. Nov. CIƆDCXXI.
A. B. M. P. L. M. (*y*)
„ Veteris amicitiæ ergo R. D. Joannes
„ Midot sacræ Theologiæ Doctor Juris
„ utriusque Licentiatus, Archidiaconus ma-
„ jor, & Canonicus Cathedralis, nec non
„ Collegiatæ Tullensis Præpositus.

La FLEUR, Peintre, on a un receuil d'Estampes d'environ trente feuilles, qui sont des Fleurs & des plantes, par Nicolas Guillaume de la fleur Lorrain, sous ce titre: *Nicolai Guillelmi à flore Lotharingi*, Romæ 1638. Le portrait de l'Auteur est à la tête. Ce recueil se trouve à la Bibliothéque de l'Abbaye de Ste. Marie de Pont-à-Mousson.

LAITRE (Jean de) habile Fondeur né à Clinchamps, village du Bailliage de Chaumont, Doyenné de Bourmont, s'est rendu recommendable dans la fonte des Cloches: il avoit fondu la grosse Cloche de la Paroisse de S. Epvre de Nancy, en 1591. elle fut cassée en 1747. Voici l'Inscription qui étoit au tour.

Je suis la Trompette effroyable,
Du Ciel criant incessamment,
Chrétiens, craindez du Jugement
De Dieu, le jour épouvantable.
Jean Comte de Salm, Baron de Viviers
Brandebourg gouvernement. (*z*)

De l'autre côté est écrit.

CHARLOTTE,

Charles, ce Grand Duc m'honora
De son beau nom dès mon enfance,
Pour avoir de lui souvenance,
Quand le Peuple sonner morra.
1591.
Nous fondit Maître Jean de Laitre,
Et Maître Jacques, demeurant à Clinchamps.
Cette Cloche étoit si harmonieuse, que Louis XIV. Roi de France étant venu à Nancy en 1673. la faisoit sonner en volée pendant ses repas.

Elle fut cassée en 1747. & les Butelles très habiles Fondeurs dans le Bassigni, la réfondirent la même année, & lui rendirent son son harmonieux.

L'ALLEMANT (Adrien) natif de Sorcy sur Meuse, très habile Médecin exerçant à Paris, a composé un savant Commentaire sur le texte d'Hypocrate, intitulé *de l'air, des eaux, des lieux*, imprimé à Paris, chez Gilles Gorbins, près le Collége du Cambray en 1557. in-8°. l'ouvrage est dédié au Duc Charles III. qu'il qualifie Duc de Calabre, de Lorraine & de Bar, *Archimarchal du vaste Royaume*, Marquis de Pont, &c. Ce Prince étoit à Paris depuis l'âge de 5. ans, il n'étoit pas encore marié, mais étoit promis à la Princesse Claude de France, fille du Roi Henry II. Il remarque dans son Epître Dédicatoire que le texte d'Hypocrate, qu'il se propose d'expliquer, étoit auparavant défectueux, qu'il le donne en son entier, & qu'il y joint ses explications. Il fait descendre le Duc Charles III. de Godefroy de Bouillon, Roi de Jerusalem, à qui succéda Beaudouin son frere, & ensuite Foulque Duc d'Anjou, & enfin Fridéric II. Empereur & Roi de Jerusalem, de Naples & de Sicile; ce qui est bien plus juste que de faire descendre les Ducs de Lorraine de Guillaume de Bouillon, quatriéme frere de Godefroy. Il est vrai que les Ducs de Lorraine ne sont pas issus du sang de Fridéric II. mais il est certain qu'ils ont hérité de lui le Royaume de Jerusalem & celui de Sicile, par une succession que l'on a développé ailleurs. M. l'Allemant vient ensuite au Cardinal de Lorraine, & au Duc de Guise, dont il fait de magnifiques Eloges, sur-tout du Cardinal de Lorraine, que la Providence avoit fait naître pour le renouvellement des études sacrées & profanes. Il n'oublie pas les excellentes qualités du corps & de l'ame du Duc Charles, qui étoit encore un modéle parfait de tout ce qui peut former un Prince accompli.

La méthode de M. l'Allemant, est de donner d'abord le texte Grec d'Hypocrate: puis de le donner en Latin, & ensuite de l'expliquer; ce qu'il fait en homme consommé dans la lecture des anciens Médecins, sur-tout d'Hypocrate & de Gallien, qui avoit lui-même autrefois fait un Com-

---

(*y*) *A beatæ Mariæ partu, libens merito.*   (*z*) Jean Comte de Salm, étoit Gouverneur de Nancy.

mentaire sur le même texte d'Hypocrate, mais conçu dans des termes un peu différents.

Le même M. l'Allemant a aussi composé un Commentaire sur le livre d'Hypocrate, intitulé *des vents*, imprimé à Paris chez Martin le jeune en 1557. in-8°. il y suit la même méthode, que dans son premier Commentaire. L'ouvrage est dédié à M. Pierre du Chatelet, Abbé Commendataire de S. Martin de Metz, Abbaye autrefois située près la Ville de Metz, aujourd'hui anéantie. Il loue Pierre du Chatelet de son application aux Etudes les plus sérieuses, de ses Emplois, étant Chef du Conseil de Lorraine, de ses Ambassades, en France, en Allemagne, de sa vigilance à maintenir la paix dans la Lorraine, au milieu des troubles qui agitoient l'Europe. Il remarque que le célébre Erasme a adressé plusieurs de ses Lettres à M. Pierre du Chatelet, il le remercie du favorable accueil qu'il a fait à un petit ouvrage qu'il lui a offert ; il y a sept ans, sur *l'art de discourir*. M. du Chatelet n'étoit pas encore Evêque de Toul ; il ne le fût qu'en 1565. nous n'avons pas vu *l'art de raisonner* de M. l'Allemant.

LANZON, Abbé de S. Mihiel, ayant été élu Abbé de cette Abbaye, prit le bâton Pastoral sur l'Autel, sans attendre le Comte de Bar, qui prétendoit que du moins sa présence étoit nécessaire à cette Cérémonie ; malgré les murmures de ce Comte, Lanzon fût maintenu, & sa conduite approuvée. On trouve dans le quatriéme tome des Miscellanées de Baluze p. 454. 455. un écrit de cet Abbé, sous ce titre, *Placitatio Lanzonis, &c. super controversia cum Abbatissa Juviniacensi.* an. 1128. Lanzon gouverna l'Abbaye de S. Mihiel, depuis l'an 1122. jusqu'après l'an 1138.

L'ARCHER (D. Antoine) Bénédictin réformé de la Congrégation de S. Vanne & de S. Hidulphe, né à Sigisfontaine, Profès de l'Abbaye de S. Airy de Verdun, après avoir professé avec applaudissement la Philosophie & la Théologie, & avoir rempli avec honneur les emplois de Prieur en différens Monasteres, est mort Président en Argonne le 26. Octobre 1737. il a laissé deux ouvrages très estimés, mais qui n'ont pas encore vu le jour par l'impression, l'un intitulé : *Critique du Livre de la prémotion Phisique*. Le second, *Les Caractéres de la Charité*.

LATOMUS, ou *le Masson* (Barthelemy) fleurissoit en 1510. C'étoit un des plus savans hommes de son siécle ; il a écrit la vie de Richard de Greiffenclave de Volratz, Archevêque de Tréves. Voyez Brouverus, *Annal. Trivirens. tom. 2. p. 327.*

Il étoit né à Arlons dans le Luxembourg en l'an 1485. Il enseigna la Langue Latine, aussi-bien que la Rhetorique, à Tréves, à Cologne, à Fribourg, à Paris, & ailleurs. Il écrivit des Notes sur Ciceron, sur Térence, sur les Satyres d'Horace, &c. & dans sa vieillesse, il composa quelques Traités de Controverse contre les Protestans.

L'an 1543. il fit une réponse à Martin Bucer sur quatre Chef ; savoir, sur la distribution de la Communion sous une seule espéce, sur l'invocation des Saints, sur le célibat des Prêtres, & sur l'autorité de l'Eglise. Bucer ayant répondu à cet Ouvrage, Latomus lui répliqua, & se défendit contre Jacques André, Ministre de Coppingen, dans un Ouvrage intitulé, *De la droite simplicité de l'usage du Calice au S. Sacrifice de la Messe*. Il repoussa aussi les injures de Pierre d'Athenus, Cordelier défroqué d'Ypres, & écrivit quelques Lettres à Sturmius, sur l'état des Eglises d'Allemagne, imprimées à Strasbourg en 1566. in-octavo.

Guillaume Budée faisoit un cas particulier de Latomus, & lui procura la Chaire de Professeur Royal en Eloquence à Paris ; Latomus lui témoigna sa reconnoissance par un Discours qu'il lui dédia, & qu'il prononça à l'entrée de ses Leçons d'Eloquence ; ce discours est intitulé, *De eloquentiæ Ciceronis laudibus*. Erasme, bon Juge en ces matieres, honora Latomus de son estime & de son amitié, & lui donne rang parmi les hommes les plus savans de son siécle.

Latomus a écrit des Scholies fort courtes, mais pleines de sens, sur la plûpart des Oraisons de Ciceron, & qui montrent qu'il entendoit fort bien l'art & la distribution des parties des discours de ce fameux Orateur. Ces ouvrages, après avoir été imprimés en divers endroits, furent enfin recueillis en un Volume in-fol. par Jean Oporin, & imprimés à Basle en 1553.

Il a fait aussi des Notes sur les Livres de Ciceron, *de officiis, de amicitia, de senectute, in somnium Scipionis & Paradoxa*.

Gallandius fit imprimer en 1539. à Strasbourg, in-octavo, *Enarrationes in Topica*, composé par Latomus, qui étoit allé voyager en Italie, avec la permission & aux dépens du Roi de France, qui avoit agréé que Galland fît ses Leçons en son absence. De plus, le même Galland fit imprimer à Paris, chez Gryphe, en 1539. in-quarto, *In partitiones oratorias*, de la composition de Latomus.

Nous avons, de plus, de Latomus, *Summa de ratione differendi*, Cologne 1527.

Epitome Commentariorum dialecticæ inventionis Rodolphi agricolæ; Cologne 1532. Basle 1536. & ailleurs.

Scholia in Dialecticam Gregorii Trapezuntini; Lyon 1545. in-quarto.

In Horatii Sermones & de Arte Poëtica; manuscrit dans la Bibliothéque de Leiden.

Oratio de peregrinatione sua per Italiam habita; *Parif*. 1540. *Lugduni apud Gryph*.

Scholia in Terentii Comœdias, à Paris 1552. in-folio.

Oratio funebris in obitum Richardi Principis Trevirensis, à Cologne 1531.

Factio memorabilis Francifci de Sickengen, contra urbem Trevirensem, cum obsidione ejusdem, versibus heroïcis, à Cologne 1524. in-quarto.

Imperator Maximilianus defunctus; *Augustæ* 1519. *in-quarto*.

Gratulatio in Coronationem Regis Romanorum ad Carolum V. Cæsarem, & Ferdinandum Regem, fratre Augusto, carmine.

Elegia de Austriæ nomine ad Carolum V. Imperatorem Argentinæ 1527.

Latomus mourut âgé de plus de 80. ans, à Coblentz, vers l'an 1566.

Voyez Valere André, Bibliothéque Belgique, pag. 106. & le P. Niceron, Mémoires pour servir à l'Histoire des Hommes illustres, tom. xlij. pag. 14.

L'AUBRUSSEL (Ignace) né à Verdun le 27. Septembre 1663. fut reçu chez les PP. Jésuites le 2. Mai 1679. & s'engagea par les quatre vœux le 2. Février 1697. Il enseigna les Humanités pendant sept ans, la Rhéthorique & la Philosophie pendant cinq, & la Théologie Scholastique pendant huit; ensuite il gouverna le Collége de Strasbourg: bien-tôt après il fut Provincial de la Province de Champagne; de-là il retourna à Strasbourg, puis il fut mandé en Espagne, où il fut chargé de l'instruction de Loüis Prince d'Asturie: il fut ensuite Confesseur de l'Epouse de ce Prince; il mourut au Port de Sainte-Marie le 9. Octobre 1730. Voici ses ouvrages

1°. Eclaircissement historique & dogmatique sur le fait & le droit d'une Thése, soutenuë chez les Jésuites à Reims, le 1. Août 1698. in-12.

2°. Traités des abus de la Critique, en matiere de Religion; à Paris chez Grégoire Dupuis 1710. deux Volumes in-12.

3°. Oraison funébre de Loüis XIV. prononcée à Strasbourg le 16. Novembre 1715. imprimée en la même Ville, chez Storck en 1715. in-quarto.

4°. La vie du très R. P. Charles de Lorraine de la Compagnie de Jesus, imprimée à Nancy chez Cusson en 1733. in-12.

LAUGIER (François de Paule de) né à Nancy le 13. d'Août 1703. est fils de Jean-Baptiste de Laugier, Capitaine au Régiment de Languedoc, qui en 1704. fut tué à la bataille d'Oochstett, & de Marguerite de Rennel.

Il s'est adonné à la Poësie & en 1729. il a composé une Ode sur la mort du Duc Léopold I. En 1735. il a fait deux petites Piéces; la premiere, adressée à Son Altesse Royale François III. une Paraphrase sur le Pseaume *Exaudiat te Deus*, à S. A. R. de Lorraine; elle commence par ces mots, *De ses fiers ennemis terrassant l'insolence, &c*. La seconde est une Ode adressée au même.

Une Ode à S. A. R. Madame Régente; elle commence ainsi, *Ce n'est point ton muet organe, &c*. Voici d'autres Piéces qu'il a composées en differens tems.

Une Ode pour le S. Sacrement, imprimée dans le Journal de Luxembourg du mois d'Octobre 1737. avec la Paraphrase sur le Pseaume, *Super flumina* & *Omnes gentes*; voyez la Clef du Cabinet 1737. Octobre, p. 252. 253. sur le Pseaume, *Laudate Dominum omnes gentes*; & une autre sur le *Miserere*, imprimée dans le Journal du mois d'Août 1743. Voici une Paraphrase de M. l'Abbé Laugier: le Public jugera de son talent en ce genre.

Domine, non est exaltatum. Psal. 130.

„ Infecté des vapeurs d'une trompeuse
„ yvresse,
„ Ai-je élevé, Seigneur, insolemment mes
„ yeux ?
„ Ou bien trop aveuglé sur sa propre foi-
„ blesse,
„ Mon cœur a-t-il formé des vœux auda-
„ cieux ?
„ Concevant de moi-même une sublime
„ idée,
„ Ai-je à l'allusion dédié mes projets ?
„ Des humaines grandeurs foiblement pos-
„ sedée,
„ Mon ame a-t-elle aimé leurs féduisans ob-
„ jets ?
„ Dieu ! si, perdant de toi la mémoire si
„ chere,
„ Je me croyois l'Auteur de ma prospérité ?
„ Puissai-je, tel qu'un fils l'opprobre de
„ son pere,
„ Jamais ne ressentir que sa sévérité.
„ Mets ton unique espoir dans cet Etre
„ suprême,
„ Israël, si souvent comblé de ses bienfaits,
„ Non

„ Non pour tant de faveurs, mais l'aimant
„ pour lui-même,
„ Donnes d'un pur amour les traits les plus
„ parfaits.

Il a aussi paraphrasé dans le même goût les six premiers Versets des Lamentations de Jérémie.

L'AVIGNON (D. Pulcrone) Benédictin de la Congrégation de S. Vanne, Profès de cette Abbaye le 17. Février 1607. & mourut Abbé de S. Avold le 19. dudit mois 1660.

Il fut canoniquement élû Abbé de Saint Avold le 16. Septembre 1624. Deux jours après la mort de M. de Maillane, Evêque de Toul, Administrateur de ladite Abbaye: (a) l'élection fut confirmée par Edmond Lancelot Tiraquellus, Vicaire-Général de l'Evêché de Metz, sous le Prince Henry de Bourbon, Evêque de cette Eglise; & le Duc Charles IV. fit expédier ses Lettres Patentes en faveur de l'élû, le 27. Septembre suivant.

D. Pulcrone prit possession, & demeura paisible possesseur de l'Abbaye pendant trois mois, & jusqu'à ce que la nouvelle de la mort de M. de Maillane fût portée à Rome. Alors M. Charles d'Anglure de Bourlémont, qui étoit à Rome, demanda au Pape l'Abbaye, comme vacante par la mort de M. de Maillane Evêque de Toul; il l'obtint aisément. M. de Bourlémont pere se présenta le 3. Février 1625. pour prendre possession de l'Abbaye, au nom de son fils; mais il y eut opposition de la part de D. Pulcrone, lequel, peu de tems après, c'est-à-dire, le 25. Février de la même année, transigea avec ledit Sieur de Bourlémont pere, & céda au fils une partie des revenus de la Manse Abbatiale. Il étoit porté par la Transaction, qu'elle seroit confirmée en Cour de Rome, à la diligence dudit Sieur de Bourlémont; à faute de quoi, D. Pulcrone demeureroit paisible possesseur de tout le revenu de l'Abbaye. Cette condition n'ayant pas été remplie, D. Pulcrone révoqua ladite Transaction le 16. Juin 1625.

M. de Bourlémont le fit citer à Rome le 3. Septembre 1626. & après diverses Procédures par Procureurs, D. Pulcrone résolut d'aller lui-même à Rome, pour se défendre. Ce voyage entrepris sans la permission des Supérieurs, déplut au Duc de Lorraine, & aux Supérieurs-Généraux de la Congrégation; & D. Pulcrone fut arrêté par ordre de Son Altesse, n'étant encore qu'à Phalsebourg.

On l'envoya en l'Abbaye de Senones, où il demeura en retraite, & suspens de l'exercice de sa charge de Supérieur, jusqu'au Chapitre général suivant.

Cependant M. de Bourlémont, pour mettre D. Pulcrone hors de combat, nia la validité de son élection, & accusa l'élû, & quatre autres Religieux, d'avoir falsifié l'Acte de son élection.

Ce fut à cette occasion que D. Pulcrone composa & publia son Apologie, sous ce titre: " Apologie pour le R. P. Dom Pul-
" crone l'Avignon, Abbé de S. Avold, &
" autres Religieux de l'Ordre de S. Benoît
" en la Congrégation de Lorraine, contre
" le crime de faux à eux calomnieusement
" imputé; imprimée à Lyon en 1630. in-
" octavo.

L'accusation de faux étoit fondée sur ce que, dans le premier instrument produit au Tribunal de la Rote à Rome, on lisoit ces mots: *In continenti tres dicti scrutatores ad locum Capituli prædictum redierunt, & in communi collatis suffragiis, factâque comparatione numeri ad numerum, zeli ad zelum, meritique ad meritum, major saniorque pars, &c.*

Dans le second instrument étoit ajouté, *Suffragia à scrutatoribus publicata fuerunt, videlicet quòd ex duodecim Religiosis suprà nominatis, R. P. D. Pulcronius l'Avignon octo suffragia seu voces, R. D. Mathæus Milet duas, R. D. Bartholomæus Valtrin unam, & Frater Claudius des Androvins unam, quo facto incontinenti, &c.* Dom Pulcrone soutenoit que cette seconde production ne contenoit que l'explication de la premiere, puisque les Scrutateurs étant rentrés au Chapitre, ne pouvoient se dispenser de conférer avec les Electeurs, sur ce qu'ils avoient reconnu dans le Scrutin; après quoi ils avoient publié l'election, selon les Loix Canoniques, du consentement de tous les Electeurs, auxquels ils avoient fait part de ce qu'ils avoient reconnu dans leur Assemblée particuliere hors du Chapitre.

M. de Bourlémont poursuivant sa pointe, fit citer personnellement D. Pulcrone à Rome; & n'ayant pas comparu, faute de *Pareatis* suffisant, il fut condamné par contumace à servir sept ans sur les Galéres du Pape, & à payer à la Chambre Apostolique cinq cens écus d'or, &, outre cela, frappé d'excommunication. Cette Sentence n'ayant jamais été légitimement intimée, n'eut point d'exécution; mais elle mit au jour le procédé violent de M. de Bourlémont, qui traîna ce bon Abbé par tous les Tribunaux du Pays, à Vic, à Paris, à Vienne, à Metz, &c.

Les Cours Souveraines & inférieures, les Assemblées des Etats généraux de la Province, & en particulier ceux des Etats de tout

(a) Histoire manuscrite de la Réforme, tom. 3. liv. 19. pag. 99.

l'Evêché de Metz en 1634. reconnurent son mérite & son innocence, & lui firent l'honneur de le députer vers Sa Majesté, au nom du Clergé, avec le Comte de Réchicourt, pour la noblesse. Enfin, le Duc de Lorraine, avec le Prince Nicolas-François, Evêque de Toul, ayant pris sa défense, il fut maintenu dans son Abbaye, & y mourut en paix le 19. Février 1660. Il eut pour successeur dans l'Abbaye de S. Avold Dom Henry Hennezon, dont on a parlé cy devant.

LAURENT de Liége, Moine de S. Laurent, transféré à S. Vanne de Verdun, a écrit l'Histoire des Evêques de cette Eglise, & des Abbés de l'Abbaye de S. Vanne. Son Histoire a été imprimée au douziéme Tome du Spicilége de D. Luc d'Achery, & réimprimée au second Tome de notre Histoire de Lorraine, dans les Preuves, pag. 18. & suiv. L'Ouvrage est dédié à Adalberon de Chiny, Evêque de Verdun, qui a gouverné cette Eglise depuis l'an 1131. jusqu'en 1150.

Laurent de Liége avoüe, dès le commencement de son Histoire, qu'on n'a rien de certain touchant les premiers Evêques de Verdun; qu'on ne sait ni leurs noms, ni la durée de leur Episcopat, ni le détail de leurs actions.

Pour faire honneur à la Ville de Verdun, il lui attribue ce que Jules César a écrit de la Ville d'*Uxellodunum*, qui est *Puach d'Issoudun*. Il commence l'Histoire des Evêques de Verdun à Thierry, successeur de Richard I. du nom, qui a commencé en 1047. ou 1048. Il donne l'Histoire de cet Evêque Thierry, & celle de ses successeurs, Richer, Richard second du nom, Henry de Vincheftre, Ursion, & enfin d'Alberon de Chiny, & finit en l'an 1144. Son Histoire a été continuée par un Anonyme Religieux de S. Vanne, & imprimée au second Tome de notre Histoire de Lorraine, pag. 55. & suivantes, dans les Preuves.

LAURENT de la Résurrection, Convers de l'Ordre des Carmes-déchaussés, se nommoit dans le siécle *Nicolas Herman*, & naquit en Lorraine au Village d'Hériminí, ou Hérimenil, proche Lunéville. Ses parens craignans Dieu, lui inspirerent les sentimens de piéte, qu'il conserva toujours. Ayant pris le parti des armes, il fut tel dans cet état, qu'il avoit été auparavant. Des Troupes Allemandes qui marchoient en parti, l'ayant fait prisonnier, le traiterent comme un espion; mais il fit si bien connoître son innocence, qu'il fut mis en liberté.

Quelque tems après, les Suédois, qui étoient alors en Lorraine, pendant les troubles du régne du Duc Charles IV. ayant pris la Ville de Remberviller, Herman y fut blessé, & obligé de se retirer chez ses parens, qui n'en étoient pas éloignés. Cet accident le dégoûta de la profession des armes; & par le conseil d'un de ses oncles, Religieux Carme-déchaussé, il résolut de quitter absolument le monde. Il se retira d'abord dans un hermitage, avec un Gentilhomme touché, comme lui, du désir de se consacrer à Dieu.

Il comprit bien-tôt que la vie hérémitique ne convient pas à un commençant. Il vint à Paris & entra, en qualité de domestique, au service de M. Fiuber Trésorier de l'Epargne. Il se présenta ensuite chez les Peres Carmes-déchaussés, & y fut reçu en qualité de Frere Convers, sous le nom de Frere Laurent de la Résurrection, & fit profession en 1642. Il se distingua tellement par son humilité, son amour pour la pénitence, & par ses lumieres extraordinaires dans les voies de bien, qu'il devint un sujet d'édification pour tous ceux qui le voioient & le consultoient. Il a laissé après sa mort quelques ouvrages de dévotion, qui ont été imprimés, & font honneur à sa mémoire.

Il mourut à Paris le 12. de Février 1691. âgé d'environ 80. ans. Voici le titre des Ouvrages publiés sur son sujet, où l'on rapporte ses sentimens, ses maximes, quelques-unes de ses Lettres & de ses entretiens.

„ 1°. Abrégé de la vie de Frere Laurent
„ de la Résurrection, Religieux Convers
„ des Carmes-déchaussés; les maximes spi-
„ rituelles, & quelques Lettres qu'il a éci-
„ tes à des personnes de piété, in-12. à Pa-
„ ris 1691.

„ 2°. Les mœurs & entretiens de Frere
„ Laurent de la Résurrection, avec la pra-
„ tique de l'exercice de la présence de Dieu,
„ tirée de ses Lettres, à Chaalons-sur-Mar-
„ ne 1694.

Ces differens Ecrits ont été réimprimés en 1694. à Cologne, dans un Recueïl de divers Traités de Théologie mystique, qui entrent dans la célébre dispute du Quiétisme, qui s'agita en France, in-12.

On peut voir la Lettre 71°. du troisiéme Volume des Oeuvres spirituelles de M. de Fénelon, Archevêque de Cambrai, où il parle du Frere Laurent de la Résurrection, d'une maniere très honorable. Voyez le Supplément de Moreri, imprimé à Paris en deux Volumes in-fol. 1749.

LEMUTIER (Guy) Chanoine Régulier de l'Ordre de S. Augustin, Abbé de l'Abbaye de S. Pierremont, élû en 1634. mort le 21. Mai 1642. a composé une Histoire de tout ce qui s'est passé de mémorable dans

LENONCOURT (Robert) Evêque de Metz & Cardinal, fils de Thierry de Lenoncourt, fut d'abord Prieur de la Charité sur Loire, puis Abbé de Barbey, après Evêque de Chaalons-sur-Marne, ensuite Cardinal sous le Pape Paul III. enfin Evêque de Metz, Archevêque d'Ambrun & de Touloufe. Il étoit d'une si grande douceur, qu'il fut surnommé *le bon Robert*. On dit qu'il a composé un Traité intitulé, *De triplici bono naturæ, fortunæ & gratiæ*. Je ne sais s'il a été imprimé.

LEON IX. Pape. Nous ne parlerons ici de lui, que comme Auteur Ecclésiastique; sa vie est connue & est imprimée en plusieurs endroits. Il étoit né en Alsace au Château d'Egesheim, situé sur une montagne, environ à une lieuë & demie au Midi de Colmar. Son pere Hugues étoit d'une ancienne & illustre noblesse; sa mere Hadvide, ou Hervige, étoit apparemment l'héritiere du Comté de Dasbourg ou Dabo, situé dans la basse Alsace, entre Zavern & S. Quirin, dans les montagnes de Vôge, frontiere de Lorraine.

Le nom que le Pape Léon IX. reçut au Baptême, fut Brun ou Brunon; il naquit en 1002. & fut élevé dans les études par Bertholde Evêque de Toul; & après le décès de Bertholde, il continua ses études, & les exercices de la Cléricature, sous l'Evêque Herman, auquel Brunon lui-même succéda en 1026. Il étoit alors en Italie avec l'Empereur Conrade son proche parent; il revint à Toul & fut intronisé dans son Eglise le 13. Mai 1026. Il gouverna son Diocèse avec une sagesse & une vigueur vraiment épiscopale.

En 1048. l'Empereur Henry III. dans une grande Assemblée qu'il tint à Vorms, nomma Brunon, Pape, du consentement, & par le conseil des Prélats & des Principaux Seigneurs de l'Empire, & même des Députés de l'Eglise Romaine.

Brunon eut beau se défendre & s'excuser; il fallut se soumettre & accepter cette sublime dignité, dont il se croioit très indigne; il ne l'accepta toutefois, qu'à condition que tout le Clergé & le peuple Romain agréeroient & ratifieroient sa nomination. Il revint à Toul sur la fin de cette année 1048. puis se mit en chemin en habit & en équipage de Pélerin, pour se rendre à Rome. Il y fut reçû comme un Ange du Ciel, & fut consacré Pape le 12. Février 1049. Son Pontificat ne fut pas long. Il mourut le 19. Avril 1054. mais ses jours ont été si utilement & si saintement remplis; qu'il a égalé en œuvres dignes de mémoire, les plus longs & les plus célébres Pontificats.

Vraiment rempli de l'esprit Ecclésiastique & du zèle de la Maison de Dieu, il employa le cours de son Pontificat à tenir des Conciles à Rome, où l'on en compte jusqu'à quatre de son tems, à Mayence, à Rheims, à Rouën, à Mantouë, à Verceille, à Pavie, & ailleurs. Il mit tous ses soins à bannir les abus de l'Eglise, à réprimer les hérétiques & les Schismatiques, à dédier des Eglises, à rétablir les Monasteres, ou à les confirmer par ses Bulles; à lever des Corps saints, à établir leur culte, à illustrer leurs mémoires, à célébrer leurs loüanges, à procurer le bonheur, & à soutenir la dignité des Eglises. Il a donné des Bulles en très grand nombre aux Eglises de S. Remy de Rheims, de S. Vanne de Verdun, de la Cathédrale de Bamberg, où il dit qu'il prêcha le jour de S. Luc; à la Collégiale de la Magdelaine de Verdun, au Monastere de S. Maur de la même Ville; à l'Abbaye de S. Arnoû de Metz, à celle de Bouzonville; à l'Abbaye de Hesse aujourd'hui supprimée, à celle d'Altrof, à S. Vincent de Metz, à Volfheina, Abbaye aujourd'hui ruinée, à celle de sainte Odille, à S. Diey, dont il a été Grand-Prévôt; à S. Airy de Verdun, à S. Maximin de Tréves, à la Cathédrale de Toul; aux Abbayes de Bleufville, de S. Mansuy & de Poussey; de Montier-en-Derf, de Stavelo, &c.

Voici les principaux Ouvrages du Pape Léon IX.

1°. Une Lettre contre les erreurs de Michel Cerularius, Archevêque de Constantinople, & Léon Archevêque de Bulgarie; elle commence par ces mots: *Pax hominibus bonæ voluntatis*, &c. *tom. 9. Concil. p.* 949.

2°. Deux Lettres du même Léon IX. contre les Evêques de la Vénétie & de l'Istrie, *tom. 9. Concil. p.* 971.

3°. Lettre du même à Thomas, Archevêque de Carthage, *ibid. p.* 972.

4°. Lettre Synodique à Pierre, Patriarche d'Antioche, *ibidem*.

5°. Lettre à Pierre & Jean, Evêques en Affrique, *pag.* 973.

6°. Lettre à Michel, Archevêque de Constantinople, *ibid. p.* 978.

7°. Lettre à l'Evêque Pierre, *pag.* 975.

8°. Lettre à l'Empereur de Constantinople, *ibid. p.* 981.

9°. A tous les Evêques d'Italie, *pag.* 984.

10°. Aux François, *Fratribus & filiis Catholicis per universum Regnum Francorum*, *pag.* 985.

11°. A ceux d'Auximo, contre ceux qui pillent les Maisons des Evêques décédés, *ibidem.*

12°. A Jean Archevêque de Salerne, *pag.* 988.

13°. Sur la translation du Corps de S. Denis, *pag.* 989.

14°. Aux Princes de Bretagne, *pag.* 993.

15°. A Edoüard, Roi d'Angleterre, *pag.* 994.

16°. A Jean, Evêque de Porto, *ibid.*

17°. A Hugues, Abbé de Cluni, *p.* 997.

18°. A Foulques, Abbé de Corbie, *pag.* 998.

19°. A Pierre de Damien, Hermite, *pag.* 1000.

20°. Au même, *pag.* 1001.

21°. A Sicenolphe, Abbé de sainte Sophie de Benevent, *ibid.*

22°. Le P. Mabillon rapporte une de ses Lettres à Guillaume Comte de Nevers, *Annal. Benedict.* 14. *p.* 517.

23°. Dans le grand Bullaire, il y a une Bulle du même Pape contre ceux qui pilloient les Maisons des Evêques après leur mort, & qui s'emparoient de leurs biens, *tom.* I. *Bullar. mag. pag.* 24. *an.* 1053. apparemment la même, qui est marquée ci-devant, num. 11.

24°. Une autre Bulle portant, qu'il n'appartient qu'au Pape de convoquer des Conciles généraux, & de déposer les Evêques, *an.* 1049. & *tom.* 1. *p.* 25.

25°. Quelques-uns, comme Chifflet, *Comment. Lothar. cap.* 1. *p.* 1. & quelques autres, lui ont attribué le *Livre des Successeurs de S. Hydulphe dans les Vôges*; mais cet Ouvrage est plutôt de Valcandus, Moine de Moyen-moutier. Vassebourg l'attribuë au Cardinal Humbert; le P. Martenne, *tom.* 3. *Thesaur. Anecd. p.* 1094. croit que l'Auteur de ces Actes le présenta au Pape Leon IX. pour l'approuver.

26. Récit de ce que les Légats du Siége Apostolique ont fait à C. P. *tom.* 9. *Concil. pag.* 991.

27°. Une Bulle fameuse pour la Canonisation de S. Gerard.

On a, de plus, imprimé, sous le nom de Brunon Evêque de Toul, plusieurs Homélies ou Sermons, à Louvain en 1565. à Cologne en 1568. à Anvers en 1583. Voyez *Cave de Scriptoribus Ecclesiast. p.* 524.

Wibert, Archidiacre de Toul, a composé la Vie de S. Leon IX. qui est imprimée dans les Bollandistes au 19. Avril, & dans les Actes des Saints Benedictins, *saculo* 6.

part. 2. pag. 49. Wibert remarque que ce saint Pape étoit si curieux de se perfectionner dans les sciences, qu'à l'âge de 50. ans il étudioit le Grec, pour entendre les saintes Ecritures.

Victor II. Pape, son successeur dans la Papauté (*b*), dit que Leon étoit un homme vraiment Apostolique, instruit de toute la science Ecclésiastique, qui, comme un astre nouveau, parut dans le monde, en dissipa les ténèbres, renouvella & rétablit les Etudes Ecclésiastiques, déposa les mauvais Prêtres & les Ecclésiastiques corrompus; & envoya de toutes parts des disciples, pour instruire, & par paroles & par lettres, les peuples commis à ses soins. Sigebert de Gemblours (*c*) compare le Pape Leon IX. au Pape Grégoire le Grand, pour ses ouvrages & sa sollicitude pastorale. Leon IX. est le premier Pape qui ait eû des Armoiries.

L'Escalle (D. Antoine de l'Escalle ou l'Escaille) né à Bar-le-Duc, Benedictin de la Congrégation de S. Vanne, étoit d'une famille d'ancienne noblesse de Véronne. Il fit profession dans l'Abbaye de Moyen-moutier le 7. Novembre 1617. Comme il étoit zélé pour le maintien de la régularité & du bon ordre, & très versé dans les sciences, il fut souvent employé dans les affaires générales & particulieres de sa Congrégation.

Dès l'an 1625. il fut envoyé à Rome, pour faire séparer les Maisons réformées de France de celles de Lorraine, & obtenir une décision sur une dispute muë entre les Supérieurs de la nouvelle Réforme. Il étoit question de savoir si un Prieur pouvoit être continué dans sa supériorité au-delà de cinq ans, Dom l'Escalle, avec quelques autres, soutenoit la négative. On écrivit de part & d'autre; enfin la difficulté fut terminée en 1630. par un Bref qui permet de continuer les Supérieurs au-delà de cinq ans, lorsqu'il y aura évidente nécessité ou utilité.

D. l'Escalle fut encore député à Rome en 1647. avec D. Henry Hennezon, à l'occasion de l'Abbaye de Gorze sécularisée par le Cardinal de Lorraine en 1572. & que l'on désiroit de remettre en régle, en y introduisant des Religieux réformés, en la place des Chanoines qui ne pouvoient s'accorder ensemble, & dont la vie n'étoit pas fort exemplaire. Une autre affaire étoit pour obtenir certains Priviléges à la nouvelle Congrégation.

Le Roi Loüis XIV. avoit accordé ses Lettres Patentes en 1647. aux Benedictins réformés, pour rentrer dans l'Abbaye de

---

(*b*) *Victor II. Dialog.* 7.   (*c*) *Sigebert. de Scriptor. Ecclesiast.* 149.

Gorze : Ces Lettres furent accompagnées d'une Lettre de recommandation de Sa Majesté à M. le Marquis de Fontenay, son Agent à Rome, en datte du 10. Février 1648.

Le Duc Charles IV. y avoit également donné les mains ; mais des personnes mal intentionnées ayant fait entendre à S. A. que les Benédictins avoient envoyés à Rome des Religieux, pour y agir contre ses intérêts, & faire casser l'union du Titre Abbatial de Gorze à la Primatiale de Nancy, & introduire dans la Congrégation de S. Vanne un gouvernement absolu, arbitraire & indépendant du Souverain ; le Prince en fut irrité à un point, qu'il envoya ordre à son Agent à Rome, de mettre par-tout des *Nil transeat* ; ordonna au Président de la Congrégation de faire cesser les poursuites en Cour de Rome, & de rappeller incessamment les Religieux qui y étoient allés pour ces affaires.

Le Président aidé du Prince Charles de Lorraine, alors Abbé de Gorze, désabusa le Duc des faux bruits qu'on avoit fait courir ; & Son Altesse ayant témoigné être satisfaite des raisons qu'on avoit déduites, fit surseoir à toutes poursuites. Cependant cette affaire souffrit de si grandes difficultés, que, quoiqu'il y eût Arrêt du Parlement de Metz, par lequel il étoit ordonné aux Chanoines de Gorze de vuider l'Abbaye dans un certain tems, D. l'Escalle abandonna l'affaire ; de peur d'irriter les Puissances, & de causer un plus grand mal.

Le même fut employé par ses Supérieurs majeurs, pour passer le Traité d'union & de l'incorporation de l'Abbaye de Munster, ou Val de S. Grégoire, Diocèse de Basle, à ladite Congrégation. Ce Traité fut terminé le 14. Mars 1659. & confirmé par le Chapitre général de la même année.

Deux ans après, Dom l'Escalle, premier Prieur de la Réforme dans cette Abbaye, fut employé à rechercher dans les Abbayes d'Allemagne, des Exemplaires manuscrits des Livres de l'Imitation de Jesus-Christ, dont on avoit besoin en France, pour soutenir le Procès qui étoit mû entre les Benédictins d'une part, & les Chanoines-Réguliers de S. Augustin de la Congrégation de sainte Geneviéve, d'autre, pour savoir qui étoit l'Auteur de ce fameux Ouvrage ; mais il faut reprendre la chose de plus haut, & entrer sur cela dans quelque détail, qui pourra faire plaisir aux curieux.

Les quatre Livres de l'Imitation de Jesus-Christ, imprimés si souvent depuis l'Edition de Badius en 1520. sous le nom de *Thomas à Kempis*, ou *Thomas des Champs*, Chanoine Régulier de l'Ordre de S. Augustin, de la Maison de sainte Agnés près Zuvol aux Pays-bas, lui ont été contestés par plusieurs Savans, dont les uns les ont attribués à S. Bernard, d'autres à Jean Gerson, Chancelier de l'Université de Paris ; d'autres à Jean Gersen ou Gessen, Abbé Benédictin de l'Abbaye de Verceil ; d'autres à Ludolphe le Chartreux. L'on peut voir la savante Dissertation de M. Dupin Docteur de Sorbonne, imprimée dans la seconde partie de son quinziéme siécle de l'Histoire des Controverses & matieres Ecclésiastiques, pag. 537. & suiv. & à la tête de son Edition de Jean Gerson, Chancelier de l'Eglise de Paris.

Dès l'an 1618. D. Constantin Caïetan de Syracuse, Benédictin, Abbé de l'Abbaye de S. Baronti, Congrégation du Mont-Cassin, ayant demandé permission à la Congrégation de la *Propagande*, de faire imprimer en Grec les Livres de l'Imitation, sous le nom de l'Abbé Jean Gessen, les Chanoines Réguliers présenterent Requête à cette Congrégation, & demanderent qu'il fût fait défense d'imprimer cet Ouvrage, sous un autre nom, que sous celui de Thomas à Kempis.

Cette Procédure n'eut point de suite ; & la contestation demeura assoupie jusqu'à l'an 1626. que le R. P. Posveide Jesuite la renouvella dans une nouvelle Edition qu'il donna de l'Imitation, avec une Dissertation préliminaire, pour prouver que Thomas à Kempis en étoit le véritable Auteur. François Valgrave, Benédictin Anglois, le réfuta dans une Edition des mêmes Livres, qu'il donna à Paris chez Sébastien Huré en 1638. où il prétend que Jean Gersen en est le véritable Auteur. Deux ans après, le Pere Fronton, Chanoine Régulier de sainte Geneviéve répondit à Valgrave.

Vers le même tems le Cardinal de Richelieu ayant donné ordre qu'on imprimât au Louvre, le livre de l'imitation de Jesus-Christ, D. Grégoire Tarisse, Supérieur Général de la Congrégation de S. Maur, demanda à ce Cardinal que cette impression se fît sous le nom de Jean Gersen, Abbé Benédictin, qu'il disoit en être le véritable Auteur, sur l'autorité de quatre anciens manuscrits qui étoient à Rome. Le Cardinal écrivit à Rome, on examina les manuscrits en présence du Cardinal Bagny, de Naudé, & de Florent Martinette, & Gabriel Naudé (*d*) Sécrétaire du Cardinal Bagny qui en étoit le Dépositaire, les ayant examiné, préten-

---

(*d*) Voyez dans le P. Niceron. tom. 9. p. 98. & suiv. les titres des écrits de M. Naudé sur cette affaire.

dit qu'il y avoit dans les titres des manuscrits quelque chose qui rendoit leur antiquité suspecte : on écrivit pour & contre, Caïetan & Valgrave pour Jean Gersen, & Simon Werlin, Chanoine Régulier, & le P. Fronton du même Ordre, pour Thomas à Kempis.

Alors la querelle s'echauffa plus fort qu'auparavant, & le R. P. Robert Quatremaire Benédictin de la Congrégation de S. Maur, homme d'esprit, mais ardent & caustique, se mit sur les rangs pour soutenir l'Abbé Jean Gersen ; l'affaire fût enfin portée au Parlement, & pendant le cours de ces disputes, l'édition de l'Imitation du Louvre étant achevée, parut sans nom d'Auteur.

Mais les Benédictins porterent la cause devant les Juges des Requêtes du Palais ; Naudé y soutint toujours que les quatre manuscrits qu'il avoit consulté à Rome, n'étoient pas sans reproches, les Benédictins soutenoient le contraire. La décision dépendoit de l'inspection des manuscrits en question, l'on ne pût ou l'on ne voulut pas les faire venir de Rome. Cependant les Juges rendirent une Sentence, ils permirent d'imprimer le livre de l'Imitation sous le nom de Thomas à Kempis, & défendirent de l'imprimer sous celui de Jean Gersen, Abbé de Verceil. Il y eut appel de ce Jugement au Parlement de Paris, mais l'appel n'a pas été poursuivi.

Cependant le P. Quatremaire étant venu le principal tenant de cette contestation de la part des Benédictins, persuadé que le gain de ce procés dépendoit des manuscrits qu'on produiroit, s'ils se trouvoient plus anciens que celui de Thomas à Kempis, n'oublia rien pour en faire venir de tous côtés ; & ayant appris qu'en Allemagne, en diverses Abbayes il y en avoit un bon nombre d'antérieurs au tems de Thomas à Kempis, il écrivit en ce pays-là au R. P. D. Gabriel Bucelin en 1661. & 1662. & au R. P. Prieur de S. Udalric d'Ausbourg, mais sans aucun succès ; les P. P. d'Allemagne voyant qu'on cherchoit avec tant d'empressement ces manuscrits, les regarderent comme des trésors qu'ils ne pourroient jamais retirer des mains des François, si une fois ils les laissoient sortir de leur pays.

D. Quatremaire s'adressa donc à D. Charles Marchand, Abbé de Munster en Alsace, qui avoit toujours entretenu quelque liaison avec les Peres de S. Germain des Preys, dont il avoit été Religieux, & le pria avec les dernieres instances d'employer tout son crédit, pour obtenir des P.P. d'Allemagne qu'ils prêtassent leurs manuscrits pour quelque tems, leur offrant toutes les suretés qu'ils pouvoient souhaiter, qu'ils seroient fidellement renvoyés.

Les manuscrits en question étoient ceux-ci, 1°. A Melice ou Melk fameuse Abbaye sur le Danube, à vingt lieuës au-dessus de Vienne en Autriche, il y avoit deux exemplaires manuscrits de l'Imitation de J. C. l'un écrit de l'an 1431. & l'autre de 1433. par conséquent plus anciens que celui de Thomas à Kempis, qui n'est que de l'an 1441.

2°. A Veingarten, autre Abbaye de Benédictins en Suabe, un manuscrit de l'an 1434. écrit par Jean Mersberg, Religieux de cette Abbaye, & un autre de l'an 1433. écrit par Conrade Ebersberg, Religieux de Weingarten.

3°. A Salsbourg les quatre livres de l'Imitation, dédiés à Léonard, Abbé de Melck, qui mourut en 1433.

4°. A Ublingen un manuscrit du même ouvrage, écrit en 1437. du tems du Concile de Basle.

5°. A Ochsenhausen un exemplaire manuscrit de l'an 1427.

D. Benoît Brachet, qui fut depuis Général de la Congrégation de S. Maur, & D. Robert Quatremaire s'employerent aussi vivement auprès de D. Antoine de l'Escalle, qui savoit l'Allemand, & qui étoit alors à Ratisbonne pour une affaire de l'Abbaye de Munster. L'Abbé Marchand lui écrivit de ne rien négliger pour avoir les manuscrits en question, d'aller jusqu'à Vienne & jusqu'à Cologne, s'il étoit nécessaire ; que les Peres de France se chargeoient de tous les frais, qu'on ne lui demandoit que ses soins & ses sollicitations ; il lui envoya en même tems un plein pouvoir d'agir, & une procuration dattée du premier jour d'Avril 1663. par laquelle il lui permettoit d'engager tous les biens meubles & immeubles de l'Abbaye de Munster, pour sureté de ces manuscrits, qu'on promettoit de rendre dans un an.

Muni de cette procuration, D. Antoine de l'Escalle partit de Ratisbonne, & se rendit à Melck par le Danube, où il trouva les deux manuscrits annoncés ; mais les dattes n'y étoient pas écrites tout au long ; mais seulement en abregé : *an*. 21. & 35. Pour prouver que ce ne pouvoit être ni de 1521. ni de 1535. il remarque, 1°. que l'écriture est fort ancienne, & 2°. que ces deux livres se trouvent dans un Catalogue écrit en 1517. D. l'Escalle obtint ces deux manuscrits pour deux ans, sous le cautionnement de tous les biens meubles & immeubles de l'Abbaye de Munster, & au cas que lesdits manuscrits viendroient à périr, il s'engagea d'en restituer la valeur au jugement de trois Ecclésiastiques, prudens & éclairés ; & pour plus grande sureté il leur assigne pour une espéce de cautionnement 350. florins, à prendre annuellement sur la Caisse Electorale de Baviére, dus annuellement à l'Abbaye de Munster, & provenant d'un capital de sept mille florins prêtés auparavant, au cas que les manuscrits ne seroient pas rendus dans le tems marqué à Salsbourg.

Il reçut deux autres exemplaires, manuscrits de l'Imitation de Jesus-Christ, l'un de l'an 1463. sous le nom de *Joth Gers*, l'autre imprimé à Venise en 1486. sous le nom de Jean Gerson, le Chancelier ; le manuscrit indiqué par le R. P. Quatremaire de l'an 1433. dédié à Léonard, Abbé de Melck, ne se trouva pas à Salsbourg ; mais le Religieux Bénédictin, Recteur du Séminaire de Salsbourg, assura Dom l'Escalle qu'il l'avoit vû, lû, & manié dans la Bibliothéque de l'Abbaye de Melck. D. l'Escalle en écrivit à Melck, mais on ne pût lui en donner aucune nouvelle, ce qui fait croire qu'il avoit été égaré.

A S. Udalric d'Ausbourg, on fit voir à D. l'Escalle un manuscrit in-4°. contenant plusieurs traités spirituels, entre autres le premier livre de l'Imitation, où on lit à la fin, *est finis hujus Tractatus scripti in Concilio Basileensi anno Domini* 1437. D. l'Escalle le reçut avec les mêmes précautions, & sous les mêmes conditions que les précédens.

A Vingarten il demanda le manuscrit écrit en 1434. par Jean Mersberg, mais ce livre ayant été envoyé à l'Abbaye Dochsenhausen, y a été égaré ; le second manuscrit écrit en 1433. fut livré à D. l'Escalle aux mêmes conditions.

M. Dominique, Abbé de Veingarten écrivit au R. P. D. Gabriel Bucelin pour avoir des nouvelles de ce manuscrit égaré à Ochsenhausen : Voici ce que le P. Bucelin lui récrivit ; qu'on avoit eu dans la Bibliothéque de Veingarten, non-seulement deux, mais plusieurs manuscrits, dans lesquels étoient contenus les trois livres de l'Imitation de J. C. avec des dattes, par lesquelles on pouvoit montrer que ces livres avoient été connus dans la haute Allemagne, long-tems avant que dans la basse ; & qu'ils y subsistoient long-tems avant Thomas à Kempis. Qu'il en avoit eu un, peut-être le même, qu'il avoit remis au R. P. Grégoire, qui l'avoit prêté au R. P. D. Romain Hay. Dans la même Lettre de D. Bucelin, on apprend que le même D. Romain Hay, Religieux d'Ochsenhausen, & D. Thomas Mesler, avoient écrit sur l'Auteur de l'Imitation de Jesus-Christ ; mais que leurs ouvrages n'avoient pas été imprimés.

D. l'Escalle alla ensuite à Viblingen & à Ochsenhausen, mais il n'y pût trouver les manuscrits qu'on lui avoit fait espérer.

Il en trouva un à Zuitfaltem écrit en 1423. par frere Conrade Ebersberg, on le lui confia, sous les mêmes conditions que les précédens, son récepissé est du 13. Septembre 1663. le livre finit ainsi : *Explicit liber internæ consolationis finitus anno* M. CCCC. XXIII. *secunda feria ante festum assumptæ Virginis per me fratrem Conradum Eberberg, tunc temporis Conventualem Veingartens.*

Lorsque ces manuscrits furent arrivés à Paris, on crut que les Chanoines Réguliers se rendroient, & qu'on accommoderoit la chose à l'amiable ; mais ils ne voulurent entendre à aucuns accommodemens, & les Benédictins craignants que si l'on continuoit les poursuites l'on ne fit arrêter les manuscrits, & qu'on ne les déposât au Greffe, jusqu'à la conclusion du Procès, ce qui empêcheroit à cause des longueurs des Procédures ; qu'on ne pût les renvoyer au tems prescrit ; ils aimerent mieux se priver de l'avantage que leur donnoit ces exemplaires, que de manquer à leurs paroles.

Cependant les Benédictins ramasserent de tous côtés des manuscrits pour faire valoir leur prétention ; ils firent venir d'Italie celui de Padolirone, celui d'Allatius, & ceux que M. Naudé avoit accusé de fausseté, & plusieurs autres de Flandre & d'Allemagne ; & en étant munis, ils les présenterent l'an 1671. à M. de Lamoignon, premier Président dans une Conférence, où les R. P. l'Allemant & du Moulinet, Chanoines Réguliers de Ste. Geneviéve, se trouverent, & soutinrent que ces manuscrits étoient inutiles à leur cause.

Quelque tems après les Benédictins s'adresserent à M. l'Archevêque de Paris, François de Harlay, & le prierent que ces manuscrits fussent examinés en sa présence par des Personnes de Lettres, ce Prélat y consentit. Ils apporterent dans son Palais le 14. d'Août 1671. douze manuscrits, & quelques anciennes Editions, sous le nom de Gerson : M. Favre, Docteur en Théologie de la Faculté de Paris, le P. le Cointe de la Congrégation de l'Oratoire, M. Vion d'Heronval, M. de Valois, M. Baluse, & M. Cotelier s'y trouverent, ils examinerent ces livres en présence de Mgr. l'Archevêque, firent leur rapport, dont ils dresserent un Procès-Verbal, &c. entre autres choses jugerent saine l'écriture du manuscrit de Padolirone, que le sieur Naudé avoit jugé fausse.

Sur cette rélation les Benédictins firent réimprimer en 1674. avec privilége, les livres de l'Imitation de J. C. chez Billaine, en beau Caractere, sous le nom de *Jean de Gersen*, Abbé de S. Etienne de Verceil, Ordre de S. Benoît, avec l'acte dont nous venons de parler, & une dissertation qu'ils imprimerent aussi séparément, composée par le P. D. François d'Elfaut, qui rapporte toutes les raisons qu'on pouvoit alléguer, pour soutenir l'opinion de ceux qui croyent Jean Gersen, Auteur de cet ouvrage.

Quelque tems après, les Benédictins de l'Abbaye de S. Germain des Preys, reçurent encore un autre manuscrit de M. Sluse qui portoit à la fin le nom de Jean Gersen, qui fut examiné & jugé sain & ancien de deux cent ans, par les mêmes Messieurs que ci-devant, suivant l'acte qu'ils en donnerent en datte du 23. jour d'Août 1674.

Les Chanoines Réguliers firent paroître en 1677. une réponse à la dissertation du P. d'Elfaut, sous le nom *De vendicia Kempenses*, composé par le P. Testellete, Chanoine Régulier, elle fut bien-tôt réfutée par quelques observations.

Enfin les Chanoines Réguliers pour opposer un acte autentique à celui des Benédictins, firent aussi un recueil des manuscrits & des titres sur lesquels ils se fondoient ; & les ayant fait examiner par ordre & en présence de Mgr. l'Archevêque de Paris, par Mrs. Favre, Baluse, Vion d'Héronval, Ducange, & par les P. P. Garnier & Hardoüin, Jésuites, le P. Dubois de l'Oratoire, & le P. Alexandre Jacobin, il en fût dressé un Procès-Verbal le 4. Mars 1681.

Mais le P. D. Jean Mabillon & le P. D. Michel Germain, ayant apportés au retour de leur voyage d'Italie, le célebre manuscrit d'Arone, avec un manuscrit du Monastere de Bobio, & un autre de l'Eglise de S. Jean de Parme, où le nom de Jean Gersen se trouvoit, assemblerent le 28. du mois de Juillet 1687. les mêmes Messieurs Faure, Ducange, d'Héronval, Baluse, du Pin, & quantité d'autres Personnes habiles sur ces matières, lesquels ayant examinés ces trois manuscrits, jugerent que le nom de Gersen étoit écrit dans ces manuscrits de la premiere main, que l'écriture du premier ne leur paroissoit pas moins ancienne que de trois cent ans. *Non videtur inferior annis trecentis*, que le second étoit du même tems, & que le troisième contenoit avant le livre de l'Imitation, la Régle de S. Benoît, achevée d'écrire suivant la datte qui se trouve à la fin, le 8. Août de l'an 1466.

Cette contestation est restée indécise jusqu'à présent, quoique le Procès soit tout instruit & en état d'être jugé sur les piéces & sur les raisons qui ont été produites, & alléguées tant de fois de part & d'autre ; & enfin examinées & reconnuës, & vérifiées par des Personnes de la probité & de l'habilité, desquelles on ne peut disconvenir.

Dans un voyage que j'ai fait en Suisse au mois de Juin 1748. j'ai remarqué quelques livres de l'Imitation de Jesus-Christ, qui sont plus anciens que l'exemplaire écrit de la main de Thomas à Kempis en 1441.

Dans la Bibliothéque de l'Abbaye de S. Gal, nous avons vu un manuscrit écrit en 1435. *In vigilia Pentecostes per manum Johannis Ottingen de Syessen*, à la tête duquel on lit la liste des Chapitres de l'Imitation de cette sorte.

Sequitur Registrum Breviolgii virtutum.

1°. *De Imitatione Christi, & contemptu omnium vanitatum mundi.*

2°. *De humili scire sui ipsius*, &c. Il y a 25. Chapitres comme dans les imprimés, mais on n'y lit que le premier livre avec ce titre, *Incipit Breviologium virtutum de Imitatione Christi & contemptu mundi.*

Qui sequitur me, non ambulat in tenebris, &c.

Dans un autre manuscrit de la même Bibliothéque, on lit aussi le premier livre de l'Imitation sous ce titre : *Tractatus de Imitatione Christi & internarum inspirationum*, &c. Le 2. 3.' & 4. livres y manquent.

Dans le Monastere Dangie la Riches, nommé vulgairement *Rithnau*, nous avons trouvé un manuscrit en papier, qui ne contient que le premier livre de l'Imitation de J. C. écrit de la même main, & du même caractère que cet autre traité : *De Ecclesiasticâ Potestate Editus per Cardinalem Cameracensem in sancto Concilio Constantiensi tienst*, anno M. CCCC. XVI. *quem propriâ manu descripsit Albertus* (e) *de Bethor in sacrâ pagina licentiatus*, anno M. CCCC. XXVIII. *in festo Inventionis sanctæ Crucis*; après quoi suit immédiatement de la même main : *Liber de Imitatione Christi dictus, qui sequitur me*.

Dans l'Abbaye d'Einsidlen, ou de Notre Dame des Hermites, j'ai vu un manuscrit en papier qui me paroît du 15. siecle, intitulé : *Interna consolationes sancti Augustini ; incipiunt annunciationes primæ partis ad spiritualem vitam valdè utiles*.

Capitulum primum de Imitatione Christi & contemptu omnium vanitatum mundi. Il est remarquable qu'il y a quelque différence entre la distribution & les titres des Chapitres de ce manuscrit & ceux des imprimés. Ce que j'ai aussi remarqué en d'autres exemplaires manuscrits, & en particulier sur le quatrième livre, il y a des différences considérables dans l'ordre qu'il tient. Ce livre quatrième (f) se trouvant quelquefois au rang du troisième, mais plus ordinairement au quatrième, souvent entièrement ômis. Enfin j'ai vu divers manuscrits du même ouvrage, postérieurs au manuscrit de Thomas à Kempis, mais tous sans nom d'Auteur.

Le R. P. D. Edmond Martenne dit (g) qu'il a vu au Monastere d'Ervich de Chanoines Réguliers de la Congrégation de Vrindesheim, un manuscrit de l'Imitation de J. C. à la fin duquel on lit ces paroles : *Explicit libellus devotus de Imitatione Jesu Christi dictus, qui sequitur me, non ambulat in tenebris ; finitus per Johannis Kitchten manus, cognomento Busem. Domini* M. CCCC. XXVI. *anno Exaltationis Crucis festo, quod tum celebrabatur ipsâ* VI. *feriâ*.

Ces 4. manuscrits, l'un de 1426. deux de 1428. & un quatrième de 1435. sont manifestement plus anciens que celui copié par Thomas à Kempis en 1441.

Dans un livre imprimé à Rome en 1668. in-4°. sous ce titre, *Josephi Mariæ Suarez conjectura de libris de Imitatione Christi eorumque Autoribus*. L'Auteur conjecture que les trois premiers livres ont été composés, mais assez confusément par trois Auteurs différens : Sçavoir 1°. Par Jean, Abbé de Verceil.

2°. Par Ubertin d'Iolca de Casul, qui passa en 1525. de l'Ordre de S. François en celui de S. Benoît.

3°. Par Pierre Renalutio Franciscain, qui fut ensuite Antipape sous le nom de Martin V.

4. Que Thomas à Kempis en 1441. le mit en ordre, & leur donna la forme où nous le voyons aujourd'hui.

5°. Que le quatrième livre est de Jean Gerson, Chancelier de Paris.

Le P. Martenne parle d'un manuscrit, où le livre de l'Imitation est attribué à un Chartreux. *Voyez* voyage littéraire, pag. 146. 1. Partie.

Le Lecteur nous pardonnera cette digression sur une matière si litigieuse. On peut voir ce que j'ai dit ci-devant, sur Jean de Rhodes, Abbé de S. Mathias.

L'Escut (Nicolas de) sorti d'une ancienne maison originaire d'Anjou, & établie en Lorraine, sous le Roi René, que Jean de l'Escut accompagna en ce Pays-ci, y étant venu à la tête de cent Lances. Il épousa Marguerite de Bouzey, & accompagna le Duc de Calabre dans son expédition de Barcelone, où de l'Escut mourut de ses blessures.

Nicolas de l'Escut, dont nous parlons ici, fut employé par le Duc Antoine, avec Claude Despilliers, Bailly d'Epinal, & Dominique Champenois, Procureur Général de Lorraine, & envoyé avec eux à la Diette de Spire en 1541. pour menager auprès de l'Empereur Charles V. le traité de Nuremberg, passé en 1542. dont nous avons parlé dans le corps de l'Histoire de Lorraine, & qui est rapporté parmi les Preuves, sous l'an 1542.

La maison de l'Escut est fondue dans celle de Rennel, par le mariage de Barbe de l'Escut, nièce de Nicolas de l'Escut & dernier de son nom, qui épousa Baltazard de Rennel, Conseiller d'Etat ; & Président de Lorraine, qui écartela ses armes de l'Escut & de Rennel, & voulut que Baltazard de Rennel, Cadet de ses petits fils & sa Postérité, portassent le nom de Rennel de l'Escut, comme ils le portent encore aujourd'hui.

Nicolas de l'Escut obtint de l'Empereur Charles V. en 1544. un Diplôme fort honorable, dans lequel l'Empereur rappelle Jean de l'Escut son Ayeul, & fait le précis de sa vie, & ajoute en faveur de Nicolas de l'Escut, qu'en considération de ses services, il le crée lui & toute sa Postérité, Comtes d'Empire, avec toutes

---

(e) Le R. P. Martenne, voyage littéraire partie 2. pag. 200. en cite un exemplaire de S. Tron de la même année 1428.

(f) Martenne, voyage littéraire. 1. Partie, p. 262. j'ai remarqué la même chose dans d'autres manuscrits.
(g) *Id.* 2. Partie, pag. 259.

les prérogatives y annexées.

Nicolas de l'Escut naquit à Nancy, & fut Sécretaire du Duc Antoine de Lorraine, il a composé quelques ouvrages qui sont imprimés, & dont les titres sont rapportés dans la Bibliotéque de Duverdier, pag. 923. en ces termes.

Nicolai de l'Escut actiones juris in compendiosas juxta ac utiles figuras & formulas advocatis, Procuratoribus, & legum Cupidis sublevandi gratiâ studii, redactæ ; impressæ Haganoæ, fol. in Officinâ Valentini Kobiani 1537. dédiées au Duc Antoine.

2°. *De testium examinatione tractatus Nicolao de l'Escut Autore, Argentorati excudebat Johannes Schottus* 1540.

Il fut très bon Jurisconsulte, & a aussi écrit en françois plusieurs ouvrages de Droit. Mais comme le langage de ce tems est bien changé, cet Auteur est peut-être moins lû.

En l'année 1543. il fit imprimer à Paris chez Caveiller & Goterot une Traduction Françoise des Instituts de Justinien, à laquelle il joignait de petites Gloses très bonnes, & dans lesquelles il fait quelques applications aux Loix & Usages de Lorraine.

Ces petites Gloses sont écrites avec beaucoup de précision, & l'Auteur y a évité le défaut de son siécle, qui étoit d'entasser passages & citations rassemblés de tous côtés, pour affecter de l'érudition. Il s'est absolument renfermé dans son sujet ; mais comme il sentoit la rudesse de la traduction littérale de plusieurs termes, qui sont les rubriques des Instituts, il a par-tout laissé ces termes latins, joints à la traduction.

Il dédia ce Livre au Prince François, appellé alors le Duc de Bar, & qui fut Duc de Lorraine après la mort de son Pere Antoine, mais qui ne régna qu'un an.

On voit par l'Epître Dédicatoire dattée de Nancy, le 1. Février 1543. que l'Auteur avoit déja composé d'autres ouvrages de Jurisprudence qu'il avoit dédié au Duc Antoine. Il en cite un lui-même au titre des Testamens, sur le §. *Testes*, concernant les témoins & leurs dépositions.

LESPINGOLA (François) Sculpteur, étoit de Joinville ; il a travaillé dans le Parc de Versailles, où l'on voit deux de ses morceaux : le premier est une *Berenice* figure de marbre, copiée d'après l'antique : la seconde est *Poëtus & Arria*, Grouppe de marbre aussi copié d'après l'antique. *Voyez* le recueil des Statuës de Versailles, par Thomassin, figure 37. & 57.

Dans l'Eglise des Minimes de Paris, l'Espingola a sculpté les armes de M.r Colbert sur le Mauzolée d'Edouard Colbert de Ville-à-Cerf. Cet ouvrage est très estimé.

Les Anges de sculpture qui soutiennent le Tabernacle de l'Eglise des Religieuses Benédictines du S. Sacrement à Paris, sont aussi de l'Espingola : *Voyez* la description de Paris par Piganiol de la Force 1742.

LESTRE'E (François) on cite *Francisci Lestrai Elogium Caroli III. Ducis Lotharingiæ, impressum Mussi-Ponti, in-*4°. le Long Bibliothéque de France p. 802.

LEVELIN (Pierre Théodore) Docteur & Professeur en Médecine, Doyen de la Faculté de Médecine en l'Université de Tréves, a fait imprimer à Nancy chez Cusson en 1738. *l'Analyse parfaite des eaux de la fontaine du Bas-Seller, traduite de l'Allemand de Frideric Hoffman, Professeur & Medecin du Roi de Prusse in-*12.

LEVESQUE (D. Prosper) Bénédictin de la Congrégation de S. Maur, Profés de l'Abbaye de Luxeüil, le 29. Septembre 1729. est l'Auteur d'un ouvrage annoncé dans le Mercure de France, Mai 1750. sous le titre : *Mémoires pour servir à l'histoire du Cardinal de Granvelle, premier Ministre de Philippe II. Roi d'Espagne, dans lesquels on donne une idée du caractere & du génie des differents Princes qui régnerent du tems de ce Cardinal, & des grands Hommes qui eurent quelque part au gouvernement sous son Ministere.* Cet ouvrage pourra former un gros in-4°. Ce Religieux a été pendant quelques années Bibliothécaire de la Bibliothéque publique de l'Abbaye de S. Vincent de Besançon, où il y a quantité de mémoires originaux, & des lettres concernant ce Cardinal. Ainsi il est en état plus qu'un autre de bien écrire l'ouvrage annoncé dans ce Mercure.

LEURECHON (Jean) Médecin, natif de Chardogne près de Bar, fit ses études à Paris au Collége de Navarre, où il lia une solide amitié avec Charles le Pois. Il prit ensuite le dégré de Maître ès Arts, & fréquenta avec assiduité pendant quatre ans les écoles de Médecine, (*h*) au bout de ce terme, il fut reçu Bachelier en 1588. sous le Décanat de Jean Riolan le Pere. Il revint en Lorraine, où le Grand Duc Charles connoissant son mérite, le fit son

(*h*) Extrait des Regîstres de la Faculté de Paris, communiqué avec beaucoup de politesse par M. Chavel, Savant Docteur en Médecine de la même Faculté.

Médecin ordinaire. Ses services lui devinrent si agréables, qu'il lui donna en 1604 des Lettres de Noblesse ; il créa pour lui en 1606. une quatriéme Chaire de Médecine dans la Faculté de Pont-à-Mousson.

Leurechon eut un fils qui entra dans la Société des Jesuites, & qui se distingua : nous lui consacrerons l'article suivant. Charles le Pois n'eut pas moins d'amitié pour lui que pour son Pere. Le Jugement d'un si savant & si honnête homme, est d'un grand poids. Voici comme il est conçu. (1) *Reverendus Pater Joannes Leurechonius, insignis Mathematicus, mihi privatim, cum ob singularem pietatem, preclarumque omnium artium studium & raram Encyclopediam, tum imprimis ob veterem cum clarissimo Patre Joanne Leurechonio prudentissimo Medico, Civeque optimo, necessitudinem & studiorum conjunctionem Charissimus.*

LEURECHON (Jean) natif de Nancy, fils du précédent, ayant conçû le dessein d'entrer dans la Société de Jesus, éprouva de grandes résistances de la part de ses Parens qui l'envoyerent en Flandres, pour le détourner de son dessein ; étant arrivé à Tournay, il entra dans la Société l'an 1610. agé de 17. ans ; étant de retour dans sa Patrie, encore novice, il alla au Pont-à-Mousson pour étudier en Théologie. Il fit ses quatres vœux le 7. Juin 1626.

Il enseigna la Philosophie pendant 4. ans, les Mathématiques pendant deux, ensuite la Théologie scholastique & la Morale, & enfin la Ste. Ecriture. Il mourut au Pont-à-Mousson le 17. Janvier 1670. Il avoit été Confesseur du Duc de Lorraine : ses ouvrages sont.

1°. *Praxis quorumdam horologiorum & cylindri*, au Pont-à-Mousson chez Charles Marchand 1616. in-octavo.

2°. *De Cometa anni* 1618. chez le même in-18.

3°. *Ratio facillima describendi quam plurima, & omnis generis horologia brevissimo tempore, ex optica principiis demonstrata. Mussi-Ponti, apud Melchior Bernard* 1618. *in-octavo.*

4°. *Selecta propositiones in tota sparsim Mathematica pulcherrima. Mussi-Ponti, apud Sebastianum Cramoisy* 1622. *in-quarto.*

5°. Récréation Mathématique composée de plusieurs Problèmes plaisans & facétieux, en fait d'Arithmétique, Géométrie, Méchanique, Optique. *Mussi-Ponti, apud Joannem Hanzelet* 1624. *in-octavo.* Le livre ne marque pas le nom de l'Auteur, mais celui-ci H. Van-essen ; cet ouvrage a été imprimé plusieurs fois à Paris 1638. 1639.

6°. L'Epître du R. P. *Mutio Vitellechi*, pour l'année seculiére de la Société, traduite en François in-octavo.

7. *Garlychemi Lamormaini liber de virtutibus Ferdinandi II. Romanorum Imperatoris*, traduit en François in-octavo.

L'HOSTE (Bernard) *voyez* ci-devant, Hoste.

L'ISLE (Claude de) célébre Géographe & Historiographe du dix-septiéme siécle, & Censeur Royal, étoit fils d'un Médecin, & naquit à Vaucouleurs dans le Diocèse de Toul, le 5. Décembre 1644. & fit ses études chez les Jésuites de Pont-à-Mousson.

A l'âge de 17. ans, il prit des dégrés en Droit, & fut reçû Avocat ; mais se sentant peu de goût pour cette profession, il abandonna l'étude de la Jurisprudence, pour s'appliquer entiérement à celle de l'Histoire & de la Géographie.

Son esprit naturellement exact & méthodique, étoit plus propre au genre de Litterature, dans lequel il faut joindre les discussions de la critique avec les recherches d'érudition. Il eut un succès rapide dans ses études historiques, que l'on ne trouve guéres ailleurs; & après y être demeuré long-tems comme disciple, on le vit bien-tôt comme Maître éclairé & judicieux, donner des Leçons particulieres de l'Histoire & de la Géographie.

Il avoit différentes sortes de Cahiers qu'il donnoit à ses Ecoliers, selon leur capacité, leur application, & l'envie qu'ils avoient de s'instruire dans un grand détail ; & il compta parmi ses disciples, ce qu'il y avoit de plus distingué à la Cour & à la Ville. Feu M. le Duc d'Orléans, Régent du Royaume, avoit travaillé avec lui dans sa jeunesse, pendant plusieurs années, & il avoit conservé pour lui une affection, dont il lui a souvent donné des preuves.

Claude de l'Isle avoit épousé le 23. de Mars 1674. Nicole-Charlotte Millet de la Croiere, fille de Jean-Dominique Millet, Avocat au Parlement, & de N. Grosguet, de laquelle il a laissé quatre fils & une fille. Il est mort le 2. de Mai 1720. dans la soixante-seiziéme année de son âge. On a de lui,

1°. Une Relation historique du Royaume de Siam, qu'il publia en 1684.

2°. Un Atlas généalogique & historique, dont il acheva de dresser les Tables pendant les deux dernieres années de sa vie, & dont une partie avoit déja été publiée en 1718.

---

(1) *Speculum Cometæ*, pag. 77.

3°. Un Abrégé de l'Histoire universelle, depuis la création du monde jusqu'en 1714. en sept Volumes in-12. à Paris 1731. & par conséquent depuis la mort de l'Auteur. Cet ouvrage est le fruit des Leçons & des Conférences établies dans la Paroisse de S. Sulpice, pour instruire & occuper utilement les jeunes Académistes; elles cesserent en 1714.

M. de l'Isle, à qui je m'étois adressé pour faire la Carte de la Terre sainte, dont j'avois besoin pour le Livre de Josué, me dit qu'il y avoit 20. ans que lui & M. son fils travailloient à ramasser de quoi faire une bonne Carte de la Terre sainte ; qu'ils avoient intéressé à cet ouvrage Messieurs les Consuls de France, d'Alep, de Sidon & du Grand-Caire, & qu'ils n'avoient pas encore pû parvenir à ramasser ce qui leur étoit nécessaire pour exécuter leur dessein ; qu'ils s'appliqueroient surtout à fixer les montagnes & les ruisseaux, qui ne changent point de place ; mais que, pour la position des lieux particuliers, ils n'étoient pas encore en état de dresser leurs Cartes, n'ayant pas des Mémoires suffisans : en sorte que je me vis obligé de dresser moi-même la Carte de la Terre sainte, sur les positions marquées par Eusebe, par S. Jerôme, & par les voyageurs de la Palestine. Voyez l'éloge de M. de l'Isle au commencement de son Abrégé de l'Histoire universelle.

L'Isle (Guillaume de) fils aîné du précédent, premier Géographe du Roi, associé à l'Académie des Sciences, & Censeur Royal, né à Paris le dernier Février 1675. s'est fait un nom, qui durera autant que l'étude de la Géographie. C'est lui qui a réformé cette science si utile, & qui l'a poussé à un dégré de perfection assez voisin du dernier terme, auquel on puisse la porter. Il a toujours fait gloire de dire que c'étoit aux instructions, aux conseils & aux avis de son pere, qui en effet dirigea ses premieres études, qu'il devoit ses progrès; & en cela il a rendu justice & au mérite de Claude de l'Isle, & aux soins qu'il prit de son éducation.

Guillaume de l'Isle donna en 1700. n'ayant encore que 25. ans, une Mappemonde, les Cartes de l'Europe, de l'Asie, de l'Affrique & de l'Amérique, une Carte de l'Italie, une de l'Affrique ancienne depuis Carthage jusqu'au détroit, & deux Globes, l'un céleste, l'autre terrestre. Il a donné depuis une nouvelle addition de la Mappemonde, & des quatre parties du monde, beaucoup plus parfaite. On peut voir le détail de ses autres Cartes, qui sont en très grand nombre & fort estimées, dans l'éloge de ce savant Géographe, que M. Freret de l'Académie des belles Lettres, a donné dans le Mercure de Mars 1726. & dans l'extrait qu'en a donné le Pere Niceron dans ses Mémoires, tom. 2.

Guillaume de l'Isle avoit promis de donner une Introduction à la Géographie, dans laquelle il devoit apporter les raisons des changemens, qu'il avoit faits dans ses Cartes ; mais cet ouvrage n'a pas été exécuté. Il y a cependant dans l'Histoire de l'Académie des Sciences quelques Mémoires sur ce sujet. On trouve aussi dans les Journaux des Savans de l'année 1700. plusieurs Lettres sur cette matiere, avec deux autres à M. Nolin, autre Géographe, qu'il accusoit de l'avoir pillé dans sa Mappemonde : cette accusation alla si loin, que le Conseil privé d'Etat du Roi nomma Messieurs Sauveur & Chevalier de l'Académie des Sciences, pour examiner cette affaire ; & sur leur rapport, il y eut un Arrêt du Conseil, qui donna droit à M. de l'Isle de faire casser les Planches de M. Nolin.

Nous avons dans l'Histoire de Toul par le R. P. Benoît Picart Capucin, une Carte Géographique du Diocèse de Toul, dressée en 1707. par M. Guillaume de l'Isle, avec un Avertissement sur la même Carte, fait par ledit M. Guillaume de l'Isle de l'Académie Royale des Sciences, où il y a quantité de remarques judicieuses & importantes, tant sur la Géographie en général, que sur cette partie de la Lorraine.

Guillaume de l'Isle mourut presque subitement le 25. Janvier 1726. âgé de 51. ans.

L'Isle (D. Joseph de) Religieux Bénédictin de la Congrégation de S. Vanne, tire son origine d'une ancienne famille, annoblie en Lorraine en l'an 1572. Il naquit à Brainville dans le Bassigny.

Après avoir servi dans les Troupes de France, en qualité de Volontaire, il se retira de bonne-heure du service, pour entrer dans la Congrégation de S. Vanne, & fit profession à Moyen-moutier le 28. Juin 1711. Il ne resta pas long-tems sans emplois ; il fut à peine sorti de son cours, qu'il fut destiné à enseigner aux jeunes Religieux de Moyenmoutier, les Humanités, la Philosophie & la Théologie. Il fut ensuite envoyé à Saint Maurice en Valais, où il enseigna la Théologie aux jeunes Religieux de cette Abbaye, & mérita l'estime & la confiance de M. Passionei, Nonce Apostolique en Suisse, aujourd'hui Cardinal. D. de l'Isle, zélé pour la régularité, laborieux, attentif, & infatigable à remplir ses devoirs, fut bien-tôt admis dans le régime des Maisons de la Congrégation : il fut fait Prieur titulaire de Harèville, & a composé quelques ouvrages.

1°. Traité dogmatique & historique, touchant l'obligation de faire l'aumône, où on refout les difficultés qui fe rencontrent fur cette matiere, écrit en forme de Lettre adreffée à un homme de guerre, imprimé à Neufchâteau en 1736. in-octavo. Les Mémoires de Trévoux, le Mercure François, les Clefs du Cabinet de Verdun & de Luxembourg, ont annoncé ce Livre, & en ont donné un précis.

2°. Vie de M. Heigui, Calvinifte converti, cy-devant Capitaine dans le Régiment de Spare ; à Nancy, chez J. B. Cuffon 1731.

3°. Défenfe de la vérité du Martyre de la Légion Thébaine, autrement de S. Maurice & de fes Compagnons, pour fervir de réponfe à la Differtation critique du Miniftre du Bordieu, avec l'Hiftoire détaillée de la même Légion ; à Nancy, chez F. Balthazar en 1737. in-octavo. Cet ouvrage qui a auffi été annoncé par les Mémoires de Trévoux, &c. doit fa naiffance au féjour que D. de l'Ifle fit en l'Abbaye de S. Maurice en Valais.

4°. Hiftoire du Jeûne, in-12. Paris 1741.

5°. La Vie de S. Nicolas, l'hiftoire de fa translation & de fon culte, imprimée à Nancy chez Abel Cuffon 1745. in-octavo, dédiée au Roi de Pologne. Il a auffi compofé une Differtation fur les Evêques, fur les Ecoles des Monafteres, & fur les Prieurés fimples. Il travaille à l'Hiftoire de l'Abbaye de S. Mihiel, où il demeure actuellement.

LIVANIA (Jean de Liven (*k*), Bourg fitué fur la Mozelle au Diocèfe de Tréves, environ trois mille pas de cette Ville, à la droite de la Mozelle, en defcendant ce fleuve, près du Village nommé Trithême. Jean dont nous parlons, étoit Chanoine de l'Eglife de S. Siméon de Tréves, & en réputation d'une érudition très étenduë dans les fciences divines & humaines ; il étoit Poëte, Aftronome, Rhétoricien ; il excelloit furtout en Aftronomie. Il compofa cinq Livres en profe & en vers, contre Jean de Pierre brifée, *de rupe fciffa*, de l'Ordre des Freres-Mineurs, qui avoit compofé des Prophéties tirées de fon cerveau.

2°. Trois Livres contre la vaine fcience des Alchimiftes.

3°. Deux Livres contre les ignorans Aftronomes.

4°. Quatre Livres pour la défenfe de la Faculté Aftronomique.

5°. Introduction à l'étude de cette fcience.

6°. Un Livre pour tirer l'horofcope par la naiffance des hommes, & quelques autres ouvrages.

LORRAIN (Claude) autrement *Gélée*, Peintre célèbre, étoit né en Lorraine. Ses parens voyant qu'il n'apprenoit rien aux Ecoles, le mirent en apprantiffage chez un Patiffier. Après y avoir fait fon tems, il alla à Rome, où n'ayant pû trouver à gagner fa vie, il fe mit au fervice d'Auguftin Taffe, pour lui broyer fes couleurs, nettoyer fa palette & fes pinceaux, penfer fon cheval, & faire fa petite cuifine ; car Taffe étoit feul dans fa maifon.

Ce Maître, dans l'efpérance de tirer de Gelée quelque fervice dans le plus gros de fes ouvrages, lui apprit, petit-à-petit, quelques régles de perfpective. Le Lorrain eut d'abord beaucoup de peine à comprendre ces principes de l'art ; mais, lorfqu'il eût commencé à recevoir quelques petites rétributions de fon travail, fon efprit s'ouvrit ; & il fe mit à travailler avec une ferveur opiniâtre : il étoit à la campagne, depuis le matin jufqu'au foir, à confidérer les effets de la nature, à les peindre, ou à les deffiner.

Il avoit la mémoire fi heureufe, qu'étant de retour chez lui, il peignoit avec beaucoup de fidélité ce qu'il n'avoit fait que voir avec attention ; étant à la campagne, fon divertiffement étoit l'étude de fa profeffion, & il ne voyoit prefque perfonne ; il avoit de la peine à travailler, & étoit quelquefois huit jours à faire & à refaire la même chofe. Quelque foin qu'il prît de deffiner à l'Académie de Paris, il ne put jamais faire de figures de bon goût, pour accompagner fes Payfages.

Il étoit natif du Village de Chamagne, & mourut à Rome en 1678. fort âgé. Le Roi de France a trois de fes Payfages dans fon Cabinet, & le Prince de Craon en a un dans le fien. Il a gravé plufieurs de fes ouvrages.

LORRAINE (Jacques de) Evêque de Metz depuis l'an 1239. jufqu'en 1260. (*l*), étoit fils du Duc Ferri II. & d'Agnés de Bar, & frere du Duc Mathieu II. Il eft loüé comme un des plus illuftres Prélats de fon fiécle : il étoit doüé de toutes les vertus convenables à un grand Prince de l'Eglife ; amour de la paix & de la chafteté, valeur, bonté, fageffe, juftice, égalité d'ame dans l'adverfité comme dans la profpérité : tout fon Diocèfe jouiffoit de la paix fous fon gouvernement, & étoit à couvert des infultes des ennemis, réprimant les méchans, & gouvernant fes fujets avec une égalité & une prudence admirables ; c'eft l'éloge qu'en fait l'Auteur original de l'Hiftoire des Evêques de Metz.

Il récupéra les fonds aliénés de fon Dio-

(*k*) Trithem. Chroniq. Hirfaug. anno 1375. tom. 2. p. 267.

(*l*) *Gefta Epifcop. Metenf.* Hift. de Lorr. tom. I. des Preuves, pag. 85.

cèfe, il en acquit & en ajoûta de nouveaux; il répara les Châteaux, les Métairies qui avoient befoin de réparation; il fortifia la Ville de Sarbourg par de bonnes murailles, des tours & des fofſes ; il répara les fortifications de Saralben, d'Herreſtein & de Turckeſtein; il fortifia les Villes de Vic & de Marſal, & les mit hors d'infultes des ennemis. La Ville de Remberviller, qui juſqu'alors n'étoit fermée que de haies ou de paliſſades, fut, par ſes foins, fermée de bonnes murailles, & de 24. belles tours; il fortifia de même la Ville & le Château d'Epinal, & la Ville de Couflans, qui étoit prefque renverſée, & y fit de bonnes murailles, des tours & des foſſes.

Mais ce qui illuſtra le plus ſon régne, fut la Ville & le Château de Hombourg, qu'on nommoit, à cauſe de ſon élevation, la Guéritte de tout le monde, *Speculum totius mundi*; il l'orna, l'augmenta, la fortifia avec des dépenſes incroyables, pour la rendre comme la barriere & le boulevard de tout ſon Evêché; il y fonda une Collégiale de treize Chanoines feculiers, y fit des appartemens pour ſa Cour, des logemens pour les ſoldats & pour les bourgeois. Il fit auſſi de grands bâtimens, & donna de beaux biens aux Abbayes de Beaupré & de Salival. Il fonda les Collégiales de Sarbourg & de Vic. Il acquit la Terre de Blamont au profit de ſa Manſe Epiſcopale, de même que la Seigneurie de Pierre-percée. Il obligea ſon neveu, le Duc Ferry III. de partager avec lui ce qui lui avenoit de la ſucceſſion de ſes pere & mere ; car c'étoit alors l'uſage entre les Princes de la Maiſon de Lorraine, de donner aux puînés partage dans la ſucceſſion de leurs parens. Le Duc Ferri III. lui céda donc ce qu'il avoit à Marſal, à Vic, à Remeréville, à Courbeſaut, à Biſſoncourt; & l'Evêque Jacques de Lorraine fit préſent de toutes ces Terres à ſon Evêché: c'eſt ainſi que l'Evêché de Metz eſt devenu ſi puiſſant.

Tout cela donne l'idée d'un Prélat très entendu, très vigilant, très puiſſant, très libéral, très magnifique; mais c'eſt plutôt le caractere d'un Prince, que d'un grand Evêque.

Nous l'allons conſidérer ſous une autre vûë (*m*). Il fut deſtiné de bonne-heure à l'état Eccléſiaſtique ; il étoit Chanoine & Princier de l'Egliſe de Metz, Chanoine & Archidiacre de Toul, & Archidiacre de Tréves, lorſqu'il fut élu Evêque de Metz. Il étoit bien fait de ſa perſonne, gracieux, poli, & s'attiroit l'amitié de tous ceux qui le connoiſſoient. Il n'étoit que Princier de Metz, lorſqu'au Concile Provincial de Tréves en 1238. il en fit l'ouverture par une harangue latine très éloquente ; il eut part aux Réglemens qu'on y fit, & y fouſcrivit avec l'Evêque de Metz, auquel il ſuccéda en 1239.

La Ville de Metz étoit rarement d'accord avec ſon Evêque. Notre Prélat prit le parti de Guillaume élu Empereur, contre l'Empereur Frideric II. excommunié par le Pape Innocent IV. La Ville de Metz, au contraire, prit le parti de Frideric II. contre Guillaume, & ſe ſepara ainſi de ſon Evêque, qui reçut les Régales de Guillaume à Utrech, & en obtint là confirmation de tous les biens de ſon Evêché.

Pour ſe fortifier contre les entrepriſes des Bourgeois de Metz, Jacques de Lorraine fit en 1237. une ligue offenſive & deffenſive, avec Catherine de Lorraine ſa belle-ſœur, Régente de ce Duché, avec Thiébaut II. Comte de Bar, & Giles de Sorcy, Evêque de Toul. Après la mort de l'Empereur Frideric II. notre Evêque conduiſit un renfort de troupes conſidérable à l'armée de Guillaume de Germanie, compétiteur de Conrade fils de Frideric. L'Auteur de la vie de Jacques de Lorraine attribuë à ce Prélat la principale cauſe de l'avantage, que l'Empereur ou le Roi Guillaume remporta ſur Conrade dans cette occaſion.

Notre pieux Prélat fit ſon teſtament le 14. Septembre 1260. & fit divers legs pieux à ſa Cathédrale ; il y fonda une Chapelle dédiée à la ſainte Vierge & à S. Etienne. Il mourut le 24. Octobre 1260. après avoir gouverné ſon Egliſe avec beaucoup d'honneur & de religion, pendant 22. ans.

LORRAINE (Jean de) Evêque de Metz, Cardinal du titre de S. Onuphre, fils du Duc René II. eſt loüé comme pere des Lettres, & amateur des gens lettrés & des hommes ſtudieux. Il a été Evêque de Metz depuis l'an 1516. juſqu'en 1540. Il avoit une quantité de riches bénéfices, qui le rendoient le plus puiſſant Prélat du Royaume ; mais il uſoit de ſes biens avec tant de libéralité, ou même de prodigalité, qu'il n'en avoit pas encore en ſuffiſance. Sa Maiſon étoit toujours remplie de Savans & d'hommes de Lettres, qu'il combloit de graces & de faveurs ; auſſi lui ont-ils conſacré, à l'envi, des éloges dans leurs Ecrits. Je ne ſache point que le Cardinal de S. Onuphre ait compoſé aucun ouvrage, qui ſoit venu juſqu'à nous. Meuriſſe, dans la vie de notre Prélat, dit qu'il emprunta de la Bibliothéque de la Cathédrale de Metz, un Manuſcrit en vélin, qui contenoit la vie des Evêques de cette Egliſe; que le Manuſ-

(*m*) Voyez l'Hiſtoire de Lorraine, tom. 3. pag. 79.

crit n'a pas été rendu, & qu'on ignore ce qu'il est devenu.

LORRAINE (Henry de) fils d'Antoine, Comte de Vaudémont, & oncle du Roi René II. fut d'abord Chanoine de Metz, & prit à Paris le Bonnet de Docteur, qualité dont il se faisoit un plus grand honneur, que de tous ses autres titres, disant que, pour la naissance, il la devoit à la nature, les biens, à la fortune; mais que, pour la science, il ne la devoit qu'à sa diligence & à son industrie. Il fut nommé Evêque de Térouenne en 1457. & fut Evêque de Metz en 1484. L'année d'après sa promotion, il porta ses plaintes au Pape Innocent IV. contre les Magistrats de Metz, qui attentoient continuellement à sa Jurisdiction Episcopale. Le Pape nomma des Commissaires, pour informer, & leur donna l'autorité nécessaire, pour réprimer par les censures ceux qui entreprendroient de donner atteinte à l'autorité Episcopale. L'Evêque Henry de Lorraine ne résida point dans son Eglise; il passa sa vie dans sa Terre de Joinville, confiant le gouvernement du Diocèse à un Suffragant, & à ses Grands-Vicaires; mais il y laissa de grandes marques de sa libéralité; & de son tems, on fit plusieurs nouveaux Bâtimens, & plusieurs embellissemens à son Eglise Cathédrale. Il mourut à Joinville le 28. Octobre 1505. & laissa l'Evêché à Jean de Lorraine son neveu, âgé seulement de trois ou quatre ans.

LORRAINE (Henry de) Duc de Mayenne, célèbre dans l'Histoire de la Ligue sous le Roi Henri IV. a écrit diverses Lettres sur les affaires d'Etat. Ces Mémoires se conservent en Manuscrit dans les Cabinets de quelques curieux de la Ville de Reims. Henri de Lorraine, Duc de Mayenne, mourut en 1621. Voyez le P. le Long, Biblioth. Hist. de France, p. 740.

Charles de Lorraine, Duc de Mayenne, a aussi écrit des Lettres d'Etat, & en a reçu plusieurs sous les régnes de Henry IV. & de Loüis XIII. Voyez le P. le Long, p. 666.

LORRAINE (Henry de) Duc de Guise. On a les Lettres originales de ce Duc sur son voyage de Naples, sous le régne de Loüis XIV. Ces Lettres & diverses Piéces concernant ce voyage, sont manuscrites en trois ou quatre Volumes in-fol. dans la Bibliothèque du Roi. Voyez le P. le Long, Biblioth. hist. de la France, p. 471.

On a aussi les Mémoires de M. le Duc de Guise, contenant son entreprise sur le Royaume de Naples, jusqu'à sa prison; in-quarto, à Paris chez Martin 1668. 2. vol. in-12. en 1681. & à Amsterdam 1703. traduits en Italien, & imprimés à Cologne 1673. en Allemand à Francfort 1670. en Anglois à Londres 1669.

Ce Prince mourut en 1664. Ses Mémoires ont été publiés par le sieur de S. Yon son Secrétaire; mais on ne peut douter qu'ils ne soient de M. le Duc de Guise.

Voici le jugement que porte sur ces Mémoires, M. l'Abbé Gallois, quatriéme Journal des Savans 1638. " Il faut avouer qu'il
,, y a dans ces Mémoires je ne sai quoi,
,, qu'on ne sauroit exprimer, & qui ne se
,, trouve pas ordinairement dans les Histoi-
,, res, soit que cela vienne du génie parti-
,, culier de M. de Guise, ou de naissance,
,, ou peut-être de ce que ceux qui ont fait
,, eux-mêmes de grands exploits, ont un par-
,, ticulier avantage pour les écrire.

Quoique M. de Sc. Helène (n), frere de M. de Cérizantes, envoyé du Roi dans le Royaume de Naples, attribuë ces Mémoires à M. de S. Yon qui les a publiés; " on ne
,, peut néanmoins douter qu'ils ne soient du
,, Prince, dont ils portent le nom. L'attesta-
,, tion de M. le Duc de S. Aignan, qui a
,, écrit l'éloge qui se trouve au-devant de ces
,, Mémoires, & le témoignage de toute la
,, Cour de France, sont des preuves qu'on
,, ne détruira pas par un soupçon. M. de
,, Sainte-Helène qui l'a formé, étoit intéressé
,, à diminuer l'autorité d'un Livre, dans le-
,, quel M. de Cérizantes son frere étoit fort
,, maltraité. M. de S. Yon, à qui il l'attri-
,, buë, a fait d'autres ouvrages bien écrits,
,, à la vérité; mais d'un stile fort différent,
,, & fort inférieur à celui de ces Mémoires.

LORRAINE-GUISE (Charles de) Cardinal, Evêque de Metz, Archevêque de Reims, naquit à Joinville le 17. Février 1524. ou 1525. avant Pâques. A l'âge de 14. ans, il prit possession de l'Evêché de Metz; il fut ensuite pourvû de l'Archevêché de Reims en 1538. & enfin élevé au Cardinalat en 1547. n'étant âgé que de 23. ans. L'année suivante, le Roi Henri II. l'envoya à Rome pour des affaires de très grande conséquence; & il s'y fit admirer par son esprit supérieur & par son éloquence. En 1551. il résigna son Evêché de Metz au Cardinal Robert de Lenoncourt, & le Pape lui donna la Légation dans les Evêchés de Metz, Toul & Verdun, pour réprimer l'hérésie & réformer le Clergé. A l'Assemblée de Poissy en 1561. il donna un soufflet à Théodore de Béze, lui demandant qui lui avoit donné la mission de prêcher. En l'an 1562. il fut envoyé au Concile de Trente;

(n) Mémoire de Trévoux, Décembre 1703.

nous avons la Harangue qu'il y fit, qui est des plus éloquentes & des plus fortes. Il contribua beaucoup à terminer cette fameuse Assemblée qui finit en 1563.

Il fonda l'Université de Reims, & contribua beaucoup à celle du Pont-à-Mousson; la premiere fut fondée en 1548. & la seconde en 1572. Il réforma aussi l'Université de Paris par ordre du Roi, & fonda les Séminaires de Reims. Sous le régne du Roi Charles IX. il faisoit les fonctions de Ministre d'Etat.

Il étoit fils de Claude de Guise I. du nom, & d'Antoinette de Bourbon. Il mourut à Avignon le 26. Décembre 1573. âgé de 49. ans, dix mois; son corps fut rapporté à Reims, où l'on voit son Mausolée & son Epitaphe composée par lui-même. Presque tous les gens de Lettres de son tems ont publié, à l'envie, ses excellentes qualités; & il y en a peu qui n'aient ressenti les effets de sa libéralité. On lui donnoit le nom de *Mercure*, à cause de son éloquence; & à son frere François de Guise, le nom de *Mars*, à cause de sa valeur extraordinaire.

Voici la liste des principaux Ouvrages du Cardinal de Lorraine :

1°. Il a composé plusieurs discours, dont on en a cinq d'imprimés, qui sont entre les mains de tout le monde.

2°. *Commentarius de rebus gestis Henrici II. Regis Galliæ*: cet ouvrage fut donné à Pierre Pascal pour l'achever; il a paru sous son nom à Paris 1560. in-fol.

3°. Consolation sur la mort de son frere François Duc de Guise, adressée à la Duchesse son épouse; à Paris 1563.

4°. *Sermo didacticus de præparationibus necessariis ad sumendum divinum in Eucharistia epulum.*

5°. Plusieurs Sermons, tant en Latin qu'en François, prononcés à Reims.

6°. Plusieurs Vers Latins.

7°. Différentes Epîtres à diverses personnes.

8°. Quelques autres ouvrages considérables, qui ne sont pas imprimés.

9°. Négociation du Cardinal de Lorraine-Guise auprès du Pape Paul III. en 1547. Manuscrit in-fol. Le Long, Bibliothéque de France, p. 151. n. 12813.

10°. Lettres originales du Cardinal de Guise, écrites pendant son voyage d'Italie en 1556. 1557. manuscrit in-fol, *ibid. num.* 12844.

11°. Autres Lettres originales du même, écrites par lui, ou écrites à lui en 1557. 1558. *ibid.* p. 653.

12°. Dépêches du même Cardinal député par le Roi Henri II. contenant ce qu s'est passé depuis Octobre 1558. jusqu'au Traité fait le 3. Avril 1559. avec le Traité & les Piéces; manuscrit in-fol. *ibid. pag.* 654. On voit par ces Lettres que le Cardinal de Guise étoit un esprit supérieur, capable de toutes sortes de négociations, aussi grand politique que savant Théologien.

13°. Discours du Cardinal de Lorraine au Colloque de Poissy, imprimé in-octavo à Paris 1561. Voyez *Purpura erud.ta*.

14°. Harangue au Roi Charles IX. à son entrée dans la Ville de Reims, en 1561. à Reims.

15°. Harangue prononcée en présence du Roi Charles IX. au sujet de la Religion : elle se trouve dans les Commentaires sur l'état de la Religion, par le sieur de la Place, 1565. in-quarto.

16°. *Oratio habita in Concilio Tridentino* 22. *Novemb.* 1562.

17°. Harangue au Roi au département du Clergé de Fontainebleau, le 28. Mai 1573. à Paris.

18°. Mémoires Latins sur la vie du Roi Henri II. Manuscrit cité par le P. le Long.

19. *Ordinationes Monasterii Cluniacensis, editæ anno* 1559. *à Cardinale Lotharingio Abbate*, manuscrit.

20°. On attribuë au même Cardinal une Lettre d'un Seigneur du Pays de Hainau, envoyée à un sien ami & voisin, à Anvers 1564. in-octavo. Voyez le Supplément de Moreri de l'an 1749.

Voyez *Purpura erudita*, sous son titre: voyez aussi ce que j'en ai dit dans l'Histoire de Lorraine.

LORRAINE (le Duc Charles III.) surnommé le Grand, fit fortifier plusieurs Villes de ses Etats, comme Lunéville, Clermont, Stenay, Jametz, & principalement Nancy; il fit bâtir la Ville-neuve, & perfectionner la Citadelle de Stenay, qui avoit été commencée par le Duc de Boüillon pendant les guerres.

Il commença en 1603. à dresser le Plan de la Ville-neuve de Nancy, sur les desseins donnés par le Colonel Orphée de Galean, excellent Mathématicien, qui fut tué devant Canise en Hongrie.

En 1604. au mois de Janvier, il fit commencer les Terrasses sur le fossé de la Ville de Nancy, derriere le Boulevard, dit de Vaudemont, derriere l'Hotel de Salm. (*o*) Il ne demeura dans l'enceinte de la Ville-neuve, que le vieux Faubourg de S. Nicolas qui étoit peu de chose. On vouloit ap-

(*o*) L'Hôtel de Craon.

pellex

peller cette nouvelle Ville Charleville, mais il n'y voulut pas consentir. Il auroit souhaité de l'achever dans l'espace de sept ans, & pour y faire procéder avec plus de diligence, il en donna l'exécution à Nicolas Marchal, natif de S. Mihiel, à qui l'on devoit fournir par an deux cent mille francs Barrois ; mais le Duc Charles III. étant décédé le 14. Mai 1608. quatriéme année de l'entreprise, il en laissa l'entiére exécution au Duc Henry II. son fils & son successeur, qui l'a mit en état de défense dans les sept années préfixes, mais elle ne fût parfaitement achevée que l'an 1620.

Quoique le Duc Charles III. n'ait composé aucun ouvrage que nous connoissions, on ne laisse pas de le considérer comme le Législateur de la Lorraine, & le P. des lettres, par la rédaction des Coutumes de Lorraine, de Bar, de Bassigny & de S. Mihiel, & par un grand nombre de sages Ordonnances, de Réglemens & d'Edits, qui sont encore aujourd'hui respectés & suivis dans le Pays. Il procura l'établissement de l'Université de Pont à-Mousson, qui a produit un très grand nombre de Savans dans toute la Lorraine, en y faisant fleurir les Arts & les Sciences ; il procura la Réformation du Clergé Séculier & Régulier, & attira en Lorraine, par ses libéralités, plusieurs grands Hommes, en tout genre de Littérature, ce qui fit changer toute la face du Pays, ensorte qu'on lui a donné à bon droit le surnom de Grand.

M. Thierry Alix, Président des Comptes de Lorraine, qui vivoit de son tems, nous apprend que *Gerard Mercator*, Géographe fameux & Mathématicien, attiré en Lorraine par ce Prince, dressa par ses ordres, la Carte Géographique du Duché de Lorraine, qu'on voyoit encore vingt-cinq ans après dans le Cabinet du Duc, dressée de la main du même Mercator. Mais la contagion ne lui permit pas d'achever son ouvrage dans toute son étendue ; il fût contraint de se retirer dans son Pays. M. Alix s'appliqua à suppléer à ce que Mercator n'avoit fait qu'ébaucher, & donna par écrit le détail des Villes & Territoires que Mercator n'avoit pas dessiné.

LORRAINE (Charles de) Evêque de Verdun & ensuite Jésuite, étoit fils de Henry de Lorraine, Marquis de Moy, Comte de Chaligny, &c. & de Claude Marquise de Moy, veuve de George de Joyeuse, Seigneur de S. Dizier, &c. Il naquit à Kœurs près de S. Mihiel le 17. Juillet 1592. & fût élevé d'une maniere convenable à sa naissance. Peu avant la mort de son Pere, arrivée en 1601. Le Duc Charles III. qui voulut lui tenir lieu de Pere, l'appella à la Cour de Lorraine ; mais Eric de Lorraine, Evêque de Verdun, son oncle, le demanda, prit soin de son éducation, & le fit élever chez-lui ; son inclination pour les armes se manifesta de bonne heure ; mais son oncle s'efforça de la porter ailleurs, & crut pouvoir le destiner à être son successeur dans l'Evêché de Verdun. Il lui fit embrasser dans ce dessein l'Etat Ecclésiastique, & l'envoya au Collége de Pont-à-Mousson, où il pensoit qu'il pourroit se former aux études propres à cet état, & il y fit quelque séjour. Il n'avoit que dix-huit ans, lorsqu'il fût envoyé à la Cour de France, afin d'en obtenir l'agrément pour l'Evêché de Verdun, dont son oncle se démettoit en sa faveur ; & ce fut dans cette occasion, que sans consulter sa jeunesse, ni son défaut d'expérience, on l'invita à prêcher dans l'Eglise des Jésuites de Paris : le jeune Orateur montra en cette rencontre beaucoup de zéle & de hardiesse ; son air de piété plût, son discours toucha ; sa naissance avoit attiré toute la Cour à son sermon, & toute la Cour y applaudit.

Il demeura quelque tems à Paris, & y connut le S. Evêque de Genève, François de Sales, qui lui conseilla de quitter auplutôt la Cour de France, pour ne pas s'exposer à être ébloui par son éclat, & il suivit ce conseil ; il fut agréé pour l'Evêché de Verdun, & se conduisit d'abord plus en Prince qu'en Evêque ; mais des réflexions plus sérieuses & l'onction de la grace ne tarderent pas à le réduire à une vie plus conforme à la sainteté que demandoit l'Episcopat ; il fût sacré à Nancy en 1617. revint ensuite dans son Diocése, & n'en sortit plus que par nécessité.

Cependant craignant toujours que l'amour du monde, qu'il sentoit n'être pas mort en lui, ne reprit le dessus ; il forma le dessein de quitter son Evêché ; & d'entrer chez les Jésuites, où il crut trouver un azile plus sure : il exécuta cette résolution, & se rendit secrettement à Rome, vint descendre à la Maison Professe des Jésuites, & le Général de cette Société le conduisit au Noviciat ; après une simple audience du Pape, la Princesse sa Mere touchée de son exemple, consacra depuis toute sa vie à la retraite, & entra même en Religion, où elle fût un modelle de pénitence.

Charles de Lorraine content de son nouvel état, s'y consacra de plus en plus par sa Profession solemnelle, & quelque tems après il fût envoyé à Bourdeaux, pour y remplir la charge de Supérieur de la Maison Professe. Pendant qu'il l'exerçoit, il fût député de la Province à Rome. Le Duc de Lorraine prit cette occasion de solliciter le Pape, pour l'élever au Cardinalat; mais le P. Charles l'ayant apprit, répondit à un Gentilhomme que le Duc lui avoit envoyé, qu'ayant renoncé aux dignités pour embrasser la Croix, il seroit aussi coupable devant Dieu, que ridicule devant les hommes, s'il changeoit de sentiment; & il tint ferme à refuser toute Dignité dans l'Eglise.

A son retour à Bourdeaux, il alla avec les siens, s'offrir au service des personnes attaquées de la peste, qui commençoit à s'y faire sentir; mais son Général ne le laissa pas à son zéle, & l'envoya à Toulouse pour y être Supérieur de la Maison Professe; l'air de cette Ville paroissant lui être contraire, on voulut l'engager à changer de demeure; mais il répondit, je veux vivre & mourir où la providence & l'obéissance m'ont placés: il poussa jusqu'à la fin la rigueur du Carême, & malgré son affoiblissement, l'Evêque de Viviers l'ayant prié d'assister à la mort d'une Dame de condition, il en revint avec la fiévre, qui fût le commencement de sa maladie. Il mourut le 28. d'Avril 1651. dans la trente-neuviéme année de son âge. Ses obseques furent honorées du Concours de tous les ordres de la Province, & en particulier de Charles de Monthal, Archevêque de Toulouse, accompagné de plusieurs Prélats, qui voulut présider à la Cérémonie des Funérailles.

Depuis son entrée chez les Jésuites, il avoit toujours montré beaucoup d'humilité, un grand détachement de tout ce qui n'est que passager, & avoit toujours paru plein de désir pour l'éternité. Le P. l'Aubrussel, de la même Compagnie, rapporte dans l'histoire de sa vie imprimée à Nancy en 1733. in-octavo, chez Cusson, un grand nombre de traits de sa vertu, & de sa tendre piété, que l'on peut voir dans l'ouvrage même. Le P. Charles de Lorraine a composé un ouvrage sur la Grandeur des devoirs des Princes, & des dangers ausquels leur Condition les exposent, dont on peut voir quelques traits dans le livre de sa vie, dont on a parlé. Il composa ce livre étant encore Evêque, il est rempli de piété, & écrit avec beaucoup de politesse. Voyez les réfléxions spirituelles & les sentimens de piété du R. P. Charles de Lorraine de la Compagnie de Jesus, traduit de l'Italien, par Jean-François Baltus, on peut voir aussi notre Histoire de Lorraine.

Voici une Lettre que j'ai copiée sur l'original, (*p*) où l'on pourra reconnoître l'esprit & les sentimens du Prince Charles de Lorraine. La Lettre est du 24. sur la mort du bon Duc Henry II. Beau-pere du Duc Charles IV. auquel elle est adressée.

,, MONSEIGNEUR, si à bien prendre
,, les choses, celui qui se décharge d'un far-
,, deau, gagne plus qu'un autre qui s'en
,, charge; celui qui finit sa cariére est plus
,, heureux que n'est celui qui la commen-
,, ce; celui qui arrive au lieu désiré, doit
,, être plus content que celui qui ne le voit
,, encore que de loing. j'ai plus sujet de
,, me condouloir avec Votre Altesse pour
,, lui voir prêter les épaules au pésant far-
,, deau du gouvernement d'un État, com-
,, mencer la carriére d'un Régne, qui,
,, pour heureux qu'il puisse être, ne man-
,, quera pas d'avoir ses difficultés; se par-
,, tir du repos, pour entrer dans le tra-
,, vail, que non pas pour la mort du feu
,, S. A. qui s'est déchargée, a fini sa ca-
,, riére; & comme j'espére de la bonté &
,, miséricorde de Notre Dieu, sera entré
,, dans le repos, ou dans l'assurance d'ice-
,, lui. Je ne sçais comme cette ancienne
,, condoléance s'accordera avec tant de
,, réjouïssance, que l'on témoigne à V. A.
,, pour la voir assise dans le Siége de ses
,, Prédécesseurs; mais peu m'importe
,, qu'elle lui soit agréable, pourvu qu'elle
,, lui soit utile; comme j'élirai toujours
,, beaucoup plutôt de lui déplaire en la ser-
,, vant, que de lui plaire sans la servir,
,, ayant renoncé de plaire aux hommes,
,, mais non pas à leur servir pour plaire
,, à Dieu. Au commencement d'une tra-
,, gédie, on ne se réjouit pas avec les Ac-
,, teurs, mais si bien à la fin avec ceux
,, qui ont bien fait leurs personnages, &
,, celui qui aura bien fait celui de Laqué,
,, sera plus loué, que celui qui aura mal
,, fait celui de Roi. Votre Altesse va jouer
,, celui d'un Duc de Lorraine; c'est donc
,, à la mort qu'elle doit attendre les ré-
,, jouïssances de tout le Ciel, en cas qu'elle
,, ait bien joué son personnage, lequel
,, pour avoir été celui d'un grand Prince,
,, ne lui apportera d'autre avantage, que
,, d'un plus exact & plus long examen, &
,, d'un châtiment plus rigoureux. Nous
,, sommes tous dans une grande espérance

(*p*) Dans le recueil de M. Nicolas fils, Marchand à Nancy, qui en a plusieurs du même Prince.

,, qu'elle se portera si bien & si dignement
,, qu'elle méritra de passer d'un régne à
,, un autre, & particuliérement si elle con-
,, sidere & appréhende vivement quelques
,, vérités comme seroient celles-ci ; qu'il
,, n'y a Créature vivante qui soit capa-
,, ble de gouverner des Peuples, pas mê-
,, me soi-même, sans une très particuliere
,, & très abondante grace & assistance de
,, Dieu. Qu'elle ne sera ni bon ni vrai
,, Prince de ses sujets, si elle ne les gou-
,, verne plutôt en Pere qu'en Prince, que
,, tout ce qu'elle tirera d'eux, elle est obli-
,, gée de l'employer pour leur bien & leur
,, utilité. Qu'à mesure qu'elle aura soin de
,, l'honneur de Dieu, à même mesure Dieu
,, aura soin du sien. Que toutes les gran-
,, deurs & gloires de ce monde se termi-
,, nent à un peu de poudre & de cendre;
,, les Etats, à six pieds de terre; enfin qu'il
,, lui faudra rendre compte jusqu'à la der-
,, niere maille, & des fautes qui se fe-
,, ront, & dans son Etat, & dans sa Cour,
,, c'est-à-dire, des fautes d'autrui, comme
,, les siennes propres, à un Juge qui ne
,, craint personne, & qui est témoin de
,, tout. Votre Altesse verra aisément les
,, bons effets que peuvent apporter ces
,, principes & ces vérités ; c'est pourquoi
,, pour être moins long, je ne les lui re-
,, marquerai, & la supplie & conjure par
,, le sang de Jesus-Christ, & par le soin
,, qu'elle doit avoir de son salut, de les
,, considérer & pénétrer, non une fois,
,, mais plusieurs, &c. A Rome ce 24.
,, Août 1624.

LORRAINE (Louise Margueritte de)
fille du Duc Henry de Guise, née à Blois
sur la fin de 1588. & de Cathérine de Cléves, a composé l'ouvrage si connu, imprimé & réimprimé plusieurs fois, intitulé,
Les amours du Grand Alexandre, qui contient
l'Histoire du Roi Henry IV. depuis son
avénement à la Couronne, jusqu'à sa mort.

Louise fut la seconde femme de François de Bourbon, Prince de Conty, avec
qui elle fut mariée au Château de Meudon
le 24. Juillet 1605. & mourut au Château
d'Eû le 30. Avril 1631. *Les amours du Grand
Alexandre* ont été réimprimés encore en
1744. sur un manuscrit plus exact & plus
complet dans le 4. tom. du Journal de
Henry III. de l'Edition de M. l'Abbé
Langlet, in-octavo, à Paris. L'Editeur y a
joint la Clef & des Observations, sans
compter les Notes qui sont au bas des pages.

LORRAINE (Margueritte de) Duchesse
d'Orleans, épouse du Duc Gaston de France, fille du Duc François de Lorraine,
sœur du Roi Charles IV. a écrit plusieurs
lettres depuis le 29. Novembre 1637. jusqu'au 8. Mai 1643. Voyez le P. le Long,
Bibliot. Historiq. de la France, pag. 934.
du Supplément. Il dit que ces Lettres se
conservent dans la Bibliothéque de M.
Bouthillier, ancien Evêque de Troyes en
dix vol. in-fol.

LOTHAIRE second du nom, & quelquefois nommé troisiéme, à cause de Lothaire qui régna en Austrasie, ou en Lorraine en 855. Il étoit fils de Lothaire I. &
d'Hermingarde ; il fut élû Empereur en
1125. on a de lui quatre Lettres, une autre
de son Epouse Ryclhyse, adressée aux Moines du Mont-Cassin ; c'est sous le régne de
Lothaire que fut rétabli l'usage du Droit
Romain dans les Barreaux d'Allemagne. Le
R. P. Gerome Pez dans le 1. tom. des Ecrivains Autrichiens, pag. 570. & suivantes,
parle beaucoup de lui, &c.

LOUIS (Epiphane) Prémontré né à
Nancy, fut Professeur & Docteur en Théologie, & Abbé de l'Abbaye d'Etival, Procureur Général de sa Congrégation, à Paris
& en Cour de Rome, & ensuite Vicaire
Général de la Congrégation des R. P.
Prémontrés réformés en Lorraine ; il fut
Prieur en divers Monasteres, & mourut à
Verdun le 23. Septembre 1682. d'où son
corps fut rapporté dans son Abbaye d'E-
tival. Il a composé un ouvrage intitulé,
*La Nature immolée par la grace, ou Pratique
de la mort mystique*, pour l'Instruction des
Religieuses Benédictines du S. Sacrement ;
imprimé à Paris 1674. in-octavo.

2°. *Conférences mystiques sur le recueillement
de l'ame, pour arriver à la contemplation du
simple regard de Dieu, par les lumieres de la
Foi* : à Paris, en 1676. in-8°. chez Christophe Remy.

3°. *La vie sacrifiée & anéantie des Novices,
qui prétendent s'offrir en qualité de Victimes
de Fils de Dieu, &c.* en 1674. 1675. in-8°.
chez Josse.

4°. *Traité de la contemplation naturelle par
forme de Conférence, entre Philothée & son
Directeur*, manuscrit dans la Bibliothéque
d'Etival.

Le R. P. Michel-la-Ronde du même
Ordre, a aussi publié en 1688. les lettres
de cet Abbé, qui étoit un grand Mystique, & donnoit dans la plus sublime spiritualité ; en un autre tems on l'auroit pû
soupçonner de favoriser les imaginations
du dangereux Molinos. Il passoit pour un
des premiers Prédicateurs de son tems, il
contribua beaucoup à l'établissement des

Religieuses Bénédictines de l'Adoration perpétuelle du S. Sacrement ; il dressa leurs Statuts, & donna aussi des Constitutions aux Sœurs Hospitalières de S. Charles de Nancy, qui lui ont l'obligation de leur établissement dans cette Ville; voyez la lettre touchant les Auteurs Mystiques par *Poiret*, à la fin du 1. tom. de la Théologie Réelle, ou la Théologie Germanique; voyez aussi le Supplément de Morery. tom. 1. article Louis.

LOUP, qui est qualifié Évêque, & qui étoit peut-être Évêque de Chaalons-sur-Marne, ou même Archevêque ou Chor-Evêque de Tréves, a composé en 939. un livre *de la vie & des miracles de S. Maximin*, qu'il entreprit à la priere de l'Abbé Valdon décédé en 968. Cette vie composée par Loup, se trouve dans Surius au 29. Mai. Voyez les Bollandistes au 29. Mai, pag. 20. On a cru long-tems, & plusieurs croyent encore, que Loup Auteur de la vie de S. Maximin, étoit Loup Abbé de Ferrieres en Gastinois.

LOUP (S. Loup) Evêque (*q*) de Troyes en Champagne dans le 5. siécle, natif de Toul en Lorraine, épousa Piméniole, sœur de S. Hilaire, depuis Evêque d'Arles; après avoir vécu quelque tems ensemble, ils se séparerent d'un commun consentement, & entrerent chacun dans une Maison Religieuse; S. Loup se retira dans le Monastere de Lérins, & fut ensuite mis sur le Siége Episcopal de Troyes en Champagne, l'an 427. âgé de 25. ans.

On a publié une Lettre de S. Loup & de S. Euphronie d'Autun, écrite vers l'an 453. Voyez *Conc.* tom. 4. pag. 1048. 1049. à Taraise Evêque d'Angers, *De solemnitatibus & de Bigamis clericis & iis qui conjugati assumuntur*, nous avons encore une autre Lettre de S. Loup à S. Sidoine, Evêque de Clermont, *spicileg.* tom. 5. p. 579. *Sidon. Lib.* 6. *Ep.* 1. *en* 471. *& la réponse de S. Sidoine.*

S. Loup, se rendit dans la grande Brétagne avec S. Germain d'Auxerre en 429. pour y combattre l'erreur Pélagienne, il alla au-devant d'Attila, surnommé *Le fléau de Dieu* en 451. & préserva sa Ville Episcopale dès armes de ce Barbare, ce qui fit dire à ses soldats, que leur Roi avoit été arrêté par deux bêtes sauvages, par un *Loup* & par un *Lyon*, c'est-à-dire, par S. Loup en France, & par le Pape S. Leon en Italie.

S. Loup mourut le 29. Juillet 479. Il étoit frere de Vincent, Prêtre de Lérins; voyez ci-après le titre de *Vincent*: on doute que ce Vincent soit celui qui est Auteur du *Commonitorium*; quelqu'uns font faire à S. Loup deux voyages dans la grande Brétagne, il n'y fit qu'un voyage ; le second voyage de S. Germain en ce Pays-là, se fit avec S. Severe, Archevêque de Tréves, & non avec S. Loup.

LOUVANT (D. Nicolas) Bénédictin & Trésorier de l'Abbaye de S. Mihiel en Lorraine, a écrit un voyage qu'il a fait en Palestine en 1531. d'où il rapporte les dimensions pour faire construire le Sépulchre, qui se voit joignant le Portail de l'Eglise de l'Abbaye : cet ouvrage de Dom Louvant, est demeuré manuscrit.

Un Poême intitulé, *Les trois journées du jeu & mystere de M. S. Etienne Pape & Martyr, Patron de la Ville de S. Mihiel*, manuscrit : c'est une espéce de Tragédie pieuse qui fut représentée à S. Mihiel trois jours de suite, selon le goût de ce tems-là. D. Nicolas Louvant avoit été curé de S. Mihiel, avant qu'il se fût fait Religieux ; & il conserva toujours de l'inclination pour cette Paroisse, dont le Pape S. Etienne & Ste. Julitte sont Patrons. D. Louvant devint ensuite Prieur Claustral de l'Abbaye, & obtint de son Abbé *Jean du Frenau*, la permission d'acquérir des Biens fonds pour dotter la Chapelle du Sépulchre, qu'il avoit fait bâtir. Etant allé à Rome en 1550. pour gagner le Jubilé, il mourut après son retour, & fut enterré dans cette même Chapelle le 15. de Juin 1550.

A la tête des Antiquités de la Gaule-Belgique, ou de l'Histoire de Verdun par Richard de Vassebourg, on lit un Dizain composé par D. Nicolas Louvant, Grand-Prieur de l'Abbaye de S. Mihiel, Chevalier, Pelérin de Jerusalem. Ces vers sont acrostiches, & commencent par les premiéres lettres du nom de Richardus de Vassebourg.

    Rendre on ne peut un plaisir suffisant,
    Ie l'ose dire à celui qui met peine,
    Comprendre en soi par moyen bien duisant,
    Histoire en tout suivant la bonne veine,
    Au vrai de ceux qui par science pleine,
    Recueilli ont tout ce qui en peut être, &c.

LUBERIUS (Jean) Jésuite, a composé & prononcé en Latin l'éloge Funèbre de S. A. Madame la Duchesse Claude de Lorraine, Epouse du Duc Nicolas François, décédée à Vienne en Autriche, le 11. Août 1648. Ce discours fut traduit en François par M. Hennequin, Intendant de S. A. Monseigneur le Duc Nicolas-François, & imprimé

(*q*) Hist. Litter. de France. tom. 2. pag. 486.

à Nancy, par A. Charlot 1651.

LUD Secrétaire du Duc René II. a écrit un Dialogue sur les affaires de ce tems-là, avec *Chrétien* aussi Secrétaire du même Prince; j'en ai un manuscrit, & je l'ai vu en plus d'un endroit : ce Dialogue traite de la guerre d'entre le Duc René II. & le Duc Charles de Bourgogne; nous avons dessein de le faire imprimer dans la seconde Edition de l'Histoire de Lorraine.

LUDOLPHE d'Escringen, Chancelier de Jean de Bade, Archevêque de Tréves, étoit un homme très habile dans les Langues Grecques & Latines, & dans le Droit Civil & Canonique; on a lieu de croire qu'il eut beaucoup de part aux Statuts Synodaux publiés par l'Archevêque Jean de Bade le 17. Novembre 1482. & à l'ouvrage que le même Prélat fit imprimer en 1488. pour la défense de son bon droit, dans la guerre qu'il faisoit à quelques Seigneurs du Pays de Tréves; enfin il contribua à l'Erection de l'Université de Tréves, commencée par l'Archevêque Jacques de Sierck, & perfectionnée en 1473. par Jean de Bade, dont nous parlons ici.

LUPOT (Jean François) Sculpteur né à Mircourt le 25. Juillet 1684. où il est mort le 1. Mars 1749. s'est distingué dans son Art par différens ouvrages qui sont répandus dans la Province, il a excellé non-seulement en Crucifix de différentes matiéres, & particuliérement en bois de Ste. Lucie; mais il faisoit à la perfection les Figures Crotesques, qui servent de tête aux Instrumens; & les Luthiers de Mirecourt qui sont en grand nombre, le regrettent infiniment.

Le Bois de Ste. Lucie est une petite forêt située près le Couvent de Ste. Lucie, possedé par les P. Minimes entre Commercy & Sampigny; ce bois est de couleur tirant sur le roux, un peu odorant; & ne se trouve que dans cet endroit, & en quelques hayes du Pays; les feuilles sont comme celles de l'Epine noire ou Nerprun, on fait beaucoup de petits ouvrages de bois de Ste. Lucie en Lorraine, qu'on fait passer dans les Pays étrangers, & cela occupe plusieurs ouvriers. Les Foulon ont été fort connu autrefois, & avoient fait quantité d'ouvrages pour le Dauphin, fils de Louis XIV.

LUTHANGE (Nicolas de) Célestin de Metz, a écrit la Chronique des Célestins de la même Ville; il entra dans ce Monastere le 1. Octobre 1396. à la tête de sa Chronique, on en voit une autre qui commence en 1307. & finit en 1395. c'est la même, à peu près, que ce que nous avons fait imprimer au commencement de celle du Doyen de S. Thiébaut de notre Histoire de Lorraine.

Cette Chronique contient plusieurs particularités, touchant l'Histoire de Metz, elle commence en 1380. tems auquel l'Auteur fit profession, Nicolas Luthange mourut en 1438. mais on a continué sa Chronique jusqu'à vers l'an 1550. elle est manuscrite chez les R. R. P. P. Célestins de Metz.

LUXEMBOURG (le Bienheureux Pierre de) Evêque de Metz, né à Ligny en Barrois, le 20. Juillet 1369. mourut à Villeneuve les Avignons le 2. Juillet 1387. âgé de 18. ans, moins 8. jours.

Il a composé quelques ouvrages de piété, entre autre, une Prose très dévote en l'honneur de plusieurs Saints qu'il invoque, & qui est comme une espéce de Litanies.

On trouve aussi un recueil assez ample de ses lettres, & un petit livre qu'il écrivit à sa Sœur Jeanne de Luxembourg, pour l'engager à quitter le monde.

La vie de ce Bienheureux Cardinal, est connuë du Public; on la trouvera en partie dans le 3. tome de l'Histoire de Lorraine, pag. 455. & suivantes.

LUXEMBOURG (Charles de) Empereur, IV. du nom, fils de Jean Roi de Bohême, & d'Elisabeth fille de Venceslas II. Roi de Bohême, petit fils de l'Empereur Henry VII. du nom, naquit à Prague le 14. Mai 1316. & porta d'abord le nom de *Venceslas*; mais ayant été envoyé en France en 1323. pour y être élevé auprès du Roi Charles IV. il prit le nom de Charles, qui lui est toujours demeuré, & qu'il avoit reçu à la Confirmation du Pape Jean XXI. Il y apprit aussi la Langue Françoise; en-sorte qu'il oublia la Langue Bohémienne, qui étoit sa langue maternelle; mais étant de retour en Bohême, il l'apprit de nouveau avec assez de facilité; desorte qu'il parloit, qu'il entendoit, & qu'il écrivoit non-seulement la Langue de Bohême, mais aussi le Latin, le François, l'Allemand & Langue Lombarde ou Italienne, comme il nous l'apprend lui-même dans sa vie qu'il a écrite, & les autres Historiens assurent qu'il sçavoit aussi les langues de l'Europe, qui dérivent de celles dont nous venons de parler; il avoit reçu une éducation très heureuse & avec un naturel très excellent, il devint un des plus grands Princes, & des plus accomplis de son siécle : il revint de France en Bohême en 1330. Son Pere l'ayant rappellé pour l'envoyer en Italie, il fut élu Empereur en 1340.

Nous ne nous engageons pas ici à donner sa vie comme Roi de Bohême, ni comme Empereur; nous remarquons seulement qu'il est Auteur du Livre de sa vie, dont nous avons parlé en passant. Il travailla aussi sur les Evangiles, & est Auteur de la fameuse Bulle d'or, qu'il publia en 1356. & d'un grand nombre d'autres Réglemens pour le bon gouvernement de l'Etat, & principalement du Royaume de Bohême. Quelques-uns le blâment d'avoir eû trop d'attachement pour les gens d'Eglise, d'avoir trop étendu leurs priviléges, & d'avoir, au contraire, trop affoibli les priviléges de la Noblesse, & par ce moyen, d'avoir énervé la majesté de l'Empire: il lui a porté un grand préjudice par les démembremens qu'il en a faits, au profit des Electeurs, & sur-tout du Royaume de Bohême, qu'il affecta d'agrandir & rendre puissant, au préjudice de l'Empire; ce qui a donné lieu à quelques Auteurs de qualifier cet Empereur, non le *Pere*, mais le *Paratre* de l'Empire, *Vitricus Imperii*.

Il érigea en 1354. le Comté de Luxembourg en Duché; il fit le même honneur au Comté de Bar; il érigea aussi le Comté de Pont-à-Mousson en Marquisat. Il fonda plusieurs Eglises de Chanoines, & érigea la fameuse Académie de Prague: il mourut dans cette Ville en 1378. le 29. Novembre. On peut voir Struvius, *de Carolo IV*. & Oudin, *de Scriptoribus*, tom. 3. p. 1020. Nous mettons cet Empereur parmi nos Ecrivains, quoiqu'il soit né à Prague, parce qu'il étoit originaire de Luxembourg, & qu'il a souvent été en cette Ville & en celle de Metz, & qu'il a illustré les Comtés de Luxembourg, de Bar & de Pont-à-Mousson, de nouveaux titres & de dignités, sur-tout les Citoyens de Luxembourg, qui ont obtenu de cet Empereur le privilege & le rang de Citoyens & de Bourgeois à Prague, lorsqu'ils vont demeurer dans cette Ville.

LUXEMBOURG (Bernard de) Dominicain (r), fit ses premieres études à Cologne, & y prit l'habit de frere Prêcheur. Il étoit déja Bachelier en 1500. & prit le Bonnet de Docteur en 1516. Il fut fait Confesseur & Prédicateur ordinaire de Guillaume Duc de Juliers, & fut établi Inquisiteur général dans le Diocése de Cologne. Il passa presque toute sa vie à combattre contre les Novateurs, à défendre l'Eglise contre leurs attaques & leurs erreurs. Il mourut à Cologne, où il avoit été fait Prieur pour la seconde fois, le 6. d'Octobre 1535. Voici ses Ouvrages:

„ Quod libetum de Jubilæo anno seculari, in Universitate Lovaniensi determinatum, occasione Jubilæi ab Alexandro VI. concessi, & Antuerpiæ summâ pietate celebrati; *Antuerp*. 1501. *in-quarto*.

„ Opusculum de Jubilæo, sive peregrinatione ad urbem Romam, in xxx. dietas redactum; *Coloniæ Quantel*. 1527. in-4°.

„ Compilatio in commendationem Beati Joseph sponsi Christiferæ Virginis & Nutritii Domini nostri Jesu Christi, subjicitur Missa in honorem dicti Sancti & Coronæ 12. in honorem ejusdem; *Coloniæ* 1510.

„ Sermones de diabolica colluctatione septem vitiorum capitalium, proclamati in Quadragesima anni 1516. *Coloniæ* 1516.

„ Catalogus hæreticorum omnium penè, qui ad hæc usque tempora partim litterarum monumentis prodidi sunt editis pluries; *Parisiis* 1524. *in-quarto Coloniæ* 1525. item 1526. 1529. *Kemptem* 1537.

„ De ordinibus militaribus, & armorum militarium mysteriis; *Coloniæ* 1527.

„ Compendium de laudibus aquæ benedictæ, ejusque primariâ institutione, contra Lutheranos & Valdens. *in-quarto*.

„ Tractatus de sua legatione, peregrinatione & laboribus pro quorumdam Cœnobitarum reformatione.

„ Sermones de Rosario.

„ Chronica inter xx. priores annos sæculi xvi. exarata; *Manuscrit*.

Il a aussi procuré une Edition des Postilles d'Albert le Grand sur l'Apocalypse, imprimée à Basle par Jacques de Phonhem, en 1506. in-quarto.

„ Tractatus de Purgatorio; *Coloniæ* 1527.

LYS (Du Lys) Peintre à Nancy, fils de M. de Bar; voyez *de Bar*.

M

MACEDO *F. Ord. Minorum, ad Ludovicum Lotharingicum laurus Harecurtia trilaurea*, imprimé. Cet Ouvrage est oublié dans le Dictionnaire de Morery, & dans ses Supplémens. Je soupçonne qu'au lieu de *Ordinis Minorum*, il faudroit, *Ordinis Minimorum*.

MACLOT (Edmond) Prémontré fils de Ferry Maclot, Seigneur de Baalon, & de Catherine-Petronille Martinet, entra au Noviciat de Sainte-Marie de Pont-à-Mousson, âgé de 15. ans, le 13. Juin 1654. Il prit l'habit le 2. Juillet suivant, & fit profession de l'étroite observance en la même Abbaye le 15. Août 1656. on lui donna le nom d'*Ed-*

(r) *Valer. Andr. Bibl. Belgic. p. 112. & Echard, de Scriptor. Ord. Prædicat. tom. 2. p. 93.*

mond Maclot. Il fut Profeſſeur en Philoſophie & en Théologie, Prieur, Définiteur, Vicaire-Général, & Abbé de l'Etanche en 1685. Il mourut le 2. d'Octobre 1711. Il a donné au Public l'Hiſtoire de l'ancien & du nouveau Teſtament en deux parties, qui ſont deux Volumes in-octavo ; le premier fut imprimé à Nancy l'an 1705. chez Paul Barbier ; le ſecond, à Paris l'an 1712. chez Nicolas Papier. Il a laiſſé d'autres Ouvrages Philoſophiques & Théologiques ; l'Abbaye de l'Etanche en eſt dépoſitaire.

Le P. Maclot eſt auſſi Auteur du Livre intitulé, *Inſtitutio Reformationis in Ordine Præmonſtratenſi* ; imprimé à Paris ſans nom d'Auteur, chez la Veuve Etienne Chardon l'an 1697.

MACUSSON (Jean-Antoine) Religieux Bernardin, né à Bar-le-Duc le vingt Avril 1700. aujourd'hui Abbé de Marcilly, a compoſé divers Ouvrages.

1°. Diſſertation ſur *le Feu Boréal*, en cinq Lettres, ſans y comprendre celle qui lui ſert de Préface, & l'Avertiſſement de l'Imprimeur ; le tout faiſant un petit in-quarto de 111. pages, imprimé à Paris chez Joſeph Bullot en 1733.

2°. Un Traité Hiſtorique du Chapitre général de l'Ordre de Cîteaux, par lequel on fait voir quelle eſt ſon autorité & ſa véritable diſcipline ; avec un Avertiſſement de 12. pages, une Epître aux Abbés de l'Ordre de 82. pages ; le corps de l'Ouvrage diſtribué en 28. Chapitres, contenant 369. pages d'impreſſion, in-quarto, imprimé en 1737.

3°. *Syſtême nouveau ſur le Soleil*, préſenté à l'Académie Royale des Sciences par M. Juliard, avec les difficultés qu'un Anonyme y a oppoſées ; la réponſe à ces difficultés par l'Auteur du nouveau ſyſtême ; les réflexions de l'Anonyme ſur cette réponſe, avec un avertiſſement de l'Editeur contenant 22. pages, & diverſes Nottes pour l'éclairciſſement de quelques difficultés. L'Abbé de Marcilly eſt Auteur de tout l'Ouvrage, excepté ce qui eſt marqué appartenir à M. Juliard. Le corps de l'Ouvrage eſt de 45. pages d'aſſez petits caractères, imprimé à Bar-le-Duc, chez Richard Brifflot l'an 1740 inquarto.

4°. *Hiſtoire abrégée de la converſion miraculeuſe du Chevalier de Brun, Grand-Maître d'Hôtel du Roy*, arrivée dans le treizième ſiécle, par la dévotion de ſon épouſe à Notre-Dame de Bon-repos de Marcilly-lès Avallons, au Diocéſe d'Autun ; Miracle qui a donné lieu à la fondation d'une Abbaye de Religieuſes du nom de Notre-Dame de Bon-repos à Marcilly : cette Hiſtoire a été imprimée à Bar-le-Duc chez Brifflot 1744. elle contient 28. pages in-douze, avec un Avis au Lecteur Chrétien de huit pages.

Je ne parlerai pas d'un Ouvrage pluſconſiderable, auquel l'Auteur emploie ſes heures perduës ; il a pour titre, *Les dernieres révolutions de Stagire*, & contiendra aſſez de matieres pour deux Volumes in-octavo ; le premier ſera bien-tôt en état, ſa foible ſanté ne lui permet pas d'aller vîte. Il fait entrer dans cette eſpéce de Roman Philoſophique, tout ce qui s'eſt paſſé ſur le Théatre de la Philoſophie, depuis Gallilée juſqu'à Newton & Leibnitz, leſquels y joüeront leur rôle.

MADALVÉ, Evêque de Verdun depuis l'an 735. juſqu'en 765. étudia les ſciences ſacrées & profanes ; mais principalement les ſciences ſacrées & la Religion ſous de ſavans Maîtres, qui gouvernoient les Ecoles de Verdun, qui étoient alors célébres dans l'Egliſe des Apôtres S. Pierre & S. Paul, qui eſt aujourd'hui le fameux Monaſtere de S. Vanne. On croit que S. Maldavé rétablit les anciens Statuts, qui s'étoient obſervés dans l'Egliſe de S. Vanne, par les Clercs qui la deſſervoient alors, & qu'il eut ſoin de ramaſſer la vie & les actes des Saints Evêques de Verdun, ſes prédéceſſeurs ; qu'il les répandit dans l'Aquitaine où il fit pluſieurs voyages, pour y viſiter l'Abbaye de Saint-Amant proche Rhodés, & d'autres Terres au voiſinage, qui appartenoient à l'Egliſe de Verdun ; d'où vient qu'il étoit plus aiſé de trouver ces Vies au-delà de la Loire, que dans le Diocéſe même de Verdun. Voyez Bertrand, *Hiſtor. Verdun*. & la nouvelle Hiſtoire de Verdun, pages 112. 115. 117.

MAGERON, Chanoine & Official de l'Evêché de Toul, & Conſeiller en la Cour Souveraine de Lorraine, a travaillé ſur l'Hiſtoire de ce Pays ; nous n'avons pû recouvrer ſes Ecrits. M. Hennequin parle des Ouvrages de M. Mageron dans une Lettre du 12. Novembre 1679. Sa Bibliothèque a été venduë aux RR. PP. Benedictins de S. Evre-lès Toul ; mais je n'y ai point vû de Manuſcrit.

MAGIUS eſt Auteur de la Généalogie & Chronique des hauts & puiſſans Ducs de Lorraine, qui ſe trouve aux Prémontrés de Nancy, num. x. 2.

MAIGNIEN (François) Lorrain, depuis long-tems habitué en Pologne, a compoſé une Grammaire Polonoiſe, imprimée à Dantzicg 1649. Voici la Préface,

J. M. J. (a)

Grammatica ſeu Inſtitutio Polonicæ Linguæ, in qua etymologia, Syntaxis & partes omnes tra-

---

(a) Jeſus, Marie, Joſeph.

tantur, *in usum exterorum edita*, authore *Francisco Maignien Lotharingo, cum gratia & privilegio S. R. M. Poloniæ & Sue. Dantisci, sumptibus Georgii Troflert Bibliopolæ Regii, an. Dom.* 1649.

Præfatio ad Lectorem.

„ Cùm, ego per aliquot jam annos in
„ Polonia moratus, vernaculæ licèt linguæ
„ addiscendæ, non ignavam locaverim ope-
„ ram, tantùm tamen profecerim, ut non
„ rarò cum Polonis miscendo colloquia, ri-
„ sum audientibus moverem; nec unde id
„ oriretur percipere possem, Bibliopolarum
„ officinas omnes Cracoviæ alibique per-
„ lustravi. Num forsan percontando ali-
„ quam Grammaticam reperirem, quæ cres-
„ centem in dies Polonicæ linguæ addis-
„ cendæ cupiditatem meam aliquo modo
„ juvaret; sed ut nullam inveniri posse ad-
„ verti, immò à plerisque responsum habui,
„ linguam hanc quippe gravem & difficilli-
„ mam, non posse facilè in certas leges
„ Grammaticorum redigi, animum in veti-
„ tum semper magis nitentem ad attentam
„ Polonici sermonis observationem appli-
„ care cogitavi, ex qua deinde perspicere
„ possem, utrum certis tale idioma com-
„ prehendi regulis ac perceptionibus possit;
„ & factum est, ut modos loquendi in fa-
„ miliaribus colloquiis observando, à variis
„ varia suscitando, post longas circa hoc vi-
„ gilias, tandem ad has, quas tibi modo of-
„ fero legendas, Polonicam linguam rede-
„ gerim regulas. Qua in re si naturam in-
„ geniumque meum aliqua ejus difficultas
„ fortè superaverit, nec satis aptus, para-
„ tusque hanc Provinciam subiisse videor,
„ hujus certè laboris me imprimis novitas
„ excusabit; nihil est perfectum simul & in-
„ ventum est, unde si quos malevolos ad
„ meum hoc opusculum carpendum, vitu-
„ perandumque invidia impulerit, videant
„ primò, ne priùs carpant quam mea cor-
„ rigant, ac si corrigere non valent aut non
„ sciunt, ne vituperent quæ sibi nulli usui
„ fore arbitrantur; cæterùm satis mihi sit
„ alienigenæ, viam Polonis præmonstrasse
„ ad componendum quid melius, publico-
„ que usui magis serviens. Tu interim, Lec-
„ tor benevole, grato velim animo meum
„ hunc qualemcumque laborem suscipias, le-
„ gas, pervolvas, haut inutilem tibi fore pro-
„ mitto. Lingua enim Polonica præterquam
„ quod per seipsam constans & nobilissima,
„ adeóque scitu digna lingua est, præterea
„ propter frequentissima Germanorum,
„ Gallorum, Hungarorum, Sestorum, alio-
„ rumque exterorum in Polonia degentium
„ commercia, illis sanè perutilis ac necessa-
„ ria videtur: & quia adeó difficilis est, ut
„ usu quotidiano aut lectione tantum asse-
„ qui nemo possit, quin ferè in pronuncian-
„ do aut colloquendo sæpius impingat, id-
„ circò ad evitandum hujus modi erroris pe-
„ riculum, immò etiam aliquando audien-
„ tium risum, Grammaticam hanc quasi
„ rectricem accipe ac sequere, linguæ diffi-
„ cultates faciliori negotio superaturus.
„ Quemadmodum Gallicæ linguæ diffi-
„ cultas in vocabulis afferendis consistere
„ omnis videtur, sic etiam linguæ Polonicæ
„ difficultas pendet à genuina prolatione
„ consonantium, quarum copiam habent
„ maximam, ita ut in uno vocabulo septem
„ vel octo consonantes invenias, cum uni-
„ ca tantùm vocali ut in dictione Chvza,
„ Chvzaskcza (Scarbæus) unde extranæis
„ illusuri proponunt hanc locutionem pro-
„ nunciandam: Ugryzt chvza, szez, chrza,
„ szcza, vrgzbiet (Scarabæus, scarabæum à
„ tergo momordit) quod vix ullus alienige-
„ na ritè proferre queat; ne desperes ta-
„ men, labor improbus omnia vincet, lec-
„ tione frequenti, crebris colloquiis, & me-
„ diantibus his quas tibi trado regulis, lin-
„ guam tandem difficillimam addisces, quod
„ tibi ex intimis mihique opto, vale.

Sa Grammaire Polonoise est tout ce qu'on a de meilleur jusqu'à présent sur cette Langue.

On m'écrit qu'il a aussi fait deux autres Grammaires, l'une pour la Langue Françoise, l'autre pour la Langue Italienne.

MAILLANE (Jean de) Maillane de Porcelets de l'ancienne & illustre Maison de Porcelets, Evêque de Toul, Abbé Commendataire de S. Mansui, homme très zélé pour le bon ordre de son Diocèse, dont il a fait imprimer des Statuts Synodaux le 18. Mai en 1618. in-quarto.

Il a introduit la réforme dans l'Abbaye de S. Mansui, l'a bâtie tout-à-neuf, & l'a enrichie de quantité de peintures qui prouvent son bon goût, de même que les édifices de cette Abbaye, qui sont très bien entendus & très bien exécutés. Il est mort le 14. Septembre 1624. avant que d'avoir mis la derniere main à ses ouvrages, sur-tout à l'Eglise de S. Mansui; qu'il n'a pas même commencée: mais qu'il vouloit faire comme le reste. Il procura aux Bénédictins réformés le Prieuré de Belval, qui fut transféré à Nancy, & qui fait le fond de la Maison qu'ils possèdent dans cette Ville.

Il a fondé le Collége des Jésuites de Nancy, & a laissé par-tout des marques de sa libéralité & de sa piété, sur-tout à S. Mansui & à S. Avold,

S. Avold, où il a aussi introduit la réforme, de même qu'à Senones, à Bouzonville, à S. Evre, à S. Airy & à S. Pierremont, dont il étoit Abbé Commendataire. Il a composé divers Statuts pour les Monasteres, où il a introduit la réforme en qualité de Commissaire Apostolique en cette partie, & en particulier pour les Chanoines Réguliers de S. Augustin, dont il entreprit la réforme vers l'an 1623.

Il a établi un Séminaire au Pont-à-Mousson pour les Chanoines Réguliers réformés de S. Augustin, & a procuré aux Bénédictins Anglois l'Eglise de S. Laurent de Dieulevart où ils demeurent aujourd'hui; il a aussi donné aux Capucins une Maison au Faubourg de S. Mansui.

On dit de lui, qu'il avoit l'esprit vif, cultivé, & orné de toutes sortes de connoissances, &, outre cela, qu'il étoit d'une piété singuliere. On a un Portrait de M. de Maillane de la main du fameux Jacques Callot, où M. de Maillane est représenté sous la forme de S. Mansui, avec le dessein de l'Abbaye & de l'Eglise de ce Saint, qu'il avoit résolu d'achever.

J'ai vû autrefois de ses Vers imprimés sur la Passion de Jesus-Christ, & sur d'autres sujets de piété, & on en trouve encore quelques-uns sur differentes matieres; par exemple; il en a adressés à M. son frere Paul des Porcelets de Maillane, d'autres à M. Pitte, son Précepteur; d'autres sur des sujets de morale; comme sur ce Vers de Virgile, *Trahit sua quemque voluptas*; & contre les hérétiques, qui soutiennent que les bonnes œuvres sont inutiles pour le salut. Voici son Epitaphe, qui se voit dans l'Eglise du Collége de Nancy.

D. O. M.

„ Ad perpetuam memoriam,
„ Joanni des Porcelets de Maillane
„ Episcopo & Comiti Tullensi S. R. I.
„ Principi,
„ Hujus Collegii Fundatori,
„ Præsuli pio, vigilanti, benefico
„ Hoc monumentum posuerunt illustrissimi
„ Pronepotes,
„ Gasto Joan-Baptista Comes de Tornielle,
„ Marchio de Gerbeviller, Henric. Comes
„ de Tornielle;
„ Carolus Franciscus de la Baume Comes
„ de S. Amour,
„ Princeps de Cantecroix.
„ Obiit Nanceii die xiv. Septembris anno
M. D. C. XXIV.
„ Vixit annos xliv. dies xxj.

Anagramma Epitaphium patris & filii tumulo ascribi jussit Episcopus Tullensis, Joannes Porceletus Maillanæus : O mala Sol Nanceianus sepelitur.

„ Eodem in tumulo jacet
„ Andræas des Porcelets de Maillane,
„ Episcopatus Metensis Ballivius,
„ Marsalli Gubernator,
„ Serenissimi Ducis Henrici II.
„ Summus Cubicularius.

Joannem Lotharingiæ & Barri Marescallum Patrem Joannem Episcopum Tullensem fratrem habuit, sua familia, cui Gallia, Germania, Italia, Sicilia theatrum fuit, heroas auxit, dum eos in se expressit, antiquissimæ nobilitatis & virtutum Christianarum decus, transmisit in liberos & hæredes Joannem des Porcelets, Claudiam Comitissam de Brione, Mariam Comitissam de S. Amour, Mariam Apronam Comitissam de Suze.

Obiit in Pago Epinay prope Parisios xxviij. Augusti anno M. D. C, XXIII. & hic unà cum Joanne filio immature defuncto viij. Novembris ejusdem anni translatus, resurrectionem expectat & Dei misericordiam.

Le Mausolée de Messieurs des Porcelets est de Bagard Sculpteur, & passe pour un des plus beaux de Nancy.

M. de Maillane a écrit plusieurs Lettres envoyées à Rome & ailleurs, en faveur de la réforme de l'Ordre de S. Benoît (*b*), & a fait plusieurs Traités entre les anciens Religieux & les réformés, dans le tems de l'introduction de ceux-ci dans les Monasteres réformés de son tems. Enfin, nous avons une grande Lettre qu'il écrivit au Pape le 28. Avril 1613. par laquelle il lui rend compte du succès de la commission que Sa Sainteté lui avoit donnée de travailler à la réforme des Monasteres de Lorraine. Il lui dit qu'il a heureusement introduit la réforme aux Abbayes de S. Avold; de S. Mansui, de S. Airi de Verdun, de S. Evre de Toul & de Bouzonville.

La Maison de Porcelets est originaire de Provence; elle porte d'or à un pourceau passant de sable. Son ancienneté se prouve par l'hommage que Raymond de Porcelets fit en 1235. à Béranger Comte de Provence, pour le Bourg de Porcelet. Jean de Porcelets Evêque de Toul; dont nous parlons dans cet article, étoit fils d'André de Porcelets de Maillane, Seigneur de Valhai, Sénéchal du Barrois, & d'Ester d'Apremont. Il naquit à Valhai en Lorraine le 27. Août 1582. Madame d'Apremont, Dame Chanoinesse de

---

(*b*) D. Pierre Munier, Histoire de la Réforme, t. 2. pag. 299.

Porffa, ou de Pouffay, fa tante, prit foin de fon éducation, & lui infpira les fentimens de piété qu'il conferva toujours. Il apprit les principes de la Langue Latine à Pont-à-Mouffon; de là il paffa à Tréves, pour y achever fes Humanités; puis à Ingolftat, où il étudia en Philofophie. Il revint au Pont-à-Mouffon, où il commença fa Théologie, & où il prit en un même jour, qui fut le 13. Août 1604. les dégrés de Licence, le matin, en l'Ecole du Droit Canonique & Civile, & le foir, en Théologie; il n'avoit alors que 23. ans, chofe dont on n'avoit encore point d'exemple dans cette Univerfité. Enfin, il fut envoyé à Rome, où il étudia fous le R. P. Michel Vittelefchi, qui fut depuis Général des Jéfuites, & fous le P. D. Afdrubal, dans le tems que ce Religieux étoit en difpute avec les Peres Dominicains fur les matieres de la grace.

M. de Maillane, de retour en Lorraine, prit les Licences de Théologie au Pont-à-Mouffon, comme nous venons de dire. Il fit un fecond voyage à Rome, où le Pape Clément VIII. le créa fon Camerier d'honneur. Le Pape Paul V. lui donna la qualité de Prélat domeftique, & de Référendaire en l'une & l'autre Signature. Il fut envoyé par le Pape en 1606. en Angleterre auprès du Roi Jacques I. Il parut en ce Pays-là fous le nom d'Envoyé du Duc de Lorraine, pour ne pas caufer d'ombrage aux Anglois; & M. de Porcelets obtint du Roi de la Grande-Bretagne de favorables réponfes en faveur des Catholiques.

Il partit de Londres le 8. de Juin 1606, M. Midot, fon Secrétaire, a écrit en Latin la relation de ce voyage, que nous avons deffein de faire imprimer dans la feconde Edition de l'Hiftoire de Lorraine. Enfin M. de Porcelets fut nommé par le Pape à l'Evéché de Toul, le 26. Novembre 1607. & fut facré le 27. Décembre fuivant, par le Cardinal Bellarmin, qui l'honoroit de fon amitié, & qui entretint toujours commerce de Lettres avec lui. On remarque qu'il fit en perfonne la vifite de tout fon Diocèfe; ce qui ne s'étoit point fait de mémoire d'hommes.

M. Chryftophe Prudhomme fit imprimer en 1539. le Recueïl des Poëfies de Porcelets, de Bafin & de Troban; mais ce n'eft pas de notre Jean de Porcelets, qui n'eft venu au monde qu'en 1582. ce peut être ou d'André de Porcelets fon pere, ou de quelque autre de fa Maifon.

MAILLARD, habile Jurifconfulte, & Confeiller du Duc Charles IV. compofa en 1661. après le retour de ce Prince dans fes Etats, un Traité pour autorifer le changement que ce Prince avoit réfolu depuis long-tems, de fupprimer les Affifes, où les Gentilshommes de fes Etats jugeoient fouverainement & fans appel, ni révifion de procès, dans les caufes d'intérêts, dans le Bailliage de Nancy & d'Allemagne. Les peuples, depuis long-tems, fe plaignoient de cette maniere de juger, difant que la haute Nobleffe les opprimoit, abufant de l'autorité qu'ils exerçoient contre eux.

Maillard compofa donc un Traité fur la fuppreffion des Affifes, montrant qu'il étoit du devoir & au pouvoir du Prince de les abolir. Il y montre le motif de l'inftitution de ces Affifes, les abus qui s'y commettoient, les raifons & les exemples de pareilles fuppreffions, & enfin la réponfe aux objections. Je n'ai pas reconnu cet ouvrage, & je doute qu'il ait été imprimé.

MAILLARD (Claude) natif de Bayon fur Mofelle, au Diocèfe de Toul, fut reçu dans la Compagnie de Jefus le 7. Septembre 1606. âgé de 20. ans; il fit les quatre vœux le 3. Septembre 1623. Il enfeigna les Humanités pendant fept ans. Il fut Prédicateur à Bruxelles, & dans plufieurs autres endroits, l'efpace de 30. ans; fa principale étude étoit de gagner les ames à Dieu. Après beaucoup de fatigues, il mourut le 3. Novembre 1655. Il avoit été Recteur des Colléges de Charleroi & de Nancy. Il refte de lui,

1°. Un Traité du Jubilé & autres Indulgences, & des conditions pour le gagner, tant pour foi que pour les ames du Purgatoire, à Gand 1641. in-16. à Bruxelles 1645. *ibid.* Guill. Scheybels 1648. in-12. 1650. à Paris 1651. in-12.

2°. Echelle myftique pour s'élever à Dieu, traduit du Latin de Léonard Leffius.

3°. Des cinquante Noms de Dieu, imprimé à Bruxelles 1643. in-12.

MAILLET (M.) natif de Bar-le-Duc, cy-devant Conful au Grand-Caire, a fait la *Defcription ou Relation de l'Egypte*, imprimée à Paris in-quarto 1733.

Des Mémoires fur l'Abyffinie, imprimés fur la fin du voyage du P. Jerôme Lobo en Ethyopie; à Paris in-quarto 1728. C'eft une Relation envoyée à Mr. de Feriole, Ambaffadeur de France à Conftantinople, touchant l'Ethiopie, qui contient fur ce Pays-là plufieurs chofes curieufes.

On trouve dans le même Volume la traduction d'une Lettre en Arabe à M. Maillet, par Elias Enoch.

La Relation d'Egypte par M. Maillet, eft tout ce qu'on a de meilleur jufqu'ici fur ce fujet: il y compare ce que les anciens, fur-tout Hérodote & Diodore de Sicile, ont écrit sur l'Egypte, avec ce qu'on y voit aujourd'hui ; & il en fait remarquer la conformité ou la différence. Il entre dans un grand détail sur la structure de la grande Pyramide, & découvre fort bien l'artifice de l'Architecte, pour en cacher l'entrée & pour en sortir, après l'avoir fermée d'une maniere, qui ne paroissoit pas devoir être jamais apperçuë. Il parle aussi fort au long des Mines d'émeraudes, qui se voient dans la haute Egypte.

MAILLET (De) Maître des Comtes du Barrois, a fait imprimer, 1°. à Nancy, chez F. Midon en 1747. un petit Ouvrage in-4°. de 316. pages, sans la Préface ni la Table des matieres, sous ce titre : *Les Elémens du Barreau, ou Abrégé des matieres principales & les plus ordinaires du Palais, selon les Loix Civiles, les Ordonnances & la Coûtume de Bar-le-Duc, avec la forme de procéder au Civile en Justice dans le Barrois.* On trouve au commencement de l'Ouvrage une idée des Loix, des Régles de Droit en général, de l'état des personnes & de la distinction des choses.

L'Auteur remarque que la Coûtume du Barrois est ecrite depuis près de deux siécles. Langes, Gauret & d'autres y ont donné le stile, & la forme de procéder au Palais ; mais les préceptes de Justinien & de ses prédécesseurs ont paru à M. de Maillet trop étendus, pour qu'il fût aisé d'en rappeller, à chaque occasion, les différentes dispositions, ou de les trouver en leurs lieux, sans s'abandonner à de longues & pénibles recherches ; c'est ce qui a porté M. de Maillet à composer son Ouvrage.

2°. Mémoires alphabétiques, pour servir à l'Histoire, au Pouillé, & à la description du Barrois, contenant les noms des Villes, Bourgs, Villages, Cens & Hameaux de tout ce Duché ; leurs Dioceses, l'Office, le Bureau de Recette, toutes les Jurisdictions & Tribunaux dont chaque lieu dépend ; le Patron de la Paroisse, le Collateur de la Cure, les Seigneurs, les Décimateurs, le nombre des habitans, les Châteaux, Maisons fortes, ou autres Seigneuries, ou Fiefs, &c. l'origine des Abbayes, Chapitres, Prieurés, Chapelles, & autres bénéfices, &c. à qui il appartient d'y nommer, &c. & les traits d'Histoires les plus intéressans & les plus curieux ; in-octavo, à Bar-le-Duc, chez Brifflot 1749.

MAIMBOURG (Erard) fils du Maître des Requêtes du Duc de Lorraine, avoit épousé Catherine Bertrand, femme d'un mérite supérieur, avec laquelle il vécut longtems dans une parfaite union, comblé de biens, d'honneur, & dans la réputation d'un Juge sage, intégre & éclairé. Ils firent éclater leurs libéralités envers tous les Ordres Religieux, & en particulier envers les Peres de la Société, parmi lesquels un de leurs fils s'étoit engagé ; Erard lui-même embrassa leur Institut, après la mort de son épouse, âgé de 70. ans. Ils avoient fondé ensemble & bâti de fond en comble l'Hospice, que les Peres Jésuites ont à S. Nicolas proche Nancy ; & cela dans un esprit de charité si pur, qu'ayant appris que quelques particuliers de ces Peres n'en témoignoient pas beaucoup de reconnoissance, ils répondirent que, quand tous les Jésuites leur cracheroient au visage, ils ne laisseroient pas d'aimer la Société, n'ayant en vûë dans ce qu'ils avoient fait, que la seule gloire de Dieu.

Erard Maimbourg étant encore séculier, avoit composé un Poëme assez long, dans lequel il comparoit le Corps Civil au corps humain avec tous ses membres ; ce qu'il avoit tourné fort ingénieusement & fort élégament. Il mourut le premier Septembre 1643. *Abram, Hist. manus. Universit. Mussip. lib. 7. art. xx.*

Voici l'Epitaphe d'Erard Maimbourg.

Ad majorem Dei Gloriam, & perpetuam rei memoriam.

„ Erardus Maimbourg à gentilitia & spectatæ nobilitatis Maimburgorum prosapiâ,
„ & Catharinâ Bertrandâ, nobili genere fœminâ, moris unius & animi lectissimi conjuges. Vir & mulier cœlesti munere sibi consentientes divini tenaces undequaque propositi ; quippe se suisque omnibus & bonis
„ & liberis tribus illis Deo Jesu, Virginique
„ Matri consecratis, ad promerendas hujus
„ dati optimi donique perfecti à Patre luminum gratias sempiternas, tribus aliis beneficiorum votis obstricti, decorum Societatis Jesu Collegiorum, San-Nicolaitani à fundamentis extructores, ac ex asse
„ fundatores sunt, & Nanceiani jamprimùm alteri fundatores extitere, Templique extruendi erogandis amplis sumptibus
„ præiere, &c.

„ Dein tertium Congregationis divæ Mariæ Monialium, Dei Matris cultui & erudiendæ puellarum juventuti Nanceianæ
„ fundavere. Quâ summâ rerum Dei gloriæ immortali sibi cumulatæ saluti, rarò
„ posteris exemplo, suis luci perpetuæ esse
„ voluere. Gloria & honor & pax omni operanti bonum, Rom. II. an. Domini 1643.

On voit par cet Epitaphe, qu'Erard Maimbourg s'étoit consacré à Dieu & ses trois fils, savoir, Jean, Loüis, & Théodore dont nous allons parler ; qu'il avoit fondé la Maison des Peres Jésuites de S. Nicolas, & le Monastere des Dames de la Congrégation de Nancy ; & qu'ils avoient beaucoup contribué à la fondation du Collége de Nancy, & à la construction de son Église.

MAIMBOURG (Loüis) né à Nancy en 1610. fils d'Erard Maimbourg, entra dans la Société de Jesus le 20. Mai 1626. à l'âge de seize ans. Il fit ses vœux simples au Pont-à-Mousson le 21. Mai 1628. & ensuite les quatre vœux solemnels à Bourges le 29. Mai 1644. Il fut envoyé à Rome, pour etudier la Théologie ; étant retourné en France, il enseigna la Rhétorique à Roüen ; peu de tems après, il exerça l'office de Prédicateur jusqu'en 1668. auquel tems il commença à composer.

Ses Sermons ne lui acquirent pas beaucoup de reputation ; & depuis qu'on les a imprimés, le Public n'en a pas eû meilleure opinion. Il s'attira bien des dégoûts, en attaquant dans ses Sermons la Version Françoise du nouveau Testament, imprimée à Mons ; il se fit encore de plus facheuses affaires, en prenant parti contre la Cour de Rome, dans le fameux differend entre Innocent XI. & Loüis XIV. il le fit comme étant pensionnaire du Roi.

Le Souverain Pontife offensé de sa conduite (c), ordonna que ses Livres fussent proscrits, & l'Auteur chassé de la Compagnie. Maimbourg changea fort à regret de demeure & d'habit ; &, après qu'il eût été renvoyé, il s'arrêta pendant un an & plus, par ordre du Roi, dans le Collége de Clermont à Paris. Enfin, persuadé par ses amis, il résolut de faire satisfaction au Pape ; il alla trouver le Roi, qui fit écrire au Provincial, que rien n'empêchoit que Maimbourg n'obéît au Roi & au R. P. Général.

A peine Maimbourg étoit sorti d'auprès du Roi, qu'il se repentit de la démarche qu'il avoit faite ; & étant retourné sur ses pas, il témoigna au Roi la répugnance qu'il avoit à satisfaire au R. P. Général. Le Roi qui ne changeoit jamais ce qu'il avoit une fois dit, trouva cette inconstance fort mauvaise, & ne voulut rien accorder à Maimbourg ; de sorte qu'il se retira dans l'Abbaye de S. Victor de Paris, sans toutefois en embrasser l'Institut. Il y mourut le 13. Août 1686. étant occupé à écrire l'Histoire du Schisme d'Angleterre ; il étoit âgé de 77. ans.

Sur les derniers tems de sa vie, il témoigna son aigreur contre la Société de Jesus, laquelle avoit mieux aimé, pour obéir au Pape, le renvoyer, que de le retenir ; il se plaignoit amérement d'avoir perdu la fleur de sa jeunesse à enseigner ; il n'avoit cependant enseigné que trois ans dans sa jeunesse, & autant, lorsqu'il fut avancé en âge : s'il avoit perdu son tems sur ses vieux jours, il devoit se l'imputer à soi-même, & non à la Compagnie, qui ne recommande rien tant, que d'employer utilement son loisir, tant pour soi que pour les autres. Les ouvrages qu'il a composés, sont,

1°. Oraison Funébre du R. Pere Nicolas Zappe de l'Ordre de S. Augustin ; à Rome, de l'Imprimerie de la Chambre Apostolique, in-quarto.

2°. Panégyrique adressé à Loüis XIII. Roi de France & de Navarre, pour avoir consacré la France à la sainte Vierge ; à Roüen, chez Jean Boulanger, in-octavo.

3°. Panégyrique sur l'excellence des Rois de France, selon ces paroles de S. Grégoire le Grand : *Autant que la dignité Royale est elevée au-dessus du reste des hommes, autant le Royaume de France surpasse les Royaumes des autres nations* ; chez le même 1640.

4°. Defense des Sermons faits par le R. P. Maimbourg Jesuite, contre la traduction du nouveau Testament imprimé à Mons, par Loüis de Sainte-Foi, Théologien ; à Paris, chez François Muguet.

5°. Lettre d'un Docteur en Théologie à un de ses amis, sur la traduction du nouveau Testament, imprimé à Mons.

6°. Seconde Lettre sur le même sujet ; ces deux Lettres ont été imprimées à Paris sans nom d'Auteur, d'année, d'endroit, ni d'Imprimeur.

7°. Réponse au Mémoire sur le Bref contre la traduction du nouveau Testament imprimé à Mons ; à Paris 1668. in-quarto.

8°. Réponse d'un Théologien (François Romain) domestique d'un grand Prélat, à M. d'Alet, sur la Lettre circulaire signée de quatre Evêques.

9°. Seconde Lettre du Sr. François Romain, à un de ses amis, d'Alet sur le même sujet.

10°. Troisiéme Lettre du même, sur le même sujet.

11°. Quatriéme Lettre du même ; voici l'occasion de ces Lettres ;

Quatre Evêques de France ; savoir, ceux d'Alet, de Beauvais, de Pamiers & d'Angers, ne jugeant pas à propos de recevoir le Formulaire d'Alexandre VII. contre la doctrine de Jansenius, pour en attirer plusieurs de leur côté, écrivirent une Lettre cir-

(c) 1686. Voyez l'Avertissement du P. Maimbourg sur son Histoire du Calvinisme, in-quarto 1686.

culaire pour les autres Evêques ; c'eſt pour la réfuter, que ces quatre Lettres du Pere Maimbourg ont été écrites ; l'une, au mois de Juin, la ſeconde au mois de Juillet, la troiſiéme au mois de Septembre, la quatriéme au mois d'Octobre de l'an 1668. & imprimées ſeparément à Paris, chez François Muguet, & Sébaſtien-Mabre Cramoiſy.

Hilaire du Mas fait mémoire de ces quatre Evêques & de leurs Lettres dans ſon Hiſtoire des cinq Propoſitions de Janſénius, Livre 4.

Pierre-François l'Affiteau, Evêque de Sifteron, dans ſon Hiſtoire de la Conſtitution *Unigenitus*, & Hyacinthe-Richard Darrigny, dans ſes Commentaires Chronologiques & Dogmatiques en l'année 1668. en parle de même.

12°. Sermons pour le Carême, où toutes les parties de chaque Evangile ſont compriſes, & rapportées à un point principal ; à Paris, chez Sébaſtien-Mabre Cramoiſy, in-8°. deux tomes.

13°. La méthode pacifique pour ramener ſans diſpute les Proteſtans à la vraie Foi, ſur le point de l'Euchariſtie, au ſujet de la conteſtation touchant la perpétuité de la Foi du même Myſtere ; chez le même.

14°. Traité de la vraie Egliſe de Jeſus-Chriſt, pour ramener les enfans égarés à leur Mere ; chez le même.

15°. Traité de la vraie parole de Dieu, pour réünir toutes les ſociétés Chrétiennes dans la créance Catholique, avec la réfutation de ce que M. Claude a écrit ſur ce ſujet, dans ſa réponſe au dernier ouvrage de M. Arnauld ; chez le même.

Ces trois traités ſont compris dans un ſeul volume avec ce titre, trois traités de Controverſes.

16°. Hiſtoire de l'Arrianiſme avec l'origine & le progrès de l'héréſie des Sociniens : chez le même, en 2. tom. in-4°.

17°. Hiſtoire de l'héréſie des Iconoclaſtes & la tranſlation de l'empire aux François.

18°. Hiſtoire des Croiſades pour la délivrance de la Terre-Sainte : chez le même en 2. tom. in-4°.

19°. Hiſtoire du Schiſme des Grecs, chez le même.

20°. Hiſtoire du grand Schiſme d'Occident, chez le même.

21°. Hiſtoire de la Décadence de l'Empire après Charlemagne & des différents des Empereurs avec les Papes, au ſujet des Inveſtitures & de l'indépendance, chez le même.

22°. Hiſtoire du Luthéraniſme, chez le même.

Voilà ce que le P. Maimbourg a compoſé étant dans la Société de Jeſus, depuis ſa ſortie il a compoſé.

23°. Hiſtoire du Calviniſme, chez le même Mabre Cramoiſy.

24. Hiſtoire de la Ligue, chez le même.

25°. Traité hiſtorique de l'établiſſement & des prérogatives de l'Egliſe de Rome, & de ſes Evêques, chez le même.

26°. Hiſtoire du Pontificat de S. Grégoire le Grand ; à Paris, chez Claude Barbin in-4°.

27°. Hiſtoire du Pontificat de S. Léon, chez le même.

Ses ouvrages hiſtoriques ont été imprimés pluſieurs fois, & ont eu une aſſez grande vogue dans leur tems ; mais depuis ils ont été aſſez négligés. Tous les ouvrages hiſtoriques du P. Maimbourg, ont été imprimés à Paris en 16. vol. in 4°. & réimprimés plus d'une fois en différentes formes.

M. Bayle dans ſon Dictionnaire parlant de Louis Maimbourg, dit qu'il avoit un talent particulier pour écrire l'hiſtoire, qu'il y répandoit beaucoup d'agrément, pluſieurs traits vifs, & quantité d'inſtructions incidentes, qu'il y a peu d'hiſtoires, parmi ceux-mêmes qui écrivent mieux que lui, & qui ont plus de ſavoir & d'éxactitude, qui ayent l'adreſſe d'attacher le Lecteur autant qu'il fait.

Les Hiſtoires du P. Maimbourg, ſurtout celle du Calviniſme, ont été attaquées violemment par divers Auteurs, qui ont prétendu qu'elle étoit traitée avec trop de prévention & de chaleur. On peut voir le nom de ceux qui ont attaqué le P. Maimbourg, & les titres de leurs ouvrages dans le P. le Long de l'Oratoire, pag. 84. de ſon hiſtoire hiſtorique de la France.

MAIMBOURG (Théodore) frere du précédent, embraſſa la Religion prétenduë reformée, & pour juſtifier ſon changement, il écrivit à ſon frere une lettre qui fût imprimée en 1659.

On a de lui une réponſe ſommaire à la méthode du Cardinal de Richelieu, qui fut imprimée en 1664.

La même année Théodore Maimbourg rentra dans le ſein de l'Egliſe Catholique, lorſque le livre *de l'expoſition de la foi Catholique* parut, mais bien-tôt après il l'abandonna une ſeconde fois, & ſe retira en Angleterre, où il fût Précepteur d'un fils naturel du Roi Charles II. ce fût là qu'en 1682. il publia une réponſe *à l'expoſition de la foi Catholique* ; on dit qu'à la mort il déclara qu'il mouroit Socinien, &

qu'on ne pût lui faire changer de sentiment; il mourut à Londres vers l'an 1693. Voyez Bayle, article de Maimbourg.

MAIMBOURG (Jean) Lorrain de naissance, apparemment fils d'Erard Maimbourg, & frere de Louis & Théodore, Jean Maimbourg étoit contemporain du P. Nicolas Serron, il n'a publié aucun ouvrage, quoiqu'il fût fort en état de le faire. Voici ce que le P. Abram dit de ces deux savans hommes, ses amis, dans le Livre X. de son *Pharus*, vol. tritem. pag. 256.

„ Magnum uterque (*Nicolaus Serrarius,*
„ *& Joannes Maimburg*) Lotharingiæ lu-
„ men magnum eruditionis omnis orna-
„ mentum, magnum pietatis & Christia-
„ næ modestiæ decus. Ambo florentes in-
„ geniis, eruditi ambo, ambo in omnis
„ generis, aut horum assiduâ lectione ver-
„ sati, vel potius omnibus tum sacræ, tum
„ profanæ doctrinæ partibus absoluti atque
„ perfecti : ambo sacras litteras explanare
„ pares, & respondere parati . . . .

„ Alter scriptis in lucem publicam emis-
„ sis illustrior, alter ingenio par, erudito-
„ ne, virtutibus: hoc uno duntaxat infe-
„ rior quod adduci nunquam potuit, ut
„ ingenii doctrinæque suæ fœtus exprome-
„ ret, ac prælo mandari pateretur. Alter
„ erat *Nicolaus Serarius*, alter *Joannes Mem-*
„ *burgus*.

„ O qui complexus, & gaudia quanta
„ fuerunt.

„ O quam amaræ, dicam ! an suaves la-
„ crymæ per omnium oræ fluxerunt ; cum
„ iis ego gratularer, quod beatâ sancto-
„ rum morte defuncti non-vidissent Lo-
„ tharingiæ quondam suæ, vexationes,
„ clades, direptiones, incendia, quarum
„ vel sola commemoralis feras, etiam &
„ saxa commoveret. Illi vicissim Deo gra-
„ tias agerent immortales, qui suam illam
„ justissimam severitatem, ita lenitate &
„ misericordiâ temperavit, ut plurimos,
„ quos res secundæ miseriis æternis ad-
„ dixissent, his calamitatibus ad æternam
„ felicitatem adduxerit.

MAJORET (D. Laurent) Bénédictin de la Congrégation de S. Vanne, Profés de Moyenmoutier, né 6. Mai 1612. mort à S. Arnoû de Metz le 2. Novembre 1657. a fait imprimer le *Monument & Parfum, où Discours Funèbre des vertus de très haute, très illustre & très vertueuse Princesse, Madame Catherine de Lorraine, Abbesse de Remiremont, fait à Nancy aux honneurs funèbres qui lui furent rendues le 7. Avril 1648. en l'Eglise des Religieuses Benédictines de Notre-Dame de la Consolation par le R. P. D. Laurent Majoret, Benédictin de la Congrégation de S. Vanne & S. Hidulphe & Prieur de S. Vanne de Verdun: à Nancy, par Antoine Charlot, Imprimeur devant la Primatiale M. DC. XLVIII.*

MAIRE (Mr.) Médecin à Remiremont a composé quelques ouvrages sur les eaux de Plombières, qui n'ont pas été imprimés à part. Mais nous avons imprimé dans notre traité sur les mêmes eaux de Plombières, des remarques qui nous ont été communiquées par ledit M. Maire, & qui répandent beaucoup de lumières sur cette matière.

Le MAITRE (Rodolphe) Médecin, quoique cet Auteur soit François, nous lui donnons place dans cet ouvrage, à cause du long séjour qu'il a fait en Lorraine, & que d'ailleurs, on ne fait mention de ses ouvrages dans aucune Bibliographie, il a fait imprimer à Paris en 1627. une traduction de Tacite in-4°.

Il accompagna Gaston d'Orléans, frere unique du Roi Louis XIII. lors de son voyage en Lorraine ; & comme la peste qui régnoit alors dans ce Pays, exigeoit des secours pressans. M. le Maître fit réimprimer au Pont-à-Mousson en 1631. l'ouvrage suivant : *Le Préservatif des fièvres malignes de ce tems, par Rodolphe le Maitre, Conseiller, Médecin ordinaire du Roi, & premier Médecin des Enfans de France :* à Paris, chez la Veuve Abel 1616. in-16. Il y a fort peu de changement dans cette seconde édition ; mais comme il s'apperçut que la peste de Lorraine avoit un caractère différent de celle contre laquelle il avoit donné son préservatif, il en composa un second sous ce titre, *Conseils préservatifs & curatifs contre la peste, plus contre les picqures vénimeuses & ses poisons, par le Sr. le Maitre, Conseiller & premier Médecin de M. Frere unique du Roi :* à Epinal ; chez Ambroise, in-16.

MALCUIT (Louis) Avocat au Parlement de Paris, étoit Lorrain, il a fait imprimer en 1626. un in-4°. intitulé : *vera Jurisconsultorum Philosophia Authore Ludovico Malquitto J. C.* l'ouvrage est dédié à Charles IV. Duc de Lorraine, il n'y a point de nom, ni de l'Imprimeur, ni de la Ville.

MALDONAT (Jean) Jésuite célèbre, n'appartient à notre sujet, que pour avoir enseigné la Théologie au Pont-à-Mousson, où il fit imprimer ses Commentaires sur les 4. Evangiles ès années 1596. & 1597. je n'entre point ici dans le détail de sa vie, ni de ses autres ouvrages qui sont connus & estimés de tous les Savans. Le manuscrit original de sa Théologie, est entre les mains du R. P. Joseph Petitdidier, Jesuite à S. Nicolas près Nancy.

MAMERAN (Nicolas) né à Luxembourg, fit ses études à Emeric au Duché de Cleves, chez les R. P. de S. Jerome; il passa la plus grande partie de sa vie dans la Cour des Princes, & en particulier dans celle de l'Empereur Charles V. auquel il s'étoit rendu agréable par sa belle humeur & ses bons mots : il a composé quelques ouvrages.

1°. *Gratulatorium carmen in adventum Philippi Reg. Hisp. in Belgium*, en 1555.

2°. *Epithalamium ejusdem cum Maria Regina Angliæ.*

3°. *In nuptias Alexandri Farnesii Parmæ Principis.* Plantin in-4°.

4°. *De venatione carmen heroïcum.* Ce Poëme commence par ces mots : *Cum cuperam certas circum cava cornua caras*, & il continuë en commençant tous les vers de son Poëme par un C. à l'exemple du Poëte Hubalde, Moine de S. Amand, qui a fait l'éloge des Chauves dans son Poëme de *Calvitio*, dédié à Charles le Chauve, Empereur. Valere André dit qu'il se composa son Poëme à l'imitation du Poëte Calvus, & que tous les mots de son Poëme commençoient par un C. Je crois qu'il se trompe dans le nom de *Calvus*, au lieu de Hubaldus, & qu'il n'y avoit que le premier vers dont tous les mots commençoient par un C. pour les autres vers ils commençoient seulement par cette lettre ; je ne connois point de Poëte du nom de *Calvus* qui ait écrit de ces sortes d'ouvrages. *Synesius* qui a écrit l'éloge des têtes chauves, l'a fait pour se divertir, & a écrit en Grec.

5°. Mameran a aussi composé un Poëme intitulé *Bezola manus*, du Baise-main, imprimé à Cologne en 1550.

6°. *Strenam anno 1560. de asino Sancti Maximini Trevirensis cum Sancto Martino Archiepiscopo Turonensi Romam euntis, ab Urso devorato. Antuerp.* in-4°.

7°. *Descriptio metrica aquæductus, seu navigationis Burcellensis.* Cet Aqueduc a été achevé en 1561.

8°. *Historia de Electione Caroli V. Imperatoris.*

9°. *De bello Saxonico.*

10°. *Cæsaris iter sexennale per Germaniam.*

11°. *Catalogus nobilium Aulicorum ac Ducum exercitus Caroli V. Colonia, apud Henricum Mameram Nicolai fratrem* 1547. 1548. 1550.

12°. *Catalogus expeditionis rebellium Principum & Civitatum Germaniæ in expeditione*, en 1546.

13°. *De peregrinatione Jerosolimitana Johannis Hexii. Antuer.* 1565.

14°. *De hyeme anni* 1564.

15°. *Epistola de eo quod sanctus Petrus Romæ fuerit.*

16°. *De confessione tutis Sacerdotis auribus committenda*, en 1546.

17°. *Formula auspicandi finiendique diem certis precatiunculis. Antuerp.* 1553. Mameran a donné une Edition plus correcte de *Paschase Radbert.*

Sur la fin de sa vie, son esprit s'affoiblit; & après avoir diverti les Princes par ses bons mots & ses discours facetieux, il les divertit par ses extravagances ; il se qualifioit *la mamelle de Virgile*, & ne paroissoit point en Public, que couronné de laurier, parce qu'il avoit été couronné Prince de Poësie ; & il fit en cette équipage à Louvain, en présence d'une multitude d'Auditeurs que la nouveauté du spectacle y avoit attiré, une harangue en l'honneur de la mémoire ; mais malheureusement la mémoire lui manqua dans cette occasion : cette harangue fut imprimée à Bruxelles in-4°. en 1561. je ne trouve pas l'année de sa mort ; le P. Bertholet la met en 1550. mais il se trompe.

MAMERAN (Henry) frere de Nicolas, dont nous venons de parler, étoit comme lui de Luxembourg, il étoit Poëte, & avoit l'esprit cultivé par les belles Lettres. Il étoit aussi Imprimeur. Nous avons de lui quelques ouvrages imprimés par lui-même à Cologne, où il faisoit sa demeure.

1°. *Gratulatorium carmen in Philippi Regis Angliæ, &c. adventu in Germaniam anno* 1549. *in Angliam an.* 1554. *in Belgium an.* 1555.

2°. *Epithalamium nuptiarum ejusdem cum Maria Anglia Regina : Coloniæ, apud Jacob. Loter* 1555. in 4°.

3°. *Strenam Calend. Januarii, anni* 1556. *carmine conscriptam de Leone & Asino.*

4°. *De prisca moneta, libellus ab Autore, anno* 1551. *Typis editus.* Voyez Valere André, Bibliot. Belg. p. 362. la plupart de ces traités sont aussi à *Nicolas Mameran*, frere de Henry.

MAMERTIN (Claude) Auteur du Panégyrique de Maximin Hercules, on croit avec raison que Mamertin étoit natif de Tréves ; il y a prononcé les deux Panégyriques que nous avons de lui, il s'exprima comme étant du Pays : en parlant du Rhein, il le nomma notre fleuve, *fluvius hic noster*, je n'ai rien à ajoûter à ce que dit de cet Auteur le R. P. D. Antoine Rivet dans son Histoire Littéraire de France tom. 1. pag. 417. & suivantes. On a aussi deux Panégyriques d'un Anonime, prononcés en l'honneur du Grand Conſtantin, & imprimés avec les anciens panégyriſtes de l'Empereur; on croit que cet Anonime étoit de Tréves ou des environs, & que probablement il étoit diſciple de Claude Mamertin & Panégyriſte ordinaire du Grand Conſtantin. Voyez D. Rivet. Hiſt. Litt. de France tom. 1. Partie 2. p. 50. 51. Il prononça les deux Panégyriques que nous avons de lui, dans la Ville de Tréves l'un en 307. & l'autre en 313.

MAMERTIN (Claude) fils du premier, naquit apparemment à Tréves, où son Pere profeſſoit l'Eloquence; environ 6. ou 7. ans avant que celui-ci parut, l'Empereur Julien qui l'eſtimoit beaucoup, l'éleva aux premieres Charges de l'Empire, le fit Tréſorier-Général de ſon Epargne en 361. Préfet du Prétoire d'Illyrie, & enſuite d'Italie & de l'Affrique, & l'Empereur Valentinien I. qui ſuccéda à Julien, le conſerva dans ces trois Préfectures. Julien le fit Conſul en 362. & le premier de Janvier de cette année, Mamertin entra dans le Conſulat, prononça à Conſtantinople, en préſence de cet Empereur, l'Eloge qu'il lui avoit préparé: cette Piéce eſt imprimée avec les autres anciens Panégyriques qui nous reſtent.

MAME's (Colin) *Coutumes Générales du Bailliage de Baſſigny*, imprimées au Pont-à-Mouſſon 1607. in-4°.

MANGEART (D. Thomas) Religieux Benédictin de la Congrégation réformée de S. Vanne, né à Metz le 17. Septembre 1695. d'une famille honnéte, originaire de Roziéres-aux-Salines, fit profeſſion dans l'Abbaye de S. Evre les Toul, le 21. Décembre 1713. deſtiné par ſes Supérieurs à la Prédication, il s'aquitta de ce Miniſtere dans les principales Villes du Pays.

M. Evêque de Toul lui ayant témoigné ſouhaiter qu'il donnât au Public un octave de ſermons des Morts ou ſur le Purgatoire, qu'il avoit prêché plus d'une fois; il l'a fait imprimer à Nancy en 1739. avec un Traité Dogmatique & Critique ſur la même matiére, le tout en deux Volumes in-8°. imprimé chez Antoine Leſeure, à Nancy.

En 1747. il obtint de ſes Supérieurs la permiſſion de ſe rendre à Vienne auprès de S. A. R. Mgr. le Prince Charles Alexandre de Lorraine, Gouverneur du Pays-bas, qui avoit pour lui une confiance & une bonté particuliére, & qui l'avoit employé à faire la recherche de Médailles & de Piéces antiques, pour lui former un Cabinet; en quoi il a ſi heureuſement réuſſi qu'en 1750. il avoit déja enrichi ce Cabinet de ſix cent Piéces gravées, & de plus de 15000. Médailles, tant en Or qu'en Argent, & en Bronze, entre leſquelles il s'en trouve de très rares; entre autre un Médaillon de l'Empereur Pertinax du poids de 20. Ducats, trouvé en Tranſylvanie. Il continué ſes recherches avec ſuccès, & augmenté de jour en jour le Cabinet du Prince, qui l'a décoré des titres d'Aumonier, Antiquaire, Hiſtoriographe, Conſeiller & Bibliothéquaire.

Etant à Vienne en 1748. il obtint par la faveur de l'Empereur François I. un des oſſemens de S. Léopold, Empereur, pour l'Abbaye de S. Léopold de Nancy, qui juſqu'alors n'avoit eu aucune Relique de ſon Patron.

MANGEOT Architecte de S. A. R. Léopold I. étoit originaire de Nancy; étant à Rome, il y paſſa pour le plus grand Deſſinateur de ſon tems, mais il étoit impoſſible d'exécuter ſes deſſeins de Bâtimens, à cauſe de leur grandeur, on voit peu de ſes ouvrages à Nancy, il eſt mort vers l'année 1739.

La Fontaine de la Carriére de Nancy, eſt de ſon deſſein, elle avoit été d'abord poſée ſur la place de Gréve de Nancy en 1731.

Il donna le plan du Catafalque que la Ville de Nancy fit faire pour les obſéques de Léopold I. & il conduiſit tous les ouvrages en ce qui concernoit ſon Art; il donna auſſi les deſſeins du Temple de la Paix pour les réjouïſſances du Mariage de S. A. R. François III. aujourd'hui Empereur avec l'Archiducheſſe Marie Théréſe; il en a gravé la planche conjointement avec M. Jacquart.

MANSFELD (Charles de) natif (*d*) de Luxembourg, fils naturel de Pierre Erneſt, Comte de Mansfeld, qui l'engendra âgé de plus de 90. ans. Charles de Mansfeld étudia à Louvain, & y devint habile Philoſophe, Théologien & Juriſconſulte. Il prit les dégrés de Licence dans l'un & dans l'autre Droit à Louvain le 29 Janvier 1614.

Etant alors Aumonier des Princes Albert & Iſabelle & Chanoine de Ste. Gudulle de Bruxelles, dont il fut dans la ſuite Doyen & Conſeiller d'honneur au Conſeil Royal de Luxembourg, & enfin Lieutenant Général de l'Armée de Flandre; il a compoſé divers ouvrages.

1°. *Paratitla Decreti, ſeu de Jure ſacro in*

(*d*) Valere André Bibliot. Belg. pag. 124.

genere,

genere, *Deq. Ecclesiasticorum moribus & officiis.* Lovan. 1616. in-8°.

2°. *Utriusque juris concors discordia.* Luxembourg. 1619. in 8°.

3°. *Exercitatio Civilis ad regulas Juris*, in-4°. *ibid.* 1626.

4°. *Cœnobitica seu de Canonicorum vitâ & origine.* Luxemb. 1625. in-8°.

5°. *Exercitatio Civilis ad breve Apostolicum Urbani VIII. de constitutione & potestate delegati Apostolici in militia Belgica Regii exercitus.* Bruxel 1638. in-8.

6°. *Sacerdotis breviculum venerationi cleri sacrum.* Bruxel 1642. in 12.

MANSFELD (Pierre Ernest) Comte de Mansfeld, Gouverneur de Luxembourg, homme Savant & curieux, ramassa des monumens antiques de toute part & à grands frais, & les rassembla dans ses jardins qui sont joints au Palais qu'il avoit au Fauxbourg de la Ville de Luxembourg; ces jardins sont des plus magnifiques. Le R. P. Alexandre Vitthem qui les a vu, a donné l'explication des antiques qui s'y trouvent, dans son ouvrage manuscrit, intitulé *Luxemburgica.* Voici l'Inscription qu'on lit au dessus du Portique du Palais de M. Pierre Ernest de Mansfeld.

„ Gubernator Ducatus Luxemburgici
„ Et Comitatus Chinii,
„ Eques aurei velleris,
„ Regii exercitus Mareschallus,
„ Concilii status Senator,
„ Postquam annos LVI. Ministerio
„ Invictorum & Augg. Principum
„ D. Caroli V. Cæsaris & Philippi
„ Regis Catholici deserviviset,
„ Cùm jam indè à bello Affricæ ad Tunetum,
„ Quo primo militarat,
„ Omnibus penè imposterum expeditionibus,
„ Conflictibus, Urbium expugnationibus interfuisset,
„ Indeque Belgio domesticis motibus turbato
„ Constantem in omnem partem, suam Cæsari
„ Ac Regi fidem comprobasset, ac varios
„ Amplissimarum dignitatum honores
„ Belli atque Pacis omnia administrasset,
„ Ad supremam inde à Rege
„ Catholico totius Belgii, Burgundiæque Præfecturam
„ Accersitus accepisset;
„ Hos fontes atque ædes
„ Excisâ rupe, valle complanatâ.
D. O. M.
„ Regi Domino suo,

„ Quibus mortales atque immensas agit gratias,
„ Suæque precatur senectutis Tranquillitati
„ D. D. anno M. D. XC.

MANSIAUX dit Chevallier (Louis & Nicolas) fils de Jean-Baptiste Mansiaux, natif de Saintray, proche Vezelize, ont fait divers ouvrages en marbre de composition, comme une sale à la Malgrange, & une à Einville, de même qu'à Lunéville & à Chantcheux, ils ont fait à M. le Prince d'Elbœuf une Chapelle à Gondreville, & ont eu l'honneur d'être demandé de M. le Duc de Chartres, pour travailler dans son Château de S. Cloû, où ils ont fait plusieurs Piéces; ladite composition s'étend jusqu'à faire des Colomnes de 20. à 30. pieds de haut, sans fer ni bois, tout d'un seul morceau, comme aussi d'autres morceaux en Tableaux, qui représentent la peinture, sculpture, figure & ornement; le contenu de ladite composition est tel que l'on la travaille au grais & à l'eau, & que toutes les veines & figures sont dedans comme dehors, & a autant de durée que le mur.

Louis Mansiaux a fait le Sanctuaire de l'Eglise de S. Diez, qui a été achevé & posé en l'année 1748. il travaille actuellement dans l'Eglise de Notre-Dame de Bon-Secours, faubourg de Nancy : l'ouvrage est des plus considérable.

MANSUY (Nicolas) né à Marat, Prévôté de Bar-le-Duc, le 7. Octobre 1690, embrassa l'Institut de Prémontré à Ste. Marie de Pont-à-Mousson le 19. Août 1708. & y fit ses vœux le 24. Juin 1710. fut fait Lecteur de Philosophie en l'Abbaye de Belval en 1713. & Lecteur de Théologie à Mureau en 1717. Il enseigna encore les années suivantes en d'autres Maisons de son Ordre, il fût fait Curé de Richemont, Diocèse de Metz en 1725. il y demeura jusqu'en 1736. qu'il résigna sa Cure, & rentra dans l'Abbaye de Justemont, d'où son Benefice dépendoit; il fût pourvu en 1745. du Prieuré de S. Jean l'Evangeliste de Fontois, qu'il possède en titre encore aujourd'hui.

Il donna en 1725. une Edition du Breviaire de l'Ordre de Prémontré, divisé en 2. Parties in-4°.

En 1727. il refondit le Processionnal ancien de son Ordre avec quelques additions & corrections.

En 736. il a rédigé & corrigé le Missel de Prémontré avec un Epistolaire in-fol.

En 1738. ayant fait approuver par le

Chapitre général une Compilation Méthodique des Cérémonies de son Ordre, il l'a donna en 1739. sous ce titre : *Ordinarius sive Liber Cæremoniarum ad usum Canonici Ordinis Præmonstratens.* in-8°.

En 1741. il eut la direction d'une nouvelle Edition de Breviaire in-4°. en 2. & 4. Parties, à la tête duquel, il a mis un Opuscule de sa façon intitulé : *Calendarii Ecclesiastici Theoria & Praxis*, & un autre Opuscule intitulé : *Rubricæ generales*, &c.

En 1746. il a publié par ordre de M. Bruno Récourt, Abbé Général de Prémontré : *Ordo perpetuus & generalis Divini Officii recitandi & Missarum celebrandarum juxta rubricas Breviarii, Missalis & Ordinarii Canonici Ordinis Præmonstratensis in 7. sectiones distributus : Virduni, apud Petrum Perrin* M. DCC. XLVI. in-4°. on trouve l'éloge & le précis de cet ouvrage dans la Clef du Cabinet de Luxembourg, au mois de Juin 1746.

Le même Auteur a encore en main un manuscrit qu'il a intitulé : *Explication du Calendrier Ecclesiastique en françois*, qui pourra servir d'Almanach perpétuel pour l'ancien & le nouveau stile.

Il vient d'achever un essay de Logique, sous le titre *De Philosophia rationalis*, qui poura donner un volume in-12.

Il a fait annoncer dans la Clef du Cabinet de Luxembourg Novembre 1749. une dissertation sur les années & époques de l'ancien Testament, où il prétend redresser plusieurs écarts des Chronologistes. Et dans le mois de Décembre même année, une démonstration que 155. années Juliennes & 21. jours se sont écoulés depuis la prise du premier Temple exclusivement, jusqu'à la prise du second inclusivement. Il y a dans ces Théoremes beaucoup de détail de Chronologie & de Supputation, qu'il faut voir dans l'original.

MARECHAL (D. Bernard) Benédictin de la Congrégation de S. Vanne, Profès de l'Abbaye de S. Airy de Verdun, le 26. Juillet 1721. a composé & fait imprimer un ouvrage important, intitulé , *Concordance des Saints Peres de l'Eglise Grecque & Latine , où l'on se propose de montrer leurs sentimens sur le Dogme , la Morale & la Discipline, &c.* à Paris, deux Volumes in quarto , chez Pierre Emery, & Jacques Vincent 1739. avec approbation & privilége.

Quelque précaution qu'ait prise D. Bernard Maréchal, pour ne faire ombrage à personne , il n'a pas laissé d'être inquiété par certaines gens , qui ont crû voir dans son ouvrage des sentimens qu'ils n'approuvoient pas. L'Auteur leur a répondu , & s'est justifié dans une Lettre qui a été imprimée.

MARECHAL (Claude) qui s'est caché sous le nom de *Gabriël de la Cour*, Chanoine de S. Diey , & Agent du Duc Charles IV. de Lorraine en Cour de Rome, a écrit pour soutenir les droits & la conduite de ce Prince envers la Duchesse Nicole son épouse.

MARECHAL (Nicolas) Ingénieur natif de S. Mihiel, eut la conduite des Fortifications de la Ville-neuve de Nancy , ordonnées par le Grand-Duc Charles III. Ces Fortifications ont passé en leur tems pour les plus belles & les plus régulieres de l'Europe ; & l'on assure qu'elles ont coûtées quatorze cens mille francs Barrois ; ce qui faisoit alors une somme immense .M. du Plessis , Histoire de Lorraine , liv 4. ch. 32. dit qu'elles coûterent trois ou quatre millions d'or ; ce qui montre , d'un côté , la richesse & la puissance du Duc Charles III. & de l'autre , l'adresse & l'habileté de Maréchal. Voyez l'Histoire de Lorraine. Nicolas Maréchal fut annobli par Charles IV. le 10. Janvier 1634.

MARCHE (Guillaume de la) Fondateur du Collége de la Marche à Paris , mérite de trouver place dans cet ouvrage , destiné à conserver la mémoire des Lorrains qui se sont distingués par leur mérite , leur piété , leur science & leurs belles actions. Dès l'an 1362. Jean de la Marche (*e*) , ainsi nommé du lieu de sa naissance dans le Barrois , au Diocèse de Toul , Doyenné de Vitel , oncle ou frere de Guillaume de la Marche , avoit loüé l'ancien Collége de Constantinople , occupé alors par un seul Bourcier , nommé Jean de Navarre. Guillaume de la Marche, neveu ou frere de Jean, entra dans les conditions du Bail de ce Collége , passé au profit de son frere ou de son oncle , en 1362. à charge d'en rendre tous les ans vingt livres Parisis , qui devoient être employées aux réparations de la Maison du Collége, presque entierement ruinée.

Au bout de neuf ans, le Bail étant expiré, l'Université donna en Bail amphithéotique, le Collége de Constantinople fondé par Pierre (*f*) , à Guillaume de la Marche, Maître ès Arts & Bachelier en Droit , qui s'obligea d'en rendre annuellement vingt livres Parisis , qui devoient être distribuées à des pauvres Ecoliers de l'Université.

(*e*) Jean de la Marche fut choisi Recteur de l'Université de Paris le 24. Juin 1358.

(*f*) Pierre, apparement Archevêque de Constantinople , *in partibus infidelium*; car je ne trouve aucun Archevêque de Constantinople du nom de Pierre. Voyez *Voiville* cy-après Jean Patriarche de Constantinople , Administrateur de l'Evêché de Paris.

Guillaume de la Marche avoit été élû Procureur de la Nation Françoise au mois de Janvier 1362. il exerça cet emploi jusqu'en Avril 1363. Il fut de nouveau choisi Procureur le 8. Février 1365. (g). Après cela, il se fit recevoir Licencié en Droit Canonique, & exerça la profession d'Avocat dans la Cour Ecclésiastique, où il gagna de très grands biens, qu'il augmenta considérablement par la succession de son frere, qui mourut vers le même tems. Cela le mit en état d'acheter le Collége de Constantinople, où il établit un Principal, un Procureur, un Chapelain & des Boursiers. Ils demeurerent d'abord, non dans le Collége de Constantinople; mais dans une Maison qu'il avoit dans la ruë de sainte Geneviéve. Cette Maison fut nommée le Collége de la Marche.

Guillaume étant mort en 1420. Beuve, fils de Dominique, natif de Voinville en Lorraine, pas loin de S. Mihiel, Diocése de Verdun, Maître ès Arts & Licencié en Droit, Exécuteur du Testament de Guillaume de la Marche, acheta des Abbés & Religieux de S. Vincent de Senlis, quelques Maisons situées assez près de la Place Maubert, où il fit bâtir le Collége de la Marche, du nom de son Fondateur & principal bienfaiteur; Guillaume de la Marche, qui légua la meilleure partie de ses biens, pour l'entretien d'un Principal, d'un Procureur & de six pauvres Ecoliers, dont quatre devoient être tirés de la Marche, lieu de sa naissance, deux autres de Roziéres-aux Salines, près S. Nicolas, dont il avoit été Curé. Beuve de Voinville, à son imitation, y fonda aussi six Boursfes & un Chapelain.

Guillaume de la Marche, que l'on qualifie Chanoine de Toul, mourut au mois d'Avril 1420. & fut enterré à l'Abbaye de S. Victor à Paris; & Beuve de Voinville mourut dans son Collége le 8. Avril 1432. & fut enterré au Chœur des Carmes de la Place Maubert. Tels furent les commencemens du Collége de la Marche, qui subsiste aujourd'hui à Paris, & où l'on entretient toujours le nombre de Boursiers Lorrains, désiré par les Fondateurs. Voyez cy-après *Voinville*.

MARCOURT (Everard) Général des Jésuites, tire son origine de Marcourt dans le Luxembourg, dont il étoit natif. Il succéda en 1573. à François Borigia. Marcourt étoit un Religieux d'une sagesse consommée & d'une modestie exemplaire. Il travailla à ramasser à réduire en un Corps les Constitutions de la Société composées par S. Ignace; il réduisit aussi à certains Chapitres, tant les Régles communes, que particulieres pour chaque emploi. On trouve encore les avis qu'il donnoit à ceux qui le consultoient, pour son gouvernement & les grandes choses qu'il fit en sa qualité de Général; on peut les voir dans l'Histoire de la Société. Il envoya de ses Religieux dans les Indes, dans la Chine, dans le Jappon, en Afrique, en Egypte, en Transylvanie, en Suéde & ailleurs. Il mourut le premier Août 1580. âgé de 66. ans, après huit ans de gouvernement. Il se prépara à la mort par la réception des Sacremens de l'Eglise, & expira tranquillement, après avoir reçu la bénédiction du Souverain Pontife.

MARETS (Henry des) fort différent de *Marin des Marets*, Ordinaire de la Musique de la Chambre du Roi, pour la Viole, mort à Paris le 15. Août 1728. (h), & de *Jean des Marets de S. Sorlin*, Conseiller du Roi, Controlleur-Général de l'extraordinaire des Guerres, mort à Paris le 28. Octobre 1676. Celui dont nous voulons parler ici, se nommoit *Henri des Marets*, & n'appartient à notre sujet, que par sa qualité de Surintendant de la Musique de S. A. R. Leopold I. Duc de Lorraine. Il fut élevé Page de la Musique du Roi; & fit en peu de tems de si grands progrès dans la Musique, qu'étant à peine âgé de 20. ans, il disputa pour le concours d'une des quatre places de Maîtrise de la Musique de la Chapelle du Roi en 1683. Le Motet qu'il fit chanter devant Loüis XIV. parut un des plus beaux des quatre qui furent exécutés; mais M. des Marets se trouvant trop jeune pour remplir une de ces places, le Roi lui accorda une pension de neuf cens livres, qui étoit la valeur des appointemens de chacun des quatre Maîtres de la Musique nouvellement reçus.

Le Roi ayant sû que des Marets étoit Auteur des Motets que Goupillet, Maître de Musique des Motets, chantoit à la Cour, renvoya Goupillet, avec son Canonicat & sa pension de neuf cens livres qu'il lui fit continuer, avec ordre de ne plus paroître à la Cour.

Des Marets ayant formé le dessein d'aller en Italie, pour connoître le goût de la Musique Italienne, & pour se perfectionner de plus en plus dans son art, Lulli en étant averti, pria le Roi de l'empêcher, disant que des Marets avoit un excellent goût pour la Musique Françoise, & qu'il couroit risque de le perdre, s'il alloit en Italie: sur quoi il reçut ordre de rester en France.

S'étant marié à Paris à la Demoiselle Eli-

(g) *Hist. Universit. Parisiens. tom. 4. p.* 959.
(h) Titon du Tillet, Parnasse François, Suppl. pa. ges 754. 755.

fabeth des Prés, qu'il perdit au bout de cinq ou six ans, il prit une seconde alliance à Senlis vers l'an 1700. & épousa Marie-Marguerite de S. Gobert, fille du Président de l'Election, avec laquelle il se maria, du consentement de la mere & de la Demoiselle, sans avoir pû obtenir celui du pere, qui le poursuivit en Justice, & le fit condamner à mort au Châtelet, comme coupable de séduction & de rapt. Il n'eut que le tems de se sauver à Bruxelles.

Par le moyen de ses amis, il obtint une Lettre de recommandation de Monseigneur le Duc de Bourgogne au Roi d'Espagne, qui lui donna la Surintendance de sa Musique. Il l'exerca pendant quatorze ans avec beaucoup de distinction; mais l'air d'Espagne contraire à la santé de sa femme, l'obligea à en sortir; & par les recommandations de ses amis, il fut recu Surintendant de la Musique de S. A. R. le Duc Leopold I.

Le premier voyage que Loüis XIV. fit à Ramboüillet chez M. le Comte de Toulouse, où il passa huit jours, Mathio fit exécuter, aux Messes, les Motets de des Marets, sans en avertir Sa Majesté; quoiqu'il y eût près de 20. ans que ce Prince ne les eût entendus, il les reconnut & en fit l'éloge. Les Princes & les Seigneurs saisirent cette occasion, pour demander à Sa Majesté la grace de des Marets; il leur répondit que personne n'y perdoit plus que lui; mais qu'il avoit juré de ne point accorder de grace pour le crime dont il étoit accusé; & les refusa.

En l'année 1722. pendant le tems de la Régence, on examina au Parlement l'affaire qui avoit obligé des Marets de quitter le Royaume. Il y gagna son procès, & son mariage fut déclaré valable. En cette même année, S. A. R. Monseigneur le Duc d'Orléans, pour lors Régent du Royaume, lui fit augmenter sa pension de neuf cens livres, jusqu'à quinze cens, laquelle jointe aux bienfaits & pensions qu'il recevoit de la Cour de Lorraine, le mirent en état de joüir d'une vie aisée & tranquille.

Des Marets a laissé trois enfans; savoir, de son premier mariage avec la Demoiselle des Prés, une fille morte à Lunéville le 19. Août 1742. & de son second mariage avec Mademoiselle de S. Gobert, Léopold des Marets, Lieutenant du Régiment d'Heudicourt, Cavalerie, mort en 1750. & François-Antoine, Président en l'Election de Senlis, charge que possédoit son grand-pere maternel. Il est dépositaire de plusieurs Motets, & autres morceaux de Musique de son pere, qui sont dignes de l'impression ou de la gravûre. Leopold des Marets étoit bien capable de faire ce présent au Public; il savoit joindre les qualités de l'homme de guerre, & d'une société aimable, à de très grands talens pour la composition de la Musique, & pour l'exécuter sur le Clavessin d'une excellente maniere.

Voici le Catalogue de ses ouvrages imprimés,

1°. *Didon*, Tragédie en cinq Actes, paroles de Madame de Saintonge, représentée en 1693.

2°. *Circé*, Tragédie en cinq Actes, paroles de Madame de Saintonge, 1694.

3°. *Théagene & Cariclée*, Tragédie en cinq Actes, paroles de Duché, 1695.

4°. *Les Amours de Momus*, Ballet en trois Actes ou Entrées, paroles de Duché, même année.

5°. *Venus & Adonis*, Tragédie en cinq Actes, paroles de Rousseau, 1697.

6°. *Les Fêtes galantes*, Ballet en trois Entrées, paroles de Duché, 1698.

7°. *Iphigenie en Tauride*, Tragédie en cinq Actes, paroles de Duché, 1704.

8°. *Regnaud* ou *la suite d'Armide*, Tragédie en cinq Actes, paroles de Pellegrin, 1722.

Il est aussi Auteur d'une Idille sur la naissance de Monseigneur le Duc de Bourgogne, qu'il avoit mise en Musique dès l'année 1682. L'Opéra d'Iphigénie est regardé comme un des plus parfaits, qui ait paru sur le Théatre. Il est vrai que Campra, un de nos plus grands Musiciens, l'a retouché en quelques endroits, & y a fait des augmentations assez considérables, qui lui ont donné sa derniere perfection; & qu'il a rendu un grand service à des Marets, qui étoit dans l'affliction de la perte de son procès au Châtelet, dans le tems qu'il étoit prêt de finir son Opéra, & d'y donner la derniere main: ce que Campra a fait avec un grand succès.

MARGUERITE de Lorraine (*i*), fille de Ferry II. du nom, Comte de Vaudémont, fils du Comte Antoine de Vaudémont & d'Iolande d'Anjou, fille du Roi René I. Marguerite épousa le 14. Mai 1488. René Duc d'Alançon Comte de Perche, Vicomte de Beaumont, Seigneur de la Flèche, Poüance, Verneüil & Daufronc, dont elle eut un fils & deux filles; le fils, fut Charles Duc d'Alençon, qui épousa Marguerite d'Orléans ou de Valois, sœur du Roi François I. Charles Duc d'Alençon mourut à Lyon en 1525. sans laisser d'enfans. La fille aînée de Marguerite de Lorraine, Duchesse d'Alen-

---

(*i*) Le P. Jerôme de Coste, Hist. Cathol. livre 4. p. 778.

çon, fut Françoife d'Alençon, laquelle époufa François d'Orléans II. du nom, Comte de Dunois, & premier Duc de Longeville. La feconde fille de Marguerite, fut Anne d'Alençon, qui époufa Guillaume Paléologue VIII. du nom, Marquis de Montferrat.

La pieufe Princeffe Marguerite de Lorraine éleva le Prince fon fils, & les Princeffes fes filles, d'une maniere proportionnée à leur naiffance, & dans de grands fentimens de Religion & de pieté. Le Duc René d'Alençon fon époux, étant decedé la quatriéme année de leur mariage, elle fuivit avec une ferveur nouvelle fon attrait pour les exercices de pieté & pour la retraite, fe retirant fouvent dans une Maifon de Religieufes de fainte Claire, qu'elle avoit fondée à Argenten, avec le confentement du Duc fon époux, & où elle avoit fait venir des Religieufes du Couvent de l'*Ave Maria* de Paris.

Marguerite n'avoit point de plus grande confolation, que de converfer parmi ces faintes filles, de fuivre leurs exercices de nuit & de jour, & de s'occuper à la lecture des vies des Saints, fur-tout de ceux qui s'étoient le plus diftingués par leurs libéralités envers les pauvres; comme, S. Jean l'Aumônier & fainte Elizabeth de Hongrie, dont elle fe faifoit gloire d'imiter la charité, diftribuant de fes propres mains fes Aumônes aux pauvres de fes Terres, nettoyant leurs ulcéres, les fervant à table, panfant leurs plaies, fans témoigner le moindre dégoût, ni la moindre répugnance.

Dès qu'elle eût mis ordre aux affaires de fa Maifon, & à l'établiffement du Duc fon fils & des Princeffes fes filles, elle fe retira dans le Couvent de fes bonnes Religieufes de fainte Claire, fe revêtit de l'habit de leur Ordre, en préfence du Duc d'Alençon fon fils, & de l'Evêque de Sées; mais, en prenant l'habit, elle déclara qu'elle ne prétendoit pas s'engager alors à garder la pauvreté plus qu'auparavant, pour trois raifons; la premiere, pour fe conferver en état de récompenfer fes ferviteurs & domeftiques, felon les fervices qu'ils lui avoient rendus; la feconde, afin qu'elle pût acquitter les dettes de fon mari, qui pouvoient n'être pas payées; la troifiéme, pour pouvoir achever de bâtir & d'accommoder le Monaftere, où elle vouloit vivre & mourir. Elle prononça fes vœux en 1520. en même tems que fa belle-

sœur Philippe de Gueldres (*k*), époufe du Duc René II. & Reine de Sicile, embraffa la même Régle au Couvent de fainte Claire au Pont-à-Mouffon.

La pieufe Ducheffe d'Alençon avoit fondé à la Fléche un Couvent de Cordeliers, & avoit fait venir de Picardie des Religieufes Tiercieres de S. François, dites autrement les Sœurs de fainte Elizabeth de Hongrie, qu'elle logea au commencement en l'Hôpital de Mortagne, où ces Religieufes Hofpitalieres, fuivant leur Inftitut, affiftoient les malades.

Cette Religieufe Ducheffe mourut à Argenten munie de fes Sacremens le 2. Novembre 1521. La veille de fa mort, qui étoit le jour de la Touffaints, elle fe fit encore porter à l'Eglife, pour entendre le Sermon & affifter aux Vépres; mais étant tombée en foibleffe, on la reporta dans fa chambre, où, après avoir fait de vives exhortations à fes Religieufes, & répondu aux prieres, pendant qu'on lui adminiftroit l'Extreme-Onction, elle rendit fon efprit à Dieu; laiffant de grands exemples de vertu, de charité, de mépris du monde, & de la plus folide dévotion.

MARIN, Moine de S. Maximin de Tréves, & Directeur des Ecoles de cette Abbaye, étoit en réputation d'un des plus habiles hommes de fon fiécle (*l*).

Il gouverna long-tems les Ecoles de fon Monaftere, & forma grand nombre de fes Confreres dans la parfaite connoiffance des Ecritures. Il mourut en 999. & laiffa divers monumens de fa grande capacité. Trithéme en a vû grand nombre, comme huit Livres fur la Genéfe, un Livre fur le Lévitique, trois Livres fur l'Apocalypfe, un Livre fur le Cantique des Cantiques, un Livre fur l'Evangile de S. Jean, un Livre des Régles de Grammaire, deux Livres fur les mefures des Vers; un fur la quantité des fyllabes, & quelques autres ouvrages inconnus à Trithéme.

MARION (Albert) Prémontré de l'étroite obfervance, né à Hatton-Châtel le 28. Octobre 1685. après avoir fait fes études d'humanités dans l'Univerfité du Pont-à-Mouffon, il prit l'habit de Prémontré dans la même Ville, âgé de quinze ans & demi. Après fa profeffion il fut envoyé à l'Abbaye de l'Etanche près de Hatton-Chatel fa patrie, où l'on crut qu'il pourroit fortifier fa fanté, qui étoit fort foible. On le tranfféra de là à Riéval, en qualité de Procureur; & enfin à la Cure de Sanfei, dont il prit poffeffion en 1712. Il fe fit connoître à fon Evêque en

---

(*k*) Philippe de Gueldres prit l'habit de fainte Claire au Pont-à-Mouffon le 8. Septembre 1519. & fit profeffion le 9. Septembre 1520.

(*l*) *Trithem. Chronic. Hirfaug.* anno 999.

1721. à l'occasion d'une question qui fut agitée ; savoir, si, par les Indulgences du Jubilé, toute la peine désignée par les saints Canons est remise, ou seulement le reste de la pénitence que le pénitent ne peut accomplir, eû égard à la durée de sa vie : par exemple, un homme a commis une faute, qui est condamnée par les Canons à cinq ans de pénitence ; cet homme n'a que quatre ans à vivre, le Jubilé lui remet-il tous les cinq ans, ou seulement la cinquième année, qu'il n'a pas eu le loisir d'accomplir ; il fit une dissertation, pour prouver la négative en faveur de l'Indulgence.

En 1725. il fit graver par le sieur Ferdinand de S. Urbain, un beau Médaillon en l'honneur de S. A. R. Leopold I. à l'occasion de la construction des nouveaux Ponts & grands Chemins, que ce Prince avoit depuis peu ordonnés dans ses Etats. Il la présenta à S. A. R. elle étoit accompagnée d'une Dissertation dédicatoire & d'une explication savante ; l'une & l'autre ont été imprimées.

En 1739. au mois d'Octobre, il donna au Public un Ouvrage de 35. feüilles in-4°. intitulé, *L'Abbé Régulier sacré Evêque in partibus infidelium*, ou Traité, dans lequel on examine l'état d'un Abbé Régulier après sa consécration Episcopale : il est imprimé chez Chevallier à Luxembourg.

Cet Ouvrage vit le jour à l'occasion d'une question, qui avoit été agitée dans l'Abbaye d'Etival, du vivant de M. Hugo, Evêque de Ptolémaïde ; savoir, si ce Prélat devoit être consideré, après sa promotion à l'Episcopat, comme Supérieur spirituel, régulier & immédiat de la Communauté d'Etival, ou bien, si la supériorité en étoit dévoluë de droit au Prieur claustral. Le P. Marion prend le premier parti ; mais son sentiment a été fortement combattu, comme on peut le voir dans l'Extrait que les Auteurs des Mémoires de Trévoux du mois d'Octobre 1741. en ont donnés, pag. 1756. art. 83.

Dans la Clef du Cabinet de Luxembourg, an. 1739. Octobre, p. 239. on lit une Lettre qui sert de Préface à cet Ecrit.

Il entreprit ensuite un autre Ouvrage, intitulé, *Preuve & prérogative de la Juridiction ordinaire du R. P. Vicaire Général de la Congrégation de l'étroite observance de l'Ordre de Prémontré*. Il montre que le R. P. Vicaire Général y exerce seul cette Juridiction, hors le tems du Chapitre Général. Il répand dans cet Ouvrage beaucoup de lumiere sur la maniere dont cette Congrégation doit être gouvernée. Cet ouvrage est demeuré manuscrit entre les mains de plusieurs Supérieurs. Il a été attaqué par quelques-uns ; mais le R. P. Marion y a amplement répondu par un autre Ecrit, sous ce titre, *Addition app. log tique aux preuves & prérogatives, &c.*

Un savant Abbé de la Congrégation lui ayant proposé plusieurs doutes & difficultés critiques sur son Ouvrage, il y satisfit par un Ecrit intitulé : *Réponses aux remarques critiques de M. l'Abbé ...... sur les preuves & prérogatives de la Juridiction ordinaire du R. P. Vicaire Général de la Congrégation réformée de l'Ordre de Prémontré.*

Le Pere Marion a travaillé à un autre ouvrage important, intitulé, *La Manse Abbatiale*, dont il prétend faire voir les abus.

Un ouvrage sur la Juridiction Abbatiale, *Sede vacante*, qui n'a pas encore vû le jour, non plus qu'un autre intitulé : *Question Theologique sur la sanctification du Dimanche : An vacare à servilibus diebus Dominicis, sit ex præcepto divino vel ecclesiastico ?* Si le précepte divin prohibitif de vacquer aux œuvres serviles le septiéme jour, observé le jour du Samedy dans l'ancienne Loi, est passé au Dimanche dans la nouvelle, ou si la cessation du travail au saint jour, est du droit divin dans celle-ci, comme elle en étoit auparavant ? Le P. Marion soutient l'affirmative, & dit que cette question a été fort agitée parmi Messieurs les Curés du Diocése. Il est mort en 1750.

MARIONEL; M. l'Abbé Hugo cite *l'Histoire manuscrite du Pere Marionel sur le Duc Charles IV.* Je ne l'ai point vuë.

MARIUS (Nicolas) *Nicolai Marii Decani Ecclesiæ Virdunensis Apologia prima anno 1603. in-4°.* (*m*). Cet ouvrage contient plusieurs faits, & plusieurs particularités touchant l'Eglise de Verdun. On cite aussi les Mémoires de Nicolas Marius, imprimés à Paris in-4°. 1605. On peut voir la vie de Nicolas Marius dans l'Histoire de Verdun, pages 458. 466. 475. & les Notes.

Il fut élu Doyen de la Cathédrale de Verdun par le Chapitre en 1566. Il fut troublé par Claude Gillon, nommé à cette dignité par le Pape, en vertu du Concordat Germanique. Didier Colin, auquel Claude Gillon avoit cédé son droit, ayant obtenu un Jugement de la Rote du 9. Mars 1580. par lequel le Décanat de la Cathédrale de Verdun fut déclaré la premiere dignité de cette Eglise après la Pontificale.

Marius ne put se soutenir, qu'en recevant la cession que lui fit Collin son compétiteur de tous ses droits ; après quoi, il obtint un

(*m*) Histoire de Verdun, p. 358

Bref du Pape Grégoire XIII. qui le rétablit dans les droits attachés à la premiere dignité; mais la révocation de ce Bref faite en 1584. fut suivie d'une longue procédure, qui dura jusqu'à la mort de Marius, arrivée en 1608. Ce furent ces procédures, qui occasionnerent les Mémoires & Ecrits de M. Marius, dont nous avons parlé.

MARLORAT (Auguftin le) né à Bar-le-Duc l'an 1506. entra à l'âge d'environ huit ans, parmi les Religieux Auguftins de cette Ville; y étant forcé par un parent qui vouloit jouïr de son héritage. Il y fit d'assez bonnes études, & s'appliqua à la prédication. Il devoit prêcher le Carême à Roüen, lorfqu'il quitta le froc; & se retira ensuite à Genève & à Lausane. Il fut fait Ministre dans différens endroits, & en dernier lieu à Roüen.

Le Roi Charles IX. s'étant rendu maître de cette Ville en 1562. Marlorat fut condamné à être traîné sur une claie, à être pendu devant l'Eglise de Notre-Dame à Roüen, & ensuite avoir la tête tranchée, & fichée à un pieu sur le Pont de la Ville. On a de lui,

Des Commentaires sur l'Ecriture, imprimés chez Henri Etienne en 1562. 1564. & 1570.

Thesaurus locorum communium sacræ Scripturæ, imprimé en 1574. in-fol.

Guillaume de Feugiere a écrit sa vie.

MARLORAT (Martin le) frere d'Auguftin le Marlorat, dont nous venons de parler, étoit très bon Catholique; se qualifie Docteur en l'un & l'autre Droit, & Procureur Général de Bar-le-Duc. Il a imprimé un ouvrage sous ce titre: *De orthodoxo & neotherico Calviniano, seu Hugonetico Baptismate ac utriusque effectu, in quo refellitur nonnullorum calumnia promulgantium Barroduci & in consinibus, Hugonistarum parvulos quinque ab hinc annis, Autoris jussu à Parochis in ædibus sacris palam fuisse baptizatos.*

L'ouvrage a été imprimé à Paris en 1578. & dédié au Duc Charles III. L'Epître Dédicatoire mérite d'être luë; l'Auteur y dit que les Curés de Bar & des environs se conformoient au Mandement du Grand Vicaire du Diocèse de Toul, qui vouloit qu'on baptisât sous la condition, *Si tu non es baptizatus, &c.* les enfans, dont le Baptême étoit douteux & incertain. Les Calvinistes de ces cantons-là en prirent sujet de crier contre Marlorat & contre les Curés, les accusant de l'erreur des Anabaptistes.

Marlorat écrivoit fort bien en Latin; il savoit le Grec, & entendoit la Théologie & la Controverse.

Le même Marlorat a fait imprimer les Coûtumes du Bailliage de Bar, adressées au Duc Charles III. à Bar 1580. in-quarto.

Martin Marlorat fut annobli le 9. Janvier 1559. Il portoit d'azur à une Croix recroisettée d'or.

MARQUARD, Ecrivain Ecclésiastique, embrassa la vie monastique dans l'Abbaye d'Epternach, selon Trithéme (*n*), ou peut-être dans celle de Prum; car du tems de Marquard l'Abbaye d'Epternach étoit habitée par des Chanoines d'une vie si peu réglée, que l'Empereur Othon le Grand fut obligé, vers le milieu du dixiéme siécle, de leur substituer des Religieux Benédictins tirés de l'Abbaye de S. Maximin.

Marquard étoit lié d'amitié avec Diethelme, célèbre Directeur des Ecoles de l'Abbaye de S. Mathias de Tréves, qui lui dédia deux de ses ouvrages, dont nous avons parlé sous l'article *Diethelme*.

Marquard gouvernoit donc les Ecoles de Prum, sous le règne du Roi Loüis d'Outre-mer; & Trithéme loüe quelques-uns de ses Ecrits; comme,

1°. Un Ouvrage sur les sept Arts libéraux, divisé en autant de Traités.

2°. Un Traité sur la Musique, dédié au Roi Loüis d'Outre-mer.

3°. La vie de S. Villibrode Evêque d'Utrecht, & Fondateur de l'Abbaye d'Epternach.

4°. Des Hymnes, des Proses & des Répons en l'honneur de divers Saints, pour être chantés à leurs Offices; aucun de ses Ecrits n'est venu jusqu'à nous.

Marquard mourut au mois de Février 952. Trithem. Chronic. Hirsaug. t. 1. p. 95.

MARQUET (François-Nicolas) Docteur en Médecine, ancien Médecin de S. A. R. Leopold I. & Doyen des Médecins de Nancy, naquit en cette Ville en 1687. Il s'est occupé depuis 35. ans à composer un Dictionnaire historique des Plantes qui se trouvent en Lorraine, contenant leurs différens noms Latins & François, leurs figures, leurs étymologies, leurs origines, leurs descriptions, le tems du fruit & de la fleur, l'analyse ou les principes qu'elles renferment, leurs vertus, la dose de leurs préparations usitées dans la Pharmacie Galénique & Chimique, les formules Latines & Françoises.

Cet Ouvrage qui est manuscrit, contient trois grands Volumes in-fol. avec les figures des Plantes au naturel.

La connoissance du pous est une science qui n'est pas moins nécessaire au Médecin,

---

(*n*) *Trithem. Chronic. Hirsaug.* tom. 1. pag. 71.

que la Bothanique ; c'est ce qui a porté M. Marquet à composer & à faire imprimer une nouvelle méthode facile & curieuse, avec les figures en tailles-douces, pour apprendre, par les Notes de Musique, à connoître le pous de l'homme, & les différens changemens qui lui arrivent depuis sa naissance jusqu'à sa mort ; méthode beaucoup plus facile, que celle qu'on a employée jusqu'à présent, & qui peut en beaucoup moins de tems, mettre les jeunes Médecins & Apoticaires, au fait d'examiner le pous, & d'en connoître toutes les différences ; in-4°. à Nancy chez la Veuve Baltazard.

Il a aussi composé, *Observations sur la guérison notable, aiguë & chronique*, auxquelles on a joint l'Histoire de quelques maladies épidémiques & contagieuses arrivées à Nancy, & dans les environs, avec la méthode employée pour les guérir ; à Paris, chez Briasson 1750.

MARQUIS (Nicolas) né à Remiremont le 23. Juin 1701. Sacristain de l'Eglise des Dames de Remiremont, Généalogiste & Examinateur des Preuves pour les Dames qui se présentent pour être reçues au Chapitre, a composé le Dictionnaire Héraldique en trois Volumes in-quarto.

2°. Nobiliaire universel, six Volumes in-quarto.

3°. Arbre de Ligne des Dames de Remiremont, comprenant leur Généalogie, & le Blazon de leurs Armes, quatre Volumes in-quarto.

Comme il peint proprement, & qu'il dessine de-même, il a donné dans ses ouvrages tout ce qu'on peut désirer pour l'art héraldique.

MARRIN (Leopold) natif de Breüil, Faubourg de Commercy, le 25. Mars 1705. prit l'habit de Prémontré en l'Abbaye de Sainte-Marie de Pont-à-Mousson en 1721. & fit profession en 1723. Il a composé en Latin *l'Histoire de l'Abbaye & des Abbés de Jeandeures* dans le Barrois ; l'ouvrage est exact & bien écrit, & doit être imprimé dans l'Appendix du premier Tome des Annales de l'Ordre de Prémontré.

MARSAL (Didier) Bachelier en Théologie, Avocat de Metz, vivoit au commencement du dix-septième siécle ; il a composé plusieurs Poësies ; elles sont imprimées.

MARTIN (Jean) Secrétaire du Cardinal de Lenoncourt, s'est occupé à mettre en François l'Architecture de Vitruve vers l'an 1554. Il travailla à cet ouvrage conjointement avec Goujon, Architecte des Rois François I. & Henri II. M. Pérault, dans sa Préface sur la traduction de Vitruve, dit que le travail de ces deux Auteurs ne fut pas heureux, & que leurs Versions ne sont point loüées, tant à cause de leur obscurité, que parce qu'ils n'étoient pas assez habiles pour réussir dans cette entreprise. Il dit que Jean Martin étoit savant dans les belles Lettres, & Jean Goujon en Architecture ; mais, pour faire une bonne traduction de Vitruve, il faut réunir éminemment ces deux qualités.

MARTIN (D. Claude) Religieux de la Congrégation de S. Vanne, a composé & fait imprimer l'Oraison funébre de M. de Pomponne de Belliévre, premier Président du Parlement de Paris.

MARTIN (Charles) Prémontré, natif de Tilly sur Meuse, Diocèse de Verdun, actuellement Abbé de Cuiffy, quatriéme Pere de l'Ordre de Prémontré, a composé la Dissertation qui fait le corps de la Préface du second Tome des Annales, ou de la Monastériologie de l'Ordre de Prémontré, depuis la quatriéme page jusqu'à la fin ; mais les Notes qui y sont jointes, sont l'ouvrage de M. l'Abbé Hugo.

Le même R. P. Martin a composé l'Histoire du Monastere de Hohembourg, autrement S. Odile en Alsace, dans le tems qu'il en étoit Prieur. Cet ouvrage écrit en Latin est rempli d'érudition, & est imprimé dans le second Tome de la Monastériologie des Prémontrés, pag. 391. & suiv.

MASCHON (Loüis) Chanoine de Toul, Greffier des Insinuations Ecclésiastiques des Diocèses de Metz & de Toul, Archidiacre de Port........ ayant quitté le Diocèse de Toul, s'attacha à M. le Chancelier Séguier, qui lui procura en 1645. le Brevet du Roi pour la grande Prévôté de S. Diey. Il la contesta au Prince Charles de Lorraine Abbé de Gorze, qui en étoit en possession, en vertu des Bulles du Pape, qui réserva la connoissance de cette affaire à son Conseil, & maintint le Prince Charles en possession.

M. Maschon a composé quelques ouvrages, comme, un Traité politique des différends Ecclésiastiques arrivés depuis le commencement de cette Monarchie jusqu'à présent, tant contre les Papes & les Rois de France, que le Clergé de leur Royaume, deux Volumes in-fol. manuscrit, écrits en Latin ; le second Tome contient les Piéces justificatives. L'Auteur avoit dédié son ouvrage à M. le Chancelier Seguier ; mais on ne jugea pas à propos d'en permettre l'impression : le Manuscrit est dans la Bibliothéque de Seguier.

2°. La vie de S. Elophe Martyr, en quatorze Chapitres, manuscrit.

3°. Histoire du Pays & du Duché de Lorraine,

raine, avec le dénombrement des Villes, Bourgs, &c. manuscrit in-fol. dans la même Bibliothéque. Je crois que ce Manuscrit est plutôt de M. le Président Alix; mais il a appartenu à M. Maschon.

Le P. Benoît Picard Capucin, Histoire de Toul, Préface, parle des extraits que M. Maschon avoit faits, des anciens Nécrologes de la Cathédrale de Toul; & il insinuë que ledit sieur Maschon les avoit enlevés des Archives de la Cathédrale de Toul.

On lit dans l'Histoire de Verdun, p. 525. que Loüis Maschon mit en ordre le Poüillé de Verdun, intitulé, *Rotulus*. Le même Auteur de l'Histoire de Verdun rapporte un extrait du Poüillé de cette Ville, dressé par M. Maschon, p. 84. aux Preuves.

MASENIUS (Jacques) Jésuite, natif de Dalem, au Duché de Juliers, a composé les trois derniers Livres des Annales de Tréves de Brouverus son confrere, & y a ajouté des Nottes; voici le titre de cet ouvrage,

Jacobi Masenii Juliaco Dalensis S. J. notæ & additamenta ad Annales Trevirenses Brouverii, ad calcem eorumdem Annalium edit. Leodiens. 1670. *in-fol.* Voyez ce que j'ai dit de cet ouvrage sous *Brouverus*.

MASSU (Charles Massu de Fleury) né à Blamont au mois de Mai 1655. fit profession chez les Chanoines réguliers le 3. Septembre 1673.

Il y fut Professeur de Philosophie, Maître des Novices, ensuite Prieur, Curé de Moyeuvres au Diocése de Metz, puis Abbé de Belchamps en 1693. S'adonna à la prédication avec succès.

Sa Congrégation l'honora de la qualité de premier Assistant de M. le Général; & il mourut le 24. Décembre 1742.

Il n'a fait imprimer qu'un Livre intitulé, *La modestie Religieuse*, en 1713. in-octavo; il est dédié à S. A. R. Madame la Duchesse de Lorraine.

MASSU (D. François) neveu du précédent, Bénédictin de la Congrégation de S. Vanne, natif de Blamont d'une famille noble, Profès de l'Abbaye de Munster le 25. Juin 1696. mourut à Porcieux où il étoit Curé, le 7. Mars 1739. Il a composé deux Tomes de Méditations pour tous les jours de l'année, imprimées à Nancy chez Cusson 1717. in-octavo.

Il avoit aussi commencé un grand ouvrage, intitulé, *Lotharingia Christiana*, qui n'a pas été achevé, quoiqu'il eût ramassé quantité de matériaux pour l'exécution de cet ouvrage.

MASURES, ou des Masures (Loüis) Poëte Latin & François, mais réussissant mieux dans la Poësie Latine, que dans la Françoise, comme il paroît par la Traduction Françoise de Virgile: *Homo litteratus & Poëta venustus*, dit le P. Abram dans son Histoire de l'Université de Pont-à-Mousson (*o*); *sed Latinâ Poësi quàm Gallicâ Virgilii translatione feliciòr*. Des Masures étoit de Tournai, il se qualifie lui-même *Nervius*, en François *Tournisien*; ce qui a fait croire à quelques-uns qu'il étoit de Tournus, ou de Tours en Touraine.

Il s'attacha de bonne-heure à Jean de Lorraine, Cardinal, fils du Duc René II. & de Philippe de Gueldres. Ce Cardinal, dont la Maison étoit l'azile des gens de Lettres, le fit son Conseiller & premier Secrétaire. Des Masures lui dédia les deux premiers Livres de sa Traduction en Vers de l'Eneïde de Virgile. L'Epitre est dattée de l'Isle-Adam le 26. Avril 1547. Il étoit à Nancy le premier de Mai 1551. lorsqu'il dédia au Duc Charles III. âgé d'environ huit ans, la nouvelle Edition de sa Traduction des deux premiers Livres de l'Eneïde, jointe à la Traduction du troisiéme & du quatriéme. Il étoit venu de Rome à Nancy, après la mort du Cardinal Jean de Lorraine en 1550. Il s'étoit retiré à Rome, après la mort du Roi François I. qui le considéroit & le favorisoit. Cette mort arrivée le demi Mars 1547. occasionna des disgrâces & une espéce de persécution à des Masures, qui l'obligerent à sortir de France, & à se retirer à Rome, où le Cardinal Jean de Bellai l'accüeillit & le reçut dans sa Maison.

Après la mort du Cardinal Jean de Lorraine, accablé de douleurs, il avoit résolu de se retirer en Asie, pour demeurer caché le reste de ses jours; mais il fut reçu gratieusement à Nancy par la Duchesse Christine de Dannemarck, mere du jeune Duc Charles III. elle le choisit pour Conseiller, & premier Secrétaire du Duc son fils.

Quelque tems après & avant l'an 1557. il épousa dans le Bourg de S. Nicolas *Diane Baudoir*, qui mourut en couche de son premier enfant, qui fût nommé *Claude*. Il composa en l'honneur de l'une & de l'autre deux Epitaphes qui se trouvent imprimées parmi ses œuvres de l'an 1557.

Dès l'an 1547. il composa une assez longue Piéce en Vers, qu'il dédia à Toussaint d'Hocédi, Evêque de Toul, qu'il appelle son Mecéne. Il dit de lui-même d'une maniére trop flateuse, que Virgile & la Re-

(*o*) Abram. Hist. Universi. Mussipont. lib. 3. art. 52.

nommée demandant aux Déesses protectrices des sciences, un digne Traducteur de ses œuvres en François, Virgile s'ôtât lui-même la Couronne qu'il portoit sur sa tête, pour la mettre sur celle de des Masures.

Sic effata, manu laurum quem fronte gerebat
Umbra caput, viridique simul mea fronte coronat
Tempora, & in tenuem ex oculis evacuit auram.

La traduction entière de Virgile ne parut qu'en 1560. à Lyon, par les soins de Jean de Tournes in-4°. avec le texte Original en marge.

La traduction des 12. livres de l'Enéïde, fut réimprimée en 1574. in-16. à Paris, chez Claude Micart. Le même ouvrage avoit été imprimé par Parties ; les 2. premiers livres en 1547. & les 3. & 4. réimprimés avec les deux premiers en 1554.

Entre les Oeuvres Latines de des Masures, on cite un recueil de ses Poësies imprimées à Basle en 1579. in-8°. entre lesquelles se trouve *Borboniades sive de bello Civili ob Religionis causam in Gallia gesto. lib.* 14.

Un autre recueil des Poësies Latines de des Masures, où ce Poëme ne se trouve point, est imprimé à Lyon en 1551. in-4°.

Il a aussi fait imprimer *le Jeu des Echets* en Vers François, traduit du Latin de Jerome Vida, adressé au Comte de Vaudémont, à Lyon in-4°. 1557. vingt Pseaumes de David traduits en Vers François, à Lyon 1557. in-4°. Il a de plus composé plusieurs Tragédies, *David combattant, David fugitif, David triomphant* & *Josias.* Voyez le nouveau Supplément de Moreri, imprimé en 1749.

Des Masures fit pendant assez long-tems profession de la Religion (*p*) Catholique Romaine, autrement il n'auroit pas été reçu de bon œil par les Princes de la Maison de Lorraine. Il rompit avec Rabelais, parce que celui-ci invectivoit fortement contre Calvin.

Qui Rabulæus eras modo placidus, jam quia fundens
Verba furis, rabie tu mihi Iesus eris.

S'étant marié dans le Bourg de S. Nicolas, comme nous l'avons dit, il inspiroit en secret les erreurs sur la Religion, à ceux qui vouloient l'entendre. Le signal (*q*) pour leurs assemblées, étoit un coup de fusil qu'on tiroit à certaine heure. Après avoir demeuré ainsi caché, il fit venir de Metz un Prédicant nommé Christophe, qui prêcha pendant quelques tems en secret. Ensuite à l'occasion du Baptême d'un enfant, on s'assembla dans une maison nouvellement bâtie, mais non encore habitée, où Christophe prêcha sa nouvelle Doctrine devant une assez nombreuse assemblée, après quoi on chanta des Pseaumes.

Le lendemain qui étoit un Dimanche, presque tout le Bourg de S. Nicolas se rendit dans cette maison, pour y entendre le nouveau Prédicateur, pendant que le Curé étoit presque seul dans son Eglise. Le Duc Charles III. informé de ce désordre, envoya à S. Nicolas Jean de Savigny, Bailly de Nancy, avec la Compagnie de ses Gardes pour arrêter des Masures avec les autres Calvinistes ; mais la plupart se sauverent, & des Masures se retira dans le Duché des deux Ponts, d'où quelque tems après, il revint à Metz ; & non-seulement y professa publiquement le Calvinisme, mais se déclara même Ministre de la nouvelle Doctrine.

Il avoit été annobli le 6. Juin 1553. il portoit d'azur, à trois Griffes d'aigles d'or 2. 1. On trouve quelques Vers de sa façon au commencement de l'ouvrage de *Trelleus* sur les Ducs de Lorraine, traduit par Guibaudet. Meurisse dans son Histoire de Metz, dit qu'en 1564. des Masures s'amussa à de mauvaises traductions. Il fut aussi Ministre à Ste. Marie de l'Hermitage & à Strasbourg. On ignore le tems de sa mort. Il eut pendant sa vie pour ami Salignac, Docteur de Sorbonne, Ramus, Bizet, Beze, &c. On lui donne encore une Piéce en Vers intitulée : *Bergerie spirituelle*, où sont pour introducteurs, *Vérité, Religion, Erreur, Providence Divine*; à Paris 1566. in-4°.

MATHIEU (Dominique) Avocat à la Cour, & enfin Conseiller d'Etat, & Procureur Général à la Cour Souveraine de Lorraine & de Bar, a fait imprimer à Nancy en 1704. un in-4°. intitulé : Lettre d'un Officier François à un de ses amis, contenant la rélation de la Cérémonie du Baptême de Monseigneur le Prince Royal de Lorraine, dattée de Strasbourg le 26. Juin 1704. Il est aussi Auteur d'un Commentaire sur la Coutume de Lorraine qui est demeuré manuscrit.

Dominique Mathieu mourut à Lunéville le neuf Mars 1724. son corps fut conduit à Nancy, & enterré chez les P. Minimes, où l'on voit son Mausolée. C'étoit un esprit hardi, décisif, éclairé, qui s'étoit élevé par son mérite & par sa capacité à une haute fortune, & avoit mérité toute la confiance de son Prince.

(*p*) Oeuvres de des Masures. fol. 118 Poësies Latines Edit. de Basle 1574.

(*q*) Abram. Hist. Universf. Mussi-Pont.

Nous avons de lui une Remontrance faite au Duc Léopold I. en 1721. dans laquelle à l'occasion de quelques difficultés survenuës entre le Recteur de l'Université du Pont-à-Mousson, & les Docteurs Regents des deux facultés de Médecine & de Droit, sur l'ordre de la Procession du Recteur, & la Séance desdits Docteurs dans les Assemblées publiques de l'Université; sur quoi il donna son avis comme Procureur Général de S. A. R.

Delà il prend occasion de faire ses remontrances au Duc sur une affaire de plus grande consequence, qui est la translation des facultés de Droit & de Médecine du Pont-à-Mousson en la Ville de Nancy, sous les raisons suivantes:

1°. Que la Ville du Pont-à-Mousson est très dereglée, & que la jeunesse n'y est pas assez retenuë, ni par les bons exemples, ni par l'autorité des Magistrats, ce qui ne seroit pas à Nancy.

2°. Cette Ville du Pont-à-Mousson est si décriée qu'on n'y voit presque plus d'Ecoliers étrangers; si ces deux facultés étoient transferées à Nancy, les Ecoliers étrangers y viendroient volontiers, parce qu'ils y trouveroient tout ce qu'ils vont chercher dans les grandes Villes du Royaume de France.

3°. Les Bourgeois de Nancy y trouveroient cet avantage, que les Etrangers trouveroient aisément des échanges à Nancy, ce qui leur faciliteroit les moyens d'avoir leurs enfans dans les Pays étrangers pour y apprendre la Langue; ces sortes d'échanges ne sont pas praticables à Pont-à-Mousson, à cause de la pauvreté des Bourgeois & de la corruption de la Jeunesse.

4°. La Faculté de Droit auroit moyen de s'y perfectionner; ces Etudians pourroient fréquenter les Cours Souveraines, converser avec les Avocats, se mettre en pension chez-eux, assister à leurs Conférences; ils trouveroient plus aisément à Nancy des Maîtres pour toutes sortes d'exercices, & auroient plus de moyens d'y recevoir une bonne éducation.

5°. La Faculté de Médecine verroit avec plaisir ses Eleves rechercher l'entretien des habiles Médecins de Nancy, assister aux Conférences qu'on y pourroit établir, se trouver dans les Hôpitaux, se perfectionner dans l'Anatomie, &c.

6°. Cette translation ne seroit pas sans exemples, l'Université de Dole a été transferée à Besançon, où elle fleurit aujourd'hui. On a l'expérience que les Universités des petites Villes, comme Valence, Cahors & plusieurs Villes sont très peu fréquentées.

7°. L'Université de Pont-à-Mousson ne perdra rien sur son lustre par cette translation. La Faculté de Théologie & des Arts, & les Etudes de la Langue Latine & des Humanités demeurant comme cy-devant au Collége des P. Jesuites.

8°. La Ville de Pont-à-Mousson n'y perdra rien non plus, elle se trouvera dans l'obligation de travailler, de commercer, & de profiter des avantages de la situation la plus commode du Pays pour le Commerce; au lieu qu'elle est pauvre, l'a toujours été, & le sera toujours, tandis qu'elle demeurera dans la faineantise & dans l'indigence, assurée de trouver de quoi vivre dans les pensions des Ecoliers qu'elle entretien.

A ces Remontrances, M. Mathieu, Procureur Général, joignit un long mémoire, contenant les motifs & les preuves qui établissent la nécessité & l'utilité de cette translation.

Cette translation ne s'est point faite, on y trouveroit aujourd'hui les mêmes avantages.

MAUDOT, le Pere Maudot de la Compagnie de Jesus, étoit Lorrain, il a fait un traité sur la validité de nos Contrats obligatoires, qui n'a pas été imprimé. M. Nicolas le fils a ce traité qui est fort ample. Il fut un des Théologiens qui furent consultés aux Conférences de la Malgrange en 1704. sur les Contrats obligatoires.

Il en entreprit la défense, sur les mêmes principes que M. Guinet, & il les défendit très bien; le R. P. Charbon, Supérieur de la Mission de Toul, écrivit contre ces Contrats, prétendant qu'ils étoient usuraires.

MAULJEAN (François) Conseiller d'Etat & Secrétaire des Ducs François II. & Charles IV. fut annobli par ce dernier Prince le 1. Février 1630. il fut aussi nommé Echevin en la Justice de Nancy, par Lettres Patentes données à Mircourt le 5. Janvier 1634. Il mourut le 21. Novembre 1657. âgé de 68. ans, & fût inhumé en l'Eglise des Premontrés à Nancy; il s'étoit appliqué à ramasser des matériaux pour éclaircir les Origines & les Généalogies des Maisons de la Province de Lorraine: & quoiqu'il n'ait point laissé d'ouvrages complets ni imprimés, on ne laisse pas de trouver grand nombre de Mémoires manuscrits de sa main, qui peuvent servir à ceux qui travaillent à illustrer les Maisons nobles de la Province de Lorraine & du Barrois. M. l'Alin de Montigny m'a montré la Généalogie de la famille de M. Mauljean qu'il a en main, avec quantité de Mémoires dudit Mauljean. M. Jérôme Vignier dans sa Préface, & M. Doñer dans ses Nottes manuscrites sur le même Vignier, parlent des mémoires de Mauljean avec éloge.

MAURICE (Ignace) Prémontré né à Verdun, fit profession dans la Congrégation de l'étroite Observance de Prémontré l'an 1679. il a laissé un ouvrage in-fol. manuscrit, intitulé : *La Vie de Notre-Seigneur J. C.* le P. Maurice est mort l'an 1723.

S. MAXIMIN Archevêque de Tréves, qui y reçut S. Athanase (*r*) dans son exil, avoit composé plusieurs ouvrages que S. Athanase a loué comme propres à édifier & à instruire les fidéles, & comme étant écrits d'une maniere Apostolique,& exemte de finesses & de duplicité. S. Maximin étoit de Poitou. Voici les termes de S. Athanase : *Si les écrits que publient les Arriens venoient de la part des Orthodoxes, tels que seroient du grand Confesseur Osius, de Maximin des Gaules, ou de son Successeur, de Philogone, ou d'Eustache*, il n'y auroit aucun sujet de s'en défier ; car la maniere d'écrire de ces hommes Apostoliques, est exemte de toutes subtilité & duplicité.

La MERE MECTHILDE du S. Sacrement, Institutrice des Dames Benédictines de l'Adoration perpétuelle du S. Sacrement, étoit née à S. Diey en Lorraine le 31. Décembre 1619. Son Pere se nommoit Jean Bared, & sa Mere Margueritte Guyon ; elle reçut le nom de Catherine au Baptême, & se consacra à Dieu premiérement dans le Monastere des dix Vertus, au Faubourg de Bruyéres en 1631. y fit profession & y reçut le nom de Sœur de S. Jean. En 1635. les Religieuses ayant été obligées de sortir de Bruyéres, à cause des guerres de Lorraine, elle demeura au milieu des Personnes séculieres pendant trois ans, aucun Monastere ne voulant lui donner retraite, tant la misére étoit grande dans le Pays, affligé des fléaux de la guerre, de la peste & de la famine ; elle étoit alors Supérieure du Monastere qu'elle avoit été obligée d'abandonner ; & la plupart de ses Religieuses étant mortes de la maladie contagieuse, on lui conseilla de quitter son Ordre, pour entrer dans une maison réformée.

Presque en même tems elle reçut de ses Supérieures en 1637. une obédience de quitter Commercy, où elle étoit avec ses filles, pour se rendre à S. Diey auprès de son Pere, avec ce qui lui restoit de Religieuses.

Ce fut pendant son séjour en cette Ville, qu'elle entendit parler avantageusement des Religieuses Benédictines de Remberviller. La Prieure de ce Monastere lui fit offre de sa maison pour elle & pour ses Religieuses, elle l'accepta avec joye, & y demeura pendant un an, observant la regle de S. Benoît sans aucune mitigation ; elle résolut enfin d'embrasser cet Institut, & en prit l'habit le 2. Juillet 1639. son nom fut changé en celui de Mecthilde du S. Sacrement, & elle y fit profession le 11. Juillet 1640. mais les malheurs de la Lorraine continuans, les Religieuses de Remberviller furent obligées de quitter leur Maison, & de se retirer à S. Mihiel.

Elles y souffrirent tout ce qu'on peut s'imaginer par la disette, qui étoit extrême dans le Pays ; Dieu inspira alors au P. Guérin, Supérieur des Peres de la Mission, qui firent tant de biens en Lorraine dans ces tems de calamités, de demander à Marie de Beauvilliers, Abbesse de Montmartre, de recevoir dans son Monastere quelqu'unes de ces pauvres Religieuses de Lorraine ; l'Abbesse y consentit, & choisit la Mere Mecthilde & une autre de ses filles, qui arriverent à Montmartre le 21. Août 1641.

Quelque tems après l'Abbesse Marie de Beauvilliers, y fit venir aussi les autres Religieuses qui étoient demeurées à S. Mihiel ; & enfin une Dame de piété leur ayant offert une maison qu'elle avoit à S. Maur-des Fossés, elles s'y rendirent en 1643. la Mere Mecthilde & deux autres de ses Religieuses resterent à Montmartre ; mais bien-tôt après elle fût chargée de la conduite de l'Hospice de S. Maur, d'où elle fût tirée malgré elle, quelque tems après, pour gouverner un Monastere que la Marquise de Mouï avoit fondé à Caën.

Cependant la plupart des Religieuses qui étoient sorties de Remberviller, y étant retournées, élurent pour leur Supérieure la Mere Mecthilde, qui fut obligée d'y retourner par les ordres de ses Supérieurs ; mais le Duc de Lorraine ayant prit la Ville de Remberviller, & les François l'ayant reprise sur lui peu de tems après, cette Ville fût de nouveau exposée à la fureur des soldats, & la Mere Mecthilde avec quatre des plus jeunes Religieuses, fût obligée de revenir à Paris, où elle arriva le 24. Mars 1651. elle y trouva ses anciennes Religieuses, qui avoient quitté leurs Hospices de S. Maur, & la Reine Mere de Louis XIV. ayant engagé un S. Prêtre nommé M. Picoté de fai-

---

(*r*) *Athan. Epist. ad Epico. Ægypti.* N°. 8. *pag.* 278. *nov. Edit.*

re à Dieu tel vœu qu'il lui infpireroit, avec promeffe de l'exécuter. M. Picoté s'étant mis en Oraifon, Dieu lui infpira de voüer pour la Reine, d'établir une Maifon Religieufe, confacrée au Culte perpétuel du S. Sacrement, en réparation des outrages qu'il avoit reçu pendant la guerre.

La Reine écrivit à l'Evêque de Metz, qu'elle fouhaitoit que cet établiffement fe fît dans la Ville de Remberviller, qui étoit de la dépendance de ce Prélat; la chofe fouffrit quelques difficultés, à caufe du peu de revenus qu'avoit ce Monaftere; mais la Comteffe de Château-vieux, ayant confidérablement augmenté la Fondation, l'Evêque de Metz y donna fon confentement le 9. Mars 1653. & on commença à y expofer le S. Sacrement le 25. Mars de la même année; mais pour l'Adoration perpétuelle jour & nuit, elle ne commença que l'année fuivante, & la Croix ne fût pofée fur la Porte du Monaftere que le 12. Mars 1657.

La Mere Meƈthilde dreffa les Statuts de ce nouvel Inftitut, & obligea par vœu fes Religieufes, non-feulement à l'Adoration perpétuelle du S. Sacrement, mais auffi à lui faire réparation d'une manière folemnelle; les Religieufes fe fuccédant l'une à l'autre dans ces Exercices, & tous les mois ont tire par billet les termes & les heures aufquelles elles doivent faire l'Adoration & la réparation folemnell. L'Inftitut de la Mere Meƈthilde fe répandit dans plufieurs Villes du Royaume à Toul, à Nancy, à Paris, à Bayeux, à Caën, à Dreux, & même à Varfovie en Pologne. La Mere Meƈthilde mourut dans fon Monaftere de Paris, le 6. Avril 1698. âgée de 83. ans & fix jours.

Les Conftitutions de cet Inftitut, dreffées par la Mere Meƈthilde, furent confirmées en 1668. par le Cardinal de Vendôme, Légat en France, & de nouveau par le Pape Innocent XI. en 1676. & par Clément XI. en 1705.

MELIN (Charles) dit le Lorrain, étoit de Nancy; il fut un des plus fameux Peintres du dernier fiécle, il avoit étudié fous Simon Voüet le Dominicain. On voit fes ouvrages à Rome chez les Jefuites. Charles Melin a beaucoup travaillé à Naples, où il eft mort.

MENGIN (Ignace Ifidore) Médecin, natif de S. Mihiel en Lorraine, exerça la Médecine d'abord à S. Diey, puis à Nancy, où il s'eft rendu célébre; il a compofé une efpéce de Differtation fur le Jeûne extraordinaire d'une fille native du Village d'Eulmont, à une lieuë de Nancy, imprimée à la fin du 2. tom. du Dictionnaire de Trévoux, édition de Nancy, fous le mot Catalypfe. 2°. Un difcours fur les eaux de Plombiéres, imprimé à la fin du même Dictionnaire de Trévoux, édition de Nancy, pag. 2083.

MENGIN (D. Ambroife) natif de la Ville de Metz, fit profeffion à S. Vanne de Verdun, le 26. Août 1660 & mourut à S. Arnould le 16. Avril 1714. il s'eft diftingué par fon zéle à foutenir la Dignité de fon Ordre par fes écrits, & par la maniére dont il a rempli les charges & les emplois de fa Congrégation; étant Prieur de S. Symphorien de Metz, choqué des prétentions des Dames des Abbayes de S. Pierre & de Ste. Marie de Metz, qui, de leur authorité, avoient fupprimé leur qualité de *Religieufes Bénédictines*, & avoient pris le titre de *Chanoineffes Séculieres* : D. Ambroife Mengin s'oppofa avec vigueur aux Bulles des Dames, Margueritte Duhamel, & Charlotte Méchatin, nommées par le Roi en 1701. Abbeffes de ces deux Maifons, il foutint cette démarche par des Procurations envoyées en Cour de Rome, & par un gros Factum où il déduit les raifons de fon oppofition.

La première Procuration eft dattée du 22. Janvier 1701. & la 2. du deux Avril même année.

Les deux nouvelles Abbeffes informées des oppofitions qu'avoit fait D. Ambroife, écrivirent en Cour de Rome, & en particulier envoyerent au R. P. de la Chaife, Confeffeur du Roi Louis XIV. un Factum, fe plaignant que les Benédictins de S. Symphorien de Metz, vouloient s'oppoferent au Droit que S. M. avoit de nommer aux Abbayes de S. Pierre, & de Ste. Marie de Metz; prétendant que ces Monafteres étoient de l'Ordre de S. Benoît.

Elles foutenoient au contraire que quand même originairement elles auroient été Benédictines, elles avoient prefcrit contre ce premier Etat; que de tems immémorable elles vivoient en Chanoineffes : qu'à l'égard de la Juridiction qu'avoient autrefois exercés fur leurs Abbayes les Prieurs de S. Simphorien, elles avoient pareillement prefcrit contre, & qu'ils n'étoient plus en droit de l'exercer.

D. Ambroife reçut ordre de la Cour d'y envoyer les motifs de fon oppofition, & de déclarer s'il y avoit conteftation liée dans quelque Tribunal, au fujet de la difficulté muë entre lui & les Abbeffes de S. Pierre & de Ste. Marie. Il obéit & envoya en Cour un Factum intitulé : *Inventaire des Titres & autres Documens qui fervent à prou-*

ver que les Abbesses de Sainte-Marie & de S. Pierre de Metz sont fondées pour l'ordre de S. Benoît, & que l'Abbaye de S. Symphorien de la même Ville & du même Ordre, a droit de juridiction spirituelle sur l'une & sur l'autre.

Il y montre que, depuis le tems de leur fondation jusqu'à nos jours, c'est-à-dire, jusqu'en 1659. & 1660. elles avoient toujours pris la qualité de Religieuses Benédictines ; & que ce n'est que depuis cinq ou six ans qu'elles ont fait effacer les Epitaphes de leurs devancieres, où il étoit expressément marqué qu'elles étoient de l'Ordre de S. Benoît ; que les Abbesses précédentes, avant les deux dernieres, avoient demandé leurs Bulles sur la même dénomination ; que ce n'est que depuis environ deux mois que, de leur autorité privée, elles ont qualifié Chanoinesse leur derniere Abbesse dans l'Inscription de son Mausolée ; qu'au reste, il protestoit n'avoir intenté aucun Procès sur ce sujet devant aucun Tribunal.

Le Roi s'étant fait rendre compte de cette contestation, fit écrire à D. Ambroise Mengin, & déclara que son intention étoit que les deux Abbesses prissent des Bulles sur le même pied que les avoient reçuës les anciennes Abbesses ; & qu'au reste, il n'entendoit pas qu'on inquiétât les Religieuses sur les manieres dont elles vivoient, & imposoit silence à cet égard au Prieur de S. Symphorien ; c'étoit lui donner gain de cause, puisqu'il ne demandoit que cela.

MENNA (Le R. P. Antoine de) premiérement Capucin, puis Chartreux, & Directeur de la conscience de M. Charles d'Urre de Thissiere, Seigneur de Commercy. Le P. Menna étoit de l'illustre famille de ce nom, de Crémone en Italie ; ayant embrassé l'Institut des Capucins, il obtint du Pape Grégoire XIV. la permission d'entrer dans l'Ordre des Chartreux. Il fut d'abord à la grande Chartreuse, & vint ensuite, par dispense, faire sa profession dans la Chartreuse de Rhetel près la Ville de Sierck, à dix lieuës entre Tréves & Metz. Il gouverna pendant dix ans la Maison de M. de Thissiere, & mourut en 1613. Il fut enterré dans les Grottes de l'Eglise de l'Abbaye de S. Mihiel. Il a composé divers ouvrages de dévotion & de Méditations, remplis des sentimens de Religion & de piété dont il étoit pénétré.

Voyez le R. P. Dom Charles de Gondrecourt, Vie de M. Charles d'Urre de Thissiere, imprimée à Toul 1690. in-octavo, pag. 16. 17. 28. & 29.

Le P. de Menna a composé & fait imprimer *le Trésor céleste, contenant les richesses inestimables des bénéfices de Dieu exhibés aux créatures, ensemble l'ingratitude des méchans qui l'offensent abusant de ses bienfaits*, composé par F. Antoine de Menne, Crémonese, Religieux de l'Ordre des Chartreux, Théologien, imprimé à Toul par Sebastien Philippe, Imprimeur juré, avec Privilége du Roi 1611. in-quarto.

Cet ouvrage fut dédié au très heureux S. Bruno, approuvé par Dom Claude Riquechiers, Prieur de S. Evre lès Toul, Docteur en Théologie, & par F. Jerôme Marville, Prieur de S. Mansui, nommés à cet effet par ordre de M. de Porcelets, Evêque de Toul en 1610.

MERIGOT (Christophe) né à Nancy en 1579. fut reçu dans la Société de Jesus en 1587. Il professa long-tems les Humanités, enseigna les basses Classes pendant quelque tems. Il fut employé aux Missions des peuples du Diocése de Langres en Champagne, & mourut le 16. Avril 1636. Il reste de lui un Ecrit intitulé, *La Vie de Philippe de Gueldres, Veuve de René II. Duc de Lorraine*, imprimée à Pont-à-Mousson par Hantzelets en 1627. in-oct. On a encore depuis retouché & imprimé ce petit Ouvrage, qui contient la vie de cette Duchesse de Lorraine, morte en odeur de sainteté, Religieuse chez les Dames de sainte Claire au Pont-à-Mousson.

MERLIN (N.) Orphévre Lorrain, travailla à Paris en qualité d'Orphévre du Roi Loüis XIII. pour l'instruction du Roi Loüis XIV. & fit les machines de guerre & une petite armée, tant Infanterie que Cavalerie, en petit & en argent, sur les modéles que Charles Chassel Sculpteur à Nancy, demeurant à Paris, lui fournissoit.

MESSIN (Bonaventure) Prémontré de l'étroite observance de Lorraine, fut successivement Maître des Novices, Prieur en différens Monasteres, Définiteur dans les Chapitres généraux, & enfin Abbé de Rangéval, où il mourut le 18. Septembre 1669. Il a laissé un Ouvrage ascétique, intitulé, *Idea Magistri Novitiorum veterem hominem renovantis, juxta quadruplicem modum instituto Præmonstratensi maximè congruentem.* Il se conserve manuscrit dans la Bibliothéque d'Etival.

METELLUS (Hugues) dont les Epîtres, au nombre de cinquante-cinq, se conservent manuscrites dans la Bibliothéque du Collége de Clermont à Paris, étoit natif de Toul, avoit eu pour Précepteur Tiecelin, & avoit étudié sous Anselme de Laon ; il avoit eu pour condisciple un nommé Humbert.

Ces circonstances prouvent que Metellus vivoit dans le douziéme siécle. Il étoit Chanoine Régulier de S. Leon de Toul ; on trouve de ses Lettres adressées au Pape Innocent II. à Adalberon Archevêque de Tréves, à Etienne de Metz, à Henri de Toul, à Pierre Abailard, à Heloïse, Abbesse de Paraclet. Dans l'Epître 41. adressée aux Cardinaux, il parle des Prémontrés, & releve la particularité de leurs habits & leur nouveauté. Le Pere Mabillon a fait imprimer une Epître de Metellus à Gerlandus, dans laquelle il s'exprime d'une maniere fort Catholique sur la présence réelle de Jesus-Christ dans l'Eucharistie, & réfute les sentimens erronés, que Gerland avoit proposés sur cette matiere.

C'est sans doute le même Hugues Metellus, cité par Champier dans son Recueïl, ou Chronique des Histoires des Royaumes d'Austrasie, ou France Orientale, dite après Lorraine ; & par Vassebourg, Antiquités de la Gaule Belgique, liv. 3. fol clvij. comme d'un véritable Historien, qui nous apprend les antiquités de ce Pays, & les origines des anciens Ducs de Lorraine.

Hugues Metellus vivoit vers l'an 1148. sous l'Abbé Sigibaldus, qui mourut en 1149. L'Auteur du Roman de Garin le Lorrain vivoit dans le même tems ; ce qui me fait croire, que l'Auteur de ce Roman n'est autre que Hugues Metellus, duquel nous avons aussi quelques autres Piéces en Vers. Voyez l'Histoire de Lorraine, Préliminaires, tom. I. pag. cxxj. seconde Edition.

Les Lettres de Hugues Metellus ont été imprimées à S. Diey par Joseph Charlot, l'an 1731. tom. II. *Sacræ antiquitatis momumenta*, pag. 312.

Pour me convaincre que l'Ouvrage de Hugues Metellus sur *Garin le Lohérans*, étoit un vrai Roman, j'en ai lû la plus grande partie, & j'en ai copié ce que j'en ai fait imprimer au premier Tome de la nouvelle Edition de l'Histoire de Lorraine ; & j'y ai remarqué que dans le premier Livre Metellus fait épouser à Hervis la belle Beatrix, fille d'Eustache Roi de Tyr, dont il eut Garin le Lohérans, Begon & une fille ; & dans le second Livre, il lui fait épouser Alix ou Aëlis, dont il eut deux fils, Garin surnommé le Lohérans, & Begon qui fut Comte de Belin, & sept filles, dont il nomme les sept maris.

Dans le premier Livre, il est dit que Hervis étant allé en Flandres avec une armée de trente mille hommes, y fit la guerre au Roi de Cologne, & aux autres Rois liguées qui étoient avec lui ; que pendant ce tems, les Rois d'Espagne & de Tyr vinrent mettre le siége devant Metz, & tinrent la place assiégée pendant dix mois, sans pouvoir la forcer ; Que Hervis ayant fait sa paix avec le Roi de Cologne, accourut au secours de Metz, avec quatre Rois à la tête d'une armée de cent mille hommes, & obligea les Rois d'Espagne & de Tyr de lever le siége, & de s'en retourner dans leur Pays.

Dans le second Livre, il raconte que le Pape étant venu à Lyon, exhorta Charles-Martel à faire la guerre aux Vandres, ou Vandales, qui s'étoient répandus sur les Terres de la Chrétienneté, & menaçoient d'y mettre tout à feu & à sang. Il dit qu'il se trouva à Lyon auprès du Pape plus de quatre mille Ecclésiastiques, & plus de vingt mille Chevaliers, que le saint Pere exhorta fortement à secourir l'Eglise & l'Etat ; que nul ne voulut se mettre en devoir de contribuer à la dépense : ainsi le Pape fut obligé d'abandonner à Charles Martel tous les biens Ecclésiastiques pour soudoyer ses gens, à charge de restituer ce qu'il auroit pris, après sept ans & demi de guerre. Il raconte ensuite que Charles Martel mourut à Paris, que Hervis le fit enterrer honorablement à saint Denis, puis fit couronner Empereur Pepin fils de Charles.

Tout homme qui a quelque teinture de l'Histoire, comprendra aisément que tout cela est Romanesque. Quant à la personne de Metellus, il nous apprend lui-même qu'il étoit autrefois fort engagé dans le monde, qu'il se mêloit de Poësie, & écrivoit des Vers avec une extrême facilité : *Ego Metellus genuit me Leuca tellus, qui olim Musis associatus, ferè totum hausi Heliconem...... Qui rithmis centrimetris ludere sæpe solebam.* Et Epist. 57. *Poteram olim stans pede in uno versus componere mille, poteram diversi generis rithmos contexere ; poteram duobus vel tribus scriptoribus dictando sufficere.* On voit en effet dans sa Poësie une fécondité, une variété, une facilité étonnante ; mais peu d'étude & de travail, peu d'exactitude, peu de choix dans les rimes. Voyez les extraits que j'ai donnés de cet Auteur à la fin des Preuves du premier Tome de la nouvelle Edition de l'Histoire de Lorraine.

Voyez aussi le Supplément de Morery, imprimé en 1749. où l'on trouve d'assez longs extraits des Lettres de Metellus, & diverses particularités de sa vie & de ses sentimens.

MEURIESE (Martin) de l'Ordre des Freres Mineurs, Evêque de Madaure, *in partibus infidelium*, en Affrique, Suffragant de Metz, natif de Royes en Picardie, Docteur & Professeur de Théologie à Paris. Il a écrit, 1°. L'Histoire des Evêques de l'Eglise de Metz, imprimée à Metz in-folio en 1634. Son Histoire est continuée jusqu'à Henri de Bourbon, quatre-vingt-huitiéme Evêque de Metz, qui succéda en 1612. au Cardinal de Givry.

2°. Histoire de la naissance, du progrès & de la décadence de l'hérésie dans la Ville de Metz & le Pays Messin, imprimée à Metz en 1670. Cet Auteur étoit savan: & zélé ; ceux qui achetent son Histoire de Metz, doivent faire attention que dans la plûpart des Editions il manque sept à huit feüillets, qui sont les Estampes des Antiquités de la Ville de Metz.

Le P. Vadingue, p. 251. des Ecrivains de l'Ordre des Freres Mineurs, ajoûte à ces ouvrages ceux-ci,

Rerum methaphysicarum libri tres ad mentem Doctoris subtilis ; Parisiis apud Dionysium Moreau an. 1623.

Tractatus de Trinitate ; *Parisiis* 1631.

M. de Madaure a fondé les Religieuses Bénédictines de Montigny près la Ville de Metz. Voici son Epitaphe,

"Sta viator, & paucis accipe quo sapien-
" tiæ lumine orbata ¤ quo Religionis colu-
" mine destituta, quo virtutum ornamento
" nudata, & exemplo privata fuerit Ecclesia
" die 22. Augusti, an. Domini 1644. dum è
" vivis excessit Reverendissimus Pater Fra-
" ter Meurisse, natione Gallus, patriâ Pi-
" cardus solo Royanus, natalibus parvus,
" professione minor, mentis acumine & exi-
" miis dotibus planè magnus. Magisterio
" Doctor & Professor Parisiensis, ministerio
" Suffraganæus ac Vicarius generalis Meten-
" sis, titulo Madaurensis Episcopus.

" Vir inclytus, vir verè
" Religiosus observantiâ, Ecclesiastes ze-
" lo, omni eruditione Doctor, Professor
" perspicuitate, Pontifex sollicitudine, Fran-
" ciscanus, oblatas opes vidit ut contemne-
" ret.

" Episcopus excepit ut piè effunderet.
" Ex minoribus assumptus & in solio Pon-
" tificiæ dignitatis sexdecim annis constitu-
" tus, stabat ut columna, eminerat ut cul-
" men, effulgebat ut lumen, hæresim pro-
" fligabat ut fulmen ; hujus Ecclesiæ Præsu-
" lum continentem ordinem ab Apostolo-
" rum ævo in lucem edidit : altero volumi-
" ne aperuit quo tempore quâve arte hære-
" sis irrepsit : Corpus ejus infatigabilis ani-
" mi labore & doloribus acutissimis confec-
" tum vicino mandatum est tumulo, ut ani-
" ma in pace quiescat, ora, viator, & vale.

MICHEL (Pierre) né dans la Ville de Toul le cinq Mai 1703. fit ses premieres études chez les RR. PP. Bénédictins de l'Abbaye de S. Mansuy, Faubourg de la même Ville.

Il eut pour Maître D. Vincent Moüillebeau ; & après avoir fini sa Rhétorique à Nancy, il alla à Paris, pour s'y livrer à l'étude de la Philosophie & des autres sciences ; il s'appliqua principalement à la Géographie, à l'Histoire, à la critique de l'Ecriture sainte. Il entreprit plusieurs ouvrages en ce genre ; & pour y mieux réussir, il crut que la connoissance des Langues orientales lui étoit nécessaire, & il lia une étroite amitié avec les plus habiles Professeurs dans ces mêmes Langues.

Les premiers ouvrages qu'il a composés, sont une Géographie universelle, qui renferme l'Histoire, la Chronologie & la Généalogie des Souverains de l'Univers : cette Géographie manuscrite est entre les mains de plusieurs Seigneurs de différentes nations, François, Allemands, Polonois, Anglois, &c. Il fit un abrégé de l'Histoire de Loüis le Grand, & dédia au feu Duc Leopold un autre Abrégé Géographique & Historique de la Lorraine. Les difficultés qu'il avoit trouvées dans l'Histoire des anciens peuples, lui firent naître le dessein de les éclaircir, en proposant un nouveau sistême de Chronologie, suivant lequel il devoit concilier tous les monumens de l'ancienne Histoire.

Cet ouvrage étant achevé, il le soûmit à la censure en 1731. & après en avoir eû l'approbation, il en fit imprimer une partie en 1733. & lui donna pour titre, *Systême Chronologique sur les trois Textes de la Bible, avec l'Histoire des anciennes Monarchies expliquées & rétablies*, ouvrage divisé en deux parties.

La premiere comprend les Antiquités des premiers Babyloniens, des premiers & des seconds Assyriens, des seconds & des troisiémes Babyloniens, avec l'Histoire des Médes.

La seconde partie comprendra l'ancienne Histoire des Perses, des Egyptiens & des Scytes ; les Antiquités Chinoises, Phéniciennes & Lydiennes ; celles de l'Asie & de l'Affrique, avec l'ancienne Histoire Grecque & Latine ; à Toul, chez Claude Vincent, Imprimeur & Marchand-Libraire 1733. avec Approbation & Privilége du Roi.

A peine son sistême Chronologique parut-il, que les Journalistes de Trévoux en firent deux Critiques. M. Michel y répondit dans deux Écrits, qui furent imprimés la même année 1733. Ce fut dans le même tems qu'il travailla à un Traité, dans lequel il fait un paralele de l'ancienne Géographie, avec la nouvelle, & tâche de fixer jusqu'où les anciens avoient porté leurs connoissances Géographiques. Il prétend qu'elles étoient aussi étenduës que les nôtres, & que les anciens faisoient des navigations de longs cours,

par

par le moyen de la Bouſſole, dont les Phéniciens, & par eux Salomon, avoient probablement tiré l'uſage des Chinois.

Il a décrit l'ancien Gouvernement des Lacédémoniens, & le rapport de leurs mœurs & de leurs Loix, avec celles des Crétois. Il continuë ſes Notes critiques ſur l'ancien Teſtament; il a fait une Diſſertation ſur les ſeptante Semaines de Daniel, & a travaillé à un Commentaire ſur ce Prophéte. Il vient de faire des obſervations ſur la Chronologie & l'Hiſtoire des Babyloniens; c'eſt une réponſe à un Ecrit, que M. Gibert, un de ſes amis, avoit rendu public ſur la fin de l'année derniere. Il met en ordre les Archives de la Ville de Toul, & prépare des matériaux pour ſervir à l'Hiſtoire politique de cette Ville.

MICHEL (Dom Remy) né à Chaalans-ſur Marne, Bénédictin de la Congrégation de S. Vanne, a fait profeſſion dans l'Abbaye de Beaulieu le cinq Juin 1664. & eſt mort à S. Pierre de Chaalons le 29. Septembre 1706. Il s'eſt rendu célébre par ſon erudition & par ſes Sermons; il a prêché aſſez long-tems la Controverſe dans la Cathédrale de Metz, a enſeigné pluſieurs années la Théologie, & a expliqué la ſainte Ecriture aux jeunes Religieux de l'Abbaye de S. Pierre de Chaalons; il leur a dicté des Conférences ſur les difficultés littérales des cinq premiers Chapitres de la Geneſe ſur le Déluge.

2. Sur les promeſſes de Dieu aux Patriarches, en expliquant le dix-ſeptiéme Chapitre de la Geneſe, & les ſuivans juſqu'au vingt-deuxiéme.

3°. Inſtruction ſur le commandement que Dieu fit à Abraham de lui immoler ſon fils, & ſur l'obéiſſance de ce Patriarche, depuis le vingt-ſeptiéme Chapitre juſqu'au trente-ſeptiéme.

4°. *Quæſtiones criticæ, hiſtoricæ & dogmatico-politicæ in 1. Eccleſiæ ſæculo.*

5. Remarques tirées du Livre des Cérémonies de l'Egliſe de M. Devert.

6°. Abregé Chronologique de l'Hiſtoire univerſelle, & quelque autres ouvrages qui ſont demeurés manuſcrits par la mort précipitée de l'Auteur.

Ce fut à la priere de M. Gaſton de Noailles, Evêque de Chaalons, qu'il entreprit les Conférences dont on a parlé.

A l'égard de ſes Sermons de Controverſe, il ne les écrivoit pas entiers, il ſe contentoit d'en dreſſer un précis aſſez court, ſur lequel il faiſoit ſon diſcours, ſe fiant ſur la grande facilité qu'il avoit de parler, ſur l'habitude qu'il avoit de traiter ſur le champ les matieres de Théologie, & ſur la fidélité de ſa mémoire.

MICHEL (Jean) né auprès de Bar-le-Duc le 16. Août 1629. embraſſa l'Inſtitut des Jéſuites le 28. Septembre 1649. & fit ſes quatre vœux le 2. Février 1665. Il fut fameux Prédicateur dans ſon tems; ſon caractere étoit la bonté & la douceur. Il mourut au Pont-à-Mouſſon le 27. Décembre 1705. Il reſte quelques-uns de ſes Sermons imprimés; comme,

Panégyriques des ſaints Fondateurs de divers Ordres Religieux, à Pont-à-Mouſſon, chez Bouchard 1700. & 1705. trois Tomes in-12.

Eloges des grandeurs de Jeſus, Marie & Joſeph, à Pont-à-Mouſſon, chez Bouchard 1699. Le P. Michel les publia ſous le nom de ſon neveu.

MIDOT (Jean) Docteur en Théologie, Licencié en l'un & l'autre Droit, Archidiacre de Toul, & Prévôt de S. Gengou de la même Ville, Vicaire général de l'Evêché, Conſeiller-Clerc au Parlement de Metz, a compoſé des *Mémoires ſur les Evêques de Toul*; je les ai manuſcrits, & ils n'ont jamais été imprimés.

Il a fait imprimer *Commentarius cauſarum firmitatis Communitatis Norbertinæ antiqui rigoris Aſtipulantium, Muſſiponti apud Gaſpard Bernard* 1633. *in-quarto.*

Il a auſſi écrit en Latin le Voyage de M. de Maillane vers le Roi d'Angleterre en 1606. Nous nous propoſons de le faire imprimer dans la ſeconde Edition de l'Hiſtoire de Lorraine.

Nous avons deux avis de M. Midot de l'année 1628. qui, ayant été conſulté par quelques particuliers de la Congrégation de S. Vanne (s), ſavoir, ſi le Décret fait par le Cardinal de Lorraine, portant que les Supérieurs de ladite Congrégation ſeront obligés de vacquer après cinq ans de ſupériorité; ſi ce Décret oblige en conſcience les Religieux de ladite Congrégation; il décide qu'il n'oblige pas, le Cardinal de Lorraine, comme délégué du S. Siége, n'ayant pas eû le pouvoir de faire ce Décret. Son avis eſt fort bien raiſonné, & fait voir que M. Midot étoit habile homme & bon Canoniſte.

Il fut encore conſulté en 1630. ſur un Appel interjetté par le Prince François de Lorraine, Evêque de Verdun, & D. Philippe François Abbé de S. Airy, par lequel les Préſident & Supérieurs de la Congrégation de S. Vanne étoient cités au Tribunal de la Rote; on conſulta, dis-je, ſur l'exécution de cet Appel,

---

(s) D. Pierre Munier, tom. 2. Hiſt. de la Réforme, pages 423. 429. & 525.

M. Midot, qui répondit à son ordinaire avec beaucoup de précision, & en homme qui possédoit parfaitement les matiéres Ecclésiastiques, & les usages de la Cour de Rome; que l'Appel & le Décret sont de nulle valeur, le rescrit étant subreptice; que cependant le R. P. appellé doit comparoir dans le terme de la Citation, devant l'Auditeur & l'instruire touchant la Confirmation Apostolique de décrets, avec le décret irritant & la cause *Sublatâ*, ce qui ne manqueroit pas d'empêcher l'Auditeur de procéder plus outre.

Ensuite de cette résolution, le Prince Nicolas-François de Lorraine, Evêque de Toul & Cardinal, comme délégué du S. Siége, pour composer les différents survenus dans la Congrégation de S. Vanne, députa le même M. Midot pour assister en son nom au Chapitre général qui se tient au Monastere de S. Nicolas, le premier jour de l'an 1631. & y parla avec beaucoup de sagesse & de dignité, conformément aux circonstances.

Il a composé l'Epitaphe du R. P. Servais l'Airuël, Abbé de Ste. Marie du Pont-à-Mousson, & Réformateur de l'Ordre des Prémontrés en Lorraine. Cette Epitaphe est longue, & contient l'abbregé de la vie & l'éloge du P. l'Airuël son ami, on l'a peut voir sous l'article *l'Airuël*. M. Midot mourut le 23. Janvier 1653.

MIGNAUT (Claude) est Auteur de *Eidyllium de sœlici & christiana profectione Illust. Princip. Caroli à Lotharingiâ Marchionis Cœnoman, ad sacrum bellum in Turcas susceptum. an.* 1572. *in-*4°. *Paris* 1572.

Le même ouvrage traduit en François & imprimé la même année; chez Duprez in-4°.

MITRY (Gabriel Rose de) Comtesse des Plassons, native de Nancy, de l'ancienne Maison de Mitry, Dame de beaucoup d'esprit, a composé quelques Poësies, qui ont été imprimées à Nancy en 1715. in-8°. ou si l'on veut à Cologne, chez Pierre Marteau. Voici le titre de l'ouvrage, *Poësies mêlées, dédiées à M. le Marquis de Torcy, Ministre & Secrétaire d'Etat, Commandeur des Ordres du Roi très Chrétien.*

Il y en a d'adressées au Roi Louis XIV. au Roi d'Espagne, à Monseigneur le Dauphin, à M. le Marquis d'Angeau, à M. le Marquis d'Argenson, à M. le Duc d'Orléans, au P. Malbrange de l'Oratoire, au R. P. Sébastien de l'Académie des Sciences, une Epître à M. de Torcy, Evêque de Montpellier, & une autre à un Abbé sur l'amour de Dieu. Cette Dame se faisoit honneur d'être Disciple ou Sectatrice du R. P. Malbrange de l'Oratoire.

MODOT, voyez ci-devant Maudot.

MOINE (Pierre le) Jesuite, né à Chaumont (1) en Bassigny en 1602. mort à Paris le 22. Août 1671. Il est le premier de tous les Poëtes François de la Société, qui ayent acquis quelque réputation dans ce genre d'écrire. Il a mis au jour plusieurs ouvrages en Vers.

1°. *Le Triomphe de Louis XIII.*

2°. *La France guérie dans le rétablissement de la Santé du Roi.*

3°. *Les Hymnes de la sagesse & de l'amour de Dieu.*

4°. *Les Peintures morales.*

5°. *Recueil de Vers Théologiques, Héroïques & Moraux.*

6°. *Le Portrait du Roi.*

7°. *Les jeux Poëtiques.*

8°. *L'Eloge du Prince de Condé, &c.*

9°. Il a aussi composé en Prose, *la vie du Cardinal de Richelieu*, par ordre & sur les mémoires de la Duchesse d'Aiguillon, Niéce du Cardinal; mais le plus considérable de tous ses Poëmes, est celui qui a pour titre.

10°. *Le S. Louis ou la Ste. Couronne réconquise sur les Infidéles*, en dix-huit Livres.

Tous ces ouvrages ont été rassemblés en un Vol. in-fol. orné d'Estampes; à Paris, chez Louis Billaire 1671.

Quelques-uns lui attribuent aussi un Livre en Prose, intitulé: La Dévotion aisée.

Costar & quelques autres ont donné de grandes louanges au P. le Moine, & l'ont regardé avec une espéce d'admiration; ils ont loué son esprit, sa fécondité, son anthousiasme, le choix de ses expressions, la noblesse des pensées; & ont regardé son Poëme de *S. Louis*, comme un Chef-d'œuvre en ce genre, ayant trouvé le secret de faire une Piéce régulière de l'Histoire d'un Héros, dont le malheur ne fût pas moindre, que sa vertu, & qui, par cette raison, ne pouvoit apparemment servir de matière à un Poëme Epique.

Toutefois les bons Critiques sont du sentiment du P. Rapin, qui prétend que nous n'avons dans notre langue aucun ouvrage qui renferme tant de Poësies, qu'il y en a dans le Poëme de *S. Louis*; mais que l'Auteur n'a pas assez de retenuë, qu'il se laisse trop aller à la vivacité de son esprit, & que son imagination le méne toujours trop loin.

(1) Moreri. Titon du Tillet. Parn. Franç. pag. 301.

On assure que d'Espreaux étant interrogé, pourquoi il n'avoit pas parlé dans ses écrits du P. le Moine, répondit,

Il s'est trop élevé pour en dire du mal,
Il s'est trop égaré pour en dire du bien.

MOLEUR (M. le) Chancelier du Duc Charles IV. écrivit en 1640. par ordre du même Duc, deux Ecrits pour répondre à la déclaration que la Duchesse Nicole son épouse, avoit publiée contre lui, dans laquelle elle avançoit que le Mariage de Charles avec Madame de Cantecroix, étoit un pur Concubinage.

Dans le premier écrit le Moleur, parlant au nom du Duc, condamne au feu la déclaration de la Duchesse Nicole, traite cet ouvrage de Libelle diffamatoire, & en défend la lecture sous peine d'être puni comme un criminel de Leze-Majesté au premier Chef.

Dans le second écrit, il s'efforce de montrer la nullité du Mariage du Duc Charles IV. avec la Duchesse Nicole, & de prouver qu'en vertu de la Loi Salique, les Duchés de Lorraine & de Bar appartenoient à Charles, & non à Nicole. Il paroît par toute la conduite de le Moleur, qu'il étoit persuadé de la nullité du Mariage du Duc Charles avec la Duchesse Nicole : Charles l'employa dans diverses Négociations importantes. Il l'envoya en Espagne, à Bruxelles & à Londres.

Après la détention du Duc Charles, & pendant sa prison de Toléde en 1655. la Duchesse Nicole envoya ses ordres au Chancelier le Moleur, & au Président de Gondrecourt ; leur ordonnant de transférer à Bitche, le Siége du Parlement de Lorraine, qui étoit alors à Luxembourg ; le Moleur renvoya la Lettre de la Duchesse au Duc Nicolas-François, frere de Charles IV. comme pour le reconnoître seul Régent en l'absence du Duc ; le Moleur se conduisit dans toute cette grande affaire d'une maniere qui déplût au Duc Charles IV. & quand il alla pour le voir à Toléde en 1659. il en fût si mal reçu qu'il se retira très mécontent en Lorraine. Cependant ce Prince le députa en 1663. à la diette de Ratisbonne, avec d'autres Seigneurs Lorrains, pour y ménager les interêts du Duc & de la Province de Lorraine.

MONGEOT (Gabriel de) Médecin Lorrain, il a fleuri sous les régnes des Ducs Charles III. Henri II. & Charles IV. & a été Médecin ordinaire de ces trois Princes. Il avoit étudié la Philosophie en 1596. les Mathématiques & la Médecine dans l'Université de Toulouse ; où il reçut aussi le bonnet de Docteur.

Pour faire son éloge, il suffiroit de dire que Charles le Pois lui demanda son avis sur le livre *De Serosa Colluvie*, de Mongeot rempli de vénération pour un si illustre Confrére, lui envoya une Lettre que C. le Pois ne jugea pas indigne d'être mise à la tête de son Livre en forme d'Approbation.

De Mongeot a été dans la suite Professeur en Médecine au Pont-à-Mousson, il avoit rassemblé une Bibliothéque considérable pour son tems ; nous voyons encore aujourd'hui beaucoup d'excellens Livres ; sur lesquels son nom est écrit avec sa Devise *Lauro non Auro*. Cette maxime étoit gravée dans son cœur, l'amour du bien public a éclaté dans l'unique ouvrage que nous avons de lui. Jusque-là il s'étoit contenté de transmettre ses lumieres à ses Ecoliers ; mais le salut du peuple l'obligea à les rendre publiques ; les abus qui regnoient déja parmi les Apotiquaires de Lorraine, lui firent prendre la plume, & il composa l'ouvrage suivant.

Discours sur les Médicaments Domestiques ; où l'on enseigne la vrai méthode de composer avec facilité & peu de frais, les remédes les plus d'usage dans le traitement des maladies ; au Pont-à-Mousson, chez Melchior Bernard, Imprimeur juré de S. A. & de l'Université. 1620. in-12. il est dédié à François de Lorraine, Comte de Vaudémont, avec la permission du R. P. Typhanius, Recteur des Jesuites & de l'Université du 22. Février 1620. dans l'avertissement il expose les motifs qui l'ont obligé à mettre ce Livre au jour.

„ Les Apotiquaires, *dit il*, n'étant pas encore satisfaits de vendre à une grande
„ chertise les médicaments ordinaires ;
„ poussent leur avidité d'argent, jusqu'à
„ les falsifier pour en tirer plus gros profit ;
„ voir même ils contrefont les Médecins ;
„ & par leur babil ils en font accroire aux
„ malades ; qui ne sont assez en garde con-
„ tre tels Renards qui épient leurs bourses,
„ & détruisent leur santé ; en quoi certes
„ il est tems que les Magistrats doivent fa-
„ vorisez pour le salut du peuple . . . . .
„ C'est pourquoi veulent favoriser nos bons
„ Compatriotes, nous leur enseignons dans
„ ce livret, qui n'est du tout ce qu'il de-
„ vroit être s'il étoit pour les doctes, à
„ préparer eux-mêmes ce qu'il y a de plus
„ excellent parmi les remédes Galenistes
„ qui peuvent suffire pour le traitement
„ des maladies, au grand soulagement de
„ leur bourse & sureté de leur vie, toute

„ fois sous la direction du prudent Mé-
„ decin.

Auparavant lui *Champier*, *C. Lepois*, *Cachet*, & plusieurs autres Médecins Lorrains auroient fait les mêmes plaintes.

On trouve dans ce livre un choix des Médicaments galenistes les plus en usage dans ce tems-là ; mais l'Auteur ne s'étend pas suffisamment sur la maniere de la préparation, non-plus que sur les remédes simples. Un autre défaut qui n'est pas moins essentiel, est qu'il n'a point parlé des remédes *indigénes*, ou qui viennent naturellement dans le Pays. Mais c'est toujours beaucoup d'avoir entamé cette matiére ; elle a été perfectionnée depuis par plusieurs Auteurs, & sur-tout par le célébre M. Hecquet, quoiqu'elle ne soit pas encore au point où elle pourroit parvenir.

MONGIN (D. Athanase) Benédictin de la Congrégation de S. Vanne, né au Diocèse de Besançon en 1589. mort à S. Germain des Preys, dans la Congrégation de S. Maur, le 23. Mai 1633. âgé de 44. ans. Il a fait imprimer un Livre de Dévotion, intitulé : *Les flammes Ecclésiastiques*. Bibliot. Benédic. pag. 362. il avoit été d'abord Religieux de l'Abbaye de Luxeuil, avant qu'elle reçut la Réforme ; il entra ensuite dans la Congrégation de S. Vanne, & y fit profession âgé de 23. ans, dans l'Abbaye de S. Vanne, le 23. Mai 1612. il vécut avec tant de pieté, qu'on lui attribua des miracles après sa mort. On peut voir le 5. tom. des Chroniques de S. Benoît, & le P. Félibien, Histoire de S. Denis.

Nous avons parlé ailleurs d'un petit ouvrage de D. Athanase Mongin intitulé : *Ultima suspiria R. D. P. Laurentii Bernard, per D. Athanasium de Mongin suscepta & Posteritati commendata*. Voyez ci-devant D. Laurent Benard.

MONNIER (D. Hilarion) Benédictin de la Congrégation de S. Vanne, natif de la Comté de Bourgogne, Profès de l'Abbaye de S. Vincent de Besançon, le 2. Août 1661. mort au Prieuré de Morei, le 17. Mai 1707. il avoit été Prieur dans les principales Maisons de la Franche-Comté, & même à S. Vincent de Metz, & à S. Symphorien de la même Ville, & avoit rempli les Emplois de Visiteur & de Définiteur avec beaucoup de Dignité & d'honneur ; sa vie étoit simple, innocente & mortifiée. Sa modestie, sa douceur & la sainteté de ses mœurs, lui avoient acquis l'estime & l'amitié de tous ceux dont il étoit connu. Il avoit un génie supérieur, capable non-seulement des Sciences les plus sublimes, mais aussi des plus grandes affaires ; son éloquence étoit telle, que le fameux D. Jean Mabillon ne trouvoit personne, après l'Auteur de la Priere public (M. l'Abbé Duguet) qui égalât en ce genre D. Hilarion Monnier. Une personne qui le connoissoit parfaitement, m'a écrit en 1714. que D. Hilarion avoit écrit quelque chose qui a paru, mais dont il ne s'est pas dit l'Auteur.

Il fut chargé après la révocation de l'Edit de Nantes, de prêcher la Controverse à Metz, pour la conversion des Calvinistes de cette Ville, & pour affermir dans la Foi les nouveaux Convertis : il s'acquitta de cet important Ministere avec beaucoup de succès ; on conserve encore un volume de Sermons qu'il a prêché à Metz & ailleurs. On remarque en particulier qu'il a prêché l'Oraison Funèbre du R. P. D. Henry Hennezon, mort Abbé de S. Mihiel en 1689. & qu'il prêcha aussi à la premiere Messe qui se célébra en 1686. dans la nouvelle Eglise de S. Clément de Metz.

Le célébre M. Nicole ayant publié son Systême sur la Grace générale (*a*) donnée à tous les hommes, D. Hilarion qui étoit son ami particulier, en ayant eu connoissance, lui témoigna dans quelques Conversations qu'il désaprouvoit son Systême, & mit ensuite par écrit le Résultat de ses Conférences dans six Lettres, qu'il adressa à M. Dodart, Médecin de Madame la Princesse de Conty. La première de ces Lettres est du troisiéme Octobre 1692. & la cinquiéme du 25. Février 1693.

Les choses en demeurerent-là, parce que M. Nicole, qui en avoit eû communication, & qui témoigna d'abord les trouver foibles & faciles à réfuter, apprit pourtant par Madame de Fontpertui, que feu M. Arnoud, que cette Dame avoit vû à Bruxelles, avoit dit qu'il défioit M. Nicole d'y répondre solidement ; sur quoi M. Nicole prit le parti de laisser là son sistême, dont on remarque cependant des traces répanduës dans ses Essais de Morale sur les Evangiles ; mais, comme après la mort de M. Nicole, on donna au public le même sistême de la grace générale, D. Hilarion commença à travailler pour le réfuter, & écrivit d'abord une septiéme Lettre qui devoit être suivie de quelques autres.

Cependant le sistême de M. Nicole étant peu favorablement reçu du Public, on jugea à propos de ne le pas relever par une réfutation sérieuse ; mais de le laisser tom-

(*n*) Lettre du 18. Juillet 1714.

ber de lui-même. Voilà l'occasion desdites Lettres, où en général D. Hilarion prétend que la doctrine de S. Augustin doit être la règle dans cette matiere, & que le sixiéme de M. Nicole étoit des plus raisonnables; par la profession que ce Docteur avoit toujours faite de suivre en ce point la doctrine & les expressions de S. Augustin. Ces sept Lettres ont depuis été imprimées en 1716. sans nom d'Imprimeur; sous le titre de *Réfléxions sur le Traité de la grace générale.*

Mais tout le Recueil imprimé sous ce nom n'est pas de D. Hilarion Monnier. On trouve d'abord un avertissement qui paroît être du R. P. D. François l'Ami, & qui est suivi des réfléxions sur le Traité de M. Nicole touchant la grace générale. Le R. P. le Cerf dans la Bibliotheque de S. Maur, pag. 193. dit que le P. l'Ami composa ses réfléxions, à la priere de M. Arnaud; il rapporte d'abord le Texte de M. Nicole, puis il y répond. Ces réfléxions sont divisées en deux parties, de même que le Traité de M. Nicole; & cela va jusqu'à la page 106. de l'Imprimé.

Après ces réfléxions vient une Lettre de D. Hilarion Monnier, adressée à une personne qu'il qualifie, mon très révérend & très cher Pere; & je soupçonne qu'elle est adressée au R. P. l'Ami Benédictin; elle est dattée du 12. Février 1690.

D. Hilarion lui dit, " Les dernieres lignes
" de votre Lettre m'ont donné l'alarme, en
" m'apprenant que M. Nicole pensoit à se
" déclarer ouvertement pour une certaine
" grace suffisante donnée à tous. Je ne craignois plus rien de ce côté-là, ayant sçû
" depuis peu par une personne très bien informée, qu'il avoit résolu de supprimer,
" de son vivant, un de ses ouvrages, à cause
" qu'il y voudroit inserer cet article, qu'il
" fait bien qui ne sauroit plaire à ses amis.
" Vous m'apprenez qu'il ne paroît plus dans
" cette situation, puisqu'il pense, non à
" supprimer sa pensée, mais à la justifier....
" Ce qui me console, c'est qu'il veüille a-
" voir sur cette affaire une conférence avec
" .vous ; car cela marque que, de sa part,
" il est disposé à entendre raison, &c.

La Lettre contient trois articles ; le premier montre l'inutilité de cette grace donnée à tous ; le second, les dangereuses suites qu'on a lieu de craindre de la grace universelle de M. Nicole. Il s'en suivra qu'on poura faire à M. Nicole plusieurs reproches, que l'on réduit à trois principaux ; 1°. de changer le langage de l'Eglise, & 2°. d'y en introduire un nouveau, 3°. d'abandonner le sixiéme de S. Augustin.

Cette Lettre est suivie d'un Ecrit de D. Hilarion à M. Nicole, où il refute son sixiéme. Cet Ecrit est datté du 29. Mars 1691. Puis vient une Lettre, qui peut servir de Préface aux sept autres Lettres de D. Hilarion, écrites contre la grace générale ; elle est dattée du 20. Janvier 1700. La seconde Lettre est intitulée, *Premiere Lettre à M. D.* (c'est M. Dodart) elle n'est pas dattée.

La seconde, à M. D. est dattée du 22. Décembre 1692.

La troisiéme est du huit Janvier 1693. la quatriéme n'est pas dattée, ni la cinquiéme ; mais la sixiéme est du cinq Février 1698. & la septiéme & derniere, du 20. Janvier 1700. Dans toutes ces Lettres D. Hilarion pose toujours pour principe, que la doctrine de S. Augustin est la seule qu'on doive suivre dans les matieres de la grace, & que dès qu'on convient que la grace générale de M. Nicole n'a pas été connuë de S. Augustin, c'est un grand préjugé contre elle.

On peut voir dans l'Edition donnée en 1715. du Traité de la grace générale par M. Nicole en deux Volumes in-octavo, tom. 1. p. 8. de l'avertissement, & tom. 2. p. 291. & suiv. ce qui regarde D. Hilarion Monnier sur cette question.

Le sixiéme de M. Nicole n'est pas nouveau, ni suivi de lui seul. Je remarque dans M. Ancillon, *Mélanges historiques*, tom. 1. p. 20. qu'il y avoit à Genève Messieurs Deodati, Sportum, & Tronechin, qui enseignoient la grace particuliere ; & à Saumur, Messieurs Amirauld, Cappel & la Place, qui enseignoient la grace universelle.

D. Hilarion fit imprimer en 1686. un long Factum sous ce titre, *Eclaircissement des droits de la Congrégation de S. Vanne, sur les Monasteres qu'elle possede en Franche-Comté.* Il y établit, 1°. ce que c'est que la Congrégation de S. Vanne, & ses priviléges. 2°. Il donne un récit historique de son établissement dans les Monasteres de la Franche-Comté, & de l'éxercice non interrompu qu'elle y a fait de sa jurisdiction. 3°. Que l'union de ces Monasteres à la Congrégation a été très canonique. 4. Il répond aux objections. 5°. Il montre que l'Assemblée de Faverney a troublé injustement la Congrégation, & qu'elle est pleine de nullité.

MONT-GAILLARD (Bernard de Percin) né en 1563. de Bertrand de Percin, Seigneur de Mont-Gaillard, & d'Antoinette Duvallet, n'appartient à notre Bibliothéque qu'en qualité d'Abbé d'Orval, Abbaye située dans le Luxembourg. Dès l'âge de douze ans il eut achevé son cours d'humanité & de Mathématique, & à seize ans, après avoir étudié en Théologie, il entra dans l'Ordre des Feüillans, que le R. P. Jean de la Barriere venoit d'inftituer, ou plutôt de réformer dans l'Ordre de Cîteaux. A peine l'année de fon Noviciat fut-elle finie, qu'on le fit prêcher dans les Villes de Rieux, de Touloufe, de Rhodés & de Roüen; ce qu'il fit avec tant de fuccès, qu'il convertit une infinité de perfonnes. Sa réputation le fit appeller à Paris, où le Roi Henri III. & la Reine Mere Cathérine de Médicis l'ayant entendu aux Auguftins, comme il prêchoit devant l'affemblée générale des Chevaliers du S. Efprit, voulurent qu'il prêchât devant eux le Carême fuivant à S. Germain l'Auxerrois. Il prêcha enfuite dans d'autres Eglifes de Paris; & le Pape Grégoire XIII. informé de fon mérite, lui donna difpenfe pour recevoir l'Ordre de Prêtrife, à 19. ans. L'auftérité de la réforme des Feüillans lui paroiffoit trop douce; il n'avoit pour lit que deux ais, pour chemife qu'un cilice; il s'abftenoit de chair, de poiffons, d'œufs, de beure, ne mangeoit que des légumes, & ne prenoit de nourriture qu'une fois le jour, après le Soleil couché.

Son zéle peu éclairé l'engagea dans le parti de la Ligue, où il fut connu fous le nom du *Petit-Feüillant*, parce que n'ayant encore que 20. ans, & n'ayant pas encore pris toute fa crüe, il étoit mince & peu corpulent. Après la fin des troubles, il paffa à Rome où il fut très bien reçu du Pape Clément VIII. qui le fit paffer dans l'Ordre de Cîteaux, & l'envoya en Flandres. Après avoir édifié pendant fix ans le peuple d'Anvers, il fut appellé à la Coür de l'Archidue Albert, en qualité de Prédicateur ordinaire. Il accompagna ce Prince en Allemagne, en Italie, en Efpagne; & au retour de fes voyages, il fut pourvû de l'Abbaye de Nizelet, & en 1605. de celle d'Orval, où il eut le bonheur d'introduire la réforme qui s'y obferve encore aujourd'hui. Il mourut le 8. Juin 1628. âgé de 63. ans. Il ordonna avant fa mort que l'on brûlât tous fes Ecrits, qui étoient en grand nombre. Il ne nous en refte que fon Epitaphe compofée par lui-même; la voici,

„ Viri magni, probi, boni,
„ chari patres, filii, fratres, accedentes,
„ difcedentes,
„ Afcendentes, defcendentes,
„ Videte, legite, audite, exaudite.
„ Hîc jacet vefter Bernardus,
„ Cui vos dilecti, qui vobis, dilectus,
„ Mifer, & miferabilis, mifericordiam Dei
„ & veftram

„ Expetens, exoptans, exfpectans,
„ Eïa, heu! eïa,
„ Eftote mifericordes, memores eftote
„ judicii mei,
„ Sic enim erit & veftrum:
„ Heri mihi, & vobis hodie.
„ Hæc chariffimi, hæc perpendite,
„ Et mihi mifero preces pendite:
„ Abite, fancti eftote, & valete.
„ Expecto donec veniat immutatio mea.
„ Frater Bernardus de Mont-Gaillard hujus
„ Ecclefiæ Abbas XLII.
„ Vivendo moriens, à moriendo vivens,
„ fibi pofuit.

Voici l'Epitaphe que Dom Laurent de la Roche lui a confacré,

D. O. M.

„ Bernardus de Mont-Gaillard h. f. e. (x)
„ Magnum Ordinis & fæculi fui decus,
„ Nobili apud Vafcones Percinorum
„ familia ortus,
„ In facram Fullienfem familiam afcriptus,
„ Et mox in Cifterciensem translatus;
„ Toto virtutis nifu in Deum furrexit.
„ Pontificibus Innocentio IX. Clementi VIII.
„ acceptus,
„ Regi Henrico III. & Principibus Alberto
„ & Ifabellæ à concionibus.
„ Italiam & Galliam adolefcens;
„ Vir, Belgicam, aures ore in adminiftra-
„ tionem fui traxit;
„ Infulis Pamienfi, & Andegavenfi oblatis
„ & neglectis
„ Tres Nizellis annos, tres & viginti
„ Aureæ-valli,
„ Quo affectu, & fructu verus pater præfuit.
„ Quid tandem?
„ Anno Chrifti M. D. C. XXVIII.
„ Pietatis, doctrinæ, facundiæ in terris jubar
„ Extinctum eft, ut in cœlo fulgeat;
„ Poft annos exactos lxv. menfes vj. dies xv.
„ Bernardo Aureæ-vallis Abbati.
„ Frater Laurentius de la Roche fucceffor,
„ Hoc pietatis officio
„ parentabat.

MONTREUX (N. D.) eft Auteur de l'Hiftoire univerfelle des guerrres de Turçs, depuis l'an 1565. jufqu'en 1606. avec les exploits & hauts faits d'armes de Philippe-Emmanüel de Lorraine, Duc de Mercœur, & Lieutenant-Général de l'Empereur, contre les mêmes Turcs, en deux Tomes, par N. de Montreux, à Paris 1608. in-quarto. Je ne fai fi c'eft le même que Nicolas de Montreux, Gentilhomme du Mans, qui a mis en François le fixième Livre d'Amadis

(x) *Hîc fitus eft.*

de Gaules, traitant les proüesses & amours de Sphéramond & Amadis d'Aftrée, imprimé à Paris in-16. par Jean Parent en 1573. Voyez Duverdier, Bibliot. p. 918. Si c'eſt la même perſonne, ce Montreux n'étoit pas Lorrain, mais Manceaux.

MOREL, Directeur des Monnoyes de S. A. R. le Grand-Duc de Toſcane, aujourd'hui Empereur, très habile homme pour tout ce qui regarde les expériences métalliques ; il eſt d'Epinal. Il faut voir l'Hiſtoire de l'Académie de 1726. pag. 33.

MORISON, Chanoine de S. Diey, a écrit une Diſſertation ſur l'érection du Comté de Bar en Duché. M. Moriſon a renoncé à ſon Canonicat, pour vacquer plus aiſément à l'étude. Il prétend que ce n'eſt ni l'Empereur Charles IV. ni le Roi Jean, qui ont érigé le Comté de Bar en Duché ; mais que le Comte Robert s'étant donné de ſon chef le nom de Duc, l'Empereur Charles IV. l'agréa & l'approuva, pour le Barrois non-mouvant, qui eſt au-delà de la Meuſe ; & le Roi Jean pour le Barrois mouvant, qui eſt au couchant de ce fleuve, & relevant de la Couronne de France. Il fait voir qu'en 1554. au mois d'Octobre, le Comte Robert ne prenoit pas encore le titre de Duc ; mais qu'au mois de Janvier & Février 1555. c'eſt-à-dire 1555. avant Pâques, il le prenoit déja.

MORISON, Chanoine de S. Pierre de Bar, a fait imprimer un voyage de la Terre ſainte, ſous ce titre : *Relation hiſtorique du voyage fait à Sinaï & à Jeruſalem*, imprimé à Toul chez Laurent en 1704. in-quarto. Il y a dans ce voyage, entre pluſieurs choſes triviales & connuës, diverſes particularités curieuſes & inſtructives.

MOUROT (D. Sébaſtien) Benédictin de la Congrégation de S. Vanne, Abbé de S. Avold, natif de Moigneville en Barrois, Profès de l'Abbaye de S. Manſuy le 10. Février 1691. a prêché avec réputation dans les principales Egliſes des Evêchés de Metz, Toul & Verdun ; mais il n'a fait imprimer que l'Oraiſon Funébre du R. P. D. Hilarion de Bar, Abbé de Longeville : ſes Sermons ſont demeurés manuſcrits.

MOUSIN (Jean) Savant Médecin Lorrain, étoit né à Nancy, il étudia les belles Lettres & la Philoſophie dans l'Univerſité de Cologne, & la Médecine dans celle de Paris. Perſuadé que rien ne contribuë davantage à éclairer un Médecin que les voyages, pour comparer les méthodes différentes des plus grands Maîtres ; & pour profiter de leurs lumieres, il viſita les Univerſités les plus célébres de France, d'Eſpagne, d'Italie & d'Allemagne, il prit le bonnet de Docteur à Padouë.

De retour dans ſa Patrie, il s'attira l'eſtime & l'amitié de ſes Confréres par la bonté de ſon génie & la douceur de ſon caractére. Le Duc Charles III. que le déſir de récompenſer le mérite, animoit à le rechercher par-tout où il étoit, connut bien-tôt Mouſin. Il le fit ſon Médecin ordinaire, le Duc Henry lui continua les mêmes faveurs, & lui accorda des Lettres de Nobleſſe le 8. Novembre 1608. conjointement avec ſon frere Pierre Mouſin, Auditeur de la Chambre des Comptes de Bar.

L'étude étoit la paſſion dominante de Mouſſin, plus libre que jamais au ſervice d'un Souverain qui aimoit les ſciences, il s'y livra entiérement. Les Mathématiques, qui ſont la véritable pierre de touche des eſprits ſolides, devinrent d'abord ſon occupation favorite. Il eut bien-tôt atteint les bornes qui les reſſerroient encore dans un eſpace bien petit, en comparaiſon des découvertes que l'on y a fait depuis.

Il revint enſuite à l'étude de ſa profeſſion, il approfondit les ouvrages des Médecins Grecs, ce qui l'engagea à des recherches plus particuliéres des meilleurs Auteurs de l'antiquité.

Pendant tout ce tems il ne négligea pas de voir des malades, & ſans les rechercher, il devint un des plus grands Praticien de ſon tems. Quoique riche il vivoit fort ſimplement, ſans faſte, ſans ambition, enfin en véritable homme de Lettres : il étoit très ennemi de toute Charlatanerie, & encore plus éloigné de ces baſſeſſes qui ſe pratiquent par ceux qui ne peuvent captiver l'eſtime du Public par leur propre mérite ; il reprend avec juſtice, *un vice trop familier à pluſieurs Médecins de ce tems* (y) *qui aiment mieux ſervir la délicateſſe, & flater la moleſſe de leurs malades, que procurer leur ſanté. C'eſt la guériſon*, pourſuit-il, *& non cette flâteuſe ambition de complaire, qui fait reluire l'induſtrie, & admirer l'artifice d'un Médecin. C'eſt la fin pour laquelle il viſite ſon Malade, c'eſt celle qui lui fait porter le nom & la robbe, c'eſt-à-dire en un mot, qui le fait être Médecin*.

Avec cette franchiſe & cette probité, il ne put manquer d'avoir des ennemis parmi ceux-mêmes qui avoient été ſes amis, tandis qu'il étoit inconnu au Public. Ils lui ſuſciterent du déſagrément, nous n'en ſçavons pas les circonſtances ; mais ce qui eſt certain, Mouſin en fut ſi touché, qu'à

(y) Diſcours de l'yvreſſe, pag. 298.

se retira de la Ville, pour mener une vie plus Philosophique & plus tranquille. Il fit bâtir une maison assez considérable, & qui jouit d'une vuë charmante, sur une montagne au couchant de Nancy, & qui n'en est éloignée que d'une demie lieuë, elle se nomme Bethlemont ou Batlemont, appartenante aujourd'hui à M. de Viray, Procureur Général à la Cour. Ce fut-là, où il passa des jours heureux dans l'étude de la nature. Voici ce qu'il en dit lui-méme : *Neque verò ego quem assiduâ* (z) *medendi molestia ab Urbe nuper abduxerat mentem à curis, & sollicitudinibus, ad tranquillitatis suæ usus, rusticationis beneficio revocaturum, tam pertinacis desiderii sciendi influxum propterea avertere vel potui, vel declinare: qui nimo aura serenitas, viridarii illicium, amenitas secessus, & cætera quæ aliorum animos quieti componunt à mandato otii desiderio, me ad instaurandum sciendi studium acriùs incessere : & quæ aliis cessationem pariunt ea novum suffecere Philosophandi argumentum. Hinc disquisitus, æris in corpus humanum influxus ...... nec viridarii decus, flores prætermissi ; è quibus ad Artis medicæ fastigia non numquam assurgens, de corporis humani ortu, naturâ & sanitate, fructuoso magis ratiocinio pleraque agitavi : in ludicris semper gratia velitatus, in seriis severè quandoque Philosophatus : adeo ut longe diversa probanda censuerim, à tritâ illâ, & vulgari Professorum Academicorum doctrinâ.*

Moussin vécut plus de trente ans dans cette agréable retraite, les malades l'y vinrent souvent consulter. Nous avons vu de ses Consultations qui sont dattées de 1665. dans lesquelles il conseille les Eaux de Plombières avec la méthode de les prendre. Il connoissoit parfaitement la vertu de ces Eaux salutaires: *Solas vobis propono thermas nostrates, quas exteri, non tam* (a) *celebres nobiscum habent, quam nos cum exteris salubres experimur. Nulli Europæorum, credo, Balberum-Plumberianarum longè latèque celebratarum famâ non increbuit, pauci ægrotantium qui iis aditis salvi & sani redierint; nec suâ noxâ carent.*

Nous ne connoissons que deux ouvrages de Moussin, qui soient imprimés ; mais ils suffisent pour faire connoître la justesse de son raisonnement, la délicatesse de son esprit & l'étenduë de son érudition. L'on y apperçoit un commencement de liberté Philosophique, qui est le premier fruit de l'étude des Mathématiques. Il se moque des Astrologues, il refute souvent les Péripatéticiens, il admet pour principe *Liberum hominem decet Philosophia, deceat Philosophum*

liberè de quavis re propositâ, cum ratione sentire, eâque ingenuitate & fidentiâ, ut unam veritatem mille Authorum quantumvis celebrium authoritati anteponat.

Voici les titres de ses Ouvrages.

„ Discours de l'Yvresse & Yvrognerie, „ auquel les causes, nature & effets de „ l'Yvresse, sont amplement déduits avec „ la guérison & préservation d'icelle, en- „ semble la maniere de carousser, & les „ combats Bachiques des anciens Yvrognes. „ Le tout pour le contentement des Curieux par J. Moussin, Conseiller & Médecin ordinaire de Son Altesse. A Toul. „ Philippe. 1612. in-12.

Ce Livre eut égard à son tems, peut passer pour complet sur cette matiére. La méthode se sent tout-à-fait d'un esprit Géometrique, & l'érudition d'une Mémoire, enrichie de tout ce qu'il y a de plus curieux dans l'antiquité, & si bien placée qu'elle sert encore à relever le jugement & l'esprit de l'Auteur.

Cachet Médecin doué d'un grand génie, & qui écrivoit très bien en Latin, lui a donné de nouvelles graces, & l'a rendu immortel par la traduction qu'il en a fait sous ce Titre :

Pandora Bacchica furens, medicis annis oppugnata. Hic temulentiæ ortus & progressus ex antiquorum monumentis investigatur ; Bacchi vis effrenis Æsculapii clava retunditur, atque compescitur. Opus varietate Curiosum, doctrinâ salutare A. D. Moussino suæ celsit. A Lotharingiâ Consil. & Medic. ordinario gallicè primum conscriptum. Nunc verò latinè redditum auctum & locupletatum. Opera Christophori Cacheti ejusdem. S. C. & Serenissimi Principis Vandemontani Consiliarii & Medici ordinarii. Tulli. Philippe. 1614. in-12.

Quoiqu'il soit porté sur ce titre, que cette édition est augmentée & enrichie, nous n'avons cependant rien trouvé qui justifiât cette annonce, apparemment qu'elle est du Libraire.

Hortus jatrophysicus in quo immensam exoticorum florum silvam cuivis de cerpere licet. Opus delectabili novitate jucundum pariter, ac studiosâ lectione utile. Authore Joanne Moussino Archiatro Lotharingo. Nanceii, Charlot 1633. *in-8°.*

M. Seguier dans sa Bibliothéque Botanique, s'est trompé sur le titre & la matiére de cet Ouvrage.

Au commencement du Livre il y a une Lettre de Charles le Pois à l'Auteur, dans laquelle il lui donne les plus grandes louan-

---

(z) *In Epistola horto jatrophysico præfixa.* (a) *Hortus jatrophysicus*, pag. 33.

ges,

ges, & l'excite à continuer ses études de Mathématique.

Plusieurs questions curieuses & intéressantes qui avoient fait le sujet des réfléxions de Moulin dans sa solitude, donnerent occasion à cet ouvrage. Il les propose en Dialogue, les noms des Interlocuteurs sont feints ; mais il paroit qu'ils désignent plusieurs de ses Confréres. Dans le premier il prouve que la joie & la guaiere sont plus puissantes que tous les remédes. Dans le second que les effets de l'air sur le corps humain, sont d'une plus grande considération que tous les remédes. Dans le troisième que les aliments tirés du regne Vegetal, sont plus salutaires que ceux du regne Animal. Dans le dixième que la Médecine ne peut tirer aucun secours de la Physique Péripateticienne ou Scholastique. Dans le douzième que le Fœtus de huit mois peut vivre. Il y a en tout seize Dialogues.

MOY (D. Théodore) Bénédictin de la Congrégation de S. Vanne, a fait profession dans l'Abbaye de S. Vanne de Verdun le 23 Novembre 1613. mort à Nancy le 26. Décembre 1635. etoit natif de S. Mihiel. Il a composé 1°. la vie de S. Hydulphe, Archevêque de Tréves, & Fondateur de l'Abbaye de Moyenmoutier, & imprimée à Toul in-8°. dédiée au R. P. François-Brunesaut, Abbé de Flabémont & de Rangeval.

2°. *Essay sur aucunes guérisons miraculeuses opérées à Moyenmoutier*, dont ledit Théodore Moy, a été témoin ès années 1626. & 1627. manuscrit.

3. *Pharmacie spirituelle remplie de remédes contre toutes sortes de foiblesses & langueurs d'esprit.* Manuscrit conservé dans l'Abbaye de S. Arnoud de Metz.

MOYCET (Simon) Prieur ou Curé du Prieuré & de la Paroisse de S. Nicolas de Port près de Nancy, tenoit la Cure en admodiation, suivant l'abus de ce tems-là. Il avoit pour Vicaire M. Fabris, qui recevoit les Oblations (b) Moycet entreprit le Bâtiment de la belle & magnifique Eglise de S. Nicolas en Lorraine, & en jetta les fondemens le 14. Avril 1495. le jour de Pâques étoit le 23. Avril en 1495. & le 3. Avril en 1496. ainsi on peut mettre le commencement de ce fameux Edifice au Samedi S. de l'an 1495.

Simon Moycet pouvoit être fils de Didier Moycet de S. Nicolas, annobli par le Duc René II. en 1487. on ne connoît point le nom de l'Architecte qui conduisit l'Edifice.

Ce qui est le plus surprenant, c'est qu'un particulier ait osé former le dessein d'une pareille entreprise, & qu'il l'ait exécutée dans 49. ans ; car l'Eglise fût finie en 1544. elle est d'une hardiesse, d'une délicatesse & d'une beauté extraordinaire ; on remarque que dans sa longueur elle est recourbée & de travers, & ressemble en quelque sorte à un Navir : chacun a raisonné sur cela suivant ses préjugés.

On m'a assuré qu'au passage du Roi Louis XV. en 1744. les Architectes de S. M. jugerent que cela pouvoit venir de ce que le Prieur Moycet, n'étant pas Maître du Terrain, fût obligé de se régler sur ce qu'il plût aux Propriétaires de lui céder pour fonder l'Eglise, c'est ce qui m'a toujours paru le plus probable.

Le Duc René II. contribua libéralement aux frais de l'Eglise ; la Ville de Metz fournit la pierre pour le Pavé qu'on amenoit par Bâteaux ; l'on prit à Viterne la plus grande partie de la pierre de Taille, & on fit paver le chemin depuis ses Carrières jusqu'à S. Nicolas ; toute la Lorraine, la Suisse, l'Alsace concoururent à ce Bâtiment ; on voit encore les Armes de plusieurs Villes de Suisse aux Vitraux qui sont restés depuis l'Incendie de ce Temple, arrivée en 1636. ou 1637. Simon Moycet mourut à S. Nicolas le 11. Avril 1520. & fut enterré dans l'Eglise de S. Nicolas, où depuis lui personne n'a eu sa sépulture. Voici l'Epitaphe de Simon Moycet.

„ Pour honorer Dieu Notre Créateur,
„ Et Nicolas son très S. Serviteur,
„ L'an de salut mille quatre cent & quinze
„ Et quatre-vingt, en dévote entreprise.
„ Sire Simon MOYCET fut Fondateur,
„ Et le premier de ce Temple Inventeur,
„ Faisant plusieurs admodiations,
„ Du Prieuré & des Oblations.
„ Y exposant du sien grande quantité,
„ Pour ériger cette Eglise en beauté,
„ Dont le véant René le très bon Roi,
„ D'un S. vouloir l'aida en notre arroy.
„ Conséquemment grands Seigneurs & Prélats,
„ Marchands, Bourgeois du lieu S. Nicolas,
„ Et Pelérins ont été Adjuteurs,
„ Et de ce bien très dévots Promoteurs.
„ Le bon ancien toujours persévérant,
„ Et de grand cœur achever espérant,

(b) Voyage de M. Chateaurou de Troyes à S. Nicolas en 1532. m.

„ Eut bon secours du devot Duc Antoine,
„ Lequel trouva en ce lieu fait ydoine.
„ Puis en Avril l'an mil cinq cent & vingt,
　„ Débilité & maladie lui vint,
„ Dont entendit à son salut pourvoir.
„ Ceans donnant son trésor & avoir,
　„ Et en la fin pour vertueux soulas,
„ Du corps prins lieu devant S. Nicolas,
„ Où mort fut mis le jour d'Apuvril
　„ onziéme,
„ Jesus lui doint la gloire béatiffime. Amen.

Au-dessus de l'Epitaphe est à genoux devant un Autel de S. Nicolas, un Ecclésiastique, avec un Surplis à très vastes manches, l'Autel est à l'antique sans gradins ni chandeliers; *Simon Moycet* y est représenté avec ses cheveux couppés en ronds, laissant les oreilles à demi découvertes; & au-dessus sont des armes parlantes.

MUNIER (Jean) Peintre Païsagiste, contemporain de Gelée, étoit Lorrain, & mourut à Rome.

MUNIER (D. Pierre) Benédictin de la Congrégation de S. Vanne, naquit à Paris en 1672 & fût envoyé de bonne heure en Lorraine, où il fit ses études d'Humanités à Nancy, puis entra dans l'Ordre de S. Benoit de la Congrégation de S. Vanne dans l'Abbaye de S. Mantuy de Toul, & y fit profession le 7. Juin 1689. décédé dans l'Abbaye de S. Avold le 27. Mars 1748.

Il s'appliqua à la Langue Grecque, & y fit d'assez grands progrés; ensuite il fût chargé d'enseigner un Cours de Théologie dans l'Abbaye de S. Evre près la Ville de Toul, il avoit étudié auparavant dans l'Academie de Moyenmoutier sous le R. P. D. Hyacinthe Alliot, qui en étoit Chef & Directeur, & il se rendit avec lui à Toul auprès de M. l'Evêque de Bissy, pour y expliquer l'Ecriture Sainte dans les Conferences qui se tinrent dans son Palais Episcopal pendant deux ans.

Le R. P. D. Humbert Belhomme, Abbé de Moyenmoutier, ayant formé en 1710. le dessein de faire travailler à l'Histoire de la Réforme de l'Ordre de S. Benoit en Lorraine & dans les trois Evêchés, & en général de la Réforme des Congrégations de S. Vanne, de S. Maur, & de l'Ordre de Cluny, & de tout ce qui peut avoir rapport à ce grand Ouvrage; jetta les yeux sur D. Pierre Munier, le connoissant laborieux, attentif & éxact; cet Abbé fit la dépense des voyages pour visiter toutes les Maisons réformées, afin d'y ramasser les Mémoires & les Piéces nécessaires pour l'exécution de ce projet.

D. Pierre commença à y travailler en 1710.

Il continua ses recherches jusqu'en 1715. il en composa 14. gros Volumes in-4°. & les rédigea ensuite en 6. Vol. in fol. qui contiennent une histoire suivie de la Réforme depuis son commencement vers l'an 1600. jusqu'aujourd hui. Il y entre dans un très grand detail, & rapporte ordinairement les Pieces justificatives, pour prouver ce qu'il avance; il donne d'abord la vie de D. Didier de la Cour Réformateur & Prieur de S. Vanne; & en même tems il décrit les mouvemens que se donnerent les Princes & Cardinaux de Lorraine, & les Evêques de Verdun & de Toul, pour faire réussir ce projet de réforme, les contradictions qu'elle souffrit, ses commencemens & ses progrés. A mesure qu'un Monastere recevoit la Réforme, D. Pierre fait l'Histoire de ce Monastere, & de la maniere dont il a été aggrégé à la Congrégation, il donne la liste des Abbés & des hommes Illustres que ce Monastere a produit, le Cathalogue des livres manuscrits qui s'y voyent, l'inventaire des principales Reliques.

L'ouvrage est certainement trop diffus, mais comme il entre dans un grand détail, & que son principal objet n'étoit que d'amasser des mémoires, on peut dire qu'il a tort bien rempli son dessein; il est aisé à présent de réduire le tout en forme d'histoire suivie, écrite d'une maniere, qui interesse le Public; on y verra beaucoup de particularités curieuses, concernant l'origine de la Congrégation de S. Maur, l'Ordre de Cluny, sa réforme, les différentes tentatives qu'on a faites en divers tems, pour l'union & la désunion de ses Maisons à la Congrégation de S. Vanne.

On y voit aussi les efforts qu'ont faits quelques Abbés d'Allemagne & des Pays-bas, pour introduire la Réforme dans leurs Monastères. Les 14. Volumes de Mémoires de D. Pierre Munier, sont à présent dans la Bibliothéque de Moyenmoutier, & les 6. vol. de son Histoire sont dans celle de l'Abbaye de Senones; j'en ai tiré beaucoup de particularités, pour composer mon Histoire des hommes Illustres de Lorraine.

MUSCULUS (Volffgangus) Ministre Protestant d'Allemagne, étoit fils d'Antoine Musculus Tonnelier de Dieuze en Lorraine, où il n'aquit le 8. Septembre 1497. Il fit une partie de ses études à Scheléstat, jusqu'à l'âge de 15. ans, qu'il entra dans un Monastere de Benédictins du Palatinat près de Westric; comme il avoit de l'esprit, il s'appliqua à la lecture des livres des Protestans, qui le pervertirent; il fut toutefois élu Prieur de son Monastere, ce qui ne l'empêcha pas d'en sortir en 1527. & de se marier avec une nommée Margueritte Bart.

Il se rendit à Strasbourg avec sa femme, qu'il mit au service de Thiébaut le Noir, Ministre de cette Ville : pour lui il apprit le métier de Tisserant, & entra pour gagner sa vie chez un Tisserant Anabaptiste, qui ne pouvant souffrir ses remontrances, le chassa de sa maison, Musculus ne sçachant que devenir, résolut de servir de Manœuvre aux fortifications à Strasbourg.

Bucer ayant connu sa capacité, le retira chez lui, & le nourrit, l'occupant à transcrire ses ouvrages. Musculus assistant un jour à un sermon d'un Religieux qui prêcha fortement contre la nouvelle Réforme, apostropha hardiment le Prédicateur, le fit descendre de la Chaire, monta à sa place, & se fit écouter favorablement du Peuple, invectivant contre les Catholiques, & répandant sa nouvelle doctrine ; ce coup d'éclat porta les Lutheriens de Strasbourg, à le demander pour leur Ministre en 1531.

Il y demeura 17. ans, & en sortit en 1548. pour passer en Suisse, il s'arrêta quelque tems à Constance, à Bâle, à S. Gall, à Zurich, il fut enfin pourvu d'une Chaire de Théologie à Berne, où il mourut le 29. Août 1563. âgé de 66. ans ; on a de lui divers ouvrages comme des Commentaires sur l'Ecriture, des Traductions Latines de quelques Traités de S. Athanase, de S. Basile, & de S. Jean Chrisostome, &c. *Item loci communes, &c.* c'est son principal ouvrage. Il fut imprimé à Bâle en 1560. & dédié à Frederic, Comte Palatin, Duc de Baviere, Electeur de l'Empire, sous ce titre : *Loci communes in usus sacræ Theologiæ candidatorum parati.* Il y réduit sous certains titres toute la doctrine Chrétienne.

Il y a bien des articles qui lui sont communs avec les Catholiques, & d'autres dans lesquels il établit les principes des Novateurs. M. l'Abbé Dupin en a donné un assez long extrait dans son premier tome de la Bibliothéque des Auteurs séparés de la Communion de l'Eglise Romaine. Seconde Partie, pag. 399.

M. Richard Simon fait cas de la méthode que Musculus a suivie dans ses Commentaires sur l'Ecriture, & dit qu'il s'y est pris d'une maniere louable.

MUSSEY (M.) Curé de Longevy, a écrit un petit ouvrage intitulé : *La Lorraine ancienne & moderne,* imprimé en 1712. in-12. à Nancy.

M. Mussey soutient que Gerard premier Duc Héréditaire, descend des anciens Comtes de Lorraine Mosellane, & des premiers Rois des Gaules, & non des Comtes d'Alsace ; il fait venir la Maison de Lorraine de Pharamond par S. Arnou, S. Clodulphe, Martin, Eleuthere, Lohier, Frideric, Saliger, Regnier, Ricuim, Othon, Ferry, Théodoric, Ferry II. Gerard III. Duc de Lorraine Mosellane, (nommé vulgairement Gerard d'Alsace,) Pere de Thierry, &c. ainsi il essaye de concilier l'ancien Systême avec le nouveau sur l'origine de la Maison de Lorraine, jusqu'ici son sentiment a eu peu d'Approbateurs, n'a pas fait, & ne fera pas fortune dans la République des Lettres.

MUSSONIUS (Pierre) Jesuite natif de Verdun, fut admis dans la Societé l'an 1576. à la 17. année de son âge, il enseigna presque continuellement la Rhétorique, tant au Pont à-Mousson qu'à Angers; le R. P. Claude Aquaviva lui accorda par distinction la liberté de choisir quel Collége il voudroit pour sa demeure, il choisit celui d'Angers. Le P. Abram dit qu'il choisit Orleans, à condition qu'il lui seroit permis d'aller tous les ans voir ses amis à la Fleche, où il mourut le 21. Octobre 1637. On a de lui quelques Tragédies dans un seul volume, imprimé à la Flèche, chez Sébastien Griveau 1637. in-12. & encore sous ce titre : *Petri Mussonii Virdunensis S. J. Tragediæ datæ in Theatrum Collegii Henrici magni; Flexiæ* 1621. in-octavo.

L'Auteur y parle ainsi de lui-même aux Acteurs : *Memini me non ita multas, sed aliquas in Theatrum Mussi-Pontanum dedisse Tragedias aut Dramata : Eustachium seu Placidum repertum. Catharinam rotâ diffractâ divulsâque victricem, Josephum agnitum, Mauritium Imperatorem purgatum. Anthiochum furentem & evisceratum.*

„ Verum quemadmodum hæ Mussi-Pon-
„ ti actiones Tragicæ laudem & gloriam Pie-
„ actione potius quam scriptione aut stilo
„ meo pepererunt, ita hæ Flexiæ habi-
„ tæ, &c.

„ Quarum hic est Ordo, *Pompeius magnus.*
„ *Cresas liberatus. Cyrus punitus. Darius pro-*
„ *ditus.* Quibus anno exeunte promitte-
„ rentur addendæ sequentes. *Clodovæus unctus*
„ *Alaricus superatus. Anthiochus furens, Amanus*
„ *suspensus.*

MYRTIUS (Chérubin) natif de Tréves, se fit Religieux Benedictin dans le Monastere de Sublac, que N. B. P. S. Benoît a sanctifié par sa premiere traite. Il y professa le 25. Octobre 1592. & y exerça l'office de Doyen : il continua l'Histoire de Sublac, composée par le P. Guillaume Capisac en 1573. il l'a continua, dis-je, l'augmenta, la corrigea, & l'enrichit de deux Index en

1629. Deplus, il recueillit le Bullaire des Priviléges accordés par les Papes, les Empereurs & les Rois au sacré Monastere de Sublac, & les rangea par ordre Chronologique en 1623. Ces deux Ouvrages se conservent en manuscrit au même lieu.

Le P. Myrtius raconte dans sa Chronique, *Cap.* 31. *p.* 150. que les premiers inventeurs de l'art de l'Imprimerie, qui étoient de Mayence, étant venus en Italie, s'arrêterent d'abord au Monastere de Sublac, où ils trouverent des Religieux de leur nation, & y imprimerent les Oeuvres de Lactence ; ce que le P. Myrtius prouve par cette inscription, qui se lit à la fin de l'Edition de l'an 1465. en ces termes, rapportés par le R. P. Marian Armelin, qui a vû cette Edition en 1719. *Anno Domini* 1465. *Pont. Pauli Papæ II. anno* 2. *indictione* 13. *die verò antepenultimâ mensis Octobris, in venerabili Monasterio Sublacensi.* On trouve un Exemplaire de cette Edition faite à Sublac en 1465. dans la Bibliotheque du Cardinal Barberin.

Michel Maltaire, qui en 1719. a imprimé à la Haye les Annales de l'Imprimerie, convient que cette Impression s'est faite à Sublac en 1465. mais il dit qu'on n'y voit pas le nom des Imprimeurs. Le R. P. Chérubin Myrtius l'avoit apparemment appris, ou par la tradition de ses Confreres de Sublac, ou par quelque inscription, qui portoit, que les Imprimeurs de cette Edition de Lactence étoient deux Allemands, Conrade Swemhem & Arnold Pannartz. Voyez *Armelli Bibliotheca Benedictino-Cassinn. pag.* 116.

N

NANTERRE, Abbé de S. Mihiel sur Meuse, Diocése de Verdun, a gouverné cette Abbaye depuis l'an 1020. jusqu'en 1044. Sa vie a été écrite de son tems par un Religieux de son Monastere, qui l'avoit connu dès l'enfance. Nanterre étant encore simple Religieux, l'Abbé Albert, ou Hildebert, son prédécesseur, qui alloit souvent à la Cour en Ambassade pour des affaires de conséquence, y menoit avec lui Nanterre, qui lui servoit de Chapelain, & qui, par sa sagesse & sa prudence, mérita que son Abbé dégouté des affaires du monde, lui confiât le secret de plusieurs choses ; non pas toutefois de celles qui regardoient ses Ambassades & les secrets de l'Etat.

Thierry Duc de Bar, qui étoit Avoüé de l'Abbaye de S. Mihiel, & qui connoissoit le mérite, la sagesse & la grande capacité de Nanterre, l'envoya souvent en Ambassade à la Cour de France, pour y traiter des affaires de la derniere conséquence, parce qu'il connoissoit les manieres de la Cour, & qu'il savoit parfaitement la Langue Françoise.

Après la mort de l'Abbé Albert, arrivée en 1020. le même Comte Thierry, du consentement, & par le choix de la plus saine partie des Religieux de S. Mihiel, l'en nomma Abbé, & lui fit donner aussi-tôt la Bénédiction Abbatiale par l'Evêque de Verdun Diocésain, qui se trouva sur les lieux.

L'Abbé Nanterre, pour s'instruire de plus en plus dans les devoirs de son ministere, alla trouver le célébre Richard, Abbé de S. Vanne de Verdun, pour lui demander ses avis, & pour le prier de lui donner quelques-uns de ses Religieux, pour former dans les Lettres ceux de son Monastere ; & Nanterre réciproquement lui en laissa quelques-uns des siens, pour s'instruire dans l'Abbaye de S. Vanne des pratiques de la sainte Régle.

Quelque tems après Nanterre entreprit le voyage de Rome, pour visiter par dévotion les Tombeaux des Apôtres. Il alla ensuite au Mont Gargan visiter l'Eglise de S. Michel, Patron de son Monastere. Enfin, de retour à Rome, il acheta le Corps de S. Calliste, Papé & Martyr, qu'il apporta en Lorraine.

Vers l'an 1032. Eudes Comte de Champagne, étant venu assiéger la Ville de Toul, l'Empereur Conrade marcha contre lui, & l'Abbé Nanterre eut l'honneur de le recevoir dans son Abbaye. Comme l'armée de ce Prince avoit causé de grands dommages dans les terres du Monastere, l'Abbé fit sur cela ses très humbles remontrances à l'Empereur, qui tirant son anneau du doigt, le lui donna, & lui promit de se souvenir de lui.

En effet, l'Abbé étant à la Cour quelque tems après, obtint, par le crédit des Princesses Sophie & Béatrix, filles & héritieres du Duc de Bar, la restitution de certains biens, qui avoient autrefois appartenus à son Abbaye : comme ces biens en étoient assez éloignés, il y transféra le Corps de S. Calliste, qu'il avoit apporté de Rome, & y fonda le Prieuré d'Hareville.

Nanterre mourut vers l'an 1044. laissant son Monastere dans un état florissant, tant pour le temporel, que pour le spirituel, & pour l'étude des Lettres. Il ne nous reste rien de ce qu'il peut avoir écrit ; mais nous avons une Histoire, ou Chronique de S. Mihiel, composée de son tems & par ses ordres ; elle est imprimée dans notre Histoire de Lorraine.

NAUCRET, Peintre, originaire de Metz, mort en l'année 1672. se rendit à Paris, où il a beaucoup travaillé. On y voit bon nombre de ses Tableaux, & il y a quantité d'Estampes gravées d'après lui. Il étoit de l'Académie Royale de Peinture, & disciple de le Clerc : il peignoit d'une maniere fraiche & agréable. Etant en Italie, il y travailla long-tems à faire des Portraits ; & quoique ce fût son principal talent, on voit grand nombre de ses ouvrages à S. Cloud, dans la Maison de M. le Duc d'Orléans, & aux Tuilleries, dans l'Appartement de la Reine, où il a représenté la Reine Marie-Thérèse en divers endroits, sous la figure de Minerve. Il étoit Recteur de l'Académie, lorsqu'il mourut en 1672.

NAUDE' (Philippe) naquit à Metz le 28. Décembre 1654. A l'âge de 12. ans, il fut demandé pour servir à la Cour d'Eisennach, en qualité de Page, & pour tenir compagnie au jeune Prince de cette Maison, dont il mérita l'amitié. Il y apprit l'Allemand, qui dans la suite lui fut fort utile. Son pere l'ayant fait revenir à Metz, il se poussa de lui-même aux études, & y fit d'assez grands progrès. Comme il professoit la Religion Calviniste, il fut obligé de sortir de France, à la révocation de l'Edit de Nantes en 1685. Il se retira d'abord à Sarbruck, de là à Hanau, & enfin à Berlin, où il fut obligé, pour gagner sa vie, celle de sa femme & de ses enfans, de professer les Mathématiques ; enfin, il fut fait Mathématicien de la Cour en 1696. & succéda à M. Langesfeld, son protecteur, dans cette charge, & dans celle d'Informateur des Pages, & de Professeur des Mathématiques dans l'Académie des Sciences.

En 1690. il fut établi Secrétaire-Interprète ; en 1701. la Société des Sciences l'associa à son Corps; & lorsque le Roi de Prusse en 1704. fonda l'Académie des Princes, M. Naudé y fut attaché comme Professeur en Mathématique. Il mourut à Berlin en l'an 1729. âgé de 74. ans, laissant une famille assez nombreuse. Voici le titre de ses principaux Ouvrages,

1°. Géométrie en Allemand, in-quarto.
2°. Méditations saintes, à Berlin 1690.
3°. Morale Evangélique, à Berlin, deux Tomes in-octavo 1699.
4°. La souveraine perfection de Dieu, &c. en 1708. 2. vol.
5°. Recüeil des objections faites contre ce Traité, en 1709.
6°. Examen des deux Traités de M. de la Placette, l'un sur la prémotion physique, & l'autre sur la liberté, en 1713. 2. vol.
7°. Examen impartial de la Théologie mystique, 1713.

8°. Entretiens solitaires, 1717.
9°. Réfutation du Commentaire Philosophique, &c. 1718.
10°. Traité de la justification en 1736. ouvrage posthume. Voyez le P. Niceron, tom. 41. p. 145. & le Supplément de Moreri de Basle.

NAVE (Nicolas) Premier Président à l'institution du Conseil à Luxembourg, a écrit des Recüeils cités par Vassebourg.

Son fils du même nom de Baptème que lui, fut élevé à la dignité de Vice-Chancelier de l'Empire. Ils furent tous deux estimés & aimés de l'Empereur Charles V. de même que le Cardinal Granvelle, d'où est venu ce Vers,

Cæsar amat laceras naves, & grandia vela.

NERVEZE a écrit l'Histoire de la vie de Charles Duc de Mayenne, imprimée en 1613.

NEUFORGE (Loüis de la) natif de Luxembourg, fut Conseiller au Conseil de Luxembourg, député de Sa Majesté Catholique pour le Cercle de Bourgogne, à la Diette de Ratisbonne, mort l'an 1675, en cette Ville. Le P. Alexandre Vilthem, dans son Ouvrage manuscrit intitulé, *Luxemburgica*, parle souvent de M. de Neuforge, comme d'un homme savant & curieux de pièces & de monumens antiques, qu'il avoit ramassées, dont il avoit même donné quelques explications, qui marquoient son bon goût & son érudition dans ce genre d'étude. Il eut un fils nommé *Jean-Henry de la Neuforge*, distingué par ses emplois & son mérite.

NEUMAGEN (Pierre de) Chapellain de S. Léonard, près la Ville de Zurich en Suisse, tire son nom de la Ville de Neumagen sur la Moselle, à trois lieües au-dessous de la Ville de Tréves. Il fut Secrétaire d'André Archevêque de Craine, Cardinal au Concile de Basle, & a vécu après l'an 1460. Il a laissé quelques ouvrages; comme, la vie de S. Nicolas Subsylvain, Solitaire, qu'on croit avoir vécu long-tems sans manger (c).

2°. Un Traité des apparitions des esprits & des fantômes ; ce Traité se conserve écrit de la main de l'Auteur, à ce qu'on croit, dans la Bibliothéque publique de Zurich.

3°. Les Actes du Cardinal André, Archevêque de Craine au Concile de Basle, avec des remarques écrites de la main de Pierre de Neumagen, imprimé dans le quinziéme siécle de l'Histoire Ecclésiastique de Gesner, à Zurich 1654. in-octavo, dans l'Appendice de la Section premiere, depuis la page 355. jusqu'à la page 605.

(c) On assûre qu'il a vécu dix-neuf ans & demi, sans manger ni boire ; il se nommoit Nicolas Ronsluc. Délice de la Suisse, 2. tom. p. 331.

4°. L'examen & la réfutation des vingt-quatre erreurs, que les Latins imputent aux Grecs.

On trouve aussi dans la Bibliothéque de Zurich quelques autres ouvrages écrits de la main de Pierre de Neumagen; mais qui ne sont pas de sa composition, comme l'*assionale Felicis Chemertin*, achevé d'écrire le 19. Mars 1502.

5°. La copie d'une dispute entre un esprit, & un Prieur des Dominicains.

6°. *Fabularium Conrardi de Mure*, écrit de la main de Pierre de Neumagen.

7°. *Carmen heroïcum, anno Domini* 1504.

8°. *Diodorus Siculus latinè per Petrum Neumagen.*

9°. *Platina de honesta voluptate & valetudine, per Petrum Neumagen.*

10°. *Suetonius tranquillus, manu Petri de Neumagen anno* 1502.

11°. *Catalogus Episcopatuum mundi.*

12°. *Itinerarium Terræ sanctæ, Wilhel-Brunsvic, aliàs Textoris de Aquisgran. Script. anno* 1490.

13°. *Apparitio Nicolai Subsilvani.*

14°. *Loci communes Petri de Neumagen.*

15°. *Gesta Archiepiscopi Crainensis.*

16°. *Quædam de Actis Concilii Basileensis.*

17°. *Obscæni errores Græcorum Petri de Neumagen.*

Voyez Oudin, *Bibliotheca Script. Ecclesiast.* tom. 3. p. 2731.

NICETIUS (Saint) Archevêque de Tréves, depuis l'an 527. jusqu'en 569. a composé quelques ouvrages (*d*). On a de lui un nombre de Lettres, & quelques-uns lui attribuent le *Te Deum laudamus*. Voyez notre Histoire de Lorraine, tom: I. p. 308. 314. On dit qu'il étoit Auvergnac ou Limousin. Le Siége de Tréves étant venu à vacquer par la mort de l'Archevêque Apruncu-lus, Thierri Roi d'Austrasie, qui connoissoit Nicétius, & avoit pour lui une estime particuliere, parce que, sans respect humain, il le reprenoit librement & charitablement de ses fautes, le recommanda au Clergé & au peuple de Tréves, & le fit élever sur la Chaire de cette Eglise.

Dans l'Episcopat S. Nicétius vécut en homme Apostolique, préchant & instruisant son peuple, avec autant de lumiere que de zéle (*e*). Venance Fortunat en fait un magnifique éloge, de même que Grégoire de Tours dans le dixiéme Livre de son Histoire. Voyez aussi Oudin, *de Script. Ecclesiast.* tom. I. pag. 1449.

Voici les ouvrages qui nous restent de S. Nicétius, imprimés dans le Spicilége de D. Luc d'Achery, tom. 3.

1°. *De Vigiliis Servorum Dei*; il parle des Veilles, non des Religieux, mais du commun des Chrétiens.

2°. *De Psalmodiæ bono.*

Les deux Lettres suivantes sont imprimées dans le Recueil des Conciles de France, par le R. P. Simond, tom. I. p. 310.

Epistola ad Justinianum Imperatorem. Il combat l'hérésie des Phantasiastes, dans laquelle cet Empereur étoit tombé.

Epistola ad Glodesindam vel Glossindam Reginam Longobardorum; elle étoit fille de Clotaire Roi de France; S. Nicétius l'exhorte à ramener le Roi Alboïn son mari, de l'hérésie Arienne à la Foi Catholique.

Il y a encore une Lettre de Mappinius Archevêque de Reims, à Nicétius, dans laquelle il s'excuse de n'être pas venu au Concile de Toul de l'an 550.

Le Royaume d'Austrasie s'étendoit alors dans l'Auvergne & le Limousin, & comprenoit tout le Pays de Tréves.

NICOLAI (Jean) Dominicain, naquit en 1594. à Mouza, Ville du Diocèse de Tréves près Stenai. Il entra à l'âge de douze ans chez les RR. PP. Dominicains, qui prirent soin de le faire étudier, ayant pris l'habit de leur Ordre; il fit profession l'an 1612. puis vint à Paris, où il reçut le Bonnet de Docteur en Théologie le 15. Juillet 1632. Il demeura le reste de sa vie dans cette Ville, occupé à enseigner & à composer. Il mourut le sept Mai 1673. âgé de 78. ans. Voici le Catalogue de ses Ouvrages,

Galliæ dignitas adversùs præposterum Cataloniæ assertorem Ludovicum de Mesple, vindicata; Paris 1634. in-quarto.

Ludovici justi XIII. triumphalia monumenta, Paris 1649. in-fol.

Raineri de Pisis Pantalogia, Lugduni 1655. in-fol. 3. tom.

Judicium seu censorium suffragium de propositione Antonii Arnaldi, ad quæstionem juris pertinentem, nimirum defuisse gratiam Petro, &c. Paris 1656. in-quarto.

Molinisticæ Theses Thomisticis notis expunctæ, 1669. in-octavo.

S. Thomæ Aquinatis expositio continuata super quatuor Evangelistas, Paris 1657. in-fol.

Sancti Thomæ Aquinatis præclarissima Commentaria in quatuor libros Sententiarum, Paris 1659. in-fol. Le P. Nicolai fait tous ses efforts, pour prouver que cet Ouvrage est de

---

(*d*) *Vide Joan. Albert Fabric.* tom. 5. p. 304. 305. *Bibliothe. med. & insim. latinitatis.*

(*e*) *Venant. Fortunat. lib.* 3. *Carm.* 9.

S. Thomas ; ce qui n'eſt pas avoüé par tous ſes Confreres.

Sancti Thomæ quotlibetnæ Quæſtiones, Paris 1660. in-fol.

Feſtivus Fratrum Prædicat. ſancti Jacobi pro natali Regis plauſus , &c. Paris 1661. in-4°.

Summa Theologia S. Thomæ Aquinatis accuratiùs recognita , Paris 1663. in-fol.

De jejunii Chriſtiani & Chriſtiana obſervantia vero ac legitimo ritu, Paris 1667. in-12.

De Concilio plenario contra Donatiſtas, Diſſertatio , Paris 1667. in-12.

De plenarii Concilii aſſertione , Diſſertatio poſterior , Paris 1668. in-12.

De Baptiſmi antiquo uſu , &c. Paris 1667.

In Catenam auream ſancti Thomæ apologetica Præfatio, Paris 1667. Voyez le P. Niceron, tom. 14. p. 282. & ſuiv.

NICOLAS (François de Lorraine) fils de François de Lorraine , Comte de Vaudémont , & de Chriſtine de Salm, naquit le 6. ou 8. de Décembre 1609. Deſtiné de bonneheure , autant par inclination , que par le choix de ſes parens, à l'Etat Eccleſiaſtique, il fit ſes études au Pont-à-Mouſſon avec beaucoup de ſuccès ; il y ſoutint des Théſes en préſence de toute la Cour, qu'il dédia au Pape Urbain VIII. & fut reçu Bachelier , Licencié, & Docteur ès Arts , n'étant âgé que de ſeize ans. Il avoit été fait Coadjuteur de M. de Maillane de Porcelets , Evêque de Toul , par diſpenſe d'âge , & lui avoit ſuccédé dans l'Epiſcopat le 28. Août 1623.

Nicolas-François fut fait Cardinal en 1627. & le Pape le nomma Commiſſaire , pour procurer & appuyer la réforme des Ordres Religieux en Lorraine ; & il s'acquitta de cette commiſſion avec tout le zéle, la ſageſſe & la fermeté qu'on pouvoit attendre de lui.

Le Duc Charles IV. ayant fait ceſſion de ſes Etats à ſon frere , & s'étant retiré à Beſançon , le Cardinal réſolut d'épouſer la Princeſſe Claude ſa couſine , pour ſe maintenir dans la poſſeſſion des Duchés de Lorraine & de Bar. La cérémonie ſe fit à Lunéville le 18. Février 1634.

Le Maréchal de la Force informé de ce mariage , & ne croyant pas qu'il fût encore conſommé , faute de diſpenſes de Rome, envoya ordre au Duc Nicolas-François , à la Princeſſe Claude ſon épouſe , & à la Princeſſe Nicole épouſe de Charles IV. de ſe rendre à Nancy. Le Comte de Braſſac devoit les faire conduire de Nancy à Paris ; mais voulant donner à la Ducheſſe Nicole le tems de ſe préparer à ce voyage, le Duc Nicolas-François & la Princeſſe Claude profiterent de cet intervalle, pour ſe ſauver de Nancy, en habit de payſans chargés d'une hotte de fumier, & arriverent à Beſançon , où le Duc Charles IV. les combla de careſſes. Ils paſſerent de là en Italie & à Vienne ; ils eurent deux enfans, l'un nommé Ferdinand , & l'autre Charles.

La Princeſſe Claude étant décédée à Vienne en l'an 1645. le Duc Nicolas-François eut différens commandemens dans les armées , & prit le parti de la France juſqu'à la paix des Pyrenées , où le Duc Charles IV. ſon frere fut rétabli dans ſes Etats. Enfin , il rentra dans l'état Eccleſiaſtique, joüit de quelques bénéfices en commande, & mourut à Nancy le 27. Janvier 1670.

NIZON, Abbé de Metloc au Dioceſe de Tréves, vivoit en 1050. Il a compoſé la vie de S. Baſin , Archevêque de Tréves , mort vers l'an 700. Nizon avoit recherché avec grand ſoin les Mémoires & les Traditions propres à l'inſtruire de la vie de S. Baſin ; ce qui n'empêche pas qu'il n'y ait encore dans ſon ouvrage beaucoup de fautes, & des choſes très douteuſes.

NOEL (Etienne) Jéſuite Phyſicien, célébre , étoit né en Lorraine. Il entra jeune chez les Peres Jéſuites , & profeſſa dans le Collége de la Fléche , où il fut auſſi Recteur. On croit que c'eſt dans cette Ville qu'il eut occaſion de connoître le célébre M. Deſcartes, pour qui il eut toujours une eſtime ſinguliere , & avec qui il ne ceſſa d'entretenir liaiſon.

Quoique Péripatéticien , il n'étoit pas fort éloigné des ſentimens de Deſcartes , comme il paroît par différens Ouvrages qu'il a publiés , ſur les rapports de la Phyſique nouvelle avec l'ancienne, ſur la comparaiſon de la péſanteur de l'air , avec celle du vif argent ; ſur le plein de la nature contre le vuide.

Il eut ſur ce ſujet une diſpute avec M. Blaiſe Paſchal , en faveur de M. Deſcartes d'un côté , & des Péripatéticiens de l'autre ; ils s'écrivirent ſur cela plus d'une fois ; le P. Noël, pour prouver qu'il n'y a point d'eſpace , qui ne ſoit un corps ; M. Paſchal, en faveur de l'impoſſibilité du vuide. Le P. Noël avoit envoyé à ce dernier en 1646. étant pour-lors âgé de 65. ans , deux nouveaux Ouvrages de ſa compoſition ; l'un intitulé , *Aphoriſmi Phyſici , ſeu Phyſica Peripateticæ principia breviter & dilucidè propoſita* ; l'autre avoit pour titre, *Sol flamma, ſeu Tractatus de Sole ut flamma eſt , ejuſque pabulo.*

Le P. Noël fut Recteur dans pluſieurs Maiſons de la Société , & il l'étoit en 1646. dans celle du Collége de Clermont à Paris. Il fut auſſi Vice-Provincial de la Société. Sur la fin de ſes jours , il retourna à la Fléche , où il mourut vers l'an 1660. dans un âge avancé. Il eſt parlé du P. Noël dans les Lettres de M.

Descartes, & dans la vie de ce Philosophe par Adrien Baillet, Edition in-quarto, p. 159. 284. 285. &c. Voyez le Supplément de Moreri imprimé à Paris 1735.

NOEL, Chirurgien demeurant à Xirocourt, au Marquisat d'Haroüé en Lorraine, a réfuté l'essai de guérir la gangrenne, composé par M. Juret dans le Journal de Luxembourg du mois de Décembre 1744. La réfutation de M. Noël se trouve au même Journal, Mars 1745. p. 165.

NOIR (Frere Albert le) Capucin de Nancy, a peint plusieurs Tableaux dans leur Eglise de Nancy ; il peignoit fort bien ; on voit de ses Tableaux dans toutes les Maisons des Capucins de la Province. Il etoit aussi fort bon Orphèvre ; il est mort à Nancy en 1727.

NOMESIUS (Nicolas de) en latin, *Nicolaus Nomesius*, étoit natif du Bourg de Charmes sur Moselle ; il se qualifie *Nicolai Nomesii Charmensis*, à la tête de son *Parnasse Poëtique* ; mais il étoit apparemment originaire de Nomesy, village situé vis-à-vis Châtel sur Moselle. Il a composé quelques Vers François & Latins, qui se lisent à la tête des Antiquités de Vôges.

Voici le titre de son principal Ouvrage, *Nicolai Nomesii Charmensis Lotharingi, Parnassus biceps, ad quem post priorem nostram additionem Auctor ipse additiones non pauca adjecit, præter anagrammata, epitaphia, elogia quædam selectissima; Parisiis, apud Adrianum Beis,* 1607. *in-octavo*.

Dans l'Edition de l'an 1616. à Cologne, il a ajoûté une description du monde, qui commence par, *Ante mare & terras & quod tegit omnia cœlum, &c.* Ensuite viennent les éloges des Saints de l'ancien & du nouveau Testament, rangés par ordre Alphabétique, qui commencent ainsi :

Ejusdem sacra Poësis : Stas Abel quasi virgultum quod vere tepente, &c. Je suis surpris que cet Ouvrage qui paroît fort utile pour ceux qui s'occupent à faire des Vers Latins, soit aujourd'hui dans un si grand oubli, après le grand nombre d'Editions qui en ont été faites.

L'Ouvrage est dédié au Cardinal Charles de Lorraine, Administrateur perpétuel de l'Evéché de Metz, Prince du S. Empire, &c. Dans l'Epître dédicatoire, qui est en Vers, il le fait descendre de Pepin & de Godefroi de Boüillon. Il parle des guerres de Calabre sous les Ducs René & Jean, de la guerre du Duc de Bourgogne contre René II. & de celles des Princes de Guise contre les Calvinistes.

La méthode de Nicolas de Nomesi, dans son Parnasse, est de donner plusieurs Vers tirés des meilleurs Poëtes, sur tous les sujets qu'il traite, & sur les noms qui entrent dans son Ouvrage ; par exemple, sous le nom *Avaritia*, il rapporte plusieurs peintures de l'avare & de l'avarice ; sous le nom *Tempestas*, plusieurs descriptions choisies d'une tempête, &c. sous *Epitaphia*, il donne plusieurs Epitaphes choisies, tirées des meilleurs Poëtes.

NORBERT (Saint) Instituteur de l'Ordre de Prémontré, est qualifié *Lorrain* par quelques Auteurs de sa vie. Il étoit fils de Héribert, & natif de Genep dans le Comté de Cléves ; ainsi il n'appartient pas à la haute Lorraine, dont nous parlons ici ; mais à la basse Lorraine, dont nous n'entreprenons pas l'histoire.

NORBERT (le R. P.) Capucin, natif de Bar-le-Duc, Missionnaire Apostolique, & Procureur de ses Missions en Cour de Rome, a fait imprimer des Mémoires historiques, présentés au Souverain Pontife Benoît XIV. sur les Missions des Indes Orientales, où l'on fait voir que les Peres Capucins Missionnaires ont eû raison de se separer de la communion des RR. Peres Missionnaires Jésuites, qui ont refusé de se soumettre au Décret de M. le Cardinal de Tournon, Légat du S. Siège, contre les Rites Malabares ; Ouvrage qui contient une suite complette des Constitutions, Brefs, & Décrets Apostoliques concernans ces Rites, pour servir de regles aux Missionnaires de ces Pays-là, en quatre tomes in-octavo, à Lucques 1745. par Salvateur S. Jean-Dominique Marescandoli, avec la permission des Supérieurs.

L'Auteur avance dans sa Préface, que le Pape Benoît XIV. a approuvé son dessein, & lui a fait l'honneur de lui dire qu'il seroit très utile à l'Eglise des Indes. Il cite d'autres Mémoires qu'il fit imprimer en 1742. & qu'il eut l'honneur de présenter au S. Siège. Il dit aussi qu'il a fait imprimer d'autres Mémoires, pour répéter une Mission que les Peres de la Société ont enlevée aux Capucins, sous de faux prétextes.

N'ayant pas vû ces Ouvrages, nous n'en pouvons pas rendre compte au public. Le P. Norbert, pag. 11. dit que les Peres Jésuites enleverent aux Capucins la Cure des Malabares de Pondicheri, & que dès-lors on vît dans cette Ville une espéce de schisme ; en sorte qu'on disoit publiquement : Voilà les Chrétiens des Capucins, voici les Chrétiens des Jésuites.

Quant aux Rites Malabares, qui font le principal sujet de ce Livre, voici comme les expose le P. Norbert : Parmi une foule de

Divinités

Divinités imaginaires que les Peuples de Coromandel & des Royaumes circonvoisins, adorent, on en distingue trois de principales. La premiere se nomme *Utren*, *Rutem* ou *Maesso*, qui est comme le feu, qui a le pouvoir de tout détruire. La seconde se nomme *Vichenort* qui est comme l'élément de l'eau, qui consume ou corrompt tout. La troisiéme est *Brachma* ou *Bramma* qu'ils regardent comme la terre, mere de toutes choses.

Les principaux Prêtres de ces vaines Divinités, sont les Brachmanes ou Brammes, qui font remonter leur origine jusqu'à leurs Dieux, & qui remplis d'un orgueil infini, regardent avec un souverain mépris le simple Peuple, nommé Parüans, qu'ils n'admettent à aucun honneur, ni dignité. Les Brachmanes croyent la Métempsycose, & regardent la vache comme quelque chose de Divin ; ils annoncent au son des instrumens, & exposent aux yeux du Public les premiers signes de la puberté d'une fille : & les nouvelles mariées portent au col la figure du Dieu *Poullear*, Protecteur de l'impudicité ; ils se marient dès l'âge de sept ans, ils ont horreur de la salive, de même que les Chinois ; ils n'osent boire du vin en public, ni manger de ce qui a eu vie, par une suite de la grande idée qu'ils se sont faite de leur origine, tirée de leurs Dieux ; ils méprisent souverainement les Européens.

Pour diminuer l'horreur & l'antipathie qui regnoient entre les Malabares & les Européens, le P. Norbert dit, que les P. Jesuites toleroient beaucoup de Cérémonies & d'usages aux nouveaux Chrétiens, que les PP. Capucins condamnoient. De-là vint leur division, qui éclata enfin au point qu'on l'a vu ci-devant, & c'est-là le principal objet de cet ouvrage, de justifier la conduite des Capucins, & de rendre odieuse celle de leurs adversaires.

On trouve à la fin du 1. tom. de ces Mémoires, deux Lettres d'un Jesuite à un Evêque, où le P. Norbert est fort maltraité, & où on l'accuse de faux & d'imposture. Nous ne prenons aucune part dans cette dispute ; on assure que les Lettres Ecclésiastiques, que nous n'avons pas vuës, justifient le P. Norbert ; & il est certain qu'il est sorti de Rome, & qu'il s'est retiré en lieu de sureté ; au reste il parle avec grande confiance, & produit beaucoup de Piéces justificatives pour son sentiment ; il faudroit voir celles qu'on lui oppose, pour porter un jugement assuré sur le fond du différent.

En l'année 1746. on a vu paroître une suite de ces Mémoires ; nous n'en avons pas vu le commencement, mais seulement la suite depuis la page 297. cet écrit est in-quarto assez bien imprimé, & contient grand nombre de Lettres écrites au R. P. Norbert, avec quelqu'unes des siennes ; dans les unes & les autres on voit des témoignages très favorables au zéle & à la capacité de ce Religieux. Il y est beaucoup parlé de l'Oraison funébre qu'il composa, & prononça dans le Pays de sa Mission, en l'honneur du R. P. Vislou Jesuite Missionnaire, Evêque de Claudiopolis. Oraison qui n'a pas été du goût des RR. PP. Jesuites, & qui a attiré les effets de leurs disgraces au P. Norbert.

On parle dans cet écrit d'un établissement des Religieuses Ursulines à Pondicheri, dont le P. Norbert fut établi Supérieur. Il se plaint beaucoup des calomnies que ses adversaires publierent contre lui, & produit diverses Lettres pour les détruire.

Il parle en un endroit d'un volume in-8°. qu'il a publié sur ses Courses Apostoliques. Il dit qu'il a demeuré bien des années dans les Missions de la Perse & de la Turquie. Ailleurs il parle d'un livre intitulé : *Diurnal* qu'il a composé en faveur des Marins, dédié à M. de Maurepas, Ministre d'Etat & de la Marine, & que sa Sainteté a vu avec plaisir, imprimé à Marseille avec Privilége du Roi. Il parle aussi de ses Sermons qu'il a fait imprimer dans le tems qu'il prêchoit dans une Paroisse d'Avignon ; il se plaint que ses adversaires lui ont fermé les Tribunaux : il finit en rapportant un Bref honorable que le Pape Benoît XIV. lui a adressé au sujet de ses Mémoires imprimés en François, le 9. Juin 1740. & d'une lettre que lui a fait écrire au sujet d'un livre intitulé, Oraison funébre de M. de Vislou, Evêque, Jesuite, & prononcée par le P. Norbert.

Nous avons de plus du P. Norbert un in-quarto imprimé à Venise, chez les Freres Bazzotti en 1746. avec Approbation des Supérieurs ; des Lettres édifiantes & curieuses sur la visite Apostolique de M. de la Beaume, Evêque d'Halicarnasse à la Cochinchinne en l'an 1740. où l'on voit les voyages & les travaux de ce zélé Prélat : la conduite des Missionnaires Jesuites, &c. pour servir de continuation aux Mémoires du R. P. Norbert, Capucin, par M. Favre, Prêtre Suisse, Pronotaire Apostolique & Proviseur de la même visite.

A la fin de cet ouvrage, & même après la table des matiéres, se voit une Lettre du P. Norbert Capucin, dattée d'Italie en Janvier 1746. dans laquelle il témoigne qu'on a été fort exact à suivre les ordres de M.

A a a

Favre, en lui envoyant les feuilles de l'ouvrage précedent, à mesure qu'elles sortoient de-dessous la presse. Cette Lettre est écrite dans le même goût que les autres contre les PP. Jesuites, & pour sa propre justification. On a encore d'autres écrits du Pere Norbert que nous n'avons pas vu.

NUISEMENT de Ligny, a écrit un Traité *De Sale Secreto*. C'est un ouvrage de Chimie, & quantité d'autres ouvrages. Voyez *Placius de Pseudonimis*, &c. litt. n. p. 465.

Nuisement étoit Receveur-Général de Ligny en Barrois. Borel dit de lui qu'il a fait l'harmonie & constitution générale du vrai *sel Secret* des Philosophes, & de l'esprit universel du monde, imprimé à la Haye in-octavo avec le Cosmopolite.

2°. Un Poëme Philosophique François, & des Stances de la vérité de la Philosophie minérale. *Ibidem*.

3°. Divers Sonnets & autres Piéces Chimiques, qui sont en partie dans les Muses ralliées.

4°. La table de H*rmés*, expliquée par Sonnets, avec son Traité du sel, imprimé en Flandre, & à Paris en 1720.

Remarquez que le livre *de Sale*, est, à ce qu'on prétend, l'ouvrage de M. de Candale, & que de Nuisement se l'est injustement approprié. Il n'a fait imprimer que la troisiéme Partie de tout l'ouvrage.

O

ODET (Philippe Médecin) natif de Nancy. Il avoit étudié dans la Faculté de Médecine de Paris, sous Jean Riolan le Pere qui faisoit quelque cas de ce disciple, puisqu'il lui donna un de ses ouvrages (*f*) avec cette inscription écrite de sa main, *Philippo Odeto Medico Nanceiensi, quondam Auditori suo, nunc & amico colendo, Joan. Riolanus d. p.*

Il a fait imprimer le traité suivant, *De tuenda sanitate libri sex, in quibus omnia quæ ad diætam hominis sani pertinent breviter ac dilucide pertractantur. Nanceii, apud Jacobum Garnich.* 1604. 12.

Il est dédié au Grand Duc Charles III. qui fut si content de cet ouvrage, qu'il donna à Philippe Odet des lettres de Noblesse le 16. Mars de l'année suivante.

Ensuite de l'Epître il y a des Vers Latins à la louange de l'Auteur, suivant la coutume de ce tems-là. Ils sont de Mousin, de Bacthemin & de Guibert, tous trois Médecins de réputation.

Ce livre est écrit en forme de sentence ou d'aphorismes. Le style en est fort élégant. C'est un racourci de ce qu'Hippocrate, Gallien & autres anciens Autheurs, ont écrit sur la même matiére.

Dans le premier Livre qui traite de l'air, il observe que celui de ce Pays est naturellement humide & chargé de vapeurs. (*g*) *Humidus & uliginosus Aer nostræ Lotharingiæ multos ingenerat frigidos affectus.* Il seroit à souhaiter qu'il soit entré la-dessus dans un plus grand détail, de même que sur la nature des eaux & des vents qui régnent dans ce Pays; mais l'observation étoit moins cultivée dans ce siécle que l'érudition. Son ouvrage seroit devenu encore plus utile, s'il avoit exposé les erreurs que l'on commettoit déja en Lorraine de son tems dans la diette. Car le luxe y étoit au haut dégré suivant que l'ont remarqué, (*h*) le Pois & (*i*) Mousin Auteurs contemporains.

ODON Abbé de Morimond au Diocése de Langres, étoit Anglois de nation selon *Balée*, ayant embrassé l'Institut de Cîteaux, il fut fait d'abord Prieur de Morimond, puis Abbé de Beauprè au Diocése de Beauvais, ou plutôt de *Beaupré* près de Lunéville au Diocése de Toul, Abbaye de Filiation de Morimond; il fut ensuite Abbé de Morimond, & composa divers ouvrages. Il vivoit du tems de S. Bernard, avant l'an 1150. & mourut en 1161. Casimir Oudin en parle au long, & d'une maniére qui fait voir qu'il a beaucoup étudié ce qui regarde ses écrits, dont même il a vu & examiné une bonne partie. Il assure que l'on trouve dans l'Abbaye de Morimond, & dans celle de Bonnefontaine en Thierache, un Commentaire manuscrit sur certains passages de l'ancien & nouveau Testament, attribué à l'Abbé Odon; mais Oudin remarque que cet ouvrage est plutôt un recueil composé par un disciple d'Odon, & tiré de ses écrits, comme le Collecteur le remarque dans sa Préface.

On doit porter le même jugement des Sermons publiés sous le nom d'*Odon de Morimond*, par le P. Combefis dans sa Bibliothéque des Prédicateurs. Ces sermons ne sont que des Compilations, des discours & des écrits de l'Abbé Odon, faits par quelques-uns de ses disciples. On peut voir aussi le R. P. Charles de Wich dans sa Bibliothéque des écrivains de l'Ordre de Cîteaux, pag. 253. 254. il est attribué mal-à-propos à l'Abbé Odon, la Chronique composée par Othon, Evêque de Frisingue, & avant l'Abbé de Morimond.

(*f*) *Methodus medendi*, Paris 1598. in-octavo.
(*g*) l'age 21.

(*h*) *Macarismos* pag. 205. *de serosa colluvie*, p. 11.
(*i*) Discours de l'yvresse.

Voici les principaux ouvrages de l'Abbé Odon. 1°. De la signification des nombres. 2°. De la figure des nombres. 3°. Des appellations libres. 4°. Des mysteres des figures. 5°. Des régles des générations. 6°. Des connoissances & interprétations des nombres. 7°. Des significations de l'unité. 8°. Des rélations & de leurs mysteres. 9°. De l'analyse du nombre terminé. 10°. Un Dialogue sur la Religion, entre un Juif & un Chrétien, Odon & Léon, en sont les interlocuteurs. 11°. Des trois Hyerarchies & des trois dégrés, par lesquels on parvient au salut. 12°. Un Enchiridion ou un Dialogue entre le Maître & le Disciple. 13°. Le Micrologue, ou l'abregé de l'art de Musique. 14°. Un Traité sur la translation des Reliques de S. Benoît dans le Monastere de Fleury. 15°. Traité sur le trépas de S. Benoît. 16°. Des Sermons du même Odon de Morimond.

Cet Abbé passoit pour grand Mathematicien, mais ses Oeuvres n'ont pas encore été recueillies en un corps, ni imprimées ; elles se trouvent dans différentes Bibliothéques, on peut voir ce qu'en dit J. Albert Fabricius. Biblioth. *Latinor. scriptor. mediæ & infimæ latinitatis.* tom. 5. liv. 14. pag. 464.

OGÉVILLER (Herman d') né à Ogéviller, village de Lorraine, & issu de l'Illustre Maison d'Ogéviller, branche de la Maison de Salm & de Blamont ; après avoir fait ses études, il renonça à la gloire du monde, & se fit Religieux dans le Monastere de S. Evre-lès Toul, où s'étant rendu recommendable par sa vertu & sa science, il en fut élu Abbé après la mort de Valtérus, par le consentement unanime de ses Confréres ; il répara le Monastere, & y rétablit la discipline réguliere ; il étoit Savant & s'acquit une si grande réputation d'éloquence & de prudence, que le Clergé de Toul le choisit comme son Procureur pour assister au Concile général de Constance, afin qu'il y accompagnât Henry de Ville son Evêque & son parent, & qu'il l'aidât de ses conseils.

Les Peres du Concile de Constance ayant résolu de rétablir l'observance dans les Monasteres, Herman d'Ogéviller entra dans leurs pieux desseins, leur proposa plusieurs moyens pour y réussir. Les Peres de Constance le chargerent d'en dresser les articles, qui furent approuvés du Concile ; l'Abbé Herman étant de retour à Toul, appuyé de l'autorité de cette auguste Assemblée & de Vernerus, Archevêque de Tréves, convoqua dans la Ville de Toul tous les Abbés de la Province Ecclésiastique de Tréves ;

l'Evêque Henry de Ville présida à leur Assemblée, & s'étant tous assis en rond, comme en Sinode dans l'Eglise Cathédrale, Herman y proposa les Ordonnances & les Statuts qu'il avoit rédigés à Constance, lesquels ayant été examinés & approuvés, tous les Abbés promirent avec serment de les faire observer par leurs Religieux ; ensorte que l'an 1420. par les soins & l'industrie de l'Abbé Herman, l'Uniformité dans la discipline réguliere fut établie avec édification parmi tous les Moines de la Province de Tréves.

Ces Réglemens pour la plûpart sont tirés de la Régle primitive de S. Benoît, des Sentences des Peres, & des Statuts de différentes Congrégations, & sont divisés en 35. Chapitres, & soudivisés en Sections. Ouvrage très utile aux Religieux & composé avec tant de sagesse & de prudence, qu'il ne se trouva alors aucun Réligieux qui ne les ait loué ; mais on a négligé de les faire imprimer ; l'original étoit encore dans l'Archive de S. Evre sous l'Episcopat de Christophe de la Vallée, vers l'an 1605. Ce Prélat parle de cet ouvrage dans les Actes de la derniere Réforme introduite dans le Monastere de S. Evre.

L'Abbé Herman d'Ogéviller mourut en 1433. le 8. des Kalendes de Février, ou le 25. Janvier, auquel jour le Nécrologe en fait mention, il fut enterré dans la Nef de l'Eglise de son Abbaye, ses Statuts étoient apparemment les mêmes quant au fond, que ceux qui se voyent imprimés dans le Concile de Constance par Vanderhart. t. 1. partie 26. pag. 1090. 1091. & qui furent lus & approuvés au Chapitre général des Moines Bénédictins, tenu au Monastere de Petershausen au Faubourg de Constance l'an 1417. mais il n'y a dans ceux-ci que 7. Chapitres, au lieu que dans ceux d'Herman d'Ogéviller, il y en avoit 35. soudivisés en Sections.

Voyez l'Histoire de Lorraine tom. 3. p. 585. ce que j'ai dit d'Herman d'Ogéviller, & de la réforme des Monasteres de Metz.

OLIVIER (Engelbert) né à Bastogne dans le Luxembourg, a traduit de l'Italien & du François en Latin, l'ouvrage de Jean Dominique Candale Jesuite ; *Du bônheur de l'Etat de virginité & de continence,* en trois Livres, imprimés à Mayence, en 1613. in-12.

OLIVIER (Jean) Jesuite né à Bastogne, a traduit de l'Italien en Latin l'ouvrage de *Jean Dominique Candale* Jesuite, sur la virginité, imprimé à Cologne. Il étoit apparemment frere *d'Engelbert Olivier,* dont on a parlé plus haut, & qui a traduit du François en Latin le même ouvrage du P. Candale, l'un & l'autre étoit natif de Bastogne, & *Jean Olivier* fut Recteur du Collége de Creutznach.

OLRY (D. Simon) Bénédictin de la Congrégation de S. Vanne, zélé Missionnaire, nommé dans la Congrégation de S. Vanne, *D. Urbain Olry, ou Oury*, étoit né à Joinville en 1630. il prit l'habit dans l'Abbaye de S. Pierre de Chaalons le 15. Décembre 1656. Il changea apparemment de nom, entrant chez les R. P. Dominicains, & lorsqu'il fut envoyé en Amérique par la Congrégation *de propaganda Fide*. Je n'en puis faire un plus bel éloge, qu'en copiant la lettre du P. *Hugues Noë Marchand*, Dominicain, écrite de Chambery, le 23. Janvier 1676.

„ Reverendis Patribus magno Priori, cæ-
„ terisque venerabilibus Monachis insignis
„ Monasterii & Ordinis Cluniacensis, nec
„ non venerabilibus Patribus Congregatio-
„ nis sancti Vitoni in Lotharingiâ & insi-
„ gnis Monasterii sancti Arnulphi apud
„ Metenses.

„ Frater Hugo Noë Marchand Magister
„ Parisiensis & nationis Sabaudiæ in Or-
„ dine Prædicatorum Vicarius.

„ Honorem quem ab incunabulis Ordini
„ vestro à nostro gratuito reddere voluit,
„ menti nostræ impressum protestantes vo-
„ bis, his lineis continuatam Ordinis san-
„ cti Benedicti erga nos gratiam, gratitu-
„ dine etiam perseverante voluimus reco-
„ gnoscere. Spiritus magni occidentalium
„ Monachorum Patriarchæ lactavit nobis
„ Thomam Aquinatem, qui in Cassinensi
„ educatus, in fossa nova ejusdem regulæ
„ cursum perfecisse dignoscitur.

„ Tale quid vobis reddimus in Persona
„ venerabilis Urbani, alias Simonis Ory qui
„ Missionarius Americanorum per bien-
„ nium jam formatus, ad Regnum China-
„ rum deputatus à Congregatione fidei
„ propagandæ, Româ discedens, & ad nos
„ pertransiens laborum finem invenit.

„ A vobis ab armorum strepitu ad pacem
„ Claustri, & à militiâ mundi ad militiam
„ Christi, sub regula sancti Benedicti evo-
„ catus, in Cluniacensi, tum in Monaste-
„ rio sancti Arnulphi Metensis, receptus
„ fuerat in eodem Ordine, sive in Congre-
„ gatione Lotharingiæ sancti Vitoni, ipsum
„ religiosè vixisse per decem annos, quæ
„ hactenùs reperimus Superiorum testimo-
„ nia probant. E Joinvilla natum 1630.
„ Clericaturam, Minores, & Majores Or-
„ dines à Reverendissimo Fœlice (k) Ca-

„ thalaunensium Episcopo se suscepisse fi-
„ dem gerebat, inde zelo animarum fer-
„ vens Missionisque in novum mundum
„ desiderio pulsus, ordinem Prædicatorum
„ illi facilitatem ad tale opus charitatis
„ concedentem, respexit & post repetitas
„ preces apud Superiores pro arctiori vita
„ amplectenda 2. Novembris 1666. de ne-
„ gatæ permissionis humiliter postulatæ
„ die 6. ejusdem mensis & anni, apud Me-
„ tenses Prædicatores reformatos recipi pro-
„ curavit. Prior dictum Patrem Ory ad
„ suum Generalem, ut Samuelem inter
„ Prophetas recipiendum Romam direxit.
„ Ipse ut speciosos sibi pedes evangelisantis
„ formaret, ad B. Virginis Laurentanæ æ-
„ dem vitæ suæ peccata deposuit, ibi suam
„ itineris Ductricem & Ordinis Prædican-
„ tium Protectricem invocando, certior
„ factus, Romam pervenit & translationem
„ suam à Benedictino ad Prædicatorum Or-
„ dinem obtinuit, die 24. Martii 1667. à
„ sacra Congregatione Regularium, nego-
„ tiis præsidente; ille ut Prædicationi
„ utilis & zelo & doctrinâ benignè am-
„ plexatus, Reverendissimo de Marinis ad
„ novitiatum Parisiensem cum singulari
„ commendatione est demissus 2. Aprilis
„ 1667. Peracto noviciatu Professionem 7.
„ Julii 1668. obtinuit insuper & zelo fidei
„ fervens inter manus Inquisitoris Tolosatis
„ Crucem benedictam suscepit, votumque
„ solitum in Infideles adjunxit 22. Septem-
„ bris 1669. ut sibi arctiùs suæ in nostrum
„ Ordinem translationis motivum expri-
„ meret, subsequenti anno Massiliam per-
„ venisse & triremibus gallicis se commi-
„ sisse, in confessarium à Vicario Generali
„ Episcopi Massiliensis deputatum, ab In-
„ tendente Regio super arma Regis Chri-
„ tianissimi Confessorem ordinarium desti-
„ natum, triremem quam vocant subtilem
„ concedentem in Candiam profectum le-
„ gimus : quo in itinere Benedictionem
„ Apostolicam Clementis Papæ IX. per
„ Dominum Gaskaldum Græciæ Præfec-
„ tum & Commissarium Apostolicum re-
„ cepisse testimonia probant, sicut & alia
„ suscepisse, salvâ semper obedientiâ à Ge-
„ nerali Ordinis obtentâ, ad petitionem
„ Domini de Vivone armis navalibus Præ-
„ sidentis.

„ Post captam Candiam, Massiliam re-
„ dire coactus, spe intrandi Constantino-
„ polim pro qua obedientiam acceperat,
„ frustratus est ; zelo tamen animarum
„ semper fervente in Americanas Insulas

(k) M. Felix de Vialard, Evêq. de Chaalons-sur-Marne.

„ obedientiam recepit 8. Septembris 1670.
„ eum qua Pelago se committens, diversis
„ tempestatibus agitatus, tandem ad Gua-
„ dalupam Missionarius pervenit, ibi per
„ duos annos in Missione operarium uti-
„ lem se gessisse, honorabile testimonium
„ à Vicario Missionum Gallicarum à Papa
„ Præfecto portabat, nigritias curaverat,
„ de quorum moribus multa referebat,
„ maximè de dæmonum illusionibus il-
„ lorum conversioni se opponentium, quas
„ ope B. Virginis, seu Matris & Protectri-
„ cis, se superasse gratulabundus protesta-
„ batur.

„ A Guadalupa ad Limanam Civitatem
„ & Sepulchrum B. Rosæ, à dicto Missio-
„ num Vicario Apostolico obedientiam
„ suscipiens, ab Hispanis ut Gallus rejectus
„ est : Tum premente aeris intemperie,
„ nativam cogitur auram repetere pro re-
„ paranda sanitate, quam tumor genera-
„ lis adulteraverat; in medio mari quassatæ
„ navis periculum subiit, sub alia navi
„ transeunte, non tam ictu Bombardæ
„ advocatá, quam à Deo sibi missá recep-
„ tus, vix novam transcendit, quod pri-
„ mam naufragantem gratias agens Deo
„ vidit : illo ex naufragio ereptus, Deo
„ Duce in Provinciam Galliæ feliciter per-
„ venit : apud Arelatenses tribus mensibus,
„ dùm gravatum tot itineribus corpus re-
„ crearet inutilis esse noluit; sed arte pin-
„ gendi quâ pollebat, hospites suos Ico-
„ nibus, B. Virginis compensabat, & in
„ scriptis gratias referebat.

„ Sub 3. Novembris 1674. sui reditus
„ causam, dum reddit Generali, novi or-
„ bis necessitates spirituales cognoscens,
„ pærvium sciens Chinarum Regni acces-
„ sum, Missionem in illud petiturus Ro-
„ mam 1674. sub fine anni; ubi discussis
„ mediis ad Chinarum accessum, inde 5.
„ Martii 1675. munitus tam Congregatio-
„ nis ad nos pervenit sub dura satis aeris
„ intemperie quâ hic annus concitatus est;
„ propter quam à nobis rogatus tantisper
„ quiescere, consensit, expectaturus Legati
„ Portugaliæ ad Ducissam Sabaudiæ redi-
„ tum in Ulissiponam, ut inde in Orienta-
„ lem partem secedens Missionis suæ fruc-
„ tus posset continuare; sed Deo aliter dis-
„ ponente ad mortem usque cœpit ægro-
„ tare. Votorum Deus acceptor, non inter
„ spumantis maris fluctus, non inter Gen-
„ tilium feroces spiritus, sed inter fratrum
„ suorum manus suscepit morientem; in
„ Ordinis Nidulo mortuus est, ut aliter
„ Xaverius zelatus Chinarum conversio-
„ nem, & ut alter Moyses visâ & non in-
„ tratâ mansionis suæ terrâ, decumbens,
„ animi lætitiam in gravato corpore pos-
„ sedit.

„ In hoc solo tristari visus est, quod vos
„ suos primos in vita spirituali nutricios
„ non videret. Gratias coram nobis age-
„ bat sancto Benedictinorum Ordini, quod
„ eum susceperat in militiam Christi, gra-
„ tias Ordini Prædicatorum, quod in mi-
„ litiam fidei & Missionis Apostolicæ; in
„ illo attendebat ad petram unde excisus
„ fuerat, in isto ad honorem Missionis, in
„ qua feliciter consummabatur, luctare
„ non fecit Dominicum cum Benedicto,
„ sed utriusque sanctitatem complexus, am-
„ bobus se indignum protestatus est, Bene-
„ dicto qui eum genuerat, Dominico qui
„ eum ablactaret, laudes pronuntiabat, me-
„ que hujus scripti exaratorem specialiter
„ rogavit, ut ad vos primos in vita spirituali
„ suos susceptores, suo morientis nomine res-
„ criberem, se non ordinem sancti Benedic-
„ ti contempsisse, nec tædio aliquo reli-
„ quisse, qui vitam Benedicti contempla-
„ tivam cum activa Dominici conjunxerat,
„ omnes conversionis suæ sub Benedicto
„ socios noviciatûs, exercitiorum, studio-
„ rumque æmulos & tyrones reclamans,
„ illorum precibus se commendabat; illo-
„ rum suffragia petebat in ordine solita co-
„ ferri, ut qui professionem tanti Patris
„ non reliquerat, sed in vitam Apostoli-
„ cam conatus fuerat adjungere.

„ Hæc sunt illius verba quæ nobis con-
„ signata vobis reddimus, qui à mortuo
„ baptisati fuistis, etiam vicissim pro mor-
„ tuo baptisari dignemini; illi ut morte
„ justorum erepto, illi ut fratri nostro suf-
„ fragia concessimus; à vobis etiam pro
„ illo ut confratre vestro solitas mor-
„ tuis orationes exigimus; hoc scribimus
„ ad consolandum super mortuo in hoc
„ eidem, quam à vobis gratiam petiit, fa-
„ cientes, & maximè debitum nostræ ser-
„ vitutis reddentes specialiter ego qui sum.

„ Reverendi Patres,

„ Vester humillimus in Christo servus
„ & obediens frater Hugo Noë Marchand.
„ Datum *Camberii.* 22. Janvier 1676.

ORDOLPHE Scholer, Sénateur de la Ville de Tréves, homme loué pour son érudition & sa piété, composa vers l'an 1362. un recueil des anciens monuments propres à illustrer l'Histoire de Tréves. Il le composa à la priere & par le secours de Beaudouin, illustre Archevêque de Tréves; & recueillit dans un corps les Diplômes des Empereurs, les Bulles des Papes, & toutes les Piéces qui peuvent servir à l'Histoire & à la con-

BIBLIOTHEQUE LORRAINE.

noiffance des priviléges & des biens de cet Archevêché, tant en faveur de l'Archevêque, que de Meffieurs les Chanoines, qui font encore aujourd'hui dépofitaires de ce précieux Recuëil, dont ils fe fervent utilement dans les affaires qui leur furviennent. Ordolphe finit fon Ouvrage la veille de faint André de l'an 1362. & mourut le jour de S. Jean-Baptifte. Son Ouvrage fe conferve dans un gros Volume en velin. Voyez Mafurius, Note fur Brouverius, p. 78. *Not. & addit. ad Brouv. proparafceve.*

ORIET (Didier) Ecuyer Lorrain, Portuois, apparemment de S. Nicolas de Port, a compofé un Poëme partagé en trois Livres, intitulé, *La Suzanne*, imprimé à Paris in-quarto par Denis Duval en 1553.

Dans le premier Livre, il décrit le mariage de Joachim & de Suzanne, célébré à Babylone, durant le tems de la tranfmigration du peuple Juif ; il décrit la rebellion de ce peuple, qui fut caufe de fon exil.

Au fecond Livre, il fait crier le peuple vers fon Dieu, à la follicitation de Jérémie, pour accomplir le tems des 70. ans de la captivité, qui eft caufe qu'Helcias marie fa fille Suzanne.

Au troifiéme Livre, il pourfuit cette hiftoire jufqu'à la fin. Voici les premiers Vers de ce Poëme, qui feront juger du goût de tout l'Ouvrage.

„ Saint célefte rayon, qui fur ferme ra-
„ cine
„ Fonda le Mont Parnaffe & fa double
„ échine,
„ Et qui lui fit les Cieux de fon dos voifi-
„ ner,
„ Pour le Laurier aftré par peines moif-
„ fonner,
„ Que tu plantas dès lui, y laiffant pour fa
„ garde
„ Le Chœur neuvain troupeau, &c.

Voyez du Verdier, *Bibliothéque Françoife*, pag. 265.

OTHON de Frifingue n'appartient à notre fujet, que comme Abbé de Morimond (*l*), cette Abbaye étant fituée, partie en Champagne, partie en Lorraine, & y ayant bon nombre d'Abbayes en Lorraine, qui font de la filiation de Morimond.

Othon étoit fils de S. Leopold, Marquis d'Autriche, & d'Agnés fille de l'Empereur Henri IV. Il étoit frere de Henri Duc de Baviere, de Conrade Evêque de Salsbourg, de Sophie Reine de Bourgogne, &c. Il fut d'abord Prévôt de l'Abbaye de Neubourg, fondée par fon pere ; enfuite il fe retira à Morimond, & y prit l'habit de Cîteaux. Après fa profeffion, on l'envoya étudier à Paris, où il fit de grands progrès en Philofophie & en Théologie. A fon retour, il fut élu Abbé de Morimond, & y donna de grands exemples de vertus. Enfin, il fut tellement touché de Dieu, qu'il réfolut de s'y faire Religieux ; ce qu'il exécuta avec quinze de fes compagnons, qui dans la fuite furent tous élevés aux dignités Ecclefiaftiques. On croit qu'il fit le voyage de Jerufalem, & qu'étant revenu à Morimond, il y mourut le 21. Septembre 1158. Il a compofé une Chronique en fept Livres, depuis le commencement du monde, jufqu'en l'an 1146. Il écrivit un huitiéme Livre, de la fin du monde & de l'Antechrift. Othon, Religieux Benédictin de l'Abbaye de S. Blaife en la Forét noire, a continué la Chronique d'Othon de Frifingue.

OUDENOT (D. Placide) Benédictin de la Congrégation de S. Vanne, né à Raon-l'Etape, & baptifé au même lieu fous le nom de *François Oudenot*, le 20. d'Avril 1689. entra au Noviciat de Moyenmoutier en 1704. fit profeffion au même lieu le 12. Mai 1705. Il y fit avec beaucoup de fuccès fes études de Philofophie & de Théologie, & enfuite s'appliqua à la prédication, & prêcha avec beaucoup de réputation en diverfes Villes de la Province, à Metz, à Toul, à Nancy, à S. Mihiel, à Bar-le-Duc, &c.

Il fut envoyé à Paris pour fe perfectionner dans la prédication, & pour aider dans fes études D. Auguftin Calmet, qui y faifoit alors imprimer fes Commentaires fur la Bible. Il y demeura trois ans, & en revint en 1715.

Il y retourna quelque tems après ; & par le confeil de fes Supérieurs, il entreprit de compofer une nouvelle Vie des Saints. Il en compofa les cinq ou fix premiers mois ; mais il ne continua pas, & n'acheva pas ce grand Ouvrage.

De retour en Lorraine, il fut envoyé Prieur à Bar-le-Duc, & y compofa, à la priere des Dames de l'Abbaye Royale de fainte Gloffinde de Metz, le nouveau Breviaire à l'ufage de cette Abbaye, avec les Leçons, Répons & Antiennes propres, comme auffi des Meffes particulieres pour fainte Gloffinde, S. Benoît, fainte Scholaftique & S. Sulpice ; le tout imprimé in-quarto, à Bar-le-Duc en 1740. avec l'approbation de l'Ordinaire.

2°. Il a compofé & prononcé l'Oraifon funèbre de feu Dom Mathieu Petit-Didier,

---

(*l*) *Menolog. Cifercienf. ad 7. Decemb. diem.*

Abbé Régulier de l'Abbaye de Senones, & Evêque de Macra en Affrique, *in partibus infidelium*. Cette Oraison fut imprimée la méme année 1728. à S. Diey, chez J. M. Heller in-quarto.

3°. L'Oraison funébre du Duc Leopold I. prononcée dans l'Insigne Eglise Collégiale de S. Diey en 1729. imprimée in-quarto, à Nancy chez Cusson 1729.

4°. L'Oraison funébre de M. de Gondrecourt, Premier Président à la Cour de Nancy, prononcée en la Paroisse de S. Sébastien, en présence du Parlement en corps; à Nancy chez Antoine 1735.

5°. Il a composé des Stations d'Avent & de Carême, une Octave des Morts, une Octave du S. Sacrement, & grand-nombre de Panegyriques, & autres Pieces d'éloquence.

OUDIN (Casimire) étoit originaire de Reims; il naquit à Mézieres sur la Meuse, l'onzième Février 1638. Il fit profession dans la Congrégation réformée des Prémontrés de Lorraine, le 11. Novembre 1658. à S. Paul de Verdun. Son nom dans le siécle étoit *Remi Oudin*. Il enseigna la Théologie à Mureau en 1666. Il fut fait Prieur de cette Abbaye en 1670. Il a demeuré quelque tems à Etival, comme il le témoigne lui-même dans sa Bibliothéque, article de *Pierre de Blaru*, qu'il croit natif de Paris, au lieu qu'il est né à l'Abbaye de Parhis, au Diocèse de Basle.

Il quitta l'Ordre de Prémontré en 1690. pour quelque mécontentement; & il ne manque aucune occasion d'en dire du mal. Il embrassa la Religion prétenduë reformée la méme année à Leipsic, & y fut fait Soubibliothécaire de l'Université; & y a vécu jusqu'au mois de Septembre 1717. dans la 79. année de son âge. Ses Ouvrages sont,

Supplementum de Scriptoribus vel Scriptis Ecclesiasticis, à Bellarmino omissis, ad annum 1460. vel ad artem Typographicam inventam, imprimé en 1688.

Veterum aliquot Galliæ & Belgii Scriptorum opuscula sacra, nunquam edita, jam verò è Manuscriptis Bibliothecarum Galliæ in lucem prodeuntia.

Trias Dissertationum criticarum.

Commentarius de Scriptoribus Ecclesiæ antiquis, illorumque scriptis adhuc exstantibus in celebrioribus Europæ Bibliothecis, à Bellarmino, Possevino, Philipp. Labbe, Guilhelmo Cavio, Ludovico Elia, Dupin & aliis omissis, 3. vol. in-fol. Leipsic 1722.

Il avoit aussi composé un Recueil des Ouvrages des anciens Moines de Lérins, qui avoient été élevés à l'Episcopat, qui n'a pas paru.

Acta B. Lucæ Abbatis Cussiacens.

Le Prémontré défroqué.
Epistola de ratione studiorum suorum.

On peut voir les nouvelles Littéraires du 12. Mars 1718. & les Mémoires de Leipsic, en 1718. Nicéron, tom. 1. & 10. & le Moreri de Basle, sous l'article *Oudin*. Dans le gros recueil de ses Oeuvres, il y a diverses dissertations répandues en plusieurs endroits.

Il y a dans l'Archive de l'Abbaye d'Etival, où il a autrefois demeuré, un petit Ecrit intitulé, *De Jurisdictione quasi Episcopali Abbatis Stivagiensis exercitium*, manuscrit.

OUDIN (Jean) Prêtre Verdunois, a écrit l'Histoire de la Maison de Lorraine & de Guize, en quatre Livres. Voyez ce que j'en ai dit dans le Prélude de l'Histoire de Lorraine, tom. I. p. cxxvj. L'Ouvrage n'a pas été imprimé, & on ne sait où est le Manuscrit.

P

PACQUOTTE (Charles-Guillaume) Conseiller, Médecin ordinaire du Duc Leopold, Docteur & Professeur en Médecine & en Chirurgie dans l'Université de Pont-à-Mousson, a fait imprimer à Nancy chez Cusson en 1719. in-12. une Dissertation sur les Eaux minérales de Pont-à-Mousson : ces Eaux sont ferrugineuses, & la source s'en voit au milieu des Vignes à mi-côte, en montant au Château de Monçon. On leur attribuë une grande vertu contre diverses maladies. A la fin de cette Dissertation, se trouve une Thése, où l'on propose si les Eaux de Monçon conviennent aux maladies chroniques.

M. Pacquotte, dans son ouvrage, donne d'abord une idée générale de l'Eau; il y parle de la nature des Eaux minérales; il rapporte les sentimens des Auteurs qui ont traité des Eaux minérales ferreuses, & les expériences qu'on a faites en particulier sur les Eaux minérales du Pont-à-Mousson. Il y déduit quelques maladies, auxquelles ces Eaux conviennent; on y ajoûte la méthode de les bien prendre.

On trouve à la fin la traduction de la Thése, qui a donné occasion à cette dissertation; cette Thése avoit été soutenuë au Pont-à-Mousson dans l'Ecole de Médecine, le cinq Décembre 1718. par les Sieurs Firmin Granjean de Pont-à-Mousson, & Pierre François Chevallier de Besançon, sous la Présidence de M. Charles-Guillaume Pacquotte, qui fait le sujet de cet article.

J'ai vû un petit Ouvrage composé par un Anonyme, imprimé au Pont-à-Mousson chez François Maret, sur ces Eaux. L'Auteur n'y a pas mis son nom, ni l'Imprimeur l'année de l'impression. Il vivoit du tems de M. le Pois, Médecin du Duc & de la Duchesse de Lorraine.

PAIGE (Jean le) Ecuyer Conseiller, & Auditeur en la Chambre du Conseil & des Comptes de Bar, a fait un Commentaire sur la Coûtume de Bar, qu'il présenta au Duc Leopold à son avénement dans ses Etats. Le Public fut fort satisfait de cet Ouvrage. Son Altesse lui ordonna d'allier la même Coûtume de Bar, avec celle de S. Mihiel; Ouvrage qu'il a rendu parfait avec un second Commentaire qu'il y a joint, & qu'il a encore dédié au même Duc, imprimé à Paris. Voici le titre de son Ouvrage, *Nouveau Commentaire sur la Coûtume de Bar-le-Duc, conférée avec celle de S. Mihiel, dont le Texte est joint, seconde Edition revuë, corrigée, & augmentée de nouvelles Notes.* A Bar-le-Duc; l'année n'est pas marquée.

Il dit que la Coûtume de Bar fut rédigée par écrit en la tenuë des Etats en la même Ville, le 13. Septembre 1579. Elle fut enrégîtrée au Parlement de Paris, par Arrêt du quatre Décembre 1581.

Le 30. Septembre 1634. Samuël de la Nave, ancien Conseiller en Cour, ordonna, de la part du Roi, de suivre la Coûtume de Sens; ce qui causa une grande confusion dans l'exercice de la Justice: mais le 6. Juin 1685. M. Barillon de Morangis, Maître des Requêtes ordinaires de l'Hôtel, & Intendant dans les Duchés de Lorraine & Barrois, tenant l'Audience du Bailliage, déclara qu'il avoit ordre du Roi d'assûrer que l'intention de Sa Majesté étoit que l'on suivît la Coûtume & les Réglemens du Bailliage de Bar; ce qui a été pratiqué jusqu'aujourd'hui.

Mémoire historique de la mouvance du Barrois, par un Anonyme, où il prétend démontrer que le Barrois est, de tems immémorial, de la Souveraineté de la Couronne de France, & mouvant du Comté de Champagne, avant l'hommage fait à Philippe le Bel en 1301.

Ledit ouvrage a été réfuté par M. le Paige, Avocat à Bar, & la réfutation dédiée à S. A. R. Leopold I.

Il y prouve que les Comtes de Bar ont été reconnus vrais Souverains, & que le ressort au Parlement de Paris, n'a été établi paisiblement dans la mouvance, que par les Concordats.

De plus, il a composé une *Chronologie historique des Comtes & Ducs de Bar, de leur origine & antiquité*. J'ai cet Ouvrage manuscrit. Après sa Préface, il parle assez au long de la Ville de Bar, de son antiquité, de ce qui la distingue, &c. Puis entrant en matiere, il fait l'Histoire Chronologique des Ducs & Comtes de Bar, depuis *Regnier*, *Ricuin* & *Othon* Ducs de Mosellane; puis il vient à *Frideric*, *premier Duc de Bar*, & continuë la suite jusqu'au Duc Charles IV. & Leopold I.

En parlant de Robert I. du nom, qui commença à se qualifier *Duc de Bar*, il dit qu'il est très croyable qu'il prit de lui-même cette qualité, que ses ancêtres avoient portée, & sans aucune érection.

M. le Paige a encore écrit une Dissertation historique, où il est prouvé que les Comtes & Ducs de Bar ont été reconnus vrais Souverains, &c. Voyez l'Histoire de Lorraine, tom. 1. p. cxxvj. Il étoit excellent Praticien & bon Avocat. Il est mort à Bar-le-Duc en 1713. âgé de 62. ans.

PAIGE (le R. P. Thomas le) Dominicain Lorrain, né le 25. Novembre 1597. entra dans l'Ordre de S. Dominique au Couvent de Toul, & y fit profession le 30. d'Août 1618. Il avoit toutes les qualités d'un grand Orateur, & il s'acquit une grande réputation par les Sermons qu'il prêcha à Paris pendant plusieurs années, & dans les premieres Villes du Royaume, où il étoit demandé avec empressement. Il mourut allant à Langres pour y prêcher le Carême, à Châteauvillain, le 14. Mars 1658. Il a laissé divers Sermons, dont les uns sont imprimés; comme l'Oraison funébre qu'il prononça à la loüange de Nicolas de l'Hôpital Maréchal de Vitry, imprimée in-quarto à Paris 1649. & celle d'Honoré d'Albert Duc de Chaunes, à Paris 1651. in-quarto, & celle du Premier Président Nicolas de Verdun, imprimée à Paris 1627. in-quarto.

Le Manuël des Confreres du Rosaire, à Nancy chez Antoine Charlot 1625. in-12.

L'homme content, Oeuvre plein de graves Sentences, d'agréables réparties, &c. à Paris 1629. en deux Tomes in-octavo, imprimé plus d'une fois. Voyez Echard, *de Script. Ordin. Prædicat. tom. 2. pag. 590.*

PALISSOT (Charles) fils de noble Hubert Palissot Avocat à Nancy, né en cette Ville le trois Janvier 1730. entra de très bonne-heure au Collége des Peres Jésuites de Nancy, & y fit ses Humanités avec tant de succés, qu'il eut achevé sa Rhétorique avant ses dix ans complets.

Etant en Seconde, à l'âge de neuf ans, il fit un Poëme Latin d'environ quatre cens Vers sur Samson.

Il fit sa Philosophie en l'Université de Pont-à-Mousson, & l'eut fini avant l'âge de douze ans. A la fin du cours, il fut reçu Prince de Philosophie & Maître ès Arts.

Comme

Comme on n'est reçu Avocat au Parlement de Lorraine qu'à l'âge de dix-huit ans, qu'ainsi il est inutile d'étudier en Droit avant l'âge de seize ans ; le jeune Palissot trouvant un vuide de quatre ans entiers, voulut faire un Cours complet de Théologie dans la même Université, il le fit effectivement, & prit des dégrés.

Son Cours finit, il se rendit à Paris, où il étudia en Droit. Le jeune Palissot s'amusa dans ses heures de loisir à la lecture des meilleurs Poëtes Latins & François. Il les apprit tous par cœur, & en étudia toutes les beautés, & en remarqua les défauts. Il s'étoit comme préparé à cet amusement dès sa Rhétorique, & l'avoit suivi jusqu'à la fin de sa Théologie.

Aussi fit-il pendant ce tems différentes Piéces, comme un petit Poëme sur la Religion, une Satyre sur les différens états de la vie, & quelqu'autres qu'il doit donner incessamment au Public ; ce qui fera le 3. vol. d'un livre qu'il a donné à l'âge de dix-sept ans, sous ce titre : *Apollon Mentor, ou Thélémaque Moderne ;* à Londres en 1748. il dédie son ouvrage à tous les Partisans du bon sens & de la raison qui sont en France. Il y entreprend de montrer le ridicule des ouvrages de plusieurs Poëtes, qui, selon lui, font tord au bon goût ; l'ouvrage a été imprimé à Paris avec Permission & Approbation. Voici la Liste de ses autres Ouvrages.

1°. Observation sur le Poëme, intitulé Malthe ou l'Isle-Adam in-douze; Rhodes 1749.

2°. Lettre à M. de M. (*m*) sur sa Tragédie d'Aristomene in-douze ; Paris, chez Clousier 1749.

3°. Coup d'œil sur les ouvrages modernes ou réponses aux observations de M. l'Abbé D. L. P. (*n*) in-douze ; Paris 1751. c'est le projet d'un ouvrage périodique, où il combat avec avantage le stile & les remarques d'un Journaliste de Paris, sur le livre de l'esprit des Loix.

4°. Zarés Tragédie représentée pour la premiere fois par les Comédiens François le 3. Juin 1751. in-douze ; Paris, chez Jorry 1751.

Il a aussi composé trois autres Tragédies, qui ne tarderont pas d'être mises au Théâtre, de même qu'un Opéra qu'il doit donner incessamment au Public, intitulé Oedipe.

PALLAS (Bernardin) Lieutenant-Général du Bailliage & Siége Présidial de Toul. Voici la Lettre qu'il m'écrivit, lorsque je l'invitai à me donner quelques Mémoires sur sa Personne, pour l'inserer dans mes Hommes Illustres. Cette Lettre est si polie & si bien dictée, qu'elle mérite d'être inserée ici toute entiere.

De Toul ce 17. Avril 1747. Mon très Révérend Pere.

„ Il y a quelques jours que le Pere sous-„ Prieur de S. Mansuy m'a fait part d'une „ de vos Lettres, dans laquelle vous me „ faites l'honneur de lui parler de moi ; „ j'ai été extrémement surpris d'être con-„ nu de vous, & plus encore du dessein „ que vous formez de me faire connoître „ à la postérité. Je ne pensois guéres que „ mon nom fût parvenu jusqu'à vous, „ & qu'il dût parvenir à l'Immortalité par „ la place que vous lui destinez dans vo-„ tre Histoire. Cet honneur m'humilie par „ la difficulté d'y répondre, & je crains d'y „ paroître insensible, parce que je ne puis „ bien vous exprimer, combien je le sens. „ Mon nom poëtiquement immortel, va „ l'être historiquement, & la chimère de le „ devenir par ma plume, sera une réalité „ par la vôtre. Vous m'allez condamner à „ l'oisiveté, puisque vous m'allez donner ce „ que tout Auteur cherche par ses travaux ; „ en me reposant sur vos succès, je n'en „ tenterai plus. Ma gloire est assûrée, puis-„ que vous m'associez à la vôtre, & il me „ suffit qu'on lise votre ouvrage, où vous „ parlerez de quelqu'uns des miens, pour „ être sûr qu'ils ne peuvent plus tomber „ dans l'oubli. Rien ne seroit plus capable „ de me rendre vain, que votre attention „ si obligeante ; cependant je n'en suis que „ touché, il est vrai que c'est jusqu'au fond „ du cœur, & mon amour propre n'est oc-„ cupé que de ma reconnoissance, je vous „ envoye le détail qui me regarde, & que „ vous souhaitez. J'ai l'honneur d'être avec „ respect, Mon très Révérend Pere,

Votre très humble & très obéissant
Serviteur PALLAS.

M. Pallas fils de *Gaspard Pallas*, Ecuyer Sr. de la Rapée & du Saussoy, Maréchal-des-Logis & Argentier de l'Ecurie de Madame la Dauphine, Marie Victoire de Baviere, & Capitaine de la Ménagerie & Serail Royal de Vincennes, & de *Marie Petitmaire*, naquit à Vincennes le 26. Septembre 1685. il fit à Paris avec succès ses

---

(*m*) M. Marmontel.   (*n*) M. l'Abbé de la Porte.

classes au Collége de Louis-le-Grand, & sa Rhétorique au Collége du Plessis.

Après sa Philosophie, il entra dans l'Etat Ecclésiastique, & sur la fin de son Cours de Théologie au Collége de Navarre, il fut nommé à un Canonicat de l'Eglise Cathédrale de Toul, par un de ses trois oncles qui en étoient Chanoines; mais instruit des qualités & des vertus qu'exige le Sacerdoce, il n'osa entrer dans les Ordres Sacrés, il s'éloigna d'un Etat si saint, dont il se jugea indigne ; & au lieu d'accepter le Benéfice offert, il se préta à des arrangemens de famille, qui l'engagerent à prendre le parti de la Robe, & il fût reçu Lieutenant-Général du Bailliage & Siége Présidial de Toul, le 12. Janvier 1713.

Il avoit pris à Paris, tant par ses lectures que par un commerce avec des Auteurs célébres, un goût pour les belles Lettres, que la Province n'étouffa pas ; & quoiqu'il n'y trouva aucune émulation dans ce genre d'étude, il y donna tous ses loisirs, que lui laissoient les devoirs de sa Charge. Pour l'essayer, il risqua de travailler pour le prix d'éloquence, proposé par l'Académie Françoise en 1713. cet essay l'est en tout sens, & n'étoit pas digne du prix qui ne fût point ajugé; cependant Alexis Laurent, Imprimeur à Toul, le mit sous la presse, & le rendit public à l'insçu de l'Auteur, qui en faveur de ses motifs obligeants, ne lui en fit pas tous les reproches qu'il méritoit.

La paix faite en 1714. fut le sujet du discours que M. Pallas prononça la même année à la rentrée du Palais. Il a été imprimé chez le même Imprimeur. L'Eloge funébre de Louis XIV. a été donné au Public en 1716. par ordre de Messieurs du Bailliage de Toul. Tous ces discours respirent beaucoup de jeunesse d'esprit. L'Auteur le laissa meurir, & en le cultivant toujours avec soin, il ne composa plus qu'en 1735. qu'il fut assez heureux pour remporter le prix d'éloquence au Jugement de Messieurs de l'Académie Françoise, qui avoient donné pour sujet, *Combien il importe d'acquérir l'esprit de Société*. Ce Discours a été imprimé à Paris dans le recueil de l'Académie Françoise, & à Toul chez Simon Vincent.

Il y a encore quelques ouvrages de Poësie, imprimés dans le recueil des jeux floraux; mais l'Auteur n'y a pas mis son nom, parce qu'il ne parle cette langue qu'à l'oreil de ses amis, & pour ne pas faire dire aux Critiques que cet amusement jure avec la gravité d'un Juge.

Son Portefeuil est assez garni, mais ce qu'il renferme, ne verra le jour qu'après sa mort.

PASCARIUS (N.) *Lotharingus*, a écrit à Jean-Jacques Boissard des Lettres qui sont imprimées dans le recueil des Poësies du même Boissard à Bâle 1574. fol. 125. verso. Pascaire savoit le Grec, & faisoit assez bien des Vers en cette langue & en Latin ; Jean-Jacques Boissard lui a adressé jusqu'à 15. ou 18. Piéces en Vers : & Pascaire lui a réciproquement adressé quelqu'unes de ses Poësies en Grec & en Latin, entre autres celle où il l'invite de publier ses Poësies, il y a une Epigramme de Boissard, où il témoigne qu'il a reçu un petit livre de la façon de Pascaire, à qui il promet de donner ses soins, à ce qu'il ne soit ni perdu ni volé.

PASSION (Benoite de la) la Mere Benoite de la Passion, Supérieure des Bénédictines de Remberviller, vint au monde en 1609. dans la Ville de Salsbourg en Baviére. Son Pere se nommoit Dominique de Bresne, & sa Mere Margueritte Passenor, Gens de condition, de grande vertu, & d'une charité qui alloit quelquefois jusqu'à la prodigalité. Le jour de sa naissance ne nous est point connu. (*o*)

Un jour qu'on avoit chassé hors de la Ville de Salsbourg les pauvres gens de la Campagne qui s'y étoient réfugiés, M. de Bresne, Pere de la Mere Benoîte, fit moudre le grain qu'il avoit, en fit faire du pain, & le fit jetter par-dessus les murs de la Ville, pour nourir ces pauvres misérables. Le même étant Maître Echevin de la Ville, refusa l'exemption qu'on lui offroit, en considération de son employ. Il l'a refusa pour ne pas surcharger les Bourgeois, & paya même pour ceux qui n'avoient pas le moyen de le faire.

Celle dont nous parlons ici, fut nommée Elisabeth au Batême. Dès son enfance elle étoit souvent ravie en Dieu, & toute alienée de sens. Elle n'avoit encore que neuf à dix ans, lorsqu'elle pria ses Pere & Mere de lui donner une chambre à l'écart, où elle put vaquer à ses exercices de dévotion. Là laissée à elle-même, elle commença à exercer secrétement sur son corps des austérités extraordinaires par le Cilice, & une chaîne de fer, par des prieres longues & fréquentes qu'elle faisoit, ayant les genoux nuds sur la terre ; vers la quatorzième année de son âge, elle obtint de ses parens de faire elle-même le pain des Pauvres, & de le leur distribuer. Dans ce charitable exer-

---

(*o*) Voyez l'Eloge de la vénérable Mere Elisabeth de Brême, ditte Benoite de la Passion, composé par la Mere de Blemure, imprimé en 1679. à Paris in-quarto.

cice ayant vu une pauvre fille âgée de douze ans & rongée par un chancre, elle la prit, l'embraſſa, la careſſa, la retira chez ſon Pere, & en prit un ſoin particulier.

Quelque tems après, on l'envoya à Nancy pour y apprendre la Langue Françoiſe; n'étant âgée que de dix-ſept ans, on lui fit épouſer un Officier de M. le Primat de Nancy: elle ne demeura que trois ans avec lui. Dieu benit leur mariage par la naiſſance d'une fille; après quoi ils s'engagerent volontairement de garder la continence. Six ſemaines après le Mari mourut ſaintement: & Mlle. de Breſme ſe trouvant abſolument libre, ſe livra ſans réſerve aux exercices de charité & de dévotion.

Elle ſe retira au Monaſtere des Benédictines de S. Nicolas, dans l'eſpérance d'y paſſer le reſte de ſes jours. Son Pere la fit revenir à Salſbourg, lui faiſant entendre que ſa Mere étoit à l'extrémité. C'étoit pour lui faire épouſer un riche parti, qui ſe préſentoit; mais elle le refuſa conſtamment, ſe renferma dans une chambre, où elle vivoit comme une récluſe, ne voulant pas même voir ſa fille, ni recevoir les careſſes de cet enfant.

La guerre étant cruellement allumée en Allemagne, elle fit trouver bon à ſon Pere qu'elle ſe retira à Ramberviller, avec ce qu'elle avoit de meilleurs effets. Elle réfugia le tout dans le Monaſtere des Benédictines de ce lieu, & y prit l'habit de S. Benoît, ce jour-là on lui changea ſon nom d'Eliſabeth, en celui de Benoîte de la Paſſion: morte à elle-même, elle crut être obligée à renoncer aux attraits des ſens par amour, & recevant ſimplement tout ce qu'il lui arrivoit comme de la main de celui qui eſt l'amour éternel.

Outre les auſtérités de la Réligion, qui crucifient le corps, elle réſolut de refuſer à ſon eſprit toutes les conſolations qui ſe pouvoient préſenter, & qu'elle exécuta fidellement. Elle ne prenoit que moitié des choſes néceſſaires à la vie, & auroit été bien fachée de manger du pain & boire de l'eau, juſqu'à en être raſſaſiée. Elle y mettoit des choſes améres pour les rendre déſagréables. Elle ſouffroit les rigueurs de l'hyver ſans ſe chauffer, & ſans ſe couvrir la nuit, couchant toute (p) habillée, & dormant le plus ſouvent aſſiſe, ſans appuyer ſa tête ſur le chevêt.

Son détachement des choſes de ce monde étoit tel, qu'elle diſoit dans le tranſport de ſon amour, je ne me ſoucie de lumieres, ni même de graces, où je me puiſſe attacher, & je prie Dieu de ne m'en donner jamais de telles; la main de Dieu me conduit par une opération ſecrette, où il me fait prendre goût ſans goût dans l'amertume de la Croix, & dans cette amertume je me trouve dans un grand ſilence & dans une profonde paix; s'il y a une Créature au monde qui doive s'abandonner parfaitement à Dieu, c'eſt-moi ſans doute, à cauſe de la longue expérience que j'ai de ſes miſéricordes. Etant un jour en oraiſon, elle crut entendre ces paroles; ſi je te mets au Ciel, ne dis mot, ſi je te laiſſe en terre, ne dis mot; ſi je te mets en enfer, ne dis mot; par ces paroles je compris, dit-elle, que je ne devois jamais ouvrir la bouche pour me plaindre; en quelque état que Dieu me mit, & que je ne devois pas avoir plus de mouvement pour moi-même qu'une Perſonne déja morte.

On trouvera ſans doute ces expreſſions exagérées, mais on les remarque en pluſieurs endroits de ſes Lettres & de ſes Ecrits de dévotion, ainſi que dans les Ecrits de pluſieurs Saints & Saintes tranſportés comme elle des flammes de l'amour Divin, ceux qui l'ont le plus connuë, avouent qu'elle étoit dans une préſence de Dieu continuelle, & dans l'union actuelle avec lui; que ſon attrait étoit le regard ſimple de Dieu, en nudité de foi, ſans nul diſcours, dans lequelle elle attendoit que Dieu fit en elle ce qu'il auroit agréable, & ce qu'il opére ordinairement dans les ames, qui, dans l'anéantiſſement de toutes leurs puiſſances, ſont perſuadées que leur bonheur conſiſte dans l'action de Dieu en elles. La Réligieuſe qui lui ſervoit de Secrétaire, lui demandoit quelquefois qu'elle lui dit quelques mots pour ſon édification, lui faiſant croire que cela n'iroit pas plus loin; mais elle ne laiſſoit pas de conſerver ce qu'elle lui diſoit, & on eſt redevable à ſon infidelité, de ce que l'on connoît des états de cette ſainte Réligieuſe.

Dans une Lettre à une Perſonne de ſes amies, elle dit ces paroles: dès à préſent l'ame n'a plus aucun motif, ni appui pour aller à Dieu; on ne lui permet nulle application d'eſprit ſur les Myſteres. De ſon côté elle ſe laiſſe très purement & très ſimplement à Dieu, afin qu'il faſſe d'elle ſelon ſon bon plaiſir, après tout s'il veut la mettre en enfer, elle en eſt très contente. C'eſt ainſi qu'elle parloit d'elle-même en tierce perſonne.

Si l'on ne connoiſſoit la ſolide vertu &

(p) Eloge de la Mere de la Paſſion.

la sublime perfection de cette Ste. Ame, on auroit de la peine à excuser des expressions, qui approchent si fort des excès de Molinos; mais l'amour parfait a un langage qui lui est propre; une vie aussi crucifiée que celle de la Mere Benoite, la met au-dessus de tout reproche d'une hérésie qu'elle n'a jamais connuë. L'on remarque dans S. Paul même, & dans d'autres Saints des exagérations de même genre, que l'on excuse, & que l'on admire comme des saillies d'un transport causé par l'Esprit Saint.

L'Institut de l'Adoration perpétuelle du St. Sacrement, fut établi à Paris environ l'an 1653. par la Revérende Mere Mectilde, Religieuse Professe du Monastere de Remberviller en Lorraine. Ce Monastere subsistoit dès auparavant; mais il ne reçut l'Institut de l'Adoration perpétuelle, que quelques années après. La Mere Mectilde ayant été obligée par le malheur des guerres de sortir de Remberviller, se retira à Paris en 1642. avec sept de ses Religieuses, pour décharger sa Maison; & elle y laissa pour Supérieure la Mere Benoite, dont nous parlons ici. Elle fut vivement sollicitée par les Benédictines de Paris, d'embrasser comme elles l'Institut de l'Adoration perpétuelle. Elle y trouva d'abord quelque opposition de la part de quelqu'unes de ses Religieuses, & elle ne jugea pas à propos de se hater, ni de les presser dans une chose de cette conséquence. Dieu lui manifesta sa volonté par une avanture extraordinaire, qui arriva à celle qui y avoit témoigné le plus de répugnance, l'établissement se fit du consentement de toute la Communauté le jour de la Conception 8. Décembre 1659.

Jusqu'alors la Mere Benoîte n'avoit point eu de Directeur particulier; ceux à qui elle s'étoit adressée, n'ayant pu, ou n'ayant osé se charger de la conduite d'une ame, où ils voyoient des choses si fort au-dessus des voyes ordinaires. Enfin Dieu lui envoya le P. Epiphane-Louis Prémontré, Abbé d'Etival, homme très éclairé dans la Théologie Mystique, & un des plus sublimes contemplatifs de son tems, dont nous avons les Ouvrages imprimés sous le titre de la *Nature immolée*. Elle en eut la connoissance le jour de S. Jean-Baptiste; comme il prêchoit au Monastere de Remberviller, le Panégyrique du S. Précurseur. Le P. Epiphane témoigna d'abord quelque éloignement de se charger de cette direction, ne voyant qu'avec admiration tant de rares & divines dispositions dans cette vertueuse Religieuse. Mais il se garda bien de lui témoigner

ses sentimens, n'y d'applaudir & d'approuver sa conduite. Il s'étudia à l'humilier de plus en plus, en lui disant que cet extérieur si abstrait qui ne vouloit point de commerce avec les Créatures, n'étoit qu'une production de l'amour propre; que l'attache au silence intérieur, n'étoit qu'un amusement de la nature; que ces ravissemens n'étoient qu'un jeu de son imagination; que l'approbation que lui donnoient des Personnes très éclairées, n'étoit fondée que sur l'ignorance, où elles étoient de son véritable état. Enfin il mit tout en œuvre pour achever d'anéantir en elle l'amour propre. Il lui interdisoit tout commerce de Lettres, tant actif que passif, & s'il lui écrivoit, c'étoit d'ordinaire pour l'humilier & la mortifier; elle recevoit tout cela avec une humilité & une docilité admirable; & depuis ce tems, elle se donna tout entiere à la conduite de sa Communauté, à quoi elle avoit auparavant beaucoup de répugnance.

Durant les trois derniéres années de sa vie, elle demeura soûmise comme une Novice, ne faisant rien, ni pour sa personne, ni pour le gouvernement de sa Communauté, qu'avec dépendance. Si elle écrivoit ce qui se passoit en elle, c'étoit par pure obéissance & dans la crainte de l'illusion. Si elle étoit obligée de parler à ses Religieuses ou aux Novices, elle ne le faisoit qu'avec une extrême réserve, craignant de leur donner trop bonne opinion d'elle même.

Pendant les cinq derniéres années de sa vie, elle fut attaquée de diverses incommodités, comme d'une paralysie d'un côté de son corps, d'une violente néphrétique qui lui faisoit jetter souvent des pierres grosses comme des Noix, d'un battement de cœur très fréquent, d'une oppression de poitrine très douloureuse, d'une hémorragie qui lui dura vingt-quatre heures. Son lit étoit sa croix, elle n'y pouvoit durer qu'avec de cuisantes douleurs, tant à cause de sa pierre dont elle étoit tourmentée, que parce que sa peau étoit percée en plusieurs endroits. Au milieu de tous ces maux, elle ne perdit jamais la patience, quoique Dieu mit encore son ouvrage à l'épreuve par des obscurités, des aridités, des peines d'esprit très sensibles.

Enfin après avoir reçu les derniers Sacremens, elle s'endormit au Seigneur, sans que le Confesseur qui étoit présent, ni les Religieuses s'en apperçussent. Sa mort arriva le 24. d'Octobre 1668. la chaleur qu'on remarqua dans son corps plus de trente-quatre heures après sa mort, empêcha qu'on ne la mît en terre, qu'après que cette chaleur fût diffipée. L'Abbé d'Étival, fon Directeur fit fon éloge en préfence du corps, & écrivit à la Supérieure de l'Inftitut à Paris une Lettre, qui fe trouve imprimée à la fin de l'éloge que la Mere de Blemûre en a fait à la tête du fecond Tome des éloges de quelques perfonnes illuftres de l'Ordre de S. Benoît, imprimés à Paris in-quarto en 1679. On y a ajoûté quelques guérifons miraculeufes, qu'on croit opérées par le mérite de cette vertueufe Religieufe.

PAVÉ (Jean-Gabriel) Médecin, fit fes études avec beaucoup d'application dans l'Univerfité de Montpellier, & y prit le Bonnet de Docteur en Médecine. Il a fait imprimer un Recuëil de tous fes Actes Académiques, fous le nom de *Stadium medicum*, *Monfpelienfe J. Gabrielis Pavé Nanceiani in-fol.* 28. *pag.* 1645.
Il eft dédié à Madame Nicole Ducheffe de Lorraine, époufe de Charles IV. Il dit que *la Médecine qu'il lui pr.fente a été nourrie de fes bienfaits, qu'elle eft fa domeftique de pere en fils*.

Il contient neuf queftions qui n'ont rien de neuf; mais qui font difcutées affez légerement; le ftile en eft uniforme, ce qui nous fait croire qu'il eft de fa compofition, contre l'ordinaire de ce qui fe pratique dans les Univerfités.

PAUL (Saint) Evêque de Verdun, mort l'an 648. a écrit quelques Lettres en réponfes de celles de S. Didier, Evêque de Cahors; les unes & les autres font imprimées dans les Hiftoriens François de M. André Duchefne, tom. 1. pag. 878. 879. 885. & 886.

PAUL, Diacre de l'Eglife d'Aquilée, puis Moine du Mont-Caffin, étoit Lombard de naiffance, né à Aquilée, du tems de Varnefride & de Theodelinde; il fut un des plus favans hommes de fon fiécle. Après la prife de Pavie, & la défaite de Didier Roi des Lombards, Paul Diacre s'attacha au Roi Charlemagne, qui l'ammena en France, & lui donna de grandes marques d'eftime & d'affection. On dit (*q*) qu'étant entré dans une confpiration contre le Roi Charles, en faveur du Roi Didier fon ancien Maître, il fut obligé de fortir du Royaume, & de fe retirer au Monaftere de Mont-Caffin, où il prit l'habit, & fit profeffion de la Régle de S. Benoît.

Mais les Savans regardent cette prétenduë confpiration comme fabuleufe. Paul Varnefride étant au Mont-Caffin, y compofa divers Ouvrages; comme, l'Hiftoire des Lombards, la Vie de S. Benoît, & celles de fainte Scholaftique & de S. Maur, en Vers. On lui attribuë encore un Homiliaire, compofé par ordre de Charlemagne, & plufieurs autres Ouvrages, tant en profe qu'en vers, tant imprimés que manufcrits, dont on peut voir le dénombrement dans les Annotations de Jean-Baptifte Mare, fur le Livre que Pierre Diacre du Mont-Caffin a compofé fur les Hommes illuftres de cette Abbaye chap. 8.

Au refte, Paul Diacre n'appartient à notre fujet, que par fon Hiftoire des premiers Evéques de Metz, où fe trouve celle de S. Arnoû Evêque de cette Eglife, duquel Charlemagne fe faifoit honneur d'être defcendu, & dont il raconta lui-même à Paul Diacre le fameux miracle de l'anneau, que le Saint jetta dans la riviere, & qui lui fut rapporté quelque tems après, ayant été trouvé dans le ventre d'un poiffon pris dans la Mofelle.

Paul Diacre compofa cet Ouvrage, à la priere d'Angelramne Evêque de Metz. Il mourut au Mont-Caffin vers l'an 799. le 13. d'Avril, & fut enterré proche l'Eglife de S. Benoît. L'Empereur Charlemagne lui faifoit l'honneur de lui écrire quelquefois, & de recevoir de fes Lettres. On peut voir les Annales Benédictines du R. P. Mabillon, où il traite au long la vie de Paul Diacre. On a imprimé dans *ampliffima Collectio*, tom. 9. pag. 267. *& fuiv.* deux Sermons de la Fête de l'Affomption de la Vierge.

PAULIN (Saint) Archevêque de Tréves, fucceffeur de S. Maximin, étoit, comme lui, natif de Poitou. S. Athanafe, dans fon Epître aux Evêques d'Egypte, témoigne que S. Paulin avoit défendu la Foi Catholique contre les Ariens. Voyez le P. Rivet, tom. 11. part. 2. pages 121. 122. 123. 124.

PAULIN, Princier de l'Eglife Cathédrale de Metz, vivoit au fiécle onziéme, du tems de l'héréfiarque Bérenger, & favorifoit fes erreurs fur la préfence réelle. Paulin lui écrit qu'il approuve fes fentimens fur cette matiere, fuivant les Auteurs qu'il cite, & que l'Abbé de Gorze qui le favorifoit auffi, & lui, le prioient de foutenir de même le fentiment de Jean Scot. Paulin lui promet de lui envoyer inceffamment le Livre de S. Auguftin fur les héréfies (*r*). Sigebert dit qu'Adelman, Evêque de Breffe, écrivit une Lettre à Paul ou Paulin, Princier de Metz, où il foutient la préfence réelle, & où il exhorte Paul à ramener Berenger leur ami commun, au fentiment de l'Eglife fur l'Euchariftie. Je ne crois pas que cette Lettre d'Adelman à Pau-

---

(*q*) *Leo Oftienfis. Chron. Caffin.*
(*r*) *Marten. Thefaur. Anecdot. tom. 1. p. 196. Quod in Scriptis tuis de Euchariftia accepi fecundùm eos quos pr fuifti Auctores benè fentis & catholicè fentis.*

lin Princier de Metz, soit imprimée, ni même qu'elle soit venuë jusqu'à nous; mais celle d'Adelman à Berenger sur le même sujet, est imprimée au Tome 18. de la Bibliotheque des Peres, Edition de Lyon.

PAYEN (D. Basile) Benédictin de la Congrégation de S. Vanne de la Province de Franche-Comté, né à Gondrecourt, a fait profession en l'Abbaye de Luxeüil le 29. Juillet 1697. Après avoir enseigné la Philosofohie & la Théologie en l'Abbaye de Morbac, & en différentes Maisons de la Province, il fut chargé du gouvernement de différens Monasteres, en qualité de Prieur, puis nommé en différens tems Visiteur & Déffiniteur. Ses Ouvrages sont,

Apparatus in omnes Auctores sacros tam veteris quàm novi Testamenti, un vol.

Apparatus in Scriptores Ecclesiasticos quatuor primorum sæculorum, un vol.

Antidotus salutifera adversùs Quesnelinam doctrinam, un vol.

Bibliothéque Sequanoise.

Mémoires pour servir à l'Histoire des Hommes illustres du Comté de Bourgogne.

Histoire de l'Abbaye de Luxeüil & du Prieuré de Fontaine ; le tout manuscrit.

PELEGRIN (Jean) Chanoine de Toul, étoit Secrétaire de Loüis XI. Voyez l'Histoire de Lorraine. Il est différent d'*Antoine Pelegrin*, Evêque de Toul.

Jean Pelegrin, dont nous parlons ici, mourut Chanoine de Toul : il travailla sur Ptolomée le Géographe ; mais son ouvrage n'a pas été imprimé ; il finit par ces rimes,

Memoriale monimentum
In Christi nomine
Fœnum cum spinis & vento rejicere,
Almæ virtuti operam dare,
Hodie & cras & semper benefacere,
Confidere in Domino, quàm in homine.

On y voit aussi cette Epigramme,

In libro vitæ conversum scribe, Redemptor,
Deque peregrino faciat tua gratia civem.

Le P. Benoît Picard nous apprend, que le Manuscrit de M. Pelegrin sur Ptolomée, avoit été donné par Loüis Machon à M. le Chancelier Seguier : il nous apprend aussi que Pelegrin avoit fait imprimer à Toul un Livre de perspective. Voyez l'Histoire de Toul ; il y rapporte l'Epitaphe de Jean Pelegrin, en ces termes,

,, Venerabili Domino Joanni Peregrino,
,, Victori Andegavo, hujus Ecclesiæ Cano-
,, nico, Regis quondam Secretario, perf-
,, pectivæ artis acutissimo indagatori, doc-
,, trinâ & moribus perspicuo, virginumque
,, virtutum fulgore clarissimo, Robertus
,, Joannetus etiam Canonicus discipulus,
,, benefactori suo, posuit 1523. primâ Fe-
,, bruarii.

M. le Chanoine Pelegrin a composé & fait graver sur une lame de cuivre, qui se voit sur la muraille près le tombeau de S. Mansui, premier Evêque de Toul, les Vers suivans,

,, Ici dessous fut mis gésir en terre
,, S. Mansui, disciple de S. Pierre,
,, Qui suscita par dévote priere
,, Le fils du Roi noyé en la riviere,
,, Et la Cité & le Pays convertit
,, En un seul Dieu Pere, Fils & S. Esprit,
,, Lequel veüille garder notre saison,
,, Nos ames, corps, biens, labeurs & mai-
,, sons,
,, Et nous mener par bonne & longue vie
,, Au vrai salut & liesse infinie. *Amen.*
Joannes Peregrinus viator posuit an. 1512.

PELEGRIN (Antoine) Evêque de Toul, étoit du Comtat d'Avignon ; il fut pourvû de l'Evêché de Toul, après la mort d'Hector d'Ailly, par le Cardinal de Lorraine en 1537. avec reserve des fruits, & le droit de régret après la mort de Pelegrin, qui fit son entrée à Toul le 9. Décembre 1537. Le Duc Antoine vint à Toul en 1540. & fit présent à Antoine Pelegrin, & à sa Cathédrale, d'une Côte de saint Etienne, premier Martyr. L'Evêque Pelegrin fit des Réglemens pour le bon ordre de son Diocèse ; mais il n'eut pas assez d'autorité pour les faire observer. Il attaqua un abus grossier qui régnoit dans son Chapitre, où plusieurs Chanoines possedoient souvent plus d'une Cure avec leur Canonicat ; faisant desservir les Cures par des Prêtres mercenaires, à qui ils ne laissoient que le casuel pour vivre. Il les attaqua à Rome ; mais Rome apparemment mal informée, soutint les Chanoines.

Pelegrin, chagrin des contradictions qu'il rencontroit dans l'exercice de son ministere, se retira en Provence en 1541. & y mourut peu de tems après en 1542.

PELEGRIN, Facteur d'Orgues, Lorrain, fit en 1487. l'Orgue de l'Eglise de S. George de Nancy ; c'est le premier qu'on ait vû dans cette Ville; il est actuellement dans l'Eglise de la Paroisse de S. Pierre, Faubourg de Nancy.

PELLETIER (Gerard) Jesuite, entra dans la Société à l'âge de 25. ans, l'an 1611. Il étoit des environs de la Ville de Toul ; il enseigna, l'espace de douze ans, les basses Classes, les Humanités & la Rhétorique; on le jugea ensuite capable d'enseigner les deux illustres jeunes Seigneurs *Loüis* & *Armand* de Condé, qui étoient au Collége de Bourges. Il mourut à Paris le 4. Novembre 1644.

L'on a de lui *Palatium Reginæ eloquentiæ*, imprimé, à Paris chez Nicolas Bouon, l'an 1641. in-fol. revû & accommodé aux sens & aux mœurs des Allemands des autres nations, par les RR. PP. Jesuites de Mayence, imprimé à Mayence, à Francfort, à Lyon, chez Jean-Antoine Candy, l'an 1653. 1657. in-quarto & rétabli dans son premier état à Paris, chez Simon Bernard l'an 1663. in-quarto.

PELLETIER (D. Ambroise) Benédictin de la Congrégation de S. Vanne, né à Portcieux le 7. Septembre 1703. fit profession dans l'Ordre de S. Benoît le 22. Septembre 1721. fut institué Curé de Senones en 1740. apprit, sans Maître, à travailler en mignature. Il a dédié quelques-uns de ses Ouvrages à la plume, à Mgr. le Prince Charles de Lorraine. Le Roi de Pologne ayant reçu quelques-unes de ses Piéces en mignature, l'a honoré du titre d'un de ses Aumôniers par un Brevet datté du 13. Juillet 1740. Il a fait un très grand nombre d'ouvrages de mignatures, & d'autres à la plume, qui lui ont fait honneur.

Il a dessiné, blazonné & mis en couleur les Armoiries de la grande Noblesse de Lorraine, & de plus, les Armes & Blazon de tous les Annoblis de Lorraine & de Bar, depuis le quatorziéme siécle jusqu'aujourd'hui ; ce qui fait le plus grand, & le plus bel ouvrage, qu'on ait encore vû sur ce sujet ; le tout est accompagné d'explications desdites Armoiries blazonnées.

PELLETIER (François) né à Portcieux le 16. Juin 1698. habile Horloger, sans avoir jamais appris, a inventé une machine pour denteler les rouës d'Horloges, qui fait dans une heure ce qu'un ouvrier ne pouvoit faire qu'en un jour. De plus, il a inventé une autre machine à retordre le fil à coudre, qui fait en un jour autant d'ouvrage, que soixante femmes en pourroient faire dans le même espace de tems. Il a aussi fait un horloge à Vezelize, qui fait l'admiration des ouvriers en ce genre de travail ; outre qu'il répete les heures, il avertit encore les Bourgeois du moment qu'ils doivent aller à l'adoration du très saint Sacrement. Il a fait pour le Roi de Pologne, une Barque qui, par des ressorts secrets, & qui ne paroissent point au-dehors, mais sont menés par des hommes cachés dans la Barque même, fait une diligence extraordinaire.

PELTRE (Hugues) Prémontré, qui se nommoit *Nicolas* dans le monde, étoit natif de S. Nicolas, selon les uns, & de Vic, selon d'autres. Il entra au Noviciat de Sainte-Marie de Pont-à-Mousson le 9. Octobre 1666.

Il fit profession l'an 1668. le premier jour de Novembre. Il a été pendant plusieurs années Supérieur de sainte Odille en Alsace. Il est mort à Justemont au Diocése de Metz, le 17. Avril 1724. Nous avons de lui *la Vie de sainte Odille*, in-8°. imprimée à Strasbourg chez Michel Storck l'an 1699.

PEREULE (D. Elie) Benédictin, natif de Franche-Comté, Profès de l'Abbaye de S. Vincent de Besançon, le 22. Juillet 1615. mort à Mortau le 19. Avril 1667. a fait imprimer un petit Ouvrage de piété, sous ce titre, *Mariage de l'Agneau céleste avec sainte Gertrude*, en 1641. in-octavo.

PERRI (Claude) Jesuite, a écrit la vie de saint Eustaise Abbé de Luxeüil, dont le Corps repose à l'Abbaye de Vergaville proche Dieuze ; cette vie a été imprimée à Metz en 1645. Au Chapitre 17. il raconte que, pendant les guerres, le Corps de S. Eustaise ayant été apporté de Luxeüil à Viviers, Château appartenant aux Princes de Salm, fut mis en terre dans une écurie. Un chameau, qui étoit dans cette étable, ne cessant de frapper du pié au lieu où étoit le Corps du Saint, on fouïlla dans l'endroit, & on y trouva la Chasse de S. Eustaise, qui étoit de bois doré, & des Mémoires qui portoient que le Corps de S. Eustaise Abbé de Luxeüil y étoit renfermé. On résolut donc de le renvoyer à Luxeüil ; mais le chameau, sur lequel on avoit mis la Chasse, ne voulut pas avancer de ce côté-là : on le laissa à lui-même, & il prit le chemin de Salbourg, lieu dépendant de l'Abbaye de Vergaville ; le lendemain à Steinbach, aussi de la dépendance du Monastere ; enfin, il arriva à Vergaville, où la Chasse fut posée sur l'Autel de Notre-Dame.

Cette translation de S. Eustaise de Luxeüil à Viviers, n'est connuë d'aucun bon Auteur ; les Bollandistes n'en ont point eû de connoissance. Ce saint Corps étoit à Vergaville avant l'an 1248. puisqu'en cette année on voit une Bulle d'Innocent IV. qui parle de S. Eustaise & de la Confrairie érigée en son honneur à Vergaville. Les Dames de Vergaville se retirerent à Nancy pendant les guerres de Lorraine, vers l'an 1630. & y porterent les Reliques de leur Patron ; & les Dames du S. Sacrement de Nancy ont un très beau Reliquaire, qui contient des Reliques du même Saint ; ainsi cette Histoire du chameau paroît fabuleuse.

PERRIN (Leopold) né à Domjulien, entra dans l'Ordre de Prémontré à Sainte-Marie du Pont-à-Mousson en 1721. & fit profession en 1723. Il a composé un Ouvrage assez gros, pour réfuter ceux qui traitent les Religieux, sur-tout les rentés, de gens inu-

BIBLIOTHEQUE LORRAINE.

tiles à l'état. Il entre dans un grand détail hiſtorique des ſervices que ces Religieux ont rendus & rendent encore à l'Egliſe & à l'etat; l'ouvrage eſt demeuré manuſcrit.

PERRIN (Leonard) né en 1565. à Etain, Dioceſe de Verdun, fit ſes premieres études à Paris, entra dans la Société de Jeſus à Verdun le 26. Septembre 1580. & fit ſes quatre vœux au tems convenable. Il enſeigna d'abord les Humanités à Paris, & la Rhétorique à Nevers ; enſuite il profeſſa la Philoſophie en deux cours différens ; enfin, il revint au Pont-à-Mouſſon en 1595. où il enſeigna premiérement la Théologie Scholaſtique, enſuite il expliqua les ſaintes Lettres. Au lieu de ſe donner quelque relâche, il fut employé à réfuter par ſes Sermons les Calviniſtes, qui cherchoient à répandre leurs erreurs dans le Barrois. Le Collége de Pont-à-Mouſſon venant alors à manquer de Profeſſeur en Rhétorique, il s'offrit d'y aller, & devint, comme il le diſoit lui-même en plaiſantant, *de Conſule Rhetor.*

De là il fut chargé de la Théologie, qu'il enſeigna pendant ſix ans; il fut Chancelier de l'Univerſité durant ſept ans, & enfin Recteur du Collège : il le gouverna dans des tems très difficiles, les François étant maîtres de la Lorraine ; il ſut ſi bien gagner leur eſtime, que tous les Jeſuites de Pont-à-Mouſſon, ayant reçu ordre de ſe retirer, on permit au P. Perrin d'y reſter, en conſidération de ſa ſainteté. On aſſûre que, par un eſprit de mortification, il ne ſe ſervoit point de chaiſes dans ſa chambre. Il mourut à Beſançon le 10. Février 1638. Voici la liſte de ſes Ouvrages,

L'Epître qui ſe voit à la tête du ſecond Tome des Commentaires du Pere Maldonat ſur les Evangiles, eſt du P. Perrin, imprimé au Pont-à-Mouſſon 1597. in-fol.

Deux Oraiſons funébres, l'une en Latin, l'autre en François, ſur le trépas de Charles III. Duc de Lorraine ; une troiſiéme ſur la mort de ſon fils Charles Cardinal de Lorraine, Evêque de Metz & de Strasbourg, prononcée à Nancy les 18. 19. & 20. de Juillet 1608. imprimées à Pont-à-Mouſſon 1608. in-octavo.

Pompa funebris & juſta Carolo III. Duci Lotharingiæ perſoluta æneis figuris expreſſa, in folio expanſo, & latinè explicata ; ibid.

Communis vitæ inter homines ſcita urbanitas ; Muſſiponti Caroli Marchand 1617. in-16. réimprimée pluſieurs fois. Les Penſionnaires de la Fléche avoient envoyé à ceux du Pont-à-Mouſſon l'Ouvrage en François, intitulé, *Bienſéance de la converſation entre les hommes ;* ceux du Pont-à-Mouſſon la leur renvoyerent traduite en Latin, avec une addition touchant la bienſéance à obſerver à table.

Thraſonica Pauli Ferry Metenſis Calviniani Miniſtri in ſpecimine ab eo edito Scholaſt ci Orthodoxi, diſpuncta caſtigataque amicè ; Muſſiponti apud Melchior Bernard. Voyez ci-devant Paul Ferry.

Sacra atque hilaria Muſſipontana ob relato à Gregorio XV. in Eccleſiaſticum S. Album, Ignatium Loyolam & Franciſcum Xaverium. Le P. Loüis Rapi avoit compoſé l'Ouvrage en François, le P. Leonard Perrin le mit en Latin, & le fit imprimer au Pont-à-Mouſſon en 1623. in-quarto, par Sébaſtien Cramoiſy. J'ai une eſtampe faite par Sébaſtien le Clerc à cette occaſion.

Vita ſancti Nicolai Myrrenſis Epiſcopi, Lotharingiæ Patroni, collecta ex probatis auctoribus ; Muſſiponti apud Joannem Appier Hanzelet 1627. in 12. compoſée par ordre du Prince Nicolas-François de Lorraine, Evêque de Toul. Le P. Perrin étoit alors Docteur de Théologie, & Chancelier de l'Univerſité.

PERSON (Claude) Lorrain, Peintre du dix-ſeptiéme ſiécle, étudia ſous Simon Voüet à Rome, avec Charles Meslin & Charles d'Offin, Lorrains ; Bellange étoit encore du nombre. Ils avoient été envoyés à Rome par le Grand Duc Charles III. Charles Perſon fut Directeur de l'Académie de Rome ; il a peint l'Hiſtoire de ſaint Loüis dans l'Egliſe des Quinze-vingt à Paris ; il eſt en grande réputation en cette Ville, ayant été Recteur de l'Académie de Paris ; il y eſt mort en 1667. Il a beaucoup travaillé avec Moüellon à peindre des Tableaux d'hiſtoires, pour des Tapiſſeries ; il tenoit beaucoup de la maniere de Voüet.

Perſon peignit en 1653. un Tableau qui eſt dans l'Egliſe de Notre-Dame de Paris ; il repréſente S. Paul dans l'Isle de Malthe, qui ſecoüé dans le feu une vipére, qui en le mordant, s'étoit attachée à une de ſes mains, ſans néanmoins lui faire aucun mal.

En 1647. il en avoit déja peint un autre, dans la même Egliſe, & qui repréſente la premiere Prédication que S. Pierre fit dans Jeruſalem.

Perſon avoit un fils, qui s'eſt auſſi diſtingué dans la Peinture, & qui en 1685. a peint dans la même Egliſe un Tableau, qui repréſente Jeſus-Chriſt prêchant ſur la montagne.

PETITDIDIER (D. Mathieu) naquit à S. Nicolas en Lorraine le 18. Décembre 1659. Il reçut au baptême le nom de *Claude*, qui lui fut changé, à la priſe d'habit, en celui de *Mathieu.* Il eut quatre freres & trois ſœurs ; trois de ſes freres ſe firent Jeſuites, l'autre exerça la profeſſion d'Avocat ; les trois ſœurs

sœurs furent mariées honnêtement, selon leur condition. Claude Petitdidier fit ses études à Nancy; & étant entré au Noviciat dans l'Abbaye de S. Mihiel le 18. Mai 1675. il y fit profession le 5. Juin 1676.

Au Chapitre général de l'an 1682. il fut destiné pour enseigner la Philosophie & la Théologie aux jeunes profés de l'Abbaye de S. Mihiel, n'étant encore que Soûdiacre. Après avoir achevé le cours dont il étoit chargé, il fut mis à la tête de l'Académie, composée d'un certain nombre de sujets choisis de la Province de Lorraine, avec lesquels il entreprit la lecture des anciens Peres de l'Eglise, & la critique de la Bibliothéque Ecclésiastique de M. Loüis-Elie Dupin, Docteur de Sorbonne; les fruits de cette étude furent les trois Volumes in-octavo des remarques sur la Bibliothéque Ecclésiastique de M. Dupin, imprimés à Paris; le premier Tome en 1691. le second en 1692. & le troisiéme en 1696.

M. de Rancé, Abbé de la Trappe, dans quelques-uns de ses Ouvrages, ayant comme désaprouvé le Traité des Etudes Monastiques du R. P. D. Jean Mabillon, imprimé en 1691. & ayant parlé d'une maniere peu avantageuse de l'Académie de l'Abbaye de S. Mihiel, à laquelle présidoit alors le R. P. Dom Mathieu Petitdidier, celui-ci écrivit au R. P. D. Mabillon en 1692. & lui dit que l'Académie de saint Mihiel a commencé en 1686. & le pria d'inférer dans sa réplique à M. de Rancé, qu'il avoit été très mal informé de ce qui regardoit l'Académie de S. Mihiel; que non-seulement elle n'avoit causé aucun dérangement dans l'observance réguliere, & que les Supérieurs Majeurs n'avoient jamais pensé à la dissoudre, qu'elle subsistoit avec succès & avec édification, & que le Public en avoit vû les fruits dans les remarques sur la Bibliothéque des Ecrivains Ecclésiastiques de M. Dupin, imprimées en 1691.

En effet, le R. P. Mabillon rendit justice à cette Académie, & en fit l'Eloge dans ce qu'il écrivit contre M. de la Trappe.

La Lettre de D. Petitdidier à D. Mabillon est assez longue, & réfute en particulier tout ce que M. de la Trappe avoit avancé contre cette Assemblée.

Il y cite des Théses, qu'il soutint au Chapitre général tenu à S. Mihiel en 1691. & qui renferment une érudition très étendue & très recherchée sur la doctrine des Peres, & sur la discipline de l'Eglise des premiers siécles; ces Théses soutenuës par les membres de l'Académie, en présence de tout le Chapitre général, & dédiées à M. de Béthune Evêque de Verdun, Diocésain de l'Abbaye de S. Mihiel, sont une preuve de l'approbation solemnelle de ce Chapitre, & par conséquent de toute la Congrégation.

Quelques personnes ont prétendu que D. Mathieu Petitdidier étoit Auteur du fameux Probléme proposé à M. Boileau de l'Archevêché, & publié en 1698. dans lequel on mettoit en probléme auquel des deux on devoit croire, à M. Loüis de Noailles, Evêque de Chaalons, qui approuvoit en 1695. le R. P. Quesnel & sa doctrine; ou au même M. Loüis de Noailles, Archevêque de Paris, qui en 1696. condamnoit le même P. Quesnel & sa doctrine, en condamnant l'Ecrit intitulé, *Exposition de la Foi de l'Eglise sur les matieres de la grace*. Voici ce qu'on en lit dans une Lettre imprimée & adressée à un Verdunois, sans nom d'Auteur ni d'Imprimeur, le 10. Décembre 1718. pag. 48. 49. 50. & suiv.

„ Le Manuscrit original du Probléme,
„ fut trouvé à Hautvillers parmi les papiers de D. Thierry de Viaixnes. Ce Manuscrit étoit de la main de D. Petitdidier,
„ aujourd'hui Abbé de S. Leopold; à peine y a-t-il un mot qui ne soit raturé, &
„ d'autres mis à la place, beaucoup d'entre-lignes, beaucoup de renvois, & la plûpart des corrections sont de la main de
„ D. Senoque, parce que D. Petitdidier ne
„ parlant qu'un très mauvais patois, D.
„ Senoque fut obligé de changer presque
„ tout, pour rédiger l'ouvrage de Lorrain
„ en François; à de pareilles remarques,
„ on connoît aisément un Ecrit pour original, à moins de vouloir s'aveugler.

„ Il ajoûte un peu après; il est donc
„ constant que cet Ecrit étoit l'original du
„ Probléme, & que D. Petitdidier en étoit
„ l'Auteur; cette Piéce de laquelle D. Thierry avoit hérité à la mort de D. Senoque,
„ étoit seule plus que suffisante pour en
„ convaincre.

Il n'y a pas un mot de vrai dans tout ce récit si circonstancié, ni D. Mathieu Petitdidier, ni D. Barthelemy Senoque, ni D. Thierry de Viaixnes, ni D. Gabriël Gerberon, à qui on a aussi voulu l'attribuer, n'en sont pas les Auteurs; j'ai en main l'exemplaire de la Lettre, que je viens de citer, à la marge de laquelle D. Petitdidier a fait mettre de la main d'un de ses Religieux, qui vit encore, & qui étoit très bien informé: ces mots, *c'est une fausseté désavouée par D. Petitdidier, & on sçait assurément le contraire*. Il est certain que le Probléme a été donné à l'Imprimeur par un Jesuite; l'Auteur de la Lettre que je viens de citer

C c c

en convient, D. Thierry de Viaixnes, qui fit un voyage exprès en Flandres, pour déterrer l'Auteur du Problême, a dit plusieurs fois que c'étoit surement un Jesuite qui l'avoit fait imprimer, & que c'étoit le bruit commun, en ce tems-là, qu'un Jesuite l'avoit composé, & j'ai une de ses Lettres où il dit qu'il a démontré dans son second Interrogatoire du 10. Décembre 1704. que ni lui, ni D. Petitdidier n'en sont pas les Auteurs; j'ai en main un petit Poëme qui le suppose ainsi.

D. Gerberon dans une déclaration qu'il fit peu avant sa mort, proteste qu'il n'a aucune part à ce qui a été écrit contre Monsieur l'Archevêque de Paris. Il est vrai qu'on trouva après la mort de D. Senoque, arrivée en 1701. parmi ses papiers, un exemplaire manuscrit du Problême; mais il étoit pris sur l'imprimé, & de la main d'un jeune Religieux qu'on n'a jamais soupçonné d'en être l'Auteur. En 1718. qui est la datte de la Lettre que je réfute, D. Petitdidier n'étoit plus Abbé de S. Leopold; depuis 3. ans il avoit été élu Abbé de Senones en 1715.

A entendre l'Auteur de la Lettre, D. Petitdidier étoit un Barbare qui ne sçavoit que le Patois Lorrain; il sçavoit très bien la Langue Françoise, & la parloit au moins aussi bien que son Censeur; les Ouvrages qu'il a écrit en cette Langue, en sont une bonne preuve, j'avouë qu'il n'écrivoit pas avec une certaine légereté & une élégance qu'on pouvoit souhaiter: son style se ressent de son tempérament & de son caractere d'esprit solide, serieux, roide, austere, mais au reste il n'avoit que faire de D. Senoque pour corriger ses Ecrits; son style est pur, serieux & proportionné à la nature des choses dont il traite. Au reste le véritable Auteur du Problême, n'en a jamais été ni accusé ni soupçonné.

En 1697. on imprima à Bruxelles chez Foppens, l'Apologie des Lettres aux Provinciales en 2. Volumes in-douze contre les entretiens de Cléandre & d'Eudoxe, composée par le P. Daniel, Jesuite, qui y faisoit l'Apologie des Casuistes attaqués par M. Pascal. Le Public attribua cet Ouvrage à D. Petitdidier, & on a sçu qu'en effet il l'avoit composé; mais que diverses personnes s'étant mêlées de les retoucher, il s'étoit cru en droit de le désavouer, comme il fit étant à Rome le 30. Septembre 1726. Le P. du Cerceau, Jesuite, fit imprimer en 1698. des Lettres d'un Abbé Eudoxe in-douze, contre l'Apologie des Lettres Provinciales, dont on vient de parler.

Après la Paix de Ryswick de l'an 1698. & le retour de S. A. R. en Lorraine, D. Petitdidier, qui étoit alors Supérieur de l'Abbaye de S. Mihiel, prit la plume pour soûtenir la préseance des Benédictins de Lorraine dans les Assemblées & Cérémonies solemnelles, sur les Chanoines Réguliers de S. Augustin, & les Prémontrés du même Pays, il composa sur cela trois Brochures in-quarto.

Cette difficulté sur la préseance sut terminée par un Arrêt de la Cour Souveraine de Nancy, rendu le 15. Juin 1699. qui fixe le rang que les Corps Séculiers & Réguliers doivent observer dans les Marches & les Cérémonies publiques, & qui donne le pas aux Benédictins sur les Chanoines Réguliers, & sur les Prémontrés: quant au rang, que les Abbés Réguliers doivent tenir entre-eux dans les mêmes Cérémonies; le Duc Leopold leur sit proposer un tempérament, qui fût, que sans préjudice du droit respectif des Parties, les Abbes Réguliers des quatre Ordres rentés, tiendroient rang entr'eux selon l'Ordre, & le tems de leurs Benédictions abbatiales; ce qui fut agréé & exécuté provisionnellement par les Parties intéressées, ce qui s'observe encore aujourd'hui.

L'année suivante, il fut élu canoniquement Abbé de l'Abbaye de Bouzonville; mais cette Election n'eut point lieu, le Duc Leopold y ayant nommé pour Abbé Commendataire, le Prince François de Lorraine son frere.

En 1698. & 1699. il survint en Lorraine une nouvelle difficulté, à laquelle D. Mathieu Petitdidier fut obligé de prendre part. En voici l'occasion. Le Curé de Veroncourt ayant été cité à l'Officialité de Toul, pour se voir condamner à payer une somme d'argent à lui prétée par un de ses Paroissiens; le Curé donna sa Requête à la Cour Souveraine, prétendant que la cause dont il s'agissoit, n'étoit pas du ressort de l'Officialité, & demanda d'être déchargé de l'assignation. La Cour rendit son Arrêt le 21. Décembre 1698. & fit défenses au Curé de comparoitre; l'Official rendit contre lui une Sentence par défaut, le Curé fit donner à l'Official copie de l'Arrêt de la Cour; le Promoteur en porta sa plainte à l'Official, qui par sa Sentence du 2. Avril 1699. déclara que le Curé avoit encouru l'excommunication suivant la Bulle *in Cœnâ Domini*, & en conséquence l'interdit de ses Fonctions, & le déclara déchu de son Benéfice.

Dans le même tems un autre Prêtre Curé de Lorrey-sur-Mozelle, fut cité à l'Officialité de Toul, comme deshonorant son Caractere par des œuvres serviles, auxquelles il vaquoit publiquement; le Curé en ayant porté ses plaintes à la Cour, elle déclara nuls les exploits d'Assignations. L'Official par son Decret du 2. Avril 1699. interdit le Curé de Lorrey. La Cour par un Arrêt du 20. Juin 1699. déclara nulles les Sentences renduës par l'Officialité, contre les Curés de Veroncourt & de Lorrey, & leur défendit d'y déférer.

Les Officiers de l'Officialité protesterent contre cet Arrêt le 31. Juillet 1699. la querelle s'échauffa, D. Petitdidier soûtint les Arrêts de la Cour, l'Official de Toul écrivit pour soutenir ses Sentences; nous avons trois Brochures écrites sur ce sujet par D. Petitdidier, on peut voir sur tout cela, l'Histoire du Duc Leopold, qui doit paroître à la fin de la nouvelle Histoire de Lorraine.

Il entra dans les emplois de la Congrégation en 1704. & fut élu en differens tems Definiteur du Chapitre général, & ensuite Visiteur de la Province de Lorraine, & enfin Président de la Congrégation en 1723. Il fut élu canoniquement Abbé de Senones le 28. Septembre 1715. son élection s'étoit faite dans les meilleures formes, & toute la Province y avoit applaudi; il prit possession sur son élection Canonique.

Cependant M. l'Abbé de Tornielle s'adressa au Pape, & demanda l'Abbaye comme vacante, prétendant que l'élection de D. Petitdidier étoit nulle; comme on refusoit de donner des Bulles à D. Petitdidier sur son élection, il fut obligé pour sauver l'Abbaye, de renoncer à son élection, & même de faire renoncer sa Communauté à son droit à cet égard, après quoi il reçut ses Bulles le 16. Decembre 1716. & prit possession de son Abbaye pour la seconde fois le 23. Avril 1717.

A peine en avoit-il joui deux ou trois ans, que M. l'Abbé de Bouzey jetta sur lui un Dévolut fondé sur trois points. Le 1°. sur ce que D. Petitdidier n'avoit pas envoyé à Rome sa Confession de foi. Le 2°. qu'il avoit négligé d'envoyer dans le tems prescrit par ses Bulles, son Acte de prise de Possession. Le 3°. qu'il avoit résigné son Prieuré d'Haréville, depuis la vacance de l'Abbaye.

Il ne fut pas difficile de détruire ces trois moyens de Dévolut; mais comme M. de Bouzey avoit pour lui toute la faveur de la Cour de Lorraine, il obtint à Rome le 7. Juillet 1721. une Sentence qui lui ajugeoit les fruits de l'Abbaye, depuis sa prise de Possession.

D. Petitdidier n'ignoroit pas qu'on l'avoit noirci à Rome comme Jenseniste, & que ce qu'il avoit écrit en faveur des Curés de Veroncourt & de Lorrey, aussi bien que son Apologie des Lettres Provinciales, n'avoient pas peu contribué à le rendre odieux à la Cour de Rome.

Il prit le parti d'y envoyer des témoignages authentiques de sa foi & de son orthodoxie, fournis par les Evêques & Grands Vicaires de Toul & de Bâle, il envoya de plus son acceptation authentique de la Constitution *Unigenitus*, & enfin il résolut de composer un Traité pour prouver *l'Infaillibilité du Pape*; de plus pour prouver son désinteressement, & pour détruire radicalement ce qu'on pourroit objecter d'odieux contre sa Personne; il offrit de donner à D. Benoît Bellefoi, son agent à Rome, une démission pure & simple de son Abbaye.

Il commença alors à travailler à son Traité de l'Infaillibilité, qu'il dédia au Pape Innocent XIII. & le fit imprimer chez Chevalier à Luxembourg en 1724. in-douze & in-octavo; mais Innocent XIII. étant mort, il le fit présenter à Benoît XIII. qui lui adressa le 24. Décembre 1724. un Bref très honorable, pour l'exhorter à continuer ses Travaux pour l'Eglise; ce Traité fit du bruit dans le monde : il fût condamné par les Parlements de Paris & de Dijon, le 1. Juillet 1724. de Metz, & par la Cour Souveraine d'Alsace; mais il fut très bien reçu à Rome, & le Pape le fit traduire en Italien, & en envoya quelques exemplaires à l'Auteur.

Cependant les Supérieurs Généraux de la Congrégation de S. Vanne, craignant les suites de cette condamnation, par rapport aux interêts temporels de leur Corps, & informés que D. Petitdidier avoit dessein de donner un nouvel ouvrage sous le titre de *Dissertation Historique & Théologique*, dans laquelle on examine quel a été le sentiment du Concile de Constance, & des Principaux Théologiens qui y ont assisté, sur l'autorité des Papes & sur leur infaillibilité. Ils lui envoyerent trois Supérieurs des Monasteres de Metz, pour lui faire défense d'imprimer ledit ouvrage, d'autant plus qu'il ne paroissoit pas qu'il ait demandé ni obtenu des Supérieurs aucune Permission à cet effet.

A quoi ledit D. Petitdidier répondit, qu'il auroit toujours tout le respect possible pour la Congrégation & pour ses Supérieurs, mais qu'il ne croyoit pas qu'un ouvrage entrepris pour la défense du S. Siége, pût porter aucun préjudice à son Corps; qu'au reste il avoit pris la précaution, pour ne pas compromettre l'autorité des Supérieurs de la Congrégation, de recourir à celle du Pape Benoît XIII. lequel avoit donné commission expresse à M. Passionei, son Nonce en Suisse, de lui expédier une permission de faire imprimer les ouvrages qu'il pourroit avoir fait, où seroit à l'avenir en faveur du S. Siège, dérogeant à cet égard à toutes Constitutions de l'Ordre, & à toutes autres choses y contraires. Ladite Permission est dattée du 7. Février 1725.

Cette Dissertation Historique & Théologique fut aussi imprimée à Luxembourg chez Chevalier en 1725. in octavo, & dédiée au Pape Benoît XIII. cet ouvrage fut encore mieux reçu du Public que le premier, parce que la matière en étoit plus neuve, & par conséquent plus intéressante, & le S. Pere envoya un Bref à l'Auteur en datte du 14. Décembre 1724. par lequel il l'assûre qu'il prendra vivement ses intérêts pour l'Abbaye de Senones, & n'oubliera rien pour le mettre en état de continuer sans inquietude ses travaux pour l'Eglise.

Après avoir ainsi préparé les voyes, & effacé les mauvaises impressions qu'on avoit voulu donner de sa Personne, de sa Foi, & de sa Doctrine à la Cour de Rome, il résolut de s'y rendre, & y arriva le 5. de Novembre 1725. Mais avant son arrivée, le Pape Benoît XIII. ayant fait recommander, par un de ses Prélats domestiques, l'affaire de l'Abbaye de Senones à tous les Juges de la Rote; ceux-ci rendirent le 12. Janvier 1725. une décision favorable, qui annulloit quatre Décisions précédentes & deux Sentences du même Tribunal, & restituoit à D. Petitdidier son Abbaye de Senones.

Mais le credit & les intrigues de son Compétiteur, firent mettre à l'écart cette décision, & quoi qu'on ne douta pas de sa réalité, on n'avoit pu ni l'avoir, ni l'a faire signifier; & quand D. Petitdidier arriva à Rome au mois de Novembre 1725. D. Benoît Bellefoi son agent, ne put la lui représenter; il fallut faire encore bien des poursuites pour la recouvrer.

Pendant le séjour de D. Petitdidier à Rome, le Pape Benoît XIII. le nomma Evêque de Macra *in partibus infidelium*, & lui en fit expédier des Bulles le 2. Décembre 1725. Il fit lui-même la cérémonie de sa Consécration, lui fit présent d'une Mitre Episcopale, & lui dit ces paroles. *Quia intinxisti calamum pro hâc sanctâ Sede, ipsa Sedes sanctâ te remuneret.*

Quelque tems après, c'est-à-dire, le 23. Décembre 1726. il l'honora de la qualité d'Evêque, assistant du Thrône Pontifical, & lui en fit expédier des Bulles, où sont énoncées toutes les prérogatives attachées à cette Eminente Dignité. Mais ce qui mit le comble à toutes les faveurs que le Pape Benoît XIII. lui accorda, fut un Indult qu'il lui donna pour le droit d'Election à perpétuité d'un Abbé Regulier dans son Monastere; ainsi après avoir été contraint de renoncer à sa propre élection, & de faire renoncer ses Religieux à leurs droits, il eut l'avantage de retablir ce droit pour toujours.

Les amis communs s'étant employés pour procurer un accommodement entre lui, & M. l'Abbé de Bouzey son Devolutaire; après bien des négociations il fut convenu entre eux, que D. Petitdidier donneroit audit Abbe une pension annuelle de cinq cens écus Romains, la transaction fut passée le 6. Octobre 1726. & ratifiée par le Pape le lendemain 7. Octobre; comblé de toutes ces graces, D. Petitdidier reprit la route de Lorraine, & arriva à Senones le 9. Février 1727.

L'acceptation qu'il avoit faite de la Constitution *Unigenitus*, lui attira des reproches de plusieurs personnes, qui ne pensoient pas comme lui, on lui adressa des Lettres qui furent imprimées, une entr'autres, intitulée: *Le faux Prosélite, ou Lettres qui découvrent les illusions de celles que D. Mathieu Petitdidier écrivit en 1723. à D. Pierre Guillemin, Professeur dans l'Abbaye de S. Mihiel en Lorraine*, au sujet de l'Instruction Pastorale du Cardinal de Bissy du 7. Juin 1722.

Il répondit à cette Piéce par des Apostilles que nous avons de sa main sur les marges de cette Lettre imprimée, par une Lettre particuliére du 15. Novembre 1723. on répliqua, & la chose fut poussée avec assez de vivacité de part & d'autre.

A son retour de Rome, il composa un petit ouvrage intitulé: *Justification de la morale de Rome & de toute l'Italie, contre un Livre Anonyme qui a pour titre: la Morale des Jesuites, & de la Constitution Unigenitus, comparée à la Morale des Payens* in-8°. Etival chez Heller 1727.

Cet écrit fut composé avec l'agrément du Pape Benoît XIII. c'est le dernier ouvrage de notre Abbé.

On a aussi de lui une Lettre imprimée sous ce titre: *Lettre du R. P. Petitdidier, Président de la Congregation de S. Vanne à D. Guillemin, Professeur à l'Abbaye de S. Mihiel en Lorraine*; cette Lettre est en faveur de la Bulle *Unigenitus*, & des Instructions Pastorales de M. le Cardinal de Bissy; elle a été imprimée avec des réfléxions en forme de réfutation.

J'ai vu un petit livre imprimé à Leyde en 1732. par conséquent après la mort de D. Petitdidier, sous ce titre : *Joh. Frid. Cottæ Commentatio Historico-Theologica de fallibili Pontificis Romani authoritate, ex actis Concilii Constant. maximâ parte deductâ, atque viro clarissimo Mathæo Petitdidier Theologo gallo opposita. Lugd. Batavorum, apud Corandum & Georgium Wishof. anno 1732.*

On m'a assuré que dans la dispute entre M. l'Abbé de la Trappe, & le R. P. D. Jean Mabillon, au sujet des Études Monastiques, le P. Petitdidier avoit composé un ouvrage contre M. l'Abbé de la Trappe, & que l'ayant voulu faire imprimer, on lui conseilla de n'en rien faire, la dispute étant finie ; c'est apparemment la longue Lettre, dont j'ai parlé ci-devant.

Le P. Petitdidier étoit d'une taille avantageuse, bien fait de sa Personne, mais assez négligé dans ses manieres ; son caractere d'esprit étoit la solidité & la force, qui dégéneroit quelquefois en rudesse. Il avoit une mémoire heureuse & fidelle, un jugement sûr & solide, puissant en raisonnement, austere pour sa personne, assez indulgent pour les autres ; il avoit fait sa principale étude de Théologie, de la Lecture des SS. Peres, & de l'Histoire Ecclésiastique, & y avoit très bien réussi ; mais il avoit négligé l'érudition profane & l'étude des belles Lettres & de l'antiquité payenne, il mourut le 15. Juin 1728.

Il avoit écrit quelque chose au P. le Brun de l'Oratoire, sur son ouvrage touchant les Liturgies, & y avoit fait quelques objections, qui n'ont pas été imprimées ; il a aussi laissé un assez gros Ecrit, qui ne contient que des collections de S. Augustin, & quelqu'autres collections des Auteurs Ecclésiastiques, qui lui ont servi à faire son ouvrage de l'infaillibilité ; nous avons aussi conservé quelques unes de ses Lettres, & grand nombre de celles qui lui ont été écrites. L'année de sa mort, il avoit écrit de sa main les dattes des principaux événemens de sa vie.

Outre les Livres dont j'ai parlé, il a aussi composé, & fait imprimer à Toul en 1699. *Dissertationes historicæ, criticæ, chronologicæ in sacram Scripturam Testamenti in-quarto. Tulli, apud Alexium Laurent.*

Voici l'Epitaphe du R. P. D. Mathieu Petitdidier, composée par le R. P. J. Petitdidier son frere, Jesuite, ci devant Chancelier de l'Université de Pont-à-Mousson.

D. O. M.

„ Hic jacet Reverendissimus & Illustris
„ Dominus
„ D. Mathæus PETITDIDIER.
„ Macrensis Episcopus, solio Pontificali
„ assistens,
„ Hujus Monasterii Senoniensis Abbas
„ Regularis,
„ Natus in Oppido sancti Nicolai, Professus in Monasterio
„ Sancti Michaëlis ad Mosam.
„ Abbas in hoc Monasterio electus an.
„ 1715.
„ Romæ, à Benedicto XIII. P. M. consecratus
„ Vir Ingenio, Judicio, Doctrinâ, rerum
„ Prudentiâ usúque insignis ;
„ Sed animi candore, morum integritate,
„ Religione,
„ Charitate magis commendandus.
„ Monachus Regularis disciplinæ amantissimus semper & observantissimus.
„ Prælatus Regularis, numeris omnibus
„ absolutus ;
„ Domi forisque acceptissimus.
„ Episcopus Titularis numeroso Clero Populoque dignissimus.
„ Qui pristinum vitæ tenorem ad finem
„ usque constanter retinuit.
„ Quotidiano Sacrificio, Officiisque nocturnis ac diurnis de more perfunctus.
„ Cigneo etiam cantu imminentem mortem
„ præsagiens
„ Subitâ, ut optaret, morte terris
„ ereptus.
„ Die XVII. Calen. Julii anno Domini
„ M. DCC. XXVIII. ætatis LX. utinam
„ Cœlo receptus.
„ Charissimo Avunculo Monumentum posuit Illust. A. Josephus Chinoir de Benne,
„ militaris Cohortis Dux, ejus ex sorore
„ Nepos.

PETITDIDIER (Jean-Joseph) frere du précédent, né à S. Nicolas de Port en Lorraine, le 23. Octobre 1664. entra dans la Société le 16. Mai 1683. où il fit sa profession solemnelle le 2. Février 1698. Il enseigna la Jeunesse pendant environ 7. ans, & lui apprit beaucoup de Grec & de Latin. Après avoir étudié la Théologie, & professé pendant 5. ans la Philosophie & les Mathématiques au Collége de Strasbourg, il expliqua l'Ecriture Sainte, & le Droit Canon pendant quatre ans, étant en même tems Supérieur du Séminaire ; ayant été transféré à Pont-à-Mousson, il fut fait Chancelier de l'Université ; & employé pendant douze ans à former les jeunes Jesuites, qui font une troisième année de probation, ne cessant de répondre de vive voix & par écrit, à plusieurs personnes qui le consultoient, visitant les Hôpitaux & les Prisons, établissant avec ses Confréres des Missions dans les Villages, il suffisoit à tout, & ne s'accordoit jamais d'autre délassement, qu'en variant ses occupations.

Il assista au Chapitre qui se tint à Rome en 1730. pour l'élection d'un Général : à son retour à Nancy, il fut appellé à la Cour de Lunéville, sur la fin de l'an 1732. S. A. R. Elisabeth Charlotte, veuve de Leopold I. Duc de Lorraine & Régente des Etats pour François III. son Fils, l'établit Chef de son Conseil de Conscience ; enfin lorsque la Lorraine changea de Maître, Jean-Joseph Petitdidier se retira à S. Nicolas dans la Maison de la Société, dont il a été Supérieur, ayant refusé d'autres emplois qu'on lui avoit offert.

Voici la Liste de ses Ouvrages.

1°. *Paraphrasis Canonica de Jure Clericorum ; Argentorati Friderici Schmeck* 1700. *in-quarto*.

2°. *Paraphrasis Canonica, lib. 4. Decretalium.* Ibid. 1701. *in-folio.*

3°. Remarques sur la Théologie du P. Gaspard Juenin, par un Docteur en Théologie à Nancy ; chez Charlot 1708. in-douze.

4°. Réfléxions sur le Mandement de M. l'Evêque de Metz, pour la publication de la nouvelle Constitution *Unigenitus* par un Docteur 1714. in-quarto.

5°. Lettres Critiques au R. P. Benoît de Toul, Capucin, sur son Apologie de l'Histoire de l'Indulgence de la Portioncule ; à Toul, chez Etienne Rolin 1715. in-douze. Seconde Lettre sur le même sujet du mois de Mars 1715. la troisiéme au mois d'Avril, même année. Le P. Benoît répondit à ces trois Lettres par trois autres au commencement de l'an 1716. Les 6. Lettres se trouvent dans un même tome in-douze.

6°. Dissertation Théologique & Canonique sur l'effet de l'appel interjetté de la Constitution *Unigenitus*, au futur Concile général ; à Nancy, chez Cusson 1718. in-douze.

7°. Mémoire touchant le Droit des Jesuites, & de ceux qui sont congédiés de leur Compagnie, avant qu'ils ayent fait leurs derniers vœux ; à Nancy, chez François Midon 1726. in-fol.

8°. Réfutation des calomnies répanduës dans un écrit imprimé à Metz en forme de Requête adressée à S. A. R. sous le nom des Supérieurs & Chanoines Réguliers de l'Ordre de S. Antoine de Pont-à-Mousson, au sujet de l'établissement des Jésuites dans la même Ville, dans l'Eglise & la Maison qu'ils y occupent ; à Nancy, chez François Midon 1728. in-fol.

9°. Les Saints enlevés & restitués aux Jesuites : sçavoir, S. François Xavier & S. François Regis ; à Luxembourg, chez André Chevalier 1738. in-douze.

10°. Traité de la clôture des Maisons Religieuses de l'un & de l'autre sexe ; à Nancy, chez François Midon 1742. in-douze.

11°. Dissertation sur les Mariages des Catholiques avec les Herétiques ; il les croit non-seulement valides, mais aussi licites.

12°. La Critique de la vie des Saints par M. Baillet. Il a écrit diverses Lettres sur ce sujet, où il traite fort mal M. Baillet, & attaque violemment sa Religion ; ces Lettres sont au nombre de treize, imprimées sans nom d'Auteur, ni d'Imprimeur, ni du lieu, ni de la datte de l'Impression ; il finit en disant que M. Baillet ne reconnoît ni Dieu ni diable.

13°. *Dissertation Théologique & Canonique sur les intérêts par obligation stipulative d'interêts, usités en Lorraine & Barrois, imprimé à Nancy, chez François Midon* 1745. *in octavo*. Une seconde Edition chez le même en 1748.

PETITOT (D. Jean-Claude) Benédictin de la Congrégation de S. Vanne, né dans le Comté de Bourgogne, a fait profession dans l'Abbaye de S. Vincent de Besançon, le 23. Décembre 1619. mort dans l'Abbaye de Faverney, le 29. Juin 1690. âgé de 52. ans. Il fit imprimer à Dôle en 1656. un livre intitulé : *la Divine Providence reconnuë*, il l'adressa à la Ste. Vierge conçuë sans péché ; l'ouvrage est divisé en huit Sections, & chaque Section en plusieurs Chapitres, & entre dans un grand détail des œuvres de Dieu, dans lesquels la Divine Providence se fait admirer.

PHILBERT (D. Ignace) Benédictin de la Congrégation de S. Vanne, fit profession à S. Vanne de Verdun le 15. Avril 1621. & mourut à S. Denis en France en 1667. Il a écrit les *Antiquités des Monts de Vosges, & notamment du S. Mont*, manuscrit.

Il a réfuté un Ecrit composé par un Italien nommé Marnavitius, Archidiacre de l'Eglise Cathédrale de Zagrabe où Agrain en Esclavonie, imprimé à Rome en 1629. intitulé : *Sacra Columba venerabilis Capituli RR. DD. Canonicarum sancti Petri Romaric.*

Le P. Philbert l'a réfuté par un autre en 1630. étant Prieur du S. Mont proche Remiremont. Cet écrit est intitulé : *Histoire de la Colombe Benédictine de l'insigne Abbaye de Remiremont*, manuscrit.

Voici l'occasion de ces deux Ouvrages. Le S. Marnavitius ayant sçu qu'on avoit présenté au Pape une Supplique, portant que S. Romaric avoit bâti & fondé un Monastere au S. Mont pour des Religieux & des Religieuses de l'Ordre de S. Benoît, crut faire sa Cour aux Dames de Remiremont, de composer son *Sacra Columba*, qui est un des Ouvrages le plus superficiel qu'on puisse imaginer, puisque hors les vies de S. Colomban, écrites par Jonas, & celle de S. Eustaise, Abbé de Luxeuil, & celle de Ste. Burgundefare, Abbesse de Faremoutier, disciples de S. Colomban, que Marnavitius a accompagnées de quelques Notes, tout le reste ne consiste que dans la Régle de S. Colomban, & en invectives contre les Benédictins, qui, selon lui, se sont injustement attribué l'honneur de posseder le Monastere de Remiremont qui n'a jamais appartenu à leur Ordre.

D. Ignace Philbert interressé à soutenir & l'honneur de son Ordre & celui de la Maison du S. Mont, dont il étoit Prieur, & qui est la premiere demeure des Dames de Remiremont, composa *l'Histoire de la Sacrée Colombe Benédictine de Remiremont* ; où il s'efforça de prouver dans la premiere partie, que S. Colomban & ses premiers Disciples étoient de l'Ordre de S. Benoît, & dans la seconde il donne la vie des SS. qui ont vécu dans l'Abbaye de Remiremont ; l'ouvrage est écrit en François & assez diffus.

D. Ignace Philbert après avoir été Vicaire-Général dans l'Ordre de Cluny, entra dans la Congrégation de S. Maur, où il fût Supérieur dans les plus fameux Monasteres de cette Congrégation, & y mourut dans l'Abbaye de S. Denis en France en 1667. qui étoit la 46. de sa profession ; je crois que c'est le même *D. Philbert très docte & très pieux Religieux Benédictin*, qui a fourni au R. P. Jerôme Vignier une partie de la fondation de Vezelay, & de Pouthiers, Abbayes de la Congrégation de S. Vanne, D. Philbert pouvoit avoir tiré cette piéce de l'Abbaye de Pouthiers, étant Profés de la Congrégation de S. Vanné, de qui dépend le Monastere de Pouthiers, *Pultariense Monasterium*.

PHILESIUS Rigmanus Théologien Vosgien, qui vivoit il y a environ deux cent ans, a composé *une Description de la Vosge son pays*, voyez François Irenicus *Description de l'Allemagne*, lib. 1. p. 2. je ne sçais si Philésius étoit de la Vosge Lorraine, ou de l'Alsatienne. Son ouvrage ne se trouve point. A tout événement nous le mettons dans notre liste, comme nous y avons mis Pierre (*s*) de Blaru, natif de Parhis en Vosge,

dans la partie d'Alsace, mais qui fût Chanoine de S. Diey en Lorraine : voici quelques Vers de Philésius, cités dans François Irenicus.

„ Mons vogesus sumit Rhatis ex Alpibus ortum,
„ Et viridi caustâ, te quoque Trevir adit.
„ Gallica Teutonicis qui separat arva Colonis,
„ Et Mediomatriæ mox videt urbis agros
„ Odilia in summo requiescit verticé montis,
„ Odilia Alsatici gloria summa soli.

PHILIPPE (de Gueldres) Duchesse de Lorraine, Epouse de René II. entra le jour de la Conception de Notre-Dame en 1519. dans le Couvent de Ste. Claire du Pont-à-Mousson, & y vécut environ 27. ans, jusqu'à sa mort arrivée en 1547. Ce Couvent des Claristes de Pont-à-Mousson fut commencé en 1431. par la Duchesse Margueritte de Baviere, Veuve du Duc Charles II. mais ne fut achevé que sous le Régne du Duc René I. en 1444.

La vie de Philippe de Gueldres fut d'abord écrite par les Religieuses de Ste. Claire du Pont-à-Mousson, ensuite traduite en Latin par M. Barnés, & dédiée à D. Jossé de Graeft, Prieur de la Chartreuse de Vesal, & imprimée en Latin à Cologne en 1604. & ensuite réimprimée plusieurs fois en François ; & enfin en 1721. on peut voir la vie de cette Princesse dans les imprimés, & dans notre Histoire de Lorraine.

Voici quelques Sentences qu'elle écrivit de sa main dans sa derniere maladie.

„ Ne comptez rien de grand, rien de ré-
„ lévé, rien de doux, rien d'agréable hors
„ Dieu, & ce qui vient de Dieu ; tout le reste,
„ & tout ce que les créatures vous offrent
„ de soulagement & de plaisir, doit être
„ compté pour rien, & comme sans valeur &
„ sans mérite.

„ L'ame qui aime Dieu, méprise tout ce
„ qui n'est pas Dieu, toute la consolation de
„ l'ame est dans Dieu, incompréhensible,
„ éternel, & qui remplit toutes choses.

„ L'amour ne se lasse jamais, jamais il ne
„ se trouble, il est invincible & au-dessus de
„ tout ce qui le peut troubler.

„ L'ame trouve tout son repos dans Dieu.

„ Tout ce qui peut nous affliger & in-
„ quietter, passe avec le tems, & finira un
„ jour ; mais une ame qui aime Dieu, pos-
„ sede le trésor le plus précieux qu'elle puisse
„ souhaiter.

„ La mort est inévitable aux hommes :

(*s*) Apud Franc. Irenic. German. exiguo. l. 7. c. 21.

„ que Dieu m'accorde la paix après ma mort; je vous demande instamment de prier pour moi, & de m'obtenir cette aimable paix, quand je ferai féparée de votre douce préfence.

PHILIPPIN ou Phelepin (Jacques ou Claude) *Recueil des Chroniques de Claude Phelepin*, Bourgeois de Metz, depuis l'an 1418. jufqu'en 1603. à l'entrée du Roi Henry IV. à Metz. Je l'ai en main, elle eft fort courte, & contient plufieurs particularités concernant la Ville de Metz.

PIART (M.) natif de S. Mihiel, Abbé Régulier de l'Abbaye de Domévre, Ordre des Chanoines Réguliers de S. Auguftin de la Congrégation de S. Sauveur en Lorraine, a procuré l'Edition *d'Imago boni Parochi, feu acta præcipuè Parochialia beati Petri Forerii, &c.* à Nancy, chez Midon 1731. Il avoit déja été imprimé à Vienne en Autriche.

Le même M. Piart a compofé la vie du B. Pierre Fourier, en 6. Livres pour être imprimée en même tems en 2. Volumes in-octavo & en un Volume in-quarto. Cet Abbé ayant été près de 20. ans à Rome, occupé à folliciter la Béatification du B. Pierre Fourier, étoit plus qu'un autre en état de nous en donner une bonne vie. Je le crois auffi Auteur des defcriptions des Cérémonies faites à Rome, qu'en Lorraine à Mattaincourt, à Toul, à Domévre, & ailleurs, à l'occafion de cette célèbre Beatification. M. Piart eft décédé depuis peu d'années dans fon Abbaye de Domévre.

PIBON, Evêque de Toul, qui gouverna cette Eglife depuis l'an 1070. jufqu'en 1108. il naquit en Saxe vers l'an 1035. de Parens d'une grande Nobleffe : le Comte Thiema fon Pere pria Annon, qui fût depuis Archevêque de Cologne, de recevoir Pibon dans fes Ecoles, il l'y garda pendant fix ans, & Pibon n'en fortit que pour fe rendre auprès de l'Evêque d'Albertftald, qui lui donna un Canonicat dans fon Eglife. L'Empereur Henry IV. le lui fit quitter, pour lui en donner un autre dans l'Eglife de Mayence, ce Prince le retint à fa Cour, le fit fon Aumonier, & l'honora de la dignité de Chancelier de l'Empire. De telles diftinctions montrent affez l'eftime qu'on faifoit du mérite & de la capacité de Pibon.

L'Evêché de Toul étant venu à vaquer en 1070. par le décès de l'Evêque Udon, l'Empereur qui fe trouva fur les lieux, dans le tems qu'on délibéroit fur le choix d'un Succeffeur, n'eut pas de peine à faire agréer pour Evêque, au Clergé & au Peuple de Toul,

Pibon fon Chancelier. L'Archevêque de Tréves confirma l'Election, & Pibon fût facré à Metz au mois de Février 1070.

Comme ce Prélat étoit Allemand, & ne fçavoit que fa Langue maternelle & la Latine, il ne pouvoit fe faire entendre, ni prêcher la Parole de Dieu à cette partie de fes Peuples qui parloient François ou Roman, comme on difoit alors ; il fe mit donc à étudier cette Langue, & en moins d'un an, il fe trouva en état de prêcher en François & de Catéchifer fes Diocéfains.

Nous avons vu ailleurs (*t*) que dès l'an 1088. ou 1089. il y avoit à Toul des Ecoles célèbres, où enfeignoit *Odon* ou *Oudard*, qui fût attiré de Tournay, pour gouverner les Ecoles de cette Ville ; on conferve un grand nombre de Chartres, que l'Evêque Pibon a données aux Abbayes & aux Eglifes de fon Diocèfe, qui prouvent fa follicitude Paftorale & fon zéle pour l'augmentation du Culte Divin, & pour le bon ordre des Eglifes de fon Diocèfe ; je n'entre point dans le détail de fa vie qu'on peut voir ailleurs.

Il écrivit vers l'an 1093. au Pape Urbain II. pour le confulter fur différens articles, qui regardoient le bon gouvernement de fon Diocèfe ; nous n'avons plus l'Epître de Pibon, mais nous (*u*) avons la réponfe du Pape, qui lui écrivit une Lettre approuvée dans une Affemblée d'Evêques, tenüe à Rome en ce tems-là. Le Pape veut qu'on donne *gratis* les Dignités des Eglifes Cathédrales ; qu'on éloigne des Ordres Sacrés les Clercs qui ufent du Mariage au-deffus du Soudiaconat ; on en éloigne auffi les enfans des Prêtres, à moins qu'ils n'ayent vécu louablement dans des Monafteres.

Quant à ceux qui ont reçu les Ordres des Evêques excommuniés, il faut attendre que le Concile général y apporte du reméde & décide la Queftion ; on doit priver de leurs Bénéfices & de leurs Offices, les Evêques & les Clercs Simoniaques ; le Pape laiffe à la difcrétion de Pibon, fi l'on doit laiffer l'exercice de leurs Ordres, à ceux qui ont été ordonnés fans Titre. On interdit les Ordres Sacrés aux Bigames, & à ceux qui ont époufés des Veuves. Le Pape conclut, en difant à Pibon, que la multitude des chiens qui abboyent contre vous, n'effraie point vos cheveux blancs.

M. Baluze (*x*) dit qu'il a en main une Lettre de l'Evêque Pibon, où il dit que l'Eglife de Mung étoit anciennement une Chapelle dépendante de l'Eglife de *Blano* ou *Blenod*, que les habitans de Mung (*y*) avoient

---

(*t*) Voyez ci-devant *Odon* ou *Oudard*.
(*u*) Concil. l'Abb. tom. x. pag. 453. *eos qui à Subdiaconatu uxoribus vacaverint ab omni Sacro Ordine fub.*

(*x*) Baluze *in notis ad Capitular.* tom. 2. pag. 1064.
(*y*) Peut-être Maine proche Blenod.

coutume

coutume de se rendre aux fêtes de Pâques, de Pentecôte & de Noël à leur Mere-Eglise, & d'y offrir leurs oblations au Prêtre de cette Eglise, Pibon les exempte de cette sujettion, & par cette Lettre leur accorde un Baptistaire & la libre Sépulture ; apparemment il les exempte de se faire enterrer à Blenod.

L'Evêque Pibon fit faire dans sa Cathédrale une Tour, où il mit deux Cloches, & y érigea trois Autels ; il fit aussi présent de cette grande & magnifique Couronne, sur laquelle on allume un grand nombre de cierges aux grandes Solemnités. Il mourut au mois de Décembre 1107. & fût enterré en sa Cathédrale.

PICART (Benoît) Capucin, natif de Toul, a composé plusieurs ouvrages pour la connoissance de l'Histoire de Lorraine, comme l'Histoire Ecclésiastique & Politique de la Ville & Diocèse de Toul; à Toul 1707. in-4°.

L'origine de la très illustre Maison de Lorraine, avec un abregé de l'Histoire de ses Princes, dédiée au Duc Leopold, imprimée à Toul in-douze, en 1704. chez Alexis Laurent ; M. de Camps Abbé de Signy, a fait sur cet ouvrage des Remarques critiques, qui n'ont pas été imprimées.

Supplément à l'Histoire de la Maison de Lorraine ; à Toul 1712. in-douze.

Remarques sur le Traité historique de l'origine de la Maison de Lorraine, composé par Baleicourt ; à Toul 1712. in-douze.

Réplique aux deux Lettres qui servent d'Apologie au Traité historique ci-dessus ; à Toul 1713. in-douze.

La vie de S. Gerard, écrite par Vidric, avec des Notes du P. Benoît Picart ; à Toul 1700. in-douze.

Ordinis Seraphici monumenti nova Illustratio, in-douze ; à Toul 1708.

On trouve dans cet ouvrage *Synopsis Historica, Chronologica, & Topographica ortûs & progressûs Ordinis sancti Francisci : apud Lothariangos ejusque finitimos Leucos, Metenses & Virdunenses.*

Lettre à M. . . . sur la vie de S. Sigisbert, Roi d'Austrasie, composée par le R. P. Vincent, Tiercelin de Nancy, critiquée par le R. P. Benoît, ou selon d'autres, par le R. P. Hugo, Prémontré, depuis Abbé d'Etival & Evêque de Ptolemaïde.

Dissertation pour prouver que la Ville de Toul est le Siége Episcopal des Leuquois ; à Nancy in-quarto 1701. d'autres attribuent cet ouvrage à feu M. Clément, sous-Bibliothécaire du Roi, qui s'y est déguisé sous le nom Dartimon.

Pouillé Ecclésiastique & Civile du Diocèse de Toul 2. Vol. in-douze ; à Toul 1711. cet ouvrage n'est point admis dans les Tribunaux en Lorraine, & a été condamné par Arrêt du Parlement de Lorraine.

Dissertation sur la Portioncule à Toul : sous ce titre, *Apologie de l'Histoire de la Portioncule*; à Toul 1714. in-douze. Ce Livre est dédié au R. P. Michel-Ange de Raguse, Général de l'Ordre des P. Capucins ; le R. P. Jean-Joseph Petitdidier, Jesuite, a écrit trois Lettres contre cet ouvrage, auxquelles le P. Benoît a répondu par trois autres, voyez ci-devant son article.

M. l'Abbé Hugo, ou un autre, qui a composé la Préface sur le Systême des Evêques de Toul, par M. l'Abbé de Riguet, imprimé à Nancy en 1701. cite, comme du R. P. Benoît, la Critique de l'Histoire de l'ancienne Image miraculeuse de Notre-Dame de Sion au Comté de Vaudemont.

Histoire manuscrite de la Ville & Diocèse de Metz.

Histoire manuscrite de la Ville & Diocèse de Verdun.

Il avoit formé le dessein de donner un recueil des hommes Illustres du Diocèse de Toul, comme il le dit lui-même dans sa seconde Lettre contre Baleicourt, pag. 292. ce dessein n'a pas été exécuté de sa part.

Il avoit fait grand nombre de Notes sur Richerius Historien de l'Abbaye de Senones ; il me les avoit promises quelques mois avant sa mort.

M. l'Abbé Hugo Lettre 1. pag. 3. dit que le P. Benoît a composé un ouvrage, sçavoir : Si le Capuce des Franciscains étoit anciennement attaché à leurs Robes.

Le R. P. Benoît Picart mourut subitement dans son Couvent de Toul au mois de Janvier 1720. âgé de 57. ans, & tous ses papiers qui étoient importans & en grand nombre ; (car il m'a dit qu'il avoit plus de 300. titres, tant originaux que copies) furent malheureusement dissipés. C'étoit un Religieux fort sage, fort laborieux d'une mémoire très heureuse, fort instruit des maisons & des affaires de ce Pays; mais quelquefois un peu crédule, & hazardeux dans ses conjectures.

PICHARD (Remy) Ecuyer, Docteur en Medecine, Conseiller & Médecin ordinaire de Leurs Altesses de Lorraine, a fait imprimer un ouvrage sous ce titre: *De l'admirable vertu des saints Exorcismes sur les Princes d'Enfer, possédant réellement vertueuse Demoiselle Elizabeth de Ranfaing, avec ses justifications contre les ignorances & calomnies de P. Claude Pithoy, Minime ;* à Nancy, par Sebastien Philippe, Imprimeur de S. A. 1622. avec Approbation & Privilége, dédié à l'Eternelle & premiere vérité : les Approbateurs font Claude Riquechier, Docteur en Théologie de Paris, & Prieur de l'Abbaye de S. Evre les Toul, & Jean Marin Docteur en Théologie & Doyen de la Chrétienneté de Port.

Dans la Préface adreffée au Lecteur Philalitien ou amateur de la vérité, l'Auteur dit qu'il a composé son ouvrage environ en un mois de tems, parce qu'on avoit publié qu'il y avoit un Livre sous presse sur la matiere dont est question; il y traite fort mal le P. Pithoy, Minime son adversaire, & lui reproche jusqu'à des fautes de Grammaire & de Quantité. Il dit que M. Clausse Evêque & Comte de Chaalons, avoit ordonné qu'on lacerât l'Epitre Dédicatoire que le P. Pithoy lui avoit faite de son Livre; il rapporte une Lettre écrite à M. de Maillane de Porcelet Evêque de Toul, par les Supérieurs des Cordeliers, qui désapprouvent l'Approbation que quelques-uns des leurs avoient donnée au Livre du P. Pithoy. Il parle des trois Conférences tenues à l'Evêché de Toul, en préfence de l'Evêque M. de Maillane, & de plusieurs Personnages notables & recommendables par leur doctrine, où le P. Pithoy soutint fort mal son opinion, & fût renvoyé avec ordre de demeurer en paix & en silence. Ces Conférences rapportées par M. Pichard, sont fort différentes de celles que le P. Pithoy avoit publiées à Chaalons en Champagne, imprimées par Nobili, Libraire.

Le S. Pichard avoit de la lecture & de l'érudition, il sçavoit l'antiquité & les langues savantes, il raisonne fort bien sur ce qui regarde la Médecine, & répand beaucoup de traits d'érudition dans son ouvrage; mais sa maniere d'écrire est pleine de Proverbes, d'Allusions, de Dictums populaires, de façon de parler basses & triviales, qui le rendent ennuieux & dégoutant à lire. Il est cité dans M. Berthemin au traité des eaux de Plombiéres, comme ayant fait, par ordre du Bon Duc Henry, l'analife de ces eaux ; voyez Berthemin Partie 2. Cap. 4. fol. 65. & pour la possession de Mlle. de Ranfaing. Voyez son article cy-après.

PICHELIN (Gilles) Prémontré, fit profession dans la Congrégation réformée des Prémontrés de Lorraine en 1625. Il a été Supérieur en plus d'une Maison, & il est mort à Benoitevaux au Diocése de Verdun, le 6. Décembre 1652. Il a laissé un ouvrage intitulé : *De Officio Provisoris tam pro spirituali quam pro temporali bono sui ipsius & Monasterii.* Manuscrit dans l'Abbaye de Belval.

PICHON (D. Jerome) Benedictin de la Congregation de S. Vanne, natif de la Ville de Metz, Profés de l'Abbaye de S. Vanne le 26. Août 1660. mort à S. Vincent de Metz le 19. Mai 1722. après avoir fait de bonnes études de Philofophie & de Théologie, & les avoir enseignées à ses Confréres, il fût dans les premiers emplois de sa Congrégation, & y remplit avec honneur les Charges de Préfident, de Vifiteur, de Supérieur dans les principales Maifons de la Province de Champagne.

Le onziéme Novembre 1699. M. de Noailles Evêque de Chaalons fur Marne, ayant réfolu de travailler à un livre d'ufage pour fon Diocèfe, s'adreffa au R. P. D. Pierre Ringo, pour lors Supérieur-Général de la Congrégation, pour lui demander D. Jerome Pichon, afin de lui aider dans l'exécution de ce dessein; il réitera la même demande avec beaucoup d'instance par sa Lettre du 14. Avril 1700. Il dit qu'ayant sçu que D. Jerome avoit beaucoup aidé M. Habert à faire le Breviaire de Verdun, il espéroit qu'il ne lui refuseroit pas son secours dans cette circonftance ; je ne sçai si D. Jerome fut employé dans cette composition, mais ceci prouve l'idée qu'on avoit de sa capacité & de son mérite.

D. Jerome Pichon étant Prieur de S. Pierre de Chaalons-fur-Marne, acheta cette belle Bibliothéque de M. l'Abbé de Roi, Abbé de Hautefontaine pour la fomme de treize mille livres, elle eft très confidérable, furtout en Hiftoires, bien choifie & bien conditionnée.

Les écrits de D. Pichon fur la Philofophie & la Théologie, font très eftimés, ils font pleins d'une grande érudition. Voici une Epitaphe qui lui a été confacrée par un de fes Religieux.

Immortali Memoriæ.

Reverendi admodum Patris D. Hieronimi Pichon, Epitaphium.

„ Hic jacet modico tectus pulvere, quo
„ dignus non erat mundus, miræ pictatis,
„ fuperioris ingenii, HIERONIMUS PICHON
„ Metenfis. Patriam morum probitate, ac
„ gravitate, nobilitavit. Scientiarum in limine, Sodalium Pædagogus. Vitoniano
„ addictus Sodalitio focios omnigenâ virtute fuperavit. Votis adftrictus, Apoftoli
„ epiftolas omnes memoriæ ad verbum
„ commendavit. Auguftiniani dogmatis, imò
„ Pauli, imò Chrifti, inde procul dubio futurus acerrimus Affertor. Philofophicos,
„ Theologicos nodos probè edoctus aliis ex-

„ tricavit. Verbi divini pærco verè Apofto-
„ licus, verbis, factis, noxios à peccato,
„ innocens deterruit. In annofâ juvenilitate,
„ juvenis fenex, junior ab eo, à Congrega-
„ tionis Primordiis Prælaturâ donatus.
„ Prior, Vifitator, Prætidens, omnes gravi
„ licet Comitate devinxit. Difficillimis bel-
„ lorum temporibus, litterarum tumulti-
„ bus, difceptationum fciffuris, uber Dog-
„ maticorum, ac Hiftoricorum Arcano-
„ rum thefaurus, pacem, in fpineâ pace,
„ continuit. In regendo Providus, nulli,
„ nifi invitus, afper, junioribus afcetis,
„ vividum exemplar, ad virtutis ftudium
„ calcar, tacitus licet fubdebat. Divi Bene-
„ dicti mentem affecutus, eâdem alios im-
„ buit. Novitios, Monachos, Clerum, Ec-
„ clefiæ fanctæ Præfules, Scriptis, Confiliis
„ juvans ; de omnibus æternum meruit.
„ Hunc fecère in Calculorum morbo pa-
„ tientia Martyrem, fidei zelus Confeffo-
„ rem, pudor Virginem, pietas fanctum ;
„ verum heu ! octogenariâ ætate, biennii
„ fermè cœcitate, diuturnis exhauftus dolo-
„ ribus, diffolvi, & effe cupiens cum Chri-
„ fto, Sacris munitus, ingens fui, bono cui-
„ que defiderium relinquens, piâ morte
„ decubuit, in Monafterio fancti Vincentii
„ Metenfis, XIV. Calendas Aprilis anno Do-
„ mini M. DCC. XXII. ut fupera luce fruatur,
„ Lector adprecare.

Venerandæ Memoriæ Patri, mœrens
pofuit Alumnus, Domnus Pe-
trus BAILLET.

PICKARD où Pichard (Jean) de Luxembourg, Dominicain fameux au 14. fiécle,
en 1308. il étoit déja Bachelier de Paris, &
la même année il fut deftiné par le Chapi-
tre-général, pour être Vicaire de fon Ordre dans la Province Teutonique ou d'Allemagne ; l'année fuivante il fût déchargé de
cet emploi, & envoyé à Paris, pour y recevoir le titre de Maître en Théologie.

Il employa les deux années fuivantes à
expliquer le Maître des Sentences dans le
Couvent de fon Ordre, en la ruë S. Jacques,
il fit en 1312. un voyage en Italie vers l'Empereur Henry VII. puis il revint en France
ou en Allemagne.

Nous avons de lui des Sermons pour le
Carême, pour les Dominicales, & pour les
Saints pendant l'année. Turrecremata & Ban-
dellus, louent fon Sermon de la Nativité de
Notre-Dame, qui a pour texte *fons parvus*
crevit in fluvium, on lui attribue auffi une
fomme de Théologie ; fon nom s'écrit di-
verfement. Jean de Luxembourg, Jean de
Liechtemberg, Jean de Lettemberg, & Jean
de Lucidomonté.

PICON. Nous avons de cet Auteur un
ouvrage fous ce titre : *Joannis Liconti Virdu-*
nenfis Medicinæ Baccalaureti, nec non apud
Monfpelienfes eloquentiæ Profefforis Regii, Sin-
tagma Rhetoricum . . . cui acceffit Dialectica
compendium, Monfpelii 1611. in-dix-huit. l'ouvrage eft bien écrit, méthodique & inf-
tructif.

PICONNE (Ignace) Dominicain de Vic
au Diocèfe de Metz, fit profeffion au Couvent de Nancy le 18. Août 1696. & mourut à Abbeville le 12. Mars 1713. Il enfeigna pendant plufieurs années la Philofophie
& la Theologie à Abbeville, il s'appliqua
principalement à la Direction, & à entendre les Confeffions, il finit fa vie dans ce
louable & pénible exercice ; il fit imprimer
à Amiens en 1695. in-octavo, un ouvrage
intitulé : *Le Chriftianifme reveillé, pour affir-*
mir la foi & nourrir la piété des fidèles. La 3.
partie de fon ouvrage n'a pas été imprimée,
quoiqu'elle fut toute prête, & approuvée
du Cenfeur M. Berthe, Docteur de Sorbonne ; voyez Echard de Script. Ord. Prædicat. tom. 2. pag. 785.

PIERRARD (Pierre) Architecte du 13.
fiécle qui donna le deffein, & commença
l'Edifice de la Cathédrale de Metz, qui fubfifte aujourd'hui ; cette Cathédrale fut d'a-
bord bâtie par S. Clément, premier Evêque
de Metz ; elle étoit fort petite, & ne portoit que le nom d'*Oratoire*, elle fubfifta en
cet état jufqu'au tems de S. Grodegand,
Evêque de Metz, qui environ l'an 750. la
fit rebâtir beaucoup plus grande & plus
belle qu'elle n'étoit auparavant ; on affure
qu'avant ce tems, l'Oratoire le S. Etienne,
qui eft aujourd'hui la Cathédrale, étoit
une Paroiffe, & que le Thrône Epifcopal,
étoit dans l'Eglife de S. Pierre le Vieil ;
mais Grodegand ayant bâti en la place de
cet Oratoire, une vafte & magnifique Eglife, felon le goût de ce tems-là, y transfera
fon Thrône Epifcopal & fon Clergé.

L'Empereur Charlemagne s'employa à
embelir cet ouvrage par quelques Tours ;
mais l'Evêque Théodoric, qui a gouverné
l'Eglife de Metz depuis l'an 954. jufqu'en
984. renverfa cet ancien Edifice, & en commença un nouveau, dont il jetta les fondemens, & l'éleva même à quelques endroits jufqu'au comble ; cet Edifice demeura imparfait jufqu'au 14. fiécle, que notre
Pierre Pierrard fut employé pour le continuer vers l'an 1330.

Sous l'Evêque Ademare, on reprit de

nouveau l'ouvrage commencé; mais après la mort de l'Evêque Henry de Lorraine, arrivée en 1505. son Neveu Jean de Lorraine, n'ayant encore que sept ans lui succéda, & les Chanoines jouirent du revenu de l'Evêché pendant douze ans, jusqu'à ce que le jeune Evêque eut atteint l'âge de 20. ans; les Chanoines profiterent de cette circonstance pour achever le Chœur de leur Eglise, & la Chapelle de S. Nicolas, qui ne furent finis qu'en 1519.

Pour revenir à notre Pierre Pierrard, son Effigie en pierre se voit encore aujourd'hui dans l'Eglise de Metz, au-dessous de la Sacristie, dans le Collateral du côté des escaliers de Chambre; mémoires manuscrits de M. Mahu, Archiviste du Chapitre de la Cathédrale de Metz.

PIERRET, Notaire à Luxembourg, a écrit 1°. *l'Histoire de Luxembourg*, qui est demeurée manuscrite; in-octavo, chez M. le Baron d'Ansebourg.

2°. La suite des Ducs de Luxembourg, manuscrit.

3°. Recueil des Priviléges accordés par les Souverains à la Ville & aux Bourgeois de Luxembourg; copiés & authentiqués par le même Pierret, I. Volume.

4°. L'art du Blason écrit par le même. I. Volume, chez M. Marchand, Baron d'Ansebourg.

PIERSON (Nicolas) Convers Prémontré, habile Architecte, né à Asprémont le 28. Janvier 1692. fut admis au Noviciat des Prémontrés réformés de l'Abbaye de Ste. Marie de Pont-à-Mousson le 8. Avril 1714. Il y prit l'habit Religieux le 28. Août de la même année. Il fit profession le 28. Août 1716. Voici ses ouvrges.

Il a mis la derniere main à l'Eglise de l'Abbaye de Ste. Marie de Pont-à-Mousson, il a construit en entier toute cette magnifique Maison, où l'on remarque le Réfectoire, la Bibliothéque, les Salles, les Escaliers si beaux, si commodes & si hardis, les Galleries d'un grand goût. A gauche de l'Eglise en entrant, il a aussi construit depuis peu l'Hôtel Abbatial qui est un bon morceau.

A Etival il a fait les Plans & dirigé l'ouvrage entier de la grande Aîle du Septentrion, & des deux Tours au-devant du Portail de l'Eglise, dont l'une est achevée.

A Jendeurs il a donné les plans de cette Maison bâtie tout-à-neuf, & l'on peut dire qu'il a dirigé l'ouvrage, ou au moins qu'il y a présidé; en son absence frere Arnoul autre Lorrain, Architecte, Eléve de frere Nicolas Pierson en a eu la conduite.

A Rangeval il a bâti l'Eglise qu'il est occupé maintenant à conduire à sa perfection. C'est sans contredit une des plus belles Eglises modernes de toute la Lorraine. Les deux Tours qui sont au côté du Portail, passent pour être très belles. Il a bâti un Hôtel Abbatial très propre.

A Salival il a construit un Portail & deux Tours.

Le Palais Episcopal de Toul est encore l'ouvrage de frere Nicolas.

De plus il a donné les Plans, Devis, Profils, & Elévation d'une Maison de Plaisance pour le Duc Leopold de glorieuse Mémoire, & pour Messeigneurs les Princes ses fils, qu'on avoit alors dessein d'envoyer étudier au Pont-à-Mousson. Ces desseins ont été perdus & consumés dans l'incendie du Palais de Lunéville; & le frere Nicolas les a recommencé d'un autre goût. Les derniers, comme les premiers, ont été fort goûtés des connoisseurs. Il a fait quantité d'autres ouvrages de moindre consequence, & est encore en état de travailler, étant plein de vie & de santé.

PILLADIUS ou Pillart (Laurent) Chanoine de S. Diey, composa en 1541. un ouvrage intitulé: *Laurentii Pilladii Canonici Ecclesiae sancti Deodati Rusticiados libri sex, in quibus illustris Principis Antonii Lotharingiae, Barri & Gueldriae Ducis gloriosissima de seditiosis Alsatia rusticis, victoria copiose describitur. Metis, ex Officina Joannis Palier* 1548.

L'Auteur dit qu'il demeuroit en Vôge, *Vogescola*, comme il se qualifie dans son Epître Dédicatoire au Duc Antoine, qui est le principal Héros de ce Poëme ce Prince étant mort en 1544. & le Duc François son fils en 1545. Pillart fit une seconde Dédicace au jeune Prince Charles III. âgé d'environ quatre ans; dans cette Epître Dédicatoire, il dit que Christemane son ami, a eu soin de polir son ouvrage, & que Jean Herculanus son Confrére, Chanoine de S. Diey, en a corrigé le Langage, & en a souvent redressé les Vers, & par conséquent ces deux amis ont eu beaucoup de part à son travail.

A la tête de son ouvrage on trouve des Vers à sa louange, composés par *Adam Bergier* de S. Diey. Il y donne à Pilladius l'Epitete *d'Altilocus*, & loue la fidélité de son écrit, *Praelia veridico narrat Laurentius* &c.

On voit ensuite une espéce de Dédicace au Duc Antoine par Pilladius lui même. Il y donne à ce Prince le nom *de Gloria Trinacria non peritura Domus*, faisant allusion au Royaume de Sicile, auquel le Duc Antoine avoit des prétentions très bien fondées.

Son ouvrage est partagé en six Livres;

dans le 1. on raconte la révolte des Payfans Luthériens d'Allémagne, qui s'affemblerent en Alface pour penétrer en Lorraine. Dans le 2. il marque le départ du Duc Antoine avec fon armée, & fon arrivée aux environs de Vic. Dans le 3. il décrit le Siége de Zavern, formé par l'Armée Lorraine. Le 4. parle de la Victoire remportée par le Prince de Guife à l'Oupenftein. Le 5. repréfente la prife & le pillage de Zavern. Le 6. la Victoire remportée à Cherviller, & le retour du Duc avec fon Armée en Lorraine.

A la fin de l'ouvrage on trouve fix piéces en Vers, dont la 1. eft une Eloge funébre du même Duc Antoine. La 2. une plainte fur la mort du Duc François I. La 3. fur la mort de Renée de Bourbon, Epoufe du Duc Antoine. La 4. une efpéce d'Epitaphe de la Ducheffe Philippe de Gueldres, Epoufe du Duc René II. La 5. eft une priere dévôte à la Ste. Euchariftie. La 6. contient une partie de la vie de Pillart; il y dit qu'il eft né d'une famille obfcure dans un Village fitué près du Pont-à-Mouffon; que fon Pere l'ayant laiffé Orphelin à l'âge de deux ans, fa Mere l'éleva dans la Ville de Pont-à-Mouffon; qu'il fût promu à la Prêtrife, mais que n'y ayant pas fait fon devoir comme il le devoit, il attend tout de la grace de Dieu. Il étoit Chanoine de S. Diey & Curé de Corcieux en Vôges: il a fait quelques Donations à cette Paroiffe en 1531. J'y ai vu fon Portrait fort bien fait fur un Vitrau près la Chapelle de Ste. Catherine, du côté du midi.

Son Poëme n'eft pas une Piéce parfaite, on n'y trouve pas les agrémens, ni la politeffe des anciens Poëtes Romains; mais il ne laiffe pas de nous être très précieux par les details qu'il nous donne de la guerre du Duc Antoine contre les Payfans révoltés d'Allémagne : comme il étoit Contemporain, & que la chofe fe paffoit, pour ainfi dire fous fes yeux, il en étoit parfaitement inftruit; il écrivit fon Poëme en 1541. & il le fit imprimer en 1548. comme nous l'avons vu. Nous efpérons de le faire réimprimer dans la feconde Edition de l'Hiftoire de Lorraine, car il eft extrémement rare.

M. Brayé, Avocat à Nancy, a mis en François la guerre des Ruftaux, & l'a fait imprimer dans fes amufemens imprimés à Nancy en 1733.

PILLEMENT (Charles Antoine) Seigneur de Ruffange, Marly & Blenod, Avocat Général à la Cour Souveraine de Lorraine & de Bar, Confeiller d'Etat & Doyen de la Faculté des Droits à Pont-à-Mouffon, étoit Fils de Chriftophe Pillement & de Marie de Senent : il vint au monde à Pont-à-Mouffon en 1658. fit fes Etudes à Paris, où il emporta au Concours une Chaire de Profeffeur en Droit en l'Univerfité de Pont-à-Mouffon à l'âge de 21. ans, dont il fut enfuite Doyen.

Il fut fait Avocat Général à la Cour Souveraine de Lorraine en 1701. & Confeiller d'Etat en 1705. il a été honoré de différentes Commiffions du Duc Leopold.

Il eft mort à Nancy au mois d'Octobre 1720. âgé de 62. ans, fon Corps a été transféré à Pont-à-Mouffon lieu de fa naiffance, & a été enterré avec fes Ancêtres en l'Eglife de S. Laurent.

Il a fait différens ouvrages d'éloquence & d'erudition, outre plufieurs Traités particuliers fur le Droit Civil & Canonique, dont une partie eft entre les mains de M. Rouot, Confeiller Secrétaire de S. M. le Roi de Pologne.

Il prononça dans la Sale publique de Droit à Pont-à-Mouffon, pendant que la Lorraine étoit à la France, le Panégyrique de Louis XIV. Et depuis le rétabliffement du Duc Leopold dans fes Etats, il y prononça celui de Charles V. Duc de Lorraine. On a auffi de lui 1°. Harangues prononcées à la Cour de Lorraine à l'occafion du rétabliffement de S. A. R. dans fes Etats in-douze. Paris, chez Jean Mufier 1700.

2°. Plaidoyé de Monfieur l'Avocat Général, pour exempter les Eccléfiaftiques du Droit de main morte In-quarto, à Nancy, chez Barbier 1703. Les Conclufions furent fuivies par Arrêt de la Cour du 12. Décembre 1701.

PIRMIN (Saint) Evêque Regionnaire & Fondateur de l'Abbaye de S. Pierre d'Hornbach au Diocéfe de Metz, exerçoit fes fonctions Epifcopales non à Metz, (Mettis) ni à Meaux (Meldis.) Ces deux Eglifes avant alors des Evêques particuliers, mais à Medis ou Metlishcim, Bourg fitué au pied de la montagne, fur laquelle eft bâti le Monaftere d'Hornbach.

S. Pirmin étoit né dans les Gaules, d'où il paffa dans l'Auftrafie pour y annoncer l'Evangile ; il prêcha principalement dans la Suiffe, dans l'Alface, dans la Baviére, & dans l'Auftrafie ; il eft reconnu pour Fondateur non-feulement du Monaftere d'Hornbach, mais auffi de ceux de Nurbach & de Richenau. Il en a réformé, où il en a rétabli grand nombre d'autres au Diocéfe de Coire, de Salzbourg, de Paffau, de Ratisbonne, de Wirtzbourg, de Spire, de Strasbourg, de Bâle ; enfin il mourut à Hornbach, & y fut enterré en 758. Raban Maur, Archevêque de Mayence au siécle suivant, fit son Epitaphe.

Notre Saint a composé un petit Traité, qui contient des Instructions succintes, tirées de tous les Livres Canoniques, imprimé au 4. tom. des Analectes du R. P. Mabillon, pag. 590. 601. l'ouvrage est court & écrit d'un stile fort simple, mais fort solide, fort instructif & plein de bon sens & d'onction, on y voit méme plusieurs traits de la discipline de ce tems-là, on y remarque en particulier, que la défense de manger des viandes étouffées, subsistoit encore de son tems.

PITHOYS (Claude) Religieux Minime, a fait imprimer un petit ouvrage contre la possession de Mlle. Ransaing, avec une Conférence qu'il avoit eu sur le même sujet avec quelques Ecclésiastiques, qui soutenoient la Réalité de cette possession ; l'on trouve diverses particularités sur cet ouvrage dans le Chapitre 1. de M. Pichard, intitulé : *La réponse au titre du livre de F. Claude Pithoys*. Il paroît que le P. Pithoy avoit subtilement engagé quelques Peres Cordeliers du Couvent de Braconcourt, à approuver son Livre, de quoi les Supérieurs de S. Omer les-Joinville, firent leurs excuses à M. de Porcelet de Maillane, Evéque de Toul, par une Lettre du 14. Juillet 1621. imprimée, pag. 10. de l'ouvrage de M. Pichard.

Le Pere Pithoys étoit si persuadé que Mlle. Ransaing n'étoit pas possedée, qu'il disoit par une espéce de blasphême, que Dieu n'étoit pas Dieu, s'il ne commandoit aux diables de se saisir de son corps, de lui Pithoys, s'il étoit vrai que la femme qu'on exorcisoit à Nancy, fût possedée ; il fût cité aux Conférences tenués en présence de M. de Maillane, Evéque de Toul, les 7. 8. & 9. Février 1621. & il ne paroît pas qu'il ait persuadé les personnes qui y assistoient que la chose fût comme il l'estimoit. Car on demeura convaincu dans le Pays que la possession étoit réelle & véritable, & que les marques de possession n'étoient point équivoques ; c'est le sujet du Livre de M. Pichard, dont nous avons parlé.

PITSEUS (Jean) Doyen du Chapitre de Liverdun-sur-Mozelle, Bourg dependant de l'Evéché de Toul, a composé un assez gros livre des Ecrivains d'Angleterre, imprimé à Paris in-quarto en 1619. il naquit en Angleterre à Sonthampton vers l'an 1560. Après avoir fait ses etudes dans son Pays, il en sortit en 1580. après avoir renoncé à la Religion Anglicane qu'il avoit professé jusqu'alors. Il vint d'abord à Doüai, puis à Reims, à Rome, au Pont-à-Mousson, à Ingolstad, & enfin il se fixa en Lorraine, où Charles Cardinal de Lorraine lui donna un Canonicat à Verdun. Deux ans après il devint Confesseur d'Antoinette de Lorraine, Duchesse de Cleves. Ce fut dans le loisir, dont il jouissoit alors, qu'il composa les Ouvrages que nous avons de lui.

Après la mort de cette Princesse, douze ans après que Pistée fut mis auprès d'elle, il fût pourvu du Doyenné de Liverdun, où il mourut le 17. Octobre 1617. Nous le mettons ici, parce qu'il a passé sa vie en Lorraine, & y a possedé les Bénéfices, dont nous venons de parler.

Quant à ce que quelqu'uns ont avancés que Pistée avoit été Doyen de la Cathédrale de Verdun après la mort de M. Marius, ce fait est absolument faux. Ce fut M. Mathieu de la Reauté qui succéda immédiatement à M. Marius son oncle. Sur ses ouvrages, on peut voir le Pere Niceron, tom. 1. p. 197. 198. où il suppose que Pistée fut d'abord Chanoine de Verdun, ensuite Doyen, Chanoine & Official de Liverdun. Liverdun est un Bourg situé sur la Mozelle environ à 3. lieués au dessous de Toul. Le Chapitre de Liverdun fut fondé par l'Evéque Pierre de Brixei vers l'an 1188. & fût supprimé au commencement du 18. siécle par le crédit de M. Thiard de Bissy, Evéque de Toul, qui le fit unir au Seminaire de sa Ville Episcopale ; c'étoit un très petit Chapitre, dont les Canonicats étoient d'un très modique revenu. Il n'y eut jamais ni d'Official, ni d'Officialité à Liverdun, & ce que dit le P. Niceron des Archives de Liverdun, où l'on mit les écrits posthumes de Pistée, n'est ni certain ni probable. Au reste je n'ai rien à ajoûter à ce que dit le P. Niceron des écrits de Pistée ; on peut aussi voir son Eloge, p. 817. de ses Ecrivains d'Angleterre, & ce que Pistée dit de lui-même, pag. 16. de son avis au Lecteur, qu'après avoir été environ 12. ans en Juliers auprès de la Duchesse Antoinette, il revint avec elle en Lorraine, où elle mourut au bout d'un an en 1610. *Vide Pitseus ad an.* 1615.

POIRET (Pierre) naquit à Metz le 15. Avril 1646. son Pere y étoit Fourbisseur, & il le perdit en 1652. On le mit dans sa jeunesse chez un Sculpteur qui lui apprit à dessiner, en quoi il réussit si bien, qu'il fit le Portrait de Mlle. Bourignon long-tems après sa mort. Il ne pût cependant se fixer au Dessein & à la Sculpture ; il les quitta pour s'appliquer aux Sciences. Il commença à étudier le Latin à Metz à l'âge de 13. an, il alla ensuite en 1661. continuer cet étude à Buxoville près de Strasbourg, où M. de Kirchheim, Gouverneur du Comté de Hanau le fit venir, pour apprendre le François à ses enfans.

Il alla en 1664. à Bâle où il apprit les Langues Grecque & Hébraïque, la Philosophie & la Théologie ; pour la Philosophie il s'attacha principalement à Descartes : de Bâle il alla à Hanau en 1667. & en 1672. il fût fait Ministre de l'Eglise d'Anweil, Ville du Duché des deux Ponts. Pendant son sejour dans cette Ville, la Lecture de Taulere, de Kempis, & d'autres Mystiques, le toucha vivement, & lui inspira un désir ardent de la perfection.

Ce désir s'enflamma encore davantage par la lecture des Ouvrages de Mlle. Bourignon, & il conçut dès-lors pour cette fille une estime qu'il a toujours conservé. Les troubles de la guerre l'obligerent en 1676. de sortir d'Anweil où il étoit fort aimé ; il passa en Hollande & alla de là à Hambourg, où il eût la satisfaction de voir Mlle. Bourignon, comme il le souhaitoit depuis long tems ; il y demeura environ huit ans, uniquement occupé des exercices de pieté.

M. Bayle disoit dans ce tems-là de lui : c'est un homme d'une probité reconnuë, & qui de grand Cartesien est devenu si dévot, que pour songer mieux aux choses du Ciel, il a presque rompu tout commerce avec la terre. En 1688. il se retira à Reinsbourg, Bourg de Hollande près de Leyde, où il a demeuré plus de 30. ans ; c'est-à-dire, jusqu'à la fin de sa vie : il y a vecu dans la solitude, & y a composé la plûpart de ses Ouvrages, qui roulent sur la pieté. Il est mort le 21. Mai 1719. âgé de 73. ans.

Catalogue de ses Ouvrages.

1°. *Cogitationes rationales de Deo, anima & malo.*

2°. Mémoires touchant la vie & les sentimens de Mlle. Antoinette Bourignon.

3°. Les Oeuvres d'Antoinette Bourignon.

4°. *Monitum necessarium ad acta Eruditorum Lipsientia anni 1686. mensis Januarii spectans, in quo compilator articuli 3. actorum de Antonia Burignonia ejusque operibus referens, plus quadragesies falsi convincitur.* Cet Ecrit est contre M. de Seckendorf, qui le relança vigoureusement.

5°. *L'Oeconemie Divine*, ou Sistéme Universel & démontré des œuvres des desseins de Dieu envers les hommes, où l'on explique & prouve d'origine, & avec une évidence & certitude Methaphisique, les principes & les vérités de la Nature, de la Grace, de la Philosophie, de la Théologie, de la Raison, de la Foi, de la Morale naturelle, & de la Religion Chrétienne.

6°. *La Paix des bonnes ames* dans toutes les parties du Christianisme sur les matieres de Religion, & particuliérement sur l'Eucharistie, où l'on répond aussi à un article de l'onziéme des Lettres Pastorales, apposé aux avis charitables publiés depuis peu, & que l'on a joint ici avec quelques autres Pieces qui concernent ce sujet. Ce Livre est propre à faire des hypocrites & des indifferens en matiere du Culte extérieur.

7°. *L'Ecole du pur amour de Dieu*, ouverte aux Savans & aux ignorans dans la vie merveilleuse d'une pauvre fille Idiote, Paysane de naissance, & servante de condition, Armelle Nicolas, vulgairement ditte, la bonne Armelle décédée en Bretagne, composée par une fille Religieuse de sa connoissance, nouvelle Edition augmentée d'un Avantpropos.

8°. *Les Principes solides de la Religion & de la vie Chrétienne*, appliqués à l'Education des enfans, & applicables à toutes sortes de Personnes, opposés aux idées séches & pélagiennes que l'on fait courir sur de semblables sujets.

9°. *La Théologie réelle*, vulgairement ditte, *la Theologie Germanique*, avec quelqu'autres Traités de même nature, une Lettre & un Catalogue sur les Ecrivains Mystiques, une Préface Apologétique sur une Théologie Mystique, avec la nullité du Jugement protestant sur la même Théologie.

„ 10°. De eruditione triplici solida, superficiaria & falsa libri 3. in quibus veritatum solidarum origo ac via ostenditur, cognitionum scientiarumque humanarum & in specie Cartesianismi fundamenta, valor, defectus, & errores deteguntur. Præmittitur vera methodus inveniendi verum, subnectunturnonnulla Apologetica.

„ 11°. De eruditione solidâ specialiora tribus Tractatibus. 1°. De eruditione liberorum Christianâ. 2°. De Irenico Universali. 3°. Theologiæ Mysticæ ejusque Autorum Idea generalis cum suis contra varios defensionibus partim denuò, partim recens excusa.

„ 12°. Fides & ratio collatæ ac suo utroque loco redditæ, adversus principia Johannis Lokii insertis non paucis, quibus relationis Divinæ ac Religionis Christianæ capita digniora profundius confirmantur & explicantur, cum accessione triplici. 1. De fide implicita sive nuda. 2. De sacrarum Scripturarum certitudine ac sensu. 3. De perfectione & felicitate in hac vitâ.

„ 13°. Idea Theologiæ Christianæ juxta principia Jacobi Bohemi Philosophi Teutonici, brevis & methodica ; accedunt sex-

, ti Pytagorei sententiæ ob argumenti Præstantiam verè Divinæ.

„ 14°. Vera & cognita omnium prima, sive de natura idearum ex origine sua repetita, asserta & adversus Cl. A. Pungelerum, defensa.

„ 15°. Disquisitio Theologico-Philosophica, in qua spinosismus & socinianismus tutò prævertuntur, necessarium & sufficiens solius Dei esse, cæterorum nihilum, primum radicitus patefiunt, ac non paucis in Theologia & Philosophia momentosis difficultatibus profundius dilucidandis via aperitur.

16°. *La Théologie du Cœur*, ou recueil de quelques Traités qui contiennent les lumieres les plus Divines des ames simples & pures.

17°. *Le Chrétien réel*, contenant 1°. La vie du Marquis de Renti par J. B. de S. Jure, Jesuite. 2°. La vie de la Mere Elisabeth de l'Enfant Jesus, pour servir de modéle à la vie vraiment Chrétienne, & d'Apologie effective aux maximes & voyes spirituelles de la vraie Théologie Mystique, vainement combattuë par les esprits du siécle.

18°. *Le Saint réfugié*, ou la vie & la mort édifiante de Wernerus mort l'an 1699.

19°. *La Théologie de l'amour*, ou la vie & les œuvres de Sainte Cathérine de Genes.

20°. Traduction de l'Imitation de J. C.

21°. Il a encore procuré l'Edition de quelqu'autres Ouvrages, voyez son Eloge à la tête de ses Oeuvres posthumes.

Voyez les Mémoires pour servir à l'Histoire des Hommes Illustres, par Niceron, &c. tom. 4. & 10.

POIS (le) la famille des le Pois, originaire du Barrois est ancienne, elle s'est fort distinguée dans la République des Lettres; Louis le Pois, Apoticaire à Monseigneur fut annobli par le Duc Charles le 8. Janvier 1528. Il eut pour armes d'azur à trois pois cossés d'or, 2. & 1. Il eut deux fils Antoine & Nicolas le Pois. Antoine n'eut point d'enfans, Nicolas en eut trois Chrétien & Charles qui étudierent en Medecine, le premier mourut fort jeune, l'article de Charles le sera connoître; le troisiéme s'appelloit François qui s'appliqua aux affaires d'Etat, & fût employé par le Grand Duc Charles en différentes négociations; il en fut récompensé par le Gouvernement de la Ville de S. Hyppolite, que ce Prince lui donna, il le déclara Gentilhomme, de même que son frere Charles par Lettres Patentes données le 27. Avril 1600. François le Pois eut un fils qui se fit Jesuite. Charles le Pois eut plusieurs enfans, & l'on croit que Claude le Pois qui a été Docteur, Régent de la Faculté de Medecine de Paris, en étoit un; une partie des rejettons de Louis le Pois, étoit faite pour les Lettres: c'est ce que l'on va voir par leurs articles.

POIS (Antoine le) fils de Louis le Pois, Apoticaire de S. A. & frere de Nicolas le Pois, étoit Conseiller & Médecin du Duc Charles III.

Il a composé *un Discours sur les Médailles & Gravures antiques, principalement Romaines: plus une exposition particuliére de quelques Planches ou Tables, étant sur la fin de ce Livre, esquelles sont montrées diverses Médailles & Gravures antiques, rares & exquises*, imprimé à Paris par Mamert Patisson, Imprimeur du Roi, au logis de Robert Etienne l'an 1579. in-quarto. Le Portrait de l'Auteur est au-devant de l'Epître Dédicatoire, adressée au Duc Charles III. de Lorraine avec cette Inscription, *adhuc Cœlum volvitur A. Piso annos natus* 54. le Monograme du Graveur V. B.

C'est Nicolas le Pois frere d'Antoine, qui après la mort de son frere, a fait l'Epître Dédicatoire de l'Ouvrage dont nous parlons; Antoine le Pois l'avoit entrepris pour faire sa Cour au Duc Charles III. son Maître, & à la Duchesse Claude de France son Epouse, décédée quelques années auparavant; ayant remarqué que le Prince & la Princesse voyoient volontiers ces anciennes Monnoyes, & que même ils avoient voulu acheter celles du feu Maître Claude Thévenin, Prieur de S. Nicolas.

Nicolas le Pois avoit été aidé dans ce travail par René de la Ruelle, Gendre d'Antoine le Pois, un des Auditeurs des Comptes de Lorraine & Controlleur en la Maison de S. A.

A la tête du Livre on voit des Vers à la louange de l'Auteur, & de l'ouvrage en Latin & en François, composés par Louis des Masure, ou Masurius dont on a parlé ailleurs, Philippe le Brun, Antoine de Poirre, & Moyse Brochard.

Dans la Préface l'Auteur traite de l'utilité des études des Médailles: entrant ensuite en matiere, il remarque que rien ne prouve mieux la grandeur, l'étenduë & la puissance de l'Empire Romain, que ce grand nombre de Médailles Romaines, que l'on trouve dans toutes les parties du monde; que de son tems on en a découvert un grand nombre à S. Nicolas en Lorraine & à Savonieres en Pertois; & ce qu'il y a encore de plus admirable, on en a trouvé même dans l'Amérique & aux Indes Occidentales. Il dit en passant que probablement ces Isles ont été désignées par Platon dans son *Timée*,

&

& par Seneque dans sa Tragédie intitulée *Medée*.

Après cela Antoine le Pois fait honorable mention des Ecrivains qui ont traité des Médailles avant lui, il met à leur tête Sadolet, Evêque de Carpentras, puis Fulvius Ursinus, Antiquaire Romain; l'Ouvrage de Sadolet fut imprimé sans nom d'Auteur à Rome en 1517. sous le titre d'*Illustrium Imagines*, & c'est le premier Livre en ce genre que nous connoissions, M. le Pois y remarque quelques fautes.

A l'imitation de Sadolet, un Allemand nommé Jean Huttich, que M. le Pois avoit vu à Strasbourg, fit imprimer les Images des Hommes Illustres; mais il ne corrigea ni les visages, ni les fautes qu'il trouva dans Sadolet qu'il copioit: après ceux-là parurent Enées de Vigs, & Sebastien Crizzo, Antiquaires diligens, qui ont écrit en Italien.

Ensuite on vit paroître une explication d'une cinquantaine de Médailles assez vulgaires, par Constantius Landus, Comte de Complan; le Pois loue ensuite Jacques de Strada Mantouan, homme très diligent & studieux dans l'Epitome de son trésor des Antiquités, où l'on voit les Portraits des Cesars Romains, & au-dessous du Portrait leur vie & leurs principales actions; mais ajoûte-il, je crains fort qu'il n'y en ait quelques uns de supposés, ayant les revers fort étranges, & quelquefois les Inscriptions d'iceux éloignées de la façon d'écrire des anciens.

Il fait aussi mention honorable de Gabriël Simon, Florentin, & de Jean Sambuques, Polonois, qui ont donné 45. Médailles de cuivre sans aucune explication; il produit un Othon VIII. Empereur, *qu'il dit un Othon de grand cuivre, qui est étrange & non crédible aux Antiquaires Italiens, lesquels n'y ont trouvé aucune Médaille en cuivre dudit Othon.*

Quant à son *Pescannius niger*, qu'il nombre entre les trois Médailles anciennes, qui se trouvent, dit-il, en Europe, j'en ai un d'or, & d'autres aussi en ont; l'Inscription du sien rend la Médaille suspecte pour deux raisons. 1°. Pour ce qu'il le nomme *Titus*, & il se nommoit *Caius*. 2°. Parce que l'Inscription porte *Nigrou Jousslos*, au lieu de *Nigrou Joustou*.

Enfin il parle avec éloge de *Hubert Golzius* de Wurtsbourg, de du Choul, Bally des Montagnes, & de Wolfgand Lazius.

J'ai rapporté cet échantillon pour donner une idée de la grande capacité de M. le Pois; tout son Livre est rempli d'une très belle érudition & les Médailles qu'il a fait graver, de même que les Cornalines ou pierres gravées qui les suivent, sont très bien choisies & gravées très proprement. Il n'est pas jusqu'aux Statnës & autres Piéces gravées en bois à la fin du Livre, qui ne soient de bon goût.

Je suis surpris que M. le Baron de la Bastie, à la tête de sa nouvelle Edition *de la science des Médailles, faite en 1739.* n'ait pas fait mention de notre Antoine le Pois; qui méritoit bien d'avoir place parmi les plus célébres Antiquaires dont il parle. M. Mariette en a fait mention honorable dans son nouveau Traité des pierres gravées. Antoine le Pois mourut en l'an 1578.

Pois (Nicolas le) un des plus Savans Médecins du seiziéme siécle, étoit né à Nancy en 1527. son Pere Louis le Pois, Apoticaire de S. A. l'envoya de bonne heure dans l'Université de Paris avec son frere Antoine le Pois, qui s'est acquis autant de gloire par son livre sur les Médailles, que Nicolas par le sien sur les Maladies.

Nous n'avons pu sçavoir, s'ils y prirent des Grades; mais ils y acquirent la connoissance des Langues savantes, & par leur moyen celle des meilleurs Auteurs de l'antiquité, enfin ils prirent l'esprit de leur profession, l'amour de l'étude. Ils y eurent pour Maître le fameux Jacques Sylvius.

Antoine étant mort en 1578. son frere lui succéda dans sa charge de premier Médecin du Grand Duc Charles. Mais cela ne dérangea en rien son genre de vie. Ses livres & ses malades occupérent également tout son tems. Il sçavoit que toutes les lumieres que la Pratique de l'Art pouvoit lui donner, seroient bornées à bien peu de chose, s'il ne profitoit de celles que les plus grands Maîtres ont transmis dans leurs écrits, après avoir consommé des tems & des travaux immenses pour les recueillir; vérité qui est sensible, mais que l'ignorance, la paresse, & l'ostentation ont coutume de combattre par interêt.

Il lut avec attention tous les ouvrages des Médecins depuis Hypocrates jusqu'à lui, & après avoir vérifié par un examen sérieux & approfondi, souvent même par sa propre expérience, les progrès de l'Art & les découvertes de tous les siécles, il les réduisit sous des Chefs particuliers & dans un ordre naturel. Il n'avoit en cela d'autres intentions, que d'être utile à ses deux fils Chrétien & Charles, qui se destinoient déja à la même Profession. Mais d'habiles Médecins qui virent son manuscrit, & en particulier le Savant Foës, son intime ami, l'engagerent à rendre cet avantage commun à tous les Médecins, & sur-tout aux commençants en faisant imprimer son ouvrage.

Ce fut pourquoi il en dedia la premiere Partie aux étudians en Médecine, & la seconde à ses deux fils ; mais il les avertit qu'en leur rendant le chemin plus aise, il ne pretend pas les détourner d'approfondir par eux-mêmes les matières dans les Originaux : au contraire il exhorte soigneusement à lire & à méditer tous les Auteurs dont son Livre n'est qu'un abregé. Il dit de même qu'il affecte de ne faire aucune citation, afin d'exciter les Lecteurs à recourir aux sources où il a puisé son ouvrage : & crainte, que par prévention contre des Auteurs, ils ne rejettent d'excellentes choses qu'il en a tiré.

Quand la qualité de vrai Savant n'indiqueroit pas sa modestie, il suffiroit de lire sa Préface pour s'en convaincre. Il n'a jamais pris d'autre qualité que celle de Médecin Lorrain, quoiqu'il lui eut été facile de faire parade de plusieurs titres réels & honorables.

Il reconnoît qu'outre les Livres imprimés qu'il indique, il s'est encore servi avec beaucoup de fruit des Traités que Louis Duret, Simon Pietre, Etienne Gormelin, Rochon, & Michel Marescot, illustres Médecins de la Faculté de Paris, ont dictés dans les Ecoles de Médecine, & qu'il desire pour le bien public de voir bien-tôt imprimés. Suivant nos conjectures, son fils Charles le Pois qui étudioit pour lors au Collège de Navarre, lui procura leurs Manuscrits. Voici le titre de son Ouvrage.

De cognoscendis & curandis præcipuè internis humani Corporis morbis, Libri tres : ex Classicorum Medicorum, tum veterum, tum recentiorum monumentis non ita pridem collecti, Operâ Nicolai Pisonis Medici Lotharingi, accessit & de febribus liber unus ; Francofurti, Wechel in-fol. 1580.

Il fut réimprimé chez le même Libraire en 1585. in-octavo avec quelques petites augmentations.

Le célèbre Boërhaave en fit imprimer une troisième Edition en deux Volumes in-quarto à Leyde 1736. pour l'usage de ses Disciples. Nous ne pouvons donner une meilleure idée du Livre de Nicolas le Pois, qu'en joignant ici une Traduction de la Préface que ce Grand Homme a mise à la tête de son Edition. Elle sera d'autant plus de poids, qu'outre le mérite incomparable de M. Boërhaave, il avoit encore une sincérité peu commune, & qu'il étoit fort circonspect en louant les Auteurs.

Herman Boërhaave à ses Auditeurs.

„ Je vous ai recommandé souvent la Lecture de ce Livre de Nicolas le Pois, par- ce que j'ai cru qu'elle pouvoit produire de grands avantages à vos études. Cet Auteur, très célèbre, a puisé la matiere de son Livre dans une lecture exacte de tous les Auteurs anciens & modernes jusqu'à son tems. Il étoit guidé dans ces vastes recherches par un jugement excellent & par une grande bonne foi ; il a choisi tout ce qui étoit de quelque utilité, & n'a rien négligé de ce qui pouvoit servir à la pratique de la Médecine. Il a prudemment retranché les choses étrangeres que les Auteurs ont mêlés dans leurs Ouvrages, moins pour l'utilité de l'Art, que pour faire parade d'une vaine subtilité. Il a mis dans un ordre naturel, & sous des Chapitres très aisés à trouver, tout ce qui étoit épars & confondu dans les Auteurs, qui la plûpart, n'avoient rangés leurs observations que suivant les tems où il les avoit faites ; ensorte que ceux qui ont besoin de consulter les découvertes de tant d'habiles Gens, qui nous ont précédé dans l'Art de guérir, peuvent les trouver très vîte, & rassemblées dans une page, ce qui est d'une très grande utilité. Il arrive souvent dans l'étude de la Médecine, qu'il faut avoir présent à l'esprit tout ce que les plus habiles Médecins ont écrits sur la connoissance & la cure des Maladies ; alors recourez à Nicolas le Pois, il vous apprendra ce que vous cherchez. D'autre côté, dans la Pratique, un Médecin occupé du soulagement d'un grand nombre de malades, désire souvent de consulter sur le champ les Auteurs, & de se rappeller ce qu'il doit déja sçavoir, dans un instant il le trouvera avec joye dans ce Livre. Les jeunes gens qui étudient dans les Universités, ne peuvent pas pour bien des raisons, avoir une Bibliothéque composée de tous les Auteurs, Nicolas le Pois y suppléera encore, son Livre est véritablement une Bibliothéque entiere de Médecine, puisqu'il contient toute la Doctrine des Grecs, des Romains, des Arabes, & depuis le renouvellement des Lettres, tout ce qu'il y a de bon dans les Auteurs, jusqu'au milieu du seizième siécle.

„ C'est pourquoi celui qui l'aura lu une fois avec attention, pourra dans l'occasion se représenter une infinité de bonnes choses. C'est d'après ma propre expérience que je vous en ai ainsi parlé souvent, & je vous le répéte encore plein de reconnoissance : recevez donc avec joye ce Livre qui m'a été souvent d'un grand secours. Je suis plein de vénération

„ pour la mémoire de Nicolas le Pois, &
„ celle de son fils le Grand Charles le Pois
„ qui a écrit sur la Sérosité; à Leyde 1736.

Pois (Charles le) en Latin *Carolus Piso*, un des plus célébres Auteurs en Médecine, a fleuri sur la fin du 16. siécle, & au commencement du 17. sous les régnes de Charles III. Henry II. & Charles IV. Ducs de Lorraine.

Il vint au monde à Nancy en 1563. son Pere Nicolas le Pois, dont nous venons de parler, l'envoya à l'âge de 13. ans à Paris au Collége de Navarre, où il demeura pendant cinq ans. Il y étudia, avec les plus grands succès, les Langues, les belles Lettres & la Philosophie. L'ardent désir qu'il avoit de se rendre habile, lui fit supporter avec joye la dureté de la maniere de vivre des Écoliers de ce tems-là. Il se plaignoit que la rareté du feu, pendant un hyver très rigoureux, joint à une application continuelle, lui occasionnerent une douleur de tête, à laquelle il a été long-tems sujet. (*z*)

Il prit le degré de Maître ès Arts en 1581. & commença la même année à fréquenter les Ecoles de Médecine. Il y eut pour Maître Louis Duret, Simon Pietre, & Michel Marescot, noms connus & au-dessus de tout éloge. Les bonnes qualités de Charles le Pois lui tinrent lieu du meilleur Protecteur auprès d'eux. Ils lui donnerent toutes les instructions qu'il pouvoit désirer dans des entretiens particuliers & dans la visite de leurs Malades; faveurs singulieres, mais qui devinrent aussi honorables pour les Maîtres, que profitables pour le Disciple.

Il étudia quatre années entieres dans la faculté, après lesquelles il voulut connoître par lui-même les grands Personnages qui enseignoient alors la Médecine en Italie, & dont il admiroit les Ecrits. Il alla en 1585. à Padouë où il demeura deux ans: il y entendit Alexandre Massarie grand Sectateur de Gallien. (*a*) Auparavant que de revenir, il vit le reste de l'Italie, & sur-tout les Savants avec qui il pouvoit déja se mesurer.

Au commencement de 1588. il se présenta à la Faculté de Médecine de Paris, pour y prendre ses Grades. Il la regardoit comme le Corps le plus savant & le plus honorable de toute l'Europe, & de si longues études ne furent que la préparation qu'il jugea convenable pour s'en rendre digne.

Les Registres de cette Faculté font mention honorable de ses actes, de son savoir & de sa modestie. La chose est trop singuliere pour ne la pas rapporter ici au long. Il est rare qu'elle loue les Bacheliers, ou mêmes les Docteurs vivants sur ses registres, suivant cette maxime, *ne laudes hominem quemquam ante mortem*; cet extrait nous a été communiqué par M. Chomel, Docteur, Régent de la Faculté de Paris, & Médecin ordinaire du Roi, qui travaille depuis long-tems à une Histoire de cette illustre Faculté: Ouvrage nécessaire, désiré depuis long-tems, & qui ne peut être fait par une Personne plus habile.

Sub decanatu Joannis Rionali anno 1588. *Baccalaureatûs Gradum adepti sunt, probatis studiorum temporibus (nempè 4. an.) & exhibitis litteris magisterii in artibus.*

„ M. Petrus Seguin, Parisinus.
„ Carolus Piso, Lotharingus. (*b*)
„ Die 16. Aprilis 1590. Magist.r Carolus Piso, Lotharingus Nancianus,
„ honestus sane vir, eruditus & modestus,
„ quijam ferè cursum medicum absolverat
„ (ter enim responderat in scholis, omnibus Collegorum suorum disputationibus
„ interfuerat) propter temporum miseriam
„ & calamitatem deserere coactus, comitiis
„ cædere habitis, supplex facultatem rogavit, ut licet licentiatum tempus nondum
„ implevisset, ejus tamen ratio haberetur.
„ Justa visa est ejus petitio, admissus est
„ ad licentias. Subiit examen particulare
„ disputatum est cum eo de Paranympho,
„ duxit eum ad Cancellarium Decanus,
„ Benedictionem ab eo Apostolicam & licentiæ gradum accepit.

„ Die Maii (sequentis) propter tumultus bellicos, quibus omnia ita turbata erant, ut nulla Reipublicæ forma maneret,
„ dispensatum cum Baccalaureis de celebri
„ illa apud Cancellarium præsentatione, de
„ Paranympho, & de saccharo distribuendo.

„ Die 6. Junii mane horâ quintâ, in ædibus Domini Cancellarii obtulit Decanus
„ Baccalaureos tres eidem Cancellario, toto
„ ordine Medicorum præsente, & tabellis
„ in unam conjectis, unitisque suffragiis,
„ ex veteri more, suus cuique locus assignatus est; & quamvis Carolus Piso jam Licentiarum gradum accepisset, tamen visum est Facultati, ut iis tribus Piso absens
„ quartus adjiceretur, non quòd honestiore
„ loco dignus non esset, sed ut si fortè rediret eo ordine Doctoratum adipisceretur: itaque eo ordine qui sequitur ab apparitore nominati & vocati sunt,

---

(*z*) *De serosa Colluvie* Sect. 2. Part. 2. Cap. 1.
(*a*) Traité de la Dissenterie, pag. 76.
(*b*) Nous supprimons ici les noms de treize autres Bacheliers, entre lesquels est celui de Jean l'Enrechon. Voyez son article. Il n'en resta que quatre en Licence.

Petrus Seguin,
Joannes Lavernot,
Antonius Quiquebœuf,
Carolus Piso.

Probablement il auroit eû le second lieu de la Licence, sans son départ ; parce que Pierre Seguin, qui étoit fils d'un Docteur de la Faculté, emportoit le premier de droit, suivant l'usage.

Il fut donc obligé de quitter Paris, & de ne point prendre le Bonnet de Docteur, parce que l'argent lui manquoit. Le rare désintéressement de son pere lui avoit laissé peu de ressources dans son patrimoine ; ainsi de ses enfans, mais encore plus de son honneur, il s'étoit contenté, en mourant, de les recommander à Son Altesse : peut-être que ces deux circonstances ne furent pas les moindres motifs qui exciterent Charles le Pois à cultiver ses talens. Le Prince ne l'oublia pas, non plus que la Princesse Catherine sa fille, qui lui donna souvent des marques de sa générosité. Il nous l'apprend lui-même en ces termes, en témoignant publiquement sa reconnoissance à cette vertueuse Princesse. (c) *Nam quo tempore me mea conditio à te disjunxisset, ita ut non nisi rarissimam mea opella usuram capere tibi in posterum esset integrum, tum nihilominus Celsitudo, præteritorum memor officiorum, quæ à juvene olim accepisset, in me nihil tale cogitantem, atque vix ac ne vix merentem magnificentiam suam, cum eximia benevolentia comiter effudit, ut quoniam suæ tantæ liberalitati parem reipsâ, mihi non licet referre gratiam.*

Mais les grandes affaires de la Ligue, qui occuperent Charles III. ne lui permirent pas, dans ce tems, de continuer les dépenses considérables qu'il faisoit pour plusieurs particuliers, qui devoient dans la suite répandre dans ses Etats les Sciences & les Arts.

Charles le Pois, de retour à Nancy, fut bien accueilli de ce grand Prince. Il le fit son Médecin consultant, & voulut toujours l'avoir à côté de lui, soit à la Cour, ou dans les voyages. En 1603. il l'accompagna aux Eaux de Spa, qu'il lui avoit conseillé d'aller boire pour la gravelle à laquelle il étoit sujet. En 1617. il suivit le Duc Henri dans un voyage qu'il fit à Francfort, sans faire mention de plusieurs autres voyages dans ses Etats, où Charles le Pois lui tint toujours compagnie, & en éprouva continuellement les plus grandes bontés. Voici comme il s'en exprime ; le passage est remarquable (d) : *Ego certè non possum nec debeo silentio præter-*

mittere egregium optimi Principis erga me animum, & charitatem non vulgarem, quam (ut omittam plura beneficia, & si ferè in amicorum commodum dicto citius, & ultrò meâ gratiâ concessa, & diuturna meritisque majora stipendia) non solùm benigno vultu, sed impen â meâ valetudinis curâ significavit. Quoties enim in quotidiano ejus comitatu it nervi longitudo seu difficultas suspicionem ei tantulum lassitudinis, laborisque mei injecisset, toties ille servitii gratiam ultrò faciens statim ut domum me reciperem, & quiete lassitudinem reficerem, quoties per dies caniculares nox æstuosa intemperiem dei sequentis magnum portenderet, toties injuriam inclementiamque diei maturiore perfectione uti præcaverem, ultrò imperabat. Quid quod maluit ille aliquoties vel magnam noctis partem, acerbitatem doloris nephretici tacitè ferre, quàm me intempestæ noctis injuria exponere.

Ce fut à la sollicitation de Charles le Pois, que ce Prince établit une Faculté de Médecine dans l'Université de Pont-à-Mousson (e). Il en fut déclaré Doyen & premier Professeur. Il retourna à Paris en conséquence, & y reçut le Bonnet de Docteur le 14. Mars 1598. des mains de Me. Jean Beauchesne. On lui associa pour Collégue dans son nouveau poste, Toussaint Fournier son parent, homme distingué par ses talens. Ils commencerent à enseigner au mois de Novembre 1598.

En 1600. les Jésuites, qui avoient laissé en paix cette Faculté naissante, manderent les deux Professeurs en Médecine (f), pour venir faire leur profession de foi devant leur Recteur, établi depuis deux ans au Pont-à-Mousson. Il n'y eut pas moyen de reculer ; mais ils ne s'y soumirent qu'à condition qu'ils ne préteroient pas le serment d'obéissance, que le Recteur avoit exigé de ceux de la Faculté de droit. La singuliere protection que le Prince accordoit à Charles le Pois, fut cause que l'on accepta sa proposition ; mais en 1625. les Jésuites firent revivre cette prétention. Charles le Pois la contesta avec vigueur ; les Jésuites firent semblant d'acquiescer à ses raisons ; mais René Baudin & Pierre Barot, Professeurs en Médecine, furent obligés de s'y soûmettre.

L'an 1602. la Faculté de Médecine parut pour la premiere fois, aux Processions de l'Université. Le Doyen se fit précéder par ses Bedauts ; naissance d'un gros débat avec le Recteur, qui prétendoit que tous les Bedauts des différentes Facultés devoient le précéder, en signe d'autorité sur elles.

(c) Dans l'Epître Dédicatoire de sa Traduction du Livre de Mercatus.
(d) *Macarismos*, pag. 178.

(e) L'Université avoit été fondée en 1572. & la Faculté de Droit en 1582.
(f) Abram Hist. Acad. Mussip. lib. 7. sect. 67.

Les Médecins refuferent encore de céder le pas à la Faculté de Droit ; autre difficulté, qui fut portée conjointement avec la premiere au Confeil du Prince, qui nomma des Commiffaires. Ceux-ci accorderent aux Jéfuites tout ce qu'ils demanderent, & la Faculté de Droit l'emporta encore fur celle de Médecine, parce qu'elle étoit plus ancienne dans l'Univerfité. Ce Réglement eft datté de Nancy du 13. Juillet 1604.

Le Cardinal de Lorraine, pour confoler la Faculté de Medecine, lui fit préfent de fa Robe de Cérémonie fourrée d'hermine, pour en orner celles des Profeffeurs.

Nous ne parlerons point des autres conteftations qui font furvenuës avec cette Faculté, parce qu'elles regardent plutôt fon Hiftoire particuliere, que celle de Charles le Pois.

Il s'acquitta de fa charge de Profeffeur, avec toute l'éxactitude qu'elle exige. Ce fut pour lui un nouveau motif de lire tout ce qui concernoit fa profeffion, de méditer, pour␣␣en difcerner le vrai d'avec le faux, & toujours de confulter l'expérience avec attention, afin de reconnoître les mouvemens les plus fecrets de la nature. Il menoit ainfi par dégré fes Ecoliers à une connoiffance profonde & réelle de l'art de guérir. Comme tous fes travaux confpiroient à leur utilité, il n'avoit rien de réfervé pour eux. Sa maifon étoit une nouvelle Ecole, & plus inftructive encore que celle de la Faculté, parce qu'il y inftruifoit un chacun, fuivant fa portée, & qu'il y levoit les difficultés qui pouvoient l'arrêter ; fes Livres leur étoient communs. Il les menoit encore chez fes malades, pour leur apprendre à obferver & à faire l'application de ce qu'il venoit de leur expliquer.

Il avoit compofé, en leur faveur, un Cours entier de Médecine, qui, par malheur, n'a pas vû le jour. Il vaut mieux copier fes paroles, pour en faire connoître le plan.

„ (g) Quæ Theoremata ex Phyfiologia
„ magnæ fyntaxeos Medicæ, commodum
„ repetuntur à nobis, quam Syntaxim præ
„ manibus habemus, quâ univerfam ordine
„ analytico Medicinam, fingulaque in ea
„ argumenta ad inftar Mathematicarum difciplinarum
„ fingularibus Theorematis, &
„ demonftrationibus mutuò fibi connexis &
„ colligatis complector, explicoque fcientificè
„ quidem, fed compendiofè tamen,
„ & ad ufum huic ævo gratiorem accommodatè,
„ ut intra quadriennium folidiffimam
„ & perfectiffimam auditores cognitionem
„ totius Medicinæ quanta quanta eft haurire
„ poffint.

Cet ouvrage, quoique d'une Théorie abandonnée aujourd'hui, feroit cependant très utile. L'art d'introduire la métho.le geométrique dans une fcience auffi compliquée que la Médecine, n'a pas encore reuffi entre les mains de ceux qui l'ont voulu tenter depuis ; mais la profondeur du génie de Charles le Pois, ne nous laiffe pas à douter que ce Livre n'auroit pas été moins admiré que celui *de ferofa Colluvie*.

Il avoit plufieurs autres Traités prêts à voir le jour (*h*) ; mais la modeftie de fon favoir lui laiffoit toujours quelques chofes à défirer pour les rendre plus parfaits. Nous n'aurions aucun ouvrage de lui, fans l'empreffement de fes Confreres, & les ordres du Souverain, qui l'obligerent à faire imprimer.

Il avoit une facilité incroyable pour écrire ; fon Livre *de ferofa Colluvie* eft le fruit des momens, que les fonctions de Profeffeur & de Praticien très occupé, lui ont laiffé pendant fept mois. Il n'avoit pas même écrit les obfervations, dont il fortifie continuellement fa Théorie ; l'excellence de fa mémoire lui rappella encore tous ces traits de la plus fine érudition, dont elle eft enrichie.

Son Traité de la Diffenterie fut compofé en peu de jours, & celui de la Comette, pendant les courtes vacances de Noël.

Ce feroit un paradoxe d'avancer que ces ouvrages font excellens dans leur genre, fi on ne favoit que Charles le Pois avoit l'efprit enrichi de tout ce que l'on avoit de meilleur jufqu'à lui. Pour l'acquérir plus facilement, il avoit appris un grand nombre de Langues. Outre le François, le Latin & le Grec, il poffédoit encore l'Italien, l'Efpagnol, l'Arabe & l'Hébreu. Une fi vafte érudition étoit jointe à un jugement folide & profond. Il le fortifioit fouvent par l'étude des Mathématiques. Il ne connoiffoit de paffions, que l'étude & le défir ardent de perfectionner la Médecine, & de la fimplifier, en la dépoüillant des épines, dont la fubtilité des Arabes & des Scholaftiques l'avoit embaraffée. Il étoit au-deffus des préjugés vulgaires ; comme il chériffoit fingulierement les ouvrages d'Hyppocrates, il fuivoit auffi fa méthode. Il étoit grand obfervateur, & par conféquent grand Praticien. Il fe reconnoît redevable de fes plus grandes découvertes, aux fréquentes ouvertures de cadavres ; & il follicite les Médecins curieux de leur profeffion,

---

(*g*) Præfat. de ferofa Colluvie.
(*h*) Non pauca in Physicis, & plura in practicis eaque haud vulgaria, nec publica luce indigna argumenta, privatim à me animadverfa, in manibus habeo. Præfat. de ferofa Colluvie.

de n'en négliger aucune : *Debent autem Medici satagere plurimùm, ut quantùm licet, hæc iis detur facultas, quòd liber naturæ sit optimus docendus Medicinæ Magister, ex quo certè, dico verè & seriò, longè plura quàm ex scholis omnibus semper didici* (i). Rien ne seroit plus désirable pour l'avancement de la Médecine, que de faire mettre fréquemment ce précepte en usage ; mais les préjugés des peuples sont si forts là-dessus, qu'il n'y a que l'autorité des Souverains, & l'aide de ceux qui en sont les dépositaires, qui puissent procurer cet avantage au genre humain.

Charles le Pois employoit peu de remèdes, encore étoient-ils fort simples, par une conséquence toute naturelle de la réforme qu'il avoit établie dans la Médecine. On est quelquefois surpris qu'il ait guéri des maladies difficiles avec si peu de remèdes ; mais c'est qu'il connoissoit le tems & l'occasion de les appliquer. " (k) *Nam ut ingenuè fatear, victus quò simplicior, eò gratior & salubrior, ita meâ quidem sententiâ Medicinis judicandum, ut supervacaneus sit eorum labor, qui ex omni genere herbarum sive obviarum, sive exoticarum, sive tempestivarum, sive secus medicamenta ejusmodi præscribunt magis venditandi ostentandique industriæ specimen aliquod, aut Aromataris gratificandi, quam bene de ægris merendi gratiâ. Quæ enim ex commixtione tot & tam pugnantium medicamentorum temperies, substantiæ modus, sapor & qualitates id genus sint emersuræ subducere, & certò conjicere præceps & infirmum in juvenibus plerisque judicium haud quaquam facilè potest.*" Il se plaignoit de ce que les Apoticaires de son tems se mêloient de la pratique de la Médecine, tandis qu'ils négligeoient leur propre métier (l), *Quorum opera (Pharmacopolarum) neglecto Medicorum consilio, quæ est summa hujus ævi imprudentia primis ferè diebus exquiritur.* Et en un autre endroit (m), *Les ministres des Médecins sont pour le jourd'hui & les premiers, & le plus souvent seuls appellés au secours des malades, voir aisé & moyenné.*

Les mœurs de Charles le Pois répondoient aux qualités de son esprit ; on en admiroit cette simplicité antique, qui a toujours fait le caractère des grands Médecins ; incapable & ennemi de toute charlatanerie, il aima mieux souvent la laisser triompher, que de se compromettre avec des envieux, qui cherchoient moins à guérir les malades, qu'à se faire valoir & à s'enrichir (n) : *Sed cùm nobilissimum ægrum diserti viri oratione ad suam conversum opinionem animadverterem, tum pro more meo tempori cedendum putavi, quippe qui ab omnibus rixis longè alienus à natura, & à pertinaciore omni contentione aversus, modestiam semper pluris fecerim, quàm vel nominis proprii gloriam & magnam apud ægros auctoritatem.*

Cette route, qui est la moins frayée pour se faire connoître, est cependant la plus certaine & la plus estimable. Sans qu'il cherchât à faire éclater son mérite, parce qu'il en avoit un véritable, il fut reconnu par-tout pour le meilleur Praticien de son tems. Il fut le Médecin de tout ce qu'il y avoit d'honorable en Lorraine. Nous avons vû chez un Médecin de Nancy un Recuëil de plusieurs de ses Consultations écrites de sa propre main : il y en a pour le Duc & les Princes de la Maison de Lorraine, pour le Grand-Duc de Toscane, l'Electeur & l'Electrice de Bavière, & plusieurs grands Seigneurs étrangers.

Il étoit en correspondance avec tous les vrais Savans de son tems. Chaque fois que Loüis XIII. passa par le Pont-à-Mousson, ses Médecins rendirent visite à Charles le Pois, & l'appelloient publiquement leur Pere & leur Maître dans la Médecine.

Il mourut à Nancy en 1633. pendant l'été ; il y étoit venu pour soulager les pestiférés ; mais il succomba lui-même à cette cruelle maladie.

Nous n'avons vû de lui que quatre Ouvrages imprimés, quoiqu'il soit probable qu'il en a fait imprimer d'autres. A la page 10. de son Traité de la Dissenterie, il cite un de ses Livres sous le titre, *De abditis causis motuum sanguinis & humorum, &c.* Nous n'en avons pû trouver aucune autre nouvelle.

Voici la liste de ses Ouvrages imprimés,

1°. *Caroli tertii sereniss. potentissimique Ducis Lotharingiæ, &c. macarismos, seu felicitatis & virtutum egregio Principe dignarum coronæ ; ex sapientia hortis lectæ, congestæque in honorarium ejus tumulum Ponte ad Monticulum ; apud* Jac. Garnich 1609. *in-quarto.*

Cet éloge représente les neuf Muses, qui offrent chacune une Couronne Poëtique à la mémoire du grand Duc Charles, en célébrant ses vertus. Elles s'adressent aux Princes & aux Princesses ses enfans ; la Poësie en est mâle, vigoureuse & propre au sujet ; Charles le Pois y a joint autant de Commentaires en stile Poëtique ; l'érudition immense & bien choisie dont il est orné, n'en dimi-

(i) *De serosâ Colluvie, sect. 4. sup. 3. observ.* 115.
(k) *De serosâ Colluvie, sect. 4. cap. 2.*
(l) *Ibid. sect. 2. part. 1. cap. 2.*

(m) Epitre Dédicatoire du Traité de la Dissenterie.
(n) *Sect. 2. cap. 2. observ.* 110. *de serosâ Colluvie.*

muent pas la force. Il y a femé quantité de traits admirables de la vie de ce grand Prince, qui auroient été ignorés, fans ce Livre. On y voit avec plaifir les fentimens que la douleur & la reconnoiffance exciterent à Charles le Pois, à la mort de fon bienfaiteur. Cet ouvrage donne une belle idée de fon caractere, & de la Philofophie qu'il pratiquoit.

2°. *Phyficum Cometæ fpeculum, in quo natura, caufæ fpecies, atque forma, varii motus, flatio, moles, natale tempus, ætas, occafus, virefque feu effectus deteguntur & accurate atque dilucidè demonftrantur; auctore Carolo Pifone Doct. Parif. Confil. & Cubiculario Medico Henrici II. S. Ducis Lotharingiæ, &c. Decano Facultatis Medic. Acad. Pontana, & Domino de Champel. Ponte ad Montionem, apud Carolum Mercatorem* 1619. *in-octavo.*

Il eft dédié au Duc Henry, qui avoit donné occafion à cet Ouvrage, par la curiofité qu'il avoit témoignée fur la Comette qui parut en 1618. depuis le premier jufqu'au 29. Décembre. Chacun de fes Médecins tâcha, à l'envie, de lui donner fes conjectures, dans les Conférences qu'il tenoit fouvent avec eux, & avec d'autres Savans, pour s'inftruire, ou du moins pour s'amufer dans leurs converfations; méthode dont il avoit herité de fon Pere, & qui étoit bien digne d'un Prince fi éclairé. Charles le Pois, que fa charge de Profeffeur avoit empêché de participer à cet honneur, compofa ce Livre pendant le peu de tems que lui laiffoient les vacances de Noël; & le préfenta au Duc Henri, qui l'avoit engagé à lui expofer fon fentiment fur les Comettes en général, & fur celle qui paroiffoit, en particulier.

Le défaut d'Aftronomie empêcha Charles le Pois de pouffer bien loin fes recherches, fur la nature & la marche des Comettes. Il embraffe l'opinion d'Ariftote, qui prétendoit qu'elles n'etoient autres chofes, que des méthéores ignés, formés des exhalaifons de la terre. Il explique phyfiquement fuivant cette hypothéfe, comment les Comettes deviennent des préfages d'une mauvaife année, & des maladies qui peuvent en réfulter; mais pour les confequences morales, il les nie & les combat.

3°. *Difcours de la nature, caufes & remédes tant curatifs que préfervatifs, des maladies populaires, accompagnées de diffenteries & autres flux de ventre, & familiires aux faifons chaudes & féches des années de femblables intempérature; compofé par le fieur Charles le Pois,* Confeiller & Médecin ordinaire de Son Alteffe, Doyen & Profeffeur en Médecine en l'Univerfité de Pont-à-Mouffon, & Seigneur de Champel; au Pont-à-Mouffon, par Sébeftien Cramoify 1623. *in*-12.

Ce Livre fut compofé au fujet d'une diffenterie, qui fit périr beaucoup de monde en Lorraine en 1622. Charles le Pois prédit qu'elle reviendroit l'année fuivante, & inventa une méthode toute différente de celle qui avoit été employée pour la guérir. Elle eft fondée en raifon, & fur la nature & le caractere de cette maladie. Il dit que ce n'eft autre chofe qu'une fiévre, dont la crife fe détermine fur les inteftins, & que le flux n'en eft que le fymptôme. Il propofe la faignée comme le principal remède; & il rend juftice à Michel Marefcot, fon ancien Maître, & célèbre Médecin de Paris, de l'avoir mife en ufage le premier, & de l'avoir anime à ne la pas craindre en pareil cas (*o*).

4°. *Selectiorum obfervationum & confiliorum de praeteritis hactenus morbis affectibufque praeter naturam, ab aqua fen ferofa Colluvie & diluvie ortis, liber fingularis, opus novitate & varietate doctrinæ utile juxta atque jucundum, auctore Carolo Pifone, &c. Ponte ad Monticulum, Car. Mercator.* 1618. *in-quarto.*

Il y en eut une feconde édition in-octavo, à Leide chez Hach 1650. nous ne connoiffons pas la troifième (*p*); Boerhaave fit faire la quatrieme en 1714. in-quarto, à Leide, chez Langerack. Peu de tems après, il y en eut une cinquième dans la même Ville, chez Boutenftein. La fixième eft encore de Leide, chez Potuliet en 1733. in-quarto. Comme elle eft encore épuifée, & que les Libraires d'Hollande ne tarderont pas à en faire une feptième, il feroit à fouhaiter qu'on l'enrichît du Portrait de l'Auteur, qui eft dans les Ecoles de Médecine à Pont-à-Mouffon.

Nous ne pouvons rien ajoûter au jugement, que M. Boerhaave a porté en faveur de ce Livre; il eft trop honorable à la mémoire de Charles le Pois, pour n'en pas joindre ici une traduction.

H. Boerhaave à fes Auditeurs.

" Il y aura bien-tôt quatre ans que je
" vous fis des Leçons dans les Ecoles de
" cette Univerfité, fur tous les Auteurs qui
" fe font diftingués en Médecine, & fur le
" choix que vous en deviez faire. Je vous
" fis voir clairement qu'il y en a très peu qui
" excellent dans cette partie de la Medecine
" qui, par un exercice continuel de l'art,

(*o*) Pages 77. & 78.
(*p*) Ce n'eft pas celle de Deux-Ponts, *Bipontii*; car c'eft une erreur dans le Livre, *Methodus difcendi artem Medicam*, pag. 506. L'Auteur a confondu *Deux-Ponts* avec Pont-à-Mouffon.

„ nous donne des descriptions exactes des
„ maladies, telles que la nature les pré-
„ sente, & qui, après les avoir scrupuleu-
„ sement discutées, en tire prudemment
„ des préceptes généraux. En effet, elle sur-
„ passe toutes les autres par sa beauté, son
„ excellence & son utilité ; elle doit encore
„ leur être préférée par son antiquité & par
„ les qualités qu'elle exige de ceux qui la
„ cultivent, qui sont la bonne foi, la prati-
„ que & une grande sagacité. En vous fai-
„ sant mention des Auteurs qui en ont traité,
„ & qui sont en très petit nombre, en com-
„ paraison de ceux qui ont écrit sur les au-
„ tres parties, j'ai donné le premier rang à
„ *Charles le Pois* ; il a merveilleusement aug-
„ menté la science de la Médecine, que son
„ pere Nicolas le Pois lui avoit transmise. Il
„ est allé profiter des lumieres des plus
„ grands Maîtres de l'art ; &, après une
„ étude profonde de tous les meilleurs Li-
„ vres, il s'est distingué par les observations
„ qu'il nous a données. Je vous ai recom-
„ mandé de lire nuit & jour ses ouvrages,
„ parce qu'ils vous apprendront tout ce qu'il
„ y a de plus beau & de plus certain dans la
„ Médecine. Je lui ai donné particuliére-
„ ment les plus grandes loüanges, parce
„ qu'il confirme sa Théorie par un grand
„ nombre d'observations, parce qu'il l'orne
„ d'une érudition consommée, & sur-tout
„ parce qu'il démontre, par l'exposition des
„ ouvertures des cadavres, la cause & le
„ siége des maladies, dont il vient de don-
„ ner une histoire d'après nature. La juste
„ estime que l'on a de ces qualités, qui sont
„ communes aux le Pois, ont fait recher-
„ cher avec avidité cet ouvrage, dans le-
„ quel on espéroit acquérir tant d'excellen-
„ tes choses ; mais les exemplaires en étoient
„ rares, quoiqu'il y en ait déja eû trois Edi-
„ tions...... Recevez donc ce Livre, qui
„ est à présent à bon-marché, tandis qu'il
„ se vendoit auparavant un prix excessif ;
„ méditez-le souvent, il vous plaira, & vous
„ sera toujours utile ; & je puis vous l'affir-
„ mer d'après ma propre expérience, vous
„ ne vous repentirez pas de le lire dix fois.
„ A Leyde 1714.

Ludovici Mercati Institutiones ad usum & examen eorum qui luxatoriam exercent artem; in quibus explicantur variæ differentiæ, cum articulationum tum modorum quibus solent articuli depravari, suisque è sedibus discedere, unà cum arte quâ nativis restitui figuris & sedibus possunt debentque, in quibus denique agitur de ossium fractura & curatione: ex Hispanico idiomate in Latinum vertit Carolus Piso Doctor Parisiensis, nunc primùm in Germaniæ è mss. cum figuris ligneis ad ocularem demonstrationem in lucem editæ; Francofurti apud Palthenium 1625. in-fol.

Cette traduction est dédiée à la Princesse Catherine de Lorraine, Abbesse de Remiremont.

POLYANDER (Jean) Professeur en Théologie dans l'Université de Leyde, naquit à Metz en 1568. Il étoit originaire de Gand, & sortoit d'une famille appellée Kerckhoven ; avoit pour pere un Ministre d'Embdem, & le fut lui-même de Dordrecht, où il enseigna la Philosophie en 1611. Il fut appellé par les Curateurs de l'Université de Leyde, qui lui donnerent la Chaire en Théologie, que Gomarus avoit résignée. Il fut député au Synode de Dordrecht, & on le nomma pour être un de ceux qui devoient en dresser les Canons. Il étoit encore Recteur à Leyde en 1640. On a de lui,

1°. *Contestationes Antisocinianæ.*
2°. *De existentia essentiali Jesu Christi.*
3°. *Syntagma exercitationum Theologicarum.*

Voyez Meursius, *in Ath. Bata.* Freheri *Theatrum*, G. Brandt. *Histoire de la Réforme, &c.* tom. 1. p. 420. *&c.* Moreri.

PONCET (Du) Jésuite, habile Prédicateur, fut chargé d'écrire la Vie du Duc Charles V. mais, pour quelques expressions qui ne furent pas du goût du Duc Leopold I. l'ouvrage ne parut pas. M. le Clerc fameux Graveur, avoit déja fait les Planches, les Vignettes, les Culs-de-lampes, des Lettres grises, qui devoient accompagner cette Histoire ; & on les vend aujourd'hui à part. Je ne sai ce qu'est devenu le Manuscrit du Pere du Poncet. Il fit imprimer à Nancy, chez J. B. Cusson, une Oraison funèbre prononcée à Lunéville le 17. Septembre 1715. dans l'Eglise de l'Abbaye de S. Remi, en l'honneur de M. le Prince François de Lorraine, Abbé de Stavelo, réimprimée chez le même en 1730. dans le Recueil des Oraisons funébres des Princes de Lorraine.

PORCELET (Jean de Maillane) Evêque de Toul ; voyez ci-devant *Maillane.*

PRAILLON (Michel) *Mémoires manuscrits de M. Praillon*, Maître Echevin de Metz : le P. Benoît Picard Capucin le cite souvent.

M. Meurisse, Suffragant de Metz, à la fin de son Histoire des Evêques de Metz, reconnoît qu'il a beaucoup tiré de secours pour son ouvrage, des Cabinets de M. Praillon Maître Echevin, & de M. Bontems, Chanoine & Trésorier de la grande Eglise de Metz. Ces deux Messieurs vivoient donc de ce tems, c'est-à-dire, en 1634.

PROBUS (*Christophorus*) *Barroducæus, Deploratio super mortem illustrissimæ Renatæ à Borboniæ,*

Borbonia, uxoris Antonii Serenissimi Loth. Duc. Carmen elegiacum; Argentinæ 1539.

PROTADE, qui fut Préfet de Rome vers la fin du quatriéme siécle, étoit de Treves, & y faisoit sa demeure ordinaire. Il avoit de grands biens, & jouissoit d'une brillante fortune; il perdit ensuite une partie de ses biens, & s'en consola aisément, n'y ayant jamais été trop attaché. Il se retira à la Campagne en Umbrie, où il s'appliqua à l'étude. On croit qu'il s'étoit proposé d'écrire l'Histoire des Gaules sa patrie. Symmaque, avec qui il étoit lié d'une étroite amitié, lui envoya, pour favoriser ses études, la fin de l'Histoire de Tite-Live, qui contenoit le détail des guerres de Jules-Cesar en Gaules, & lui promit de lui chercher ce que Pline avoit écrit des guerres de Germanie. A son retour, Protade recueillit les Lettres de Symmaque; & pour les mieux conserver, les fit écrire, non sur le papier, ou sur l'écorce, mais sur des rouleaux de satin. Il ne nous reste rien des Ecrits de Protade. Voyez le R. P. Rivet, tom. 2. p. 136. de son Histoire Littéraire de France.

Je ne séparerai point de Protade, dont je viens de parler, les deux freres (*q*), *Minerve* Intendant du Domaine, & *Florentin* Préfet de Rome, tous deux élevés aux premieres dignités, & employant leur crédit à favoriser les gens de Lettre, & à protéger leurs amis. Nous avons quinze Lettres de Symmaque à Minerve, & six à Florentin, sans y comprendre les deux adressées aux trois freres, & celles qui sont certainement perduës. Nous n'avons pas non plus les Réponses qu'ils avoient faites à Symmaque; celui-ci soûmettoit ses Ecrits à la censure de Minerve, & faisoit grand cas de son approbation. Nous avons dans le Code Théodosien diverses Loix, qui sont adressées à Minerve, comme Intendant du Domaine en 397. 393. Florentin fut Préfet de Rome au moins jusqu'à la fin de l'an 697. On n'a aucun Ecrit de ces deux Savans, & ils ne nous seroient gueres connus, sans les Lettres de Symmaque. Voyez D. Rivet, tom. 2. pag. 138.

PROVENÇAL (Joseph) Peintre & ancien Professeur de l'Académie de Peinture & Sculpture à Nancy, naquit en la même Ville le 8. Mars 1679. Il témoigna, dès sa plus tendre jeunesse, son goût pour le dessein; on le mit d'abord chez Collignon Sculpteur à Nancy, ensuite chez Charles Peintre, dont nous avons parlé. Son pere étant mort, il prit le parti d'aller en Italie; il demeura trois ans à Rome, & voyagea pendant deux ans dans les principales Villes d'Italie. De retour à Nancy, il peignit d'abord un Salon dans sa Maison de campagne à Vandœuvre. Cet ouvrage le fit connoitre; il s'attacha ensuite aux Portraits, & y réussit très bien.

Voici la liste de ses principaux Ouvrages,
1°. S. Bruno dans le Cloitre de la Chartreuse de Bosserville.
2°. Le Dome de l'Eglise des Carmelites du premier Couvent à Nancy.
3°. L'Eglise des Carmelites du second Couvent, dans la même Ville.
4°. Plusieurs morceaux d'Architecture & de Perspective, & autres tableaux à Gondreville, pour Monseigneur le Prince d'Elbœuf, qui aimoit beaucoup Provençal, & lui donna des marques de sa protection en plusieurs occasions.
5°. Une Cêne dans le Réfectoire de l'Abbaye de Sainte-Marie à Pont-à-Mousson.
6°. Une autre Cêne dans celui des Peres Minimes de Bon-Secours.
7°. Plusieurs Sales, Chambres, & les Faces de sa Maison de campagne, nommée Charmois, entre Nancy & Vandeuvre.
8°. Plusieurs Perspectives & morceaux d'Architecture dans les Château & Jardins de Lunéville.
9°. La Voûte de l'Eglise de Notre-Dame de Bon-Secours.
10°. Les Stations de la Belle-Croix, & plusieurs Perspectives à la Malgrange.
11°. Deux Perspectives dans la grande Gallerie de l'Abbaye de Senones.

Il mourut le 21. Juillet 1749. dans sa Maison du Charmois, & fut enterré dans l'Eglise Paroissiale de Vandœuvre. Ce Peintre étoit laborieux, & avoit un très beau coloris.

PROVENÇAL (Jacques-Gilles) dit *Provençal*, Curé de Guise sur Meson, est né à Nancy vers l'an 1695. a étudié en cette Ville & à Pont-à-Mousson, & a fait son cours de Théologie avec succès à Paris. Il a composé plusieurs Ouvrages, entre autres, un Traité sur l'infaillibilité du Pape.

Il a aussi composé quatre autres Traités; savoir,
Le premier, sur l'Incarnation.
Le second, sur la nécessité & le secret de la Confession.
Le troisiéme, sur l'invocation des Saints.
Le quatriéme, sur le Sacrifice de la Messe; tout cela manuscrit.

PRUD'HOMME (Christophe) de Bar-le-Duc, Président des Grands-Jours à S. Mihiel, a fait imprimer en 1539. les Poëties de Porcelet, de Bazin & de Tuilly, in-octavo, sous ce titre: *Trium Poëtarum elegantissimorum Porcelet, Bazin & Tullei opuscula in lucem edita*

(*q*) *Minervius & Florentinus.*

à *Chriftophoro Prud'hom*....... *Barroduc.* J'ai parlé de ces trois Auteurs fous leurs articles.

Quant à Chriftophe Prud'homme, il eft cité par M. Jean-Jacques Chifflet (*r*), dans fon Livre intitulé, *Commentarius Lothariensis*, imprimé en 1649. où ledit Prud'homme donne des preuves, que le Duché de Bar n'a jamais dépendu des Rois de France, puifque les Empereurs ont érigé en Duché le Barrois, qui n'étoit auparavant que fimple Comté, & qu'ils lui ont donné des Loix & des Réglemens qui s'obfervent encore à préfent; & tout cela au vû & au fçû des Rois de France, qui n'y ont formé aucune oppofition.

Cette difpofition a fubfifté jufqu'en 1536. lorfque, pendant les troubles de la guerre, quelques particuliers entreprirent d'appeller des Sentences des Juges de Bar, au Parlement de Paris, & donnerent par-là occafion à ce Parlement d'entreprendre fur une Jurifdiction étrangere. Mais les Ducs de Lorraine, fucceffeurs de René II. s'étant plaint de ces ufurpations aux Rois François I. & Henry II. ces Princes ordonnerent que les chofes fuffent rétablies fur l'ancien pied; & il intervint en conféquence divers Traités & différentes déclarations entre les Rois de France & les Ducs de Lorraine. Le même M. Prud'homme parle dans cet Ouvrage des limites qui féparoient le Barrois du Royaume de France ; le tout diftinctement marqué par les ruiffeaux & les bornes qui fe trouvent défignés dans les Actes, & les Piéces confervées dans l'Archive de...... L'Ouvrage de M. Prud'homme eft cité fous le titre de *Commentaire manufcrit* écrit en Latin; je ne l'ai jamais vû, & ne fai s'il exifte dans le Pays.

PSEAUME (Nicolas) Evêque de Verdun (*s*), né à Chaumont-fur Aire au Diocéfe de Verdun, en 1518. fut élevé dans l'Abbaye de S. Paul de Verdun, auprès de François Pfeaume fon oncle, qui en étoit Abbé, & qui, après lui avoir donné les premiers élémens des Sciences, l'envoya, pour le perfectionner, dans les Univerfités de Paris, d'Orléans & de Poitiers. Au retour de fes voyages, il lui réfigna fon Abbaye en 1538. & Nicolas Pfeaume embraffa l'Inftitut des Prémontrés en 1540. & fit profeffion en préfence de fon oncle entre les mains de Nicolas Gerberti, Suffragant de Loüis de Lorraine Evêque de Verdun. Il avoit à peine 22. ans, qu'il fut fait Prêtre, & envoyé à Paris pour y continuer fes études de Théologie.

On le choifit en 1548. pour aller au Concile de Trente, afin d'y foutenir les intérêts de fon Ordre ; mais le Cardinal Charles de Lorraine, qui l'avoit vû à Paris, le retint, & lui réfigna l'Evêché de Verdun, dont il prit poffeffion le 12. de Juillet, & le 5. Octobre l'Empereur Charles V. lui en donna l'inveftiture.

Il affifta en 1549. au Concile Provincial indiqué par Jean d'Ifenbourg Archevêque de Tréves, où l'on fit de fort beaux Réglemens, pour conferver la pureté de la Foi, pour le maintien de la difcipline de l'Eglife.

En 1550. il fe rendit au Concile de Trente, & y opina d'une maniere pleine de vigueur contre l'abus des Commandes; ce qui lui attira des difcours & des reproches offenfans. On affure que l'Evêque Pfeaume parla feul dans la féance du 5. Décembre 1551. & qu'il s'étendit beaucoup fur l'inftitution divine des Evêques en la perfonne des Apôtres (*t*), & qu'un Italien l'ayant voulu railler, en difant: *Ifte Gallus nimium cantat*, Pierre Danés Evêque de Lavaur, qui avoit été Précepteur du Roi François I. répliqua, *Ut. nam ifto Gallicinio ad refipifcent am & fletum revocetur Petrus* ; réponfe qui fut applaudie de tout le Concile. M. Pfeaume ne parle de cette circonftance dans aucun de fes Ecrits, & M. l'Abbé Hugo, dans la vie de l'Evêque Pfeaume, qu'il a donnée à la tête de fes *Monumenta facræ antiquitatis*, femble attribuer cette réponfe à M. Pfeaume lui-même, qui la fit, dit-il, à quelques Prélats, qui relevoient ce qu'il avoit dit contre les Commandes.

M. Amelot de la Houffaye, dans fa Préface de la Traduction de Fra-paolo, remarque que le Cardinal Pallavicin, dans fa contre-hiftoire, *lib.* 21. *pag.* 118. n'approuve pas la réponfe, que fit Pierre Danés Evêque de Lavaur, lorfque l'Evêque d'Orviette fe railla de Nicolas Pfeaume, en difant *Gallus cantat*, & que l'Evêque de Lavaur répondit ce que nous venons de voir ; cependant l'Archevêque de Grenade, l'un des plus excellens Prélats du Concile, ne penfoit pas de cette réponfe comme Pallavicin ; car toutes les fois qu'il en parloit, ce qui lui arrivoit fouvent, il s'écrioit, *Scribantur hæc in generatione altera*.

L'Evêque Pfeaume revint à Verdun en 1552. & le Roi Henry III. étant entré en cette Ville, Pfeaume eut l'honneur de l'y recevoir.

Il retourna au Concile de Trente avec le Cardinal de Lorraine, & y parut avec beaucoup de diftinction. Après la conclufion de cette fameufe affemblée, arrivée en 1563. l'Evêque Pfeaume paffa fa vie à Verdun, oc-

---

(*r*) *Chifflet Comment. Lothar. cap.* 11. *p.* 42.
(*s*) Voyez la vie de M. Pfeaume plus au long dans la nouvelle Hiftoire de Verdun, p. 431. & fuiv.
(*t*) Hift. de Verdun, pag. 250.

cupé au Gouvernement de son Diocèse, & à combattre les héréſies & les autres ennemis qui l'attaquoient de toute part. Il mourut à Verdun le 8. Août 1575. & fut enterré dans ſa Cathédrale, où l'on voit ſon Mauſolée avec un Epitaphe fort honorable.

Le premier de ſes ouvrages, dont nous ayons connoiſſance, eſt intitulé : *Collectio actorum & decretorum ſacri Oecumenici Concilii Tridentini in duas partes diviſa.* I. *Pars continet medullam veterum & ſententiarum Patrum Concilii, ſuper præcipuis materiis propoſitis in Congregationibus ab adventu Eminentiſſimi Cardinalis Lotharingici, cum Epiſcopis gallis, ab anno* 1562. *ad finem Concilii.*

Le tout imprimé à Etival par Jean Martin Heller en 1725. in-fol. par les ſoins de M. Charles-Louis Hugo, Abbé d'Etival. Tome I. *Sacræ antiquitatis monument.* pag. 217. & ſuiv.

Le Manuſcrit d'où ces ouvrages ont été tirés, ſe conſerve dans l'Abbaye de S. Vanne de Verdun, d'où les R. P. Bénédictins, nos Confréres, ont eu la politeſſe de nous les prêter pour les communiquer à M. l'Abbé Hugo, qui n'a pas jugé à propos de leur en faire honneur. On m'écrit (*u*) que le *Medulla* n'eſt point imprimé dans ſon entier, & qu'il s'en faut près de moitié, qu'il ne ſe trouve complet dans l'imprimé.

1°. Il fit imprimer en 1548. les Canons du Concile Provincial de Tréves, & en 1554. une explication de la Meſſe.

2°. En 1557. il fit réimprimer le Miſſel de Verdun.

3°. *Elucidationes nonnullorum locorum Sacri Concilii Tridenti à ſancta Romana Eccleſia Cardinalibus deputatis Prælatis & aliis, conceſſæ.*

4°. En 1564. il ordonna, pour l'uſage de ſon Diocèſe, tous les Canons du Concile de Trente, touchant la réformation ſous ce titre : *Canones & decreta Concilii Tridentini, cum Indice Rubricarum, Decretorum & Capitum totius operis Virduni* 1564.

5°. Préſervatif contre le changement de Religion ; à Verdun in octavo 1563.

6°. Un Traité intitulé : *Portrait de l'Egliſe*, dédié au Cardinal de Lorraine, qui l'en remercia par cette Lettre : M. de Verdun j'ai reçu votre Portrait de l'Egliſe, qui m'a été merveilleuſement agréable, & à pluſieurs autres perſonnages de cette Cour (à S. Germain en Laye) auquel je l'ai communiqué, &c. ce 14. Janvier 1574. votre meilleur frere & ami C. Cardinal de Lorraine.

D. Hildephonſe Cathélinot, Bénédictin de S. Mihiel, m'écrit que quelques recherches qu'on ait fait de cet ouvrage à Verdun & ailleurs, on n'a pas pu le découvrir.

Un Avocat de Verdun a la vie de M. Pſeaume, manuſcrite contenant toutes ſes Lettres.

Voici l'Epitaphe qu'il s'étoit faite à lui-même avant ſa mort.

,, Nicolaus Pſalmæus à Calvomonte ad
,, Huvium Erram, humilibus quidem, ſed
,, piis natus parentibus, prius ſancti Pauli
,, ad Virduni Mœnia Abbas, poſtea ad Epiſ-
,, copatum Virdunenſem vocatus, ſanctè
,, & religioſè de futura Reſurrectione co-
,, gitans, Sepulchrum hoc, dùm adhuc in
,, vivis ageret, ſibi extruendum curavit,
,, anno Domini M. D. LXXII.

L'on y ajoûta après ſa mort, *in eo verò mortui corpus Clerus populuſque Virdunenſis mæſtiſſ. Poſ. an. Domini.* M. D. LXXV. X. *die menſis Auguſti.*

Son cœur fut dépoſé en l'Egliſe des Peres Jeſuites, avec cette Inſcription, *Nicolaus Pſalmæus amicus veſter dormit, orate pro eo, obiit die* x. *menſis Auguſti anno* M. D. LXXV. *ætatis ſuæ* LVII.

PULCRONE (S.) ou Polycrone Evêque de Verdun, étoit né dans la Gaule Belgique de parens conſidérables par leurs vertus & leurs richeſſes, & qui faiſoient leur demeure ordinaire à Verdun, ou aux environs ; étant morts d'aſſez bonne heure, ils laiſſerent orphelin le jeune Polycrone : mais S. Loup & ſa femme Piméniole, qui leur étoient parents, firent venir apparemment à Toul, où ils demeuroient, le jeune Polycrone, pour lui donner une éducation Chrétienne ; on ſait très peu de choſes de ce Saint, mais on en dit beaucoup de particularités qui ſont peu certaines : par exemple qu'il vécut quelque tems dans le Monaſtere de Lerins, & qu'il fut donné pour Evêque à la Ville de Verdun par S. Loup ſon parent, Evêque de Troyes en Champagne, qu'il accompagna S. Germain & S. Loup dans leurs voyages d'Angleterre, qu'étant allé à Rome le Pape S. Leon l'envoya avec pluſieurs autres Evêques au Concile de Calcédoine contre Euthychés ; mais on ne trouve point ſon nom parmi ceux qui ont ſouſcrit à ce Concile.

Il eſt vrai qu'on y voit deux ou trois Evêques du nom de *Policrone*, mais ils étoient Evêques dans l'Orient, & il y a toute apparence que c'eſt la reſſemblance des noms qui a fait dire que Pulcrone ou Polycrone Evêque de Verdun y a aſſiſté. Le Siége Epiſcopal de Verdun étoit anciennement dans

(*u*) Lettre de D. Ildephonſe Cathelinot de l'an 1744.

l'Eglise de S. Pierre aujourd'hui l'Abbaye de S. Vanne ; S. Pulcrone le transfera, dit-on, dans l'Eglise de la Ste. Vierge, aujourd'hui Cathédrale, en la place de sa maison paternelle. Il mourut à Verdun vers l'an 470. on vante sa profonde science, mais il n'en a laissé aucun monument qui soit venu jusqu'à nous. Voyez les Bollandistes au 17. Février pag. 11. 12.

Il est remarquable que S. Pulcrone, Evêque de Verdun, S. Loup, Evêque de Troyes en Champagne, & S. Firmin, Evêque de Verdun, tous presque contemporains, étoient aussi tous proches parents, d'une vertu & d'une Sainteté éminente, on donne aussi pour frere à S. Loup, *Vincent de Lerin*, fameux Auteur du *Commonitorium*, ou du moins un autre Vincent de Lerins, fait Evêque de Saintes. Voyez ci-après Vincent.

R

RACLE (Jean) Graveur en bas relief, étoit de Nancy, où sa famille subsiste encore ; il fut Graveur des Monnoyes de Charles IV. on voit des Monnoyes de sa façon, qui sont d'un très bon goût. Jean Racle se démit de son emploi le 7. Décembre 1660. en faveur de son frere Etienne Racle, qui étoit aussi Graveur, & aussi habile homme que lui.

Jean Racle mourut en 1670. & son frere se retira à Metz après la mort du Duc Charles IV. & y fut Graveur des Monnoyes de cette Ville ; il étoit si bon Lorrain, qu'il eut une peine des plus sensibles, quand il lui fallut prêter serment de fidélité au Roi très Chrétien.

Son petit fils Leopold Racle, natif de Nancy, se distingue aussi dans la Peinture ; il est éleve de M. Charles, duquel il a si bien pris la maniere & le coloris, qu'il y a de ses Tableaux qui passent pour être du Maître ; il y a une grande propreté dans tous ses ouvrages.

RAIMBERT fut XXXIX. Evêque de Verdun, & siéga depuis l'an 1025. jusqu'en 1038. François de Rozieres lui attribue une petite Chronique des Ducs de Lorraine, de la Maison d'Ardenne. Chantereau le Févre a copié en cela Rozieres ; mais il faudroit un meilleur garant que Rozieres, pour nous persuader l'existence de cet ouvrage, que nous ne connoissons point d'ailleurs.

RAINSSANT (D. Firmin) Benédictin de la Congrégation de S. Vanne, né à Suippe en Champagne en 1596. fit profession dans l'Abbaye de S. Vanne le 21. Avril 1613. âgé de 17. ans, il fut élu Prieur de Breuil, proche Commercy en 1627. Il a composé un Livre de Méditation pour tous les jours de l'année sur les Evangiles qui se lisent à la Messe de chaque Dimanche, & pour les Fêtes principales des Saints avec leurs Octaves. Cet ouvrage a été imprimé plusieurs fois à Paris in-quarto & in-octavo. Il est dédié à Henry de Bourbon, Duc de Verneuil, Evêque de Metz, l'Auteur le remercie d'avoir uni son Abbaye de S. Germain des Prés à la Congrégation de S. Maur. D. Rainssant en a été Prieur, & en 1651. il fut nommé Visiteur de la Province de Bretagne ; on s'est servi depuis long-tems des Méditations de D. Rainssant dans les Congrégations de S. Vanne & de S. Maur, & dans plusieurs autres Communautés de différents Ordres : M. Bulteau les a mises en meilleur François en 1671. On s'en sert encore aujourd'hui en plusieurs endroits. D. Rainssant passa dans l'Ordre de Cluny, & ensuite dans la Congrégation de S. Maur. Il fut nommé en 1633. Prieur de Ferriers en Gantinois, & mourut faisant la visite de la Province de Bretagne, au Monastere de S. Lehon près Dinan en odeur de sainteté le 8. Novembre 1651.

En 1630. il adressa une Lettre à M. François de Lorraine, Evêque & Comte de Verdun, Prince du S. Empire ; au sujet des différents mus entre les Religieux de la Congrégation de S. Vanne, sans doute à l'occasion de la Vacance des Supérieurs, les uns voulant qu'on put les continuer au-delà de cinq ans, & les autres soûtenant le contraire. Voyez ci-devant l'article de D. Antoine de l'Escaille.

REMBERVILLER (Philippe de) natif de Vic, a fait imprimer, *Disputatio Juridica, publico examini proposita*, Friburgi Brisgau 1619. Brochure.

REMBERVILLER (Alphonse de) Ecuyer Seigneur de d'Atlem & de Vaucourt en partie, Docteur en Droit, Lieutenant-Général au Bailliage de l'Evêché de Metz, Conseiller au Conseil privé, &c. a composé *les dévots élancemens du Poëte Chrétien*, imprimés au Pont-à-Mousson en 1603. avec figures, il dédia ce Livre à Henry IV. Roi de France, dont ce Monarque fut très content, comme il l'écrivit au Grand Duc Charles III. en lui recommandant M. de Ramberviller ; il écrivit aussi au Cardinal de Lorraine pour le même sujet.

M. Alphonse de Ramberviller a aussi composé *l'Histoire de S. Livier, Martyr*, qu'il dédia au bon Duc Henry II. Voici le titre de cet Ouvrage. „ Les actes admirables en

„ prospérité, en adversité & en gloire du
„ Bienheureux Martyr S. Livier, Gentil-
„ homme d'Austrasie, avec les Stances de
„ son Hymne, & les vérifications des mi-
„ racles faits en la fontaine dudit Martyr,
„ voisine de l'Abbaye de Salival près de Vic
„ en 1623.

„ Histoire non moins agréable qu'utile
„ aux Personnes de Noblesse, extraite des
„ Archives, Cartulaires & Manuscrits an-
„ ciens, par Alphonse de Remberviller,
„ Ecuyer, Lieutenant-Général au Bailliage
„ de l'Evêché de Metz, Seigneur d'Arlem,
„ Vaucourt en partie, &c. imprimé à Vic
„ pat Claude Felix, Imprimeur juré de Mon-
„ seigneur 1624. avec Approbation & Pri-
„ vilège. " L'Ouvrage est dédié au Duc
Henry.

Il suppose que S. Livier opére grand nombre de miracles, il le fait descendre de Guinard de Gournay, Gentilhomme de Metz, qui fut Pere de Guinard de Gournay, qui épousa un Seigneur de la Maison Patricienne nommé Hontrant qui fut Pere de S. Livier. Il entre ensuite dans un grand & ennuyeux détail des actions militaires du Seigneur Hontrant, Pere de S. Livier, du mariage dudit S. Livier avec une Princesse de Benévent; & enfin de son Martyre. On y mêle force fables & fictions, anacronismes, circonstances fabuleuses, &c. Enfin il rapporte 42. miracles dudit S. Livier, opérés en 1623. Il met la translation de ce Saint de la montagne près Marsal, où il avoit été en dépôt; dans la Ville de Metz en 9-2. sous l'Evêque Thierry, Fondateur de l'Abbaye de S. Vincent de Metz.

De plus M. de Remberviller a fait imprimer, *les larmes publiques sur le trépas de Philippe Emmanuël de Lorraine, Duc de Mercœur, avec le Polemaque, ou Pierre Guerriere dont ce Prince usoit, & le Narré de la Pompe funèbre faite à ses obsèques à Nancy*, imprimé à Pont-à-Mousson in-quarto en 1602.

M. Alphonse de Remberviller mourut le 13. Juillet 1623. & fut enterré dans l'Eglise des Cordeliers de Vic, en la Chapelle de la Ste. Vierge, qu'il avoit fondée, & où on voit les armes de sa Maison qui sont d'azur à la face d'argent, deux glands d'or en chef, & un en pointe, au timbre ouvert & grillé, surmonté d'un bouquet de glands. Dans son testament écrit de sa main le 9. Avril 1623. il choisit sa sépulture dans le Caveau de la Chapelle de Notre-Dame aux Cordeliers de Vic, surnommée la Chapelle aux miracles. Il demande que son corps soit porté de sa maison à l'Eglise pendant la nuit & sans pompe extraordinaire 24. heures après sa mort, si toutefois cela se peut faire sans scandale du Peuple, autrement il laisse le tout à la disposition de ses enfans, & de ses exécuteurs testamentaires, n'ayant ordonné cela que par son aversion naturelle pour tous ce qui ressent le faste extérieur. Il laisse ses bagues, joyaux, médailles antiques, d'or, d'argent, & de bronze, & autres choses rares qui se trouveront dans son Cabinet, aux Peres Cordeliers, pour la fondation d'une Messe journalière qui se dira entre onze heures & midi, en faveur des personnes infirmes qui ne peuvent assister aux Messes du matin. Cette Messe ne s'est dite que pendant un an, & les Médailles antiques, dont on a encore l'état & le dénombrement, ont été employées à faire des Calices.

M. de Remberviller étoit Docteur en Droit Canon & en Droit Civil. Il fut un des députés en 1601. pour rédiger la Coutume du Bailliage de Vic; ce mémoire m'a été communiqué par M. Renard, Avocat au Parlement, résident à Epinal, qui par son Ayeule Maternelle, Jeanne-Claude de Remberviller, est de la famille dudit Alphonse de Remberviller.

RANFAINS (Marie Elisabeth de) native de Remiremont le 30. Octobre 1592. son Pere se nommoit Jean-Leonard de Ranfains d'une ancienne Noblesse de Remiremont, & sa mere Claude de Magniere; elle fut leur fille unique. Dieu lui inspira dès sa plus tendre jeunesse, un si grand attrait pour la croix & la mortification, qu'elle ne cherchoit qu'à crucifier sa chair, & à mortifier ses sens. Elle étoit une des plus belles personnes de son tems, avoit l'esprit vif, pénétrant, accompagné d'un jugement solide, un naturel doux, obligeant, agréable, son inclination la portoit à se consacrer à Dieu; ses parents la destinoient au monde, & l'obligerent à se marier malgré elle; elle épousa M. Dubois, Prévôt d'Arches, qui étoit d'une humeur farouche, & qui lui causa mille chagrins, ne cherchant qu'à la mortifier, & la maltraitant quelquefois d'une maniere outrée & cruelle; on lui donna même du poison plus d'une fois; mais Dieu la préserva toujours des suites de ces empoisonnemens. Son mari sur la fin de sa vie, changea de conduite; il devint doux & traitable: après avoir donné des marques d'une sincere pénitence, il mourut au mois d'Avril 1616.

Madame Dubois demeura veuve, chargée de trois filles, & beaucoup de détes que son Mari lui avoit laissées; alors pour empêcher qu'on ne la recherchât en mariage, elle fit vœu de chasteté, & ne se revêtit plus que d'habits de Laine. Un Médecin du Pays, qui joignoit à sa profession la Magie, en devint passionnément amoureux. (Madame Dubois n'étoit alors âgée que de 25. ans.) Après avoir employé les caresses, les promesses, & tout ce que sa passion put lui inspirer, il mit en œuvres les maléfices. (x) La jeune veuve commença à en ressentir les effets le 28. Février 1618. le fréquent usage des Sacrements & l'exercice de la plus sévere mortification, lui firent surmonter les premiers effets de la magie; mais ce malheureux Médecin employant de plus grands maléfices, Dieu permit qu'elle fut veritablement possedée.

M. Jean de Maillane de Porcelet, Evêque de Toul, consulta sur ce trait les Médecins & d'habiles Théologiens, qui reconnurent qu'elle étoit réellement possédée; elle entendoit ce qu'on lui disoit en Allemand, en Latin, en Grec, & Hebreu, & répondoit pertinemment, quoiqu'elle n'eut jamais appris ces langues; elle répondoit à des questions très difficiles qu'on lui faisoit sur l'Ecriture Sainte & sur la Théologie, elle s'élevoit en l'air avec une telle impétuosité, que six personnes des plus robustes pouvoient à peine la retenir, elle grimpoit sur les arbres, & alloit de branches en branches avec autant de légéreté, qu'auroient pu faire les animaux les plus agiles. Cet événement produisit divers écrits, les uns soutenant qu'elle étoit possédée, & les autres prétendant prouver le contraire: elle ne fut délivrée de cette croix, qu'après divers pélérinages faits aux lieux, où la Ste. Vierge est principalement honorée.

Se trouvant ainsi heureusement délivrée, elle se présenta pour entrer au Monastere de Ste. Claire de Verdun; mais la chose ne réussit pas; on la souhaitoit dans une autre Communauté, mais d'autres obstacles survinrent encore qui empêcherent qu'elle n'y put entrer; Dieu la destinoit à ramener les brebis égarées. Un jour une Demoiselle de Nancy lui ayant raconté qu'elle avoit parlé à deux jeunes filles débauchées, qui paroissoient touchées du malheureux état où elles se trouvoient, & qui lui avoient témoigné qu'elles souhaiteroient trouver un lieu de retraite; Madame Dubois se les fit amener, les reçut avec bonté & charité, & se chargea de les entretenir dans sa maison.

Le bruit s'en étant répandu, plusieurs autres la vinrent trouver; ensorte qu'en peu de tems elle se vit chargée de vingt de ces filles, à qui elle donnoit tout ce qui est nécessaire à la vie; l'ainée de ses filles préparoit à manger, l'autre les servoit à table, & la troisième leur faisoit la lecture. M. de Maillane, Evêque de Toul, encouragea Madame Dubois à continuer cette Charité, & il donna à ses filles le Pere Poiré, Jesuite, pour les confesser & les diriger. Après la mort de ce Prélat, arrivée en 1623. le Prince Nicolas-François de Lorraine, Evêque de Toul, jugea à propos d'en faire une Communauté Religieuse, qui auroit pour objet de retirer les filles & les femmes débauchées, qui voudroient abandonner le désordre. On choisit parmi ces filles pour être Religieuses, & pour gouverner les autres, treize filles, dont onze étoient pour le Chœur & deux Converses: elles prirent l'habit le premier Janvier 1631. du nombre de ces onze fut la fondatrice Marie Elisabeth de Ranfains, qui prit le nom de Marie-Elisabeth de la Croix, & ses trois filles.

Leurs Constitutions auxquelles la Mere de Ranfains eut grande part, furent approuvées par le Pape Urbain VIII. en 1634. après quoi la Mere Marie-Elisabeth & les autres Religieuses firent profession le premier de Mai même année. Cette Congrégation s'est étendue dans plusieurs Villes du Royaume, comme à Avignon, à Toulouse, à Rouen, à Arles, à Mont-Pellier, à Dijon, à Besançon, au Puid, à Nisme, à Ste. Roche, à Metz. La Mere Marie Elisabeth de Ranfains, mourut à Nancy en odeur de Sainteté, le 14. Janvier 1649. âgée de 56. ans. Sa vie a eté écrite par un Auteur qui vivoit de son tems, & ensuite par M. Henry Marie-Boudon, Archidiacre d'Evreux, sous le titre de *Triomphe de la Croix en la personne de la vénérable Mere Marie-Elisabeth de la Croix*; imprimé à Nancy in-octavo en 1686. & enfin abregée par le R. P. Frison, Jesuite, aussi imprimée à Nancy: nous avons parlé des disputes occasionnées par sa possession, sous l'article de *Pithoys*, & de *Pichart*.

RAVELLI (François) Médecin à Metz, a composé un Traité sur la rage, imprimé à Paris en 1696. Mémoires de M. de Lançon Avocat à Metz.

RAULIN (Jean) né à Toul de parens riches & distingués, étudia au Collége de Navarre à Paris, & y prit tous ses degrés jusqu'au Doctorat, dont il prit le Bonnet en 1474. Deux ans après, Guillaume de Chateaufort, Principal du Collége de Navarre, étant mort, on en donna la charge à Raulin;

(x) Ce Médecin Magicien fut brulé à Nancy pour ses maléfices le 2. Avril 1622. avec une fille complice de ses crimes.

il s'en acquitta avec beaucoup d'honneur, & s'y appliqua à dresser une Bibliothéque qui a été beaucoup augmentée dans la suite. On dit que quelques Religieux ayant voulu l'associer avec eux, pour prêcher les Indulgences, afin d'avoir de quoi fournir aux frais de son Doctorat, il en rejetta la proposition avec horreur.

Quelque tems après, dégoûté du monde, il se retira au Monastere de Cluny, & fut chargé par le Cardinal d'Amboise, de travailler à la réforme de l'Ordre de S. Benoît.

Raulin aimoit à prêcher, & il le fit jusqu'à sa mort arrivée le 7. de Février 1514. Nous avons de lui plusieurs Ouvrages, la plûpart sont des Sermons ; un Volume d'Epîtres, sous ce titre : *Religiosissimi viri Joannis Raulini artium & Theologiæ Professoris Epistolarum illustrium virorum opus eximium ; Parisiis* 1521. *in-quarto* ; ouvrage très rare & très recherché.

Ses ouvrages Théologiques ont été imprimés en six Volumes in-octavo à Paris 1642. On en peut voir le détail dans Cave , *Appendix*, p. 126. Voyez la continuation de l'Histoire Ecclésiastique de M. Fleury , tom. 25. pag. 352. & Jean-Albert Fabricius, tom. 3. pag. 353. *Biblioth. Latin. mediæ & infimæ Latinitatis.*

Il remarque que l'Oraison de Raulin touchant la Réforme des Religieux, a été imprimée à Basle en 1498. M. l'Aunois, dans son Histoire du Collège de Navarre, à Paris, p. 617. & suiv. parle au long de Jean Raulin, de ses Ouvrages, & donne le précis de ses Lettres.

RAULIN (M.) Secrétaire d'Etat, & homme de confiance du Duc Charles IV. a écrit plusieurs Lettres & Mémoires touchant les affaires de ce Prince, & en particulier un Mémoire envoyé au R. P. Donat Tiercelin, qui voulant écrire l'Histoire du Duc Charles IV. l'avoit consulté sur plusieurs points, dont il savoit que M. Raulin avoit une plus particuliere connoissance. J'ai vû & lû ce Mémoire original ; j'en ai tiré quelques particularités.

1°. La Généalogie de la Royale & ancienne Maison de Lorraine. M. Raulin l'a commencée par Pharamond , & l'a finie à François I. Duc de Lorraine, mort en 1545. Il fait descendre les Ducs de Lorraine de Guillaume de Boüillon.

2°. Dans une autre Généalogie , il les fait descendre de Gerard d'Alsace ; cette seconde Généalogie est apostillée de sa main ; on commençoit alors à se détromper des anciennes fables.

3°. Plusieurs Lettres de M. Raulin à des personnes de qualité , écrites au nom du Duc Charles IV. son Maître. J'ai en main ce Recüeil avec les Réponses.

4°. Pusieurs Lettres du Duc Nicolas-François, & du Prince Ferdinand de Lorraine son fils, écrites par Raulin.

5°. Une instruction au sieur de Romain , de la part de Son Altesse , Député à l'Assemblée de Cologne , & grand nombre de Lettres qui ont rapport à cette commission.

6°. Instruction donnée au même Raulin, & au Comte de Ligniville & le Moleur, députés à la Diette de Ratisbonne, & plusieurs Lettres aux Princes qui devoient composer cette Diette en 1663. Il fut employé dans une négociation secrette entre le Cardinal Mazarin & le Duc Charles , pour attirer le Duc dans le parti du Roi Loüis XIV. contre les Princes.

RAUSIN (Etienne) né à Belloram dans le Luxembourg , Docteur en l'un & l'autre Droit , Conseiller dans la Ville de Liége, fut député de cette Ville vers l'Empereur Ferdinand II. Il a publié *l'abrégé de l'Histoire de sa Délégation, & du Procès mû en la Chambre Impériale , entre la même Ville de Liége , & le Prince son Evêque* ; le tout imprimé à Liége en 1624. par Chrétien Oureck.

Ensuite il changea de parti & de langage, & écrivit contre les droits de la Ville de Liége, en faveur du Prince Evêque de la même Ville , & fit imprimer un ouvrage sous ce titre : *Leodium Ecclesia Cathedralis , sive de Dominio Regalibus mero mixtoque Imperio, & omnimoda jurisdictione Episcopo & Principi Eburonum , in urbe Leodiensi S. R. Imperio immediatè subjecta , libri duo , Namurci, anno* 1639. *in-quarto* , & ensuite à Liége en 1660. Il mourut le 7. Octobre 1659. & fut enterré à S. Thomas de Liége.

REBOUCHER (Claude-François) Conseiller à la Cour Souveraine de Lorraine & de Bar, né à Nancy le 22. Mars 1687. étoit un très bel esprit , & d'une grande capacité. Il a composé plusieurs petites Piéces en Vers; il avoit aussi ramassé beaucoup de bonnes Médailles en argent , grand nombre de Tableaux , & d'autres curiosités anciennes & modernes, qui forment un fort beau Cabinet. Il mourut le 24. Septembre 1748. d'une rétention d'urine. Voici quelques-unes de ses Piéces.

Vers sur l'opération faite en 1722. *par M. de la Peronie sur le Duc Leopold, attaqué de la fistule ; Couplet impromptu.*

Malgré tout ce qu'on en publie ,
Ce n'est point sur la Peronie

Que je fonde ta guérison ;
Sans lui je reponds de l'affaire ;
Vit-on Prince de ta Maison,
Que la Parque ait pris par derriere ?

Bouquet à M. Loüis Comte de Ludres le jour de sa Fête.

Daignez accepter la fleurette,
Dont je viens orner votre Fête ;
Ne refusez pas ce Bouquet,
Pour peu qu'il ait l'art de vous plaire,
On verra briller le caquet
De ma Muse trop téméraire.

Celui qui, du nom du Roi même,
Vous l'offrit à votre Baptême,
Fut connoisseur jusqu'à l'excès ;
Nous disons, nous tant que nous sommes,
Qu'il falloit qu'un Roi des François
Fût le Patron du Roi des hommes.

Vers faits par M. Bourcier étudiant en Rhétorique, contre les Bavards qui grondoient contre le Regent.

Gordi gerrones grunnitis Gymnasiarchæ ;
Gymnasii genii gemouis gemere.

Sur ce qu'ils dirent qu'il n'y avoit pas de pointe dans ses Vers, il répondit :

Quisquis ais nostrum sine acumine ludere carmen
Morio, si pupugit, numquid acumen habet ?
Quòd si non pupugit, non est quòd non sit acumen ;
Sed quod mens durâ sub cute dura tibi est.

Traduction de M. Reboucher en 1725.

Vils animaux, babillards effrénés,
Contre votre Régent vous grognez à voix basse,
Vous que le Ciel a condamnés
Au pilon de cette Classe.

Parle, bouffon ; pourquoi dis-tu
Que cet écrit n'est pas pointu ?
Il l'est assez, puisqu'il te pique.
Dis-tu qu'il ne te pique point ?
Il est encore une réplique,
C'est que plus dur qu'une bourique
Tu ne sens pas ce qui te point.

La Violette.

Modeste en ma couleur, humble dans mon séjour,
Franche d'ambition, je me cache sous l'herbe ;
Mais si sur votre front je puis me voir un jour,
La plus humble des fleurs sera la plus superbe.

Version faite par M. le Président Bourcier.

Ambitione cavens, teneris abscondor in herbis,
Est humilis sedes, est lumisque color ;
Sed si forte tuâ tu me dignabere fronte,
Postremus florum, tunc ego primus ero.

Autre par M. Reboucher.

Flos humilisque situ, mollique colore modestus
Repo, & sub viridi gramine flecto caput ;
Sed si forte tua liceat considere fronti,
Qui modò vilis eram, phili superbus ero.

A M. le Comte .... sur la naissance de Mlle. sa fille en 1738.

Chanson par Monsieur Reboucher.

N'allez pas vous faire une affaire
De ce qu'on ne vous a fait pere
Que d'une fille seulement ;
C'est qu'en entrant au ménage,
On désire moins ardemment
Ce qu'on aime davantage.

Préferer les garçons aux filles,
Abus glissé dans les familles,
Ici nous le reconnoissons,
L'Infante, dont vous êtes pere,
Sur les plus aimables garçons
L'emportera comme sa mere.

Pour l'Impératrice régnante.

Mars animo, formâ cypris, virtute Minerva,
Hoc te sub triplici numine terra colit.

Avoir de Mars le courage,
Les graces de Venus, les talens de Pallas,
Tous ces dons ne forcent-ils pas
L'Univers à vous rendre hommage ?

Traduction de l'Inscription, Siste, mirans viator, &c. qui se voit sur la porte de la Chapelle Royale des Cordeliers à Nancy, où reposent les Corps des Ducs de Lorraine.

Passant, arréte & considére,
Autant gissent sous cette terre

De Héros que de Souverains ;
Les Princes dont ils furent peres,
Nés pour le Ciel & dignes de leurs mères,
Ont fait le bonheur des humains.

Vers sur lui-même né le 22. Mars 1687.

Je ne veux être ni Roi ni Prince,
C'est un fardeau qu'une Province,
Je ne pourrois le supporter ;
Mais si Bacchus & ce que j'aime
Conspirent à me contenter,
Qu'ai-je besoin d'un diadême ?

REGINALDUS (Mathieu) natif de Gorze en Lorraine, Bachelier de Sorbonne, Docteur en Droit, Professeur d'éloquence à Angers, a écrit, *Horæ subrefsivæ de D. Lezino Andegavensi Episcopo dictæ, Julio Magiandium apud Antonium Hernault* 1611. Ce sont des Odes, des Distiques, & un Poëme Grec sur S. Lezin, & un Panégyrique du même Saint.

Un Discours pour la rentrée des Classes, le trois des Nones de Décembre 1610.

REGINON, Abbé de Prum dans le Diocèse de Tréves, a composé deux Livres de Chroniques, adressés à Adalberon Evêque de Metz. Il a conduit sa Chronique depuis le commencement du monde, jusqu'à l'an de Jesus-Christ 907. Réginon succéda en 892. à Farabert Abbé de Prum ; mais, quelques années après, il fut dépoüillé de sa dignité par la malice de quelques malveillans, comme il le marque lui-même dans sa Chronique ; il dit qu'il ne jugea pas à propos de dire la maniere dont la chose s'est passée, de peur d'y marquer trop de passion.

Un Auteur plus récent, nommé Rimérius, a ajoûté à cette Chronique, & l'a continuée après la mort de Réginon, jusqu'à l'an 977.

Réginon a aussi composé deux Livres, sous le titre *de la Discipline Ecclesiastique, & de la Religion Chrétienne*, où il traite premierement des choses & des personnes Ecclésiastiques ; & en second lieu, de la vie & de la conduite des Laïques. Réginon commença cet ouvrage vers l'an 906. à la priere de Ratbode, Archevêque de Tréves ; c'est une espéce de Corps de Droit Canon Ecclésiastique. Il fit aussi un Commentaire sur Martin Capella. On peut voir sur la Discipline Ecclésiastique de Réginon, l'édition qu'en a faite M. Baluze à Paris en 1671. in-octavo, avec des Notes curieuses & savantes.

Gerard de Mastrich, dans une Lettre écrite en 1703. dit qu'il y a dans la Bibliotheque de Bremen une Lettre manuscrite de Réginon, intitulée, *De harmonica institutione*, où il traite de la Musique ancienne, & où il y a une infinité de choses fort curieuses ; la Lettre est adressée à Ratbode, Archevêque de Tréves.

Les autres Ouvrages de Réginon ont été imprimés plus d'une fois ; mais cette derniere Lettre ne l'a jamais été, & est peut-être l'unique qui soit dans le monde. On peut voir Casimir Oudin, tom. 2. pag. 407. *De Scriptoribus Ecclesiasticis.*

REMACLE d'Ardenne, natif de Florines dans le Luxembourg, Jurisconsulte habile, Conseiller, Secretaire du Roi d'Espagne, a composé quelques Poësies, comme *Palamede*, & d'autres Poësies sacrées, & trois Livres d'Epigrammes imprimés à Paris en 1507. in-quarto (*y*).

REMACLE de Vaux, natif de Luxembourg, a composé un Livre intitulé, *Hyppocrates divinus* (*z*).

REMION (D. Barthelemy) Benedictin de la Congregation de S. Vanne, né à Remiremont, Profès de l'Abbaye de S. Mihiel le 2. Janvier 1663. mort au Prieuré de Rozieres aux Salines le 18. Septembre 1708.

Dom Remion avoit un talent particulier pour le maintien des grandes affaires, étoit ferme, hardi, résolu, d'une belle & grande prestance, mais sur la fin extrêmement gros & replet.

Dom Henry Hennezon qui lui connoissoit de l'aptitude pour les affaires temporelles, le donna à Mademoiselle de Guise, qui lui confia le soin de ses Archives, & l'administration de ses plus importantes affaires. Elle fut si contente de sa fidélité & de ses services, qu'elle lui créa, par son Testament, une pension, dont il joüit jusqu'à sa mort. Etant à Joinville, il fit faire une digue, pour soûtenir la Riviere, qui fait moudre les Moulins, qui est un ouvrage qui passe pour un chef-d'œuvre en ce genre.

Après la mort de Mademoiselle de Guise, il fut rappellé dans sa Congrégation, & ensuite nommé Prieur de l'Abbaye de S. Mihiel (*a*), dans un tems où, après la mort de D. Henry Hennezon, l'Abbaye donnée en Commande à M. l'Abbé de Luxembourg, avoit besoin d'un homme entendu & expérimenté, pour soûtenir les intérêts du Monastere.

D. Remion répondit fort bien à l'espérance qu'on avoit conçuë de sa capacité. Une surdité qui lui survint, fut cause qu'on ne put continuer à l'employer dans le gouverne-

---

(*y*) *Val. Aud. pag.* 791.
(*z*) *Idem, pag.* 792.

(*a*) En 1690. 1691. 1692. 1693. 1694.

ment, dont il étoit très capable. Je ne sai pas s'il a fait imprimer, mais il a composé divers Ecrits concernant les affaires dont il a été chargé.

REMY, Abbé de Metloc, fut établi Abbé de cette Abbaye sur la fin du dixiéme siécle, par Egbert Archevêque de Tréves, qui connoissoit son mérite & son érudition (b). Il étoit aussi distingué par sa piété, sa regularité, que par sa science. Il ne se contenta pas de faire refleurir la pureté de l'observance dans son Monastere, il y fit aussi revivre les études. Il y ouvrit des Ecoles publiques, où l'on vit arriver de toutes parts, non seulement des Religieux & des Ecclésiastiques, mais aussi des personnes Laïques de toute qualité, & de tous les endroits de la France (c). De ces Ecoles sortirent quelques Evêques & plusieurs Abbés de differens Monasteres. La réputation de Remy s'etendit jusqu'au fond de l'Allemagne; & l'Empereur Othon III. étant encore jeune, lui écrivit une petite Chanson en Vers.

Auream Camenam gracilem destinavit per nuntium, pour marquer qu'il le tenoit pour le premier Musicien de son siécle, dit Trithéme.

Le Savant Gerbert, qui fut depuis Pape, sous le nom de Sylvestre II. depuis 999. jusqu'en 1003. étoit en relation de Lettres avec l'Abbé Remy, qui lui a envoyé plusieurs Ecrits d'érudition, comme il paroit par les réponses de celui-ci dans la Lettre 34. (d). Gerbert lui temoigne qu'il est fort content de la maniere dont il a entendu ce qu'il lui avoit ecrit touchant le *D*. qui signifie cinq cens, & qui se mesure par lui-même; & le prie de lui faire d'écrire *l'Achilléide de Stau*, s'il veut qu'il lui envoye *gratis* une Sphére de sa composition; ce qui demande beaucoup de tems & de travail. Remy fit commencer l'Achilléide; mais il ne put l'achever, le Manuscrit qu'on copioit, n'etoit pas complet.

Dans une autre Lettre, qui est la 148. Gerbert lui promet sa Sphère pour le commencement du mois de Mars; il dit qu'il l'a déja tournée, & couverte bien proprement d'un cuir de Cheval, & qu'il doit l'orner & l'enluminer de diverses couleurs; Gerbert s'y qualifie *Scolaris Abbas*.

Dans une autre Lettre, qui est la 152. Gerbert s'excuse de lui répondre sur des questions de Philosophie, sur lesquelles il l'avoit consulté, & de le faire dans un tems où il avoit été désigné & choisi par tous les Evêques & le Clergé, pour Archevêque de Reims, par conséquent en 992. Il lui parle encore de la Sphére, & le prie d'attendre un tems plus tranquille & plus commode.

Enfin, dans la derniere Lettre de Gerbert à Remy (e), il lui parle de la maladie qu'il a contractée dans les grandes chaleurs de l'été; des pilleries exercées par des voleurs dans la Ville de Reims, des maux auxquels cette Ville est exposée; il finit en lui demandant ses prieres.

Voici la liste des ouvrages que Trithéme attribue à Remy,

Un Commentaire sur les cinq Livres de Moyse, un sur les quatre Evangiles, & un sur les Epitres de S. Paul.

Il composa des Régles, *super visione Abaci*. On nommoit *Abacus* la Table sur laquelle on traçoit les chiffres, pour faire les opérations d'Arithmétique. Cette Table étoit couverte d'une poudre fine, afin qu'on pût effacer & rétablir plus promptement les chiffres: ainsi on peut traduire *Regulas de visione Abaci*.

Les Régles pour l'observation, l'arrangement & la supputation des chiffres tracés sur cet *Abacus*, sur cette Table.

Il fit deplus des Commentaires sur le Grammairien Priscien, & sur Donat (f). Il composa, par le commandement d'Egbert, Archevêque de Treves, des Hymnes ou des Antiennes notées en l'honneur des Saints Euchaire, Valere & Materne, premiers Apôtres de Tréves. De plus, à la priere de deux Religieux de S. Bavon de Gand, ses disciples, qui retournoient en leur Monastere, il composa une Piéce de Musique, pour être chantée à Matines en l'honneur de S. Bavon. Il fit les Litanies qu'on chante aux Rogations. Je ne crois pas qu'on ait rien imprimé de cet Auteur; & il est très croyable qu'on l'a confondu avec quelqu'autre Docteur de même nom. Pour en juger, il faudroit voir les Manuscrits qui sont cités par Trithéme.

REMY (Nicolas) Conseiller intime du bon Duc Henry II. & Lieutenant-Général de Lorraine, a écrit plusieurs Ouvrages, entre les autres, trois Volumes intitulés, *Dæmonolatreiæ libri tres, ex judiciis Capitalibus nongentorum plus minus hominum, qui sortilegii crimen intra annos quindecim in Lotharingia capite luerunt, Lugduni in Officina Vincentii* 1595. *in-fol. parvo*. Il y en a eu une édition in-octavo, faite à Cologne quelques années après.

2°. *Elegiæ in laudem Caroli III. Lothar. Ducis*, citées dans l'éloge funébre du Grand Duc Charles III. intitulé, *Macarismos*, pag.

(b) *Brower. Anual Trevir. t. 1. pag. 490.*
(c) *Trith Chron Hirsaug, tom. 1. pag. 122.*
(a) *Gerbert, Epist. 34. Hist. Franc. Duchesne, tom.*
2. *pag. 820.*
(e) *Epist. 8. secundæ Classis, pag. 830.*
(f) *Vide Trith. Chron. Hirsang. tom. 2. pag. 122.*

254. & dans l'Histoire de l'Université de Pont-à-Mousson, par le Pere Abram Jésuite, Lib. 6.

3°. *Discours des choses avenuës en Lorraine, depuis le décès du Duc Nicolas en 1473. jusqu'à celui du Duc René II.* imprimé plusieurs fois à Pont-à-Mousson, par Melchior Bernard 1605. à Epinal 1617. & 1626. M. Remy écrivant sous le bon Duc Henry II. prétend prouver que les filles succédent au Duché de Lorraine, contre l'opinion commune qu'on vouloit établir. Cet Auteur écrit fort bien en Latin, & fait de fort bons Vers. On ne parloit alors en Lorraine que de sorciers & de sorciéres ; & comme il avoit eû beaucoup de part à faire instruire leurs procès, il jugea à propos d'en écrire l'Histoire dans sa Démonolatrie. Il dit dans son Epître Dédicatoire, que Théodore d'Ulis, ou *Lisus*, Président de la Chambre des Comptes de Lorraine, avoit témoigné que cela feroit plaisir au Duc Charles III. A la fin de la Préface, on trouve quelques Vers de *Claude Emmanuel & Affricain*, fils de M. Remy, consacrés à l'honneur de leur pere & de son Livre.

Nous avons de plus, le Recueïl des principaux points de la remontrance faite à l'ouverture des Plaidoiries des Duchés de Lorraine, après les Rois en l'an 1597. par Nicolas Remy, Conseiller de Son Altesse en son Conseil d'Etat, & son Procureur-Général en Lorraine ; imprimé à Metz in-quarto, par Abraham Fabert, Imprimeur ordinaire & juré en ladite Ville 1597. M. Remy, dans ce Recueïl, explique six articles concernans les devoirs des Avocats. Par exemple : *Vous ne prendrez sciemment en main Cause apparemment injuste, & si vous la découvriez telle, après l'avoir prinse, la quitterez & abandonnerez du tout.* En la page 20. il dit : *Pour le regard des Us, Stiles & Coûtumes, je vous dirai seulement, qu'étant iceux maintenant rédigés en écrit, publiés & homologués (ce que la Lorraine n'avoit encore vû) vous n'avez plus de quoi vous plaindre, & prétexter en ceci aucune difficulté & incertitude à impossibilité, comme du passé.*

En effet, avant le régne de Charles III. on n'avoit en Lorraine ni Loi écrite, ni Coûtumes fixes. M. Remy, cite nombre de passages Grecs & Latins, & y répand, à son ordinaire, une très belle érudition.

RENARD (Nicolas) Sculpteur Lorrain, né à Nancy, & baptisé en la Paroisse S. Sébastien vers l'an 1654. a appris le dessein de lui-même. Il alla à Paris à l'âge de 15. ans, où il travailla à faire les Chapiteaux du Louvre. Il se rendit ensuite à Rome, & y resta trois ans ; il revint ensuite à Paris, où il fit plusieurs ouvrages, entre autre, le Mausolée du Prince d'Harcourt aux Feüillans en 1693. Il travailla au Dome des Invalides, & au Chœur de Notre-Dame de Paris.

Il a beaucoup travaillé à Brest en Bretagne, où il a demeuré huit ans. Après avoir eté 45. ans absent, il revint en Lorraine avec sa famille, vers l'an 1715. Il fut Professeur de l'Académie de Peinture à Nancy, & fit toutes les figures qui sont dans les Bosquets de Lunéville & de Craon, de même que celles qui étoient à l'Hôtel de Craon à Nancy, & qui sont à présent dans les Jardins de la Malgrange.

Il mourut à Nancy vers l'an 1720. & fut enterré chez les Peres Augustins ; il étoit âgé de 66. ans.

Nicolas Renard avoit un fils, qui avoit appris le dessein chez Charles & Jacquart, Peintres à Nancy, & que le feu Duc Leopold avoit envoyé à Rome. Il avoit une grande propreté dans ses ouvrages ; il est mort à Nancy en 1733. âgé de 23. ans, six mois ; il se nommoit *Michel-Alexandre Renard*.

Description du Mausolée de Henry de Lorraine Comte d'Harcourt, & d'Alphonse de Lorraine, son fils, qui est dans l'Eglise des Feüillans à Paris, tiré de la description de Paris par M. Piganiole de la Force, tom. 11. pag. 371.

„ Ce Monument, qui est du dessein &
„ de l'exécution de Nicolas Renard Sculpteur, originaire de Nancy, fut posé en
„ 1693. & consiste en une forme de tombeau de marbre noir, porté par un pied-
„ d'estal fort exaucé, sur le devant duquel
„ est un bas-relief d'or-mate, de même que
„ les festons. Sur le tombeau est la figure
„ du tems couchée au pied d'un grand obélisque, & auprès est un livre ouvert, sur
„ l'une des pages duquel on lit ces paroles
„ du troisiéme Chapitre de la Sagesse, *Spes*
„ *illorum immortalitate plena est* ; & sur l'autre, celle-ci du quarante-uniéme Chapitre
„ de l'Ecclésiastique, *Bonum autem nomen*
„ *permanebit in ævum.* Ces paroles font connoître qu'une grande figure aîlée, qui est
„ debout, & qui semble triompher du tems,
„ désigne l'immortalité ; elle tient d'une
„ main un Médaillon, sur lequel est le portrait du Comte d'Harcourt, & de l'autre,
„ l'épée de ce Prince. A côté de cette figure & au bas, est un Médaillon, sur lequel est le portrait du Prince Alphonse
„ de Lorraine, tenu par un génie ; l'obélisque est surmonté d'un globe doré, sur lequel est un grand Aigle aussi doré, & ayant

", ſes aîles éployées : Au bas de ce Monu-
", ment eſt l'Epitaphe.

RENAUT (D. Rupert) Benédictin de la Congrégation de S. Vanne, né à Chaalons ſur Marne, fit profeſſion dans l'Abbaye de S. Pierre de la même Ville, le 11. Juillet 1645. & mourut dans l'Abbaye de Hautviller en Champagne, le 16. Février 1710. Ce Religieux s'eſt appliqué à l'étude pendant toute ſa vie, qui a été fort longue. Il s'eſt rendu très habile dans les Langues Latines & Hébraïques, & faiſoit bien des Vers tant en Latin qu'en François. Voici la liſte des ouvrages qu'il nous a laiſſés,

Rithmicum Dictionarium, in quo ad Scholaſticorum juvamen elegantiores phraſes reperiuntur; paginas habet 606.

Rudimenta nova verſibus gallicis; ils ont été imprimés plus d'une fois dans la Ville de Chaalons ſur Marne.

Methodus Hebraïca, Manuſcrit.

Hymnodia ſacra, Manuſcrit, où l'on trouve un grand nombre de Cantiques en l'honneur des Saints; la premiere Partie en contient douze.

Lexicon Rithmicum, Tetraglotton Hebraïcum, Chaldaïcum, Syriacum & Rabinicum.

Vita Beata Virginis Maria, & d'autres Manuſcrits.

Les méthodes de D. Rupert, pour apprendre les Langues Latines & Hébraïques, ont été trouvées trop remplies de raiſonnemens, par ceux à qui il les a montrées, pour les prier de lui en dire leur ſentiment. Le P. Mabillon lui écrivit en ces termes, le 22. Février 1704. touchant ſa méthode Latine :
" Permettez-moi de vous dire que votre mé-
" thode ne convient pas à des enfans, qui ne
" ſont point du-tout capables de raiſonne-
" ment, & auxquels il faut donner quelque
" choſe de plus proportionné à la foibleſſe
" de leur eſprit; il faut balbutier avec eux,
" & ne leur point tenir le langage des par-
" faits. Le Pere D. Jean Martianai, qui a donné une nouvelle Edition de S. Jérôme, a auſſi porté ſon jugement ſur la méthode Hébraïque de D. Rupert Renaut, dans une Lettre qu'il lui adreſſa le 24. Mars 1694.
" Vos caracteres Hebreux ſont trop Rabi-
" niques, il faut être du métier pour les con-
" noître & les diſtinguer ; ſi vous avez deſ-
" ſein d'inſtruire les jeunes gens, il faudroit
" vous contenter de ce qui regarde la
" Langue Hébraïque, ſans y mêler de tems
" en tems ce qui eſt propre aux Caldéens,
" aux Syriens & aux Arabes, &c.

RENÉ I. du nom, Duc de Lorraine, & Roi de Sicile, a compoſé quelques ouvrages, qu'il a dédiés au Roi Loüis XI. Voyez la Croix du Maine en ſa Bibliothéque, & M. Naudé, addition à l'Hiſtoire de Loüis XI. Chap. 4. pag. 46.

Il a écrit *les fonctions des Pourſuivans d'armes*, dans un Manuſcrit qui ſe trouve dans la Bibliothéque du Roi à Paris.

On peut bien auſſi le conſidérer comme Auteur des Statuts de l'Ordre du Croiſſant, qu'il avoit inſtitué. Il peignoit fort bien ſur le verre; & dans ſa priſon de Dijon, il paſſoit ſon tems à peindre ſur des piéces de verre formées en rond, qu'il appelloit des *Oublies*, ſe plaignant qu'on l'avoit oublié dans ſa captivité.

Il a auſſi compoſé un Traité manuſcrit, ſous ce titre : *S'enſuit un petit Traité d'entre l'ame dévote & le cœur, lequel s'appelle le mortifiement de vaine plaiſance, fais & compoſé par René Roi de Sicile, Duc d'Anjou & de Bar; intitulé, Au très Révérend Pere en Dieu l'Archevêque de Tours*.

Ce Traité fut fait en l'an 1455. il ſe trouve en original entre les mains de M. Charoyer, Curé de Gircourt; mais on en a tiré ſept mignatures de la façon du même Duc René I. qui ſont fort bien faites, & ſe voient aujourd'hui au Cabinet du Sr. Lamour, très habile ouvrier en toutes ſortes d'ouvrages de Serrurerie, à Nancy, & qui poſſede un Cabinet rempli de pluſieurs choſes très curieuſes & très bien choiſies.

Voici l'éloge que *Ceſar Noſtradamus*, Gentilhomme Provençal, fait du Roi René I. dans ſon Hiſtoire de Provence.
" Il fut ſi vertueux & ſi bien né, qu'il
" donna ſupport & faveur à toutes perſon-
" nes d'eſprit & de mérite; il fut Prince
" très éloquent, très gracieux, très libéral,
" amateur d'Hiſtoriens & de Poëtes, re-
" nommé en ſageſſe, doctrine, haute &
" ſouveraine bonté; ce Prince étoit très
" beau perſonnage, haut & droit, le viſa-
" ge ouvert, plein de Majeſté, & d'une
" très agréable & bonne phiſionomie; peu
" heureux néanmoins en ſes entrepriſes de
" guerre.... Il étoit bon Muſicien, & très
" bon Poëte François & Italien, ſe délec-
" tant ſingulièrement à lire les belles &
" naïves rimes de nos Poëtes Provençaux,
" leurs vies, mœurs, & coutumes; telle-
" ment qu'il a compoſé en ſon tems plu-
" ſieurs beaux & gracieux Romans, comme
" la *Conquête de la douce Mercy*, le *Mortifie-*
" *ment de vaine plaiſance*. Outre quelques
" Dialogues de divers & rares enſeigne-
" mens.
" Mais ſur toutes choſes, aimoit-il d'un
" amour paſſionné la Peinture, & avoit la
" nature douée d'une inclination tant

„ excellente en cette noble Profeſſion,
„ qu'il étoit en bruit & réputation entre
„ les plus excellens Peintres & Enlumi-
„ neurs de ſon tems ; ainſi qu'on peut voir
„ en pluſieurs divers Chefs-d'œuvres ache-
„ vés de ſes divines & Royales mains, ſous
„ un labeur merveilleuſement exact & plai-
„ ſant, tant à Avignon, Aix & Marſeille,
„ & autres Villes de Provence, qu'en la
„ Cité de Lyon & ailleurs ; ce que je crois
„ d'autant plus facilement données & pein-
„ tes de ſa main propre, & de ſes mignons
„ & plus favoris domeſtiques : Sa Maiſon
„ étoit chœur de Muſes, l'école des Ora-
„ teurs, le concours des Poëtes, l'acade-
„ mie des Philoſophes, le ſacraire des
„ Théologiens, le ſénat des Sages, l'aſ-
„ ſemblée des Nobles, les fomentations des
„ bons eſprits, le loyer des Hommes doctes,
„ la table des Pauvres.

Les Hiſtoriens d'Anjou diſent que le Roi René apporta les Perdrix rouges dans ce Pays. On ſoupçonne que le René petit poiſſon très eſtimé & très délicat, qui ſe trouve dans la Moſelle à Remiremont, à Epinal & à Châtel-ſur-Moſelle, a tiré ſon nom du Roi René qui en connoiſſoit le mérite. Ce Prince étoit ſi paſſionné pour la Peinture, qu'un jour étant occupé à peindre une Perdrix, il ſe plaignit ſérieuſement qu'on l'eut interrompu, pour lui annoncer une nouvelle très intéreſſante pour ſon ſervice.

RENE' II. Duc de Lorraine, célébre dans l'Hiſtoire par la guerre qu'il eut à ſoutenir contre Charles le Hardy, Duc de Bourgogne, qui fut tué devant Nancy le 5. Janvier 1476. ou 1477. avant Pâques.

On conſerve dans les manuſcrits de M. Dupuy, en la Bibliothéque du Roi N°. 646. & dans le recueil manuſcrit de M. de la Mare, *la vraie Hiſtoire de la bataille de Nancy*, ou *la vraie déclaration du fait & conduite de la bataille de Nancy, écrite par René, Duc de Lorraine, & tirée de Chrétien, ſon Secrétaire*. Voyez le P. le Long, Bibliothéque Françoiſe.

Le Duc René dicta donc à Chrétien, ſon Secrétaire, le récit de cette fameuſe bataille ; & ce fut ſur ce récit que Pierre de Blarû, Chanoine de S. Diey, compoſa ſa Nancéïde, ou ſon Poëme ſur la bataille de Nancy, où le Duc de Bourgogne fut tué. Voyez ci-devant Blarû.

René s'eſt auſſi rendu fort célébre en Lorraine par ſon teſtament, dans lequel il a établi la Loi Salique pour la ſucceſſion maſculine en Lorraine à l'infini, à l'excluſion des filles. Ce Prince avoit de grands ſentimens d'honneur & de piété, & ſignala le tems de ſon régne par pluſieurs beaux Edifices ; il commença le Palais de Nancy en 1502. que l'on conſidéroit alors, comme un des plus beaux & des plus loyales que l'on connut en ce tems-là ; on exécuta ſous ſon régne la belle Egliſe de S. Nicolas, qui paſſe pour un Chef-d'œuvre en ſon genre, le Pont de Malzéville eſt encore un monument de ſa magnificence, de même que l'Egliſe & le Couvent des R. P. Cordeliers de Nancy.

Il bâtit divers Châteaux dans le Pays, & y procura, où favoriſa pluſieurs établiſſemens de Religieux & Religieuſes de S. François.

Ayant lû dans la Préface de la Traduction Françoiſe de la Cité de Dieu de S. Auguſtin, qu'un Prince ignorant, étoit un âne couronné, cette parole le frappa de telle ſorte, que dès-lors il réſolut de donner une bonne partie de ſon tems à la lecture & à l'étude ; & il réuſſit ſi bien qu'il apprit pluſieurs langues, & acquit la connoiſſance de pluſieurs hiſtoires, & de pluſieurs belles queſtions de Philoſophie & de Théologie ; il ſe faiſoit honneur d'avoir lû pluſieurs fois l'ancien & le nouveau Teſtament avec les Gloſſes, on peut voir notre Hiſtoire de Lorraine. Ce Prince mourut le 10. Décembre 1508. âgé de 57. ans. Il fut inhumé aux Cordeliers à Nancy, où l'on voit ſon Mauſolée qui eſt des plus magnifiques. On voit auſſi la Statuë Equeſtre du même Prince, ſur la fontaine de la place de S. Evré à Nancy.

RETHELOIS (D. Martin) Benédictin de la Congrégation de S. Vanne, natif de Verdun, Profés de l'Abbaye de S. Mihiel le 17. Juin 1628. a traduit d'Eſpagnol en François les Chroniques de l'Ordre de S. Benoît, compoſées en Eſpagnol par D. Antoine Yepez, Religieux Benédictin Eſpagnol, né à Yepez au territoire de Toléde, Abbé de Valladolid.

Le premier tome a été imprimé à Toul en 1647. & les 6. autres, les années ſuivantes ; le R. P. Rethelois y a fait pluſieurs Additions conſidérables, ſur les Monaſteres qui n'étoient pas connus au R. P. D. Antoine Yepez.

Dès l'an 1619. le P. D. Olivier Mathieu, natif de Touloſe, & Profés de l'Abbaye de Monferrat en Catalogne, avoit entrepris de mettre en François l'ouvrage du P. D. Antoine Yepez ; & étant venu à Paris, il mit ſon manuſcrit entre les mains de D. Laurent Bernard, Docteur en Théologie, pour le lire & l'approuver : puis il le fit imprimer en 1619. & le dédia au Roi Louis XIII. Il avoit auſſi traduit en François un ſecond volume d'Yepez, mais la mort l'a empêché de continuer la Traduction des autres volumes.

D. Rethelois ayant appris la Langue Espagnole, résolut de continuer l'ouvrage du P. Olivier Mathieu, & commença sa Traduction par le 3. volume d'Yepez, qu'il fit imprimer in-fol. à Toul en 1647. résolu de faire réimprimer les deux premiers tomes de D. Olivier, en pareille forme; ce 3. volume de D. Rethelois est dédié à la Reine Régente.

Le 4. tome fut dédié au Prince de Conty, & imprimé en 1648. le 5. tome fut imprimé en 1666. le 6. en 1667. le 7. en 1670. ensuite on fit réimprimer en 1674. le I. tome.

Le second fut seulement imprimé en 1684. un an après la mort du Traducteur, par les soins des Supérieurs de la Congrégation qui le dédiérent à M. de Béthune, Évêque de Verdun.

Mais comme le P. Yepez n'avoit qu'une connoissance assez superficielle de plusieurs Monasteres de la Congrégation de S. Vanne, le Chapitre général tenu à S. Mihiel en 1646. donna commission à D. Benin Henriet, Prieur de Breuil, de travailler à l'Histoire du Corps de la Congrégation ; & à D. Urbain Philippe, Prieur de S. Mansuy lez-Toul, à celle des Monasteres de la Congrégation en particulier ; & il fut ordonné que les Supérieurs des Monasteres leur fourniroient les mémoires nécessaires, pour l'exécution de cette entreprise.

Il est toutefois bon de sçavoir que D. Hubert Rolet, après avoir renoncé au grand Prieuré de Cluny, & être retourné dans la Congrégation de S. Vanne, se donna la peine de ramasser ces Mémoires, & d'en composer les Histoires des Monasteres particuliers. Il les dictoit à D. Hilarion de Bar, depuis Abbé de Longeville, puis les envoyoit à D. Martin Rethelois, qui les a insérés sous le titre d'*Additions du Traducteur*, dans les 7. volumes des Chroniques.

Après l'impression du 4. tome des Chroniques, en 1648. les Peres Jesuites se plaignirent au Chapitre général de l'an 1665. que dans l'impression de cet ouvrage, l'Auteur avoit glissé quelques paroles qui pourroient être interpretées au désavantage de leur Compagnie, & en donner une idée comme de gens qui cherchoient à s'emparer des Prieurés de l'Ordre de S. Benoît, ils envoyerent au Chapitre général leurs remarques sur le tome 4. fol. 173. fol. 177. fol. 178. 179. 180. fol. 357. & les deux suivans fol. 381.

Les Supérieurs du Chapitre général répondirent au Pere Cordier, Provincial des Jesuites, qu'en cela, ni en aucune autre chose, ils n'avoient jamais eu intention de choquer la Société ; & on réïtera les défenses qui avoient déja été faites par le Chapitre général de l'an 1649. à D. Martin Rethelois d'imprimer, ni faire imprimer aucuns tomes de Chroniques, qu'il ne l'eût auparavant mis au net, & envoyé au R. P. Président, qui le feroit examiner par quelques Supérieurs de la Congrégation, députés à cet effet.

Le R. P. Rethelois a possédé les premiers emplois de sa Congrégation, en a été Président en 1673. son ouvrage n'a pas eu tout le succès qu'on en espéroit, parce qu'il n'est pas écrit avec une parfaite pureté de langage, & que l'impression n'a pas été exécutée avec la propreté du Papier, ni la beauté des Caractéres, que méritoit un Livre de cette nature.

De plus l'impression s'étant faite aux frais de la Congrégation, qui en prit la plûpart des Exemplaires, le Libraire ne s'est pas beaucoup intéressé à en procurer le débit ; ajoûtez que depuis ce tems-là on a fait quantité de découvertes nouvelles dans l'histoire, qui ont fait négliger plusieurs écrits moins exacts, & bien moins exécutés que ceux qui ont paru depuis.

RHEGINON Abbé de Prum, voyez-ci devant *Reginon*.

RHIBAUCOURT (D. Jean) natif de Ligny en Barrois, fit profession en l'Abbaye de Moyenmoutier le 7. Juin 1698. est mort Curé dans la Cure Réguliere de Domartin, proche Remiremont, le 10. Janvier 1743. a fait de bons Recueils sur les matieres du Droit Canonique ; il y a dans ces recueils beaucoup de choix & de méthode : il n'y a pas mis la derniere main, la mort l'ayant prévenu, & une longue maladie l'ayant empêché de travailler. Son manuscrit est au Prieuré du S. Mont, proche Remiremont, d'où sa Cure est dépendente.

RICE (M.) Chapellain de Neuf-Chateau, a fait de grands recueils sur tous les Bénéfices, tant séculiers que réguliers de Lorraine, manuscrits.

RICHARD (Dominique) a écrit *les maximes politiques du travail du Sr. Dominique Richard, Seigneur de Clévent, Pagny, Joüy, Arcy, Madiere, & Montoville, Capitaine & Prévôt du Pont-à-Mousson ès années* 1637. 1638. pendant les afflictions de la guerre en Lorraine, manuscrit contenant 106. petites espéces de Traités, fort courts, & assez superficiels.

RICHARD (le Bienheureux) Abbé de

S. Vanne, a écrit *un Livre de la vie & des miracles de S. Vanne, & la vie de S. Roüin*. (g)

Rodhingus Fondateur & premier Abbé de Vasloge, aujourd'hui *de Beaulieu en Argonne*, nous avons beaucoup parlé du B. Richard dans le 1. tome de l'Histoire de Lorraine, pag. 188. & suivantes; il gouverna l'Abbaye de S. Vanne depuis l'an 1004. jusqu'au 17. Juin 1046. du tems de Hugues de Flavigny; on voit encore à S. Vanne plusieurs Lettres du B. Richard à ses Religieux de S. Vanne, pendant qu'il étoit au S. Mont, qui le prioient instamment de venir reprendre la conduite de son Monastere, & les réponses vigoureuses de Richard, qui ne pouvoit s'y résoudre. Il y avoit d'autres Lettres écrites à Heimon, Evêque de Verdun, & réciproquement de Heimon à l'Abbé Richard ; ce dernier en avoit aussi écrit bon nombre à Popon, Abbé de Stavelo, que ce bon. Abbé voulut qu'on enterrât avec lui sur sa poitrine. Huges de Flavigny parle aussi des Réglemens que Richard composa pour les Chanoines de Roüen, & que l'on lisoit encore assez long-tems après, dans un livre enchaîné, à la maniere ancienne, derriere le grand Autel de Roüen. On a conservé aussi un discours que Richard prononça au Chapitre sur la reconnoissance qu'on doit aux Fondateurs & aux Bienfaiteurs des Monasteres, & voulut que ce discours fût écrit à la tête du Nécrologe de son Abbaye.

Le même Huges de Flavigny assure que l'Abbé Richard etant au S. Mont, proche Remiremont, écrivit une régle pour les disciples, qui s'étoient venus ranger sous sa Discipline *discipulis eò confluentibus normam vivendi tradidit secundùm morem à sanctis Patribus institutum*. Cet ouvrage ne se trouve plus.

Il a de plus composé les Vies de plusieurs Saints, dont les Corps reposent en l'Eglise de S. Vahne, entr'autres celles de S. Saintin, de S. Maur, de S. Firmin, &c. On conserve dans son Abbaye plusieurs Sermons qu'il a composé pour l'édification de ses Religieux, & pour être lus aux fêtes des saints Patrons de l'Abbaye, comme il se fait encore aujourd'hui. Dans deux de ses Sermons il parle de S. Saintin, qui passe pour l'Apôtre de l'Eglise de Verdun, comme du Fondateur de l'Eglise de S. Pierre, aujourd'hui connuë sous le nom de S. Vanne, & des fréquens miracles que Dieu y opéroit journellement par les mérites de S. Saintin, son Serviteur. Ces vies & ces sermons se conservent dans deux manuscrits du 13. ou 14. siécle au pluftard. On les trouve même dans le Légendaire de l'Abbaye, c'est ce que nous apprend le R. P. D. Etienne Pierre, Chancelier du T. R. P. Président & Prieur de S. Vanne de Verdun, dans sa premiere Lettre au R. P. D. Toussaint Duplessis, Auteur de l'Histoire Ecclésiastique de Meaux, pour prouver que l'Abbaye de S. Vanne possede le corps de S. Saintin, Evêque de Verdun.

Voici l'Epitaphe du B. Richard, Abbé de S. Vanne, qui fut trouvée en 1598. lorsqu'on ouvrit son tombeau ; elle est écrite sur une lame de cuivre, en ces termes.

„ Anno Dominicæ Incarnationis M. XLVI.
„ Indict. XIIII. Epacta concurrente II.
„ obiit Richardus, Abbas in Cœnobio
„ sancti Petri atque sancti Vitoni, in suburbio Virdun. XVIII. Kal. Julii horâ tertiâ
„ die Sabbati, qui rexit in Cœnobio annis XLI. mensibus VII. diebus XIIII. Is obiit
„ anno VII. Richardi ejusdem Civitatis
„ Episcopi & æquivoci & in baptismate
„ filii.

RICHARD (de Vassebourg) Archidiacre de Verdun. Voyez *Vassebourg*.

RICHARD (François) Jesuite Lorrain, né au Pont-à-Mousson, entra dans la Société à l'âge de 19. ans le 17. Novembre 1621. il y enseigna les Humanités l'espace de 6. ans. Lorsqu'il étoit aux études de la Theologie, on l'envoya en Mission au-delà des Mers, il arriva en Grèce l'an 1644. & il fit profession des 4. vœux solemnels, dans l'Isle de Ste. Iréne. Il mourut à Négrepont au mois de Décembre l'an 1679. Ses ouvrages sont :

1°. Le bouclier de la foi Romaine, pour la défense de l'Eglise Catholique ; la premiere partie chez Claude Cramoisy, à Paris l'an 1657. in-quarto. La seconde chez Edmond Martin l'an 1657. in-quarto. Les deux parties se trouvent souvent renfermées dans un seul volume ; le livre est écrit en Grec vulgaire, & renferme tous les Dogmes de l'Eglise Romaine, & fournit aux Catholiques de quoi combattre tous les principes & les raisons, que les Grecs aujourd'hui ont coutume de nous objecter.

2°. Relations des Missions des RR. PP. de la Compagnie de Jesus dans l'Isle de Ste. Irène; à Paris, chez Cramoisi l'an 1657. in-quarto, où il étoit en cette année, d'où après qu'il eut fini les affaires, pour lesquelles il étoit venu, il retourna en Grèce.

Le P. Richard travailloit en 1679. depuis 15. ans à la vie des Saints de la Maison de Lorraine. Voyez tome 1. Histoire de

(g) *Vide acta Sanctorum Benedict. sæcul. V. part. 1. pag. 515.*

Lorraine, page cxxx. préliminaire.

RICHARD (François) Horloger, naquit à Charle-Roy en 1678. le 22. Février, il s'est établi à Lunéville depuis environ 30. ans. Il fit en 1727. la belle pendule, que le Duc Léopold avoit dans son Cabinet; elle étoit estimée dix mille livres pour son ouvrage seul méchanique, sans compter les embellissemens.

Dans le même tems, il fit un Tableau mouvant, qui fut envoyé à l'Empereur Charles VI. à Vienne. En 1733. il en acheva un autre, & qui a passé pour le plus beau morceau de méchanique que l'on eût encore vu, il représentoit une espéce de foire; les clefs du cabinet du mois de Novembre de 1733. imprimées à Luxembourg, pag. 321. en ont fait mention, & en ont donné le détail qu'on verra cy-après. Ces deux tableaux avoient été peints par Jacquart, les machines, ressorts & personnages, sont de l'invention de Richard. En 1742. il a construit un rocher par ordre du Roi, à Lunéville, sur lequel il y a 70. à 80. figures mouvantes de hauteur naturelle, qui font par le moyen des eaux tous leurs mouvemens naturels; on y entend la voix humaine, les cris de plusieurs animaux, & le son de plusieurs instrumens.

Il vient d'inventer nouvellement une piéce de méchanique qui est une Montre, qui, sur un plan incliné, marche & montre les heures sans ressorts, si le plan incliné a un pied de longueur, la montre ira trente-six heures ; & lorsqu'elle est au bas dudit plan, il n'y a qu'à la-remettre en haut. Il se propose de faire encore dans peu, d'autres piéces de méchaniques de nouvelle invention ; il a construit à sa Majesté le Roi de Pologne à Lunéville, un batteau, dans lequel deux hommes font mouvoir douze rames, avec une vitesse incroyable.

Voici la description du tableau mouvant de M. Richard, telle qu'elle se trouve dans la Clef du cabinet de Luxembourg, l'an 1733. Novembre, pag. 321.

Il renferme une espéce de Foire, dans laquelle on voit près de trois cent figures mouvantes; sans remuer elles paroissent animées : & quand elles sont en mouvement, elles donnent à la vuë un spectacle qui charme & qui amuse. On entend tout à la fois des concerts d'instrumens, des voix humaines, des cris d'animaux, des ramages d'oiseaux, le bruit du tonnére, & celui du canon qui surprennent en même tems, & charment l'ouï, celui des sens le plus difficile à contenter. Venons au d'etail & dans une description abrégée des plans au nombre de quinze, qui composent ce Tableau extraordinaire : voici ce qu'il nous représente. 1°. On voit d'abord dans le 1. plan, qui est à la droite, un Enfant monté sur un âne, qu'il frappe des pieds & des mains ; cet âne boit dans un auge, & léve de tems en tems la tête, ouvre la gueule en remuant la queuë. 2°. Une Chévre qui béle & remuë la tête, pendant qu'une jeune fille Bohémienne la trait. 3°. Une autre Bohémienne plumant une poule.

4°. Deux Enfans se balançant sur une planche. 5°. Un chien animé par un enfant qui bat des mains, veut se lancer sur un autre enfant tombé par terre, & qui se défend des pieds, des mains & de la tête. 6°. Une Servante écurant des plats & des assietes, regardant de tems en tems le chien & les enfans cy-dessus. 7°. Une Cuisiniére tenant sur le feu un poëlon qu'elle remuë. 8°. Une couvée de poulets avec leur mere, sous une cage d'ozier, autour de laquelle sont deux enfans, dont l'un est une petite fille qui frappe sur la cage, pour en faire sortir un poulet, qu'un petit garçon tâche d'attrapper sous son chapeau ; il le manque, se redresse, & la petite fille se moque de lui, en lui montrant le doigt & remuant la tête. 9°. Un Cocq & des Poules qui mangent, le Cocq chantant très naturellement. Premier plan.

Le second représente, 1°. une Filleuse, tenant & remuant son fuseau de la main droite, & moüillant son fil de la gauche ; 2°. une Femme & deux Enfans, dont l'un dort, & l'autre est sur son giron ; elle baise ce dernier par intervalle ; 3°. une Allemande qui berse un enfant, & qui léve de tems en tems un linge qui couvre le berceau ; ce qui fait qu'on peut voir l'enfant.

4°. Une troupe de Bohémiennes, l'une desquelles a un enfant sur le dos, qui mange ; dit la bonne-avanture un Paysan, en lui regardant dans la main gauche, & lui fait des signes très naturels des mains & de tête ; 5°. une autre Bohémienne frappe sur l'épaule du Paysan, & un petit enfant aussi Bohémien, foüille dans la poche du Paysan, de laquelle il retire de tems en tems la main, comme s'il étoit apperçu ; 6°. une autre Bohémienne essuyant sur ses genoux un enfant qui s'est gâté ; cet enfant pleure & remuë les pieds & les mains ; 7°. une jeune Fille qui lave & bat du linge près d'une fontaine.

Dans le troisieme Plan, on remarque, 1°. une grande Table, devant laquelle est assis un joüeur de goblets, avec lesquels il fait divers tours, & derriere lui, deux Paysans, fans, qui marquent par leurs mouvemens l'étonnement dans lequel ils font ; 2°. une Allemande tenant à la main droite un bouquet, qu'elle porte de tems en tems à ses narines ; 3°. deux bûveurs, dont l'un tend son verre à l'autre, qui lui verse à boire, & saluë une servante qui est debout derriere lui, tenant un plat de fruits, laquelle le remercie par une inclination de tête ; 4°. un autre bûveur endormi, chassant de la main droite une mouche, qui par intervalles se vient poser sur son visage ; un Cavalier rappant du tabac ; 5°. un Turc ayant une pipe à la bouche, laquelle il ôte comme pour cracher, & la remet ensuite.

Au bout gauche de cette table, sont, 6°. trois joüeurs d'instrumens, l'un joüe de la flutte douce, le second du flageolet, & le troisiéme de la harpe ; ils joüent chacun un air séparé, puis ils forment ensemble un Trio, dont l'oreille est enchantée ; 7°. un cheval attaché près la boutique d'un Maréchal, dont un garçon tient le pied, pendant qu'un autre ferre le cheval, qui retire souvent son pied de dessous le boutoir, en levant la tête.

Le quatriéme plan montre la même boutique du Maréchal, dans laquelle, 1°. deux ouvriers battent un fer sur l'enclume ; on entend les coups de leurs marteaux ; 2°. un autre est à la forge, dont il fait mouvoir très naturellement les soufflets ; 3°. un Charon travaillant sur son chevallet, & remuant bras & jambes, suivant les mouvemens naturels de sa profession ; 4°. à quelque distance de là, un garçon & une fille dansans au son d'une vieille, dont joüe un aveugle accompagné de deux enfans, l'un desquels tient son baton & bat la mesure, l'autre joüe du tambour de Basque.

Ce grouppe est environné de plusieurs personnages, parmi lesquels on voit, 5°. un Pierrot rappellant intelligiblement de sa caisse du monde, pour être spectateur d'une troupe de charlatans, montés sur le Théâtre, au bas duquel est, 6°. un paysan monté sur une échelle, lequel ayant la tête panchée & le visage en haut, se fait arracher une dent par un Opérateur, qui la montre ensuite aux spectateurs, tandis que le paysan se baisse pour cracher. 7°. Sur le même Théâtre est le maître de la troupe, qui gasoüille & semble parler, pour vendre & faire valoir les drogues, que le Docteur débite. 8°. A un coin du Théâtre est assise une femme, qui de tems en tems leve son éventaille devant visage, comme pour se garantir du Soleil. 9°. Arlequin paroît par intervalle, & vient frapper de son sabre le Docteur, puis se retire dans une coulisse, d'où on lui voit faire la grimace.

Ce Théâtre est fort orné & décoré de quantité de patentes & attestations munies de leurs sceaux. 10°. Au haut dudit Théâtre est un singe assis sur son cul, habillé en soldat, tenant son mousquet sur son épaule ; il se léve de tems en tems, & présente les armes.

Il y a autour du Théâtre quantité de figures ; on y voit entre autres, 1°. un jeune Cavalier baisant la main d'une Demoiselle, qui lui fait une profonde révérence. 2°. Un petit More tient un parasol sur la tête de cette derniere. 3°. Au bas du Théâtre sont des personnes de la troupe de l'Opérateur ; l'un pile des drogues dans un mortier, 4°. l'autre les remuë dans une chaudiere sur le feu ; 5°. un troisiéme souffle le feu ; on y voit enfin, 6°. une femme peignant un de ses enfans, &, 7°. une autre bûvant dans une bouteille : derriere le Théâtre sont des arbres, sur lesquels sont perchés des oiseaux qui y ramagent ; on y distingue, entre autres, le chant du rossignol, du coucou ; une caille à portée de là, se fait aussi entendre.

On voit dans le cinquiéme Plan à gauche, 1°. une Danseuse de corde tenant un contre-poids. 2°. Gille est au-dessous tenant son chapeau d'une main, & l'autre main en l'air, qui craignant que la Danseuse ne l'écrase, chaque fois qu'elle tombe sur ses fesses, se jette par terre. 3°. Pierrot est aussi sur l'échelle, & veut, au bout de la corde, imiter la Danseuse ; mais le pied lui manque, il tombe, & Gille, en gesticulant, se mocque de lui. 4°. Une vieille Tour, du haut de laquelle descend un jeune homme, à l'aide d'une corde, pour prendre un nid, & étant à l'endroit du nid, & prêt à le prendre, les oiseaux s'envolent, & vont se percher sur un arbre voisin ; puis le jeune homme remonte au haut de la Tour.

Le sixiéme Plan à gauche fait voir un garçon assis près la maison d'un Maréchal, voulant embrasser une jeune fille, qui le fait retirer, en lui donnant un soufflet ; à l'instant on voit paroître, 2°. une vieille à une fenêtre, qui ayant les lunettes sur son né, épie ces jeunes amans, & se retire. 3°. Deux enfans admirent la Danseuse de corde, & près d'eux paroît une fille qui rit, en levant le coin d'une Tente. Un vieux bâtiment, aux réparations duquel travaillent plusieurs ouvriers, est représenté dans le septiéme Plan à gauche ; on y découvre deux scieurs de long, 2°. un sculpteur travaillant à un chapiteau ; 3. un scieur, & 4°. un tailleur de pierre. 5°. Sur un chantier sont deux enfans badinans sur la charette des ouvriers. 6°. Près de là est une boutique de Potier d'étain, dans laquelle une personne fait peser une piéce d'étain qu'elle achete; & un peu plus bas, 7°. une boutique de Fayencier, devant laquelle un jeune Cavalier & une Dame accompagnés d'un enfant, marchandent une Pagode qui remuë la téte; 8°. un Chanteur, qui, de sa baguette montre un tableau où est peint le sujet de ses chansons, il est environné d'un nombre de personnes qui ont toutes leurs mouvemens.

Le huitiéme Plan du tableau représente, 1°. un Temple d'une très belle architecture, 2°. un enfant qui en ouvre & ferme la porte, & 3°. un autre enfant saluë les spectateurs; on y voit, 4°. un Cadran marquant les heures; 5°. le Clocher renferme plusieurs petites cloches, qui, à différens tems, forment un carillon de plusieurs airs. 6°. Au haut du Clocher est un ardoisier, qui en raccommode le toit; à côté de la façade, est, 7°. un Cloître ou Péristille, où l'on voit quantité de personnes qui se promenent.

On découvre dans le neuviéme Plan à gauche, un chemin rempli de personnes de tout état & toute nation; 1°. un estropié montrant aux passans sa jambe couverte d'ulcéres; 2°. une femme muette tenant une clochette, qu'elle sonne; & 3°. un aveugle tenant un chien par une ficelle, & présentant de tems en tems sa tirelire, pour demander la charité.

Dans le dixiéme à droite, on apperçoit, 1°. un Moulin, dont la rouë tourne continuellement; 2°. un homme qui péche à la ligne près du Pont de ce Moulin, sur lequel passe une infinité de personnes tant à pied qu'à cheval, & en voiture. 3°. A gauche sur la Riviere paroît un chasseur, qui se baisse pour coucher en joué des canards, qui paroissent sur l'eau; il les tire & les manque, les canards se plongent, & le Chasseur se redresse.

L'onziéme Plan à gauche, offre à la vuë un Village éloigné, 1°. une femme qui y tire de l'eau à un puits avec une bascule; & de l'autre côté, 2°. plusieurs ouvriers qui pilotent à force de bras, en levant le mouton, que l'on voit retomber très naturellement.

Le douziéme à droite offre de même un Village fort éloigné, & sur la même ligne, une forteresse placée sur la cime d'une montagne.

Plusieurs autres montagnes sont représentées dans le treiziéme Plan à droite, au haut desquelles on voit un Château, & un Moulin à vent; le chemin qui y mene, est rempli de gens, qui y conduisent leurs grains pour moudre.

On apperçoit dans le quatorziéme Plan, au milieu de la mer, quantité de vaisseaux, qui vont & viennent; ceux qui approchent la forteresse, la saluent à coups de canons, & on leur répond du Fort.

Enfin le quinziéme & dernier Plan à gauche, représente un Ciel orageux, duquel sortent quantité d'éclairs, & d'où l'on entend le bruit du tonnere. M. Richard est encore vivant, & continuë de travailler pour le Roi de Pologne.

RICHARD (Jean) né à Verdun en Lorraine, après avoir fait ses études en l'Université de Pont-à-Mousson, vint à Paris pour y étudier en même tems en Droit & en Théologie. Dans la suite il fit plus d'usage de la science de Théologie, que de celle de Droit. Il se fit toutefois recevoir Avocat à Orléans; mais on ne lui en vit pas faire les fonctions. Quoique laïc & marié, il précha toute sa vie, non dans les Chaires en public, mais en particulier & par ses écrits. Dès l'an 1685. il publia des *Discours Moraux* sur tous les Evangiles des Dimanches de l'année, avec un Volume contenant des Exordes & des Instructions pour un Avent & un Carême; le tout en cinq Volumes in-douze, qui ne tarderent pas à être suivis de cinq autres, contenant aussi des Discours moraux en forme de Prônes, avec un Avent sur les Commandemens de Dieu.

En 1697. il ajoûta encore deux Volumes sur les Mysteres de Notre-Seigneur, & les Fêtes de la Vierge; & en 1693. il publia en quatre Volumes, les Eloges historiques des Saints, avec les Mysteres de Notre-Seigneur, & les Fêtes de la sainte Vierge pour tout le cours de l'année. Il dédia ce Recueil à M. de Noailles Archevêque de Paris, & depuis Cardinal, qui loüa & approuva son travail. En 1700. il y joignit encore des Discours sur les Mysteres de Notre-Seigneur, & les Fêtes de la Vierge, en plusieurs Volumes in-12.

La même année 1700. il commença à donner les premiers Volumes du *Dictionnaire Moral*, ou de la *Science universelle de la Chaire*, dans lesquels on trouve, par ordre alphabétique, ce que les Prédicateurs François, Espagnols, Italiens, Allemands ont dit de mieux & de plus solide sur différens sujets. Ce Dictionnaire est en cinq Volumes in-octavo, auxquels M. Richard fit un Supplément qu'il donna en 1715. & qui contient des Exhortations morales sur la sainteté, les devoirs & les dangers de la vie religieuse.

Il a publié en 1690. le Carême de M. *Fromentiers* Evêque d'Aix, en deux Volumes in-12. les Panégyriques, Mystéres, & autres discours du même Prélat, en un Volume.

M. Richard ayant recueïlli toutes ces Piéces, les mit en ordre, fuppléa aux lacunes, fit des Préfaces, & se chargea de les faire imprimer.

Il rendit le même service aux Prônes de M. Joly Evêque d'Agen, qui parurent en huit Volumes in-12. & aux Discours de M. Boileau, Prédicateur ordinaire du Roi, & un des Quarante de l'Académie Françoise, d'où il publia en 1711. les Homélies & les Sermons, prononcés devant le Roi sur les Evangiles du Carême. Des autres Discours qui n'étant qu'ébauchés, ne pouvoient être donnés au Public, il en tira les plus belles pensées, qu'il rangea par ordre alphabétique, & les publia sous le titre de *Pensées de M. l'Abbé Boileau*; ce Recueïl est dédié à M. l'Abbé Bignon.

En 1718. il publia encore un Volume in-12. de Panégyriques choisis du même Abbé Boileau. Il mourut l'année suivante 1719. le 24. Février, au commencement de sa 81. année, & fut enterré dans l'Eglise de S. Médard sa Paroisse. Il a laissé deux fils, dont le premier, *Jean Edme*, est licencié en la Faculté de Théologie de Paris, & Curé à sainte Alpaïs de Melun, Diocèse de Sens; le second, nommé *François*, est Avocat au Parlement de Paris; *Supplement de Morery*.

RICHARDOT (Camille) Médecin de S. A. R. de Lorraine, a fait imprimer un nouveau Systéme *des Eaux chaudes de Plombieres* en Lorraine, & de l'eau froide, dite *Savonneuse*, & de celle dite *te. Catherine* de Plombieres; cet ouvrage a été imprimé à Nancy en 1722. in-octavo. M. Richardot, après avoir beaucoup raisonné sur la cause de la chaleur des Eaux de Plombieres, se déclare pour le sentiment, qui veut que ces Eaux de Plombieres soient naturellement chaudes, comme d'autres sont naturellement froides, d'autres naturellement salées; ce qui ne résoud pas la difficulté; & ne nous apprend rien; car encore faut-il qu'il y ait une cause naturelle, qui rende salées les eaux de la Mer, & qui donne la chaleur à celles de Plombieres. Nous en avons discouru plus au long dans un Ouvrage intitulé, *Traité sur les Eaux de Plombieres*.

RICHE (N.) Curé de Gouhécourt, a fait imprimer à Toul en 1680. in-12. l'Histoire du S. Clou de Notre-Seigneur, partagé à Tréves & à Toul. M. Dufauffey Evêque de Toul, avoit traité autrefois la même matiere. L'ouvrage de M. Riche n'est proprement que la traduction de celui de M. Dufauffey; son Traité est dédié à M. de Sallet, Baron de Gouhécourt, de Couffey & de Befonvaux, Tresorier General de Lorraine & Barrois.

RICHBODE, Archevêque de Tréves, succeda à Velmade dans le gouvernement de cette Eglise en 776. Il étoit alors Abbé de Metloc, & grand ami du célebre Alcuin (*h*), qui assure qu'il avoit embrassé la profession monastique, dans son Epître 34. où il lui témoigne le regret qu'il a de l'avoir perdu, & lui fait quelque reproche d'être trop attaché à la lecture de Virgile.

Richbode fut un des trois Prélats qu'Alcuin désigna à Charlemagne, comme les plus capables d'écrire contre Felix d'Urgelle; les deux autres étoient Paulin d'Aquilée, & Théodulphe d'Orléans.

Richbode étoit disciple d'Alcuin, & lui avoit envoyé son Ecrit contre *Felix Durgelle*, pour l'examiner. Alcuin en fut si content, qu'il en fit un éloge pompeux, disant qu'il étoit accompli, & pour le fond & pour le stile; & qu'il pouvoit seul suffire, pour réfuter l'hérésie de Felix. Voyez la Lettre 26. d'Alcuin, tom. 4. *Analect. Mabill. pag.* 296. 298. Richbode a été Archevêque de Tréves depuis 776. jusqu'en 804. Alcuin désignoit ordinairement son ami Richbode sous le nom de *Macaire*, selon la mode de ce siécle-là, où plusieurs Savans avoient leurs noms particuliers, autres que ceux de Baptême.

RICHER, Abbé de S. Symphorien de la Ville de Metz, qui a vécu en 1056. & est mort le 17. Avril, est Auteur de la vie d'Adalberon II. Evêque de Metz, imprimée au second Tome de la Bibliothéque des Manuscrits du Pere l'Abbe, pag. 670. Adalberon II. est mort en 1005.

RICHER, Abbé de l'Abbaye de S. Martin-les Metz, Monastere aujourd'hui entierement détruit depuis le siége de Metz par l'Empereur Charles V. en 1552. Richer a composé la vie de S. Martin, & la description de son Abbaye qui étoit très magnifique; le tout en Vers libres & en rimes. Il vivoit au milieu du douziéme siécle, sous le Pontificat d'Etienne de Bar, Evêque de Metz, mort en 1123.

Il dit que l'Eglise de son Monastere étoit très brillante, soutenuë de six-vingt colomnes, ornée de plusieurs tours, éclairée par des cierges posés sur des couronnes d'or, embellie de tables d'yvoire, qu'elle étoit longue de 160. pieds, large de 60. haute de 54. pieds jusqu'à la voûte, percée de huit portes & soixante-dix fenêtres.

(*h*) *Brouver. Annal. Trevir. Mabill. Ann. Bened. tom.* 2. *pag.* 34. *art.* 67.

Il ajoûte, que ni Rome, ni Jerusalem, ni Antioche, ni Constantinople n'ont rien de si beau, ni de si brillant. Son Manuscrit est aujourd'hui conservé dans l'Abbaye de Moyenmoutier; il étoit ci-devant au Prieuré de Chatenoi.

RICHERIUS, Moine de l'Abbaye de Senones en Vôges, a composé une Histoire, qui est imprimée dans le troisième tome du Spicilége du R. P. Dom Luc d'Achery, p. 271. & qui a été traduit en François il y a long-tems. Cet ouvrage renferme non-seulement l'Histoire de l'Abbaye de Senones, mais aussi celle des autres Abbayes de la Vôge; comme Moyen-moutier, S. Diey, Étival & Domévre. Il contient aussi plusieurs faits importans concernans la Lorraine & la Maison de Salm; en un mot, c'est tout ce que nous avons de meilleur touchant ce Pays-ci ; &, encore que l'Auteur ne soit pas exempt de ces fautes contre l'exacte Chronologie, qu'on reproche presque à tous les Ecrivains d'Histoires & de Chroniques du moyen âge, il ne laisse pas de nous être très précieux par les particularitez curieuses qu'il nous apprend, & que l'on ne trouve point ailleurs.

Il est bon de remarquer ici que le R. P. d'Achery, dans l'edition qu'il a donnée de Richerius, a supprimé quelques Chapitres, qui se trouvent dans l'original ; par exemple, les Chapitres 7. 19. 21. & 27. du Livre second, & les Chapitres 18. 34. 35. 37. 39. du Livre quatrième, & enfin, les Chapitres 4. & 5. du Livre cinquième; mais le Lecteur n'a pas lieu de les regretter, puisqu'ils ne contiennent rien de fort intéressant ; ce sont des faits ou fabuleux, ou mêlés de fables, ou peu exactes, ou que l'on trouve imprimés ailleurs, dans une plus grande exactitude ; il y en a d'autres qui méritoient de n'être pas retranchés, comme le Martyre des Moines de Luxeuil, mis à mort par les Huns, l'Histoire de l'esprit qui revint à Epinal, y parla & y fit plusieurs choses pendant plus d'un mois, l'Histoire de *Sibile* Beguine à Vic, que M. Brayé, Avocat à Nancy, a rapportée & embellie, une autre Histoire rapportée dans M. Colomniez, pag. 295. de Richerius.

M. Schoefflin de Strasbourg, nous a prié de lui communiquer ce qui manque de Richerius, dans l'edition du P. d'Achery, pour l'inserer dans l'Histoire d'Alsace qu'il nous promet, & nous le lui avons envoyé avec plaisir.

Je ne sai si Richerius est Auteur d'un Poëme qui est joint à sa Chronique dans l'original, & qui contient la vie d'un Abbé de Senones, nommé *Antoine*, fort célébre de son tems, manuscrit. M. l'Abbé Hugo l'a imprimé dans ses *sacra Antiquitatis monumenta*. tom. 2. pag. 420. & réimprimé dans le 3. tom. de la nouvelle Edition de l'Histoire de Lorraine, pag. cxcv. des Preuve.

M. l'Abbé Hugo dans le même ouvrage que nous venons de citer, s'avisa de parler mal de l'ouvrage de notre Richerius, & d'y relever quelques fautes de Chronologie. Mais lui-même tomba dans d'autres fautes très sensibles, dans les Notes qu'il donna sur Herculanus, Chanoine de S. Diey. Un Religieux de Senones entreprit de venger son ancien Confrére, & porta des coups assez rudes à M. l'Abbé Hugo. On écrivit de part & d'autre, & on imprima plusieurs Lettres à cette occasion, & on me fit l'honneur de me les adresser, en m'exhortant de donner le texte d'Herculanus plus correcte & plus fidel, que n'avoit fait M. l'Abbé Hugo; celui-ci répliqua & m'adressa aussi ses reponses; ces Lettres sont au nombre de cinq ou six, tant pour, que contre, écrittes en 1726. in-quarto. Il y a dans ces Lettres bien des détails instructifs, touchant les Auteurs dont il s'agit, pour les Pays où nous vivons, & sur les origines des Chanoines Réguliers de S. Augustin & des Prémontrés; sur le tems où la Régle de S. Benoît a commencé d'être observée dans ces Abbayes, sur l'Episcopat de S. Gondebert, Fondateur de l'Abbaye de Senones.

Quant à la personne de Richerius, il étoit, comme on l'a dit, Religieux de l'Abbaye de Senones, il gouverna pendant quelque tems le Prieuré de Deneuvre ou du Moniet, & y fit faire quelques ouvrages. Il vivoit sous le Duc Thiebaut en 1215. & fut envoyé par son Abbé en Allemagne auprès de l'Empereur Frideric, où il vit ledit Duc Thiebaut, qui étoit à la Cour de ce Prince, qui l'avoit fait prisonnier après la prise du Château d'Amance, vers l'an 1218. Richerius parle aussi du Concile de Latran, célébré en 1215.

Il dit qu'il a tiré ce qu'il raconte de la fondation du Monastere de Senones, & des Abbés qui l'ont gouverné, qu'il l'a tiré de quelques anciens monumens écrits en Vers, *in quibusdam scriptis Versibus adnotatis* : ces Vers ne se trouvent plus. Mais l'on conserve dans l'Archive de Senones beaucoup de titres anciens, des Diplômes des Empereurs, & d'autres Actes, dont nous nous sommes servi, pour composer l'Histoire de cette Abbaye, pour rectifier Richerius, & pour suppléer à ce qui lui manque; c'est de Richerius qu'Herculanus a tiré tout ce qu'il dit touchant les antiquités des Vosges, & il lui en fait honneur dans son ouvrage, quoique d'une maniere peu gratieuse.

Outre la vie de l'Abbé Antoine, qui se lit dans le manuscrit original de Richerius, on y voit des Vers François de la même main, concernant les Fêtes, le jour de Pâques, les Quatre-Tems, le premier Dimanche d'Avent, l'année Bissextile, &c. En voici quelques-uns, par lesquels on pourra juger des Auteurs.

Quiconque veut Pâque trouver,
Par cette régle peut prouver,
Quand elles seront certainement,
Car la régle mie ne ment.
XIIII. jours point ne dotez,
Del Prémes au cressant contez,
Après la sisime jor de Mars,
Car de la rigle dist li ars,
Que tot le premier Dimanche,
Après icelle quatorzaine,
Sant toz jours Pâques sans mentir,
La rigle lo convient consentir.

RICHIER (Ligier) fameux Sculpteur de S. Mihiel en Lorraine, on montre dans l'Eglise Paroissiale de la Ville de S. Mihiel, un Sépulchre de Notre-Seigneur en pierre blanche, dont les figures plus grandes que le naturel, sont très estimées par tous les connoisseurs, & passe pour un des plus beaux ouvrages de l'Europe en ce genre; j'ai fait toutes les recherches possibles pour en découvrir l'Auteur, & je crois y avoir enfin réussi.

L'Auteur des Additions au théatre historique de Gueudeville, qu'on dit être M. l'Abbé Hugo, mort depuis quelques années, Abbé d'Etival & Evêque de Ptolemaïde, a écrit que cet habile Sculpteur se nommoit Hugues, mais il n'en donne aucune preuve.

Je m'en suis informé autrefois fort curieusement, demeurant à l'Abbaye de S. Mihiel, sans en pouvoir rien découvrir, si-non qu'on tenoit par tradition, que ces habiles Sculpteurs étoient trois freres Calvinistes, qui demeuroient dans une petite maison fort basse à un simple étage, où l'on voyoit encore une cheminée, dont le manteau & les montans étoient d'une seule pierre, travaillée d'une draperie si bien faite, qu'on l'auroit prise pour une tenture ou un rideau, & si finie, qu'aujourd'hui elle paroît sortir de la main de l'ouvrier, le plafond de leur chambre est orné de piéces de rapport en relief, c'est ce que l'on montre encore à présent dans la Ville de S. Mihiel; mais depuis on a exhaussé la maison, & on y a fait un second étage.

Un Religieux de S. Mihiel (i) que j'ai prié de s'informer exactement de la chose, m'a écrit qu'un ancien Bourgeois de cette Ville, nommé Haroux, fort habile Armurier, âgé de 78. ans, plein de vie & de bon sens, lui avoit raconté, qu'il avoit souvent oüi dire à son grand Pere, Armurier comme lui, que l'ouvrier du Sépulchre se nommoit Michier ou Ligier Richier, natif de Dagonville, village situé à deux petites lieuës de Ligni en Barrois; que ses parents étant venus s'établir à S. Mihiel, avoient embrassé le Calvinisme, qui étoit alors fort à la mode. Que le Pere du jeune Richier ayant remarqué dans son fils une grande disposition à la peinture & à la sculpture, l'abandonna à son inclination; & que le jeune homme réussit tellement dans le dessein, qu'à l'âge de 15. ans, sans avoir eu de Maître, il dessinoit deja parfaitement.

Que le fameux Michel Ange (k) Buonarota, étant venu à Nancy, passa par S. Mihiel, allant à Paris; & qu'ayant vû les ouvrages du jeune Richier, il le demanda à ses parens, qui n'eurent pas de peine à le lui accorder; mais il s'apperçut bien-tôt que le goût dominant de Richier, étoit pour la Sculpture, il le mit chez un Statuaire, où il fit des merveilles.

De retour à S. Mihiel, il fut employé par divers Particuliers, à travailler dans leurs maisons, à de petits ouvrages; on lui attribuë le Christ en terre cuite qui se voit au Sépulchre, près la porte de l'Eglise de l'Abbaye, & quelques cheminées dans des maisons particulieres de la Ville.

Mais ce qui lui a mérité un honneur infini, c'est le Sépulchre en pierre qui se voit encore aujourd'hui à la Paroisse de S. Mihiel.

Il y a aussi dans l'Eglise de l'Abbaye plusieurs morceaux de sa façon, comme une Ste. Vierge tenant le petit Jesus, en terre cuite, un S. Michel de même, plusieurs Médaillons en pierre, un Crucifix & une Ste. Vierge de Pitié en bois d'un goût admirable; il y avoit autrefois auprès de la Croix, un petit chien si parfaitement imité, que les autres chiens le voyant, abboyoient après; il avoit fait l'ancien Jubé de l'Eglise de l'Abbaye, & la magnifique cheminée qui se voit encore à la Maison Abbatiale, & qui a été faite sous l'Abbé Merlin, qui est mort en 1586.

Le Religieux qui m'écrit, dit avoir interrogé le même Viellard à plusieurs différentes fois, lequel lui a toujours raconté la même chose sans varier, il ajoûtoit que le nommé Sansonnet, Fondeur de Cloches, très

---

(i) Lettre du R. P. D. Gregoire Thomas, an. 1742.   (k) Michel Ange est mort en 1564.

habile & très célébre dans le Pays, étoit descendu de Richier, & que c'est de lui que le grand-pere du vieillard Haroux avoit appris ce que nous venons d'en raconter.

Il a répété plusieurs fois la même chose à son fils, qui a à présent 50. ans; il dit avoir eû en main des Ouvrages à la plume de ce Ligier Richier, qui appartenoient aux Chanoines-Réguliers de S. Mihiel; mais il ne sait ce que ces Ouvrages sont devenus.

En 1532. M. de Chateauru de Troyes en Champagne, dans son voyage à S. Nicolas, remarque qu'à S. Mihiel, il y avoit dans l'Eglise de l'Abbaye plusieurs Ouvrages de sculpture, faits *par Me. Legier Tailleur d'Images, (ou Sculpteur) demeurant audit lieu de S. Mihiel, que l'on tient le plus expert & meilleur Ouvrier en dit art, que l'on vît jamais.*

Il parle en particulier du Crucifix, de la sainte Vierge de pitié soutenuë par S. Jean, de S. Longin, de Marie-Magdelaine, des quatre Anges qui tenoient chacun un Calice, pour recevoir le Sang du Sauveur, qui accompagnoient la Croix. Il parle aussi d'un fort beau Crucifix, qui se voyoit dans la Paroisse de Notre-Dame de Bar-le-Duc, accompagné de même de la sainte Vierge soutenuë par S. Jean, de S. Longin & des quatre Anges, qui reçoivent le Sang qui coule des quatre playes du Sauveur. Ces piéces sont encore en partie dans cette Eglise, mais transportées sur une porte du Collatéral de la Paroisse.

C'est sans doute le même Richier qui a fait la Mort, qui se voit dans l'Eglise Collégiale de S. Maxe à Bar-le-Duc; cette Mort qui est un ouvrage inimitable, sert de Mausolée au Cœur du Prince d'Orange, tué au siége de S. Dizier en 1544. On montre dans la même Eglise, à la Chapelle des Princes, plusieurs figures de sa façon, entre autres, la Crèche de Notre-Seigneur, qui a servi de modéle à celle qui se voit au Val de Graces à Paris; c'est tout ce que j'ai pû apprendre touchant cet excellent Ouvrier.

On m'ajoûte une particularité, qui est que *Ligier Richier* faché contre un Sergent qui l'avoit insulté, le menaça de le mettre en une place, où l'on se souviendroit de lui pendant long-tems; il le représenta dans le Sépulcre regardant les soldats qui jouent aux dés, à qui aura la Tunique sans coûture du Sauveur.

On lit au-dessus du fameux Sépulcre de S. Mihiel ces deux vers:

*Quisquis ades, sanctum Christi mirare Sepulchrum
Sanctius, at nullum pulchrius orbis habet.*

Ce qui a été rendu en François de cette sorte par M. Reboucher le fils:

*Passant, de Jesus-Christ, admire le Tombeau,
il en fut un plus saint, mais jamais un plus beau.*

RICHIER (Didier): j'ai vû en la Bibliothéque du Prieuré de Flavigny près Nancy, un fort gros Volume manuscrit, qui est un Recueïl composé par l'ordre du Duc Charles III. écrit en 1577. par Didier Richier, son Héraut-d'Armes nommé Clermont, député pour examiner rigoureusement les Titres des Nobles de Lorraine. Il s'acquitta de sa commission, & composa deux gros Volumes de Procès-verbaux sur cette recherche. L'un de ces Volumes, qui étoit sans doute commun au second, se conserve à Flavigny, sous ce titre: " Livre de la recherche & du recueïl des Nobles du Bailliage
" de S. Mihiel, qui contient l'abus qu'a été
" par aucuns se qualifians (Nobles commis
" en cette qualité) fait par Didier Richier,
" dit Clermont, poursuivant d'Armes par
" S. A. par commission expresse de Monseigneur de Haussonville, Maréchal de Barrois, suivant celle qui, pour cet effet, lui
" a été dirigée de Sadite Altesse en l'an 1577.

Ceux qui ont examiné de près cet ouvrage, disent que Richier n'y a pas apporté toute la diligence & la fidélité qu'il faudroit.

RICHIER (Edmond) a écrit les *Opérations des Ducs de Lorraine, depuis Jean I. jusqu'à Antoine*, manuscrit. Le Pere le Long, dans la Bibliothéque Historique de France, pag. 801. dit que ce Manuscrit se conserve dans le Cabinet du P. Hugo Prémontré, & qu'il comprend ce qui s'est passé depuis l'an 1356. jusqu'en 1508. Il ajoûte: Le P. Benoît Picart Capucin, a attribué cet Ouvrage à Edmond Richier, qui vivoit en 1576. mais le P. Hugo le croit d'un Auteur plus ancien, qui n'écrivoit pas si bien que Richier.

Je ne connois aucun Historien de Lorraine, du nom d'Edmond Richier; il y a apparence qu'il faut lire en cet endroit *Edmond du Boulai*, lequel est, à mon avis, le véritable Auteur du Manuscrit en question. Voyez ci-devant *Du Boulai*.

RICLOS (Dom Loüis) Benédictin de la Congrégation de S. Vanne, natif de Verdun, Profès de S. Vanne le 28. Mai 1679. mort à S. Vincent de Metz le 19. Mars 1738. a composé trois Volumes in-octavo de *Paraphrases sur les Epîtres de S. Paul*, & un Volume sur *les Epîtres Canoniques*, imprimé à Paris en 1709. & 1718. & à Metz 1727. Cet Ouvrage a été fort bien reçu du Public; il a été approuvé par l'Abbé Dupin, par M. Lefevre Archidiacre de l'Eglise de Troyes, & par D. Mathieu Petitdidier Abbé de Senones, comme un Ouvrage rempli de la piété la plus solide & la plus éclairée, très utile à l'Eglise, & très propre à faciliter l'intelligence des Epîtres de S. Paul.

Le P. Dom Riclos fut envoyé à Paris en 1699. étant alors Soûprieur en l'Abbaye de Montier-la Celle, pour y voir le Pere Mauduit de l'Oratoire, & le Pere Carriere de la même Congrégation, que l'on disoit travailler aussi à la paraphrase du Texte de S. Paul. D. Riclos ayant vû ces Révérends Peres, le P. Mauduit lui dit qu'il travailloit à une simple Analyse, & le P. Carriere lui expliqua son dessein, & lui fit entendre que c'étoit toute autre chose qu'une Paraphrase.

D. Riclos, dans sa Préface qui est assez longue, donne la préférence à la Paraphrase sur les Commentaires & sur les Analyses, prétendant que la Paraphrase est le moyen le plus sûr pour bien développer le sens d'un Auteur; mais on peut lui répondre que la Paraphrase peut aisément substituer le sens de son Ecrivain, au sens de l'Auteur sur lequel il écrit, & faire passer ses propres pensées pour celles de l'Auteur qu'il paraphrase, en y ajoûtant ses réflexions, qui font souvent changer le sens du Texte qu'on veut expliquer. Il est vrai que si l'Auteur de la Paraphrase avoit sûrement pris le sens de son Auteur, il pourroit le faire connoître mieux & plus briévement que le Commentateur.

Mais qui peut s'assûrer que la Paraphraste ne se trompe pas, & qu'il a bien pris le sens de l'Ecrivain qu'il paraphrase? C'est-là toujours le nœud de la question & le point de la difficulté; dans tous les Ouvrages que l'on entreprend, pour expliquer les Textes sacrés, c'est de savoir si l'on a bien pénétré le sens de l'Original & du Texte; & qui peut entreprend d'expliquer aux autres; & qui peut s'en flatter?

RIGAUT (Nicolas) étoit né à Paris en 1577. & étoit fils d'un Médecin. Il fit ses études dans le Collége des Jésuites en 1596. âgé de 19. ans; il composa une Piéce satirique contre les Parasites, qui lui fit beaucoup d'honneur, & porta M. de Thou à le prendre auprès de lui, & à le faire compagnon de ses études. Il embrassa d'abord la profession d'Avocat, où il ne fit pas de grands progrès. Le Roi lui donna la garde de sa Bibliothéque, dont il rangea les Livres avec Casaubon. M. de Thou en 1617. le choisit, par son Testament, pour veiller à l'éducation de ses enfans. Il fut nommé par le Roi, Conseiller au Parlement de Metz en 1633. Il eut la commission de Procureur-Général de la Chambre Souveraine de Nancy, & fut depuis Intendant de la Province de Metz. Il mourut à Toul, où il étoit Résident, au mois d'Août 1654. âgé de 77. ans, étant alors Doyen de sa Compagnie.

M. Rigaut n'étant pas Lorrain, n'entre dans notre sujet, que parce qu'il a passé une grande partie de sa vie en Lorraine, à Metz, à Toul & à Nancy; je me contente d'abréger ici ce qu'en dit le P. Niceron, tom. 21. pag. 56. Voici la liste de ses Ouvrages,

,, Funus Parasiticum, sive L. Biberii Cur-
,, culionis Parasiti Mortualia ad ritum prisci
,, funeris, cum appendice de Parasitis & as-
,, sentatoribus, & Juliani Imperatoris Epis-
,, tola ad Alexandrinos, *Paris* 1610. *in-4°.*
,, Onosandri Strategicus, sive de Impe-
,, ratoris institutione, G. L. ex versione &
,, cum Comment. N. Rigalt. *Paris* 1599. *in-*
,, *quarto.*
,, Phædri Fabulæ cum notis, *Paris* 1599.
,, *in-*12. *item* 1617. *in-quarto.*
,, De verbis quæ in novellis Constitut. post
,, Justinianum occurrunt Glossarium, *Mizo-*
,, *bar-Baron, Paris* 1610. *in-quarto.*
,, Arthemidori & Achmetis Oneïrocristic.
,, &c. *Paris* 1603. *in-quarto.*
,, Martialis cum notis, Calderini, &c.
,, 1601. *in-quarto.*
,, Vita S. Romani Archiepisc. Rothomag.
,, cum dissertatione in privilegium Ludovici
,, XII. in gratiam Feretri sancti Romani con-
,, cessum; *Rothomag.* 1609. & 1652. *in-oct.*
,, De la Prestation & Retenue Féodale;
,, *Paris* 1612. *in-quarto.*
,, Accipitrariæ rei Scriptores; G. L. *Paris*
,, 1612. *in-quarto.*
,, Menandri & Philistianis Sententiæ, Græ-
,, cè ; *Paris* 1613. *in-octavo.*
,, Rei agrariæ Scriptores; *Paris* 1613. *in-*
,, *quarto.*
,, Diatriba de Satyra Juvenalis; *Paris*
,, 1616. *in-*12.
,, Exhortation Chrétienne; *Paris* 1620.
,, *in-*12.
,, Epistola Joannis B. Ædui, &c. 1626.
,, *in-quarto.*
,, Apologeticus pro Rege Ludovico XII.
,, *Paris* 1626. *in-quarto.*
,, Q. Tertulliani Lib. 9. ex Cod. manuscr.
,, Agobardi Emendati; *Paris* 1628. *in-oct.*
,, Tertuliani opera; *Paris* 1634. *in-folio,*
,, *item* 1641.
,, Dissertatio censoria super editione Li-
,, belli de cavendo schismate; *Paris* 1640.
,, *in-quarto.*
,, De lege venditioni dicta observatio du-
,, plex ad legem: Curabit Præses, &c. *Tulli*
,, *Leucorum* 1643. 1644. *in-quarto.*

M. *Minutii Felicis Octavius & Cyprianus, de Idolorum vanitate; Paris* 1649. *in-*4°.

Observatio ad constitutionem regiam anni 1643. de modo Fænori proposito; Paris 1645. in-quarto.

Sancti Cypriani opera; Paris 1649. in-fol.
Commodiani instructiones adversus gentium deos; Tulli-leucorum 1650.

Observatio de populis fundis, seu de statu & conditione populorum qui fundi facti esse dicebantur lege Juliâ, de civitate Romanâ; Tulli-leucorum 1651. in-4°. *Item* avec les ouvrages d'Ismaël Bouilland, & de Henry de Valois, sur le même sujet; *Divione* 1655. *in-octavo*.

Vita Petri Puteani cum â Nicol. Rigaltii: oratio funebris ejusdem, Autore Adriano Valesio; Bernardi medonii extemporalis oratio in ejusdem obitum; Paris 1652. in-4°. *Item ibid* 1653. in-4°. La vie de Pierre Dupuy par Rigaut, se trouve aussi à la pag. 660. du recueil de Bates, intitulé *vitæ selectorum aliquot virorum; Londini* 1681. in-4°.

RIGUET (François) fils de Riguet Capitaine des Gardes du Prince François de Vaudémont, Pere du Duc Charles IV. Ce M. Riguet est célebre dans l'Histoire de Lorraine, par la mort de M. de Lucy, envoyé du Duc Henry II. auprès du Duc de Baviére, que Riguet tua au retour de son voyage près de Nancy.

François Riguet son fils fit une partie de ses études au Pont-à-Mousson, sous le Pere Sirmond, Jesuite; il fut postulé pour Abbé de Jovilliers, par les Religieux de cette Communauté en 1641. & en obtint le brevet du Roi la même année, & des Bulles du Pape Urbain VIII. en datte du 15. des Calendes de Janvier 1642. Il prit ensuite l'habit de Prémontré, fit profession, & posséda l'Abbaye jusqu'en 1656. en 1657. Il obtint de Rome un rescrit pour faire déclarer sa profession nulle.

M. l'Evêque de Toul donna commission au S. Jacques Massu, Conseiller & Aumonier du Roi, Doyen de l'Eglise Collégiale de Ligny, & à frere Bonaventure Gobert, Prieur Claustral de l'Abbaye de Rangevalle, de recevoir la déposition des témoins.

La profession de François Riguet ayant été déclarée nulle, l'Abbaye fut donnée au Prince Charles V. qui la résigna le 10. Avril 1660. au Sr. Jean Duhan de Martigny. Riguet fut ensuite choisi pour gouverner les études du Prince Charles de Lorraine, qui fut depuis connu sous le nom du Duc Charles V.

En 1673. il fut envoyé en Pologne pour menager la Couronne de ce Royaume au même Duc Charles V. cette négociation n'eut pas le succès qu'on avoit lieu d'en espérer; nous avons la harangue que M. Riguet composa à cette occasion. Dès l'an 1659. le même Prince Charles lui avoit résigné sa grande Prévôté de S. Diey, dont il prit possession le 3. de Décembre de la même année.

En 1678. M. de Riguet revint en Lorraine, où il se donna tout entier à l'étude; on dit qu'il refusa des Evéchés, voyez l'Histoire de Lorraine, tom. I. pag. cxxx. & la préface de M. l'Abbé Hugo, sur le Systême Chronologique des Evéques de Toul, composé par le même M. Riguet, imprimé à Nancy en 1701. in-12. & en 1707. où l'on a retranché la préface qui est de M. l'Abbé Hugo.

2°. Il a aussi composé l'histoire des grands Prévôts de S. Diey, imprimée long-tems après sa mort, par M. Sommier, Archevêque de Cezarée, & grand Prévôt de S. Diey, sous le titre *d'Histoire de l'Eglise de S. Diey* 1726.

3°. Histoire sommaire des mêmes grands Prévôts de S. Diey, manuscrit, &c. Voyez l'Histoire de Lorraine, tom. I. pag. cxxx. voyez aussi la harangue que M. de Riguet composa étant en Pologne, pour procurer l'election au Royaume de Pologne, en faveur du Prince Charles V. de Lorraine. M. de Mahuet de Lupcourt m'a assuré que M. son Pere avoit prononcé la harangue en question; M. de Riguet n'ayant pas eu la confiance de la prononcer, ou en ayant été empéché par quelqu'autres causes: cette Oraison se trouve imprimée au 3°. tome de l'Histoire de Lorraine; Preuves, page D. LXXXIII. premiere édition.

4°. Il a encore composé quelqu'autres ouvrages, comme des Nottes sur l'Histoire Latine originale de S. Diey, qui ont été envoyées aux Bollandistes.

5°. Réfléxions sur la fausseté du titre de fondation de Remiremont, rapporté dans Roziéres fol. 288. verso: ces réflexions sont imprimées à la suite du Systême Chronologique des Evéques de Toul, pag. 227.

6°. Dissertation où l'on prouve que les Ducs de Lorraine descendent de Gerard d'Alsace.

7°. Dissertation sur le titre *de Rois de Jerusalem*, que portent les Ducs de Lorraine, manuscrit.

8°. Commentaire sur les titres de l'Eglise de S. Diey, manuscrit.

9°. Mémoire Historique & Chronologique pour la vie de S. Diey, imprimée à Nancy, chez Charles Charlot, & Nicolas Charlot, & à la suite du sistéme des Evéques de Toul, pag. 266.

10°. Discours du Comté & des Comtes de

de Vaudémont, manuscrit.

11°. Mémoire contre la prétenduë mouvance du Duché de Bar, manuscrit.

12°. Erreur de ceux qui croyent que les Armoiries que les Ducs de Lorraine portent aujourd'hui, viennent de Godefroy de Bouillon; & que le Duc Mathieu est le premier qui ait porté les trois Alérions, le tout manuscrit.

M. de Riguet étoit grand Prévôt de S. Diey, grand Aumonier de Lorraine, Conseiller d'Etat & du Parlement de Lorraine, Prieur Commendataire de Chatenoy & de Flavigny, & de Notre-Dame du Bourg; il résigna son Prieuré de Flavigny à D. Charles Noirel, son parent en 1693. Il mourut à Nancy en 1699.

RIVARD (M.) célèbre Chirurgien demeurant au Pont-à-Mousson, & mort en la même Ville en 1746. étoit natif de Neuf-Château en Lorraine. Après avoir appris les principes de la Chirurgie dans son Pays, il alla à Paris pour se perfectionner; il demeura à l'Hôtel-Dieu pendant 20. ans, & y acquit l'expérience sur-tout pour la taille, qui lui a mérité la haute réputation qui nous oblige à lui donner place dans ce recueil des Hommes Illustres de Lorraine.

Feu M. de Mahuet, qui est mort premier Président du Parlement de Nancy, qui connoissoit particulièrement M. Rivard, inspira au Duc Leopold I. de le rappeller dans ses Etats, pour le soulagement de ses peuples. Il fut établi Démonstrateur d'Anatomie dans la faculté de Médecine de l'Université du Pont-à-Mousson, & il venoit régulièrement deux fois l'année à Lunéville, pour exercer gratuitement son talent extraordinaire sur les personnes travaillées de la pierre, ou de la fistule; il y réussissoit tellement, qu'il y avoit fort peu de personnes qu'il ne guérit, & on se mettoit entre ses mains avec une confiance entière. Son caractere étoit la bonté & la charité envers les pauvres, & beaucoup de piété, de religion & de délicatesse de conscience, qualités assez peu commune entre gens de sa profession.

RIVARD (François) natif de Neuf-Château, Professeur en Philosophie en l'Université de Paris au Collége de Beauvais, a composé divers ouvrages, comme.

Elémens de Géometrie in-quarto; à Paris, chez Jean de Saint, & Charles Saillant. Il y en a deja eu 5. Editions.

Abrégé des élémens de Mathématique, in-quarto 1740.

Traité de Gnomonique, ou de l'art de faire des Cadrans, in-octavo 1742.

Traité des Sinus tangentes, secantes, de leurs Logarithmes, de ceux des nombres naturels, avec les constructions de ces tables, & les problèmes de la Trigonométrie rectiligne & sphérique, in-octavo 1743.

Abrégé de la Sphére & du Calendrier, à l'usage de ceux qui ne savent pas de Géométrie; à Paris, chez P. H. N. Lottin, ruë S. Jacques, à la vérite, & Jean de Saint & Charles Saillant, Libraires, 1-45. in-8°.

Il a fait imprimer en 1747. à Paris in-8°. chez Lottin & Jean de Saint, *un Traité d'Arithmetique, avec les élémens de Geometrie*; & à la fin, un traité assez ample *de la Gonométrie*.

ROBERT (N.) Sculpteur, étoit originaire de la Mothe; après avoir voyagé, il prit un établissement à Metz, où il a beaucoup travaillé; l'on y voit de ses ouvrages dans l'Eglise Cathédrale, il est mort à Delme.

ROBERT, ou *Ruodbert*, ou *Rupert*, car tous ces noms signifient la même chose, Evêque de Metz au neuviéme siécle, fut d'abord Moine de S. Gal, & dirigea pendant quelque tems les écoles de cette Abbaye, il fut ensuite placé sur le Siége Episcopal de Metz. Après la mort de Valon ou Vala, il fut consacré le 22. Avril 883. assista au Concile de Metz en 888. & à celui de Treuver près Mayence en 895. comme il étoit homme de Lettres, Etienne Evêque de Liége lui dédia un de ses écrits, il obtint comme plusieurs de ses Prédécesseurs le *Pallium* & la qualité *d'Archevêque*; il fit de grands biens dans sa Ville Episcopale, & aux Monasteres de son Diocèse; il mourut à Metz le 2. Janvier 916.

Nous avons de lui un petit recueil de Lettres, au nombre (*l*) de neuf; il y a apparence qu'il écrivit ces Lettres avant son Episcopat, puisqu'il n'y prend que le titre de *Magister* & de *Moine*. M. du Cange dans la table des Ecrivains, dont il s'est servi pour son Glossaire de la basse & moyenne latinité, parle d'une vie de S. Théodore, Evêque *d'Orodure*, aujourd'hui (*m*) *Sion* en Vallais, écrite par un nommé *Robert*, qui pourroit bien étre celui dont nous parlons ici.

ROBINET (Pierre) Jesuite, natif de Stenay, Ville autrefois de Lorraine, cédée au Roi Louis XIII. par le Duc Charles IV. en 1641. le P. Robinet naquit à Stenay le 21. Mars 1656. se fit Jesuite le 22. d'Octobre 1671. & prononça ses quatre vœux le 2. Février 1692. son amour pour les Livres, & le grand soin qu'il a pris d'enrichir les Bibliothéques de la société, méritent de

---

(*l*) *Gold. rerum allemanicarum. t. 2. p. 75. 76. 87. 88.* (*m*) Voyez l'Hist. Litteraire de France, t. 6. p. 157.

trouver place parmi les Hommes Illuftres de Lorraine. Il avoit profeffé pendant fept ans la Théologie Scholaftique, lorfqu'il eut ordre d'accompagner en Dannemarck, l'Ambaffadeur de France. Revenu en France, il fut fait Recteur du Collège de fa Société à Strasbourg; appellé depuis en Efpagne, il fut Confeffeur du Roi Philippe IV. Après dix années de féjour en Efpagne, il fut nommé de nouveau Recteur au Collége de Strasbourg, & enfuite Provincial de Champagne. Il mourut à Strasbourg le 28. Novembre 1738. on ne connoît de lui que l'écrit fuivant: *Celfiffimo & Eminentiffimo Principi Guillelmo Egoni de Furftembergio, Argentinenfium Epifcopo ac Principi, facrâ purpurâ recens Decorato. Gratulatio.* Imprimée à Strasbourg 1687. in-fol.

ROCHE (D. Joachim) Benédictin de la Congrégation de S. Vanne, a fait profeffion en l'Abbaye de Senones le 4. Mai 1685. & eft mort dans l'Abbaye de Longeville le 18. Janvier 1738. Il naquit à Ligny en Barrois, où fa famille étoit confidérable, & fes freres ont fervi avec diftinction dans les Armées de France. Il s'appliqua de bonne heure à l'étude des belles lettres & des antiquités profanes, & y fit de grands progrès. Il a compofé quelques Differtations favantes, & a donné plufieurs explications de Médailles, principalement fur celles qui fe trouverent dans les terres, lorfqu'on travailloit aux fortifications de la Ville de Toul en 1712. Il a fait auffi quelques remarques d'érudition fur le livre de la Genéfe, mais tous ces ouvrages font demeurés manufcrits, & éparts en différents endroits.

Il n'a fait imprimer que la Traduction françoife du Cabinet Romain du Sr. de la Chauffe, à Amfterdam 1706. in-fol. chez l'Honoré avec figures; il y a ajoûté quelques remarques critiques de fa façon; il a auffi fait imprimer en mil fept cent dix-neuf une Lettre, pour montrer que les Benédictins réformés de Lorraine, non-obftant le ferment qu'ils font, avant leur profeffion, de ne recevoir, ni rechercher de Benéfices fans de l'aveu de leurs Supérieurs, font capables de pofféder des Benéfices à vie. Il refute dans cette Lettre les raifons ou les prétextes, que certaines gens apportoient, pour faire croire que les Benédictins réformés, font inhabiles à pofféder des Benéfices à vie, à caufe du ferment dont on a parlé. La réponfe qu'on fit à cet écrit, & qui fût imprimée le 25. Novembre 1719. eft de D. Humbert Belhomme, Abbé de Moyenmoutier.

RODULPHE Profés de l'Abbaye de S. Tron (*Sancti Trudonis*) au Pays de Liége, enfuite Abbé de la même Abbaye, & enfin poftulé pour gouverner l'Abbaye de S. Pantaleon de Cologne, fleuriffoit en 1110. & mourut dans l'Abbaye de S. Pantaleon de Cologne le 6. Mars 1136. après avoir gouverné les deux Abbayes pendant environ 30. ans.

Nous avons déja remarqué que l'Abbaye de S. Tron, ne regarde notre Sujet, que comme ayant été dans fon origine dépendante de l'Églife de Metz, à qui elle avoit été donnée par S. Tron, fon Fondateur.

L'Abbé Rodulphe, dont nous parlons ici, fe diftingua par fa fcience, par fa vertu & fon grand talent, pour le gouvernement de fes Monafteres, tant au temporel qu'au fpirituel. Nous avons de lui,

1°. La Chronique de S. Tron en 13. livres, imprimée dans le 7. tome du Spicilege du R. P. Dachery.

2°. La vie de S. Lietberg, Evêque de Cambray, imprimée fans nom d'Auteur dans le 9. tome du Spicilege du même D. Luc Dachery.

3°. Un Opufcule contenant *la réception des enfans dans les Monafteres*, qu'il compofa à la priere de Sibert, Prieur de fon Abbaye de S. Pantaleon de Cologne. Cet ouvrage eft imprimé dans le 2. tome des Analectes du R. P. Mabillon, pag. 493. & fuiv.

4°. Sept Livres contre les Simoniaques. Cet ouvrage fe voyoit dans la Bibliothéque de Gembloux, mais il a été confumé par les flammes dans l'incendie générale de ce Monaftere.

5°. Il a auffi compofé un livre de *l'Invention & de la tranflation de S. Gerion*, qui fe trouve dans Surius au 24. Novembre.

On peut voir D. Jean Mabillon au tome 2. de fes Annales, & Cafimir Oudin tom. 2. p. 1010. des Ecrivains Eccléfiaftiques qui traitent plus amplement de cet Ecrivain.

ROGIER (Jacquemin) de Commercy, Architecte des Tours de la Cathédrale de Toul. Voyez cy-devant *Jacquemin*.

ROLAND (Aubert) Cordelier, né au mois de Mars 1692. à Liffoù le petit dans le Baffigny, eft entré chez les R. P. Cordeliers au mois de Juin 1707.

Il a enfeigné la Philofophie & la Théologie, & a été Gardien diverfes fois dans différentes Maifons.

Il a été définiteur de fa Province, & il eft écrivain de fon ordre, inftitué par patentes du Général de tout l'Ordre de S. François, confirmé par un bref de Clément XII. ce qui lui donne le titre de Pere de Province avec les prérogatives, privilèges,

& exemptions dont jouissent dans cet Ordre les Provinciaux.

Il est Auteur d'un livre qui a pour titre: *Moyens faciles de concilier les esprits sur les difficultés qui regardent la Bulle* Unigenitus, *imprimé à Luxembourg* en 1732. 1734. & 1735. en 5. volumes in-quarto.

En 1736. il a fait imprimer à Toul chez Vincent, la vie de la Bienheureuse Philippe de Gueldres, Duchesse de Lorraine.

En 1742. il a donné la guerre du Duc René II. Duc de Lorraine contre Charles le Hardi, dernier Duc de Bourgogne. Ce livre est imprimé à Luxembourg. Le P. Roland réside actuellement à S. Mihiel, où il est Directeur de l'Hôpital de cette Ville.

ROLAND (Marion) Chirurgien à Metz, est Auteur d'un ouvrage composé à l'occasion de la peste arrivée en 1625. Voici le titre:

„ Le cadet d'Apollon né, nourri & éle-
„ vé sur les remparts de la fameuse Citadel-
„ le de Metz, pendant la contagion de l'an-
„ née passée 1625. endoctriné des meilleurs
„ préceptes, des plus excellens Médecins &
„ plus experts Chirurgiens, pour s'opposer
„ à la furie de la cruelle maladie du genre
„ humain qui est la peste. Présenté à Mes-
„ sieurs de Ville par M. M. Roland, leur
„ très affectionné Concytoyen, Chirurgien
„ stipendié du Roi & de la Ville, très utile
„ pour se préserver de la peste, ou s'en
„ guérir en étant atteint; à Vic, chez Clau-
„ de Felix, Imprimeur de Monseigneur l'E-
„ vêque de Metz 1626.

ROLLE (D. Anselme) Benédictin reformé de la Congrégation de S. Vanne, fit profession au Monastere de S. Vanne de Verdun le 23. Mai 1612. dans la suite il entra dans la Congrégation de S. Maur, où il a rempli diverses supériorités: il mourut à Ste. Croix de Bourdeaux le 14. Août 1627. C'est le premier Ecrivain qui ait donné quelques ouvrages dans la Congrégation de S. Maur; il a publié plusieurs ouvrages qu'on a faussement attribué à S. Benoît, & y a ajouté des Nottes de sa façon. Le P. D. Michel le Cerf, l'a oublié dans sa Bibliothéque des Ecrivains de la Congrégation de S. Maur, mais il en parle dans sa Lettre du 21. Avril 1731. à M. le Clerc, de la Communauté de S. Sulpice. Voyez Bibliothéque Françoise, tom. 16. premiere partie, *Supplément de Moreri*.

Je trouve qu'au Chapitre général de la Congrégation de S. Vanne de l'an 1621. on envoya des Lettres Dimissoriales pour trois ans à D. Anselme Rolle, & à quelqu'autres Religieux, qui avoient été destinés pour former la nouvelle Congrégation de S. Maur, instituée en 1618. cette permission fut sans doute prorogée dans la suite.

ROLLET (Gerard) de S. Mihiel, a fait un fort bon Commentaire sur la Coutume de Lorraine, manuscrit, entre les mains de M. de Ronseray, son petit fils.

ROLLET (D. Humbert) Benédictin de la Congrégation de S. Vanne, natif de Courcelle, village au Duché de Bar, Profès de S. Vanne le 20. Janvier 1600. mort à S. Mihiel le 12. Mai 1666. âgé de plus de 80. ans. Il a composé la vie du R. P. D. Didier de la Cour, Réformateur de la Congrégation de S. Vanne. Elle se trouve au tome 4. pag. 172. 174. des Chroniques générales de l'Ordre de S. Benoît, imprimées à Toul in-fol. Dans cette vie il assure que tout ce qu'il a écrit de la vie, de la piété, des exercices, & des travaux dudit P. Réformateur, il les avoit vuës ou apprises par lui-même, ou de la bouche du même D. Didier de la Cour, depuis la réforme commencée à S. Vanne vers l'an 1597. jusqu'à l'an 1623. qui est celle de la mort dudit P. Réformateur. Comme D. Rollet étoit un des quatre premiers Novices de la réforme, & qu'il avoit été employé dans toutes les affaires de conséquence de la Congrégation, il en savoit parfaitement toutes les particularités.

Il a aussi composé un Factum, pour montrer (*n*) que les Religieux réformés de S. Mihiel, ont droit & sont en possession de nommer au Prieuré de Notre-Dame de Bar-le-Duc, un Religieux de leur Communauté pour l'administrer dans le temporel & dans le spirituel, & de le rappeller quand ils jugent à propos; & que depuis l'an 1606. les Abbés de S. Mihiel par traité passé entre eux & les Religieux, par l'autorité du S. Siége, ont cédé ce Prieuré au Couvent, pour faire partie de la Manse conventuelle, séparée de la Manse Abbatiale par la même autorité du S. Siége.

Le même P. Rollet a rempli avec honneur, & pendant plusieurs années, les premiers emplois de la Congrégation de S. Vanne; il eut ensuite la charge de grand Prieur de l'Ordre de Cluny, dont il reçut les patentes du Cardinal de Richelieu le 26. Octobre 1630. En cette qualité il fit la visite au Collége de S. Jerôme de Dole, & y fit des réglemens pour le bon gouvernement des écoliers dudit Collége, en datte du 18. Mai 1631.

Il composa divers écrits importants pour

(*n*) D. Pierre Munier Hist. de la Réforme, t. 1. p. 496.

soutenir son droit de grand Prieur de Cluny, contre D. Jean de Chevrieres dévolutaire, & fut maintenu dans cette charge par Arrêt du Conseil du Roi du 8. Juillet 1633. il étoit considéré, sur-tout après la mort du R. P. Réformateur, comme Chef de la Congrégation de S. Vanne, & comme Pere de celle de S. Maur & de Cluny réformé, ayant eu la principale part aux grandes affaires de la réforme de ces deux Congrégations.

Après la mort de Louis de Tavagni, Abbé de S. Evre, D. Humbert Rollet fut élu Abbé de cette Eglise le 10. Août 1643. dès l'an 1637. il s'étoit démis de la charge de grand Prieur de Cluny ; & pour le dédommager en quelque sorte de cette demission qu'il n'avoit fait que par complaisance pour le Cardinal de Richelieu, on lui offrit la charge de Prieur de S. Germain des Prez : il remercia & rentra dans la Congrégation de S. Vanne ; il en fut élu Président en 1637. & enfin pour la derniere fois en 1646.

Sous son gouvernement, le R. P. Romaric Giel, Abbé de Campten ou Campedonne en Suabe, fit de grandes instances pour introduire la réforme de S. Vanne dans son Abbaye. Ce zélé Prélat fit un voyage exprès à Rome pour cela, où la Congrégation des Cardinaux pour les Réguliers, loua beaucoup son zéle & sa bonne volonté ; & le même Prélat ayant écrit aux Superieurs de la Congrégation de S. Vanne, afin d'obtenir d'eux des Religieux réformés pour le même effet. Le Chapitre général tenu à S. Mihiel en 1646. lui députa deux fort capables de remplir ses pieux desseins : sçavoir D. Alexandre Moi, Prieur de Moyemoutier, & D. Arsene Mathelin, Prieur de S. Vincent de Metz.

Etant arrivé à Campedonne, ils trouverent que M. le Prince, Abbé de S. Gal de concert avec les Visiteurs de la Congrégation de Suisse, ensuite d'une lettre du Cardinal Ginetti, avoit envoyé à Campedonne quelques articles, pour faciliter l'union de cette Abbaye à la Congrégation de S. Vanne, & s'il étoit possible d'y amener encore les Abbayes de Fulde & de Morbach, espérant qu'à leur exemple on pourroit engager aussi les autres Abbayes d'Allemagne à embrasser la réforme. Mais ces projets n'ayant pas réussis, le zélé Abbé de Campedonne vint exprès à Verdun pour conférer avec les premiers Supérieurs de la Congrégation de S. Vanne. Ceux qui désiroient ardemment de voir la réforme s'établir en Allemagne, mais qui ne voyoient pas bien comment le Prince Abbé de Campedonne pourroit demeurer assujetti aux loix de la Congrégation, qui soumettent les Supérieurs au Chapitre général, & les assujettissent à la vacance après un certain tems ; cependant vaincus par ses instances, ils consentirent au Chapitre général de l'an 1647. de lui donner des Religieux réformés, pour y établir la maniere de vivre de la Congrégation de S. Vanne, & conclurent avec lui un traité portant, qu'encore que l'Abbaye de Campedonne fut unie à la Congrégation susdite ; on y conservera les loix du Concordat Germanique, & que les droits, priviléges, & préeminence lui seront conservés comme auparavant. Que l'Office Divin se célebrera comme dans les autres Monasteres de la Congrégation, & qu'on y observera les autres pratiques de la même Congrégation.

Que l'on fournira au Seigneur Abbé, un nombre suffisant de Religieux réformés, pour former les Novices & les jeunes Gentilhommes qu'on y élevoit ; & qu'enfin les réformés rendront au Seigneur Abbé, le respect & l'obéissance suivant la régle de S. Benoît.

Le traité est du 9. Août 1649.

En même tems D. Humbert Rollet, Président de la Congrégation, écrivit une longue lettre à M. le Nonce de Lucerne, pour lui donner avis de ce qui avoit été arrêté avec M. l'Abbé de Campedonne. Cet Abbé passant par Moyenmoutier, à son retour en Allemagne, écrivit de-là à D. Rollet, pour le prier de lui envoyer D. Antoine de l'Escale, qui savoit l'Allemand, & qu'il l'attendoit à Hueville ou à Morbach ; divers incidens survenus, rendirent inutiles tous ces beaux projets.

ROMAIN (Nicolas-Claude) Docteur en Droit, Prévôt & Gruyer du Pont-à-Mousson, a traduit en François, & fait imprimer la Nanceïde de Pierre de Blarû, dédiée à François de Lorraine, Comte de Vaudémont, Pere du Duc Charles IV. dont M. Romain étoit Conseiller & Secrétaire. Cet ouvrage se conserve dans la Bibliothéque de Ste. Genevieve de Paris, & ailleurs. Le P. le Long de l'Oratoire dans sa Bibliothéque historique de France, pag. 378. le cite. Voici quelques Vers de cette traduction que j'ai tirés d'un manuscrit communiqué par M. de Rutant de Sauxures, près Nancy.

Je chante ici la guerière tempête,
Qui t'a, Lion, tout froisse la tête ;
Lorsque, par trop en Mars se confiant,
Tous les mortels tu allois défiant.

Et plus bas, il décrit ainsi la petite chasse des Mésanges qui se fait dans les sapins des Vosges avec un baton fendu, & qui se ferme au moyen d'une petite ficelle, lorsque l'oiseau a mis ses ongles entre les deux piéces de ce bois fendu.

. . . . puis le volant troupeau
Pris au filet, ou pris par le gluau
De l'Oiseleur, fournit toute une table,
Autres sont pris de façon délectable ;
Quand un baton légerement fendu,
Tient par le pied un oisillon pendu,
Qui engagé au travers d'une fente
Par un cordeau, se serre & se tourmente :
Là le Tendeur ayant bien pris le tems,
Sans dire mot, voit tout & passe tems,
Couvert derriere en amis emplumés,
Des tristes sons des chouettes charmés,
La voix desquelles le Cauteleur Pipeur
Sait imiter de tout pipeau trompeur,
Caché dessous quelqu'ombreuse feuillée,
Au sein plus cru d'une forêt taillée.

On trouve quelques vers de la façon de N. C. Romain à la tête des dévots élancemens de M. Alphonse de Remberviller. Dans tout cela on remarque que M. Romain avoit beaucoup de goût pour la Poësie.

ROMAIN (D. Benoit) Benédictin de la Congrégation de S. Vanne, né à Nancy, Profés de l'Abbaye de S. Evre le 16. Septembre 1659. mort à S. Mansuy le 28. Août 1699. célebre Prédicateur a prêché plusieurs fois dans les premieres Eglises de la Province, & a fait imprimer l'Oraison funébre de François Henry de Montmorency, Duc de Luxembourg, qu'il prononça le 22. Avril 1695. à Ligny en Barrois, dans l'Eglise des PP. Cordeliers ; cette Piéce fut applaudie, & a été imprimée à Toul en 1695. in-octavo. D. Benoît Romain passoit pour un des meilleurs Prédicateurs du Pays.

La RONDE (Michel) Prémontré, a eu soin de l'édition des Oeuvres du R. P. Epiphane-Louis, Abbé d'Etival. Il fut admis dans la profession religieuse de la Congrégation reformée de l'ancienne rigueur de Prémontré, l'an 1665. Il mourut en l'Abbaye de S. Paul de Verdun le 10. Octobre 1718. Il composa un livre intitulé, *Pratique de l'Oraison de foi, ou de la contemplation divine par une simple vuë intellectuelle*, imprimé à Paris l'an 1684. chez Christophe Remy. Il donna aussi au public un recueil des Lettres spirituelles du R. P. Epiphane Louis, Abbé d'Etival, au nombre de 60. imprimé chez le même l'an 1688. avec une Préface qui contient l'éloge de ce S. Homme ; enfin le P. Laronde fit imprimer l'an 1712. chez Nicolas Pepie, un livre de Méditations pour les fêtes de S. Augustin & de S. Norbert, & pour leurs Octaves, & encore pour les translations de *ces deux Saints*, avec deux Préfaces qui contiennent leurs éloges.

ROSIERES (François de) Prieur de Bonneval, Grand-Archidiacre, Official & Vicaire-Général de l'Evêché de Toul, Chanoine de la Cathédrale, Maître des Requêtes, & Conseiller d'Etat du Grand Duc Charles, fils de Jean de Rosieres, Seigneur d'Euvesin & de Jeanne de la Mothe, naquit à Bar en 1534. il étoit issu d'une ancienne Maison originaire de Touraine, & descendoit d'Alphonse de Rosieres, Seigneur de la Grange Maubert, mort à Chinon en 1260. dont la postérité établie dans le Barrois & en Lorraine dès le commencement du quatorziéme siécle, y subsiste encore avec distinction. (*o*)

Son premier ouvrage est intitulé, *Stemmatum Lotharingiæ ac Barri-Ducum tomi septem, ab Antenore, Trojanarum reliquiarum ad paludes Mæotidas Rege, ad hæc usque Illustrissimi, Potentissimi, & Serenissimi Caroli III. Ducis Lotharingiæ tempora. In quibus præterea habes totius Orbis nobiliorum familiarum, ac rerum ubique gentium præclarè gestarum à Supremis Pontificibus, Imperatoribus Orientis & Occidentis, Regibus, Ducibus, Comitibus, etiam Turcis & Barbaris perutile compendium, mirabile theatrum, & ad vivum ex selectissimis & gravissimis quibusque Chronographis & Historicis delineatum simulacrum ; ut instar Bibliothecæ omnium historiarum esse possit.*

Authore Francisco de Rosieres, nobili & Patricio Barroducæo, Archidiacono Tullensi.

Quid autem singulis tomis contineatur, pagina octava prolixius indicabit. . . . *Parisiis apud Guillelmum* Chaudiere, &c. 1580. cum Privilegio Regiæ Majestatis in-fol.

Il a aussi composé 1°. 16. Catéchéses, ou Instructions Chrétiennes, & salutaires au Clergé & aux Peuples, in-fol. manuscrit dans la Bibliothéque de S. Mihiel, avec le Portrait de l'Auteur en craïon.

Dans son interrogatoire, que j'ai en main, coppié sur un exemplaire qui est dans les recueils de M. Nicolas fils, Marchand à Nancy, & qui se trouve aussi manuscrit dans les recueils de M. Dupuy, vol. 209. Lorraine, enfin imprimé dans la Satyre Menippée, tom. 2. pag. 368. édit. de 1712. à Ratisbonne.

M. de Rosieres dit qu'il a mis son ouvrage en François, & l'a envoyé à Paris pour y être imprimé ; mais on n'a aucune connoissance qu'il ait été imprimé en François, ni avant ni depuis cet interrogatoire.

(*o*) Pierre de Rosieres, grand Aumônier de Lorraine & Prieur Commendataire de Varangeville, s'est distingué par sa grande piété & par sa libéralité envers les pauvres ; il mourut l'an 1670. il est inhumé dans l'Eglise de l'Hôpital de S. Julien, dont il est Bienfaiteur.

2°. Je trouve aussi dans la Bibliothèque d'Antoine du Verdier, pag. 410. que M. de Rosieres a écrit, *un Sommaire & Recueil des vertus morales, Intellectuelles & Théologales*, contenant la maniere de bien vertucusement vivre pour acquérir l'honnêteté civile, & beatitude celeste, imprimé à Reims in-octavo par Jean Foigny 1571.

3°. *Six Livres de Politiques*, imprimés à Reims en 1574. dédiés à M. le Cardinal de Lorraine, Archevêque de Reims. Ces six Livres contiennent l'origine & état des Cités, conditions des Personnes, œconomie & police des Monarchies & Républiques du monde, tant en tems de paix, que de guerre : plus de l'origine, antiquité, progrès, excellence, & utilité de l'art politique, ensemble des Législateurs plus renommés, qui l'ont pratiqué ; & des Auteurs illustres qui en ont écrit, spécialement de Platon & Aristote, avec le Sommaire & Conférences de leurs Politiques.

Au premier desdits six livres, est traité du sujet, objet, & fin de l'Etat politique, qui doit être gouverné par la justice divine & humaine, de la cause efficiante, origine & forme des Cités, & de la diversité des Chefs & membres faisant le Corps mystique d'une République ; & pour ce que les Cités sont bâties de maisons, ruës composées de plusieurs Maisons, & de la Communauté des Citoyens ; ainsi comme les maisons sont premieres, que les deux autres parties par ordre de nature : aussi au second livre, il est parlé conséquemment de l'économie ; au troisiéme des quatre parties de la terre, où l'on a établi les principales Républiques, Principautés & Monarchies du monde, de la Communauté des Cités résultante de société, & de diverses espéces du gouvernement des Républiques, tant parfaites qu'imparfaites & opposites ; à savoir, Monarchique, de l'institution des Rois, Empereurs & Princes Chrétiens, Aristocratie, Timocratie (*p*), Tirannie, Oligarchie & Démocratie, & auxquelles la communauté des biens est pernicieuse & évitable, si ce n'est pour l'usage.

Au quatriéme, des moyens généraux & particuliers, pour conserver & détruire les Principautés, Républiques & Cités en chacune espéce susdite, tant en tems de paix, comme de guerre. Au cinquième, des Magistrats Ecclésiastiques & Séculiers, pour la police & administration des choses sacrées, prophanes & temporelles. Au sixième, des Loix, sans lesquelles ces Cités & Universités ne peuvent être, de justice & diversité des droits, desquels ont usé en tout commerce & trafique des hommes, des matiéres extraordinaires & criminelles, de la punition des delits & crimes, de la sepulture des corps morts ; tout ceci nous fait voir quelle étoit l'étendue des connoissances de M. de Rosieres, & combien il avoit travaillé.

On m'a raconté plus d'une fois, que M. de Rosieres ayant eu quelques affaires personnelles à Rome, il y étoit allé pour se défendre ; & comme il étoit homme bien fait, éloquent, & vieillard vénérable par son port & ses cheveux blancs, il parla au Pape d'une manière si patétique, & avec tant de gravité, qu'il tira les larmes de tous les assistans, & fut renvoyé absou, & déclaré innocent.

Le R. P. Benoît Picart, Histoire de Toul, pag. 705. dit que François de Rosiéres avoit été dépouillé de la Jurisdiction Episcopale, qu'il exerçoit auparavant, à l'exemple de ses prédécesseurs, dans son Archidiaconé de Toul ; & cela par Sentence de la Rote, confirmée par un Bref de Clement VIII. dans le Procès que lui fit Christophe de la Vallée son Evêque : c'est apparemment à cette occasion qu'il alla à Rome, pour soûtenir son droit.

Celui de ses Ouvrages qui a fait plus de bruit dans le monde, est celui qui est intitulé, *Stemmatum Lotharingiæ ac Barri Ducum*. On croit qu'il l'entreprit, pour prouver que les Ducs de Lorraine, comme descendans en droite ligne de Charlemagne, étoient les légitimes héritiers de la Couronne de France, dont la Ligue vouloit exclure Henri IV. à cause de l'hérésie Calvinienne dont il faisoit profession. Nous avons marqué dans l'Histoire de Lorraine les suites de cette affaire ; & il fallut toute l'autorité de la Reine Loüise de Lorraine, épouse du Roi Henri III. & fille de Nicolas de Lorraine, Duc de Mercœur, & le crédit de la Maison de Guise, pour sauver François de Rosiéres.

En 1587. après les disputes qui survinrent dans l'Université du Pont-à-Mousson, à l'occasion du Rectorat, que les Professeurs en Droit souffroient impatiemment de voir entre les mains d'un Jésuite, le Duc Charles III. nomma François de Rosiéres, Archidiacre de Toul, Recteur en l'un & l'autre Droit, Nicolas Marius, Doyen & Vicaire Général de Verdun, & Jean Avite, Docteur de Théologie, & Chantre de la Cathédrale de Metz, pour dresser les Statuts qui devoient s'observer dans l'Université de Pont-à-Mousson. Il les dresserent à Nancy en 28. Articles, le 24. Janvier 1587. Il y eut quelques

---

(*p*) Peut-être *Théocrazie*, comme étoit la République des Hébreux avant Saül.

oppositions de la part du Recteur; mais on ne laissa pas de s'y conformer, au moins pour la plus grande partie.

François de Rosières mourut en paix dans la Ville de Toul, le 29. Août 1607. âgé de 73 ans, & fut enterré dans la Cathédrale, où l'on voit son Epitaphe gravée sur un grand marbre noir, avec son Portrait au-dessus, & ses seize quartiers, tant paternels que maternels, gravés à droite & à gauche. Il avoit demandé d'être enterré à Chaudeney, petit Village sur la Moselle, près la Ville de Toul, dont il étoit Seigneur ; mais les Chanoines, par estime pour sa mémoire, ne voulurent pas qu'on le transportât : il fut donc inhumé dans la Cathédrale, où on lui fit élever le Mausolée qu'on y voit, & l'Epitaphe qui suit,

S T A
Viator, & suscipe virum
Antiquâ nobilitate clarum,
Multâ ornatum scientiâ,
Multis jactatum tempestatibus
Franciscum de Rosieres,
Hujus Ecclesiæ Canonicum,
Archidiaconum majorem,
Vicarium generalem,
Eleemosynarium magnum Metensem,
Et priorem Bonævallis,
Precare
Ut qui in terris non potuit esse quietus,
Sit in Cœlo beatus.
Obiit die 29. Augusti anno 1607.
Ætatis suæ 73.

ROSIERES (Gabriël de) fils de François de Rosières, Seigneur de la Croix sur Meuse, né le 11. Septembre 1690. entra dans la Société de Jesus le 14. Octobre 1705. fit ses vœux solemnels le 2. Février 1724. Après avoir enseigné pendant neuf ans les Humanités, il s'appliqua avec succès à la Prédication. Il a fait imprimer l'Oraison funèbre de Loüis XIV. prononcée dans le Collége Royal de Strasbourg le 21. Novembre 1715. à Strasbourg, chez Michel Storck.

2°. L'Oraison funébre de Leopold I. Duc de Lorraine & de Bar, à Nancy, chez J. B. Cusson 1729. in-quarto. Il a préché à la Cour de Lorraine, & dans les principales Eglises du Royaume, avec beaucoup de réputation.

ROTGER, ou *Roger*, ou *Rutger*, ou *Rutker*, Archevêque de Tréves, succéda à Ratbode en 918. Deux ans après, il fut élevé à la charge de Grand Chancelier, dont Charles le Simple avoit dépouillé Hervé de Reims. Rotger l'exerça jusqu'en 923. qu'il fut contraint de reconnoître Raoul, qui avoit été établi Roi de France la même année. Dès l'an 921. notre Prélat avoit fait la cérémonie d'inhumer de nouveau le Corps de S. Maximin de Tréves, qui demeuroit exposé à l'air depuis la découverte qu'on en avoit faite en 898.

Il rétablit le Monastére de Metlok, qui étoit comme le Séminaire & la Pépiniere des Archevéques de Tréves, & y remit en vigueur l'observance monastique. Il y fit venir, pour cet effet, quelques Religieux tirés de l'Abbaye de S. Corneille d'Inde, près d'Aix-la Chapelle.

Il y avoit une étroite liaison entre l'Archevêque Rotger, & Flodoard de Reims. Rotger l'engagea à composer son grand Recueil de Poësies sur les triomphes de Jesus-Christ & des Saints ; & Flodoard dédia cet Ouvrage à Rotger son ami. Alberic Moine des Trois-Fontaines, Ordre de Cîteaux, dit que Rotger ayant convoqué à Tréves en 927. un Concile, où se trouverent tous ses Suffragans avec un nombreux Clergé, il communiqua ce Recueïl à l'Assemblée, qui l'approuva unanimement.

Dans le même Concile, on fit aussi divers Réglemens pour le bon gouvernement des Diocèses, & pour la réformation du Clergé. On ignore ce que sont devenus les Ecrits de l'Archevêque Rotger, qui mourut le 27. Janvier 928. ou 929. avant Pâque. Je crois que ces paroles d'Aiberic des Trois-Fontaines sous l'an 923. " Jusqu'ici la Province
" de Tréves avoit été sous l'obéïssance des
" Rois de France ; mais, suivant les condi-
" tions de la Paix, dont l'Evêque Ruper,
" (peut-être Robert) fut le médiateur, cette
" Métropole passa alors sous la domination
" des Rois de Germanie ; se doivent entendre de Rotger, & qu'au lieu de *Ruper*, il faut lire dans son texte *Rotger*.

ROUILLON (M.) de Bar-le-Duc, habile Machiniste, a proposé quelques Machines à l'Académie Royale des Sciences.

Par exemple, 1°. une Machine pour élever les eaux, par la dilatation de l'air renfermé dans différens coffres posés les uns sur les autres : cette invention a paru à l'Assemblée d'une exécution très difficile.

2°. Une autre Machine, pour tirer l'eau salée d'un puits, sans qu'elle se mêle avec l'eau douce, comme on a besoin de le faire dans ces Salines ; cela se fait par le moyen de plusieurs vaisseaux quarrés, attachés les uns aux autres en chaînettes ; le fond de chaque vaisseau est ouvert, lorsqu'il descend ou entre dans l'eau, qu'il ne retient pas, lorsqu'il commence à monter ; car alors le fond du vaisseau se ferme par son propre poids ; cette invention a été trouvé d'usage. La troisième

Machine est une nouvelle maniere de Pressoir, composée de deux arbres, qui font l'effet de deux léviers, & qui augmentent beaucoup la compression.

ROUOT (François) né à Pont-à-Mousson, Doyen de la Faculté de Droit en l'Université de la même Ville, a composé plusieurs Ouvrages qui sont demeurés manuscrits. Il avoit dessein de faire imprimer les Décretales de Grégoire IX. à l'usage de l'Ecole & du Bareau.

Il a laissé de fort bonnes explications des Loix, qu'il proposoit aux soûtenans; il a fait imprimer quelques Théses, & un Ecrit composé contre l'Université de Reims, pour soûtenir les droits de celle de Pont-à-Mousson. Ses Ecrits sont entre les mains de M. Roüot son frere, Conseiller-Secrétaire d'Etat en Lorraine.

ROUSSEL (M.) Chanoine de la Magdelaine de Verdun, a composé l'Histoire Ecclésiastique & Civile de la Ville de Verdun, divisée en quatre parties: la premiere la décrit comme elle étoit sous les Romains, jusqu'à l'an 502. la seconde, sous les Rois d'Austrasie & de Lorraine, jusqu'en 985. la troisiéme, sous les Empereurs d'Allemagne, jusqu'en 1548. & la quatriéme, sous les Rois de France, jusqu'aujourd'hui. L'Auteur nous a fait voir autrefois les trois premieres parties, qui sont écrites avec beaucoup de diligence; depuis ce tems, M. Roussel est décédé, & son Ouvrage a été imprimé in-4°. à Paris en l'année 1745.

C'est M. le Beuf, Chanoine d'Auxerre, qui s'est chargé de la revision & correction de l'Ouvrage, où il a mis beaucoup de Notes & des traits d'érudition de son chef.

Il est remarquable qu'il n'a mis ni son nom, ni celui de M. Roussel à la tête de cette Histoire; il s'est contenté d'y mettre ce titre: *Histoire Ecclésiastique & Civile de Verdun, avec le Poüillé, & la Carte de la même Ville*. Quoiqu'on sache qu'il a fait beaucoup de changement dans cet Ouvrage, & qu'il y a mêlé beaucoup de conjectures & de sentimens qui lui sont particuliers, toutefois il ne les a pas distingués de l'Ouvrage de M. Roussel; en sorte qu'on n'en peut pas faire le discernement.

ROUVROY (M.) Médecin à Plombiéres, & natif dudit lieu, a fait imprimer un *Petit Traité, enseignant la vraie & assûrée méthode pour boire les eaux de Plombieres*; il s'en est fait plus d'une Edition, j'ai vû celle d'Epinal in-octavo 1696.

Cet Ouvrage est un abrégé de celui de M. Berthemin, dont j'ai parlé ci-devant; mais M. Rouvroi y a fait beaucoup de retranchemens, & quelques additions d'assez petite conséquence.

ROYE (Gui de) soixante-douziéme Evêque de Verdun (*q*), a siégé depuis l'an 1375. jusqu'en 1378. Quelques-uns le croient Auteur d'un Livre qui a pour titre, *Doctrinale sapientiæ*, qui a été traduit en François.

ROYER (Charles-Didier) Lorrain de naissance, a composé & fait imprimer à Francfort sur le Mein un Ouvrage, sous ce titre, *Caroli Desiderii Royer de Nommecy, Sarboken, Sitimiani (r) Lotharingi sacr. Theolog. & Juris utriusque Doctoris selecta Epigrammata*.

Voici une de ses Epigrammes au R. Pere Jean René Jobal, Recteur de l'Université de Pont-à-Mousson, le 12. Novembre 1682. pour son Bouquet au jour de sa fête.

Pro natalitio dono præsento libellum;
Namque tibi solos credo placere libros.
Quot releges apices, tot amoris collige signa,
Index iste liber, totus amoris erit.

Voici encore une Piéce du même Charles Royer Docteur en Théologie, qu'il présenta au Doyen de l'Université, un peu avant qu'il fût reçu Docteur en l'un & l'autre Droit.

„ Doctores Lothari, sacrata oracula Le-
„ gum,
„ Quis fando vestrum tollat in astra
„ decus?
„ Sit licet ingenii vis atque diserta facul-
„ tas:
„ Tantis dicetur laudibus illa minor.
„ Quas gremio fundit fœcundo æquissi-
„ ma divæ
„ Divinas orbis suppeditaris opes.
„ Vos divæ Themydos profertis nobile
„ regnum,
„ Per vos æternum, juraque sanctavi-
„ gent.
„ Numina terrarum formatis proxima
„ cœlo,
„ Vos orbis heroas semideosque datis:
„ Concilio divum dignos generatis alum-
„ nos,
„ Astrææ mystas, justititiæque sacras.
„ Francica vos facitis clarescere lilia in
„ aulis,
„ Purpureoque a vestro lumine clara
„ nitet.
„ Doctores orbis merito vos dixero ves-
„ tris
„ Legibus exurgit, dum cadit ille suis.
„ Flectere justitiæ lances tantâ arte do-
„ cetis,
„ Multisque

(*q*) Histoire de Verdun, pag. 352.   (*r*) Peut-être Sargueminæ.

„ Multisque ignotum reddere cuique
„ suum.
„ Gregorii scriptis, Barclaique ore di-
„ serto,
„ Ingenio Hordalii promicuere suo.
„ Vos non degeneres nati, sed digna pa-
„ rentum
„ Progenies lauros commeritura pares.
„ Non ita sol oriens radiis illuminat or-
„ bem,
„ Si nimium illius radium vos spargitis
„ in me,
„ O quàm extant, illo lumine clarus ero.

ROYER (D. André) Benédiction de la Congrégation de S. Vanne, né à S. Mihiel, a fait profession dans l'Abbaye de la même Ville le 30. Novembre 1612. mort au Prieuré de Breüil proche Commercy, le 13. Octobre 1662. Il étoit sorti d'une famille noble & distinguée dans la Robe; il a rempli avec honneur plusieurs postes honorables dans la Congrégation de S. Vanne, & dans celle de S. Maur, & a prêché avec succès en plusieurs endroits.

Ses Supérieurs ayant remarqué en lui de grandes dispositions pour l'étude & pour la prédication, l'envoyerent en 1620. à Paris, pour y étudier en Theologie, & suivre les plus fameux Prédicateurs; il étudia dans le Collège de Cluni en 1621. sous D. Athanase Mongin, qui y professoit la Théologie avec réputation.

Dès l'an 1618. plusieurs Religieux de S. Remi de Reims, ayant résolu d'embrasser la réforme, le Prince Henri de Lorraine, Archevêque de Reims, écrivit aux Supérieurs de la Congrégation de S. Vanne, de leur accorder des Supérieurs capables de gouverner ces Religieux de bonne volonté, & de les diriger dans ce pieux dessein, offrant de donner à ces Religieux qui demandoient la réforme, son Prieuré de S. Marcoü de Corbeni, pour y faire les exercices du Noviciat; il leur en écrivit encore en 1624. & le R. P. Général de S. Maur leur écrivit sur le même sujet & à même fin.

Les Supérieurs de S. Vanne envoyerent à Corbeni en 1624. D. André Royer Prieur, & D. Charles Cuni Soûprieur, qui éleverent ces nouveaux Prosélites dans l'esprit & dans la pratique de la Congrégation de S. Vanne; mais les anciens Religieux de S. Remi s'ennuyant de l'absence de leurs Confreres, les inviterent à revenir à S. Remi, avec promesse de ne se pas opposer à leur bonne résolution. Les Novices ne jugerent pas à propos de répondre à cette invitation dont ils se défioient, avant que d'avoir fait profession, & à moins que les Peres de S. Vanne ne promissent d'y venir avec eux, ou de leur procurer d'autres Supérieurs, qui les conduisissent dans la voie du salut.

Après avoir fait leurs vœux, & promis l'observance de la Régle, suivant les Statuts de la Congrégation de S. Vanne, ils revinrent à S. Remi, & Dom André Royer y demeura, en qualité de Prieur, pendant les années 1625. 1626. 1627. & eut beaucoup de part aux Traités passés entre les anciens Religieux de S. Remi, & les nouveaux réformés le 27. Septembre 1625.

D. Royer étoit Prieur de cette Abbaye en 1627. lorsqu'il fit imprimer un petit Ouvrage intitulé, *Animéne, où, sous l'allégorie d'une Histoire véritable, sont représentés les effets de l'amour divin envers une ame chrétienne*; à Reims 1627. in-12. Mais il souffrit de si indignes traitemens de la part des anciens Moines opposés à la réforme, (*Plurima indigna perpessus*, dit M. l'Archevêque de Reims, dans sa Lettre au R. P. Président de la Congrégation de S. Vanne) qu'il fut obligé de demander son rappel à ce Prélat, lequel, ayant voulu informer juridiquement sur les plaintes de D. Royer, se transporta dans l'Abbaye, & reconnut que le Prieur D. Royer étoit un homme de bien, pieux, docte & prudent, qu'il n'y avoit rien à reprendre dans sa conduite, & qu'il avoit été traité indignement par les anciens Religieux opposés à la réforme. Ce Prélat ne laissa pas de lui accorder la permission de se retirer de S. Remi, & d'aller prêcher l'Avent & le Carême dans l'Abbaye des Dames d'Aveney en Champagne, proche la Ville d'Ay.

Il obtint vers l'an 1634. le Prieuré d'Insming, dépendant de l'Abbaye de S. Mihiel, & le conserva jusqu'en l'an 1655. Vers le même tems, c'est-à-dire, en 1638. il avoit obtenu du Cardinal Bichi Abbé de S. Mihiel, le Prieuré de Bar-le-Duc, dépendant de cette Abbaye; ce qui fut fort désaprouvé des Supérieurs de sa Congrégation. Cette nomination au Prieuré de Notre-Dame de Bar ne pouvoit avoir lieu, à cause qu'il étoit uni à la Manse conventuelle de S. Mihiel; elle étoit d'ailleurs contraire aux Canons, & au serment que font les Religieux réformés, de ne demander ni recevoir aucun Bénéfice, sans le consentement des Supérieurs de la Congrégation: ce qui fut cause que D. André Royer demanda absolution des censures qu'il avoit encouruës en cette occasion. Le Bref d'absolution est datté du 12. des calendes de Février 1644. ou 1645. avant le 25. Mars.

Il se reconcilia avec la Congrégation, &

fut élû Abbé de S. Mansui-lès Toul, le 18. Avril 1661. & Abbé de Senones le 16. Juillet 1648. Il résidoit alors à Luxembourg, attaché au service du Duc Charles IV. qui lui a écrit quelques Lettres, & qui avoit confiance en lui ; mais il ne joüit ni de l'une ni de l'autre de ces deux Abbayes. M. de Vandôme, Grand-Prieur de France, fut pourvû de l'Abbaye de S. Mansui, & le Prince Charles de Lorraine, connu depuis sous le nom du Duc Charles V. posseda celle de Senones pendant quelques années ; puis la rendit au Duc Nicolas-François son pere, ci-devant Cardinal, qui avoit repris l'état Ecclésiastique en 1661. après la mort de la Princesse Claude de Lorraine, son épouse.

Nous avons dans l'Archive de Senones quelques Lettres de D. André Royer, qu'il écrivit de Luxembourg aux Religieux de Senones, dans lesquelles il témoigne un grand désintéressement, & beaucoup de zéle pour le bien de ce Monastere, & l'honneur de la Congrégation. Il étoit Cousin-germain de D. Henry Hennezon Abbé de S. Mihiel, & oncle du R. P. Dom André Royer, qui est mort Abbé de S. Avold, le 7. Septembre 1723.

ROYER (D. Alexandre) Bénédictin de la Congrégation de S. Vanne, né à Nancy, profès du Monastere de Sainte-Croix de cette Ville, aujourd'hui nommé l'Abbaye de S. Leopold, où il fit ses vœux le 19. Décembre 1646. mort Supérieur du Prieuré de Lay, Proche Nancy, le 19. Mai 1695. fut, dans son tems, fameux Prédicateur, & a composé plusieurs Sermons, & plusieurs Mémoires concernant l'Histoire de ce Pays-ci ; en voici la liste.

Mémoires pour l'Histoire de Lorraine, manuscrit. Il commence la suite des Ducs de Lorraine par Gerard d'Alsace.

Mémoires pour le Duché de Bar, manuscrit.

Mémoires pour le Comté de Vaudémont, manuscrit.

Mémoires pour la Maison de Guise établie en France depuis 1508. manuscrit.

Mémoires pour les Alliances de la Maison de Lorraine, & particulierement avec la Maison d'Autriche, manuscrit.

Mémoires pour les prétentions de la Maison de Lorraine, sur divers Etats de la Chrétienneté, manuscrit.

Eloge de Madame Catherine de Lorraine, Abbesse de Remiremont, manuscrit.

Mémoires sur les droits que la France prétend avoir sur la Lorraine, & contre les réunions qui ont été faites de plusieurs parties de la Lorraine, aux Evéchés ; le tout manuscrit entre mes mains.

ROZET (D. Pierre) Bénédictin réformé de la Congrégation de S. Vanne (s), avoit d'abord fait profession dans le Prieuré de Notre-Dame de Nancy, dont le titre est aujourd'hui supprimé, & les revenus unis à l'Eglise Primatiale de Nancy ; l'Eglise du Prieuré est possedée par les Peres de l'Oratoire, qui en sont Curés. Ce Prieuré dépendoit originairement de l'Abbaye de Molesme, & avoit été fondé par le Duc Thierri, fils immédiat du Duc Gerard d'Alsace, vers l'an 1084.

D. Pierre Rozet, qui étoit Prieur & Curé primitif de Notre-Dame en 1600. ayant appris que le Cardinal Légat Charles de Lorraine, étoit résolu de réduire ce Prieuré en simple Paroisse, & d'en unir les revenus à la Primatiale de Nancy, résolut de se retirer en l'Abbaye de S. Vanne, & d'y embrasser la réforme. Il y fit profession le 21. Mars 1601. ou plutôt il la renouvella, après seulement six mois de Noviciat. Il avoit fait de fort bonnes études, & on l'employa d'abord à enseigner la Théologie aux trois premiers Religieux de la Réforme.

Comme on lui vit de grands talens pour le maniement des affaires, on ne lui donna pas le tems d'achever le cours de Théologie qu'il avoit commencé ; on l'appliqua aux affaires les plus considérables de la Congrégation naissante. Il fut député à Rome dès l'an 1603. pour solliciter une Bulle d'Erection de cette Congrégation ; & le Prince Erric de Lorraine Evêque de Verdun, joignit ses Lettres de recommandation aux Procurations données par les deux Communautés de S. Vanne & de Moyenmoutier. Dom Rozet reüssit heureusement dans cette importante affaire, & rapporta une Bulle de Clement VIII. dattée du 7. Avril 1604. portant l'Erection des deux Monasteres de S. Vanne & de Moyenmoutier en Congrégation.

Pendant son séjour à Rome, étant allé au Mont-Cassin, il tira copie des Bulles & Priviléges accordées à la Congrégation du Mont-Cassin, que l'on avoit choisie pour modéle de celle de S. Vanne. La même année 1604. dans le premier Chapitre général tenu à S. Vanne, D. Didier de la Cour fut nommé Président de la Congrégation, & D. Pierre Rozet, Prieur de S. Vanne & Visiteur. Il n'y avoit alors que vingt-trois Religieux du Chœur, & cinq Freres-convers composant la Congrégation.

En 1605. D. Pierre Rozet fut de nouveau

(s) Voyez D. Pierre Munier, Histoire de la Réforme.

envoyé à Rome, pour demander au Pape Paul V. un Bref confirmatif de la Bulle de Clement VIII. & l'explication de la premiere Bulle, qui sembloit supposer que tous les Supérieurs étoient Abbés; pour prier aussi que les Supérieurs de la Congrégation eussent le même pouvoir pour le gouvernement de leurs Monasteres, que s'ils étoient Abbés. Le Cardinal Légat, Charles de Lorrraine, chargea, de plus, D. Rozet de demander au Pape un Bref, qui l'autorisât à unir d'autres Monasteres à ceux de S. Vanne & de Moyenmoutier. Il obtint aisément & promptement l'effet de ses demandes. Les Brefs sont dattés du 23. Juillet 1605.

D. Rozet étoit encore à Rome, lorsque le Cardinal Légat lui écrivit de solliciter un second Bref, qui lui déterminât les moyens qu'il devoit employer, pour obliger les Monasteres qui n'étoient pas réformés, à recevoir la réforme.

Avant de dresser la Supplique, D. Rozet consulta les Peres de la Congrégation du Mont-Cassin, qui lui donnerent leurs avis renfermés en douze articles, sur lesquels il se régla dans ses demandes au S. Pere. Il supplia donc Sa Sainteté d'ordonner à son Légat *à latere*, de proposer la réforme de S. Vanne à tous les Religieux anciens; mais de n'y forcer personne; & au cas qu'ils refusassent de l'embrasser, de les obliger à suivre une certaine maniere de vivre honnête & loüable, qui leur seroit prescrite, d'unir tous les Monasteres qui recevroient la réforme, en une Congrégation, & d'obliger tous les Religieux réformés & non réformés, de reconnoître les Supérieurs choisis par le Chapitre général des réformés, & de leur obéir; défense de recevoir aucun Novice, qui ne voulut accepter la réforme, & ordre de recevoir ceux qui étoient admis, & qui ne voudroient pas s'y soumettre; Que les Abbés & Supérieurs non réformés, n'aient rien de commun avec les réformés; que les uns & les autres aient leurs Menses séparées; que ceux qui ne voudroient pas se soûmettre aux Supérieurs, y fussent contraints par censures & par les autres voies du droit. Le Bref fut expédié, en conformité de ces demandes, le 27. Septembre 1605.

Le Pape envoya en Lorraine avec D. Rozet, le R. P. Laurent Lucalbertius Florentin, Doyen de la Congrégation du Mont-Cassin, & grand Théologien, pour instruire les nouveaux réformés, & leur servir de conseil dans ces commencemens. Ils arriverent à Nancy, & présenterent le Bref du Pape au Cardinal Légat, qui nomma le Sr. de la Ferté, Docteur en Théologie, & Commandeur de S. Antoine du Pont-à-Mousson, avec D. Lucalbertius, pour visiter en son nom tous les Monasteres de l'Ordre de S. Benoît, compris dans le Pays de sa Légation, avec pouvoir de régler l'Office divin, corriger, changer, ordonner tout ce qu'ils jugeroient nécessaire. Leur Commission est du 7. Décembre 1605. La nouvelle qui se répandit que le Cardinal Légat devoit faire une réforme générale de tout l'Ordre, causa presque dans tous les Monasteres de très grands mouvemens, chacun cherchant les moyens de se soustraire à la réforme. Toutefois il y eut quelques Abbés qui prirent sérieusement la résolution de s'unir à la Congrégation de S. Vanne; mais ce qui y contribua le plus, fut la défense qu'on fit aux anciens de recevoir des Novices.

D. Rozet ayant si heureusement réussi dans la commission dont il avoit été chargé, fut nommé Président au troisiéme Chapitre général de la Congrégation, tenu à S. Vanne le 3. de Septembre en 1606. Il étoit Prieur de l'Abbaye de S. Vanne de Verdun, lorsque D. Didier Sarion, qui étoit Abbé de S. Airy de Verdun, mourut le 6. de Novembre 1611. & D. Rozet qui étoit Visiteur de la Congrégation, eut l'adresse de s'en faire élire Abbé : cette démarche eut des suites, & fit beaucoup rabattre de l'estime qu'on avoit conçuë de sa vertu.

Il se fit donc confirmer & benir par Monseigneur le Prince Charles, Administrateur de l'Evêché de Verdun, prit possession de sa maison Abbatiale, y fixa sa demeure, & prétendit conserver l'Abbaye pendant toute sa vie, indépendamment des Supérieurs de la Congrégation, & s'y faire continuer Supérieur; mais il trouva tant de résistance de la part des Supérieurs majeurs, & des Religieux particuliers, qu'il fut obligé de se désister de cette prétention.

Depuis ce tems, D. Rozet n'eut que très peu de liaison avec les Supérieurs de la Congrégation; mais il sçut si bien s'insinuer dans l'esprit du Prince Charles de Lorraine, Evêque de Verdun, que ce jeune Prélat ne faisoit presque rien sans son conseil. En 1616. il l'envoya à Rome pour des affaires qui le concernoient; &, quoiqu'il n'eût pas réussi dans sa commission, Charles lui continua toujours l'honneur de son estime, de sa confiance & de son affection. Ce Prince ayant pris en 1622. la résolution de se faire Jésuite, le Pape Grégoire XV. lui en accorda la permission, & lui écrivit de venir à Rome, voulant lui donner auparavant sa benédiction. D. Rozet voulut l'accompagner par honneur dans ce voyage. Etant à Rome, le Pape lui accorda, à la priere du Prince Charles, la charge de Suffragant de l'Evêché de Verdun, dont il ne joüit pas, étant mort quelques jours après, & avant l'expédition de ses Bulles.

D. Rozet étoit un homme d'un grand mérite, bon Théologien, profond Canoniste, habile dans le maniement des affaires, d'un air majestueux, d'une conversation douce & aisée ; il avoit rendu de grands services à sa Congrégation, & en avoit rempli avec honneur les premiers emplois.

RUDIGER, Moine d'Epternach, au Diocèse de Tréves, a gouverné les Ecoles de ce Monastere, & y est mort en 990. suivant Trithéme. Il avoit composé quatorze Livres sur les Epîtres de S. Paul, & sept Livres sur les Epîtres Canoniques, & un Commentaire sur la Régle de S. Benoît. Il eut pour successeur dans son emploi de Recteur des Ecoles, Adelhaire dont nous avons parlé en son lieu.

RUDOLPHE, Abbé de S. Tron (*Sancti Trudonis*) au Pays-bas, qui dépendoit anciennement de l'Evêché de Metz, & avoit été fondée par S. Tron, disciple de S. Clou ou Clodulphe Evêque de Metz. Rodulphe Abbé de cette Abbaye (*t*), illustre par sa doctrine & par sa régularité, mourut en 1120. Il avoit composé divers Ouvrages, entr'autres, sept Livres sur les Simoniaques, une Chronique des tems les plus reculés, & quelqu'autres Ouvrages.

RUELLE (Claude de la) Secrétaire des Commandemens du Duc Charles III. a fait imprimer, 1°. *le Discours des cérémonies, honneurs & Pompes funébres faites à l'enterrement de Charles III. Duc de Lorraine*, imprimé à l'Abbaye de Clairlieu près Nancy, par Jean Savine 1609. in-octavo.

2°. *Oraison funébre de Charles III. Duc de Lorraine, par Claude de la Ruelle*, à Nancy 1609.

Claude de la Ruelle fut le principal Inventeur & Directeur des belles Estampes, qui furent faites par Frideric Brentel & Herman de Loye, pour la Pompe funébre du Duc Charles III. les Perspectives sont de Jean de Hiere.

RUFE (Saint) Evêque de Metz, successeur de Sambuque, & prédécesseur de S. Adelphe dans le siége de cette Eglise (*n*), mérite d'être mis au rang des Ecrivains Ecclésiastiques, par la Lettre qu'il écrivit à S. Nicétius, Archevêque de Tréves son Métropolitain. S. Rufe lui donne de très grandes louanges, s'applaudit d'avoir eû l'honneur de le voir, & de le converser, & lui envoye des ouvriers venus d'Italie, apparemment pour lui aider dans la construction de l'Eglise de S. Martin de Tréves, & des Châteaux de la dépendance de son Evêché. On assure que le Corps de S. Rufe fut transféré de Metz, au Monastere d'Hohenheim au Diocèse de Worms, du tems de l'Empereur Lothaire, & du Roi Charles le Chauve. Voyez Meurisse, Histoire de Metz, liv. I. pag. 37. & *Molan. Addit. Usuardi Martyrologio 7. Novembris.*

RUISTRE (Nicolas) Evêque d'Arras, naquit dans le Duché de Luxembourg, & fut enterré à Louvain. Voici son Epitaphe qui nous apprend quelques dattes & quelques particularités de sa vie,

Hoc saxo tegitur
Pientissimus Pater Nicolaus Ruistre
De Luxemburgo,
Episcopus Atrebatensis,
Domus Burgundiæ Consiliarius & servitor
fidelissimus,
Insignis hujus Ecclesiæ Præpositus,
Et Universitatis Cancellarius,
Collegii Atrebatensis in hoc oppido Fundator
magnificus ;
Qui obiit Mecliniæ
Anno Domini 1509. mense Novembris, die 15.
Requiescat in pace.

RUSSIN (Jean) de Luxembourg, Dominicain ; voyez *Cussin*, qui est son vrai nom. Echard, *de Scriptor. Ordin. Prædicat. tom. I. pag. 663.*

RUTANT (D. Hilaire) Benédictin de la Congrégation de S. Vanne, natif de Hatton-Chatel au Diocèse de Verdun, a fait profession en l'Abbaye de S. Mihiel le 25. Mai 1685. & mourut Abbé de S. Leopold de Nancy, le 13. Octobre 1724. Il a composé avec beaucoup de soin un Breviaire Monastique en deux Volumes in-quarto, qui se conserve dans l'Abbaye de S. Evre, & à S. Mihiel en plusieurs Volumes in-octavo ; mais les Volumes in-quarto sont de la derniere main.

RUTANT (Jacques) Président de la Cour Souveraine de S. Mihiel, a composé un Ouvrage cité plus d'une fois par M. Chifflet (*x*), dans lequel il montroit que le Duché de Bar ne relevoit pas de la France, mais de l'Empire ; ce qu'il prouvoit, parce que l'Empereur Charles IV. au vû & au sçû de la France, avoit érigé le Comté de Bar en Duché, & la Ville de Pont-à-Mousson, qui appartenoit au Comte de Bar, en Cité & en Marquisat. Ce qui s'est fait sans aucune opposition des Rois de France. Il ajoute que les Empereurs ont établi dans le Barrois plu-

---

(*t*) *Trith. Chron. Hirs. an 1110. p. 360. tom. 1.*
(*u*) *Tom. 1. Script. rerum Franc. ab Andrea Duchesne.*
pag. 863.
(*x*) *Apud Chifflet Comment. Lothar. Cap. 3. pag. 13.*

sieurs loix & plusieurs usages, qui s'y observoient encore de son tems, & y ont de même accordé plusieurs Priviléges aux Villes & aux Eglises de ce Pays-là. (*y*)

Le même M. Rutant montre qu'après que le Roi Charles VIII. eut rendu le Barrois au Duc Charles III. en 1584. les Ducs de Lorraine ont exercé leur autorité Souveraine dans le Duché de Bar, & leurs Juges y ont jugé toutes sortes de Causes ; & qu'enfin le Président Alix a exactement recueilli toutes les Pièces qui se trouvoient dans les Archives de Lorraine, qui prouvoient que le Barrois étoit comme un Boulevard qui separoit l'Empire du Royaume de France.

Je n'ai jamais vu cet ouvrage de M. Rutant. Chifflet qui en rapporte quelques passages, le cite comme manuscrit, *Commentarius manuscriptus*.

RUVIGNI (Jacques) cité assez souvent, mais mal-à-propos, sous le nom de Jacques de Ravenne, ou Jacques d'Arene, étoit du Village de Ruvigni à quelques lieuës de Bar-le-Duc, & fut ensuite Evêque de Verdun ; on peut voir Vassebourg fol. CCCLXXXIX. & notre Histoire de Lorraine, tom. 3. p. 229. on lui donne le nom de *Jacques de Ravenne*, parce qu'il enseigna long-tems, & avec réputation dans cette Ville.

Jacques de Ruvigni fit apparemment ses études à Parme, puisque Tritême le qualifie dans un endroit *Jacques de Parme*, & dans un autre Jacques de Ravenne, & dit cependant qu'il étoit de la Province de Lorraine ; il attribuë à l'un & à l'autre la qualité d'habile Jurisconsulte, & les mêmes ouvrages, savoir :

1°. Sur le Code 19. 9. Livres. 2°. Sur le Digeste nouveau 24. Livres. 3°. Sur le Digeste vieux 12. Livres. 4°. Sur l'Insortiat 14. Livres. 5°. Sur les Excuses 1. Livre. 6°. Sur diverses disputes 1. Livre & quelqu'autres Ouvrages. 7°. Un abregé des Fiefs, & un Dictionnaire à qui il donne le titre fastueux de *Lumen ad revelationem gentium*.

On l'accuse d'avoir changé l'ancienne maniere de traiter les matières de Droit dans le Barreau, & de l'avoir réduite à la façon de disputer des Dialecticiens. Rizard Malumbra fit ce qu'il pût pour s'opposer à cette nouveauté, & pour empêcher qu'on n'introduisît les disputes sophistiques dans le Barreau ; Jacques de Ruvigni l'emporta. Voyez Jean Albert Fabricius, *Biblioteca latina mediæ & infimæ latinitatis*. Lib. 9. pag. 13. & les Auteurs qu'il y cite, Jacques de Ruvigni fleurit, selon Trithéme, sous l'Empereur Albert en 1300.

Voici ce que nous savons de la personne de Jacques de Ruvigni. Il étoit fameux parmi les Jurisconsultes de son tems, & actuellement Auditeur de Rote, lorsque le Pape Nicolas IV. le nomma à l'Evêché de Verdun, au commencement de l'an 1290. Il arriva en cette Ville quelque tems après, & la trouva fort agitée, tant par les mutineries continuelles des Bourgeois contre la Jurisdiction de l'Evêque, que par une nouvelle imposition de deniers, que le Pape avoit accordé au Roi Philippe-le-Bel, & que le Clergé de Verdun prétendoit n'être pas obligé de payer, comme n'étant pas du Royaume de France, mais terre d'Empire.

L'Evêque Jacques de Ruvigni s'adressa sur cela au Pape, qui par son Bref du 10. d'Octobre 1290. déclara que le Clergé de Verdun n'étoit pas compris dans cet Indult ; l'Evêque entreprit ensuite de réduire les Citoyens de Verdun à l'obeïssance, il procéda contre eux par censures & interdits, ce qui produisit un grand procès entre l'Evêque & les Bourgeois, il se mit en chemin pour aller soûtenir ses prétentions à Rome ; étant arrivé à Florence en 1296. il mourut, & y fut enterré ; il eut pour successeur dans l'Evêché de Verdun Jean de Richericourt, Chanoine de cette Eglise.

Bertholde rend un témoignage glorieux à Jacques de Ruvigni, en disant que ces explications des Loix passoient pour si justes & si certaines, qu'on auroit dû qu'elles avoient été dictées par l'Auteur même des Loix. L'Ecrivain de la petite Chronique de S. Vincent de Metz, imprimée au 1. tome de la Bibliothéque des manuscrits du P. l'Abbe, le nomme, *Generalissimus Clericorum*, à cause de la prodigieuse étenduë de ses connoissances.

Voici les particularités tirées du Supplément de Moreri de Bâle, sous le nom *Ravanis*. Il étoit Lorrain, & vivoit dans le 13. siécle suivant Pancirol ; il fit en 1250. de fort bons Commentaires sur le Droit Civil & sur l'usage des Fiefs. Il se fit un si grand nom par l'étenduë de ses connoissances, qu'on ne connoissoit point alors, dit M. Taisard, dans le monde, de Jurisconsulte, ni plus docte, ni plus subtil que *Ravanis*. Il manifesta & sa science & la vivacité de son génie, lorsque François fils du célébre Accurse, étant revenu d'Angleterre en France, expliqua certaines Loix dans l'Université de Toulouse, Ravanis s'habilla comme un étudiant, & fit des objections si fortes à ce Professeur, qu'il ne pût jamais s'en ti-

(*y*) Ibid, p. 42.

ret ; il s'agissoit de la Loi unique *de Sententiis quæ pro eo quod intereft proferuntur*; s'étant ensuite fait connoître, on le regarda avec admiration.

Il fut le premier qui réduisit en régle & aux argumens de Logique, ce que les anciens Interprétes du Droit avoient proposés d'une maniere simple & sans art ; avant lui on avoit accoutumé de remarquer seulement les Loix conformes entre elles, ou de les réduire dans une Somme ; mais il traita les questions par un grand nombre d'Argument, & ses Successeurs conservent cette méthode.

Il composa aussi un Dictionnaire de Droit qu'il intitula fastueusement *Lumen ad revelationem gentium*; il mit les Vers suivans à la tête de ce recueil alphabétique des Loix.

Ergo quisquis habet patulas modo providus aures,
Hic studeat legum lucida verba notas;
Alpha sub altivolis aquilis se prodit & omnes
Explicat hic vires, officiumque suum.

Il a fait outre cela un abregé des Fiefs, nommé communément *la Somme féodale*. M. du Moulin le nomme sur la Coutûme de Paris, titre 1. des Fiefs §. 1. *Doctissimus utriusque Juris Professor Gallia Belgica*. M. Simon dans sa Bibliothéque Historique, remarque que Forster place Ravanis en 1305. & d'autres en 1300. que quelques-uns assurent qu'il écrivit en 1250. & même qu'il étoit Professeur à Toulouse en 1227. il ajoûte que le tems de sa mort, n'est pas moins incertain que celui de sa naissance. Le plus célébre de ses Disciples fut Pierre de Belleperche, Doyen de l'Eglise de Paris, qui fut depuis Evêque d'Auxerre & Chancelier de France.

Ces Ecrivains n'ont pas sçu, que Jacques de Ruvigni avoit été Evêque de Verdun, depuis 1290. jusqu'en 1296. qui est l'année de sa mort ; & que sa patrie étoit Ruvigni à trois petites lieuës de Bar-le-Duc à l'Occident.

RUYR (Jean) Chanoine & Chantre de l'Eglise Collégiale de S. Diey, a fait imprimer *les Saintes Antiquités des Vosges*, divisées en trois parties in-quarto ; elles furent imprimées d'abord en 1625. mais l'Auteur n'étant pas content de cette premiere édition, en supprima autant qu'il pût les exemplaires, & en fit faire une seconde en 1633. mais les curieux préférent la premiere édition, principalement à cause de quelques tailles-douces qui étoient du fameux Calot, mais il n'y en a que trois qui soient de lui ; les Approbations sont de l'an 1628. L'Auteur se qualifie *Charmensis* de Charmes, Bourg sur la Mozelle, à une lieuë au-dessous de Chatel-sur-Mozelle, l'Ouvrage est dédié à M. Ligniville Tantonville, Grand Prévôt de S. Diey, & aux Chanoines de la même Eglise ; à la tête du Livre, on voit plusieurs éloges en l'honneur de l'Auteur & de l'Ouvrage : entre autres, ceux de Nicolas Ruyr, neveu & Coadjuteur de l'Auteur Jean Ruyr, & d'un autre de ses neveux, nommé Jean Grandidier, & de Nicolas de Nomesfy, célébre Poëte de ce tems-là, Auteur du *Parnasse Poëtique*; à la fin Ruyr donne la liste des Auteurs qu'il a consulté, & des Manuscrits qu'il a eu en main, desquels il s'est servi, & dont il y a quelques-uns qui ne se trouvent plus. Son ouvrage est utile & estimé, il nous apprend plusieurs particularités des Abbayes & des Eglises de la Vosge, que nous ignorerions sans lui, à cause des changemens qui sont arrivés depuis l'an 1633. auquel son Livre a été imprimé à Epinal, par Ambroise Ambroise, Imprimeur de Son Altesse.

Ruyr insére de tems en tems des Vers François, qui sont d'assez bon goût, & sont des traductions de quelques endroits des Pseaumes. Il cite *George Auberi*, son Compatriote, & *le P. Voirin*, Jesuite, dont je n'ay pû recouvrer les ouvrages, non plus que ceux de *Jean-Basin de Sandaucourt*, Chanoine de S. Diey, il suit l'ancien systême qui veut que Thierry, Duc de Lorraine, soit fils de Guillaume de Bouillon, frere de Godefroy de Bouillon. Il cite *historiam bellorum Lotharingicorum*, manuscrit que je ne connois point.

M. Abram, Chanoine Ecôlatre de S. Diey, m'a gratieusement communiqué un Volume in-octavo, contenant diverses Piéces de la façon de *Jean Ruyr*, Chanoine & Secrétaire du Chapitre dudit S. Diey, imprimé à Troyes, chez Claude Garnier, Imprimeur du Roi en 1588. L'Ouvrage est dédié à *Messeigneurs les vénérables Doyens, Chanoines, & Chapitre de S. Diey*. La premiere piéce de ce recueil est intitulée, *les triomphes de Petrarque*. Ruyr dit qu'il *a employé quelques nuits à réduire les triomphes de M. F. Petrarque*, excellent Poëte Tuscan, *en forme de Dialogue*. Il y a six Dialogues, l'avis au Lecteur. Il promet *un discours sur le triomphe des Martyrs de l'Eglise Catholique militante.*

A ces six Dialogues, succédent les *Mélanges*, ou Poësies sacrées de Jean Ruyr Charmessin. Ce sont des Sonnets au nombre de sept, des Stances & des Epigrammes sur des sujets de piété.

Puis un Sympose ou Dialogisme au festin Sacerdotal de M. Gabriël de Reimette,

Grand Prévôt de S. Diey.

Méditations pieuses dédiées au Chapitre de S. Diey, ou 34. Sonnets adressés à Messieurs les Chanoines de S. Diey, chacun en particulier, aux Religieux de Moyenmoutier, portant la Chasse de S. Hidulphe, leur Patron, en Procession à la Chapelle de Béchamp, pendant que Messieurs de S. Diey, y apportent aussi la Chasse de leur Patron aux Abbés de Senones, d'Etival, d'Autrai, &c. à Didier Ruyr, Pere de l'Auteur; à Nicolas Ruyr, son frere.

Elégie ou Complainte du Noyer, imité du Poëte d'Ovide, *de Nuce*.

Allusion sur le *Da pacem, Domine*.

Dialogisme des Bourgeois de Judée, & des Pasteurs retournant de Bethéem. Il dit qu'il a composé ces ouvrages pour Supplément à *sa Bergerie Sacrée, cy-devant imprimée*, que nous n'avons pû recouvrer.

Chant rustique pour la Minuit de Noël.
Cantique pour le jour de l'an.
Cantique pour le jour des Rois.

Il paroît que Ruyr étoit en relation avec plusieurs Savans, tant de Lorraine que de France. Voici l'Eloge qu'il adresse à Dom Claude Raville, Abbé de Senones.

Cet ordre qui reluit au plan de votre Eglise,
Les états observés, ce Cœur dévotieux
Attestent le devoir d'un Prélat vertueux,
Vertu aussi se voit à tous bien faits promise,
Bien voulant bien heurer la Charge à vous commise;
Esforma le succès de vos Religieux,
D'humblesse, & d'union les rendant studieux,
A nettoyant leurs cœurs d'arrogance & feintise,
Recherche qui voudra de vos Prédécesseurs
Abbés, le plus beau fait, vos effets successeurs,
Vengeront votre nom de la Parque mortelle,
Il n'y ha rien vivans qui ne meure ça-bas,
La vertu seulement ignore le trépas,
Et donne aux vertueux renommée immortelle.

S

Saint-Aubin (Jean de) Médecin de Metz. Il étoit très versé dans la connoissance des langues savantes & des anciens Auteurs. Ami de Foës qui connoissoit ses talents, pria les Magistrats de la Ville de Metz, de lui donner pour Collégue dans sa charge de Médecin de la Ville, parce que ses travaux sur Hippocrate ne lui permettoient pas de s'acquitter du grand détail de ses fonctions, avec autant de soin que son honneur l'interessoit. On ne pouvoit rien refuser à un si bon & si illustre Citoyen, il obtint sa demande. S. Aubin sentit toute la générosité de ce procédé, & vécut toujours très uni avec Foës. Celui-ci étant pressé dans l'impression de son Hippocrate, pria S. Aubin de traduire les Scholies de Palladius, sur le livre des fractures d'Hippocrates. Il lui rendit ce service. Des envieux qui ne manquent jamais aux gens de mérite, publierent après la mort de S. Aubin, que Foës lui avoit enlevé ses manuscrits, où il avoit trouvé une partie des excellentes choses que nous admirons dans ses ouvrages; mais cette calomnie tombe d'elle-même, quand on fait attention que Foës reconnoit de bonne foi, que son ami S. Aubin avoit fait la traduction, dont nous venons de parler; & qu'il vivoit encore lors de la publication de cet ouvrage; d'ailleurs les autres ouvrages que Foës avoit fait imprimer long-tems auparavant, font manifestement connoître le même goût, la même érudition qui brillent dans *l'Hippocrate* de cet Auteur. Voyez l'article *Foës*.

S. Aubin avoit commencé un Traité sur la peste, mais sa mort arrivée en 1597. l'a empêché de le finir. Il donna son manuscrit au Sr. Bucelot, son Confrére, qui le fit imprimer l'année suivante sous ce titre.

Nouveau conseil & avis pour la préservation & guérison de la peste, par M. J. de S. Aubin, Médecin ordinaire de la Ville de Metz, est dédié aux Seigneurs de ladite Ville, par Abraham Faber, imprimeur ordinaire & juré de laditte Ville 1598. in-octavo.

Cette premiere Partie fera regretter la suite à ceux qui la liront. Comme il avoit été formé par un esprit nourri des Auteurs Grecs, on y admirera leur noble simplicité, l'exactitude de leurs descriptions, & la sagacité de leurs prognostics.

S. BLAISE (Pierre de) Mathématicien. Il ajoûte le nom de S. à celui de Blaise, qui est son vrai nom, lorsqu'il alla servir dans le génie pendant les guerres dernieres. Il est natif de Remiremont; dès sa plus tendre jeunesse, il marqua un esprit solide, propre au travail & aux sciences naturelles. Madame la Princesse de Lisbonne, Abbesse de Remiremont, lui procura une place franche au Séminaire de Strasbourg, il alla ensuite dans celui de Toul, où il étudia en Théologie pendant un an; mais sa passion naturelle pour les Mathématiques, lui fit abandonner l'état Ecclésiastique. Un frere qu'il avoit à Paris, & qui réussissoit parfaitement dans la Peinture en mignature, lui procura les moyens de pouvoir profiter des secours que cette grande Ville offre aux Amateurs des sciences. Il étudia les Mathématiques sous M. Caron, Professeur au Collége Mazarin ; & sous M. Chevalier, Professeur au Collége Royal. Ensuite il se mit lui-même à les enseigner.

Comme il vit encore, nous ne nous étenderons pas sur les louanges qui lui sont duës. On peut juger de ses talents par les Livres suivants qu'il a fait imprimer.

Oevres de Mathématiques ; Paris, Quillaut 1740. in-octavo.

Nouveaux élémens d'Algébre & de la Géométrie, réduites à ses vrais principes ; Paris, Boudet 1743. in-quarto.

Traité de Gnomonique ; Paris, Boudet 1744. in-octavo.

Il a plusieurs autres traités prêts à voir le jour, & sur-tout un traité élémentaire de l'application de l'Algébre à la Géométrie, des lignes courbes, de la Géométrie sublime du Calcul différentiel & intégral, &c. ou la simplicité & la clarté de sa méthode, ne brillent pas moins, que dans ses autres ouvrages. Toutes les grandes découvertes qui ont été faites dans les parties de Mathématiques, y seront exposées dans un ordre naturel.

S. HILLIER (Jean-Simon de) Médecin, natif de Verdun, & qui pratiquoit la Médecine dans la même Ville, a fait imprimer *l'Osmologie, contenant les causes, signes, prognostiques & remédes contre la peste, par J. S. de S. Hillier, Conseiller & Médecin du Roi ; imprimé au Pont-à-Mousson, & se vend à Verdun chez J. le Géant* 1623. in-12.

La peste n'affligeoit pas encore la Ville de Verdun, quand il composa ce Livre ; mais elle étoit à ses portes. Il cite les Villages de Hermeville, de Bonzé, Monzeville, Chastés & Comblés, comme les plus infectés. Il prétend qu'elle prit origine dans un grand nombre de bestiaux que conduisoient les Mansfeldiens, & qui moururent en route, & ne furent pas enterrés.

Par plusieurs livres que les Médecins de ce tems nous ont laissés sur la peste, on voit que cette maladie reprenoit vigueur de tems à autre en Lorraine.

Celui-ci nous apprend qu'elle régna à Verdun en 1588. & un petit livre anonyme sous le titre de *Brief traité comprenant deux parties, l'une pour guérir de la peste, l'autre pour se préserver d'icelle ; à Verdun, chez Martin Marechant* 1584. nous fait voir qu'elle menaçoit déja cette Ville quelques années auparavant.

Le Livre de S. Hillier est écrit avec jugement, il renferme plusieurs bons préceptes qui regardent le devoir des Magistrats en de si facheuses circonstances ; il paroît qu'il avoit lû tout ce qui avoit été écrit sur cette maladie jusqu'à lui, sans en excepter les Historiens & les Poëtes.

SAINJURE (Jean-Baptiste) né à Metz, entra dans la Société de Jesus en 1604. âgé de 16. ans, & s'y distingua par sa piété & son érudition ; il fut Recteur du Collége d'Amiens, & composa quelques ouvrages de piété en François : sçavoir quatre Livres de la connoissance & de l'amour de Notre-Seigneur Jesus-Christ, imprimés à Paris chez Sebastien-Mabre Cramoisy en 1634. in-quarto, quelques Opuscules de piété, comme la maniere de bien mourir ; à Paris chez le même en 1640. in-quarto ; l'Homme spirituel ; vie de M. de Renty in-12.

SALE (Antoine de) a écrit un Livre intitulé : *la Talade* dédiée à Jean d'Anjou, Duc de Lorraine. Voyez *Duverdier*, pag. 79.

SALEUR (Jacques) Cordelier de Nancy, a travaillé pendant 25. à 30. ans, à un ouvrage intitulé : ,, La Clef Ducale de la Séré-
,, nissime, très Auguste & Souveraine Mai-
,, son de Lorraine, laquelle donne une am-
,, ple ouverture à la Dignité, excellence,
,, & générosité de la Noblesse, des alliances,
,, emplois & actions héroïques des Ducs &
,, Prince du sang Lorrain ; comme aussi à
,, la succession salique, autrement mascu-
,, line de leur Couronne, à la déclaration
,, Impériale de leur Souveraineté, & de
,, leur authorité Marchiducale, & à la dis-
,, tinction des Droits Souverains d'avec les
,, Régaliens. A quoi il joint un Catalogue
,, des Saints & Saintes, & des illustres Ec-
,, clésiastiques de leur dévote & fameuse
,, Consanguinité, avec une succincte expli-
,, cation de l'écu de Lorraine. Le tout re-
,, cherché à la faveur des Curieux zélateurs
,, de la vérité, par un Pere Mineur de l'Ob-
,, servance réguliere, Pere de Province,
,, Jubilé de Religion en la Custodie de Lor-
,, raine ; à Nancy par Antoine Claude, &
,, Charles les Charlot 1663. in-folio.

Ce long & ennuyeux titre est suivi d'une Epitre Dédicatoire au Duc Charles IV. où il le fait descendre de S. Arnoû, de Charles Martel, de Charlemagne, de Godefroy de Bouillon, & de plus de 80. Saints reconnus dans l'Eglise ; il dit que tous les étendarts de la Maison de Lorraine, sont marqués de l'Ange Gabriel, qui annonce le mystere d'un pot de trois lys, & d'un Crucifix tenant le milieu ; le tout de l'Institution de Frideric, fils de Lohier. J'avouë que
je

je n'entend rien à cela, le reste de l'Epitre est du même stile, & tout l'ouvrage est aussi allambiqué. Il est vrai que le Duc René II. portoit l'Image de l'Annonciation avec un pot de fleurs de Lys dans des étendarts; mais je ne sache point qu'aucun Prince de Lorraine avant lui, ait mis cette Image dans ses Drapeaux.

L'Auteur parlant de lui-même, dit dans un endroit, qu'il a été près de 30. ans à façonner sa Clef, c'est-à-dire, à composer son ouvrage: ailleurs il y met 25. ans, & dit que ne voyant plus que par les yeux d'autres, il ne peut plus lire ni écrire.

Il rapporte sérieusement toutes les anciennes fables inventées, pour faire remonter l'antiquité des Ducs de Lorraine, jusqu'à Jules César, par le moyen de ses deux sœurs; la première nommée *Julie*, femme d'Aëtius, Consul & mere de *Julie*, femme de Lother; & la seconde nommée *Germanie* ou *Germanice*, surnommée Savane, épouse de Charles Inach, dernier Roi des Tongres. De Jules Cesar, il remonte hardiment à Antenor & aux Toyens.

Il rapporte certains titres qu'il suppose bons & certains, comme un titre de S. Basin, Archevêque de Tréves, & un autre de S. Lutvin, qui sont certainement faux & fabriqués.

Les autres Piéces qu'il donne, ne sont pas de meilleur alloy; il divise la Lorraine I°. en *Originaire*, qui a eu des Princes Souverains 48. ou 50. ans avant J.C. 2°. en *Lorraine surnaissante* portant titre d'Austrasie, depuis Anselbert jusqu'à Renier I. 3°. en *Lorraine surcroissante* dans laquelle ont régné des Ducs, depuis Regnier I. jusqu'à Frederic, Duc de Mosellane; 4°. en *Lorraine florissante* depuis Frideric jusqu'à Gerard d'Alsace, ou Guillaume de Bouillon; 5°. en *Lorraine sérénissime* portant titre de Souveraineté, dont les Ducs de Lorraine jouissent à présent.

Le R. P. Saleur après avoir beaucoup discouru, pour prouver l'existance de Guillaume de Bouillon, laisse la question indécise, sçavoir, si les Ducs de Lorraine d'apresent descendent de Guillaume de Bouillon, ou de Gerard d'Alsace.

Dans le Catalogue des Saints de la Maison de Lorraine, il en met un grand nombre, qui ne sont pas reconnus pour Saints, & beaucoup d'autres qui n'ont nul rapport à cette Maison.

SALIN (Michel) né dans le Diocèse de Toul en Lorraine, entra dans la Société des Jésuites en 1600. âgé de 16. ans; ayant été élevé à l'ordre de Prêtrise, il s'appliqua pendant quelques années à la Prédication, enfin il mourut au Collége de Foix le 16. Juin 1662. Il a traduit du Latin en François le Livre du R. P. Gaudier, de la même Société, intitulé de la parfaite Imitation de Jesus-Christ; imprimé à Paris, chez Sebastien Cramoisy, in-12. 1630.

SALVIEN (S.) Prêtre de l'Eglise de Marseille, étoit à ce qu'on croit communement natif de Tréves; il est certain qu'il y fut élevé, qu'il y étudia, & y fit une assez longue résidence; il épousa de bonne heure Palladie, fille d'Hypace & de Quiette, dont il eut une fille nommée *Auspiciole*; Salvien inspira à sa femme de garder la continence, & se retira avec elle dans un Pays fort éloigné, apparemment à Marseille ou aux environs; on dit même qu'il y embrassa la vie monastique, & se rendit dans l'Isle de Lerins vers l'an 420. ou 421. il fut fait Prêtre vers l'an 426. ou 427. il y mourut fort âgé vers l'an 496. & est honoré comme Saint dans l'Eglise.

Il avoit composé plusieurs Ouvrages, & en particulier plusieurs Homélies ou Instructions Pastorales à l'usage de quelques Evêques, qui le consultoient comme leur Maitre; de tous ses écrits, il ne nous en reste que trois, sçavoir,

1°. Le Traité contre l'avarice, divisé en quatre Livres, composé vers l'an 440. sous le nom de Timothée: Salone, autrefois son Disciple, lui ayant demandé la raison de cette Inscription, il lui répondit, qu'il n'est point à craindre qu'on prenne cet ouvrage, comme étant de S. Timothée, Disciple de S. Paul, que tout le monde verra bien qu'il est d'un Auteur nouveau. Voyez la neuvième Lettre de *Salvien*.

2°. Son principal Ouvrage est celui qui a pour titre: *de la Providence ou du Gouvernement de Dieu, ou de la justice du Jugement que Dieu exerce présentement sur les hommes*; Gennade qui vivoit du tems de Salvien, & qui le connoissoit beaucoup, n'en compte que cinq Livres; aujourd'hui il est partagé en huit Livres. Il fut composé vers l'an 451. ou 452. & adressé à Salone, son Disciple déja Evêque.

3°. Le troisième & dernier écrit qui nous reste de Salvien, est un recueil de neuf Lettres adressées à diverses personnes, & qui ne sont apparemment qu'une Partie de celles qu'il avoit écrites; on lui donne ordinairement le nom de Jeremie de son siécle, parce que dans ses écrits, il déplore & dépeint les désordres des Chrétiens de son tems, & les ravages que les Barbares avoient fait principalement dans la Belgique, à Tréves, à Cologne, &c.

Le ftyle de Salvien eft poli, étudié, orné, coulant, diverfifié; il appuie ce qu'il avance par des paffages de l'Ecriture, & quelquefois des Auteurs profanes qu'il allégue fort à propos, & qui viennent très bien à fon fujet; les portraits qu'il fait des vices, font très naturels, & propres à en donner de l'horreur; il réfute avec efprit & avec folidité les vains prétextes, dont on fe fert dans le monde pour les couvrir.

Entre les Ouvrages perdus de Salvien, on compte trois Livres *de l'avantage de la virginité*, adreffés à un Prêtre nommé Marcel. Nous avons auffi perdu le Commentaire qu'il avoit fait, pour expliquer la fin de l'Eccléfiafte, & qu'il avoit adreffé à Claudien, Prêtre de l'Eglife de Vienne. Nous n'avons plus l'*Hexameron*, qu'il avoit compofé fur la Genéfe.

Un Auteur anonime, qui a écrit une Differtation fur la vie & les écrits de Tertulien, croit que l'Hexameron de Salvien pourroit bien être le Poëme fur la Genéfe, imprimé parmi les œuvres de Tertullien; & que le Poëme de Sodome imprimé au même endroit, eft encore de Salvien.

Nous avons déja parlé des Homélies que Salvien compofa pour des Evêques. Gennade nous affûre qu'il écrivit un fi grand nombre d'Homélies fur les Sacremens, ou fur les Myfteres, qu'il n'en peut dire le nombre.

SAMER (Henri) ou *de Samrez*, de Luxembourg, Jefuite, fort habile Chronologifte & Hiftorien, a compofé une Hiftoire Chronologique, depuis le commencement du monde jufqu'à la naiffance de Jefus-Chrift. Il mourut à Luxembourg fa patrie, le 5. de Janvier 1610. âgé de 70. ans, dont il avoit paffé dix dans la Société; il étoit Confeffeur fecret de Marie Stüart, Reine d'Ecoffe, pendant la captivité de cette Princeffe.

SAMUEL, Prêtre & Profeffeur de Mathématique, originaire de Metz, a compofé *la Logiftique ou Arithmétique Françoife*, imprimée à Metz en 1691.

SANE (Nicolas) Chanoine de Toul, Archidiacre de Port, Docteur en l'un & l'autre Droit, Ecolâtre de l'Eglife de Toul, Vicaire Général & Official du même Diocèfe, Confeiller du Roi René II. fut chargé du gouvernement du Diocèfe, avec M. Jean de Sorci, Evêque de Chriftopole, *in partibus infidelium*, fous l'Epifcopat d'Olry de Blamont. Il mourut le 2. d'Octobre vers l'an 1500. Il avoit beaucoup travaillé à rétablir la difcipline Eccléfiaftique, fort affoiblie dans le Diocèfe par les guerres au dehors, par les divifions au dedans & par l'ignorance des Eccléfiaftiques.

SANGENOT (Jean) natif de Vezelife d'une famille noble; après avoir fait fes études avec beaucoup de fuccès, & s'être engagé dans le mariage, il fut choifi par le Grand-Duc Charles III. pour être un de fes Confeillers, & pour, en cette qualité, aller en Allemagne, afin de folliciter la reftitution du Comté de Sarverden, poffédé par le Prince Jean-Loüis de Naffau Duc des Deux-Ponts. Le Cardinal Jean de Lorraine avoit en 1527. invefti le Duc Antoine fon frere, du Comté de Sarverden, comme Fief dépendant de fon Evêché de Metz. Sangenot fut envoyé à la Chambre Impériale, pour pouffer la conclufion de cette affaire. Il s'acquitta de cette commiffion avec tant de vigilance & de capacité, qu'il obtint gain de caufe; mais il fe rencontra encore de nouvelles difficultés, qui firent que le Duc Antoine ne put entrer alors en poffeffion de ce Comté: ce ne fut qu'en 1629. que l'affaire fut entiérement confommée, fous le régne du Duc Charles IV.

Sangenot dégoûté des affaires du monde, après avoir rendu compte au Duc de fon adminiftration, entra dans la Société de Jefus, & quelque tems après, fut fait Recteur du Collége de Clermont à Paris. Il mourut en 1587. après avoir prédit le jour de fa mort, qui arriva le 10. Août, Fête de S. Laurent. Il s'étoit rendu recommandable par la douceur de fes mœurs, par fon ardente piété, & par fa grande capacité dans le maniement des affaires. Voyez l'Hiftoire de l'Univerfité du Pont-à-Mouffon par le R. P. Abram Jefuite.

SARBRUCK (Jean de) Evêque de Verdun, forti de l'illuftre famille de Sarbruck, a compofé *Excerpta Epifcoporum Virdunenfium*. Voyez le troifiéme Tome de l'Hiftoire de Lorraine, pag. 615.

Il a auffi compofé le *Cérémonial*, qui doit s'obferver à l'entrée d'un nouvel Evêque de Verdun, imprimé tom. 2. *Sacræ Antiquitatis Monument. p.* 648.

Jean de Sarbruck gouverna l'Evêché de Verdun, environ 16. ans, dans des tems de troubles; il fut nommé à l'Evêché en 1393. mais il fut préconifé feulement en 1404. Il permuta enfuite fon Evêché contre celui de Chaalons fur Marne en 1418. & gouverna encore cette Eglife pendant 15. ans. Il mourut en 1436. à Chaalons, & fut enterré dans le Chœur de la Cathédrale.

On voyoit dans le Pontifical, qui étoit à son usage, un abrégé de la vie des Evéques de Verdun, avec ce titre, *Excerptum Episcoporum Domini Joannis de Saraponte.* Cet Ouvrage se trouve encore dans la Bibliothéque de S. Vanne à Verdun; & c'est le même dont nous avons parlé au commencement de cet article.

SAULNIER (D. Joseph) Abbé Régulier de S. Vincent de Besançon, Suffragant de l'Archevêque de la même Ville, & Evéque d'Andreville, étoit né à Ornans, au Duché de Bourgogne, en 1596. & est mort en 1681. âgé de 86. ans. Il avoit fait profession à S. Vincent de Besançon le 23. Septembre 1619. Il fut élû Abbé de la même Abbaye, le jour même de la mort de M. de Corinthe, son prédécesseur, décédé le 26. Août 1630. On élut avec lui D. Jerôme Coclin, & Dom Jean-Baptiste Clerc ; car c'étoit l'usage du Pays de proposer trois élûs aux Archiducs Gouverneurs des Pays-bas, afin qu'ils donnassent leurs suffrages, & qu'ils agréassent celui des trois qu'ils croiroient le plus digne de la dignité Abbatiale. Son élection fut agréée par Acte signé de la Princesse Claire-Eugénie du 26. Mars 1631. Le Pape Urbain VIII. lui accorda ses Bulles au mois de Février de la même année.

En 1639. il fut fait Suffragant de M. Claude d'Azchey, Archevêque de Besançon, & le R. P. Président de la Congrégation de S. Vanne rendit à Dom Joseph Saulnier, dans cette occasion, un témoignage très avantageux de sa profonde science en Philosophie & en Théologie, de son grand talent pour la Prédication, de son zéle pour l'observance de la régularité, de sa prudence dans le maniement des affaires, de la maniere pleine d'édification dont il s'étoit gouverné dans les emplois dont on l'avoit chargé dans les Chapitres généraux, faisant paroître en toutes choses un grand fond de piété & de doctrine.

En effet, pendant toutes les années de son gouvernement, qui fut de plus de 50. ans, il ne cessa de faire du bien à son Abbaye ; il fit faire des argenteries pour l'Eglise, des ornemens pour la Sacristie, des Cloches, des Orgues, des Bâtimens nouveaux, des réparations en grand nombre. Sa vie toujours égale & réguliere, fut un excellent modéle pour ses Religieux, & un sujet d'édification pour les seculiers. Il mourut en odeur de sainteté le 25. Avril 1681.

Voici son Epitaphe qui se voit dans l'Eglise de S. Vincent de Besançon, avec son portrait, vis-à-vis la Chaire du Prédicateur,

„ Hîc jacet illustrissimus ac Reverendissimus D. D. Josephus Saulnier Regulæ „ Benedictinæ per LXII. annos observantissi„ mus, per L. hujus Monasterii Abbas, per „ XL. Episcopus Andrevilli : inter hos titu„ los modestus, miram vitæ austeritatem „ morum suavitate lenivit, ex voto pauper, „ ex beneficio in pauperes, & propriam Ec„ clesiam liberalis, Insignis Capituli (z) ami„ cus semper, non inutile membrum fuit; „ diligebat civitatem septuagenarius incola, „ & pariter civium spes erat & amor. Vixit „ annos octoginta quinque procero, sano, „ erectoque corpore, & ad majestatem & „ decorem composito. Cernis faciem, quam „ nec fingi, nec pingi unquam voluit. Sa„ cravit tres Archiepiscopos, & tot Eccle„ siæ Ministros creavit : ut Patrem Cleri se„ quanici recté dixeris. Horas Canonicas „ non omisit usque ad mortis diem, quam „ inter fratrum lugentium manus clausit o„ rans, die 26. Aprilis anno 1681.

QVasI Vas aVrI, qVasI soL refVLsIt In teMpLo DeI. Ecclesiastici lib. 10. anno 1681.

Il a écrit de sa main les Régître de tous les actes de son ministere Episcopal, & de tout ce qui est arrivé de remarquable dans la Province. Il refusa constamment les voix de Messieurs les Chanoines de l'Eglise Métropolitaine, qui vouloient le choisir pour Archevêque.

Il eut pour successeur dans l'Abbaye de S. Vincent de Besançon, M. Jean-Baptiste Boisot, nommé Commendataire par le Roi Loüis XIV. qui étoit alors Maître de la Franche-Comté. M. l'Abbé Boisot, par son Testament, laissa à son Abbaye de S. Vincent sa Bibliothéque, composée de grand nombre de bons Livres, tant imprimés que manuscrits, & une somme de six mille livres, qui devoient être employées en achat de rentes, pour l'augmenter. De plus, il leur légua tous ses Bustes de marbre & de bronze, ses Tableaux, toutes ses Médailles & son Médaillier, à condition que cette Bibliothéque seroit ouverte deux fois la semaine, à ceux qui y voudroient entrer pour y étudier. Il mourut le 5. Décembre 1694.

SAULNIER (Charles) né à Nancy l'an 1690. reçut l'habit de Prémontré réformé en l'Abbaye de Ste. Marie de Pont à-Mousson, le 6. Février 1707. âgé de 17. ans ; il fit profession le 10. Mars 1709. Il fut fait Prieur d'Etival l'an 1723. il en fut élû Coadjuteur vers l'an 1735.

Il mourut le 4. Janvier 1738.

Il a composé, " Statuta candidi & Cano-

(z) Le Chapitre de la Cathédrale de Besançon.

„ nici Ordinis Præmonſtratenſis renovata,
„ ac anno 1630. à Capitulo generali plenè
„ reſoluta, edit. 2. variis generalium & pro-
„ vincialium Capitulorum decretis illuſtra-
„ ta, notis & commentariis adornata à R. P.
„ Car. Saulnier, Stivagii Priore, & Tractus
„ Stivagienſis Officiali, quibus acceſſerunt
„ Regula S. Auguſtini necnon articuli Refor-
„ mationis ſeu Communitatis antiqui rigoris
„ nuncupatæ. Stivagii, typis Martini Heller
„ an. 1725. in-quarto.

A la téte, on trouve les Bulles des Souverains Pontifes, confirmatives de l'Ordre de Prémontré. La Régle de S. Auguſtin n'eſt autre que l'Epître 211. de S. Auguſtin, d'où l'on a retranché le commencement ; & on a mis au maſculin, ce qui eſt dit par S. Auguſtin au féminin, pour les Religieuſes auxquelles il écrit.

SAUMIER, Archevêque de Céſarée ; voyez *Sommier*.

SAUSSAY (André du) Evêque de Toul, naquit à Paris vers l'an 1589. d'une famille ſi pauvre, que ſes parens furent obligés de le mettre, dès ſon enfance, à l'Hôpital du S. Eſprit, pour l'y faire élever. Ayant paru avoir des diſpoſitions pour l'étude, on l'envoya étudier au Collége des Jeſuites. Y allant un matin, avec quelques-uns de ſes compagnons, ils trouverent dans une ruë les reſtes d'une paillaſſe, qu'on y avoit brûlée, ſans ſonger à y fouiller, parce qu'elle venoit d'un Prêtre fort pauvre, qui étoit mort nouvellement ; s'étant amuſés à la remuer, ils y trouverent pluſieurs piéces d'argent, qu'ils partagerent entr'eux ; & du Sauſſai en ayant eû cent écus pour ſa part, en acheta des Livres, & ſe donna au travail avec une ardeur incroyable. Cette particularité ſe trouve dans un Catalogue alphabétique de la Bibliothéque du Roi, & paroît venir de M. Clément, Garde de cette Bibliothéque.

Du Sauſſai ayant fait ſa Théologie, reçut les Ordres ſacrés, & s'appliqua à la Prédication. Il étoit déja Prêtre le 29. Avril 1614. lorſqu'il donna au Public ſon premier Ouvrage.

En 1625. il ſe qualifie Protonotaire du S. Siége, Conſeiller, Aumônier, & Prédicateur du Roi, & Curé de S. Leu & S. Gilles, à la téte de ſon *Métropole Pariſien*, imprimé cette année.

En 1633. il prend la qualité de Profeſſeur en Théologie, dans *ſa Nullité de la Religion prétenduë reformée*.

M. du Sauſſai étoit Official de l'Egliſe de Paris, & déja nommé par la Reine en 1649. à l'Evéché de Toul, lorſqu'à la recommandation du Pape (*a*), M. le Cardinal de Retz étant abſent de ſon Diocéſe, le nomma ſon Grand-Vicaire, à condition qu'il n'exerceroit les fonctions, qu'après que Son Eminence feroit rétablie dans la jouïſſance de ſon temporel ; mais M. du Sauſſai ayant reçu la nomination du Cardinal, ſe mit auſſitôt en poſſeſſion du grand Vicariat, ſe mettant peu en peine des intérêts de Son Eminence : il refuſa de lui faire ſerment de fidélité ; &, au lieu de ſe qualifier *Grand-Vicaire de l'Archevêque de Paris*, il ſe dit *Grand-Vicaire de l'Archevêché* ; ce qui obligea le Cardinal de révoquer la commiſſion qu'il lui avoit donnée, & de lui défendre de ſe mêler davantage des affaires du Diocéſe. Il obéit ; & ſes Bulles pour l'Evéché de Toul étant arrivées en 1655. il voulut ſe faire ſacrer à S. Denis, & en demanda la permiſſion au Grand-Vicaire de Paris ; qui ne la refuſa pas ; mais la Cour le trouva fort mauvais, & fit arrêter le Grand-Vicaire : & cependant M. du Sauſſai alla ſe faire ſacrer au Dioceſe de Chartres en 1657. par les Evêques de Chartres & de Meaux. Quelque tems après, le Cardinal reçut commandement de la part du Pape, de rétablir du Sauſſai dans le grand Vicariat, ſur les inſtances de la Cour de France qui le demandoit ; à quoi le Cardinal n'oſa contredire.

Il fit ſon entrée publique à Toul le 6. Juin 1657. Il mourut le 9. Septembre 1675. âgé de 85. ans, pour le moins ; voici la liſte de ſes Ouvrages :

1. La Généalogie des Herétiques Sacramentaires ; Paris 1614. in-octavo ; 2. Publiée de nouveau, ſous ce titre, *Hiſtoire Chronologique du combat Euchariſtique contre l'héréſie & la Foi* ; Paris 1618. in-octavo.

3. Apologie pour le Jubilé célébré à Paris en 1617. in-octavo.

4. Les Cenſures prononcées par le Roi d'Angleterre, contre les principaux points de la doctrine des Miniſtres ; Paris 1621. in-octavo.

5. Le Métropole Pariſien, ou Traité des cauſes légitimes de l'érection de l'Evéché de Paris en Archevêché, par Grégoire XV. avec les Bulles, &c. Paris 1625. in-octavo.

„ 6. De ſacro ritu præferendi Crucem
„ majoribus Prælatis Eccleſiæ, &c. Paris
„ 1628. in-quarto.

„ 7. Opuſculorum Miſcellaneorum faſ-
„ ciculus, 1629. in-quarto.

„ 8. Notæ in Breviarium Pariſienſe, Pa-
„ ris 1631. in-quarto.

(*a*) Mémoires de Joly, tom. 2. pag. 297. 300. 303. 314. 317.

„ 9. De episcopali monogamia & unitate ecclesiastica, Paris 1632. in-quarto.

10. Nullité de la Religion prétenduë réformée, démontrée par les premiers Conciles du Christianisme, Paris 1633. in-8°.

„ 11. Martyrologium Gallicanum, &c. 1637. deux Vol. in-fol. ouvrage fort peu estimé, pour ne dire rien de plus.

„ 12. De mysticis Galliæ Scriptoribus, „ multiplicique in ea Christianorum rituum „ origine, selectæ dissertationes; Paris 1639. in-quarto. Il y a dans tout ce Livre beaucoup de fatras, & peu de critique.

„ 13. De causa conversionis S. Brunonis „ Carthusianorum Patriarchæ, in-octavo. Il tâche d'y défendre l'histoire prétenduë du Chanoine de Reims, qui parla après sa mort; à Paris 1646. imprimé *juxta exemplar, Coloniæ editum an.* 1645. C'est un écrit de 51. pages.

„ 14. Panoplia Episcopalis, seu de sacro „ Episcoporum ornatu, Lib. 7. Paris 1646. in-fol. On trouve à la fin, *Appendix pro ritûs defensione deosculationis pedum S. S. Pontificis.*

„ 15. Panoplia Clericalis, seu de Clericorum tonsura & habitu; Paris 1649. in-folio.

„ 16. Panoplia Sacerdotalis, seu de venerando Sacerdotum habitu, &c. cum duplici Appendice, 1°. De invocatione Christi, 2°. De Eucharistiæ adoratione; Paris 1653. in-fol.

17. Le petit Office, avec le Rosaire & les Litanies de sainte Anne, ensemble un pieux exercice pour entendre dévotement la Messe; Paris 1650. in-12.

„ 18. Andreas frater Simonis Petri, sive „ de gloria S. Andreæ Apostoli; Paris 1656. „ in-folio.

„ 19. Divina Doxologia, seu sacra glorificandi Deum in Hymnis & Canticis methodus; Tulli 1657. in-12.

„ 20. Statuta Synodi Diœcesanæ Tullensis illus. D. Andreæ du Sauffai; Tulli 1658. in-octavo.

„ 21. De bipertito Domini Clavo Trevirensi & Tullensi, crisis historica; Tulli Leucorum 1660. in-quarto.

„ 22. De gloria S. Remigii, libri quatuor, quibus subnectitur assertio veritatis sanctæ Ampullæ; Tulli Leucorum 1661. in-folio.

„ 23. Epitome vitæ admirabilis S. Philippi de Nery, Oratorii Romani Fundatoris; Tulli Leucorum 1667. in-quarto.

„ 24. Insignis libri de Scriptoribus Ecclesiasticis Cardinal. Bellarmini continuatio, ab anno 1500. in quo desinit, ad annum 1600. Tulli Leucorum 1665. in-quarto.

M. du Sauffai a donné la liste de ses propres Ouvrages, à la fin de son Supplément aux Ecrivains Ecclésiastiques du Cardinal Bellarmin. On peut consulter cette liste, où l'on verra non seulement ses Ouvrages imprimés, mais aussi ceux qui sont demeurés manuscrits. Il auroit pû donner en François le titre des Livres qui sont composés en François, au lieu qu'il les donne en Latin. A la fin de ce Volume, on trouve, *Observationes Chron-historicæ subnectendæ alteri parti Chronologiæ Cardinalis Bellarmini.*

M. du Sauffai avoit beaucoup d'érudition & de lecture, mais peu de jugement, & point de critique. Voyez le Pere Niceron, Mémoires pour servir à l'Histoire des Hommes illustres, tom. 4. pag. 36. & suiv.

SAUVAGE (Jean) Provincial des Minimes de Lorraine, a fait imprimer le *Zodiaque sacré du grand Soleil d'Austrasie, ou la vie & la mort du bon Duc Henry II. (Duc de Lorraine;* Nancy 1626. in-12.

La vie & la mort de Henry II. le Débonnaire, Duc de Lorraine, représentées en trois discours funèbres, par Jean Sauvage Champenois de l'Ordre des Minimes; Paris 1626. in-octavo.

SCHANNAT (Jean-Frideric) sorti d'une famille originaire de Franconie, naquit à Luxembourg le 23. Juillet 1683. Il étudia la Jurisprudence à Louvain; & à peine avoit-il 22. ans, qu'il obtint la Licence. Il commença à plaider au Parlement de Malines. A l'âge de 24. ans, il écrivit l'Histoire du Comte de Mansfeld, Prince d'Empire, qui fut imprimée à Luxembourg en 1707.

Il embrassa ensuite l'état Ecclésiastique, & le Prince Constantin Abbé de Fulde, l'employa à écrire l'Histoire de son Abbaye.

Il fit imprimer en 1723. & 1724. 1°. „ Vindemiæ Litterariæ, hoc est, veterum „ Monumentorum ad Germaniam sacram „ pertinentium, collectio; Fuldæ & Lypsiæ „ 1723. in-fol.

„ 2. Corpus Traditionum Fuldensium, „ 1724.

„ 3. Sammlung Aller historischen scriften und documenten voobey das alt lendrecht P. 1. an. 1726. in-fol. c'est-à-dire, Collection de tous les Ecrits & Documens historiques, avec les anciens droits du Pays, P. 1. en 1726. in-fol.

„ 4. Diœcesis Fuldensis, cum annexa Hierarchia 1727. in-fol.

„ 5. Necrologium Ecclesiast. Metropolit. Moguntiæ.

„ 6. Anonimi series Abbatum Monasterii Vissemburg.

„ 7. Vetus Diptychon Fuldense.

„ 8. Anonymi Chronicon Monasterii Schuttezani.

„ 9. Necrologium Laureshamense.

„ 10. Antiquitates Monasterii sancti Michaelis Bambergæ.
„ 11. Traditiones veteres Cœnobii sancti Stephani Herbipolensis.
„ 12. Anonymi Chronicon Erfordiense.
„ 13. Chronicon Reintzharsbornense.
„ 14. Excerpta Necrologii veteris Abbatiæ Mollenbecensis.
„ 15. Notitiæ Monasterii omnium Sanctorum Ord. Præmonstrat.
„ 16. Rudera Abbatiarum alborum Dominorum & albarum Dominarum.
„ 17. Anonymus de origine & Abbatibus sancti Joannis in Rhingoravia.
„ 18. Dotationes Ministerii sancti Petri in nigra sylva.
„ 19. Necrologium Abbatiæ Lucidæ vallis.
„ 20. Diplomata & Epistolæ variæ; accedit conspectus trium vetustissimorum codicum ex illis quos in ipso Martyrii campo sanctus Bonifacius Archiepiscopus Mogunt. habuit, &c. Fuldæ & Lipsiæ 1724. in-fol.
„ 21. Clientela Fuldensis Beneficiaria nobilis & equestris, cum Tractatibus historico-juridicis octo; accedit Elenchus duplex cum figuris ære incisis, Francofurti ad Mænum 1726. in-fol.
„ 22. Diœcesis Fuldensis cum annexa sua Hyerarchia, &c. Francofurti ad Mænum an. 1727. in-fol. Ce Livre fut attaqué par M. Jean Eckart dans ses *Animadversiones historicæ & criticæ*; Schannat lui répondit par,
„ 23. Vindiciæ quorumdam Archivi Fuldensis diplomatum à Georgio Eckart perperam impugnatorum, defensio; Francofurti ad Mænum an. 1728. in-fol. cum figuris ære incisis.

Nous savons que M. Hugo, Abbé d'Etival, prit parti dans cette querelle, & écrivit en faveur de l'Archive & de l'Exemption de l'Abbaye de Fulde. Il est vrai que son nom ne paroît pas dans l'Ouvrage de M. Schennat; mais M. le Prince de Fulde envoya à Etival en 1729. le même M. Schennat, pour remercier M. l'Abbé Hugo du service qu'il lui avoit rendu dans cette affaire; & comme je connoissois de longue-main M. Schennat, & que nous sommes voisins d'Etival, il vint à Senones, où j'eus l'honneur de le recevoir; & il me fit présent de ses *Vindiciæ quorumdam Archivi Fuldensis Diplomatum*, &c.

M. Jean-George Estor prit aussi parti dans cette dispute, pour soûtenir les droits du Landgrave de Hesse; il composa, *Joannis Georgii Estor Analecta Fuldensia ad J. F. Schannat Clientelam Fuldensem Beneficiariam*, Strasbourg 1727. in-fol.

M. Eckart écrivit aussi contre M. Schannat, en faveur des Landgraves de Hesse; Schannat lui répondit, & à M. Estor, par l'Ouvrage suivant,

24. *Historia Fuldensis in tres partes divisa, cum figuris æri incisis; accedit integer codex probationum ab anno 779. ad annum 1059. Francofurti ad Mænum an. 1729. in-fol.*

Après la mort de M. l'Abbé Prince de Fulde, François George, Electeur de Tréves & Evêque de Worms, engagea Schannat à écrire l'Histoire de Worms; ce qu'il fit, & publia,

25. *Historia Episcopatûs Vormatiensis cum figuris æri incisis; Francofurti ad Mænum 1734. vol. 2. cum codice probationum ad calcem.*

L'Archevêque de Prague souhaita aussi que M. Schannat écrivît sur l'Histoire d'Erfel, qui est en partie dans l'Archevêché de Tréves, & en partie dans le Duché de Juliers. Schannat s'en chargea, & il auroit été, dit-on, en état de publier au Printems de 1739. l'Histoire de vingt-deux Familles de ce Pays, si la mort ne l'eût prévenu. Il mourut à Hydelberg le 6. Mars 1739.

On a imprimé, après sa mort, en 1740. son Histoire abrégée de la Maison Palatine, à Francfort sur le Mein; & on y a joint l'éloge historique de l'Auteur.

SCHAVART (Frideric) Prévôt de saint Paulin de Tréves, a écrit l'Histoire de la découverte des Corps de S. Simeon & de S. Paulin. Voyez Brouver, tom. 2. p. 260.

SCHECKERMANE, Moine de S. Maximin de Tréves, & Bibliothécaire de ce Monastere, a traduit, d'Allemand en Latin, l'an 1517. l'Epitome ou la moüelle des Actes de Tréves, composée par Jean Eneu. Il a aussi composé un Livre des Reliques du Monastere de S. Maximin. Ces deux Ouvrages sont cités dans les Bollandistes, au 29. de Mai, p. 20. col. 2. Enfin, il a écrit avec Frideric, Prévôt de S. Paulin de Tréves, l'Histoire de la Translation de S. Simeon réclus à Tréves. Voyez *Bolland*. I. *Julii*, pag. 101. 104.

SEGUIN (Pierre) Hermite ou Réclus proche Nancy & Vandœuvre, mérite d'avoir place parmi les Illustres de Lorraine, tant par sa réclusion qui s'est faite avec beaucoup d'éclat, & soutenuë avec grande édification, qu'à cause d'une Régle qu'il a composée pour ceux qui voudroient imiter sa maniere de vivre.

Pierre Séguin naquit à Senlis le 26. Août 1558. de parens fort craignans Dieu, qui eurent plusieurs enfans, dont deux, savoir, Philippe qui est mort Religieux à Cîteaux; Nicolas qui fut Religieux de S. Benoît, &

Pierre dont nous parlons ici, qui s'enferma dans l'Hermitage du Réclus près Nancy en 1605. & y mourut le 22. Mars 1636.

Pierre Séguin, après avoir été pendant quelques années engagé dans les affaires du monde, y renonça, pour se donner tout entier aux exercices de piété, & à la pratique de la mortification & de la pénitence. Il se prescrivit à lui même des régles très sevéres, qu'on peut voir dans sa vie écrite par M. Seguin son neveu, Procureur du Roi dans l'élection de Senlis, que nous avons fait copier pour notre Bibliothéque; mais comme il se défioit de lui-même, il prit les conseils de différentes personnes fort éclairées, qui l'engagerent à modérer ses mortifications, qui véritablement alloient à l'excès. Dès l'âge de 13. ans, il se retiroit quelquefois dans un creux d'arbre qui lui servoit comme de Cellule, & y supportoit toutes les rigueurs des saisons; ensuite il alla au Mont-Valerien près Paris, où il vecut quelque tems avec un Réclus qu'il y trouva.

Enfin Dieu lui inspira d'aller à Nancy, & ayant appris qu'il y avoit proche le Village de Tomblaine un Hermitage nommé Ste. Marguerite, qui appartenoit aux RR. PP. Cordeliers de Nancy, il s'y retira avec leur agrément, & s'accommoda avec l'Hermite qui y étoit, & qui lui céda sa place. Frere Seguin en sortit le 1. Février 1599. pour aller recevoir l'habit d'hermite des mains de M. l'Evêque de Toul, Christophe de la Vallé; après quoi il fut enfermé réclu dans le même Hermitage en cérémonie, il n'y avoit qu'une porte avec deux serrures différentes, dont il tenoit une clef, & son Directeur l'autre; on a recueilli les sentimens qu'il témoignoit à Dieu dans ses prieres, & on les trouve dans sa vie, dont nous avons parlé.

Notre Solitaire demeura ainsi renfermé pendant six ans dans cette réclusion, après quoi Madame Antoinette de Lorraine, Duchesse de Cleves, lui bâtit un Hermitage à une demie lieuë de Nancy, proche le Village de Vandœuvre, lieu dit la fontaine d'Auzecourt, dans une situation parfaitement propre à son dessein, qui étoit de vivre dans une entiere solitude; il sortit de l'hermitage de Ste. Marguerite le 11. de Juin 1605. accompagné d'un grand nombre de Religieux, d'Ecclésiastiques, & de Peuples qui le conduisirent processionellement en chantant des Hymnes, jusqu'au nouvel hermitage, qui fut nommé de Ste. Marie des Anges, & depuis de Ste. Marie du Réclus. Y étant arrivé, on y chanta solemnellement la Messe, & Pierre Seguin s'y enferma pour n'en jamais sortir. Il y demeura tout le reste de sa vie, & y fut souvent visité par le Duc & la Duchesse de Lorraine, & par les Princes & les Princesses, & Seigneurs de la Cour, à qui il parloit avec la permission de son Directeur, avec tant d'onction & de sagesse, qu'ils n'en sortoient que les larmes aux yeux, & on recueillit quelques-uns des petits discours qu'il faisoit dans ces occasions.

Son exemple inspira à quelqu'autres Hermites le désir de se retirer auprès de lui, & il leur fit bâtir un autre hermitage sous le nom de S. Pierre à 30. ou 40. pas du sien, pour y avoir un Prêtre Hermite qui lui pût dire la Messe; il y eut même des filles qui prirent la résolution de vivre dans des Cellules en réclusion perpetuelle; quatre entr'autres le prierent d'écrire à M. l'Evêque de Toul, pour obtenir son agrément & sa benediction; nous avons la Lettre de Pierre Seguin, dans laquelle il dit au Prélat, que ces filles se bâtiront un Hermitage près de Vandeuvre avec une Chapelle, aux deux côtés de laquelle elles auront leurs Cellules de réclusion, sans se voir ni se parler; elles y feront aussi bâtir une Cellule pour leur Chapelain.

Les deux autres filles se feront de même bâtir une Chapelle accompagnée de deux Cellules de réclusion dans la Ville de Nancy; elles souhaitent de passer le reste de leur vie dans ces Cellules, entièrement séparées du monde; espérant qu'après leur décès, d'autres filles prendront leurs places; à l'effet de quoi elles feront les fondations nécessaires à leurs entretiens. Elles espèrent même que cet exemple pourra servir de modéle, pour établir des récluses rentées par toute la Chrétienneté, qu'il y a déja huit ans, que ces quatre vertueuses filles avoient conçu le dessein de bâtir un Couvent de Capucines; & elles auroient exécuté leur résolution, si les Capucins de Nancy avoient voulu se charger de leur conduite & direction, nous n'avons pas la réponse que le Prélat fit à frere Pierre Seguin.

Mais nous avons les réponses qu'il écrivoit pour réfuter ceux qui décrioient l'Etat de réclus, & en détournoient ceux qui avoient dessein de l'imiter, & qui formoient divers obstacles pour empêcher que la régle qu'il avoit écrite pour des réclus, ne reçut l'approbation du S. Siége, ou du moins de l'Evêque Diocésain. Les objections sont au nombre de 14. & notre Solitaire y répond très solidement.

Ce qui lui fut le plus sensible, fut que ses ennemis détournerent les Prêtres qui lui disoient la Messe, de continuer à lui rendre ce service. Frere Seguin s'en plaignit à S. A. & lui dit en particulier que ceux qui cherchent à lui faire rompre sa réclusion, lui font dire, qu'il est plus obligé à entendre la Messe, qu'à demeurer enfermé dans sa Cellule, & qu'il ne doit pas se mettre en peine d'avoir des imitateurs dans son genre de vie.

Il répond à cela que la Maison de réclusion où il demeure, étant à lui, par la concession que lui en a faite Madame la Princesse Antoinette, Duchesse de Cleves, il est en droit, d'en disposer à sa volonté, selon l'intention de cette pieuse Princesse; à l'égard de l'obligation d'entendre la Messe les Fêtes & les Dimanches, il produit l'extrait d'une Lettre du Penitencier de Paris, qui prouve par le témoignage des Casuistes Sylvestre, S. Antonin & Navarre, & qui s'offre de lui envoyer plus ample Certificat des Docteurs de Paris qui pensent comme lui, qu'il peut se tranquilliser sur cet article, & ne doit pour cela quitter sa réclusion; en faisant toutefois ses diligences pour avoir la Messe les jours commandés par l'Eglise. Il entre dans un grand détail des propositions & des menaces qu'on lui a faites, pour lui faire quitter son état, & il conclut en suppliant S. A. de lui accorder l'honneur de sa protection, & la grace de pouvoir finir ses jours en paix dans sa Cellule; cette longue Lettre est du 14. Mars 1613.

Il en écrivit encore une à Madame la Duchesse de Lorraine le 24. Mars 1713. & une à Monseigneur le Comte de Vaudemont, le priant de lui conserver l'honneur de sa protection, & la jouissance d'un terrein qu'il lui avoit donné, afin d'y bâtir un petit logement pour un Prêtre; sa Lettre est du 24. Mars 1613. & la réponse du Prince du 30. du même mois.

Ces Lettres produisirent la tranquillité pour quelques tems, & on recommença à lui dire la Messe les Fêtes & Dimanches; on confirma même par un acte authentique, son établissement de réclus en présence des trois Curés de Nancy le 19. Juillet 1614. Mais on empêcha que M. l'Evêque de Toul n'approuva l'établissement que F. Seguin vouloit faire près son hermitage, & on lui signifia de la part de ce Prélat, un ordre de prendre dans quarante jours la régle de l'une des quatre Communautés de Religieux de la Ville de Nancy; il eut encore le chagrin de voir que ce Prélat retenoit sa régle des réclus qu'il lui avoit confiée plusieurs mois auparavant.

Accablé sous le poid de tant de contradictions, il résolut d'aller à Rome pour y demander la confirmation de son établissement, & comptant beaucoup sur les recommendations qu'il espéroit dans cette Cour; il obtint la permission de faire ce voyage de la part de M. l'Evêque de Toul, & il devoit partir au Printems de l'année 1617. mais il ne voulut rien faire, sans avoir communiqué son dessein à Monseigneur de Vaudemont, frere du Duc Henry II. alors régnant; il lui en écrivit, & lui fit un précis de presque toute sa vie, & des moyens dont Dieu s'étoit servi pour l'amener dans la solitude, de laquelle on le forçoit en quelque sorte de sortir, par les contradictions & difficultés qu'on lui suscitoit, & dont il fait le récit à ce Prince. La Lettre est longue & bien motivée, en datte du 29. Mars 1616.

Le Comte de Vaudemont lui donna des Lettres de faveur vers sa Sainteté, & notre solitaire se disposoit à partir, lorsqu'un fameux Banquier de Nancy vint lui offrir ses services, pour faire toutes ses expéditions à Rome, sans qu'il fût nécessaire de sortir de sa Cellule. Il accepta ses offres avec plaisir, & écrivit au Pape une Lettre dans laquelle il lui rend compte de ce qu'il a fait jusqu'alors, & le prie de lui accorder sa protection, afin qu'il puisse continuer de demeurer en paix dans sa réclusion. Bientôt après il apprit que ses adversaires avoient gagné le Banquier, qui ne s'employa plus, comme il avoit promis, à lui faire donner ses expéditions, ce qui obligea frere Pierre Seguin d'envoyer à Rome un Hermite à ses dépens, pour y poursuivre ce qu'il demandoit; cet Hermite y mourut au bout de deux ans, sans y avoir rien exécuté: mais Dieu voulut consoler notre solitaire en inspirant au Prince de Vaudémont & au Prince Erric de Lorraine, Evêque de Verdun, de le prendre sous leur protection particuliere, jusqu'à que M. l'Evêque de Toul, François de Porcelet de Maillane en 1617. mit le frere Seguin sous le régime & direction particuliere du Prince Erric de Lorraine, Evêque de Verdun, pour le diriger & conduire en vertu de la Jurisdiction ordinaire & extraordinaire, qu'il lui donnoit sur lui. Alors frere Pierre Seguin mit entre les mains de M. de Verdun la régle, qu'il avoit composée pour les réclus, afin de la lui faire approuver.

En voici le précis. L'Hermite réclus rendra obéissance à son Evêque Diocèsain, & pourra élire pour son Confesseur un Prêtre approuvé dans le Diocèse; il gardera la chasteté & la clôture, & après un an d'épreuve, il fera sa profession & les vœux essentiels; il se confessera & communiera tous les Dimanches

manches & les grandes Fêtes, s'il n'y a empêchement légitime ; il dira tous les jours l'Office de la Vierge, & autres Prieres, selon sa dévotion ; jeûnera outre les jeûnes ordonnés par l'Eglise, tout l'Avent & tous les Vendredis de l'année, les veilles de fêtes de Notre-Dame. Aux jours de jeûnes, il prendra trois ou quatre onces de pain & quelques fruits pour collation, il ne boira point de vin, & ne mangera ni œufs, ni poissons ces jours là ; tous les Vendredis il prendra la discipline pendant le *Miserere* & le *Pater noster*, il pourra faire la même chose le Mercredi, selon sa dévotion.

Lorsqu'il apprendra le décès d'un Protecteur, Administrateur ou Confrere, il prendra la discipline pendant un *Miserere*, & dira l'Office des Morts à neuf Leçons. Il pourra parler à ceux qui viendront consulter pour leurs instructions & consolations, n'écrira point de lettre sans nécessité ; il pourra choisir un Confesseur extraordinaire pour le repos de sa conscience. Ses habits seront d'étoffes grossieres & de couleur brune, il aura une robe, une tunique, un long manteau & deux chaperons, & portera sur l'épaule droite une Croix grande d'un pied ou environ. Il aura pour se coucher une paillasse & un traversin plein de paille, avec une ou deux couvertures & son manteau, il travaillera des mains au jardin, ou à écrire & traduire, ensorte qu'il ne perde point l'esprit de récollection, il évitera sur-tout l'oisiveté : ses Livres après sa mort demeureront à l'Hermitage.

Lorsqu'il tombera malade, il se mettra entre les mains de Dieu, à l'imitation des anciens solitaires & réclus, qui demeuroient tranquilles dans leurs maladies, sans sortir de leurs solitudes. Toutefois il pourra donner avis de sa maladie, afin qu'on lui procure les secours spirituels, dont il aura besoin dans cet état. Son Confesseur & ses Confreres Hermites pourront même entrer dans sa Cellule pour le secourir, & le consoler jusqu'au dernier soupir, après sa mort on l'enterrera simplement dans son Eglise avec son habit ; la régle des réclus n'obligera pas à péché mortel, à moins qu'il n'y ait mépris en chose notable, qui ait été justement ordonnée selon la régle ; & s'il survient des cas où le réclus ne puisse entierement observer la régle, il en demandera la dispense à l'Evêque Diocesain.

Frere Pierre Seguin donna une régle particuliere pour les Hermites qui devoient demeurer dans l'Hermitage de S. Pierre, joignant celui où il demeuroit lui-même, cette régle est plus douce que celle des réclus ; elle leur permet l'usage du vin & de la viande, & de sortir pour cause honnête ou nécessaire, mais seulement pour un jour ; l'Hermite rendra obéissance à ses Supérieurs, évitera l'oisiveté & réglera ses exercices suivant les heures qui lui sont prescrittes : ces régles furent approuvées par le *Prince Erric de Lorraine*, Evêque de Verdun le 1. de Novembre 1617.

L'année suivante le même Prince Erric voulut lui-même faire la Dédicace de l'Oratoire de frere Pierre Seguin, selon le pouvoir qu'il en avoit reçu de M. l'Evêque de Toul son oncle, il vint à cette Cérémonie une foule si extraordinaire de Princes, de Seigneurs, de Peuples, qu'on ne se souvenoit pas d'en avoir vû une pareille. Il s'y fit trois Processions, où notre Solitaire marchoit après les Ecclésiastiques, pour satisfaire à la dévotion que le peuple avoit de le voir ; il s'y fit une quatrième Procession de l'hermitage du réclus, à celui des Hermites de S. Pierre, & il fallut que les jours suivans, il se montra encore au peuple ; autrement on auroit forcé les portes de son Hermitage, & rompu ses fenêtres.

Il passa le reste de sa vie dans sa Cellule, où il s'appliqua à écrire plusieurs Traités spirituels fort dévots, qu'il envoyoit à des personnes pieuses & de condition. Il a même eû l'honneur d'écrire au Roi Louis XIII. & à M. le Duc d'Orleans son frere ; qui prit la peine de l'aller visiter dans sa Cellule. Sa vie étoit si frugale, qu'on dit qu'il ne dépensoit dans un an pour sa nourriture, bois, papier & encre, que trente francs Barrois.

Un mois avant sa mort, il permit qu'un Ecclésiastique entra dans sa Cellule, parce qu'il ne pouvoit plus agir, ni se servir lui-même ; il se prépara à la mort par la réception des Sacremens, & communia plusieurs fois pendant sa derniere maladie ; enfin après avoir reçu l'Extrême-Onction, il expira au milieu de plusieurs Ecclésiastiques, qui ne le quitterent point : ce fut un Dimanche 22. de Mars 1636. à sept heures du matin, il étoit âgé de 77. ans 7. mois, dont il avoit passé 48. dans la pénitence, & 38. dans la réclusion.

A la nouvelle de sa mort, une infinité de personnes de Nancy & des environs, accoururent dans l'Oratoire de son Hermitage, chacun s'empressant de le voir, & d'avoir quelque partie de ses habits ou de ses cheveux, qu'ils garderent comme des Reliques ; sa vie a été écrite par M. C. Seguin, son neveu, Procureur du Roi en l'élection de Senlis ; son écrit est datté de Senlis le 24. Mai 1652. son Epitre dédicatoire aux freres suecesseurs de frere Pierre, est du 13. Juin 1664. aujourd'hui la maison & l'Oratoire du réclus subsistent, mais il n'y a plus d'Hermite, ni réclus.

SEHERUS, Fondateur & premier Abbé de Chaumousey, de l'Ordre des Chanoines Réguliers de S. Augustin en Lorraine, a écrit en deux Livres, l'Histoire de la fondation de cette Abbaye, imprimée dans l'Histoire de Lorraine.

SELVE (Lazare de) Président en la Justice Royale à Metz, a composé & fait imprimer des Sonnets spirituels sur les Evangiles du Carême, à Metz 1607. Il est parlé de M. de Selve dans l'Histoire de Lorraine, tom. 3. pag. 772. 1. Edi. à l'occasion d'une signification faite aux Officiers de l'Evêque de Verdun, que déformais les sentences portées par les Officiers dudit Evêque, se relèveroient non à Spire, mais à la Chambre Royale de Metz.

SENOQUE (D. Barthelemy) né à Verdun, a fait profession dans l'Abbaye de S. Vanne de la même Ville, le 25. Août 1661. mort dans la même Abbaye le 6. Décembre 1701. Il a rempli avec honneur les premiers emplois de sa Congrégation, & a gouverné en qualité de Supérieur les principaux Monasteres de sa Province, a été employé dans les négociations pour des affaires importantes & épineuses, tant à la Cour, qu'auprès de Messeigneurs les Prélats, qui l'honoroient de leur estime & de leur amitié, poli, gratieux, d'un abord aisé & agréable, grand Philosophe, profond Théologien, sage Supérieur, il s'est rendu cher & agréable aux étrangers & à ses Confréres ; il étoit Prieur titulaire du Prieuré conventuel de Novi, proche Rhetel, dépendant de l'Abbaye de Sauve-Majeur, proche Bourdeaux ; il se résigna quelque tems avant sa mort au R. P. Benoît-Fontaine, Religieux aussi docte, que zélé pour l'observance régulière.

Mais ce qui nous interesse le plus ici, sont les propres études de D. Barthelemy Senoque, & celles de ses Confréres, auxquelles il a présidé pendant plusieurs années, & qu'il a toujours soutenués & par son exemple & par ses vives exhortations, ayant été Chef d'Académie aux Abbayes de Beaulieu & de Hautvillers; il reste un bon nombre d'Ouvrages qu'il a dictés à ses éléves, mais qui sont demeurés manuscrits entre leurs mains. Il étoit fort attaché à la Doctrine & aux principes philosophiques de D. Robert des Gabeths, dont on a parlé ci-devant.

Son premier ouvrage est intitulé, Ordre que peut tenir un Religieux dans ses études de Philosophie, de Théologie, de l'Ecriture Sainte & de ses interprétes, des SS. PP. des Conciles, de l'Histoire Ecclésiastique, & même de la profane, & de la discipline de l'Eglise, & des principales questions sur l'Histoire, le Dogme & la Critique, qui se peuvent proposer sur toutes sortes de matieres Ecclésiastiques avec le choix des Livres que l'on peut lire sur ce sujet ; on voit par-là, qu'elle étoit l'etenduë du projet qu'il s'étoit formé pour ses études.

A la tête de cet écrit, est un avant-propos, où l'on fait voir que les études ne sont nullement contraires à l'état monastique, contre la prétention de M. Rancé, Abbé de la Trappe, qui avoit écrit contre les études des Religieux Benédictins.

Dans le second Chapitre de cet écrit, art. 2. qui regarde l'étude de la Logique, il dit que D. Robert des Gabets a fait un petit ouvrage qui n'est pas imprimé, pour réfuter quelques endroits des livres du P. Malbranche *de la recherche de la vérité*, qui n'étoient pas selon ses principes : on en peut voir quelque chose dans le livre du P. Desgabets, intitulé : *Critique de la Critique, de la recherche de la vérité*, qui fut imprimé à son insçu en 1675.

Dans l'article trois qui regarde l'étude de la Métaphysique, il dit que D. Robert Desgabets avoit jetté le plan d'une Métaphysique plus étenduë que celle de Descartes, & qui portoit les choses beaucoup plus loin ; il prétendoit que Descartes n'avoit pas suivi exactement sa propre Logique & sa méthode de Philosophie, proposée dans ses Méditations, que même il s'étoit trompé par mégarde dans quelques principes fondamentaux.

Le P. Desgabets soutenoit que toutes nos pensées avoient une telle liaison avec leurs objets, que nous ne pouvions rien connoître clairement, qui n'existât actuellement dans la nature, sçavoir les substances, quant à la nature ; & les modes, quant à leurs sujets, dont il ne les distinguoit pas réellement. Il en concluoit que Descartes n'avoit pas eu raison de douter de toutes choses, pour prouver l'existance de son ame, & qu'il lui suffisoit d'en avoir une idée distincte pour dire, j'ai des idées claires & distinctes de Dieu, de mon ame & de la matière, donc ils existent actuellement, & comme dans l'idée de Dieu, comme d'être infiniment parfait, est renfermée l'idée d'une existence nécessaire, comme le fondement de toute perfection, il en concluoit que Dieu existoit nécessairement ; il n'en étoit pas de même de l'existence des Créatures, que nous concevons clairement : car Dieu qui leur a donné l'etre, auroit pû ne leur pas donner; ainsi leur existence n'est pas nécessaire, mais contingente.

Le P. des Gabets prétendoit aussi que la matiere ne pouvoit être anéantie, ou du moins qu'il paroissoit une contradiction manifeste, en ce qu'on la concevoit en ce cas existante & non existante tout-ensemble; existante, dans le moment qu'on l'aneantiroit; & non existante dans le même moment, parce qu'on ne conçoit qu'un instant, là où il n'y a point de succession de tems. D'ailleurs, cette matiere étant concevable après son anéantissement prétendu, puisqu'on auroit une idée claire & distincte de son étenduë, il faudroit, suivant le premier principe etabli ci-dessus, qu'elle existât toujours, ou qu'elle devînt inconcevable.

Il vouloit, de plus, qu'il n'y eût aucune substance purement possible, du moins que nous n'en pouvions parler avec raison, puisque nous n'en avions pas plus de connoissance, que d'une substance qui n'etoit ni corps ni esprit. Il disoit qu'avant que l'on conçoive que Dieu a produit librement les créatures, il n'y a rien de concevable, que son essence incréée, & la très sainte Trinité, & qu'il y auroit contradiction de parler d'autres esprits, d'autres corps & d'autres créatures, que de celles que Dieu a faites: Que les vérités que l'on appelle éternelles, par exemple, que le tout est plus grand que sa partie, n'étoient autres choses que les substances créées, en tant que l'ame les considéroit d'une certaine maniere qui n'est pas dans le tems, & qu'elle les comparoit, suivant les différens rapport qu'elles ont entre elles.

Il soutenoit que les idées que nous avons des choses, & même les actions de notre volonté, sont toujours liées avec quelque mouvement des esprits animaux; d'où il tiroit cette conséquence, que nos pensées se succedent les unes aux autres, qu'elles commencent, continuent & finissent, le mouvement des esprits animaux leur donnant cette espéce de succession; il ne nioit pas toutefois que les ames séparées des corps ne dussent penser; mais il croyoit qu'elles penseroient différemment, & que Dieu pourvoiroit d'une autre maniere à leur façon de penser. Il en concluoit encore la nécessité de la résurrection, parce que l'ame étant la forme substancielle du corps humain, ainsi que le Concile de Vienne l'a défini; il étoit nécessaire que ces deux choses se réunissent un jour.

Par une suite de cette dépendance nécessaire & mutuelle de l'ame & du corps, il expliquoit la transfusion du péché originel, prétendant qu'il étoit difficile d'expliquer comment une ame, qui sort innocente des mains de Dieu, devienne criminelle, aussi-tôt qu'elle est unie à son corps, si ce n'est pas la maniere dont ce corps agit sur l'ame, par une impression qui est essentielle à la nature. Il en tiroit aussi cette conséquence, que n'y ayant aucune raison de donner aux bêtes des ames spirituelles, elles ne pouvoient avoir de sensation du plaisir & de la douleur; ainsi il les transformoit en pures machines, qui n'agissoient que par des principes purement mechaniques; il ne connoissoit dans elles d'autre ame que leur sang, selon l'expression de la sainte Ecriture.

Ce premier Ecrit de D. Barthelemy Senoque n'est point achevé; il finit au Chapitre III. de l'Étude de la Théologie, jusqu'à l'article 4. où l'on parle des principes sur lesquels on peut fonder l'étude d'une bonne Théologie.

Le second Ouvrage de D. Barthelemy Senoque a pour titre: *Historiæ & doctrinæ veteris & recentioris Philosophiæ, brevis enarratio*. Cet Ecrit est dicté en forme de Thése sur toute la Philosophie, hors la Morale comprise en 94. Théses.

Le troisième Ecrit de D. Senoque a pour titre, *Premier principe de la certitude humaine*; il y prouve que toute conception simple a toujours, hors de l'entendement, un objet réel & constant, qui est en lui-même tel qu'il est représenté par la pensée.

Le quatrième Ecrit du même D. Senoque est intitulé, *Dessein de l'étude de l'ancien & du nouveau Testament, de l'Histoire Dogmatique de la Discipline de l'Eglise, &c*. L'Ouvrage est divisé en plusieurs Chapitres, Questions & Sections. Le premier traite du Canon du vieux Testament reçu par les Juifs, de leurs Mines, de leur Talmuld, des Points voyelles, de la Cabale. Le Chapitre second traite du Canon du vieux Testament reçu par les Catholiques. Le Chapitre troisième traite des Versions du Texte Hébreux. Le quatrième Chapitre, de la vérité des Livres saints, de leur autorité, &c. Il y traite de la vérité de la Religion Chrétienne.

J'ai traité cet article un peu au long, parce que les Ecrits de D. Senoque n'ont pas été imprimés, & que je suis bien aise de donner une idée de la maniere, dont on étudioit alors dans nos Académies.

Pendant les trois dernieres années de sa vie, D. Senoque travailla à une espéce de Théologie en François; cét ouvrage fut enlevé avec le reste des Papiers de D. Thierry de Viaixme, après la mort de D. Senoque. Il avoit aussi fait un assez long Supplement de la Philosophie de M. Descartes.

M m m ij

Chronologie sur différens points de l'Histoire Ecclésiastique.

Nous avons réfuté ci-devant, sous l'article de D. Matthieu Petit-didier, l'imputation qu'on avoit faite à D. Senoque, d'être Auteur du fameux Problème proposé en 1697. contre M. Loüis de Noailles, Archevéque de Paris, & Cardinal, comparé à lui-méme, lorsqu'il étoit Évêque de Chaalons sur Marne.

SERAUCOURT, Bailly de la Ville & Evêché de Toul, Seigneur d'Ourches, a écrit une Histoire de Lorraine, qui est demeurée manuscrite; elle est entre les mains de M. de Marasse, Curé de S. Germain sur Meuse.

SERON (Joseph) natif du Bourg de S. Andeol, Diocèse de Viviers, le 26. Mars 1668. Docteur en Théologie de la Maison & Société de Sorbonne, mort à Metz le 16. Juillet 1749. fut attiré en cette Ville par M. de Coislin Evêque de cette Eglise, où il fut d'abord Grand-Vicaire & Official, & ensuite Chanoine & Chancelier de la Cathédrale. Il a été Grand-Vicaire & Official jusqu'à la mort de ce Prélat, arrivée en 1733.

On croit que M. l'Abbé Seron est le principal Auteur du Mandement publié par M. de Coislin Evêque de Metz, sur l'acceptation & publication de la Constitution *Unigenitus*.

Dans ce Mandement, on expose les mauvais sens, que l'on peut donner aux propositions condamnées, & le bon sens, dans lequel on ne peut se persuader que le S. Pere ait eû dessein de le proscrire.

Ce Mandement fit grand bruit dans le tems de sa publication. Rome condamna de témérité un Prélat particulier, qui s'étoit donné la liberté d'expliquer une Constitution émanée du S. Siége (*b*). Il parut en ce tems-là un Mémoire intitulé, *Réfléxion sur le Mandement de Monseigneur de Metz*. M. l'Abbé Seron y répondit par un Mémorial composé au mois d'Août 1714. M. de Voisin, Chancelier de France, ayant écrit à M. l'Evêque de Metz, pour l'engager à recevoir purement & simplement ladite Constitution *Unigenitus*. M. l'Abbé Seron composa un second Mémoire, pour justifier la conduite de ce Prélat.

Le Roi Loüis XIV. ayant fait supprimer le Mandement de M. de Metz (*c*), M. Seron composa un troisiéme Mémoire, pour montrer que l'on avoit surpris la Religion du Roi.

Après la mort de ce Prince, le même M. Seron composa un quatriéme Mémoire adressé à M. le Régent, pour se plaindre de ce qu'à l'occasion de l'élection d'un Doyen à la Cathédrale de Metz, les Grands-Vicaires de cette Eglise, avoient été privés de voix active & passive.

Enfin, il composa un cinquiéme Mémoire contre la conduite, que les Officiers de la Datterie de Rome tenoient à l'égard de M. de Coislin Evêque de Metz, à qui ils refusoient d'adresser les Provisions de la Cour de Rome.

Outre ces cinq Mémoires, qui sont demeurés manuscrits, il a encore composé trois Dissertations sur les Conciles Nationnaux au mois de Juillet 1715. le tout au sujet de la Constitution *Unigenitus*.

2°. Deux Mémoires sur la même matiere, l'un composé au mois d'Août 1715. & l'autre écrit au premier jour de Février 1716.

3°. Un Traité de Théologie morale, intitulé, *Epitome Theologia moralis*.

4°. Recueil de pensées, ou Maximes diverses au nombre de 114.

5°. Resolutions de plusieurs difficultés sur l'usure, la fréquentation des cabarets, le jeûne & le retrait lignager.

6°. Une Dissertation Latine sur le sort ou le salut de Salomon.

7°. Un Traité François sur les Censures, tant en général qu'en particulier; le tout manuscrit dans la Bibliothéque de l'Abbaye de Sainte-Marie au Pont-à-Mousson.

8°. Une Harangue au nom des trois Etats de la Ville de Metz, composée & prononcée en 1726. pour remerciement à Monseigneur le Duc de Coislin, Evêque de Metz, pour sa générosité dans la construction d'un Corps de Cazerne faite à Metz par ledit Seigneur Evêque.

M. l'Abbé Seron avoit ramassé une bonne & nombreuse Bibliothéque, qu'il vendit avant sa mort, aux P. Prémontrés de l'Abbaye du Pont-à-Mousson.

De plus, un Cabinet de Médailles, qui ne sont pas encore venduës, & quantité de bonnes Peintures & d'Estampes curieuses.

SERRARIUS (Nicolas) naquit à Remberviller le 5. Décembre 1555. On lui donna au Baptême le nom de *Nicolas*, parce qu'il fut baptisé le jour de ce saint Patron de la Lorraine. Les malheurs de la Province obligerent ses parens à le transporter à Remiremont, où l'on regarda comme l'effet d'une providence particuliere sur sa personne, que le chariot qui le portoit, étant versé, sa petite sœur qui étoit avec lui fut tuée,

---

(*b*) Décret du Mercredy 22. Août 1714.

(*c*) Par Arrêt du Conseil du Roi du 5. Juillet 1714.

& lui heureusement conservé. Il n'avoit encore que trois ans. On le refugia donc à Remiremont, ou au S. Mont, & il reçut les premieres teintures des Lettres à Dommartin, Village près de Remiremont, dont la Cure est unie au Monastere du S. Mont, & ordinairement desservie par un Religieux de ce Prieuré.

De là il fut envoyé à Cologne, où il continua ses études, & après sa Philosophie, il entra dans la Société en 1572. fit son Noviciat dans la Maison de son Ordre, à Cologne ; il alla ensuite enseigner les Humanités à Virtzbourg, puis il s'attacha à l'étude de la Théologie, autant par inclination que par la nécessité de réfuter les Hérétiques, dont l'Allemagne étoit rempli, espérant d'arrêter au moins le progrès de l'erreur. Il disoit qu'on devoit non seulement prier, mais aussi étudier pour la conversion des hérétiques. Dieu a beni ses bonnes intentions & ses travaux, en sorte qu'il est considéré avec raison comme un des plus zélés Controversistes, & un des plus habiles hommes de son siécle ; il savoit non seulement les Langues Françoise, Latine & Allemande, mais aussi les Langues Grecque & Hébraïque.

Après avoir étudié la Théologie, il enseigna la Philosophie, & ensuite la Théologie Scholastique. Enfin, il passa le reste de sa vie à enseigner les saintes Lettres pendant vingt ans à Virtzbourg, & ensuite à Mayence.

Dans ses études il cherchoit uniquement la gloire de Dieu, & il la cherchoit avec tant d'ardeur, qu'il faisoit même éclater son zèle à l'extérieur ; & quand il récitoit le *Gloria Patri*, ou qu'il l'entendoit chanter, il étoit comme transporté hors de lui-même, & rempli d'une espéce d'entousiasme de dévotion.

Quoiqu'il fit son capital de la Théologie & des saintes Lettres, il ne négligeoit pas la lecture des Philosophes, des Poëtes, des Historiens profanes, disant que c'étoient les dépoüilles des Egyptiens, dont les vrais Hébreux devoient orner le Tabernacle du Seigneur ; mais il plaignoit beaucoup ceux qui passent leur vie dans ces études, uniquement pour s'en faire honneur, ou pour passer leur tems.

Sa réputation, sa modestie, sa sagesse, sa modération, aussi-bien que son éminente doctrine, ont été loüées non seulement des Catholiques, mais même par les hérétiques. Il étoit naturellement un peu prompt ; mais par une mortification sérieuse, & par une grande vigilance sur soi-même, il étoit parvenu à une douceur & une modération admirables ; la pudeur, la douceur, l'affabilité, l'humilité brilloient dans tout son extérieur ; ce qui le rendoit aimable & respectable à tous ceux qui avoient quelque relation avec lui. Il mourut au Collége de Mayence le 20. Mai 1610. âgé de 54. ans. Il est étonnant qu'en si peu d'années il ait pû faire tant de progrès dans les plus profondes sciences, & qu'il ait pû tant écrire.

Voici la liste de ses Ouvrages,

1. *De Apostolis Domini N. J. C. disputatio*; Herbipoli 1585. *in-12.*

2. *Contra novos novi Pelagiani & Chiliastæ Francisci Puccii Filidini errores, Libri duo*; *Herbipoli Georg. Fleischman* 1593. " In Romano „ indice ubi damnatur Franciscus hic *Filidi-* „ *nus* dicitur falsò usurpasse nomen Puccio- „ rum.

3. *Sancti Kiliani Franciæ Orientalis Apostoli gesta*; *Wirtzburgi vel Herbipoli* 1598. *in-12.*

4. *Commentaria in Tobiam, Ruth, Judith, Esther & Machabæos, spoliis Ægyptiorum instructa*; *Moguntiæ* 1599. *in-4*. " Spolia Ægyp- „ tiorum vocat prophanam litteraturam at- „ que eruditionem, quam aiebat sic esse con- „ ferendam ad explicandos sacros libros, uti „ spoliæ Ægyptiorum collata ad sacri orna- „ tum Tabernaculi fuere.

5. *In sacros divinorum Bibliorum Libros, Tobiam, Judith, Esther & Machabæos Commentarius*; " *Moguntiæ*, excudebat Balthasar „ Lippius 1600. in 4°. Idem multis in locis „ recognitus, ibidem 1610. in-fol. Parisiis „ 1611. in-fol.

6. *Tri-hæresium, seu de celeberrimis tribus apud Judæos Pharisæorum, Sadducæorum & Essenorum sectis, ad varios utriusque Testamenti, veterumque scriptorum locos intelligendum, & nupero Joan. Drusii libello respondendum*; *Moguntiæ Balthasar Lippius* 1604. *in-8°.*

" Josephus Scaliger scripsit alicubi, hoc „ opus fuisse conceptum post Francofurten- „ ses nundinas autumnales, ante vernales, „ natum, obstupescebat tantum opus, tot „ scriptorum testimoniis instructum, & tan- „ tâ librorum impensâ factum, tam exiguo „ tempore absolvi potuisse.

" Anno superiore prodierat, quem Ser- „ rarius refellit Joannis Drusii de Hassidæis, „ quorum fit mentio in libris Machabæo- „ rum, Libellus ; Francker 1603. in 8°.

7. *Lutero-Turcicæ Orationes scriptæ, dictæ à Nicolao Serrario S. J. Moguntiæ*, *Balthasar Lippius* 1604. *in-8°.*

8. *Moguntiacarum rerum ab initio usque ad Archiepiscopum Joannem Schwchardum libri quinque*; *Moguntiæ*, *Balthasar Lippius* 1604. *in-quarto.* " Item cum annotationibus & „ supplemento, inter Scriptores rerum Mo- „ guntiacarum aditos curâ & studio G. C.

„ Joannis Francofurti, Maximil. Sande 1721.
„ in fol. tomis tribus.

„ Serrarii scriptio exstat tomo 1. & ordi-
„ nem ducit eam historiam eruditi è Ger-
„ mania ornaté scriptam esse agnoscunt,
„ docté & magno cum studio. Acta Lipsi,
„ an. 1725. p. 435.

9. *Minerval divinis Hollandiæ, Frisiæque Grammaticis Josepho Scaligero & Johan. Drusio Tri-hæresi auctati, ergo...... depensum Moguntiæ, Balthasar Lippius 1605. in-8°.*

„ Excutiuntur ea quæ adversùs Tri-hære-
„ sium scripserant Josephus Scaliger in Elen-
„ cho Tri-hæresii, & Johan. Drusius in libris
„ quatuor de tribus sectis Judæorum, Franc-
„ keræ per Ægidium Badæum 1605.

„ Tri-hæresium ac Minerval exstant quo-
„ que in libro quem Jacobus Triglandius
„ edidit hac inscriptione trium scriptorum
„ celebrium de tribus Judæorum sectis syn-
„ tagma; Delphis Adriani Beman 1703. in
„ quarto, tomis duobus, in priore est Tri-
„ hæresium; & Minerval in posteriore.

10. *Sancti Bonifacii Martyris Archiepiscopi Moguntini Epistolæ è Bibliotheca Viennensi editæ, cum annotationibus; Moguntiæ, Balthasar Lippius 1605. in-4°. Iterum Moguntiæ, Mich. Demen. 1624. in-4°. insunt in Bibliotheca Patrum, tom. 13. pag. 70.*

„ Vita sancti Bonifacii à sancto Willibal-
„ do Episcopo Listatensi scripta, quam si-
„ mul cum illius epistolis edidit Serrarius,
„ extat tom. 1. Januarii Bollandiani, pag.
„ 460.

11. *Comitum Par; B. Godefridus Westphalus & sanctus Romaricus Austrasius, à manuscriptis editi; Moguntiæ, Balthasar Lippius 1605. in-12.*

„ De B. Godefrido agens Eminentiss. Cæsar
„ Baronius, tom. 12. ad annum 1126. num.
„ 18. res, inquit, ab eo præclarè gestas
„ temporis iniquitatâ oblivione sepultas, re-
„ vocavit in lucem lucis ipse jubar Germa-
„ niæ Ecclesiæ Nicolaus Serrarius, à quo op-
„ portunè accepimus & legimus. B. Gode-
„ firidi vita à Serrariana editione emissa, est
„ in tom. I. Januarii Bollandiani, pag. 848.

12. *Apologia pro discipulo & magistro, Luthero & diabolo, à Friderico Balduino Lutherano edita, alogia; Moguntiæ, Balthas. Lippius 1605. in-8°.*

13. *Quæstiones de Catholicorum cum hæreticis matrimonio; Moguntiæ, Balthasar Lippius 1606. Gualtari 1609. in-8°.*

14. *Lutherus theodotos Rostochiensi Rhetori remissus, cum discipulo suo Calvino; Moguntiæ, Balthas. Lippius 1607. in-8°.*

15. *Rabbini & Herodes, seu de tota Rabbinorum gente, partitione & creatione authoritate, pluribusque rebus aliis sacris & prophanis,*

maximè de Herodis tyranni natalibus, Judaismo, uxoribus, liberis & regno, libri tres adversùs josephi Scaligeri Eusebianas annotationes, & Joan. Drusii responsionem; Moguntiæ, Balthasar Lippius 1607. in-8°.

„ Responsionem ad Minerval Drusius pu-
„ blicaverat exeunte anno 1605. Serrariani
„ hi tres libri insunt in illa quæ num. 9. in-
„ dicata est Triglandianâ collectione.

16. *Sacri Peripatetici, sive de sacris Ecclesiæ Catholicæ Processionibus libri duo; Coloniæ Agripp. Typis Bernardi Gualteri 1607. in-8°.*

17. *Litaneutici, sive de Litaniis libri duo; Coloniæ, typis Bernardi Gualteri 1609. in-12.*

„ Ediderat de Litania libellum, cujus me-
„ minit lib. 1. de Processionibus, cap. 2.
„ neque aliam prioris illius editionis noti-
„ tiam habeo.

18. *Judices & Ruth explanati; Moguntiæ, Balthasar Lippius 1609. in-fol. Antuerp. typis Martini Nutii 1610. in-fol.*

19. *Josuë libris quinque explanatus; Moguntiæ, typis Joannis Albini 1609. in-fol. tomis duobus; Coloniæ, typis Antonii Hierati 1610. in-fol. tomis duobus; Parisiis 1610. in-fol.*

20. *Opuscula theologica; Moguntiæ, typis Joannis Albini 1611. in-fol. tomis tribus plerumque uno volumine comprehensis;* " In tomo
„ quolibet aliqua sunt aut recensita, aliqua
„ nundum in lucem venerant: tomo 1. con-
„ tinentur Historiæ Josuani Sacerdotis, 2°.
„ De pœnitentia Salomonis, 3°. Naaman
„ Syrus jam sanus; 4°. Tri-hæresium 5°. Mi-
„ nerval, 6°. Rabbini, 7°. Herodes, 8°. De
„ Apostolis, 9°. de sancto Paulo, & Juda
„ proditore, 10°. Sanctus Kilianus, 11°. Par
„ SS. Comitum.

„ Tomo 3. Polemica, 1°. Contra Filidi-
„ num, 2°. Litaneutici, 3°. Sacri Peripa-
„ tetici, 4°. Orationes Lutero-Turcicæ, 5°.
„ De Lutheri magistro, 6°. Apologiæ pro
„ Lutheri magistro alogia, 7°. Lutherus
„ Theosdotos, 8°. De magistro Calvini,
„ 9°. Logi apologetici pro Luthero.

21. *Prolegomena Bibliæ; Moguntiæ, Balthas. Lippius 1612. in-fol. Lugduni 1704. in-folio.*

„ Hoc opus laudant plurimùm, qui sunt
„ maximè critici, atque in Serrario ad intel-
„ ligendas explicandasque sacras Litteras
„ multa fuisse agnoscunt, cum naturæ præ-
„ sidia, tum artis atque studii, tantummo-
„ dò ægrè hoc ferunt, non abstinuisse illum
„ quibusdam agitandis quæstionibus ac liti-
„ giis Theologicis, quæ ad rem faciunt nihil
„ aut certè parùm, & in alia trahunt legen-
„ tium animos: at hos ille excursus, aut si
„ volumus aberrationes, iis arbitrabatur
„ ferè utiles, pro quibus studendum esse aie-
„ bat.

22. *Commentaria in omnes Epistolas Canonicas SS. Apostolorum; Moguntiæ & Lugduni, in eodem volumine ac prolegomena.*

23. *Commentaria posthuma in libros Regum & Paralipomen. Moguntiæ, Balthasar Lippius 1617. in-fol.*

24. *Quæstiones de S. Nicolao- Titulum sic nudè proponant Alegambæus atque Sotvelus; neque est quod addam.*

25. *Noctiluſum Lutheri;* " Hoc illi monent linguâ eſſe ſcriptum germanicâ, re-
" cenſent præterea ſcriptionem *de Paradiſo* &
" *Epiſtolas didacticas* de variis argumentis ;
" ac neque has neque illam publico eſſe datas; latent adhuc, ſi uſquam extent.

SERRES (Charles-François de) Chevalier, Seigneur de Ventron & Remocourt, Conſeiller d'Etat du Duc Leopold I. & Maître des Requêtes ordinaire de ſon Hôtel, naquit à Nancy vers l'an 1672. Etant Conſeiller à la Cour Souveraine de Lorraine & de Bar, il travailla à faire un Recuëil des Arrêts notables qui s'y étoient rendus de ſon tems, avec les motifs des Jugemens; mais le Duc Leopold l'ayant fait Maître des Requêtes, ſes occupations furent cauſe qu'il ne put achever cet Ouvrage. Il mourut à Nancy vers l'année 1711. âgé d'environ 38. ans ; il fut enterré aux Minimes dans la Chapelle des Rennels.

M. François Ferrier, Conſeiller à la Cour, a continué cet Ouvrage juſqu'à ſa mort, arrivée en 1728. Ce Recuëil qui eſt très conſidérable par ſon travail, a paſſé à M. Ferrier ſon fils, Conſeiller d'Etat, qui en a donné une copie à M. Charles-François de Serres, Avocat à la Cour.

SIERCK (Jean de) Evêque de Toul, depuis 1296. juſqu'en 1305. a compoſé un Commentaire ſur le ſixième Livre des Décretales, qu'il préſenta au Pape Jean XXII. en 1300. Meuriſſe, pag. 493. Benoît, Hiſtoire de Toul, pag. 465.

SIERCK (Jacques de) Archevêque de Tréves, a compoſé des Conſtitutions pour les Chanoines de S. Caſtor de Coblentz , & des Statuts pour ceux de S. Simeon de Tréves. Voyez l'Hiſtoire de Lorraine, tom. 2. pag. 916. premiere édition. Il voulut établir une Académie à Tréves ; mais les troubles dont ſon gouvernement fut traverſé, en empêcherent l'entiere exécution. Ce fut Jean de Bade, Archevêque de Tréves, qui eut l'honneur d'exécuter ce loüable deſſein en 1473.

SIGEBALDUS, ou *Sigebaut* (Saint) Evêque de Metz, étoit, dit-on, intime ami de S. Boniface, Archevêque de Mayence. Les Centuriateurs de Magdebourg, diſent qu'il lui écrivit une Epître d'un ſtile rude & mal poli ; mais rempli de ſentimens, d'eſtime & d'amitié, dans laquelle Sigebaut lui dit qu'il a fait mettre ſon nom dans les Dyptiques ou Catalogue qu'on récite à la Meſſe dans ſon Egliſe, ils ajoûtent qu'il étoit cher à Pepin d'Heriſtal, qui l'employoit dans des affaires importantes. Voyez notre Hiſtoire de Lorraine, tom. 1. pag. 473. 474. Ce Prélat a gouverné l'Egliſe de Metz depuis l'an 707. juſqu'en 741. on lui attribuë la fondation des Abbayes de Crottal, Neuvillier & S. Avold.

SIGEBERT, Moine de l'Abbaye de Gemblours en Brabant, ſituée ſur la riviere d'Orne, à trois lieuës de Namur, n'appartient à notre ſujet, que parce qu'il a gouverné aſſez long-tems les écoles de l'Abbaye de S. Vincent de la Ville de Metz, où il fut appellé n'étant encore que Diacre vers l'an 980. Il y enſeigna avec beaucoup de réputation, & y compoſa divers ouvrages ; entr'autre la vie de Tierry, Evêque de Metz, (*d*) ſon Bienfaiteur & Fondateur de l'Abbaye de S. Vincent de la même Ville. Dans cette vie il a inſéré l'éloge de la Ville de Metz en Vers, il y remarque qu'une partie de l'Aqueduc, ou des Arcs de Jouy aux Arches, étoient déja renverſés de ſon tems. Il dit auſſi parlant de ſes ouvrages, qu'il a écrit la paſſion de Ste. Lucie en Vers Alchaïques ; qu'il a compoſé un Sermon ſur la tranſlation de la même Ste. de Sicile dans la Ville de Confinium, (aujourd'hui Pentino, Village de l'Abbruze Citerieure,) & de-là à Metz, de plus qu'il a écrit la vie du Roi S. Sigebert, Fondateur de l'Abbaye de S. Martin, près la Ville de Metz ; c'eſt ce que j'ai compoſé, dit-il, étant à Metz.

De retour à Gemblours, j'ai écrit en Vers Heroïques la paſſion des Martyrs de la Légion Thébène, nos Patrons, la vie de S. Guibert, Fondateur de notre Monaſtere de Gemblours ; de plus la ſuite des Abbés de cette Abbaye, la vie des Sts. Maclou & Théodore, & j'ai mis en meilleur ſtile la vie de S. Lambert. On dit que Sigebert a auſſi compoſé quelques Poëſies, & qu'il eſt Auteur d'une Lettre qui avoit pour titre : *Apologia ad Henricum IV. Imperatorem, contra eos qui calumniantur miſſas conjugatorum presbiterorum*, mais on n'a que le titre de cette Lettre ; on dit de plus, que Sigebert l'écrivit, ayant pris le parti de l'Empereur Henry IV. contre le Pape Grégoire VII.

Mais l'ouvrage le plus important de Si-

(*d*) Voyez cette vie dans le 1. tom. ſcripto. rerum Brunſvic. pag. 293. & ſeq.

gebert, est la Chronique qu'il a commencé en l'an de J. C. 381. & qu'il a continuée jusqu'à l'an 1112. (*e*) Anselme, Abbé de Gemblours la poussa jusqu'à l'an 1136. & un autre Auteur la conduite jusqu'en 1223.

Sigebert a aussi composé un livre des Ecrivains Ecclésiastiques, imprimés avec six autres Ecrivains de même nature, par Aubert le Myre en 1639. à Anvers in-fol. réimprimés avec d'autres, sous le titre *de Bibliothecâ Ecclesiasticâ* par Jean Albert Fabric in-fol. Hambourg 1718. Voyez Casimir Oudin, tome 2. pag. 342. Voyez aussi ce que j'ai dit ci-devant sur les Anonymes, à l'occasion de la vie de Thiery I. du nom Evêque de Metz.

On m'écrit de S. Vincent de Metz (*f*) qu'il y a dans la Bibliothéque de cette Abbaye une Chronique manuscrite, qui passe pour être de Sigebert, elle commence en la premiere année de l'Incarnation, & va jusqu'à l'an 1284. & que dans cette Chronique il y a très peu d'événemens marqués, & seulement à la marge, où elle désigne le commencement d'un Roi, d'un Pape, d'un Evêque de Metz, ou d'un Abbé de S. Vincent, au lieu que dans l'imprimé de Sigebert, il y a des événemens marqués presque sous chaque année.

Cette Chronique manuscrite différe aussi du *Chronicam sancti Vincentii*, imprimée dans la Bibliothéque du P. Labbe, tom. 1. pag. 344. on conserve dans la même Abbaye le Sermon de Sigebert sur Ste. Lucie, & une espéce de Dissertation sur une Prophétie de Ste. Lucie. On y voit de plus les vies manuscrites des SS. Minias, Prote, Hyacinthe, &c. dont ont parlé les Bollandistes; mais on n'a pas la vie de S. Fortunat, Evêque de Todi, dont les Leçons sont tirées des morales de S. Gregoire.

Voici un morceau qu'on lit à la fin du manuscrit, qui contient les actes du Martyr S. Felicien, auquel il a fallu faire quelques corrections pour le rendre intelligible. *Quem (Feliciarum) vobis cum integritate sui Sacratissimi Corporis ab ipso monumento cum Canonicorum & Monachorum Ecclesiæ suæ quotquot tunc aderant, consensu transmisimus, non sine ingenti Civium, ac etiam sedis ipsius Episcopi fletu, Theodoricus Episcopus meruit accipere, & in Monasterio Beati Vincentii, quod ipse à fundamentis sub norma Sancti Patris Benedicti, in portum salutis æternæ Monachis eò confluentibus Deodoricus Sanctæ Metensis Ecclesiæ, & non in Curiâ veneranda humilis Minister, foras murum ipsius augustissimæ Civitatis in Insulâ Mosellæ fluminis piè & religiosè construxit, qua Apostolicâ qua utrorumque Imperatorum, (g) & totius sanctissimi Senatûs unanimi applausu, vobis sibi dilectissimis filiis in Christo Patronum cum Eutyce asclepio toto utrisque Martiribus & Episcopis, quorum alterius in sanctarum paginis Scripturarum à majoribus vitâ & passionis commemoratur titulus, alterius 15. Kalendarum celebratur, cum catena Beati Petri Apostolorum Principis, quam à Domino Joanne Apostolicâ Sedis sacro sancto Pontifice cum privilegio, cæteroque ipsius monasterii dignè colendo honore, & Elpidio Marciano vitâ & virtute memorando Episcopo, devotè ab ipsis trans alpinis regnis delegavit;* c'est apparemment ceci, que Sigebert dit avoir été composé par l'Evêque Thierry, mais il ne l'a pas composé entier; il en fait la plus grande partie, il s'y nomme, *humilis sanctæ Metensis Ecclesiæ Minister*, ce qui ne convient pas à un autre écrivain. Ce même morceau est imprimé dans les Bollandistes. *Januarii die* 24. pag. 589. avec quelques légéres différences.

SIGEHARD, Moine de S. Maximin de Tréves, (voyez le P. River, Histoire Littéraire de France, tom. 6. pag. 300.) Sigehard a écrit en 962. une rélation des Miracles de S. Maximin, Archevêque de Tréves; il a commencé où avoit fini l'Evêque Loup, on connoît assez peu cet Evêque *Loup*; mais il paroît qu'il étoit fort différent de Loup de Ferrieres, qui a fait une rélation de la premiere translation du Corps de S. Maximin par S. Hydulphe en l'an 670. la rélation de Sigehard est imprimée au 9. Mai des Bollandistes, pag. 25. 33. 35. Il entreprit cet Ouvrage à la sollicitation de Wicker ou Vigger, Abbé de S. Maximin, son Superieur; il commence sa rélation par les miracles opérés par S. Maximin au 9 siécle, & la continuë jusqu'après l'an 962.

Au reste Sigehard étoit d'Aquitaine, l'on ne sait à quelle occasion il avoit embrassé la vie religieuse à S. Maximin, ni en quel tems, ni l'année de sa mort. Il entre dans un assez grand détail de ce qui regarde l'Abbaye de S. Maximin; il raconte que les Abbés Seculiers & Commendataires de cette Abbaye: sçavoir, Megingaude, Gerard & Matfride, Gislibert, Conrade, Ebbard, &c. opprimerent ce Monastere & ses dépendances, que quelques sujets de S. Maximin, accablés par la violence de ces Seigneurs, vinrent un jour dans l'Eglise du Saint; & après avoir humblement fait leurs

---

(*e*) Il est presque impossible que Sigebert ait vécu jusqu'à ce tems-là, supposé qu'il soit venu à Metz en 980. il faut donc dire qu'elle a été continuée jusqu'en 1112. par quelque Auteur inconnu.

(*f*) Lettre du R. P. D. Leon Malot du 20. Mars 1744.
(*g*) Les deux Empereurs Othon, Pere & fils.

offrandes

offrandes aux pieds de l'Autel, commencerent à frapper l'autel du Saint avec des verges qu'ils avoient apportés avec eux, puis se jettant sur le pavé, ils crioient à haute & lamentable voix, vers le Saint, le priant de s'éveiller & de venir promptement à leurs secours; Dieu écouta leurs prieres, & permit qu'au même moment celui qui les persecutoit, mourut & répandit ses entrailles, en satisfaisant aux besoins de la nature.

SIGELAUS, Abbé de S. Martin, près la Ville de Metz, vivoit en 841. l'Empereur Lothaire le pria de faire écrire le plus promptement qu'il seroit possible, le Texte des Evangiles, & d'orner ce Livre de tout ce qu'il y auroit de plus précieux en or & en mignature. L'Ouvrage étant achevé, fut présenté au même Monastere de S. Martin, par le même Empereur Lothaire, qui voulut être inscrit entre les Religieux du même lieu, suivant un usage assez commun en ce tems-là.

Mais quelques années après, le Moine, ou l'Abbé Vivianus avec ses Confrères, firent présent de toute la Bible à l'Empereur Charles le Chauve. Dans les Vers de l'Abbé Sigelaus, où il marque que tout l'ouvrage est copié par ses Religieux, il ne parle que du Livre des Evangiles.

Sed Sigilaus parens jussis Regis studiosè,
Hoc Evangelium illic totum scribere jussit.

Aulieu que le volume présenté par Vivianus à Charles le Chauve, contient tout l'ancien & le nouveau Testament. Ce volume fut donné à la Cathédrale de Metz, par le même Empereur Charles le Chauve, qui lui en fit présent avec son Livre de prieres, orné de tout ce qu'on avoit alors de plus précieux en lettres d'or, en mignatures, en or, en yvoire, en pierres précieuses. Cette Bible fut long-tems après envoyée par présent en 1675. par le Chapitre de la Cathédrale de Metz, à M. Jean-Baptiste Colbert, dans la Bibliotheque duquel elle est précieusement conservée.

C'est de-là que M. Baluze a tiré le Frontispice de cette Bible, qu'il a fait graver au tome 2. de ses Capitulaires, pag. 1276. Il y a lieu de croire que Vivianus qui le présenta à l'Empereur, étoit alors Abbé de S. Martin, & que c'est lui qui est représenté debout, haranguant le Prince, au milieu de ses Religieux au nombre de douze. Ils sont tous représentés en diverses couleurs, vétus en Chasubles rondes & retroussées sur les bras, ayant par-dessous des Etoles pendantes jusqu'aux pieds, & des Manipules à la main, quelques-uns les ont sur le poignet les autres les portent entre les quatre doigts & le pouce; ils ont la couronne au-dessus de la tête, comme les Capucins, & quelques-uns portent la barbe assez courte, les autres paroissent entierement rasés.

SIGORGNE (Pierre) né à Rambercourt aux Pots, le 25. Octobre 1719. Professeur de Philosophie en l'Université de Paris, a composé 1°. Examen & Réfutation des Leçons de Phisique données au College Royal.

2°. Réplique à M. de Molieres, ou Démonstration, Phisico-Mathematique de l'insuffisance & de l'impossibilité des tourbillons, en 1741. On trouve aussi dans les différens Journaux quelques Lettres du même sur le même sujet, & sur quelqu'autres points de Phisique.

3°. *Institutions Newtoniennes, ou Introduction à la Philosophie de Newton*, à Paris 1747. 2. volumes in-8°.

M. l'Abbé Sigorgne, Licentié de Sorbonne, & ancien Professeur de Philosophie au Collége du Plessis, a remporté le prix en 1748. à l'Académie des Sciences de Rouen, sur cette proposition, *Qu'elle est la cause de l'ascension & de la suspension des liqueurs dans les tuyaux capillaires, & l'application de cette cause aux phénomenes de la nature qui en dépendent.*

Il a aussi fait imprimer un ouvrage sous le titre de *Brevarium Astronomiæ Phisicæ*.

Il travaille actuellement à un autre ouvrage qui aura pour titre: *Le langage de l'homme*.

SILLY (Jacques de) Damoiseau de Commercy, (*b*) Chevalier, Gentilhomme ordinaire de la Chambre du Roi, Seigneur des Baronies de Rochefort, Aulnean, & Montmirail, a prononcé la Harangue, au nom de toute la Noblesse de France, au Roi Charles IX. tenant ses grands Etats généraux en sa ville d'Orleans, en l'an 1561. imprimée à Paris, & à Lyon audit an.

SILVESTRE (Israel) Graveur, né à Nancy le 15. Août 1621. étoit fils de Giles Silvestre, originaire d'Ecosse, & d'Elizabeth Henriet, fille de Claude Henriet, dont j'ai parlé à l'article d'*Israel Henriet*.

Israel Silvestre étant allé à Paris, son oncle maternel, Israel Henriet, le fit d'abord, à son imitation, dessiner à la plume sur le gout de Callot, maniere qui n'étoit connue à Paris que depuis peu; mais Silvestre surpassa de beaucoup son oncle, & se rendit original dans un genre qui a été fort estimé; il s'attacha uniquement à copier la nature,

(*b*) Vid. du Verdier, Bibliot. p. 619.

& à deſſiner toutes les veuës de Paris, & de ſes environs.

Il fit depuis deux voyages à Rome, & en rapporta ce grand nombre de belles veuës d'Italie que l'on a de lui, & dont tous les curieux de l'Europe ont orné leurs Cabinets; à ſon paſſage à Lyon, il s'y arrêta, grava pluſieurs veuës de cette ville en grand & en petit.

Le Roi Très Chrétien connoiſſant la capacité de Silveſtre, le gratifia d'une penſion & d'un logement au Louvre, & l'employa pour deſſiner & graver toutes les Maiſons Royales, les Places conquiſes par Sa Majeſté, & autres Ouvrages qui ſont aujourd'hui dans ſa Bibliotheque; Silveſtre fut maitre à deſſiner à Monſeigneur le Dauphin; il mourut le 11. Octobre 1691. âgé de 70. ans. Voyez Felibien & Morery.

M. Lebrun a peint Iſraël Silveſtre, ce portrait a été gravé par Edelinck.

Iſrael Silveſtre avoit épouſé Henriette Solincourt, qui décéda le premier Septembre 1680. âgée de 36. ans, il lui fit ériger un Mauſolée dans l'Egliſe de S. Germain de l'Auxerrois; c'eſt un chaſſis de Marbre ſur lequel M. Lebrun a peint une femme mourante, dont l'Epitaphe eſt au bas; on y donne de ſi grands éloges à celle pour qui elle a été faite, qu'on la prendroit pour le portrait de la femme qui ne ſe trouve point.

Iſrael Silveſtre eut un fils qui ſe diſtingua auſſi dans le Deſſein, & qui montra à deſſiner à Meſſeigneurs les Ducs de Bourgogne, d'Anjou, & de Berry, fils de Monſeigneur le Dauphin. Il ſe nommoit François Silveſtre, & avoit un très beau Cabinet à Paris, dont le plafond avoit été peint par Boullogne; François Silveſtre a eu un fils qui a montré à deſſiner à Loüis XV. Roi de France. Voyez la deſcription de Paris, tome 2. 1742. Voici le Catalogue des Ouvrages d'Iſrael Silveſtre.

Grands Payſages.

2. Veuës de Madrid & de Seville en Eſpagne.

1. de Rome en long, repréſentée ſur quatre grandes feüilles.

1. *Del Campo Vachino* de Rome.
1. de S. Pierre de Rome.
1. de la ville de Toul.
1. Veuë de Nancy.
1. du Val de Grace à Paris.
1. du Pont-neuf.
5. du Palais d'Orleans dit le Luxembourg.
3. de Montmorency.
6. du Chateau de Meudon.
1. de Mont-Loüis.
3. de Conflans, de Gaillon, de Seaux.
3. de S. Cloud.
1. de la Foire S. Ouain.
1. de la Cour de Fontainebleau.
14. différentes veuës & Payſages.
8. ſujets differens de fantaiſie.
44. différens Payſages.
5. des Villes de Meaux, Melun, Pontoiſe, Rouen, & Dieppe.
11. Veuës & Places de Vaux-le-Viconte.

Petites Veuës & Payſages.

122. Veuës de Paris.
6. du Chateau de Verſailles.
20. du Chateau de Fontainebleau.
2. de celui de Madrid.
4. de Meudon.
14. de S. Germain.
2. de Vincennes.
64. des environs de Paris.
20. du Chateau de Ruël.
12. de Coffri.
2. de Charenton.
2. Villes de Melun.
8. du Chateau de Taulai.
1. Ville d'Orleans.
31. veuës de Bourgogne.
14. veuës de Champagne.
6. veuës de Rouen.
22. différentes veuës des endroits remarquables de la Normandie, Picardie, Brie, Nivernois, Gaſtinois, &c.
6. veuës du Chateau de Richelieu, & de Bury.
34. de Lyon, & de ſes environs.
14. veuës d'Avignon, Grenoble, Orange & Londres.
3. de Conſtantinople & du Nil.
101. de Rome & de ſes environs.
26. différentes veuës de Tyvoly, Naples, Florence, Piſe, Milan, Lorette, &c.
10. veuës de Nancy ſavoir; 1°. la ville de Nancy; 2°. la Porte Notre-Dame en dehors; 3°. & 4°. la Porte S. George; 5°. & 6°. la Porte S. Nicolas; 7°. la Porte S. Louis (1); 8°. la Porte S. Jean; 9°. l'Etang S. Jean, où Charles le Hardy Duc de Bourgogne fut tué; 10°. l'Egliſe de Bonſecours.
10. Différentes veuës repréſentant les environs de Nancy; ſçavoir: 1°. le Village de Tomblaine, 2°. le Montet, 3°. & 4°. le Bourg de S. Nicolas, 5°. & 6°. le Village & Chateau de Fléville, 7°. le Bourg de Rozieres aux Salines, 8°. le Village de Blainville, & deux autres.
48. Payſages d'après Callot, dans leſquels on voit deux veuës du Chateau de la

---

(1) La Porte S. Louis étoit près la Salle de l'Opéra à Nancy, elle fut bâtie en 1637. par Louis XIII. & démolie en 1661.

vieille Malgrange, près Nancy, de Tomblaine, du Village de S. Maxe, l'Eglise des Capucins de S. Nicolas, &c.

SIMON (Michel) dit Khalen, naquit à Boufferdanges, à une demie lieuë de la ville de Luxembourg, dans le fond de Merschkirch, il a été d'abord Jesuite; ensuite ayant jugé à propos de sortir de la Société; il a composé divers Ouvrages, comme

1°. Un Dictionnaire de l'ancienne Geographie, comparée à la moderne, en 8. Tomes, grand in-fol. Manuscrit.

2°. Un Catalogue des Empereurs Romains jusqu'aux Paleologues, avec les dattes des principales actions de leur Empire, & à la tête de chacun une espéce d'abregé chronologique de sa vie, & une liste des Consuls de son tems, en 24. Vol. in-fol.

3°. Un Catalogue historique & geographique d'un grand Atlas universel, où les mœurs de chaques peuples se trouvent dépeintes, &c. en plus de 60. Volumes.

Comme il a une très vaste connoissance des Livres, & qu'il a un talent particulier pour l'arrangement d'une Bibliothéque, il a été employé en plus d'un endroit pour en dresser les Plans & les Catalogues.

Il est actuellement auprès de Son Altesse Electorale Palatine, qui lui a confié le gouvernement de ses Pages en 1743. auparavant il avoit été Gouverneur des deux Comtes fils aînés du Comte de Harrack, Gouverneur des Pays-bas Catholiques, à Bruxelles.

Il a aussi composé une Critique de l'Histoire de Luxembourg du P. Bertholet Jesuite, il y reléve grand nombre de fautes où cet Historien est tombé. Il dit que le P. Bertholet a beaucoup profité du Manuscrit de M. Pierret, qui lui a été prêté par M. le Baron de Marchant d'Ansebourg. J'ai en main cette Critique du P. Bertholet par M. Simon.

SIMONET (Edme ou Edmond) né à Langres le 22. Juillet 1662. se fit Jesuite le 10. Novembre 1681. & prononça ses quatre vœux le 2. Février 1697. a professé la Philosophie à Reims, & depuis au Pont-à-Mousson, où il fut ensuite chargé d'enseigner la Theologie Scholastique. Il fut Docteur en Theologie & Chancelier de l'Université de cette Ville, où il mourut le 18. Avril 1733. Il a fait imprimer en 1728. & 1729. à Nancy, chez Cusson, un Cours de Theologie en onze Volumes in-12. intitulé: *Institutiones Theologicæ ad usum Seminariorum*, dédié à M. de Mailly Archevêque de Reims, réimprimé à Venise en 1731. en 3. Volumes in-folio.

On m'écrit que M. l'Evêque de Toul trouva fort mauvais que ce livre ait été imprimé sans sa permission. On l'avoit fort sollicité de le faire enseigner dans son Seminaire de Toul, à l'exclusion de la Théologie de M. Habert, qui y étoit en usage; mais M. le Pays, Superieur dudit Seminaire s'y opposa fortement; & M. de Coislin, Evêque de Metz, ayant fait examiner cette Théologie, & y ayant trouvé cette proposition, *Que le Pape peut approuver des Confesseurs dans les Diocèses, malgre l'Evêque Diocésain*, fit supprimer cette proposition; & on la retrancha de tous les Exemplaires imprimés.

SINSART (D. Benoît) naquit à Sedan en 1696. & fit profession dans la Congrégation de S. Vanne, en l'Abbaye de Senones, le 7. Septembre 1716. Il avoit suivi la profession des armes pendant quelques années, avant que de se consacrer à Dieu. Il a composé un Traité intitulé: *Les véritables sentimens de S. Augustin sur la grace, & son accord avec la liberté*; à Roüen 1739. in-8°. Il y montre que Jansenius d'Ypres a enseigné l'extinction du libre arbitre, par rapport aux actions méritoires, & aux mouvemens de la grace efficace. D. Sinsart a été fait Coadjuteur de l'Abbaye de Munster en Alsace, en l'an 1743. Il a enseigné la Philosophie & la Théologie; il sait les Mathématiques & la Musique, & a beaucoup de goût pour la belle Littérature, la Peinture, l'Architecture, le Dessein, &c. Il est aujourd'hui Abbé de Munster, depuis l'an 1745.

Il vient de faire imprimer, *la vérité de la Religion Catholique démontrée contre les Protestans, & mise à la portée de tout le monde, avec une réfutation de la réponse de M. Pfaff à la seconde Lettre du R. P. Scheffmacher, à un Gentilhomme Protestant, & des remarques sur un Sermon de M. Ibbot, Docteur Anglois*; imprimé à Strasbourg, chez J. F. le Roux 1746. en un Volume in-12. Le R. P. Célestin Harst, Benédictin d'Aprimoutier, lui a dédié son Recueïl de differentes Piéces de Clavecin, imprimées à Scheleftadt en 1745. D. Sinsart a travaillé à un nouveau Rituel à l'usage du Diocèse de Bâle, par ordre de Monseigneur le Prince Evêque de Bâle. Il vient de faire imprimer à Strasbourg une réfutation d'un Ouvrage nouveau, qui prétend prouver que les peines des damnés ne sont pas éternelles, in-8°. 1748. Voici le titre de cet Ouvrage, *Défense du Dogme Catholique sur l'éternité des peines, par D. Benoît Sinsart, où l'on réfute les erreurs de quelques modernes, & principalement celle d'un Auteur Anglois*, dédié à M. le Cardinal de Rohan; à Strasbourg, chez François le Roux, in-8°. 1748.

On le croit Auteur d'un Ouvrage sur la

présence réelle de Jesus-Christ dans l'Eucharistie, imprimé en 1748. in-8°. sous ce titre : *Essai sur l'accord de la Foi, & de la raison touchant l'Eucharistie* ; à Cologne 1748. in-8°. de 132. pages.

SLEIDAN, ou *Sleiden* (Jean) ainsi nommé du lieu de sa naissance, qui est le Village de Sleiden, dépendant du Comté de Chiny. Jean Sleidan naquit en 1506. de parens très obscurs ; d'autres disent que son pere se nommoit Philippe, sa mere Vanhester, son ayeul Sigebert ; que ses freres eurent plusieurs emplois considérables ; qu'il s'appelloit au commencement *Philippeson*, c'est-à-dire en Allemand, fils de Philippe ; qu'enfin il y prit le nom de Sleiden, son Village.

Il apprit les Langues Grecque & Latine dans sa patrie ; ensuite il alla à Liége continuer ses études ; il étoit alors âgé de 15. ans. Quatre ans après, il fut envoyé à Cologne, où il se perfectionna dans les Langues Grecque & Latine sous Jacques Sabius, Jean Sæforius, Jean Phryssenus, & Barthelemi Latomus. Le Comte de Mansfeld, Seigneur de Sleiden, lui ayant confié l'éducation de son fils, il demeura quelque tems auprès de lui, puis il alla à Paris en 1527. où il continua ses études. De Paris il passa à Orléans, où il étudia en Droit pendant trois ans, & y prit le dégré de Licencié. Sturmius l'ayant recommandé au Cardinal du Bellay, il fut fait Professeur dans la Ville de Strasbourg, & s'acquitta de cet emploi avec beaucoup d'honneur. Jacques Sturmius, qui le protégeoit, l'engagea à écrire l'Histoire de son tems. En 1546. il se maria à Sole, fille d'un Gentilhomme nommé Jean de Braux de Niedbruck, laquelle le rendit pere de trois filles.

Les Princes qui s'étoient ligués à Smalcalde, lui donnerent le titre de leur Historiographe, avec de gros appointemens. Un an après la mort de sa femme, il tomba dans une si dangereuse maladie, qu'il oublia jusqu'au nom de ses trois filles. Avant qu'on imprimât son Histoire, elle fut luë dans le Senat de Strasbourg, où elle fut trouvée véritable, & on lui permit de la mettre au jour. Comme il étoit aux gages des Protestans, il les favorise presque par-tout, & est fort réservé sur ce qui peut être avantageux à l'Empereur Charles V. Les jugemens sont assez partagés sur le mérite de cette Histoire ; on peut voir sur cela Moreri, & les Auteurs qu'il cite. Sleidan mourut le 31. d'Octobre 1556.

SMARAGDE, Abbé de Saint-Mihiel sur Meuse, au Diocése de Verdun, étoit déja Abbé en 805. lorsqu'il fut député avec Frotaire, Evêque de Toul, par Charlemagne, pour terminer quelques différens survenus entre les Religieux de Moyenmoutier, & Ismundus leur Abbé, & encore avec Fortunat leur Abbé Commendataire ; mais on ignore le tems & le lieu de sa naissance, & en quel tems il devint Abbé de l'Abbye de S. Mihiel ; on sait seulement qu'il fut connu & estimé des Empereurs, & employé par eux dans des affaires de conséquence.

Sur la fin de l'an 809. l'addition du *Filioque*, faite au Symbole de Nicée, ayant fait naître une grande dispute entre les Latins qui la soutenoient, & les Grecs qui la condamnoient, Charlemagne chargea l'Abbé Smaragde d'écrire au Pape Leon III. une Lettre pour la défense de cette addition, & d'accompagner en Cour de Rome ses Députés, qui etoient Bernaire Evêque de Worms, Jesse d'Amiens, & Adalard Abbé de Corbie. Smaragde fut chargé d'écrire la conférence, que les Deputés eurent en présence du Pape, lorsqu'ils exposerent les raisons qu'avoit l'Eglise Gallicane, de soutenir l'addition de *Filioque*.

Il ne fut pas en moindre considération sous l'Empereur Loüis le Débonnaire, fils de Charlemagne, comme il paroît par divers Priviléges, qu'il en obtint pour son Monastere.

Il assista en 817. avec plusieurs autres Abbés, au Concile d'Aix-la Chapelle, où l'on dressa les fameux Statuts pour l'observance de la Régle de S. Benoît, & la réforme de l'Ordre monastique. En 819. il transfera son Monastere du lieu de Chatillon, où il avoit d'abord été bâti, en un endroit plus commode, où il est aujourd'hui sur les bords de la Meuse, distant d'une grande lieuë de sa premiere situation ; mais on continua à enterrer les morts dans l'ancien Monastere, & lui-même y fut inhumé après son décès, comme il paroît par son Epitaphe que voici,

 ,, Cùm pius Imperii Ludovicus jura teneret ,
 ,, Smaragdus viguit istius Abba loci.
 ,, Qui locus humanis quod erat minùs usibus aptus,
 ,, Haud procul hinc sedem transtulit ille suam.
 ,, Cùm tamen ad regnum meruit cœleste venire,
 ,, Reddidit antiquo membra ferenda loco.
 ,, Scorpio jam Phæbum duodenâ parte premebat,
 ,, Sydera Theologo cum patuere viro.

Le goût des études s'étant renouvellé en France sous le régne de Charlemagne, l'Abbaye de S. Mihiel devint une Ecole fameuse,

& Smaragde n'y contribua pas peu par ses travaux. Son premier Ouvrage est, à ce qu'on croit, celui qui a pour titre, *Via Regia*, la Voye Royale, que l'Auteur adresse au Roi de France, qui est apparemment Charlemagne, lorsqu'il n'étoit encore que Roi de France. C'est une excellente instruction pour un Prince.

2°. Il a composé *le Diadême des Moines*, divisé en cinq Chapitres, dont il ordonne qu'on lise tous les soirs, avant Complies, dans son Monastere, quelques endroits, comme on y lit, tous les matins au Chapitre quelque partie de la Régle de S. Benoît.

3°. Nous avons déja parlé de la Lettre au Pape Leon III. & de la relation que fit Smaragde de la Conférence tenuë en présence du même Pape sur le *Filioque*.

4°. Il composa une explication des Epîtres & des Evangiles, qui se lisent à la Messe. Cet Ouvrage porte quelquefois le nom de *Collection*, & plus souvent celui de *Postilles*. Il cite dans ses explications plus de vingt Auteurs, tant Grecs que Latins, dont il a tiré ce qu'il dit.

5°. Son Commentaire sur la Régle de S. Benoît, fut composé après l'an 817. puisqu'il y cite les Statuts faits en cette année à Aix-la-Chapelle. Après sa Préface, où il dit qu'il y a déja plusieurs Commentaires sur la Régle, & qu'il n'a entrepris le sien qu'à l'instante priere de ses Freres, il y met un Poëme de 74. Vers, où il fait l'éloge du Livre qu'il entreprend d'expliquer.

6°. Smaragde, en expliquant Donat dans l'Ecole de son Monastere, avoit composé une longue Grammaire, *Grammaticam majorem Donatum exponendo explicuit*, dit Honoré d'Autun, *lib.* 4. *Cap.* 6. *de Scriptoribus*. L'Ouvrage n'est point imprimé; mais on le trouve dans différentes Bibliothéques en manuscrit, & le P. Mabillon en a fait imprimer quelques extraits, avec la Préface, *tom.* 2. *Analect. pag.* 420.

7°. L'Auteur de la Chronique de S. Mihiel, qui vivoit au siécle onziéme, dit que Smaragde avoit composé quelque chose sur l'Histoire de son Monastere, & sur la vie de ses premiers Abbés; mais il ne nous en reste rien.

8°. On lit quelques Titres d'autres Ouvrages de Smaragde, dans les Manuscrits de l'Abbaye de Cambron; mais on ne le connoit point d'ailleurs. Voyez Rivet, Histoire Litteraire de France, tom. 6. pag. 12. préliminaire.

SOMMIER (Jean-Claude) premièrement Curé de la Bresse, de Giraucourt & de Champs en Vôge, puis envoyé du Duc Leopold en Cour de Rome, & en dernier lieu Archevêque de Césarée, Evéque assistant du Trône Pontifical, Grand-Prévôt de S. Diey, Abbé Commandataire de Bouzonville, étoit né le 22. Juillet 1661. à Vauvillars, frontiere du Comté de Bourgogne. Il fit ses études à Besançon, & y prit les dégrés de Docteur en Théologie & en Droit. Ses talens l'ayant fait connoître, il fut pourvû successivement de plusieurs bénéfices. Ce fut le 26. Mars 1696. qu'il fut nommé à la Cure de Champs par les Dames du Chapitre de Remiremont. Après avoir prêché un Avent & un Carême en cette Ville, il fut appellé à Lunéville par le Duc Leopold I. pour la même fonction, & ce Prince lui donna des Lettres de son Prédicateur ordinaire.

M. de Bissy, Evêque de Toul, l'attira auprès de sa personne, le mit au nombre de ses Docteurs, & nous l'avons vû prêcher le Carême dans cette Cathédrale.

Le Duc Leopold lui donna diverses marques de sa confiance, & le chargea de plusieurs négociations importantes à Rome, à Venise, à Mantouë, à Vienne, à Parme & à Paris. Il alla trois fois à Rome en qualité d'Envoyé extraordinaire. Le Duc Leopold le fit successivement Conseiller-Prélat de la Cour Souveraine de Lorraine, & Conseiller d'Etat.

Les Papes Clément XI. Innocent XIII. & Benoît XIII. lui donnerent aussi des marques sensibles de leur estime. Innocent XIII. le fit son Chambellan, Benoît XIII. le préconisa Archevêque de Césarée le 29. Janvier 1725. Ce fut le Pape Benoît XIII. lui-même, qui fit la cérémonie de son Sacre, en présence du Duc de Gravina, neveu de Sa Sainteté, du Cardinal Coscia, de M. l'Ercari, Grand Chambellan de Sa Sainteté, de M. Piart, Abbé de Domévre, de M. le Comte de Spada, Résident de Son Altesse Royale, de M. Bourcier de Montureux, Envoyé de Sadite Altesse Royale, de M. de S. Urbain, Agent de S. A. R. & de quantité de gens de distinction. Cette cérémonie finie, M. Sommier rendit ses actions de graces à Sa Sainteté, qui l'interrompit, en lui disant, que c'étoit à Elle à le remercier du travail & des ouvrages qu'il avoit faits pour l'Eglise, & pour le saint Siége; que l'Eglise ne devoit pas laisser sans récompense, ceux qui travailloient pour ses intérêts & pour sa gloire. Elle déclara ensuite, en présence de l'Assemblée, qu'Elle avoit élevé M. Sommier à la dignité d'Archevêque, de son propre mouvement, sans sollicitation de personne, & malgré la remontrance que M. Sommier lui avoit faite, que n'ayant dans l'Eglise que la qualité de

Curé, il se reconnoissoit indigne de celle d'Archevêque. Sa Sainteté ajoûta que c'étoit par-là qu'Elle l'en avoit trouvé plus digne.

Après quoi, Elle ordonna à M. Sommier de lui dire s'il étoit vrai, qu'il y eût en Lorraine des Territoires de nul Diocèse, où l'on ne portoit plus depuis long-tems les secours qui dépendent de l'Ordre Episcopal, surtout le Sacrement de Confirmation. M. Sommier, qui n'avoit pas prévenu Sa Sainteté à ce sujet, lui répondit, que ce qu'on lui avoit dit, étoit très vrai. Sa Sainteté demanda les raisons pourquoi tant de pauvres peuples étoient abandonnés; & M. Sommier répondit, qu'autrefois les Evêques voisins ne faisoient pas difficulté d'y porter leurs secours, sur l'invitation des Prélats de ces territoires; mais que, depuis un certain tems, les Evêques de Toul prétendant en être les Ordinaires, & comme les Prélats de ces lieux ne vouloient pas les recevoir en cette qualité, on n'y voyoit plus d'Evêques y faire ces fonctions.

Sur quoi le saint Pere, après avoir levé les yeux & les mains au Ciel, en signe d'indignation & de déplaisir, dit hautement, & d'une maniere à se faire entendre de tous les assistans : Hé bien, Archevêque de Césarée, je vous établis & vous donne mon pouvoir pour exercer les fonctions de l'Ordre Episcopal, pendant toute votre vie, dans les Territoires exempts, qui sont dans les Etats du Duc de Lorraine ; ce que Sa Sainteté répéta deux fois avant sa sortie de l'Eglise. Ensuite le Pape ayant demandé s'il n'y avoit pas là des Ministres de Lorraine, & le Duc de Gravina ayant présenté à Sa Sainteté M. Bourcier de Montureux, Elle le prit par la main, le fit suivre dans la Sacristie ; & en présence des plus qualifiés de l'assemblée qui y étoient entrés, Elle lui fit les mêmes demandes qu'à M. Sommier, & lui dit d'informer le Duc son Maître, qu'Elle avoit donné son autorité à M. Sommier, pour faire, pendant sa vie, les fonctions de l'Ordre Episcopal, dans les Territoires exempts de la Jurisdiction des Evêques dans les Etats de ce Prince.

Sa Sainteté adressa, à ce sujet, un Bref à S. A. R. & un autre à M. Sommier, qui revint en Lorraine au mois de Juin 1725. & M. l'Abbé de Mahuet s'étant démis de la grande Prévôté de S. Diey, S. A. R. la donna à M. Sommier, qui y exerça toutes les fonctions Episcopales, jusqu'à sa mort arrivée le 5. Octobre 1737. Il étoit parvenu à toutes ces dignités par son rare mérite, & les services qu'il avoit rendus au feu Duc Leopold.

Il a composé & fait imprimer plusieurs Ouvrages, comme, l'Eloge funebre de Marie-Eleonore d'Autriche, Duchesse de Lorraine, in-4°. à Toul, chez Laurent 1693.

L'Oraison funebre de Charles V. Duc de Lorraine, in-8°. à Nancy, chez Paul Barbier 1701.

Histoire Dogmatique de la Religion, imprimée à Champs, chez l'Auteur en 1708. iix Volumes in-4°. desquels les troisième, quatriéme & sixiéme Tomes ont été imprimés à Paris.

Oraison funebre de la Princesse Gabrielle de Lorraine, Abbesse de Remiremont, prononcée en cette Ville le 16. Juin 1711. imprimée in-4°. à Luneville chez Bouchard.

Histoire Dogmatique du S. Siége, 7. vol. in-8°. à Nancy, chez Cusson 1716. 1726. chez Bouchard à S. Diey 1728.

Histoire de l'Eglise de S. Diey, in-8°. à S. Diey, chez Dominique Bouchard 1726.

Apologie de l'Histoire de S. Diey, contre le Livre intitulé : *Défense de l'Eglise de Toul*, in-8°. à S. Diey, chez Joseph Charlot 1737.

Nous avons encore de lui quelques Mandemens ; le premier regarde l'observation du Carême, le second la publication de la Constitution *Unigenitus* ; le troisiéme imprimé in-4°. à Nancy chez Cusson 1725. portant condamnation d'un Livre intitulé, *La Science des Saints, source de la grace* ; le quatriéme, qui ordonne des Prieres pour le repos de l'ame du Duc Leopold I. 1729. le cinquiéme, au sujet de l'avénement du Roi Stanislas à la Couronne de Lorraine 1737. & quelques autres Ouvrages, tels que des Statuts Synodaux publiés au Synode de S. Diey, tenu le 9. Mai 1731. imprimés in-8°. à S. Diey, chez Joseph Charlot.

Il a aussi fait imprimer à Luneville, chez Bouchard, quelques petites Piéces en Vers, quelques Sermons, & une Lettre à M. l'Evêque de Toul, in-4°. 1726.

M. Sommier étoit assez contrefait, boiteux, d'une phisionomie peu prévenante ; mais droit, bon, sincere, préchant solidement, mais sans beaucoup d'art, aimant à faire des Vers Latins, en quoi il ne réussissoit pas mal.

SORLET (D. Alberic) Benédictin de la Congrégation de S. Vanne, né à Verdun, Profés de l'Abbaye de S. Mihiel en Lorraine, le 19. Décembre 1630. mort à l'Abbaye de Beaulieu le trois Mai 1678. a composé l'Histoire de l'Abbaye de *Nesle la Reposte*, ou la cachée, la solitaire. Il prétend qu'elle est la plus ancienne, ou une des plus anciennes Abbayes du Royaume de France, ayant été fondée par le Grand Clovis, premier Roi

Chrétien

Chrétien, à la follicitation de Ste. Clotilde, son épouse. Ce Monastere ayant été brulé plusieurs fois, il n'en reste à présent que quelques ruines, & les Religieux réduits au nombre de trois ou quatre, résident aujourd'hui dans la Ville de Villenoxe, qui n'est pas loin de Nesle.

SPERLETTE (D. Romualde) Benédictin de la Congrégation de S. Vanne, né à Mouzon sur la Meuse, entra dans la Congrégation de S. Vanne en 1678. & y fit profession le 28. Mai 1679. Il sortit de la Congrégation en 1687. se retira d'abord en Hollande, où il prit le nom de Jean Sperlet; de-là il fut appellé en Prusse en 1689. où il fut chargé par le Roi de Prusse Frideric, d'enseigner la jeunesse des réfugiés de France, qui s'étoient retirés à Berlin.

Il fit imprimer en 1696. d'abord séparément les quatre parties de la Philosophie; ensuite il les fit imprimer en un seul Corps in-quarto en 1703. on ignore les motifs de sa sortie de la Congrégation. Son Ouvrage est un corps de Philosophie complet & fort méthodique, sous ce titre. *Johannis Sperlet in Academia Regiâ Hallensi Professoris publici ordin. opera Philosophica, in quatuor partes Logicam, Phisicam, Metaphisicam, Moralem, nunc conjunctim editas, distributa ; editio altera emendattor, Berolini, impensis Johannis Mich. Rudigeri Bibliop.* 1703.

SPIERE (Claude) Peintre, & *François Spiere*, Graveur. On trouve la vie de M. Spiere & de quelques autres Peintres Lorrains, dans l'ouvrage de M. Philippe Baldinucei de l'Academie de la Crusca, imprimé à Florence in-quarto 3. vol. en Italien; les deux Mrs. Spiere ont acquis beaucoup de réputation, & étoient fils de Spiere, Cordonnier, demeurant à Nancy.

Spiere le Pere avoit une grosse famille, entr'autres quatre garçons; l'un se fit Jesuite, François Spiere entra chez les Prémontrés, où il est mort étant Abbé de Jendeure en 1723. Claude & François étant jeunes, s'amusoient à barbouiller avec du charbon dans leurs greniers.

M. de Mahuet, Lieutenant général au Bailliage de Nancy, homme extrêmement curieux, étant informé des ouvrages de ces deux jeunes hommes, les prit en amitié; & comme il n'y avoit point de Peintre pour lors à Nancy, il les plaça chez le frere George, Carme Lorrain, natif de Gerbeviller ; le frere George peignoit passablement : il s'apperçut dans peu que les Spieres avoient beaucoup plus de génie pour la peinture, qu'il n'en avoit lui-même; & ne se sentant pas en état de les pouvoir avancer, il dit à M. de Mahuet que ses éléves perdoient leur tems auprès de lui. M. de Mahuet prit donc la résolution de les envoyer en Italie; mais avant que de quitter Nancy, ils peignirent les douze Apôtres entre les vitres au-dessus des Chapelles, dans l'Eglise des Carmes. Etant à Rome, Claude s'attacha uniquement à la Peinture, dans laquelle il excella. On voit des Ouvrages considérables de sa façon, dans l'Eglise de S. Nisier à Lyon, où il peignit des Tableaux pour le Chœur : on lui proposa aussi de peindre le dedans de cette Eglise du côté de la porte, il y consentit ; mais auparavant il voulut aller faire ses études à Rome ; il y demeura encore un an, & puis il vint commencer ce grand Ouvrage qui représente le Jugement dernier : il alloit être fini à la satisfaction du Public, lorsqu'il lui arriva un accident facheux. Quelqu'un de ses Confreres jaloux de la gloire qu'il alloit remporter, dérangea les échafaux de Claude Spiere, qui, sans y prendre garde, se laissa tomber. Il vécut cependant encore six mois après sa chûte, mais sans pouvoir travailler; enforte qu'il ne pût achever ce beau morceau, & mourut à Lyon.

Claude Spiere, par reconnoissance des bontés que M. de Mahuet avoit euës pour lui, lui envoya de Rome deux Tableaux de sa façon. Le premier qui est en long, représente Abel pleuré par Adam & Eve; & le second en hauteur, représente le massacre des Innocens. Ces deux Tableaux appartiennent aujourd'hui à M. Dominique Anthoine Banquier, à Nancy.

SPIERE (François) frere de Claude demeura à Rome avec Claude, mais il s'attacha uniquement à la gravure, & l'on voit en Lorraine & ailleurs de ses pieces, qui sont admirables. Il possédoit parfaitement le dessein, & se rendit le premier Graveur de l'Europe. L'on n'en a point vu de plus fort que lui dans Rome. Il a gravé des Oeuvres de différens Peintres, & principalement du fameux Pierre de Cortonne. L'on raconte que lorsque Pierre lui donnoit quelques desseins qui n'étoient pas beaucoup terminés, il avoit la confiance & la bonté de lui dire, qu'il lui laissoit le reste à sa discrétion : par-là on peut juger de la capacité de François Spiere. Ayant appris la mort de son frere, il partit de Rome avec toutes ses planches pour se rendre à Lyon, pour recueillir la succession de son frere; mais dans ce voyage, il eut le malheur de se laisser tomber de son mulet, & mourut de sa chute.

L'on écrit de Florence que François Spiere étoit Gentilhomme de la suite de Christinne de Lorraine, Grande Duchesse de Toscane; qu'il avoit gravé quelques portraits de la Maison de Médicis, que l'on regarde comme des vrais Chefs-d'œuvres: aussi sont-ils si rares, que ceux qui les possédent, ne s'en dessaisissent qu'en faveur des Anglois, qui en donnent tout ce qu'on en veut exiger.

STANISLAS ROI DE POLOGNE, Duc de Lorraine & de Bar, illustre par sa naissance, par sa dignité suprême, par son insigne piété, par ses grands talens naturels, par son gout général & déclaré pour le beau & pour le grand, les délices de son peuple, le protecteur de la patrie, le Pere des pauvres. Ce grand Prince naquit en Pologne le 20. Octobre 1677. de Raphaël de Lesno Lesezynski, qui fut d'abord Porte-enseigne de la Couronne, puis Palatin de Kalisch, ensuite de Lenczicz, & successivement Général de la grande Pologne, grand Trésorier de la Couronne, & Ambassadeur à la Porte-Ottomane, pour conclure le Traité de Carlovitz. Dès l'âge de douze ans Stanislas se faisoit admirer dans tous les exercices propres à la Noblesse. Il n'avoit que dix-huit ans, lorsqu'il fut élu Nonce pour la deuxième fois, & il assista aux Diettes en cette qualité.

Pour se perfectionner, il souhaita de voir les Cours étrangères. Il se rendit d'abord à la Cour de Vienne, & de-là à Rome, où il eût une audience du Pape Innocent XII. Il séjourna quelque tems à Florence & à Venise. Il arriva à Paris dans l'été suivant de l'an 1696. il y fut fort bien reçu, & y auroit séjourné plus long-tems, sans la mort du Roi Jean Sobieski, dont il étoit proche Parent. Arrivé en Pologne il fut honoré de la charge de Staroste d'Odolanour, & en cette qualité il fit le compliment de condoléance à la Reine, au nom des Palatinats de la grande Pologne.

Dès qu'Auguste II. fut monté sur le Trône de Pologne en 1697. Stanislas, qui avec son pere, avoit favorisé son élection, fut créé Echanson de la Couronne. Il épousa en 1698. Catherine Opalinska, née le 5. Novembre 1680. (k) fille d'Opalinski Castellan de Posnanie. L'année suivante Stanislas eut de son Epouse, une fille nommée *Anne*, qui mourut à l'âge de 18. ans. Il lui naquit le 23. Juin 1703. une autre fille nommée *Marie*, Princesse qui est aujourd'hui sur le Trône de France.

Lorsque le Roi de Suéde Charles XII. entra en Pologne dans la résolution de détrôner Auguste II. Une partie de l'armée de la Couronne s'étant jointe à la confédération de Varsovie, élu Stanislas, Palatin de Posnanie, pour la commander. Peu après il fut député de la part de la même confédération au Roi de Suéde Charles XII. auquel il plût si fort, qu'il résolut de le placer sur le Trône de Pologne. Il étoit alors âgé de 27. ans. Il fut élu Roi le 12. Juillet 1704. Le lendemain de son élection, le Roi de Suéde le fit prier de se rendre à son Quartier général, où il fut reçu avec les honneurs dûs à un Roi. Peu après, il reçut les soumissions du Primat, & de tous ceux qui s'étoient absentés de l'élection.

Il y avoit à peine six semaines que Stanislas étoit monté sur le Trône, lorsque se trouvant à Varsovie, lieu de sa résidence, il apprit qu'Auguste revenoit à lui avec une Armée de vingt-mille hommes. Alors Stanislas mit en sureté la famille Royale, & quitta Varsovie, escorté de six mille hommes.

Auguste ne demeura pas long-tems en Pologne. Après sa retraite, le Couronnement de Stanislas fut fixé au quatrième d'Octobre 1705. Cet événement fut marqué dans une médaille frappée en cette occasion, & le tout se passa tranquillement, malgré les menaces du Pape, qui défendoit à tous les Prélats du Royaume, sous peine d'excommunication, d'assister à cette Cérémonie.

Auguste rentra de nouveau en Pologne, & arriva le 5. Février à Varsovie; mais il fut bien-tôt forcé d'en sortir. Ses Troupes furent battuës par les Suédois, & dès qu'il se fut retiré, les Provinces de Pologne s'empressèrent de se soumettre à Stanislas I.

Dans le Traité de Paix conclu le 24. Septembre à Alt-Ranstad entre le Roi de Suéde Charles XII. & le Roi Auguste, ce dernier fut obligé d'écrire une Lettre de félicitation au nouveau Roi Stanislas.

Mais peu après ce Traité, Auguste ayant reçu un renfort de trente mille hommes du Czar de Moscovie son allié, livra bataille à ceux qui comptoient sur la Paix depuis peu concluë, & remporta une victoire complette près de Kolislos.

Le Roi de Suéde étant revenu en Pologne, obligea le Czar d'en sortir, & il le poursuivit jusques dans ses Etats. Stanislas revint donc en Pologne avec seize mille Lithuaniens & vingt-mille Suédois. Mais la Paix n'étoit pas si bien affermie parmi les

---

(k) Décédée à Lunéville le 19. Mars 1747. âgée de 66. ans 4. mois 18. jours, enterrée à Notre-Dame de Bon-Secours, près Nancy.

Polonois,

re étoit Gentilhomme de la suite de Chriſtienne de Lorraine, Grande Ducheſſe de Toſcane; qu'il avoit gravé quelques portraits de la Maiſon de Médicis, que l'on regarde comme des vrais Chefs-d'œuvres: auſſi ſont-ils ſi rares, que ceux qui les poſſèdent, ne s'en deſſaiſiſſent qu'en faveur des Anglois, qui en donnent tout ce qu'on en veut exiger.

STANISLAS Roi de Pologne, Duc de Lorraine & de Bar, &c. *Voyez ſon article à la fin de l'Ouvrage.*

STELTZ (Herman) Prémontré de l'étroite Obſervance de Lorraine, fit profeſſion dans l'Abbaye de Ste. Marie de Pont-à-Mouſſon, fut Secrétaire du R. P. Servais de l'Airuels, Abbé de ce Monaſtere, & Vicaire-Général de ſon Ordre; il mourut à Muraux le 21. Juillet 1661. Il avoit écrit, par ordre du Chapitre général de l'an 1635. la vie du P. Servais de l'Airuels, & l'hiſtoire de la même Congrégation. Ces deux Ouvrages ſont demeurés manuſcrits dans la Bibliothéque de l'Abbaye de Ste. Marie du Pont-à-Mouſſon.

STEPELIN, autrement Stephelin, ou *Etienne*, Moine, de l'Abbaye de S. Tron (*Sancti Trudonis*) en Hasbaïe, fleuriſſoit au ſiécle onziéme, vers l'an 1060. Nous avons déja averti ailleurs que ce Monaſtere relevoit autrefois de l'Evêché de Metz, auquel il avoit été ſoumis par S. Trudon, ſon Fondateur, en conſidération de S. Clou (Clodulphe) Evêque de Metz, qui l'avoit conduit dans la voie du ſalut.

Stepelin, dont nous parlons ici, ayant été obligé en 1086. par le déſaſtre arrivé à ſon Monaſtere de ſe retirer à Liége, où il demeura juſqu'à ce que les affaires de S. Tron fuſſent un peu rétablies, s'y occupa à faire un recueil des Miracles opérés par S. Tron, dont il compoſa deux Livres qui ont été imprimés par les ſoins du R. P. Mabillon. (k)

L'Auteur remarque que Gontramne, Abbé de S. Tron, craignant que le concours des peuples, à l'occaſion de ces merveilles, ne cauſa quelque relachement dans la diſcipline réguliére du Monaſtere, avoit ſoin de cacher, autant qu'il pouvoit, ces Miracles; mais que d'autres, croyant contribuer à la gloire de Dieu, en les publiant, obtinrent enfin ſon agrément, & Stepelin les écrivit en deux Livres que nous avons encore.

L'Auteur y déclare qu'il a été témoin de la plûpart des Miracles qu'il rapporte: il vécut fort long-tems, & mourut vers l'an 1095. *Voyez D. Rivet.* Hiſtoire Littéraire de France. liv. 8. pag. 418.

STROHOL (D. Pierre) Benédictin de la Congrégation de S. Vanne, né à Eſſey en Voivre, Profès de l'Abbaye de S. Mihiel le 23. Octobre 1714. a compoſé un long & ſavant Traité ſur la Pénitence, auquel nous l'avons vû travailler pendant long-tems. Depuis pluſieurs années il eſt occupé à la Bibliothéque des Auteurs Eccléſiaſtiques, ſous la direction du R. P. D. Remy Cellier, Prieur Titulaire de Flavigny. Il s'eſt remis depuis peu à perfectionner ſon Traité de la Pénitence.

T

TARVENU *ou* TERVENU (M. de) Curé de la Paroiſſe de S. Roch de Nancy, & frere de M. de Tervenu, Maître des Requêtes des Ducs Leopold I. & de François III.

Cette famille eſt originaire de Vezeliſe dans le Comté de Vaudemont, M. de Tervenu étoit Curé d'Epinal lorſqu'il fut nommé Curé de S. Roch de Nancy au mois d'Octobre 1731. Il prit poſſeſſion le 24. Novembre ſuivant. En 1738. il compoſa un Ouvrage imprimé à Nancy, chez Balthazard, intitulé : *Traité du bonheur d'une Chanoineſſe qui remplit ſes devoirs*; en faveur d'une Dame Chanoineſſe d'Epinal.

Voici une Lettre de M. de Tarvenu adreſſée à M. Deffinod, Gentilhomme, converti à la Foi Catholique: les preuves qu'elle renferme ſont tirées des principes même d'Abadie, célébre Calviniſte.

MONSIEUR,

„ Malgré les préjugés de l'enfance, & les „ faux principes de l'éducation, vous avez „ reçu la grace ſinguliere de quitter l'erreur „ & d'embraſſer la Foi de l'Egliſe. Je ſuis „ perſuadé que depuis ces heureux momens „ de votre réunion, vous avez toujours été „ convaincu de la préſence réelle de J. C. „ dans l'Euchariſtie, que vous ne doutez „ pas que ce divin Sauveur étant infiniment „ bon & puiſſant, ne nous donne, ſuivant „ ſa promeſſe, le même corps qui a été livré „ pour nous ſur la Croix ; & par les lectures que vous avez faites, vous avez reconnu que les ſaints Docteurs ont toujours „ enſeigné le même Dogme, depuis que „ l'Egliſe eſt établie. Vous êtes convaincu „ que l'on n'auroit pas exigé dans tous les „ tems une ſi grande pureté & des prépa„ rations ſi longues, ſi on n'avoit dû rece„ voir que de ſimples figures, & vous avez

(k) Mabill. Analect. 1. 60.

, appris avec joye que l'Eglise Grecque, séparée de l'Eglise Romaine, depuis plusieurs siécles, conserve encore aujourd'hui la même Doctrine que nous, malgré le désir que ses Pasteurs ont eu en toute occasion de critiquer la Foi du Siege Apostolique. Enfin vous savez que ces Schismatiques, nos ennemis déclarés, n'auroient jamais permis aucune innovation parmi nous, dans le point essentiel de l'Eucharistie, & qu'infailliblement ils se seroient soulevés, si on avoit voulu changer la doctrine sur cet Article.

Outre ces preuves & plusieurs autres que l'on vous a suggérées, je viens vous en fournir deux, qu'on ne rapporte pas communément, & je les tire de l'Ouvrage même d'un Calviniste célébre dans son parti, & dont l'Ouvrage *sur la verité de la Religion Chrétienne* est estimé de tous les savans.

C'est d'Abadie, dont je parle, si consideré de Frideric, Electeur de Brandebourg, du Maréchal de Schomberg, & ensuite du Roi Guillaume en Angleterre; je me sers de ses écrits réimprimés cinq fois, traduits ensuite en Allemand, & encore en Anglois, & je prétend prouver que, plusieurs raisonnemens que forme ce savant Ministre, pour démontrer aux Arriens la divinité de J. C. sont concluans contre lui-même, pour prouver contre les Calvinistes que J. C. est réellement présent sur nos Autels.

L'intérêt que je prend à votre salut, m'engage à vous adresser ces preuves, je m'y sens porté par la qualité de votre ancien Pasteur, & de votre intime ami, je souhaite que vous en soyiez édifié, que la Foi les fortifie en vous de plus en plus, & qu'elle soit toujours plus agissante; ce sont mes vœux particuliers, qui vous marquent mon parfait dévoûment. Venons aux preuves dont il s'agit.

Premiere preuve particuliere de la présence réelle de J. C. dans l'Eucharistie tirée des paroles même d'Abadie, célébre Calviniste.

Cet Auteur pour prouver que J. C. est Dieu, soutient dans la page 295. de la troisiéme partie de son Ouvrage, & dans les suivantes, que si J. C. n'étoit pas Dieu, l'esprit qui inspiroit les Prophétes n'a point prévû ce qui arriveroit après la mort du Messie, ni qu'elle seroit la vocation des Payens, ni l'établissement de la nouvelle alliance. Car 1°. dit-il, les anciens oracles ont donné à la venuë du Sauveur *un caractere de joye & d'allegresse*. (l(*Les Nations, disent-ils, se réjouiront & triompheront, Dieu créera Jerusalem pour n'être que joye. O Cieux réjouissez-vous, & toi terre eclatte en chants de réjouissance.*

2°. Dieu doit être exalté par la venuë du Messie; toutes choses seront abaissées disent les Prophétes (*m*), & l'Eternel seul sera exalté en ce jour-là (*n*).

3°. Ils prédisent que les Idoles seront ruinées; j'abolirai, dit Dieu, par ces mêmes Prophétes (*o*), tous les noms des Idoles de dessus la terre.

Sur quoi cet Auteur ajoute : si l'esprit qui a fait parler les Prophétes, a prévû les choses comme elles doivent arriver, il a bien vû qu'il marquoit la vocation des Gentils, & l'établissement de la nouvelle alliance, par les caracteres qui seroient entierement faux, si Jesus-Christ n'étoit pas Dieu; il a vû que l'Evangile feroit passer le monde d'une idolatrie grossiere, à une autre plus dangereuse. Ainsi les caractéres du Dieu souverain, décrits par les Prophétes, les caracteres du Messie annoncés dans le vieux Testament, & les circonstances qui devoient accompagner la nouvelle alliance, nous montrent, ou que l'esprit qui a inspiré les Prophétes, n'a point prédit les choses comme elles doivent être, ou que les choses ne sont pas comme les Arriens ont voulu se l'imaginer; puisque, selon ces Prophétes, il doit y avoir de la joye dans l'Univers à la venuë du Messie; Dieu doit y être exalté, & les Idoles détruites; & rien de tout cela ne sera arrivé suivant le système des Arriens, puisque Jesus-Christ, étant une Idole, selon eux, l'idolâtrie n'aura pas été détruite; Dieu n'aura pas donné de la joye à la terre.

C'est ainsi que l'Abadie prouve, contre les Arriens & les Sociniens, que Jesus-Christ est véritablement Dieu; & c'est par les mêmes principes que je prouve contre ce même Auteur, que Jesus-Christ est véritablement & réellement dans l'Eucharistie; car s'il n'y étoit pas, ce seroit en vain que les Prophétes auroient prédit que sa venuë seroit un sujet de joye, & d'allegresse, que par son arrivée Dieu seroit exalté, & que les Idoles seroient abolies. Nous pouvons reprocher à cet Auteur tous les mêmes inconvéniens qu'il objecte aux ennemis de la divinité du Sauveur; puisqu'il sera très vrai, selon son système opposé à la présence réelle, que depuis dix-sept siécles on a substitué une idolâtrie à l'ancienne, plus dangereuse que la premiere, & comme les raisonnemens qu'il forme contre les Arriens sont solides, il doit convenir qu'ils sont concluans contre lui-même.

En effet la naissance du Sauveur sera-t-elle

(*l*) *Dominus Deus tuus in medio tui fortis ipse salvabit, gaudebit super te in lætitia, silebis in dilectione sua, exultabit super te in laude.* Sophon. III.
(*m*) *Ab exaltatione sua dispersa sunt gentes.* Is. 33.

(*n*) *Elevabitur Dominus solus in die illa, & idola penitus conterentur.* Osée 11.
(*o*) *Disperdam simulacra & cessare faciam Idola.* Ezech: 30.

un sujet de joye à l'Univers, si la parole qu'il enseigne conduit à une triste idolâtrie? sera-t-il exalter le nom de Dieu sur la terre, s'il contribue à confondre l'Être éternel avec un foible aliment? enfin aura-t-il aboli les Idoles, si par son Sacrement il donne lieu depuis tant de siécles à une impie & injuste adoration? il faut donc qu'Abadie convienne que J. C. est réellement présent dans l'Eucharistie, ou qu'il dise que l'esprit qui a inspiré les Prophétes, n'a pas sçu ni prévû ce qui devoit arriver; autrement toutes les preuves qu'il avance portent toutes à faux contre les ennemis de la divinité de J. C.

Certainement dit cet Auteur, ou l'esprit qui inspiroit les Prophétes n'a point vû les choses comme elles étoient, ou il a prévû que non-seulement la nouvelle alliance ne seroit point signalée par la ruine des Idoles, & que Dieu n'effaceroit pas tous leurs noms, mais plutôt qu'une idolâtrie moins dangereuse seroit place à une idolâtrie plus criminelle, qui rempliroit bientôt l'Univers; que le desiré des nations deviendroit une Idole; j'ajoute qu'il donneroit une Idole aux peuples, & que ce nom qui avoit été donné aux hommes pour être sauvés, seroit par toute la terre & pendant plusieurs siécles un nom de blasphême & de superstition. Il est aisé de conclure, dit-il encore, que bien loin que Dieu ait été élevé sous la nouvelle alliance, par l'abaissement de toutes les autres choses, il a commencé au contraire d'être abaissé par l'exaltation de Jesus-Christ, que les Prophétes n'ont pas eu un grand sujet de se réjouir en considérant les suites de l'Evangile, qui, par les impressions les plus naturelles, devoient engager les hommes dans l'idolâtrie. . ajoutez à tout cela que Dieu se seroit bien moins trouvé dans l'Eglise chrétienne, que dans la république d'Israël, puisqu'il étoit d'une présence glorieuse dans l'Arche, & dans la Nuée, & que nous n'aurions que de simples figures, & que bien loin que les Prophétes ayent dû donner le séjour de Dieu au milieu des hommes, pour le caractére de la nouvelle alliance, ils auroient parlé plus véritablement, s'ils avoient dit que dans les derniers tems, Dieu cesseroit de se montrer aussi présent aux hommes, qu'il avoit paru jusqu'alors.

Toutes ces paroles sont d'Abadie, en combattant les Arriens, il combat les Calvinistes, & en établissant la divinité de J. C. il établit sa présence réelle dans le saint Sacrement; nous ne parlons pas autrement pour le prouver.

On en sera encore plus convaincu par l'assurance que donne ce Ministre, que si nous étions Idolâtres aujourd'hui, notre idolâtrie seroit plus dangereuse que celle des Payens. En effet, dit-il, l'idolâtrie payenne étoit grossiere, & peu digne de personnes éclairées; au lieu que l'idolâtrie chrétienne sera spirituelle, & par-là même plus dangereuse. La premiere est née de l'abus que les hommes ont fait de la révélation de la nature, la seconde nait de l'usage le plus naturel que l'on puisse faire de la révélation écrite; car quel usage, dit-il, en pourroit-on faire plus naturel, que celui de prendre les expressions de Jesus-Christ dans leur signification ordinaire & connuë.

Il ajoute, l'idolâtrie payenne est un mal que le S. Esprit a mille & mille fois taché de prévenir dans l'Ecriture du vieux & du nouveau Testament, en nous adressant les préceptes les plus exprès, & les exhortations les plus fortes sur ce sujet; au lieu que l'idolâtrie chrétienne est un mal que le S. Esprit n'a ni prévû, ni prévenu, mais plutôt qu'il sembloit autoriser par les expressions du monde les plus capables (si l'on peut le dire sans blasphême) d'engager les hommes dans une impie superstition.

L'idolâtrie payenne n'alloit point jusqu'à égaler les divinités subalternes à Jupiter leur Dieu souverain: mais si le principe des Ariens est véritable, dit cet Auteur, ajoutons; si le principe des Calvinistes est vrai, l'idolâtrie chrétienne consiste à confondre une simple créature avec le Dieu très haut. Enfin, dit-il, quoique les Payens adorassent plusieurs dieux, ils ne croyoient pas ces dieux infinis en gloire & en perfection; au lieu que les Chrétiens croyent tout cela de J. C. ajoutons, & du Sacrement de J. C. puisque c'est la même adoration du même Être infini. De tout cela Abadie doit conclure avec nous, que si J. C. n'étoit pas Dieu dans son Incarnation, & dans la sainte Eucharistie, bien loin d'avoir détruit l'idolâtrie par sa venuë sur la terre, il en auroit établi une plus dangereuse, puisqu'elle auroit été moins grossiére, qu'on n'auroit point été prévenu pour la prévoir, & qu'enfin elle auroit été plus préjudiciable à l'honneur de l'Etre suprême, puisqu'elle l'auroit même égalé avec les Etres créés; ce que les Idolâtres même du paganisme n'auroient point faits. Abadie est donc jugé par sa propre bouche, *ex ore tuo te judico*, & nous tirons une preuve évidente de notre créance, d'un de nos plus grands ennemis.

Il dira peut-être, que nous expliquons mal les paroles de Jesus-Christ sur l'Eucharistie; mais les Sociniens lui diront de même, qu'il explique mal celles qui regardent la divinité du Sauveur. Ainsi, sans entrer dans cette discussion, il faut s'en tenir à la preuve qu'il avance, que si Jesus-Christ n'est pas un Dieu sur la terre, les Prophétes ont eû tort de nous dire que sa venuë donneroit de la joie, que Dieu en seroit exalté, que les Idoles seroient détruites par son arrivée ; tout cela seroit faux, s'il n'étoit pas Dieu, & s'il n'étoit pas réellement dans la sainte Eucharistie ; il est donc véritablement présent, & sans cela, il y auroit aujourd'hui, & depuis les premiers siécles ; & dans tout l'Univers, une idolâtrie plus répanduë & plus dangereuse que les anciennes.

On répliquera que l'idolâtrie des Catholiques Romains n'est pas si affreuse, ni si dangereuse, que se seroit celle qu'ils rendroient à Jesus-Christ, s'il n'étoit pas Dieu ; mais ce seroit la même chose, & on pourroit même dire que l'idolâtrie envers Jesus-Christ fait homme, ne seroit pour nous que dans la spéculation ; au lieu que celle de son Sacrement seroit une idolâtrie journaliere & de pratique : en tout cas, si c'est une idolâtrie d'adorer une Chair où Dieu n'est pas, c'en est une également d'adorer un Pain, sous les espéces duquel un Dieu n'est pas renfermé ; ainsi toutes ces prétenduës idolâtries n'ayant jamais dû arriver, au sentiment des Prophétes, concluons que ni l'une ni l'autre n'ont jamais été, & ne seront jamais idolâtrie, & par conséquent que Jesus-Christ est réellement Dieu dans les saints Mysteres, comme il est Dieu dans son Incarnation.

On insistera peut-être encore, & on dira que le culte que nous rendons à Jesus-Christ dans l'Eucharistie, n'est pas idolâtre, puisque l'objet de notre culte est J. C. même, & qu'il est Dieu ; à cela je réponds, que les Luthériens & la plûpart des Calvinistes nous croient idolâtres, & en particulier le Ministre Jurieu, un des plus célébres d'entre eux ; & même si le systême est vrai, il ne paroît pas qu'ils aient tort dans leur accusation, puisque nous adorerions un Pain présent, que nous croirions être Jesus-Christ, & qui ne le seroit pas. Les anciens Idolâtres n'en faisoient pas plus, lorsqu'ils adoroient l'Etre suprême dans une Statuë ; & il ne leur servoit de rien, de dire que si leur Statuë n'étoit pas un Dieu, ils n'étoient pas dans l'erreur, puisque leurs vœux étoient adressés à l'Etre suprême. Ils n'en étoient pas moins coupables du péché d'idolâtrie, & nous serions dans un cas semblable. Concluons donc que l'idolâtrie ayant dû cesser à la venuë de Jesus-Christ, selon la parole des Prophétes, que nous ne sommes pas trompés, lorsque nous l'adorons dans sa Chair, ni lorsque nous l'adorons dans son Sacrement ; sans quoi les oracles des Prophétes ne seroient pas vérifiés ; que s'il y reste encore quelques idolâtries grossieres aujourd'hui parmi les Sauvages, ils sont en si petit nombre, au jugement d'Abadie, qu'ils ne méritent pas d'être comptés ; mais le nombre en seroit infini, si les Catholiques l'étoient, & cela empêcheroit évidemment la vérification des Prophéties.

TAVAGNI (Jacques) Abbé Régulier de S. Evre-lès Toul, étoit issu d'une ancienne & noble famille de Bourgogne ; il fit profession de la Régle de S. Benoît dans l'Abbaye de S. Evre, dans laquelle, suivant les anciens Statuts, on ne recevoit que des nobles. Il étoit Trésorier de l'Abbaye, lorsqu'il en fut élû Abbé le 15. Mars 1559. après la mort d'Adrien Baudaire, son prédécesseur. Il mourut le 4. Mars 1596. âgé de 68. ans, après avoir gouverné son Abbaye 38. ans. Son Epitaphe le représente comme le Pere de ses Religieux, dont il étoit tendrement aimé ; la ressource des pauvres & des misérables, ayant une ame bienfaisante, & exerçant sa charité envers tout le monde. Il rebâtit sur les anciens fondemens l'Eglise de son Abbaye, qui avoit été détruite en 1552. lors du siége de Metz par l'Empereur Charles V.

Ce bon & vénérable Abbé appartient à notre sujet, non seulement par rapport à son zéle pour procurer la réforme de l'Ordre de S. Bênoît en Lorraine, & par le soin qu'il a pris de faire des Réglemens pour le bon gouvernement de son Monastere ; il en fit en particulier le 17. Mai 1567. où il témoigne qu'il étoit d'usage dans l'Abbaye de S. Evre, que les Abbés, de quinze ans en quinze ans, dressassent par écrit des Statuts, pour l'augmentation & l'entretien du service divin, pour le maintien des droits, franchises, & libertés de leur Monastere ; enfin, pour tout ce qui pouvoit regarder les affaires, nécessités, offices & bénéfices de son Eglise. Au bout de quinze ans, ils pouvoient les renouveller, en ajoûtant, ou diminuant, ou même en faire de nouveaux, selon le besoin.

Il y remarque que, suivant les anciens Réglemens du Monastere de S. Evre, on pouvoit nommer & présenter des enfans, pour prendre l'habit & faire profession dans l'Abbaye, & y être apprehendés ; que l'Abbé avoit droit d'y nommer autant de fois qu'il lui plairoit, pendant cinq ans, deux enfans qui y seront acceptés & prébendés, selon les Statuts ; que ces enfans seront nobles, & ne seront point reçus à faire profession avant l'âge de 17. ans, & qu'ils ne seront point contraints à la faire, s'ils n'y consentent.

Dom Jacques de Tavagni témoigna beaucoup de zéle, pour procurer la réforme des Religieux Benedictins en Lorraine, & seconda, de tout son pouvoir en cela, le desir de M. le Cardinal de Lorraine. Dans l'Assemblée qui fut tenuë à ce sujet dans l'Abbaye de S. Mihiel le 7. Juin 1595. où l'on fit de très beaux Réglemens, pour rétablir le bon ordre dans les Monasteres, D. Jacques de Tavagni fut élû Supérieur général & Visiteur pour les faire observer. Il fit sa premiere visite reguliere & solemnelle à S. Mihiel, vers le milieu d'Octobre de la même année 1595. & l'on avoit tout lieu d'espérer un heureux succès de si beaux commencemens ; mais sa mort arrivée l'année suivante 1596. en arréta le progrès. Il eut pour successeur dans l'Abbaye de S. Evre, Loüis de Tavagni son neveu, qui avoit été Coadjuteur dès l'année 1586. mais, pour la charge de Visiteur des Monasteres de l'Ordre de S. Benoît en Lorraine, & dans les trois Evêchés, le Cardinal de Lorraine nomma Jean Sellier, Abbé titulaire de Bouzonville.

TAVARS (*Nicolai Canonici Metens.*) *Manuale Curatorum, vulgò agenda nuncupatorum, Metis* 1543.

TEINTURIER (Charles) natif de Verdun, Prêtre, Conseiller-Clerc en la Cour de Parlement de Metz, Archidiacre & Chanoine de la Cathédrale de Verdun, Grand-Prévôt de l'Eglise Collégiale de S. Leopold de S. Mihiel, Official & Vicaire Général de M. l'Evêque de Verdun, publia en 1723. un Mandement, pour faire un Service solemnel & des Prieres publiques pour l'ame du Prince Clément, fils aîné du Duc Leopold de Lorraine, dans les Paroisses du Diocèse de Verdun, qui sont de la Souveraineté de Lorraine.

La même année il fit encore un Mandement, pour célébrer la Fête de S. Leopold, dans tous les lieux de la Souveraineté de Lorraine au Diocèse de Verdun. Outre quelques Dissertations sur des matières de Mathématique, il a fait un Catéchisme sur la Constitution; il a eû en main un Exemplaire de l'Histoire de Vassebourg apostillé, corrigé & augmenté, qu'il a communiqué à l'Auteur de la nouvelle Histoire de Verdun imprimée en 1745.

Dans l'Histoire de l'Académie Royale des Sciences de l'an 1710. pag. 18. il est dit que M. Teinturier envoya à M. Cassini le fils, la relation d'un écho qu'il a vû à trois lieües de Verdun. Il est formé par deux grosses tours détachées d'un corps-de-logis, distantes l'une de l'autre de 26. toises ; l'une a un appartement bas de pierre de taille voûté, l'autre n'a que son vestibule qui soit voûté, chacune a son escalier. Comme tout ce qui appartient aux échos, peut être appelle la catoplique du son, parce que le tout se réfléchit selon les mêmes loix que la lumiere, on peut regarder ces deux tours, comme deux miroirs posés vis-à-vis l'un de l'autre, qui se renvoient mutuellement les rayons d'un même objet, en multipliant l'image, quoiqu'en l'affoiblissant toujours, ils la font toujours paroître plus éloignée ; ainsi, lorsqu'on est sur la ligne qui joint les deux tours, & qu'on prononce un mot d'une voix assez élevée, on l'entend répéter douze ou 13. fois, par intervalles égaux, & toujours plus foiblement ; si l'on sort de cette ligne jusqu'à une certaine distance, on n'entend plus d'écho, par la même raison qu'on ne verroit plus d'images, si l'on s'éloignoit trop de l'espace qui est entre les deux miroirs ; si l'on est sur la ligne qui joint une des tours au corps-de-logis, on n'entend plus qu'une répétition, parce que les deux échos ne joüent plus ensemble à l'égard de celui qui parle, mais un seul.

Les Mémoires que l'Académie imprima en 1692. ont parlé de cet écho plus singulier.

Le même M. Teinturier envoya à l'Académie en 1715. les remarques suivantes, sur la différence des Méridiens entre Paris & Récicourt près Verdun.

Commencement à 8. h. 26. 12. 8. h. 14. 30. 11. 42.

Fin à 10. 42. 57. 10. 32. 25. 10. 321.

La différence des Méridiens entre Paris & Récicourt, suivant ces observations, est de 0. h. 11. 37. ou 2. 54. 15. donc Récicourt est plus à l'Occident.

TETRADE, Poëte Latin, vivoit à Tréves du tems d'Ausone, c'est-à-dire, au quatriéme siécle. On conjecture que notre Tetrade étoit fils d'un homme de qualité, nommé Tetrade, qui vivoit du tems de S. Martin de Tours, & dont il est parlé dans sa vie (*p*).

Tetrade le Poëte, après avoir été disciple d'Ausone, enseigna lui-même les belles Lettres, & excella dans la Poësie, de telle sorte qu'il devint un des plus célébres Poëtes de son siécle.

Il avoit un talent particulier pour la satyre. Nous ne connoissons Tetrade, que par ce que nous en apprend Ausone ; car il ne nous reste rien de ses Ouvrages. Voyez D. Rivet, Histoire Littéraire de la France, tom. I. pag. 418.

(*p*) *Sulpit. vit. S. Martini, n.* 16.

THEGAN, homme de condition, François de naissance, étoit Cor-Evêque, ou Suffragant de Hetti, Archevêque de Tréves. Il a vécu sous le régne de l'Empereur Loüis le Débonnaire vers l'an 827. Il écrivit en bref les Annales du tems de ce Prince, avec plus de vérité & de sincérité, que d'élégance. Ces Annales commencent en 813. & finissent en 817. Elles ont été imprimées plusieurs fois avec la Préface qu'il a mise. Valafride Strabon a partagé l'Ouvrage en 58. Chapitres.

Le même Valafride, ami intime de Thegan, reconnoît que ce bon Cor-Evêque, ou Suffragant de Tréves, invective avec peut-être un peu trop de véhémence contre certains Evêques de basse condition, qui avoient déposé l'Empereur Loüis le Débonnaire, & l'avoient déclaré indigne de régner. Valafride attribuë ces traits de vivacité à la douleur dont Thegan étoit pénétré, voyant la maniere indigne dont on avoit traité l'Empereur. Valafride Strabon composa, étant fort jeune, un Poëme au nom de Tatton, son maître dans l'Ecole d'Angie, en l'honneur de Thegan. Il commence par ces Vers,

His tibi versiculis, Doctor sanctissime Thegan,
Tatto humilis mittte, verba salutis ovans.

Lambeccius (*q*) dit qu'il y a dans la Bibliothéque de l'Empereur, à Vienne en Autriche, un Exemplaire manuscrit de Theganus, plus étendu que les imprimés. Il contient deux ans de plus, qu'il ne s'en trouve dans l'Edition de M. Pithou. Voyez *Theganus Trevirens. Historia Ludovici Pii*, *apud Duchesne*, *Hist. Franc. tom. 2. p. 275.* On croit que Thegan fut chef des Ecoles de Tréves.

THEODORIC, ou *Thierry de Vaucouleurs*, qui est une petite Ville de Champagne, frontiere de Lorraine, a écrit en Vers sa vie du Pape Urbain IV. nommé auparavant *Jacques de Pantaleon*, Evêque de Verdun. Cet Ouvrage se trouve en manuscrit dans les Archives de l'Eglise de S. Urbain à Troyes en Champagne, comme le témoigne André Duchesne dans la vie d'Urbain IV. & quelques autres Auteurs cités dans Casimir Oudin, tom. 3. p. 601. Theodoric vivoit vers l'an 1250. ou 1251. Cet Ouvrage est dédié à Ancher Pantaleon, Archidiacre de Laon, Cardinal du titre de Sainte Praxéde, & neveu du Pape Urbain IV.

THEOFRIDE, premiérement Moine, puis Abbé d'Epternach, où il succéda en 1078. à l'Abbé Eugimbert, dont il avoit été Coadjuteur. Nous avons de lui (*r*), *Flores Epitaphii Sanctorum quatuor libris*; *Luxemburgi 1619. apud Hubertum Reuland curâ & studio Joannis Roberti Societatis Jesu, in 4°. cum vita sancti Villibrordi quam notis illustravit id. joan. Robert.*

Epternach est une Abbaye située au Diocèse de Tréves, à quatre lieuës de cette Ville, dans le Duché de Luxembourg. Theofride étoit en grande réputation de son tems, & étoit savant, même en Grec & en Hebreu, chose rare en ce tems-là. Brunon, Archevêque de Tréves, lui avoit confié la conduite de sa conscience. La vie de S. Villibrode, Fondateur du Monastere d'Epternach, composée par Theofride, est en 36. Chapitres, imprimée plus d'une fois. S. Villibrode mourut en 739 le 7. Décembre.

Theofride a, de plus, écrit quelques Sermons *de cultu & veneratione Sanctorum*, imprimés dans les Bibliothéques des Peres.

Il mourut dans son Abbaye d'Epternach, le 4. Avril 1110. où 1112. On peut voir Oudin, tom. 2. pag. 949. & Valere André, *Bibliot. Belg. p. 832.* & le P. Mabillon, *Annales Ordin. sancti Bened. tom. 5. pag. 136.* où il montre que Theofride écrivit aussi la vie de S. Lutvin, Archevêque de Tréves, tirée de l'Abbaye de Metloc.

THEOGERUS, ou *Theogarus*, *Theogorus*, ou *Theocarus*, Evêque de Metz, frere de Folmare, Comte de Metz, fut d'abord Abbé de l'Abbaye de S. George dans la Forêt noire; il fut ensuite nommé Evêque de Metz; mais il ne voulut pas accepter cette dignité, & il la résigna vers l'an 1118. & se fit Religieux à Cluny, à l'imitation de Guillaume, Abbé de Hirsauge, son Maître. Il écrivit un Traité de la Musique, dans lequel il traite de l'invention, des accords & des proportions de cet art, d'une maniere courte, mais subtile & exacte. On peut voir sa vie dans notre Histoire de Lorraine, tom. 2. p. 299. & l'Anonime de l'Abbaye de Melck, & M. Jean-Albert Fabricius, tom. 2. p. 85. Cet Ouvrage se conserve en Manuscrit dans l'Abbaye de Tegernsée, & le R. P. Bernard Pez en a fait imprimer la Préface, *tom. 4. Anecdot. p. 9. Vide Annal. Benedict. tom. 6. p. 3. &c.*

Theogere composa aussi plusieurs Ouvrages de piété, plusieurs Lettres spirituelles, pour l'instruction de plus de sept cens personnes de l'un & de l'autre sexe, qu'il conduisoit dans les voies de la piété; des Commentaires sur les Pseaumes, des Conférences, ou Homélies pour l'instruction des Novices, & quelques autres Ouvrages. Villaume, Abbé d'Hirsauge, lui donna commission de travailler, avec un autre savant Religieux, nommé Hérinon, à corriger les fautes qui

---

(*q*) *Lambeccius, Biblioth. Vindocin. tom. 2. cap. 5. pag. 391.*

(*r*) *Vide Annal. Bened. tom. 5. p. 136.*

s'étoient glissées par la négligence ou la témérité des esprits, dans les Textes de l'ancien & du nouveau Testament. Trithème (s) dit que Theogere avoit été Evêque dans le Monastere d'Hirsauge, c'est-à-dire, qu'il y avoit exercé les fonctions Episcopales, comme il se pratiquoit en quelques autres Abbayes.

THESSIERES (Charles Dures) Seigneur de Thessieres & de Commercy, mérite d'avoir une place honorable parmi les hommes illustres de la Lorraine ; & je me fais un devoir & un plaisir de faire connoître au public un Seigneur d'un mérite si extraordinaire, & trop peu connu. Sa vie a été écrite par un témoin oculaire & contemporain, qui est D. Charles de Gondrecourt, Religieux Benédictin, Prieur Titulaire d'Haréville, dont l'Ouvrage a été imprimé à Toul en 1690. Voyez ci-devant l'article de Dom Charles de Gondrecourt, & celui du R. P. Menna, Chartreux, sous leurs articles.

M. Charles de Thessieres, Seigneur de Thessieres & de Commerci, Chambellan & Conseiller d'État du Duc Charles III. avoit épousé Marie de Marcossey, dont il eut six filles, trois desquelles embrasserent la vie Religieuse dans l'Abbaye des Dames Benédictines à Tréves ; les trois autres furent mariées, la premiere à M. de Beauveau, Seigneur de Noviant, qui fut pere du R. Pere Anne de Beauveau, qui se fit Jesuite, du consentement de Madame de Raigecourt son épouse.

La seconde fut mariée à M. des Armoises de Jaulny, & de ce mariage est né M. des Armoises, Grand Sénéchal de Lorraine, Seigneur de Jaulny, Commercy, &c. La troisiéme eut pour époux M. des Armoises de Marly.

M. de Thessieres dont nous parlons ici, fut employé par le Duc de Lorraine en Ambassade vers l'Empereur, le Duc de Baviere, celui de Mantoüe, celui de Florence, & vers le Roi Henry IV. Il savoit les Langues Latine, Françoise, Italienne & Allemande. Il travailla à dresser & à rédiger les Coûtumes du Bailliage de Nancy, d'Allemagne, de Vôge, de Bar, de S. Mihiel & de Bassigni. Enfin, résolu de se donner entiérement à Dieu, il obtint du Duc de Lorraine la permission de se retirer dans son Château de Commercy. Il se sépara de corps de Madame son épouse, d'un commun consentement, & vécut le reste de sa vie en continence, & dans une espéce de réclusion perpétuelle, laissant à Madame sa femme une procuration générale de gérer tous ses biens temporels.

Il s'enferma donc dans une cellule joignant une petite Chapelle, pratiquée à côté de la grande Sale de son Château bas de Commercy, & y vécut pendant quatre ans, jeûnant au pain & à l'eau, & prenant la discipline jusqu'au sang, trois fois la semaine ; mais ceux qui étoient chargés de la direction de sa conscience, ne lui permirent, dans la suite, la discipline qu'une fois la semaine, & le jeûne rigoureux seulement les Mercredi & Vendredi.

M. de Thessieres eut pour premier Directeur le Pere Jules, Provincial des Minimes ; puis il eut le P. Antoine de Menna, Chartreux, de l'illustre Maison de Menna de Crémone. Il gouverna la Maison de M. de Thessieres pendant dix ans, & jusqu'à sa mort arrivée en 1675. Il étoit alors âgé de 80. ans. Le P. de Menna, qui avoit vû en Espagne & en Italie quantité de noblesse vivant dans le monde, & néanmoins observant, autant qu'il étoit possible, la Régle de S. Benoît, selon laquelle le Cardinal de Richelieu disoit que non seulement toutes les familles, mais aussi toutes les Monarchies de l'Univers pouvoient se gouverner, il choisit cette Régle, pour compasser les actions intérieures & exterieures des personnes qui s'étoient mises sous sa conduite.

Tous les jours, à deux heures après minuit, M. de Thessieres, Mesdames ses sœurs & le P. Menna se levoient, au son d'une petite cloche qui étoit dans la sale du Château. A trois heures & demie en été, & à quatre heures en hyver, on sonnoit une autre cloche, pour faire lever les domestiques de la Maison ; Monsieur disoit l'Office Benédictin, & Madame l'Office de la Vierge ; après son office, il faisoit oraison mentale jusqu'à six heures, & Mesdames ses sœurs, depuis cinq heures jusqu'à six.

A six heures, on sonnoit les Primes, que le R. P. Menna récitoit fort intelligiblement, puis faisoit à Dieu, pour lui & pour tous les assistans l'offrande de toutes ses pensées, paroles, actions, mouvemens, désirs, &c. à quoi il ajoûtoit quelques considérations pieuses, pour qu'on s'y entretînt pendant le jour. A huit heures & demie du matin, on sonnoit la Messe, à laquelle tous assistoient. Aprés la Messe, les Dames sortoient de leur clôture, & venoient donner le bon-jour au R. Pere, à Monsieur & à Madame dans la sale du Château ; après quelques petits colloques spirituels, chacun se retiroit avec autant de respect, que s'ils ne se fussent jamais vûs.

(s) Trithem. de viris illustr. Ordin. S. Benedicti.

A onze

A onze heures on fonnoit le dîner, que l'on portoit en même tems au P. Menna, à M. de Theſſieres, & aux Dames ſes ſœurs; le ſerviteur du R. Pere lui faiſoit la lecture pendant le repas, le valet de chambre à Monſieur, & l'une des ſervantes aux Dames.

Madame dînoit à part, & liſoit elle-même, ou faiſoit lire une des Demoiſelles pendant quelque tems; s'il y avoit compagnie, elle l'entretenoit; car pour-lors perſonne ne mangeoit avec Monſieur, pas même ſes gendres.

A deux heures, on ſonnoit la cloche de la ſale, pour dire les Heures canoniales; après quoi, on faiſoit une heure d'oraiſon mentale, que Monſieur prolongeoit juſqu'à cinq heures du ſoir; le R. Pere leur faiſoit ſouvent des conférences ſpirituelles. A cinq heures, on ſonnoit le ſouper, ou la collation, Madame attendoit juſqu'à ſix heures, s'il viendroit compagnie; après cette heure, on n'attendoit plus perſonne, quoiqu'on reçût fort civilement ceux qui venoient plus tard.

A ſept heures, depuis la Touſſaint juſqu'au mois de Mars, & à huit heures & demie, pendant tout l'été, la retraite & les Prieres ſe ſonnoient, où tout le monde ſe trouvoit, même les ſurvenans & les domeſtiques.

Le R. Pere Menna les récitoit tout haut, avec les points de l'examen de conſcience; & les Actes de contrition; après quoi, on liſoit la Méditation du lendemain, & on ſe retiroit en ſilence. Avant que de ſe retirer, le Maître-d'Hôtel montroit la dépenſe à Madame, & conféroit avec elle de ce qui étoit à faire pour le lendemain; mais on ne communiquoit rien à Monſieur, ni à ſes dames, tant étoit grand le dépoüillement du monde, auquel ils avoient renoncé.

Après la mort du Pere de Menna, Dom Claude François, Prieur de S. Mihiel, ſe chargea de la direction de Monſieur & des Dames; mais il ſe contenta d'aller à Commercy une fois chaque mois, ne voulant rien changer à ce qui avoit été réglé par le R. Pere Chartreux. Tous les Dimanches & Fêtes, il venoit un Religieux de Breüil, pour faire une exhortation dans la ſale du Château.

M. de Theſſieres perſévéra vingt-quatre ans dans cette vie retirée & contemplative. Jamais on ne lui vit prendre un moment de récréation, excepté que quelquefois il permettoit à Meſſieurs ſes gendres & à Meſdames leurs épouſes, de l'entretenir dans la ſalle, après avoir oüi la Meſſe, & fort rarement de manger avec lui.

M. de Theſſieres, quelques jours avant ſa mort, ſe rendit en l'Abbaye de S. Mihiel, prit ſes repas au Réfectoire; il aſſiſta aux Matines pendant pluſieurs jours conſécutifs, & fit ſa confeſſion générale auprès du R. P. Dom Claude-François.

Le jour d'après ſon retour à Commercy, il ſe trouva mal, & trois jours avant ſon décès, il pria le R. P. Prieur de Breüil de lui donner deux de ſes Religieux, pour lui aider à faire ſes exercices, & réciter l'Office avec lui. Il mourut le 18. de Juillet 1628. Madame de Teſſieres pria qu'on députât trois Religieux de Breüil, pour l'enſevelir. On lui trouva ſur les reins une ceinture de cilice, qu'il avoit portée pendant toute ſa maladie. Il fut enterré dans l'Abbaye de S. Mihiel, où Madame ſon épouſe lui a fait dreſſer un fort beau Mauſolée; il y eſt repréſenté à genoux, ayant par derriere le Pere Menna qui le préſente à ſon Sauveur.

M. & Madame de Theſſieres poſſédoient de grands biens, tant à Commercy & aux environs, que dans le Pays Meſſin; ils en firent de grandes libéralités à l'Abbaye de S. Mihiel, au Prieuré de Breüil, à l'Abbaye de S. Vincent de Metz, aux Sœurs Colettes de la même Ville, aux Peres Minimes de S. Mihiel; de Verdun, de ſainte Lucie, de Nommeny, & à diverſes Egliſes, où ils firent de belles & dévotes fondations.

M. de Theſſieres liſoit la ſainte Ecriture avec autant de reſpect, que ſi Dieu lui eût parlé, comme en effet il parle aux hommes par les Livres ſaints. On montre encore la Bible, dont il ſe ſervoit, très proprement reliée; il la conſervoit dans une eſpéce de tabernacle, d'où il la tiroit pour la lire à genoux, & tête nuë, dans les ſentimens d'une foi vive, & d'une ardente charité. Il n'a point laiſſé d'écrits; mais ſa vie ſi édifiante, & ſa conſtance dans la pratique de la vertu & de la pénitence, ſont une belle & puiſſante leçon pour les perſonnes de condition, & en général pour tous les Chrétiens, & en particulier pour ceux qui ſe ſont conſacrés à Dieu par la profeſſion de la vie religieuſe.

Dans l'Egliſe Paroiſſiale de Vignot, proche Commercy, on voit dans un Tableau du Roſaire, le portrait de M. de Theſſieres, & celui de l'Evêque de Toul d'alors, qui étoit apparemment Touſſaint d'Hocedy, qui a ſiégé depuis l'an 1543. juſqu'en 1565. & ceux de Meſdames ſes filles en habit de Religieuſes. Ce Tableau eſt des plus fini, & nous ſavons que M. le Prince de Vaudémont, qui faiſoit ſa réſidence à Commercy pendant les dernieres années de sa vie, est allé exprés à Vignot plus d'une fois, pour examiner ce Tableau.

Ce fut le même M. de Thessieres, qui, voulant illustrer le Bourg de Vignot, dont il étoit Seigneur, obtint aux habitans, de la part du Duc de Lorraine, la permission de le fermer de murailles à la maniere des Villes fortifiées, avec bastions & redoutes; mais les malheurs de la Province, & la guerre survenuë sous le Duc Charles IV. sont cause qu'elles sont presque entiérement renversées. Les portes en restent encore, & l'on y remarque les Armes de Lorraine, & celles du Seigneur & du Bourg.

THEVENIN (Pantaleon) natif de Commercy, a écrit un savant Commentaire sur la Semaine de du Bartas, à ce que dit M. Guibert dans son Ouvrage, *De interitu Alchimiæ Metallorum*, p. 57. 58. Du Verdier, pag. 938. dit que Pantaleon Thevenin d Commercy en Lorraine, a fait un *Commentaire sur l'Hymne de la Philosophie du Prince Ronsard, auquel est traité de toutes les parties de la Philosophie, illustrées de Sentences, Passages & Histoires, avec un Traité général de la nature, origine & partition de la Philosophie*; imprimé in-quarto à Paris, par Jean Février 1582. Voyez ci-devant l'article de M. Guibert. J'ai vû un petit Manuscrit, intitulé: *Pantaleon Thevenin Commerciensis Tullensis in Zoilum*;

Cristas, Zoile, vel quid hic cachinn
Tollis? Qu'dve tibi novum Poetam
Parnassi geminum adisse culmen,
Syreneos lacus bibisse grunnis?
Non istis odiis, jocis, cachinnis,
Sed multo renitet labore virtus.

Ces Vers furent composés à l'occasion d'un petit Poëme de Balthasar Barnet de Nancy, sur la naissance du Sauveur, dédié à Jean Comte de Salm, & imprimé à Lyon en 1575.

Le même Pantaleon Thevenin a traduit, de Latin en François, la vie de Theodore de Beze, composée en Latin par Jerôme Bolsec. La traduction de Pantaleon Thevenin a paru à Ingolstad en 1584. & 1589. in-octavo.

THEVENIN (Michel) Secrétaire d'Etat du Duc Charles III. a composé *La Loi Salique de Lorraine démontrée*, ou *Traité Juridique & Historique sur la masculinité du Duché de Lorraine*. Voyez l'Histoire de Lorraine, tom. I. 136. préliminaires. Son Manuscrit original est dans la Bibliothéque des Peres Prémontrés de Nancy; il paroît fort savant & très étendu, il contient un gros in-folio. Il se trouve aussi dans la Bibliothéque de Seguier, num. 50. fol. 23. Il écrivit ce Traité en 1624. Il a aussi composé un *Commentaire sur la Coûtume de S. Mihiel*, qui est manuscrit dans la Bibliothéque de M. de Corberon, premier Président à Colmar. Cet Ouvrage est fort estimé, de même que le premier.

THIEBAUT (Thimothée-François) Lieutenant-Général au Bailliage de Nancy, & membre de la Société Littéraire de la même Ville, a composé *La Femme jalouse*, Comédie dédiée à Son Altesse Royale Madame, imprimée in-8°. à Nancy, chez P. Antoine 1734.

Tableau de l'Avocat, divisé en six Chapitres, qui traitent de l'esprit, de l'étude, de la science, de l'éloquence, de l'air, de la mémoire, de la prononciation, du geste & de la voix; chez le même 1737. in-8°.

Il a fait aussi imprimer plusieurs Mémoires & Factum, & quelques Poësies.

Il a prononcé deux Discours aux Assemblées de la Société Littéraire de Nancy, tenus les 3. Février & 8. Mars 1751. Ils sont imprimés à Nancy chez P. Antoine 1751. in-quarto.

THIEBAUT (Etienne) a fait imprimer, 1°. *Stephani Barroducai Poetæ Dialogus versibus hexametris & pentametris, in immaculatam Conceptionem B. M. Virginis*, dicatus D. Joan. *de Porceleto Episcopo Tullensi*.

2°. *Dialogus in Annuntiatione B. M. Virginis*; Paris 1610. in-octavo. A la tête du Livre, on lit plusieurs Vers ou Epigrammes en Latin, en Grec & en François, à l'honneur de l'Auteur.

THIEBAUT (D. Benoît) Bénédictin de la Congrégation de S. Vanne, a fait profession dans l'Abbaye de S. Vincent de Besançon le 11. Juillet 1700. a fait de bonnes études, & a composé, avec grand soin, la *Bibliothéque générale & particuliere des Auteurs de tous les Ordres & Congrégations, dans lesquelles on pratique la Régle de S. Benoît, avec l'Histoire de leur vie, le Catalogue, la Chronologie, & les différentes Editions de leurs Ouvrages, & à la fin l'état présent de l'Ordre de S. Benoît, où l'on trouve l'Histoire de tous les Ordres, Congrégations & Monasteres de l'un & l'autre sexe, qui le composent*; le tout en sept Volumes in-quarto manuscrit.

THIENVILLE (le R. Pere) Abbé de Sainte-Marie du Pont-à-Mousson, Ordre de Prémontré, Docteur en Théologie, a laissé quarante-trois Volumes in-4°. manuscrits, de Sermons & Discours débités en Chapitre à ses Religieux.

THIERRY, Moine de S. Mathias de Tréves; *Theodorici Monachi S. Mathiæ Trevir. Gesta Trevirorum*, imprimé dans le treizième tome du Spicilége, pag. 96. puis dans M. Leibnitz, *Accessiones Historiæ*, à la suite de la Chronique d'Abberic, réimprimé dans le premier tome de notre Histoire de Lorraine, p. 1. & suiv. dans les Preuves. Ce Religieux vivoit en 1012. comme le marque Trithéme dans sa Chronique d'Hirsauge.

Nous avons vû dans l'Abbaye de S. Mathias, l'Original de l'Histoire de Thierry, & il nous a paru que ce Religieux avoit pris tout le commencement de son Ouvrage, d'une Histoire manuscrite du même Monastere, plus courte & plus ancienne, dans laquelle il n'est fait aucune mention des Evêques *Felix, Mansuet, Clement, Moyse, André, Rustique, Author, Fabritius,* ou *Mauritius, Fortunat, Cassien, Marc, Avite, Marcelle, Métropole, Severin, Florence, Martin, Maximin, Valentin,* qu'on lit dans les Catalogues modernes. On peut voir aussi ce que nous avons remarqué dans la Préface sur *Gesta Trevirorum*, dans le premier tome de l'Histoire de Lorraine. Il y a diverses corrections & additions dans les différens Exemplaires, que nous avons remarqués dans notre Imprimé. Gloschere, qui vivoit quelque tems après Thierry dans la même Abbaye de S. Mathias, a continué cette Histoire jusqu'en l'an 1252. On a encore ajouté depuis les vies des Archevêques Hittin & ses successeurs, jusqu'à la mort de l'Archevêque Arnolde, arrivée en 1260. & sur la fin, on a mis une autre Histoire, qui va jusqu'à l'an 1286.

THIERRY, Religieux de S. Mathias de Tréves, a décrit en un Livre l'Histoire de la découverte & de la translation de S. Celse, Martyr, arrivée en l'année 979. Il a aussi écrit l'Histoire des Miracles du même saint Martyr, en un second Livre, qu'il dédia à Richard, Abbé de S. Mathias, au commencement du siécle onziéme. Il y a assez d'apparence que c'est le même Thierry, Auteur de *Gesta Trevirorum,* dont on vient de parler.

THIERRY, Moine de Tholey, qui vivoit vers l'an 1066. écrivit les miracles de Conrade, Archevêque de Tréves, mis à mort par Thierry, Comte du Pays de Tréves. L'Evêque Conrade fut massacré en 1069. & son corps fut transferé à Tholey, par les soins de Thierry, Evêque de Verdun, & d'Abdon, Abbé de Tholey. Voyez Brouver. tom. 1. pag. 544. & Bolland. tom. 4. Junii, pag. 126. & Annal. Benedict. tom. 1. pag. 681. Ce Religieux dédia son Ouvrage à Thierry, Evêque de Verdun, à qui il donne de grandes loüanges: nous en avons parlé sous son article. Voyez ci-après *Thierry, Evêque de Verdun.*

THIERRY premier du nom, Evêque de Metz, prit possession de cet Evêché en 962. ou 964. & le gouverna pendant 20. ou 22. ans. Nous avons donné sa vie dans l'Histoire de Lorraine, tom. 2. pag. 93. & suivantes; il fonda l'Abbaye de S. Vincent de Metz & celle d'Epinal, au lieu où est aujourd'hui la Ville de ce nom. Parmi les Lettres de Gerbert, il y en a quelques-unes écrites au nom de ce Prélat, & quelques autres que Gerbert lui adressa. L'on parle de Thierry comme d'un Evêque savant, qui avoit fait de fort bonnes études à S. Gal, où il avoit été élevé. D'autres croyent qu'il fit ses études à Halberstadt, & on assure qu'il avoit écrit des actes de plusieurs Saints, (*t*) dont il avoit rapporté les Reliques d'Italie, pour enrichir sa nouvelle Abbaye de S. Vincent. Ces actes ont subsisté assez long-tems, mais on ne les trouve plus, du moins on n'est pas assuré de les avoir. Voyez les Bolland. 6. Juin, pag. 625. & 24. Janvier, pag. 589. & l'Hist. Litt. de France, tom. 6. pag. 445. L'on m'a envoyé de Metz l'endroit rapporté au 24. Janvier par les Bollandistes, pag. 589. mais il est aussi peu correct dans l'original, qu'il l'est dans les Bollandistes.

L'on a seulement une Inscription en Prose, & une Epitaphe en douze vers Elégiaques de la façon de l'Evêque Thierry, (*u*) composée en l'honneur de son neveu mort en 978.

L'Auteur de la vie du B. Jean de Gorze, parle de l'Evêque Thierry comme d'un excellent Prélat, qui est comme la lumiere de son siécle, par la faveur qu'il donnoit aux études & aux personnes lettrées, & qu'il étoit né pour faire honneur & service à tout le monde, & en toutes choses, (*x*) *studiorum omnium lux, hâc nostrâ nominandus ætate, & cum usu tum ornatu rerum omnium totus natus, maximus & inclytus Præsul Dominus Deodericus.*

On conserve encore aujourd'hui dans l'Abbaye de S. Vincent de Metz, la Chappe ou Chasuble, dans laquelle l'Evêque Thierry fut enterré; elle a demeurée en terre pendant environ 300. ans, & on s'en est servi, dit-on, pendant quelques siécles au jour de ses Obseques. (*y*)

Depuis 9. ou 10. ans, le Célébrant ne se sert plus de cette Chasuble ce jour-là, à cause de sa caducité; mais on la met sur le

---

(*t*) *Sigebert. vit. Theod. Meten. pag. 306. tom. 11. Rer. Brunsvic. Leibnitz.*
(*u*) *Sigebert. vit. Theod. Chap. 1.*

(*x*) *Act. SS. Benedict. tom. 7. pag. 381.*
(*y*) Meurisse Hist. de Metz, pag. 329.

coffre où sont renfermés les os de l'Evêque Thierry.

On m'écrit de Metz (z) qu'il n'y a pas d'apparence qu'on se soit servi autrefois de cette Chasuble de l'Evêque Thierry, depuis que son corps a été tiré de terre; que l'on conserve dans l'Abbaye de S. Vincent un Cérémonial manuscrit, qui a bien 300. ans d'antiquité, où sont décrites avec la derniere exactitude & jusqu'au scrupule, les cérémonies qui s'observoient le jour des obséques de l'Evêque Thierry; mais on n'y dit pas un mot de cette Chasuble, que devoit, dit-on, porter ce jour-là le Prêtre officiant, quoiqu'on marque les habilemens du Diacre, du Soudiacre & du Chantre, & leurs couleurs; on me mande de plus que depuis l'introduction de la Réforme à S. Vincent, quelques Prieurs officiants le 7°. jour de Septembre, se faisoient donner quelquefois cette Chasuble par dévotion, & les autres non; & qu'il n'y a jamais eu de pratique uniforme sur cet article: qu'il est certain qu'on ne s'en sert plus à présent.

Toutefois l'Auteur de nos Chroniques (a) imprimées à Toul en 1666. dit expressément, que la Chappe & la Chasuble de l'Evêque Theodoric, après avoir été près de 300. ans en terre, sont conservées encore aujourd'hui dans l'Eglise de S. Vincent, sans aucune marque de pourriture, & servent au Prêtre qui célèbre le S. Sacrifice de la Messe le jour de son anniversaire; j'ai peine à concilier tout cela.

Sigebert de Gemblours dans la vie de notre Evêque, dit qu'il renversa l'ancienne Eglise Cathédrale de Metz, qui menaçoit ruine de tous côtés, & qu'il l'a rébâtit beaucoup plus belle & plus magnifique qu'elle n'étoit auparavant. Sigebert suppose que c'étoit encore l'ancien Oratoire de S. Etienne, bâti par S. Clément: il ignoroit apparemment que l'Evêque Crodegand avoit détruit cet ancien Oratoire, & avoit bâtit en sa place une Eglise plus spacieuse, que Thierry fit renverser, & en la place de laquelle, il bâtit la nef de la Cathédrale qui se voit encore aujourd'hui.

Il a bâti de plus l'Eglise de l'Abbaye de S. Vincent, & se servit pour conduire l'Edifice, d'Ogilbert Abbé de Gorze; mais en 1248. Garin, Abbé de S. Vincent, renversa cette premiere Eglise, & en bâtit une nouvelle, qui est celle qu'on voit aujourd'hui. Enfin l'Evêque Théodoric fit bâtir le Château & l'Eglise d'Epinal, qui ont donné naissance à la Ville de ce nom. Tout cela fait voir le grand goût que ce Prélat avoit pour les belles choses, & pour les Bâtimens.

On montre dans le trésor de la Cathédrale de Metz, plusieurs Reliques & Reliquaires donnés par l'Evêque Thierry.

THIERRY de Vaucouleurs. Voyez *Théodoric de Vaucouleurs*.

THIERRY, Evêque de Verdun, surnommé le Grand, ou le Magnanime, naquit en Allemagne vers l'an 1008. & eut pour Pere Guezelon, de la premiere Noblesse du Pays.

Il fut d'abord Chanoine de Basle, d'où le Roi de Germanie Henry III. le tira pour le placer sur le Siége Episcopal de la Ville de Verdun, vaquant par la mort de Richard, arrivée le 6. Novembre 1046. Presque aussi-tôt il eut la douleur de voir sa Cathédrale brûlée & pillée par Godefroy le Bossu, Duc de la basse Lorraine, & par Bauduin, Comte de Flandres. Il l'a rétablit en peu de tems avec le secours de ses amis.

Il se trouva en 1049. au Concile de Reims, & engagea le Pape Leon IX. qui y avoit présidé, à repasser par Verdun, & a y venir consacrer la Cathédrale nouvellement rébâtie. Thierry s'appliqua sérieusement à faire fleurir la science & la piété dans son Clergé, en quoi il réussit très heureusement.

Pendant les troubles qui s'exciterent entre l'Empire & le Sacerdoce, sous le Pape Grégoire VII. & l'Empereur Henry IV. notre Evêque se conduisit d'abord avec beaucoup de circonspection, rendant à Dieu ce qui est à Dieu, & à Cesar ce qui est du à Cesar. Mais bien-tôt il quitta le parti du Pape, & dès l'an 1076. il fut un des Prélats qui furent assemblés à Worms pour la déposition de Grégoire; il écrivit encore une Lettre Circulaire pour la convocation de cette assemblée Schismatique.

Il se trouva aussi à Utrech à la suite du Roi, qui avoit résolu (b) d'y faire excommunier le Pape; mais Thierry réfléchissant sur cette démarche, se retira furtivement de cette Ville avec Pibon, Evêque de Toul, & arrivant à son Eglise, il confessa publiquement qu'il avoit encouru l'excommunication, & s'interdit dès ce moment toutes les fonctions Sacerdotales.

Presque en même tems, il chercha à se reconcilier avec le Pape, lui renvoyant l'Etolle & l'Anneau par Rodolphe, Abbé de S. Vanne. Grégoire touché de cette démarche, lui rendit ses bonnes graces, & le renvoya à Herman, Evêque de Metz, pour

---

(z) Lettre du R. P. D. Leon Mâlo du 20. Mars 1744.

(a) Chronique de S. Benoît, tom. 5. pag. 254.
(b) Hugo Flavin. pag. 225. 226.

recevoir de lui l'Absolution. A la fin de Janvier 1080. le Pape lui enjoignit d'assembler un Concile, pour obliger le Comte Arnoû, à satisfaire Henry, Evêque de Liége.

Thierry ne laissa pas d'être toujours attaché au Roi Henry IV. & en 1079. il fut le seul des Evêques de sa Province qui consentit à reconnoître pour Evêque Egilbert, que le Roi présentoit pour Archevêque de Tréves, après la mort d'Udon. Quelque tems après il fit l'Ordination d'Egilbert, & depuis ce tems il se livra entiérement au parti de l'Antipape Clement III. que le Roi Henry IV. avoit opposé au Pape Grégoire VII. & chassa de son Diocèse les *Clercs* & les *Moines* qui étoient demeurés attachés au Pape légitime. Dieu lui fit la grace de rentrer en lui-même avant sa mort. Il envoya prier Rodolphe, Abbé de S. Vincent, de lui donner l'Absolution des Censures, suivant le pouvoir que cet Abbé en avoit reçu du Pape; Rodolphe avoit été expulsé de son Abbaye par Thierry lui-même. Il lui envoya Gerbert, Moine de S. Vanne, avec ses pouvoirs. Il trouva l'Evêque en vie, mais sans paroles; & sur les marques de repentir qu'il donna, il reçut l'Absolution, & mourut aussi-tôt après en 1088.

Il ne nous reste de plusieurs Lettres que Thierry avoit écrites à l'occasion des différents entre Grégoire VII. & le Roi Henry IV. que deux Lettres, dont l'une qui est imprimée dans un des Recueils de (*c*) Goldose, est une Lettre Circulaire contre le Pape Grégoire VII. qu'il propose de faire déposer.

La seconde Lettre se trouve dans les Actes des Archevêques de Tréves, adressée au Pape Grégoire VII. au sujet d'Egilbert, désigné Archevêque de Tréves.

Il y a encore sous le nom de l'Evêque Thierry une Lettre, ou un assez long écrit, qui porte quelquefois le titre de *Traité sur la Division du Sacerdoce & de l'Empire*.

Mais on est bien persuadé aujourd'hui que cet Ouvrage n'est pas de notre Evêque, mais bien d'un certain *Verric* ou *Veneric* ou *Guerric*, Ecôlatre de Tréves qui fut depuis Evêque de Verceil. Il est toute-fois très croyable qu'il ne l'écrivit pas sans le consentement de Thierry, qui permit qu'on la publiât sous son nom; cette Lettre a été donnée au Public par D. Martenne dans ses Anecdotes. (*d*)

THIERRY (Jean) de Greven-Macheren sur la Moselle, dans le Luxembourg, entra à Tréves dans la Société de Jésus le 8. Mars 1567. où (*e*) il enseigna quelque tems, de même qu'à Cologne, à Fulde, à Aix-la-Chapelle & à Spire, il professa la Philosophie & la Théologie, & s'adonna à la Prédication avec succès, & à entendre les Confessions. Il mourut au milieu de ces saints exercices en opinion de Sainteté, le 7. Janvier 1610. âgé de 70. ans; il a laissé quelques Ouvrages, comme le Catéchisme publié par l'autorité de l'Archevêque de Tréves & avec son approbation, *Praxis Cathechistica*, Trevir. 1612. in-octavo.

Quis dives salvus ? ou les quatre livres de Salvien contre l'avarice, distingués par chapitres, illustrés de Scholies marginales & de Notes tirées des SS. Peres; à Tréves 1609. in-quarto.

THIERRY (Jean) Conseiller d'Etat & Intendant du Duc Charles IV. a fait un écrit sous ce titre, *de la véritable Origine de la Maison d'Autriche & de Lorraine*, manuscrit. Voyez tom. 1. Hist. de Lorraine, pag. 157. des Préliminaires.

2°. Un Commentaire sur la Coutume de S. Mihiel, manuscrit.

Jean Thierry mourut en 1661. il avoit rendu de grands services à Charles IV. pendant sa prison de Toléde.

THIERRY (Rodolphe) fils du précédent, Chanoine de la Primatiale en 1651. puis Grand-Doyen de S. Diey, a fait par ordre de la Cour de France, l'inventaire des titres de l'Abbaye de Remiremont, manuscrit en 1694.

2°. Observations sur l'Histoire Monastique de l'Abbaye de Remiremont, composée par le R. P. D. Charles George, manuscrits 14. feuilles in-fol.

3°. Mémoires pour servir à l'éloge de Madame Catherine de Lorraine, Abbesse de Remiremont, manuscrits.

4°. Mémoires pour l'Histoire de Lorraine, où l'on montre qu'elle descend de Gerard d'Alsace, manuscrits. Le P. le Long dans sa Bibliothèque de France, pag. 802. cite une Histoire des Ducs de Lorraine, prouvée par titres, tirés des Archives de la Collégiale de S. Diey.

5°. Commentaire du même Auteur, M. Thierry sur les anciens titres de cette Eglise. Je crois que le P. le Long confond M. *Thierry*, avec M. de *Riguet*. Voyez *Riguet*.

J'ai eu en main l'inventaire des titres de l'Archive des Dames de Remiremont, où M. Thierry remarque qu'on a apparemment supprimé & détruit plusieurs anciens titres de cette Abbaye, parce qu'ils marquoient trop clairement que l'on y obser-

---

(*c*) Gold. const. tom. 1. pag. 26.
(*d*) Martenne Anecdotes, tom. 1. pag. 215. 216.
(*e*) Valer. Aud. Bibli. Belg. pag. 571. Alegambe. Bibliot. Scriptor. Socies. Jes. pag. 278.

voit la Régle Monastique, & que les Religieuses y étoient denommées Bénédictines & Montales.

6°. Une Histoire manuscrite de l'Eglise de Remiremont, composée en 1704. Il y suppose que S. Romaric établit au S. Mont un College de filles nobles, que ce Saint fit un voyage à Rome, & obtint du Pape Jean IV. un privilége d'exemption de la Juridiction de l'ordinaire, pour son Monastere de Rombec, qu'il mit sous la protection des Rois d'Austrasie, à qui il donna moitié des biens de son nouveau Monastere; qu'encore que les filles qui y demeuroient, n'observassent pas la Régle de S. Benoît, elles ne laissoient pas de se dire par honneur, Religieuses de son Ordre.

THIERRY (le Pere) de l'Ordre de S. Dominique, natif de Sausslures près Nancy, étoit très grand Théologien, & est mort le 13. Octobre 1737. à Nancy.

Lettre du R. P. Thierry Dominicain du Couvent de Nancy, au R. P. Hugo, au sujet de son Histoire de l'origine de la Maison de Lorraine, imprimée sous le nom de Baleicourt.

MON REVEREND PERE,

„ Enfin vous l'avez fait paroître cette
„ Histoire annoncée depuis si long-tems ;
„ les éloges magnifiques dont on l'a hono-
„ rée par avance, ont piqué la curiosité du
„ public ; on se flattoit d'y trouver de quoi
„ rassasier les plus avides du merveilleux.
„ On espéroit d'y remarquer des rares &
„ curieuses découvertes ; mais par malheur
„ tout y est commun: figures que vous nous
„ vendez plus chers, que les espéces elles-
„ mêmes ne valoient autrefois; cependant
„ vous nous remerciez d'avoir donné une
„ Histoire, vous vous en applaudissez. Je
„ serois là-dessus d'intelligence avec vous,
„ je vous congratulerois avec plaisir, si les
„ fautes de bon sens, les éclipses de raisons,
„ les manieres dures & barbares de s'expri-
„ mer, se faisoient moins remarquer dans
„ votre Ouvrage ; rien de tout cela n'est
„ pardonnable, sur-tout à un Auteur qui a
„ autrefois exercé le délicat & périlleux mé-
„ tier de censurer le genre humain, & qui
„ parle encore aujourd'hui d'un ton à faire
„ croire qu'il est pleinement persuadé que
„ la fine critique, la quintessence du puris-
„ me, tout le bon de l'humanité périra avec
„ lui.

L'on a été surpris, quand on a vû paroître votre Ouvrage sous le nom odieux de Baleicourt ; pourquoi, a-t-on dit, donner le chagrin amer à un ordre florissant, de voir revivre l'Histoire scandaleuse d'un de ses éléves ? Puisque le P. Hugo avoit des raisons de se cacher, ne pouvoit-il pas prendre un nom en l'air, ou plutôt n'en prendre point du tout ? Quel bisare dessein,pour donner plus de poids à une Histoire, de feindre qu'un libertin, un défroqué, un Hérétique en est l'Auteur ?

Il faut, mon R. P. que je vous rende ici justice, comme par-tout ailleurs, si vous avez tort de prendre le nom d'un Décapuchonné, vous en soutenez assez bien le caractere ; vous insultez ouvertement les Evêques, vous vous raillez sans ménagement du Souverain Pontife. Qui penseroit, pag. 296. dites-vous qu'un Pape, un très S. Pere, se fut enflammé, &c. ainsi s'explique le mordant & satyrique Auteur de l'esprit des Cours, ainsi parleroit le dévot Baleicourt.

Vous ne voulez pas reconnoître le Pape pour le Chef de l'Eglise universelle; vous vous expliquez la-dessus nettement, en disant que les foudres du Vatican ne passent pas les Alpes. Vous vous jouez de la pieuse simplicité des Princes de la Maison de Lorraine, qui faisoient des Pélerinages en une posture humiliante ; vous traitez ces loüables dévotions de bigotisme ; par bonheur que vous n'avez pas rencontré des Reliques en votre chemin, vous ne les auriez pas plus épargnées, que les Pélerinages ; vous les auriez sans doute, malicieusement jettées dans votre nouvelle riviere de Blanquetaque.

J'appelle *Blanquetaque* votre Riviere, pag. 140. & avec justice, elle est assurément de votre façon; il y a un guay de ce nom sur la riviere de Somme ; vous avez par une métamorphose assez grotesque, converti ce guay en Riviere ; vous avez fait en cette occasion, ce que fit autrefois un habile Théologien, qui mit serieusement un certain Edit d'un Empereur, au nombre des Hérétiques. Quand on veut se donner pour Historien, au moins doit-on consulter la Carte du Pays. Il faut aussi se donner la peine de lire les Mémoires dressés par les personnes qui ont eû part aux événemens que l'on décrit : la raison veut, qu'on en agisse de même ; mais vous vous moquez de la raison, aussi venge-t-on la raison en se moquant de vous.

Selon le Marquis de Beauveau, Charles IV. mena-luimême ses troupes au secours de l'Empereur, qui venoit de perdre la bataille à Leipsick contre le Roi de Suéde. Le Duc fit passer le Rhin à son armée, sur un pont de Bateau ; il alla rejoindre le Général Tilly avec les debris de l'armée de la Ligue. A son retour il passa à Strasbourg, où il reçut des affronts sanglans. On pilla son bagage, le peuple lui crioit par les ruës qu'il fuyoit le Roi de Suéde; un Chartier pouſſa même l'infolence, juſqu'à donner un coup de fouët ſur la croupe du cheval du Prince; cependant vous nous débitez hardiment, que Charles IV. envoya alors du ſecours à l'Empereur Ferdinand II. vous voulez qu'il ne l'ait pas mené en perſonne; ce qui eſt démenti par un Auteur qui accompagnoit le Prince.

Au contraire, vous faites paroître le même Prince, pag. 266. à la bataille de Rhétel; vous dites que ſi la victoire ne ſe déclara pas pour lui, il ne perdit pas pour cela la gloire d'avoir combattu en Héros; & néanmoins nous apprenons par les Mémoires de l'illuſtre Auteur que je viens de citer, que Charles IV. n'étoit point à Rhétel, que le Comte de Ligniville commandoit en Chef les troupes de Lorraine à cette fameuſe journée. Quelle croyance méritez-vous, mon Révérend Pere, quand vous nous parlez des tems réculés, lorſque vous tâchez de débrouiller le cahos de l'onziéme & du douziéme ſiécles, vous qui ignorez ce qui s'eſt paſſé de nos jours & à nos yeux ?

Après de ſi lourdes & de ſi honteuſes fautes, je ne puis que je ne regarde votre Hiſtoire comme un Roman, qui révolte ſans ceſſe le Lecteur éclairé: peut-on, par exemple, vous paſſer de maniere pitoyable, dont vous répondez aux preuves que Vaſſebourg apporte pour ſoutenir ſon ſiſtème, touchant l'origine de la Maiſon de Lorraine ? Cet Hiſtorien allégue cinq Chartres, qui marquent toutes clairement, que les Ducs de Lorraine ſortent du ſang des Bouillons. Voilà qui eſt fort, il eſt important de répondre ſolidement à des preuves qui paroiſſent convaincantes; l'on attendoit cela de votre rare érudition en matiere Généalogique. Mais l'on eſt ſurpris, quand on vous entend dire froidement que ces titres ſont ou ſuppoſés ou altérés: voyons les preuves de cette ſuppoſition ou altération. Les trois premiers ne ſe trouvent point, dites-vous, mais les a-t'on bien cherchés ? Quoi qu'il en ſoit, il ſe peut faire qu'ils ne ſoient plus, & cependant qu'ils ayent été; combien y en a-t-il péri par le malheur des tems? Le quatriéme eſt falſifié. L'Auteur de la vie de S. Norbert (f) l'aſſure. Le cinquiéme eſt auſſi altéré, c'eſt le reſpectable Balcicourt qui le dit nettement. Voilà prouver les choſes dans les formes. Où eſt l'ignorant qui voulant combattre votre ſiſtème, ne puiſſe dire de vos Chartres, ce que vous dites de celles de Vaſſebourg, ſur-tout des deux dernieres ? Vous moquez-vous du public en exigeant de lui qu'il croye aveuglément ce que vous lui débitez ? Il falloit au moins auparavant le convaincre que vous entendez le Latin, mais vous lui avez donné des preuves du contraire. Voici qui eſt curieux:

Vous racontez une partie de l'Hiſtoire du Prince Siffride en ces termes : Il ſut ſi bien s'attirer les bonnes graces d'Arnoud, Comte de Flandres, & profiter de l'accès qu'il avoit dans ſa Maiſon, qu'il eut tout le loiſir de déclarer ſon amour à Elſtrude, fille d'Arnoud. La Princeſſe n'y fut pas tout-à-fait inſenſible; elle ſe livra à ſon amant, quoi de plus riſible? Elſtrude qui ſe livre à ſon amant, n'eſt pas *tout-à-fait* inſenſible à ſes careſſes; que falloit-il donc qu'elle fît, pour vous paroître *tout-à-fait* ſenſible ? Mais cela n'eſt rien pour un homme qui n'y prend pas garde de ſi près. Vous continuez : ou plûtôt ſon amant lui ayant fait violence, il l'engroſſa, ſuivant la Chronique de S. Bertin, *Filiam ejus pulcherrimam Elſtrudem nomine, circumveniens clanculo impraegnavit*; ce ſont ces termes qui m'ont fait dire que vous n'entendiez pas le Latin. En effet, ils ſignifient tout le contraire de ce que vous prétendez; loin qu'ils marquent que Siffride fit violence à Elſtrude, ils expriment clairement, que les deux parties furent d'intelligence, que les choſes ſe paſſerent fort ſecretement ſans bruit, & d'un commun conſentement, *Elſtrudem circumveniens clanculo impraegnavit*. Prenez-y garde, mon R. Pere, ſi jamais la maladie de faire un Dictionnaire vous ſaiſiſſoit, comme vous avez été ſaiſi de celle de faire une Hiſtoire, ne donnez au verbe *circumvenire*, d'autre ſignification, que celle de tromper, de ſéduire, d'engager par artifice, & non celle de faire violence; autrement, je vous déclare que nous vous ferons condamner par tous les Cinquiémes du Pays; & cela, ſans reſpecter votre glorieuſe qualité de Docteur de Bourges.

Je ſuis perſuadé que vous vous embaraſſez fort peu d'une telle condamnation, vous qui vous donnez la téméraire liberté de critiquer les demi-dieux, de juger les Princes les plus ſages. Leopold, ce Souverain ſi digne de l'être, oüi, Leopold lui-même n'eſchappe pas à votre aveugle cenſure; ſelon vous, un trop fort penchant pour ſon frere, ou une trop grande complaiſance, lui fait caſſer ſon propre ouvrage. Vous devriez, mon Révérend Pere, reſpectueuſement ſuppoſer qu'il a eû de bonnes raiſons, pour a-

(f) C'eſt le P. Hugo qui eſt Auteur de cette vie.

voir fait ce dont vous vous plaignez. Ce n'est point tout. Vous voulez que ce Prince si sincere donne dans la fourberie, en feignant d'anéantir cet ouvrage, & le laissant néanmoins véritablement subsister. Il a détruit, dites-vous, la lettre; & conservé l'esprit de son Code. O le fin & délicat tour! d'un côté, le Duc fait trop, d'un autre côté, il ne fait rien. Si vous ne pouvez vous accorder avec les autres, accordez-vous au moins avec vous-même.

Peut-être aurez-vous plus de ménagement pour S. A. R. Madame? Point du tout; vous lui faites une insulte des plus outrageantes. Selon vous, la Duchesse Mere poussa à marier son fils aîné avec la niéce du Roi Très Chrétien; dans l'espérance que Sa Majesté adouciroit les conditions de la paix. Voilà, si on vous en croit, l'unique motif de cette glorieuse Alliance. Pourquoi, mon R. Pere, voulez-vous que les belles & rares qualités personnelles de la Princesse, n'aient été comptées pour rien? Pourquoi ne pas dire un mot dans un endroit où il convenoit si fort d'en parler? Cela n'est point poli.

Baleicourt auroit mieux tourné les choses; il n'auroit point dit non plus en l'air, que le Comte de Couvonge alla au-delà de ses instructions, & qu'il se précipita, en concluant ce mariage. Peut-on appeler précipitation, un coup si avantageux? Et, d'ailleurs, comment prouveriez-vous que le Comte alla au-delà de ses instructions? Les Envoyés n'en ont-ils pas souvent de secrettes, dont le Public n'est point informé? Mais vous voulez faire le Varillas, vous seriez bien-aise de nous persuader que vous pénétrez bien avant dans les mysteres de la politique.

Si vous en gardiez bien les régles de cette politique, que les Italiens appellent la Reine du monde, sujet d'un Prince parfaitement neutre, n'observeriez-vous pas vous-même la neutralité? Feriez-vous le mutin, en attaquant dans mille endroits des Puissances, que nous ne saurions trop ménager? Brisons là-dessus; voyons au moins, si vous nous débitez éloquemment vos belles chimères.

Je puis vous dire que de tous vos ennemis, il n'en est point avec qui vous soyiez si fort brouillé qu'avec la pureté du langage; l'on vous prendroit pour un Hybernois nouvellement débarqué. Mauvais tours, phrases louches, constructions embarassées, périodes à perte de vuë; voilà ce que vous présentez à tous momens aux lecteurs; surtout vous êtes l'homme du monde le plus malheureux en épithétes, vous n'en rencontrez presque jamais, qui conviennent aux choses auxquelles vous les appliquez. Vous vous souvenez, sans doute, de ce que les Journalistes de Trévoux ont dit de votre stile, à l'occasion de la vie de S. Norbert. Vous n'avez pas profité de leurs avis; c'est peut-être qu'ils n'ont parlé qu'en général, sans vous faire rien remarquer en particulier. Je vais descendre dans un petit detail; que sai-je si vous ne vous aviserez point de vous le rendre utile?

Tout au commencement de vôtre Préface, vous parlez de *croyance réduite en poudre, de ressource fragile, de nuages qui ont séduit*; je vous l'avoué, ces croyances pulvérisées, ces ressources qui se peuvent casser; les nuages seducteurs ne sont point de ma connoissance.

Page 105. vous racontez que Thiébaut I. Duc de Lorraine, ayant bû du poison qu'une fameuse Courtisane lui avoit fait prendre, ne fit plus que traîner une vie languissante; qu'il finit au milieu des douleurs, & dans une jeunesse belle & florissante. Quelle florissante jeunesse, qui est accompagnée de langueur, & accablée des plus vives douleurs! Trois époux successifs ne purent rendre fertile la Veuve de ce Duc, ajoûtez-vous à la même page; l'on dit une femme feconde; & une terre fertile; c'est qu'Alberic assure qu'elle mourut sans héritiers, *moritur sine harede*. Belles preuves; comme si une femme ne pouvoit point avoir eû plusieurs enfans, & cependant mourir sans héritiers; ne voit-on pas tous les jours des meres survivre à leurs enfans?

Page 160. Charles I. défendit à ses filles de s'allier à aucun Prince du sang de France; & en 1411. *il se renforça dans cette résolution*; *se renforcer* dans une résolution, *pour s'y affermir*; quel jargon? Cette phrase vaut assurément celle-ci, *Victor IV. ayant enlevé l'Empereur Friederic dans son parti*: un Pape qui enléve dans son parti un Empereur; cela est finement exprimé. Ajoûtons à ces expressions toutes neuves, cette troisiéme, *Ce fut pourtant de cette conduite que les Espagnols tirerent de fâcheux horoscopes*. L'on dit ordinairement, tirer l'horoscope d'une personne; mais tirer des horoscopes de la conduite, qui le peut dire? si-non vous, mon R. Pere, qui avez un langage tout particulier?

Si je voulois examiner tout votre Livre, il me faudroit faire moi-même un Livre. Je passe rapidement à ce que vous écrivez au sujet de Leopold I. cela nous touche de plus près; & d'ailleurs l'on pourra juger de toute votre Histoire, par ce que je vais dire d'une petite partie.

L'esprit pénétrant, dites-vous, le naturel affable que Leopold apporta en naissant, ne laisserent presque à son Gouverneur, que le soin de recuëillir les fruits de la vertu de son éléve ; peut-être n'a-t'on jamais trouvé le secret d'ecrire tant d'absurdités en si peu de lignes. Leopold, en naissant, apporte un esprit pénétrant ; non, il apporta, en naissant, comme le reste des mortels, un esprit enveloppé d'épaisses ténébres, qui l'empêchoient de pouvoir alors rien pénétrer ; cet esprit est, à l'heure qu'il est, pénétrant ; j'en conviens ; mais il a fallu du tems ; il ne Petoit point, lorsque Leopold vint au monde. Le naturel affable, l'on dit, une personne affable ; mais un naturel affable ne se dit point ; *en naissant, ne laisserent*, cela sonne mal.

Ne laisserent presque à son Gouverneur, que le soin de recuëillir les fruits de la vertu de son éléve ; voilà qui est vuide de sens. Vous voulez que Milord Carlinford n'ait presque point eû d'autre soin, que de recuëillir les fruits, &c. On recuëille ces fruits avec plaisir, & sans aucun soin ; & d'ailleurs, quelque bon que soit le naturel d'un Prince, il faut de grands soins pour le cultiver. Enfin, si un Gouverneur n'a pas soin, il ne merite pas de recuëillir des fruits, &c. Vous nous développez vos sentimens, vous nous faites connoître que, si vous aviez été Gouverneur des jeunes Princes, il ne vous en auroit pas coûté beaucoup de soin, vous les auriez abandonnés à leur bon naturel, & à leurs justes penchans ; vous vous seriez contenté de recuëillir les fruits de leur vertu, sans les avoir mérités.

Vous ajoûtez : Le sang glorieux de l'invincible Charles se fit sentir de bonne heure dans le cœur de son fils Leopold ; quelle grotesque expression ! une seule goute qui tombe sur le cœur, fait partir son mortel ; & vous voulez que du sang, de gros boüillons sans doute, se fassent sentir dans le cœur de Leopold ? Ce Prince a fait voir que le sang de Charles V. de ce Héros de nos jours, couloit dans ses veines ; jamais, heureusement pour nous, ce glorieux sang ne s'est fait sentir dans son cœur.

Vous continuez : On jugea, par les premiers exploits de ce jeune Prince, qu'on verroit renaître en lui l'image & les vertus de son auguste Pere. Si vous aviez un peu de goût, ne vous appercevriez-vous point aisément, que l'on est revolté de ces termes : *Voir renaître l'image du Pere dans le fils ?* Pour que l'image puisse renaître, il faut qu'elle ait été auparavant. Or l'image que vous dites renaître, n'a pas encore eté ; le pere est l'original, l'on ne peut donc dire que l'image du pere renait dans le fils.

Vous dites ensuite : Le Roi de France rompit avec ses Alliés, pour suivre la voix du Testateur, quoiqu'il n'y eût pas encore neuf mois, que les Ministres François, de concert avec l'Angleterre & la Hollande, eussent déclaré cette voix impuissante ou muette, dans l'appréhension qu'elle ne parlât contre eux. A force de vouloir dire de jolies choses, l'on en dit souvent de pitoyables : Suivre la voix du Testateur, & du Testateur qui est mort, cela se peut-il dire ? cette voix est-elle dans son Testament ? Non ; sa volonté y est exprimée ; mais pour sa voix c'est un vain son, un son fugitif qui s'échappe ; il faudroit courir trop vîte, pour le suivre, quoiqu'il n'y eût pas encore neuf mois que les Ministres eussent. *Eût & eussent*, cela choque ; & d'ailleurs, il faut, au lieu d'*eussent*, *avoient*, parce que le quoique a trouvé son subjonctif dans le verbe *eût* : *eussent* déclaré cette voix muette ; cela est rare, ces voix muettes ; on ne peut les entendre, sans doute, sans qu'on les voie ; *Dans l'appréhension qu'elle ne parlât* ; ce n'est point la voix qui parle, c'est l'homme qui parle par le moyen de la voix.

Parlant de la Retraite de Leurs Altesses Royales à Lunéville, vous dites : Cet orage fut à peine surmonté, que l'esprit inquiet de l'Evêque de Toul en suscita un autre ; dissiper un orage, se dit, & non pas *surmonter un orage* ; d'ailleurs, cet orage n'est pas encore surmonté.

Aprés avoir lâché l'Evêque, vous vous jettez sur le Pape : Qui penseroit que, pour un *Pareatis*, un Pape, un très S. Pere, fût enflammé jusqu'à foudroyer, &c. *Qui penseroit ?* Tout le monde ; il est aisé de le penser, aprés que la chose est arrivée. Il faut donc dire : Qui l'auroit pensé ? Vous n'avez pas suivi la méthode de cet Auteur du dernier siécle, qui, au rapport de M. Simon, avoit fait un Recuëil d'injures polies, afin de pouvoir, dans le besoin, jurer éloquemment.

Je ne vous dirai rien des nouveaux mots, que vous vous êtes donné la liberté de forger, quoique, selon M. Vaugelas, ce droit n'appartient qu'aux Princes & aux fous ; mais il est important de vous avertir, que je me suis contenté d'exposer une partie de vos fautes, qui peuvent être apperçuës de tout le monde. Pour le fond de votre Histoire, je ne l'ai point examiné ; cet examen regarde une certaine personne, qui vous doit, à ce que l'on dit, bien-tôt expliquer ses sentimens ; vous connoîtrez par-là, que votre ouvrage n'est point une chose sacrée, qu'on n'ose toucher ; ou s'il est sacré, ce ne peut être que dans le sens qu'un Poëte a dit, *Res est sacra miser*, un misérable est une chose sacrée. Je suis, &c.

THIRIAT (Florentin) natif de Mirecourt, Avocat & homme de Lettres, a composé un *Traité de la Noblesse*, manuscrit.

On croit qu'il est Auteur du *Commentaire sur la Coûtume générale de Lorraine*, imprimé à Metz, sous le nom de M. Fabert. Voyez ci-devant *Fabert*.

M. Thiriat fut pendu, pour avoir fait quelques Satyres contre un Prince de la Maison de Lorraine (*g*). Lors de son malheur, ses Ecrits furent dispersés & vendus avec les meubles ; Isaac Fabert acheta le Commentaire dont nous parlons. Une preuve que le Commentaire sur la Coûtume de Lorraine, imprimé par Fabert, est véritablement de M. Thiriat, c'est que M. Chardin, Conseiller à la Cour, avoit entre ses mains les Manuscrits du même Thiriat sur le stile, qui devoient être imprimés à la suite de la Coûtume. On trouve, à la fin dudit Commentaire, quelques Vers sur les Loix ; & ces Vers sont de fort bon goût, ils sont sans doute de M. Thiriat, comme le reste.

THIRIOT, ou *Thiriau* (Jean) né à Vignot, ou Vignoi sur Meuse, lieu autrefois considérable, & qui porte le nom de *Ville* dans les anciennes Chartres, & en particulier dans celle de son affranchissement, suivant la Loi de Beaumont en 1336. Il est encore aujourd'hui fermé de murailles, mais fort caduques, & en partie détruites, & avoit autrefois deux Bourgs ; on y tenoit Foire & Marché. Le voisinage de la Ville de Commercy, que les Princes & Seigneurs de cette Ville ont voulu agrandir & embellir, a beaucoup contribué à la diminution de Vignot, qui est réduit aujourd'hui en un Bourg assez considérable, puisqu'il est peuplé de 225. habitans. Ses Armes sont un Pampre de vigne, chargé de raisins, comme pour faire allusion à son nom de *Vignot*, & au *Vignoble* qu'il renferme dans son voisinage. On voit ces Armes en relief dans des Cartouches sur les Portes du Bourg, à côté de celles de la Maison de Lorraine. Vignot a été possédé par la Maison de Raigecourt, il y a plus de trois cens ans.

Jean Thiriot naquit donc à Vignot sur la fin du seiziéme siécle, vers l'an 1590. Après avoir appris le métier de Tailleur de pierres dans sa patrie, il se rendit à Paris, pour se perfectionner. Il eut l'avantage d'être connu & estimé par le Cardinal de Richelieu, qui l'envoya au siége de la Rochelle, pour lui rendre compte de ce qu'on pourroit faire pour la réduction de cette Place, & en particulier pour la construction d'une Digue, capable d'empêcher que les Anglois ne continuassent à y porter secours par mer ; car c'étoit la seule chose qui retardoit la reddition de la Place.

Thiriot ayant examiné le terrain, s'engagea à faire une Digue longue de 747. toises, pourvû qu'on lui fournît les matériaux & les secours nécessaires pour l'exécution de ce dessein, qui jusques-là avoit paru impossible, à cause du flux & reflux de la mer, qui renversoient tout ce qu'on leur avoit opposé, pour arrêter l'approche des Vaisseaux Anglois.

Thiriot fut donc chargé de l'entreprise, & en vint heureusement à bout ; l'Histoire dit que ce fut *Clement Metzeant de Dreux*, *qui fut depuis annobli en récompense, & devint Architecte des Bâtimens du Roi*, qui en fut l'inventeur, *& que ce fut Jean de Thiriau, Maître Maçon de Paris, appellé depuis le Capitaine Thiriau, qui en conduisit l'ouvrage*: elle fut commencée le 1. Décembre 1627. Mais Thiriot, ou Thiriau, étoit né, comme nous l'avons dit, dans le Bourg de Vignot sur Meuse, & s'étoit établi à Paris, étant encore assez jeune.

Il reçut aussi, en récompense, des Lettres de Noblesse, & l'on voit encore à présent sur la muraille de son ancienne Maison à Vignot, ses Armes en relief, qui sont un Maillet & un Compas, le manche du Maillet engagé dans les branches du Compas ; & pour timbre, un Casque ouvert à côté, & pour suport, deux Génies nuds : cette Maison est située près la Porte qui mene à Toul.

THOMAS (N....) né à Sainte-Marie-aux Mines, avoit un très grand talent pour les machines, dont il donna quelques épreuves dans sa patrie. Etant allé à Paris, le Roi Loüis XIV. l'employa à différens ouvrages, qu'il exécuta heureusement par le moyen d'une manivelle propre à élever, & emporter de gros fardeaux, à faire avancer un chariot sans chevaux, & à tirer des nacelles dans la Riviere, contre le cours de l'eau, &c. On trouve de ses Machines dans les Mémoires de l'Académie des Sciences en 1701. tom. I. Il a inventé un Cric circulaire, pag. 209. en 1703. un autre Cric circulaire, différent du premier, tom. 2. pag. 37. C'est une roüe dentée menée par un simple pignon, dont l'arbre étant prolongé de part & d'autre, porte à ses extrémités des manivelles. On dit que cette machine a beaucoup de rela-

---

(*g*) François de Lorraine, frere du bon Duc Henri II. lui avoit donné sa grace, supposé que le Prince François son fils y consentît ; ce qu'il ne voulut faire.

tion au *Pancratium* des anciens ; on en peut voir la description au lieu cité du Recueïl des Machines, approuvées par l'Académie des Sciences.

La même année 1703. il composa un Cric circulaire propre à donner le mouvement à un Chariot à quatre roües, chargé à l'ordinaire : voyez tome 2. des Machines, p. 39. dans la page 41. on fait voir l'application de ce Cric à une Gruë ou Chévre.

La même année il proposa un Cilindre creux, ou ressort à boudin pour suspendre le corps des Carosses. Voyez tome 2. p. 43.

En 1706. il proposa une Machine pour élever de gros fardeaux ; c'est une application du Cric dont on a parlé sous l'an 1703. Voyez tom. 2. des Machines, p. 131.

Étant dans son Pays, il apprit, en voyant la verdure de certaines herbes dans les montagnes, qu'il y avoit dans la terre , à une certaine profondeur , des sources d'eaux. Du tems de la guerre d'Espagne , où commandoit M. le Duc d'Orléans , il en fit l'épreuve à Lérida , & ayant fait creuser dans la montagne , on y trouva de l'eau en abondance ; on dit même , qu'à l'aspect d'une pierre tirée du fond de la fosse où l'on creusoit , il disoit à quelle distance on étoit alors de la source qu'on cherchoit.

THOMAS (Thomas) Capucin Lorrain, natif de Charmes sur Moselle , a fait imprimer en 1749. à Nancy, chez A. Leseure, une Théologie morale , sous ce titre : *Theologiæ Moralis luculenta & dilucida elucubratio , ad usum sacræ Theologiæ Candidatorum , Auctore R. P. Thoma ex Charmes Capucino , Provinciæ Lotharingiæ Exdefinitore, ac sacræ Theologiæ Exprofessore.* Cet Ouvrage contient six Volumes in-octavo ; il est dédié au Pape Benoît XIV.

L'Auteur déclare dans sa Préface , qu'il a retranché les questions purement Philosophiques, vaines & inutiles pour le réglement des mœurs ; qu'il s'est contenté de produire un petit nombre de preuves choisies, tirées de l'Ecriture, des Peres & de la tradition ; qu'il s'est contenté de rapporter dans le corps de l'Ouvrage les citations les plus nécessaires , & a renvoyé les autres à la fin du Livre ; qu'il a évité l'abus de plusieurs Théologiens, qui se contentent de ramasser les sentimens de plusieurs Auteurs, & laissent souvent le Lecteur indécis. Pour lui , il se détermine pour l'opinion la plus saine & la mieux fondée.

Son Ouvrage est entrepris principalement en faveur des jeunes Etudians de son Ordre,
pour les former dans l'étude de la Théologie, & pour leur épargner la peine de lire les grands Ouvrages des autres Théologiens, dont la longueur rebutte les jeunes gens , & les laisse souvent dans l'incertitude & l'ignorance , au lieu de les fixer & de les instruire solidement.

THOUVENIN (François) cité par le R. P. Vincent, Tiercelin, avoit écrit sur les affaires de Lorraine & Barrois. Il disoit que le Comté de Bar étoit devenu Fief Impérial, par l'érection que l'Empereur Charles IV. fit de ce Comté en Duché , & que les Ducs de Bar en ont fait hommage à l'Empire ; c'est peut-être le même *Thouvenin*, qui a écrit en faveur du Duc Charles IV. contre la Duchesse Nicole , son épouse.

M. Jean-Jacques Chifflet (*h*) cite l'Ouvrage de François Thouvenin, qui étoit Conseiller & Secrétaire du Duc François II. Pere du Duc Charles IV. & dit qu'il a écrit & fait imprimer en François une Apologie , pour prouver que le fameux Traité de Nuremberg de l'an 1542. (*i*) ne regarde pas moins le Barrois, que la Lorraine ; & le même M. Chifflet cite un grand Passage du même Ouvrage de M. Thouvenin, que je n'ai pû encore voir. Il y explique clairement les rapports , que les Ducs de Lorraine ont avec l'Empire, & les obligations qu'ils ont contractées avec lui , par ce Traité de Nuremberg ; il est imprimé au dernier Tome de l'Histoire de Lorraine.

Le même M. Thouvenin parle des bornes d'airain , posées sur la Meuse , pour marquer la séparation de la France & de l'Empire. Il ajoûte que le Roi Henri II. ayant déclaré la guerre à l'Empire , Charles V. fit arracher ces bornes, que le peuple du Pays appelle encore aujourd'hui *les Metes de l'Empire*, & que , du tems de ces deux Ecrivains, on en découvroit encore quelques-unes, qui étoient demeurées cachées sous terre. Nous avons parlé assez au long de ces bornes, qui portoient, d'un côté , la Fleur de Lys , & de l'autre , les Aigles Impériales.

THOUVENOT (J. N.) Chanoine de S. Diey, natif de Ligny en Barrois, a composé un assez gros Ouvrage intitulé, *Siége Quasi-Episcopale de l'Eglise Insigne de S. Diey*, en un Recueïl de Lettres , pour servir de réplique à la *Défense de l'Eglise de Toul*. L'Ouvrage est divisé en deux parties.

Dans la premiere , il montre que le Val de S. Diey est de nul Diocèse , & il le prouve par plusieurs Chartres qu'il produit.

Dans la seconde partie , il réfute , Cha-

(*h*) *Chifflet. Commeus. Lothar. p. 40. & 13. & in Lothar. Masculin.*

(*i*) *Apud Chifflet. p. 31. & suiv.*

pitre par Chapitre, la compilation de la Défense de l'Eglise de Toul.

L'Ouvrage est composé en forme de Lettres, qui se trouvent au nombre de quatre. Il y montre,

1. Que le Val de S. Diey, situé dans les montagnes de Vôges, étoit sans habitans, lorsque S. Diey y vint fixer sa demeure ; 2°. Que dans ce Val inhabité, ou même supposé habité, S. Diey étoit en droit d'y ériger des Eglises ; 3°. Qu'auparavant que ces Eglises fussent fondées, & depuis qu'elles l'ont été, cette partie des Vôges ne fit jamais partie du Diocèse de Toul..... Il réfute au long le sentiment contraire à ces propositions.

THOUVENOT, premier Chirurgien de Leurs Altesses Royales de Savoie, & ci-devant Chef & premier Chirurgien des Incurables à Paris, étoit né en Lorraine, & vivoit en 1678. Il ne m'est connu que par une Lettre écrite en cette année, à l'Auteur du Journal des Savans de Paris, par M. Boule, Chirurgien François, établi à Turin depuis 25. ans, & qui fut guéri, âgé de 72. ans, d'une hydropisie ascite, par ledit M. Thouvenot. On voit dans la Lettre de M. Boule, la méthode dont s'est servi M. Thouvenot dans la guérison de M. Boule, avec la description des aiguilles & canulettes, dont il se sert pour ces sortes de cures. Le tout se trouve au Journal des Savans de Paris, le 12. Septembre 1678.

La maniere extraordinaire, dont M. Thouvenot guérissoit l'hydropisie, & l'adresse admirable, avec laquelle il composoit lui-même ses aiguilles & canulettes pour cette opération, méritent que je lui donne ici place parmi nos Hommes illustres.

THYBOUREL (François) Maître Chirurgien, natif de Gorze, fameux Mathématicien dans l'Université de Pont-à-Mousson, a fait imprimer, conjointement avec Jean Appier, dit Hanzelet, Calchographe, ou Graveur en tailles-douces, chez Charles Marchant, Imprimeur de Son Altesse au Pont-à-Mousson, *Le Recuëil de plusieurs Machines militaires, & Feux artificiels pour la guerre & la récréation, avec l'Alphabet de Trithemius, par lequel chacun qui sait écrire, peut promptement composer congruement en Latin ; aussi le moyen d'écrire la nuit à son ami absent.* 1620. in-quarto.

Dans son Epître Dédicatoire au bon Duc Henri, où il s'est ci-devant appliqué, suivant les ordres de ce Prince, à décrire *les vertus & accidens des Eaux de Plumieres* ; que depuis il a aussi travaillé *sur les Eaux minérales du Pont-à-Mousson* ; mais que, depuis la Comette qui parut en 1619. il s'est associé avec Jean Appier, dit Hanzelet, fils de feu Hanzelet, Ingénieur du Grand-Duc Charles III. pour ramasser avec lui ce qui regarde les Machines militaires & Feux artificiels, dont ils ont composé six Livres.

Hanzelet, comme Graveur, a rempli son Livre de figures en tailles-douces, accompagnées d'explications fort justes des Machines de guerre.

Le premier Livre est dédié au bon Duc Henri.

Le second, au Prince Charles, Comte de Vaudémont, qui fut bien-tôt après le Duc Charles IV.

Le troisième est dédié à Loüis de Guise, Comte de Boulai, Baron d'Ancerville, &c. & connu depuis sous le nom de Prince de Phalsebourg.

Le quatrième, à Elizée d'Haraucourt, Seigneur d'Acraigne, & Gouverneur de Nancy.

Le cinquième, à Charles d'Haraucourt, Baron de Chamblai, &c. Général de l'Artillerie de Lorraine & Barrois.

Le sixième, qui est la description de l'Alphabet de Trithémius, est dédié à François de Savigny, Seigneur de Lémont, Chardogne, &c. Capitaine de cent hommes de pied pour le service du Roi.

A la fin, on trouve la méthode pour écrire de nuit à son ami absent, & en recevoir réponse.

Au commencement est une Elégie contre Bertholde Schuartz, Inventeur de la poudre à canon.

TIGEON (Jacques) Chanoine de Metz ; a écrit *la conjonction des Lettres & des Armes dans les deux freres Charles, Cardinal de Lorraine, & François, Duc de Guise* ; imprimé à Reims in-quarto en 1579. M. Baillet, dans sa Préface de la Vie des saints Peres, p. 50. dit que M. Tigeon a fait, ou traduit plusieurs Vies des Saints, insérées dans le Recuëil de M. Pierre Vieille, Chanoine du Mans. M. Tigeon n'étoit pas Lorrain, mais Angevin ; je le mets ici comme Chanoine de Metz.

TIPHAINE (Claude) Jesuite, naquit à Paris l'an 1571. & entra en la Compagnie l'an 1593. Il enseigna quelque tems la Philosophie & la Théologie, fut Recteur des Colléges de Reims, de Metz, de la Fléche & de Pont-à-Mousson, où il fut ensuite reçu Docteur, & élû Chancelier & Recteur de cette Université. Il fut aussi Provincial de la Province de Champagne. Enfin, il mourut saintement à Séns, le 27. Décembre de l'an 1641. C'étoit un homme d'un esprit très doux, d'une humeur commode, de mœurs fort tranquilles, qui sut joindre la science avec la piété. Ses sentimens furent différens de ceux de sa Compagnie sur la prédestination & la grace ; car il soutint toujours & enseigna les sentimens de S. Thomas, touchant la prédestination gratuite, & touchant la grace, qu'il tenoit efficace par elle-même, en vertu du souverain domaine & de la toute-puissance de l'opération de Dieu sur le cœur de l'homme, & indépendemment de la science moyenne.

Il composa même un Ouvrage Latin, intitulé, *Traité de l'Ordre, ou de ce qui précède, & de ce qui suit ; de Ordine, seu de priori, & de posteriori.* Il le fit imprimer à Reims l'an 1640. à la faveur de son Provincialat. Il avoit donné auparavant deux autres Ouvrages ; l'un intitulé, *Avertissement aux Hérétiques de Metz,* l'an 1618. & l'autre, *Declaratio & defensio Scholasticæ doctrinæ, SS. Patrum, & Doctoris Angelici, de hypostasi seu persona, &c.* en 1634. Voyez Alegambe, *Biblioth. Scriptor. Societatis Jesu ;* Lettre du Prince de Conti au P. Déchamps, & Moreri.

TOIGNARD (Antoine & Jean) Médecins, étoient freres, & natifs de Clermont en Argonne, Ville pour-lors du Domaine du Duché de Lorraine. Le premier a composé un petit Livre sur les Eaux de Plombieres ; qui est rare ; en voici le titre : *Entier Discours de la vertu & propriété des Bains de Plombieres par A. T. M. C. à* Paris, chez Hulpeau 1581. in-16. Ils étoient tous les deux fort unis avec les freres Antoine & Nicolas le Pois. Jean Toignard a composé des Vers Grecs & Latins, à la loüange du Livre de ce dernier ; ils sont imprimés à la tête de cet Ouvrage. Il y retient toujours, comme son frere, le nom de sa patrie, *Medicus Claromontanus,* quoiqu'il eût passé une partie de sa vie au service du Duc Charles III. dont il étoit Médecin ordinaire ; il en reçut des Lettres d'anoblissement le 12. Mars 1562.

TOUR (Claude du Ménil de la) natif de Lunéville, excelloit dans les Peintures des nuits. Il présenta au Roi Loüis XIII. un Tableau de sa façon, qui représentoit un saint Sébastien dans une nuit ; cette Piéce étoit d'un goût si parfait, que le Roi fit ôter de sa chambre tous les autres Tableaux, pour n'y laisser que celui-là. La Tour en avoit deja présenté un pareil au Duc Charles IV. Ce Tableau est aujourd'hui dans le Château de Houdemont, près Nancy.

TOUSSAINT (D. George) Benédictin de la Congrégation de S. Vanne, natif de S. Diey, Profés de l'Abbaye de Munster en l'an 1734. le 26. de Septembre, a écrit, 1°. Un Traité Dogmatique & Moral sur le Sacrement de Mariage, imprimé à S. Diey en 1739. 2. vol. in-octavo.

2°. Un Traité de la Pénitence, qui sera suivi d'un Traité des Censures Ecclésiastiques, auquel il travaille actuellement. Il a professé la Théologie dans l'Abbaye d'Aprémoutier en Alsace.

TRÆLÆUS (Nicolas-Clement) ou de Treille ; son vrai nom étoit Nicolas-Clement Trælæus ou de Treille ; ce dernier nom lui venoit d'un Village aux environs de Remiremont, nommé Treille. Il étoit né à Vezelise, comme il paroît par une de ses Lettres à Jacques Boissard. Ses Ouvrages sont, *Nomina, Conjuges, Nati, Sepulchra, anni Christi, &c. Regum Galliæ & Ducum Lotharingiæ,* manuscrit. Il avoit aussi écrit sur la Géographie de Lorraine ; & il est cité dans Ortelius & dans Gerard Mercator.

Son principal Ouvrage est intitulé, *Austrasiæ Reges & Duces ad vivum expressi, & Epigrammatibus descripti.* Colon. 1591. 1593. Cet Ouvrage fut mis en François, & imprimé à Epinal en 1617. avec des planches en bois. François Guibaudet, Dijonois, a traduit en Vers François, les Epigrammes Latines de Nicolas-Clement de Treille, & a ajoûté, à la fin, les dattes du mariage & de la mort du Duc Charles ; le premier Tome est imprimé in-quarto, à Cologne 1591. avec des tailles-douces.

Guibaudet, dans sa Préface, dit que Nicolas-Clement de Treille ayant composé, il y a environ 16. ans, c'est-à-dire, en 1573. cet Ouvrage des Rois & Ducs d'Austrasie, & n'ayant pû les mettre au jour, prévenu par la mort, le sieur Blondefontaine ayant recouvré ce Livre en manuscrit, le communiqua à Guibaudet, & le pria de le traduire en François ; ce qu'il fit, ajoûtant à la fin, les années des mariages des Ducs, & les dattes de leurs régnes ; le tout dédié à Henri de Lorraine, Marquis de Pont, qui fut depuis le bon Duc Henri II.

L'Epître Dédicatoire de Nicolas-Clement de Treille, est adressée au Duc Charles III. & dattée du 2. Juin 1573. à Vezelize. Cet Auteur fait descendre les Ducs de Lorraine de Clovis, & de Godefroi de Boüillon, par Guillaume, frere de Godefroi. Nous voyons par certains Vers de Jacques Paschaire Lorrain, que Nicolas-Clement de Treille avoit écrit quelques Piéces en Vers François.

In N. C. Trelli Gallica Poëmata.

Quid prosunt pario ducti de marmore vultus?
Sculptaque priscorum tot monumenta Ducum?
Cecropii periere diu celebrata myronis,
Ævaque Praxitelis, Trelle notata manu.
At tua Pegaseo conscripta Poëmata fonte,
Squalebunt nullâ temporis invidiâ.

Boissart dit que de Treille étoit d'une très bonne noblesse, mais qu'il n'étoit pas fort opulente.

Tu Patrem prima nobilitatis habes.
Cumque hujus decoris Cæsar Diploma reliquit,
Bella Lutheranis religiosa parans.
Oblitus, redivus super addere, castra secutus,
Non potuit tanti muneris esse memor.

TRESSE (le R. P.) Jesuite Langrois, n'appartient à mon sujet, que comme ayant professé la Théologie au Pont-à-Mousson, & où nous l'avons vû dans cet exercice, lorsque nous y étudions en Rhétorique, en 1687. & 1688. Ce R. Pere eut alors une affaire qui fit du bruit, & dont le public a été informé d'une maniere peu fidelle.

Ayant présidé à une Thése le 14. Janvier 1689. où l'on lisoit cette proposition: *L'homme n'est point obligé d'aimer la fin derniere,* (qui est Dieu) *ni dans le commencement, ni dans le cours de sa vie morale*; cette proposition fut déferée à Rome par M. Arnaud, Docteur de Sorbonne, par un Ecrit d'une feuille, & le Pape Alexandre VIII. la condamna le 24. Août 1690. comme hérétique, conjointement avec une autre Thése sur la même matiere, soutenuë à Dijon, par le P. Munier Jesuite, au mois de Juin 1686. déferée au S. Siège par le même M. Arnaud.

M. Dodart, Médecin de Madame la Princesse de Condé, parla au Roi Loüis XIV. de cette proposition, & le Roi en fit des reproches au P. de la Chaise, son Confesseur. Les Peres Jesuites publierent deux Censures de cette proposition, imprimées au Pont-à-Mousson, qu'on disoit avoir été faites par la Faculté de Théologie, à laquelle les Jesuites mêmes l'avoient déferée. Ces Censures furent répanduës à la Cour avec affectation; mais elles étoient inconnuës par-tout ailleurs, même au Pont-à-Mousson. Les Jesuites avoient enlevé tous les Exemplaires, & les Docteurs du Pont-à-Mousson n'eurent connoissance de cette Censure que par le bruit public, n'ayant jamais été assemblés pour ce sujet, quoique la Censure le porte.

Comme je suis résolu de ne désobliger personne, autant que faire se pourra, & de ne rien avancer contre la vérité, j'ai consulté sur cette affaire le R. P. Joseph Petitdidier, connu par sa droiture & sa sincérité; & voici ce qu'il m'a répondu:

1°. Ni le Pere Tresse, ni aucun autre Jesuite, n'a jamais enseigné que l'homme n'est point obligé d'aimer Dieu, comme il est porté dans la proposition condamnée.

2°. C'est le soutenant qui avoit lui-même composé sa Thése; la faute du Président, est de ne l'avoir pas examinée & corrigée.

3°. Le nom de *Dieu*, qu'on y insere, n'y étoit pas exprimé, mais seulement celui de *fin derniere.*

4°. Après la soutenance, on la fit rétracter au soutenant; & j'ai fait voir à mon frere, alors D. Mathieu Petitdidier, & depuis Evêque de Macra, sa rétractation écrite, & signée de sa main dans le Régître de l'Université. De plus, pendant mon Rectorat, l'ayant engagé à prêcher devant l'Université assemblée, il la rétracta de nouveau de son propre mouvement, & en demanda pardon au Corps.

5°. Il est vrai que la Censure de la Faculté de Théologie fut faite par les seuls Docteurs, qui étoient au Pont-à-Mousson, sans assembler les Curés de la Campagne qui étoient Docteurs, & qui auroient dû y être présens.

6°. Enfin, le Pere Tresse qui avoit été déposé de sa Chaire de Théologie, par ordre de notre R. P. Général, fut solemnellement rétabli par la sacrée Congrégation, à la sollicitation du R. P. d'Aubentin, son ami, qui étoit à Rome Assistant pour la France.

TRITHEME (Jean) Abbé de Spanheim, naquit le premier Février 1462. au Bourg de Trithenheim sur la Moselle, à sept lieuës au-dessous de Tréves. Son pere étoit Vigneron; il le perdit n'étant âgé que d'un an. Au bout de sept ans, sa mere se remaria; son beau-pere ne voulant pas qu'il étudiât, Trithéme étudioit furtivement pendant la nuit; enfin, il se déroba de la maison de son beau-pere, & alla à Tréves, pour avoir moyen de satisfaire son inclination à l'étude; de-là il se rendit à Heidelberg en 1482. Comme il s'en retournoit, le mauvais tems le contraignit de s'arrêter, le 25. Janvier, dans l'Abbaye de Spanheim, au Diocése de Mayence; il y prit l'habit le 1. Février 1482. & en fut élû Abbé l'année suivante. Il la gouverna jusqu'au 16. Août 1506. qu'il s'en démit, pour être Abbé de S. Jacques à Wirtzbourg, où il mourut le 13. Décembre 1518. ou 1519.

Les affaires de son Abbaye ne l'empêcherent pas de vacquer à ses études. Etant Abbé de Spanheim, il forma une nombreuse Bibliothéque, composée de plus de deux mille Volumes d'excellens Livres, dont plus de 80. étoient manuscrits, en toutes sortes de langues. Il composa aussi plusieurs Ouvrages, dont la plûpart sont imprimés, comme la Chronique de Spanheim & celle de Hirsauge; deux Livres sur la Régle de S. Benoît; quatre Livres des Hommes illustres de l'Ordre de S. Benoît; un Livre des Ecrivains d'Allemagne; deux Livres de la loüange de l'Ordre des Carmes; un Livre intitulé,

La Polygraphie; un autre intitulé, *La Clef de la Polygraphie*.

C'est une maniere d'écrire en chiffres, qui ne peut être expliquée, que par celui qui en a la clef. Il écrivit, de plus, la *Steganographie*, qui est encore une maniere d'écrire en chiffres, plus sûre & plus difficile à déchiffrer, que celle de sa Polygraphie. Tous ces Livres ont été imprimés; il y en a encore plusieurs autres, qui sont demeurés manuscrits. Voyez notre Histoire de Lorraine. Trithéme fut un des plus laborieux, des plus curieux & des plus savans hommes de son siécle. Ses Livres de sa *Steganographie* ont donné occasion de l'accuser de magie, même de son tems; mais il en a été pleinement justifié, & en ce tems-là, & encore depuis. On peut voir Gabriël Naudé, *Apologie des grands Hommes accusés de magie*.

TROTOT (D. Placide) Benédictin de la Congrégation de S. Vanne, natif de Toul, a fait profession en l'Abbaye de S. Mansui, le 10. Août 1658. & est mort à S. Arnoud de Metz, le 15. Octobre 1716. Il avoit beaucoup étudié les Rits & les Cerémonies Ecclésiastiques. Il a fait imprimer le Ceremonial, dont se sert la Congrégation de S. Vanne; à Toul, en 1695. in-8. avec figures. Il composa aussi, par ordre du Chapitre général tenu en 1680. les Leçons propres qu'on doit lire à Matines, aux Fêtes des Saints particuliers, dont on célébroit les Fêtes dans nos Monasteres.

Il envoya ces leçons au Chapitre général de l'an 1683. pour les y faire approuver. Il dit dans sa Lettre écrite de S. Arnoud de Metz, qu'il les a composées avec toute l'exactitude, que le sujet le demandoit, & qu'il les a examinées sur les textes originaux & sur les observations des plus sçavans hommes dans l'Histoire Ecclésiastique. Mais comme les Peres Benédictins des Monasteres de la Franche-Comté, faisoient difficulté de recevoir ce nouveau Calendrier, dressé par le Chapitre général en 1681. on consulta le R. P. D. Jean-Mabillon, D. Anselme d'Urban de la Congrégation de S. Maur, qui avoit demeuré à Rome en qualité de Procureur-Général de sa Congrégation, & de D. Gabriël Flambert, qui étoit actuellement en Cour de Rome, qui répondirent que les décrets de la Congrégation des Rites, à l'égard des nouveaux Saints, dont ils prescrivent la Fête, ne font pas loix, même dans Rome ni dans l'Etat Ecclésiastique; que ces décrets sont plutôt des permissions accordées, souvent à l'importunité des parties interressées que des Commandemens de célébrer ces fêtes par toute l'Eglise; qu'on laisse aux Eglises particulières, la liberté de les faire, ou de ne les pas faire; que de tout tems dans l'Ordre de S. Benoît, on s'est cru permis de faire les fêtes propres des Monasteres particuliers; & que depuis l'érection des Congrégations, on a desféré cette autorité aux Chapitres généraux. Il n'y a que les Messes auxquelles on ne touche point. Ces raisons & ces autorités calmèrent les esprits; & le Calendrier nouveau, de même que les nouvelles Leçons furent reçus par-tout. On y a encore ajouté depuis ce tems, un assez bon nombre de Leçons, qui sont les unes imprimées, lorsqu'elles regardent tous les Monasteres en général; les autres seulement manuscrites pour les Monasteres particuliers, qui les ont dressées pour leur usage; & qui les ont fait imprimer, quand il l'ont jugé à propos.

TUTELON, ou Tutilon, Moine de S. Gal, n'appartient point proprement à notre sujet; mais ayant peint dans l'Eglise de Metz un Tableau de la Ste. Vierge, & ayant composé quelques Ouvrages, nous en dirons un mot en passant. Ce Religieux étoit sorti d'une famille noble & puissante selon le siécle; il étoit bienfait de sa personne, ayant la voix belle, d'ailleurs gracieux, officieux, agréable, zélé pour l'observance des Régles, pour le bon Ordre, pour la bien-séance de l'Office divin, & sur-tout pour la chasteté. Il travailla à la Peinture à Metz, & à S. Alban de Mayence. Il accompagnoit d'ordinaire ses Tableaux ou les Cizelures de quelques Epigrammes, ou de quelques Distiques de sa façon; & lorsque ses Ouvrages lui attiroient trop d'éloge & d'applaudissement, il se retiroit secrettement, & se cachoit dans la solitude. Il mourut en odeur de Sainteté le 28. de Mars, vers l'an 898. Il est honoré comme Saint, à Saint-Gal.

V

VAL (du) Bibliothécaire de S. Majesté Impériale, né en Champagne, perdit son Pere dès sa plus tendre jeunesse; sa mere s'étant remariée, il se vit contraint par les duretés de son Beau-pere d'abandonner la Province. Ses courses le conduisirent en Lorraine, où de Maître en Maître, il passa au service de l'Hermite (*k*) de la Rochotte qui lui enseigna l'agriculture, & le recommenda ensuite aux Hermites de Ste. Anne, (*l*)

(*k*) La Rochotte ou la Magdelaine, est un Hermitage près de Deneuvre.

(*l*) Sainte Anne autre Hermitage près Lunéville, où M. du Val a fait bâtir une jolie maison de Campagne.

près desquels sa principale occupation fut de garder les bestiaux. Son inclination pour la Géographie, lui fit trouver dans cette solitude, des ressources pour acheter des Livres, & les Cartes nécessaires: il passoit des journées entières au pied d'un arbre à dévorer cette Science. Ce fut dans cette occupation que M. le Baron de Phutchener, & M. le Comte de Vidampiere le trouverent. Ces Seigneurs qui accompagnoient Messeigneurs les Princes, (*m*) à l'occasion d'une fête que le Duc Leopold donnoit près Ste. Anne, surpris de trouver au pied d'un chêne un jeune Paysan entourré de Cartes, & de divers instrumens propres à la Géographie, l'interrogeant, lui reconnoissent des lumieres fort au-dessus de son âge & de son état, sollicitent vivement le Duc Léopold, lui obtiennent une pension, & le placent au Collége du Pont-à-Mousson.

Le jeune du Val pendant le cours de ses études, devint éperduëment amoureux d'une jeune Demoiselle, & sentant que cet amour étoit fort déplacé, il avala une doze de Ciguë pour s'en guérir radicalement. Ce remède le mit en danger de perdre la vie; il guérit cependant, & acheva ses études avec applaudissement. A son retour à Lunéville, on lui confia les commencemens d'une Bibliothéque qu'il augmenta considérablement. En 1737. lors de la cession de la Lorraine, le Grand Duc le nomma son Bibliotécaire en Toscane. Du depuis L. M. I. l'ont appelé à Vienne, lui ont confié une partie de l'éducation de l'Archiduc. La place qu'il occupe, est une preuve bien glorieuse de ses rares talens.

Je m'ai écrit plus d'une fois pour avoir l'histoire de sa vie, de ses avantures, & de ses ecrits. Je n'en ai pu tirer que la Lettre suivante. Je sçai toutefois qu'il a écrit l'histoire de sa vie, apparemment en six Livres, puisqu'il a fait graver six vignettes qui ont rapport aux six principaux événemens de sa vie. La premiere représente des Hermites qui travaillent à la terre. La seconde M. du Val gardant les Vaches, & pendant la nuit occupé à considérer les astres. La troisiéme le même M. du Val rencontré par le Duc Léopold, comme il étoit occupé à lire un Livre de la Géographie, & ayant auprès de lui des Cartes Géographiques. La quatriéme représente l'histoire de la ciguë. La cinquiéme le même dans une vaste Bibliothéque environné de Messieurs qu'il entretient. La sixiéme le départ de Son Altesse Royale Madame de Lunéville en 1737.

Il a de plus composé l'éloge de son Mecéne, M. le Baron de Phutchener qu'il m'a envoyé, & la vie de M. Varinge, fameux Mathématicien, dont je n'ai point de connoissance.

Voici la Lettre qu'il m'a écrite.

MONSIEUR,

Illi mors gravis incubat,
Qui notus nimis omnibus,
Ignotus moritur sibi.

„ Il y a long tems que ce Texte d'un
„ Poëte Philosophe est ma devise, & il le sera
„ tant que je vivrai. J'ai toujours cru que
„ pour mieux se connoître soi-même, il
„ falloit éviter d'être trop connu des au-
„ tres. Je suis bien persuadé que le public
„ vous dispensera volontiers de vos enga-
„ gemens à mon sujet, quand il sçaura
„ qu'il ne s'agit que de moi. Les Mémoires
„ que j'ai ébauché, sont hérissés de certai-
„ nes vérités qui ne seront supportables à la
„ délicatesse du siécle, que lorsque le tems
„ les aura meuries, & qu'il m'aura con-
„ duit au terme fatal, où l'orgueil & le fas-
„ te des Grands, & l'humiliation des pe-
„ tits, se trouvent confondus dans la mê-
„ me poussiere. C'est la précaution que
„ doit prendre tout homme, qui veut pein-
„ dre la vérité, trait pour trait, & avec la
„ même liberté que s'il étoit seul dans la
„ nature.

Deux raisons m'engagent à ne point abreger ces Mémoires. La premiere c'est que mes occupations ne me le permettent point. La seconde est que je ne pourrois m'en acquitter qu'en les décharnant, & en les réduisant à de simples dattes d'événemens, qui ne regardent que moi. Je juge de la bonté des Livres par l'utilité que le public en peut tirer; je ne vois pas que des dattes sur le moins important de tous les objets, puissent beaucoup l'interresser. Quant à la reconnoissance, celle que je dois à Dieu, se manifestera en son tems. Rien ne se fait trop tard par rapport à un Etre infini, qui d'un coup d'œil découvre le cercle & l'enchaînement de toutes les parties de l'Eternité, aussi bien que tout ce qu'elles peuvent renfermer.

La reconnoissance que je dois à mon ancienne retraite de Ste. Anne, (retraite que je considére comme ma vraie patrie, & la source des principes qui m'ont conduit où je suis,) est déja connuë. Quant à celle que je dois à celui de tous les Souverains qui a mieux mérité le glorieux titre de Pere de la patrie, elle exige une petite discussion. J'ai

(*m*) Messeigneurs les Princes Clément mort en 1723. & *François* aujourd'hui Empereur.

été trouvé

été trouvé deux fois dans la Forêt de Sainte-Anne ; la premiere en 1715. par le Duc Leopold, qui m'y laiſſa, parce qu'il fut détourné de m'en tirer par quelques Antimécénes, qui craignoient peut-être que mon penchant pour les ſciences, ne devînt contagieux pour ceux qui cultivoient leurs terres, & qui veilloient à la plénitude de leurs caves & de leurs greniers : cet auguſte Prince ſe contenta de m'envoyer quatre Loüis d'or. J'ai ſû depuis que celui à qui on les confia, en retint deux pour ſes peines ; mais à la Cour, comme ailleurs, il faut que chacun vive.

Feu Monſeigneur le Prince Clement, & ſon auguſte frere, le Prince François aujourd'hui Empereur, feu M. le Comte de Vidampierre, & Son Eminence M. le Baron de Pfutzchener, me découvrirent de rechef, le 13. Mai 1717. Les deux Princes étoient fort jeunes alors, & les queſtions qu'ils me firent relatives à leur âge, n'eurent aucune influence ſur le changement de ma condition. Il n'en fut pas de même de celles que me fit Son Eminence M. le Baron de Pfutzchener ; la flegmatique attention qui caractériſe toutes ſes actions, lui fit découvrir en moi, je ne ſai quelle ſorte de vocation pour un genre de vie, fort différent de celui où il me voyoit. Il forma le hardi projet de m'en tirer ; mais je refuſai d'en ſortir, à moins qu'il ne me promît que ma liberté n'en recevroit aucune atteinte, & que je ſerois l'unique arbitre de mes occupations. Il eut la généroſité d'y conſentir ; &, dès ce moment, je me vis à la charge d'un bienfaiteur, qui lui-même n'avoit ſtrictement que ce qu'il lui falloit pour vivre avec décence. Les Antimécénes, dont j'ai parlé, le ſavoient bien ; auſſi, pour le diſſuader de ſon entrepriſe, allerent-ils juſqu'à hazarder des prédictions ſiniſtres ſur mon compte, qu'heureuſement pour moi, le tems a démenties.

M. le Baron de Sekingen, aujourd'hui Evêque & Prince de Conſtance, & M. le Baron de Weix, Chanoine de Paderborn, alors Chambellan de Son Alteſſe Royale à Lunéville, penſerent tout autrement que les Prophétes en queſtion. Ils voulurent participer à la charité de mon Mecéne, leur compatriote ; & ce fut par le concours de ces généreux étrangers, que je ſubſiſtai pendant mon premier ſéjour à la Cour.

Le Duc Leopold ayant été informé de mon ardeur pour l'étude, aſſigna ſur ſa Caſſette ce qu'il falloit pour mon entretien, pendant la ſeconde & derniere année que je paſſai à l'Univerſité de Pont-à-Mouſſon.

Après mon retour, il me nomma ſon Bibliothécaire, avec ſept cens livres d'apointemens ; mais un dérangement de Finances étant ſurvenu, je perdis la moitié ſur les Mandemens que l'on diſtribuoit alors ; de ſorte que, pendant trois ans, mon ſalaire ne monta, chaque année, qu'à 350. livres.

M. le Prince de Craon inſtruit de ma triſte ſituation, m accorda la table à la Cour ; ce qui m'empécha de tomber dans une indigence, que j'avois ignorée dans ma chere ſolitude de ſainte Anne. Il n'auroit tenu qu'à moi d'expoſer mes beſoins au moderne Titus, qui régnoit en Lorraine ; mais je ne pus jamais me réſoudre à augmenter la foule des ardens ſolliciteurs qui l'obſédoit. Auſſi puis-je aſſûrer, qu'à l'exception de cent livres, dont il daigna me gratifier la veille de la Fête de S. Leopold de l'année 1727. je n'ai jamais éprouvé aucun effet de cette libéralité qui a fait tant d'heureux, & qui a toujours été ſon véritable élément.

Son auguſte ſucceſſeur augmenta de deux cens livres mes gages de Bibliothécaire en 1729. & me nomma Profeſſeur d'Hiſtoire & des Antiquités dans ſon Académie de Lunéville, avec huit cens livres d'apointemens. Ce fut alors que *me aureus irrigavit imber.* Meſſieurs les Cavaliers Anglois & Allemands, non contens de mes leçons publiques, en voulurent avoir de particulieres ; ce qui, ſans compter le produit de mes gages, me valut annuellement près de 4000. livres. L'état où ſe trouve actuellement l'Hermitage de ſainte Anne, eſt une des preuves de cette vérité.

Voilà, Monſieur, au plus juſte, quelle eſt l'origine de ma fortune, & de l'aiſance qui en a réſulté. Je l'ai expoſé ailleurs plus en détail ; mais, comme je l'ai dit, l'ingénuité avec laquelle je m'en ſuis acquitté, n'étant nullement à la mode, j'attendrai que la juſtice & la vérité ſoient de retour de leur exil, pour parler publiquement leur langage; & c'eſt en attendant ce plus caſuel de tous les événemens, que je perſiſte d'être, avec le plus profond reſpect que la vertu & le vrai mérite puiſſent inſpirer,

Monſieur,

Vienne le 28.
Juin 1750.

Votre très humble & très obéïſſant ſerviteur,
V. S. DUVAL.

VALCANDUS, Moine de Moyenmoutier. M. Ruyr, dans ſes Antiquités de Vôges, cite les Fragmens de Valcandus, Hiſtorien de l'Abbaye de Moyenmoutier, & le R. P. Dom Humbert Belhomme, dans l'Hiſtoire de ſon Abbaye, donne d'aſſez bonnes preuves, que Valcandus vivoit au ſiécle onziéme, & que c'eſt lui qui a interpolé les vies de S. Hydulphe & de S. Diey, & qu'il est Auteur du Livre intitulé, *Des Successeurs de S. Hydulphe dans les Vôges*. Voyez *Histor. median. Monast. impres. an.* 1724. *in-quarto*, pag. 140. 141. 142.

Le même Jean Ruyr, Chanoine de Saint Diey, dans ses Antiquités de la Vôge, premiere édition de l'an 1626. cite quelques passages de Valcandus, part. 3. chap. 19. & chap. 14. qu'il a supprimés dans son édition de 1633. Le même Ruyr dit qu'il avoit eû en main un Exemplaire contenant les Miracles de S. Diey, & les vies de ses successeurs, mais si gâté & si imparfait, qu'il n'en a pû tirer que bien peu de choses. On conjecture que ce dernier Ouvrage étoit aussi du Moine Valcandus. Ruyr cite au même endroit, p. 253. un passage remarquable du même Valcandus, touchant l'introduction des Chanoines de S. Diey, au lieu des Moines qui y étoient auparavant. Il dit que les Chanoines furent cinq ans, sans pouvoir obtenir du Pape leur confirmation dans cette Eglise, & ne l'obtinrent qu'en 996. du Pape Grégoire V. Voyez aussi le même Ruyr, part. 3. l. 1. 1. 288.

Le R. P. Dom Rivet, dans son Histoire Litteraire de France (*n*), dit que Valcand vivoit après l'an 1014. qu'il est Auteur de la vie de S. Hydulphe, Abbé & Fondateur de l'Abbaye de Moyenmoutier, telle que nous l'avons aujourd'hui, & qui n'est que l'abrégé d'une autre vie plus ancienne, que Valcand a commentée & illustrée, en y conservant presque tout le texte de l'ancienne vie, déja beaucoup abrégée par les Religieux de Moyenmoutier.

La vie de S. Hydulphe est suivie d'un Sermon du même Auteur, qui est une invective contre la corruption des mœurs de ce tems-là. Après cela suit le Traité des Successeurs de S. Hydulphe, depuis ce Saint jusqu'à l'Abbé Mardulphe. Le R. P. Rivet ajoûte qu'on croit que Valcand a aussi retouché la vie de S. Diey, d'abord Evêque de Nevers, & ensuite Abbé & Fondateur du Monastere du même nom, voisin de celui de Moyenmoutier. Les preuves de ce sentiment, sont que l'Auteur de la vie de S. Diey renvoie à celle de S. Hydulphe retouchée par un Valcand, & qu'on remarque dans l'une & dans l'autre les mêmes fautes contre la Chronologie.

VALDAJOL (Hommes du) on appelle ainsi vulgairement une famille du Valdajol (*o*) qui se distingue, depuis long-tems, de pere en fils, par son adresse presque incroyable à remettre les fractures & les luxations des os.

Le premier dont on se souvienne, qui se soit fait connoître par ce talent, s'appelloit Nicolas Demenge; il n'eut qu'une fille, qu'il maria à Nicolas Fleurot. Il l'instruisit dans son art, & le rendit aussi habile que lui. Nicolas Fleurot eut un fils nommé Demenge Fleurot.

Celui qui est le plus connu de tous aujourd'hui, s'appelle Jean, & il est petit-fils de ce dernier.

Nous leur avions demandé un Mémoire sur tout ce qui les concerne ; mais leur singuliere modestie les a empêchés de nous satisfaire. On peut loüer en eux cette qualité, autant que leur adresse. Le grand nombre d'opérations qu'ils ont faites, & qu'ils font journellement, les auroit mis dans une situation brillante, s'ils eussent eû de l'ambition ; mais contens de leur sort de Vilageois, ils préferent une vie dure & tranquille à une élévation bien au-dessus de leur état.

Leur désintéressement ne leur fait pas moins d'honneur ; ils refusent constamment des sommes considérables, que les guérisons qu'ils opérent leur font présenter fort souvent ; la moindre reconnoissance leur suffit.

Le Duc Leopold, pour récompenser les services qu'ils rendent au public, leur fit offrir, par un de ses Officiers, l'exemption de la Taille ; ils l'en remercierent, disant qu'ils ne vouloient pas être à charge à leurs compatriotes.

Leurs exercices, pour s'instruire, sont aussi simples que leur maniere d'opérer ; ils apprennent, dès leur tendre jeunesse, l'Ostéologie & la méchanique du Squelette ; ils en font ensuite la comparaison sur un homme sain & vivant. Bien imbus de ces connoissances, ils commencent seulement à apprendre à opérer par des leçons de pratiques, que les anciens leur donnent sur les malades, en leur faisant remarquer ce que chaque cas a de singulier & de relatif avec ceux qu'ils ont vûs, ou qu'ils pourroient voir. Tout cela les conduit à une méthode sûre & certaine. Ils ne se servent que de la main dans leurs opérations, jamais d'instrumens, & presque pas d'appareil. Leur promptitude est merveilleuse, en sorte que l'on peut dire qu'ils guérissent *citò, tutò & jucundè*.

Cela paroîtra peut-être moins surprenant, quand on saura qu'ils ne se mêlent précisément que des fractures, luxations & maladies qui y ont rapport. Ils se font gloire d'i-

---

(*n*) Rivet, Hist. Litt. de France, tom. 7. p. 239.
(*o*) Contrée à trois lieues au-dessus de Remiremont, composée de plusieurs Villages & Hameaux : ceux qui donnent matiere à cet article, demeurent dans celui de la Broche.

gnorer le reste de l'Art, satisfaits de réussir parfaitement dans cette partie dont les habitans des Montagnes où ils demeurent, ont si souvent besoin.

Cela prouve suffisamment que la pratique l'emporte sur la spéculation pour la réussite dans les Arts méchaniques. Car nos hommes du Valdajol, sans érudition, sans lettres, l'emportent sur ceux qui comptent pour une partie de leurs métiers; les sciences qui sont destinées à perfectionner l'esprit plutôt que la main. Quels titres n'ambitionneroit-on pas, si on les avoit égalés dans quantité de cures extraordinaires? avec quel pompeux appareil n'en feroit-on pas la description? si cela étoit de notre compétance, & que la nature de ce Livre le supporta, nous ferions le détail de quelques unes, & ensuite le paralelle avec celles qui sont les plus vantées. Mais outre que cela ne serviroit qu'à réveiller la jalousie que l'on a contr'eux, ils ne désirent point d'être loués au-dessus des autres, ni d'être plus connus qu'ils le sont depuis long-tems.

VALDENAIRE (Sebastien) Prieur du Prieuré d'Herival, Ordre de S. Augustin, aujourd'hui uni à la Congrégation des Chanoines Réguliers de Lorraine, qui étoient originairement une espece d'Hermites ou de Solitaires d'une observance très rigoureuse, comme on le peut voir par leur Regle primitive que nous avons fait imprimer parmi les preuves de l'Histoire de Lorraine, tome 3. p. cclxx.

Valdenaire a écrit un Ouvrage intitulé: *Regître ou Commentaire des choses mémorables de l'Eglise de S. Pierre de Remiremont, divisé en quatre livres, contenans les vies des saints Romaric, Amé, Adelphe, Arnoud, & plusieurs autres histoires & matieres touchant la fondation de laditte Eglise, comme il sera déclaré au Prologue desdits Regîtres, & a colloqué & écrit au commencement du premier Livre l'extrait des Legendes & anciens Regîtres de laditte Eglise, & d'aucunes autres histoires, dédié à Madame la Princesse Barbe de Salm, Abbesse de Remiremont, le 26. Novembre* 1588. Ouvrage manuscrit entre les mains de M. Andreu, Ecolatre de Remiremont, & en quelqu'autres lieux; j'en ai déja parlé dans la liste des écrivains qui ont écrit sur l'Histoire de Lorraine.

L'Ouvrage est partagé en quatre Livres, où l'on trouve diverses particularités touchant les droits & usages de l'Eglise de Remiremont: on y voit même la traduction de latin en françois de plusieurs Chartres de cette même Eglise. Il dit que l'Abbesse de Remiremont a droit de faire porter devant elle & en procession la Crosse & le *Pallium*, qui est un drap de soye violette, destiné à couvrir le grand Autel, & qui est consacré par le Pape, & envoyé par Sa Sainteté à la Dame Abbesse, en signe d'une dignité fort privilégiée: ce sont ses termes.

J'ai vû dans la Sacristie de Remiremont un Drap ou *Pallium* qui est très ancien, d'un ouvrage précieux tissu en soye & brodé de figures d'oiseaux, & de vases de fleurs en or; on ne le porte plus en procession devant l'Abbesse, mais on le met sur le grand Autel, où il est porté en cérémonie par les trois plus anciennes Dames dignitaires du Chapitre, qui y donnent chacune leurs offrandes au profit du Chanoine Chapelain qui les accompagne. Ce *Pallium* y demeure étendu pendant toute la premiere semaine du Carême, & l'on étend par-dessus la nappe de l'Autel, sur laquelle on offre le Sacrifice.

Il y a apparence que ce voile est la Palle, *Palla*, dont on couvroit autrefois les dons sacrés, on l'appelle quelquefois *Pallium*, quelquefois *Corporale*, & quelquefois *Coopertorium*. Saint Gregoire de Tours racontant un songe qu'il avoit eu, dit qu'il croyoit être dans la sainte Basilique où il célébroit la Messe, comme l'Autel avec les oblations étoit déja couverte d'une Palle de soye, *Pallis seris*, il vit entrer le Roi Gontran. Saint Aridius dans son Testament, dit qu'il a laissé à son Eglise quatre tapis de soye, *Coopertoriis*, dont deux étoient tissus d'or; il ajoute *Pallas Corporales IIII*. Ces Palles ou ces Tapis se plioient sur le Calice, & sur les saints Dons. Saint Benoît (p) veut qu'on enveloppe dans la Palle de l'Autel la main de l'enfant que les parens offrent au Monastére pour y être Religieux. Nous appellons aujourd'hui Palle un carton couvert de linge, dont on couvre le Calice.

Mais anciennement on nommoit *Palla* ou *Pallium*, la Nappe ou le Tapis dont on couvroit l'Hostie & le Calice, ce qui s'observe encore aujourd'hui chez les Chartreux, & dans l'Eglise de Lyon. Pour revenir à Remiremont, il paroit certain que le *Pallium* de soye, dont nous avons parlé, & que l'on pose sur l'Autel au commencement du Carême, est un reste de cette ancienne coûtume; je crois même que c'est l'ancien voile de pourpre, *Astulinum*, que l'Eglise de Remiremont payoit tous les trois ans, avec un cheval blanc au Palais de Latran, en signe de son affranchissement de la jurisdiction de l'Ordinaire, & de sa dépendance immédiate du S. Siége.

(p) *Reg. S. Benedict.* c. lix.

Dans la même Eglise on portoit devant l'Abbesse son Aumusse de velours violet fourré d'hermines ; & ce qui est fort remarquable, il n'y a que cette seule Aumusse dans tout le Chapitre : & en l'absence de l'Abbesse, la premiere Dignitaire qui suit, a droit de la porter. Cette Aumusse, telle qu'on la voit au bras gauche de l'Abbesse *Margueritte de Haraucourt*, sur son tombeau de l'an 1568. & sur le tombeau de Renée de Dinteville de l'an 1576. cette Aumusse, dis-je, est comme une espece de Manipule, un peu plus grand que nos Manipules ordinaires, mais bordé d'hermine : c'étoit comme le voile qui couvroit la tête de ces Abbesses. Voyez une pareille Aumusse dans la figure d'une Abbesse de Port-Royal des Champs, p. 255. du Voyage Liturgique de M. Moleon.

Enfin autrefois le Diacre & Soûdiacre ; servans à l'Autel, alloient chercher en cérémonie l'Abbesse en sa place au Chœur, pour l'amener à l'Offrande ; aujourd'hui on a réformé cette indécence, & ce sont deux Prêtres en Chappes qui font cette fonction, qui pourroit même encore être réformée.

Valdenaire, dans sa Préface, dit *qu'il a le don de la science & de la parole*, mais on peut avancer, sans l'offenser, qu'il n'a pas dans un dégré éminent ; son Ouvrage est mal écrit, & mal distribué.

VALINCOURT (M. de) a fait imprimer la vie du Prince François de Lorraine, Duc de Guise, à Paris 1681. in-12.

VALLADIER (André) Abbé de S. Arnoud de Metz. Le R. P. Niceron dans son 18e. tome des Mémoires pour servir à l'Histoire des hommes illustres, pag. 157. a fait imprimer un Mémoire qui lui a été fourni par une personne d'esprit de Toulouse, apparemment parent de M. Valladier, & qui s'interesse à son honneur & à sa mémoire.

M. l'Abbé Goujet, Chanoine de S. Jacques de l'Hôpital, ayant lû cet Article, y trouva plusieurs omissions & plusieurs fautes d'exactitude, qu'il marqua dans une Lettre qu'il écrivit au R. P. Niceron, & qui se trouve dans le tome 20. du même Pere Niceron, pag. 114.

J'ai en main l'Histoire manuscrite de la Réforme de la Congrégation de S. Vanne composée par le R. P. D. Pierre Munier qui me fournit plusieurs particularités inconnuës à ces Messieurs. Je tacherai avec tous ces secours de donner une vie abrégée de Valladier, aussi exacte qu'il me sera possible.

André Valladier né à S. Pol, petite Ville située dans le Forêt, vers l'an 1565. fit ses premieres études à Billon ville d'Auvergne. Il vint ensuite à Avignon, entra dans la Société de Jesus en 1586. s'adonna à la Poësie, à la Prédication, & à haranguer en public. La il lia amitié avec le fameux Genebrard qui fut obligé de quitter cette Ville avant la fin de 1596.

Destiné à professer les belles Lettres, il eut pour disciple M. Peiresch., qui devint si célébre dans la suite. Mais après huit ou neuf ans de séjour à Avignon, & après y avoir prêché avec applaudissement, il eut quelque dispute avec son Recteur, ce qui l'obligea d'en sortir & d'aller à Lyon, où il ne demeura que peu de tems ; delà il passa à Moulins, & de Moulins à Dijon, où il prêcha & demeura assez long-tems. Il revint ensuite à Lyon, où il s'occupa à composer en Latin une défense de la Société, intitulée : *Expostulation apologétique pour la défense des Jesuites ; contre le Catéchisme des Jesuites*, par Pasquier.

Cet Ouvrage de Valladier n'est que la traduction d'un Livre écrit en François par le R. P. Richeome. Il composa aussi un autre Livre intitulé : *Ingenua & vera Oratio, &c.* imprimé en 1604. ou 1605. Comme la latinité de cet Ouvrage fut trouvée de bon gout, le Roi Henry IV. fit demander Valladier vers la fin de 1605. pour travailler aux Annales de son régne.

Ce fut là le commencement des disgraces de Valladier ; le Supérieur de la Maison de Lyon, sous lequel il demeuroit, jaloux de l'honneur que le Roi lui faisoit, supprima les lettres que le P. Cotton, Confesseur du Roi, lui écrivoit à cette occasion ; & Valladier l'ayant enfin appris, en fit des reproches très aigres à son Supérieur ; ce qui lui attira une persécution qui le détermina à quitter la Société en 1608. Il partit ensuite pour Rome, où il obtint avec peine du P. Général Aquaviva, des Lettres qui le déchargeoient de tout engagement envers la Société, au mois de Juillet 1608.

De Rome il se rendit à Paris sur la fin de Septembre. Le mois d'Octobre suivant le Roi Henry IV. lui fit expédier des Lettres de son Prédicateur ordinaire, & il en prêta le serment le 27. May 1609. cette même année il prêcha Carême & Avent dans les premieres Chaires de Paris. Le Roi Henry ayant été tué en 1610. Valladier fut chargé de faire son Oraison funebre.

Le Cardinal de Givry ayant été nommé à l'Evêché de Metz, engagea Valladier à l'y suivre ; il lui procura un canonicat dans la Cathédrale, la dignité de Princier, dont il ne jouit pas par la malveillance de ses ennemis de Metz, comme il le dit lui-même, & le fit son Grand-Vicaire.

Charles de Senneton, Abbé Régulier de

S. Arnoud de Metz, étant décédé le 28. Juin 1611. Les Religieux postulerent le même jour Valladier pour Abbé. Ces Religieux n'étoient point réformés, & n'avoient nulle envie d'embrasser la réforme que le Cardinal de Lorraine vouloit à toute force introduire dans les quatre Abbayes de S. Benoît, qui sont à Metz, de même que dans les autres Monasteres, qui étoient compris dans les terres de sa Légation.

Pour se mettre à couvert des poursuites du Cardinal de Lorraine & pour se dispenser d'assister aux assemblées que ce Prélat avoit ordonnées pour travailler à la Réforme, les quatre Abbés de Metz avoient dressés dès l'an 1597. des statuts pour le bon gouvernement de leurs Monasteres, dans le dessein, disoient-ils, de former une Congrégation particuliere avec d'autres Monasteres, qu'ils se proposoient de réunir avec eux, mais tout cela n'étoit qu'un prétexte pour se mettre à l'abri des instances du Cardinal de Lorraine. On n'observa point les statuts, & les Abbés de Metz se firent même donner, en 1606. le 17. Janvier, une défense, de la part du Roi, d'assister à aucune Assemblée, & de recevoir aucune visite sous ombre de réformation.

Mais peu de tems après le Cardinal de Lorraine obtint du même Roi Henry IV. un Brevet pour la Réforme des quatre Maisons de Metz, & son projet étoit de réduire dans un seul Monastere les Religieux les plus opposés à la Réforme, & d'introduire dans les trois autres les Bénédictins réformés de la Congrégation de S. Vanne. Les choses en étoient là, lorsque Valladier fut postulé à l'Abbaye de S. Arnoud.

Il obtint du Roi Loüis XIII. le 13. Septembre 1611. un Arrêt du Conseil privé, qui confirma la postulation faite de sa personne, & la révocation de l'œconomat de la même Abbaye, accordé à un parent de M. Senneton, dernier Abbé.

Dans le même tems le Cardinal de la Rochefoucault avoit obtenu à Rome une pension de deux mille livres sur la même Abbaye de S. Arnoud, & empêchoit qu'on n'en expédiât les Bulles pour Valladier; il fallut contester pendant quatre ans. Enfin le Cardinal céda son droit à l'élu qui obtint des Bulles & prit une nouvelle possession de l'Abbaye le 14. Mars 1614. mais il demeura chargé de la pension, & le Cardinal de la Rochefoucault continua de le molester (q) en faisant saisir le revenu de son Abbaye, pour se faire payer des arrérages de sa pension qui alloient à dix mille livres. Ainsi Valladier se vit en même tems frustré de sa pension de Prédicateur du Roi, & du revenu de son Abbaye.

Pour surcroit de malheur, les Magistrats de Metz lui susciterent un grand procès, sur les prééminences & immunités de son Monastere (r). Il y eut diverses procédures criminelles, ajournemens personnels, saisies de ses meubles & autres poursuites, qui l'obligerent en 1615. de s'absenter de son Abbaye & du pays Messin. Le 29. Avril il fit profession de la Régle de S. Benoît à Notre-Dame du Puy, & fut beni Abbé à Clermont le 26. Mars 1616.

Il fit imprimer en l'année 1615. à Paris, in-4°. son ouvrage intitulé: *L'auguste Basilique de S. Arnoud*, où il dit pag. 255. & suivantes, qu'après la mort de M. de Pierrefort, Prieur du Prieuré de Lay près Nancy (s). M. de Lenoncourt, Sénéchal de Lorraine, parent de M. de Pierrefort, demanda en Cour de Rome ledit Prieuré pour l'enfant dont son épouse étoit enceinte ; mais l'enfant ayant été une fille, le même Sénéchal transporta son droit à Antoine de Lenoncourt son neveu, fils de son frere ; à charge d'en payer à la fille dont Madame de Lenoncourt étoit accouchée, une grosse pension annuelle. Cette Dame est, dit-il, Madame de Campremi, qui n'a jamais eu aucune connoissance de ce trafic. Cependant le Prieuré de Lay demeura à Antoine de Lenoncourt, qui fut depuis Primat de Lorraine.

C'est ce que raconte Valladier : mais quelque tems après, les Messieurs de Lenoncourt ayant sçu que Valladier étoit à Nancy, le firent arrêter, & l'obligerent à rétracter ce qu'il avoit avancé dans son auguste Basilique. La rétractation est du 12. Janvier 1616. passée devant Notaire. Quelque tems après la mort de M. Antoine de Lenoncourt, Primat de Nancy, arrivée en 1636. Valladier se rétracta, & révoqua pardevant Notaire le 2. Juin 1638. ce qu'il avoit dit en 1616. le tout en présence de plusieurs Seigneurs & Ecclésiastiques, déclarant que son premier désaveu avoit été fait par force, contrainte, & par pure violence de feu Antoine de Lenoncourt, ses neveux, familiers, & domestiques, qui après avoir excédé ledit sieur Abbé de S. Arnoud dans son corps, & blamé en son honneur, l'auroient contraint à faire ladite révocation, crainte de pire traitement, & peut-être de mort, &c. Nous avons vû les originaux desdits aveus & désaveus au Prieuré de Lay, & on peut les y voir encore aujourd'hui.

(q) Voyez le détail de cette affaire au livre 10. de la Tyrannomanie, & la lettre de M. l'Abbé Goujet chez Niceron, p. 130. 131.

(r) D. Pierre Munier, Hist. de la réforme de S. Vanne, t. 4. p. 615.

(s) Auguste Basiliq. de S. Arnoud, p. 255. & suiv.

Les anciens Religieux de l'Abbaye de S. Arnoud se joignirent en 1618. aux ennemis de leur Abbé, & par un Acte Capitulaire du premier Octobre de cette année, signé de deux Notaires apostoliques, ils représentèrent au Pape qu'ils avoient postulé Valladier pour leur Abbé, le croyant honnête homme, & qu'il avoit obtenu du Roi la confirmation de sa postulation : mais que bientôt ils avoient reconnu leur erreur, Valladier ayant fait venir chez lui plusieurs personnes de l'un & de l'autre sexe, qu'il qualifioit ses parens & ses alliés, & avoit surchargé l'Abbaye de ces personnes étrangeres ; qu'il s'étoit emparé des revenus du Monastere, qu'il dissipoit mal à propos. Qu'enfin oubliant son salut, il étoit tombé dans des excès & des crimes énormes ; que pour en éviter le chatiment, il étoit furtivement sorti de son Monastere & de la Ville de Metz depuis quatre ans ; ils finissoient en disant que puisqu'il n'étoit gueres possible que Valladier rentrât jamais dans son Abbaye à cause des scandales qu'il y avoit causés ; ils prioient Sa Sainteté de leur permettre de lui présenter un de leur Confrere, nommé Sébastien Floret pour obtenir ladite Abbaye par dévolut.

Valladier fut infiniment plus sensible à cette accusation, qu'à tout ce qu'on avoit jusqu'alors avancé contre lui. Dès le 17. Août 1617. il avoit envoyé à Rome sa Procuration en faveur du Prince Nicolas-François de Lorraine, fils de François de Lorraine, Comte de Vaudémont, pour lui donner accès à son Abbaye. Le Pape accorda l'accès le jour des Ides de Septembre 1618. à condition que le Prince laisseroit un tiers du revenu à l'Abbaye pour les charges, qu'il recevroit les Ordres, & qu'après lui l'Abbaye ne pourroit être donnée en Commande. Le Roi accorda au même Prince les Lettres d'attache pour prendre possession de l'Abbaye, en datte du 27. Octobre 1618. Les Religieux de S. Arnoud formerent opposition à la prise de possession le 21. Décembre de la même année, mais on n'y eut point d'égard.

Ce fut alors qu'on songea sérieusement à introduire la Réforme à S. Arnoud (t). Le Pape Paul V. par son Bref datté du 22. Décembre 1618. ordonna à Jean de Porcelets de Maillane, Evêque de Toul, & à Nicolas Coëffetau, Evêque de Dardanie, Suffragant de Metz, d'introduire les Religieux réformés de la Congrégation de S. Vanne dans cette Abbaye, ce qui fut exécuté en vertu des Lettres d'attache du Roi Loüis XIII. en datte du 6. Février 1619. par l'Evêque de Dardanie le 11. de Novembre 1619. sous les conditions énoncées dans le Traité fait entre les Réformés & les anciens Religieux de l'Abbaye, le deux d'Octobre de la même année, le tout se fit du consentement & à la priere du Prince de Vaudémont & de l'Abbé Valladier.

Les Religieux réformés ne furent qu'environ deux ans en paix avec leur Abbé. Dès le 26. Décembre 1621. il présenta sa Requête au Président de la Chambre Royale de Metz, tendante à obliger les Religieux réformés à accepter un fond, au lieu d'une somme d'argent qui leur avoit été assignée au tems de leur introduction. Cette Requête n'ayant pas été décrétée, il en présenta une seconde à M. Coëffetau, Evêque de Dardanie, aux mêmes fins ; on plaida, & enfin intervint Arrêt qui condamnoit l'Abbé à garantir les assignaux aux Réformés, ou à leur donner de nouveaux équivalens. L'Abbé après quelques difficultés, convint de leur abandonner la Manse & le Vestiaire, dont les anciens Religieux jouissoient par le passé, à condition qu'ils entretiendroient lesdits anciens d'alimens & de vestiaire, & soutiendroient à leurs frais les procès qui pourroient naitre avec les anciens, à l'occasion desdits fonds : ce qui fut accepté par les réformés, par Acte du 21. Septembre 1622.

Il survint une autre difficulté, qui eut de plus grandes suites, entre l'Abbé Valladier & les Religieux réformés, au sujet de la jurisdiction qu'il prétendoit avoir sur eux en sa qualité d'Abbé, les Réformés au contraire prétendant qu'ils ne lui devoient obéissance que relativement aux Statuts de leur réforme ; qu'ils ne reconnoissoient pour Supérieurs que ceux qui ont reçu leur autorité du Chapitre général, & non les Abbés Commandataires, ou même les Abbés Réguliers, n'ayant point reçu le régime de la part du Chapitre général.

La dispute fut long-tems & vivement agitée & au Conseil du Roi, & devant d'autres Tribunaux, & même à Rome. La chose alla si loin que l'Abbé Valladier au mois de Décembre 1627. présenta Requête au Duc de la Valette, Gouverneur de Metz, pour faire chasser les Religieux réformés de l'Abbaye de S. Arnoud, disant faussement qu'en son absence & malgré lui, ses plus grands ennemis avoient introduits à S. Arnoud les Benédictins réformés de la Congrégation de S. Vanne. Il força même, par ménaces, de prison & d'autres mauvais traitemens les an-

---

(t) On lit que dès l'an 1617. Valladier demanda des Religieux au Prieur de S. Germain des Prez, pour introduire la Réforme dans son Abbaye de S. Arnoud : mais c'étoient des Religieux de la Congrégation de Chezal-Benoît qui résidoient alors à S. Germain, car la Congrégation de S. Maur n'a commencé qu'en 1618.

ciens Religieux, au nombre de cinq, de souscrire avec lui à une seconde Requête, le Samedy onzième d'Octobre 1627. mais ces cinq Religieux ne furent pas plutôt sortis de la Chambre dudit Abbé, qu'ils allerent chez un Notaire faire dresser un Acte de protestation de violence, & révoquerent le consentement qu'ils avoient donné, en souscrivant à cette Requête.

Valladier ne laissa pas de la présenter au Duc de la Valette, qui ordonna que le Bref d'introduction seroit exécuté de point en point, selon sa forme & teneur, avec les modifications portées par les Lettres d'attache du Roi, & non autrement; fait à Metz le 16. Décembre 1624. Ledit Décret fut signifié aux Religieux réformés le 20. Décembre suivant; mais les Religieux ne jugerent pas à propos d'y defferer, l'Huissier ayant déclaré qu'il n'étoit autorisé que par M. l'Abbé Valladier, & n'avoit aucun ordre particulier du Duc de la Valette. Le même jour, cet Abbé étant venu aux Vépres, avant qu'on les eût commencées, commanda aux anciens Religieux de prendre place au Chœur, au-dessus des Prieur & Soûprieur des réformés, & établit, pour Supérieur, le P. Mengin Cordonnier, ancien Religieux, avec ordre aux autres de lui obéir, & défense, sous peine d'excommunication, d'obéir à tous autres.

Toutefois les réformés n'abandonnerent pas le Monastere de S. Arnoud; & la Reine Mere, informée des tracasseries que l'Abbé Valladier leur faisoit, eut la bonté de faire écrire au Duc de la Valette, le 7. Janvier 1628. d'empêcher que le sieur Valladier ne fît aucune chose à leur préjudice, & de les favoriser en tout ce qui se présenteroit.

Il y eut encore plusieurs poursuites de la part de M. Valladier, contre les Religieux réformés de son Abbaye, qu'il accusoit d'être mauvais sujets du Roi, & peu affectionnés à son service, &c. Les difficultés ne furent terminées, que par un Arrêt du Conseil privé du Roi, en datte du 23. Mars 1628. qui ordonna que le Traité passé entre l'Abbé Valladier & ses Religieux, seroit exécuté selon sa forme & teneur. Enfin, le Traité, pour l'attribution des Fonds à la Manse conventuelle, fut conclu le 29. Novembre 1631. & ainsi finirent le procès & les contestations entre l'Abbé Valladier & ses Religieux. Ce Traité fut homologué en Parlement le 25. Octobre 1633. J'ai traité ceci un peu au long, parce qu'il m'a paru que ni le Pere Nicéron, ni M. l'Abbé Goujet n'étoient pas bien au fait de ces affaires.

Depuis l'an 1631. l'Abbé Valladier vécut en paix avec les Religieux. En 1633. il forma un dessein capable d'éterniser la mémoire, qui fut de fonder une Communauté de dix Religieux Benedictins réformés, pour desservir l'Eglise de sainte Barbe, Patrone du Pays Messin. Cette Eglise avoit été commencée en 1616. par M. Baudoche de Ruyer, Seigneur issu de l'ancienne & puissante Maison des Baudoches, dans le dessein d'y fonder une Abbaye pour sa fille, qui désiroit d'embrasser la vie religieuse. La mort de ce Seigneur & celle de sa fille, arrivées peu de tems après, renverserent ces pieux projets; l'Eglise demeura imparfaite. Les Huguenots de Metz se présenterent pour l'acheter des heritiers de M. Baudoche; mais les Chanoines de la Cathédrale de Metz les prévinrent, & firent l'achat de l'Eglise & du Village de sainte Barbe; ils l'offrirent à divers Religieux Francifcains, Bernardins & autres, pour y assister les Pélerins, & y administrer les Sacremens; mais aucun ne voulut l'accepter, craignant de se charger de son entretien & de ses autres charges.

L'Abbé Valladier se présenta en 1633. & se chargea d'y entretenir une Communauté de dix Religieux, & de leur fournir les fonds suffisans.

Sous ces promesses, les Chanoines de la Cathédrale de Metz céderent à l'Abbé, le 22. Avril 1634. toutes leurs prétentions sur l'Eglise & le Village de sainte Barbe, & donnerent même quelques fonds du leur. Valladier fit aussi quelques démembremens des biens de sa Manse Abbatiale, pour l'exécution de son dessein, promettant de suppléer au surplus.

Valladier obligea les Religieux de sainte Barbe à célébrer annuellement quelques Messes, pour le repos de son ame, après son décès, & à reconnoître l'Abbaye de S. Arnoud comme leur Mere, assistant à la Messe & aux Vépres le jour de S. Arnoud.

Comme tout ce qui avoit été cédé par les Chanoines de la Cathédrale, & par Valladier, ne suffisoit pas pour l'entretien d'une Communauté, & de l'Eglise qui est vaste & belle, mais d'un très grand entretien, à cause de sa situation à l'endroit le plus élevé du Pays Messin. Les Benedictins l'offrirent aux Religieux du Tiers-Ordre de S. François de Nancy, qui l'accepterent volontiers. Le Traité en fut passé avec eux le 22. Décembre 1663. & ratifié par le Chapitre général des Benedictins de l'an 1664. Ils entrerent même en possession de sainte Barbe; mais n'ayant pû obtenir des Lettres Patentes du Roi, les Benedictins furent obligés d'y rentrer; & ils y sont encore aujourd'hui au nombre de quatre ou cinq. Pour les aider à y subsister, l'Abbaye de Senones leur céda en 1682. le Prieuré de Xures, qui fut le plus solide de leur revenu.

Valladier mourut dans sa Maison Abbatiale le 13. Août 1638. Voici ce qu'on lit de lui dans le Nécrologe de l'Abbaye,

XIII. Augusti 1638. obiit Reverendus in Christo Pater Andreas Valladerius Abbas hujus loci, qui collabentem hanc Ecclesiam & ruinas minitantem, tribus stupendis anteritibus sustinuit, & jura hujus domûs, donationes fundatorum, & privilegia Regum stilo aureo exaravit in libro Augustæ Basilicæ & contra quosvis impugnantes, invicto animo deffendit.

Ses principaux Ouvrages sont,

1°. Labyrinthe Royale de l'Hercule Gaulois triomphant sur le sujet des Fortunes, Batailles, Victoires, Trophées, Triomphes, Mariages & autres faits héroïques de Henry IV. représenté à l'entrée triomphante de la Reine en la Cité d'Avignon en 1600. avec figures ; à Avignon 1601. in-fol. & sans figures. Dans le premier Tome du Cérémonial François de Godefroi, p. 958. cet Ouvrage ne porte point le nom de Valladier ; mais le P. le Long assure que cet Auteur le reconnoît pour le sien dans un Mémoire manuscrit des Ouvrages qu'il a composés (*u*). Il entre dans un détail curieux des Antiquités d'Avignon ; mais il n'est pas exact, & donne un peu dans le fabuleux.

2°. L'Oraison funébre du Roi Henri IV. qui n'a pas été imprimée.

3°. Le Sermon composé pour le Sacre du Roi Loüis XIII. qui n'a pas vû le jour.

4°. *Speculum sapientiæ matronalis ex vita sanctæ Francisca Romana Fundatricis Sororum Turris Speculorum, Panegiricus* ; Paris 1609. in-quarto, *item*, traduit en François, sous ce titre : Miroir de la Sapience de la Dame Chrétienne, sur la vie de sainte Françoise Romaine, Fondatrice des Sœurs de la Tour des Miroirs ; Paris 1611. in-quarto.

5°. *Variorum Poëmatum Liber* ; Paris 1610. in-octavo.

6°. Parénéses Royales sur les Cérémonies du Sacre de Loüis XIII. Paris 1611. in-8°.

7°. Epitaphe panégyrique, ou le Pontife Chrétien sur la vie, les mœurs & la mort d'Anne d'Escars, dit Cardinal de Givry ; Paris 1612. in-octavo. Valladier étoit son Vicaire général dans l'Evêché de Metz.

8°. *Consultatio ex parte R. R. Religiosorum Metensium super postulatione ab ipsis canonicè celebrata, juxta concordata germanica de Andrea Valladorio, cum Paralipomenis ad dictam consultationem* ; Paris 1612. in-12.

Je ne connois cet Ouvrage, que par le Catalogue de la Bibliothéque d'Oxfort, où il est rangé sous son nom ; les circonstances de sa vie y ont un rapport visible.

9°. La sainte Philosophie de l'ame, Sermons pour l'Avent, préchés à Paris à S. Mederic l'an 1612. Paris 1613. in-octavo. dédiée à la Reine Régente.

Valladier a eû raison de donner le nom de Philosophie à ces Sermons ; on y voit, en effet, beaucoup de raisonnemens Philosophiques, suivant le goût de son tems, de fréquens passages Latins, & quelquefois même Grecs. Les Philosophes Payens, & les Théologiens Scholastiques y sont cités fort souvent ; mais on y voit très peu de morale, c'étoit la façon de précher, qui étoit alors en usage, par laquelle il falloit avoir plus de science & d'érudition, qu'il n'en faut maintenant ; mais qui n'étoit guéres propre à instruire les peuples de leurs devoirs, & des principes solides de la Religion.

10°. Meténéalogie sacrée, ou Sermons du Carême ; Paris 2. vol. in-octavo, je n'en sai point la datte. Le mot *Meteneaologia* signifie *Discours sur la Pénitence*.

11°. Tyrannomanie étrangere, ou Plainte libellée au Roi, pour la conservation des saints Décrets des Concordats de France & de Germanie, &c. Paris 1615. & 1626. in-quarto.

12°. Factum, ou Prolégoménes de la Tyrannomanie contre Lazare de Selve.

13°. L'auguste Basilique de l'Abbaye Royale de S. Arnoud de Metz de l'Ordre de S. Benoît, pour le recouvrement, rétablissement, & maintien de son ancienne exemption, Traité contenant les Bulles, Fondations & Exemptions de cette Abbaye, défenduës par André Valladier, à Paris 1615. in-quarto, dédié au Duc d'Epernon ; il fit cet Ouvrage pour sa défense dans les démélés qu'il eut avec les Officiers de la Ville de Metz.

14°. *Partitiones Oratoriæ* ; Paris 1621. in-octavo.

15°. Sermons sur les Fêtes des Saints ; Paris 1625. in-octavo, deux Volumes dédiés à Monsieur, frere unique du Roi.

16°. Paralelles & Célébrités Partheniennes pour toutes les Fêtes de la glorieuse Mere de Dieu, Sermons préchés à Paris à S. Etienne des Grecs, durant l'Octave de l'Assomption, par André Valladier, Docteur,

&c.

(*u*) Valladier le reconnoît aussi pour sien dans sa Tyrannomanie de l'an 1616.

&c. à Paris, chez Pierre Chevallier 1626. in-octavo.

Après l'Epître Dédicatoire à la Reine, on lit une longue Lettre aux Confreres de Notre-Dame de bonne délivrance en l'Eglise de S. Etienne des Grecs. Dans cette Lettre aux Confreres, on lit diverses particularités de la vie de Valladier ; par exemple, qu'il fut fait Chanoine de Metz dans l'Octave de l'Assomption de l'an 1610. & Princier le premier jour de l'an 1611. Que l'Arrêt du Conseil qui confirme son élection à l'Abbaye de S. Arnoud, est du 13. Septembre 1611. Qu'il fit profession de la Régle de S. Benoît à Notre-Dame du Puy, le 29. Avril 1615. & qu'il reçut la Bénédiction Abbatiale à Clermont le 26. Mars 1616.

17°. Les Stromes sacrés de la Pénitence de vie des Saints ; Sermons pour toutes les Fêtes des Saints ; par André Valladier, Docteur en Théologie, Conseiller, Aumônier, & Prédicateur ordinaire du Roi, Abbé de S. Arnoud ; Paris 1623. 2. vol. in-octavo ; il y a une seconde Edition de l'an 1627.

18°. Les triomphes & solemnités de Jésus-Christ pour toutes les Fêtes de Notre-Seigneur ; Paris 1627. in-octavo.

19°. Les saintes Montagnes & Collines d'Orval & Clairveaux, vive représentation de la vie exemplaire, & religieux trépas du R. P. en Dieu D. Bernard de Montgaillard, Abbé de l'Abbaye d'Orval de l'Ordre de Cîteaux au Pays de Luxembourg, Prédicateur ordinaire de Leur Altesse Sérénissime ; sur le modéle de l'incomparable S. Bernard, Abbé de Clairveaux, & du grand Législateur Moyse, au jour & célébrité de ses exéques, faites solemnellement trois jours durant en l'Eglise d'Orval, les 10. 11. & 12. jours d'Octobre l'an 1628. par le R. P. en Dieu Messire F. André Valladier, Docteur en Théologie, Conseiller, Aumônier & Prédicateur ordinaire du Roi, &c. à Luxembourg 1629. in-quarto. Il est surprenant que Valladier ait voulu se rendre le Panégyriste du plus fameux ligueur que la France ait jamais eû ; mais en 1628. cela étoit oublié.

20°. Une Histoire Ecclésiastique & Civile manuscrite du Comté d'Avignon, par André Valladier ; in-fol. Voyez l'Histoire universelle du Pays de Forêt, par Jean-Marie de la Mure, Chanoine de Montbrison ; Lyon 1634. in-quarto.

21°. *Ecclesiæ Monarchieque Galliarum nascentis Historia, ab antiquitate Avenionensium repetita, super Eminentissimo Cardinali de Richelieu, Auctore R. P. F. Andreâ Valladerio S. Arnulphi Abbate, & Regis Consiliario in Metensium Parlamento*, manuscrit dans la Bibliothéque de S. Arnoud de Metz, in-folio.

VALLE'E (Christophe de la) Évêque de Toul, étoit fils de Christophe de la Vallée, Seigneur de la Vallée dans le Clermontois, & d'Abrinville, & de Perette de Richier de Vandelincourt. Sa Maison est originaire de Bretagne. M. de la Vallée, dont nous allons donner la vie, fit ses études en Théologie & en Droit dans l'Université de Paris. Plusieurs Prélats du Royaume, qui avoient connu son mérite, lui offrirent des Prébendes dans leurs Eglises ; mais il préféra la Cure du Village de Parroye, qui lui étoit échû par le partage des biens de sa Maison.

Quelque tems après, le Pape lui donna l'Abbaye de la Chalade. Le Duc de Lorraine & Catherine, Comtesse de Vaudémont, lui confierent l'éducation du Prince Erric de Lorraine. On dit que le Cardinal de Vaudémont lui ayant offert de le faire son Suffragant à Toul, après la mort de Jean de Buxet, M. de la Vallée le remercia, disant qu'il ne croyoit pas mériter l'Episcopat.

Il fut pourvû, bien-tôt après, d'une charge de Maître des Requêtes à la Cour de Lorraine, & d'une pension de cinq cens livres, que la Reine de France, Louïse de Vaudémont, lui fit donner. Elle lui procura l'Evêché de Toul, par sa recommandation auprès du Roi Henri III. son époux en 1588. & le Pape Sixte V. lui en fit expédier les Bulles, l'onziéme des calendes de Septembre de cette année. Il arriva à Toul le 27. Novembre 1589.

Le parti de la Ligue étoit alors dominant dans la Ville de Toul ; & cette Place ne se soûmit pleinement au Roi Henry IV. que vers l'an 1600. M. de la Vallée fit son entrée solemnelle à Toul en 1603. cependant le Duc Charles III. ménageoit extrêmement M. de la Vallée, Evêque de Toul, dans l'espérance qu'il consentiroit à l'érection d'un nouvel Evêché en Lorraine. M. de la Vallée, à qui l'on avoit promis 600. frans barrois d'indemnité ; à lui & à ses successeurs à perpétuité, & cens frans à l'Archidiacre de Port, y avoient consenti l'un & l'autre, à ces conditions ; mais le Cardinal d'Ossat ; qui faisoit alors à Rome les affaires de la Couronne de France, arrêta le cours de ces poursuites, & l'affaire échoüa.

M. de la Vallée étoit rarement à Toul, presqu'entiérement occupé des affaires de Lorraine, & faisoit l'Office de Suffragant, & de Vicaire général dans l'Evêché de Verdun. Le Duc Charles III. ayant résolu de faire épouser la Princesse Catherine de Bourbon, sœur du Roi Henri IV. au Prince Henri de Lorraine Duc de Bar, son fils aîné, M.

de la Vallée fit ce qu'il put, pour détourner le Duc Charles de cette réſolution ; mais il n'y gagna rien. Le mariage fut célébré dans le Cabinet du Roi Henri IV. en préſence de Charles de Bourbon, Archevêque de Roüen, frere naturel de Catherine.

Le Pape écrivit un Bref, ſur ce ſujet, à M. l'Evêque de Toul, par lequel il lui ordonnoit d'avertir Henri Duc de Bar, que ſon mariage étoit nul, & qu'il avoit encouru la ſentence d'excommunication.

M. de la Vallée avertit ſecrettement le Duc Charles III. de ce qui ſe paſſoit à Rome ; & après bien des délibérations, il fut réſolu que le Duc de Bar iroit à Rome, *incognitò*, pour y ſolliciter la diſpenſe, afin de valider ſon mariage. L'Evêque de Toul devoit être du voyage ; mais ſes incommodités ne lui permirent pas de le faire.

Le Pape termina enfin cette grande affaire, & accorda la diſpenſe tant ſouhaitée, à condition que le Duc de Lorraine & le Duc de Bar ſon fils, s'obligeroient, par leurs Lettres, de procurer au plutôt l'inſtruction de la Princeſſe Catherine dans la Religion Catholique ; mais la diſpenſe vint trop tard : car la Ducheſſe de Bar mourut le 13. Février 1604. Pendant ſa maladie, M. de la Vallée & ceux & celles qui l'approchoient, ne lui parloient que de Religion ; mais comme elle avoit beaucoup d'eſprit, elle les amuſoit, & répondoit à leurs objections.

M. de Toul ne lui ſurvêquit pas beaucoup, il mourut dans ſa Maiſon de Lyverdun, le 27. Avril 1607. & ſon corps fut enterré dans la Cathédrale, en la Chapelle des Evêques. Son Epitaphe porte que deux Vierges celeſtes, la ſcience & la vertu, l'éleverent ſur le Trône Epiſcopal, & l'y aſſiſterent toujours. Je ne ſache point qu'il ait laiſſé aucun Ecrit de ſa compoſition.

VALLE'E (Alexandre) Graveur Lorrain, né à Nancy au ſeizième ſiécle, a gravé différens ouvrages pour le Grand Duc Charles. On voit encore quelqu'unes de ſes Gravûres ; qui ſont d'après de bons Maîtres.

VANDELBERT, Moine & Diacre de l'Abbaye de Prum, au Diocèſe de Tréves, a compoſé un Martyrologe en Vers, & la vie & les miracles de S. Goar. Quelques Savans ont ſoupçonné Vandelbert d'avoir tiré le fond de ſon Martyrologe des Ephémerides de Béde le Vénérable, & on a même imprimé l'Ouvrage de Vandelbert avec les œuvres de Béde, dans les éditions de Paris & de Bale en 1563. & dans les éditions poſtérieures, on a imprimé ce Martyrologe ſous le nom d'*Ephémerides* ; mais ceux qui ont examiné la choſe de plus près, ont reconnu, 1°. Que ces Ephémerides, en l'état où elles ſont aujourd'hui, n'étoient ni de Béde, ni de Vandelbert, mais d'un Auteur plus récent, puiſqu'il y parle de S. Boniface, Archevêque de Mayence, mort en 754. environ 20. ans après Vandelbert, & de S. Udalric, Evêque d'Ausbourg, mort en 973. & enfin de ſainte Eliſabeth de Thuringe, qui vivoit au treizième ſiécle, & par conſéquent, long-tems après Vandelbert.

2°. Que ces Ephémerides ne ſont au fond autre choſe que le Martyrologe de Vandelbert, comme il eſt aiſé de s'en perſuader, en les comparant avec ledit Martyrologe, imprimé au cinquième Tome du Spicilége.

On croit que Vandelbert acheva ſon Martyrologe en 848. étant âgé de 35. ans (*x*), & qu'il ſe ſervit, pour compoſer ſon Ouvrage, du Martyrologe communément attribué à S. Jérôme, & de celui de Béde, augmenté par Flore, Diacre de Lyon, ami de Vandelbert.

Quant à la vie de S. Goar, & du Livre de ſes Miracles, Vandelbert écrivit ces deux Ouvrages, à la priere de Marquard, Abbé de Prum, ſon Supérieur, & il le conduiſit juſqu'en l'an 839. Il vivoit à Prum encore en 855. lorſque l'Empereur Lothaire y prit l'habit religieux, & y mourut (*y*).

Vandelbert n'eſt point le premier Auteur de la vie de S. Goar, il n'a fait que la mettre en meilleur ſtile, d'après une vie plus ancienne.

VANDRILLE (Saint) eſt Fondateur du Monaſtere de Fontenelles, autrement nommé S. Vandrille, au Diocèſe de Roüen, à ſix lieuës de cette Ville, & à une lieuë de Caudebec. S. Vandrille étoit né au Territoire de Verdun ; il fut d'abord marié, puis, du conſentement de ſa femme, il embraſſa l'état Eccléſiaſtique, & ſe retira à Montfaucon, où étoit alors Abbé Balfride, & y gouvernoit un Monaſtere fondé quelque tems auparavant par S. Baudry, ſous la conduite duquel Vandrille s'exerça dans toutes ſortes de vertus ; de-là il bâtit un Monaſtere dans une de ſes Terres, nommée Elugange, ou Elizange, ſur le Doux (*z*).

Il alla enſuite en Italie au Monaſtere de Bobio, où il apprit les exercices de la vie Monaſtique. De Bobio, il paſſa à Rome, puis revint en France, & demeura dix ans au Monaſtere de S. Claude au Mont-Jura ; en-

---

(*x*) Voyez l'Hiſtoire Littéraire de France, tom. 5. p. 379. 380.
(*y*) Voyez le Spicilége d'Achery, t. 5. p. 315. la Préface, t. 5. Spicil. & Oudin, t. 2. p. 149. 150.
(*z*) Mabill. Annal. Bened. tom. 1. pag. 348. & 401.

fin, il se fixa au Diocèse de Roüen, où il bâtit le Monastere de Fontenelles en 648.

Son zéle le porta à prêcher dans le Pays de Caux, où la lumiere de la Religion Chrétienne étoit presque éteinte. Il la ralluma, & y fit revivre l'esprit de piété, tant par ses discours, que par ses exemples, & par ceux de sa nombreuse Communauté; car on assure que le nombre de ses Religieux de Fontenelles, étoit fort grand, & qu'ils vivoient dans une grande innocence, & une très sévére discipline. Il y mourut le 22. de Juillet 667.

On ne doit pas le confondre avec un autre Vandregisile, ou Vandrille, qui fonda, vers l'an 835. le Monastere d'Alahon, au Diocèse d'Urgel. Ce dernier Vandrille étoit parent de Charles le Chauve, descendant du Duc Boggis par les Cadets, & se prétendoit héritier d'Eudes, Duc d'Aquitaine, à cause des confiscations faites sur le Waifre, & sur Loup II. du nom. Ce Vandrille mourut en 835. & fut enterré dans le Monastere d'Alahon, qu'il avoit fondé la même année. Voyez l'Histoire de Languedoc, tom. I. pag. 689. Note 83.

VAPY (Loüis) naquit à Verdun l'an 1585. Il entra dans la Société de Jesus l'an 1602. & fit ses vœux solemnels au Pont-à-Mousson en 1622. Il enseigna, pendant quatre ans, les Humanités, la Philosophie, pendant trois ans, & pendant neuf ans, la Morale. Il fut, pendant deux ans, Préfet des Pensionnaires au Pont-à-Mousson. Il mourut le 6. Novembre 1638.

On a quelques Ouvrages de lui, dans lesquels il n'a pas mis son nom; voici ce que l'on en connoît;

1°. Réjoüissances faites au Pont-à-Mousson, pour la Canonisation des Saints Ignace & Xavier; au Pont-à-Mousson, de l'Imprimerie de Jacques Cramoisy 1623. in-quarto. Le P. Leonard Perin les traduisit en Latin.

Voici le titre de l'Ouvrage du R. P. Loüis Vapy: *Les honneurs & applaudissemens rendus par le Collége de la Compagnie de Jesus, Université & Bourgeoisie de Pont-à-Mousson en Lorraine, l'an 1623. aux saints Ignace de Loyola, & François Xavier, à la raison de leur Canonisation faite par notre S. Pere Gregoire XV. d'heureuse memoire, le 12. Mars 1622. Ouvrage enrichi de plusieurs belles figures en taille-douce*, in-4°. Au Pont-à-Mousson, par Sébastien Cramoisy, Imprimeur & Libraire de Son Altesse & de l'Université, en 1623.

2°. Adresse pour acquerir la facilité de persuader, & de parvenir à l'éloquence; à Verdun, in-seize. Le titre de ce Livre le fait attribuer à J. D. W. Citoyen de Verdun.

3°. Des Indulgences, & du moyen de les gagner; imprimé au Pont-à-Mousson, chez Sebastien Cramoisy in-12.

4°. La veritable Philosophie de l'homme Chrétien.

5°. De l'amour de Notre-Seigneur Jesus-Christ.

6°. L'idée de l'Ecolier parfait, tiré du Latin du B. P. Edmond, Capucin; à Verdun, chez Jean Vapy 1620. in-seize.

Nous connoissons un Imprimeur à Verdun, nommé Jean Vapy, qui a imprimé de bons Ouvrages, & qui vivoit en 1610. Il a imprimé en cette année-là la Régle de S. Benoît, avec les Constitutions de la Congrégation de S. Vanne, qui sont recherchées, comme étant les premieres imprimées pour l'usage de cette Congrégation.

On connoît encore un autre Jean Vapy, natif de Verdun, qui se distingua dans l'Ordre des Minimes établis en cette Ville en 1575. Celui dont nous parlons ici, se rendit recommandable par sa science, sa piété, & son grand talent pour la Prédication, qu'il exerça principalement contre les erreurs de Luther & de Calvin, qui s'étoient déja répanduës dans quelques lieux du Diocèse de Verdun.

VARNEROT (Claude) Prêtre, Curé de Lucey, à une lieuë & demie de Toul, naquit à Stainville le 30. Août 1648. Après avoir fait ses études à Paris, sous la conduite de M. Gobinet, Principal du Collége du Plessis, il revint à Toul, où il reçut successivement les Ordres sacrés.

Le 31. Mai 1686. ayant été nommé à la Cure de Lucey, il gouverna cette Paroisse pendant quarante-six ans, avec beaucoup d'édification. Quoiqu'il fût à portion congruë, il a sçû, par ses épargnes, & par le profit qu'il faisoit sur des Pensionnaires, qu'il a enseignés & élevés dans la piété, bâtir, à ses frais, la Maison Curiale, l'Eglise Paroissiale, une Ecole séparée pour les garçons, une autre Ecole pour les filles, où un Maître & deux Maîtresses enseignoient *gratis*. C'est là l'origine de quantité d'Ecoles de Filles, fondées depuis dans le Diocèse de Toul, sous la protection du Seigneur Evêque qui le gouverne, dans lesquelles les Maîtresses sont uniquement occupées à enseigner *gratis*, à élever les jeunes filles dans la piété & la Religion.

Notre zélé Pasteur a composé le Livre du *Bon Paroissien*, le grand nombre d'éditions fait voir la bonté & l'utilité de cet Ouvrage. Il a aussi fait imprimer, à l'usage des Ecoles, *l'Abrégé de l'ancien & du nouveau Testament, & la Vie de Jesus-Christ*.

Le jour de sa mort est indiqué par l'inscription suivante, mise dans son cercueil: *Venerabilis Dominus Claudius Varnerot, Ecclesiæ Parochialis de Pago de Lucey Rector, obiit plenus dierum & bonorum operum an. 1734. die primâ Mensis Novembris.*

VASSARD (Nicolas) de Bar-le-Duc, a recueilli une belle Bibliothéque, que ses héritiers ont venduë au R. P. D. Charles Vassimont, Prieur Titulaire de Flavigny. Il a aussi composé quelques Ouvrages; comme,

1°. Formule de la Pratique judiciaire du Bailliage & Prévôté de Bar; manuscrit.

2°. *In B. V. Mariæ obitum, Naniæ*; manuscrit.

3°. *In Festo Sanctorum omnium Elegia*; manuscrit.

4°. *De morte D. Nicolai, quærela Christianorum*; manuscrit.

5°. *De Musa Lotharingiæ Elegia.*
6°. *De Christi Nativitate Prophetiæ.*
7°. *De Amazonibus Carmen.*
8°. *De sanctissimi Nominis Mariæ Anagramma, Ariani ova mira.*
9°. *De Maria Magdalena Carmen.*
10°. *De sanctis Innocentibus Carmen.*
11°. *De Ascensione Christi.*
12°. *De planctu B. Mariæ, dum filius ejus sepulchro conderetur.*
13°. *De Assumptione & Purificatione B. M. Virginis*; le tout manuscrit.

VASSEBOURG (Richard de) étoit natif de S. Mihiel en Lorraine, & fut élevé dans les Lettres au Collége de la Marche à Paris, où il fut mis en 1497. (*a*).

Il y passa successivement en qualité de Boursier, Régent, Procureur & Principal environ 30. ans. Il fut Précepteur de Claude de Baissey, fils d'Antoine de Baissey, Baillif de Dijon, & d'Anne de Lénoncourt. Il obtint, par le moyen de Jean de Lénoncourt, Proto-notaire & Chanoine de Verdun, le Doyenné de S. Gatien de Tours en 1510. mais il n'en joüit pas. Il eut, en récompense, une Cure au Diocése d'Amiens, & ensuite une Prébende en l'Eglise de Chartres; & enfin, par permutation, il eut le Doyenné de l'Eglise de Verdun: il le permuta encore contre l'Archidiaconé de la même Eglise, qu'il a conservé jusqu'à la mort.

Son pere se nommoit Jean ou Jannequin de Vassebourg, qui s'attacha au service des Ducs Jean, Nicolas & René II. Ce dernier lui accorda des Lettres de Noblesse, à Lunéville en 1496. Il portoit d'or au chevron de gueule, au chef d'azur, une genette d'argent, mouchetée de sable.

Le sistéme de Vassebourg sur les Ducs de Lorraine, est de les faire venir, en ligne directe, de Jules-César, & par conséquent des Troyens, par Siniane sœur de Jules-César, laquelle fut mere d'une autre Siniane, qui épousa Salvius Brabon, premier Duc de Brabant, & qui mourut environ 46. ans avant la naissance de Jesus-Christ. Enfin, après un long enchaînement de fables, ou de choses très douteuses, il fait sortir Thierri Duc de Lorraine, de Guillaume, frere de Godefroi de Boüillon.

Son Ouvrage, tout mal écrit, & tout confus qu'il est, n'a pas laissé de donner du crédit à ces fausses Généalogies; mais on lui a obligation d'avoir sauvé comme du naufrage, plusieurs Piéces & Monumens historiques, qu'il avoit en main, & que nous n'avons plus. Il est homme de bonne foi, & savant pour son tems.

On garde dans la Bibliothéque de l'Abbaye de S. Mihiel, une Traduction Latine de son Histoire, faite par un Anonyme vers l'an 1551.

Il y a même quelques additions ou changemens, qui ne paroissent pas d'une grande importance. M. Husson, Conseiller à Verdun, dont on a parlé ci-devant, a beaucoup travaillé sur Vassebourg, dont il vouloit donner une nouvelle Edition. Son Exemplaire, avec ses notes & additions, est été entre les mains de M. Teinturier, Chanoine de Verdun, qui les a communiqués à l'Auteur, ou plutôt à l'Editeur de la nouvelle Histoire de Verdun, qui a paru à Paris, in-quarto en 1746.

Richard de Vassebourg cite quelquefois son pere, sur certains faits qu'il tenoit de lui: Par exemple, livre 7. folio vc. viij. " Comme je qui escrips cest Histoire ai oüi " référer à mon pere, serviteur-domesti- " que dudict Duc Jehan à ce présent, que " si-tôt qu'il fut descendu en terre (*b*), " il envoya la plûpart de ses navires en Pro- " vence, & en feit brûler aucunes, afin qu'ilz " n'eussent espérance de fuir. Et fol. vc. xj. " Je qui escrips présentement ay oüi réciter " à mon pere, serviteur du Duc Jehan, & " qui étoit présent audict lieu, que non seu- " lement ledict Comte de Charoloys tenoit " grand compte de lui, en le logeant con- " tinuellement en sa propre tente, &c.

Et fol. vc. xxx. " J'ai oüi réciter à mon " pere, se disant être présent, qu'environ " ce tems, un jour le Duc d'Orléans estant " à Paris, joüoit à la paulme à Néele, ou " entre les deux Halles (car je n'ai retenu

---

(*a*) *Vassebourg, fol. 470. verso.*   (*b*) A Naples.

,, le lieu, en' la préfence de plufieurs Sei-
,, gneurs & Dames, où étoit Madame de
,, Beaujeu, & fut queſtion d'un coup de
,, paulme, qui fût demandé aux affiftans,
,, duquel Madame de Beaujeu jugea contre
,, le Duc d'Orleans, dont il fe dépita, & en
,, colere dit qu'elle avoit menti, avec quel-
,, ques paroles malfonnantes, dont ladicte
,, Dame fut courroucée, s'écria à M. de Lor-
,, raine, étant préfent & jouant; ha coufin,
,, me laiffez-vous ainfi injurier ? & alors le-
,, dit Duc de Lorraine bailla un grand fouf-
,, flet au Duc d'Orleans; fur quoi les Prin-
,, ces affiftans fe leverent, & les feparerent;
,, & dèflors ledit Duc d'Orleans prit groffe
,, hayne contre ledit Duc de Lorraine, &
,, laditte Dame contre ledit Duc d'Orleans.
,, Et folio vc. xxvij. verfo. Il dit, car j'ai
,, ouï référer à mon pere qui étoit en la com-
,, pagnie dudit Duc de Lorraine, qu'avant
,, la venuë (c) les Venitiens & Italiens
,, ufoient plus de guerre qu'ils appelloient
,, guerroyalle, prenans prifonniers les uns
,, fur les autres, pour avoir rançon, que
,, tuer les ennemis.

Je ne fai l'année de la mort de Vaffebourg.
Son Ouvrage eſt intitulé : *Les antiquités de la
Gaule Belgique, Royaume de France, Auftrafie &
Lorraine, avec l'origine des Duchés & Comtés de
l'ancienne & moderne Brabant, Tongre, Ardenne, &c. depuis Jules Céfar jufques à préfent.* Paris 1549. 2. Vol. in-folio.

M. l'Abbé Hugo dans fes notes manufcrites fur fon Edition de Baleicourt, cite les manufcrits de Vaffebourg. Il dit que Godefroi
le Boffu étant venu au fecours d'Herman
Evêque de Metz, attaqué par Theodoric
Duc de Lorraine, plufieurs Châteaux & Eglifes furent gatés durant cette guerre, & Epinal & Deneuvre démolis.

Que Gerard Comte de Vaudémont, auquel fe joignit le Duc Théodoric, eut guerre
contre le même Godefroi, dont il fut vaincu
& fait prifonnier par Humbert de Bourgogne ; mais Théodoric fe fauva.

Il ajoute que ce Duc alla à Jerufalem, &
qu'il battit le Duc de Limbourg, que l'Empereur Henry V. avoit foulevé contre Théodoric, en haine de ce qu'il avoit adhéré à la
Sentence que le Pape Calixte II. avoit prononcée contre lui. Il dit que l'Empereur à fon
retour des guerres d'Italie, voulut attaquer
en perfonne Théodoric, mais qu'il en fut bat-
tu près de Thionville.

Il feroit à defirer que Vaffebourg nous eut
appris de qui il tenoit ces particularités, qui
nous font inconnuës d'ailleurs. J'ai peine à
croire que le manufcrit qui eſt entre mes
mains, & qui eſt cité par M. l'Abbé Hugo
foit l'ouvrage de Vaffebourg; je le crois plutôt d'Edmond du Boulay. Il va jufqu'à l'an
1508. qui eſt le commencement du règne du
Duc Antoine, fils de René II. celui de M.
l'Abbé Hugo finit en 1270. à la mort du
Roi faint Loüis IX. Voyez ci-devant du Boulay.

Il eſt certain que ces trois Ecrivains, Richard de Vaffebourg, Edmond du Boulay,
& le P. Jean Daucy, Cordelier, étoient contemporains, & tous trois perfuadés, ou du
moins engagés par leurs intérêts, ou par
leurs préjugés, à foutenir que les Princes de
la Maifon de Lorraine d'alors étoient iffus de
Godefroi de Bouillon, Roi de Jerufalem,
par Guillaume de Bouillon IV. frere de ce
Conquérant.

Mais il eſt remarquable que Vaffebourg a
bien reconnu que le fyftème qu'il foutenoit
étoit défectueux, & fe contredifoit, principalement en ce qu'il reconnoit que le Comte
de Vaudémont defcendoit de Gerard d'Alface, & non des Ducs de Bouillon, & que Gerard, premier Comte de Vaudémont, étoit
frere de Thierry d'Alface, forti immédiatement de Gerard d'Alface. On peut voir ce
que j'ai dit ci-devant en parlant d'Edmond
du Boulay. Voici ce que dit Vaffebourg,
Liv. 4. fol. 244. ,, l'an 1069. mourut Gerar-
,, dus d'Alfatie III. du nom, Comte de Caf-
,, tinenfe, & Duc de Mozellane, laiffant (en-
,, tr'autres enfans) deux fils, l'aîné defquels
,, nommé Théodoric, eût pour fon partage
,, le Duché de Mozellane, &c. ledit Théo-
,, doric fe nommoit plus bas, en plufieurs
,, fondations qu'il fit, Duc de Lorraine, en
,, quoi il enfuivoit les prédéceffeurs Ducs de
,, Mozellane. " Il ajoute que Symphorien
Champier, & d'autres hiftoriens Lorrains fe
font trompés en prenant ce Théodoric, Duc
de Mozellane, pour un autre Theodoric fils
de Guillaume, frere de Godefroy de Bouillon.

Ce Theodoric Duc de Mozellane eut un
frere nommé Gerard, premier Comte de
Vaudémont, &c. On voit par là que Vaffebourg n'ignoroit pas la véritable origine de
la Maifon de Lorraine, mais fes préjugés,
& ceux de fes contemporains leur fermoient
les yeux fur cette vérité.

Voici une Lettre de Richard de Vaffebourg, Archidiacre de Verdun, à frere Jean
Daucy, Cordelier à Nancy.

,, Frere Jehan, mon bon ami, je me re-
,, commande à vous tant affectueufement
,, comme je puis. J'entendu par vos dernie-
,, res Lettres la fortune advenue touchant

(c) En Italie.

„ mes Arbres de généalogie, dont je suis
„ fort déplaisant & triste plus que je ne sau-
„ rois escrire, singulierement pour autant
„ que la correction de ma Chronique (*d*)
„ sera fort retardée, car elle est toute par-
„ faite jusqu'à la fin, & ne reste qu'à faire les-
„ dites corrections, afin qu'elle s'accorde
„ avec lesdits Arbres.

Or vous savez que du commencement je vous avois escript & prié que en faisant lesdits Arbres, il vous plaist prendre cette peine, que de faire quelques extraits en ung cahier de papier, des lieux qu'il faudroit corriger en madite Chronique, afin que plus facilement, je puis faire lesdites corrections. Si est que présentement je vous prie que si vous avez fait lesdits extraits de correction, qu'il vous plaise me envoyer le cahier par ce porteur, afin que je puis besogner & corriger cependant que vous acheverez lesdits Arbres, & en ce faisant vous me ferez ung singulier plaisir, car je pourrai toujours besogner ausdites corrections, parce que madite Chronique est longue, contenant plus de 26. mains de papier, par quoi je serai long-tems à la revoir, & faire lesdittes corrections.

Davantage, frere Jehan mon bon ami, pour autant que par plusieurs fois vous m'avez escript aucunes difficultés & que désirez sur icelles savoir mon opinion, singulierement sur la généalogie des Comtes de Luxembourg, & qu'auparavant Ermenson de Luxembourg, mariée à Thiebaut premier, Comte de Bar, & je vous assure que j'en ai fait extréme diligence de vers M. le Préfet de Luxembourg, qui m'en a escript de sa part plusieurs fois plus de dix feuilles de papier, & en ses résolutions, il donne toujours son opinion que ladite Ermenson n'eut point d'enfant dudit Thiébault premier, mais bien de Valerand son second mari, lequel engendra Henri qui leur succéda à la Comté de Luxembourg, & que ledit Thiébaut de Bar avoit de sa premiere femme ung fils nommé aussi Henri, qui succéda à la Comté de Bar.

Item, dit outre que ledit Valerand eut de sa femme une fille nommée Margueritte, laquelle fut mariée à Thiébault de Bar second du nom. *Item*, il m'escript plusieurs autres résolutions & oppositions faites à raison que dessus, mais le tout fort confusément, parquoi je fais ung Arbre de Luxembourg selon mon jugement & pour accorder la diversité des deux opinions, je trouve que tous les hommes du Sang de Luxembourg se nommoient Comtes de Luxembourg. Or nonobstant toutes les difficultés & obscurités que je trouve de coté & d'autre, je veux & entend que vous suiviez votre opinion en la description de mesdits Arbres, en espérant que dedans madite Chronique, je ferai mention des diversités dessus dites.

La seconde difficulté dont m'escripvez, est pour Sophie de Bar, sœur de Beatrix, & en la déduction de laquelle vous m'escripvez que trouvez que laditte Sophie est fille de Thierri, fils de Thierri, fils de Ferri (*e*), fils de Odo (*f*) Duc de Mozellane, & qu'elle

---

(*d*) Cette Chronique n'est autre que son ouvrage intitulé les Antiquités de la Gaule Belgique.

(*e*) Toute cette généalogie est fondée sur de faux titres que j'ai en mains; ou peut-être que ces titres ont été forgés pour soutenir cette fausse généalogie. J'ai deux Lettres de Ferry, fils aîné d'Odon Duc de Lorraine Mozellane, l'une en Latin de l'an 995. en faveur de l'Abbaye de Morimond.

L'autre est de l'an 986. en François en faveur du même Monastere de Morimond, l'Auteur dit que le sceau de Ferri représente un Cerf avec son bois, & le sceau de Beatrix son épouse sont des armes mi-parties : la premiere sont des fasces, la seconde une escarboucle, & sur le tout, l'Écu de France. En 986. on ne faisoit point de titre en François, & l'Abbaye de Morimond n'étoit pas encore fondée.

J'ai aussi une Chartre de Thierri fils aîné de Frideric Duc de Lorraine de l'an 1061. en faveur de l'Abbaye de Morimond : Thierri y nomme sa femme Gertrude, Reine d'Angleterre, & ses fils Thierri, Ferri, Odon, Gerard, Giselles, Gertrude, Berthe. L'Auteur donne à Thierri les mêmes Armes que celles de Ferri, savoir un Cerf avec son bois, les Armes de sa femme sont trois Couronnes.

Enfin j'ai encore trois titres du même Thierri pour l'Abbaye de Morimond, l'un de l'an 1012. l'autre de 1020. & le troisiéme de 1050.

De plus deux titres de Louis Comte de Bar, & de Ferrette & de Sophie Comtesse de Bar son épouse, fille du Duc Thierri, en faveur de l'Abbaye de Morimond l'un de l'an 1061. & l'autre de 1077.

Et un troisiéme de Sophie de l'an 1069. & un autre de Thierri fils de Louis, & un quatriéme de Regnaut fils de Thierri de l'an 1101. & un cinquiéme de Renaut, fils de Renaut Comte de Bar, de l'an 1143. Tout cela pour l'Abbaye ; tous ces titres sont également faux & forgés à plaisir.

(*f*) J'ai en main deux Lettres de cet Odon, ou Otton, Duc prétendu de Lorraine, l'une de l'an 920. en faveur de l'Abbaye de Morimond, dans laquelle Odon est qualifié *Dei gratiâ Lotharingiæ Mosellunicæ Dux, ac felicis recordationis Domni Rigimari Ducis Lotharingiæ Mosellanicæ inferioris Mosellan, Arduen. & Comitis Virdunensis filius.* Il accorde & confirme à Albert, Abbé de Morimond, ce que Barthelemi de Saville avec & ses enfans avoient donné à cette Abbaye en 920.

La seconde Lettre est de 928. Odon s'y donne la même qualité de Duc de Lorraine Mozellane, & fils de Rigimare Duc de Lorraine Mozellane inférieure, d'Ardenne & Comte de Verdun : il y nomme sa propre femme *Hilvida*, Comtesse de Babalerge, ses enfans Ferri, Albert, Odon, Thierri, Ermegarde, Gertrude, & toute sa Cour. Il donne à Albert Abbé

étoit sœur de Ferry. Sur laquelle difficulté je trouve certainement que ladite Sophie étoit fille de Ferri, qui mourut avant son pere Theodoric, & partant ladite Sophie & son pere demeurerent sous le gouvernement de leur Pere grand Theodoric, comme est dit par les antiquités de Lauché chap. 85. Vrai est que cestui Theodoric eust un aultre fils que ledit Theodoric pere de ladite Sophie, lequel possible se appelloit Theodoric, & cestui eust l'Evêché de Metz par la résignation de son oncle Adalberon, de laquelle il fut privé par Theodoric frere de Hildegarde (*g*) femme de l'Empereur Henri, & mourut cestui fils de Theodoric en jeunesse, comme amplement je déduis en mon histoire.

Et si à aultres qui écripvent que ledit Theodoric eust une fille nommée Gesila, laquelle fut mariée à l'Empereur Conrad II. & par ce tante auxdittes deux Filles Beatrix & Sophie, lesquelles elle retira en sa Cour. Toutefois à la verité lesdittes deux filles furent filles de Frederic, fils de Theodoric, & pour vérifier ceci, je prendrai ce que *Laurentius Leodiensis* écrit en son Histoire de Verdun, comme s'ensuit. *Illis diebus contra Imperatorem Henricum II. rebellaverat Dux & Marchio Godefridus Dux Gozilonensis filius pro oblato sibi Mosellano Ducatu, quem cum patre Dux tenuerat post obitum Theodorici Ducis Barrensis, qui fuit filius Nobilissimi Ducis Frederici, & Beatricis Hugonis Capeti Francorum Regis sororis filius, hujus Theodorici fuit junior Fridericus qui mortuus est ante Patrem suum in proprio flore juventutis, cujus Friderici duæ filiæ post obitum ejus nobiliter educatæ; Beatrix data est à Rege uxor Bonifacio Italiæ Marchioni, & Sophia Ludovico de Monzione Comiti.* Et partant frere Jehan, je vous prie écrivez de ladite Sophie ainsi que trouvez en mon Arbre sans trop chercher.

La troisiéme difficulté dont m'avez écript, est pour la Généalogie des Comtes de Louvain, signamment de Lambert fils, qui eut, pour sa part, le Comté de Louvain, après son pere Régnier au long col ; & fut marié cestui Lambert à Gerberge, fille de Charles de France, premier Duc de Lorraine.

A la verité, je trouve que je faillis & erre en cette Généalogie ; toutefois je fais diligence, & ai trouvé la verité d'icelle, laquelle je escripts en la fin de cette présente feüille, depuis ladite Gerberge & Lambert, jusqu'à Godefroi le Barbu, Comte de Louvain, lequel reput le premier titre & nom de Duc de Brabant, comme je escript en mon Histoire, & me suffit mettre en mon Arbre la succession jusqu'audit Godefroi ; car si voulez savoir les autres successeurs de Brabant, pourrez lire l'Histoire de Harlandus, qui commence audit Godefroi le Barbu ; & partant, Frere Jehan, mon ami, je vous prie, en mon Arbre réformez ladite Généalogie de Louvain, selon qu'elle est ci-dessous escripte ; car je suis certain qu'elle est vraie ; je vous montre que ferez bien ce que je désire sur toutes choses, & en fassiez fin. Je vous prie m'escrire de vos nouvelles par ce porteur, & que vous avez espérance, aidant Dieu, venir ici, auquel je pourai vous donner ce que bien lui sauverez, Dieu aidant. De Verdun, ce 22. Juin 1543.

Votre meilleur ami & serviteur,
RICHARD DE VASSEBOURG,
Archidiacre de Verdun.

Au dos de cette Lettre originale, est écrit :
A Frere Jehan d'Aucy, Religieux de l'Ordre de S. François à Nancy, mon bon Sieur & ami.

Généalogie des Comtes de Louvain, tirée de la même Lettre de Richard de Vassebourg.

Lambert, fils de Gerberge & de Régnier au long col, Comte de Hainaut, eut, pour son partage la Comté de Louvain, & fut tué par Godefroi le Jeune, dit à la Barbe, en voulant répéter la Duché de Lorraine, que ledit Godefroi avoit enlevé, après la mort d'Othon, fils de Charles I. Duc de Lorraine, en une bataille faite en l'an 1015. ou environ.

Lambert eut deux fils ; 1. Henri ; 2. Lambert.

Henri, fils aîné de Lambert, succéda en la Comté de Louvain en 1015. & fut tué en 1038. par un prisonnier nommé Herman, qu'il tenoit en sa maison, comme écrit Sige-

---

de Morimond sa Chapelle de Verecourt avec la Dixme & l'usage du Ban & de la Forêt. L'Auteur du titre dit que l'Ecu du Duc représente un Cerf avec ses cornes à branches chacun, & l'Ecu de la Duchesse représente un Lion une cotice par dessus.

Une autre Lettre de Ferri, *Primogeniti Domni Odonis, Dei gratiâ, Ducis Lotharingiæ Mosellanicæ,* avec sa femme Beatrix, Comtesse de Pavie, & ses enfans Thierri, Alberon, Henri, Louis, Lezeron, Beatrix, Gertrude & Sophie. Il donne à l'Abbé de Morimond sa Chapelle de S. Colomban, l'an 996. Mais je puis avancer que tous ces titres sont supposés ; Othon ou Odon, fils de Rieveri, & non de Rigimar, mourut sans enfans en 944. l'Abbaye de Morimond ne fut fondée qu'en 1115. & n'étoit pas connue en 920.

(*g*) Cunegonde.

bert fous ladite année. Il laiſſa un fils nommé Otho.

Lambert II. fils de Lambert, fuccéda en la Comté de Louvain, après la mort de ſon neveu Othon. Ceſtui Lambert, nommé autrement Landeric, fut tué en 1054. en une bataille devant Tournai, tenant le parti de Beaudoüin de Flandres contre l'Empereur. Voyez Sigebert & Meierus ſous ladite année.

N. fille de Gozels, Duc de Lorraine, femme dudit Lambert.

Othon, fils de Henri, fuccéda à Henri, après la mort de ſon pere; mais il ne vécut qu'environ dix ans, & mourut ſans enfans, environ l'an 1070. & lui fuccéda. Lambert III. fuccéda à la Comté de Louvain après ſon pere, & fut tué en 1072. en une bataille où il défendoit Richilde de Flandres contre Robert Friſon, & mourut quelque tems après. Il laiſſa deux fils; 1. Henri III. 2. Geoffroi.

Henri III. du nom, fils aîné de Henri II. fuccéda en la Comté de Louvain, après lui. Ceſtui fut tué à Tournai en 1096. On pouroit ajoûter un Chevallier, nommé Goſcignius, à raiſon de quoi ſon frere Geoffroi lui fuccéda: Voyez Meierus ſous cette année.

Gertrude, fille de Robert Friſon, fut femme audit Henri III.

Godefroi, fils de Henri II. fuccéda dans la Comté de Louvain, après la mort de ſon frere Henri III. Ceſtui fut ſurnommé le Barbu pour la raiſon que nous avons écrite, & retira la baſſe Lorraine de ceux d'Ardenne, & fut le premier qui ſe nomma Duc de Brabant, & d'où ſont deſcendus ceux à préſent régnans.

Il mourut environ l'an 1119. Voyez Harlandus ſous les ſucceſſeurs de ceſtui.

Clémence de Bourgogne, ſœur du Pape Calixte, veuve de Robert, Comte de Flandres, fut la ſeconde femme dudit Geoffroi.

VASSIMONT (D. Charles) Bénédictin de la Congrégation de S. Vanne, né à Bar-le-Duc, fit profeſſion à S. Mihiel le 10. Mai 1677. mort à Flavigni, dont il étoit Prieur titulaire, le 26. Mai 1735. a compoſé, 1°. l'Hiſtoire de l'Abbaye de S. Manſui; 2°. L'Hiſtoire de Bar-le-Duc; 3°. Vie & Catalogue des Ducs de Lorraine; 4° Traité ſur la nullité de la mouvance du Barrois; 5°. Traité contre l'Ouvrage du R. Pere Vincent Tiercelin, au ſujet de la Montagne de Sion, au Comté de Vaudémont. On croit que ce dernier Ouvrage eſt plutôt du R. P. Benoît Picart, Capucin de Toul.

VAUBREUIL a compoſé un Ouvrage, intitulé: *Pont-à-Mouſſon décrit en Vers*, in-4°. à Verdun 1540. Je ne connois cet Auteur que de nom. Voyez le P. le Long, bibliot. de France, pag. 803.

VAUDEMONT (Charles de) Cardinal de Vaudémont, Evêque de Toul & de Verdun, mort en 1587. avoit compoſé quelques Ouvrages, & fait imprimer quelques Diſſertations. Voyez l'Hiſtoire de Lorraine, & Benoît, Hiſt. de Toul, p. 654. Il écrivoit ſouvent à S. Charles Borromée, auquel il ſimpathiſoit pour les ſentimens de zéle, de charité & de piété. M. Baccareti, Chanoine de Toul, qui vivoit de ſon tems, & le connoiſſoit parfaitement, a fait le parallele de ces deux Prélats, d'une maniere qui fait beaucoup d'honneur à l'un & à l'autre.

Le Cardinal Charles de Vaudémont étoit né au Château de Nomeny, le 2. Avril 1559. de Nicolas de Lorraine, Comte de Vaudémont; Régent de Lorraine ſous le Duc Charles III. & d'Anne de Savoie-Némours, ſa mere. Ils eurent grand ſoin de procurer une éducation Chrétienne au Prince Charles leur fils, qu'ils deſtinoient à l'Egliſe. Il fit ſes études en l'Univerſité du Pont-à-Mouſſon. Le Pape Gregoire XIII. lui donna le Chapeau de Cardinal en 1578. Il fut fait Evêque de Toul, après la mort de Pierre du Châtelet en 1580. n'ayant encore que 20. ans. Il tint pluſieurs Sinodes, dans leſquels il fit quantité de beaux Réglemens, pour rétablir la diſcipline Eccléſiaſtique parmi les gens de l'Egliſe.

Il fut poſtulé en 1584. pour l'Evêché de Verdun, & ſe rendit à Rome, pour en ſoliciter les Bulles. Le Pape admira l'éloquence qui brilloit dans quelques Diſſertations Théologiques, qu'il avoit fait imprimer; & lui donna des Bulles pour l'Evêché de Verdun, & pour l'adminiſtration de celui de Toul en 1585. Il mourut à Toul en odeur de ſainteté, le 28. Octobre 1587. Il fut inhumé dans l'Egliſe des Peres Cordeliers de Nancy, où ſe voit, du côté du Maître-Autel, ſon Mauſolée qui eſt très beau.

VAUTIER (Martin) autrement *Périn*; né à Toul, ſe fit Jeſuite l'an 1599. à l'âge de 25. ans; dans la Province du Rhin, où il fit enſuite profeſſion des quatre vœux ſolemnels. Il commença d'abord à enſeigner les Humanités, enſuite la Philoſophie & la Théologie; puis il fut occupé à entendre les Confeſſions, & fut nommé Préfet des Claſſes. Après avoir paſſé 26. ans dans ces laborieux exercices, il mourut le 13. Octobre 1622. au Collége de Metz. On a de lui un petit Ouvrage intitulé,

Tractatus quo oſtenditur Religionem Pontificiam eſſe Orthodoxam, & non idolatram, & Philoſophiam Pontificiam eſſe ſcientiam verita-

tis, non altercandi studium, adver.ùs D. Daniel. Ricsinger Medicum & Philosophum Lutheranum argentinensem; Augustæ Trevirorum 1620. in-octavo.

VAUTIER (Jean & Jacques) freres, furent les Entrepreneurs du Pont de Malzéville près Nancy. Le Marché fut passé le 21. Décembre 1499. Il fut dit qu'ils auroient 1600. frans Barrois, & 20. frans de vin, pour la façon du Pont, & que l'Ouvrage seroit achevé pour la S. Remy prochain.

VAYRINGE; Abrégé de la vie du sieur Vayringe, Machiniste de Sa Majesté Impériale, & ci-devant Professeur de Physique expérimentale dans l'Académie de Lunéville ; composée par lui-même en 1745. ou par M. Duval, son ami.

Vayringe (Philippe) Je suis né à Noüillonpont, Village de Lorraine au Bailliage d'Etain, le 20. Septembre 1684. Mon pere étoit Laboureur, & cultivoit ses terres en propre. La mort nous ayant enlevé notre mere, nous restâmes onze enfans, sept garçons & quatre filles. A l'âge de six ans, on me mit à l'Ecole chez le Maître du même endroit. Pendant que j'apprenois à lire, mon pere s'avisa de nous donner une belle-mere, qui signala envers nous sa qualité de marâtre, par toutes sortes de mauvais traitemens ; & c'est ce qui me détermina à quitter la maison paternelle, âgé pour-lors de dix ans. Je formai le dessein d'entreprendre le pélérinage de Rome ; mais en ayant été détourné, je résolus d'aller à Strasbourg. Arrivé à Nancy, deux Ecoliers de ma connoissance, que j'y rencontrai, me persuaderent de retourner chez mon pere. Nous prîmes la route de Metz.

Cette Ville me plut de telle sorte, que je me déterminai à y rester. Pour cet effet, je cherchai à me séparer de mes deux compagnons. Un jour, comme j'étois arrêté devant la boutique d'un Serrurier, le Maître me demanda d'où j'étois, & ce que je savois faire. Ayant sû que j'avois quelquefois frappé du marteau chez le Maréchal de mon Village, il me dit que, si je voulois rester chez lui, il me donneroit 20. sols par mois. J'y consentis volontiers, à condition qu'il me laisseroit faire une serrure. Après six mois de séjour chez ce Maître, j'entrai chez un autre, qui m'accorda trois livres par mois. Il arriva qu'en me promenant sur le Marché de la Ville, je rencontrai deux de mes freres, qui m'engagerent à retourner avec eux. La rigueur de l'hyver qui étoit excessive, me fit accepter ce parti. On me mit chez un de mes beaux-freres, qui étoit tout à la fois Armurier & Taillandier ; je m'y occupai à faire des serrures pareilles à celles que j'avois vû faire à Metz.

Le hazard voulut, pour mon bonheur, que l'on nous apportât une Horloge à nettoyer. A l'aspect de cette machine, que je trouvai merveilleuse, tout ce que j'avois fait jusqu'alors, ne me parut que de pures bagatelles ; j'en examinai la construction pendant une heure & demie qu'elle resta dans la boutique. J'en compris si bien l'assemblage, & le rapport des différentes pieces, que je me mis aussi-tôt à en faire une semblable, qui fut terminée dans l'espace de trois mois. Comme je persistois toujours dans le dessein d'aller à Strasbourg, j'en demandai la permission à mon pere, qui me l'accorda, avec dix écus, pour mon voyage, muni d'un Passeport & de mon Extrait baptistaire.

J'arrivai en deux jours à Nancy ; celui qui y commandoit de la part de la France, ayant examiné mon Passeport, me demanda si j'avois envie de servir le Roi ; lui ayant répondu que je n'avois nullement cette ambition, il me dit de continuer mon chemin. Comme j'appris que l'Alsace étoit alors le théâtre de la guerre, je pris le parti de rester à Nancy. Il n'y avoit dans cette Ville qu'un seul Horloger, lequel avoit trois fils, ce qui le dispensoit de prendre d'autres ouvriers. Je fus donc obligé de me remettre à travailler chez un Serrurier, à raison de quatre livres par mois.

Un garçon Serrurier de mon Pays, que je rencontrai par hazard, me procura un autre Maître, où je gagnai sept livres par mois. Ce garçon me prit en amitié, & il me le prouva par ses services & par ses bons conseils. Les R. P. Bénédictins faisoient alors bâtir leur Eglise. Un Maître Serrurier de Paris y travailloit à la clôture du Chœur, qui devoit être toute de fer, & en ornemens ciselés. Un jour, cet Ouvrier m'ayant montré ses desseins, je le priai de m'enseigner la maniere de les tracer avec la plume, & de les réduire en exécution. Il me dit que je n'avois qu'à venir travailler avec lui, qu'il m'enseigneroit ce que je souhaitois, & que, de plus, il me donneroit douze livres par mois. Cet honnête homme me fit agréer au R. P. Prieur, & employa les Dimanches & les Fétes à me tenir parole. Comme il regardoit de tems en tems quelle heure il étoit à une Montre de poche, je le priai de me la laisser examiner, pour essayer si je devinerois la cause de son mouvement. Il me permit de la garder pendant une semaine. J'eus la hardiesse de la démonter; & ayant ouvert le tambour, je compris l'action du ressort sur les roues.

La résolution de cette espéce d'énigme m'enchanta. Je dessinai toutes les piéces de la Montre, & je ne souhaitois plus que le tems & l'occasion d'en faire une pareille. Il y avoit un an que je travaillois à la Grille du Chœur, lorsque je fus choisis pour être Serrurier de l'Hôtel des Monnoyes. J'y travaillai des ouvrages fort differens de la Serrurerie, & qui étoient d'autant moins de mon goût, que je n'avois d'autre but, que de parvenir à faire des Horloges. Cependant ce fut là que je mis à profit les intervalles de mes travaux, pour me faire des outils propres à construire une Horloge, que j'avois composée sur ce qu'on m'avoit dit de celle de Strasbourg. J'en ébauchai les pieces dans la boutique, & je les terminai dans ma chambre, les Dimanches & les Fêtes, avec la permission du Curé de ma Paroisse.

Cette Horloge, qui étoit de neuf pouces de hauteur sur six de largeur, renfermoit quatre mouvemens; celui des heures, celui des quarts, la sonnerie & le carillon, qui sonnoit un air, pendant que le Sauveur, suivi de ses douze Apôtres, passoit sur une gallerie à chaque heure du jour. J'employai près d'un an à finir cet ouvrage, qui m'attira l'applaudissement de Messieurs les Directeurs de la Monnoye.

Peu de tems après, le sieur François, Joüaillier de feu Son Altesse Royale le Duc Leopold, me proposa d'épouser une fille orpheline, âgée seulement de treize ans & demi, & qui avoit environ neuf mille frans Barrois de bien; cette affaire fut concluë chez le sieur Saunier, oncle de la fille, & pere du feu Coadjuteur d'Etival, le 10. Février 1711. la vingt-huitiéme année de mon âge. Dix-neuf enfans ont été les fruits de cette alliance, dont huit filles subsistent encore. Je restai encore un an à l'Hôtel des Monnoyes. Pendant que j'hésitois sur le parti que je devois prendre, un Horloger Anglois vint voir ma Pendule à carillon, il me conseilla de me livrer totalement à l'Horlogerie, & me fit présent de deux desseins d'Horloges à ressort, l'un de huit jours, & l'autre de 30. Je lui donnai deux écus; voilà tout ce que m'a coûté ma profession d'Horloger.

M'étant établi en boutique, je me fis une Enseigne, que l'on admira comme un chef-d'œuvre. Le sieur François m'ayant prêté des outils, j'exécutai la Montre de poche, dont j'ai parlé ci-devant. Je n'y employai que dix-huit jours; ce qui étoit bien peu pour un homme qui n'en avoit jamais fait, ni vû faire. Comme la nouveauté est un grand attrait, ce motif engagea le public à ne me pas laisser manquer d'ouvrage. La plûpart de ceux qui venoient chez moi, me demandoient ordinairement, si je n'avois pas travaillé à Paris; je leur répondois que non; mais je résolus d'y aller faire un tour, pour leur dire que oüi. Je m'y rendis en trois jours. Un soldat Horloger m'avoit donné une Lettre pour son frere, qui étoit de la même profession. En lui remettant cette Lettre, je le priai de me laisser seulement travailler un jour dans sa boutique; ce qu'il n'eut pas de peine à m'accorder. Pendant que je m'occupois, je vis sa femme qui tailloit les dens des roues de Montre, avec une machine qui m'étoit inconnuë. J'approchai, pour en mieux connoître le méchanisme, que je compris sur le champ.

Je pris congé de mon Maître, & je retournai à mon Auberge. Le lendemain, je parcourus les plus fameuses boutiques d'Horlogers, pour examiner ce qu'elles contenoient; & ayant acheté différentes fournitures d'Horlogerie, pour m'en servir en tems & lieu, & contemplé toutes les merveilles de Versailles, je pris la poste, & me rendis à Nancy, après quinze jours d'absence. Mon premier dessein fut d'exécuter la machine à fendre & à diviser les roues. Cette invention est certainement la plus utile, qu'il y ait dans toute l'Horlogerie, pour la justesse & la précision; mais comme elle étoit bornée à tailler les roues ordinaires, je l'ai tellement perfectionnée, que la mienne peut tailler les dents depuis 15. jusqu'à 130. mille parties, & qu'on y trouve tous les nombres pairs & impairs, pour la construction des instrumens d'Astronomie.

Cet ouvrage fini, je me remis à travailler pour le public, & j'eus le bonheur d'être reçû Horloger de la Ville, avec 450. frans Barrois d'appointement. Mon penchant pour la méchanique m'engagea à composer divers modéles, qui me firent naître la chimérique idée du mouvement perpétuel. Je fis plusieurs vaines tentatives à cet égard; mais en y travaillant, je réussis à faire quantité de mouvemens fort simples, & entre autres celui d'une Horloge qui alloit huit jours avec trois roues, & qui cependant sonnoit les heures, les demies & la répétition, & de plus, marquoit la révolution & les diverses phases de la Lune. Je fis aussi une montre de poche, qui répétoit les heures & les quarts avec les seules roues du mouvement.

Je travaillai ensuite à toutes sortes d'instrumens de Mathématique, tant pour les

Ingénieurs, que pour les Géographes. Sept ans s'étoient écoulés, avant que j'osasse présenter aucun de mes ouvrages à S. A. R. le Duc Leopold. Je me rendis à Lunéville, avec une Machine universelle à lever toutes sortes de Plans, deux Compas de nouvelle invention, deux étuis de Mathématique, la Montre de poche, & la Pendule mentionnée ci-dessus, & un petit Canon qui tiroit seize coups de fusil.

J'eus l'honneur d'être admis en la présence de mon Souverain, & de lui expliquer toutes les piéces de mon travail. Il m'ordonna de les laisser dans son Cabinet, & de le venir trouver vers l'issuë de son dîner. Il y avoit invité, selon sa coûtume plusieurs Seigneurs Anglois, qui faisoient leurs exercices à l'Académie. Ayant fait tomber la conversation sur la méchanique, & ces Messieurs ayant assûré que les plus belles inventions de cette espéce venoient d'Angleterre. Hé bien, leur dit le Prince, je vais vous en montrer de mon Pays, & aussi-tôt on leur exposa celles que j'avois apportées. Lorsqu'ils les eurent examinées avec attention, ils convinrent qu'ils n'en avoient jamais vû de pareilles, ni d'aussi simples. Cet aveu fit tant de plaisir à Son Altesse Royale, qu'elle me retint en qualité de son Horloger, & de son Machiniste, avec 300. livres de pension, un logement & tous mes ouvrages payés, faveur qui m'engagea à quitter Nancy, pour m'établir à Lunéville; & c'est ce que je fis le 2. Mai 1720.

M. le Baron de Pfutzchner, Gentilhomme de Wurtzbourg en Franconie, faisoit alors la fonction de Soû-Gouverneur de Messeigneurs les Princes; il sembloit que la divine Providence l'eût envoyé en Lorraine, pour animer les sciences & les beaux arts, que le Duc Leopold avoit rappellés dans un Pays, d'où la guerre & les oppressions les avoient exilés. Ce nouveau Mécéne m'honora de sa protection, & me fit travailler à diverses machines, dont la premiere munie d'un quart de cercle astronomique, servoit à diriger un Telescope de 18. pieds de longueur. Je m'appliquai ensuite à la construction de divers modèles de machines hydrauliques, dont la simplicité & les effets furent fort applaudis, entr'autres, celui de la machine, qui a été exécutée long-tems après, pour faire jaillir cinq Jets-d'eau à 60. pieds de hauteur, dans les Bosquets de Lunéville.

Son Altesse Royale ne dédaignoit pas de venir quelquefois jusques dans ma boutique, pour voir à quoi je m'occupois. Un jour Elle se ressouvint qu'Elle avoit fait donner cent loüis-d'or à un Ouvrier Anglois, pour des machines de Physique, dont Elle n'apprenoit aucune nouvelle. Elle en parla à M. le Baron de Pfutzchner, qui charmé de cette occasion, n'oublia rien, pour engager ce Prince à m'envoyer en Angleterre, pour finir lesdites machines, & pour en apprendre l'usage.

Son Altesse Royale y ayant consenti, je partis pour Londres le 5. Septembre 1721. A mon arrivée, le savant M. Desaguilliers me reçut chez lui en qualité de Pensionnaire. Il m'enseigna la Géométrie & les principes de l'Algèbre, & m'apprit méthodiquement les divers usages de toutes ses machines, dont il se servoit dans les deux cours de Physique expérimentale, qu'il donnoit chaque année. Mais ce qu'il y eut de plus avantageux pour moi, c'est que cet habile Professeur ordonna à tous ses ouvriers de travailler, sous ma direction, à construire un assortiment de machines, égal à celui qui formoit son Cabinet. Comme la plûpart étoient composées, je trouvai le moyen de les simplifier, & de rendre même leurs effets plus efficaces qu'auparavant. Après treize mois de travail, j'eu ordre de retourner en Lorraine.

Je me rendis à Paris, où je restai trois semaines à examiner ce que je n'avois vû qu'à demi, au premier voyage que j'y avois fait.

De retour à Lunéville, avec tous les instrumens que j'avois rapportés de Londres, j'en fis les épreuves en la présence de la Famille Royale. Son Altesse Royale en fut si satisfaite, qu'Elle m'ordonna d'ajoûter à cette collection tout ce qui pouvoit convenir pour un cours complet d'expériences. Je travaillai à une Pendule d'équation, & à quantité d'autres machines; mais la plus curieuse de toutes fut un Planisphére, suivant le sistême de Copernic, où l'on voyoit au-dessus d'un Plan rayonné, les Planétes soutenuës par des fils d'acier, faisant leurs révolutions, selon le calcul des plus fameux Astronomes. Son Altesse Royale le trouva si fort à son gré, qu'Elle le jugea digne d'être présenté à l'Empereur, & me fit partir pour Vienne, où j'eus l'honneur d'expliquer les usages de ce Planisphére à Leurs Majestés Impériales.

L'Empereur m'honora d'une Chaîne & d'une Médaille d'or du poids de 150. Ducats, outre une bourse qui en contenoit deux cens. Après un séjour de quatre mois à Vienne, je repris la route de Lunéville, où étant arrivé, M. le Prince de Craon m'apprit que M. de Boifranc, Architecte du Roi de France, souhaitoit fort que j'allasse le trouver, pour construire une machine à élever l'eau par le feu.

Son Alteſſe Royale me donna ordre d'acheter à Paris quelque chef-d'œuvre de l'art, dans le goût de ma profeſſion. Je fis l'emplette, pour le prix de cinq mille livres, d'un Tableau mouvant, qui repreſentoit la fable d'Orphée. Pendant qu'on l'achevoit, j'exécutois la Machine à fer, que l'on deſtinoit pour les Mines du Perou. C'eſt une invention des plus utiles, que l'on ait jamais exécutée, puiſque, par la vapeur d'un peu d'eau boüillante, & le poids de l'Athmoſphere, on fait monter l'eau des Mines à plus de 600. pieds de hauteur. Celle-ci fut finie en trois mois, & les épreuves faites au contentement de M. de Boisfranc, qui me donna ſix cens livres pour la façon. Je travaillai enſuite à divers inſtrumens de Mathématique, en or & en argent, pour garnir deux Caſſettes, que Monſeigneur le Prince Royale de Lorraine m'avoit ordonnées, lorſque j'étois à Vienne.

De retour à Lunéville, j'expoſai le Tableau mouvant dans une Sale du Palais, pour le faire voir à Son Alteſſe Royale. Cette piéce lui parut ſi parfaite, qu'il forma auſſitôt le deſſein d'en faire préſent à Sa Majeſté l'Impératrice Régnante; & c'eſt ce qui occaſionna le ſecond voyage que je fis à Vienne au mois d'Août 1725. Lorſque je fus de retour, je travaillai à une Machine preſque univerſelle, puiſqu'elle renfermoit les principaux uſages de la plûpart des inſtrumens de Géométrie, d'Aſtronomie & de Gnomonie.

Enſuite j'exécutai une Sphére mouvante, ſelon le ſiſtême de Copernic, pareille à celle que j'avois portée à Vienne. Ces deux Piéces furent achevées en dix-huit mois, & placées dans la Chambre de Phyſique, où elles ſont encore actuellement. Peu de tems après, j'entrepris la conſtruction d'une ſuperbe Planiſphere, ſelon la même hypothéſe, où les diverſes apparences des ſept Planettes & des dix Satellites, qui forment le ſiſtême complet, étoient exactement marquées, telles que leurs différentes directions, leurs ſtations, le retardement & l'accélération de leurs mouvemens, l'inclinaiſon & l'excentricité de leurs orbites, &c. J'avois deſſein d'y ajoûter encore la Théorie de quelques Cométes, ſuivant les idées de Meſſieurs Halley & de la Hire.

Cette Machine, dont l'inſpection auroit fait connoître l'état du Ciel, à quelle heure on l'auroit ſouhaité, étoit plus d'à moitié faite, lorſque la Lorraine éprouva la plus funeſte de toutes les cataſtrophes. Ce fut la mort de Son Alteſſe Royale le Duc Leopold, le Reſtaurateur & le véritable Pere de ſa Patrie. Son auguſte fils, le Prince Royal, étant venu prendre les rênes de ſes Etats, me fit un jour l'honneur de me dire, que l'Empereur avoit une machine, par le moyen de laquelle on faiſoit la plûpart des opérations d'Arithmétique, & que jamais on n'en avoit conſtruit une ſemblable. M'étant offert d'en faire une pareille, pourvû que l'on m'indiquât ſeulement la forme & les dimentions de celle-là, Son Alteſſe Royale me fit partir pour Vienne; & ce fut la troiſième fois que j'en fis le voyage.

On me dit, à mon arrivée, que la Machine étoit dérangée, & que l'ouvrier étant mort, il n'y avoit pas moyen d'en voir les opérations; je répondis que je la mettrois en état, ſi on vouloit me la confier. Le Docteur Garelli, premier Médecin de Sa Majeſté Impériale, eut ordre de me la montrer. Sans ſortir de la chambre, je la raccommodai dans l'eſpace de ſix heures, & je lui fis opérer les quatre régles d'Arithmétique, en préſence d'un Seigneur de la Cour, qui en alla faire rapport à Sa Majeſté Impériale. Le Monarque fut ſi content de cette prompte réuſſite, qu'il m'honora, pour la ſeconde fois, d'une Chaîne & d'une Médaille d'or du poids de cent cinquante Ducats.

Auſſi-tôt que je fus de retour en Lorraine, je compoſai une autre Machine beaucoup plus ſimple que celle-ci, & qui produiſoit les mêmes effets. J'eus le bonheur de la finir, & de la faire voir à notre auguſte Souverain, avant ſon départ de ſes Etats en 1731. Il lui plut de preſcrire une nouvelle forme à ſon Académie; & ayant nommé le ſieur Duval ſon Bibliothécaire, pour y profeſſer l'Hiſtoire, la Géographie ancienne & moderne, & les Antiquités, il me fit l'honneur de me choiſir, pour y donner un cours de Phyſique expérimentale. Cet établiſſement dura juſqu'en l'année 1737. & auroit continué à s'attirer le concours & l'approbation de la Nobleſſe des Pays étrangers, ſans la fameuſe révolution qui en arrêta le ſuccès. Ce fut au commencement de cette année, que la Lorraine changea de domination; événement qui, par ſes circonſtances, paſſera dans les ſiécles futurs pour un des plus étranges paradoxes, que la politique ait enfanté.

Lorſque le ſort de ma Patrie fut décidé, j'eus le bonheur d'être du nombre des anciens ſujets, que notre Souverain avoit choiſis pour être tranſportés en Toſcane. Comme ce nouveau Patrimoine ne lui étoit pas encore échû par le décès du Prince qui y régnoit, & que l'on étoit à la veille de la révolution, je fus chargé d'emballer tout ce qui compofoit la Chambre de Phyfique, dont j'avois la direction. Il y avoit ordre de la tranfporter en Flandres, pour y refter jufqu'à ce que la Souveraineté de Tofcane fût vacante. Je ne tardai pas à être témoin de l'évacuation de la Lorraine.

Je vis S. A. R. Madame la Ducheffe Régente, & les deux auguftes Princeffes fes filles, s'arracher de leur Palais, le vifage baigné de larmes, levant les mains vers le Ciel, & pouffant des cris, tels que la plus violente douleur pourroit les exprimer. Ce feroit tenter l'impoffible, que de vouloir dépeindre la confternation, les regrets, les fanglots, & tous les fymptômes de défefpoir, auxquels le peuple fe livra, à l'afpect d'une fcéne qu'il regardoit comme les derniers foupirs de la Patrie. Il eft prefque inconcevable que des centaines de perfonnes n'aient pas été écrafées fous les roues des Caroffes, ou foulées fous les pieds des chevaux, en fe jettant aveuglement, comme elles firent, à travers les équipages, pour en retarder le départ.

Pendant que les clameurs, les lamentations, l'horreur & la confufion régnoient à Lunéville, les habitans de la campagne accouroient en foule fur la route par où la Famille Royale devoit paffer, & profternés à genoux, ils lui tendoient les bras, & la conjuroient de ne pas les abandonner.

Peu de jours après ce tragique fpectacle, le Roi de Pologne vint prendre poffeffion du Palais de Lunéville, & m'ayant fait appeller, il me dit en propres termes, qu'il vouloit que je reftaffe à fon fervice, m'offrant, pour cet effet, quatre mille livres d'appointement, la propriété de la Maifon que j'occupois, & de me faire infcrire fur le Rôle de l'Intendance de Metz, pour avoir infpection fur les nouvelles Eclufes de cette Ville. Lorfque je lui eus expofé les motifs qui m'obligeoient à fuivre mon Souverain; du moins, infifta ce Prince, faites-moi une machine de votre invention, propre à remonter un bâteau contre le cours de la Riviere. Je fis ce qu'il me demandoit, & j'y employai un mouvement fi fimple, que Sa Majefté en fut contente. A peine fut-elle achevée, qu'Elle même en fit l'épreuve; car étant allé dîner à l'Hermitage de fainte Anne, & s'étant embarqué fur la Vezouze, Elle remonta cette Riviere fans chevaux, fans perche & fans avirons, jufqu'à la digue qui foûtenoit les eaux du grand Canal de Lunéville.

Le lendemain, le Roi envoya ordre au fieur Duval & à moi, d'aller lui parler. Cet augufte Prince daigna nous faire des propofitions, que nous n'aurions pas manqué d'accepter, fi nous euffions pû les accorder avec l'attachement & la reconnoiffance, que les bienfaits de notre Souverain nous impofoient. Sur ces entrefaites, M. Héraut, Lieutenant Général de Police de la Ville de Paris, fit écrire par M. de Montmartel à M. le Baron de Molitoris, chargé du détail de notre tranfmigration, pour le prier de me permettre d'aller à Paris. Je partis auffi-tôt muni d'une Lettre de recommandation de la part du Roi de Pologne.

A mon arrivée, ce Magiftrat me propofa la construction d'une machine, pour elever deux cens pouces cubes d'eau fur la Butte de fainte Geneviéve. Je traçai le deffein de cette machine, & j'en fis le devis avec toute la fimplicité & la juftesse d'un homme, qui ne penfoit nullement à s'enrichir aux dépens du public.

M. Orry, Sur-Intendant des Bâtimens du Roi, écrivit à trois Meffieurs de l'Academie des Sciences, de me conduire à Marly, pour y examiner la fameufe Machine de ce nom, qui pour-lors ne fourniffoit pas la moitié autant d'eau, qu'elle faifoit autrefois. La vifite en étant finie, je rendis compte des défauts que j'y avois remarqués, & j'affûrai que trois mouvemens, pareils à ceux que j'avois exécutés pour les Bofquets de Lunéville, produiroient plus d'effet, que les quatre roües de la vafte & bruyante Machine de Marly. M. le Sur-Intendant convint que ce que je difois, étoit conforme à ce que le Roi de Pologne lui avoit mandé; &, fur cela, on m'affûra de rechef que, fi je voulois refter en France, on me donneroit la direction de cette même Machine, & que l'on auroit foin de ma fortune.

De retour à Paris, Meffieurs les Directeurs des Mines de Bretagne me prierent de faire un voyage, pour remédier aux inondations, qui les rendoient impratiquables. Je partis donc pour Nantes, & de là pour lefdites Mines, fituées à huit lieues de S. Malo. Après y avoir fait toutes les obfervations requifes, je retournai à Paris, où je fis le Plan de la Machine que l'on m'avoit demandée. Ces Meffieurs en furent fi fatisfaits, qu'ils m'offrirent quatre mille livres de penfion, une portion gratuite de trente mille livres dans leur Société, & plufieurs autres avantages, au cas que je vouluffe refter avec eux; ils s'obligeoient même à obtenir mon congé; & me firent le détail des motifs qui engageroient Son Alteffe Royale à me l'accorder. Je leur témoignai combien j'étois fenfible aux marques d'eftime dont ils m'honoroient; mais voyant que je perfiftois dans le dessein de me transférer en Italie, ils me donnerent cinquante loüis pour mon voyage.

La mort de Jean Gaston, dernier Grand-Duc de Toscane, de la famille de Medicis, hâta mon départ. Je me rendis à Bruxelles, pour y joindre ma trop nombreuse famille, qui y étoit arrivée depuis quelque tems. Comme il se passa plus de deux mois avant l'embarquement général, qui se fit à Ostende pour l'Italie, je profitai de cet intervalle, pour parcourir les plus belles Villes de Hollande. Je vis à Leide le savant M. Sgravesende, & à Utrech M. Muschenbrock, dont les ouvrages sont assez connus de tous les amateurs de la vraie Physique.

De retour à Bruxelles, je partis pour la Lorraine, & delà pour la Toscane, où étant arrivé, M. le Comte de Richecourt fit placer les instrumens de notre Chambre de Physique dans un Salon contigu à la Bibliothéque du Palais de Pitti; c'est là où ils sont encore, après avoir été exposés à la merci des ondes pendant 48. jours de navigation autour de l'Europe Occidentale. Je m'étois figuré que la Toscane ayant été comme le berceau de la véritable Physique, le goût à cette science s'y seroit conservé, comme au tems des Galilées, des Torricelles, & de l'Académie del Cimento, & que, par conséquent, les Leçons que j'avois données à Lunéville, auroient encore plus de vogue à Florence; mais c'est en quoi l'événement a démenti mes conjectures.

La jeune Noblesse de cette Ville suivoit un penchant d'une toute autre nature. Insensible, pour la plûpart, à l'attrait des beaux Arts, qui avoient immortalisé ses Ancêtres, nous la trouvâmes livrée à une sorte de galanterie, que l'on qualifie du nom de *Sigisbéature*. Elle consiste à passer une partie de sa vie autour d'une femme, dont on n'est point le mari, & lui rendre tous les devoirs & les petits soins, que les Paladins rendoient jadis à leurs Infantes; à l'instruire exactement des nouvelles & des rumeurs de la Ville; à la conduire aux Eglises, aux spectacles & aux conversations, & à s'emparer tellement de la sienne, qu'aucun autre ne puisse lui parler; à lui fournir une Chaise ou un Carosse, si elle n'en a pas, & sur-tout à la pourvoir des divers atours & des colifichets, que la mode invente pour l'ornement du beau séxe.

J'ignore jusqu'où celui de Toscane porte la reconnoissance, que supposent les services importans que je viens de spécifier; mais j'ai observé que les maris étoient assez complaisans & assez débonnaires, pour n'en être pas allarmés, & que la *Sigisbéature* étoit comme une espéce de mariage auxiliaire, s'accordoit parfaitement bien au tempérament de la nation, & à son goût pour l'economie la plus stricte & la plus recherchée. Des liaisons aussi intimes & aussi capables d'occuper le cœur & l'esprit, jointes à une dépense à laquelle la sensualité n'auroit eû aucune part, ne permirent pas à la Noblesse Florentine de faire attention au Programme que je publiai, où toutes les expériences que j'avois faites en Lorraine, étoient déduites. Il est vrai que ma qualité d'étranger ne contribua pas peu à cette indifférence: on me fit entendre que, de tout tems, l'Italie étoit en possession d'enseigner les autres nations, & qu'elle n'étoit nullement accoûtumée à en recevoir des leçons.

On peut dire que cet humble préjugé avec l'esprit de bagatelle & d'épargne, dont j'ai parlé, ont été l'écueïl de l'Académie de Lorraine transférée en Toscane, avec des frais immenses, & pourvuë des mêmes Professeurs qui l'avoient renduë florissante; elle y est devenuë entierement déserte; la Chambre de Physique, une des plus curieuses & des plus complettes qui soient en Europe, a eû le même sort, quoique le prix des Leçons que l'on y donnoit, ait été reduit à moins de moitié de ce que l'on payoit à Lunéville. Ainsi les talens que la Providence m'avoit accordés pour la Méchanique, qui au-delà des Alpes, m'auroit conduit à la fortune, me sont devenus totalement inutiles à l'égard du public, par l'indifférence de mes nouveaux concitoyens, & par l'inaction où ils m'ont laissé croupir.

M. du Val, Professeur en Histoire, qui m'a communiqué le Mémoire qu'on vient de lire, m'a encore appris que M. Vayringe a été le premier qui, en présence de l'Académie Royale des Sciences de Paris, a fait l'expérience des deux Miroirs Paraboliques décrits dans les Entretiens d'Ariste & d'Eudoxe du R. P. Renaud, tom. 3. pag. 195. édition de Paris 1732. M. de Fontenelle convient que cette expérience lui étoit inconnuë.

M. du Val continuë: Voici ce qui a occasionné la perte de feu mon respectable ami (M. Vayringe.) La partie de la Toscane, contiguë à la partie Méridionale du Patrimoine de S. Pierre, qui se nomme *Maxemma*, parce qu'elle s'étend entre la Mer & l'Apennin. Cette contrée, autrefois des plus fertiles de l'Italie, & célébre par plusieurs Lucomonies Hétrusques & plusieurs Colonies Romaines, est un climat charmant pendant six ou sept mois de l'année; mais l'air y est si contagieux pendant l'été, que les peuples qui cultivent la campagne, sont obligés de se retirer dans l'Apennin, aussi-tôt que les chaleurs commencent à se faire sentir.

Ce qui est de singulier, c'est que les divers troupeaux de bétail, & jusqu'aux oiseaux, prennent tous la même route, sans autre invitation que celle que leur suggére leur instinct. Ceux des habitans que la nécessité contraint de rester, sont exposés à des fiévres malignes, & à des hydropisies incurables. Il falloit que ce Pays fût déja décrié dès le commencement du cinquième siécle, puisque Rutilius Numantinus, parlant de la Colonie de Gravissa, s'énonce ainsi:

Inde Graviscarum fastigia rara videmus,
Quas premit aestiva saepe paludis odor.

Au mois de Mai de l'an 1744. M. Vayringe ayant été faire la visite de quelques Usuines du côté de Massa (jadis *Massa Veternensis*) remarquable par la naissance de l'Empereur Constantius Gallus, il eut le malheur de s'y occuper plus long-tems qu'il ne devoit. Comme il étoit extrêmement laborieux & d'un tempérament fort & robuste, il crut qu'il pourroit négliger impunément l'avis salutaire qu'on lui avoit donné, de ne point braver l'intempérie de ce climat; il se trompa; car, peu de jours après, il fut attaqué d'une fiévre lente suivie de plusieurs hémoragies, qui ont duré près de dix-huit mois, à différentes reprises, & terminées par l'hydropisie qui l'a mis au tombeau le 24. Mars de la présente année 1746.

La probité, la candeur & la naïveté la plus ingénuë formerent son caractère ; elles raionnoient, pour ainsi dire, sur son visage & dans toutes ses actions. Il est inhumé dans l'Eglise des Peres Barnabites de Florence, où M. du Val son ami, a fait ériger un petit Monument de marbre, avec cette Inscription,

D. O. M.

Philippo Vayringio
Nativâ indole,
In omni rei machinariae scientiâ,
Archimedi Lotharingo
Christianâ virtute
Miroque animi candore conspicuo,
Viris Principibus acceptissimo,
Hoc monumentum amicus & concivis
Moerens posuit
Anno à Christo nato 1746.
Sexto calendas Martii.

VEBER (Conrade de) Luxembourgeois, fut Secrétaire de l'Empereur Charles V. Il avoit un talent particulier pour écrire poliment, & avec beaucoup d'ordre & de netteté (*b*). On a de lui un Livre qui contient la vie de l'Empereur Henri VII. imprimée à Haguenau en 1531. à Basle en 1541. & à Francfort in-fol. en 1584. parmi les Ecrivains d'Allemagne, donné par Juste Reuter.

2°. L'Oraison funébre du Pape Adrien VI. au service duquel il avoit vécu pendant quinze ans. Il la prononça à Rome, en présence des Cardinaux, en 1523. Elle fut imprimée à Cologne, in-quarto, chez Conr. Caesarius.

VEIL (Charles-Marie de) Feledin Juif de Metz, fut converti à la Religion Chrétienne & Catholique par M. Benigne Bossuet, dans le tems qu'il étoit simple Chanoine à Metz, avant qu'il fût Evêque de Condon, & ensuite de Meaux. De Veil vint à Paris, & se fit d'abord Religieux Augustin. En étant sorti, il se présenta chez les Chanoines Réguliers de sainte Geneviéve ; les Supérieurs firent difficulté de le recevoir, parce que les Statuts de leur Congrégation défendent de donner l'habit à un Religieux d'un autre Ordre ; mais M. Bossuet ayant interposé son crédit, on passa par-dessus cette difficulté, & de Veil fut reçu.

Il fut envoyé à Angers en l'Abbaye de Toussaint, pour faire ses études de Théologie dans la Faculté. Son cours fini, il soutint sa tentative, entra en licence, & fournit sa carriere avec honneur. Le 17. Avril 1674. il soutint sa Thése, qu'on nomme Majeure, qu'il dédia à M. Antoine Arnaud, frere de Henri Armand, qui étoit alors Evêque d'Angers. Le titre de sa Thése portoit : *Clarissimo Christi Sacerdoti D. A. Arnaldo Doctori Sorbonico, Apostolicae Sedis sincero & religiosissimo cultori, studiosissimo Ecclesiae unitatis ac disciplinae ; novitatis profanae & haereticae pravitatis debellatori invictissimo, orthodoxae veritatis, & semel traditae fidei vindici acerrimo ac defensori fortissimo.*

Il prit, la même année, le Bonnet de Docteur, & peu de tems après, il professa la Théologie dans les Ecoles publiques. Il quitta sa chaire pour le Prieuré-Cure de S. Ambroise de Melun, auquel il venoit d'être nommé.

Il étoit pourvû de ce bénéfice, lorsqu'il apostasia en 1679. Dès que la Faculté d'Angers en fut informée, elle donna, le 9. Janvier 1680. un Décret, par lequel il étoit statué que son nom seroit effacé du Catalogue.

(*b*) *Valer. Andr. Bibl. Belg.* p. 141.

BIBLIOTHEQUE LORRAINE.

Ce fut en Angleterre où il étoit passé, qu'il abjura la Religion Catholique Romaine, pour embrasser le parti des Anglicans; mais, après avoir vécu quelque tems parmi les Episcopaux, il se rangea du côté des Anabatistes, épousa la fille d'un homme de cette secte, & en soutint les sentimens. Il prenoit en Angleterre la qualité de Docteur en Théologie, & de Ministre du saint Evangile.

Il est le premier qui se soit déclaré parmi les Etrangers, contre l'Histoire critique du vieux Testament, composée par le fameux Richard Simon.

Il n'eut pas plutôt vû ce Livre, qu'il écrivit à M. Boyle de la Société Royale de Londres, une Lettre, où il s'efforçoit de montrer que l'Ecriture seule est la régle de la Foi. M. Simon répondit à cette Lettre par une lettre du 16. Août suivant, où il prit le nom de *R. de Liole*, *Prêtre de l'Eglise Gallicane*. On peut voir ces deux Lettres dans l'Edition de l'Histoire critique, &c. faite à Rotterdam.

De Veil a laissé quelques Ouvrages,

1°. Un Commentaire Latin sur les Evangiles de S. Mathieu & de S. Marc, imprimé à Angers 1674. in-quarto, réimprimé à Londres en 1678. in-octavo.

2°. Un Commentaire sur le Prophéte Joël en 1676. in-octavo, à Paris, chez Caillou.

3°. Un Commentaire Latin sur le Cantique des Cantiques; à Paris, chez Pralard 1676. in-12. le même réimprimé à Londres en 1679. in-octavo, sous ce titre : *Caroli Mariæ de Veil Ecclesiæ Anglicanæ Presbyteri, explicatio litteralis Cantici Canticorum ex ipsis Scripturarum fontibus, Hebræorum ritibus & idiomatis veterum & recentiorum monumentis erecta.*

4°. *Caroli Mariæ de Veil Ecclesiæ Anglicanæ Presbyteri explicatio litteralis duodecim Prophetarum minorum*; à Londres 1680. in-octavo.

5°. *Acta sanctorum Apostolorum ad litteram explicata*; à Londres 1684. in-octavo.

VENCE (Henri de) Prêtre, Docteur de Sorbonne, Prévôt de l'Eglise Primatiale de Lorraine, & ancien Précepteur de Messeigneurs les Princes de Lorraine, est né à Pareid en Voivre vers l'an 1676.

Il a écrit des Dissertations sur les Livres de l'ancien Testament, servant de Supplément à la Bible du R. P. de Carrieres de l'Oratoire. Il a présidé à l'Edition de cette Bible, imprimée en 1738. & 1741. à Nancy, chez Leseure, Imprimeur ordinaire du Roi.

Il est Auteur des remarques sur quelques endroits du Dictionnaire de Trévoux, impression de Nancy, in-fol. Brochure de sept pages.

Il a fait imprimer, chez Leseure, des Analyses & Dissertations sur les Livres de l'ancien Testament, contenant un Traité des Révélations, & différentes sortes d'Inspirations, en huit Volumes in-octavo. Cet Ouvrage est fort goûté des Savans, qui y reconnoissent un grand fond de science dans l'Ecriture sainte. M. l'Abbé de Vence est mort à Nancy le premier Novembre 1749.

VENERONI (Jean) Auteur d'un fort bon Dictionnaire Italien en deux Volumes in-quarto, étoit de Verdun. Son vrai nom étoit Vigneron; son frere est mort Curé de S. Aman à Verdun. Son Dictionnaire est principalement pour les François qui veulent apprendre l'Italien. On l'a réimprimé à Venise, en faveur des Italiens qui veulent apprendre le François.

M. l'Abbé d'Artigny, tom. I. p. 459. *des nouveaux Mémoires d'Histoires*, rapporte, d'après M. de la Monnoie, *que le Plagiaire qui s'est emparé du Dictionnaire Italien d'Oudin, & l'a fait imprimer sous le nom de Veneroni, étoit un pédant nommé Vigneron.*

VERD, ou Wert (Jean de) fameux guerrier du dix-septieme siécle, étoit Lorrain ; on dit qu'il étoit né à Wert, Village de la Province de Gueldres, par conséquent qu'il étoit Lorrain, non de la Lorraine Mosellane, mais de la Lorraine qui s'étend jusqu'à Liége. D'autres le font natif du Duché de Luxembourg. On peut voir une partie de ses exploits dans notre Histoire de Lorraine. Il fit la guerre sous le Duc Charles IV. qui l'employa en plusieurs rencontres importantes.

Jean de Verd n'étoit pas riche, & il disoit qu'il donneroit femme & enfans, & tout ce qui lui appartenoit, pour cinq mille risdales. Le Duc Charles IV. l'ayant appris, l'envoya quérir, & lui dit qu'il vouloit lui faire gagner en un jour de quoi le rendre riche ; Qu'il étoit informé que les troupes de Virtemberg qui étoient, depuis deux ans, à Villengen, Ville Impériale, seule Catholique dans tout le Virtemberg, avoient ordre de se retirer à Strasbourg ; que tous les Bourgeois & autres, qui vouloient sauver ce qu'ils avoient de plus précieux, avoient dessein de profiter de l'occasion de ce convoi ; qu'il falloit qu'il les allât couper, & que, pour l'exécution de ce dessein, il lui donneroit de la Cavalerie & des Dragons.

De Verd accepta la commission avec plaisir, & ayant attaqué ces troupes, qui ne s'attendoient à rien moins, il les mit en déroute, leur prit six piéces de canon, & tout le bagage le bagage qui étoit d'un prix inestimable. Forget, Medecin du Duc Charles IV. dit avoir appris d'une Dame, au mois de Novembre suivant, qu'en son particulier elle avoit perdu en cette occasion plus de vingt mille pistoles, & que ce n'étoit pas la centiéme partie de ce qui se trouvoit dans ce convoi. Les troupes de Jean de Vert, au retour de cette expédition, acheverent de piller ce qui restoit dans ce misérable Pays.

Quelque tems après le Duc Charles lui donna des troupes pour aller enlever des Compagnies des François qui étoient à S. Diey & à Raon-l'Etape. De Vert réussit parfaitement dans cette commission, & enleva à S. Diey 22. Compagnies d'Infanterie, & à Raon cinq Compagnies de Cavalerie, dont il rapporta tous les Drapeaux, & les Cornettes à S. A. Le P. Donat dit que les cinq Compagnies de Cavalerie furent enlevées à Senones.

Peu de tems après, & la même année 1635. l'arriere Ban de France étant arrivé à Magnieres, & le Maréchal de la Force qui étoit à leur tête s'étant avancé pour attaquer le Duc Charles, & ne voyant pas moyen de le forcer, prit parti de se camper. Jean de Vert part à minuit avec 56. Chevaux pour les reconnoître, mais ayant été découvert, Dancourt le poursuivit avec 150. Chevaux. De Vert se jetta dans un Bois, où étant encore relancé, il ordonna à ses gens de le suivre à toutes brides, & de s'arrêter quand il s'arrêtera; ce qu'il fit après avoir sauté un fossé fort large & marécageux. Dancourt qui le suivoit de près avec 20. Cavaliers, ayant aussi franchi le pas, fut arrêté avec un Capitaine, un Lieutenant, & plusieurs Soldats. Ceux qui étoient demeurés au-delà du ruisseau, ne furent pas assez hardis pour le passer, & de Vert retourna au Camp du Duc Charles.

La même campagne il attaqua, avec Bassompierre, cinq cens hommes, que le Maréchal de la Force avoit envoyé pour investir le Chateau de Vaubecy; il les défit sans qu'il en échappât un seul, hors les Officiers ausquels on donna quartier. Il battit près de Gondreville un convoi de vivres destiné pour la garnison de Nancy, & prit 24. Drapeaux. Il attaqua encore un convoi des François sur le chemin de Toul à S. Nicolas, & s'en rendit Maître; tout ceci se passa en l'an 1635.

L'année suivante Jean de Vert vint joindre S. A. Charles IV. au Pays de Liége avec un Corps de trois mille hommes, tant de Cavalerie que d'Infanterie. Charles forma le Siége de la Ville de Liége. Les Assiégés firent une vigoureuse résistance, & mirent le feu au quartier de Jean de Vert. Cinq jours après il fut encore maltraité dans une sortie que firent les Liégeois; ils lui enleverent un Etendard qu'ils portoient dans la Ville comme en triomphe. Le Duc Charles ayant reçu de l'argent de la Ville, en leva le Siége.

De Vert fut ensuite envoyé par le Duc pour chatier ceux de Tongres qui avoient favorisés les Liégeois contre leur Archevêque. Il passa encore, par ordre du Duc Charles, avec les troupes de l'Empire, en Champagne & en Picardie, & y fit de grands ravages.

En 1638. Jean de Vert ayant jetté du secours dans Rhinfeld, se retira avec Savelli aux environs de Neubourg. Veimar vint les y attaquer, les battit & fit prisonnier quatre Généraux, savoir; Savelli, Jean de Vert, Ergfort & Sperstein.

Jean de Vert fut mené à Paris, & enfermé dans le Chateau de Vincennes. Dès qu'il eût donné sa parole, on se fit un plaisir de lui laisser une entiere liberté. Il alla faire sa cour au Roi, qui lui fit mille caresses; il fut régalé par la plûpart des Seigneurs, & assista à tous les spectacles.

Le Cardinal de Richelieu le fit venir exprès de Vincennes à Paris avec le Capitaine Ergfort pour assister aux Ballets, Comédies & autres représentations qui se faisoient devant le Roi & la Reine.

Quand il restoit à Vincennes on lui faisoit grande chere, & les Dames les plus qualifiées de Paris, se faisoient un divertissement de l'aller voir manger; il leur faisoit mille honnêtetés, qui cependant ressentoient toujours l'Allemand & le Soldat. Il étoit accompagné de plusieurs autres Officiers Allemands, qui buvoient avec lui à merveille, & prenoient abondamment du Tabac en poudre, en cordon, & en fumée. Son nom retentissoit dans les chansons, & on en fit beaucoup, où Jean de Vert faisoit le refrain.

Il recouvra sa liberté, & parut encore dans les troupes du Duc Charles en 1643. Ce Prince, accompagné du Général Mercy & de Jean de Vert, surprit Rantzau dans Tutelange, & le fit prisonnier avec plus de 400. Officiers, & de six mille Soldats. En 1648. pendant qu'on attendoit la ratification des Traités de Munster & d'Osnabruck, Jean de Vert faillit de tout rompre, & de faire recommencer la guerre. Le Vicomte de Turenne, & le Général Vrangel prenoient le divertissement de la chasse; tout d'un coup Jean de Vert ayant passé l'Isle à Manilli, s'approcha du Bois avec un détachement de

Vuu

Cavalerie, ces deux Généraux s'approcherent du Marais voisin pour s'y mettre à couverts; la difficulté étoit de trouver un gué pour le passer; un Cerf leur en montra la route; ils se trouverent au-delà du Marais, avant que Jean de Vert eût pu les atteindre, ni même les voir. Je ne trouve point l'année de la mort de Jean de Vert.

Mais je ne doute pas que ce ne soit lui qui fût annobli par le Duc Charles IV. le 12. Février 1676. ce qui me confirme dans la croyance qu'il étoit Lorrain, & né sujet du Duc Charles IV.

VERGNE (D. Vincent la) Bénédictin de la Congrégation de S. Vanne, natif de Metz, fit profession en l'Abbaye de S. Vincent le six Août 1651. & mourut à S. Arnoud de la même Ville le 23. Novembre 1704. Il a rempli l'emploi de Prieur avec honneur, & a composé l'Histoire de l'Abbaye de Moutier-Amé (*Monasterii Aremarensis*) dans laquelle il en rapporte les titres principaux & les événemens les plus notables; l'Ouvrage est un in-4°. de 300. pages, & est écrit avec beaucoup d'ordre, de methode, & d'exactitude. Il fut le premier Prieur de la Réforme introduite dans l'Abbaye des Vertus en Champagne, proche la Ville de même nom. Il en rétablit les édifices, paya les dettes, & en écrivit l'Histoire.

VERNHERE, Archevêque de Tréves, qui a siégé depuis 1388. jusqu'en 1418. fut si passionné pour les richesses qu'il passa une partie de sa vie à chercher de l'or, par les secrets de l'Alchimie. Trithéme dit qu'on montroit encore de son tems dans le Chateau de Coblentz, les lieux secrets ou l'Archevêque Vernhere entretenoit des gens à gage qui travailloient à chercher la Pierre Philosophale. Mais il eut le sort de tous ceux qui s'appliquent à cet art curieux & dangereux. Il laissa à son successeur beaucoup moins de richesses qu'il n'en avoit reçu de son prédécesseur. Trithéme (*i*) dit avoir vû quelques Livres d'Alchimie qui portoient le nom de ce Prélat.

Après sa mort le bruit se répandit qu'il avoit caché & enfoui de grandes richesses, ce qui engagea Jean de Bade, Archevêque de Tréves, quatriéme successeur de Vernhere, à faire rechercher les prétendus trésors; mais ses recherches furent infructueuses.

Il n'en tira que la honte de s'être engagé trop légèrement à cette recherche.

VERNULE'E (Nicolas) né dans le Duché de Luxembourg, à Ribelmont dans le territoire de Virton, le 10. Avril 1583. (*k*) fit ses études d'Humanités & de Philosophie partie à Tréves, & partie à Cologne, & sa Theologie à Louvain. Il professa ensuite la Réthorique à Louvain en 1608. & l'Eloquence en la même Ville en 1611. Il s'y distingua plus par ses écrits que par ses discours; car il n'avoit pas le don de la parole à un dégré éminent, au reste il avoit l'esprit orné, poli, & pénétrant. Il fut Chanoine de l'Eglise Collégiale de S. Pierre de Louvain,& succéda pour les emplois de Jurisconsulte & d'Historien des Princes de Flandres,à Jean-Baptiste Grammaie en 1611. & à Ericius Puteanus, dans la charge de Professeur d'Histoire & de Politique dans le College des trois Langues. Il fut Historiographe & Historien de l'Empereur & du Roi d'Espagne, & mourut à Louvain le 6. Février 1649. Il a laissé plusieurs écrits qui prouvent qu'il étoit habile en Poësie, dans l'art Oratoire, dans l'Histoire & la Politique. Voici la liste des Ouvrages qu'il a fait imprimer.

1°. *De arte dicendi*, *Lib. 3.* avec la pratique de la Réthorique, où la maniere de se servir de la Réthorique à Louvain 1619. in-8°. & encore en 1637. à Louvain chez Vyembrock, avec les deux livres des Topiques.

2°. *Dissertationum politicarum decas una.* On a imprimé à part la dissertation qui a pour titre: *Quis inter orbis Monarchas potentissimus?* à Louvain 1613. Item *de unâ & variâ Religione.* La même in-8°.

3°. *Historia Academiæ Lovaniensis*, *Lib. tres* *Lovanii*, *Typis Dormalti* 1627.

4°. *Institutionum Politicarum Lib. 4.* La même 1624. in-8. & à Cologne in-12.

5°. *Institutionum Moralium Lib. 4. Lovanii* 1625. *&* 1637. *in-8°.*

6°. *Institutionum œconomicarum Lib. 2. Lovanii* 1637. *in-8°.*

7°. *Elogia oratoria Alberti Pii*, *& Isabella Clara Eugenia*, *Ambrosii Spinola Car. Comitis Bucquoï*, *Tillii*, *cum aliquot orationibus miscellaneis*, *Lovanii apud Jacobum Zigers.* 1634. *in-8*.

8°. *Orationes Sacræ xxx. Lovan. Franc. Simoni* 1633.

9°. *Tragœdiæ decem. Lovan. Conest.* 1631. *in-octavo*.

10°. *Item maximus, Tragœdia.* 1630. *Item Fridtlandus* 1635.

11°. *Annus Austriacus, seu Ephemeris historica rerum Austriac. Lovan.* 1628.

12°. *Apologia pro Augustissimâ gente Austriacâ.* 1635.

13°. *De virtutibus gentis Austriaca, lib.* 3. 1640.

(*i*) *Tritbem. Chronic. Hirsaug. t.* 2. *p.* 286. *ad an.* 1388. (*k*) *Valer. Andr. Bibl. Belg. p.* 695.

14°. *De propagatione fidei Christiana in Belgio per sanctos Hibernia viros.* 1639. *in-*8°.

15°. *Certamen oratorium de militari gloria, inter septem milites, Hispanum, Germanum, Francum, Italum, Polonum, Hungarum. Lovan.* 1624. *in-*4°.

16°. *Dissertatio politica de bello feliciter gerendo.* 1630.

17°. *Triumphus Lovaniensium, ob solutam Urbis obsidionem, an.* 1635. *in-*4°.

18°. *Oratio ad studiosam juventutem, Kal. Julii, cùm post solutam obsidionem studia resumerentur.* 1635. *in-*4°.

19°. *Dissertatio oratoria de causis occupatæ à Francis Lotharingiæ. Lovan.* 1636.

20°. *De justitia armorum Batavicorum adversùs Regem Catholicum. Lovan.* 1637.

21°. *Triumphus ob cæsos ad Colloam Batavos. Lovan.* 1638. *in-*4°.

22°. *Laudatio funebris Augusti-Ferdinandi II. Imperat.* 1637. *in-*4°.

23°. *Panegyricus gratulatorius ad Ferdinandum III. Imperat.*

24°. *Laudatio funebris Serenissimi Ferdinandi Austriaci S. R. E. Cardinalis*, 1641. *Lovan.*

25°. *Munus parentale sacris manibus ejusdem Ferdinandi Cardinalis. Ibid.*

Il laissa en mourant divers autres écrits prets à imprimer, comme : *Institutiones politicæ, morales, œconomicæ, exemplis, sententiisque illustratæ.*

De plus un Commentaire politique sur l'Histoire & les Annales de Corneille Tacite.

VETTER (George) Dominicain de Tréves, qui vivoit en 1618. a fait imprimer quelques ouvrages de pieté qui font voir qu'il avoit du gout, & faisoit bien des Vers; par exemple, il a imprimé en 1618. à Cologne, *Divinorum colloquiorum libri* 4.

2°. Une Paraphrase sur le Pseaume *Miserere mei Deus*, &c. à Mayence en 1618. *in-*8°. Voyez Echard tom. 2. pag. 407. *de Scriptorib. Ord. Prædicat.*

VIARDIN (Nicolas) Docteur en Théologie, Ecolâtre de la Primatie de Nancy, Vice-Légat du Cardinal de Lorraine, & Résident du Duc Henri II. en Cour de Rome fut en grande considération sous ce Prince, & employé dans les affaires importantes. étant en Cour de Rome en 1612. le Pape lui conféra de son propre mouvement le Prieuré Conventuel de Belval, dépendant de l'Abbaye de Moyenmoutier : on songeoit alors à incorporer ce Prieuré à la Congrégation réformée de S. Vanne, pour servir de fond à l'établissement d'un Monastere de Benédictins réformés à Nancy. Le bon Duc Henri, qui s'intéressoit vivement à cet établissement, ne fut pas content de ce que M. Viardin eût accepté ce Bénéfice ; il ne laissa pas d'en demeurer en possession jusqu'en 1615. qu'il s'accommoda avec les Bénédictins, & leur remit ce Prieuré, moyennant la moitié du revenu qu'il se réserva pendant sa vie.

Il composa jusqu'à deux Mémoriaux pour être présentés au Pape en 1612. & encore en 1625. pour attester que le Cardinal de Lorraine, Légat *à latere*, avoit ordonné que les Supérieurs de la Congrégation réformée de S. Vanne, ne pourroient être continués dans leurs charges au-delà de cinq ans, après quoi ils seroient obligés de vacquer pendant deux ans ; lequel Statut devoit être gardé rigoureusement, jusqu'à ce que laditte Congrégation pourroit trouver autant de sujets capables de remplir les supériorités, qu'il en seroit nécessaire pour son bon gouvernement.

Il eut beaucoup de part à l'établissement des Religieuses du Refuge à Nancy, & on ne doute pas qu'il n'ait rédigé leurs Constitutions, ayant été le premier Supérieur de ce Monastere, commencé par la Révérende Mere Marie-Elizabeth de la Croix, dont nous avons parlé sous le nom de Ramfaing.

M. Viardin mourut à Nancy le 9. Mars 1631. & fut enterré dans l'Eglise des Dames du Refuge, dont il est considéré comme fondateur. Il laissa sa Bibliotheque aux Bénédictins de Nancy. On dit que le Pape lui avoit offert le chapeau de Cardinal. Nous avons vû beaucoup de ses Lettres originales, écrites pendant son séjour à Rome, qui se conservent dans les recueils de M. Nicolas fils.

VIBERT ou Wibert, Archidiacre de l'Eglise de Toul, ami particulier & contemporain de l'Evêque Bruno d'Egesheim, Evêque de Toul, & ensuite Pape sous le nom de Léon IX. (1) dont il a écrit l'histoire ; il la commença & en écrivit le premier Livre du vivant de ce Pape, & il composa ensuite le second Livre après la mort de Léon IX. & même après la mort de ses deux successeurs dans la Papauté, dont il parle, sçavoir Victor II. mort en 1057. & Etienne IX. mort en 1058. Il semble que Vibert vouloit simplement donner une suite de l'histoire des Evêques de Toul, comme il paroit dans son texte, qui porte dans les manuscrits de S. Mansuy, & dans l'imprimé du R. P. Mabillon : *Reverendus igitur Bruno* ; la particule *igitur* a rapport au Prologue qui précéde,

---

(1) *Vit. S. Leonis sæc. VI. part.* 2. p. 49. 50. & Benoît Hist. de Toul p. 358. & Bolland. 19. Avril.

ou au texte de l'histoire des Evêques de Toul, dont la vie de Brunon n'est qu'une suite.

Dans son premier Livre, Vibert dit qu'il laisse aux Romains le soin d'écrire ce que S. Léon a fait étant Pape. Mais dans la suite il changea de sentiment, & écrivit la vie & la mort de Léon IX. comme Pape. Nous savons assez peu de particularités de la personne de Vibert: il a survécu les deux Papes Victor II. & Etienne IX. Voyez, sur les differentes éditions de la vie de Léon IX. par l'Archidiacre Vibert, le R. P. D. Antoine Rivet, Hist. Litter. de France tom. 7. p. 485.

VIDRIC ou Videric, Abbé de S. Evre les Toul, Auteur de la vie de S. Gerard Evêque de la même Eglise, prit le gouvernement de cette Abbaye après S. Guillaume Abbé de saint Benigne de Dijon, fameux Réformateur de l'Ordre de S. Benoît, qui en 998. ayant mis la réforme à S. Evre, en donna le gouvernement à Vidric, homme rempli de son esprit, & animé de son zéle, qui soutint parfaitement par son exemple, & par ses paroles, tout le bien que S. Guillaume avoit établi dans ce Monastere. Mais il y a lieu de croire que ce ne fut que l'année de sa mort, c'est-à-dire en 1031. que S. Guillaume renonça au gouvernement des Monasteres où il avoit rétabli l'observance, & qu'il y mit des Abbés pour les gouverner en sa place.

Vidric fut engagé à écrire la vie de S. Gerard Evêque de Toul, par les ordres de Brunon Evêque de la même Eglise (*m*), & qui fut depuis Pape sous le nom de Léon IX. Vidric étoit déja Abbé de S. Evre, & il avoue qu'il n'a pas vû S. Gerard dont il entreprend d'écrire la vie, se plaignant de la négligence de ceux qui l'ont connu & conversé, qui n'avoient pas eu autant de soin qu'ils auroient dû, de conserver la mémoire de toutes ses actions; ce qui est cause qu'il y en a plusieurs qui sont demeurées dans l'oubli (*n*). Mais il ajoute que ce qu'il en va écrire, il l'a appris d'un Religieux de Probité, qui avoit vécu sous la conduite du S. Prélat, & s'étoit fait Religieux à S. Evre.

Outre cette vie, Vidric a composé l'Histoire de la Canonisation & de la Translation de S. Gerard faite par le Pape S. Léon en 1050. ou 1051. dont l'Abbé Vidric a été témoin, comme il le dit lui-même. Il a dédié cet ouvrage à Udon Evêque de Toul, ami de S. Léon IX. & qui lui succéda dans cet Evêché en 1052. Vidric a aussi mis en Vers la vie de S. Gerard, mais en abrégé.

Son stile est simple, & sa poësie n'est pas relevée: mais il paroit homme pieux, sincere, & sage. On dit qu'il vivoit encore en 1065. puisqu'on trouve son nom à la fin d'un Titre de l'Evêque Odon pour l'Eglise de S. Gengoû de Toul. On voyoit autrefois au Chapitre de l'Abbaye de S. Evre l'Epitaphe de l'Abbé Vidric en ces termes:

Hâc tegitur Tumbâ Monachorum lucida gemma
 Exemplum vitæ, maxima lux Patriæ.
Abbas officio Vidricus, germine claro.
 Eximius mundo, egregius Domino.
Dum revehit cursus per senas Martius Idus,
 Tale decus terris livida mors rapuit.
Nos petimus viduti miserâ sub sorte relicti
 Sit dignus regno vivere, Christe, tuo.

Son nom est marqué dans le Nécrologe au 8. des Ides de Mars, & il y est dit qu'il écrivit la vie de S. Gerard; il eut pour successeur Hugo ou *Wido* qui vivoit en 1069.

Je trouve de la difficulté dans la succession des Abbés de S. Evre. Il est certain que S. Guillaume de Dijon mit la réforme dans ce Monastere en 998. Vidric y étant déja apparemment Prieur, âgé d'environ 30. ou 35. ans. Il en fut fait Abbé à la mort de S. Guillaume en 1031. âgé d'environ 62. ans. Il écrivit la vie de S. Gerard à la priere de Brunon Evêque de Toul, vers l'an 1025. ou 1026. étant déja Abbé. Il se nomme *Frater Videricus sancti Apri servus*, dans sa Préface sur la vie de S. Gerard: (il étoit donc Abbé ou au moins Prieur avant la mort de S. Guillaume arrivée en 1031.) il écrivit ensuite l'Histoire de la Canonisation & de la Translation de S. Gerard faite par le Pape Léon IX. à laquelle il étoit présent en 1050. ou 1051. Il fut témoin de quelques-uns de ses miracles, il écrivit cette vie à la priere d'Udon encore Princier de Toul en 1051. Udon en devint Evêque en 1052. Vidric devoit avoir alors au moins 80. ou 82. ans; on veut que ce soit lui qui ait souscrit en 1065. à un Titre de l'Evêque Udon pour S. Gengoû; il auroit eu alors 96. ans, ce qui est difficile à croire.

D'ailleurs je trouve en 1036. Herbert Abbé de S. Evre, & en 1044. Vidric Abbé de S. Evre, & en 1057. Fulcrade Abbé, & Vidric en 1061. & 1065. Il y a donc eu deux ou trois Vidric; celui qui fut transféré de Senones à S. Evre vivoit en 1236. ou 1246. par conséquent fort différent de celui dont nous parlons dans cet Article.

VIDRANGE (.....) dit *Plumerel*, Gentilhomme dans le Bassigny, a fait des Notes

---

(*m*) Anual. Bened. lib. 56. p. 366. 367.
(*n*) S. Gerard mourut le 22. Avril 994. il eut pour successeur Etienne mort en 995. puis Robert mort en 996. puis Bertholde mort en 1019. puis Herman mort en 1026. Brunon lui succéda la même année, & fut nommé Pape en 1048.

savantes sur la Chronique d'Eusebe. Je ne le connois que de réputation.

VIGNE (D. Romain la) Benédictin de la Congrégation de S. Vanne, né à Verdun, Profès de l'Abbaye de S. Vincent de Metz, le 2. Juin 1678. mort, étant Prieur de la même Abbaye, le 29. Août 1725. avoit fort bien étudié ; & étant dans l'Académie de S. Pierre de Châlons, gouvernée par le R. P. Dom Remi Michel, dont nous avons parlé ci-devant, D. Romain la Vigne composa, en son particulier, un Ouvrage, sous ce titre : *Quæstionum Criticarum, Historicarum, & Dogmatico-Politicarum in primum Ecclesiæ sæculum.* Le même D. Romain a écrit beaucoup d'autres choses, & en particulier, il eut beaucoup de part à l'Examen, ou Critique que l'on fit dans l'Assemblée de l'Académie de Châlons, sur *l'explication simple & littérale sur les Cérémonies de l'Eglise*, composée par le R. P. Dom Claude de Vert, Visiteur de l'Ordre de Cluny.

VIGNEULE (Philippe de) *le Marchand & Citain de Metz*, a composé, avec grand travail, une Chronique de la Ville de Metz, depuis l'origine de cette Ville, jusqu'en 1474. Il dit qu'il a recueilli ce qu'il raconte, de plusieurs Écrits anciens, & que, pour le reste, il dit ce dont il a été témoin. Il cite en particulier la Bible, Tite-Live, l'Histoire Scholastique, le Mémoire Historial de Vincent de Beauvais, les Chroniques de Martin (apparemment le Polonois) la Mer des Histoires, Maître Jean le Belge en ses illustrations des Gaules, Froissart, Robert Guaguin, & plusieurs autres Chroniques de France, d'Italie, d'Allemagne, d'Angleterre & de Bourgogne ; la Vie des Peres, la Légende dorée, la Vie de plusieurs Saints & Saintes, & en particulier de saint Clement, premier Apôtre de la Ville de Metz, & la Légende de S. Livier, natif de Metz, qui fut martyrisé par les Vandres ou Vandales. Il a aussi écrit en Bref la vie du noble Henri, Duc de Metz, & Seigneur de toute l'Austrasie, qui maintenant est appellée Lorraine ; de la belle Béatrix, sa femme, & du Lohérans, leur fils, *duquel le corps est à présent tout entier en la grande Eglise d'icelle Cité de Metz.*

Entrant en matiere, il parle des six âges du monde, & dit que les hommes s'étant extrêmement multipliés, quatre d'entre eux ; savoir, Cercsés, Meszrez, Thémosis & Horus vinrent dans ce Pays, & y fonderent la Ville de Metz, entre la Moselle & la Seille, & y bâtirent une Tour fort haute, pour se précautionner contre un déluge, s'il en arrivoit un second pareil au premier. De plus, pour résister à l'inondation des eaux, & pour passer sûrement de montagnes en montagnes, ils construisirent les Arches, près desquelles on bâtit depuis le Village de Joüiaux Arches. Ces Arches furent bâties par Azita, fille de Noë, sœur de Sem & de Ninus, & tante de ces trois ou quatre hommes dont nous avons parlé, & qui commencerent à bâtir la Ville de Metz. Il ajoûte que ces choses *sont démontrées en des beaux Livres écrits en Hébreux, & bien entièrement faits & composés.*

Tout le commencement de cette Chronique est de même goût. On y raconte l'origine des Villes de Tréves, de Toul & de Verdun, de Monson, ou Monçon, de Thionville ; & on en nomme les Auteurs, de même que les Peres des principales familles de Metz ; des Fondateurs, des Ruës, des Portes, des Ponts ; tout cela en Histoires fabuleuses & tirées, dit-il, de la plus haute antiquité. Il fait sortir les François de Francus Troyen ; & les Villes de Reims, de Châlons, de Troyes, de Vaucouleurs, de Charpagne, d'autres anciens Seigneurs sortis de Troyes. Cependant la Ville de Charpagne étoit déja détruite, & réduite en un petit Village, du tems de l'Auteur.

Il parle du mariage de Salvius Brabon avec Germanie, niéce de Jules-César. Brabon donna le nom au Braban, & Germanie, à l'Allemagne, nommée en Latin *Germania.* Le même César donna à son neveu *Octavien*, fils de sa sœur *Siniane*, & de Charles Ynach, son mari, le Royaume d'*Agrippine*, nommé à présent Cologne. Tout ceci arriva, dit-il, cinquante un ans avant Jesus-Christ. Il défigure toute l'Histoire Romaine, & forge une Généalogie de sainte Anne & de sainte Elizabeth, entièrement inconnuë à l'Ecriture. Enfin, il vient à S. Clement, premier Evêque & Apôtre de la Ville de Metz & du Pays Messin, dont il raconte la vie toute fabuleuse. Toutes ces fables se trouvent de même dans la Chronique de Metz en Vers composés par Jean le Chatellain, dont on a parlé ailleurs, & qui est mort en 1525.

Parlant des trente piéces d'argent que reçut Judas, pour livrer Notre-Seigneur, il dit que ces trente piéces furent fabriquées par Tharé, pere d'Abraham, & ce sont les premieres monnoies qui aient été frappées dans le monde. Tharé, en mourant, les laissa à son fils Abraham, qui en acheta un Jardin pour ses enfans, qui furent nommés Jéconites, lesquels les donnerent aux Ismaélites ; des Ismaélites, ces trente piéces d'argent passerent à un riche Marchand, nommé Dortis, qui en acheta le Patriarche

Joseph. Les freres de Joseph étant venus en Egypte, pour y acheter du grain, donnerent cet argent à Joseph leur frere, qui étoit alors Gouverneur du Pays. Il les déposa dans un Temple d'Egypte, d'où ils furent tirés, pour être donnés à Moyse. Moyse les donna à la Reine de Saba, & celle-ci en fit présent à Salomon, qui les mit en dépôt dans le Temple de Jerusalem.

Nabuchodonosor détruisit ce Temple, emporta les trente piéces d'argent à Babylone, & les céda au Roi d'Arabie, lequel vint adorer Jesus-Christ dans la Créche, & en fit présent au Sauveur. La sainte Vierge les donna aux Pastouraux, & ceux-ci les porterent au Temple, d'où les Prêtres les tirerent, pour les livrer à Judas, qui trahit son Maître. Après la mort du Sauveur, Judas les rapporta au Temple, d'où elles avoient été tirées. Les Prêtres ne voulurent pas les recevoir ; mais en acheterent un champ pour la sépulture des pélerins.

Il ajoute, que dans tout ce récit il n'y a rien mis du sien, mais qu'il l'a trouvé ainsi écrit dans des Chroniques bien anciennes ; en effet, on les trouve dans d'autres anciens Livres. Il avoué toutefois, qu'il est mal-aisé que les trente déniers aient couru en tant de mains. On peut juger, par cet échantillon, du mérite de tout l'Ouvrage. L'Histoire des dernieres années de sa Chronique est beaucoup meilleure ; il y marque, par datte, les années des Maîtres Echevins, & celles des Evêques de Metz, & des Rois & Empereurs, qui ont eû quelques affaires dans le Pays.

Philippe de Vigneulle a achevé sa Chronique, & l'a conduite jusqu'en l'an 1500. mais dans l'Exemplaire que j'ai en main, & qui paroît de son tems, le second Livre commence à l'Episcopat de l'Evêque Bertrand, qui a commencé en 1187. & le troisième Livre commence en 1428. 1429. & finit ainsi : " Et ferai fin à cestui second Livre
,, des Chroniques de France, de Metz & de
,, Lorraine ; car au tiers quart & dernier
,, Livre ci-après écrit, je parlerai plus amplement des choses advenuës en icelle noble Cité, & ez Pays joindants, que je n'ai fait ez deux Livres précédents ; & au premier du tiers Livre vous sera déclaré toute ladite guerre, & les maux qui advindrent pour ladite hottée de pommes : puis vanrai à dire de la Pucelle Johanne, native d'un Village auprès de Vaucouleurs en Lorraine, & comment, par la volonté & miracle de Dieu, elle remit le devant dit Charles VII. en son Royaume. Après oyrez de la guerre du Duc de Bar & du Comte de Vaudémont, l'un contre l'autre ; puis de la guerre du Damoiseau Robert de Commercy, & de la guerre de Fléville, & de la guerre des Lorrains & des François devant Metz, qu'on dit la guerre des Rois (o) ; pareillement de la guerre des Chanoines de la grande Eglise d'icelle Cité, & de plusieurs autres guerres & choses dignes de mémoire, jusqu'à l'entreprise du Duc Nicolas de Lorraine, & comme subtilement & par amblée, il cuida prendre l'avant dite Cité de Metz ; & sera cette Histoire le commencement du quatriéme Livre. Or cette entreprise est du commencement de l'an 1474.

L'Exemplaire de cette Chronique, que j'ai en main, contient 483. feüillets, petit in-folio, ou 908. pages d'écriture assez menuë.

Je ne sai précisément en quel tems il mourut. Je trouve dans les Annoblis de Lorraine, un Philippe de Vigneulle, citoyen de Metz, annobli en 1501. c'est apparemment notre Auteur.

On m'écrit de Metz du 10. Juillet 174. qu'à force de chercher, on a découvert que la Chronique manuscrite de Philippe de Vigneulle, dont je n'ai que le premier Volume, se trouve entiere, & même, à ce qu'on croit, originale & de la main de l'Auteur, chez M. Rusier, Conseiller au Parlement de Metz, un des descendans dudit Vigneulle. Ce Manuscrit étoit entre les mains d'un parent de M. Rusier, ci-devant résident à Metz, & à présent demeurant dans le Palatinat. Il a envoyé, depuis six mois, cette Chronique à M. son parent, sous la condition qu'il ne la prêteroit à personne.

J'ai appris, depuis peu, que la Maison de Ville de Metz avoit acheté de Philippe de Vigneulle, cette Chronique, qui appartenoit ci-devant à M. Rusier.

VIGNIER (Jerôme) naquit à Blois en 1606. de Nicolas Vignier, Ministre à Blois, & d'Olympe Belon. Il prit ses Licences en Droit à l'âge de seize ans, au grand étonnement de ses Professeurs, qui furent charmés de ses réponses. Il se fit Catholique en 1628. & entra chez les Chartreux, & ensuite chez les Peres de l'Oratoire en 1630. Il se distingua dans cette Compagnie par ses Conférences & pas ses Ecrits, qui le firent élever successivement aux Supériorités des Maisons de Tours, de la Rochelle & de Lyon, & enfin, à celle de Supérieur de S. Magloire de Paris. Il étoit savant dans les Langues

---

(o) Du Roi de France Charles VII. & René Roi de Sicile, & Duc de Lorraine en 1444.

Gréque, Hébraïque, Caldaïque & Syriaque, sur-tout dans la connoissance des origines des Maisons souveraines de l'Europe, qui le consultoient ordinairement sur ces matiéres. Il étoit aussi fort habile dans la connoissance des Médailles. Etant à Venise, il y découvrit un Manuscrit de S. Fulgence contre Fauste, qu'il transcrivit, & qu'il auroit donné, si la mort ne l'eût prévenu. On ne sait point ce que ce Manuscrit est devenu. Il découvrit aussi, étant à Clairveaux, un Manuscrit de S. Augustin contre Fauste, qui a été imprimé dans la nouvelle Edition des Oeuvres de S. Augustin.

Le P. Vignier fut attaqué de la pierre, & le sieur Calot de Nancy le tailla heureusement, & lui ôta une pierre qui pesoit sept onces.

On raconte que Calot ayant taillé, quelque tems auparavant, le Prince Ferdinand de Lorraine, & les suites de son opération n'ayant pas été heureuses, le Pere Vignier, qui connoissoit la capacité de Calot, voulut, malgré le conseil de ses amis, se mettre entre ses mains, pour rétablir, disoit-il, la réputation de cet habile homme. Calot fut un quart d'heure, sans pouvoir ni casser, ni tirer la pierre du P. Vignier, qui souffrit dans cette opération, des douleurs inexplicables; & l'Opérateur avoua, qu'après Dieu, il ne devoit sa vie qu'à sa patience, & que le moindre mouvement qu'il auroit fait dans cette opération, lui auroit causé la mort.

Il vécut encore quelque tems, & mourut à Paris le 14. Novembre 1661. Il n'eut pas le tems de donner l'origine des Rois de Bourgogne, la Généalogie des Comtes de Champagne, & l'Histoire de l'Eglise Gallicane; Ouvrage qui lui auroit coûté beaucoup de travail, continué pendant plusieurs années, & pour lequel il avoit parcouru toute la France, la Lorraine & l'Alsace.

On s'étonnera de trouver ici le Pere Vignier, qui étoit François, & non Lorrain; mais il a si bien mérité de l'Histoire de Lorraine & de la Maison de ce nom; d'ailleurs, il a demeuré assez long-tems dans ce Pays, & principalement à Metz, dont son parent étoit Intendant de justice pour le Roi; & cela, dans le tems que les Archives de Lorraine étoient déposées dans la Citadelle de cette Ville, que je me suis crû assez autorisé de lui donner place parmi les Hommes illustres de ce Pays; & par son séjour à Metz, qui lui a procuré les secours, dont il s'est servi si utilement pour composer son Ouvrage, intitulé, *La véritable Origine des très illustres Maisons d'Alsace, de Lorraine, de Bade,* & de quantité d'autres, &c. Le tout vérifié par Titres, Chartres, Monumens & Histoires autentiques; imprimé à Paris, chez Gaspar Meturas, Ruë S. Jacques, à la Trinité, près les Mathurins 1649. in-fol.

Le P. Vignier, dans la Préface du Livre, que nous venons de citer, reconnoît que le P. Sirmond, Jesuite, & M. Theodore de Godefroi, sont les premiers qui aient découvert la vraie origine de la Maison de Lorraine; Que M. Chantereau le Fevre a fort bien détruit l'opinion qui la faisoit descendre de Godefroi de Bouillon, par Guillaume de Bouillon IV. frere de Godefroi; Qu'inutilement on a cherché les sources de cette Maison, dans les origines de l'Abbaye de Muri en Suisse. Pour lui, il la fait descendre d'Archinoalde, Maire du Palais sous Clovis II. vers l'an 524. Il démontre que les Ducs de Lorraine viennent d'Adelbert, Fondateur de Bouzonville, & de Gerard d'Alsace. Il promet en plusieurs endroits une Histoire complette de Lorraine, qu'il avoit composée, & dont le Livre cité ci-dessus n'étoit, pour ainsi dire, que le Plan & le Canevas; mais cette Histoire n'a jamais paru.

Il raconte dans sa Préface, " Qu'étant,
,, il y a quelques années, à Vezelize, petite
,, Ville du Comté de Vaudémont, il s'en-
,, quit, selon son ordinaire, s'il n'y avoit
,, point dans cette Ville quelques personnes
,, doctes & curieuses, de qui il pût appren-
,, dre quelque chose; ayant sû, ajouta-t-il,
,, que le malheur des guerres avoit chassé
,, tous ceux qui pouvoient être utiles à ma
,, curiosité, à la réserve d'un vieillard de
,, 80. ans, que la pésanteur de son âge
,, & de ses incommodités, avoit attaché à
,, la misere, dont il ne se pouvoit tirer,
,, pour se sauver ailleurs. Je le fus visiter;
,, mais je ne trouvai dans ce bon vieillard,
,, qui s'appelloit *Pistor le Begue,* qui avoit
,, été Secrétaire d'Etat des Ducs de Lor-
,, raine, & employé par eux en quantité
,, de négociations importantes, que de bel-
,, les masures d'un beau bâtiment, que le
,, tems avoit ruiné; je veux dire que je ne
,, rencontrai dans son entretien, que les res-
,, tes de beaucoup de science, que la mé-
,, moire affoiblie étouffoit, & ne laissoit pa-
,, roître qu'à grande peine.

,, Je m'enquis des anciens Comtes de Vau-
,, démont, où étoient leurs tombeaux, &
,, de quelle famille ils étoient. Il ne m'en
,, put dire autre chose, si-non qu'il avoit
,, sauvé du naufrage quelques Cahiers de
,, parchemin, qui pourroient m'en appren-
,, dre quelque chose. Ces Cahiers, qui ne
,, faisoient en tout que dix ou douze pages,
,, étoient les restes d'un Volume médiocre,

„ que la pourriture & les vers avoient très
„ maltraités ; car il n'y avoit ni fin ni com-
„ mencement, pas un feüillet entier, tou-
„ tes les lettres ternies, ou effacées par l'hu-
„ midité, & aucun titre pour découvrir les
„ matieres dont il traitoit. Il avoit été pré-
„ cieux autrefois; car il y avoit eû de gran-
„ des lettres écrites en or, & des bordures
„ de même ; mais les petits enfans les a-
„ voient coupées, pour se joüer : néanmoins,
„ en remuant ce fumier, j'ai trouvé une
„ perle.
„ Ce Volume n'étoit qu'un Recueil de
„ quelques Vies de Saints. Il restoit quel-
„ ques morceaux de celle de S. Odille, &
„ quelque chose de celle de S. Leon IX.
„ A la fin de ce qui restoit du Livre, il y
„ avoit comme une fin d'Epître à un Evêque
„ nommé *Gerard*, apparemment Gerard de
„ Vaudémont, Evêque de Toul, qui a siégé
„ depuis 1217. jusqu'en 1219. auquel l'Au-
„ teur adressoit ces paroles : *Hæc sunt, Do-*
„ *mine Gerarde, quæ de Sanctis, qui de tua pro-*
„ *sapia esse dignoscuntur, & quorum es suc-*
„ *cessor, habui dicere.* Or je ne pûs décou-
„ vrir de tous ces Saints, que S. Odille &
„ S. Leon IX. La vie de S. Leon étoit celle
„ écrite par Vibert. J'écrivis celle de saint
„ Odille, & en même tems, je résolus d'ap-
„ prendre de quelle Maison tous les deux
„ descendoient. Après plusieurs essais &
„ quantité de travaux, je pense avoir ren-
„ contré ce que je cherchois ; & je me sens
„ redevable au hazard & à la fortune, d'une
„ connoissance, que peut-être une vie plus
„ longue que la mienne n'eût pas acquise,
„ après quantité de recherches.

En effet, le sistéme du P. Vignier est aujourd'hui adopté par presque tous les Généalogistes de l'Europe, qui ne font qu'y
ajoûter ou corriger quelque chose. J'ai en
main des Notes manuscrites, que M. d'Ho-
sier a faites sur le P. Vignier, où il le corrige en quelques endroits, & l'éclaircit en
d'autres.

VIGNOL (Claude) Jesuite, a fait des
remarques sur ce que Chifflet & Blondel
ont écrit sur la Lorraine & le Barrois. Son
Ouvrage est demeuré manuscrit.

VILHEIM (Jean-Baptiste) Jesuite, né
à Montureux le 22. Mars 1700. entra dans
la Société le 27. Novembre 1718. Il fit ses
quatre vœux solemnels le 15. Novembre
1735. enseigna la Philosophie pendant six
ans , puis fut employé à la Prédication. Il
a fait imprimer l'*Histoire abrégée des Ducs de*
Lorraine, par demandes & par réponses, depuis
Gerard d'Alsace jusqu'à François III. A Nancy,
chez Midon, in-12. 1735.

VILLE (Le P. Jean-Claude de) Jesuite,
a composé plusieurs petits Ouvrages de
piété. Il étoit né à Mirecourt en Lorraine,
le 17. Août 1675. Il entra dans la Société
le premier Octobre 1694. enseigna avec succès les basses Classes, fut ensuite Préfet, &
gouverna les Pensionnaires du Pont-à-Mousson. Il mourut à Nancy, dans la Maison du
Noviciat, le 10. Novembre 1720. Il a fait
imprimer,

1°. La Vie de François Philibert, Soldat
Chrétien ; à Nancy, chez Guedon 1714.
in-12.

2°. Les saints Exercices de la Journée
Chrétienne; chez le même, réimprimé plusieurs fois ailleurs.

3°. Abrégé de la Vie du B. Jean-François
Regis ; à Nancy, chez Balthasard 1717. in-
douze.

4°. Neuvaine à l'honneur de S. François
Xavier ; à Nancy, chez le même 1718. in-
douze.

5°. Instructions & Prieres pour les Ecoliers du Collége de Nancy, in-12. chez Guedon.

6°. Instructions pour les Ecoliers, sur la
maniere de bien servir la Messe.

VILLEMIN (Joseph) d'Hildenfeld, Introducteur des Ambassadeurs, & Maître
des Ceremonies de Lorraine, fit imprimer
à Nancy, chez Nicolas & René Charlot,
la Relation de la Pompe funébre du Duc Char-
les V. faite aux Cordeliers de Nancy, le 19.
Avril 1700.

VILLEMIN (M. l'Abbé Joseph) fils du
précédent, fut Aumônier de Madame la
Duchesse de Lorraine. Il a été beaucoup employé, par ordre de l'Empereur François,
à la décoration de la Chapelle ronde, chez
les Peres Cordeliers de Nancy, où reposent
les Corps des Ducs de Lorraine. Il en a renouvellé les Inscriptions & les Epitaphes. Il
travaille actuellement à donner une nouvelle
Edition de ces Inscriptions, avec des Notes
& des Remarques. L'Ouvrage sera en Latin
& en François, & sera dédié à l'Empereur.

Il a composé & fait imprimer à Commercy, une Dissertation sur un Médaillon,
frappé en l'honneur de S. A. R. François III.
Duc de Lorraine & de Bar, à l'occasion de
son avénement à la Couronne en 1729. in-
quarto, 1744.

VILLOTE (Jacques) Jesuite, naquit à
Bar-le-Duc, le premier Novembre 1656.
entra dans la Société le 2. Octobre 1673.
Après avoir enseigné les Humanités, & étudié la Théologie, il fut envoyé en Arménie, où il fit ses vœux solemnels à Erzeron,
le 15. Août 1691. Il employa son tems de
loisir

loisir à transcrire des Livres Arméniens utiles & spirituels. Etant appellé à Rome, pour les faire approuver, il retourna en Europe en 1709. d'où il fut renvoyé en Lorraine ; & après avoir gouverné quelques Colléges & quelques Maisons de sa Compagnie, il mourut à S. Nicolas de Port près Nancy, le 14. Janvier 1743.

Les Livres que nous avons de lui, sont écrits en Arménien, & imprimés à Rome, à l'Imprimerie de la Congrégation de la Propagande. Voici le titré de ses Ouvrages,

1°. Explication de la Foi Catholique, en 1711. in-12.

2°. L'Arménie Chrétienne, ou Table Chronologique, contenant la suite des Patriarches & des Rois des deux Arménies, depuis la naissance de Jesus-Christ, jusqu'à l'an 1712. in-12. à Venise & à Rome, 1714. in-fol.

3°. Abrégé de la Doctrine Chrétienne, 1713. in-12. à Rome.

4°. Commentaire sur les Evangiles, 1714. in-quarto.

5°. Un nouveau Dictionnaire Latin-Arménien, tiré des principaux Ecrivains de la Langue Arménienne, dans lequel, outre les différens sons de chaque mot, on explique beaucoup de choses Théologiques, Physiques, Morales, Historiques, Mathématiques, Géographiques & Chronologiques, 1714. in-fol.

6°. Voyage d'un Missionnaire de la Compagnie de Jesus, en Turquie, en Perse, en Arménie, en Arabie & en Barbarie, 1714. in-fol. à Paris, chez Vincent 1730. in-12.

7°. Epître Latine sur la Translation de S. Grégoire, Martyr Arménien, dans l'Eglise de la Société, au Faubourg d'Ispahan ; elle se trouve dans l'Histoire de ce saint Martyr, écrite par le Pere Maria Bonuxi, Jesuite, & imprimée à Rome en 1717. in-quarto.

8°. Traduction du Livre, que Jean Vanori, Jesuite, avoit donné en Italien, sous ce titre : *Quattro massime della Christiana Filosophia*; à Rome 1714. in-12.

VILLOTE, Prévôt Royal de Nancy, a écrit l'Histoire de la guerre commencée à l'occasion de la succession d'Espagne, en sept Livres manuscrits entre les mains de sa veuve.

VILTHEIM (Alexandre) Jesuite, a composé, en deux gros Volumes in-folio, l'Histoire de l'Abbaye de S. Maximin de Tréves, intitulée, *Annales Monasterii S. Maximini Trevirensis*; manuscrite.

2°. *Luciliburgensia, seu Luxemburgum Romanum, hoc est, Arduennæ veteris situs, populi, loca prisca, ritus, sacra, lingua, via Consulares, castra, castella, villæ publicæ, jam inde à Cæsarum temporibus, usque ad hæc urbis Luxemburgensis incunabula & incrementum investigata, atque à fabulis vindicata; monumentorum insuper, præprimis verò Eglensis secundinorum Cisalpinorum Principis inscriptionum, simulacrorum, sigillorum, epitrapeziorum gemmarum, & aliarum antiquitatum quàm plurimarum, tam urbi Luxemburgensi importatarum, quàm per totam passim Provinciam sparsarum, Mythologica Romana, pleraque prorsus nova, ant à nemine hactenus explanata, eruditè non minùs quàm operosè eruderata*; à R. P. Alexandro Viltemio Luxemburgensi S. J. Sacerdote opus posthumum ; Manuscrit entre les mains de M. l'Abbé de S. Maximin de Tréves. C'est un Ouvrage important, & qui mériteroit de voir le jour. J'en ai fait tirer une Copie sur l'Exemplaire de M. l'Abbé de S. Maximin, avec les figures, au nombre de plus de trois cens cinquante.

3°. *Diptychon Leodiense, ex Consulari factum Episcopale, & in illud Commentarius R. Patris Alexandri Viltelmii S. J. Presbyteri*; *Lagdii, an.* 1659. *in-fol*.

VINCENT de Lérins : Nous avons supposé dans notre Histoire de Lorraine, que le fameux Vincent de Lérins, Auteur du *Commonitorium*, étoit Lorrain, & frere de saint Loup, Evêque de Troyes en Champagne ; & nous l'avons dit, après la plûpart des Savans : mais ayant lû avec attention ce que les doctes Auteurs de l'Histoire Littéraire de France ont écrit sur ce sujet, nous avons commencé à en douter. Leurs principales raisons sont que Gennade, qui a fait l'éloge de Vincent de Lérins, Auteur du *Commonitorium*, ne dit pas qu'il ait été frere de S. Loup ; circonstance qu'il n'auroit pas, sans doute, oubliée. De plus, Vincent, frere de S. Loup, avoit quitté Lérins en 426. ou 427. lorsque S. Eucher écrivit à S. Hilaire la Lettre qui fait mention de cette sortie ; & qu'au contraire, Vincent de Lérins, Auteur du *Commonitorium*, est apparemment mort à Lérins vers l'an 450. Son Corps y repose, & il y est honoré comme Saint. L'on y fait sa Fête depuis l'an 1600. Baronius l'a mis dans le Martyrologe, au 24e. jour de Mai.

Quoi qu'il en soit de ce sentiment, que nous venons de proposer, que l'Auteur du *Commonitorium* étoit de la Belgique, il peut, par conséquent, appartenir à notre sujet, qui comprend la plus considérable partie de la Belgique : ainsi nous ferons deux articles de ces deux *Vincents*.

L'Auteur du *Commonitorium*, parlant de lui-même, dit qu'il a été engagé, pendant quelque tems, dans différens emplois du fiécle, qu'ayant rompu les liens qui le tenoient dans le monde, il s'étoit retiré dans le port de la Religion, dans une terre écartée; & Gennade dit expreffément, que ce fut à Lérins. Il y fut élevé à la dignité du Sacerdoce, & mourut vers l'an 450.

Dans fon *Commonitorium*, ou Mémoire, il s'eft caché fous le nom de *Pelegrin*; & il l'a compofé environ trois ans après le grand Concile d'Ephéfe, c'eft-à-dire, en 434.

Vincent avoit fait efpérer un Ouvrage plus ample fur *le Myftere de l'Incarnation*, & peut-être auffi fur *la Trinité*; mais nous ne voyons pas qu'il ait exécuté ce projet.

Il eft vrai que Monfieur Antelmi prétend qu'il a fatisfait à fa promeffe, en compofant le Simbole, *Quicumque vult falvus effe*; mais il faudroit auparavant prouver que ce Simbole eft l'ouvrage de Vincent de Lérins; ce qui n'eft pas aifé à faire.

Quelques Savans ont attribué à l'Auteur du *Commonitorium*, les objections connuës fous le nom d'*Objectiones Vincentianæ*, qui ont été réfutées par S. Profper; mais cette opinion a été renverfée par de très habiles gens.

Cafimir Oudin a prétendu que le *Prædeftinatus*, imprimé par le R. Pere Sirmond, étoit auffi l'ouvrage de Vincent de Lérins; mais fes preuves font fi foibles, qu'elles ne méritent pas d'être férieufement réfutées. Le P. Sirmond avouë que le Livre qu'il a donné fous le nom de *Prædeftinatus*, étoit fans nom d'Auteur, & que c'eft lui qui lui a donné ce titre. D'ailleurs, il n'y a qu'à confronter le *Prædeftinatus* avec le *Commonitorium*, pour y remarquer une différence de ftile & de penfées toutes fenfibles.

VINCENT, frere de S. Loup, Evêque de Troyes en Champagne, étoit né à Toul en Lorraine, d'une famille illuftre par fa nobleffe. Epiroque, leur pere, les laiffa orphelins en un âge peu avancé; mais Aliftique, frere d'Epiroque, qui tenoit un rang éminent parmi la nobleffe du Pays, leur tint lieu de pere. Je ne parlerai pas ici de S. Loup, j'en ai fait un article à part.

Vincent, fon frere, le fuivit dans l'Isle de Lérins, où le défir de la perfection Evangélique l'avoit attiré, vers l'an 426. Les deux freres quitterent cette folitude, pour aller à Maçon, vendre & diftribuer aux pauvres ce qui leur reftoit de biens.

Prefqu'auffi-tôt Loup fut enlevé, lorfqu'il s'y attendoit le moins, pour être placé fur la Chaire Epifcopale de Troyes.

Vincent, fon frere, fut fait Evêque de Saintes; mais fon nom ne fe trouve pas dans la nouvelle Edition de *Gallia Chriftiana*, parmi les Evêques de cette Ville; & les Auteurs de cet Ouvrage fuppofent que l'Auteur du *Commonitorium*, & Vincent, frere de S. Loup de Troyes, font une même perfonne.

VINCENT (Edmond) Confeiller d'Etat à la Cour du Duc Charles IV. a compofé un Commentaire fur la Coûtume de Lorraine, manufcrit. Il a eû beaucoup de part à la confiance & aux affaires du Duc Charles IV. Ses Papiers étoient entre les mains de M. Parifot, Préfident à la Cour de Nancy, qui a bien voulu nous les communiquer.

VINCENT (le Pere) Tiercelin de Nancy, a compofé les éloges des Ducs de Lorraine, & la vie du Duc Charles IV. fur les Mémoires du Pere Donat, fon confrere. Il fuit l'ancien & fabuleux fiftéme fur la Généalogie de la Maifon de Lorraine.

2°. La Vie de S. Sigisbert, imprimée à Nancy, chez René Charlot 1702. & à Toul. Il y a eû diverfes Lettres critiques contre cet Ouvrage.

3°. La vie du Roi Dagobert, imprimée avec la précédente en 1702.

4°. L'Hiftoire de Notre-Dame de Sion, près Vaudémont, imprimée à Nancy 1698. in-12. de 232. pages. Dans ce petit Ouvrage, il fuit, à peu près, le nouveau fiftéme fur l'origine de la Maifon de Lorraine.

5°. Quelques Lettres Apologétiques, pour répondre à un Anonyme, qui avoit écrit contre la vie de S. Sigisbert, & contre fon Hiftoire de Notre-Dame de Sion.

6°. Abrégé de l'Hiftoire de l'ancienne Maifon de Bar-le-Duc, fortie de celle de Lorraine, où elle eft enfin revenuë; par le R. Pere Vincent de Nancy, Religieux du Tiers-Ordre de S. François; Manufcrit. Il dit que Frideric, Duc de Bar, étoit fils d'Othon; qu'Othon l'étoit de Ricuin, Ricuin de Régnier, & ainfi du refte, à remonter jufqu'à Alberon, fils de Clodion le Chevelu. Il parle de la fondation du Château de Bar, par le même Frideric. Il conduit la fucceffion des Comtes de Bar, jufqu'au Cardinal Loüis, Evêque de Verdun, décédé en 1430. Voici comme il arrange la fuite de ces Princes:

Frideric I. Duc de Bar, mort en 984.

Thierri I. fon fils, mort en 1032.

Frideric II. mort vers l'an

Sophie, Comteffe de Bar, époufa Loüis de Montbelliard, quitta les Armes de Lorraine, & prit celles de Bar d'aujourd'hui, mourut en 1092.

Thierri II. Fondateur des Abbayes de fainte Vauburge & Bibliftein, dans la baffe Alface.

Renaut I. qui ayant été affiégé, & fait

prisonnier au Château de Bar par l'Empereur Henri V. fut obligé de lui en faire hommage, & de tenir de lui ce Château en Fief, en 1113. Il mourut en 1149.

Hugues I. du nom Comte de Bar, mort en 1155.

Renaut II. mort en 1173.

Henri, mort en Palestine en 1193.

Thiebaut I. son fils, ou son frere.

Henri II. mort en Palestine.

Henri III. passa en Terre sainte en 1237. & y mourut.

Thiebaut II. mort en 1287.

Henri IV. mort en Chypre en 1302.

Edoüard I. mort en Chypre.

Henri V. mort en 1344.

Edoüard II. mort en 1351.

Robert I. mort en 1404. créé Duc de Bar par l'Empereur Charles IV.

Edoüard III. mort en 1415.

Loüis, Cardinal de Bar, mort à Varenne en 1430.

René d'Anjou, Duc de Lorraine, lui succéda.

Suit la déclaration de ce qui s'est passé au sujet du Duché de Bar, depuis sa réunion à celui de Lorraine, entre les Rois de France & les Ducs de Lorraine, sous la qualité de Ducs de Bar.

Il remarque que quelques Historiens François tiennent, que le Duc Cardinal Loüis de Bar, fit hommage de ses Terres à Henri IV. Roi d'Angleterre, qui possédoit alors la plus grande partie de la France, & qui ensuite fit pareil hommage au Roi Charles VII. rétabli sur le Trône; mais la vérité est, qu'il ne fit hommage au Roi de France, que pour les Seigneurs de Puisaye, proche Boursaut, & autres, que la Maison de Bar possédoit, relevant de la Couronne de France; mais non pas pour le Barrois, dont le Roi Loüis XI. s'étoit mis en possession.

René II. obtint du Roi Charles VIII. la restitution du Barrois, franchement & sans aucune mention de l'hommage; mais non de la Provence, ni de l'Anjou; & les Ducs de Lorraine y exercerent tous droits de Souveraineté, jusqu'en 1536. qu'on commença à les y troubler.

Les Ducs Antoine & François en joüirent, durant quelques années, jusqu'à ce que quelques Barisiens interjetterent appels des Sentences renduës à Bar, au Parlement de Paris; ce qui donna occasion au renouvellement des anciennes prétentions, joint à cela le mariage du Prince François, fils du Duc Antoine, à Christinne de Dannemarck, niéce de l'Empereur Charles V. ennemi du Roi François I. en sorte que ces deux Princes,

Antoine & François, furent obligés de donner leurs Lettres, par lesquelles ils se reconnoissent vassaux du Roi pour le Barrois; mais l'hommage qu'ils doivent rendre, n'est que révérentiel, comme l'avoient rendu leurs prédécesseurs.

Le Grand Duc Charles III. ayant été mené en France fort jeune, sa Mere la Duchesse Christinne de Dannemarck, refusa constamment de faire hommage, pour le Barrois, au Roi Henri III. Ce Prince se saisit du Barrois, & il ne fut rendu au Duc Charles III. qu'après la mort du Roi Henri III. par le Roi François II. son fils, qui étant venu à Bar, renonça à toute autorité souveraine sur le Barrois.

Mais le Roi Charles IX. successeur de François II. obligea le Duc Charles III. de passer en 1571. une Transaction, où l'on régla les prétentions du Roi sur le Barrois; c'est ce que dit plus au long le P. Vincent.

Il s'efforce ensuite de montrer, que l'hommage rendu à Philippe le Bel, par le Duc de Bar, Henri III. est nul, comme ayant été rendu par contrainte, & que le Duc Charles IV. fut de même violenté, lorsqu'on exigea de lui qu'il fît hommage au Roi Loüis XIV. & qu'étant de retour en Lorraine, il fit sa protestation contre ce qu'on lui avoit fait faire en France.

Le même P. Vincent dit, qu'après le décès du Duc Charles IV. son neveu & son successeur, le Duc Charles V. manda incontinent au P. Donat, d'écrire l'Histoire dudit Charles IV. mais de n'y rien inférer d'ignominieux en sa mémoire; & ayant vû depuis les Mémoires de M. le Marquis de Beauveau, qui ne sont nullement glorieux à la mémoire de Charles IV. le Duc Charles V. écrivit de nouveau au Pere Donat, de défendre l'honneur de son oncle contre ces Mémoires, qu'il traite de *Libelle imprimé*. Le P. Donat ne satisfit point au dessein du Duc Charles V. du moins, on n'a rien vû d'imprimé de sa façon, pour la justification du Duc Charles IV.

Mais le P. Vincent entreprend de justifier le Prince Charles IV. qu'on accuse d'avoir ruiné l'Etat, d'avoir fait des engagemens & des aliénations de ses Domaines, au préjudice de ses successeurs. Il le justifie contre ceux qui soutenoient qu'on doit établir, pour maxime, de ne rien tenir de tout ce qu'il a fait & ordonné, comme s'il ne méritoit pas d'avoir rang parmi les Ducs de Lorraine.

Le P. Vincent le justifie, comme il peut, & rejette tout ce qu'on lui reproche, sur les facheuses circonstances, où ce Prince s'est trouvé, attaqué, véxé, poursuivi par

X x x ij

la France ; sur la grande résistance qu'il a toujours témoignée à rendre l'hommage, que l'on vouloit exiger de lui pour le Barrois ; sur l'état d'indigence où il s'est trouvé, pendant 30. ans d'absence, sans rien tirer de la Lorraine. Il montre qu'il a acquis la Terre de Commercy, & la propriété du Fief de Falckenstein, qu'il a, à la vérité, engagé sa part du Comté de Salm & de la Terre de Viviers ; mais que c'étoient des fonds, qui ne venoient pas des Ducs de Lorraine ; qu'il a laissé à ses successeurs, les deux principales Pierreries qu'il avoit achetées de ses déniers, l'une à Bruxelles, l'autre à Francfort, & dont la valeur excéde celle des Terres qu'il a engagées ou aliénées ; qu'il a toujours vécu d'une maniere fort retenuë ; qu'il a été obligé de faire de grandes dépenses, pour établir, d'une façon proportionnée à leur naissance, les enfans qu'il avoit eus de Madame la Princesse de Cantecroix.

Il a, de plus, laissé aux Ducs ses successeurs, des Meubles & Argenteries, dont le P. Vincent fait le dénombrement.

Enfin, le P. Vincent dit que le Comte François de Vaudémont, bisayeul de S. A. R. Leopold I. & le Duc Charles IV. son grandoncle, avec M. le Prince Nicolas-François, son ayeul, embarrasses pour assurer la Couronne à la masculinité, après la mort du Duc Henri II. qui ne laissoit que deux filles, & ne trouvant pas, après force diligentes perquisitions, le Testament du Duc René II. qui étoit égaré depuis 80. ans, n'y ayant pas eu occasion de le mettre en évidence, parce qu'il y avoit eû des Princes mâles en ligne directe, jusqu'à ces deux filles du Duc Henri. Ces Princes firent vœu de faire quelque chose pour Dieu, si l'on découvroit ce Testament égaré. Le sieur Vignolle, grand-pere du Procureur-Général de Lorraine moderne, l'ayant trouvé, ces Princes résolurent de relever l'ancienne dévotion de Notre-Dame de Sion, dont la Chapelle étoit alors comme abandonnée, n'y ayant qu'un simple Vicaire des Chanoines de S. Gengoû de Toul, pour desservir cette Eglise, qui servoit de Paroisse aux deux Villages de Praye & de Saxon. Les Princes obtinrent cette Eglise de ces Chanoines en 1626. & la donnerent aux Peres Tiercelins, qui s'y sont établis, & ont fait bâtir deux Eglises aux Villages dont nous avons parlé.

Le même P. Vincent a aussi composé une Dissertation sur la Lorraine, qui est demeurée manuscrite. En voici le précis, ce n'est rien moins qu'une Histoire de Lorraine dans sa juste étenduë, c'est uniquement un Ecrit, dans lequel il prétend prouver que les Ducs de Lorraine sont descendus, non de Gerard d'Alsace, mais de Guillaume de Boüillon, quatriéme frere de Godefroi de Boüillon, Roi de Jerusalem. Il soutient que cette origine leur est plus glorieuse & plus avantageuse, que celle qui les fait venir de Gerard d'Alsace, qui d'ailleurs, selon lui, n'est pas suffisament soutenuë de raisons, pour convaincre l'esprit.

Il prouve, premiérement, l'existence de ce Guillaume, par des témoignages d'une donation qu'il fit à S. Maximin de Treves. Il cite Henning dans son Théâtre généalogique, p. 88. l'Auteur des Histoires de Lorraine & de Flandres présentées au Roi Henry II. en 1552. Aubert le Myre dans son Recüeil des Donations pieuses, p. 225. le P. Saleur, Cordelier, dans sa Clef Ducale, p. 93. S. Antonin, Archevéque de Florence, Albizius, Trælæus, Paradin, & quantité d'autres, mais sur-tout Guillaume de Tyr, *Lib. 7. Cap. 5.*

Il dit que Guillaume de Boüillon fut dépoüillé du Gouvernement de la basse Lorraine, par l'Empereur Henri V. qui la donna à Godefroi, Comte de Louvain ; ainsi Guillaume fut réduit au seul Gouvernement de la haute Lorraine. Il avoüe que Gerard d'Alsace & ses successeurs possederent le Duché de Mosellane, qui étoit très resserré sur la Moselle, au-dessus de Metz, tirant vers Tréves.

Guillaume épousa Gertrude, fille d'Arnoud Comte de Los, dont il eut trois fils ; savoir, Thierri, Godefroi & Henri. Godefroi passa en Orient en 1108. Henri, deux ans après, y voulut aussi passer ; mais la tempête l'ayant jetté sur les côtes de Galice, il mérita, par ses exploits, qu'Alphonse, Roi d'Espagne lui donnât en mariage sa fille Therése, avec le Comté de Galice, qu'il changea bien-tôt en Duché ; c'est le Portugal. Son fils aîné prit le titre de premier Roi de Portugal. C'est ce que nous apprend, dit-il, Ozorius dans son Histoire de Portugal. Thierri, l'aîné des fils de Guillaume, succéda à son pere dans le Duché de la haute Lorraine. Il mourut en 1118. & fut pere de Simon I. Duc de Lorraine.

Ce Thierri se qualifie *fils de Guillaume*, dans un titre de l'Abbaye de Methloc, de l'onziéme Février 1124. & Simon I. dans deux Donations qu'il fit, l'une à S. Mathias de Tréves, & l'autre à Preny, se dit fils de Thierri, & petit-fils de Guillaume. Mathieu qui suivit Simon, dit la même chose dans deux Titres donnés, l'un, en faveur de S. Evre, & l'autre, pour Notre-Dame des Bois ; mais nous soutenons que ces Titres sont faux ou altérés, & nous croyons en avoir donné de bonnes preuves.

Il reconnoit que Gerard possédoit sous le titre de Duché, une partie de la Lorraine située sur la Moselle, comme un démembrement du grand Duché de Lorraine possédé par Guillaume; & eût pour fils Thierry qui lui succéda dans ce petit Duché, & Gerard Comte de Vaudémont. Ce Thierry mourut en 1115. & Guillaume seulement en 1118. & Thierry son fils en 1128.

Pour les successeurs de Guillaume leur résidence ordinaire étoit à Verdun, où ils eurent pour la plûpart leur sépulture en l'Abbaye de S. Vanne de la même Ville, je ne m'attend pas ici à réfuter le R. P. Vincent, on l'a assez fait dans l'Histoire de Lorraine, en établissant le sistéme contraire au sien.

Le même P. Vincent a aussi composé un écrit intitulé : *Suite des Ducs de Lorraine depuis Charles fils de Jean I. mort en 1430. jusqu'à Charles IV. nommé communément Charles V.* Il n'y a rien de remarquable dans cet écrit.

De plus, *une Dissertation sur les Charles Ducs de Lorraine*, il y montre que ce n'est pas une erreur de donner le nom de Charles IV. à celui qui est mort en 1690. mais que c'en est une de lui donner le titre de Charles V. Il soutient que c'est mal à propos qu'on assigne pour premier Duc de Lorraine Charles de France, frere du Roi Lothaire : en quoi il a raison, mais l'usage a prévalu, & on ne doit pas sans nécessité changer le langage du Pays.

Enfin j'ai vû un de ses écrits sous ce titre : *Prétentions de l'Empereur sur les Villes de Metz, Toul, & Verdun, & les justes intérêts que cesdittes Villes ont sur leur propre liberté*, à la fin il examine lesdites prétentions, & s'efforce d'en faire voir la justice.

VINCI (Léonard) Italien de Nation, vint en Lorraine sous le bon Duc Antoine, & peignit à Nancy, aux Cordeliers, la belle Cêne qui se voit au fond de leur Réfectoire.

VINET (Gerard) natif de Maxei sous Brixei, près Neufchateau, a composé divers ouvrages en Vers dont voici la liste.

De fructu virginei ventris lib. tres, en un vol. in-12. Metis 1588. Liber I. incipit.

Artificem mundi sacris memorare camœnis.

Lib. 2. *Interea Christi Syrias volitante per urbes.*

Fama...lib. 3. At Christus lethi metas cumulumque dolorum, &c.

Ejusdem ad Virginem Mariam oratio.

Salve tuta salus, salve purissima Virgo, &c.

Ejusdem ad laudem pretiosissimæ carnis Christi adversùs Judæos carmen ;

Il commence par : *Quare judicio subscribere uterque parentum, &c.*

Ejusdem ad beatum Nicolaum Mirensem, carmen.

Il commence par : *Nicolaos gemis Lyciæ sanctissime præsul, &c.*

Ejusdem carmen in obitum Serenissimi Principis Domini Francisci Andegavii Ducis.

Il commence par : *Siccine despicitis, Parcæ, diademata Regum, &c.*

Ejusdem carmen in mortem Principis Claudiæ Valesiæ Lotharingiæ quondam Ducissæ, voici le commencement :

Sistite mortales cuncti, atque videte parumper, &c.

Ejusdem carmen in obitum Illustrissimi D. D. Comitis Claudii Salmæi, Carolo III. Loth. Duci Consiliarii.

Flebant Heliades fratris miserabile funus, &c.

Ejusdem carmen in obitum Serenæ D. D. Ludovicæ à Stainvilla Comitissæ Salmeæ.

Siste gradum celerem nostris perpende viator, &c.

Ejnsdem carmen ad Joannem Moresson, Canonicum sancti Georgii, & moderatorem Serenissimarum Principum Antoniæ Catharinæ & Elizabeth filiarum Lotharingiæ & Barri Ducis.

Hoc tibi cecini tenui modo carmen avena, &c.

Ejusdem carmen parænetieum ad studiolam pubem.

Il commence par *Ducere semotum, puer, ignibus an cupis ævum, &c.*

Ejusdem in Lutherum, Calvinum, & eorum nepotes, en voici le premier Vers.

Ergone Majorum leges, Martine tuorum, &c.

Ejusdem brevis descriptio de suo natali solo. Il commence par

Quid si Maxeium Lotharingis Pagus in oris.

VIVIN (Basile) Dominiquain, né le 2. Février 1602. à Vannes près la Ville de Toul, entra dans l'Ordre de S. Dominique le 16. Août 1623. fit profession le 17. du même mois en 1624. mourut dans la même Ville le 17. May 1664. acquit une très grande réputation par son éloquence, sa piété & sa doctrine.

Il prêcha avec applaudissement dans les principales Chaires du pays, & laissa quantité de très beaux Sermons prêts à imprimer, & entr'autres un Ouvrage important, auquel il ne pût mettre la derniére main, intitulé : *Consensus & communio indissociabilis SS. Pauli Apostoli, Augustini, & Thomæ Aquinatis, à quibus æquè recesserunt Pelagiani, Lutherani, Calvinistæ, Molina, & Jansenius Iprensis.* Voyez Echard *de Scriptorib. Ordin. Prædicat. tom. 2.* pag. 608.

VIRION (D.) Conseiller d'Etat de S. A. le bon Duc Henri II. à traduit de l'Espagnol en François, pendant qu'il étoit en Espagne pour le service de son Prince, *L'homme d'Etat Chrétien*, composé en Espagnol par Frere Jean Marquez de l'Ordre de saint Augustin, traduit par D. Virion, & imprimé à Nancy en deux Volumes in-folio en 1621. par Jacob Garnich.

VIRIOT (Jean) natif d'Epinal, Professeur de Réthorique à Milan, a fait imprimer *Dialogus tripartitus de stylo Sendevanii scribendi generibus. Mediolani, tini* 1588. *in*-12.

Nous ne savons qu'une seule particularité de sa vie, c'est qu'il fit par son testament une fondation pour des pauvres écoliers de la ville d'Epinal; mais on en a sçu si peu profiter qu'on ignore aujourd'hui la nature & même le lieu de la fondation. Nous espérons qu'une personne curieuse (*p*) qui est à Epinal en fera la découverte. Elle nous a déja communiqué plusieurs pièces importantes pour l'Histoire particuliere de cette Ville, nous lui en témoignons ici publiquement notre reconnoissance.

Les quatre Gouverneurs d'Epinal firent dresser aux dépens de la Ville un monument à la mémoire de Jean Viriot dans la Paroisse. Voici l'Epitaphe dont on l'a orné.

Celui qui a de soi parfaite connoissance
Entend en son salut comme au souverain bien,
Libre des passions demeure du tout sien,
Et sage ne sie en humaine assurance,
Maitre Jean Viriot excellent personnage
Fut tel : qui d'entre nous en ce lieu d'Epinal,
Reçu (à nous communs) l'être rational,
A la vertu dressé dès son tendre & bas âge,
Pour son rare savoir, ses graces, ses services,
Il fut des grands Seigneurs caressé, bien venu,
En faveur de crédit hautement maintenu.
De richesses comblé, d'honneur d'Etat, d'Offices,
Mais quoi ? il faut mourir. Aussi son ame belle
Vit libre de souci. (ayant à la nature
Payé ce que lui doit toute humaine facture)
Mais sa mémoire ici dure perpétuelle,
Car, qui ne reconnoit les biens que tous les ans
Les pauvres écoliers reçoivent, pour apprendre
Le chemin de vertu ? & ce qu'il veut despendre
Pour plus sage les rendre, & aux Arts triomphants
Voire où est celui-là qui naît bien entendu
Ses bienfaits à l'endroit des veuves souffreteuses,
Des jeunes Orphelins, & des Vierges honteuses
Et (en œuvres si saints) ce qu'il a despendu ?
Tu le sais Epinal, car pour exécuteurs
Il veut de ses moyens (qu'il délaisse à foison)
Choisir, non sans advi & prégnante raison
De ton prudent conseil les vigilans recteurs
Comme l'heureux trépas toute la vie dore,
Aussi tu fais bâtir d'un artifice beau
(Pour marque de son los) ce somptueux Tombeau
L'honorant de mémoire, & d'Epitaphe encore,
La célébre Milan tient enfermé ses os,
Où en Aoust il mourut, l'an quatrevingt & seize,
De plus mille & cinq cents. Esprit franc de malaise,
Soit pour jamais régnant en éternel repos.

UMNON Auteur de la vie de S. Arnoud, Evêque de Metz, vivoit du tems de Charles le Chauve au IX. Siécle, il semble n'avoir écrit cette vie que pour persuader que les Rois de la seconde race descendoient par S. Arnoud, des Rois de la premiere Race, en supposant que Blithilde, fille du Roi Clotaire, épousa Ansbert, puissant Seigneur en Aquitaine, d'ou sortit Bortgise pere de S. Arnoud. Ce n'est pas ici le lieu d'examiner cette Généalogie : nous l'avons fait dans un autre endroit (*q*). Il suffit ici de faire connoître Umnon. Avant lui la vie de S. Arnoud avoit été écrite par un Auteur contemporain que les Peres Bollandistes on fait imprimer au 18. de Juillet, pag. 435. & celle qui a été composée par Umnon au même jour, p. 440. & suivantes.

VOINVILLE (Beufve de) natif de Voinville, Village près la Ville de S. Mihiel, fut fait Maître ez Arts dans la faculté de Paris en 1375. au mois de Mars, & prit ses Licences au mois de Juin 1377. Le College de la Marche a long-tems porté le nom de Collége de Voinville, ou de la Marche Voin-

---

(*p*) M. Roussel Conseiller au Bailliage d'Epinal.

(*q*) V oyez Hist. de Lorr. t. 1. pag. 112. Preuves.

ville, parce que Beufve ayant été nommé exécuteur du testament de Robert de la Marche, dont nous avons parlé sous son Article, il ne se contenta pas d'exécuter fidellement les intentions du testateur son ami, il ajouta considérablement à la premiere fondation, ayant donné du sien de quoi y entretenir un Chapelain & six Boursiers, qui devoient être tirés des Villages de Voinville, de Buxieres, de Buxerules, de S. Mihiel & des lieux circonvoisins.

Il mourut en 1432. & fut enterré aux Carmes de la Place Maubert près le grand Autel.

Le non de Beufve étoit, Beufve fils de Dominique, la fondation du Collége de la Marche fut confirmée en 1422. (r) par Jean Patriarche de Constantinople *in partibus infidelium*, perpétuel Administrateur de l'Evêché de Paris, & Collateur des Bourses dudit College, Beufve fut élu Recteur de l'Université de Paris le 10. Octobre 1402.

Les principaux & autres Officiers du Collége de la Marche ayant supprimé moitié des Bourses de ce Collége, sous prétexte des emprunts qu'il a fallu faire pour le rétablissement dudit Collége, & d'autres dépenses faites dans la maison de Campagne, quelques Prêtres intéressés à la conservation de ces biens, & au maintien des Bourses dans le nombre ancien & primitif, ont entrepris les principaux de ce Collége, & après une longue suite de procédures, est intervenu un Réglement à ce sujet en datte du 28. Avril 1751. qui régle ce qui regarde le nombre des Boursiers, & les Priviléges dont ils devoient jouir à l'avenir.

VOIRIN, (Etienne) né dans le Comté de Bourgogne, entra assez jeune dans la Société de Jesus; fut nommé Professeur en Réthorique de l'Université du Pont-à-Mousson en 1644. après la mort de Jean Benaise, qui avoit d'abord été destiné pour régenter cette Classe.

Le R. P. Voirin rempli de religion & de piété, inspira les mêmes sentimens à ses disciples, & y réussit si heureusement, qu'à la fin de l'année il y en eut près de 70. qui firent des Confessions générales de toute leur vie, & que plusieurs d'entr'eux embrasserent l'état Religieux.

Le B. Pierre Fourier, Réformateur des Chanoines Réguliers de Lorraine, se servit utilement, pour cette réforme, des conseils & du secours du R. P. Etienne Voirin, qui étoit alors au Pont-à-Mousson en 1624. (s)

Nous avons du R. P. Voirin *la vie de S.* *Erard Evêque de Ratisbonne*, qui a quelque rapport à notre dessein, en ce qu'il dit qu'Erard, Evêque de Ratisbonne & frere de S. Hydulphe, fondateur de l'Abbaye de Moyenmoutier, étant venu dans cette Abbaye, S. Hydulphe baptisa sainte Odille dans une Chapelle à 500. pas de l'Abbaye d'Etival, où l'on tient qu'autrefois il y avoit un Monastere de Moniales ou Vierges de l'Ordre de Prémontré, au lieu nommé aux Dames; & ce en présence du Duc Athic pere de sainte Odille, un Samedi de la veille de la Pentecôte, que S. Erard fut parain d'Odille, & une bonne Dame mere de sainte Hunne la maraine. Le P. Voirin raconte les cérémonies de ce Batême, comme s'il y avoit été présent. Jean Ruyr dans ses antiquités de Vôges le cite souvent. V. pag. 204. sous le nom de recherches du R. P. Etienne Voirin Jesuite, & p. 242. 243. *Hist. de S. Erard Evêque de Ratisbonne, frere de S. Hydulphe*. c. 11.

Il est étonnant que les R. P. Bollandistes qui ont donné la vie de S. Erard au 8. Janvier, pag. 535. & suivantes, ni le P. Raderas dans sa Baviere sainte n'ayent pas de connoissance de l'Ouvrage du P. Voirin. Voyez aussi Ruyr, pag. 220. où il parle de S. Siméon Evêque de Metz transféré en l'Abbaye de Senones.

Nous ignorons d'où le R. P. Voirin a reçû cette tradition, inconnuë à Moyenmoutier & à Etival; les Actes de S. Hydulphe portent que sainte Odille fut élevée & batisée *sub Balma*, apparemment à Malsosse, ou même à Moyenmoutier; s'il y a eu autrefois des Religieuses à sainte Odille près d'Etival, ce ne peut être que depuis que les RR. PP. Prémontrés sont entrés dans cette Abbaye vers l'an 1150. plusieurs siécles après le batême de sainte Odille par S. Hydulphe, & l'arrivée de S. Erard son frere dans les Montagnes de Vôges.

Enfin l'on ne voit rien ni dans la vie de S. Erard, ni dans celle de sainte Odille, ni dans celle de S. Hydulphe, qui favorise le récit du P. Voirin.

Le même Auteur nous apprend encore une autre particularité touchant l'Histoire de ce Pays, qui est qu'après la déposition de Maherus ou Mathieu de Lorraine Evêque de Toul, le gouvernement de l'Evêché fut donné à l'Abbé de St. Urbain au Diocése de Chaalons sur Marne. Ruyr, l. 1. 3. partie, pag. 275.

VOLSKIR ou *Volkir* ou *Volzir* (Nicolas) de Seronville, de Bar-le-Duc, il étoit apparemment né à Bar-le-Duc, & étoit Seigneur

(r) *Hist. Universit. Paris.* t. 5.

(s) *Abram. Hist. Univers. Mussipont. lib.* 4. art. 36.

de Seronville, *Sororis villa*, comme il l'appelle, il fut annobli le 12. Mai 1520. ou 1521. La Maison de Sorcy tomba en celle de Volskir. Voyez Sorcy, il se donne le surnom de *Polygraphe*, grand Ecrivain, ou qui a beaucoup écrit ; il étoit Docteur en Théologie & Sécretaire du Duc Antoine, & zélé catholique ; nous avons de lui divers ouvrages.

1°. Le petit recueil du Polygraphe, instructif & moral, fait en Latin & en François, sur les élémens des Lettres, commandemens de la Loi, Oraison Dominicale, & Sermon des Cendres : pour deux jeunes Princes de renom, François Dauphin de Viennois, & François de Lorraine, Marquis de Pont-à-Mousson, avec Privilége en 1523.

2°. L'Histoire & recueil de la triomphante victoire obtenuë contre les Luthériens d'Aulsay, (d'Alsace) par le Duc Antoine, imprimée à Paris en 1526. in-4°. Gothique. Volskir étoit présent à cette expédition à la suite du Duc Antoine.

3°. La Chronique en Vers des Princes & Ducs de Lorraine, à Paris 1530.

4°. Traité nouveau de défécration ou dégradation de Jean Castellan (*t*) hérétique, jadis hermite de S. Augustin, faite à Vic le 12. Janvier 1524. imprimé à Paris en 1534. in-8°. gothique, & ensuite in-4°. en 1539.

5°. *Enchiridion Musices Nicolai Villici Barroducensis, Sororis-Villa, de Gregoriana & figurativa atque contrapunctu (u) simplici, per commodè tractans* ; imprimé in-4°. gothique. C'est un ouvrage sur les Notes du Chant Grégorien avec figures.

6°. Il a traduit du Latin en François le Commentaire de Paul Jove Evêque de Nocere, des gestes des Turcs, de leur Empire, de la vie de tous les Empereurs, &c. à Paris, par Chrétien Vechel, en 1540. Voyez du Verdier, p. 925.

7°. La Phisionomie de Michel Lescot, contenant 120. Chapitres. à Paris in-16. par Denis Jean 1540. Voyez du Verdier, p. 925.

8°. Un petit traité de dévotion approuvé par la Sorbonne, imprimé à Paris, & cité par Chateau-roû bourgeois de Troyes en 1532.

Volskir étoit mort en 1542. puisqu'on donna ses armes à Jean de Raon en 1542. elles étoient d'Azur au cigne d'Argent, Cimier, une branche de Chêne chargé de ses glands.

VOSGIEN (M.) Chanoine de Vaucouleurs, a traduit de l'Anglois en François *le Dictionnaire Geographique de M. Laurent Echard*, composé en Anglois, & imprimé en Angleterre. Le Traducteur a composé sa traduction sur la treiziéme édition de l'Ouvrage fait à Londres. Le prompt débit d'un livre est d'ordinaire un préjugé favorable pour son mérite. Notre Traducteur y a fait des changemens considérables, tant pour y ajouter que pour corriger quelques erreurs ; la plûpart de ces changemens regardent la France. Il s'est servi des meilleurs guides pour rectifier les fautes de son Original : & on peut le regarder comme un extrait fait avec soin de tout ce que nous avons de meilleur sur la Geographie, tant en Livres qu'en Cartes. Quelque petit que soit l'Ouvrage, on a trouvé moyen d'y rassembler les noms François & Latins de tous les lieux, & même de quelques-uns oubliés par la Martiniere. Le Livre est intitulé en Anglois : *L'Interpréte des Nouvelles, & des liseurs de Gazettes*. Le Traducteur l'a introduit plus simplement, *Dictionnaire Geographique portatif*, à Paris chez Didot. 1747. 1749.

VOSGIEN (Nicolas) Sécretaire de l'Eglise de S. Diey en Lorraine, vivoit en 1536. J'ai de lui un petit Manuscrit, qui est une Lettre Latine au R. P. Bonaventure Provincial des Freres Mineurs, suivie d'une courte Généalogie des Ducs de Lorraine, voici la Lettre & la Généalogie.

„ Reverendo Patri ac Domino D. Bona-
„ venturæ Fratrum Minorum Provinciali
„ Clarissimo ; C. Nicolaus Vogesius humilli-
„ mus suus. Vernula salutem.

„ Quod nomen meum, licet abjectissi-
„ mum aliquid notitiæ apud tuam integri-
„ tatem ex rumore amicorum vindicarit.
„ Hoc mihi tam jucundum fuit, quam ma-
„ gnificum à viro claro cognosci inter has
„ montuosas rupes : Quare tuæ humanita-
„ ti non possum non habere gratias, quas
„ si persolvere nequeo, saltem satis erit in
„ animo fuisse. Verum ut scopum attingam,
„ spectabilis vir, ac intimæ Religionis Fra-
„ ter Jacobus harum lator, amicè me con-
„ venit orans ut si quid memoriâ recondi-
„ tum apud nos de nostrorum Principum
„ gloriosis gestis lateret, tuam dignitatem
„ illius participem faceremus. Nos vero qui
„ observire totis nervis maximè quos virtus
„ sapit & circumdat, iis vellemus ultrò ut
„ tenemur & volumus, qui in præsentiarum
„ nobis potuerunt occurrere quam primum
„ scribere ad tuam dominationem accincti
„ sumus ; sed cùm nihil posset fieri satis con-
„ gruè inauspicato vix inducti fuimus, ut

(*t*) Jean Castellan ou Jean Chatelain, Auteur de la Chronique de Metz en Vers. Voyez ci-devant Chatelain.
(*u*) Il entend apparemment ce qu'on appelloit alors déchanter, ou contrechants, chanter en faux-bourdons à deux voix.

"tuas oneraremur dilectas aures nostris "scriptis his extemporaneis. Parcet itaque, si "stateram transilimus. Accipe ergo quæ ego "ex tempore reperi de Chronologia eorum "Principum illustrissimorum.

"Primus Dux Lotharingiæ & Brabantiæ "ex Blitilde filia Lotharii Magni (x) Patris "Dagoberti, ejusdem sororis originem ce- "pit. Finiunt in Ulitilde, quam duxit Ans- "bertus genere Romanus, ex qua genuit "Arnoldum (y); Arnoldus ex sancta Oda, "sanctum Arnulphum, Arnulphus Valci- "sum, Valcisus Ansigisum, qui sanctam "Beggam sibi copulavit. Cujus avus Caro- "lomanus Princeps sanctum Pippinum ge- "nuit & sanctam Amalbegam, quæ mansit "apud Ham juxta Saxantas: mater fuit ex "vigero S. Alberti Cameracensis Episcopi.

"Sanctus Pippinus ex Idaberga sorore S. "Odoaldi (z) Trevirorum Archiepiscopi, "genuit Grimoaldum in Apilia occisum, "juxta hurstullum quiescit. Tum etiam Ger- "bergam sanctam, quæ successit fratri Gri- "moaldo in Ducatu Lotharingiæ & Braban- "tiæ; & hoc est intelligendum de quadam "portione cùm Antigisus ex Begga Pippi- "num minorem respectivè ad sanctum Pip- "pinum filium Carolomani Germaniæ re- "gem, Ducem Lotharingiæ & Brabantiæ. "Qui Pippinus major Domûs in regno Jus- "tus, posteri sui quasi jure hæreditatis re- "gnum gubernabant.

"Valde operosum esset seriem istorum "Principum retinere, quorum virtutes, "gesta magnifica & opera clarissima Cice- "ronis & Demosthenis copiosissimam ora- "tionem fatigarent, ubi quis pro dignitate "in paucis diebus monumentis litterarum "tradere contenderet. Sedebit ergo tuo ani- "mo quod satis tumultuariè ad te in præ- "sentiarum scribo. Ubi verò perspicuum sit "meas ineptias aliquid posse pertinere apud "tuam clementiam, laborabo pro viribus, "ut plura & magis commoda scribam. Va- "le, virorum specimen clarissimum. Ex "officina nostra sancti Deodati, anno salu- "tis millesimo quingentesimo vigesimo sex- "to 28. Octobris.

"Tuus deditissimus,
C. N. VOGESIUS,
*Ecclesiæ S. Deodati Scriba,
seu Amanuensis.*

URBAIN IV. Pape, nommé auparavant *Jacques Pantaleon*, & Evêque de Verdun ; voyez ci-devant *Jacques Pantaleon*.

URBAIN (Ferdinand de S.) excellent Graveur, si renommé dans toute l'Europe, par le mérite des beaux ouvrages qui sont sortis de ses mains, étoit originaire de Nancy. Ses Gravûres sont estimées par tous les connoisseûrs comme des ouvrages achevés. Les Italiens peu prodigues en loüanges, surtout envers les étrangers, ont dit que ses ouvrages étoient des ouvrages divins, *opera divina*.

Etant allé à Rome, il s'y perfectionna, & y passa bien-tôt pour un Graveur du premier ordre en Monnoies & en Médailles. Après avoir exercé cet emploi, & celui d'Architecte, sous les Pontificats d'Innocent XI. d'Alexandre VIII. Innocent XII. & Clement XI. il passa de Rome en Lorraine auprès du feu Duc Leopold, qui voulut absolument l'attirer à son service ; le gratifia de deux pensions, l'une, comme Graveur, & l'autre, comme son premier Architecte, & le logea dans l'Hôtel des Monnoies de Nancy, où il a demeuré jusqu'à sa mort, arrivée à Nancy le 11. Janvier 1738. Il fut enterré en la Paroisse de S. Evre.

En 1703. le Duc Leopold voulant bâtir une magnifique Eglise Primatiale à Nancy, chargea S. Urbain d'en dresser le Plan & les desseins. Ils furent envoyés à Rome, & à l'Academie, qui les approuva; mais comme la dépense en auroit été excessive, l'on changea de sentiment, & l'on a suivi le dessein de l'Eglise de S. André de Laval. M. de S. Urbain y a fait quelques augmentations, comme les Chapelles qui ont été faites sur ses desseins.

Il a gravé toutes les Monnoies, qui ont été frappées en Lorraine depuis 1703.

En 1725. il donna le dessein de l'Autel de S. François-Xavier, qui est dans l'Eglise du Noviciat des Jesuites. Cet Autel, qui est d'un grand goût, fut achevé en 1729.

Le Pape Clement XII. qui avoit connu S. Urbain, lorsque Sa Sainteté étoit Cardinal & Trésorier, voulant le recompenser d'une Médaille, qu'il avoit gravée en son honneur, & lui donner des preuves de l'estime qu'il avoit pour lui, l'éleva en 1735. à la dignité de Chevalier Romain de l'Ordre de Christ, dont le Roi de Portugal est Grand-Maître ; & mit par-là le sceau à l'approbation générale, que cet homme illustre s'étoit acquise dans tous les endroits où son nom étoit connu.

M. de S. Urbain a été Académicien honoraire des principales Académies de l'Europe.

La goûte, dont il étoit continuellement attaqué, l'empêchoit de travailler ; ce qui

---

(x) Clotaire II. Roi de France.
(y) Arnoalde, Pere de S. Arnoud.
(z) *Modoaldus*.

est cause que l'on n'a pas un plus grand nombre de ses Ouvrages.

Etant à Rome, il y épousa Mademoiselle Elizabeth-Dominique Manténois, qui s'est distinguée dans la Peinture, sur-tout pour les fleurs & les fruits; & l'on voit de ses Paysages qui sont très bien faits.

Claude-Augustin de S. Urbain, son fils, qui cultive aussi la Gravûre, a suivi Sa Majesté Impériale à Vienne. Avant de partir de Nancy, il grava la grande Médaille, qui se met à la tête de l'Histoire Métallique des Ducs & Duchesses de Lorraine, & qui sert de titre à toute la suite. Elle contient, dans le contour du revers, les Armes de toutes les Duchesses de Lorraine, au centre duquel sont aussi gravées les Armes pleines des Ducs de Lorraine, avec les attributs de la Souveraineté.

Anne-Marie de S. Urbain, fille de Ferdinand, épouse de M. Charles-Benoît Vautrin, Prévôt de Pompey en Lorraine, a beaucoup travaillé avec M. son pere & en soutiendra la réputation. Ses modéles de cire sont fort estimés des connoisseurs; elle vient d'en faire un sur le Portrait de l'Impératrice-Reine de Hongrie & de Bohême. Elle a aussi gravé le Portrait de M. de la Galaizieres, Chancelier de Lorraine, & celui de Claude Charles, Peintre de Nancy.

Liste des Coins de Médailles gravées par Ferdinand de S. Urbain, tant à Rome qu'en Lorraine. Sa Majesté Impériale François III. a acheté tous ces Coins, qui sont à présent à Vienne.

Sçavoir, 1. Le Duc Leopold, Médaille frappée en 1705. au sujet du Pont des Bois-de-Hayes; Hercule est sur le revers, avec cette légende, *Vita consulit atque viæ.*

2. La même en petit.

3. Leopold. . . . . Revers, la neutralité. 1706.

4. Le même. . . . . une inscription qui fait connoître que ce Prince a fait bâtir le Choeur de l'Eglise des Cordeliers de Nancy.

5. Le même. . . . Revers, les grands Chemins 1726.

6. Le même. . . . . Revers, les grands Chemins 1727.

7. S. A. R. François III. aujourd'hui Empereur. . . . Revers, son avénement à la Couronne, en 1729.

8. S. A. R. Madame. . . . . Revers, la Régence 1729.

9. S. A. R. Charles V. Duc de Lorraine. . . . . Revers, ses conquêtes de Hongrie.

10. S. A. R. Madame la Duchesse d'Orléans, Mere de S. A. R. Madame la Duchesse de Loraine. . . . Revers, une Junon.

11. Le Comte Marsilli, Fondateur de l'Académie de Boulogne en Italie, avec le revers.

12. M. l'Abbé Bignon, Bibliothécaire du Roi Très Chrétien. . . . . Revers, une Minerve.

13. Le Pape Clement XI. . . . Revers, la Sapience divine.

14. Le même. . . . . Revers, la Méridienne érigée dans les Thermes de Dioclétien.

15. Le même. . . . Revers, la Justice, la Science & la Religion, qui élevent une Pyramide à l'honneur du Pape Clement XI. Cette piéce est en airain.

16. Clement XII. . . . . Revers, une Minerve.

17. Philippe V. Roi d'Espagne. . . . Revers, Neptune qui calme la mer par sa personne.

18. Le Docteur Frind, Anglois, fameux Médecin.

19. Le Chevalier Newton, Savant d'Angleterre.

20. Jacques Callot. . . . Revers, Ferdinand de S. Urbain, tous deux Graveurs Lorrains.

21. Le Prince Eugéne de Savoye.

22. Jean Guillaume, Electeur Palatin.

23. Le Cardinal Norris.

24. Le Docteur Baglivus, fameux Médecin de Rome.

25. Le Docteur Malpighius, célébre Médecin de Boulogne.

26. Le Docteur Sbaralia, aussi célébre Médecin.

Histoire Métallique de la Régence de S. A. R. le Duc d'Orléans.

1°. 27. Le Duc d'Orléans. . . . Revers, Loüis XV.

2°. 28. . . . L'avénement à la Régence.

3°. 29. . . . La protection pour les Arts.

4°. 30. . . . L'établissement de la Chambre de Justice.

5°. 31. . . . La suppression du dixiéme dénier.

6°. 32. . . . La Gloire de l'Académie de France.

7°. 33. . . . Le mariage du Roi d'Espagne Loüis I.

Histoire Métallique des Papes en 18. Médailles; elles ont chacunes leurs Revers.

1°. 34. S. Pierre, Revers, la fondation de l'Eglise.

2°. 35. Boniface VIII.

3°. 36. Benoît XI.

4°. 37. Clement V.

5°. 38. Jean XXI.

6°. 39. Benoît XII.

7°. 40. Clément VI.
8°. 41. Innocent VI.
9°. 42. Urbain V.
10°. 43. Grégoire XI.
11°. 44. Urbain VI.
12°. 45. Boniface IX.
13°. 46. Innocent VII.
14°. 47. Grégoire XII.
15°. 48. Alexandre V.
16°. 49. Jean XXII.
17°. 50. Clément XI. avec son Revers sur les Homélies.
18°. 51. Le même ; Revers sur la décoration de la Ville de Civita Vecchia.

La suite des Ducs & Duchesses de Lorraine, au nombre de trente-sept.

1°. 52. Hugues, Comte d'Alsace.
2°. 53. Ebérard, Comte d'Alsace.
3°. 54. Adalbert.
4°. 55. Albert.
5°. 56. Gerard d'Alsace.
6°. 57. Gerard d'Alsace, premier Duc ; Revers, Hadwide de Namur.
7°. 58. Thietri. . . . Gertrude de Flandres.
8°. 59. Simon I. . . . Adélaïde de Saxe.
9°. 60. Mathieu I. . . . Berthe de Suabe.
10°. 61. Simon II. . . . Ide de Vienne.
11°. 62. Ferri I. . . . Ludomille de Pologne.
12°. 63. Ferri II. . . . Agnès de Bar.
13°. 64. Thiebaut I. . . . Gertrude d'Asbourg.
14°. 65. Mathieu II. . . . Catherine de Limbourg.
15°. 66. Ferry III. . . . Marguerite de Navarre.
16°. 67. Thiébaut II. . . . Isabelle de Rumigny.
17°. 68. Ferri IV. . . . Elisabeth d'Autriche.
18°. 69. Raoul. . . . Marie de Blois.
19°. 70. Jean I. . . . Sophie de Wirtemberg.
20°. 71. Charles II. . . . Marguerite de Bavierre.
21°. 72. René I. d'Anjou. . . . Isabelle de Lorraine.
22°. 73. Jean d'Anjou. . . . Marie de Bourbon.
23°. 74. Nicolas d'Anjou. . . . .
24°. 75. Ferry de Vaudémont. . . . . Marguerite de Joinville.
25°. 76. Antoine de Vaudémont. . . . . Marie d'Harcourt.
26°. 77. Ferri II. de Vaudémont. . . . . Iolande d'Anjou.
27°. 78. René II. . . . Philippe de Gueldres.
28°. 79. Antoine. . . . Renée de Bourbon.
29°. 80. François I. . . . Christinne de Dannemarck.
30°. 81. Charles III. . . . . Claude de France.
31°. 82. Henri II. . . . Marguerite de Gonzague.
32°. 83. François II. . . . Christinne de Salm.
33°. 84. Charles IV. . . . Nicole de Lorraine.
34°. 85. Nicolas-François. . . . Claude de Lorraine.
35°. 86. Charles V. . . . Eléonore d'Autriche.
36°. 87. Leopold I. . . . Elizabeth d'Orléans.
88. Le Duc de Modène.

En 1714. Ferdinand de S. Urbain grava deux Médaillons pour la Ville de Nancy ; le premier représente S. A. R. le Prince Clément ; & le second, S. A. R. le Prince François, aujourd'hui Empereur.

En 1715. il fit aussi, pour la même Ville, une Médaille de S. A. R. Madame.

Il a gravé plusieurs Jets pour l'Hôtel de Ville de Nancy.

Voici son Epitaphe ; que le R. P. Dom Ambroise Colin, Benedictin, a consacré à sa mémoire.

Domini à S. Urbano Lotharingi, Artis nummariæ facilè Principis.

Quid vetat ! inque dies, terrarum occumbere nullo
  Qui norunt damno, morte metente cadant.
Mille viri sunt hi quos omnes una manet nox,
  At cui non similem fas reperires, scelas !
Quin magis, heu ! nullo parcam gaudere loquuntur,
  Si veram existo gaudia quanta tulit ?
Non tamen omnis, ille est siquidem non mortuus omnis,
  Qui majore sui funera parte fugit.
Namque opera exigit quæ non abolere vetustas ;
  Non ignis rabies, non queat imber edax ;
Quæ fuerant oculis subjecta, fideliter, arte
  Mira reddebat, hæcque animata manus.
Heroum seu gesta æri committere tentat ;
  Divini credas Alcimedontis opus.
Seu Regum aggreditur vultus meliore metallo ;
  Se stupet æquatam Græcia, Roma stupet.
Hasque pudet ; quid si victas contendimus ? istud
  Dicere, sed melius posteritatis erit.

URSULUS, Grammairien à Tréves, a vécu sous l'Empereur Valentinien I. & étoit lié d'amitié avec Ausone, qui étoit alors à la Cour, & Précepteur du jeune Prince Gratien, qui fut depuis Empereur. Nous avons parlé d'Ursulus ci-devant dans l'article d'*Armonius*, son Collégue. Voyez le R. P. Rivet, Histoire Littéraire de France, tom. I. part. 2. pag. 207. 208.

WAIPY (Jean de) Conseiller en la Cité de Verdun, a laissé différens Ouvrages manuscrits sur les élémens de Mathématique. On a fait imprimer, après sa mort, l'Ouvrage suivant, parce qu'on le croyoit de plus facile débit, étant à la portée de plus de monde.

Le bref usage de l'Arithmétique par la plume & les jettons, tiré de quelques Ecrits portant questions d'Arithmétique, laissé par feu le sieur de Waipy, &c. à Verdun, chez Loüis le Géant 1631. in-octavo. Il est dédié à Monseigneur François de Lorraine, Comte & Evêque de Verdun.

WALA, ou *Valon*, ou *Wallon*, Evêque de Metz, succéda dans cet Evêché à Advence, mort en 872. Il n'est pas bien certain en quelle année Wala fut fait Evêque, parce que les Historiens varient extrêmement sur la durée de son Episcopat ; mais on sait certainement qu'il fut tué au combat de Remich, donné le 3. d'Avril 882. ou 883. avant Pâques, qui cette année 882. fut le huitiéme d'Avril. On lit sur sa Chasse, *Divi Vallonis* 47. *Episcopi Metensis ossa, qui obiit tertio nonas Aprilis* 883.

Il est honoré à Metz comme Martyr, dans l'Eglise Collégiale de S. Sauveur, qu'il a fondée.

Le Pape Jean VIII. lui accorda le titre d'*Archevêque*, & l'usage du *Pallium*, faveur qui avoit déja été accordée à quelques-uns de ses prédécesseurs. Bertulphe, Archevêque de Tréves, son Métropolitain, fit difficulté de le reconnoître sous le nom d'Archevêque, & prétendit que le Pape n'avoit pû lui donner l'usage du *Pallium*. Wala consulta sur cette difficulté, Hincmar, Archevêque de Reims, avec lequel il entretenoit commerce de Lettres (*a*). Hincmar s'entremit pour ajuster cette affaire, & conseilla à Wala de s'abstenir de porter le *Pallium*, ou du moins de ne le porter que du consentement de son Métropolitain. On peut voir Meurisse, Histoire de Metz, Livre 3. pag. 274. 275. & *Histor. Trevir.* tom. 12. *Spicilegii*, & notre Histoire de Lorraine, tom. I. p. 760. 761. 762.

WIGERIC, Evêque de Metz, succéda à Robert, mort en 916. & eut pour successeur Bennon, ou Benoît, en 927. Wigeric étoit, dit-on, Allemand de naissance, & avoit fait ses études sous un Abbé nommé Villaume. Il fut ensuite Abbé de S. George dans la Forêt noire. Il demeura constamment attaché au parti de Charles le Simple, contre Raoul élû Roi de France. Ce dernier ayant pris la Ville de Metz en 923. Wigeric fut obligé de céder à la force ; mais il exigea de Raoül qu'il reprît sur Henri l'Oiseleur, la Ville & le Château de Saverne, qui dépendoient de l'Evêché de Metz. Raoül les prit, & les remit à l'Evêque Wigeric, qui fit raser le Château, de peur que les Allemands ne s'en emparassent de nouveau. Ce Prélat, après avoir gouverné l'Eglise de Metz pendant dix ans & trente jours, mourut le premier Mars 927.

Trithéme, dans son Livre des Hommes illustres de l'Ordre de S. Benoît, dit que Wigeric a laissé plusieurs Monumens de son érudition, & en particulier, un Traité de la Musique, où il discute ce qui regarde son invention, ses régles & ses proportions, suivant les régles de l'Arithmétique. Je crains que Trithéme n'ait confondu Wigeric avec Theogere, Evêque de Metz, qui vivoit en 1118. L'un & l'autre ont eû pour Maître, un Abbé nommé Villaume, ont été tous deux Abbés de S. George en la Forêt noire, ont écrit un Traité de la Musique, dont on dit les mêmes choses, & ont été enterrés à Cluny.

WILLAUME, ou *Guillaume*, ou *Walon*, Abbé de S. Arnoud de Metz. On ignore le lieu & le tems de sa naissance. Il se fit Religieux à S. Arnoud de Metz, & en fut choisi Abbé en 1050. après la mort de Warin (*b*). Il y maintint la discipline réguliére, qu'il y trouva bien établie, & continua à s'y occuper assidûment à l'étude, sur-tout à la lecture de S. Jerôme, dont il fit copier quelques ouvrages, & à celle de S. Augustin, dont il étoit grand admirateur.

L'Abbaye de S. Remi de Reims étant venu à vacquer en 1071. après la mort d'Hérimar, son dernier Abbé, & étant demeurée sans Abbé pendant près de trois ans, le Pape Grégoire VII. en étant informé, ordonna à Manassé, Archevêque de Reims, d'y pourvoir au plutôt ; la Lettre est de la fin de Juin 1073. Manassé y fit procéder à l'élection, ou la postulation, qui tomba sur Willaume, Abbé de S. Arnoud. Willaume écrivit au Pape, pour le prier de le déchar-

---

(*a*). *Flodoard. lib.* 3. *Cap.* 23.

(*b*) *Mabill. Analect. tom.* 1. p. 258. *edit.* 1723. *in-fol.*

ger de ce fardeau ; mais n'en recevant pas de réponse assez promptement, il se rendit à Rome, & le Pape, à son instante priere, écrivit deux Lettres, l'une à Manasse, Archevêque de Reims, & l'autre à Hériman, Evêque de Metz. Par la premiere, il enjoignoit à l'Archevêque, en cas que Willaume persistât à abdiquer, de faire élire un nouvel Abbé à S. Remy, de concert avec Willaume. Il écrivit à Hériman de recevoir favorablement Willaume, & de lui donner des marques de bienveillance particuliere. Les deux Lettres sont du 14. Mars 1074.

Manasse n'eut pas de peine à consentir à l'abdication de Willaume, dont il redoutoit la censure. Willaume retourna donc à S. Arnoud, & vécut en paix dans son Abbaye, avec l'Evêque Hériman. Ce Prélat ayant été chassé de son Siége en 1085. par la violence de l'Empereur Henri IV. Willaume eut la foiblesse de se laisser ordonner Evêque de Metz en sa place. Ce fut Thierry, Evêque Schismatique de Verdun, qui le consacra, & qui refusa, dans cette cérémonie, de se servir du Chrême consacré par Hériman.

Quelque tems après, Willaume touché de repentir, alla trouver l'Evêque Hériman, & renonça entre ses mains à l'Evêché de Metz. Pour preuve de sa pénitence, il alla à l'Abbaye de Gorze, où il fut chargé de l'éducation des enfans qu'on y élevoit. Hériman touché de son humilité, lui rendit, quelque tems après, l'Abbaye de S. Arnoud. Il ne paroît pas que Willaume ait vécu au-delà de l'an 1089. C'étoit un homme de beaucoup d'esprit & de Religion ; il parloit bien, & même avec élégance. Il n'a pas épargné Manasse, Archevêque de Reims, dont il a dévoilé la turpitude, écrivant à lui-même.

Nous avons de lui sept Lettres, qui sont imprimées dans les Analectes du R. P. Mabillon (c). La premiere de ses Lettres est adressée au Pape Grégoire VII. qu'il congratule sur son élévation au souverain Pontificat, arrivée l'an 1073.

Willaume lui donne avis, qu'il est demandé pour gouverner l'Abbaye de S. Remi de Reims. Les seconde & troisiéme Lettres de Willaume sont adressées à Manasse, Archevêque de Reims, au sujet de ce qu'il dit qu'il renonce à l'Abbaye de S. Remi. La quatriéme est sur la même occasion, & est adressée à un Abbé, dont le nom commence apparemment par *h. Hugues, Abbé de Cluny*. La cinquiéme & la sixiéme sont une exhortation à un Religieux, de rechercher uniquement Dieu & sa justice, & à persévérer avec ferveur dans son état. La septiéme est adressée à son Maître Alestan, ou Aldestans, son successeur dans l'Ecole de Liége ; qu'il exhorte au mépris du monde. Après cela, on trouve une Oraison du même Abbé Willaume, dans laquelle il prie Dieu pour *Patrice & Monique*, Pere & Mere de S. Augustin ; & demande, par les mérites de ce Saint, qu'il plaise à Dieu lui pardonner ses offenses. Sainte Monique n'étoit donc pas encore en ce tems-là reconnuë pour Sainte. On peut voir dans le R. P. Dom Rivet un plus grand détail sur le contenu de ses Lettres.

WILLAUME, Peintre Lorrain, originaire de Nancy, a beaucoup travaillé pour M. le Maréchal de la Ferté. Il excelloit pour les Tableaux d'Histoire ; son coloris étoit très beau. Il a aussi fait des Portraits. Il quitta Nancy à cause des guerres, & se retira à Metz, où il est mort.

WILLAUME (D. Paul) Bénédictin de la Congrégation de S. Vanne, natif de Verdun, Profès de l'Abbaye de S. Mihiel, le 20. Octobre 1625. mort à Hautvillers le 7. Juillet 1673. a composé & fait imprimer un Factum, pour prouver son droit sur les Prieurés de S. Valentin de Rufach & de S. Jacques de Volsbach, & le droit de Dom Benoît Schuvaller sur le Prieuré de S. Morand, Ordre de S. Benoît, deffendeurs, avec le Cardinal Mazarin, élû Abbé général de l'Ordre de Cluny, & Messire François de Nesmond, Abbé de Chezy, au Diocèse de Soissons ; contre les Recteurs des trois Colléges de Jesuites de Schlestadt, d'Ensisheim & de Fribourg en Brisgau. Je n'entre pas dans le détail de cette affaire, qui se trouve assez au long dans le premier Tome de la Morale-pratique des Jesuites, imprimée en 1689. pag. 127. & suiv. Voyez aussi l'Histoire de la Réforme de la Congrégation de S. Vanne par D. Pierre Munier, tom. 5. pag. 324. & 461. Comme la matiere ne regarde pas la Littérature ; je ne veux pas m'y arrêter. Dom Paul Willaumé étoit Prieur Titulaire de S. Christophe de Vic, lorsqu'il mourut.

Il paroît par le Factum de D. Paul Willaume, que le Procès pour la restitution des Prieurés susdits, avoit été commencé le 21. Mars 1652. au grand Conseil, en vertu de l'attribution de toutes les Causes de l'Ordre de Cluny au même grand Conseil. Les Peres Jesuites, espérant trouver plus de faveur au Conseil du Roi, de défendeurs qu'ils étoient, se rendirent deman-

(c) *Mabill. Analect.* p. 456. & *suiv. edit.* 1723. *in-fol.*

deurs en réintégrande, & firent évoquer l'instance le 28. Mars 1653. au Conseil privé du Roi ; mais ils y furent condamnés le 4. Août 1654. & D. Paul Willaume fut rétabli dans la joüissance des Prieurés de S. Valentin de Rufach, & de S. Jacques de Volsbach, & D. Benoît Schvaller, dans la possession de celui de S. Morand, avec restitution des fruits ; mais les Peres Jesuites furent maintenus, par la faveur & l'autorité de l'Archiduc, dans la possession où ils se trouvoient alors.

WILTHEM, Président à Luxembourg, a composé des Mémoires, & a ramassé des matériaux & des Piéces pour l'Histoire de Luxembourg, dont le Pere Bertholet s'est servi utilement dans son Histoire de Luxembourg, imprimée en 1741. 1748. in-4°. en huit Volumes, chez Chevalier.

WILTZ (Pierre) Jesuite, Missionnaire, Poëte & Orateur, a commencé divers Livres de piété. On ne m'en dit pas davantage.

WITLICH (Jean de) que Trithéme appelle son Compatriote (*d*), étoit, comme lui, du Diocése de Tréves, & très habile en tout genre d'étude. Il enseigna, avec beaucoup de réputation, à Paris & à Cologne, la Théologie. Il avoit, dit-on, beaucoup écrit ; mais Trithéme avoué qu'il n'a vû de lui que les quatre Cahiers, qu'il avoit dictés à Paris sur les quatre Livres des Sentences, où l'on trouvoit une grande érudition, & d'où l'on pouvoit tirer beaucoup de fruit. Il cite aussi une explication sur toutes les Epîtres de S. Paul, qu'il avoit dictée à ses Ecoliers, étant à Cologne.

UZIER (Antoine) Curé d'Einville-au-Parc, ou Einville-au-Jard, Bachelier en Théologie, Comingeois, a fait imprimer à Nancy, chez Jacob Garnich, Imprimeur à l'Hôtel de Ville, en 1619. un Ouvrage in-12. intitulé, *Triomphe des Corbeaux*, dédié au Duc Henri II. Cet Ecrivain étoit Comingeois, comme il le témoigne à la tête du Livre. Il n'appartient à notre sujet, que comme Curé d'Einville-au-Parc, Bourg situé au Nord de Lunéville, environ à une lieuë de cette Ville. Le Bourg est surnommé au Jard, ou au Parc, à cause d'un fort beau Parc, qu'il s'y voit joignant le Château, où les Princes nourrissent ordinairement grand nombre de Cerfs, & où les Corbeaux attirés par les Bois de Futaye, se voient en quantité, & y nichoient autrefois.

Ce concours d'animaux croassant a fait donner aux habitans d'Einville, le surnom de *Croalistes*, ou de *Craques*. M. Uzier, pour venger ses Paroissiens de cette dénomination insultante, entreprit la loüange du Corbeau, à l'imitation de quelques Savans, qui ont fait l'éloge du moucheron, de la fiévre, de la folie, &c. ou qui ont décrit la guerre des Grenoüilles & des Rats. Il paroît dans son Ouvrage beaucoup d'esprit & d'érudition sacrée & profane ; & il fait voir qu'il savoit les Langues savantes, & avoit beaucoup de lecture.

Il parle de la création du Corbeau, de ses propriétés. Il prouve qu'il y a des Corbeaux blancs, qu'on en a vû dans les Indes & dans l'Isle d'Islande proche les Indes, où les Ours, les Renards, les Liévres, les Faucons, les Corbeaux sont tous blancs. On en voit aussi dans la Norvége & ailleurs. Quant à son cri ou à sa voix, il montre qu'il n'a rien d'odieux ; que le Corbeau, quand il est dressé, imite non seulement la voix de tous les animaux domestiques, mais aussi la parole de l'homme. Il relève les augures que les anciens tiroient du vol des oiseaux, & du croacement du Corbeau ; il dit que le *Cras* de cet oiseau est un avertissement, que Dieu nous donne de ne pas différer notre conversion & notre retour à Dieu, en disant, *Cras, Cras*, demain, demain.

Que les Corbeaux ne nuisent pas au bon grain, mais seulement arrachent l'yvraie & les autres mauvais grains ; que, selon le Texte Hébreu, Genes. 8. *Le Corbeau sortit de l'Arche, & revint* ; au lieu que, selon la Vulgate, *il ne revint pas*. Il explique ce qui est dit dans le Pseaume 22. *Que Dieu nourrit les petits du Corbeau, qui l'invoquent*, lorsque leurs pere & mere les ont abandonnés. Il raconte qu'un Roi d'Egypte, nommé Manrehes, avoit un Corbeau qui portoit ses Lettres, & lui en rapportoit les réponses ; qu'après la mort de cet oiseau, le Roi lui fit faire un très beau Mausolée. Il rapporte plusieurs autres exemples de la fidélité & de l'industrie du Corbeau.

Enfin, adressant la parole à Son Altesse le bon Duc Henri, il ose lui souhaiter que, suivant la voix du Corbeau, *Cras*, demain, au premier jour, il aille, à l'exemple de Godefroi de Boüillon, un de ses illustres prédécesseurs, chasser les Infidéles de Jerusalem, & y rétablir la Foi de la très sainte Trinité, signifiée par le miracle des trois Allérions volans, percés d'une même flêche, représentant les trois personnes de la Trinité, &c. L'Ouvrage est approuvé par M. Renaut de Mauleon de la Bastide, Vicaire

---

(*d*) Trith. Chron. Hirsaug. tom. 2. pag. 313. ad an. 1401.

Général de l'Evêché de Toul, le 9 Décembre 1618.

Y

YARD.... Peintre à Bar-le-Duc, a fait plusieurs Tableaux à l'Evêché de Toul, & à l'Abbaye de S. Mansui, à Senones & ailleurs. Il réussit fort bien en Portraits.

YVES (M. Saint) le jeune, nommé *Etienne Leoffrai*, naquit à Pagny-sur-Meuse, à deux lieues de Toul, & y fut baptisé le 9. Avril 1693. Agé de quinze à seize ans, il alla à Paris, dans le dessein d'y apprendre & d'y exercer la Chirurgie.

M. Saint-Yves, habile Physionomiste, l'ayant connu, & étant charmé de ses belles dispositions naturelles, le prit auprès de lui, & s'attacha à lui montrer les secrets de son art. Il lui fit épouser sa Gouvernante, lui obtint du Roi ses Lettres patentes, pour porter son nom après sa mort, lui légua à lui, & à sa femme, tout son bien, qui étoit très considérable. Il s'est acquis une très belle réputation auprès des Rois & des Princes, a fait grand nombre de Cures importantes dans Paris & dans les Provinces, & passe pour le plus habile Oculiste du Royaume. Il n'a composé aucun Ouvrage, qui nous soit connu. Le Procès qu'il a eu à soutenir, au sujet de son adoption, se trouve dans le cinquième Tome des Causes célébres. Il est à présent veuf, avec deux enfans, une fils & une fille.

Z

ZILLERS (Nicolaus) *Sacræ Theolog. Baccalaur. & Abbatia S. Maximini Officiorum Præfectus maximus*, a composé un Ouvrage, qui a pour titre, *Deffensio Abbatiæ Imperialis S. Maximini; Coloniæ* 1648. *in-fol.* 2. *edit. in qua respondetur libello contra præfatam Abbatiam, ab Autore anonymo, anno* 1633. *Treviris edito, cum approbatione R. P. Fratris Lucæ Vadingi Ordinis Minorum.*

APPROBATION

De M. TIMOTHÉE-FRANÇOIS THIBAULT, Conseiller du ROY, Lieutenant Général, Civil & Criminel du Bailliage de Nancy, Censeur Royal des Livres.

J'Ay lû, par ordre de Monseigneur le Chancelier, la nouvelle Edition de L'HISTOIRE DE LORRAINE, avec ses Corrections & Augmentations, par le R. P. DOM CALMET, Abbé de Senones ; & je n'y ai rien remarqué que d'utile, de curieux, & de propre à en favoriser l'Impression & le débit. A Nancy, le 24. Septembre 1745.

THIBAULT.

PRIVILÉGE DU ROY.

STANISLAS, par la grace de Dieu, Roi de Pologne, Grand Duc de Lithuanie, Russie, Prusse, Mazovie, Samogitie, Kiovie, Volhinie, Podolie, Podlachie, Livonie, Smolensko, Séverie, Czernicovie ; Duc de Lorraine & de Bar ; Marquis de Pont-à-Mousson & de Nommeny ; Comte de Vaudémont, de Blamont, de Sarverden & de Salm : A nos Amés & Féaux les Présidens, Conseillers, & Gens tenans notre Cour Souveraine de Lorraine & Barrois, Baillifs, Lieutenans Généraux, Particuliers, Conseillers & Gens de nos Bailliages ; SALUT, Frere *Augustin Calmet*, Religieux Profès de l'Ordre de S. Benoît de la Congrégation de S. Vanne & de S. Hidulphe, & Abbé de l'Abbaye de Senones, Nous a très humblement fait représenter qu'il désireroit donner au Public une nouvelle Edition de l'*Histoire de Lorraine*, si, pour lui en assûrer le débit, & empêcher les Contrefaçons, il Nous plaisoit lui accorder les Lettres de Privilége sur ce nécessaires. A quoi inclinant favorablement, Nous avons permis & accordé, permettons & accordons, par ces Présentes, à l'Exposant de faire imprimer, vendre & débiter dans tous les Lieux de nos Etats, Pays, Terres & Seigneuries de notre obéïssance, une nouvelle Edition de l'Histoire de Lorraine, en tels formes, marges, caractères, & autant de fois que bon lui semblera, pendant l'espace de vingt années, à compter du jour de la datte des Présentes : Faisant très expresses inhibitions & défenses à tous Imprimeurs, Libraires, & autres Personnes, de quelque qualité & condition qu'elles soient, d'imprimer ou faire imprimer, pendant ledit tems, ledit Livre en tout ou en partie, ni d'en vendre & débiter en aucun lieu de notre obéïssance, sous quelque prétexte que ce soit, même d'Impression étrangère, sans le consentement exprès de l'Exposant, sous prétexte d'Augmentation, de Correction, ou changement de Titre ; à peine de cinq cens livres d'Amende, par chacun Contrevenant, applicable un tiers à Nous, un tiers à l'Hôpital le plus prochain, l'autre tiers audit Exposant, ou à celui qui aura ses droits cédés ; de confiscation, à son profit, des Exemplaires contrefaits, & de tous dépens, dommages & intérêts. A condition que les Présentes seront enregîtrées ès Régîtres de la Communauté des Imprimeurs & Libraires de notre bonne Ville de Nancy ; que l'Impression dudit Livre sera faite dans nos Etats, & non ailleurs, sur bon Papier & en beaux Caractères ; & qu'avant de l'exposer en vente, il en sera mis un Exemplaire en notre Bibliothéque, & un en celle de notre très cher & féal Chevalier, Chancelier, Garde de nos Sceaux & Chef de nos Conseils, le Sieur de la Galaizieres : le tout à peine de nullité des Présentes ; du contenu desquelles NOUS VOUS MANDONS de faire joüir pleinement & paisiblement l'Exposant, ou celui qui aura ses droits cédés, sans souffrir qu'il y soit apporté aucun trouble ni empêchement contraires : VOULONS que la Copie des Présentes, qui sera imprimée au commencement ou à la fin dudit Livre, soit tenuë pour bien & dûment signifiée. MANDONS, en outre, au premier notre Huissier, ou Sergent sur ce requis, de faire, pour l'exécution de tout ce que dessus, toutes Significations, Défenses, Saisies, & autres Actes de Justice nécessaires, sans demander aucune autre Permission, Visa ni Paréatis : CAR AINSY NOUS PLAIST. En foi de quoi Nous avons aux Présentes, signées de notre main, & contresignées par l'un de nos Conseillers-Secrétaires d'Etat, Commandemens & Finances, fait mettre & apposer notre Scel secret. DONNE' en notre Ville de Lunéville, le vingtiéme Juillet dix-sept cens quarante-trois.

STANISLAS, ROY.

PAR LE ROY,
ABRAM.

Registrata, DUJARD.

J'ai cédé & transporté ce présent Privilège au Sieur ANTOINE LESEURE, *Imprimeur-Libraire demeurant à Nancy, pour en joüir pendant vingt ans, conformément au Traité passé entre nous, le vingt-deuxième Mai de cette année mil sept cens quarante-trois. A Senones, le trentiéme Juillet mil sept cens quarante-trois.*

D. AUG. CALMET,
Abbé de Senones.

Enrégîtré sur le Régître des Imprimeurs & Libraires de Nancy. N°. 1°. pages 26. 27. & 28. A Nancy, ce 15. Août 1743.

RENE' CHARLOT, *Syndic.*

SUPPLEMENT
A la Bibliothéque Lorraine.

A

Addition pour la page 45.

ANCILLON (David) a fait imprimer *la vie du fidéle Ministre de Jesus-Christ*, en la Vie de *Guillaume Fareli*. Ancillon, à force de vouloir écrire d'un stile pompeux, n'a fait qu'un galimatias. Il a ômis d'y parler d'une Epître de Farel au Duc de Lorraine, dattée de Gorze le 11. Février 1543. & d'une autre au Docteur Caroli, dattée de Strasbourg le 25. Juin 1543. Elles se trouvent imprimées à Genève en la même année, dans *Ducatiana*, tom. I. pag. 95. On a donné, sous le nom de David Ancillon, *trois Volumes de mélanges de Littérature, recüeillis des Conversations de feu M. Ancillon*; à Basle 1698. in-12. On y trouve un *Discours sur la vie de David Ancillon, & ses dernieres heures*. L'Epître dédicatoire, & l'Avertissement qui suit au premier Volume, sont de l'Editeur Charles Aurillon. Le discours sur la vie, & les dernieres heures de feu M. Aurillon, font tout le troisiéme Volume.

ARNOLDI (Jean-Conrade) Docteur & Professeur en Théologie, & Inspecteur de la Bibliothéque de l'Académie de Giessen, naquit à Trarbach sur la Moselle, Diocèse de Tréves, le premier Novembre 1658. Son pere Jean-Juste Arnoldi, y fut d'abord Recteur du Collége, & ensuite Pasteur pendant près de 40. ans.

Jean Conrade, après avoir fait ses premieres études dans le lieu de sa naissance, alla à Giessen, où il profita des leçons d'Arcularius de Weiss, de Phasian, & de plusieurs autres. En 1679. il y fut créé Maître-ès-Arts, après y avoir soutenu des Théses publiques; & ensuite il tourna ses études du côté de la Théologie. En 1680. il alla à Strasbourg, où il entendit Schimd, Isaac Fausten, & Bebelm, sous lequel il soutint des Théses, *De resurrectione infantium nondum genitorum*. Il profita aussi avec soin des Leçons d'Histoire du savant Ulric Oberchu. Il étoit encore à Strasbourg, lorsque cette Ville se donna à la France. Arnoldi fit ensuite un voyage à Tubinge, vit une partie de la Souabe, de la Baviere & de la Franconie, & se rendit à Altorff, où en 1683.

il soutint les Théses sur l'Apothéose de Romulus, sous ce titre : *Procus Divinitatis, Julius Proculus*. On lui offrit, à son retour, le Rectorat de Worms, qu'il refusa. S'étant ensuite arrêté durant six mois en France, il fut appellé au Rectorat de Trarbach, qu'il géra pendant 23. ans. Le 10. Février 1708. il fut fait Recteur du Gymnase, ou Collége illustre de Darmstad, & huit ans après, Professeur en Logique & en Métaphisique à Giessen, où il prit le dégré de Docteur l'an 1719. On lui confia en 1725. l'inspection de la Bibliothéque de l'Université; & en 1729. étant déja âgé de 71. ans, on le chargea de la Chaire de Théologie, qu'il remplit avec honneur jusqu'à sa mort, arrivée le 21. Mai 1735. Outre ses Théses & Programmes, Arnoldi a publié en Allemand une nouvelle Géographie historique & politique, dressée sur les derniers Traités de paix de l'Europe, imprimée à Giessen l'an 1718. in-12. D'onze enfans nés de son mariage, l'aîné de ses fils, Ernest-Christophe, est devenu Professeur extraordinaire en Droit à Giessen. Voyez le Supplement François de Basle.

AVILLER (Augustin-Charles) d'une famille originaire de Nancy en Lorraine, mais depuis long-tems établie à Paris, naquit dans cette Ville en 1653. Son goût pour l'Architecture le porta à se rendre à Rome, pour y profiter des instructions des plus habiles Maîtres, & par la vuë des beaux restes d'antiquité qui s'y remarquent.

Il s'embarqua à Marseille en 1674. mais il eut le malheur de tomber entre les mains des Corsaires d'Alger, qui le tinrent en captivité pendant seize mois. Il ne fut mis en liberté que le 22. Février 1676. Arrivé à Rome, où il demeura pendant cinq ans, il s'appliqua avec une ardeur incroyable, à mesurer les Monumens antiques & modernes qui s'y voient. A son retour, M. Mansart, premier Architecte du Roi, le reçut dans le Bureau d'Architecture, où il occupa bien-tôt une des premieres places. Il commença dès-lors son Ouvrage, qui a paru plus d'une fois sous le nom de *Cours d'Architecture*, dont on admire la méthode. Il y joignit un *Dictionnaire d'Architecture*. Il fut ensuite appellé à Montpellier en 1691. pour conduire l'ouvrage d'une Porte magnifique, en forme d'Arc-de-triomphe, que cette Ville vouloit ériger à la gloire de Loüis XIV. Il fit dans cette Province grand nombre d'ouvrages importans ; à Beziers, à Carcassonne, à Nimes, à Montpellier, à Toulouse. Les Etats de Languedoc, pour reconnoître son mérite, créérent, en sa faveur, un Titre d'Architecte de la Province en 1693. Il se maria à Montpellier, & y mourut en 1700. n'étant âgé que de 47. ans. Ses ouvrages sont,

1°. Les Oeuvres d'Architecture de Vincent Scammoki, traduits de l'Italien par Augustin-Charles d'Aviller, à Paris 1685. in-folio.

2°. Cours d'Architecture imprimé plusieurs fois à Paris en deux Volumes in-4°. en 1691. 1710. & 1738. par Jean Mariette. Voyez le second Supplement de Moreri, tom. I. 1739. Voyez aussi *Purpura erudita*.

B

Addition pour la page 75.

BALTUS, Jésuite, outre ses Ouvrages imprimés, on a de lui un Manuscrit intitulé, *De veteris Bapti,mi forma*, qui est entre les mains de M. Baltus, ancien Notaire Royal à Metz, neveu du P. Baltus, Jésuite.

Addition pour la page 79.

BARCLAY : quoique nous ayions déja parlé du démelé de Guillaume Barclai avec les Jésuites, nous le mettrons ici plus au long, parce qu'il est une suite de celui du Toulousain, & que tous les deux renferment les principaux événemens de l'Histoire de la Faculté de Droit du Pont-à-Mousson.

Le second Article des Réglemens faits en 1587. pour la Faculté de Droit, contient, qu'il y aura un Chancelier particulier dans cette Faculté. Les Jésuites en avoient empéché l'exécution. Barclai en 1602. fit revivre cette prétention. Il présenta une Requête au Duc Charles III. dans laquelle il lui remontroit l'injure que l'on faisoit à son autorité, en empêchant l'exécution de ses ordres, & le dommage qui en résultoit à la Faculté de Droit. Le Duc fit citer les Parties devant son Conseil, pour le 18. Novembre suivant. Elles comparurent ; Barclai fit un long & vigoureux discours, où il attaqua les Jésuites, non seulement sur la Chancellerie de l'Université, mais encore sur le Rectorat. Il prétendit prouver que les trois Députés, pour rédiger les Statuts, avoient été gagnés par les Jésuites. Ensuite il déduisit les moyens que ceux-ci pouvoient opposer, & les réfuta. Il finit, en remontrant au Prince, que les Jésuites abusoient de sa protection, & que la justice qu'il devoit à ses sujets, en souffroit. Ceux qui ont une idée du caractere de ce grand Prince, ne seront point surpris de ce que Barclai ait osé lui représenter des raisons encore plus fortes. Après l'avoir écouté tranquillement, il lui répondit en peu de mots, que l'affaire du Rectorat étoit terminée ; qu'il pouvoit exposer ses raisons, sans attaquer les Jésuites, & qu'il ne les interrompit point dans leurs défenses. Après avoir fini son discours, le Pere Machaut répondit en peu de paroles, au nom de la Société. On fit sortir les Parties. Le Cardinal de Lorraine se trouva à ce Conseil, suivant qu'il l'avoit promis aux Jésuites. L'Edit fut favorable à ceux-ci. On avoit résolu de ne le point publier ; mais, à la sollicitation de Messieurs de Lénoncourt, Primat, & de Maillane, amis des Jésuites, il le fut. Barclai eut un si grand chagrin de cet événement, qu'étant invité, le jour de la Fête de S. Nicolas suivant, à assister à la Procession du Recteur, il répondit qu'il ne lui étoit plus permis d'aller à cette Cérémonie, parce qu'il n'étoit plus de l'Université. Il remercia effectivement, & quitta le Pays.

Son fils Jean Barclai, sensible à cette disgrace, en tira une vengeance littéraire, en faisant imprimer, peu de tems après, son *Satyricon*, où il ne maltraite pas moins le Conseil du Duc Charles III. que les Jésuites. Il est nécessaire, pour l'intelligence de ce Livre, de savoir que la premiere partie est l'Histoire du Pere, & la seconde celle du Fils, quoique sous le même nom, & qu'au contraire, il désigne la même personne, & le même lieu, sous différens noms.

Addition pour la page 83.

BARIBAN est Auteur d'une Ode sur le Mariage de S. A. S. Monseigneur le Prince Charles de Lorraine, avec la Sérénissime Archiduchesse Marie-Anne d'Autriche, deuxième fille de l'Empereur Charles VI. La voici :

Nymphes, qui célébrez des Héros la Victoire,
De leurs faits valeureux le triomphe & la gloire ;
Fût-il jamais pour vous sujet plus gracieux,
Que celui que l'Hymen vient offrir à vos yeux ?
Un jeune Héros naissant va dans cette journée,
Sous ses aimables loix, remplir sa destinée ;
Elevé dans le rang du plus grand des Guerriers,
Venez ceindre son front de vos plus beaux lauriers :
Vous n'avez jamais vû un si beau jour de Fête,
Si digne de vos vœux, ni si belle conquête.

Du bruit de ses combats, de ses fameux exploits,
Par-tout la Renommée en a porté la voix ;
A ceux qui sont sous l'Ourse, ou voisins de l'Aurore,
Dans le sein du Sarmate, & même jusqu'au More ;
Est-il rien au-dessus des courageux efforts,
Que le Danube vient d'éprouver sur ses bords ?
Dans l'âge, où dévançant le nombre des années,
A son nom il a sçû élever cent trophées :
Ce Vainqueur céde enfin aux tendres mouvemens,
Dont l'Amour & l'Hymen ont marqué les instans.

Charmé par la beauté d'une illustre Princesse,
Qui joint à sa naissance une aimable jeunesse,
Pouvoit-il faire un choix plus digne de son cœur,
Qui pût mieux soûtenir de son nom la splendeur ?
D'un Prince si chéri publiez la sagesse ;
De cette Archiduchesse annoncez la tendresse ;
Les traits de son esprit, le pouvoir de ses yeux
Vont réünir le sang des Heros & des Dieux,
Dont l'amour, par des jours de Saturne & de Rhée,
Prendra soin de former l'agréable durée.

Poursuis donc, ô Destin, charmé de leurs apas,
Aux Trônes les plus grands de conduire leurs pas ;
Sur l'une de ses Sœurs la victoire est entiere ;
Sur l'autre également vas fournir ta carriere ;
Que d'un si noble sang il naisse à jamais
Des Monarques, des Rois, pour remplir nos souhaits ;
Telle que, pour combler notre juste espérance,
Nous promet, dés long-tems, leur ancienne Alliance,
De leurs Ayeux chéris l'illustre souvenir,
Sans que d'un si beau cours rien le pût divertir.

Prions donc que le Ciel, formant leurs destinées,

(a) S. A. R. Madame la Princesse Charlotte.
(b) Les Fêtes données à Commerci en Janvier 1744.

De CHARLES, de FRANÇOIS prolonge les années ;
Que sur eux à jamais, & sur leurs descendans,
L'on voye triompher leurs desseins importans ;
De ces tems orageux telles soient les pratiques,
De leurs puissans ressorts les secrettes intrigues ;
Ou du moins, que la paix, après tant de progrés,
Dans un calme profond vienne suivre de prés,
Des esprits divisés éteindre le murmure,
Sans que de leurs accords renaisse la rupture.

Mais attendant qu'il soit de tous les prétendans
L'irrévocable Arrêt de tous leurs différends,
Tandis qu'à cette Fête une jeune Princesse (a)
A combler nos désirs par mille soins s'empresse,
Publions sa beauté ; ses charmes ; sa douceur ;
Pour son Frere chéri son amour, sa ferveur ;
Avoüons que jamais, pour la rendre publique,
Rien ne parut plus grand, plus pompeux, magnifique (b) ;
De même qu'il ne fut un plus superbe jour,
Que celui que l'on vient de voir dans cette Cour.

Petit fils d'un Ayeul (c) qui, pendant son vivant,
Par ses siéges, combats, renversa le Croissant ;
Malgré ses grands efforts, affoiblit la puissance
De son Empire, au point d'en voir la décadence ;
Fils d'un Pere d'ailleurs, qui, par tous ses bienfaits ;
De ses sujets remplit les vœux & les souhaits,
Et qui, tel que Titus, par ses tendres offices,
Des mortels ici-bas fut l'objet des délices.

BAYARD (Claude-Martin) natif du Faubourg S. Evre-lès Toul, étudia dans l'Université de Paris, & y devint Docteur en Droit Canon & Civil. Nous n'en sçavons pas davan-

(c) Charles V.

A ij

tage sur son compte. Voici les titres des Ouvrages qu'il a fait imprimer :

De perpetuis & generalibus Vicariis Dialogus ; Auctore Cl. Mar. Bayard, Jurium Doctore ; Parisiis, apud Jacobum Boyard 1542. in-12.

Ce Livre est dédié à Sébastien Prevôt, Abbé Commendataire de S. Mansuy, Vicegerant du Cardinal de Lorraine dans les Duchés de Lorraine & Barrois. Les Interlocuteurs du Dialogue sont Tarvenus & Bayard.

Tractatus Compendiarius de Legato Cardinali à Latere misso, per quem, omissis Doctorum controversiis, Juriumque citationibus, primo intuitu videre licebit quæ sint Legato de jure concessa, & quæ Sedi Apostolicæ specialiter reservata ; per Cl. M. Bayardum de sancto Apro, Jurium Doctore, reverendissimi perillustrisque Principis Cardinalis Lotharingii Apostolicæ de Latere Legati, Conciliarium ; Paris 1616. in-douze.

Addition pour la page 162.

BOURCIER (Jean-Loüis) Baron de Montureux, est mort à Nancy le 14. Mars 1751.

Addition pour la page 168.

BRAYER (Pierre) Chanoine de la Cathédrale de Metz, Grand-Archidiacre, & Vicaire-Général de ce Diocèse, Docteur de Sorbonne, homme d'une piété singuliere, & d'une doctrine peu commune, est Auteur du *Rituel du Diocèse de Metz*, imprimé in-quarto en 1713. Il a, de plus, composé & fait imprimer quelques Ouvrages de piété, & en particulier des Heures à l'usage des Diocésains, imprimées plusieurs fois, & en différentes formes. Il a aussi composé l'Oraison funébre de Monseigneur le Dauphin, imprimée en 1711. Il est mort en Janvier 1731.

BREYE' est Auteur d'une Ode sur le retour de Son Altesse Royale François III. en 1729.

D'où viennent ces transports, & quel nouveau délire
Se rend maître de tous mes sens ?
Quelle Divinité me présente une lire ?
Ah ! puis-je en tirer des accens !

Atterré sous les traits de l'infernale envie,
La haine & la fourbe, ses sœurs,
Maîtresses de mon sort, avoient livré ma vie
A leurs plus affreuses noirceurs.

Abandonné de tous, en butte à l'insolence,
Triste joüet de son pouvoir,
Persécuté, proscrit, dans un morne silence,
Je dévorois mon désespoir.

Les maux les plus cruels que produisit la peste,
N'égalerent jamais les miens,
Et les soins qu'enfanta la pauvreté funeste
M'environnoient de leurs liens.

Un Héros pacifique, un Pere, un Dieu sur terre,
S'il est des Dieux chez les mortels,
Vrai simbole du Dieu qui lance le tonnerre,
Et le soutien de ses Autels.

Leopold (à ce nom que l'Europe révère,
Je sens renaître mes douleurs)
Leopold devenu sensible à ma misére,
Alloit terminer mes malheurs.

Ainsi du Dieu du jour la céleste influence,
Lorsqu'il quitte le sein des mers,
Répand sur nos guérets la joie & l'abondance,
Et rajeunit tout l'Univers.

A son brillant aspect, on voit la violette,
Tendre victime des frimats,
Reprenant la vigueur que cet Astre lui prête,
Se pater de nouveaux appas.

Telle de Leopold l'attention active
Se répand sur tous ses sujets ;
L'innocence sur-tout, & la vertu craintive,
De ses soins sont les deux objets.

Il m'ouvrit les trésors de sa main bienfaisante,
Et de mon cœur presque abattu
Ses faveurs ranimant la force chancelante,
Il me rendit à ma vertu.

A peine ai-je des vens le souffle favorable,
A peine apperçois-je le port,
Qu'un sort précipité, qu'un destin déplorable
Le livre aux horreurs de la mort.

Ainsi qu'un tendre fils, après un long orage,
Echappé du dernier écuëil,
Cherchant son pere aimé sur le prochain rivage,
N'y rencontre qu'un vain cercuëil.

De sanglots redoublés ma voix entrecoupée
Laisse échapper quelques accens ;
La nuit couvre mes yeux, de terreur occupée
Mon ame abandonne mes sens.

Telle sera toujours ma triste destinée....
Mais quels sons remplissent les airs !
Quels chants viennent frapper mon oreille
étonnée !
Que vois-je ! les cieux sont ouverts.

Quel Héros, ou quel Dieu vient s'offrir
à ma vuë,
Et change l'aspect de ces lieux ?
La tristesse qui fuit de mon ame éperduë,
Y laisse un repos précieux.

De mes soucis cuisans la troupe meur-
triere
S'envole, abandonne ces bords ;
Tout prend part à ma joie, & la nature
entiere
Etale à mes yeux ses trésors.

Nos prés sont émaillés de mille fleurs nou-
velles,
Les ruisseaux suspendent leurs cours ;
Zéphire rafraîchit l'air du souffle de ses
aîles,
Et l'Agneau paît avec l'ours.

Qui peut me retenir ? allons lui rendre
hommage ;
Ciel ! que d'attraits ! que de grandeur !
Ah! c'est de Leopold la plus pafaite image,
C'est son fils, & j'en crois mon cœur.

Eh ! quel autre que lui pourroit, par sa
présence,
M'inspirer ces transports touchans,
Et ramener les ris, qu'une trop longue
absence
Avoit éloignés de nos champs ?

Tel on vit autrefois le jeune Thélémaque,
Semblable au Maître de Delos,
S'échapper, en fuyant des rivages d'Itaque,
Pour aller s'instruire à Pylos.

Au pas de ce Héros la sagesse attentive,
Sous les traits du prudent Mentor,
Le Conseil le suit, vogue de rive en rive,
Le conduit au sage Nestor.

Cependant Pénélope interdite, abattuë
Remplit son Palais de ses cris ;
La crainte lui fournit un poison qui la tuë ;
Que ne craint-on point pour un fils ?

Mais déja Thélémaque, au gré d'un doux
zéphire,
Fendoit le vaste sein des mers ;
Autour de son vaisseau les Dieux de cet
Empire
Flottoient par escadrons divers.

Il arrive ; ô mon fils ! agréable lumiere,
Mon fils, c'est vous ! ô sort heureux !
Ah ! Déesse, ah ! Thétis, divine Nau-
tonniere,
Enfin tu le rends à mes vœux.

Semblable à ce Héros, sur les bords ger-
maniques,
François, dès ses plus tendres ans,
Va là pour imiter les vertus héroïques
Du sage Vainqueur des Titans.

Il revient, je le vois ; de nos douleurs
passées
Oublions jusqu'au souvenir ;
Qu'à chanter désormais nos Lyres em-
pressées
Portent son nom dans l'avenir.

C

CACHEDENIER (Daniel) s'établit en Allemagne avant 1600. Il est Auteur d'une Grammaire Françoise, écrite en beau Latin, imprimée à Francfort en 1600. sous ce titre : *Introductio ad Linguam Gallicam per Danielem Cachedenier, Barroducæum Nicæi Dominum.* L'Epître dédicatoire au Magistrat de Nuremberg, est dattée d'Altorff, Université, *Calendis Januarii anno* 1600. Dans la Préface, il dit avoir demeuré presque quatre ans à Altorff. On conjecture qu'il y étudioit le Droit, sous le savant Conrard Kittershusius. Il paroît que Daniel Cachedenier retourna en France, après l'impression de son Livre, qu'il y porta les armes, & retourna en Saxe, pour épouser Magdelaine d'Etzdorff, c'est le nom d'un Fief, qui releve de la Maison de Saxe-Altembourg. Daniel fit encore un voyage en France pour les affaires de son beau-pere, & mourut à Paris en 1612. [Addition pour la page 174.]

COIGNET (Jean) étoit de Metz, & Apoticaire de Charles de Lorraine, Evêque de Metz. Il a fait imprimer un *Discours de la Pierre de Besoar.* Ce Livret est sans lieu & année d'impression ; mais on peut conjecturer qu'il a été mis au jour environ l'année 1580. Ce n'est, à proprement parler, qu'une compilation de ce que *Garcias ab horto*, & quelques autres Auteurs ont écrit sur le Besoar.

COISLIN (Henry-Charles) du Cambout, Duc de Coislin, Evêque de Metz, Prince du S. Empire, &c. fils d'Armand du Cambout, Duc de Coislin, Pair de France, &c. mort en 1702. âgé de 67. ans, & de Magdelaine du Hulgoët, fille unique & héritiere de Philippe, Seigneur de Kargres & de la Roche-Rousse ; fut pourvû de l'Evêché de Metz en 1697. après la mort de M. de la Feüillade, son Prédécesseur immédiat dans le même Siége. Il mourut à Paris le 28. Novembre 1732.

Ce Prélat a laissé sa mémoire en benédiction dans la Ville & Diocèse de Metz, par les grands services qu'il y a rendus, par le bon gouvernement de cette Eglise, & par les aumônes immenses, qu'il y a répanduës dans les dernieres années de sa vie, pendant lesquelles il joüissoit des grands biens de sa Maison, dont il avoit hérité.

Il avoit appellé auprès de lui, pour l'aider dans le gouvernement de son Diocèse, deux Docteurs de Sorbonne; savoir, M. Brayer; dont nous venons de parler, & M. Seron, qui se sont distingués par leur probité, par leur savoir, & par la sagesse de leur conduite, ainsi que nous l'avons dit dans leurs articles.

En 1699. le 5. Juillet, il publia ses Statuts Synodaux, où il rappelle ceux de ses Prédécesseurs des années 1588. 1604. 1629. 1633. 1634. 1666. 1671. 1679. auxquels il ajoûte & corrige peu de choses, suivant les circonstances des tems, persuadé, comme il le dit dans son Mandement, que la multitude des préceptes est souvent une occasion de transgression.

En 1713. M. de Coislin fit imprimer à Metz, chez Brice Antoine, son nouveau Rituel, auquel ont travaillé les deux Docteurs dont nous avons parlé, & qui y ont répandu une science Ecclésiastique très recherchée. Ce Rituel est en Latin, & la Lettre Pastorale qui se voit à la tête, est des plus belles & des plus savantes; le Corps de l'Ouvrage & l'avertissement aux Curés, qui suivent, sont du même goût & du même caractère. Ce n'est point un simple Rituel, où l'on ne trouve que les Cérémonies & quelques légéres Instructions sur chaque Sacrement, c'est une espéce de Corps de Théologie abrégée, dans laquelle, après l'explication du Dogme & des Cérémonies des Sacremens, on trouve de savantes Notes abrégées, tirées de l'Ecriture sainte, des Conciles & des anciens Peres, pour confirmer ou éclaircir ce qui a été dit dans le Corps de l'Ouvrage; ce qui peut fournir aux Curés un bon & solide Traité des Sacremens, & même la matiere de leurs Prônes sur ce sujet. Et comme le Diocèse de Metz est composé de François & d'Allemands, on a mis en ces deux Langues les Formules des Sacremens & des autres choses, où il faut que chaque Fidéle réponde en sa langue naturelle, de même que les Instructions que les Curés sont obligés de faire aux Paroissiens, dans une langue à eux connuë & intelligible.

La même année 1713. le 8. de Septembre, il publia son Mandement pour la publication de la Bulle de notre S. Pere le Pape Clement XI. qui commence par ces mots, *Unigenitus Dei Filius*, dans lequel il distingue les mauvais sens, dans lesquels on peut prendre les cent & une Propositions, qui y sont condamnées. Ces explications sont belles & solides; mais on trouva mauvais à Rome, qu'un simple Evêque se fût donné la liberté de fixer, de son chef, le sens de la Bulle du S. Pere. La chose fit du bruit à Rome & à Paris, & M. l'Abbé Seron composa quelques Piéces, pour justifier le Prélat & ses explications. Nous en avons parlé sous l'article de Seron.

L'on a aussi un Mandement de M. de Coislin, portant défense de soûtenir ni imprimer aucunes Théses de Théologie dans son Diocèse, qu'elles n'aient préalablement été approuvées de lui, & par écrit.

M. l'Evêque de Metz ayant hérité de la Bibliothéque de M. Pierre Séguier, Chancelier de France, son Bisayeul maternel, la déposa en l'Abbaye de S. Germain-des-Prês, & lui en fit présent quelque tems avant sa mort. Cette Bibliothéque est composée d'environ quatre mille Volumes manuscrits, que M. le Chancelier Seguier avoit ramassés à très grands frais, tant dans l'Europe que dans tout l'Orient. La plûpart sont très rare & très précieux. Il y en a d'Hébreux, de Syriaques, d'Arabes, de Coptites, d'Esclavons, & plus de quatre cens Grecs sans compter un très grand nombre d'autres Manuscrits François, qui concernent l'état du Royaume & des Provinces, & en particulier 22. Volumes in-fol. qui contiennent les Copies des principaux Titres du Duché de Lorraine (*d*), que le Duc Charles IV. avoit réfugié dans la Forteresse de la Mothe, qui passoit pour imprenable, & qui, après la prise de cette Place en 1635. furent transportés à Paris, où ils sont encore aujourd'hui. Nous en avons fait grand usage dans le tems que nous travaillions à l'Histoire de Lorraine, étant à Paris en l'Abbaye de S. Germain.

Quant aux Manuscrits Grecs, M. de Coislin engagea le R. P. Dom Bernard de Monfaucon à en donner au Public une Liste, ou Description raisonnée, où il rend raison de ce qu'ils contiennent de singulier, marque.

(*d*) Voyez l'Histoire de Lorraine, tom. 3. pag. 281. 282. 1. edit.

leur âge, donne des extraits des plus remarquables, & même quelquefois des Ouvrages entiers, ou des grands Fragmens de ceux qui n'ont pas encore été imprimés. Cet Ouvrage parut en un Volume in-folio, imprimé à Paris en 1715. sous ce titre : *Bibliotheca Coisliniana, olim Saguriana, sive Manuscriptorum omnium Græcorum, quæ in ea continentur, accurata descriptio.*

M. de Coislin informé des désordres que le mélange des soldats logés dans les maisons des Bourgeois de Metz, causoit dans cette grande Ville, où l'on tient ordinairement de fortes garnisons, forma le dessein d'y faire bâtir des Casernes, pour y loger les soldats, prévenir le désordre, pour le soulagement des Bourgeois, & pour y conserver la discipline dans le Militaire. Il exécuta ce dessein en 1726. dans la Place nommée *Champ-à-Saille*. Tous les Ordres de la Ville en témoignerent leurs reconnoissances au Prélat. On donna son nom à la Place, & les noms de Coislin, de Cambout & de S. Charles, aux Ruës qui y aboutissent. Le 4. Décembre 1726. M. l'Abbé Seron prononça, au nom des trois Etats de la Ville, & à leur tête, un Discours en remerciement de la générosité, que M. de Coislin avoit témoignée dans cette entreprise. On a encore depuis bâti deux Corps de Casernes, l'un aux dépens du Roi, à une extrêmité de la Ville de Metz, vers l'Abbaye de S. Vincent, & l'autre, aux dépens de la Ville sur le Rampart.

Le même Prélat a fondé & bâti en 1725. un Séminaire destiné pour l'éducation des jeunes Ecclésiastiques de son Diocèse, tant François qu'Allemands. Ce Séminaire est situé dans le Cimetière de la Paroisse de saint Simplicé. Il y a entretenu jusqu'à sa mort arrivée en 1732. un bon nombre de jeunes Séminaristes, qui n'étoient pas en état de payer leur pension ; & afin de rendre cet établissement stable & perpétuel, il a constitué, par son Testament, une somme de quarante mille livres, pour le dotter.

M. de la Feüillade, son prédecesseur dans l'Evêché de Metz, avoit fondé dans le grand Séminaire, des places pour quatre Curés vieux & infirmes, auxquels il avoit assuré une somme de mille livres annuelle pour leur subsistance, & en outre, une somme de vingt mille livres, pour fournir au payement des Pensions des jeunes Clercs, qui n'étoient pas en état de les payer ; mais ces fonds étant fort diminués par le fameux sistême de Law ; M. de Coislin y a magnifiquement suppléé par une somme de trente mille livres, pour la pension des Prêtres hors d'âge & infirmes, & de trente-cinq mille livres pour le supplément de la pension des jeunes Clercs, qui se trouvent hors d'état de payer leurs pensions au Séminaire.

Jean-Christophe Fremin de Morus a composé l'Oraison funébre de M. de Coislin, Evêque de Metz, imprimée en cette Ville en 1733. chez la Veuve Brice Antoine. M. Fremin de Morus est né à Metz le 21. Juillet 1666. & est mort le 20. Mars 1748. âgé de 81. ans neuf mois. Son pere Guillaume Fremin a été depuis Président à Mornier.

COLIN (Dominique) Prémontré, a composé une Vie de S. Norbert en Latin, fort ample, in-4°. Il étoit Docteur en Théologie, & Prieur du Pont-à-Mousson.

CRÉTOT. (Dom Charles) Bénédictin de la Congrégation de S. Vanne, a fait profession à S. Vanne de Verdun le 29. Août 1685. (*e*), & est mort dans l'Abbaye de Notre-Dame de Mouzon le 30. Juin 1743. Il a composé en Latin un Ecrit sur l'incendie du Monastére de S. Vincent de Metz, arrivé la nuit du 28. au 29. Août 1705. & encore la nuit suivante du 29. au 30. Après avoir représenté d'un stile aisé & coulant la désolation de cette Maison réduite à six Religieux, il parle des démêlés que l'on fut obligé d'avoir avec M. Ancelin, Abbé Commandataire de cette Abbaye, & de l'accord fait entre cet Abbé & les Religieux, pour la réparation des édifices du Monastere incendié.

M. de Bourlémont, qui succéda à M. Ancelin, mit la premiere pierre au nouveau Bâtiment le 4. de Juin 1711. & l'Abbaye de S. Vincent se trouve aujourd'hui très bien bâtie, & dans un état plus florissant qu'elle n'ait jamais été. Ses Bâtimens sans faste & sans magnificence au dehors, ont toutes les commodités qu'on peut désirer au dedans ; tout y respire le recueillement & la piété religieuse.

Dom Charles Crétot avoit très bien étudié, & enseigné la Philosophie & la Théologie, & avoit rempli avec honneur les emplois de Visiteur & de Prieur dans les principales Maisons de la Congrégation. Il étoit d'un cáractere de douceur, de modération & de bonté, qui le faisoit aimer de tous ceux qui le connoissoient ; d'ailleurs fort exact dans l'exercice des devoirs de sa profession, & très zélé pour le bon ordre & pour l'observance régulière, dont il donnoit l'exemple en toutes choses. Outre le récit de

---

(*e*) D. P. Munier, Hist. de la Réforme, t. 4. p. 795. rapporte un assez long Fragment d'un Ecrit de D. Crétot.

l'incendie de S. Vincent, il avoit encore écrit d'autres choses qui sont demeurées manuscrites.

D

DAILLY, Gentilhomme des plus spirituels de la Cour de Lorraine, fut député par le Duc François II. & le Duc Charles IV. à la Cour de France, pour justifier la conduite de ces deux Princes envers la Duchesse Nicole, fille du bon Duc Henri, qu'ils avoient exclue de la succession à la Couronne de Lorraine, prétendant que cette Couronne appartenoit aux seuls mâles, à l'exclusion des filles.

Le Baron Dailly y vit d'abord la Reine Mere, à laquelle la Duchesse de Guise le présenta. Il la trouva fort touchée des plaintes de la Duchesse Doüairiere, Marguerite de Gonzague sa niéce. Il lui fit le détail de la chose. Elle répondit que, s'ils avoient reconnu que cette disposition fût un bien pour la sûreté de leur état, elle ne pouvoit la désapprouver; mais qu'elle leur demandoit instamment de traiter avec beaucoup d'égard sa bonne niéce, la Duchesse Doüairiere de Lorraine.

Dailly lui fit voir un Mémoire des biens & avantages, dont cette Princesse joüissoit en Lorraine & en Barrois, qui excédoient de beaucoup tous ceux, dont les autres Doüairieres avoient joüi avant elle. Il ajoûta que, quand ce ne seroit que l'honneur qu'elle avoit d'appartenir de si près à Sa Majesté, elle seroit toujours assez puissante, pour donner des Loix, telles qu'il lui plairoit en sa propre faveur. Aussi la Duchesse Margueritte ne se plaignoit pas de ce côté-là.

Ensuite Dailly alla voir le Roi, & lui présenta la Lettre que le Duc François lui écrivoit. Le Roi le remit aux gens de son Conseil, & donna commission au Chancelier d'Aligre de l'entendre. Dailly parla, & fit voir les motifs qui avoient porté le Duc René II. à introduire, par son Testament, la Loi Salique en Lorraine. Le Chancelier lui répondit que, pour ce qui regardoit la Lorraine, le Roi n'en prenoit aucune connoissance; mais que, pour le Barrois, la chose souffroit de la difficulté, parce que la qualité de Fief servant ne pouvoit être altérée, sans le consentement exprès du Seigneur dominant. Dailly répondit que le Fief n'avoit reçu aucune altération par ce changement; que le changement de personne & de séxe, ne touchoit ni l'hommage ni le ressort, qui demeureroient toujours à la France.

Le Parlement voulut aussi prendre connoissance de cette affaire, & les Chambres furent assemblées plus d'une fois, pour prononcer. Néanmoins on ne jugea rien, & on se contenta de donner à un Secrétaire d'Etat un Billet de la Réponse, que le Roi pourroit faire à la Lettre du Duc de Lorraine, que Dailly lui avoit apportée. Cette Réponse fut qu'il ne pouvoit ni approuver ce qui s'étoit fait, ni le vouloit improuver, pour ne faire préjudice à son Altesse, ni à autre qui y prît intérêt. C'est ce que raconte Dailly dans le Livre de ses Mémoires, que le R. P. Donat avoit devant les yeux; mais que je n'ai pû recouvrer. Dailly fut encore employé en d'autres négociations, dont il se tira avec honneur.

Il fut de nouveau envoyé en France, à l'occasion de ce que le Cardinal de Richelieu, au lieu d'envoyer, comme on avoit fait du passé depuis 33. ans, les Ordres au Duc François, concernant le gouvernement des Villes de Toul & de Verdun, on les envoyoit aux Lieutenans résidans en ces Places; ce qui fut cause que François envoya Dailly porter sa démission dudit Gouvernement au Roi, le priant d'en disposer en faveur du Prince de Phalsebourg. Le Roi accepta la démission, & répondit à Dailly par un compliment.

DUCLOS (N.) Seigneur de Juvrecourt & de Chanvé, quoique Parisién, appartient à notre dessein. Il avoit été Commissaire des Guerres, & depuis il s'étoit retiré à Vic, où il a passé une grande partie de sa vie, qui a été de 88. ans, occupé à écrire pour son amusement.

On jugera de la singularité de son génie, par les Ouvrages suivans, qui sont restés manuscrits entre les mains de M. Darmure de Maizé.

L'Austrasie Capucinade, Poëme burlesque de 1825. Vers, en quatre Chants. C'est une Satire, assez mal tournée, de l'attachement des Lorrains pour leur Souverain le Duc Charles V. Il prend son sujet d'une Assemblée & d'un Repas, qu'il feint avoir été fait chez les Capucins de Marsal. Il les remplit d'incidens ridicules sur le compte de ces pauvres Peres.

Les Guerres Paroissiales de la Ville de Vic, imitation de la Pharsale de Lucain, en 1258. Vers.

Recüeil de Contes & bons mots en 40868. Vers.

Dictionnaire instructif, moral & récréatif, contenant plusieurs traits historiques & critiques, &c. en douze Volumes in-fol.

L'Histoire de France mise en Vers, deux Volumes in-folio.

Leu

Les *Pseaumes de David*, en 9484. Vers François.

Il a laissé plusieurs autres Ouvrages toûjours en Vers, qui ne sont pas moins longs que les précedens ; mais en voilà suffisament, pour que l'on puisse dire de lui, *Diarreâ Poëticâ laborabat*.

Le même M. Duclos, ayant eû communication du Poëme de la Henriade, edition de Genéve 1723. par un de ses amis, lui renvoya le Poëme, avec l'Écrit que nous donnons ici.

L'Auteur ne fait point mention de la fermeté de l'Évêque de Lizieux, qui s'opposa fortement au massacre de la S. Barthelemy, & sauva tous les Religionnaires de sa Ville Episcopale. C'est ce qu'on peut ajoûter à la fin du Chant second, ainsi qu'il suit :

Quand un Roi veut le crime, il est trop obeï,
Par cent mille assassins son courroux est servi.
Un Prélat cependant, Prélat dont la mémoire
Sera dans tous les tems célebre dans l'Histoire,
Unique dans la France, ose seul s'opposer
A cet ordre inhumain qu'on lui vient annoncer.
Je respecte, dit-il, l'autorité suprême
De ceux qui sur leur chef portent le diadême ;
Toujours humble, soumis & fidéle sujet,
L'obeissance aux Rois fut mon premier objet ;
Mais je dois obéïr encore au plus grand Maître,
Dispensateur des Loix du Dieu dont je tiens l'être,
Je dois, (ou je serois plutôt loup que Pasteur)
Quand mes cheres brebis se livrent à l'erreur,
Travailler sans relâche au salut de leurs ames,
Par la douceur, & non par le fer & les flammes :
Laissons à Mahomet, ce perfide imposteur,
Etablir l'Alcoran par semblable rigueur.
La Foi de Jesus-Christ tout autrement se plante ;
Les Apôtres jamais, avec l'épée sanglante,
N'ont, dans aucun climat, l'Evangile annoncé ;
Lorsque, par l'hérésie, le Ciel est offensé,
L'homme n'a que la voie de vive remontrance,
C'est à Dieu qu'il en doit remettre la vengeance.
La force & les tourmens sont de mauvais moyens,
Pour attirer à lui de bons & vrais Chrétiens ;
Si l'erreur, à ses yeux, paroît abominable,
Le noir assassinat n'est pas moins detestable.
Anathême sur qui trempe & soüille ses mains,
Quel qu'en soit le sujet, dans le sang des humains ;
Double anathême donc sur le Moine ou le Prêtre,
Quiconque est assassin, est un perfide, un traître ;
De la Religion le zéle spécieux
A Dieu rendra son crime encore plus odieux.
Le meurtre est de tout tems en horreur à l'Eglise,
Quand, loin de le défendre, un Prêtre l'autorise,
Ce Prêtre malheureux est aussi criminel,
Que celui, dont le bras porte le coup mortel.
C'est ainsi que s'explique un Prélat vénérable,
Et plus loin étendant son secours charitable,
Il accueillit soudain ceux qu'on doit égorger,
Qui, pour se dérober à ce pressant danger,
Intimidés, tremblans, quittant leur domicile,
En foule, en son Palais, recherchent un azile :
Il les y reçoit tous avec humanité,
Les console, & rassûre en cette extrêmité,
Promettant d'employer toute son éloquence,
Pour flêchir des bourreaux l'implacable vengeance,
Si jusqu'en son Palais ils osent pénétrer.
En effet, peu après, ils y veulent entrer :
Alors ce grand Prelat, qu'on doit, à juste titre,
Regarder comme un Saint, orné de Crosse & Mître,
Vers ces fiers meurtriers, armés de coutelats,
D'un air majestueux s'avançant à grands pas :
Arrêtez, leur dit-il, arrêtez, téméraires,
D'une injuste faveur ministres sanguinaires,
Par ma voix, écoutez celle du Dieu vivant,
Ce grand Dieu vous défend de passer plus avant :
Si vous vous roidissez contre cette défense

B

Vous sentirez bien-tôt l'effet de sa puissance :
A ces mots ménaçans, ces lâches assassins,
Tout prêts d'exécuter leurs barbares desseins,
De ce Palais sacré respectant la barriere,
Effrayés & confus retournent en arriere :
Ainsi le saint Prélat sut garantir les jours
De nombre de proscrits, sauvés par son secours :
Lorsque par-tout ailleurs, par leur lâche indolence,
Dévoüés aux Ligueurs qui ravageoient la France,
Ses confreres impies, sans nulle émotion,
Virent du sang François l'horrible effusion,
Et des fleuves enflés les eaux ensanglantées
Ne porter que des morts aux mers épouvantées.

Page 40. Il faut ajoûter, pour suppléer à la rime, le Vers qui suit, avant ou après le vingt-troisiéme,

„ De l'Anglois il suivra les funestes exemples.

Page 56. Après le septiéme Vers qui finit .... „ Il fait tomber sans cesse, il faut mettre,

„ Contre lui conduisant une troupe nombreuse.

Page 64. Après le huitiéme Vers qui finit ainsi, ... La vérité s'enfuit, on peut ajoûter les quatre suivans,

„ Dès qu'elle a déserté, prompt à suivre sa trace,
„ Le mensonge effronté se saisit de sa place,
„ Cet orateur fécond en vains raisonnemens,
„ Etalant un amas d'absurdes argumens :
„ On brise les liens, &c.

Page 65. Après le neuviéme vers qui finit, ... des enfans d'Israël, il faut ajoûter les deux suivans,

„ De celui du tyran que les vôtres rougissent,
„ Et que ses adhérans, ainsi que lui, périssent ;
„ Le monstre, &c.

Deux Vers après, il faut encore ajoûter celui qui suit,

„ Armés ne respirant que meurtre & que carnage.

Page 69. Après le neuviéme Vers qui finit, ... Et vous jeune, il faut mettre les deux Vers suivans,

„ Fûtes tous exposés, pour comble de disgrace,
„ Aux mepris d'une indigne & vile populace ;
„ Tout le Sénat, &c.

Page 79. Après le troisiéme Vers qui finit, ... Parfumant son chemin, il faut ajoûter celui qui suit,

„ Par leurs discours trompeurs toujours plus le séduisent,
„ Rempli d'un saint respect,

Page 90. Après le septiéme Vers qui finit, ... Dans des routes trompeuses, il y a une lacune, qu'on peut remplir par les quatre Vers suivans,

„ Vous avez, en naissant, sucé des Novateurs
„ La doctrine fertile en damnables erreurs,
„ C'est trop long-tems rester dans cette voie fatale,
„ Pour affermir en vous la Couronne Royale,
„ Osez, &c.

Page 97. Après le troisiéme Vers qui finit, ... qu'ont produit tous les âges, il faut ajoûter,

„ Rendant à l'Eternel de purs & saints hommages,
„ Là sur un Trône d'or, &c.

Page 111. Après le douxiéme Vers qui finit, ... le grand Dieu des Armées, il faut ajoûter les Vers suivans,

„ En ces termes qu'on doit aux siécles à venir,
„ A son honneur & gloire, à jamais retenir :
„ Seigneur, s'écria-t'il, vous connoissez la cause,
„ Pour laquelle en ce jour tant de braves j'expose,
„ Au danger de périr, en soûtenant mes droits :
„ Grand Dieu ! qui dans vos mains tenez les cœurs des Rois,
„ Si je combats à tort, & contre la justice,
„ Du premier coup tiré, faites que je périsse ;
„ Heureux ! si mon trépas procure à mes sujets,
„ Après tant de malheurs, une solide paix,
„ Et de mon sang j'éteins la derniere étincelle
„ De cet embrasement qu'attise le faux zéle,
„ Sur les pas, &c.

Page 133. Après le quatriéme Vers qui finit, ... maîtrisoit les destins, il y a une lacune, qu'on peut remplir par les quatre Vers qui suivent,

„ Ce Roi n'est plus alors ce Héros redoutable,
„ Obsédé des attraits d'un objet trop aimable ;
„ Aux piés de cette Armide, il imite Renaud,

„ Et semble rebuté de ses nobles travaux;
„ L'amour à chaque instant, &c.

A la même page 133. après le Vers qui finit, ... Et remplissoient ses jours, il y a encore une lacune, qui se peut remplir par les quatre Vers suivans,

„ Quand, d'un Prince, aux langueurs livrant son ame en proie,
„ Ce Ministre fidéle trouble la fausse joie,
„ Son abord imprévû l'étonne, l'interdit,
„ Il connoît sa foiblesse, honteux il en rougit:
„ L'amour au milieu d'eux, &c.

Page 140. Après le second Vers qui finit, ... Et qui les déshonore, on peut ajoûter les six Vers suivans,

„ Ce Tribunal enfin, l'ouvrage du démon,
„ Qui, sous l'emprun du nom de l'inquisition,
„ Asservit les Chrétiens sous le joug tyrannique
„ Des avides suppôts du Siége Apostolique,
„ Qui n'ont que trop souvent, par sinistres moyens,
„ Fait périr l'innocent, pour lui ravir ses biens :
„ Celui-ci corrompu, &c.

DUHAMEL, Avocat à Metz, a composé un Traité sur la maniere de lire les Auteurs avec utilité ; à Paris, chez N. Rolin 1747. in-octavo.

E

ERCHENS (R. P. Placidus) S. Mathiæ Trevirensis Ord. S. Benedicti Monachus, composuit, & typis dedit, Speculum Angelico-Benedictino Thomisticum, in quo præcipuæ & characteristæ Quæstiones Philosophicæ de puro ac plano ex S. Thoma Aquinate demonstrantur, cum refutatione Libelli P. Kirchi S. J. Theologiæ Professoris Treviris, Auctore P. Placido Erchens Ord. S. Bened. ad S. Mathiam Apost. Profess. S. Theolog. Profess. anno 1713. Impressus Coloniæ & funiculus triplex ejusdem contra eumdem. Historia Trevirensis & SS. Abbatiæ S. Mathiæ cum descriptione vitæ & miraculorum de eodem S. Apostolo & adjunctis motibus institutionibus Christianè vivendi, meditandi & moriendi; Auctore P. Mauro Hillar. SS. Theologiæ Doctore 1747.

Libellus celeberrimæ Confraternitatis S. Mathiæ Apost.

Plura ipsius vitæ & sanitate comite typis dabit in proximo & primo quidem librum exercitiorum spiritualium.

F

FERRY (Paul) on lit dans la page 47. du Voyage de M. de la Croze à Paris, que M. Paul Ferri avoit écrit de sa main, sur un Exemplaire de *Climéne Tragicomedie* par M. de la Croix, imprimée en 1632. ces paroles : " La plûpart de cette Climéne a été
„ plagiarisée, prise & dérobée de mon *Isa-*
„ *belle*, & comme j'ai dit à l'Imprimeur,
„ étant à Paris en 1634. & pour cette cause,
„ j'ai acheté, après avoir connu le larcin,
„ en y lisant, sans y penser, & m'a dit l'Im-
„ primeur que le sieur de la Croix qui s'en
„ dit l'Auteur, est un Avocat signé *Paul*
„ *Ferry*.

Or cette *Isabelle* de Ferry, est un petit ouvrage, qu'il a composé dans sa jeunesse, & qu'on pourroit appeller ses *Juventlia*, dit Bayle. Il étoit écrit en Latin. Mémoire communiqué par M. de Lançon, Avocat à Metz.

FOURNIER ou *Formier* (le R. P.) Chanoine-Régulier de S. Denys de Reims (*f*), Docteur de Théologie, & célebre Prédicateur, fut appellé dans la Ville de Metz par le Cardinal Charles de Lorraine, qui en étoit Evêque (*g*), & qui travailloit à en bannir le Calvinisme, qui y faisoit journellement de nouveaux progrès. Le P. Formier en fut fait Grand-Vicaire ; &, après y avoir prêché long-tems, & avec beaucoup de succès, il fut fait Princier, & ensuite Suffragant de cette Eglise, & fut sacré en cette qualité à Paris le 13. Mai 1576. sous le titre d'Evêque de Basilite, *in partibus infidelium*.

Il fut (*h*) souvent employé dans les affaires de l'Evêché, & député à Paris pour les intérets du Chapitre de la Cathédrale de Metz. En 1586. il envoya aux Chanoines une ample Dépêche, dattée de Blois le 17. Octobre, (la Cour étant alors dans cette Ville) par laquelle il donnoit avis au Chapitre, que les Ministres d'Etat de France, étoient résolus de réduire la Ville de Metz sur le même pied, pour le gouvernement temporel, que les autres Villes du Royaume.

Le même M. Formier ayant acheté la Maison des Joyeuse-Garde à Metz, pour y établir un Collége de Jésuites, & n'ayant pû faire réussir ce dessein, par l'opposition des Calvinistes, après y avoir retenu les Peres

Addition pour la page 364.

(*f*) Je lis ailleurs qu'il étoit Francistcain, Hist. de Lorr.
(*g*) Meurisse, Hist. de Metz, p. 649. &c.

(*h*) Idem, pag. 641.

Jésuites pendant un an, il destina cette Maison pour l'établissement des Peres Capucins, auxquels il légua sa Bibliothéque, & à qui il fit de grands biens.

Le Cardinal Charles de Lorraine, Evêque de Metz, Légat du S. Siège dans la Lorraine, le Barrois & les trois Evêchés, ayant entrepris la Réforme des Ordres Religieux dans les Monasteres situés aux Pays de sa Légation, employa le Pere Formier, pour travailler avec lui à cette bonne œuvre. Il le fit son Vice-Légat, & Formier travailla avec zéle & avec succès à la Réforme (*i*), ayant été député en 1595. de la part de son Eminence, aux Assemblées qui se tinrent, pour jetter les fondemens de la Réforme, qui fut heureusement exécutée au commencement du siecle dix-septiéme.

M. Fournier, ou Formier mourut le 25. de Novembre 1610. & fut enterré aux Capucins, qu'il avoit fondés. Il a laissé une mémoire perpétuelle (*k*), par la quantité d'argenterie qu'il a donnée à la Cathédrale, par les services signalés qu'il a rendus au Clergé & aux Catholiques de Metz, par ses Prédications, ses instructions & fréquentes députations, auxquelles il a été souvent & utilement employé. Il fut assez long-tems chargé du gouvernement spirituel du Diocèse de Metz, où sa mémoire est en bénédiction. On lui rend la justice, que cette Eglise lui devroit beaucoup, si une Mere pouvoit devoir quelque chose à ses enfans.

FRAICHOT (D. Casimir) natif de Morteau, & Benédictin de la Congrégation de S. Vanne, Profès de S. Vincent de Besançon le 20. Mars 1663. est mort en l'Abbaye de Luxeüil le 2. Octobre 1720. Lorsqu'il mourut, il travailloit à la vie de Loüis XIV. Roi de France.

D. Casimir Fraichot étoit sorti de la Congrégation de S. Vanne, & étoit passé en Italie, dans le tems des guerres que Loüis XIV. fit en Bourgogne. Il fut reçu d'abord à Rome dans le Monastére de S. Paul, où il demeura quelque tems comme hôte. Il passa ensuite à l'Abbaye de S. Procul de Boulogne; enfin, en 1689. il fut admis au nombre des Religieux de la Congrégation de Cassin, par Décret du Chapitre général tenu à Pérouse.

Il s'appliqua d'abord à la Scholastique, & suivit le goût de quelques Savans, qui avoient comme résuscité du tombeau Démocrite d'Abdére, ou Abdérite, & d'autres anciens Philosophes, dont il vouloit faire revivre les sistémes Philosophiques. Ensuite il tourna toutes ses études du côté de l'Histoire, qu'il traita légérement & briévement, pour se faire mieux lire.

1°. Il commença à se faire un nom par la composition d'un Jeu Géographique, imprimé en Italien à Venise en 1679. dans lequel les jeunes gens apprennent, tout en joüant aux dés, la situation des Provinces, des Villes & des lieux, sur lesquelles le dez du joüeur tombe, & en même tems, celui qui joüe doit expliquer le nom, la Religion & la Police du lieu marqué sur la table à joüer.

2°. Il composa en 1675. le récit de ce qui se passa à Rome à l'ouverture & à la clôture de la Porte sainte, sous le Pape Clement X. imprimé à Rome 1676. in-quarto.

3°. *Exavata Gentilitio D. Pauli gladio, ejusdem Apostoli vitæ synopsis*; Romæ in-4°. 1675. Ouvrage composé en Prose & en Vers.

4°. *Mellisua Urxnodix, Poësis moralis devota*; Romæ 1676. in-4°.

5°. " Pregi della nobilita Veneta, ò vero
" l'osrigine di tuto le case, Patricie colle lor
" armi, è personhaggi piu cospicui che ne
" sono usciti; Venetiis, Andi Colletti 1663.

6°. " Ceremonie Nuzziali di tute le Na-
" cioni del mundo; Venetiis 1685. C'est une traduction, de François en Italien, de l'ouvrage de M. de la Gaia.

7°. " Relatio di Genova, soi diversi stati,
" ultime difference, & aggiustamento colla
" Corona di Francia; Bononiæ 1685.

8°. " Idea generale del Regno d'Unghe-
" ria, suà descritione Costueni Regi, il
" guerre con li imotiyi del toltima Solleva-
" zione, invasione de Turchi, &c. Bono-
" niæ 1684. in-8°.

9°. " Descrizione della Lingiane è Paese
" novamento scoperto de Francesi nell A-
" merica Settentrionale, del P. Liugy Ene-
" pin Recoletto Franciscano, &c. Bononiæ
" 1686. in-12.

10°. " Successi della Fede in Ingilterra,
" colla storia dell ultima eresci sino alla fe-
" lice liberta, data alla Religione catolica
" dal regnante Ciacomo II. &c. Con la vita
" è morte del Duca di Moutmouth; Bo-
" noniæ 1685.

11°. " L'eresia estinta nella Francia; Bononiæ 1687.

12°. *Carmen Amæbæum de pietatis & ingenii concordia*, 1687. *Bononia*. Cet ouvrage fut imprimé parmi ceux des Académiciens de Ravenne, qui prennent le nom de bon accord, *Concordes*.

(*i*) Histoire de Lorraine, an. 1595. & 1597.   (*k*) Meurisse, pag. 666.

13°. *Panegyris in laudem Cardinalis de Anguierre*; *Bononiæ*.

14°. „ *Memorie historiche è Geografice della Dalmatia*; Bononiæ 1687.

15°. *Profunere R. Patris D. Angeli Mariæ Arcioni, Abbatis religiosissimi*; *Placentia* 1686.

16°. *Supplementum ad Annales mundi, sive ad Cronicon universale Philippi Labbay S. J. ab anno* 1660. *ad* 1692. *Venetiis apud Herz.* 1692. Le Libraire a mis mal-à-propos, que ce Supplément avoit été fait par un Prêtre de la Société. Voyez *Benedict. Bianchini Ephem. Litter. tom.* 6. *p.* 878. *& Armelli, p.* 114.

17°. „ Memorie historiche della Casa „ Arcioni; in Parma per li Puzzoni, anno 1689. Il entreprit cet ouvrage, pour marquer sa reconnoissance envers l'Abbé Ange-Marie Arcioni, son bienfaiteur.

18°. „ *Li fasti di Liugi il grande*, traduit du François en Italien; *Bononiæ* 1700.

19°. „ *Ilenore in pace*, osia *l'arte di vivere in pace*, con ogni forte di persone, traduit du François en Italien; *Bononiæ* 1700.

20°. „ *Venetia combattante è trionphante dal principio della sua fundazione Panegyris*.

21°. *De Leopoldi I. Cæsaris victoriis*, Poëme héroïque.

22°. „ *Ristretto della Historia di Polonia sino à Tempi Correnti*.

23°. „ *L'Imperio d'Occidente sua fundazione dal Romano Pontifice, & le cose seguite tra Papi & Imperadori ocagiono del autorita*.

Outre les Ouvrages rapportés dans le P. Armelli, il a aussi composé, de son aveu,

24°. L'Histoire d'Etrech.

25°. Histoire des Archevêques de Prague.

26°. Traité de l'état présent des Principautés de Parmes, de Modène, de Mantoue, de Toscane & de Boulogne.

27°. Voyage Littéraire, in-octavo.

28°. Histoire de Pologne, in-quarto.

29°. Traité touchant le Couronnement de Jacques, Roi d'Angleterre; voyez cy-devant N°. 9.

30°. Histoire du bannissement des Calvinistes de France, apparemment la même que l'*Heresia exstinta nella Francia*, cy-devant N°. 11.

31°. Panégyrique de Clément XI. Tous ces Ouvrages font une preuve de la fécondité de D. Fraichot, mais non de son exactitude.

FUSI, ou *Fusil* (Antoine) Lorrain de naissance, que l'on dit avoir été Gentilhomme, fut Curé de S. Barthelemi & de S. Leu S. Gilles de Paris. Il se fit Jésuite de bonne heure; mais il ne demeura pas long-tems dans la Société.

On voit par un ouvrage intitulé, *Franc-Archerz*, *pag.* 870. qu'il avoit étudié à Louvain, & qu'il y avoit même pris des degrés de Théologie. Etant venu à Paris, il s'y fit recevoir Docteur de Sorbonne, & fut fait Protonotaire Apostolique. Etant Curé de S. Barthelemi, & de S. Leu S. Gilles, & cette derniere Eglise étant alors Annéxe de la premiere, en 1609. les Marguilliers de S. Leu lui intenterent un Procès criminel, l'accusant d'hérésie, de sorcellerie & d'incontinence. On dit qu'il assista à la mort Ravaillac, qui fut exécuté le 27. Mai 1610. mais ce fait n'est point certain.

Pour se venger des Marguilliers de saint Leu, il publia en 1609. un violent Libelle diffamatoire, intitulé, *Le Mastigafore*. Il le désavoüa toujours depuis; mais cela n'empêcha pas qu'il ne fût arrêté le 12. Juillet 1612. & mis en prison au grand Châtelet. Son affaire fut portée à l'Officialité, où, par Sentence, il fut privé de ses bénéfices, interdit de toutes fonctions Ecclésiastiques, & condamné à faire réparation envers Vivian, premier Marguiller de S. Leu. Il en appella au Parlement, & de là à Sens, & enfin à Lyon, & par-tout la Sentence de l'Officialité fut confirmée. Après avoir demeuré environ cinq ans dans les prisons, il fut élargi; & ne sachant plus où donner de la tête, il se retira à Genève en 1619. où il embrassa le Calvinisme, & s'y maria. On dit qu'ensuite étant allé à Constantinople, il se fit Turc. On ignore le tems de sa mort.

Voici le Catalogue de ses Ouvrages, *Factum pour M. Antoine Fusi, Docteur en Théologie, Prédicateur ordinaire du Roi, & Confesseur de sa Maison, Curé de S. Barthelemy, & de S. Leu S. Gilles, son Annéxe; contre Maître Nicolas Vivian, & autres Marguilliers de S. Leu S. Gilles, & Margueritte Biblet.* in-8°. à Paris. C'est sa défense contre Vivian.

Le *Mastigafore, ou Précurseur du Zodiaque*, est encore une apologie contre son adversaire Vivian; à Paris 1609. in-8°. Le Zodiaque annoncé n'a point paru.

Le Franc-Archer de la vraie Eglise contre les abus & énormités de la fausse; à Paris 1619. in-8°. C'est un fruit de son apostasie contre l'Eglise Catholique. On voit à la tête cette inscription: " Au Roi de la Grande-„ Bretagne, Jacques I. Remontrance apo-„ logétique sur les énormités & abus repré-„ sentés; attentat & inhumanités du Chef „ de la fausse Eglise, & de ses suppôts, „ contre les vrais & légitimes enfans de la „ vraie.

On a fait plusieurs Ecrits contre Fusi, comme, *La Déclaration & Décret de la Sorbonne de Paris, &c. contre les impiétés de M. Antoine Fusi*; Paris 1619.

La Vie de M. Antoine Fusi, &c. C'est la traduction du Décret de Sorbonne.

La Banqueroute de M. Antoine Fusi, devenu apostat à Genéve; Paris 1619.

Quelques-uns ont dit qu'il se fit Mahométan, étant allé à Constantinople sur la fin de sa vie ; mais la Boulai le Gouz dit que ce fut un fils d'Antoine Fusi, qui étant à Constantinople, se fit Turc, pour décliner la Jurisdiction de M. de la Haye, Ambassadeur de France, à qui il appartenoit, suivant l'usage, de le juger pour un crime qu'il avoit commis. On peut voir le P. Niceron, tom. 34. & le Supplément de Moreri de Basle.

G

GEORGE (Claude) Président à la Cour Souveraine de Lorraine & de Bar, habile Jurisconsulte, & curieux de ce qui concerne l'Histoire des Ducs de Lorraine, a composé des remarques curieuses & savantes sur l'Ouvrage de Nicolas de Traille, dont j'ai parlé en son lieu. Il cite souvent Vassebourg, Rosieres, le P. Saleur, Cordelier, & sur-tout l'Histoire universelle de Jacques de Charron. Il donne de longues & curieuses remarques sur les régnes de Henri II. Charles IV. Charles V. & Leopold I. le tout rangé par année. On y trouve des Epigrammes, des Sonnets à l'honneur de Charles V. des Inscriptions, des Epitaphes; il y a même quelques remarques jusqu'en 1704.

Il a aussi composé, 1°. Réfléxions sur les propositions faites par le Comte d'Anau de la part de la France ; 2°. Réfléxions sur ce qui regarde le Duc de Lorraine dans l'Ecrit du Comte d'Anau, Ambassadeur de France à Stokolm, présenté au Roi de Suède au mois de Mars 1694. Ces deux Mémoires qui sont manuscrits dans les Recueils de M. Nicolas fils, Marchand à Nancy, regardent le retour du Duc Leopold dans ses Etats.

Claude George est mort vers l'an 1721.

GEORGE (D. François) Benédictin de la Congrégation de S. Vanne, naquit à Lunéville en 1717. fit profession en l'Abbaye de Senones, le 14. Décembre 1734. a composé une Dissertation sur l'origine des Coquillages, que l'on trouve sur les montagnes, ou dans les lieux éloignés de la mer, où, après avoir donné une Histoire naturelle & concise des Pays où on les trouve, il examine par quelle méchanique ils ont été pétrifiés, & par occasion, l'origine des pierres, & de la cause des pétrifications. Cet Ouvrage est encore manuscrit entre les mains de l'Auteur. Il enseigne actuellement la Philosophie & les Mathématiques à de jeunes Messieurs d'Alsace, qui étudient en l'Abbaye de Munster au Val de S. Grégoire. Il a suivi une méthode assez différente de la commune. Dans la Logique, on commence par des réflexions sur l'ame & ses facultés, avant d'entrer dans l'examen des différentes idées. Des questions Scholastiques, on a retranché celles qui ont paru superflues pour les remplacer par d'autres plus intéressantes.

La seconde partie de la Métaphysique, que l'on connoît sous le nom de Pneumatologie, est divisée en cinq Traités. Le premier renferme l'Histoire de la Religion naturelle, dans laquelle on expose les différens sentimens des Nations & des Philosophes sur la Divinité, & les autres matiéres qui entrent dans l'essence de la Religion.

Le second expose les démonstrations de l'existance d'un Dieu, accompagnées de la réfutation des Athées, Pantheistes, Matérialistes, &c. ainsi que des principales objections faites par les esprits forts de nos jours. On donne à la suite de ce Traité, une Dissertation particuliere, qui établit l'essence de la Religion naturelle contre les Déistes.

Le quatriéme Traité regarde les Anges, & le dernier, l'ame humaine, où l'on traite au long les questions principales de sa nature, de son union, de son immortalité, &c. On a tâché de répandre quelque jour sur les questions épineuses, en réunissant les principes qui peuvent servir à les éclaircir.

Il est aussi Auteur d'une Histoire Physique & Anatomique des Limaçons terrestres, dans laquelle il expose les différentes espéces du Limaçon, ses divers états, soit dans l'œuf, soit dans la formation de sa coquille, soit dans la multiplication de son espéce ; le tout fondé sur observations & expériences réitérées, & suivies pendant plusieurs années.

GERVAIS, ligne 12. lisez *le Normand* ; page 415. lig. 20. lisez *Pfuncher* ; ligne 25. lisez *Holitz*. Sa Majesté Impériale vient de donner des Lettres de Noblesse à Loüis Gervais, & une augmentation de pension de 500. florins. *Addition & correction pour la page 414.*

L'article de M. Gervais a été fourni par M. Nicolas fils, Marchand à Nancy.

GIFFORT (Guillaume) François d'origine, naquit en Angleterre vers l'an 1551. de l'illustre Maison de Giffort, qui s'est toujours distinguée par son fidéle attachement à la Religion Catholique Romaine. Il avoit un oncle Evêque de Vinchestre, nommé

Guillaume Giffort, qui fut son parain, & qui lui donna par présent une Croix d'or, qu'il lui recommanda de garder soigneusement, parce qu'il devoit un jour posséder une grande dignité dans l'Eglise.

Le jeune Guillaume fit ses premieres études d'Humanité & de Philosophie à Louvain & à Paris; de là il vint au Pont-à-Mousson, où il reçut le Bonnet de Docteur (*l*). Ensuite il se rendit à Reims, où il y avoit alors un Séminaire d'Anglois très florissant; il y professa la Théologie, & s'attira non seulement les applaudissemens des Catholiques, mais aussi ce qu'il y eut de plus glorieux, ce fut la haine des Hérétiques (*m*).

Il passa ensuite en Italie, visita les premieres & principales Académies de ce Pays, fit connoissance à Rome avec les plus célèbres Théologiens, & s'attacha à la Maison de Frideric Borromée, qui venoit de succéder à S. Charles Borromée, son oncle dans l'Archevêché de Milan. Giffort accompagna ce Prelat dans la visite de son Diocèse.

Le Pape Clement VIII. l'envoya, quelque tems après, en Angleterre, pour traiter des affaires de la Religion Catholique avec le Roi Jacques, qui venoit de monter sur le Trône. Au retour de cette importante commission; il fut nommé Chanoine & Doyen de l'Eglise de l'Isle en Flandre, où il s'appliqua, par ses éloquentes Prédications, à instruire les Catholiques, & à réfuter par ses doctes Ecrits, les erreurs des Hérétiques d'Hollande, & à réprimer leur insolence.

La vie agitée qu'il avoit menée jusqu'alors, lui inspira un si grand dégoût pour le monde, qu'il résolut de le quitter, & d'embrasser la vie Religieuse. Il revint à Reims, y professa encore quelque tems la Théologie, & fut Recteur de l'Université; puis il prit l'habit de S. Benoît parmi les Peres Benédictins Anglois, & reçut le nom de Frere Gabriël de Sainte-Marie. Il vint faire son Noviciat dans la Maison, que ces Religieux ont à Dieulewart, à une bonne lieuë du Pont à-Mousson.

Il s'y fit distinguer par son exactitude à remplir tous les devoirs d'un excellent Religieux, & y fit profession le 14. Décembre 1609. Il fut, pendant quelques années, Prieur de Dieulewart, & ensuite de S. Malo, dont le Monastere appartenoit alors aux Benédictins Anglois, & est aujourd'hui occupé par les Benédictins de la Congrégation de S. Maur. Il parut avec distinction en Basse-Brétagne, à Poitiers, & enfin à Paris, où il s'acquit l'estime, & mérita les applaudissemens de tout le monde, qui le regardoit comme un prodige de science.

Il fonda deux Monasteres pour les Benédictins Anglois; l'un à S. Malo, & l'autre à Paris. Ayant été nommé Suffragant de l'Eglise de Reims par le Cardinal de Guise, ce Prince lui résigna cet Archevêché. Le Pape Grégoire XI. applaudit à un si bon choix, & lui accorda *gratis* les Bulles & le *Pallium*. Ainsi fut accomplie la prédiction de son oncle, qui lui avoit annoncé, en lui donnant une Croix d'or, qu'il seroit un jour élevé à une dignité éminente dans l'Eglise. Ce nouvel honneur ne fit qu'augmenter son zéle & sa vigilance, pour procurer le salut de son peuple. Il mourut accablé d'infirmités le 10. Avril 1629. ou 1630. avant Pâques, qui en 1629. étoit le 8. Mars. Il étoit âgé de 74. ans.

Avant sa mort, il donna la derniere Benédiction aux assistans, & jettant les yeux sur l'Image de la sainte Vierge, qu'il avoit souvent arrosée de ses larmes, il dit trois fois, dans les sentimens de la plus tendre dévotion, *Vierge sainte, secourez-moi; car vous me l'avez promis*. Il fut inhumé à la Cathédrale de Reims; son cœur fut déposé dans l'Eglise des Benedictines Angloises de saint Pierre. Henry de Maupas, alors Abbé de S. Denys de Reims, fit son Oraison funèbre, de même que le R. P. Marcot Benédictin, Prieur de S. Pierre.

On loüe sa piété, sa libéralité envers les pauvres honteux, se retranchant quelquefois le nécessaire, pour donner aux Religieux de son Ordre, qui alloient en Mission en Angleterre. Fidéle & exact observateur de la Régle de S. Benoît, il ne se dispensa jamais des jeûnes, ni de l'abstinence qu'elle prescrit, pratiquant, outre cela, des mortifications extraordinaires, pour soumettre le corps à l'esprit, & pour expier ses fautes, qui sont inévitables dans le cours de cette vie.

Quoiqu'il ne soit pas né Lorrain, nous avons crû pouvoir le rapporter ici, comme Profès de Dieulewart, & Docteur de l'Université de Pont-à-Mousson. Je conjecture que c'est lui qui donna aux Peres Benédictins de Dieulewart la belle Bibliothéque, que nous avons vûë autrefois dans leur Monastere, & qui a été malheureusement consumée par les flammes, il y a plus de 30. ou 40. ans.

GINET (Claude) Médecin & Poëte Lorrain, étoit de Nancy. Etant à Montpellier en 1626. il fit des Vers Latins, mêlés

---

(*l*) Abram, *Hist. Universit. Mussip. lib.* 3.   (*m*) Ex Oratione funebri ab H. de Maupas Epoanicensi.

de Grec, à la loüange de *l'Alphabeth anatomie du sieur Cabrol*. Il avoit de la facilité pour ces sortes de complimens. Beaucoup de nos Livres Lorrains en sont garnis, suivant la méthode de ce tems-là. Sa Poësie est quelquefois passable, comme celle qui est à la tête des *dévots élancemens du Poëte Chrétien du sieur Remberviller*.

Il a composé une Piéce plus longue de Poësie, que nous n'avons point vûë. En voici le titre, pris du Catalogue de la Bibliothéque de M. Perrin, ancien Médecin Lorrain.

La Ginetomanie, ou *Hymne à l'honneur de la très illustre & très ancienne Maison de Lorraine*.

Addition pour la page 423.

GIVRY, Cardinal, vivoit d'une maniere si pure & si innocente, que Valladier assûre avoir appris de la bouche d'un saint Prêtre, qui avoit été son Confesseur pendant les deux ans qu'il demeura à Rome, que le pieux Cardinal n'avoit jamais, pendant tout ce tems, commis aucun péché mortel.

Le même Valladier dit que ce Cardinal employoit, chaque jour quatre heures à la méditation des choses célestes, & fléchissoit souvent les genoux, à l'imitation d'un saint Solitaire, qui faisoit chaque jour cent génuflexions. Il ajoûte qu'il portoit ordinairement le cilice sous ses habits, & prenoit une ou deux fois la semaine, la discipline, même étant malade, se servant, pour cet exercice, du ministere d'un serviteur fidéle & discret, qui a avoüé qu'il lui avoit donné plus de cinq cens fois la discipline en secret, le bon Prelat lui disant ordinairement de frapper plus fortement cette chair rebelle. Il observoit religieusement tous les jeûnes commandés par l'Eglise, même dans sa vieillesse, & dans sa derniere maladie, n'ayant jamais voulu rompre l'abstinence du Carême, quoique les Médecins le jugeassent nécessaire pour sa santé. Il ne se rendit qu'à l'ordre, ou au conseil de son Confesseur; & encore, reprit-il son abstinence ordinaire, aussi-tôt que sa santé lui put permettre. Il vécut toujours dans une innocence & pureté de corps admirables, & dans un grand éloignement du monde & de ses vanités. Il avoit horreur de l'inutilité & de l'oisiveté. On ne le vit jamais entiérement désoccupé; ou il prioit mentalement, ou il récitoit l'Office divin, ou il s'occupoit à la lecture des bons Livres. Sortant de table, il prenoit plaisir de parler, ou d'entendre discourir les hommes doctes sur les matieres de Théologie, ou de l'Histoire Ecclésiastique. Il avoit aussi ordinairement à sa table des personnes capables de traiter des matiéres de controverse ou de Théologie. S'il vouloit prendre quelque délassement, il faisoit venir des Musiciens, ou des Joüeurs d'instrument, sachant lui-même fort bien la Musique.

Sa douceur, son affabilité, ses manieres douces & insinuantes lui gagnerent tous les cœurs. Il ne rebutoit jamais personne, de quelque rang ou condition qu'il fût. Toujours le même, même humeur, même visage dans toutes les circonstances de la vie; toujours tranquille, toujours benin, sans fiel, sans rancune, sans vengeance; haïssant également les délateurs & les flatteurs, excusant, autant qu'il pouvoit, le mal qu'il voyoit, ou qu'on lui rapportoit; ce qu'il faisoit principalement envers ses ennemis, ne faisant jamais paroître d'émotion contre eux, mais donnant, autant qu'il pouvoit, de bonnes tournures aux choses les plus odieuses.

On l'avoit fort pressé de résigner à quelqu'un de ses parens, quelques-uns de ses bénéfices; mais il éluda toujours les instances qu'on lui en fit, sous divers prétextes, disant tantôt, que les personnes qu'on lui proposoit, n'étoient pas propres à l'état Ecclésiastique; tantôt, qu'il n'avoit pas encore pris pour cela sa résolution.

GONDY: Catalogue des Ouvrages du Cardinal de Retz,

Addition pour la page 438.

1. Avis à M. le Coadjuteur, prononcé au Parlement, pour l'éloignement des créatures du Cardinal Mazarin, 11. Juillet 1651. in-quarto.

2. Avis désintéressé sur la conduite de M. le Coadjuteur, in-quarto 1651.

3. Le bon Frondeur qui fraude les mauvais Frondeurs, & qui ne flatte pas la Fronde Mazarine de ceux qui ne sont plus bons Frondeurs, in-quarto 1651.

4. Apologie de l'ancienne & légitime Fronde, in-quarto 1651.

5. Le vrai & le faux de M. le Prince, & de M. le Cardinal de Retz, in-quarto 1652.

6. Le vraisemblable sur la conduite de M. le Cardinal de Retz, in-quarto 1652.

7. Les contretems du sieur de Chavigny, premier Ministre d'Etat de M. le Prince, in-quarto 1652.

8. Les intérêts du tems, in-quarto 1652.

9. Le Solitaire, in-quarto 1652.

10. Avis aux malheureux, in-4°. 1652.

11. Le Manifeste de M. de Beaufort, par lequel il déclare se joindre à S. A. R. au Parlement, & à la Ville de Paris, in-quarto 1652.

12. L'esprit de paix, in-quarto 1652.

13. Lettre d'un Bourgeois désintéressé, in-quarto 1652.

14. Harangue faite au Roi par M. le Cardinal de Retz, en préfence de M. le Nonce, affifté de Meffieurs du Clergé, pour la Paix générale, à Compiégne le 12. Septembre 1652. in-quarto.

15. Réponfe de M. le Cardinal de Retz, faite à M. le Nonce du Pape, à Meffieurs de Brienne & le Tellier, Secrétaire d'Etat, le 4. Août 1653. in-quarto.

16. Remontrance adreffée au Roi fur la remife des Places maritimes de la France, entre les mains des Anglois, in-quarto 1658. Le but de cet Ouvrage eft de décrier la conduite du Cardinal Mazarin.

Le Cardinal de Retz a auffi compofé les Ouvrages fuivans, qu'on vient de donner dans la nouvelle édition de fes Mémoires, à Genéve, chez Fabry & Brillot, en quatre Volumes 1751. & qui ont déja paru dans l'Edition d'Hollande de l'an 1719. à Amfterdam en quatre Volumes in-octavo.

1. Procès verbal de la Conférence faite à Ruel, par Meffieurs les Députés du Parlement, Chambre des Comptes, & Cour des Aides, enfemble ceux de la Ville, contenant toutes les propofitions qui ont été faites, tant par les Princes & Députés defdites Compagnies, & de tout ce qui s'eft paffé entre eux pendant ladite Conférence.

2. Lettre préfentée au facré Collége, de la part du Cardinal de Retz, pendant fa prifon. Elle eft en Latin.

3. Le Courier Burlefque de la guerre de Paris, envoyé à M. le Prince de Condé, pour le divertir pendant fa prifon.

4. Sermon de S. Loüis, Roi de France, fait & prononcé devant le Roi & la Reine Régente fa mere, par M. J. F. P. de Gondy, Archevêque de Corinthe, & Coadjuteur de Paris; à Paris dans l'Eglife de S. Loüis des Peres Jefuites, aux jour & fête de S. Loüis l'année 1648.

5. La Conjuration de Jean-Loüis Comte de Fiefque, ouvrage que M. de Retz compofa, n'ayant encore que 17. ans.

6. Avis à M. le Cardinal Mazarin fur les affaires de M. le Cardinal de Retz.

GOULON (Le) de la Religion prétenduë réformée, eft paffé en Pruffe, où il a été fait Ingénieur en chef du Roi. Il a compofé un *Traité de l'attaque & de la défenfe des Places.*

GRANDCLAS (M.) Profeffeur de Médecine, & Doyen de la Faculté de Médecine de l'Univerfité du Pont-à-Mouffon, natif de Châtel-fur-Mofelle, fort habile dans fa profeffion, a fait imprimer une *Differtation fur les différens climats, & fur leur influence fur la fanté des hommes.* Cette Differtation eft dédiée à Monfeigneur le Prince Charles de Lorraine, & a pour titre, *Thefes de temperatura diverforum Lotharingiæ tractuum.* Cet ouvrage a été reçu du Public avec avidité, & tous les Exemplaires en ont été promptement enlevés. L'Auteur rendroit un grand fervice à la Médecine, s'il vouloit ajoûter de nouvelles obfervations à fon ouvrage, & en donner une feconde Edition au Public; car il eft indubitable que l'air, les eaux, la terre, les fruits de chaque Pays, contribuent beaucoup à la bonne ou mauvaife fanté des habitans, & qu'il importe infiniment au bien public, que les Médecins foient informés de la qualité de toutes ces chofes, par rapport au Pays dans lequel ils exercent leur profeffion.

GUILLOT (D. Conftance) Bénédictin de la Congrégation de S. Vanne, natif de Befançon, fit profeffion dans l'Abbaye de S. Vincent de la même Ville, le 10. Juin 1683. & mourut Vifiteur de fa Congrégation, à Favernei le 26. Janvier 1730. Il a compofé l'Hiftoire du Monaftere de S. Vincent de Befançon, qui fe trouve manufcrite à Befançon. Il a rempli avec honneur les premiers emplois de fon Ordre, & a prêché avec réputation dans plufieurs Cathédrales. Il avoit beaucoup d'éloquence, & encore plus de candeur, de droiture, de piété, de zéle pour l'obfervance réguliere.

H

HOLON (Jean) natif de Verdun, entra chez les Jefuites à Cologne en 1558. dans la quinziéme année de fon âge. Il enfeigna la Grammaire & les baffes-Claffes pendant 20. ans, dans la Haute-Allemagne; il devint enfuite Profeffeur d'Eloquence, & s'acquitta de cette fonction avec réputation pendant vingt-fix ans; il profeffa enfuite la Philofophie pendant fix: il mourut à Ausbourg, le 12. Juin 1622. Il a laiffé une Oraifon funébre, prononcée aux obféques de Martin Eifengre, imprimée à Ingolftadt en 1578. Martin Eifengre étoit mort cette même année, & avoit été Chancelier de l'Académie d'Ingolftadt. Holon avoit écrit beaucoup d'Ouvrages, dont on peut voir la lifte dans l'Epitôme de Gefner.

J

JACQUOT (Blaife) Doyen de la Faculté des Droits de Pont-à-Mouffon, étoit natif de Befançon. Il entra dans la Société des Jefuites, & en fortit avant de faire les premiers vœux. Il étudia depuis en Droit, &

y fit de grands progrès. Ensuite il cultiva l'art militaire, & demanda du service au Prince de Phalsbourg, qui menoit des Troupes en Allemagne. Comme il étoit d'une belle figure, d'un génie heureux, & qu'il possédoit admirablement bien tous les talens d'un Courtisan, il ne tarda pas à s'insinuer fort avant dans les bonnes graces de ce Prince, qui en fit même son confident le plus intime. A sa sollicitation, le Duc Henry II. le nomma Doyen de la Faculté des Droits l'an 1624. Il joüit de cette charge pendant quatre ans, & soûtint avec force les Priviléges de sa Faculté. On craignit de voir renaître en lui un autre Grégoire de Toulouse. Une circonstance des plus singulieres fournit un moyen assûré de se défaire d'un Jurisconsulte si incommode aux Facultés regulieres (*n*). Voici comme le P. Abram raconte la chose. Il y avoit à Nancy une célebre possédée. Les Jesuites l'exorcisoient, elle répéta souvent qu'il y avoit en Lorraine un grand Magicien, dont elle ne voulut pas absolument dire le nom. On commanda au démon de lui faire une marque sur une partie du visage qu'on lui désignoit, sans cependant le tuer, ni lui faire aucune plaie considérable. A peu près dans le même tems que ceci se passoit à Nancy, Jacquot reçut le coup à Pont-à-Mousson dans l'endroit spécifié, en sorte qu'il se cacha tellement, que personne ne le vit pendant plusieurs jours, crainte que l'on ne vît aussi la marque. On en répandit aussi-tôt le bruit dans tout le Pays. Le Duc fit avertir Jacquot par un Seigneur de la Cour, de se retirer. C'étoit la plus grande grace qu'il pouvoit lui faire; car on faisoit brûler en Lorraine, pour le moindre soupçon de sortilége. (Voyez l'article *Nicolas Remy*.) Jacquot partit aussi-tôt, le jour de l'Epiphanie de l'an 1628.

Pour appuyer son sentiment (*o*), le Pere Abram dit que M. de Lénoncourt, conservateur des Priviléges de l'Université, avoit *crû voir* Jacquot tout couvert de boüe & d'ordure, quand il fit son premier Discours, pour prendre possession de sa Chaire.

Le P. Abram ajoûte que Jacquot se retira dans sa Patrie, qu'il s'y convertit en 1632. & y mourut peu de tems après.

Il a fait imprimer (*p*) au Pont-à-Mousson, 1°. *De origine Juris & Magistratuum*, *Oratio*.

2°. *Juridicæ Curiæ recognitio*, *Oratio*.

3°. *Mars togatus, sive de Jure & Justitia militari*.

Comme nous n'avons pû trouver ces Ouvrages, nous n'en dirons pas d'avantage.

JOSSELIN (Jean-Ignace) né à Verdun le 28. Octobre 1677. embrassa l'Institut de la Société de Jesus, le 18. Octobre 1693. Il fit ses quatre vœux le 2. Février 1711. Il enseigna les Humanités à Dijon, & la Rhétorique au Pont-à-Mousson, & exerça la charge de Prédicateur avec beaucoup de zéle. Il reste de lui une *Oraison funébre de Loüis XIV*. 1717. in-12. Elle fut imprimée au Pont-à-Mousson, sans nom ni de l'Auteur, ni de la Ville, ni de l'Imprimeur.

L

L'ALLEMAND: La Croix du Maine dit qu'il a aussi composé *La Dialectique Françoise pour les Chirurgiens & Barbiers*; à Paris, chez Thomas Richard 1553.

Addition pour la pe gº 561.

LAMBERT, ancien Benédictin de saint Airy de Verdun, a écrit l'Histoire abrégée des Hommes illustres de cette Abbaye vers l'an 1312. Dom Godefroi d'Armeine l'a continuée en 1639. Elle est manuscrite dans ce Monastere; mais l'Histoire composée par Lambert, ne se trouve plus.

LAMORMAIN (Guillaume) Ardenois, Jesuite, Docteur de Théologie, professa à Gratz la Philosophie & la Théologie avec beaucoup de réputation. Il fut ensuite Préfet des Colléges de Gratz & de Vienne; & Confesseur de l'Empereur Ferdinand I. dont il entreprit d'écrire la vie. Il en fit imprimer le quatriéme Livre, qui contient les vertus de ce Prince, en 1538. in-quarto, à Vienne, & la même année à Cologne, in-octavo. Je ne sais si les trois premiers Livres ont paru. Il fit aussi imprimer à Gratz, en 1608. l'Oraison funébre, qu'il avoit prononcée le 28. Mai, en l'honneur de Marie, Mere de l'Empereur Ferdinand II.

LAMORMAIN (Henry) frere de Guillaume dont nous venons de parler, suivit son frere, & embrassa, comme lui, l'Institut de la Société de Jesus, âgé de 21. ans, en 1596. Il s'appliqua particuliérement à traduire de François en Latin, les Livres de ses Confreres, qui étoient alors le plus à la mode; comme,

1. Le Catéchisme des Controverses du R. P. Guillaume Bailly, Jesuite, imprimé à Vienne en 1616. in-octavo & à Cologne en 1627. in-12.

2. L'Académie d'honneur du R. P. Richéme, à Vienne en 1635. in-octavo.

3. La Cour sainte du R. P. Caussin, Jesuite, en trois Tomes.

4. Le Prélat Chrétien, le Chevalier

(*n*) *Hist. Acad. Mussip. lib. 6. Sect. 76.*
(*o*) *Ibid. Sect. 77.*

(*p*) *Ibid. Sect. 78.*

Chrétien, le Politique Chrétien, à Vienne 1636. 1637. 1638. in-octavo.

5. L'Aiman de l'amour, qui attire efficacement le cœur de l'homme à l'amour de Jesus-Christ, composé par le R. P. Binet, traduit en Italien, & imprimé à Vienne en 1636.

Il a encore traduit, de François en Latin, d'autres Ouvrages de ses Confreres, auxquels il n'a pas mis son nom. Voyez Alegambe & Valere André, Bibliotheque Belgique.

LANGUCI (François) Docteur en Théologie, Prévôt & Chanoine de Sainte-Croix de Pont-à-Moussion, a composé l'Oraison funèbre de Christine de Salm, Duchesse de Lorraine, épouse de François II. Duc de Lorraine, Comte de Vaudémont, Mere du Duc Charles IV.

LANNEL (Jean de) étoit neveu de M. de Hillerin, Conseiller du Roi en ses Conseils d'Etat, Maître-d'Hôtel de Sa Majesté, Trésorier de France, & Général de ses Finances à Poitiers. Il fut élevé dès l'enfance par les soins de son oncle, qui lui procura une excellente éducation. De Lannel fut mis chez les Jésuites, pour y faire ses études, & il y demeura huit ans. Ensuite, après avoir étudié en Droit pendant deux années, il fut employé par Charles de Cossé, Comte de Brissac, Maréchal de France, auprès duquel il fut mis par M. de Hillerin, qui étoit le Conseil de ce Seigneur. De Lannel demeura auprès de M. de Brissac jusqu'à la mort de ce Maréchal, arrivée le 31. Décembre 1563. Il recueillit ses discours & ceux de plusieurs autres, en retoucha le stile, & les fit imprimer sous ce titre, *Recueil de plusieurs Harangues, Remontrances, Discours & Avis d'affaires d'Etat de quelques Officiers de la Couronne, & d'autres grands Personnages, fait par Jean de Lannel, Ecuyer, Seigneur du Chaintreau & du Chambort.* C'est un Volume in-octavo, imprimé à Paris, chez la Veuve d'Abraham Pacard, en 1622. Outre vingt Harangues de M. de Brissac, on trouve encore dans ce Recueil trois Harangues de M. de Laval, dit le Maréchal de Bois-Dauphin ; quelques Discours & Lettres de M. de Villeroi, &c. son Apologie, & plusieurs autres Piéces servant à l'Histoire de la Ligue.

C'est ce qui se lit dans le nouveau Supplément de Moreri, à Paris 1749. J'ai en main un Volume du même M. Lannel, intitulé, *Lettre de M. de Lannel, à Paris, chez Toussaint du Bray 1625. in-octavo.* Il est dédié à Madame Henriette de Lorraine, Princesse de Phalsbourg, sœur de Son Altesse de Lorraine Charles IV. Cette Epître dédicatoire est suivie d'un Avis sérieux, où l'Auteur parle beaucoup de ses Lettres & de son désintéressement, en les publiant. Ces Lettres sont au nombre de trois cens quatorze ; savoir, cent trente-quatre à diverses personnes, & vingt à Filistée sa femme, quarante-six de Filistée à Lannel ; une à Vaugelas, & deux à Balsac. Dans ces Lettres, il parle de quelques-uns de ses Ouvrages, comme,

1. *Le Roman des Indes*, dédié à M. le Prince de Phalsbourg.

2. *L'Histoire de Jean, deuxième Roi de Castille*, dédiée au Roi.

3. *Le devoir d'un Prince Chrétien*, composé en Latin par feu M. le Cardinal Bellarmin, mis en François par M. Lannel, dédié à Son Altesse de Lorraine Charles IV.

4. *La vie de Godefroi de Bouillon*, dédiée à M. le Duc de Vaudémont, François de Lorraine, pere du Duc Charles IV.

5. *Le Lys de Chasteté*, dédié à Madame la Duchesse Doüairiere de Lorraine, Marguerite de Gonzague, épouse du Duc Henry II.

Sa Lettre cent trente-troisième est la Dédicace faite à M. Hillerin, son oncle, de son *Recueil de plusieurs Harangues, & Instructions d'affaires d'Etat.*

Il paroît par les Lettres de M. Lannel, qu'il étoit fort dévoüé aux Princes & Princesses de la Maison de Lorraine, qu'il leur avoit des obligations particulieres, qu'il avoit passé quelque tems dans leurs Etats, & qu'il avoit étudié dans l'Académie de Pont-à-Mousson. C'est ce qu'on peut recueillir des Lettres qu'il a écrites au R. P. Bouvet, Provincial des Peres Jesuites de Lorraine, au Pere Principal du Collége du Pont-à-Mousson, au Pere de la Vie de la même Compagnie, auquel il promet de faire voir *un Monarque parfait, qui s'avance fort, & qu'il se résout de faire voir à Son Altesse, dans deux mois au plus tard, qui est presque le tems auquel je m'en pourrai retourner en Lorraine* (q). Dans la même Lettre, il promet au R. P. de la Vie, un *Lestius en François pour le commencement du Carême.* Dans sa 4. Lettre à M. de S. Chames, il lui dit : *Je suis bien-aise que vous appreniez mon Orthographe, & les observations que j'ai faites sur notre Langue* ; & dans cette même Lettre, il fait une assez grand nombre d'observations sur la Langue & l'Orthographe Françoises.

Il parle de M. Baudoüin, un de ses amis, qui avoit fait diverses traductions de Grec,

---

(q) C'est apparemment le Devoir d'un Prince Chrétien, dédié au Duc Charles IV.

de Latin, d'Espagnol & d'Italien, en François; mais qui étoit dégoûté de cette étude, & vouloit travailler de son chef: à quoi l'exhorte M. Lannel. Il croit que les Princes de la Maison de Lorraine sont descendus d'un frere de Godefroi de Boüillon, & qu'ils en portent les Armes. Il témoigne que son *Roman des Indes* n'a point été du goût de quelques personnes de la premiere distinction.

LAURENT, Abbé de S. Vanne de Verdun, gouverna cette Abbaye depuis l'an 1098. jusqu'en 1140. & pendant ce long gouvernement, il fut presque toujours dans l'agitation, à cause des divisions qui troubloient l'Eglise, & du schisme qui la déchiroit à l'occasion des Investitures. Richer, Evêque de Verdun, élû en 1090. ayant embrassé la Communion de l'Empereur Henry IV. & ayant reçu de lui l'Investiture, fut excommunié par le Pape Paschal II. & ayant demandé l'absolution à Paschal, Laurent, Abbé de S. Vanne fut député pour la lui donner.

L'Evêque Richer mourut en 1107. & eut pour successeur Richard qui ayant reçu l'investiture de la main de l'Empereur Henri V. encourut encore l'excommunication de la part du Pape Paschal II. qui écrivit à Laurent, Abbé de S. Vanne, d'éviter la communion de Richard & de ses partisans. Ceux-ci obligerent Laurent & ses Religieux d'abandonner leur Monastere, & de se retirer, les uns dans les Prieurés dépendans de l'Abbaye, & les autres à l'Abbaye de S. Benigne de Dijon, où ils furent charitablement reçus par l'Abbé Jarenton; ils y demeurerent jusqu'à la mort de l'Evêque Richard, arrivée en 1114.

Henry de Vinton, ou de Vinchester, qui lui succéda, continua à persécuter l'Abbé Laurent. L'Evêque chargé de censures & d'accusations, se rendit à Rome pour se justifier; l'Abbé Laurent l'y suivit.

Le Pape & les Cardinaux voulant favoriser l'Evêque, le renvoyerent par-devant Mathieu d'Albane, Légat en France, qui, ayant assemblé les Evêques & les Abbés à Châlons-sur-Marne, pour entendre ce qu'on proposoit contre l'Evêque Henry, celui-ci, par le conseil de S. Bernard, qui étoit de l'assemblée, renonça à l'Evêché de Verdun, & se retira à Vinton ou Vinchester en Angleterre, en 1129. On lui donna pour successeur *Ursion*, qui gouverna assez paisiblement l'Evêché de Verdun.

Laurent, Abbé de S. Vanne, mourut en 1140. après avoir possédé son Abbaye pendant plus de 40. ans. Il étoit Allemand, & avoit pratiqué la vie monastique au Monastere de S. Airy de Verdun, d'où il fut tiré, pour gouverner celui de S. Vanne. Il étoit doüé d'une profonde science, & fort habile dans le maniment des affaires. Il obtint du Pape Paschal II. quelques Priviléges confirmatifs des biens de son Monastere, en reconnoissance de son fidéle attachement aux intérêts du S. Siége.

Nous avons de lui une Lettre aux Chanoines de Verdun, imprimée dans Vassebourg, & dans le Tome V. des Annales Benédictines de D. Mabillon, où il raconte au long ce qu'il a fait & souffert, à l'occasion du schisme des Evêques de Verdun.

L'ESCALE (Le Chevalier de) Gentilhomme Lorrain, a fait imprimer la *Cynosophie, ou de la cure des chiens, écrite en Grec par Phœmon, ancien Philosophe, traduite & commentée par le Chevalier de l'Escale, avec un Traité du Duc de Nardo sur la même matiere, & un curieux Discours, si la chasse est un exercice convenable aux Princes & aux Gentilshommes*; à Paris, chez Denys de Lay 1634. in-12. Il est dédié à Henry de Lorraine, Prince de Cœurs, Marquis de Moy.

Phœmon est le même Auteur que Démétrius de Constantinople, dont l'ouvrage se trouve dans la Collection de M. Rigaut: *Rei accipit varia Scriptores*, à Paris, chez Morelle 1612. in-quarto.

LEURECHON en prit possession le 7. Avril de la même année (*r*), par un Discours, auquel toute l'Université assista. Ses Leçons qui suivirent, furent très goûtées, & on regretta de n'avoir pas eû plutôt un si digne Collégue des habiles gens, qui composoient alors cette Faculté. Il n'y eut que l'intérêt public, qui put résoudre le Prince à séparer de sa personne son Médecin Lévrechon, qu'il estimoit beaucoup. Voici ce que Charles le Pois nous apprend de sa reconnoissance pour un si bon Maître (*s*): *Quis eximiam domesticorum charitatem non magni facit gratuito illi (Carolo III.) servire quàm magna stipendia, commodaque apud alium quemquam Principem merere malentium? Certè non semel audivi eam egregiam animi, erga optimum Principem, propensionem, virum integritate vitæ & variâ eruditione clarum Joannem Levrechonium Medicum cubicularium non vanis nec fictis verbis palàm profitentem.*

Nous n'avons pû recouvrer jusqu'à présent, qu'une Dissertation en forme de Thése, soutenuë sous la Présidence de Lévrechon.

Addition pour la page 585. a près la ligne cinquiéme.

(*r*) Abram, Hist. Acad. Mussip. lib. 6. paragr. 48. | (*s*) Macarismos Caroli III. p. 240.

Elle est savante & bien écrite ; ce qui nous fait croire qu'elle est de sa composition. Ceux qui connoissent les Universités, savent que les Etudians ne font que prêter leurs noms aux Théses, & que communément elles sont l'ouvrage des Professeurs.

An ignes accensi in contagione saluberrimi? Quæstio Medica, sub præsidio Cl. & nob. viri Joannis Levrechonii, P. M. publicè discutienda a Nicolao Poirot, Medicinæ Baccalaureo, pro Licentia impetranda, die 11. Julii, horis matutinis in Schola medica Pontana. Ponte ad Montionem, Typis Sebastiani Cramoisy, an. 1622. in-quarto.

C'est une question qui est discutée affirmativement, pour éclaircir si les feux que l'on allume avec méthode, & de différentes matiéres appropriées aux circonstances, peuvent purifier l'air, & corriger les miasmes des maladies contagieuses, & sur-tout de la peste, qui avoit déja fait de grands ravages en Lorraine ; mais qu'aucuns secours humains ne purent arrêter ; car, quelques années après, elle s'irrita si fort, que Lévrechon lui-même y succomba, de même que plusieurs autres savans Personnages qui n'avoient épargné aucuns soins, pour indiquer les moyens de prévenir cette funeste maladie, & autres qui n'étoient pas moins dangereuses ; car en cette année 1622. il régnoit en Lorraine une Dissenterie contagieuse, qui enleva beaucoup de monde. Charles le Pois nous a laissé un Livre là-dessus.

LIGNIERES (Jean de) que nous conjecturons être Lorrain par son nom de *Lignieres*, y ayant un Village de nom près Sorcy sur la Meuse, & plusieurs familles du nom de *Lignieres*, aux environs. Voici ce que Trithéme en dit (*t*) : Jean de Lignie-„ res, Philosophe, & le plus célébre Astronome de son tems, qui tira de l'obscurité, &, pour ainsi dire, du néant, cette science qui étoit alors presque entiérement oubliée parmi les hommes, se distingua extraordinairement dans l'Université de Paris. Il eut, pour Ajoint & Coopérateur dans cette étude, de très habiles Mathématiciens, Jean de Saxe, Jean ou Julien de Muri, & Maître Bernard, qui excellerent en ce même genre d'étude, & qui composerent aussi divers Ouvrages dans le même goût. Voici la liste de ceux de Jean de Lignieres,

1. Un Livre des Régles des Eclypses.
2. Des Régles pour les Tables.
3. Un Livre *de Incensionibus*.

Mais dans le Livre du même Trithéme, *de Scriptoribus Ecclesiasticis*, donné par Jean Albert Fabricius, voici les titres des Ouvrages de Jean de Lignieres,

1. *Canones primi mobilis, I. Cujuslibet arcûs positi.*
2. *Tabulæ ejusdem, de Sphera, II. De cæteris nihil reperii. Vide num.* 580. *pag.* 140. *apud J. Alb. Fabricium.*

Il a fleuri sous le Pape Jean XXII. & l'Empereur Loüis de Baviere, vers l'an 1300.

LISLE (D. Paulin de) Benédictin de la Congrégation de S. Vanne, naquit à Châlons sur Marne, Profés de l'Abbaye de S. Pierre de la même Ville (*u*). Après avoir vécu près de 25. ans dans la Congrégation de S. Vanne, il obtint avec beaucoup de peine un Bref de Rome, qui lui accorda la permission de passer à Notre-Dame de la Trappe. Il y fut reçu par M. de Rancé, célébre Abbé de ce Monastere, & y vécut jusqu'à sa mort, dans toute l'austérité de la Régle, & dans l'accomplissement le plus exact des devoirs de son nouvel engagement. Il a été Président de ce Monastere, sous la conduite & le gouvernement de M. de Rancé, & Maître des Novices, sous D. Gervais, troisiéme Abbé Régulier depuis la réforme, qui est sorti ensuite de ce Monastere. Le deuxiéme Abbé fut D. Zozime, qui mourut le sixiéme mois depuis sa nomination ; & dans ces deux emplois, D. Paulin a toujours paru un Religieux très fervent, & un Pénitent très austere.

Quoique ses travaux & sa pénitence eussent accablé son corps d'infirmités, loin de rechercher aucun des soulagemens qu'on a coûtume de donner aux malades, il n'usa jusqu'à sa mort que de l'eau de la fontaine du Monastere, & elle fut sa boisson ordinaire pendant les deux dernieres années de sa vie. Il fit toujours sa félicité de sa retraite, du saint Autel le centre de son ravissement, & de la priere ses plus chastes délices. Il reçut les derniers Sacremens au milieu du Chœur des Religieux ; & lorsque le R. Peré Abbé lui présenta le Crucifix, il le prit, en prononçant ces paroles de S. Augustin, *Inter brachia Salvatoris mei vivere volo, & mori cupio.* Il mourut ainsi en odeur de sainteté, le 22. Mai 1698. après onze ans, un mois & quelque jours depuis sa profession faite à la Trappe. On a imprimé à Châlons en Champagne en 1723. un Recueil de Lettre de ce saint Religieux, pleines de grands sentimens de piété, & d'excellens principes de morales. On y a joint un récit abrégé de sa vie, & quelques Lettres de feu M. de

---

(*t*) Trithem. de viris illustribus, tom. 130. Voyez aussi l'Histoire de l'Université de Paris, tom. 4. p. 963.

(*u*) Supplément de Moreri, tom. 1. 1735.

Rancé, & de D. Isidore, qui étoit Abbé de la Trappe, lorsque ce Recueil a été imprimé sous ce titre : *De l'idée d'un vrai Religieux dans le Recueil des Lettres de Dom Paulin de Lisle, &c.* par M. Lambert, ancien Curé de Notre-Dame de Chaalons, & Prieur Commandataire de Poffeffe.

LISLE (François de) frere du précédent, Chanoine de Notre-Dame de Chaalons en Champagne, mourut au mois de Février 1698. en odeur de sainteté. C'est lui à qui presque toutes les Lettres de D. Paulin, son frere, sont adressées. Quoique François de Lisle ait été disgracié de la nature, & contrefait de corps, la vivacité de son esprit, la solidité de son jugement, & son éminente piété, porterent M. de Vialart, Evêque de Chaalons, l'un des plus saints & des plus grands Prélats du dix-septiéme siécle, à le faire entrer dans le Clergé, & à lui conférer les saints Ordres ; ensuite il lui donna à défricher une Cure de son Diocése, qui étoit le champ le plus ingrat & le plus stérile, & dont M. de Lisle fit, avec le secours de la grace du Seigneur, par ses soins, son application continuelle & ses prieres, une terre des plus fertiles.

M. de Vialart le chargea ensuite de la direction de l'Abbaye d'Andecy près d'Etoge, Monastere de Religieuses, dont le temporel étoit alors très dérangé par les excessives dépenses qui s'y faisoient. M. de Lisle y rétablit le bon ordre & la régularité, malgré tous les obstacles que les Religieuses elles-mêmes y apporterent. Il écarta de cette Maison tous les Confesseurs qui autorisoient le relâchement, ou qui ne s'y opposoient pas ; & quoiqu'on voulût lui faire un crime de cette régularité, sa fermeté, ses bonnes manieres, la sainteté de sa vie, ses prieres surmonterent tout ce qui s'opposa à ses généreux desseins ; & les Religieuses ayant elles-mêmes changé de conduite, & de disposition à l'égard de M. de l'Isle, ce Monastere devint un modéle de régularité.

Pour récompenser le zéle de ce digne Ministre, M. de Vialart le fit Chanoine de l'Eglise Collégiale & Paroissiale de l'Eglise de Chaalons, où il fut, comme il avoit été partout ailleurs, un exemple accompli de régularité, de piété, de zéle, d'attachement à ses devoirs, de désintéressement, de pénitence. Ses vertus étoient telles, qu'elles ont fait dire à M. Gaston Jean-Baptiste Louis de Noailles, Evêque de Chaalons, que si M. de Lisle venoit à mourir, il iroit aussi-tôt dans sa Chambre, pour implorer le secours de ses prieres, parce qu'il le regardoit comme un Saint ; & c'est ce que ce digne Prélat exécuta en effet. Il voulut même faire l'inhumation de son corps, & célébrer pontificalement la Messe qui se dit à son enterrement, auquel il se trouva un concours extraordinaire de personnes, qui loüoient publiquement les vertus du saint Chanoine. On en peut voir le détail dans l'abrégé de sa vie, qui est à la fin de l'idée d'un vrai Religieux, cité au bas de l'article précédent.

LIVANIA (Jean de Liven) Bourg situé sur la Moselle, au Diocése de Tréves (x), environ trois mille pas de cette Ville, à la droite de la Moselle, en descendant ce fleuve, pas loin du Village nommé Trithéme. Jean dont nous parlons, étoit Chanoine de l'Eglise de Saint Siméon de Tréves, & en réputation d'une érudition très étendue dans les sciences divines & humaines ; Poëte, Astronome, Rhétoricien. Il excelloit surtout en Astronomie. Il composa, 1. cinq Livres en Prose & en Vers contre Jean de Pierre-brisée, *de Rupe scissa*, de l'Ordre des Freres Mineurs, qui avoit composé des Prophéties tirées de son cerveau ; 2. Trois Livres contre la vaine science des Alchimistes ; 3. Deux Livres contre les ignorans Astronomes ; 4. Quatre Livres pour la defense de la Faculté Astronomique ; 5. Introduction à l'étude de cette science ; 6. Un Livre pour tirer l'horoscope par la naissance des hommes, & quelques autres ouvrages.

LOUP (Servat ou Servais) naquit vers l'an 805. ou 806. dans la Province de Sens. Il embrassa la Profession Monastique en l'Abbaye de Ferrieres en Gatinois ; & Aldric qui en étoit Abbé, voulut seconder son ardeur & ses dispositions pour l'étude, lui donna un Maître, sous lequel il étudia la Grammaire, la Rhétorique & les Arts libéraux. Aldric étant devenu Archevêque de Sens, l'envoya à Fulde, pour se perfectionner dans l'étude des Lettres & de la Théologie. Outre les secours qu'il trouvoit à Fulde, où il avoit pour Maître le célébre Raban Maur, il profita du voisinage d'Eginhard, qui demeuroit près de là, à Selgenstat, & qui lui prêtoit des Livres, & lui donnoit toutes sortes de marques d'affection.

Loup revint en France en 836. & l'Impératrice Judith, qui aimoit les gens de Lettres, le présenta à l'Empereur Loüis le Débonnaire, qui le reçut avec de grandes marques de bonté. Le Roi Charles le Chauve, héritier de Loüis, nomma Loup, Abbé de Ferrieres, au mois de Novembre 842. & le

(x) *Trithem. Chroniq. Hirsaug. an.* 1375. *tom.* 2. *pag.* 267.

choix du Roi fut agréé par la Communauté de Ferrieres, qui étoit alors gouvernée par un Abbé nommé Odon, que l'on fut obligé, pour de bonnes raisons, de chasser de son Siége ; ce qui ne manqua pas d'attirer à Loup des reproches de la part de ses jaloux.

Loup de Ferrieres fit une fort grande figure dans son tems parmi les Prélats du premier ordre, & parut avec distinction dans les Conciles, qui se tinrent de son vivant.

Nous n'entrons point ici dans un détail sur la personne & les Ecrits de Loup, Abbé de Ferrieres, d'autant plus qu'il est étranger à notre sujet, supposé qu'il ne soit pas Auteur de la vie de S. Maximin, Archevêque de Tréves ; & comme la chose est très douteuse, nous renvoyons à ceux qui ont traité cette matiere, comme, M. Tillemont, *Hist. Eccles. tom. 7. pag. 247. 694. Bolland. ad 29. Maii, pag. 20.* Dom Rivet, Histoire Littéraire de France, tom. 5. p. 267. On conjecture que l'Evêque Loup, Auteur de la vie de S. Maximin, qui vivoit en 839. & qui dédia son ouvrage à son ami Valton, pouvoit être Evêque de Chaalons sur Marne; car on ne connoît point d'Evêque du nom de Loup en ce tems-là, sinon celui de Chaalons. Loup de Ferrieres est mort vers l'an 860.

LUC-ALBERTIUS (D. Laurent) Benédictin de la Congrégation du Mont-Cassin, fut envoyé en Lorraine par le Pape Paul V. & par les Supérieurs de sa Congrégation, pour servir le Cardinal de Lorraine dans la réformation de la Congrégation de S. Vanne en 1605.

Il s'employa à cette bonne œuvre avec beaucoup de zéle, de sagesse & de capacité. Le R. P. Armelly le met au nombre des Ecrivains Ecclésiastiques de la Congrégation de Cassin. Luc-Albertius étant en Lorraine, écrivit diverses Lettres, & composa quelques Ecrits, pour procurer la réforme des Monasteres, par exemple, de celui de S. Airy de Verdun. Didier Sarion en étoit alors Abbé titulaire, & voyoit avec plaisir l'envie que quelques-uns de ses Religieux avoient d'embrasser la réforme, quatre d'eux ayant même, depuis peu, embrassé l'institut des Minimes, & y ayant saintement achevé leur carriere. Sarion transigea avec les Peres de la Réforme, & fit inviter D. Luc-Albertius à venir manger dans l'Abbaye de S. Airy, pour avoir plus de loisir de l'entretenir. D. Luc-Albertius ne put lui accorder cette grace, disant, qu'étant envoyé par le Souverain Pontife, en qualité de Ministre du Cardinal de Lorraine son Légat, pour la réforme de l'Ordre de S. Benoît, dans la Province de sa Légation ; il étoit obligé de pratiquer le Precepte du Seigneur (y), *Nolite transire de domo in domum.* Il ajoûtoit que les Constitutions de Cassin ne lui permettoient pas de manger autre part, que dans les Monasteres de cette Congrégation ; dans les lieux où il s'y en trouvoit de réformés.

Cette réponse affligea le bon Abbé Sarion, il s'en plaignit à D. Luc-Albertius ; qui lui écrivit une seconde & longue Lettre, dans laquelle il l'exhorte vivement à recevoir la Réforme dans son Abbaye, & à ne pas écouter ceux qui s'efforçoient de le détourner de ce pieux dessein; la Lettre est pleine de bonnes & solides raisons. La grande appréhension de l'Abbé Sarion étoit qu'on ne lui ôtât la juridiction sur son Monastere & sur ses Religieux.

Mais cinq ans après, c'est-à-dire, en 1611. voyant, par la conduite des Réformés qu'on n'en vouloit ni à ses biens temporels, ni à la juridiction qui lui étoit dûe, selon les Canons ; il demanda & obtint la Réforme du Monastere de S. Airy, suivant le Traité passé auparavant entre lui & les Supérieurs de la Réforme, le 6. Juillet 1611. M. de Maillane, Evêque de Toul, en dressa les articles, & peu de jours après, il en dressa d'autres pour le bon gouvernement des Religieux anciens de la même Abbaye, qui ne jugerent pas à propos d'embrasser la Réforme.

L'on trouve un Recueïl de 55. Articles de mitigation, dressés par ledit D. Luc-Albertius, en faveur des anciens Religieux de divers Monasteres, qui ne pourroient se résoudre à embrasser la Réforme dans sa rigueur. Ces Articles sont tirés des Constitutions des Papes, & des Statuts des Congrégations les mieux réglées.

Le P. Luc-Albertius, après avoir travaillé avec beaucoup de zéle & de succès à rétablir la régularité dans les Monasteres de la Congrégation de S. Vanne, s'en retourna en Italie en 16... & se retira, avec l'agrément de ses Supérieurs, dans une Eglise ou Prieuré dépendant de l'Abbaye de Florence, pour y vacquer plus tranquillement à l'étude ; mais il y fut assassiné, dit-on, par son domestique; d'autres disent qu'il y fut tué, avec son valet, par des voleurs.

Il étoit homme de Lettres, d'une mémoire très heureuse, sachant les Langues Gréques & Hébraïques, & avoit enseigné avec réputation la Philosophie & la Théologie en plusieurs Monasteres de sa Congrégation. On conserve dans la Bibliothéque de

---

(y) *Luc. x. 7.*

la Badie de Florence, un très grand nombre de Lettres, d'Instructions, de Mémoires, de Statuts, d'Informations concernant la Réforme des Monasteres des Benédictins de Lorraine. On ne nous apprend pas l'année de sa mort; mais celle de sa Profession, qui fut le 25. Avril 1573. On peut voir le P. Marien Armellini, Bibliothéque Bénédictine de Cassin, *fol.* 67. premiere Partie.

M

MAILLOT (Dom Nicolas) Benédictin réformé de la Congrégation de S. Vanne & S. Hydulphe, naquit à S. Mihiel le 11. Novembre 1649. Il fit ses premieres études dans l'Ecole de l'Abbaye de S. Mihiel, où il prit goût pour l'Ordre de S. Benoît, auquel il se consacra dès l'âge de dix-sept ans, & vint dans l'Abbaye de Moyenmoutier, pour y prendre l'habit; mais les guerres & les malheurs des tems, n'ayant pas permis aux Supérieurs de recevoir alors aucun Novice, le jeune Nicolas Maillot retourna chez ses parens, qui l'envoyerent à Bar-le-Duc, pour y étudier en Philosophie. Après deux ans d'étude, il se présenta de nouveau au Noviciat; Il y fut reçu dans l'Abbaye de S. Avold, & y fit profession le premier novembre 1669. Il acheva son cours de Philosophie & de Théologie en trois ans, comme c'étoit alors la coutume. Depuis ce tems, on a fixé le tems de nos études à cinq ou six ans.

De S. Avold il fut envoyé au Prieuré de Breüil, proche Commercy, pour s'y perfectionner dans les bonnes études, sous le R. P. D. Robert des-Gabets, célébre Philosophe, qui en étoit Prieur. Il profita tellement sous sa discipline, qu'il fut bien-tôt en état d'enseigner ses Confreres. La Philosophie de M. Descartes étoit alors en grande vogue, & Dom Maillot s'y appliqua avec beaucoup de succès. Il professa la Philosophie pendant quelque tems dans l'Abbaye de Munster en Alsace, puis il fut chargé en 1682. de la conduite d'un Noviciat, qui étoit dans l'Abbaye de Bouzonville, dans la Lorraine Allemande. Cette Abbaye ayant été entiérement consumée par les flammes en 1682. le Noviciat fut transferé en l'Abbaye de S. Mansuy, où Dom Maillot le suivit.

Ce fut alors que Dieu lui ayant ouvert les yeux sur l'étendüe de ses devoirs, & sur la perfection que demande la Profession Religieuse, qu'il avoit embrassée, il changea tout d'un coup l'objet de ses études, & tourna du côté de la dévotion & de la spiritualité. Il embrassa une vie beaucoup plus austere, que celle qu'on mene ordinairement dans la Congrégation de S. Vanne. Il s'interdit absolument l'usage du vin, & celui de deux mets qu'on lui servoit, qui étoit plus capable de flatter son goût, jeûnant rigoureusement tant les jeûnes de Régle, que ceux qui sont commandés par l'Eglise, & passant une grande partie de la nuit, après Matines, en prieres. Le silence exact, le recueillement, la mortification des sens, furent ses exercices ordinaires. Il pratiqua la retraite des dix jours inusitée alors dans la Congrégation de S. Vanne, & se donna tout entier à la pratique des plus sublimes vertus Religieuses, & à l'étude des Livres propres à nourrir l'esprit de componction & de recueillement.

Ce changement lui attira beaucoup d'admirateurs & quelques imitateurs. Plusieurs personnes de piété de la Ville de Toul, & plusieurs Religieuses se mirent sous sa conduite, & Dieu versa une si abondante bénédiction sur ses soins & sur ses instructions, qu'on le regardoit comme un Saint, & qu'on recherchoit à l'envie d'entrer sous sa direction. On le consultoit de toutes parts, & il répondoit à toutes ces Lettres d'une maniere pleine d'onction & de solidité. Dom Claude Paquin, son neveu, a ramassé jusqu'à deux cens de ses Lettres écrites à différentes personnes sur toutes sortes de sujets de piété. On y voit par-tout l'esprit de mortification, de priere, de soumission aux ordres de Dieu; on y trouve des avis salutaires sur les tentations, & sur les traverses & les vicissitudes que l'on éprouve dans la vie spirituelle. Dom Maillot y parle toujours en homme très éclairé sur toutes ces matieres; & la plûpart de ses Lettres mériteroient de voir le jour.

J'ai en main un Ouvrage, qu'il a intitulé, *Difficultés sur les visions de Marie d'Agréda, dans son Histoire de la sainte Vierge.* Il réfute par l'Ecriture sainte, la tradition, & des raisonnemens très solides, grand nombre de propositions avancées par cette bonne fille, sans aucun fondement, & contrairement à l'Ecriture.

On voit par les Ecrits de D. Maillot, qu'il ne donnoit pas dans les visions d'une spiritualité outrée. Sa dévotion étoit solide & éclairée, & elle éclatte comme telle dans toutes ses Lettres, comme elle éclatoit dans sa conduite & ses discours, dont nous avons été souvent témoins. Très sévére à lui-méme, il étoit assez indulgent envers ses Religieux; mais quand il voyoit le désordre, il le reprenoit sans respect humain, & avec une vigueur digne d'un zélé serviteur de Dieu.

Outre

Outre les Lettres de piété dont nous avons parlé, il avoit composé quelques Ouvrages & quelques pratiques de dévotion pour son propre usage, & pour celui des personnes qu'il dirigeoit. Il avoit decrit de sa main les maximes de M. Berniers, & les lisoit assidûment. Il avoit aussi ramassé divers Ecrits de D. Robert des Gabets, qu'il nous a communiqués, & dont nous avons composé le Recueil de ses œuvres, avec les autres Ecrits du même Philosophe, que nous avons recouvrés par d'autres voies.

Après avoir passé par les emplois de Maître des Novices, de Soûprieur, de Prieur en diverses Maisons, & de Visiteur ou Provincial, jusqu'à trois fois, il se retira dans l'Abbaye de Senones, invité par le très R. Pere D. Mathieu Petitdidier, qui en étoit Abbé, & son ami particulier. Il y passa les dernieres années de sa vie, occupé de la grande affaire de son salut, & y continua les exercices de sa pénitence, autant que sa santé le lui permit; car, outre la goutte, dont il fut attaqué plusieurs années avant sa mort, il fut, sur la fin de sa vie, sujet à plusieurs autres infirmités corporelles. Dieu mit fin à ses travaux & à sa vie, après une année presque entiere de maladie, le trois Octobre 1722. à la fin de la 73e. année de son âge. Sa vie a été écrite par le R. Pere Dom Claude Paquin son neveu, qui me donne avis que le R. P. Dom Maillot a encore écrit bon nombre d'autres Lettres, & en particulier quelques petits Traités sur des matieres de piété; par exemple, sur l'humilité, & sur la conduite de la conscience. Il y a peu de ses Lettres, qui ne contiennent des instructions solides sur divers sujets de morale.

MARCHANT (M. de) Baron d'Ansebourg, à deux lieuës & demie de Luxembourg, vers le Nord, homme de Lettres & curieux, a ramassé plus de quinze mille Médailles en or, argent & bronze, tant anciennes que modernes, & quantité de Livres des plus rares. Il a jusqu'à 60. Volumes d'Athlas & de Cosmagraphie; il a fait venir des Indes des Plantes étrangeres de plus de cent cinquante differentes espéces, sans compter son Jardin Botanique, Orangerie & son Parterre, dans lequel il y a les plus belles & les plus rares fleurs. Il a dans son Jardin trois Jets-d'eaux fort curieux, & une vingtaine de belles Statuës de quatre à cinq pieds de hauteur, & en son Château, les quatre Parties du monde en une seule piéce de sept pieds de haut, faites par un Sculpteur Italien. Il a un Tour, pour travailler à la Mauboise, qui coûte cinq mille livres. Il a, de plus, une riche Pharmacie, dont il est le Directeur. Il a eû pendant plusieurs années chez lui le savant M. Simon, pour travailler avec lui sur differens sujets de Littérature. Il nous a communiqué une Liste des Hommes illustres du Pays de Luxembourg, qui se sont distingués tant dans la Littérature, que dans les emplois de Magistrature, & dans le Militaire. Le R. P. Bertholet a aussi profité de cette Liste, dont il a fait imprimer une grande partie dans son Histoire de Luxembourg; mais, comme ni l'un ni l'autre n'entrent pas dans le détail de la vie, ni des Ouvrages des personnes dont ils parlent, & ne marquent ni les dattes de leur vie, de leur mort, ni de leurs Ouvrages, nous n'en avons pû rendre compte au Public, comme nous l'aurions souhaité.

MATHIEU (Claude-Gerard) né en Lorraine dans le Diocèse de Toul, au Village de Gugnei, au pied des Montagnes de Vôges, étoit sorti de parens pauvres; mais il avoit reçu de Dieu de grands talens, & s'étant engagé dans la Société de Jesus, il y remplit divers emplois importans, & y rendit de grands services, sur-tout dans l'érection de l'Université de Pont-à-Mousson. Le Roi Henri III. faisoit un cas particulier du Pere Mathieu, & s'entretenoit souvent avec lui, se servant de ses conseils dans des choses de la derniere conséquence. Le Prince Henri de Guise ne passoit presque aucun jour, qu'il ne l'entendît sur des matieres spirituelles, & ne profitât de ses avis. Ce commerce avec les grands ne l'avoit rendu ni mou, ni trop complaisant; il savoit conserver une certaine autorité, que l'idée qu'on avoit de sa sainteté, & de la grandeur de son courage, augmentoit encore. Un jour le Cardinal de Guise voulant lui faire agréer certaines pratiques contraires à l'Institut de la Société, il lui dit avec liberté, qu'il n'y consentiroit jamais, & qu'il sauroit s'en retourner par le chemin qu'il étoit venu.

S'étant trouvé près de Tours menacé de mort avec sa Communauté, de la part des Hérétiques, il se prépara hardiment à subir la mort, & y anima les siens de maniere, qu'ils étoient tous préparés à souffrir le martyre; mais Dieu se contenta de la préparation de leurs cœurs, & ils arriverent à Tours sans danger. Le Pere Abram dans son Histoire de l'Université de Pont-à-Mousson, fait une très honorable mension du R. P. Mathieu, & rapporte une de ses Lettres au R. P. Evrard, Général de la Société, & une autre Lettre du Cardinal de Lorraine au même Pere Mathieu, qui étoit alors Provincial, où ce grand Cardinal lui parle comme à son intime ami.

Voici ce que le Pere Daniel dit du Pere Mathieu dans son Histoire de France (z): Le Pere Claude Mathieu, Jesuite de Pont-à-Mousson, Lorrain de naissance, habile & intelligent, s'étant laissé séduire, comme une infinité d'autres Ecclésiastiques, par les spécieuses apparences de zéle pour la vraie Religion, dont on coloroit la Ligue, étoit fort avant dans la confidence de la Maison de Lorraine. Il fut employé en diverses négociations par cette Faction (a), sur-tout à Rome; & ces fréquens voyages lui firent donner le nom de *Courrier de la Ligue*, jusqu'à ce que Claude Aquaviva, Général des Jesuites, malgré les instances du Cardinal de Pillevé, lui défendit de se mêler de ces sortes d'intrigues; &, avec l'agrément du Pape, qui vouloit d'abord le retenir à Rome, il l'envoya demeurer à Lorette, & l'empêcha de retourner en France, &c. Il mourut à Ancône, revenant de Rome l'an 1587. le 24. Décembre.

MATHIEU (François) Jesuite, à fait imprimer un Discours funébre, prononcé à l'Anniversaire de feuë Madame Scholastique Gabrielle de Livron, Abbesse de Juvigny, Ordre de S. Benoît, dans l'Eglise de Juvigny, l'onzième de Juin 1663. à Reims, chez la Veuve Jean Bernard 1663.

MENARD (D. Nicolas-Hugues) né à Paris en l'an 1585. prit l'habit Religieux dans l'Abbaye de S. Denys en France, le 3. de Février 1608. & y fit profession le 10. de Septembre 1612. Il embrassa la réforme de S. Vanne le 15. Août 1614. étant âgé de 29. ans. Il entra en 1618. dans la Congrégation de S. Maur, lorsque les Supérieurs de celle de S. Vanne permirent à leurs Religieux qui résidoient dans les Monasteres de S. Augustin de Limoges, & de Noaillies au Diocèse de Poitiers, de S. Faron de Meaux, de S. Pierre de Jumiéges, de Notre-Dame de Bernay en Normandie, de se prêter pour commencer la Congrégation de S. Maur, dont on fixe le commencement en cette année 1618.

On regarde avec raison le Pere Menard, comme celui qui le premier, a fait revivre le bon goût des véritables études dans la Congrégation de S. Maur. Il joignoit à un génie supérieur une piété solide, une probité, une bonne foi, un attachement aux plus pénibles devoirs de son état, qui lui attiroient l'estime de tous ceux qui le connoissoient. Outre la parfaite connoissance qu'il avoit des Langues Latine, Gréque & Hébraïque, il avoit un jugement exquis, un discernement juste & exact, & une mémoire prodigieuse; ce qui faisoit dire au R. P. Jacques Sirmond Jesuite, son ami, que le P. Ménard lui servoit de répertoire, pour trouver ce qu'il avoit lû dans quelques Anciens. Je n'entre pas dans un grand détail de sa vie, que l'on trouve dans plusieurs endroits.

Voici la liste de ses principaux Ouvrages. Il fit imprimer en 1629. le Martyrologe des Saints de l'Ordre de S. Benoît, in-8°. à Paris, chez Germain.

En 1638. il donna la Concordance des Régles de S. Benoît d'Aniane, in-4°.

En 1642. il fit imprimer le Sacramentaire de S. Grégoire le Grand, in-4°.

En 1645. on publia l'Epître de S. Barnabé, Apôtre, avec des Notes du Pere Ménard; c'est un ouvrage posthume.

En 1643. il fit imprimer, *Diatriba de unico Dionysio*, où il prétend qu'il faut distinguer S. Denis l'Aréopagite, de S. Denis, Evêque de Paris.

D. Hugues Ménard mourut presque subitement à S. Germain-des Prés le 2. de Janvier, âgé de 59. ans.

MENGIN (D. Ambroise) fut envoyé, en qualité de Procureur-Général de la Congrégation, à Paris en 1685. & ensuite il passa à Rome pour les affaires de la même Congrégation. Il y étoit question principalement de certain nombre de Maisons de l'Ordre de Cluny, qui ayant embrassé la Réforme de S. Vanne, & ayant été aggrégées à la même Congrégation, vouloient s'en séparer, pour retourner à la Congrégation des Réformés de Cluny. La chose s'exécuta, après bien des mouvemens; & les sept Maisons qui étoient cy-devant de la Congrégation de S. Vanne, sont à présent, & depuis plusieurs années, réunies à celle de Cluny.

Mais pendant que Dom Ambroise Mengin étoit à Rome pour cette affaire, il reçut ordre des premiers Supérieurs de la Congrégation, de solliciter un Bref pour le changement de notre régime, principalement pour la tenuë des Chapitres généraux, que l'on tenoit alors tous les ans. L'on avoit déja fait pour cela plus d'une tentative, & en dernier lieu, quoiqu'on eût la pluralité des voix des Religieux particuliers, qui consentoient à ce changement, on craignoit toujours des oppositions de la part du moin-

Addition pour la page 655.

(z) Daniel, Hist. de France, édit in-4. 1722. p. 646. (a) Histoire de Pierre Mathieu, liv. 8.

dre nombre, qui ne l'approuvoit point. D. Ambroife fut donc chargé de folliciter ce changement, dont on lui envoya les articles, de telle maniere que Sa Sainteté, par la plénitude de fa puiffance, accorda la grace, fans donner ni le tems, ni le moyen aux mécontens, d'y former oppofition. D. Ambroife préfenta fa Supplique, & en confequence, intervint un Décret du 5. Avril 1689. qui agréoit & confirmoit le changement demandé, avec les articles joints.

Les oppofans n'ayant rien à faire du côté de Rome, s'adrefferent à M. de Boucherat, Chancelier de France, & lui firent entendre qu'au mépris des Loix du Royaume, qui ne permettent pas de mettre en exécution les Brefs ou les Bulles émanées de la Cour de Rome, finon après avoir été confirmées par Lettres Patentes du Roi, & enfuite enrégiftrées dans les Cours Souveraines, les Supérieurs de la Congrégation de S. Vanne vouloient faire, en vertu d'un Bref du Pape, un changement confidérable dans le régime de leurdite Congrégation, & mettre, de leur autorité, ledit Bref en exécution. Sur cet avis, M. le Chancelier manda D. Paul Juffy, pour-lors Procureur-Général de la Congrégation, & lui ordonna de repréfenter le Bref en queftion, pour le faire examiner au Confeil du Roi. Il y fut examiné, & quelques jours après, le même D. Paul Juffy étant retourné à Verfailles, M. le Chancelier lui dit qu'on n'avoit rien trouvé dans l'Indult, qui en dût empêcher l'exécution, & qu'il étoit prêt de donner fes ordres, pour faire expédier les Lettres Patentes, & les faire enrégiftrer au Grand-Confeil, où la Congrégation avoit alors fes Caufes commifes (*b*).

Mais les Supérieurs majeurs de la Congrégation de S. Vanne ne jugerent pas à propos de profiter des bonnes difpofitions de M. Boucherat; principalement à caufe d'un article du Bref, qui vouloit que les Préfidens & Vifiteurs, après leur troifiéme année de Régime, vacaffent néceffairement trois ans; & parce que dans l'intervalle d'un Chapitre général à l'autre, on ne devoit tenir qu'une Diette intermédiaire, au lieu qu'on auroit dû en tenir une chaque année.

Les chofes font demeurées en cet état, jufqu'en 1741. que le 13. d'Avril, le Pape Clement XII. accorda à la même Congrégation de S. Vanne un nouveau Bref, qui permet de ne tenir à l'avenir les Chapitres généraux, que de trois ans en trois ans, avec une Diette intermédiaire toutes les années. Ledit Indult confirmé par Arrêt du Confeil du Roi du 21. Février 1744. & mis en exécution depuis ce tems.

MERCIER (Dom Ambroife) Bénédictin de la Congrégation de S. Vanne, né à Dôle dans la Franche-Comté, fit profeffion dans l'Abbaye de Luxeüil le 27. Mai 1653. & mourut Prieur de cette fameufe Abbaye le 29. Janvier 1702. Il a rempli avec honneur les emplois de Vifiteur & de Prieur, & a profeffé la Philofophie & la Théologie; & s'eft acquis une grande réputation de vertu. Il a compofé un Corps de Théologie, *Ad mentem fanctorum Gregorii, Anfelmi & Bernardi*; qui eft demeurée manufcrite, & qui fe conferve dans l'Abbaye de Luxeüil.

MITRY (Madame de) Comteffe des Plaffons; voici fon Poëme:

Addition pour la page 664.

Stances à Mgr. l'Evêque de Montpellier, en lui adreffant l'Epître fur l'amour de Dieu.

Des doctes Filles de mémoire,
Si j'unis ici les concerts,
Ce n'eft pas pour chanter ta gloire,
Elle eft au-deffus de mes Vers;
Torcy, qu'un autre moins timide,
Peignant ton efprit & ton cœur,
Célèbre ton zéle intrépide,
Si digne d'un facré Pafteur.

Des vertus, dont brille ta vie,
Je fens d'affemblage parfait,
Et de tant d'éclat éblouie,
Ma Mufe t'admire, & fe tait.

Euffai-je la puiffante Lyre,
Qui faifoit mouvoir les forêts,
Ses accords pourroient-ils décrire
Ta fageffe & fes nobles traits.

Quoi que le Parnaffe débite
De la gloire de fes tranfports,
Il eft fouvent plus d'un mérite,
Qui paffe fes plus grands efforts.

Illuftre Torcy, ta fcience,
Ton amour pour la vérité,
Ta fcrupuleufe vigilance,
Tout fe joint à ta piété.

C'eft elle feule qui t'infpire,
Seule elle régle ton beau feu;
Sur quelque ton qu'on puiffe le dire,
On en dira toujours trop peu.

Ainfi plus fage dans mon zéle,
Et gardant tes vertus pour moi,
Je viens d'une illuftre querelle
Me faire honneur auprès de toi.

Contre un Docteur, vois mon audace,
Je m'engage en un long débat;

(*b*) J'écris tout ceci fur la Lettre originale du R. P. Dom Paul Juffy 1689.

Mais, n'en déplaise à sa ménace,
C'est là que tout homme est soldat.
  Mon cœur ne sauroit se contraindre,
L'amour de Dieu doit l'enflamer;
Mon Docteur me borne à le craindre,
Et je veux le craindre & l'aimer.
  Apprends-moi donc ce qu'il faut dire
Sur la Loi de l'amour divin;
Quel autre peut mieux m'en instruire,
Que celui qui le sent si bien?
  Si tu m'aides, mon adversaire
Au premier choc sera défait;
Commençons.... si je puis te plaire,
Mon triomphe sera parfait.

Epître sur l'amour de Dieu, à M. l'Abbé de . . . . .

  Abbé, gardes pour toi ta morale inutile;
Non, je n'approuve pas cette crainte servile;
Qui vient, sur les débris de nos plus saintes Loix,
Ravir au Dieu du Ciel le premier de ses droits.
Qui, moi, qui me croyois bien Chrétienne & bien sainte;
Si payant son amour par un excès de crainte,
Je venois froidement au pied de son Autel,
Tremblante le prier comme un Maître cruel.
Tournes de tous côtés, cites Livres pour Livres,
Ton dogme me revolte, & je ne puis le suivre:
Du Dieu qui me forma la tendresse & l'amour
Exige de mon cœur un plus noble retour.
O! de tes vains détours le plaisant stratagéme;
Tu me dispenseras d'aimer un Dieu qui m'aime;
Et lorsque sa bonté veut me servir d'appui,
Ce cœur se montrera tout de glace pour lui!
Ah! sur ce point, Abbé, déplores ta science,
Et d'un cœur sans amour crains l'affreuse indigence.
L'homme formé pour Dieu, n'est fait que pour l'aimer,
Il meurt, dès que ce feu cesse de l'enflamer.
Vois-tu comme tout suit son instinct & sa pente;
Le fleuve dans son lit se promène & serpente;
Par sesdouces chaleurs l'été meurit les fruits,
Que sous d'aimables fleurs le Printems a produits;
Le Soleil dans sa course anime la nature,
Les prés à nos regards étalent leur peinture,
Les campagnes, les bois, l'être le moins parfait,
Tout suit l'heureuse fin, pour laquelle il est fait.
L'homme seul, dira-t'on, ô l'étrange blasphême!
Formé pour aimer Dieu, se sauve, sans qu'il l'aime.
Eh! quel sera dès-lors l'objet de mon ardeur,
Si je ne dois à Dieu ni tendresse ni cœur!
Si vous souffrez, Seigneur, qu'à vos côtés je régne,
Pourvû que sans amour, timide je vous craigne,
Eh! pourquoi dans mon ame avez-vous donc écrit,
Que je dois vous aimer du cœur & de l'esprit?
Mais je t'entends, Abbé, ta colere s'enflamme:
C'est bien à moi, dis-tu, qui ne suis qu'une femme,
D'oser même douter de ce que tu me dis.
Arbitres absolus des clefs du Paradis,
Vous le fermez, l'ouvrez, sans vouloir nous permettre
De sonder des chemins, que nous devons connoître;
Et quand nous vous suivons, Docteurs mal éclairés,
Vous vous perdez cent fois, & vous nous égarez.
Juste Ciel! qu'ai-je dit, esprit foible & frivole,
Ai-je avalé dix ans la poudre d'une Ecole;
Feüilleté S. Thomas & lû S. Augustin;
Et sai-je seulement un seul mot de Latin?
Peut-être..... que sais-tu, si dans ma défiance,
De ce langage mort j'ai cherché la science?
Mais laissons là ce point, & sans blesser tes loix,
Le vrai ne peut-il pas s'habiller en François?
Ne puis-je donc savoir, sans la Langue Latine,
Si mon cœur doit aimer la Majesté divine?
Si lorsqu'aux pieds d'un Prêtre abbatuë humblement,
Confuse je soupire après le Sacrement,
Est-il besoin alors, dans ma langueur extrême,
Que brûlante pour Dieu, je l'adore & je l'aime!
Eh! que ferois-je donc aux pieds de ce Sauveur,
Si mille feux sacrés ne sortoient de mon cœur?
Quoi, sans brûler pour lui, je pourrois voir mon Pere
Changer en amitié sa trop juste colere?
Pleurer sur mes péchés, & lui-même courir

Après un cœur qu'il aime, & qu'il cherche
  à guérir ;
Me rendre les habits de ma premiere gloire,
Et de tous mes forfaits perdre encore la
  mémoire ?
Je le verrai, jaloux de l'éclat de mon rang,
Laver mon lâche cœur dans les flots de son
  sang ?
Appaiser mes remords, adoucir mes al-
  larmes,
Lui-même de sa main sécher mes justes lar-
  mes ?
Le voir se réjoüir de mon heureux retour,
Et m'accabler enfin du poids de son amour ?
Et moi dans mes regrets toujours froide,
  indolente,
Je n'aurai pour ce Dieu qu'une ame indiffé-
  rente ?
Et lorsque sa bonté vient s'épuiser pour moi,
Je ne saurai que craindre & trembler sous
  sa Loi ?
Ah ! Seigneur, si mon cœur se borne à cet
  usage,
S'il craint, sans vous aimer, reprenez vo-
  tre ouvrage.
De quoi me sert ce cœur infidéle & jaloux,
Si tous ses mouvemens sont pour d'autres
  que vous !
Mais votre esprit, Seigneur, dicte d'autres
  maximes,
Notre amour vous plaît plus que toutes
  nos victimes.
Vous l'avez dit cent fois, vous voulez être
  aimé ;
Et c'est pour ce bonheur que tout homme
  est formé.
Ce n'est pas que ma voix donne ici quelque
  atteinte
Aux utiles effets d'une amoureuse crainte ;
Non je n'ignore pas que la crainte du mal
Doit être réünie à l'amour filial ;
C'est le sort des Elûs, un fils aime son Pere,
Et plein de sa tendresse, il craint de lui dé-
  plaire :
Il craint de perdre un Dieu, dont l'aima-
  ble douceur
Fait dans tous ses besoins sa joie & son bon-
  heur.
Cette crainte s'unit avec notre tendresse,
Et par-là, nous dit Dieu, commence la
  sagesse ;
Mais la crainte d'esclave, & ce lugubre effroi
Qui nous fait voir en Dieu plus un tyran
  qu'un Roi ;
Cette accablante peur de l'éternel supplice,
Qu'aux pécheurs endurcis prépare sa justice ;
Toute cela, je le sais, peut ébranler un
  cœur,

(c) S. Augustin.

Et par son intérêt, remuer le pécheur :
Ce tremblement heureux, cette crainte ser-
  vile,
N'en doutons point, Abbé, peut devenir
  utile :
Et tel qui de l'enfer craint l'affreux châti-
  ment,
Sur ses iniquités réfléchit aisément ;
Du monde quelquefois se propose la fuite,
Rappelle tous ses maux, tremble sous sa
  conduite :
Mais si l'amour ne vient aider cette frayeur,
Si le Maître des cœurs ne vient parler au
  au cœur,
S'il ne descend du Ciel quelque heureuse
  étincelle,
Qui change le pécheur, le touche, le rap-
  pelle ;
Il craindra vainement, & son cœur engagé
Dans le même limon se trouvera plongé.
Voyez, dit un S. Pere (c), un loup qu'un
  pied rapide
Conduit, pour l'égorger, vers un troupeau
  timide ;
Il court, il vole, il vient, quand, par mal-
  heur pour lui,
De cet heureux troupeau le trop fidéle
  appui,
Le Berger l'apperçoit, se leve, le ménace ;
A cet aspect soudain, qui le trouble & le
  glace,
Le loup s'arrête, craint, & loin de s'ap-
  procher,
Voit le troupeau, s'agite, & n'ose le tou-
  cher ;
Mais bien que son transport arrêté par la
  crainte,
Au troupeau defendu ne donne aucune
  atteinte,
Le loup est toujours loup, & n'étoit du
  Berger,
Il n'est point de brebis qu'il n'allât égorger.
D'un esclave craintif telle est l'ame trem-
  blante ;
Ainsi d'un Dieu vengeur il craint la voix to-
  nante ;
Mais ce pécheur au fond rebelle, furieux,
Aime encore son péché, le voit des mêmes
  yeux.
L'amour seul dans un cœur fait couper la
  racine
Du mal invétéré dont le poids le domine :
L'homme a beau réfléchir sur son vif inté-
  rêt,
Tout est muet pour lui, si la grace se taît.
Cet aveugle fameux, dont parle l'Evangile,
A beau toucher ses yeux d'une main inutile,
Loin de le soulager, sa misere s'aigrit ;

Il falloit pour son mal la main de Jesus-Christ :
Ainsi, pour nous guérir, l'amour seule & la grace,
D'un pécheur endurci peuvent fondre la glace.
Réponds-moi donc, Abbé, toi qui fais l'esprit fort ;
Celui qui n'aime point, n'est-il pas déja mort (*d*) ?
Comment prétends-tu donc que la peur ressuscite
Une ame criminelle, en qui la mort habite ?
Montres-moi quelque Saint, que sa seule frayeur
Ait conduit en triomphe au trône du Seigneur ?
Par-tout du saint amour c'est la divine flamme.
Juifs timides & tremblans (*e*), voyez-vous cette femme,
Dit jadis Jesus-Christ, au milieu d'un repas ;
Ses yeux, ses mains, ses pleurs, tout ne vous dit-il pas,
De quel transport d'amour agitée & brûlante,
Elle offre à son Sauveur une ame pénitente ?
Par ce feu tout divin mon bras est désarmé,
Je lui remets beaucoup, elle a beaucoup aimé.
La charité fait tout, sans elle, tout le reste
Ne semble avoir, Abbé, qu'une suite funeste.
Crains Dieu ; mais souviens-toi qu'un amour glorieux
Le contraignit, pour toi, de descendre des Cieux ;
Que voulant t'assûrer l'effet de ses promesses,
Cet amour l'engagea d'épouser tes foiblesses;
Qu'il fut ton Roi, ton Dieu, ton Sauveur à la fois ;
Que né dans une étable, il mourut sur la Croix ;
Et que, pour tant d'ardeur, ce Dieu ne te demande
Que d'un cœur tout tremblant la précieuse offrande.
Hélas ! sans ce beau feu, tout le reste n'est rien.
Ressuscites les morts, souffres, donnes ton bien (*f*) ;
Rafraîchis par les eaux les arides campagnes,
Dans le sein de la mer transportes les montagnes ;
Sois Apôtre, Prophête & Docteur de la Loi,
Perces par ton esprit les secrets de la Foi,
Si ton cœur n'a pour Dieu qu'une crainte servile,
Tu n'es dans son amour qu'un airain inutile.
Ne vas pas cependant, en téméraire Auteur,
Aux dépens de ma foi, signaler ton erreur.
A nos Dogmes sacrés attachée & soumise,
Dans tous ces points, Abbé, je respecte l'Eglise ;
Et si du saint amour, je trace quelques loix,
De mes Pasteurs sur moi je reconnois la voix.
Mais, pour toi, laisses là ces problêmes frivoles,
Dont tous les jours ta voix étourdit les Ecoles.
C'est peu pour l'amour saint d'en avoir disputé ;
Dans le secret du cœur Dieu veut être goûté.
L'ombre de nos Autels, où son amour le cache,
T'en apprendra bien plus que Vasques, ni Gammache,
Ni que tous ces Auteurs, dont le vaste dessein
Voulant tout éclaircir, ne nous découvre rien.
Puisse de son amour, ainsi que de sa crainte,
Comme le dit David, notre chair être empreinte ;
Et notre cœur brûlant de cet amour parfait ;
Laisser ce qu'on en dit, & sentir ce qu'il est.

MOISAUT de Brieux (Jacques) Conseiller au Parlement de Metz, a donné au Public un Recuëil de Piéces en Prose & en Vers, imprimé en 1641. Ses Poësies Latines ont été imprimées en 1669. à Caën, in-12. Son Poëme sur le Coq est fort estimé des connoisseurs ; le reste de ses Vers est très médiocre, à l'exception de quelques Epigrammes. On a encore de lui un Traité intitulé : *Origine de quelques Coutumes anciennes, & de plusieurs façons de parler Triviales* ; en 1672. in-12. Nous avons aussi de lui huit Commentaires *de rebus ad eum pertinentibus*. Il mourut vers le milieu de 1674. âgé de 60. ans.

MONICART (Jean-Baptiste de) Président au Bureau des Finances de Metz, a composé un Ouvrage, qui a pour titre : *Versailles immortalisé*, imprimé en deux

(*d*) S. Jean, chap. 3;
(*e*) S. Luc, chap. 7.

(*f*) S. Paul, 1. Cor. chap. 13.

Volumes in-4°. avec figures, à Paris, chez Etienne Ganeau, & Jacques Quillau en 1720. L'Auteur a composé cet Ouvrage à la Bastille, où il étoit détenu pour affaire d'Etat, depuis 1710. jusqu'en 1714. Il en avoit composé deux Volumes d'environ dix mille Vers chacun, dans l'espace de trois ans, sans le secours d'aucuns Livres. Il n'en a paru que deux Volumes. Cet Ouvrage montre une mémoire prodigieuse. L'Auteur est mort en 1722.

MOULINET (D. Jerôme du) Bénédictin de la Congrégation de S. Vanne, Profès de S. Pierre de Châlons, le 5. Septembre 1656. étoit natif de Châlons en Champagne, & a rempli avec honneur les principaux emplois de sa Congrégation. En étant Président, ou Supérieur général en 1688. il écrivit plusieurs Lettres instructives à D. Ambroise Mengin, Procureur général de la Congrégation en Cour de Rome, pour l'instruire sur la maniere dont il s'y devoit prendre, afin d'obtenir un Bref ou une Bulle, qui autorisât les Supérieurs au changement qu'on souhaitoit depuis si long-tems, en reduisant les Chapitres généraux à la Triennalité, au lieu que, jusqu'alors, on les avoit tenus chaque année. On remarque dans ses Lettres beaucoup de prudence, & une grande intelligence dans le maniment des affaires. On peut voir tout cela dans un plus grand détail ; de même que les motifs qu'on apportoit, pour obtenir ce changement, & les conditions, sous lesquelles on le demandoit, dans l'Histoire manuscrite de la Réforme de S. Vanne, tom. 6. pag. 580. & suivantes.

D. Jerôme du Moulinet étoit Prieur Titulaire du Prieuré de Novi, proche Rhétel; il le résigna au R. P. D. Benoît Fontaine, & mourut dans le Monastere de S. Pierre de Châlons sur Marne, le 23. Février 1700.

MOYCET; ses Armes sont une espèce de *Rebus*, S. Simon au-dessus d'un Mouïe (g) d'échalats, qu'on amasse dans les Vignes en hyver; puis un C. [*Simon Mouï C.*] Simon Moycet.

(Addition pour la page 679.)

N

NAUDE' (Gabriel) Chanoine de Verdun, naquit à Paris le 22. Février 1600. Il n'appartient à notre sujet, que par sa qualité de Chanoine de Verdun. Il fit ses premieres études dans une Communauté Religieuse ; il passa de là dans l'Université, où il étudia en Philosophie ; & s'attacha à la Medecine. Henri de Mesme, Président à Mortier, voulant l'avoir pour son Bibliothécaire, il n'y demeura que jusqu'en 1626. qu'il se rendit à Padoüe, pour y étudier la Médecine. La mort de son pere le rappella bien-tôt à Paris.

En 1628. il fut choisi par la Faculté de Médecine, pour faire les Discours ordinaires à la réception des Licenciés. Peu de tems après, il fut fait Bibliothécaire du Cardinal Bagny, qui l'emmena à Rome en 1631. où il demeura jusqu'à la mort de ce Cardinal, arrivée en 1641.

Il s'attacha ensuite au Cardinal Barberin; mais le Cardinal de Richelieu l'ayant appellé à Paris, il y revint en 1642. Ce Cardinal étant mort sur la fin de cette année, Naudé entra au service du Cardinal Mazarin, en qualité de son Bibliothécaire. Il lui forma en peu de tems une Bibliotheque de plus de 45. mille Volumes. Ce fut alors que ce Cardinal lui donna un Canonicat de Verdun, & le Prieuré d'Artige en Limousin.

Après l'éloignement du Cardinal, Christine, Reine de Suede, l'attira dans ses Etats; mais Naudé ne put s'y accoutumer, il se mit en chemin pour revenir en France, & mourut à Abbeville le 29. Juillet 1653. âgé de 53. ans.

Voici la liste de ses principaux Ouvrages.

1. Le Marfore, ou Discours contre les Libelles ; Paris 1620. in-octavo.
2. Instruction à la France sur la vérité des Freres de la Rosecroix ; Paris 1623. in-octavo.
3. Apologie pour les grands hommes faussement soupçonnés de magie ; Paris 1628. in-octavo.
4. Avis pour dresser une Bibliotheque; à Paris 1627. in-octavo.
5. ,, De antiquitate & dignitate Scolæ ,, medicæ Parisiensis ; Paris 1628. in-octavo.
6. Addition à l'Histoire de Louïs XI. à Paris 1630. in-octavo.
7. ,, Johan. Riolani Patris, Medici Pa,, risiensis Regii, Commentaria in artem ,, parvam Galeni ; à Paris 1631. in-octavo.
8. ,, Propædeumaton Philosophicorum ,, Johan. Riolani, Liber cum Præfatione ,, Naudæi ; à Paris 1631. in-quarto.
9. ,, De studio liberali Syntagma Urba,, ni 1632. in-quarto.
10. ,, Quæstio Jatro-Philologica I. An ,, magnum homini à venenis periculum ; ,, Romæ 1632. in-octavo.
11. Discours sur les divers incendies du Mont Vesuve, & principalement sur le der-

(g) En Lorraine, les anciens Titres & le peuple appellent encore aujourd'hui une *Moie*, ces amas d'échalats qu'on voit dans les Vignes pendant l'hyver.

nier, qui commença le 16. Décembre 1631. à Paris 1632. in-octavo.

12. „ Bibliographia politica ad Jac. Gaffarellum ; Venetiis 1633.

13. „ Gratiarum actio habita in Collegio Patavino pro Philosophiæ & Medicinæ laurea 1633.

14. „ Delle origine & governo della Republica de S. Marino ; Paduæ 1633. in-quarto.

15. „ Quæstio Jatro-philologica II. An hominum hodie quàm olim brevior ; Cæsenæ 1634. in-octavo.

16. „ Quæstio Jatro-Philologica III. An matutina studia vespertinis salubriora ; Patavii 1634. in-octavo.

17. „ Quæstio Jatro-Philologica IV. An liceat Medico fallere ægrotum, an. 1635. in-octavo.

18. „ Hiermini Cordani Mediolanens. de præceptis ad filios, Libellus ; Paris 1635. in-octavo.

19. „ Quæstio Jatro-Philologica V. de fato & fatali vitæ termino ; Lugduni Bata. 1635. in-octavo.

20. „ Nicolai ex Comitibus Guidiis Marchionis Montisbelli, elogium, in-quarto.

21. „ De studio militari Syntagma ; Romæ 1637. in-quarto.

22. „ Epistola ad Petrum Gassendum de obitu Nicolai Faltieri Pierescii ; Romæ 1637. 1638. in-quarto.

23. „ Ludovici Cænalis Marchionis de Alta-villa, elogium ; Romæ 1638. in-quarto.

24. Considérations politiques sur les coups d'Etat, 1639. in-quarto.

25. „ Instauratio Tabularii majoris Templi Reatini ; Romæ 1640.

26. „ Gabrielis Naudæi Epigrammata ; Romæ 1640.

27. „ Lessus in funere domestico Cardinal. à Balneo ; Romæ 1641. in-folio.

28. „ Il Testamento del Cardinal-Bagni ; Romæ 1641. in-folio.

29. „ Licetus Leonis Allatii carmine græco & latino Guidonis, de Souvigny ; Romæ 1641. in-quarto.

30. „ Instrumentum plenariæ securitatis, scriptum anno Justiniani ; Romæ 1641.

31. „ Gabrielis Naudæi exercitatio quòd Senæ nomen, Cesenæ, seu Senogalliæ conveniat, 1642. in-octavo.

32. „ Leonardus Aretinus de Studiis & Litteris, ex Bibliotheca Gabrielis Naudæi ; Paris 1642. in-octavo.

33. „ Johannis Cardesii, Ecclesiæ Lemovicensis Canonici, elogium ; 1643. in-octavo.

34. „ Hieronimi Cardani de propria vita, Liber ; 1644. in-octavo.

35. „ Adami Blævodæi elogium, 1644. in-octavo.

36. „ Panegyricus dicatus Urbano VIII. 1644. in-octavo.

37. „ In Epistolam divi Pauli ad Timothæum, Paraphrasis ; 1644. in-oct.

38. „ Julii Cæsaris Lagallæ, Philosophi Romani, à Leone Allatio conscripta ; 1644. in-octavo.

39. „ Bartholomæi perdulcis Doctoris Medici Parisiensis, in Jacobi Sylvii Anatomen, & Hypocratis Librum de natura humana ; Paris 1644. in-quarto.

40. „ Johan. Baptistæ Doni Dissertatio de utraque pennula.

41. „ Augustini Niphi Opuscula moralia & politica ; 1645. in-quarto.

42. „ Hieronimi Rorarii Exlegati Pontificii, quòd animalia bruta ratione utantur, meliùs homine, Libri duo 1645. in-octavo.

43. „ Gabrielis Naudæi ex Italia discedentis, apobaterion ad amicos ; Patavii 1645. in-folio.

44. „ Scipionis Claramontii Philosophi, de altitudine Caucasi, Liber à Naudæo editus ; Paris 1646. in-quarto.

45. Jugement de tout ce qui a été imprimé contre le Cardinal Mazarin, depuis le 6. Janvier, jusqu'au premier Avril 1647. 1650. in-quarto.

46. „ Epigrammaton Libri duo, 1650. in-octavo.

47. „ Josephi Mariæ Suaretii Episcopi, Diatribæ duæ ; Paris 1650. in-octavo.

48. Remise de la Bibliothéque de M. le Cardinal Mazarin, par le sieur Naudé, entre les mains de M. Tubeuf, 1651. in-quarto.

49. „ Avis à Nosseigneurs du Parlement, sur la vente de la Bibliothéque de M. le Cardinal Mazarin, 1652. in-quarto.

50. „ In clarissimi viri Petri Puteani obitum, Elogia ; Paris 1651. in-quarto.

51. Lettre à M. Gassandi, dattée de Stokolm, du 19. Octobre 1652. in-quarto.

52. Relation du sieur Naudé à M. Dupuy, de quatre Maires, Manuscrits qui sont en Italie, touchant le Livre de imitatione Christi, faussement attribué à Jean Gersen, Benédictin, Abbé de Verceil, par l'Abbé Constantin Cajetan ; en 1641.

53. Requête servant de Factum au Procès pendant aux Requêtes du Palais, entre Gabriel

Gabriël Naudé, & Dom Placide Roussel, Prieur de S. Germain-des Prés, D. Robert Quatre-maire, & D. François Valgrave; 1650. & 1651. in-quarto.

54. Avis sur le Factum des Bénédictins, par Gabriël Naudé; Paris 1651. in-octavo.

55. Placet des Peres Bénédictins contre Gabriël Naudé, avec les Réponses & Corrections dudit Naudé, &c. 1652. in-quarto.

56. Raisons peremptoires de M. Gabriël Naudé, contre D. Placide Roussel, D. Robert Quatre-maire, & D. François Valgrave, pour prouver que les Manuscrits de Rome, pour ôter le Livre de l'Imitation de Thomas à Kempis, sont falsifiés; 1652. in-quarto.

57. ,, Velitatio prima Kempensis adversùs Johan. Launoium; Paris 1651. in-8°.

58. ,, Bibliographia Kempensis, &c. 1651. in-octavo.

59. ,, Causæ Kempensis conjectio pro ,, Curia Romana; 1651. in-12.

60. ,, Georgii Heseri Societatis Jesu adversùs Pseudogersenistas præmonitio nova; 1651. in-octavo.

61. ,, Vita & Syllabus operum omnium Thomæ à Kempis, &c. 1651. in-octavo.

62. ,, Thomas à Kempis à seipso restitutus, Autore Thomâ Carræo; 1651. in-octavo.

63. ,, Argumenta duo nova quibus demonstratur Thomam Kempensem esse verum Autorem Librorum de Imitatione Christi; 1651. in-octavo.

64. ,, Testimonium adversùs Gersenistas duplex; 1652. in-octavo.

65. ,, Epistolæ Gabrielis Naudæi curâ Antonii de la Potterie; Genevæ 1667. in-12.

66. ,, Bibliographia militaris in Germania primùm edita, curâ Georgii Schubarte; Jenæ 1683. in-12.

67. ,, Epistola ad Paulum Zacchiam, ,, Medicum Romanum.

On peut voir toutes ces Piéces dans un plus grand détail, dans le Volume neuviéme, pag. 76. & suiv. du R. P. Niceron, Mémoires pour servir à l'Histoire des Hommes illustres.

NOBLE (Eustache le) Procureur général au Parlement de Metz, n'appartient à notre sujet que par cette seule qualité; car il étoit natif de Troyes en Champagne, fils d'Eustache le Noble, Seigneur de Toncliere, Président & Lieutenant Général au Bailliage & Siége Présidial de Troyes en Champagne, & de Françoise Amiot. M. le Noble, dont nous parlons ici, se rendit célébre sur la fin du dix-septiéme siécle, par plusieurs ingénieuses Pasquinades, qu'il composa sur les événemens des guerres, qui commencerent en 1688. jusqu'à la paix de Riswich; & pendant celles qui commencerent avec le 18e. siécle. Ces petits Ouvrages ingénieux, qu'il donnoit tous les mois, formerent plusieurs Volumes, où l'on trouve beaucoup d'esprit, bien du feu & de belles humanités. Il composa aussi plusieurs autres Ouvrages, soit en Prose ou en Vers. En voici le Catalogue:

1. Entretiens politiques sur les affaires du tems.
2. La Grotte des Fables.
3. L'Ecole du monde.
4. Contes & Fables.
5. Voyage de Chaudray.
6. Voyage de Falaise.
7. Le Gage touché.
8. Il-Degerte.
9. Zalima.
10. La fausse Comtesse d'Issembert.
11. Milord Courtenay.
12. Mémoires du Chevalier Balthazar.
13. L'Histoire d'Hollande.
14. La conjuration des Pazzi.
15. Esope.
16. Les deux Arlequins, Piéce de Théatre en Vers.
17. Nouvelles Affricaines.
18. Le Sceau enlevé.
19. Le Diable boiteux.
20. Le Diable borgne.
21. Les Dancourades.
22. L'Allée des Sérierques.
23. Les Ongles rognées.
24. Traité de la Monnoie de Metz, avec un Tarif de sa réduction avec celle de France.
25. L'Hérésie détruite, Poëme en quatre chants.
26. Epître morale.
27. Traduction en Vers des 150. Pseaumes.
28. Une Traduction en Prose des mêmes Pseaumes, avec des réflexions, & le Texte Latin à côté: ce qui forme un in-octavo en trois colomnes.
29. L'Esprit de David.
30. Le dégoût du monde.
31. La Traduction de Juvénal, avec le Latin à côté.

Il se fit de mauvaises affaires, étant Procureur-Général à Metz, & fut envoyé en prison, où il composa la plûpart de ses Ouvrages. Il y mourut en 1711. âgé de 68. ans. Il étoit si nécessiteux, qu'il fallut que la Charité de la Paroisse de S. Séverin le fit enterrer. Il venoit de faire imprimer une Pasquinade, sous le titre de *Réveil de Pasquin*, à l'arrivée du Courrier d'Espagne, au sujet du gain de la bataille de *Villa-vitiosa*, gagnée par le Roi Philippe V.

Michel Brunet, Libraire à Paris, a recuëilli les Ouvrages de M. le Noble en 20. Volumes in-12.

Voici quatre Vers qu'il fit mettre au bas de son Portrait, à la tête de son Histoire de l'établissement de la République de Hollande :

Nobilitas si clara dedit nomenque genusque,
Clarior ingenio, nobiliorque micas.
Invida fortunæ sic spernens tela maligna,
Per scopulos virtus sæpius astra petit.

On peut voir Moreri sous le nom *Noble*, & le Supplément, & en particulier M. Titon du Tillet dans son Parnasse François in-folio, pag. 530. chap. cxcvj. où il entre dans un assez grand détail sur M. le Noble, & sur ses Ouvrages.

Il remarque que M. le Noble brilla quelque tems par son savoir dans la Jurisprudence, & par son éloquence dans le Parlement ; mais que, comme il aimoit fort ses plaisirs, & que sa conduite n'étoit pas des plus réguliere, il s'attira des affaires fâcheuses, qui l'obligerent à se défaire de sa charge de Procureur-Général. Il passa même plusieurs années en prison à Paris, où il composa une partie des Ouvrages qu'il a donnés au Public.

Sa plume seule auroit pû suffire à le faire vivre très à son aise ; car jamais Auteur n'a été mieux payé de son Libraire, que lui, ayant touché de son travail jusqu'à cent pistoles par mois : cependant le dérangement dans lequel il étoit continuellement, l'empêchoit de subsister avec de pareilles ressources.

Au milieu de sa prison, il écrivoit contre quelques-uns de ses Juges, & badinoit agréablement dans les interrogatoires qu'il avoit à subir. Il devint amoureux dans la prison d'une femme de Paris, qui y étoit détenuë ; il s'en fit aimer par les soins qu'il prit de la défendre contre un mari jaloux, qui la poursuivoit. Il donnoit des repas & des fêtes, & trouvoit moyen dans un lieu aussi triste, d'y passer quelques heures de plaisir, & d'y dépenser beaucoup d'argent, qui provenoit des ouvrages qu'il envoyoit à ses Libraires.

Le Noble parloit très bien sa langue, & personne n'a jamais eû plus de facilité à écrire, & un génie plus universel, que lui, comme on le voit par la quantité des ouvrages en Prose & en Vers, qui sont sortis de sa plume, quoiqu'il fût né naturellement paresseux, & fort ami du repos.

Ses Fables & ses Contes en deux Volumes in-12. sont écrites dans le vrai goût, qui convient à ces sortes d'ouvrages. Il ne laisse pas de dire dans sa Préface, qu'il se reconnoît fort au-dessous de la Fontaine, & il se fait l'application de ce Vers de Virgile, en se comparant à la Fontaine,

Proximus hic longo, sed proximus intervallo.

On trouve à la fin du second Volume de ses Fables & de ses Contes, quelques Stances & Sonnets à diverses Puissances de l'Europe ; des Traductions en Vers de quelques Odes d'Horace. Il a traduit aussi en Vers quelques Poësies Latines de Santeüil, qu'on trouve au premier & au troisiéme Volumes de la derniere Edition des œuvres de Santeüil, à Paris 1729.

O

ODON ou *Oudard* (Le Bienheureux) natif d'Orléans, enseigna d'abord à Toul, vers l'an 1090. sous l'Evêque Pibon, qui étoit savant & aimoit les Lettres. Il fut ensuite appellé par les Chanoines de Tournai, pour présider aux Ecoles de cette Ville ; il y enseigna pendant cinq ans, depuis l'année 1091. jusqu'en 1096. Sa réputation lui attira des Ecoliers, non seulement de France, de Flandres & de Normandie, mais aussi des Pays plus éloignés, de la Bourgogne, d'Italie, de Saxe. La Ville de Tournai étoit pleine d'Ecoliers, que l'on voyoit disputer dans les ruës (*h*). On les trouvoit se promenant avec Odon, à la maniere des Péripatéticiens, ou l'écoutant assis devant la Cathédrale de Tournai, où il leur montroit de la main, quand il étoit nuit, à connoître le mouvement des étoiles & les constellations.

Il excelloit dans la Dialectique, dont il composa trois Livres, dans lesquels il suivoit la méthode de Boëce, plutôt que celle de quelques modernes de son tems, qui se vantoient de suivre Porphyre & Aristote. Oudard s'attachoit principalement aux choses, au lieu que ses émules s'attachoient davantage aux mots. Ces deux Sectes porterent dans la suite le nom de *Réalistes* ; c'étoit celle d'Oudart ; & de *Nominaux*, c'étoit la Secte d'un certain Raimbert, qui enseignoit alors la Dialectique à l'Isle, & s'efforçoit de décrier la doctrine d'Oudart.

Un jour on lui apporta le Livre du libre-arbitre de S. Augustin ; il l'acheta plûtôt pour garnir sa Bibliothéque, que pour en faire usage, aimant beaucoup mieux alors lire Platon, que S. Augustin. Environ un

---

(*h*) *Vide Heriman. de restauratione Ecclesiæ S. Martini Tornacens.* tom. 12. *Spicileg.* p. 36. *& seq. Vide & Gallia Christiana*, tom. 3. *pag.* 25. 26. *& Trithem. de Scriptoribus Ecclesiasticis.*

mois après, expliquant le quatrième Livre de Boëce de la consolation de la Philosophie, où l'Auteur parle du libre-arbitre; il se souvint du Livre qu'il avoit acheté, il en lut deux ou trois pages, & fut si charmé de cette lecture, qu'il avoüa à ses disciples, que jusqu'alors il n'avoit pas connu S. Augustin; & il commença à le leur expliquer. Étant venu au troisiéme Livre, où S. Augustin compare l'ame pécheresse à un esclave condamné à vuider la cloaque, & contribuë ainsi à l'ornement de la maison. A ces paroles, Oudard dit à ses disciples: Voilà notre peinture; nous travaillons à orner ce monde par le peu de science que nous avons; nous abusons de cette science par la vanité, & pour acquérir la gloire du monde, pendant que nous ne rendons à Dieu aucun service, qui puisse nous mériter, après la mort, la gloire celeste.

En même tems, il se léve, entre dans l'Eglise fondant en larmes; & dès-lors il résolut de renoncer au monde, & commença à pratiquer des austérités & des œuvres de charité toutes extraordinaires.

Le bruit de sa conversion s'étant répandu, quatre de ses disciples promirent de ne le point quitter, & s'engagerent à ne rien faire que de concert avec eux. Quelque tems après, l'Evêque de Tournai l'engagea à prendre, & à rétablir l'Eglise du Monastere de S. Martin, qui étoit alors abandonnée; il en prit possession le deux Mai 1092. avec cinq de ses disciples. Ils ne vécurent que d'aumônes pendant la premiere année; mais dès la seconde année, ils se trouverent jusqu'à dix-huit, & commencerent à joüir de quelques biens temporels. L'année suivante, à la persuasion d'Aimeric, Abbé d'Anchin, ils embrasserent la vie monastique, & changerent leur habit blanc, qui étoit celui des Chanoines Réguliers de S. Augustin, en l'habit noir de S. Benoît.

Comme il lui venoit des disciples de toutes parts, & que même plusieurs femmes se mettoient sous sa conduite, il leur bâtit deux Monasteres, à l'un desquels il donna sa sœur pour Abbesse. Il eut le bonheur de recevoir à S. Martin plusieurs Religieux lettrés, en sorte que l'on en voyoit quelquefois jusqu'à douze occupés dans le Cloître à copier des Livres. Ils copierent les Ecrits de S. Jerôme sur les Prophétes, tous les Ouvrages du Pape Grégoire le Grand, & tout ce qu'ils purent trouver de Livres de S. Augustin, de S. Ambroise, d'Isidore, & même d'Anselme, Abbé de Beck, qui vivoit encore.

Oudard étant allé au Concile de Reims en 1105. y fut élû Archevêque de Cambrai, & ordonné par les Evéques Provinciaux. Il y eut difficulté de la part de Golchere, son Compétiteur, qui l'empêcha d'entrer en possession de son Siége; il n'y fut reçu que quelque tems après, par les ordres de l'Empereur Henri IV. en 1106. Il avoit composé un Livre sur le Canon de la Messe; un autre de la dispute qu'il eut contre un Juif; un Livre du blasphême contre le S. Esprit, & un quatrième, de l'origine de l'ame, & plusieurs Sermons. Accablé d'infirmités, il renonça à l'Archevêché de Cambrai en 1113. & se retira au Monastere d'Anchin, où il mourut, huit jours après sa retraite, le 19. Juin de l'an 1113.

Un de ses disciples, dont le nom ne nous est pas connu, écrivit la vie d'Odon, Evêque de Toul, successeur du Pape Leon IX. & Prédécesseur de l'Evêque Pibon. Cet Ecrivain reconnoît qu'il avoit étudié sous Odon, ou Eudes, ou Oudard, dans le tems qu'il gouvernoit les Ecoles de Toul. Il entreprit d'écrire la vie de l'Evêque Udon; il l'écrivit, à la priere de Riquin, Princier de Toul, qui ne fut pourvû de cette Princerie, que vers le milieu de l'Episcopat de Pibon, qui a gouverné depuis l'an 1070. jusqu'en 1107. L'Anonyme dont nous parlons, n'avoit eû d'abord dessein que de faire un abrégé de la vie de l'Evêque Udon, pour l'insérer dans l'Histoire des Evêques de Toul, à l'exemple de l'Archidiacre Uspert, qui avoit écrit la vie de Leon IX. dans la même vuë; ensuite il jugea à propos de la donner plus au long. Le R. P. Benoît Picart, Capucin de Toul (*i*), avoit le Manuscrit de cette vie, d'où il a tiré les particularités, dont nous venons de parler.

P

PAVILLON (Etienne) neveu de Nicolas Pavillon, Evêque d'Alet, naquit à Paris en 1632. dans une famille de Robe, & riche. On lui fit apprendre les belles Lettres avec soin; & ensuite il fut envoyé chez son oncle l'Evêque d'Alet. Il y prit du goût pour la lecture de l'Ecriture & des Peres, & acquit une grande connoissance de la Religion. A son retour, il fut pourvû de la charge d'Avocat dans le Parlement de Metz. Eloquent, fort instruit du Droit Romain, des

---

(*i*) Benoît, Histoire de Toul, pag. 386.

Ordonnances des Rois de France, & du Droit Canonique, d'un jugement solide, d'une mémoire heureuse, & d'un extérieur agréable, il se fit aisément distinguer. Le changement des affaires, qui mit obstacle à son avancement, l'engagea à résigner son emploi, & à vivre plus à lui-même, & à ses amis. On voulut l'engager à prendre soin d'un jeune Prince, où il auroit pû pousser sa fortune ; mais il aima mieux demeurer dans un cercle de gens d'esprit, dont il faisoit les charmes. L'Académie Françoise s'étant trouvée balancée en 1691. entre deux sujets, qui partageoient les voix, un des Académiciens s'avisa de nommer M. Pavillon, & subitement les parties se réünirent, pour le choisir. Après la mort de Racine, il fut élû membre de l'Académie des Inscriptions. Il lui échappa plusieurs Piéces de Prose & de Vers ; qui firent connoître de quoi il eût été capable, s'il se fût appliqué à quelque grand Ouvrage. Chacune de ces Piéces, où il paroissoit badiner, pouvoit passer pour un chef-d'œuvre ; & personne n'écrivoit mieux que lui dans le goût de Voiture. Il mourut à Paris le 10. Janvier 1705.

PELLICAN (Pierre) de l'Ordre des Freres Prêcheurs, résidant au Monastere des Sœurs Précheresses de Nancy, le 25. Mars 1640. a composé *L'honneur de la très sainte Mere de Dieu*, avec approbation du sieur Simonin, Docteur en Théologie, Protonotaire du S. Siége, & Curé de S. Evre de Nancy ; & par le Pere Henri Geoffroi, Docteur en Theologie de la Compagnie de Jesus.

Il paroit que le Pere Pellican étoit Docteur de Théologie de la Faculté de Paris ; ainsi je doute qu'il soit Lorrain de naissance. Son Ouvrage a été imprimé à Toul. A la fin du Livre on lit, *l'Imitation de la vie de Jesus, par S. Dominique*, tirée de S. Antonin, *Hist. tit.* 23. *cap.* 1.

PERAUD (Raimond) natif de Surgeres en Saintonges en 1435. étoit d'une naissance basse & obscure ; mais il la releva par son rare mérite. Il posséda le Prieuré de S. Gilles dans la Ville de Saintes sa Patrie, & fut envoyé à Paris pour y faire ses études. Il fut Boursier au Collége de Navarre en 1471. Il y étudia en Théologie ; mais on ne trouve pas qu'il y ait pris des dégrés. On ignore les motifs qui lui firent quitter la France, pour se rendre à Rome ; mais il est certain qu'il y fit fortune, & y gagna l'estime & l'amitié des Papes Paul II. Sixte IV. & Innocent VIII. On dit qu'il fut pourvû des Evêchés de Saintes sa Patrie, de Novarre & de Viterbe ; mais il est certain qu'il le fut de Saintes & de Gure, & qu'il porta jusqu'à la mort le nom de Cardinal de Gure, ou de Gurce.

Le Pape Innocent VIII. le nomma, pour aller en qualité de Légat en Allemagne, pour y publier les Indulgences, afin d'en employer les déniers à la guerre contre les Turcs ; mais il eut le malheur d'être volé à Cronach, par le fils d'un paysan, & à Fribourg par un Curé, qui confesserent le vol, étant pris, & furent exécutés pour cela, & pour d'autres vols : mais son innocence ne fut reconnuë, qu'après son retour à Rome ; & on l'y soupçonna même de négligence, ou d'infidelité ; car on remarque qu'arrivant à Rome, aucun Cardinal ne vint au-devant de lui, selon la coûtume.

Il fut envoyé après encore en Allemagne, vers l'Empereur Maximilien, & les autres Princes de ce Pays-là, pour les exhorter à la paix entr'eux, & pour les porter à se réünir, afin de faire la guerre aux Turcs. Cet Empereur fut si content de lui qu'il lui procura, peu de tems après, l'Evêché de Gure en Carinthie dans l'Archevêché de Salsbourg, & le fit enfin nommer Cardinal par le Pape . . . . . VI. Il étoit à Amboise, quand le Roi Charles VIII. y mourut, au mois d'Avril 1498. Il fut ensuite envoyé Légat *à Latere* l'an 1501. en Allemagne, & dans les Pays du Nord, pour faire entreprendre la guerre contre le Turc. N'y ayant pas réüssi, il revint à Rome, & y rendit compte de sa Légation. Il quitta l'Evêché de Gure en 1503. & succéda à Pierre de Rochechoüart, Evêque de Saintes.

Il étoit en Lorraine en 1489. & célébra à Bar-le-Duc, le 16. de Juin de la même année, la Cérémonie du Baptême du Prince Antoine de Lorraine, fils aîné du Duc René II. Le même Cardinal fit à Nancy, le 20. Mai 1500. la Procession solemnelle du S. Sacrement, pour obtenir la guérison du même Duc René.

Le Prince Henri de Lorraine, Evêque de Metz, ne voyant personne dans sa famille, qui eût l'âge nécessaire, pour pouvoir lui succéder dans cet Evêché, qu'il étoit de la derniere importance de conserver dans sa Maison, jetta les yeux sur le Cardinal de Gurce, pour le faire son Coadjuteur. En 1501. la chose fut aisément agréée de part & d'autre ; mais le Duc René II. employa tout son crédit auprès du Pape, pour obtenir ladite Coadjutorie au jeune Prince Jean de Lorraine, qui n'avoit alors qu'environ quatre ans ; & pour dédommager le Cardinal de Gurce, on lui donna en Commende l'Abbaye de S. Mansui-lès Toul. C'est donc en qualité de Coadjuteur de Metz désigné, & d'Abbé de S. Mansui, que ce Cardinal entre dans notre dessein.

On raconte de lui, qu'étant à Rome sous le Pape Jules II. & étant obligé de faire la fonction de donner des Cendres sur le front au Pape, au commencement du Carême, le Maître des Cérémonies l'avertit de ne pas dire, *Memento, homo, quia pulvis es, &c.* parce que le Pape étant le Maître, & le Docteur de l'Eglise, n'a pas besoin d'être instruit ni averti ; mais qu'il falloit simplement lui imposer les Cendres, sans prononcer la Formule. Le Cardinal dit, après cela, à ses amis, en riant, qu'il avoit été tenté de dire au Pape, *Memento, Papa, quia non habeo pecunias ;* ce qui ayant été rapporté à Jules, il le combla de biens, en récompense de ses grands services.

Il étoit fort savant, & fort zélé pour le bon ordre, ayant beaucoup travaillé dans ses Légations, à la réforme du Clergé seculier & régulier. Il mourut le 5. de Septembre 1505. âgé de 67. ans, trois mois, huit jours, à Viterbe, où il étoit en qualité de Légat. On lui donne dans son Epitaphe la loüange d'avoir été si désintéressé & si libéral, qu'il ne se réservoit rien.

Il a laissé, 1°. un Traité intitulé, *De dignitate sacerdotali super omnes Reges terræ*, imprimé en Allemagne, sans nom d'Auteur ni d'Imprimeur.

2°. Quelques Livres *de Actis suis, Lubri in Dominica ;* imprimés en Allemagne.

3°. Quelques Lettres à Capnion, ou Raulin, aux Seigneurs d'Allemagne, & aux Suisses, étant détenu par la goûte, & ne pouvant aller par lui-même les exhorter à la guerre contre le Turc. Il est souvent fait mention du Cardinal de Gurce dans Crantz & dans Trithéme, qui vivoient de ce tems-là. Voyez *Ciaconius, vit. Pontif. Roman. & Cardinal. tom.* 3. *pag.* 172. & M. Dupin, 16e. siécle, Partie 4. p. 306.

PIED (D. Alexis la) Benedictin de la Congrégation de S. Vanne, natif de Metz, fit profession à S. Airy de Verdun, le 24. Juin 1636. mourut au Prieuré de S. Ayoul de Provins, le 26. Septembre 1661. Il a laissé un Traité sur l'usage des passions ; il y parle d'abord des passions en général, puis des passions en particulier. Après avoir expliqué leur essence, leurs propriétés & leurs effets, il en découvre le mauvais usage, pour l'éviter, & le bon usage que l'on en peut faire. Son Manuscrit se conserve en l'Abbaye d'Hautviller.

PIERRE, Dominicain de Metz, qui vivoit vers l'an 1218. a écrit plusieurs ouvrages, mais principalement sur *les quatre Livres des sentences ;* manuscrits *Vid. Echard. t.* I. *de Scriptoribus Ord.* 1 *rædicat. pag.* 450.

PIERRE (D. Etienne) Benedictin de la Congrégation de S. Vanne & S. Hydulphe, a fait profession dans l'Abbaye de Notre-Dame de Mouson, le premier Novembre 1724. a professé la Philosophie & la Théologie, & a rempli avec honneur des emplois considérables dans la Congrégation, étant actuellement Prieur de l'Abbaye de S. Arnoû de Metz. Il a composé trois ou quatre Lettres en forme de Dissertations, adressées au R. P. Dom Toussaint Duplessis, *Benédictin de la Congrégation de S. Maur, Auteur de l'Histoire Ecclésiastique de Meaux, touchant la Translation des Reliques de S. Saintin, en l'Eglise de S. Vanne de Verdun.*

En réponse à la Lettre de M. Thomé le Jeune, Chanoine de l'Eglise de Meaux, Licencié en Droit Canon & Civil de la Faculté de Paris.

Le sujet des Lettres du R. P. D. Etienne Pierre, est de prouver, par des témoignages autentiques & domestiques, que les Reliques de S. Saintin, premier Evêque de Verdun reposent actuellement dans l'Abbaye de S. Vanne de Verdun, contre la prétention de M. Thomé, qui soutient que les Reliques de S. Saintin reposent en l'Eglise Cathédrale de Meaux.

La difficulté ne peut être terminée, que par des Piéces qui justifient la possession réciproque, ou exclusive de ces deux Eglises, du Corps de S. Saintin. Il faut avoüer que ces deux savans Auteurs, qui ont traité cette matiere, produisent des preuves, chacun de leur côté, qui sont très favorables à leurs prétentions : ce qui pourroit faire croire, ou qu'il y auroit eû deux saints Saintins, ou que l'on auroit à Meaux & à S. Vanne de Verdun, des Reliques considérables du même Saint. Les Ecrits de part & d'autre méritent d'être lûs avec attention, & sans préjugé.

POIS (Charles le) Le P. Abram nous apprend que Charles le Pois donna, sur la fin de ses jours, beaucoup de marques d'une véritable piété (*k*), en disant qu'il employoit régulièrement sept heures par jour à la priere ; qu'il ne se couchoit jamais sans s'être confessé, &c. Cela n'a nul caractere de vraisemblance. Les longs & penibles travaux de Charles le Pois lui donnoient à peine le tems de remplir ses engagemens. Il a donné en toutes occasions des marques d'un

Addition pour la page 772.

(*k*) *Hist. Acad. Mussipont. lib.* 5. *sect.* 22.

esprit solide, & nullement propre au personnage qu'on veut lui faire joüer.

Il avance qu'il avoit fait toutes ses études dans le Collége de Pont-à-Mousson. Il n'avoit pas lû ses Ouvrages, où il auroit vû le contraire, sur-tout dans l'observation onziéme du Livre *de sua Colluvie*. Il ajoûte qu'il avoit fait ses études de Médecine en partie à Montpellier, mais avec aussi peu de fondement; & que l'on prouveroit, si cela étoit douteux.

Il avance encore qu'il étoit bossu, petit & fort maigre; son Portrait qui est dans l'Ecole de Médecine du Pont-à-Mousson, annonce tout le contraire.

POTHIER (D. Mathieu) Bénédictin de la Congrégation de S. Vanne, natif de Semur, Profés de l'Abbaye de S. Vanne, le 27. Février 1611. mort dans l'Abbaye de Mouzon, le premier Août 1645. a écrit,
1°. *Adversariorum sanctæ Reformationis Monastica & Benedictina argumenta & objectiones, contra abstinentiam à carnibus, & usum ipsarum, non esse absolutè contrarium Reformationi.*

2°. *Vindiciæ Reformationis, Huberto-Benedictina, sive responsio brevis seu dissolutio argumentorum ab adversariis positorum contra abstinentiam à carnibus in Reformatione Monastica Benedictina servata.*

3°. *Compendium Epistolæ parenetica fratris Caroli Ferdinandi, ad Sagienses Monachos Regulæ Benedictinæ observationis*; le tout manuscrit dans la Bibliothéque de S. Airy de Verdun.

D. Mathias Pothier étoit un excellent Religieux, très zélé & très exact dans l'observance des Régles de son état, qu'il faisoit aussi observer à ses Religieux avec la derniere ponctualité. Il avoit été Religieux Bénédictin dans le Prieuré de Semur, avant que d'embrasser la réforme. Dom Didier de la Cour, qui connoissoit sa ferveur & son exactitude, le mit bien-tôt dans les emplois. On raconte divers exemples qui prouvent son zéle pour la discipline, & la perfection des disciples qui vivoient sous sa conduite à S. Vanne.

Il fut Président de la Congrégation en 1637. & en 1641. & Visiteur en 1632. On l'envoya pour réformer les Abbayes de S. Hubert en Ardennes, de S. Denis en Hainaut, de S. Adrien, & de quelques autres, où il réussit heureusement.

En 1642. il fut député par les Etats de la Ville de Verdun, pour aller solliciter à Paris la suppression des Bureaux de Traite-foraine. Ce fut à l'occasion de ce voyage, que D. Fiacre de Rais composa une Remontrance au Cardinal de Richelieu, en datte du 4. Décembre 1642. pour le prier de faire donner à l'Abbaye de S. Vanne les indemnités pour le terrain qui lui avoit été pris, lors de la construction de la Citadelle, & de lui faire rendre le Titre Abbatial qui avoit été éteint, contre toutes les régles; mais ce Mémoire ne fut pas présenté, ou du moins ne produisit aucun effet.

Un peu avant sa mort, D. Mathieu Pothier fut envoyé Soûprieur en l'Abbaye de Mouzon, afin qu'il eût encore une fois la consolation de revoir l'Abbaye de S. Hubert, où il avoit mis la réforme; mais il y mourut, comme nous avons dit, avant que d'avoir pû aller à S. Hubert, embrasser ses chers enfans en Jesus-Christ.

PROBUS (*Christophorus*) est sans doute le même que Christophe Prudhomme, dont j'ai parlé sous *Prudhomme*. <small>Addition pour la page 773.</small>

R

RABUSSON (D. Paul) Bénédictin de la Congrégation réformée de l'Ordre de Cluni. Je ne puis mieux le faire connoître, qu'en donnant ici la Lettre circulaire, qui fut écrite aux Maisons de son Ordre après son décès.

Lettre Circulaire sur la mort du R. P. D. Paul Rabusson, ci-devant Supérieur Général de l'étroite observance de l'Ordre de Cluny, par le R. P. Dom Gerard Poncet, cy-devant Procureur-Général de l'Ordre de Cluny.

Le R. P. D. Paul Rabusson est mort dans le Monastere de S. Martin-des-Champs, de l'étroite observance de l'Ordre de Cluny, à Paris, le 23. Octobre de la présente année 1717. âgé de 83. ans accomplis, étant né le 5. Septembre de l'année 1634 dans la Ville de Gana en Bourbonnois. Il avoit pris l'habit de Religieux, à l'âge de 20. ans, dans l'Abbaye de Cluny, où il fit profession le 25. Août de l'an 1655. & comme la Congrégation de S. Vanne fut alors unie à l'Ordre de Cluny, il passa quelques années de ses études en Lorraine, d'où il revint à Cluny en 1661. lorsque se fit la désunion de ces deux Congrégations. Il y enseigna d'abord la Philosophie aux Réligieux & aux Séculiers, avec tant d'applaudissement & de facilité, qu'étant survenuë à Cluny une maladie générale, dont la plus grande partie des Religieux & des Séculiers moururent, il fut obligé de suppléer en même tems aux charges & fonctions des Officiers de cette Abbaye; en sorte qu'il se trouvoit en même tems chargé de veiller au spirituel & au temporel; à faire secourir les malades; à faire la recette

& la dépense de cette Abbaye, dont le détail est immense, par les soins qu'il faut prendre des biens de la campagne; & toutes ces occupations ne l'empêcherent pas de continuer ses Leçons de Philosophie, & de satisfaire à tout d'une maniere qui lui acquit dès-lors une réputation au-dessus de son âge, mais au-dessous du mérite qu'il possedoit déja; & étant aimé autant que respecté au-dedans comme au-dehors, il s'acquit la confiance & l'estime généralement de tous.

En 1664. la Réforme ayant été demandée au Collége-Monastere de saint Martial d'Avignon, il fut choisi pour en être le Prieur, & pour y enseigner en même tems la Théologie, dont il s'acquitta avec tant d'estime, que chacun dans cette Ville lui déféroit, & reconnut dans lui cette profondeur de science & d'érudition singuliere & universelle; & après avoir formé autant de Maîtres, qu'il avoit d'écoliers, il revint dans l'Abbaye de Cluny, où le Conseil de l'Ordre, nommé la Voûte, qui exerçoit toute la Jurisdiction, se conduisit & gouverna par ses lumieres avec tant de sagesse, que les Monasteres de l'ancienne observance demandoient de toutes parts des Réformés, pour les y établir. Il dressoit tous les Actes dans ce Conseil, dont il étoit Secrétaire, après en avoir réuni tous les sentimens à ses décisions. Et après avoir fourni tous les Mémoires qui servirent à défendre les Droits de la Voûte, contre les entreprises d'un Grand-Prieur de l'ancienne Observance accrédité, on vint à bout par des Arrêts sans nombre du Grand-Conseil & du Conseil d'en-haut, de détruire ses prétentions, & de rendre à l'autorité de la Voûte de Cluny son droit de gouverner l'Ordre, & d'en conférer les Bénéfices en l'absence de l'Abbé, qui étoit alors M. le Cardinal d'Este, employé à Rome aux affaires de la France, où il mourut.

La modestie du R. P. D. Paul Rabusson lui fit refuser en 1664. d'être élû Abbé de Cluny, & les suffrages furent, à son refus, réunis sur la personne du R. P. D. de Beuvron, dont l'élection déplut à la Cour, & attira sur l'Abbaye & l'Ordre de Cluny des troubles & un orage, qui auroient été capables d'en détruire la Réforme, & lui ôter son droit d'élection, si la prudence & la sagesse du R. P. Dom Paul Rabusson, qui fut alors envoyé à Paris, n'avoient servi à trouver les moyens de parer les coups, que les ennemis de la Réforme, se servant de cette occasion, lui portoient de toutes parts.

Il fit imprimer, sans nom d'Auteur, le savant Traité du Droit d'Election de l'Abbé de Cluny, auquel personne du Parti contraire n'osa entreprendre de répondre, & fit cesser le cours des Partis formés, & des entreprises faites pour détruire la Réforme de l'Ordre.

Il enseigna dans le Monastere de S. Martin-des Champs la Théologie, où il fit soutenir des Théses publiques de Morale pendant plusieurs jours, avec tant d'éclat & de réputation, que son mérite fut aussi-tôt respecté, que connu dans Paris.

Il étoit souvent consulté par les Casuistes, & même par les plus habiles Docteurs de Sorbonne; & chacun s'en retournoit toujours également satisfait de ses décisions promptes & nettes, comme de sa douceur & de sa modestie.

M. d'Harlay, alors Archevêque de Paris, dont l'élévation d'esprit lui donnoit autant de discernement que de délicatesse, témoignoit tant de marques d'estime & de confiance au R. P. Dom Paul Rabusson, qu'il étoit souvent obligé d'avoir de longs entretiens avec lui, & de lui rendre compte de l'examen de plusieurs Livres, comme de la conduite de plusieurs Monasteres de Religieuses, & d'autres affaires dont il se déchargeoit sur lui.

Les deux Chapitres Généraux de l'Ordre de Cluny, tenus à Paris en 1676. & 1678. par l'ordre du Roi, où M. l'Archevêque de Paris, le R. P. de la Chaise & M. Pelisson assisterent en qualité de Commissaires, pendant la vacance du Siége de l'Abbaye de Cluny, seront toujours regardés comme des Loix respectables par leur autorité; mais on sera toujours redevable aux lumieres du R. P. Dom Paul Rabusson, & à l'estime qu'il s'étoit acquise avec justice, d'avoir fourni les tempéramens heureux qui firent réussir l'entreprise de réunir les deux Observances de l'Ordre de Cluny, dans un même Chapitre général, & d'avoir mis la Réforme à couvert des Partis formés contre elle, en l'affermissant au contraire par l'autorité, que ses ennemis avoient voulu faire servir à la détruire.

Il fut chargé dans ces Chapitres Généraux de l'ouvrage important de la composition d'un Breviaire Monastique, à l'usage de l'Ordre de Cluny, selon la Régle de S. Benoît, & selon l'esprit de la Réformation ordonnée par le saint Concile de Trente, & le Pape Paul V. On lui associa, pour ce travail, Dom Claude de Vert, Religieux de l'ancienne Observance, qui se chargea seulement des Rubriques; & comme il y eut des Conférences réglées établies pour l'examen & la perfection de cet Ouvrage, les personnes les plus savantes qui furent choisies pour y assister, s'en retournoient toujours satisfaites du R. P. D. Paul Rabusson, qui avoit dressé le plan & le sistême de cet Ouvrage, qui sera toujours regardé comme un chef-d'œuvre, qui a servi de modéle aux autres Breviaires qui ont paru depuis (1).

Ce fut le R. P. Dom Paul Rabusson, qui engagea M. de Santeüil a composer les Hymnes de ce Breviaire, qui ont été aussi adoptées dans les autres Breviaires qui ont été faits depuis. Ce fut lui qui le détermina à changer sa Poësie de profane en sacrée, & qui lui fournissoit les pensées pieuses, dont ces Hymnes sont remplies, & auxquelles ce Poëte habile sut donner cette élégance, & cette force de Latinité & de Poësie, qui font avec justice l'admiration des Savans, comme le fonds sert à nourrir la pieté des Fidéles.

Le R. P. D. Paul Rabusson trouvoit encore assez de tems, pour diriger aussi les études de plusieurs autres Conferences, qui se faisoient à S. Martin des Champs sur d'autres matieres, & pour travailler à d'autres Ouvrages de science & de pieté, & pour ne pas refuser ses conseils à ceux qui le venoient consulter souvent, ou qui venoient lui déposer leur conscience dans les Confessions, qu'il entendoit avec charité & assidûment.

Il ne put se défendre d'accepter la Charge de Supérieur-Général de la Réforme, dans le Chapitre Général qui se tint cette année 1655. & qui étoit assemblé pour la consommation de la réunion des deux Observances, qui avoit été commencée dans les Chapitres précédens tenus par ordre de Sa Majesté. Il se servit de la déférence qu'avoit M. le Cardinal de Bouillon à ses sentimens, pour lui persuader d'en faire approuver à Rome les dispositions, afin que la Puissance Ecclésiastique ayant concouru, & étant jointe à l'autorité Royale, ces Loix fondamentales de la réunion des deux Observances, devinssent par-là inébranlables, & la Réforme hors d'état de pouvoir être attaquée dans la suite. Il fut continué dans cette même Charge au Chapitre Général suivant tenu en 1697. & pendant près de huit ans qu'il gouverna de suite, on peut dire avec vérité que la Réforme n'a jamais joüi d'une plus grande paix, ni l'Ordre entier d'une plus grande tranquillité.

Cet emploi ne l'empêchoit pas de continuer toujours ses mêmes occupations, quoiqu'il fût encore obligé de se partager en beaucoup d'autres, étant obligé d'assister aux Conseils, que M. le Cardinal de Bouillon avoit établis pour le gouvernement des Religieux de l'ancienne Observance, & des Religieuses de l'Ordre de Cluny; & outre cela, de donner encore ses soins à gouverner, en qualité de Visiteur, plusieurs Abbayes de Religieuses qui n'étoient pas de Cluny; savoir, les Abbayes de Montmartre, du Val de Grace, de Malnoüe, de Gersi, & de plusieurs autres, dont M. le Cardinal de Noailles se reposoit entièrement sur lui, n'ayant pas voulu l'honorer d'une moindre confiance, que celui auquel il avoit succédé, y ayant même souvent ajoûté des marques d'une distinction singuliere.

Depuis le Chapitre Général de 1701. auquel, suivant les pratiques de la Réforme, il ne put être continué dans la Charge de Supérieur Général, comme tous l'auroient souhaité, il commença à ressentir les infirmités, que son âge & ses grands travaux lui avoient procurées; & il devint sujet à une colique presque continuelle, qui lui faisoit souffrir souvent de grandes douleurs qui diminuoient peu à peu ses forces; mais s'il étoit incommodé, il n'en étoit pas plus incommode ni à charge à personne, ne se plaignant presque jamais, & s'appliquant à faire un bon usage de ses maux; il avoit toujours la même douceur & la même facilité dans ses entretiens, & une égalité d'humeur, dont il est rare de trouver des exemples.

Les contestations qui commencerent à se former entre M. le Cardinal de Bouillon & les Supérieurs de l'étroite Observance, au sujet de la Jurisdiction & du Gouvernement, dès le Chapitre Général de 1701. auquel le R. P. D. Paul quitta la Charge de Supérieur-Général de la Réforme, ont causé des Procès qui ont duré pendant plus de dix ans, tant au Grand Conseil, qu'au Conseil d'en-Haut, & au Parlement: Et personne ne peut disconvenir de la sagesse des conseils du R. P. D. Paul, a plus servi à la conduite de cette affaire, pour la défense de la Réforme, que tous les mouvemens & les écrits qui se sont faits à ce sujet, & qui n'ont été utiles, qu'autant qu'il les a dirigés ou ap-

---

(1) Voici quelques particularités qui se lisent dans la Préface de ce Breviaire. Dès l'an 1625. sous M. Jacques d'Arbouze, alors Abbé de Cluny, on forma le dessein d'un nouveau Breviaire à l'usage de cet Ordre. En 1631. on entreprit de nouveau d'y travailler; mais divers incidens en ayant empêché l'exécution, on en donna la commission, au Chapitre Général de l'an 1666. à Dom Paul Rabusson &, à D. Claude de Vert, qui, deux ans après, présenterent leur Ouvrage à l'Assemblée générale de l'Ordre, qui en ordonna l'impression, & en donna la commission aux mêmes Dom Rabusson & de Vert. On peut voir dans la Préface de ce Breviaire la méthode qu'on y a suivie, & les raisons qu'on a eües de s'éloigner en beaucoup de choses de l'usage des autres Congrégations.

prouvés.

prouvés. Une seule visite qu'il rendoit à quelques-uns des Juges, donnoit des lumieres nouvelles, & laissoit des impressions, dont il étoit aisé de connoître l'effet. Il eut l'honneur, à l'occasion de ces affaires importantes, de parler au Roi plusieurs fois, & de lui présenter des Placets & des Mémoires, qu'il reçut toujours avec une bonté singuliere, Sa Majesté venant de son propre mouvement à lui; & quand il étoit annoncé par le Capitaine des Gardes, Sa Majesté disoit, *Je le connois bien.* Et après l'avoir écouté avec bonté, Elle répétoit plusieurs fois: *Pere Rabusson, ayez soin de tenir toujours votre Ordre dans la bonne Régle, & j'aurai soin des affaires qu'on vous fait; priez Dieu pour moi, je suis bien content de vous; ce n'est pas une grace que vous demandez, c'est une justice.* Je me souviens bien des Chapitres de 1676. & 1678. où vous étiez, & de tout ce que vous y avez fait; & autres termes semblables toujours obligeans, lui rendant les mêmes honneurs que Sa Majesté ne rendoit qu'aux Généraux d'Ordres, & disant à ceux qui étoient autour de lui: *C'est le Pere Rabusson, Supérieur Général des Peres de Cluny.* Il faut avoüer que le R. P. D. Paul étoit si attendri, que les bontés du Roi pour la Réforme lui faisoit verser des larmes de joie; & quand il lui fit remercier après l'Arrêt rendu au Conseil, Sa Majesté y étant au mois de Mars 1708. comme il commençoit à s'incliner & à se courber, Sa Majesté le releva elle-même; & sur ses remerciemens de la bonté de Sa Majesté, Elle l'interrompit, & lui dit: *Ne dites pas bonté, Pere Rabusson, mais justice, on vous a rendu justice, tenez toujours la bonne Régle, &c.* Les Courtisans avoüoient tous que le Roi ne recevoit personne comme le R. P. D. Paul Rabusson, qui ne pouvoit retenir ses larmes, quand on lui faisoit parler de ces affaires, tant il étoit sensible aux intérêts de la Réforme.

Il fut encore élû Supérieur Général de la Réforme, au Chapitre Général tenu en 1708. à Cluny, quoiqu'il fût alors à Paris, & son élection fut confirmée avec ce Chapitre, par l'Arrêt du Parlement rendu au mois de Décembre 1710.

Il fut de même continué dans cette Charge, au Chapitre Général tenu à Cluny en 1711. où M. Trudaine, Intendant de Bourgogne, assista en qualité de Commissaire de Sa Majesté; & tout se passa dans ce Chapitre Général par ses décisions & ses avis.

Il fut ensuite obligé de vaquer, en se déposant, au Chapitre Général tenu en 1714. ne pouvant être continué dans sa Charge, suivant les pratiques de la Réforme; il se regarda dès-lors comme déchargé d'un grand fardeau; mais, sans refuser jamais ses avis & ses conseils. Il disoit toujours, quand on lui parloit: *Je suis mort*; ou bien: *Je ne songe plus qu'à mourir.*

Il ne voulut jamais souffrir qu'on fît imprimer aucuns de ses Ecrits; & dans cette appréhension qu'on ne les rendît publics, il retira même tous ceux qu'il put; & à ceux qui lui en demandoient, ou à qui il en avoit donné, il leur disoit: *Ne les gardez que pour votre usage.* Il seroit même difficile de les pouvoir tous rassembler, par le peu de ménagement avec lequel il les donnoit, quand il ne se méfioit pas qu'on voulût les rendre publics. Voici cependant un état de ceux dont on a connoissance, sur-tout de ses ouvrages de piété.

Un Commentaire, ou Explication des Epîtres de S. Paul.

L'Evangile selon S. Matthieu & selon S. Jean, traduit & expliqué en Méditations.

Quatre-vingt Méditations sur les grandeurs de Dieu, & ses attributs.

L'Explication des Pseaumes, qu'il a faite jusqu'à trois fois différentes.

L'Explication du *Pater*, ou Oraison Dominicale.

L'Explication du Cantique des Cantiques, & du Livre de Job.

La maniere de célébrer les Fêtes en général; & en particulier, pour chaque Mystere & chaque Fête de différens Saints & Saintes.

Ses Retraites de dix jours, de deux Méditations par jour sur différens sujets; comme, sur le Baptême, sur la sainte Eucharistie, sur l'amour de Dieu, sur la mort, sur l'état Religieux, sur l'humilité, sur l'amour des souffrances, qui est sa derniere, & sur divers autres sujets.

Ses Discours pour les Entrées & Clôtures de ses Visites des Monasteres, & pour des Vêtures & Professions, en très grand nombre.

Ses Conférences sur la Régle de S. Benoît, & autres sujets.

Une infinité de Lettres de consolation à des personnes affligées, & plusieurs autres Ouvrages semblables, dispersés de toutes parts.

On ne parle point ici de ses Ecrits de Philosophie, & de ses Cours de Théologie, qu'il a enseignée jusqu'à cinq fois différentes, en donnant toujours de nouvelles matieres. Celui qu'il a le plus travaillé, est son Cours de Morale, que tous les Savans qui l'ont vû, ont regardé comme un chef-d'œuvre, & où tous ceux qui ont imprimé depuis quarante ans sur cette matiere, ont puisé

F

comme dans une source abondante, & ont copié les uns sur les autres ce qu'ils y avoient trouvé de principes.

Il a conservé jusqu'à la mort toujours la même présence d'esprit, un jugement également solide, & une mémoire fidelle. On peut dire sans flatterie, qu'il étoit un prodige digne d'admiration, ayant réuni en sa personne tant de vertu & des qualités si distinguées, en sorte qu'on ne peut trop regretter la perte d'un si grand homme, dont le souvenir sera toujours infiniment précieux à un Ordre, qu'il a si utilement servi, & dont il a fait l'ornement pendant sa vie.

On peut dire avec vérité, que sa mort toute sainte a été une récompense de la vie exemplaire qu'il a menée. Il n'a point été surpris, parce qu'il veilloit sans cesse, & s'y préparoit à tous momens ; & comme il sentoit bien sa fin s'approcher, il avoit une application continuelle à se rendre digne de paroître au Jugement de Dieu. Quand ses infirmités l'empêchoient de dire la sainte Messe, il ne manquoit pas de l'entendre, & se confessoit comme s'il l'avoit dû célébrer.

La derniere fois qu'il l'a dite, fut le jour de S. Luc ; & deux jours après, il se trouva sur le soir dans une grande foiblesse & dans une grande altération : il ne voulut cependant jamais souffrir qu'aucun Frere ni domestique couchât dans sa chambre. Le lendemain il eut une fiévre violente, & sa langue s'épaississant de tems à autre, on avoit quelquefois peine à l'entendre & sur l'espérance qu'on voulut lui donner qu'il reviendroit en santé, il répondit : *Depuis quinze jours, pour me préparer à mourir, j'ai pris la vie de Notre-Seigneur depuis sa naissance ; j'en suis à présent à sa Passion, j'espere qu'il me fera la grace de finir ma vie avec la sienne.* Il demanda le saint Viatique, qu'il reçut le Jeudy 21. à six heures du matin, avec les sentimens de piété & de ferveur qui lui étoient ordinaires ; il demanda auparavant de parler au R. P. Supérieur Général son frere, dont le mérite est aussi fort connu ; & quoiqu'il soit âgé de quatorze ans moins que lui, le R. P. Dom Paul l'avoit été trouver quelques jours auparavant dans sa chambre, pour lui rendre les devoirs qui sont dûs à un Supérieur, & lui découvrir les sentimens les plus secrets de son cœur ; ce qu'il réïtéra avant de recevoir le saint Viatique. Il ne cessa depuis de réciter des Pseaumes & des Versets de l'Ecriture sainte. Le soir, après Complies, il reçut le Sacrement de l'Extrême-Onction, & répondit à toutes les Prieres, qui lui furent encore continuées devant & après Matines, avec toute l'attention & la présence d'esprit qu'on peut avoir ; & le second jour, qui étoit le Samedi 23. Octobre, environ les huit heures du matin, il eut une agonie qui ne dura pas une demi-heure, à la fin de laquelle il rendit sa bienheureuse ame à son Créateur. Son corps fut ensuite aussi-tôt exposé, & enterré le lendemain après la grande Messe, avec un concours de personnes distinguées.

Il repose auprès de la Chapelle de saint Benoît, où il avoit toujours eû coutume de célébrer la sainte Messe, pendant qu'il vivoit.

REMBERVILLER (Alphonse de) L'on a ômis de parler de plusieurs Ouvrages de Poësie, qu'il a faits, & qui méritent place ici. Il a donné en 1596. un Poëme sur la convalescence de Charles, Cardinal de Lorraine, Evêque de Metz & de Strasbourg.

Addition pour la page 782.

Un autre Poëme sur le trépas de Paul de Porcelets, fils du Seigneur de Maillane, Bailly de l'Evêché de Metz.

Stances intitulées, *Adieu, aux généreux Seigneurs Gentilshommes, & Soldats allant en Hongrie contre le Turc,* en 1597.

Stances funébres sur le trépas de Messire George, Baron de Boppart, Seigneur d'Albe, Colonel Lorrain, tué au siége de Bude en 1598.

Enfin, un Poëme intitulé, *Plaintes de la Lorraine sur le trépas de Jean Comte de Salm, Maréchal de Lorraine, Gouverneur de Nancy, décédé en* 1600.

Le Médaillier d'Alphonse de Remberviller dont on a parlé, étoit très considérable, & faisoit les Monumens les plus précieux de l'Histoire Métallique.

L'on ne peut se dispenser de dire que nous avons un Médaillon en cuivre doré, de M. Alphonse de Remberviller, ayant d'un côté, le Buste de ce Magistrat très bien gravé, avec cette inscription autour de la figure, ALPH. DE RAMB. J. U. D. IN EPISCOP. MET. PROPÆ. & sur le revers le Nom de Dieu JEHOVA, dans une nuée, d'où sortent des foudres & des éclairs, qui semblent tomber sur une enclume surmontée d'une Croix, au côté de laquelle sont deux Bras armés de gros marteaux disposés à frapper sur ladite enclume: autour de tout cela, on lit en caracteres Grecs, EXEI OEOΣ EKAIKON OMMA 1604.

Les détails & fictions qu'on a relevés, en parlant de S. Livier, faites par Alphonse, étoient le goût dominant du siécle où il écrivoit. L'on y connoissoit peu les régles de la saine critique ; il étoit néanmoins fort savant pour ce tems. Le Roi Henri IV. relève le mérite & les talens d'Alphonse, dans les

Lettres qu'il a écrites en sa faveur & à sa gloire, au Duc & au Cardinal de Lorraine.

Puisqu'on a fait mention des Armoiries de Remberviller, il est à propos d'ajoûter que le Duc Henri lui donna en 1617. des Lettres de reconnoissance de Gentillesse, qui portent, après vérification des Preuves & Filiations faite par deux Conseillers d'Etat, que dès l'an 1383. les de Remberviller étoient déja décorés du titre d'Ecuyers.

Deux Personnes de cette même famille auroient pû trouver place parmi les Hommes illustres du Pays ; l'un est Hugues de Remberviller, Chanoine de la Cathédrale de Toul, décédé en 1425. qui a laissé de bons & utils Ecrits ; & l'autre est Jean de Remberviller, Docteur en Droits Canon & Civil, Chanoine de la Cathédrale, Official & Vicaire Général du Diocèse de Verdun, élû Evêque de cette Eglise le 7. Novembre 1587. & en faveur duquel le Duc Charles III. écrivit à Sa Sainteté lui exposant que Jean de Remberviller avoit les qualités requises pour l'exercice de cette Dignité. Cette élection n'ayant pas réüssi, il fut élû de rechef le 21. Avril 1593. Il a laissé d'excellens Mémoires, pour soutenir le droit d'élection, & faire maintenir le Chapitre de Verdun dans les Priviléges du Concordat Germanique.

C'est simplement sur quelques Anecdotes, & éclaircissemens fournis par M. Regnard (1), Avocat à la Cour Souveraine de Lorraine & Barrois, à présent à Epinal, que l'on a dressé le Mémoire cy-devant rapporté, & qui concerne Alphonse de Remberviller.

RENE' II. Le célébre Americ Vespecte, au retour de ses expéditions, dans lesquelles il découvrit le nouveau Monde, arriva en Portugal en 1504. & y mourut en 1508. laissant plusieurs Lettres, & une Relation de ses quatre Voyages, qu'il dédia au Duc Rene II. qui portoit aussi le nom de Roi de Sicile. Cette Dedicace seule prouve le goût de ce grand Prince pour les Lettres, & pour les grandes choses. *(Addition pour la page 308.)*

REY (D. Fiacre de) natif de Dijon en Bourgogne, Profès de l'Abbaye de S. Mihiel le 3. Septembre 1624. se distingua si fort par sa ferveur, & son attachement à l'exacte observance des Régles, qu'on le destina dèslors à élever les Novices.

Il fut envoyé, à cet effet, dans l'Abbaye de Beaulieu en Argonne en 1638. où il enseigna la Philosophie, & fut fait Soûprieur & Curé de la Paroisse du lieu. Il s'acquitta des devoirs d'un Pasteur zélé, avec un courage admirable, allant à pied par les campagnes, prêchant & catéchisant d'une maniere Apostolique, sans se donner la moindre dispense des Offices de la nuit. Aussi M. Felix de Vialard, Evêque de Châlons, l'appelloit l'Apôtre de son Diocèse.

Pendant qu'il étoit Maître des Novices dans l'Abbaye de S. Vanne, il composa un Ouvrage intitulé, *Traité de l'exacte observance des petites choses en Religion*, où il fait voir que les moindres observances des Régles, lorsqu'elles sont faites avec ferveur, & avec un esprit de piété, contribuent beaucoup à la perfection, non seulement des jeunes Religieux & des commençans, mais aussi de ceux qui sont avancés en âge, & même élevés aux emplois & aux dignités dans la Religion.

D. Fiacre gagna sa derniere maladie, qui fut une violente pleurésie, exerçant la charité & l'obéissance ; il alla, malgré son incommodité, administrer comme Curé, les Sacremens dans une Verrerie éloignée du Monastere d'environ une lieuë. Il mourut le 11. de Mai 1644. âgé seulement de 35. ans. Un moment avant sa mort, embrassant le Crucifix, il s'écria : Mon bon Maître, je meurs aujourd'ui avec vous sur la Croix de l'obéissance.

RHODES (Jean de) Abbé de S. Mathias de Tréves, fameux Réformateur de l'Ordre de S. Benoît, vivoit au quinzième siécle. Il a souffert une infinité de contradictions dans la Réforme qu'il entreprit d'introduire dans les Monasteres de son Ordre, dans les Evêchés de Tréves, de Cologne, de Mayence, de Spire & de Worms. Il fut le premier & principal Auteur de la fameuse Congrégation de Bursfeld en Allemagne. Il étoit natif de Tréves, & avoit fait ses études à Heidelberg, où il fut reçu Bachelier en Théologie, & Licencié en Droit Canonique. Il écrivit quelques Ouvrages pour la Réforme de l'Ordre Monastique ; par exemple, un Livre des qualités que doit avoir un ami; & un autre des Constitutions régulieres. Il mourut le premier Décembre 1439. à Monthabor, au-delà du Rhin. Son corps fut rapporté à Tréves, & enterré dans l'Abbaye de S. Mathias. *(Addition pour la page 540.)*

RIQUECHIER (D. Claude) né à Commercy sur Meuse, & Docteur de Sorbonne,

---

(1) M. Regnard a donné au public pendant les années 1748. 1749. & 1750. cinq Mémoires imprimés à Epinal, pour soutenir les Prérogatives & les Droits des Marchands de la Ville d'Epinal, contre le Chapitre des Dames de la même Ville ; ils sont fort solides, remplis d'érudition, de beaucoup de recherches, de goût, de politesse, & sur-tout d'un stile noble, élégant & épuré.

F ij

prit l'habit de S. Benoît dans l'Abbaye de S. Evre, & y fit profession. Dès l'an 1595. il en étoit Prieur Clauftral, & dans l'Assemblée tenuë à S. Mihiel la même année pour la Réforme de l'Ordre de S. Benoît, il fut choifi Secrétaire de la nouvelle Congrégation qu'on se proposa d'établir, conformément aux Décrets du Concile de Trente. Ce fut lui qui rédigea les trente-six Articles, qu'on dressa dans cette Assemblée, où l'on choifit, pour Supérieur Général, D. Jacques de Tavagny, Abbé Régulier de S. Evre.

D. Claude Riquechier s'employa avec zéle à faire recevoir la Réforme dans cette Abbaye; & en 1610. il composa plufieurs Ecrits contre M. Loüis de Tavagny, Abbé de ce Monaftere, qui s'oppofoit de tout fon pouvoir à cette Reforme; elle y fut enfin heureufement introduite le 30. Août 1611.

D. Riquechier aidé de M. de Maillane de Porcelets, Evêque de Toul, comme Délégué du S. Siége, introduifit en 1619. les Bénédictins réformés dans le Prieuré de Breüil, afin d'y faire un Séminaire d'études pour la Congrégation. Les études de Théologie y ont continué jufqu'après les grandes guerres de Lorraine. Alors les Suédois & les autres ennemis ayant défolé tout le Pays, & la pefte ayant enlevé prefque tous les Religieux de la Congrégation, ces études furent fupprimées; & on s'eft mis dans l'ufage de faire étudier les jeunes Profès en Philofophie & en Théologie, autant qu'il eft poffible, dans les mêmes Maifons, où ils ont fait leur Noviciat & leur Profeffion. Quant au Prieuré de Breüil, on a toujours continué à y enfeigner la Langue Latine & les Humanités, jufqu'à la Rhétorique, aux jeunes garçons de Commercy & des environs.

En cette année 1751. nous avons travaillé à y faire unir le Prieuré Régulier de Mervaville, dépendant de notre Abbaye de Senones, dans la vuë d'y entretenir deux Religieux de plus, qui y enfeigneront la Langue Latine, jufqu'à la Rhétorique inclufivement. On a obtenu en Cour de Rome, fous l'agrément du Roi Loüis XV. & du Roi Stanislas, la suppression du titre de Mervaville, & l'union à ladite Maifon de Breüil.

ROBERT (Jean) Ardennois, Jefuite, Docteur en Théologie, a enfeigné dans les Univerfités de Tréves, de Wirtzbourg, de Doüai & de Mayence. Il a auffi publié quelques Ouvrages, & eft mort en 1651. Bertholet, dans fon Hiftoire de Luxembourg, ne nous en apprend pas davantage.

ROBERTI (Jean) Jefuite, né à S. Hubert en Ardennes le 4. Août 1569. fit ses Humanités à Liége, & fa Philofophie à Cologne, & entra chez les Jefuites en 1592. Il reçut à Mayence le dégré de Docteur en Théologie. Il profeffa la Théologie pendant plufieurs années à Doüai, à Tréves, à Wirtzbourg, & mourut à Namur le 14. Février 1651. Il avoit un frere nommé *Pierre Roberti*, Licencié en Théologie, qui fut Abbé de S. Pierre, ou de Sainte-Marie de Luxembourg, depuis l'an 1602. jufqu'en 1626. Il fit de grands biens à cette Abbaye, & la gouverna avec beaucoup de fageffe. Il étoit, comme fon frere, homme de Lettres.

Voici la lifte des Ouvrages de Jean Roberti Jefuite.

1. *Parallela Miſſæ & Cæna Calviniſticæ*, in-8°. *Treviris*.

2. *Diſſertatio de Superſtitione; ibid.* 1604. in-16.

3. *Myſtica Ezechielis Quadriga, hoc eſt ſancta quatuor Evangelia Hiſtoriarum & temporum ſerie vinculata, Græc. & Lat.* Mayence 1615. in-folio.

4. *Anatome Magici Libelli Rodolphi Goclenii de curatione magnetica per unguentum armarium; Treviris* 1615. *in-*12.

5. *Metamorphoſis magnetica Calvino-Gocleniana; Leodii* 1618. in 8°.

6. *Goclenius magnus ſerio delirans, adverſus Libellum ejus quem Moroſophiam inſcripſit;* Doüai 1619. in-12.

7. *Curationis magneticæ & unguenti armarii magica impoſtura; Luxemb.* 1620. *in-*8°.

8. *Eccleſiæ Anglicanæ baſis impoſtura; Luxemb.* 1619. *in-*24.

9. *Contemptus mundi; Luxemb.* 1618. *in-*8°.

10. *Mores Epitaphii Sanctorum.* L'ouvrage eft de Théofride, Abbé d'Epternach, le P. Roberti y a ajoûté des Notes, & la vie de l'Auteur.

11. *Nathanaël Bartholomæus.* Il tâche de prouver que Nathanaël eft le même que S. Barthelemi. Barthelemi Gavantus a prouvé la même chofe à la fin de fon *Theſaurus ſacrorum Rituum*.

12. *Hiſtoria S. Huberti, ultimi Tungrorum & primi Leodienſium Epiſcopi, cum Notis & Paralipomenis; accedunt Quæſtiones Hubertinæ, tum Hiſtoricæ, tum Theologicæ, quo agunt de curationibus quæ in Abbatia S. Huberti fieri ſolent, utrum ſcilicet aliquid ſuperſtitionis contineant; Lutzemb.* 1621. *in-*4°.

13. *Sanctorum quinquaginta Juriſperitorum elogia, contra populare commentum de ſolo ſancto Yvone; Leodii* 1632. *in-*12.

14. *Vita S. Lamberti* 29. *Turgrenſis Epiſcopi & Martyris; Leodii* 1633. *in-*8°.

15. *Logica Catholica;* à Liége 1633. Pour montrer que depuis S. Materne envoyé par

S. Pierre, tous les Evêques de Liége ont été Catholiques.

16. La Confeſſion de Foi des prétendus Réformés de Flandres, convaincuë de fauſſeté; à Liége 1642. Voyez Valere André, Bibliothèque Belgique, & le Supplément de Moreri de Paris 1749.

ROCHE (Laurent la) ſavant Abbé d'Orval, mort l'an 1638. a compoſé quelques Ouvrages; Mémoires Manuſcrits de M. de Marchand, Baron d'Anſebourg.

Addition pour la page 854.

RUTANT (D. Hilaire) étoit un excellent Religieux, d'une très grande régularité, & d'une mortification extraordinaire. Ceux qui ont ſçû après ſa mort les rigueurs qu'il exerçoit durant ſa vie ſur ſon corps, pour expier les moindres fautes, conviennent qu'on ne peut guéres porter plus loin l'eſprit de pénitence. Il faiſoit tout cela dans un ſi grand ſecret, qu'on ne ſe doutoit pas même des rigueurs qu'il exerçoit contre lui-même, n'ayant pour confident de ſes exercices de mortifications, qu'un jeune Frere Convers, à qui il ordonnoit d'exercer ſur lui les plus rigoureuſes peines, ſuivant un Billet qu'il lui mettoit en main, & où ces ſortes de pénitences étoient marquées, proportionnées aux fautes dont il s'accuſoit. Tout cela ſe paſſoit dans un ſoûterrain, hors la vuë & la connoiſſance de ſa Communauté, qui ne ſoupçonnoit pas même D. Rutant, d'ailleurs fort ſociable, & d'une très grande indulgence pour ſes Confreres, de pratiquer de telles rigueurs envers lui-même. Je ne parle point d'une double ceinture, d'une chaîne aſſez groſſe, qu'il porta ſecretement juſqu'à ſa mort, & qui étoit fermée par un cadenat, dont on ne put trouver la clef, & qu'on fut obligé de caſſer, après ſa mort, à coups de marteaux. Il portoit un Reliquaire de cuivre, pendu à ſon col par un gros fil de fer, & enveloppé groſſiérement d'une plaque de fer mal poli, & dont les angles mal courbés l'incommodoient très notablement, en frottant ſur ſa poitrine. Il prédit le jour & l'heure précise de ſa mort, & mourut tranquillement muni de tous les Sacremens de l'Egliſe.

S

SAILLET (M.) ancien Préſident de Verdun, travaille ſur le Clermontois, & ſur Stenai, comme il me l'a mandé, en me demandant quelques éclairciſſemens ſur ſon Ouvrage.

SAINT-JORY (Loüis Ruſtaing de) Gentilhomme ordinaire de M. le Duc d'Orléans, & Avocat au Parlement de Metz, ſe qualifie ailleurs Procureur du Roi au Bailliage de Meudon. Nous avons de lui dans le quatriéme Tome des Cauſes célébres, pag. 396. & ſuiv. 1°. un Mémoire pour Dame Anne Chriſtinne Gomés, contre Meſſire Romain de Klinglin ſon mari, Préſident au Conſeil Souverain d'Alſace. Il a été auſſi imprimé à Nancy chez Charlot, in-quarto 1736.

2°. Un Mémoire pour le ſieur Loüis de Ruſtaing de S. Jory, contre Demoiſelle Jeanne Geneviéve Aubert de Châtillon, fille majeure, &c. après l'an 1711.

3°. Mémoire du ſieur de S. Jory, Procureur du Roi au Bailliage de Meudon, pour ſervir de réplique aux défenſes du ſieur Nicolas Leonard de Lamer, Avocat au Conſeil du Roi, Bailli du même Siége. La Sentence intervenuë en conſéquence, eſt du dix Janvier 1724.

4°. Mercuriale prononcée en l'Audience par le ſieur de S. Jory, Audience tenante à M. Droüet.

SALM (Adolphe) Comte de Salm, Doyen de la Cathédrale de Strasbourg, zélé défenſeur de la Foi Catholique en Alſace, ayant été fait priſonnier par les Suedois, il leur dit qu'il aimoit mieux être coupé en tronçon en guiſe de Saumon, qu'il portoit dans ſes Armes, que de renoncer à la Foi qu'il devoit à Dieu, & de manquer à la fidélité qu'il devoit à Céſar.

SCHUC, ou *Schouch* (Volfgange) Allemand de nation, vivoit vers l'an 1524. & étoit apparemment natif de la petite Ville de Sainte-Hypolite en Alſace; mais de la Souveraineté des Ducs de Lorraine; du moins il eſt certain qu'ayant embraſſé le Lutheraniſme, il s'efforça de l'introduire dans cette Ville; il n'y réüſſit pas. Le Duc Antoine de Lorraine, zélé Protecteur de la Religion Catholique, en étant informé, envoya des Ordres ménaçans à S. Hypolite contre les nouvelles opinions. Schouch, ſans s'ébranler, ſoutint hardiment ſes ſentimens, & de vive voix, & par un Ecrit qu'il adreſſa au Duc Antoine lui-même. Cela ne ſervit qu'à irriter davantage le pieux Prince. Schouch ſe tranſporta à Nancy, ſans craindre le péril auquel il s'expoſoit. On le jetta dans une étroite priſon, & le P. Bonaventure Rennel, Cordelier, l'ayant convaincu d'héréſie, il fut condamné à être brûlé vif. Il marcha au ſupplice avec une conſtance admirable, chantant le Pſeaume *Miſerere mei, Deus*, comme s'il eût voulu braver la mort même. Il mourut le 19. Août 1525. Voyez l'Extrait des Hommes illuſtres de Théodore de Beze; à Genéve, chez Jean Launois 1580. communiqué par M. de Corberon, premier Préſident à Colmar.

SCHWEITZER (Mathias-Bernard) faisoit sa résidence ordinaire à Seville en Espagne, & a fait imprimer quelques Ouvrages.

SCOUVILLE (Philippe de) Jesuite, zélé Missionnaire, mort en odeur de sainteté en 1701. a publié divers Cathéchismes & quelques autres Ouvrages.

SENOQUE (Dom Claude) né à Verdun, fit profession dans l'Abbaye d'Hautviller de la Congrégation de S. Vanne, le 2. Juin 1636. mourut en odeur de sainteté à S. Vanne de Verdun, le 12. Août 1669. Voici l'éloge qui lui a été consacré dans l'Obituaire de cette Abbaye : *Obiit R. P. D. Claudius Senoque, qui à teneris innocentis vitæ annis Religionem ingressus, zelo pietatis ac salutis animarum maximè enituit ; Monasterium S. Mauri Virdunensis diu summâ cum prudentiâ & sedulitate rexit : toto vitæ decursu singularis ejus pietas, & candor morum hunc omnibus amabilem reddiderunt. Disciplina regularis illibata conservanda zelantissimus omnibus Patribus & Fratribus Congregationis amabilis, in suis tamen oculis semper humilis & nesciri cupidus, tandem post diutinam corporis ægritudinem patientissimè & ferventissimè toleratam, cupiens dissolvi & esse cum Christo, quievit in pace die 12. Augusti anni 1669.*

SIMONIN (D. Guillaume) Religieux Benedictin, Profès de l'Abbaye de S. Vincent de Besançon, posséda d'abord l'Office claustral de la Chantrerie de cette Abbaye, puis celui de Sacristain. Il fut Grand-Prieur, Vicaire de Pierrerard, Abbé de S. Vincent dans le temporel & le spirituel, Suffragant de l'Archevêque de Besançon, enfin Abbé de S. Vincent, & Archevêque de Corinthe *in partibus infidelium.* L'usage de la Franche-Comté étoit alors que l'on choisit pour les Abbayes trois Sujets, que l'on présentoit aux Princes Gouverneurs des Pays-Bas, lesquels choisissoient celui des trois qu'ils jugeoient à propos, pour jouïr de l'Abbaye. Guillaume Simonin n'étant encore que Prieur de S. Vincent de Besançon, fut un des trois qu'on présenta aux Princes Albert & Claire-Eugénie.

D. Simonin, dans l'incertitude si le sort tomberoit sur lui, fit vœu à Dieu que s'il devenoit Abbé de S. Vincent, il y mettroit la Réforme. La chose arriva comme il le désiroit ; & bien-tôt après, il partit de Besançon, pour aller voir par lui-même si ce qu'on publioit de la Réforme de la Congrégation de S. Vanne étoit bien réelle. C'étoit au mois d'Octobre 1610.

Le hazard, ou plutôt la Providence le conduisit à Moyenmoutier, dont le Prieur D. Pierre Rozet étoit alors au Chapitre Général. D. Simonin ne parla ni de sa qualité d'Abbé de S. Vincent de Besançon, ni de celle d'Archevêque de Corinthe. Il ne parut que comme simple Religieux, & fut reçu au Monastere sous cette qualité. Il y trouva la Régularité & la Réforme bien établie ; après quoi, ayant déclaré qui il étoit, il celebra la Messe pontificalement, mangea au Réfectoire avec les Religieux, leur fit une exhortation patétique, témoigna qu'il étoit résolu d'introduire la Réforme dans son Abbaye, & pria le Pere Soûprieur d'en informer les Supérieurs, & lui laissa une Lettre qui contenoit ses intentions ; elle est dattée du 16. Août 1610.

De retour à Besançon, il écrivit à Leurs Altesses des Pays-Bas, & leur demanda leur agrément pour l'introduction de la Réforme à S. Vincent de Besançon ; il l'obtint sans peine par une Lettre, qu'on lui écrivit du deux Octobre 1610. Il obtint même un Bref du Pape Paul V. en datte du 30. Décembre de la même année, pour la même fin ; & aussi-tôt après Dom Simonin pria les Supérieurs de la Congrégation de S. Vanne, de lui envoyer des Religieux de leur Corps, pour introduire la Reforme dans son Abbaye de S. Vincent. On y destina D. Pierre Rozet, Prieur de Moyenmoutier, & Dom Jean Barthelmy son Soûprieur, avec quelques autres Religieux. Ils arriverent à Besançon le 29. Mars 1611. qui étoit le Mardi-Saint, & furent fort bien reçus de l'Archevêque de Corinthe ; mais ce Prélat trouva de grandes oppositions de la part des anciens Religieux, dont la plûpart lui déclarerent, qu'ils ne consentiroient jamais à ce changement, qu'il vouloit introduire dans son Abbaye.

Le Jeudy-Saint, vers neuf ou dix heures du soir, l'Archevêque & la plûpart de ses gens se trouverent attaqués de maux extraordinaires & inconnus aux Médecins ; & le lendemain, quelques-uns des Religieux réformés nouveaux venus, furent de même attaqués d'infirmités, qu'on a attribuées à l'ennemi du bien. Tout cela ne dura pas long-tems, & le même jour du Vendredy-Saint, le Religieux de S. Vincent, qui étoit le plus opposé à la Réforme, vint faire ses soumissions ; & le jour suivant, l'Archevêque de Corinthe étant venu au Chapitre en grande compagnie, mit les Religieux réformés en possession du Monastere de S. Vincent, qu'il incorpora à la Congrégation de S. Vanne, sans aucune opposition de la part des anciens, qui demeurerent alors dans le silence ; mais le 4. Avril suivant, quelques-uns formerent opposition, & le Seigneur

Evêque leur fit défenses expresses, & sous peine de censures, de sortir du Monastere, sans la permission de Dom Rozet, Prieur. Après quoi, ayant pris le conseil de personnes sages & éclairées, il fit des Réglemens pour la conduite des anciens, & pour la réforme des abus. Peu de jours après, c'est-à-dire, le 29. de Juillet 1611. il assigna aux Réformés des revenus fixes pour leur nourriture & entretien.

Il informa par Lettre l'Archiduc Albert, & l'Infante Claire Eugénie, de tout ce qu'il avoit fait par rapport à la Réforme de son Monastere. Ils loüerent & approuverent le tout par leurs Lettres Patentes du 9. Mars 1613. Il survint dans la suite quelques difficultés entre l'Archevêque & ses Religieux réformés, touchant l'autorité qu'il prétendoit conserver sur eux, en sa qualité d'Abbé Régulier, & touchant quelques intérêts temporels. Il fallut que les Reformés demandassent au Pape Paul V. un Bref qui expliquât l'autorité que devoient exercer les Prieurs généraux & particuliers des Réformés sur leurs Religieux, à l'exclusion des Abbés réguliers non réformés, & n'ayant pas reçu le régime de leur Monastere par le Chapitre général. La chose ne fut pas poursuivie, parce que M. Valladier, Abbé de S. Arnou de Metz, & M. l'Archevêque de Corinthe, Abbé de S. Vincent de Besançon, se déporterent de leurs prétentions en 1619. & les difficultés sur le temporel de ladite Abbaye de S. Vincent, furent terminées par une derniere Transaction du 12. Février 1623.

D. Guillaume Simonin, Archevêque de Corinthe, & Abbé de S. Vincent de Besançon, mourut dans son Château de Ville-Pater, le 26. Août 1630. & fut enterré dans son Abbaye. C'étoit un Prélat très capable, ayant beaucoup d'expérience dans les affaires, beaucoup de zéle, de Religion & de piété. Il eut pour successeur dans l'Abbaye de S. Vincent, D. *Joseph Saulnier*, dont on a parlé ci-devant. Voyez *Saulnier*.

STANISLAS LESZCZYNSKI, Roi de Pologne, Grand-Duc de Lithuanie, Duc de Lorraine & de Bar, illustre par sa naissance, par sa dignité suprême, par son insigne piété, par ses qualités personnelles, par son goût naturel, ses talens même pour les Sciences & les Arts, le grand & le beau ; les délices de son Peuple, l'amour de la Patrie, le Pere des pauvres. Ce grand Prince naquit en Pologne le 20. Octobre 1677.

Raphaël Leszczynski, Comte de Lekno, son Pere, fut d'abord Staroste, ou Gouverneur & Juge de la Noblesse de Fravenstadt ; puis successivement Ecuyer-Tranchant de la Couronne, Grand-Maître-d'Hôtel, Grand-Enseigne du Royaume ; Palatin de Kalisz, ensuite de Posnanie, d'où il passa au Palatinat de Lencici, auquel il joignit bien-tôt l'importante Charge de Général de la grande Pologne ; enfin celle de Grand-Trésorier. N'étant encore que Grand-Enseigne du Royaume, il fut élû Maréchal de la fameuse Diette de 1683. dans laquelle la République fit, avec l'Empereur Leopold, cette Ligue contre les Turcs, qui fut le salut de tout l'Empire. La République avoit tant de confiance en lui, qu'elle l'envoya encore Ambassadeur à Constantinople, pour mettre la derniere main à la Paix de Carlowitz.

Dès l'âge de douze ans, Stanislas se faisoit admirer dans tous les exercices propres à la Noblesse ; & dans ce même tems il fut nommé Staroste d'Odolanow.

Dans la vûë de perfectionner & d'étendre ses connoissances, il désira de voir les Cours étrangeres, & se rendit à Paris en 1695. Il y fut très bien reçu ; voyagea dans la Partie Méridionale de la France, où son dessein étoit de faire un plus long séjour : mais la mort du Roi Jean Sobieski le rappella en Pologne, où il fut nommé Nonce de la Diette de convocation. C'est en cette qualité qu'il fit à la Reine Doüairiere le compliment de condoléance, au nom des Palatinats de la grande Pologne.

Stanislas & son Pere contribuerent beaucoup à faire monter Auguste II. sur le Trône de Pologne en 1697. & Stanislas fut créé Echanson de la Couronne. Il épousa en 1698. Catherine Opalinska, née le 5. Novembre 1680. morte à Lunéville le 19. Mars 1747. inhumée dans l'Eglise de Notre-Dame de Bonsecours, où le Roi son époux lui a fait élever un superbe Mausolée : cette Princesse étoit fille du Comte Opalinski, Castellan de Posnanie.

L'année qui suivit son mariage, Stanislas eut de son épouse une fille qui fut nommée *Anne* ; elle mourut à l'âge de 18. ans. Le 23. Juin 1703. il lui naquit une autre fille, à laquelle on donna le nom de *Marie*. Elle est aujourd'hui sur le Trône de France.

Lorsque Charles XII. entra en Pologne, dans la résolution de détrôner Auguste II. une partie de l'Armée de la Couronne se joignit à la Confédération de Varsovie, & choisit Stanislas, Palatin de Posnanie, pour la commander. Peu après, la Confédération le députa à Charles XII. à qui il fut si agréable, que ce Prince résolut de l'élever sur le Trône. Stanislas étoit alors âgé de 27. ans, & fut élû Roi de Pologne le 12.

Juillet 1704. Le lendemain, le Roi de Suéde le fit prier de se rendre à son Quartier général, où il reçut tous les honneurs du Diadéme. Il reçut peu après les soumissions du Primat, & de tous ceux qui s'étoient absentés de l'élection.

A peine six semaines s'étoient écoulées, depuis qu'il étoit monté sur le Trône, qu'il apprit à Varsovie, qu'Auguste marchoit à lui à la tête de vingt mille hommes. Le premier soin de Stanislas fut de mettre en sûreté la Famille Royale ; ensuite il sortit de Varsovie avec six mille hommes ; Armée trop foible pour l'opposer aux forces supérieures de l'ennemi. Auguste fut obligé bientôt de se retirer, & le Couronnement de Stanislas fixé au 4. Octobre 1705. On frappa une Médaille à l'occasion de ce célèbre événement, où tout fut paisible, malgré les menaces de la Cour de Rome, & la defense qu'elle fit à tous les Prélats du Royaume, d'assister à cette Cérémonie, sous peine d'excommunication.

Auguste rentra en Pologne, & arriva à Varsovie le 5. Février ; mais ses troupes ayant été battues par l'Armée Suédoise, il fut obligé d'abandonner le Royaume, & les Princes se soumirent avec empressement à Stanislas. Après le Traité de Paix, conclu à Alt-Ranstad, entre Charles XII. & Auguste, ce dernier fut obligé d'écrire à Stanislas une Lettre de félicitation. Auguste ayant peu après reçu, du Czar de Moscovie son Allié, un secours de trente mille hommes, livra bataille à ceux qu'une paix si récente tenoit en securité, & remporta une victoire complette, auprès de Kolisolo.

Mais le Roi de Suéde étant rentré en Pologne, obligea le Czar d'en sortir, & le poursuivit jusques dans ses Etats. Stanislas revint donc en Pologne, avec seize mille Lithuaniens, & vingt mille Suédois. La paix n'étoit pas si bien affermie dans la Nation même, qu'il n'y eût en Pologne un grand nombre de mécontens : ils avoient à leur tête le Grand-Maréchal Sienawski. Stanislas lui livra bataille aux environs de Koniecpolocke, le 21. Novembre, & la perdit. Il y eut encore divers combats entre les deux Partis : mais ce qui acheva de ruiner les affaires du Roi Stanislas, fut la défaite de Charles XII. à Pultawa. Alors Stanislas convoqua à Varsovie, les Etats qui lui étoient restés fidéles : on résolut d'envoyer une Ambassade au Czar, pour lui offrir la paix, aux conditions qu'il avoit demandées lui-même, deux mois auparavant. Cette Ambassade n'eut aucun succès, & les propositions furent rejettées.

Auguste étant encore rentré en Pologne, à la tête d'une Armée, le Czar s'y rendit aussi, & joignit les mécontens confédérés. Stanislas, hors d'état de résister à de si grandes forces, se retira à Stetin, où toute sa Cour quitta l'habillement Polonois. Il conduisit la Reine son épouse à Christianstadt ; & accompagné de quelques Seigneurs, il prit le chemin de Stockolm. Il y occupa le Palais Royal près d'une année, puis invité par Charles XII. il alla joindre ce Prince à Bender, pour se mettre à la tête d'une Armée formidable, qu'il se flattoit d'obtenir de la Turquie. Stanislas essuya mille dangers dans la route ; fut arrêté à Jassy, Capitale de la Moldavie, & conduit à Bender, où il arriva le premier Mars 1713. Charles XII. n'y étoit plus ; on l'avoit mené à Andrinople.

Stanislas fut obligé de quitter Bender, & se rendit *incognitò* aux Deux-Ponts, où il arriva le 4. Juillet 1714. La Reine son épouse l'y vint joindre. Là il apprit la fâcheuse nouvelle de la mort de Charles XII. & se trouva ainsi abandonné aux soins de la Providence.

La France, qui fut toujours l'azile des Princes malheureux, lui donna une retraite à Weissembourg, dans la Basse-Alsace, & il s'y rendit le 10. Janvier 1720. Il eut la joie d'y apprendre en 1725. que Loüis XV. avoit jetté les yeux sur la Princesse Marie : le Duc d'Orléans l'épousa à Strasbourg, au nom de Sa Majesté Très Chrétienne, le 14. Août ; & la nouvelle Reine partit le 17. du même mois pour Versailles. La même année, le Roi Stanislas fut invité d'aller occuper le Château de Chambor, où il se rendit le 20. Octobre, avec toute sa famille.

La mort du Roi Auguste, arrivée le premier Février 1733. fit espérer à Stanislas de remonter sur son Trône. Le Marquis de Monti, qui étoit à Varsovie, fut chargé par la France de donner tous ses soins au succès de cette entreprise. L'Empereur Charles VI. & l'Imperatrice de Russie, donnerent hautement l'exclusion à Stanislas. Cependant, ce Prince partit de France le 22. Août, & arriva à Varsovie, avec le Chevalier d'Andelot, le 10. Septembre ; & Stanislas fut de nouveau élû Roi de Pologne. Le 5. Octobre, Auguste, Electeur de Saxe, fut aussi élû ; & son parti ayant prévalu, Stanislas fut obligé de se retirer à Dantzic. La France promit du secours aux Dantzicois : leur Ville fut assiégée au mois de Mars 1734. Malgré la résistance des assiégés, & les efforts du secours qui leur avoit été envoyé, les travaux furent poussés avec tant de vigueur & de succès, que la Ville étoit à l'extrémité, quand Stanislas résolut d'en sortir. Il choisit

choisit, pour cela, le 27. Juin 1734. &, sous l'habit de Paysan, accompagné du Général Steinflick, prit le chemin du Rampart, & passa le fossé sur deux nacelles; trompant ainsi la vigilance de l'ennemi, dont les troupes nombreuses couvroient les campagnes, il arriva enfin, à travers mille périls, à Marien-Verder le 3. Juillet, d'où il se rendit à Konisberg.

La guerre avoit étendu ses ravages sur presque toutes les parties de l'Europe ; il falloit lui rendre sa tranquillité. Stanislas sacrifia à de si grands intérêts le droit qu'il avoit au Trône ; & par les Préliminaires de 1735. entre l'Empire, la France & les autres Puissances, il fut arrêté que Stanislas, en renonçant à la Couronne, conserveroit néanmoins la qualité de Roi de Pologne, de Grand-Duc de Lithuanie, avec tous les honneurs & toutes les prérogatives attachés à cet auguste rang ; qu'il joüiroit de ses biens & de ceux de la Reine son épouse. L'Empereur consentit aussi qu'il soit mis en possession des Duchés de Lorraine & de Bar, aussi-tôt que François III. Duc de Lorraine, seroit mis en possession du Duché de Toscane. En Mai 1736. Stanislas quitta Konisberg, & vint à Berlin, sous le nom de Comte de Lingen. Enfin, il arriva en France, & trouva le Château de Meudon préparé pour sa demeure.

Le 8. Février 1737. le Marquis de la Galaiziere, Chancelier de Sa Majesté Polonoise, & le Baron de Mezcheck, Maréchal de sa Cour, prirent possession *actuelle* du Barrois, dans la Ville de Bar, après que les Sujets eurent été déliés du serment de fidélité par les Commissaires du Grand-Duc de Toscane. Le Marquis de la Galaiziere seul prit ensuite la possession *eventuelle* pour la France.

Le 21. Mars de cette année, on fit la même chose à Nancy pour la Lorraine.

Enfin, le Roi de Pologne arriva en Lorraine ; créa son Conseil d'Etat le 25. Mai 1737. & le premier Juin suivant, le Conseil des Finances. Ce Prince forma aussi sa Maison, & établit à Lunéville une Académie, où vingt-quatre jeunes Gentilshommes Polonois, & vingt-quatre Gentilshommes Lorrains, sont instruits dans tous les exercices, & dans toutes les sciences qui conviennent à la Noblesse.

Il s'est livré, depuis ce tems, à son inclination pour les Sciences & pour les Arts ; & quelques Ouvrages sont échappés de sa plu-ont été rendus publics.

1°. *Entretien de l'ame avec Dieu*, composé en Vers Polonois ; imprimé avec la Traduction Françoise in-8°. 1745.

2°. *Le Philosophe Chrétien*, in-12. deux parties, 1749. Ouvrage où l'on montre, comment on peut accorder les devoirs de la Religion, avec ceux de la société.

3°. *Combat de la volonté & de la raison*, in-12. de 44. pages 1749. Il finit par cette belle priere : " Seigneur, éclairez votre
" image, formez ses désirs, conduisez ses
" actions ; apprenez-lui, non seulement à
" connoître, mais encore à faire votre vo-
" lonté. . . . . .

4°. Un Ouvrage en Polonois sous le titre de *Glos Wolny*, imprimé in-4°. traduit depuis en François, & imprimé in-12. à Paris 1749. sous ce titre : *La voix libre du Citoyen*, ou *observations sur le Gouvernement de Pologne* ; Ouvrage solide, qui montre une profonde connoissance du Gouvernement Polonois ; en découvre les vices, & en indique les remédes.

5. *Réponse d'Ariste aux conseils de l'amitié*, in-12. de 234. pages, 1750. L'Ouvrage auquel celui-là répond, est assez connu par plusieurs éditions.

6°. *Réfléxions sur divers sujets de Morale*, in-8°. de 137. pages, 1750.

7°. Deux Discours, l'un, *Que le vrai bonheur consiste à faire des heureux*. Dans l'autre on fait voir, que *l'espérance est un bien dont on ne connoît pas assez le prix* ; 1750.

Enfin, des Memoires, & une relation de sa sortie de Dantzick, dans une Lettre à la Reine de France sa fille ; manuscrits.

Tous ces Ouvrages, fruits d'un génie toujours actif, peuvent faire prétendre à la gloire d'*Auteur* ; mais ce qui rendra immortelle celle du *Prince*, c'est son amour pour les Peuples, & ce grand nombre de beaux Etablissemens, qui tous ont leur bonheur pour objet.

La Mission Royale ; fondation magnifique, qui pourvoit aux besoins de l'ame, & au soulagement de la misere des pauvres. Des Aumônes à perpétuité. Des Places d'orphelins & d'orphelines ; le sort les ajuge, la faveur & la brigue ne les donnent pas. Un fonds considérable destiné à fournir des secours au Peuple dans les maladies épidémiques. Une somme de cent vingt mille livres donnée aux Marchands de Nancy, pour soutenir perpétuellement le commerce, & prévenir les banqueroutes : ce fonds doit toujours augmenter par l'addition de l'intérêt à deux pour cent. Un Hôpital fondé à Plombieres, où les pauvres des deux sexes sont reçus, pendant la saison des Eaux. Une Chaire de Mathématique dans l'Université de Pont-à-Mouſſon. Une Chambre des Conſultations, où d'anciens Avocats, payés ſur la fondation, éclairent le pauvre ſur ſes droits, le mettent dans la voie de les réclamer, & l'empêchent en même tems de fatiguer le Public par des plaintes & des chicanes ſans fondement. Des Magazins de grains, pour le ſoulagement des Peuples dans les tems de diſette. Une Académie des Sciences & des Arts, & une Bibliothéque publique dans la Ville de Nancy, Capitale des États de Sa Majeſté Polonoiſe. On ne peut qu'indiquer ici une partie des Etabliſſemens de ce Prince, & renvoyer, pour le détail, au Recueïl de ſes Ordonnances, imprimées par Antoine, en pluſieurs in-4°.

On renvoye de même, pour ce grand nombre de beaux Edifices, qu'il a fait ou embellir, ou conſtruire, au Recueïl donné au Public par ſon premier Architecte. Le Prince lui-même a crayonné & donné les deſſeins de ces Bâtimens, guidé l'Architecte dans l'exécution, & fait exécuter ſous ſes yeux des Machines nouvelles & ſurprenantes. Il manie le Pinceau avec la même adreſſe. Il excite ainſi tous les Arts, & par ſes bienfaits & par ſon exemple.

T

TEINTRUX (D. Philippe) Benédictin de l'Abbaye de Moyenmoutier, a vécu avant la Réforme, ou du moins il ne l'a pas embraſſée. Il avoit écrit quelque choſe ſur la vie & les miracles de S. Hydulphe. Son Ouvrage eſt cité par le R. P. D. Théodore Moy, autrement dit Dom Théodore de la Croix, dans la vie de S. Hydulphe, qui eſt demeurée manuſcrite. L'on ne trouve plus celle qui a été compoſée par D. Philibert de Teintrux. *Hiſt. Med. Monaſt. pag.* 146.

THEUTGAUDE, Archevêque de Tréves, n'eſt pas trop connu dans l'Hiſtoire, par le mauvais perſonnage qu'il fit dans l'affaire du Roi Lothaire, qui vouloit faire divorce avec Thietberge ſon épouſe, pour épouſer Valdrade. L'on nous repréſente Theutgaude comme un homme ſimple & crédule, qui ſe laiſſa perſuader par Gonthier, Archevêque de Cologne, pour favoriſer l'injuſte paſſion du Roi Lothaire. Gonthier & Theutgaude furent frappés d'excommunication par le Pape Nicolas I. & pour s'en venger, le même Gonthier compoſa, en ſon nom & au nom de Theutgaude, un Ecrit violent, qu'un Auteur du tems nomme *un Ecrit diabolique*, où il traite le Pape d'une maniere indigne, & oſe l'anathématiſer lui-même & l'excommunier; mais on croit avec raiſon, que Theutgaude n'eut d'autre part à cette mauvaiſe Piéce, que la foibleſſe d'y avoir adhéré.

Nous avons du même Theutgaude deux Lettres formées (*n*), par leſquelles il permet à deux Prêtres de ſon Dioceſe d'aller demeurer dans le Dioceſe de Tongres, ou de Liége. On remarque dans ces deux Lettres écrites vers l'an 860. qu'il y a des caracteres Grecs, qui mis enſemble forment une certaine ſomme, apparemment pour empêcher la contrefaçon de ces Lettres. Ceci inſinué que Theutgaude avoit quelque teinture de la Langue Gréque, & que ces caracteres n'étoient pas inconnus dans ſa Ville Epiſcopale. Il mourut en 868. Voyez notre Hiſtoire de Lorraine, tom. I. pag. 710. 712. 713. 724.

THIERRY, Abbé de S. Hubert en Ardennes, naquit de parens nobles à Lirnes en Hainaut, près de Thuin l'an 1006. (*o*). Il prit l'habit religieux, & fit profeſſion dans le Monaſtere de Lobbes, & y fut inſtruit dans les ſciences divines & humaines, par le vénérable Richard, Abbé de S. Vanne de Verdun. Il y fit de ſi grands progrès, qu'il fut enſuite chargé d'enſeigner les ſaintes Écritures à Stavelo, à Verdun, & dans d'autres Monaſteres de ſon Ordre. Ayant obtenu la permiſſion de Hugues, Abbé de Lobbes, de faire le pélérinage de Jeruſalem, il ſe mit en chemin; mais il rencontra à Rome Theoduin, Evêque de Liége, qui lui perſuada de retourner en ſon Pays, & Thierry ſuivit ce conſeil, & revint à Lobbes.

L'Empereur, quelque tems après, demanda à l'Evêque Theoduin un Régent de Théologie pour l'Abbaye de Fulde. Ce Prélat y deſtina Thierry, & le fit venir auprès de lui; mais ſur ces entrefaites, l'Abbaye de S. Hubert étant venuë à vacquer, l'Evêque y fit élire Thierry, qui, malgré ſa réſiſtance, reçut la Bénédiction Abbatiale au mois de Février 1035.

Il y avoit alors à S. Hubert un Religieux nommé Lambert, qui ne pouvoit ſupporter la ſévérité avec laquelle Thierry y faiſoit obſerver la diſcipline réguliere. Il alloit juſqu'à témoigner hautement ſon mépris contre ſon Supérieur. Un jour devant chanter une Leçon à Matines, il ne daigna pas s'incliner devant ſon Abbé; mais en ce moment Lambert ayant vû entre les bras de ſon Supérieur un enfant d'une beauté divine, qui détournoit de lui ſon viſage, il en fut telle-

---

(*n*) *Martenne, ampliſſ. Collect. t.* 1. *p.* 155.
(*o*) *Vide Cantatorium S. Huberti, t.* 4. *ampliſſ. Collect.* *Edmundi Martenne, p.* 914. *& Fiſen, Elogia Sanctorum Leodienſ.*

ment frappé, qu'il ne put achever la Leçon qu'il avoit commencée.

Après l'Office, il alla se jetter aux piés de son Abbé, reconnut sa faute, & demanda pour pénitence, d'aller en exil le reste de sa vie, mandiant son pain de porte en porte. L'Abbé fit ce qu'il put pour le porter à modérer cette pénitence ; mais Lambert insista, & partit couvert d'un sac & d'un cilice, & chargé de trois chaînes sur ses reins. En cet état, il arriva à l'Abbaye de Mouson, où l'Abbé Rodolphe l'obligea de rester. Il y finit ses jours dans l'exercice d'une très rigoureuse pénitence.

Pour Thierry, Abbé de S. Hubert, il se prescrivit une maniere de vie des plus austere ; car ne se contentant pas de ce qui est prescrit par la Régle de S. Benoît, il ne mangeoit qu'une fois le jour, & ne mangeoit jamais jusqu'à se rassasier. Il s'interdit pour toujours l'usage des viandes, d'œufs & du fromage. Pendant l'Avent & le Carême, il demeuroit souvent deux ou trois jours, sans prendre aucune nourriture. Il couchoit sur un cilice, & éveilloit ses Religieux pour Matines. Il entretenoit tous les jours neuf pauvres de ses aumônes, & leur lavoit les piés & les mains.

Il étoit dans une estime universelle des personnes de toutes les conditions. Les Archevêques de Cologne & de Reims, les Evêques de Liége, de Metz & de Laon se faisoient honneur de le consulter, & de suivre ses avis. Plusieurs Seigneurs des environs remettoient la décision de leurs différends entre ses mains ; & l'idée que l'on avoit de son mérite, acquit plus de biens à son Monastere, que n'auroit pû faire une économie très attentive.

Sous son gouvernement, Godefroi le Barbu fonda le Prieuré situé proche le Château de Boüillon ; & Arnoû II. Comte de Chiny, fonda celui de S. Valburge dans la Ville de Chiny. Le premier fut donné à l'Abbaye de S. Hubert, & le second à celle de S. Arnoû de Metz.

L'Abbé Thierry mourut en 1086. âgé de 80. ans, après avoir gouverné pendant 32. ans le Monastere de S. Hubert. Son histoire se trouve au long dans l'Ouvrage intitulé, *Cantatorium S. Huberti* (*p*), écrit en 1006. ou 1008. imprimé au quatrième Tome de la très ample Collection du R. P. Martenne, pag. 999. L'Abbé Thierry laissa plusieurs disciples illustres par leur doctrine. Il eut pour successeur un autre Thierry, qui ne fut guéres moins recommandable par son mérite, sa sainteté & sa science.

THIRIOT, ou *Thiriau* (Jean) Le Capitaine Thiriau acquit de grands biens, & témoigna sa reconnoissance envers sa Patrie, en y envoyant un Ornement complet en noir, orné de broderie, que l'on y a vû jusqu'à ces derniers tems, avec ses Armes, & l'inscription qui portoit que Thiriau étoit de Vignot.

Plusieurs personnes, sur-tout ceux de sa famille, se ressentirent de sa bonne fortune, & en particulier un nommé *Firmin*, ou *Fremy l'Archer*, son neveu, que nous avons encore vû à Vignot, & qui fut pere de Françoise l'Archer, qui épousa Jean Roussel, fils de Gibrien Roussel, dont les fils que nous avons aussi vû & connu, prenoit le surnom de *Roussel de la Digue*.

Ce même Fremy l'Archer étant allé à Paris auprès de son oncle, fut fait Inspecteur & Payeur des Ouvriers, qui travailloient sous son onde aux Bâtimens du Roi. Il employa aussi Claude Dieudevant son compatriote, qui revint ensuite en Lorraine, & fit travailler, en qualité d'Architecte, à la grande façade du Château haut de Commercy, laquelle regarde sur la Prairie, & qui fut entreprise par M. le Cardinal de Retz. Madame la Marquise de Beauveau de la Maison de Ragecourt, étant allée à Paris, logea chez M. Thiriot ; & pendant son séjour, se servit de son carosse. Cette Dame se plaignoit souvent que cet habile homme fût si peu connu dans l'Histoire, & même dans son propre Pays.

M. Thiriot mourut à Paris, & est enterré à S. Mandé, près Vincennes, du côté de S. Maur, où l'on dit que l'on voit son Epitaphe.

THOMAS de Charmes (Capucin) n'a eû d'abord en vûe que de donner au Public la Théologie morale en trois Volumes, sous ce titre : *Totius Theologiæ Moralis luculenta ac dilucida elucubratio*, &c. Ensuite, dans le dessein de completter son Ouvrage, il a fait imprimer en 1750. la Scholastique également en trois Volumes, & a réuni le tout sous ce titre : *Theologia universa ad usum sacræ Theologiæ candidatorum, Auctore R. Patre Thomâ ex Charmes, Provinciæ Lotharingiæ Capucinorum Definitore, necnon antiquo sacræ Theologiæ Professore*.

L'Auteur déclare dans la Préface de sa Scholastique, qu'il a retranché non seulement les questions de Philosophie & d'His-

Addition pour la pag. 944.

(*p*) *Cantator. pag.* 925.

103 SUPPLEMENT

toire abſolument étrangeres à la Théologie; mais encore celles de pure poſſibilité, plus propres à ennuyer l'Ecolier, qu'à l'inſtruire, pour s'appliquer entierement au Dogme, & autres queſtions controverſées entre les Théologiens Catholiques.

Son Ouvrage, quoique tout récent, eſt répandu dans toute l'Europe, où il a été reçu avec un applaudiſſement général, comme il paroît, non ſeulement par le grand débit qui s'en fait, & par les Ecoles dans leſquelles il eſt enſeigné, mais encore par le témoignage que le Souverain Pontife en a rendu dans la Capitale du monde Chrétien, & dont il a fait part à l'Auteur par une Lettre tendre & affectueuſe, dont il l'a honoré en ces termes.

„ Benoît XIV. Pape; notre cher Fils, Salut
„ & Apoſtolique Benédiction. Vos Lettres
„ du 30. Mai m'ont été fidélement renduës
„ avec les Livres que vous ayez fait impri-
„ mer ſur toute la Théologie. En les par-
„ courant, nous en avons lû quelques queſ-
„ tions, que nous avons trouvées écrites
„ avec beaucoup d'exactitude & de clarté;
„ & nous avons tout lieu de croire que les
„ autres, ſortant de la même plume, leur
„ ſeront parfaitement ſemblables. Nous
„ vous en félicitons donc & tout votre Or-
„ dre, & vous rendons nos actions de gra-
„ ces, tant pour le préſent que vous nous
„ en avez fait, que par l'attention que vous
„ avez euë de nous les dédier. C'eſt pour-
„ quoi nous vous embraſſons de toute l'é-
„ tendue de notre cœur, & vous donnons,
„ auſſi bien qu'à tous vos Confreres, notre
„ Benédiction Apoſtolique. Donné à Ro-
„ me, à Sainte-Marie-Majeure, le 25. Sep-
„ tembre 1751. la douziéme année de no-
„ tre Pontificat.

La Lettre écrite de la propre main de Sa Sainteté, & munie du Sceau de ſes Armes, porte cette Inſcription : *A notre cher Fils, le Frere Thomas de Charmes, Capucin.*

A Nancy en Lorraine.

Thomassin (D. Gabriel) Benédictin de la Congrégation de S. Vanne, né à Courouvre en Barrois, a fait profeſſion dans l'Abbaye de S. Evre le 30. Novembre 1674. & eſt mort dans l'Abbaye de S. Mihiel le 7. Octobre 1741. Il a compoſé une Grammaire Françoiſe-Allemande, & une autre Allemande-Françoiſe, qui ont mérité l'eſtime des connoiſſeurs.

2°. Un Dictionnaire Allemand-François, & un autre François-Allemand ; le tout manuſcrit. Il a auſſi compoſé & notté les Offices de S. Grégoire le Grand, qu'on récite & qu'on chante en l'Abbaye de Munſter, au Val S. Grégoire en Alſace, où il a été long-tems Prieur ; & l'Office de S. Anatoile, Evêque de Cahors, qui eſt honoré dans l'Abbaye de S. Mihiel, qui poſſede les Reliques du Saint. Il ſavoit la Muſique, & étoit excellent Organiſte, d'une vie très exemplaire & très innocente, & d'une douceur qui le rendoit cher à tout le monde. Il a paſſé par tous les degrés de Supériorités & dignites de la Congrégation.

Titot (Pierre-Abraham) Médecin ou Apoticaire à Montbelliard, a fait imprimer en 1706. une Diſſertation en forme de Théſe, ſur les qualité & la nature des Eaux de Plombieres. L'Auteur n'eſt pas Lorrain, & il ne regarde notre deſſein, que parce qu'il a écrit ſur les Eaux de Plombieres. Voici le titre de ſon Ouvrage: *Naturæ & uſûs Thermorum Plumbariarum brevis deſcriptio, Auctore Petro Abrahamo Titot Monsbirgardienſi ; Baſiliæ* 1686. in-8°. réimprimé dans le *Faſciculus Diſſert. Medic. ſelectior.* par Theodore Zuingherus ; à Baſle 1710. in-8°.

Tresse : Quant au P. Munier, 1°. La Théſe de Dijon n'étoit pas ſur l'amour de Dieu, mais ſur le péché philoſophique ; 2°. Elle en donne ſimplement la notion, ſans en aſſûrer l'exiſtence ; ainſi la Théſe n'étoit qu'hypothétique, comme le Pere l'a déclaré lui-même par un Ecrit rapporté dans un Recüeil de Bulles, Brefs & Décrets ſur la Doctrine, imprimé à Lyon in-octavo, où il condamne expreſſément, avec le Pape, le ſens abſolu qu'on peut donner à la Théſe. 3°. Enfin, on fit courir en ce tems-là une Brochure intitulée : *Sentiment des Jeſuites ſur le péché philoſophique*, dont le Public fut content.

Addition pour la page 950.

V

Vaillant (D. Nicolas) Benédictin de la Congrégation de S. Vanne, natif de Sedan, Profés de l'Abbaye de Mouſon, le 9. Novembre 1708. après avoir profeſſé avec honneur les Cours de Philoſophie & de Théologie, a rempli les emplois de Prieur & de Viſiteur dans ſa Congrégation, & a compoſé & écrit de ſa main ſeize Volumes in folio, qui contiennent une Analyſe exacte & judicieuſe de tous les Auteurs de la Bibliothéque de l'Abbaye de Beaulieu en Argonne, qui a été, pour la meilleure partie, choiſie & compoſée par le R. P. Dom Antoine l'Archer, mort Préſident de ſa Congrégarion en 1737.

Udon, Evêque de Toul, ſuccéda au Pape Leon IX. dans le gouvernement de cette Egliſe. Il étoit natif du Pays des *Ripuaires*, c'eſt-à-dire, des Peuples qui habitent entre le Rhin & la Meuse. Son pere Ricuin étoit un des plus grands Seigneurs de ce Pays, & sa mere Mathilde tiroit son origine de la Souabe. Ils comptoient entre leurs ancêtres des Princes & des Rois. Ricuin leur fils aîné, fut Comte de Saintois, comme nous l'apprenons d'une Chartre du Pape Leon IX. de l'an 1044. L'Auteur manuscrit de sa vie, qui étoit entre les mains du R. P. Benoît Picart, Capucin de Toul, nous apprend que le Comté de Saintois (*q*) avoit été donné au Comte Ricuin par l'Empereur Conrade le Salique, & confirmé à son fils Ricuin par l'Empereur Henri III. à condition que son fils aîné en seroit l'unique héritier; mais Ricuin fils n'ayant point eû d'enfans, le Saintois retourna à l'Empereur, qui en gratifia les Princes de la Maison d'Alsace.

Udon, qui étoit le fils puîné du Comte Ricuin, étoit d'un naturel si heureux & si doux, qu'il se faisoit aimer de tout le monde. Ses parens le confierent à Brunon, Evêque de Toul, qui fut depuis Pape, sous le nom de Leon IX. qui chargea de son éducation le savant Valtère, Chancelier & Doyen de l'Eglise de Toul.

A peine Udon avoit-il atteint l'âge de dix ans, qu'on le fit entrer au Séminaire de Toul, pour y être élevé dans la piété, & les Lettres convenables à un jeune homme qui est destiné au service de l'Eglise. Il donna dès-lors des marques d'une solide piété, vacquant assidûment à la priere, aux exercices de piété, à l'abstinence, & à la mortification de ses sens. Son inclination le portoit à se consacrer au service de Dieu & de ses Autels; & l'Evêque Brunon, après l'avoir éprouvé pendant deux ans, lui donna une place de Chanoine dans sa Cathédrale, pour le former aux pratiques de la Cléricature.

Il continuoit cependant ses études, & après avoir employé quelques années aux Humanités, on l'appliqua à la Philosophie de Pithagore; c'est-à-dire, aux Mathématiques, à la Musique, à l'Arithmétique, puis à l'Ecriture sainte, & à la Jurisprudence; enfin, l'Evêque Brunon, qui avoit pour lui une tendresse de pere, le fit choisir Princier de son Clergé. Cette dignité ne lui fit rien perdre de sa modestie, ni de son amour pour la retraite. Entre ses vertus, il avoit un attrait particulier pour la chasteté, & il prenoit toutes les précautions possibles pour la conserver précieusement; & pour éviter de lui donner la moindre atteinte, il avoit fait vœu de continence, même avant que d'être engagé dans les Ordres sacrés; & avoit choisi S. Jean l'Evangeliste pour son modéle, surtout dans la pratique de la plus parfaite chasteté; & par son secours, il surmonta toutes les tentations, que le démon & la concupiscence lui suscitèrent, pour l'ébranler dans sa sainte résolution.

Mais comme cette vertu est d'une délicatesse infinie, il ne laissa pas d'éprouver quelque affoiblissement; & Dieu permit, pour le punir, qu'il tombât dans une dangereuse maladie, qu'il attribua à son peu de fidélité; & occupé de cette pensée, il s'endormit, & crut voir S. Jean l'Evangeliste, qui lui reprochoit son peu de courage; mais en même tems il lui sembla que le même Apôtre lui faisoit lire ces trois Passages de l'Ecriture: *Lapidem quem reprobaverunt ædificantes, h.c factus est in caput anguli*; *Psal.* 117. & cet autre, Luc I. *Serviens Domino sine crimine*; & le troisième, Luc I. 6. *Incedentes in omnibus mandatis.* Il ne découvrit qu'à la mort cette vision, qui étoit comme le présage de ce qui lui devoit arriver; & il remarqua qu'au jour de sa Consecration Episcopale, le Diacre les lui sembla affectation & sans choix; mais ils se trouvent naturellement dans la Priere qu'on récita sur lui.

Le Pape S. Leon IX. garda l'Evêché de Toul encore trois ans, après son élévation au Pontificat; & il ne crut pas pouvoir donner une marque plus sensible de sa confiance, & de son affection pour Udon, que de le choisir pour son successeur dans ce Siége, auquel il avoit toujours été attaché de cœur & d'inclination. Il auroit pû lui donner un Evêché plus riche & plus éclatant; mais il lui donnoit ce qu'il avoit de plus précieux sur la terre, sa premiere Epouse bien-aimée.

Il fut sacré à Tréves le 15. des Calendes de Mai 1052. par l'Archevêque Eberard son Métropolitain, assisté d'Adalberon de Metz, & de Theodoric de Verdun. Il fut installé dans son Siége par l'Evêque de Verdun, en présence de Gerard d'Alsace, Duc de Lorraine, & de Loüis, Comte de Montbéliard & de Bar, & d'une multitude innombrable de Seigneurs du Pays, & du Peuple du Diocèse.

Dès le lendemain de son Sacre, il tint un Synode dans son Eglise Cathédrale, où il régla les droits des Avoüés de plusieurs Abbayes du Diocèse, qui causoient par leurs excès de grands troubles dans les Monasteres qui étoient confiés à leur défense. Il fit

---

(*q*) Le Saintois, *Pasques Salienfis* étoit entre la Meuse & la Moselle, ayant le Toulois au Nord, & le Comté de Merccœur au Midi.

en particulier des Réglemens, pour modérer les droits des Avoüés de l'Eglise de Remiremont, à la follicitation de l'Abbeſſe, qui étoit préſente au Synode, ſuivant l'uſage du tems, de même que les Abbés & Abbeſſes des autres Abbayes du Pays. Ils étoient rangés en cercle, l'Evêque à leur tête, au milieu du Chœur de la Cathédrale, chacun y portant les marques de ſa dignité, les Archidiacres ayant leurs Aumuſſes ſur la tête.

Le Château de Vancouleurs ſervoit alors de retraite à une troupe de pillards, qui ravageoient les Terres du Comté de Toul, & en particulier celles des Eccléſiaſtiques. Le Pape S. Leon n'étant encore qu'Evêque de Toul, fit aſſiéger cette Foreſeſſe; mais le Seigneur de Vaucouleurs, aidé du ſecours du Seigneur de Rivel, & de celui de Fliſte, obligea ſes troupes à en lever le ſiége.

Udon ayant traité avec le Duc de Lorraine & le Comte de Bar, obtint d'eux 500. hommes de bonnes troupes, avec le ſecours deſquelles il emporta le Château, après trois mois de ſiége, y mit le feu, & le raſa. L'Hiſtoire rapporte qu'il ſe trouva en perſonne à toutes les attaques, encourageant les ſoldats par ſa préſence. Le Duc de Lorraine & le Comte de Bar, peu de tems après, étant ſur le point d'entrer en guerre pour des intérêts de famille, Udon les reconcilia par un Traité paſſé entre eux en 1057.

Gobert, Seigneur d'Apremont, avoit envahi quelques Terres d'un Seigneur de Cerniéville, vaſſal d'Udon; ce Prélat le contraignit à rendre ce qu'il avoit pris, employant, pour cela, les armes & les cenſures. Tel étoit alors l'état de la Lorraine, remplie de Seigneurs particuliers & indépendans, qui ſe faiſoient la guerre pour de très légers intérêts, & accabloient impunément les peuples par leurs violences.

Les Evêques & les Abbés, poſſédans des Fiefs de l'Empereur ou du Roi, étoient obligés de conduire leurs ſoldats à l'armée, & de leur fournir les armes & les alimens néceſſaires. L'Evêque Udon, dans une Aſſemblée de Seigneurs, ou de Prélats, obtint exemption de cette ſervitude pour les guerres qui ſe faiſoient hors de la Province; mais à cauſe du Fief de Berkem, qu'il poſſédoit en Alſace, il fut dit, qu'au cas que la guerre ſe feroit en Alſace, il ſeroit obligé d'y conduire ſon contingent de ſoldats.

Il y avoit près la Ville de Toul un Prieuré ſous le nom de S. Anian, fondé depuis l'Epiſcopat de S. Gauzelin, dépendant de l'Abbaye d'Indes, ou de S. Corneille, près la Ville d'Aix-la Chapelle. L'Evêque Udon réſolut de l'ériger en Abbaye, & en obtint le conſentement de Veric, Abbé de S. Corneille.

Udon donna à l'Abbé quelques fonds de ſon propre Patrimoine, pour le dédommager de la perte de ce Prieuré. Le Traité conclu entre eux, fut ratifié par l'Empereur Henri IV. & le Prieuré de S. Anian fut érigé en Abbaye ſous le nom de *l'Abbaye de S. Sauveur*. Les Benédictins y furent introduits ſolemnellement, & y demeurerent quelque tems; mais il ſurvint depuis quelques difficultés, qui les obligerent d'en ſortir, même avant la mort de l'Evêque Udon. Ainſi Saint Anian reprit ſon ancien titre de Prieuré.

Il y a lieu de conjecturer que l'Evêque Udon, ayant deſhérité ſes propres parens, pour enrichir cette nouvelle Abbaye de S. Sauveur, ces mêmes parens ou revendiquerent les biens qu'il lui avoit donnés, ou s'oppoſerent à l'exécution de cette fondation (*r*). On ignore aujourd'hui juſqu'au lieu où étoit ce Prieuré, ou cette Abbaye.

Eudes, Comte de Champagne, ayant ruiné le Bourg de S. Amand, aujourd'hui renfermé dans la Ville de Toul, & en ayant brûlé l'Egliſe, l'Evêque Udon fit rétablir le Village & l'Egliſe.

L'Abbaye de Bleurville fondée par Renard III. du nom, Comte de Toul, & confirmée par le Pape Leon IX. Evêque de Toul en 1050. appartenoit peut-être dès ſon origine à l'Egliſe de Toul, à laquelle elle avoit été ſoumiſe par ſes fondateurs. Le même Pape Leon IX. confirma en 1052. la ceſſion qui en avoit été faite à ſon Egliſe, & Udon, Evêque de Toul, ſon ſucceſſeur dans ce Siége, rendit cette même année le Comté de Toul à Friderie, Gendre du Comte Renard, époux de Gertrude. Frideric en avoit été dépouillé par ſa déſobéiſſance à Leon IX. & pour punir l'inſolence de ſa femme; mais il ne lui rendit ce Comté, qu'à condition qu'il céderoit à l'Evêque Udon l'Avocatie de Bleurville, que le même Comte Renard avoit vendüe quelques années auparavant à Leon IX.

Le ſucceſſeur immédiat du Comte Renard III. fut *Arnoû* (*s*), dont la dépoſition ſe fit avec grand eclat dans une Aſſemblée générale du Clergé & de la Nobleſſe, où Arnoû fut convaincu de concuſſion & de violence. Pour contenir dans le reſpect & dans

---

(*r*) Voyez les Preuves de l'Hiſtoire de Lorraine. | (*s*) Benoît, Hiſtoire de Toul, pag. 382. 383.

le devoir Frideric succeſſeur d'Arnoû, l'Evêque Udon en 1069. publia un Réglement qui borne les droits des Comtes de Toul. Ces Réglemens furent rédigés par Herman, ſon Vice-Chancelier, & ſouſcrit par Valtes ſon Chancelier, qui y étoient préſens. On y voit quelle étoit alors l'autorité d'un Evêque de Toul ſur les Monnoies, les grands Chemins, la ſûreté publique, l'établiſſement & la deſtitution des Officiers.

Alberic, fils du Comte Arnoû, qui, comme nous l'avons vû, avoit été dépoüillé du Comté de Toul par l'Evêque Udon (*t*), réſolut de venger l'affront qui avoit été fait à ſon pere; & ayant pris à ſa ſolde pluſieurs ſoldats avanturiers, concerta avec eux de ſurprendre la Ville de Toul, & de rétablir ſon pere dans ſa dignité, malgré l'Evêque. Il s'étoit ſaiſi pendant la nuit de la Porte la Rouſſe, & ſes ſoldats avoient déja pénétré dans la Ville, lorſque les Bourgeois coururent aux armes, les repouſſerent & les obligerent d'abandonner leur Chef, qui ſe jetta dans le foſſé, & ſe ſauva à la nage.

Udon outré de l'attentat d'Alberic, le frappa d'excommunication, le dépoüilla de tous les Fiefs qu'il tenoit de l'Egliſe de Toul, & le bannit des Terres de l'Evêché. Loüis, Comte de Monçon, & la Comteſſe Sophie ſon épouſe, s'employerent auprès du Prélat, pour lui obtenir le pardon. Udon lui pardonna, à condition qu'il lui feroit ſatisfaction, donneroit caution de ſa fidélité pour l'avenir.

Dans tout ce que nous venons de voir du gouvernement de l'Evêque Udon, nous l'avons repréſenté plutôt comme Prince temporel, que comme un Prelat occupé des ſoins de ſon troupeau. Nous avons touché, en paſſant, la fondation qu'il fit de l'Abbaye de S. Sauveur, en achetant le Prieuré de S. Anian, & y ajoutant une grande partie de ſes biens patrimoniaux; le tout pour témoigner ſa reconnoiſſance au Pape Leon IX. qui l'avoit toujours aimé d'un amour paternel, & qui l'avoit comblé de faveur & d'honneur, afin qu'à perpétuité on en fît mémoire dans ce Monaſtere, & qu'on y priât pour les ames de l'un & de l'autre.

Il entreprit enſuite de réparer l'Egliſe de S. Gengoul, & d'y rétablir le Chapitre que S. Gerard, un de ſes prédéceſſeur, y avoit fondé (*u*); il en répara donc l'Egliſe qui étoit en très mauvais état, l'enrichit des biens de ſon Patrimoine, & forma cette Collégiale des plus zélés Eccléſiaſtiques de ſon Dioceſe, auxquels il donna, pour Chefs, un Prévôt & un Doyen; il lui unit le grand Archidiaconé de ſon Egliſe Cathédrale, y mit les Ornemens d'Egliſe, & en répara les Bâtimens.

Il réduiſit à l'obéïſſance les habitans de Varangéville, qui refuſoient de le reconnoître pour Evêque (*x*), ſous prétexte qu'ils dépendoient de l'Abbaye de Gorze, qui eſt du Dioceſe de Metz. Il intéreſſa dans ſes juſtes prétentions Eberard, Archevêque de Tréves, ſon Métropolitain, qui fit aſſembler les Evêques de ſa Province Eccléſiaſtique, pour juger cette affaire; & l'Aſſemblée ſe tint dans l'Egliſe de Toul, au mois de Juillet 1057. Le Métropolitain n'ayant pû s'y trouver, y envoya, en ſa place, un de ſes Archidiacres, nommé Arnoû. Les habitans de Varangéville furent condamnés, & contraints par cenſures, à reconnoître la Juridiction de l'Evêque de Toul. A ce Concile aſſiſterent Adalberon Evêque de Metz, Theodoric Evêque de Verdun, les Abbés de S. Evre, de S. Mihiel, de S. Manſui, de Moyenmoutier, de Senones, de S. Sauveur en Vôge, de Gorze, de S. Arnoû, de S. Vincent, de S. Symphorien, de S. Felix, aujourd'hui S. Clement de Metz; les Princiers de Metz, de Toul & de Verdun, un grand nombre d'Archidiacres de ces trois Egliſes, avec la plûpart de la haute Nobleſſe du Pays, qui ſignerent les Actes de ce Concile.

Notre Prélat eut encore une occaſion de ſignaler ſon zéle (*y*), à cauſe du ſchiſme de Cadaloüs, Antipape créé en 1061. contre le vrai Pape Alexandre II. Cadaloüs, auparavant Evêque de Parme, étoit ſoutenu par l'Empereur Henri IV. L'Evêque Udon eut la hardieſſe d'écrire à cet Empereur, & de lui déclarer avec une fermeté Epiſcopale, qu'il ne pouvoit ni ne devoit ſoutenir cet Antipape contre le légitime Paſteur de l'Egliſe; Que Dieu ne l'avoit placé ſur le Trône Impérial, que pour la défenſe de ſon Egliſe, & qu'il devoit craindre, s'il l'opprimoit, d'être lui-même rejetté de Dieu, comme Saül. L'Empereur irrité de ce diſcours de l'Evêque, chercha toujours depuis les occſions de le chagriner. Udon ne s'en mit pas en peine, & il parla encore avec une égale hardieſſe dans le Concile de Mayence, tenu en 1069. où il fut queſtion de décider ſi l'Empereur Henri pouvoit répudier ſon épouſe. Udon opina hardiment,

---

(*t*) Benoît, Hiſtoire de Toul, pag. 383.
(*u*) Voyez dans les Preuves de l'Hiſtoire de Lorraine l'Hiſtoire de Toul.
(*x*) Hiſtoire de Toul, pag. 383.
(*y*) Ibidem, pag. 385.

que son mariage étoit légitime, & qu'il ne pouvoit le faire déclarer nul, sans violer les loix de l'Eglise.

Il tomba malade dans sa Terre de Berkem en Alsace, au retour du Concile de Mayence, & y mourut le 14. de Juillet 1069. la dix-huitiéme année de sa consécration. Il fut rapporté à Toul, & son corps honorablement enterré dans la Cathédrale devant l'Autel saint Blaise. Quelque tems après, les Chanoines de S. Gengoû redemanderent son corps, pour l'enterrer dans leur Eglise, en reconnoissance des biens qu'il leur avoit faits. Son Mausolée est élevé à la droite du Maître-Autel de S. Gengoû.

Sa vie se trouve dans l'Ouvrage intitulé, *Cædulæ cujuslibet Episcopi Tullensis*, imprimé dans l'Histoire de Lorraine, Tome premier, pag. 211. & suiv. Elle avoit été composée en particulier par un Chanoine de Toul, contemporain, qui avoit étudié sous Eudes d'Orleans, Evêque de Cambrai. Le R. P. Benoît Picart avoit eû en main une copie de cette vie. Udon eut pour successeur dans l'Evêché de Toul, Pibon né en Saxe, célébre dans son tems, comme nous en avons parlé sous son article.

VILLIERS (D. Placide de) Benédictin de la Congrégation de S. Vanne, natif de Vesoul, Profés de l'Abbaye de Luxeüil, le 5. Août 1635. a composé une Histoire Latine de l'Abbaye de Luxeüil, sous ce titre : *Eductum è tenebris Luxovium, seu Chronicon Luxoviense, ex vetustis illius monumentis tamquam ex pulvere exerutum anno Domini* 1684. Dom Leandre Vincent a fait l'éloge de Dom Placide de Villiers, qu'il a mis à la tête de son Ouvrage, en ces termes :

„ Hic patriâ Vesulanus, piis & honestis
„ parentibus natus, adolescens in hac insi-
„ gni Abbatia Luxoviensi habitum Stissimi
„ P. N. Benedicti die 5. Augusti anno Do-
„ mini 1656. suscepit, in quo per 33. an-
„ nos maximâ cum omnium ædificatione,
„ perseveravit, junctâ vivacitate ingenii &
„ facilitate instructus, honestate morum
„ ac probitate ornatus, apud omnes singu-
„ larem sui existimationem promeruit; stu-
„ dium litterarum cum pietate tanto pro-
„ fectu conjunxit, ut omnes ferè scientias
„ & artes assiduâ exercitatione sit adeptus;
„ Philosophiâ, Theologiâ, Historiæ scien-
„ tiâ, Musicâ, Organorum constructio-
„ ne & mirâ modulatione, verbi divini præ-
„ dicatione famam non mediocrem sit adep-
„ tus : tot egregias animi dotes unus epilep-

„ siæ morbus ferè inutiles reddidit. Cùm
„ enim laudabiliter officium Subprioris in
„ Prioratu Mortuacensi, & in nostro Col-
„ legio sancti Jeronimi Dolani, per quin-
„ quennium exercuisset, morbus adhuc la-
„ tens erupit ; nullum fuit remedium quod
„ non sit expertus : tandem morbo ingra-
„ vescente, totum se providentiæ divinæ
„ commisit. Præter hanc Historiam (Lu-
„ xoviensem), concinnavit etiam Psalte-
„ rium afflictorum ex diversis Psalmis se-
„ lectum & multis refertum sanctorum Pa-
„ trum sententiis, & motivis quibus mo-
„ veretur ut sese humiliaret sub potenti
„ manu Dei. Alia insuper opuscula devota,
„ Precationes ad solamen animæ suæ cons-
„ cripsit. Anno 1689. 11. Martii horâ
„ quintâ serotinâ in cubiculo suo inventus
„ est exanimis, epileptico casu, ut credi-
„ tur, suffocatus.

WARIN, Abbé de S. Arnoû de Metz, eut de gros démêlés avec Jean, Abbé de Fescamp en Normandie (z), à l'occasion d'un Religieux nommé Benoît, qui s'étoit retiré de Fescamp, & étoit venu à S. Arnoû de Metz, vers l'an 1040. Benoît avoit été Juif, & s'étant converti au Christianisme, s'étoit fait Religieux à Fescamp. L'Abbé Warin se défend de le rendre, disant qu'il n'étoit pas Moine de Fescamp ; mais qu'il avoit été Religieux de Gorze, qu'il y avoit été nourri, & y avoit fait profession sous l'Abbé Villaume, lequel lui avoit donné permission de venir de Gorze demeurer à S. Arnoû. Les Lettres de l'Abbé Jean sont pleines de véhémence & d'aigreur ; celles de l'Abbé Warin sont plus modérées, & toutefois pleines de vigueur & de force, & soutenuës de bonnes raisons. Elles se trouvent en manuscrit dans le Monastere de S. Arnoû de Metz.

WARINOT (Loüis) Prémontré, a composé la vie de S. Norbert, sous ce titre, *Vita sanctissimi Patris nostri Norberti, ex variis Auctoribus, & veteribus manuscriptis collecta ;* manuscrit in-4°.

WATRINELLE (D. Placide) Benédictin de la Congrégation de S. Vanne, Profés de l'Abbaye de Beaulieu en Argonne, le 26. Juin 1722. actuellement Curé au même lieu de Beaulieu, a composé un Ouvrage considérable, intitulé : *Accord littéral de plusieurs contradictions apparentes, qui se trouvent entre les passages de l'Ecriture sainte.* Cet Ouvrage est à la fin d'une longue & sérieuse étude, que l'Auteur a faite des Textes sacrés de la sainte Bible, des Inter-

(z) Mabill. veter. Analect. t. 1. pag. 229.

prétes

prêtes & Commentateurs, & sur-tout des Auteurs tant anciens que modernes, qui ont traité exprès des contradictions de cette espéce. Il en a ramassé plus de quinze cens contradictions, composées chacune de deux passages au moins, & quelquefois de quatre, cinq ou six, dans leur ordre, selon les Livres, Chapitres & Versets de l'Ecriture, toutes en François, se formant des difficultés de différentes manieres que pouvoit faire un Déiste, ajoûtant à chaque article sa réponse, & faisant voir, en suivant les meilleurs Interprétes, que, quelque explication que l'on apporte, l'Esprit de Dieu n'est point contraire à lui-même.

Y

Addition pour la page 1047.

YVES (Charles Saint) fameux Oculiste, faisoit sa résidence à Paris. Il n'appartient pas proprement à notre sujet, n'étant pas né Lorrain, & n'ayant pas même demeuré en Lorraine; mais comme il a adopté, & laissé son nom & ses biens à un sujet aujourd'hui célébre, né à Pagny sur Meuse, Village situé entre Toul & Commercy en Lorraine, nous avons crû ne pouvoir nous dispenser de parler du premier, après avoir fait mention du second ; d'autant plus que M. S. Yves n'est pas assez connu dans les Dictionnaires Historiques. Nous allons donc donner sa vie, telle qu'elle nous a été envoyée par les Messieurs de S. Lazare de Paris, parmi lesquels il a passé une grande partie de sa vie.

Charles S. Yves est né le 10. Novembre 1667. à la Viotte, proche Rocroi (*a*), dépendant du Domaine de Mademoiselle de Guise. Sa famille étoit attachée à quelques-unes des parties de ce Domaine, & la Princesse avoit des bontés pour elle, au point qu'elle voulut bien se charger dudit Charles S. Yves, & de son frere aîné. Elle les fit venir tous deux à Paris, & eut soin de leur éducation ; par la suite même elle les prit auprès d'elle comme Pages. La Maison de cette Princesse étoit aussi réguliere qu'un Couvent. Il falloit que tout le monde entendit la Messe journellement, & la Priere tous les soirs, à une heure réglée.

Charles S. Yves étoit naturellement rempli de l'amour de Dieu, & de ses mysteres, toujours le premier à s'acquitter de ses devoirs, & sur-tout de celui qui concernoit le service divin.

A l'âge de 18. ou 19. ans, voulant se retirer du monde, il choisit la Maison de S. Lazare. Il y fut reçû le 9. Octobre 1686. & après avoir fait son Noviciat, il y fit profession. On peut dire avec vérité, & il y en a encore des témoins, qu'il y a rempli tous ses devoirs tant temporels que spirituels.

Au bout de quelques années qu'il fut à S. Lazare, on le destina pour être à l'Apoticairie. Il sera observé qu'il avoit eû auparavant des dispositions & du goût pour la Médecine & la Chirurgie ; il s'y étoit beaucoup appliqué, & continuoit de le faire, en même tems qu'il travailloit à la Pharmacie dans l'Apoticairie de sa Maison.

En fort peu de tems il fit de grands progrès dans ces trois parties de la Médecine ; en sorte que non seulement il gouvernoit tous les malades de la Maison ; mais encore il étoit consulté de dehors.

Outre ses connoissances & sa grande capacité, il étoit né naturellement doux & compatissant, & son seul aspect donnoit de la satisfaction aux malades. Il étoit principalement attaché à ceux de sa Maison, & leur répandoit même des douceurs & des consolations, qui n'étoient point à charge à la Communauté.

Au bout de douze ou quinze ans de pratique des trois parties de la Medecine, il avoit vû & traité beaucoup de maladies des yeux. Comme il s'apperçut que c'étoit une partie de la Chirurgie, qui avoit été extrêmement négligée, & cependant une des plus essentielles à l'homme, il s'y livra particuliérement, en sorte qu'avant ce tems il étoit consulté pour toutes sortes de maladies ; mais pour-lors il se restraignit aux seules maladies des yeux. Les guérisons (*b*) surprenantes qu'il procura, lui attirerent une affluence considérable de malades de la Ville, des Provinces, & de toutes les Villes du Royaume ; par la suite il lui arrivoit des malades des Pays étrangers, ou en étoit consulté. Son nom & sa réputation se sont étendus dans toutes les parties du monde. Il ne manquoit jamais de se rendre exactement aux heures de ses audiences.

Il sortoit souvent de table, quand on lui disoit que c'étoit des gens de la campagne, qui devoient s'en retourner le même jour. Il étoit si bon & si charitable, que non seulement les bonnes gens de la campagne, mais les pauvres de la Ville recevoient les ordonnances & ses remédes *gratis*, & si leurs

---

(*a*) Les Régîtres de S. Lazare portent à Liard, Diocèse de Reims.
(*b*) On peut voir le détail de ces Cures dans le Traité qu'il a donné au Public sur les maladies des yeux, & leurs remédes.

maladies exigeoient des opérations, dans ce cas, il les faisoit rester à Paris, en les faisant subsister des aumônes, qu'il sollicitoit pour eux, & le plus souvent de ses propres deniers.

Le frere aîné de Charles S. Yves prit le parti du Dessein, & ensuite de la Peinture. Il fit du progrès dans cet état, & fut envoyé à Rome en qualité de Pensionnaire du Roi; il y resta trois ans, au bout desquels il revint à Paris. Il continua de travailler avec tant de succès, qu'il mérita d'être reçu à l'Académie.

En 1711. Charles S. Yves vint demeurer avec son frere à la Ville-neuve, Faubourg de Paris. Il étoit sorti de S. Lazare les mains pures, n'ayant rien épargné de son travail, à son profit; il fut obligé d'acheter des meubles, payables à postes, pour l'appartement que son frere lui avoit destiné.

Il continua depuis à mettre ses talens en usage avec la même charité, & le même désintéressement; tout Paris lui a rendu cette justice.

En 1715. étant beaucoup surchargé d'occupations, il choisit un jeune garçon Chirurgien à Paris, pour le former & l'aider à remplir toujours les vûes de charité, & pour donner à cet éléve les mêmes inclinations pour pratiquer les mêmes charités que lui. Le sieur S. Yves ne s'étant point trouvé de parent capable de s'instruire dans cet art, & ayant reconnu d'heureuses dispositions dans le Sujet qu'il avoit choisi, il l'a adopté, & lui a donné son nom, sous les motifs exposés au Roi, de l'avantage que le Public en retireroit.

Un pareil objet a déterminé Sa Majesté à lui accorder des Lettres Patentes enrégistrées au Parlement.

Dans le même tems que le sieur S. Yves procuroit à son éléve l'avantage susdit, il donna son Traité *des Maladies des yeux*. Depuis long-tems il travailloit à cet ouvrage, pour lui donner toute sa perfection, tant pour la connoissance de la structure de la partie, que des maladies en général, qui affligent cet organe, & des remédes & opérations, pour parvenir à leur guérison. Cet excellent Traité, joint à la haute réputation de l'Auteur, immortalisera son nom. Cet ouvrage s'est répandu par toutes les Villes du Royaume, dans les campagnes, ainsi que dans toutes les parties du monde. Il a été traduit en plusieurs langues; le Public en a tiré de grands avantages, puisque la plus grande partie de ceux qui étoient menacés de perdre la vûe, se sont trouvés ou soulagés, ou guéris, par l'administration des Médecins & des Chirurgiens attachés à sa méthode.

Le sieur S. Yves a continué de travailler jusqu'en 1732. à la vérité beaucoup aidé par son éléve. Il étoit sujet à la goûte & à la colique néfrétique. Cette même année, à la suite d'une attaque de goûte violente, il se fit une métastase de cette humeur sur ses reins. Dès ce moment il se fit une suppression de l'urine, qui, au lieu de se philtrer par les reins, reflua dans le sang, malgré tous les remédes usités: cet accident dura jusqu'au quinziéme jour, que les urines repercerent. Il rendit, dans l'espace de quatorze ou quinze heures, ce qui s'en étoit retenu pendant l'espace du tems marqué. Les douleurs qu'il ressentit, sont inexprimables, ainsi que sa patience & sa résignation. Il appréta lui-même les attributs convenables pour les saintes Huiles; il consoloit ses amis, & ceux qui lui étoient attachés. Dans ses momens de relâche, il chantoit des Hymnes, ou répétoit des Pseaumes, dont il étoit pénétré, ayant étudié le Latin avec succès.

Il s'étoit assez bien rétabli de cette maladie; mais l'année suivante 1733. elle le reprit avec plus de violence, & malgré les mêmes remédes, qui furent mis en usage la premiere fois, il mourut le 17e. jour, après avoir souffert des douleurs infiniment au-dessus de celles de sa premiere attaque. Je ne pense pas qu'il y ait de Martyr, qui ait plus souffert que lui, & qui ait marqué plus de patience, de courage & de constance; sa consolation étoit la priere continuelle. Il avoit fait son Testament, & avoit demandé en grace d'être enterré à S. Lazare, ayant toujours aimé cette Maison jusqu'à la fin. Quand il parloit de S. Vincent de Paule, c'étoit avec enthousiasme. Toujours il avoit aimé toute la Congrégation, & en étoit généralement aimé; il y parut bien par les marques de bonté que lui témoigna M. Coutil, en le recevant dans son Eglise. C'étoit lui qui l'avoit reçu à sa profession, & cela se trouva dans le même mois, le même jour, & le même quantiéme du mois. Ici finit le Mémoire fourni par Messieurs de S. Lazare.

Il avoit un neveu, nommé Jean Palmier, qu'il déshérita, & déclara pour son héritier ce jeune Lorrain de Pagny-sur Meuse, nommé Etienne Leoffroy, dont nous avons parlé, à qui il fit épouser sa Gouvernante, & lui permit de porter son nom, & le déclara son Légataire universelle, à l'exclusion de Jean Palmier son neveu.

Cette disposition du Testament de M. S.

Yves souffrit de la difficulté ; & l'affaire fut plaidée au Parlement, où M. S. Yves Légataire gagna son procès, comme on le peut voir au cinquième Tome des Causes celébres, pag. 520. 521. L'Arrêt est du 7. Mai 1734. C'est ce jeune M. S. Yves son éléve, & qui a été avec lui pendant plus de 20. ans, travaillant sous ses yeux & à son profit.

Le premier M. de S. Yves mourut à Paris le 3. d'Août 1733. Il a composé & fait imprimer à Paris en 1722. un Ouvrage intitulé, *Nouveau Traité des maladies des yeux, où l'on expose leur structure, leur usage, les causes de leurs maladies, leurs symptômes, les remédes & les opérations de Chirurgie, qui conviennent le plus à leur guérison, avec de nouvelles découvertes sur la structure de l'oeil, qui prouvent l'organe immédiat de la vuë.* Cet Ouvrage étant devenu rare, a été réimprimé à Amsterdam chez François l'Honoré en 1736. in-octavo.

Après l'Épître Dédicatoire adressée à Monseigneur le Duc, on trouve les approbations de M. Burette, de Mrs. Vinslou & Sybon, de M. Emmery, de M. Helvétius, de M. Arman, ancien Prévôt des Chirurgiens de Paris, & de M. Petit. Toutes ces approbations font l'éloge, & de l'Auteur, & du Livre de M. S. Yves.

On voit ensuite une Réponse de M. S. Yves, & une Lettre Critique de son Traité des maladies des yeux, insérée dans le Supplément du Mercure du mois de Mai 1722. sous le nom de M. Marchand, & pour servir d'addition à son Traité des maladies des yeux. Il y a dans cette Réponse de M. S. Yves plusieurs particularités qui regardent la même matiere, & les sentimens de plusieurs habiles Chirurgiens sur les maladies & la structure des yeux.

L'ouvrage de M. S. Yves est partagé en deux parties. On y trouve d'abord la description de l'oeil & de ses parties, & qui est une espéce d'introduction à son Traité, dans la premiere partie il traite des maladies de l'oeil en général, & des maladies qui attaquent le globe de l'oeil.

Dans sa Preface, il remarque judicieusement que le desir d'être universel dans un art, qui a autant de parties, qu'en a la Chirurgie, est très loüable ; mais comme chacune de ses parties est d'une très grande étenduë, on doit convenir qu'il est presque impossible d'y exceller également. C'est ce qui a obligé plusieurs de s'attacher uniquement à une des parties de la Chirurgie. En effet, il n'est pas étonnant que l'expérience souvent réitérée de quantité de faits particuliers, qui ont passé par les mains de ceux qui ne s'attachent qu'à une partie singuliere de la Chirurgie, leur ait donné des connoissances plus étenduës qu'aux autres.

Mais il est vrai aussi que ce sistéme ne peut guéres avoir lieu que dans de grandes Villes, où il y a plusieurs Chirurgiens, plus ou moins employés.

M. S. Yves, après avoir donné d'abord une description des parties de l'oeil, de leurs usages, & des régles particulieres pour connoître les principes de la science dont il écrit, qui consistent dans la connoissance de l'etat, & des différentes altérations de la vuë, il commence par les maladies des parties externes de l'oeil. De plus, il donne une méthode de faire l'opération de la fistule lacrymale, & ensuite la maniere de guérir plusieurs maladies de l'oeil, par l'application de la pierre infernale, dont l'usage n'avoit pas été employé avant lui dans ces occasions.

Le second Livre renferme les maladies des différentes parties qui composent le globe de l'oeil, où l'on trouve le détail des différentes espéces d'ophtalmies, & un nouveau sistéme sur la maniere dont se forme la cataracte. Il ne parle que des maladies qu'il a vuës & traitées lui-même, & il ne donne que *des remédes les plus simples, & les plus aisés à composer.*

FIN.

ADDITIONS ET CORRECTIONS
A la Bibliothéque Lorraine.

Depuis l'Impression de cet Ouvrage, il nous est survenu plusieurs Articles & Additions, que nous avons crû pouvoir inférer ici.

ABRAM, *pag.* 4. *ajoûtez* : Nous avions promis en plus d'un endroits de faire imprimer dans cette Bibliothéque Lorraine, *l'Histoire de l'Université du Pont-à-Mousson*, écrite en Latin par le R. P. Abram ; nous l'avions même envoyée à l'Imprimeur, pour la placer à la fin de cet Ouvrage, comme une espéce de suite ou de Supplément à la Bibliothéque Lorraine : mais on a fait agir des personnes d'autorité, qui nous ont instamment prié de ne la pas faire imprimer, parce, disoit-il, qu'il y avoit certaines particularités, qu'on ne désiroit pas qui parussent au Public. Comme nous n'avons aucune envie de désobliger personne, nous avons acquiescé aux prieres qu'on nous a faites. Il en résulte deux inconvéniens ; le premier, que ce Volume de notre Bibliothéque n'a pas sa juste grosseur ; le second, que le Public est privé d'un grand nombre de particularités des Auteurs Lorrains, que je n'ai pas rapportées dans le Corps de cet Ouvrage, dans l'espérance que le Lecteur les trouveroit dans l'Histoire de l'Université du Pont-à-Mousson, que le Public attendoit avec impatience, & que je prie qu'on ne m'impute pas d'avoir supprimée.

Page 21. *Adolphe de Sierk* ; *ajoûtez* : Le R. P. Jean Puth, Chartreux de Tréves, nous écrit du 25. Janvier 1752. qu'après avoir long-tems & inutilement cherché la Vie manuscrite de Marguerite de Baviere, Duchesse de Lorraine, il l'a enfin trouvée dans un Manuscrit de la main du R. Pere Thierri Leutsch, Sacristain de la Chartreuse de Tréves. Ce Manuscrit commence par ces mots : *Sequitur Vita beatæ Margaretæ Palatinæ Reni Boiariæ seu Bavariæ, Principis Roberti Bavarri Imperatoris filiæ, Caroli secundi Lotharingiæ Ducis conjugis, ex Matthæo Radero S. J. Sacerdote ; qui ex Manuscriptis V. P. D. Adolphi ex Assindia, Professi & Prioris Domûs Trevirensis, necnon Rectoris Carthusiensis novæ Plantationis in Mariæ Rivula prope Circinia.* Ceci ne prouve pas que ce Manuscrit soit la vie originale de la Duchesse Marguerite, mais une Copie de ce qu'en dit le R. P. Raderus dans sa *Baviere sacrée*. Il est à remarquer que ce Religieux qui nous écrit, nomme toujours l'Auteur de cette Vie, *Adolphus de Assindia.*

Page 59. *lig.* 25. *Argentrey du Plessis* ; corrigez & supprimez tout cet Article. Ceux qui m'ont fourni des Mémoires, ont crû que M. Argentrey du Plessis étoit de Toul ; c'est une faute grossiere, il étoit né au Château du Plessis, Paroisse d'Argentrey ; mais on a imprimé plusieurs de ses Ouvrages à Tulles en Limousin, & en particulier celui que j'ai rapporté sous son article, *Collectio judiciorum de novis erroribus, &c.* On a trois Volumes in-folio de cet Ouvrage, imprimés à Paris : on peut voir le premier Tome du Supplément de Moreri, imprimé à Paris in-fol. 1749. Le mot *Tulles* a donné occasion à l'erreur que nous corrigeons ici.

Bacchio (Henry) Lorrain d'origine, issu de parens Italiens, naquit à Nancy en 1609. entra dans la Société de Jesus le 30. Août, & fit profession le 27. Décembre 1643. à Dijon, où il enseigna la Rhétorique l'espace de cinq ans ; après quoi on l'envoya prêcher en différens endroits. Il eut la conduite de plusieurs Colléges ; & étant Préfet des Classes à Pont-à-Mousson, il y mourut le 25. Janvier 1681.

Il a fait imprimer à Dijon chez Paillot en 1647. une Oraison funébre de *Roger Bellegarde*, in-quarto ; il l'avoit prononcée dans la Salle du Collége de Dijon le 23. Mai 1647.

Page 77. *lig.* 43. *Loüis Cardinal de Bar*, quatriéme fils de Robert I. du nom, Duc de Bar, mort en 1411. & de Marie, fille de Jean I. Roi de France. Loüis de Bar dont nous parlons ici, fut élevé à Paris, & y fit ses études. Le Duc Robert son pere y résidoit ordinairement. Loüis fit paroître de très bonne heure une pieté solide, & un grand talent pour le maniement des affaires, & même pour l'Art militaire ; mais son goût dominant le détermina à choisir l'état Ecclésiastique.

Il fut d'abord nommé en 1391. Administrateur de l'Evêché de Poitiers, puis Evêque de Langres en 1395. & enfin créé Cardinal en 1397. par le Pape Benoît XIII. à la confidération du Roi Charles VI. Le Cardinal de Bar employa son zéle à faire cesser le schisme qui déchiroit l'Eglise. Pour y réussir, il fallut déposer Benoît XIII. & Grégoire XII. auquel on substitua Alexandre V.

Ce Pontife donna au Cardinal de Bar le titre de Cardinal-Prêtre des douze Apôtres, qu'il quitta depuis, pour porter celui de l'Evêché de Porto. Alexandre V. le fit son Légat en France & en Allemagne, pour publier le Concile de Pise, qui y fut reçû avec applaudissement, aussi-bien qu'en Lorraine & dans le Duché de Bar.

Il fut transféré en 1413. à l'Evêché de Châlons-sur Marne (*a*), & il se rendit au Concile de Constance, sur lequel il a laissé quelques Mémoires, qui se conservent dans les Archives de l'Evêché de Verdun. Il fut transféré de Châlons à Verdun, par permutation avec Jean de Sarbruche, Evêque de Verdun, qui cherchoit à quitter cette Province. La permutation fut confirmée en 1419. par le Pape Martin V.

Le Cardinal de Bar avoit cinq freres & cinq sœurs, qui ne laisserent point d'enfans. Il se démit de son Duché de Bar en 1419. en faveur de René d'Anjou, son petit-neveu; s'en réservant seulement l'administration. Dès-lors il songea à unir le Duché de Bar à celui de Lorraine, par le mariage du même René d'Anjou, avec Isabelle de Lorraine, fille aînée du Duc Charles II. Ce mariage fut conclu en 1420. ainsi que nous l'avons raconté plus au long dans l'Histoire de Lorraine, de même que les suites de ce fameux mariage.

Le Pape Martin V. nomma notre Cardinal son Légat en France, & le chargea de travailler à un accommodement entre Charles VII. Roi de France, & Henri VI. Roi d'Angleterre; mais n'y ayant pas réussi, il prit le parti de la neutralité pour le Duché de Bar & l'Evêché de Verdun, & il se donna tout entier au bon gouvernement de l'un & de l'autre, & à y maintenir la paix, autant par la voie de la négociation, que par celle des armes, qu'il fut obligé d'employer contre les bandits qui défoloient le Pays; & s'empara de quelques Châteaux qui leur servoient de retraite, & qu'il fallut attaquer & réduire par la force.

Il publia de beaux Réglemens, qu'il fit pour la réforme des mœurs & de la discipline, & qui furent connus sous le nom de Statuts Synodaux, lorsqu'il gouvernoit les Diocèses de Châlons & de Langres. Vari de Dommartin, un de ses successeurs dans le Diocèse de Verdun, en fait mention dans sa Collection des Statuts, & les cite sous le nom du Cardinal de Bar d'heureuse mémoire.

Ce Cardinal mourut à Varennes le 23. Juin 1430. son corps fut rapporté à Verdun, & inhumé devant l'Autel de la Chapelle de S. Martin & de sainte Elizabeth, que Thiébaut II. Comte de Bar avoit fondée; sa tombe y est un peu élevée, & on y lit son épitaphe en seize vers. Nous avons fait imprimer son Testament dans l'Histoire de Lorraine, sous l'an 1430. On peut voir son Histoire plus au long dans celle de Verdun (*b*); nous la rapportons ici en abrégé, principalement sous l'idée d'homme de lettres, qui doit avoir place dans la Bibliothéque Lorraine. On en a déja parlé ci-devant; mais d'une maniere un peu trop succinte.

Page 86. *lig.* 38. Baudoüin, Archevêque de Tréves, a fait un fort bon Ouvrage, & très utile pour le bon gouvernement de son Archevêché. Il en est fait mention dans la Vie manuscrite de l'Archevêque Baudoüin; & M. de Hontheim en donne une idée assez distincte (*c*), que nous avons tirée de la Préface de son second Tome de l'Histoire de Tréves. Cet Ouvrage renferme deux Livres en trois Volumes, où l'on voit les Droits, Priviléges & Franchises de l'Archevêché de Tréves, & la maniere de conserver tant les anciens fonds, que ceux qu'il a acquis de nouveau. Il fit faire trois Copies de ces deux Livres; l'une pour être conservée dans le Trésor de l'Eglise Métropolitaine; l'autre pour le trésor du Palais Archiépiscopal; & une troisiéme moins grosse & moins épaisse que les deux autres, pour être toujours portée même dans les voyages de l'Electeur. Ce Prélat eut très-grand soin de confronter ces trois Exemplaires les uns avec les autres, afin de les rendre aussi corrects & aussi semblables à l'Original, qu'il étoit possible.

Le premier Volume contient les Titres des biens de cette Eglise, acquis avant l'Episcopat de Baudoüin; ensuite les Lettres qui regardent les biens acquis de son tems. On y voit, 1°. les Lettres des Papes, 2°. des Empereurs & des Rois; 3°. des Biens & des Fonds de l'Eglise de Tréves; 4°. des Fiefs, 5°. des Chartres gâtées de pourriture, qui ont été données par les Papes, les Empereurs & les Rois, & dont les Sceaux sont perdus.

(*a*) Histoire de Verdun, p. 371.
(*b*) Histoire de Verdun, p. 370. & suiv.

(*c*) Hontheim, t. 2. Hist. Trevir. pag. 8. 9.

Le second Volume contient les Lettres des Empereurs, des Rois des Romains, la Confirmation par les Electeurs de l'Empire Romain; celles de Jean, Roi de Bohême, Duc de Luxembourg; l'état des biens acquis par ledit Archevêque Baudoüin; enfin, le dénombrement des Fiefs relevant de son Eglise.

La protection déclarée de Baudoüin pour les hommes de Lettres, lui a procuré la Dédicace des Livres de quelques Savans de son tems; par exemple, Ludolf de Baberg, qui lui a offert un Livre, sous ce titre, *Des Droits de la Translation de l'Empire Romain*; *item*, Pierre de Lutra, Prémontré, qui lui a dédié un Livre intitulé, *De la Prérogative de l'Eglise de Tréves*, dont parle Trithéme dans sa Chronique d'Hirsauge, tom. 11. p. 174. & Cunon, qui a écrit un Abrégé de l'Histoire de Tréves, selon Brouver, *pro parasc. Annal. Trevir. c.* 3. p. 4. 5.

Baudoüin ayant entrepris de bâtir un Château à Biskenfeld dans son Diocèse, mais sur le fond du Comte de Starkemberg (d), qui étoit alors outre-mer, en pélerinage au S. Sépulcre; Lorette, épouse de ce Comte, amassa quelques troupes, pour obliger l'Archevêque de se désister de son entreprise; mais le Prélat, de son côté, fit le ravage dans le Comté de Starkemberg, & obliga la Comtesse à avoir recours aux voies de négociation. A force de prieres, elle obtint une Terre pour quelque tems. Dans l'intervalle, Baudoüin fut obligé d'aller donner les Ordres à Coblentz; il descendoit la Moselle dans une nacelle peu accompagné, la Comtesse l'arrêta prisonnier, & le retint dans son Château, jusqu'à ce qu'il se fût racheté par une rançon, & qu'il se fût engagé par écrit de renoncer à son entreprise contre Starkemberg.

Il fonda en 1330. la Chartreuse de Tréves, où il passoit tout le tems que ses occupations lui permettoient, dans l'exercice de la priere avec ces bons Religieux. Il mourut à Mayence en 1354. le 12. des calendes de Février, ou le 21. de Janvier. Il avoit choisi sa sépulture à la Chartreuse de Tréves; mais les Chanoines de la Métropole le retinrent dans l'Eglise Métropolitaine, & l'enterrerent dans le Chœur de S. Nicolas.

Le mérite de l'Archevêque Baudoüin étoit si universellement reconnu, qu'il eut successivement la conduite de l'Archevêché de Mayence, 1°. en 1320. après la mort de l'Archevêque Pierre; 2°. en 1328. après la mort de l'Archevêque Mathias (e). Il eut aussi l'administration de l'Evêché de Spire, & de celui de Vorms. *Vide Lehman. Chron. Spir. l.* 7. *Schaman. Hist. Vormat.* p. 394. *& Probation.* p. 1681.

La Vie de l'Archevêque Baudoüin, que nous citons dans son article, & que nous n'avons pû avoir, est imprimée dans les *Miscellanées de Baluze*, & comprend trois Livres & trente-neuf Chapitres. Elle a encore depuis été imprimée dans le quatrième Tome de la très ample Collection des RR. PP. Martenne & Durand, pag. 737. L'Auteur de cette vie, qui mérite certainement avoir place dans cette Bibliothéque Lorraine, est anonyme & contemporain de Baudoüin. Il est cité par les Historiens de Tréves, avec éloge, comme un Ecrivain judicieux bien instruit, & qui n'écrit que ce dont il a été témoin, & qu'il a appris de personnes discrettes & bien instruites.

Outre les deux Conciles Provinciaux de l'Archevêque Baudoüin, dont nous avons parlé, & qui sont imprimés, M. de Hontheim, dans son Histoire de Tréves, a donné un très grand nombre de Diplômes & de Lettres, depuis l'an 1308. jusqu'en 1354. qui regardent le règne dudit Archevêque, & qui peuvent beaucoup servir à illustrer son Histoire, & celle du Pays de l'Electorat de Tréves. Voyez tom. 3. depuis la page 35. jusqu'à la 180.

Pag. 86. *lig.* 53. *Baudry*, Auteur de la Vie d'Adalberon, Archevêque de Tréves, qui fut élû en 1131. est estimé comme un Ecrivain exact, fidèle & contemporain, qui étoit même attaché au service & à la personne d'Adalberon, dont il a écrit la vie. Son Histoire n'est point encore imprimée, quoique très digne de voir le jour. Hontheim, Hist. de Tréves, tom. 3. pp. 984. 985.

Pag. l. 86. 53. *Bayer (Conrade)* Evêque de Metz, depuis l'an 1415. jusqu'en 1459. étoit de la Maison de Bayer de Boppart, fort célébre & fort puissante en ce tems-là. Ce Prélat voyant avec regret le déréglement des Abbayes de la Ville de Metz, qui étoient monté à un point, que les Magistrats Séculiers même avoient été obligés d'employer leur autorité, pour les réprimer; Conrade fit venir à Metz Jean de Rhodes, Abbé de S. Mathias de Tréves, & Jean d'Agen, Abbé de Burtfeld, pour tâcher d'introduire la Réforme de Burtfeld dans les Abbayes de la Ville de Metz. Il en fit la visite le 9. Décembre 1433. & dressa le 12. du même mois des Statuts pour le bon gouvernement de ces Maisons. Ces Statuts défendoient aux Reli-

(d) Aujourd'hui Trarbak.
(e) *Vide de Honsheim, Hist. Trevir. tom.* 2. pp. 122.

gieux de posséder rien en propre, & leur ordonnoient d'apporter dans un mois ce qu'ils pouvoient avoir en propriété ; de réciter l'Office divin posément, & aux heures réglées ; de manger tous en commun, & de faire la lecture pendant le repas ; de coucher tous au Dortoir ; d'exclure toutes sortes de femmes du Monastere ; de conserver la tonsure & l'habit monastiques ; de ne pas sortir du Cloître, sans la permission du Supérieur ; de n'avoir ni chiens de chasse, ni oiseaux. Tout cela fut ordonné sous peine de censures ; mais le zéle de l'Evêque Conrade n'opéra que peu de choses, le mal étoit trop grand & trop invétéré ; l'ouvrage de la Réforme étoit réservé au grand Cardinal de Lorraine, qui procura par ses soins & son autorité, la Réforme de la Congrégation de S. Vanne, dans les Abbayes de Metz & dans les autres de la Lorraine & des trois Evêchés.

Pag. 171. *Brouverus* ; ajoûtez à son article, que la premiere Edition de ses Annales de Tréves, est extraordinairement rare, & très recherchée par les Savans & les Ecrivains ; mais il est très difficile d'en recouvrer un seul exemplaire. Quant à la seconde Edition, elle est très commune ; mais on soupçonne avec grande raison, que nous ne l'avons pas telle qu'elle avoit été composée par l'Auteur, ayant été pendant trois ans entre les mains des Reviseurs. On a lieu de croire qu'ils en ont retranché, corrigé & changé plusieurs endroits, selon leur goût, leur capacité & leurs intérêts : ce qui fait désirer que l'on puisse avoir communication de l'Exemplaire originale de Brouverus, qui se conserve dans les Archives de la Cathédrale de Tréves.

On sait aussi que le même Brouverus avoit composé la Notice des Monasteres du Diocése de Tréves, sous le titre de *Notitia Monastices Diœcesis Trevirensis* ; & l'Abrégé de l'Histoire des trois Evêchés, Metz, Toul & Verdun, & un dénombrement des Sources & Fontaines qui sont salutaires à la santé, & dont on voit un assez bon nombre dans le Pays de Tréves ; mais ces ouvrages n'ont pas encore paru, & peut-être sont-ils cachés avec le grand Ouvrage des Annales de Brouverus. Voici comme s'en expliquent ses Confreres, à la tête de l'Original de ces Ouvrages :

Hæc Metropolis (f) *partim à Brouvero, partim à Maserico collecta, & ab hoc ultimo digesta & composita, censurâ Patrum nostrorum approbata fuit : sed posteà à Consiliariis Principis cùm typo tradenda esset, suspensa, præcipuè quod terminos si desit quosdam disputationi obnoxios dicerent, meliùs ante ex Archivii &*

Archidiaconatuum decisionibus designandos. Unde ultima manus à Compositore non non adhibita, & errata quædam grammaticalia non correcta ; tum obscurior hinc inde sensus & constructio, quarumdam additione aut subtractione usuum emendanda, qua Auctori non vacabat, re neglectâ præstare.

Pag. 172. *lig.* 23. *Buch* (*Henry-Michel*) natif d'Arlon, Ville du Duché de Luxembourg, Instituteur des Freres Cordonniers & Tailleurs en France ; étoit né de parens pauvres, apprit le métier de Cordonnier, pour gagner sa vie. Son inclination pour la pratique des œuvres de piété, le porta à un dégré de perfection peu commun. Il prit pour modéle les saints Crepin & Crepinien, Patrons des Cordonniers, &, à leur exemple, il alloit de Ville en Ville, afin de gagner les ames à Dieu par le moyen de son travail. Il alloit chercher les Compagnons Cordonniers dans les Cabarets, dans les Berlans & dans les Boutiques ; & s'insinuant dans leurs esprits avec douceur, il leur inspiroit la dévotion dont il étoit rempli.

La Providence l'ayant conduit à Paris, il y continua ses exercices avec beaucoup de succès, & y acquit la connoissance du Baron de Renti, qui ayant remarqué les trésors de graces, que Dieu avoit mis dans le cœur du *Bon Henry*, (car c'est ainsi qu'on le nommoit) lui donna toute sa confiance, & lui procura toute la protection dont il avoit besoin, pour l'exécution de ses pieux desseins. On l'engagea à se faire recevoir Maître Cordonnier, afin d'avoir occasion de prendre plusieurs Compagnons, & de leur inspirer la crainte de Dieu, & l'amour de la vertu.

Il commença par supprimer ce qu'on appelloit le *Compagnonage*, qui étoient certaines maximes abominables, reçuës par les Artisans du même métier, tenuës fort secrettes, & couvertes sous le voile d'une piété apparente. Il fit défendre ces Assemblées par les Juges Ecclésiastiques, sous peine d'excommunication.

Ce fut vers le même tems, qu'à la sollicitation de M. de Renti, & de quelques autres personnes de piété, il établit une Société de gens de sa profession, qui devoit vivre suivant les maximes de l'Evangile, & la pureté d'une vie chrétienne. Cette Société fut résoluë & formée l'an 1645. le jour de la Purification de la sainte Vierge : ce fut le Curé de S. Paul de Paris, qui en dressa les Réglemens ; on en établit trois Communautés dans Paris. Jean-François de Gondy, Archevêque de cette Ville, approuva ces Ré-

(f) *Hontheim - Hist. Trevir. tom.* 3. *p.* 999.

glemens & cette société, & leur donna pour Directeur un Abbé pieux & éclairé, par le conseil duquel ils devoient se gouverner.

Deux ans après deux Maîtres Tailleurs d'habits, des plus pieux de Paris, résolurent d'établir une semblable société pour les garçons de leurs métiers; ils allerent trouver le bon Henry le dernier jour du Carnaval de l'an 1647. & l'ayant trouvé avec ses Compagnons occupés au travail & à chanter les louanges de Dieu; ils le consulterent sur le sujet de leur dessein, & en même tems prirent les mesures pour l'exécuter. Dieu versa sur ces pieux établissemens de si abondantes bénédictions, qu'en peu de tems on vit des sociétés de Cordonniers & de Tailleurs, établis non seulement dans Paris, mais aussi à Toulouse & à Soissons; ce fut au milieu de ces saints & pénibles exercices, que Dieu retira du monde le bon Henri-Michel de Buch le 9. Juin 1666. Il mourut au milieu de sa Communauté des Cordonniers & fut enterré dans le Cimetière de S. Gervais sa Paroisse. Il y a à présent de ces Communautés de Tailleurs & Cordonniers dans plusieurs Villes du Royaume. On peut voir sur cela le P. Eliot, Histoire des Ordres Religieux, tom. 8. c. xxiij.

Pag. 276. ligne 12. Dorothée de Lorraine, Fille du Duc François I. & de Christine de Danemarck, vint au monde ayant les deux poignets collés à ses deux yeux, & les deux talons attachés à ses cuisses. Pierson Beaupré, dit *Chaulot*, entreprit cette cure & détacha les uns & les autres. Le Petit-fils de Chaulot en 1716. présenta Requête au Duc Léopold, pour en recevoir quelques gratifications.

Pag. 296. l. 1. Collaut (D. Hiacinthe) natif de Remiremont, fit profession à S. Vanne le 2. Juillet 1618. & mourut dans la même Abbaye le 29. May 1674. Il a composé plusieurs ouvrages de piété, comme

Deux Livres de la pratique de la présence de Dieu *in-4°*. *Mss.* conservés à S. Vanne.

Item, 39. Méditations sur la présence de Dieu *in-4°*. composées en 1642. *Mss.*

Traité de l'abnégation de soi-même, selon l'esprit de S. Benoît, *Mss.*

Les pensées de l'enfer, touchant les peines de l'ame & les supplices des damnés, *Mss.*

Le premier de ses Ouvrages a été composé en l'Abbaye de S. Airy en 1640. D. Ildefonce Bardin, Professeur en Théologie dans l'Abbaye de S. Vincent de Metz, a certifié par un Acte signé du 4. Décembre 1661. qu'il avoit lû avec un singulier contentement de son esprit, la pratique de la présence de Dieu, contenant plusieurs moyens très propres pour se maintenir dans ce saint exercice; il l'avoit trouvé tout-à-fait catholique, orthodoxe, & très utile pour conduire les ames dévotes au sommet de la perfection, en les faisant jouir dès cette vie, autant que la fragilité humaine le peut permettre de la félicité des bienheureux, qui consiste dans la jouissance de Dieu: que cet ouvrage étoit une production digne de la dévotion, du zele & de la piété de son Autheur, & méritoit de voir le jour.

Je n'ajouterai rien à ces traits qui sont le Panégyrique de D. Collaut & de son Ouvrage.

Pag. 319. lig. 9. Cusson (Jean-Baptiste) nous a souvent sollicité de lui aider à composer les Concordances de la bible dans un ordre & suivant une méthode nouvelle, qui consistoit à ranger les matieres selon l'ordre de la Grammaire Latine, en se conformant à la déclinaison des noms & la conjugaison des verbes: il avoit depuis longtems cette entreprise dans l'esprit, & s'il avoit vécu plus longtems il y a lieu de croire qu'il l'auroit exécutée.

Pag. 321. lig. 21. Danet (Pierre) Abbé de S. Nicolas des Prés de Verdun, Auteur de deux Dictionnaires, l'un Latin-François, l'autre François-Latin, le premier plus exact & plus estimé que le second. Ces Dictionnaires furent destinés à l'usage de Monseigneur le Dauphin, & Danet les a augmentés depuis considérablement. Il en avoit donné un essai dans un petit *in-8°*. intitulé: *Racines de la Langue Latine*, Latin & François. Il a encore donné un Dictionnaire François des Antiquités Gréques & Romaines, à l'usage de Monseigneur le Dauphin, *in-4°*. en mil six cens nonante-huit. Enfin il fut chargé de donner *Phedre* avec des notes à l'usage du même Prince.

Il avoit été Curé de sainte Croix dans la Cité à Paris, & de S. Martin au Cloître de S. Marcel; il y entra en 1699. & la quitta sur la fin de Septembre, ou en Octobre 1699. & mourut à Paris en 1709.

Pag. 328. lig. 36. Le R. P. Dominique, Chartreux, Profès de la Chartreuse de Tréves, étoit Prussien de naissance, est loué dans la Bibliothéque Chartreuse du R. P. Théodore Pétrée, Profès de la Chartreuse de Cologne, il en parle comme d'un excellent Religieux, dont tous les écrits respirent la plus tendre piété. Il a écrit

1. *Volumen cui titulus : Sonus epulantis.*
2. *Corona B. Mariæ Virginis.*
3. Un Livre de l'*Expérience*, où il rapporte plusieurs révélations qui lui ont été faites;

ADDITIONS ET CORRECTIONS

où il parle de soi-même en tierce personne.

4. *De contemptu mundi.*
5. *De verâ & humili obedientiâ.*
6. *Remedium gravissimarum tentationum.*
7. *Exercitium quo se religiosus spiritualibus meditationibus sedulò debet exercere.*
8. *De Pallio spirituali B. Virgini conficiendo.*
9. *De educatione pueri Jesu in cella.*
10. *Epistola ad quemdam confluentima Casthasia monachum, de exercitio exercitiorum.*
11. *Epistola contra metum pestiferæ contagionis.*
12. *Epistola de verecundiâ.*
13. *De exercitio dominicæ passionis.*
14. *De aula, sive domo spirituali B. Martæ Virg. extruenda.*
15. *De fructuoso missarum celebrandarum modo.*
16. *Rithmicum de contemptu mundi, cujus initium*

Homo Dei creatura
Cui in carne moritura
Est tam parva tibi cura
Pro æterna gloria.

17. *Canticum de corona stellarum duodecim;* dans lequel il adapte à la sainte Vierge ce que nous disons à Dieu dans le *Te Deum laudamus.* La plûpart de ces opuscules se conservent en manuscrit dans la Chartreuse de Tréves.

Le R. P. Dominique mourut âgé de 73. ans, le jour de S. Thomas Apôtre 21. de Décembre 1461.

Pag. 337. lig. 39. *Du Chatelet (Gabrielle-Emilie de Breteuil)* Fille de Nicolas de Breteuil, Baron de Preuilly, Introducteur des Ambassadeurs & Princes étrangers auprès du Roi, & d'Anne de Froulay ; épousa le 20. Juin 1725. Florent-Claude du Chatelet, Chevalier Seigneur de Cirey, Grand-Croix, Commandeur de l'Ordre Royal & militaire de S. Louis, Lieutenant Général des Armées du Roi, &c. Cette Dame encore plus distinguée par ses sentimens, par les connoissances & l'élévation de son esprit, que par sa naissance, entre naturellement dans notre Bibliotheque Lorraine, alliée à la Maison du Chatelet, une des plus ancienne & des plus illustre de ce Pays.

Elle a fait imprimer un ouvrage considérable intitulé : *Institutions Phisiques de Madame la Marquise du Chatelet adressées à M. son fils ;* imprimées à Paris en 1740. & réimprimées à Amsterdam aux dépens de la Compagnie en 1742. *in-8°.* accompagnées de Vignettes très proprement gravées en tailles douces, toutes instructives & proportionnées au sujet de chaque Chapitre, sans parler des autres gravures de Mathematique & de Germatrie, utiles pour l'intelligence de l'Ouvrage.

On y traite des Principes de nos connoissances, de l'existence de Dieu, de l'essence, des attributs & des modes, des hypotheses de l'espace du tems, des élémens de la matiere, de la nature des corps, de la divisibilité de la matiere, de la figure, de la porosité & de la solidité des corps, du mouvement, du repos, de la pesanteur, des découvertes de M. Newton sur la pesanteur, de l'attraction Neutonienne, de l'oscillation des Pendules, du mouvement des projections, des forces mortes, ou forces pressantes & de l'équilibre des puissances & de la force des corps.

A la fin on trouve une Lettre de M. Mairan à Madame la Marquise du Chatelet sur la question des forces vives ; & une réponse de Madame la Marquise du Chatelet à la Lettre de M. Mairan.

Dans l'avant propos adressé à Monsieur son fils, elle lui parle comme le supposant bien instruit des principes de la Géométrie, sans laquelle elle croit qu'on ne peut pas faire de grands progrès dans l'étude de la nature, cette science étant comme la clef de toutes les découvertes qu'on y a faites, & qu'on y peut encore faire. Elle parle de M. Descartes avec de grands éloges ; ce grand homme ayant paru comme un nouvel astre pour éclairer l'Univers dans les ténébres dont il étoit couvert. Elle dit que sa Germetrie, sa Dioptrique, & sa méthode sont des chefs-d'œuvres de sagacité, qui rendront son nom immortel. Que ce sont Descartes & Galilée, qui ont formé lors, Huygens & les Leibnitz ; & que c'est en profitant des travaux de Kepler, & en faisant usage des Théoremes d'Huygens, que M. Newton a découvert cette loi universelle répandue dans toute la nature, qui fait circuler les planetes autour du Soleil, & qui opere la pesanteur sur la terre. Elle avoue que nous sommes encore en Physique comme cet aveugle-né, à qui Cheselden rendit la veuë ; cet homme ne vit d'abord rien que confusément, ce ne fut qu'en tatonnant, & au bout d'un tems considérable, qu'il commença à bien voir ; ce tems n'est pas encore tout-à fait venu pour nous, & peut-être ne viendra-t-il jamais entiérement.

Un des torts de quelques Philosophes de ce tems est de vouloir bannir les hypotheses de la Physique. Elles y sont aussi nécessaires, que les échaffaux dans une maison que l'on bâtit. Toute l'astronomie par exemple n'est fondée que sur des hypotheses : si on les avoit toujours évitées en Physique, il y a apparence qu'on n'auroit pas fait tant de découvertes.

En parlant d'Aristote qui a essuyé des fortunes si diverses & si injustes, je suis étonnée, dit-elle, de lui trouver quelquefois des idées si saines sur plusieurs points de Physique générale à coté des plus grandes absurdités ; mais quand je lis quelques-unes des questions que M. Newton a mises à la fin de son optique, je suis frappée d'un étonnement bien différent. Cet exemple des deux plus grands hommes de leur siécle, doit nous faire voir que lorsque l'on a l'usage de la raison, il ne faut en croire personne sur sa parole. Je n'ai point songé dans cet ouvrage à avoir de l'esprit, mais à avoir raison, & j'ai fait assez de cas de la vôtre, pour croire que vous étiez capable de rechercher la vérité indépendamment de tous les ornemens étrangers, dont on l'a accablée de nos jours.

On peut juger par cet échantillon du dessein & du caractére d'esprit de Madame la Marquise du Chatelet. Sur les principes de nos connoissances, elle dit qu'elles naissent toutes les unes des autres, & sont fondées sur de certains principes, dont on connoît la vérité, même sans y réfléchir, parce qu'ils sont évidens par eux-mêmes. Descartes établit qu'on ne doit raisonner que sur des idées claires : mais il poussa trop loin ce principe ; car il admit que l'on pouvoit s'en rapporter à un certain sentiment vif & intime de clarté d'évidence pour fonder nos raisonnemens. Cette méthode ne peut servir qu'à éterniser les disputes ; car ceux qui ont des sentimens opposés ont chacun ce sentiment vif & interne de la vérité de ce qu'ils avancent. Il ne faut donc rien admettre comme vrai, que ce qui peut se déduire d'une maniere incontestable, des premiers principes, que personne ne peut révoquer en doute, & rejetter comme faux, ce qui est contraire à ces principes.

On appelle contradiction ce qui affirme & nie la même chose en même tems. Ce principe est le premier axiome sur lequel toutes les vérités sont fondées. Tout le monde l'accorde sans peine. Les Pyrrhoniens mêmes, qui faisoient profession de douter de tout, n'ont jamais nié ce principe. Ils nioient bien la vérité qu'il y eut aucune réalité dans les choses ; mais ils ne doutoient point qu'ils eussent une idée, pendant qu'ils l'avoient.

Le principe de contradiction a été de tout tems en usage dans la Philosophie, & ce principe suffit pour toutes les vérités nécessaires ; c'est-à-dire pour les vérités qui ne sont déterminables que d'une seule maniére ; car c'est ce qu'on entend par *les vérités nécessaires* ; mais ce principe n'a pas lieu dans *les vérités contingentes* ; c'est-à-dire lorsqu'il est possible qu'une chose existe de differentes maniéres : alors la nécessité d'un autre principe se fait sentir parce que celui de *contradiction* n'a plus lieu ; & ce principe est celui de *la raison suffisante*, que tous les hommes suivent naturellement. Car si je ne me détermine pas par une raison suffisante, ma certitude deviendra une chimere ; M. Leibnitz fut le premier qui énonça distinctement ce principe, & qui l'introduisit dans les sciences.

En traitant de l'existence de Dieu elle dit :
1°. Quelque chose existe, puisque j'existe.
2°. Parce que quelque chose existe, il faut que quelque chose ait existé de toute éternité ; sans cela il faudroit que le néant, qui n'est qu'une négation, ait produit tout ce qui existe ; ce qui est une contradiction dans les termes. 3°. L'Etre qui a existé de toute éternité, doit exister nécessairement, & ne tenir son existence d'aucune cause ; car s'il avoit reçu son existence d'un autre Etre, il faudroit que cet autre Etre existât par lui-même, & alors c'est celui dont je parle, & c'est Dieu.

4°. Tout ce qui nous environne naît & périt successivement. Rien ne jouit d'un état nécessaire. Tout se succéde, & nous nous succédons nous mêmes les uns aux autres : il n'y a donc que de la contingence dans tous les Etres qui nous environnent.

5°. Tout ce qui existe a une raison suffisante de son existence, ainsi il faut que la raison suffisante de l'existence d'un Etre soit dans lui, ou hors de lui. Or la raison d'un Etre contingent ne peut être dans lui ; car s'il portoit la raison suffisante de son être en lui, il seroit impossible qu'il n'existât pas : ce qui est contradictoire à la définition d'un Etre contingent.

Les attributs de l'Etre suprême sont une suite de la nécessité de son existence ; ainsi il est éternel ; c'est-à-dire qu'il n'a point eu de commencement & qu'il n'aura jamais de fin.

Il est immuable, car s'il changeoit il ne seroit plus ce qu'il étoit : par conséquent il n'auroit pû exister nécessairement : il en est de même de ses autres attributs. L'Etre existant par lui-même est donc un Etre different du monde que nous voyons, de la matiere qui compose ce monde, & de notre ame, & cet Etre contient en soi la raison suffisante de son existence & de celle de tous les Etres qui existent.

Il faudroit copier la plus grande partie du Livre de Madame du Chatelet, pour en donner une juste idée.

Elle a encore composé un autre Ouvrage, qui est demeuré manuscrit entre les mains du célebre M. de Voltaire, à qui elle l'a confié avant sa mort, arrivée au Château de Lunéville le 10. Septembre 1749. en la 44e. année de son âge, des suites d'une couche, & après avoir été l'espace de 20. années, sans avoir eû d'enfans.

Outre cet Ouvrage, elle avoit aussi fait une Traduction Françoise des principes de la Philosophie naturelle de M. Newton, avec un Commentaire sur quelque proposition du troisième Livre du même Auteur. Cet Ouvrage étoit déja imprimé en partie, & devoit paroître l'hyver de 1741.

On lui a consacré diverses Epitaphes; en voici une des plus courtes & des meilleures:

L'Univers a perdu la sublime Emilie;
Elle aima les plaisirs, les Arts, la vérité:
Les Dieux, en lui donnant leur ame & leur génie,
Ne s'etoient réservé que l'immortalité.

Pag. 337. *l.* 39. *Dudechin*, ou *Dodechin*, Prêtre, Curé de l'Eglise de Rogeftein, au Diocèse de Tréves, assez près de Coblentz, étant allé, comme beaucoup d'autres, par dévotion, à la Terre sainte, pour combattre les infideles (g), se trouva en plusieurs batailles navales contre eux, où il donna des preuves de sa valeur. De retour dans son Pays, avec Cunon, Abbé de S. Disibode, il écrivit l'Histoire de son voyage en un Volume, & plusieurs Lettres à diverses personnes. On lui attribuë aussi une continuation de la Chronique de *Marianus Scotus*, ou *l'Ecossois*, depuis l'an 1084. jusqu'à l'an 1200. auquel Dodechin vivoit. Trithême en parle sous l'an 1144. Quelques uns le font Abbé de S. Disibode, au Diocèse de Tréves.

Pag. 346. *l.* 16. *Elizabeth de Schonau*, Religieuse Benédictine, Abbesse de Schonau dans le Diocèse de Tréves, y consacra ses jours à la pénitence. Après avoir passé onze ans dans les plus pénibles exercices de la Religion, Dieu commença à se manifester à elle vers l'an 1151. En 1155. elle mit par écrit ses révélations, dans un Ouvrage intitulé, *Le Livre des voyes de Dieu*. Cet Ouvrage qui fut achevé en 1156. contient dix discours, qui sont comme autant de moyens & de guides, qui conduisent au sommet de la perfection.

Elle composa aussi un Sermon, où elle dit que la sainte Vierge est ressuscitée, & est montée au Ciel, quarante jours après son décès, &c.

Elle eut aussi des révélations sur les onze mille Vierges, & sur les Compagnes de leurs Martyres, dont elle soûtient la réalité. Elle porta ses découvertes jusqu'à dire leurs noms & le genre de leur mort.

Elle composa encore d'autres Ouvrages, & fut en grand commerce de lettres avec sainte Hildegarde. Sa mort arriva en 1165. Elle n'étoit âgée que de 36. ans.

Ces Ouvrages furent imprimés à Cologne en 1628. sous ce titre: *Visionum seu revelationum libri tres, & Epistolarum liber unus, unà cum libro Ecberti, Abbatis Schonaugiensis, quem de obitu seu transitu sanctæ Elizabeth sororis suæ germanæ composuit.* Voyez ci-devant *Ecbert*. Les deux Monastéres de Schonau, de Benédictins & de Benédictines, étoient voisins l'un de l'autre, tous deux au Diocèse de Tréves, sous la domination des Comptes de Nassau. Celui des Filles est supprimé, l'autre subsiste sous le nom de *S. Florin*.

Pag. 346. *lig.* 31. *Enenius* (Jean) Docteur en Théologie, a composé en Allemand l'*Epitôme, ou la Moëlle de l'Histoire de Tréves*, en trois Livres, traduits en Latin par Frere Jean Scheckman, & imprimés à Metz in-4°. par Gaspard Hochsuder. L'Ouvrage est écrit d'un stile rude; mais il est sincere, & apprend bien des choses concernant le Diocèse de Tréves. Il parle de la pratique de la Pénitence publique, qui s'exerçoit encore à Tréves de son tems; c'est-à-dire, au seiziéme siécle. *Vide Hontheim*, p. 989.

Pag. 360. *Folcon* (Aymar) Chanoine-Régulier de S. Antoine, Ecrivain du seiziéme siécle, sortoit d'une famille illustre de la Province de Dauphiné. Il entra fort jeune dans l'Ordre de S. Antoine, & ne tarda pas à s'y distinguer par son mérite. A peine avoit-il fini ses études de Théologie, que ses Supérieurs lui confierent la conduite de la Paroisse de la Ville de S. Antoine. On le chargea ensuite d'exercer les fonctions du grand Prieur de l'Abbaye, en l'absence de celui-ci, & on le pourvut de la Commanderie générale de Bar-le Duc. Le Chapitre général de son Ordre, ayant besoin à Rome d'un homme sage, intelligent & expérimenté, le députa vers le Pape Clément VII. avec des pleins pouvoirs & des Lettres de recommandation, qui, par une distinction particuliere, contenoient son éloge. Le succès de sa négociation, joint à l'estime qu'il s'étoit acquise parmi ses Confreres, le fit recevoir, à son retour, avec de grands honneurs & des démonstrations de joie extraordinaires.

Après la mort de l'Abbé Théodore de S. Chaumont, arrivée en 1527. & pendant la

(g) *Trithem. Chron. Hirsaug. tom.* 1. *pag.* 412. *ad an.* 1144.

vacance

vacance du Siége Abbatial, Falcon fut choisi unanimement pour gouverner l'Ordre, sous le titre de Vicaire-Général, conjointement avec Jean Borrel, dit aussi Buteo, Commandeur de Sainte-Croix. Quelque tems après, le Chapitre Canonial de l'Abbaye de S. Antoine, voulant lui confier la défense de ses droits, dans des tems difficiles & orageux, créa, en sa faveur, une charge de Dictateur, qu'il exerça avec autant de zéle que de capacité. Pendant les dernieres années de sa vie, il fut cruellement tourmenté de la pierre ; ce qu'il souffrit avec beaucoup de patience & de résignation. Il mourut l'an 1544. dans la 51e. année de son âge.

Dès 1534. il fit publier à Lyon, chez Thibauld Payen, l'Histoire de l'Ordre de S. Antoine, sous ce titre : *Antoniana Historiæ Compendium ex variis iisque gravissimis Ecclesiasticis Scriptoribus, necnon rerum gestarum monumentis collectum ; unà cum externis rebus quàm plurimis scitu memoratuque dignissimis.* Cet Ouvrage a été traduit en Espagnol par Fernand Suarez, Provincial de l'Ordre des Carmes dans la Province d'Andalousie, & cette Traduction a été imprimée à Séville, par Francisco Perés, en 1603. Outre une Epitre Dédicatoire & une Préface, le Traducteur a ajoûté au Corps du Livre, un Chapitre contenant l'Histoire abrégée des Commanderies de l'Ordre de S. Antoine en Espagne. L'Histoire d'Aymar Falco est écrite d'un stile simple & naturel ; la latinité en est cependant pure, & même élégante. La candeur de l'Ecrivain, & son amour pour la vérité, brillent dans tout l'Ouvrage. Il donne d'ailleurs les preuves de ce qu'il avance, & n'assûre point ce qu'il n'étoit pas en état de démontrer.

Un autre Ouvrage de Falco, qui prouve en même tems son érudition, & son zéle pour la conservation de la Foi, est celui qui a pour titre : *De tuta Fidelium navigatione inter varias peregrinorum dogmatum, necnon claudicantium opinionum fluctuationes, Dialogi decem quibus ex ipso sacrarum Litterarum fonte, universa hauriuntur Sententia, adjunctis passim probatissimis veterum Patrum dictis & rationibus* ; à Lyon, chez Gilles & Jacques Huguetan, Freres 1536. On a encore du même Auteur, 1°. *De exhilaratione animi quem metus mortis contristat* ; 2°. *De compendiosa ratione quâ quis ditari possit, Dialogus familiaris* : & on dit dans un ancien Nécrologe de l'Abbaye de S. Antoine qu'Aymar Falco avoit composé bien d'autres Ecrits, qui ne sont pas parvenus jusqu'à nous. Il en avoit fait imprimer un, *De fœdere cum Turca non ineundo* ; mais n'en ayant pas été satisfait,

après l'avoir relu, il en supprima tous les Exemplaires. Chorier fait une mention honorable de la Famille des Falcon, dans le Tome III. de son Etat politique du Dauphiné, pag. 244. Edition de Grenoble 1671. Extrait de quelques Mémoires manuscrits sur l'Ordre de S. Antoine, communiqués par M. Boudet, Supérieur de la Maison de S. Antoine à Paris.

Pag. 394. lig. 14. *Frideric*, Prévôt de S. Simeon de Tréves, a écrit l'Histoire de la découverte & de la translation de S. Simeon, Réclus dans la Porte de Tréves. Frideric vivoit en 1400. sous l'Archevéque de Tréves, *Vernerus*. Son Ouvrage est estimé ; l'Auteur étoit témoin oculaire de ce qu'il raconte. Il est imprimé au premier Tome de Juin des Bollandistes, pag. 101.

Pag. 412. lig. 6. *Gerard* (Le P. *Augustin de S. Paul*) Cordelier, a fait honneur à son Ordre par la solidité de son esprit, & par son zéle à maintenir la régularité. Il étoit profond dans les matiéres de Philosophie & de Théologie. Etant Professeur de Philosophie à Nancy, il fit soutenir des Théses en présence de Leur Altesse Royale, & de toute la Cour, en François, à Froüart, le 21. Septembre 1705. dans le Château de Madame de Pique-de-Bar, près Nancy.

Ces Théses furent dédiées à Son Altesse Royale, & l'Estampe qui les accompagna, fut gravée avec grand soin & avec beaucoup de propreté. Elle représentoit le Buste du Prince, soûtenu des quatre Vertus qui éclatoient en lui. Dans le Corps de ces Théses, le Pere Augustin établit les principes de la nouvelle Philosophie de Descartes.

Après la Harangue ordinaire du Soûtenant, qui fut applaudie, le R. P. Loüis Hugo, pour-lors Prieur des Prémontrés de Nancy, argumenta sur la pésanteur de l'air, & soûtint ses raisonnemens par les expériences qui se firent avec les instrumens, à la vûë de toute la Cour. Entre les autres Argumentans, se distinguerent aussi le R. P. D. Mathieu Petit-Didier, pour-lors Abbé de S. Leopold de Nancy ; le R. P. D. Ambroise Botain, Benédictin, ancien Professeur de Philosophie & de Théologie, & le R. P. Chevillard, Docteur en Théologie, & Supérieur des Peres de l'Oratoire de Nancy, dont le compliment fut en Vers François. Monseigneur le Prince d'Elbœuf fit honneur aux Soûtenans de proposer aussi quelques Argumens. La chose se passa avec beaucoup d'éclat, & fit honneur au Professeur & à ses Ecoliers.

Le R. P. Augustin est natif du Barrois. Il a préché avec réputation, & nous avons

K

de lui deux Oraisons Funébres imprimées à Nancy ; l'une du Duc Leopold prononcée à Ligny en 1729. & l'autre de M. le Général de Stainville, prononcée à Stainville.

Pag. 413. *Germée* (*Henry*) dit *La Mortmenil* , Jésuite , Confesseur de l'Empereur Ferdinand III. a publié quelques Ouvrages d'érudition.

Il avoit un frere nommé *Guillaume* , Confesseur de l'Empereur Ferdinand II. Il a procuré la fondation de divers Colléges & Séminaires en Bohême & en Autriche. Il est mort en 1648. *Voyez le P. Bertholet, Hist. de Luxembourg.*

Pag. 450. *l.* 12. *Guérin* (*le R. P. Nicolas*) Jésuite , a fait imprimer le S. Evangile de Jesus-Christ, selon les quatre Evangélistes, avec des Notes littérales ; en 1733. in-12. Il m'a fait l'honneur de m'envoyer son Ouvrage , étant âgé, dit-il , de 86. ans.

Pag. 480. *Hattoy* (*Nicolas du*) Chanoine-Régulier, Prémontré de l'étroite Observance , fut Procureur de l'Abbaye de Mureau, où il mourut l'an 1714. le 3. Juin. On y garde un Ouvrage manuscrit de sa composition , en trois Volumes in-4°. C'est un Recüeil de Sentences sur toutes sortes de matiéres , tirées de l'Ecriture sainte , des Ecrits des saints Peres, des Historiens & des Poëtes , tant sacrés que profanes, pour & contre. P. du Hattoy avoit beaucoup d'érudition , & il ne manquoit pas de génie.

Pag. 482. *l.* 8. *Hées* (*Nicolas*) Religieux de l'Abbaye de Hemmerode, Ordre de Cîteaux , a composé une Histoire de ce Monastére, sous ce titre : *Manipulus rerum memorabilium Claustri Hemmerodiensis , Ordinis Cisterciensis in Archidiæcesi Trevirensi , Librum unum complexus ; publicatus auspiciis Reverendissimi & Amplissimi Domini Matthiæ de Lesura, ejusdem loci Abbatis , studio & labore Reverendiss. Patris Nicolai Heesii ibidem Professi ; Coloniæ , apud Joannem Henning , anno* M. DC. LXI. Le Livre contient vingt-sept Chapitres ; il y parle de la fondation du Monastére d'Hemmerode, par Adalberon, Archevêque de Tréves, qui y fit venir en ..... des Religieux de Clervaux. Il y rapporte la suite des Abbés , les noms des Bienfaiteurs, & des Hommes illustres qui y ont vécu ; les Bulles & les Diplômes accordés au Monastére; les Mausolées des personnes de distinction qui y sont inhumées, &c.

Pag. 483. *l.* 23. *Hendre* (Le R. P. le) Jésuite , est Auteur des *Entretiens Ecclésiastiques ,* ou *Recüeil des chicanneries & momeries de l'Office divin* ; à Toul 1628. in-12. Je ne connois cet Auteur que par le titre de son Livre.

Pag. 483. *l.* 33. *Henn* (*Alexandre*) Abbé de S. Maximin de Tréves, a composé le Journal du siége de Tréves par les François , au mois d'Août 1673. *Item* , l'Histoire de la destruction de l'Abbaye Impériale de S. Maximin , sous l'Abbé de ce nom , en 1674. écrite par le Pere Alexandre Henn , Religieux du même Monastére, témoin oculaire. *Item* , l'Histoire de la destruction de l'Église de S. Paulin en 1674. Ces Ouvrages ne sont pas imprimés. L'Auteur parle avec véhémence , & assez peu de menagement , de tous ces malheurs , dont il étoit témoin.

Pag. 495. *Heré* (*Emmanuel*) Ingénieur, & premier Architecte du Roi de Pologne, né à Nancy le 14. Octobre 1705. entra au service de Sa Majesté Polonoise à son avénement en Lorraine. Il a fait exécuter avec beaucoup d'intelligence , & une étonnante promptitude, tous ces beaux Édifices , que le Roi de Pologne avoit lui-même projettés. En 1751. il en donna au Public le Plan & Elévation en deux Volumes, forme d'Atlas, gravés à Paris par François, dont nous avons parlé. Sa Majesté Polonoise voulant reconnoître les services d'Emmanuel Heré , récompenser ses talens , & donner aux Arts une marque éclatante de sa protection, l'annoblit & sa postérité , par Lettres du 15. Septembre 1751. Il est actuellement occupé à faire construire la magnifique Place de Nancy, que Sa Majesté Polonoise consacre à Loüis XV. son gendre , comme une marque de sa tendre affection envers Sa Majesté. Les Plans & les Desseins sont de M. Heré : ce sera une nouvelle preuve de ses talens , pour mettre le Public en état d'en juger ; ils seront gravés & ajoûtés au Recüeil des autres Bâtimens de Sa Majesté.

Pag. 506. *Hontheim* , Suffragant de Tréves ; voici le titre entier de son Ouvrage : *Historia Trevirensis diplomatica & pragmatica, inde à translatâ Treviri præfecturâ prætoriâ Galliarum , ad hæc usque tempora , è genuinis scripturis eruta , atque ita digesta , ut non solùm jus publicum , particulare Archiepiscopatûs & Electoratûs Trevirensis in suis fontibus plenissimè exhibeat , sed & Historiam Civilem & Ecclesiasticam Germaniæ , ejusque singula jura publica & privata illustret ; Tomus primus ab anno Domini* 418. *ad annum* 1301. *cum licentia Superiorum. Augusta Vind. & Herbipoli ; Sumptibus Martini Veith, Bibliopolæ, an.* 1701.

Le seul titre de cet Ouvrage en explique assez clairement le sujet & l'économie , & l'on peut assurer que l'Auteur a très bien rempli son dessein. On trouve dans son Ouvrage beaucoup d'érudition , d'ordre & de bonne foi. Il y donne quantité de Piéces &

de Diplômes, tirés des Archives de l'Eglise de Tréves; le tout accompagné de bonnes Notes critiques & chronologiques.

Dans le premier Tome, il examine à fond la succession des premiers Evêques de Tréves, & montre solidement que les Catalogues ordinaires de ces Prélats, sont très peu exacts, & ont été imprudemment grossis dans ces derniers siécles, par des personnes trop prévenuës de l'antiquité de l'Eglise de Tréves, & trop zélées pour l'honneur de ses anciens Prélats, dont ils ont augmenté le nombre, empruntant des Eglises voisines des Evêques, qui n'ont jamais siégé à Tréves. Ils en ont pris grand nombre à Tongres; quelques-uns à Metz, à Toul & à Châlons; c'est ce qu'il prouve solidement dans les quatriéme & cinquiéme Paragraphes de sa longue Préface, où il ménage avec beaucoup de politesse & de discretion les Peres Bollandistes, qui ont adopté les Catalogues ordinaires, & qui donnent le nom de Saints à la plûpart de ces Evêques empruntés, qui sont en effet honorés comme Saints dans les Eglises qu'ils ont gouvernées; mais que les anciens monumens de l'Eglise de Tréves ne connoissent point.

Hontheim, après avoir rempli depuis l'an 1738. jusqu'en 1748. les emplois de Président du Consistoire de l'Archevêché de Tréves à Coblentz, & de Conseiller intime du même Electeur, dans sa Forteresse d'Ebrenbreissein, fut élevé en 1748. à la dignité de Suffragant de Tréves; c'est dans ces divers emplois qu'il a composé le grand Ouvrage, dont on vient de voir le titre. L'Auteur y fait voir sa vaste connoissance de l'Histoire & des droits de cet Archevêché; sa judicieuse critique & son exactitude, & la justice qu'il rend à ceux dont il a tiré quelques lumières.

Pag. 534. *Husson l'Ecossois*, Ecuyer, Conseiller-Secrétaire, & Avocat-Général du Roi au Bureau des Trésoriers de France d'Amiens, Conseiller & Garde des Sceaux au Bailliage Royal de Verdun, & Subdélégué d'Intendance dans le Verdunois, Auteur de plusieurs Ecrits sur l'Histoire de sa Patrie (*h*).

Il étoit né à Verdun le 19. Février 1599. Ses pere & mere étoient Jacques d'Husson, Ecuyer, & Nicolle l'Ecossois, fille de Jean l'Ecossois, Ecuyer-Capitaine, Prévôt de l'Evêché à Mangiennes, & depuis Echevin de la Cité de Verdun & de Claudon de Rosne.

Après que Mathieu Husson eut fait ses premiéres études au Collége des Jésuites à Verdun, son pere l'envoya à Paris, pour faire sa Rhétorique au Collége de Loüis le Grand, où il se distingua. Il revint faire sa Philosophie à Pont-à-Mousson, d'où il alla à Bourges étudier en Droit, & retourna à Paris pour fréquenter le Barreau, & faire quelques autres exercices.

Vers 1618. il fut rappellé par son pere, qui ayant été député par le Chapitre de la Cathédrale, pour accompagner l'Evêque Charles de Lorraine dans la sollicitation des affaires de cette Eglise, ramena encore son fils à Paris en 1619.

Après ce voyage, son pere cherchant à lui faire acquérir du mérite & des connoissances, l'envoya en Italie; il partit au mois de Mai 1619. & passa par Lyon, Chambery, Turin, Milan, Bologne & Florence, pour se rendre à Rome.

Il y demeura environ un an chez M. Maré, Procureur en Pénitencerie, neveu de sa grande-mere, & il fut présenté au Pape Paul V. par M. Lombard Sousdataire.

En revenant de Rome, il passa par Notre-Dame de Lorette, & y fit ses dévotions en Septembre 1620.

Il arriva en Lorraine en Octobre de la même année, & alla prendre ses Licences en Droit à Pont-à-Mousson. Il soûtint avec applaudissement ses Théses, où il est qualifié noble, & les dédia à Messieurs les Doyen & Chanoines de la Cathédrale de Verdun.

Le 3. Mars 1621. à son retour, le même Chapitre dans une assemblée générale, lui donna la charge du Substitut du Procureur général de cette Eglise, en considération des services de son pere; & dès ce jour il fut admis & reçu au Conseil avec lui.

Mathieu Husson se maria le 10. Septembre 1621. avec Demoiselle Catherine Cognon, fille de Jean Cognon, Ecuyer.

En 1627. M. le Maréchal de Marillac, qui commandoit pour le Roy de France dans le Pays, l'envoya au Château de Mangiennes exercer la charge de son grand-pere, Capitaine, Prévôt, & Receveur pour les Evêques de Verdun en cette Prévôté. Il y demeura jusqu'au retour du Prince François de Lorraine.

Le 26. Février 1636. il fut pourvu par Lettres du Roi du 14. du même mois, de la charge de Conseiller en la Salle Episcopale.

Au mois de Mai de la même année, il fut Grand-Mayeur de l'Abbaye de S. Vanne de Verdun, à la place de feu sieur d'Hanoncelle.

En 1639. il fut nommé Conseiller de la Cité par Lettres du Roi du 12. Mai, & le 8.

(*h*) Fourni par M. le Moyne, Inspecteur général des Salines de Moyenvic, d'après un Mémoire de la Famille du Sieur Husson.

K ij

Octobre 1641. Garde des Sceaux du Bailliage.

En 1644. il eut la commiſſion de Conſeiller en l'Économat de Verdun, de la part de M. de Vignier, Intendant à Metz ; & en 1645. il fut Commis pour oüir les Comptes des Economats.

En 1648. il fut envoyé par ordre du Roi & de M. le Chancelier, vers l'Archevêque de Tréves, pour tirer Copie de certains Titres, dont on avoit besoin en France.

Le 26. Février 1651. il fut créé Prevôt d'Etain.

En 1653. au mois d'Août, il fut envoyé, par ordre du Roi à Bordeaux, la Rochelle & Pays voiſins, en qualité de Controlleur général de la Régie des Convois, appellée Ferme de Charente, & Connétablie dudit Bordeaux, qui rapportoit à lors deux millions cinq cens mille livres par an.

Le 8. Octobre 1653. M. Fouquet Surintendant des Finances, le chargea de toute la dépenſe ordonnée par le Conſeil, pour la rédification des Châteaux, Trompette & Duha, ſous les ordres de M. le Comte d'Eſtrades, Lieutenant général pour le Roi en Guyenne & Gaſcogne.

Au mois de Novembre le même M. Fouquet chargea Mathieu Huſſon de lui écrire ſouvent, amplement & exactement, par une ſuite, ſans doute, de la confiance dont il le jugeoit digne.

Le 12. Août 1655. il fut mandé à Paris par M. Fouquet, pour raſſembler les Papiers de la Surintendance, dont il eut la garde.

La même année, il reçut une nouvelle marque de l'amitié de ce Miniſtre, par le Brevet de premier Commis de Tréſorier des Chartes du Roi, dignité reünie alors à celle de Surintendant des Finances.

Le 2. Février 1657. il fut envoyé, par ordre du Cardinal Mazarin, ſur la frontière d'Allemagne pour prendre des arrangemens avec un Seigneur Allemand, que l'on avoit attiré au ſervice du Roi, & qui étoit en état de fournir des Troupes à la France.

Le 5. Juillet de la même année, il fut mandé par le Surintendant, pour tenir les Papiers des Finances & Traités, &c. comme il en avoit déja été chargé.

En 1658. il fut encore employé ſous les ordres du même Miniſtre à l'arrangement des Chartes de la Ste. Chapelle, où il travailloit ſous les Intendans des Chartes, avec un de ſes fils.

Dès le 8. Janvier de la même année, M. Fouquet pour récompenſer les ſervices de Mathieu Huſſon, lui fit partager par une Tranſaction ſignée de lui & du Sieur de la Guerche, Conſeiller au parlement de Metz, les émolumens d'un Office d'Intendant des Chartes, dont les proviſions furent expédiées ſous le nom du Sieur de la Guerche ; mais la diſgrace de M. Fouquet interrompit la ſuite de cette faveur ; & le Sieur Huſſon ſe vit obligé de retourner à Verdun, ſa Patrie, où il fut pourvû d'une charge de Conſeiller au Préſidial.

Sa premiere femme étoit morte le 11. Janvier 1659. lui laiſſant trois enfans ; Jacques Huſſon, Bernardin, Marguerite & Françoiſe, Religieuſes. Il ſe remaria le 26. Juillet 1659. à Demoiſelle Marguerite-Agnés Chabraux, fille de François Chabraux, Ecuyer-Conſeiller de Monſeigneur le Duc Nicolas-François de Lorraine, à S. Mihiel, & de Demoiſelle Elizabeth Marionel.

Le 12. Mai 1661. il fut envoyé, par ordre du Roi, dans les trois Evêchés, & dans l'Abbaye & les Terres de Gorze, Villes & Prevôtés de Luxembourg & de Lorraine, cédées à la France par les Traités de Paix, pour l'établiſſement & la recette de la Subvention.

Enfin, nommé Subdélégué de l'Intendance au Département de Verdun, il a exercé cette fonction dans un tems où il n'y avoit point d'Intendant, & en partageoit les fonctions, les émolumens & les honneurs avec le Subdélégué de Metz.

Il mourut le 30. Août 1673. laiſſant de ſon ſecond mariage quatre enfans ; dont né le 26. Décembre 1670. mort le 11. Juillet 1745. après avoir exercé 52. ans une charge de Conſeiller au Préſidial & Bailliage de Verdun, avec diſtinction, a laiſſé ſept à huit enfans, dont pluſieurs vivent encore, & n'ont pas dégénéré du mérite de leurs peres.

On peut juger par tous ces faits, que M. Huſſon méritoit de ne pas demeurer inconnu ; & tout ce détail de tant d'emplois de confiance, dont il s'eſt acquitté avec diſtinction, fera connoître les ſecours qu'il a eûs pour compoſer le grand nombre d'Ecrits qu'il a laiſſés, ſur l'Hiſtoire de ſa Patrie ; ce qui néanmoins, eût égard à toutes les occupations dont il a été chargé, dénotent un homme extrêmement laborieux.

Catalogue des principaux Ouvrages de Mathieu Huſſon.

1°. Hiſtoire Chronologique abrégée de la Ville de Verdun, depuis 514. juſqu'en 1633.

2°. Hiſtoire abrégée des Evêques de Verdun, depuis S. Saintin juſqu'à Charles de Lorraine, qui ſe fit Jéſuite en 1631.

3°. Histoire de Verdun, depuis 1500. jusqu'à la mort de M. Pseaume, Evêque de cette Ville.

4°. Histoire de l'Abbaye de S. Paul de Verdun, Ordre de Prémontré.

5°. Histoire de l'Abbaye de Châtillon, Ordre de Cîteaux, Diocèse de Verdun.

Ces cinq Ouvrages en manuscrit sont dans la Bibliothéque de S. Vanne de Verdun.

6°. Mémoires de la Vie du Cardinal de Givry.

7°. Inventaire des Titres, Actes & Piéces autentiques des Archives & Trésor des Chartes de l'Evêché, Chapitre, Monasteres, Maison de Ville, & de la Cité de Verdun, servant à l'Histoire, & à montrer qu'elle a été assujettie à nos Rois dès le commencement de la Monarchie Françoise; dédiée à M. le Chancelier Seguier, conservé dans sa Bibliothéque, aujourd'hui à S. Germain-des Prés, à Paris.

8°. Continuation de l'Histoire Verdunoise de Richard de Vassebourg, sous la Vie de M. Nicolas Pseaume, Evêque & Comte de Verdun, tirée des Mémoires, Titres & Piéces autentiques, & particuliérement de plusieurs Lettres du Prince Charles de Lorraine, Cardinal de Vaudémont, Archevêque de Rheims, & autres grands Personnages, touchant les affaires les plus intéressantes de son Diocèse, depuis l'an 1548. jusqu'en 1575. in-folio, manuscrite; elle est entre les mains du Sieur d'Husson, Ecuyer-Capitaine des Grenadiers-Royaux, petit-fils de l'Auteur.

9°. Les Notes sur l'Histoire Verdunoise de Vassebourg. M. Husson avoit beaucoup travaillé sur cette Histoire, dont il se proposoit de donner une nouvelle Edition. Son Exemplaire, avec les remarques, est entre les mains de M. Roüier, ancien Avocat-Général au Parlement de Metz.

10°. L'Histoire & la Vie de M. Pseaume, Evêque de Verdun; manuscrite.

11°. Journal du Concile de Trente, manuscrit.

12°. Les intrigues du Conclave après la mort du Pape Paul III. manuscrit.

13°. Lettres, Mémoires, & Exploits de Guerre de François de Lorraine, Duc de Guise, Grand-Chambellan, & Lieutenant-Général des Armées du Roi Henri II. en France & en Italie.

14°. Les particularités curieuses du siége mémorable de la Ville de Metz, par l'Empereur Charles-Quint.

15°. Les desseins secrets pour la tenuë du Concile, sous le Pape Jules III. avec les propositions & demandes des Princes Protestans d'Allemagne, au nom de tous les prétendus Réformés, pour y assister; manuscrit.

16. L'état des affaires du Royaume d'Ecosse, sous Marie de Lorraine, sœur du Duc de Guise.

Ces cinq derniers Traités tirés des Originaux des Lettres du Roi, des Princes, Ministres & Secrétaires d'Etat, des Ambassadeurs de France, en Allemagne, à Bruxelles, à Rome, à Venise, &c. & de leurs Instructions & négociations; in fol. manuscrit.

17°. Deux Volumes in-fol. manuscrits, dont l'un renferme les Contracts de Mariage des Princes & Traités de Paix.

18°. L'autre, les instructions & négociations des Ambassadeurs dans les differentes Cours.

Ces deux Volumes ont été envoyés à M. le Comte d'Argenson, Ministre de la Guerre, par le Sieur d'Husson, Capitaine des Grenadiers-Royaux.

19°. Nobiliaire de Lorraine, imprimé in-4°. avec les Armoiries des Familles; c'est sans doute celui qui est intitulé, Simple Crayon, &c.

Pag. 550. Dans l'article d'Israel Henriet, Graveur, on s'est trompé dans les noms propres & de Baptême; le nom de famille est Henriet, il faut lire Henriet (Israel), fils de Claude Henriet de Châlons en Champagne, enterré dans le Cloître des Cordeliers de Nancy, où se voyoit sa tombe.

Claude Henriet eut deux enfans, 1°. Israel Henriet, Graveur, 2°. Elizabeth Henriet, qui épousa Giles Sylvestres, & fut mere d'Israel Sylvestre, dont on a donné l'article.

Pag. 552. Knauf: l'Ouvrage du R. P. Knauf est adressé Urbi & Orbi, à Rome & à l'Univers; il est dédié au Sauveur, Patron de l'Abbaye de Pruim. Il y rapporte quantité d'anciennes Lettres des Empéreurs, des Rois & des Papes, qui font voir les Priviléges & les droits de cette Abbaye, & qui peuvent servir à illustrer son Histoire. Il y rapporte en particulier la Bulle du Pape Grégoire XIII. qui unit la Crosse Abbatiale de Pruim à la Mense Electorale de Tréves, & il s'efforce de prouver la nullité & l'irrégularité de cette union dans le fond & dans la forme. Il s'attendoit sans doute que l'on y répondroit par écrit, & qu'il auroit moyen de déduire ses raisons en Cour de Rome, ou devant quelqu'autre Tribunal. On s'y prit d'une maniere plus efficace & plus abrégée; on trouva moyen d'attirer ce bon Prieur hors de son Cloître, de l'enlever, & de le transporter dans la Forteresse d'Ebrenbestein, au dessus de Coblentz, où il est mort d'ennui & de douleurs, sans avoir rendu aucun service réel à son Monastere.

Pag. 553. *Kyriander*, ajoutez à son Article que l'Archevêque Jacques d'Eltz ne réussit pas à supprimer tous les exemplaires de l'hirstime de *Villaume Kyriander*, mais que ce Prélat s'étant attiré la haine de Jean Duc des Deux-Ponts, ce Seigneur trouva moyen d'acheter quelques exemplaires de Kyriander, & les fit réimprimer aux Deux-Ponts. C'est la seule Edition qu'on en connoisse aujourd'hui.

Pag. 561. *Lambert de Liége*, étoit Moine de S. Mathias de Tréves, il a vécu vers le milieu du XII. siécle, & a composé une longue vie de S. Agrece, Archevêque de Tréves. Cette vie est imprimée dans les Bollandistes au 13. de Janvier. Les critiques sont assez d'accord sur le jugement qu'on peut porter de cet ouvrage. Ils conviennent qu'il est peu exact & très peu certain dans ce qu'il raconte. Lambert de Liége étoit Chef des Ecoles de l'Abbaye de S. Mathias au XII. siécle. Voyez M. Honthem, Hist. de Tréves, t. 3. p. 969.

Pag. 561. *Lamour* (*Jean*) né à Nancy le 26. Mars 1698. s'est fait un nom par son habileté dans toutes sortes d'Ouvrages de serrurerie & de grillages en fer; les curieux & les connoisseurs voyent avec plaisir les deux grands grillages qu'il a fait devant les Autels de S. Jean-Baptiste & de S. Charles, dans l'Eglise Primatiale de Nancy, & par quelques autres Ouvrages de même goût: il est actuellement occupé à travailler au grillage en fer, qui doit être placé autour de la Statuë Equestre du Roi Louis XV. il fait aussi le modéle d'un superbe Arc de triomphe, qui sera posé sur la Place que le Roi de Pologne, Stanislas, fait élever entre les deux Villes de Nancy. Il suffit, pour donner une idée avantageuse de l'ouvrage, de dire qu'il est du goût du grand Prince qui l'a commandé & approuvé.

M. Lamour a dans sa maison un Cabinet de peintures, & autres curiosités rares de toutes sortes, qu'il enrichit tous les jours, & qu'il communique aux curieux.

Pag. 586. *Linden* (*Jean de*) natif de Tréves, a composé l'Histoire de cette Ville, & l'a continuée jusqu'à l'an 1627. On parle de l'Auteur & de son ouvrage assez différemment; les uns le louent comme un Ecrivain exact & diligent; mais M. de Honthem en parle avec assez peu d'estime, disant qu'il adopte les traditions populaires sur l'origine de Tréves, & n'apporte que peu ou point de critique pour discerner le vrai du faux ou du douteux.

Pag. 586. *lig.* 11. *Lisle* (*De*) Ingénieur des Fortifications de Nancy, ayant dressé une machine en laquelle il s'étoit enfermé, & l'ayant fait mener sur des rouës en la Ruë Neuve de Nancy, autrement la Carriere, où la Duchesse de Lorraine & toute la Cour étoit assemblée, de Lisle y ayant mis le feu artificiel, pour le divertissement de l'assemblée, le jour du Mardi gras 5. Février 1616. il y fut malheureusement brûlé avec un autre Bourgeois, Horlogeur, qui mourut quelques jours après.

Pag. 617. *lig.* 13. *Maill.* 1 (*M.*) s'étant enrichi au Caire (*i*) où il étoit ci-devant Consul, vint mourir en Provence il y a quelques années. Il avoit fait toute sa vie une étude particuliére de l'Histoire naturelle; son but principal étoit de connoître l'origine de notre globe; il nous a laissé là-dessus en mourant des observations fort curieuses, & c'est ce que M. Gure, déja connu dans la Littérature par plusieurs ouvrages, vient de donner au Public, sous le titre de *Telliamed*, ces observations qui, après la mort de M. Maillet, lui étoient tombées entre les mains, n'ont reçu de lui que l'ordre, le stile & la méthode. Il leur a donné la forme & le titre d'*Entretiens*. Un Philosophe Indien expose à un Missionnaire François son sentiment sur la nature du globe que nous habitons, sur l'origine de l'homme & des animaux, & sur les divers changemens que nous voyons arriver tous les jours dans toutes les parties de l'Univers. C'est ce qui fait la matiére de six Entretiens, qui renferment tout le systême de M. Maillet, & qui forment les deux Volumes de cet ouvrage.

Telliamed fait les honneurs de son Livre à l'*Illustre Cyrano de Bergerac*, *Auteur des voyages imaginaires dans le Soleil & dans la Lune*. Dans l'Epître badine qu'il lui adresse, le Philosophe indien ne nous annonce ces Entretiens que comme un tissu de réveries & de visions: on ne peut pas dire tout à-fait qu'il nous ait manqué de parole; mais je crois qu'on pourroit lui reprocher de ne les avoir pas écrit dans le même goût que son Epître à Cyrano, & de n'y avoir pas assez répandu de gayeté & de badinage. Il traite de la maniére la plus grave le sujet le plus extravagant; il expose un sentiment ridicule avec tout le sérieux d'un Philosophe. Il est vrai que jamais la raison ne s'accorda si bien avec l'imagination, la sagesse avec la folie, le bon sens avec le délire. L'Auteur employe pour établir ses fictions, des preuves si solides, que

(*i*) Observations sur la Littérature moderne, t. 1. p. 304. art. xx.

la vérité elle-même auroit de la peine à les désavouer : jamais peut être on ne raisonna mieux, on ne prouva plus, & l'on ne persuada moins. Chaque fait, chaque observation, chaque découverte porte avec soi toute l'apparence du vrai, & le sistême entier est rempli de folies & d'extravagances.

Notre Philosophe commence d'abord par établir ses preuves par la diminution continuelle des eaux de la Mer. Il tire la premiere de la substance de nos terrains. Quand on les examine de près, de quoi trouve-t-on qu'ils sont composés ? de sable, de vase, de cailloux liés ensemble par un ciment, qui, en les unissant, en fait une grande masse. On voit aussi que ces matières appliquées les unes sur les autres, y forment différens lits, des couches différentes, qui gardent toujours le même ordre, la même disposition, tant qu'une cause étrangére n'en trouble point l'arrangement.

On apperçoit dans la Mer précisément la même chose. Elle forme dans son sein des amas de pareilles matieres, liées par le même ciment, disposées dans le même sens, formant les mêmes couches & situées dans le même aspect, si tout cela ne peut être que l'effet du même travail de la Mer, c'est donc à la Mer, conclut Telliamed, que nous devons attribuer la formation des terreins apparens de notre globe ; or il est clair qu'elle ne peut les avoir formé, qu'en les couvrant de ses eaux ; si donc elle en est aujourd'hui si éloignée, il faut nécessairement qu'elle ait souffert une diminution très considérable.

Ce qui rend cette preuve encore plus sensible, c'est la quantité prodigieuse de corps étrangers qui se trouvent renfermés dans ces terreins. On y découvre des plantes, des fleurs, des reptiles, des coquillages, des arrêtes de poissons & des os de corps humains ; tout cela n'a pû pénétrer dans ces masses, que dans un tems où elles étoient encore molles & liquides, & il n'y a que la Mer elle même qui ait pû porter si loin tant de corps marins, & tant de coquillages ; preuve évidente & de son ancienne étenduë, & de sa grande diminution.

Telliamed qui sent bien que d'attribuer ce prodige au déluge, c'est renverser entiérement son sistême, prend le parti de nier tout net ce point de notre créance. J'espere qu'on voudra bien me dispenser de rapporter ici les raisons dont il se sert pour les combattre. Mais en supposant même le Déluge, M. Maillet soutient que ces phénomenes & d'autres semblables, ne sauroient lui être attribués ; qu'il faut nécessairement que la Mer ait séjourné pendant plusieurs siécles sur nos terres, pour avoir eu le tems d'y produire tant de merveilles. D'ailleurs, peut-on dire, par exemple, que ce soit le Déluge qui ait apporté dans le canton de Berne un Vaisseau entier fait à peu près comme les nôtres, enterré à cent brasses de profondeur, avec ses voiles, ses cordages, ses ancres, & les corps de quarante personnes, le tout pétrifié. Du tems du Déluge on ne se servoit point encore de Navire, il faut donc que ce soit la Mer qui l'ait déposé dans ce canton pendant son séjour en Suisse.

Telliamed accompagne ce fait de quantité d'autres de même nature. Rien n'est plus commun, selon lui, que ces bâtimens petrifiés, qu'on trouve dans une infinité d'endroits. On voit dans un Rocher escarpé de l'Appennin, qu'un torrent souvent a miné par sa chute la proüe d'un Vaisseau qui s'avance en dehors de six coudées.

Il y a à quelques journées du Caire, une vallée environnée de Rochers, où l'on apperçoit des Mats, des Antennes & d'autres pieces de Navire en très grand nombre ; ce qui prouve que lorsque ce lieu servoit de lit à la Mer, il devoit être très dangereux pour la navigation, comme les restes de ces bâtimens entassés les uns sur les autres en font foi.

Ceux qui voyagent par les déserts sablonneux de la Lybie, découvrent souvent, en creusant des Puits, des corps de petits Batimens petrifiés, qui sans doute avoient fait naufrage dans ces endroits-là, lorsque la Mer les couvroit encore.

Il y a peu de tems qu'en Dalmatie, en travaillant aux fortifications d'un Château, on trouva dix pieds au dessous du fondement des anciens murs, une Ancre de fer si consumée du tems & de la rouille, qu'elle se plioit comme si elle eût été de plomb.

On trouve en Egypte quelque chose de plus remarquable encore ; ce sont des Villes entieres enterrées dans des déserts aujourd'hui inhabitables. Les sables sous lesquels elles sont ensevelies, en ont conservé les fondemens, & même une partie des Edifices, des Tours & des Forteresses dont elles étoient accompagnées. Telliamed prouve par leur position, que ces Villes ont été autrefois des ports de Mer. Il y a bien de l'apparence en effet que dans des endroits aussi steriles, situés à plusieurs journées des pays habités, où il eût fallu porter jusqu'à de l'eau, on ne se fut jamais avisé de construire des Villes, si le voisinage de la Mer n'y eut pas facilité le transport des choses nécessaires à la vie.

Alexandrie n'a-t-elle pas changé quatre

ou cinq fois de place sous différens noms, & cela uniquement pour se rapprocher de la Mer, qui la fuyoit toujours, & qui semble encore aujourd'hui la vouloir abandonner. La grande & petite Syrie, assises sur le bord de la Mer il y a dix-huit siécles, n'en sont elles pas déja considérablement éloignées? on peut donc conclure, selon le système de M. Maillet, qu'un jour on passera à pied sec de la France en Angleterre, & d'Espagne en Afrique.

M. Maillet n'en demeure pas là, il prétend que les plantes, les arbres, les animaux, les hommes mêmes tirent leur origine de la Mer. On y rencontre des plantes & des arbrisseaux, qui sont tous les mêmes qui se voyent sur la terre. Les pescheurs des côtes de Marseille, en ramenent tous les jours dans leurs filets de cent sortes differentes, ayant toutes leurs fruits pendus à leurs branches; ce sont des Poires, des Pommes, des Prunes, des Cerises, des Raisins & des Pêches, parmi lesquelles il y en a de parfaitement mûres.

A l'égard des Oiseaux, il prétend qu'ils sont venus des Poissons qui s'élèvent au dessus de la superficie de la Mer; il entre sur cela dans un détail assez divertissant, mais assez peu probable.

Quant aux animaux à quatre pieds, l'Auteur rapporte une infinité d'exemples qu'on en trouve dans la Mer, qui sont presque tous semblables à ceux qui vivent sur la Terre. On montroit à Londres, il n'y a que très peu de tems, un poisson qui avoit deux dents pareilles à celles de l'Eléphant, & sur la tête une trompe avec laquelle il tiroit l'eau, & avec l'eau la proye qui lui servoit de nourriture.

Qu'il y ait des hommes dans la Mer, c'est ce dont l'Auteur ne doute nullement. En 1681. on apperçut vers les Isles du Diamant, un monstre marin qui avoit la figure humaine depuis le haut jusqu'à la ceinture, & qui par le bas se terminoit en poisson. En 1682. on prit à Lestri un homme marin qui fut vû de tout le monde, & qui étoit presque semblable à celui dont on vient de parler. On amena à Emmanuel, Roi de Portugal, une femme & une fille qu'on avoit peschées dans la Mer. Elles mangeoient si peu, qu'elles diminuoient à vûë d'œil. Le Roi touché de leur état, ordonna qu'on les renvoyât dans la Mer, après les avoir attachées par une chaîne légére. Aussi tôt qu'elles furent dans l'eau, elles commencerent à jouer ensemble, pour témoigner leur satisfaction & leur joye.

M. Maillet rapporte encore cent autres exemples de cette nature, bien constatés par des Procès-verbaux, & par la déposition de plusieurs témoins. Mais d'où vient que la tradition de cette origine des hommes & des animaux, ne s'est point conservée jusqu'à nous? C'est que les premiers hommes dans leur origine étoient muets, & ignoroient les moyens de se faire entendre & de transmettre à leurs descendans la mémoire de ce qui leur étoit arrivé. La parole, l'écriture, l'art de faire des mouvemens propres à transmettre la mémoire des choses à la postérité, n'ont été inventés que plusieurs siécles après la production des premiers hommes.

On ne peut nier qu'il n'y ait beaucoup d'esprit & de recherches dans ce système. Si le Lecteur n'y trouve pas de quoi se persuader & s'instruire, il y trouvera du moins de quoi se divertir.

Pag. 645. lig. 28. Mascenius (Jacques) a aussi composé l'abrégé des Annales de Brouverus, & l'a fait imprimer à Tréves en 1676. sous ce titre: *Annalium Trevirens. Epitome*. Le motif qui l'a déterminé à entreprendre cet abrégé, c'est, dit-il, que le public demandoit qu'on répandît quelque jour sur ce qu'il y a d'obscur & de trop élevé dans le stile de Brouverus, & qu'on abrégeât ce qu'il y a de trop diffus.

Pag. 656. lig. 15. Mercy (Claude Florimond Comte de) naquit en Lorraine en 1666. il se rendit à Vienne en 1682. auprès du Duc de Lorraine Charles V. De-là il alla en Hongrie joindre l'armée de l'Empereur, où il demeura en qualité de volontaire: après avoir aidé à défendre la Ville de Vienne, il fut fait Lieutenant dans un Régiment de Cuirassiers Impériaux. Il fit ensuite six Campagnes en Hongrie, & obtint la charge de Capitaine de Cavalerie; il eut le malheur d'être blessé à un œil, son cheval étant tombé & ayant été tué sous lui.

En 1691. il alla en Italie, & y demeura jusqu'en 1696. allant souvent en parti, où il remporta divers avantages sur les Troupes Françoises.

En 1697. il donna des preuves de sa valeur à la Bataille de Zentha contre les Turcs, & mérita la charge de Major. En 1701. il fut commandé pour l'Italie en qualité de Lieutenant-Colonel; il mit en fuite le 9. Décembre près de Borgo-forte avec 300. chevaux, six Escadrons ennemis; & étoit en 1702. du nombre de ceux qui vinrent pour surprendre Crémone; mais il y fut blessé & demeura prisonnier. Guéri de ses blessures, on l'échangea, & on lui donna un nouveau Régiment de Cuirassiers, dont il fut fait Colonel.

Il vint avec son Régiment sur le Rhin, & se trouva à l'action de Fridelingue, où il eut

un

un cheval tué fous lui, & eut beaucoup de peine à se tirer du danger. En 1704. l'Empereur le nomma Général Feld-Major, & en 1705. il emporta les lignes près de Pfeffenhausen. En 1706. il fit entrer des provisions dans Landau. En 1707. il défit quatre mille hommes près d'offenbourg. Il fit en 1709. la Campagne en Italie; il en revint bien-tôt & étant entré en Alsace, en vint aux mains le 26. Août avec le Comte du Bourg, mais il n'en ramena que fort peu de son monde.

La guerre étant commencée contre les Turcs en 1716. il marcha en Hongrie en qualité de Général de Cavalerie, & se distingua dans la bataille de Petervaradin. Le 9. Novembre il prit Pansova, & le 15. il s'empara de Vipalanka; il se fit beaucoup d'honneur en 1717. à la bataille de Belgrade.

L'Empereur lui offrit en 1719. le Commandement général en Sicile, où il attaqua les 20. & 21. Juin les Espagnols retranchés dans leur Camp; il ne put les y forcer, mais il prit la même année la Ville de Messine & mit le feu à la Ville de Palerme, ayant obligé les Espagnols à abandonner la Sicile en 1720. il reçut dans Palerme l'hommage au nom de l'Empereur.

De-là il revint à Vienne, où l'Empereur lui donna le Gouvernement de Temes-var & de tout le bannat, dont il prit possession en 1721.

Le premier Octobre 1723. il fut nommé Feld-Maréchal, & peu de tems après l'Empereur le fit Conseiller intime.

En 1733. il fut chargé du Commandement des Troupes impériales qui alloient en Italie contre les François. Il arriva à Mantoüe au mois de Février 1734. Le premier May il passa le Pô, & s'ouvrit l'entrée dans le Duché de Parme. Il en vint aux mains avec les François le 29. Juin, près du Village Croisetta, à une petite distance de la Ville de Parme, où il fut tué d'un coup de mousquet à la tête; son corps fut enterré dans l'Eglise des Chanoines de Reggio.

M. le Général Mercy a écrit des Mémoires sur les Campagnes du Duc Charles V. en Hongrie. Je les ai eües en main manuscrites, qui m'avoient été communiquées par le R. P. D. Charles Vassimont, Prieur titulaire de Flavigny.

Mercy (*Gaspard*) aussi Lorrain de naissance, different de celui dont nous venons de parler, mais son proche parent. Dès l'an 1632. le Baron de Mercy étoit Gouverneur de Moyenvic pour le Duc Charles IV. Il y fut obligé de se rendre aux Troupes du Roi Louis XIII. qui étoit alors à Metz. En 1634. il fut envoyé avec quelques Troupes de son Régiment de Croates & de Hongrois, pour reconnoître l'Armée du Roi, qui étoit dans les prairies de Kœurs, & venoit assièger S. Mihiel. En 1636. le Duc de Veimar enleva le Régiment de Mercy, & le même Mercy eut le bras cassé à la bataille de Poligni en 1638.

En 1643. il suivit le Duc Charles IV. & Jean de Vert, qui défirent les Généraux Rose & Rantzau. Il fut blessé à Benameuil, en attaquant l'Arriere-ban d'Anjou. Après la mort du Duc Charles IV. arrivée en 1675. le Prince de Vaudémont envoya le Colonel Mercy, pour donner avis de cette mort au Duc Charles V. neveu de Charles IV. au siége de Philisbourg en 1676. Mercy étoit Colonel de Cavalerie. En 1683. il étoit Général de Bataille dans l'Armée de l'Empereur, commandee par le Duc Charles V. Il étoit Sergent de Bataille en Hongrie en 1686. & la même année il fut fait Lieutenant de Maréchal de Camp.

Pag. 673. l. 13. M. Morel; il est nommé Docteur en Medecine, & Employé à la Monnoye pour l'affinage des Métaux. Il a fait en cette année 1726. à l'Académie le récit de ses expériences. Il approche de l'argent un linge moüillé, afin de le refroidir plus promptement, & que la matiere en fusion étant encore alors plus rechauffée, elle fasse plus d'effort, & jaillisse en plus grande quantité & plus haut. En même tems, & dans la même vuë, il trempe dans l'eau froide le fond de la coupelle; ce qui fait qu'elle se resserre brusquement, & ajoûte un nouvel effort à celui de la matiere qui doit jaillir. Par ce moyen, la croute superficielle se perce en beaucoup plus d'endroits, & il en sort une infinité de jets, qui par les differens arrangemens qu'ils prennent, en se conjectant, représentent assez bien les têtes de choux-fleurs.

L'argent mêlé avec le plomb fait de plus belles végétations, que le plomb seul; sa surface se perce trop vîte, & en trop d'endroits à la fois; d'ailleurs, il se refroidit trop aisément, & ses jets sont congelés dans l'air, avant que de s'être assez élevés.

Il paroît par-là qu'un mélange d'argent & de plomb doit tenir le milieu requis pour les belles agitations; & celui qui a le mieux réussi à M. Morel, est d'une ou de deux parties de plomb, sur une d'argent.

Si on mettoit trois ou quatre parties de plomb, les végétations se feroient encore; mais avec le défaut d'être trop plombées, ou de n'être pas argentées; plus on employe de matières, plus les végétations sont belles.

Le cuivre ne végète pas facilement; pour

L

peu que la surface soit congelée, elle est trop dure pour se laisser percer par la matiére liquide, & cette matiére agit plutôt dans les sens opposés ; c'est-à-dire, sur le fond de la coupelle, qu'elle brise : par cette raison, l'argent de bas alloi, dont l'alliage est ordinairement de cuivre, ne végète pas bien.

Si l'on essaye de faire des végétations d'or, à la maniére que M. Morel a trouvée pour celle d'argent, il s'eleve avec bruit de la surface de l'or, quantité de petits grains ronds, qui sont quelquefois jettés à plus de dix pouces de la coupelle. On voit bien que cette impétuosité de mouvement doit empécher la végétation ; mais pourquoi est-elle particuliere à l'or ? c'est ce que M. Morel n'a pas entrepris d'expliquer ; il laisse ce phenomene à ceux qui voudront suivre cette matiére.

Pag. 679. l. 20. Mulbaum (Jacques) Jurisconsulte, Médecin, Chevalier d'Osé, Patrice Romain, a composé un Ouvrage important sous ce titre : *Sylva Academica, seu de antiquitate Urbis & Academiae Trevirorum discursus, ex variis veteribus & novis, auctoritate SS. Patrum, Canonum, Legum, Jureconsultorum Medicorum, Historicorum, Oratorum, Poëtarum, aliorumque Doctorum virorum vivis item & certis monumentis solidisque rationibus compilatus, & multarum rerum intervenientium, atque tam ob varietatem & gravitatem, quàm curiositatem & jucunditatem scitu dignarum compendio adornatus, à Jacobo Mulbaum Jureconsulto, Jatro, Equite aurato & Patricio Romano. Treviris excudebat Robertus Reutland.*

L'Ouvrage contient 24. Chapitres, dans lesquels il montre l'origine & le progrès des études des Lettres Latines & des Arts, dans la Ville de Tréves, les priviléges & les récompenses dont les Professeurs jouïssoient ; quelle étoit la Langue des anciens Tréviriens, si la Langue Gréque y étoit connuë. Il traite dans cet Ouvrage de beaucoup d'autres choses curieuses concernant la Ville & le Pays de Tréves.

Pag. 687. Neuville (Nicolas de) natif de Luxembourg, Religieux de S. Maximin de Tréves, mort le 3. Mars 1618. a composé le Catalogue des Abbés de cette fameuse Abbaye, depuis l'an 333. jusqu'en 1582. Ce n'est pas une simple Liste d'Abbés ; il remarque les origines & les progrès de ce Monastére, & ce qui y est arrivé sous Chapa, Abbé ; mais il y a trop peu de critique dans ses remarques, il suit les anciens préjugés, & donne créance à des faits douteux & incertains.

(*k*) *Vide Echard, de Scriptoribus Ord. Praedicat. t. 2. p. 158. & Hontheim, Hist. Trevir. t. 2. p. 551.*

Pag. 704. l. 21. Otthon de Denering, Chanoine de Metz, a traduit en Langue Allemande le Voyage, que Jean de Mandreuil, Chevalier Anglois, a fait en 1322. & écrit en Latin & en François. L'original de la traduction Allemande se conserve dans les Archives de Strasbourg. Voyez M. Sylvestre, *Glossaire Teutonique.*

Pag. 719. l. 28. Pélargue (Ambroise) Dominicain ; son nom de famille étoit *Stork*, qui signifie une *Cigogne*, de même que *Pelargue* en Grec. Il étoit né à *Niden* dans la Véteravie (*k*) ; on croit qu'il fit ses premiéres études à Fribourg en Brisgau. La réputation de sa doctrine extraordinaire, le fit appeller à Tréves, où il remplit avec beaucoup de réputation l'office de Théologal, *Ecclesiastes*, ou Prédicateur, & fut envoyé au Concile de Trente, de la part de Jean d'Isembourg, Electeur de Tréves, & d'Adolphe de Shanvenbourg, Electeur de Cologne. Il fut reçu dans ce Concile avec beaucoup de distinction, & pris séance au dessus des Généraux d'Ordre, en qualité de Procureur de ces deux Electeurs. Il y parut jusqu'à deux fois (*l*) ; la premiere en 1546. sous le Pape Paul III. & dans ce voyage il fit un Discours au Concile le 10. Mai ; la seconde fois en 1547. Le Concile étant transféré à Pise, l'Empereur Charles V. mal satisfait de ce que l'Archevêque & Electeur de Tréves lui eût donné sa procuration, la fit révoquer ; mais en 1551. sous le Pape Jules III. le Concile ayant repris ses séances à Trente, Pelargue y accompagna l'Electeur de Tréves, en qualité de son Théologien.

Pélargue étoit très savant Théologien, habile dans les Langues Gréque & Hébraïque, habile & zélé Controversiste. Il eut de grandes & fréquentes disputes avec Luther, contre lequel il écrivit plusieurs Traités de Controverses. Voici la liste de ses Ouvrages, telle que l'a donnée le R. P. Echart, Dominicain, dans son second Tome des Ecrivains de son Ordre.

1°. Contre les *Anabatistes* ; imprimé à Fribourg en Brisgau en 1530.

2°. Contre les *Eleuthero - Baptistes*, qui enseignent que l'on peut être sauvé sans recevoir le Baptême, & qu'il est indifférent ou arbitraire, de le recevoir ou non.

3°. Réfutation du sentiment d'Æcolampade, qui vouloit qu'on différât le Baptême jusqu'à l'âge de trois ou quatre ans.

4°. S'il est permis de faire mourir les Anabatistes & les autres Hérétiques; à Fribourg 1531.

(*l*) *Pallavicin. Hist. Concil. Trident. l. 10. c. 2. n. 6.*

5°. Contre les Iconomaques, ou destructeurs des Images; à Fribourg en 1531.

6°. Petite dispute entre *Hieroprepius*, & *Misoliturgus*; c'est un Dialogue contre Luther, qui abrogea l'usage des Messes privées, & un Catholique sous le nom de *Hieroprepius*; imprimé en 1532.

7°. La Liturgie de S. Chrysostome traduite de Grec en Latin pour Ambroise Pelargue, avec la Doxologie en Grec & en Latin, & le Symbole de Nicée de même; à Vorms en 1541. in-quarto.

8°. Epitres de Pélargue à Erasme, & d'Erasme à Pelargue; Cologne 1539.

9°. Remarque sur ce qu'Erasme a écrit, qui n'est pas ortodoxe.

10°. Livre pour prouver qu'on ne doit pas craindre la mort.

11°. Dialogue entre les femmes & les hommes des premiers prétendus Réformés.

12°. Du célibat des Prêtres; Livre rempli d'érudition.

13°. Notes sur plusieurs Livres de l'Ecriture.

14°. Plusieurs Sermons.

15°. Discours prononcé au Concile de Trente, le 10. Mai 1546.

16°. Discours prononcé au Synode de Tréves, le 25. Novembre 1548. imprimé au quatriéme Tome des Conciles Généraux.

Pelargue mourut à Tréves en 1557. & fut enterré dans le Couvent de son Ordre.

Pag. 734. *l.* 41. *D. Matthieu Petit-Didier* étoit véritablement pénétré des vérités de la Religion, & très attaché aux pratiques de sa Régle; on assûre que tous les jours, avant de se coucher, il se disposoit comme devant paroître devant Dieu la nuit même, & il disoit souvent que si Dieu lui donnoit le choix de sa mort, il demanderoit une mort subite; mais non imprévue; & que pourvû qu'il pût dire la Messe le jour même, il ne craindroit pas de mourir subitement. Il semble que Dieu ait exaucé sa prière; car le Mercredy 15. Juin 1728. après avoir assisté aux Matines, à la Méditation, & avoir dit la Messe à six heures à son ordinaire, ayant pris sa réfection au Réfectoire avec ses Religieux, il alla faire un tour dans la prairie voisine avec les jeunes Etudians, où il commença à se sentir mal; vers deux heures il rentra dans la Maison, & étant conduit dans sa chambre au milieu de très grandes douleurs, il tomba sur ses genoux, & expira, sans dire un seul mot. Il mourut le 15. Juin 1728.

Pag. 752. *Voirel* (*Dominique*) a fait imprimer à Nancy, conjointement avec Antoine & Claude les Charlot Imprimeurs, ses Associés demeurant devant la Primatiale, le Triomphe de S. A. Charles IV. in-folio, avec figures en tailles-douces.

Pag. 772. *S. Poton*, Moine Benédictin de l'Abbaye de Prum, a composé un Ouvrage de piété, sous le titre de *Domus Dei*, en cinq Livres. On en parle comme d'un ouvrage d'or, *Liber aureus*. Je n'ai pû encore savoir l'âge de ce S. Religieux. Ce Livre est cité en 1574. comme un ouvrage déja ancien; il commence par ces mots: *Religio peperit nobis divitias, sed filia devoravit matrem*. Il avoit aussi composé quelques autres ouvrages de piété.

Pag. 784. *Ranfain*; ajoûtez: Dans l'Histoire de l'Université du Pont-à-Mousson, Livre VIII. Art. LI. il y a un Décret de Rome contre les Peres Réné Detrome, Charles Seignier, & Jean Dagrubar, Jésuites, auxquels il est défendu, sous peine d'excommunication encouruë par le seul fait, sans qu'il soit besoin d'autre déclaration, & dont ils ne pourront être absoûs que par le Pape, ou par le S. Siège; d'avoir aucune conversation ou relation, par eux ni par autre, par parole ou par écrit, avec la Sœur Marie-Elizabeth de la Croix de Jesus, demeurant à Nancy, ni avec les Associés & Confreres de la Confrairie érigée ou à ériger par ladite Elizabeth, ni d'user d'exorcismes, de médailles, d'oraisons particuliéres, ou d'exercices spirituels institués par ladite Elizabeth; le Pape condamne tout cela, & défend aux mêmes trois Jésuites de venir en Lorraine, & en particulier à Nancy.

Pag. 800. *l.* 14. *Reiffeinberg* (Jean-Philippe, Baron de) a ajoûté des notes & des corrections aux Annales de Brouverus, dans lesquelles il s'est appliqué à ramasser les Antiquités Romaines, qui se trouvent dans le Diocése de Tréves, & qui avoient été ômises par Brouverus & Masenius. Il y a joint quantité de monumens du moyen âge, qui sont très propres à répandre du jour sur l'Histoire des anciennes Maisons du Pays. Hontcim, *Hist. Trevir.* t. 3. p. 993.

Pag. 810. *Rhode* (Jean de) voici son Epitaphe, qui se voit en l'Eglise de S. Mathias de Tréves, devant l'Autel de S. Etienne, premier Martyr:

Theologus Christi, Juristaque floridus iste,
Officium Treviris, Prior extitit Cathusiensis.
Abbas formatus, tunc Principibus bene geatus,
Moribus & clarus, vincoque draconis hiatus
Ordinis ob zelum Visitator destruo Belum;
Posteque prostratus, nunc vermibus esca locatus,
Hic jacet in tumba, vas Ordinis alta columna,
Abbas donatus, Joannes Rhode vocatus

Collectis membris, primâ decumbo Decembris
Trigesimo nono, C. quarto, M. quoque solo.
1. *Décembre* 1439.

Pag. 810. M. l'Abbé Rice, ou Ryce, entreprit, par les ordres du Duc Leopold, cet immense travail de la description detaillée de tous les Bénéfices de Lorraine. Il commença en 1704. sa visite de tous les lieux où ils sont situés, & ne l'acheva qu'en 1712. ou 1713. Son Manuscrit original de 12. à 1500. pages, étoit, à l'avénement du Roi de Pologne, entre les mains de feu l'Abbé Thomas, mort il y a quelques années, Doyen de S. Diey : il s'en perdit une bonne partie par négligence, & ce qui restoit, ayant été remis à M. Jamet le Jeune, il le déposa au Trésor des Chartres de Lorraine. M. Lancelot, qui y travailloit alors, s'appliqua à réparer les bréches de cet Ouvrage, restitua partie de ce qui y manquoit, y fit des Tables très amples, le divisa, & fit relier par Districts Ecclésiastiques, en treize Volumes, qui sont actuellement aux Archives de Lorraine. Note communiquée par M. Jamet.

Pag. 894. *l.* 25. *Sigebert de Gemblours*: outre les Ecrits dont nous avons parlé sous son article, on a imprimé depuis peu deux Epitres, qu'il a composé sur la *Régle de Bernon*, que celui-ci avoit proposée sur la fixation & sur le Jeûne des Quatre-tems. Les Chanoines de Liége, ou plutôt Sigebert en leur nom, avoient proposé sur ce sujet des difficultés au Clergé de Tréves ; & le Clergé de Tréves avoit prié le même Sigebert de faire lui-même la réponse au Clergé de Liége, en leur nom. Il le fait dans une assez grande Lettre ; mais qui ne me paroît nullement propre à éclaircir la matiére, & à terminer la difficulté. Sigebert lui-même, dans sa Chronique, parle de l'Ouvrage de Bernon sur les Quatre-tems (*m*) ; mais je ne l'entens guéres mieux que dans sa Lettre. Il paroît seulement que bien des gens, sur-tout en Allemagne, ne jeûnoient que le Mercredi & le Vendredi des Quatre-tems.

Pag. 933. *l.* 17. *Thierri I.* du nom, Archevêque de Tréves, élû en l'an 965. mort en 975. (*n*) se distingua par sa sagesse, sa vigilance, & par les priviléges & les grands biens qu'il acquit ou confirma à sa Metropole ; en particulier la Primatie, le droit de Légat Apostolique, & celui d'occuper la droite dans les Synodes, après le Légat *à Latere*, tant en France qu'en Allemagne ; & qu'en l'absence du Légat Apostolique, il tienne la premiere place en présence de l'Empereur ou du Roi des Romains ; prérogative dont il a joüi en présence de l'Empereur Frideric II. Le droit de donner le premier sa voix, avant les autres Electeurs Ecclésiastiques, dans l'élection d'un Empereur ; de publier les décisions du Concile Synodal ; de donner des *Lettres formées* aux Ecclésiastiques qui en ont besoin ; de convoquer le Concile Provincial ; de rapporter au Pape les Appels pour les causes majeures ; le droit de faire porter la Croix devant lui, comme on la porte devant l'Archevêque de Ravenne ; enfin, de monter un cheval avec une housse, ou un caparaçon de couleur rouge, dans les stations.

Mais ce qui nous regarde plus particuliérement dans cet article, c'est l'érudition de ce Prélat ; car il a composé un Livre des *Loüanges de la sainte Vierge*, & le *Récit de la Vie de sainte Edeltrude*, ou plutôt de *Sainte Luidtrude*, que Trithême lui attribuë.

Quant au droit de porter la Croix devant l'Archevêque de Tréves, à lui accordé par le Pape Benoît VII. à l'imitation de l'Archevêque de Ravenne ; on lit dans une Bulle du Pape Honoré II. qui confirme ce droit à l'Archevêque de Ravenne, qu'il étoit précédé de la Croix, & d'une Sonnette en tous les lieux où il alloit en cérémonie, excepté dans la Ville de Rome, & trois mille pas aux environs ; ce qui peut faire juger de la nature & de l'étenduë du privilége accordé à l'Archevêque de Tréves.

Pag. 941. *l.* 4. *Thierri*, Religieux de Tholey, Abbaye de Benédictins au Diocése de Tréves, a composé l'Histoire du Martyre de Conrade ou Cunon, Archevêque de Tréves, qui fut mis à mort, avant que d'avoir pris possession de son Eglise, par le Prévôt & les Bourgeois de la Ville. Son Ouvrage est estimé. Il étoit contemporain de Conrade, & vivoit vers l'an 1080. On juge qu'il n'étoit pas Allemand, quoique demeurant à Tholey. On ignore le lieu de sa naissance. *Hist. Litter. de France*, *tom.* 8. *p.* 78.

Pag. 979. *Richard de Vassebourg* (*o*) est enterré dans la Cathédrale de Verdun, au pied d'un pillier, sur lequel est représentée la sainte Vierge tenant entre ses bras son Fils Jesus-Christ. A côté de son image, on lit ces deux mots en Grec, διοτοκος Mere de Dieu, αχριστοτοκος Mere du Christ, qui y ont été mis par ordre de Vassebourg, de son vivant. Il avoit fait tailler cette figure en bois, de la même maniére qu'on la voit encore, & l'Estampe en fut mise par ses soins

---

(*m*) *Sigebert. de Scriptor. Ecclesiast. de Bernone.*
(*n*) *De Hontheim, Hist. Trevir. t.* 1. pp. 247. & 248.
Præfat. p. 2111.
(*o*) *Hist. de Verdun, Supplement, p.* 1.

à la tête de son Histoire. Le Graveur y a mis l'aumuffe sur le bras droit de Valfebourg; il fait face à six Enfans de Chœur en surplis à manches serrées, de la bouche desquels sort en strophe : *Monstra te esse Matrem, &c.*

Pag. 1044. *Wilthem* : j'ai attribué au R. P. Alexandre Wilthem le grand Ouvrage des *Annales de S. Maximin de Tréves* ; mais M. de Hontheim, dans sa nouvelle Histoire de l'Archevêché de Tréves *tom.* 3. p. 1002. & suiv. m'apprend que le véritable Auteur de ces Annales, est *Villaume Wilthem*, aussi Jésuite qui a composé cet Ouvrage, dont il fait un grand cas, duquel il fait l'Analyse, & qu'il dit être conservé en original dans la Maison des Peres Jésuites de Luxembourg. Le même M. de Honteim avertit que le R. P. Alexandre Wilthem a continué l'Ouvrage dudit R. P. Villaume Wilthem, son frere, compris en deux gros Volumes in-folio, conservés dans l'Abbaye de S. Maximin ; & c'est de ces deux Volumes que j'ai voulu parler dans l'article du Pere *Alexandre Wilthem.*

Villaume Wilthem a de plus composé un fort bon Ouvrage, intitulé : *Historia Luxemburgensis antiquariarum disquisitionum libri tres.* Cet Ouvrage est encore manuscrit dans la Bibliothéque des Peres Jésuites de Luxembourg. On peut voir le précis de cet Ouvrage dans le troisième tome de l'Histoire de Tréves de M. Hontheim, p. 1017.

Pag. 1047. *Zacharie* (Le R. P.) Religieux Minime de la Ville de Verdun (*p*), vivoit au seizième siécle, sous l'Evêque Nicolas Pseaume. Ce Religieux, après avoir gouverné très saintement le Couvent de son Ordre à Verdun, & avoir répandu dans cette Ville la bonne odeur de Jesus-Christ, par ses Prédications Apostoliques, fut choisi Général de son Ordre au commencement de ce siécle. Quoiqu'élevé à cette premiere dignité, il ne diminua rien de sa ferveur & de ses exercices de piété. Il conserva son affection pour le Couvent de Verdun, lui procura des sommes considérables, pour y faire des Bâtimens plus commodes & plus solides, & pour y construire la nouvelle Eglise qu'on y voit à présent, & où l'on a transferé le Mausolée & les ossemens de l'Evêque Bousinard, qui étoient dans l'ancienne Eglise.

Pag. 1047. *Zillers* : son vrai nom est *Zyllesius*. Ludewic & M. de Hontheim remarquent que cet Ouvrage de Zyllesius est devenu très rare, & qu'il mériteroit d'être réimprimé, & que cet Auteur est le premier qui ait traité de la vérité ou fausseté des Diplomes ; ce qui a donné lieu aux Henschenius, Papebroch & Mabillon de traiter sérieusement cette matiere, qui a depuis été très soigneusement éclaircie & débroüillée.

L'Ouvrage que Zyllesius prétend réfuter, a pour titre, *Archiepiscopatus & Electoratus Trevirensis per refractarios Monachos Maximianos, altosque turbati, anno* 1633. L'Edition de l'Ouvrage de Zyllesius est de l'an 1638.

Dans l'article de Brouverus & Masenius, j'ai parlé de leur Ouvrage, intitulé, *Metropolis Ecclesiæ Trevirensis, seu Monastica Ecclesia Trevirensis*, qui n'est pas encore imprimée. J'ai cité un passage Latin, qui se trouve à la tête du Manuscrit de cette Histoire chez les Jésuites de Luxembourg. J'ai dit mal à-propos que ce passage Latin regardoit l'origine des *Annales de Tréves* de Brouverus, au lieu qu'il regarde *Metropolis Ecclesiæ Trevirensis*, dont je viens de parler.

A l'article du Cardinal *Cusa*, ajoutez : On a imprimé depuis quelques années à Tréves, une vie du Cardinal de Cusa, sous ce titre : *Vita Nicolai de Cusa S. R. E. Cardinalis ad vincula S. Petri, Episcopi Brixiensis, Diaconi ad sanctum Florinum Confluentia, Administratoris S. Vendelini, Præpositi Monasterii Meinfeldiæ, Archidiaconi Leodiensis ; Auctore Casparo Harzhein Soc. Jesu Sacerdote, Treviris, apud Jacobum Reuland.* L'Ouvrage est partagé en trois Livres. L'Auteur y examine la vie de Cusa depuis sa naissance jusqu'à sa mort, arrivée en 1464.

(*p*) Hist. de Verdun, t. 2. part. 2. c. 12. p.

Fin des Additions & Corrections.

Errata de la Bibliothéque Lorraine.

Pag. ij. tout au bas de la page In Epist. ix. Galac. l. 2. c. 6. lisez In Epistol. ad Galat. præfat. ligne 2.
Pag. ij. Aux morts, lisez aux mortels.
Pag. iij. En Hongrie, lisez en Dalmatie.
Ibid. L'inscription gréque qui se voit au bas de la page, Θ.Χ.Η.Ρ.ω. lisez Θ.Κ.Η.Ρ.Ω.
Pag. ix. On a mal écrit le Grec dans l'original que j'ai fourni ; la lettre M est formée à peu près comme un X arrondi ; ici on l'a mis comme un Chi : on a ômis dans cette Inscription la lettre Φ Phi, au lieu de ΦΟΡΜΑ, on a mis ΟΡΚΑ, qui ne signifie rien.
Pag. xij. lig. 14. Jean Lud & Chretien, Sécrétaire, lisez Sécrétaires.
Pag. xiij. lig. 36. le nom de piété, lisez le don.
Pag. xiv. lig. 37. Thierri Boppart, lisez Thierri Bayer de Boppart.
Pag. xv. lig. penult. l'Abbaye de Malek, lis. de Melk.
Pag. xix. lig. 52. Emineus, lisez Emineus ; ibid. lig. 18. 2. col. lina, lisez ligna.
Pag. xx. lig. 32. quem, lisez quam.
Pag. xxij. lig. 14. Desterreich, lisez Osterreich ; ibid. lig. 32. P. J. lisez P. S.
Pag. xxv. lig. antepenult. v. 9. lisez v. g.
Pag. xxvj. col. 2. l. 16. indicium, lisez judicium.
Pag. xxviij. col. 1. l. 25. audeo, lisez gaudeo ; ibid. col. 2. l. 29. præstas, lisez præstat.

Dans le Corps de l'Ouvrage.

Pag. 4. l. 11. partie de Rene-Joseph, lisez par le R. P. René-Joseph ; ibid. l. 30. le Pere Jotivet, lisez Sotvel.
Pag. 6. l. 20. N'ayant plus de compétiteur, il fut reconnu, effacez il ; ibid. avant la fin ; Præsulis infenso, lisez in senso.
Pag. 7. l. 3. avant la fin, pour prêcher l'Evangile aux Russiens, ceci doit être placé plus haut avant ces mots, Cette Princesse étoit nommée Olga.
Pag. 21. l. 17. Hirsang, lisez Hirsaug ; l. 20. renvoi, lisez renvoyé.
Pag. 23. l. 37. S. Abbé, lisez premier Abbé.
Pag. 24. l. 12. avant la fin, la simplicité de la colombine, lisez de la colombe.
Pag. 28. l. 12. Il fit élire Baudouin, ajoutez, il fit élire Archevêque de Tréves ; l. 15. avant la fin, post quinos menses annos, lisez, post quinos menses, annos deca tetra.
Pag. 29. l. 4. entra brusquement, lisez entrerent brusquement.
Pag. 31. l. 53. Aldrii, lisez Aldric, comme aussi dans les lignes suivantes.
Pag. 33. l. 19. Elbon, lisez Ebbon.
Pag. 35. l. 54. qu'on renversoit celles, lisez qu'on renversoit ceux.
Pag. 37. l. 36. quamvis juste, lisez quamvis justi ; l. 40. studnit bumanoribus, lisez litteris humanioribus ; l. 41. Monasterium induit, lisez Monachum induit ; l. 47. soladium, lisez sodalium ; l. 50. H. P. D. lisez R. P. D.
Pag. 49. l. 26. avoir écrit le régne, lisez sous le régne.
Pag. 55. l. 14. Monusfalronis, lisez Monts Falconis ; Epistola d'Hungris, lisez de Hungris.
Pag. 57. lig. dern. la rendit, lis. la vendit aux Anglois.
Pag. 58. l. 8. sur tout parce que, lisez sur tout cela, parce que ; l. 21. pucellæ, lisez puellæ.
Pag. 66. l. 22. Paventalia, lisez l'arenalia.
Pag. 74. l. 2. à Strasbourg à Dijon, lisez de Strasbourg à Dijon.
Pag. 85. l. 42. & aussi le P. Anselme ; lis. voyez aussi le P. Anselme.
Pag. 107. l. 2. avant la fin, Mongarin de la Bigne, lis. Margarin de la Bigne.
Pag. 109. l. 23. in 30. dictas redactum, lisez in 30. Dictas redactum.
Pag. 113. l. 13. avant la fin, Civia jura, lis. Civica jura.
Pag. 116. l. penult. Archiepiscop. Trevirensis, lisez Trevirensium.
Pag. 123. l. 28. ni pays d'usage, lisez mais pays d'usage.
Pag. 126. l. dern. à la dextre, lisez à sa dextre.
Pag. 127. l. 6. Clementis festa, lisez Clementis festa.
Pag. 130. l. 24. Théodore Briu, lisez Théodore Brice.

Pag. 131. Voici ces deux Passages en lettres courantes gréques, ἀπὸ ενκι και Πετω, & l'autre un peu plus bas, Ολοπονος Ἑπαεδα Φι Χκι βνοι ισι Κτνοη καλεν.
Pag. 132. l. 4. Scroefflin, lisez Schoefflin ; l. 9. Cetropedie, lisez Ceitropedie.
Pag. 142. l. 40. Gnebriæ, lisez Guelriæ.
Pag. 179. l. 33. ΤΕΧΝΙΚΗ, lisez ΤΕΧΝΙΚΗΝ ; & l. 20. avant la fin, ΑΡΟΔΕΙΚΗΚΗ lisez ΑΤΟΔΕΙΚΤΙΚΗ
Pag. 211. l. 12. M. Fourmant, lisez Fourmont, & de même par-tout Fourmont, aujourd'hui décédé.
Pag. 246. l. 40. Ballin, lisez Basin.
Pag. 259. l. 28. racicus dormit, lisez racirus.
Pag. 262. l. 2. patrouum, lisez patronorum.
Pag. 264. l. 30. rude en latinité, lisez rude & latinisé.
Pag. 266. au Vestibule de l'Abbaye de Moyenmoutier, lisez de Senones.
Pag. 277. l. 21. volvis sensibus bistum, lisez volvis sentibus birtum.
Pag. 278. l. 4. Qui lueros sarana, lisez lueos ;
Pag. 284. l. 25. Theumot, lisez Thevenot ; ibid. l. 52. adapté, lisez adopté.
Pag. 296. l. 23. Marnés, lisez, Mamés.
Pag. 300. l. 46. Dans les Monasteres de Vosge, lisez dans les Montagnes de Vosge.
Pag. 314. pro avorum vota, lisez pin avorum vota.
Pag. 316. l. 9. leur stabileté, lisez leur habileté.
Pag. 317. l. 25. abstarit, lisez abstrait.
Pag. 318. l. 2. tradition, lisez traduction.
Pag. 321. l. 1. pansées, lisez pensées ; ibid. l. 7. avant la fin, outre la mer Méditerranée, lisez entre.
Pag. 346. l. 50. 1722. lisez 1727.
Pag. 348. l. 1. l'Hospitale, lisez l'Hospital ; ibid. l. 28. Albert, lisez Alberte.
Pag. 350. l. 40. pris sa réforme, lisez pris sa forme.
Pag. 370. l. 3. quantula cunique, lisez quantulamcumque.
Pag. 371. l. 22. de facturis, lisez de fracturis.
Pag. 376. l. 47. Forqueraux, lisez Forquevaux.
Pag. 377. l. 29. depieras, lisez depictas.
Pag. 395. l. 3. d'Aix la Chapelle, ajoutez & de Gondreville.
Pag. 397. l. 38. des maximes, lisez des manieres.
Pag. 404. l. 7. poit, lisez point.
Pag. 405. l. dern. il comte, lisez il compte.
Pag. 419. l. 38. 1629. lisez 1729.
Pag. 421. l. 5. avant la fin, Abbaisses, lisez Abbesses.
Pag. 422. l. 3. dons, lisez dans.
Pag. 424. l. 45. Morey, lisez Morey ; ibid. l. 53. soudris, lisez sourdis.
Pag. 427. l. 43. Buze, lisez Beze.
Pag. 433. l. 13. Cavendaque sacra purpurâ, lisez exuendâque sacra purpurâ ; ibid. l. 50. mense, lisez merito.
Pag. 435. l. 9. ante octa, ajoutez vitæ ; ibid. l. 50. columna, lisez columnis.
Pag. 437. l. 47. Forqueraux, lisez Forquevaux.
Pag. 437. l. 33. virtutis, lisez virtuti ; ibid. l. 53. insignis, lisez insignivit.
Pag. 438. Lusus, lisez Slusius.
Pag. 441. l. 22. à nous le faire connoître, lisez à nous les faire connoître ; ibid. l. 25. en dessein, lisez un dessein.
Pag. 449. Lettre in (r), Grimalaïe, dit Luc d'Achery, lisez Grimalaïe, Edit. Luc. d'Ach.
Pag. 454. l. 24. sæculos litigantium, lisez sæculos ; ibid. l. 51. Libarius, lisez Libavius, & encore ligne pénultiéme.
Pag. 455. l. 12. Les les Pois, lisez les le Pois ; ibid. l. 20. Nemeius, lisez Nemesius.
Pag. 460. l. 69. immortalitatis, lisez immortalitas.
Pag. 462. l. 34. Serenissimo Duce, lisez Duci.
Pag. 463. l. 14. quin, lisez quâ.
Pag. 464. l. penult. approprias, lisez appropriar.
Pag. 465. l. 25. adinventioribus, lisez adinventionibus.
Pag. 467. l. 8. expalitis, lisez ex solutis ; ibid. l. 62. minum, lisez minimum.
Pag. 469. l. 25. placuit, lisez placavit.
Ibid. l. 28. utime, lisez ultime.
Pag. 471. l. 30. perispema, lisez peripsema ; ibid. l. 45. Marthe, lisez Malthe.

472. l. 48. jGuro, *lisez* Gurc *ou* Gurq.
477. l. 15. le Roi de Bourgogne, *lisez*, le Duc de Bourgogne.
482. l. 29. l'Abbé Angefifet, *lisez* Anfegife.
486. l. 18. naturel & chrétienne, *lisez* naturelle.
487. l. 28. retracto, *lisez* retractis.
489. l. 2. Bethelois, *lisez*, Rhetelois.
490. l. 24. *ne mureris*, *lisez* *ne miraris* ; *ib.* l. 33. Bernon, *lisez* Bennon; *ibid.* l. 34. Soiffon, *lisez* Soiffons.
499. l. 21. Bernier, *lisez* Brenier.
503. l. 25. *complectus*, *lisez* complectens.
505. l. 25. l'Auteur de penfer, *lisez* l'Auteur de l'art de penfer ; *ibid.* l. 34. comme nous devons, *effacez* comme.
506. l. 13. du Harlay, *lisez* de Harlay.
508. l. 1. dit vulgairement, *lisez* dite ; *ibid.* l. 60. Holdal, *lisez* Hordal.
509. l. 52. celui étoit, *lisez* ce lui étoit.
512. l. 3. *stercicore*, *lisez* terpficore; *ibid.* l. 12. & 19. l'Anguedoc, *lisez* Languedoc.
520. l. 5. les fers, *lisez* tes fers ; *ibid.* l. 8. Etats, *lisez* ébats.
521. l. dern. *flumina*, *lisez* fulmina ; *ib.* l. 12. *ne præpoteuris*, *lisez* *ni præpotentis*.
523. l. 9. *nunc Agamem nonas*, *lisez* *nunc Agamemnonas*; *ibid.* l. 38. *in cesti mandos*, *lisez* *in æstimandos* ; l. 45. *fadinis*, *lisez* fodinis.
544. l. *antepen.* dans la premiere, *ajoûtez* partie.
547. l. 37. Buri, *lis.* Buzi; *ib.* l. 43. Dagen, *lis.* d'Agen.
555. l. 19. *Abbate fervatis*, *lisez* Servatio.
564. l. 46. allution, *lisez* illufion.
568. l. 22. les voies de bien, *lisez* de Dieu.
574. l. 29. Pofvielde, *lisez* Rofveide.
575. l. 34. étant venu, *lisez* étant devenu.
580. l. 50. Dangie la Rithes, *lis.* d'Angie la Riche; *ib.* Ritbuau, *lisez* Richenau.
581. l. 33. Vaindesheim, *lisez* Windesheim.
583. l. *dern.* *l'octus* & *Arria*, *lisez* *l'ævus*.
584. l. 26. S. Maur, *lisez* S. Vanne.
587. l. 20. s'appliqueroient, *lisez* ils s'appliquoient.
598. l. 48. fure, *lisez* feûr.
599. l. 52. les expofent, *lisez* les expofe.
600. l. 8. du 24. *ajoûtez* Août 1624. *ibid.* l. 46. Inqué, *lisez* laquai.
602. l. 2. du Roi Charles IV. *lisez* du Duc Charles IV. *ibid.* l. 20. Gerôme, *lisez* Jerôme.
604. l. 12. il rapporte, *lisez*, il rapporta.
605. l. 34. crotefques, *lisez* grotefques.
606. l. 47. & langue, *lisez* de langue.
608. l. 1. *seculari*, *lisez* faeculari ; *ibid.* l. 20. *edisis*, *lisez editis.*
610. l. 36. Bertrand, *lisez* Bertaire.
612. l. 12. afferendis, *lisez* efferendis.
615. l. 24. Bretaque, *lisez* Bretagne.
616. l. 18. reconnu, *lisez* recouvré.
617. l. 13. Comtes, *lisez* Comptes.
Pag. 618. l. 41. *nevorum*, *lisez* duorum.
619. l. 41. au Roi, *lisez* au Pape.
623. l. 8. Serron, *lisez* Serrier ; l. 35. *oræ*, *lisez* oraz;
l. 39. *commemoralis*, *lisez commemoraris.*
Pag. 625. l. 47. Burcellenfis, *lisez* Bruxellenfis.
626. l. 18. cette équipage, *lisez* cet équipage ; l. 36. font auffi, *ajoûtez* attribués.
627. l. 41. M. Evêque, *lisez* M. l'Evêque.
630. l. 1. *mortales*, *lisez* *immortales.*
633. l. 53. Borigia, *lif.* Borgia.
634. l. 4. que le confultoient pour, *lif.* qui le confultoient. Pour.
637. l. 3. Longeville, *lif.* Longueville.
638. l. 6 Cordeliers, *lif.* Cordelieres.
642. l. dern. Pous, *lif.* Poül; *item*, *pag.* 643. en deux
644. l. 48. contre les Papes, *lif.* entre les Papes.
647. l. 12. *evacuit*, *lisez evanuit.*
648. l. 28. s'amuffa, *lif.* s'amufa.
650. L'Alain de Montigny, *lisez* Lalaing de Montigny.
653. l. 31. les termes, *lif.* les tems.
654. l. 3. Catalipie, *lif.* Catalepfie.
659. l. 46. *eminueras ut columna*, *lisez* eminebat.
661. l. 18. Chaalans, *lif.* Chaalons ; l. 42. *fæculo*, *lif. fæculum.*
662. l. 30. *astipuantium*, *lisez astipulantium.*
667. l. 5. auroient, *lisez* avoient ; l. 59. Bernard, *lif.* Bénard.
668. l. 42. Arnoud, *lif.* Arnaud.
669. l. 5. des plus raifonnables, *lif.* déraifonnables.

675. l. 17. qui nimo, *lisez* quinimo; l. 23. *avis*, *lif.* *aëris*;
l. 43. *Balberum*, *lisez Balvernum*.
676. l. 29. *medicis annis*, *lisez* armis.
678. l. 11. navir, *lif.* navire.
681. l. 6. *lig. avant la fin*, Longevy, *lif.* Longwy.
689. l. 3. *quotliberna*, *lisez quotliberanæ*.
692. l. 21. fes Miffions, *lif.* ces Miffions.
695. l. 52. Bachemin, *lif.* Berthemin.
696. l. *antepen.* il est attribué, *lif.* il a attribué ; *l. dern.* & avant l'Abbé de Morimond, *lif.* & avant lui Abbé de Morimond.
701. l. 21. *adultaverat*, *lisez adulseraverat.*
707. l. 15. à Paris, *lif.* à Bar.
709. l. 30. tord, *lif.* tort.
714. l. 11. Rapi, *lif.* Vapi.
727. l. 45. aux Provinciales, *lif.* aux Provincial.
734. l. 32. *ne optaver*, *lisez ne opravar.*
739. l. *dern.* lettre *in (u) sub*, *lisez submoveudi*.
749. l. 4. une éloge, *lif.* un éloge.
750. l. 20. Secrétaire, *lisez* Secrétaire d'Etat ; l. 52. *urbac*, *lif.* Murbac.
752. *à la fin*, cet étude, *lif.* cette étude.
757. l. 7. Antieviaire, *lif.* Antiquaire ; l. 25. *Collegarum*, *lisez Collegarum.*
760. l. 21. il les avoir, *lif.* ils les avoient.
762. l. 46. *in unam*, *lisez in urnam.*
763. l. 28. *nm nihilominur*, *lisez nua nihilominus.*
765. l. 58. expliquogrie, *lisez* explicogne.
767. l. 4. *docendus*, *lisez docencia.*
774. *l. dern.* Tulley, *lisez* Trelley.
775. l. 52. *Gerberti*, *lisez Goberti.*
777. l. 11. *veterum*, *lisez votorum* ; il ordonna, *lisez* il inprima.
780. l. 25. Gontinois, *lisez* en Gatinois.
781. l. 40. Polemaque, ou Pierre Gueniiat, *lif.* Pierre Guerriere.
783. l. 8. en œuvre, *lif.* en ufage.
789. l. 18. *Julio Magianaum*, *lif. Julio-magi-audium.*
801. l. 38. d'Achilleïde de Stan, *lisez* de Stace.
802. l. 44. Lieutenant, *lisez* Procureur.
808. l. 3. loyales, *lif.* logeables.
820. l. 5. Vefinade, *lif.* Veomade, l. 19. *Durgelle*, *lif.* d'Urgelle.
821. l. 39. exactes, *lif.* exacts.
823. l. 10. des Anteurs, *lif.* des autres.
825. l. 15. commun au fecond, *lif.* conforme.
828. l. 2. *Mixobar-baron*, *lisez Mixobarbaron*, c'est-à dire, mêlé de termes barbares.
828. l. 36. *Philiftionis*, *lisez Phi'ystionis.*
835. l. 20. pefte arrivé, *lif.* arrivée.
837. l. 5. *avant la fin*, ceux qui, *lif.* ceux-ci.
839. l. 13. tout & paffe-tems, *lif.* tout ce paffe-tems; l. 14. en amis emplumés, *lif.* ces ames emplumées ; l. 19. plus cru, *lif.* plus creux.
Pag. 843. l. 3. *fuscipe*, *lisez fuspice.*
846. l. 36. *suppeditaris*, *lisez suppeditatis* ; l. 48. *sacras*, *lisez* *facras.*
847. l. 12. *fi nimium*, *lisez*, fi minimum.
Ibid. l. 14. *quam extant illo*, *lisez*, *æquum est quntillo lumine.*
851. l. 41. de recevoir, *lif.* renvoyer.
859. l. 14. Poëre, *lif.* Poëme.
862. l. 32. Prince, *lif.* Princes.
865. l. 27. & 30. Examefoc, *lif.* Exaëmeron.
887. l. 17. rempli, *lif.* remplie.
888. l. 27. *spolie*, *lif. spolia* ; l. *ult. aditos*, *lif. editor.*
893. l. 49. *Feliciorum*, *lisez Felicianum.*
895. l. 15. promptement, *lif.* proprement.
917. l. 26. *Nuncupatorum*, *lisez Nuncupatum.*
918. l. 5. esoplique du fon, *lif.* catoptique du fon.
921. l. 2. des efprits, *lif.* des Copiftes.
925. l. 33. *quid bic cachina*, *lisez cachinnos.*
927. l. 3. Abberic, *lif.* Alberie ; l. 30. Hitten, *lif.* Hillin.
931. l. 33. Goldofe, *lif.* Goldafte.
948. l. 9. avaus la fin, avagne, *lisez* avague.
950. l. 23. d'Aubemtin, *lif.* d'Aubenton.
955. l. 9. & 25. Son Eminence, *lif.* Son Excellence.
962. l. 30. couverte, *lif.* couvert ; l. 31. *Pallii feris*, *lisez Pallio serico.*
983. l. 30. oblato, *lisez* ablato ; l. 7. avans la fin, à branches, *lif.* à fept branches.
984. l. 6. reput, *lif.* reprit; *l.* 4. *avant la fin*, fils de Rieveri, *lif.* fils de Ricoin.
1004. l. 39. faccompagné, *lif.* accompagné.

1023. l. 38. les Seigneurs, *lis.* les Seigneuries.
1024. l. 36. en sa mémoire, *lis.* à sa mémoire.
1027. l. 16. m'attend, *lis.* je ne m'étend pas.
1032. l. 24. Raderas, *lis.* Raderus.
1033. l. 15. renon, *lis.* renom.
1034. l. 21. introduit, *lis.* traduit.
1035. l. 1. oueraremus, lisez *oueraremus*; l. 26. *Autigisus*, lisez *Ausigisus*.
1038. l. 19. par sa personne, *lis.* par sa présence.
1040. l. 40. reperires, lisez *reperire*; l. 42. *existo*, lis. *ex isto*.
1042. l. penult. dont le nom commence apparemment par *H.* Hugues, &c. *isez*, dont le nom commence par *H.* apparemment Hugues.
1044. l. 21. a commencé, *lis.* a composé.

Errata du Supplément.

Pag. 1. l. 43. Ulric Oberelu, *lis.* Obrecht.
Pag. 7. l. 19. *Apostolicæ*, ajoûtez *Sedis*; l. 19. 20. *Consiliarium*, lisez *Consiliarium*; l. 38. Breyé, *ajoûtez*, Avocat, renvoyé à la page 167. de la Bibliothéque Lorraine.
18. l. 7. avant la fin, d'une injuste faveur, *lis.* fureur.
21. l. 20. Pemprun, *lis.* Pemprunt; l. 6. *avant la fin*, *institutionibus*, lisez *institutionis*.
25. l. 38. d'Etrech, *lis.* d'Utrech.
26. l. 19. & 48. Mastigafore, *lisez* Mastigofore, un Licteur, un Bâtonin, un Bedau.
27. l. 36. Danau, *lis.* Davau.
35. l. 3. Phalsebourg, *lis.* Phalsbourg.
36. l. 6. avant la fin, Richéme, *lis.* Rithéme.

40. l. 12. *accipis varia*, lisez, *accipitravia*; l. 34. en prit possession, *lisez*, il prit possession de la Chaire de Médecine le 7. Avril 1606. l. 47. *servire quàm*, lisez *servire*, *quàm*; & l. 53. *cubicularium non*, lisez, *cubicularium*, *non*.
44. l. 6. *reperii*, lisez, *reperi*.
51. l. 19. Pillevé, *lis.* Pellevé.
57. l. 3. l'amour seule, *lis.* seul.
60. l. 6. dans son amour, *lis.* sans son amour.
63. l. 20. *Corduni*, lisez *Cardoni*.
70. l. 36. Utpert, *lis.* Vipert.
72. l. 1. 2. 25. 36. & 52. *Gestræ* ou *Goræ*, lisez *Gore*, ou *Gure*, ou *Gurques*.
Ibid. le Pape....... VI. *lis.* Alexandre VI.
84. l. 36. faisoit les Monumens, *lis.* contenoit; l. 44. PROPÆ, *lisez* PROPRÆ.
85. l. 36. Vespecte, *lisez* Vespuce.
88. l. 4. avant la fin, *Tungrensis*, lisez *Tungrensis*; deux lig. plus bas, *Logica Catholica*, lisez *Leodia Catholica*.
90. l. 34. Sainte Hippolyte, *lis.* Saint Hippolyte.
91. l. 34. Pierrerard, *lis.* Pierre Erard.
97. l. 25. qu'il soit mis, *lis.* qu'il fût mis; *l. penult.* sont échappés, *effacez* sont.
99. l. 31. D. Philippe, *lis.* D. Philibert; l. 44. n'est pas trop connu, *lis.* n'est que trop connu.
100. l. 22. à Linne èn Hainaut, *lis.* Lerne.
105. au bas de la page, *Pasques Saliensis*, lisez *Pagus Segisensis*.
107. l. 18. Rivel, *lis.* Rinel.
111. l. 46. *junctâ*, lisez *mirâ*.

F I N.

TABLE DE LA BIBLIOTHEQUE LORRAINE;
ET DE SON SUPPLEMENT.

A

Abbon Evêque de Verdun, Page 1
Aboncourt (D. Marc) Benédictin, 2
Abram, Jésuite, 3
Abram (Etienne-Charles) de Mirecourt, 4
Abram, Chanoine Régulier, 5
Abſalon, Abbé de Sprinkirsbach, ibid.
Adalberon, Evêque de Laon, 6
Adalbert, chef des Ecoles de S. Vincent de Metz, ib.
Adalbert ou Adelbert, Religieux de S. Maximin de Trèves, 7
Adam (Jacob-Sigisbert) Sculpteur, 8
Adam (Lambert-Sigisbert) Sculpteur, ibid.
Adam (Nicolas-Sébastien) Sculpteur, 16
Adam (François-Gaſpard) Sculpteur, 20
Adelhaire, Abbé d'Epternach, 21
Ademar de Monteil, Evêque de Metz, ibid.
Adolphe de Sierck, Chartreux, ibid.
Adrien (de Nancy) Capucin, 22
Adſon, Abbé de S. Mansuy, ou de Montier-en Derf, ibid.
Adventius, Evêque de Metz, 25
Ægidius, Moine d'Orval, 415
Agrippa (Henri Corneille) Syndic de la ville de Metz, 26
Agritius (Matthias) Historien, 27
Aigle, 553
Ailly, Historien, Supplément, 15
Ainardus, 68
Aiſchpatter, Archevêque de Mayence, 27
Aix (Jean d') Evêque de Verdun, 29
Alberi, ibid.
Albert ou Alpert, Moine de S. Symphorien de Metz, ibid.
Albert, Ecolâtre de S. Mathias de Trèves, 31
Albert, Carme (le R. P.) ou Albert Deſchamps, ibid.
Albertius (Laurent) Suppl. 45
Aldrii, Princier de Metz, puis Evêque du Mans, 31
Aldringen, Général d'Armée,
Aldringen, Evêque en Stirie, } Frères, 33
Aldringen, Evêque de Tripoli,
Alix (Thierry) ibid.
Alix (Cunin) Grand Prevôt de S. Diey, 34
Allemand (L.) Peintre, ibid.
Allemant (L') Médecin, 560
Alliot (Pierre) Médecin, 34

Alliot (Jean-Baptiſte) Médecin, 35
Alliot (D. Hiacinthe) Benédictin, Abbé de Moyenmoutier, 36
Alliot (D. Hiacinthe) neveu du précédent, mort Prieur de S. Mansuy, 38
Alliot (Pierre) Introducteur des Ambaſſadeurs en Lorraine, 42
Alſcheid (Hartard) Franciſcain, ibid.
Alvizet (D. Arſenne) Benédictin, ibid.
Alvizet (D. Benoît) Benédictin, ibid.
Amalaire de Metz, ſurnommé Symphorian, 43
Amalaire de Trèves, ſurnommé Fortunat, ibid.
Ambroiſe (Saint) Docteur de l'Egliſe, 44
Ancillon (David) Miniſtre de la Religion P. R. 45,
& le Supplément, Page 1
Ancillon (Charles) ibid.
Ancillon (Joſeph) Avocat à Metz, 46
André, Franciſcain, de Neufchateau, ibid.
André, Carme, de Remiremont, ibid.
André, Dominicain, de Neucaſtre, 45. Notte.
Angelramne, Evêque de Metz, 46
Anly (Jean de) Moine d'Orval, 47
Anonymes : Il y en a pluſieurs, ibid.
Auſtée, Moine de Gorze, Architecte, Abbé de S. Arnould de Metz, 55
Antimonde, Evêque de Toul, ibid.
Antoine, Abbé de Senones, 56
Antoine (Paul-Gabriel) Jéſuite, ibid.
Appier, Hanzelet. Son vrai nom eſt Jean Appier, 474
Arc (Jeanne d'Arc) Pucelle d'Orleans, 57
Argentrey (Dupleſſis) 59
Armene (D. Geoffroy) Benédictin, ibid.
Arſinger, Franciſcain, ibid.
Arnauld (Antoine) Docteur de Sorbonne, ibid.
Arnoldi (Jean Conrade) de Trarbach, Suppl. 1
Arnould, Evêque de Metz, 60
Arnus (Nicolas) Dominicain, Théologien, ibid.
Aſcelin, Evêque de Laon, 6
Aubert, de Verdun ſur Meuſe, Machiniſte, 61
Aubert (Roland) Franciſcain, 834
Aubertin (Antoine) Prémontré, 62
Aubéry (George) Secrétaire de S. A. 29
Aubin (S.) Médecin de Metz, 819
Anbrion (Jean) Citoyen de Metz, 62
Aubruſſel, 563
Aubuſſon (George) 364
Augier, 564

1

TABLE DE LA BIBLIOTHEQUE LORRAINE.

Avignon (D. Pulchrone) Bénédictin, 565
Avignon (Thomas) Capucin, 64
Aviller (Augustin-Charles) Architecte, Suppl. 2
Auci ou d'Auxi (Jean) Cordelier, 63
Auly ou Dauly de Mal-medy, 62
Ausone, Poëte & Orateur, 64
Auspice, Evêque de Toul, 68
Autmonde, Evêque de Toul, voyez Antimonde, 55
Aynardus, Religieux de S. Evre-lès Toul, 68

B

Baccareti, Chanoine de Toul, 69
Bachot (Jacques) Sculpteur, ibid.
Bade (Jean de) Archevêque de Tréves, ibid.
Bade (Jacques de) Archevêque de Tréves, 70
Bagard (Céſar) Sculpteur, ibid.
Bagard (Toussaint) Sculpteur, 71
Bagard (D. Henry) Bénédictin, ibid.
Bagard (Charles) Médecin, 72
Baillet (D. Pierre) Bénédictin, 73
Baion ou Bayon, 86
Baleicourt, voyez Hugo, 512
Balonſaux, Conseiller à Luxembourg, 73
Baltus (Jean-François) Jésuite, ibid. & Suppl. 3
Baluſe (Jean) Cardinal, fils d'un Meunier de Verdun, 75
Bans (Pierre des) Prémontré, 77
Bar (Louis) Cardinal de Bar, Evêque de Verdun, ibid.
Bar (Nicolas de) Peintre, ibid.
Bar (D. Claude de) Bénédictin, 78
Barbe, Horlogeur, ibid.
Barclai (Guillaume) Jurisconsulte, 79 & Suppl. 3
Barclai (Jean) Fils de Guillaume, 80
Bardin (Philippe) Conseiller à Nancy, 82
Bariban, de Toul, Conseiller, 83. & Suppl. 4
Barnet (Balthazar) de Nancy, ibid.
Barriere (Pierre de la) Evêque de Toul, ibid.
Barrois (D. Humbert) Abbé de Moyenmoutier, ibid.
Barthemin, Medecin, 111
Basin (Jean) de Sandaucourt, 84
Baſlemont (S.) voyez Ernecourt, 347
Baſſompierre (François de) 84
Baudouin, Archevêque de Tréves, 85
Baudry, Auteur de l'Histoire d'Alberon, Archevêque de Tréves, 86
Bayard (Claude-Martin) de Toul, Suppl. 6
Bayon (Jean de) Dominicain, 86
Bayon (Nicolas de) Docteur en Theologie, 87
Beatrix (Nicolas) Graveur en taille douce, ibid.
Beaucaire (François de) Evêque de Metz, ibid.
Beauveau (Henri) de Fléville, 88
Beauveau (Henri) Marquis de Beauveau, ibid.
Beauveau (Anne-François de) Jésuite, 89
Beauveau (Henri) tué à Ypres, 90
Bebin (D. Odilon) Bénédictin de la Congrégation de S. Vanne, 91
Bedel (Jean) Chanoine Régulier, ibid.
Begon (Scipion-Jerome) Evêque de Toul, ibid.
Begue (François Le) Doyen de S. Diey, 99
Beguin, Prêtre Lorrain, ibid.
Bel (Augustin le) Prémontré, ibid.
Belsomme (D. Humbert) Bénédictin, Abbé de Moyenmoutier, ibid.
Belin (D. Albert) Bénédictin, 102
Bellange, Peintre, 103

Bénard (D. Laurent) Bénédictin, ibid.
Benoît (Picart) Capucin, 741
Bérain (Jean) Dessinateur, 107
Bérain (Jean) Fils du précédent, ibid.
Berengoſe, Abbé de S. Maximin de Tréves, ibid.
Bermand, Peintre, 108
Bernard, Architecte, ibid.
Bernard (Louis-Gaspard) Chanoine Régulier, ibid.
Bernard de Luxembourg, Dominicain, 109
Bertaire ou Bercaire de Verdun, Historien, ibid.
Berthelet (D. Gregoire) Bénédictin, 110
Berthels, Abbé de Luxembourg, 111
Berthemin, Médecin, ibid.
Bertholet, Jésuite, de Luxembourg, 112
Bertin, Curé de S. Livier à Metz, 113
Bertram, Evêque de Metz, ibid.
Bertrand de la Tour d'Auvergne, Evêque de Toul, 115
Bertrand, Evêque de Teſſlis, Suffragant de Metz, 116
Beſſy, Historien, 117
Bethune (Hippolite de) Evêque de Verdun, ibid.
Betton, Moine de Metz, 118
Bigot (D. Gabriel) Bénédictin, ibid.
Bile ou Billy (Erad) Jésuite, 119
Biliſtein ou Bildeſtein (Charles) 120
Binsfeld de Luxembourg (Pierre) Suffragant de Tréves, ibid.
Binsfeld (Jean) Chanoine de S. Simeon, 121
Binsfeld (Christophe) ibid.
Biré (Nicolas) ibid.
Biſtroff (Didier) Archidiacre de Toul, ibid.
Biſſy (Henri Thyard de) Evêque de Toul, Cardinal, ibid.
Blaiſe (Pierre) de Remiremont, Mathematicien, 860
Blan (Hugues le) Chanoine de Rinel, 125
Blanpain (Jean) Prémontré, ibid.
Blaru (Pierre) Chanoine de S. Diey, 126
Blouet de Camilly, Evêque de Toul, 127
Blumel (Jean) Poëte, 129
Boban (D. Hippolite) Bénédictin, ibid.
Bois (Du) de Riaucourt, Conseiller, 837
Boisot, Abbé de S. Vincent de Besançon ; voyez Saulnier, 867
Boiſſard (Jean-Jacques) 130
Bon (Jean le) Médecin du Cardinal de Guise, 131
Bonaventure, Confesseur du Duc de Lorraine, 132
Bonnet (Jacques) Jurisconsulte, ibid.
Bontemps, Chanoine de Metz, ibid.
Borcier (Claude) Jésuite, de Neufchâteau, ibid.
Bordenave, Sculpteur, ibid.
Bordes (D. Nicolas des) Bénédictin, 326
Boſſuet (Jacques-Benigne) Evêque de Meaux, 133
Boucher, Evêque de Verdun, 136
Boulanger (D. Philibert) Bénédictin, 138
Boulay (Edmond du) Héraut d'Armes de Lorraine, p
Bourcier (Jean-Léonard) premier Président, 143
Bourcier (Jean-Louis) de Montureux, 159. & Sup. 7
Bourcier (Jean-Baptiste-Joseph) de Villers, 162
Bourgeois (Claude) Conseiller d'Etat, ibid.
Bourgeois (Jean) Jurisconsulte, 163
Bournon (Charles) Conseiller à S. Mihiel, ibid.
Bouſmar (Nicolas) Evêque de Verdun, ibid.
Bouſmar (Nicolas) Chanoine de Verdun, neveu de l'Evêque, 165

TABLE DE LA BIBLIOTHEQUE LORRAINE.

Bousmar (Henri) Jurisconsulte, *ibid.*
Boussart (Henri) natif de la Neuveville, Poëte, 166
Boutenier, Modelateur, *ibid.*
Bouter, ou plutôt *Bonnier* (D. Hippolite) Bénédictin, *ibid.*
Brentel (Frideric) Graveur en Taille-douce, *ibid.*
Brequin (Jean-Baptiste) Ingenieur Mechaniste de l'Empereur, *ibid.*
Breton (Claude) Docteur en Droit, 167
Breyé (François-Xavier) Avocat à Nancy, *ibid.* & *Suppl.* 7
Breyer (Pierre) Chanoine de Metz, *Suppl.* 7
Briel (Alberic) Archidiacre de Toul, 168
Briel (Jean) Archidiacre de Toul, 169
Brochart (Moyse) Poëte, *ibid.*
Broquard (Jacques) Jésuite, *ibid.*
Brosse (Louis-Philippe la) Philosophe, 553
Brouillier, Archidiacre de Toul, 169
Brouverus (Christophe) Jésuite, 170
Bruan, Curé de Pont-à-Mousson, 171
Brulé (Pierre) Avocat à Metz, *ibid.*
Brun (Philippe le) Poëte, 172
Brunehaut, Reine d'Austrasie, *ibid.*
Brunon, Evêque de Toul, voyez *Léon IX.* Pape, 569
Bruyer (Jacques) Historien de Remiremont, 172
Buchey (Henri) Cordelier, *ibid.*
Bugnon, Geographe, *ibid.*
Buringer (Nicolas) Curé de Dalheim, 174
Busleiden (François) Archevêque de Besançon & Cardinal, *ibid.*
Busleiden (Jerôme) Frere de François, *ibid.*
Bussi de Toul, Historien, *ibid.*

C

Cachedenier (Daniel) Grammairien, 174 & *Suppl.* 10
Cachet (D. Paul) élu Abbé de S. Mihiel, *ibid.*
Cachet (Christophe) Médecin, 175
Cachet (Jean & Nicolas) Jésuites, 177
Cachet (Claude) Conseiller de la Chambre des Comptes, 178
Caillet (D. Joseph) Bénédictin, *ibid.*
Calame (D. Romain) Bénédictin, 179
Callot (Jean) Héraut d'Armes de Lorraine, 182
Callot (Jacques) célèbre Graveur, 183
Callot (Dominique) Prémontré, 206
Callot (François-Joseph) Médecin, 207
Calmet (D. Augustin) Bénédictin, 209
Camilli (François Blouer de) Evêque de Toul, 127
Camus (Bonaventure) Franciscain, 217
Camus (D. Fulgence) Bénédictin, *ibid.*
Camus (N. des) Machiniste Lorrain, 218
Canon (Pierre) Jurisconsulte, 224
Canon (Claude-François) Plénipotentiaire du Duc de Lorraine à Ryswick, *ibid.*
Cantiuncula (Claude) Jurisconsulte, 246
Capechon, Peintre, *ibid.*
Caraffe, Ingenieur, voyez *Crasse*, 311
Carbanus, Chanoine de S. Diey, 246
Carpentarius (Pierre) Jurisconsulte, voyez *Charpentier*, 267
Catelinot (D. Ildephonse) Bénédictin, 247
Catherine de Lorraine, Abbesse de Remiremont, 249
Cellier (D. Remi) Bénédictin, 255
Chaligny, Fondeur, 256

Chamant, d'Haraucourt, Peintre, 257
Champier (Symphorien) 258
Champs (Des) 31
Changeur (Le) Poëte, 263
Charbon, Supérieur de la Mission de Toul, *ibid.*
Chardon (D. Charles) Bénédictin, *ibid.*
Charles de Luxembourg, Empereur IV. du nom, voyez *Luxembourg*, 606
Charles V. Duc de Lorraine, 264
Charles de Lorraine, Cardinal, 594
Charles de Lorraine, Evêque de Verdun, puis Jésuite, 597
Charles (Claude) Peintre à Nancy, Héraut d'Armes de Lorraine, 265
Charles (Nicolas) Avocat à Toul, 266
Charles, Professeur en Médecine à Besançon, *ibid.*
Charpentier (Pierre) 267
Charvette (François-Dieudonné) Professeur en Droit, 269
Charvette (Humbert) Chancelier du Prince Charles de Lorraine, 270
Chassel (Charles) Sculpteur, 271
Chassel (François) Sculpteur, *ibid.*
Chassignes (D. Albert) 272
Chat, le *Chat* ou du *Chat* (Jacques) *ibid.*
Chatelain (Jean) Poëte de Metz, 273
Chaulcey (Jean-François) 275
Cheminet (Jean) Carme, *Johan. de Cimineto*, 276
Chéron, Orfèvre, *ibid.*
Chesne (D. Mathieu du) Bénédictin, *ibid.*
Chesne (D. Vincent du) Bénédictin, 278
Chrétien, Secrétaire du Duc René II, 279
Chrétien (D. Nicolas) Bénédictin, *ibid.*
Christians (Didace) Cordelier, *ibid.*
Christophe (Joseph) Peintre, *ibid.*
Christophe (Claude) Peintre à Nancy, 280
Cigorgne, voyez *Sigorgne*, 896
Claudon (D. Barthelemi) Bénédictin, 281
Clement (Nicolas) de Treille, 948
Clement (Nicolas) de Toul, Sous-Bibliothécaire du Roi, 284
Clement (D. Laurent) Bénédictin, 286
Clerc (Jean le) Peintre, *ibid.*
Clerc (Sébastien le) Graveur, 287
Clevi (Nicolas) un des Grands-Vicaires de l'Evêché de Toul, 290
Cliquot (Laurent) célèbre Capitaine, *ibid.*
Clusius (Rodolphe) Dominicain, 293
Coeffeteau, Dominicain, Suffragant de Metz, 294
Coignet (Jean) Apotiquaire, *Suppl.* 10
Coislin (Henri-Charles) de Cambout, Duc de Coislin, Evêque de Metz, *Suppl.* 10
Colbert (D. Antoine) Bénédictin, 295
Colignon, Graveur en Taille-douce, 296
Collin, Abbé de Domevre, *ibid.*
Collin (Marnés) Jurisconsulte, *ibid.*
Collin (D. Ambroise) Bénédictin, *ibid.*
Collin (Dominique) Prémontré, *Suppl.* 14
Collot (Jean-Adam) Avocat à Nancy, 297
Colson (D. Romain) Bénédictin, *ibid.*
Commercy (Jean) Architecte, 299 & 541
Condo (Nicolas) Jésuite, 299
Conon, Abbé de S. Vanne, *ibid.*
Constant (Remi) Peintre, 300
Constantin, Abbé de S. Symphorien, *ibid.*
Constantin, Prieur d'Hérival, *ibid.*
Conry (Louise-Marguerite) Princesse de, *ibid.*
Corberon (Nicolas de) Avocat Général à Metz

mort en 1650, 301
Corberon (Nicolas) Procureur Général à Metz, mort en 1729. 302
Cordier (le R. P.) Jésuite, 303
Conché (D. Marc) Bénédictin, 305
Cour (D. Didier de la) Bénédictin, ibid.
Court (D. Pierre le) Bénédictin, 308
Confance (Liébaut de) Evêque de Verdun, 312
Craffe ou Caraffe, Ingénieur, 311
Cretot (D. Charles) Bénédictin, Suppl. 14
Crochets (D. Pierre des) Bénédictin, 312
Crochets (D. Charles des) Bénédictin, 313
Crock, Graveur, 314
Crodegang, Evêque de Metz, ibid.
Croix (D. Théodore de la) Bénédictin, nommé autrement D. Théodore Moy, 315 & 677
Cunon, Archevêque de Tréves, 315
Cuny, habile Fondeur, ibid.
Cusa (Nicolas de) Cardinal, 316
Cussin ou Cuzin, Dominicain, 317
Cusson (Jean-Baptiste) Imprimeur, ibid.
Cyprian, Minime, 319
Cyriacus, Auteur Lorrain, ibid.

D

D'Abancourt, ou d'Aboncourt (D. Marc) Bénédictin, 2
Dadon, Evêque de Verdun, 319
Dagonel (Pierre) Jésuite, 320
Daily, Historien, Suppl. 15
Dard (D. Benoît) Bénédictin, 321
D'Armene (D. Geoffroy) Bénédictin, 59
Daucourt (Bonaventure) 321
Daucy, ou Dauley, ou Aucy, 63
David (Pierre) Cordelier, 322
De Bar (Nicolas) Peintre, 77
Degan, Cor-Evêque de Tréves, voyez Theganus, 919
De Haut, Historien, 322
De Laigle (Claude) 553
Denis (Antoine) de Durbuïs, 323
Derand (François) Jésuite, ibid.
Dernet, ou Dernes (Claude-Charles) Peintre ibid.
Desbans (Pierre) Prémontré, 326
Desbordes (Jean) ibid.
Desbordes (Nicolas) ibid.
Descamus, de Camus, voyez Camus, 218
Deschamps, Carme, 31
Desgabets (D. Robert) 326
Desmonts (D. Remi) Bénédictin, 327
Desvouez (Thiébaut) ibid.
Diethelme, Religieux de S. Mathias, 328
Digue (La) voyez Thiriot, 941
Dilange (Nicolas) Conseiller à Metz, 327
Dillon, Trinitaire, 328
Dommartin (Vari de) Evêque de Verdun, ibid.
Donas (le Pere) Tiercelin, 329
Donat, Diacre de l'Eglise de Metz, 333
Doynot, de Bar-le-Duc, 334
Dordelu (Claude) de Ligny, ibid.
Drogon, Evêque de Metz, ibid.
Drouin, Sculpteur, 336
Dubois, de Riaucourt (Nicolas) Conseiller d'Etat, 337
Duchat, voyez Chat, 172
Duclos, de Vic, Suppl. 16
Duhamel, de Metz, Suppl. 21

Dumas (Theophile) de S. Mihiel, 337
Duplessis (Jean) ibid.
Durand (D. Léopold) Bénédictin, 338
Durand, Peintre à Nancy, 340
Duval, Professeur en Histoire à Florence, 952

E

Eberhard, Moine de S. Mathias de Tréves, 341
Ebervin, autrement Evervin, Abbé de Tholei, ibid.
Ecbert, ou Eckebert, Abbé de Schonau, 342
Eckius (Jean) Controversiste, 343
Engelbert, Abbé de S. Mathias de Tréves, 346
Erard (Jean) Ingénieur, ibid.
Erchens (Dom Placide) Bénédictin, Suppl. 21
Erlé (Nicolas) Doyen de S. Diey, 346
Ernault ou Ernot (D. Nicolas) Bénédictin, ibid.
Ernicourt (Alberte) autrement Madame de S. Baslemont, 347
Erric de Lorraine, Evêque de Verdun, 348
Escaille ou l'Escaille (D. Antoine) 572
Escut, 582
Espingola, Peintre, 583
Etheard, Prémontré, 351
Etienne IX. Pape, ibid.
Etienne, Evêque de Liége, 852
Etienne, Abbé de S. Airy, 353
Euchere ou Huchere, de Remiremont, ibid.
Eude de Vaudémont, Evêque de Toul, 354
Evrard IV. Général des Jésuites, 633
Euspice, Ecolâtre de Verdun, 357

F

Fabert (Abraham) Imprimeur, 358
Fabert (Abraham) Maréchal de France, ibid.
Fangé (D. Augustin) Bénédictin, ibid.
Fauque (D. Henri) Bénédictin, ibid.
Febvre (Nicolas-Joseph le) Premier Président de la Chambre des Comptes, 361
Felix de Commercy, 362
Fénétrange (Bernard de) ibid.
Feron (Charles de) de Vezelise, ibid.
Ferry (Paul) Ministre Calviniste, 363 & Sup. 22
Feuillade (George d'Aubusson de la) Evêque de Metz 364
Feuille (Gaspard-Claude de la) Dominicain, 365
Fevre (Henri le) Docteur en Theologie, ibid.
Fieux (Jacques de) Evêque de Toul, 366
Fillatre (Guillaume) Evêque de Tournay, 367
Fleur (La) Peintre, 368
Fleury (Antoine) Avocat, ibid.
Florbert, Ecrivain à Tréves, ibid.
Foës (Anus ou Antoine) de Metz, Médecin, ibid.
Folcnin, Abbé de Laubes, 372
Folcnin, Moine de S. Bertin, 373
Fontaine (Mathieu) Curé de Vignot, 374
Fontaine (D. Placide) Bénédictin, ibid.
Forget (Jean) Médecin du Duc Charles IV. 375
Forquevaux, Jésuite, 376
Fosse (Jacques de la) Poëte, ibid.
Fournier ou Formier (Antoine) Chanoine Régulier, 377 & Suppl. 22
Fourrier (Le B. Pierre) Réformateur des Chanoines Réguliers de S. Augustin de Lorraine, 378
Fraischot (D. Casimir) Suppl. 23
François de Lorraine, Cômte de Vaudémont, puis Duc de Lorraine, 380

François

TABLE DE LA BIBLIOTHEQUE LORRAINE.

François (D. Claude) Bénédictin,	386
François (D. Philippe) Bénédictin,	389
François (Nicolas) Prémontré,	391
François (Jacques) Jésuite,	ibid.
François (Jean-Charles) Graveur,	393
Fremin (Louis) Avocat à Toul,	ibid.
Friche (Jean) Carme déchaussé,	ibid.
Frideric, Prevot de S. Paulin de Tréves,	ibid.
Frison, Jésuite,	394
Froiaire, Evêque de Toul,	ibid.
Fronart (Jean) Abbé d'Etival,	395
Furon, Peintre Lorrain,	ibid.
Fusil (Antoine) Curé à Paris,	Suppl. 25

G

Gabets (D. Robert des) Bénédictin,	396
Gaget, Sculpteur de Bar,	403
Galean (Orphée) Ingénieur,	ibid.
Galfredus (Jean) Medecin du Duc de Lorraine, voyez Champier, de claris Medicina Scriptoribus,	404
Gallois (Gabriel) Prémontré,	ibid.
Gamant (Nicolas) Prémontré,	ibid.
Ganot (D. Robert) Bénédictin,	ibid.
Garamanne, Moine de Gorze,	405
Garin, le Lohérans, voyez Hugo Metellus,	ibid. & 656
Gaspard, Poëte,	ibid.
Gaudet, Chanoine Régulier de la Congrégation de S. Sauveur,	ibid.
Gauthier (François) Prémontré,	406
Gauthier de Més, Poëte François,	ibid.
Geant (D. Thomas le) Bénédictin,	407
Gelée, autrement le Lorrain,	590
George (le Pere) Chanoine Régulier,	407
George, Baron de Séraucourt,	408
George (Dominique) Abbé de Valriche,	ibid.
George (D. Charles) Bénédictin,	409
George, M. le Président George,	Suppl. 27
George (D. François) Bénédictin,	ibid.
Gerard (Jean-George) Peintre Lorrain,	412
Gerbillon (Jean-François) Jésuite,	ibid.
Gervais, ou Gervaise, Président à S. Mihiel,	413
Gervais, directeur des Jardins de l'Empereur,	414 & Suppl. 28
Giffort (Guillaume)	Suppl. 28
Gille d'Orval,	415
Gillet, Jurisconsulte de Verdun,	416
Ginet (Claude) Médecin,	Suppl. 30
Girard, ou Girardin (Bernard)	416
Girardet, Peintre,	ibid.
Gisse, Chanoine de Metz,	ibid.
Givrs (De) Cardinal, Evêque de Metz,	418 & Suppl. 31
Gody (D. Simplicien) Bénédictin,	423
Goery (S.) Evêque de Metz,	425
Golscherus, Bénédictin de S. Mathias,	ibid.
Gondi (Jean François-Paul) Cardinal de Retz,	427 & Suppl. 32
Gondrecourt (D. Charles) Bénédictin,	ibid.
Goulon (Le)	Suppl. 33
Gournay (Nicolas) Jésuite,	438
Gournay (François) Jésuite,	ibid.
Graffigni (M. de) Lorraine,	ibid.
Gramandus (Gabriel Barthelemi)	439
Grand (Le) Peintre,	ibid.
Grand-Colas, Professeur en Médecine au Pont-à-Mousson,	Suppl. 33
Granger, Prêtre, Poëte Lorrain,	439
Grata (Antoine) Architecte,	ibid.
Gravisset, Ministre Protestant converti,	440
Grégoire de Toulouse, Jurisconsulte,	443
Grimalaic, Auteur de la régle des Réclus,	449
Gringore (Pierre) Poëte,	ibid.
Guibalde, Abbé de Stavelo,	450
Guibaudé, ou de Treille,	948
Guibert (Nicolas) Médecin,	453
Guillaume, Abbé de S. Arnould de Metz, voyez Willaume,	1042
Guillaume, Doyen de Verdun,	455
Guillemin, de Mirecourt,	456
Guillemin (D. Pierre) Bénédictin,	ibid.
Guillerme (Balthasar) Secrétaire du Duc de Lorraine Henri II.	457
Guillot (D. Constance) Bénédictin,	Suppl. 34
Guinet (Nicolas) pere du suivant,	457
Guinet (François) Avocat,	458
Guinet (Nicolas) Prémontré,	469
Guinet (Nicolas) Chanoine Régulier,	470
Guise (Charles) Cardinal de Guise,	594
Gure (Cardinal de) voyez Peraud (Raimond)	Suppl. 71
Guyot (Antoine) Prêtre, Curé,	471
Guyot (Joseph-Claude) de Marne,	ibid.
Guyot (Nicolas) Artiste,	472

H

Habert (Louis) Official à Verdun,	472
Habert (Nicolas) Bénédictin de l'Abbaye de Mouzon,	474
Haimel (Du) Avocat à Metz,	Suppl. 21
Hanzelet (Jean-Appiers)	474
Haraucourt (César François) Jésuite,	475
Haraucourt (Elisée) Gouverneur de Nancy,	ibid.
Haraucourt (Charles)	476
Haraucourt (Guillaume) Evêque de Verdun,	ibid.
Hardy, Graveur à Nancy,	478
Haren (Jean) Controversiste,	479
Harmonius & Ursulus à Tréves,	480
Havet (Charles) Jésuite,	ibid.
Hay (Jean) Jésuite, ————	481
Haynin (Jean) Historien,	ibid.
Hazard (Hugues des) Evêque de Toul,	516
Hebers (Jean) Moine de Haute-Seille,	481
Heimon, Evêque de Verdun,	482
Heineccius, Historien,	ibid.
Helyot,	ibid.
Hem, Abbé de Pontifroy,	ibid.
Henard (Nicolas) Jésuite,	ibid.
Henerici (Thomas)	482
Hennequin, le Baron de	ibid.
Hennezon (Henri) Jurisconsulte,	484
Hennezon (Henri) Abbé de S. Mihiel,	ibid.
Henriet (D. Benoît) Bénédictin,	488
Henriet, Peintre sur le verre, voyez Israel,	550
Henry de Lorraine, Comte d'Harcourt,	489
Henry de Lorraine, Abbé de S. Mihiel,	490
Henry (François) Doyen de Brixei,	493
Henry de Bouquenom, Architecte,	ibid.
Henry, ou Hermand de Luxembourg, Dominicain,	ibid.
Hevandel (Jean) Avocat à Nancy,	494
Herbel (Charles) Peintre,	ibid.
Herbet (Jean) Théologien,	495

K

TABLE DE LA BIBLIOTHEQUE LORRAINE.

Hierculanus ou Herquet (Jean) Chanoine de S. Diey, *ibid.*
Heribert, Moine d'Epternach, *ibid.*
Herimanus, Evêque de Metz, 496
Hersent (Charles) Chancelier de l'Eglise de Metz, 497
Hetti, Archevêque de Trèves, 498
Heumont (Jean) Jésuite, *ibid.*
Hidulphe (D. Claude) Bénédictin, 499
Hiere (Jean de la) Graveur, 502
Hildebalde, Religieux de S. Mihiel, *ibid.*
Hildnin, Evêque de Verdun, *ibid.*
Hinning (Jerôme) Historien, 503
Hocquart (Bonaventure) Franciscain, Théologien, *ibid.*
Holon (Jean) Jésuite, Suppl. 34
Homassei (D. Joseph) Bénédictin, 504
Homey (Jacques) Religieux Augustin, 506
Hontheim, Official de Coblentz, *ibid.*
Hoquincourt (Armand) Evêque de Verdun, *ibid.*
Hordal (Jean) Professeur en Droit, 508
Hordal (Jean) aussi Professeur, 509
Hoste (Jean l') Conseiller, Ingénieur, *ibid.*
Hoste ou l'Hoste (Bernard) Mathématicien, 511
Houzot, ou Honsaut, Sculpteur, *ibid.*
Huchere, voyez Euchere, 553
Hugo Metellus, autrement, Hugues de Toul, Chanoine Régulier de S. Leon, 656
Hugo (Charles-Louis) Abbé d'Etival, 512
Hugues des Hazards, Evêque de Toul, 516
Hugues de Flavigny, Bénédictin, 517
Hugues de Metz, Dominicain, *ibid.*
Huin (Guillaume) Cardinal, natif d'Etain, *ibid.*
Huin (Balthasar) 519
Huin (Jean Joseph) Général d'Armée, 524
Huin (Thomas) Cizeleur, 525
Humbert, Cardinal, Bénédictin, *ibid.*
Humblot (François) Minime de Verdun, 530
Hurant (Charles) Jésuite, 534
Husson (Mathieu) de Verdun surnommé l'Ecossois, *ibid.*

J

Jacquart (Claude) Peintre, de Nancy, 535
Jacquemin (François) Conseiller, Secrétaire de S. A. 536
Jacquemin de Commercy, Architecte, *ibid.*
Jacquemot, ou Jacomo (Jacques) de Bar, Poëte, 537
Jacques de Troyes, Evêque de Verdun, *ibid.*
Jacques de Lorraine, Evêque de Metz, 590
Jacquesson (D. Mathieu) Bénédictin, 538
Jacquet (D. Antonin) Bénédictin, *ibid.*
Jacquot (Blaise) Jurisconsulte, Suppl. 34
Jaquetel, ou Jactel, de Stenay, 539
Jaquin, de Neufchâteau, Sculpteur, *ibid.*
Jean de Sierk, Evêque de Toul, 539
Jean de Rode, Abbé de S. Mathias de Trèves, 540
Jean de Bar, 541
Jean de Toul, Jésuite, *ibid.*
Jean de Commercy, Architecte de la Chapelle des Evêques de Metz, *ibid.*
Jean de Gorze, Abbé de Gorze, 542
Jean, Abbé de S. Arnould, *ibid.*
Jean (Benoît de S.) Bénédictin, 543
Jean, Ecolâtre de S. Mathias en 1047. *ibid.*
Jean, Moine de Haute-Seille, voyez Hebers, 481
Jean Hay, Jésuite, *ibid.*

Jean de Liven, Chanoine de S. Simeon de Trèves, 589
Jean de Lorraine, Cardinal, 592
Jeanne d'Arc, Pucelle d'Orleans, 57
Jennesson, Architecte, 543
Jeune (Mansuet le) Prémontré, 544
Ignace (D. Philibert) Bénédictin, *ibid.*
Inquisiteurs & Inquisition en Lorraine, 545
Jobal (D. François) Bénédictin, 546
Jobart (D. Hidulphe) Bénédictin, Prédicateur, & Historien, *ibid.*
Joire (Antoine de S.) Chanoine de Ligny, *ibid.*
Joly (Claude) Evêque d'Agen, 547
Joly (Pierre) Magistrat à Metz, 548
Joly (André) Peintre, *ibid.*
Joppecourt, Gentilhomme Lorrain, 549
Josselin (Jean-Ignace) Jésuite, Suppl. 36
Joyeux (Bernard) Horlogeur, 549
Isle (Messieurs de l') fameux Géographes, 586
Isle (D. Joseph de l') Bénédictin, 588
Israel (Henriet) Graveur, 550
Israel Sylvestre, 551 & 896
Jullet, Provincial des RR. PP. Minimes, 552
Jussy (D. Paul) Bénédictin, *ibid.*

K

Knauff, Prieur de Prum, 552
Kyriander, Auteur de la défense des droits de la ville de Trèves, *ibid.*

L

L'Abbé (D. Fauste) Bénédictin 553
La Brosse (Louis-Philippe) *ibid.*
La Fleur, Peintre, 559
L'Aigle (Charles-Claude de) Grand-Vicaire de Toul, 553
Lairuels (Servais) Abbé de Sainte-Marie de Pont-à-Mousson, 554
Laitre (Jean de) Fondeur, 559
Lallemant (Adrien) Docteur en Médecine, 560
& Suppl. 36
Lambert, Bénédictin de S. Airy de Verdun, Suppl. 36
Lamormain (Guillaume) Suppl. ibid.
Lamormain (Henri) *ibid.*
Languci (François) Suppl. 37
Lannel (Jean de) *ibid.*
Lanson, Abbé de S. Mihiel, 561
Larcher (D. Antoine) Bénédictin, *ibid.*
Laroche, Bénédictin, voyez Roche, 833
La Ronde (le P. Michel) Prémontré, 839
Latomus (Barthelemi) 561
Laubrussel (Ignace) Jésuite, 563
Laugier, Poëte, *ibid.*
Lavignon (D. Pulchrone) Abbé de S. Avold, 565
Laurent, Abbé de S. Vanne, Suppl. 39
Laurent de Liége, Moine de S. Vanne, 567
Laurent de la Resurrection, Carme déchaussé, *ibid.*
Lemurier, Chanoine Régulier, 568
Lemoine, 664
Lenoncourt (Robert) Evêque de Metz, 569
Leon I. Pape, *ibid.*
Lescaille, ou Lescale (D. Antoine) Bénédictin, 572
Lescaille (le Chevalier de) Suppl. 40
Lescut (Nicolas) Jurisconsulte, 582
Lespingola (François) Sculpteur, 583

TABLE DE LA BIBLIOTHEQUE LORRAINE.

Lestrée (François de), 584
Levelin (Pierre-Théodore) 584. & Suppl. 40
Leveque (D. Prosper) Bénédictin, 584
L urechon (Jean) Médecin, ibid.
Leurechon (Jean) Jésuite, 585
Lhoste (Jean) Mathématicien, 509
Lhoste (Bernard), 511
Lignieres (Jean de) Suppl. 41
L'Isle (D. Paulin) Bénédictin, Suppl. 42
L'Isle (François de) Suppl. 43
L'Isle (Claude de) fameux Geographe, 586
L'Isle (Guillaume de) 587
L'Isle (D. Joseph de) Bénédictin, 588
Loven (Jean de) 589. & Suppl. 44
Lorrain (Claude) autrement nommé Gelée, Peintre célèbre, 590
Lorraine (Catherine de) Abbesse de Remiremont, 249
 (Charles III. Duc de) Lorraine, 594
 (Charles V. Duc de) voyez Charles V. 264
 (Charles de) Cardinal, Archevêque de Reims, Evêque de Metz, 594
 (Charles de) Cardinal de Vaudémont, 986
 (Charles de) Evêque de Verdun, puis Jésuite, 597
 (François de) Comte de Vaudémont, 380
 (Henri de) Comte d'Harcourt, 489
 (Henri de) Abbé de S. Mihiel, 490
 (Jacques de) Evêque de Metz, 590
 (Jean de) Cardinal du titre de S. Onuphre, Evêque de Metz, 592
 (Henri de) Duc de Guise, 593
 (Henri de) Duc de Mayenne, ibid.
 (Henri de) Evêque de Metz & de Terouen, ibid.
 (Marguerite) Duchesse d'Orleans, 601
 (Louise-Marguerite de) Princesse de Conty, 300 & 601
 (Marguerite de) Duchesse d'Alençon, 636
 (Nicolas-François de) Cardinal, Evêque de Toul, 689
 (René I. Duc de) 805
 (René II. Duc de) 807
Lothaire, Roi de Lorraine, II. du nom Empereur, 602
Louis (Pierre) Lorrain. C'est le sieur Hugo, Prémontré, 512
Louis (Epiphane) Prémontré, 602
Loup, Evêque, Auteur de la vie de S. Maximin, 603
Loup (S.) Evêque de Troyes, ibid.
Loup, Abbé de Ferrieres, Suppl. 44
Louvan (D. Nicolas) Bénédictin, 604
Luberius, Jésuite, ibid.
Luc (Alberti) Bénédictin) Suppl. 45
Lud, Secrétaire du Duc René II. 605
Ludolphe d'Escringen, Secrétaire de l'Archevêque de Tréves, ibid.
Lupot, Sculpteur, ibid.
Luthange (Nicolas) Célestin de Metz, ibid.
Luxembourg (le Bienheureux Pierre de) Evêque de Metz, 606
Luxembourg (Charles de) Empereur, IV. du nom, ibid.
Luxembourg (Bernard de) 607
Lys (du) Peintre, voyez De Bar, 77

M

Macedo, Minime, 608
Maclot (Edmond) Prémontré, ibid.
Macusson (Jean-Antoine) Bernardin, Abbé de Marsilly, 609
Madalvé, Evêque de Verdun, 610
Mageron, Official de Toul, ibid.
Magius, Généalogiste, ibid.
Maignien, Grammairien, ibid.
Maillane de Porcelets, Evêque de Toul, 612
Maillard, Conseiller, 615
Maillard (Claude) Jésuite, 616
Maillet, de Bar-le-Duc, Consul au Caire, ibid.
Maillet, Maître des Comptes du Barrois, 617
Maillot (D. Nicolas) Bénédictin, Suppl. 47
Maimbourg (Erard) 617
Maimbourg (Louis) Jésuite, 619
Maimbourg (Théodore) frere du précédent, 622
Maimbourg (Jean) Jésuite, 623
Majoret (D. Laurent) Bénédictin, ibid.
Maire, Médecin à Remiremont, 624
Maitre (Le) Médecin, ibid.
Malcuit (Louis) Avocat à Paris, ibid.
Maldonat (Jean) Jésuite, ibid.
Mameran (Nicolas) 625
Mameran (Henri) Poëte, 626
Mamertin (Claude) Panégyriste, ibid.
Mamertin fils, 627
Mamès (Colin) Jurisconsulte, ibid.
Mangeart (D. Thomas) Bénédictin, ibid.
Mangeot ou Mangot, Architecte, 628
Manien, Lorrain établi en Pologne, voyez Maignien, Grammairien, 610
Mansfeld (Charles) 628
Mansfeld (Pierre-Ernest) 629
Mansiaux (Louis) Ouvrier en Marbre de composition, 630
Mansuy (Nicolas) Prémontré, Ecrivain Ecclésiastique, ibid.
Maréchal (D. Bernard) Bénédictin, 631
Maréchal (Claude) Chanoine de S. Diey, déguisé sous le nom de Gabriel de la Cour, 632
Maréchal (Nicolas) Ingénieur, ibid.
Marchant, Baron d'Ansebourg, Suppl. 49
Marche (Guillaume de la) Fondateur du Collège de la Marche, 632
Marcourt (Everard) IV. Général des Jésuites, 633
Marets (Henri des) Musicien, 634
Marguerite de Lorraine, Duchesse d'Alençon, 636
Marin, Religieux de S. Maximin de Tréves, 638
Marion (Albert) Prémontré, ibid.
Marionel, 640
Marins (Nicolas) Doyen de Verdun, ibid.
Marlorat (Augustin) Theologien, 641
Marlorat (Martin) ibid.
Marquard, Ecrivain Ecclésiastique d'Epternach, 642
Marquet (François-Nicolas) Médecin, ibid.
Marquis (Nicolas) Sacristain du Chapitre de Remiremont, 643
Marrin (Leopold) ibid.
Marsal (Didier) Avocat, ibid.
Martin (Jean) Secrétaire du Cardinal de Lenoncourt, ibid.
Martin (D. Claude) Bénédictin, 644
Martin (Charles) Prémontré, ibid.

Maschon (Louis) Chanoine de Toul ,	ibid.
Massenius (Dominique-Jacques) Jésuite ,	645
Masson (Barthelemi) voyez *Latomus* ,	561
Massu (Charles) Abbé de Belchamp ,	645
Massu (D. François) Bénédictin ,	ibid.
Masures (Louis) Poëte , ou *Des Masures* ,	646
Mathieu (Claude) Jésuite ,	Suppl. 50
Mathieu (François) Jésuite ,	Suppl. 51
Mathieu (Dominique) de Moulon , Conseiller d'E-
  tat ,	648
Maudot , Jésuite ,	650
Maugean ou *Mauljean* , Conseiller de Lorraine ,
  Généalogiste ,	ibid.
Maurice (Ignace) Prémontré ,	651
Maximin (Saint) Archevêque de Tréves ,	ibid.
Mechtilde du S. Sauveur , Institutrice de l'Adora-
  tion perpétuelle du S. Sacrement ,	ibid.
Melin (Charles) Peintre ,	653
Menard (D. Hugues) Bénédictin ,	Suppl. 51
Mengin (D. Ambroise) Bénédictin ,	ibid.
Mengin (Ignace-Isidore) Médecin ,	653
Menna (Le P. Antoine de) Chartreux ,	655
Mercier (D. Ambroise) Bénédictin ,	Suppl. 54
Merigot (Christophe) Jésuite ,	656
Merlin , Orphevre Lorrain ,	ibid.
Mesgnien , Grammairien Polonois , voyez *Mai-
  gnien* ,	610
Messin (Bonaventure) Prémontré ,	656
Metellus (Hugo) Chanoine Régulier de Toul , ibid.
Meurisse (Martin) Evêque de Madaure , Suffra-
  gant de Metz ,	658
Michel (Pierre) de Toul , Chronologiste ,	659
Michel (D. Remi) Bénédictin ,	661
Michel (Jean) Jésuite ,	662
Midot (Jean) Archidiacre de Toul ,	ibid.
Mignant (Claude)	663
Mirtius (Cherubin) voyez *Myrtius* ,	682
Mitry (Rose de)	663 & Suppl. 54
Modot , voyez *Maudot* , Jésuite ,	650
Moücet , Prieur de S. Nicolas , voyez *Moycet* ,	677
  & Suppl. 61
Moine (Pierre le) Jésuite ,	664
Moisant , de Brieux ,	Suppl. 60
Moleur (Le) Chancelier du Duc Charles IV.	665
Mongeot (Gabriel de) Médecin ,	ibid.
Mongin (D. Athanase de) Bénédictin ,	667
Monicart (Jean-Baptiste de)	Suppl. 60
Monnier (D. Hilarion) Bénédictin ,	667
Montgaillard , Abbé d'Orval ,	670
Monyeux , Historien ,	672
Morel , Monnoyeur du Duc de Lorraine ,	673
Morison , Chanoine de S. Diey ,	ibid.
Morson , Chanoine de S. Pierre de Bar ,	ibid.
Moulinet (D. Jérôme)	Suppl. 61
Mourot (D. Sébastien) Bénédictin ,	673
Mouzin (Jean) Docteur en Médecine ,	ibid.
Moy (D. Theodore) Bénédictin ,	677
Munier (Jean) Peintre ,	679
Munier (D. Pierre) Bénédictin ,	ibid.
Musculus , Volfgangus)	680
Musse , Curé de Longwy ,	681
Mussonius (Pierre) Jésuite ,	682
Myrtius (Cherubin) Bénédictin de Caffin ,	ibid.

N

Nanthere , Abbé de S. Mihiel ,	683
Nancret , ou *Nancrati* , Peintre ,	684

Naudé (Philippe) de Metz ,	685
Naudé (Gabriel) Chanoine de Verdun ,	Suppl. 61
Nave (Nicolas) Président à Luxembourg ,	686
Nervese , Historien ,	ibid.
Neufoge (Louis) Antiquaire ,	ibid.
Neumagen ou *Numagen* (Pierre de) Prêtre , Cha-
  pelain de S. Léonard près de Zurich ,	ibid.
Nicetius , Archevêque de Tréves ,	687
Nicolai (Jean) Dominicain ,	688
Nicolas-François de Lorraine, Evêque de Verdun ,
  	689
Nizon , Abbé de Meiloc ,	690
Noble (Eustache le) Procureur Général du Parle-
  ment de Metz ,	Suppl. 65
Noel (Etienne) Jésuite Lorrain ,	690
Noël , Chirurgien ,	691
Noir (Le) Capucin , Peintre ,	ibid.
Nomesius (Nicolas) Poëte ,	ibid.
Norbert (Saint) Instituteur de l'Ordre de Prémon-
  tré ,	692
Norbert (Le Pere) de Bar , Capucin ,	ibid.
Nuisement de Ligny ,	695

O

Odet (Philippe) Médecin ,	695
Odon , Abbé de Beaupré , puis Abbé de Morimond ,
  	ibid.
Odon ou *Oudard* , Archevêque de Cambray , Suppl.
  	68
Ogeviller (Hermán d') Abbé de S. Evre ,	697
Olivier (Engelbert) de Bastogne ,	698
Olivier (Jean) de Bastogne ,	ibid.
Olry (Simon) Bénédictin ,	699
Ordolphe (Scholer) de Tréves ,	702
Oriet (Didier) Poëte ,	703
Orphée (Le Colonel) Mathématicien .	403
Othon , Evêque de Frisingue , & Abbé de Mori-
  mond ,	703
Oudenot (D. Placide) Bénédictin ,	704
Oudin (Casimir) Prémontré ,	705
Oudin (Jean) Prêtre Verdunois ,	706

P

Pacquotte (Charles-Guillaume) Médecin à Pont-
  à-Mousson ,	706
Paige (Jean le) de Bar-le-Duc ,	707
Paige (Thomas le) Dominicain ,	708
Palissot (Charles) de Nancy ,	ibid.
Pallas (Bernardin) Lieutenant Général de Toul ,
  	709
Pascarius ou *Paschair* , Poëte ,	712
Passion (Benoîte de la) Supérieure des Bénédictines
  de Remberviller ,	ibid.
Pavé (Jean-Gabriel) Médecin ,	717
Pavillon (Etienne) Avocat Général à Metz , Suppl.
  	70
Paul (Saint) Evêque de Verdun ,	717
Paul , Diacre de l'Eglise d'Aquilée ,	ibid.
Paulin (Saint) Archevêque de Tréves ,	718
Paulin , Princier de Metz ,	ibid.
Payen (D. Basile) Bénédictin ,	719
Pellegrin (Jean) Chanoine de Toul ,	ibid.
Pellegrin (Antoine) Evêque de Toul ,	720
Pelletier , Facteur d'Orgues ,	ibid.
Pelletier (Gerard) Jésuite ,	ibid.
Pelletier (D. Ambroise) Bénédictin ,	721

Pelletier

TABLE DE LA BIBLIOTHEQUE LORRAINE.

Pelletier (François) Machiniste, ibid.
Pellican (Pierre) Dominicain, Suppl. 71
Peltre (Hugues) Prémontré, 721
Peraud (Raimond) Cardinal de Gure, Suppl. 71
Pereule (D. Elie) Bénédictin, 722
Perri (Claude) Jésuite, ibid.
Perrin (Leopold) Prémontré, ibid.
Perrin (Leonard) Jésuite, 723
Person (Claude) Peintre, 724
Petitdidier (D. Mathieu) Abbé de Senones, ibid.
Petitdidier (Joseph) Jésuite, 734
Petitot (D. Jean-Claude) Bénédictin, 736
Philbert (D. Ignace) Bénédictin, ibid.
Philifius (Rigman) Vosgien, 737
Philippe de Gueldres, Duchesse de Lorraine, 738
Philippin ou Phelpin (Jacques) Historien, 739
Piart, Abbé de Domevre, ibid.
Pibon, Evêque de Toul, ibid.
Picart (Benoît) Capucin de Toul, 741
Pichart (Remi) Médecin, 742
Pichelin (Gilles) Prémontré, 743
Pichon (D. Jerôme) Bénédictin, 744
Pikard ou Pichart (Jean) Luxembourgeois, Dominicain, 745
Picon (Jean) Médecin de Verdun, 746
Piconne (Ignace) Dominicain de Vic, ibid.
Pied (D. Alexis la) Bénédictin, Suppl. 73
Pierrard (Pierre) Architecte, 746
Pierre, Dominicain de Metz, Suppl. 74
Pierre (D. Etienne) Bénédictin, ibid.
Pierret, Notaire à Luxembourg, 747
Pierson (Nicolas) Prémontré, habile Architecte, ibid.
Pilladius ou Pillardius, Chanoine de S. Diey, 748
Pillement, Conseiller en la Cour de Nancy, 749
Pirmin (Saint) Evêque Régionaire, 750
Pithoys (Claude) Minime, 751
Pitfens, Doyen du Chapitre de Liverdun, ibid.
Poiret (Pierre) fameux Mystique, 752
Pois (Antoine Le) Médecin du Duc de Lorraine, 756
Pois (Nicolas Le) Pere de Charles, d'Antoine & de Nicolas, de Bar-le-Duc, 758
Pois (Charles Le) Médecin, 761 & Suppl. 74
Polyander (Jean) Théologien Protestant, 772
Poncet, Jésuite, ibid.
Porcelet de Maillane, Evêque de Toul, 612
Pothier (D. Mathias) Bénédictin, Suppl. 75
Praillon, Maître Echevin de Metz, 772
Probus (Christophe) de Bar-le-Duc, 772 & Suppl. 76
Protade, Préfet de Rome, 773
Provençal (Joseph) Peintre, ibid.
Provençal (Jacques) Theologien, 774
Prudhomme (Christophe) Président des grand-jours à S. Mihiel, ibid.
Pseaume (Nicolas) Evêque de Verdun, 775
Pucelle d'Orleans, voyez Jeanne d'Arc, sous Arc, 57
Pulcrone ou Polycrone, Evêque de Verdun, 778

R

Rabusson (Paul) Bénédictin, Supérieur Général de Cluni, avoit étudié dans la Congrégation de S. Vanne, Suppl. 76
Racle (Jean) Graveur, 779
Raimbert, Evêque de Verdun, ibid.
Rainssant (D. Firmin) ibid.
Ramberviller (Philippe) Jurisconsulte, 780
Ramberviller (Alphonse) 780 & Suppl. 84
Ranfains (Marie-Elisabeth de) Fondatrice du Refuge de Nancy, 782
Ravelli (François) Médecin à Metz, 784
Ravenne (Jacques de) Théologien, voyez Ruvigny, 855
Raulin (Jean) Théologien, 784
Raulin, Secrétaire d'Etat de S. A. 785
Raufin (Etienne) Luxembourgeois, 786
Reboucher (Claude-François) Conseiller à la Cour, ibid.
Reginaldus (Mathieu) natif de Gorze, 799
Reginon, Abbé de Prum, ibid.
Regnard, Avocat à Epinal, Suppl. 85
Remacle l'Ardennois, 800
Remacle de Vaux, ibid.
Ramberviller, voyez Ramberviller, 780 & Suppl. 84
Remion (D. Barthelemi) Bénédictin, 800
Remy, Abbé de Metloc, 801
Remy (Nicolas) Historien, 802
Renard (Nicolas) Sculpteur, 803
Renaud (D. Rupert) Bénédictin, 805
René I. Duc de Lorraine, ibid.
René II. Duc de Lorraine, 807 & Suppl. 85
Reihelois (D. Martin) Bénédictin, 808
Rey (D. Fiacre de) Bénédictin, Suppl. 85
Rheginon, Abbé de Prum, voyez Reginon, 799
Rhodes (Jean de) Abbé de S. Mathias de Tréves, 540 & Suppl. 86
Ribaucourt (D. Jean) Bénédictin, 810
Rice, Chapelain de Neufchâteau, ibid.
Richard (Dominique) ibid.
Richard (B.) Abbé de S. Vanne, ibid.
Richard de Vassebourg, Archidiacre de Verdun, 979
Richard (François) Jésuite, 812
Richard (François) Machiniste à Lunéville, 813
Richard (Jean) Ecrivain Ecclesiastique, 818
Richard (Camille) Médecin, 819
Riche, Curé de Gouhécourt, ibid.
Richbode, Archevêque de Tréves, 820
Richer, Abbé de S. Symphorien de Metz, ibid.
Richer, Abbé de S. Martin de Metz, ibid.
Richerius, Historien de Senones, 821
Richier (Ligier) Sculpteur, qui a fait les figures de la Chapelle des Princes à S. Maxe de Bar en 1554 par ordre de Gilles de Tréves, Doyen de cette Eglise, qui a fait bâtir le College occupé aujourd'hui par les Jésuites, 823
Richier (Didier) poursuivant d'Armes du Duc Charles III. 826
Richier (Edmond) Historien, ibid.
Riclot (D. Louis) Bénédictin, ibid.
Ricquechier (D. Claude) Prieur de Breuil, Suppl. 86
Rigaut (Nicolas) Antiquaire, 827
Riguet (François de) 829
Rivard, Professeur en Anatomie au Pont-à-Mousson, 83 n
Rivard, Philosophe, Mathematicien à Paris, ibid.
Robert, Sculpteur, 832
Robert ou Rupert, Evêque de Metz, ibid.
Robert (Jean) Jésuite, Suppl. 87
Roberti (Jean) Ardennois, Jésuite, ibid.
Robinet (Pierre) Jésuite, 832
Roche (D. Joachim la) Bénédictin, 833
Roche (Laurent) Abbé d'Orval, Suppl. 89
Rode (Jean) Abbé de S. Mathias de Tréves, voyez

TABLE DE LA BIBLIOTHEQUE LORRAINE.

Jean, 540 & Suppl. 86
Rodulphe, Abbé de S. Tron & de S. Pantaleon de Cologne, 833
Rozier (Jaquemin) de Commercy, Architecte, 836
Roland (Aubert) Cordelier, 834
Roland (Marion) Chirurgien à Metz, 835
Rolle (D. Anselme) Benédictin, ibid.
Rollet (Gerard) de S. Mihiel, 836
Rollet (D. Humbert) Benédictin, ibid.
Romain (Nicolas) Prevôt de Pont-à-Mousson, Poëte, 838
Romain (D. Benoît) Benédictin, 839
Ronde (Michel la) Prémontré, ibid.
Rosieres (François) Historien, 840
Rosieres (Gabriel) de la Croix, Jésuite, 843
Rotger, Archevêque de Tréves, ibid.
Roüillon, de Bar-le Duc, Machiniste, 844
Rouot (François) Jurisconsulte, 845
Roussel, Chanoine de Verdun, ibid.
Rouvroy, Médecin de Plombieres, ibid.
Rye (Guy de) Evêque de Verdun, 846
Royer (Charles-Didier) Poëte, ibid.
Royer (D. André) élû Abbé de Senones, 847
Royer (D. Alexandre) Benédictin, 849
Rozet (D. Pierre) Benédictin, Abbé de S. Airy de Verdun, 850
Rudiger, Moine d'Epternach, 853
Rudolphe, Abbé de S. Tron, ibid.
Ruelle (Claude) Secrétaire du Duc Charles III. ibid.
Rufe (Saint) Evêque de Metz, ibid.
Ruistre (Nicolas) Evêque d'Arras, 854
Ruffin (Jean) Luxembourgeois, ibid.
Rutant (D. Hilaire) Benédictin, ibid. & Suppl. 89
Rutant (Jacques) Président, 854
Ruvigny (Jacques de), 855
Ruyr (Jean) Chanoine de S. Diey, 857

S

Saillet (M.) de Verdun, Suppl. 89
Saint-Aubin, Medecin à Metz, 859
Saint-Blaise (Pierre de) Mathematicien, 860
Saint-Hillier (Jean-Simon de) Médecin, 861
Saint Jori, Jurisconsulte de Metz, Suppl. 89
Sainjure (Jean-Baptiste) Jésuite de Metz, 862
Sale (Antoine de) ibid.
Saleur (Jacques) Cordelier, ibid.
Salin (Michel) Jésuite, 863
Salm (Adolphe) Doyen de la Cathédrale de Strasbourg, Suppl. 90
Salvien, Auteur Ecclésiastique, 864
Samer (Henri) Jésuite, 865
Samuel, Prêtre, ibid.
Sane (Nicolas) Chanoine de Toul, ibid.
Sangenot (Jean) Jésuite, né à Vezelise, 866
Sarbruck (Jean de) Evêque de Verdun, ibid.
Saulnier (D. Joseph) Evêque d'Andreville, 867
Saulnier (Charles) Prémontré, 868
Saumier, Archevêque de Césarée, 903
Saussay (André du) Evêque de Toul, 869
Sauvage (Jean) Minime, 872
Schannat (Jean François) de Luxembourg, ibid.
Schavari (Friderie) Prevôt de S. Paulin de Tréves, 874
Scheckermane, Moine de S. Maximin, 874
Schuc ou *Schuch* (Volfgange) Suppl. 90
Schweitzer (Mathias Bernard) Suppl. 91
Scouville (Philippe de) Jésuite, Missionnaire, ibid.

Seguin (Pierre) Hermite, 875
Seherus, Abbé de Chaumouzey, 881
Selve (Lazare) Président à Metz, ibid.
Senoque (D. Barthelemi) Benédictin, ibid.
Senoque (D. Claude) Suppl. 91
Seraucourt, Historien Lorrain, 885
Seron (Joseph) Grand-Vicaire, & Official de Metz, ibid.
Serrarius (Nicolas) Jésuite, 886
Serre (De) Conseiller d'Etat, 891
Sierck (Adolphe) Chartreux, 21
Sierck (Jean de) Evêque de Toul, 891
Sierck (Jacques de) Archevêque de Tréves, ibid.
Sigebaldus ou *Sigibaud*, Evêque de Metz, ibid.
Sigebert de Gemblours, 892
Sigehard, Moine de S. Maximin, 894
Sigelaus, Abbé de S. Martin des Champs, près la ville de Metz, 895
Sigorgne, Mathematicien, 896
Silly (Jacques de) Damoiseau de Commercy, ibid.
Silvestre (Israel) Graveur, ibid.
Simon (Michel) Antiquaire, 899
Simonet (Edmond) Jésuite, ibid.
Simonin (D. Guillaume) Archevêque de Corinthe, Suppl. 91
Sinsart (D. Benoît) Benédictin, 900
Sleidan (Jean) Historien, 901
Smaragde, Abbé de S. Mihiel, ibid.
Sommier (Jean-Claude) Archevêque de Césarée, 903
Sorlet (D. Alberic) Benédictin, 906
Sperlette (D. Romuald) 907
Spiere (Claude) Peintre, ibid.
Spiere (François) Graveur, 908
Stanislas Roi de Pologne, Duc de Lorraine, Suppl. 93
Stelz (Herman) Prémontré, 909
Stepelin, Moine de S. Tron, ibid.
Strohol (D. Pierre) Benédictin, 910

T

Tarvenu ou *Tervenu*, Curé de Nancy, 910
Tavagny (Jacques de) Abbé de S. Evre, 916
Tavars (Nicolas) Théologien, 917
Teintru (D. Philibert) Benédictin, Suppl. 99
Teinturier, Archidiacre de Verdun, 917
Tetrade, Poëte Latin, 918
Theganus, Archevêque de Tréves, 919
Theodoric de Vaucouleurs, Historien, ibid.
Theodoric ou *Thierri*, Moine de S. Mathias, 926
Theofride, Abbé d'Epternach, 919
Theogerus, Evêque de Metz, 920
Thessieres (Charles d'Ures), 921
Theutgand, Archevêque de Tréves, Suppl. 99
Thevenin (Pantaleon) 925
Thevenin (Michel) ibid.
Thiébaut (Timothée-François) Lieutenant Général, 926
Thiébaut (Etienne) Poëte, ibid.
Thiébaut (D. Benoît) Benédictin du Comté de Bourgogne, ibid.
Thienville, Abbé de Sainte-Marie de Pont-à-Mousson, ibid.
Thierry, Abbé de S. Hubert, Suppl. 100
Thierry, Moine de S. Mathias de Tréves, 926
Thierry, Religieux de S. Mathias de Tréves, 927
Thierry, Moine de Tholey, ibid.

TABLE DE LA BIBLIOTHEQUE LORRAINE

Thierry, Evêque de Metz, 928
Thierry de Vaucouleurs, Historien, 919
Thierry, Evêque de Verdun, 930
Thierry (Jean) de Makeren, 931
Thierry Conseiller du Duc Charles IV. 932
Thierry (Rodolphe) Grand Doyen de S. Diey, *ibid.*
Thierry, Dominicain, 933
Thiriat de Mirecourt, Avocat, 941
Thiriot ou *Thirian*, de Vignot, *ibid. & Suppl.* 102
Thomas, de Sainte-Marie aux Mines, Machiniste, 942
Thomas (Thomas) Capucin, Théologien, 943 & *Suppl.* 102
Thomassin (D. Gabriel) Bénédictin, *Suppl.* 103
Thouvenin (François) 944
Thouvenot, Chanoine de S. Diey, *ibid.*
Thouvenot (M.) Premier Chirurgien de Leurs A. R. de Savoye, 945
Thybourel (François) Chirurgien, *ibid.*
Tigeon (Jacques) Chanoine de Metz, 946
Tiphaine (Claude) Jésuite, *ibid.*
Titot, Apotiquaire de Montbéliard, *Suppl.* 104
Toignard (Antoine & Jean) freres, Médecins, 947
Toul (Hugues de) voyez *Metellus*, 656
Toulousain, voyez *Gregoire de Toulouse*, 443
Tour (Claude de Mesnil la) Peintre, 947
Toussaint (D. George) Bénédictin, *ibid.*
Tralens ou *de Treille* (Nicolas-Clement) Poëte, 948
Tresse (Le R. P.) Jésuite au Pont-à-Mousson, 949 & *Suppl.* 104
Tritheme (Jean) Abbé de Spanheim, 950
Trotot (D. Placide) Bénédictin, 951
Tutelon ou *Tutilon*, Peintre, 952

V

Vaillant (D. Nicolas) Bénédictin, *Suppl.* 104
Val (Du) Bibliothécaire de S. M. Impériale, 952
Vala ou *Valon*, Evêque de Metz, voyez *Wala*, 1041
Valcandus, Moine de Moyenmoutier, 956
Valdajol, habiles Opérateurs, 957
Valdenaire (Sébastien) Historien de Remiremont, 959
Valincourt (M. de) Historien, 961
Valladier, Abbé de S. Arnould, *ibid.*
Vallée (La) Evêque de Toul, 972
Vallée (Alexandre) Graveur, 973
Vandelbert, Moine de Prum, *ibid.*
Vandrille (S.) né à Verdun, 974
Vapi (Jean) Imprimeur, voyez *Waipi*, 1041
Vapi (Louis) Jésuite, 975
Varin, Abbé de S. Arnould de Metz, voyez *Warin*, *Suppl.* 112
Varnerot (Claude) Curé de Lucey, 976
Vassard (Nicolas) de Bar-le-Duc, 977
Vassebourg (Richard de) Archidiacre de Verdun, *ibid.*
Vassimont (D. Charles) Bénédictin, 985
Vaubreuil, Poëte, *ibid.*
Vaucouleurs (Thierri de) voyez *Theodoric*, 919
Vaudémont (Charles de) Evêque de Verdun, 986
Vautier (Martin) Jésuite, *ibid.*
Vautier (Jean & Jacques) Architectes, 987
Vayringe, Machiniste, *ibid.*
Udon, Evêque de Toul, *Suppl.* 104
Veber (Conrade) de Luxembourg, 999

Veil (N.) de Verdun, Juif de Metz, 1000
Vence, Théologien, 1001
Veneroni, Grammairien, Italien, 1002
Verd (Jean de) Baron, fameux Général, *ibid.*
Vergne (D. Vincent La) 1005
Vernhere, Archevêque de Tréves, *ibid.*
Vernulée (Nicolas) Professeur en Histoire à Louvain, *ibid.*
Veroncourt, voyez *Alix*, 53
Vetter (George) Dominicain, 1007
Viardin, Docteur en Théologie, Ecolâtre de la Primatiale de Nancy, *ibid.*
Vibert, ou *Vipert*, ou *Guibert*, Historien Ecclésiastique, 1008
Videric, Abbé de S. Evre, 1009
Vicsrange, dit Plumerel de Bassigny, 1010
Vigne (D. Romain la) 1011
Vigneule (Philippe) de Metz, *ibid.*
Vignier (Jerôme) Historiographe, 1014
Vignol (Claude) Jésuite, 1017
Vilheim, Jésuite, *ibid.*
Ville (Le P. Jean-Claude de) Jésuite, 1018
Villemin d'Hildenfeld, Historien, *ibid.*
Villemin (Joseph) l'Abbé, *ibid.*
Villier (D. Placide de) Bénédictin, *Suppl.* 111.
Villote (Jacques) Jésuite, 1018
Villote, Prevôt de Nancy, 1019
Vilthem (Alexandre) Jésuite de Luxembourg, *ibid.*
Vilthem, Président à Luxembourg, voyez *Wilthem*, 1044
Viltz (Pierre) Jésuite, Missionnaire, *ibid.*
Vincent de Lerins, 1020
Vincent, frere de S. Loup, 1021
Vincent (Edmond) Conseiller d'Etat du Duc Charles IV. 1022
Vincent (Le P.) Tiercelin, *ibid.*
Vincy (Leonard de) Peintre, 1027
Vinet (Gerard de) Maxey, *ibid.*
Virion, Conseiller d'Etat du Duc Henri II. 1028
Vivin (Basile) Dominicain, *ibid.*
Viriot (Jean) d'Epinal, 1029
Umnon, Ecrivain de la vie de S. Arnould Evêque de Metz, 1030
Poinville (Beufve) Maître ès Arts, *ibid.*
Voirin, Jésuite, Auteur de la vie de S. Erard Evêque de Ratisbonne, 1031
Volzir de Séronville (Nicolas) 1032
Vosgien, Chanoine de Vaucouleurs, 1033
Vosgien, Secrétaire du Chapitre de S. Diey, 1034
Urbain IV. Pape (Jacques de Troyes) 537
Urbain (S.) Graveurs, 1035
Ursulus, Grammairien à Tréves, 1041
Uzier (Antoine) Curé d'Einville au Parc, 1044

W

Waipy (Jean de) Conseiller, 1041
Walon ou *Wala*, Evêque de Metz, *ibid.*
Warinot (Louis) Prémontré, *Suppl.* 112
Watrinelle (D. Placide) Bénédictin, *ibid.*
Wigeric, Evêque de Metz, 1042
Willaume, Abbé de S. Arnoud de Metz, *ibid.*
Willaume, Peintre en Lorraine, 1043
Willaume (D. Paul) Bénédictin, *ibid.*
Wilthem, Président à Luxembourg, 1044
Wiltz (Pierre) Jésuite, *ibid.*
Winville ou *Voinville* (Beuve) Fondateur du Collège de la Marche, 1030

Wittich (Jean) du Diocèse de Trèves, 1044
Yves (S.) Oculiste, natif de Pagny sur Meuze, 1046

Y

Yard, Peintre à Bar-le-Duc, 1046
Yves (S.) célèbre Oculiste, Suppl. 113

Z

Zillers (Nicolas) Théologien, 1047

FIN DE LA TABLE.

AVIS
Sur l'Edition du Poëme de Pilladius.

J'AI crû rendre service au Public, en ajoûtant à ma Bibliothéque Lorraine, le Poëme épique de Pilladius, qui a donné une histoire circonstanciée de la guerre du Duc Antoine contre les Rustaux d'Alsace, dans laquelle il étale avec pompe les hauts faits de la Noblesse Lorraine. Cet Ovrage avoit été imprimé à Metz en 1548. & ses exemplaires en étoient devenus si rares, qu'à peine s'en trouve-t'il deux à Nancy.

Pilladius, Auteur de ce Poëme, né à Pont-à-Mousson, étoit Chanoine de S. Diey; lorsque le Duc Antoine entreprit de combattre les Rustaux, autrement les Paysans de l'Alsace, qui avoient fait une irruption dans ses Etats, avec cinq mille hommes, & qui auroient causé la ruine entiere de la Province & de la Religion, si on ne se fût opposé à leurs pernicieux desseins.

Ils étoient tous Luthériens; ils renversoient, brûloient, pilloient les Eglises, assassinoient tous les Prêtres, & ne vouloient reconnoître aucun Souverain, pas même de Seigneurs, qui auroient eû sur eux la moindre autorité. Ils avoient pour chef un nommé Gerberus, Tanneur de profession; qui ayant appris que le Duc Antoine se paroit à lui résister, lui écrivit des Lettres ménaçantes.

Le Duc Antoine craignant pour ses Etats, plus encore pour la Religion Catholique, Apostolique & Romaine, pour laquelle ses ancêtres avoient exposé pure vie, & qui jusqu'ici a été conservée pure, & sans tache par ses successeurs dans toute l'étenduë de leurs Etats; ce Prince, dis-je, pensa sérieusement à s'opposer aux entreprises effrénées d'une Populace plus cruelle & plus meurtriere, qu'une armée qui a ses loix & ses régles. Il assembla une armée à Vic, d'où il passa à Dieuze, dans le dessein d'aller attaquer quatre mille Luthériens qui s'étoient retranchés près Sarguemines, & qui séduisoient grand nombre de Lorrains qui habitoient ce Pays; mais ces Luthériens ayant été informés de la marche du Duc, se retirerent en Alsace, afin de s'y fortifier, & de s'opposer à son armée.

Le 16. Mai 1525. l'armée du Duc ayant forcé quelques passages, se présenta devant Saverne, où grand nombre de Paysans s'étoient fortifiés; on les somma de se rendre;

mais ils reçurent à coups d'arquebuses ceux qui avoient été chargés de la commission.

Sur ces entrefaites on apprit qu'un grand nombre de Paysans s'étoit assemblé à Loupstein, dans la résolution d'inquietter l'armée Lorraine, & de porter secours aux leurs, qui étoient investis dans Saverne: alors les Princes de Guise & de Vaudémont allerent à eux avec tant d'ardeur & de courage, qu'après avoir forcé leurs barrieres & palissades, ils les mirent en fuite, en tuerent environ six mille, sans compter les habitans du lieu qui furent brûlés & consumés dans leurs maisons. Peu de Lorrains périrent dans cette action.

La défaite des Luthériens de Loupstein, déconcerta ceux de Saverne; ils demanderent à capituler. Il fut stipulé qu'ils sortiroient sans armes le lendemain au matin; qu'ils se retireroient chacun chez soi, & qu'ils fourniroient sur le champ cent ôtages pour assurance de leur parole.

Le lendemain 17. Mai, au moment que les Paysans sortoient de la Ville, & s'assembloient au Mont des Martyrs, près de Saverne, on surprit des Lettres que Gerber, chef de ces mutins, écrivoit à ses confédérés de delà le Rhin, par lesquelles il leur mandoit de l'attendre, & de faire provision d'armes & de vivres, afin d'entrer en Alsace avec une armée plus nombreuse.

Tandis que les Princes délibéroient si l'on devoit tenir parole à des gens, qui violoient si visiblement leurs promesses, un Lansquenet ayant retenu par la manche un Paysan qui réclamoit le nom de Luther, ils en vinrent aux mains; les Luthériens rentrerent dans la Ville; les Lansquenets les poursuivirent, & en tuerent un grand nombre, malgré les Seigneurs de Salm & de Richarmenil, qui y étoient entrés avec leurs troupes pour en prendre possession: on cria en vain quartier; ceux qui se sauverent de la Ville, ne furent pas mieux traités. Gerber leur chef, qui étoit enfermé dans le Château, fut pris & pendu. On compta environ trente mille Rustaux tués, tant dans la bataille de Loupstein, que dans Saverne & ses environs.

Après cette défaite, le Duc résolut de retourner en Lorraine; mais à peine l'avantgarde avoit passé le village de Stotzhem,

A

qu'elle trouva un grand nombre de chariots chargés de provisions, & apperçut de loin une grande poussiere, qui marquoit une nombreuse troupe de gens en marche. Avançant jusqu'à Cherviller près de Schelestad, on lui dit que les logemens étoient prêts pour plus de dix mille Luthériens en armes, qui devoient y arriver de tous côtés. Le Duc en fut averti; il assembla son Conseil, l'avis d'un Allemand fut suivi, après bien des débats, & il fut résolu d'aller attaquer les ennemis, quoiqu'à six heures du soir. Le Prince de Vaudémont fit l'attaque de Chenonville qui couvroit l'armée ennemie, en déposta deux mille Luthériens qui s'y étoient fortifiés; & ayant été rejoint par le Comte de Guise & plusieurs autres Seigneurs qui commandoient divers corps, il franchit toutes les barrieres de Cherviller, & fit un sanglant carnage de tous ces mutins. On compte que de vingt-quatre mille ennemis, il en resta douze mille sur la place, outre quantité de blessés qui périrent, parce que la nuit ne permit pas qu'on les secourût. Telle fut la fin de cette guerre, qui garantit la Lorraine de tous les malheurs qui en sont des suites nécessaires.

Notre Auteur reléve avec élégance les actions héroïques des Princes de Guise & de Vaudémont; les différens emplois des du Châtelet, des Haraucourt, des Lenoncourt, des Preny, des Stainville, des Deuly, des Haussonville, des Comtes de Bitche, de Salm, de Linange, de la Valle, Béthune, Isamberg, des Seigneurs & Chevaliers de Ludre & Richarménil. Il finit son Poëme par l'étalage des réjouïssances faites au retour du Duc Antoine.

LAURENTII

LAURENTII PILLADII

Canonici Ecclesiæ Sancti Deodati, Rusticiados Libri sex, in quibus Illustrissimi Principis Antonii Lotharingiæ, Barri, & Gueldriæ Ducis, gloriosissima de seditiosis Alsatiæ rusticis victoria copiosè describitur.

QUÆ CONTINEANT SEX LIBRI RUSTICIADOS.

In primo vulgus Lotharingia regna petivit;
Antonina manus vicum petit inque secundo;
Tertius Austrasium cuneum locat ante Sabernam;
Loupstenum quarto prosternitur accius agmen;
Quinto victa gemit rebus spoliata Saberna:
Vincitur in sexto Chervillus fortiter hostis.

Adami Bergier Deodatensis ad Austrasianos lectores de Rusticiados lectione doctissima exastichon.

Arma juvant si quem ferventis bellica martis?
  Perlegat altilocum Pilladianum hoc opus.
Prælia veridico narrat Laurentius ore
  Principis Austrasiæ, clara trophæa simul.
Rustica plebs cujus forti superata lacerto
  Alsatiæ, in fidei dogmata sancta ruens.

Laurentius Pilladius Vogesicola, Antonio Illustrissimo Lotharingiæ, Barri & Gheldriæ Duci.

Austrasiæ Princeps qui splendida sceptra gubernas,
  Gloria Trinaciæ non peritura domûs,
Accipe devictum celebrantia carmina vulgus,
  Necnon militiæ fortiter acta tuæ.
Ut tuus & fratrum consurgat ubique triumphus,
  Per quos floreicit relligiosa fides.
Pilladii citharæ nec duros despice cantus,
  Roncescat quanquam pollice tacta suo.
Sæpe levis segetem producit aristula lætam;
  Et tenui rivo flumina larga ruunt.

AD ILLUSTRISSIMUM CAROLUM Lotharingiæ & Gheldriæ Ducem, Laurentii Pilladii Vogesicolæ, in carmen Rusticiados à se lusum dedicatio.

Carole cui dives paret Lotharingius orbis,
  Quem tibi vix trino parca regenda dedit,
Funere magnanimum celeri tollendo parentem,
  Attulit Austrasiæ plurima damna domo.
Perdidit illius dum tantum morte parentem,
  Continua semper cui vigilabat ope.
Et quoniam Austrasii re progenuère parentes;
  Dedico nunc horum Carle trophœa tibi.
Dedico fortis avi celebrantia carmina laudem,
  Atque Renatiadum fortia bella ducum.
Ut virtutis avi sis affectator ubique,
  Nullum præteriens religionis opus.
Egregium fructum portat generosior arbos;
  Ferre bonum fructum malus amara nequit.
Carole Christinæ multum generosa propago,
  Plectro cantanti tu modo dexter ades,

Porrectis ulnis capias & carmen avitum,
  Quod rauce cecinit pilladiana lyra:
Nam tibi debetur, quanquam sis parvulus ævo,
  Anthonii ut videas junior acta Ducis,
Qui bene correxit lapsos in crimine semper,
  Dejectos opibus juvit & ipse suis.
Reddere cuique suum magnoque cupivit amore,
  Discordes dictis conciliando suis.
Moribus atque bonis patriam florere volebat,
  Dilector semper cœlitenantis heri,
Quem decuit Christus multo molimine belli,
  Ruricolum in merito spargere membra solo.
Atque Renatiadum mavortia pectora fratrum
  Ense per Alsatiam cædere vulgus iners,
Cædere vulgus iners, fidei decreta sacratæ
  Spernens, & domino reddere jura suo.
Forsan erunt aliqui qui me scripsisse reclament,
  Incultâ nimium tam pia gesta manu;
Actaque fortis avi nostrum superare laborem,
  Dicent majori concelebranda tubâ.
Falsi nil fingunt: tua sed clementia tantum
  Audaci dextrâ scribere fecit opus.
Audacter veluti vento spirante secundo
  Audet nauta vago credere vela mari,
Proptereà durè cantatum zoilus ore
  Insano carmen carpere nullus erat.
Ergo livoris cæcæ timor omnis abesto:
  Sed si quis surgat te duce vanus erit.
Si qua tamen nostrum decorarit gratia carmen;
  Si qua fuit Charitum gloria grata chori,
Gratia debetur tibi jam Christmane diserte,
  Tollendi mendas cui pia cura fuit.
Gratia debeturque tibi Herculane Joannes,
  Linguâ qui flores doctus utrâque bene:
Qui claudum carmen voluisti sæpe mederi,
  Levi tergendo pumice cuncta tuo.
Vos ambo mecum tetigistis plectra fidesque,
  Et cecinit quidquid nostra Thalia prius.
Et sicut terram fœcundat defluis imber;
  Carmina sic per vos fertiliora fluunt.
Quæ tibi sint oro Princeps placitura legenti,
  Illa nihil quanquam Pallados artis habent.
Atque Deodato divo tutare dicatam
  Insignem Ecclesiam, cuncta regendo bene:

Miſtarumque chorum cives ſervaque benignos,
Cum quibus hic longo tempore vita fuit.
Sicut paſtor ovem dives per teſqua vagantem
Cuſtodit vigilans, ne Lupus ore voret;
Sic nos cuſtodi, ne quis turbare quietem
Audeat, atque poli vota canenda Deo.

Argumentum Primi Libri.

PRimus habet cauſas, ſimul & primordia belli,
Quo fuit Alſatiæ conterrita ruſtica turba,
Auſa patrum ſacram reſcindere relligionem,
Atque armis divum templis extrudere myſtas.
Quæ fuerint acies, contra quæve arma paravit
Auſtraſiæ Princeps Antonius inclytus armis
Primus habet; ſimul & lacrimas enarrat honeſtas
Borboniæ, quibus eſt ſortem miſerata, virumque.

LIBER PRIMUS.

Arma per Alſatiæ manantia ſanguine fines
Ruricolumque dolos qui numina Martia tractant.
Neglectamque fidem canimus, templique favillas,
Atque Renatiaden qui te Lotharingia fœlix
Imperio frænat; vulgi qui rure furentis
Funeſtas acies victrici marte repreſſit.
Ut video, nunquam poterit Pimplæa camœna,
Pegaſidumque chorus, cauſas evolvere quonam
Dæmone ſuaſa nefas peperit plebs impia tantum,
Ut raperet calices ſacros, ariſque refractis,
Relliquias divum talo calcaret olenti,
Angelicumque cibum male ſano ſperneret ore.
Poſtquam muſa nequit cauſas memorare latentes,
Tu mihi Chriſte fave, Cœli fabricator & orbis,
Ardua cui patuli deſervit machina mundi;
Quicquid & undivagum d'ffuse circuit æquor,
Telluriſque ſinus vario depictus amictu:
Ad tua confugio præſentia numina ſupplex.
Per pelagus vaſtum peregrinam dirige puppim.
Numina quippe tuo tantum Lotharingius heros
Aggreſſus bellum, ſuperatâ plebe triumphat.
Exiguum regem ſic ſæpe trophæa ſequuntur.

David. Sic Iſay proles fundâ vibrante parumper
Bellorum rudis Goliaden vicit atrocem.
Sicque Renateo quondam mucrone peremptus
Sequanorum Princeps, tunc mundi totius horror.
Tu quoque da faciles orſus Lotharinge Monarcha,
Et majora meis da viribus acta referre;
Daque tuas celebrem jejuno carmine laudes.
Gutture ſeu ſtridens imitatur ædona rauco

Ædona Græcè Luſcinia dicitur. Graculus; aut inter Cignum ſtrepit improbus anſer;
Vel cava cum faſtibus decertant ſiſtra canoris.
Trux Erebi Princeps animum verſabat in auras,
Si quâ parte queat mundum maculare patentem,
Spargere vel virus quo vulgus toxicet illex.
Hæc agitans ſecum veſanâ mente tyrannus,
Anguicomas ſubitò furias, ſtigioſque clientes
Convocat ad ditis flagrantia tecta ſuperbi.
Haud mora, ſecretis auditur rauca cavernis

Orcus fluvius inferorum. Buccina, quæ ſonitu totum deterruit orcum.
Continuò ſedes & monſtra bicorpora linquunt.
Cerberus umbrarum cuſtos effertur ab antris:
Inde Charon Acherontis adeſt trajector aquai,
Plurima cui mento pendebat ſordida barba.
Lerneæ currunt hydræ, Spingeſque volucres,
Grex volat Eumenidum fumoſis narribus horrens:
Et Rhadamantus erat lacrimabilis arbiter orci;
Gorgones, & flammis atris armata chimera,
Theſiphone frendens, hydra & vallata colubris,

Centimanus grandis, venit quoque belua lernæ.
Peſtiferi morbi, & metus, & quæribunda ſenectus,
Luctus & imperioſa fames & triſtis egeſtas,
Veſtibulum ditis ſervantes lumine torvo.
Lucifugi veniunt cœtus, regemque ſalutant,
Illius edictis ſemper parere parati.
Ut venatori nemorum cupido arque ferinæ
Cædis turba canum paucis inſtructa diebus
Paret; qui in ſaltu viridi ſua colla tenenti
Nectere permittit loro, dominumque vocantem
Per juga præcipiti ſequitur frondentia greſſu.
Lelapa pro cæcis & janitor excubat antris,
Et lepores quærit vigilanti nare volantes.
Iſſa volucripedem novit proſternere cervum:
Taliter atra cohors ditis mandata Capeſcit.
Eumenides poſtquam dudum coire paratæ
Juſſa ſequi, ſtigius princeps ſic farier orſus:
Tartarei cives ſuperum queis magna poteſtas

Pluto ſub dæmonibus. Ad fera cocyti quondam ſpælea regnantis
Detrudens miſeros juſſit torquere potenter
Noctivagas animas, nobis inamabile regnum,
Cujus finis erit nunquam, non exitus ullus.
Propterea regno totâ virtute cavendum.
Non latet heu quantum florens reſpublica gentis
Chriſtophile fuſtgat; divis reverentia quanta,
Quantus amor ſacræ fidei, & quantus decor aris;
Sanctaque relligio ſaxo fundata rigenti,
In variis oris miro ſplendore refulget.
Fumigeris oris redolent jam dulcia thura,
Per mare thura ſolo quæ ſunt evecta Sabæo.
Chriſtica res tandem (paucis ut plura revolvam)
Augeſcit nimis, in noſtræ proh dedecus ædis.
Maturate igitur rebus ſuccurrere lapſis
O ſocii! fœdam & regno divertere peſtem.
Si vacat, hic opus eſt tanto in diſcrimine veſtris
Inſidiis, mundum quæ furtim ſemine cæco
Inficiant vulgus, nullis ut legibus ultro
Pareat, armifero conſæviat atque furore.
Hæreſis exurgat longis ſopita diebus,
Qua duce relligio decepto in corde vacillet;
Atque viris fidei nullus fiet amplius ardor.
Dixerat hæc ululans, ſævâque tricuſpide totum
Concutit ille chaos, gentemque furentis averni.
Immugit ſubito tellus, erebique poteſtas
Sibilus auditur trepidanti voce per umbras;
Diſcurrunt manes cæcum per inane volantes.
Tum malè Suada cohors ſpeluncis lapſu libenter,
Accelerare fugam perquirit turbine facto.
Quadrata porta ruit, terras aliſque capeſcit;
Cunctaque depravans variis illabitur oris.
Haud ſecus Aolia dum venti in turre tenentur:
Illos ſi jubeat tenues ſævire per auras
Rex tempeſtatum; ſaliunt mox carcere rupto;
Luctanteiſque ſimul tellurem murmure difflant.
Nubifugus Boreas flando mala plurima volvit,
Auſter & ille potens conturbat flumina ſæpe;
Omnes & venti terramque polumque fatigant:
Sic ſcelerata cohors multam tulit orbe ruinam.
Poſtquam dira lues Acherontis liqueat undas,
Vulnificis properè germanas flatibus urbes
Inficiens, inopes luſit ſimul atque potentes;
Et quocumque poteſt virus diſpergit eundo,
Terrificumque facit paſſim regnare furorem.
Hac duce ſanguineum ſtringit plebecula ferrum
In dominos ſervus, cui fallax Marte rebellat.
Quem priùs immiti læto ſervare ſolebat,
Occidit dominum non gratus, cæde cruentâ.

Marcus cenſetur fœlix Antonius olim,

LIBER PRIMUS.

Judice qui coram culpatus criminis ergo
Incesti, cujus cum servus conscius esset,
Maluit ille tamen lacerari verbere multo,
Tormentoque gravi teneros constringier artus,
Lamellâ ardenti generosum corpus aduri,
Quam Dominum proprium vulgato prodere verbo.
Obsequium servi cognovit Restio grati:
Postquam proscriptus campestri rure latebat,
Et bona non paucis servis direpta fuissent;
Solus & hic domo comitem se præbet eunti,
Quem semper validis affecerat ictibus ille.
Hunc prius abstrusum servavit verna fidelis,
Extructoque rogo paganum cremat inermem,
Et dominum fingens equites elusit avaros.
Hunc servilis honor cadit & fiducia servi.
Vix furor hic cæcus multos sævire per urbes
Cœperat Alsatiæ, quum surgens hæresis atrox,
Fœdâ cerbereos eructat fauce screatus,
Teutonicisque novum disseminat illa furorem,
Decipiens multam tenebroso turbine gentem.
Sic lupus esuriens noctu introgressus ovile,
Velligeras observat oves nisi devia quæant
Suffugio; pecudum prosternit corpora donec
Immanem ventris rabiem saturaverit annis:
Intactumque nihil spumoso dente relinquit.

   Hæresis ut surgens mediis se contulit agris,
Continuò cecidit superûm venerantia quævis.
Impietas, livor, divum contemptus iniquus
Undique succrevit; facilis corruptio legum
Exulat & subitò quondam pulcherrima virtus.
Nempe magistratus plebes pia frena remordet;
Qualiter in frenis renuit sua colla caballus
Flectere; dum fessor teretes devolvit habenas,
Hic nulli parêre cupit, sed protinus orbes
Tollitur in varios, pondus dum decidat urgens:
Sic leges stolidum contemnit vulgus honestas;
Hinc grave jus domini, regum gravis atque potestas;
Hinc censura gravis, gravis & reverentia divum:
Sarcina facta homini scelerum confessio sacra.
Sobria contemnunt penitus jejunia multi;
Fastidit decimas alter, censusque potentum.

   Prætereo quanto tandem insanire tumultu
Cœperit, auriferi quum pervenit ad vada regni.
Hæresis atra ferens multos aconita per agros;
Infecit varios homines hac labe furentes.
Illicet obliquis manibus pia templa deorum
Tot spoliata jacent, ornatus fulgidus omnis
Tollitur, & pedibus calcantur corpora divum:
Vasáque cassantur pueris instructa lavandis:
Effigies divum maculatur sordibus atris.
Eloquar an sileam? radiens jam regis imago
Orbiferi cadit, & genitricis nomen honorum,
Cui manus aligerum & cœli sacra regia servit.
Cocytúsque subest, volitat nunc ore prophano
Inter mordentis convitia plurima vulgi.
Plebs inimica boni crimen proclivis ad omne;
His nundum satiata malis pejora minatur.
Vomere dimisso, docili spretoque ligone,
Omne solum cesset duro proscindere ferro.
Cui fuit exosus Cereris labor atque colendi
Onera viticomi Bacchi non grata fuere;
Agmine sed lecto diris grassatur in agris:
Morteque contempta satiatur sanguine nullo.
Monte super celso flammis resonantibus arces
Uruntur; villas pariter vulcanius ignis
Concutit; atque casæ flammâ sternuntur atroci,
Millia rurícolum mactantur duriter ense.
Ah miserum vulgus quo nunc te devius horror

Impulit? aut quo te divexat tristis Erymnis?
Nonne vides oculis qualis dementia mentem
Cœperit; aut sentis quanto in culmine demens
Præcipitas, durum quæ in viscera proxima ferrum
Stringere non cessas: cognatum fauce cruorem
Deglucis patulâ, & satiaris funere nullo;
Dum licet infandum vulnus de mente repelle.
Mens assueta malis hæc vix mala deserit unquam.

   Noctipotens legio paulatim spicula nigro,
Oblita felle plagas in multas sparserat orbis.
Quum cito conventus per Teuthona colligit arva
Inversus populus cunctis & prælia miscet.
Quavis parte ruens turmatim fœdera jungit:
Incusat dominos verbis instructus amaris:
Contra pontificum leges & disputat amens:
Inde duces creat ille novos qui jura reforment;
Qualiter inter se ludendo sæpe novellum
Delegant regem juvenes ex omnibus unum.
Agmine cui facto sua dedunt corpora læti.
Stant circum cuncti, ludicrum regemque salutant;
Imperitet si quid mox illi jussa capessunt.
Delecto assurgit fici regi rustica plebes:
Atque magistratus quærit qui condere leges
Sponte novas valeant, illis jus displicet oris.
Cænobiis multæ Cereris Bacchique refertis
Hic pellit monachos, sacratas atque puellas,
Direptis furtimque bonis pia claustra cremantur.
Sic durus phlegras lacralis Apollinis ædes
Incendit sacras; hinc ditis trusus ad antra
Admonet ingenti gemitu crudelius umbras
Justitiam discant: nullos & remnere divos.
Observant alii templum ne sacra resolvat
Advena despectus, vel cultum deferat illis.
Sic fecit Cleopes princeps Ægiptius olim.
O lacrimanda dies atro & signanda lapillo,
In qua florentis spernuntur tempora pacis:
In qua sic Mavors miserum conterritat orbem;
In qua divorum nullo veneratur honore
Relligio; quorum plebes simulachra perurit:
Dignus quippe rotâ tantos qui suscitat ignes:
Silyphæi saxi plectatur criminis auctor
Supplicio (atque tibi condebita Tentale pœna.
Frigore depulso terram pingebat odoram
Veris honos; læto demulcens æthera flore.
Littora cum Rheni hæc dimittens lerna malorum
Transmeat Alsatiam confractam turbine belli:
Atque petit multo Lotharingia regna tumultu:
Enitens patriam diris disperdere telis.
Qualiter hostili furtim projectus in urbe
Ignis fumificus primo se condit ubique.
Ast ubi ventus edax ingenti murmure perflat
Nutrimenta foci; ille domus ad culmina summa
Volvitur, & variis collucens ædibus errat:
Atque gravi flammâ totam depascitur urbem.
Succendit ditis sic cives impia flamma.
Nam vasti regni populum decepit inertem,
Quem festinato secum jurare coegit;
Ut nova jura ducis nullo dissolveret ævo;
Principis & proprii cessaret tota potestas.
Importuna cito hæc Lotharingi pestis in oris
Succrevit; quavis dispergens semina parte;
Lactucas similes mordacia labra requirunt.
Et similis vicio similem sibi congregat usque;
Vicinæ pecudis morbus contagia gignit.
Exit fama volans disruptis limina portis,
Rumorésque vagos per mille foramina mittens,
Hoc crimen varias hominum se fundit ad aures;
Attingit donec Lotharingi principis arcem.

populi re-
lip.

Populi per
Germa-
niam con-
ventus.

Ille ubi cognovit fraudem generosior heros,
Decrevit regnum justo defendere Marte;
Atque novos hostes patrio propellere regno.
    Exemplo proceres primos ad regia tecta
Convocat; huc etiam mox illuc curritur ultro:
Implent atque vias vulgato murmure patres:
Non aliter si quis deletis civibus ense
Nocte dolo captam præco denunciet urbem:
Aut muros hostem sublimes clamet habere.
Venerat heroum sublimi regis in æde
Concilium; capiunt ubivis subsellia cuncti,
Nullus fit strepitus, vocem tenuere vocati;
Antonius. Celsior aurata Lotharingus sæde sedebat:
Inde gravi coram loquitur sermone senatu.
    Egregii proceres nunc cernite qualiter ingens
Orbis terrifico passim sævire tumultu
Incipit; & belli jam regnet ubique libido:
Inter mortales miseros crevêre repente
Livor, fraus, odium, cædes, fervensque simultas,
Impietas, rabies, divum reverentia nulla,
Insidiæ, atque furor, vis & corruptio legum,
Ex quibus eveniunt funesta pericula rerum;
In reges magnos oriturque rebellio sæpe,
Quæ pariter nostris insultat finibus audax:
Insanus populus qui tinxit sanguine Rhenum,
Jam patriæ multo stipatus milite fines
Occupat extremos, peragratis montibus altis:
Nescio deceptam tandem quo dæmone plebem.
Conglobat, insidias nobisque parare videtur,
Et postquam stragem lacrymoso funere grandem
Ædidit in sese per mutua vulnera ferri:
Noctes atque dies insano corde volutat,
Quo regnum & gentem nostram molimine perdat,
Hostes aggrediar diurno numine fretus,
Ante suas acies valido quam robore firment:
Ne totum inficiat discors vesania mundum,
Qui quærelam morbum medica cupit arte mederi,
Hunc sinat in longum nunquam prosperere tempus.
Spero aderit cœptis spatiosi conditor orbis,
Terras atque polum qui sancto numine complet:
Et jubar astrorum cui soli militat omne.
Sic Gedeon judex accitus voce tonantis
Ætherei, lætus cum ruri sata legebat,
Et tercenteno non plusquam milite cinctus
Quatuor extinxit reges, & castra subegit.
Solverat è curis quum deses corpora somnus,
Taliter affatus princeps Antonius omnes.
Primores traxit procerum in sua vota repente,
Qui rem consultant paucis labentibus horis:
Grande aliquid quoniam magni constantia præfert
Magna ducis; cui mox referunt decreta senatûs.
Strenuus assurgit miles cui candida mento
Canicies; talique ducem sermone salutat.
    Austrasiæ princeps nostrarum sedale rerum
Defensor necis & vitæ custodia nostræ.
Quum bellona potens hæc dulcia regna fatiget,
Impius ac in te populus circumliget ensem:
Nullum spernemus pro te perferre laborem,
Corpus cum vita telis subducier illis
Nolumus ingrati, vel nostris parcere gazis.
Namque duci caput & jugulum ad sua justa vocati
Prælia debemus, nostras arcesque potentes.
Sanguine sublimi veniens generosa sequetur.
Te dominum pubes: quæ nullum quippe rigorem
Telorum Martis vel formidabit atrocis.
Sicut Apes gratæ regem comitantur ubique;
Si sic mellificas inter discordia gentes,
Flavi mellis opes spernunt, & cerea regna;

Circumstant illum resonanti murmure semper;
Atque gerunt humeris: hosti corpuscula dedunt,
Intereant donec pulchram per vulnera morientes.
Omnis sic procerum Dux inclytæ clara corona,
Viribus intractis late tua castra sequetur.
Non te causa movet Danaumque in pergama mille
Excivit classes: peperitque funera regum.
Troius unde hector cadit, & violentus Achilles:
Non inhias opibus; regnandi nulla cupido
Mentem sollicitat: non extera regna requiris.
Sicut Alexandrum fortem satiare nequibat,
Totius hæc olim prægrandis machina mundi.
Non alienus amor te infausto sydere pellit:
Prædator sicut phrygiis lascivus adulter
Ille Paris, vitæ propriæ discrimina spernens:
Externas oras delecta classe petivit
Tyndarida ut raperet: Danais ubicunque peremptis,
Qui post damna Phrygum Troiæ celsæque labores,
Intulit ille sibi toti regnoque ruinam.
Sed te res fidei pessundata publica sacræ,
In diros hostes proprium constringier ensem
Excitat, & reptans armis sedare venenum.
Quod nisi depellas Princeps insignibus actis?
In scelus omne fluens per vastum labitur orbem,
Non secus ac cancer totum immedicabile corpus
Serpit, & illæsos viciatis aggregat artus.
Taliter princeps quum Titan clarus in undas
Abdere lucentes radios sub nocte parabat:
Quam ducunt multi sine grato munere somni.
    Postera lux stellas aurora fugarat olympo
Lampade Phœbea, & totum diffuderat orbem.
Heroes unâ cum regem voce precantur:
Magnanimum Martis pullum cui Guisia paret,
Arcessat subito fratrem ad nova fulmina belli.
    Tunc Vademonteus princeps Gheldriniæ Proles,
Venerat Ausoniis Ludovicus nuper ab oris:
Viribus insignis, multum & fœlicibus armis,
Corpore procero, formâ præstantior ipso
Daphnide formoso vel turno pulchrior ipso:
Illi nam similem nullus tulit angulus orbis.
Hunc misere patres cum primo barba cadebat:
Advocet ut fratrem germanum milite multo,
Instructum; patrias properet defendere sedes.
Edocet pariter quanto in discrimine Martis
Undique versetur sua jam Lotharingia tellus.
Accelerat justus; multi comitantur euntem,
Passibus & rapidis equitant illucque feruntur:
Quam modo fluctinagis crepitans Mosa labitur undis;
Et tandem subeunt turrita palatia fratris.
Ingressus Princeps dum fandi copia facta,
Hæc placido coram cunctis prior edidit ora.
    Illustris Princeps faciles submittit habenas
Guisia cui florens opibus, populoque potenti,
En Lotharinga domus meme ad tua limina misit; *Dea ulti-*
Ut referam vulcu Nemesis quo respicit illam. *nis & in-*
Peronata cohors casulis ubicumque relictis: *dignationis.*
Imperium fratris, regnum quoque totius orbis
Affectat: tua ni mitis clementia tantam
Sublevet ærumnam patriæ: populumque repellat.
Oro nunc igitur per clari fratris amorem:
Per si quid de te meruit Gheldrina Philippe;
Perque pios manes te supplex oro parentis;
Per procerum lachrymas regno succurre labenti,
Sequanicæ gentis quod post tot funera nobis
Reddidit armipotens crudeli Marte Renatus.
Viribus explicitis nec fratrem deserre frater,
Plus decus est armis regnum servasse repertum,

Quàm

LIBER PRIMUS.

Quàm quæsisse novas spreto moderamine sedes.
Parta labore gravi studio serventur eodem.
Sic fatur juvenis, subito defixa tenebat
Guisius ora solo princeps immobilis hærens ;
Multa super vulgo rogitans, super agmine multa :
Inde capit quassans frontem caperabat honorem :
Ocius & fratrem quærulum sic voce sequutus,
Prælia nulla decent ignavum quippe bubulcum :
Noctes atque dies sed fœda bubulia curet ;
Aut terræ sulcos bis vel ter verset avare ;
Et bene quam novit prudens exerceat artem.
Nemo suam sortem cupiat mutarier unquam ;
Ne sibi pauperiem vel mortem causet acerbam.
Libertas adeon placuit tibi barbara plebes ?
Ut quovis subeas disrupto fœdere crimen ?
Ipsa cave patriam bello dum perdere quæris :
Ne rete miseram perdas, vitamque relinquas.

Piraustra est vermis de genere aranearum.

Nocte piraustra levis circonvolat ante lucernam ;
Donec morte perit combustis turpiter alis.
Sic forsan poteris proprio mucrone perire.
Dixerat ; & fratrem ad Nanceia tecta remisit :
Promittitque sequi propero vestigia gressu.
Ille dehinc grandem multo molimine princeps
Militiam cogit : validis tironibus auctam.
Finierat tandem gelidæ pars ultima noctis,
Atque diem rutilus difflabat naribus Æthon.
Heroes adeunt dum celsa palatia cuncti ;
Provideant rebus patriis belloque futuro.
Tunc Ludovicus adest celeri currente veredo ;
Quem modo prudenter Lotharingia miserat aula ;
Ad castrum comitis cui fortis Guisia paret.
Ut natale solum generosior attigit heros,
Consilium ingressus, dum fandi copia facta
Pauxillis verbis hæc sede silente recenset.
O dux Austrasiæ gentem frenare potentem ,
Cui bene concessit lati faber unicus orbis ;
Pro patria dulci, vel pro te Guisius heros
Contemnet nullum belli perferre laborem ;
Immemorem propriæ vitæ discrimina nulla
Mortis terrebunt ; tristis sonitusque tubarum
Acta nec in campo revocabit machina grandis ;
Conjugis & charæ nec vox lachrymabilis imo
Pectore proveniens , aut Martis fortia tela,
Tot patriæ quæstus , nec surda transiet aure :
Novit enim quanta in patriam pietate feratur ;
Nunquam nauta forat navem in qua navigat ipse.
Hæc narrata jubet subito volitare per urbem
Fama loquax, multum vernanti læta juventæ.
Fortia mox jussit Princeps lassare repentè
Brachia fabrorum : atque enses fabricare feroces ;
Qualiter exercent nigro Cyclopes in antro
Ferrum : vel sicula gladios incude laborant :
Mulciber ætherus cum regibus arma resarsit.
Sic fabri renovant clipeos teretesque sagittas,
Loricasque graves , ferro galeasque minaces ,
Atque leves ocreas ornant , arcusque sonoros ,
Immites hastas , nec non venabula multa ;
Et famuli prius arma gravi ferrugine tincta
Fecerunt jussi miro splendescere cultu.
Innumeramque penum cives ubicunque parabant,
Instructas acies quavis quæ parte sequatur.
Plaustra parant alii firmo volvenda rotatu ;

Lyeus dicitur Bacchus.

Ingens queis farris cumulus dulcisque lyæus
Arte feratur, adhuc duri Martisque supellex ;
Non modice numerantur oves , & mille tenelli ,
Ingens atque boum series , pecudumque caterva.
Mittitur interea Nicolaus Ludrius ille
Gnarus bellorum, ut venientes arceat hostes ,

Mittitur ut servet vogesni culmina montis ,
Quæ fuit Alsaticis Lotharinguæ portio terræ
Proxima , jam regio multis accommoda rebus ;
Qua fluit undisono piscosus margine murtha,
Fontibus irriguis florens lætisque viretis.
Est ubi sublimi præfulgens vertice templum ;
In quo relliquiæ sacrati corporis omnes
Rite Deodati magno venerantur honore.
Addictis sibi qui veniam pro civibus orat ,
Ordo sacerdotum cui prono pectore servit ;
Inter quos dego non tanto nomine dignus.
Non procul æs charum cæco rimatur in antro ;
Fulgens qua surgit tenebris aurora fugatis.
Missus erat pariter prudens Haracurius heros ;
Ut petat Albani sublimia mœnia montis ;
Obstet neu plebem deludat rusticus error ;
Pro foribus tantum pastor non excubet acer ;
Ast & ovile pecus domini custodiat omne.
Sic rex non sibi sed patriæ vigilantior extet.
Principis Austrasiæ jam fines plurima turba

Quinque millia ruricolum Lotharingicam intrant.

Ruricolum intrarat ; statim quam milite parvo
Pellere credebat ductos Brubacius acer ;
Sed vetuit Princeps legio omnis donec adesset
Subjectus populus ne vitæ damna subiret.
Parvula illa jacet cunctis pulcherrima visu ,
Inter Barrisseam gentem Leucensis & urbis

Leucensis urbs Tullum.

Conspicuas arces, circumdata triplice castro ;
Qua Mosa subsultans spatiosis labitur undis ;
Sorceium veteri quam cives nomine dicunt.
Hic à castello veniens Antonius heros
Hortum percelebrem ornatu construxit amœno ;
Quo viso virides nullus mirabitur hortos ;

Phæaces populi sunt sub ditione Alcinoi.

Phæacum vigili semper quos usque labore
Rex colit Alcinous ; cujus pomaria grata
Sunt dulci fructu multis aliisque referta.
Pomiculum pariter viridaria cuncta silebunt
Hesperidum ; quorum rami aurea poma ferebant ;
Insomnis serpens quæ custodire solebat ;
Abstulit Alcides tamen illa dracone perempto ,
Huc simul ambo duces belli fulgore corusci
Statim conveniunt ; & postquam dextera dextræ
Juncta fuit ; fratrum post amplexusque petitos ,
Hi summis de rebus agunt patrioque labore
Concilium prudens ; quo demum rite peracto ,
Tales eloquitur voces Nanceius heros.
Scis Comes illustris, fœlix bellator in armis ,
A te subsidium cur præsens ipse requiram.
Factio Ruricolum meme impetit acrius ingens ;
Quorum vesanus numerus grassatur ubique ?
Augescitque nimis veluti spatiosa Mosella
E Vogesi celso decurrens vertice montis ;
Primum tellurem non grandi flumine surgat ;
Hinc magis atque magis fluitando viribus ingens
Augetur ; spatioso & mox se gurgite pandit ;
Donec aquis flumen tot auxiliariis errans ,
Oras egreditur salientis longius alvei.
Milite sæpe novo legio sic rustica crescit
Fortiter insistens; nec nos affligere cessat :
Quæ patriæ intentat modo bella cruenta ruenti ;
Insidiisque coit properè dum languida vitæ
Rumpat file meæ telo gentemque trucidet ;
Inter & insanos maneo velut Agna Leones.
Cœperat Oceano se tytan mergere fluctu ;
Atque polum & terras jam nox taciturna tenebat ;
Quum famulis omni spreto sudore parare
Imperat heroum cœnam Castellius heros ;
Quos prius ille manu grata susceperat hostes.
Lanigerum pecudum multi cito viscera nudant ;

B

In varias partes disrupto tergore costis
Atque secant armos : longis verubusque refigunt ;
Et domus interea regali splendida cultu
Ornatur ; pictis fulgetque tapetibus aula ;
In qua convivæ postquam venere potentes :
Malluvium capiens auratis quod micat oris,
Imicit irriguam manibus puer inclytus undam.
Sicut sydereà Ganimedes pulcher in arce,
Rite Jovi summo coram Junone ministrat.
Intendunt alii mantilibus arte ponendis ;
Dulcibus atque epulis alii (mora nulla) ministri
Expediunt jussi mensas onerare calendes :
Protinus & præbent cunctis venientibus escam.
Illic prospiceres argentea pocula poni ;
Auratas pateras, forti plenasque Lyæo.
Conveniunt domini, resonant clamoribus ædes ;
Hospitibus lætatur eques Castellius atque
His tunc meritum veniens extollit honorem :
Queis alacer multum discreto pectore fatur.

 Quamvis parva penus sit nobis optime Princeps,
Accipe quæ valeo nunc paucula fronte lubenti ;
Quod nequeo excuset tua prægenerosa potestas.
Non rem sed penses animum donantis amici ;
Flumine cœnoso mulier paupercula lympham
Educens, tradidit Persarum forte tyranno ?
Qui cupide capiens grates annititur illi
Solvere non modicas ; contentus munere parvo.

Postquam totus amor ducibus compressus edendi
Sæpe Renatigenam prolem splendore nitentem
Mirantur proceres in primis corpore pulchro
Guylanum Martem ; multos qui vertice toto
Præcellit ; duri tolerantior estque laboris ;
Egregius formâ : dives superabit & ipsos
Ante alios humeris, & forti latior esset
Pectore, Trojanos velut inter Troius Hector.

Vix jam transierat gelidæ pars maxima noctis ;
Scanderat & medium præfulgens Scinthya cœlum ;
Cum famulos agiles prudenter convocat hospes :
Post dulces epulas jubet intro lumina ferre ;
Atque parare thoros ubi somnus lumina claudat
Heroum, & fessos sopor irriget artus.
Interiora domus satagunt ornare repente
Regifico luxu famuli & depicta colore
Tegmina diversa imponunt, vestesque decoras.
Nondum solis equi radiantem ex æquore currum
Rorarant, tenebris densâ nocte fugatis ;
Rite salutato, quum fratres hospite tanto
Maturarat reditum, celeri currente caballo.
Vix introgressus fuerat sua mœnia Princeps
Guysanus proceres verbis invitat amicis ;
Accumulent ubicunque viros ad bella feroces :
Nec mora consurgunt cuncti & pia jussa facessunt.
Advolitat volucer præco per plurima tecta :
Colligit atque magnum ex Gallorum protinus oris :
Queis sincera fuit pietas in numina semper,
Defenduntque fidem sacram mucrone furenti.
Agmina nobilium cunctos spernentia casus
Augmentado sese, veluti cum frigore primo
Decidit in sylvis foliorum copia multa.
Vel cumulantur aves cum friget mobilis annus
Transfrapidum punctum ut fugiant strepidantibus
alis.

Veris descriptio. Herbicomus Maius vestibat floriger agros
Floribus æstivis, culmis cerealibus atque
Fundebat tellus dulces cum floribus herbas,
Omnia florebant, de palmite gemma tumebat
Vitifero, patulis frondebat frondibus arbor ;
Sublimis volucrum concentibus aura sonabat ;

Et trabe sub celsâ præpes transibat Hyrundo.
Omnis veris honor grato florebat odore ;
Cum Lotharinga manus Nanceia mœnia prodit :
Conveniunt Comites ad martia bella potentes ;
Venerat atque Phalanx equitum quos strenua ducit
Gloria bellandi, procerum simul inclytus ordo
Primorum patriæ ; nulla formidine captus :
Turbaque nobilium juvenum his se junxerat ingens,
Quæ Duce non præsente viros ad bella parabat.
Quorum ductor erat Mavortius ille Girardus
Quem genuit nobis Haracuria clarior ædes.
Hunc sequitur Philibertus eques Castillius, albâ
Qui cruce signa Ducis pulchre depicta ferebat ;
Regibus è solymis quæ sunt devecta potenter.
Hinc educta fuit roboans bombarda repente ;
Extrahitur pariter lethalis machina belli ;
Cui præfectus erat modo Lenoncurius heros.
Bernardinus ovans fidei succurrere lapsæ,
Assistebat ei in mole Georgius ejus,
Quippe rei doctus præses Preneius ille.
Auditur fremens sonicus, clangorque tubarum,
Tympana mox crepitant tereti percussa bacillæ.

 His instructâ modis Lotharingos ecce per agros
Progreditur legio & sese diffundit ubique.
Urbs jacet aeriis præfulgens turribus, arces
Inter Dusiacas, Nicolai & fana beati,
Quam vicum cives vulgari nomine dicunt.
Explicitis signis huc se omnis contulit ordo
Nobilium ; siet ut fidei protector amatæ.
Advolat huc totum Lotharingi Principis agmen,
Hybleæ ut stipantur Apes in vere sereno :
Ponderaque mellis portant alvearia circum ;
Quum celer occiduo submergitur æquore Titan :
Angustas adeunt aditus sua tecta petendo ;
Mussantes sonitu & campis decedere curant.
Sic adeunt vicum sitientes prælia multi ;
Expectantque Ducem redeuntem fratris ab arce,
Qui postquam patrias accessit strenuus ædes ;
Ægro suspirans animo provolvitur ante
Conspectum Christi, supplex & talibus orat.

 Mi Deus astripotens nostræ spes prima salutis ;
Orbis plorandi qui maxima sceptra gubernas.
Aspicis hæc feritas in quo discrimine vulgi
Vertitur ; obtusis spernit qui vomeris usum :
Cornigeri pecoris curam subducit & agri.
Quo lignea castra jacent, fastidit rura colonum ;
Multifidi currunt raro per prata canales ;
Labruscas generat sylvestres undique tellus ;
Camporum facies deserta videtur eremus :
Rastro disjecto pondus contemnit aratri
Rusticus, & demens sacratas concremat ædes.   *Ædes sacræ*
Nec non sacrificos furiato marte trucidat ;   *cremantur.*
In multis fidei splendor nunc fluctuat oris :
(Et quamvis meritum multo majora meretur)
Tu tamen hanc pestem nostro depellere regno
Christe velis ; reliquas ne pugniat impia gentes.
Ne virus serpens latè latescat in orbem.
Sic fugiat legio jugi de mente precamur.
Ante nothum sicut pertransit pulvis inanis ;
Turbo vel veluti mox tempestate fugatur.
Non profecturis aret hæc vaga littora bubus ;
Nec non saxiferæ sua semina mandat arenæ.

 Factio sæpe suos pallenti tradidit Orcho ;
Aut illos opibus tandem privavit amatis.
Sic pius oravit Princeps Antonius atque
Concilium jussit regni de rebus habendum ;
Constituitque duces cunctis qui jura ministrent ;
Ascivitque senes multâ virtute verendos,

Consilioque graves, queis tunc commisit habenas
Imperii; cujus pia justè munera curent.
Inter quos erat insignis Castellius heros
Abbas Balthasarus venerabilis ædis aprinæ,
Quæ constructa fuit Leucæ pro mœnibus urbis.
warricus insignis etiam ille Savinius heros;
Quem sacra præpositum multo veneratur honore
Ædes Tullensis; tanto protecta patrono.
Hugo inter proceres illos Hazardius astat;
Corporis excellens animi quoque dotibus alti,
Ingenuâ virtute micans charitumque decore
Ingenio præstans, sermone politus ad unguem:
Qui me sic coluit sociali semper amore;
Fosseus fidum ut Pylades dilexit Oresten;
Eurialum Phrygius vel sicut Nisus amavit.

Assistebat eis vel Tillius Hardius omnis
Principis hujus amor nostri, & dilectio firma;
Qui regalis erat præfectus totius ædis:
Relligione Numan superans justumque periclem.
Hic & Jacobus Germinius ille latronum
Ductor: sic Perrinus ibi tunc Landrius atque
Fortis Adolphus erat Menovillius heros:
Thissaracus pariter Galiaceus, atque Joannes
Montanus, procerum tantorum nomina clara
Me fugiunt: ideo jam non referenda relinquo.
Præficit hinc equites Princeps qui protinus urbes
Præcipuas adeunt patriæ; ferventque popellum,
Cæco ruricolum morbo ne forte tabescat.
Nempe picem tangens subito nigrescit ab illa,
Convivens pariter claudo subclaudicat ipse;
Et vitium mentis sæpe in vicinia serpit.

Tempus erat medium quo sol peragrabat olympum;
Atque dies medius graciles æquaverat umbras:
Quum sequitur cuneum Princeps quem miserat antè;
Mox vexilla levis volitant ad flamina venti;
Atque tubam tubicen sufflabat pressius ore
Admoto, & sonitu grandi diverberat auras.
Hoc tremulo clangore viri per corquata currunt;
Multaque nobilium cum forti Principe pubes
Accelerat, gentes ut vincat prompta superbas.

Undique concrescens hominum cumulator acervus;
Hic erat insignis Theodorus mente Chamundus,
Abbas Antonii divi primarius ædis.
Affuit inter eos specie fulgens Joannes;
Tempore cui longo arx anticustodia servit;
Quem genuit Princeps alienâ matre renatus;
Regni Trinacrii dum vixit strenuus hæres.
Martius hic aderat pariter Stenvillius heros.
Postquam militiam Princeps Lotharingius omnem
Nobilium vidit quo jusserit esse paratam,
Alipedem conscendit equum; fortemque lupatum
Mitigat: ille autem tanto ductore superbit:
Irrequietus enim spumantia frena remordet;
Hinnitu tremulo ridens & sydera pulsat.
Post hæc ille viâ quavis procedere rectâ
Imperat; atque gradi pulchro cupit ordine turmâ.
Nec mora Nanceiam maturis gressibus urbem
Egreditur; resono belli non absque fragore.
Ædis Borboniæ splendor generosa Renatæ
Dux Lotharinga (virum charum ut comitaret euntem)
Egreditur: pariter spumanti vecta caballo;
Et subito largis heu fletibus ora madescunt;
Ordo puellarum patriæ cui longus adhæret.
Sic stipantur enim Nymphæ, Driadesque puellæ,
Laurigerum Phœbum cum per juga celsa sequuntur.

Astabat matri pontis cui Monsio nomen,
Marchio Franciscus juvenis Lotharingius hæres.
Vix septennis adhuc tamen est spes firma parentum;
Totius & patriæ validis præstantior ausis
Nobilium turba cum qua jam degere cœpit.
Os roseo candore gerens, jam spondet avitos
Vultus Borbonides; mavortia pectora Carli
Jam virtutis honor quævis scintillat in illo.
Exuperat specie cunctos, ut pulcher Iulus,
Montibus Idaliis quum dulcis Amaracus illum,
Molliter aspirans tenui complectitur umbrâ.
Affuit Anna soror non multis junior annis;
Quæ lamiam superat pulchro generosa decore;
Austrasio proles multum gratissima regi
Auspicium thalamis expectat namque futuri.
Cui gener adveniet regali stirpe creatus;
Qui patriam absque metu concordi pace fovebit;
Olim terrebit quam nullus lætifer hostis.
Astrorum radiis quam cum lucina coruscis
Ædidit: ecce ferunt rippis plausisse Moseliam;
Et Vogesum montem rutilis risisse metallis.
Quam bene Pasythea ternâ comitata sorore
Afflavit, docuitque loqui quæcunque referret.

Non aderat Nicolaus adhuc Lotharingius omni
Corporis in specie roseo fulgore coruscans;
Nutricis in gremio dulci sed in urbe manebat
Barrisea; Driades quam magni regis in arce
Servabant Nymphæ, sylvis ubicumque relictis.
Hæ quibus arrident jam blesula verba serendo.
Una cito vagitum puppi depellit ab ore;
Auratum thalamum niveo quoque flore decorat;
Illa abigit muscas prope ventilante flabello:
Tinnula pendebat collo & crepidata sonanti:
Altera portando candentis cymbia lactis,
Nutribat dominum regali stirpe creatum.

Interea Princeps fari cum conjuge cœpit
Sermones varios; inter se multa loquentes.
Qualiter umbrosâ gelidi super arbore montis
Plaudunt inter se torquatæ sæpe Palumbes;
Quid nostrum pignus dixit dulcissima conjux
Hunc tibi commendem? quùm sit tibi sedula cura
Illius; & tua nunc virtus monitoreo marito:
Non eget: hoc tantum constanti pectore serva;
Ut colat ille Deum summâ pietate potentem.
Templa sacrata sciat primò venerariter ævo:
Quæ lex fasque jubent teneris ediscat ab annis,
Atque malis inopum largus miserescat amaris.
Quam cito mollis erit docti patiensque magistri
Formetur Princeps, spoliet quoque protinus omnem
Nequitiam, nec non sale condiat omnia prudens.
Difficilem format pressâ cervice juvencum
Rusticus; ut celeres ediscat ducere currus.
A Domitore cito formatur pullus equinus;
Ad litui sonitum gradiatur ut obvius hosti.
Talia mandati sua Princeps ora resolvit.
Illustrisque ducem sic est effata Renatæ.

Quo te nunc oculis à nostris inclyte Princeps
Proripis? & nostro transactis montibus orbe
Sejungi properas? natumque relinquere tendis?
Lusibus innotuis dum nobis gratior ætas;
Ah quâ tristitiâ ducam noctesque diesque!
Absens cum fueris prope sævi littore Rheni.
Quid tibi dissidii nobilcum Rhene rebellis
Qui patriam nostram violenter proteris ense?
Sic aliena placent nullo quæsita labore?
Non erit æternus tanti Deus immemor acti;
Jacturæ factæ tandem pugnitor acerbus.
Blasphemi quondam qui totum perdidit agmen

Franc. & Lotharing. Pontis Marchio.

Carolus Borbonius.

Antonius ad Renatum Borbonii.

Renata Antonio.

Aſſirii regis, ducentis millibus ante
Audacter cæſis, ſtravit quos Angelus unus :
Una nocte potens tot perdere corpora ſolus.
Hic licet expectans venturam differat iram;
Supplicio tamen hanc graviori ſæpe reſolvit.
    Me miſeram timeo rabies ne ſæva propelli
Afferat huic patriæ damnum; gentique Lotharingæ:
Qui modo porcino ſatagit manibus pedibuſque
Nobilium inviſam ſtirpem delere potentum.
Quam felix Arabum regio in qua ſemper in armis
Aſtat conſtanter conjunx comitata maritum;
Accingitque viris enſem, clypeumque miniſtrat;
Imponit capiti galeam, jaculumque recludit.
Olli caſtra placent, nullo trepidatque timore.
Adjuvat at quoſvis communis ſtrenua caſus,
Fortunam aſſumit ſecum, bellique labores.
Sit licet hoc nobis patrio de more negatum;
Mente tamen præſens adero ſic ſedula tecum;
Eventus belli & mortes pariterque ruentum
Perpendam mecum: triſtis bellique pericla.
Ipſa equidem quædam de te narrantis ab ore
Pendebo cupiens belli cognoſcere caſus.
Non ſecus Andromachæ, cui ſi quis fata recenſet
Hectoris indomiti, hæc ſubito cupidiſſima rerum
Quærebat tacitè ſi quis proſtratus ab enſe
Illius; aut Thetidis natus ſi inventus ab illo
Eſſet ſanguineiſ inter tot certamina martis.
Dixerat, atque ſalutato tunc Principe forti:
Nanceium rediit malis humore rigatis.
Vix acies fortis peragrarat dulcia rura
Regni; cum cunctis apparent mœnia vici;
Quæ dux ingreditur forti glomerante caterva.
Læti quem cives multo venerantur honore.
Nam Bombarda minax emittens pondera ferri
Mox reboat ſonitu: nymphos & fulmine perflat.

Argumentum Libri Secundi.

INſtructas acies hortatur ad arma ſecundus.
  Inſtituit Comites Princeps & vota Joannes.
Mars furit interea & ſpoliantur templa deorum;
Cum ſubito caſu capitur Brubatius hero.
Et cui dicata eſt deſcribitur ara Philippæ
Regina illuſtris nulli virtute ſecundæ.
Guiſius inſtructas inducit ad arma Phalanges;
Auſtraſiæ ſequitur Princeps inſignis in armis.

LIBER SECUNDUS.

CRaſtina lux aderat tenebris linquentibus orbem;
 Sparſerat atque diem toto jam cynthius orbe;
Rite rei ſacræ cum nudo vertice Princeps
Aſtitit & precibus ſummum pacare tonantem
Nititur; evicta plebe ut ſua cœpta ſecundet;
Cujus ſtulta cohors auſis inſtructa doloſis
Creſcebat ſemper : currunt huc undique gentes
Quales formicæ, dum fervens ignibus æſtas
Phœbeis ardet; linquentes horrea terræ
Quavis parte vias ſimul & loca devia complent;
Denſeſſitque globus nigranti turbine magnus:
Grana reperta ſibi donec conduntur in antro.
Undique creſcebat ferro ſic manus illa furentum
Ductor Gerberius quam ſic effatus Eraſmus.

Eraſmus Gerberius agricolum Præfectus.

    Tempore jam longo ſocii ſudavimus omnes:
Regia conceſſerit ut vectigalia tandem;
Atque ſacerdotum decimæ, cenſuſque potentum
Si concepta diu nobis ſuccedat erymnis;
Impia Belzebulis ſi nos commenta ſuperbi,
Et phlegerontæ faveant lædendo ſorores;
Nullus erit nobis modo vectigalis agellus;
Ceſſabitque cito regnorum dura poteſtas;
Eſt oneri cunctis domino ſervire ſuperbo.
Aurea quippe, prius longis amiſſa diebus
Ætas, his validis manibus revocata redibit:
Vivet ſponte ſua quivis ſine Principe tuus;
Abſque metu pœnæ & ſpectabit judicis ora;
Nullum terrebunt decreta minantia legis:
Reſque ſuas modicas humilis cum divite pauper
Æquabit; veluti fertur vixiſſe vetuſtas,
Nam nullum telluris herum natura creavit.
    Ardua res agitur multo ducenda labore;
Attamen audenti nunquam fortuna repugnat.
Viribus & bello ſæpe imbecillior hoſtis
Solerti ingenio devincit & arte potentem.
Regibus excelſis aſtu perſæpe faceſſit
Parvæ ſortis homo, nec non plebeius hoſtis,
Agmine ſic tenui totum turbarier orbem;
Et terrere minas regum decreviſmus omnes;
Nec prius impatiens ſpero ceſſabit erymnis,
Totius imperium dum nobis ſerviet orbis.
    Jam ſatis eſt defeſſi malo Germania noſtro;

Gerberius Lotharing. minatur.

His igitur miſſis Lotharingia regna laceſſet
Enſis vulnificus furioſo & Marte prematur.
Impediat ſi quis noſtros Lotharingus & auſus
Fortibus his armis pereat velut impius hoſtis.
Vulgus enim domini mox ſervitute jugali
Pertæſum, magno cum turbine caſtra ſequetur.
Has igitur vires primas Lotharingius heros
Sentiat, & bello late ſeriatur atroci.
Protinus in caſſes ſic decidat ille petitus
Qualiter accipitris demiſſi præpite penna,
Sæpe columba ruit candens in vincula torta:
Illa viam celeret quamvis pernicibus alis.
Haud ſecus hiſce plagis Princeps capiatur amaris.
Talibus ogganit veſano gutture verbis
Ruricolûm miſerum turbæ præfectus Eraſmus.
Arrident comites dictis regeique minantur :
Hiſque ducem noſtrum cupiunt onerare tabellis.
    Lilia liligeræ qui tangis ſacra coronæ

Epiſtola Gerberii ad Lotharing. Ducem. Rapo idem ac raptor.

Sanguine regali, Lotharingum Sanctule Princeps :
Accipe quam mittit tibi littera noſtra ſalutem :
Sit licet hoſtili confeſtim miſſa rapone.
Forte meum nomen ſi non pervenit ad aures:
Accipe nunc quanto fuerim dignatus honore.
Hæreſis Alſatiæ ſum propugnator acerbus.
Grandia qui multis armis decreta Lutheri
Defenſare volo : divino devia jure
Atque Evangelici populi relevare laborem :
Cymmeriis tectum tenebris qui diſcere tentat :
Libertatis ago cauſam, ventriſque voracis;
Qui Deus à noſtro veneratur ut almus acervo.
Nullus enim niſi qui ſatur eſt jejunia laudat.
Non placet ut mentem gnavus confeſſor iniquam
Crimine fructetur nec cæci vulnera cordis:
Pectoris aut latebras doctè rimetur olentes.
Omne bonum, exoſum nobis cane pejus & angue.
Sanctorum pariter nobis ignota poteſtas
Quorum jam ſimulachra ſero quatiuntur ab hoſte;
Quod mage congratulor pauci te virgo ſalutant.
Miraculumque pium derident doctus arator,
In miſſæ nomen vulgus convicia fundit;
Soteris quamvis referat ſuſpendia chriſti.
Sacrificum venerandus honor contemnitur uſque:
Legibus his noſtris regnum ô Lotharinge monarcha
Omnes atque tuos proceres renovare jubemus;
Ut tibi deficiant fidei plantaria ſacræ;
Atque colat nullus placabilis orgia Chriſti,
Ne furor agricolum te caſtigare rebellem
                         Incipiat;

LIBER SECUNDUS.

Incipiat; pravos cupiens extollere Marte;
Sic Catilina minax acie comitatus atroci,
Quam tunc ille stupri sibi consuetudine turpis
Conciliarat inops donis ubicunque furatis:
Vexavit proceres rerum qui culmen habebant
Urbis Troigenæ, solidumque necare senatum
Tentavitque urbem flammis incendere totam.
Audax quod facinus tandem Romana potestas,
Consilio vigili & stricto vix ense repressit.
Sternereque potuit toties Carthaginis arces
Et siculum vastare fretum navalibus armis;
Vincere totque Duces fortes Regesque superbos
Olim cui patulus mundus sua colla subegit.
Res mutare novas pauper sic sæpe laborat
Quemlibet immittis semper fastidic egestas.

Sic sædes quærendo novas instructa caterva
Gothorum varias urbes invasit ubique
Italiæ multis annis illamque subegit,
Gallia cui fermè se tandem subdidit omnis;
Quam vix egescit Gallorum multa potestas.
Ergo qui poteris Princeps tolerare furores
Agricolûm; multis frustraque resistere solus?
Nam remedis nullis odium sanatur agreste.
Mavortis vulgi qui jura subire recusas;
Jam Rhenus placidum nostris se præbet habenis;
Alsatiæ proceres nostra & vexilla tremiscunt:
Quid tumulas igitur delectâ gente manipios?
Et multos Equites socios qui funere mergant?
Te quamvis legio comitetur franca potenter:
Optatæ prædæ facilis tamen ipse jacebis.
Omnis nostra cohors vigili te indagine cinget;
Ipse cadas donec bellando in vincula lapsus.

Non aliter quam sævus aper cetisque superbus,
Fulmineis quamvis sit dentibus ille timendus
Mox tamen à multis in stupea rhetia captus
Conjicitur; juvenum quum durè magna caterva
Circum desævire solet; quæ cominus hastas
Certatim accelerat funditque ad sydera vocem:
Hinc montes clamore boant saltusque propinqui.
Sic fac ne rete Princeps in vincula fortis
Ferrea conjicias miserè, felixque valeto
Concilii proceres visis risere tabellis.

Qui jacet imperio Martis lucescere cœpit
Ille dies: lætus luce & splendescet Eous
Illustris Princeps quia dulcem cura soporem
Ruperat: exurgit strato sua membra repente:
Aspicit & rimas Phœbi splendore micantes.
Nam levisomnia decet summum vigilantia regem,
Infelix etenim qui tota nocte quiescit.
Egreditur Princeps procerûm stipante corona,
Arcem conscendens donec pervenit ad arcem.
Ædibus ille jubet patres accersere totis
Consiliumque vocat; circumstant undique cives.

Protinus irrumpens ibi Fierabrius aulam
Principis ingreditur; qui seditione potentem
Plebem sequanidum pariter popularier oras,
Templumque pagatim crudeliter igne cremari
Nuntiat, & furto sublatum ruris honorem:
Ars consueta armis ubi falconaria sedet:
Oppida cum castris vulgi direpta furore,
Succensamque domum quam plebes pauper habebat.
Nunciat & Parochum septum concivibus idem,
Ex hac sanguineâ lue septem corpora gente
Infensos illi gladio jugulasse cruento,
Atque fugâ celeri reliquos pepulisse potenter.

Lætior hinc proceres præco de more salutat;
Ecce redux (inquit) Lotharingius atque Joannes,
Fertilis Italiæ, qui nuper venerat oris:

Nancæis hilaræ successit sædibus hospes:
Accepit facili gratum quem fronte Rhenate
Dux Lotharinga sua & lætatur præsule viso.
Principis at tanti lateat ne strenua virtus;
Hanc modo nostra chelis tenui præludere cantu
Nititur, & laudes primis gustare labellis.
Sed ne nostra gemat duro sub pondere Musa;
Non resonas moveat sumpta testudine chordas
Heros insignis: Phœbeo pectore mentem
Aspiret; timidas jubeatque resurgere vires.
Ergo diva lyram mulcenti pollice tange:
Suscipiet nostræ spero modulamina vocis
Regia timbrei quamvis Parnasia Phœbi
Iuscius ignorem: loca nec divina sororum.
Non spernuntur opes tenui devectâ phasello:
Exiguas & aquas præterfluit ampla triremis.
Materies ornabit opus placitura legenti.
Non celata suos magis excitat ardua virtus.

Unus ades præsul donatus munere multo
Virtutis speciosæ inter generosior omnes
Ordinis ostriferi quo troica Roma superbit.
Conspicua pulchræ spectandus imagine formæ
Virtutem sequitur, regali mente repostum.
Nullus in æde sua corrodit Zoilus ore,
Illum nec livor dominum contristat iniquus.
Qui proprio pallens lædit sua membra veneno:
Insidias fabricat multis mortemque furentem.

Nempe Chaim tristi gladio trajecit Abelem
Sanguine fraterno fecitque rubescere terram,
Quæ maledicta fuit cælestis regis ab ore.
Invidiaque diu castus servivit Ioseph:
Nilifluæ Ægypti furtim traductus in oris:
Carceris exanimes pariter detrusus ad umbras
Fratribus undenis quid charior esset Iacob.
Strenuus & Princeps nullo deflatur honore,
Sed sibi consortes festivè mittis honorat;
Non ditem Cræsum tenui disjungit ab Iro:
Olim namque Mydas misero est æqualis Acætæ:
Nec Darium Persam Codro præponit egenti
Æquali trutinat sed Princeps omnia lance,
Æquat & obscuram cum claro stemmate gentem:
Quo moderante metus juris servatur honesti.
Invicta & ratio mentis dominatur in arce.
Nec vindicta placet pandenti viscera felle:
Nunquam pro divis celerem decurrit ad iram,
Sicut Alexander flagranti percitus ira
Ense clitum sibi dilectum trajecit acuto.
Hac rabie insensus Romanus Annibal audax
Vix octenus adhuc jurat per numina Martis;
Urbi laturum exitium modo suppetat ætas;
Quod non obstiterint hostes Alpesque nivosæ.
Forte Saul Davidem Nobzâ in sæde receptum
Civibus assumptis hostes, urbemque cremavit.
Rebus in adversis mentem conservat eandem,
Nec fidit divos habeat si forte faventes:
Exornat vigilans illum prudentia rerum:
Dirigit & cunctos præclara modestia sensûs:
Quælibet atque modis pulchris facienda requirit:
Et quicquid deceat ritu perquirit honesto.
Vindex ne merito post factum pœna sequatur,
Ambiguæque rei partes scrutatur utrasque:
Ut quocumque cadat sua res securior exter.
Non satis est urbis partem munire potenter,
Altera si maneat nullo defensa labore.
Tortilis haud satis est dentem cavisse colubri:
Noxia cauda pari fuerat metuenda timore.
Palpantes pariter scurranti more repellit:
Divitiasque suas largus partitur in omnes.

Joannis à Lotharingia præconium.

Gerberius minatur Ducem Lotharing.

Quidam arochus um suis bditis atuorde- n ruricos interemit.

Chaim fratrem Abelem interemit.

Crœsus dives Irus pauper.

Nobe est civitas Sacerdotum quam percussit Saul Rex Israel.

C

RUSTICIADOS

Plenior & doctæ semper patet archa Minervæ:
Attamen argenti cœlati copia dives
Pullulat ærataque sera non clauditur usquam.
Fallit enim multos flagrans custodia rerum,
Præcipiti motu nec sumpta negotia tractat;
At res innocua sic tempestate gubernat,
Festinet prudens ut Princeps omnia lente.
Læta dies aderit niveo lignanda lapillo:
Scilicet illa dies quâ fiet maximus orbis
Antistes, triplicem gestans in fronte coronam.
Solis in occasu positique palatia Reges
Aspicient, pedibusque suis pia basia figent;
Divinis totum moderabit legibus orbem,
Arbiter in terris qui cuncta ligata resolvat.
Deferet & geminas claves radiantis Olympi;
Retia sacra Petri sinuoso in gurgite ducet:
Piscando trahat ut multos in littore pisces.
Qualiter illi sui compulsus voce magistri,
Remigio lembum conscendens forte natantem,
Retia fructifragis præcellet florida pinnus:
Auxilioque suo socios compellat ut adsint,
Piscibus innumeris plenam trahit atque carinam.
Illotis manibus tanti quid dicere laudem
Præsulis aggredior: modo quæ majora requirunt
Numina, queis tali valeam spatiarier agro.
Quem gremio virtus semper concludit amœno,
Atque sinu sacro teneris enutrit ab annis.
Ad pensum ergo suum mea musa redire laboret:
Nescit aratricem terram qui scindere sulco
Dividuo: & dulces glebas quo sydere vertat,

Faunus est deus agricolum sive sylvarum.

Atque boum curam temnut pia munera Fauni.
Qui non arte pilam didicitque ferire rotundam,
Apte reticulo nunquam spherizat inerti:
Occupat indoctis nec spheristeria lusor.
Idcirco quicquid jubeat divinus Apollo;
Incultam quamvis cupiat dulcessere linguam:
His humeris tantum pondus portare nequibo:
Hereos valeam ut facunde dicere laudes:
Cujus honos, celeber tantum consurgit in horas:
Exiguos montes quantum nemorosus Olympus
Exuperat. Rhamnum vel quantum celsior ornus,
Aut corilos fragiles præcellit florida pinnus:
Fluminea salices Abies vel Thurea quantum
Aut Amphitrite superat Neptunia rivos.
Felix villa jaces solo defensa patrono;

Pagi divi Nicolai descriptio.

Nam grandem molem murorum respuit audax
Numine pontificis cives qui servet inermes:
Quam portum veteres prisco cognomine dicunt.
Respicit Aeois Nanceia non procul oris
Mœnia: Murthæo per quam jam flumine late
Mersa Mosella prius fugitivis volvitur undis.
Hic domus insignis fulgentibus alta columnis
Divitiis multis Nicolao structa potenter,
Mirrheâ fuerat sanctus qui præsul in urbe,
Qui cito post primos ortus (res mira) mamillas
Matris lacte graves tantum suxisse diebus
Dicitur alternis pia jam jejunia servans,
Surgit ubi Titan veniens è parte populus
Huc solet ire frequens, aut quo nox sydera condit;
Vel ubi sol medius ferventibus æstuat auris,
Aut ubi bruma rigens constringit frigore Pontum:
Præsulis ad fanum volitat plebs munera ponens
Illius atque aris regum domesur imago
Cerea: vel dives gemmis holoserica vestis.
Hic pedibus offert cæsis illapsus ab antris
Efus præsidio: lichnes nutic ille filicithes,
Sacrificas alter gaudens largitur accrras,
Thuris odoriferi fumos ut rite vaporet.

Hoc templum subitò Lotharingius ille Joannes
Ingreditur: necnon procumbens talibus orat.
O sacer Antistes domui venerabile nostræ
Numen tutelam patriæ qui jugibus ultrò
Excubiis peragis, mala tot minitantia nobis
Propulsas, regem precibus flecten io polorum
Sollicita: omne genu cui se deflectit honorum:
Qui trabe in excelsa proprium manare cruorem
Sanxit pro cunctis; oculos ut ad infima vertat;
Sorde tabificâ scelerum nos expret omnes,
Nec velit iratus vitæ meminisse prioris.
At res afflictas suetâ pietate serenet,
Et pia quæ tractat modo Rhenatias heros
Magnanimus, celso veniens fortunet olympo.
Ruricolum rabiem constanti marte retundat;
Aut studio pacis celeres emolliat iras:
Effuso tellus rubeat ne nostra cruore,
Hostis & in prædam miseri ne forte cadamus,
Qualiter illaqueis venantum cerva frequenter
Eripitur, quamvis sit debellata canum vi:
Aucupis è manibus vel mitis labitur ales.
Austrasiæ patrone domûs miserere tuorum:
Pervigilem chari curam nec pone parentis,
Corporis & validas tu nostris suggere vires,
Hosteque devicto tandem ut fera bella quiescant.
Supremis lacrymis unum rogito quoque Præful,
Ensem ut germanus se supperiente recundat,
Si patriæ quæstus rimosâ respuis aure,
Jam tua nullus erit qui poscat numina supplex,
Ob meritum vitæ Christus qui desuper agros
Fœcundat dulces, per te sua munera gaudet
Largiri, veluti proles Latonia claram
Lucem per nitidum vitrum jucundius afflat;
Vel fons exuperans tenues image dirigit undas
Per tot multifidos passim ebulire canales.
Sic pius oravit tollens ad sydera dextras.
Qui mox egresso Nicolai fana beati
Ducitur asturco: properat quem scandere Princeps:
Sic ascendit equum generosus Dælius Hector
Leucorum Antistes, plebis qui jura tuetur,
Principis Austrasiique domum prudentem adornat
Consilio, totus cui sese devovet heros.
Affinit insignis pariter Fonfredius Abbas,
Hassonvilleâ veniensque Georgius æde:
Armipotens frater comitabat & hunc Joannes;
Hic aderat divi Martini nobilis Abbas:
Docibus in multis celeberque Bayssius astat;
Principis orator, linguâ facundus utrâque,
Musarum columen, multâ virtute beatus;
Acri vectus equo pariter comitatur euntem
Illum eum multis Monsfonius atque Philippus.
Taliter incedit Princeps, vicumque propinquat:
Civibus à cunctis ingenti acceptus honore,
Exactis umbris surgens aurora rubescit:
Cum tot heroum prudens ex urbe Senatus
Secretam in castro sedem deligerat amplo.
Intrat ubi propero gressu Rhemhardius heros
Bitscius: ille comes tristi sic pectore fari
Cum gemitu cœpit: Nunc ex tot millibus inquit
Imperio nostro faciles qui colla subibant;
Vix modò sex homines fidi mea jussa facescunt.
Hi quanquam nobis devincti quippe fuissent,
Taliter invictus post tot discrimina belli
Annibal, aut post res confectas ense potenter
Exitio patriâ tandem spoliatur ab illa,
Pro qua tot reges tristi demiserat orco.
Thesea spreverunt ingratæ prorsus Athenæ
Sparsos vicatim cives, qui traxit in unum,

Joannis à Lotharingia ad divum Nicolaum oratio.

Christus per Sanctos sua munera largitur.

Hector Dælius Tullensis Episcopus.

Georgius Hassonvilleus.

Joannes à Hassonvilla.

Joannes à Lotharingia vicum ingressus honorate accipitur.

Remhardius comes.

Subditi Comitis Bischei lab ejus imperio discesserunt.

LIBER SECUNDUS.

Linquere magnanimus mores qui jussit agrestes.
Reppulit imperium & durum Minois atrocis:
Certioresque Thebas sublato perdidit hoste.
Huic tamen est sedes post tot benefacta negata:
Ejectusque solo peregrinâ clauditur urnâ,
Ingrati populi meminit si Biscius heros.
Quò ruis aut quò te sic, male sane propelle,
Præcipitas, rebus nimium modò late secundis
Effera quo trahit ad libertas: quantus & error
Incedit menti: regni quæ tanta libido
Præcipitem raptat mentem: vel quid struis amens?
Invasitque tuas fervens audacia vires
Degere si tantas sine te ducente Monarcha;
Mox tibi continget torto velut accidit angui.
Sed ne te lateat fabellam hanc ordine dicam.

Fabula de Serpente & caudâ ejus.

Prælia foret parat cum vertice cauda colubri;
Corporis ut reliquâ fiat dux illa vicissim:
Quò volet atque caput non semper jussa sequatur;
Sed sibi ducendi non nunquam facta potestas:
Hoc ubi concessum lætatur munere tanto;
Cùmque ducem sequitur quærentem devia cæcum,
Læditse graviter, visu privata sagaci;
Insuetumque caput plagâ percussit eâdem.
Ille sed sic dux aliam qui ducere tentat,
(Dum licet) hanc igitur pestem de mente fugato:
Et patrius natale solum dulces & agellos,
Et putre vervactum ferro proscindere cura:
Semina viminero & bene custodita canistro
Accipe, quæ læva sunt dispensata per agros:
Et ne mox populentur aves tua semina jacta,
Illa puer rastro dentato contegat ante.
Nam vobis sunt ampla satis modò jugera terræ;
Omnigenis rebus vos & pecuaria pascant.
Turpiter insanis stulto magis æque chorebo
Stulticia: phisis pariter clementior ipsis,
Qui licet in patriis requiescere dulciter oris
Possit dives opum, atque rei nullius egenus:
Tui sit spumantis numerosæque copia Bacchi:
His tamen exterbam vitæ non absque periclo
Sollicitat prædam, natalis non memor agri.
Jam sua rusticias justi gens nescia freni,
Saltibus in celsis studiose castra pararat;
Herbucea domus ubi jam constructa refulget,
Castarum mulierum in qua sacer incolit ordo.
Hic turba ruit lymphato perdita gressu,
E casulis properè queis quilibet ante relictis;
In bellum currit dum scindere debet aristus:
Quem revocare nequit quamvis sic languidus ævo
Arte parens ullâ: nec fletu flebilis uxor,
Glutino placidi licet adjungatur amoris.
Uxor nempe domi sua stamina ducere tristis
Fastidit, tenui versare pollice filum,
Illa relicta diem spatiosum tallere tentat,
Atque manus viduas telâ lassare sequaci.
Impius at conjux despectâ mappalia linquens;
Hostili prædâ non cessat vivere vitam:

Varia agricolum furta.

Et piger absque metu peragit quoque turpia furta
Hic sacrata Deo compilat munera cœli:
Divum relliquias denudat & impius auro:
Hic armenta boum, lactantes atque juvencos
Surripit ille greges ovium suasque capellas.
Quas vigil opilio per tot dumeta videbat,
Pascere lætanter viridanti gramine tonso.
Buccula mactatur vicinâ quæ prius æde
Rapta fuit: tenerè pendent annique juvencæ
Quam germana manus festivo gluciat ore.
Scandit equum fortem properè Nansullius heros,
Salmius hunc princeps sequitur præclarus honore;

Bitschius atque comes, necnon Linangius acer;
Qui procul observant semper ne rustica plebes
E nostris aliquem damno perturbet acerbo.
Quatuor hi Comites insignes viribus altis,
Prædâ tunc vacuos hostes ad castra remittunt;
Mœstificâque fame palentes sponte fatigant.
Quos graviora manent, hæc sunt præludia tantùm:
Nobilium ut vires discat variabile vulgus.
Caprea ne satagat contra certare leonem;
Aggreditur nullius potiores absque periclo.

Caprea cum leone certat; inferior cum potentiore certat.

Taliter obturbant fœlici sydere plebem
Primores procerum, quos Princeps jusserat antè
Explorare locum, & quo cingant aggere castra
Ruricolæ, illorum & numerum disquirere causâ;
Ordine quove geram incæpta negotia belli.
Addidit his sese generosâ mente Philippus

Philippus ab altâ petrâ.

Abs altâ petrâ, Brubatius atque Joannes.
Sylva patet latæ fagis frondentibus atra:
In qua prædari crescebant undique sentes;
Nullaque lucebat per calles semita cæcos.
Ut fuit ingressus fortis Brubatius illam,
Observet propius faciat quid perfidus hostis,

Joannes Brubatius ab agricolis capitur.

Mox animosus equus currendo crura reponit
Forte duos inter truncos, cadit atque repente;
Sic capitur miles luctans licet ille resistat.
Retibus in densis veluti protruditur ursus,
Unguibus armatis segetes dum calcat in arvo;
Quem glomerant juvenes postquam videre latentem;
Pars tenduntque plagas; canibus pars vincla portant:
Ille ubi commotus sylvam prosternit amœnam,
Quæ longè resonat crebro percussa fragore;
Fortiter & medios spumans grassatur in hostes
Hi clamore ruunt duro venabula ferro
Portantes: faciant quibus urso vulnera turpi
Hortantur socios jactis absque ordine telis.
Ille furit graviter, furies spargitque molossos.
Necnon mortifero baubantes disjicit ictu:
Dum cadit hic inter lædentis spicula victus,
Sic germana cohors equitem mox fune revinctum
Ruricolum ad regem tumidum clamando trahebant.
Nec mora, concurrit captum furiosa juventus,
Luctantem ut videat, gestitque illudere verbo:
Injicit hic manibus captivi stupea vincla,
Atque pilum barbæ ridendo pertrahit alter;
Deprensum legio stricto mucrone repente
Omnis circumstat: sectamque furente tumultu
Exquirit; genus, & patriam nomenque parentum,
Cujaris imperio & constanter veneri ille.
Postquam Præfectus captivum in sede vocavit
Ad sese, coram cunctis huic taliter infit:

Gerberius Præfectus Brubatio.

Quis te (fare miser) pro nostris obtulit oris;
O utinam tecum fato devectus eodem
Ille Rhenatiades Lotharingius afforet heros,
Erectis pedibus sursum penderet inanis,
Aut caput in vitreas moriens deflecteret undas:

Achæus rex Lydiæ.

A populo sicut miser sit suspensus Achæus,
Afforet hic etiam latebroso carcere clausus
Guisius ille comes, patriæ fiducia vestræ:
Egregius summâ cellæ Vademontis & hæres:
Iræ qui motus tristes sub pectore volvunt;
Audaces homines, in nosque profusius armant.
At postquam fortuna jocans (sicut solet ultrò)
Oppressum misere vinclis te compulit istis;
Hoc caput est nostrum, nisi binis millibus aureis
Nummis (irradians quos ornat solis imago,)
Pro multâ redimas, quæ corpus funere servet.

Morte vel informi furcâ pendebis ab altâ :
Quam tibi pro tristi speculo prope castra parabit
Immanis lictor : tendesque per aera plantas.
Magni sunt grosso pendendi fune latrones.
Aut te Rhenus atrox mediis effundet in undis ,
Et Dryades flebunt magno clamore puellæ ,
Sicut Hylam lugent vasto sub gurgite lapsum :
Nam generi claro mors hæc tolerantior extat.
Agminis in medio vel corpus inerme locabis :
Hinc populosa cohors hastis te figet acutis ;
Erumpetque latris disperso sanguine levum.
Supplicio hoc plures mactavit sæpè potentes
Transrhenana manus , pepigi cui fœdera prudens.
Propterea vitam si vis servare libenter ,
Vel ne mucro tuos insurgens induat artus ,
Juratum Regi Lotharingo desere fœdus.
Nobilium sævæ pariter te subtrahe turbæ ,
Atque cliens semper nobis adhære fidelis ,
Ruricolumque tuo telo defende catervam.
Præfectus populi voces sic jactat inanes.
Captus ubi vidit se carcere circumseptum ,
Suspiciens cœlum querulâ sic voce precatur.
  Omnipotens opifex divorum summa potestas
Hanc animam tibi commendo vitamque ruentem :
Eripe me laqueis patrantis turpia vulgi ,
Qui struit insidias turpes : & sæpè minatur.
Haud secus adsurgens in nos abjeceris omnes.
Tu tamen es nobis veluti fortissima turris ,
Ad quam confugimus ne nos confusio turbet.
Ergo festivam fer opem , plagate redemptor ,
Liber ut hostiles laqueos eradere possim.
Taliter orabat Christum Brubatius heros ,
Præfectoque dehinc respondet pauca minaci.
  Quid sic increpitas clamando , miles amare ?
Sollicitat quæ te fragilis fortuna superbum ,
Impulit aut quis te subitò consurgere in arma ,
Orbem nocturno & furto vexare Lothringum ?
Huic noxæ aperuit patulam quicumque fenestram ,
Christophilis nocuit multùm , rebusque quietis :
Primus enim vicii mulctandus diriter auctor.
Augmentant vires quæ sunt neglecta frequenter.
Quid leges etiam Lotharingi fœderis æqnas
Scindere compellis , propriumque relinquere Regem ?
Ante Mosellinum potabo inglorius amnem :
Spiritus hic tenues citiùsque migrabit in auras ;
Per laceras crudus costas aut ensis abibit ,
Tardaque testudo leporem perverterit ante ,
Quàm fidei violem perjurus fœdera sanctæ ,
Anthoni Lotharingæ , tibi quæ debeo semper.
Quippe fides domino numquam violanda fideli :
Perpetuo in luctu aut tua semper vita manebit.
Inter sic mansit vinctus Brubatius hostes
Constrictus pedicâ : sic vitam in carcere degit
Ferrato : nexâ devincitur atque catenâ.
  Hujus enim casum norunt ubi forte potentes
Hi Comites noster Princeps quos miserat ante ,
Observare vulgi rabidosque tumultus
Continuò properant socios accersere fortes :
Qui sumptis armis omni formidine spretâ ,
Accipiant furtum vulgi prope castra repostum :
Conveniunt illi prædam capiuntque malorum.
  Hic armenta bouni ducit , captasque bidentes ,
Setigerasque sues alter , queis nutriat agmen.
Quod ubi cognovit plebis vesana caterva ,
Explicitis signis mox ad sua tela cucurrit ,
Ut valeat prædam forti defendere dextrâ.
Ast ubi nobilium missam videt illa phalangem ,

Marte nequit pugilem sustentare Lotharingum ,
Hastam sed fugiendo jacit , telumque cruentum :
Insistitque fugæ turpi retròque ruebat ,
Atque metu cædis properat se condere vallo.
Qualiter aeriæ volucres citò tecta remigrant ,
Dum volitare vident aquilam stridentibus alis.
  Nuncius interea Regem lætissimus impler ,
Ecce Pompardus Adam dixit , generosior heros
Nunciat armisonum Gallorum non procul agmen ,
Nobilium Francis quod Dux conflaverat oris ,
Cujus primus erat Mavortius ille Comarchus
Guisia cui paret præstante corpore ductor.
Germanos pedites simul & vidisse fatetur ,
Ensibus instructos pulchrè , & fulgentibus armis ;
Cujus ductor erat Vademontis strenuus heros ,
Ingenio præstans, belli fervore decorus ,
Conspicuus facie , nec dispar fortibus ausis
Sicut fulgenti splendebat Troïcus ore
Ille Paris : virtute tamen fuit impar in armis.
  Urbs jacet insignis saxoso ponte superba ,
Sub quo fluctisonæ præterfluit unda Mosellæ ,
Quæ fuit antiquo Ponsmontio nomine dicta :
Adjacet hinc castrum præfulgens turribus altis ,
Vertice vitifero quod sese tollit ad astra :
Terra potens frugum , Cereris quoque munere dives ,
Undique botriferi nec inhospita semine Bacchi.
  Sic legio Gheldrina suo ductore nitescens
Hospitio accipitur celebri ; veneratur & omni
Primorum Procerum turbâ populoque potenti.
Quippe popino focum lignis è grandibus acrem
Extruit , & mensas oneratis lancibus ornat ,
Ut sua lassati pedites corpuscula curent.
  Est & in urbe pia templum haud sublime columnis ,
Attamen est sanctâ semper pietate verendum.
Stat domus & propior castis habitata puellis ;
Fallacis mundi spernacibus, atque parentum ,
Quos nunquam cernunt morbo quocumque gravenrur :
Nec datur ingressos unquam prodire penates ,
In qua clausa lubens degitur Regina Philippe.
Trinacriæ regis quondam dum viveret uxor ,
Inter prolificas matres modo prole corusca ,
Quæ mundi pompam spernens fastusque caducos ,
Vestes argento saturas , auroque crepantes
Deposuit , tenero & gemmata monilia collo :
Operiens vili panno regalia membra ,
Regalem (nova res)' pariter fastidit honorem :
Ornatoque sedere loco jam prima recusat :
Non modo propexi fulgent de more capilli ,
Nec micat irradians in pulchra fronte pyropus :
Nec convertit humum prælongo syrmate turpem : Syrma cauda vestis fe-
At pedibus nudis gradiens velut una sororum , minarum.
Munia conficiens nullis præfertur in æde.
Illa pigensque sui compessat quod prior ætas
Perdidit : æterno regi seseque dicavit :
Venturis superest & quicquid temporis ævi ,
Aris commeritum lacrymando impendit honorem,
Ut valeat lacrymis vitæ delere ruinam ,
Deliciasque domûs prudens ambire supernæ.
Corniger ut cervus salientes concupit undas ,
Dum celeri cursu fortes fugit ante molossos ,
Multas impatiens & valles jugiter errat ;
Ne cadat immani propere laceratus ab umbro ,
Occubat atque canum duro in certamine captus.
Sic sitit ardenter æternum regia fontem
Mens : modo præcelsa superum spatiatur in arce ,

Et

LIBER SECUNDUS.

Et quocumque cupit deposto limine quovis
Tollitur aligeræ & gustat modulamine turbæ,
Et cupit æthereo satiari nectare fœlix.
    Altius atque volans peragrat fastigia cœli:
Solares radios visu & percurrit acuto.

Philippe Christi paupertatem contemplatur.
Mox & ad ima ruens Christi mysteria nati
Contemplatur adhuc, duræ mortisque dolores.
Illius imprimis subeunt præsepia dura,
In quo natus erat, laceri tugurique ruinas:
Nudulus ut modicis à virgine postus avenis,
Pro dulci cuna gemmis auroque superba:

Bovis & Aselli Christo exhibita reverentia.
Ut Bos infanti tenero pervilis Asellus
Assurgit tepido prope calfacit atque vapore;
Qualiter ingressi frondosa mappalia nocte

Pastorum honor.
Jam mediâ, denso Pastores agmine facto,
Æterni regis reverenter numen adorant.

Magorum adoratio.
Donaque minatur secum preciosa Magorum
Multifora virgo quos in statione recepit;
Aurum & stillantem Myrrham cum Thure ferentum:
Suppliciter rerum reverentur, ut inde Monarcham.
Præterea multum meditando sola recenset
Qualiter Herodes infantum occisor acerbus,
Lacteolo jussit maculari sanguine cunas
Puporum trepidæ dum suggunt ubera matris:
Inter tot cædes pereat quoque regius infans.
Mœstitet, & recolit monitis ut plena tonantis:
Divinæ sobolis mater non læsa pudore,

Ægypti fuga.
Ægypti fines longè fugiendo petebat,
Ut propero cursu malefidum linqueret hostem,
Imbelli puero lætum qui triste parabat.
Contemplatur adhuc gemitu regina profundo,
Difficilem Christi mortem longosque dolores,
Qui servare diù pereuntem venerat orbem.
    Qualiter armati magno clamore trahebant
Vestibus exutum, multâ plagâque cruentum,

Christus contra genitrice in cruce affixus.
Qui trunco infami palma distentus utráque
Pro nobis, misera coram genitrice pependit;
Laggus & emanat rodoso è stipite sanguis.
    In mentem veniunt clavi, Christique flagella,
Oblongæque sudes, diræ Crucis arma verenda;

Christus sputis conspuitur. Longini vulnus.
Ut Judæus atrox sputis putrique salina
Illum conspersit, palmis tondantque malignis:
Qualiter ingenti pectus transverberat hasta
Longinus, laceros Christi violavit & artus,
Vulnere quo laticem traxit, sanctumque cruorem.
Interdum siccis oculis meminisse dolores
Virginis illa nequit, quem Christus multa gementem

Diva Virgo Joanni virgini commendatur.
Blanditer affatur: satagens lenire dolorem
Tristis, Joanni cruce quam commendat ab altâ:
Hanc ut progenito tuteretur ubique relictam.
Plurima quæ regina facit majora relatu
Transeo, ne duro maculetis male prodita versu.
Ast iter inceptum repeto non longius ante.

Legio Guisani Comitis Nanceium petit.
    Interea legio procedens ordine pulchro
Guisani Comitis, Nanceias venit ad arces:
Cum multis aliis Princeps ad limina tendit

Synerium est locus secretior in quo matronæ inhabitant.
Regia fratris, ubi Dux tunc syneria linquens,
Dulciculisque nepos illum de more salutat:
Ambo simul gaudent lætas conjungere dextras,
Et lautis dapibus, socios illumque refecit.

Franciscus parvum salutat.
Mox jugulant pecudes Janii, carnemque ferinam,
Glandi, legique suis cœtus, queis tergora nudant;
Et Palamedis aves rauco cum turture cædunt;
Atque rotans caudam Junonis cæditur ales:
Arguto vel olor deplorans gutture funus,

Graphæa
Qui prope Graphæam portam nutritur in unda,

Omnis enim argento domus enitebat & auro,
Heroes Bacchum gemmis auroque bibebant,

ex poria Nanceiana.
Borboniæ proles conterrita sorte mariti
Guysanum Comitem manibus complexa tenebat
Rumpebantque genæ lachrymis, ac talia fatur.
Has per te lachrimas nunc oro Guisse Claudi,
Vel te,si quis honos hanc mentem tangit amari,
Conjugis, altringor propius cui fœdere sancto:
Auxilium præbe patriæ ut fortissima rupes
Evertat nullis quam miles viribus unquam.
Te penes imperium cœpit jacet omne Lothringi,
Totius atque domus spes in te firma recumbit.
Hanc armis igitur serva, gentemque Lothringam,
Qualiter ignescens animo cristata volucris
Rupit ubi somnum vigili per tecta canore,
Ingentem motat crebris assultibus iram.
Gallinæ ut Milvo pullos defendet atroci.
Pro quibus expugnet constanti Marte tremendâ,
Sic te præsidium patriæ & solamen habemus.
Quam licet exiguam primo susceperit ævo,
Magnanimus conjux, tamen hanc prudenter adornet.
Contigit & quicquid regni locupletius illud
Reddere constanter clara virtute laboret.
    Non aliena domus regem in discrimine ducat.
Semper apum regi brevis subnascitur ala:
Ad certamen atrox ne longius advolet illi.
Neu noceat regno aut aliquos ad prælia vexet.
Dum surgit demens inter discordia reges.
Externi regni semper quæsitor avarus.
Divitiis sese atque suos emungit opimis,
Sunt quibus & multis titulis luctatur in annis.
Quid vexare juvat fundendo sæpe cruorem,
Finitimas urbes? illisque patare ruinam?
Sicut Alexander fundi contemptor avari
Ardebat totum subdi sibi latius orbem.
Ante diem hâc causâ phlegetontis laget ill'amnis.

Lachesis una Parcarum.
Nam Lachesis celerans citius sua stamina rupit.

Scytem regio Septentrionalis.
Persarum Princeps multis eum ruinibus hostes
Invasit Scytas, sed non sœlicibus armis.
Nullus enim sospes è tanta clade remansit.

Darius Persarum Rex. Carolus Dux Burgundiæ.
Darius & domuit Babilonios æde potentes
Florentes etiam demum vexavit Athenas.
Attamen ingenti damno non absque bonorum.
    Carolus horrendo belli fulgore coruscus,
Præclarus titulis Princeps Burgundio multis,
Quo bellante potens late Germania regno
Pertremuit, pallens & quilibet angulus orbis.
E campo Martis Ludovicum cedere regem
Gallorum heritia quondam super Alpe coegit.

Parisius urbs insignis Galliæ.
Parisium obsedit numerosa gente potentem
Flumine Sequaneo qua te, Matrona reconditi
Divitiis Europæ multos finesque lacessit,
Post tamen ille ducum celebres regumque triumphos,
Qui fuerat mundo propriis & civibus horror,
Venifluo nostros fœdavit sanguine fines,
Adduxitque suis lachrimas memoremque dolorem

Burgundarum de Caroli obitu luctus.
Omnis enim circumflet eum Burgundia fletu
Atque cupit patrio cippo mandare cadaver.
Quid agnus & regimen regiorum profuit illi?
Atque suos cives toties ad bella vocasse?
Sædibus insanis & tot sumplisse labores?
Nequicquam rerum placidam & violasse quietem.
Omnis sic Princeps inspector semper honesti,
Nec sibi quid liceat regali munere tantum
Sollicitet: sed quod tandem fecisse decebit.
Ore verecundo sic est effata Renata.

Guisnant Renate.

Respondet Princeps tali sermone sorori.
Quum sedatus erit (supero ducente senatu)
Hic furor agricolum, qui nos ad bella vocavit,
Dementique parat studio nos pellere tectis:
Bellorum indignis turbare & motibus audet,
Et male consultant contra sacra jura rebelles;
Quà Lotharingigenas omnes ratione trucident:
Ultima sed veniet cito meta furoris acerbi;
Contritusque cadet nunquam surgendo lacessens:
Non secus ac fragilis figuli profunditur olla:
Quam modò solerti confixerat arte rotandam.
Quo prius effracto nativa palatia frater
Actutum repetet, populo conspectus ab omni:
Nobilium latus insigni stipante coronâ;
Dilectosque Lares & pignora cara revisat:
Atque renarrabit belli miracula cunctis
Quas tulit & merito pugnas Aletraunia fortis;
Pestiferae plebis partim quae lusa furore
Templa sacrata quatit, dejectis moenibus altis.

Templum divo Georgio non procul à regiâ Nanceianâ constructum. Guisani ad divum Georgium oratio.

Dixerat atque tibi compactum dive Georgi
Ingreditur fanum, Nanceia non procul urce:
Quod bene dotatum sanguis Lotharingius omnis,
Praecipuo dudum venerari gestit honore.
Martyre sic coram sua supplex vota peregit.
Athletas omnes inter venerande Georgi,
Aequae militiae servator maxime miles,
Hasta potens cujus virosum perculit anguem;
Ut devota nici pia libera virgo maneret.
Sic fac ne patriam vulgi corrodat erynnis;
Impera & precibus numerosam perdere plebem,
Et populum sequitur qui nos liventibus armis;
In furias ejus ne tristi morte ruamus,
Et noster temeretur honos à gente superbâ.
In nos injustè quotnliam sua praeparat arma:
Sic pius oravit sublato vertice Princeps.

Haud mora torosos armis radiantibus artus
Induit, & sutras oereas conclúdere jussit,
Fulgentem lateri subgens accingit & ensem:
Osculloque dato benedixit saepe sorori.
Egreditur sonipes plumâ volitante superbus,
Altius insultans qui sufflat naribus auras,
Omnisonâque ferox diverberat aera voce;
Et phaleras mordet spumosis morsibus ore:
Et pede percutiens disjectos sparsit arenis,
Stare loco spernens si quos prodit audiat hostes.
Hunc Comes ascendit radianti dilior auro.
Nam dominum jovit quem dorso provehit acri.

Arion fuit equus Neptuni. Cylarus fuit equus Castoris. Pegasus Bellerophontis equus. Aeton est unus ex equis Solis.

Non cessisset ei Neptuni pulcher Arion,
Qui fuit in vita nunquam satiatus eundi.
Cesserit hic etiam currendo Cylarus olim,
Qui ventos celeres anteiret cursibus omnes.
Illum nec levibus superaret Pegasus alis,
Sufflatus Zephiri quamvis praeverterit ille.
Nec minus aurorae cessisset nuncius Aeton,
Et si Solis equos longè post terga relinquat,
Hinnituque diem Phaebeum clarior ornat.

Martia cum tremulo strepuerunt classica cantu;
Incedit Princeps circumdatus ordine longo
Nobilium, Comitem qui cingunt undique magnum:
Et gladios gestant Burgundâ caede madentes.
Armigerum auditur insurgens hinnitus equorum.
Ocyus aestivus surrexit ad aethera pulvis;
Nubilus & spissâ caligine redditur aer:
Qualem nocturni furtim dum furta latrones,
Pastorum in domibus peragunt sub nocte silenti.
Invito gazas compilant atque colorio:
Idem sub tempus Vademontis strenuus heros,
Aequalis superis pedites jam cogere gestit,

Quem sequitur pubes forti selecta Incerto.
Omnis eniti regio & stridentis ripa Mosellae
Bellonam fortem resonat Martemque cruentum,
Bellicus ille furor per moenia celsa tumultum
Commovet armisonum; veluti Cyclopes in Aetnaeis.
Dum Jovis omnivoli retonantia fulmina cusant:
Brachia monoculus ferventi robore tollens;
Arma parat Brontes taurino folle reflante;

Brontes, Pyragmon, Steropes, Agmonides, Cyclopum nomina.

Connectitque gravem durus Thoraca Pyragmon;
Temperat & Steropes dentatâ forcipe ferrum:
Mollius ut reddat cadendis ensibus illud.
Agmonides pariter super hâc incude laborat;
Horrendo sonitu fabricando perstrepit aether.
Sic strepit incedens Vademontis Principis agmen;
Quadrupedem ad lituus hilarem qui scandit in urbes
Spumea praedoctus moderandi frena potenter,
Mitigat illius surgentia colla retorquens,
Maturisque gradi legionem passibus orat:
Hos in fronte locans, illos ut pone sequantur
Imperat, ut recto procedant ordine cuncti.
Primores belli mirantibus auribus astant:
Egregios gestus spectantes Principis acris;
Qui virtute suâ generosos attrahit omnes,
Ut rigidas ornos è celsis montibus Orpheus
Ramosum populum frondosâ vertice primum,
Multiforam Bixum, laurum pariterque virentem,
Fraternas acies postquam Lotharingius heros
Adventare videt, vicum cito gente Lothringa
Evacuare jubet, venienti ac cedere turmae;
Ut ducibus pateant procerum foecundius aedes.
Ipse etiam princeps niveis conspectus in armis
Illorum in medio portis exivit apertis,
Ingressamque viam vario sermone levabat.
Flent querulae matres, conscendunt moenia vici;
Pulvereum montem fixisque sequuntur ocellis.

Olli Dusiacam contendunt ocyus urbem;
Urbem fonte salis pretiosi quippe potentem,
Quod prius exhaustum calido densatur ab igne:
Unde Lothringa Domus vectigal contrahit ingens.
Lyndrius estque lacus turrita hac non procul urbe:
Quem pia fluminei dominatrix Nais in oris
Ditat scamigero coetui turbaque natantum
Multifidum tacit latè fluitare per alveum.
Carpio nutritur multum laudata colonis;
Lucius, & raiis pestis damnosa canoris.
Hic anguilla latet virides imitata colubros.

Jamque duum fratrum crepitans exercitus omnis

Duorum fratrum Legio vicum ingreditur.

Pictai vestis levium quoque dives equorum,
Protinus herbosi se monstrat in equore campi;
Moenibus & cellis vici celebrando propinquat.
Illi confestim maturis gressibus urbem
Intrarunt : ubi per celebri decorantur honore;
Illos praecedit positum manus inclyta latè;
In medio fratres equitant fulgentibus armis.

Ad patulum matrona potens visura fenestram
Ascendit, populum captans vix compita pressum;
Ordo pius procerum fratres conspectat euntes:
Nec fixo satiare potest sua lumina visu.
Illum suspiciens juvenum chorus omnibus effert
Laudibus hinc pariter seniores laude decorant,
Terribili sonitu litures resonâbat adunctus.
Ur que consurgit creber clangorque tubarum,
Obscuras nubes jaculando saxa bombarda
Horrificat radios Phoebi in caligine mutans:
Intonat astrimicans coelum (mirabile dictu)
Ut tonitru properans agitando turbine ventos
Aethera disturbans fulgentes micantia mittit,
Undique diffundit bombos per tecta sonantes.

His actis, castrum comices insigne subintrant.
Noctifer occiduum quia vesper spectat olympum,
Implenturque procul villarum culmina fumo,
Et calidis cessat Rosulani fulgor agelli,
Et crescens Vosego de vertice decidit umbra.

Argumentum tertii Libri.

Cingitur Alsatica insigni obsidione Saberna.
Rustica progenies furiis incensa superbis,
Aggreditur passim spoliare sacraria divûm.
Hæresis infœlix vario sermone notatur.
Armatus acies, ductores inde recenset,
Obsessosque hostes penitùs disperdere quærunt.
Incutit horrorem captus Bethunius heros,
Mœnibus egressus mox Marte repellitur hostis.

LIBER TERTIUS.

Jamque nigrescenti mergens se flamine Tytan
Clauserat Oceano, atque poli fuscarat amictus:
Quum citò tartareus Princeps è sedibus imis,
Anguicomas furias crudelia bella cientes,
Atque odiis animas hominum inferre potentes
Evocat, & dictis hortatur talibus illas:

Eumenides diræ, queis sunt fera crimina cordi,
Et quibus in terris sunt numina mille nocendi;
Est adeunda citò vobis Germania gressu,
Hanc ubi funestis omnes tetigeritis alis,
Optarem ut moneat sicut priùs illa rebellis,
Atque diu servet conceptum in pectore virus,
Semine vipereo menti inspersumque furorem;
Nec vulgus rationis inops modo deserat iram,
Attonitum semper bello sed terreat orbem.
Pelliculâ in propriâ trepidus satis ille quievit:
Majores igitur pennas extendere curet;
Et si forte metus belli commoverit illum,
Aut stupidos animos aliquâ formidine tentet:
Ne furor inceptus cesset revocare potenter;
Arma Renatiados multo ut quæsita labore,
Semper despiciat: nullum vereatur & hostem.
Majorem à tenui tandem superare videmus:
Nam castrata potest ales conterre leoni
Indomitum bellum: tamen à prestere ferocem
In virtute nequit: trepida passimque fugaci
Illum compellit; victa præbetque dolorem.
Sic pigmeus homo pedibus non forte duobus
Longior, assiduè parvis infestat in armis
Horrendo clamore grues, superatque potentes.
Fortunæ cauta jam cunctis nota potestas:
Non durare sinit quos est amplexa libenter.
Divitis est Cræsi nobis opulentia nota,
Qui cunctos homines gazis superare putabat:
Protinus ille tamen sævo est devictus ab hoste.
Nobilitate fuit Dionysi & in orbe potestas,
Urbe Syracusiâ qui formidabilis olim
Fortunam sensit lubricam; degensque Corinthi
Ludi conficitur tenui mercede magister,
Quâ vix esuriem jejunam propulit arte,
Instabilem novit sic Bellisarius illam,
Romam populi qui ductor strenuus olim
Servavit; postquam socios à cæde frequenter:
Obtinuitque sacrum Persâ de gente triumphum,
Vicarius victum sibi mendicavit inanem.
Victricem Marius toties qui reddidit urbem,
Victo Cymbrorum cœtu, fortique Jugurthâ,
Pertulit in cæno fœtenti multa pudenda.
Qui terrâ atque mari tulerat Pompeius ante
Romanas Aquilas quatientes fulmine mundum,
Post tot bellatos reges, victosque Pyratas,

Post tot coronas à Cæsare vincitur hoste:
Ejus & imperio frustra ad quem fugerat ipse,
Quærendo latebras velut acer ceditur hostis.
Lætior haud fortuna fuit tibi, strenue Cæsar,
Pompeium insignem belli qui morte potenti
Vicisti, necnon terrarum maxima regna:
Civilis tamen in te conjuratio dextram
Armavit; & miseræ (præto discrimine mortis)
Ad fines Erebi trulit præsente senatu.
Taliter inconstans multos fortuna potentes
Deprimit; & subitò justos deprimere gaudet,
Regibus intactamque fidem servare recusat.
Afficit insontes funestis damnis illa,
Ægravat atque suos in paupertate frequenter.
Talis nec contenta malis extollit honore
Immeritum: rebus ridens beat atque superbis
Quæ justis adimit non justis munera præbet,
Et quos deseruit mutato numine tollit.
Sæpius ignotis multi natalibus orti
Regnorum mundi ad fastigia summa vehuntur.
Nomine pastorum regis dum tecta subivit,
Lydorum Gyges, illo quoque forte peremptò
Illis regnavit pastoria rura relinquens.
Pauper erat primo Viriatus pastor ab ævo,
E pastore dehinc factus venator aprorum,
Retibus abjectis mox turpia furta peregit,
E latrone fero Hispanis regnavit in oris.
Tamburlanus erat deformis, & ante Bubulcus,
Scytharum tamen imperio sic præstitit audax.
Si fortuna jocans tales in culmine rotæ
Vexerit, & veluti nutrix dilecta jacentes
Levavit: pauper quid non speravit inanis,
Non miser est igitur quem premit inopia rerum,
Cum sors afflictos relevet ac numine verso,
Propterea haud desperet ujops in rebus egenus.
Talia suadendo vix finem fecerat, more Furiarum
Noctipotens Princeps, nigri nox cæca barathri inferis
Ecce Acherontigenæ properant evadere,
Horriferumque cahos, tenebras & linquere gau-
dent,
Sicut turba canum vinclo religata tenaci
Exosos loros & vincula rumpere tentat,
Dum sua deflexo venator sedulus ore,
Cornua sufflarit, cupiens præcingere sylvas,
Forte canes ubi luctantes dissolverit ille,
Post se multivago cursu dimissa relinquunt,
Jugera, suspicant lingua de fauce patenti,
Æthera baubanti, vigil hic divertetur ore.
Ille agili cauda gaudens lustrasse profundos
Jamque velit saltus, prædam & laniasse ferinam,
Ite canes Erebi, sic certant agmine facto,
Insidiasque parant germano protinus orbi,
Ut fuerat jussum; atque bicornea flumina Rheni
Compleunt, sparsum et firmeti in pectora virus,
Pars in templa sacrata ruunt, templique mini-
tros
Inficiunt; procerum primorum & summa domo-
rum
Pars ad tecta volant, & sese in culmine condunt,
Pars hærent, etiam plebeis undique tectis,
Illudunt homines nugis fallacibus, atque
Illius aut hujus penetrant quoque pectora cæca.
Insuper atratæ legionis callida ductrix,
Intrat Gerberi, solertes limina stulti,
Aggreditur quem sic furioso protinus ore,
Pristina pertesæ sic vitæ tædia tollis,
Legibus & priscis sic te sociosque resolvis,
Atque novæ tete molitis reddere vitæ?

Nonne satis quondam vixisti in rebus egenis?
Sic modo sæva pati duris sub legibus optas,
Magnorumque Ducum sub nutu vivere vitam?
Libertatis amor sic sic tibi decidit omnis:
Rumpe moras agedum; socios & surripe pesti
Devotos miseræ: celeri nisi marte leventur.
Idcirco cunctos missis accerse tabellis
Cæcatos homines, fidei qui jura rebellant,
Heroum imperium & tenebrosâ mente refringunt.
Hisce jube madeant ut sparso sanguine regum,
Igneque vulcaneo ne cessent templa cremare,
Et quocumque ruunt hostes in morte ferantur;
Omne genusque necis tentent ubicumque viarum:
Propterea nullum lapidem desiite movere,
Ruricolum ut valeas sortem reparare ruentem;
Nec te bellorum pigeat, cœptique laboris:
Quælibet aut sociorum spes reddetur inanis,
Et tua ridebunt lusi promissa frequenter.

Qualiter ingenuè nos edocet ista fabella:
Fœtiferum partum promittens turgida tellus,
Cunctis grande aliquid subitò paritura minatur:
Obstupidi multi expectant illius aggrestes,
Ut videant fœtum, quem dives occulit in se:
Intus conclusum quidam Typhæa putabant
Terrigenam, aut montes prægnanti claudier arvo:
Quâ priùs eruptâ tantùm saliit improbulus mus.
Maxima promittens sic multos fallit inanes.
Ductorem Eumenidum monuit sic callida ductrix,
Illius atque manum simulachro pulsat iniquo;
Ut face funestâ proprias incenderet oras,
Enseque crudeli fallax in viscera dextram
Mitteret; atque suos maculatet sanguine fratres.
Longius hæc agitat Gerberius omnia secum:
Undique prorumpens numerosum conglobat agmen,
Quod facile sequitur nullo terrore subactum
Inconstans plebes, quam nox non arcet euntem.
Hinc atque hinc currens metatur castra nefanda,
Omnes atque vias implet ferventi tumultu;
Urbes evacuat, concrescens densius agmen,
Sydereis subitò factum numerosius astris.
Agmine facto sævus Gerberius omnes
Instigat socios, homines ut cæde cruentâ
Conficiant, necnon furibundo marte trucident.
Cædibus expletur nullis nullòque furore.
Hic socii pectus lethali vulnerat hastâ;
Ille sacerdotes cæsos impunè relinquit
Ante aram celebrem; justis & parcere nescit.
Sanguinis humani per fines flumen inundat
Alsatiæ rapidæ; primorum, & corpora multa
Nobilium passim sparguntur missa per agros.
Gentilis populi crudeles anteit omnes
Ruricolum legio nullo satiata furore.
Immanes Tyrii nunquam crudeliùs hostes
Invasere suos: quamvis feritate potentes.
Nec tam sæva fuit tristes mittendo boatus
Illa Perillei deformis machina tauri;
Hetruscis pariter nec erat sævitia major,
Corpora qui cæsis vivorum hærere jubebant,
Membra suis membris simul & connexa ligabant,
Dum caderent tandem longo fœtore necati.
Scytharum & superat tormenta ferocia longè,
Qui vivos homines animalibus ante peremptis,
Concludi facerent, extra cervice relicto,
Ut vitam faciant è corpore tardius iræ,
Excruciant donec moriendo corpora vermes,
Illorum vitam perimant sic morbibus ægris.

Eumenidum tamen iste furor non inficit omnes

Germanos; sed quos rabies delectat habendi
Divitias, vel qui illecebris retinentur avaris.
Ut si grex avium volitando per aera magnus,
Aucupis amœnum cupidè descendat in agrum,
Si cautus laqueos in hoc prætenderit ille,
Occultè salices teneras viscoque virenti
Læverit: insidias illi herbaque dolosa
Struxerit, ut volucres rapidas in rhetia mittat:
Mox multæ capiuntur aves quas nectere gluten
Aucupis incœpit, celeres alasque ligure.
Sic non omnis erat fallenti saucia visco
Aucupis inferni laceris Alemannia pennis.
Libera sed longè suspectam deserit escam
Maxima pars ejus, quam nullum gluten inescat;
Atque novandarum rerum quam nulla libido
Allicit ardenter; simul & quam fauce patenti
Gurges avaritiæ ferventis nulla fatigat;
Vel quam nullus honor regni contorquet habendi.

Si meliùs legisset iter Germania prudens, *Si pro-*
Atque viam semper peregisset tramite recto, *tinam por-*
Sentibus arctatum duris, callemque sinistrum *tur.*
Liquisset, vitæ fluidæ meliora refutans;
Pristina relligio multùm venerata per oras
Staret germanas, atque immaculata maneret.
Undique legirupi nec sic doctrina Lutheri
Serperet Alsatias etiam diffusa per urbes.
Non sic depositis jam calcaretur habenis
Alma fides, veteri multùm spoliata decore.
Non sic spreta foret Regum metuenda potestas,
Sanguinis atque sitis non sic buliret avara,
Nec Bellona ferox toto fervesceret orbe.

Præcipitat quæ te rabies, blaspheme popelle?
Divisor fidei, pacis quoque fœdera rumpens;
Nescio quo vocitem crudo te nomine tandem;
Quâ nebulâ mentem confundis, perfide, cæcam;
Sanctorum & vitam malesanâ voce lacessas?
Quorum relliquias infando conteris usu,
Inque fidem primam dubiosi sorte duelli
Consurgis, dudum quæ confirmata cruentis
Martyribus, latè jam partâ laude triumphat.

Pannonia hinc infesta tibi fortissima tellus, *Pannoni*
Quæ priùs Italiam formidine terruit acri; *regio à lati-*
Sarmatia & levium portatrix illa domorum, *nis dicta*
Denique divitiis pollens Burgundia multis. *Hungaria.*
Adversatur enim multùm tibi Gallia triplex,
Gallia quæ mucrone fidem defendere novit;
Pro qua dulce fuit semper tolerare labores,
Est exosa tibi necnon Hispania dives:
Et quicumque modo Vogesinas accolit Alpes;
Judice te quoniam respublica desipit omnis,
Nos rerum ignari præter te fallimur: at tu
Vera tibi fidens solus sentire profaris,
Sanctorum veterum solus tot dicta refellis,
Consensum fidei majorum & negligis omnem,
Quæ fuit Entheo afflata dispersa per orbem; *Entheo id*
Autumasque Deum celsum sprevisse priorum *est divino*
Concilium, atque tuum solum voluisse valere.
Mortales reliqui tenebris versantur in antris;
At solus fueris vivendo lumine claro,
Tanquam si tantùm faveat tibi spiritus almus,
Deceptoque dio toto succenseat orbi.

Flagitio multo jam nobilitate popelle,
Turpia de rebus tibi mendacia fingis,
Sermones falsos absque ullo promere sensu
Non licet, & toties quæ sunt certata referre.
Psytacus humanâ sic tandem lusus ab arte:
In cavea clausus resonanti fingere voces
Non intellectas hominum persæpè laborat:

Pondera

Typhæus fuit gigas.

Perilleus thaurum æneum excogitavit.

LIBER TERTIUS.

Pondera verborum sed nunquam noscere posset.
Sic stolidum vulgus verbis quæ non capit, audet
Funere sopitos acri jugulare lacerto;
Atque duces itidem titulis & nomine claros
Attentare cupit, belloque lacescere forti:
Si potis est usquam veteri depellere regno.
Qualiter æthereis invidens turba Gygantum *Gigantum fabula.*
Regibus illorum properat discendere turres,
Sydereasque domos (extructis montibus) omnes;
Atque timore jovem sic sollicitare supernum.
Hic manibus multis excelsum promovet Oethan, *Æthan mons Thessaliæ.*
Umbrosus Pelion vasto properanter olympo *Ossa mons est in finibus Thessaliæ.*
Additur, atque gravi Parnasso jungitur ossa:
His quibus adductis superos Istania proles
Jam vicisse putat, Martem & superasse potentem,
Æquoris atque Deum mediis mersisse sub undis,
Auriferi & Phœbi laceros laniasse capillos;
Semper & intactam credit violasse Minervam.
Hæc postquam superis volitans prænuntiat Iris *Iris Deorum nuntia.*
Nuntia Junonis, crebro strepitante volatu;
Convenere Dei servent ut tecta Tonantis,
Fulmine qui misso, disjectis montibus altis,
Omnes Tytanos cœlo trusere recurvo.
Sic cito succumbet tua vana superbia plebes,
Nescia nunc quantas ah! splendor sæpe potentum
Obtegit ærumnas secum, & discrimina vitæ.
Sic mala præfulgens occultat plurima regum.
Illustres igitur tua vana superbia reges
Designæ antiquo niti deponere regno;
Illis inflata nec buccâ grande minari,
Nec mentem bona discrucient aliena superbam,
Ne sit tartarei tandem fera præda leonis,
Qui furias Erebi compellens igne cremandam
Te tradat æternum, nec lentus differat iram,
Ultericiqué manu jaculet penetrabile fulmen.
Nonne times ne forte cadat præcelsus olympus,
In te vel elementa ruant hac diruta sede;
Æterna excruciet ne tete morte tyrannus
Illius gressum constanter ab æde referto.
Rusticus incautè veluti si presserit anguem,
Ille pedem exanimis retrahit pallore trementem:
Sic pallesce, miser, pedibusque propelle retractis;
Densis & lacrymis notas quas ipse parasti,
Cordolio & gemitu ferventi dilue tristi.
Nam mens quæ scelerum callo durescit amato,
Nulla corripitur, postquam perduruit, arte.
In cœlum aspiciens igitur tua lumina tolle,
Atqué vide quò sit post funera sæva meandum,
Reddenda est ratio de lapsis ante peractis,
Regis Olympiaci tandem ad sublime tribunal,
Præmia qui reddens homini nil linquit inultum.
Vix jam Solis equi, pulsâ caligine noctis,
Afflarant patulum radianti lumine mundum,
Quum fratrum cuneus dimittens iniqua vici
Progreditur, donec pervenit procul ad arces
Duziacas, ubi Dux Lotharingius venerat ante,
Expectans fratres, quos postquam novit adesse,
Obvius ac tutum nullis prodivit in armis:
Planius ut turmam spatiosa per æquora campi
Aspiciat, facies ubi vallis pulchra patebat,
Cui comes astabat virtute micans Joannes,
Totius Ostriferi sublimi gloria cœtus.
Ambo vident acies gradientes ordine pulchro,
Ante Geraudurus cunctos veniebat in armis
Egregiis, sequitur quem mox albana juventus
Multo Marte potens, strepitu conterrita nullo.
Effreno hic volitabat equo Mavortius heros
Guisius ille comes, quem nullus terruit unquam,

Virtus cui multas impertit Martia laudes,
Et grave consilium bellorum in rebus agendis,
Cujus spumando se tollit ad æthera saltu
Impatiens sonipes, lato quoque calce superbit,
Et rigida spernit religarier ora lupato
Obvertens tergum, pressis & fumat habenis:
Ad sonitum lituï quem mox Franconia proles
Cum signo sequitur, necnon heroa veretur,
Imperet & si quid nullus mandata recusat.
Marchius hic aderat præstans Antonius armis,
Quem proceram legio decenter fortis obibat.
Ille Baro Austrasia semper dilectus ab æde:
His stipatus erat Malberchius ille Robertus;
Hinc Petrus præstans armis Haracurius ibat,
Vallicolori præses multâ virtute verendus.
Claudius hos omnes sequitur Castellius heros
Guisani Comitis portans volitantia signa.
Post equitum Cataphratorum manus ordine pulchro
Incedebat ovans facto ductore potenti,
Quam Ducis imperio Lotharingi ritè regendam,
Stirpe Vallesinâ dederat Franciscus obortus,
Gallia cui paret multis generosa triumphis.
Hinc sequitur legio peditum tremebunda videnti,
Quam Vademonteus Princeps præcedere gressu
Audaci gestit, laudis stimulatus honore,
Accensus magni virtutis imagine patris:
Strenua nam virtus multo sudore paratur,
Carpsit iter prius ille pedes oblitus honorem
Principis ingenui, ætatis qui flore virebat.
Rosa velut præstans quæ primùm floret in hortis,
Dulciter admovit quam nullus naribus unquam:
Ejus trina charis gestus ubicumque venustat; *Charis pro gratia.*
Redditur incedens nec turpi pulvere fessus,
Nec Phœbi pariter rapido fervore flagranti,
Ignavum credit tenui dormire sub umbra.
Jungitur huic socius præstans armis Ioannes
Marchius illustris multum Sauceius heros,
Et comes huic Iacobus erat Castellius acer:
Non minor hic aderat Villaris Marte Robertus,
Craccius atque Ioannes erat terrendus in armis.
Italidum ut clypeis ornata coruscis,
Cujus Dagobio nullo non Marte verendus, *Dagobio ductor legionis Italicæ.*
Fortis ductor erat, barbâ comitante potenti.
Sic campos acies peragrat mente structa patentes.
Mox canor altisonum per valles ille tubarum
Concrepat, & sonitu facto procedit ad astra;
Ut bombo miscentur apes in bella feroces,
Illarum reges dum fortia prælia ducunt.
Gaudia quis valeat fœlici prodere versu
Principis Antonii cupide speculantis euntes,
Pomposo gressu fratres fulgore coruscos,
Armorum gestus pulchrâ gravitate verendos?
Quis valeat procerum planius memorare potentum?
Qui pia supplicio concordi numina pulsant,
Frontem tollentes ad sydera celsa supinam,
Austrasios cupiunt ut Christus compleat orsus.
Postquam tota manus sese sub tecta recepit,
Unus ab indigenis pravi quem fortè Lutheri,
Luserat erratus stygiis evectus ab undis,
Nostrates pedites duro sermone repente
Fortius increpuit, valido fervetque furore.
O miserum vulgus! dixit, cui celsa minantur
Fata necem, vitam miseramque extinguere curant:
Linquere nam potius Lotharingi Principis agmen
Debueras prudens, nostris & adesse maniplis,
Libertatis amor quos semper tangit ademptæ:

E

Libertas etenim nunquam reditura recessit,
His manibus nisi prudenter defensa resurgat:
Sic te regis opes falsâ sub imagine ludunt;
Sic te sollicitat præpes amor ille potentum?
Unius ut glacies non durans rara diei,
Ad Solem calidum vanescit ut alba pruina,
Usura citiùs sic currit gratia regum.
  Hanc ubi desipiens vocem jactavit inanem,
Illum mox rapiunt instantes agmine toto
Ductores peditum, morti sævæque parabant
Tradere, & exemplo turmam terrere videntem,
  Quod ubi rescivit Princeps Lotharingius, acrem
Iram frendentis populi restringere mandat,
Dum possint monitis animam servare nocentem.
Vociferat legio tristi concussa furore,
Hastis atque latus miseri transfixit inerme,
Venisluus donec rubicundos undique sanguis
Artus lavisset, vitâ fugiente cadenti,
Spiritus atque cruor venâ fluxisset eâdem.
Hoc meritum pedites dignâ dum morte piarent,
Concilium Princeps secretâ cogit in arce
Vestibus auratis, in qua convenit utrinque
Inclytum Nobilium series, equitumque corona:
Ostro qui postquam cuncti sedere parato,
Et postquam siluere, hæc prudens edidit heros:
Magnanimi heroes, quibus est res rustica cordi,
Concilium nostis quæ sit modo causa vocandi,
Insano trepidat regio quia nostra tumultu,
Nescio quis pestem nobis hanc intulit hostis;
Non modicæ est secreta Dei cognoscere molis:
Ast ubi lecta manus nullo terrenda periclo,
Subsidio forti nostris consurgit in oris,
Hic populus quamvis nobis insultet agrestis,
Nostris atque decet sceptris aspiret ubique,
Attamen ultrices mox relligionis ademptæ
Sanguine pendebit pœnas, scelerumque piamen,
Cædibus intumeris, Christo ducente, siabit:
Ni patriam multum trepidus repetendo salutem
Repperiat vitæ, properet quoque vertere terga,
Atque fugâ celeri lætum depellere curet,
Optando tandem patulos telluris hiatus,
In quibus abscondi cupiat turbante timore,
Sicut ubi Vogesis ursus se prodidit antris,
Turbatum pecus aspectu mox deserit agros,
Valleque dimissâ, quærit properando lacunam.

[marginal: Lacuna, fossa.]

Sic profugus populus cæcis condetur in antris,
Elabens furtim per devia lustra ferarum.
  Aspicies aliquem gelidæ in caligine noctis,
Hostibus elapsum dimissam linquere vestem,
Et juga seminecem propere pinnosa subire,
Hunc in spelunca atque metu latitare videbis.
Alter in alticavo gaudebit fornice poni,
In quem constanter, lætali Marte ruemus:
Sic triginta duos divino numine reges,
Auxilio venerant Syris qui forte potenti,
Rex Israel Achab tunc multitudine spretâ,
Egressis pueris in prima fronte fugavit.

[marginal: Semidicem, semimortuum.]

Austrasius Princeps cessat dum pauca referre;
'Surgens fortis eques procerum non ultimus inter
Primores, veniâ primum qui ritè petitâ
Dicendi, loquitur quæ dudum presserat ore.
  Te quibus argute meritis, fortissime Princeps,
Tutandâ fidei in causâ non cultus adornem
Nescio: qui disceptores legum jam perdere bello
Non pertimescis, divum inflammatus amore.
Unde eris exemplar nullo delebile sæclo;
Quod lethæa ferent post hæc oblivia nunquam.
Florescit famâ Lotharingæ gloria gentis.

Sic Gaufridus adhuc Bolonius inclytus heros,
Quem Solymas arces, despectâ fraude deorum,
Regnator superum voluit frenare potenter,
Fortia terrarum qui semper regna gubernat;
Sic tua, Dux, bonitas mansuro carmine vivet.
Si tamen iste metu populus sua tecta revertat,
Atque reformidans cœptis desistat ab armis;
Nemo hominum (mihi si credatis) castra sequetur:
Hanc patriam satis est nostro defendere marte.
Senior in rebus spes est quærenda caducis;
Spes nimium grandis sperantem fallere suevit.
Hæc ubi cognoscit pia verba Renatius heros
Guisanus Princeps, incœptam rumpere vocem
Nititur; in solioque manens mox ora resolvit.
Non satis est proceres præsentia facta videre:
Sed quicquid ventura trahant hæc sæcula secum,
Si plebes fugiens patrios remeaverit agros,
Optatam pedibus vitæ quærendo salutem,
Hanc impunè tamen non dimittemus abire;
Ocyus ast avium nemorum secreta petendo,
Perceleri gressu vestigia pone sequemur;
Aspiciat donec admirans agmina Rhenus
Illa, novos demens denuò ne suscitet hostes;
Crudeli vigilet curâque lacessere regnum:
Et reditu nobis totius mundique Monarchis
Afferat infandum multo cum fœnore damnum;
Damnum quod nullo forsan reparabitur ævo.
Ergo cædantur Lotharingâ cuspide cuncti;
Confossâ & jaceant germanis corpora terris.
Sit quamvis nostro longè copiosius agmen,
Non datur ingenti numero victoria semper.
  Talia dicendo plures in vota trahebat
Guisanus Princeps, celebris cui conscio favit;
Affectatque sequi (Austrasios si deserat oras)
Ventosam plebem, ut per celsa cacumina montis
Auritos lepores extenso longius ore
Turba canum sequitur: validis & morsibus instat;
Illos in vacuo donec comprenderit agro,
Faucibus & captam prædam lacerarit apertis.
Sic proceres medio plebem in cocythidos omnem
Mergere constanter condignâ morte putabant.
  Stulta Bubulcorum (dicunt) figmenta paventes
Quid tanti facimus? cur non extinguimus illos?
Postera perpetuò nos ut denuntiet ætas,
Nostra sit & celebris semper post funera virtus;
His animata super decrevit concio tota
Illo marte die turmam delere potenter
Agricolum, æquoream quæ jam superabat arenam;
Si qua forte sinat magni regnator olympi:
Terribili clypeo qui duros opprimit hostes:
Inque sinu gaudent proceres venisse repentè
Exitii tempus, quo jam concurrere justo
Rhenicolis valeant illos & perdere bello.
Qui pedicâ forti postquam tenuêre Joannem
Brubacum (de quo jam dudum diximus ante)
Qui fuerat lapsus celeri currente caballo;
Illi persistunt ædes lacerare sacratas.
Hinc holosericum tegmen prædivite gemmâ.
Gemmatum rapiunt; aras nec rumpere cessant,
Aras fulgentes auro pariisque columnis:
Artis Apelleæ tabulas & frangere curant,
Furari & reditum quo se nutrire quot annis
Antea consuerat sacrarum Curio rerum;

[marginal: Curio Vicarius.]

Et pede relliquias divum calcare potentes,
Et mala committunt nullis dicenda camœnis.
  Quid sic ridiculis jam dudum garrula plebes
Gerris decipere, immiscendo cuncta tumultu

[marginal: Gerræ idem ac nugæ.]

Audes, atque serum demens stimulare leonem?

Antiquæ legis quid dogmata jure nefando
Immutare cupis? mores & polluis omnes
Crimine crudeli! quæ te rixofa libido
Impulit armari; vel quo ducente magiftro
Militiam fequeris, pudeat nec fortis iniquæ?
Sic tibi fæva placent cæci commercia Martis,
Atque juvat proprios latè ftagnare penates
Sanguine; publicitus modo fic hærere gradivo,
An tibi fit virtus fratrem jugulaffe paternum?
Agmine condenfo hos illofque laceffere bello?
Urfa velut fævit bruto crudelior omni,
Quum fibi fublatos catulos per devia quærit.
A celfo veniet feverus fydere vindex,
Pro meritis hominum qui præmia digna rependet.
Pœniteas igitur, notas & terge priores
Affiduis lacrymis: tangat tuus æthera plangor;
Atque comâ fciffâ fœdatam pulvere trifti
Deturba fubitò faciem; & miferabile pectus
Æthera fufpiciens duris contunde lacertis,
Ne ftygio tandem fera fias præda tyranno,
Ut Ninives populus facco prætectus amaro,
Incuffans fefe cafus deflevit acerbos
Luxuriæ fœdæ: largis & flatibus iram
Judicis æthereî fubitò placavit atrocem,
Præcepto facri vatis perfuafus Ionæ
Æquore fubmerfum quem paucis ante diebus
Sedula conftanter fervarat cura Tonantis.
Ergo conceffit regnandi cæca libido,
Quæ tibi blanditur, cura & fubtilis habendi;
Atque viam multùm fpatiofam deferet ditis,
De'cendunt facili quam femper tramite multi:
Sed remeare loco, nulli conceditur unquam.
Ergo iter ignotum multis modo, quære falutis,
In pœnas adigat ne Minos arbiter orci,
Percutiat vel te ne loris Æacus arctis,
Aut Rhadamantus atrox imo deductus ab igne,
Terribili turpem caftiget verbere fraudem,
Ut leo carnivorans in nos dum colligit iram,
Intentat mortem damnofam dente voraci,
Et lacerum corpus vafto deglutit hiatu,
Frangantur donec moribundis dentibus artus.

Intereà rofeo privantur lumine montes,
Cunctaque lenibant curas fub nocte fopora:
Poftera lux donec lucem patefecerat orbi;
Roreque nocturno madidas ficcaverat herbas
Omnivomens Phœbus, tenebris ubicumque fugatis:

Illicò tùm ftrato Princeps Antonius omnes
Surgere præcepit, dulcem & ceffare foporem:
Atque notat cædi folerter fydera, prudens
Pennatum & zephirum mulcentem dulciter oram.

Aft ubi cognovit ventum fpirare ferenum,
Ille ciere jubet turmam clangore tubarum,
Duziacumque folum properanter linquere mandat.
Buccina continuo clangenti tortilis ore
Sumitur, emiffo fonitu quæ rura replebat;
Utque Renatiadum fenfiles perculit aures,
Auro quadrupedes ornantur ad arma feroces:
Arma duces capiunt, pulchroque teguntur amictu.

Hinc Dux Auftrafius tollens ad fydera dextram,
Summe Poli rector (dixit) fabricator & orbis,
Ad nutum cujus mundus fubmittit habenas,
Et fera quem lati formidant monftra Barathri,
Cede viam facilem nobis, auramque fecundam.

His dictis equitum legio fe mœnibus altis
Excludit properè, & vaftis educitur agris,
Et tentare viam greffu congaudet amato.

Urbs præfignis erat forti Sarburgia bello,
Non procul excelfis Vogefmis montibus hærens,
Quam propè Sarra fonans flu'tanti labitur undâ;
Illius poftquam patuerunt mœnia noftris,
Hæc fubeunt læti proceres non abfque triumpho:
Teutonicus fermo licet illis floreat oris,
Appulit huc poftquam gaudens exercitus omnis;
Non victum fomnus tunc comprimebat ocellum,
Illam fed totam lucem expendebat habendo
Concilio Princeps, ubi convenere vocati,
In quo decretum, nullo reprobante Monarcha,
Abique mora populi turbam delere merentem.
Ante pedes pofitum quæ poftquam refpicit agmen;
Ecce metum turpem venientem fauce Barathri,
Ejus qui veniens properanter corda fubintrat,
Ante tubam & trepidare facit terrore recepta,
Qui in patriofque Lares illam remigrare coegit;
Ne reditu claufo vitam fortaffe relinquat.

Auftrafii regni cecidit fpes omnis habendi.
Non aliter quam fi fodiendo rufticus acer,
Ritè ligone gravi dum credit fcindere terram,
Pondus opum prægrande citò, ditemque thefaurum
Effodiffe putans, dimiffo vomere gaudet:
Pauperiem fugiffe placet, fuetumque laborem;
Lætitiam vanam, fecumque fovendo fuperbit.

Aft ubi cognovit miffo fua falfa fopore
Somnia, fortunæ triftis valedicit inani,
Affiduèque levem dicto execratur acerbo.
Sic doluit populus cæco deceptus honore
Regnandi, in variis antris effugia quærens.
Quid fugis ô noftras celeri pede vulge favillas? *Auror agri-*
Quod modo noftra nequit fubito tua flamma refolver. *colis.*

In viridi florens conftructa Sabernia valle,
Quam prifci veteres olim dixere tabernam,
Adjacet Aliatiæ defcenfu proxima monti,
Argentorati turres quæ refpicit altas,
Fortibus aucta viris toffâ muroque fuperbâ;
Hoftis belligeri quæ fpernit tela potenter,
Viticomi Bacchi & cereris fœcunda labore;
Ejus & in media fcaturit fons, urbe;
Ante fuit quamvis fidei, hæc fulgore decora,
Inficitur ftygio demens tamen illa future,
Aliatiæ partim quo Pluto infecerat urbes.
Propterea agricolum fufcepit in urbe cohortem;
Illa licet turpi non ceffat vivere furto,
Contemnatque fidem, patrum legefque facratas.
Quod Ducis Auftrafii poftquam pervenit ad aures,
Mittitur eloquio dives Murnerius illuc.

I citò Murneri Princeps Antonius inquit:
Illius atque mone proceres non duriter urbis,
Sacratæ fidei tollant ut longius hoftes;
Ne rerum vitæque fimul difpendia quærant.
Paruit is properè, forti captoque caballo,
Atque valedicto Salburgas deferit arces:
Et perduxit celerans germanis appulit oris,
Ille Saberninas fedes audacius intrat.

Huc fefe glomerant magno non abfque tumultu
Primores procerum, quibus hæc Murnerius inquit.

Auftrafius Princeps cujus fum nuntius orat,
Acceptam ut facræ jam plebis in urbe Phalangem
Dimittas; ter centum equites ex agmine gallo
Accipias, qui te belli in difcrimine tanto
Confervent, necnon uxorum pignora chara;
Atque truci totam deffendant acrius hofte
Alfatiam, propriâ dominum qui pellit ab æde.
Si mandata Ducis duro contemnitis ore,
Agmine condenfo confringet mœnia veftra,

Quod parat à foribus bene structum non procul
   istis ;
Spernacem & fidei te dicet protinùs orbis :
Emaculata semel vix unquam fama resurgit.
Taliter oravit docto Murnerius ore.
Dum rem consultant plures in tecta vocati

Thisiphone una ex furiis. Lætum mors.

Cives : Thisiphone læti tunc regis alumna,
Postquam tartareas agitaret verbere manes,
Sibilat & volitans Lachrimosis exit ab antris ;
Protinus in medios irrumpit & impia cœtus ,
Impulsat atque illos Antoni ut vota recusent ,
Invisum Francum suadetque repellere tectis.
Lusa Saberna suis monitis immota remansit ,
In medio Pelagi sicuti si saxea rupes
Concutitur ; nullo tamen hæc mollescit ab ictu :
Verùm firma manet quàvis quatiente procellâ.
Ocyus effatur quem sic è civibus unus.
Nuncie nunc qualem gerimus sub pectore mentem
Accipe : ni tete atque ducem dolor urgeat ullus,
Utendum duris non est hortamine tanto.

Galli spernuntur à Sabernis.

Gallorum mores nostris spernuntur in oris :
Sermo non notus generat fastidia cunctis.
Inter nos igitur ne dispar lingua querelam
Excitet , aut subito quædam confusio surgat :
Incustoditam Princeps hanc deserat urbem ;
Hujus nec patriæ sit in ista pericula custos ,
Sed patriam dulcem repetat , missosque penates.
Sunt nobis intus fortissima corpora bello :
Sunt juvenes etiam nobis non martis inertes ,
Gallorum qui nos defendant absque cohorte.
Hæc ait & dictis commotus nuntius exit :
Atque Saberninæ gentis quæ frena regebat ,
Argentinensem subitò contendit ad urbem ,
Relligione potens quæ sanctis struxerat aras
Innumeras , nec non immania templa potenter ,
In quibus assiduè proceres orare solebant ,
Ad cœlum & geminas assuerant tendere palmas :
Sed modo tenariis heresis è faucibus orta ,
Hâc partim stigium virus diffundit in urbe :
Infidi mavult dicto auscultare Lutheri ,
Atque sequi illecebras & blandimenta Baratri ,
Atque prophanatis aris sua templa cremare ,
Quam pia cœlestis bene jussa capescere regis.
   Hanc postquam Ducis Austrasii mandata secutus,
Accelerans gressum petiit Murnerium urbem ;
Ille Sabernorum contemptum nunciat illis ,
Qualiter hi Gallum spreverunt duriter agmen :
Turbatis vividè quibus acri turbine belli
Mittere decreverat Princeps Antonius ante ;
Ut subitæ cladis discrimina sublevet heros.
   Inclitus hæc postquam cognovit facta senatus
Argentinensis , volvens in pectore multa ,
Rite Sabernigenas iratâ voce minatur :
Qui populum rupto viventem admiserit ad se ,
Incautos graviter qui furto decipit omni ,
Contempto domino fideique vocaverit hostem.
   Mittitur intereà Knoblochius ille Joannes ,
Austrasios adeat fratres queis nunciet urbem
Argentinensem in distrigens undique bellum
Laturam auxilium : gentes & ad arma feroces ,
Atque penum largum , necnon cerealia dona ,
Hornotina simul missurum munera Bacchi.
Et doceat pro se nullum tandemque laborem
Spernere : majorum fœdus nec rumpere velle ,
Regibus Austrasiis juratum tempore longo :
Quod pater istius Mavortius ante Renatus
Sensit , dum primâ tegeret lanugine malas ;
Fronte novercali quando sors duceret illum ;

Ejus dum Carlus Burgundio regna teneret :
Atque Saberninum facinus jam nolle probare.
Nunquam spernantur justæ rationis habenæ.
   His dictis conscendit equum Knoblochius acrem
Atque suo cum Murnero pia Principis ora
Austrasii petiit , fidei quem gloria tollit ,
Atque refert illi veluti narravimus ante.
   Postea telluri paulisper lumina fixa
Erigit ad proceres sursum Nanceius heros :
Atque resolvendo dixit facundius ora :
Argentinensem dominis frenantibus urbem ,
Non opis esse suæ dignas persolvere grates :
Nuntius & postquam linguâ dicente disertâ ,
Nobilium procerum tandem mandata peregit ,
Ille suos fines repetiit gradiendo repente.
   Postea consedère duces , equitumque corona :
Remque Sabernorum consultant longius omnes ,
Languidulus donec lassaret lumina somnus :
Antea nam Phœbus privarat lumine terram ;
Corpora jucundum & capiebant cuncta quietem :
Illunis claro nox cædebatque diei ,
Quæ nondum medias scandens æquaverat horas ;
Surgere quemque suo strato cum præcipit heros.
   Ante diem surgunt equites , somnoque remoto,
Arma parant omnes , nec dulcia linquere rura
Tristantur : montes sed scandunt abiete densos ,
Nec non sugiferas rupes , sedesque ferarum.
Egreditur Bombarda ferox lucumque per altum
Fertur equis multis muros ruitura rebelles.
In sylva reboat bombo colubrina minaci ;
Unde feræ attonitæ vastis fugere cavernis ,
Et terrore leves liquêre cubilia cervi.
   Germanæ stabat juxta confinia terræ
Austrasiana manus : subitò quum Guisius heros
Miserat heroes qui castra inimica subirent.
Inter quos aderat præclaro sanguine natus
Salmius ille Comes , ducens ex agmine multos,
Ille notus Lavallus erat virtutis imago ,
Artem bellando longo prædoctus ab usu.
Atque Geraudurus quem Dux præfecerat ante
Albanæ genti : hic aderat Bethunius heros ,
Guisani cunei ductor veneratur in armis ,
Qui monita spreto Lavalli militis omni ,
Ense fidem ulcisci cupiens se vertit ad hostes ;
Oravitque Deum protensum ut dirigat ensem ,
Hostilesque manus ipso feriente trucidet ;
Immortalem animam spretoque cadavere servet.
Nam fidei pro laude piam contemnere vitam ,
Ut superum regem supplex ad vota vocavit.
O Lavalle feros (ait) accingamur in hostes !
Dixit : & ingentis contorquens colla caballi
Ruricolùm turmas ardenti Marte lacessit
Milite cum pauco , multorum & manus obivit :
Agricolas & ubi conspexit non procul urbe ,
Ipse cupit multos crudeli tollere morte ,
Quos subitò sternit madefactâ sanguine terrâ.
Hic in frustra cadit propero percussus ab ictu ;
Saucius effugiens incædit tardiùs alter.
Is plerumque licet currendo vicerit omnes ;
Ille cruore madens vulnus suscepit in armo ;
Illius armipotens in pectus & occulit ensem ,
Et quatiens alios pectora penetrat sua tempora telo ;
Tartareum pariter non paucos mittit ad amnem.
   Non tulit hæc germana manus certamina Franci

Bethunni in hostes audacia.

Bethunni : insidias indignans at struit illi ;
Ejus & assiduè vires abolescere tentat ,
Illum concutiens & equo prosternit arena.
Tunc acies germana sonat teloque prehenso ,

                               Omnes

Omnes in strepitu tanto glomerantur in unum,
Certatimque petunt generosum perdere corpus.
Undique tela volant; equites & talia fantur.
Exagitat mentem quænam vecordia Galle?
Audes qui tali sic Marte lacessere cives;
Taliter atque tuum bellando despicis hostem.
Sic propriæ laudis dementem gloria tollit?
Gloria nam studio multos eludit inani;
Et mundanus honor properanti deperit horâ.
    Hæc effata, silent equites Francumque sequuntur,
Ardenterque trahunt maculantem sanguine terram.
Unus enim medios statim protrudit in hostes,
Ejus & alipedem prostratum percutit ense.
Hac in re magna graditur comes ille Philippus
A celso tecto, gaudens discrimine tali,
Qui propè prostratum comitem servare parabat,
Aut hostes inter mortem sufferre ferocem.
Alsatici postquam alipedem interiere jacentem
Bethunnum capiunt facientem plurima contra;
Illius & corpus denudant omnibus armis,
Configuntque latus penetratum vulnere grandi;
Nec cessant cerebri pertingant donec ad ossa;
Infixumque manet lignum ad præcordia rapti,
Qui proflans animam corpus dimisit in herba:
Quod nostri capiunt cippo decorantque decenti.
His actis gemitu complebat sydera Francus,
Et luget veluti celsis in montibus ursa,
Dum informes catulos illi prædator ademit;
Undique frendendo sylvam scrutatur opacam,
Naribus autoris quærens vestigia prædæ
Uncat, & horrendo mugitu devia complet.
Bethunni mortem Legio sic Gallica plorat.
Multi post gemitus has voces in super addunt.
    Quam subito casu sors anceps omnia versat,
Et vanas hominum mentes regit ordine nullo.
Bethunno belli spes devitare pericla.
Promittebat enim patrios remigrare Penates
Post plebem eversam, Austrasii post prælia regis,
(Ut solet) ast illum sua spes damnosa sefellit.
Pro Patria Dulci Germanum contulit agrum.
Hinc pater infœlix numquam concludet ocellos;
Ulterius nec eùm redeuntem in tecta videbit.
Sic rursum quæstu sua tundens pectora Gallus
Asperat in socii mortem cæsumque relinquit.
Intereà alma fides pro qua discrimina vitæ
Bethunnus subiit, suprà descendit ab arce.
Scissa comam & tumulum lachrimis dispergit amaris;
Quem circum lugens decoravit carmine tali.
    Hic Bethunne jaces pœni pugnacis imago,
Cæsaris & magni quem nunquam gloria tollet;
Vermibus & quamvis corpus siet esca protervis;
Sydereas animam Christus suscepit in ædes.
Postquam sacra fides signavit carmine bustum;
Austrasii nunc fama Ducis delata per agmen
Exurgens volitat, donec pervenit ad aures
Guisani Comitis, lachrimâ qui tempus atrunque
Humectat, rutilum vaginâ nudat & ensem
Auratâ, atque Deum jurans qui cuncta gubernat,
Ultorem spondet Bethunni funeris esse;
Vel cadet agricolum lethali saucius ictu.
Illis objiciet sese non territus ultro;
Sit legio quamvis cœli numerosior astris.
Egregios equites numerus non concutit ingens.
Hostes audaci sic Princeps voce minatur.
    Exundans lachrimis postquam Lotharingius heros,

Iratum fratrem cæsi de morte sodalis
Cognovit; verbis illum solatur amicis.
Festinare jubet proceres; urbique propinquat
Ille Sabernine, quam cingit milite multo.
Cogit & egressos hostes sua tecta subire,
Ad murosque suos timido se vertere cursu.
Sicut aves saturos plumosa cubilia vesper
Quærere compellit pennâ trepidante fugaci;
Aut timor imbriferæ nubis sua cogit ad antra
Mellis apes, florem quando pascuntur odorum,
Impellitque graves remeare volatu.
Urbem sic fugiendo petit velociter hostis,
Attonitusque metu ferratas claudere portas
Imperat, armatoque viro sua mœnia munit.
Dum pavidant, Lotharinga cohors ardentius illuc
Tendebat figens tentoria non procul urbe.
Extemplò rabidus consurgit ad æthera clamor:
Omnis contremit & tellus formidine pallens:
Tartarei penetratque timor mox Principis antrum,
Illum concutiens valde cum conjuge pulchra.
Rhenus percepto tanto clamore tremiscit.
Ima petit Salmo nec secum tollit in auras.
Seque metu curvare nequit Delphinus in undis.
Pascere non audet pavido sub gurgite mulus:
Atque timendo manet sine victu carpio tristis:
Exanimes jacuisse ferunt Nereides omnes.

Argumentum quarti Libri.

SUpplicibus votis Lotharingia fausta precatur
Principibus; premitur multùm hostis in urbe Sabernâ.
Postulat hic pacem, compostus fraude malignâ:
Cæditur, atque armis prosternitur ille cruentis.
Diffugiunt victi, victor laudatur in armis.
Guisius inquirit servet ne deleat hostes.
Victorum intereà miscentur mœnia luctu.
Et tamen inquirunt victorem perdere fraude.

LIBER QUARTUS.

POstquam res fidei partim vilescere mundo;
  In proprium dominum plebes & stringere ferrum
Cœperat, atque gravi generosos tollere morte;
Ulcisci cupiens tantos Antonius ausus:
Omnis cessabat quoniam Germania triste
Vindicare nefas: vulgus quoque perdere vitam;
Ille suam patriam dulces & linquere fines
Tentavit properè, accitis in prælia turmis,
Et sua in Alsatico statuit tentoria campo.
Fama per Austrasiæ tristes allabitur oras,
Nuntiat atque volans vento velociter omni
Transcendisse Ducem montes hostilibus armis,
Ante Sabernines arces & signa tulisse.
Anxius unde timor Lotharingo regnat in agro;
Maxima novit ubi regem mox cessisse pericla.
Ille pavor vulgi non tantum tecta subintrat:
At Dux Austrasiæ querulo turbata dolore
Absentis domini non parvùm vulnus alebat.
Ejus nam facies illustris pectore semper
Figitur, atque pio nunquam discedit ab ore
Egregium nomen, gestus animoque revolvit.
Propterea nullus resovet sua membra sopore
Dulciculus somnus, vigiles nec mulcet ocellos;
Plurima sed tristi findit suspiria corde.
Ramosa veluti scandens super ilice castus,
Dilecta postquam viduatus compare turtur,
Amissum tristi rostro suspirat amorem;
Non cessatque polum magnis implere querelis.

Ingemit abfentem fic Dux generofa maritum:
Emanant lacrymæ, confurgit & afper amaror;
Ubertim & lacero figultu pectora languent:
Sæpius hæc trifti vigilanti mente volutat.
  Infœlix heu, heu? vereor mihi ne quid amarum
Ruricolum legio, vel quid lugubre reportet,
Prodiga quam lucis fequitur Gheldrinia proles:
Ut non refpiciat fævi difcrimina Martis;
Humanam timeat nec telo perdere vitam.
Altiùs hæc agitans Princeps abjecit amictus
Purpureos, nullo regemque decore fuperbit.
Divifum nec acu crinem contorquet in orbem,
Induit aut tunicam gemmis auroque crepantem;

Smaragdus gemma.
Segmentum ornamentum cœli.

Nec fplendet media radians in fronte fmaragdus:
At neque fegmentis ornantur guttura flavis.
His induta modis parvo dedit ofcula nato,
Quem complexa diu paucis hæc ore locuta eft.
  Dulcis nate tui in quo fpes eft una parentis,
Edite Borboniâ multum fœliciter æde,
Si puerilis adhuc defendere vetuit ætas
Auftrafiæ tandem tibi debita fceptra potentis,
Huic erit auxilio firmum cùm venerit ævum:
Tunc proavita tuo fervabit regna labore,
Teque patris pietas fpero generofa fequetur;
Corporis & robur veniet crefcentibus annis.
Parvula nempe falix fubitò confurgit ubique
Arboris in molem, tangit quoque fydera cœli.
E tenui planta grandis generatur & arbor.
Dixerat: & lacrymans genibus procumbit utrifque,
Atque Dei matrem fic fupplice voce precatur.

Duciffæ ad B. Virginem oratio.

  Sancta Parens, celfi cui fervit regia cœli,
Horrendumque chaos ingentis pallet averni;
Cui mare naufragum, totus famulatur & orbis.
Ex qua terrarum plaftes fine forde pudoris
Pronafci voluit, nec non lactare papillas,
Sacrato lactis delibans ore liquorem:
Sæpius atque manu voluit tractarier albâ;
Quæ gregis aligeri fortem tranfcendis in orbe,
Syderep modicum diftans à fede Tonantis:
Cui modo funde preces ut falvum fervet ab hofte
Auftrafium regem, ut Mifaelem ritè puellum
Azariam, Ananiam celeri fervavit ab igne,
Qui ditem ftatuam regis fprevêre potentis,
Nec fanctum inclinare caput voluêre parumper;
Proptereà calidæ fubito fornacis in igne
Damnantur: nec eos tamen ignea flamma trucidat,
Odas fed mediâ properant cantare favillâ.
Te Duce fic conjux omni protegatur ab hofte,
Qui fidei bellum capitis non abfque periclo
Sufcipit ardenter Chrifti pellectus amore.
Taliter orantem poftquam Lotharinga propago
Audivit, dominæ luctus imitatur atroces.
Subdita quæ regum moras fibi format honeftos,
Principis atque boni fe monftrat fæpe loquacem.
Sic Ducis omne genus fequitur veftigia gentis.
Ille facerdotum facrorum liniger ordo
Ante repurgatos delufæ vulnera mentis,
Excifâ properè fcelerum causâ venientum,
Mox prece templa replet, votis & fydera pulfat,
Acerraque thuris fundit redolentis odorem.
Antra per obfcura & Vogefmus voce fufurrat
Civis fub trifti, mentis promitque dolorem;
Immemor atque cibi fit per deferta colonus,
Excubias & agens, nullo fua lumina fomno
Claudit; fed patriam mage cuftodire laborat.

Palamedis aves funt grues.

Quam Palamedis aves, dum parvis prælia mifcent
Pigmeis, pedibufque deportare lapillum
Sueverunt, fomnus ftimulando ne gravet illas.
At Vogefum vulgus nullum portando lapillum

Confervat patriam, preculas promitque per agros
Supplex; fervet ager totus clamore Lothringus.
Undique turba ruit locupletia tecta relinquens;
Cum vulgo proceres peregrina ad tecta feruntur;
Matronifque piis admifcenturque puellæ,
Atque Ducem plorant, cui totâ mente tremifcunt

Proceres affiduò ad Templa gradiuntur

Adverfæ fortis ne quid toleraret eundo;
Et facilem reditum veniam pofcendo precantur
Ut regnum repetat facturus vota Tonanti:
Peftiferi belli valeat quoque fauce levari,
Pro meritis forfan quod mifit regia cœli.
Ignorant homines ftatuat quid rector olympi,
Qui rigidus vindex numquam delicta malorum
Diffimulat; verum pœnâ caftigat atroci.
Dilectrix regum fic gens Lotharinga fuorum
Pro Duce magnanimo pia fydera pulfat.
At tuba terrifico fonitu refonabat in oris
Alfaticis; litus pulfabat & aera cantu;
Et Bombarda ferox tonitruque fimillima vafto,
Fulmineam faciens maffam volitare per aftra,
Concutit obfeffam bumbis furialibus urbem.
Sed quoniam nimio fuerat tunc pulvere plena,
Rumpitur; ardentem volitant quoque frufta per agrum.
Augurium nobis equites protendere trifte
Dicebant: verum valeant oracla deorum,
Vaniloquæ & uxque queis priftina credidit ætas.
Alma fides poftquam radianti lumine mundo
Colluçet; fuperum atque Deus demiffus ab arce,
Indutus carnem, mundi jam regna gubernat,
Errores hominum & toto difgefcit ab orbe.
Ergo miffa diu facra gentilicia ceffant;
Tartareis dæmon quæ fic produxerat antris,
Ut genus humanum variis erroribus actum
Luderet, educens è recto tramite mundum.
  Et licet in multis cecidiffet noftra boarda
Fragmentis: folidas infeftat robore turres
Auftrafiana manus, crepulo quatit atque fragore;
Germanam faciens femper trepidare cohortem.
  Altera pars etiam belli non infcia fortis,
Excutiens ferrum rabie conterret eâdem
Infeftos hoftes, nullam præbetque quietem,
Aft illos itidem vitâ fpoliare laborat,
Ignivago furens obfcurat & aera fumo;
Inficit atque diem nebulis ubicumque creatis,
Imperat atque fuis urbem munire potenter.
Hinc foffas omnes adducto flumine complent;
Et multo muniunt ardenter mœnia faxo.
Undique fervet opus; nec quifquam corpore languet;
Mox aliqui portam confirmant abice firmo:
Exefum pariter præ longo tempore murum
Inftaurant alii: ne rurfum perforet hoftis,
Quem cupiunt omnes occultâ fallere fraude.
Ejus & introrfus durat cuftodia femper
Illum coopertat totum, mittitque rudentem,
Sic mutuis odiis legio flagrabat utrinque.
  Ante Sabernlnas arces generofius agmen
Germanis veniens tunc feftinantius oris,
Auftrafio regi fefe conjunxerat ante:
Inter quos aderas, ô dux Bronfoice Georgi:
Venerat huc etiam fulgenti caffide clarus
Ille comes Rheni, quem dilexère videntes.
Naufelique comes venit Salpontinus heros,
Schennius atque Baro, numquam lacerandus ab hofte.
Hic erat armipotens, & Thinnius ille Philippus
Bitfchius, atque comes Rhenhardus pulcher in armis:
Ifambergus erat nec non Antonius heros;

LIBER QUARTUS.

Venerat & prudens Ferretius ille Joannes
Archiducis Ferdinandi Legatus ab aula,
Austria cui gratas fœlix submittit habenas.
Principis ille sui peragens mandata repente,
Poplite curvato pro cunctis taliter infit;
Cujus dicta bibunt suspensis auribus omnes.
Austrasiæ Princeps fidei protector amandæ,
Urbis qui Solimæ portas insignia sacra,
Perpetuas ago Ferdinandi nomine grates:
Debeo non quantas, sed quales lingua resolvit;
Conjuge quod missa, natis pariterque relictis,
Fœdifragum vulgus dominorum in jura rebelle,
Atque jugum levius Christi post terga relinquens,
Agmine contracto pœna pugnire merenti
Veneris, Alsatiæ rursum ne regna lacessec,
Inque herum proprium capiat violentius arma.
In te nobilitas illustri laude fovebit,
Præclarum & facinus labiis extollet amicis :
Nam citius Vogesam montem trux deseret ursus;
Atque Mosella prius natitante pisce carebit;
Ardua quam tanti sileatur gloria facti,
Æternæque tuæ pereant oblivia laudis.

Hæc ubi finivit Ferretius ille Joannes;
Ecce Saberninus linquens sua mœnia civis
Præfecto cinctus, verbum cupiebat habere
Cum Duce, juratum fingens componere fœdus;
Nec certare odiis, nec belli semina velle.
Accepit placide quem clementissimus heros
Ignarus tantæ fraudis quam sævus alebat
Christophilo regi fidei sacræque ministris.
At pactum fidei jam nullus in hoste requirat.
Nam patem quærit dum falsi jura propago,
Illa novos comites sibi conquirebat ubique,
Austrasium pugilum valeat queis perdere turmam.
Sed Deus armorum Mavorte potentior omni,
Susannam falso qui custodivit ab hoste,
Scit sibi fidentes equites servare potenter:
Solivagus veluti in nido passerculus alto,
Implumes pullos milvi defendit ab ungue.
Sollicitat vulgus dum fictæ fœdera pacis,
Ecce novos quidam Lotharingus nuntiat hostes
Se vidisse gradi Loupsteno non procul agro,
Instructos variis armis belloque feroces,
Undique proveniens sequitur quos magna supellex
Fœcundæ Cereris, blandi Bacchique liquoris,
Setigeri pecoris, pecudum quoque maxima turba,
Prælautis epulis ventrem qui forte replebant.
Ultima sumentes læto convivia gestu;
Nam subito victi stygiis mittentur in undis.
Ignorant homines quid vesper deferat illis.
Hæc acies fortis, quam nostrum viderat agmen,
Quippe Sabernine cupiebat jungier urbi;
Credebat pariter quod miles clausus in illa,
Marte potens demum Austrasios exiret in hostes,
Et mucrone suo superatos vinceret omnes,
Austrasiumque Ducem fidei sacræque sequaces.

Dux ubi cognovit populo referente tumultum,
Omnes ire jubet totis accersere castris
Primores equitum, sibi quæ narrata repente
Consultent, statuentes quid sit agendum.
Martius eligitur toto suadente Senatu
Guisius ille comes, qui surgens deleat agmen.
Undique concurrunt equites, & tela capescunt.
Hunc caput ardenti galea vestire videres;
Fortibus ille humeris hastam portabat atrocem;
Et lateri cunctis gladius pendebat acutus.
Per turmam graditur Princeps, omnesque tuetur,
Heroasque legit quos hic virtute potentes

Consilioque gravi reliquis præstare sciebat;
Qui secum jubeant bellorum cuncta pericla.

Strenuus hinc Princeps, fœlix cui Guisia paret,
Alipedem conscendit equum; qui frena remordet,
Et pede saxigenas currendo spargit arenas,
Intentèque volat cervo velocior omni,
Quem canis in sylva variis latratibus urget.
Guisius ut spumantis equi salivit in armo;
Tunc vademonteus medio prodivit in agro;
Aurea quem vestis per totum corpus obibat :
Cum multis ascendit equum sic Marchius heros.
Bombardæ sonitus reboat quam jusserat ante
Guisius adduci, quo totus perstrepit aer :
Ingens atque tubæ clangor per castra remugit.
Tunc Dux Austrasius fratrem complexu eumem
Hærebat propius lachrimans, votisque repente
Indulget supplex, superum regemque precatur.
Summe Deus mundi qui Regum flectis habenas,
Nullius atque preces orantis despicis unquam :
Fac tibi fidenti prosit miseratio semper;
Aligeri & de gente pia dimitte ministrum;
Cœlesti gladio qui totum hoc conterat agmen.
Sennacherib Ducis Assyrii ut ferit castra perennit;
Blasphemus fuerat superi qui nominis ultro :
Una cui truncat plus centum millia nocte
Armisonum peditum, cervicem regis ad usque
Qui sua commotus fugiendo bella reliquit,
Illum ne Lachesis sub terræ centra rotaret.
Sic surgens acies nostro quatiatur ab ense;
Pristina vel credens repetat præsepia tandem;
Aut ad sacra prius per se dimissa vocetur.
Odas & referam pro tanto munere dulces;
Cœlitum quoniam provenit ab æde triumphus.
Viribus humanis nullus convincitur hostis,
Taliter orabat veniam poscendo Lothringus.

Jam nostris castris equitatus non piger ordo
Exierat, diros tendens properanter ad hostes.
Saltus erat multum qui non distabat ab agro
Loupsteno : è truncis ubi multum structa potenter
Machina fulgebat suffixis undique ignis,
Quam strabe multiplici prudenter struxerat agmen,
Ut queat hostiles aditus arcere Lothringum.
Hoc sua castra loco legio Loupstena tenebat.
Guisia cui paret forti cum fratre Comarchus
Huc cito succedit bellantum plurima ducens
Corpora, militiæ quæ sunt experta ferocis.
Hi simul invadunt cunctis mirantibus hostem;
Effatur quem sic præcelso pectore Princeps :
Ter miseri agricolæ quænam sententia belli
Vobis fixa manet, vel quæ discordia suasit
Hunc aut hunc graviter sic Marte lacessere forti ?
Viribus atque ducem Lotharingum perdere velle ?
Adveniet tempus rerum suadente Monarcha ?
Quum certasse odiis nobiscum forte pudebit :
Ultio te divum quia sanguinolenta sequetur.
Non facilem veniam prægrandis culpa requirit,
Nam commissa prius generant peccata dolores.
Dixerat : impingens & equum cum calce citato
Magnanimos equires illuc convertere telum
Ingenua virtute jubet, distendere nervos.
Hinc Vademonteus Princeps irrumpit in hostes,
Atque rebellantes violento dissecat ense :
Neve suos lædant deturbat robore forti
Formosum corpus nulloque labore fatiscit
Per medium frendens hostem crudescit in illum.
Ut leo fulmineus quando specus acre ferarum
Ingreditur, nec non pecoris genus omne trucidat.

Quod facinus cernens Lotharingum quominus agmen,
Ad ducis exemplum mortifera prælia ducit,
Et sua tela ferox dextrâ contorquet utrâque.
Acriter arma crepant, & figitur hostis ab hoste.
Ille cadit moriens rubrâ resupinus in herbâ,
Dilectam vitam donec emittat in auras.
Vulnere largifluo manans quassatur & alter.
Multivago cursu pulvis consurgit equorum:
Cædibus alternis pereunt immanius hostes.
Austrasii pugiles Germanos atque lacerto
Audaci perimunt quos dirâ morte ligabant.
Adverso postquam Loupsteni Marte gravantur;
Illorum ductor dimissum sumere robur
Hortando socios, verbis affatur amicis,
Talibus atque jubet verbis cessare timorem.

Gerbertus suos acriter increpat.

Teutonico (clamat) proceres à sanguine nati,
Infestos hostes toties qui Marte domastis,
Sic sinitis trepidi sociorum corpora sævo
Funere trunca soli latè super arva jacere?
Sicque feræ stragis magnum spectatis acervum?
Nec studium segnes animum revocatis ad arma?
Et jam cum fera bella manus viresque requirant,
Proh pudor! Austrasio video pallere sub ense,
Ut trepidant homines violentæ Tigridis iram,
Illi dum catulos venator cœperit omnes.
At proprias ædes dulces liquistis & agros,
Atque domi natos & charæ conjugis ora,
Imperio ut vestro valeatis subdere mundum;
Et jam deficiunt in primo limine vires.
Perdere sic vitam modo formidatis acerbam?
Vita hominum semper bullâ celerantior omni.
Taliter incendit socios præfectus ad arma:
Ad mavortis opus sic mollia corda momordit.
Mox acres redeunt ad pristina bella Phalanges
Loupstenæ, & contra nostros impensius instant,
Austrasium turbant armisque ferociùs agmen.
Pulvere sparsa manus cæco maculatur utrinque;
Et tellus cœpit turpi manare cruore:
Horroremque movent cæsorum corpora mœstum,
Ilia dejecto saliebant corpore multis,
Atque dabat sonitum collabens triste cadaver.
Hastæ multorum & spargebat corpora cuspis.
Non procul ut vidit tot cædes Guisius heros,
Irruit in cuneos hostiles fulminis instar;
Quem sequitur frater vibrando fortius ensem,
Exitio grandi multis venturus ubique.
Armipotens pariter comitatur Marchius heros;
Et pugilum propius Lotharingum pulchra juventus,

Italicæque manus, glomeratur plurima turba.
Jam resonant galeæ, gladius gladiumque retrudit;
Pectoribusque virum miscentur pectora multa,
Nostratesque suos invadunt quominus hostes;
Atque lacertoso concussam robore molem

Lotharingi Loupstenam machinam rumpunt.

Loupstenæ gentis, quam ligno struxerat ante,
Gnaviter effractis truncis evertere curant,
Scindere nec cessant violenta ligna severi
Dum destructa ruit sublimis machina belli.
Fortius hinc instans Lotharingus percutit hostem,
Quem cupit impavido miserum pervertere marte,
Auditur sonitus conscendit ad æra clamor;
Pesque pedem tergit compressus in ordine sæpè,
Prætremulo fulgore micans splendescit & ensis.
Audax commentum inveniens (quo terreat hostem)
Noster eques peditem dorso vectabat equino,
Tormentis latè qui vastat cuncta sonoris.
Ut grando crepitans segetis conculcat acervum.

Nostra manus dum sic Loupstenum surgit in agmen,
Illius incipiunt turmæ languescere vires;
Anxius atque timor per inertia corpora currit:
Hi pallentque metu, veluti dum grana colonum
Lecta labore gravi compilant omnia fures.
Sic cito Loupstenos belli timor imperit omnes:
Suffugio repetunt turpi sua tecta repente,
Corpora dum cecidisse vident permulta suorum.
Agminis ut vidit retrahentis fortè recessum
Guisius in medios currendo convolat hostes,
In quos flectit equum radiantem corpore toto,
Sub pede serrato cui tellus tota tremiscit.
Quem Vademontis herus properantis turbinis instar
Instanter sequitur cum multis prælia miscens.
Nil intentatum Lotharingi linquere gaudent,
Ut valeant aciem Loupstenam perdere bello,
Cujus bellando turmatim castra sequuntur
Gnaviter, & vallum confectum frangere tentant,
Ut valeant equites sociis afferre salutem,
Atque gregi peditum loca pervia reddere toto:
Illuc Austrasiana manus convenerat omnis.
Alipedem descendit equum tunc Guisius heros,
Militiam atque pedes opem cum fratre exercet acerbam;
Obstans qui vallum pugilum (prohibente coronâ)

Guisius cum fratre pedes aggreditur hostes.

Primus confregit, diro patefecit & hosti:
Aggere dirupto consternit & agmina Princeps.
Continuo strages per campum cernitur ingens:
Ultima Germanis solvit mors vincula vitæ;
Martius atque ensis multorum cæde rubescit,
Ferratâ atque cruor soleâ calcatur equorum,
Et cerebro turpis sanies ebullit aperto.
Ductor funereâ percussus cæde suorum,
Irâ turbatas cœpit vexare medullas,
Illeque vociferans dixit non digna relatu.
Non pudet ô socii mentem maculasse timore,
E castris hostem qui non arcere potestis?
Hunc numero quanquam belli superetis & arte,
Et locus auxilium donet sublimior ingens?
Huic alacres hostis vestris occurrite telis
Durando qui vos invadere cominus audet.
Nunquid facta modo sunt fœnea brachia vobis
Hoc qui tutari vallum virtute nequistis?
Unde necem timeo ne nos toleremus acerbam,
Extrema & venisse simul jam tempora vitæ;
Imbelles ubi cognovit Lotharingius hostes.
Nunc igitur revocate animos, ægrumque pavorem;
Vestra manus quoniam grandi concrescit acervo,
Sic socios animat generoso pectore ductor.
Postea Loupstenus pallet formidine nullus:
Propterea murmur sese per sidera tollit;
Buccina terribilis tumefacto personat ore,
Loupstenosque vocat cuneos ad bella minaces.
Hi stantes per castra fero crescente tumultu
Certabant pugnæ cupidi, & coire Phalanges:
Quin etiam mutuo socios hortantur ad arma,
Et multis mavors bellaces reddidit artus.
Inter utramque manum bello confligitur acri:
Discurrit passim ductor nostrosque fatigat:
Inter pugnantes se conjungendo potenter,
Illorumque animos firmâ virtute fovebat,
Ad bellumque sævum validos & reddidit omnes,
Qui pedibus firmi Austrasios in castra minantur.
Illos lætitiâ mox exultare videres:
Nam tunc victores sperabant posse manere.

Ductor Loupstenus nostros fatigat.

Hanc ubi lætitiam vidit Guisius heros,
Per laceras strages irâ concussus atroci
Prosiliit cum fratre suo, ut de vertice montis
Horrisonus torrens per concava saxa rotando,

Ruptas

Ruptas præcipitat violento turbine rupes.
Agmen non aliter Loupstenum Guisius omne
Valde terrificat, belli fragore ferocis,
Ferventes Apium veluti cecidisset in iras.
Hoc facto atque suos animi virtute replevit;
Omnis segnities mentis discessit ab illis.
Mortem nemo fugit, sudatum nemo laborem.
Tunc equitum manui nostri miscentur ubique,
Multaque Loupstenæ legionis corpora fundunt;
Illis transadigunt jugulum teloque profundo.
Atque ruunt omnes quo fervet densius agmen
Confertumque magis campum truncando refringunt
Robore, quem penetrant superando castra superba.
Tunc surgit cædes, tunc insilit aspera clades
Loupstenæ gentis, quæ concassatur ab hoste,
Et sonitum dando pedibus calcatur equorum.
Has ubi conspexit vires Germanus in hoste,
Despondet mentem, retro discedere cœpit,
Atque pavore necis nostrum non pertulit ensem;
Proptereà repetit Loupstenea tecta repente:
Non quod terga daret nobis, sed cedere norat,
Paulatim nostros inhians torquere potenter,
Quos semper pugnans infestat cominus omnes.
Ignipedum legio cernens hæc fortis equorum,
Guisanusque comes respersus pulvere multo
Hostibus innumeris vitam perfundere cogit;
Nostratum procerum sequitur quem plurima turba;
Ductorem sequitur veluti pecus omne bilentum,
Graminis æstivi dum pinguia pascua carpit.
Sic heroa subit quævis Lotharinga juventus,
Quæ glomerata simul crepitando talibus instat
Ictibus; ut Loupstena manus tolerare nequiret.
Proptereà socios ductor retrahebat ab armis,
Ædes qui repetunt vitæ quærendo salutem;
Impletum prædâ pariter templumque subintrant,
Hosti nec sese voluerunt dedere tanto:
Heroum jussu præco licet ante rogasset.

Hoc simul ac proceres factum sensere Lothringi
Immittunt ignem nullo prohibente voracem.
Quid facerent, fraudem cum jura repellere fraude
Martia permittunt, vim vique retundere gaudent.
Flamma volat latè, & celeres sese tollit in auras,
Et rimas penetrans multorum tecta domorum
Corripit, & tigno fumat domus omnis adempto;
Magnæ cum parvis pereunt & protinus ædes,
Loupstenas & opes incendia tristia perdunt.
Neque Deûm quivis commotum diceret illis;
Cum prædone suo templis abrasa sacratis
Præda perit; scortillorum quoque deperit aurum.
Res malè parta ciris sic evanescit in horis.

Et quoniam multi nequeunt tolerare calorem,
Undique surgentis fumi calidumque vaporem,
Summa domûs (nimis heu serò) fastigia scandunt,
Extenduntque manus extra, veniamque precantur
Dedentes signo sese, sed nullus adibat;
Ne dum ferret opem fumus convolveret illam.
Sic pereunt omnes, superest & quidquid in æde.
Sæpe Deus sontes sic lentitudine missâ
Castigat; nullumque scelus dimittit inultum.

Hæc in Loupstena peditum sex millia strage
Cæsa jacere ferò à nostris numerantur in agro,
Et pedites octo è Francis misisse sub antris.
Anthiochum sic ense fugans Machabæus Iudas
Cum tribus instructis malè secum millibus astans,
De grege verporum truncavit millia quinque,
In domini populum cautè qui miserat ensem:
Perdidit atque ducem Lysiam cum gente potentem;
Fixerat in Bethoro sua dum tentoria latè.

Loupstenos postquam divino Marte jacentes
Combustis castris stricto superaverat ense
Austrasiana manus, celebri jucunda triumpho,
Dimissum repetit Lotharingi Principis agmen:
Ante Saberninas arces dominumque salutat;
Atque suo quicquid sortis contigerit hosti
Illi denarrat, scrutanti plurima verbo.
Atque ait ut Vademontis herus bellando rotabat
Fulmineum gladium, inque suos irruperit hostes.
Ut lupus ad pecudes cursu concurrit anhelo,
Dumosis illas includens vepribus omnes.
Hæc ubi cognovit Princeps Antonius acta,
Sic Christo supplex epinicia solvere cœpit.

Rerum summe Parens soboles æquæua parentis,
Æterno semper qui dirigis omnia nutu
Quæ produxisti; necnon juxata resolvis,
Et placido vultu clemens quo cuncta reguntur
Rite status mundi magna cum laude gubernas;
Hos veluti tibi dilectos nunc pace quietâ
Quippe foves; illos & forti Marte repellis;
Ut visum fuerit tibi justè cuncta regenti.
Nam ducibus nostris vires, animumque potentem
Donasti, in prædam ne gentibus hisce daremur,
Qui jugulos nostros furibundâ mente petebant.
Illorum laqueos tua sed miseratio rupit,
Et licet indignos justo servavit ab ense.
Venantum veluti se passer protegit escâ.
Christo sic proceres omnes epinicia solvunt.
His actis precibus tibicen per castra repente,
Clangorem crepulum fecit resonare tubarum:
Terribilis sonitus donec pervenit ad urbem
Obsessam, clausos stupidoque pavore replevit.
Mœnia nam credunt jam nos invadere velle.

Dum cum fratre suo Loupstenûm cæderet agmen,
Guisanus Princeps comitatus milite multo,
Castra Saberninus petiit nostratia civis:
Ut cum rege pio feriat sacra fœdera pacis.
Qui fratris cuneum postquam ad sua castra rediisse
Vidit: consilium concussum murmure nullo
Convocat ad sese, nullus jam defuit heros.
Tunc tacuere duces intentis auribus omnes,
Inde loco Dux Austrasius surrexit ab alto,
Atque sibi properanter ab hoste perita recenset
Fœdera, quæ pacis legio sancire volebat;
Cæsorum postquam sociorum vulnera cernit,
Illeque sic orsus mentis decreta resolvit.

Invicti heroes simul & tu Guisie claudi
Quem docuit multùm sævi experientia belli,
In quo continuè primo es versatus ab ævo,
Accipe, quæ populus tuo non præsente requirat:
Ille Saberninam gazis armisque refertam
Reddere promittit cunctis cedentibus urbem.
Reddetur jactura locis illata sacratis;
Restituetque gregi nequiter patrata patentum;
Solvetur pariter Brubatius ille Joannes,
Quem modo sub freno nostris in saltibus antè
Miserat inclusum vinclis & carcere cæco.
Hunc impunè prius tetris emittet ab antris,
Illi quin etiam tantò in discrimine rerum
Ante aras jurare parant se tollere fraudem;
Atque vades centum citò de primoribus urbis
Hi dare promittunt, pacis ne fœdera scindant,
Si necis immunes illos mittamus abire.
Et ne vos teneam longis ambagibus omnes,
Imprimis dicam quæ sit sententia nobis.

Sint injusta licet Germanæ prælia gentis,

G

Sabernia stupore afficitur.

Antonii in concilio ad fratres oratio.

RUSTICIADOS

Antonii in consilio super foede- re pacis sententia.

Nolim tot pugiles ablutos sanguine Christi,
Quos aqua baptismatis adhuc aspergine sacro
Lustravit, stygii cymbæ mandare charontis.
Forsitan Altitonans illorum molliet iram,
Sicut cera levis Vulcano admota liquescit.
Expectabo igitur divinæ tempora messis,
Illos nec toto luctans conamine perdam,
Dummodo Brubatius vinclis solvatur amaris;
Priscaque relligio penetret sua pectora rursum;
Viribus effrænis regalis quippe potestas
Parcius utatur? nutrit clementia regnum;
Ad nihilum reddit mentisque ferocia regem.
Dixerat, & multis placuit clementia tanti
Principis; at subito surgens Guiscius heros,
Quid sedeat menti tali sermone recludit.

Guiscii princi- pis sententia.

Sic proceres hostis quanti pellatia fallax
Multaque vis fandi sensus eludit acutos?
Justitiæ sanctæ immemores, rerumque sacrarum,
Sumere non vultis pro tanto crimine pœnas?
Ad veniam facilis scelerum dilatat habenas,
Qui malefacta virum sic impunita relinquit,
Criminis alterni nutritor creditur esse.
Viribus hanc igitur totis extinguere flammam
Maturate citò; ne per tot cella domorum
Tecta repat, latè degustans limina regum.
Excrescensque novum pariter comprimite virus,
Ne malè credentem subvertat protinus orbem:
Vel sacra relligio multis servata diebus
Prospera quæ nobis per tot effloruit annos,
Per cunctas mundi faciat discedere terras.

Scilicet hunc populum confectum crimine multo
Nunc servare fidem credam, itaque fœdera pacis?
Qui fidei fœdus toties deluserit acris,
Qui veterem legem toties abolere paravit;
Armis qui tantos oppresserit atque potentes,
Quique dies festos passim violare popolsit?
Hæc igitur legio quæ nil dimisit inausum
Ense gravi pereat, nullos evadat & ictus,
Ne nos invadens vesano Marte trucidet.

His dictis murmur propius miscere sonorum
Austrasii regis per fortia castra videres.
Sunt qui Germanos omnes absumere ferro
Decernant, clausaque illos invadere in urbe,
Totius & vulgi cupiunt delere furorem.
In se sunt alii qui desævire negabant,
Cum rege atque malunt insensæ parcere genti;
Dummodo juratæ conservet fœdera pacis.
His rebus actis, repetunt sua mœnia cives,
Enarrantque Ducis coram decreta Senatu;
Ut Gerberus ei manibus ad sydera tensis
Reddere juravit vacuatam civibus urbem,
Brubacumque suum duris exsolvere vinclis,
Atque vades centum de prima ducere gente.

Urbis Sa- bernine querimo- nia.

Multa Sabernínam subito lamenta per urbem
Attoniti cives mœstis duxére querelis,
Illa Ducis postquam novit decreta Lothringi:
Primores tristi fundunt suspiria corde,
Formidantque sibi ne vitam in vincula perdant;
Regique totque vades nostro largire negabant.
Suspirat pariter multum Brubatius alto,
Carcere conclusus, nullo quoque lumina somno
Claudi; sed lateri nunc se declinat in uno,
Aut alio sese versans dormire recusat.
Anxius aut valdè, dorso jacet ille supino
Hanc secum fundens depressâ voce querelam:
Carcere quid tardas, ò mors, felicior isto,
Infaustæ prorogas mea quid modo tempora vitæ?
Cùm reges inter regales corripis escas.

Respuis atque preces inopum te surda precantium:
Mors etenim felix quæ tristibus inserit annis
Afflictumque malo tacet in sua vincla venire.
His dictis, aperire fores Brubatius atri
Carceris audit ubi, tot seditione potentum
Horruit, & subito totoque exalbuit ore,
Et pavit veluti commotum si quis in ursum
Offendit, multo dum spumat saucius ictu.
Sic terrore gravi cessat fiducia capto.
Nam videt hos qui se variâ prosternere morte
Sæpius optarunt, latus & transfigere telo,
Tollere cervicem gladioque rotante cruentam;
Aut aliquâ pœnæ formâ deperdere vitam.
Dum timor hunc agitat cæcis reducitur antris,
Tali cui fatur ductor Gerberius ore.
Jam tibi captivo est abeundi facta potestas;
Nam Dux Austrasius nostro te tollit ab ense,
Quem non credebam nostris concurrere signis,
Atque meam terrere metu potuisse cohortem.
Eventus belli quam fallax cernitur omnis.
His dictis, captus lætanter vincla relinquit:
Taliter & Christi veneratur nomen honorum:

Mundi qui totam sarcisti, Christe, ruinam,
Et sordes hominum verâ bonitate piasti,
Gratia reddatur, tua quod clementia semper
Hanc animam voluit tibi confirmare fidelem,
Atque diu corpus cogitatâ cæde tueri.

Brubatii ad Chris- tum oratio.

Hic dictis, Ducis Austrasii tentoria noster
Brubacus petiit, dimissâ compede firmâ;
Quem cernens Princeps hortatur tangere dextram,
Amplexumque jubet quo consolentur amores.
Is jacet ante pedes dilecti Principis, illos
Fortiter amplexans tremulo hæc immurmurat ore;
Verùm singultus rumpebant sæpe loquelam.

Quænam causa tuam (dixit) fortissime Princeps,
Vertere non potuit mentem, ut tibi tanta subiret
Cura tui famuli servati Martis ab ira,
Per te servati vario discrimine mortis,
Hæc dum dicebat, comites & Guisius heros
Circumstant illum, cordis curamque resolvunt,
Lætanturque suum pugilem potuisse redire.
Intereà populus lacrymis rorabat arenas
Urbis muratæ, quam multis quæstibus implet;
Stamina cum fusis mulieres lapsa relinquunt,
Rumpendoque comas ululata tecta replebant
Fœmineo, pariter scindebant pectora planctu.
Invisam multi tristes abrumpere vitam
Quærebant proceres, laqueo telove feroci;
Aut obsessa cito transcendere mœnia gressu;
Vel modo juratæ disrumpere fœdera pacis.
Hæc dum sic agitant funesto pectore cives,
Protinùs umbrosis dirus regnator in oris
Pluto tartareum de cæca sede ministrum
Convocat, atque furens egresso talia mandat:

Pluto mi- nistro tarta- reo.

Scis genus humanum quanto molimine dæmon
Perdere sollicitum, mea sicque in vincula tentem
Trudere, perpetuum tolerans ut sentiat ignem.
Propterea ut pereat mea jam mandata capesce.
Educ confestim latebroso è carcere nostro
Turpem perfidiam, cinctam fallacibus alis,
Rumpere quæ faciat sanctè jurata Sabernis
Fœdera sacra viris, tantoque illudere regi.

Impius hæc postquam jussit mandata tyrannus,
Ille volans exit, celeri quoque sibilat alâ,
Et stridet veluti ferri quod forcipe tortâ
Immergit durus tepidâ fabricator in undâ.
Per tenebras currens sic dæmon stridet inanes;
Perfidiæque petit propè tecta latentia jussus,

LIBER QUINTUS.

Quæ postquam intravit domini mandata recenset,
Perfidiamque vocat superas ut scandat in oras,
Inde Saberninas subeat constantius arces,
A se juratæ & faciat desistere paci.
Illa suis jussis inferni clauſtra relinquit,
Et cum fraude citò tenebrosis exit ab oris,
Inque Saberninà volitans se contulit urbe ;
Et juratâ jubet difrumpere fœdera pacis ;
Atque suas mentes hæc ad perjuria falsis
Inclinat verbis, millum renovatque furorem.
Tum cives versi renuunt pia fœdera pacis,
Auſtrasioque vades contemnunt mittere regi.
Hanc ubi cognovit ductor Gerberius artem,
Illius elusæ cunctis præconibus arcis,
Undique consilium jubet appellare potentum ;
Urbis & in medio postquam venère vocati :
Is sermone potens hos inter talia fatur.
Primores audite viri quid pectore versem :
Aut violanda fides quam nos juravimus ante,
Aut omnes miseri mortem patiemur acerbam,
Et stygiis animæ nostræ ducentur in undis.
Verum quæ cogito, vobis ut cuncta resolvam,
Craſtina cùm rubeum latè lux sparserit orbem,
Urbem linquemus nostrà cum gente recessum
Fingemus, nostro veluti promiſimus hoſti,
Evacuata viris linquemus mœnia veſtra :
Aſt ubi non longe sese subduxerit agmen
Noſtratum furtim rediens nova veſtiat arma,
Fortius Auſtrasios audax invadet & hoſtes ;
Nam majore manus numero concreſcet ubique,
Quæ non curabit juratæ fœdera pacis.
Antea quam repetat patrias Antonius arces,
A nostris proprio reddetur sanguine tinctus :
Et modo qui fortis nos vincere venerat omnes,
Agmine cum toto victrici Marte peribit ;
Victorem victum cernis superare frequenter.
Nec veſtram revocet divûm reverentia mentem ;
Nam lento greſſu superorum vindicat ira.
Et ne quid legio luctaret perfida dictis,
Ille sinu chartam conclusam detrahit ultrò,
Ad transrhenanum famulus quam ſcripſerat agmen.

Agmen sublimem pariter quod regis honorem
Affectat mundi & dominos abolere potentes.
Et fecit coram cunctis aperire tabellas,
Atque silere jubet dum servus perlegit illas,
Taliter has recitans dum nutu præcipit illi.

Tranſrhenana manus cui paret maxime ductor,
Ruricolæ Princeps Gerberius ille cohortis,
Hoc ad te miſſo furtim præcone salutat :
Scis dilecte comes quanto molimine noſtrum
Perdere conetur Princeps Lotharingius agmen,
Inque Saberninâ meme conclusérit arce
Cum multis aliis, quos adjurare coegit,
Mœnia linquendo nostris diſcedere tectis.
Cui siquidem parere citò decrevimus omnes.
Quilibet at noſtram postquam dimiserit urbem,
Inventis gladiis lusos irrumpet in hoſtes ;
Quavis parte recens hic inſtaurabit & agmen,
Cui se conjungat latitans per devia fallax ;
Auſtraſios homines telo & jugulabit atroci :
Si nobis faveas, ductor dilecte, valeto.
Impius has poſtquam recitavit pro tabellas,
Mox cerâ religare facit Gerberus odorâ,
Atque dedit cuidam de stultâ plebe clienti,
Qui tranſrhenano ductori deferat audax,
Mœnia cum primùm captivæ liquerit urbis.
Ad sua sic civem ductor commenta trahebat,

Semper perjurum ; donec primos sermone potentum
Viciſſet, quamvis luctaſſent tempore longo.
Sicut nauta vigil cernens consurgere ventum,
Hortando socios primo in luctamine certat :
Ille tamen ventum ut navem superare volentem
Aspicit, incaſſum credens inſurgere nautas,
Is quo versa ruit navem dimittit abire.
Ductoris verbo ſic lusa Sabernia ceſſit.

Illa ubi diſſimulat, sua nec promiſſa resolvit,
Iratus Princeps tanto in discrimine Martis,
Mittere magnanimos comites decreverat illi,
Qui promiſſa sibi faciant implere potenter,
Atque Duci reddant vacuatam civibus arcem.
Sed quia pallenti lumen rareſcere mundo
Cœperat, atque viris sua claudere lumina ſomno ;
Hanc rem propterea consulte diſtulit heros
Auſtraſius, donec nova lux illuceat orbi.

Argumentum quinti Libri.

Auſtraſiæ Princeps hortatur ad arma Phalanges,
Invaditque hoſtem, fugit ille per invia teſqua.
Ingeminant luctus, reſonat clamoribus æther.
Et graviter mœret rebus spoliata Saberna.
Triſtia Gerberi ſcribuntur fata tyranni.
An patriam repetat Princeps, atque arma relinquat
Inſpicit, & pietate novâ complectitur hoſtem.
Compoſitis rebus, diſcedunt caſtra Saberna.

LIBER QUINTUS.

Vix aurora rubens grato veſtita colore
Liquerat Oceani ſenioris tecta mariti
Reddendo cœlo sua lumina clara nitenti,
Quum Dux Auſtrasiæ primâ cum luce repellit
Palpebris somnum, comitem cui Salmia paret
Surgere facturus, socios qui ſuſcitet omnes,
Atque Saberninas accedant protinus arces ?
Et poſtquam legio vacuum dimiſiſſet urbem,
Accipiant illam Lotharingi nomine regis,
Et faciant hoſtes subito diſcedere ab illâ.
Non ea fallaces quæ jam pepigere recuſent ;
Et manibus propriis memoratint fœderis icti.
Fedifragos etenim dæmon ſub tartara mittit,
Acrius atque furens pœnâ contorquet atroci.

Et jam Salmeus facti non immemor heros
Mandati, noſter quod Princeps juſſerat ante,
Inſignem conſcendit equum cum gente feroci ;
Hoſtili propero greſſu muroque propinquat ;
Aſpicit & propius cum clarâ ſtirpe receſſum
Agminis agricolum, linquentis dulcia tecta.
Poſtquam porta patet multis occlusa diebus,
Egreditur legio dimiſſam ſegniter urbem,
Fraxineas haſtas poſt se portando per agros.
Ductores belli cum tot primoribus urbis
Præcedunt, poſt ſe ducentes agmina denſa.
Collis erat patulus dimiſſâ non procul arce,
Quem Marterbergum patriæ dixere coloni ;
Huc deducta cohors hoſtis se prodidit ultrò ;
Nullius & penſi faciebat fœdera pacis.
Intereà hoſtiles latè diffuſa per agros
Antonina manus partim sua caſtra relinquens,
Huc cum conceſſit firmo veſtigia greſſu
Fortiter inſtructa ut cuneum ſpectaret euntem.
Poſt hinc ecce virum cernit ſua caſtra parumper
Linquere, quem cuneus noſter celeranter euntem
Continuit, coram cunctis dextrâque prehendit,

RUSTICIADOS

Ad bellique duces illum cædendo trahebat:
Hunc super æthereo tunc rege favente reperta est
Littera ad transrhenanos à Gerberio missa. Littera perjuri ductoris plena minarum,
Quem transrhenanæ transmiserat ille cohorti,
Ductoremque docet devictam ut liquerit urbem;
Austrasios iterum fallax irrumpet in hostes,
Illos atque suo deperdet Marte veloci.
Has ubi nostrates missam videre tabellam,
Cognita sicque fuit cœci deceptio vulgi,
Unus Gheldrinus cupiens ut criminis auctor
Dignam persolvat pœnam, captum trahit ad se
Per mentum capiens, vaginâ & detrahit ensem
Dicens, nunc morere, morere, cecidítque trementem,
Fortiter occisum sævo demisit & orcho.
Nuncius litteras portans, occiditur. Dum sic egreditur legio Germana Sabernam,
Et Marterbergum versus deduxerat agmen;
In nostrum cuneum naso resonante cachinnum
Emittunt aliqui, inter se laudantque Lutherum;
Illi longævam misero vitamque precantur
Vivat &, exclamant ingenti voce, Lutherus;
Hæresis illius toto quoque floreat orbe:
Et simili verbo Austrasios redire laborant.
Quod cernens quidam nostrâ de gente bubulcus,
Hostis quem victus manicâ retinebat euntem
Manticulâ simulans gazas auferre tenaci;
Non tulit is risum, falsi laudesque Lutheri:
Ocyus inter eos sed turpia jurgia surgunt,
Jurgia quæ multos animo movere videntes,
Dum tali clamore tonant sic ambo per agmen,
Vox cœlestis auditur. Vox gravior demissa polo (res mira) superno
Auditur, tenues resonans agiturque per auras,
Quæ nostris prohibet Germanæ parcere genti,
Imperat & falsum gladio delere cruorem.
Hanc ubi nostra manus percepit ab æthere vocem,
Accelerans pugnam falsos irrumpit in hostes,
Festinatque solo prosternere multa virorum
Corpora, crassato jam nigrescentia tabo:
Nullius insiliens pariter miserescit & hostis;
Armorum crepitus scandebat ad æthera cœli.
Impliciti dum sic fremerent crudeliter hostes,
Unus ab Austrasio cuneo sic mitibus illos
Affatur verbis dicens: Plorande popelle,
Cognosces subitò quantus pugnator in armis
Sit Deus omnipotens, homines qui fulmine torquet;
Dum justo latè sociorum corpora bello
A nostrâ turmâ passim jugulata videbis,
Invito nihil est quidquam sperare tonanti.
Fortiter his dictis hostes discerpere cœpit,
Illos percutiens, implebat sanguinis agros,
Armorum sonitus donec resonaret ubique.
Ejus nostrates animum ut videre potentem,
Secum quippe ruunt telo, multosque trucidant;
Hostes & jugulant Lotharingi hostile per agmen:
Et neglectâ jacent avibus sua membra cruentis.
Huc tamen Austrasiana manus non venerat omnis;
Octo bis centum verùm venisse leguntur.
Gheldrenses equites nullo terrore paventes,
Hostes qui fidei sacræ cædendo per agros,
Usque Saberninas arces duxère potenter;
Totius atque manus pauci superando rigorem,
Unâ cum multis intrarunt hostibus urbem,
Quos pedites nostri divino robore freti
Contemnunt, illos cædentes morte profundâ.
Qui portâ captâ sociis (mirabile ductu)
Ingentem faciunt aditum, quem milite complent;

Atque viâ factâ primos mucrone trucidant,
Urbem sacrilegam spargunt & sanguine multo
Cæsorum; ut sævum Martem venisse putares.
Hostes instaurant bellum, & cupiunt succurrere telo
Ædibus obseptis; qui rursùs & agmine denso *Ruricola Urbem ingressi armant se novis armis.*
Armant se galeis, multîque recentibus armis,
Omnes cinguntur ne quicquam bella moventes,
Cum nostraque manu nullâ formidine ducti
Prælia multa gerunt, ædes frustraque tueri
Nituntur, gazasque suas charósque parentes.
Nam fere ruricolum viginti millia muros
Exierant nondum, Gheldrinis atque nocebant:
Sed nostri pedites divino robore freti,
Infestare citò legionem audacius audent.
Clangor luctificus percurrit tecta tubarum,
Deceptos hostes sonitu quoque pulsat amaro.
Omnis quippe domus rauco plangore remugit;
Implenturque viæ gemitu fera bella videndo.
Exhalant animas quoniam per tecta domorum
Multi, divitiæ vel mox rapiuntur ab hoste:
Bellicus atque timor morituram concutit urbem:
Tristitiam meritoque gravem manifestat in omnes:
Implerent viduæ ut tristes ululatibus ædes,
Dejectos crines lacerantes unguibus uncis.
Optarentque senes inter tot funera mortem,
Auctori scelerum fraudem qui voce nefandâ
Funeream didicit; mala non dicenda precantur.
Præsentem vitam fastidit pulchra juventus;
Atque necem miseram poscunt lacrimando puellæ,
Pupilli pueri flent inter brachia matris,
Ignari rerumque timent lamenta parentum.
Luctu cuncta domus mœstis lacrymísque madescit.
Sicut sole nives gelidæ surgente liquescunt.
Urbem per mediam fundens suspiria ductor *Gerberus socios ad arma hortatur.*
Gerberus, socios omnes hortatur ad arma,
Fallaci rumpens talem de gutture vocem:
Quæ vos segnities belli dissuada laborum
Forte metu mortis jam tanto tempore tardat?
Paucula sic veniens deterret mortis imago?
Festinate precor, redeant in pectore vires.
Sic comites pungit frustra Gerberius acer,
Cui sese glomerant multi juvenésque senésque,
Sæpius ut secum in certamine magna ferantur.
Ast alii quibus heu tardè cessarat erymnis
Omnis regnandi, sceptri quoque blanda potestas;
Et quia quo fortuna loco rem digerat omnem
Aspiciunt, iram & superum pugnare volentum, *Pugnire pro punire.*
Ulcisci cessant proprios à morte nepotes.
Illic parca ferox duro sera fila sororum
Ense secare facit, multos truncatque mœrentes:
Sic pedibus cæsi crudeliter atque teruntur.
Grana velut grandis spicis educta repente
Calce premunt patulâ calcando sæpe juvenci,
Si quando segetes plano excutiuntur in agro;
Sic pedites nostri calcabant durius hostes:
Illius ut nullus valeat recitare diei
Infandam stragem, ferventer pene peractam
A nostrâ turmâ, modo quam Germania nobis
Duxerat inferior munitam fortiter armis.
Cujus non putuère duces sedare furorem;
Quin cito ruricolas regnorum gaudia vana
Dedoceant, variis implentes motibus urbem;
Cives perque domos sese secreta latentes
Comperiunt multos, abigunt quos æde potenter,
Atque viam nullam fugiendi morte relinquunt:
Aut hos ejiciunt pereant ut viliter ictu,
Vel citò compressos deperdunt ense minaci.
Sic

LIBER QUINTUS.

Gerberia adversa fortuna.

Sic fontes semper punit fera pœna potenter.
Forsitan & quænam fuerit fortuna requiras
Gerberi, Mortis fere promotoris iniqui.
Is postquam socios compelli vidit in arctum:
Extremum ad vitæ discrimen & ense redactos,
Remque citam novit supremâ in cuspide ferri,
Ingescit sese forti moriturus in æde;
Inque novo castro vallato turribus altis
Cum ducibus belli, turri se condit in alta,
Expectatique citò venturæ tempora mortis.
Exercent illum curæ sævique dolores;
Et pœniam sceleris secum versando patrati,
Iram non satiare potest; & dulcia somni
Otia fastidit, vitæ finemque precatur;
Incœpti bellique pudet, fraudisque repertæ,
Atque suum luctum tali sermone renarrat:

Gerberi in ... querimonia.

O quales malefida rotas fortuna reflexit
Insurgens in me, donec trepidare coegit
Me terrore gravi, diris vinclisque ligavit.
Nullus in orbe manet me desperatior omni,
Atque meo statu nihil infœlicius isto:
Nam nihi jurarant hominum tot millia nuper,
Undique decrerant sequi vestigia nostra;
Ædes atque sacras festivis urere flammis,
Regum divitiis bello & lassare rapaci,
Austrasios nec non prosternere funditus omnes.
Accidit ast aliter; nam clausus carcere cœco
Et scelerum pœnas nunc adventare feroces
Prospicio sortemque ferum convertere vultum
Pro blando, socios dum sic in morte redegit,
Fecit & Austrasios nostris concurrere signis,
Et secus ac rebar, Marte oppugnare Sabernam,
Occisos comites mandareque tristibus umbris;
Nam vilescit honor celeri qui præterit horâ.

Assiduo dum sic lugens Gerberius ore
Obstrepit, & socios obtundit carceris omnes:
Mox Vademonteus Princeps & Guisius heros
Hos servare jubent vigilaci semper ab hoste;
Carcere de clauso ne sic prodire relinquant.

Scilicet hic seductor, ait Guiseius ille,
Incolumis patriam repetet, charosque parentes,
Uxoremque sibi fidam, natosque videbit;
Et nullam de se sumemus sanguine pœnam?
Qui superum delubra fero tot miseri igni,
Quique fidem sacram celerarit crimine multo;
Atque sacerdotum dederit tot corpora morti?
Heroas celerique pios extinxerit ense,
Atque meo fratri jacturam fecerit omnem?
Et vasti regni sceleratâ mente flagrando
Deceptum toties vulgus vi traxerit ad se?
Non ita (dixit) erit gravior sed pœna manebit
Prædonem; is ne nos infestet Marte recenti.
Dixerat: interea cives expirat avaros
Divitiis cuneus noster, torquetque Sabernas,
Ignis materiam & quærens incendia ponit

Ignem in ædibus injectum cessare jubent Principes.

Ædibus in multis, pereant ut duriùs hostes,
Quos ardere cupit projectis usque favillis.
Quod semel ut videre duces, mox impetu facto,
Hunc cessare jubent, grandi non absque tumultu.

Tempus erat quo Sol cunctis ardentior astris,
Jam medias umbras celsi superarat olympi;
Quum Dux Austrasius conscendit & ipse ferocem
Quadrupedem, effossas pede qui dispargit arenas;
Os frenum mordendo sonat, dominoque superbit.
Tali vectus equo sua jam tentoria linquit,
Atque Sabernínas arces comitante coronâ
Nobilium petiit, Mavortis & absque furore.
Urbis ubi cladem vidit Lotharingius heros;

Antonii Sup. miseria urbis Sabern. descriptio.

Vix lacrymas tristes oculis tacitumque dolorem
Lethali sontum semper servasset ab ense,
Cornigerum veluti Mosem Pharaonis ab ira
Servasti: quando converso gurgite totum
Ejus cum domino mersisti protinus agmen,
Ingentes & opes quas rex crudelis habebat.
Vel sicut volucris post partum sedula factum
Implumes custodit aves à cæde cruenta;
Eque virûm laqueis nidum custodit amatum.
Sic tibi fidentes (ne nos deprehenderet hostis)
Servasti; & quovis spero servabis ab ense,
Ad fidei studium versos animosque reflectes;
Atque hæresim cœptam facies cessare per orbem,
Intrent ne fidei sacratas impia caulas
Dogmata; ne rursum rubeat pia terra cruore;
Gratia diceturque tibi rex maxime regum.
Dum sic orabat Lotharingus poplite flexo:
Magnanimi fratres etiamnum lumina sursum
Tollentes orant, omnis procerumque corona.

Mox aliud templum structum quod in urbe potenter
Divo Francisco fuerat, Dux inde petivit,
Ordinis hujus erat quia factor maximus ille.
His actis hilares sacri per limina templi
Concrepuere tubæ, lituí raucique sonabant,
Illorum sonitum percepit ut aure Saberna
Luctu tota gemit, tristi quoque plangitur æde;
Nam populi meritis oriuntur bella frequenter.
Sons quoque supplicio semper torquetur amaro.

Præterea castrum se Gerberus in urbe
Servarat mediâ, cum tot primoribus ejus,
Cum ducibus belli, belli non absque fragore,
Lavalleus eques nostro cum milite cœpit.
Haud mora Gerberum cum torto funere vinctum
Gheldrini pedites rabido clamore trahebant,
Cum paucis aliis è mœsto carcere ductis.

Omnis nobilium tunc circumsepta propago,
Ut videat captos, illuc ubicumque ruebat.
Constitit inter quos fallax Gerberus inermi
Corpore turbatus nullo sermone trahenti.
Cui postquam multi simul illusere videntes,
Unus nobilium properè citatur ab illo,
Hortaturque fari causam cur nobilium omni
Parte sibi densum sic jam quæsiverit agmen,
Agmen quod numero muscas superabat ovantes,
Lucrosi miscent dum se pastoris in æde,
Quando vaccino sua vascula lacte madescunt.
Quærit præterea quænam sibi tanta cupido
Regnandi subitò mentem decepit amaram?
Unde sibi causæ veniunt odiique furoris?
Unde sibi pariter fidei contemtio sacra?
Neglectus superi tandem surgetque senatûs?
Plurima præterea quæ sic Mavortius ille
Quærebat miles capto ducibusque prehensis.
Gerberius primo casum sic prodidit omnem.

Gerberii coram primoribus confessio.

Vera fatebor enim (fuerint quæcumque) libenter
Heroes: nec me mendacia fingere coget
Supplicii sævi terror mortisque propinquæ.
Sors bene felici successit sydere vobis;
Quod jam nodoso teneor per castra capistro;
Nam nisi me fortuna ferox in vincla dedisset,
Atque Saberninam Princeps Antonius urbem,
Absque mora segni multum fideliter armis
Suevisset, turpi spretâ formidine lucis,
Ocius hos fines bellantum copia multa
Implesset, nemo quam dinumerare valeret:
Sicut arena maris nullo numeratur ab ore,
Illaque multorum Austrasium cum sanguine vitam

Fudisset, totum pariter violasset & agmen;
Et benè muratas coepisset protinus urbes,
Villas cum claustris, validas arcesque potentum.
Horresco referens quantis tua templa favillis
Gerberi condemna-tio. Ussisset, sacras pariter rupisset & aras.
Dixerat, & cunctos equites circumstetit ingens
Formido, dictis qui substupuere revincti.
Et postquam videre scelus sic ore fateri,
Hunc ut jura jubent furcâ pendere rapaci
Condemnant, & ibi sceleratam perdere vitam.
   His actis quidam dum quaeritur undique lictor,
Qui sontis foedum celeret torquere reatum;
Unus qui culpam tunc conjurarat eandem
Surgendo crimen sibi condonarier optat;
Primorem & dominum laqueo pendebit atroci.
Illi nam crinem detonsum tonderat ante:
Pro vita nunquam lictoria munera spernet.
   Ut novus hic lictor sic vinclis conspicit arctis
Gerberus deridetur à famulo. Gerberum miserum dictis subsannat amaris.
Quam melius tibi (dicebat) venerande magister
Servivi: mentum lavando dulcius undâ,
Ars mea quam didici nullam dedit ante ruinam
Quae tibi caesariem rasit vitae absque periclo:
Sed modo quàm disco tristes te mittet ad umbras,
Atque tuum corpus disrupto gutture perdet.
Sic ait: atque herum dorso devexit equino
Educens illum, superatâ longius urbe,
Qui scelus admissum tenuit delere fatendo,
Nec cupit assumpto culpam delere dolore;
Ille sed incepto semper persistit eodem,
Oblitus superi quantùm clementia regis
Sit prona ad veniam, sceleraneque oblivia ponit.
Captum praecedunt furiae, servantque nocendo
Ne revocet mentem dum saevâ morte quiescat.
   Ducitur is, salicem dum lictor ternit amaram,
In cujus ramo religata fune ligavit
Captivi domini collum sursumque pependit,
Gerberius suspendi-tur. Emisit donec effracto gutture vitam;
Corpore contabuit qui sic pendendo repentè.
Sic olor fidei populi deceptor iniquus
Suspensus laqueo volucres enutrit agrestes;
Qui vivendo Dei spernit praecepta superni,
Spernitur à justo semper rectore polorum.
Alter erat captus per pulchro corpore secum,
Aequalis fuerat pariter cui debita poena;
Is socii vitam misero finire dolore
Suspiciens, illum festinâ voce profatur.
Quid nova seditio, dixit, Gerbere misellè
Facta prius juvit, fervens caedesque piorum
Expetere, & justo sine jure palatia regum;
Quem naturâ humilem genuit Germania quondam,
In qua solerti coriarius arte fuisti;
Unde tibi facilem victum natisque parabas,
Uxori charaeque tuae sine crimine turpi.
Hanc ubi sprevisti mutato munere vitae,
Omne tibi crimen nullo prohibente licebat:
Ausus es & mundi miser insultare potentes,
Omnes Plutonis furias anteire furore.
Regnasti, satis est: periit quoque coepta potestas.
Quippe tuae tradent viles tua viscera corvi,
Atque canes sese satiabunt corpore pingui.
   Dixit & advertens mortem tibi jure paratam
Suspicit hic sursum, sceleris quoque poenitet acti.
Hinc animo versans furias cito pectore tristi,
Quae sibi noxarum causam peperêre nocentum
Socii Ger-beri ad Vir-ginem ora-tio. Devovet, & veniam hac lachrimosa voce precatur.
   Principis aetherei genitrix generosa faveto
Sublimis virgo, priscae quae nescia culpae

Portasti prolem, miserae qua gratia terrae
Jam diffusa viget, totumque illuminat orbem:
Quam prius assumptam solio sedere superno
Rex superum justam voluit, sontesque juvare,
Arces atque tuo vultu decorare supernas:
Mortales miseros celsâ de sede revise;
Atque tuum natum pro me pia Virgo precare,
Turpibus ut viciis queis nunc offendimus illum
Ignoscat, nec non morientem lumine dextro
Respiciat, fragiles donec mors dirimat artus.
   His dictis illum suspendit in arbore lictor;
Atque diu Luctans animam exhalavit amaram.
Princeps interea noster cum fratribus urbem
Dimittens captam, repetit sua castra libenter. *Antonius sua castra repetit.*
In cujus reditu cito cyprea massa rotando
Aethera celsa quatit, laeto frangitque boatu.
Victorem venisse sonat longoque fragore.
Ausonii hinc posuere duces pro nocte sequenti
Excubias vigiles, servant vigilanter & agmen,
Quod bene conservant donec nox dissolvitur omnis.
Sicut turba canum vastum custodit ovile,
Vulnifico ne dente ferae de monte ruentes
Sylvoso, placidas valeant laniare bidentes.
Sic vigilant Itali, periit quibus undique somnus.
   Nondum aurora rubens spatiosum sparserat orbem,
Concilium concire jubet Lotharingius heros;
Gaudia ne faciat violentis hostibus ille,
Continuò venit prudens Guiseius illuc,
Atque Ducis fratres, veniunt multique vocati;
Austrasii comites adsunt pariterque Ducatus;
Primores equitum quos secum duxerat omnes
   Astabant, ubi conventus Lotharingius heros
Haec ait ad cunctos defigens lumina fratres.
Scitis quam foelix (superò ducente Monarchâ)
Sit modo christicolae victoria facta phalangi,
In qua bis octo numerantur caesa virorum
Millia, perpetuo quae sunt jam dedita somno,
Cruda quibus comedunt obscoenae corda volucres.
Consilium quaero si tot post millia caesa
Est subito reperenda domus regnumque paternum,
Atque manus revocanda in sedes ante relictas,
Aut modo germanos hic expectare feroces.
Si patriam remeem timeo ne perfidus hostis
Saeviat, atque novum properanter pullulet agmen; *Hidram fingunt Poetae*
Atque renascantur veluti misero pullulat hydra *multorum*
Multorum in lerna turpi rediviva colubrum: *capitum*
Uno conscisso multi (ut dixere) resurgunt. *serpentes in*
Sic nimio vulgus majus ne suscitet agmen, *lerna palu-*
Inveniàque manu nos caedat more leonis; *de.*
Ut modo Gerberus vulgavit voce minaci.
   Dixit: & exurgens Joannes inclytus heros,
Cardinei decoris quem fulgens culmen honorat,
Effudit talem generoso pectore vocem:
Dissona non statim à cytharedo chorda diserto
Tollitur à cytharâ, pariter removetur eburna,
Illam tendendo doctâ verùm explicat arte,
Vel minus extensam digito satis ille remittit.
Sontes sic subito Princeps non tollat iniquos;
Illorum mores ast emendare relinquat.
Sic Deus expectat venturae tempora messis;
Peccantes dubiens nec semper perdit in ira,
His dictis properè siluit praestantior heros.
Guisius & Princeps coepit discrimina belli
Mox pensare feri; quantam miserîque ruinam,
Afferat humanis, obstet ni rector olympi:
Haec cogitans secum postremò talia dixit.
   Cesset jam vulgus nostratum morte cruorem

Perdere crudeli, vel perniciosa dabuntur
Damna modo; dum nobis insidiatur ubique.
Omnes & rapientur opes quas ante coegit,
In nos insurgens si rursum viribus impar
Dementer commovent prælia plena furore.
Propterea in patriam tua nondum castra movenda
Strenue ter Princeps, dulcis repetenda nec ædes,
Hæc populi rabies dum plus sedata quiescat.

   Gustus hac Princeps percussarat æthera voce.
Quæ Vademonteo comiti sententia multum
Grata fuit, nullum qui semper Martis amati
Spernit opus, formâ cunctis generosus & armis:
Hæc comitum placuit pariter fortique coronæ.

Sententia seniorum de reditu in Lothar.

Ast alii patriæ seniores multa ferebant
Inter se; nec sic adeunda pericula belli
Dicebant: at per Sarburgia mœnia tantum
Consultant remeare ducem totamque phalangem.
Consilium tamen hoc cuncti sprevere potentes:
Decretumque fuit legionem longius ire
Austrasiæ, cui jam nullus redituique patescet
Alsaticam vallem donec lustraverit omnem.

   Dicitur interea spoliatâ rumor in urbe
Austrasium regem sua Martia castra subiisse.
Hæc ubi cognorunt pedites majora fremendo
Damna ferunt victis, ignem rapidumque per ædes
Hostiles mittunt, volitent ut jamque favillæ.
Conveniunt victi postquam videre periclum;
Rem quoque consultant toto sermone timendam,
Portaramque dehinc referato cardine cives
Ire jubent ad pulchra Ducis tentoria centum,
Centum oratrices, nuptarum ex ordine sancto
Delectas, sparsis gradientes crinibus omnes;
Proque viris charis quos carcere detinet ille,
Maribus & naris lachrimando poscere pacem;
Ne pereant illi properanti funditus ense.
Ignis & immissi faciant cessare furorem,
Quem scelerata phalanx immiserat ante latronum.
Haud mora matronæ celeri tentoria gressu
Festinando adeunt tristes Lotharingia castra;
Atque iter ingressæ mœstum sua castra libenter
Non procul aspiciunt, illæque subire laborant.
Qui prior ingressis generoso hæc protulit ore.
Dicite matronæ quænam mea castra perendi
Caussa fuit, nostrum quis vos huc vexit ad agmen?
A me quid petitis tanto in discrimine belli?
Urbe Sabernina veniens selecta virago,
Quæ fuerat cunctis aliis facundior ore,
Ante ducem nostrum loquitur sic poplice flexo.

Oratricis Sabernia ad Anton. oratio.

Magne Renatiades ô cui clementia mitis
Complacuit semper, decor & pietatis amatæ,
Venimus huc multo celeri dux inclyte gressu;
Proque viris veniam, natisque precamur ademptis,
Carcere robusto bellum quos intulit omnes,
Illos ne facias æterna tollere morte:
Vidimus heu miseræ tot nostræ funera gentis
Mavortis cecidisse manu! cessent precor illa
Ædibus à nostris arce clementer & ignem,
Quas post discessum populus sceleratus inurit:
Et nisi nos propero tua virtus sublevet ense;
Omnia vastando violabit fumiger ignis.
Devius ut Phaeton post jam promissa parentis,
Post tibi concessum Phœbi moderamen equorum,
Quod renuens genitor multum dissuaserat ante;
Postquam lora manu cœpit puer inscius artis,
In cinerem vertit multas cum mœnibus urbes:
Sic facient pedites, ni sit clementia præsto.
Injusto quamvis bello bellavimus omnes,
Majori exitio meruimus perdier à te;

Attamen in captos hostes non sæviet ira.
Scipio tam magnus sine nummo reddidit omnes
Hispanos, longo quos bello cœperat ante.
Romanis multis reditum concessit & ultro
Pyrrhus Achileides; hosti captoque pepercit.
Sic reditum facilem nostris largire maritis;
In viduo lecto madeant ne tempora fletu:
Et tanti facti cessabit gloria nunquam.

   His dictis mulier tristi suspiria corde
Rumpere non cessat, multo quoque lumina fletu
Irrorat: veluti dulcis si forte puellum
Iratum mater gremio deponit amœno.
Ocyus his lacrymis motus dux inclytus, urbi
Afflictæ miseris subito & succurrere mandat
Hostibus, & flammam pariter prohibere voracem.

Ludrius in Sabernia ignem extinguit.

Ludrius eligitur, primis assuetus ab armis
Ducere bella Ducis, qui tantum munus obiret.
Evocat armatos lecta de gente potenter,
Adjunxitque sibi, domini qui jussa capessant;
Agmine nobilium facto tentoria linquunt,
Atque Sabernina succedunt protinus urbi,
Ignis & immissi flammam compescere curant:
Instanterque jubent hostem ne tolibus ultra
Incessent plagis; nullo quoque funere turbent,
Nec vitam eripiant conclusis carcere cæco;
Sed tenui pretio vitam servare laborent.

   His actis dominæ celebrabant jamque recessum
Germanæ; revocat cùm Princeps eminus illas
Austrasius matres, sortis miseratus iniquæ
Atque suas epulas partiri jussit in omnes,
Tollere mœstificamque famem decrevit ab illis.
Gramineo cunctas igitur discumbere campo
Non procul à castris fecit, dapibusque repertis,
Explevit ventrem jejunum strenuus heros,
Ardentemque sitim dulci vinoque refecit;
Atque piæ cereris dedit illis plurima dona,
Quæ conservabat vicelus Ulricus ante
Auratus miles castelli natus ab æde.
Potandi postquam cunctis expleta cupido,
Hæ retulere Duci cereris pro munere grates;
Atque suam repetunt cum dono protinus urbem;
Illæ dum redeunt, suspensi triste cadaver
Gerberi cernunt pascentis in aere corvos,
Non procul à castris Lotharingi Principis, omnes
Irato multum faciunt convitia corde;
Quod proprios omnes maculavit sanguine fines;
Vicinum gazis sit depopulatus agellum;
Per quem tartareis tot corpora missa sub undis;
Auri tot per quem periêreque pondera cæci.
Pendentem nec non verbô execrantur amaro
Germanæ dominæ; atque dehinc sua recta subinitrant;
Enarrantque viris Lotharingi munera regis
Illis quæ dederat; mox ut largitus in omnes
Sitque dapes lautas in lato gramine canipi.

   Urbe Saberninâ captâ Lotharingius heros

Antonidis castra movet.

Castra movere jubet, raucè resonante per astra
Ærisono clangore tubæ, lituique sonori.
Arma parant pedites, Ducis & mandata facessunt:
Acceptoque penu cito Mormonsteria tendunt
Mœnia, quæ captâ non distant longius urbe.
Accelerant dum sic fratres arcique propinquant
Prædictæ, cernunt parvi de vertice montis
Innumeros equites fulgentes ære corusco.
Restitit hic legio donec cognoscet an hostes,
Illis an socii conjuncti fœdere pacis.
Austrasium dum sic prospectat non procul agmen;
Exilit in medium mox gubernator honorus

Nomine Cæsareo Germanæ totius oræ.
Argentinenses equites fulgentibus armis
Hic aderant, regem nostrum qui pone sequuntur;
Intraret donec sua Mormonsteria tecta.

 Introgressa fuit postquam constanter in urbe
Antonina manus, surgunt de sede ministri,
Occurruntque Duci, positisque fulgentibus armis,
Egregium corpus lænâ cinxêre micanti,
Germani huc veniunt equites regemque salutant:
Ille sui similis cunctis assurgere cœpit.
Omnes quem properè celebri venerantur honore,
Illos præsenti quod sic defenderet ense:
Quod facinus fulgens omni celebrabitur ævo:
Quod referent homines donec radiantia cælo
Sydera fulgebunt; vivet dum florida tellus:
Perque suum regnum resistet dum rauca Mosella.

 Hac & in urbe pius pro victis hostibus heros,
Intentus precibus invisit templa sacrata,
Pro sibi concesso laudes agitatque triumpho.
Hæc urbs & quoniam cæcorum lusa furore
Agricolûm fuerat: voluêre hanc perdere bello
Nostrates pedites, illam spoliando libenter:
Noluit at Princeps ablutos sanguine Christi
Tam multos homines properanti tollere morte.
In melius verùm vitam correxit ubique,
Atque novum virus totâ deposuit urbe;
Ultio ne divina cadens hanc obruat olim
Moribus ut sacris corruptas quatuor urbes
Gomorram, Sebaim miseram, Sodomenque sce-
 lestam,
Atque Adamam grandem divino perdidit igne.

 Dux tamen his aliquos qui seduxère juventam,
Et sermone suo populum sua vota sequentem,
Illius heu sectæ capientis verba libenter,
Abstulit ense pio, vitam & finire coegit;
Crimine ne populus sese macularet ab illo.
Inter quos aderant cathedram qui fortè repertam
Ædibus in sacris igni (res mira) voraci
Audacter dederant spernentes jussa Lothringi:
Hanc cathedram dico quâ concio sacra fiebat,
Quos ubi lictor atrox voluit suspendere furcâ;
Noluit ex ipsis unus commissa fateri,
Nec scelus agnovit veluti truculentus Iudas,
Sit licet à doctis longo sermone precatus.
Quem postquam lictor tristes demisit ad umbras;
Tunc mage turpe fuit nigro carbone cadaver.

 His actis Princeps populoque in pace redacto,
Qui sacræ fidei postquam servire Lothringo
Promisit domino, & celeri desistere cœpto:
Dimisit Princeps sua Marmonsteria tecta,
Ut rauco strepuêre tubæ per sydera cantu:
Ex temploque petit, Martis non absque tumultu,
Arcis Dathstennæ sublimia tecta repente.

Argumentum Libri sexti.

Præter spem in sexto renovantur Martia bella.
Lotharingus Chervillæ castra locavit ad arces.
Magnanimi heroes consultant, bella parantur
Horrida, Chervillæ incenduntur tecta superbæ.
Diffugiunt hostes, & Marte premuntur acerbo,
Et dono divum victoria parta secunda.
Magnanimi heroes patrios petiêre penates,
Marte triumphanti & divis dant thurea dona.

LIBER SEXTUS.

Rem fidei sacræ tollendo funere vulgus
Undique deceptum valde reparasse putabat
Austrasius Princeps, belli finemque dedisse,

Hæreseos vires & confregisse nefandæ.
Fortius at bellum germano surgit in orbe,
Post tantos homines inopinâ morte ligatos:
Omnis & Alsatiæ regio dissultat in arma;
Asseclasque suos à nostris cæde peremptos
Acrius ulcisci telis exardet amaris,
Ejus perfidiam sancit nec tradere ventis;
Infestumque sibi quærit per devia regem.

 Propterea cives miscentes omnia Marte
Injussi absque tubæ sonitu sua limina linquunt,
Contemptum fratrem, cum conjuge pignora chara.
Hic humeros grandes loricâ vestit atroci,
Induit atque caput galeâ fulgore nitenti;
Et teretes ferro suras includit iniquas.
Alter habens armis protectum à vertice corpus,
Mucronem lateri sævo suspendit acutum.
Nescius & vinci clypeum capit ille cruentum.
Mox alii reserant urbes, domibusque relictis
Digressum quærunt; veluti si quando columbæ
Implumem nidam linquentes agmine facto,
Postea quàm cœlum bene conspexêre serenum
Et vacuas umbrâ nubes, sua tecta relinquunt;
Perque volant campum carpunt ubi pascua multa:
Sic sua Germani grassando mœnia linquunt.

 Postea fama loquax currit velocibus alis,
Augescit viresque suas celeranter eundo:
Multiplici linguaque sonans (mirabile dictu)
Commovet Alsaticos vario sermone rebelles;
Austrasiumque canit dominum post funera gentis
Germanæ, post tot dimissâ cadavera sævis
Alitibus, patriam nunc cum legione Lothringa
Per vallem Alsaticam demùm remeare potenti.
Et nisi Germanos populi modo causâ perempti
Audaces moneat, tollendo fortiter illum,
Atque suum cuneum gladio lacerando minaci,
Hic impunè petet Nanceia mœnia victor;
Ni cœptum turbetur iter cum strage potenti:
Atque Allemannorum dicto ridebit amaro,
Antiquas vires belli quoque pristina facta.

 Tali fama ferox cives exaggerat irâ,
Illorum & mentes verbis incendit acutis.
Urbes qui postquam tot dimisere capaces,
Mox agitant illi quo possint perdere Marte
Hostilem cuneum socios qui perdidit omnes.

 Villa sedet prope Slestadium non invia nullis,
Quam modo Germano dicunt sermone coloni
Chervillam fluidus quam totam circuit amnis,
Mœnia conspiciens castenæ non procul arcis.
Hanc villam juxta campo spatiosa patenti
Martia vallis erat multùm vicina decore
Vineto, cereris multùm divesque potenti,
Flexivago fluvio pingues ornata per agros,
Montibus excelsis non distans, in quibus hostes
Occultent sese, si sors adversa requirat.
Hoc iter Austrasius quoniam cupiebat habere
In patriam Princeps, omnis legioque Lothringum;
Nec locus ullus erat per quem securiùs iret:
Confluit huc subitò vulgus qui fluctuat æstu
Irarum facto demens sævitque tumultu:
Armatum cuneum properanter & undique cogit,
Digressum ut Ducis impediat, prædamque para-
 tam;
Dedecus inque suos factum reparare laborat:
Dedecus at delere volens hic sæpiùs auget.

 Deceptis ideò veniunt ex urbibus ultro
Hostes injussi ad Chervillam castra locantes;
Christophilum valeant ut res evertere cunctas.
Construit hic celerem currum quo machina belli

Dux arma deposuit.

Omnis Alsatia cupit asseclas ulcisci.

Vulgus subitò cogit exercitum in Chervilla.

Iu

LIBER SEXTUS.

In castris horum vicinâ ex urbe vehatur.
Ex alioque loco gemitus strepit, atque rotarum
Bellica queis tormenta ferat massasque volantes.
Lora tenens junctos scandit simul ille jugales;
Hisque penum furto deducit ubique repertum.
   Millia sex veniunt ex una parte virorum:
Ocius ex alia cernuntur millia quinque.
Post unum cuneum prodibat cominus alter.
Diceres Alsatiam crescentem gignere gentem,
Atque novos homines armatos corpore toto
Sicut Deucalion justus (si forté vetustæ
Credimus ætati) lapides post terga rigentes.
Quando mittebat cum Pyrrha conjuge dulci.
Hi formas hominum subitò cœpére recentes:
Inquè virûm duri lapides venére figuras.
Sic Germanus ager pugiles producit ubique.
   Ut Chervilla cohors in plurima millia crevit:
Inter eos aderat vicio generosior unus,
Egregius formâ violento Marte verendus,
Latior ante alios nervoso pectore cives,
Quem fecére ducem belli surgentis ubique.
Ductor qui factus comites ex agmine toto
Delegit secum, qui castra nefanda gubernent:
Quos ad concilium ductor novus ille vocavit.
Ad se concurrunt veniendo protinus omnes;
Et surgens cunctis mentem patefecit iniquam.
   Ut reor, ô socii, missâ formidine segni
Venimus huc (inquit) Lotharingum perdere regem,
Et socios omnes gladio delere minaci.
Hac in re quoniam cunctos velocius euro
Vos venisse palam video & tormenta tulisse
Bellica, sulphureo vastante quæ pulvere tactos.
Non modò diffido tali in discrimine vestris
Viribus, assiduo geritis qui prælia Marte;
Dum tamen hac in re nil dimittatis inausum:
Cuncti maturé quoque festinetis ad arma;
Ne rumor trepidus celerando nunciet illi
Insidias vestras, in se quoque proxima bella:
Is gressum celeret turpi se dando fugaci.
Ut cervus volucer, cui crescunt cornua lata,
Mobilibus pedibus montanâ rupe recedens
Aufugit insanum dum liquerit antra leonem;
Ne cito compressum violento evicerit ungue.
Hostis sic fugiet, si rumor nuntiet illi.
   Et quia vos video nunc ad mea jussa paratos,
Chervillam velim vallo munire potenti;
Ejus & in templo sublimi ponere cives,
Qui vigilent semper cernendo longiùs hostes.
Fossoresque dehinc velim qui castra profundo
Fossato, necnon vallo munire laborent,
E nostris castris scindendo non procul ornos.
   Taliter his dictis per vallem protinus itur:
Arbor si quâ patet disceditur, atque bipenni
Lignificâ multisque viris evertitur omnis
Juglans aut pyrus quam prospexére propinquam.
Ingens atque cadit multis scindentibus ulmus,
Quam cuneis in frusta secant nodosa ministri:
Illaque multorum in dorso propè castra reponunt,
Lignaque ductori comportant ordine longo;
Atque ea quæ conferre vident ad castra tutanda:
Inde fragore solum resono circumtonat omne.
Alsatici heroes sic sua castra vicissim
Expediunt, variis necnon conatibus aptant.
Quæ tu sponte facis semper tibi grata videntur.
   Alter quippe dies nondum diluxerat orbi,
Linquere cùm Princeps Darhstennia tecta laborat
Austrasius, superum regem qui in vota vocavit.

O Deus omnisator patris generosa propago,
Qui intracti veniam facturus Virginis alvum;
Bethleemitanus lactat quem pauper agellus;
Æterno & nutu celsus veneratur olympus:
Ingens cujus opus miratur machina mundi;
Horrificumque chaos primo formidat ab ævo:
Quæsumus hocce die ne nos contagia lædant
Criminis, atque viam facilem, tutumque recessum
Ferto tuis famulis à te piè Christe redemptis;
Insurgens hostis ne nos disperdat eundo.
   Dixerat, atque tubam mandat per castra sonare;
Buccina quæ tendens in latum crescit ab imo
Tortilis inflato properanter sumitur ore,
Tectæque voce replet cunei canit atque recessum.
Hanc ubi nostratès sic audivêre sonantem,
Subsiliunt omnes, reditumque parare laborant;
Cornipedes armantur equi, quos scandere gaudent
Heroes læti, natos spectare relictos.
Cuncta legunt socii pictis domibusque relictis;
Felicem & reditum querulâ cum voce precantur:
Et tentare viam properant cum cunctâ serenâ
Conspiciunt, rutili cœli nubesque fugatas,
Ignari tacitæ fraudis, bellique latentis
Quod sibi Germanus secreto suscitat hostis.
Dum sic progreditur multo celebranda triumpho
Austrasium legio; hanc vigiles liquêre repentè
Exploratores videant si fortè vagari
Armatos equites, vel quemdam in valle tumultum
Alsaticâ; populi cernant si fortè furorem.
Undique discurrunt omnes sursumque deorsum;
Illis dum Stotsena pateret parvula villa.
Huc vigiles postquam cursu venêre citato,
Pulveream nubem tenebrosis surgere campis
Non procul aspiciunt hostili ex agmine factam.
Per campos etiam venientûm cernitur ingens
Copia Rhedarum gestantum plurima dona,
Hostibus atque penum furto fortasse paratum.
Pulvereum ut videre globum non longius esse
Cursores, aliquos noscunt glomerarier hostes:
Accedunt propius spectent ut cominus illos;
Chervillamque petunt, videant ut castra parata,
Austrasio referant ne mendacia regi.
Mendaces etenim semper privantur honore.
   His actis redeunt vigiles regemque salutant;
Illi denarrant quæ conspexêre tuendo.
Magne Renatiades ô religionis amator
Segnem rumpe moram (dicunt) quia perfidus hostis,
His oculis etiam quæ jam jam vidimus ipsi,
Divitiis inhians nostris consurgit ubique.
Apparat insidiasque tibi, nostræque cohorti;
Ut ferus accipiter, rabies quem vexat edendi,
Devolat è nido niveum rapturus olorem,
Vel lepori cauté insidiatur in agro;
Sic germanus atrox cuneo insidiatur eunti:
Occupat atque locum per quem tua castra potenter
Ad patriam ducenda forent, missosque penates.
Desipiant semper quos fallit gloria mundi.
   Hostes in foribus quum dux cognovit adesse,
Is cum fratre suo dextram non dormit in aurem;
Assiduo at monitu pedites celerare laborat,
Quos via longa nimis prætardos reddidit antè,
Quos urebat adhuc gradiendi solicus ardor.
Hinc fratres venire jubet pugilesque Lothringos;

RUSTICIADOS

Antonius legioni nunciat aciem in se paratam.

Ingentemque ducum turbam sibi poscit adesse:
Et postquam linguis cuncti siluere vocati;
Ordine cuncta suo retulit populique tumultum,
Atque aciem magnam se non sperante paratam,
Post tantum vulgus divino Marte peremptum.
Hinc ait Alsatiam magnoque tonare fragore;
A sociis arcere jubet miserumque timorem;
Illoque cum ducibus de belli rebus agebat
Sermones varios; querulo ut stridore cicadæ
Sole levante vago per prata virentia cantant.
Primores belli ut curam videre monentis
Principis egregii, nulla non parte laborant
Ut pedites festos celerent, totamque cohortem.
Mox auriga celer rhedas agitabat eundo;
Cunctos & currus belli tormenta ferentes
Aurigare facit, validis & viribus urget:
Omnis enim legio festinans acrius ibat;

Legio in Strothsenna se congregat.

Donec Strothsenno se contulit haud procul agro.
Hic inter binas sylvas prægrande sedebat
Pratum, gramineo fulget quod ubique decore.
Huc ubi nostra manus (quanquam non venerat omnis)
Jam tamen in trinas acies dividitur illic.
Guysano comiti armorum fulgore corusco
Prima datur; superat socios nam viribus omnes.
Forti vectus equo sequitur quem Pennius heros.
Marchius hanc etiam sequitur ille Joannes.
Hic aderat fulgens etiam Perroius armis.
Stenvino pariter fuerat donata secunda
Poullia cui paret tanto decorata patrono,
Et Vademonteo comiti virtute micanti,
(Hostili pariter qui nullo frangitur ictu)
Tertia quum decreta fuit bene regis ab ore:
Cui modo parebant peditum tria millia tantum?
Qui incessu gravior cunctos celerare jubebat
Anteque primus abit, pedites procul haudque relinquit.
Ut veniens taurus de celso vertice montis,
Dum virides sylvas & pinguia pascua linquit;
Armentum ille boum præcedit longius ante.
Sic pedites nostros Princeps Vademonteus anteit.
Hinc clangore tubæ strepuerunt æthera sævo;

Sirin Siringis fistula musica.

Tympana multa sonant gemino percussa bacillo:
Atque replet cantum sonitu syringa canorum,
Montibus in mediis fallentem pania relinquens,
Hac prius audita pratum sedemque paratam
Misit nostra manus, vallem quoque murmure complet,
Murmure quo celsi percusserat ætheris auras;
Illaque carpit iter donec prope castra nefanda
Chervillæ gentis studiosæ castra locavit;
Arbor ubi ramosa fuit quam vallis amœnâ
Cingebat latè, sub qua cum fratribus acri
Desiliit Princeps ab equo comitante phalange:
Præparat hicque sibi tutum sociisque receptum,
Et ducibus belli surgendo talia fatur.
Dogma viget magnum, proceres, in rebus agendis,
Omnia globosi superat quod dogmata mundi:
Quod vitare nequis, prudenti sorte ferendum.
Pulchrius in grandi fulget discrimine virtus.

Princeps Austrasius suos ad arma hortatur.

Dixerat atque suos ad proxima prælia semper
Excitat, ut videant quæ sit fiducia regi,
Undique proveniens quem nullum terreat agmen.
Sordidus interea pulvis quem fecerat ante
Ungula quadrupedum, cursus celerumque rotarum
Altius in morem montis surgebat ubique;
Omnis & Alsatia fumabat pulvere vallis,

Quem Chervilla cohors, ubi templo vidit ab alto,
Non procul Austrasium cuneum cognovit adesse.
Tunc socios vigilare jubet per castra repente

Dux Chervillus socios vigilare facit.

Illius ductor? pellit cunctisque timorem
Pugnandi, belli quos sæva libido tenebat:
Affectantque ducem telo trucidare nocenti.
Propterea mentem ductor per multa trahebat
Chervillus; magno secum quoque fluctuat æstu
Curarum, socios cernens ad bella paratos.
Et cito consurgens ad sese convocet omnes
Prædonum belli comites quos fecerat ante;
Agmen & in medium postquam venere vocati;

Aciem in tres partes dividit.

Hic in tres acies etiamnum dividit illud,
In quo bellantum viginti millia stabant.
Nunquam quippe malus sera damna inferre quiescit;
Nec cessat donec saturarit sanguine mentem.
His actis ductor socios hortatur ovantes;
Atque Duci cœnam mandat condire Lothringo
Virosam multum, postquam magè nulla sequatur.
Accidit ast aliter, quia tunc potiere latrones;
Et fuit illa dies prædonibus ultima multis.
Nam licet expectet tandem serit ultio sontem.
Hinc sua contorquens dependens cornua collo
Martia lætanter labiis insufflat apertis,
Concutit agricolum campum trinoque boatu
Per vallem nec non tremulo clamore remugit.
Hæc Chervillinâ dum sic in parte geruntur;
Guysanus Princeps nunquam virtutis egenus

Guisuscentum equites exploratores mittit.

Centum mox equites linquentes agmina nostra
Miserat, ut videant quantis exurgat in armis
Hostilis legio; vel quo ductore regatur;
Et quibus insidiis contra nos muniat agmen.
Qui postquam venere, Deum in sua vota vocarunt,
Hostes & præire parant ad prælia sævos;
Ensibus acceptis omnique timore reposto
Transadigunt illis jugulum in certamine primo;
Enseque vulnifico multis damnumque facessunt;
Ingentemque sonum sonuerunt protinus arma.
Chervillinus ubi ductor prosternere vidit
Per campum socios morientes undique telo;

Ductor Chervillinus Antonius minatur.

Ille tonans verbo ventoso taliter infit:
Vivit adhuc Princeps qui nos tot terruit armis?
Huic jugulum nullus feriendo fecit apertum?
Funere cæsorum qui tabida strata replevit,
Et tumulo cives tantos privavit honore?
Si nobis igitur constanter credere vultis,
Agmine cum toto nunquam miser ille videbit
Dimissam patriam, nec charæ conjugis ora.
Invocet is quamvis studiosè numina cœli.
Rex non exaudit quoties accitur Olympi.
Dixit & è castris populorum corpora multa
Exiliunt, ut apes linquentes cerea tecta,

Agricolæ multi è castris exeunt.

Rusticus illa sagax dum fumo implevit inani;
Discurrunt illæ magno stridore furentes,
Ruricolûm legio sic currit ad arma repentè,
Hostes invadens nullâ formidine capta:
Ictus atque manu dextrâ simul atque sinistrâ
Ingeminat; pugnæque novæ constantius ardet
Misceri, atque suo jam sudore madescit.
Tunc equites centum, quos nuper miserat heros
Guysanus, capiunt vires quæ tollere secta
Non credenda viris faciunt, teloque cruento
Germanos perimunt, vitâ quassantque salubri;
Tingitur atque rubens inimico sanguine tellus,
Austrasii dum sic sternebant corpora multa;
Ex ipsis unus violenti Martis amator
Audaci cursu socios præcesserat omnes,

LIBER SEXTUS

Illi sed nunquam redeundi facta potestas:
At gladio sævo dum sic prosternit ubique
Chervillos hostes, tandem prosternitur ipse:
Enseque lætifero morientem percutit illum
Hostis; vita fugit donec demissa sub umbrâ.
Sic fortuna ferox fœliciter invidet actis.

His actis redeunt equites sine murmure magno,
Guysanus venit subitò quibus obvius heros:
Quo præsente duce & nostro sincerè laborum
Principium, inter se belli, cœptique furorem
Longius edicunt nostrâ lætante cohorte:
Germanoque solum jamjam maduisse cruore;
Atque gravi jacuisse ferunt hostilia læto
Corpora, per campum quæ sic desleta jacebant;
E nostris unum æthereas spasiisse per auras
Tunc animam illustrem; teneat quam celsus Olympus.

Chervillina manus suspensâ vidit ut aure
Nostratum reditum, vires augere per agmen
Tunc facit; ut si deficientem sparseris undâ
Prædulci, hîc sensum subitò revocabit ademptum.
Hostilis legio sic vires illa resumpsit;
Nam putat Austrasiam tunc terga dedisse cohortem
Quod cernens ductor verbo sic fatur iniquo.

Quis metus ô socii nostros perserpit in hostes?
Contemnant ut jam rentata pericula belli;
Tamque cito redeant loris ad castra reversis?
Hic reditus non absque fugâ consugitur unquam;
Semper velocem reddit timor ipse timentem.
His dictis ejus legio consurgit ubique,
Atque cupit sonitu crepitans sua linquere castra,
Austrasiumque ducem exitiali perdere bello.

Lumine Phœbus adhuc nondum privaverat orbem;
Nec cœlum fulgens nox sulcida sparserat astris;
Nondum pulla dies noctis produxerat umbras;
Quum Dux Austrasius noctem non longius esse
Aspiciens, magnum subitò in sua castra coegit
Concilium, cunei nostri magnatibus actum.
Illi conveniunt ibi Princeps talia fatur.

Ignorat nullus quod votum sanctius omnes
Fecerit heroes patriam nunc linquere dulcem,
Regales & opes, simul & connubia chara.
Huc fidei sacræ fervens dilectio traxit,
Quam conturbatam multo defendere Marte
Nunc sudamus, adhuc neglecto munere vitæ,
Hæreseosque sacræ confringere vincula sæva
Illicet & quanquam supero auxiliente Monarchâ,
Innumeros hostes prostravimus ante Sabernam,
Qui saturas volucres satiant per strata viarum:
Jam majora tamen subeunda pericula nobis:
Et quoniam nox est nostro vicinior orbe
Quam vellem, quæro an siet hac in luce petenda
Agricolûm legio spreto discrimine noctis?
An expectandum dum craftina fulserit hora.
Et ne vos lateat quæ sit sententia nobis,
Hoc die constanter velim disperdere totum
Hostilem cuneum; si nos cœlestis Olympus
Aspiciat, veluti sortem prius Othonielem
Respexit; populus cœli dum pronus ad astra,
Crimina detestans cœlum clamore replebat;
Ille poli domino celsâ de sede jubente,
Judicis Israel generosum munus obivit;
Rasutham hinc valido concussâ Marte, Tyrannos
Gnaviter evicit, spargendo sanguine terram.
Nam nocet assiduè misero mala vita nocenti.

Dixerat & Princeps Guysanus pectore toto

Instantis belli secum discrimina multa
Inspicit, & quæ sit sua tunc sententia pandit:
Quam cum dicebat nostratia castra silescunt.
Agricolûm legio fluvialem quamvis arenam
Æquoris exuperes; non me deterret ab armis:
Sed timidam noctem, video non longius esse;
Non licet heroas in quo mandare periclo,
Et loca sunt limosa, nimis non cognita nobis:
Respicio longæque viæ sudore gravatos
Omnes Austrasios pedites, equitumque coronam.
Sed postquam (dixit) lux postera sparserit orbem
Ociùs impavidi crudelia bella ciemus,
Hostem quærentes superi cum numine regis;
Illi nec requiem dabimus donec cadat ense.
Taliter edixit Princeps quæ Mente videntur.
Hæc ducibus belli placuit sententia multis,
Hic auscultandus bene cum sunt quatuor aures.
Tum peditum Vademonteo cum Principe ductor
Contra Guysanum quæ sit sententia pandit;
Depostâ galeâ hæc prudenti dixit & ore.

Magnanimi heroes & tu Lotharinge Monarcha,
Retulit interpres quæ sit sententia vestra;
Bellica Guysanu benè jam discrimina secum
Prudenter versat, sortis nec frangitur ictu,
Ut dixit (fateor) noctem nobis esse propinquam;
Sed modo restat adhuc tempus si vivida virtus
Incendat mentes equitum, Martîque trophæum.
Nos ideò hocce die cuncti irrumpemus in hostes:
Multis oblati metam tollemus & ævi,
Antea quam noctis tenebræ vaga lumina valdè
Impediant, nigroque polus se tingat amictu.
Et loca sint cœnosa licet, noctuque timenda,
Hosti quippe magis quam nobis ista nocebunt.
Sunt equites, fateor, multo sudore gravati,
Atque labore viæ pedites mansere per agros;
Omnes & nondum sua castra subiere, parati
Hi tamen advenient si quisquam devocet illos.
Et tamen huc peditum si nullus venerit ultra
(Illorum quanquam sit parvula copia nobis)
Sufficiet quoniam multum dabit illa laboris
Hostili cuneo, quem diro Marte lucesset;
Craftina nam si lux hæc expectetur ad arma;
Tota nocte quidem incessanter copia crescet
Agricolûm; sicut formosi tempore veris
Umbrosæ frondes per sylvas undique crescunt.
Nulla quies dabitur nobis totique cohorti;
Nullus mulcebit farigata & lumina somnus;
In nos assiduè quia durus sæviet hostis,
Cui semper crescet virtus mavortia belli
Jam cœpta pugnâ quum nos cessare jubebit.
Craftinus ergo dies non expectetur ad arma
Hocce die virûm totum pessundemus agmen.
Nam nobis aderit spero regnator Olympi.

Taliter heroas inflammat strenuus omnes
Præfectus peditum, cujus sententia belli
Multum grata fuit Ducibus, Regique Lotharingo,
Atque ubi concilii finem fecêre potentes,
Dux portare dapes jussit per castra repentè,
Imperat atque arcere famem à tot millibus omnem,
Grato partiri & cerealia munera vultu.
Nec mora capsarum dominorum multa tegilla
Pandere conspiceres, conclusum & carpere victum,
Ut sibi restauret vires exercitus omnis.
Dolia plena mero nec non duxêre ministri
Ablato fundo quæ mox erecta fuêre;
Nectareum ut pugiles valeant haurire liquorem,

RUSTICIADOS

Atque gravem sedare sitim liberalius omnes.

Multi ab Antonio donantur militiâ.
Tum juvenes Princeps donavit munere multos
Militiâ, quibus instruit onera cuncta repentè:
Miles enim (dixit) nullus præclarus habetur,
Divinæ fuerit ni relligionis amator;
Oppressamque suâ viduam ni protegat arte;
Pupilli flentis ni sublevet atque dolorem;
Prædonis nomen miles fugiatque nefandi;
Præfulgens virtute piâ devincat & omnes:
Militis aut non est generoso nomine dignus.

His dictis, juvenes demum sua colla sub ense
Submisere Ducis, qui cunctos percutit ense.
Modus faciendi militem.
Sis miles dicens æterni in nomine Patris,
Atque sui Nati cœli factoris & orbis,
Spiritus & sancti mœstis qui gaudia præstat.
Venerat hos inter Vademontis strenuus heros,
Hic illustre caput declinans suscipit ictum
Ensis nudati, sicut fecere priores.
Hinc bombarda ferox celeri revoluta rotatû
Exilit è castris, omnis quoque machina belli:
Et clamore virûm turbatur nubibus æther;
Spargitur & campus tremulo clangore tubarum.

Guisius primam cohortem induxit versùs Chervillam.
Guisius interea primam produxit in hostem
Austrasium turmam versùs Chervillia castra.
Marchius hic aderat veluti prædiximus heros
Pennius & miles nullo terrendus ab hoste;
Cum multis aliis Perroias inclytus armis;
Hæ fuit in turma tunc Villænovius heros,
Qui Ducis Austrasii in sanctâ virtute regebat
Illustremque natum Franciscum ætate puellum:
Inclyta cui multùm Lotharingia serviet olim.

Hanc aciem primam Stenvillius ille Joannes
Acer pone subit sonipes quem portat anhelus:
Armis fulgentem sequitur quem clarior ordo
Nobilium, valde quos torquet Martius ardor
Bellandi, & venientem tollere cominus hostem.
Hæ duo dextrorsum ponunt vestigia turmæ.
At comes insignis cui dives Salmia paret,
Egregios equites pia quos Germania nobis
Miserat inferior contra hos, in parte sinistrâ
Cum multis aliis constanter ducere jussit.
Has inter turmas peditum quoque copia grandis
Procedebat, ovans fidei succurrere sacræ,
Quam Vademontius radianti fulgidus auro
Ducebat, clari genitoris captus honore.
Inde Geraudurus demisso tramite recto,
Albani per devia rura currunt.
Albanæ gentis ductor prodire coegit
Præcipites cursu socios per devia rura
Slestadium versùs, sparsos qui gnaviter hostes,
Ne noceant nobis, subitò comprimere fecit.

Cum Duce processit veluti prædiximus ante
Leucorum præsul generosus Dæylius hector
Cum multis aliis quos secum duxerat heros,
In castris cuncti qui permansere relictis;
Proque suo domino cœli regemque precantur,
Quem tali supplex etiamnum supplicat ore,
Davidis soboles ô summe tridentifer orbis,
Sordida quem semper veneratur terra parentem,
Æthere cum picto, superûm cui concinit ordo;
Custodi populum quem te tribuente regendum
Suscepi, misero ne confundatur ab hoste;
Inque suis nullum capiat jam dedecus armis
Austrasiana manus, quam sacri sanguinis imbre
Largius effusâ, redemisti summe redemptor:
Illa domum verùm dulcem patriamque relictam,
Ob nomen fidei sine luctu visitet, oro.

Oratione factâ Antonius equum conscendit.
Dixit, & alipedem demum conscendit atrocem,
Auratum niveo frenum qui dente ferebat,

Hinnituque gravi campum diverberat omnem:
His graditur post hæc acies fulgentior armis
Quàm radians Phœbus, dum mundo lumina spargit.
Agmine cum multo sequitur post hunc Ioannes,
Joannes à Lotharingiâ Cardinalis.
Olim quem genuit nobis Gheldrina Philippe
Cardinei cætus sacro decoratus honore.
Faius incedit pariter cum Principe nostro;
Cui cataphratus eques parebat sævus in hostem.
Ultima mox acies sequitur quam Ludrius acri
Ludrius eques ultimam aciem duxit.
Vectus equo miles defensus milite multo
Ducebat latè bellandi captus amore.
Austrasii proceres ut deduxere phalangem,
Chervillam versùs partim vestigia tendunt:
Rustica quam plebes talpâ cæcutior omni
Prævalido furtim vallo concluserat ante.
Ocius & partim contra nos venerat illuc,
Viribus ut cunctis surgens obsisteret in nos.
Cùm Vademonteus sævo discrimine belli
Commotus, veluti volucris de rupe cavatâ,
Exilit in hostem vallum primumque refregit,
Loupsteno in bello sicut confregerat ante:
(Ægrè quod vallum rupisset Martia Pallas)
Ut faceret sociis aditum ad mala nostra patentem
Militis inde novi mirantur protinus omnes
Egregium factum; vallum latèque subintrat
Antonina cohors, ubi plures inde necavit.

Altera pars ensem constanter stringere cœpit
Desiliens in nos belli virtute repleta;
Agricolum legio nostros infestit.
Quilibet atque suum jugulavit protinus hostem;
Segnitiem quivis bellando spernit inertem;
Algificusque timor nullum consternit ab armis;
Nemo fugit pariter cœpti bellique laborem.
Insequitur sed nos primo certamine vulgus,
Sicut aprum sequitur fetis horrentibus acrem
Turba canum currens per sylvas, agmine facto;
Exitio ne sic multos afficeret hostis,
Nostri ductores aurâ radiante decori,
(Detineam ne te longo sermone legentem)
Chervillam villam cæsorum corpore totam
Spargere cœperunt, implent terramque cruore;
Hostibus & multis oculos clausere tenebræ.

Chervillina manus retropedem mittens sua tecta intrat.
Hanc ubi Chervillina manus conspexit atrocem
Ruricolum cædem, gelido commota pavore
Retro ferre pedem cœpit, pugnamque refugit;
Atque timet nostro violari fortiter ense.
Et modò quæ magno belli fervore fremebat,
Agmine dimisso fugiens sua tecta subintrat;
Sicut oves fugiunt ubi conspexere leonem.
Hos ubi nostrates angi formidine spectant,
Villæ partibus in multis incendia mittunt.
Hinc graviter crepitans excluditur æde favilla;
Nec cessat donec multi periere per ignem.
Ille perit subitò quem Christi gratia nescit.

Dum bis sexcentum pedites de gente Lothringâ
Armati gesis, belli virtute feroces,
Chervillos hostes nullo terrore repletos,
(In media villa qui commansere potenter)
Hi licèt exuperent plusquam duo millia, nobis
Ne noceant, subitò ad vallum duxere relictum,
Rustica plebs in quo nos expectabat in armis.
Nuntius interea per nostram forte catervam
Ecce ruit, campum & multo clamore replevit;
Millia sex hominum sese vidisse fatetur.
Sex millia hostium à Guisio expectantur.
Cum multis aliis plebi venientia semper
Auxilio: Princeps quos expectare parumper
Guisius affectat; pereant ut protinus omnes.
Detinuitque Ducem nostrum cui talia fatur:

Per

LIBER SEXTUS.

Per caput hoc illustre tuum, per numen olympi,
Obtestor te te, per Borboniamque Renaten,
Per natum pariter cui debita sunt tua regna,
Dextrorsùm ut maneas cum turma non procul agro
Chervillo, invadam dum bello cominus hostem.

Nostra bombarda multos perimiit.
Trux bellum postquam sic constituêre phalanges;
Nostra boarda globum ferri demisit in agmen
Horrifico sonitu, multos ictuque peremit;
Et via per sævos hostes sit pondere ferri
Emissi, tactos equites & in agmine perdit.
In mundo veluti cùm sævit turbine fulgur.

Altera pars etiam belli tormenta replevit
Pulvere sulphureo, & fera pondera mittit in auras;
In nostrum cuneum fulmen jaculavit & ignem;
Abstulit hoc verùm (dictu mirabile) paucos:

Tormenta bellica hostium paucos è nostris abstulerunt.
Nam globus alta petens paucos ferit impetu facto,
Hastas sed tantùm tetigit volitando Lothringûm;
Illos nec lædit, nec sævâ cæde lacessit.
Lædere nemo potest servat quem gratia Christi.

Hæc cùm vidissent vulgi tormenta, potenter
Transcendunt nostri pedites, non absque tumultu,
Ocius ut perimant homines quos odit olympus,
Prosiliunt dum sic cursu penetrare putantes
Hostilem populi densâ cum strage phalangem;
Dum sic quisque ferit socium per prælia fortem,
Chervillina phalanx nostrum prorumpit in agmen,

Hostis agmen nostrum magnâ vi repellit.
Atque gravi bello bis vel ter rejicit illud;
Omnis adhuc quoniam sævum congressus ad hostem
Clausus erat, nullus nostris aditusque patebat.

At globus hic peditum sic est rejectus ab hoste,
Ille locum nimis angustum virtute ruentum
Majorem fecit, per quem bis quinque Lothringûm
Incedunt unà, multo cum funere vulgi;
Hostilemque cito perfundunt sanguine campum.
Guisanus furtim vulgi dum castra pererrans
Nunc huc nunc illuc aditum quærebat ad agmen,
Et tentat quænam sit porta patentior illi.

Interea Vademonteo cum Principe forti
Dagobio Dux Italicæ legionis.
Dagobio Dux Ausoniûm Machaonius acer,
Chervillina vallum multâ virtute paratum
Cum peditum turmâ veniens disrupit ubique;
Disjicitque trabes, postes, & in ordine pinus.
Hunc aditum postquam conspexit Guisius heros,
Alipidem pigrum dicto castigat amaro;
Ire cito pedibus, nullumque relinquere longè
Post sua terga jubet, nullis & cedere cursu.
Qui domini verbo suadentis gnaviter actus
Exilit propere, reliquos post terga relinquit;
Dimissoque loco jam pulvere sydera fœdat,
Atque solum celeri currendo repercutit ungue,
Ocior & vento Chervillia castra subivit.

Guisius castra Chervillina subintrat.
Nostrates equites etiamnum præpete cursu
Intrant cum domino, vulgus jugulare superbum
Austrasiis verùm magnâ virtute resistit,
Bisque novem pugiles pugnantes acriùs illi
Præcipitant ab equo longè, tenuesque per auras
Dispergunt alacres, in morem fulminis actos;
Actos ingenti sonitu & clamore cadentum
Austrasiûm; inter quos aderat modo Pennius atro
Vectus equo, sævus qui dum pugnabat in hostem,
Ejus quadripedem multi cecidêre potentem.
Ad mollemque ruit præceps properanter arenam,
Montibus in celsis veluti dum scinditur ornus.
Ille pedes tamen aggrediens hunc cominus ense
Aut hunc infestans, vires expromit ubique.

Insultans Petrus necnon Haracurius illuc

Petrus Haracurius equo decidit.
Venerat invisò jugulum ut depellat ab hoste,
Decidit ille tamen dorso delapsus equino.
Hos tamen excelsos vulgi servavit ab ense
Rex superûm; rursus dimicans & Guisius heros
Hostes qui Vademonteo cum fratre trucidat,
Quos pius insequitur sternens per prælia multos,
Sævus sicut aper celso de monte molossi
Quem civere leves, nunc illum sternit in herba,
Nunc alium caput obliquando sanguine tingit;
Hunc sic vel illum protundit Guisius hostem.

Plerosque est sacer musæ.
Si mihi pyerio musæ perfusa liquore
Ora darent centum, linguam multoque loquacem,
Nunquam prosequerer quâ magnâ cæde rebellem
Infestet populum, nullo satiatur & ictu:
Namque sui pugiles devolvunt corpora terræ:
Sternitur ante pedes quorum fera copia vulgi,
Atque cadit veluti de ramo putrea poma
Arboris è vento dum sunt agitata per auram,
Quo sic cunque tui circumflectat ocelli
Aspiciens acies, nihil hic nisi cæsa virorum
Corpora conspiciet fœdantia sanguine campum,
Non deploratam plebem sub tartara mitti.

Vademonteus hostes rursum lacessit.
Hinc Vademonteus nullo discrimine motus
Quem Bellona ferox passim comitatur ubique;
Ecce ruit rursum vulgi per castra potenter,
Agmen & illius magnâ virtute lacessit.
Venerat ut socios hic hortaretur ad arma;
Ast hominum postquam vidit tot millia cæsa,
Ut video (dixit) non est hortamine nostro
Nunc opus, ô socii, qui jam tot colla virorum
Scindere novistis, pugilesque retundere telo,
Cæsorumque solum satiari sanguine multo.

His dictis alios Princeps hortatur in hostem,
Qui resono belli mox insiluêre fragore:
Rursus & insternunt geminato Marte rebelles,
Austrasium sequitur quos plurima turba,
Quas cernens terrore gravi jam rustica plebes
Concentrur multùm; necnon vexilla relinquit
Milite cum pauco, & remanet Vexillifer illic:
Increpat hunc ductor multo sermone latentem.

Ductor agricolas increpat.
Quis timor, ô socii, jam pugnæ reddit inertes?
Majorum quænam vires ignavia pellit?
Vix cœpti jamjam cœperunt tædia belli,
Sic Lotharinga manus tua signa relinquere cogit?
Sic finis ignavâ legionem perdere mente
Post modicam stragem nostrorum cæde cadentum?
Tempore sed noctis potando pocula Bacchi
Non estis segnes, vel quando largius omnes
Ventre dapes pleno geniales sumere vultis,
Invitatque chorum quando vos tibia dulcem,
Hic alacres estis nulloque timore repleti.
Nunc tamen Austrasium jam formidatis in armis,
Signa relinquentes turpi non absque timore.
Hoc ductor sermone suos instigat in hostem,

Vulgus amissam virtutem recuperat.
Amissamque citò virtutem ad bella reposcit
Ruricolûm cumulus, surgens nunc agmine denso
Aerius incurrit crudescens cæde per agmen,
Ductorisque memor dictorum sumere vires
Fortiter affectat, nostros & sternere telo,
Et dare constanter læthalia vulnera multis.

At Vademonteus sequitur quem Martia virtus
Irruit in medium bellando cominus hostem,
Injicit & sese qua vidit densius agmen,
Et feriens hostes multos extendit in herba,
Enseque sanguineo substentat prælia multa.

Vademonteus percititur ab hoste.
Hunc jaculo misso sed durè percutit hostis,
Egregium cupiens ejus configere corpus,
Et validos ictus circum sua tempora jactat:

K

Tinnitu galeæ generosi militis aures
Vademonteus hostibus resistit. Percullæ resonant, volitantibus undique telis
Hostibus ille tamen magnâ virtute resistit.
Immitis veluti fera circumsepta coronâ
Venantum, juvans multi quem perdere credunt
Hæc quatiens telum jactum se protegit ore,
Acrius atque in se venabula jacta retundit.
Sic Vademonteus multo sudore repellit
Ictus agricolum contra sua corda cadentes,
Ense facit calido manareque sanguine terram:
Jurasses Martem vulgi venisse per agmen,
Cervicem quoniam multis à corpore tollit.
Semper quippe nocet perjuris cœlica virtus.
Illius at corpus persistit perdere vulgus
Assiduè pugnans; telum jaculabat ubique,
Hostilique fero dum sic sua terga fatigat,
Ocius auratam manicam detrudit ab armo,
Panificolæ galeæ partem trudit atque priorem.
Ut Vademonteum tanto in discrimine vidit,
Mox unus peditum galeam deposuit ultro,
Hanc dedit atque lubens sævo ut servaret ab hoste;
Continuò plebem tamen indefessus agebat,
In quam jactabat quando sua tela frequenter,
Illustrem hæc illi feriendo lædit ocellum,
Cooperuit bysso quem longo tempore Princeps.
Ille tamen per bella ruens non lædere cessat
Chervillum cuneum; terram lavat atque cruore
Heros quanquam sit saucius alter ocellus.
Hasta Vademonteo frangitur. Hinc hastile suum dum pugnat frangitur illi
In varias partes, & diffilit undique fractum,
Torquentem Dominum medio dimittit & ictu;
Hoc postquam vidit sic ruptum lumine tristi,
Hasta vale (dixit) per quam modo sternere sontum
Corpora tot potui Christo juvante per agmen,
Arma simul pugilum dextrâ lacerare potenti.
Dixit, & impostum vaginâ protinus ensem
Distrinxit; contra venientes & ruit hostes.
Hunc ubi conspexit generoso sanguine natus
Quidam dux peditum sese per bella propinquat;
Hastam fraxineam capiens & tradidit illi:
Hoc hastile tibi melius quàm belliger ensis
Serviet ô Princeps in tanta strage virorum.
Qui lætus dixit (postquam vibraverat illud)
Firmiter in dantem fingendo lumina tota.
Dignas ô ductor nequeo persolvere grates
Munere pro tanto: referat sed rector olympi
Cujus opus gerimus jam præmia digna labore;
Ante cadent rutilo sed fulgida lumina cœlo:
Desinet umbra prius lustrareque culmina montis;
Anteà quam tanti cessent oblivia facti.
Dixit & agricolas validos hâc dejicit hastâ,
Illos atque ferit donec sensere sonantem,
Ictibus assiduis instantem provocat hostem;
Nonnihil huic verum belli violentia cessat:
Vademonteus toto corpore cecidit. Ille genu flexo toto quoque corpore tandem
Bellando cecidit; vulgi post verbera multa,
Atque suum corpus cæsorum sanguine tinxit.
Non læso semper florescit gramine tellus.
Fulgidus interdum flos gratum ponit odorem.
Haud etiam durant vires in milite semper:
Agminis agricolum pertingens aurea clamor
Sydera vicinam propius diverberat auram,
Ut Vademonteum tanto in discrimine cernunt,
Insensum cupiunt hi totâ perdere mente.
Ursam turba virûm veluti disperdere quærit,
Infestam bubus cum senserit atque juvencis.
Principis ut tanti casum non longius heros
Marchius aspexit: peditum glomeratûs ubique

Ingenti numero; quem clamans ponit in unum
Ocius & Vademonteo succurrere mandat
Undique qui læti socios hortantur ad arma,
Rursus & incipiunt crudeli sternere cæde;
Dum terræ fuso surgendi commoda præstent
Tempora, virtutemque sinant recalescere primam.
Vademonteus surgens rursus irruit in hostem. Quis numeret quantum Princeps confligit in hostem
Hic ubi surrexit? quantum dissultat ubique?
Huic aperit costas, alio sua pectora rumpit;
Huc trahit exanimem per fortia castra cædendo.
Dum dimicant acies inter se Marte cruento,
Tunc crucifex sursum rutili propè lumina solis
Cernitur à cuneo peditum (mirabile visu)
Hoc stupidum signum, sed talia legimus ante;
Scripturæ sacræ docuit quæ lectio sancta.
Anteaquam Solimæ fieret destructio cædis:
Tunc bis sex menses super hanc vaga stella pependit
Signa visa in cœlo. Mortifero gladio similis, siccâque furenti,
Pendebant etiam celeres & in aëre currus,
Armati pugiles per cœlum bella moventes:
Sæpe quidem signis revocatur turba malorum.
Huc ades ô mea Calliope & succurre canenti:
Ne fastidio virtutem carmine ludam
Guysani comitis belli fortifque pericla,
Qualiter in campo Chervillo fulminat armis;
Quam demum vulgi stragem consecerit ille;
Quantos & pugiles lethæo miserit amni.
Hunc detrudit equo nullâ formidine plenus,
Atque suum perimit feriendo cominus hostem
Vulnere mortifero, cæsumque relinquit in herbâ,
Ejus & exultans sonipes cito præterit omnes
Audaci cursu densam transitque catervam.
Agricolum legio longo tempore resistit Helvetiorum multitudine. Longius inter se pugnando prælia miscent
Hostiles acies, multoque labore resistit
Agricolum legio, numerosa fulta Phalange
Helvetiæ gentis, secum quæ venerat ante;
Hac consita diu, fatui populique tumultu,
Despicit Austrasiûm præ longo tempore vires,
Incipit at demum belli trepidare pavore,
Vestigatque cavam latebram prope castra relicta,
Sicut avis sævi dum diffugit aucupis iram,
Per sylvam volitans loca cunctis devia quærit;
Sic fugiunt hostes queis bellum displicet omne;
Ambas nam turmas hylares fudêre Lothringi.
Tertia nec veniens acies tunc profuit illis
Chervillus ductor quam ducere fecit in hostem.
Qui postquam socios passim cecidisse per agmen
Conspicit, illorum vires revocare studebat.
Quo fugitis (dixit) post tot certamina belli?
Quæ machinans mentem nunc nunc ignavia tangit?
Hanc prohibete precor, dum res expostulat omnis;
Quum faveat vobis belli fortuna potentis,
Extremo fuerit quum res in cardine tota,
Horæ nec spatium victoria nostra requirat.
Nequicquam fortis tali sermone redire
Sollicitat ductor vulgus terrore repletum;
Longius at fugiens furtim sua castra relinquit.
Vulgus sua castra relinquit. Decidit huic ensis manibus, feraleque telum;
Ille metu læthi clypeum deponit & hastam,
Atque petit vitem dimisso tramite recto
Sub palo quo juncta fuit cœpitque latere.
Alter & in sylvam tandem fugiebat opacam;
Ast alius transit fluvium prope castra fluentem,
Lucis in occasu vitam & servare laborat.
Vicinam malum passim scandebat & alter,

LIBER SEXTUS.

Affectatque cito mortis vitare periclum.
Ut sine cæde suos hostes conspexit abire
Anthonina manus, palantes agmine facto
Per vallem sequitur quæ mox clamore remugit
Nostratis cunei fugientia castra sequentis,
Per quamcumque viam celsum montemque migrasset;

Duodecim millia agricolûm perierunt.
Atque solum totum geminato funere turpat :
Nec cessat donec perierunt millia bis sex,
E grandi numero vulgi qui venerat illuc.
Arboris & si quis culmen scandisset in altum,
A nostris statim colubrino sternitur ictu.
Ut mihi narravit docte Murnerius ore
E bello veniens, nostrâ susceptus in æde
Hospitio tenui; lecto modicumque parato.

Immodicus somnus.
Qui tamen hic longo satiabat lumina somno,
Endymioneum superabat quippe soporem;
Nam plures noctes insomnes duxerat ante.
At de Murnerio ne longius evager extra
Materiam versans gentis redeamus ad arma
Austrasiæ : vulgus quæ postquam straverat omne;
Syderei tubicen cœli diverberat auras
Victrici sonitu totam vellemque propinquam.
Ut sonus ille ducis nostri pervenit ad aures,
Nota fuit pariter sparsi victoria vulgi;
Hic descendit equo frenum famuloque tetendit
Armatumque genu subitò deflectit in herba

Humilis Antonii ad Christum oratio.
Casside depositâ Christum regemque precatur.
Christe tui mundi (dixit) generalis Iudex,
Ætherei regni totus cui concinit ordo,
Qui miseros homines conservaturus ab Orcho
Intrasti tandem sacratæ Virginis alvum,
Et necis evicto laqueo jam regna polorum
Opera celsa isti nobis, soliumque parentis
Humanos actus ex quo spectare benignus
Suevisti, fidei sanctæ quos cura remordet,
Illorumque piâ misereri mente laborum,
Atque suos hostes bello delere potenti,
Sicut delesti vulgi sua castra furentis
Armorum tanquam dominus, custosque tuorum;
Illi ne fierem nunc præda pudenda cadendo
Austrasiusque tuo confidens numine miles
Armis non timuit grassantes tollere morte;
Sed tibi quam celebrem pro tali munere laudem ?
Quamve precem referam pro parto Christe triumpho ?
Nescio quum superent humanam præmia mentem;
Verum si repetam Nanceia mœnia victor,
Nostrates mystæ picto loca sancta tapeto,
Candidulâque rosâ decorabunt ordine pulchro;
Atque vaporarint aras ubi thure sabæo,
Festivo laudem tibi dicent ore canoram.
Dixerat atque suum tandem cum fratre receptum
Guysano petiit comitatus milite multo :
Antea quippe Baro Baldensis venerat illuc,
Quem Dux cum sociis celebri suscepit honore.
Nuntius interea cursu currebat anhelo,

Quidam Vademonteum cecidisse in bello nuntiat.
Principis Austrasii graviter qui vulnerat aurem;
Nam Vademontis herum nuper cecidisse sub armis
Viderat, ingentis vitæ positumque periclo,
Qui vocitans illum tristi sic clamitat ore;
Antoni, Antoni tibi quanti nuntius adsum
Exitii : quantæ cladis patriæque Lothringæ.
Extemplo quæcumque ferat Dux edere mandat :
Junior ille refert (quem tantum diligis) acri
In bello cecidit frater per tela furentum ;
Nec spera vitam in tanto servasse periclo.

Dixit : & audito Lotharingus nomine fratris

Antonii superiori fratre lamentatio.
Fortius expavit, postquam cecidisse sub armis
Illum cognovit, nondumque rediisse per agmen,
Unde suum feriens pectus suspiria fundit,
Talia non siccis oculis lamentaque promit.
Heu mihi quis fratrem tanto in discrimine Martis
Funerei liquit ? qui tot prostraverat hostes
Quantum mœstitiæ frater damnumve tulisti
Occideris si sic ; majori dignior ævo :

Philippæ mater Vademontei.
Qui feret hanc tristem mortem Gheldrina Philippe
Infelix mater ! bello si perdidit illum
Alvi regalis florem, pignusque decorum ?
Claudere cui fiendo morienti debet ocello
Quot lamenta dabit lacerato crine Renate,
Inclyta Borboniæ tundendo pectora proles ?
Quas etiam sparget lachrymas Antonia magni
Principis illustris conjux cui Guisia paret ?
Quum sibi dilectus dominus sine fratre redibit ?
Austrasiæ pariter totus flebitque popellus ;
Cum sine fratre meo missos remeabo penates,
Hostili terra gladio cæsumque relinquam.
Dixit & animis jubet ille requirere fratrem;

Vademonteus inter hostes repertus.
Quæsitusque diu, tandem cognoscitur inter
Chervillos hostes invadens ense repertos
Postque fugam rediens ostentat sanguine multo
Fœdatam faciem : veluti si forte rubente
Doctus ebur minio pictor violaverit album.
Postea nobilium tristi quæruntur in agro
Corpora ruricolâm nobis quos abstulit ensis.
Dum sic quæruntur tunc Isambergus honorus
Ille Baro nuper proprio qui sanguine nomen
Sacratæ fidei defendere venerat, illic
Reperitur cæsus pauci pugilesque Lothringi,
Austrasius Princeps quos secum ducere mandat,
Illos & patrio voluit decorare sepulchro ;
Nam fuerant Martis multâ virtute corusci.
Interea venêre Duces, cœnaque parata
Cœnant frondenti positis sub gramine mensis;
Exiguisque replent dapibus sua corpora tandem ?
Austrasium legio cœna cœnavit eâdem,
Ferventemque sitim modico satiavit iacho.
Nostri magnates hic discubuêre parumper,
Et tenuem postquam peregerunt ordine cœnam,
Rursus equum scandunt, multam noctemque per agrum
Insomnem ducunt, servant nostramque phalangem;
Illam ne veniens occulto degravet hostis.
Magnum præterea pius in sua castra vocavit

Concilium convocat Princeps in quo valedixit Germaniæ.
Concilium Princeps in quo venêre suorum
Primores procerum, cunctæ pariterque cohortes
Germani populi, cui Dux valedixit ubique
Amplexumque dedit, generosis colla lacertis
Stringendo multum, grateque peregit amicas.
Pro sibi præsidio facto delendo potenter
Osores sacræ fidei stultumque popellum.
Ordine cuncta suo postquam præfata peregit,
Alsatiam Princeps se velle relinquere dixit;
Craftinâ ut ut primum veniens effulserit horâ.
Jam multis tenebris nox obscuraverat orbem,
Arbore sub celsâ lectus consternitur olli
In quo procubuit, nullam dedit atque quietem ;
Ingenuam mentem partes at versat in omnes,
Austrasioque dolet vulgus cecidisse sub ense,
Expectatque diem qui dum diluxit ubique,
Et matutinum volucres cecinêre canorem ;
Ille thoro surgens armis vestire laborat

Antonius castra reducit per vallem vulgò villarem dictam.	Egregium corpus, zonæ quoque subligat ensem, Et sua Philesiam per vallem castra reduxit.
	Asperius sed iter currus tardabat eundo, In quibus Austrasii belli tormenta vehuntur; Impediunt etiam quercus pinnusque reflexi, Quos Vogesinus ibi posuit fortasse colonus, Inferret sibi ne damnum patriæque Lothringæ Vulgus qui sceleris nil dimittebat inausum.
	Hæc ubi cognovit Princeps obstacla, repentè Nuntius eligitur, scriptis mandatque Girardo Quem genuit nobis ædes Harcuria quondam, Atque jubet mitti statim quocumque vocentur, Philesiam ad vallem, lucumque propinquum Quatuor aut centum pedites vel quinque potentes Instructos armis, quibus omnia strata viarum Curribus aptarent belli ad tormenta paratis, Sarniculasque ducum spoliumque vehentibus omne.
	Ille Deodati sancti ut properando petivit Oppidulum præco, domini mandata peregit. Nec mora, conspiceres multos per rura vagari Præcones, misit quos Buxius ille Gerardus, Accersantque viros adeant qui castra Lothringi Ut possint æquare viam, truncumque reflexum Omnes significà valeant truncare securi.
Autor inter nuntios aderat.	Inter præcones aderam huic servire paratus Qui rem sacratæ fidei servaverat armis, Et populum accivi nostræ qui subditus esset Ecclesiæ, qui cum reliquis sua tecta reliquit, Æquavitque viam truncis ubicumque relictis, Dum noster transire potest exercitus omnis.
Corpora nobilium apud Franciscanos sepeliuntur.	Post hæc Ursinum Princeps transivit ad hortum, Atque suos fratres retrò quos liquerat ille Expectavit ibi, missam post seque cohortem; Corpora nobilium & fidei quos abstulit ardor Ad Franciscanos tumulo sepelivit honoro.
	Hinc Guitanus iter celerans cum milite multo Philesiam vallem ingreditur lucumque sonorum; Hac illac sua convertendo lumina sæpe, Undique miratur lustrum campestre ferarum, Rupes à nostris multoque labore cavatas, Atque diem totum socios properando fatigat, Conspiciat donec sylvestria tecta domorum, In quibus intravit multo sudore repletus, Armaque deponens alios solatur ubique. Atque ubi collegium nostrum non longius esse Noverat, ille cados necnon vinaria vasa Mittere decrevit cupiens onerare lyæo, Ut sedare sitim pugilûm qui castra sequuntur Atque suam valeat quæ se torquebat in agro.
Canonici S. Deodati Guisio vinum offerunt.	Principis œconomum postquam cognovit adesse Ecclesiæ nostræ præses, concivit in unam Ex templo mystas, qui cùm venère vocati Omnes unanimi voto statuère libenter Ejus vasa mero vinaria cuncta replere, Atque sibi celerem plaustrum jussere parare, Qui ferat Alsatici duo dolia plena lyæi. Posteà cum celeri cursu misère repentè Legatum proprium, verbo qui munus adornet Sic licet exiguum, tanto nec Principe dignum. Appulit accelerans ubi parvum ceperat heros Hospitium, à nostris donatur munere Bacchi, Quod benè jucundo suscepit protinus ore;
Guisius pro vino gratias egit.	Eloquio & dulci peragens pro munere grates, Obsequium blandum nobis promisit ubique.

	Atque datum vinum socios partivit in omnes, Et celerat cuneum ne nos infestet eundo, Ursinum donec hortum cum fratre petivit.
	Huc ibi mox alii fratres venère potenter, Tresque dies mansère simul non absque tumultu Expectant & ubi legio dum transeat omnis, Exequias tristes faciunt magnoque Baroni Isamburgo, & reliquis hostili Marte peremptis, Divi Francisci quos Dux tumulavit in æde. Hoc oculis lacrymans nullus pro funere cuncti Fortius at famuli plorando pectora tundunt, Et templum querulis implent singultibus omne, Jacturæ memores quam fecerat impius ensis, Tollendo dominum tantâ virtute decorum.	Austrasii Principes Isamburgo exequias faciunt.
	Exequiis superum multa cum laude peractis, Extremo pariter completo mortis honore, Quatuor Austrasiûm fratrum per spumea frena Quadrupedes coram hospitio ducuntur anheli. Omnes quippe Duces unà suscepit in æde Boylavius Simon, magno & servivit honore; Ejus & ante ædem postquam venère caballi, Accelerare facit sonitu cava buccina cunctos.	
	Undique currentes veniunt per sata viarum Austrasii pugiles, regem nostrumque sequuntur: Hinc Lunevillæ fulgentia mœnia fortis; Inque suo castro est populo lætante receptus, In quo cum ducibus subitò sua prandia sumpsit.	Antonius Lunevillæ se contulit.
	Nuntius interea Nanceam prodit ad urbem, Adventum domini cunctis magnatibus ejus Austrasiæque Duci læto denuntiat ore.	
	Illius rumor postquam pervenit ad aures, Hæc lugubrem vestem quam flendo sumpserat ante, Funebrem pariter longè deponit amictum; Postea scandit equum, multæ secumque puellæ; Marchio Franciscus scandit cum matre caballum, Eque pio bello redeunti longius omnes Occurrunt lætæ dominæ per pinguia rura; Proceduntque Ducis donec videre phalangem, Atque genu flexo proceres venerantur honore Austrasios quorum mirantur strenua facta.	Dux Lotharinga audito mariti adventu lugubres vestes deponit. Franciscus Marchio scandit equum cum matre.
	Hos ubi conspexit veniens Lotharingius heros, Oscula multa dedit nato charæque Renatæ, Quæ venerata virum collo pendebat amato, Inquiritque diu qualem devicerit hostem, Pro fidei rebus quo se discrimine misit; Hunc & deduxit Nanceam dum venit urbem, Complures cujus vestigia læta sequuntur.	
	Plurima pulsando tundebant tympana multi, Tangitur atque menu prædocta fistula dulcis; Raucisono sonitu clangentum sæpe tubarum Sydera læta sonant, ædes sacræque propinquæ, In quibus intravit postquam descenderat heros. Haud longè sequitur fratrum quem clara corona: Ordo sacerdotum, pueri imberbesque senesque Ætherco regi mundi qui sceptra gubernat, Latinosâ laudem sanctam cum voce canebant, Pro per se insanâ parto de plebe triumpho, Sanctorum ornabantque suis altaria donis, Laudandoque Deum resonabant organa pulchra, Cumque lyrâ dulci citharæ quæcumque sonabant; Atque Mosellini pisces sua gaudia læto Promebant saltu, cygni argutoque canore. Urbs exultabat blando Nanceia plausu, Perpetuo servet quam nobis rector olympi.	Antonius cum fratribus ædes sacras intrat Deum pro parta victoria laudando.

Ejusdem

EJUSDEM NOENIA ANTONII
Illustrissimi Lotharingiæ, Barri & Gheldriæ Ducis.

SI lacrymis aliquid dignum cecinêre camœnæ,
   Illud pro nostra tristius aure sonet.
Omnis lugentum fletus qui rorat ocellos,
   Ocius has musas oraque nostra riget.
Exurgat luctus querulâ portatus ab ala,
   Cui gravidus planctu sit dolor ipse comes.
Nec cantu referat miseri lamenta Thyestis
   Quæ sol conspiciens occulit ante diem.
Atque Philomelæ cesset revelare dolorem
   Carceris horrisoni tædia longa sui.
At Ducis Austrasii deploret funus acerbum,
   Funus quod lugubris flere querela nequit.
Quem sic parca ferox ursâ ter atrocior omni,
   Turbato mundo dente vorante tulit.
Verba mihi desunt quo te mors nomine dicam,
   Imprecer atque mali quid truculenta tibi.
Quippe truces superas torvâ feritate leones;
   Nullâ mortali flecteris atque prece.
Quænam te rabies tandem feralis adegit?
   Tutamen fidei falce secare citâ.
Atque Renatiadi pro nato sanguine regis
   Quondam Trinacrii dira aconita dare.
Qui patriam (nova res) inter tot prælia regum
   Tranquillâ rexit pace manente Diu,
Omnes & linquens liberos ætate tenellos,
   Ædem magnificam & conjugis ora suæ.
Ruricolûm turmam sceptro aspirare volentem,
   Procurante Deo, stravit & ense gravi.
Postquam rem fidei variis dejecerat oris,
   Atque igni dederat templa sacrata vago;
Hac mercede pius vivit super æthera Princeps;
   Illum dum lacrymis flet Lotharinga domus.
Eripiturque malis quibus heu nunc mundus abundat;
   Supplicuôque suum protegit ore gregem.
Et patriæ curam suetâ virtute gubernat
   Ille vicesque suas ut prius atque regit.
Cumque ter illustri genito sua somnia ludit
   Somnia quæ nullo sunt peritura die.

Monodialis querula super funere Francisci illustrissimi Lotharingiæ, Barri & Gheldriæ Ducis.

QUis novus heu plangor Lotharingo surgit in urbe,
   Cùm madeat lacrymâ noster ocellus adhuc?
Quem si respiciat Phebus sua lumina claudet,
   Atque erit invisus pervigil iste dolor.
Illum nec pia mnemosine plorare valebit,
   Multorum funus planxerit illa licet.
Exitium Priami quamquam defleverit ante
   Ploratû miserô Troica facta simul.
Et ne te lateat quæ sit modo causa doloris,
   Audi flebiliter quid mea plectra sonet.
Dipsade, lætiferâ lachesis crudelior omni,
   In quem vis jaciens spicula dira necis,
Quæ inter regales reges occidit & escas,
   Austrasium misit sub sua vincla ducem,
Qui ter Dux fuerat siculâ pronatus ab æde;
   Virtutis phœnix justitiæque decus.
Cujus si celebris generis quæratur origo,
   Principium gentis forsitan atque suæ,
Hectoris egregio phrygii repetatur ab ortu,
   Hic illustre suum reperietque genus.
Integrum patriam qui vix frenaverat annum,
   Atropos hunc quando vermibus atra dedit. *Atropos una ex parcis.*
Ad superûm nutum mos est ubicumque gerendus,
   Qui res humanas ad sua vota regunt.
Nullus non novit quænam fastidia sæpe
   Crastina lux cunctis insidiosa parat.
Non abs re Lotharinga gemit spoliata potenti
   Præsidio tellus, rege repulla diu.
Angorem minuet sed trimus Carolus infans
   Christianæ soboles prægenerosa Ducis.
Qui patriæ natus Nanceæ ludit in aulâ
   Empireus servet quem sine fine pater.

Renatæ Borboniæ illustrissimæ Lotharingiæ, Barri & Gheldriæ Ducis Monodia.

TIgride famelicâ lachesis crudelior omni,
   Ubera cui dipsas ter venenosa dedit. *Dipsas serpentis genus.*
Heu Lotharingigenas quanto temone levasti,
   Postquam rupisti tristia colla Ducis.
Borbonium sublime decus generosa Renatæ,
   Emporium excellens omne decoris abit.
Cui fuit osa suis regni discordia semper,
   Iraque civili turbine mota gravis.
Floruit & justæ multùm moderamine lancis,
   Turbiduli sedans jurgia multa fori.
Hanc tanquam zephirus spiraverat inclyta virtus,
   Ut rebus patriis anchora tuta foret.
Ordo quam procerum fletu complorat amaro,
   Haud ignara sui quanta columna jacet.
Nec lamenta filet cætus plebeius omnis,
   Tantalidés sicut flet Phylomela scelus.
Qualiter Andromachæ lacrymosis imbribus ægra
   Hectoris ingenuit funera dira sui.
Sic Phrygium Paridem luctûs torrente sequuta est
   Flebilis Ænone dilaniando comam.
Nam fuerat præsens queribundæ plebis asilum
   Sacratæ pariter relligionis honos.
Optima mors eripit quævis deterrima linquens,
   Et vulgare nihil sæva ferire cupit.

Monodia super funere Gheldrinæ Philippæ Renati, Siciliæ quondam regis illustrissimi Lotharingiæ & Barri Ducis uxoris.

HOc tumulo claudor tristi Gheldrina Philippe
   Trinacrii conjux regis amata pii.
Burgundum Carlum qui non dimisit inultum
   Imberbem patriâ truserit ille licet.
Oppida vulcaneo dederit quoque plurima sævo,
   Nanceium validâ clauserit atque manu.
Hoc ubi vastantem conspexit marte Renatus,
   Auxilium magnum repetit ille citò.
Accivit cuneum multoque labore paratum
   Helveticæ gentis, captaque regna petit.
Dirripit hostilem turmam, Carlumque jacentem
   Non procul è castris occidit ense suis.
Inde Duci tanto thalamo sum nupta jugali,
   Alvo cui fausta pignora quinque tuli.
Ut turtur casto meme dilexit amore,
   In fatum donec parca severa tulit.
Humani regni tunc fastidita repentè,
   Sanctæ me cœpit relligionis amor.
Et legi claustrum cunctis mansura diebus,
   Despiciens fastum regia sceptra simul.
Longiùs hícque meum flevi delendo reatum,
   Ut me sydereâ ducat in aree Deus.

L

Ad Sacram Eucharistiam.

Hostia quæ modici panis velamine sacro
  Clauderis, & cœli culmina celsa tenes.
Cui vastum Pelagus, Phœbi quoque flammeus ardor
  Parent, & quicquid frugifer orbis habet.
Vivificis animum dapibus depascis, anhelam
  Fontibus omnifluis exigis atque sitim.
Tabifici sceleris sordes avertis olentes,
  Te duce cœlestis porta reclusa patet.
Ad tua confugimus dulcis libamina gustûs;
  Cervus arcnivagas ut levis ardet aquas.
Da mea discruciet gemebundus ilia mœror
  Nectare præterito torqueat atque magis.
Da stygii nobis artes superare draconis,
  Tartareo demur ne cita præda lacu.

De seipso.

Ambitione carens astu nec prædita cæco
  Exilis genuit me sine luce domus.
Cui vicina jacet frugum Ponsmontio dives,
  Qua fluit undivago grata Mosella sinu.
Terra ferax agris vario molita novali,
  Liber ubi gignit Bacchica dona pater.
Hic me nutrivit genitricis cura puellum;
  Nam bimum liquit me sine patre pater.
At mihi dum paulùm succrevit adultior ætas,
  Mystarum celeber me redimivit honos.
In quo succumbens neglexi jura tonantis,
  Et bona cœlestis non ruitura domûs.
Idcirco patrii regni ne priver honore,
  Sanet præventrix gratia, Christe, tua.
Ut tuba dum resonâ defunctos voce citabit,
  Ad dextram partem me tua dextra locet.

FINIS.

ERRATA.

Pag. 5. lin. 10. domo, domino; ibid. l. 22. quæant, quærant; ibid. l. 24. annis, agnis; p. 7. l. 4. exemplo, extemplo; ibid. l. 37. quæretum, quærulum; p. 9. l. 26. athon, æthon; ibid. l. 61. rocatu, roratu; p. 10. l. 55. auxiliariis, auxiliaribus; ibid. l. 61. file, fila; p. 11. l. 12. calendes, calentes; ibid. l. 18. his, illis; ibid. extollit, exfolvit; ibid. l. 41. & feſſos demùm; ibid. l. 46. tenebris denſa, tenebris è densâ; p. 12. l. 22. bacillæ, bacillo; ibid. l. 34. anguſtas, anguſtos; ibid. l. 46. dele quo; ibid. colonum, colonus; p. 14. l. 33. crepidata, crepitacla; p. 15. l. 58. ferro, fera; p. 16. l. 54. fructetur, ſcrutetur; p. 17. l. 27. tumulas, cumulas; p. 18. l. 45. prodivis, proclivis; ibid. l. 48. romanus, romanis; p. 20. l. 10. fordeque; ibid. l. 13. modo rhenatias, modo bella; ibid. l. 41. prudentem, prudenter; p. 21. l. 7. quo te ſic, quo te ſic male ſane popelle; ibid. l. 9. ad libertas, ah libertas! ibra. l. 13. ſi tantas, tentas; ibid. l. 34. ſtulto, ſtultus magis es; ibid. l. 35. elementior, dementior; ibid. l. 38. tui, cui; p. 23. l. 11. latris, latus; p. 24. l. 56. compeſſat, compenſat; p. 26. l. 32. ſunt quibus, ſumptibus; p. 28. l. 25. priimum, pinnum; p. 29. l. 17. armatus, armatas; ibid. l. 20. inſerre, inſpicare; ibid. l. 39. caſtata, criſtrata; p. 31. l. 25. arvo, alvo; ibid. l. 64. relicto, relicta; p. 32. l. 10. ligure, ligare; p. 33. l. 27. regum, regnum; p. 34. poſt lin. 11. adde, Inde Dagarrus equo ſequitur provectus atroci; p. 36. l. 40. omnem, amne; p. 4. l. 42. veneratur, veneratus; p. 41. l. 51. atrumque, utrumque; p. 43. l. 12. regem, regum; p. 44. l. 16. magnanimo precibus; p. 45. l. 60. conſultent, cuncti; p. 46. l. 40. fulgebat, ſurgebat; p. 47. l. 22. ſtudium, ſtupidum.

www.ingramcontent.com/pod-product-compliance
Lightning Source LLC
Chambersburg PA
CBHW050101230426
43664CB00010B/1396